Stefan Loose Travel Handbuch

Kalifornien

mit Grand Canyon und Las Vegas

8. vollständig überarbeitete Auflage

J.D. Dickey, Nick Edwards, Mark Ellwood
und Paul Whitfield

Aktuelle Reisetipps auf 736 Seiten!

Kalifornien
Stefan Loose Travel Handbücher

DuMont Reiseverlag, Ostfildern

8., vollständig überarbeitete Auflage

Das Buch basiert auf der englischsprachigen Originalausgabe
California von J.D. Dickey, Nick Edwards, Mark Ellwood und Paul Whitfield;
ISBN 1-84353-049-X, The Rough Guides, 80 Strand, London, WC2R ORL, UK

Gesamtredaktion und -herstellung:
Bintang Buchservice GmbH
Zossener Str. 55/2, 10961Berlin

Fotos: Bildnachweis s.S. 8

Karten: Anja Linda Dicke

Übersetzung: Peter Conolly-Smith, Günter Feigel, Silvia Mayer, Thomas Rach

Lektorat: Günter Feigel, Thomas Rach

Layout und Herstellung: Gritta Deutschmann

Farbseitengestaltung: Matthias Grimm

Umschlaggestaltung: Gritta Deutschmann

Druck & Weiterverarbeitung: Ebner & Spiegel, Ulm

ISBN 3-7701-6110-6

Bildnachweis

Umschlag

vorn und innen: Harald Mielke

Farbfotos

Block I: S. 1 bis 2 Matthias Grimm (3); S. 3 Renate Loose (2); S. 4 oben Santa Barbara Conference and Visitors Bureau, unten Renate Loose (2); S. 5 oben Matthias Grimm, unten Renate Loose: S. 6 oben und unten rechts Renate Loose, unten links Matthias Grimm; S. 7 oben Matthias Grimm, unten Renate Loose; S. 8 Santa Barbara Conference and Visitors Bureau.

Block II: S. 1 Renate Loose (2); S. 2 oben Matthias Grimm, unten Renate Loose (2); S. 3 Matthias Grimm (2), S. 4 oben Matthias Grimm, unten Renate Loose; S. 5 Renate Loose; S. 6–8 Renate Loose (5).

Block III: S. 1 Matthias Grimm; S. 2 oben Matthias Grimm, unten Renate Loose (2); S. 3 Matthias Grimm (2); S. 4 bis 8 Renate Loose (8).

s/w-Fotos

Manfred Braunger: S. 3, 62, 79, 88, 93, 125, 137, 147, 155, 231, 257, 263, 292, 313, 333, 343, 351, 365, 383, 400, 441, 445, 463, 529, 571, 581, 587, 633, 643, 646 und 713.
Christian Heeb / Look, München: S. 169
Renate Loose: 11. 27 und 438.
Charles Moore / Das Fotoarchiv, Köln: S. 482
Conrad Piepenburg / laif, Köln: S. 305 und 618.
Jochen Tack / Das Fotoarchiv, Köln: S. 181

Die Abbildung auf Seite 69 wurde dem Band America: „Then & Now“ von David Cohen, San Francisco, entnommen.

Die Abbildung auf Seite 72 wurde dem Band „The West“ von Geoffrey C. Ward, Canada 1996, entnommen.

Wissenswertes im Kasten

California dreamin'

Wahrscheinlich ist keine Region der Welt ähnlich intensiv aufgearbeitet oder idealisiert worden, und keine wird den Versprechungen derart gerecht. Kalifornien wird zu Recht für seinen Sonnenschein, die Strände und das Meer gerühmt, doch gibt es in der Region noch weit mehr zu entdecken: hoch aufragende Berg, schillernde Großstädte, dichte Urwälder und bezaubernde, geschichtsträchtige Dörfer.

Wie das übrige Amerika hängt Kalifornien sein Herz nicht allzu lange an Vergangenes und verkörpert in gewisser Weise die ultimative Gegenwartsgesellschaft mit allen Konsequenzen einer schnellebigen Kultur, die den Konsum über alles stellt und großen Wert auf Äußerlichkeiten legt. Doch das ist nur eine Seite der Medaille, denn außerhalb der Städte erwarten den Besucher gänzlich andere Eindrücke in einer Landschaft aus urzeitlichen Wäldern, primitiven Felszeichnungen der indianischen Urbevölkerung und gespenstischen Geisterstädten aus der Zeit des Goldrauschs. Als ein Land der Superlative bietet Kalifornien das Älteste, Höchste, Größte und Spektakulärste in vielfältigen Varianten auf, die alle weit mehr als nur von lokaler Bedeutung sind.

Auch sollte man sich der Tatsache bewusst sein, dass die angebliche „Oberflächlichkeit“ der Kalifornier weitgehend ein Mythos ist, den Außenstehende genauso fördern wie die Kalifornier selbst. Die Klischees von Unterhaltungsglamour, ambitionierter Hippiekultur oder strandorientiertem Freizeitvergnügen mögen teilweise zutreffen, doch das Spektrum an Menschen, Kulturen und Gemeinschaften in Kalifornien ist einfach viel zu groß, ihre Lebensweisen sind viel zu unterschiedlich, als dass sich eine pauschale Charakterisierung treffen ließe,

Politisch gesehen war die Region schon immer von polarisierenden Extremen geprägt und ist sowohl die Heimat ultrakonservativer Bastionen wie Orange County und klassischer reaktionärer Figuren wie Ronald Reagan oder Richard Nixon, als auch die Wiege einiger der progressivsten politischen Bewegungen der USA, die sich u.a. für den Umweltschutz, die Gleichstellung von Frauen sowie die Rechte von Homosexuellen und Einwanderern stark gemacht haben und bis heute machen. Hier begann in den 60er Jahren eine Protestwelle, die um die ganze Welt ging und auch Europa nachhaltig veränderte. Zu Recht gilt die Westküste auch heute noch als das liberale Herz Amerikas, und trotz aller ethnischen und sozialen Konflikte wurden hier Maßstäbe für Toleranz gesetzt.

Wirtschaftlich gesehen ist die Region mittlerweile von entscheidender Bedeutung. Der kapitalkräftige Unterhaltungsbereich wird von Kaliforniens Filmindustrie und der Musikbranche dominiert, aber auch Finanzdienste und der Immobilienmarkt sind nach wie vor wichtige Stützpfeiler.

Ein widersprüchliches Reiseland also, ein Land der Extreme, von unglaublicher Schönheit, aber stellenweise auch eintönig und öde, voller fantastischer Träume, auch voller zerbrochener Illusionen, voller sagenhafter Reichtümer, aber auch voller sozialer Probleme – ein Land, in dem meist die Sonne scheint, in dem manchmal aber auch die Erde bebt. Dieses Buch ist ein Versuch, die vielen verschiedenen Seiten Kaliforniens erlebbar zu machen.

Reisevorbereitung

Ein- und Ausreiseformalitäten

Visa

Dank des *Visa Waiver Programs,* mit dem die zeitaufwendigen Einwanderungsprozeduren verkürzt werden sollen, können Deutsche, Österreicher und Schweizer mit einem mindestens für die geplante Aufenthaltsdauer gültigen, maschinenlesbaren Reisepass – für jede einreisende Person (auch Kinder!) – und einem Visa-Waiver-Formular **ohne Visum** in die USA einreisen, sofern sie im Besitz eines gültigen Flugtickets für die Ausreise (jedoch nicht nach Mexiko, Kanada oder in die Karibik) sind. Die Aufenthaltsdauer ist auf **90 Tage** begrenzt, wobei in dieser Zeit auch Kurztrips auf dem Landweg oder per Flugzeug nach Kanada oder Mexiko möglich sind. Das Formular bekommt man entweder im Reisebüro oder beim Einchecken bzw. im Flugzeug von der Fluggesellschaft. Es muss bei der Einreise vorgelegt werden. Wer jedoch länger als 90 Tage bleiben bzw. in den USA arbeiten oder studieren möchte, muss ein Visum beantragen. Seit den Anschlägen vom 11. September gelten verschärfte Sicherheitsbestimmungen, weshalb man das Visum unbedingt rechtzeitig beantragen sollte. Weitere Informationen und Antragsformulare im Internet unter 💻 www.travel.state.gov/visa/tempvisitors.html und www.usembassy.de.

Einreise

Schon während des Fluges muss man ein **Einreiseformular** *(Immigration Form)* und eine **Zollerklärung** *(Customs Declaration)* ausfüllen, die nach der Landung – auch beim Grenzübertritt aus Kanada oder Mexiko – bei der Einreisekontrolle *(Immigration Control)* und beim Zoll vorgelegt werden. Auf dem Einreiseformular wird auch nach der Adresse in den USA gefragt. Mit der Einführung des Passagierkontrollprogramms, des *Advanced Passenger Information System,* können diese Daten bereits beim Check-in verlangt werden. Seit dem 30. September 2004 wird zudem **von allen Reisenden** bei Einreise ein digitaler Abdruck der Zeigefinger und ein digitales Porträtfoto gefertigt.

Manche Grenzbeamte machen Probleme, wenn man keine Unterkunft für die erste Nacht vorgebucht hat. Wer sie noch nicht weiß, kann sich einen passenden Hotelnamen aus dem entsprechenden Regionalteil heraussuchen. Eine Hoteladresse lässt weniger Fragen aufkommen als eine Privatadresse. Ein Teil des Formulars wird in den Pass geheftet, wo das Papier verbleibt, bis es bei der Ausreise von Grenzbeamten oder Mitarbeitern der Airlines entfernt wird.

Bei der Einreise werden Angaben über die Reisedauer und -route verlangt sowie eine Erklärung, dass man in den USA weder seinen ständigen Wohnsitz aufschlagen noch arbeiten möchte. Schwierigkeiten kann es geben, wenn jemand angibt, Tuberkulose oder Aids zu haben bzw. HIV-positiv zu sein. Verurteilten Kriminellen und allen, die nach eigener Aussage Kommunisten oder Faschisten sind oder mit Drogen dealen, wird die Einreise verweigert.

Die Grenzbeamten interessieren sich unter Umständen auch dafür, wie man die Zeit in den USA finanziell zu überstehen gedenkt. Besonders bei längerem Aufenthalt könnte man gebeten werden, das Ausreiseticket und die Reisekasse vorzuzeigen – ca. $300–400 pro Woche gelten als ausreichend. Es ist ratsam, einen Stapel Reiseschecks und Kreditkarten dabeizuhaben, selbst wenn man nicht vorhat, sie zu benutzen. Wer bei Freunden wohnt, muss deren Adresse und Telefonnummer angeben, die evtl. vom Grenzbeamten überprüft werden.

Einfuhrbestimmungen

Der Beamte vom **Zoll** wird die Zollerklärung verlangen und fragen, ob man frische Lebensmittel dabei hat. Wenn man bejaht, wird er wahrscheinlich alle einbehalten, vor allem Fleischprodukte und Früchte. Wenn man verneint, wird das Gepäck möglicherweise dennoch durchsucht. Wer die Frage, ob er während des letzten Monats eine Farm besucht hat, bejaht, könnte möglicherweise seine Schuhe zur Inspektion geben müssen.

Devisen dürfen in beliebiger Höhe ein- und ausgeführt werden, allerdings müssen Zahlungsmittel im Wert von mehr als $10 000 deklariert werden. Jeder Besucher ab 17 Jahren kann **zollfrei** 200 Zigaretten, 100 Zigarren und Geschenke im Wert von $800 einführen. Jeder Besucher ab 21 Jahren darf zudem einen Liter Alkohol einführen.

Neben Lebensmitteln und anderen Agrarprodukten unterliegen folgende Gegenstände einem **Einfuhrverbot**: Produkte aus Iran, Irak, Kuba, Liberia, Myanmar (Birma), Nordkorea, Serbien und Montenegro sowie dem Sudan, pornografische Literatur, Drogenutensilien und präkolumbische Antiquitäten. Wer mit Drogen erwischt wird, kommt nicht nur vor Gericht, sondern wird zudem als unerwünschte Person für den Rest seines Lebens des Landes verwiesen. Detailliertere Informationen kann man der Website der Zollbehörde (US Customs) entnehmen: www.customs.treas.gov.

Für die Ausfuhr gelten natürlich die Zollbedingungen des Heimatlandes. Souvenirs dürfen z.B. in Deutschland nur im Wert von maximal 175 € eingeführt werden. Schmuck und Kleidungsstücke, die zum eigenen Reisegepäck gehören, sind keine Souvenirs, aber bei teuren, offensichtlich amerikanischen Mitbringseln werden die Zöllner misstrauisch.

Visaverlängerungen

Auf dem Einreisestempel wird das Datum vermerkt, bis zu dem man sich legal in den USA aufhalten darf. Einige Tage kann man ohne größere Probleme das **Visum überziehen**, vor allem, wenn man auf dem Weg nach Hause ist. Ist die Ausreise aber um mehr als eine Woche überfällig, hat das langwierige, unangenehme Befragungen durch die Grenzbeamten zur Folge, durch die man leicht den Flug verpassen und Einreiseverbot erhalten kann. Macht man von der visafreien Einreise Gebrauch, ist es nicht möglich, die Aufenthaltsdauer von maximal 90 Tagen zu verlängern.

Hat man schon vor der Reise bei einer US-amerikanischen Vertretung ein Visum beantragt, darf man sich normalerweise bis zu 180 Tage in den USA aufhalten, und kann vor Ablauf der Frist eine **Verlängerung der Aufenthaltserlaubnis** beantragen. Zuständig ist das nächste Büro des *US Citizenship and Immigration Service*, www.uscis.gov. Die entsprechenden Adressen finden sich vorn im Telefonbuch unter *Federal Government Offices*. Dort geht man automatisch davon aus, dass ein illegales Arbeitsverhältnis vorliegt, so dass man die Beamten vom Gegenteil zu überzeugen hat, etwa durch den Nachweis größerer Geldbeträge oder durch einen unbescholtenen einheimischen Freund, der sich für einen verbürgt.

Diplomatische Vertretungen

Deutschland

Botschaft der USA:
Neustädtische Kirchstr. 4-5, 10117 Berlin,
030/8305-0, www.us-botschaft.de

Visaabteilung:
Clayallee 170, 14195 Berlin,
0190/850055 (Visa-Informationsdienst, 1,86 €/Min.)

Generalkonsulate:
Willi-Becker-Allee 10, 40227 Düsseldorf,
0211/788-8927
Siesmayerstr. 21, 60323 Frankfurt a.M.,
069/7535-0
Alsterufer 27-28, 20354 Hamburg,
040/41171-100
Wilhelm-Seyfferth-Str. 4, 04107 Leipzig,
0341/213-840
Königinstraße 5, 80539 München,
089/2888-0

Österreich

Botschaft der USA:
Boltzmanngasse 16, 1090 Wien,
01/31339-0, www.usembassy.at

Konsularabteilung:
Gartenbaupromenade 2, 1010 Wien,
Visainformationen: 0900-510300, 2,16 €/Min.

Schweiz

Botschaft der USA:
Jubiläumsstraße 93, 3005 Bern, 031/3577011,
www.bern.usembassy.gov

Konsularabteilung Zürich:
Dufourstr. 101, 8008 Zürich, 043/4992960
Visainformationen: 0900/878472, 2,50 sFr/Min.

Diplomatische Vertretungen in Kalifornien s.S.60

Informationen

Fremdenverkehrsämter

Allgemeine Auskünfte findet man beim *Visit USA Committee Germany e.V.*, www.usa.de. Ansonsten wendet man sich an die Fremdenverkehrsämter der einzelnen Bundesstaaten und Regionen (s.u.), die jedoch nicht alle eine Vertretung im Ausland unterhalten.

Außerdem besitzt jeder Bundesstaat ein eigenes Fremdenverkehrsbüro, das zukünftige Besucher mit einer Vielzahl von kostenlosen Landkarten und Informationsbroschüren versorgt. Man kann diese

State Tourist Offices entweder rechtzeitig vor Reiseantritt anschreiben und sich Material schicken lassen (s.u.) oder während der Reise durchs Land nach den staatlichen **Welcome Centers** Ausschau halten, die sich normalerweise an den großen Highways in der Nähe der Bundesstaatsgrenzen befinden. Sie vergeben nicht selten ganze Stapel interessanter Discount Coupons für Unterkünfte und Gaststätten. Zusätzlich verfügt fast jede Stadt nennenswerter Größe über ein oder mehrere **Visitor Centers** (oft *Convention and Visitors Bureau* (CVB) oder *Chamber of Commerce* genannt), in denen man sich gründlich informieren kann. Sie sind an entsprechender Stelle im Buch angegeben.

California Office of Tourism
801 K St, Suite 1600, Sacramento, CA 95814-3520
✆ 916/322-2881 oder 1-800/862-2543,
🖳 www.visitcalifornia.com

Infos zu Kalifornien in Deutschland:
California Tourism Information Office
c/o Touristikdienst Truber
Schwarzwaldstr. 13, 63811 Stockstadt
✆ 06027/401108 (Bandansage), verschickt Infomaterial für 7 €.

Arizona Office of Tourism
1110 West Washington, Suite 155,
Phoenix AZ 85007
✆ 602/364-3700 oder 1-866/275-5816,
🖳 www.arizonaguide.com

Infos zu Arizona in Deutschland:
Get it across
Neumarkt 33, 50667 Köln
✆ 0221/2336408, 📠 0221/2336450

Nevada Commission on Tourism
401 North Carson Street, Carson City NV 89701
✆ 775/687-4322 oder 1-800/NEVADA-8,
🖳 www.travelnevada.com

Landkarten

Die Fremdenverkehrsämter in Kalifornien geben gute Landkarten heraus, entweder gratis oder gegen eine geringe Gebühr. Sie reichen für Besichtigungszwecke meist aus, ggf. kann man sie durch eigenes Kartenmaterial ergänzen: Rand McNally gibt eine annehmbare, preiswerte Karte des Bundesstaates heraus ($4,95). Wenn man länger im Land herumreist, lohnt es sich, $8,99 in den *Road Atlas* derselben Firma zu investieren, der die gesamten USA sowie Kanada und Mexiko abdeckt. Wer mit dem Auto oder Fahrrad durch ländliche Gegenden kommt, fährt gut mit *Atlas & Gazetteer: Northern California* sowie *Atlas & Gazetteer: Southern and Central California* (jeweils $19,95), herausgegeben von DeLorme, 🖳 www.delorme.com. Beide enthalten detaillierte Stadtpläne sowie Informationen über Zeltplätze, Nationalparks und Waldgebiete. Topographische Karten für Wanderer bekommt man in den Büros der Ranger in Nationalparks und Naturschutzgebieten für etwa $4. Läden für Campingausrüstung haben normalerweise ebenfalls eine gute Auswahl.

In Kalifornien

Book Passage, 51 Tamal Vista Blvd, Corte Madera, CA 94925, ✆ 1-800/999-7909, 🖳 www.bookpassage.com
Distant Lands, 56 S Raymond Ave, Pasadena, CA 91105, ✆ 1-800/310-3220, 🖳 www.distantlands.com
Get Lost, 1825 Market St, San Francisco, CA 94103, ✆ 415/437-0529, 🖳 www.getlostbooks.com
Map Link, 30 S La Patera Lane, Unit 5, Santa Barbara, CA 93117, ✆ 1-800/962-1394, 🖳 www.maplink.com
Phileas Fogg's Books & Maps, 87 Stanford Shopping Center, Palo Alto, CA 94304, ✆ 1-800/233-3644, 🖂 foggs@aol.com
Rand McNally, u.a. Filialen in San Francisco, Irvine und L.A.; unter ✆ 1-800/333-0136 oder 🖳 www.randmcnally.com erfährt man die Adresse der nächstgelegenen Filiale.
Sierra Club Bookstore, 6014 College Ave, Oakland, CA 94618, ✆ 510/658-8083, 🖳 www.sierraclub.org/store

Kalifornien im Internet

California Travel & Tourism
🖳 www.visitcalifornia.com
Offizielle Reise- und Tourismusseite Kaliforniens, die laut Eigenwerbung jedem das Richtige bieten kann, sei es der Familie, dem Romantiker, dem Naturfreund oder dem Erholung Suchenden.

San Francisco
🖳 www.sfgate.com
Zahlreiche und allumfassende Links zur Stadt.

Caltrans: The California Department of Transportation
🖳 www.dot.ca.gov
Unkomplizierte und informative Website mit aktuellen Berichten über den Straßenzustand, Fahrplänen, Tipps zu Radtouren und vielem mehr.

Ain't it Cool News
🖳 www.aint-it-cool-news.com
Die gut besuchte Website des bekennenden Spinners Harry Knowles aus Austin in Texas umfasst ausführliche Filmbesprechungen und gibt Insider-Geheimnisse Hollywoods preis.

Backcountry Resource Center
🖳 www.pweb.jps.net/~prichins/backcountry_resource_center.htm
Ausgezeichnete Website mit wertvollen Informationen und zahlreichen nützlichen Links zum Skisport, Klettern und zu anderen Freizeitaktivitäten abseits der ausgetretenen Touristenpfade.

California Beerpage
🖳 www.beerpage.com
Wegweiser zu den Kleinbrauereien und Bierfesten in Kalifornien.

E! Online
🖳 www.eonline.com
Klatsch und Tratsch aus der Filmwelt, Starinfos und Filmkritiken.

LA Times
🖳 www.latimes.com
Die größte Zeitung Kaliforniens und eine gute Informationsquelle über das politische Tagesgeschehen.

Napa Valley
🖳 www.napavalley.com
Umfangreiche Zusammenstellung von Weinkellereien im Napa Valley inkl. Informationen über Führungen, Weinproben und Lageplänen.

Surfline
🖳 www.surfline.com
Überregionale Surfer-Site mit zahlreichen Links zu kalifornischen Revieren, tgl. aktualisiert. Dazu Links und eine Fotogalerie.

Variety
🖳 www.variety.com
Die tägliche Morgenlektüre für Hollywood-Insider mit jeder Menge Nachrichten, Kritiken, Vorschauen und aktuellem Klatsch.

Klima

Kaliforniens Klima kann so unterschiedlich wie seine Landschaften sein. In **Südkalifornien** darf man von Mai bis Oktober schöne Tage mit endlosem Sonnenschein und angenehm milde Nächte erwarten, wobei allerdings der berüchtigte Smog von **L.A.** gerade bei hohen Temperaturen am schlimmsten ist, speziell im August und September.

Entlang der **Küste** kann es morgens diesig und neblig sein, vor allem zwischen Mai und Juni, doch selbst bei bedecktem Himmel kann man sich leicht einen Sonnenbrand holen.

Im Winter gehen die Temperaturen etwas zurück, und es beginnt ein scheinbar endloser Dauerregen, der große Erdrutsche auslösen kann, wodurch ganze Straßen und Häuser an Hängen verwüstet werden – wie z.B. jüngst 2005 in der Gemeinde La Conchita nördlich von L.A. geschehen.

Im Winter sind die **Wüsten** im Landesinneren auch tagsüber warm, im Sommer können sie unerträglich heiß werden: 50 °C und mehr sind keineswegs selten. In den Winternächten kann es dagegen in der Wüste extrem kalt werden und sogar schneien. „Richtigen" Schnee findet man in den **Bergen**, wo die höher gelegenen Wanderwege zwischen November und Juni wegen hoher Schneefälle gesperrt sind. Skifahrer können sich über bestens präparierte Pisten in den Bergen der Sierra Nevada und um den Lake Tahoe freuen.

Das Klima an der Küste **Nordkaliforniens** ist feuchter und kühler als im Süden. Durch die steife Meeresbrise und den Nebel liegen die Temperaturen hier im Sommer erheblich niedriger, die Winter sind zwar mild, aber feucht. In **San Francisco** kann es wegen der ungeschützten Lage am nördlichen Zipfel der Halbinsel das ganze Jahr über recht kühl sein. Oftmals endet ein sonniger Morgen gegen Mittag in dichtem Nebel. Nur eine Meile landeinwärts scheint dagegen die Sonne.

Durchschnittstemperaturen (°F/°C)

	Jan	April	Juli	Okt
Death Valley	51/11	76/24	102/39	71/22
Eureka	47/8	51/11	57/14	55/13
Lake Tahoe	27/-3	38/3	61/16	45/7
Los Angeles	56/13	63/17	73/23	67/19
San Diego	56/13	62/17	70/21	66/19
San Francisco	51/11	56/13	60/16	61/16

Routenplanung

Kalifornien ist mit ca. 415 000 km^2 der drittgrößte Bundesstaat der Vereinigten Staaten. Wegen der beträchtlichen Entfernungen dürfte es schwierig werden, während einer einzigen Reise auch nur die wichtigsten Sehenswürdigkeiten abzuhaken. In einer so vielfältigen Region ist es ohnehin schwer, Höhepunkte zu bestimmen. Also empfiehlt es sich, die Reiseroute nach persönlichen Interessen zusammenzustellen.

Beginnen könnte man in **Los Angeles**, der bei weitem größten und aufregendsten Stadt Kaliforniens, einer wahnsinnigen Mischung aus heruntergekommenen Vororten, noblen Villenvierteln, Autobahnen, Stränden, Glanz, Elend und extremen Lebensweisen. Von Los Angeles aus gibt es mehrere Möglichkeiten: Richtung Süden liegt **San Diego**, die siebtgrößte Stadt der USA, mit breiten, einladenden Sandstränden in günstiger Lage direkt an der mexikanischen Grenze. Nach Südwesten dringt man in die **kalifornische Wüste** vor, darunter besonders erwähnenswert das **Death Valley**, eine karge, ungastliche Landschaft mit uralten, kahlen Felsen und windgepeitschten Sanddünen und im Sommer der heißeste Ort der Welt. Als Fortsetzung der Reiseroute bietet sich von hier die Fahrt via **Las Vegas** in den **Grand Canyon** an. Diese beiden Orte liegen zwar nicht in Kalifornien, sind aber von dort aus gut zu erreichen und zählen überdies zu den Hauptattraktionen der USA.

Als Alternative kann man direkt von L.A. die **zentrale Küste** entlang nach Norden fahren, für Autofahrer eine wunderschöne Strecke durch spektakuläre Landschaften und lebendige Kleinstädte, von denen **Santa Barbara** und **Santa Cruz** am interessantesten sind.

Die zentrale Küste bildet die Übergangszone vom südlichen zum nördlichen Kalifornien. Hier liegt **San Francisco**, Kaliforniens zweite Großstadt, die einen kaum vorstellbaren Kontrast zu Los Angeles darstellt. Sie ist eine der ältesten, am europäischsten anmutenden Städte der Westküste, kompakt, dicht bebaut und über steile Hügelketten verteilt, während ihre Vororte und Nachbarstädte, die so genannte **Bay Area**, sich mit ihren viktorianischen Holzhäusern auf beiden Seiten der Bucht ins Endlose erstrecken. Von hier erreicht man einige der schönsten Landschaften Kaliforniens, darunter die großartigen Nationalparks, vor allem **Yosemite** mit seinen donnernden Wasserfällen, die in Kaskaden über steile Wände in ein von Gletschern geformtes Tal hinabstürzen. Der Yosemite-Nationalpark ist die Hauptsehenswürdigkeit der Sierras. Südlich davon liegen die ebenfalls lohnenden Nationalparks **Sequoia** und **Kings Canyon**, während sich im Norden neben malerischen Städtchen wie Nevada City Erholungsorte wie der **Lake Tahoe** finden.

Nördlich von San Francisco nimmt die Bevölkerungsdichte ab und die Landschaft ändert erneut ihr Gesicht. Das Klima in dieser Region ist feuchter, und die Täler, die von einer zerklüfteten Küste mit mächtigen Sequoien gesäumt werden, sind um einiges grüner. Obgleich sich der Erkundungsdrang vieler Besucher auf Wochenendausflüge von der Stadt aus ins **Wine Country** und ins **Russian River Valley** erschöpft, lohnt eine Fahrt in die nördlichsten Regionen Kaliforniens, die sich in zwei verschiedene Regionen unterteilen lassen: Die Küste ist zerklüftet und idyllisch, wohingegen die vulkanisch geprägte Einöde im Landesinnern ganz und gar nicht dem gängigen Klischee von Kalifornien entspricht.

Anreise

Von Europa aus fliegen neben den amerikanischen Gesellschaften auch europäische Airlines wie *KLM* (in Verbindung mit *Northwest), Alitalia, Iberia, Swiss, British Airways, SAS, Lufthansa* (in Kooperation mit *United)* und *Air France* zu günstigen Tarifen über den Atlantik. Selbst einige asiatische Airlines (*Singapore Airlines, Air India, Alia, Pakistan International)* nehmen beim Zwischenstopp in Frankfurt Passagiere auf. Die Fluggesellschaften unterscheiden sich beachtlich in den Serviceleistungen, der Flugdauer, den Abflugorten und dem Preis.

Die Wahl eines Fluges sollte nicht allein vom Preis abhängen. Man kann durchaus mit einer Fluggesellschaft viel länger unterwegs sein als mit einer anderen, obwohl sich die reine **Flugdauer** kaum unterscheidet. Nonstop sind es etwa 11 Stunden von Frankfurt nach Los Angeles, die meisten Gesellschaften machen jedoch unterwegs einen oder mehrere Zwischenstopps, die viel Zeit kosten.

Alle europäischen Gesellschaften starten von ihrem Heimatflughafen *(British Airways* ab London, *Air France* ab Paris, *Lufthansa* ab Frankfurt) und alle amerikanischen Gesellschaften landen immer zuerst dort *(Delta* in Atlanta, *United* in Washington und *American Airways* in Chicago). Häufig muss man dann die Maschine wechseln und dabei von einem Terminal zum anderen wandern, was in London, New York und anderen amerikanischen Großflughäfen schon ein anstrengendes Unternehmen ist. Zudem kann es bei Verspätungen von anderen Anschlussflügen zu längeren Wartezeiten kommen. Wer also nicht unnütz in Wartehallen herumhängen und zusätzliche Transport- und Übernachtungsprobleme vermeiden will, sollte sich möglichst genau informieren. Andererseits lassen einige amerikanische Gesellschaften ohne Aufpreis Zwischenstopps in ihren Heimatflughäfen zu, so dass man ein paar Tage in New York oder Chicago anhängen kann. Auf dem Rückflug nach Europa hat man den Wind im Rücken, daher ist er ein, zwei Stunden kürzer als der Hinflug.

Günstige Tickets bekommt man in der Hochsaison häufig nur für bestimmte Wochentage und Abflugsorte. Je billiger der Flug, desto größer sind meist die Einschränkungen. Guter Service hat seinen Preis, bequeme Sitzplätze und Superservice sind bei Billiganbietern in der Regel nicht zu erwarten. Wer bereits einen Transatlantikflug in einer dieser engen Sardinenbüchsen mit schlechter Belüftung und kaum vorhandenem Service erlebt hat, zahlt beim nächsten Flug vielleicht lieber etwas mehr.

Der Preiskrieg auf den Nordatlantik-Routen hat während der letzten Jahre die **Preise** purzeln lassen. Günstige Flüge von verschiedenen deutschen Flughäfen an die Westküste und zurück sind außerhalb der Saison bereits für etwa 450 € zu haben. Bei vielen Airlines erhalten Jugendliche von 12–24 Jahren und Studenten bis 26 Jahre Ermäßigung (z.B. bei *Lufthansa* 25%), auch Tickets in der Business Class werden stark verbilligt angeboten. Keinen Rabatt erhält man dagegen auf Graumarkt-Tickets, die zumeist bereits preiswerter als der Studententarif sind.

Zur **Hauptsaison** wird es natürlich teurer. Vor allem während der Schulferien ist mit beachtlichen Aufschlägen zu rechnen. Zudem sind die Flüge zu Beginn und zum Ende der Sommer- und Weihnachtsferien schon Monate im Voraus ausgebucht, häufig sogar überbucht. Hier helfen nur frühzeitiges Buchen und rechtzeitiges Erscheinen am Flughafen. Weniger Touristen sind im April, Mai und September, Oktober unterwegs.

Vom Kauf eines *one-way*-Tickets in die USA ist dringend abzuraten, denn im Vergleich zu einem Rückflugticket ist es alles andere als preiswert und außerdem läuft man Gefahr, bei der Ankunft unter dem Verdacht, in den Staaten bleiben zu wollen, nicht ins Land gelassen zu werden.

Flugbuchung im Internet

Um Flüge online zu buchen, muss man kein Reiseexperte sein. Am besten beschränkt man sich bei der Suche auf einige der etablierten Reiseportale. Auch die Seiten der Fluggesellschaften lohnen einen Blick, da es hier oft besondere Online-Tarife gibt. Grundsätzlich sollte man darauf achten, dass Kreditkartendaten verschlüsselt übertragen werden.

Nicht vergessen

Beim Abflug sollte man bei der Airline nachfragen, ob eine Rückbestätigung erforderlich ist. Einige Flüge müssen noch mindestens **drei Tage vor Abflug** rückbestätigt werden, was auch telefonisch funktioniert. Nicht selten sind die Maschinen so überbucht, dass die letzten Passagiere trotz Rückbestätigung und rechtzeitigen Erscheinens am Flughafen nicht mehr mitkommen. Eine **Flughafengebühr** ist bei Abreise nicht zu entrichten, sie ist bereits im Ticket inbegriffen.

Von der Stiftung Warentest (Heft 2/2004) geprüft und für gut befunden:

L'Tur www.ltur.de
Expedia www.expedia.de
AVIGO www.avigo.de

Weitere Websites:
1A-FLY.DE www.1a-fly.de
Billiger reisen www.billiger-reisen.de
Billigflüge www.billigfluege.de
Del Mundo www.delmundo.de
Discount-Flug www.discount-flug.de
Flug.de www.flug.de
Flugbörse www.flugboerse.de
Opodo www.opodo.de
STA Travel www.statravel.de
Travel Jungle www.traveljungle.de
Travel Overland www.traveloverland.de
Travel Scout 24 www.travelscout24.de

Wer noch einen **Reisepartner** sucht, kann z.B. folgende Seiten anklicken:

Globetrotter www.globetrotter.de/de/forum
DZG www.dzg.com/schwarzesbrett/reisepartner

Gesundheit

Wer aus Europa kommt, benötigt bei der Einreise in die USA keinerlei **Impfungen**. Dringend angeraten ist allerdings eine zusätzliche Auslandskrankenversicherung, denn die Krankenkassen decken einen Krankheitsfall in den USA nicht ab. In der **Zusatzversicherung** ist häufig ein Kranken-Rücktransport eingeschlossen. Es gibt in den USA weder eine Versicherungspflicht noch ein ausgebautes staatliches Gesundheitssystem, das im Notfall bereitsteht. Die erste Frage der Zahnarzthelferin lautet nicht „Was fehlt Ihnen?“, sondern „Cash or credit card?“ und der Krankenwagenfahrer setzt sich erst Richtung Krankenhaus in Bewegung, wenn er von der Zahlungsfähigkeit des Patienten überzeugt ist. Nur wer von der Polizeiambulanz eingeliefert wird, muss aufgenommen werden. Schlimmstenfalls landet man in einem der verhältnismäßig schlecht ausgestatteten *County Hospitals*, die einzigen, die verpflichtet sind, jeden Patienten zu behandeln.

Die landesweite **Notrufnummer**, unter der auch ein Krankenwagen angefordert werden kann, ist 911 oder die Nummer, die unter *Emergency* auf dem Telefon steht. Wer einen **Arzt** benötigt, findet entsprechende Adressen und Telefonnummern in den Gelben Seiten unter *Clinics* oder *Physicians and Surgeons*. Für jede Krankheit gibt es auch in Amerika einen Spezialisten, Hausärzte sind selten.

Wenn nach einer Behandlung die Rechnung geschrieben wird, stellt man fest, dass nicht nur die Ausstattung, sondern auch die **Honorare** der amerikanischen Ärzte und Krankenhäuser Weltspitzenniveau haben, was u.a. mit den hohen Schadenersatzforderungen falsch behandelter Patienten zu tun hat. Das einfache Beratungshonorar beträgt $75–100 und muss im Voraus entrichtet werden. Ein Bett im Krankenhaus kostet mindestens $300 täglich, und zwar ohne Arzthonorar. Medikamente *(medications)* sind ebenfalls teuer. Wichtig ist, alle Quittungen aufzuheben und bei der Versicherung einzureichen. Damit es keinen Ärger gibt, sollte eine **Rechnung** folgende Angaben enthalten:

Name, Vorname, Geburtsdatum, Behandlungsort und -datum, Diagnose, erbrachte Leistungen (Medikamente, Laboruntersuchungen, Injektionen, Krankenhausaufenthalt), Kosten in US$, Unterschrift des behandelnden Arztes, Stempel.

Sollten besonders hohe Kosten entstehen, die weder mit der Reisekasse noch durch Kreditkarten abgedeckt werden können, hilft im Notfall auch die Botschaft weiter.

Bei kleineren gesundheitlichen Problemen hilft auch ein *drugstore*, eine Mischung aus Drogerie und Supermarkt, oder eine **Apotheke** *(pharmacy)* weiter. Allerdings sind viele in Europa rezeptfrei erhältliche Medikamente hier nur gegen ein ärztliches Rezept erhältlich. Man kann u.U. viel Geld sparen, wenn das Rezept auf die allgemeine Bezeichnung und nicht auf den Markennamen ausgestellt ist.

Eines der größten gesundheitlichen Probleme der USA ist **Aids**. Die verhältnismäßig hohe Zahl von HIV-Positiven hat zu einer offenen Diskussion des Problems geführt. Es muss nicht betont werden, dass Sex mit fremden Partnern ohne Kondom lebensgefährlich ist.

Touristen plagen sich allerdings in der Regel mit harmloseren Problemen, zum Beispiel mit ihrer Verdauung oder mit dem Zeitunterschied. Da bei der Ankunft in Kalifornien ein zwischen acht und neun Stunden verlängerter Tag durchlebt wird, gerät der körpereigene Rhythmus aus dem Takt. Man sollte sich also für die ersten 2–3 Tage nicht allzu viel vornehmen. Der **Jetlag** lässt sich am besten auskurieren, wenn man bereits am ersten Tag zu den ortsüblichen Zeiten schlafen geht. Wer damit Schwierigkeiten hat, kann nach einem guten Abendessen ein ausgiebiges, entspannendes Bad nehmen. Auf dem Heimflug ist der Zeitunterschied meist noch schwieriger zu bewältigen – zum einen hat der Körper größere Probleme beim Umgang mit dem verkürzten Tag bzw. der kurzen Nacht, zum anderen ist damit die Rückkehr in den alten Trott verbunden.

Harmlos, aber nicht weniger lästig können **Erkältungen** sein, die durch krasse Temperaturwechsel und zu viel Zugluft verursacht werden. Schuld daran sind vor allem Ventilatoren und Klimaanlagen. Nass geschwitzt in klimatisierte Räume zu flüchten, ist nicht ratsam, wenn man nicht etwas zum Wechseln oder Überziehen dabei hat. Auch in klimatisierten Bussen ist wärmere Kleidung wichtig. Vor allem sollte man sich den Luftstrahl der *air-con*, sei es im Bus oder Mietwagen, nicht direkt auf die Brust richten.

Zahlreiche Touristen unterschätzen die Intensität der kalifornischen Sonne und ziehen sich einen **Sonnenbrand** zu: Südlich von Santa Barbara und im Landesinneren knallt im Sommer die Sonne gnadenlos vom Himmel – reichlich Sonnenschutzmittel aufzutragen (ab Lichtschutzfaktor 15) ist daher ein absolutes Muss. Surfer und Badende sollten auf **starke Strömungen** und vor allem auf gefährliche Unterströmungen achten, die Menschen in Minuten aufs offene Meer hinausziehen können. In den Regionalkapiteln ist jeweils vermerkt, wo das Wasser besonders gefährlich sein kann. **Haie**, die Menschen angreifen, sind in den Medien ein beliebtes Thema, doch stellen Sonnenbrand und tückische Strömungen eine weitaus größere Gefahrenquelle dar.

Wer regelmäßig Medikamente einnehmen muss, sollte sich bei seinem Hausarzt informieren, wie der Einnahmerhythmus an die neue Zeitzone angepasst werden muss.

Versicherungen

Die großen Versicherungsunternehmen bieten eine verwirrende Vielzahl von Versicherungspaketen an, die Reiserücktritt-, Unfall-, Gepäck- und Auslandskrankenversicherung einschließen können. Letztlich liegt es im Ermessen jedes einzelnen, was alles versichert werden soll. Die einzig wichtige Urlaubsversicherung ist die **private Auslandskrankenversicherung**, die den Krankenrücktransport einschließt.

Vorschlag für eine Reiseapotheke

ERSTE HILFE
- → Verbandzeug (Heftpflaster, Hansaplast, Mullbinden, Elastische Binde, Pinzette)
- → Desinfektionsmittel (Merfen-Orange N*)
- → Antihistaminicum (Systralsalbe u.Ä.)
- → Wund- & Heilsalbe (Bepanthen)

SCHMERZEN UND FIEBER
- → Fieberthermometer
- → ASS (z.B. Aspirin oder Paracetamol)
- → Buscopan (gegen Krämpfe)
- → Fungizid ratio (bei Pilzinfektionen)
- → Maaloxan oder Solugastril (bei bekannter Neigung zu Magenübersäuerung)
- → Yxin (gegen Bindehautreizung)

DURCHFALL
- → Imodium akut (v.a. vor längeren Fahrten)
- → zur Rückführung von Mineralien: Elotrans Neu (Kinder: Oralpädon)

REISEKRANKHEITEN
- → Superpep Kaugummis (Rodawan, Reisedragees Stada)

SONSTIGES
- → Insektenschutzmittel
- → Kondome
- → Beipackzettel

(rezeptpflichtig in Deutschland)*

Reiserücktrittskostenversicherung

Bei einer pauschal gebuchten Reise ist eine Rücktrittskostenversicherung meist im Preis inbegriffen (zur Sicherheit sollte man nachfragen). Wer individuell plant, muss sich um die Absicherung dieses Risikos selbst kümmern. Reisebüros bieten z.T. Versicherungen an oder vermitteln den Abschluss.

Viele Reiserücktrittskostenversicherungen müssen kurz nach der Buchung abgeschlossen werden (in der Regel bis 14 Tage danach). Bei Krankheit oder Tod eines Familienmitglieds oder Reisepartners ersetzt die Versicherung die Stornokosten der Reise. Eine Reiseunfähigkeit wegen Krankheit muss ärztlich nachgewiesen werden.

Die Kosten der Versicherung richten sich nach dem Preis der Reise und der Höhe der Stornogebühren. Sie liegen in der Regel zwischen 15 und 90 € pro Person. Zum Teil gibt es eine Selbstbeteiligung.

Reisegepäckversicherung

Viele Versicherungen bieten die Absicherung des Verlustes von Gepäck an, einige haben sich sogar darauf spezialisiert (z.B. *Elvia*). Allen Versicherungen ist gemein, dass die Bedingungen, unter denen das Gepäck abhanden kommen „darf", sehr eng gefasst sind. Deshalb ist es wichtig, die Versicherungsbedingungen genau zu studieren und sich entsprechend zu verhalten. Bei vielen Versicherungen ist z.B. das Gepäck in unbewacht abgestellten Kraftfahrzeugen zu keinem Zeitpunkt versichert. Kameras oder Fotoapparate dürfen wegen möglicher Mopedräuber nicht über die Schulter gehängt werden, sondern müssen am Körper befestigt sein, sonst zahlt die Versicherung nicht (so Gerichtsurteile). Ohnehin sind Foto- und videotechnische Geräte meist nur bis zu einer bestimmten Höhe oder bis zu einem bestimmten Prozentsatz des Neuwertes versichert, auch Schmuck unterliegt Einschränkungen, ebenso wie Bargeld.

Entscheidet man sich für eine Reisegepäckversicherung, ist darauf zu achten, dass sie Weltgeltung hat, die gesamte Dauer der Reise umfasst und in ausreichender Höhe abgeschlossen ist. Wer eine wertvolle Fotoausrüstung mitnimmt, kann darüber nachdenken, eine Zusatzversicherung abzuschließen.

Tritt ein Schadensfall ein, muss der Verlust sofort bei der Polizei gemeldet werden. Eine **Auflistung** aller Gegenstände mit Wertangabe ist dabei hilfreich. Ansonsten sollte alles, was nicht ausreichend versichert ist, im Handgepäck transportiert werden.

Auslandskrankenversicherung

Ohne eine Auslandskrankenversicherung mit Rücktransport abgeschlossen zu haben, sollte niemand sein Heimatland verlassen. Bei Krankheiten und Unfällen kann sehr schnell eine erhebliche Summe zusammenkommen, die aus eigener Tasche bezahlt werden müsste. Versicherte können die Kosten dagegen nach Einreichen der Rechnungen bei der Versicherung geltend machen.

Einschränkungen gibt es natürlich auch hier, besonders bezüglich Zahnbehandlungen (nur Notfallbehandlung) und chronischen Krankheiten (Bedingungen durchlesen!). Der feine Unterschied liegt im Detail: Die meisten Versicherer zahlen den Rücktransport nur, wenn er „medizinisch notwendig" ist. Beim *ADAC*, der *Europäische Reiseversicherung* und *Huk-Coburg* genügt es, dass der behandelnde Arzt den Transport in die Heimat für sinnvoll erachtet. Bei einer Schwangerschaft ist eine schriftliche Bestätigung des Versicherers ratsam, dass er für Kosten von Frühgeburten und die medizinische Versorgung des Neugeborenen aufkommt.

Die später bei der Versicherung einzureichende **Rechnung** sollte folgende Angaben enthalten:

- → Name, Vorname, Geburtsdatum, Behandlungsort und -datum
- → Diagnose
- → erbrachte Leistungen in detaillierter Aufstellung (Beratung, Untersuchungen, Behandlungen, Medikamente, Injektionen, Laborkosten, Krankenhausaufenthalt)
- → Unterschrift des behandelnden Arztes
- → Stempel

Auslandskrankenversicherungen werden von nahezu allen großen Versicherern und auch von einigen Kreditkartenorganisationen angeboten. Sie sind meistens für ein Jahr gültig, decken jedoch nur Reisen von jeweils bis zu 42 Tagen, manche bis acht Wochen ab. Es empfiehlt sich der Abschluss eines Jahresvertrages. Wer länger als sechs Wochen verreisen möchte, sollte nach Langzeittarifen fragen.

Geld

Bargeld und Reiseschecks

Bargeld mitzunehmen, ist aus vielen Gründen nicht ratsam. Allerdings ist es nützlich, vorher bzw. gleich bei der Ankunft am Flughafen ein paar kleine Dollarnoten für öffentliche Verkehrsmittel, den Gepäckwagen oder eine Tasse Kaffee einzuwechseln (für Verkaufsautomaten, Parkuhren und Münztelefone sind insbesondere 25¢-Münzen, so genannte *quarters*, nützlich).

Die Reisekasse sollte zum überwiegenden Teil aus Kreditkarten und einigen US$-Travellers Cheques bestehen, denn Reiseschecks in anderen Währungen sind für Amerikaner sehr exotische Papiere. Dollarschecks werden bei allen Banken gewechselt und fast überall wie Bargeld akzeptiert. Es lohnt sich deshalb, sie auch in kleineren Beträgen mitzunehmen (z.B. $20-Schecks). Dollarschecks sind gegen 1% Provision bei jeder Bank zu haben. Am bekanntesten sind Reiseschecks von *Amexco (American Express), Visa* oder *Thomas Cook*. Bei Verlust oder Diebstahl werden sie im nächsten Vertragsbüro ersetzt.

Wichtig ist, dass die Kaufabrechnung an einer anderen Stelle aufbewahrt wird als die Schecks, denn mit ihr lässt sich nachweisen, welche Schecks eingekauft wurden. Außerdem ist eine Aufstellung aller bereits eingelösten Schecks wichtig, die natürlich bei Verlust nicht ersetzt werden.

Wer einen Scheck einlost, wird häufig nach einer *identification* gefragt – oft genügt der Führerschein, ansonsten wird selbstverständlich der Reisepass akzeptiert. Mit Travellers Cheques kann man auch bezahlen, wenn das Schild *no checks* an der Kasse angebracht ist, denn es bezieht sich nur auf persönliche oder Wohlfahrtsschecks.

Bei Verlust von Reiseschecks:

American Express, ✆ 1-800/221-7282.
Thomas Cook, ✆ 1-800/287-7362.
Visa, ✆ 1-800/227-6811.

Kreditkarten

Ohne Kreditkarte geht in den USA fast nichts mehr. Hotels und Mietwagenfirmen verlangen als Sicherheit sogar dann einen Kartenbeleg, wenn man die Rechnung bar bezahlen möchte. Bei Mietwagen oder Flügen ist bei Bezahlung mit der Karte automatisch eine **Unfallversicherung** abgeschlossen.

Telefonische Zimmerreservierungen werden überwiegend nur nach Angabe der Kartennummer akzeptiert. Mit der Karte lassen sich zudem Flugtickets, Einkäufe und Restaurantrechnungen bezahlen und Bargeldbeträge abheben, allerdings werden dafür Gebühren berechnet. Auszahlungs- und Akzeptanzstellen finden sich überall im Land.

Mit Kreditkarten und Euroscheckkarten mit Cirrus- oder Maestro-Symbol kann man an Banken, die mit diesem Symbol gekennzeichnet sind, Geld abheben, auch von Geldautomaten, allerdings werden dafür Gebühren berechnet. **Geldautomaten** *(ATM = Automatic Telling Machines)* finden sich außer in Banken in allen größeren Flughäfen, aber auch in Vergnügungsparks und Spielkasinos. Man sollte sich vor der Abreise noch einmal bei der ausstellenden Firma über die aktuelle Situation informieren, da sonst die Karte von einem falschen Automaten widerspruchslos geschluckt werden könnte. Zudem kann sich der Wechselkurs schnell ändern, und es ist erforderlich, sich auf dem Laufenden zu halten, um bei der Abrechnung keine Überraschungen zu erleben.

Verlust oder Diebstahl muss sofort gemeldet werden, da Karteninhaber gegen den Missbrauch der Karte abgesichert sind. Um einem Missbrauch vorzubeugen, sollten Kreditkarten immer im Auge behalten und die Belege später genauestens geprüft werden. Sollte es **Schwierigkeiten** mit der Karte geben (Sperrung, Schaden am Magnetstreifen o.Ä.), kann man die ausstellende Firma in Deutschland benachrichtigen – Zeitverschiebung (Bürozeiten) beachten!

Informationen und Notrufnummern:
American Express: ✆ 069/97971000 (auch bei Verlust für Ersatzkarten zuständig), 💻 www.americanexpress.com/germany.
Visa: ✆ 069/920110, Standorte der Geldautomaten: 💻 www.visa.de, Karte sperren: ✆ +1/410/5813836 (international gebührenfrei).
MasterCard: ✆ 069/79330, Standorte: 💻 www.mastercard.com/atmlocator, Karte sperren: ✆ +1/314/2756690 (international gebührenfrei). Innerhalb der USA ✆ 1-800/307-7309.
Bankkarten mit Maestro-Logo: Infos über die Hausbank, Standorte unter

www.maestrocard.com/wheretouse, Karte sperren: +49/1805/021021.

Geldüberweisungen

Bei Überweisungen von Geld aus Europa schickt die Bank aus den USA ein Fax (Fax-Nummer notieren) an die Heimatbank und fordert den entsprechenden Betrag an. Eine telegrafische Anweisung kostet etwa 30–40 €. Der überwiesene Betrag wird zum Devisenkurs umgerechnet und bar oder in Travellers Cheques gegen eine Gebühr von etwa 10 € ausgezahlt. Etwas weniger kompliziert und vor allem schneller erfolgt der Geldtransfer über **Moneygram** oder **Western Union**, da bei diesem Vorgang nicht zwei Unternehmen kooperieren müssen. Unmittelbar nach Einzahlung bei einer heimatlichen Zweigstelle kann der Begünstigte das Geld in den USA in Empfang nehmen. Die Gebühren richten sich nach der überwiesenen Summe: Für 1000 € fallen etwa 40 € an.

Weitere Informationen, auch über Agenturen weltweit:

Moneygram, 069/689 7010,
www.moneygram.de.

Western Union, 0180/303 0330,
www.westernunion.com. Wird in Deutschland von allen Zweigstellen der Postbank angeboten.

Wechselkurs

1 US$	=	0,82 €	1 €	=	1,21 US$
1 US$	=	1,29 sFr	1 sFr	=	0,78 US$

Tagesaktuelle Wechselkurse findet man im Internet unter www.oanda.com.

Der schwankende US$-€-Wechselkurs bedeutet für Touristen ein Problem, denn die Veränderungen im Wechselkursverhältnis können viel Geld kosten. Bei steigendem Dollar sollte man sich mit ausreichend US$-Reiseschecks eindecken und möglichst damit bezahlen. Sinkt der Wert des Dollars, lohnt es eventuell, auf Kreditkarten zurückzugreifen, da die Rechnungen zum jeweiligen Tageskurs abgerechnet werden.

Reisekosten

Trotz schwächelnder US-Wirtschaft in jüngerer Vergangenheit und eines günstigen Dollarkurses sind die USA und insbesondere Kalifornien kein ausgesprochen billiges Reiseziel. Es stimmt zwar, dass Mietwagen, Benzin, Kleidung und Konsumgüter im Vergleich weniger kosten als in Westeuropa, gleichwohl darf man nicht erwarten, in den Staaten mit einer schmalen Geldbörse auszukommen. Außerdem ist zu beachten, dass es regionale Unterschiede gibt; in den Großstädten zum Beispiel ist alles viel teurer als auf dem Land.

Die **Unterbringung** wird wahrscheinlich als höchster Posten zu Buche schlagen. Nur wenige Hotel- oder Motelzimmer kosten unter $40, in der Regel zahlt man in Städten für etwas halbwegs Vernünftiges $50–80, Zimmer in weniger besuchten ländlichen Regionen sind in der Regel deutlich billiger. Jugendherbergen bieten Betten in Dormitories (oft zu „Dorm" abgekürzt) meist für $15–23 an, doch abgesehen von San Diego, Los Angeles und San Francisco gibt es sie nur vereinzelt, und wer zu zweit oder zu dritt unterwegs ist, hat am Ende nicht viel gespart. Zelten ist natürlich billig; ein Platz kostet weniger als $20 pro Nacht und ist manchmal sogar kostenlos, aber in Ballungsräumen kann man kaum ein Zelt aufstellen.

Was die **Verpflegung** anbelangt, so lässt sich mit $15 pro Tag einigermaßen, mit ungefähr $30 schon sehr gut auskommen. Die darüber hinausgehenden Ausgaben hängen davon ab, wie viele Touren, Taxifahrten, Kneipenbesuche und andere Vergnügungen auf dem Programm stehen. Wer von allem viel in Anspruch nimmt, sollte pro Tag mit mindestens $75 rechnen, vor allem in großen Städten. Die **Transportkosten** für Bus, Bahn oder Flugzeug mögen zunächst gering erscheinen, aber bei den gewaltigen zu überbrückenden Strecken können sich die Ausgaben summieren. Bei zwei oder mehr Reisenden lohnt sich wahrscheinlich ein Mietwagen, nicht zuletzt deshalb, weil das die Möglichkeit bietet, statt in den teuren Downtown-Hotels in den überall vorhandenen preiswerten Motels entlang der Interstates oder auf Campingplätzen abzusteigen.

Nicht vergessen sollte man die **Verkaufssteuer**, die nicht auf dem Preisschild ausgewiesen ist und praktisch auf alle Waren und Dienstleistungen aufgeschlagen wird (ausgenommen Lebensmittel). Sie beträgt mindestens 7,25%, in einigen Countys jedoch bis zu einem halben Prozent mehr. Mitunter wird zusätzlich eine **Hotelsteuer** erhoben, die den Übernachtungspreis um 10–12% verteuern kann.

Lesben und Schwule

Die i. A. lockere, tolerante Einstellung der Kalifornier manifestiert sich in einer lebendigen Schwulen- und Lesbenszene. San Francisco bildet das Zentrum des ‚homosexuellen' Kalifornien, wenn nicht sogar des ganzen Landes. Seit dem Zweiten Weltkrieg ist die Stadt praktisch ein Synonym für schwulen Lebensstil. Damals blieben Männer, die bei der Einschiffung wegen ihrer vermuteten Homosexualität vom Militärdienst ausgeschlossen wurden, lieber in San Francisco als mit Schimpf und Schande in die Heimat zurückzukehren. In den frühen 1970er Jahren entstand hier die Emanzipationsbewegung der Schwulen, und mittlerweile bilden sie eine einflussreiche Bevölkerungsgruppe mit guten gesellschaftlichen und politischen Kontakten.

Die Schwulen-, Lesben- und Transsexuellenszene von San Francisco ist leicht zu finden. Es gibt aber auch eine lebendige Szene in Los Angeles: in West Hollywood, Palm Springs und Santa Cruz, das sich in den letzten Jahren zu einem Mekka für Lesben entwickelt hat. Man sollte jedoch immer im Auge behalten, dass die Einstellung gegenüber Homosexuellen außerhalb der städtischen Zentren und insbesondere in den Wüstenregionen des Landesinneren meist nicht frei von Vorurteilen ist. Das offene Bekenntnis zu einer aus dem konventionellen Rahmen fallenden sexuellen Orientierung kann dort von den Einheimischen mit Befremden und Unverständnis quittiert werden.

Eine Liste der Bars, Clubs und anderer Szene-Einrichtungen findet sich in den jeweiligen Städtekapiteln.

Kontaktadressen

Damron Company, PO Box 422458, San Francisco, CA 94142, ✆ 415/255-0404 oder 1-800/462-6654, 🖳 www.damron.com. Herausgeber mehrerer Verzeichnisse für Schwule und Lesben: *Men's Travel Guide*, ein Jahrbuch im Taschenformat, listet Hotels, Bars, Clubs und andere Einrichtungen für schwule Männer; *Women's Traveler* bietet das Gleiche für Lesben; *Damron Accommodations* listet mehr als 1000 Unterkünfte für Schwule und Lesben weltweit auf.

Gayellow Pages, PO Box 533, Village Station, New York, NY 10014, ✆ 212/674-0120, 🖳 www.gayellowpages.com. Nützliches Verzeichnis von Unternehmen in den Vereinigten Staaten und Kanada.

International Gay & Lesbian Travel Association, 4331 N Federal Hwy, Suite 304, Fort Lauderdale, FL 33308, ✆ 954/776-2626 oder 1-800/448-8550, 🖳 www.iglta.org. Die Organisation bietet eine Liste von Reisebüros, Unterkünften und anderen Unternehmen im Tourismusbereich, die von Schwulen bzw. Lesben betrieben werden oder die schwulenfreundlich sind.

Frauen unterwegs

Allein reisende Frauen können in den USA ziemlich unproblematisch unterwegs sein. Trotzdem sind Frauen auch hier denselben Diskriminierungen ausgesetzt, die wir aus europäischen Ländern kennen. Problematischer als verbale Beleidigungen sind die realen **physischen Gefahren**. Die Vergewaltigungsstatistiken in den USA sind schockierend, und es ist daher selbstverständlich, dass Frauen nie allein trampen sollten. Umgekehrt gilt für Autofahrerinnen, dass sie nicht jeden x-beliebigen Tramper mitnehmen sollten. Wer am Steuer sitzt, ist noch lange nicht sicher.

Wenig genutzte öffentliche Verkehrsmittel sind nachts möglichst zu meiden. Menschenleere Bushaltestellen müssen zwar nicht unbedingt gefährlich sein, tragen aber auch nicht zu einem Gefühl der Sicherheit bei.

Es ist empfehlenswert, sich mit einer anderen Frau zusammenzutun. Im Greyhound sollten Frauen versuchen, weit vorn – und damit so nahe wie möglich beim Fahrer – zu sitzen.

Die Städte Kaliforniens, insbesondere San Francisco, können erstaunlich sicher erscheinen, einfach weil überall Menschen sind, trotzdem gelten dieselben **allgemeinen Verhaltensregeln** wie in jeder Stadt der Welt. Es ist z.B. nicht ratsam, durch unbeleuchtete Straßen zu gehen. Wenn es keinen Bus gibt, sollten Frauen ein Taxi nehmen. Frauen, die selbstsicher auftreten, spüren meistens weniger Aggressionen als andere, denen man schon von weitem ansieht, dass sie unsicher sind und sich verloren fühlen. Wenn frau den Ratschlägen ortskundiger Freunde folgt, ist es selten problematisch, als Frau allein auszugehen.

In ländlichen Regionen hat man leider längst nicht so eine aufgeschlossene Einstellung gegenüber Frauen wie in den Metropolen. Bei **Autopannen** irgendwo auf offener Strecke ist es besser auszusteigen und zu Fuß bis in den nächsten Ort zu gehen. Nicht ratsam ist es, am Straßenrand zu warten, bis jemand anhält, um zu helfen. Zunehmender Beliebtheit erfreuen sich Mobiltelefone, die frau für wenig Aufpreis mit dem Mietwagen auleihen kann.

Sollte es wirklich zum Allerschlimmsten gekommen sein, gibt es in praktisch jeder Stadt eine Vergewaltigungs-, Krisen- und Beratungsstelle *(Rape Counselling Service)*. Wenn nicht, wird der örtliche Sheriff einen Bericht aufnehmen, weiterhelfen und im Notfall die Betroffene ins Hotel begleiten lassen.

In **Krisensituationen** hilft auch die *National Organization for Women*, 💻 www.now.org, eine Organisation für Frauenangelegenheiten, die sich nicht zuletzt um frauenfreundlichere Gesetze verdient gemacht hat. NOW-Filialen sind den örtlichen Telefonbüchern zu entnehmen.

Spezielle **Adressen für Frauen** sind in den jeweiligen regionalen Kapiteln zu finden. Wer gute, allgemeine Infos will, sollte das jährlich neu erscheinende *Womens' Travel in Your Pocket* bestellen ($16), das Adressen und Informationen für allein reisende (lesbische) Frauen enthält, zu beziehen über *Ferrari Publications*, PO Box 37887, Phoenix, Arizona 85069, ✆ 602/863-2408.

Reisen mit Kindern

Mit Kindern jeglichen Alters zu reisen, ist in Kalifornien überraschend problemlos. Kinder (i.A. bis 14, manchmal bis 18 Jahre) können normalerweise in Hotels und Motels ohne Aufpreis mit ihren Eltern in einem Zimmer schlafen. Kinderbetten für Kleinkinder sind für eine geringe Gebühr zu haben. Restaurants sind mit Kinderportionen und Spielecken ebenfalls sehr entgegenkommend. Amerikaner sitzen häufig mit der ganzen Familie im Restaurant. Es gibt eigentlich immer einen *high chair* für die Jüngsten und selten eine Bedienung, die nicht ein freundliches Wort für die Kleinen übrig hätte. Nur auf den Besuch von Bars und anderen Lokalen, in denen Alkohol ausgeschenkt wird, muss man in Begleitung minderjähriger Kinder verzichten.

Museen und andere Sehenswürdigkeiten haben ermäßigte Eintrittsgebühren für Kinder oder preiswerte „Family packages". In manchen Städten gibt es Kindermuseen – im Text sind die sehenswertesten unter ihnen erwähnt.

State und National Parks bieten Aktivitäten für Kinder an, und viele Wanderwege sind auch für kurze Spaziergänge gut geeignet. Die **Vergnügungsparks** von Kalifornien sind für Kinder im entsprechenden Alter natürlich *das* Erlebnis schlechthin. In Vergnügungsparks, Einkaufszentren und überhaupt überall dort, wo Gedränge herrscht, sollte man mit dem Kind für den Fall des Falles einen Treffpunkt ausmachen. Kinder, die sich nicht auf Englisch verständigen können, sollten ein Namensschild um den Hals tragen, z.B. in Form eines SOS-Anhängers, der generell auf Reisen zu empfehlen ist, auch im Flugzeug. Im Übrigen ist es ratsam, sich auf wenige Reisegebiete zu konzentrieren und langweilige längere Autofahrten zu vermeiden.

Kinder unter zwei Jahren reisen auf Inlandflügen kostenlos, auf internationalen **Flügen** für 10% des Erwachsenenpreises, allerdings ohne Anspruch auf einen Sitzplatz, was einen Transatlantikflug zum Alptraum werden lassen kann. Kinder zwischen zwei und zwölf Jahren bezahlen meist die Hälfte.

Kontaktadressen

California Office of Tourism (s.S. 14) bietet Reisenden mit Kindern ausgezeichnete kostenlose Broschüren mit zahlreichen Hinweisen und Tipps.

Rascals in Paradise, 1 Daniel Burnham Court, Suite 105-C, San Francisco, CA 94109, ✆ 415/921-7000, 💻 www.rascalsinparadise.com. Arbeitet individuelle, auf Familien zugeschnittene Reiserouten aus, die sich um Aktivitäten für Kinder drehen.

Travel With Your Children, 40 Fifth Ave, New York, NY 10011, ✆ 212/477-5524. Herausgeber des Newsletters *Family Travel Times* (💻 www.familytraveltimes.com) sowie einer Buchserie über Reisen mit Kindern; u.a. *Great Adventure Vacations With Your Kids.*

Wer die USA mit einem **Mietwagen** bereisen will, sollte ggf. die Mietwagenfirma um die Bereitstellung eines Kindersitzes bitten. Normalerweise werden sie für einen Aufpreis von ungefähr $4-5 pro Tag mitgeliefert; notfalls muss man sie selbst mitbringen. Kalifornien ist ein großer Bundesstaat; entsprechend groß sind die zu bewältigenden Strecken, was für kleine Menschen langweilig und frustrierend werden kann. Eine Autofahrt kinderfreundlich gestalten heißt: viele gesunde kleine Snacks und Spiele einpacken, viele Pausen einlegen und Großstädte möglichst nicht zur Rushhour durchfahren. Auch sollte man sich für einen Tag kein allzu großes Streckenpensum vornehmen. Es empfiehlt sich, die Fahrt so zu planen, dass man lange vor Sonnenuntergang am Ziel ankommt. Wenn man ältere Kinder als Lotsen einspannen kann, schlägt man mehrere Fliegen mit einer Klappe: Sie dirigieren den Fahrer und bekommen gleichzeitig ein Verständnis für Entfernungen und die bis zur Ankunft verstreichende Zeit.

Wichtiger Hinweis

Auch Kinder und Babys benötigen für die Einreise in die USA einen eigenen **Reisepass**.

Reisen mit Behinderungen

In den USA ist man auf Rollstuhlfahrer und Körperbehinderte viel besser eingestellt als in den meisten europäischen Ländern. Alle öffentlichen Gebäude, einschließlich der Hotels, Restaurants und Theater, lassen sich per Rollstuhl „betreten" und verfügen über Behindertentoiletten. Fast alle Bürgersteige sind an den Straßenecken abgeflacht, und die meisten öffentlichen Transportmittel besitzen Einstiegshilfen (viele Busse können z.B. „in die Knie gehen"), in den U-Bahnen gibt es Aufzüge, und die Angestellten erweisen sich in der Regel als äußerst hilfsbereit.

Die meisten internationalen und nationalen **Fluggesellschaften** tun ihr Bestes, um Behinderten die Reise zu erleichtern. Wer auf ständige Hilfe angewiesen ist, kann normalerweise kostenlos eine Begleitperson mitbringen. Es ist ratsam, Sonderwünsche mindestens einen Tag im Voraus anzumelden. Fast alle Amtrak-**Züge** verfügen über besondere Abteile für Behinderte. Blinde, Gehörlose oder aus einem anderen Grund auf einen Begleithund angewiesene Reisende können diesen kostenlos mitnehmen; allerdings muss 24 Stunden vorher Bescheid gegeben werden. Besondere Zuginformationen für Hörbehinderte unter ✆ 1-800/523-6590.

Eine Fahrt mit Greyhound- oder Amtrak Thruway-**Bussen** ist dagegen wenig empfehlenswert. Die Busse sind nicht mit Rollstuhlliften ausgerüstet, allerdings sind die Angestellten verpflichtet, beim Einstieg behilflich zu sein; die Begleitperson fährt allerdings umsonst mit, sofern man eine ärztliche Bestätigung der Notwendigkeit einer Begleitung vorweisen kann. Erforderliche Hilfe für eine Fahrt mit Greyhound ist mindestens 48 Std. vor dem geplanten Fahrtantritt unter ✆ 1-800/752-4841 anzumelden.

Die größeren **Autoverleihfirmen** bieten ohne Aufpreis Mietwagen mit Handschaltung an, allerdings nur in der obersten, d.h. teuersten, Kategorie. Es ist ratsam, lange im Voraus zu buchen. Die American Automobile Association gibt für behinderte Autofahrer die Broschüre *Handicapped Driver's Mobility Guide* heraus, kostenlos erhältlich von AAA, Traffic Safety Dept, 150 Van Ness Ave, San Francisco, CA 94102, ✆ 415/565-2012. Die im Anwachsen begriffene Zahl der Selbstbedienungstankstellen stellt für viele Behinderte ein Problem dar.

Das California Office of Tourism hat einen kostenlosen ***California State Visitor's Guide*** (erhältlich unter 🖳 www.gocalif.ca.gov) herausgebracht, in dem behindertengerechte Unterkünfte und Freizeiteinrichtungen aufgelistet sind.

Das seit langem bewährte **Center for Independent Living**, 2539 Telegraph Ave in Berkeley, ✆ 510/841-4776, 🖳 www.cilberkeley.org, ist eine der besten Behindertenorganisationen der Welt und bietet zuverlässige Informationen und Hilfen.

Informationsreiche **Websites** sind u.a. Access-Able, 🖳 www.access-able.com, und Wheels Up!, 🖳 www.accessandiego.org,.

Fur Besucher der **Nationalparks** gibt es den etwas veralteten, aber sehr guten *California Parks Access: A Complete Guide to the State and National Parks for Visitors with Limited Mobility* (Cougar Pass Pub Co), der detaillierte Beschreibungen von Pfaden, Sehenswürdigkeiten und etwaigen Einschränkungen der Zugänglichkeit enthält.

Behinderte erhalten mit dem **Disabled Discount Pass** ($4) 50% Ermäßigung auf Parkplatz- und Campinggebühren, sofern diese über $3 liegen (außer beim Hearst Castle). Der Pass kann über den California State Parks Store, PO Box 942896 oder Sacramento, CA 94296, ✆ 916/653-4000, beantragt werden.

Der **Yosemite National Park**, PO Box 577, Yosemite, CA 95389, ✆ 209/372-0200, Schreibtelefon 209/372-4726, 💻 www.nps.gov/yose, kann allgemeine Auskünfte erteilen; Rollstühle zur Miete stellt die *Yosemite Medical Clinic*, ✆ 209/372-4637, zur Verfügung.

Viele **Touranbieter** berücksichtigen inzwischen die Bedürfnisse Behinderter oder bieten speziell auf diese zugeschnittene Touren an. Ein Verzeichnis entsprechender Veranstalter ist in der Regel beim jeweiligen State Tourist Department erhältlich. Andernfalls wendet man sich an die *National Tour Association*, ✆ 606/226-4444 oder 1-800/755-8687, 💻 www.ntaonline.com.

Hilfsorganisationen

SATH, Society for the Advancement of Travelers with Handicaps, ✆ 212/447-7284, 💻 www.sath.org. Gemeinnützige Gruppierung der Tourismusindustrie, die Anfragen an die betreffende Stelle leitet.

Mobility International USA, ✆ 541/343-1284, 💻 www.miusa.org. Erteilt Reiseinfos und organisiert Austauschprogramme für Behinderte.

Twin Peaks Press, PO Box 129, Vancouver, WA 98666, ✆ 360/694-2462 oder 1-800/637-2256. Gibt die Publikationen *Travel for the Disabled, Wheelchair Vagabond* und das *Directory for Travel Agencies for the Disabled* heraus, die viele nützliche Tipps enthalten.

Bundesarbeitsgemeinschaft Hilfe für Behinderte (BagH), Kirchfeld Str. 149, 40215 Düsseldorf, ✆ 0211/310060, 📠 3100648, ✉ info@bagh.de, 💻 www.bagh.de. Gibt eine Liste von Telefonnummern und Adressen spezialisierter Reiseveranstalter heraus.

Bundesarbeitsgemeinschaft der Clubs Behinderter und ihrer Freunde (BAG cbf), Eupener Str. 5, 55131 Mainz, ✆ 06131/225514, 📠 238834, ✉ bagcbfmainz@aol.com, 💻 www.bagcbf.de. Verschickt gegen Rückporto (1,44 €) eine Adressenliste aller bekannten Behinderten-Reiseveranstalter.

Bundesverband Selbsthilfe Körperbehinderter e.V. (BSK), Altkrautheimer Str. 17, Postfach 20, 74236 Krautheim an der Jagst, ✆ 06294/68303, 📠 68107, 💻 www.bsk-ev.de. Hilft mit Informationen und Ratschlägen für Reisen mit Behinderung weiter und gibt jährlich ein *Reise-Abc* (5 €) mit allgemeinen Reisetipps heraus.

Praktische Tipps

Übernachtung

Das Übernachten ist meist der teuerste Posten in der Reisekasse. Billig übernachtet man nur auf Zeltplätzen (je nach Ausstattung bis zu $20) oder in Jugendherbergen (Hostels), wo ein Dormitory-Bett in der Regel für $15–23 zu haben ist. In großen Städten liegen die Zeltplätze jedoch meist in den Außenbezirken, und die Hostels sind ständig überfüllt. Zu zweit oder zu mehreren bieten die zahlreichen Motels und Hotels eine weitaus größere und kaum teurere Auswahl.

Abseits der großen Städte ist ein einfaches Zimmer in der Regel für ca. $40 zu bekommen, ein weiteres Bett für eine dritte Person im gleichen Zimmer kostet meist nur $5–10 zusätzlich. Wer allein unterwegs ist, wird es schwerer haben, denn Einzelzimmer *(singles)* sind in der Regel Doppelzimmer, die zu einem kaum niedrigeren Preis angeboten werden. Abgesehen von den Billigmotels an den Interstates unterliegen die Zimmerpreise saisonalen Schwankungen, häufig gelten auch an Wochenenden Sonderpreise. So kann sich der Preis für ein einfaches Motel in einem Urlaubsort an der Küste oder in den Bergen während der Saison ohne weiteres verdoppeln, während ein großes Hotel in der Stadt seinen regulären Preis von $200 unter der Woche zum Wochenende, wenn die Geschäftsleute abgereist.sind, drastisch senkt.

Preiskategorien der Unterkünfte

Wir haben die Hotels in folgende Kategorien eingeteilt, wobei die **Preise** ohne die lokale Steuer angegeben sind und jeweils für ein **Doppelzimmer in der Hochsaison** gelten. Bei Hostels ist der Übernachtungspreis pro Person angegeben.

❶	bis $40
❷	$40–55
❸	$55–70
❹	$70–90
❺	$90–120
❻	$120–150
❼	$150–200
❽	$200–250
❾	über $250

Da die preiswerten Unterkünfte in den Städten, in den beliebteren Küstengegenden und in der Umgebung der Nationalparks schnell belegt sind, sollten sie nach Möglichkeit im Voraus gebucht werden. **Reservierungen** gelten nur bis 17, höchstens 18 Uhr, es sei denn, man kündigt vorher an, dass man später ankommen wird.

Es ist üblich, die Unterkunft im Voraus zu bezahlen, zumindest für die erste Nacht und während der Hochsaison auch für weitere Nächte. Bargeld und US$-Travellers Cheques werden akzeptiert, doch es ist üblicher, bei der Ankunft einen Kreditkartenbeleg zu unterschreiben, in den bei der Abreise nur noch der Endbetrag eingetragen werden muss.

Hotels und Motels

Im Prinzip gibt es kaum einen Unterschied zwischen Hotels und Motels. Letztere findet man vor allem entlang der großen Zufahrtsstraßen in die Städte, in der Umgebung von Stränden sowie an großen Straßenkreuzungen. Vielgeschossige Hotels hingegen herrschen entlang der begehrten Küstenabschnitte vor und bieten in Stadtzentren mitunter die einzige Unterkunftsmöglichkeit.

Die Ausstattung ist überall mehr oder weniger gleich: Die Zimmer haben ein oder mehr Doppelbetten, ein Badezimmer, eine Kaffeemaschine, Kabel-TV, Telefon und Kühlschrank. Die billigsten Zimmer (um $40) sind einfach, mitunter sogar ein bisschen schäbig. Für $10–15 mehr werden eine modernere Ausstattung, mehr Platz und Extras, wie z.B. ein Swimmingpool, geboten. Mit $100 und mehr bewegt man sich im Bereich eines eigenen Jacuzzi. Oft findet man Mikrowellen und Kaffeemaschinen; komplette Kochgelegenheiten sind dagegen eher selten.

Immer mehr kalifornische Hotels (und die besseren Motels) bieten ihren Gästen inzwischen ein kostenloses Frühstück an. Mitunter besteht es aus nicht mehr als einer Tasse Kaffee und einem watteweichen Gebäckteil, jedoch mehrt sich die Zahl der Unterkünfte, die Obst, Müsli, Muffins und Toast auftischen.

In der Regel liegen die Hotels und Motels der unteren Preisklasse nah beieinander in einer bestimmten Gegend oder Straße, meist entlang der Highways und Freeways; den Weg weisen riesige Neonschilder, die zum Teil auch Preise angeben.

Die billigsten **Motelketten** ($30–50, in Touristengegenden aber auch durchaus $80) sind *Econolodge, Motel 6* und *Days Inn*. Etwas teurer sind mit $50–100 *Best Western, Travelodge, Howard Johnson* und *Ramada*, aber für das gleiche Geld findet man in der Regel auch eine bessere Unterkunft. Wir haben teure Hotels nur erwähnt, wenn wir sie für besonders bemerkenswert hielten, z.B. wegen ihrer Lage, ihrer Geschichte oder ihrer Atmosphäre. In dieser Kategorie sollte man daran denken, dass für die zusätzlichen Dienstleistungen ein standesgemäßes Trinkgeld erwartet wird.

In der Nebensaison haben nicht wenige Motels und Hotels damit zu kämpfen, ihre Zimmer voll zu bekommen und lassen mit sich handeln. Erhebliche Rabatte versprechen **Coupons**, die die Regale der Touristeninformationen füllen. Es empfiehlt sich aber, das Kleingedruckte zu lesen, denn häufig erweist sich das Angebot als Preis im Doppelzimmer *pro Person* oder ist auf wenige Tage (nur Mo–Do) begrenzt.

Bed and Breakfast

In Kalifornien ist Bed and Breakfast – im Gegensatz zu England – eine Luxuskategorie. Bed and Breakfast Inns sind oft liebevoll restaurierte historische Gebäude auf dem Land oder in kleineren Städten, einige wenige gibt es auch in den Großstädten, vor allem in San Francisco. Selbst die größten haben nicht mehr als 10 Zimmer, statt Fernseher und Telefon gibt es Blumensträuße, Plüsch und Polstermöbel, und man bemüht sich um eine gemütliche Atmosphäre. Kleinere Inns verfügen oft nur über einige schlicht möblierte Zimmer bei einer Familie oder ein Apartment. Das Frühstück fällt gewöhnlich recht üppig aus: 5 Gänge sind keine Seltenheit.

Die Preise variieren je nach Lage und Saison von $70 bis zu satten $250. Der durchschnittliche Preis für ein Zimmer mit Bad liegt zwischen $85 und $125 und etwas höher für eine ganze Wohnung. Bed and Breakfast Inns sind oft monatelang im Voraus ausgebucht, es empfiehlt sich also, rechtzeitig zu reservieren.

Außer den in diesem Buch aufgeführten B&Bs gibt es noch unzählige weitere in Kalifornien. Viele von ihnen sind auf einigen **Accommodation Websites** aufgelistet, wie z.B. *California B&B Travel*, 💻 www.bbtravel.com; *California Association of B&B Inns*, 💻 www.cabbi.com; sowie *B&B Inns of North America*, 💻 www.inntravels.com.

Jugendherbergen

Mit ca. $17 pro Nacht und Person (bzw. über $23–27 in San Francisco und Santan Monica in L.A.) bieten Jugendherbergen nach Campingplätzen die bei weitem preiswerteste Übernachtungsmöglichkeit. Neben den wenigen privaten Herbergen in großen Städten gibt es in den USA zwei Arten von Hostels: das HI-USA-Netzwerk (Hostelling International–American Youth Hostels) sowie eine wachsende Zahl unabhängiger, unterschiedlichen Dachorganisationen zugehöriger Hostels.

Insgesamt sind in Kalifornien etwa 20 **HI-USA Hostels** (abgekürzt HI), 💻 www.hiayh.org, vertreten, meist in beliebten Wandergebieten, aber auch in größeren Städten und Touristenzentren. Die meisten städtischen Jugendherbergen sind rund um die Uhr geöffnet, in ländlichen Gebieten hingegen gibt es manchmal eine nächtliche Ausgangssperre und begrenzte Tagesaufenthaltsdauer. Bei Preisen zwischen $15 und $27 für ein Dorm-Bett ($3 mehr für Nichtmitglieder ohne Internationalen Jugendherbergsausweis) sind diese Herbergen in den USA das billigste Dach über dem Kopf.

Unabhängige Hostels sind gewöhnlich etwas billiger als die der HI und haben weniger Regeln. Die Qualität ist recht unterschiedlich: Einige fallen ziemlich ärmlich aus, andere (in diesem Buch aufgeführte) sind absolut spitze. Hostels, die keiner Organisation angehören, findet man vor allem in den größeren Städten. Ihr Unabhängigkeitsstatus kann darauf zurückzuführen sein, dass sie den (ziemlich rigiden) HI-Kriterien nicht entsprechen, aber oft liegt es einfach daran, dass die Besitzer es vorziehen, sich nicht den HI-Regeln zu unterwerfen.

Hostels sind nicht allzu beständig. Sie ziehen oft um oder machen einfach dicht. Andererseits tauchen jedes Jahr neue auf, und es ist daher ratsam, auf den schwarzen Brettern der Hostels nach entsprechenden Hinweisen zu suchen oder sich im Internet unter 💻 www.hostels.com zu informieren.

Das *USA Hostel Directory* (für Mitglieder kostenlos, ansonsten $3) listet alle Hostels mit detaillierten Angaben. Man bekommt das Verzeichnis bei den Jugendherbergen, oder bestellt es beim HI National Office, ✆ 301/495-1240, ✉ members@hiusa.org, 💻 www.hiusa.org.

Vom Deutschen Jugendherbergswerk, www.djh.de, ist das *Internationale Jugendherbergsverzeichnis* für Übersee mit sämtlichen Adressen u.a. in allen Jugendherbergen oder über das Netz für ca. 9 € erhältlich. Informationen über die nächstliegende Ausgabestelle erteilt der jeweilige Landesverband. Hier kann man auch die Mitgliedschaft beantragen, die bis zum Alter von 27 Jahren 12 € und für Familien und Partner 20 € pro Jahr kostet. Eine Mitgliedschaft im Schweizer Jugendherbergsverband kostet bis zum Alter von 18 Jahren 22 sFr pro Jahr; Interessenten ab 18 Jahren zahlen 33 sFr, Familien 44 sFr. In Österreich ist die Mitgliedschaft im Jugendherbergsverband für Heranwachsende bis 18 Jahre kostenlos. Personen, die älter als 18 Jahre sind, zahlen 15 €. Kontaktadressen:

DJH Service GmbH, Bismarckstr. 8,
32756 Detmold, 05231-74010, 740149,
service@djh.de, www.jugendherberge.de
Österreichisches Jugendherbergswerk,
Helfersdorferstr. 4, 1010 Wien, 01-5331833,
01-533183385, oejhw@oejhw.or.at,
www.oejhw.or.at
Schweizer Jugendherbergen, Schaffhauser
Str. 14, 8042 Zürich, 01-3601414, 3601460,
marketing@youthhostel.ch,
www.youthhostel.ch

Vor allem wenn man zur Hochsaison unterwegs ist, sollte man im Voraus reservieren, entweder beim Hostel selbst oder online (mindestens 48 Std. im Voraus). Beim IBN-Buchungsdienst, www.hihostels.com, kann man einige Hostels in den großen Städten buchen; z.B. in San Diego, L.A. und San Francisco.

Manche Hostels erlauben den Gebrauch des eigenen Schlafsackes, aber offiziell müssen sie auf Benutzung eines Leinenschlafsacks bestehen (was die meisten auch tun), den es normalerweise an Ort und Stelle auszuleihen gibt (um $2 pro Nacht). Nur wenige versorgen die Gäste mit Mahlzeiten, aber die meisten verfügen über Kochgelegenheiten. Der Genuss von Alkohol, Zigaretten und natürlich von Drogen ist strengstens verboten.

Camping

In den Staaten macht man Campingurlaub auf einem **Campground**; ein *campsite* ist die Stelle, an der das Zelt oder das Wohnmobil aufgestellt wird. Es gibt einfache Campgrounds, die aus wenig mehr als einem eingeebneten Zeltplatz mit einem Wasserhahn bestehen, und luxuriöse mit Läden, Restaurants, Duschen, Waschmaschinen und vielleicht sogar einem Pool. Beim Campen in Nationalparks und State Parks sowie in National Forests darf in der Regel mit einem großen Stellplatz gerechnet werden, der bis zu zwei Fahrzeugen, sechs Personen und all den Utensilien Platz bietet, auf die Amerikaner im Urlaub nicht verzichten möchten. Daneben wird es auch einen Picknicktisch und eine Feuerstelle geben, einen Trinkwasser-Anschluss sowie eine nahe gelegene Toilette. Die einfachen Plätze darf man manchmal kostenlos benutzen, für einen relativ luxuriös ausgestatteten bezahlt man bis zu $20 pro Nacht. Hat der Stellplatz Anschluss für Strom, Wasser, Abwasser und Kabel-TV muss man mit $22–30 rechnen. Die Websites von www.californiacampgrounds.org und Kampgrounds of America, www.koa.com, bieten komplette Listen.

Während der Feiertage und in der Hochsaison im Sommer ist eine gute Planung erforderlich, denn viele Campingplätze in den großen National Parks und auch anderswo sind am späten Nachmittag voll. Andererseits sind einfache Plätze in abgelegenen Gegenden oft das ganze Jahr über völlig leer, und sofern sie überhaupt etwas kosten, deponiert man den entsprechenden Betrag in einem dafür vorgesehenen Kasten, nachdem man sich für eine der mit Nummern versehenen Stellen entschieden hat. Der Versuch, die Übernachtungsgebühr zu sparen, wäre nicht nur unehrlich, sondern auch dumm, denn abends oder nachts wird der Kasten garantiert geleert und der Platz samt Besuchern genau überprüft.

Unter folgenden Telefonnummern und Websites sind Reservierungen möglich:

Nationalparks (außer Yosemite)
National Park Reservation Service (NPRS)
1-800/365-2267, www.reservations.nps.gov
7–19 Uhr Pacific Time

Yosemite National Park
1-800/436-7275 oder 301/722-1257,
www.reservations.nps.gov
7–19 Uhr Pacific Time

National Forests
National Recreation Reservation Service (NRRS)
✆ 518/885-3639 oder 1-877/444-6777,
🖳 www.reserveusa.com

State Parks
California State Parks Reservations
✆ 916/638-5883 oder 1-800/444-7275,
🖳 www.reserveamerica.com

Weitaus billiger als die meisten Campingplätze sind die eigens und ausschließlich für Wanderer und Radler eingerichteten **Hiker / Biker** oder **Walk-in Campgrounds** (ohne Autos auf dem Platz), auf denen man für $3 pro Person nächtigen kann (Näheres s.S. 47, Radfahren).

Große Teile des Landes sind öffentlich zugänglich, und Wanderer können in den riesigen, unbewohnten Gebieten überall **wild zelten**. Dafür ist jedoch ein *Wilderness Permit* und meist auch ein Permit für Lagerfeuer (auch dann, wenn man nur einen Kocher benutzt) erforderlich. Das Permit für Feuer wird kostenlos vom zuständigen *Park Rangers Office* ausgestellt und gilt in der Regel für ein Jahr. Im Übrigen sollte man bei solchen Unternehmen richtig vorbereitet sein, genug Proviant und Wasser dabeihaben, die *Park Rangers* informieren, auf Klapperschlangen und Bären achten und dafür sorgen, möglichst wenige Spuren in der Natur zu hinterlassen.

Man sollte immer versuchen, an bereits genutzten Plätzen zu zelten. Wer wild zeltet, benötigt einen kleinen **Kocher**, da dieser die Energie sinnvoller nutzt als ein Lagerfeuer, obwohl meistens auch abgestorbenes, herumliegendes Holz verbrannt werden darf. In vielen Gebieten ist Holz allerdings sehr knapp. Aber Vorsicht: Die in Europa üblichen blauen Gaskartuschen findet man äußerst selten, deshalb lohnt es sich nicht, einen solchen Kocher mitzuschleppen, und der Transport von Gasflaschen (ebenso wie aller anderen Brennstoffe) ist im Flugzeug sowieso verboten. Empfehlenswerter ist ein Benzinkocher, den man an jeder Tankstelle auffüllen kann. Für Spirituskocher ist das Auftreiben von *denatured alcohol* in einem Hardware Shop von Nöten, er ist also unpraktischer als ein Benzinkocher. Fluggesellschaften sind inzwischen sehr zimperlich, was die Mitnahme von Kochern angeht, die mit Flüssigbrennstoffen betrieben werden, und konfiszieren beim regelmäßig Check-in Kocher, Brennstoffbehältnisse und Pumpen (selbst wenn diese ausgewaschen und praktisch geruchsfrei sind).

Gibt es keine Toiletten, sollten menschliche Exkremente mindestens 10 cm tief in der Erde und mindestens 30 m von der nächsten Wasserquelle entfernt vergraben werden. **Abfälle** sollten samt und sonders wieder mitgenommen werden – eventuell sogar mehr, wenn man auf den zurückgelassenen Müll eines weniger umsichtigen Zeitgenossen stößt. Es ist auch davon abzuraten, den Müll einfach zu verbrennen: Auf diese Weise wurden schon größere Brände verursacht.

Ein wachsendes Problem stellen die im **Wasser** lebenden Giardia-Bakterien dar, die Darmentzündungen mit Krämpfen im Unterleib, Durchfall und Gewichtsverlust verursachen. Eine solche Erkrankung muss unbedingt ärztlich behandelt werden. Aus Bächen und Flüssen sollte man deshalb niemals Wasser trinken, sofern es nicht mindestens fünf Minuten abgekocht oder entkeimt worden ist. Entkeimungsfilter gibt es auch in Campingläden.

Seife oder Waschmittel sollte man aus ökologischen Gründen nicht in Seen und Flüssen benutzen (auch nicht biologisch abbaubare Spezialseifen). Andere Camper, die weiter stromabwärts das Wasser entkeimen oder filtern, wären darüber ebenfalls nicht erbaut. Besser ist es, Wasser abzuschöpfen und es vorzugsweise ca. 50 m vom Ufer des Gewässers entfernt für die Körperreinigung o.Ä. zu verwenden.

Die **Auswahl des Zeltes** sollte gut überlegt sein. In der Sierra bedeckt oftmals nur eine dünne Erdschicht die Felsen, so dass ein Befestigen mit Heringen kaum möglich ist. Besser sind selbsttragende Kuppelzelte. Ein großflächiges Moskitonetz sowie ein abnehmbares Überdach sind dabei nur von Vorteil – Zelte, die für kalte europäische Winter konzipiert sind, verwandeln sich bei Sonneneinstrahlung nicht selten in unerträglich heiße Saunen.

Wandern in der Wildnis

Die überwältigende Natur Kaliforniens ist sicher einer der vielen Anziehungspunkte dieses Staates. Die hiesigen Landschaften aus dichten Wäldern und hoch aufragenden Bergen zählen zu den beeindruckendsten des ganzen Landes. Durch riesige Gebiete kommt man nur zu Fuß, aber das ausgezeichnete Straßennetz macht alles leicht erreichbar. Hinzu kommen gut ausgestattete, wunderschöne Zeltplätze, die sich dort befinden, wo man sie sich wünscht. Leider ist alles nicht mehr ganz so unberührt; die beliebteren Gegenden können manchmal sogar ziemlich überfüllt sein.

Will man größere Wanderungen unternehmen, sollte man einige wichtige Hinweise zur Erhaltung der Umwelt beachten, damit es auch für alle zukünftigen Besucher noch ein positives Erlebnis wird.

Von der US-Regierung wurde die unter Naturschutz gestellte Wildnis in mehrere Kategorien unterteilt. Am zahlreichsten sind die **California State Parks**, 🖳 www.parks.ca.gov; sie umfassen u.a. Strände, bedeutende historische Stätten und Erholungsgebiete, die nicht unbedingt in ländlichen Gegenden liegen müssen. Tagesbesucher zahlen meist $2–4, vereinzelt müssen bis zu $14 Eintrittsgeld entrichtet werden. Kaum sparen lässt sich mit dem Kauf einer Jahreskarte ($125), die online und in den meisten Parks erhältlich ist.

National Parks, meist besonders schön und in unberührtem Zustand, verwaltet die Bundesregierung. Es handelt sich normalerweise um viel besuchte und gut – jedoch behutsam – erschlossene Regionen von großem landschaftlichen Reiz oder historischer Bedeutung: z.B. Yosemite mit seinen hohen Granitfelsen, oder der Grand Canyon, das Death Valley und Joshua Tree. Man darf nicht davon ausgehen, diese Parks als Fußgänger besuchen zu können, denn sie sind riesig, und man kann hier nicht einfach so herumspazieren. Die sieben Tage gültige Eintrittskarte kostet um $10 pro Auto, für den Yosemite $20. Hinzu kommen die kleineren **National Monuments** (Eintritt bis $5), wie Devil's Postpile, die eine einzelne Attraktion umfassen, sowie die als **National Seashores** ausgewiesenen geschützten Küstenstreifen.

Wer eine ganze Reihe solcher Gebiete besuchen möchte, ist gut beraten, einen **National Parks Pass** zu kaufen. Er kostet $50 für zwölf Monate, ist an jeder Zufahrt zu einem Nationalpark zu erwerben und gilt für alle National Parks des Landes. Im **Golden Eagle Pass** ($65) ist auch der Zugang zu allen Denkmälern *(national monuments)*, historischen Stätten *(historic sites)* und Schutzgebieten *(recreation areas; wildlife refuges)* in den gesamten USA eingeschlossen. Da die meisten von ihnen jedoch ohnehin keine Eintrittsgebühr verlangen, ist es sinnvoller, sich den National Parks Pass zu kaufen und ggf. einen Aufpreis von $15 zu zahlen.

Das ganze Jahr über werden ausgezeichnete kostenlose **Ranger Programs** in Form von geführten Wanderungen, Diavorführungen und anderen Veranstaltungen angeboten.

Der amerikanischen Bundesregierung unterstehen auch die **National Recreation Areas**, Erholungsgebiete, die sich häufig an riesigen Staudämmen erstrecken und Gelegenheit zum Jetskifahren oder Windsurfen bieten, aber ohne die stringenten Vorschriften der Nationalparks auskommen. Campingplätze und Verleihstationen für Ausrüstungen sind immer reichlich vorhanden.

Kaliforniens 18 **National Forests** bedecken 20% der Fläche des Bundesstaates. Die meisten grenzen an einen Nationalpark. Ihre Pflege obliegt ebenfalls der Bundesregierung, die ihnen aber weit weniger Schutz zukommen lässt: Die National Forests werden von größeren Straßen durchschnitten und häufig auch forstwirtschaftlich genutzt.

Alle genannten Schutzgebiete können **Wilderness Areas** umfassen, Gebiete, die in einem möglichst naturbelassenen Zustand bleiben sollen und daher für den Verkehr und alle kommerziellen Aktivitäten gesperrt sind. Wer dort wandern und campen will, braucht vom jeweils zuständigen Büro ein *Wilderness Permit* (s.o.). Lava Beds, Lassen, Death Valley, Sequoia & Kings Canyon, Joshua Tree, Pinnacles und Point Reyes haben alle große Wilderness Areas, beim Yosemite sind es sogar 94% der Fläche. Zum Campen in den Parks s.S. 30, Camping.

Wandern

Für **Tageswanderungen** *(day hikes)* sind keine Permits erforderlich. Für Wanderungen, die eine Übernachtung einschließen, benötigt man jedoch in der Regel ein *Wilderness Permit* (s.o.). Während der Hauptreisezeiten wird der Andrang auf die beliebtesten Routen durch ein Quotensystem begrenzt. Wer eine bestimmte Wanderstrecke im Auge hat, sollte sich daher frühzeitig ein Permit besorgen (mindestens zwei Wochen im Voraus, für die beliebteren Routen noch früher).

Wenn die *Park Ranger* ein *Wilderness Permit* ausstellen, sollte man sich nach dem neuesten Wetterbericht und anderen hilfreichen Infos erkundigen. Auch im Sommer kann in den Bergen Schnee fallen, Tauwetter löst leicht Lawinen aus und kann eine Flussdurchquerung plötzlich lebensgefährlich werden lassen. Wer eine mehrtägige Wanderung vorhat, sollte auf jeden Fall die nötige Ausrüstung, genug zu essen, Wasser, Landkarten und viel Vernunft mitbringen. Zu den im Buch genannten Wanderungen sind die Länge und geschätzte Dauer, die ein gesunder, aber nicht unbedingt trainierter Erwachsener benötigt, angegeben. In den **State Parks** findet man nach Schwierigkeit klassifizierte Wanderpfade, die Aussagekraft dieser Einteilung ist jedoch recht dürftig, da man sich dabei an Zeitgenossen orientiert hat, die selbst den Gang zum Laden an der Ecke mit dem Auto erledigen.

Der *Sierra Club,* 85 2nd St, 2nd Floor, San Francisco, CA 94105, ✆ 415/977-5500, 🖳 www.sierraclub.org, bietet im Sommer verschiedene Wanderungen in Gegenden der High Sierra an, die normalerweise nur schwer zugänglich sind. Die Wanderungen sind außerordentlich begehrt, was eine Buchung von mindestens drei Monaten im Voraus unumgänglich macht. Der Preis für eine siebentägige Wanderung liegt bei $500–600, hinzukommen $39 für die Clubmitgliedschaft.

Näheres zum Wandern und Überleben in der Wüste s.S. 232ff.

Gefahren

Es ist ratsam, sich unterwegs regelmäßig auf **Zecken** *(ticks)* zu untersuchen. Diese unangenehmen Blutsauger, die sich gern auf Menschen herabfallen lassen, übertragen oft Bakterien. Wer gebissen worden ist, sollte, insbesondere wenn sich auch noch grippeähnliche Symptome einstellen, einen *Park Ranger* um Rat fragen. Bei Wanderungen im Vorgebirge dürfte man allerdings keine Probleme haben. In Wassernähe können auch **Mücken** zum Problem werden. Insektenschutzmittel oder mit Citronellöl parfümierte Kerzen helfen, die Plage in Grenzen zu halten.

Meiden sollte man vor allem die **Poison Oak**, ein in Kalifornien verbreitetes, hoch allergenes Sumachgewächs mit dreiständigen, glänzenden, dunkelgrünen Blättern (im Herbst rot oder gelb), das als Busch oder Kletterpflanze in Wäldern und an Ufern fließender Gewässer vorkommt. Wer mit *Poison Oak* in Berührung gekommen ist, sollte so bald wie möglich Körper und Kleidung mit Seife und kaltem Wasser waschen. Gegen den Juckreiz hilft in leichten Fällen Cortisonsalbe und/oder regelmäßiges Baden im Meer. In extremeren Fällen muss ein Arzt aufgesucht werden.

Von den meisten Tieren, denen man auf Wanderungen begegnet, geht keine Gefahr aus. Nur Bären, Berglöwen, Klapperschlangen und Schwarze Witwen können Probleme bereiten. Deswegen ist es wichtig, einige Verhaltensregeln zu kennen:

Bären wird man höchstens innerhalb der Nationalparks begegnen, und wenn, dann werden es Schwarzbären sein – der letzte kalifornische Grizzly wurde 1922 geschossen. Um eine ungewollte Begegnung mit einem Bären zu vermeiden, sollte man beim Wandern in irgendeiner Form Lärm machen. Wer einen Bären sieht, bevor dieser einen bemerkt hat, sollte vorsichtig den Rückzug antreten. Bären sehen nicht besonders gut, dafür besitzen sie einen ausgeprägten Geruchssinn. Stattet ein Bär dem Zeltlager einen Besuch ab, lässt er sich durch lautes Gejohle und Schlagen auf Töpfe oder Pfannen verjagen. Bären sind nicht an Campern interessiert, sondern in erster Linie an deren Proviant. Allerdings können sie, wenn sie erfolgreich ein Zeltlager geplündert haben, von dieser Form der Futterquelle abhängig werden. Bären sind eine geschützte Tierart, aber ein Bär, der den menschlichen Kontakt zu suchen gelernt hat, wird schnell zum „Problem-Bären", und oft ist es dann die traurige Pflicht der Ranger, ihn zu erschießen.

Campingplätze in Gegenden, in denen auch Bären heimisch sind, verfügen oft über stählerne Spinde für Lebensmittel, deren Benutzung vorgeschrieben ist. Die Campingläden in den Nationalparks Yosemite, Kings Canyon und Sequoia vermieten für Wanderungen durch die Wildnis bärensichere Kanister aus Hartplastik für $3 pro Tag (manchmal $3 pro Ausflug) bzw. verkaufen sie für $75.

Vor jungen Bären sollte man sich besonders vorsehen, auch wenn sie noch so süß und knuddelig aussehen; Mutter Bär ist nämlich nie weit, und sie ist in der Regel überhaupt nicht süß und knuddelig.

Vor allem in der Wüste läuft man Gefahr, von einem **giftigen Lebewesen** gestochen oder gebissen zu werden. Klapperschlangen greifen selten an, wenn sie nicht provoziert werden. Egal, ob Schlange, Spinne oder Skorpion: Wer gebissen oder gestochen worden ist, sollte eine kalte Kompresse um die

Wunde legen, die entsprechende Stelle abbinden, damit sich das Gift nicht weiter verbreiten kann, viel Wasser trinken und so schnell wie möglich professionellen Rat einholen (notfalls beim Ranger, besser noch beim Arzt). Niemals die Stelle aufschneiden oder/und aussaugen – das hilft nur in Wildwestfilmen! Es ist nicht verkehrt, ein *snakebite kit* (Schlangenbiss-Set) dabeizuhaben, das es in den meisten Ausrüstungsläden gibt.

Die zunehmende Expansion der Städte in seine ursprünglichen Lebensräume, d.h. Wüsten sowie Küsten- und subalpine Wälder, hat den **Berglöwen** (Puma) immer weiter zurückgedrängt. In den neu gewachsenen Vorstädten bekommt man einen Puma selten zu Gesicht, und Angriffe auf Passanten sind die absolute Ausnahme. Um die ohnehin geringe Wahrscheinlichkeit einer ungewollten Begegnung zu minimieren, empfiehlt es sich, nicht allein oder nach Einbruch der Dunkelheit wandern zu gehen, wenn sich die Pumas auf Beutejagd begeben. Trifft man tatsächlich auf einen, sollte man nicht wegrennen. Stattdessen wird empfohlen, sich vor dem Puma aufzubauen und sich durch das Ausbreiten der Arme oder eines Mantels größer erscheinen zu lassen. Meist reicht das schon aus, um das Tier zu erschrecken und zum Rückzug zu bewegen. Greift der Puma doch an, sollte man kämpfen – das ist ein Puma von seiner Beute nämlich nicht gewohnt, weshalb er höchstwahrscheinlich Reißaus nehmen wird.

Eichhörnchen, **Backenhörnchen** und **Waschbären** können zum Ärgernis werden, weil sie Krankheiten übertragen, daher sollte man den Kontakt mit ihnen vermeiden. **Murmeltiere** sind insofern eine Plage, als sie gern Heizschläuche und Leitungen annagen, beispielsweise um in einer kalten Nacht an einen warmen Motor heranzukommen. Auch Stiefel und Rucksäcke sind nicht vor ihnen sicher.

Bei **Gebirgstouren** in größeren Höhen wie z.B. in der kalifornischen Sierra Nevada sind besondere Vorsichtsmaßnahmen einzuhalten. Noch im Juli kann Schnee fallen, und im Frühjahr herrscht Lawinengefahr, ganz zu schweigen vom Schmelzwasser, das harmlose Bäche in lebensgefährliche Wildwasser verwandelt.

Die durch Sauerstoffmangel verursachte **Höhenkrankheit** kann selbst durchtrainierte Sportler befallen. Deshalb sollte man die ersten Tage über 3000 m ruhig beginnen, viel Wasser, aber keinen Alkohol trinken, kohlenhydratreich essen und sich gegen die zunehmende Sonneneinstrahlung schützen. Zu achten ist außerdem auf Anzeichen von Schwindel, Kopfschmerzen oder Doppeltsehen. Tritt eines der genannten Symptome auf, bleibt nur der Abstieg, bis die Beschwerde wieder abklingt. Danach kann man erneut einen allmählichen Aufstieg in Angriff nehmen.

Näheres zu Gefahren, die von Schlangen und Spinnen ausgehen im Kapitel „Die Wüsten, Las Vegas und Grand Canyon", s.S. 236ff.

Essen und Trinken

In Kalifornien, zumindest in den kalifornischen Städten, bleibt kaum ein kulinarischer Wunsch unerfüllt – und das unabhängig von der Tageszeit. Kalifornien ist eines der größten Obst- und Gemüseanbaugebiete und das Land der gesundheitsbewussten Konsumenten. Zwar findet man hier nicht weniger *McDonalds* als anderswo, dafür aber reichhaltige Alternativen an natürlichem, gesundem Essen. Äpfel, Datteln, Avocados, Weintrauben, Kiwis, Melonen, Orangen, Pfirsiche und anderes Obst gibt es überall zu kaufen, außerdem frischen Fisch, Meeresfrüchte, gutes Fleisch und köstliche Milchprodukte.

Selten wird man etwas finden, das nicht frisch ist; selbst das Fast Food ist manchmal überraschend gut. Und die vielen kulinarischen Kreationen der Kalifornier sind ebenso avantgardistisch und ungewöhnlich wie ihre Architektur.

Restaurantetikette

Abgesehen von Selbstbedienungsrestaurants darf man beim Eintreten keinesfalls ins Lokal stürmen und sich einen Platz sichern. Das diskret am Eingang platzierte Schild *Wait to be seated* weist darauf hin, dass man in den USA wartet, bis man platziert wird. Das hat nichts mit willkürlichen Praktiken zu tun, sondern ist Ausdruck amerikanischer Höflichkeit. Man ist bestrebt, die Gäste an den bestmöglichen Platz zu setzen, und das hängt u.a. davon ab, ob man lieber bei den eher zweitklassigen Rauchern oder bei den Nichtrauchern sitzen möchte. Ist tatsächlich kein Platz frei, nimmt man vorn an der Bar einen Aperitif, der später auf die Rechnung gesetzt wird. Drängeln oder Unmutsäußerungen sind völlig fehl am Platz und werden bestenfalls mit nachsichtiger Ironie registriert. In den USA geht die Dame übrigens immer voran, auch ins Restaurant.

Die größte Überraschung erwartet Neulinge am Tisch, wenn der Kellner oder die Kellnerin mit strahlendem Lächeln herangerauscht kommt, sich mit Vornamen vorstellt *(„I'm your waiter today, my name is…")* und sich teilnahmsvoll nach dem werten Befinden sowie dem der Familie und dem Gang der Geschäfte erkundigt. Darauf erwarten sie beileibe keine andere Antwort als *„Everything's fine, thank you"* oder Ähnliches. Dies ist wirklich nicht der Ort, um der gequälten Seele Luft zu machen, auch wenn man die Bedienung mit Vornamen ansprechen darf.

Der nächste Satz kommt wie aus der Pistole geschossen und lautet je nach Tageszeit: *„How do you want your eggs / your sandwich / your steak?"* Und dann muss man eine Antwort parat haben, denn *time is money.* Auf gar keinen Fall sollte man die Bestellung mit *„I want…"* beginnen. Natürlich gibt es auch ungehobelte Amerikaner, die ihre Bestellung so aufgeben, aber sie geben damit zu verstehen, dass sie schlechter erzogen sind als ihr Gegenüber oder – noch unverzeihlicher – sich für etwas Besseres halten. Wer also nicht als Barbar erscheinen möchte, orientiert sich vor der Bestellung anhand unserer Beschreibungen darüber, in welcher Form die Eier, das Steak oder das Sandwich zubereitet werden sollen und bittet höflich darum. *„Please…, I'd prefer…, if possible…,"* kann gar nicht oft genug gebraucht werden.

Wenn es schließlich – nachdem man unzählige Male Kaffee oder Softdrinks nachgeschenkt bekommen hat – um das Bezahlen der Rechnung geht, sollte man weder vergessen, ein angemessenes Trinkgeld, am besten in cash, auf dem Tisch zurückzulassen, noch den Bedienungen einen angenehmen Tag *(„Have a nice day")* zu wünschen.

Frühstück

Ein Frühstück, das normalerweise billig ($5–9) und sehr reichhaltig ist, bekommt man mindestens bis 11 Uhr im *diner* oder in etwas besserer Qualität im Café oder *coffeeshop*. Ein Frühstück besteht überall im Land in erster Linie aus **Eiern**. Eier gibt es in jeder nur erdenklichen Zubereitung, und die erste Frage der Bedienung beim Bestellen ist folglich: *„How do you want your eggs?"* Ein in der Pfanne einseitig angebratenes Spiegelei nennt man *sunny side up*, wird es gewendet und kurz angebraten, so dass nur die Oberfläche des Eigelbs etwas angehärtet ist, heißt das *over easy* und durchgebraten *over*. Für ein Omelette, das gern mit Zutaten wie z.B. Tomaten gefüllt wird, werden normalerweise drei Eier verwendet. Dazu gibt es *ham* (Schinken), *bacon* (Frühstücksspeck), der kross gebraten und in dünnen Scheiben serviert wird, oder *sausages* bzw. *sausage patties* (würzige, ziemlich fette Würstchen) sowie *hash browns* (gebratene Kartoffelstreifen).

Beim **Toast** hat man die Wahl zwischen *rye* (Roggen-), *wholewheat* (Weizen-) oder *white* (Weißbrot), auch wenn der Unterschied nicht immer wahrnehmbar ist. Alternativen zu diesen Brotsorten sind Bagels (Hefeteig-Kringel) und *English muffins* oder in etwas trendbewussteren Läden *American muffins* (süße Rührkuchen mit Früchten). Vollkorn-Fans werden außer in den Großstädten harte Zeiten erleben. Wer noch Hunger verspürt, kann sich Waffeln, *pancakes* (dünne Pfannkuchen) oder ein paar Scheiben *French toast* (kurz in Ei und Milch angebratener Toast) dazubestellen, die mit viel zerlassener Butter und Ahornsirup gegessen werden. Bei gesundheitsbewussten Amerikanern sind *pancakes* mit Äpfeln, Bananen, Orangen, Ananas, Erdbeeren oder anderen Früchten beliebt.

Trinkgeld

Der Service ist in der Regel sehr gut und freundlich, und das sollte sich unbedingt im **Trinkgeld** *(tip)* niederschlagen. Kellner und Kellnerinnen sind größtenteils auf Trinkgelder angewiesen. Auch wenn es für unsere Gewohnheiten übermäßig viel erscheint, ist es üblich, 15–20% zum Rechnungsbetrag zuzulegen, und daran sollte man sich auch halten. Gar kein Trinkgeld dazulassen, ist unverschämt. Viele (aber nicht alle) Restaurants nehmen Kreditkarten. Auf dem Beleg kann man unter der Zwischensumme das Trinkgeld eintragen und dann zusammenrechnen. Es ist durchaus in Ordnung, das Trinkgeld bar auf dem Tisch liegen zu lassen und mit der Kreditkarte nur den eigentlichen Rechnungsbetrag zu bezahlen.

Heruntergespült wird all das mit viel **Kaffee**. Wer eine Tasse Kaffee bestellt, bekommt meist kostenlos nachgeschenkt – eine gute Sitte, nur ist der Kaffee manchmal ein bisschen dünn. Meist hat man die Wahl zwischen *regular* und *decaff* (entkoffeiniert), manchmal werden sogar bis zu zehn Sorten angeboten. Zum Kaffee gibt es Zucker oder Süßstoff und ein Kännchen *cream*, oft auch nur ein Tütchen *creamer*, garantiert *non-dairy*.

Tee wird seltener getrunken als Kaffee und ist von der Qualität her nicht berauschend. Besonders so genannter *English tea* ist oft eine Enttäuschung. Es lohnt sich schon eher, die große Palette von Kräutertees durchzuprobieren, z.B. Apfel und Zimt, Schwarzbeere, *Emperors* (ein sehr pikantes Gewürz), Ginseng, Pfefferminze oder Kamille. Tee wird meist schwarz oder mit Milch serviert.

Mittagessen und Snacks

Zwischen 11 und 15 Uhr werden vielerorts preiswerte **Menüs** angeboten. Chinesische, indische und Thai-Restaurants offerieren Buffets mit Reis- und Nudelgerichten ($6–10) oder *dim sum,* kleine chinesische Teigtaschen.

In japanischen Lokalen gibt es Sushi zur Mittagszeit oft viel günstiger als sonst ($8–12). Mexikanisches Essen ist zu jeder Tages- und Nachtzeit sehr preiswert, schon für $5–8 bekommt man ein reichhaltiges Mittagessen.

In *All you can eat*-Läden kann man für einen festen Preis so viel essen, wie man will, in anderen wird nach Gewicht bezahlt, wobei die Soßen meist am schwersten sind.

In Nordkalifornien bekommt man in den **Seafood**-Restaurants *Fish and Chips* (panierten Fisch mit leckeren Scheiben gebackener Kartoffeln – im Vergleich zu den üblichen *McDonalds*-Streichhölzern ein wahrer kulinarischer Genuss). *Clam Chowder* ist eine beliebte, cremige Muschelsuppe, die für etwa $4–5 angeboten wird.

Natürlich gibt es auch **Pizza**; von Restaurantketten (z.B. *Pizza Hut, Round Table* oder *Shakey's)* und lokalen, individuelleren Restaurants. Die meisten sind gut und bieten mehr oder weniger die gleiche Auswahl. Für eine Zwei-Personen-Pizza sollte man mit $12 rechnen. Pizza wird in den USA mit den Händen gegessen. Es gibt drei Größen: *small, medium* und *large*, wobei Letztere wirklich riesig ist. Bei einer Standardpizza, die reichlich mit Käse und Tomatensoße belegt wird, kostet jede weitere Zutat aus der großen Auswahl ca. $1.

Sollte es zu heiß für ein warmes Essen sein, bietet sich die Salatbar in einem **Deli** (ursprünglich die Abkürzung für Delikatessen) für ca. $4 an. Snacks zum Mitnehmen bekommt man in Delis für $4–6, vor allem ein endloses Sortiment von Sandwiches, die nach Kundenwünschen mit jeder denkbaren Kombination von Wurst, Käse, Meeresfrüchten, Pasta und Salaten belegt werden. Ein gutes Sandwich ersetzt durchaus eine komplette Mahlzeit. Auch Bagels können nach Wunsch belegt werden.

Imbissstände auf der Straße bieten Hamburger, Hot Dogs und Mini-Pizza für $2–3 an. In den meisten *shopping malls* (Einkaufszentren) findet man darüber hinaus „ethnische" Imbissstände, die zwar etwas teurer sind, aber meist ein gutes Angebot haben.

Mexikanische **Restaurantketten** verkaufen ein Essen für ca. $5 (z.B. *El Pollo Loco, Del Taco* und *Taco Bell).* Die Burgerketten sind zahlreich und allgegenwärtig. Neben den auch in Europa bekannten *McDonalds* und *Burger King* gibt es viele andere, die es noch nicht über den Atlantik geschafft haben, z.B. *Jack-In-the-Box,* eine Kette, bei der man die Bestellung vom Auto aus bei einem riesigen Plastikclown aufgibt. Inzwischen bieten die meisten Burgerketten auch amerikanisches Frühstück. Allen Ketten-Restaurants gemeinsam sind die verschwenderische Verwendung von Plastik, der Einheitsgeschmack der nicht sehr fantasievoll zubereiteten Gerichte und der Bann alkoholischer Getränke.

Eis können Amerikaner in unvorstellbaren Mengen konsumieren – kein Wunder, bei dem Angebot an *flavors* und *toppings. Baskin & Robbins* ist z.B. eine der guten Eisdielen-Ketten. Natürlich gibt es hier auch Eis, das (angeblich) nicht dick macht: *low fat.*

Das beliebteste **Dessert** Kaliforniens ist der *frozen yoghurt* (ca. $2 pro Becher), der mit Früchten, süßen Soßen, Süßigkeiten oder Nüssen dekoriert wird.

Restaurants

Amerikanische Küche

Neben vielen exotischen Spezialitäten gibt es natürlich jede Menge Lokale, die traditionelle amerikanische Küche servieren, d.h. saftige Burger,

Steaks, Pommes und Salat (diesen generell vorweg), zu dem eine Auswahl an **Dressings** angeboten wird: *Italian dressing* besteht aus Essig, Öl und Gewürzen, darunter Knoblauch; *French dressing* ist eine cremig-weiße, etwas säuerliche Kräutersauce. *Thousand Islands,* eine cremig-rote Soße mit Paprika, Tomatenmark und Zwiebeln, schmeckt besonders gut zu Meeresfrüchten; *Blue Cheese* ist eine mit Schimmelkäse hergestellte, deftige Soße, und *Ranch Dressing* ist dickflüssig und sehr würzig. Damit sind die Möglichkeiten in der Regel erschöpft, zur Not kann man den Salat auch ohne Dressing *(dry)* bestellen oder das Dressing in einem kleinen Schälchen extra kommen lassen. In vielen Restaurants steht eine Salatbar, an der man sich selbst bedienen kann.

Klassische amerikanische **Hauptgerichte** bestehen meist aus umfangreichen Steaks, aus Hamburgern, Hühnchen oder gegrillten Ribs. Gebratenen Truthahn isst man nur zu *Thanksgiving*, dem Erntedankfest im November; ansonsten wird er kalt als Aufschnitt serviert. Als Beilage gibt es meist Pommes frites oder eine Backkartoffel, Letztere mit saurer Sahne und Schnittlauch oder Butter. Beim Hamburger ist es wie beim Steak, es gibt ihn *rare* (blutig/englisch), *medium* (halb durch) oder *well done* (durchgebraten).

Das Angebot an **Fisch und Meeresfrüchten** ist hervorragend. **Lachs** *(salmon)* ist besonders beliebt und wird in verschiedenen Variationen zubereitet – z.B. gefüllt oder mit cremiger Soße und Nudeln. **Schalentiere** sind auch beliebt.

Man kann eigentlich überall für $12 ein Essen mit riesigen Portionen und mehreren Gängen bekommen. *Denny's* ist z.B. eine billige Restaurantkette, deren Filialen man überall in Kalifornien findet.

Kalifornische Küche

Bei der zu Recht so gefeierten **California Cuisine** geht es mehr um Gesundheit und Ästhetik als um den vollen Magen. California Cuisine gilt als Weiterentwicklung der französischen *Nouvelle cuisine*. Es wird nur das gegessen, was der Körper braucht und verarbeiten kann. Halbreifes Gemüse wird z.B. gedünstet, um hohen Vitamingehalt und kräftigen Geschmack zu bewahren, und natürlich auch um der optischen Wirkung willen. Meeresfrüchte kommen aus Austernfarmen und der Fisch direkt aus dem Meer, und das wenige Fleisch, das die California Cuisine verwendet, stammt aus artgerechter Tierhaltung. Serviert wird in kleinen, ästhetisch angerichteten Portionen, die sehr viel Geld kosten: Ein mehrgängiges Abendessen kann inkl. Wein locker $40 p.P. kosten. Als Vorspeise gibt es z.B. Muscheln in Jalapeño-Sesam-Vinaigrette oder Schnecken im Blätterteigmantel mit frischen Pilzen. Als Hauptgericht käme dann Salat mit gebratenem Ziegenkäse und Walnüssen, Schwertfisch in Kräuterbutter oder frischer Thunfisch auf Kaktus-Ratatouille in Betracht. Restaurants, die solche Köstlichkeiten anbieten, verlassen sich voll und ganz auf Mundpropaganda. Die neuesten Tipps, sofern sie nicht im lokalen Teil dieses Buches erwähnt sind, bekommt man von ortskundigen Gourmets. Berkeley gilt allgemein als die Geburtsstätte der California Cuisine.

Weitere regionale Küchen

Von den vielen anderen regionalen Küchen bietet vor allem die **Cajun-Küche** wirkliche kulinarische Genüsse. Cajun ist ebenso wie die **kreolische Küche** in Louisiana beheimatet. Die Kochkünste von Cajuns und Kreolen haben sich zwar im Laufe der Jahre angeglichen, sind aber noch immer gut zu unterscheiden.

Die kreolische Küche lässt die Einflüsse der französischen und spanischen Siedler und ihrer schwarzen Sklaven erkennen. Viele Gerichte tragen die Züge karibischer Esskultur. Die Grundlage der rustikaleren Küche der Cajuns ist vor allem *roux*, eine Mehlschwitze. Ihre Zutaten sind schwarze und rote Bohnen, Reis und seltene Meeresbewohner wie *crawfish* und *catfish*, und es wird scharf mit Tabasco gewürzt. Während einige Gerichte, wie z.B. frittierte Speisen, fälschlicherweise unter dem Etikett „Cajun" angeboten werden, gehört die zunehmend seltener werdende Schildkrötensuppe tatsächlich zur typischen Cajun-Kost.

Da in der traditionellen Hausmannskost der Cajuns auch Überreste des Vortages Verwendung finden, sehen manche Gerichte wenig appetitlich aus. Um dem abzuhelfen, pflegen viele Cajun-Restaurants die Originalrezepte leicht abzuändern.

Traditionelles Essen aus dem „Schwarzen Süden" – auch als **Soul Food** bekannt – findet man auch in Kalifornien. Die *grits* (Maismehlgrütze mit Butter), die es zum Frühstück gibt, ist wahrscheinlich nicht jedermanns Sache, aber die anderen Mahlzeiten schmecken oft sehr gut und machen unwahrscheinlich satt.

Neben Fleisch wie Brathuhn, Roastbeef und *hogjaw* (Schweineschnauze) kommen knackige Gemüse wie Kohl, Auberginen und Okra auf den Tisch. *Chitterlings* (oder *chitlins)* sind eine Delikatesse aus Innereien vom Schwein. Zu Fleischgerichten wird normalerweise Maisbrot gereicht, das man in die dicke Soße stippt; zu gebratenem Fisch gibt es *hush puppies*, ausgebackene Maisbällchen mit winzigen Zwiebelstücken.

Mexikanische Küche

Die mexikanische Küche ist überall im Süden verbreitet und in erster Linie preiswert: Ein komplettes Abendessen samt einer Flasche Bier kostet selten über $15, wenn man von den wenigen Nobelrestaurants absieht, die es natürlich auch gibt. Im Gegensatz zum original-mexikanischen Essen werden mehr frische Zutaten verwendet, doch nach wie vor sind Reis und Feuerbohnen die Grundlage aller Gerichte, Letztere oftmals *refried,* d.h. gekocht, zerstampft, gebraten und als Bohnenpüree serviert. Dazu gibt es verschiedene Arten von *tortillas*, dünne Mais- oder Weizenmehlpfannkuchen. Sie werden entweder als Beilage pur gegessen oder um die anderen Zutaten gewickelt *(burritos)*, gefüllt und zusammengeklappt *(tacos)*, gefüllt und überbacke *(enchiladas)* oder dünn und knusprig gebacken mit Salat gefüllt *(tostadas)*. *Chili relleno*, eine mit Käse gefüllte, gebratene, grüne Paprikaschote, ist in dieser auf Fleisch fixierten Küche eines der wenigen vegetarischen Gerichte. Fleischverächter können außerdem auf vegetarische *burritos*, gefüllt mit Bohnen, Reis, Salat, Avocado, Käse und saurem Rahm zurückgreifen.

Weitere internationale Küchen

Chinesische Küche findet man praktisch überall, meistens leider bis zur Unkenntlichkeit amerikanisiert, doch hier und da noch authentisch. Sie ist zum Mittagstisch fast so preiswert wie die mexikanische.

Japanisches Essen ist sehr viel mehr „in", wesentlich teurer, aber immer noch preiswerter als in Europa. Köstlich sind Sushi, Reisbällchen mit frischem, rohem Fisch, Ei oder Gurken, die mit grünem Meerrettich gegessen werden.

Mexikanische Spezialitäten

burritos	Tortillas mit gebackenen Bohnen, Rindfleisch und geriebenem Käse gefüllt
chiles rellenos	ausgebackene, mit Käse gefüllte grüne Chilis
enchiladas	weiche Tortillas mit Fleisch, Käse oder Chilis gefüllt
fajitas	eine weiche Tortilla, ähnlich wie Tacos, mit Garnelen, Hühner- oder Rindfleisch gefüllt
frijoles	Bohnen, entweder herkömmlich zubereitet, als Mus oder gebraten
guacamole	Creme aus Avocados, Knoblauch, Zwiebeln, Limonensaft und Chilis, die als Beilage serviert wird
mariscos	Meeresfrüchte
nachos	mit Schmelzkäse und Tomatensoße übergossene Tortilla-Chips
quesadilla	weiche Tortilla-Rollen mit Käse gefüllt
salsa	Soße aus klein gehackten Chilis, Tomaten, Zwiebeln und Koriander
tacos	zusammengeklappte Maistortillas, die mit Rind-, Hühnerfleisch und gelegentlich auch mit Rinderhirn gefüllt sind
tamales	gekochter Maisbrei mit Fleisch und Chilis in Maisblätter gewickelt (die Blätter sind nur Verpackung)
tortillas	Pfannkuchen aus Mais- oder Weizenmehl
tostadas	gebratene, flache Tortillas mit Fleisch und Gemüse

Italienisch ist sehr beliebt und wird teuer, wenn man sich aus dem Reich der einfachen Pizza- und Nudelgerichte in das der spezialisierten Regionalküchen Italiens begibt.

Ähnliches gilt für **französische Restaurants**, die es zwar in fast jeder Stadt gibt, für die man aber reichlich Geld mitnehmen und wie ein aufstrebender Geschäftsmann aussehen muss, um überhaupt eingelassen zu werden.

Thailändisches, **koreanisches**, **vietnamesisches** und **indonesisches Essen** ist preiswerter und hauptsächlich in den großen Städten zu finden.

Im Gegensatz dazu sind **indische Restaurants** *(Eastern Indian)* relativ selten und zum Teil extrem teuer, obwohl sich in den letzten Jahren auch einige halbwegs preisgünstige südindische Lokale etablieren konnten. Es gibt auch überraschend viele **baskische Restaurants**, meist in den ländlichen Regionen.

Coffeeshops

Als Alternative zu den Kneipen spielen Coffeeshops im sozialen Leben Kaliforniens mittlerweile eine wichtige Rolle. Man erkennt sie häufig daran, dass sie irgendein „Java" in ihrem Namen haben. Hier gibt es guten Kaffee, der mit dem in den Diners und Convenience Stores nicht zu vergleichen ist, z.B. Espresso, Cappuccino, Milchmixgetränke, Kräutertees und kleine Snacks.

Bars und Kneipen

Amerikanische Bars und *cocktail lounges* kennen wir aus Hollywood-Filmen als feucht-fröhliche Kneipen, in denen jeder jeden kennt. Das stimmt nur zum Teil, denn häufig handelt es sich um düstere Räume mit langen Theken, an denen abgebrannte Typen auf Barhockern sich mit dem ewig teilnahmslosen Barkeeper über das Baseballspiel im Fernsehen unterhalten, während andere an Tischen sitzen und entweder tief in ihre Gläser starren oder mit Freunden über Gott und die Welt diskutieren. Im total zersiedelten L.A. ist die klassische „Eckkneipe" inzwischen selten geworden. Es gibt natürlich auch Ausnahmen, aber im Großen und Ganzen sind L.A.-Kneipen entweder Nobelschuppen oder heruntergekommene Löcher, beides für nette Kneipenabende nicht so passend.

Dafür ist San Francisco eine echte Trinkerstadt von altem Schrot und Korn mit vielen Lokalen, die das fachgerechte Abfüllen ihrer Gäste als ihre Hauptaufgabe ansehen. Ein Besuch macht auch Spaß, wenn man nicht vorhat, sich sinnlos zu betrinken.

Getränke

Gesetzliche Bestimmungen

Um in Kalifornien Alkohol trinken oder Alkohol kaufen zu dürfen, muss man mindestens 21 Jahre alt sein. Es kommt vor, dass selbst Leute, die viel älter aussehen, nach dem Ausweis gefragt werden; er sollte daher auf alle Fälle immer mitgenommen werden, wenn man einen Kneipenabend plant. Schanklizenzen und Sperrstunden sind in Kalifornien die erträglichsten in ganz USA: Täglich darf zwischen 6 und 2 Uhr in Bars, Nachtclubs und vielen Restaurants Alkohol gekauft und getrunken werden.

Einige Restaurants haben eine Schanklizenz für Bier und Wein, viele erlauben Kunden, die eigene Weinflasche mit ins Restaurant zu bringen, allerdings gegen eine „Entkorkungsgebühr" von $5–10.

Billiger ist Bier, Wein und sonstiger Alkohol natürlich im Supermarkt, Deli oder im eigens dafür eingerichteten *liquor store*.

Autofahrer dürfen nicht betrunken sein oder geöffnete Alkoholika im Auto transportieren, selbst wenn das Bier von den Beifahrern konsumiert wird (s.S. 44).

Bier

Amerikanisches Bier lässt sich in zwei verschiedene Kategorien einteilen: grandios und geschmacksneutral. Zu Letzterer zählen jene leichten, mit einer Überdosis Kohlensäure versetzten Marken *Budweiser* (das keinerlei Ähnlichkeit mit dem tschechischen Bier hat), *Miller*, *Schlitz* usw. Die Alternative sind exzellente „hausgebraute" Biere aus Kleinstbrauereien, die in den 1980er Jahren auf Hinterhöfen und in kleinen Betrieben entstanden und heute so weit gewachsen sind, dass manche mehr als 180 000 Hektoliter im Jahr produzieren und inzwischen als „regionale Brauerei" gelten.

In den zahlreichen **Brewpubs** (an die Brauereien angeschlossene Kneipen) bekommt man exquisite Biere mit individueller Note zu Preisen, die nur wenig über denen der großen landesweiten Sorten liegen. Viele Brewpubs werden zusammen mit den dazugehörigen Brauereien in diesem Buch genannt; Informationen sind außerdem über die Website *California Beerpage* erhältlich, s.S. 15, Informationen.

Das in San Francisco gebraute *Anchor Steam* ist kräftig und herzhaft, und man kann es fast überall kaufen.

Importierte Biersorten findet man natürlich auch vielerorts. Für Gewohnheitstiere gibt's auch deutsches Bier, aber Vorsicht: Es schmeckt längst nicht so wie in Deutschland (am schlimmsten ist vielleicht *Löwenbräu*, in Amerika *Lohnbrau* ausgesprochen). Für ein Glas gezapftes Bier zahlt man in einer Kneipe $4–5, für eine Flasche importiertes ebenso viel.

Wein

Wer die wenigen kalifornischen Weine mag, die auch in Europa erhältlich sind (z.B. *Gallo* oder *Paul Masson),* wird sicher überrascht sein, dass diese an der Westküste als billige Massenware gelten und in ölraffinerieähnlichen Anlagen hergestellt werden. Die meisten Kalifornier bevorzugen Weine aus den kleineren Anbaugebieten Kaliforniens, die hervorragend, aber teuer sind. Die Weine aus dem Napa und Sonoma Valley sind die besten. Sie sind nach der Traubensorte kategorisiert, nicht nach ihrem Herkunftsort. Am beliebtesten ist wahrscheinlich der *Cabernet Sauvignon*, ein schwerer, fruchtiger Rotwein, aber auch die etwas leichteren Rotweine wie *Merlot* oder *Pinot Noir* sind weit verbreitet. Von den Weißweinen ist *Chardonnay* im Allgemeinen der beliebteste, beliebter jedenfalls als *Sauvignon Blanc* oder *Fumé Blanc,* obwohl auch diese ihre Anhänger haben. Außergewöhnlich schmeckt der kräftige *Zinfandel*, den es weiß, rot und rosé gibt.

Viele Weingüter experimentieren mit ausgefallenen Früchten wie Heidelbeeren, Rhabarber oder Brombeeren, obwohl dabei manchmal nur ein süßer, alkoholhaltiger Saft herauskommt. Wer mehr über die Weingüter an der Westküste erfahren will, sollte an einer *winery tour* teilnehmen. Meistens gibt es dabei kostenlose Proben, manchmal zahlt man $4–5.

Viele Touren sind im Buch beschrieben. In den bekannteren Weinbaugebieten sind von den *Visitor Centres* zudem informative Broschüren zum Thema erhältlich. Ein Glas im Restaurant kostet um $4–6, eine akzeptable Flasche $10–20, im Supermarkt nur $7.

Verkehrsmittel

Obwohl die Entfernungen mitunter immens sind, kommt man in Kalifornien meist ohne größere Probleme voran. Ein Auto eignet sich dafür zweifellos am besten, zwischen den großen Städten bestehen jedoch gute Bus- und ausreichende Bahnverbindungen. Probleme mit öffentlichen Verkehrsmitteln gibt es lediglich in den abgelegeneren ländlichen Regionen, aber selbst dort lässt sich mit vorausschauender Planung der Transport zum gewünschten Ziel mittels Lokalbussen und Charterunternehmen bewerkstelligen – Infos dazu in den jeweiligen Ortskapiteln.

Mietwagen

Mietwagen sind die angenehmste und mit Sicherheit effektivste Art zu reisen. Europäer dürfen mit ihrem gültigen Führerschein in den USA Auto fahren, es empfiehlt sich aber, einen internationalen **Führerschein** dabeizuhaben. Die *drivers license* wird bei vielen Gelegenheiten, z.B. bei der Anmeldung im Motel, als Identitätsnachweis verwendet, und bei Kontrollen kann die Polizei wenigstens den englischen Text lesen. Wer jünger als 25 ist, kann Probleme haben, einen Wagen zu mieten, und wird bei vielen Autovermietungen eine höhere Versicherung bezahlen müssen. Unter 21 bekommt man überhaupt keinen Mietwagen.

Autovermietungen erwarten in der Regel eine **Kreditkarte** als Sicherheit, viele vermieten gar nicht erst ohne sie. Von den großen Mietwagenfirmen akzeptiert nur Enterprise, wenn es denn sein muss, als Alternative Bargeld – stolze $500 – als **Kaution**. Es empfiehlt sich, bei den Autovermietungen anzurufen und die Bedingungen zu erfragen. Es ist preisgünstiger und sicherer, wenn man schon vor der Abreise bei einer der größeren Firmen (z.B. *Alamo, Avis, Dollar, Hertz, Holiday Autos* oder *Thrifty)* einen Wagen reservieren lässt, vor allem in der Hochsaison. In den USA angekommen, kann man die gebührenfreien Telefonnummern der Firmen anrufen und die Preise vergleichen. Die Konkurrenz auf dem Markt ist groß, möglicherweise lässt sich durch Handeln ein Preisnachlass erzielen. In der Regel sind die von den Flughafenfilialen angebotenen Preise die günstigsten – für einen Kleinwagen verlangen preiswerte Anbieter durchschnittlich $149 pro Woche, mitunter bekommt man ihn auch schon für rund $100.

In jedem Fall sollte man darauf achten, dass der Preis unbegrenzte Kilometer (*unlimited mileage)* beinhaltet. Bei vielen Anbietern kann man den Wagen in einer anderen Stadt wieder abgeben, doch das kostet eine saftige *drop-off charge*, die durchaus $200 oder mehr betragen kann. Wenn es sich aber um zwei Städte innerhalb Kaliforniens handelt, verlangen viele Anbieter diese Gebühr nicht – vorher erkundigen! Wer Abstecher in Gebiete außerhalb Kaliforniens unternehmen möchte, sollte sich vorab über eventuelle Einschränkungen erkundigen. Einige Firmen untersagen Fahrten in Gebiete jenseits von Reno oder nach Mexiko, bei anderen wird hierfür eine erhöhte Versicherungspauschale verlangt.

Das billigste Auto ist aber nicht unbedingt auch die beste Wahl, denn wer vorhat, 2000 Meilen durch die Wüste zu fahren, wird ein bisschen Luxus wie Klimaanlage und eingebauten Kassettenrekorder oder CD-Player zu schätzen lernen. Gezahlt wird erst, wenn man den Wagen wieder abgibt. Den in Europa genannten Preis sollte man sich schwarz auf weiß bestätigen lassen und dieses Papier sowie die Reservierungsnummer mitbringen, wenn man den Wagen abholt.

Zudem sollte man sich vergewissern, dass der Tank wie vertragsgemäß vereinbart voll ist. Dafür muss das Fahrzeug aber auch mit vollem Tank zurückgegeben werden; wenn nicht, wird man extra zur Kasse gebeten.

Reservierungen ab Deutschland

Alamo, 01805/462526, www.alamo.de
Avis, 01805/217702, www.avis.de
Budget, 01805/244388,
www.budgetrentacar.de
Europcar, 0180/58000, www.europcar.com
Hertz, 01805-938814, www.hertz.de
Sixt, 01805-5232222, www.e-sixt.de

Gebührenfreie Nummern in den USA

Alamo, 1-800/462-5266, www.alamo.com
Avis, 1-800/230-4898, www.avis.com
Budget, 1-800/527-0700,
www.budgetrentacar.com
Dollar, 1-800/800-3665, www.dollar.com
Enterprise, 1-800/726-8222,
www.enterprise.com
Hertz, 1-800/654-3131, www.hertz.com
National, 1-800/962-7070,
www.nationalcar.com
Payless, 1-800/729-5377,
www.paylesscar.com
Rent-A-Wreck, 1-800/944-7501,
www.rent-a-wreck.com
Thrifty, 1-800/847-4389, www.thrifty.com

Die meisten Firmen haben schon am Flughafen einen Schalter. Falls nicht, findet man sie in den *yellow pages*. Einmal angekommen, stehen natürlich auch zahlreiche kleinere, lokale Firmen zur Auswahl, deren Autos allerdings nicht immer ganz neu und zuverlässig sind. Viele dieser Firmen *(Rent-a-Heap, Rent-a-Wreck* und andere) unterbieten die großen Autovermieter zwar um einiges, aber man muss die Wagen wieder dort abgeben, wo man sie angemietet hat, und bei längeren Reisen zahlt man im Endeffekt bei den großen weniger, weil man bei ihnen eine bestimmte Anzahl Meilen (meist 100 am Tag) umsonst bekommt oder diesbezüglich gar keiner Einschränkung unterliegt.

Bei der Anmietung sollte man sorgfältig das Kleingedruckte in der Rubrik *Collision Damage Waiver* (manchmal auch *Liability Damage Waiver*, LDW, oder *Physical Damage Waiver*, PDW, genannt) studieren. Es handelt sich dabei um eine Form der Versicherung, deren Kosten im Mietpreis normalerweise nicht enthalten sind, die aber anzuraten ist. Sie deckt insbesondere die Schäden, die am Mietfahrzeug entstehen können, für Schäden an anderen Fahrzeugen ist man ohnehin versichert. Zwar erhöhen sich die Mietkosten mit $9–15 pro Tag dadurch um einiges, aber wer sie nicht hat, läuft Gefahr, für jede kleine Beule am Auto verantwortlich gemacht zu werden, auch wenn sie von einem anderen stammt.

Einige Kreditkartengesellschaften (z.B. AMEX) bieten dem Benutzer automatisch eine CDW an. Kleinere Unternehmen bieten mitunter ebenfalls eine preisgünstige CDW an, beteiligen den Mieter allerdings mit bis zu $500 an jedem Schadensfall. Bevor man sich für die wahlweise angebotene Personenunfallversicherung (*Personal Accident Coverage* oder ähnlich) entscheidet und bezahlt, sollte man die abgeschlossene Reiseversicherung nach etwaiger Abdeckung und Selbstbeteiligung bei Unfällen mit Mietwagen durchlesen, wodurch sich diese Zusatzkosten eventuell sparen lassen.

Driveaway

Eine Alternative zum Mieten ist der so genannte *driveaway*, d.h. ein Privatwagen wird im Auftrag des Besitzers von einem Ort zum anderen überführt.

Generell gelten folgende Bedingungen (bei Vertragsabschluss genau durchlesen!): Der Fahrer muss älter als 21 Jahre sein und ein *deposit* (z.B. $250) hinterlegen, das bei Ablieferung erstattet wird. Der Wagen sollte vor der Übernahme genau inspiziert werden, da eventuell anfallende Reparaturkosten zu Lasten des Fahrers gehen. Auch der Spritverbrauch ist nicht unwichtig, da ein Benzinfresser saftige Rechnungen verursacht.

Man muss den Wagen nicht in einem Rutsch zum entsprechenden Ziel fahren, aber 400 Meilen (ca. 650 km) am Tag gelten als Norm.

Wichtig sind auch die Versicherungsbedingungen im Falle eines Unfalls. Gewöhnlich gibt es die meisten Angebote für einen *driveaway* zwischen Kalifornien und New York. Entsprechende Unternehmen, deren aktuelle Angebote man telefonisch erfragen kann, findet man in den *yellow pages* unter „Automobile transporters and driveaway companies", oder man erkundigt sich bei einer der 90 Filialen von *Auto Driveaway* in Chicago, ✆ 312/341-1900, 💻 www.autodriveaway.com. Natürlich sollte man sich rechtzeitig um ein solches Angebot kümmern, um sinnlose Wartezeiten zu vermeiden.

Wohnmobile

Auch Wohnmobile, die in den Staaten *recreational vehicles (RVs)* heißen, sind in der Nebensaison ab etwa $500 pro Woche zu mieten, im Sommer können sich die Preise mehr als verdoppeln. Dazu kommen noch die Kilometer-, Benzin- und eventuell die Rückführungskosten, falls man nur eine Strecke fahren möchte.

Nur selten ist es erlaubt, einfach am Straßenrand anzuhalten und zu übernachten; für Wohnmobile sind die RV-Parks vorgesehen. Die Übernachtung kostet dort ab $25. Es gibt nur überraschend wenige Mietfirmen, Amerikaner tendieren wohl eher zum Kauf derartiger Fahrzeuge. Wiederum ist es billiger, von Europa aus zu reservieren.

Recreational Vehicle Rental Association
💻 www.rvra.org
bietet auf seiner Webseite ein umfangreiches Verzeichnis der Mitglieder/Mietwagenfirmen in den USA und Kanada.

El Monte RVs
✆ 1-888/337-2214, 💻 www.elmonte.com
unterhält etwa ein Dutzend Filialen in Kalifornien, überwiegend im Großraum L.A. und in der Bay Area.

Cruise America
✆ 1-800/327-7799, 💻 www.cruiseamerica.com
und

Moturis
✆ 1-877/668-8747, 💻 www.moturis.com
sind zwei größere Firmen, die RVs vermieten.

Straßenverkehr

Wer mit dem Auto unterwegs ist, wird staunen, wie billig das **Benzin** ist (*gasoline*, auch *gas* genannt). Die Gallone (3,785 l) Benzin *unleaded* (bleifrei), das die meisten Wagen tanken, kostet zwischen $1,90 und 2,40, je nach Lage der Tankstelle. Häufig kann man direkt an der Zapfsäule per Kredit- oder Bankkarte bezahlen.

Die meisten Mietwagen haben ein **automatisches Getriebe**, Servolenkung und Servobremsen. Wer damit keine Erfahrung hat, sollte vielleicht erst einmal um den Block fahren, um sich daran zu gewöhnen.

ADAC-Mitglieder können die Dienste der ***American Automobile Association*** (*„Triple A"*), 💻 www.aaa-calif.com, in Anspruch nehmen und bekommen u.a. kostenlose Karten und Reisehilfe.

Straßennetz

Entfernungen werden in Amerika in *miles* (Meilen) angegeben; eine Meile sind etwa 1,6 km. Es gibt mehrere Kategorien von Straßen. Unseren Autobahnen entsprechen die **Interstate Highways**. Sie haben bis zu sechs Spuren in jeder Richtung und sind mit dem Buchstaben I gekennzeichnet. Interstate Highways mit geraden Zahlen verlaufen in West-Ost-Richtung, die mit ungeraden Zahlen von Norden nach Süden. Auf einem Interstate zu fahren ist einfacher, als man glaubt, aber es gibt einige Regeln, die man beachten sollte, z.B. den Spurwechsel. Amerikaner wechseln gern und häufig die Spur, oft ohne zu blinken, wie überhaupt der Blinker für deutsche Begriffe recht nachlässig verwendet wird. Amerikaner überholen außerdem rechts *und* links, wobei von langsameren Fahrzeugen von vornherein erwartet wird, dass sie auf der rechten Fahrspur bleiben. Große Schilder über der Fahrbahn kündigen die Teilung einer Straße an, was häufig vorkommt.

Exits (Abfahrten) sind ausgeschildert, in seltenen Fällen ist die Abfahrt auch auf der linken Spur. Manchmal wird eine Spur zum *exit*, und wer nicht aufpasst, fährt schneller vom Highway ab als geplant. Das ist allerdings kein großes Problem, denn man kommt schnell und einfach wieder zurück.

Eine Abfahrt zu verpassen ist schon etwas ärgerlicher, denn *U-turns* (Wenden) ist auf den Highways genau wie bei uns strikt verboten – also bis zum nächsten *exit* weiterfahren (was manchmal viele Meilen sein kann) und dann umkehren! In Ballungsgebieten sind die Freeways zur Hauptverkehrszeit oftmals hoffnungslos verstopft, und es gibt kaum ein Vorankommen. Im Gebiet um San Francisco und Los Angeles meidet man sie daher am frühen Morgen und Abend am besten gänzlich.

Die **State Highways** (z.B. Hwy-1) und **US Highways** sind etwas schmaler. State Highways ändern häufig ihren Namen, wenn sie durch Städte führen.

In ländlichen Gegenden gibt es die schmaleren **County Roads**. Ein *county* ist ein Verwaltungsbezirk innerhalb eines Bundesstaates, und eine solche Straße ist mit dem Buchstaben des jeweiligen *county* benannt. Wir bezeichnen sie im vorliegenden Buch jedoch ebenso wie die State Highways als „Hwy".

Ranch Roads (RR) und **Farm Roads** (FR) können sich als bessere Feldwege erweisen.

Orientierung

Wer aus Europa kommend in einer kalifornischen Großstadt – z.B. L.A. – in den Mietwagen steigt, sollte sich unbedingt erst den **Stadtplan** ansehen, und sich danach ins Verkehrsgetümmel stürzen. Die Städte sind von Grünflächen durchzogen und von gewaltiger Ausdehnung, so dass man als unbedarfter europäischer Neuankömmling glaubt, schon meilenweit außerhalb der Stadt zu sein, während man in Wirklichkeit die Stadtgrenze noch lange nicht überschritten hat.

Straßenzustand

Das *California Department of Transportation (CalTrans)* unterhält eine gebührenfreie Infoline, ✆ 1-800/427-7623, die rund um die Uhr den Straßenzustand im Bundesstaat vermeldet. Auf dem Tastentelefon tippt man die Nummer der betreffenden Straße ein (5 für I-5, 299 für Hwy-299 etc.) und bekommt über Band alles Wissenswerte – Wetterbedingungen, Staus, Umleitungen usw. – mitgeteilt. In Ermangelung eines Tastentelefons oder bei Anrufen aus anderen Bundesstaaten gibt es einen vergleichbaren Informationsservice unter ✆ 916/445-1534. Nevada hat ein ähnliches Informationssystem unter der Nummer ✆ 702/793-1313. Informationen findet man auch im Internet unter 💻 www.dot.ca.gov/hq/roadinfo.

In Wohngebieten sind die Straßen fast immer im rechtwinkligen Raster angelegt. Die **Straßennamen** der großen Querstraßen sind an den Kreuzungen meist über den Ampeln angebracht, häufig sind die Straßen auch einfach nur durchnummeriert. An den Hausnummern lässt sich ablesen, in welchem Block man sich gerade befindet: Sinnvollerweise liegt die Hausnummer 1476 XY Avenue meist im Block zwischen 14th und 15th St.

Abweichende Verkehrsregeln und Gesetze

Nicht nur in Wohngebieten kommt es vor, dass an einer **Kreuzung** oder Einmündung an jeder Straße *4-Way Stop*, auch *All-Way Stop*-Schilder stehen. Wer zuerst ankommt, fährt in diesem Fall auch zuerst weiter. Bei längeren Schlangen geht es auf diese Weise automatisch reihum. Im Zweifelsfall verständigt man sich durch Handzeichen. Auch eine blinkende rote Ampel ist als Stoppschild zu betrachten. Eine blinkende gelbe Ampel ist lediglich ein Warnzeichen. An einer roten Ampel darf man normalerweise rechts abbiegen, wenn kein Verkehr von links kommt, es sei denn, ein Schild *„no turn on red"* verbietet dies ausdrücklich. Unbedingt anhalten muss man in beiden Richtungen, wenn ein blinkender **Schulbus** seine Passagiere ein- und auslädt. An Feuerwehrhydranten muss beim Parken ein Mindestabstand von 3 m eingehalten werden, und wer sein Fahrzeug an einem Hang abstellt, muss in Kalifornien die Räder einschlagen. Das ***speed limit*** (Höchstgeschwindigkeit) in Kalifornien beträgt 70 mph (112 km/h). Nur in Nevada und Arizona dürfen 75 mph (121 km/h) gefahren werden.

Strafzettel, die man sofort bezahlen muss, gibt es in Amerika nicht, aber falls man beim *speeding* (Rasen) erwischt wird, kommt der Fall vors Gericht. Die Höhe der Strafe wird dann vom Richter festgelegt, da kommen schnell $100 zusammen.

Falls man tatsächlich von der Polizei angehalten wird, sollte man im Wagen bleiben und nicht ins Handschuhfach greifen, da Polizisten (die in Amerika gefährlicher leben als hier und folglich auch gefährlicher sind) glauben könnten, man hätte eine Waffe dabei. Die Hände sollten also auf dem Lenkrad bleiben und die Fragen der Polizei immer höflich beantwortet werden, um unnötige Schwierigkeiten zu vermeiden.

Es ist strikt verboten, **Alkohol im Auto** zu trinken. Selbst Flaschen mit Alkoholika müssen im Auto verschlossen sein. Für eine angebrochene Dose Bier im Auto kann man bestraft werden, ob der Fahrer daraus getrunken hat oder nicht! Eines der schlimmsten Delikte, das man überhaupt begehen kann, ist *driving under the influence – DUI* (Trunkenheit am Steuer).

Trampen

Wir raten vom Trampen in den USA dringend ab. Sicherer sind Mitfahrgelegenheiten, die auf Nachrichtenbrettern der Universitäten angeboten werden, bei denen aber meist eine Kostenbeteiligung erwartet wird.

Autopannen

Wenn ein Mietwagen streikt, ruft man die Nummer für den Notfall an, die am Armaturenbrett oder im Handschuhfach zu finden ist. Dann wartet man ab, bis die *highway patrol* vorbeikommt, was nicht lange dauert. Eine geöffnete Motorhaube gilt allgemein als Notsignal, obwohl allein reisende Frauen damit etwas vorsichtig sein sollten. Diese sollten bei der Mietwagenfirma auch gleich ein **Mobiltelefon** mieten, das in größeren Städten oft schon im Wagen eingebaut ist. Solange man es nicht benutzt, sind die Kosten minimal, aber sein Vorhandensein beruhigt, und im Ernstfall kann es ein Retter in der Not sein. (Tipps für allein reisende Frauen s.S. 23f.)

Wichtige Begriffe rund ums Auto

air conditioning	Klimaanlage
denver boot	Radblocker
garage	Werkstatt
gas(oline)	Benzin
gridlock	Verkehrsstau
hood	Motorhaube
mileage	Tachostand
no standing	Park- und Halteverbot
no through road	keine Durchfahrt
parking brake	Handbremse
stickshift	Schalthebel
trailer	Wohnwagen
turn-out	Ausweichstelle
windshield	Windschutzscheibe
RV = recreational auf *vehicle*	oft ein riesiges Haus Rädern
speed zone	Geschwindigkeitsbegrenzungszone

Im Interesse der eigenen **Sicherheit** empfiehlt es sich, vor allem nachts die belebten Highways nicht zu verlassen und unsichere Viertel zu meiden (Hinweise im regionalen Teil). Um sich vor Überfällen zu schützen, verriegeln die meisten Amerikaner in der Stadt ihre Autos von innen.

Busse

Mit dem Bus reist man in Amerika am billigsten. Die größte Busgesellschaft ist ***Greyhound***, die fast alle nennenswerten Städte des Landes verbindet. In ländlichen Gegenden kann es vorkommen, dass der Bus nur ein- bis zweimal wöchentlich vorbeikommt; hier ist gute Planung wichtig!

Zwischen größeren Städten ist der Verkehr regelmäßig und zuverlässig. Angehalten wird nur für kurze Essenspausen (meistens an irgendwelchen Fastfood-Stationen) oder für einen Fahrerwechsel. *Greyhound*-Busse sind viel bequemer, als man zunächst vermuten würde; man kann durchaus einmal eine Nacht im Bus verbringen und so das Geld für das Hotelzimmer sparen.

Früher besaß so gut wie jede nennenswerte Ortschaft einen *Greyhound*-Busbahnhof; inzwischen dient mancherorts das Postamt oder eine Tankstelle als Bushaltestelle, und in zahlreichen Orten wurde der Busverkehr ganz eingestellt. Mit einer Reservierung, entweder persönlich am Busbahnhof oder über die kostenlose Telefonnummer ✆ 1-800/231-2222, bekommt man u. U. billigere Tickets, aber keine Sitzplatzgarantie. Deshalb ist es eine gute Idee, rechtzeitig am Busbahnhof zu sein und sich in die Schlange einzureihen. Wenn ein Bus voll ist, muss man nämlich manchmal eine Nacht oder länger auf den nächsten warten. Die offizielle Richtlinie lautet, dass ein weiterer Bus erst eingesetzt wird, wenn mehr als zehn Personen keinen Sitzplatz erhalten haben.

Die Fahrpreise liegen bei 10¢ pro Meile, da kommt schnell einiges zusammen. Auf langen Strecken kostet eine Busfahrt ungefähr dasselbe wie eine Fahrt mit der Bahn, und wenn man den Zeitaufwand bedenkt (von einer Küste zur anderen sind es nonstop 75 Stunden), ist das Busfahren kaum billiger als ein Flugticket. Wer allerdings viele Orte besuchen möchte, ist mit dem Bus am besten bedient: Mit einem *Greyhound Ameripass* kann man im ganzen Land herumfahren, so viel man möchte.

Greyhound Ameripass

Mit dem Ameripass kann man während eines bestimmten Zeitraumes unbegrenzt mit jedem *Greyhound* fahren.

7 Tage gültig	$209 für ausländische Besucher ($219 für Nordamerikaner)
10 Tage gültig	$259 ($269)
15 Tage gültig	$299 ($319)
30 Tage gültig	$399 ($419)
45 Tage gültig	$449 ($479)
60 Tage gültig	$539 ($589)

Kinder unter 12 Jahren bezahlen die Hälfte, nordamerikanische Studenten und Senioren (über 62 Jahre) bekommen 7% Rabatt.
Die Pässe können nicht verlängert werden. Beim ersten *Greyhound*-Trip wird ein Datum aufgestempelt, von dem an die Karte gültig ist. Gegen Aufpreis können zudem Gutscheine für die Übernachtung in Jugendherbergen erworben werden.
In Deutschland erhält man die Tickets bei ***STA Travel,*** Buchungsservice ✆ 069-74303292, 💻 www.statravel.de, und anderen auf die USA spezialisierten Reisebüros.

Greyhound besitzt zwar einen gestrafften Fahrplan der wichtigen Strecken quer durch das Land, macht ihn Normalreisenden aber nicht zugänglich, so dass man für die Routenplanung auf die in größeren Busbahnhöfen kostenlos erhältlichen Pläne der Einzelstrecken angewiesen ist. Außerdem gibt es die kostenlose *Greyhound*-Telefonauskunft, ✆ 1-800/231-2222, die über Fahrpläne und Routen informiert sowie Reservierungen vornimmt. Man kann natürlich auch einen Blick auf die *Greyhound*-Internetseite werfen, 💻 www.greyhound.com.

Kleinere Unternehmen verschwinden ebenso schnell wieder von der Bildfläche, wie sie aufgetaucht sind. Derzeit im Geschäft ist u.a. ***AmeriBus,*** ✆ 954/923-1480, 💻 www.ameribus.com, mit Bussen und Minivans auf einer Rundstrecke, die von L.A. entlang der Küste nach San Francisco, danach ins Landesinnere zum Yosemite und über Las Vegas wieder zurück nach L.A. führt. Die Busse starten in den größeren Städten täglich, und wer bereit ist, $129 zu bezahlen, kann die Route einen Monat lang ohne Einschränkung nutzen.Es sei darauf hingewiesen, dass auch mit lokalen Bussen, die benachbarte Bezirke verbinden, beachtliche Strecken für sehr wenig Geld zurückgelegt werden können (allerdings erheblich langsamer). So ist es z.B. möglich, von San Diego nach Los Angeles für $5 zu fahren, allerdings ist hierfür ein ganzer Tag erforderlich, und man muss mindestens dreimal umsteigen.

Auch auf Langstrecken gibt es eine Alternative zum *Greyhound*: die Busgesellschaft ***Green Tortoise,*** deren Busse mit Kojen, Kühlschränken und Stereoanlage ausgestattet sind. Sie verkehren in größeren Abständen zwischen Los Angeles, San Francisco und dem Nordwesten, im Sommer auch quer durch den Kontinent bis New York und Boston. Während dieser 10–14-tägigen Touren bleibt ausreichend Zeit für Wanderungen, Kanutouren und zum Besuch von heißen Quellen. Außerdem bietet *Green Tortoise* Touren zu den Nationalparks (16 Tage für $659 zzgl. $191 für Verpflegung) und durch das nördliche Kalifornien (6 Tage für $299 zzgl. $51). Hauptbüro: 494 Broadway, San Francisco, CA 94133, ✆ 415/956-7500 oder 1-800/867-8647, 💻 www.greentortoise.com.

Eisenbahn

Anders als im übrigen Land bietet Amtrak in Kalifornien eine ernst zu nehmende Transportalternative. Zum großen Teil ist dies den Amtrak Thruway-Bussen zu verdanken, die die Passagiere aus den vielen schienenlosen Ecken Kaliforniens zu den Zügen bringen.

Der Zug ist zwar etwas teurer als der *Greyhound* – die einfache Fahrt von Los Angeles nach San Francisco kostet z.B. ab $49 –, verspricht aber eine gemütliche Fahrt ohne längere Verzögerungen. Alle größeren Städte sind ans Eisenbahnnetz angeschlossen. Die Zugabteile sind sauber, bequem und selten überfüllt.

Die wahrscheinlich schönste Strecke fährt der *Coast Starlight* an der Küste zwischen Santa Barbara und San Luis Obispo. Auf dieser 100 Meilen langen Route kann man vor der Küste nicht selten Seehunde, Delphine oder sogar Wale sehen. Die anderen L.A.–S.F.-Strecken von Amtrak führen durchs Landesinnere. Wer nicht gerade zum Yosemite National Park möchte, wird sie kaum nutzen.

Flüge

Mit dem Flugzeug reist man natürlich am schnellsten. Fliegen ist wesentlich billiger als man vielleicht denkt, oftmals preiswerter als die Bahn und manchmal nur wenig teurer als der Bus. Wer gut vorausplant und die Flugtickets bereits zu Hause kauft, kann bei Flügen innerhalb der Staaten erheblich sparen.

Fluggesellschaften mit einem dichten Streckennetz in Kalifornien sind u.a. Alaska, American, Continental, Delta, Northwest, Reno Air, Southwest und United.

Amtrak Rail Passes

Ausländischen Besuchern stehen zwei verschiedene Bahnpässe zur Auswahl:
Der **National Rail Pass** gilt auf allen Zügen innerhalb der USA.
Der **West Pass** umfasst eine größere Region der westlichen USA.
Kinder unter 15 Jahren zahlen die Hälfte, unter 2 Jahren fahren sie umsonst, wenn sie von einem Erwachsenen mit einem *Rail Pass* begleitet werden.
Plätze im Schlafwagen können gegen Aufpreis gebucht werden. Der gewünschte *Rail Pass* kann in Amtrak-Bahnhöfen gegen Vorlage des Reisepasses erworben werden, oder man bestellt ihn in Deutschland bei den *Amtrak*-Vertretungen: ***CRD International,*** Stadthausbrücke 1-3, 20355 Hamburg, ✆ 040/300616-70, 🖳 www.crd.de, oder ***MESO Reisen,*** Wilmersdorfer Str. 94, 10629 Berlin, ✆ 030/8814122, 🖳 www.meso-berlin.de.
Hier werden auch alle Fahrkarten und Bahnpässe gegen eine Bearbeitungsgebühr von 13–15 € ausgestellt. Eine rechtzeitige Buchung ist vor allem für Langstrecken zu empfehlen, so sollten Fahrten während der Sommermonate im *Empire Builder* von Chicago nach Seattle und im *California Zephyr* von Chicago nach San Francisco vorher gebucht werden. Fahrpläne sind hier ebenfalls erhältlich.

Gültigkeit und Preise:	15 Tage (Juni–Aug)	15 Tage (Sept–Mai)	30 Tage (Juni–Aug)	30 Tage (Sept–Mai)
National	$440	$295	$550	$385
West	$325	$210	$405	$270

Für ausländische wie einheimische Reisende gibt es daneben den neuen **California Rail Pass.** Erhältlich ist er für ganz Kalifornien mit einer Gültigkeit von 21 Tagen und erlaubten Bahnfahrten an 7 Tagen innerhalb dieser Dauer für $159 oder für Nord- bzw. Südkalifornien mit einer Gültigkeit von 7 Tagen und erlaubten 5 Tagen Bahnfahrt für $99.

Amtrak-Informationen und Reservierungen in den USA nur über ✆ 1-800/872-7245 oder 🖳 www.amtrak.com, nicht über die Bahnhöfe.

Viele amerikanische Fluglinien bieten so genannte **Air Passes** an, mit denen man bei Inlandflügen extrem hohe Rabatte bekommen kann. Die Pässe müssen im Voraus erworben werden und umfassen drei bis acht Coupons, von denen jeder für eine beliebig lange Strecke innerhalb der USA gültig ist (ein transkontinentaler Flug darf jedoch oftmals nur einmal unternommen werden). Die Preise beginnen bei ca. US$400 für drei Coupons, jeder weitere kostet ca. $60, etwas teurer wird es, wenn für den Flug in die USA nicht dieselbe Fluglinie in Anspruch genommen wurde.

Für Besucher, die ihren Wohnsitz nicht in den USA haben, gibt es **Visit USA**-Tarife. Diese liegen oftmals weit unter dem Normalpreis, so dass es durchaus lohnt, sich im Reisebüro danach zu erkundigen. Allerdings sind nicht selten ermäßigte Tarife erhältlich, die den Visit USA-Preis nochmals unterbieten. Wer dieses Angebot nur für einen Flug nutzen möchte, kann in der Nebensaison z.B. von New York, Washington oder Boston schon für $300–350 nach Kalifornien fliegen, wobei der Flug nach L.A. etwas billiger ist als der nach San Francisco.

In den USA gibt es ein Computersystem, das **Fare Assurance Program**, das unter Berücksichtigung von Spezialwünschen die preiswerteste Möglichkeit heraussucht, z.B. beim Reiseveranstalter *Travel Avenue*, ✆ 1-800/333-3335, 💻 www.travelavenue.com.

In passagierschwachen Zeiten werden One-Way-Flüge zwischen L.A. und San mitunter schon ab $40 angeboten, was billiger als mit der Bahn ist, allerdings muss eventuell eine 3-wöchige Vorausbuchungsfrist eingehalten werden.

Radfahren

In vielen **Großstädten** gibt es Radwege. Fahrräder können zudem in Stadtbussen mitgenommen werden (oft werden sie sogar außen am Bus befestigt). Reizvoller ist es aber natürlich in ländlichen Gebieten. Zu beachten gilt: Je weiter man sich nach Norden bewegt, umso niedriger werden die Temperaturen und umso häufiger regnet es.

Fahrräder können für $20–30 pro Tag und etwa $100–150 pro Woche von den meisten Fahrradläden gemietet werden; die örtlichen Touristenbüros geben genauere Informationen (Verleihstationen sind ggf. auch in den jeweiligen Ortskapiteln angegeben).

Die wichtigsten Fluggesellschaften

Aer Lingus, ✆ 1-800/474-7424, 💻 www.aerlingus.ie;
Aeromexico, ✆ 1-800/237-6639, 💻 www.aeromexico.com;
Air Canada, ✆ 1-888/247-2262, 💻 www.aircanada.com;
Air France, ✆ 1-800/237-2747, 💻 www.airfrance.com;
Alaska Airlines, ✆ 1-800/252-7522, 💻 www.alaska-air.com;
America West, ✆ 1-800/235-9292, 💻 www.americawest.com;
American Airlines, ✆ 1-800/433-7300, 💻 www.aa.com;
British Airways, ✆ 1-800/247-9297, 💻 www.britishairways.com;
Continental, ✆ 1-800/523-3273, 💻 www.continental.com;
Delta Airlines, ✆ 1-800/221-1212, 💻 www.delta.com;
Hawaiian Airlines ✆ 1-800/367-5320, 💻 www.hawaiianair.com;
Iberia, ✆ 1-800/772-4642, 💻 www.iberia.com;
Icelandair, ✆ 1-800/223-5500, 💻 www.icelandair.com;
JetBlue, ✆ 1-800/538-2583, 💻 www.jetblue.com;
Lufthansa, ✆ 1-800/645-3880, 💻 www.lufthansa.com;
Northwest/KLM, ✆ 1-800/225-2525, 💻 www.nwa.com;
SAS, ✆ 1-800/221-2350, 💻 www.scandinavian.net;
Southwest, ✆ 1-800/435-9792, 💻 www.southwest.com;
United Airlines, ✆ 1-800/241-6522, 💻 www.ual.com;
US Airways, ✆ 1-800/428-4322, 💻 www.usair.com;
Virgin Atlantic Airways, ✆ 1-800/862-8621, 💻 www.virginatlantic.com.

Wer auf große Tour gehen will, sollte auf jeden Fall ein gutes Fahrrad mit mindestens zehn Gängen haben, das auch auf verschiedenen Oberflächen sicher fährt. Wichtig sind gute Landkarten, Ersatzreifen, Gepäckträgertaschen und etwas Werkzeug. Ein Fahrradhelm ist zu empfehlen und bei Amerikanern sehr beliebt, aber nicht vorgeschrieben. Auf den Interstate Highways sind Fahrräder verboten. Der Verkehr ist das größte Problem, vor allem Wohnmobile, die einem die Abgase direkt ins Gesicht pusten. Vorsicht vor den riesigen Holztransportern, deren Fahrtwind einen förmlich auf die Straße zieht! Besondere Vorsicht ist auch auf dem Hwy-1 angezeigt – neben starkem Verkehr müssen Radler auf enge Kurven, gefährliche abschüssige Abschnitte und nicht selten auf Nebel gefasst sein.

Wer mit dem Fahrrad und einem Zelt unterwegs ist, kann die eigens für Wanderer und Radfahrer eingerichteten Campingplätze *(hiker/biker campsites)* nutzen ($3–5 p.P pro Nacht). Viele wurden 1976 als Teil der **Pacific Coast Bicentennial Bike Route** eingerichtet, die sich über 1825 Meilen von der mexikanischen Grenze bis nach Vancouver, Kanada, erstreckt. Autos und Wohnmobile sind auf diesen Plätzen nicht erlaubt. Weitere Informationen erhält man telefonisch unter ✆ 1-800/444-7275 oder von *Hostelling International USA* (s.S. 29) sowie von der *Adventure Cycling Association,* ✆ 406/721-1776 oder 1-800/755-2453, 💻 www.adv-cycling.org, oder vom Sierra Club (s.S. 33).

Feste und Feiertage

Irgendwo gibt es in Kalifornien immer etwas zu feiern. Von nationalen Feiertagen abgesehen, finden nur wenige Festlichkeiten zur gleichen Zeit im gesamten Bundesstaat statt, dafür gibt es aber ein buntes Durcheinander von regionalen und örtlichen Veranstaltungen: Kunstgewerbeausstellungen, Frühlingsfeste, ethnische Karnevals, Musikfestivals, Rodeos, Sandburgenbau-Wettbewerbe und vieles mehr. Aktuelle Informationen beim regionalen *State Office of Tourism* (Adressen s.S. 59) oder beim Visitor Center im nächsten Zielort.

Independence Day (4. Juli), der Unabhängigkeitstag, ist der wichtigste nationale Feiertag in den USA, an dem das ganze Land praktisch zum Stillstand kommt. Man betrinkt sich und schaut sich den Fahnenappell, die imposanten Feuerwerke, Paraden, Schönheitswettbewerbe oder sonstige Veranstaltungen an, die zu Ehren der 1776 unterschriebenen Unabhängigkeitserklärung stattfinden.

Halloween (31. Oktober) ist kein offizieller Feiertag und wird auch nicht von allen gefeiert, obwohl es noch immer eines der beliebtesten Feste des Landes ist. In traditionellen Gebieten laufen zu Halloween Kinder gruselig kostümiert durch die nächtlichen Straßen, um an den Türen ihrer Nachbarn zu klingeln und Süßigkeiten zu erbitten. Mittlerweile wird das Fest auf diese Art nur noch in ländlichen Regionen gefeiert. In manchen Städten finden zu Halloween riesige Schwulenfeten statt, bei denen man(n) sich bizarr verkleidet.

Nationale Feiertage

Am Independence Day und zu Thanksgiving ebenso wie an den anderen unten aufgeführten Feiertagen bleiben Banken und Verwaltungsbüros den ganzen Tag geschlossen und Läden z.T. geöffnet:

1. Januar	**Neujahr**
15. Januar	**Martin Luther King Jr's Geburtstag**
Dritter Montag im Februar	**Presidents' Day**
Meist Anfang April	**Ostermontag**
Letzter Montag im Mai	**Memorial Day**
4. Juli	**Independence Day**
Erster Montag im September	**Labor Day**
Zweiter Montag im Oktober	**Columbus Day**
11. November	**Veterans' Day**
Vierter Donnerstag im November	**Thanksgiving Day**
25. Dezember	**Christmas Day**

Thanksgiving Day (letzter Donnerstag im November) entspricht unserem Erntedankfest und ist ein Familienfest, zu dem die studierenden Sprösslinge ins heimische Nest zurückkehren, um sich dort mit gebratenem Truthahn voll zu stopfen und der ersten amerikanischen Siedler zu gedenken.

Sport

Amerikaner sind Sportfanatiker. Nirgends wird dies deutlicher als im fitness- und gesundheitsbewussten Kalifornien. Jede größere Stadt hat mindestens eine Mannschaft in den Ligen der großen amerikanischen Sportarten Baseball, Football und Basketball vorzuweisen und manchmal auch in den etwas weniger beliebten Arten wie Hallenfußball, Volleyball, Eishockey, Ringen oder dem Roller Derby, einem brutalen Rollschuhstaffellauf.

Keineswegs weniger spannend sind die Spiele der Universitätsligen *(Intercollegiate Sports)*. Hier bringt der Lokalpatriotismus noch einen besonderen Reiz ins Spiel. In Los Angeles z.B. eskaliert bei sportlichen Wettkämpfen zwischen USC (University of Southern California) und UCLA (University of California Los Angeles) der Fanatismus der Fans in einem Maße wie in Europa nur bei Spitzenspielen in der Bundesliga.

American Football

Football hat nichts mit unserem Fußball gemein, ist aber durch die amerikanische Besatzungsmacht und eine kleine deutsche Liga auch bei uns bekannt. In einer Spielsaison, die im Herbst und Winter stattfindet und im **Super Bowl** Ende Januar gipfelt, werden weniger Wettkämpfe als beim Baseball ausgetragen. Wegen der vielen Raufereien und des ständigen Auf und Ab auf dem Spielfeld ist Football für Fernsehübertragungen wie geschaffen. Wenn am Montagabend die Spiele gesendet werden, sind viele Bars bis zum Bersten gefüllt. Es gibt in einem Spiel vier 15-minütige Spielzeiten mit einer 15-minütigen Pause zur Halbzeit. Da aber wie beim Eishockey die Uhr nur dann tickt, wenn auch wirklich gespielt wird, kann ein Football-Spiel bis zu drei Stunden dauern. Das liegt nicht zuletzt daran, dass Fernsehkanäle die kurzen Pausen im Spiel für Reklamespots nutzen. Da man finanziell von den Fernsehsendern abhängig ist, bleibt das Spiel so lange unterbrochen, bis der Sender Bescheid gibt, dass es weitergehen kann. Spiele werden immer von zwei Sportreportern kommentiert, die mit ihren endlosen Statistiken eher zur Verwirrung beitragen. Das macht aber nichts: Ein Football-Spiel macht auch Spaß, wenn man die Regeln nicht versteht. Die Spieler sind im Durchschnitt 1,90 m groß und über 120 kg schwer, in ihren Trikots mit Schulterpolstern und Helmen sehen sie sogar noch größer aus als sie in Wirklichkeit sind. Die besten Spieler sind nationale Berühmtheiten, die Millionen an Werbegagen kassieren.

Die großen Mannschaften Kaliforniens sind die Oakland Raiders, die San Diego Chargers und die San Francisco 49er. **Tickets** kosten normalerweise mehr als $60 für Profispiele und sind oft schwer zu bekommen. Karten für Spiele von Collegeteams sind wesentlich billiger (ab $8).

Bundesliga und kalifornische Teams

NFL, ✆ 212/450-2000, 💻 www.nfl.com;
Oakland Raiders, ✆ 510/864-5000,
💻 www.raiders.com.
San Diego Chargers, ✆ 619/220-8497,
💻 www.chargers.com;
San Francisco 49ers, ✆ 415/421-8497,
💻 www.sf49ers.com;

Baseball

Baseball wird oft als *America's pastime* beschrieben, obwohl das Image seit den Spielerstreiks von 1994 etwas gelitten hat. Eine Saison dauert von April bis September, an ihrem Ende treten die ersten Mannschaften der zwei Bundesligen *(American League* und *National League)* gegeneinander an, um in den *World Series*, einem riesigen Konsumspektakel mit sieben Spielen zwischen Anfang September und Ende Oktober, den endgültigen Meister zu ermitteln. Ein Spiel live mitzuverfolgen, ist auch für diejenigen ein Erlebnis, die die Regeln nicht kennen. In brütender Sonne werden massenhaft Bier und Hot Dogs konsumiert, und es herrscht eine begeisterte Stimmung.

Die berühmtesten Teams Kaliforniens sind die Oakland Athletics (A's), die Los Angeles Dodgers und die San Diego Padres. Daneben gibt es noch zahlreiche kleinere Teams, die so genannten *farm teams*, in denen Nachwuchsspieler für die Topteams „herangezüchtet" werden. **Eintrittskarten** für die großen Spiele kosten $8–70 und sind meist am selben Tag noch zu haben.

Bundesligen und kalifornische Teams

The Major Leagues, ✆ 212/931-7800, 💻 www.mlb.com;
Anaheim Angels, ✆ 1-888/796-4256, 💻 www.angelsbaseball.com;
Los Angeles Dodgers, ✆ 323/224-1448, 💻 www.dodgers.com;
Oakland Athletics, ✆ 510/762-2255, 💻 www.oaklandathletics.com.
San Diego Padres, ✆ 619/881-6500, 💻 www.padres.com;
San Francisco Giants, ✆ 415/972-2000, 💻 www.sfgiants.com;

Basketball

Basketball ist der beliebteste amerikanische Volkssport, was wohl daran liegt, dass man zum Spielen nur einen Ball und einen Korb benötigt.

Die Saison in der Profiliga der Männer unter der *National Basketball Association* (NBA) dauert von November bis zu den Playoff-Runden im Juni. Die aufregendsten Teams sind die Los Angeles Lakers, die Golden State Warriors (aus Oakland), die Sacramento Kings und die Los Angeles Clippers. Karten für einen anständigen Platz kosten ab $50.

Bundesligen und kalifornische Teams

Männerliga:
NBA, ✆ 212/407-8000, 💻 www.nba.com;
Golden State Warriors, ✆ 510/986-2200, 💻 www.nba.com/warriors;
Los Angeles Clippers, ✆ 310/426-6001, 💻 www.nba.com/clippers;
Los Angeles Lakers, ✆ 310/419-3100, 💻 www.nba.com/lakers;
Sacramento Kings, ✆ 916/928-0000, 💻 www.nba.com/kings.

Frauenliga:
WNBA, ✆ 212/688-9622, 💻 www.wnba.com;
Los Angeles Sparks, ✆ 310/330-2434, 💻 www.wnba.com/sparks;
Sacramento Monarchs, ✆ 916/928-3650, 💻 www.wnba.com/monarchs.

Fußball

Obgleich die traditionellen amerikanischen Sportarten im Großen und Ganzen dominieren, gewinnt Fußball *(soccer)* zusehends an Beliebtheit, vor allem als eine Sportart, die von Jugendlichen beiderlei Geschlechts aktiv betrieben wird. Im Zuge der erfolgreichen Bewerbung für die Ausrichtung der Fußballweltmeisterschaft 1994 wurde auf Profiebene 1996 die *Major League Soccer (MLS)* mit 12 Teams gegründet. Seither taucht amerikanischer *soccer* immer wieder in den Medien auf. Zweimal gelangte die amerikanische Mannschaft seit 1994 in das Finale der Fußballweltmeisterschaft – in Japan/Korea 2002 überraschte sie mit dem Vorrücken ins Viertelfinale, wo sie knapp gegen die deutsche Mannschaft verlor. Das US-Frauenteam war sogar noch erfolgreicher und gewann 1999 die Weltmeisterschaft und bei den Olympischen Spielen 2004 die Goldmedaille. Die erst 2001 gegründete US-Frauenliga WUSA (Women's United Soccer Association) hingegen musste auf Grund fehlender finanzieller Unterstützung bereits 2003 wieder eingestellt werden.

Die Fußballsaison erstreckt sich über die Sommermonate, Tickets kosten $15–40.

Bundesligen und kalifornische Teams

MLS, 💻 www.mlsnet.com;
Los Angeles Galaxy, ✆ 1-877/342-5299, 💻 www.lagalaxy.com;
San Jose Clash, ✆ 408/985-4625, 💻 www.clash.com;

Freizeitsport

Surfen

Durch die *Beach Boys* wurde Surfen musikalisch für alle Zeiten als kalifornischer Zeitvertreib verewigt. Es ist wohl der beliebteste Freizeitsport der Westküste. Zu Recht, denn die kalifornische Küste bietet wirklich exzellente Surfstrände, vor allem im Abschnitt gleich nördlich von San Francisco. Die besten Orte, um sich mit oder ohne Brett in den Wellen zu tummeln, sind Tourmaline Beach in der Nähe von San Diego, Huntington Beach und Malibu in Los Angeles, aber auch Santa Barbara und

Santa Cruz, wo es übrigens ein hervorragendes Surfmuseum gibt. Doch nur wenige Leute wissen, dass dieses Vergnügen aus Hawaii stammt und schon lange vor der Ankunft der ersten Bleichgesichter ausgeübt wurde. Näheres zu einzelnen Revieren sowie Ausrüstern in den jeweiligen Ortskapiteln.

Reichlich Gelegenheit bietet sich auch zum Windsurfing, das sich allerdings in Anbetracht des meist zu rauen Meers weitgehend auf Seen und geschützte Lagunen beschränkt.

Radfahren

In Kalifornien gibt es jedes Jahr einige Straßenrennen der Weltklasse, besonders im Weinanbaugebiet nördlich von San Francisco. Eine kalifornische Erfindung, die auch im Rest der Welt Anhänger fand, ist das Mountainbike, das ursprünglich in der bergigen Mount Tamalpais-Gegend in Marin County entwickelt wurde, um den Radlern das Fahren zu erleichtern. Inzwischen rollen jedes Wochenende unzählige knubbelige Reifen über die vielen Radwege, die die kalifornische Wildnis durchziehen. Mountain Bike Parks, die nur im Sommer geöffnet sind, wurden an den Skihängen um den Lake Tahoe und Mammoth eingerichtet. Ein Mountainbike kann man in vielen kalifornischen Orten für $20–35 pro Tag mieten. Weitere Informationen zum Radfahren im Abschnitt Verkehrsmittel, s.S. 40.

Rafting und Kajakfahren

Kalifornien besitzt einige der besten Rafting-Gewässer weltweit, die aufregendsten darunter in der westlichen Sierra Nevada. In der Regel ist ihre Befahrbarkeit stark saisonbedingt und in der Zeit von Mitte April bis Ende Juni am lohnendsten. Die Flüsse und Stromschnellen sind in vier Klassen eingeteilt, beginnend mit Klasse I für spielend zu bewältigende Gewässer bis Klasse IV, die schon regelrechten Todesmut erfordert. Die Palette der möglichen Rafting-Ausflüge reicht von mehrstündigen Fahrten, die zu den besten oder am leichtesten zugänglichen Stellen eines Flusses führen, bis hin zu mehrtägigen Touren, die zusätzlich Wanderungen entlang der Schluchten oder ein Bad im Fluss gestatten. Eine vier- bis sechsstündige Tour kostet normalerweise ca. $100, Tagesausflüge oder längere Exkursionen liegen bei $150–200 pro Tag inkl. Verpflegung und Campingausrüstung.

Ebenfalls beliebt ist das Kajakfahren, sowohl auf den zahlreichen Flüssen als auch in zunehmendem Maße im Meer. Kajaks können ab ca. $20 pro Std. gemietet werden, geführte, 1–2-stündige Touren beginnen bei $60.

Klettern

Wenn im Sommer der Schnee geschmolzen ist, locken die schroffen Gipfel Kaliforniens zahllose Bergsteiger an, vor allem die Gegend um den Mt Shasta im hohen Norden und Teile der High Sierra. Wer gerade erst mit diesem Sport beginnt und keine eigene Ausrüstung hat, kann vor Ort alles Notwendige mieten und an geführten Exkursionen teilnehmen, die von zahlreichen Veranstaltern in den jeweiligen Gebieten angeboten werden.

Skifahren

Auch Skifahren und Snowboarding erfreuen sich größter Beliebtheit. Man findet im gesamten Osten Kaliforniens hervorragende Skigebiete. Die Berge der Sierra Nevada, insbesondere um den Lake Tahoe, zählen sogar zu den besten Skiregionen der USA. Um $25–35 Leihgebühr kostet eine Ausrüstung für das Wochenende. Liftkarten sind für $40–65 pro Tag zu haben. Wie in Europa ist Langlauf die billigere Alternative. Es gibt mehrere *Ski Lodges* (z.B. in der kalifornischen Sierra Nevada), die rustikale Unterkunft und Unterricht anbieten. Schon für $20 am Tag kann man eine Ausrüstung und für bis zu $200 eine Wochenendtour mit allem drum und dran bekommen.

Maße und Gewichte

Für europäische Touristen, die metrische Systeme gewohnt sind, ist das amerikanische System nur schwer zu durchschauen. 12 *inches* ergeben 1 *foot* und 3 *feet* sind 1 *yard*. 1 *mile* besteht aus genau 5280 *feet*, also 1760 *yards*. 1,2 miles bedeuten als Entfernungsangabe natürlich nicht 1 *mile* und 2 *yards*, sondern eben eins-komma-zwei Meilen.

Doch damit nicht genug: Das Gewicht wird in *ounces* und *pounds* angegeben, wobei 16 *ounces* 1 *pound* ergeben.

Flüssigkeiten wiederum werden in *pints, quarts* und *gallons* abgemessen, wobei 2 *pints* 1 *quart* ergeben, 4 *quarts* = 1 *gallon*.

Jeder, der einmal versucht hat, den Benzinverbrauch seines Autos von *gallon / mile* auf l/100 km umzurechnen, wird das Dezimalsystem bis an sein Lebensende preisen! Auf vielen Straßenkarten sind neben Meilen auch Kilometer angegeben.

Temperaturen werden stets in Fahrenheit angegeben, wobei der Gefrierpunkt (0 °C) bei +32° Fahrenheit liegt und der Siedepunkt (100 °C) bei +212 °F. 70 °F (21 °C) ist eine angenehme Temperatur, doch es kann im Sommer im Landesinneren oft heißer als 100 °F (38 °C) werden.

Zur genaueren Bestimmung von Temperaturen gilt folgende Formel:
Grad Fahrenheit – 32 x 5 : 9 = Grad Celsius

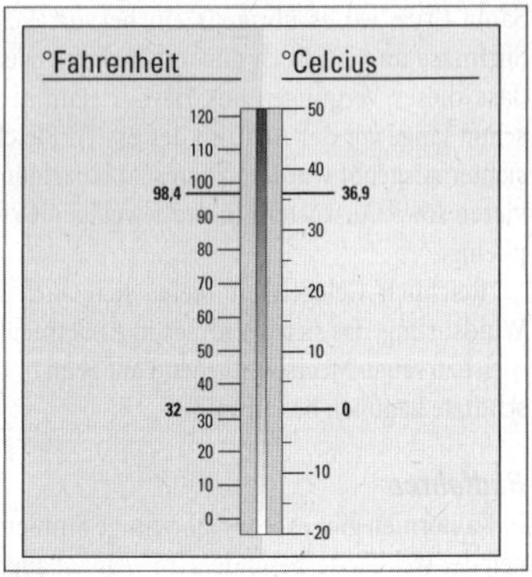

***Längenmaße*:**

0,39 inches (in)	=	1 Zentimeter (cm)
1 inch (in)	=	2,54 Zentimeter (cm)
3,28 feet (ft)	=	1 Meter (m)
1 foot (ft)	=	0,31 Meter (m)
1,09 yards (yd)	=	1 Meter (m)
1 yard (yd)	=	0,91 Meter (m)
0,62 miles (mi)	=	1 Kilometer (km)
1 mile (mi)	=	1,61 Kilometer (km)

***Flächenmaße*:**

0,16 square inches	=	1 cm2
1 square inch	=	6,45 cm2
10,76 square feet	=	1 m2
1 square foot	=	0,09 m2
1,2 square yards	=	1 m2
1 square yard	=	0,84 m2
0,25 acres	=	1 m2
1 acre	=	4047 m2

***Hohlmaße*:**

8,45 gills (gl)	=	1 Liter (l)
1 gill (gl)	=	0,12 Liter (l)
2,11 pints (pt)	=	1 Liter (l)
1 pint (pt)	=	0,47 Liter (l)
1,06 quarts (qt)	=	1 Liter (l)
1 quart (qt)	=	0,95 Liter (l)
0,26 gallons (gal)	=	1 Liter (l)
1 gallon (gal)	=	3,79 Liter (l)

***Gewichte*:**

0,04 ounces (oz)	=	1 Gramm (g)
1 ounce (oz)	=	28,35 Gramm (g)
2,20 pounds (lb)	=	1 Kilogramm (kg)
1 pound (lb)	=	0,45 Kilogramm (kg)
0,16 stones (st.)	=	1 Kilogramm (kg)
1 stone (st.)	=	6,35 Kilogramm (kg)
0,08 quarters (qt)	=	1 Kilogramm (kg)
1 quarter (qt)	=	11,4 Kilogramm (kg)

Konfektionsgrößen

Oberbekleidung Damen (Deutschland / USA):

34 /6	36 / 8	38 / 10	40 / 12	42 / 14	44 / 16	46 / 18

Oberbekleidung Herren (Deutschland / USA):

44 / 38	46 / 39	48 / 40	50 / 41	52 / 42	54 / 43	56 / 44	58 / 46

Damenschuhe (Deutschland / USA):

36 / 5	37 / 6	38 / 7	39 / 7,5	40 / 8,5	41 / 9	42 / 9	43 / 10	44 / 11	45 / 12

Herrenschuhe (Deutschland / USA):

39 / 7	40 / 7	41 / 8	42 / 8	43 / 9	44 / 10	45 / 11	46 / 11	47 / 12	48 / 13

Kinderschuhe (Deutschland / USA):

24 / 8	25 / 9	26 / 10	27 / 10	28 / 11	29 / 12	30 / 13	31 / 13	32 / 14	33 / 14

Währung und Banken

Die grünen amerikanischen Dollar-Noten gibt es als Scheine zu $1, $5, $10, $20, $50 und $100. Zudem werden wenige Banknoten im Wert von $2, $500 und $1000 ausgegeben. Da sich die Banknoten in Größe und Farbe bisher nicht unterschieden, konnte man sie leicht verwechseln. Das soll sich nun ändern: Nach und nach werden verschiedenfarbige Scheine in Umlauf gebracht, die sich allerdings noch nicht weit verbreitet haben.

1 Dollar entspricht 100 Cents, die als Münzen im Wert von 1¢ *(penny)*, 5¢ *(nickel)*, 10¢ *(dime)* und 25¢ *(quarter)* in Umlauf sind. Seltener sind Münzen zu 50¢ *(half-dollar)* und zu einem Dollar. Für Busse, Telefone, Automaten, Parkuhren, Waschsalons sollte man immer einen Stapel *quarters* (25¢) dabeihaben.

Mit Kredit- und Geldautomatenkarten sowie Reiseschecks kann man sich den Besuch einer Bank sparen. Die Schalter sind in der Regel Mo–Do 9–17 Uhr und Fr 9–18 Uhr, z.T. auch Sa geöffnet. Ausländische Währungen und Travellers Cheques werden fast überall eingelöst. Je nach Anzahl und Höhe der Schecks zahlt man jedoch in einer Wechselstube geringere Gebühren: *Thomas Cook* und *American Express* sind die am weitesten verbreiteten Ketten. Einen Bankschalter gibt es an jedem Flughafen. Hotels tauschen sehr selten Fremdwährungen ein, geben aber beim Bezahlen mit US$-Travellers Cheques Wechselgeld heraus. Weitere Informationen zu Schecks und Kreditkarten im Kapitel Geld, s.S. 21ff.

Telekommunikation

In Kalifornien ist man gut mit der Welt verbunden: Öffentliche Fernsprecher sind zahlreich vorhanden (ländliche Gegenden ausgenommen), das Mobilfunknetz ist gut ausgebaut, Internet-Zugang wird fast überall geboten, und Postämter sind ebenfalls gut vertreten.

Post

Die Schalter der Postämter haben zumeist Mo–Fr 9–17 Uhr und Sa 9–12 Uhr (manchmal bis 16 Uhr) geöffnet. Hier kann man Briefe, die schnell ankommen sollen, frankieren und verschicken. Ansonsten gibt es Briefmarken im Automaten vor der Post und blaue Briefkästen an vielen Straßenecken, die so platziert sind, dass man zum Einwerfen nicht erst aus dem Auto steigen muss. Gebrauchsanweisung beachten!

Luftpost dauert nach Europa etwa eine Woche. **Postkarten, Aerogramme** und **Briefe** bis zu einer halben halben Unze Gewicht (ca. 14 g, entspricht einem Blatt mit Umschlag) kosten 70¢. **Innerhalb der USA** kosten Briefe bis zu einer Unze 37¢.

Adressiert wird ein Brief in folgender Reihenfolge: Name, Straße (wobei die Hausnummer vor den Straßennamen kommt), Stadt und Abkürzung des Bundesstaates (Kalifornien z.B. CA) und zum Schluss eine fünfstellige Zahl, der *zip code*. Diese amerikanische Variante der Postleitzahl ist sehr wichtig, denn jedes Postzustellamt hat einen anderen *zip code*, und ohne diesen können sich Briefe um Wochen verspäten oder gar verloren gehen. Den örtlichen *zip code* kann man dem Telefonbuch entnehmen, beim Postamt erfragen, dem dicken, komplizierten *Zip Code Guide* oder im Internet unter 💻 www.usps.com finden.

Postlagernde Sendungen, in den USA *General Delivery* genannt, kann man an alle Postämter des Landes mit dem Zusatz *c/o General Delivery* senden lassen, wobei der *zip code* hier noch wichtiger ist als sonst. Ein Brief wird 30 Tage aufbewahrt und dann zurückgeschickt, deshalb sollte man den Absender angeben.

Für **Pakete** gibt es in den USA sehr strikte Vorschriften. Man verwendet dazu bei der Post erhältliche Kartons und verpackt die Sendung genau so, wie auf dem Karton angegeben. Pakete werden auf dem Land- und Seeweg verschickt, was bis zu sechs Wochen dauern kann. Luftpostpakete, die unbedingt einen entsprechenden Vermerk brauchen, werden natürlich mit höherem Gewicht und zunehmender Entfernung extrem teuer. Für Auslandspakete muss man eine beim Postamt erhältliche *customs declaration form* (Zollinhaltserklärung) ausfüllen.

E-Mail und Internet-Zugang

Zweifellos am einfachsten und billigsten ist die Kommunikation via E-Mail. Viele Provider ermöglichen inzwischen, die **eigene E-Mail-Adresse** über das Web abzurufen. Man sollte das vor der Abreise ausprobieren und sich die erforderlichen Angaben notieren (Kennwort).

Wer diese Möglichkeit nicht hat, kann auf **Webmail** zurückgreifen: Auf zahlreichen Internet-Seiten, darunter Yahoo, www.yahoo.com, Web.de, www.web.de, oder Hotmail, www.hotmail.com, kann man sich eine kostenlose Webmail-Adresse einrichten, auf die ebenfalls unterwegs von jedem Internet-Café zugegriffen werden kann. Es empfiehlt sich, vor der Reise einmal die Homepage des Anbieters anzuklicken. Viele Grafiken und Werbebanner wirken sich erheblich auf die Übertragungszeit aus. Auch muss man sein Account bei einigen Anbietern mit einem Code aktivieren, der erst ein bis zwei Wochen nach der Anmeldung versandt wird.

Nahezu alle Städte nennenswerter Größe besitzen **Cybercafés**; unter www.worldofinternetcafes.de findet sich eine Auflistung von Internet-Cafés in aller Welt. Viele Besucher ziehen allerdings die kostenlosen Internet-Zugänge vor, die in fast allen **öffentlichen Büchereien** zur Verfügung stehen. In der Regel kann man dort nach Reservierung für eine halbe oder eine ganze Stunde die Post erledigen. Steht weder die eine noch die andere Möglichkeit zur Verfügung oder benötigt man einen schnellen Rechner, wendet man sich am besten an einen **Kopierladen** (in den *yellow pages* unter „Copying" zu finden). Für die Nutzung der Computer werden dort zwar ca. 20¢ pro Minute verlangt, dafür ist die Verbindung garantiert schnell. Die meisten teureren **Hotels** bieten ihren Gästen, wiederum gegen Gebühr, ebenfalls Internet-Zugang an.

Wer mit **Laptop** reist, braucht theoretisch nur einen Telefonanschluss und ein Modem, um Online zu gehen. Auf der Webseite www.kropla.com findet man nützliche Infos zu Providern (lokal, global und roaming), außerdem eine Auflistung aller Landesvorwahlen und Angaben über die jeweiligen elektrischen Systeme. Wer **HotSpots** für Laptops mit WLAN sucht, wird sicher auf www.hotspot.locations oder www.wifinder.com fündig.

Telefon

Das Telefonnetz der USA wird von zahlreichen örtlichen Gesellschaften betrieben. Viele davon sind Ableger des früheren monopolistischen *Pacific Telephone Bell System* (abgekürzt *PacBell*), das vom nationalen *AT&T*-Netz übernommen wurde. Unabhängig davon, welche Gesellschaft dahinter steckt, sind die grundsätzlichen Dinge überall gleich: Das Freizeichen ist ein fortlaufender, tiefer Summton; das Klingelzeichen ein langer Ton mit kurzen, regelmäßigen Unterbrechungen und das Besetztzeichen *(busy)* eine Folge kurzer Töne. Falls ein Anruf nicht verbunden werden kann, was selten passiert, ist ein hoher, fortlaufender Ton zu hören.

Öffentliche Telefone, die in der Regel auch funktionieren, gibt es in den Städten überall: an Straßenecken, in Zug- oder Busbahnhöfen, Hotelhallen, Bars und Restaurants. Auf dem Land dagegen muss man manchmal meilenweit laufen, ehe man ein öffentliches Telefon findet. Es können 25¢-, 10¢- oder 5¢-Münzen eingeworfen werden.

Ein **Ortsgespräch** *(local call)* von einem öffentlichen Telefon innerhalb einer Vorwahlzone kostet normalerweise 35¢–50¢. Sofern erforderlich, wird man durch eine Ansage über das Telefon aufgefordert, mehr Geld einzuwerfen.

Non-local Calls *(zone calls)* mit siebenstelligen Nummern, die in derselben Vorwahlzone liegen, sind etwas teurer.

Noch mehr als *non-local calls* kosten natürlich **Ferngespräche** *(long-distance calls)*, also Anrufe in eine andere Vorwahlzone, für die stets die 1 vorgewählt werden muss. Hierfür ist eine Menge Kleingeld nötig. Man wählt zuerst und wirft das Geld erst dann ein, wenn eine Tonbandstimme die erforderliche Summe für das Zustandekommen der Verbindung nennt. Der *operator* schaltet sich in das Gespräch ein, wenn Münzen nachgeworfen werden müssen. War der Anruf teurer als der eingeworfene Betrag, klingelt das Telefon kurz nach dem Einhängen des Hörers, und der *operator* fordert zum Nachzahlen auf. Wird nicht nachgezahlt, wird der entsprechende Betrag dem Teilnehmer am anderen Ende der Strippe auf die Rechnung gesetzt. Überbezahlte Beträge gibt es nicht wieder zurück. *Non-local calls* und Ferngespräche sind zwischen 18 und 8 Uhr billiger als sonst und von 23–8 Uhr bzw. an Wochenenden am günstigsten. Die detaillierten Tarife stehen auf den vorderen Seiten des Telefonbuchs. Überhaupt sind die **Telefonbücher**, *white pages* genannt, eine gute Informationsquelle; oft gibt es auf den ersten Seiten einen brauchbaren Stadtplan. Das Branchenfernsprechbuch heißt *yellow pages*.

Eine günstigere Alternative ist eine **Telefonkarte** *(prepaid phone card)*, die es in vielen Geschäften,

Einrichtungen und einigen Hostels zu kaufen gibt. Man hat ein Guthaben in Höhe des Kaufpreises (meist $5, 10 oder 20) und wählt zuerst einen PIN-Code, bevor man die gewünschte Rufnummer anwählt. Die genaue Anleitung steht leicht verständlich hinten auf der Karte. Auf diese Weise umgeht man die erhöhten Telefongebühren der Hotels, benötigt kein Kleingeld und kann von jedem Münztelefon aus telefonieren.

Von einem privaten Telefon aus anzurufen ist immer billiger als von einem öffentlichen oder vom teuren Telefon im Hotelzimmer. Es gibt in fast jeder Hotelhalle ein billigeres öffentliches Telefon. Viele Hotels bieten allerdings auch kostenlose Ortsgespräche an – beim Einchecken fragen!

Etliche Behörden, Autovermietungen, Hotels und andere Dienstleistungsunternehmen haben eine kostenlose **toll-free number**, die immer mit der Vorwahl 1-800, 1-888, 1-877 oder 1-866 beginnt. Manche dieser Nummern sind landesweit gültig, einige funktionieren jedoch nur innerhalb Kaliforniens.

Manche Nummern verwenden auch Buchstaben als „Nummern": Man wählt z.B. 1-800/USA-RAIL für Amtrak-Informationen. Die Buchstaben sind auf den Tasten zu finden. Bei Problemen hilft der *operator* – man wählt einfach eine 0.

Keineswegs kostenlos, sondern meistens empfindlich teuer, sind Gespräche mit der Vorwahl 1-900 auf den so genannten *pay-per-call lines*, bei denen es fast immer entweder um Sportnachrichten oder Telefonsex geht.

Wir haben in diesem Buch Telefonnummern mit der entsprechenden **Vorwahlnummer** *(area code)* angegeben. Für *local calls* ist einfach die siebenstellige Nummer zu wählen, für alles, was ein paar Meilen weiter weg liegt, muss vor dem *area code* eine 1 gewählt werden. Bedingt durch die ständig steigende Zahl an Telefonanschlüssen wächst auch jedes Jahr die Liste der kalifornischen Vorwahlen. Kommt eine Verbindung nicht zustande, empfiehlt es sich den *operator* zwecks neuer Vorwahlen zu konsultieren.

Bei **internationalen Ferngesprächen** *(overseas call)* kann von privaten wie öffentlichen Telefonen direkt durchgewählt werden. Am kostspieligsten sind Direktgespräche vom Hotelzimmer aus, da sie oft zum höchstmöglichen Tarif abgerechnet und mit einem Aufschlag versehen werden.

Vorwahlen und Telefonnummern

Aus den USA wählt man

für Deutschland	01149
für Österreich	01143
für die Schweiz	01141

Aus Deutschland, Österreich und der Schweiz wählt man 001 für die USA

Wichtige Telefonnummern

Operator (hilft und vermittelt Gespräche):	0
Auskunft (Local Directory Information)	411
Auskunft für Ferngespräche (Long Distance Directory Information)	1-(Area Code)-555-1212
Infos über kostenlose Telefonnummern (Toll Free Directory Inquiries)	1-800-555-1212
Notruf (Feuerwehr, Polizei, Krankenwagen)	911

Idealerweise lässt man sich von zu Hause zurückrufen – Webseiten wie www.billiger-telefonieren.de oder www.teltarif.de listen die aktuell günstigsten Netzanbieter für internationale Gespräche. Mit Billigvorwahl man in die USA schon ab etwa 0,02 €/Minute telefonieren. Allerdings schwankt die Qualität der Verbindung je nach Anbieter.

T-Card / Deutschland Direkt

Die deutsche Telekom bietet die in über 75 Ländern benutzbare **T-Card Private**, die entweder über die Kreditkarte oder eine Bankverbindung abgerechnet wird. Erhältlich ist die Karte in allen Telekom-Läden, per Online- oder Telefon-Bestellung. Die Bereitstellungsgebühr beträgt 8 €, die jedoch innerhalb von drei Monaten abtelefoniert werden können.

Gespräche werden über eine kostenfreie, länderspezifische Zugangsnummer vermittelt; die Kartennummer sowie die gewünschte Rufnummer werden von einer automatischen „deutschsprachigen" Sprachbox abgefragt. Um Missbrauch vorzubeugen, sollte man den PIN-Code unbedingt geheim halten und ihn nicht in Hörweite eines Fremden durchgeben. Man kann die Karte auch zu

Hause lassen und sich nur die Code-Nummer notieren.

Zudem bietet die Zugangsnummer die Möglichkeit, mit **Deutschland Direkt** R-Gespräche zu führen, sofern der Anruf an einen Festnetzanschluss der T-Com geht und sich der Angerufene bereit erklärt, die Kosten zu übernehmen – ideal für Notfälle.

In der Form einer **Guthabenkarte** oder *prepaid phone card* gibt es auch die **T-Card-Holiday** im Wert von 10 € oder 20 €. Beide Varianten der T-Card sind auch in Deutschland benutzbar.

Infos: T-Card ✆ 01805/330 0223, Deutschland Direkt ✆ 01805/330226, 💻 www.detecardservice.de

Preise für Verbindungen aus den USA nach Deutschland:
T-Card 0,50 € pro Minute;
Deutschland Direkt: 3,99 € Vermittlungsgebühr plus 0,50 € pro Minute

Zugangsnummern in den USA :
T-Card, ✆ 1-800/927-0049 oder 1-800/766-0049
Deutschland Direkt, ✆ 1-800/292-0049.

Mobiltelefone

D1, *D2*, *E-Plus* und O_2 unterhalten **Roaming**-Verträge mit den US-Firmen Cingular Wireless, Nextel, T-Mobile USA und AT&T Wireless. Der Netzstandard ist GSM 1900. Die Preise für Verbindungen mit dem eigenen Handy nach Deutschland liegen zwischen 1,20 € und 2,25 € pro Minute, für Gespräche innerhalb der USA zwischen 0,55 € und 1,45 €. Bei eingehenden Anrufen aus Deutschland zahlt der Anrufer nur den heimischen Tarif, während die Kosten für die Weiterleitung ins fremde Netz zu Lasten der eigenen Rechnung gehen. Detaillierte Infos zu Tarifen, SMS-Kosten und Prepaid-Karten gibt es unter:

D1, ✆ 2202 (Handy) oder 01803-302202,
💻 www.t-mobile.de
D2, ✆ 1212 (Handy) oder 0800-1721212,
💻 www.vodafone.de
E-Plus, ✆ 1111 (Handy) oder 01803-177177,
💻 www.eplus.de
O_2, ✆ 55222 (Handy) oder 01805-624357,
💻 www.o2online.de

Und noch ein Tipp: Nicht immer bucht sich das Handy automatisch ins günstigste Netz ein. Wer die Tarife der Anbieter kennt, kann notfalls manuell unter dem Menüpunkt „Netze“ oder „Netz(aus)-wahl“ ins preiswertere Netz wechseln.

Kriminalität

Niemand wird behaupten, in Kalifornien gäbe es keine Kriminalität. Außerhalb der Metropolen wird man damit allerdings weniger in Berührung kommen. Doch der schlechte Ruf, den z.B. Los Angeles in dieser Beziehung „genießt“, ist übertrieben, denn zumindest tagsüber ist die Stadt verhältnismäßig sicher, sofern man sich nicht in die falschen Viertel – vor allem nicht nach Compton, Inglewood, und East L.A. – verirrt. Die notorischen Gangs trifft man nur selten außerhalb ihrer angestammten Reviere, und das sind selten die, in denen sich ausländische Touristen aufhalten. Außerdem bringen sie sich – wenn überhaupt – eher gegenseitig um, als Touristen nach dem Leben zu trachten. Wer vorsichtig und vernünftig ist und die Augen offen hält, dürfte eigentlich kaum Probleme haben. Wenn einmal etwas passiert, ist die Polizei Touristen gegenüber meist sehr freundlich und hilfsbereit und nur dann weniger zuvorkommend, wenn sie glaubt, man hätte den Ärger selbst provoziert.

Überfälle

Am ehesten werden Touristen in Amerika das Opfer eines Raubüberfalls *(mugging)*. Es gibt kein zuverlässiges Rezept, wie man sich in einer solchen Situation verhalten soll. Um Hilfe rufen, flüchten oder kämpfen sind einige Möglichkeiten, aber die meisten Amerikaner würden ohne viel Aufsehen ihr Geld herausgeben.

Es gibt einige **Verhaltensregeln**, die dazu beitragen, dass man gar nicht erst in eine solche Situation kommt. Klar ist, dass man nicht mit Bargeld protzen sollte. Auch sollte man es vermeiden, an jeder Straßenecke auf den Stadtplan (oder in dieses Buch) zu sehen, da das ein klares Erkennungszeichen für den orientierungslosen Touristen ist. Selbst wenn man panische Angst hat, sollte man das möglichst nicht zeigen. Dunkle Straßen sollte man meiden, besonders wenn deren Ende nicht richtig zu sehen ist. In den frühen Morgenstunden geht man auf dem Bürgersteig nahe der Straße, um im Notfall auf die Fahrbahn rennen und auf sich aufmerksam machen zu können.

In den letzten Jahren hat die Kriminalität gegenüber Touristen, die mit **Mietwagen** unterwegs sind, für Schlagzeilen in der internationalen Presse gesorgt. Vor allem in Metropolen dürfen Mietwagen nicht eindeutig durch Aufkleber oder spezielle Nummernschilder als solche zu erkennen sein. Wer abends mit dem Auto durch einsame oder dunkle Gegenden fährt, sollte auf alle Fälle die Türen von innen verriegeln und während der Fahrt auf keinen Fall anhalten. Das gilt besonders, wenn jemand versucht, den Fahrer auf einen Schaden am Auto hinzuweisen. Selbst wenn man von einem Auto gerammt wird, muss man bis zum nächsten erleuchteten Einkaufszentrum oder zu einer Tankstelle weiterfahren und von dort aus den Notruf unter ✆ 911 verständigen. Wenn sich jemand dem parkenden Auto nähert und vorgibt, etwas fragen zu wollen, sollten die Fenster nur einen Spalt weit geöffnet werden. Wenn Wertsachen offen im Auto herumliegen, braucht man sich über Diebe nicht zu wundern.

Eine weitere Gefahrenquelle sind **Diebstähle in Motel- oder Hotelzimmern**. Wer ausgeht, sollte niemals Wertsachen im Zimmer liegenlassen. Wenn man im Zimmer ist, muss man die Tür sorgsam verriegeln und sie nicht jedem, der anklopft, öffnen. Wenn sich verdächtige Personen als Hotelpersonal ausgeben, kann man sich an der Rezeption telefonisch erkundigen.

Sollte es zum Schlimmsten kommen und man wird mit einer Pistole oder, was häufiger vorkommt, mit einem Messer bedroht, dann ist es vor allem wichtig, ruhig zu bleiben. Der Täter hat höchstwahrscheinlich genauso viel Angst wie das Opfer. Also am besten keine falschen Bewegungen machen und ohne Gegenwehr das Geld herausgeben. Es ist vielleicht keine schlechte Idee, eine Extrabrieftasche mit kleinen Scheinen ($50 oder so) getrennt von den anderen Besitztümern dabeizuhaben, die ohne allzu großen Verlust herausgegeben werden kann. Trotz des anschließenden Schockzustandes sollte man versuchen, so schnell wie möglich ein Telefon zu finden und die landesweite **Notrufnummer** ✆ **911** anzurufen, oder – wenn möglich – mit Hilfe eines Polizisten oder eines Taxis zur nächsten Polizeiwache zu gehen. Hier wird ein Bericht verfasst. Das Aktenzeichen unbedingt aufschreiben, um es später der Versicherung oder der Reisescheck-Firma zur Schadensregelung mitzuteilen (vgl. Kapitel Gesundheit s.S. 18 und Versicherungen s.S. 19). In einer großen Stadt kann man bei *Travelers Aid* anrufen, um Trost und Rat zu erhalten (die Nummer steht jeweils im örtlichen Telefonbuch).

Verlust von Pass und Reiseschecks

Generell sollten Wertsachen nicht im Zimmer, sondern im Hotelsafe verwahrt werden. Am schlimmsten ist der Verlust des **Reisepasses**; ohne ihn kommt man nicht nach Hause, aber einen neuen zu bekommen ist oftmals sehr schwierig. In diesem Fall sollte man sich sofort an das nächste Konsulat wenden und um die Ausstellung eines **behelfsmäßigen Ausweises** bitten. Adressen in den regionalen Kapiteln.

Ein weiteres, häufig auftretendes Problem sind verloren gegangene **Reiseschecks**. Schon aus diesem Grund ist es wichtig, immer eine genaue Liste über den aktuellen Bestand der Reiseschecks mit allen Nummern zu führen und sie separat aufzubewahren. Bei Verlust weiß man dann, welche man noch nicht ausgegeben hat. Die Firma, die sie ausgestellt hat, muss sofort telefonisch benachrichtigt werden, s.S. 21. Sie erkundigt sich nach den Schecknummern, dem Ausstellungsort, den genauen Umständen, unter denen man sie verloren hat, und ob der Verlust der Polizei gemeldet wurde. Sofern kein Verdacht auf Betrug besteht, erhält man innerhalb von wenigen Tagen neue Schecks, manchmal sogar etwas Bargeld zur Überbrückung.

Unterhaltung und Medien

Musik

Musikliebhaber aus aller Welt pilgern in die Städte, die den Jazz, Blues, Country, Soul und Rap hervorgebracht haben. Rap- und Rock-Fans zieht es nach Los Angeles, aber der Musikgenuss beschränkt sich keineswegs auf die Großstädte. Städte wie Bakersfield, deren Namen kaum einer kennt, besitzen fast genauso viele Lokale mit Live-Country-Musik wie das berühmte Nashville der Südstaaten. Die derzeitigen Superstars der Rock- und Soulmusik treten zwar fast ausschließlich in riesigen Stadien auf, aber es gibt zahllose kleinere Veranstaltungsorte, an denen sich die neuesten Gruppen präsentieren. Vor allem in Universitätsstädten treten aufstrebende Bands auf, die sich einem größeren Publikum vorstellen möchten. Näheres in unseren jeweiligen Städtekapiteln.

Kino und Theater

Kalifornien darf man getrost als die Heimat des Films bezeichnen, denn mehr denn je regiert Hollywood das Filmgeschehen auf der Welt. Wer den Zuhausegebliebenen in Sachen Film einen Schritt voraus sein möchte, sollte sich in den Staaten ein paar neue Filme ansehen. Hollywoodfilme laufen normalerweise drei bis sechs Monate in den USA, bevor sie dem Rest der Welt gezeigt werden. In den meisten Städten gibt es gute Kinos im Zentrum, aber in kleineren Ortschaften muss man oft zur Breitbandleinwand im Einkaufszentrum am Stadtrand fahren. Die typisch amerikanischen Autokinos sind leider im Aussterben begriffen.

Das Bühnengeschehen der Großstädte präsentiert sich sehr wechselhaft. Die großen Theater werden ihrem guten Ruf meistens gerecht, aber eine Karte für die meisten Aufführungen kostet ein kleines Vermögen. In den größeren Universitätsstädten kann man in der Regel ordentliche Shakespeare-Inszenierungen und anderes in dieser Richtung erleben. Ansonsten sorgen überall im Land örtliche Theatergruppen auf ihre Art für ganz unterschiedlichen Theatergenuss.

Jede größere Stadt besitzt zumindest ein Kabarett. Es gibt allerdings enorme Qualitätsunterschiede: In manchen treten sexistische Ausländerfeinde auf, deren Gags auf die niedrigsten Instinkte und Vorurteile abzielen. In anderen dagegen wird frische, einfallsreiche und vor allem wirklich witzige Unterhaltung geboten. Die besten Adressen haben wir aufgelistet, darüber hinaus sollte man sich jedoch immer auch vor Ort nach dem aktuellen Stand der Dinge erkundigen.

Zeitungen

Um es gleich vorweg zu sagen: Wer zum Frühstück gern seine aktuelle Tageszeitung liest, wird in Schwierigkeiten kommen. Nicht dass es in den USA keine guten Zeitungen gäbe, nur sind sie, gemessen an der dichten europäischen Medienlandschaft, dünn gesät.

Die einzige landesweite **Tageszeitung** (abgesehen vom trockenen Finanzblatt *Wall Street Journal* und dem wöchentlich erscheinenden Regenbogenpresseprodukt *National Enquirer)* ist die farbige, wenig gehaltvolle *USA Today.* Die meisten Amerikaner bevorzugen noch immer ihre lokale Tageszeitung.

Die einzige in ganz Kalifornien gelesene Zeitung ist die *Los Angeles Times*, deren lokale, nationale und internationale Berichterstattung wahrscheinlich die beste im ganzen Land ist. Ansonsten beschränken sich die Zeitungen überwiegend auf Neuigkeiten aus ihrer Region. Berichte aus dem Ausland und selbst einige nationale Meldungen stammen meist von Nachrichtenagenturen. In den größeren Städten bekommt man namhafte Blätter aus anderen Landesteilen, wie z.B. die *New York Times*, oder Zeitungen aus anderen Ländern an Automaten, Zeitungsständen und in Buchläden.

Jede Stadt und fast jede Ortschaft hat zumindest eine, meistens mehrere **kostenlose Zeitungen**. Sie gibt es frei aus dem Automaten, manchmal liegen sie auch einfach in großen Stapeln in Schaufenstern oder an Straßenecken. Es lohnt sich, ein ganzes Sortiment mitzunehmen, denn einige berichten ausschließlich über Kunst und Kultur, andere spezialisieren sich auf bestimmte Interessengebiete (z.B. Fitness, Geschäftsleben o.Ä.). Die hilfreichsten Blättchen haben wir in den entsprechenden regionalen Teilen erwähnt. Kritische oder gar unbequeme Akzente können sich diese Publikationen der Anzeigenkunden wegen freilich nicht leisten.

Fernsehen

Das kalifornische Fernsehprogramm bietet die übliche leichte Kost aus Sitcoms, Nachrichtenshows und Talkshow-Geplapper. Eine Reihe von spanischen Kabelkanälen bedient den großen Anteil der hispanischen Einwohner Kaliforniens, eine geringere Zahl zielt auf andere ethnische Gruppen, insbesondere Asiaten, als Publikum. Der nationale öffentliche Sender PBS strahlt regelmäßig interessante Dokumentationen, informative (wenn auch trockene) Nachrichtensendungen und ein Kinderprogramm aus.

Nachrichtensendungen *(news)* bringen zwar Neuigkeiten aus aller Welt, das internationale politische Geschehen wird aber eher am Rande behandelt. Die meisten laufen zwischen 17 und 18 Uhr und zwischen 22 und 23 Uhr.

Cable TV hat praktisch jedes Motel und Hotel, doch die Zahl der für Gäste „offenen" Kanäle ist von Haus zu Haus verschieden – 50 sind normal, 80 nicht ungewöhnlich. Die meisten Kabelkanäle sind kaum besser als die großen Sender ABC, CBS, NBC und FOX, aber einige bieten spezielle Programme für bestimmte Interessengruppen. So sendet ARTS z.B. Kulturbeiträge, importierte Fernsehfilme und Interviews mit Autoren. CNN sendet rund um die Uhr Nachrichten aus aller Welt, HBO zeigt neueste Spielfilme, AMC bringt alte Schwarzweißfilme und ESPN nichts als Sport. Außerdem gibt es noch MTV (auf das die meisten Hotelketten offenbar nicht abonniert sind), VH-1 sowie eine Anzahl anderer Musiksender.

Viele größere Sportereignisse werden nur auf *pay-per-view* Basis übertragen. Wer z.B. einen Weltmeisterboxkampf im Leichtgewicht sehen möchte, muss bis zu $40 dafür bezahlen, entweder ans Motel oder an eine Bar, in der die Übertragung gezeigt wird. Viele größere Hotels und Motels besitzen eine Auswahl an Videokassetten mit Filmen, die gerade von den Kinos abgesetzt wurden, und verleihen sie für ca. $7 pro Film.

Radio

Das Autofahrerland Kalifornien hat natürlich eine breite Palette verschiedener Sender zu bieten. Die **Mittelwelle** (AM) ist spezialisierten Programmen vorbehalten. Wenn man ihnen noch nie zugehört hat, sind die „Chat Shows" auf dieser Frequenz mit ihren oft äußerst aggressiven Moderatoren und Zuhörern ein interessantes Erlebnis. Auf **UKW** (FM) findet man die übliche Mischung aus Rock, Rhythm 'n' Blues und lateinamerikanischer Musik. Die Sender sind zu zahlreich, um sie alle hier aufzuführen. Besonders bekannt sind die Pop-Rock-Sender KLLC (auch 'Alice' genannt; 97,3 FM) in San Francisco und KROQ (106,7 FM) in Los Angeles. Während der Rushhour (6–9 und 16–19 Uhr) läuft praktisch nur Werbung, ab und zu unterbrochen von einem Popsong.

In Südkalifornien begegnet man immer mehr mexikanischen Radiostationen; einige senden von Kalifornien aus, andere von jenseits der Grenze. Sie sind durchaus hörenswert, auch wenn man des Spanischen nicht mächtig ist.

Verlässliche lokale Nachrichten und vergleichsweise gute „Chats" bietet *National Public Radio* (NPR), ein Sender, der sich aus freiwilligen Zuhörerspenden finanziert (UKW/FM; die genaue Frequenz wechselt).

Deutsche Sender

Mit einem guten Weltempfänger ist die **Deutsche Welle** über Kurzwelle auf verschiedenen Frequenzen zu empfangen, Informationen über die aktuellen Frequenzen unter 💻 www.dw-world.de oder bei Abt. Technische Beratung, ✆ 0228-4293208, 📠 4293220, ✉ tb@dw-world.de.

Die Deutsche Welle strahlt ihr 24-stündiges Fernsehprogramm **DW TV** in Deutsch und Englisch (in Nordamerika auch Spanisch) sowie verschiedene Hörfunkprogramme über die Satelliten PAS-9 und AMC-1 aus. Einige Hotels speisen das Programm in das hoteleigene Netz ein. Zu jeder vollen Stunde wird ein Nachrichtenjournal ausgestrahlt – im Wechsel auf Deutsch und Englisch (um 21 und 2 Uhr auf Spanisch). Es folgen Features mit deutschlandbezogenen Themen in der jeweiligen Sprache.

In Nordamerika sendet zudem der Pay-TV-Sender **German TV** über Satellit oder Kabel. Das 24-stündige Programm setzt sich aus Beiträgen von ARD, ZDF und Deutscher Welle zusammen, wobei der Schwerpunkt mehr im Unterhaltungsbereich liegt. Infos zu Programm und Gebühren unter 💻 www.german.tv.

Sonstiges

Adressen

Straßen in größeren Städten sind meistens rasterförmig angelegt und bilden regelmäßige Häuserblocks. Die Hausnummer wird vom Block, in dem das Haus steht, abgeleitet; jeder Block hat eine andere Anfangsnummer. Blocknummern beginnen bei 1, meist im Zentrum der Stadt. Entsprechend wäre z.B. 620 S Cedar sechs Blöcke südlich (dieses entnimmt man dem S) des Zentrums der Stadt. In diesem Block ist es dann das zwanzigste Haus. Daher ist es sehr wichtig, sich solche Angaben wie NW oder SE genau zu merken, denn 3620 SW Washington Boulevard ist vom 3620 NE Washington Boulevard sehr weit entfernt.

Ausweise

Ausweise sollte man immer dabeihaben. Führerscheine, Pässe und Kreditkarten werden in den USA allgemein als Ausweis akzeptiert. Wer ohne Führerschein beim Autofahren erwischt wird, kann dafür ins Gefängnis wandern.

Datum

Das Datum wird in den USA größtenteils anders geschrieben als in Europa: Der 4/1/04 ist der 1. April, *nicht* der 4. Januar 2004.

Diplomatische Vertretungen in den USA

Deutschland:

Los Angeles, 6222 Wilshire Boulevard, Suite 500
✆ 323/930-2703, 📠 930-2805,
💻 www.germany.info/losangeles,
✉ losangeles@germany-info.org

San Francisco, 1960 Jackson Street
✆ 415/775-1061, 📠 775-0187,
💻 www.germanconsulate.org/sanfrancisco,
✉ gksf@pacbell.net

Österreich:

Los Angeles, 11859 Wilshire Boulevard, Suite 501
✆ 310/444-9310, 📠 477-9897,
💻 www.austria-la.org,
✉ los-angeles-gk@bmaa.gv.at

San Francisco (Honorarkonsulat),
220 Montgomery Street, Suite 931,
✆ 415/951-8911, 📠 444-7835

Schweiz:

Los Angeles, 11766 Wilshire Boulevard,
Suite 1400, ✆ 310/575-1145, 📠 575-1982,
💻 www.eda.admin.ch/la,
✉ vertretung@los.rep.admin.ch

San Francisco, 456 Montgomery Street,
Suite 1500, ✆ 415/788-2272, 📠 788-1402,
💻 www.eda.admin.ch/sf,
✉ vertretung@sfr.rep.admin.ch

Drogen

Der Besitz von weniger als einer *ounce* (28,3 g) des allseits konsumierten Marihuanas wird als Vergehen geahndet und mit einem Bußgeld von maximal $100 bestraft. Wer mit mehr als einer Unze Haschisch erwischt wird, muss dagegen mit einer hohen Geld- und eventuell einer Gefängnisstrafe wegen Drogenhandels rechnen – härtere Strafen drohen, wenn man damit in der Nähe einer Schule erwischt wird. Deshalb lässt man am besten die Finger davon. Bei harten Drogen ist die Toleranzschwelle des Staates noch niedriger: Wer mit irgendwelchen härteren Substanzen erwischt wird, hat mit einer schweren Bestrafung zu rechnen.

Elektrizität

Achtung: Die Stromspannung in den USA beträgt 110 V! Die wackeligen zweipoligen Stecker sind mittlerweile zum größten Teil durch stärkere dreipolige Stecker ersetzt worden. Für nichtamerikanische Geräte benötigt man sowohl einen Transformator (zur Umwandlung der Spannung) als auch einen Adapter für die Stecker. Laptop-Computer passen sich normalerweise automatisch an die jeweilige Stromspannung an.

Flughafengebühren

Die Flughafengebühr inkl. Sicherheitskontrollen als auch Zoll und Einreise ist immer im Preis des Flugtickets enthalten.

Goethe-Institute

Die Goethe-Institute verfügen über eine gut sortierte Bibliothek sowie eine Auswahl aktueller deutschsprachiger Zeitungen und Zeitschriften. Wer daran interessiert ist, kann hier Deutsch sprechende Amerikaner kennen lernen. Zudem werden Ausstellungen, Konzerte, Theater- und Filmvorführungen organisiert.

Los Angeles, 5750 Wilshire Boulevard, Suite 100
✆ 323/525-3388, 💻 www.goethe.de/ins/us/los

San Francisco, 530 Bush Street, ✆ 415/263-8760,
💻 www.goethe.de/ins/us/saf

Spenden

Viele Museen verlangen keinen Eintritt, sondern eine freiwillige Spende. Normalerweise wird erwartet, dass man ca. $2 in die Sammelbox am Eintritt einwirft. Wer dies nicht tut, wird zwar nicht des Hauses verwiesen, ist aber als mickriger Geizhals gebrandmarkt.

Steuer

Man sollte immer darauf vorbereitet sein, dass auf den angegebenen Preis einer Ware oder eines Hotelzimmers noch die Verkaufssteuer *(sales tax)* aufgeschlagen wird. Die Steuer wird nicht auf alle Waren in gleicher Weise erhoben und unterscheidet sich zudem regional. In Teilen Kaliforniens beträgt die Verkaufssteuer über 8%. Auf die meisten Hotelrechnungen werden 5 bis 15% Steuern aufgeschlagen. Wenn man einen Mietwagen in den USA mietet, ist zusätzlich zur Mietgebühr die Steuer zu bezahlen. Bereits im Ausland gebuchte Mietwagen und Hotelcoupons sind von dieser Steuer befreit.

Stockwerke

Das Erdgeschoss wird in Amerika als erstes Stockwerk gezählt. Wer in Deutschland im 1. Stock steht, befindet sich in Amerika bereits im *second floor.*

Toiletten

Toiletten können manchmal zum Problem werden. Öffentliche WCs gibt es kaum. Bars, Restaurants und Fastfood-Ketten sind im Notfall die besten Anlaufstellen, obwohl ihre Toiletten offiziell nur für Kunden gedacht sind. Vor allem Frauen müssen sich erst einmal daran gewöhnen, dass die Toilettentüren bereits einen halben Meter über dem Boden enden.

Trinkgelder

Tips sollten immer gegeben werden, es sei denn, die Bedienung war wirklich inakzeptabel, was praktisch nie vorkommt. In Bars und Restaurants wird 15% des Rechnungsbetrages zusätzlich auf dem Tisch gelassen, denn davon leben normalerweise die Bedienungen in den USA. Ein Taxifahrer darf ebenfalls ungefähr 15% Trinkgeld erwarten, und man sollte den Betrag möglichst immer auf den Dollar aufrunden. Ein Hotelportier, der mehrere schwere Koffer ins Obergeschoss gewuchtet hat, ist mit $1 pro Gepäckstück zu entlohnen. Zahlt man mit Kreditkarte, wird vor der Endsumme und Unterschrift eine entsprechende Summe für Trinkgeld eingetragen.

Umweltbewusstsein

Bei einem Teil der amerikanischen Bevölkerung findet der Naturschutzgedanke und eine gesundheitsbewusste Lebensweise begeisterte Aufnahme. Hingegen ist die Bereitschaft zu energiesparenden Maßnahmen sehr gering. Auch Müll wird gedankenlos produziert. In dieser Hinsicht gilt allerdings nicht der Rat, sich den Landesgepflogenheiten anzupassen. Im Gegenteil, wir haben mit unseren europäischen Gewohnheiten, mit der Einkaufstasche im Supermarkt zu erscheinen und mit der eigenen Tasse den Kaffee an der Motelrezeption abzuholen, schon manch anregendes Gespräch über dieses Thema provoziert. Andererseits sind gerade an der Westküste viele Umweltinitiativen zu Hause, und der biologisch-dynamische Anbau hat Größenordnungen erreicht, von denen europäische Lebensmittelproduzenten nur träumen.

Verhütungsmittel

Kondome gibt es auch hier in jeder Drogerie. Von der Pille bringt frau sich besser einen Vorrat mit. Notfalls lässt sich mit ärztlichem Rezept Nachschub besorgen.

Zeitzonen

An der Westküste gilt die *Pacific Standard Time* (PST), neun Stunden hinter der MEZ und drei Stunden hinter der Ostküstenzeit der USA. Die Uhren werden zwischen dem letzten Sonntag im April und dem letzten Sonntag im Oktober um eine Stunde zurückgestellt.

Zigaretten

Zigaretten gibt es in Automaten, Lebensmittelgeschäften, *drugstores* und Bars zu kaufen. Eine 20er-Packung kostet um $5. Die meisten Raucher kaufen sich Zigaretten in Stangen (mit $30 noch billiger). Allerdings ist das Rauchen in Kalifornien mittlerweile völlig out und wurde inzwischen in allen öffentlichen Gebäuden, Bars und Restaurants gänzlich verboten.

Land und Geschichte

Geografie

Die Westküste der USA ist in Hinblick auf die Verschiedenartigkeit ihrer Landschaften unvergleichlich. Obwohl man hauptsächlich Palmen und goldene Sandstrände erwartet, gibt es hier fast jede Landschaftszone der Erde: schneebedeckte Berggipfel, alpine Wiesen, einsame Wüstenlandschaften, flache, fruchtbare Felder und üppige Regenwälder. Kein Wunder, dass die Filmemacher von Hollywood immer wieder eine realistische Kulisse für Filme fanden, die in den verschiedensten Ecke der Welt spielen. Dementsprechend mannigfaltig ist die Zahl der Pflanzen und Tiere, die hier heimisch sind und im Schutz zahlreicher *State* und *National Parks* noch in ihrer natürlichen Umgebung leben können.

Die Landschaft Kaliforniens wurde im Laufe von Jahrmillionen durch Eiszeiten, Erosion, Erdbeben, Vulkanausbrüche und andere **geologische Prozesse** geformt. Beeindruckende Zeugnisse geologischer Aktivitäten findet man im Yosemite National Park östlich von San Francisco, wo sich massive Granitwände, doppelt so groß wie der Felsen von Gibraltar, zu unvergesslichen Schluchten formiert haben. Einen Kontrast dazu bilden die durch trockene Wüstenwinde ständig neu gestalteten Sanddünen von Death Valley, umrahmt von Gebirgsausläufern, die durch oxydierte Mineralienablagerungen in allen Farben leuchten.

Aber das ruhige, wie für die Ewigkeit geschaffene Szenario trügt: **Erdbeben**, denen Los Angeles den Spitznamen *Shakeytown* (wackelige Stadt) verdankt, sind wohl der markanteste Ausdruck des labilen Zustands unter der Oberfläche. Die Region liegt direkt auf dem so genannten *Ring of Fire*, der Nahtstelle zweier, sich gegeneinander verschiebender tektonischer Platten, und damit in einer Zone erhöhter vulkanischer Aktivitäten und sporadischer Erdbeben. Bekannt wurden z.B. das große Beben von 1906, das San Francisco dem Erdboden gleichmachte, das von 1989, ebenfalls in San Francisco, oder das jüngste von 1994, als in L.A. mehrere Freeways einstürzten.

Die meisten der kegelförmigen **Vulkane** Kaliforniens sind inzwischen erloschen. Im nördlichen Kalifornien brach 1914 der Mount Lassen aus und zerstörte große Teile der umliegenden Wälder. Dampfende Geysire, die es auch noch an erloschenen Vulkanen gibt, und sprudelnde heiße Quellen sind jedoch überall an der Westküste zu finden. Obwohl sich um einige von ihnen große Ferienorte entwickelt haben, sind die meisten in ihrem ursprünglichen Zustand erhalten geblieben – eine schöne Gelegenheit, in natürlichen Becken, umgeben von Bergen, Wüsten oder Wiesen, im heißen Wasser baden zu gehen.

Fauna und Flora

Insgesamt erstreckt sich die Region über ein Gebiet von 820 000 km², von den feuchten Küstenwäldern über die schneebedeckten Gipfel der Sierra Nevada bis zum Death Valley, das bis zu 87 m unter dem Meeresspiegel liegt und einen durchschnittlichen Jahresniederschlag von nur 50 mm hat. Hier leben und gedeihen die verschiedensten Formen der Fauna und Flora. In Kalifornien gibt es 54 Kakteenarten, 123 Spezies von Amphibien und Reptilien, 260 Vogel- und 27 000–28 000 Insektenarten.

Einige der größten und faszinierendsten Tiere sind in Kalifornien inzwischen leider ausgestorben, so z.B. der Grizzlybär, ein 3 m großer und 2 Tonnen schwerer Gigant, der nach wie vor auf der kalifornischen Staatsflagge zu sehen ist, oder der Kalifornische Kondor, der mit einer Flügelspannweite von bis zu 3 m zu den größten Vögeln der Welt gehört. Trotzdem gibt es noch viele ungewöhnliche Tiere zu sehen: An der Küste leben Otter, Robben, See-Elefanten und Grauwale, im Landesinneren auch das mollige Murmeltier, ein sehr schüchterner Säuger, der auf den Felsen im Hochgebirge beim Sonnenbaden beobachtet werden kann. Das Pflanzenleben ist ebenso vielfältig, von wunderschönen, kurzlebigen Wildblumen der Wüste bis zu zeitlosen *Bristlecone*-Pinien, die auf den trockenen Berggipfeln des *Great Basin*-Wüstengebiets leben und Tausende von Jahren alt werden können.

Die Pazifikküste

Der Pazifik bestimmt wesentlich das Küstenklima. Er hält die Temperaturen das ganze Jahr über auf einem konstanten, gemäßigten Niveau. Im Frühling und Sommer steigen kalte, nährstoffreiche Wassermassen an die Oberfläche, wodurch kühle Nebelbänke und große Mengen Plankton (mikroskopisch kleine Algen) entstehen. Von Plankton ernähren sich kleine Lebewesen wie z.B. Krill, winzige Garnelen, die wiederum die Nahrung junger Fische sind. Das letzte Glied dieser Nahrungskette sind die Seevögel, die Robben, die kalifornischen Seelöwen und die Wale. Heute kann man vor der Küste wieder Grauwale beobachten, die zwischenzeitlich nahezu ausgerottet waren, inzwischen aber in großer Zahl an die Küste zurückgekehrt sind.

Die Gezeitenzonen

Drei Ökosysteme lassen sich entlang der Küste Kaliforniens unterscheiden: das Wattenmeer, die Sandstrände und die Flussmündungen. Wer die Gezeitenzone erforschen möchte, sollte sich in den lokalen Zeitungen über das Einsetzen von Ebbe und Flut informieren. Vor den Wellen muss man sich in Acht nehmen, beim Einsetzen der Flut nicht allzu weit hinausgehen und stets aufpassen, wo man hintritt, denn im Schlick leben viele kleine Organismen.

Es gibt in Kalifornien kilometerlange Strände mit **Gezeitentümpeln** *(tidepools)*, die besten bei Pacific Grove nahe Monterey. Hier findet man Seeanemonen (sie ähneln grünen Zinnien), Einsiedlerkrebse, violette und grüne Krabben, rote Schwämme, violette Seeigel, Seesterne von der Größe einer Münze bis zu der einer Radkappe, Miesmuscheln, Ohrschnecken und Napfschnecken, um nur einige zu nennen. Schwarze Austernfischer flitzen über den Sand hinweg, um offene Miesmuscheln zu verspeisen. Zudem gibt es viele Möwen und Schwarzkopfsteinwälzer, und in den Sommermonaten tauchen Pelikane direkt vor der Küste nach Fischen.

In Pacific Grove leben außerdem viele **Seeotter**. Im Gegensatz zu den meisten anderen Meeres-Säugetieren ist es nicht eine dicke Fettschicht, die sie wärmt, sondern ihr dichtes Fell. Russischen und englischen Jägern gelang es Mitte des 19. Jahrhunderts, die Seeotter in Kalifornien nahezu auszurotten. 1938 entdeckte man noch eine kleine Population in der Nähe von Big Sur und stellte sie unter Naturschutz. Dank der sorgsamen Pflege haben sie sich inzwischen auch weiter südlich wieder etablieren können.

Verschiedene **Seetang**-Arten, die auf den Felsen am Meer wachsen, sind übrigens essbar. Eine interessante Form des Seetangs ist der Birntang, der in großen Mengen an die Strände der Westküste geschwemmt wird. Diese unappetitlich aussehende, große Art wird als Verdickungsmittel bei der Herstellung von Eiscreme genutzt.

Sogar Palmenformen gibt es darunter: **Meerespalmen** mit ihren gummiartigen, etwa 10 cm langen Stämmen und den rutenförmigen Wedeln. Ihre dicken, wurzelähnlichen Haftarme bieten Schutz für kleine Krebse.

Die Strände

Die langen, goldenen Sandstrände mögen auf den ersten Blick recht leblos wirken. Wer näher hinschaut, wird im nassen Sand bald die vielen kleinen Luftblasen bemerken, die von zahlreichen Muscheln und Krabben herrühren, die direkt unter der Oberfläche leben. Kleine Vögel, Strandläufer genannt, suchen im Rhythmus der zurückweichenden Wellen nach diesen delikaten Leckerbissen, auch Seeigel sind häufig zu finden.

Die ungewöhnlichsten Tiere, denen man an den Stränden begegnen kann, sind die **Nördlichen See-Elefanten**, die zwar auch an Felsenküsten leben, am liebsten aber ihre massigen Körper im weichen Sand aalen. Die männlichen See-Elefanten (Bullen) können bis zu 6 m lang und 4 Tonnen schwer werden. Die Weibchen (Kühe) sind dagegen nur 4 m lang und wiegen bescheidene 2 Tonnen. Dank ihrer großen Augen können sie auch in tiefen, trüben Gewässern noch nach Fischen jagen, tatsächlich sind See-Elefanten die am tiefsten tauchenden Säugetiere der Welt. Bis zu 20 Minuten halten sie es unter Wasser aus und erreichen dabei problemlos Tiefen von über 1200 m, wo der Druck 100-mal höher als an der Wasseroberfläche ist.

Wie die Seeotter wurden auch die See-Elefanten Mitte des 19. Jahrhunderts stark dezimiert. Kommerzielle Walfänger jagten sie gnadenlos wegen ihres Trans und ihrer Felle. Nachdem es um die Jahrhundertwende nur noch weniger als 100 See-Elefanten gab, wurden sie unter Naturschutz gestellt, und seither hat sich die kalifornische Population regeneriert. Sie leben in erster Linie auf den Channel Islands südlich von Santa Barbara, auf den Farallon Islands westlich von San Francisco sowie an der Küste des Año Nuevo State Reserve nördlich von Santa Cruz.

See-Elefanten verlassen das Meer für längere Zeit nur während der Brunstzeit, wenn sie Junge bekommen oder ihr Haarkleid wechseln. Der Name

Baumriesen wie dieser lieferten das Holz für den Aufbau der Städte

See-Elefant oder Rüsselrobbe kommt von der etwa 30 cm langen, rüsselartigen Verlängerung der Nase. Während der Paarungszeit stoßen die Bullen durch diese Nase ein eigentümliches Grunzen aus, um die Weibchen anzulocken. Año Nuevo Beach ist der beste Ort, um dieses Ritual zu beobachten. Im Dezember und Januar wälzen sich die Bullen aus dem Wasser und kämpfen um die Vorherrschaft. Der dominante Bulle darf sich dann nach Herzenslust paaren (bis zu 50-mal). Bis März, wenn die erwachsenen Tiere wieder im Meer verschwinden, ist der Strand übersät mit See-Elefanten; danach bleiben nur die Jungtiere zurück, die den Strand erst im Mai verlassen.

See-Elefanten verschiedenen Alters kommen das ganze Jahr über zum Strand zurück, um ihr Haarkleid zu wechseln. Sie zeigen Menschen gegenüber keine Scheu, sind aber groß genug, um jemanden zu verletzen oder sogar zu töten, wenn er im Weg steht.

Während der Brunstzeit sind nur Besuche mit *Guides* möglich, zu anderen Zeiten kann man sich nahe an sie heranwagen. Näheres s.S.565.

Flussmündungen

In Kalifornien wurden viele Flussmündungen aufgeschüttet, eingedeicht und entwässert, zu Jachthäfen umgebaut oder durch Abwässer verschmutzt. Die noch verbliebenen, natürlichen Ökosysteme aus Marschen und Watten sind ein wichtiger Lebensraum für viele wirbellose Lebewesen und Fische sowie der Nist- und Überwinterungsort zahlreicher Vogelarten. Das **Spartgras**, eine der dominierenden Pflanzen in diesem System, produziert auf gleicher Fläche fünf- bis zehnmal so viel Sauerstoff und Nährstoffe wie Weizen.

Viele interessante Tierchen leben im dickflüssigen, organischen Schlamm, z.B. die rosafarbigen, fetten Schlickwürmer, die ihre Behausungen mit Krebsen, Fischen, Ringelwürmern, Muscheln und vielen anderen Lebewesen teilen. Die bekanntesten **Vögel** in den Flussmündungen sind die Amerikanischen Graureiher und Silberreiher. Man kann auch überwinternde Küstenvögel beobachten, z.B. die Alpenstrandläufer, Schlammläufer und Gelbschenkel. Auch Wanderfalken und Fischadler sind nicht selten.

Folgende Flussmündungsgebiete sind besonders interessant: Elkhorn Slough nahe Monterey, San Francisco Bay und Bolinas Lagoon (Marin County).

Küstennahe Landschaften

Auf den küstennahen **Wiesen** wachsen rosafarbene und gelbe Sand-Verbenen, Lupinen, Meersenf, Mittagsblumen und die orangefarbene kalifornische Mohnblume – die Staatsblume. Die etwas weiter landeinwärts gelegenen Hügel sind mit Buschwerk und Sträuchern bedeckt. In den **Canyons** in Küstennähe wachsen verschiedene großblättrige Bäume, z.B. kalifornischer Lorbeer sowie Erlen, Eichen und Kastanien. Während der feuchten Jahreszeit leben in den Canyons vor allem Schnecken und Molche. Im Winter kann man an einigen Orten orange und schwarze Monarchfalter sehen, so in Bolinas, Monterey und Pacific Grove.

Im Küstendickicht leben Wiesel, Wildkatzen, Graufüchse, Waschbären, Rehe, kalifornische Wachteln und Vipern. Der **Maultierhirsch**, eine inzwischen seltene Art, wurde wieder angesiedelt – Tomales Point am Point Reyes National Seashore ist ein guter Ort, um ihn zu beobachten; gute Chancen hat man auch landeinwärts in Naturschutzgebieten bei Bakersfield und im Owens Valley.

Die Flusstäler

Die Täler von Sacramento und San Joaquin – zusammen unter dem Namen Central Valley bekannt – werden ebenso wie die meisten anderen fruchtbaren Flusstäler landwirtschaftlich genutzt. Die natürliche Ufervegetation ist längst abgeholzt, Feuchtgebiete wurden entwässert, und die Flüsse sind mit Pestiziden und Herbiziden schwer belastet. Trotzdem ist die noch vorhandene Ufervegetation ein wichtiger Lebensraum für Wildenten, Eisvögel, Schwalben und Waldsänger ebenso wie für Graufüchse, Waschbären und Streifenstinktiere. Zum Sacramento National Wildlife Refuge ziehen im Winter mehr Schneegänse als irgendwo anders auf der Welt. Daneben überwintern hier Wildgänse, Krickenten, Spießenten, Löffelenten und amerikanische Pfeifenten.

Die **Vogelschutzgebiete** lohnen unbedingt einen Besuch. Leider werden hier auch Enten gejagt, aber es gibt verschiedene Touren durch Gebiete, in denen die Entenjagd verboten ist.

In den Tälern Kaliforniens gibt es zudem außergewöhnliche, periodisch auftretende Tümpel, so genannte *vernal pools*. Sie entstehen dort, wo der verhärtete Boden den Winterregen am Versickern hindert.

Wenn das Wasser im Frühling langsam verdunstet, bilden sich klar abgegrenzte, konzentrische Vegetationskreise in weißen, blauen und gelben Farben. Hier halten sich auch Schwalben, Wiesenstärlinge und Gelbschenkel auf. Zu beobachten z.B. im Jepson Prairie Nature Conservancy Reserve südlich von Sacramento, nahe der kleinen Stadt Rio Vista.

Die Wälder

Den spektakulärsten Baumbestand Kaliforniens bilden die riesigen **Mammutbäume** der Redwood- (Rotholz-) und Sequoia-Wälder. Häufig wird die Küstenspezies *Sequoia sempervirens* (Redwoods) mit den *Sequoiadendron giganteum* (Riesen-Sequoia, *se-koi-ja* ausgesprochen) verwechselt, die weiter im Landesinneren zu finden sind. Redwoods sind die höchsten Bäume der Welt, während Sequoias den größten Stammumfang haben und somit als die größten Lebewesen der Welt angesehen werden können. Beide Arten können über 2000 Jahre alt werden. Die lange Lebenserwartung verdanken sie zum Teil ihrer relativ feuerbeständigen Baumrinde. Vor allem das Holz der Redwoods wird wegen seiner Schönheit – in fast allen Wäldern preisen Reklameschilder Möbel aus dem Holz der halbkugelförmigen Auswüchse (*burls*) an – und wegen seiner Langlebigkeit geschätzt.

Die meisten urwüchsigen **Redwood**-Wälder sind schon lange verschwunden, und noch immer tobt ein heftiger Streit zwischen Umweltschützern und Holzgesellschaften um das Schicksal der wenigen verbliebenen Bestände, die gleichzeitig auch Lebensraum einzigartiger Tier- und Vogelarten sind. Im Alt-Tertiär (unmittelbar nach dem goldenen Zeitalter der Dinosaurier) wuchsen noch riesige Redwood-Wälder im feuchten Klima Amerikas. Mit der allmählichen Klimaveränderung wurden sie mehr und mehr auf die Gebiete in unmittelbarer Küstennähe zwischen dem südlichen Oregon und Monterey zurückgedrängt, in denen sie bis heute überleben konnten.

Auf den Böden der Redwood-Wälder wachsen Sauerklee *(oxalis)* und allerlei Farne. Vögel halten sich in den Baumwipfeln auf und sind selten zu sehen, allenfalls hört man das Pfeifen einer Drossel oder den Ruf einer Meise. Am Boden leben in den feucht-warmen Wäldern des Nordwestens u.a. auch die *Roosevelt-Elks,* die noch größer als Maultierhirsche sind. Eine große Herde gibt es im Prairie Greek Redwoods State Park, nahe der Grenze zwischen Oregon und Kalifornien.

Sequoias wachsen an den westlichen Hängen der Sierra Nevada, vor allem im Yosemite und Kings Canyon National Park. Es gibt noch etwa 75 Sequoia-Haine, die meist etwas lichter und weniger dicht bewachsen sind als Redwood-Wälder. Beide Baumarten können über 2000 Jahre alt werden, jüngsten Untersuchungen zufolge erreicht der Sequoia sogar ein stolzes Alter von bis zu 3500 Jahren. Seine Langlebigkeit verdankt er zum Teil seiner Rinde, die so stark tanninhaltig ist, dass der Baum vor Insekten- und Pilzbefall sowie Feuer geschützt ist. Feuer ist sogar wichtig für die Fortpflanzung, daher werden absichtlich kontrollierte Feuer gelegt. Junge Sequoias bis zu einem Alter von etwa 1000 Jahren sind leicht konisch geformt.

Erwachsene Sequoias weisen dagegen mit der Zeit eine dichte Krone und kahle Stämme auf, da die unteren Äste abbrechen. Im Vergleich zu den Ausmaßen des Baumes sind die Zapfen erstaunlich klein. Sie werden nicht größer als ein Hühnerei, hängen aber bis zu 30 Jahre am Baum, bevor sie abfallen.

Die Sierra Nevada

Die Berge der **Sierra Nevada**, die Kalifornien von Norden nach Süden durchziehen, sind wild und felsig. Hier wachsen ähnliche Nadelbäume wie im Westen Kaliforniens, aber die Wälder der Sierra sind meist trockener und lichter.

In tiefer gelegenen Teilen findet man Schwarzeichen und kalifornische Riesenkiefern, deren über 30 cm lange Zapfen die größten der Welt sind. Die Blätter der Eichen, Weiden und anderer Laubbäume verfärben sich im Herbst in wunderschönen Farben.

Die östlichen Berghänge sind trockener als die westlichen. Hier gedeiht auch die schöne, weiße Zitterpappel, deren Blätter sich graziös im Wind bewegen. Wildblumen blühen nur für kurze Zeit, zunächst solche mit Namen wie *shooting star, elephant's head* oder *wild onion,* etwas später kommen Astern und Schafgarbe.

Der Sierra Club

Der Ursprung der amerikanischen Naturschutzbewegung ist eng mit der Gründung des Sierra Clubs im späten 19. Jh. verbunden. Treibende Kraft war der Naturliebhaber und militante Sonderling John Muir (s.S. 398), der sich für die Berge der Sierra Nevada begeisterte, die er *Range of Light* nannte – Bergkette des Lichts. Er führte jahrelang einen erbitterten Rechtsstreit um den Erhalt des Hetch Hetchy Valley, das angeblich schöner als Yosemite gewesen sein soll. Zwar verlor er den Streit um das Tal, aber im Verlauf des Prozesses wurde der berühmte Sierra Club gegründet. Er wuchs mit den Jahren zu einer starken Interessengemeinschaft, der es auch heute noch um die Erhaltung der verbleibenden Wildnis Amerikas geht.

Graue Eichelhäher und amerikanische Nussknacker gehören zu den Vogelarten, die man häufig auf Camping- und Parkplätzen findet, wo sie nach Nahrung suchen. Außerdem leben in den Bergen der Sierra Nevada verschiedene Arten von Meisen, Waldsängern und Schneefinken, zudem Rehe, diverse Eichhörnchenarten und die drolligen Backenhörnchen *(chipmunk).*

Eventuell versucht auch ein **Schwarzbär**, den Zeltplatz zu plündern. Solche Bären haben es mehr auf die Verpflegung als auf Menschen abgesehen, trotzdem sollte man vorsichtig sein, wenn man einem begegnet.

Die freundlichen, dicklichen, bis zu 10 kg schweren Nagetiere, die sich manchmal zwischen den Felsen blicken lassen, sind **Murmeltiere** *(marmots).* Sie richten zum Teil mehr Unheil an als Bären; einige haben sich darauf spezialisiert, die Kühlschläuche parkender Autos durchzunagen.

Das Große Becken

Das nur wenig bekannte *Great Basin,* ein natürliches, großes Becken, erstreckt sich vom nördlichsten Punkt Kaliforniens nach Süden fast bis zum Death Valley und umfasst den ganzen Bundesstaat Nevada sowie Teile angrenzender Staaten. Eine trockene Landschaft, in der es viel Gestrüpp und Kakteen, aber nur wenige Flüsse gibt; die meisten münden in Salzseen.

Ein besonders spektakulärer Salzsee ist der **Mono Lake**, in dem sich die über 4000 m hohen Gipfel des Yosemite National Parks spiegeln. In dem salzhaltigen Gewässer leben keine Fische, aber viele Algen sowie Salzkrebse und Laugenfliegen, ein schmackhaftes Mahl für die Seemöwen (auch wenn dieser Ausdruck nicht ganz richtig ist, denn viele nisten im Landesinnern). Wie andere Seen im Great Basin hat auch der Mono Lake durch die Umleitung seiner Zuflüsse nach Los Angeles gelitten.

Die Pflanzen im *Great Basin* haben sich an heiße Sommer, kalte Winter und geringe Niederschläge angepasst. Hier gedeiht Beifuß *(sagebrush)* dessen dunkelgrüne Blätter vor allem nach Gewittern einen aromatischen Duft verbreiten. Andere verbreitete Spezies sind Wacholder und Pinyon-Tanne. Pinyon-Zapfen enthalten schmackhafte Kerne – früher eine wichtige Nahrung der Paiute-Indianer.

Das **Steppenhuhn** ist einer der markantesten Vögel des *Great Basin.* Salbei dient den truthahnähnlichen Tieren als Nistmaterial und im Winter auch als Nahrung. Im März und April finden sich die Hähne zur Balz an bestimmten Plätzen *(leks)* ein.

Auch die schönen **Gabelantilopen** findet man in verschiedenen Gebieten des großen Beckens. Am besten sind sie in der Hart Mountain Antelope Range im südöstlichen Oregon zu beobachten. Autofahrer erkennen sie von weitem an ihren weißen Hinterteilen.

Andere Bewohner des *Great Basins* sind der Goldadler, der Pinyon-Eichelhäher, verschiedene Elstern, Koyoten, Hasen, Klapperschlangen, Wildpferde und Maultiere. Viele Wasservögel nisten in der Umgebung von Malheur im östlichen Oregon und um den Tule Lake im nordöstlichen Kalifornien. Letzterer ist für die vielen hundert **Weißkopf-Seeadler** *(bald eagles,* das Wappentier der USA) bekannt, die hier einen Teil des Winters verbringen, vor allem den November, bevor es richtig kalt wird.

Die Wüste

Die **Mojave-Wüste** liegt im Südosten Kaliforniens, nahe Death Valley. Wie im Great Basin wachsen hier hauptsächlich Büsche und Sträucher, die sich an lange Dürreperioden angepasst haben.

Der Creosote mit seinen olivgrünen Blättern und gelben, bauschigen Blüten ist zahlreich vertreten. **Death Valley** ist nicht nur eine vegetationslose Einöde, sondern auch für seine wunderschönen Wildblumen bekannt, die während der Frühlingsmonate blühen.

Der genaue Zeitpunkt dieses Farbenspiels ist vom einsetzenden Regen abhängig; meist erreicht die Blütezeit in den niedriger gelegenen Gebieten zwischen Mitte Februar und Mitte April ihren Höhepunkt, in höheren Gebieten zwischen Ende April und Anfang Juni.

Natürlich wachsen in der Mojave-Wüste auch viele interessante **Kakteen**, *barrel, cottontop, cholla* und der so genannte Biberschwanz-Kaktus, außerdem viele verschiedene Yucca-Kakteen, erkennbar an den steifen, lanzenförmigen Blättern mit den harten Spitzen. Auffallend sind auch die struppigen, bis zu 10 m hohen *Joshua Trees,* mit ihren bizarren, knorrigen Ästen.

Viele Tiere der Mojave-Wüste gehen während der kühlen Nacht auf Nahrungssuche und schützen sich so vor Flüssigkeitsverlust. Zu ihnen gehören der Präriefuchs, die Holzratte und viele Arten von Mäusen.

Die lustig aussehende Känguruh-Ratte, die sich hüpfend fortbewegt, hat hingegen Nieren, die es ihr ermöglichen, ohne Wasser zu überleben.

Außerdem sind das Mojave-Erdhörnchen, Dickhornschafe, Kojoten, der bekannte *Roadrunner* (Erdkuckuck), Spechte und andere Vögel sowie Eidechsen, Klapperschlangen und viele weitere Reptilien anzutreffen.

Geschichte

Für viele ist Kalifornien einer der geschichtslosen Plätze der Welt. Unbelastet von der Vergangenheit, scheint hier noch alles möglich.

Der Slogan vom „Land der unbegrenzten Möglichkeiten“ suggeriert ein sorgloses, gegenwartsorientiertes Leben. Selbst der Name *California,* der alle diese idealisierten Bilder zusammenfasst, ist fiktiv und ohne historischen Bezug. Zum ersten Mal tauchte das Wort im frühen 16. Jh. in der vom Spanier García de Montalvo verfassten Geschichte *Las Sergas de Esplandián* auf. *California* ist darin der Name einer ausschließlich von Amazonen bewohnten Insel, die einem irdischen Paradies sehr nahe kommt.

Die Ureinwohner

Schon Tausende von Jahren vor dem Eintreffen der ersten Europäer in Kalifornien siedelten zahlreiche Indianerstämme friedlich an der Küste, in den Bergwäldern und in der Wüste. Anthropologen schätzen, dass einst mehr als eine halbe Million Menschen in dem heutigen Westküstenstaat lebten – fast die Hälfte der damaligen Gesamtbevölkerung auf dem Gebiet der jetzigen USA. Sie sprachen verschiedene Regionalsprachen und lebten in nur wenige hundert Menschen umfassenden Dörfern, deren Territorien klar gegeneinander abgegrenzt waren.

Da es über den Stamm hinaus kein übergeordnetes politisches oder soziales System gab, war es für die spanischen Eroberer leicht, sich weiter Landstriche zu bemächtigen, sie aufzuteilen und einen großen Teil der Indianerbevölkerung auszurotten, was allerdings mehr den eingeschleppten Krankheiten als einem bewusst angezettelten Völkermord zu „verdanken" ist.

Heute erinnert nur noch sehr wenig an die indianische Urbevölkerung Kaliforniens, denn sie besaß weder eine Schrift noch eine hoch entwickelte handwerkliche Technologie, und die Behausungen, die sie errichtete, waren selten für länger als eine bevorstehende Jahreszeit gedacht. Die Indianer lebten völlig mit dem Rhythmus und den Bedingungen, die die Natur ihnen vorgab, sie „trotzten" nicht den Einflüssen der Naturgewalten, sie errichteten keine befestigten Städte und keine ausgeklügelten Bewässerungssysteme, sie organisierten sich nicht in Staaten oder großen Gemeinwesen, sondern fühlten sich als Bestandteil ihrer natürlichen Umwelt, zu der alle Wesen, auch die Tiere und Pflanzen, gleichermaßen gehörten.

Einzige Anhaltspunkte für Anthropologen sind Muscheln und Pfeilspitzen, die an der Westküste gefunden wurden und Schlüsse auf die frühen Kulturen zulassen. Vereinzelt sind auch alte Felsmalereien erhalten geblieben, die die Jahrhunderte überdauert haben, z.B. in der Chumash Cave bei Santa Barbara.

Ähnlich piktografische Figuren, wie sie dort zu sehen sind, verwendeten auch die Paiute-Indianer, die in der Wüste unweit vom Death Valley lebten, und die Miwok-Indianer vom Fuße der Sierra Nevada.

Europäische Entdeckung und Erforschung

Die ersten Europäer, die ihren Fuß auf kalifornischen Boden setzten, waren spanische Eroberer, die das Einflussgebiet ihrer Kolonie Neu-Spanien erweitern wollten. Zu Neu-Spanien gehörten nach dem 1494 abgeschlossenen Vertrag von Tordesillas alle südamerikanischen Gebiete westlich von Brasilien sowie alle Territorien Nordamerikas westlich der Rocky Mountains.

1535 segelte **Hernán Cortés** – der gerade erfolgreich die Azteken dezimiert hatte – Richtung Westen auf der Suche nach einem Seeweg nach Asien, von dem er glaubte, dass es unmittelbar an Mexiko angrenzen würde. Er erreichte zwar nie das heutige Kalifornien, gründete aber eine kleine Kolonie auf der südlichen Spitze der Halbinsel *Baja California* (*sp.* „niederes Kalifornien", heute in Mexiko). In dem Glauben, es handele sich um eine Insel, nannte er sie Santa Cruz und vermerkte in seinen Tagebüchern, dass er erwarte, in Kürze auch zu der sagenhaften Insel der Amazonen vorzustoßen.

Der erste, der den Namen „Kalifornien" verwendete und auch bis in das Gebiet des heutigen US-Staates vordrang, war **Juan Cabrillo**. 1542 entdeckte er den günstigen Ankerplatz des heutigen San Diego und segelte weiter nach Norden bis zu den Channel Islands vor Santa Barbara. Die permanent ungünstigen Winde hielten ihn davon ab, weiterzusegeln, und er starb nach sechs Monaten hier. Seine Mannschaft gelangte später noch bis zur Küste Oregons, doch sie konnte nirgends anlegen und kehrte halb verhungert und von Skorbut geschwächt nach Mexiko zurück.

Erst 50 Jahre später gelang einem anderen Spanier, **Juan de Fuca**, die gefährliche Reise. Seine Fahrt erregte 1592 viel Aufsehen, denn er glaubte, die Nordwestpassage entdeckt zu haben, also eine Route quer durch den nordamerikanischen Kontinent, die bis dato zu Recht als nicht existent angesehen wurde. Es ist gut möglich, dass er tatsächlich den Puget Sound entdeckt hat, der tief in das heutige Washington hineinreicht, jedenfalls suchten die Europäer noch weitere 200 Jahre nach der Passage.

Der britische Entdecker **Sir Francis Drake** erreichte 1579 mit seinem Schiff *The Golden Hinde* die Westküste. Er wollte hier sein Schiff reparieren, um weiterhin als Pirat der britischen Krone spanische Galeonen überfallen zu können. Sein Ankerplatz, die heutige Drake's Bay, nahe Point Reyes nördlich von San Francisco, erinnerte ihn an die Kreidefelsen von Dover. Bei seiner Ankunft wurde er von einer Gruppe Miwok-Indianer willkommen geheißen, die ihm eine gefederte Krone aufs Haupt setzten und ihn mit Verpflegung versorgten. Zum „Dank" eignete sich Drake im Namen der Königin sämtliche Gebiete der Indianer an und nannte sie *Nova Albion* (Neu England). Noch heute ist in der Bancroft Library der University of California eine Messingplakette ausgestellt, die er anlässlich dieses Ereignisses hinterlassen haben soll.

Der unter der spanischen Krone segelnde Portugiese **Sebastián Vizcaíno**, der 1602 Acapulco verließ, um nach Kalifornien zu gelangen, war erfolgreicher als seine Vorgänger. Er unternahm eine umfassende Entdeckungsfahrt entlang der Küste und benannte viele Stellen mit den Namen, die sie auch heute noch tragen. Um seinen Vorgesetzten zu imponieren, übertrieb Vizcaíno bei der Schilderung seiner Entdeckungen. So beschrieb er das von ihm zu Ehren seines mexikanischen Patrons benannte Monterey als einen perfekt gelegenen, geschützten, natürlichen Hafen. Die Kolonisten bauten noch 150 Jahre später bei ihren Versuchen, Kalifornien zu besiedeln, auf die Angaben Vizcaínos und machten das 100 Meilen südlich von San Francisco gelegene Monterey für 75 Jahre zum Zentrum für Verwaltung, Militär und Missionstätigkeit der spanischen Kolonialmacht.

Kolonisation: Die Spanier

Die endgültige spanische Kolonisation *Alta Californias (sp.* „oberes Kalifornien") begann 1769. Mit einer Militärexpedition (die Spanier mussten andere Kolonialmächte daran hindern, in Kalifornien Fuß zu fassen) brach Padre **Junípero Serra** mit 300 Mann von Mexiko nach Monterey auf, um die heidnischen Indianer zum Katholizismus zu bekehren. Die eine Hälfte fuhr mit dem Schiff, die andere Hälfte nahm den Landweg. Nachdem der Franziskanermönch eine kleine Mission und ein *presidio* (Festung) in San Diego gegründet hatte, erreichte seine Expedition im Juni 1770 Monterey, wo eine weitere Mission und ein *presidio* errichtet wurden.

Zahlreiche **Missionen und Festungen** entlang der kalifornischen Küste zeugen von dem geradezu inquisitorischen Eifer, mit dem die Spanier die indianische Bevölkerung zum Christentum zu bekehren suchten. Das Zentrum einer jeden Mission bildeten die Kirche und die angrenzenden Klostergebäude mit ihren bewässerten Feldern und Weingärten, die wiederum von Weideland umgeben waren. Die Indianer wurden zur Feldarbeit herangezogen, mussten Kerzen und Seife herstellen, wurden vielfach misshandelt, aber nur selten ausgebildet. Überlieferungen über die tatsächliche Behandlung der Indianer gibt es wenig; aus den alten Missionsregistern geht lediglich hervor, dass die Sterberate der in den Missionen lebenden Indianer doppelt so hoch war wie die Geburtenrate und dass die Friedhöfe der Missionen bald voller Indianergräber waren. Nicht alle Stämme ließen sich bereitwillig integrieren, und es kam zu zahlreichen blutigen Auseinandersetzungen. Dass die Dächer der Missionen bald nicht mehr mit Ried, sondern mit roten Schindeln gedeckt waren, war nicht zuletzt eine Maßnahme gegen Brandanschläge.

Die meisten Missionsgebäude, die heute noch stehen, wurden nach Entwürfen von Serras Nachfolger **Férmin de Lasuén** errichtet, der das Missionswesen während der Blütezeit leitete. Zum Ende seiner Amtszeit 1804 gab es entlang des primitiven *Camino Royal (sp.* „königliche Straße") zwischen San Diego und San Francisco eine Kette von 21 Missionen, die jeweils einen langen Tagesmarsch voneinander entfernt waren.

Um spanische Siedler aus Mexiko in die fernen, unattraktiven kalifornischen Territorien zu locken, wurden zu dieser Zeit die ersten Siedlungen *(pueblos)* gegründet. Die erste entstand 1777 in San Jose, südlich der Mission San Francisco, die zweite, Los Angeles, wurde 1781 gegründet. In keiner von beiden lebten aber bis weit ins 19. Jh. hinein mehr als hundert Spanier.

Ein Grund für die militärische Präsenz der Spanier in Kalifornien war eine kleine **russische Kolonie** in Alaska, die hauptsächlich von Trappern und Pelzjägern bewohnt war, welche im Nordwesten nach Ottern und Bibern jagten. Die Beziehungen zwischen beiden Kolonialmächten waren jedoch friedfertig. Im übrigen verfügten die Spanier über so wenig Nachschub und Vorräte, dass sie sogar das Schießpulver für die Salutschüsse ausborgen mussten, wenn einmal beide Mächte in Kontakt miteinander traten. An territoriale Ansprüche gegenüber den Russen war also nicht zu denken. Dies wohlwissend gründeten die Russen 1812 nur 60 Meilen nördlich von San Francisco den Außenposten **Fort Ross** und unterminierten auf diese Weise die spanische Oberhoheit in der Region, auch wenn sie die Festung 1841 wieder aufgaben und an den Schweizer John Sutter verkauften. Dieser sollte in der späteren Geschichte Kaliforniens noch eine wesentliche Rolle spielen, s.S. 584.

Die mexikanische Ära

Als sich Spanien, Frankreich und England während der napoleonischen Kriege bittere Schlachten lieferten, rebellierten die Übersee-Spanier in den Kolonien gegen das Mutterland.

Mexiko erkämpfte sich 1821 seine Unabhängigkeit als Republik, wodurch auch Kalifornien unter die Vorherrschaft der „Vereinigten Staaten von Mexiko" gelangte. Die Untergliederung in 15 Verwaltungsbezirke blieb jedoch ohne nennenswerte Auswirkungen: Einerseits fehlte es am nötigen Geld, um Verbesserungen vorzunehmen, andererseits an Soldaten, um die mexikanischen Gesetze durchzusetzen.

Die wichtigste Auswirkung der mexikanischen Ära war 1834 die endgültige Säkularisierung der allmählich verwahrlosenden Franziskanermissionen. Die Macht der zumeist spanischen Missionare wurde unter mexikanischer Vorherrschaft zunehmend von den wohlhabenden Familienclans der *Californios* untergraben, denen als mexikanische Einwanderer riesige Weideflächen zugesagt worden waren. Zwar wollte die Regierung die Hälfte des ausgedehnten Missionsbesitzes den bekehrten Indianern überlassen, aber die mächtigen *Californio*-Familien teilten das Land unter sich selbst auf.

Es war eine chaotische, gesetzlose Zeit. Die bescheidenen Ansätze von Handwerk und Ackerbau, die sich rund um die Missionen entwickelt hatten, lagen bald danieder, denn die *Californios* waren stolz darauf, keine Arbeit zu tun, die sich nicht vom Pferd aus erledigen ließ.

Die ersten amerikanischen Siedler

Während der spanischen und mexikanischen Herrschaft war es Ausländern (also auch Amerikanern) verboten, sich in Kalifornien niederzulassen. Die wenigen, die hier lebten, waren häufig erkrankte Seeleute, die man abgesetzt hatte, damit sie an Land genesen konnten. Viele landeten so lange im Gefängnis, bis sie sich irgendwie nützlich machen konnten, sei es als Handwerker oder als Händler für Waren, die dringend gebraucht wurden. Erst zu Beginn der 20er Jahre des 19. Jahrhunderts trafen die ersten amerikanischen Siedler ein. Es waren zunächst ausschließlich Männer, die sich in die mexikanische Gesellschaft und Kultur zu integrieren versuchten. Viele heirateten in wohlhabende, etablierte mexikanische Familien ein und konvertierten zum Katholizismus. Aber je mehr Menschen nach Westen emigrierten – die meisten auf dem dreimonatigen Seeweg via Kap Horn – desto stetiger wuchs die amerikanische Präsenz in Kalifornien. Unter ihnen befand sich auch **Thomas Larkin**, ein Händler aus Neu-England, der 1832 ein Geschäft in Monterey gründete und später maßgeblich daran beteiligt war, die von der mexikanischen Regierung enttäuschten *Californios* für die Versprechungen der US-Regierung zu gewinnen. Larkins Frau Rachel war die erste amerikanische Frau an der Westküste.

Die ersten Amerikaner, die 1841 Kalifornien über Land erreichten, hatten eine viermonatige Reise mit dem Planwagen über die Berge der Sierra Nevada und den Truckee Pass nördlich vom Lake Tahoe hinter sich. Ein Jahr darauf folgten 200 weitere Siedler ihren Spuren. 1846 wurden 40 Menschen, die so genannte *Donner Party*, von den frühzeitigen Schneefällen in den Bergen eingeschlossen und starben.

Solange Kalifornien nur unter so großen Schwierigkeiten zu erreichen war, hielt sich das Bevölkerungswachstum in Grenzen. Noch 1846 lebten außer der indianischen Bevölkerung nur 7 000 Amerikaner, Mexikaner, Spanier und andere Europäer in der Region.

Der Mexikanisch-Amerikanische Krieg

Seit den dreißiger Jahren des 19. Jahrhunderts war die amerikanische Außenpolitik vom Glauben beseelt, dass dieser Staat auserwählt sei, den Kontinent von Küste zu Küste zu beherrschen. US-Politik im Hinblick auf Kalifornien war es denn auch, dem Nachbarn Mexiko alle Provinzen nördlich des Rio Grande, der heute die Grenze zwischen beiden Staaten bildet, abzukaufen. Präsident Andrew Jackson war sehr besorgt über die Ambitionen der Briten an der Westküste, war er doch selbst als

Nach den Funden am American River strömten Tausende von Goldsuchern ins Land

14-jähriger 1776 während der revolutionären Auseinandersetzungen in Kriegsgefangenschaft geraten. Aber alle diplomatischen Annäherungsversuche an Mexiko schlugen fehl. Jacksons Nachfolger, James Polk, führte diese Außenpolitik fort und bot im April 1846 der mexikanischen Regierung $40 Millionen für die heutigen Bundesstaaten New Mexiko und Kalifornien. Da er aber gleichzeitig die gerade unabhängig gewordene Republik Texas annektierte, auf die Mexiko nach wie vor Anspruch erhob, kam es zum Krieg.

Die meisten Kämpfe fanden auf texanischem Boden statt. Nur einer wurde in Kalifornien entschieden: Ein umherziehendes amerikanisches Bataillon wurde in San Pasqual, nordöstlich von San Diego, von Truppen pro-mexikanischer *Californios* überfallen, wobei 22 amerikanische Soldaten getötet und weitere 15 verletzt wurden, bevor sie sich nach Süden Richtung Mexiko zurückzogen. Monterey, nach wie vor Hauptstadt der Region, wurde von der US-Marine erobert, ohne dass auch nur ein Schuss abgefeuert wurde. Bereits im Januar 1847 ergaben sich die letzten *Californio*-Rebellen in Cahuenga nahe Los Angeles, und die US-Regierung kontrollierte die gesamte Westküste.

Unmittelbar vor Kriegsbeginn hatte Kalifornien noch eine kurze Phase der Unabhängigkeit erlebt. Im Juni 1846 hatten amerikanische Siedler aus dem Sonoma-Valley das örtliche *presidio* besetzt, das schon längst von den mexikanischen Truppen aufgegeben worden war, und die Unabhängigkeit Kaliforniens erklärt. Dieser Zustand hielt jedoch nur drei Wochen an, bis US-Truppen die Macht übernahmen. Abgesehen von der kalifornischen Staatsflagge (ein Grizzly mit der Unterschrift *California Republic)* blieb die *Bear Flag Republic* folgenlos.

Goldrausch

Der mexikanisch-amerikanische Krieg endete 1848 mit der Unterzeichnung des Vertrages von Guadalupe Hidalgo, in dem Mexiko unter anderem das Gebiet von *Alta California* an die USA abtrat. Neun Tage vor der Unterzeichnung wurde im American River, nahe Coloma am Fuße der Sierra Nevada, wo Arbeiter eine Sägemühle errichteten, das erste Gold gefunden. Aber es sollte einige Monate dauern, bis diese sensationelle Entdeckung in der Öffentlichkeit bekannt wurde.

Zu dieser Zeit belief sich die nicht-indianische Bevölkerung Kaliforniens auf 7000 Menschen, die größtenteils entlang der Küste angesiedelt waren. Die ersten Gerüchte lockten nur eine Hand voll Goldgräber ins Land, aber die Nachricht von deren überwältigenden Erfolgen löste im Sommer 1849 eine wahre Völkerwanderung aus. **Sutter's Fort**, ein kleines Dorf mit einem Handelsposten und einer Postkutschenstation, 6 Jahre zuvor von John Sutter am Ufer des American River gegründet, war der erste Ort, der von Goldgräbern überschwemmt wurde, die im nahe gelegenen Vorgebirge ihr Glück suchten. Ganze 15 Jahre währte der Run auf die kalifornischen Goldvorräte. Während dieser Zeit wuchsen bedeutungslose Bauerndörfer zu quirligen Städten mit Tausenden von Einwohnern, und der Boden entlang der Goldadern wurde umgewühlt und durchlöchert wie ein Schweizer Käse. Aber nur wenige wurden wirklich reich. Nachdem die Vorräte erschöpft waren, verließen die Massen den unwirtlichen Landstrich genauso schnell wieder, wie sie gekommen waren. Zurück blieben die Geisterstädte, von denen manche noch heute verlassen in der Landschaft liegen.

Staatsgründung

Nach dem Sieg der USA über Mexiko wurde im Herbst 1849 ein Kongress in Monterey abgehalten, der die Anerkennung Kaliforniens als Bundesstaat der USA zum Ziel hatte. Teilnehmer waren nicht die Goldgräber, die mehr am Goldschürfen interessiert waren, sondern in erster Linie Amerikaner, die schon längere Zeit (durchschnittlich 3 Jahre) in Kalifornien lebten. Damals erstreckte sich Kalifornien noch bis in das heutige Utah hinein, und eines der Hauptthemen war die Festlegung der Ostgrenze. Daneben hatte die Formulierung der Verfassung eine große Bedeutung, da auf ihr der Antrag zur Aufnahme in den Bund der US-amerikanischen Staaten basieren sollte.

Der Verfassungsentwurf enthielt einige bemerkenswerte Punkte, z.B. die Abschaffung der Sklaverei, um die Würde der Goldgräber zu schützen, und die Anerkennung persönlichen Eigentums verheirateter Frauen, wodurch wohlhabende Ostküsten-Damen nach Kalifornien gelockt werden sollten. Die Verfassung wurde akzeptiert und Kalifornien 1850 als 31. Staat in die USA aufgenommen.

Indianerkriege

Obwohl der amerikanische Bürgerkrieg keinen größeren Einfluss auf Kalifornien hatte, gab es hier während der 50er und 60er Jahre des 19. Jahrhunderts viele blutige Schlachten zwischen weißen Siedlern, US-Truppen und verschiedenen Indianerstämmen, auf deren Land es die Neuankömmlinge abgesehen hatten. Anfangs siedelte die Regierung gutwillige Stämme in relativ große Reservate um, aber je mehr Siedler eintrafen, desto kleiner wurden die Areale der Indianer. Den größten Widerstand gegen die technisch überlegenen Eindringlinge leisteten die **Modoc**-Indianer in den nordöstlichen Bergen Kaliforniens, wo sie, ihre guten Ortskenntnisse nutzend, den US-Truppen einen langwierigen Guerillakrieg lieferten.

Krankheiten, Nahrungsmangel und gezielte Gewalttaten reduzierten die amerikanische Urbevölkerung jedoch innerhalb weniger Jahrzehnte dramatisch. Bereits 1870 waren fast 90% aller Indianer ausgerottet – das ist die Schattenseite der amerikanischen Geschichtsschreibung, die nicht müde wird, den Kampf um Freiheit und Menschenrechte zu glorifizieren. Die wenigen Überlebenden siedelte man in kleine, wertlose Reservate um, in denen ihre Nachfahren noch heute leben. Die Cahulla bei Palm Springs, die Paiute/Shoshone im Owens Valley und die Hoopa an der nördlichen Küste Kaliforniens leben noch in der Nähe der Jagdgründe ihrer Vorfahren und wollen verständlicherweise wenig mit Weißen zu tun haben.

Die Boomjahre (1870–1900)

Mit dem Goldrausch entwickelte sich auch **San Francisco** zu einer Großstadt, deren Einwohnerzahl innerhalb von fünf Jahren von 500 auf 50 000 anstieg. Obwohl von den Goldminen weit entfernt, trafen die meisten *argonauts* (wie die Goldsucher genannt wurden) im Hafen von San Francisco ein, und die Stadt wurde zum Hauptversorgungsort der Glücksritter. Darüber hinaus war San Francisco der Ort, wo sie ihr hart verdientes Geld auf den Kopf hauen konnten. Die Barbary Coast, das von verkommenen Bordellen, Kneipen, Spielhöllen und Opiumhöhlen gesäumte Hafenviertel, wurde zur sündigsten Meile der Welt. Das Ende des Goldrausches änderte daran wenig. Zehn Jahre später kam es durch die Silberminen in Nevada, die reichen San Franciscanern gehörten, sogar zu einem neuerlichen Wachstumsschub. Von den Profiten baute man u.a. die riesigen Villen und Paläste in Nob Hill – nach wie vor das exklusivste Viertel der Stadt.

Die Fertigstellung der transkontinentalen Eisenbahnlinie im Jahre 1869, die vor allem dem massiven Einsatz chinesischer Arbeiter zu verdanken war, sollte einen großen Einfluss auf die Besiedlung der gesamten Westküste nehmen. Hatte eine Reise von der Ost- zur Westküste bislang mindestens einen Monat gedauert – die Passagiere in den Postkutschen waren in dieser Zeit dem rauen Klima und der ständigen Gefahr von Indianerüberfällen ausgesetzt –, konnte der Kontinent jetzt in nur fünf Tagen durchquert werden.

Als die Gleisbauer der **Santa Fe Railroad** 1875 Los Angeles erreichten (übrigens nicht ohne üppige Zuwendungen von Seiten der Stadtväter, damit die Bahnlinie nicht an der Stadt vorbeigeführt wurde), lebten gerade einmal 10 000 Menschen in Südkalifornien, jeweils zu gleichen Teilen in San Diego und **Los Angeles**. Zwischen beiden Gesellschaften kam es zum Preiskrieg, und die Tarife fielen dramatisch. Zeitweise kostete eine einfache Fahrt von New York an die Westküste nur $1. Bodenspekulanten nutzten die Situation und boten in den Ostküstenzeitungen, ja selbst in Europa, massenweise billige Grundstücke in Städten und Vororten zum Verkauf an, von denen viele nur auf dem Papier existierten. So zogen bis zur Jahrhundertwende vom einfachen Bauern bis zum erfolgreichen Geschäftsmann Tausende, angelockt vom fruchtbaren Land und dem milden Klima, aus allen Ecken des Landes ins südliche Kalifornien.

Hollywood, der Krieg und die Jahre danach

Ein wesentlicher Faktor, der zum wirtschaftlichen Aufschwung Kaliforniens in den zwanziger Jahren beitrug, war natürlich die **Filmindustrie**, die ab 1911 nach und nach von der Ostküste in die Umgebung von Los Angeles umsiedelte. Hier konnte man das ganze Jahr über im Freien filmen, und es gab extrem billige Grundstücke für die Errichtung riesiger Studios. Schon drei Jahre später wurden Filme wie D. W. Griffith's *Geburt einer Nation* zu Hunderten auf den Markt geworfen.

Hollywood, ein Vorort von Los Angeles, war der Standort der ersten großen Studios und steht seitdem als Synonym für die Unterhaltungsindustrie überhaupt. Mehr als in allen anderen Medien wurde hier am Mythos Kaliforniens gewoben: ein sonniger Paradiesgarten, Kulisse für den glamourösen Lebensstil der Reichen – das waren die Bilder, die um die ganze Welt gingen.

Der Traum vom idealen Kalifornien wirkte während der großen **Wirtschaftskrise** der 30er Jahre wie ein Magnet auf Tausende von Arbeitslosen und Glücksrittern. Sie setzten all ihre Hoffnungen auf den Westen, den sie, z.T. zu Recht, für immun gegen die wirtschaftliche Depression hielten, die den Rest des Landes in die Knie gezwungen hatte. Ganze Familien machten sich aus der von Wasserknappheit und Staubstürmen geplagten *Dust Bowl* im mittleren Westen auf, packten ihr Hab und Gut und strömten zu den Farmen im kalifornischen San Joaquin Valley. John Steinbeck dokumentierte ihre Geschichte in seinem weltberühmten Roman *Früchte des Zorns,* Dorothea Lange hielt sie in unvergesslichen Fotografien fest, Woody Guthrie in seinen schwermütigen Liedern. Die Neuankömmlinge wurden verächtlich *Okies* genannt, da sie hauptsächlich aus Oklahoma stammten. Aufgrund des ständigen Zustroms bangten einige Kalifornier um ihre Arbeitsplätze und errichteten mit Unterstützung der örtlichen (und zum Teil auch der staatlichen) Polizei Straßenblockaden, um die Arbeitslosen von der Einreise abzuhalten.

Eine Maßnahme zur Ankurbelung der Wirtschaft während der großen Krise waren verschiedene, von der demokratischen Roosevelt-Regierung finanzierte Bauprojekte der *Works Progress Administration (WPA)*. Im Rahmen des Förderprogramms wurden an der Küste viele Projekte in Auftrag gegeben, z.B. die Restaurierung der kalifornischen Missionen und das Anlegen von Parks und Wanderwegen. Auch die beeindruckenden Wandgemälde im Coit Tower von San Francisco, einem hervorragenden Beispiel für den amerikanischen Realismus der 30er Jahre, gehen auf diese Initiative zurück.

Aufwärts ging es aber erst, als während des **Zweiten Weltkriegs** die Schwerindustrie an die Westküste kam. Die Rüstungsproduktion bescherte Kalifornien Schiffswerften und Flugzeugfabriken, die gut bezahlte Arbeit boten. Auch nach Kriegsende produzierten die meisten Fabriken weiter. Kalifornische Firmen wie McDonnell Douglas, Lockheed, Rockwell und General Dynamics – um nur einige zu nennen – sind auch heute noch die wichtigsten Lieferanten für die Militär- und Weltraumprogramme der US-Regierung.

Nach dem Krieg erlebte Kalifornien einen weiteren Bevölkerungszuwachs, denn es gab nach wie vor gut bezahlte Arbeitsplätze. Viele Soldaten, die von der pazifischen Front heimkehrten, entschieden sich dafür, im sonnigen Kalifornien zu bleiben. Die Regierung unterstützte sie beim Kauf von Häusern und ließ Highways und *Interstate Freeways* bauen, was die Grundstücksspekulation und die Bautätigkeit weiter anheizte. Wo früher Weideland und Zitrusplantagen waren, erstreckten sich bald neue, endlose Vorortsiedlungen – Los Angeles gilt noch heute als das krasseste Beispiel einer extremen Landschaftszersiedelung.

Während der **50er Jahre** brachte es ein Großteil der amerikanischen Mittelschicht zu beachtlichem Wohlstand – ganz nach der Devise Präsident Eisenhowers: „Zwei Autos in jeder Garage und ein Huhn in jedem Topf". Aber die satte, prüde Wohlstandsgesellschaft schuf gleichzeitig auch ihre Antikörper. Die Westküste, besonders San Francisco, wurde der Treffpunkt einer wachsenden Minderheit von Querdenkern: Künstler, Schriftsteller und andere Intellektuelle, die man zum Ende des Jahrzehnts als *Beat Generation* bezeichnete und die San Franciscos Kolumnist Herb Caen in Anlehnung an den russischen Sputnik kurzerhand *Beatniks* taufte (s.S. 458). Ihre Bücher und Ideen wurden von einem begeisterten Publikum aufgenommen.

Die 60er und 70er Jahre

Eine breite Gegenbewegung und radikale Infragestellung etablierter bürgerlicher Werte nahm ihren Lauf. Auch während der **60er Jahre** sollte Kalifornien an vorderster Front der Jugendkultur stehen. Es war das Zeitalter der Flower Power und des Drogenkonsums, und wieder war es vor allem San Francisco, das der Nation den Weg wies. Drogen waren zunächst ganz legal an der renommierten Stanford University erforscht und ausprobiert worden, und anfänglich verbreiteten LSD-Avantgardisten wie Ken Kesey (Autor von *Einer flog über das Kuckucksnest)* den Stoff bei psychodelischen Lightshows und Grateful Dead-Musik völlig ungehindert unter ihren Anhängern. 1967, im *Summer of Love*, war der gesamte Haight Ashbury-Bezirk von barfüßigen, drogenseligen Hippies bevölkert, deren Lebenseinstellung auch von respektablen Intellektuellen mitgetragen wurde, darunter die Schriftsteller Ken Kesey, Tom Wolfe und der LSD-Papst Timothy Leary, der Liebe, Frieden und kosmische Wahrnehmung predigte.

Nur ein Jahr später wurde die oberflächliche Liebe-und-Frieden-Ideologie der Flower Power-Bewegung radikal in Frage gestellt. Die US-Regierung hatte in den **Vietnamkrieg** eingegriffen, und die Medien, anders als 1991 im Golfkrieg, brachten das Grauen des Krieges direkt in die amerikanischen Wohnzimmer. Der Protest gegen das amerikanische Engagement in Südostasien war 1968 zum unüberhörbaren Aufschrei angewachsen. Gleichzeitig fielen der Schwarzenführer Martin Luther King und der demokratische Präsidentschaftskandidat Bobby Kennedy, beide Vorbilder der zunehmend links orientierten Protest-Generation, Mordanschlägen zum Opfer. Die militanten *Black Panthers*, eine Gruppe radikaler Schwarzer, die in Oakland ihr Hauptquartier hatte, terrorisierten eine weiße Bevölkerung, die zuvor noch enthusiastischer Anhänger der Bürgerrechtsbewegung war. Ende der 60er Jahre schien das „System" (ein beliebter Terminus in den intellektuellen Auseinandersetzungen), vor allem an der Westküste, kurz vor dem Zusammenbruch zu stehen. Die Gräueltaten von Charles Manson und seiner *Family* lieferten für das ohnehin schon reichlich irritierte übrige Amerika schließlich den Beweis: Kalifornien war aus dem Ruder gelaufen – es wimmelte dort von Mördern und Wahnsinnigen.

Auf dem Campus der **Berkeley University**, schon immer ein Brennpunkt kritischen Denkens, kam es zu Straßenschlachten zwischen militanten Studenten und der Polizei von bislang unbekannten Ausmaßen. In Woodstock trat Jimi Hendrix die Nationalhymne in den Staub. Die Großmacht Amerika war von innen her bis ins Mark erschüttert.

Die Proteste gegen den Vietnamkrieg zogen sich noch bis in die frühen **70er Jahre** hin. Aus den vielen radikalen und revolutionären Gruppen entstand auch die *Symbionese Liberation Army*. Diese kleine, gut bewaffnete Organisation erregte die öffentliche Aufmerksamkeit (und die des FBI), weil sie Staatsdiener ermordete, Banken überfiel und –

ihre bekannteste Tat – die Milliardenerbin Patty Hearst entführte, die später unter dem Decknamen „Tanya“ selbst in den Reihen der Revolutionäre mitkämpfte und erst 1977 gefasst wurde.

Mit dem Desaster des Vietnamkrieges und der Watergate-Affäre schien auch Kaliforniens Politik jegliche idealistischen Impulse verloren zu haben. Die Kulturszene betäubte sich mit den selbstzufriedenen Harmonien der Eagles oder Jackson Brownes, die für das Selbstverständnis der Region repräsentativ wurden. Hatte der Gouverneur der 60er Jahre, Ronald Reagan, noch dem langhaarigen Hippie-Gesindel die Stirn geboten, wehte in Kalifornien unter seinem Nachfolger Jerry Brown *(Governor Moonbeam)* ein anderer Wind. Zum Beispiel wurden neue, sehr strikte und überzeugende Gesetze zum Umweltschutz eingeführt.

Die Entwicklung alternativer Energiequellen wie Sonnen- und Windenergie findet ebenso staatliche Unterstützung wie der Schutz der kalifornischen Küste vor Ausplünderung und Verbauung durch Großprojekte.

Die 80er und 90er Jahre

Auch in den **80er Jahren** scheint die Entwicklung Kaliforniens, oberflächlich betrachtet, ähnlich abgekapselt verlaufen zu sein wie im vorangegangenen Jahrzehnt. Allerdings entstanden in den 80er Jahren neue, schwerwiegende Probleme, die zum Ende des Jahrtausends deutlich hervortraten. Das soziale Gefälle zwischen Armen und Reichen, durch die restriktive Sozialpolitik der Reagan-Administration noch zusätzlich verschärft, stellte die öffentliche Hand vor unlösbare Aufgaben.

Einerseits breitete sich überall an der Küste eine neue Generation wohlhabender Yuppies aus, andererseits griffen in den Innenstädten, besonders in L.A., Massenarbeitslosigkeit, Verelendung und erschreckender Drogenmissbrauch um sich. Vor allem der Konsum des Kokain-Derivats *Crack* führte zu einer explosiven Welle der Gewalt und der Kriminalität in den Großstädten.

1992 kam es nach einem Übergriff der Polizei auf den Schwarzen Rodney King in **Los Angeles** zu einer verheerenden, mehrtägigen Straßenschlacht, die eine bis dato nicht gekannte Bereitschaft zu Gewalt und Zerstörung offenbarte. Die Rassenfrage dominierte auch den jahrelangen Prozess um den ehemaligen schwarzen Footballstar **O. J. Simpson**, der des Mordes an seiner Exfrau und deren Freund angeklagt und schließlich freigesprochen wurde. Er spaltete die öffentliche Meinung in zwei Lager, Schwarze und Weiße.

Alle diese Faktoren sorgten dafür, dass sich in der ersten Hälfte der 90er Jahre in Kalifornien die wohl größte Ernüchterung seit der Weltwirtschaftskrise breit machte. Ein Übriges taten noch die **Naturkatastrophen** wie Überschwemmungen, Brände und Erdrutsche im Gebiet um Malibu sowie zwei dramatische Erdbeben. Es war, als würde sich bewahrheiten, was Mike Davis in seinem faszinierend geschriebenen, wenngleich mit einigen Irrtümern behafteten Buch *City of Quartz* über das unausweichliche Schicksal von Los Angeles vorhergesagt hatte. Nicht zuletzt der chronische Hass unter den ethnischen Volksgruppen in Los Angeles, die Naturkatastrophen, die Untätigkeit der Behörden und der allgemeine Pessimismus schienen Davis Recht zu geben.

Auch **San Francisco** hatte Anfang der 90er Jahre zu kämpfen. Abgesehen von den mit Aids verbundenen Krankheiten, die das Gesundheitswesen zunehmend belasteten, ereigneten sich in der Gegend einige Naturkatastrophen: Im Oktober 1989 zerstörte ein Erdbeben einen Großteil der San Francisco Bay Area, und zwei Jahre später brach in den Oakland Hills eine Feuersbrunst aus, der mehr als 2000 Wohnhäuser und zwei Dutzend Menschen zum Opfer fielen.

Allerdings wurde San Francisco – noch mehr als L.A. – auch vom wirtschaftlichen Aufschwung verändert, und der Millenniumsangst folgte der Optimismus des Informationszeitalters. Die Unternehmen im **Silicon Valley** boomten und schlugen sich regelrecht um hoch bezahlte Arbeiter, um den stetig wachsenden Bedarf zu decken.

Im wenig südlich gelegenen San Jose lebten mehr Einwohner als in San Francisco, und sogar Oakland, die nüchterne Hafenstadt am Ostufer der San Francisco Bay, unterzog sich einer längst überfälligen Schönheitskur.

Doch nicht überall in der Bay Area wurde dieser neue Wohlstand begrüßt. Die durch den Wandel des Sozialgefüges bedingte Verdrängung alteingesessener Bewohner wird im Moment heiß diskutiert und droht, San Francisco von einer Hochburg des Aktivismus zu einer Spielwiese der Neureichen aus dem Silicon Valley werden zu lassen. Die Mietpreise stiegen in astronomische Höhen, was nicht nur die Armen der Stadt, sondern auch die untere Mittelschicht zum Wegzug zwang.

Kalifornien heute

Der Optimismus des Informationszeitalters, der am Ende des alten Millenniums solche vor sich hin schwelenden Probleme an den Rand der Wahrnehmung gedrängt hatte, erlitt zu Beginn des neuen Jahrtausends einen starken Dämpfer. Zwar waren die Rechner der Welt nicht, wie von Technopessimisten befürchtet, in der Stunde Null 2000 kollektiv abgestürzt, aber die Hightech-Industrie wurde nun mit der Tatsache konfrontiert, dass sie das Ende ihres phänomenalen Wachstums erreicht hatte und am stärksten von der landesweiten **Rezession** betroffen war – die sie nach Meinung vieler Kommentatoren selbst hervorgerufen hatte. Die unmittelbaren Folgen dieser Entwicklung trafen die im Silicon Valley ansässigen Firmen, die sich beinahe im Handumdrehen zu globalen Konzernen entwickelt hatten. Innerhalb noch kürzerer Zeit schrumpfte ihr Aktienwert auf einen winzigen Bruchteil der früheren Milliardenbeträge zusammen, und sie mussten ihre Angestellten schneller entlassen, als sie sie vorher eingestellt hatten. Einziger Lichtblick für diejenigen, die vom Boom nicht profitiert hatten: Nach einem Jahrzehnt äußerst rapiden Wachstums stiegen die Grundstückspreise nunmehr sehr langsam an, zu dem von manchen vorhergesagten Einbruch kam es aber nicht. Inzwischen und nach der Konsoldierung der Hightechindustrie zeichnet sich wieder ein kontinuierlicher Anstieg ab.

2001 sah es in Kalifornien wirklich düster aus – im wahrsten Sinnes des Wortes: Es kam zu Stromausfällen, wie man sie eher aus der Dritten Welt kennt. Schuld daran war grobes Missmanagement. Das inadäquate Versorgungsnetz war nicht in der Lage, mit dem wachsenden Energiebedarf Schritt zu halten, und Kalifornien war gezwungen Unsummen für den Import von Strom aus anderen Staaten auszugeben. Obwohl die Probleme im Management inzwischen zum Teil gelöst sind, ist eine echte langfristige Lösung der Energiekrise noch nicht in Sicht. Nach Meinung der Umweltschützer wird es diese auch nicht geben, so lange nicht ernsthaft in erneuerbare Energiequellen investiert wird, was auf wenig Gegenliebe bei traditionellen Lobbyisten stößt.

Auf politischer Ebene fand die Energiekrise im Sturz von Gouverneur **Gray Davis**, der auch in anderen Regierungsfragen als unfähig galt, ihren weitreichendsten Widerhall. Zwar gelang es ihm, bei den Wahlen im November 2002 wieder gewählt zu werden, doch währte seine zweite Amtszeit nicht einmal ein Jahr. Grund war die im Oktober 2003 von den kalifornischen Republikanern erzwungene „Recall"-Wahl, bei der per Volksentscheid über die Abberufung des Gouverneurs entschieden wurde. Als Sieger dieses sehr seltenen Abwahlverfahrens ging der republikanische Kandidat **Arnold Schwarzenegger** hervor, der sich als finanzpolitisch konservativ aber gleichzeitig sozial-liberal (gemessen am US-republikanischen Standard) präsentierte und sein ganzes Hollywood-Charisma aufbot, um die Wähler zu überzeugen. Nach seinem Einzug in Sacramento suchte der „Governator" den Staatshaushalt durch Kürzungen diverser Programme auszugleichen, darunter die Tourismusförderung. Zur Erhöhung der Einnahmen setzte er gleichzeitig verschiedene Neuregelungen in Kraft, was z.B. den plötzlichen Anstieg der Eintritts- und Campinggebühren in den State Parks erklärt.

Obwohl sich Arnie in der Öffentlichkeit für George W. Bush mächtig ins Zeug legt – er war einer der Starredner während des nationalen Konvents der Republikaner im August 2004 –, scheint es, als säße er bereits in den Startlöchern für Größeres. Seine Anhänger, so brodelt die Gerüchteküche, wollen einen Antrag auf Änderung der Verfassung einbringen, um es auch nicht in den USA geborenen Kandidaten zu ermöglichen, sich zum Präsidenten wählen zu lassen. Inwieweit er die mächtigen christlichen Konservativen anspricht, die Bush zunehmend den Rücken gestärkt haben, bleibt abzuwarten. Schwarzeneggers offene Unterstützung der inzwischen zu kalifornischem Gesetz gewordenen **Proposition 71** zur staatlichen Finanzierung der Stammzellenforschung ist in einigen Landesteilen mit Sicherheit nicht unbemerkt geblieben.

Ungeachtet der republikanischen Regierung ist Kalifornien nach wie vor eine Hochburg der Demokraten. Der Bundesstaat hat in den Präsidentschaftswahlen 2004 mit überwältigender Mehrheit für John Kerry gestimmt und damit das starke demokratische Lager der kalifornischen Repräsentanten im Kongress bestätigt.

In San Francisco und Berkeley beginnt sich unterdessen als Reaktion auf die streng konservative Innen- und Außenpolitik von George W. Bush nach langer Zeit wieder politischer Aktivismus zu regen. Die kalifornische Senatorin **Barbara Lee** stimmte 2001 tapfer als Einzige gegen die Resolution, Truppen nach Afghanistan zu senden. Ein Jahr später gehörte sie zu einer kleinen Gruppe von Angehörigen der Demokratischen Partei, die gegen die Irak-Resolution votierten.

In San Francisco fand die größte Antikriegs-Demonstration seit dem Vietnamkrieg statt – ein Quell der Hoffnung für die landesweit anwachsende Friedensbewegung angesichts all des Säbelgerassels und der patriotischen Fähnchenschwenkerei.

Ungeachtet all dieser Veränderungen hält Kalifornien jedoch noch immer an seinem Image als „Gelobtes Land" fest – was auch immer man darunter verstehen mag. Wenn es nicht von der Landkarte verschwindet, weil **The Big One** zugeschlagen hat – das Riesenerdbeben, bei dem die eine Hälfte des Landes in den Pazifik kippt und turmhohe Flutwellen die restliche Hälfte unter sich begraben –, dann wird Kalifornien wohl auch weiterhin dieselbe Rolle spielen wie bisher: als Eckpfeiler des mythischen Westens und als der Ort, wo Amerika sich immer wieder neu erfindet.

San Diego
und Umgebung

Ein Besuch der eindrucksvollen Museen im ausgedehnten **Balboa Park**

Ein nostalgischer Spaziergang durch den **Old Town State Historic Park** mit seinen historischen Gebäuden

Baden, Bräunen und Feiern am lebendigen **Mission Beach**

Spurensuche in der **Mission Basilica San Diego de Alcalà**, auf deren Gelände sich der älteste Friedhof Kaliforniens befindet

Ein Abstecher in die mexikanische Grenzstadt **Tijuana**

San Diego und das umgebende County verkörpern die gefälligere, konservative Seite von Südkalifornien; das urbane Chaos, die gesellschaftliche Vitalität und der weit über die Grenzen hinausstrahlende Glanz der Mega-Metropole weiter nördlich sind hier in viel geringerem Ausmaß vertreten. Den Wettlauf um den Titel der wichtigsten Stadt der Region hat schon vor Jahrzehnten Los Angeles gewonnen. Das abgeschlagene San Diego galt lange Zeit als ein unbedeutender Punkt auf der Landkarte zwischen Los Angeles und Mexiko, wo reaktionäre Rentner und bornierte Vorstädter ihr abgeschottetes Leben führten. An dem wenig schmeichelhaften Bild ist zwar bis heute viel Wahres, doch hat San Diego auch durchaus Reizvolles zu bieten: eine elegant geschwungene Bucht, herrliche Ausblicke auf den Pazifik, eine Hand voll ausgezeichneter Museen und große Touristenattraktionen, die ähnlichen in L.A. ohne weiteres Paroli bieten können. Sein sonnig-warmes Klima macht San Diego für ganze Heerscharen von Touristen zum idealen Ferienort; eine angenehme, vom Meer kommende Brise mindert die Luftfeuchtigkeit. Hauptanziehungspunkte sind die herrlichen Strände, San Diego Zoo und SeaWorld sowie die hervorragenden Museen in Balboa Park. Unternehmungslustigere Besucher können die historische Downtown der Stadt, den Gaslamp District mit seinen mal mehr, mal weniger ansprechend restaurierten Gebäuden erkunden.

Das traditionelle Klischee vom konformistischen, wohlhabenden und konservativen Bewohner San Diegos trifft zwar weitgehend zu – San Diego hat ebenso viel mit Salt Lake City oder Phoenix gemein wie mit Los Angeles oder San Francisco –, doch hat in manchen Bereichen in den letzten Jahren auch eine überraschend liberale Haltung Einzug gehalten, was sich z.B. in der Etablierung und (Tolerierung) einer lebendigen Schwulenszene in Hillcrest manifestiert. Auch die drei hiesigen Universitäten SDSU, UCSD und USD haben dazu beigetragen, den starren, reaktionären Charakter San Diegos zu mildern. Jüngere Schmiergeldaffären und andere Skandale scheinen aber zu belegen, dass San Diego trotz allem nach wie vor zu den politisch korruptesten Städten des Landes gehört.

Die Politik wird den normalen Touristen jedoch nicht so sehr interessieren wie das Wetter, das in San Diego mitunter merkwürdige Kapriolen schlägt und zu längeren wolkenverhangenen Perioden und Nieselregen neigt, wenn man es am wenigsten erwartet. Vor allem im Juni kann der so genannte „June Gloom" Strandspaziergänge manchmal zu einem ungemütlichen Stapfen durch nassen Sand machen.

Geschichte

Der portugiesische Abenteurer Juan Rodríguez Cabrillo, der für die spanische Krone unterwegs war, setzte 1542 als erster Europäer Fuß auf kalifornischen Boden. Er ging damals am Point Loma an Land, nur wenige Kilometer von der heutigen Downtown San Diegos entfernt. Besiedelt wurde die Küste aber erst später. Zwei Jahrhunderte sollte es noch dauern, bis die Spanier 1769 eine Missionsstation – die erste in Kalifornien überhaupt – und eine Festung oberhalb der Bucht von San Diego bauten.

Konflikte zwischen den grundbesitzenden Californios und den neuen, aus dem Osten vordringenden Siedlern führten schließlich zu San Diegos Übernahme durch die USA, zeitgleich zum Mexikanisch-Amerikanischen Krieg. Die Stadt lag jedoch nicht an der neuen Postroute in den Westen; hinzu kamen mehrere Dürren in den 60er Jahren des 19. Jhs. – zwei Faktoren, die zu großen wirtschaftlichen Schwierigkeiten und Firmenzusammenbrüchen führten.

Die Anbindung an die transkontinentale Santa Fe-Eisenbahnlinie sollte nur von kurzer Dauer sein – der Endbahnhof wurde angesichts wiederholter Überschwemmungen weiter nördlich nach Los Angeles verlegt. Bis heute gibt es keine direkte Bahnverbindung vom Osten nach San Diego. Dennoch brachte der Eisenbahnbau der Stadt in den 80er Jahren des 19. Jhs. einen anhaltenden Wirtschaftsboom. 1915 wurde die erste von zwei internationalen Ausstellungen im Balboa Park eröffnet. Diese Ausstellungen trugen wesentlich dazu bei, San Diegos landesweite Bedeutung zu etablieren.

Während des 2. Weltkriegs wählte die US-Marine San Diego wegen seiner vielen geschützten Buchten zur pazifischen Kommandozentrale, was es auch heute noch ist. Die Verbindung zum Militär spielt für die Wirtschaft der Stadt nach wie vor eine wichtige Rolle, doch auch der Tourismus gewinnt langsam an Boden. So ist es San Diegos Ruf als „Resort City" am Meer, der der Stadt ihre heutige

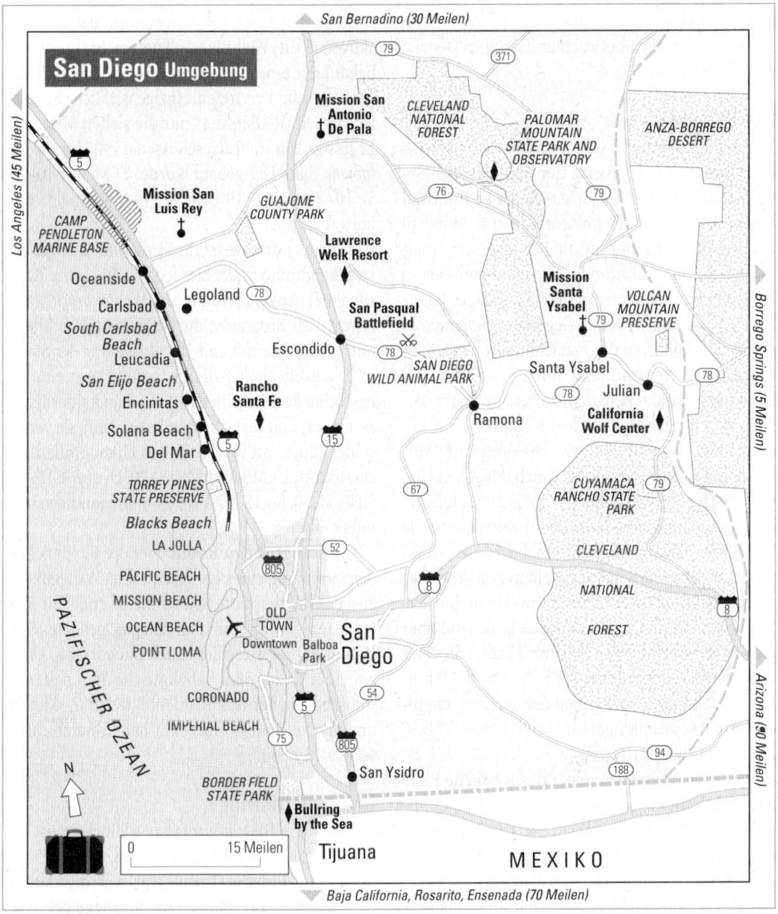

Bedeutung verleiht. Obwohl mit über einer Millionen Einwohnern die siebtgrößte Stadt der USA, ist San Diego für viele Besucher ein Synonym für Freizeit pur: Sonnenbräune, Bootsausflüge in der Bucht, Absurfen der Wellen und vielleicht noch ein Zoobesuch stehen ganz oben auf dem Programm.

Downtown

Zwischen der San Diego Bay und dem I-5 schlägt das San Diegos Herz, die Downtown, die zu einer ersten Erkundung der Stadt einlädt. Im Zuge der Sanierungs- und Wiederaufbauprojekte zur Verschönerung des Stadtbildes wurden seit Ende der 70er Jahre mehrere Häuserblocks im Stil der Jahrhundertwende restauriert. Die glänzenden Hochhausfassaden der Unternehmen aus den boomen den 80er und 90er Jahren wiederum dokumentieren die Bedeutung des Handels mit den pazifischen Anrainerstaaten für die Wirtschaft San Diegos. Tagsüber ist die Innenstadt relativ sicher, nachts kann es in einigen Straßen, insbesondere im Bankenviertel, allerdings sehr ungemütlich werden. Als Ortsunkundiger sollte man sich nach Einbruch der

Dunkelheit lieber auf den gut beleuchteten und von der Polizei besser überwachten Gaslamp District (s.u.) beschränken.

Der Broadway

Wer mit der Bahn oder dem Trolley nach San Diego fährt, bekommt gleich eine der markantesten Sehenswürdigkeiten zu sehen, das **Santa Fe Railroad Depot**. Es wurde 1915 im spanischen Kolonialstil als Empfangsbahnhof für die Besucher der *Panama-California International Exposition* im Balboa Park errichtet. Die prachtvolle Bauweise des Bahnhofs bildet einen schroffen Gegensatz zu den postmodernen Konturen der benachbarten **American Plaza**, einer Ansammlung von Bürotürmen aus konjunkturstarken Zeiten Mitte der 80er Jahre. Neben der zentralen Haltestelle des San Diego Trolley umfasst die Plaza den Downtown-Ableger des **Museum of Contemporary Art** (auch: MCA San Diego), 1001 Kettner Blvd, 🖳 www.mcasandiego.org, das einen guten Einblick in zeitgenössische Kunst, vor allem aus Kalifornien, bietet. Im Mittelpunkt der Dauerausstellung stehen zwar amerikanischer Minimalismus, Pop Art und einheimische Kunst aus Mexiko, wirklich interessant sind aber die Sonderausstellungen, die ihre Themen in einer Mischung aus popkulturellem Surrealismus, ethnischen Subkulturen und regionalen sozio-ökonomischen Problemstellungen in Szene setzen. 🕓 Do–Di 11–17 Uhr, Eintritt frei.

Die American Plaza bildet das westliche Ende des Broadway, der Hauptgeschäftsstraße, die mitten durch Downtown verläuft. Der geschäftige Teil des Broadway liegt zwischen Fourth und Fifth Ave. An den Springbrunnen vor der **Horton Plaza** zwischen First und Fourth Ave, südlich vom Broadway geht es etwas gemütlicher zu, hier trifft sich alltäglich ein buntes Gemisch: Matrosen, Yuppies, Obdachlose, Einkäufer, Straßenkünstler und viele andere mehr. Die Horton Plaza ist ein großes, schickes Einkaufszentrum; de facto das Stadtzentrum von San Diego. Die Anlage ist nicht überdacht und daher luftig und sonnig. 1985 fertiggestellt, wurde das Projekt zum zentralen Vorzeigestück der Downtown-Sanierung. Darüber hinaus sandte der eigenwillige, bunte und mit modernen Art-déco-Elementen reich verzierte Komplex architektonische Impulse an seine Umgebung aus und sicherte dem Architekten Jon Jerde Aufträge für ähnliche Projekte im ganzen Land. Von ihm stammt u.a. auch der Universal CityWalk in Los Angeles. Praktisch alle bekannten amerikanischen Kaufhäuser und Ladenketten sind vertreten, einzige wirkliche Sehenswürdigkeit ist allerdings nur die sieben Meter hohe Jessop-Uhr im Erdgeschoss, die 1907 für die *California State Fair* gebaut wurde. 🕓 Mo–Fr 10–21, Sa 10–20, So 11–19 Uhr. 🖳 www.westfield.com/hortonplaza.

Nach der 4th Ave ist der Broadway weniger ansprechend, man findet hier jedoch eine ganze Reihe von guten **Antiquariaten**, z.B. *Wahrenbrock's Book House*, 726 Broadway, die wahrscheinlich älteste und größte Secondhand-Buchhandlung der Stadt.

Die **Bibliothek**, 820 E St, verfügt über eine gut bestückte Referenzabteilung, wo man kalifornische Zeitungen und Zeitschriften lesen kann, sie veranstaltet zudem an Wochenenden einen großen Büchermarkt; 🕓 Mo und Mi 12–20, Di sowie Do–Sa 9.30–17.30, So 13–17 Uhr. 🖳 www.sandiego.gov/public-library.

Im **Wangenheim Room** über der Bibliothek ist die Sammlung eines gewissen Julius Wangenheim ausgestellt, der zur Jahrhundertwende zu den reichsten Bewohnern San Diegos gehörte. Sein Hobby war die Geschichte des Buchdrucks. Unter anderem findet man babylonische Tontafeln und indische Bücher aus Palmenblättern. 🕓 Mo, Mi und Fr 13.30–16.30 Uhr, oder nach Vereinbarung, ✆ 619/236-5807.

Gaslamp District

Der Gaslamp District umfasst 16 Blocks zwischen Broadway, K Street, 4th und 7th Ave. Als San Diego noch eine „Frontier Town" war, war der damals nach einem in der Bucht von San Diego gefundenen Stachelrochen *(sting ray)* **Stingaree** genannte Stadtteil ein ruchloses Viertel voller Opiumhöhlen, Prostitution und Gewalt. Das Viertel war dem Verfall preisgegeben, bis in den späten 70er Jahren des 20. Jhs. ein umfassendes Sanierungsprojekt in Angriff genommen wurde, um den Gaslamp District in die Touristenhochburg zu verwandeln, die er heute ist. Hie und da finden sich noch paar Billigabsteigen und Spelunken, die einen scharfen Kontrast zu den auf ein Yuppie-Publikum zielenden Cafés, Antiquitätenläden und kleinen Galerien bilden. Das Ensemble wird nachts von „Gaslampen" beschienen, die dem Viertel ihren Namen geben –

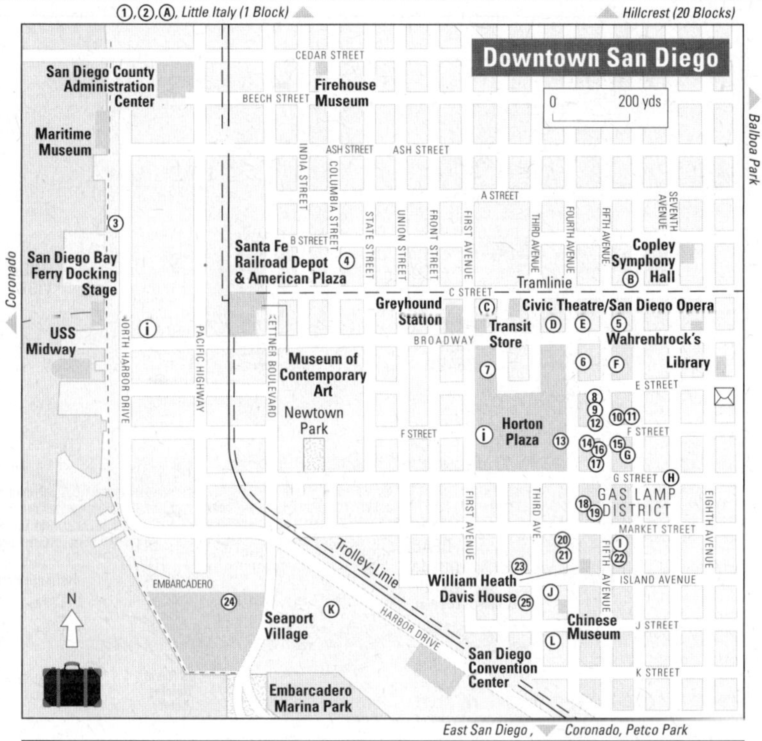

Übernachtung:		**Cafés & Restaurants:**		Dobson's	7
Bristol	C	Alambres	16	Dublin Square	21
Courtyard San Diego	B	Anthony's Fish Grotto	3	Filippi's Pizza Grotto	2
Comfort Inn Gaslamp	H	Bandar	10	Grand Central Café	5
Grand Pacific Hostel	G	Bella Luna	17	Henry's Pub	19
HI-Metropolitan Hostel	I	Café Lulu	14	Karl Strauss Brewery	4
Horton Grand	J	Café Zzz	23	Martini Ranch	11
J Street Inn	L	Caffé Italia	1	Olé Madrid	15
La Pensione	A	Candelas	25	Onyx Room	8
The U.S. Grant	D	The Cheese Shop	18	Rei Do Gado	6
Wyndham Emerald Plaza	E	Chive	20	Sammy's Woodfired Pizza	13
Manchester Grand Hyatt	K	Croce's	12	Taka	22
Prava	F	de' Medici	9	Upstart Crow	24

sie werden allerdings längst elektrisch betrieben. Hier spielt sich insbesondere an Wochenenden ein Großteil des Nachtlebens ab. Die hohe Polizeipräsenz soll wohl dazu beitragen, dass die Gegend sauber und sicher bleibt und die Touristen nicht fernbleiben. Und ein Rundgang ist zweifellos lohnend, nicht zuletzt wegen der zahlreichen, in verschiedenen Stadien der Renovierung befindlichen Bauten aus dem 19. Jh., die vielfältige Architekturstile und -elemente präsentieren, von Eastlake bis Queen Anne mit vereinzelten spanisch-kolonialen und dem Barock nachempfundenen Bauten.

Ein grandioses Musterbeispiel ist die **Louis Bank of Commerce**, 835 5th Ave, ein überbordendes, mit kunstvollen Erkerfenstern geschmücktes und von zwei schlanken Türmchen bekröntes vik-

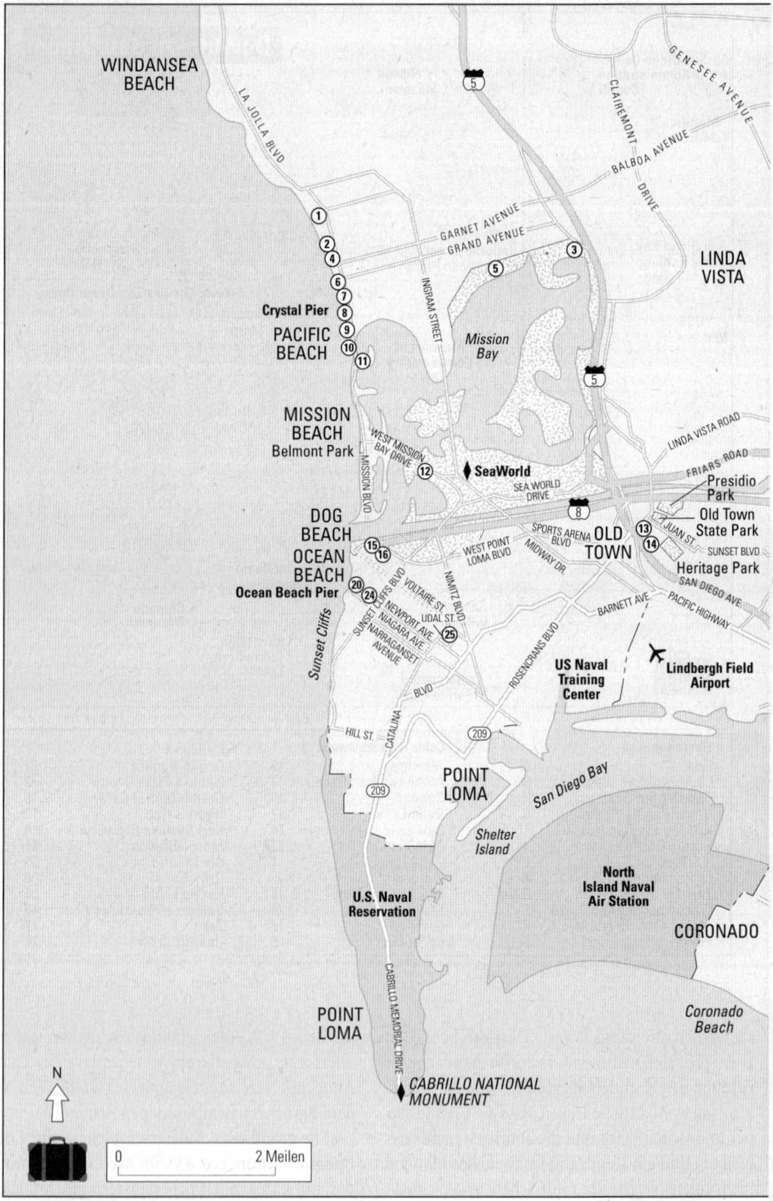
WINDANSEA BEACH
LA JOLLA BLVD
GENESEE AVENUE
CLAIREMONT DRIVE
BALBOA AVENUE
GARNET AVENUE
GRAND AVENUE
LINDA VISTA
Crystal Pier
PACIFIC BEACH
INGRAM STREET
Mission Bay
MISSION BEACH
Belmont Park
WEST MISSION BAY DRIVE
MISSION BLVD
SeaWorld
SEA WORLD DRIVE
LINDA VISTA ROAD
FRIARS ROAD
Presidio Park
Old Town State Park
DOG BEACH
OCEAN BEACH
Ocean Beach Pier
SPORTS ARENA BLVD
OLD TOWN
JUAN ST.
SUNSET BLVD
Heritage Park
WEST POINT LOMA BLVD
MIDWAY DR
SAN DIEGO AVE.
PACIFIC HIGHWAY
SUNSET CLIFFS BLVD
VOLTAIRE ST.
NIMITZ BLVD
BARNETT AVE.
NEWPORT AVE.
UDAL ST.
NIAGARA AVE.
NARRAGANSET AVENUE
Sunset Cliffs
ROSECRANS BLVD
US Naval Training Center
Lindbergh Field Airport
BLVD
HILL ST.
CATALINA
POINT LOMA
San Diego Bay
Shelter Island
North Island Naval Air Station
U.S. Naval Reservation
CORONADO
CABRILLO MEMORIAL DRIVE
Coronado Beach
POINT LOMA
CABRILLO NATIONAL MONUMENT
N
0
2 Meilen

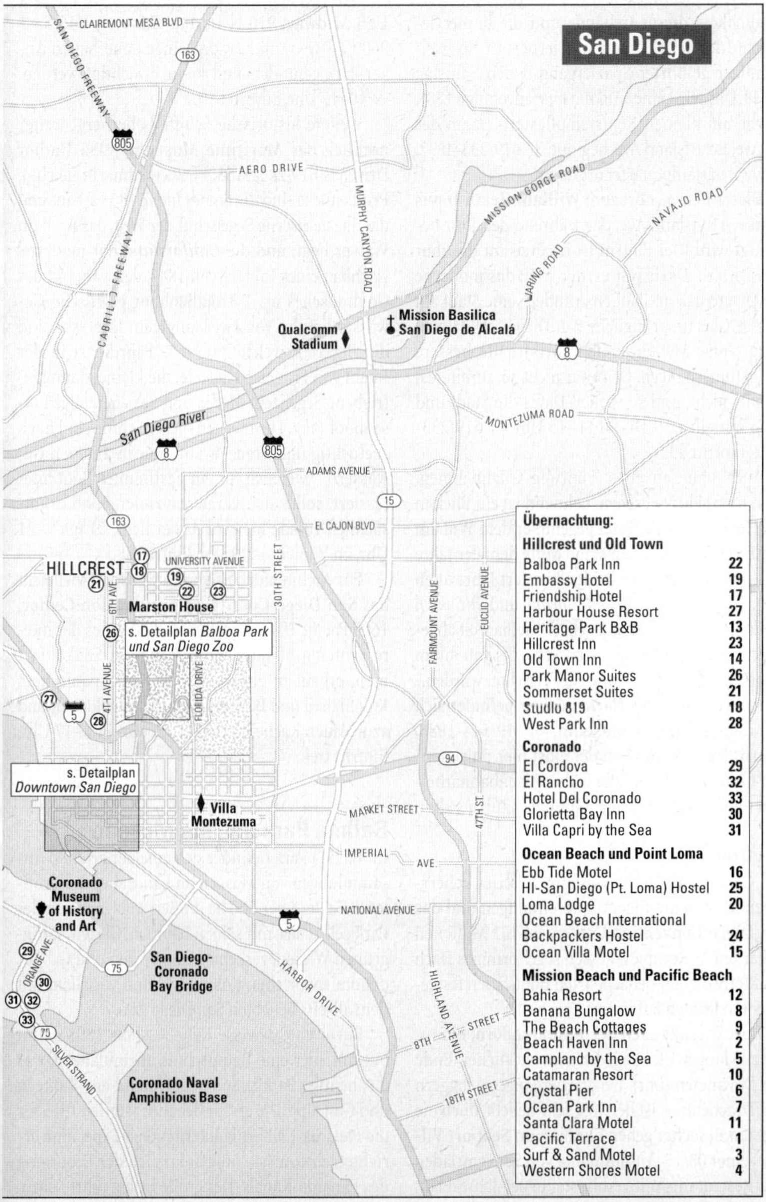
San Diego
CLAIREMONT MESA BLVD
SAN DIEGO FREEWAY
163
805
AERO DRIVE
MURPHY CANYON ROAD
MISSION GORGE ROAD
NAVAJO ROAD
WARING ROAD
CABRILLO FREEWAY
Mission Basilica San Diego de Alcalá
Qualcomm Stadium
8
MONTEZUMA ROAD
San Diego River
ADAMS AVENUE
15
EL CAJON BLVD
HILLCREST
UNIVERSITY AVENUE
6TH AVE.
30TH STREET
FAIRMOUNT AVENUE
EUCLID AVENUE
Marston House
s. Detailplan *Balboa Park und San Diego Zoo*
4TH AVENUE
FLORIDA DRIVE
5
94
s. Detailplan *Downtown San Diego*
Villa Montezuma
MARKET STREET
47TH ST.
IMPERIAL AVE.
Coronado Museum of History and Art
NATIONAL AVENUE
ORANGE AVE.
75
San Diego-Coronado Bay Bridge
HARBOR DRIVE
HIGHLAND AVENUE
8TH STREET
18TH STREET
SILVER STRAND
Coronado Naval Amphibious Base
Übernachtung:
Hillcrest und Old Town
Balboa Park Inn 22
Embassy Hotel 19
Friendship Hotel 17
Harbour House Resort 27
Heritage Park B&B 13
Hillcrest Inn 23
Old Town Inn 14
Park Manor Suites 26
Sommerset Suites 21
Studio 819 18
West Park Inn 28
Coronado
El Cordova 29
El Rancho 32
Hotel Del Coronado 33
Glorietta Bay Inn 30
Villa Capri by the Sea 31
Ocean Beach und Point Loma
Ebb Tide Motel 16
HI-San Diego (Pt. Loma) Hostel 25
Loma Lodge 20
Ocean Beach International Backpackers Hostel 24
Ocean Villa Motel 15
Mission Beach und Pacific Beach
Bahia Resort 12
Banana Bungalow 8
The Beach Cottages 9
Beach Haven Inn 2
Campland by the Sea 5
Catamaran Resort 10
Crystal Pier 6
Ocean Park Inn 7
Santa Clara Motel 11
Pacific Terrace 1
Surf & Sand Motel 3
Western Shores Motel 4

torianisches Schmuckkästchen von 1888. Die beste Möglichkeit, dieses Gebäude und die bunte Geschichte des Bezirks kennen zu lernen, ist ein zweistündiger geführter Spaziergang. Jeden Samstag um 11 Uhr wird eine *walking tour* angeboten ($8), welche am kleinen Kopfsteinpflasterplatz an der 4th Ave, Ecke Island Ave, beginnt; ✆ 619/233-4692, 💻 www.gaslampquarter.org/tours.

Dieser Platz gehört zum **William Heath Davis House**, 410 Island Ave, das während der Tour besichtigt wird (der Eintritt ist im Preis für die Tour inbegriffen). Davis war es, der 1850 das moderne San Diego in dem Glauben gründete, eine Stadt am Wasser (das ursprüngliche San Diego – Old Town – lag einige Meilen landeinwärts) hätte bessere Wachstumschancen. Dem war nicht so, zumindest damals nicht, und so verließ Davis die Stadt und starb mittellos. 🕒 Di–So 11–15 Uhr, ✆ 619/233-4692, Eintritt $3.

Auch ohne an einer Führung teilzunehmen, kann man sehr viel sehen. Lohnend ist ein Blick in das **Horton Grand Hotel** gegenüber dem William Heath Davis Haus. Es entstand Mitte der 80er Jahre als Verschmelzung der beiden hundert Jahre alten historischen Hotels *Grand Horton* und *Brooklyn Kahle Saddlery*, die in mühseliger Kleinarbeit abgetragen und ungefähr vier Häuserblocks von ihrem ursprünglichen Standort wieder errichtet wurden.

In der Lobby des *Horton Grand* befindet sich das kleines **Chinese Museum**, ✆ 619/544-1886, Eintritt frei, welches von der einst hier pulsierenden Chinatown zeugt, die früher Eisenbahnarbeitern und ihren Familien ein beengtes Zuhause bot.

Bayfront

Das Gebiet südlich des Gaslamp District beherrschen heute teure Eigentumswohnungen und das **San Diego Convention Center**, ein 165 Millionen Dollar teurer Komplex, dessen segelförmiges Dach das Motiv der am benachbarten Bootshafen festgemachten Jachten aufnimmt.

Dort beginnt auch der **Embarcadero**, ein ca. 1 Meile langer Uferweg, der zum westlichen Ende von Downtown führt. Bei Spaziergängern, Joggern und Drachenfans ist der Weg sehr beliebt, doch die meisten Besucher gehen nur bis zum **Seaport Village**, einer 08/15-Ansammlung von Souvenirläden und Restaurants mit verblasstem 70er-Jahre-Flair, das eine Verjüngungskur dringend notwendig hätte. Dahinter hat der ausgediente Flugzeugträger **USS Midway**, 910 N Harbor Drive, ✆ 619/544-9600, 💻 www.midway.org, einen dauerhaften Ankerplatz gefunden und kann besichtigt werden. 🕒 10–17 Uhr, Eintritt $13.

Weitere historische Schiffe beherbergt weiter nördlich das **Maritime Museum**, 1492 Harbor Drive, ✆ 619/234-9153, 💻 www.sdmaritime.com. Prunkstücke sind die *Star of India*, 1863 erbaut und das älteste eiserne Segelschiff der Welt, das noch im Wasser liegt, und die ***Californian***, der moderne Nachbau eines Kutters von 1847, der während des Goldrausches als Patrouillenboot pazifische Gewässer befuhr. Von zweitrangigem Interesse sind die *Berkeley*, welche 60 Jahre Fährdienst in der Bucht von Francisco leistete, die kleine, dampfgetriebene Segeljacht *Medea* und das ehemalige Lotsenboot *Pilot*. Die meisten dieser Schiffe sind noch seetüchtig und kreuzen mitunter in anderen Gewässern – wer sich für ein bestimmtes Boot interessiert, sollte sich vorab informieren, ob es tatsächlich gerade hier vor Anker liegt. 🕒 tgl. 9–21 Uhr, im Winter bis 20 Uhr, Eintritt $8.

Für Architekturfans von Interesse ist vielleicht das **San Diego County Administration Center**, 1600 Pacific Hwy, ✆ 858/694-3900, eines der interessanteren öffentlichen Gebäude in Südkalifornien, erbaut in einem Gemisch aus spanischem Kolonialstil und Beaux Arts und mit goldenen und azurblauen Kacheln bedeckt. 🕒 Mo–Fr 8–17 Uhr, Eintritt frei.

Balboa Park und die Museen

Im Balboa Park befindet sich eine der größten Ansammlungen von Museen im Land, aber den größten Reiz der über 560 ha großen Anlage macht der Park selbst aus, mit seinen Bäumen, Gärten, saftiggrünen Wiesen, verkehrsfreien Wegen und Gebäuden im spanischen Kolonialstil und vor allem mit dem allseits beliebten San Diego Zoo.

Bevor eine gewisse Kate Sessions 1898 damit begann, hier eine Baumschule anzupflanzen, war das heutige Parkgelände ein Ödland aus Kakteen und Gestrüpp. Die ersten Gebäude wurden 1915 für die Panama-California International Exposition errichtet, eine Ausstellung anlässlich der Eröffnung des Panama-Kanals. Der große Erfolg führte dazu, dass man 1935, mitten in der wirtschaftlichen De-

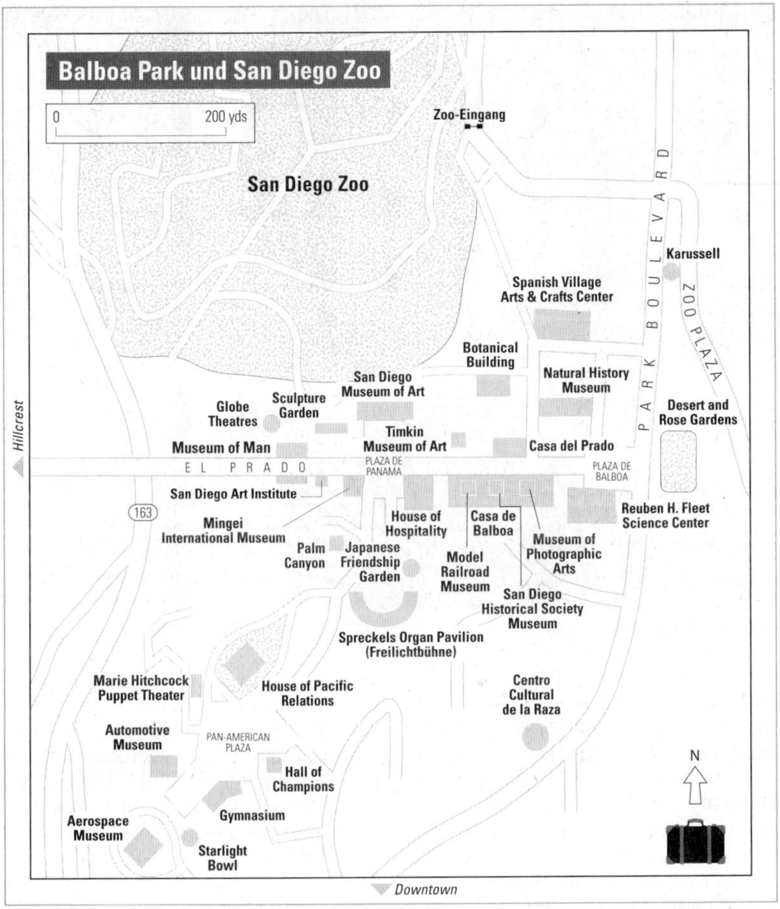

pression, eine zweite Ausstellung organisierte, die California-Pacific International Exposition.

Man erreicht Balboa Park von Downtown aus mit den Bussen 3, 7, 16 oder 25. Dienstags ist ein Besuch von Balboa Park am günstigsten, denn dann ist der Eintritt für einige Museen frei (im Wechsel und je nach Datum für zwei bis vier Museen). Montags lohnt ein Besuch nicht, da die größeren Sammlungen dann geschlossen haben.

Eine kostenlose Tram verbindet die Museumskomplexe untereinander und auch mit den Parkplätzen.

Es gibt einen *Balboa Park Passport* ($30), der zum Eintritt in die 13 Museen berechtigt und eine Woche gültig ist. Allerdings darf jedes Museum nur einmal besucht werden. Der Pass, ebenso wie seine Variante für $55, die den San Diego Zoo mit einschließt, ist in allen Museen sowie im Informationszentrum, ✆ 619/239-0512, 💻 www.balboapark.org, im **House of Hospitality** am El Prado erhältlich, 🕓 tgl. 9.30–16.30 Uhr. Das ist auch die beste Anlaufstelle, um sich über jedes der Museen ausführlich zu informieren und eine Karte des Balboa Parks inkl. Erläuterungen zum Preis von $1 zu

Fassade des San Diego Museum of Art

kaufen. Jeden Freitag um 13 Uhr beginnt hier ein einführender Rundgang durch den Park, am ersten Mittwoch im Monat um 9.30 Uhr eine Führung mit architektonischem Schwerpunkt; beide kostenlos.

El Prado

Die meisten der großen Museen säumen El Prado, einen Fußweg, der den Park von Osten nach Westen durchzieht und der sich in der Mitte des Parks zur Plaza de Panama ausdehnt. Idealer Ausgangspunkt für die Erkundung ist das westliche Ende, zu erreichen über die Laurel Street und Cabrillo Bridge. Das erste Gebäude ist von dort kommend das verspielt neo-barocke **Museum of Man**, 💻 www.museumofman.org, dessen Sammlung ein breites Spektrum banaler, interessanter und bizarrer Sujets umfasst: Herstellung von Tortillas, mexikanische Webstühle, Nachbildungen von Steinen aus der Maya-Kultur, Kunsthandwerk nordamerikanischer Indianer und Fundstücke aus dem pharaonischen Ägypten. 🕓 tgl. 10–16.30 Uhr, Eintritt $6.

Von Interesse für Theaterfreunde ist der wenig nördlich davon angesiedelte Komplex des **Globe Theatre** mit seinen drei Bühnen. Ein Stück weiter auf dem El Prado steht auf der gegenüberliegenden Seite das **Mingei International Museum**, 💻 www.mingei.org, das in wechselnden Ausstellungen Volkskunst in allen Facetten und aus der ganzen Welt präsentiert, angefangen bei Wetterfahnen über Spielzeug bis hin zu Möbeln aus Kronkorken und Kleidung. 🕓 Di–So 10–16 Uhr, Eintritt $5.

In den Räumen des benachbarten **San Diego Art Institute**, 💻 www.sandiego-art.org, stellen dessen kunstschaffende Mitglieder – mal mehr, mal weniger talentiert – ihre Arbeiten aus. 🕓 Di–Sa 10–16, So 12–16 Uhr, Eintritt $3.

Unmittelbar östlich liegt die schöne **Plaza de Panama**, an deren Nordseite das **San Diego Museum of Art**, 💻 www.sdmart.com, große Gastausstellungen z.B. aus Ägypten, China und dem Vatikan zeigt. Die Dauerausstellung des Museums umfasst eine solide Sammlung europäischer Malerei von der Renaissance bis zum 19. Jh., vergleichsweise blass ist hingegen die vertretene amerikanische Malerei. Besser sind die Räume, die der Moderne und vor allem kalifornischen Künstlern gewidmet sind. Besonders zu empfehlen ist die asiatische Sammlung. ◷ Di–So 10–18, Do bis 21 Uhr, Eintritt $9, Sonderausstellungen $ 5–10 extra.

Draußen gibt es einen Skulpturengarten, **Sculpture Court and Garden**, der kostenlos besichtigt werden kann. Hier sind einige beeindruckende Stücke zu sehen, insbesondere von Henry Moore und Alexander Calder. Ein hübsches, wenn auch etwas teures Restaurant sorgt für das leibliche Wohl.

Funktionale, moderne Architektur steht im Mittelpunkt des wiederum nur wenig östlich gelegenen **Timken Museum of Art**, 🖳 www.timkenmuseum.org, das neben einer Reihe zweitrangiger Werke von der frühen Renaissance bis zum Impressionismus eine interessantere Sammlung russischer Ikonen beherbergt. ◷ Di–Sa 10–16.30, So 13.30–16.30 Uhr, September geschlossen, Eintritt frei.

Wer eine Pause von der Kunst einlegen möchte, findet nördlich des Timken Museum das 1915 aus Holzstangen errichtete **Botanical Building** mit zahlreichen einheimischen und tropischen Pflanzen. ◷ Fr–Mi 10–16 Uhr, Eintritt frei.

Das Informationszentrum ist im **House of Hospitality**, südlich des Timken Museum, untergebracht. Östlich davon befindet sich die **Casa de Balboa** mit vier Museen, von denen drei definitiv einen Besuch lohnen: das **Museum of Photographic Arts**, 🖳 www.mopa.org, dessen Sammlung mit Daguerreotypien bis auf die Anfänge der Fotografie zurückgeht und Werke von Matthew Brady, Alfred Stieglitz, Paul Strand und anderen bekannten Namen einschließt, ◷ tgl. 10–17, Do bis 21 Uhr, Eintritt $6; das praktisch angrenzende **San Diego Historical Society Museum**, 🖳 www.sandiegohistory.org, das die 150-jährige Entwicklung San Diegos von unwirtlichem Ödland zur siebtgrößten Stadt der USA nachzeichnet, ◷ Di–So 10–16.30, Do bis 20 Uhr, Eintritt $6; und das **Model Railroad Museum**, 🖳 www.sdmodelrailroadm.com, in dem liebevoll angefertigte, detailgetreue Nachbildungen von Städten, Wüsten und Gebirgen zu sehen sind, durch die Miniatur-Lokomotiven und Züge brausen – ein Muss für Fans von Modelleisenbahnen. ◷ Di–Fr 11–16, Sa und So 11–17 Uhr, Eintritt $5.

Nahe dem östlichen Ende des El Prado versammelt das **Reuben H. Fleet Science Center**, 🖳 www.rhfleet.org, etliche für Kinder konzipierte Ausstellungsstücke unter seinem Dach. Beeindruckender sind die Filme im dazugehörigen Space Theater mit seiner kuppelförmigen Leinwand und 152 Lautsprechern, die für das richtig flaue Gefühl in der Magengegend sorgen, wenn es im IMAX-Format auf waghalsige Ausflüge in Vulkane, über Wasserfälle und in den Weltraum geht. ◷ Mo–Do 9.30–17, Fr 9.30–21, Sa 9.30–20, So 9.30–18 Uhr, Eintritt Science Center $6,75, mit Space Theater oder Simulator $11,75, alle drei $15.

Ansprechender und interessanter ist das gegenüber auf der Nordseite des El Prado angesiedelte **Natural History Museum**, 🖳 www.sdnhm.org, mit seiner gelungenen Mischung aus Wissenschaft und Unterhaltung, u.a. einer großartigen Fossilienausstellung, einer kurzweiligen Mineraliensammlung und spannenden Ausstellungen über Dinosaurier und Krokodile. ◷ tgl. 10–17 Uhr, Eintritt $9.

Einen kurzen Fußmarsch hinter dem naturkundlichen Museum erreicht man das **Spanish Village Arts and Crafts Center**, 🖳 www.spanishvillageart.com. Die Ansammlung kleiner Häuschen wurde als Nachbau eines spanischen Dorfplatzes für die EXPO 1935 angelegt. Heute arbeiten hier 300 Künstler und Handwerker, denen man bei der Arbeit zuschauen kann. ◷ tgl. 11–16 Uhr, Eintritt frei.

Wiederum nur ein paar Gehminuten von hier entfernt liegt der Eingang zum San Diego Zoo (s.S. 90).

Um die Pan American Plaza

Der südliche Parkbereich um die Pan American Plaza lohnt nur dann wirklich eine Erkundung, wenn man reichlich Zeit übrig hat oder ein eingefleischter Auto-, Flugzeug- oder Sportfan ist. Recht hübsch, aber nicht sonderlich spektakulär, sind die Anlagen des **Palm Canyon** und des **Japanese Friendship Garden**, Aufmerksamkeit verdient hingegen der **Spreckels Organ Pavilion** mit einer der größten Orgeln der Welt; kostenlose Konzerte So 14–15 Uhr. Nahe dem nördlichen Ende der Plaza versammelt das Gebäudeensemble des **House of Pacific Relations** jede Menge Ethno-Kitsch. Von Wert ist hier nur der angebotene Tee, Kaffee und Kuchen. Überzeugender ist das fantasievolle Puppenspiel des **Marie Hitchcock Puppet Theater** im nahen Pacific Palisades Building, 🖳 www.balboaparkpuppets.com, Vorstellungen Mi–Fr 10 und 11.30, Sa und So 11, 13 und 14.30 Uhr, Eintritt

$5, Kinder $3. Und auch das **Automotive Museum**, 🖳 www.sdautomuseum.org, kann mit seinen z.T. seltenen Oldtimern und alten Motorrädern weit mehr fesseln. 🕓 tgl. 10–17 Uhr, Eintritt $7.

Das zylindrische **Aerospace Museum** am südlichen Ende der Pan American Plaza, 🖳 www.aerospacemuseum.org, dokumentiert anhand von 69 Flugzeugen auf beeindruckende Weise die Geschichte der Luftfahrt und gewährt interessante Einblicke in neuere Raumfahrttechnik. 🕓 tgl. 10–16.30 Uhr, Eintritt $9.

Auf der Westseite der Plaza residiert die altgediente **Starlight Bowl**, 🖳 www.starlighttheatre.org, die für Operetten und Musicals lokaler Couleur genutzt wird. Die benachbarte **Hall of Champions**, 🖳 www.sdhoc.com, ist ein Sportmuseum voller Trikots, Helme und Sammelkarten. 🕓 tgl. 10–16.30 Uhr, Eintritt $7.

Wenn man alle Museen im Balboa Park besichtigt hat, übersieht man leicht den bescheidenen Rundbau am Parkrand, nahe dem Park Boulevard. Dieses Gebäude, das **Centro Cultural de la Raza**, 🖳 www.centroraza.com, zeigt jedoch in einer weniger angestaubten Atmosphäre als die großen Museen des Parks sehr sehenswerte Wechselausstellungen über Indianer und Latinos, in deren Mittelpunkt Wandbilder, Literatur, Musik, Theater, Tanz und Volkskunst stehen. 🕓 Do–So 12–16 Uhr, Eintritt frei.

Der Zoo

Der **San Diego Zoo**, der im Norden an das Museumsgelände des Balboa Park grenzt, ist eine der bekanntesten und größten Attraktionen der Stadt, wenn nicht sogar der beste Zoo des Landes. Problemlos lässt sich ein ganzer Tag in der riesigen Anlage verbringen. Mehr als 4000 Tiere von 800 verschiedenen Arten leben hier, von seltenen chinesischen Fasanen bis zu Mhorr-Gazellen, darunter auch ein Kuriosum der Natur: eine „zweiköpfige" Schlange *(corn snake)*. Auch wurden Versuche unternommen, Alternativen zu den sonst üblichen Gitterkäfigen zu finden. Viele Tiere sind nur durch Wassergräben oder „psychologische Käfige" von den Zuschauern getrennt. 🕓 von Mitte Juni–Anfang September tgl. 7–22 Uhr, sonst 9–16 Uhr, Eintritt $21, 🖳 www.sandiegozoo.org.

Es empfiehlt sich, frühzeitig zu kommen und die Bustour oder die Schwebebahntour *Skyfari* mitzumachen, bevor der Zoo überfüllt ist, denn so bekommt man den besten Überblick über das Gelände. Der Eintrittspreis gilt nur für den Hauptzoo und den Kinderzoo; wer auch eine 35-minütige Busrundfahrt und eine Rundfahrt auf der *Skyfari* mitnehmen möchte, kauft für $32 das *Deluxe Ticket Package*. Eine Karte für $56 gilt außerdem innerhalb von fünf Tagen auch für den Besuch des *San Diego Wild Animal Park* in der Nähe von Escondido (s.S. 118), und wer das volle touristische Programm absolvieren möchte, erhält für happige $92 Eintritt zu allen genannten Attraktionen und obendrein noch SeaWorld (s.S. 94).

Old Town

1769 gründeten die Spanier auf dem heutigen Presidio Hill die erste kalifornische Mission. Als die Mission später aufgegeben wurde, siedelten sich die Soldaten am Fuß des Hügels an, und aus dieser Siedlung entstand San Diego. Dann kamen mexikanische Californios und noch später die ersten Zuwanderer aus dem Osten des Landes. **Old Town State Historic Park** ist heute ein historischer Park, in dem einige alte Adobehäuser erhalten geblieben sind und Besuchern abseits der modernen Hochhäuser die hispanischen Wurzeln der Stadt näher bringen.

Obwohl etwas abseits gelegen, ist Old Town mit den Bussen Nr. 5 und 34 sowie der Blue Line Trolley von Downtown bequem zu erreichen. Mit dem Auto nimmt man vom I-5 die Abfahrt Old Town Ave, vom I-8 fährt man über die Taylor St links in die Juan St. Angesichts der Beschilderung sollte der Weg problemlos zu finden sein.

Die meisten Läden und Restaurants sind von 10–22 Uhr geöffnet, einige Restaurants haben jedoch bis Mitternacht oder sogar noch länger offen. Nachmittags kann man an einer hervorragenden, kostenlosen Führung teilnehmen und die interessanten Adobehäuser besuchen. Die Führungen beginnen um 14 Uhr an den Seeley Stables, unweit der zentralen Plaza. Im Informationszentrum im Robinson-Rose House, ✆ 619/220-5422, 🖳 www.sandiegohistory.org, gibt es eine gute Broschüre über diese Walking Tour und ein Modell von Old Town um ca. 1872. 🕓 tgl. 10–17 Uhr.

Eine Reihe der alten Gebäude im State Park sind gewissenhaft restauriert und originalgetreu eingerichtet. Die meisten Gebäude haben tgl. von 10–16 oder 17 Uhr geöffnet und können kostenlos besichtigt werden.

Die **Casa de Estudillo** in der Mason St wurde 1827 von José Mariá de Estudillo, dem Kommandanten des Presidio, erbaut. Das Nachbarhaus, die **Casa de Bandini**, in dem der Politiker und Schriftsteller Juan Bandini lebte, war Mitte des 19. Jhs. der gesellschaftliche Mittelpunkt San Diegos. Nachdem Kalifornien den USA angegliedert worden war, funktionierte man das Haus vorübergehend zum *Cosmopolitan Hotel* um, seinerzeit eines der besten Hotels des ganzen Staates. Teile der eleganten Einrichtung sind auch heute noch im Speiseraum zu sehen. Bevor das heutige mexikanische Restaurant Einzug hielt, war hier ein Lebensmittelgeschäft, später eine Konservenfabrik untergebracht.

Von begrenztem Interesse ist das **San Diego Union Building**, in dem 1868 die hiesige Lokalzeitung aus der Taufe gehoben wurde, und die **Seeley Stables**, die mit Erinnerungsstücken an den alten Westen voll gestopft sind.

Der **Bazaar del Mundo**, die idealisierte Kopie eines mexikanischen Straßenmarktes, der durch die vielen Souvenirläden, die ihn umgeben, etwas künstlich wirkt, grenzt an den State Park. Dennoch macht ein Bummel über den Platz Spaß, besonders am Sonntagnachmittag, wenn im Schatten der Bäume mexikanische Volkstänze aufgeführt werden. Hier kann man auch gut essen: an Ständen werden frische Tortillas serviert, und sofern man sich einen der Sitzplätze im Freien ergattern kann, bieten auch zwei mexikanische Restaurants durchaus Akzeptables.

Das **Thomas Whaley Museum**, 💻 www.whaleyhouse.org, gleich hinter den Parktoren an der San Diego Avenue, war das erste aus Ziegelsteinen erbaute Gebäude in Kalifornien und Wohnhaus von Thomas Whaley, einem New Yorker Unternehmer, der vom Goldrausch angelockt wurde. Im Innern sind Möbel und Fotos aus jener Zeit zu sehen, außerdem hat man einen Gerichtssaal rekonstruiert, der sich seit 1869 im Haus befand. 🕒 tgl. 10–16.30 Uhr; im Winter Di geschlossen, Eintritt $5. Kurioserweise ist das Gebäude vom *US Department of Commerce* offiziell zum Spukhaus erklärt worden. Vielleicht wird es von Geistern des benachbarten **Friedhofs El Campo Santo** heimgesucht, auf dem auch Hinrichtungen stattfanden. Die Inschriften auf den Grabsteinen lesen sich wie ein *who's who* vom San Diego des ausgehenden 19. Jhs.

Im wenig nördlich gelegenen **Heritage Park** an der Juan St, sind mehrere Gebäude aus der viktorianischen Ära versammelt. Sie wurden von überall her aus der Stadt zusammengetragen und hier wieder aufgebaut, anstatt allesamt der Abrissbirne zum Opfer zu fallen. Heute beherbergen sie meist Läden und Büros, umfassen aber auch das jüdische Gotteshaus **Temple Beth Israel** von 1889 und das christliche Gegenstück aus derselben Zeit, das **Christian House** – heute ein B&B. Schön ist auch die Conde St mit ihrer alten, reich mit Statuen gefüllten **Adobekirche**, die um 1850 erbaut und bis 1917 als Gotteshaus genutzt wurde, bevor sie 20 Jahre später restauriert wurde.

Presidio Hill und Mission San Diego

Das spanische Gebäude auf dem Presidio Hill stammt von 1929 und vermittelt nur eine ungefähre Ahnung von der ursprünglichen Mission, die 1774 hierher verlegt wurde. In ihm befindet sich das **Junípero Serra Museum**, 2727 Presidio Drive, 📞 619/297-3258, mit spanischen Möbeln, Dokumenten und Alltagsgegenständen jenes Mannes, der die katholische Missionierung Kaliforniens anführte. Dokumentiert wird außerdem der Kampf einiger engagierter Historiker um den Erhalt der spanischen Zeugnisse in San Diego gegen geldgierige Stadtplaner.

Obwohl seine Missionierung der Indianer in Form von Kidnapping, Zwangstaufe und Sklaverei vor sich ging, wurde Serra 1998, 164 Jahre nach seinem Tod, vom Papst selig gesprochen. 🕒 Fr–So 10–16.30 Uhr, Eintritt $5. Das imposante **Serra-Kreuz** vor dem Museum markiert die Stelle, an der die Mission ursprünglich errichtet wurde.

Die heutige **Mission Basilica San Diego de Alcalá**, 10818 San Diego Mission Rd, liegt 6 Meilen weiter nördlich. Die Mission wurde an diese Stelle verlegt, weil es hier Wasser und fruchtbarere Böden gab. Außerdem konnte sie hier nicht so leicht von aufsässigen Indianern angegriffen werden – Wunschdenken, wie sich herausstellen sollte. Padre Luis Jayme, Kaliforniens erster christlicher Märtyrer, wurde hier 1775 von amerikanischen Ureinwohnern erschlagen.

Das derzeitige Gebäude ist das fünfte an dieser Stelle und wird noch heute als Gotteshaus genutzt.

Durch den dunklen, hallenden Innenraum der Kirche, deren Gestühl und Altar aus dem 14. Jh. aus Spanien importiert wurden, erreicht man den Garten, wo zwei kleine Kreuze die Gräber indianischer Novizen markieren (der älteste Friedhof Kaliforniens). ⌚ tgl. 8–16 Uhr, Eintritt $3, 💻 www.missionsandiego.com. Tgl. um 7 und 17 Uhr wird ein Gottesdienst abgehalten, Führungen Mo und Do 12 und 14 Uhr, ansonsten nach Anmeldung unter ✆ 858/565-9077. Zu erreichen mit Bus Nr. 43.

East San Diego und Hillcrest

Das einzige, was in den etwas vernachlässigten und gesichtslosen Vorortgegenden von East San Diego für Besucher von Interesse sein könnte, ist die **Villa Montezuma**, 1925 K St, ✆ 619/239-2211, am westlichen Stadtrand, ein exzentrisches altes Haus mit vielen Türmchen und Erkern, das als *the haunted house* – das Spukhaus – bekannt ist. Die Villa wurde 1887 für Jesse Shepard erbaut – ein gebürtiger Engländer, der in den USA als Komponist, Pianist, Autor und Allround-Ästhetizist bekannt wurde – und von einer Gruppe kultureller Möchtegern-Aufsteiger finanziert, die um seine Gunst buhlten. ⌚ Fr–So 10–16.30 Uhr, im Dezember auch Do, Eintritt $5. Zu erreichen mit den Bussen Nr. 3, 5 oder 16, die alle im Umkreis von fünf Blocks halten, oder mit dem Trolley (in die Euclid Ave-Linie umsteigen und in der Nähe 20th St aussteigen).

Nördlich von Downtown, am nordöstlichen Rand vom Balboa Park, liegt Hillcrest, eine lebendige, kulturell aktive Gegend. Dieses ist den vielen Studenten und teilweise recht wohlhabenden Linksintellektuellen zu verdanken, die hier leben, aber auch der großen Schwulengemeinschaft. In der Gegend um die University Street und 5th Ave findet man viele Cafés und Restaurants sowie ein schillerndes Nachtleben. Hillcrest besitzt auch einige hübsche viktorianische Gebäude, darunter das sehenswerte **Marston House**, 3525 7th Ave, ✆ 619/298-3142, das 1905 in rustikaler Eleganz im Arts-and-Crafts-Stil der spätviktorianischen Epoche errichtet wurde. ⌚ Fr–So 10–16.30 Uhr, Eintritt $5.

Die Strände

Nicht wenige Besucher werden allein der berühmten Strände wegen von San Diego angelockt. Das Bild von Sand und Wellen ist so fundamental mit der Vorstellung vom kalifornischen Lebensgefühl verknüpft, dass alles andere überflüssig erscheint. Romantische Strandeinsamkeit sieht zwar anders aus, doch lässt sich hier bestens sonnenbaden, schwimmen und surfen.

Coronado und Silver Strand Beach

Unmittelbar südwestlich von Downtown, jenseits der Bucht, liegt das saubere, kleine **Coronado**. Vor der Kulisse der vielen hübschen Häuser, die in ihrem Aussehen mehr an die Ostküste erinnern, lässt sich ein angenehmer Spaziergang unternehmen. Am einfachsten kommt man mit der Fähre hierher: Die *San Diego Bay Ferry* (einfache Fahrt $2,25) setzt tgl. zwischen 9 und 21 Uhr zur vollen Stunde vom Broadway Pier über und fährt 1/2 Stunde später zurück. Tickets bekommt man am Pier bei *San Diego Harbor Excursion,* 1050 N Harbor Drive, ✆ 619/234-4111, 💻 www.sdhe.com. Von der Fähranlegestelle an der First Street fährt der Shuttlebus Nr. 904 halbstündlich zwischen 9.30 und 17.30 Uhr für $1,25 zum *Hotel del Coronado,* eine Alternative ist der Bus 901 ab Downtown San Diego. Die Anfahrt per Straße führt über die **Coronado Bridge**, deren Pfeiler großflächige Malereien aus dem hispanischen Leben zieren; am besten zu sehen vom darunterliegenden Park im Bezirk *Barrio Logan.*

Der Ort wuchs um das 1888 als viktorianisches Kurhotel mit Türmchen und Gauben errichtete **Hotel del Coronado**, 1500 Orange Ave. Chinesische Arbeiter schufteten damals in Schichten rund um die Uhr, um der anvisierten, gesundheitsbewussten Hautevolee ein mondänes Domizil zu schaffen, das bis heute eine elitäre Zielgruppe anlockt. Ein Rundgang über das ausgedehnte Anwesen ist nicht uninteressant, und ein kleines Museum im Untergeschoss dokumentiert die Gesichte des „Del“ (Eintritt frei). Das wohl schillerndste und folgenreichste Ereignis dieser Chronik reicht ins Jahr 1920 zurück, als der englische Thronfolger und damalige Prince of Wales, Edward VIII., hier der in Coronado lebenden Hausfrau Wallis Warfield Simpson begegnete, die er später heiratete – und in Folge auf den britischen Thron verzichtete. Sehenswert ist auch die Tischdecke, die Marilyn Monroe und die anderen Darsteller aus *Manche mögen's heiß* signierten, als das Hotel die Kulisse für den 1958 gedrehten Film von Billy Wilder war. Draußen er-

Hotel del Coronado

streckt sich der Strand, an dem die Flirtszenen zwischen Marilyn Monroe und Tony Curtis entstanden. Mo–Sa um 11 und 13 Uhr sowie So um 15 Uhr finden einstündige Führungen durch das Hotel statt. Ausgangspunkt ist die Eingangshalle, Teilnahme $15.

Ein weniger grandioser Zeuge der Vergangenheit von Coronado ist das **Coronado Museum of History and Art**, 1100 Orange Ave, 💻 www.coronadohistory.org, das über die Pioniere, die den Ort gründeten, und einige frühe Seefahrer berichtet. 🕓 Mo–Fr 9–16, Sa 10–16, So 11–16 Uhr, Eintritt $4. Führungen zu den historischen und architektonisch bedeutenden Gebäuden im Ort Mi 14 und Fr 10.30 Uhr, $8.

Praktische Informationen zu Coronado und Umgebung gibt es im benachbarten *Coronado Visitor Center*, 📞 619/437-8788 oder 1-800/622-8300, 💻 www.coronadovisitorcenter.com, 🕓 Mo–Fr 9–17, Sa 10–17, So 11–17 Uhr.

Wenn man dem Silver Strand Boulevard südlich des *Hotel del Coronado* (Bus Nr. 901) folgt, findet man zahlreiche nette Plätzchen, an denen man sich ausstrecken kann – allerdings nur wenige Stände mit Erfrischungen –, besonders am **Silver Strand State Beach**, 🕓 tgl. von 8 Uhr bis Sonnenuntergang, Eintritt $6 pro Auto. Die Campingplätze sind nur für Wohnmobile zugelassen.

Am Ende des Silver Strand Boulevard liegt kurz vor der mexikanischen Grenze und eine halbe Stunde von Downtown San Diego entfernt das schlichte **Imperial Beach**, ein echter Gegensatz zum smarten Coronado. Es gibt hier aber einen netten Strand mit relativ wenig Betrieb, dessen Beschaulichkeit allerdings durch die Hubschrauber gestört wird, die die benachbarte Marinebasis anfliegen. Im Juli findet hier einer der größten Sandskulpturenwettbewerbe des Landes statt.

Der nahe **Border Field State Park**, 📞 619/575-3613, wo sich nach Ende des amerikanisch-mexikanischen Kriegs beide Länder 1848 auf eine internationale Grenze einigten, erstreckt sich bis zur Grenze und umfasst das reizvolle Mündungsgebiet des **Tijuana River**, eine vogelreiche Brackwasserzone, die Pelikanen, Enten und Zugvögeln einen Lebensraum bietet. 🕓 tgl. tagsüber.

Von Imperial Beach zurück nach San Diego geht es am schnellsten mit Bus Nr. 934 bis zum Trolley und dann weiter nach Norden durch das langweilige Chula Vista und National City.

Ocean Beach und Point Loma

Im 6 km nordwestlich von Downtown gelegenen **Ocean Beach** herrschten in den 60er Jahren die *Hell's Angels*. Heute ist es eine angenehme und entspannte Gegend am Meer, die über Jahrzehnte immer wieder ein begehrtes, wenngleich von wechselndem Erfolg gekröntes Spekulationsobjekt gewesen ist. Die einstöckigen Adobegebäude, in denen bis in die 80er Jahre Generationen von portugiesischen Fischerfamilien lebten, sind zwar fast allesamt protzigen Yuppie-Behausungen gewichen, ansonsten hat sich der Zerstörungswahn aber in Grenzen gehalten (zumindest im Zentrum). In einigen von der Zeit gezeichneten Straßen und Läden in Strandnähe kommt sogar so etwas wie nostalgischer Charme auf. Die beiden angesagten Gegenden sind die Newport Street, die vor allem Rucksacktouristen in ihre Snackbars, Surfbrettvermietungen und einige der besten Secondhand-Musikläden der Umgebung lockt, und die **Voltaire Street**, die ihrem Namen alle Ehre macht und eine Reihe freidenkerischer Geschäfte versammelt. Die hiesigen Wellen bieten oftmals beste Surfbedingungen, und der Strand selbst kann ebenfalls für Kurzweil sorgen – insbesondere an Wochenenden, wenn die einheimische Partyszene hier auf Touren kommt. Zu erreichen ab Downtown mit Bus Nr. 35 oder 923.

Von den spektakulären **Sunset Cliffs** südlich des Piers kann man wundervolle Sonnenuntergänge beobachten. Aber Vorsicht: Die Klippen bieten kaum Halt, und es sind schon mehr als nur ein paar Menschen nach einem feuchtfröhlichen Nachmittag am Strand abgestürzt.

Weiter südlich kommt man zur hügeligen, grünen Halbinsel **Point Loma**. Ein großer Teil von Point Loma gehört der US-Marine, weshalb die Gegend ihre Unberührtheit bewahrt hat, an vielen Stellen aber auch nicht zugänglich ist. Von Downtown nimmt man den Trolley zur Old Town und steigt dort in den Bus Nr. 26 um.

Am **Cabrillo National Monument** an der Südspitze landeten 1542 Juan Rodríguez Cabrillo und seine Mannschaft, die ersten Europäer in Kalifornien. Von hier reicht der Blick über Downtown und entlang der Küste bis nach Mexiko. ⏲ tgl. 9–17 Uhr, 7-Tages-Karte $5 pro Fahrzeug, $3 pro Fußgänger oder Radfahrer. 💻 www.nps.gov/cabr.

Nachdem man die Aussicht genossen hat, kann man entlang des Ufers das in den zahlreichen Gezeitentümpeln wimmelnde maritime Leben beobachten. Man gelangt zu ihnen auf dem deutlich ausgeschilderten **Nature Walk**, der in der Nähe des Cabrillo National Monument beginnt.

Im nahegelegenen Visitor Center (⏲ tgl. 9–17 Uhr; Eintritt frei) gibt es Informationen über die Geschichte und die am Point Loma lebenden Tiere. In der Nähe befindet sich auch das **Old Point Loma Lighthouse** (⏲ tgl. 9–17 Uhr; Eintritt frei). Schon bald nach der Fertigstellung des Leuchtturms musste man erkennen, dass der häufige Nebel das Leuchtfeuer hier zu sehr trübte, und errichtete einen neuen Leuchtturm an einer anderen Stelle.

Südwestlich des Leuchtturms kann man zwischen November und März von einer geschützten Aussichtsstation durch Fernrohre Grauwale beobachten, die aus dem nördlichen Eismeer an die Küste von Baja California ziehen.

Mission Bay und SeaWorld

Von Downtown nach Nordwesten in Richtung Küste fährt man durch eine öde Gegend – bei den Marinesoldaten wegen der Strip-Lokale und bei Touristen wegen der billigen Hotels beliebt – zur Mission Bay, deren Schwemmlandebene schnell in eine Landschaft aus künstlich angelegten Lagunen und grasbewachsenem Flachland übergeht, die normalerweise von Wassersportbegeisterten bevölkert wird. Von Ocean Beach führt der Weg dorthin auf dem Sunset Cliffs Boulevard über den San Diego River.

Mission Bay ist auch der Standort von San Diegos größter Touristenattraktion, **Sea World**. Für den Besuch, der sich in erster Linie für Kinder lohnt, sollte man einen ganzen Tag einplanen. Die perfekt organisierte Schau bietet ein Riesenangebot an Attraktionen und Vorführungen.

Die Palette reicht von den Orca-Shows in der Arena des *Shamu Adventure* (wobei man sich nicht in eine der ersten 14 Reihen setzen sollte, außer man möchte unbedingt klatschnass gespritzt werden) über das mit Muränen und Rochen bestückt *Forbidden Reef* und den simulierten arktischen Lebensraum *Wild Arctic,* der Walrosse, Belugas und Eisbären beherbergt, bis zum *Shark Encounter* betitelten Aquarium, in dem Besucher während eines Gangs durch einen unterirdischen Tunnel Haie sehen können.

Einige der neuesten Attraktionen des Parks tendieren leider in Richtung Achterbahn und Fahrgeschäfte, wie man sie in jedem x-beliebigen Vergnügungspark findet. Wer nur auf dergleichen aus ist, „fährt" damit besser in Disneyland. ⌚ Mitte Juni–Labor Day tgl. 9 Uhr bis Sonnenuntergang, sonst ab 10 Uhr; Eintritt $49,75, Kinder $39,75, Parkgebühren $7, 💻 www.seaworld.com. Anfahrt entweder per Auto auf dem Sea World Drive, abgehend vom I-5, oder mit Bus Nr. 9 von Downtown.

Mission Beach und Pacific Beach

Wer zur Schüchternheit neigt oder Hemmungen hat, sich käseweiß zu zeigen, dem wird der **Mission Beach**, welcher Mission Bay vom Pazifik trennt, ein Gräuel sein. Für andere sind es möglicherweise gerade die Strandschönheiten, die spärlich bedeckten Körper und die surfenden Athleten, wegen derer sie an die Westküste gekommen sind.

Im Sommer schieben sich die Autos auf dem Mission Boulevard, der einzigen Durchgangsstraße, Stoßstange an Stoßstange vorwärts. Unter solchen Umständen kommt man mit dem Rad oder auf Inline-Skates auf dem Ocean Front Walk viel schneller voran (Verleiher s.u., Sonstiges).

Nach einigen Anstrengungen ist es den lokalen Behörden weitgehend gelungen, das hedonistisch-ausschweifende, alkoholgeschwängerte Strandleben, das man so gerne mit Südkalifornien assoziiert, einzudämmen. In diesem Zusammenhang wurde die Wiederbelebung des lange vernachlässigten **Belmont Park**, 3146 Mission Blvd, 💻 www.belmontpark.com, am südlichen Ende des Ocean Front Walk genehmigt. Bereits 1925 wurden die beiden größten der heute offiziell zehn Attraktionen des Parks eröffnet: die Achterbahn, die zu den wenigen noch existierenden aus jenen Tagen zählt, sowie ein Meerwasserbecken, das zu den größten der Welt gehört und den berühmten Schwimmstars Johnny Weissmuller und Ester Williams als Filmkulisse diente. Zu ihnen haben sich in jüngerer Vergangenheit Bademodenboutiquen, ein Fitness-Center und Essensstände gesellt. ⌚ Mo–Do 11–22 Uhr, Fr–So 11–23 Uhr, Fahrten $2–4.

Folgt man dem Mission Boulevard nach Norden, gelangt man zum **Pacific Beach**, wo alles etwas ruhiger zugeht. Hier prägen teure, am Wasser gelegene Häuser mit gepflegten Rasenflächen das vornehme Ambiente. Dennoch kann man hier auch jede Menge Spaß haben – der Strand um **Crystal Pier** ist nicht übel, und die Garnet Avenue, die vom Pier landeinwärts führt, wird von guten Restaurants und Bars gesäumt. Für viele steht Pacific Beach allerdings synonym für Surfing vom Feinsten, dank eines der schönsten, eigens dafür ausgewiesenen Küstenabschnitte der Gegend. Eine Meile nördlich des Piers befindet sich der **Tourmaline Surfing Park**, La Jolla Blvd, Ecke Tourmaline St, an den unablässig gewaltige Wellen heranrollen und der für Schwimmer gesperrt ist. Wer kein Brett besitzt, findet am **Windansea Beach**, einige Meilen weiter nördlich, eine gute Alternative. Dort kann man nicht nur surfen, sondern auch schwimmen und Spaziergänge entlang der Küste unternehmen.

La Jolla

„Ein schöner Ort – für alte Menschen und ihre Eltern", so beschrieb Raymond Chandler den Ort, doch das hielt ihn nicht davon ab, selbst hierher zu ziehen. Sein früheres Haus liegt am Camino de la Costa Nr. 6005. Chandlers letzter Roman, *Playback*, spielt hier, wobei er den Ort im Roman „Esmeralda" nennt.

Seit Philip Marlowe seinen letzten Fall abschloss, hat sich in La Jolla freilich viel verändert. Der Zustrom von jungen, betuchten Leuten hat dazu beigetragen, dass der reiche Vorort heute weniger steif, dafür aber sehr viel einladender als noch in den 80er Jahren wirkt.

Der zentrale Bereich um Prospect Street und Girard Avenue ist von schicken Kunstgalerien und ebenso schicken Restaurants gesäumt – ein recht teures Pflaster, dessen reizvolle (wenn auch künstliche) Eleganz einen Abstecher wert ist. Es umfasst u.a. solche Gebäude wie das reich verzierte, pinkfarbene **La Valencia Hotel**, 1132 Prospect St, das in den 30er und 40er Jahren ein bevorzugtes Quartier der Elite Hollywoods war.

Einen Besuch lohnt das **Museum of Contemporary Art**, 700 Prospect St, 💻 www.mcasandiego.org. Die umfangreiche, ständig neu arrangierte Sammlung umfasst moderne Kunst seit 1955 mit Exponaten des Minimalismus, der Pop Art und diverser kalifornischer Schulen und zeigt interessante Sonderausstellungen. ⌚ tgl. 11–17, Do bis 19 Uhr, Eintritt $6, jeden dritten Di im Monat Eintritt frei.

Das Gebäude war früher das Haus von Ellen Scripps, deren unermesslicher Reichtum während der ersten Hälfte des 20. Jhs. La Jolla sehr zugute kam. Der Name Scripps ist folglich überall im Ort zu finden, so auch als Bezeichnung für den geschmackvollen **Ellen Scripps Browning Park** auf der Seeseite des Museums.

Die angrenzende Bucht **La Jolla Cove** steht zu einem großen Teil unter Naturschutz. Es gibt hier viele Seehunde und Seelöwen, Pelikane und Kormorane, und das klare Wasser ist ideal zum Schnorcheln.

Ausführlich über das Erbe und die lohnenden Sehenswürdigkeiten des Orts informiert die *La Jolla Historical Society,* 7846 Eads Ave, 💻 www.lajolla.org/hist_soc. ⌚ Di und Do 12–16 Uhr.

Über die Torrey Pines Road und den La Jolla Shores Drive erreicht man das **Stephen Birch Aquarium and Museum**, Teil des Scripps Institute of Oceanography, 💻 www.aquarium.ucsd.edu. Es erlaubt interessante Einblicke in die Unterwasserwelt und informiert über Ökologie und die Forschungsarbeiten des Instituts, eine wesentlich erbaulichere Erfahrung als ein Besuch bei SeaWorld, und dazu auch noch viel billiger. ⌚ tgl. 9–17 Uhr, Eintritt $10, Parkgebühr $6,50.

Auf einem Hügel oberhalb des Museums und ebenfalls von der Torrey Pines Road aus erreichbar, liegt der riesige Campus der University of California at San Diego (**UCSD**). Erwähnenswert ist die auf dem Gelände verteilte **Stuart Collection of Sculpture**, die auch Werke von Bruce Nauman, William Wegman, Nam June Paik und Jenny Holzer umfasst. Niki de Saint Phalles *Sonnengott* heißt die Besucher am Parkplatz willkommen. Um den Rest der Skulpturen zu finden, sollte man sich eine Broschüre beim Büro im Visual Arts Building oder einem der beiden Informationsstände auf dem Campus besorgen; Weiteres unter ✆ 858/534-2117, 💻 www.stuartcollection.ucsd.edu.

Der Campus ist mit den Bussen Nr. 34 oder Nr. 30 ab Downtown zu erreichen, deren Endhaltestellen sich an einem Einkaufszentrum etwa 1–2 Meilen vor dem Campus befinden.

Torrey Pines State Preserve

Vom Campus kommend, trifft der La Jolla Shores Drive auf die North Torrey Pines Rd. Eine Meile nördlich der Kreuzung zweigt linker Hand der Torrey Pines Scenic Drive ab, der über einen steilen Pfad den einzigen Zugang zum Torrey Pines City Beach Park (fast immer **Blacks Beach**) darstellt. Der Strand gilt als eine der besten Adressen für Surfer in Südkalifornien und ist der Nacktbade- und Schwulenstrand der Region. Er befindet sich im südlichen Teils der **Torrey Pines State Preserve,** 💻 www.torreypine.org, ⌚ tgl. 8 Uhr bis Sonnenuntergang, Parkgebühr $6, bester Zugang ein paar Meilen weiter nördlich, in dem die seltenste Pinienart des Landes geschützt ist: Die Torrey-Kiefer kommt nur noch an einer anderen Stelle Nordamerikas vor. Am besten kann man diese Bäume vom Guy Fleming Trail aus sehen, ein Rundweg von ca. 1 km, der neben dem Parkplatz am Strand beginnt.

Das kleine **Museum** und Interpretive Center bietet eine Fülle von Informationen über die Torrey Pines, ⌚ tgl. 9–17 Uhr, Eintritt frei, Naturführungen Sa und So um 10 und 14 Uhr.

Der landschaftlich weniger spektakuläre, kurze **Beach Trail** führt vom Interpretive Center hinunter nach Flat Rock und zu einem beliebten Strand. Hinter dem Naturschutzgebiet liegt Del Mar, das bereits zum North County gehört (s.S. 114).

Übernachtung

Hotels und **Motels** gibt es in San Diego wie Sand am Meer, und auch B&Bs sind in ausreichender Anzahl vorhanden – nur wer zelten will, wird wohl nicht auf seine Kosten kommen, da es nur ein paar ungünstig gelegene und relativ teure **Campingplätze** gibt. Die zahlreichen kleinen Motels in Strandnähe sind jedoch kaum teurer. In der Nähe der Old Town findet man eine weitere Ansammlung von Motels, die o.k. sind, wenn man mit dem Auto unterwegs ist oder nur für eine Nacht bleibt. Außerdem gibt es Motels entlang der Ausfallstraßen.

Bed and Breakfast ist als Unterkunft beliebt, vor allem in Hillcrest. Informationen im *Visitor Information Center* (s.S. 110), oder im *Bed & Breakfast Directory for San Diego,* PO Box 3292, San Diego, CA 92163, ✆ 619/297-3130, 💻 www.

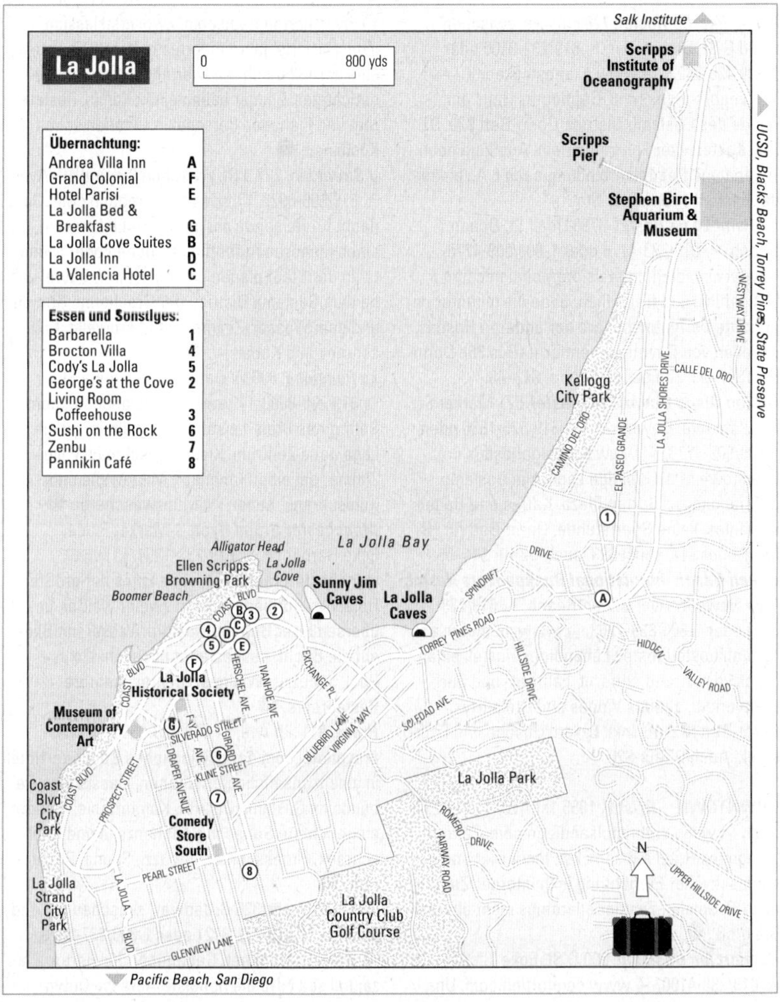

sandiegobandb.com. Besonders im Sommer empfiehlt es sich, im Voraus zu buchen. Während dieser Zeit ziehen die Preise drastisch an. Das *Visitor Information Center* verfügt über eine Vielzahl von Prospekten mit Übernachtungsmöglichkeiten, die oftmals auch Ermäßigungscoupons beinhalten, und nimmt Reservierungen vor. Übernachtungen für Schwule und Lesben siehe weiter unten.

HOSTELS – ***Banana Bungalow,*** 707 Reed Ave, Pacific Beach, ✆ 858/273-3060 oder 1-800/5-HOSTEL, 💻 www.bananabungalow.com. Kleine, nicht besonders ansprechende Zimmer, aber dies wird wettgemacht durch lebendige Atmosphäre, Partys, Strandlage und Volleyball. Es gibt eine Gemeinschaftsküche und Internet-Zugang. Frühstücksbüffet inkl. Dorm-Bett $18–20, Zimmer $49. Vom Mission Boulevard bei Nr. 4250 abbiegen (Bus 34).

Grand Pacific Hostel, 726 5th Ave, zwischen F und G St, Downtown, ✆ 619/232-3100 oder 1-800/438-8622, 🖳 www.usahostels.com/sandiego/s-index.html. Gepflegtes Haus am Rande des Gaslamp District. Dorm-Bett $20, DZ $48. Kostenloser Fahrradverleih, Ausflüge nach Tijuana und Pendelverbindung nach L.A.; eines der besten Hostels der Stadt.

HI-Point Loma Hostel, 3790 Udall St, Ocean Beach, ✆ 619/223-4778 oder 1-800/909-4776, 🖳 www.sandiegohostels.org/pointloma.htm. Gut geführt und freundlich, ohne die mitunter penetrante Partyatmosphäre der anderen Hostels. 6 Meilen von Downtown entfernt (Bus 35). Dorm-Bett $17–20, Zimmer ab 3 Pers. $42–48.

HI-San Diego Downtown Hostel, 521 Market St, Ecke 5th Ave, Downtown, ✆ 619/525-1530 oder 1-800/909-4776, 🖳 www.sandiegohostels.org/downtown.htm. Günstige Lage zum Gaslamp District und zur Horton Plaza. Kaffee und Bagels kostenlos, keine Sperrstunde. Dorm-Bett für HI-Mitglieder $17, sonst $23, auch DZ für $44–55.

Ocean Beach International Backpackers Hostel, 4961 Newport Ave, Ocean Beach, ✆ 619/223-7873 oder 1-800/339-7263, 🖳 www.members.aol.com/obihostel/hostel. Lebendiges Hostel, einen Block vom Strand entfernt. Fahrrad- und Surfbrettverleih, abends Videos und Grillpartys. Dorm-Bett $12–16, inkl. Laken, Dusche und Frühstück. Auch DZ für $20.

DOWNTOWN – ***Bristol,*** 1055 1st Ave, ✆ 619/232-6141, 🖳 www.thebristolsandiego.com. Zentral gelegenes Hotel mit schicker, moderner und geschmackvoller Einrichtung inkl. Internet-Zugang und CD-Spieler, Zimmer allerdings nicht übermäßig groß. ❻

Comfort Inn Gaslamp, 600 G St, Ecke 7th Ave, ✆ 619/238-4100, 🖳 www.comfortinn.com. Unspektakuläre, aber zweckdienliche und relativ preiswerte Unterkunft im beliebten Gaslamp District, mit Kabel-TV, Mikrowelle und Minibar. ❻

Courtyard San Diego, 530 Broadway, ✆ 619/446-3000, 🖳 www.marriott.com. Ehemalige Bank der 20er Jahre im Stil der Neo-Renaissance, aufwendig restauriert und zu einem noblen, stilvoll eingerichteten Hotel umgebaut. ❼

Horton Grand, 311 Island Ave, Ecke 3rd Ave, ✆ 619/544-1886 oder 1-800/542-1886, 🖳 www.hortongrand.com. Zwei erstklassige, modernisierte, jahrhundertealte Hotels. Die meisten der 132 frisch renovierten, nostalgisch eingerichteten Zimmer haben einen Kamin. Restaurant und Pianobar. Personal in viktorianischen Kostümen. ❼

J Street Inn, 222 J St, zwischen 3rd und 4th Ave, ✆ 619/696-6922, 🖳 www.thejstreetinn.com. Gedacht für Reisende mit geringem Einkommen, die einen längeren Aufenthalt (Wochen oder Monate) in der Stadt planen und ein kleines Juwel nahe dem Gaslamp District, der Greyhound Station und dem Wasser. Zimmer mit Mikrowelle, Kühlschrank und Kabel-TV. ❹

La Pensione, 606 W Date St, Ecke India St, ✆ 619/236-8000, 🖳 www.lapensionehotel.com. Sehr gutes Preis-Leistungs-Verhältnis, ruhige Lage nahe Zentrum. Kleine, geschmackvolle Zimmer um einen Innenhof; Mikrowelle und Kühlschrank, Kabel-TV. Münzwäscherei. ❸

Manchester Grand Hyatt, 1 Market Place, Ecke Harbor Dr, ✆ 619/232-1234, 🖳 www.manchestergrand.hyatt.com. Eines der größten Hotels Kaliforniens in Form zweier weißer, unübersehbarer Bettentürme am Wasser mit Blick auf die Bucht, ausgestattet mit allem Luxus – Pool, Jacuzzis, Wellness-Center, mehrere Restaurants. ❽

Prava, 911 5th Ave, ✆ 619/233-3300, 🖳 www.pravahotel.com. Erschwingliches Boutique-Hotel in einem ansehnlich erhaltenen, klassischen Gebäude im Gaslamp District. Komfortable, modern eingerichtete Suiten mit Küchenzeile und Kühlschrank. Fitnesscenter, Jacuzzi, Sauna, Restaurant. ❻

The U.S. Grant, 326 Broadway, zwischen 3rd und 4th Ave, ✆ 619/232-3121 oder 1-800/237-5029, 🖳 www.usgrant.net. Gegenüber der Horton Plaza und seit 1910 die nobelste Adresse Downtowns, frisch renoviert, neoklassizistischer Prunk mit Kronleuchtern, Marmorfußböden und eleganten, aber gemütlichen Zimmern sowie geräumigen Suiten. ❽

Wyndham Emerald Plaza, 400 Broadway, ✆ 619/239-4500, 🖳 www.wyndham.com. Luxuriöses, auf Geschäftsreisende zugeschnittenes Hochhaushotel, verteilt auf mehrere grün beleuchtete Türme, mit Swimming Pool, Jacuzzi sowie Fitnessraum. ❽

HILLCREST, BALBOA PARK UND OLD TOWN – Weitere Unterkünfte in Hillcrest im Abschnitt Schwule und Lesben, s.S. 108/109.

Balboa Park Inn, 3402 Park Blvd, Hillcrest, ✆ 619/298-0823 oder 1-800/938-8181, 🖳 www.balboaparkinn.com. Elegantes, auf ein schwules Publikum ausgerichtetes B&B; bietet 26 nach Themen dekorierte Suiten mit Kaffeemaschine und kleinem Kühlschrank. Der Balboa Park und die Museen lassen sich von hier bequem zu Fuß erreichen. ❺–❼

Embassy Hotel, 3645 Park Blvd, Balboa Park, ✆ 619/296-3141. Nicht unbedingt ein Schmuckstück, aber preiswert, unweit des Balboa Park und mit allen Annehmlichkeiten ausgestattet, TV mit Videoprogramm, kostenlose Ortsgespräche. Restaurant. Einige Zimmer mit Küchenzeile. ❷

Heritage Park B&B, 2470 Heritage Park Row, Old Town, ✆ 619/299-6832 oder 1-800/995-2470, 🖳 www.heritageparkinn.com. Restaurierte, mit viktorianischem Schnickschnack voll gestopfte Villa im Heritage Park; inkl. Frühstück und Nachmittagstee, jeden Abend außerdem ein Filmklassiker. Eine kleine Unit für $125, sonst ❼–❾

Old Town Inn, 4444 Pacific Hwy, Old Town, ✆ 1-800/643-3025, 🖳 www.oldtown-inn.com. Praktische Lage nur ein paar Schritte vom belebten Zentrum der Old Town entfernt, einfache, saubere Zimmer. Frühstück inkl. ❹

Sommerset Suites, 606 Washington St, Hillcrest, ✆ 619/692-5200 oder 1-800/962-9665, 🖳 www.sommersetsuites.com. 80 gut ausgestattete Suiten mit Küchenzeile und Internet-Zugang. Pool, Jacuzzi, Frühstück inkl. Zentrale Lage. ❺

Studio 819, 819 University Ave, Hillcrest, ✆ 619/542-0819, 🖳 www.studio819.com. Durchschnittliche, aber sichere und preiswerte Unterkunft primär für längere Aufenthalte im lebendigen Herzen von Hillcrest, nahe dem Freeway. Zimmer mit Mikrowelle, Kühlschrank und Kochgelegenheit. Wochenmieten schon ab $345. ❷

CORONADO UND OCEAN BEACH – ***Ebb Tide Motel,*** 5082 W Point Loma Blvd, Ocean Beach, ✆ 619/224-9339. In Strandnähe, annehmbare, saubere Zimmer mit Küchenzeile und Kabel-TV. ❹

El Cordova, 1351 Orange Ave, Coronado, ✆ 619/435-4131 oder 1-800/229-2032, 🖳 www.elcordovahotel.com. Bestes Preis-Leistungs-Verhältnis in Coronado, die billigeren Units min. 6 Monate im Voraus reservieren. Gebäude im spanischen Kolonialstil von 1902 inmitten hübscher Gärten. Pool, einige Zimmer mit Küchenzeile. Die Unterkunftskategorien reichen von schlichten Units ohne Klimaanlage bis zu eleganten Suiten für $750. ❺–❾

El Rancho, 370 Orange Ave, Coronado, ✆ 619/435-2251, 🖳 www.geocities.com/ranchomot. Winziges, aber gemütliches Motel, preislich kaum zu schlagen. Zimmer mit Mikrowelle und Kühlschrank, Jacuzzi. ❹

Glorietta Bay Inn, 1630 Glorietta Blvd, Coronado, ✆ 619/435-3101, 🖳 www.gloriettabayinn.com. Imposante, 1908 im edwardianischen Stil errichtete Villa, deren Räumlichkeiten in noble, moderne Zimmer und Suiten umgewandelt wurden, alle mit Internet-Zugang und inkl. Frühstück, z.T. mit Küchenzeile und Balkon. Stilvoll bis ins Detail. ❼

Hotel del Coronado, 1500 Orange Ave, Coronado, ✆ 619/522-8000 oder 1-800/468-3533, 🖳 www.hoteldel.com. Verwöhnt wohlhabende Gäste seit über 100 Jahren und ist nach wie vor die wichtigste Sehenswürdigkeit der Gegend (s.o.). ❽

Loma Lodge, 3202 Rosecrans St, Ocean Beach, ✆ 619/222-0511 oder 1-800/266-0511, 🖳 www.lomalodge.com. Gehört zu den preiswertesten Motels des Bezirks, mit Pool, Frühstück inkl.; liegt zwar nicht in Strandnähe, eignet sich aber gut zum Erforschen der Halbinsel. ❸

Ocean Villa Motel, 5142 W Point Loma Blvd, Ocean Beach, ✆ 619/224-3481 oder 1-800/759-0012. Günstig am Sandstrand gelegen, die Zimmer mit Meeresblick haben eine Küchenzeile, Kühlschrank und Mikrowelle. Swimming Pool. ❺

Villa Capri by the Sea, 1417 Orange Ave, Coronado, ✆ 1-800/231-3954, 🖳 www.villacapribythesea.com. Zentral am Strand gelegenes, klassisches Gebäude mit Pool aus den 50er Jahren, das auf den ersten Blick wie ein altmodisches Motel wirkt, in seinen 14 Suiten mit Küchenzeile, Internet-Zugang und Video aber durchaus Modernes bietet. ❻

MISSION BEACH UND PACIFIC BEACH – ***Bahia Resort,*** 998 W Mission Bay Drive, Mission

Beach, ✆ 858/488-0551 oder 1-800/576-4229, 💻 www.bahiahotel.com. Ausgedehnte Anlage mit hübschen Zimmern, Restaurant, Pool, Jacuzzi, Tennisplätzen und Strand in unmittelbarer Nähe. ❻

Beach Cottages, 4255 Ocean Blvd, Mission Beach, ✆ 858/483-7440, 💻 www.beachcottages.com. Nahe dem Strand, drei Blocks südlich vom Pier; für entspanntes Sonnenbaden. Verschiedene Arten von Unterkünften, von Motel und Studio Units bis Cottages und Ferienwohnungen. Alle mit Kühlschrank, die meisten mit Küchenzeile. ❺–❽

Beach Haven Inn, 4740 Mission Blvd, Pacific Beach, ✆ 858/272-3812 oder 1-800/831-6323, 💻 www.beachhaveninn.com. Gepflegtes und geschmackvolles Motel; beheizter Pool; Frühstück inkl. ❹

Catamaran Resort, 3999 Mission Blvd, Pacific Beach, ✆ 1-800/422-8386, 💻 www.catamaranresort.com. Luxuriöse Unterkünfte, die von Zimmern mit Gartenblick bis zu eleganten, der Bucht zugewandten Suiten reichen. Zu den Annehmlichkeiten zählen u.a. Restaurant, Bar, Jacuzzi, Wassersportmöglichkeiten und Volleyballfeld. ❼–❾

Crystal Pier, 4500 Ocean Blvd, Pacific Beach, ✆ 858/483-6983 oder 1-800/748-5894, 💻 www.crystalpier.com. Direkt am Pier von Pacific Beach, malerische und luxuriöse Cottages aus den 20er Jahren mit eigenen Sonnenterrassen und zumeist auch Küchenzeilen. ❼

Ocean Park Inn, 710 Grand Ave, Pacific Beach, ✆ 858/438-5858, 💻 www.oceanparkinn.com. Zuverlässige Wahl am Strand mit Internet-Zugang, Mikrowelle, Kühlschrank und kostenlosem Frühstück, außerdem Pool und Jacuzzi. Für den Preis nicht übermäßig luxuriös, aber zentral gelegen. ❼

Pacific Terrace, 610 Diamond St, Pacific Beach, ✆ 858/581-3500, 💻 www.pacificterrace.com. Hinreißende Strandunterkunft, Zimmer mit Küchenzeile, Internet-Zugang und Balkon zum Meer sowie luxuriöse Suiten. ❽

Santa Clara Motel, 839 Santa Clara Place, Mission Beach, ✆ 858/488-1193. Schlichte, aber annehmbare Zimmer mit Küchenzeile, nahe dem Strand, eine halbe Meile nördlich von Belmont Park. ❸

Surf & Sand Motel, 4666 Mission Blvd, Pacific Beach, ✆ 858/483-7420. Sauberes, gemütliches Motel in Strandnähe; Swimming Pool. Zimmer mit Kabel-TV, Mini-Kühlschrank oder Küchenzeile. ❻

Western Shores Motel, 4345 Mission Bay Drive, Mission Beach, ✆ 858/273-1121. Sehr schlichtes, aber sauberes Motel ca. 2 Meilen vom Meer entfernt. ❸

LA JOLLA – ***Andrea Villa Inn***, 2402 Torrey Pines Rd, ✆ 1-800/411-2141, 💻 www.andreavilla.com. Erschwingliche Unterkunft mit Pool und Jacuzzi in nobler Umgebung. Die mit Küchenzeile ausgestatteten Zimmer sind zwar schlicht, wofür aber die günstige Lage zu den Sehenswürdigkeiten der Gegend entschädigt. ❺

Grand Colonial, 910 Prospect St, ✆ 1-800/826-1278 oder 858/454-2181, 💻 www.thegrandecolonial.com. Ein Wahrzeichen aus den 20er Jahren mitten in La Jolla, nahe der Bucht; viktorianisch angehauchte, gemütliche Zimmer und Suiten. Günstige Pauschalangebote, besonders im Winter. ❼

Hotel Parisi, 1111 Prospect St, ✆ 1-877/4-PARISI, 💻 www.hotelparisi.com. Teures Boutiquehotel mit New-Age-Flair. An Feng-Shui-Prinzipien orientiertes Design; Zimmer mit Balkon, CD- und Videogerät; einige mit Meerblick. Wer sich bei all dem Luxus noch immer nicht entspannen kann, wende sich an den Hotelpsychiater. ❾

La Jolla Bed & Breakfast, 7753 Draper Ave, ✆ 858/456-2066 oder 1-800/582-2466, 💻 www.innlajolla.com. Das 1913 von Irving Gill entworfene Haus umfasst 15 nach Themen eingerichtete Zimmer – ganz oben das Irving Gill Penthouse. Idyllische Gartenanlage, ausgezeichneter Service und die Nähe zum Strand sowie zum Museum of Contemporary Art lassen kaum noch einen Urlaubstraum offen. ❼

La Jolla Cove Suites, 1155 Coast Blvd, ✆ 858/459-2621 oder 1-888/LA-JOLLA, 💻 www.lajollacove.com. Zimmer mit Küchenzeile und Suiten am Meer, z.T. mit großen Balkonen. Jacuzzi, Pool. Frühstück inkl. ❽

La Jolla Inn, 1110 Prospect St, ✆ 858/454-0133 oder 1-888/855-STAY, 💻 www.lajollainn.com. Zauberhafte Lodge in europäischem Stil, für die Gegend preiswert, Zimmer mit Kühlschrank und

Balkon. Meerblick. Frühstück und Nachmittagstee inkl. ❻

La Valencia, 1132 Prospect St, ✆ 858/454-0771 oder 1-800/451-0772, 💻 www.lavalencia.com. In den 20er Jahren vergnügten sich die Hollywood-Stars hinter den pinkfarbenen Mauern dieses Hotels; heute kaum minder glamourös und immer noch stinkvornehm. Geschmackvoll eingerichtet, mit Pool, Jacuzzi und Fitnesscenter. Herrlicher Meerblick. ❽

CAMPING – Nur zwei der sechs Campingplätze der Stadt akzeptieren auch Kurzzeitcamper mit Zelt. Der besser gelegene heißt ***Campland on the Bay,*** 2211 Pacific Beach Drive, ✆ 858/581-4200 oder 1-800/4BAY FUN, 💻 www.campland.com, und ist ab Downtown mit dem Bus Nr. 30 zu erreichen; diverse Swimming Pools, Jacuzzis, Aktivangebote, Jachthafen und ein Laden; einfacher Stellplatz $35–51, „Super Sites" mit allen möglichen Extras kosten $115–242.

Ruhiger ist es am ***San Elijo State Beach,*** Rte 21, südlich von Cardiff-by-the-Sea, Informationen ✆ 760/753-5091, Reservierungen ✆ 1-800/444-7275, 💻 www.reserveamerica.com. Gelegenheit zum Wandern, Schwimmen und Angeln. Stellplätze $11–25.

Essen

Überall in San Diego findet man ohne große Schwierigkeiten gute und preiswerte Lokale, vom Coffeeshop alten Stils bis hin zum gepflegten ethnischen Restaurant, und natürlich jede Menge mexikanische Lokale aller Preisklassen, vor allem in Old Town.

Im Gaslamp District, wo sich die meisten um Touristen buhlenden Restaurants und Bars befinden, geht es am Freitag- und Samstagabend hoch her. Little Italy, am nördlichen Rand von Downtown, bietet eine Hand voll akzeptabler Restaurants, aber das Viertel ist noch zu winzig, um eine ernsthafte Konkurrenz zum Künstlerviertel Hillcrest darzustellen, der angenehmsten Gegend zum Ausgehen und Essengehen.

DOWNTOWN UND LITTLE ITALY – ***Alambres,*** 756 5th Ave, Downtown, ✆ 619/233-2838. Günstiges mexikanisches Essen und lockere Atmosphäre. Das Restaurant ist bekannt für seine *Alambres*, dicke Tortillas, die mit Zutaten nach Wahl gefüllt werden. Das beliebte Motto des Lokals lautet „Speed Lunch" – wenn das Mittagessen nicht innerhalb von 10 Minuten serviert wird, ist es kostenlos.

Anthony's Fish Grotto, 1360 Harbor Drive, Downtown, ✆ 619/232-5104. Fish & Chips und andere fischige Leckereien sind der Renner dieses alteingesessenen Lokals an der Bucht mit mehreren Filialen. 🕒 mittags und abends.

Bandar, 825 4th Ave, Downtown, ✆ 619/238-0101. Schmackhafte persische Küche, die neben Standardgerichten wie Lamm-Kebap und gefüllten Weinblättern auch fantasievollere Speisen wie Reis mit Schwarzkirschen bietet.

Bella Luna, 748 5th Ave, Downtown, ✆ 619/239-3222. Romantisches, etwas kitschiges Bistro, das ausgezeichnete Speisen aus verschiedenen Regionen Italiens zu mittleren Preisen serviert.

Café 222, 222 Island Ave, Ecke 2nd Ave, Downtown, ✆ 619/236-9902. Bestes Frühstück der Stadt, Mittagessen und fantasievolle Sandwiches und Burger zu annehmbaren Preisen. 🕒 tgl. 7–13.45 Uhr, keine Kreditkarten.

Caffè Italia, 1704 India St, Little Italy, ✆ 619/234-6767. Sandwiches, Salate und leckere Desserts in gepflegten Räumlichkeiten oder im Freien. Die belgische Waffelbar am Sonntag sollte man sich nicht entgehen lassen.

Candelas, 416 3rd Ave, Downtown, ✆ 619/702-4455. Im Gaslamp District. Gehobener wie teurer Mexikaner, bietet u.a. fantasievolle, leckere Kombinationen von Seafood und Fleisch – die California Cuisine lässt grüßen.

The Cheese Shop, 627 4th Ave, Downtown, ✆ 619/232-2303. Bei den üppigen Deli Sandwiches hat man die Auswahl zwischen verschiedenen Fleischfüllungen; empfehlenswert ist u.a. das Roastbeef. Auch gutes, sättigendes Frühstück.

Chive, 558 4th Ave, Downtown, ✆ 619/232-4483. Schickes und angesagtes Lokal, das einfallsreich zusammengestellte Speisen zu teilweise überzogenen Preisen serviert, u.a. Curry-Schweineschnitzel und Tofu-Falafel.

Croce's, 802 5th Ave, Downtown, ✆ 619/233-4355. Im Gaslamp District. Teuer, aber eine hervorragende Auswahl an Pasta, Salaten und Desserts; der sonntägliche Jazz-Brunch ist sehr beliebt.

de' Medici, 815 5th Ave, Downtown, ✆ 619/702-7228. Anspruchsvolle und ausgezeichnete italienische Speisen in europäisiertem, von eleganter Klientel geschätztem Ambiente.

Dobson's, 956 Broadway Circle, Downtown, ✆ 619/231-6771. Das gehobene Restaurant in einem alten, zweigeschossigen Gebäude wird gern von „wichtigen" Geschäftsleuten in Anzug und Schlips aufgesucht und serviert europäisch beeinflusste Küche.

Filippi's Pizza Grotto, 1747 India St, Little Italy, ✆ 619/232-5094. Pasta und dicke Pizzas in einem kleinen Raum, der zu einem italienischen Lebensmittelgeschäft gehört. Schlicht und gut.

Grand Central Café, 500 Broadway, Downtown, ✆ 619/234-2233. Das gemütliche Café bietet billiges, magenfüllendes Essen, überwiegend dicke Sandwiches und Burger, Frühstück nur sonntags.

Olé Madrid, 755 5th Ave, Downtown, ✆ 619/557-0146. Angenehmes spanisches Restaurant der mittleren Preislage mit einer großen Auswahl an Tapas. Unter der Woche Flamenco-Tänzer, am Wochenende verwandelt sich das Restaurant nach dem Abendessen in einen angesagten Club mit Funk und Dancefloor (s.u., Unterhaltung). Mo geschlossen.

Rei Do Gado, 939 4th Ave, Downtown, ✆ 619/702-8464. Brasilianisches Grillrestaurant mit großem Büffet. Die Gäste wählen aus verschiedenen Fleischspießen, die sie zuvor in Augenschein genommen haben.

Sammy's Woodfired Pizza, 770 4th Ave, an der Horton Plaza, Downtown, ✆ 619/230-8888. Erschwingliche kalifornische Küche in mediterraner Atmosphäre, vor allem Pizza, Pasta, Salate und Seafood, als Dessert üppige Eisbecher.

Taka, 555 5th Ave, Downtown, ✆ 619/338-0555. Gute Sushi sowie warme und kalte Hauptgerichte, auch Sashimi und Nudeln, in angesagtem, modernem Ambiente.

HILLCREST UND OLD TOWN – ***Berta's***, 3928 Twiggs St, Old Town, ✆ 619/295-2343. Abseits der vielen von Touristen überschwemmten mexikanischen Restaurants, preiswerte und authentische Speisen aus ganz Lateinamerika.

Café Pacifica, 2414 San Diego Ave, Old Town, ✆ 619/291-6666. Etwas teure aber schmackhafte Mischung aus kalifornischer Küche und Fisch oder Fleisch. Gute, umfangreiche Weinkarte.

Casa de Bandini, 2600 Calhoun St, Old Town, ✆ 619/297-8211. Immer brechend voll; kein Wunder bei den köstlichen gemischten Platten, den starken Margaritas und den wundervollen (oder – je nach Geschmack – auch nervtötenden) Mariachi-Musikern.

Casa Guadalajara, 4105 Taylor St, Old Town, ✆ 619/295-5111. Üppige mexikanische Gerichte zu gemäßigten Preisen, darunter eine große Auswahl an gemischten Tellern. Am Wochenende bis 1.30 Uhr geöffnet.

Celadon, 540 University Ave, Hillcrest, ✆ 619/297-8424. Leckere, teils traditionelle, teils innovative thailändische Küche.

Chilango's Mexico City Grill, 142 University Ave, Hillcrest, ✆ 619/294-8646. Das winzig kleine Lokal bietet hervorragende Mexiko-Küche unter $10. Abends brechend voll.

City Delicatessen, 535 University Ave, Hillcrest, ✆ 619/295-2747. Diner mit riesiger Auswahl und ebenso große Portionen, lange Öffnungszeiten (am Wochenende bis 2 Uhr).

Crest Café, 425 Robinson Ave, Hillcrest, ✆ 619/295-2510. Das ungepflegte Äußere täuscht – hier bekommt man solide, preiswerte amerikanische Kost. Die Salate, Burger, Pfannkuchen und Desserts erfreuen Gaumen und Magen. ⌚ 7–24 Uhr.

Ichiban, 1449 University Ave, Hillcrest, ✆ 619/299-7203. Beliebtes japanisches Restaurant in zurückhaltendem Ambiente. Leckere Sushi, Suppen und Bentos sowie äußerst preisgünstige gemischte Platten. Filiale in Pacific Beach, 1441 Garnet Ave, ✆ 858/270-5755.

Jack and Giulio's, 2391 San Diego Ave, Old Town, ✆ 619/294-2074. Italienisches Restaurant, mit dem man nicht unbedingt in diesem Teil der Stadt rechnet. Preiswerte Lasagne und Gnocchi sowie hervorragende Scampi und ausgezeichnetes Kalbfleisch.

La Piñata, 2836 Juan St, Old Town, ✆ 619/297-1631. Bezahlbare mexikanische Gerichte, allerdings nichts für Gesundheitsfanatiker, außerdem günstige Margaritas.

Old Town Mexican Café, 2489 San Diego Ave, Old Town, ✆ 619/297-4330. Lebendiges mexikani-

sches Lokal, außer zum Frühstück meist sehr voll.
Pizza Nova, 3955 5th Ave, Hillcrest, ✆ 619/296-6682. Pizzas „California Style" mit verschiedenen schmackhaften Belägen. Bei Einheimischen wie Touristen beliebt. Filiale in Solana Beach, ✆ 858/259-0666, und Point Loma, ✆ 619/226-0268.
Taste of Thai, 527 University Ave, Hillcrest, ✆ 619/291-7525. Fantastisches, nicht überteuertes Thai-Restaurant im Herzen von Hillcrest; an Wochenenden muss mit Wartezeiten gerechnet werden.

CORONADO, OCEAN BEACH UND POINT LOMA – ***Chez Loma,*** 1132 Loma Ave, Coronado, ✆ 619/435-0661. Französische Küche: viele „klassische" Gerichte, aber auch einige von der Nouvelle Cuisine beeinflusste – alles ausgesprochen lecker, wenn auch nicht billig.
Eatopia, 5001 Newport Ave, Ocean Beach, ✆ 619/224-3237. Kleines veganisches Lokal mit jeder Menge Rohkost und Säften.
Humphrey's by the Bay, 2241 Shelter Island Drive, Point Loma, ✆ 619/224-3577. Vielseitige California Cuisine, viele Seafood-Platten. Hervorragende Aussicht auf die Bucht. Am Wochenende Live-Musik und DJs; gespielt wird Jazz, Rock, Funk, Dance.
Mexican Village, 120 Orange Ave, Coronado, ✆ 619/435-1822. Mexikanisches, seit 50 Jahren existierender Diner in der Größe eines Ballsaals. Gute Margaritas und preiswertes, annehmbares Essen; im Hintergrund schwungvolle Musik.
Miguel's Cocina, 1351 Orange Ave, Coronado, ✆ 619/437-4237. Hervorragende Fisch-Tacos, Hummer-Burritos, *huevos rancheros* und eine große Auswahl an anderen mexikanischen Köstlichkeiten.
Old Venice, 2910 Canon Ave, Point Loma, ✆ 619/222-5888. Anspruchsvolles Ambiente bei moderaten Preisen. Leckere Pizza, Pasta, Seafood und Salato.
Point Loma Seafoods, 2805 Emerson St, ✆ 619/223-1109. Über den verdientermaßen beliebten Tresen wandert der frischeste Fisch San Diegos, auch die Crabcake Sandwiches sind von ähnlichem Standard. An Wochenenden ist in der Umgebung kaum ein Parkplatz zu finden.
Primavera, 932 Orange Ave, Coronado, ✆ 619/435-0454. Feine wie anspruchsvolle italienische Küche, die zu den besten der Gegend zählt.
Ranchos Cocina, 1830-H Sunset Cliffs Blvd, Ocean Beach, ✆ 619/226-7619. Gesundheitsorientiertes Tex-Mex-Restaurant mit schmackhaften Gerichten wie *mahi-mahi tacos* oder Auberginen-Burritos; wechselnde Tagesgerichte mit Seafood und Gemüse.
Stretch's, 943 Orange Ave, Coronado, ✆ 619/435-8886. Preiswerte „gesunde" amerikanische Küche in Form von Salaten und Sandwiches aus frischen Zutaten.
Theo's, 4953 Newport Ave, Ocean Beach, ✆ 619/225-9404. Herzhafte Sandwiches und Pizza, günstig und bei Einheimischen sehr beliebt.
The Venetian, 3663 Voltaire St, Ocean Beach, ✆ 619/223-8197. Außerordentlich preiswerte Pizza und Pasta, große Portionen.

MISSION BEACH UND PACIFIC BEACH – ***The Eggery,*** 4130 Mission Blvd, Mission Beach, ✆ 858/274-3122. Coffeeshop mit Fantasie, bietet Frühstück – Omelettes, Pfannkuchen etc. – bis 14 Uhr. An Wochenenden ist mit Warteschlangen zu rechnen.
The Fishery, 5040 Cass St, Pacific Beach, ✆ 858/272-9985. Unprätentiöses Fischlokal mit einer guten Auswahl, darunter Austern, Seebarsch und preiswerte Schwertfisch-Sandwiches.
Karinya, 825 Garnet Ave, Pacific Beach, ✆ 858/270-5050. Solide und erschwingliche Thai-Küche.
Kono's, 704 Garnet Ave, Pacific Beach, ✆ 858/483-1669. Ideal, um in Nachbarschaft des Crystal Pier an der Promenade den morgendlichen oder mittäglichen Hunger zu stillen; preiswerte, üppige Eier- und Kartoffelgerichte, Toasts, Burger und Sandwiches.
Luigi's, 3210 Mission Blvd, Mission Beach, ✆ 858/488-2818. Riesengroße, billige Pizzas in lärmiger Strandumgebung: Während des Essens verfolgen die Gäste mit lautstarken Kommentaren den Verlauf von Sportwettkämpfen auf den zahlreichen Fernsehbildschirmen.
Mission Café, 3795 Mission Blvd, Mission Beach, ✆ 858/488-9060. Bunt gemischte Kreationen, angefangen bei gebackenem Toast und Tamales mit Eiern, bis hin zu fantasievoll gefüllten Tortillas, dazu Bier, verschiedene Kaffeespezia-

litäten, Shakes und Säfte. Filiale in Hillcrest, 2801 University Ave, ✆ 619/220-8992; beide ⏲ tgl. bis 15 Uhr.

Sportsmen's Seafood, 1617 Quivira Rd, Mission Beach, ✆ 619/224-3551. Mischung aus Diner und Markt, wo Fischliebhaber billig und gut aus dem Tagesfang wählen können.

Zanzibar, 976 Garnet Ave, Pacific Beach, ✆ 858/272-4762. Gute Adresse, um einen anstrengenden Tag bei preiswerten Snacks, Pizzen, Sandwiches und Desserts ausklingen zu lassen. Auf dem Patio nach hinten raus sitzt es sich besonders angenehm. Ein weiteres Plus: Frühstück den ganzen Tag. Am Wochenende bis 1 Uhr geöffnet.

LA JOLLA – ***Barbarella***, 2171 Avenida de la Playa, ✆ 858/454-7373. Herzhafte italienische Speisen, von Pasta über Pizza bis zu Risotto und Ravioli, daneben auch Burger und Pommes. Von der Schickeria wie von „Normalos" gleichermaßen geschätzt.

Brockton Villa, 1235 Coast Blvd, ✆ 858/454-7393. Hervorragende amerikanische und kalifornische Küche. Auf der Speisekarte stehen wechselnde Hauptgerichte (Seafood, Fleisch, Pasta), Spezialitäten des Hauses sind Paella, Lammkarree und Hummer mit Krebsfüllung, daneben gibt es das übliche Frühstücksangebot.

Cody's La Jolla, 8030 Girard Ave, ✆ 858/459-0040. Zum Frühstück und Mittagessen innovative kalifornische Küche in mittlerer Preislage. Besonders empfehlenswert die Bouillabaisse und der *lingcod* (Lengdorsch) sowie die saftigen Burger. Aussicht auf La Jolla Cove.

George's at the Cove, 1250 Prospect St, ✆ 858/454-4244. Im Erdgeschoss des eleganten Lokals speist man köstliche Kreationen der California Cuisine, auf der Dachterrasse isst man etwas preiswerter und genießt dabei den unschlagbaren Meeresblick.

Living Room Coffeehouse, 1010 Prospect St, ✆ 858/459-1187. Ausgezeichnete Sandwiches, Suppen, Quiches und leckeres Gebäck, alles aus frischen Zutaten, in einem mit zahllosen Antiquitäten bestückten Wohnzimmer.

Sushi on the Rock, 7734-A Girard Ave, ✆ 858/456-1138. Große Auswahl an preiswerten Sushi-Tellern in panasiatischer Vielfalt. Im Hintergrund Rock- und Reggae-Klänge.

Zenbu, 7660 Fay Ave, ✆ 858/454-4540. Angesagte, schicke Sushi-Bar mit köstlichem Angebot.

Coffeehouses und Bars

Die lohnendste Auswahl an Cafés, z.T. mit Internet-Zugang, bietet Pacific Beach.

Praktisch jeder Stadtteil San Diegos kann eine stattliche Anzahl interessanter Bars vorweisen, wobei es im Gaslamp District bei einem gepflegten Cocktail eher formell, und in den Strandgemeinden bei reichlich Bier und lauter Musik recht ausgelassen zugeht.

COFFEEHOUSES – ***Café Crema***, 1001 Garnet Ave, Pacific Beach, ✆ 858/273-3558. Große Kaffees als Muntermacher vor oder nach einem Barbesuch, auch draußen auf dem Bürgersteig einzunehmen. Internet-Zugang, abwechslungsreiches Unterhaltungsprogramm, das von skurrilen Dichtern bis Avantgarde-Musik reicht. ⏲ unter der Woche bis 1, am Wochenende bis 2 Uhr.

Café Lulu, 419 F St, Downtown, ✆ 619/238-0144. Hipper Laden mit auffälligem, etwas Furcht erregendem Dekor und einer guten Auswahl an Kaffeesorten und Essen unter der Woche bis 1, am Wochenende bis 2 Uhr.

Claire de Lune, 2906 University Ave, Hillcrest, ✆ 619/688-9845. Typisches Coffeehouse mit bequemen Sitzgelegenheiten, dampfendem Kaffee, Tee und Sandwiches. Das Unterhaltungsangebot umfasst sanften Jazz Musik, Lesungen und Avantgardistisches.

Gelato Vero Caffe, 3753 India St, am südlichen Ende von Hillcrest, ✆ 619/295-9269. Feiner Espresso und leckeres italienisches Eis. Personal und Stammgäste geben gern Auskunft über Veranstaltungen der hiesigen Szene. ⏲ wochentags bis 24, am Wochenende bis 1 Uhr.

Jungle Java, 5047 Newport Ave, Ocean Beach, ✆ 619/224-0249. Eigenwilliges Café mit Laden, das neben einer Reihe guter Kaffee- und Teespezialitäten auch Grün- und Blühpflanzen für Zuhause anbietet.

Pannikin Café, 7467 Girard Ave, La Jolla, ✆ 858/454-5453. Kaffee und Sandwiches in schlichter, freundlicher Atmosphäre.

Upstart Crow, 835 W Harbor Drive, Downtown, ✆ 619/232-4855. Kombiniert mit Buchladen, buntgemischtes Publikum und Lesestoff im Überfluss.

Zanzibar, 976 Garnet Ave, Pacific Beach, ✆ 858/272-4762. Relativ ruhig. Kaffee, Sandwiches und Muffins bis 2 Uhr, am Wochenende bis 4 Uhr. Auch Restaurantbetrieb (s.S. 104).

BARS – ***Callahan's,*** 8111 Mira Mesa Blvd, ✆ 858/578-7892. Etwas abseits, nördlich von Downtown und östlich der Strände gelegen, doch die Anfahrt lohnt angesichts einer ausgezeichneten Mischung aus Irish Pub und Mikrobrauerei. Am Wochenende bis 1 Uhr geöffnet.

Coronado Brewing Company, 170 Orange Ave, Coronado, ✆ 619/437-4452. Nicht ganz so ausgelassen wie manch andere der hiesigen Mikrobrauereien, aber eine solide Wahl bei Lust auf gutes Bier und deftiges Kneipenessen.

Dublin Square, 554 4th Ave, Downtown, ✆ 619/239-5818. Noch ein Irish Pub mit sättigenden, bierlastigen Speisen – selbst das Seafood wird mit Guinness gekocht.

Henry's Pub, 618 5th Ave, Downtown, ✆ 619/238-2389. Nicht alltägliche Brauereikneipe, die skandinavische Speisen zu House Music serviert und eine große Auswahl an europäischen Bieren im Angebot hat.

Karl Strauss Brewery & Grill, 1157 Columbia St, Ecke B St, Downtown, ✆ 619/234-2739. Hier genießen Bierspezialisten vor Ort gebraute *ales* und *lager* oder wählen ein Bier vom Sampler Tray; solide Speisen wie Ribs und Würste sorgen für die erforderliche Grundlage. Vier weitere Filialen in der Stadt.

Kensington Club, 4079 Adams Ave, Kensington District, nördlich von Hillcrest, ✆ 619/284-2848. Ein prima Ort für ein gepflegtes Getränk (Bier, Wein, Cocktails), aber auch für Live Musik, die von Dance über dröhnenden Rock bis hin zu sanften Ambientklängen reicht.

Live Wire, 2103 El Cajon Blvd, etwas östlich von Hillcrest, ✆ 619/291-7450. Große Auswahl an importierten Bieren, man kann flippern und Billard spielen.

Martini Ranch, 528 F St, Downtown, ✆ 619/235-6100. Sehen und gesehen werden ist das Motto der angesagten Single-Bar, deren cooles Ambiente ebenso coole Yuppies zu teuren Cocktails anlockt.

O'Hungry's, 2547 San Diego Ave, Old Town, ✆ 619/298-0133. Große, dunkle Biere und eine ausgelassene Klientel, die sich an der angekitschten Seemannsatmosphäre und dem preiswerten, leckeren Essen erfreut.

Onyx Room, 852 5th Ave, Gaslamp District, ✆ 619/235-6699. Schicke Kellerbar mit bequemen Sitzplätzen, in denen man zu Jazz- und Blues-Klassikern an Cocktails schlürfen kann, bevor es ins Hinterzimmer zu Live-Jazz und Dance geht. Teurer und prätentiöser ist es in der schicken Lounge-Bar *Thin* im Obergeschoss.

Red Fox Room, 2223 El Cajon Blvd, östlich von Hillcrest, ✆ 619/297-1313. Pianobar im alten Stil, die nostalgisch geneigtes Publikum jeden Alters anlockt, der Hunger kann mit einem guten Steak gestillt werden. Zusammen mit dem nahe gelegenen *Live Wire* (s.o.) ein gutes Zweigespann für Ausflüge in das Nachtleben.

Taylor's, 721 Grand Ave, Pacific Beach, ✆ 858/270-3596. Bierselige, bei Surfern beliebte Atmosphäre, einen Katzensprung vom Strand entfernt.

Nachtleben

CLUBS – Der Aktionsradius der Clubszene beschränkt sich im Wesentlichen auf den Gaslamp District, wo schicke Garderobe gefragt ist, und die schwul-lesbischen Läden in Hillcrest (s.S. 109).

5th Quarter, 600 5th Ave, Downtown, ✆ 619/236-1616. Auswärtige und Einheimische treffen sich hier bei House und Techno zur großen Fleischbeschau. Wer vom Tanzen genug hat, findet etliche TV-Monitore mit Sportprogrammen zur Entspannung.

Bitter End, 770 5th Ave, Downtown, ✆ 619/338-9300. Zwei Geschosse mit Tanzfläche, Martinibar und Lounge für die anspruchsvolle Clubszene, die für einen Appletini gerne $9 bezahlt.

Blue Tattoo, 835 5th Ave, Downtown; ✆ 619/238-7191. Für alle, die schon immer einmal in Schaum tanzen wollten; allerdings oftmals lange Warteschlangen und strenge Kleiderordnung: Turnschuh- und Jeansträger haben kaum eine Chance.

Cafe Sevilla, 555 4th Ave, Downtown, ✆ 619/233-5979. Im Untergeschoss ein Club mit lateinamerikanisch beeinflussten Rhythmen, oben ein Restaurant mit traditionellen spanischen Gerichten und Tapas.

Olé Madrid, 755 5th Ave, Downtown, ✆ 619/557-0146. Spanisches Restaurant, das sich abends in einen gut besuchten Dance- und Funkclub verwandelt. Wer Einlass begehrt, sollte vor 23 Uhr erscheinen.

On Broadway, 615 Broadway, Downtown, ✆ 619/231-0111. Bevorzugte Spielwiese der lokalen Promi-Szene (soweit existent) für die Selbstinszenierung zur Musik nationaler DJ-Größen und dröhnenden House- und Hip-Hop-Klängen.

Rosary Room, 947 E St, Downtown, ✆ 619/702-7160. Schräges Dekor, darunter auch Gegenstände von religiöser Bedeutung (daher der Name: rosary = Rosenkranz), Dance DJs, umfassendes Angebot an Bieren und Weinen. Ein guter Ort zum Leute-Gucken.

Thrusters Lounge, 4633 Mission Blvd, Pacific Beach, ✆ 858/483-6334. Bar und Club mit angenehmer Atmosphäre und Hip-Hop, Dance und Reggae, gelegentlich auch Jazz und Rock.

LIVE MUSIK – San Diego besitzt eine Reihe erstklassiger Konzertbühnen, die denen von L.A. kaum nachstehen. Vor allem Downtown und der Gaslamp District sind damit gesegnet, ein paar gibt es auch entlang der Küste. Aktuelle Informationen sind dem kostenlosen *San Diego Reader*, 💻 www.sdreader.com, der Donnerstagsausgabe der *San Diego Union-Tribune*, 💻 www.signonsandiego.com, oder der auf junge Leute ausgerichteten *Slamm / San Diego CityBeat*, 💻 www.sdcitybeat.com, zu entnehmen. Die Eintrittspreise für Live-Veranstaltungen reichen von $3 bis $15, es sei denn, es handelt sich um ganz große Namen.

Rock und Punk: *4th and B*, 345 B St, Downtown, ✆ 619/231-4343. Der Live Rock- und Danceclub mit zwei Räumen wird gern von hormon- und energiegeladenen jungen Tanzfanatikern besucht. Trotz des in der Luft liegenden Testosterons ein guter Ort, um mal so richtig abzutanzen.

Brick by Brick, 1130 Buenos Ave, Mission Bay, ✆ 619/675-5483. Betont hippes Etablissement, in dem landesweit bekannte Alternative-, Blues- und Hard-Rock-Bands auftreten.

Canes Bar & Grill, 3105 Ocean Front Walk, Mission Beach, ✆ 858/488-1780. Mexikanisches Diner, das auch Dance Nights veranstaltet und Bühne für eine überraschend große Anzahl von Rock- und Punk-Acts ist.

Casbah, 2501 Kettner Blvd, Downtown, ✆ 619/232-4355. Beengt und schmuddelig, aber sehr beliebt. Wechselndes Programm mit Blues-, Rock-, Funk-, Reggae- und Indie-Bands.

Dick's Last Resort, 345 4th Ave, Gaslamp District, ✆ 231-9100. Altmodisches Kneipenrestaurant serviert Seafood- und Fleischgerichte in riesigen Portionen, allabendlich begleitet von den fetten Klängen einer Rockband.

Epicentre, 8450 Mira Mesa Blvd, nördlich von Downtown, ✆ 858/271-4000. Namhafte Bands, häufig aus der Punk-Ecke, mitunter aber auch bekannte Rock- und Indie-Gruppen, gemütliche Atmosphäre und bunt gemischtes Publikum unterschiedlichen Alters.

SOMA, 3350 Sports Arena Blvd, westlich von Old Town, ✆ 619/226-7662. Ehemaliger Kinokomplex mit zwei Bühnen, auf denen sich alles, was schön laut ist, von Punk bis Rock, ein Stelldichein gibt. Kein Alkohol, aber die ausgelassene Stimmung macht das allemal wett.

Winston's Beach Club, 1921 Bacon St, Ocean Beach, ✆ 619/222-6822. Ehemalige Kegelbahn nahe dem Pier, häufig Rockbands, gelegentlich auch Reggae-, Blues-, Indie- und Sixties-Bands.

Pop, Folk und Fusion: *Acoustic Music San Diego*, 4650 Mansfield St, südlich des Qualcomm Stadium, ✆ 619/303-8176. Regelmäßige Folk- und Roots-Konzerte regionaler und nationaler Größen in einer Kirche.

Große Veranstaltungsbühnen

Coors Amphitheatre, 2050 Entertainment Circle, Chula Vista, ✆ 935/671-3600.

Open Air Theatre, 5500 Campanile Drive, San Diego State University, ✆ 619/594-6947 oder 220-TIXS.

Palomar Starlight Theatre, Pala Casino Resort on Hwy 76, ✆ 760/510-4555.

Qualcomm Stadium, 9449 Friars Rd, Mission Valley, ✆ 619/641-3100 oder 283-4494.

San Diego Sports Arena, 3500 Sports Arena Blvd, Mission Bay, ✆ 619/224-4171 oder 220-TIXS.

Belly Up Tavern, 143 S Cedros Ave, Solana Beach, ✆ 858/481-9022. Konzertsaal mittlerer Größe; allabendlich Acts unterschiedlicher Richtungen – in der Vergangenheit u.a. die Fugees und Steel Pulse.
Humphrey's Concerts, 2421 Shelter Island Dr, Point Loma, ✆ 619/523-1010. Nahe dem gleichnamigen Restaurant (s.o.) wird hier eingängiger Pop, Blues, Folk und sanfter Rock präsentiert, oftmals von landesweit bekannten Künstlern.
Spreckels Theatre, 121 Broadway, Downtown, ✆ 619/235-9500. Früher ein Kino, heute eine schicke Veranstaltungsbühne für Pop und sanften Rock, aber auch World Music, Jazz und Lesungen.

Jazz, Blues und Reggae: ***Blind Melons,*** 710 Garnet Ave, Pacific Beach, ✆ 858/483-7844. Allabendlich Live-Blues, -Funk und -Reggae vor Strandbeaus und College-Studenten, direkt am Pier.
Croce's Jazz Bar, 802 5th Ave, Downtown, ✆ 619/233-4355. Solider guter Jazz im Hinterzimmer eines teuren Restaurants; sonntags Jazz-Brunch.
Dizzy's, 344 7th Ave, Downtown, ✆ 858/270-7467. Spartanisches Jazz-Lokal, das auf jegliches Beiwerk verzichtet (d.h. es gibt auch keine Bar), um nicht von der Musik abzulenken.
Patrick's II, 428 F St, Gaslamp District, ✆ 619/233-3077. Irische Bar mit R&B, Rock, Jazz und vor allem Blues.

Klassik, Theater und Film

Für Theater und klassische Musik gibt es gelegentlich Karten zum halben Preis *(half-price tickets)* bei ***Arts Tix,*** Broadway, Ecke 3rd Ave, ✆ 619/497-5000, 💻 www.sandiegoperforms.com. 🕓 Di–Do 11–18 Uhr, Fr und Sa 10–18 Uhr, So 10–17 Uhr.
Ansonsten bekommt man die Karten entweder am Veranstaltungsort selbst oder über ***Ticketmaster,*** ✆ 619/220-TIXS. Die ***SRH Info Hotline,*** ✆ 619/973-9269, informiert über einige alternative Veranstaltungen, umfassende Veranstaltungskalender findet man in den lokalen Zeitungen.

KLASSISCHE MUSIK UND OPER – ***Copley Symphony Hall,*** 750 B St, Downtown, ✆ 619/231-0938. Herrlich renovierter Kinopalast von 1929, heute Stammhaus des symphonischen Orchesters **San Diego Symphony,** 💻 www.sandiegosymphony.com, das neben dem klassischen Repertoire mitunter auch zugkräftige, zu einer leichten Klassik-Hitparade zusammengestellte Kost zum Besten gibt.
California Center for the Arts, 340 N Escondido Blvd, Escondido, ✆ 760/839-4138, 💻 www.artcenter.org. Veranstaltet gelegentlich Liederabende und Kammermusikkonzerte.
Mandeville Center ✆ 858/534-3230, 💻 www.mandeville.ucsd.edu. Konzertbühne der UCSD, die das ganze Jahr über Klassik, Jazz und World Music präsentiert.
Sherwood Auditorium, 700 Prospect Street, La Jolla, ✆ 858/454-3541, 💻 www.mcasd.org. Im Konzertsaal des Museum of Contemporary Art finden Jazz- und Klassikkonzertreihen statt.
La Jolla Music Society, La Jolla, ✆ 858/459-3728, 💻 www.ljcms.org. Organisiert schwerpunktmäßig Kammermusikkonzerte, u.a. im Sherwood Auditorium, präsentiert daneben auch Sonaten- und Jazz-Ensembles.
San Diego Opera, im Civic Theatre, Downtown, ✆ 619/570-1100, 💻 www.sdopera.com. Bestreitet ihr Programm aus den bekannten großen Opern der Herren Mozart, Puccini, Verdi usw. und glänzt durch häufige Gastauftritte namhafter Opernstars.
San Diego Lyric Opera, Birch North Park Theatre, 29th St, Ecke University Ave, ✆ 619/239-8836, 💻 www.lyricoperasandiego.com. Lädt östlich von Hillcrest zu seichterer Operetten-Kost.

THEATER – In San Diego gibt es eine blühende Theaterlandschaft mit mehreren mittelgroßen Bühnen, die Aufführungen in hoher Qualität präsentieren, und vielen kleinen Off-Theatern. Die Eintrittspreise reichen von über $40 bei größeren Produktionen bis $10–25 für einen Abend in der Off-Szene. Das komplette Programm findet man im *San Diego Reader,* 💻 www.sdreader.com.
Die wichtigsten Bühnen sind:
Lyceum Stage Theatre, 79 Horton Plaza, ✆ 619/235-8025, 💻 www.sandiegorep.com,

The Old Globe, Komplex mit drei Theatern im Balboa Park, 1363 Old Globe Way, ✆ 619/234-5623, 🖳 www.theglobetheatres.org,
Civic Theater, 202 C St, Downtown, ✆ 619/570-1100, und das
La Jolla Playhouse im Mandell Weiss Center auf dem UCSD-Campus, 2910 La Jolla Village Circle, ✆ 858/551-1010, 🖳 www.lajollaplayhouse.com. Ganz in der Nähe soll 2005 das Jacobs Center als neue Spielstätte eröffnet werden.
North Coast Repertory Theatre, 987 Lomas Sante Fe Dr, Solana Beach, ✆ 858/481-1055, 🖳 www.northcoastrep.org. Hat witzige Komödien ebenso auf dem Spielplan wie ernste Dramen.
Sushi Performance and Visual Art, 🖳 www.sushiart.org, ✆ 619/235-8466. Alternatives Kunst- und Theaterprojekt mit wechselnden Spielorten, häufig im ***St. Cecilia's Playhouse,*** 1620 6th Ave, Downtown, gibt sich bisweilen etwas prätentiös, ist aber nie langweilig.
6th @ Penn, 3704 6th Ave, Hillcrest, ✆ 619/688-9210, 🖳 www.sixthatpenn.com. Ebenfalls alternativ angehaucht, zeigt an 7 Tagen die Woche ein zumeist gutes und erschwingliches Programm.

FILM – Die meisten der zahlreichen Kinos von San Diego zeigen nur die neuesten Kassenschlager aus Hollywood. Das komplette Programm wird in den Zeitungen abgedruckt, die Eintrittspreise liegen in der Regel zwischen $6 und $9. Wer weniger gängige Kost – fremdsprachige Filme, Schwarzweiß-Klassiker oder Kultfilme – sehen will, sollte sich Mo–Sa nach Nachmittags-Vorstellungen in der ***San Diego Public Library,*** 820 E St, Downtown, oder nach den gelegentlichen Sondervorführungen im ***Museum of Photographic Arts*** im Balboa Park, ✆ 619/238-7559, 🖳 www.mopa.org, erkundigen.
Abends empfiehlt sich ***The Ken,*** 4061 Adams Ave, Kensington, ✆ 619/283-5909, mit einem regelmäßig wechselnden Programm aus künstlerisch anspruchsvollen Filmen sowie wiederentdeckten Klassikern.
Der seichten Einheitskost entgeht man außerdem in den ***Hillcrest Cinemas,*** 3965 5th Ave, ✆ 619/299-2100, und in den ***La Jolla Village Cinemas,*** 8879 Villa La Jolla Drive, ✆ 858/453-7831.
Die Filme im ***Reuben H. Fleet Science Center,*** ✆ 619/238-1233, werden im üblichen Surround-IMAX-Format auf eine riesige kuppelförmige Leinwand projiziert; viel Natur und Schwindel erregende Spezialeffekte (s.S. 89).
South Bay Drive-In, 2170 Coronado Ave, Imperial Beach, ✆ 619/423-2727, 🖳 www.southbaydrivein.com. Eines von wenigen in Südkalifornien noch existierenden Autokinos. 3 Leinwände, Mainstream-Kost, $5 p.P.

Schwule und Lesben

Die Schwulen- und Lesbenszene von San Diego konzentriert sich auf den Bezirk Hillcrest. Eine Reihe von Publikationen und Anlaufstellen informieren über das Viertel; Tipps sind auch in den diversen Bars und Clubs zu bekommen. Sonnenhungrigen empfiehlt sich der Blacks Beach nördlich von La Jolla.

PUBLIKATIONEN – Die wichtigste Quelle für schwule und lesbische Nachrichten und Veranstaltungen ist die kostenlose *San Diego Gay & Lesbian Times,* 🖳 www.gaylesbiantimes.com, die wöchentlich erscheint und in Clubs und Bars sowie in den meisten von Schwulen betriebenen Geschäften verteilt wird. Informativ ist auch die *Update* mit ihrer Sparte „Etcetera" für persönliche Anzeigen, Kritiken und der Rubrik „What's on".
Wer mehr wissen möchte, wende sich an das ***Lesbian and Gay Men's Community Center,*** 3916 Normal St, Hillcrest, ✆ 619/692-2077 oder 760/744-0220, 🖳 www.thecentersd.org. Das Zentrum versorgt San Diegos Schwulen- und Lesbengemeinde seit 30 Jahren von wechselnden Standorten aus mit Nachrichten und anderen Dienstleistungen.

ÜBERNACHTUNG – Einige Hotels und Bed and Breakfasts sind schwulen und lesbischen Reisenden gegenüber besonders aufgeschlossen – diese haben wir hier aufgelistet –, aber auch in allen anderen Unterkünften in San Diego ist es sehr unwahrscheinlich, dass homosexuelle Gäste diskriminiert werden.
Balboa Park Inn, 3402 Park Blvd, Hillcrest, ✆ 619/298-0823 oder 1-800/938-8181, 🖳 www.

balboaparkinn.com. Elegantes B&B in einem Gebäude im spanischen Kolonialstil nahe Balboa Park. Fantasievoll eingerichtete, individuelle „Themen-Zimmer", einige davon mit Küchenzeile; außerdem Jacuzzi. ❺–❼

Friendship Hotel, 3942 8th Ave, Hillcrest, ✆ 619/298-9898, 💻 www.friendshiphotel.net. Eines der billigsten, aber auch einfachsten Hotels in der Gegend, saubere Zimmer mit TV und Kühlschrank. Überwiegend schwule und lesbische Gäste. ❷

Harbor House Resort, 642 W Hawthorn St, nördlich von Downtown, ✆ 619/338-9966, 💻 www.harborhouseresort.com. Die angenehmen Zimmer haben Kühlschrank, Ventilator an der Decke, einige auch Ausblick auf die Bucht. Frühstück inkl. Auch Jacuzzis und Sauna. ❺

Hillcrest Inn, 3754 5th Ave, Hillcrest, ✆ 619/293-7078 oder 1-800/258-2280, 💻 www.bryx.com/hillcrestinn. Hotel mit vorwiegend schwulem Publikum mitten in Hillcrest. Recht einfache Zimmer, überwiegend für Nichtraucher, alle mit Bad, Kühlschrank und Mikrowelle. Ein bisschen konturlos, aber freundliche Atmosphäre. ❹

Park Manor Suites, 525 Spruce St, nahe Balboa Park, ✆ 619/291-0999 oder1-800/874-2649, 💻 www.parkmanorsuites.com. Die mit Küche und hübschen, großzügigen Sitzecken ausgestatteten Zimmer halten zwar nicht, was die elegante Lobby verspricht, sind aber angesichts der Lage ihren Preis wert. ❺

West Park Inn, 1840 4th Ave, ✆ 619/236-1600, 💻 www.westparkinn.com. Vor kurzem renoviert, nur zwei Straßen vom Westeingang zum Balboa Park. Saubere Zimmer mit Kabel-TV, Kühlschrank und Mikrowelle. ❸

BARS UND CLUBS – ***Bourbon Street,*** 4612 Park Blvd, University Heights, nördlich von Hillcrest, ✆ 619/291-0173. Eleganter, an New Orleans angelehnter Club, in dessen Pianobar sich schickes, schwules Publikum trifft. Karaoke- und Bingo-Nights einmal in der Woche, zur Happy Hour billige Martinis.

Brass Rail, 3796 5th Ave, Hillcrest, ✆ 619/298-2233. Allabendlich Disco, an Wochenenden Go-go-Tänzer, ab und zu Drag Shows, auch Billard.

Caliph, 3102 5th Ave, Downtown, ✆ 619/298-9495. Eigenwillige Pianobar mit Live-Musik und kitschigem Orient-Ambiente, überwiegend ältere Schwule.

Chee-Chee Club, 929 Broadway, Downtown, ✆ 619/234-4404. Gemütliche Schwulenbar, die ein älteres Publikum anlockt und in der es verglichen mit einigen Dance Clubs in Hillcrest weit ungezwungener zugeht.

Flick's, 1017 University Ave, Hillcrest, ✆ 619/297-2056. Beliebte Kneipe, in der auf vier großen Leinwänden Musikvideos gezeigt werden, gelegentlich gibt es Comedy-Shows; man kann auch flippern und Billard spielen. Di nur Lesben.

Hamburger Mary's, 308 University Ave, Hillcrest, ✆ 619/491-0400. Restaurant und Bar, mittags gemischtes Publikum, abends zunehmend szeniger. Lockere Atmosphäre, in der sich angenehm etwas trinken lässt, bevor es auf die Piste geht.

Lips, 2770 5th Ave, Hillcrest, ✆ 619/295-7900. Zentrum der Drag-Szene, regelmäßig Shows und feste Veranstaltungstermine, u.a. Drag Karaoke (Di), Bingo (Mi) und sogar ein kurioser Gospel Brunch (So 11 Uhr).

No. 1 Fifth Avenue, 3845 5th Ave, ✆ 619/299-1911. Lockere Kiezbar mit einem hübschen Innenhof. DJs legen an manchen Abenden Platten nach Wunsch auf, zumeist aus den 50er bis 70er Jahren.

Rich's, 1051 University Ave, Hillcrest, ✆ 619/295-2195. Die Schwulenkneipe wird inzwischen auch von vielen Heteros aufgesucht. Am Wochenende werden pulsierende Dance-Klänge gespielt, donnerstags bei der „Hedonism Night" passiert man sogar in Jeans und T-Shirts die Eingangskontrolle. Meist Eintritt.

6 Degrees, 3175 India St, südlich von Hillcrest, ✆ 619/296-6789. San Diegos größter Lesben-Club. Lebendige Tanzfläche mit Bar drinnen und einer Bar im Freien.

SRO Club, 1807 5th Ave, Downtown, ✆ 619/232-1886, nahe dem südlichen Ende des Balboa Park. Ausgelassene Atmosphäre ist das Aushängeschild dieses Schwulen-Clubs, in dem Transsexuelle ausdrücklich willkommen sind.

Sonstiges

AMERICAN EXPRESS – Hauptgeschäftsstellen 258 Broadway, Downtown, ✆ 619/234-4455, und 1020 Prospect St, La Jolla, ✆ 858/459-4161, www.americanexpress.com. Beide Mo–Fr 9–17 Uhr. Filiale 7610 Hazard Center Drive in Mission Valley, 619/297-8101, Mo–Fr 9.30–18 Uhr, Sa 10–15 Uhr.

APOTHEKEN – 24-Std.-Service im ***Sharp Cabrillo Hospital***, 3457 Kenyon St, zwischen Downtown und Ocean Beach, 619/221-3400, www.sharp.com.

AUTOVERMIETUNGEN – ***Alamo***, 2942 Kettner Blvd, 619/297-0311, www.alamo.com.
Avis, 3180 N Harbor Drive, 619/688-5030, www.avis.com.
Bargain Auto, 3860 Rosecrans St, 619/299-0009.
Budget, 1904 Hotel Circle N, 619/574-6975, www.budget.com.
Enterprise, 6330 Marindustry Dr, 858/457-4909, www.enterprise.com.
Hertz, 333 W Harbor Drive, 619/236-9771, www.hertz.com.
National, 32880 N Harbor Dr, 619/497-6777, www.national.com.
Rent-a-Wreck, 3740 5th Ave, 619/260-1673, www.rentawreck.com.
Thrifty, 1120 Laurel St, 619/515-0978, www.sandiego.thrifty.com.

BEHINDERTE – ***Accessible San Diego***, 1010 2nd Ave, Suite 1630, San Diego, CA 92101, 858/279-0704, www.accessandiego.org, Mo–Fr 9–16 Uhr.
Access Center of San Diego, 1295 University Ave, Suite 10, San Diego, CA 92013, 619/293-3500, Texttelefon für Gehörlose 619/293-7757, www.accesscentersd.org.

FAHRRÄDER – Radfahrern wird San Diego ganz besonders gefallen; es gibt kilometerlange Fahrradwege, die zum Teil an der Küste entlangführen. Man findet zahlreiche Fahrradvermietungen, vor allem in Strand- und Universitätsnähe, die oft auch Inline-Skates und Surfbretter verleihen. Die Preise liegen jeweils bei $5–7 pro Std. und $12–20 pro Tag, Surfbretter kosten $25–35 pro Tag.
Bicycle Barn, 746 Emerald St, Pacific Beach, 858/581-3665.
Bike Cab, 641 17th St, Downtown, 619/232-4700.
Cheap Rentals, 3685 Mission Blvd, Mission Beach, 858/488-9070, www.cheap-rentals.com, und 3221 Mission Blvd, Belmont Park, 858/488-5533.
Auf der San Diego Bay-Fähre kann man für ¢50 Fahrräder mitnehmen, in etlichen City-Bussen sogar umsonst (von jeder Haltestelle mit Fahrradsymbol). Man muss sein Fahrrad vor dem Einsteigen an der eigens dafür geschaffenen Vorrichtung hinten am Bus befestigen.
RideLink, 1-800/COMMUTE, www.ridelink.org/bicycle.html, sendet auf Wunsch eine regionale Karte mit Radrouten zu.
Transit Store, 619/234-1060, www.sdcommute.com, informiert über den Transport von Fahrrädern in der Stadt und verteilt kostenlose „Passes", die das Mitführen von Fahrrädern im Trolley erlauben.

FLOHMARKT – Der riesige ***Kobey's Swap Meet*** findet Fr–So von 7–15 Uhr an der *Sports Arena*, 3500 Sports Arena Blvd, statt. Fr Eintritt 50¢, sonst $1; www.kobeyswap.com.

GEPÄCKAUFBEWAHRUNG – im *Greyhound*-Busbahnhof und für Reisende mit Eisenbahn- oder Trolley-Fahrkarte im Santa Fe Depot.

INFORMATIONEN – Im ***International Visitor Information Center***, 1040 W Broadway, nahe der Bucht, 619/236-1212, www.sandiego.org, sdinfo@sandiego.org, bekommt man Stadtpläne, Broschüren und Informationen über San Diegos Kunst und Kultur sowie über seine Golfplätze. Mo–Sa 9–17, So 10–17 Uhr.
Das ***HI-AYH-Büro*** im Eingangsbereich des Hostels, 521 Market St, 619/525-1531, www.sandiegohostels.org/downtown.htm, ist ebenfalls eine gute Informationsquelle, tgl. 7–24 Uhr.
In vielen Läden, Bars, Cafés und Clubs liegt die **kostenlose Wochenzeitung** *San Diego Reader*, www.sdreader.com, aus, die viele Informationen über das aktuelle Unterhaltungsprogramm und Restaurants enthält. Ebenfalls sehr nützlich ist die Beilage „Night and Day" in der *San Diego Union-Tribune* (¢50), www.entertainment.signonsandiego.com.

Traveler's Aid, am Flughafen, tgl. 9–22 Uhr, 619/231-7361; außerdem im Santa Fe Railroad Depot, 619/234-5191. Informationen und Hilfeleistungen für Reisende (Hotelreservierungen u.Ä.).

INTERNET – ***Central Library,*** 820 E St, Downtown, kostenfreier Internet-Zugang.
Café Crema, 1001 Garnet Ave, Pacific Beach, 858/273-3558.

KRISENTELEFON – ***Crime Victims Crisis Hotline,*** 619/688-9200, für Opfer von Überfällen und anderen kriminellen Übergriffen.
Rape Crisis Center/Hotline, 4508 Mission Bay Drive, 619/233-3088, für Vergewaltigungsopfer.

MEDIZINISCHE HILFE – Handelt es sich nicht um einen Notfall, ist das ***Beach Area Family Health Center*** noch am billigsten: 3705 Mission Blvd, Mission Beach, 858/488-0644.

POST – Schalter für postlagernde Sendungen im ***Hauptpostamt,*** 2535 Midway Drive, zwischen Downtown und Mission Beach, 619/758-7101 oder 1-800/275-8777, Mo 7–17, Di–Fr 8–17, Sa 8–16 Uhr. Anschrift: Poste Restante, San Diego, CA 92138.
Das Postamt von Downtown befindet sich in der 815 E St, 619/232-8612, Mo–Fr 8.30–17 Uhr.

SPORT – **Baseball**: Die *San Diego Padres,* 619/283-4494, www.sandiego.padres.mlb.com, spielen im Petco Park, am Rand des Gaslamp District.
Football: Die *San Diego Chargers,* 619/525-8282, www.chargers.com, spielen in Mission Valley im Qualcomm Stadium.
Eintrittskarten an der jeweiligen Stadionkasse.
Surf-Bedingungen: 619/221-8884.

TOUREN – ***Old Town Trolley Tour.*** Nicht zu verwechseln mit dem San Diego Trolley. Zweistündige Fahrt in einem straßenbahnähnlichen, nostalgischen Bus durch San Diegos interessanteste Gegenden. Die Kommentare des Fahrers klingen häufig abgedroschen, sind aber dennoch recht informativ. Tagesticket $25, tgl. 9–16, im Sommer bis 17 Uhr. Im Mittelpunkt ähnlicher Touren stehen u.a. der Hafen, der Zoo und „Geisterhäuser". Informationen über Routen in den Hotellobbys und Touristeninformationen oder unter 619/298-8687 und www.historictours.com/sandiego.

WESTERN UNION – 135 Washington St, Downtown, 619/291-8561, www.westernunion.com, eine von diversen Filialen.

Nahverkehrsmittel

Tagsüber ist es kein großes Problem, sich trotz der Ausdehnungen auch ohne Auto in San Diego zurechtzufinden, sei es per Bus, Trolley oder Fahrrad. Auch die Kosten halten sich in Grenzen. Leider sieht es nach 23 Uhr mit dem öffentlichen Nahverkehr ziemlich trübe aus, denn dann werden nur noch die wichtigsten Strecken befahren.

STADTBUSSE – Das *Metropolitan Transit System* (MTS), der Verbund der Busse im Nahverkehr im San Diego County, umfasst drei Gesellschaften. Die wichtigste ist die ***San Diego Transit Corporation*** (SDTC), 1-800/266-6883, www.sdcommute.com, bei der Einzelfahrkarten normalerweise $1,75 oder $2,25, längere Strecken bis zu $3,50 kosten. Man sollte beim Einsteigen Kleingeld passend bereithalten (1-Dollar-Scheine werden angenommen). Das Umsteigen ist häufig kostenlos, bei Wechsel zwischen verschiedenen Transportmitteln (Bus/Trolley oder Bus/Coaster) ist der höhere Fahrpreis ausschlaggebend und der Differenzbetrag zu entrichten. Der SDTC-Busservice ist verlässlich und regelmäßig, insbesondere nach Downtown, das auf offiziellen Busplänen *Center City* heißt.
Transportgesellschaften, die weiter außerhalb gelegene Ziele ansteuern, sind *North County Transit District* (Einzelfahrkarten $1,75), 1-800/COMMUTE, www.gonctd.com, und *County Transit System* (Einzelfahrkarten $2–4), 858/874-4001.
Bei Problemen mit den Stadtbussen wendet man sich an ***The Transit Store,*** an der Ecke von First Street und Broadway, 619/234-1060, Mo–Fr 9–17 Uhr; dort gibt es auch Fahrpläne, den kostenlosen *Regional Transit Guide* und Sammelfahrscheine wie den *Day Tripper Transit Pass*

und Monatskarten. Alle Buslinien haben eigene Fahrpläne, die ebenfalls im Transit Store erhältlich sind. Wer seinen Abfahrtspunkt und sein Fahrziel kennt, kann über ein automatisches Telefonleitsystem Informationen erhalten, ✆ 619/685-4900.

Wichtige Buslinien in San Diego

Zwischen Downtown San Diego und Balboa Park:	1, 3, 3A, 7, 7A, 7B, 25, 115
Coronado:	901, 902, 903, 904
East San Diego:	1, 7, 7B, 15, 15A, 115
Hillcrest:	1, 3, 11, 16, 25
Imperial Beach:	901, 933, 934
La Jolla:	30, 34, 34A
Mission Beach:	34, 34A
Ocean Beach:	923
Old Town:	3, 5, 5A
Pacific Beach:	30, 34, 34A
Point Loma Peninsula:	922 (zum Cabrillo National Monument in Nr. 26 umsteigen)

TROLLEY – Der Busverkehr im County wird ergänzt vom straßenbahnähnlichen so genannten *San Diego Trolley,* oft auch *Tijuana Trolley* genannt, weil er das *Santa Fe Railroad Depot* mit dem Grenzübergang San Ysidro verbindet (Fahrzeit 45 Min.).

Der Fahrpreis richtet sich nach der Fahrtdauer und liegt zwischen $1,25 und $3, Tagespässe (s.o.) sind gültig. Fahrkarten gibt es aus dem Automaten an Haltestellen, ab und zu tauchen Kontrolleure auf.

Von den beiden Routen ist die **Blue Line** die interessantere für Besucher. Ausgehend von der Mission San Diego und am Qualcomm Stadium führt sie von Norden kommend durch Old Town und Downtown und weiter nach Süden Richtung Mexiko. An der Umsteigehaltestelle 12th/Imperial Ave bietet sich eine Fahrt entlang der Rundstrecke der **Orange Line** durch Downtown an, in ihrem weiteren Verlauf ist diese Linie aber nur für Pendler der östlichen Vororte von Interesse. Trolleys fahren tagsüber ab ca. 5 Uhr alle 15 Min. Der letzte verlässt den Grenzübergang um 23.30, (Samstags um 1 Uhr). So ist ein längerer Abend jenseits der Grenze durchaus machbar. Für 2006 ist die Eröffnung der Mission Valley East Extension geplant, eines neuen Streckenabschnitts, der die Universität an das Trolley-Netz anbinden und parallel zum I-8 eine Verbindung zwischen den beiden existierenden Linien im nördlichen Stadtgebiet schaffen wird.

COASTER – North County ist per Schiene mit Downtown verbunden: *The Coaster* fährt von Oceanside via Carlsbad, Encinitas, Solana Beach, Sorrento Valley und Old Town zum Hauptbahnhof (*Santa Fe Railroad Depot*). Mo–Fr gibt es vormittags sechs Zugverbindungen in südliche Richtung, nachmittags und am frühen Abend bringen dann ebenfalls sechs Züge die Pendler von der Stadt zurück nach Norden. Samstags werden nur vier Zugverbindungen angeboten. Einzelfahrkarten $3,75–$5,25. Weitere Informationen unter ✆ 1-800/COASTER, 💻 www.gonctd.com. The Coaster ist auch eine gute Transportalternative nach Los Angeles, denn in Oceanside kann man auf das Metrolink Commuter Rail System umsteigen (s.S. 227; Los Angeles, Nahverkehrsmittel), das San Diego County mit Downtown L.A. und Oxnard im Ventura County verbindet.

Kombinierte Tickets

Wer in San Diego viel mit öffentlichen Verkehrsmitteln fährt, sollte sich den *Day Tripper Transit Pass* besorgen, der für alle San Diego Transit-Busse, den Trolley und sogar die *San Diego Bay Ferry* gültig ist, nicht aber für den Coaster. Kostenpunkt: $5 für einen Tag, $9 für zwei, $12 für drei und $15 für vier Tage.

Für Langzeitbesucher interessant ist der *Monthly Pass,* mit dem man nach Lust und Laune für $58 pro Kalendermonat durch die Gegend fahren kann. Es gibt auch ein Halbmonats-Ticket zum halben Preis, das jeweils um den 15. eines Monats zum Verkauf angeboten wird. Weitere Informationen unter ✆ 1-800/COMMUTE, 💻 www.sdcommute.com.

Alle Fahrkarten und *Passes* gibt es u.a. im ***Transit Store,*** 102 Broadway, Ecke First Ave, ✆ 619/234-1060, 🕒 Mo–Fr 9–17.30 Uhr.

TAXIS – kosten ab $5 für Strecken in Downtown bis $10 nach Coronado und $15 für Fahrten zu den nördlichen Stränden (Ocean, Mission, Pacific).

Transport

BUSSE – Die ***Greyhound Station*** liegt zentral am Broadway, Ecke 1st Ave, telefonische Auskünfte über ✆ 1-800/231-2222, 💻 www.greyhound.com. Gute Verbindungen in alle großen Städte, außerdem von San Diego nach ANAHEIM (8x tgl., 2 1/2 Std.); DOWNTOWN L.A. (25x tgl., 2 1/2–3 Std.); LONG BEACH (8x tgl., 2 1/2–3 Std.); OCEANSIDE (14x tgl., 50 Min.); SAN CLEMENTE (5x tgl., 1 1/2 Std.); SAN FRANCISCO (7x tgl., 11–13 Std.); SANTA BARBARA (8x tgl.; 5–7 Std.); TIJUANA (9–21 Uhr; 48x tgl., 50 Min.).
Mexicoach, ✆ 619/232-5049, 💻 www.mexicoach.com, verkehrt zwischen 8 und 21 Uhr 48x tgl. nach TIJUANA in Mexiko.
Vom **Grossmont Center** nahe El Cajon, 10 Meilen von Downtown San Diego und zu erreichen mit Bus Nr. 15, fahren die Busse des ***North East Rural Bus System,*** ✆ 760/767-4287, nach JULIAN (1x tgl., 2 Std.); ESCONDIDO (1x tgl., 1 1/2 Std.); RAMONA (1x tgl., 1 Std.); SANTA YSABEL (1x tgl., 1 1/2 Std.).

EISENBAHN – Das ***Santa Fe Depot,*** 1050 Kettner Blvd, nahe dem westlichen Broadway-Ende ist der Hauptbahnhof. Verbindungen: ANAHEIM (10x tgl., 2 Std.); DOWNTOWN L.A. (10x tgl., 2 3/4–3 1/2 Std.); OCEANSIDE (10x tgl., 45–60 Min.); SAN JUAN CAPISTRANO (10x tgl., 1 1/4–2 Std.); SANTA BARBARA (4x tgl., 5 1/2–6 1/2 Std.); SOLANA BEACH (10x tgl., 40 Min.). Weitere Informationen von ***Amtrak,*** ✆ 619/239-9021 oder 1-800/USA-RAIL, 💻 www.amtrak.com.

FLÜGE – Der Flughafen **Lindbergh Field** (oder San Diego International) ist nur 2 Meilen vom Zentrum entfernt. Zu erreichen mit Bus Nr. 992 ($2,25), der von ca. 5–0.30 Uhr verkehrt. Taxis sind für die kurze Distanz durchaus noch erschwinglich (einfache Fahrt $8–10). Viele Hotels – auch einige der billigeren – bieten ihren Gästen einen kostenlosen Transfer-Service an.

North San Diego County

Der Verwaltungsbezirk North San Diego County erstreckt sich abseits der Stadt und umfasst einerseits verschlafene Vorortgegenden, größtenteils aber wilde, völlig unbewohnte Landstriche. Eine Reihe netter, kleiner Badeorte, die **North County Coast**, zieht sich vom nördlichen Stadtrand an der Küste entlang bis zu der von Dornbüschen überwucherten Landschaft um *Camp Pendleton,* einem Stützpunkt der US-Marine, hinter der dann bereits die Vororte von Los Angeles beginnen. Landeinwärts erstrecken sich Weinberge und Avocado-Plantagen, die ostwärts in eine wilde, bergige Landschaft übergehen. Jenseits der kleinen, einsamen Küstenorte des North County bieten einige durch dichte Wälder und **State Parks** führende Wanderwege und Nebenstraßen Gelegenheit zur Erkundung der Landschaft.

Richtung Süden ist man schnell in Mexiko. **Tijuana** ist sicherlich nicht die schönste Stadt Mexikos, liegt jedoch nur 25 Meilen von San Diego entfernt und lohnt einen kurzen Besuch, wie ihn jedes Wochenende Tausende von Amerikanern unternehmen. Für Reisende, die nicht länger als 72 Std. im Land bleiben und nur Tijuana, Rosarito oder Ensenada besuchen wollen, wird auf Einreiseformalitäten verzichtet, sodass Tagesausflüge in die zuletzt genannten, am Meer gelegenen Orte durchaus machbar sind. Natürlich ist diese Strecke auch in entgegengesetzter Richtung stark befahren, da auf dieser Route Mexikaner, legal oder illegal, massenweise nach Südkalifornien strömen. Die meisten arbeiten im Hotel- und Gaststättengewerbe, aber besonders die Migranten der zweiten Generation sind mehr und mehr auch in qualifizierteren Berufen tätig. Im Gegensatz zu L.A., wo die mexikanischen Neuankömmlinge ihren politischen Einfluss geltend zu machen beginnen, leben die Mexikaner in San Diego County weitgehend ausgegrenzt. Die hier ansässige weiße, etablierte Mittelklasse sieht sie in ihrer Borniertheit nicht als unerlässlichen Bestandteil der einheimischen Wirtschaft und Motor des Wachstums, sondern noch immer als schmarotzerische Nutznießer des amerikanischen Wohlfahrtssystems.

Zwischen San Diego und den Küstenorten besteht ein gutes öffentliches Verkehrsnetz, ebenso zur mexikanischen Grenze, dagegen gibt es kaum Verbindungen ins Landesinnere und in die Wüste.

North County – Die Küste

Etwa 40 Meilen entlang der Küstenlinie erstrecken sich nördlich von San Diego die Badeorte der North-County-Küste bis zum Marinestützpunkt Camp Pendleton. Je weiter die Orte von San Diego entfernt und je näher sie an den Militäreinrichtungen liegen, umso bescheidener werden sie. Geschniegelte Pendler mit Jobs in San Diego, permanente Strandgäste und kurzgeschorene Marines bestimmen das Bild. Die größte Attraktion ist die Küste selbst mit ihren kilometerlangen Sandstränden – ideal für Surfer, Schwimmer und andere Wasserratten.

SAN DIEGO UND UMGEBUNG

Del Mar und Solana Beach

Hinter der Kuppe mit dem Torrey Pines State Preserve (s.S.96), das die Grenze zu San Diego bildet, beginnt **Del Mar**, hauptsächlich bekannt für den **Del Mar Racetrack**, auf dem zwischen Ende Juli und Anfang September Pferderennen stattfinden, ✆ 858/755-1141, 💻 www.dmtc.com, und für die **San Diego County Fairgrounds**. Die **Del Mar Fair**, ein Provinzfest in altmodischem Stil, mit landwirtschaftlichen Ausstellungen, Barbecues, allerlei Kurzweil und Musik, wird drei Wochen lang direkt vor Beginn der Rennsaison abgehalten, ✆ 858/755-1161, 💻 www.delmarfair.com.

Kulinarische Genüsse und interessante Läden verleihen Del Mar zusätzlichen, wenngleich nicht billigen Reiz. Der hübsche Strand ist zudem nur einen Steinwurf vom Bahnhof entfernt.

Das nur wenige Kilometer nördlich von Del Mar gelegene **Solana Beach** bietet im **Solana Beach County Park** herrliche Ausblicke auf den Pazifik, und selbst für abendliche Unterhaltung ist gesorgt.

Mit dem Auto kann man einen kleinen, 4 Meilen langen Umweg über den Hwy-8 nach **Rancho Santa Fe** machen, einer kleinen, wohlhabenden Gemeinde mit Häusern im spanischen Kolonialstil. Unterwegs kommt man an der großen *Fairbanks Ranch* vorbei, Ex-Residenz des Filmschauspielers Douglas Fairbanks Jr.

Übernachtung und Essen

Entlang der Küstenstraße findet man eine ganze Reihe Motels und Hotels verschiedener Preisklassen.

Pacifica Del Mar, 1555 Camino Del Mar, Del Mar, ✆ 858/792-0476. Serviert frisches Seafood und kalifornische Küche bei herrlicher Aussicht aufs Meer.

Fish Market, 640 Via de la Valle, Del Mar, ✆ 858/755-2277. Exquisites Essen zu erschwinglichen Preisen und eine leckere Austernbar in nicht minder reizvoller Lage gegenüber der Rennstrecke.

Nobu, 315 S Coast Hwy, Solana Beach, ✆ 858/755-7787. Sushi und Sashimi vom Feinsten in einer ansonsten von konventionelleren Fischrestaurants dominierten Gegend.

Pizza Nova, 945 Lomas Santa Fe Dr, Solana Beach, ✆ 858/259-0666. Filiale der exzellenten regionalen Restaurantkette.

Unterhaltung

In Solana Beach ist das ***North Coast Repertory Theatre*** beheimatet (s.S. 108), ebenso die ***Belly Up Tavern***, 143 S Cedros Ave, ✆ 858/481-9022, die zu den größeren und bekannten Musikkneipen der Umgebung gehört.

Encinitas und Leucadia

In Encinitas werden viele Blumen gezüchtet – am schönsten ist es hier im Frühling, wenn der angenehme Duft der bunten Blüten die ganze Gegend verzaubert. Kein Wunder, dass ein indischer Guru sich gerade diese Stadt ausgesucht hat, um nahe dem Sea Cliff Roadside Park, einem beliebten und von den Einheimischen „Swami's" getauften Surfstrand, seine *Self Realization Fellowship* zu gründen. Die dazugehörigen **Meditation Gardens**, um die Ecke in der 215 K St, sind für die Öffentlichkeit zugänglich, ✆ 760/753-1811, 💻 www.yogananda-srf.org, 🕒 Mo–Sa 9–17 Uhr, Eintritt frei.

Noch mehr *flower power* haben die **Quail Botanical Gardens**, 230 Quail Gardens Drive, ✆ 760/436-3036, 💻 www.qbgardens.com, wo man durch Bambushaine, unterschiedlich gestaltete Gärten und einen kleinen Regenwald laufen kann. 🕒 tgl. 9–17 Uhr, Eintritt $8.

Sehenswert ist auch das **San Elijo Lagoon Ecological Reserve**, 2710 Manchester Ave, ✆ 760/436-3944, 💻 www.sanelijo.org, eines der größten noch existierenden Küstenfeuchtgebiete, das auf gut

350 ha vielfältigen endemischen Pflanzen, Fischen und Vögeln einen Lebensraum bietet und auf rund 8 km an Wanderwegen erkundet werden kann.

Nähere Informationen beim *Visitor Center*, 138 Encinitas Blvd, ✆ 760/753-6041, 🖳 www.encinitaschamber.org; ⏲ Mo–Fr 9–17, Sa und So 10–14 Uhr.

Übernachtung

In Encinitas und im nördlich angrenzenden Ort Leucadia gibt es ein paar preiswerte Unterkünfte.

Moonlight Beach Motel, 233 2nd St, Encinitas, ✆ 760/753-0623 oder 1-800/323-1259, günstiger Ausgangspunkt zum Strand, jedes Zimmer mit Küchenzeile. ❸

Ocean Inn, 1444 N Coast Hwy, Encinitas, ✆ 1-800/546-1598, 🖳 www.hoteloceaninn.com. Schlichte, aber mit Küchenzeile, Mikrowelle und Kühlschrank ausgestattete Zimmer, viele davon mit Meerblick. ❹–❻.

Campingplatz im San Elijo Beach State Park, ✆ 1-800/444-7275, 🖳 www.reserveamerica.com; nahe Cardiff-by-the-Sea, $18.

Essen

Außer den üblichen Fischrestaurants am Highway und einer Hand voll einfacher Frühstücks- und Mittagslokale finden Hungrige nur wenig kulinarische Abwechslung.

I Trulli Trattoria, 830 S Coast Hwy, Encinitas, ✆ 760/943-6800. Kalifornisch beeinflusste und durch angesagte Zutaten verfeinerte italienische Pizzas und Nudelgerichte.

Vigilucci's, 505 S Coast Hwy, Encinitas, ✆ 760/942-7332, Filiale in Cardiff, 1933 San Elijo Ave, ✆ 760/634-2334. Ebenfalls solide, wenngleich einfacher zubereitete italienische Pizza sowie Pasta- und Fischgerichte.

Carlsbad

Carlsbad – das ist ein Name, der in den Ohren klingt. Um 1880 wurde dem hiesigen Quellwasser eine ähnliche Qualität zugesprochen wie den Heilwassern des berühmten böhmischen Kurorts Karlsbad. Carlsbad erhielt seinen Namen und seine einträgliche Reputation als Kurort, die geschickt von John Frazier, einem zum Geschäftsmann avancierten Pioniersiedler, vermarktet wurde; seine in Bronze gegossene Gestalt blickt heute über die inzwischen versiegten Quellen nahe Carlsbad Boulevard und Carlsbad Village Drive.

Das hiesige *Visitor Center*, 5934 Priestly Drive, ✆ 760/434-6093 oder 1-800/227-5722, 🖳 www.carlsbad.org, vermittelt einen Einblick in die Ortsgeschichte. ⏲ Mo–Fr 9–17, Sa 10–16, So 10–15 Uhr.

Surfer schätzen heute an Carlsbad den **South Carlsbad State Beach** am Ortsrand. Zugkräftigste Attraktion für Familien ist das **Legoland California**, 1 Lego Drive, Ausfahrt Cannon Rd vom Interstate 5, ✆ 760/918-5346, 🖳 www.legoland.com. Kinder können hier auf riesigen Legosteinen herumklettern, sich in bunten Irrgärten verlieren, Miniaturautos und -boote manövrieren und Miniaturausgaben berühmter amerikanischer Bauten bestaunen. Eintritt $44, Kinder $37, Parkplatz $8.

Übernachtung und Essen

Surf Motel Carlsbad, 3136 Carlsbad Blvd, ✆ 760/729-7961, 🖳 www.surfmotelcarlsbad.com. Renovierte Zimmer mit Kühlschrank, Mikrowelle, z. T. auch Küchenzeile, kleines Frühstück inkl. ❹

Der belebte ***Campingplatz*** auf den Klippen oberhalb des South Carlsbad State Beach ist nur für Wohnmobile zugelassen. ✆ 760/438-3143 oder 1-800/444-7275, 🖳 www.reserveamerica.com. Stellplatz $12–18, Parken tagsüber $5.

Pollos Maria, 3055 Harding St, ✆ 760/729-4858, leckere mexikanische Gerichte.

Armenian Café, 3126 Carlsbad Blvd, ✆ 760/720-2233, Mischung aus amerikanischer und orientalischer Küche, sehr preiswert.

Tip Top Meats, 6118 Paseo del Norte, ✆ 760/438-2620. Fleischerei und Deli mit deutschem Einschlag und entsprechend deftigem Angebot, u.a. Bratwurst, Kohlrouladen und geräucherte Polnische.

Oceanside

Nahe Oceanside befindet sich *Camp Pendleton*, ein Stützpunkt der US-Marine. Der Ort ist ein wichtiger Verkehrsknotenpunkt für lokale Busse, *Greyhound-*

und *Amtrak*-Verbindungen und Ausgangspunkt für einen Ausflug zur Mission San Luis Rey (s.u.).

Zum Zeitvertreib lohnt ein Besuch im **Buena Vista Audubon Nature Center**, 2202 S Coast Hwy, ✆ 760/439-BIRD, 💻 www.bvaudubon.org, wo man gut Vögel beobachten und spazieren gehen kann. 🕓 Di–Sa 10–16, So 13–16 Uhr, Eintritt frei.

Freunden des Surfens sei das **California Surf Museum**, 233 N Coast Hwy, ✆ 760/721-6876, 💻 www.surfmuseum.org, empfohlen, das die Geschichte des hiesigen Lieblingssports erläutert, 🕓 tgl. 10–16 Uhr, Eintritt frei.

Untergebracht in einem schlichten, aber eleganten Gebäude von Irving Gill aus den frühen 20er Jahren residiert das **Oceanside Museum of Art**, 704 Pier View Way, ✆ 760/721-2787, 💻 www.oma-online.org. Es zeigt in wechselnden Ausstellungen ein breites Spektrum zeitgenössischer Kunst, angefangen von Glasarbeiten bis zu Fotografie und Multimedia-Kunst. 🕓 Di–Sa 10–16, So 13–16 Uhr, Eintritt $5.

Übernachtung und Essen

Beechwood Motel, 210 Surfrider St, ✆ 760/722-3866, akzeptabel und vor allem preiswert. ❷

Hill Street Coffee House, 524 S Coast Hwy, ✆ 760/966-0985, ein altes viktorianisches Haus, eine Oase im Fastfood-Ödland von Oceanside. Guter Kaffee, Kuchen, Sandwiches und Salate sowie Live-Musik am Samstagabend.

101 Cafe, 631 S Coast Hwy, ✆ 760/722-5220. Ältestes Speiselokal der Stadt, klassisch im Stil der 50er Jahre eingerichtet und typisch amerikanische Gerichte.

Mission San Luis Rey und Umgebung

Vier Meilen von Oceanside landeinwärts am Hwy-76 liegt die größte aller kalifornischen Missionen, die Mission San Luis Rey, 4050 Mission Ave (Bus 313). Sie wurde 1798 von Padre Laséun gegründet. Einst lebten hier 3000 amerikanische Ureinwohner, heute wohnen Franziskanermönche in den Gebäuden. Ein kleines **Museum** dokumentiert die Geschichte der Mission. 🕓 tgl. 10–16.30 Uhr, Eintritt $5, 💻 www.sanluisrey.org.

Weitere vier Meilen von der Mission entfernt liegt der **Guajome County Park**. Das Prunkstück ist eine 20 Zimmer umfassende Adobe-Ranch, 2210 N Santa Fe Ave, die Mitte des 19. Jhs. für die frisch vermählten Eheleute Cave Couts und Ysidora Bandini, ein Paar der besseren Gesellschaft, erbaut wurde. Sie machten das Haus zu einem Treffpunkt der Prominenz, unter ihnen die Schriftstellerin Helen Hunt Jackson, die für die Titelheldin ihres sentimentalen Romans *Ramona*, der das Indianerleben während der Missions-Ära beschreibt, angeblich Ysidoras Hausmädchen zum Vorbild genommen haben soll.

Als Couts 1874 starb, versuchte Ysidora jahrelang vergeblich, das Haus vor der Verwahrlosung zu retten, was aber erst gelang, nachdem das Gebäude vom Bezirk aufgekauft und restauriert worden war. Am Wochenende finden Führungen statt (11, 12.30 und 14 Uhr, $2, ✆ 760/724-4082). Der Park ist tgl. von 9.30 Uhr bis eine Stunde vor Sonnenuntergang geöffnet, Eintritt $4 pro Fahrzeug, Camping $14.

Der Hwy-76 führt weiter landeinwärts zur Mission San Antonio de Pala und zum Palomar Observatory, s.S. 118. Entlang der Küste hinter Oceanside ist militärisches Gelände. Der Strand in der Umgebung des Atomkraftwerks San Onofre ist bei Surfern sehr beliebt. Umweltschützer kämpfen seit Jahrzehnten für die Schließung des an einer erdbebengefährdeten Stelle errichteten Kraftwerks.

North County – Das Landesinnere

Im Landesinneren bietet sich ein völlig anderes Bild. In dieser hauptsächlich landwirtschaftlich genutzten Gegend gibt es keine nennenswerten Städte, dafür aber dichte Wälder, tiefe Täler und über 1500 m hohe Berge. Hier und da finden sich Hinweise auf die längst verschwundene Urbevölkerung oder Reste aus der Missions-Ära.

Östlich von Escondido wird die Landschaft zunehmend bergiger, und wer ohne Auto unterwegs ist, wird Schwierigkeiten haben, weiterzukommen.

Escondido und Umgebung

Das beschauliche Escondido liegt ungefähr 40 Meilen nördlich von San Diego am I-15 in einem ruhigen Tal. Von Downtown San Diego zu erreichen mit Bus 20 bis zum Einkaufszentrum *North County*

Fair, von dort weiter mit Bus 382 oder 384 in die Stadt. Die Hauptattraktion für Besucher in Escondido selbst ist der **Heritage Walk** im Grape Day Park, der zu zahlreichen restaurierten viktorianischen Bauten führt. ⌚ Do–Sa 13–16 Uhr, Eintritt frei. Weitere Informationen erhält man im dem Heritage Walk gewidmeten **Museum**, 321 N Broadway, ✆ 760/743-8207; ⌚ Do–Sa 13–16 Uhr, Eintritt $3.

Das nahegelegene **California Center for the Arts**, 340 N Escondido Blvd, 💻 www.artcenter.org, beherbergt neben einem überraschend guten Museum für zeitgenössische Kunst zwei Theater. Auf ihrem Programm stehen Musik- und Tanzdarbietungen. ⌚ Di–Sa 10–16, So 13–16 Uhr, Eintritt $5.

Zweite große Attraktion ist die neue Außenstelle des **Mingei Museum** (Haupthaus im Balboa Park, s.S. 98), 155 W Grand Ave, 💻 www.mingei.org. Die umfangreiche Sammlung an Volkskunst reicht von einheimischen Artefakten über handgefertigte Kunstmöbel und Origami bis zu gewebten Textilien und zeremonieller Kleidung. ⌚ Di–Sa 10–16 Uhr, Eintritt $5.

Unbedingt sehenswert ist der **Queen Califia's Magical Circle** im Kit Carson Park, Bear Valley Parkway, Ecke Mary Lane, 💻 www.queencalifia.org, mit neun hinreißenden und farbenprächtigen Mosaik-Skulpturen von Niki de Saint Phalle inmitten eines von ihr entworfenen Kunstgartens. ⌚ tagsüber, Eintritt frei.

Das gut ausgestattete **Visitors Center** nebenan, 360 N Escondido Blvd, ✆ 760/745-4741 oder 1-800/848-3336, 💻 www.sandiegonorth.com, bietet Informationen über das gesamte Gebiet des North San Diego County. ⌚ Mo–Fr 9–17, Sa 10–15 Uhr.

Die schön gelegene **Orfila Winery**, 13455 San Pasqual Valley Rd, 5 Meilen südlich von Escondido, bietet Weinproben. ⌚ tgl. 10–18 Uhr, 💻 www.orfila.com.

Abseits des I-15 befindet sich acht Meilen nördlich der Stadt das **Lawrence Welk Resort**, 8860 Lawrence Welk Drive, ✆ 760/749-3000 oder 1-800/932-9355, 💻 www.welkresort.com, eine 4 km² große Ferienanlage mit Golfplätzen, Ferienhäusern und dem Welk Dinner Theater, benannt nach einem hierzulande sehr bekannten Akkordeonspieler und TV-Bandleader. Die Geschichte seiner steilen Karriere ist in der Lobby des Theaters dokumentiert. Für Besucher aus Übersee wird wohl das billige Mittagsbüffet des Restaurants der einzige Grund sein, die eher deprimierende Anlage aufzusuchen.

Abgesehen vom Welk Resort gibt es in Escondido fast nur Ketten-Motels, die nicht wirklich zum Übernachten einladen. Eine angenehme Ausnahme hiervon bildet das B&B *Zosa Gardens*, 9381 W Lilac Rd, ✆ 760/723-9093, 💻 www.zosagardens.com, ❻–❽, das in einer nachgebauten, 2 ha großen und üppig begrünten spanischen Hacienda 13 luxuriös eingerichtete Zimmer sowie einen Pool und Jacuzzi bietet.

Gute Adressen bei aufkommendem Hunger sind das *150 Grand Cafe*, 150 W Grand Ave, ✆ 760/738-6868, mit schmackhafter kalifornischer Küche, und das *Brigantine Escondido*, 421 W Felicita St, ✆ 760/743-4718, das gute, wenngleich nicht billige Fisch- und Fleischgerichte serviert und mit einer leckeren Austernbar verwöhnt.

Nördlich von Escondido

Die S6 führt von Escondido nach Nordosten zum Hwy-76 in Richtung Oceanside und erreicht nach 15 Meilen die 1816 erbaute **Mission San Antonio de Pala**, ✆ 760/742-3317. Ursprünglich war sie ein Außenposten der Mission San Luis Rey, lag aber lange Jahre in Trümmern.

North East Rural Bus System

Die einzige tägliche Transportverbindung in den dünn besiedelten Nordosten des San Diego County bietet das *North East Rural Bus System*, ✆ 760/767-4287, tgl. 7–12 und 14–17 Uhr. Es ist zwar zuverlässig und preiswert (in der Regel $3), doch leider fahren die Busse nicht allzu häufig. Vom Grossmont Center nahe El Cajon, 10 Meilen östlich von Downtown San Diego und mit Bus Nr. 15 zu erreichen, bestehen Verbindungen nach Escondido, Ramona, Julian, Santa Ysabel und zur Anza-Borrego Desert. Mindestens einen Tag vorher die Abfahrtszeit erfragen. Auch wer vom Cuyamaca State Park abgeholt werden möchte, muss einen Tag vorher anrufen. Räder werden kostenlos befördert, müssen aber vorher angekündigt werden. Die Busse halten an markierten Haltestellen, ansonsten muss man auf sich aufmerksam machen.

Als der Cupa-Indianerstamm am Anfang des 20. Jh. sein Heimatgebiet verlassen musste, um Platz für das neue Warner Hot Springs-Gelände zu machen, und in diese Gegend umsiedelte, richtete man sie als Kirche für die Indianer neu her. Die Gebäude sind zwar nur Rekonstruktionen, aber dennoch strahlt die Missionsstation eine schaurig-mystische Stimmung aus. Man findet hier einen geschichtsträchtigen Friedhof, einen schönen Garten und ein kleines, nur aus einen Raum bestehendes Museum, in dem Gegenstände der Pala-Indianer zu sehen sind, die aus den Zeiten der frühen Missionierung stammen. ⏲ Mi–So 6–18 Uhr, Spende erbeten. Wer übernachten will, kann auf dem einfachen Campingplatz gegenüber ein Zelt aufschlagen.

Nach Osten führt der Hwy-76 am **Cleveland National Forest** vorbei, ✆ 760/788-0250, 💻 www.r5.fs.fed.us/cleveland. Das riesige Waldgebiet erstreckt fast bis zur mexikanischen Grenze hinunter und bietet einige von der Bundes- sowie von der kalifornischen Landesregierung betriebene Campingplätze.

Wanderer werden allerdings eher den kühleren, 800 ha großen **Palomar Mountain State Park** am Hwy-S7 ansteuern, denn er bietet mit seinen Berggipfeln von über 1500 m Höhe einige schöne, leichte Wanderwege. Infos unter ✆ 760/742-3462, 💻 www.palomar.statepark.org. Zeltmöglichkeiten bestehen auf dem Gelände des Campingplatz Doane Valley, ✆ 1-800/444-7275, 💻 www.reserveamerica.com; Lebensmittel usw. gibt es im *Palomar Mountain General Store* an der Kreuzung von S6 und S7.

Das 8 Meilen östlich des Parks am Hwy-S6 angesiedelte **Palomar Observatory**, 💻 www.astro.caltech.edu/palomarpublic, besitzt das weltberühmte *Hale Telescope* – mit 5000 mm das zweitgrößte Teleskop der Welt –, das einen Millionen von Lichtjahren tiefen Blick in den Kosmos erlaubt. Obwohl Besuchern der Blick durch das Fernrohr nicht vergönnt ist, kann man eine Sammlung von Bildern bewundern, die mit dem Teleskop aufgenommen wurden. ⏲ tgl. 9–16 Uhr, Eintritt frei.

Östlich von Escondido

Die größte Touristenattraktion im Gebiet ist der **San Diego Wild Animal Park**, 15500 San Pasqual Valley Rd, 💻 www.sandiegozoo.org/wap. Von Escondido sind es 10 Meilen auf dem Hwy-78 mit Bus 307, der tgl. außer So verkehrt, und von San Diego 30 Meilen mit Bus 878 oder 879, der Di–Sa ab Grossmont Center fährt. Unter anderem gibt es ein Tropen-Vogelhaus, einen „afrikanischen" Busch, einen „Kilimanjaro"-Wanderweg und Elefanten, auf denen man reiten kann. Die hohe Eintrittsgebühr schließt eine 50-minütige Fahrt mit der *Wgasa Bush Line Monorail* ein, die am Rand des Tierparks entlangfährt. Dabei bekommt man u.a. Löwen, Tiger, Geparde und Affen zu Gesicht. ⏲ tgl. 9–16, im Sommer bis 20 Uhr. Eintritt $26,50, kombiniertes Ticket mit San Diego Zoo $56, Parken $6.

Wer sich mehr für Geschichte interessiert, findet zwei Meilen entfernt das **San Pasqual Battlefield**, 15808 San Pasqual Valley Rd, ✆ 760/737-2201. Das dortige Visitor Center dokumentiert die 1846 hier ausgefochtene Schlacht während des Mexikanischen Kriegs. ⏲ Sa und So 10–17 Uhr, Eintritt frei. Entlang eines Lehrpfads kann man zudem mehr über das Ökosystem der Region und die einstigen, vor Ankunft der weißen Kolonisten vorherrschenden Kulturen erfahren.

Weiter auf dem Hwy-78 nach Osten wird es einsam – hierhin kommt man problemlos nur noch mit dem eigenen Auto. Von San Diego nimmt man am besten den Hwy-67 bis Ramona und fährt dann auf dem Hwy-78 weiter Richtung Osten nach **Santa Ysabel**, einer winzigen Ortschaft. Kurz vor der Kreuzung mit Hwy-79 liegt unübersehbar *Dudley's Bakery,* 30218 Hwy-78, ✆ 760/225-3348, 💻 www.dudleysbakery.com, weit und breit für ihr hausgemachtes Brot und Konditoreiwaren zu günstigen Preisen bekannt. ⏲ Mi–So 8–17 Uhr.

1,5 Meilen nördlich des Ortes befindet sich die kleine **Mission Santa Ysabel**, 23013 Hwy-79, ✆ 760/765-0810, ein 1924 entstandener Nachbau der ursprünglichen Anlage von 1818. Dort gibt es eine Kapelle und um die Ecke ein Museum, bestehend aus einem einzigen Raum, in dem die Geschichte der Mission dokumentiert ist. Davor erstreckt sich ein Friedhof der Indianer. Bis heute betreut die Kirche mehrere indianische Gemeinden der Umgebung. ⏲ im Sommer 8–17.30, sonst bis 16 Uhr, Spende erbeten.

Julian und Umgebung

Die winzige Ortschaft liegt 7 Meilen südöstlich von Santa Ysabel am Hwy-78A. Nach der Entdeckung von Gold im Jahre 1869 war Julian die zweitgrößte

Stadt in der Umgebung von San Diego. Seither schrumpfte die Einwohnerzahl kontinuierlich, und der Ort war sogar in seiner Existenz bedroht, als im Oktober 2003 ein verheerender Waldbrand in der Region wütete. Dank einer glücklichen Schicksalsfügung und des mutigen Einsatzes der Feuerwehrleute blieb der Ort verschont – auch wenn manch Kalifornier fälschlicherweise Anderes behauptet. Die Geschäfte laufen entsprechend schleppend, doch angelockt vom leckeren einheimischen Apfelwein und Apfelkuchen, findet an manchen Wochenenden eine stattliche Zahl von Ausflüglern den Weg nach Julian, das sich angesichts seiner Lage in rund 1300 m Höhe als angenehm kühle Ausgangsbasis für Abstecher in die weniger als 10 Meilen weiter östlich gelegene Anza-Borrego-Wüste (s.S.259ff.) anbietet.

Im hübschen, von rustikalem Charme umgebenen Zentrum steht auch das schöne **Julian Gold Rush Hotel** (s.u.), das älteste intakte Hotel in Südkalifornien und auf der Liste der *historical monuments.* Beachtung unter den zahlreichen anderen alten und unterschiedlich gut erhalten Bauwerken (die meisten davon wurden von den Waldbränden verschont) verdient vor allem das **Julian Pioneer Museum**, 2811 Washington St, ✆ 760/765-0227, das u.a. Arbeitswerkzeuge aus der Goldrauschzeit und ein Sammelsurium viktorianischer Gegenstände zeigt. ◷ April–Nov Sa und So 10–16 Uhr, Spende erbeten.

Nicht minder bemerkenswert ist die alte Goldmine der **Eagle Peak Mining Company** am Ende der C Street, ✆ 760/735-0036, wo einstündige Führungen eine Vorstellung von den Gefahren vermitteln, denen die Pioniere beim Schürfen ausgesetzt waren. ◷ tgl. 10–14 Uhr, Eintritt $8.

Einen Besuch lohnt außerdem das **Volcan Mountain Wilderness Preserve**, ✆ 760/765-2300, 🖳 www.volcanmt.org. Man erreicht es von Julian über die Farmer Road Richtung Norden. Kurze Wege führen an Obstplantagen, Eichenwäldchen und Bärentrauben vorbei zu einem herrlichen Aussichtspunkt. Jeden Monat gibt es geführte Wanderungen. ◷ 24 Std., Eintritt frei.

Ein ganz besonderes Naturerlebnis bietet das vier Meilen südlich von Julian angesiedelte **California Wolf Center**, 18457 Hwy-79, ✆ 619/234-WOLF, 🖳 www.californiawolfcenter.org. Das Zentrum lädt jeden Samstag um 14 Uhr zu einer 90-minütigen Begegnung mit Wölfen ein und erläutert die Notwendigkeit für deren Erhalt in der freien Natur samt der hierfür angewandten Strategien. Reservierung zwingend erforderlich, Gebühr $8.

Übernachtung und Essen

Es gibt mehrere B&Bs – Näheres im *Visitor Center.*

Julian Gold Rush Hotel, 2032 Main St, ✆ 760/765-0201 oder 1-800/734-5854, 🖳 www.julianhotel.com. Ältestes noch betriebenes Hotel Kaliforniens, das 1897 von einem befreiten Sklaven eröffnet wurde; inkl. Nachmittagstee und großes Frühstück. ❺

Julian Lodge, 2720 C St, ✆ 760/765-1420 oder 1-800/542-1420, 🖳 www.julianlodge.com. Ist zwar nur die Kopie eines historischen Hotels, aber deswegen nicht minder behaglich. Frühstücksbüffet. ❺

Julian Café, 2112 Main St, ✆ 760/765-2712, ist am gemütlichsten und bietet die besten Mahlzeiten, inkl. Apfelkuchen.

Baily Woodpit Barbecue, 2307 Main St, ✆ 760/765-3757, serviert u.a. zartes Fleisch vom Grill.

Julian Pie Company, 2225 Main St, ✆ 760/765-2449, 🖳 www.julianpie.com. Drei Sorten Apfelkuchen und Dutzende leckere Obstkuchen-Varianten.

Informationen

Visitor Center, 2129 Main St, ✆ 760/765-1857, 🖳 www.julianca.com, ist in der 100 Jahre alten Julian Town Hall untergebracht und informiert über die Ortsgeschichte. ◷ tgl. 10–16 Uhr.

Cuyamaca Rancho State Park

Kein Gebiet im San Diego County wurde schwerer von den Waldbränden im Herbst 2003 getroffen als die Eichen, Weiden und Kiefern des Cuyamaca Rancho State Park, 9 Meilen südlich von Julian auf dem Hwy-79. Von den subalpinen Wiesen bis zu den hohen Berggipfeln entging kaum ein Teil des 100 km² großen Parks einschließlich seiner Campingplätze und Wanderwege der Zerstörung durch die Flammen. Eine Armee von Freiwilligen versucht seit dem Sommer 2004, in mühseliger Arbeit die Infrastruktur neu aufzubauen. Inzwischen ist ein Drittel der Wanderwege wieder freigegeben, auch der Campingplatz Green Valley ist wieder in Betrieb; Übernachtung $12–15, Tagesnutzung $5.

Informationen und Kartenmaterial gibt es im **Park Headquarters**, 16 Meilen südlich von Julian am Hwy-79. Angesichts des ungeheuren Kraftakts, der noch nötig sein wird, bleibt ungewiss, was wann für die Öffentlichkeit wieder zugänglich sein wird. Vor einem Besuch sollte man sich daher unbedingt telefonisch oder auf der Webseite des Parks informieren. ◷ Mo–Fr 8–17 Uhr, allgemeine Auskünfte ✆ 760/765-0755, aktueller Stand der Aufbauarbeiten ✆ 760/765-3020, 🖳 www.cuyamaca.statepark.org.

Das hervorragende, im Hauptquartier untergebrachte **Museum** bietet einen guten geschichtlichen Überblick über die einheimischen Kumeyaay-Indianer, die zunächst gegen das Ansinnen der Spanier kämpften, die Wälder abzuholzen, später erbitterten Widerstand gegen amerikanischer Siedler aufboten und zu den letzten indianischen Gruppen gehörten, die zur Umsiedlung in Reservate gezwungen wurden. ◷ Mo–Fr 10–16, Sa und So 10–14 Uhr, Eintritt frei.

Ein Ausflug nach Mexiko

Obwohl das **nördliche Baja California** zu den kulturell unspektakulärsten Regionen Mexikos zählt, gehört es paradoxerweise zu den meistbesuchten Gegenden des Landes. 20 Millionen Touristen, in der Mehrzahl Kalifornier und Tagesausflügler, überqueren jedes Jahr die Grenze, um auf Schnäppchenjagd nach Decken, Töpferwaren, Zigaretten, Tequila, Zahnbehandlungen, Autoreparaturen und sogar Medikamenten zu gehen. Da die Preise in Baja California durchweg billiger sind als in den USA (aber teurer als im restlichen Mexiko), blüht der Handel entsprechend. Nahe liegendes Ziel aus den genannten Gründen ist **Tijuana**, aber auch Küstenorte wie **Rosarito** und **Ensenada** haben für Gringos ihren Reiz und locken mit schönen Stränden und jeder Menge zwangloser Bars, Restaurants und anderer Einrichtungen, in denen massig Dollars gelassen werden.

Für Leute, die ins Landesinnere Mexikos vordringen wollen, hat der Nordwesten des Landes wenig zu bieten; die meisten machen sich gleich auf den langen Weg nach Mexico City und in die südlicheren Regionen. Eine näher liegende Alternative ist die Halbinsel **Baja California**, auf der es kilometerlange, fast unberührte Strände und ein paar kleinere Orte gibt (aber auch die Touristenhochburg Cabo San Lucas).

Tijuana

Wer zum ersten Mal nach Tijuana kommt, wird sofort die große wirtschaftliche Kluft zwischen beiden Ländern bemerken. Gleich hinter der *frontera,* sprich Grenze, sieht man Bettler in Ecken kauern und Kinder, die auf ein wenig Kleingeld der Touristen hoffen. Es ist ein deprimierendes wie bezeichnendes Bild, das bei regelmäßigen Besuchen jedoch seine schockierende Wirkung mehr und mehr verliert. Dank des Zustroms reicher Einwohner aus Mexiko City und der vielen multinationalen Konzerne, die hier wegen der billigeren Lohnkosten *maquiladoras* (Fabriken) unterhalten, zählt Tijuana tatsächlich zu den wohlhabendsten Städten Mexikos.

Tijuana mag ein reizvolles Ziel für einen Tagesausflug von San Diego sein, mit Mexiko hat die Stadt aber wenig zu tun. Wer das Land wirklich erleben möchte, sollte hier keine Zeit verschwenden.

Machte Tijuana vor einigen Jahrzehnten seinem rauen, von Prostitution und unsicheren Straßen geprägten Grenzstadt-Image noch alle (zweifelhafte) Ehre, kann man sich hier heute weitgehend unbehelligt bewegen. Das Rotlichtviertel beschränkt sich auf die leicht zu meidende Umgebung der Kreuzung von Avenida Artícula und Mutualismo. Obwohl es vereinzelt immer mal wieder zu Zwischenfällen kommt, bei denen betrunkene College-Boys nach dem Besuch eines dubiosen Strip-Lokals zusammengeschlagen und ausgeraubt werden, sind die meisten Gegenden der Stadt ungefährlich.

Das Zentrum und Einkaufsviertel Tijuanas erstreckt sich nicht weit westlich der Grenze. Hauptverkehrsstraße durch das Gebiet ist die **Avenida Revolución**, wo es an Ständen, von ambulanten Händlern und in verschiedenen Kaufhäusern alles gibt, was das willige Konsumentenherz erfreut. Von handgewebten Decken über montierte Stierhörner bis zu geschmacklich gewöhnungsbedürftigen schwarzen Samtmalereien kostet alles nur ein paar Dollar, mit etwas Verhandlungsgeschick sogar noch weniger.

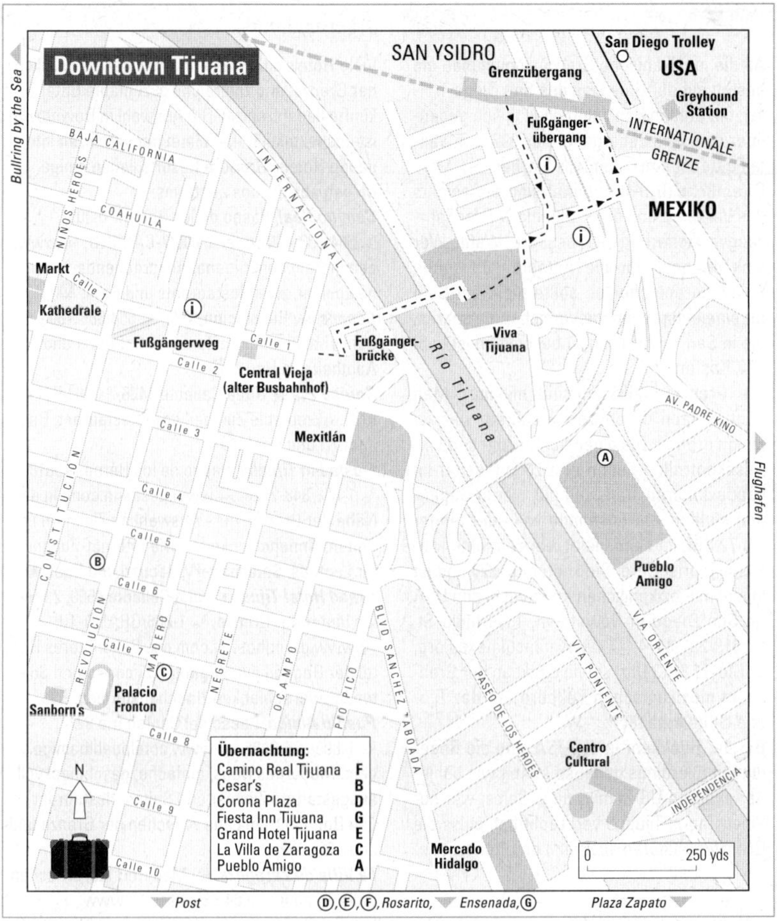

Nach einem Bummel ist man ausreichend mit Atmosphäre versorgt, um sich in eine der zahlreichen Bars zu begeben und den Touristen dabei zuzusehen, wie sie Unmengen Margaritas in sich hineinkippen. Das nächtliche Treiben wird überwiegend von betrunkenen Amerikanern und mexikanischen Clubkids bestimmt, die es in die exaltierten Diskotheken und lauten Rock 'n' Roll-Bars zieht.

Das **Centro Cultural** (CECUT), ✆ 664/684-1111, 💻 www.cecut.gob.mx, bietet eine willkommene Abwechslung vom aggressiven Kommerz auf der Straße. Das runde Gebäude sitzt wie ein überdimensionaler, außerirdischer Golfball unter Bürohochhausern an der Paseo de los Heroes, Ecke Avenida Independencia, am Rio Tijuana. Das hiesige Museum bietet umfassende Einblicke in die Geschichte und Kultur Mexikos und der Region. Die Filme im OMNIMAX-Theater widmen sich in erster Linie mexikanischen Landschaften und Städten. 🕒 tgl. 9–20 Uhr, Eintritt 20 Pesos oder $2, mit gültiger Kinokarte ($5) Eintritt frei.

Von San Diego nach Mexiko

An die mexikanische Grenze kommt man am besten mit der Blue Line des San Diego Trolley; die Station San Ysidro liegt gleich gegenüber dem Grenzübergang. Bus 932 vom Santa Fe Depot fährt ebenfalls hierher.

Öffentliche Transportmittel sind angesichts des Verkehrs und der Probleme bei der Fahrzeugversicherung die bessere Wahl. Wer sich dennoch für die Anfahrt im eigenen Fahrzeug entscheidet, sollte nicht am Geld für eine entsprechende Versicherung sparen, die in San Ysidro billig zu bekommen ist (s.S. 124, Kasten).

Die Grenzformalitäten sind minimal: Man geht einfach durch das Drehkreuz und ist schon drüben. Die eigentlichen Zoll- und Einreisekontrollen finden erst 20 km weiter im Landesinneren statt, und nur wer in Gegenden südlich von Ensenada will oder länger als 72 Std. im Land bleibt, benötigt eine Mexican Tourist Card. Sie kostet ca. $20 und ist in jedem mexikanischen Konsulat in den USA (in San Diego in Downtown, 1549 India St, ✆ 619/231-8414, 💻 www.consulmexsd.org, 🕒 Mo–Fr 8–13 Uhr) sowie direkt an der Grenze im mexikanischen Zollbüro auf der Tijuana-Seite erhältlich.

Bei der Rückkehr in die USA sind die Regelungen allerdings genauso streng wie bei jeder anderen US-Immigration. Selbst wer nur einen Tag in Tijuana verbracht hat, muss die Grenzformalitäten über sich ergehen lassen.

Nicht weit davon, an der Avenida Independencia, Ecke Taboada, befindet sich der **Mercado Hidalgo**. Auf dem betriebsamen und bunten städtischen Markt ist von Lebensmitteln bis Piñatas alles zu bekommen. Einen Abstecher lohnt auch der Schuhmarkt *Plaza del Zapato*, Paseo de los Héroes an der Plaza Río Tijuana, mit seiner riesigen Auswahl und billigen Preisen.

Zu weiteren Sehenswürdigkeiten zählt **Mexitlán**, Avenida Ocampo zwischen Calle 2 und 3, ein mexikanischer Miniatur-Themenpark mit Modellen bekannter mexikanischer Bauten, 🕒 Mi–So 10–17 Uhr, Eintritt $4.

Übernachtung

Viele Hotels sind wesentlich billiger als nördlich der Grenze, und zahlreiche akzeptable Unterkünfte liegen zentral. Die Auswahl in Downtown ist unspektakulär und bietet nur vereinzelt lohnende Hotels: Größere Resorts liegen einige Meilen abseits des Zentrums.

Camino Real, Paseo de los Héroes 10305, ✆ 664/633-4001 oder 1-800/7-CAMINO, 💻 www.caminoreal.com/tijuana. Ansprechende, moderne Zimmer, zwei Restaurants und Bars. ❻

Cesar's, Av Revolución 1079, ✆ 664/685-1606. Schlichte Zimmer im Zentrum; Cafeteria und Apotheke im Haus. ❸

Corona Plaza, Agua Caliente 1426, ✆ 664/681-8131. Akzeptable Zimmer, dazu Restaurant, Bar, Jacuzzi und Pool. ❹

Fiesta Inn Tijuana, Paseo de los Héroes 18818, ✆ 1-888/848-2928, 💻 www.fiestainn.com. In der Nähe der Grenze, gute Auswahl an Zimmern und Suiten; Annehmlichkeiten wie Internet-Zugang für Laptops, Satelliten-TV, Jacuzzi und Pool. ❺

Grand Hotel Tijuana, Agua Caliente 4500, 2 Meilen hinter der Grenze, ✆ 1-866/GRAND-TJ, 💻 www.grandhoteltij.com.mx. Bekannteres Hotel der Gegend mit eleganten Zimmern und Suiten in zwei schlanken Hochhaustürmen. ❻

Pueblo Amigo, Paeso del Centenario 9211, ✆ 1-800/386-6985, 💻 www.hotelpuebloamigo.com. Modernes Haus, einfache, geschmackvoll ausgestattete Zimmer und Suiten; Restaurant und Bar. Zentrale Lage zwischen der Grenze und Zona Rio. ❺

La Villa de Zaragoza, Av Madero 1120, zwischen Calle 7 und 8, ✆ 664/685-1837, 💻 www.hotellavilla.biz. Gepflegte Zimmer mit Klimaanlage und Kabel-TV. Relativ zentral. ❸

Essen

Wie zu erwarten, wimmelt es in Tijuana von billigen Restaurants und Imbissbuden, die mexikanische Standardgerichte wie Tacos und Enchiladas anbieten – beides z.B. sehr gut bei ***Sanborn's,*** Calle 8, Ecke Av Revolución.

Die wenigen „besseren" Restaurants buhlen um Touristen, die ein gehobeneres Esserlebnis erwarten. Zu den besten gehören:

Cien Años, 1407 Jose Maria Velazco, ✆ 664/685-8494, serviert eine kuriose, aber sehr schmackhafte Mischung aus mexikanischer und aztekischer Küche, u.a. höllisch scharfes Chili-Seafood und reichhaltige Suppen, daneben auch wenig Appetitliches wie sautierte Maden und Ameisen.
La Fonda Roberto, 2800 Cuauhtemoc Blvd, ✆ 664/686-4687, alteingesessen und wegen seiner fantasievollen Gerichte und exotischen Kombinationen von Zutaten bekannt; im Angebot sind u.a. Kaktussalat und Kürbis-Quesadillas. Auch hier ist es nicht teuer.

Unterhaltung

Viele Besucher kommen nur nach Tijuana, um am Nachtleben teilzuhaben. Die meisten Discos achten allerdings strikt darauf, dass Sandalen- und Jeansträger draußen bleiben.
Señor Frog's, 60 Via Oriente, ✆ 664/682-4964, ausgelassene, trinkfreudige Stimmung.
Baby Rock, Diego Rivera 1482, Zona Rio, ✆ 664/634-2404, für die jüngere Szene.
Rodeo Santa Fe, Av Paseo Tijuana, in der Pueblo Amigo Plaza, Zona Rio, ✆ 664/682-4967, sehr beliebt. Zu Tex-Mex- und Latino-Klängen wird unter Zuhilfenahme eines mechanischen Stiers ein wildes „Rodeo" inszeniert; einen Stock höher tobt eine Disco. Eintritt $8.

Sonstiges

GELD – In Tijuana werden US-Dollar genauso wie Pesos angenommen, amerikanische Währung ist den meisten Verkäufern sogar lieber. Die Peso-Preise sind allerdings etwas günstiger. Nur wer vorhat, ins Landesinnere weiterzufahren, sollte Geld tauschen. Dies kann in einer der vielen Banken und *casas de cambio* auf der Avenida Revolución erledigt werden. Letztere sowie ***Banamex*** losen auch Travellers Cheques ein.

INFORMATIONEN – ***Tijuana Tourism Board,*** ✆ 1-888/775-2417, 🖳 www.seetijuana.com. Informiert über lohnende Sehenswürdigkeiten und führt neben dem üblichen Kartenmaterial auch ausgewählte Broschüren von Hotels, Restaurants, Läden usw.

Rosarito

Mit dem Bus sind es 45 Min. vom Busbahnhof Central Vieja in Tijuana entlang der alten Küstenstraße bis nach Rosarito, wo es einen der schönsten Strände der Umgebung gibt, das Wasser allerdings häufig schmutzig ist. Während es unter der Woche viel entspannter zugeht als in Tijuana, fallen an Wochenenden auch hier die Gringos in Scharen ein. Surfer werden von den guten Bedingungen an Stränden wie **Calafia**, km 35,5, und **Popotla**, km 33, von jenseits der Grenze angelockt. Bretter verleiht *Tony's Surf Shop*, Blvd Juarez 312.

Übernachtung

Brisas del Mar, 22 Blvd Juarez, ✆ 661/612-2547. Anständige Zimmer mit TV und Klimaanlage sowie einige Suiten mit Jacuzzi nahe dem Strand, außerdem ein Pool. ❷–❸
Festival Plaza, 1207 Blvd Juarez, ✆ 661/612-2950, 🖳 www.festivalplaza.com. Karnevalesker Hotelkomplex mit sauberen, einfachen Zimmern und Strand-Casitas mit Jacuzzi. Eigentliche Attraktion des Hotels ist sein *El Museo* betiteltes Tequila-Museum, das 150 verschiedene Sorten des Agavendestillats zum Probieren anbietet; 🕓 Mo–Do 16–24, Fr–So 12–24 Uhr, Eintritt frei. ❹
Rosarito Beach Hotel, ✆ 661/612-0144, 🖳 www.rosaritohtl.com. Historisches Hotel, wo sich zu Zeiten der Prohibition mancher Gast aus Hollywood einfand, um ein Gläschen Hochprozentiges zu heben. Heute werden hier außerdem elegante Suiten und Apartments sowie schlichte Zimmer zu sehr unterschiedlichen Preisen angeboten. ❺–❼

Essen

An Taco-Ständen und billigen Restaurants, viele davon auf Seafood spezialisiert, herrscht kein Mangel in der Stadt.
Zum *Festival Plaza* gehören auch das ***Rock & Roll Taco,*** ein Restaurant mit Bar und regelmäßiger Schauplatz von Partys, sowie ***El Patio,*** das anspruchsvollere authentisch-mexikanische Speisen in angenehmer, moderner Umgebung serviert.
La Flor de Michoacan, 291 Blvd Juarez, ✆ 661/612-1858. Seit langem ein Renner. Mexikanische

Standards wie Tacos, Tortillas und Carnitas in lebendiger Atmosphäre.

Papas and Beer, Blvd Juarez, nahe dem *Rosarito Beach Hotel,* ✆ 661/612-0444, Beachvolleyball-Bar, in der vor allem am Wochenende gute Laune zelebriert wird.

Ensenada

Ein Hauch des wahren Mexiko ist in Ensenada zu spüren, 2 Std. Busfahrt südlich von Tijuana, wenngleich die Touristenscharen den Eindruck trüben können. Kreuzfahrtschiffe aus San Diego gehen hier vor Anker, und an Wochenenden bevölkert die amerikanische Partyszene die Bars.

Das Zentrum der Stadt bildet der traditionelle öffentliche Platz **Parque Revolución** an der Avenida Obregon. Auf dem **Fischmarkt** am nördlichen Ende des Boulevard Costero werden Thunfisch, Krabben und andere Meeresfrüchte angeboten – die Unbedenklichkeit des Verzehrs von Fisch aus hiesigen Gewässern ist allerdings fragwürdig. Entlang der Avenida Mateos findet man das Gros der Bars, Restaurants, Souvenirläden und Anbieter von **Angelexkursionen**. Der größte Besuchermagnet der Stadt, die Weinkellerei *Bodegas de Santo Tomás,* Miramar 666, zwischen Calle 6 und 7, ✆ 646/174-0836, ist nicht sonderlich spektakulär, beherbergt aber eines der besten Restaurants in Baja. Führungen Mo–Sa 11, 13 und 15, So 11 und 13 Uhr, $2. Gegenüber befindet sich *La Esquina de Bodegas,* ✆ 646/178-3557, ein hübsches Café mit Galerie und Weinladen; ⏲ tgl. 8–22 Uhr.

Die zweite berühmte Sehenswürdigkeit ist **La Bufadora**, ein Geysir 6 Meilen südlich von Ensenada, der gelegentlich bis zu 25 m hohe Fontänen ausspuckt (meist kommen sie jedoch über 10 m nicht hinaus).

Übernachtung und Essen

San Nicolas, Av Mateos, Ecke Guadalupe, ✆ 646/176-1901, beste Unterkunft am Platze. Am Wochenende vorbuchen. Schöne Zimmer, Swimming Pool, Jacuzzi. Auch Angel- und Walbeobachtungstouren. ❺

Hotel del Valle, 367 Av Riveroll, ✆ 646/178-2224. Saubere Zimmer mit Ventilator, TV und Telefon. ❶–❷

Las Rosas, nördlich der Stadt auf dem Hwy-1, ✆ 646/174-4310, 💻 www.lasrosas.com. Reizvoller Komplex am Meer mit einer Auswahl an eleganten Zimmern und Suiten, Pool und Wellness-Center. ❻

Nahe dem Fischmarkt gibt es an Ständen Fisch-Tacos und Bier.

Hacienda del Charro, Lopez Mateos 454, ✆ 646/178-2114, üppig portionierte Tacos, Enchiladas und gegrillte Hühnchen.

Hussongs Cantina, Ruiz 113, ✆ 646/178-3210, in ganz Südkalifornien bekannt, serviert für westliche Mägen verträgliche mexikanische Küche. An Wochenenden steigen regelmäßig ausgelassene Partys.

Transport

Busse verkehren ungefähr stdl. vom Tres Cabezas Park an der Küstenstraße am Ende der Av Riveroll.

Mit dem Auto durch Northern Baja

Eine gesonderte Fahrzeuggenehmigung ist für Baja nicht erforderlich, aber die meisten US-Autoverleiher untersagen ohnehin Fahrten mit ihren Wagen nach Mexiko. Eine Ausnahme ist *California Baja Rent-a-Car,* 9245 Jamacha Blvd, in Spring Valley, einem Vorort von San Diego, ✆ 619/470-RENT oder 1-888/470-RENT, 💻 www.cabaja.com, wobei das Mindestalter der Fahrer 21 Jahre betragen muss. Wer mit dem eigenen Fahrzeug unterwegs ist, sollte Exkursionen nach Baja nicht ohne **mexikanische Versicherung** unternehmen, die problemlos in einer der zahlreichen, mit Flugblättern werbenden Agenturen in San Ysidro zu bekommen ist, z.B. von *Instant Mexico Insurance Services,* 233 Via de San Ysidro, ✆ 619/428-4714 oder 1-800/345-4701, 💻 www.instant-mex-auto-insur.com.

Los Angeles
und Umgebung

Downtown L.A. – der Bezirk der Gegensätze

Auf den Spuren der Stars in **Beverly Hills** und **Hollywood**

Meisterwerke europäischer Maler im modernistischen **Getty Center**

Die menschenleeren Strände auf **Santa Catalina Island**

Ein Besuch bei Mickey Mouse und Co. im riesigen Vergnügungspark **Disneyland**

LOS ANGELES UND UMGEBUNG

Die endlos ausgedehnte Metropole Los Angeles liegt wie ein Mosaik aus Eigenheimen, Fastfood-Läden, Einkaufszentren, Palmen, Filmstudios und Swimming Pools, vom Pazifik im Westen und von schneebedeckten Bergen im Osten gesäumt, in einem riesigen Wüstenbecken. Ein verschlungenes Netz von Autobahnen hält die vielen tausend Quadratkilometer architektonische Anarchie dieser schwer zu überschauenden Stadt zusammen.

L.A. kommt einem einerseits extrem fremd, andererseits aber auch seltsam bekannt vor – dank der Filmindustrie, die maßgeblich dazu beigetragen hat, das Bild von Los Angeles in die Welt zu tragen. Die ersten Filmemacher, die um 1910 die Westküste bereisten, fanden hier ein Klima, das es ihnen ermöglichte, das ganze Jahr über im Freien zu filmen, preiswerte Grundstücke für große Studios und vielfältige Landschaften, in denen man Szenarien aus aller Welt nachbauen konnte. Der Glanz und das Geld Hollywoods haben seitdem unzählige Künstler magnetisch angezogen: Schauspieler, Autoren, Regisseure, Designer, schließlich auch Rockstars. Der Mythos vom schnellen Erfolg gehört ebenso zu L.A. wie die Aussicht, dass mit der nächsten Überschwemmung, dem nächsten Großbrand oder Erdbeben alles vorbei sein könnte. Dieser Tanz auf dem Vulkan in einer Stadt der Extreme, wo schon der nächste Tag Ruhm oder Ruin bringen kann, prägt den widersprüchlichen Charakter von L.A. Und gerade deshalb ist es wie kein anderer Ort auf dieser Welt.

Bereits 1000 Jahre vor Ankunft der spanischen Siedler 1781 war die Region von Chumash- und Tongva-Stämmen besiedelt. Der heutige Name Los Angeles kommt aus dem Spanischen „**Nuestra Señora de Los Angeles**" („Unsere Königin der Engel"). Das Dorf war später ein Glied in der Kette von Junípero Serras 21 franziskanischen Missionsstationen und Ausgangspunkt für spanische Militärexpeditionen. 1821 fiel Kalifornien Mexiko zu, und das gesamte Gebiet wurde in riesige **Ranchos** aufgeteilt, die politisch einflussreichen Großgrundbesitzern gehörten. 1847 gewannen die Vereinigten Staaten Kalifornien im mexikanisch-amerikanischen Krieg und modelten die von Spanien und Mexiko geprägten gesellschaftlichen und politischen Strukturen so weit wie möglich um.

Bis zum amerikanischen Bürgerkrieg war L.A. nur eine kleine multikulturelle Gemeinde wohlhabender, mexikanischer Großgrundbesitzer, armer chinesischer Arbeiter und weißer, amerikanischer Einwanderer mit knapp 50 000 Einwohnern. Mit der Fertigstellung der **transkontinentalen Eisenbahn** in den 70er Jahren des 19. Jhs. begann die Stadt plötzlich enorm zu wachsen und verdoppelte ihre Einwohnerzahl alle 10 Jahre. Hunderttausende pilgerten in das „Gelobte Land" Kalifornien, angelockt von der Vision eines mediterran anmutenden Paradieses. Die Ländereien der Großgrundbesitzer spalteten sich in unzählige kleine Grundstücke auf, und endlose Vororte entstanden, wie San Pedro und Santa Monica.

Nach dem Zweiten Weltkrieg boomte die Region weiter. Viele Veteranen, die einst auf dem Weg zur pazifischen Front die Westküste kennen gelernt hatten, kehrten von den Schlachtfeldern zurück und blieben im sonnigen Kalifornien. Von der Regierung großzügig unterstützt, kauften sie Häuser und fanden gut bezahlte Arbeit in der Verteidigungs- und Luftfahrtindustrie, deren Betriebe wie Pilze aus dem Boden geschossen waren, oder in der Öl-, Stahl oder Automobilindustrie. Trotz aller Schattenseiten in Form anhaltender rassischer Spannungen und stetig zunehmender Luftverschmutzung bildete die Periode von den 40er bis zu den 70er Jahren in vieler Hinsicht den Höhepunkt in der Geschichte von L.A. Angelockt von der Schwerindustrie und vor allem von der Unterhaltungs- sowie der Immobilienbranche, riss der Strom der Zuwanderer aus dem gesamten Land nicht ab und machte L.A. schließlich zur zweitgrößten Metropole des Landes.

Die Kürzungen im Verteidigungshaushalt nach dem Ende des Kalten Krieges, insbesondere im Bereich der Luftfahrt, machten Südkalifornien schwer zu schaffen. In den frühen 90er Jahren erreichte die Arbeitslosenquote einen Höchststand von 10%, die Verbrechensrate schnellte nach oben, und in den endlosen Vororten grassierte die Paranoia.

Die **Rassenunruhen von 1992** verschärften die Spannungen, und nicht zuletzt wurde Südkalifornien in der gleichen Zeit von mehreren Naturkatastrophen heimgesucht: zwei Erdbeben, Überschwemmungen und Bränden. Für die von wirtschaftlichen, sozialen und Rassenproblemen gebeutelte Stadt begann eine ihrer finstersten Phasen, als 1994 die „Proposition 187" verabschiedet wurde und Latinos den Zugang zu gesellschaftlichen Einrichtungen verwehrte. Gerichte hoben dieses Gesetz später allerdings wieder auf.

Dennoch ist die Zahl der **Einwanderer aus Lateinamerika**, die nach Orange County und vor allem nach Santa Ana und Garden Grove drängen, dramatisch angestiegen. Die einst behüteten weißen Vorstädter suchen bereits Zuflucht in entfernteren „Randstädten" wie Rancho Cucamonga und Palmdale – in der Nähe von Staatsgefängnissen, in denen jene Verbrecher einsitzen, vor denen sie einst die Flucht ergriffen.

Auch South Central, lange das Zentrum der afroamerikanischen Kultur in L.A., ist von dieser riesigen demographischen Umwälzung erfasst: Langsam, aber sicher bilden die Latinos in den vormals traditionell „schwarzen" Vierteln die Mehrheit. Viele der Neuankömmlinge stammen aus den ärmsten Gebieten Zentralamerikas.

Spannungen zwischen den Volksgruppen gehören leider seit seinen Anfängen als spanische Siedlung zu L.A. Sie manifestieren sich heutzutage im drakonischen Verhalten einiger Polizisten und der historischen Unfähigkeit der Regierenden, diese Spannungen auch nur zur Kenntnis zu nehmen, geschweige denn, darauf zu reagieren. Einige Bürgerinitiativen, vor allem im San Fernando Valley und in der Harbor Area, treten für eine **Abspaltung von Los Angeles** ein, um die Probleme in den Griff zu bekommen, konnten mit jener einfach gestrickten Strategie bislang jedoch nicht genügend Anhänger mobilisieren. Mit ebenfalls mäßigem Erfolg befürworten liberalere Angelenos eine Stärkung der Gewerkschaften und die Wahl eines glaubhaft reformwilligen Bürgermeisters wie Antonio Villaraigosa, der im Jahr 2001 fast zum ersten Latino-Bürgermeister von L.A. seit dem 19. Jh. gewählt worden wäre. Leider aber blieb die Wählerschaft ihrer konservativen Haltung treu und stimmte für den blassen Technokraten **James Hahn**.

Trotz allem lebte die Wirtschaft von Los Angeles in den letzten zehn Jahren wieder auf – erneut mit Hilfe der Unterhaltungsindustrie und der Immobilienbranche. So ziemlich das einzige noch erhaltene Symbol aus den alten Tagen harter Knochenarbeit ist der Hafen von L.A. und Long Beach, wo über 60% der Seefracht, die an der Westküste ankommt, umgeschlagen wird.

Die vielen Museen, die in den letzten zwei Jahrzehnten errichtet wurden, zeugen von der wichtigen Rolle, die L.A. als Zentrum der internationalen Kunst- und Kulturszene spielt, während der Wald von Hochhäusern, die in Downtown L.A. emporgewachsen sind, seine Rolle als Finanzzentrum zwischen Amerika und Fernost demonstriert.

Erdbeben

In L.A. gibt es häufig kleinere Erdstöße, die allerdings höchstens die Regale im Supermarkt zum Wackeln und die Hunde zum Bellen bringen. Am 17. Januar 1994 um 4.31 Uhr allerdings wurde Los Angeles nach 23 Jahren erneut von einem schweren Erdbeben heimgesucht. Das Epizentrum lag bei Northridge im San Fernando Valley. Auf den Freeways wölbten sich die Fahrspuren und rissen berstend die Fahrzeuge in die Tiefe. Ganze Wohnblocks stürzten ein, Gasleitungen brachen und verursachten Brände, die Stromversorgung brach zusammen. Als sich Tage später das gesamte Ausmaß der Schäden überblicken ließ, zählte man 55 Todesopfer. Über Nacht waren 20 000 Menschen obdachlos geworden und kampierten im Freien oder in notdürftig errichteten Zeltstädten. Um wie viel höher die Zahl der Opfer gewesen wäre, hätte sich das Beben am Tage ereignet, kann man nur ahnen.

Die Behörden versuchen bereits seit dem schweren Erdbeben in L.A. vom Februar 1971 (6,6 auf der Richter-Skala, 65 Tote), Gebäude durch Ausbesserungen und Neubauten durch bestimmte Bauvorgaben „erdbebensicher" zu machen. Sollte jedoch das unvermeidbare große Beben, etwa der Stärke 8 zuschlagen, weiß heute niemand, was hinterher noch stehen wird.

Für den unwahrscheinlichen Fall, dass sich während des Aufenthalts in L.A. ein größeres Beben ereignet, sollte man sich schnellstens unter etwas Stabiles retten (z.B. unter Türrahmen), sofern man sich nicht im Freien befindet, und Fenster und andere Glasflächen meiden.

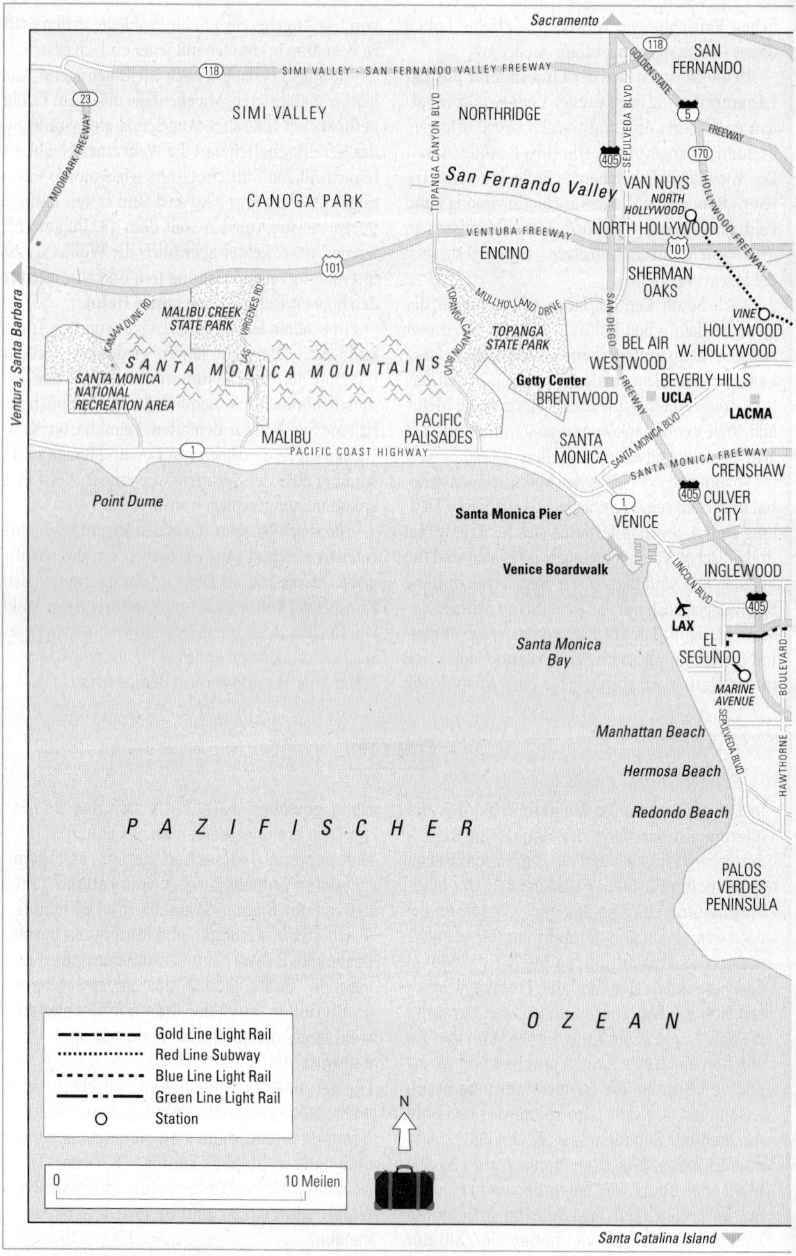
Sacramento
SIMI VALLEY - SAN FERNANDO VALLEY FREEWAY
118
23
SIMI VALLEY
NORTHRIDGE
SAN FERNANDO
GOLDEN STATE FREEWAY
5
170
405
SEPULVEDA BLVD
TOPANGA CANYON BLVD
MOORPARK FREEWAY
CANOGA PARK
San Fernando Valley
VAN NUYS
NORTH HOLLYWOOD
NORTH HOLLYWOOD
HOLLYWOOD FREEWAY
VENTURA FREEWAY
ENCINO
101
SHERMAN OAKS
Ventura, Santa Barbara
KANAN DUNE RD.
MALIBU CREEK STATE PARK
LAS VIRGENES RD.
MULLHOLLAND DRIVE
TOPANGA CANYON BLVD
TOPANGA STATE PARK
SAN DIEGO FREEWAY
VINE
HOLLYWOOD
BEL AIR
W. HOLLYWOOD
SANTA MONICA MOUNTAINS
WESTWOOD
SANTA MONICA NATIONAL RECREATION AREA
Getty Center
BRENTWOOD
BEVERLY HILLS
UCLA
LACMA
PACIFIC PALISADES
MALIBU
SANTA MONICA
SANTA MONICA BLVD
1
PACIFIC COAST HIGHWAY
SANTA MONICA FREEWAY
CRENSHAW
Point Dume
Santa Monica Pier
VENICE
CULVER CITY
Venice Boardwalk
LINCOLN BLVD
INGLEWOOD
LAX
EL SEGUNDO
Santa Monica Bay
MARINE AVENUE
BOULEVARD
SEPULVEDA BLVD
Manhattan Beach
HAWTHORNE
Hermosa Beach
Redondo Beach
PAZIFISCHER
PALOS VERDES PENINSULA
OZEAN
Gold Line Light Rail
Red Line Subway
Blue Line Light Rail
Green Line Light Rail
Station
N
0
10 Meilen
Santa Catalina Island

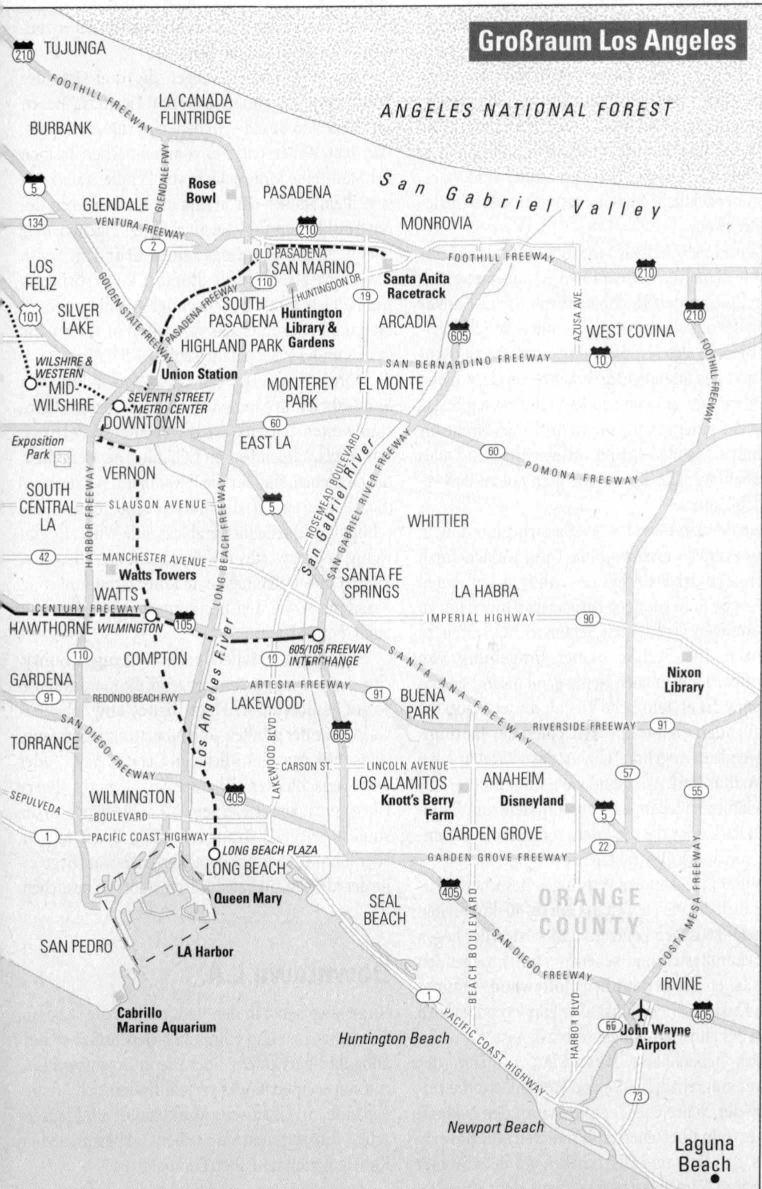
Großraum Los Angeles
ANGELES NATIONAL FOREST
San Gabriel Valley
TUJUNGA
FOOTHILL FREEWAY
LA CANADA FLINTRIDGE
BURBANK
GLENDALE FWY
Rose Bowl
PASADENA
GLENDALE
VENTURA FREEWAY
MONROVIA
OLD PASADENA
SAN MARINO
FOOTHILL FREEWAY
LOS FELIZ
GOLDEN STATE FREEWAY
HUNTINGDON DR.
Santa Anita Racetrack
SOUTH PASADENA
PASADENA FREEWAY
Huntington Library & Gardens
ARCADIA
AZUSA AVE.
SILVER LAKE
WEST COVINA
HIGHLAND PARK
SAN BERNARDINO FREEWAY
WILSHIRE & WESTERN
Union Station
MID-WILSHIRE
SEVENTH STREET/ METRO CENTER
MONTEREY PARK
EL MONTE
DOWNTOWN
Exposition Park
EAST LA
VERNON
POMONA FREEWAY
SOUTH CENTRAL LA
SLAUSON AVENUE
HARBOR FREEWAY
LONG BEACH FREEWAY
ROSEMEAD BOULEVARD
San Gabriel River
SAN GABRIEL RIVER FREEWAY
WHITTIER
MANCHESTER AVENUE
Watts Towers
WATTS
SANTA FE SPRINGS
LA HABRA
CENTURY FREEWAY
IMPERIAL HIGHWAY
HAWTHORNE
WILMINGTON
605/105 FREEWAY INTERCHANGE
SANTA ANA FREEWAY
COMPTON
Los Angeles River
Nixon Library
GARDENA
ARTESIA FREEWAY
REDONDO BEACH FWY
LAKEWOOD
BUENA PARK
SAN DIEGO FREEWAY
RIVERSIDE FREEWAY
TORRANCE
LAKEWOOD BLVD
CARSON ST.
LINCOLN AVENUE
LOS ALAMITOS
ANAHEIM
WILMINGTON
Knott's Berry Farm
Disneyland
SEPULVEDA BOULEVARD
PACIFIC COAST HIGHWAY
GARDEN GROVE
LONG BEACH PLAZA
LONG BEACH
GARDEN GROVE FREEWAY
Queen Mary
SEAL BEACH
BEACH BOULEVARD
ORANGE COUNTY
COSTA MESA FREEWAY
SAN PEDRO
LA Harbor
SAN DIEGO FREEWAY
IRVINE
Cabrillo Marine Aquarium
HARBOR BLVD
John Wayne Airport
Huntington Beach
PACIFIC COAST HIGHWAY
Newport Beach
Laguna Beach
Palm Springs
San Diego
210
5
134
2
101
110
19
605
10
60
42
105
90
91
57
55
405
22
1
55
73

Orientierung

Die Ankunft in L.A. kann zu einem nervenaufreibenden Erlebnis werden. Besonders wenn man nicht mit dem Auto kommt, steht man zunächst hilflos einem unkontrolliert wuchernden Stadtmonstrum gegenüber, an dem selbst Menschen, die seit Jahren hier wohnen, verzweifeln können. L.A. ist keine Stadt im gewöhnlichen Sinne, sondern eine unübersichtliche Agglomeration aus verschiedenen Bezirken.

Wenn L.A. überhaupt irgendeine Art von Zentrum hat, dann ist es **Downtown**, schon von weitem erkennbar an den Hochhaustürmen von Bunker Hill in der ansonsten wenig beeindruckenden Skyline. Dieses Viertel ist nicht nur der Dreh- und Angelpunkt des öffentlichen Verkehrs, sondern bietet von allem, was es in den anderen Bezirken gibt, etwas – von einer avantgardistischen Kunstszene bis zu eindrucksvollen Art-déco-Gebäuden. Und alles innerhalb weniger Blocks, die man gut zu Fuß erkunden kann.

Sobald man Downtown verlässt, beginnt L.A. in endlose Vororte auszuwuchern. Diese werden durch die Trassen der Freeways zerschnitten, auf denen man große Entfernungen zurücklegen muss, um zu den wenigen verstreuten Sehenswürdigkeiten zu gelangen. Die Bezirke in der **Umgebung von Downtown** haben auch wenig gemeinsam, sie zeigen eher die erstaunliche Vielfalt dieser Stadt: die verfallenden viktorianischen Villen der Jahrhundertwende in Angelino Heights, das Viertel um den MacArthur Park, wo heute viele Einwanderer aus Mittelamerika leben, das Museumszentrum Exposition Park oder die endlosen, verarmten Straßenzüge von South Central L.A.

Außer in Downtown verbringen Besucher wahrscheinlich die meiste Zeit in dem ca. 40 km breiten Korridor zwischen Zentrum und Küste. Hier liegen die bekanntesten und sehenswertesten Gegenden L.A.s, allen voran natürlich **Hollywood** – immer noch Kristallisationspunkt aller Filmlegenden, auch wenn der alte Glanz längst verblichen ist.

Das benachbarte **West L.A.**, Zentrum der schwer eingrenzbaren Region Westside, ist die Domäne der Neureichen, erkennbar an den exklusiven, extrem überteuerten Boutiquen von **Beverly Hills**, den Bars und Diskotheken auf dem **Sunset Strip** und – im äußersten Westen – dem Strandleben von **Santa Monica** und **Venice**, wo sich die weißen, palmengesäumten Strände bis zum 30 km nördlich gelegenen Nobelort **Malibu** hinziehen, berühmt für die Villen der Stars.

Südlich von Venice liegen die drei Orte der **South Bay** – Manhattan Beach, Hermosa Beach und Redondo Beach –, in denen es ruhiger zugeht. Hier lebt, Welten entfernt vom hektischen Treiben der Stadt, eine Mittelschicht von Pendlern und Angestellten. Südlich davon liegt die **Harbor Area**, deren Felsklippen und Buchten ihren eigenen Reiz haben. Es gibt allerdings keinen Grund, in South Bay mehr als ein paar Stunden zu verbringen, wenngleich **Long Beach** einige Attraktionen zu bieten hat, darunter das Aquarium of the Pacific Ocean und das Kreuzfahrtschiff *Queen Mary.*

Nördlich von Downtown, in den Tälern von **San Gabriel** im Nordosten und **San Fernando** im Nordwesten, jenseits der Hügelkette, verliert sich Los Angeles irgendwo im Gelände. Die Menschen, die hier leben, sind für die Bewohner L.A.s das, was die Ostfriesen für die Bayern sind: eine unerschöpfliche Quelle für herablassende Witze. Es gibt wenig Sehenswertes für Touristen: ein oder zwei Filmstudios und einige gute Kunstsammlungen in Pasadena sowie den berühmtesten Friedhof der Stadt, Forest Lawn.

Südöstlich des Hafens beginnt **Orange County**, eine deprimierende Vorortgegend, die nur deswegen so gut besucht ist, weil hier **Disneyland** beheimatet ist, eine der größten Touristenattraktionen Amerikas. Wer den „glücklichsten Ort der Welt" (oder den benachbarten Themenpark Knott's Berry Farm) nicht kennen lernen will, sollte lieber an die südlich gelegene **Orange County Coast** fahren. Hier lohnt es sich, auf dem Weg nach San Diego eine der kleinen, liberalen Küstenstädte zu besuchen.

Downtown L.A.

Nirgendwo sonst in der Stadt prallen die sozialen, ökonomischen und ethnischen Gegensätze so auffällig und hart aufeinander wie in Downtown L.A. Auf nur wenige Blocks verteilt finden sich Adobegebäude, mexikanische Marktstände und japanische Einkaufszentren neben experimentellen Kunstgalerien und alten Filmpalästen.

Downtown war traditionell das Zentrum der Geschäftswelt, des Nachtlebens und der Verwal-

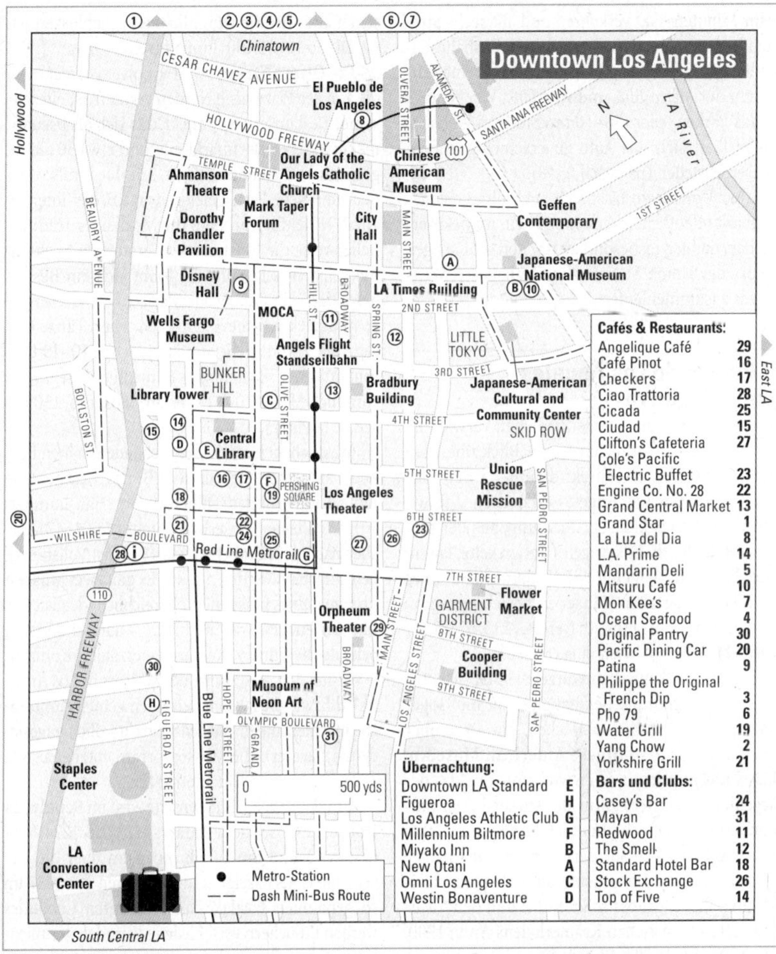

tung, bis sich mit dem Nachkriegsboom mehr und mehr Aktivitäten in die Vororte verlagerten und die Gegend zunehmend verwahrloste. Die viktorianischen Villen verkamen zu vergammelten Pensionen, und die Mittelklasse vollendete ihren langen Marsch nach Westen, indem sie nach dem Zweiten Weltkrieg beinahe vollständig aus der Innenstadt verschwand. Verschiedene Revitalisierungsprogramme zwischen den 1960er und 80er Jahren ließen zwar postmoderne Bürohochhäuser und teure Eigentumswohnungen entstehen, trugen aber auch dazu bei, dass sich die Gegensätze weiter verschärften. Dennoch gibt es hier heute mehr zu sehen als früher, während Museen und Wolkenkratzer davon zeugen, wie viel Geld und Aufwand in die Sanierung der Downtown geflossen sind.

Wir haben das Gebiet von Downtown in kleinere Abschnitte aufgeteilt, die sich gut zu Fuß erkunden lassen. Zwischendurch kann man auch in einen der *DASH*-Busse steigen, die im Fünf- bis

Zehn-Minuten-Takt verkehren und auf sechs Strecken im Bezirk an den silberfarbenen Bushaltestellen halten. Außerdem gibt es das neue Kleinbahnsystem der *Metro Blue* und *Red Line*. Wochentags ist das Parken teuer ($8–10 pro Std.), an Wochenenden lässt sich das Auto zu erschwinglicheren Preisen abstellen (pauschal $5–8).

Aber Downtown lässt sich auch ohne eigenes Auto mit öffentlichen Verkehrsmitteln mühelos erreichen, da hier, insbesondere um den großartigen Koloss der Union Station, die Stränge des MTA-Netzes zusammenlaufen.

El Pueblo de Los Angeles und Chinatown

Vom gegenwärtigen Sitz der örtlichen Verwaltung im Civic Center kann man einen Blick über den Hwy-101 werfen und direkt dahinter einen Eindruck des alten Los Angeles erhaschen. Die ursprüngliche mexikanische Siedlung, aus der sich im späten 18. Jh. Los Angeles entwickelte, lag im **Pueblo de Los Angeles**, 845 N Alameda St, wo es noch einige der alten Häuser zu besichtigen gibt; ⏲ tgl. 9–17 Uhr, Eintritt frei, ✆ 213/628-2381 oder 628-3562, 💻 www ci.la.ca.us/elp.

Neben mexikanischen Wurzeln lassen sich dort auch Spuren chinesischer, italienischer und sogar französischer Siedler entdecken. Im Dezember 2003 eröffnete das **Chinese American Museum**, 425 N Los Angeles St, 💻 www.camla.org, das der Geschichte und der Kultur der chinesischen Einwanderer in L.A. gewidmet ist. Es zeigt Artefakte aus dem 19. und 20. Jh., darunter aufschlussreiche Briefe, Fotos und Dokumente, außerdem eine kleine Auswahl zeitgenössischer Kunst und den Nachbau eines chinesischen Kräuterladens Anno 1900. ⏲ Di–So 10–15 Uhr, Eintritt $3.

Die **Plaza Church**, L.A. Placita, ist die älteste Kirche der Stadt und diente lange als Zufluchtsort für illegale Einwanderer aus Zentralamerika (was heute erneut an politischer Brisanz gewinnt). **Gottesdienst** (gelegentlich mit Mariachi-Band): Mo–Fr 6.30, 8, 12 und 17.30, Sa 7.30, 12.30 und 17.30 Uhr.

Interessant ist auch L.A.s erstes **Feuerwehrhaus** aus dem Jahr 1884 mit einer kleinen, unterhaltsamen Ausstellung, sowie das schöne, von einer Kolonnade durchbrochene **Pico House**, das 1870 einmal das luxuriöseste Hotel der Stadt war, inzwischen aber für die Öffentlichkeit geschlossen ist. ⏲ Di–So 10–15 Uhr, Eintritt frei.

Die **Olvera Street**, 💻 www.olvera-street.com, die von der Plaza nach Norden verläuft, ist ein seltsames Restaurierungsprojekt, das sich als pseudomexikanischer Dorfmarkt gibt und etwa 30 auf alt getrimmte Gebäude umfasst. Auf der Straße werden zahlreiche Feste gefeiert, wie z.B. der Totentag am 2. November, an dem die Mexikaner traditionellerweise die Geister ihrer Verstorbenen ehren. Bei solchen Gelegenheiten lohnt sich ein Besuch besonders, um wandernde Mariachi-Bands, Umzüge mit aztekisch-mexikanischem Flair, Tänze und Kunsthandwerk zu bewundern. ⏲ tgl. 10–19 Uhr, Eintritt frei, kostenlose Führungen beginnen stündlich Mi–Sa 10–12 Uhr am Infostand, 130 Paseo de la Plaza.

Was sich an historischen Gebäude erhalten ließ, blieb allerdings stehen, so z.B. das bescheidene **Avila Adobe** aus dem frühen 19. Jh. (Hausnummer 10), das älteste Bauwerk der Stadt (von 1847), das aber nach dem Erdbeben von 1971 fast vollständig neu aufgebaut werden musste. Es gibt zwei **Museen** im Haus, eines präsentiert ein reichlich idealisiertes Bild der Pueblo-Ära, das andere – auf der anderen Seite des begrünten Innenhofs – erzählt die offizielle Version der „Geschichte des Wassers in Los Angeles", d.h. wie die lokalen Behörden gemeinsame Sache machten, indem sie den weiter nördlich angesiedelten Farmern die Wasservorräte entzogen (s.S. 179). ⏲ tgl. 9–17 Uhr, Eintritt frei.

Auf der anderen Straßenseite wird im **Sepulveda House**, 125 Paseo de la Plaza, ✆ 213/628-1274, Mo–Sa um 11 und um 14 Uhr ein Film über die Geschichte L.A.s gezeigt. In den Räumen des 1887 im so genannten Eastlake-Stil errichteten Gebäudes werden Besuchern verschiedene Perioden der mexikanisch-amerikanischen Kulturgeschichte mit Schwerpunkt auf dem viktorianischen Zeitalter präsentiert. Die hier erhältlichen Broschüren erläutern die Geschiche von 27 alten Gebäuden, die vollständig oder teilweise erhalten sind bzw. ihrem ursprünglichen Erscheinungsbild entsprechend rekonstruiert wurden. ⏲ Mo–Sa 10–15 Uhr, Eintritt frei.

Die **Union Station**, 800 N Alameda St, spiegelt die Wurzeln L.A.s auf etwas andere Weise wider. Sie wurde 1939 in einer imposanten Verquickung von monumentaler Art-déco-Architektur und charakteristischem Missionsstil fertig gestellt. An dieser

Stelle erstreckte sich die ursprüngliche Chinatown, deren Bewohner bei Baubeginn des Bahnhofs umgesiedelt wurden. Zwar kommt der Union Station nicht mehr ihre einst symbolträchtige Bedeutung für Neuankömmlinge zu, doch die Amtrak- und Pendlerzüge halten bis heute hier, und das Gebäude mit seiner eindrucksvollen Empfangshalle, den alten Holzbänken, Anzeigetafeln und Art-déco-Schildern befindet sich noch in gutem Zustand. Das in der Nähe gelegene **Gateway Transit Center** ist nicht so elegant, aber fungiert als das Drehkreuz der regionalen Buslinien.

Zwischen North Broadway und North Spring St liegt die neue **Chinatown**, die sich um 1938 nach der Umsiedlung der Bewohner von der Baustelle der Union Station bildete. Wenn nicht gerade das chinesische Neujahrsfest mit Drachenumzügen und Feuerwerk gefeiert wird, lohnt sich ein Besuch höchstens der vielen Restaurants wegen. Daneben gibt es noch eine Hand voll kleiner Ladenzeilen, wo Laternen, Teekannen und Jadeschmuck für Touristen angeboten werden. Wer einen unverfälschteren Eindruck von der zeitgenössischen chinesischen Kultur erhalten möchte, sollte die lebendigen Viertel **Alhambra** oder **Monterey Park** besuchen, die östlich der City von L.A. angesiedelt sind.

Civic Center

Von der Olvera St aus gesehen südlich des Santa Ana Freeway liegt das Civic Center, eine Gruppe uninteressanter Bürogebäude. Einzige Ausnahme ist die **City Hall**, 200 N Spring St, im Art-déco-Stil, bekannt als Hintergrund mehrerer Hollywoodfilme und TV-Serien. Noch 1960 war das 28-stöckige Rathaus das höchste Gebäude der Stadt, doch heute mutet seine Silhouette angesichts der Bürohochhäuser von Bunker Hill geradezu zwergenhaft an. Den krönenden Abschluss des Gebäudes bildet eine Konstruktion, die dem Mausoleum von Halikarnassos, einem der sieben Weltwunder der Antike, nachempfunden ist und einen interessanten, wohl nur in L.A. vorstellbaren architektonischen Akzent setzt. Das Innere des Hauses kann im Rahmen einer kostenlosen Führung, inkl. Panoramablick von der Aussichtsetage im 28. Stock, tgl. 10–13 Uhr besichtigt werden, Reservierung unter ✆ 213/485-4423, 💻 www.lacityhall.org. Einen ausführlicheren Rundgang veranstaltet *LA Conservancy* jeden 1. Sa im Monat um 11 Uhr, Dauer 1 3/4 Std., $5, 💻 www.laconservancy.org.

Im Gebäude der 1881 gegründeten **Los Angeles Times**, 202 W 1st St, an der Südseite der Civic Center Plaza, kann man miterleben, wie die größte Zeitung der Westküste hergestellt wird. Kostenlose Führungen nur nach Reservierung unter ✆ 213/237-5757, 💻 www.latimes.com.

Östlich des Civic Center liefert **Little Tokyo** mit seinen bunten Einkaufszentren das deutlichste Beispiel dafür, welche Unsummen japanischen Geldes in den 1980er Jahren in Bauprojekte in L.A. geflossen sind. Wer Little Tokyo erkunden möchte, dem sei das **Japanese American Cultural and Community Center** empfohlen, 244 S San Pedro St, 💻 www.jaccc.org. In dem Center befindet sich die **Doizaki Gallery**, in der es traditionelle und moderne japanische Kunst und Kalligrafie zu sehen gibt, 🕒 Di–Fr 12–17, Sa und So 11–16 Uhr, Eintritt frei, sowie das **Japan America Theater**, in dem regelmäßig Kabuki-Gruppen auftreten.

Zwischen beiden liegt leicht zu übersehen der wunderbare **James Irvine Garden**. Der Park wurde zwar nach dem größten Geldgeber benannt, verdankt seine Existenz aber in Wirklichkeit 200 japanisch-amerikanischen Freiwilligen, die das flache Gelände in eine hügelige Landschaft verwandelten. 🕒 tgl. 9–17 Uhr, Eintritt frei.

Vom Kulturzentrum windet sich ein Fußweg an den Sushi-Bars, Souvenirläden und japanischen Steingärten der Shopping Mall **Japanese Village Plaza** (🕒 tgl. 11–21 Uhr) vorbei zum **Japanese American National Museum** an der First, Ecke Central Street, 💻 www.janm.org. Es beherbergt alle möglichen Ausstellungsstücke, von Origami-Papierfaltkunst über traditionelle Einrichtungsgegenstände und Kunsthandwerk bis zur Dokumentation der Internierung japanischstämmiger Amerikaner während des Zweiten Weltkrieges. 🕒 Di–So 10–17 Uhr, Do bis 20 Uhr, Eintritt $8.

Auf der Little Tokyo gegenüberliegenden Straßenseite steht das **Geffen Contemporary**, 152 N Central Ave, eine umgebaute ehemalige Polizeigarage. Das von dem eigenwilligen einheimischen Architekten Frank Gehry entworfene Museum war zunächst ein provisorischer Ausstellungsraum des MOCA, hatte aber einen so durchschlagenden Erfolg, dass die Museumsleitung sich entschloss, den Standort beizubehalten, um hier Werke vorzustellen, die für das gediegene MOCA vielleicht zu gewagt wären. Zeiten und Eintrittspreise wie im Museum of Contemporary Art (s.S. 160).

Bunker Hill

Bunker Hill, der Hügel südlich des Civic Center, war bis vor einem Jahrhundert die eleganteste Gegend von L.A. Die Drahtseilbahn Angel's Flight, die über die 3rd St hinwegführte, verband die damals prunkvollen viktorianischen Villen oben mit den Geschäftsbezirken entlang der Spring Street. Wie in Downtown zog auch hier die Mittleklasse nach und nach in die schicken, neuen Vororte weiter westlich. Viele der alten Villen wurden zu billigen Absteigen und dienten später Detektivfilmen des *film noir* als stimmungsvoll-schäbige Kulisse. Prominentes Beispiel ist der düstere Streifen „Rattennest" von Robert Aldrich aus dem Jahr 1955. Im Zuge der Stadterneuerung der 60er Jahre wurden die Villen abgerissen und durch einen Wald eintöniger Hochhäuser ersetzt.

Wenn sie in Betrieb ist, ist die Standseilbahn **Angels Flight** eine heitere, farbenfrohe Reminiszenz an eine längst vergangene Ära. 1969 wurde sie im Zuge der Stadterneuerung stillgelegt, 1996 dann restauriert. Die kurze Bahn rattert von der Kreuzung Hill St und Fourth St den Bunker Hill hinauf. 2001 wurde sie nach dem tödlichen Unfall eines Passagiers erneut stillgelegt, soll aber den Fahrbetrieb 2006 wieder aufnehmen. Eine Fahrt mit dem ausgefallenen Verkehrsmittel lohnt sich, denn man sieht sich den schlanken, modernen Bürotürmen des **Financial District** gegenüber, die hier in die Höhe ragen. Die meisten der 50-stöckigen Gebäude beherbergen im Erdgeschoss Geschäfte und Restaurants. Auffälligstes Bauwerk ist der metallblaue **Gas Company Tower**, 555 W Fifth St, dessen Fassade mit einer symbolisierten Gasflamme abschließt.

An der **California Plaza**, einem Milliardenkomplex aus Büros und Eigentumswohnungen, steht die führende Institution für zeitgenössische Kunst in Südkalifornien, das **Museum of Contemporary Art (MOCA)**, 250 S Grand Ave, ✆ 213/621-2766, 🖳 www.moca.org. Trotz des vergleichsweise geringen Etats – der Getty Trust könnte das MOCA beim Kauf neuer Objekte jederzeit problemlos überbieten – haben es die Verantwortlichen geschafft, eine ausgezeichnete Sammlung amerikanischer Nachkriegskunst in all ihren Ausprägungen zusammenzutragen, die vom Abstrakten Expressionismus bis zur Postmoderne reicht.

Der Komplex lohnt auf jeden Fall einen Besuch, selbst wenn die Dachterrasse, das Café im Innenhof und der Souvenirshop im Schatten der Hochhausblocks an der Plaza liegen. Ein besonderes Highlight ist die kostenlose Veranstaltungsreiche „Immersion", bei der Künstler und Kritiker jeden Donnerstag von 17–20 Uhr sich und ihre Ideen präsentieren.

Ein Großteil der Fläche wird für wechselnde Ausstellungen genutzt. Die Dauerausstellung umfasst Werke aus der Zeit des abstrakten Expressionismus, z.B. von Frank Kline und Mark Rothko, sowie Pop Art in Gestalt von Robert Rauschenbergs urbanem Müll und Claes Oldenburgs Hamburger- und Fastfood-Kreationen aus Pappmaché, aber auch einige minimalistische Werke werden gezeigt.

Viele interessantere Ideen finden sich in den Werken aufstrebender Künstler verwirklicht, darunter Alexis Smiths witzige Collagen, Charles Rays Modellpuppen und Martin Puryears anthropomorphe Holzskulpturen.

Das Museum besitzt daneben eine sehr gute **Fotosammlung**, die auch die 2000 Fotos umfassende Robert-Freidhaus-Kollektion enthält, mit Arbeiten von Diane Arbus, Larry Clark, Robert Frank, Lee Friedlander u.a. Auf keinen Fall verpassen sollte man die beeindruckenden Arbeiten **südkalifornischer Künstler**.

Am besten besucht man das MOCA an einem Konzertabend im Sommer, dann ist der Eintritt frei, und es werden kostenlose Openair-Konzerte geboten, meist Jazz oder Klassik. Der Entwurf des Gebäudes stammt von dem japanischen Star-Architekten Arata Isozaki. Durch den Eingangspavillon auf der Grand Ave kommt man in einen Skulpturenhof. Eine Treppe führt vom oberen Hof in einen kleineren hinab, von dem man das Museumscafé und schließlich den Haupteingang zu den Galerien erreicht.

Im **Theater** im untersten Geschoss des Museums gibt es von Zeit zu Zeit bizarre Multimedia-Shows und Performances zu sehen, ansonsten werden die für große Museen üblichen Seminare und Vorlesungen abgehalten. 🕓 Mo und Fr 11–17, Do 11–20, Sa und So 11–18 Uhr, $8, Studenten $5, Do frei. Die Eintrittskarte zum MOCA gilt auch für das in einem renovierten Lagerhaus untergebrachte Geffen Contemporary in der östlichen Downtown, wo die Sonderausstellungen des Museums stattfinden (s.S. 133), sowie für die Außenstelle im Pacific Ocean Design Center (s.S. 222) in West Hollywood.

Nördlich des Museums, in der Nähe des betulichen Musik- und Theaterbetriebs des **Music Center**, 135 Grand Ave (s.S. 211/212, „Klassische Musik, Oper, Ballett"), befindet sich die **Disney Hall**, First St, Ecke Grand Ave, 💻 www.disneyhall.org. L.A.s jüngstes Juwel moderner Architektur machte Riesenschlagzeilen und beruht auf einem Entwurf des bahnbrechenden Architekten Frank Gehry aus dem Jahre 1987, der erstaunliche Anklänge an sein Guggenheim Museum in Bilbao (Spanien) enthält. Die Konzerthalle mit 2300 Sitzplätzen erinnert mit ihrer von Titan überzogenen Oberfläche an gigantische, zerbrochene Eierschalen oder ruft je nach Perspektive diverse andere Assoziationen hervor. Die volle und warme Akustik und eine kolossale Orgel machen die Disney Hall zu einem der besten Konzertsäle der Stadt, vielleicht sogar ganz Kaliforniens. Das philharmonische Orchester L.A.s, das *LA Philharmonic*, 💻 www.laphil.com, hat hier seinen Stammsitz. Die selbst geführten Audio-Touren (9–10.30 oder 15 Uhr, wenn keine Nachmittagsvorstellung stattfindet, $10, Reservierung unter ☏ 323/850-2000) beinhalten leider nicht den fantastischen Zuhörersaal, sondern führen nur durch den Garten und die vorderen Räume des Gebäudes. Wer in den Saal möchte, muss ein Konzert-Ticket kaufen.

Einen langen Block nördlich der Disney Hall steht der andere modernistische Mammutbau von L.A., die katholische Kirche **Our Lady of the Angels**, 555 W Temple St, 💻 www.olacathedral.org. Sie wurde für 200 Millionen Dollar erbaut und im September 2002 eröffnet. Das Herzstück der lokalen Erzdiözese ist elf Stockwerke hoch, bietet 3000 Menschen Platz und ist ganz aus Beton – was einige Kritiker dazu veranlasste, das bunkerähnliche Gebäude mit einem Gefängnis zu vergleichen. Das Innenleben jedoch ist beeindruckend: Es finden sich Kunstwerke und Einrichtungsgegenstände im Werte von 30 Millionen Dollar, Wandbehänge mit Bildern von Heiligen, riesige Türen aus Bronze, Sichtschutz aus hauchdünnem Alabaster und ein großartiger Marmoraltar. 🕒 Mo–Fr 6.30–19, Sa 9–19, So 7–19, Führung Mo–Fr 13 Uhr, Eintritt frei.

Südlich des MOCA liegt am Fuße des Wells Fargo Center das **Wells Fargo History Museum**, 333 Grand Ave, ☏ 213/253-7166, 💻 www.wellsfargohistory.com. Es ist eins von neun derartigen Museen in den USA und dokumentiert die Geschichte der Entwicklung dieser größten Bank der Goldgräberzeit. Es bietet u.a. Goldgräberausrüstungen aus dem späten 19. Jh, ein etwa zwei Pfund schweres Goldnugget und eine simulierte Postkutschenfahrt von St. Louis nach San Francisco. 🕒 Mo–Fr 9–17 Uhr, Eintritt frei.

Das nur einen Block entfernte **Westin Bonaventure Hotel**, 404 S Figueroa St, mit seinen charakteristischen Glaszylindern ist das einzige Bauwerk des modernistischen Architekten John Portman in L.A. Rampen, Aufzüge, Betonsäulen und Laufstege in einem riesigen Atrium schaffen ein spektakuläres Raumgebilde. Nicht entgehen lassen sollte man sich eine Fahrt in einem der gläsernen Fahrstühle, die durch das Atrium und an der Außenwand des Gebäudes auf- und abgleiten und einen Blick auf Downtown von oben bieten.

Von der sich drehenden Skyline-Lounge *Bona Vista* des Westin fällt der Blick auf eines der schönsten Gebäude der Stadt, die **Richard J. Riordan Central Library**, 630 W Fifth St, ☏ 213/228-7000, 💻 www.lapl.org/central. Die nach dem Milliardär und ehemaligen Bürgermeister von L.A. benannte Bibliothek wurde 1926 als letzte große Arbeit des Architekten Bertram Goodhue erbaut. Die Betonwände der unteren Geschosse mit ihren figurativen Darstellungen der Künste und der Philosophie bilden den Sockel für den gedrungenen zentralen Turm, der von einem schillernden, pyramidenförmigen Dach gekrönt wird. Der faszinierende, kantige Stil beeinflusste viele andere Gebäude in der Stadt, z.B. die City Hall. 🕒 Mo–Fr 10–20, Sa 10–18, So 13–17, Führung Mo–Fr 12.30, Sa 11 und 14, So 14 Uhr.

Als Gegenleistung für die Baugenehmigung und die Luftrechte mussten sich die Bauherren des **Library Tower** auf der anderen Seite der 5th St verpflichten, 50 Millionen Dollar in die Restaurierung der Central Library zu investieren. Eine gewaltige Treppe nach dem Vorbild der Spanischen Treppe in Rom führt vom Fuß des Büroturms über eine Reihe von Terrassen mit Straßencafés und Boutiquen auf den Bunker Hill. Der Turm wird gelegentlich anlässlich von Führungen geöffnet, z.B. mit *Red Line Tours* (s.S. 225).

Broadway und Pershing Square

Der Broadway war einmal die Haupteinkaufsstraße und das Zentrum des Nachtlebens, auch wenn das heutzutage nur noch schwer vorstellbar ist. In viele der alten Filmpaläste und Kaufhäuser sind die geschäftigen Bekleidungs- und Schmuckläden der Latinos eingezogen; das bunte Straßenleben und die Salsa-Rhythmen machen diese Gegend zu einer der lebendigsten der Stadt. Das beste Gefühl bekommt man im **Grand Central Market**, zwischen 3rd und 4th Street, 🖳 www.grandcentralsquare.com, wo eingelegte Schweinefüße, Schafshirne und andere Delikatessen angeboten werden. 🕒 tgl. 9–18 Uhr.

Wem das bunte Treiben des Marktes zuviel wird, der kann sich im gegenüberliegenden **Bradbury Building** entspannen. Der Eingangshof dieses 1893 erbauten Bürogebäudes mit seinen Balkonen, offenen Käfigfahrstühlen und prunkvollen Treppenaufgängen ist der Traum eines jeden Kulissenbauers, und tatsächlich machen Filmaufnahmen einen Großteil der Einnahmen aus. Hier wurden z.B. Szenen für *Citizen Kane* und *Blade Runner* gedreht. Touristen dürfen nur noch bis in die Eingangshalle hinein, aber von dort hat man einen tollen Blick nach oben. 🕒 Mo–Sa 9–17 Uhr, Eintritt frei. Touren der Los Angeles Conservancy beginnen häufig hier (s.S. 225).

Das Schönste, was der Broadway zu bieten hat, sind die großen Filmtheater des **Theater District**, die in das Reich der Illusionen einladen. Zwar befinden sich einige der bemerkenswertesten und prächtigsten Filmpaläste von L.A. in Hollywood, doch viele halten die Kinos in Downtown für die besten; einige sind schon längere Zeit nicht mehr renoviert worden, in ihrer Gesamtheit bilden sie aber eine der letzten noch verbliebenen städtischen Enklaven klassischer Kino-Architektur in den USA. Einige Gebäude sind dabei besonders zu erwähnen: Das **Million Dollar Theater** von 1918, 307 S Broadway, gleich neben dem Grand Central Market, im kitschigen, typisch spanischen Hollywood-Barock ist eine cineastische Ikone und wurde vom Kino-Magnaten Sid Grauman erbaut, der später auch das Chinesische und das Ägyptische Filmtheater errichten ließ, die beiden berühmtesten Uraufführungskinos Hollywoods. Inzwischen ist es nicht mehr für die Öffentlichkeit zugänglich, und es gibt auch keinen Projektor mehr, doch die Gerüchte, dass es eines Tages wieder zum Leben erweckt wird, wollen nicht verstummen.

Das **Los Angeles Theater**, 615 S Broadway, ist noch extravaganter. Es wurde 1931 in nur 90 Tagen für die Uraufführung von Charlie Chaplins *Lichter der Großstadt* fertig gestellt und gilt allgemein als das Kronjuwel dieser weltgrößten Ansammlung von Filmtheatern. Hinter der Triumphbogen-Fassade öffnet sich die Eingangshalle mit ihren kunstvollen Mosaiken und der von Marmorsäulen getragenen Decke. Lichteffekte und illusionistische Wandbilder machen den Kinosaal auch ohne Film zum Erlebnis. Das Theater ist normalerweise nicht der Öffentlichkeit zugänglich, aber im Juni lockt die Veranstaltungsreihe *Last Remaining Seats* zahllose Besucher in das Lichtspielhaus und in das nahe gelegene **Orpheum Theatre**, 842 S Broadway, wo Hollywood-Klassiker, darunter viele aus der Stummfilmära, gezeigt werden. Wer zu dieser Jahreszeit in L.A. ist, sollte sie sich nicht entgehen lassen; Ticket $20 pro Film, oft mit Live-Programm, Infos unter ✆ 213/623-CITY. Der monumentale Renaissance-Charme des **State Theatre**, 630 S Broadway, kann bei gelegentlichen Filmvorführungen und öffentlichen Veranstaltungen bewundert werden.

Das Fernsehen, das Auto und der allgemeine Trend, in die Vororte zu ziehen, brachten den Niedergang der großen Filmpaläste. Das riesige unterirdische Parkhaus am Pershing Square war ein Versuch, Kinobesucher ins Zentrum zurückzulocken, der aber fehlschlug. Die Umgestaltung des Platzes selbst hat den **Pershing Square** leider von einer öffentlichen Parkanlage in eine öde, unnatürliche Fläche verwandelt, an der wohl nur Städteplaner Gefallen finden können. Einziger Lichtblick ist der in grellem Lila leuchtende Campanile des mexikanischen Architekten Ricardo Legorreta.

Einige der recht trostlosen Gebäude um den Platz sind trotz jahrzehntelanger Vernachlässigung heute wieder gut in Schuss. Das markanteste ist das **Biltmore Hotel** mit seinen drei Türmen und dem Renaissance-Bogengang an der Olive St, der westlichen Seite des Platzes. Die im spanischen Stil bemalte Decke der alten Eingangshalle kann bei einem teuren Glas Wein gebührend bewundert werden.

Das altehrwürdige Biltmore Hotel

Das einen Block weiter südlich gelegene **Oviatt Building**, 617 S Olive St, hat die Jahre ebenfalls recht gut überstanden. Im Foyer residierte früher L.A.s elegantester Herrenausstatter, der Leute wie Clark Gable und John Barrymore einkleidete. Wem die Preise für eine dortige Mahlzeit zu hoch sind, kann dennoch einen Blick auf die Aufzüge im Erdgeschoss der Lobby werfen, deren handgeschnitzte Eichenverkleidungen vom Pariser Kunsthandwerker René Lalique entworfen und ausgeführt wurden. Scheut man den Gang hinein, sollte man sich zumindest von der reich verzierten Fassade beeindrucken lassen, insbesondere von dem großartigen Gebäudeschild und der darüber aufragenden Uhr.

Vier Häuserblocks weiter südlich lächelt den Besucher im **Museum of Neon Art**, 501 W Olympic Blvd, das Antlitz einer verfremdeten Mona Lisa durch blaue und gelbe Neonröhren an. Das Museum zeigt in einer kleinen Ausstellung klassische Neonschilder sowie zeitgenössische Spielformen mit Neon und eine Reihe von bizarren Werken kinetischer Kunst. ⌚ Mi–Sa 11–17, So 12–17 Uhr, $5, ✆ 213/489-9918, 💻 www.neonmona.org. Äußerst lohnend sind die vom Museum monatlich angebotenen Bustouren zu den schönsten Neonobjekten der Stadt (s.S. 225, Touren).

Eastside

L.A.s alter Finanzdistrikt befindet sich einen Block östlich vom Broadway in der **Spring Street** zwischen Fourth und Seventh St. Anfang des 20. Jhs. befand sich hier das Finanz- und Geschäftszentrum der Stadt, später wanderten immer mehr Bewohner ab, bis das Viertel in den 80er Jahren schließlich völlig entvölkert war. In den letzten Jahren erlebt es allerdings eine langsame Wiederauferstehung als Standort einiger exklusiver Wohnprojekte und Lofts. Hinter den klassizistischen Fassaden verbergen sich mehrere interessante Clubs, Galerien und Theater: Ein Hindernis für die weitere Entwicklung des Bezirks ist die unmittelbare Nähe zum heruntergekommenen Viertel **Skid Row**, das nur ein paar Blocks östlich von hier liegt.

Gerade die Schäbigkeit von Skid Row war es jedoch, die Generationen von Künstlern anzog. Die

Doors nahmen hier einst das Cover zu ihrem Album *Morrison Hotel* auf, und Charles Bukowski ist nur eine jener Lichtgestalten aus der Schule der lasterhaften Autoren, die sich in hiesigen Bars und Billardsalons ihre Inspiration suchten.

Südlich von Skid Row liegt der lebendige **Garment District**, ✆ 213/488-1153, 🖳 www.fashiondistrict.org. Der von der PR-Maschinerie der Stadt als Fashion District bezeichnete Bezirk ist eine wahre Erholung nach den freudlosen Straßen von Skid Row und erfrischend multikulturell mit seinen Billigboutiquen und Textilschnäppchen. Das **Cooper Building**, ✆ 213/627-3754, 🖳 www.cooperdesignspace.com, das einen Großteil des Blocks der Ninth Street zwischen der Santee St und der Los Angeles Street einnimmt, ist berühmt für seine hin und wieder stattfindenden (Designer-) Musterverkäufe. Es beherbergt mindestens 50 Läden, in denen man hochwertige Klamotten einkaufen kann, die normalerweise das Budget sprengen würden.

Die Umgebung von Downtown

Angelino Heights und Echo Park

Lange bevor es Malibu oder Beverly Hills gab, galt Angelino Heights als eine der besten Adressen von L.A. Dieser erste aller Vororte wurde in den späten 80er Jahren des 19. Jhs., zu einer Zeit, als Grundstücke in Kalifornien noch relativ preiswert waren, auf einem Hügel nordwestlich von Downtown angelegt. Obwohl sich der erste Boom rasch wieder legte, sind zahlreiche prunkvolle, viktorianische Villen erhalten geblieben.

Insgesamt gibt es rund ein Dutzend restaurierte Häuser, vor allem in der **Carroll Avenue**, und es lohnt sich, sie bei einem Spaziergang anzusehen. Die Veranden, Türmchen, Erker und Fensterchen bilden einen merkwürdigen Kontrast zur modernen Downtown-Skyline im Hintergrund. Das Viertel steht nun als „Preservation Overlay Zone" offiziell unter Denkmalschutz. Das interessanteste Gebäude ist das **Sessions House**, Hausnummer 1330, ein architektonisches Meisterwerk mit maurischen Elementen, Zierglas und einem kreisrunden „Mondfenster". *LA Conservancy* bietet am 1. Samstag im Monat Führungen (2 1/2 Std.) durch dieses und zwei weitere historische Wohnhäuser an: Beginn 10 Uhr, $10, Reservierung unter ✆ 213/623-CITY, 🖳 www.laconservancy.org.

Am Fuße des Hügels, westlich von Angelino Heights, liegt der kleine, um einen von Palmen gesäumten See herum angelegte **Echo Park**. In dem großen, weißen **Angelus Temple** an der Nordseite des Sees predigte einst Aimee Semple McPherson, „Sister Aimee", die erste der unzähligen Medienprediger. Das Haus wird weiterhin von ihrer Four Square Gospel-Kirche benutzt. Roman Polanskis *Chinatown* erwies dem Park seine Reverenz und machte ihn zum Schauplatz der konspirativen Treffen, zu denen sich der örtliche Chef der Wasserbetriebe zwischen Palmen und Lotusblüten einfand.

MacArthur Park und Umgebung

Die Hauptverbindungsstraße zwischen Downtown und dem 35 km westlich gelegenen Palisades Park am Strand von Santa Monica ist der **Wilshire Boulevard**, der nach dem Unternehmer, Ölbaron und Sozialisten Gaylord Wilshire benannt wurde. Dieser erwarb ein großes Grundstück in Westlake, den heutigen MacArthur Park, auf dem er die große Durchgangsstraße anlegen ließ. Der Park ist in den letzten Jahrzehnten mehr und mehr verwahrlost und stellt nach Eintritt der Dunkelheit einen Treffpunkt für Drogendealer und ihre Klienten dar. Aber durch die Verkehrsanbindung an die neue *Red Line Metrorail* bilden seine Grünflächen und der große See inzwischen das am einfachsten erreichbare Naherholungsgebiet der Downtown.

Einen Besuch unbedingt wert ist das in der Nähe gelegene **Grier-Musser Museum**, 403 S Bonnie Brae St, 🖳 www.griermussermuseum.com. Es vermittelt einen Eindruck von der luxuriösen Innenausstattung und der stilvollen Architektur des ausgehenden 19. Jahrhunderts und umfasst sechs prunkvoll mit wertvollen und verschnörkelten viktorianischen Möbeln eingerichtete Zimmer. 🕓 Mi–Sa 12–16 Uhr, $6.

Der 1929 erbaute, sehr gut erhaltene **Bullocks Wilshire Department Store**, 3050 Wilshire Blvd, eine halbe Meile westlich des MacArthur Park, ist ein Paradebeispiel des Art deco in Los Angeles. *Bullocks* war das erste Kaufhaus, das außerhalb der Stadt errichtet wurde und somit der wachsenden

Bedeutung des Automobils Rechnung trug: Der Haupteingang befindet sich dementsprechend nicht zur Straße, sondern hinter dem Gebäude, zum Parkplatz hin. Überhaupt war Verkehr das Zauberwort der Zeit, große Wandbilder von Ozeandampfern und Flugzeugen glorifizieren die (damals) moderne Welt. Leider wurde das Gebäude während der Unruhen 1992 erheblich beschädigt und war anschließend 5 Jahre geschlossen. Mittlerweile hat es als Rechtsbibliothek der benachbarten **Southwestern University** wieder eröffnet. Reservierung der sporadisch von der Bibliothek veranstalteten Führung *Tea & Tour* unter 🖳 www.swlaw.edu/bullockswilshire.

Das **Ambassador Hotel**, 3400 Wilshire Blvd, kurz hinter der Kreuzung mit der Vermont Ave, ist ein weiterer Meilenstein aus den Hochzeiten des Boulevards. Das inzwischen arg in Mitleidenschaft gezogene Hotel erlebte seine besten Zeiten von den frühen 20er bis in die späten 40er Jahre, als es noch die Winterresidenz nomadisierender Hollywood-Größen und sein *Coconut Grove* noch ein berühmtes Nachtlokal war. Der Ballsaal und der Nachtclub waren Schauplatz der ersten großen Preisverleihungen und vieler Filmszenen.

Die bedeutsamste und zugleich tragischste Szene spielte sich jedoch in der Hotelküche ab, wo am 5. Juni 1968 Kaliforniens frischgebackener demokratischer Präsidentschaftskandidat Bobby Kennedy erschossen wurde. Den jahrelangen Streit über den Abriss des heute für die Öffentlichkeit gesperrten Gebäudes zwischen dem School District von L.A. (LAUSD) und Donald Trump hat Ersterer gewonnen. Zur Zeit der Recherche existierten Pläne, einen Großteil des Bauwerks abzureißen und nur ein bis zwei Abschnitte für die Nachwelt zu erhalten.

Auf der gegenüberliegenden Straßenseite befindet sich ein weiteres Wahrzeichen von L.A. an einem obskuren Ort: das **Brown Derby Restaurant**, einst Vorzeigeobjekt für die programmatische Architektur der Stadt (d.h. von Gebäuden, die bestimmten Objekten nachgebildet sind – in diesem Fall einem Hut), wurde auf das Dach eines benachbarten Mini-Einkaufszentrums verfrachtet und renoviert; es ist kaum wieder zu erkennen.

Wilshire Boulevard geht in westlicher Richtung in die so genannte *Miracle Mile* über. Die zwei Blocks weiter südlich zwischen Vermont und Western Ave gelegene **Koreatown** ist die größte koreanische Siedlung außerhalb Koreas, fünfmal größer als Chinatown und Little Tokyo zusammen. Eine solche Gegenüberstellung wäre jedoch nicht fair, da Koreatown weniger eine Touristenattraktion als ein reguläres Wohn- und Geschäftsviertel ist. Man findet hier genauso viele Bars, Theater, Banken, Einkaufszentren und Stadtteilgruppen wie Restaurants.

Einen ausgezeichneten Einstieg in die Kunst und Kultur der Gemeinde vermittelt das auf der Miracle Mile gelegene **Korean Cultural Center**, 5505 Wilshire Blvd, ✆ 323/936-7141, 🖳 www.kccla.org. Das Zentrum beherbergt ein Museum mit Fotografien, Antiquitäten und Kunsthandwerk aus Korea und von koreanischen Einwanderern sowie eine Galerie mit wechselnden Ausstellungen von Kunst- und Kunsthandwerksobjekten. Außerdem finden hier regelmäßig Theateraufführungen statt. 🕒 Mo–Fr 9–17 Uhr, Eintritt frei.

USC-Campus und Exposition Park

Der Campus der *University of Southern California* (USC), nur einige Meilen südlich von Downtown und über die Figueroa Street zu erreichen, ist eine wohlhabende Enklave in einer armen Gegend der Stadt, South Central L.A. Wer an der USC studieren möchte, muss Gebühren bezahlen, die zu den höchsten im ganzen Land zählen. Den Studenten der „University of Spoiled Children" wird nachgesagt, mehr Geld in der Tasche als Grips im Kopf zu haben, eine Behauptung, die durch die vielen sonnengebräunten Strandmenschen ebenso genährt wird wie durch die Tatsache, dass die Universität mehr für ihre sportlichen als ihre akademischen Erfolge bekannt ist.

Bedenkt man, dass es sich, vom Universitätsgelände abgesehen, eigentlich um eine öde Gegend handelt, so ist der Exposition Park auf der anderen Seite des Exposition Blvd direkt ein Lichtblick. Hier befinden sich einige Museen, die durchaus einen Besuch lohnen, z.B. das **California Science Center**, 700 State Drive, Ecke Figueroa St, 🖳 www.casciencectr.org, 🕒 tgl. 10–17 Uhr, Eintritt frei, Parkplatz $6, sowie das **California African-American Museum**, 600 State Drive, 🖳 www.caamuseum.org. Letzteres präsentiert informative Ausstellungen zur Geschichte und Kultur der schwarzen Bevölkerung Amerikas. 🕒 Mi–Sa 10–16 Uhr, Eintritt frei.

Auch das nahe **Natural History Museum of Los Angeles County**, 900 Exposition Blvd, ✆ 213/763-3466, 🖳 www.nhm.org, ist sehenswert. Das Museumsgebäude mit seinem Marmorfußboden, den spanischen Kuppeln und Travertinsäulen ist das schönste im Umkreis. Im wesentlichen sind Saurierknochen und andere Fossilien zu sehen, aber auch vieles, was nicht unbedingt in die Kategorie „Naturkunde" gehört. Die Ausstellung der Pre-Columbia Hall zeigt z.B. Maya-Wandgemälde und die Rekonstruktion einer mexikanischen Grabstätte, und in einem anderen Saal gibt es eine Ausstellung zur Geschichte Kaliforniens. Zum krönenden Abschluss kann man sich die Edelsteinsammlung ansehen. ◷ Mo–Fr 9.30–17, Sa und So 10–17 Uhr, Eintritt $9.An einem sonnigen Tag kann man durch den **Rosengarten** spazieren, am besten im April und Mai, da die 16 000 Rosenbüsche dann am intensivsten duften, leider kommen dann auch die meisten der 45 000 jährlichen Besucher. ◷ tgl. 10–17 Uhr, Eintritt frei.

South Central L.A.

South Central L.A. (das Stadtteile wie Watts, Compton, Inglewood und Crenshaw umfasst) wird bei den meisten Touristen nicht auf dem Besuchsplan stehen, denn hier findet man weder die Strände noch den Glamour von West L.A., von historischen Denkmälern ganz zu schweigen. Jedoch ist auch South Central L.A. ein integraler Bestandteil der Riesenmetropole, schon allein seiner Größe wegen – das weitläufige, runde Areal erstreckt sich vom südlichen Ende Downtowns bis zum nördlichen Teil des Hafens. Früher stellten Afroamerikaner die Mehrzahl der Einwohner, heute leben hier zunehmend Latinos und Asiaten, daneben vereinzelt unterprivilegierte weiße Arbeiter. Der mit dem Zustrom neuer Einwanderer einhergegangene Wandel hat zu überraschenden Entwicklungen und Rassenspannungen geführt.

Auf den ersten Blick wirkt South Central mit seinen freistehenden Bungalows und den dazugehörigen, von Palmen beschatteten Rasenflächen

Die Unruhen von 1992 und der Rampart-Polizeiskandal

Los Angeles genießt bereits seit langem den zweifelhaften Ruf, eine der brutalsten Polizeitruppen der USA zu haben. Die paramilitärische Strategie des **LAPD** (Los Angeles Police Department) entstand schon in den 50er Jahren des 20. Jhs. unter „Supercop" William Parker und konnte sich unter seinen Nachfolgern munter weiterentwickeln, insbesondere in den 80er Jahren unter dem extrem reaktionären **Daryl Gates**.

Als 1992 fünf weiße Polizeibeamte überraschend von der Anklage der Anwendung unangemessener Gewalt freigesprochen wurden, obwohl ein Video sie beim Treten und Schlagen des schwarzhäutigen Autofahrers Rodney King zeigte (nachdem sie ihn wegen Übertretung der Geschwindigkeitsbegrenzung im Vorort Pacoima angehalten hatten), war eigentlich damit zu rechnen, dass dies in den von Armut geschlagenen Ghettos L.A.s eine gewalttätige Gegenreaktion provozieren würde. Was jedoch nur wenige vorhersahen, war das Ausmaß der Ausschreitungen, die dieser Urteilsspruch heraufbeschwor. Ironischerweise wurden die Krawalle zum Teil dadurch weiter geschürt, dass sich am ersten Abend so gut wie keine Polizei blicken ließ. Die Gewalt und der Zorn übertrafen bei weitem die Watts Riots von 1965 (s.S. 142) und nahmen in South Central L.A. ihren Anfang. Autofahrer wurden aus ihren Fahrzeugen gezerrt und attackiert, danach eskalierte das Geschehen rasch zu einem Chaos aus Brandstiftung und Schießereien, das sich von Long Beach bis nach Hollywood über die Stadt ausbreitete.

Es bedurfte einer viertägigen abendlichen Ausgangssperre sowie mehrerer tausend gutbewaffneter Soldaten der Nationalgarde in den Straßen L.A.s, um diese Ruhe wiederherzustellen – und das gesamte Ausmaß der Krawalle zutage treten zu lassen. Bei den Unruhen, die zu den schwersten in der Geschichte der Vereinigten Staaten zählten, wurden 58 Menschen getötet, fast 2000 verletzt und Schäden von ca. einer Milliarde US-Dollar verursacht. In einem zweiten Prozess, diesmal auf Bundesebene, wurden die Beamten der Verletzung der Bürgerrechte von Rodney King nicht sonderlich heruntergekommen, aber dieser Eindruck trügt und kann nur kurz darüber hinwegtäuschen, dass die Bewohner fast ausnahmslos verarmt sind und kaum Chancen haben, sozial aufzusteigen und das Viertel zu verlassen.

Watts

Der südlich an Downtown grenzende Stadtteil Watts ging im August 1965 durch einen sechstägigen Aufstand, die Watts Riots, in die Geschichte ein (s. Kasten). Nach den blutigen Auseinandersetzungen, die insgesamt 36 Menschenleben forderten, schrieb ein deutscher Reporter: „Es sieht aus wie in Deutschland während der letzten Monate des Zweiten Weltkriegs". Und so wirken weite Teile des Bezirks noch heute – Watts ist ohne Frage die hässlichste Gegend in South Central L.A.

Die nach 1965 versprochenen Investitionen haben die Lage nicht nachhaltig verbessert. Die wenigen Fortschritte, die in den 70er Jahren gemacht wurden, sind schon vor langem dem allgemeinen wirtschaftlichen Niedergang zum Opfer gefallen und von den Ereignissen von 1992 überschattet worden. Obwohl sich die Lokalpolitiker noch immer in dogmatischen Reden ergehen, dass der Gegend geholfen werden müsse, und Wirtschaftsführer sporadisch den Bau eines Supermarkts hier oder die Errichtung einer Bank dort versprechen, nimmt Watts weiter den untersten Rang auf der wirtschaftlichen Skala L.A.s ein.

Der einzige gute Grund, nach Watts zu kommen, sind die an Gaudí erinnernden **Watts Towers**, 1765 E 107th St, auch als Rodia Towers bekannt. Sie zählen zu den bedeutendsten Wahrzeichen Südkaliforniens, aber auch zu den am schwierigsten zugänglichen. Es handelt sich um mysteriöse Konstruktionen aus Eisen, Stahl, alten Bettgestellen und Zement, verziert mit Flaschenscherben und an die 70 000 zerstampften Muscheln. Ihre Entstehungsgeschichte ist genauso ungeklärt wie der Verbleib ihres Schöpfers Simon Rodia, der keinerlei künstlerische Ausbildung besaß.

angeklagt und zwei von ihnen zu Gefängnisstrafen verurteilt.

Obwohl die Unruhen von einem einzelnen Ereignis ausgelöst wurden, machten sie die **Rassenspannungen** in einer Stadt deutlich, deren Verwaltung bis dahin nur allzu leicht über soziale Probleme hinweggesehen hatten. Hinzu kam, dass der erste Prozess im rechtslastigen Simi Valley stattgefunden hatte, wo zahlreiche pensionierte Polizisten leben. Als Konsequenz aus dem Fall um Rodney King wurde die Christopher Commission eingesetzt und mit der Aufgabe betraut, Rassenvorurteile innerhalb des LAPD zu untersuchen. Leider fanden die Empfehlungen dieser Kommission bis zum Zeitpunkt des Rampart-Polizeiskandals keine Resonanz.

Im Jahr 2000 wurde der martialische Übereifer des LAPD wieder einmal offenbar. Dieses Mal waren CRASH-Eliteeinheiten angeklagt, die Drogendelikte in den Vierteln um MacArthur Park und Temple-Beaudry aufklären sollten. Nach der Aussage eines ehemaligen Kollegen, der sich gegen sie wendete, gingen sie dabei nicht gerade zimperlich vor: Sie schoben „Verdächtigen" Drogen unter, um sie dann wegen Drogenbesitzes zu verhaften, verprügelten Unschuldige und erschossen kaltblütig Verdächtige. Die meisten der blau uniformierten Angeklagten kamen letzten Endes ungeschoren davon. Der Druck zu ihrer rechtskräftigen Verurteilung war verpufft, sowohl aus einem Mangel an öffentlicher Empörung als auch aus Interesselosigkeit des District Attorney. Seitdem hat sich so gut wie nichts geändert, obwohl der fähige ehemalige Polizeichef von New York, **William Bratton**, nach L.A. versetzt wurde, um das Ruder in die Hand zu nehmen. Die Straßengangs werden zunehmend gewalttätiger und verzeichnen unter ihren Mitgliedern in Folge der steigenden Zahl von Einwanderern aus Lateinamerika wesentlich mehr Latinos als zuvor. Nachdem eine lange Waffenruhe zwischen rivalisierenden Gangs ausgelaufen ist, fließt in den Straßen wieder das Blut. Doch da South Central für das wohlhabende, weiße Los Angeles kaum eine Rolle spielt und Bürgermeister James Hahn – eher ein Schönredner und Technokrat – wenige Interesse an den Gewaltproblemen des Ghettos zeigt, grassieren dort weiter die Probleme. Es scheint nur eine Frage der Zeit, wann der nächste Funke fliegt, der L.A. erneut in Flammen aufgehen lässt.

Watts Riots

Die Watts Riots von 1965 begannen mit der Verhaftung des 21-jährigen, arbeitslosen Afroamerikaners Marquette Frye wegen des Verdachts auf Trunkenheit am Steuer. Da der Polizei in diesem Zusammenhang schwere Übergriffe angelastet wurden, attackierten Bewohner von Watts während der ganzen Nacht Streifenwagen mit einem Hagel von Flaschen und Steinen. Erst am Morgen hatte sich die Situation beruhigt, doch am nächsten Abend versammelten sich viele Schwarze, um ihrer Unzufriedenheit mit der Polizei und anderen – hauptsächlich weißen – Institutionen Luft zu machen. Waffenhandlungen wurden geplündert, Straßenbarrikaden errichtet und viele Gebäude in Brand gesetzt. Dennoch erlebte L.A. eine bis dato nicht gekannte Eskalation der Gewalt. Am fünften Tag griffen die Unruhen auch auf Downtown über. Erst jetzt rief die Furcht der weißen Bevölkerung die Nationalgarde auf den Plan: 13 000 Mann wurden aufgeboten, MG-Nester blockierten die Straßen, und eine nächtliche Ausgangssperre wurde verhängt. Damit war der Aufstand nach kurzer Zeit erstickt.

Rodia arbeitete von 1921 bis 1954 an den Türmen, lehnte jegliche Hilfe ab und erklärte nie, warum er sie baute oder was das ganze zu bedeuten hatte. Nach der Fertigstellung verließ er den Platz, ohne jemals zu seinem Werk Stellung zu beziehen und verschwand wenig später sang- und klanglos von der Bildfläche. Ein Besuch ist sehr faszinierend, jedoch nur nach Vereinbarung möglich, Details beim daneben gelegenen Watts Tower Arts Center, 1727 E 107th St, ✆ 323/860-9964, 🖳 www.wattstowers.net, ⌚ Di–Sa 10–16, So 12–16 Uhr; Eintritt frei. Eine gute Zeit für einen Besuch ist das *Day of the Drums Festival* im September oder das *Watts Towers Jazz Festival* im Oktober. Beide Veranstaltungen zählen zu den wichtigsten der Stadt und finden im benachbarten **Cultural Crescent Amphitheater** statt. Informationen und Programmpunkte können telefonisch beim Arts Center erfragt werden.

Das 5 Meilen weiter nördlich gelegene **Dunbar Hotel**, 4225 S Central Ave, ist das erste nordamerikanische Hotel, das für schwarze US-Bürger eingerichtet wurde, und erhielt in den 30er, 40er und 50er Jahren von nahezu allen prominenten Afroamerikanern Unterstützung. Leider können nur die restaurierte Hotelhalle und die Fassade besichtigt werden, da das Gebäude inzwischen als Altersheim dient. Weitere Informationen beim OASIS Senior Center, ✆ 323/231-6220, ⌚ Mo–Fr 9–17 Uhr. Gelegentlich werden hier Kunstausstellungen gezeigt, und im August findet das Central Avenue Jazz Festival statt, das den alten Schwung und die frühere Lebendigkeit der Gegend erahnen lässt (Info unter ✆ 213/847-3169).

Compton und Inglewood

Zwischen Watts und dem Hafengebiet gibt es nur wenige Attraktionen. Compton wurde zwar als L.A.s Rap-Heimat bekannt (man denke an das gehässige Album *Straight Outta Compton* von NWA, das die dunklen Seiten des Bezirks besingt), ist aber keine Gegend, in der man als Fremder in die heimische Musikszene eintauchen kann.

Historisch Interessierte können bei der **Dominguez Ranch Adobe**, 18127 S Alameda St, ✆ 310/631-5981, an einer kostenlosen Führung teilnehmen. Die restaurierte alte Ranch beherbergt ein Museum, in dem die Geschichte von Juan José Dominguez dokumentiert ist, einem der Soldaten, die seinerzeit mit Padre Junípero Serra Mexiko verließen, um die Missionen zu erbauen. Sein langer Militärdienst wurde 1782 mit der Überschreibung von 30 000 ha spanischem Hoheitsgebiet belohnt. Je mehr die Gegend, in der sein Grundstück lag, an Bedeutung gewann, desto mächtiger wurde seine Familie. Seine Nachfahren waren einflussreiche Personen in der Lokalpolitik. Die sechs Hauptzimmer des Adobe-Gebäudes von 1826 sind zu besichtigen und bieten mit ihrem Mobiliar – teils original, teils nachgebaut – einen interessanten Einblick in die Ära, bevor Kalifornien Teil der Vereinigten Staaten wurde. ⌚ So und Mi 13, 14 und 15 Uhr.

Auf der anderen Seite des Harbor Freeway und näher am Internationalen Flughafen LAX liegt Inglewood, das außer dem **Hollywood Park Racetrack**, ✆ 310/419-1500, 🖳 www.hollywoodpark.com, nicht viel zu bieten hat. Landschaftsarchitekten bauten für diese Pferderennbahn kleine Lagunen und siedelten tropische Pflanzen an.

Das **Forum**, gleich nebenan, ist eine 17 000 Zuschauer fassende Arena, in der früher die *L.A. Lakers* (Basketball) und die *LA Kings* (Eishockey) zu Hause waren. Heute befindet sich hier eine der größten Kirchen des Landes unter Trägerschaft der Faithful Central Bible Church, obwohl unter der Woche auch noch gelegentlich Konzerte veranstaltet werden (s.S. 212).

Ein Stück weiter in Richtung Freeway 405 befinden sich zwei Glanzstücke der Pop-Architektur, die es sich anzuschauen lohnt: **Randy's Donuts**, 805 Manchester Blvd, ✆ 310/645-4707, 💻 www.randysdonuts.com, ein legendärer Drive-In mit einem gigantischen Donut auf dem Dach, und **Pann's**, eine Meile weiter nördlich an der Kreuzung von La Tijera und Centinela Blvd, einer der letzten echten „Googie" Coffeeshops mit einem spitzgiebligen Dach, einem großen Neonschild und exotischen Pflanzen, angestrichen in Primärfarben.

Crenshaw

Nach South Central sollte man am besten nur in Begleitung eines Ortskundigen gehen. Eine Ausnahme bilden vielleicht der Bezirk Crenshaw und der angrenzende **Leimert Park** am Westrand des Viertels, in der Umgebung der Kreuzung W 43rd Place und Degnan Blvd. Während sich afroamerikanische Kultur früher auf ein Gebiet entlang der Central Avenue konzentrierte, ist sie nun, da die jüngste hispanische Einwanderungswelle die schwarze Bevölkerung auf die westliche Seite von South Central abdrängt, eher hier anzutreffen.

Sowohl in Crenshaw als auch in Leimert Park gibt es eine Reihe von Restaurants, gute Buch- und Plattenläden sowie eine durchschnittliche Shopping Mall. Sehenswürdigkeiten sind das ins Auge fallende **Leimert Theater**, 3300 43rd Place, ✆ 323/291-7321, auch als Vision Theatre bekannt und gelegentlich für Theateraufführungen genutzt, und das **Museum in Black**, 4331 Degnan Blvd, ✆ 323/292-9528, dessen umfangreiche Sammlung afroamerikanischer Kunst und Geschichte gewidmet ist; unter anderem finden sich hier fast 300 Jahre alte Papiere, die den Kauf von Sklaven dokumentieren. 🕓 Di–Sa 11.30–18 Uhr, Spende erwünscht.

Jenseits von Crenshaw lebt die obere afroamerikanische Mittelschicht in **Baldwin Hills**, einem beschaulichen Bezirk, dessen Idylle allerdings von den nahe gelegenen Ölbohrlöchern beeinträchtigt wird. Der Bezirk war einer der Austragungsorte der Olympischen Spiele von 1932, woran allerdings heute kaum noch etwas erinnert.

East L.A.

Das spanische Viertel mit der längsten Geschichte ist East L.A., das 2 Meilen östlich von Downtown beginnt und über das in Beton eingefasste Rinnsal des Los Angeles River reicht. Lange vor der Ankunft der weißen Siedler gab es hier eine mexikanische Bevölkerung. Seit dem 19. Jh. ließen sich Millionen weitere Mexikaner hier nieder, die meisten verdingten sich als Landarbeiter. Die weiße Bevölkerung zog weiter in Richtung Küste, während die Mexikaner blieben. Ein Spanisch sprechender Stadtteil entstand, der zu den ältesten im Land zählt.

Abgesehen von bunten Märkten, Leben auf den Straßen und Wandmalereien gibt es kaum spezielle Sehenswürdigkeiten in East L.A. zu entdecken. Samstagnachmittags ist in East L.A. am meisten los. Dann lohnt es sich, die **Cesar Chavez Avenue**, die frühere Brooklyn Avenue, östlich der Indiana Street, entlangzuschlendern. Man kommt an Läden vorbei, in denen es ungewöhnliche Haustiere wie z.B. Papageien und Boas zu kaufen gibt, und an *Botanicas Shops*, in denen sich Anhänger der Santeria-Religion, einer Mischung aus Voodoo und Katholizismus, mit entsprechendem Zubehör versorgen: Haifischzähne, kleine Plastikstatuen diverser katholischer Heiliger, magische Gewürze u.Ä.

Etwas weniger ausgefallen, aber immer noch sehr exotisch sind die in einer Markthalle untergebrachten Stände des **Mercado de Los Angeles**, 3425 E First St, ✆ 323/268-3451, 🕓 tgl. 10–20 Uhr.

Die **Jungfrau von Guadalupe**, die mexikanische Vorstellung der Mutter Gottes, erscheint auf Wandgemälden in ganz East L.A. und nirgendwo eindrucksvoller als an der Kreuzung der Mednick und der Cesar Chavez Avenues. Das Bild wurde an der Straße aufgestellt und mit blauen Kacheln eingerahmt und dient jetzt als inoffizieller Heiligenschrein, an dem die Gläubigen frische Blumen und Kerzen opfern.

Außer Lateinamerikanern verirren sich kaum Touristen nach East L.A., wo die Straßen zumin-

LOS ANGELES UND UMGEBUNG

dest tagsüber relativ sicher sind – die stark von männlichem Publikum dominierten Bars sollte man allerdings meiden, und nach Einbruch der Dunkelheit ist ein Umherstreifen in diesem Bezirk generell nicht ratsam.

Highland Park und Southwest Museum

Nördlich von Downtown führt der **Pasadena Freeway** an einem ausgetrockneten Flussbett entlang in das hügelige Pasadena. Die 1941 fertig gestellte Autobahn war die erste in der Stadt und hieß ursprünglich *Arroyo Seco Parkway*. Unbequem für Autofahrer auf diesem veralteten Freeway sind die Stoppschilder an den Auffahrten und extrem kurze Ausfahrten, die nur mit 5 mph befahren werden dürfen. Eine wesentlich bessere Option ist die neue Schmalspurbahn **Gold Line**, die von der Union Station in Downtown mehr oder weniger dem Freeway bis nach Old Pasadena und weiter folgt.

Charles F. Lummis

Lummis war einer der ersten Weißen, die die Anerkennung der Menschenrechte für die amerikanischen Indianer forderten. Er investierte zudem viel Geld und Zeit in die Rettung und Erhaltung der kalifornischen Missionen.

Sein Haus, eine eigenwillige Mischung aus Missionsstil und mittelalterlicher Architektur, nannte er wegen der großen schattigen Platanen im Garten *El Alisal*. Die dicken Mauern ließ er mit Granitbrocken aus dem nahen Flussbett bauen, die Deckenbalken im Wohnzimmer aus alten Telegrafenmasten. Auch die Eingangstüren aus dicken, mit Eisen verstärkten Holzplatten, die mehrere Tonnen wiegen, scheinen wie für die Ewigkeit gebaut.

Die Einrichtung besteht aus selbst gezimmerten Möbeln, die den markigen Charakter ihres Besitzers treffend widerspiegeln. Lummis war einer der wenigen, die auf Schusters Rappen nach L.A. kamen – er ging den ganzen Weg aus Cincinnati zu Fuß.

Nur zwei Meilen von Downtown entfernt liegt am Freeway Highland Park, mit einer ganzen Reihe kunstvoller viktorianischer Villen, die aus den verschiedensten Gegenden der Stadt hierher verfrachtet wurden und nun den **Heritage Square** bilden, einen 4 ha großen, umzäunten Park in der 3800 Homer St. ⏲ Fr 10.30–15.30, Sa und So 12–15 Uhr, Führungen stdl. Sa und So 12–15 Uhr, $6.

Gleich hinter der nächsten Freeway-Abfahrt liegt das **Lummis House**, 200 E Ave 43, 💻 www.socalhistory.org, das Wohnhaus des Publizisten Charles F. Lummis. ⏲ Fr–So 13–16 Uhr, Eintritt frei.

Lummis' Haus war um die Jahrhundertwende ein Literaten- und Künstlertreffpunkt. Lummis' größtes Verdienst war die Gründung des **Southwest Museums**, ein schlossähnlicher Bau unterhalb des Mount Washington, eine halbe Meile nördlich vom Lummis House (mit eigener Haltestelle der Gold Line).

Das Museum wurde 1907 fertig gestellt und ist das älteste der Stadt. Der Name ist irreführend, da nicht nur die Kultur der im Südwesten lebenden Indianer dokumentiert wird, sondern mit Sonderausstellungen, Vorlesungen, Filmen und Theatervorstellungen die Geschichte und Kultur der nordamerikanischen Indianer insgesamt.

Im Museumsladen werden Navajo-Teppiche, Kachina-Puppen, traditioneller, reich mit Türkisen verzierter Navajo-Schmuck und ein gutes Sortiment an Büchern und Publikationen angeboten. Auch wenn die wenigsten Einwohner L.A.s je von dem Museum gehört haben, ist es einen Nachmittag wert. ⏲ Di–So 10–17 Uhr, $7,50, 💻 www.southwestmuseum.org.

Die nahe gelegene und vom Museum verwaltete **Casa de Adobe** stammt aus dem Jahr 1917 und stellt eine mexikanische Hacienda nach. Sie beherbergt ein kleines Museum, das die Geschichte von Los Angeles bis ins 19. Jh. dokumentiert. Die Casa wird nur zu besonderen Anlässen geöffnet. Weitere Informationen unter ✆ 323/221-2163. Das Southwest Museum und das Griffith Park's Museum of the American West (s.S. 153) bieten ein Kombi-Ticket für $12, man muss allerdings schon ein eigenes Fahrzeug haben, um beide Ziele einfach erreichen zu können.

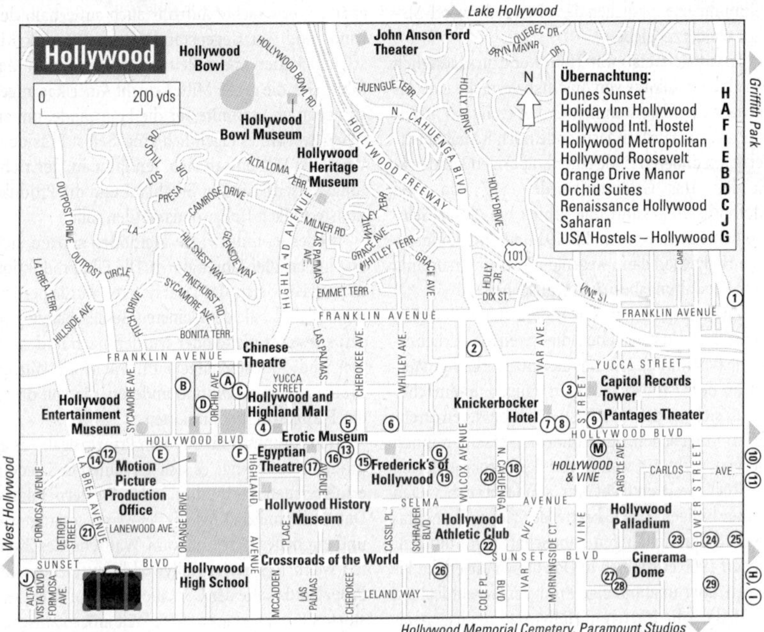

Cafés & Restaurants:				Bars & Clubs:					
Chan Darae	22	Pinot Hollywood	29	1650	19	Burgundy Room	20	Goldfinger's	2
Havana on Sunset	25	Roscoe's Chicken and Waffles	24	All-Star Theatre Cafe	7	Cat 'n Fiddle Pub	26	King King	6
Miceli's	19	Sanamluang Café	10	Avalon	3	Catalina Bar & Grill	10	Knitting Factory	27
Musso and Frank Grill	5	Tommy's	23	Blue	17	Cyber Java	14	Lava Lounge	21
Off Vine	28	Vim	11	Boardner's	15	Deep	8	Powerhouse	4
Pig 'n Whistle	13			Bourgeois Pig	1	Frolic Room	9	The Ruby	12

Hollywood

Wenn es einen Namen gibt, der Glanz, Geld und Erfolg verkörpert, dann ist es Hollywood. Seitdem der amerikanische Film und seine Stars zum internationalen Maßstab für den gehobenen Lebensstil wurden, wirkt Hollywood wie ein Magnet auf Millionen von Menschen, die den Traum vom großen Glück, von der unverhofften Entdeckung und der großen Karriere träumen.

In Wahrheit ist Hollywood eher ein Zentrum der Korruption und der Skandale als jene Traumfabrik, die uns die Filmwelt vorgaukelt. Die wirklich Erfolgreichen verbringen hier so wenig Zeit wie möglich und ziehen sich, sobald sie es sich leisten können, in ihre privaten Refugien an der Küste oder in den Bergen zurück. Bereits in den 1930er Jahren hatte sich Hollywood zu einem zwiespältigen Viertel mit reichlich Prostitution und Kleinkriminalität entwickelt, und in den folgenden Jahrzehnten setzte sich dieser Abwärtstrend fort. Obwohl sich die Gegend mit ihren Filmwerkstätten und Zulieferern als sekundärer Stützpunkt der Filmindustrie behauptet, sind alle großen Filmgesellschaften (mit Ausnahme von Paramount) in andere Gegenden umgezogen und haben Hollywood in seiner Verwahrlosung mit Drogenhandel und billigen Souvenir- und Sexläden allein gelassen.

In den letzten Jahren hat sich jedoch einiges verbessert, und inzwischen fließt öffentliches wie privates Kapital in den Bau neuer Shopping Malls, die mit ihrer Orientierung an der Goldenen Zeit der

Filmindustrie versuchen den alten Hollywood-Mythos wiederzubeleben.

Paradoxerweise war Hollywood ursprünglich eine kleine Kolonie von Abstinenzlern, die eine Alternative zum verkommenen Leben in L.A. suchten, das zur Jahrhundertwende noch 8 Meilen entfernt am anderen Ende einer holperigen Landstraße lag. Das Gelände wurde 1887 von zwei Methodisten gekauft und erhielt bei dieser Gelegenheit seinen Namen. Bis 1911 autonom, musste sich Hollywood dann wegen der Wasserversorgung dem Verwaltungsbezirk L.A. anschließen.

Zu dieser Zeit war New York noch das Zentrum der Filmindustrie, aber die strengen Urheberrechtsbestimmungen und das unzuverlässige Wetter an der Ostküste brachten einige Filmemacher dazu, sich an der Westküste nach besseren Drehorten umzusehen. Südkalifornien erschien ihnen perfekt, nicht nur weil es von der bürokratisierten Ostküste weit entfernt war, sondern auch wegen seiner billigen Arbeitskräfte, der vielen Sonnentage und der vielfältigen Landschaft rund um L.A. Schon 1906 eröffneten in Downtown die ersten Filialen, aber unabhängige Produzenten entdeckten bald, dass die Mieten in Hollywood niedriger waren. So wurde hier 1911 das erste Studio in Betrieb genommen. Nur drei Jahre später wimmelte es bereits von Filmemachern, unter ihnen viele spätere Größen, z.B. Cecil B. de Mille, der sein erstes Büro – eine umgebaute Scheune – noch mit einem Pferd teilen musste.

Der Industriezweig expandierte rasch und bescherte vielen Beteiligten Reichtum und Ruhm. Als Motor dieser Entwicklung dienten über Nacht erfolgreiche Filme wie DeMilles *The Squaw Man*, der in seiner Scheune entstand. (In dieser befindet sich heute das **Hollywood Heritage Museum**, 2100 N Highland Blvd, ✆ 323/874-4005, 💻 www.hollywoodheritage.org, 🕓 Sa und So 11–16 Uhr; Eintritt $3, mit einer Sammlung von Antiquitäten und Erinnerungsstücken aus der Stummfilmzeit). Noch aber war das Filmemachen weit davon entfernt, als anerkannter und sicherer Erwerbszweig zu gelten.

Erst mit D.W. Griffiths Stummfilmklassiker *Die Geburt einer Nation* (1914) wurde deutlich, dass der Film das Medium der Zukunft werden könnte. Der konservative Streifen, der die Geschichte des Bürgerkrieges vom Standpunkt der Südstaaten aus erzählt, verursachte Aufruhr auch außerhalb der Kinos und war Gegenstand monatelanger kritischer Debatten in den Zeitungen. Zum ersten Mal fühlte sich die große Mittelschicht Amerikas angesprochen und strömte vor die Leinwände, um zu sehen, worum es eigentlich ging. Selbst Präsident Woodrow Wilson sah sich den Film an, der richtungsweisend für den Erzählstil und die Produktionstechniken Hollywoods werden sollte.

Moderne, industrielle Methoden setzten sich erst in den 20er Jahren durch. Die Filmproduktion spezialisierte sich, das „Starsystem" wurde perfektioniert, und viele der kleineren Gesellschaften gingen entweder pleite oder wurden nach und nach von Studio-Riesen aufgekauft, wie *MGM, Warner Brothers, Paramount* und anderen, die von da an das Filmgeschäft dominierten.

Dabei war es Hollywood im Prinzip egal, was es produzierte, solange es sich verkaufen ließ. Jedem erfolgreichen Piratenfilm oder Western folgten Dutzende ähnlicher Art, bis der Markt gesättigt war und ein neues Genre aufkam. Während des Zweiten Weltkriegs geriet Hollywood unversehens zur Propagandawaffe der USA, die dem vom Krieg zerstörten Europa eine rosarote Welt amerikanischen Lebensstils vorgaukelte – eine Fiktion, die den Kurs der kommenden Jahrzehnte bestimmen sollte.

Trotz einiger kritischer Ansätze, z.B. im *Film Noir* der späten 30er und frühen 40er Jahre, waren es stets die großen Namen, das große Geld und die konservative Grundhaltung, die Hollywood am Leben hielten. Das Kino der Illusionen ist die sichere Karte auf dem Markt, nicht das künstlerische Experiment. Doch die Kosten für Hollywood-Produktionen steigen rasant, und damit wächst auch das Risiko, einen Flop zu landen. Also setzen die Produzenten immer mehr auf eine aufwendige Technik und Spezialeffekte, nicht zuletzt, weil dann ein Teil der Unkosten über das Video-Geschäft wieder hereinkommt.

East Hollywood

Von Downtown aus kommt man über den Sunset Boulevard zunächst in den Osten Hollywoods, eine schäbige Gegend mit billigen Wohnungen und überwiegend spanischsprachigen Immigranten, für die sich der amerikanische Traum noch nicht erfüllt hat. Die heruntergekommenere Seite des Sun-

Hollywood – Verkörperung von Glanz, Erfolg und Geld

set Boulevard bildet einen markanten Gegensatz zur schickeren Westseite. Doch da Wohnraum in der Nähe der Hügel sehr begehrt ist, haben sich die Straßen um die Beachwood Avenue zu beliebten Wohngegenden entwickelt, weshalb die Hänge mit Häuschen im Mittelmeerstil übersät sind.

In **Silver Lake**, vier Blocks nördlich des Sunset Boulevard, standen einige der ersten Studios. Inzwischen sind sie zum größten Teil zu Restaurants, Galerien oder Lagerhäusern umfunktioniert worden. Walt Disney hatte 1926 sein erstes Studio in der 2719 Hyperion Ave, heute ein Parkplatz. Die typischen Stummfilmklamotten der Zeit wurden in Mack Sennetts Studio gedreht, 1712 Glendale Blvd (heute ein Lagerkomplex), wo ein einsames Tonstudio überlebt hat. Ein weiteres verblasstes Überbleibsel aus der Filmgeschichte befindet sich beim Gebäude 930 Vendome St, dessen Treppe sich für „Dick und Doof" in dem 1932 gedrehten Kurzfilm *The Music Box* als etwas zu lang und recht heikel für einen Klaviertransport erwies. Ansonsten hat Silver Lake keine „offiziellen" Sehenswürdigkeiten zu bieten. Das Viertel ist allgemein bekannt als der hippe, schräge Gegenpart zu West Hollywood: schwulenfreundlich, viele gemütliche Bars, eigenwillige Dance Clubs, alternativ-linke Buchläden – alles ist eher auf ein von Arbeitern und Latinos geprägtes Publikum zugeschnitten als der bekanntere, „weißere" und wohlhabendere Westen von Hollywood.

Im nahe gelegenen **Los Feliz Village** leben Menschen ganz unterschiedlicher Herkunft und Interessen, darunter eine zahlenstarke Gruppe Latinos sowie Homosexueller. An Sommerabenden füllen sich die Bars mit Studenten des hiesigen American Film Institute und Bohèmetypen aus den Hollywood Hills auf der Suche nach Lokalkolorit. Tim Burtons *Ed Wood* wurde zum Teil im architektonisch eindrucksvollen Kino **Vista**, gleich am Hollywood Boulevard nahe Virgil, gedreht und erlebte dort auch seine Premiere.

Auf dem kleinen grünen Hügel nahe der Kreuzung Hollywood Blvd und Vermont Ave steht das imposante **Hollyhock House**, 4800 Hollywood Blvd, ✆ 323/644-6269, 🖳 www.hollyhockhouse.net. Es gilt als das erste Gebäude des Architekten Frank Lloyd Wright in Los Angeles, die Errichtung wurde aber größtenteils von seinem Schüler Rudolph Schindler überwacht, der später selbst einer der herausragenden Architekten L.A.s werden sollte. Das mit Maya-Motiven und stilisierten geometrischen Darstellungen der Stockrose bedeckte, 1921 fertig gestellte Gebäude wirkt heute sehr eigentümlich. Führung Mi–So 12.30–15.30 Uhr zu jeder halben Stunde, Mi–Fr nur nach Anmeldung, Spende erwünscht.

Die erste Besitzerin des Hauses, die Öl-Erbin Aline Barnsdall, überließ das gesamte Anwesen später der Stadt als Kulturzentrum, welches dann den Namen **Barnsdall Art Park** erhielt. Die renovierte Anlage umfasst eine Anzahl an Galerien, die Werke lokaler Künstler ausstellen – man kann sie gut besichtigen, während man auf die Hollyhock-Tour wartet.

Das 1924 über den Dächern von Los Feliz erbaute **Ennis-Brown House**, 2655 Glendower Ave, 💻 www.ennisbrownhouse.org, wurde gleichfalls von Wright entworfen. Sein präkolumbisches Äußeres hat in mehr als 30 Filmen als Kulisse gedient. Die recht voll gestopften Flure und Räume, darunter der beeindruckende Great Room mit seinen hohen Decken, können im Rahmen einer 90-minütigen Führung besichtigt werden, Di, Do und Sa um 11 und 13.30 Uhr, $20. Reservierungen unter ✆ 323/660-0607.

Etwas weiter in den Hügeln versteckt sich Richard Neutras **Lovell House**, 4616 Dundee Drive, eine elegante Kombination aus weißen Rechtecken und breiten Fenstern, die recht modern wirkt, wenn man sich das Baujahr 1929 vor Augen hält. Tatsächlich zählt es zu den Wahrzeichen des frühen Modernismus in L.A. In dem Film *L.A. Confidential* war es übrigens das 50er-Jahre-Haus des Zuhälters und Porno-Königs Pierce Patchett.

Auffälliger ist das **Sowden House**, 5121 Franklin Ave, ein rosa Kasten, der von Frank Lloyd Wrights Sohn Lloyd entworfen wurde, aber nicht besichtigt werden kann; das ist vielleicht auch ganz gut so, denn hier lebte Mitte des Jahrhunderts einer der berüchtigtsten Mörder in der Geschichte L.A.s.

Central Hollywood

Die vielen Mythen, Märchen, Fabeln und Fantasien, die sich um die paar Blocks von Central Hollywood ranken, würden selbst die Brüder Grimm vor Neid erblassen lassen. Diese Gegend hat eine Faszination, die selbst der Kommerz nicht verdrängen konnte. Sie nicht zu spüren, setzt schon völliges Desinteresse für den amerikanischen Film voraus. Keiner, der in der Filmindustrie Rang und Namen hat, würde sich hier blicken lassen, aber der dramatische Niedergang in den 60er Jahren ist aufgehalten worden, und die Behörden bemühen sich erfolgreich, das Viertel attraktiver zu machen. Nur nachts, wenn die Auswirkungen der Obdachlosigkeit, Drogenabhängigkeit und Prostitution sichtbar werden und Kleinkriminelle auf Jagd nach leicht zu erbeutenden Handtaschen oder Geldbörsen gehen, kann es hier und da ungemütlich werden. Dank des Kontrasts von angekratztem Glamour, modernem Hype und extremer Zwielichtigkeit ist Hollywood einer der besten Orte in L.A., um von einer abgefahrenen Bar oder Disco in die nächste zu taumeln, zumal die Preise einen hier nicht gleich in den Ruin treiben.

Hollywood Boulevard

Geht man den Hollywood Boulevard, die legendenschwangere Magistrale des Kinogeschäfts, nach Westen, kommt man an die berühmte Kreuzung **Hollywood Blvd / Vine St**. Während der Blütezeit Hollywoods zwischen 1910 und 1930 kursierte das Gerücht, dass vielversprechende, junge Talente sich hier nur aufzuhalten brauchten, um innerhalb weniger Minuten von großen Filmregisseuren entdeckt zu werden.

Damals lagen die großen Studios noch in unmittelbarer Nähe, und Regisseure wie Produzenten hielten sich tatsächlich gern in den umliegenden Cafés und Restaurants auf, aber alles andere ist natürlich wilde Übertreibung – typisch Hollywood eben. Die Kreuzung lag für viele Stars einfach auf dem Weg zur Arbeit, ist aber ansonsten wenig aufregend. Wer in Erinnerungen an das legendäre Zeitalter des Kinos schwelgen möchte, begibt sich am besten in den hiesigen U-Bahnhof der **Red Line**, der mit allen erdenklichen Erinnerungsstücken zum Thema Film ausstaffiert ist.

Die Messingplaketten, die ab der Kreuzung Hollywood / Vine in den Bürgersteig des Boulevards eingelassen sind, markieren den berühmten **Walk of Fame**. Die ersten Plaketten wurden 1960 auf Anordnung der Handelskammer mit den großen Namen aus Radio, Fernsehen, Film, Musik und Theater gelegt, wohl um dem maroden Boulevard wieder Glanz zu verleihen und mehr Touristen anzulocken. In den Zeitungen werden die Aufnahmezeremonien für verdiente Persönlichkeiten aus dem Showbiz angekündigt, doch teilweise werden auch zweifelhafte Entscheidungen getroffen; so dauert es beispielsweise Jahrzehnte, bis den Rolling Stones lange nach ihren besten Zeiten endlich ein Stern zuteil wurde. Die ausgesuchten Stars müssen sich mit mehreren tausend Dollar beteiligen. Zu den hier verewigten gehören z.B. Marlon Brando (1717 Vine St), Marlene Dietrich (6400 Hollywood Blvd), Michael Jackson (6927 Hollywood Blvd), Elvis Presley (6777 Hollywood Blvd) oder Ronald Reagan (6374 Hollywood Blvd).

Weitere Hollywood-Ikonen befinden sich in unmittelbarer Nachbarschaft des Walk, darunter der **Capitol Records Tower**, 1750 N Vine St, der dem gleichnamigen Musikunternehmen als Hauptsitz dient und an einen Haufen aufgestapelter aufgestapelter Singles erinnert. Das nahe gelegene **Pantages Theater**, 6233 Hollywood Blvd, besticht nicht unbedingt durch seine schmucklose Fassade, dahinter jedoch präsentiert es ein in barocken Formen gestaltetes Interieur, das zu den schönsten der Stadt zählt und heute überwiegend Gastspielproduktionen als Bühne dient.

Das **Knickerbocker Hotel**, 1714 Ivar Ave, heute ein Apartment-Komplex, gelangte zu trauriger Berühmtheit, da hier mehrere Verzweifelte und Gescheiterte aus der zweiten Riege Hollywoods in den 30ern und 40ern aus dem Fenster sprangen. In den 50er Jahren logierten hier Berühmtheiten wie Elvis Presley und Jerry Lee Lewis.

Einen Block weiter, in der schäbigen Pension **1817 Ivar St**, schrieb der Schriftsteller und Drehbuchautor Nathanael West in den späten 30er Jahren seine klassische Hollywood-Satire *The Day of the Locust* (dt. Der Tag der Heuschrecke),deren apokalyptisches Finale von den im Sommer 1935 in den Hollywood Hills wütenden Waldbränden inspiriert wurde.

Zurück auf dem Hollywood Blvd findet sich im Haus Nr. 6608 **Frederick's of Hollywood**, ein weitere prominente Adresse. Das berühmte Dessous-Geschäft wurde 1947 eröffnet und (ent-)kleidet seitdem alle berühmten Sexgöttinen Hollywoods sowie weniger unsterbliche Damen in aller Welt auf dem Versandweg. Innen befindet sich ein Unterwäschemuseum, in dem einige der schönsten Korsette usw. des Herstellers zu bewundern sind, außerdem Geschenke dankbarer, weltberühmter Kundinnen, von Liz Taylor und Lana Turner bis Cher und Madonna. ◷ Mo–Fr 10–21, Sa 10–18, So 12–17 Uhr, Eintritt frei.

Wer nach den zuvor beschriebenen Exponaten entsprechend erregt ist, macht sich vielleicht auf den Weg zum neuen, einen Block entfernten **Erotic Museum**, 6741 Hollywood Blvd, 💻 www.theeroticmuseum.com. Es handelt sich um Hollywoods jüngsten Versuch, die in den umliegenden Straßen erhältlichen Laster in einen Kontext zu bringen und Gewinn damit zu machen. Das Museum ist so etwas wie der intellektuelle Versuch, das Mysterium Sex in allen seinen Facetten zu ergründen und geheime Fantasien oder verführerische Tabus künstlerisch wie wissenschaftlich zu beleuchten – die meisten Touristen kommen allerdings hierher, um sich im „Projections Room" einen Porno anzuschauen, ohne dabei von Perverslingen in Regenmänteln umgeben zu sein. ◷ So–Do 12–21, Fr–Sa 12–24, Eintritt $13.

Anders als das Erotikmuseum, das es inzwischen in verschiedenen Städten der USA gibt, ist das **Egyptian Theatre**, 6708 Hollywood Blvd, 💻 www.egyptiantheatre.com, eine einzigartige und bedeutende Ikone Hollywoods. Hier fand 1922 die allererste Hollywood-Premiere statt (*Robin Hood* mit Douglas Fairbanks Sr.). Vom Impresario Sid Grauman finanziert, war das Egyptian in seiner Blütezeit der prachtvolle Ausdruck einer Fantasiewelt, die durch eine unaufdringliche Nachbildung des Tempels von Theben und Platzanweiserinnen, die als Kleopatra gewandet waren, bezauberte. Das ehrwürdige Gebäude wurde von dem Erdbeben von 1994 zwar beschädigt, ist danach aber von der *American Cinematheque Film Foundation* liebevoll restauriert worden und zeigt heute einem kleineren, aber sehr dankbaren Publikum eine Auswahl an Hollywood Klassikern, Dokumentationen, Avantgarde-Streifen und ausländischen Filmen (Normalpreis $9).

Wer weniger an den Filmen als an der Geschichte interessiert ist, kann den Besuch auch auf einen kurzen Dokumentarfilm beschränken, der jede Stunde den Aufstieg Hollywoods zur Filmhauptstadt Amerikas nachzeichnet; Sa und So 14 und 15.30 Uhr, Eintritt $7.

Zweimal im Monat besteht Gelegenheit zu einer ausführlicheren Besichtigung des Theaters: Die Grand Tour führt u.a. zu den Ankleideräumen hinter den Kulissen und zum Projektionsraum; nur 10.30 Uhr, $9, Näheres unter ✆ 323/461-2020.

Östlich der Kreuzung von Hollywood and Highland finden sich noch etliche fade Touristenattraktionen – Wachfigurenkabinett; Kuriositätengalerie *(oddities gallery)* usw. –, die wirklich nur dann einen Besuch lohnen, wenn man so etwas unwiderstehlich findet und/oder nichts Besseres zu tun hat.

Der Gebäudekomplex **Hollywood and Highland** (💻 www.hollywoodandhighland.com), westlich des Egyptian Theatre und nordwestlich der gleichnamigen Kreuzung, ist wohl eine von L.A.s frustrierendsten Sehenswürdigkeiten. Nachdem fast eine Milliarde Dollar an Investitionen in das Projekt geflossen waren und die Oscar-Verleihung in das speziell für diesen Zweck angelegte **Kodak Theatre** verlegt worden war, entpuppte sich dieser Kommerztempel, eigentlich zur Wiederbelebung Hollywoods gedacht, als schnöde Mall. Ebenfalls nichts Gutes verheißt das „babylonische" Design-Leitmotiv der Anlage, das in Anlehnung an den 1916 von D.W. Griffith gedrehten Film *Intolerance* entstand: Riesensäulen und -torbögen, Elefantenstatuen usw. Dieser Film war Hollywoods erstes – und 50 Jahre lang sein größtes – finanzielles Fiasko. Die Karriere seines Regisseurs war dadurch mehr oder weniger ruiniert, die Filmstudios setzten danach unbeirrt auf Nummer Sicher.

Das benachbarte **Chinese Theatre**, 6925 Hollywood Blvd, ist jedenfalls von dem Moloch geschluckt und zu einem Multiplex-Kino erweitert worden. Es handelt sich um ein weiteres Vorzeigeobjekt von Sid Grauman aus den Anfangstagen des Kinos. Was einst als hochtrabender Hollywood-Mumpitz für Bauerntölpel verspottet wurde, ist heute eine Ikone unter den Filmpalästen, der nur wenige andere das Wasser reichen können. Das Gebäude ist die seltsame Nachbildung eines klassischen asiatischen Tempels, dekoriert mit dubiosen chinesischen Motiven und Drachenschwänzen; dazu kommt eine prächtige Art-déco-Lobby und ein mit Chinoiserien verziertes Auditorium – unbedingt einen Besuch wert. Danach kann man sich mit Hunderten anderer Touristen auf der Straße einer Tour „zu den Häusern der Stars" anschließen (s.u., Touren).

Das Chinese Theater wurde 1927 als Uraufführungskino für prunkvolle Premieren eingerichtet. Wenn die Stars vorfuhren, drängten sich die Fans regelmäßig zu Tausenden hinter den Absperrungen. Die Hauptattraktion ist natürlich die Sammlung an Fuß- und Handabdrücken im Beton des Theatervorhofs. Die Idee entstand, als die Schauspielerin Norma Talmadge mit dem Besitzer Sid Grauman bei einem Rundgang über die Baustelle mit dem Schuh im feuchten Zement stecken blieb. Mary Pickford und Douglas Fairbanks Sr. waren dann die ersten, die anlässlich der Uraufführung von *King of Kings* feierlich ihren offiziellen Abdruck hinterließen. Die Tradition wird bis heute fortgeführt. Trotz der vielen Touristen, die hier herumschwärmen, macht es Spaß, die Größe der eigenen Hände und Füße mit denen von Julie Andrews oder Rock Hudson zu vergleichen.

Wer zusehen möchte, wie ein Film entsteht, geht über die Straße ins **Motion Picture Production Office**, 4. Stock, 7038 Hollywood Blvd, wo man werktags ein *shoot sheet* bekommt ($1–2), auf dem genau angegeben ist, welche Filme am jeweiligen Tag wo in der Stadt gedreht werden und welche Bereiche im Einzelnen für Besucher geöffnet sind. 🕓 Mo–Fr 8–18 Uhr.

Ein paar Türen weiter befindet sich das **Roosevelt Hotel**, 7000 Hollywood Blvd; 1927 eröffnet, entwickelte es sich schnell zum Treffpunkt berühmter Stars und Drehbuchautoren. Im *Cinegrill* aßen und tranken schon Leute wie Ernest Hemingway, W.C. Fields und F. Scott Fitzgerald. 1929 wurde hier der erste **Oscar** verliehen und damit die Tradition begründet, dass Hollywood sich selbst ehrt, statt Ehrungen von außen abzuwarten.

Das *Roosevelt* wurde Mitte der 80er Jahre von innen und außen aufwendig restauriert. Wer einen Blick hineinwirft, kann die Marmorfußböden, die Springbrunnen und die eleganten schmiedeeisernen Kronleuchter in der Eingangshalle bestaunen und die kleine Ausstellung *History of Hollywood* im Obergeschoss anschauen. Selbstverständlich ranken sich auch um dieses Hotel viele Legenden: Dem Kinderstar Shirley Temple soll auf der großen Treppe das Tanzen beigebracht worden sein, und Montgomery Clift soll als Geist durch die Hotelflure spuken und von Zeit zu Zeit auf dem Horn blasen.

Auf der gegenüberliegenden Straßenseite nimmt das **Hollywood Entertainment Museum**,

7021 Hollywood Blvd, ✆ 323/465-7900, 🖳 www.hollywoodmuseum.com, ein unteres Geschoss des „futuristischen“ Hollywood Museum Center ein. Trotz des verheißungsvollen Namens, ist das Museum alles andere als faszinierend. Obwohl es hier neben den Kulissen aus der Fernsehserie *Cheers* und der Brücke des Raumschiffs Enterprise noch wechselnde Exponate, Raritäten sowie Kuriositäten aus der Geschichte Hollywoods zu bestaunen gibt, bietet das Museum letzten Endes nicht mehr als eine ziemlich amateurhafte Sammlung aller möglichen Requisiten und Memorabilia aus alten Fernsehsendungen und Filmen, die ohne ersichtlichen Sinn und Zweck präsentiert werden. 🕓 Sommer tgl. 10–18, Winter Do–So 11–18 Uhr, Eintritt $10.

Etwas ansprechender präsentiert sich das **Hollywood History Museum**, 1660 Highland Blvd, 🖳 www.thehollywoodmuseum.org, auf vier Stockwerken mit Exponaten zu Themen wie Mode, Filmkulisse, Maske und Special Effects aus einem breiten Spektrum der Kinogeschichte. Ein besonderer Schwerpunkt sind die neuesten Hollywood-Spektakel, doch es gibt auch eine Reihe von Objekten aus der goldenen Ära zu bestaunen. Das Museum richtet seinen Fokus aber nicht so sehr auf den klassischen Film wie das alte Max Factor Museum, das am gleichen Ort untergebracht war und in den 90er Jahren seine Pforten schloss. Beide Museen befinden sich zwar in Amerikas Filmhauptstadt, verblassen aber im Vergleich zu dem wesentlich besseren Museum of Television and Radio in Beverly Hills (s.S. 161). 🕓 Do–So 10–17 Uhr, Eintritt $15.

Sunset Boulevard

Parallel zum Hollywood Boulevard liegt weiter südlich ein weiterer legendärer Straßenabschnitt: Sunset Boulevard, heutzutage charakterisiert durch zeitgenössischen Verfall und zahllose Heimstätten für Tinseltown-Kitsch („Tinseltown“ ist ein Spitzname für Hollywood). Die Ecke von Sunset Boulevard und Gower St war einst ein Treffpunkt der vielen Statisten, die bei den so genannten *B-movies* Arbeit zu finden hofften. Die Ecke war deswegen auch als *Gower Gulch* (Gower-Abgrund) und *Poverty Row* (Straße der Armut) bekannt.

Nummer 6360 beherbergt eines der wenigen Überbleibsel aus der Blütezeit des Boulevard: Im 1963 errichteten **Cinerama Dome** mit seiner riesigen weißen Kuppel wurden Filme mithilfe von drei Filmprojektoren auf eine gekrümmte Leinwand projiziert. Heute ist es Teil des Gebäudekomplexes **ArcLight**, 🖳 www.arclightcinemas.com, mit Theatern, Shops und Restaurants. Zwar werden in der Kuppel weiterhin Mainstream-Hollywood-Filme auf eine große, gekrümmte Leinwand projiziert – allerdings nur noch von einem Projektor.

Im Gebäude 6525 Sunset Boulevard residierte von den 1920ern bis in die 50er Jahre der **Hollywood Athletic Club**, 🖳 www.hollywoodathleticclub.com, an dessen Pool sich Charlie Chaplin, Clark Gable und Film-Tarzan Johnny Weissmuller fit hielten, während John Wayne und John Barrymore in den Apartments orgiastische Trinkgelage veranstalteten. Nachdem es 25 Jahre leergestanden hatte, wurde das Gebäude in den 90er Jahren als Billardclub, Bar und Restaurant genutzt. Heutzutage ist es nur für Partys und andere Events geöffnet.

Der Bürokomplex **Crossroads of the World**, 6627 Sunset Blvd, beeindruckt heute kaum noch, doch bei seiner Fertigstellung 1936 war er eine der größten Touristenattraktionen von L.A. Die Gestaltung der zentralen Plaza ist einem Schiff nachempfunden, wobei die umliegenden Läden im französischen, italienischen und Tudor-Stil die jeweiligen „Häfen“ darstellen, die der Käufer „anlaufen“ kann. Die Zeit war diesem Ort seltsamerweise wohlgesonnen, sodass er heute gegenüber der jüngeren und bei weitem aufdringlicheren Architektur der Stadt einen ganz eigenen, wenn auch bescheidenen Charme verströmt. Unter der Woche ist der Komplex während der normalen Bürozeiten auch für Besucher geöffnet. In seiner ganzen Pracht kann man das Center im 1997 gedrehten Polizeistreifen *L.A. Confidential* sehen, der auch das nahe gelegene *Formosa Café* und die Bar *Frolic Room,* 6245 Hollywood Blvd, als zeittypische Aushängeschilder für das großspurige L.A. der 50er Jahre zeigt.

Die **Paramount Studios** in der Nähe – der Eingang befindet sich in 5555 Melrose Ave – sind wegen ihres Eingangstors bekannt, das im Film *Sunset Boulevard* zu sehen ist. Führungen werden seit dem 11. September 2001 nicht mehr angeboten.

Hollywood Forever

Es überrascht wohl kaum, dass in einer derart dem Marketing und PR verschriebenen Stadt wie L.A. zum Zwecke der Publikumswirksamkeit auch Friedhöfe umbenannt werden. So firmiert der ehemalige Hollywood Memorial Park nun unter dem Namen **Hollywood Forever**, 6000 Santa Monica Blvd, ein paar Blocks südlich des Sunset Boulevard, 💻 www.hollywoodforever.com. Immerhin wurden die Gräber noch an den alten Stellen belassen. Der berühmte Wasserturm der Paramount Studios überragt den Friedhof, der unzählige Grabstätten von Hollywood-Berühmtheiten beherbergt, insbesondere in der Südwest-Ecke. 🕓 tgl. Sonnenauf- bis -untergang, Eintritt frei.

In einem Mausoleum ruht unter anderen **Rudolph Valentino** (Nummer 1205). 10 000 Menschen wohnten dem Begräbnis des großen Stummfilmidols bei, der 1926 im Alter von nur 31 Jahren verstarb. Alljährlich an seinem Todestag, dem 23. August, ist hier (mindestens) eine trauernde Frau zu sehen, eine Tradition, die 1931 als ein Werbetrick ins Leben gerufen wurde und bis heute weitergeführt wird. Weniger Publikumsrummel wird dem zeitgenössischen Schauspieler **Peter Finch** *(Network)* zuteil, der 1977 starb. Seine Gruft liegt gegenüber.

Das pompöseste Grab ist das von **Douglas Fairbanks Sr.** Er und seine Frau Mary Pickford (die in Forest Lawn Glendale begraben ist), beide große Stummfilmstars, waren schon zu Lebzeiten als neureiche Snobs verschrien – kein Wunder also, dass die protzige Grabstätte in angemessener Entfernung von den anderen angelegt wurde und nur über einen kleinen Fußweg vom Mausoleum aus zu erreichen ist. Aus einer ganz anderen Sparte stammt einer der „jüngsten Bewohner" des Friedhofes, Mel Blanc, „der Mann mit den tausend Stimmen" – darunter die von Bugs Bunny und Schweinchen Dick –, auf dessen Grabstein schlicht und ergreifend „That's All, Folks" zu lesen steht.

Beim Betreten des Friedhofs fällt auf, dass sich hinter dem Eingang schwarze, polierte Grabsteine mit orthodoxen Kreuzen und kyrillischen Inschriften dicht an dicht reihen. Sie markieren die letzten Ruhestätten russischer und armenischer Einwanderer, die den Friedhof mit derselben steigenden Tendenz bevölkern, wie ihre lebenden Landsleute nach Central und West Hollywood drängen.

Griffith Park

Zwischen Hollywood und dem San Fernando Valley liegt der riesige **Griffith Park**, dessen Wiesen und Berghänge eine wohltuende Abwechslung vom Großstadtrummel bieten. Der größte kommunale Park im Lande ist vermutlich einer der wenigen Orte, an dem die verschiedenen ethnischen und sozialen Gruppen der Stadt auf friedliche Art zusammenkommen. In den Grünanlagen trifft man sich zum Picknick oder Sport, die Berge sind wildromantisch, und die primitiven Fuß- und Reitwege führen in völlig abgelegene, unberührte Ecken, von denen man einen schönen Blick über L.A. oder auf das Meer hat. 🕓 tgl. 5–22.30 Uhr, die Bergstraßen werden nach Sonnenuntergang gesperrt.

Rundweg

Der Park hat vier **Haupteingänge**. Über die Western Canyon Rd kommt man beim Ferndell, einer mit dichten Farnen bewachsenen Lichtung, in den Park. Schmale Wanderwege führen weiter ins Innere. Die Straße schlängelt sich hinauf zum **Griffith Observatory**, 2800 E Observatory Rd, ✆ 323/664-1191, 💻 www.griffithobs.org, das aus dem James Dean-Film *Denn sie wissen nicht, was sie tun* bekannt ist.

Das Observatorium – ein Wahrzeichen von L.A. und einer der angenehmsten Orte der Stadt – ist wegen Renovierung leider bis 2006 geschlossen; dies schließt die Hall of Science, das Planetarium, Laserium und das Riesenteleskop ein. Bis zur Wiedereröffnung sind bescheidenere Exponate in einem Ableger im nordöstlichen Parkabschnitt zu besichtigen. 🕓 Di–Fr 13–22, Sa und So 10–22 Uhr, Eintritt frei.

Auf der Vermont Canyon Rd gelangt man von hier aus zum **Vogelschutzgebiet** in einem kleinen, bewaldeten Canyon. Auf der anderen Seite ist das **Greek Theater**, ✆ 323/665-1927, 💻 www.greektheatrela.com, ein Amphitheater mit griechischen Säulen, in dem bis zu 5000 Besucher Platz finden. Im Sommer werden hier Rock-, Jazz- und Country-Konzerte veranstaltet.

Den nördlichen Teil des Parks über den Hügeln im San Fernando Valley erreicht man am besten auf dem Crystal Springs Drive mit dem Auto vom Golden State Freeway oder über die Parkstraßen. Mit mehr als 1600 Tieren gehört der **LA Zoo**, 5333 Zoo Drive, 💻 www.lazoo.org, zwar zu den größten Tierparks der USA, doch trotz innovativer Gestaltung kann er nur mäßig beeindrucken und bleibt insbesondere im Vergleich mit dem San Diego Zoo (s.S. 90) blass. 🕓 im Sommer tgl. 10–18, sonst 10–17 Uhr, Eintritt $10.

Noch weniger faszinierend ist das nostalgische **Travel Town Museum**, 5200 Zoo Drive, 💻 www.traveltown.org. Die als Verkehrsmuseum angepriesene Einrichtung gleicht eher einem Schrottplatz für alte Züge und Feuerwehrwagen, die größtenteils sinn- und zusammenhanglos präsentiert werden. 🕓 Mo–Fr 10–16, Sa und So 10–17 Uhr, Eintritt frei.

Die nordwestliche Verlängerung des Griffith Park bilden die **Forest Lawn Hollywood Hills**, 6300 Forest Lawn Drive, 💻 www.forestlawn.com, ein Friedhof für Showstars, der nicht ganz so gnadenlos vulgär daherkommt wie sein Gegenstück in Glendale (s.S. 178), aber ebenso hochtrabend wirkt – mit protzigen Inschriften und pompösen Gedenkstätten für große Stars wie Buster Keaton, Stan Laurel, Marvin Gaye, Charles Laughton, Andy Gibb, Liberace und Jack Webb. 🕓 tgl. 8–17 Uhr.

Museum of the American West

Im Nordosten des Griffith Park liegt das Museum of the American West, 4700 Western Heritage Way, nahe der Kreuzung Ventura und Golden State Freeway, 💻 www.museumoftheamericanwest.org. Gegründet wurde es von Gene Autry, dem „singenden Cowboy", der ab 1929 über sechshundert Schallplatten aufnahm, in den 30er und 40er Jahren kassenfüllende Hollywood-Western drehte und mit seiner TV-Show in den 50er Jahren sogar eine neue Art der Fernsehunterhaltung prägte. 1999 starb Autry und beendete diese außerordentlich lange Karriere.

Die Sammlung präsentiert u.a. Wildlederjacke und Brenneisen, aber auch Skulpturen von Frederic Remington, und ist ein seriöser und glaubwürdiger Versuch, die Lebenswelt der ersten Siedler des Westens vorzustellen. Die verschiedenen Museumsbereiche widmen sich den amerikanischen Ureinwohnern, europäischen Forschern, Pionieren des 19. Jhs., dem Wilden Westen, asiatischen Einwanderern und natürlich Hollywoods Versionen von alledem.

Katholische Missionare, Revolverhelden, Medizinmänner, romantische Maler und Filmregisseure sind nur einige der schillernden Figuren, die hier gewürdigt – und bisweilen auch kritisch betrachtet – werden. 🕓 Di–So 10–17 Uhr, Eintritt $7,50, Kombi-Ticket mit dem Southwest Museum (s.S. 144) $12.

Wanderwege im Griffith Park

Eine Reihe von Wanderwegen führt durch die steileren Abschnitte des Griffith Park in den Vorbergen der Santa Monica Mountains. Wanderkarten gibt es in der **Ranger Station**, 4400 Crystal Springs Rd, 📞 323/662-6573, 🕓 tgl. von Sonnenauf- bis -untergang. Die Station ist auch Ausgangspunkt diverser geführter Wanderungen, darunter romantische Abendspaziergänge, und wer will kann sich in der hiesigen Filiale von *Spokes 'n Stuff* ein Fahrrad leihen. Die Ranger verfügen außerdem über detailliertes Kartenmaterial für Autofahrer, auf dem die besten Aussichtspunkte für Ausblicke auf Los Angeles verzeichnet sind. Dazu zählt z.B. die höchste Erhebung im Park, der Gipfel des Mount Hollywood. Der Zugang zum westlich von hier an den Hängen des Mount Lee gelegenen Hollywood-Schild ist allerdings verboten, auch wenn es noch so verführerisch wirkt.

Hollywood Hills

Von den Hollywood Hills zwischen Hollywood, Benedict Canyon und Beverly Hills hat man zwar alles andere als eine schöne Aussicht, dennoch findet sich hier die merkwürdigste Ansammlung opulenter Landsitze. Unter den vielen Villen fallen nur noch die „Schlösser" im Hollywood-Stil ins Auge.

Vom Bergkamm, auf dem **Mullholland Drive**, kann man hier und da einen Blick auf eines der Anwesen werfen: z.B. Rudolph Valentinos pompöses *Falcon Lair*, 1436 Bellla Drive, Errol Flynns **Mullholland House**, 7740 Mulholland Drive, und das Haus der ermordeten Polanski-Ehefrau Sharon Tate, 10066 Cielo Drive. Im Rahmen von Führungen (s.S. 225) wird auf die Gebäude hingewiesen, doch öffentlich zugänglich ist keines von ihnen, und an die meisten kommt man nicht einmal nahe heran. Kuriosester Blickfang ist zweifelsohne das **Chemosphere**, 776 Torreyson Drive, ein Haus in Form eines gewaltigen UFOs, das auf einem langen Säulenfuß gestützt über der Schlucht schwebt.

Leider ist es sehr schwierig, ohne ortskundige Führung oder ohne Auto die diversen millionenschweren Besitztümer von Politikern, TV-Helden oder Filmmogulen in Augenschein zu nehmen, man kann aber an einer Tour teilnehmen. Allerdings sind Erkundungen auf eigene Faust meist lohnender. Am besten besorgt man sich hierfür die neueste Ausgabe des kartografischen Wegweisers *Thomas Guide* und wenn möglich einen ausführlichen und aktuellen Architekturführer von Los Angeles. Wer will, kann sich auch ausgestattet mit der an jeder Straßenecke und in Souvenirläden erhältlichen Karte „Home of the Stars" und einem Stadtplan in die Hügel aufmachen, aber es braucht wirklich mehr als Glück, um tatsächlich einen Star zu Gesicht zu bekommen.

Der schöne **Hollywood Lake**, ein Wasserreservoir, liegt zwischen den Hügeln des Griffith Parks und dem Hollywood Freeway. In der Umgebung des klaren Stausees wimmelt es von Eichhörnchen und Eidechsen, selbst Stinktiere und Kojoten sind keine Seltenheit. In diversen Streifen über Hollywood kam er zu darstellerischen Ehren, u.a. in dem Katastrophenepos *Erdbeben,* in dem der Damm brach und seine Wassermassen mit fatalen Folgen ins Tal stürzten. Apokalyptische Visionen sind ohnehin ein beliebter und beständig wiederkehrender Stoff für Geschichten über L.A.

Der See ist nur mit dem Auto über eine Zufahrtsstraße zu erreichen, die generell Mo–Fr 7–12 und 14–19, Sa und So 7–19.30 Uhr geöffnet ist, allerdings ändern sich die Zeiten jahreszeitlich. Der Weg führt über den Cahuenga Boulevard in nördliche Richtung, vorbei an der Franklin Avenue und dann rechts in die Dix St, links in den Holly Drive und weiter zum Deep Dell Place hinauf. Von dort geht es scharf nach links in den Weidlake Drive, der als schmale, kurvenreiche Straße zum Haupttor führt.

In der Nähe des Hollywood Freeway steht die **Hollywood Bowl**, 2301 N Highland Avenue, ✆ 323/850-2000, 💻 www.hollywoodbowl.org, eine bekannte Freilichtbühne, die 1921 eröffnet wurde und auf der in den 60er Jahren die Beatles spielten. Hier ist das *Los Angeles Philharmonic Orchestra* zu Hause, das zwischen Juli und September in der Bowl Abendkonzerte gibt, ebenso wie das eher pop-orientierte Hollywood Bowl Orchestra. Die Konzerte sind weit weniger anspruchsvoll, als man vielleicht vermuten möchte, und umfassen nicht selten solch klassische Gassenhauer wie Tschaikowskys *1812 Ouvertüre* und sanften Jazz, Filmmusik und andere leicht verdauliche Kost. Trotzdem kann man sich bei entsprechender Stimmungslage gut amüsieren, und die Eintrittspreise fangen schon bei $1 an (reichen aber bis zu $100 und darüber hinaus). Wer wirklich keinen Cent mehr übrig hat, kann im Sommer am Di, Do und Fr zwischen 9 und 12 Uhr zur Bowl kommen und unentgeltlich den Proben lauschen.

Im kleinen **Hollywood Bowl Museum**, ✆ 323/850-2000, in der Nähe des Eingangs erfährt man über Video etwas mehr über die Geschichte der Freilichtbühne. Bei gesteigertem Interesse an der ehrwürdigen, alten Betonmuschel lohnt ein Besuch, ansonsten kann man ihn sich sparen. Neben einer weltumspannenden Sammlung von Musikinstrumenten bietet das Museum Aufnahmen großer symphonischer Momente aus der Bühnengeschichte sowie architektonische Skizzen von Lloyd Wright, Franks Sohn. 🕓 Juli–Mitte Sept Di–Sa 10–20, So 16–19.30, Mitte Sept bis Juni Di–Sa 10–16.30 Uhr, Eintritt frei.

West L.A.

Die etwas vage als „Westside of Los Angeles" bezeichnete Gegend beginnt unmittelbar hinter Hollywood. Es handelt sich um ein ausgedehntes Gebiet, wobei zur allgemeinen Verwirrung noch ein kleiner Stadtbezirk gleichen Namens unweit des 405 Freeway existiert. Hier – zwischen den Santa Monica Mountains und dem Santa Monica Freeway im Osten sowie Hollywood und den Strandvororten im Westen – findet man einige der teuersten Adressen der Stadt.

West L.A. ist das modebewusste L.A., das im Trend immer weit vorne liegt, das L.A., das dem von der Unterhaltungsindustrie projizierten Image der Stadt am nächsten kommt. Bei näherer Betrachtung sieht es hier allerdings nicht so viel anders aus als anderswo, von den Schaufenstern der Geschäfte einmal abgesehen. Nur der Rasen vor den Häusern ist gepflegter, die Supermärkte sind ordentlicher und das Fast Food ist etwas schmackhafter als anderswo.

Der **Sepulveda Pass** bildet die westliche Grenze von West L.A. und führt zum faszinierenden **Getty Center** und zum **Skirball Cultural Center**, beide hoch oben über dem hektischen Treiben der Ebene gelegen.

Das Hollywood-Schild

Das berühmte Hollywood-Schild begann seine Existenz an den Hängen des Mount Lee im Jahr 1923, als es nicht viel mehr war als eine Werbetafel für das Bauprojekt **Hollywoodland**, dessen vollen Namen es ursprünglich trug. Als 1949 ein Sturm das „H" abknickte und auch das restliche Schild beschädigte, wurde die Silbe „land" entfernt, und die verbleibenden Lettern wurden zu einem weltbekannten Symbol für die hiesige Unterhaltungsindustrie. Leider hat die aktuelle Inkarnation buchstäblich ihren Glanz verloren, denn einst ließen 4000 Glühbirnen das Schild so hell erstrahlen, dass der Name noch im L.A. Harbor zu lesen war. Mangelnde Instandhaltung und wiederholter Diebstahl setzten der beleuchteten Version schließlich ein Ende.

Seit hier 1932 die vermeintliche Filmdiva Peg Entwistle im Alter von 24 Jahren ihrem Leben und ihrer Karriere ein Ende setzte, genießt das Schild zudem den Ruf eines beliebten Orts für Selbstmörder. Allerdings hatte es sich Mrs Entwistle keineswegs leicht gemacht, denn das Schild war damals schon genauso schwer zu erreichen wie heute. Weniger fatale Hintergedanken verfolgten Studenten des nahe gelegenen *Caltech*, als sie das Schild in ihre Ausbildungsstätte umbenannten. Weitere geschmacklose Attacken auf das Schild sollten folgen, jedoch lohnen die meisten davon nicht der Erwähnung. Aufgrund dieser Geschichte führt keine öffentliche Straße zu dem Schild. Auf dem Beachwood Drive – einer Sackgasse, die vor einem verriegelten Tor endet – kommt man dem Wahrzeichen noch am nächsten, jenseits davon wird jeglicher Versuch, sich den Lettern zu nähern, durch naturbedingte Widrigkeiten erschwert. Hinzu kommen radargesteuerte Infrarotkameras, die Graffiti-Sprayern keine Chance lassen, und auch unschuldige Touristen, die einen allzu genauen Blick riskieren, müssen einem hohen Bußgeld rechnen.

Mühe- und gefahrloser (und auch billiger) lässt sich das Schild im Internet besichtigen: 💻 www.hollywoodsign.org.

Fairfax District

Ein großer Teil der jüdischen Kultur L.A.s konzentriert sich in der Umgebung der **Fairfax Avenue**, zwischen Santa Monica Blvd und Wilshire Blvd. Es gibt zwar, von zahllosen Synagogen, koscheren Metzgern und Delikatessenläden abgesehen, nur wenig spezifisch jüdische Sehenswürdigkeiten, aber die Gegend ist erfrischend lebendig und gut für einen Spaziergang.

Vom Wilshire Blvd führt die Fairfax Ave nach Norden zu den Holzgebäuden des **Farmers Market**, 6333 W Third St, 💻 www.farmersmarketla.com. 🕓 Mo–Fr 9–20, Sa 9–18, So 10–19 Uhr, Eintritt frei.

Der Markt, 1934 während der Depression als kleine landwirtschaftliche Kooperative gegründet, besteht aus einem Wirrwarr unzähliger Stände, die Lebensmittel und Fast Food verkaufen. Er hat gigantische Ausmaße angenommen und wird heute von durchschnittlich 40 000 Personen pro Tag aufgesucht. **The Grove**, 💻 www.thegrovela.com, der dreistöckige, $100 Millionen teure Koloss von Shopping Mall nebenan, nimmt einen großen Teil des früheren Parkareals für den Markt ein – Parkplätze sind nun schwerer zu finden und teuer.

Zurück an der Kreuzung von Fairfax Ave und Wilshire Blvd erstreckt sich das seinerzeit prestigeträchtigste Bauprojekt, die so genannte **Miracle Mile**, über den Wilshire Blvd Richtung Osten zur La Brea Avenue. Hier gibt es noch viele inzwischen verblasste Art-déco-Baudenkmäler zu bestaunen. An der Kreuzung befindet sich das 1934 errichtete Kaufhaus **May Company**, das an eine überdimensionierte, goldene Parfümflasche erinnert. Derzeit fungiert das Gebäude als Standort für das LACMA West, der Zweigstelle des größeren, ein Stück weiter angesiedelten LA County Museum of Art. Wenn nicht gerade ein Show der Superlative gezeigt wird, bekommen Besucher eine gute Auswahl an experimentellen, historischen und zeitgenössischen Kunstwerken von amerikanischen Ureinwohnern zu sehen. Die Einrichtung umfasst auch einen Bereich mit unterhaltsamer Kunst für Kinder. 🕓 tgl. 12–17, Sa und So 11–17 Uhr, Mi geschlossen, Eintritt $9, Ticket gilt auch für das LACMA (s.u.).

Die meisten Kaufhäuser, von denen die Miracle Mile einst gesäumt wurde, haben schon längst dicht gemacht, doch es lohnt sich ein Blick auf das zickzackförmige ehemalige Domizil von **Desmond's**, 5514 Wilshire Blvd, und auf die 1929 gebaute, ganz in Schwarz und Gold gehaltene **Security Pacific Bank**, am Wilshire Blvd östlich der La Brea Ave. Die Bank vermittelt einen kleinen Eindruck davon, wie das prächtigste Art-déco-Gebäude L.A.s, das Richfield Building in Downtown, ausgesehen haben muss, bevor es 1968 über Nacht abgerissen wurde. Eines der faszinierendsten klassischen Gebäude ist das **El Rey Theater**, 5519 Wilshire Blvd. Die Konzerthalle mit ihrer gelbroten Fassade, dem eleganten Königskopf und den grellen Neonschildern ist inmitten der benachbarten Betonklötze nicht zu übersehen.

LA County Museum of Art

Das 1965 erbaute LA County Museum of Art (LACMA), 5905 Wilshire Blvd, 💻 www.lacma.org, ist eine unansehnliche Ansammlung großer, beige-grün anstrichener Kästen. Die Pläne für ein groß angelegtes Umbauprojekt liegen bereits in der Schublade, der Zeitplan ist allerdings noch völlig offen. Falls es geöffnet hat, ist ein Besuch unbedingt empfehlenswert – einige der Kunstwerke in der umfangreichen Sammlung zählen zu den besten der Welt. 🕓 Mo, Di und Do 12–20, Fr 12–21, Sa und So 11–20 Uhr, Eintritt $9. Wer an einem Di vor 13 Uhr kommt, sollte die Filmankündigungen im Leo S. Bing Theater studieren, wo für nur $3 von *film noir* bis zu Seifenopern Filme aller Art vorgeführt werden.

Das LACMA ist ein sehr weitläufiges Museum, in dem nicht alles an einem Tag besichtigt werden kann. Am besten beschränkt man einen Besuch entweder auf die Sammlung zeitgenössischer Kunst und die Wanderausstellungen im **Anderson Building**, dem Betonklotz am Wilshire Blvd, oder auf die exquisite Sammlung Alter Meister und exotischer Kunst im **Ahmanson Building**, dem anderen Betonklotz am Ogden Drive. Dessen Hauptattraktion ist zweifelsohne die Abteilung mit europäischer Kunst, die mit einer guten Übersicht griechischer und römischer Werke beginnt, gefolgt vom Mittelalter mit religiösen Skulpturen und kirchlicher Ornamentik. Renaissance und Manierismus sind durch einige faszinierende Arbeiten vertreten, u.a. von Paolo Veronese, El Greco und Tizian. Auch etliche Werke nordeuropäischer Maler gibt es zu sehen, z.B. von Hans Holbein, Frans Hals und Rembrandt.

Neben exzellenten südostasiatischen Skulpturen und dekorativer Kunst des Nahen Ostens im Ahmanson Building ist die Fearing Collection mit ihren Begräbnismasken und Wächterfiguren aus dem präkolumbischen Mexiko am beeindruckendsten.

Die Stärke des Museums sind die Spezialabteilungen, z.B. das *Rifkind Center for German Expressionist Studies* mit Drucken und Zeichnungen deutscher Expressionisten sowie einer Sammlung von Zeitschriften und Traktaten aus der Weimarer Republik, oder der *Pavilion for Japanese Art*, zur Zeit der einzige architektonische Lichtblick des Ensembles. Er entstand nach Plänen des ikonoklastischen Architekten Bruce Goff und erweist in seiner Gestaltung traditionellen *shoji*-Raumteilern seine Reverenz, um verschiedene Lichteffekte im Innern zu erzeugen. Die Sammlung von Wandschirmen, Bilderrollen, Keramiken und Lackarbeiten kann es durchaus mit der des verstorbenen Kaisers Hirohito aufnehmen, die als die umfangreichste der Welt gilt.

Die hinter dem LACMA aufragenden Giebel auf dem Dach des japanischen Kunstpavillons sind als Anspielung auf die Stoßzähne des nebenan in einer Teergrube versinkenden Mammut-Modells zu verstehen. Um die **La Brea Tar Pits** (*la brea* ist das spanische Wort für Teer) stehen noch weitere solcher Modelle von Urtieren. Abertausende von Knochen (u.a. auch ein menschliches Skelett) sind hier gefunden worden, zu sehen im **George C. Page Discovery Center**, 💻 www.tarpits.org, einem flachen Gebäude gleich hinter den Gruben. Die urzeitlichen Tiere hatten versucht, von der dünnen Wasserschicht auf der Oberfläche der „Teerlöcher" zu trinken, und waren dabei in der klebrigen Masse stecken geblieben. Teer quillt hier nach wie vor an die Oberfläche – der Großteil des klebrigen Breis bleibt jedoch hinter Zäunen außer Reichweite. 🕓 Mo–Fr 9.30–17, Sa und So 10–17 Uhr, Eintritt $7.

Im **Petersen Automotive Museum**, 6060 Wilshire Blvd, ✆ 323/930-CARS, 💻 www.petersen.org, des Mediengiganten Robert Petersen, wird auf drei Etagen ausgiebig, aber oberflächlich dem Automobil gehuldigt. 🕓 Di–So 10–18, Eintritt $10, Parkplatz $6.

Das letzte der bedeutenden Museen in der Museum Mile ist das gegenüber dem LACMA West gelegene, **Craft and Folk Art Museum**, 5814 Wilshire Blvd, ✆ 323/937-4230, 💻 www.cafam.org. Ein Besuch lohnt sich, wenn man sich für Kunsthandwerk und „Volkskunst" interessiert und sich gerade in der Gegend aufhält. Die Sammlung umfasst u.a. Gemälde, handgeknüpfte Teppiche, handgefertigte Trinkbecher und Kleidungsstücke, oft mit einem multikulturellen Aspekt. Mitunter gibt es in den begrenzten Räumlichkeiten auch Ausstellungen mit Keramikschüsseln und Vasen nach Entwürfen von Picasso oder internationalen Karnevalskostümen zu sehen. 🕓 Mi–So 11–17 Uhr, Eintritt $3,50.

West Hollywood

West Hollywood, zwischen Fairfax Ave und Beverly Hills, steht heute synonym für gesellschaftliche Toleranz und exklusive Trends, war aber lange Zeit berüchtigt für seine Zügellosigkeit und verruchten Clubs. Der Wandel setzte ein, als man West Hollywood 1983 eingemeindete, teils um den Bezirk in den Griff zu bekommen, teils auch auf Betreiben der hier ansässigen Schwulenszene. Noch gibt es einige düstere Schwulen-Striche, mittlerweile ist die Gegend aber schicker geworden, nach außen u.a. am neuen Skulpturengarten auf dem **Santa Monica Boulevard** sichtbar.Am östlichen Ende des Boulevards hingegen hat sich neuerdings eine beachtliche und weiter wachsende Zahl von Russen niedergelassen, die sich mit der lebendigen, ausschweifenden Szene dieser Gegend nicht immer aufs beste vertragen.

Parallel zum Santa Monica Boulevard vier Blocks weiter südlich verläuft die **Melrose Avenue**, eine in ganz L.A. angesagte Einkaufsstraße voll glitzernder Secondhand- und Designerboutiquen, Plattenläden und Antiquariate, avantgardistischer Galerien und Schickeria-Restaurants. Seit den 90er Jahren ist das Viertel allerdings schon stark mit Designerboutiquen durchsetzt, die die eigenwilligeren Läden langsam, aber sicher an den Rand drängen und der Straße ein homogenisierteres, touristischeres Flair verleihen.

Das westliche Ende der Melrose Ave ist ein eher snobistisches Viertel mit Designermöbel-Geschäften und kleine Kunstgalerien um das massige, blau verglaste **Pacific Design Center**, ein Möbelgeschäft nahe San Vincente Blvd, das auch der „blaue Wal" genannt wird, weil es alle Häuser in der Umgebung erdrückt. Vor ein paar Jahren hat das blaue Monstrum Gesellschaft von dem nicht minder gigantomanischen „grünen Riesen" erhalten.

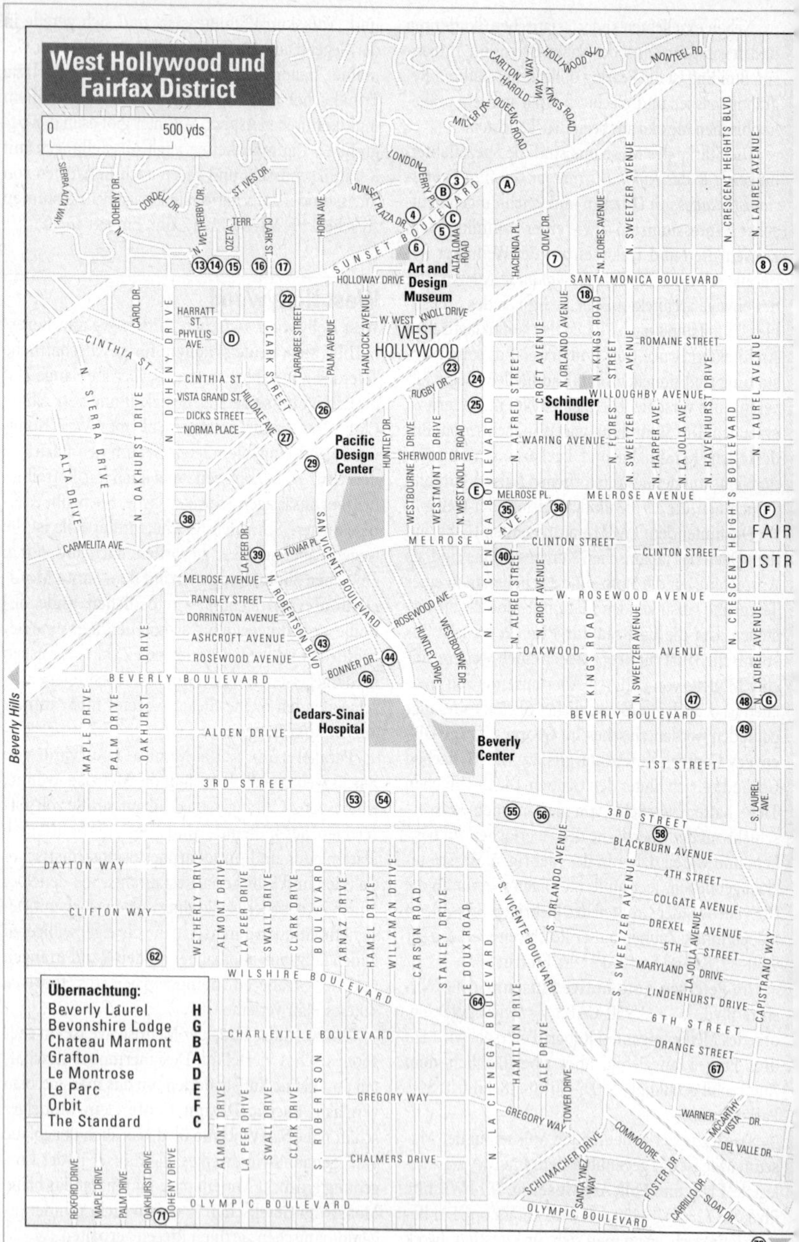
West Hollywood und Fairfax District
0
500 yds
Übernachtung:
Beverly Laurel H
Bevonshire Lodge G
Chateau Marmont B
Grafton A
Le Montrose D
Le Parc E
Orbit F
The Standard C
Art and Design Museum
WEST HOLLYWOOD
Pacific Design Center
Schindler House
Cedars-Sinai Hospital
Beverly Center
FAIR DISTR
Beverly Hills
SUNSET BOULEVARD
SANTA MONICA BOULEVARD
MELROSE AVENUE
BEVERLY BOULEVARD
3RD STREET
WILSHIRE BOULEVARD
OLYMPIC BOULEVARD
SAN VICENTE BOULEVARD
S. VICENTE BOULEVARD
N. LA CIENEGA BOULEVARD
N. ROBERTSON BLVD
N. DOHENY DRIVE
N. CRESCENT HEIGHTS BLVD
N. LAUREL AVENUE
N. SWEETZER AVENUE
N. FLORES AVENUE
N. KINGS ROAD
N. ORLANDO AVENUE
N. CROFT AVENUE
N. ALFRED STREET
HOLLYWOOD BLVD
MONTEEL RD.
CARLTON WAY
HAROLD WAY
KINGS ROAD
QUEENS ROAD
MILLER DR.
LONDON DERRY PL.
SUNSET PLAZA DR.
ALTA LOMA ROAD
HACIENDA PL.
OLIVE DR.
HOLLOWAY DRIVE
W. WEST KNOLL DRIVE
SIERRA ALTA WAY
N. DOHENY DR.
CORDELL DR.
N. WETHERBY DR.
ST. IVES DR.
OZETA TERR.
CLARK ST.
HORN AVE.
CAROL DR.
HARRATT ST.
PHYLLIS AVE.
CINTHIA ST.
VISTA GRAND ST.
DICKS STREET
NORMA PLACE
HILLDALE AVE.
CLARK STREET
LARRABEE STREET
PALM AVENUE
HANCOCK AVENUE
RUGBY DR.
HUNTLEY DR.
WESTBOURNE DRIVE
WESTMONT DRIVE
N. WEST KNOLL ROAD
SHERWOOD DRIVE
ROMAINE STREET
WILLOUGHBY AVENUE
WARING AVENUE
N. HARPER AVE.
N. LA JOLLA AVE.
N. HAVENHURST DRIVE
MELROSE PL.
MELROSE AVE.
CLINTON STREET
W. ROSEWOOD AVENUE
OAKWOOD AVENUE
N. SIERRA DRIVE
ALTA DRIVE
N. OAKHURST DRIVE
CARMELITA AVE.
LA PEER DR.
EL TOVAR PL.
RANGLEY STREET
DORRINGTON AVENUE
ASHCROFT AVENUE
ROSEWOOD AVENUE
ROSEWOOD AVE.
HUNTLEY DRIVE
WESTBOURNE DR.
BONNER DR.
MAPLE DRIVE
PALM DRIVE
OAKHURST DRIVE
ALDEN DRIVE
1ST STREET
S. LAUREL AVE.
BLACKBURN AVENUE
4TH STREET
COLGATE AVENUE
DREXEL AVENUE
5TH STREET
MARYLAND DRIVE
LINDENHURST DRIVE
6TH STREET
ORANGE STREET
CAPISTRANO WAY
S. LA JOLLA AVENUE
S. SWEETZER AVENUE
S. ORLANDO AVENUE
DAYTON WAY
CLIFTON WAY
WETHERLY DRIVE
ALMONT DRIVE
LA PEER DRIVE
SWALL DRIVE
CLARK DRIVE
ARNAZ DRIVE
HAMEL DRIVE
WILLAMAN DRIVE
CARSON ROAD
STANLEY DRIVE
LE DOUX ROAD
HAMILTON DRIVE
GALE DRIVE
TOWER DRIVE
CHARLEVILLE BOULEVARD
GREGORY WAY
CHALMERS DRIVE
S. ROBERTSON
REXFORD DRIVE
OAKHURST DRIVE
DOHENY DRIVE
SCHUMACHER DRIVE
SANTA YNEZ WAY
COMMODORE
FOSTER DR.
CARRILLO DR.
SLOAT DR.
WARNER
MCCARTHY VISTA
DR.
DEL VALLE DR.
A
B
C
D
E
F
G
3
4
5
6
7
8
9
13
14
15
16
17
18
22
23
24
25
26
27
29
35
36
38
39
40
43
44
46
47
48
49
53
54
55
56
58
62
64
67
71
72

Cafés & Restaurants:

Astro Burger	11
Barefoot	53
Barney's Beanery	7
La Boheme	18
Ca' Brea	63
Cajun Bistro	3
Campanile	66
Canter's Deli	41
Carlitos Gardel	10
Chianti Cucina	32
Chin Chin	6
Cobras and Matadors	51
Duke's	16
El Carmen	58
El Compadre	2
El Coyote	52
Erewhon	50
Flora Kitchen	61
French Quarter	8
Genghis Cohen	31
Gumbo Pot	59
Inaka	57
India's Clay Oven	67
Jar	47
Jerry's Famous Deli	46
Kate Mantilini	62
Locanda Veneta	54
L'Orangerie	24
Lucques	36
Mark's	25
Matsuhisa	64
Mel's Diner	4
Mickey's	26
Mimosa	48
Mishima	55
Noura	35
Newsroom Café	43
Nyala	72
Pink's Hot Dogs	30
Real Food Daily	40
Surya	60
Swingers	49
Tail o' the Pup	44
Talesai	71
Tommy Tang's	34
Yukon Mining Company	20

Bars & Clubs:

7969	9
Cat Club	15
Conga Room	69
Doug Weston's Troubadour	38
El Rey Theatre	68
Formosa Café	21
House of Blues	5
Jones	12
Key Club	13
Largo	42
Lava Lounge	1
Molly Malone's	65
Mother Lode	29
Nova Express	45
The Palms	23
Parlour Club	19
The Plaza	28
Rage	27
The Roxy	14
Snake Pit	37
St. Nick's	56
Tempest	33
Tom Bergin's	70
Ultra Suede	39
Viper Room	22
Whisky-a-Go-Go	17

Das Center enthält auch eine auf Architektur sowie modernes Industrie- und grafisches Design spezialisierte Außenstelle des **Museum of Contemporary Art**, 💻 www.moca.org/museum/moca_pdc.php, die zusammen mit den zwei anderen Zweigstellen in Downtown große Ausstellungen zeigt (s.S. 133 und 134). 🕓 Di–Fr 11–17, Do 11–20, Sa und So 11–18 Uhr, Eintritt frei.

Extreme Stile finden sich auch in den umliegenden Wohngegenden: Das 1922 erbaute Schindler House, nun das **MAK Center for Art and Architecture**, 835 N Kings Rd, vier Blocks östlich des La Cienega Blvd, war über Jahre hinaus das zentrale Vorbild der modernistischen kalifornischen Architektur, mit Schiebetüren, sichtbaren Dachbalken und offenen Zimmern, die auf große Terrassen führen. Das Center ist Schauplatz avantgardistischer Konzerte, Kunstausstellungen und Filmvorführungen. 🕓 Mi–So 11–18 Uhr, Führungen stdl. Sa und So 11.30–14.30 Uhr und nach Absprache, Eintritt $6. Programminformation unter 📞 323/651-1510, 💻 www.makcenter.com.

Wer sich für zeitgenössische Architektur begeistert, findet südlich der Miracle Mile Schindlers historische **Mackey Apartments**, 1137 S Cochran Ave. Das weiße, geometrische Ensemble von 1939 wirkt moderner, als es in Wirklichkeit ist. Führung $5, Reservierung unter 📞 323/651-1510.

Vier Blocks westlich vom Schindler House trennt **La Cienega Boulevard** die modebewussten Trendsetter auf der Hollywood-Seite von der etablierten Schickeria in Beverly Hills. Auf dem La Cienega (spanisch „der Sumpf") findet man einige der besten und teuersten Restaurants und mehrere edle Kunstgalerien. Der Boulevard führt am gewaltigen **Beverly Center** vorbei, einem Einkaufszentrum an der Kreuzung mit dem Beverly Blvd, ein braun verputzter Alptraum, der nichtsdestotrotz zu den wichtigsten Konsumtempeln der Stadt zählt.

Eine kleinere und wesentlich ansprechendere architektonische Wunderleistung, die allerdings nur knapp dem Abriss entkam, ist der berühmte Hot-Dog-Stand **Tail o' the Pup**, der selbst wie ein riesiger Hot Dog aussieht. Der Stand musste vor wenigen Jahren um einen Block nach 329 San Vincente Blvd versetzt werden, um Platz für ein Hotel zu machen.

Weiter südlich, an der Grenze zu Beverly Hills, steht in der 333 S La Cienega die **Margaret Herrick Library** der Academy of Motion Picture Arts and Sciences, 💻 www.oscars.org/mhl, die eine gewaltige Sammlung interessanter Werke der Filmgeschichte beherbergt. Sie ist in einem ehemaligen Wasserturm im maurischen Stil untergebracht. 🕓 Mo, Di, Do und Fr 10–18 Uhr.

Die Ansammlung von Restaurants, Nachtclubs und plüschigen Hotels auf den zwei Meilen Sunset Blvd beiderseits des La Cienega Blvd ist der so genannte **Sunset Strip**. Die ersten Etablissements entstanden auf dieser Meile in den 20er Jahren, als der Boulevard noch eine staubige Verbindungsstraße zwischen den Filmstudios und den Wohngegenden der Stars war. Der Schriftsteller F. Scott Fitzgerald und seine Freunde vertrieben sich hier gern die Zeit. Man hing am Pool des inzwischen abgerissenen Hotels *Garden of Allah* herum und ließ sich abends in *Ciro's* Nachtclub sehen, einem Haupttreffpunkt der 40er Jahre, der als *Comedy Store* überlebt hat und noch immer ein Unterhaltungsclub ist.

Mit dem Siegeszug des Fernsehens in den 50er Jahren verlor auch der Sunset Strip an Anziehungskraft. Erst in den 60er Jahren ging es wieder aufwärts: Es bildete sich eine Szene um den berühmten *Whisky-a-Go-Go Club*, in dem bedeutende Rockgruppen wie Love, The Doors und Buffalo Springfield auftraten. Mittlerweile konkurriert die Gegend mit Beverly Hills um die größte Ansammlung von Vergnügungsindustrie pro Quadratmeter.

Manche Touristen gehen nur zum Strip, um die gewaltigen Reklameschilder zu sehen. Hier gibt es jede Menge wahre Kunstwerke des Kommerz in leuchtenden Farben – Kinoreklamen mit Namen wie „Jet Li" in gigantischen Lettern oder Werbetafeln unbekannter Schauspieler, die von einer glanzvollen Karriere in Hollywood träumen.

Greta Garbo war nur eine von vielen Stars, die am Hotel **Chateau Marmont**, Nr. 8221, Gefallen fanden. Der eigentümliche normannische Schlossbau aus weißem Beton, der auf der östlichen Seite des Sunset Strip emporragt, wurde 1927 als Luxusapartmenthaus errichtet und war lange Zeit eine beliebte Hollywood-Adresse. Hier stiegen Hollywoodgrößen wie Boris Karloff, Errol Flynn und Jean Harlow ab sowie in späteren Jahren Jim Morrison, John Lennon und Yoko Ono und viele andere. 1982 machte das Hotel Schlagzeilen, als der Komödiant und Filmschauspieler John Belushi in einem

Bunker Hill; Downtown Los Angeles

Balboa Park; San Diego

Klischee einer Westernstadt

Marina in Santa Barbara

Doughnut-Verkaufsstand in Los Angeles

Sehen und Gesehenwerden an den Stränden von Los Angeles

Hollywood-Impressionen

Biker-Treff an der Küstenstraße 1

Windstromanlagen beherrschen schon lange das Bild der Landschaft hinter der Küste

der Bungalows an einer Überdosis Heroin starb. Auf der gegenüberliegenden Straßenseite befindet sich im Haus Nr. 8430 das **House of Blues**. Das Wellblechgebäude ist eine der größten Touristenattraktionen, auch wenn es im Vergleich mit der authentischeren Szene des **Whisky-a-Go-Go** (Nr. 8901) und des **Roxy** (Nr. 9009) etwas verblasst. In den beiden letztgenannten finden noch immer Konzerte der lautesten und zornigsten Rock- und Punk-Bands statt. Weitere Etablissements wie der **Viper Room** (Nr. 8852) und das **Sunset Hyatt** (Nr. 8401) haben ebenfalls ihre eigene Geschichte von den Abgründen des Rock 'n' Roll zu erzählen – Johnny Depps angesagter Rockschuppen ist der Ort, an dem sich River Phoenix eine Überdosis verabreichte, und das exklusive Hotel war Schauplatz der ausschweifenden Eskapaden von The Who und Led Zeppelin, die auch schon mal mit Rennmotorrädern über die Flure donnerten. Eine Dosis schicke Kunst auf dieser harten Meile liefert das in einem Bürokomplex beheimatete **Art + Design Museum**, 8650 Sunset Blvd, 🖳 www.aplusd.org. Gezeigt werden wechselnde, international hochkarätig besetzte Ausstellungen über die neuesten Trends aus Kunst, Fotografie und Architektur. 🕓 Mo–Sa 10–18, So 12–18 Uhr, Eintritt frei.

Beverly Hills

Beverly Hills ist wahrscheinlich die berühmteste Kleinstadt der Welt, was u.a. daran liegt, dass hier eine überdurchschnittlich große Anzahl von Millionären lebt. Es ist jedoch außerhalb der Touristenzonen kein gastfreundlicher Ort, vor allem nicht für Besucher, deren Erscheinungsbild nicht dem eleganten Äußeren der hiesigen Anwohner entspricht – selbst die Haustiere sind besser angezogen und frisiert als die Menschen anderer Bezirke L.A.s.

Eine stillgelegte Eisenbahnlinie, die den Santa Monica Blvd entlangläuft, teilt Beverly Hills in zwei sehr unterschiedliche Gegenden. Da gibt es zum einen das Flachland unterhalb der Gleise mit den rechteckigen Blocks, die sich um das „Goldene Dreieck" gruppieren, ein Geschäftsviertel zwischen Santa Monica und Wilshire Blvd. Dieses Dreieck wird vom **Rodeo Drive** durchschnitten, einer zwei Block langen Schaufensterfront mit den teuersten Namen der internationalen Mode. Eine fast schon beängstigend gestylte Warenwelt – aber keine Angst: Die Boutiquen verlangen bisher noch keinen Eintritt, allenfalls eine persönliche Einladung.

Den Bummel durch die nahe gelegene „europäische" Einkaufspassage **Two Rodeo** am Wilshire Blvd, eine ultra-kitschige Touristenfalle, kann man sich getrost schenken. Wer sich einen umfassenden Überblick über all die Einkaufsmöglichkeiten, inkl. Rodeo Drive und Umgebung, verschaffen möchte, kann eine 40-minütige Fahrt mit dem **Beverly Hills Trolley** unternehmen, der Touristen an den Sehenswürdigkeiten der Gegend vorbeikutschiert. Abfahrt Juli und Aug Di–Sa 12–17, Mai–Juni und Sept–Nov Sa 12–16 Uhr vom Rodeo Drive, Ecke Dayton Way, $5. Ebenfalls nicht schlecht ist die 50-minütige **Art & Architecture Trolley Tour**, die zu den architektonischen Highlights der Gegend führt. Abfahrt Mai–Dez Sa 11 Uhr, $5, Informationen unter ✆ 310/285-2438.

Noch lohnender ist ein Besuch im **Museum of Television and Radio**, 465 N Beverly Drive, 🖳 www.mtr.org, das eine Sammlung von mehr als 75 000 Fernseh- und Radiosendungen beherbergt. Es werden auch wechselnde Ausstellungen zu verschiedenen Themen gezeigt, z.B. politische Meinungsbildung im Zeitalter der Hightech-Propaganda, berühmte Werbefiguren des 20. Jhs. oder das Beste aus Radio- und TV-Sitcoms, Spielfilmen und Thrillern. Es ist L.A.s erster wirklicher (und erfolgreicher) Versuch, ein Medienmuseum mit Bildungswert zu realisieren. Auf ein vernünftiges Filmmuseum muss unterdessen weiter gewartet werden. 🕓 Mi–So 12–17 Uhr, Eintritt $10 als Spende.

Nördlich des Santa Monica Blvd befindet sich das schicke Wohnviertel von Beverly Hills, dessen sanft geschwungene Straßen sich am **Beverly Hills Hotel**, Sunset Blvd, Ecke Rodeo Drive, treffen. Das luxuriöse Hotel wurde 1913 errichtet, um wohlhabende Interessenten in den Ort zu locken, der zu dieser Zeit nur 500 Einwohner hatte. Es besitzt immer noch die distinguierte Enklaven-Atmosphäre, die Filmgrößen lieben, wenn sie sich mit ihresgleichen in der *Polo Lounge* zum Geschäftsessen treffen.

Das Villenviertel

Wer mit dem Auto unterwegs ist, kann versuchen, sich die Villengegenden in den Canyons anzusehen. Zumindest so lange, bis man von der Polizei angehalten und nach dem Ausweis gefragt wird. (Beverly Hills verfügt über die höchste Polizeidichte pro Kopf der Bevölkerung in den USA.)

Nur wenige der palastähnlichen Villen an den Hängen und in den Canyons sind von der Straße aus zu sehen. Vom *Beverly Hills Hotel* aus den Benedict Canyon Drive hinauf kommt man an einigen der alten Domizile vorbei. Weiter oben am Benedict Canyon liegt **Green Acres**, 1040 Angelo Drive, das ehemalige Anwesen des Stummfilmkomödianten Harold Lloyd, der hier 40 Jahre lang lebte. Das Haus mit seinen Geheimgängen und dem privaten Filmvorführraum ist noch intakt, nur hat man das Grundstück, auf dem es früher einen Wasserfall und einen 9-Loch-Golfplatz gab, mittlerweile in kleinere Parzellen aufgeteilt. Eines der wenigen für die Öffentlichkeit zugänglichen Anwesen der Gegend bilden die bewaldeten **Virginia Robinson Gardens**, 1008 Elden Way. Auf knapp 2,5 ha sind über 1000 Pflanzenarten zu bewundern, darunter auch beeindruckende australische Königspalmen. Führungen Di–Do 10 und 13, Fr 10 Uhr, $10, nur nach Vereinbarung unter ✆ 310/276-5367.

Das größte Anwesen in Beverly Hills, **Greystone Mansion**, 905 Loma Vista, ist inzwischen zum städtischen Greystone Park umfunktioniert worden, denn darunter verbirgt sich ein riesiges Wasserreservoir. Das 4650 m^2 große Haus kann nur selten besichtigt werden, der 4 ha große **Greystone Park**, der ein schönes Panorama des Häusermeers von Los Angeles und der darauf lastenden Dunstwolke bietet, ist tgl. von 10–17 Uhr geöffnet.

Century City

Die westlich der Beverly Hills gelegenen, farblosen Hochhauskästen von Century City wurden in den 60er Jahren auf dem Studiogelände der *20th Century Fox* errichtet. Wie so oft in L.A. bildet eine riesige Shopping Mall das Zentrum des Distrikts: **Century City Shopping Center**, 10250 Santa Monica Blvd, mit schicken Designerboutiquen und Kaufhäusern voll gestopft, aber trotzdem ein ziemlich düsteres Beispiel des Modernismus der 60er Jahre.

Richtung Südwesten kann man einen Blick durch die Eingangstore der **20th Century Fox Studios** auf eine nachgebaute New Yorker Straße werfen, die für die Dreharbeiten zu *Hello Dolly!* geschaffen wurde.

Das **Simon Wiesenthal Center for Holocaust Studies** ist dagegen ein unauffälliges, weißes Gebäude weiter östlich, 9786 W Pico Blvd. Im US-Hauptquartier der Organisation, die es sich zur Aufgabe gemacht hat, Naziverbrecher aufzuspüren und vor Gericht zu bringen, gibt es eine große Bibliothek mit Schriftstücken, Fotografien und Gegenständen, die den Holocaust dokumentieren.

Für Besucher besonders interessant ist das beeindruckende **Beit HaShoa Museum of Tolerance**, 💻 www.wiesenthal.com/mot, ein ungewöhnliches, interaktives Forschungszentrum, das sich zum Ziel gesetzt hat, die Lügen revisionistischer Historiker aufzudecken. Es handelt sich um das technisch am besten ausgerüstete Institut seiner Art. Hier werden auch Videos mit Interviews gezeigt, in denen schockierend offene Aussagen zu den Unruhen von 1992 gemacht werden. Außerdem kann der Besucher sozusagen hautnah die Auswüchse des Nationalsozialismus erleben, u.a. anhand der wirklichkeitsgetreuen Nachbildung einer Gaskammer. 🕒 April–Okt Mo–Do 11.30–18.30, Fr 11.30–17, So 11–19.30 Uhr, Nov–März Fr 11.30–15 Uhr, Eintritt $10.

Westwood

Westwood, nördlich des Wilshire Blvd und unmittelbar westlich der Beverly Hills, ist eine der ansprechenden Gegenden von L.A., in der sich das Leben zur Abwechslung mehr auf den Bürgersteigen als im Auto abspielt. Die niedrigen spanischen Gebäude entstanden in den 20er Jahren unter dem Namen **Westwood Village**, genau wie der Campus der University of California at Los Angeles (UCLA), der aus East Hollywood hierher verlegt wurde. Man kann die Gegend, die vor allem durch die Universität und die vielen hier lebenden Studenten geprägt ist, gut zu Fuß entdecken. Aus diesem Grund stehen hier auch nur begrenzt (teure) Parkplätze zur Verfügung. Um die Nerven zu schonen, sucht man sich am besten einen billigen Parkplatz, stellt den Wagen dort ein paar Stunden ab und erkundet in aller Ruhe zu Fuß die Gegend.

Broxton Avenue, die Hauptstraße von Westwood, ist einer der besten Orte in West L.A., um durch die Plattenläden, Spielhöllen und Diners zu streifen, allerdings haben teurere Restaurants die preiswerteren Lokale in den letzten Jahren die zunehmend verdrängt.

Zudem drängen sich hier an die 30 Filmhäuser auf engstem Raum. Selbst von dem original-spanischen Äußeren des Viertels hat einiges die Ära der uninteressanten Zweckbauten überlebt, allerdings sind die Läden von damals inzwischen Boutiquen und Designerläden gewichen. Der Turm am Ende der Straße, 961 Broxton Ave, gehört zum Kino **Fox Village** von 1931, das zusammen mit dem **Bruin** auf der anderen Straßenseite von den Filmfirmen von Zeit zu Zeit für so genannte *Sneak Previews* genutzt wird, mit denen neue Filme vor einem Publikum getestet werden.

Am Wilshire Blvd in Westwood schossen in den 70er und 80er Jahren von Öl-Millionen finanzierte Betontürme in den Himmel. Kleine Häuschen stehen nun direkt neben 20-stöckigen Wohnblocks, in denen ein Penthouse-Apartment mit privatem Hubschrauberlandeplatz 12 Millionen Dollar kosten kann. Ein bizarrer Kontrast – aber schließlich sind wir in L.A.

UCLA Hammer Museum

In einem der Türme an der Ecke zum Westwood Blvd befindet sich eine der besten Kunstsammlungen der Stadt, das UCLA Hammer Museum, 10899 Wilshire Blvd, 🖳 www.hammer.ucla.edu. Ölbaron Hammer war eine schillernde Persönlichkeit, dessen Kollektion lange als ein Mischmasch zweitklassiger Werke großer Künstler galt. Die Rembrandts und Rubens sind tatsächlich eher langweilig, aber das 19. Jh. entschädigt dafür, vor allem wegen van Goghs *Hospital in Saint Remy*, der Perle des Museums. Im Übrigen richtet das Museum unter der Leitung der benachbarten UCLA sein Augenmerk seit neuerem mehr auf zeitgenössische Avantgarde-Werke und erfährt landesweite Anerkennung für seinen bemerkenswerten, bisweilen risikofreudigen Ansatz. 🕓 Di, Mi, Fr und Sa 11–19, Do 11–21, So 11–17 Uhr, Eintritt $5, Do frei.

Westwood Memorial Park

Auf der dem Museum gegenüberliegenden Straßenseite des Wilshire Boulevards, am Ende einer schmalen Einfahrt neben dem *Avco*-Filmtheater, liegt der kleine Friedhof des Westwood Memorial Park, 1218 Glendon Ave, auf dem neben Hammer auch einige Entertainment-Größen begraben sind, z.B. Peter Lorre, Natalie Wood und der Jazzschlagzeuger Buddy Rich. Die meisten kommen jedoch, um der 1962 verstorbenen, zum Mythos verklärten Marilyn Monroe zu huldigen – ihre Gruft, links vom Eingang in der nordöstlichen Ecke gelegen, ziert eine lippenstiftverschmierte Tafel. Einige der genannten Stars zieren das leuchtende Wandgemälde im **Crest Theater**, 1262 Westwood Blvd, das sich mit einer grellen Neonreklame auch als bestes Kino außerhalb des Village anpreist.

UCLA-Campus

Der Campus der *University of California at Los Angeles* (UCLA) besteht aus Bauten im romanischen Stil, die über ein gepflegtes Gelände verteilt sind. Wer Zeit übrig hat, sollte einen kurzen Spaziergang zu den verschiedenen Galerien und Museen unternehmen. Das Gebäude der Studentenvereinigung am Nordende des Westwood Boulevards, eine halbe Meile nördlich von Westwood, beherbergt eine Bowlingbahn, einen guten Buchladen und ein *rideboard* – eine Mitfahrzentrale. Außerdem gibt es gleich dahinter, in der Kerckhoff Hall, ein angenehmes Kaffeehaus.

Die sehenswerte Bibliothek **Powell Library**, 🖳 www.library.ucla.edu, besticht durch ein fesselndes Interieur: Hübsche romanische Bögen, Säulen, eine große Treppe und mittelalterliche Ornamentik schaffen eine sakrale Atmosphäre. 🕓 Mo–Do 7.30–23, Fr 7.30–18, Sa 9–17, So 13–22 Uhr.

Am Nordende des Campus' liegt der ausgedehnte **Franklin D. Murphy Sculpture Garden** mit 70 Plastiken, die zwischen 1930 und 1980 von großen Bildhauern wie Jean Arp, Henry Moore, Barbara Hepworth, Henri Matisse, Jacques Lipchitz und Isamu Noguchi geschaffen wurden. Zu den Highlights zählen Arbeiten von Auguste Rodin, Gaston Lachaise und George Tsutakawa. Kostenlose Führungen durch den Garten nach Reservierung unter ✆ 310/443-7040.

Die weiter östlich gelegene **UCLA Film School** arbeitet experimenteller und weniger kommerzorientiert als die Filmschule der USC. Sie besitzt eine der weltgrößten Sammlungen alter Filme und Fernsehprogramme, von denen viele im James Bridges Theater wieder aufgeführt werden, Karten meist um $7. Termine am Aushangbrett in der Lobby, telefonisch unter ✆ 310/206-FILM oder im Internet unter 🖳 www.cinema.ucla.edu.

Im interessanten **Fowler Museum of Cultural History**, 🖳 www.fmch.ucla.edu, in der Nähe, am

Bruin Walk in der Westwood Plaza, ist eine unglaubliche Vielfalt an multikulturellen Kunstobjekten versammelt, darunter Keramiken, Ikonen, Gemälde, Musikinstrumente und sogar einige politische Arbeiten. Zu den Höhepunkten des Museums zählen Eingeborenenmasken aus aller Welt, über 10 000 Kleidungsstücke aus verschiedenen Kulturen und eine umfangreiche Sammlung afrikanischer und polynesischer Kunst. ⌚ Mi–So 12–17, Do bis 20 Uhr, Eintritt frei.

Sepulveda Pass

Durch die Lücke in den Santa Monica Mountains führt der Sepulveda Pass, mit dem man in erster Linie den Freeway 405 verbindet, der sich seinen Weg durch die Hügel bahnt. Der Getty Center Drive führt hinauf zum monumentalen **Getty Center**, 💻 www.getty.edu, einem gleißenden Gebäudekomplex, der eine ähnlich beherrschende Stellung oberhalb der Stadt einnimmt wie einst der Öltitan J. Paul Getty gegenüber seinen Rivalen. Parkplätze müssen zwar nicht mehr reserviert werden, doch die Anfahrt mit dem Taxi ist möglicherweise eine einfachere Alternative. ⌚ So und Di–Do 10–18, Fr und Sa 10–21 Uhr, Eintritt frei, Parkplatz $7. Alternativ dazu kann man auch den MTA-Bus Nr. 761 von der UCLA nehmen oder die Busse Nr. 2 bzw. 302 von Downtown. Weitere Linien verbinden das Getty Center mit Culver City (✆ 310/253-6500, 💻 www.culvercity.org/depts_bus.html) und Santa Monica (✆ 310/451-5444, 💻 www.bigbluebus.com).

Das vom Erz-Modernisten Richard Meier entworfene Center wurde in 10 Jahren fertig gestellt und verschlang ca. eine Milliarde Dollar an Baukosten. Ursprünglich hatte Meier den gesamten Museumskomplex aus weißen Metallplatten errichten wollen, sah sich aber nach Protesten der Nachbargemeinde Brentwood gezwungen, einen Teil in Travertin zu fertigen – eine am Ende ästhetisch ansprechende Wahl. Die durch den Bau keineswegs verarmte Getty Foundation besitzt noch milliardenschwere Rücklagen und kann in der internationalen Kunstszene praktisch jede geforderte Summe für ein Objekt der Begierde zahlen.

Getty begann in den 30er Jahren seine gewaltige Sammlung anzulegen und lagerte einen Großteil davon zunächst in seinem Haus, bevor 1974 das Getty Museum auf einem Felsen mit Blick auf den Pazifik eröffnet wurde. Derzeit ist es geschlossen, wird aber im Herbst 2005 unter dem Namen **Getty Villa** als Ausstellungsort für ausgesuchte Antiquitäten der Getty Foundation wiedereröffnet.

Die beeindruckende Kollektion des Hauptmuseums ist natürlich maßgeblich von Gettys persönlichen Vorlieben beeinflusst. Zahlreiche Räume huldigen dem Frankreich **Ludwigs XIV**. und sind mit Uhren, Kronleuchtern, Wandteppichen, vergoldeten Kommoden und Mobiliar der Adligen voll gestopft.

Obwohl Getty für die **Malerei** keine übermäßige Begeisterung aufbrachte, hat er zu Lebzeiten doch einige bedeutende Werke der Renaissance und des Barock erstanden, unter anderem von Rembrandt, Rubens und de la. Tour. An Gemälden hat das Museum inzwischen viel dazugekauft, die bekannten Meister vom 13. Jh. bis zur Gegenwart sind fast lückenlos vertreten: Raphael, Bernini, die großen Holländer, Dürer und die französischen Impressionisten, um nur einige zu nennen. Van Goghs *Schwertlilien* ist darunter das wohl herausragendste Gemälde. Als Kontrast gibt es außerdem eine exzellente **Fotoausstellung**, selbstverständlich mit Bildern von Man Ray, Laszlo Moholy-Nagy und anderen berühmten Fotografen.

Vom Museum führt der Sepulveda Pass weiter zum **Skirball Cultural Center**, 2701 N Sepulveda Blvd, 💻 www.skirball.org. Das interessante Center beleuchtet einen Teil der Geschichte, des Glaubens und der Riten des Judentums und konzentriert sich vor allem auf die mystischen Elemente darin. Weitere Ausstellungen und Lesungen veranschaulichen das Leben amerikanischer Juden und bieten einen präzisen Überblick über jüdische Geschichte und Kultur. ⌚ Di–Sa 12–17, So 11–17 Uhr, Eintritt $8.

Culver City

Südlich von West L.A. und östlich von Venice liegt Culver City, eine wenig beachtete Stadt, die im frühen 20. Jahrhundert jedoch einen wichtigen Beitrag zum Aufbau der amerikanischen Filmindustrie leistete. Spuren von damals sind heute noch sichtbar wie zum Beispiel das alte Zufahrtstor von *Triangle Pictures,* 10202 Washington Blvd, einst Ausgangsbasis des Filmpioniers und Produzenten Thomas Ince für sein filmisches Engagement in L.A. In den 20er Jahren wurde *Triangle* zu MGM, das später seinerseits von Sony geschluckt wurde. Leider fiel ein Großteil des glanzvollen Filmgeländes der Abrissbirne zum Opfer, sodass man sich bei einer Führung (Mo–Fr 9–15 Uhr, $20, ✆ 323/520-TOUR) mit riesigen, oft leeren Sound-Bühnen und TV-Kulissen für Shows wie *Jeopardy* zufrieden geben muss. Fans von *Vom Winde verweht* wird ein Stück weiter, 9336 Washington Blvd, ein anderer Studiokomplex, heute **Culver Studios**, von Ince bekannt vorkommen – obgleich das im Kolonialstil errichtete „Herrenhaus" lediglich aus einer Fassade besteht.

Wenn man sich ohnehin in der Gegend befindet, kann man beim **Hayden Tract**, L.A.s erstem Schaufenster für moderne, dekonstruktivistische Architektur, vorbeischauen. Das Gelände liegt unweit der Hayden Avenue und des National Boulevard und zeigt höchst Interessantes aus dem Schaffen des Avantgarde-Architekten Eric Owen Moss. Zu seinen beeindruckendsten Bauten dort gehören *Pittard Sullivan,* 3535 Hayden Ave, eine riesige graue Schachtelkonstruktion mit schweren Holzrippen, und *8522 National,* mit einer zersplitterten Fassade und einer weißen Treppe, die ins Leere führt. Etwas östlich davon außerdem *The Box,* ein weiteres graues Kastengebäude mit würfelförmigen, zusammengenieteten Fenstern, die scheinen, als könnten sie jeden Moment auf die darunterliegende Straße krachen, und der wiederum graue *Samitaur*-Koloss, 3457 S L.A. Cienega Blvd, ein an ein Lagerhaus erinnernder Bürokomplex mit unregelmäßigen Zacken und einem wahrlich eigenwilligen Sinn für Geometrie.

Wer mit Filmgeschichte und verrückter Architektur noch nicht bedient ist, kann eine Erkundung von Culver City mit dem Besuch des bizarren **Museum of Jurassic Technology**, 9341 Venice Blvd, 💻 www.mjt.org, abrunden. Gleichermaßen Kunstmuseum wie Wissenschaftszentrum zeigt es eine Fülle von Kuriositäten, deren Palette pseudowissenschaftliche, paranormale, aber auch profane Exponate umfasst. Zu den turnusmäßig gezeigten Exponaten zählen Trailer-Park-Kunst, diverse Schrottsammlungen, winzige Modelle von Camper-Vans und Wohnmobilen, Ausstellungen zu volkstümlichem Aberglauben, schriftliche und mündliche Überlieferungen von übergeschnappten Wissenschaftlern (von denen einige angeblich vom Erdboden verschwanden oder den Verstand verloren), der seltsame Nachbau eines barocken Museums, das von einem jesuitischen Gelehrten geleitet wurde, und mehrere unheimliche Insekten, darunter ein seltsamer Käfer vom Amazonas, der seine Beute durch Einsatz eines riesigen Kopfstachels zur Strecke bringt. 🕒 Do 14–20, Fr–So 12–18 Uhr, Eintritt $6.

Santa Monica Bay

Die Santa Monica Bay bietet weite, weiße Strände, die sich über 20 km hinziehen, viele gute Geschäfte, Restaurants, Galerien und jede Menge Unterkünfte – eine ausgezeichnete Basis, um das restliche L.A. zu entdecken. Die relativ kleinen Gemeinden sind zudem durch ein effizientes öffentliches Verkehrsnetz miteinander verbunden und vom Flughafen relativ schnell zu erreichen.

Venice

Von der Idee her war Venice einmal ein versponnenes, typisch amerikanisches Projekt: Der Bauunternehmer **Abbot Kinney** ließ 1905 im Sumpfgebiet Ballona Creek ein 20-Meilen-Netz von Kanälen anlegen, um ein kleines Venedig zu schaffen. Die pseudo-europäische Anlage sollte die Heimat von Künstlern und Bohemiens werden, eine Nachbildung der Lagunenstadt mit lauschigen Plätzen, Palazzo-Imitationen und vielen Häusern direkt am Wasser. Vollständig verwirklicht wurde dieser Traum allerdings nie, und mit der Verbreitung des Automobils schien er sogar endgültig ausgeträumt. Zahlreiche Kanäle wurden wieder zugeschüttet, viele der Häuser mussten Ölpumpen weichen, und das Projekt verwahrloste. Das war die finstere Ära, in der Venice seine Rolle als heruntergekommene Grenzstadt in dem Filmklassiker von 1958 spielte: *Im Zeichen des Bösen* von Orson Welles.

Ein Teil der Anlage hat jedoch überlebt und trägt dazu bei, dass mittlerweile genau jene Leute hier zusammenkommen, die Kinnley vor Jahrzehnten anlocken wollte.

In der Main Street, südlich der Rose Street, befindet sich z.B. die Werbeagentur **Chiat/Day/Mojo** mit einem großen Fernglas von Claes Oldenburg am Eingang und von Frank Geary entworfenen Büros.

Nur wenig nördlich überragt die Furcht einflößende Riesenskulptur *Ballerina Clown* von Jonathan Borofsky eine Kreuzung. Das mit einem Clownsgesicht und einem Ballettröckchen ausgestattete Werk nimmt zweifellos einen Spitzenplatz unter den peinlichsten Schöpfungen öffentlicher Kunst in der jüngeren Geschichte ein.

Ein Treffpunkt der alternativen Kunstszene ist der **Beyond Baroque Literary Arts Center and Bookshop** im alten Rathaus, 681 Venice Blvd, ✆ 310/822-3006, 💻 www.beyondbaroque.org, wo regelmäßig Autorenlesungen und Workshops für Poesie, Prosa und Drama stattfinden. 🕒 Feb–Juli und Okt–Dez Mo–Fr 11–18 Uhr. Nebenan offeriert SPARC teure Touren zu einigen bemerkenswerten Wandmalereien (s.S. 226).

Venice Beach zieht die meisten Besucher an. Nirgends stellt sich L.A. so offen und bunt dar wie am **Venice Boardwalk**, der breiten Promenade, die auch als *Ocean Front Walk* bekannt ist. Hier treffen sich an Wochenenden (im Sommer täglich) Jongleure, Feuerspucker und Hare Krishnas, Rollschuh laufende Gitarrenspieler, Skateboardfahrer und viele, viele Schaulustige, die sich einfach nur amüsieren wollen.

Westlich der Windward Avenue kommt man an **Muscle Beach** vorbei, dem legendären Fitness-Center, wo Muskelprotze vor den Augen des Publikums beeindruckende Eisengewichte stemmen und an diversen Folterinstrumenten hantieren. Wer sich für Gewichtheber begeistern kann, sollte im Juli herkommen, wenn hier die Meisterschaften im Bankpressen stattfinden. An zahlreichen Ständen gibt es Skateboards, Surfbretter und Fahrräder zu mieten, zahlreiche Händler verkaufen Fitness-Accessoires.

Bei Nacht ist Venice Beach nicht der sicherste Ort, und nach Sonnenuntergang ist der Aufenthalt an vielen Strandabschnitten verboten.

Die **Windward Avenue** ist die Hauptverkehrsstraße von Venice. Sie führt zum Kinney Plaza mit seinen Galerien und dem Postamt, in dem man sich auf einem Wandbild das alte Venice ansehen kann. Die romanischen Arkaden an der Kreuzung Pacific Ave reichen bis zum Strand. Unter den Bögen findet man Plattenläden, Vollwertkost und Rollschuhvermietungen.

Die wenigen übrig gebliebenen **Kanäle** findet man ein paar Blocks weiter südlich. Hier stehen auch die einzigen noch erhaltenen Brücken der ursprünglichen Anlage.

Santa Monica

Für viele Westsider, die nicht im Geld schwimmen, bleibt Santa Monica ein unerfüllter Traum – eine tolerante Strandgemeinde ohne Hochhäuser mit mietgebundenen Apartments und entspannter Atmosphäre, noch dazu leicht erreichbar von den übrigen Teilen der Stadt. Diese Attraktivität ist ein Paradoxon, weil genau jene Attribute Santa Monica zu einem exklusiven Ort machen: eine Mischung aus teuren, klassisch angehauchten Bungalows und auf Lebenszeit vermieteten Apartments, auf die die glücklichen Bewohner unter dem Schutz der gesetzlichen Mietbindungen ihren Daumen halten. So frustrierend es auch sein mag, dauerhaft in Santa Monica Fuß zu fassen, für den Besucher präsentiert sich die Gemeinde als kompakte, leicht zugängliche und charmante Bastion am Pazifischen Ozean.

Der Ort zieht sich weit ins Landesinnere hinein, doch alles, was für Touristen von Interesse ist, spielt sich innerhalb weniger Blocks am Strand ab. Ein guter Anlaufpunkt ist das **Visitor Information Office** in dem Kiosk in 1400 Ocean Ave, südlich des Santa Monica Blvd (Palisades Park), ✆ 310/393-7593, 💻 www.santamonica.com; 🕒 tgl. 10–16 Uhr.

Übernachtung:

Bayside	H	Santa Monica Beach Travelodge	D
Cadillac	I	Santa Monica-Pico Blvd. Travelodge	G
Carmel	C	Shangri-La	A
HI-LA Santa Monica	B	Venice Beach Cotel	J
Hostel California	K	Viceroy	F
Inn at Venice Beach	L		
Loew's Santa Monica Beach	E		

Cafés & Restaurants:

Bagel Nosh	8	Lighthouse Buffet	10
Border Grill	3	Mani's Bakery	23
Café 50s	34	Mariasol	20
Chaya Venice	32	Michael's	2
Chinois on Main	25	Norm's	19
Crocodile Café	12	Reel Inn	15
Drago	7	Shambala Café	18
Figtree's Café	33	Sushi Roku	6
Flower of Siam	24	Wildflour Pizza	27
Gaucho Grill	9	Wolfgang Puck Express	11
Joe's	35		

Bars & Clubs:

14 Below	22	Novel Café	29
Anastasia's Asylum	4	Red Room Café	36
Circle Bar	30	Rusty's Surf Ranch	21
Finn McCool's	26	Sugar	17
Gotham Hall	13	Temple Bar	5
Harvelle's	16	Ye Olde King's Head	14
Library Alehouse	28	Zanzibar	1
Mor	31		

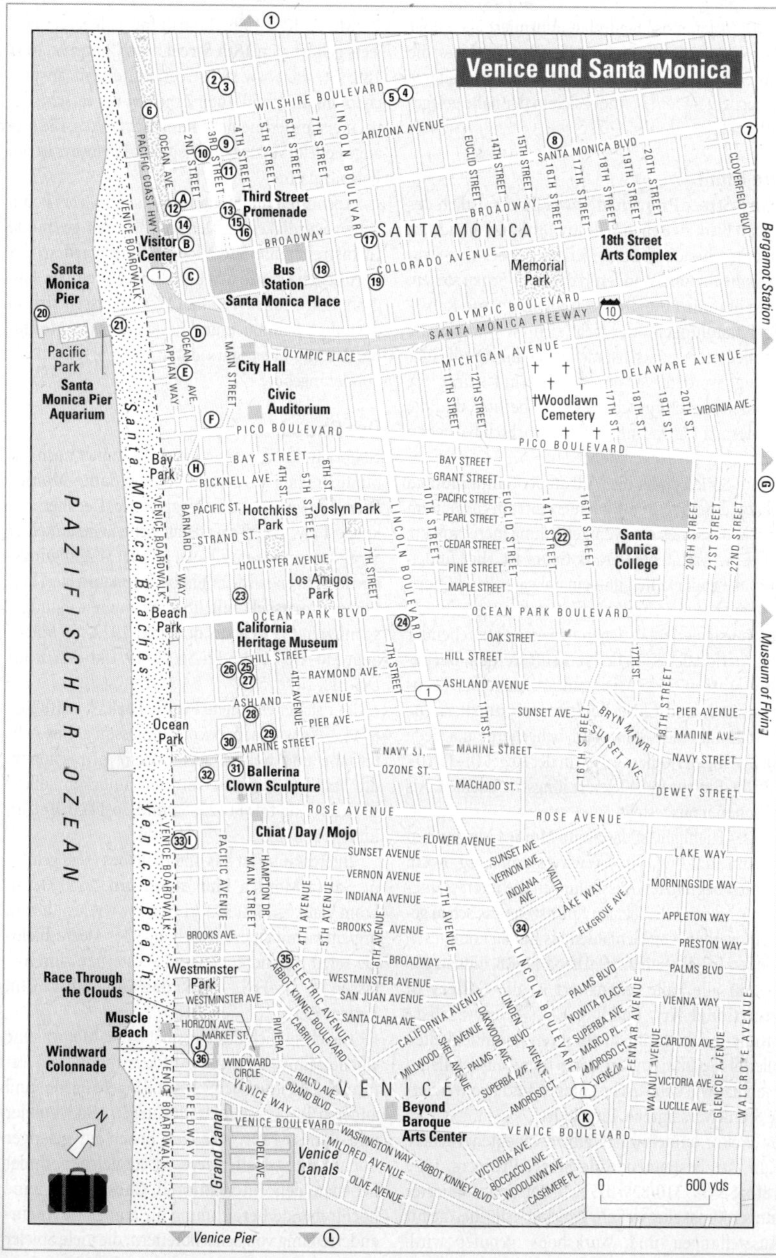

Venice und Santa Monica
PAZIFISCHER OZEAN
Santa Monica Beaches
Venice Beach
SANTA MONICA
VENICE
Santa Monica Pier
Pacific Park
Santa Monica Pier Aquarium
Visitor Center
Third Street Promenade
Bus Station
Santa Monica Place
Memorial Park
18th Street Arts Complex
City Hall
Civic Auditorium
Woodlawn Cemetery
Santa Monica College
Bay Park
Hotchkiss Park
Joslyn Park
Los Amigos Park
Beach Park
California Heritage Museum
Ocean Park
Ballerina Clown Sculpture
Chiat / Day / Mojo
Westminster Park
Race Through the Clouds
Muscle Beach
Windward Colonnade
Beyond Baroque Arts Center
Grand Canal
Venice Canals
Bergamot Station
Museum of Flying
Venice Pier
WILSHIRE BOULEVARD
ARIZONA AVENUE
SANTA MONICA BLVD
BROADWAY
COLORADO AVENUE
OLYMPIC BOULEVARD
SANTA MONICA FREEWAY
OLYMPIC PLACE
MICHIGAN AVENUE
DELAWARE AVENUE
VIRGINIA AVE.
PICO BOULEVARD
BAY STREET
GRANT STREET
PACIFIC STREET
PEARL STREET
CEDAR STREET
PINE STREET
MAPLE STREET
BICKNELL AVE.
PACIFIC ST.
STRAND ST.
HOLLISTER AVENUE
OCEAN PARK BLVD
OCEAN PARK BOULEVARD
OAK STREET
HILL STREET
RAYMOND AVE.
ASHLAND AVENUE
PIER AVE.
PIER AVENUE
SUNSET AVE.
MARINE STREET
MARINE AVE.
NAVY ST.
NAVY STREET
OZONE ST.
MACHADO ST.
DEWEY STREET
ROSE AVENUE
FLOWER AVENUE
SUNSET AVENUE
VERNON AVENUE
INDIANA AVENUE
BROOKS AVENUE
BROOKS AVE.
LAKE WAY
MORNINGSIDE WAY
APPLETON WAY
PRESTON WAY
PALMS BLVD
VIENNA WAY
CARLTON AVE.
VICTORIA AVE.
LUCILLE AVE.
WESTMINSTER AVENUE
WESTMINSTER AVE.
SAN JUAN AVENUE
SANTA CLARA AVE.
CALIFORNIA AVENUE
HORIZON AVE.
MARKET ST.
WINDWARD CIRCLE
VENICE WAY
VENICE BOULEVARD
WASHINGTON WAY
MILDRED AVENUE
OLIVE AVENUE
ABBOT KINNEY BLVD
ABBOT KINNEY BOULEVARD
ELECTRIC AVENUE
LINCOLN BOULEVARD
CLOVERFIELD BLVD
PACIFIC COAST HWY
OCEAN AVE.
VENICE BOARDWALK
MAIN STREET
PACIFIC AVENUE
HAMPTON DR.
SPEEDWAY
DELL AVE.
0 600 yds

Der kostenlose Stadtplan informiert auch über das Netz der Santa Monica *Big Blue Bus Lines*, die das *MTA*-Netz im Westen ergänzen. Ein weiteres Besucherzentrum befindet sich in der nahe gelegenen Mall.

Die Stadt

Third Street Promenade, zwei Blocks östlich des Ocean Blvd, zwischen Wilshire Blvd und Broadway, ist eine lebendige Fußgängerzone, in der sich Straßenkünstler und Wanderprediger zur Schau stellen. Man bummelt durch die Antiquariate und Kunstbuchhandlungen oder sieht sich die Filmplakate der neuesten spanischsprachigen Filme an, die hier gezeigt werden. Vor einem Jahrzehnt wurde die Promenade sehr geschmackvoll überholt, und die modernen Cafés, Kneipen und Nachtclubs ziehen eine bunte Menschenmenge an.

Im Süden endet die Mall an der **Santa Monica Plaza**, einem teuren Einkaufszentrum in weißem Stuck, das eines der weniger gelungenen Projekte des L.A.-Architekten Frank Gehry ist. Hier finden sich alle Ladenketten und ein obligater Food Court.

Santa Monica besitzt eine Anzahl ausgezeichneter Kunstgalerien, in denen Arbeiten aufstrebender internationaler Künstler verkauft werden. **Bergamot Station**, 2525 Michigan Ave, nahe der Kreuzung 26th und Cloverfield, ist der künstlerische Mittelpunkt der Stadt und beherbergt u.a. jede Menge kleiner Galerien, ⌚ in der Regel Di–Fr 10–18 Uhr, Eintritt frei. Viele der jüngsten Talente L.A.s haben hier ausgestellt.

Das Highlight ist das **Santa Monica Museum of Art** im Building G-1, 💻 www.smmoa.org, wo in zeitlich begrenzten Ausstellungen die interessantesten Werke aus der lokalen Kunstszene zur Schau gestellt werden, von Gemälden bis hin zu komplexen großen Installationen. ⌚ Di–Sa 11–18, Eintritt $3.

Auf alle Fälle sehenswert ist die **Gallery of Functional Art**, Building E-3, 💻 www.galleryoffunctionalart.com, die in ihren Räumlichkeiten allerlei mechanische Spielereien und ausgefallenes Mobiliar wie kubistische Lampen und neonverzierte Stühle versammelt. Eintritt frei.

Weiter landeinwärts gibt es abenteuerlichere Kunst zu bestaunen: **Side Street Projects**, 1629 18th St, ✆ 310/829-0779, bietet ambitionierter junger Kunst eine weitere Projektionsfläche, die für Ausstellungen und Workshops genutzt wird. ⌚ Mi–Sa 12–18 Uhr, Eintritt frei. Side Street Projects gehört zum **18th Street Arts Complex**, 1639 18th St, 💻 www.18thstreet.org, einem ansprechenden und modernen Zentrum für verschiedene, meist experimentelle Kunstrichtungen. Die hier angesiedelte Veranstaltungsbühne *Highways* ist ein Beispiel dafür.

Ansonsten findet man abseits des Meers kaum Sehenswürdigkeiten. Der von Bäumen gesäumte Grünstreifen am **San Vicente Boulevard** an der nördlichen Grenze des Bezirks wimmelt von Joggern, und südlich von San Vicente lassen sich in den edlen Boutiquen und Restaurants der **Montana Avenue** eher Stars der B-Liste erspähen als Sonderangebote.

Der Strand

Hauptattraktion Santa Monicas ist immer noch das bunte Treiben am Strand um den **Santa Monica Pier**, 💻 www.santamonicapier.org. Der Pier verkörpert das klassisch-nostalgische Zentrum einer Strandgemeinde und bietet allerlei Vergnügungseinrichtungen sowie ein hübsch restauriertes, hölzernes **Karussell** mit über 40 bunten, handgeschnitzten Pferden aus dem Jahr 1922. ⌚ März–Sept Mo–Do 11–17, Fr–So 11–19, Okt–März nur Do–Mo, Ticket 50¢.

Der später errichtete **Pacific Park**, ✆ 310/260-8744, 💻 www.pacpark.com, umfasst u.a. eine Achterbahn und weitere spektakuläre Attraktionen, die Familien aus den Vororten anlocken sollen. ⌚ Juni–Aug tgl. 11–23, Sa und So 11–0.30 Uhr, Eintritt $20–22.

Interessanter ist das unterhalb des Piers gelegene **Santa Monica Pier Aquarium**, 1600 Ocean Front Walk, ✆ 310/393-6149, 💻 www.healthebay.org/smpa, mit einer Ausstellung über Meeresbiologie sowie Seeanemonen und Seesternen zum Anfassen. ⌚ Di–Fr 14–17, Sa und So 12.30–17 Uhr, Eintritt $5.

Gleich südlich des Piers hat Santa Monica eine eigene Miniversion des „Muskelstrands" von Venice, einen Fitnessbereich mit Ringen, Barren und anderen Turngeräten für Möchtegern-Bodybuilder und Fitness-Fans. Wer sich lieber auf geistiger Ebenso misst statt Bizeps zu vergleichen, findet nebenan den **International Chess Park**, eine hochtrabende Bezeichnung für eine nette Aneinanderreihung von Schachbrettern, die viele Spieler

Santa Monica – der bekannteste Badeort von L.A.

vom Amateur bis zum Profi anlocken. Am Pier beginnt außerdem ein **Fahrradweg**, der 20 Meilen südwärts führt und als eine der Topstrecken für Radfahrer in dieser Gegend gilt.

Ansonsten lohnt sich auch ein Strandbummel zum Pico Blvd und weiter zur **Main Street**, die nur fünf Minuten vom Pier entfernt, aber durch die Anbindung an den Santa Monica Freeway von der Küste abgeschnitten ist. Man findet hier Geschenkeläden, gute Restaurants und Zubehör fürs Drachenfliegen.

Das **California Heritage Museum**, 2612 Main Street, 🖳 www.californiaheritagemuseum.org, reflektiert den Versuch der Stadt, etwas von der architektonischen Vergangenheit zu bewahren. Zwei Häuser wurden hierher versetzt, um sie vor dem Abriss zu bewahren. Eines davon beherbergt eine temporäre Sammlung über kalifornische Kultur und eine ständige Ausstellung über regionale Töpferkunst, Einrichtungsgegenstände und dekorative Kunstobjekte. 🕓 Mi–So 11–16 Uhr, Eintritt $5. Im anderen, dem *Victorian Restaurant*, ✆ 310/392-4956, 🖳 www.thevictorian.com, wird an Wochenenden auf der Terrasse Tee serviert.

Westlich von Santa Monica

Pacific Palisades und Will Rogers State Historic Park

Pacific Palisades ist eine Ansammlung extrem teurer Vorortvillen zwei Meilen nördlich vom Santa Monica Pier. Die an Steilhängen gelegene Siedlung gleitet stückweise, aber unaufhaltsam in die Bucht hinab, vor allem oberhalb des Pacific Coast Highway (PCH). Jeden Winter spülen die Regenfälle ein bisschen mehr Erdreich hinunter auf den Highway und sorgen so für Verkehrsstaus, während die Gärten der Anwohner von Jahr zu Jahr kleiner werden.

Mehr als ein paar Beispiele innovativer Nachkriegsarchitektur, wie das **Charles Eames House**, 203 Chautauqua St, ✆ 310/459-9663, 🖳 www.eamesoffice.com, das aus vorgefertigten Industrieteilen konstruiert wurde, sind hier allerdings nicht zu sehen. Nur das Äußere der Anlage kann nach Voranmeldung besichtigt werden. 🕓 Mo–Fr 10–16 Uhr, Eintritt frei.

Sehenswert ist auch das 1994 von Pierre Koenig entworfene **Schwartz House**, 444 Sycamore Ave, ein kubusartiges, graues Gebäude mit einem darübergesetzten, um 30° gedrehten Würfelskelett aus schwarzem Stahl.

Der **Will Rogers State Historic Park**, ✆ 310/454-8212, einige Meilen landeinwärts, erfordert ein wenig Hintergrundwissen über den einstigen Bewohner des Grundstücks: Will Rogers war Journalist und Cowboy-Philosoph der Depressionszeit und eine der populärsten Figuren in der jüngeren Geschichte des amerikanischen Westens. Außer der Ranch und einem kleinen Museum (wegen Renovierung bis 2006 geschlossen) bietet der Park ein paar Wander- und Reitwege. ⌚ im Sommer tgl. von 8 Uhr bis Sonnenuntergang geöffnet, ansonsten tgl. 8–18 Uhr, Eintritt frei. Erreichbar auch von der Haltestelle der *MTA*-Busse Nr. 2 und 302, wenn man den steilen Aufstieg auf sich nehmen will.

Etwas nördlich der Abzweigung des Sunset Boulevard vom Pacific Coast Highway thront die **Getty Villa** malerisch auf einem Felsen und blickt hinaus aufs Meer. Der frühere Sitz des Getty Museums (jetzt in West L.A.) wird im Winter 2006 als Schaukasten für den beträchtlichen Antiquitätenfundus der Gettys wiedereröffnet. Wie bei den anderen von der milliardenschweren Stiftung verwalteten Einrichtungen dürfte der Eintritt kostenlos sein, freie Parkplätze könnten aber unter Umständen zum Problem werden; aktuelle Informationen unter ✆ 310/440-7300 oder 💻 www.getty.edu.

Topanga Canyon

Eine Meile weiter nördlich zweigt eine Straße zum Topanga Canyon ab. In unerwartetem Kontrast zum hektischen Treiben der Stadt bietet sich der Topanga Canyon als erholsames Naturrefugium an. Von dem hügeligen, mit leuchtenden Mohn- und Wildblumen bedeckten Gebiet sind inzwischen 60 000 ha Berge und Küstenlinie als **Santa Monica Mountains National Recreation Area** unter Naturschutz gestellt.

Park Rangers bieten an den meisten Wochenenden kostenlose, geführte Wandertouren durch die Berge (Informationen und Reservierungen unter ✆ 818/597-9192), außerdem gibt es Wanderwege durch den in der Schlucht befindlichen **Topanga State Park**, die von der Old Topanga Canyon Road am Bergkamm abgehen und herrliche Ausblicke über den Pazifik bieten. Diese Wanderwege kann man auf eigene Faust erkunden.

Das Visitor Center befindet sich im benachbarten Thousand Oaks, 401 W Hillcrest Drive, ✆ 805/370-2301, 💻 www.nps.gov/samo, ⌚ tgl. 9–17 Uhr.

Die nahe gelegene Gemeinde **Topanga** war in den 60er Jahren eine bekannte Hochburg des West Coast Rock, als Neil Young, die Byrds und andere Musiker hier lebten und sich mit Jam Sessions die Nächte in den Platanen-Hainen am Topanga Creek um die Ohren schlugen. Heute gibt es hier nur noch wenige echte Bohemiens, die meisten der gut situierten Bewohner pflegen ein progressives Pseudo-Hippie-Dasein mit New-Age-Touch.

Einen Hauch des einstigen künstlerischen Flairs bietet das **Theatricum Botanicum**, 1419 Topanga Canyon Blvd, ✆ 310/455-3723, 💻 www.theatricum.com, ein von Bäumen umringtes Amphitheater unter freiem Himmel, in dem klassische und moderne Bühnenwerke aufgeführt werden, darunter auch angesehene Shakespeare-Stücke im Sommer. Eintritt $15–25.

Bevor man diese Gegend verlässt, empfiehlt sich noch ein Abstecher von der Old Topanga Canyon Road über die Red Rock Road in den **Red Rock Canyon Park**, 💻 www.smmc.ca.gov oder www.lamountains.com. Die atemberaubende Schlucht aus rotem Sandstein diente einst als Pfadfinderfinderlager, heute lädt das als California State Park ausgewiesene Gelände mit seinen bunten Felsformationen, umliegenden Gärten und einer abwechslungsreichen Fauna dazu ein, das Auto abzustellen und sich ein wenig umzusehen.

Malibu

Von Malibu, 20 Meilen nördlich von Santa Monica, hat jeder schon gehört. Das exklusive, von Hollywood geprägte Image stimmt halbwegs mit der Wirklichkeit überein, auch wenn die Surfläden und Imbissstände auf beiden Seiten des PCH und um den schönen Malibu Pier nicht gerade nach viel Geld aussehen. Die noblen Anwesen liegen abgeschiedener weiter landeinwärts. Viele von ihnen werden regelmäßig von Waldbränden bedroht, die immer wieder außer Kontrolle geraten.

Surfrider Beach, südlich des Piers, entwickelte sich in den 50er Jahren zu einem bedeutenden Treffpunkt für Surfer, als die Sportart aus Hawaii kommend in Südkalifornien Einzug hielt. Viele inzwischen fast vergessene Surf-Filme wurden hier gedreht. Zum Surfen trifft man sich auch heute noch. Am beliebtesten sind die Spätsommermonate, wenn Stürme aus Mexiko die Wellen bis zu drei Meter hoch werden lassen.

Der **Malibu Lagoon State Park**, der sich an den Surfrider Beach anschließt, ist ein Natur- und Vogelschutzgebiet. An manchen Wochenenden werden Vogelbeobachtungstouren um die Lagune durchgeführt. ⌚ tgl. 8 Uhr bis Einbruch der Dunkelheit.

Ein kleines historisches **Museum**, 23200 PCH, vermittelt einen Überblick über die örtliche Geschichte, von den Chumash bis zur Ankunft der Hollywoodstars. Besonders hervorgehoben wird die „Rindge-Story" (s.u.), die in Malibus jüngster Geschichte eine Rolle spielt. Touren Mi–Sa 11–15 Uhr, Spende erbeten.

Ein großer Teil des **Malibu Creek State Parks**, zwischen Malibu Canyon Rd im Osten und Mulholland Drive im Norden, gehörte den Studios der *20th Century Fox*. In den von immergrünem Gebüsch überwachsenen Hängen wurden viele Tarzan-Filme und die in Südkorea angesiedelten Episoden der Fernsehserie *MASH* gedreht. Der 1600 ha große Park lockt mit einem See, mehreren Wasserfällen und Wanderwegen. An Wochenenden ist der leicht zugängliche Park ziemlich überfüllt, aber zu anderen Zeiten sehr angenehm (es gibt Zeltplätze, s.u. unter „Übernachtung").

Die **Paramount Ranch**, 2813 Cornell Rd, nahe Mulholland Drive, ist ein weiteres altes Studiogelände mit einer intakten Wildwestfilm-Straße, die u.a. der endlosen TV-Schnulze *Dr. Quinn, Ärztin aus Leidenschaft* als Schauplatz dient.

Die **Peter Strauss Ranch**, einige Meilen westlich der Cornell Road gelegen, war in den 30er und 40er Jahren ein als „Lake Enchanto" bekanntes schickes Ressort mit vielen Einrichtungen. Davon ist kaum etwas übrig geblieben: Heutzutage befindet sich hier ein kleines Naturgebiet mit Wanderpfaden; ab und zu findet eine Skulpturenausstellung oder ein Konzert (Klassik, Blues) statt. Weitere Informationen unter ✆ 818/597-1036.

Völlig unerwartet angesichts der abgeschirmten Privatanwesen Malibus trifft den Besucher das im Ramirez Canyon Park, nördlich von Point Dume und PCH gelegene **Barbara Streisand Center**, 5750 Ramirez Canyon Rd. 1993 stiftete der Showstar den knapp 9 ha großen Komplex aus Häusern und Gärten der Santa Monica Mountains Conservancy. Zwischen ausgedehnten Anlagen mit Blumen, Kräutern und Obstbäumen kann man einen Blick in die ehemalige Residenz der Entertainerin werfen. Persönliche Führungen Mi 13–16, Gruppen Di und Do 13–16 Uhr, $35, nur nach Reservierung unter ✆ 310/589-2850, 💻 www.lamountains.com.

Die Strände

5 Meilen nördlich von Malibu erstreckt sich der größte Strand im Verwaltungsbezirk L.A., **Zuma Beach**. Am **Point Dume State Beach** gleich nebenan ist es weniger belebt, **Pirate's Cove**, hinter den Felsen am südlichen Ende, wird auch von Nudisten aufgesucht. Auf den Felsen kann man Robben beobachten, im Winter auch Grauwale, die draußen vor der Küste vorbeiziehen.

El Matador State Beach, ca. 25 Meilen nördlich von Santa Monica, ist für Normalsterbliche so ziemlich die einzige Möglichkeit, wenigstens in die Nähe der Privatstrände der Stars zu kommen, da er weit im Norden liegt und nur über eine leicht zu verpassende Abzweigung vom PCH erreichbar ist. Fünf weitere Meilen nach Norden auf dem PCH liegt dort, wo der Mulholland Drive das Meer erreicht, der **Leo Carrillo State Park**. Hier ist die nordwestliche Grenze des Verwaltungsbezirks L.A. und die Endstation des *MTA* Busses Nr. 434.

Auf halber Strecke wird der 1,5 km lange Sandstrand vom **Sequit Point** geteilt, einer Klippe mit Unterwasserhöhlen und einem Tunnel, durch den man bei Ebbe hindurchgehen kann. Hier befindet sich einer der besten Zeltplätze von ganz L.A. (s.u. unter „Übernachtung").

South Bay und die Hafengegend

Die Küste südlich von Venice mit den unansehnlichen Hochhaus-Condos von Marina del Ray und dem verblassten Feriendomizil Playa del Rey wird in erster Linie von den Ausläufern des LAX-Flughafens, einer Ölraffinerie und der größten Kläranlage von L.A. beherrscht. Südlich davon liegen entlang eines etwa 12 km langen Küstenstreifens die South Bay Beach Towns und die Halbinsel Palos Verdes. Auf der anderen Seite der Halbinsel, entlang der San Pedro Bay, prägt der riesige Hafen das Bild. Ein Kontrastprogramm bietet die Insel Santa Catalina, die weit draußen vor der Küste liegt und von Long Beach aus zu erreichen ist.

Manhattan Beach, Hermosa Beach und Redondo Beach

Die gemeinsame Strandpromenade der Städte an der South Bay wird als **The Strand** bezeichnet und endet in Redondo Beach. Jeder Ort hat mindestens einen eigenen Pier und einen weißen Sandstrand zum Surfen und Volleyballspielen.

Die nördlichste Stadt, **Manhattan Beach**, erreicht man auf dem Radweg von Venice nach Süden oder mit dem Auto auf dem Pacific Coast Highway. In den niedrigen, mit Stuck verzierten Häusern, die sich ohne störende Hotelklötze bis zum Strand hinziehen, lebt eine gut verdienende Mittelschicht, und es herrscht eine gelassene Atmosphäre, die an einen Vorort erinnert.

Auch Beach-Volleyball ist sehr beliebt, wie man an den vielen Netzen bemerken kann, die am Strand aufgestellt sind.

Am **Pier** von Manhattan Beach beherbergt das **Roundhouse** ein mäßig interessantes **Aquarium** mit Haien, Hummern und Meeresbewohnern zum Anfassen. 🕓 Mo–Fr 15 Uhr bis Sonnenuntergang, Sa und So ab 10 Uhr, Eintritt $2.

Das **Manhattan Beach Art Center**, 1560 Manhattan Beach Blvd, präsentiert zeitgenössische Arbeiten regionaler Kunsthandwerker aus Bereichen wie Glaskunst, Bildhauerei und Fotografie. 🕓 Di und Sa 13–17, Mi 14–20, Do 14–18 Uhr, Eintritt frei.

Gegenüber dem Art Center liegt der **Polliwog Park**, eine hübsche Grünfläche und im Sommer einer der Aufführungsorte für *Shakespeare by the Sea*, 💻 www.shakespearebythesea.org. Vorstellungen Do–So 19 oder 20 Uhr, Eintritt frei.

Hermosa Beach, weiter südlich, ist mit seinen weniger aufwändigen Häusern und der insgesamt lebendigeren Atmosphäre beim jüngeren Publikum beliebt, vor allem das Stück am Pier um Hermosa und Pier Ave. Unweit dem Pierende empfiehlt sich einer der bekanntesten Musik-Clubs der South Bay, *The Lighthouse* (s.S. 209).

Eine gute Zeit für einen Besuch ist die **Fiesta Hermosa**, 💻 www.fiestahermosa.com, eine dreitägige Veranstaltung um den Memorial Day mit fetzigem Surf-Rock, leckerem Essen und regionalen Kunst- und Kunsthandwerksausstellungen.

Trotz des schönen Blicks auf die Küste von Palos Verdes und des langen, beliebten Sandstrands ist **Redondo Beach**, südlich von Hermosa, weniger einladend als sein relaxter Nachbarvorort, denn vor allem Apartmenthochhäuser und Hotelblocks säumen den Strand.

Palos Verdes

Die grüne Küste der großen Halbinsel Palos Verdes ist eine reiche Enklave aus mehreren abgeschotteten Gemeinden und sieht von weitem einladender aus, als sie ist. Dennoch findet man ein paar nette Stellen am Strand, z.B. **Malaga Beach**, gleich hinter Redondo, eine beliebte Tauchgegend.

Wenn man schon mal in der Gegend ist, kann man sich die **Wayfarer's Chapel**, 5755 Palos Verdes Drive S, 💻 www.wayfarerschapel.org, anschauen, ein Werk des Sohnes von Frank Lloyd Wright und eine Hommage an den schwedischen Wissenschaftler und Mystiker Emanuel Swedenborg. Die Redwood-Bäume rund um die Kapelle sind symbolisch mit der Glasrahmenkonstruktion verwachsen.

An L.A.s südlichstem Punkt, der kleinen Landzunge **Point Fermin Park**, steht ein hölzerner Leuchtturm von 1874 und eine Walbeobachtungsstation, wo man im Winter die vorbeiziehenden Grauwale und im Frühjahr und Herbst Delphine beobachten kann. Führungen Sa 13–15.30 Uhr, Spende erbeten.

Am Bluff Place vorbei und die Treppe an der 29th St hinunter gelangt man zu dem hervorragenden **Cabrillo Marine Aquarium**, 3720 Stephen White Drive, 💻 www.cabrilloaq.org. Hier kann man alles über Seehunde, Otter, Wale, Muscheln, Schnecken und andere Meeresbewohner erfahren. 🕓 Di–Fr 12–17, Sa und So 10–17 Uhr, Eintritt $5. Parken $7.

10 Meilen landeinwärts auf der Halbinsel befindet sich die einzige Attraktion der Gegend: der kuriose, auf dem riesigen Gelände einer zugeschütteten Müllkippe angelegt und thematisch unterteilte **South Coast Botanic Garden**, 26300 Crenshaw Blvd, 💻 www.palosverdes.com/botanicgardens. U.a. wachsen dort Kakteen, Farne, Ananasgewächse (Bromelien) und verschiedene Palmenarten. 🕓 tgl. 9–17 Uhr, Eintritt $7.

San Pedro

San Pedro ist einer der geschäftigsten Frachthäfen der Welt, und es sieht ganz so aus, als würde er auch in den nächsten Jahren weiter wachsen. Immigranten aus Portugal, Griechenland und dem einstigen Jugoslawien, die als Hafenarbeiter hierher kamen, waren die ersten Einwohner. Heute leben hier die verschiedensten Ethnien und Nationalitäten zusammen, allerdings nicht immer friedlich.

Wer mehr über die Geschichte San Pedros erfahren will, muss sich in das **Maritime Museum**, 💻 www.lamaritimemuseum.org, am unteren Ende der 6th St bemühen, das mit Kunst- und anderen Gegenständen San Pedros Blütezeit als Zentrum der Fischerei und des Walfangs dokumentiert. 🕒 Di–Sa 10–17, So 12–17 Uhr, Eintritt $3.

Weiter nördlich liegt auf Höhe der Swinford St in Berth 94, die *SS Lane Victory*, 💻 www.lanevictory.org, ein riesiger Frachter, der 1945 erbaut und in Korea und in Vietnam zum Einsatz kam. Führung tgl. 9–16 Uhr, Eintritt $3.

Vier Blocks westlich vom Maritime Museum erstreckt sich die alte Downtown von San Pedro, die in den letzten Jahren saniert wurde. Hier befindet sich das ebenfalls restaurierte **Warner Grand Theater**, 478 W Sixth St, ✆ 310/548-7672, 💻 www.warnergrand.org, ein herrliches Kino und Veranstaltungszentrum aus dem Jahr 1931.

Im Rahmen der Verschönerungskur wurde auch ein Teil der alten Straßenbahnlinie wieder belebt, die heute in historischem Gewand als **San Pedro Trolley** Touristen zwischen den Hauptsehenswürdigkeiten der Stadt befördert. Betrieb Fr–Mo 10–18 Uhr, Fahrkarte $1.

Wer erfahren möchte, wie die Truppen der Unionisten L.A. als Stützpunkt für ihre Angriffe erst gegen die Konföderierten und später gegen Indianer nutzten, sollte auch dem hiesigen **Drum Barracks and Civil War Museum**, 1052 Banning Blvd, 💻 www.drumbarracks.org, einen Besuch abstatten; stündliche Touren Di–Do 10–13, Sa und So 11.30–14.30 Uhr, Eintritt $3.

Long Beach

Gemeinsam mit San Pedro bildet Long Beach den drittgrößten Hafen der Welt und den größten außerhalb Chinas und ist damit das Eingangstor für die meisten Waren, die den amerikanische Westen erreichen. Bis in die 80er Jahre war Long Beach nur ein Tummelplatz für Marinesoldaten auf Landurlaub, bekannt für Pornoschuppen und schummrige Kneipen. Im Laufe der letzten Jahre ist aber über eine Milliarde Dollar in Long Beach investiert worden, was zumindest der Innenstadt eine ganze Reihe neuer Bürogebäude, Hotels, ein Kongress- und ein Einkaufszentrum beschert hat. Zudem wurden im Rahmen eines Restaurierungsprojekts die schönsten Häuser der Jahrhundertwende renoviert. Landeinwärts sieht es allerdings anders aus: öde, wenig einladende Wohngegenden, die Ausläufer von South Central L.A., bestimmen hier das Bild. Mit der Buslinie Nr. 60 besitzt die Stadt eine direkte Verbindung nach Downtown. Am bekanntesten ist Long Beach, das mit seinen ca. 500 000 Einwohnern die zweitgrößte Stadt der Region bildet, als permanenter Ankerplatz der *Queen Mary*.

In **Downtown Long Beach**, das sich von der Magnolia Ave zum Alamitos Blvd und vom Ocean Blvd zur Tenth St erstreckt, gibt es viele Boutiquen, Antiquitätenhändler und Buchläden, viele davon an der Einkaufsmeile **The Promenade**, wo sich auch zahlreiche auf Touristen ausgerichtete Restaurants und Geschäfte befinden. Zwei Blocks westlich davon, an der Endhaltestelle der Blue Line nach Downtown L.A., kann man in der **Pine Avenue** einigen der am schönsten erhaltenen architektonischen Zeugnissen der Stadt sehen. *Long Beach Heritage* veranstaltet hierzu zwei Mal im Monat eine Führung; Ausgangspunkt in der 315 W Third St jeden 1. und 3. Sa im Monat, 10–12.30 Uhr, $5, Reservierung unter ✆ 562/493-7019, 💻 www.lbheritage.org.

Weiter südlich liegt das **Shoreline Village**, eine Ansammlung verschiedenartiger Unterhaltungsetablissements, in denen abends viel los ist, vor allem am Wochenende. Hier befindet sich auch das interessante **Aquarium of the Pacific**, 💻 www.aquariumofpacific.org, das die Unterwasserflora und -fauna dreier verschiedener Regionen und Klimazonen der Welt vorstellt. 🕒 tgl. 9–18 Uhr, Eintritt $19.

Der zweite Besuchermagnet dieser Gegend ist der schlanke Schoner *American Pride*, mit dem Touristen zu einer 3-stündigen Walbeobachtungstour aufbrechen können (Sa 10–13 und 13.30–16.30 Uhr, $30) oder Hafenrundfahrten mit Brunch oder Abendessen unternehmen können (Sa 18–21 Uhr, $49, So 10–13 Uhr, $42). Reservierung unter ✆ 714/970-8800, 🖳 www.americanpride.org.

Der Ocean Blvd führt von der Kreuzung Pine Ave nach Osten zum **Breakers Hotel**, 200 E Ocean Blvd, einem zwölfstöckigen Gebäude aus dem Jahr 1925 im spanischen Stil mit grünem Kupferdach. Das Bar-Restaurant *Sky Room* im obersten Stockwerk, 🖳 www.theskyroom.com, lädt zu einem Drink in 30er-Jahre-Atmosphäre ein.

Eine Meile weiter östlich liegt das **Long Beach Museum of Art**, 2300 Ocean Blvd, 🖳 www.lbma.org. Hier ist eine kleine, recht gute Ausstellung mit experimenteller, moderner Kunst aus L.A., Arbeiten des frühern Modernismus, Volkskunst und zeitgenössischer südkalifornischer Kunst zu besichtigen. Das Museum beherbergt auch eine interessante Sammlung mit Videokunst, die zu den größten des Landes zählt. ⏲ Di–So 11–17, Do 11–20 Uhr, Eintritt $5.

Das einige Straßen nördlich der Küste angesiedelte **Museum of Latin American Art**, 628 Alamitos Ave, 🖳 www.molaa.com, ist L.A.s einziges großes Museum, das sich ausschließlich der lateinamerikanischen Kunst widmet. Neben Künstlern aus Mexiko und Südamerika mit großen Namen wie Diego Rivera und José Orozco umfasst die Sammlung auch Neulinge, die in ihren Werken sozialkritische und realistische Ansätze verfolgen. ⏲ Di–Fr 11.30–19, Sa 11–19 Uhr, So 11–18 Uhr, Eintritt $5.

Zwischen November und März ziehen über 15 000 **Wale** während ihrer alljährlichen Wanderung nach Baja California und zurück an Long Beach vorbei. *Spirit Cruises,* 429 Shoreline Village Drive, ✆ 562/548-8080, 🖳 www.spiritmarine.com, und *Harbor Breeze,* Dock 2, Rainbow Harbor, ✆ 562/432-4900, 🖳 www.longbeachcruises.com, bieten gute 2- bis 3-stündige Walbeobachtungstouren für $15–20 an.

Die größte Sehenswürdigkeit von Long Beach, der Dampfer **Queen Mary**, 🖳 www.queenmary.com, wurde eigens hierher verfrachtet, um Touristen anzulocken. Der Luxusdampfer war von den 30er bis zu den 60er Jahren das Flaggschiff der *Cunard Line* und erweckt zunächst den Eindruck, als hätten sich alle Passagiere an luxuriösen Kabinen und Aufenthaltsräumen erfreuen können. Ein Blick in die spartanischen Unterkünfte der 3. Klasse lehrt indes, dass die verarmten europäischen Emigranten, die in der Neuen Welt ihr Glück machen wollten, unter äußerst harten Bedingungen reisten.

Die Queen Mary liegt gegenüber vom Shoreline Village auf der anderen Seite der Bucht, erreichbar auf einem langen Spaziergang oder mit dem kostenlosen Long Beach Transit Shuttle von Downtown. Das Schiff wurde inzwischen zu einem Luxushotel umgemodelt. ⏲ tgl. 10–18 Uhr, Führungen $28.

Santa Catalina Island

Die 20 Meilen vor der Küste gelegene Insel Santa Catalina mit ihren unverbauten Stränden und ursprünglichen Hügeln gilt unter Kaliforniern als Geheimtipp. 1542 wurde sie von den Portugiesen unter dem Namen San Salvador beansprucht und 1602 von den Spaniern umbenannt. Seitdem die einheimischen Tongva-Indianer 1811 gezwungen wurden, auf das Festland umzusiedeln, ist die Insel in Privatbesitz. Mittlerweile hat sie sich zu einer Art Erholungsort gemausert und ist ein beliebtes Ziel von Naturliebhabern und Bootsbesitzern. In der kleinen Marina wimmelt es von Luxusjachten und im Sommer auch von Kreuzfahrtschiffen. Dennoch halten sich die negativen Begleiterscheinungen des Tourismus in Grenzen: Die Hotels mischen sich unauffällig unter die eigenwilligen, älteren Gebäude, und Autos sind eine Rarität, da man sich zehn Jahre im Voraus auf eine Warteliste eintragen muss, wenn man sie vom Festland hinüberbringen will. Die meisten der 3000 Insulaner gehen zu Fuß, fahren mit dem Rad oder elektrisch betriebenen Golfwägelchen.

Den Hauptort Avalon kann man zu Fuß innerhalb einer Stunde kennen lernen. Ein guter Ausgangspunkt ist das **Avalon Casino**, ein Bau aus den 20er Jahren mit blattgoldverzierten Decken, einem grandiosen Art-déco-Ballsaal und einem Seejungfrauen-Wandgemälde, in dem bis heute Filme gezeigt werden. Im kleinen **Museum** nebenan, 🖳 www.catalina.com/museum.html, kann man unter anderem Artefakte der ursprünglichen Bewohner der Insel besichtigen. ⏲ tgl. 10–16 Uhr, von Jan bis März Do geschlossen, Eintritt $2,50.

Am Hang oberhalb des Kasinos liegt das im Pueblo-Stil errichtete **Zane Grey Pueblo Hotel**, 199 Chimes Tower Rd, das einstige Haus des Wildwestroman-Autors Zane Grey. Er kam mit einer Filmcrew hierher, um *The Vanishing American* (dt. Der letzte Indianer, 1925) zu drehen. Es gefiel ihm auf Santa Catalina so gut, dass er für immer blieb. Die Hotelzimmer tragen die Namen seiner Bücher, und beim Pool diente die Form einer Pfeilspitze als Vorlage.

Sehenswert ist auch das auf einem hohen Felsvorsprung mit Blick auf die Bucht thronende, 1890 erbaute **Holly Hill House**, 718 Crescent Ave, mit seinem konischem Turm und eleganten Balkonen. Einzelheiten über Führungen unter ✆ 310/510-2414.

Wenn möglich, sollte man auch das Landesinnere von Santa Catalina besuchen. Man kann sich einer Tour anschließen, s.u., oder besorgt sich ein kostenloses Permit zum Wandern bei der *Catalina Island Conservancy*, 125 Claressa Ave, Avalon, ✆ 310/510-2595, 💻 www.catalinaconservancy.org. 🕓 tgl. 9–17 Uhr.

Der **Wrigley Memorial and Botanical Garden**, 1,5 Meilen vom Ort entfernt und erreichbar über die Avalon Canyon Road, lohnt definitiv einen Besuch. Das gut 15 ha große Areal beherbergt viele botanische Schätze, insbesondere einheimische, vom Aussterben bedrohte Pflanzen, u.a. lokale Varianten des Chamäleonbaums, der Hopfenbuche, des Mahagonibaums sowie wilder Tomaten, die zur Familie der gifthaltigen Nachtschattengewächse gehören. Im Park befindet sich auch ein Ehrenmal für den Kaugummifabrikanten Wrigley (seine Grabstätte ist anderswo), ein auffälliges Denkmal aus Marmor, blauen Fliesen und roten Dachziegeln. 🕓 tgl. 8–17 Uhr, $5.

Die vielfältige Flora und Fauna der Insel beherbergt einige einzigartige Spezies, darunter die Catalina Shrew, eine Spitzmaus, die so selten ist, dass sie bis jetzt nur zweimal gesichtet wurde. Die Catalina Mouse ist dagegen dank fehlender natürlicher Feinde und einem reichlichen Nahrungsangebot ungewöhnlich groß und zahlreich vertreten. Außerdem leben Büffel auf der Insel, Nachfahren einer einst 14-köpfigen Herde, die von Hollywood-Filmern hier zurückgelassen wurde und inzwischen zu beachtlicher Größe angewachsen ist.

Nordwestlich von Avalon liegt der kleine Urlaubsort **Two Harbors** auf einer Landzunge, die Cherry Cove und Catalina Harbor miteinander verbindet. Mit seinem stattlichen Jachthafen und einem Campingplatz bietet sich der Ort für Ausflüge zum Schnorcheln und Tauchen oder zum Kajakfahren an, ansonsten gibt es hier nicht besonders viel zu sehen.

Übernachtung und Essen

Die Hotelzimmerpreise in Avalon fangen häufig erst bei ca. $100 an, und im Sommer sowie am Wochenende sind fast alle Betten ausgebucht.

Zane Grey Pueblo, 199 Chimes Tower Rd, ✆ 1-800/446-0271 oder 310/510-0966, 💻 www.zanegreyhotel.com. 16 Zimmer mit Blick auf die Bucht oder die Berge. ❺–❻, Nov–März an Wochentagen günstige $59.

Atwater, 125 Sumner Ave, ✆ 310/510-2500 oder 1-800/626-1496. Die wohl preiswerteste Unterkunft, wobei einige Units auch bis zu $369 kosten. ❹

Inn on Mt Ada, 398 Wrigley Rd, ✆ 310/510-2030, 💻 www.catalina.com/mtada. Wenn Geld keine Rolle spielt, verschafft dieses auf einem Berg gelegene Luxushotel den ultimativen Kick. ❾

Camping kostet $12 p.P.:

Hermit Gulch, ✆ 310/510-8368, der Avalon am nächsten gelegene, daher betriebsamste Platz. Die vier anderen Campingplätze, ***Blackjack***, ***Little Harbor***, ***Parsons Landing*** und ***Two Harbors***, im Inneren von Santa Catalina, können über ✆ 310/510-8368 gebucht werden und sind normalerweise nicht so voll, 💻 www.scico.com/camping.

Catalina Cantina, 313 Crescent Ave, ✆ 310/510-0100, eines der besten Speiselokale. Leckeres, mexikanisches Essen zu moderaten Preisen, dazu Margaritas und am Wochenende Live-Musik.

Sonstiges

INFORMATIONEN – ***Chamber of Commerce***, ✆ 310/510 1520, 💻 www.visitcatalina.org, an der Fähranlegestelle.

TAUCHEN – ***Catalina Divers Supply***, auf dem Pier und am Casino, ✆ 310/510-0330 oder 1-800/353-0330, 💻 www.catalinadiverssupply.com. Verleiht Ausrüstung zum Schnorcheln ($27 p. Tag) und Tauchen ($50 p. Tag).

TOUREN – ***Catalina Adventure Tours,*** ✆ 310/510-2888, 💻 www.catalinaadventuretours.com. Preisgünstige Touren für $13–35, Hafenrundfahrten und Ausflüge in Glasbodenbooten.

Catalina Island Company, ✆ 1-800/446-0266, 💻 www.scico.com. Sightseeingtouren zum Avalon Casino oder Stadtrundfahrten für je $13,50 sowie 2- bis 4-stündige Touren durch die abgelegeneren Gegenden der Insel für $29–79.

Catalina Island Sportfishing, 114 Claressa St, ✆ 310/510-2420, veranstaltet Angeltouren für ca. $100–120 p. Std. (vom Pier aus lässt es sich allerdings auch umsonst angeln). In den Gewässern um Santa Catalina tummeln sich reichlich Gelbschnapper, Tangbarsche, Barrakudas und Haie.

EZ Ocean Charters, ✆ 310/306-3006, 💻 www.ez-oceancharters.com. Touren für $70–120 p. Std. (je nach Teilnehmerzahl) und günstige Sightseeingtouren für $30 p. Std.

Nahverkehrsmittel

Mehrere Anbieter auf der Insel vermieten Golf-Carts ($35–40 pro Std.), für die ein Führerschein benötigt wird.

Ein Fahrrad ($20–35 p. Tag) kann man an Ständen überall auf der Insel ausleihen.

Beide dürfen auf den Schotterstrecken außerhalb von Avalon nicht benutzt werden.

Transport

Catalina Explorer, ✆ 1-877/432-6276, 💻 www.catalinaferry.com, und ***Catalina Express,*** ✆ 562/519-1212 oder 1-800/315-3967, 💻 www.catalinaexpress.com, verkehren mehrmals tgl. zwischen Avalon und SAN PEDRO bzw. LONG BEACH. Die Überfahrt kostet hin und zurück ca. $40.

Catalina Passenger Service, ✆ 949/673-5245, bietet einen Tagesausflug von NEWPORT BEACH nach Avalon für etwa $44 an.

Es gibt auch Flugverbindungen – für $136 (zzgl. Steuer) kommt man per Hubschrauber mit ***Island Express,*** ✆ 310/510-2525, 💻 www.islandexpress.com, von LONG BEACH und SAN PEDRO aus nach Avalon und zurück.

San Gabriel Valley und San Fernando Valley

Pasadena und Umgebung

Das San Gabriel Valley, das sich nördlich von Downtown zu den Wüsten um Palm Springs nach Osten zieht, wurde von der Mission San Gabriel aus im 18. Jh. von Bauern und Viehzüchtern besiedelt. Auf der Suche nach dem süßen Leben ließen sich um 1880 wohlhabende Ostküsten-Touristen in Pasadena nieder, das zehn Meilen nördlich von L.A. am Eingang zum San Gabriel Valley liegt, zu erreichen über den I-10 (Pasadena) Freeway. Sie sorgten dafür, dass Luxushotels gebaut und Eisenbahnschienen zu einem Ferienort und einer Sternwarte in den Bergen gelegt wurden, und zersiedelten mit ihren rustikalen Villen nach und nach die Landschaft. Doch je mehr das benachbarte L.A. wuchs, desto mehr litt Pasadena – vor allem unter dem Smog, der sich hier in den Bergen staut. Hinter den Fassaden vieler 20er-Jahre-Häuser verbergen sich mittlerweile moderne Einkaufszentren, aber die historischen Stadtteile sind nicht in Vergessenheit geraten: 1994 wurde im Zentrum ein größeres Renovierungsprojekt abgeschlossen.

Stadtpläne und Broschüren, die durch das historische Pasadena führen, erhält man beim **Pasadena Visitors Bureau**, 171 S Los Robles Ave, ✆ 626/795-9311, 💻 www.pasadenacal.com. 🕓 Mo–Fr 8–17, Sa 10–16 Uhr.

Faszinierend ist das **Tournament House**, 391 S Orange Grove Blvd, ✆ 626/449-4100, 💻 www.tournamentofroses.com, eine rosa Villa von 1914 im Renaissance-Stil, die einst Kaugummikönig William Wrigley gehörte. In den umliegenden Gärten blühen fast 1500 verschiedene Rosenarten. Führungen Feb–Aug 14–16 Uhr, Eintritt frei.

Die historische Einkaufsgegend von **Old Pasadena** am Colorado Boulevard zwischen der Fair Oaks Avenue und der Euclid Avenue zieht mit ihren guten Restaurants, Galerien und Kinos viele Besucher an und ist mit der Gold Line zu erreichen (s.S. 227).

Das architektonische auffälligste Gebäude der Stadt ist die **Pasadena City Hall**, 100 N Garfield Ave (Renovierungsarbeiten bis 2007), ein Gebäude im spanischen Barockstil mit grandiosen Bögen und Säulen. *Pasadena Heritage* bietet sporadisch Führungen durch Old Pasadena an; Informationen und Reservierung unter ✆ 626/441-6333, 💻 www.pasadenaheritage.org.

Das östlich der City Hall gelegene **Pacific Asia Museum**, 46 N Los Robles Ave, 💻 www.pacificasia museum.org, ist einem chinesischen Kaiserpalast nachempfunden und birgt ein großes Sortiment von Gegenständen aus China, Japan und Thailand. 🕒 Mi–So 10–17, Fr 10–20 Uhr, Eintritt $7.

Direkt um die Ecke liegt das dreistöckige **Pasadena Museum of California Art**, 490 E Union St, 💻 www.pmcaonline.org. Dahinter verbirgt sich eine instruktive, spannende Sammlung kalifornischer Kunst seit 1850, als Kalifornien offiziell Teil der USA wurde. Alle denkbaren Medien sind vertreten, von Gemälden bis hin zu digitaler Kunst. 🕒 Mi–So 12–17 Uhr, Eintritt $6.

Wer sich eingehender für die Kunst Südostasiens interessiert, sollte unbedingt das **Norton Simon Museum**, 411 W Colorado Blvd, 💻 www.nortonsimon.org, besuchen. Es ist nicht sehr bekannt, doch die Sammlungen sind in vielerlei Hinsicht dem County- und sogar dem Getty-Museum ebenbürtig. Lohnend ist auch der Skulpturengarten, der Claude Monets Garten in Giverny nachempfunden ist.

Im Mittelpunkt steht die **Malerei** des westlichen Europa. Die meisten Bilder aus der umfangreichen Sammlung können nur nach dem Rotationsprinzip ausgestellt werden, nur die Hauptwerke sind das ganze Jahr über zu sehen: holländische Meister aus dem 17. Jh., u.a. Rembrandt und Frans Hals, sowie italienische Renaissancekünstler. Unter den moderneren finden sich Maler des französischen Impressionismus und Post-Impressionismus, wie Monet, Manet und Degas, außerdem Cézanne, Gauguin, van Gogh und Picasso. Imposant ist auch die Kollektion **asiatischer Kunst**, die buddhistische und hinduistische Statuen umfasst. 🕒 Mi–Mo 12–18, Fr bis 21 Uhr, Eintritt $6.

Das unter dem Namen **Arroyo Seco**, auf spanisch „trockenes Flussbett", bekannte kleine Wohngebiet nordwestlich der Kreuzung der Freeways 134 und 210 umfasst architektonische Perlen der Region sowie einige der besten Attraktionen im Valley.

Auf der Orange Grove Ave, die vom Zentrum Pasadenas in das Gebiet führt, gelangt man zur **Pasadena Historical Society**, 470 W Walnut St, Ecke Orange Grove Avenue, 💻 www.pasadenahistory.org, wo neben einer Ausstellung zu Pasadenas Geschichte und den hübschen Gärten vor allem das **Feynes Mansion** sehenswert ist. Die elegante, noch mit den originalen Möbeln und Gemälden von 1905 ausstaffierte „Beaux Arts"-Villa beherbergte einst das finnische Konsulat; ein großer Teil der hier ausgestellten folkloristischen Kunst stammt aus Pasadenas finnischer Schwesterstadt Jarvenpää. 🕒 Mi–So 12–17 Uhr, Eintritt $5 inkl. Führung (Mi–So 13.30 und 15 Uhr).

Der eigentliche Besuchermagnet ist das **Gamble House**, 4 Westmoreland Place, 💻 www.gamblehouse.org. Es wurde 1908 erbaut und gilt als meisterhaftes Vorbild für eine eigene kalifornische Architektur, seien sie Schweizer Chalets oder japanischen Tempeln entlehnt. Breite Dachtraufen überschatten die offenen Schlafveranden, und von den Terrassen im Erdgeschoss wandert der Blick über weitläufige Gärten. Das Interieur wurde mit Liebe zum Detail entworfen, alle Teppiche, Tischlerarbeiten, Lampen und selbst das Silberbesteck sind eigens für das Haus kreiert. 2004 wurde das Haus einer größeren Restaurierung unterzogen. 🕒 für einstündige Führungen Do–So 12–15 Uhr, Eintritt $8.

Huntington Library

Das südlich von Pasadena gelegene San Marino ist ein öder, saturierter Vorort. Einzige Attraktion ist die in einer Seitenstraße des Huntington Drive gelegene **Huntington Library, Art Collection and Botanical Gardens**, 1151 Oxford Rd, 💻 www.huntington.org. Ein großer Teil der Sammlung, die hier zu sehen ist, geht auf Henry Huntington zurück (s. Kasten).

Im Buchladen und am Informationsschalter im überdachten Pavillon sind für jede der drei Hauptabteilungen Übersichtspläne erhältlich. Die **Bibliothek** gleich hinter dem Haupteingang ist ein guter Anlaufpunkt. In der zweistöckigen Ausstellungshalle sind Manuskripte und seltene Bücher zu besichtigen, z.B. eine Gutenberg-Bibel, eine Handschrift der Stücke Shakespeares und der *Ellesmere Chaucer*, eine kolorierte Ausgabe der *Canterbury Tales*, herausgegeben um 1410.

Um das prächtige **Hauptgebäude** einzurichten, reisten die Huntingtons extra nach Europa, wo sie an Kunstobjekten zusammenkauften, was immer für Geld zu haben war, u.a. viele Louis-XIV.-Wandteppiche und eine englische Porträtsammlung.

Henry Edwards Huntington

Henry Huntington war Besitzer und Betreiber der *Southern Pacific Railroad*. Die Eisenbahngesellschaft hatte im Kalifornien des 19. Jhs. das Monopol für das öffentliche. Transportwesen. Unter seiner Leitung entwickelten sich die Linien *Pacific Electric Railway Company* mit den roten Wagen sich zum größten öffentlichen Verkehrsnetz der Welt. Während sich sein Straßenbahnnetz mit enormen Profiten ausdehnte, kaufte Huntington in ganz Kalifornien Bauernhöfe und Güter auf und wurde so zum größten Grundbesitzer des Staates. 1910 setzte er sich in San Marino zur Ruhe, widmete den Rest seines Lebens dem Sammeln von seltenen Büchern und Manuskripten und heiratete die Witwe seines Onkels.
Die Huntingtons liegen in einem Mausoleum in der nordwestlichen Ecke des Grundstücks begraben.

Wer sich dafür nicht begeistern kann, geht durch die gobelinbehangenen Gänge zum hinteren Anbau. Hier sind Gemälde von Turner, Van Dyck, Constable, Gainsborough und Reynolds ausgestellt. Neuere Malerei, etwa von Edward Hopper und Mary Cassatt, sowie eine Sammlung verschiedener Wildwestzeichnungen und -skulpturen sind in der **Scott Gallery for American Art** untergebracht.

Neben dem Sortiment an Kunst und seltenen Büchern sind es in erster Linie die Gärten, die das Huntington Museum zu etwas Besonderem machen. Es gibt einen **Zen-Steingarten** mit buddhistischem Tempel und Teehaus und einen **Wüstengarten**, in dem die weltgrößte Sammlung von Wüstenpflanzen zu sehen ist. Für Herbst 2005 ist die Eröffnung eines großen botanischen Gewächshauses geplant. 🕓 Di–Fr 12–16.30, Sa und So 10–16.30 Uhr, Eintritt $15.

Glendale

Das **San Fernando Valley**, das sich nördlich von L.A. Richtung Westen nach Ventura und zur zentralen Küste ausbreitet, heißt in L.A. einfach *The Valley* und ist eine Ansammlung von Einkaufs-Plazas, Hamburgerläden, Autowerkstätten und Vorortsiedlungen. Im Vergleich zu L.A. geht es hier überaus spießig zu, und man steht kulturell, wenn auch nicht wirtschaftlich, den landeinwärts gelegenen Gegenden des Orange County recht nahe.

Glendale, das Tor zum San Fernando Valley, 8 Meilen nördlich von Downtown L.A., war einmal ein durchaus attraktiver Vorort. Inzwischen ist er zu einer Schlafstadt degeneriert, und es gibt wenig Gründe, hierherzukommen. Architektonische Highlights sind das **Alex Theatre**, 268 N Brand Blvd, ein grün-gelb angestrichenes Art-Déco-Gebäude, die 1902 im maurischen Stil erbaute **Brand Library**, 1601 W Mountain St,mit Minaretten und weißen Kuppeln, heute eine Kunstbibliothek in einem hübschen Park (🕓 Di und Do 13–21, Mi 13–18, Fr und Sa 13–17 Uhr, Eintritt frei) und das **Casa Adobe de San Rafael**, 1330 Dorothy Drive, ein altes, von Paradiesvögeln, Magnolien und Eukalyptusbäumen umgebenes Adobe-Gebäude(🕓 Sommer So 13–15, sonst 1. So im Monat 13–15 Uhr, Eintritt frei).

Hauptsächlich jedoch ist Glendale für seinen **Forest Lawn Cemetery**, 1712 S Glendale Ave, 💻 www.forestlawn.org, bekannt. Der 1917 angelegte Friedhof gilt als der Ort, an dem man begraben sein muss, um auch nach dem Tode noch in zu sein. Pompöse Landschaftsarchitektur und überdimensionale „Kunstwerke" signalisieren, dass hier erlauchte Prominenz ruht. 🕓 tgl. 8–17 Uhr, Eintritt frei.

Den besten Blick über den Friedhof hat man vom Hügel, auf dem auch das **Forest Lawn Museum** steht. Im Inneren findet man eine sonderbare Ansammlung alter Gegenstände aus aller Welt: Münzen aus dem alten Rom, Überbleibsel aus der Wikingerzeit, mittelalterliche Ritterrüstungen und als einzige wirkliche Sensation eine der berühmten, mysteriösen Figuren von der Osterinsel. Sie wurde zu einer Zeit, als die Statuen noch nicht geschützt waren, von einem Fischerboot als Ballast verwendet. Es ist die einzige, die außerhalb der Osterinsel zu sehen ist. Die **Resurrection and Crucifixion Hall** nebenan beherbergt ein monumentales Kreuzigungs-Gemälde von Jan Styka, das in erster Linie seiner Größe wegen beeindruckt, es misst fast 60 x 15 Meter. Allerdings darf es nur während der stündlichen zeremoniellen Enthüllung einen Augenblick angeschaut werden.

Vom Museum kommt man an den Terrassengärten mit ihren klassischen Skulpturen vorbei zum

Freedom Mausoleum. Kurz vor dem Eingang zum Mausoleum befindet sich das eher bescheidene Grab von Errol Flynn, von dem es heißt, er läge hier mit sechs Flaschen Whisky begraben. Das Grab Walt Disneys – der entgegen einer gern zitierten Legende nicht als Tiefkühlpaket der Nachwelt erhalten wird – ist nur wenige Schritte entfernt. Im Mausoleum selbst liegen Clara Bow, Nat King Cole, Jeanette MacDonald und Alan Ladd nahe beieinander. Im großen Mausoleum (nach links den Hügel wieder hinunter) ruhen u.a. Clark Gable und Jean Harlow.

Es gibt noch weitere *Forest Lawn Cemeteries*, in denen der Stil dieser Anlage weitergeführt wurde, allen voran der in den Hollywood Hills in Burbank (s.S. 153). Die anderen (Covina Hills, Cypress Beach und Long Beach) sind weniger interessant.

Burbank und die Studios

Obwohl der Name Hollywood noch immer synonym für die Filmindustrie als solche steht, sind tatsächlich die meisten Studios längst über die Hügel in das ansonsten langweilige Burbank, westlich von Glendale, abgewandert. Die Stadt besitzt allerdings einen Mediendistrikt, der vor produktiver Energie geradezu brodelt – größtenteils allerdings unter Ausschluss der Öffentlichkeit.

Empfehlenswert sind die „Insider"-Führungen durch die großen Anlagen von **Warner Brothers**, Warner Blvd am Hollywood Way. ⌚ Mo–Fr 9–16 Uhr, Tickets $35, buchen unter ✆ 818/972-TOUR, 💻 www.burbank.com/warner_bros_tour.shtml.

Ebenso **NBC**, 3000 W Alameda St, ✆ 818/840-3537. Bei einer anderthalbstündigen Führung kann man hier die größte Filmproduktionsstätte der USA kennen lernen und möglicherweise bei einer TV-Aufzeichnung Publikum spielen – kostenlose Eintrittskarten dafür telefonisch bestellen! ⌚ Mo–Fr 9–16 Uhr, $7.

Universal Studios

Die Universal Studios, ✆ 818/508-9600, 💻 www.universalstudioshollywood.com, sind ohne Frage am stärksten auf Touristen zugeschnitten, und die 4-stündige Tour durch dieses größte aller Studiogelände erinnert mit seinen Hightech-Fahrgeschäften, Stunt-Shows und abendlichen Spektakeln, die auf aktuellen Kinofilmen basieren, eher an einen Vergnügungspark. Echte Dreharbeiten bekommt man nicht zu sehen.

Der **Universal CityWalk**, eine Mall unter freiem Himmel, gehört ebenfalls zum Studiogelände und ist frei zugänglich für jeden, der die Parkgebühren abdrückt. Hier basteln Rockbands Coverversionen zusammen, treten Straßenkünstler auf und laufen auf Riesenbildschirmen die Trailer der neusten Universal-Produktionen. ⌚ im Sommer tgl. 8–22, sonst 10–18 Uhr, Eintritt $50.

Die Wasserversorgung von L.A.

Wenn man auf dem I-5 aus L.A. herausfährt, kommt man hinter der Mission San Fernando an zwei wichtigen Stauseen vorbei. Das Wasser wird über Hunderte von Meilen vom Sacramento Delta durch das **California Aqueduct** sowie vom Owens Valley an den östlichen Hängen der Sierra Nevada durch das **LA Aqueduct** hierher geleitet – eine beachtliche technische Leistung!

Ob Los Angeles allerdings die Kontrolle über weit entfernte Wasserreservate ausüben darf, ist nach wie vor umstritten. Agenten der Stadt kauften um die Jahrhundertwende die meisten Grundstücke an den Ufern des Owens River, indem sie sich für reiche Viehbarone ausgaben, die große Ranchen gründen wollten. Stattdessen verkauften sie anschließend die Grundstücke mit Gewinn weiter an die Stadt, die damit sozusagen Eigentümer des Flusses wurde. Wenig später begann man mit dem Bau der Wasserleitung, die 1913 fertig gestellt wurde. Seitdem leidet das Owens Valley an chronischer Wasserknappheit, während L.A. Swimming Pools füllt, Rasenflächen berieselt und saftige Gärten bewässert.

Die rüden Geschäftsmethoden rund um die Wasserversorgung von L.A. inspirierten Roman Polanski zu seinem 1974 gedrehten Film *Chinatown.* 1991 kam die Fortsetzung *Two Jakes* (dt. Die Spur führt zurück) in die Kinos, diesmal unter der Regie von Jack Nicholson.

Das westliche San Fernando Valley

Im Westen des San Fernando Valley führt der Ventura Freeway (US-101) an den mittlerweile teuer gewordenen, an Hügeln gelegenen Orten **Sherman Oaks** und **Encino** vorbei. In der Nähe befinden sich im **Los Encinos State Historic Park**, 16756 Moorpark St, die Überreste einer Indianersiedlung und der späteren mexikanischen Hacienda, die sich einst dort befanden. Das 1849 errichtete Lehmziegelhaus wird von Eichen (auf Spanisch „encinos") beschattet. Die Anlage wurde nach dem Erdbeben von 1994, das einigen Schaden angerichtet hatte, renoviert und ist nun wieder der Öffentlichkeit zugänglich. 🕓 Mi–So 10–17 Uhr, Eintritt frei.

Näher am I-405 liegt in Van Nuys der angenehme **Tillman Japanese Garden**, 6100 Woodley Ave, 📞 818/751-8166, 💻 www.thejapanesegarden.com, ein Park mit Bonsai-Bäumen, Steinlampen, kleinen Brücken, einem Teehaus und hübsch angelegten Bächen und Teichen. 🕓 Mo–Do 12–16, So 10–15.30 Uhr, Führungen Mo–Do nur nach Voranmeldung, Eintritt $3.

Nördlich des San Fernando Valley

Am nördlichen Ende des Tals vereinigen sich die San Diego, Golden State und Foothill Freeways zum I-5. Östlich der Kreuzung, am 15151 San Fernando Mission Blvd, steht die **Mission San Fernando Rey de España**, die nach dem großen Erdbeben von 1971 vollständig wiederaufgebaut werden musste. 🕓 tgl. 9–17 Uhr, Eintritt $5.

Ein Stück weiter nördlich auf dem I-5 befindet sich im nahen Sylmar eines der skurrilsten Museen von L.A: das **San Sylmar**, 15180 Bledsoe St, 📞 818/367-2251, 💻 www.nethercuttcollection.org. Hier sind u.a. Wurlitzer-Orgeln, antike Pianos, Kosmetikutensilien, Tiffany-Glaskunst und klassische französische Möbel versammelt. Am bemerkenswertesten ist die **Nethercutt Collection**, eine faszinierende Ausstellung mit den schönsten klassischen Autos, die man sich vorstellen kann, darunter Packards, Mercedes, Bugattis und sogar Düsenbergs. 🕓 Di–Sa 9–16.30 Uhr, Führung nach Reservierung 10 und 13.30 Uhr, Eintritt frei.

Etwas nördlich der Freeway-Kreuzung befindet sich in Santa Clarita das **William S. Hart Ranch and Museum**, 24151 San Fernando Rd, 💻 www.hartmuseum.org, mit einer schönen Ausstellung zur Geschichte des amerikanischen Westens, darunter Indianerkunst, Remington-Skulpturen, eine Sammlung von Sporen, Schusswaffen, Lassos, Hollywood-Kostüme, untergebracht in einem Gebäude im spanischen Kolonialstil auf einer großen Ranch. 🕓 Mi–Fr 10–13, Sa und So 11–16, Sommer Mi–So 11–16 Uhr, Eintritt frei.

Noch weiter nördlich zweigt der Hwy-14 nach Osten in Richtung der Mojave-Wüste ab, während der I-5 nach Norden weiterführt, vorbei an Valencia und dem Vergnügungspark **Magic Mountain**, 26101 Magic Mountain Parkway, 💻 www.sixflags.com/parks/magicmountain, dessen Achterbahnen zu den schnellsten und wildesten der Welt gehören – und um Vielfaches aufregender als diejenigen in Disneyland sind. 🕓 im Sommer tgl. 10–22, sonst nur Sa und So 10–20 Uhr, Eintritt $47, Kinder $30, Parken $8.

In der Nachbarschaft bietet der Aquapark **Hurricane Harbor**, 💻 www.sixflags.com/parks/hurricaneharborla, den Wasserratten und all jenen jede Menge Spaß, denen es nichts ausmacht, von Horden ausgelassener Pubertierender nass gespritzt zu werden. 🕓 wie Magic Mountain, Eintritt $24, Kinder $17, Kombiticket für beide Parks $57.

Anaheim (Disneyland)

Nur wenige Figuren haben die amerikanische Kultur seit den 30er Jahren so geprägt wie Mickey Mouse, Goofy und Donald Duck. Als ihr Schöpfer, der Zeichner und Filmproduzent **Walt Disney**, in den frühen 50er Jahren das Konzept für einen Themenpark entwickelte, hatten seine Schützlinge bereits Millionen eingespielt. Nun sollten sie endlich zu dreidimensionalem Leben erwachen, nicht zuletzt, um den Erfolg des prosperierenden Disney-Imperiums noch zu vergrößern.

Mit Weitblick hatte Disney die Orangenhaine von Anaheim als strategisch günstigsten Standort ausgewählt. Die Rechnung ging auf: In den folgenden Jahrzehnten nach der Eröffnung von Disneyland 1955 entwickelte sich Orange County, das Gebiet 30 Meilen südöstlich von Downtown L.A., zu der am schnellsten wachsenden Region Kaliforniens.

Action-Show in den Universal Studios

Disneyland

Das in der ganzen Welt als eines der wichtigsten Wahrzeichen amerikanischer Kultur bekannte Disneyland ist heute ein auf Unterhaltung und Spaß für die ganze Familie ausgerichteter Vergnügungspark. Nachdem er eine Weile als Ausflugsziel für abgefahrene LSD-Trips bekannt war, achten die Angestellten mittlerweile auf jeden, der nur im entferntesten „verhaltensauffällig" ist, und werfen gnadenlos jeden hinaus, der ihnen verdächtig erscheint.

Am besten lernt man Disneyland kennen, wenn man sich kopfüber ins Geschehen stürzt und so viele Fahrten ausprobiert wie möglich. Am kürzesten sind die Warteschlangen, wenn der Park gerade erst die Pforten geöffnet hat; es lohnt sich also, einige der spektakulären Attraktionen sehr früh am Tag aufzusuchen.

Vom Haupteingang schieben sich die Menschenmassen die **Main Street** entlang durch eine amerikanische Kleinstadt der Jahrhundertwende an Souvenirläden und Diners vorbei. Am Ende dieser zentralen Achse ragt unübersehbar das einer Rheinburg nachempfundene **Dornröschenschloss** *(Sleeping Beauty's Castle)* in den Himmel, das Herz der gesamten Anlage.

In der Nähe bietet der **New Orleans Square** zwei der besten Fahrten, *Pirates of the Caribbean,* ein unterirdischer Bootstrip durch Piratenhöhlen, und *The Haunted Mansion,* eine Geisterbahn durch ein verhextes Haus, wo man Besucher mit allerlei technischen Tricks das Fürchten lehrt. In **Adventureland** kann man eine etwas antiquierte „Dschungelfahrt" vorbei an wilden, wenn auch unechten und mit Elektronik voll gestopften Tieren unternehmen, die ihre Köpfe aus der Landschaft recken.

Das **Indiana Jones Adventure** nebenan ist da überzeugender und spannender; u.a. darf man bei einer archäologischen Ausgrabung selbst mit Hand anlegen. Hauptattraktion ist der Horrortrip durch die 750 m langen, mit Totenschädeln bedeckten Gänge.

Die aneinander grenzenden Bereiche **Critter Country** und **Frontierland** machen nicht ganz so viel Spaß. Der kleinste Abschnitt des Vergnügungsparks ist auch der amerikabezogenste und dreht sich hauptsächlich um den Wilden Westen und Geschichten von Mark Twain, deren weniger appetitliche und heikle Seiten wohlweislich ignoriert wurden. Die größte Attraktion, die *Big Thunder Mountain Railroad,* kann als langweilige wie langsame Achterbahn nur wenig begeistern, während eine Einbaumfahrt entlang der Kanäle des *Splash Mountain* zumindest noch den Nervenkitzel unerwarteter Wassersalven bietet. *Tom Sawyer Island* ist ein ausgeklügelter Abenteuerspielplatz mit Baumhäusern, Höhlen und Kanus.

Fantasyland, von Main Street aus gesehen auf der anderen Seite der Zugbrücke, hat die raffiniertesten und gleichzeitig auch sentimentalsten Attraktionen: z.B. *Peter Pan,* ein Schwebeflug durch das Märchen und über London. In *It's a Small World* findet eine Bootstour durch die Kontinente statt, in denen bewegliche Puppen aus aller Welt laufend dasselbe nervige Lied wiederholen.

Hinter Fantasyland gelangt man gnädigerweise nach **Tomorrowland**, das einige der spektakulärsten Fahrten überhaupt bietet. Die Achterbahn *Space Mountain* rauscht mit Wahnsinnsgeschwindigkeit durch pechschwarze Röhren, doch am beeindruckendsten sind die *Star Tours*, bei denen *Krieg der Sterne*-Roboter *R2D2* die Passagiere auf einem Höllenflug durch den Kosmos begleitet.

Zusätzlich zu den festen Installationen werden das ganze Jahr hindurch Feste (z.B. Mickey's Geburtstag), Umzüge und in den Sommermonaten allnächtlich gegen 21 Uhr prächtige Feuerwerke organisiert.

California Adventure

Califormia Adventure ist im Grunde ein separater Themenpark, aber in Bauweise und Stil eine Erweiterung von Disneyland – allerdings weniger beliebt und auch nicht so interessant, abgesehen von dem schmackhafteren Essen und den etwas aufregenderen Achterbahnfahrten. Wie das Epcot Center in Florida mit der Weltgeschichte verfährt, so behandelt California Adventure die Geschichte und Kultur Kaliforniens: „Schwieriges" und Kontroverses wird ausgeklammert und der Rest dann so vereinfacht, dass auch Kleinkinder ihn verstehen können.

Der Spaß ist ziemlich teuer: Es gibt keine Eintrittskarte, die zum Besuch beider Parks an einem einzigen Tag berechtigt. Stattdessen muss man entweder für California Adventure weitere $50 hinblättern bzw. $98 (Kinder $78) für den zwei Tage gültigen Pass ausgeben, der beide Themenparks abdeckt. Der Mangel an Besuchern spricht allerdings Bände. Angesichts dieser Preispolitik und der Tatsache, dass sich die meisten von Disneylands klassischen und unvergesslichen Attraktionen im „alten" Teil des Parks befinden, muss man sich fragen, ob sich die Extraausgabe lohnt – allen glorifizierenden Werbesprüchen zum Trotz.

Einige Highlights gibt es jedoch: **Grizzly River Run**, eine Fahrt in Autoschläuchen über diverse Wasserfälle und durch „Höhlen", oder auch **Soarin' Over California**, ein ziemlich aufregender Flug in einem experimentellen Fluggerät, das scharfe Umkehrmanöver und plötzliche Sturzflüge vollzieht. Der Bereich **Pacific Pier** bietet einige altmodische und recht zahme Fahrtens.

Essen

Die kulinarischen Optionen in Disneyland sind begrenzt. Was konsumiert wird, kommt aus einer riesigen, zentralen Küche. Es gibt zahlreiche Popcorn-, Hamburger- und Hot-Dog-Stände, aber auch Restaurants, die halbwegs gutes Essen servieren. Es ist verboten, eigene Verpflegung mitzubringen. Wer gut essen will, muss Disneyland verlassen.

Sonstiges

ÖFFNUNGSZEITEN – Im Sommer tgl. 8–1 Uhr, sonst Mo–Fr 10–18, Sa 9–24, So 9–22 Uhr. Eintritt $50, Kinder $40, Parken $8.
Weitere Informationen unter ✆ 714/781-4565, 💻 www.disneyland.com.

Transport

Disneyland ist von Downtown L.A. auf dem Santa Ana Freeway in etwa 45 Minuten mit dem Auto zu erreichen. Zehn Züge fahren täglich von Downtown L.A. nach FULLERTON (30 Min.), von dort fahren *OCTD*-Busse nach Disneyland und Knott's Berry Farm.
Wer den ganzen Weg mit dem Bus fahren will, nimmt den *MTA*-Bus Nr. 460 ab Downtown L.A. (90 Min.) oder den schnelleren *Greyhound*-Bus (45 Min.), der 12–14x tgl. fährt und in Anaheim in Parknähe hält.

Die Umgebung von Disneyland

Knott's Berry Farm ist ein etwas traditionelleres Spektakel, weniger turbulent und weniger ausgeklügelt als Disneyland. Anders als der große Bruder lässt sich dieser Vergnügungspark mühelos an einem Tag bewältigen, solange man sich auf die Achterbahnen konzentriert. Hinter Magic Mountain (s.S. 180) rangiert Knott's inzwischen auf Platz zwei, gemessen an der Dichte der Fahrgeschäfte auf der genutzten Fläche. Obgleich sechs verschiedene Themenbereiche proklamiert werden, nehmen sich zwei davon – nämlich **Ghost Town** und **Indian Lands** – angesichts mittelmäßiger Fahrgeschäfte, Fastfoodstände und zweifelhafter Geschichtspräsentationen eher bescheiden aus. **Camp Snoopy** ist Knott's Pendant zu Disneys *Toontown* und nicht minder langweilig, während es sich bei der so genannten **Wild Water Wilderness** eigentlich um gar kein themenbezogenes Areal handelt, sondern dort lediglich eine mäßig aufregende Fahrt in Autoschläuchen entlang der Bigfoot Rapids unternommen werden kann.

Wirklich lohnend sind nur zwei Bereiche: **Fiesta Village** – mit *Montezooma's Revenge*, einem der ersten Fahrgeschäfte mit einem Looping, und *Jaguar*, einer Achterbahn, die in Schwindel erregender Höhe über das Gelände braust – und vor allem **Boardwalk**. Wer Nervenkitzel sucht, geht besser hierhin als zu den den kleinkindfreundlichen Achterbahnen von *Pacific Pier* im California Adventure. Boardwalk ist voll atemberaubender, haarsträubender und Schwindel erregender Fahrten: *Xcelerator*, eine Achterbahn mit 50er-Jahre-Thema, *WindJammer* mit zwei aneinander vorbeisausenden und -stürzenden Bahnen, *Supreme Scream*, mit einem herrlich unwohligen freien Fall und der *Perilous Plunge* mit einem haarsträubenden Fall in einem 75-Grad-Winkel.

Knott's Berry Farm, 8039 Beach Blvd, 🖳 www.knotts.com, liegt 4 Meilen nordwestlich vom Santa Ana Freeway und ist wie Disneyland mit dem *MTA*-Bus Nr. 460 ab Downtown L.A. erreichbar, 🕒 im Sommer Mo und So–Do 9–23, Fr und Sa 9–24 Uhr, sonst Mo–Fr 10–18, Sa 10–22, So 10–19 Uhr, Eintritt $45, Kinder $30.

Gleich nebenan bietet Knott's Wasservergnügungspark **Soak City USA**, 🖳 www.knotts.com/soakcity, 21 verschiedene „Rides", die meisten von ihnen auf Wasserrutschbahnen, auf denen man mit oder ohne Autoschläuche entlanggleitet, mit unterschiedlicher Geschwindigkeit und mit unterschiedlichem Gefälle – an heißen Sommertagen ein beliebter Publikumsmagnet. 🕒 Mai–Sept, Öffnungszeiten variieren, aber im Allgemeinen 10–20 Uhr, Eintritt $25, Kinder $13, nach 15 Uhr $15.

Die riesige, gläserne **Crystal Cathedral**, an der Chapman Ave vom Santa Ana Freeway ein kurzes Stück nach Westen, 🖳 www.crystalcathedral.org, wurde vom Architekten Philip Johnson entworfen und war Teil einer Vision des TV-Predigers Robert Schuller. Der hartgesottene Evangelist mochte sich mit seiner *Drive-in Church*, der ersten Kirche, in der man vom Auto aus am Gottesdienst teilnehmen konnte, nicht zufrieden geben und wollte überdies die Einschaltquoten zu seinen TV-Sonntagspredigten erhöhen. An einem einzigen Sonntag gelang es Schuller, 1,5 Millionen Dollar an Spenden für den Bau seiner Kathedrale aufzutreiben. Führungen Mo–Sa 9–15.30 Uhr, Eintritt frei.

Das ansonsten wenig einladende Santa Ana hat mit dem ausgezeichneten **Bowers Museum of Cultural Art**, 2002 N Main St, ein kleines Juwel zu bieten. Gezeigt wird dort eine umfassende Sammlung anthropologischer Schätze aus der Frühzeit asiatischer, afrikanischer, indianischer und präkolumbianischer Zivilisationen, darunter Keramiken der Maya, handgearbeitete Körbe aus Kalifornien und aufwendig gefertigte Grabfiguren aus China – ein Muss für jeden, der sich für Kunst und Geschichte von Zivilisationen abseits des Westens interessiert. 🕒 Di–So 11–16 Uhr, Eintritt $14, Kinder $8. Das benachbarte **Kidseum** hält für Kinder dasselbe Thema in leicht verdaulicher, wenngleich auch weniger anregender Form bereit. Besucher des Bowers Museum müssen bei einer Visite am selben Tag hier nicht noch einmal zusätzlich bezahlen. 🕒 Sa und So 11–16 Uhr.

Nördlich von Disneyland ist das farblose Fullerton Standort des renommierten **Muckenthaler Cultural Center**, 1201 W Malvern Ave, 🖳 www.muckenthaler.org, das in einem schönen, im Stil der Renaissance gehaltenen Gebäude von 1924 eine breite Palette multikultureller Kunst aus aller Welt präsentiert. 🕒 Mi–So 12–16, Eintritt $5.

Yorba Linda

Mickey Mouse mag der berühmteste Einwohner von Orange County sein, der Lieblingssohn dieser konservativen Gegend ist jedoch Richard Nixon, der 1913 im heutigen, von Autobahnen eingeschlossenen Yorba Linda, etwa 8 Meilen nordöstlich von Disneyland, das Licht der Welt erblickte. Hier befindet sich eine Art Schrein für den 37. Präsidenten der USA, die **Richard Nixon Library & Birthplace**, 18001 Yorba Linda Blvd, 💻 www.nixonfoundation.org. 🕓 Mo–Sa 10–17, So 11–17 Uhr, Eintritt $8.

Überdimensionale Geschenke von den Regierenden der Welt, amüsante Souvenirs aus den Wahlkämpfen und eine lachhafte Sammlung unterwürfiger Briefe vom und an das Staatsoberhaupt bilden den Kern der Ausstellung, aber es sind vor allem die ständig laufenden Radio- und Fernsehaufnahmen aus dem Archiv, die deutlich machen, wer Nixon wirklich war. Von beinahe jeder Wand grinst Nixons Gesicht in der Art eines Big Brother herab, aber nur im *Presidential Auditorium* hat der Besucher mittels eines Computerprogamms die Gelegenheit, ihm eine Frage zu stellen – sofern sie gespeichert ist – und darauf eine vorgefertigte Antwort zu erhalten.

2004 eröffnete auf dem Gelände das neue **Loker Center**, dessen Highlight ein über 20 m hohes Modell des Weißen Hauses ist. Der Ort ist eine Huldigung an Ex-Präsident Nixon, der sich in Washington nie wohl gefühlt hatte und die Stadt mied, wann immer er konnte.

Die Küste von Orange County

Die Orange County Coast, eine Aneinanderreihung von Kleinstädten, zieht sich vom Rand des Hafengebiets von L.A. bis zum 35 Meilen weiter südlich gelegenen San Diego County. Die Küstenstädte sind durch den Pacific Coast Highway (PCH) verbunden, Teil des berühmten Hwy-1. OCTD-Bus Nr. 1 fährt tagsüber mehr oder weniger stündlich den PCH entlang, die *Greyhound*-Busse fahren seltener. Zwar wird San Clemente täglich von zehn Bussen angefahren, und frühmorgens gehen zwei Busse nach San Juan Capistrano, aber keiner fährt nach Huntington, Laguna oder Newport Beach. San Juan Capistrano erreicht man mit den Amtrak-Zügen von Downtown L.A. Etwas teurer, aber wahrscheinlich viel praktikabler ist die *Metrolink Line* (s.S. 227, „Nahverkehrsmittel"), die Downtown L.A. mit Orange County bis nach San Clemente verbindet und weiter bis nach Oceanside in San Diego County führt.

Huntington Beach

Huntington Beach, mit seinen einstöckigen Häusern, Cafés und Läden rings um den Pier ein kompaktes Örtchen, könnte der erste Anlaufpunkt an der Orange-County-Küste sein, vor allem, weil man hier noch mit relativ wenig Geld über die Runden kommt.

Der Strand von Huntington hat Geschichte, denn von hier breitete sich das Surf-Fieber über ganz Kalifornien aus. Der ursprünglich aus Hawaii stammende Wassersport wurde 1907 eingeführt und lockte viele Ausflügler an, die mit der *Pacific Electric Railway* die Küste entlangreisten. Eine große Sammlung von Surfbrettern zeigt das **International Surfing Museum**, 411 Olive Ave, 💻 www.surfingmuseum.org. 🕓 Okt–Mai Do–Mo 12–17 Uhr, Juni–Sept tgl., Eintritt $3.

Im Juni trifft sich die Surferelite zur jährlichen *Pro Surfing Championship* in Huntington Beach. Im Oktober feiern die Anwohner ein Oktoberfest bei deutschem Essen und deutscher Musik.

Einige Meilen nördlich finden Naturliebhaber an der Kreuzung von PCH und Warner Ave das große Feuchtschutzgebiet **Bolsa Chica State Ecological Reserve**, 💻 www.amigosdebolsachica.org, mit seiner reichen Vogelwelt. Eintritt frei, Führungen 1. Sa im Monat 9–10.30 Uhr, $2, Reservierung für Gruppen unter ✆ 714/840-1575.

Newport Beach

Newport Beach, 10 Meilen weiter südlich, ist ein Kontrastprogramm zu Huntington. Mit zehn Jachtklubs und 10 000 Jachten ist die Stadt selbst für Orange-County-Maßstäbe ausgesprochen wohlhabend. Man kommt, um sich in die Sonne zu legen und anschließend am Strand oder in den Bars gesehen zu werden. Wer mitmischen will, benötigt einen ansehnlichen Körper und eine Brieftasche voller Kreditkarten.

Treffpunkt ist die **Balboa Peninsula**, eine schmale Halbinsel mit einem 3 Meilen langen Strand. Der jugendlichste und turbulenteste Strandabschnitt liegt ungefähr in der Mitte um den Newport Pier am Ende der 20th St.

Vom weiter südlich gelegenen **Balboa Pier** fährt die Fähre nach Santa Catalina Island. Abgesehen von der Halbinsel hat Newport Beach auch das **Orange County Museum of Art** zu bieten, 850

San Clemente Drive, 💻 www.ocma.net. Es ist eines der zahlreichen bedeutenden Kunstmuseen von Südkalifornien, in dem lohnende zeitgenössische Ausstellungen stattfinden. 🕓 Di–So 11–17, Do 11–20 Uhr, Eintritt $7, Di frei.

Corona del Mar

Ein paar Meilen weiter südlich führt der PCH durch Corona Del Mar, das nicht zuletzt wegen seines guten Strandes einen Zwischenstopp lohnt. Zwischen Corona und dem nächsten größeren Ort Laguna Beach liegt ein einladender, drei Meilen langer Küstenabschnitt, der als **Crystal Cove State Park** unter Naturschutz steht.

Laguna Beach

Zwischen Felsklippen um einen kleinen Sandstrand herum liegt sechs Meilen weiter südlich Laguna Beach, eine Künstlerkolonie aus dem späten 19. Jahrhundert. Heutzutage bedarf es zwar einiger Millionen Dollar, um hierher ziehen zu können, dennoch hat sich der Ort eine zwanglose, tolerante Atmosphäre erhalten. Trotz des schnellen Wachstums in den letzten Jahren ist Laguna immer noch reizvoll. Es gibt nach wie vor eine florierende Kunstszene, was an den vielen Galerien und Kunstläden in den Straßen zu erkennen ist. Nördlich des Strandes führt die erhöhte, hölzerne Promenade an einem Naturschutzgebiet entlang. Von hier hat man einen schönen Blick aufs Meer und kann, wenn Ebbe ist, zum Strand hinuntersteigen und das Gewimmel in den Gezeitenbecken *(tidepools)* beobachten.

Am Weg liegt außerdem das ausgezeichnete **Laguna Art Museum**, 307 Cliff Drive, 💻 www.lagunaartmuseum.org, mit guten Ausstellungen aus seiner Sammlung südkalifornischer Kunst vom beginnenden 20. Jahrhundert bis zur Gegenwart. 🕓 tgl. 11–17 Uhr, Eintritt $9. Einige Meilen weiter, in **South Laguna**, sieht man weniger Touristen, dafür einige schöne, abgelegene Strände, vor allem Victoria Beach und Aliso Beach.

Dana Point

Von South Laguna aus ist der Ort Dana Point zu sehen, der rund 4 Meilen südlich von einem Felsvorsprung in den Pazifik ragt. Hier befindet sich das **Ocean Institute**, 24200 Dana Point Harbor Drive, 💻 www.ocean-institute.org, das Bootsexkursionen zum Thema Meeresbiologie veranstaltet und in seinen Aquarien Besuchern verschiedene Meereslebewesen näher bringt. 🕓 Sa und So 10–16.30 Uhr, Eintritt $5,50.

Mission San Juan Capistrano

Ein Großteil des Ortes San Juan Capistrano ist im spanischen Kolonialstil erbaut. Die hiesige Mission, 💻 www.missionsjc.com, die siebente ihrer Art in Kalifornien, wurde 1776 von Junipero Serra gegründet und war innerhalb von nur drei Jahren so bevölkert, dass die Kapelle für die Gemeinde zu klein wurde. Man errichtete eine steinerne **Kirche**, deren Ruinen als erstes ins Auge fallen, wenn man die Mission betritt. Der riesige Bau hatte sieben Kuppeln und einen Glockenturm, wurde aber kurz nach seiner Fertigstellung 1812 durch ein Erdbeben zerstört. 1985 hat man ein vollständiges Replikat der Kirche am nordwestlichen Ende der Mission fertig gestellt, in der heute die Gottesdienste stattfinden.

Die Mission selbst ist in hervorragendem Zustand. In der **Kapelle** mit ihren indianischen Zeichnungen und den spanischen Artefakten ist die ursprüngliche Atmosphäre am deutlichsten zu spüren. Der **Altar** stammt noch aus dem Barcelona des 16. Jh. Die anderen Gebäude erfüllten praktische Funktionen: Küche, Schmiede, verschiedene Werkstätten, in denen gewoben, gefärbt und Kerzen hergestellt wurden. Es gibt ein **Museum** mit Gegenständen aus der Geschichte der Mission und einer Dokumentation über die Entwicklung der spanischen Besiedlung Kaliforniens.

San Juan Capistrano liegt 3 Meilen von der Küste entfernt und ist über den Fwy I-5 zu erreichen. Die Mission ist mitten im Ort am Ortega Hwy bei Camino Capistrano zu finden; zum *Amtrak*-Bahnhof sind es nur ein paar Minuten zu Fuß. 🕓 tgl. 8.30–17 Uhr, Eintritt $6.

San Clemente

San Clemente, von San Juan Capistrano fünf Meilen auf dem I-5 nach Süden, ist ein hübscher, kleiner Ort mit Mittelmeer-Atmosphäre. Da er ganz in der Nähe von Camp Pendleton liegt, einer der größten Militärbasen des Bundesstaates, ist er ein beliebtes Wochenendziel von Militärangehörigen. Im Süden des Ortes befinden sich außerdem auch einige der besseren Surfstrände von Orange County. Der Ort gelangte kurzzeitig zu Berühmtheit, als Präsident Nixon hier von 1969 bis 1974 sein *Western White House* unterhielt. Das Anwesen befindet sich in der Nähe der Avenida del Presidente und ist vom Strand aus zu sehen – näher dran kommt man nicht. Es gibt auch einen recht guten Campingplatz, s.u.

Übernachtung

Angesichts von über 100 000 Zimmern in Hostels, Motels, Hotels und B&Bs ist es recht einfach, in L.A. eine Übernachtungsmöglichkeit zu finden. Eine preiswerte und noch dazu zentral gelegene Adresse zu finden, ist dennoch schwierig, aber nicht unmöglich. Mit dem Auto spielt die Lage keine große Rolle, denn der nächste Freeway ist nie weit entfernt. Ohne Auto sollte man sich den Standort dagegen genauer überlegen, denn es kann viel Zeit kosten, mit öffentlichen Verkehrsmitteln durch die Stadt zu fahren.

Motels und billige **Hotels** fangen bei ca. $40 fürs Doppelzimmer an, liegen aber häufig abseits oder in weniger ansprechenden Gegenden.

B&Bs sind in Central L.A. immer noch dünn gesät, meist recht teuer, oftmals ausgebucht und ungünstig gelegen. Für Billigreisende sind einige **Hostels** über die Stadt verteilt, in einigen darf man jedoch nur eine begrenzte Anzahl von Tagen bleiben.

Camping ist durchaus eine Überlegung wert, denn es gibt am Rande der Metropole einige Campingplätze, z.B. am Strand nördlich von Malibu oder in den San Gabriel Mountains, aber wer dort nächtigen möchte, braucht ein Auto. Eine Reihe von Campingplätzen sind am Ende dieser Spalte aufgeführt. Während der Semesterferien werden manchmal **Studentenzimmer** vermietet über *UCLA Interfraternity Council*, ✆ 310/825-7878, oder über das Büro der *USC*, ✆ 1-800/USC-4632, 💻 www.housing.usc.edu.

Reservierungsbüros für Hotels gibt es nicht, auch die *Visitor Centers* vermitteln keine Hotelzimmer, geben aber Informationen und Tipps. Bei Ankunft am Flughafen LAX kann man sich von der gemeinnützigen Organisation **Traveller Aid** zwecks Unterkunft beraten lassen. Bei Vermittlung eines Zimmer gibt es oft Discounts. Sonst kann man nur durch ein Reisebüro ein Zimmer reservieren lassen oder selbst anrufen. Auf jeden Fall sollte man nach günstigen Wochenend- oder Wochenmittepreisen fragen. Vor allem die Hotels der unteren Preisklasse bieten günstige Tarife, wenn man eine Woche statt einzelne Nächte bucht.

L.A. ist so groß, dass es sinnvoll ist, einen längeren Aufenthalt in mehrere Etappen einzuteilen und die Tage in verschiedenen Bezirken zu verbringen. Die Hotels sind nach Stadtregionen geordnet, mit Ausnahme der Hostels, der Übernachtungsmöglichkeiten speziell für Lesben und Schwule (s.S. ###) und der Campingplätze.

HOSTELS – ***Banana Bungalow***, 2775 Cahuenga Blvd W, Cahuenga Pass, ✆ 323/851-1129 oder 1-800/446-7835, 💻 www.bananabungalow.com. Große, beliebte Herberge nahe Universal City und dem US-101, kostenloser Zubringer zum Flughafen, Sightseeingtouren nach Venice Beach und Magic Mountain, entspannte Atmosphäre. Pool im Freien, kostenloser Parkplatz, jeden 2. Abend so viel Bier wie man schafft für $3. Dormbetten $18–21, DZ $64.

HI-Anaheim/Fullerton, 1700 N Harbor Blvd, Ecke Brea, Fullerton, ✆ 714/738-3721, 💻 www.hihostels.com. Günstig gelegen und komfortabel, 5 Meilen nördlich von Disneyland auf einem ehemaligen Bauernhof. Volleyballfeld, Golfplatz und Picknickgelände. Nur 20 Betten, Reservierung unumgänglich. Check-in im Sommer 17–23, sonst 16–23 Uhr. ⏲ vormittags 7.10–12 Uhr. Vor der Tür hält der OCTA-Bus Nr. 43. Mitglieder $17, ansonsten $20.

HI-LA/Santa Monica, 1436 2nd St, Ecke Broadway, Santa Monica, ✆ 310/393-9913, 💻 www.hihostels.com. Das nur ein paar Blocks vom Strand und dem Pier entfernte, ansprechende Gebäude mit 224 Betten war von 1887–1889 das Rathaus von L.A. Mitglieder zahlen $27, ansonsten $30, Privatzimmer ab $70 – inkl. Benutzung der Waschmaschinen und der geräumigen Küchen; Rauchen und Alkohol verboten, 24 Std. geöffnet. Im Sommer Reservierung dringend erforderlich.

HI-LA/South Bay, 3601 S Gaffey St Nr. 613, San Pedro, ✆ 310/831-8109, 💻 www.hihostels.com. Sechzig Betten in einer ehemaligen Kaserne der US Army, Blick auf den Pazifik. Ideal als Ausgangspunkt nach San Pedro, Palos Verdes und zur gesamten Harbor Area. 🕓 7–24 Uhr. Mitglieder $17, ansonsten $20. Privatzimmer $38 p.P. Ganz in der Nähe hält der *MTA*-Bus Nr. 446, allerdings dauert die Busfahrt von Downtown zwei Stunden. Man kann auch den *SuperShuttle* vom LAX nehmen. Okt–April nur Gruppen ab 15 Pers.

Hollywood International Hostel, 6820 Hollywood Blvd, ✆ 1-800/750-6561, 💻 www.hollywood hostels.com. Eine von drei guten Billigunterkünften in der Gegend mit kostenlosem Tee und Kaffee, Spielezimmer, Fitnessraum, Gartenterrasse, Küche und Waschmaschinen. Veranstaltet Touren durch Hollywood, zu den Themenparks, nach Las Vegas und Tijuana. Dorm $17, Zimmer $40.

Hostel California, 2221 Lincoln Blvd, Venice, ✆ 310/305-0250, 💻 www.hostelcalifornia.net. 12 Dorms mit jeweils 6 Betten und Küche, Billardtisch, Riesenbildschirm, Bettzeug und Parkplatz. Shuttlebus von und zum LAX ($20). Gemischte Dorms mit 30 Betten $12,75 p.P.

Huntington Beach Colonial Inn Hostel, 421 8th St, Huntington Beach, ✆ 714/536-3315, 💻 www. huntingtonbeachhostel.com. Vier Blocks vom Strand, überwiegend DZ. Schlafsäcke erlaubt. 🕓 8–23 Uhr. Nach 1 Uhr Schlüsselpfand $1 plus $20 Sicherheitsgarantie. Dorm $21, Zimmer $50, pro Woche $130.

Orange Drive Manor, 1764 N Orange Drive, Hollywood, ✆ 323/850-0350, 💻 www.orangedrive hostel.com. In zentraler Lage (direkt hinter dem Chinese Theatre), veranstaltet auch Touren zu den Filmstudios, Vergnügungsparks und Wohnhäusern der Stars. Dormbett für Mitglieder $20, sonst $24, Zimmer $40–56.

Orbit Hotel, 7950 Melrose Ave, West Hollywood, ✆ 323/655-1510 oder 1-877/ORBIT-US, 💻 www. orbithotel.com. Im 60er-Jahre-Stil gehaltenes Hotel und Hostel; Frühstück inkl. Alle Zimmer mit eigener Du/WC. Café, Heimkino, Shuttle Tours; Autovermietung für $20 pro Tag. Dorm $18–21, Zimmer $54–69.

USA Hostels – Hollywood, 1624 Schrader Ave, ✆ 323/462-3777 oder 1-800/LA-HOSTEL, 💻 www.usahostels.com. Einen Block südlich des Zentrums des Hollywood Boulevard gelegen, in der Nähe der Hauptattraktionen. Geboten werden: eigene Du/WC, hauseigene Bar, Gameroom, Internet-Zugang, Touren in die Umgebung ($5–7) sowie Shuttlebus zum Flughafen und Bahnhof. Dorm $16–20, Zimmer ab $40.

Venice Beach Cotel, 25 Windward Ave, Venice, ✆ 310/399-7649, 💻 www.venicebeachcotel. com. Historisches Gebäude mit Kolonnade am Strand; Dorm $16–18, Zimmer $35–49.

FLUGHAFENHOTELS – Wer spät abends mit dem Flugzeug ankommt oder früh morgens abfliegt, findet ein paar Hotels in Reichweite des LAX. Sie unterscheiden sich kaum, verlangen um $40–60 und bieten einen kostenlosen Flughafenzubringer.

Days Inn, 901 W Manchester Blvd, ✆ 310/649-0800 oder 1-800/231-2508, 💻 www.the.daysinn. com. Modernes Hotel mit sauberen Zimmern und Pool in einem zwielichtigen Viertel. Parkplätze und LAX-Shuttle kostenlos. ❹

Quality Inn, 5249 W Century Blvd, ✆ 1-800/228-5151 oder 310/645-2200, 💻 www.qualityinn.com; neben komfortablen und gut ausgestatteten Zimmer auf 10 Etagen bietet das Motel ein Restaurant mit Bar sowie alle 15 Min. einen kostenlosen LAX-Zubringer. ❺

Travelodge LAX, 5547 W Century Blvd, ✆ 310/ 649-4000, 💻 www.travelodge.com. Verlässliches Kettenmotel mit kleinem Frühstück, Flughafen-Shuttle, Denny's-Restaurant und gutem Preis für die Gegend. ❸

DOWNTOWN UND UMGEBUNG – In Downtown hat man die Wahl zwischen eleganten, aber teuren, und preiswerten, aber eher schäbigen Hotels.

Downtown LA Standard, 550 S Flower St, ✆ 213/ 892-8080, 💻 www.standardhotel.com. Modernes Kettenhotel mit Bar auf dem Dach. Gilt zwar als Business-Hotel, lockt aber auch eine gewisse Party-Szene an. ❻

Figueroa, 939 S Figueroa St, Ecke Olympic Blvd, ✆ 213/627-8971 oder 1-800/421-9092, 💻 www. figueroahotel.com. Auffallendes Hotel mit hübsch eingerichteten Zimmern im spanischen Stil. Café, Pool und Spa. ❻

Los Angeles Athletic Club, 431 W Seventh St, ✆ 213/625-2211, 💻 www.laac.com. Schönes Beaux-Arts-Gebäude mit einem exklusiven Club und Hotel in den drei oberen Etagen; 72 stilvolle Zimmer und 9 teure Suiten. Kostenlose Nutzung der vielfältigen Sport- und Freizeitangebote des Clubs. ❼

Millennium Biltmore, 506 S Grand Ave, Ecke 5th St, ✆ 213/624-1011 oder 1-800/222-8888, 💻 www.thebiltmore.com. Neoklassische 1923er Architektur und moderner Luxus (u.a. ein auf „römisches Bad" getrimmter Health Club), Ausblick über Pershing Square. Am Wochenende $50–100 billiger. ❾

Miyako Inn, 328 E 1st St, ✆ 213/617-2000, 💻 www.miyakoinn.com. Der graue, unansehnliche Betonkasten bietet Zimmer mit Kühlschrank, außerdem Whirlpool, Internet-Zugang und Karaoke-Bar. ❻

New Otani, 120 S Los Angeles St, ✆ 213/629-1200 oder 1-800/421-8795, 💻 www.newotani.com. Business-Hotel mit geräumigen Suiten, gutem asiatischen Restaurant und kleinem japanischen Garten. ❻

Omni Los Angeles, 251 S Olive St, Höhe Fourth St, ✆ 213/617-3300 oder 1-800/327-0200, 💻 www.omnilosangeles.com. Hotel mit vielen luxuriösen Extras in Bunker Hill, neben MOCA und dem Music Center. U.a. Suiten mit Jacuzzis. ❽

Westin Bonaventure, 404 S Figueroa St, ✆ 213/624-1000 oder 1-800/228-3000, 💻 www.westin.com. Modernistisches Luxushotel mit fünf Glastürmen, sechs Etagen umfassendem Atrium mit einem „See" und atemberaubender Fahrt mit dem Außenaufzug zur rotierenden Cocktaillounge *Bona Vista*. ❽

HOLLYWOOD – ***Dunes Sunset***, 5625 Sunset Blvd, nahe Wilton St, ✆ 323/467-5171. Im heruntergekommenen Osten Hollywoods, aber weit genug vom Hollywood Blvd entfernt, um sicher zu sein. Anständige Motelzimmer, gute Verkehrsanbindung nach Downtown. ❸

Holiday Inn Hollywood, 2005 N Highland Ave, ✆ 323/876-8600, 💻 www.holiday-inn.com. Kettenhotel in Spitzenlage mit Pool, Spa, Fitnessraum und Internet-Zugang. ❹

Hollywood Metropolitan, 5825 Sunset Blvd, ✆ 323/962-5800 oder 1-800/962-5800, 💻 www.metropolitanhotel.com. Ordentliche Zimmer, behindertengerechte Ausstattung. Für den Preis das beste, was man im Herzen Hollywoods findet. ❹

Hollywood Roosevelt, 7000 Hollywood Blvd, zwischen Highland und La Brea, ✆ 323/466-7000, 💻 www.hollywoodroosevelt.com. Das erste, 1927 für Filmstars erbaute Hotel. Viel Atmosphäre, renovierte Zimmer, Jacuzzi, Pool und Fitnessaum. ❼

Orchid Suites, 1753 Orchid Ave, ✆ 323/874-9678 oder 1-800/537-3052, 💻 www.orchidsuites.com. Große, wenngleich recht spartanische Suiten mit Kabel-TV und Küchenzeile, außerdem beheizter Pool. Nicht weit zu den beliebtesten Ecken Hollywoods und zur riesigen Hollywood and Highland Mall. ❹

Renaissance Hollywood, 1755 N Highland Blvd, ✆ 323/856-1200, 💻 www.renaissancehollywood.com. Mitten in der neuen Hollywood and Highland Mall, mit erstklassigen Zimmern und Suiten; ultrazentrale Lage im Herzen von Tinseltown. ❼

WEST L.A. – Hier dominieren Mittel- bis Luxusklasse-Unterkünfte.

Avalon, 9400 W Olympic Blvd, drei lange Blocks vom Rodeo Drive im südlichen Beverly Hills, ✆ 310/277-5221, 💻 www.avalonbeverlyhills.com. Szene-Hotel mit gemütlichen, modern eingerichteten Zimmern mit CD-Player, Fax und Video. Außerdem Fitnessclub und Bar am Pool für die junge Elite in schwarzen Klamotten. ❽

Bel Air, 701 Stone Canyon Rd, ✆ 310/472-1211 oder 1-800/648-1097, 💻 www.hotelbelair.com. Das schönste Hotel in L.A. – und das einzige in Bel Air – liegt in einem üppig bewachsenen Canyon oberhalb von Beverly Hills. ❾

Beverly Hills Hotel, 9641 Sunset Blvd, ✆ 310/276-2251 oder 1-800/283-8885, 💻 www.beverlyhillshotel.com. Klassisches Hollywood-Hotel im Missionsstil in Pink und Grün, von exotischen Gärten umgeben. Luxuriöse Zimmer mit Marmorbad, Video und Jacuzzi. ❾

Beverly Hilton, 9876 Wilshire Blvd, ✆ 310/274-7777 oder 1-800/922-5432, 💻 www.hilton.com. Gute Lage in der Nähe von Downtown Beverly Hills, Standardzimmer ohne große Überraschungen, aber dafür eine der wenigen übrig gebliebenen *Trader Vic's*-Bars. ❽

Beverly Laurel, 8018 Beverly Blvd, ✆ 323/651-2441. Simple Unterkunft; sehr einfache Zimmer, aber gute Lage. Die größte Aufmerksamkeit erntet der hiesige Coffee Shop *Swingers*, der ein bei Einheimischen wie auch neugierigen Touristen beliebter Treffpunkt ist. ❹

Bevonshire Lodge, 7575 Beverly Blvd, 323/936-6154. Gute Ausgangslage nach West L.A. und Hollywood, nicht weit vom Fairfax District. Alle Motel-Zimmer mit Kühlschrank, für ein paar Dollar mehr bekommt man eines mit Küchenzeile. ❸

Chateau Marmont, 8221 Sunset Blvd, 323/626-1010, www.chateaumarmont.com. Das exklusive Hotel erinnert an ein dunkles Schloss und hatte schon alle möglichen Berühmtheiten zu Gast. Größtenteils Suiten und Bungalows. ❾

Claremont, 1044 Tiverton Ave, 310/208-5957. Erstaunlich preiswertes, kleines Hotel in Superlage nahe der UCLA und dem Westwood Village. Schlichte Zimmer und kaum Parkmöglichkeiten. ❸

Grafton, 8462 Sunset Blvd, 323/654-6470, www.graftononsunset.com. Ansprechend eingerichtete Zimmer mit Stereoanlage und Video, außerdem Pool, Fitness-Center und kostenloser Shuttle zu den Malls und Geschäften in der Nähe. ❻

Le Montrose, 900 Hammond St, 310/855-1115, www.lemontrose.com. Im Art-déco-Stil, auf dem Dach Tennisplätze, Pool und Jacuzzi, überwiegend mit allen Annehmlichkeiten ausgestattete Suiten. ❼

Le Parc, 733 N West Knoll, 310/855-8888 oder 1-800/578-4837, www.leparcsuites.com. Apartmenthotel in West Hollywood mit Studios, Suiten, auf dem Dach Pool und Jacuzzi mit Blick auf die Berge. ❽

Maison 140, 140 S Lasky Drive, 310/281-4000, www.maison140.com. Hippes Hotel mit Bar und Fitness-Center, gut ausgestattete Zimmer (u.a. CD- und und DVD-Spieler, Internet-Zugang), Frühstück inkl. ❻

SANTA MONICA, VENICE, MALIBU – In diesen hübscheren Stadtteilen gibt es vor allem Mittel- bis Luxusklasse-Unterkünfte.

Bayside, 2001 Ocean Ave, Santa Monica, 310/396-6000, www.baysidehotel.com. Nur einen Häuserblock vom Strand von Santa Monica und der Main Street. Kühle Fassade, aber generell komfortable Zimmer, einige mit Blick auf den Pazifik. ❹

Cadillac, 8 Dudley Ave, Venice, 310/399-8876, www.thecadillachotel.com. Stilvolles Art-déco-Hotel und Hostel direkt am Venice Boardwalk. Die Suiten sind schön, die billigeren Zimmer sind hingegen spartanisch eingerichtet. Sonnenterrasse, Pool, Fitnessraum und Sauna. Dorm ❶, Zimmer ❺.

Carmel, 201 Broadway, Santa Monica, 310/451-2469, www.hotelcarmel.com. Gutes Quartier mit ordentlichen Zimmern und Suiten in Strandnähe, nur zwei Straßen vom Strand und, in der anderen Richtung, eine von der Third Street Promenade entfernt. ❻

Channel Road Inn, 219 W Channel Rd, Pacific Palisades, 310/459-1920, www.channelroadinn.com. Idyllischer Rückzugsort, versteckt am unteren Santa Monica Canyon gelegen (nordwestlich von Santa Monica); luxuriös ausgestattete Zimmer, B&B, Meeresblick und kostenloser Radverleih. Der Zimmerpreis richtet sich nach der Aussicht. ❼–❾

Inn at Venice Beach, 327 Washington Blvd, 310/821-2557 oder 1-800/828-0688, www.innatvenicebeach.com. Ein gutes, einfaches Hotel in Venice Beach. Einfache, aber geschmackvolle Zimmer mit Kühlschrank und Balkon. ❻

Malibu Hotel, 22541 PCH, 310/456-6169, www.the-malibu-motel.com. Preisgünstiges Motel mit Pool und DSL. ❻

Malibu Riviera, 28920 PCH, 310/457-9503. Ruhiges, vom Rest recht abgeschieden gelegenes Haus am Stadtrand, weniger als eine Meile vom Strand, mit einfachen, sauberen Zimmern, Sonnendach und Jacuzzi. ❺

Shangri-La, 1301 Ocean Ave, Santa Monica, 310/394-2791, www.shangrila-hotel.com. Herrlich restauriertes Art-déco-Kleinod mit Blick auf den Palisades Park und den Strand von Santa Monica. Saubere, schlichte Zimmer. ❼

Viceroy, 1819 Ocean Ave, Santa Monica, 310/451-8711, www.viceroysantamonica.com. Luxushotel mit tollem Ausblick aufs Wasser, gut ausgestatteten Zimmern, einem Swimming Pool und einer Lounge. Standardzimmer die teuersten Zimmer kosten um die $500. ❽

SOUTH BAY UND HAFENGEBIET – Hier, weiter draußen, findet man viele Hotels der unteren und mittleren Preisklasse, die meisten am PCH. Die

Verkehrsverbindungen in andere Stadtteile sind gut.

Hotel Hermosa, 2515 PCH, Hermosa Beach, ✆ 310/318-6000, 💻 www.hotelhermosa.com. Luxushotel in einem belebten Viertel zwischen Hermosa und Manhattan Beach mit Zimmern zu moderaten Preisen sowie Suiten bis zu $350. Nur kurzer Fußweg vom Strand. ❹–❾

Rodeway Inn, 50 Atlantic Ave, Long Beach, ✆ 562/435-8369, 💻 www.rodewayinn.com. Motelkette, die hier in Nähe des Hafens und des Tagungszentrums mit einem unaufdringlichen Haus vertreten ist. Internet-Zugang. ❹

Seahorse Inn, 233 N Sepulveda Blvd, Manhattan Beach, ✆ 310/376-7951 oder 1-800/233-8050. Verblasste Fassade, einfache, saubere Zimmer. Etwas weiter vom Strand als die anderen, aber es gibt einen Pool. ❸

Sea Sprite Motel, 1016 Strand, Hermosa Beach, ✆ 310/376-6933, 💻 www.seaspritemotel.com. Direkt am Strand an einem belebten Abschnitt. Auswahl an Zimmern zu unterschiedlichen Preisen; für Aufenthalte von einer Woche und länger gibt es Rabatt, außerdem Units mit Küchenzeile und Balkon. ❺

Vagabond Inn, 150 Alamitos, Long Beach, ✆ 562/435-7621, 💻 www.vagabondinn.com. Preiswertes und verlässlich gutes Kettenhotel mit Pool, nur ein paar Straßen von Downtown entfernt. ❷

Westin Long Beach, 333 E Ocean Blvd, Long Beach, ✆ 562/436-3000, 💻 www.westin.com. Luxus am Strand zu erschwinglichen Preisen (billiger bei Online-Buchung) mit Spa, Fitness-Center und Pool. ❻

RUND UM DISNEYLAND – Der Besuch des Freizeitparks nimmt mindestens einen Tag in Anspruch.

Desert Palm Inn and Suites, 631 W Katella Ave, Anaheim, ✆ 1-800/635-5423, 💻 www.anaheimdesertpalm.com. Große Zimmer mit Kühlschrank, Mikrowelle, Videorecorder, einfaches Frühstück inkl. ❺

Disneyland Pacific Pier, 1717 S Disneyland Drive, Anaheim, ✆ 714/956-6425, 💻 www.disneyland.disney.go.com/disneylandresort. Renovierter Betonkomplex für Besucher des Themenparks. ❼

Park Place Inn, 1544 S Harbor Blvd, ✆ 714/776-4800, 💻 www.stovallshotels.com/park–place. Saubere Zimmer gegenüber von Disneyland. ❹

Pavilions, 1176 W Katella Ave, ✆ 714/776-0140, 💻 www.pavilionshotel.com. Einfache Zimmer mit Kühlschrank, außerdem Pool, Spa, Sauna und Shuttle nach Disneyland. ❹

Stovall's Inn, 1110 W Katella Ave, Anaheim, ✆ 714/778-1880, 💻 www.stovallsinn.com. Geschmackvolles und sauberes Kettenhotel mit Fitness-Center, Pools und Spas. Kühlschrank und Mikrowelle gegen Aufpreis. ❸

ORANGE-COUNTY-KÜSTE – Eine Bleibe in Orange County, 30 Meilen südöstlich von Downtown, zu suchen lohnt nur, wenn man nach Disneyland möchte oder an der Küste entlang unterwegs ist, denn unter $75 ist dort kaum ein DZ zu haben. Allerdings gibt es ein Hostel und ein paar leicht erreichbare Campingplätze am Meer.

Hotel Laguna, 425 S Coast Highway, Laguna Beach, ✆ 949/494-1151, 💻 www.hotellaguna.com; im Zentrum von Laguna Beach; komfortabel und mit viel Atmosphäre. Der Zimmerpreis hängt vom Ausblick ab. ❺–❽

Little Inn by the Bay, 2627 Newport Blvd, ✆ 949/673-8800, 💻 www.littleinnbythebay.com. Preiswerteste Unterkunft der Gegend mit 18 komfortablen Zimmern in einem renovierten Komplex, ausgestattet mit Kühlschrank und Mikrowelle. Frühstück inkl. Nicht weit vom Strand und nahe der Halbinsel Balboa. ❹

Mission Inn, 26891 Ortega Hwy, an der Kreuzung zum I-5, ✆ 949/234-0249, 💻 www.bbonline.com/ca/missioninnsjc. 20 B&B-Zimmer mit einfachem Frühstück, Kühlschrank, Jacuzzi und Pool. ❻

Ocean View Motel, 16196 PCH, Huntington Beach, ✆ 562/592-2700. Von einer Familie geführtes, sauberes Haus, komfortable Zimmer, für zusätzliche $15 mit Jacuzzi. Preisgünstig für die Gegend. ❸

Seacliff Motor Hotel, 1661 S Coast Highway, Laguna Beach, ✆ 949/494-9717 oder 1-866/732-1400, 💻 www.seacliffiaguna.com. Renoviertes Motel mit Zugang zum Strand und beheiztem Pool. Frühstück inkl. Zimmer mit Balkon und/oder Meerblick sind wesentlich teurer. ❸–❼

Seal Beach Inn and Gardens, 212 Fifth St, Seal Beach, ✆ 562/493-2416, 💻 www.sealbeachinn.com. Der Ort selbst ist dröge, aber diese B&B-Unterkunft ist nur zwei Häuserblocks vom Strand entfernt und hat schöne, gut ausgestattete Zimmer und Suiten – und ein Penthouse für $400 pro Nacht. ❻

SAN GABRIEL UND SAN FERNANDO VALLEY – Interessant für alle, die Pasadena oder die Studios besuchen möchten.

Artists Inn, 1038 Magnolia St, South Pasadena, ✆ 1-800/799-5668, 💻 www.artistsinns.com. B&B mit 10 Zimmern und Suiten (einige mit Jacuzzi), die berühmten Malern und Stilrichtungen gewidmet sind. Am schönsten ist die Italian Suite mit einer antiken Badewanne und einer Sonnenterrasse. Nur zwei Blocks von der Metro entfernt. ❻

Ritz-Carlton Huntington, 1401 S Knoll Ave, Pasadena, ✆ 626/568-3900, 💻 www.ritzcarlton.com. Historisches Hotel in diskreter Lage in einer Wohngegend im südlichen Pasadena. Suiten ab $500, einfachere Zimmer kosten weniger als die Hälfte. ❽

Safari Inn, 1911 W Olive St, Burbank, ✆ 818/845-8586. Ein klassiches 50er-Jahre-Hotel, die Renovierung hat zum Glück die Spielereien der Pop-Architektur nicht beseitigt. Kühlschränke in den Zimmern, es gibt auch einige Suiten. Swimming Pool, Fitnessraum, Shuttletransfer zum Burbank Airport. ❺

Sheraton Universal, 333 Universal Terrace, Burbank, ✆ 818/980-1212 oder 1-800/325-3535, 💻 www.starwood.com, und das benachbarte ***Universal City Hilton,*** 555 Universal Terrace, ✆ 818/506-2500, www.hilton.com. Groß und luxuriös, auf dem bzw. am Universal-Gelände. ❼

Vagabond Inn, 1203 E Colorado Blvd, Ecke Michigan, Pasadena, ✆ 626/449-3170, 💻 www.vagabondinn.com. Freundliches, billiges Motel, guter Ausgangspunkt für Pasadena, mit Küchenzeile, Pool und einfachem Frühstück. ❹

CAMPINGPLÄTZE – Reservierungen für viele der unten genannten Campingplätze übernimmt *Reserve America,* ✆ 1-800/444-7275, 💻 www.reserveamerica.com, das auch Alternativen anbietet, wenn der gewünschte Platz voll ist. Reservierungsgebühr $7 pro Nacht für maximal 8 Pers., einen Stellplatz und ein Fahrzeug.

Bolsa Chica Campground, ✆ 714/846-3460. Huntington Beach, direkt am Wasser, in der Nähe eines Naturschutzgebiets mit paradiesischen Möglichkeiten für Vogelfreunde und Angler. Nur Campmobile, $25–30, $9 extra für Plätze am Wasser. Zelten ist hier nicht erlaubt.

Chilao Flat, Hwy-2, 20 Meilen nordöstlich von Pasadena, ✆ 818/899-1900, 💻 www.fs.fed.us/r5/angeles. Der einzige Campingplatz in den San Gabriel Mountains, der mit dem Auto erreichbar ist. Es gibt jedoch andere, zu denen man nur zu Fuß kommt. Infos bei der *Angeles National Forest Ranger Station,* 701 N Santa Anita Ave, Arcadia, ✆ 626/574-1613. $12, Fahrzeug $5. Wird gelegentlich geschlossen, wenn zu viel Bären herumstromern.

Dockweiler Beach County Park, 8255 Vista del Mar, ✆ 310/322-4951 oder 1-800/950-7275, 💻 www.beaches.co.la.ca.us. Liegt an einem lauten Küstenstreifen, fast am westlichen Ende der Landebahnen von LAX. Ein beliebter Stadtstrand; an Wochenenden kann er manchmal „ungemütlich" werden. Überwiegend RVs, Zeltplätze nur nach Reservierung für $25–32.

Doheny State Beach Campground, 25300 Dana Point Harbor Drive, ✆ 949/496-6171 oder 1-800/444-7275, am südlichen Ende von Orange County, nicht weit vom Dana Point Harbor. Beliebter Familien-Ausflugsort, vor allem an Wochenenden. $16–21, $10 extra für Plätze am Wasser.

Leo Carrillo State Park, Nord-Malibu, ✆ 818/706-1310 oder 1-800/444-7275. Nahe einem der besten Surfstrände von Los Angeles, 25 Meilen nordwestlich von Santa Monica auf dem PCH. *MTA*-Bus Nr. 434 kommt im Sommer zweimal stündlich vorbei. $15–20.

Malibu Creek State Park, 1925 Las Virgenes Rd, ✆ 818/706-8809, in den Santa Monica Mountains. Rustikaler, mitunter überlaufener Camping-Platz mit 60 schattigen Stellplätzen unter riesigen Eichen, Feuerstellen, solarbeheizte Duschen und Toiletten mit Wasserspülung, $15–20. Die Fernsehserie *MASH* wurde z.T. hier gedreht.

San Clemente State Beach Campground, 3030 Avenida del Presidente, ✆ 714/492-7146 oder 1-800/444-7275, 2 Meilen südlich von San Clemente. Ein wunderbarer Ort zum Wandern, Tauchen und Surfen. In der Gegend befand sich einst Richard Nixons „Western White House". $16–21, $9 extra für Plätze am Wasser.

Essen

Was das Essen betrifft, so hat man in Los Angeles die Qual der Wahl. Es ist überhaupt kein Problem, gut und billig essen zu gehen. Aber auch hier regiert der Trend: Wenn ein Restaurant gerade angesagt ist, ziehen die Preise an.
Man sollte sich getrost auch in die exotischeren (und dementsprechend weniger preiswerten) Restaurants wagen, die ausgezeichnetes Essen in ausgesprochen kultiviertem Ambiente servieren. Generell sind Restaurants zwischen 12 und 24 Uhr geöffnet, einige auch rund um die Uhr.
In L.A. wimmelt es von Lokalen, deren Besitzer aus Film und Fernsehen bekannt sind. Das dortige Essen ist für gewöhnlich allerdings so wenig bemerkenswert, dass wir diese Lokale nicht aufgelistet haben.

PREISWERT ESSEN – *Budget Food* findet man überall, am besten aber in den stilvollen, kleinen **Coffee Shops**, **Delis** und **Diners**, in denen man gute Suppen, Omelettes, Sandwiches und vieles mehr bekommt. Man kann sich auf diese Weise problemlos für $6 satt essen. Daneben gibt es die inzwischen weltbekannten **Fastfood-Ketten** und auch lokale Hamburger-Ketten, von denen viele rund um die Uhr geöffnet sind.

Downtown: ***Cassell's Hamburgers,*** 3366 W 6th St, ✆ 213/387-5502, simpler Hamburgerstand, der dicke Take-out Burger verkauft – manche schwören darauf. Schließt um 16 Uhr.
Clifton's Cafeteria, 648 S Broadway, ✆ 213/627-1673, klassische Cafeteria im Stil der 30er Jahre, mit Redwood-Bäumen, Wasserfall und kleiner Kapelle; traditionelle nordamerikanische Küche, außerdem billig. ⌚ tgl. bis 24 Uhr.
Cole's Pacific Electric Buffet, 118 E Sixth St, ✆ 213/622-4090. Besteht seit 1908 und ist damit L.A.s ältestes Restaurant. Die herzhaften, dick mit Fleisch belegten und mit Soße zum Tunken servierten *French Dip Sandwiches* wurden hier erfunden.
Grand Central Market, 317 S Broadway, ✆ 213/624-9496. Renoviert und nach wie vor preiswert, jede Menge Tacos, Sandwiches und chinesische Gerichte, auch einige exotischere Sachen.
Langer's Deli, 704 S Alvarado St, ✆ 213/483-8050. Auswahl zwischen 20 verschiedenen Zubereitungsarten von Pastrami, Speisen auch zum Mitnehmen. Zwielichtige Gegend. ⌚ nur tagsüber.
Original Pantry, 877 S Figueroa St, ✆ 213/972-9279, herzhafte amerikanische Küche mit deftigen Fleischportionen, Lange Schlangen, rund um die Uhr geöffnet.
Philippe the Original French Dip, 1001 N Alameda St, ✆ 213/628-3781. Rustikales Café von 1908, in dem der Legende nach gleichnamiges Sandwich mit üppiger Auflage erfunden wurde – ein ausgesprochen leckerer Sattmacher für unter $5.
Picholine, 3360 W First St, ✆ 213/252-8722. Restaurant mit europäischem Einschlag und guter Auswahl an Sandwiches mit exklusiven Zutaten wie Pesto oder sonnengetrockneten Tomaten, außerdem Pasta; alles ausgesprochen billig.
Yorkshire Grill, 610 W Sixth St, ✆ 213/623-3362. Das beliebte Deli im New Yorker Stil serviert hier seit 1947 große Sandwiches. Freundliche Bedienung, mittags ziemlich voll, ⌚ bis 16 Uhr (Sa 14 Uhr).

Hollywood: *Astro Burger,* 7475 Santa Monica Blvd, ✆ 323/874-8041. Ein Diner im unteren Hollywood, gut für Hamburger, Sandwiches und vegetarische Mahlzeiten. ⌚ wochentags bis 3 Uhr, am Wochenende bis 4 Uhr morgens.
Du-Par's, 6333 W Third St, ✆ 323/933-8446. Eine Institution im Farmers Market, die massenhaft ältere Herrschaften zum fettigen Frühstück und schweren Cheeseburger anlockt. Empfehlenswert sind die verschiedenen Kuchen.
Fred 62, 1854 N Vermont Ave, Los Feliz, ✆ 323/667-0062. Das Restaurant im 50er-Jahre-Design bietet stilvolle kalifornische Variationen von Standardgerichten zu erschwinglichen Preisen. Salate, Burger und Pommes, außerdem leckere Pancakes und Omelettes. ⌚ 24 Std.
Mel's Drive-In, 8585 Sunset Blvd, ✆ 310/854-7200. Kalorienreiche Milchshakes, Pommes und natürlich Hamburger für den Heißhunger nach Mitternacht. Rund um die Uhr geöffnet.

Pink´s Hot Dogs, 709 N La Brea Ave, ✆ 323/931-4223. Die Quintessenz aller Chili Dogs. Je nach persönlichem Geschmack können die riesigen Hot Dogs Lebensretter oder wahre Magenbomben sein. ⌚ wochentags bis 2 Uhr, am Wochenende bis 3 Uhr morgens.
Roscoe's Chicken and Waffles, 1514 N Gower St, ✆ 323/466-7453. Lokal für die Schönen und Reichen Hollywoods, dessen Hühnchengerichte und dicke Waffeln eine bunte, mit Piepern und Mobiltelefonen bewaffnete Klientel anlocken.
Tommy's, 5873 Hollywood Blvd, ✆ 323/467-3792. Eines der besten Lokale in L.A. für riesige, fettig-saftige Hamburger. ⌚ 24 Std.
Topz, 8693 Santa Monica Blvd, ✆ 310/659-8843. Eine lokale Fastfood-Kette, die „gesündere" Hamburger, Hot Dogs und Pommes anbietet: mit magerem Fleisch und in besserem Öl gesotten.
Yukon Mining Company, 7328 Santa Monica Blvd, ✆ 323/851-8833. Exzellenter Coffee Shop mit kurioser Klientel – keineswegs ungewöhnlich wären z.B. eine Gruppe russischer Neuankömmlinge, Rentner aus dem Viertel oder aufgedonnerte Transvestiten. ⌚ tgl. 24 Std.

24-Stunden-Restaurants

Hier eine kleine Auswahl von Restaurants, in denen man zu jeder Tages- und Nachtzeit essen kann:
Bob's Big Boy, 4211 W Riverside Drive, Burbank, ✆ 818/843-9334.
Canter's Deli, 419 N Fairfax Ave, West L.A., ✆ 323/651-2030.
Fred 62, 1854 N Vermont Ave, Los Feliz, ✆ 323/667-0062.
Jerry's Famous Deli, 8701 Beverly Blvd, West L.A., ✆ 310/289-1811.
Mel's Drive-In, 8585 Sunset Blvd, ✆ 310/854-7200.
Original Pantry, 877 S Figueroa St, Downtown, ✆ 213/972-9279.
Pacific Dining Car, 1310 W 6th St, Downtown, ✆ 213/483-6000.
Tommy's, 5873 Hollywood Blvd, Hollywood, ✆ 323/467-3792.
Yukon Mining Company, 7328 Santa Monica Blvd, Hollywood, ✆ 323/851-8833.

West L.A.: ***The Apple Pan,*** 10801 W Pico Blvd, ✆ 310/475-3585, gegenüber dem Westside Pavilion-Einkaufskomplex, ofenwarmer Apfelkuchen und saftige Hamburger. Altetablierter Laden; exisitiert seit Mitte der 40er Jahre.
Barney's Beanery, 8447 Santa Monica Blvd, ✆ 323/654-2287, 200 Sorten Flaschenbier, riesige Auswahl an Hot Dogs, Burgers und Chili, die in angesagt schmuddeliger Atmosphäre serviert werden. ⌚ tgl. bis 2 Uhr.
Canter's Deli, 419 N Fairfax Ave, ✆ 323/651-2030, riesige Sandwiches für ca. $7, ausgezeichnete koschere Suppen; 24 Std. geöffnet. Di abends Live-Musik nebenan im dazugehörigen „Kibitz Room".
Duke's, 8909 Sunset Blvd, ✆ 310/652-3100. Immer noch ein beliebter Treff von Rockstars (das *Roxy* und das *Whisky-a-Go-Go* liegen ganz in der Nähe). Nachts versammelt sich hier ein bunt gemischtes Volk.
Jerry's Famous Deli, 8701 Beverly Blvd, 310/289-1811. Das angenehmste der vielen Lokale dieser Kette in L.A. Ansehnliche Speisekarte, bisweilen gönnt sich hier auch ein Star einen Happen, ⌚ 24 Std.
John o'Groats, 10516 W Pico Blvd, ✆ 310/204-0692, ausgezeichnetes Frühstück und Mittagessen (v.a. alte Favoriten wie Bacon and Eggs), noch dazu preiswert. Morgens allerdings übervölkert.
Kate Mantillini, 9109 Wilshire Blvd, ✆ 310/278-3699. Klassisches amerikanisches Diner-Essen, serviert in einem der durchgestyltesten Lokale von L.A. ⌚ wochentags bis 1 Uhr, am Wochenende bis 2 Uhr morgens.
Nate 'n' Al's, 414 N Beverly Drive, ✆ 310/274-0101. Der bekannteste Deli in Beverly Hills. Bei der Filmbranche sehr beliebt, zudem eine der wenigen erschwinglichen Verköstigungsmöglichkeiten der Gegend. ⌚ ab 7 Uhr.
Swingers, im Beverly Laurel Motor Hotel, 8020 Beverly Blvd, ✆ 323/653-5858. Preiswertes amerikanisches Essen – mit einigen veganischen und asiatischen Gerichten –, das in seltsamerweise beliebter Motel-Atmosphäre serviert wird.
Tail o' the Pup, 329 N San Vicente Blvd, ✆ 310/652-4517, lohnt sich schon allein wegen der Pop-Architektur. Auch die Hot Dogs und Burger können sich sehen lassen.

Venice, Santa Monica und Malibu: ***Bagel Nosh,*** 1629 Wilshire Blvd, Santa Monica, ✆ 310/451-8771. Restaurant im 60er-Jahre-Stil mit reichhaltigem Frühstück.
Café 50s, 838 Lincoln Blvd, Venice, ✆ 310/399-1955. Der Name sagt alles – Richie Valens in der Musikbox, Burger auf den Tellern.
Café Montana, 1534 Montana Ave, Santa Monica, ✆ 310/829-3990. In diesem Café auf der Trendstraße des modebewussten Santa Monica bekommt man gutes Frühstück, außerdem ausgezeichnete Salate und gegrillten Fisch.
Crocodile Café, 101 Santa Monica Blvd, Santa Monica, ✆ 310/394-4783. Dieses preiswerte Nouveau Fastfood-Lokal gehört zu einer lokalen Kette; auf der Speisekarte stehen Pizzas, Sandwiches und Hamburger.
Norm's, 1601 Lincoln Blvd, Santa Monica, ✆ 310/450-0074, mit weiteren Filialen in L.A., ist eines der letzten noch existierenden klassischen Diners und ein architektonisches Schmuckstück seiner Zeit. Sehr preiswertes Frühstück, Mittagessen für ca. $5.
Rae's Diner, 2901 Pico Blvd, Santa Monica, ✆ 310/828-7937, Diner im Stil der 50er Jahre mit etwas schwerem, aber leckerem Essen. Seine türkisblaue Fassade sowie das Innere dienten für viele Filme als Kulisse, u.a. für Quentin Tarantinos *True Romance.*
Reel Inn, 18661 PCH, Malibu, ✆ 310/456-8221. Seafood-Diner am Strand mit ansprechenden Preisen und ebensolcher Atmosphäre. Filiale: 1220 W Third St, Santa Monica, ✆ 310/395-5538.

South Bay und Hafengegend: ***Blueberry Hill,*** 5735 E PCH, Long Beach, ✆ 562/986-4455. Große Portionen traditioneller amerikanischer Standardgerichte.
East Coast Bagels, 5753 E PCH, Long Beach, ✆ 562/985-0933. In einem tristen Mini-Einkaufszentrum, Großauswahl an Bagels.
Hof's Hut, 6257 E 2nd St, Long Beach, ✆ 562/598-4070. Ein einziger Biss in den saftigen Hofburger überzeugt einen, am richtigen Ort zu sein. Vier weitere Filialen in Long Beach, sieben im Orange County.
Johnny Reb's, 4663 N Long Beach Blvd, Long Beach, ✆ 562/423-7327. Schon allein der aus diesem Schuppen wehende Duft von „Southern Food" – Ribs, Welsfilet und *Hushpuppies* (Maismehlklößchen) – ist unwiderstehlich; die Portionen sind groß, die Preise niedrig.
The Local Yolk, 3414 Highland Ave, Manhattan Beach, ✆ 310/546-4407. Wie der Name vermuten lässt *(yolk* = Eigelb), werden hier hauptsächlich Eier zubereitet, dazu Muffins und Pancakes. Nur Frühstück und Mittagessen.
Pier Bakery, 100 Fisherman's Wharf Nr. M, Redondo Beach, ✆ 310/376-9582. Kleines, leckeres Angebot, z.B. Brot mit Jalapeño und Käse oder Zimtschnecken. Besseres wird man in dieser Touristengegend kaum finden.

Disneyland und Umgebung: ***Angelo's,*** 511 S State College Blvd, Anaheim, ✆ 714/533-1401, Original-50er-Jahre-Drive-in mit Bedienung auf Rollschuhen, Neonschildern und klassischen Autos. Sogar die Hamburger sind gut.
Heroes, 305 N Harbor Blvd, Fullerton, ✆ 714/738-4356. Hier kann man sich nach einem anstrengenden Tag in den Themenparks mit Hamburgern, Beef Stroganoff oder Hackbraten stärken oder mit einem Bier erfrischen – große Auswahl an Biersorten.
Knott's Chicken Dinner Restaurant, kurz vor Knott's Berry Farm, 8039 Beach Blvd, Buena Park, ✆ 714/220-5080, gab es schon lange vor Disneyland. Noch immer kommen viele Menschen hierher, um leckeres gebratenes Huhn zu kaufen; auch die Boysenberry Pies sind ein großer Renner.
Mimi's Café, 18342 Imperial Highway, Yorba Linda, ✆ 714/996-3650. Große Portionen, kleine Preise und entspannte Atmosphäre, von der Nixon Library die Straße runter.

Orange-County-Küste: ***The Cottage,*** 308 N Coast Hwy, Laguna Beach, ✆ 949/494-3023. Sehr beliebt bei hungrigen Strandbummlern. Solides Frühstück; Lunch (Seafood, Hähnchen und Pasta) ist auch nicht zu verachten.
Crab Cooker, 2200 Newport Blvd, Newport Beach, ✆ 949/673-0100. Große Portionen Krebsbeine und dampfende Schüsseln mit Fischsuppe entschädigen für das lange Warten.
Duke's, 317 PCH, Huntington Beach, ✆ 714/374-6446. Sehr beliebter Stranddiner in bester Lage in der Nähe des Piers. Es geht meist hektisch zu,

am besten hält man sich an Altbewährtes wie Steak und Salat.

Harbor House Café, 34157 PCH, Dana Point, ✆ 949/496-9270. Erstklassiges Frühstück; besonders erwähnenswert die riesigen gefüllten Omeletts – die Liste der möglichen Füllungen ist ellenlang.

Ruby's, 1 Balboa Pier, Newport Beach, ✆ 949/675-RUBY, das erste Diner im wiederentdeckten stromlinienförmigen Stil der 40er Jahre und immer noch eines der besten. Herrliche Lage am Ende des beliebten Piers. Serviert die üblichen Dinge: Hamburger, Pommes und Soft Drinks.

Zinc Café, 350 Ocean Ave, Laguna Beach, ✆ 949/494-2791. Beliebtes Frühstückslokal mit einfachen Suppen und Salaten sowie anderen leichten Gerichten.

San Gabriel Valley und San Fernando Valley:

Art's Deli, 12224 Ventura Blvd, Studio City, ✆ 818/762-1221. Seit langem bei Filmleuten beliebt (hauptsächlich „alte Hasen", nicht die jungen Schönen); gute Auswahl an leckeren Sandwiches und Suppen.

Bob's Big Boy, 4211 W Riverside Drive, Burbank, ✆ 818/843-9334. Ein traditioneller Kettendiner, und mit dem rundlichen Burgerverkäufer vor dem Haus ein Klassiker der Pop-Architektur, der dank des Einsatzes einer „Rettet den Googie"-Bürgerinitiative vor dem Abriss bewahrt wurde (der Name der Coffeeshop-Kette Googie hat sich als Synonym für die Pop-Architektur eingebürgert). ⏲ rund um die Uhr.

Dr Hogly-Wogly's Tyler Texas Bar-B-Q, 8136 Sepulveda Blvd, Van Nuys, ✆ 818/780-6701. Huhn, Würstchen, Ribs und Bohnen sind hier mit die besten in L.A. – es lohnt sich, anzustehen.

Fair Oaks Pharmacy and Soda Fountain, 1526 Mission St, South Pasadena, ✆ 626/799-1414. Herrlich restaurierte, altmodische Erfrischungsbar von 1915 an der ehemaligen Route 66 mit vielen nostalgischen Getränken.

Goldstein's Bagel Bakery, 86 W Colorado Blvd, Pasadena, ✆ 626/792-2435. In der Einkaufsgegend von Old Pasadena. Frische Backwaren, Kaffee und Tee.

Law Dogs, 14114 Sherman Way, Van Nuys, ✆ 818/908-3234. Einer dieser Essensstände, die es nur in L.A. gibt, in diesem Fall ein einfacher Hot-Dog-Stand, wo der Besitzer, ein Anwalt, sogar kostenlose Rechtsberatung anbietet (Mi 19 Uhr).

Pie & Burger, 913 E California Blvd, Pasadena, ✆ 626/795-1123, Coffee Shop im klassischen Stil mit super Cheeseburgern und hervorragenden Obstkuchen.

Porto's Bakery, 315 N Brand Blvd, Glendale, ✆ 818/956-5996. Preiswertes Café, kubanisches Gebäck und Sandwiches, Käsekuchen mit viel Rum, Muffins, Croissants usw.

Wolfe Burgers, 46 N Lake Ave, Pasadena, ✆ 626/792-7292. Superleckere Gyros, Chili, Tamales und Hamburger.

MEXIKANISCH UND LATEINAMERIKANISCH – L.A.s mexikanische Restaurants bieten wohl das beste Essen; überaus schmackhafte, gesunde und sättigende Gerichte sind schon ab $5 zu haben. Sowohl authentische als auch an den US-amerikanischen Geschmack angepasste Lokale sind überall zu finden, einige der besten davon in East L.A. **Karibische Küche** ist nicht ganz so verbreitet, aber durchaus einen Versuch wert, vor allem in ihrer kubanischen Variante. Die Kochkünste aus anderen Gegenden Lateinamerikas erfreuen sich zunehmender Beliebtheit; sei es die herzhafte Kost mittelamerikanischer Länder wie Honduras und Nicaragua, auf peruanische Art zubereitetes Seafood oder die knoblauchgespickten, scharf gewürzten Platten mit argentinischem Rindfleisch, die an der Westside viele Anhänger haben.

Downtown und Umgebung: ***Burrito King,*** 2109 W Sunset Blvd, Echo Park, ✆ 213/484-9859, kleiner Stand mit hervorragenden Burritos und schmackhaften Tostadas, ⏲ tgl. bis 2 Uhr.

Ciro's, 705 N Evergreen Ave, East L.A., ✆ 323/267-8637. Enorme Portionen Shrimps und Mole-Spezialitäten. Ganz oben in der Gunst des Publikums stehen die Flautas. Auch zum Mitnehmen.

El Cholo, 1121 S Western Ave, ✆ 323/734-2773, eines der ersten großen mexikanischen Restaurants in der Stadt und immer noch eines der besten, gute Auswahl an Dauerbrennern wie Enchiladas und Tamales.

King Taco, 1104 S Hoover St, ✆ 213/738-9197. Eines von vielen Lokalen dieser Kette in Downtown L.A., große Auswahl an verschiedenen, zumeist recht guten Tacos.

La Luz del Día, 107 Paseo de la Plaza, ✆ 213/628-7495. Authentisches mexikanisches Restaurant mit feurigen Burritos, Enchiladas und Eintöpfen in großen Portionen.

Luminarias, 3500 W Ramona Blvd, Monterey Park, ✆ 323/268-4177. Neben dem Genuss mexikanischer, überwiegend aus Seafood zubereiteter Gerichte kann hier auch Salsa und Merengue getanzt werden (s.u. „Live-Musik"). Der Name *Luminarias* bezieht sich auf Gedenkkerzen in braunen Papiertüten.

Hollywood: ***Casa Carnitas***, 4067 Beverly Blvd, südlich von Hollywood, ✆ 323/667-9953, schmackhaftes mexikanisches Essen aus Yucatan, mit kubanischem und karibischem Einfluss, viel Seafood.

Havana on Sunset, 5825 Sunset Blvd, ✆ 323/464-1800. Wie der Name sagt, ist alles in diesem lebendigen Lokal kubanisch, sowohl die Musik als auch die Mahlzeiten: Suppen, knoblauchhaltige Hauptgerichte und Meeresfrüchte.

Mario's Peruvian Seafood Restaurant, 5786 Melrose Ave, ✆ 323/466-4181. Schmackhafte und authentische peruanische Küche. Wunderbar zarter Tintenfisch, manche Gerichte mit einem Schuss Sojasoße.

Mexico City, 2121 N Hillhurst Ave, ✆ 323/661-7227. Spinatgefüllte Enchiladas und andere kalifornische Versionen mexikanischer Standardgerichte bei tollem Ausblick auf das Treiben auf der Straße.

Yuca's Hut, 2056 N Hillhurst Ave, ✆ 323/662-1214, verstecktes Juwel, leckere Burritos.

West L.A.: ***Baja Fresh***, 475 N Beverly Drive, ✆ 310/858-6690. Preiswerte, leckere mexikanische Standardgerichte, die hungrigen Schaufensterbummlern und Filmaspiranten serviert werden.

Carlitos Gardel, 7963 Melrose Ave, ✆ 323/655-0891. Schmackhafte argentinische Küche: scharfe Gewürze, Knoblauch, viel Rindfleisch und Würste.

El Compadre, 7408 W Sunset Blvd, ✆ 323/874-7924. Starke Margaritas, Mariachi-Bands und billige mexikanische Standardgerichte. Eine von mehreren Filialen, die zumeist weiter außerhalb liegen.

El Coyote, 7312 Beverly Blvd, ✆ 323/939-2255. Dieses labyrinthartige mexikanische Restaurant kennt praktisch jeder Westsider. Sättigende Kost, üppige Portionen. Die Hauptattraktionen des düsteren Ladens sind wohl die niedrigen Preise und die hochprozentigen Margaritas.

La Salsa, 1154 Westwood Blvd, ✆ 310/208-7083. Gute, weiche Tacos und Burritos.

Versailles, 10319 Venice Blvd, ✆ 310/558-3168. Lebendiges und lautes, authentisches kubanisches Restaurant, das gebackene Bananen, Paella sowie schwarze Bohnen und Reis anbietet. In der Nähe eine weitere Filiale: 1415 S L.A. Cienega Blvd, ✆ 310/289-0392.

Zabumba, 10717 Venice Blvd, Culver City, ✆ 310/841-6525. Brasilianisches Restaurant mit Bossa-Nova-Musik und lebendiger Atmosphäre. Lateinamerikanisch beeinflusste Pizzas und leckeres Seafood.

Santa Monica, Venice und Malibu: ***Border Grill***, 1445 4th St, Santa Monica, ✆ 310/451-1655. Lateinamerikanische Küche mit ausgezeichneten Desserts.

Gaucho Grill, 1251 Third Street Promenade, Santa Monica, ✆ 310/394-4966. Gutes argentinisches Kettenrestaurant; lecker gewürzte Gerichte und saftige Steaks mit viel Knoblauch.

Mariasol, 401 Santa Monica Pier, Santa Monica, ✆ 310/917-5050. Mexikanische Standardgerichte und Biere mit Aussicht; am Ende des Pier versteckt bietet das kleine Aussichtsdeck einen Blick auf Malibu und Venice.

Marix Tex-Mex Playa, 118 Entrada Drive, Pacific Palisades, ✆ 310/459-8596, etwas raue, aber stilvolle Cantina am Strand. Gute Fajitas und gewaltige Margaritas. Filiale in Hollywood, 1108 N Flores St, ✆ 323/656-8800.

South Bay und Hafengegend: ***Alegría Cocina Latina***, 115 Pine Ave, unweit des Hafens in Downtown Long Beach, ✆ 562/436-3388. Lateinamerikanische Gerichte mit Sangría auf der Terrasse, am Wochenende Flamenco live.

El Pollo Inka, 1100 PCH, Hermosa Beach, ✆ 310/372-1433. Leckeres Hühnchen und scharfe Suppen nach peruanischem Rezept. Eine Filiale in Westwood, 11701 Wilshire Blvd, ✆ 310/571-3334.

Pancho's, 3615 Highland Ave, Manhattan Beach, ✆ 310/545-6670. Eines der wenigen guten mexikanischen Restaurants in dieser Ecke, serviert preiswert große Portionen Tacos und Burritos.
Taco Beach, 211 Pine Ave, Long Beach, ✆ 562/983-1337. Fischtacos zählen zu den beliebtesten Gerichten auf der Speisekarte, aber auch der Rest der hier gebotenen „South of the Border"-Küche ist recht gut.

San Gabriel Valley und San Fernando Valley: ***Don Cuco's,*** 3911 W Riverside Drive, Burbank, 818/842-1123. Übliche Mexiko-Küche. Gutes Essen, besonders der Brunch sonntags ist ausgezeichnet. Eines von mehreren Kettenrestaurants im Valley.
El Tepeyac, 800 S Palm Ave, Alhambra, ✆ 626/281-3366. Riesige Burritos mit scharfer Salsa locken echte Liebhaber der mexikanischen Küche in diesen etwas entlegenen Teil des San Gabriel Valley.
Izalco, 10729 Burbank Blvd, North Hollywood, ✆ 818/760-0396. Hier wird die Küche El Salvadors stilvoll serviert, von Plantains (Kochbananen) über Ribs bis hin zu Maiskuchen und Pupusas. Eine kleine Überraschung in dieser Gegend.
Kingston Café, 333 S Fair Oaks Ave, Pasadena, ✆ 626/405-8080. Alle möglichen Spezialitäten der karibischen Küche werden hier aufgetischt.
Señor Fish, 618 Mission St, South Pasadena, ✆ 626/403-0145. Von außen wenig einladend, aber man bekommt hier leckere Fischtacos und gegrillten Heilbutt für weniger als $10.
Xiomara, 69 N Raymond Ave, Pasadena, ✆ 626/796-2520. Das Nobelrestaurant in Old Pasadena serviert leckere kubanische und lateinamerikanische Mahlzeiten.

AMERIKANISCH, CALIFORNIA CUISINE UND CAJUN – Wegen der Vorliebe für exotische Küche sind traditionelle amerikanische Restaurants mit ihrer einfachen, sättigenden Kost für rund $15 – Steaks, Ribs, gebackene Kartoffeln und Riesensalate – in L.A. viel seltener, als man annimmt.
California Cuisine, die ursprünglich aus San Francisco kommt und auf den Prinzipien einer ausgewogenen Ernährung beruht, ist viel verbreiteter und natürlich etwas teurer (um $20 für ein Hauptgericht). Es werden frische Zutaten verwendet, wobei Obst und Gemüse eine zentrale Rolle spielen. Es wird mehr gegrillt als gebraten und alles stets ästhetisch, nach Vorbild der französischen Nouvelle Cuisine angerichtet. Ein weiterer Renner ist die hauptsächlich auf Fisch basierende Cajun-Küche, die es hie und da noch preiswert und in ihrer authentischen Form gibt.

Downtown und Umgebung: ***Angelique Café,*** 840 S Spring St, ✆ 213/623-8698. Ausgezeichnetes französisch-kalifornisches Restaurant mitten im Garment District.
Café Pinot, 700 W Fifth St, ✆ 213/239-6500. Das elegante Restaurant in Nachbarschaft der L.A. Public Library bietet Nouvelle California-Cuisine, leicht französisch angehaucht – eines der bekanntesten in L.A. mit dieser Küche.
Checkers, 535 S Grand Ave, im Hilton Checkers, ✆ 213/891-0519. Eines der elegantesten Restaurants in Downtown, erstklassige kalifornische Küche. Wenn man Glück hat, liegt die Rechnung unter $100.
Engine Co. No. 28, 644 S Figueroa St, ✆ 213/624-6996. Grillsteaks und Seafood in einer ehemaligen Feuerwache. Knusprige Pommes und ausgezeichnete Weinkarte.
L.A. Prime, im Westin Bonaventure, 404 S Figueroa St, ✆ 213/612-4743. Exklusives Steakhouse im New Yorker Stil mit schöner Aussicht aus dem 35. Stock.
Pacific Dining Car, 1310 W 6th St, ✆ 213/483-6000, sehr teure Steaks in einem alten Eisenbahnwaggon mit einer Ausstattung im englischen Club-Stil. Bis 2 Uhr geöffnet, am meisten lohnt das Frühstück.
Water Grill, 544 S Grand Ave, ✆ 213/891-0900. Eine der besten Adressen in L.A. und anderswo für California Cuisine; hauptsächlich auf phantasievolle, immer wieder unterschiedliche Weise zubereitetes Seafood. Sehr teuer.

Hollywood: ***Alex,*** 6703 Melrose Ave, ✆ 323/933-5233. Kalifornische Variationen französischer Küche in dunklem Ambiente bei schummriger Beleuchtung.
Cha Cha Cha, 656 N Virgil Ave, ✆ 323/664-7723. Paella, Shrimps an schwarzem Pfeffer, mariniertes und gegrilltes Huhn sowie andere Köstlich-

keiten aus der Karibik. Filiale in Long Beach, 762 Pacific Ave, ✆ 562/436-3900.

Hollywood Canteen, 1006 N Seward St, ✆ 323/465-0961. Schummrige Club-Szenerie, in der es Fisch, Steaks und Muschelsuppe gibt – ideales Ambiente, um sich als Hollywood-Größe zu fühlen. Nicht ganz so teuer wie andere Schuppen in der Gegend.

Musso & Frank Grill, 6667 Hollywood Blvd, ✆ 323/467-7788. Ein seit 1919 bestehender Klassiker mit dunkel getäfeltem Speiseraum. Besser als das überteuerte Essen sind allerdings die Drinks.

Off Vine, 6263 Leland Way, ✆ 323/962-1900. Fantasievoll variierte kalifornische Küche – u.a. Huhn mit Pekannüssen, Entenwürstchen und Grand Marnier-Soufflé.

Patina, 5955 Melrose Ave, ✆ 323/467-1108. Höchste kalifornische Gaumenfreuden in ultraschickem Ambiente.

Pig 'n Whistle, 6714 Hollywood Blvd, ✆ 323/463-0000. Der aus dem Jahre 1927 datierende Diner wurde restauriert und in ein schickes California-Cuisine-Restaurant umgewandelt; auch die Preise wurden leider entsprechend angehoben. Auf der Speisekarte steht allerlei vom Schwein, von Ribs über Schweinebraten bis hin zu Bacon.

Pinot Hollywood, 1448 Gower St, ✆ 323/461-8800. Kreuzung aus amerikanischer gehobener Küche und französischer Nouvelle Cuisine in großzügigen Räumlichkeiten, außerdem 24 verschiedene Martinis und polnischer Vodka aus Kartoffeln.

Vermont, 1714 N Vermont Ave, ✆ 323/661-6163. Eines der besten neuen Restaurants mit kalifornischer Küche, teilweise sehr fantasievoll präsentiert.

Vida, 1930 Hillhurst Ave, Los Feliz, ✆ 213/660-4446. Das Eldorado für L.A.s kulinarische Trend-Szene mit saftiger kalifornischer Küche und dunkler Südsee-Bar.

West L.A.: ***Barefoot,*** 8722 W Third St, ✆ 310/276-6223. Gute und an der Lage zwischen Beverly Hills und dem Beverly Center gemessen sehr günstige Pasta, Pizza und Seafood-Gerichte.

Cajun Bistro, 8301 Sunset Blvd, West Hollywood, ✆ 323/656-6388. Netter Cajun-Laden im Zentrum des Boulevard; schmackhafte Louisiana-Gerichte (besonders die Jambalaya), für die man nicht allzu viel Geld hinblättern muss.

Flora Kitchen, 460 S La Brea Ave, ✆ 323/931-9900. Restaurant und Blumenladen Rita Flora gehören zusammen. Zu essen gibt es Sandwiches im California-Cuisine-Stil, mit leckeren, frischen Zutaten.

The Gumbo Pot, 6333 W 3rd St, ✆ 323/933-0358, im Farmers Market. Köstliches, billiges Cajun-Essen.

Jar, 8225 Beverly Blvd, ✆ 323/655-6566. Steakhouse mit einem fantasievollen Hauch kalifornischer Küche.

La Boheme, 8400 Santa Monica Blvd, West Hollywood, ✆ 323/848-2360. Dunkles, fast gruseliges Dekor; das Essen ist eine Mischung aus California Cuisine und asiatischen Kochstilen.

L'Orangerie, 903 N La Cienega Blvd, West Hollywood, ✆ 310/652-9770, neue französische Küche im kalifornischen Stil. Wer nicht die $150 dabei hat, die man braucht, wenn man sich an einen der Tische setzen will, sollte wenigstens den Blick von der Bar genießen.

Maurice's Snack 'n' Chat, 5549 W Pico Blvd, ✆ 323/931-3877. Hier wird alles erst nach der Bestellung zubereitet, auf hausgemachtes Brot oder Brathähnchen muss man daher zwei Stunden warten, Hähnchen vom Grill oder Lachskroketten bekommt man schneller.

McCormick and Schmick's, 206 N Rodeo Drive, Beverly Hills, ✆ 310/859-0434. Schickes Seafood-Restaurant; manchmal Sonderangebote für Weekend Dinner. Beliebt bei Geschäftsleuten.

Spago, 176 N Cañon Drive, ✆ 310/385-0880. Nach der Schließung der Sunset-Strip-Zweigstelle von L.A.s berühmtestem Restaurant muss man sich nun in das pompösere Beverly-Hills-Lokal begeben, um die neuesten kulinarischen Kreationen des Californian-Cuisine-Meisterkochs Wolfgang Puck zu kosten, wie u.a. seine Designer-Pizzas.

Santa Monica, Venice und Malibu: ***17th Street Café,*** 1610 Montana Ave, Santa Monica, ✆ 310/453-2771. Seafood, Pasta, Sandwiches und Burger zu moderaten Preisen in einer schicken Gegend. Angenehm entspannte, unprätentiöse Atmosphäre.

Gladstone's 4 Fish, 17300 PCH, nahe der Abzweigung des Sunset Blvd, ✆ 310/573-0212, ist mehr für seine exquisite Lage und weniger für sein überteuertes Seafood bekannt, das zudem stark paniert und über Gebühr gebraten ist.
Granita, 23725 W Malibu Rd, ✆ 310/456-0488. Wer von den Kreationen des Meisterkochs Puck (s.o. *Spago*) nicht genug bekommen kann, muss auch in Malibu nicht darauf verzichten. Die kulinarischen Genüsse der kalifornischen Küche mit italienischem Einschlag sind allerdings nicht billig.
Hal's, 1349 Abbot Kinney Blvd, Venice, ✆ 310/396-3105. Beliebtes Restaurant mit guten amerikanischen Standardgerichten wie Steak und Lachs.
Joe's, 1023 Abbot Kinney Blvd, Venice, ✆ 310/399-5811. Eines der weniger bekannten guten Restaurants in L.A. serviert attraktive kalifornische, französisch angehauchte Gerichte.
Killer Shrimp, 523 Washington Blvd, Marina del Rey, ✆ 310/578-2293. Wenn einem der Sinn nach Shrimps steht, sucht man am besten dieses unansehnliche, aber beliebte Lokal auf. Hier gibt's zu einem annehmbaren Preis Shrimps satt.
Michael's, 1147 Third St, Santa Monica, ✆ 310/451-0843, bietet kalifornische Küche, inmitten moderner Kunst, sehr beliebt wegen der saftigen Hummer-, Lachs- und Kalbfleischgerichte.
Saddle Peak Lodge, 419 Cold Canyon Rd, Calabasas, ✆ 818/222-3888. Rustikale Jagd-Lodge der Luxusklasse mit exquisiter kalifornischer Küche.

ITALIENISCH, SPANISCH, GRIECHISCH – L.A. bietet eine große Auswahl an Restaurants mit regionaler italienischer Küche, vor allem an der Westside.
Ein besonderes Phänomen ist die Designer-Pizza, die mit allerlei exotischen Zutaten belegt wird, z.B. Ente oder Edelpilzen.
Das Problem bei dieser neu entwickelten italienischen Küche ist ihr Preis. Selbst ein Nudelgericht in einem durchschnittlichen italienischen Restaurant kostet mindestens $15, für die einfachste Designer-Pizza werden gleich $10 verlangt.
Ähnlich beliebt und teuer sind inzwischen auch spanische Restaurants und Tapas-Bars. Griechisches Essen ist dagegen nicht so leicht aufzutreiben.

Downtown: ***Ciao Trattoria,*** 815 W Seventh St, ✆ 213/624-2244. In einem ins Auge fallenden Gebäude im romanischen Stil – eine gute Wahl für norditalienische Küche. Nicht ganz billig.
Cicada, 617 S Olive St, ✆ 213/488-9488. Italienisches Restaurant im beeindruckenden Art-déco-Ambiente des Oviatt Building; leckere, bezahlbare Pasta; bei Fisch und Steaks muss erheblich tiefer in die Tasche gegriffen werden.
Ciudad, 445 S Figueroa St, ✆ 213/486-5171. Farbenfrohes spanisches Lokal mit mexikanischem Einschlag; köstliche Speisen und Latino-Klänge live.
Papa Cristo's, 2771 W Pico Blvd, ✆ 323/737-2970. Der authentische Grieche serviert sehr preiswerte mediterrane Köstlichkeiten in einem düsteren Viertel.

Hollywood: ***Chianti Cucina,*** 7383 Melrose Ave, ✆ 323/653-8333. Nostalgie der 30er Jahre inmitten modernen Melrose-Trubels, südlich von Hollywood, u.a. schmackhafte Ravioli und lecker zubereitete Hühnchen- und Lammgerichte.
Louise's Trattoria, 4500 Los Feliz Blvd, ✆ 323/667-0777. Restaurantkette, die jedem in L.A. ein Begriff ist und zum Teil wegen der guten, preiswerten Pizza geliebt, zum Teil wegen der zu lange gekochten, faden Nudelgerichte gehasst wird.
Miceli's, 1646 N Las Palmas Ave, ✆ 323/466-3438. Pizzas im alten Stil, mit reichlich Tomatensauce und einer dicken Schicht überbackenem Käse – nicht gerade Nouvelle Cuisine, aber rutscht gut runter.
Palermo, 1858 N Vermont Ave, ✆ 323/663-1178, so alt wie Hollywood selbst, hat viele Fans, die hier regelmäßig herkommen, um sich mit Pizza voll zu stopfen und dem preiswerten Rotwein volllaufen zu lassen.

West L.A.: ***Ca' Brea,*** 346 S La Brea Ave, ✆ 323/938-2863. Eine der besten Adressen Hollywoods für italienische Küche – v.a. das Osso Buco und die Risotti sind ausgezeichnet. Im Voraus reservieren und ein gut gefülltes Portemonnaie (oder Kreditkartenkonto) mitbringen.
Campanile, 624 S La Brea Ave, ✆ 323/938-1447. Teures, aber superbes norditalienisches Essen. Wer sich kein Dinner leisten kann, sollte wenigs-

tens eine Nachspeise bestellen oder das leckere Brot in der *La Brea Bakery* nebenan kosten.

Cobras and Matadors, 7615 Beverly Blvd, ✆ 323/932-6178. Feines Tapa-Restaurant am Pan Pacific Park mit sämtlichen kastilischen Köstlichkeiten.

Delphi, 1383 Westwood Blvd, ✆ 310/478-2900. Authentische griechische Küche in einem schlichten Lokal mit vernünftigen Preisen.

Locanda Veneta, 8638 W Third St, ✆ 310/274-1893. Ravioli, Risotto, Kalbfleisch und Carpaccio der Extraklasse. Der kulinarische Hochgenuss hat sich herumgesprochen – mit Wartezeiten ist zu rechnen.

Mimosa, 8009 Beverly Blvd, ✆ 323/655-8895. Französisches Bistro mit italienischem Einschlag.

Santa Monica, Venice und Malibu: ***Abott's Pizza Company***, 1407 Abbot Kinney Blvd, Venice, ✆ 310/396-7334. Hier wurde die *bagel crust pizza* erfunden, gekrönt von Körnern nach Wunsch, Zitronensoße oder Shiitake-Pilzen und Pilzsoße.

Drago, 2628 Wilshire Blvd, Santa Monica, ✆ 310/828-1585. Superschickes italienisches Restaurant mit entsprechend nobler Atmosphäre.

Valentino, 3115 Pico Blvd, Santa Monica, ✆ 310/829-4313. In äußerst gepflegtem Ambiente wird angeblich die beste italienische Küche der gesamten USA geboten– entsprechend tief muss in die Tasche greifen, wer sich selbst ein Urteil bilden möchte.

Wildflour Pizza, 2807 Main St, Santa Monica, ✆ 310/392-3300. Der gemütliche Laden serviert leckere, knusprig-dünne Pizzas und ist oft voll.

Wolfgang Puck Express, 1315 Third St, Santa Monica, ✆ 310/576-4770. Im 1. Stock eines Lebensmittelmarktes, Filiale einer landesweiten Restaurantkette. Ausgezeichnete Pizza und Salate, dazu ein kostenloser Blick auf die vorbeiflanierenden Touristen.

South Bay und Hafengegend: ***Alegria Cocina Latina***, 115 Pine Ave, Long Beach, ✆ 562/436-3388. Gute Tapas und Gazpacho werden zusammen mit Sangria im Patio serviert, jeden Abend Live-Flamenco, erstklassige Lage in Downtown Long Beach.

L'Opera, 101 Pine Ave, ✆ 562/491-0066. Italienische Küche mit starkem California Cuisine-Einschlag in einem historischen Gebäude in der Nähe der Downtown von Long Beach. Gediegene Atmosphäre.

Mangiamo, 128 Manhattan Beach Blvd, Manhattan Beach, ✆ 310/318-3434, nicht gerade billig, lohnt sich aber wegen des norditalienischen Seafood und seiner Lage am Strand.

Mykonos, 5374 E Second St, Long Beach, ✆ 562/434-1856. Authentische griechische Gerichte in angenehmer, schlichter Atmosphäre.

San Gabriel Valley und San Fernando Valley: ***Café Santorini***, 64–70 W Union St, Pasadena, ✆ 626/564-4200. Wohlschmeckende Mischung griechischer und italienischer Speisen – Capellini, Souvlaki und Risotto –, gelegentlich gelangt auch eine amerikanische Wurst in das Menü. Auf einer gemütlichen Plaza; man kann auch draußen sitzen.

La Luna Negra, 44 W Green St, Pasadena, ✆ 626/844-4331. Köstliche spanische Klassiker werden hier auf traditionelle Weise zubereitet.

Market City Caffè, 164 E Palm Ave, Burbank, ✆ 818/840-7036. Süditalienische Küche, die eine Reihe mediterraner Genüsse bietet, außerdem eine hervorragende Antipasto-Bar.

Panzanella, 14928 Ventura Blvd, Sherman Oaks, ✆ 818/784-4400. Einer der besten Italiener in L.A., verbindet traditionelle mittelitalienische Küche mit kalifornischer Kreativität.

Spark Woodfire, 11801 Ventura Blvd, Studio City, ✆ 714/960-0996. Schickes italienisches Restaurant mit kalifornischem Einschlag, aber immer noch authentisch genug.

JAPANISCH, CHINESISCH, THAI, KOREANISCH – In den stilvollen Sushi-Bars und Dim-Sum-Restaurants der nobleren Viertel, wo sich ausländische Besucher und örtliche Yuppies treffen, kann man locker $30 ausgeben. Billiger isst man in den einfacheren Restaurants in Downtown, wo man für ca. $12 satt werden kann.

Chinesische Restaurants sind über die ganze Stadt verteilt, die preiswertesten und ansprechendsten findet man aber ohne Frage in Chinatown. Darüber hinaus gibt es viele ausgezeichnete Thai- und koreanische Lokale, wo Mahlzeiten um $15 kosten, bei einigen Luxuskoreanern aber auch bis zu $50.

Downtown und Umgebung: ***Dong Il Jang,*** 3455 W 8th St, ✆ 213/383-5757, gemütliches koreanisches Restaurant, in dem das Fleisch am Tisch zubereitet wird.
Grand Star, 934 Sun Mun Way, Chinatown, ✆ 213/626-2285. Die traditionellen Suppen und Fleischgerichte sind schmackhaft und authentisch, doch die Hauptattraktion hier ist Video-Karaoke (So, Di und Mi).
Mandarin Deli, 727 N Broadway Nr. 109, ✆ 213/623-6054. Billige Nudeln und Dumplings. Im Zentrum des Geschehens auf dem Broadway. Auch in 356 E Second St, Little Tokyo, ✆ 213/617-0231.
Mitsuru Café, 117 Japanese Village Plaza, Little Tokyo, ✆ 213/613-1028. Speiseeis in exotischen Geschmacksrichtungen wie z.B. *kintoki* (Azukibohnenpaste) oder *imagawayaki*, ein mit gebackenen Adzukibohnen gefülltes Kuchenbrötchen.
Mon Kee's, 679 N Spring St, Chinatown, ✆ 213/628-6717. Alteingesessenes Restaurant, das wegen des angebotenen frischen Fischs und der herzhaften Seafood-Suppen sehr beliebt ist.
Ocean Seafood, 750 N Hill St, ✆ 213/687-3088, ein manchmal etwas überfülltes, preiswertes Cantonese Restaurant mit hervorragendem Essen – u.a. leckere Abalone, Krebse, Garnelen und Ente.
Pho 79, 727 N Broadway #120, ✆ 213/625-7026. Dieses einfache vietnamesische Kettenrestaurant ist eine ausgezeichnete Adresse für schmackhafte Nudelgerichte und authentische Suppen.
Yang Chow, 819 N Broadway, Chinatown, ✆ 213/625-0811. Gutes chinesisches Restaurant mit delikatem Szechuan-Rindfleisch und leckeren Garnelengerichten.

Hollywood: ***Chan Darae,*** 1511 N Cahuenga Blvd, ✆ 323/464-8585. Erstklassige Thai Küche, die Einheimische bereits für sich entdeckt haben.
Jitlada, 5233 Sunset Blvd, ✆ 323/667-9809. In einer kleinen Mall mit mäßiger Atmosphäre, wofür das scharfe Hühnchen sowie die Tintenfisch- und Seafood-Currys ebenso entschädigen wie die erschwinglichen Preise.
Joss, 9255 Sunset Blvd, ✆ 310/276-1886. Die Westside-Version chinesischer Küche, insgesamt sehr hip.
Sanamluang Café, 5176 Hollywood Blvd, ✆ 323/660-8006. Die billigen und großen Nudelportionen in diesem fast die ganze Nacht geöffneten Thai-Restaurant sind nicht zu schlagen.
Shibucho, 3114 Beverly Blvd, ✆ 213/387-8498, exzellente Sushi-Bar etwas südlich von Silver Lake. Man sollte mit jemandem hingehen, der weiß, was man bestellen kann, denn die Angestellten sprechen kein Englisch! Tintenfisch und Aal sind empfehlenswert, ebenso der berühmte *toro*, eine hervorragende, aber teure Tunfischdelikatesse.
Tommy Tang's, 7313 Melrose Ave, ✆ 323/937-5733. Hervorragendes, edles Thai-Restaurant in einer geschäftigen Einkaufsgegend, das skurrilerweise dienstagabends Drag-Nights veranstaltet.
Vim, 5132 Hollywood Blvd, ✆ 323/662-1017. Billige, authentische Thai- und chinesische Gerichte; gut u.a. die Seafood-Suppe und die altbeliebten Thainudeln Pad Thai.

West L.A.: ***Chin Chin,*** 8618 Sunset Blvd, ✆ 310/652-1818. Aufwendiges, aber gutes Dim-Sum-Café, ein beliebter Dauerbrenner; es gibt einige Filialen, ⌚ bis 24 Uhr.
Chaya Brasserie, 8741 Alden Drive, ✆ 310/859-8833. Asiatisches Bistro mit recht hohen Preisen und entsprechend schicker Klientel.
Chung King, 11538 W Pico Blvd, ✆ 310/477-4917. Das beste chinesische Kiez-Restaurant in L.A. Würzige Szechuan-Küche, ein Tipp ist das *bum-bum-Chicken.*
Genghis Cohen, 740 N Fairfax Ave, ✆ 323/653-0640. Chinesische Standardgerichte mit jiddischem Touch.
Matsuhisa, 129 N L.A. Cienega Blvd, ✆ 310/659-9639. Die bekannteste Adresse in L.A. für Sushi, sollte aber nur mit prall gefülltem Portemonnaie aufgesucht werden, denn für den Preis kann man in anderen guten, aber wesentlich preiswerteren japanischen Restaurants zwei- bis dreimal dinieren.
Mishima, 8474 W Third St, ✆ 323/782-0181. Beliebtes und erschwingliches Lokal in der Westside, dessen Misosuppe und Udon- sowie Soba-Nudeln mit zu den besten in L.A. gehören.

Mori Sushi, 11500 W Pico Blvd, ✆ 323/479-3939. Das ruhige, stilvolle Lokal, das sich nicht bemüht, trendy zu sein, serviert superfrische, leckere Sushi.

The Sushi House, 12013 W Pico Blvd, ✆ 310/479-1507. Reggae und Sushi vereinigen sich in einer winzigen Bar mit wenigen Sitzplätzen. Empfehlenswert ist der *Superman*, ein regenbogenfarbiges Sushi mit Lachs, Gelbschwanz, Seehering und Avocado.

Santa Monica und Venice: *Chaya Venice,* 110 Navy St, Venice, ✆ 310/396-1179. Die schicke Sushibar bietet eine elegante Mischung aus japanischen Gerichten und Küche aus dem Mittelmeerraum; gestyltes Publikum.

Chinois on Main, 2709 Main St, Santa Monica, ✆ 310/392-9025. Teures Wolfgang-Puck-Restaurant, eine Mischung aus neuer französischer und chinesischer Küche, die hungrige Yuppies und selbsternannte Restaurantkritiker anlockt.

Flower of Siam, 2553 Lincoln Blvd, Venice, ✆ 310/827-0050. Von manchen in höchsten Tönen gepriesenes, authentisches Thai-Essen, das garantiert die Geschmacksnerven verbrennt.

Lighthouse Buffet, 201 Arizona Ave, Santa Monica, ✆ 310/451-2076. All-you-can-eat-Sushi zu vernünftigen Preisen, entweder um die Mittagszeit (ca. $10) oder abends ($20).

San Gabriel Valley und San Fernando Valley:
Genmai-Sushi, 4454 Van Nuys Blvd, Sherman Oaks, ✆ 818/986-7060. Genmai ist das japanische Wort für braunen Reis, aber es gibt auch Taschenkrebse, Sushi und makrobiotische Gerichte.

Kuala Lumpur, 69 W Green St, Pasadena, ✆ 626/577-5175. Malaysisches Restaurant, das auch andere südostasiatische Speisen anbietet.

Saladang, 363 S Fair Oaks Ave, Pasadena, ✆ 626/793-8123. Das Pad Thai, das Curry und die würzigen Saladang-Nudeln können sich mit jedem Nobelrestaurant messen.

Shiro, 1505 Mission St, South Pasadena, ✆ 626/799-4774. Eines der wenigen Spitzenrestaurants in South Pasadena, besonders für Seafood zu empfehlen.

Sushi Nozawa, 11288 Ventura Blvd, Studio City, ✆ 818/508-7017. Traditionelle, nicht billige Sushi. Der Koch an der Bar ist dafür bekannt, dass er bestimmt, was die Kunden essen. Keine Widerrede, so geht's hier zu, basta!

INDISCH, SRI LANKA UND NAHOST – Indisches und srilankisches Essen gewinnt immer mehr Anhänger in L.A. Inzwischen kann es passieren, dass man in einem indischen Restaurant ein quasi-kalifornisches Gericht serviert bekommt. Die Orientalische Küche in L.A präsentiert sich eher traditionell, mit der einen oder anderen kalifornischen Note.

Die indischen und orientalischen Restaurants in Hollywood oder West L.A. gehören überwiegend der mittleren Preiskategorie an: Man muss mit ca. $10–15 für ein Hauptgericht rechnen, für ein vegetarisches indisches Gericht mit etwas weniger.

Hollywood: *Electric Lotus,* 4656 Franklin Ave, ✆ 323/953-0040. Etwas beengt, in einem kleinen Einkaufszentrum gelegen; sehr preiswerte indische Gerichte. Übliches Angebot: Pakora, Curries usw.

Marouch, 4905 Santa Monica Blvd, ✆ 323/662-9325. Gutes libanesisches Restaurant mit vernünftigen Preisen.

Moun of Tunis, 7445 Sunset Blvd, ✆ 323/874-3333. Viele Gänge köstlicher tunesischer Spezialitäten, aromatisch und mit vielen exotischen Gewürzen – und regelmäßig Bauchtanz.

New East India Grill, 345 N La Brea Ave, ✆ 323/936-8844. Südindische Küche mit kalifornischem Einschlag und beeindruckenden Spezialitäten.

Zankou Chicken, 5065 Sunset Blvd, ✆ 323/665-7845. Die Kette bietet das beste Preis-Leistungs-Verhältnis unter den orientalischen Restaurants der Stadt.

West L.A.: *Clay Pit,* 145 S Barrington Ave, ✆ 310/476-4700. Serviert mit das beste indische Essen in L.A., und das zu erschwinglichen Preisen – u.a. mit Lammhack gefülltes *naan* und *chicken tandoori*.

Koutoubia, 2116 Westwood Blvd, ✆ 310/475-0729. Gute, authentische marokkanische Kost. Lamm, Couscous und Seafood sind besonders zu empfehlen.

Noura Cafe, 8479 Melrose Ave, ✆ 323/651-4581. Arabische Spezialitäten zu moderaten Preisen. Als Einstieg empfiehlt sich die Platte *taster's delight* – Houmus, Baba Ganoush, Tabouli, Falafel, gebratene Auberginen, Zucchini und gefüllte Weinblätter.
Nyala, 1076 S Fairfax Ave, ✆ 323/936-5918. Eines von mehreren äthiopischen Lokalen auf der Fairfax.
Shamshiry Grill, 1916 Westwood Blvd, ✆ 310/474-1410. Das beste iranische Restaurant in der Gegend: Kebab, Pilaf, Reiskuchen und exotische Soßen.
Surya, 8048 W Third St, ✆ 323/653-5151. Inder mit japanischen und kalifornischen Anleihen.

San Gabriel Valley und San Fernando Valley: ***Burger Continental,*** 535 S Lake Ave, Pasadena, ✆ 626/792-6634. Was sich nach Fastfood-Imbiss anhört, ist in Wirklichkeit eines der besseren und preiswerteren orientalischen Restaurants in L.A.
Carousel, 304 N Brand Ave, Glendale, ✆ 818/246-7775. Charmantes libanesisches Restaurant in Downtown Glendale mit köstlichen Speisen.

VEGETARISCH UND VOLLWERTKOST – Es gibt eine große Auswahl an vegetarischen und Vollwertkost-Restaurants, besonders an der modischen Westside von L.A. Einige sind relativ preiswert, andere versuchen, den Vegetarismus als New-Age-Erlebnis mit Musik zu verkaufen, und verlangen dafür das Dreifache.
Selbstverpfleger können bei *Trader Joe's* einkaufen, der importierten Käse, Brot und Konserven anbietet, oder auf einen der Farmers Markets gehen, wo jede Menge biologisch-dynamische Produkte verkauft werden; Ankündigungen sind der Tagespresse zu entnehmen. Läden mit Naturkost s.S. ###, „Einkaufen".

West L.A.: ***Erewhon,*** 7660 Beverly Blvd, ✆ 323/937-0777. Nostalgische Saftbar und Deli mit jeder Menge Weizen- und Pollensäfte.
Fountain of Health, 3606 W Sixth St, ✆ 213/387-6621. Vegetarische Chilis und Burger sind die Renner in diesem preiswerten Restaurant gleich südlich von Hollywood. ⌚ Mo–Fr und nur bis 15 Uhr.
Inaka Natural Foods, 131 S L.A. Brea, ✆ 323/936-9353, im angesagten Bezirk La Brea, vegetarisches und makrobiotisches Essen mit japanischem Einschlag. Am Wochenende Live-Musik.
Newsroom Café, 120 N Robertson Blvd, ✆ 310/652-4444. Bevorzugte Adresse zweitklassiger Stars mit erstklassigen Allüren für Gemüseburger und Weizensäfte, insbesondere mittags; auch Regale voller Zeitschriften (daher der Name) und Internet-Zugang.
Real Food Daily, 414 N L.A. Cienega Blvd, ✆ 310/289-9910. Veganisches Restaurant, bietet u.a. Avocadoschnecken, Rote-Beete-Suppe und Salate; sehr beliebt. Filialen: 514 Santa Monica Blvd, Santa Monica, ✆ 310/451-7544, und 242 S Beverly Drive, Beverly Hills, ✆ 310/858-0880.

Santa Monica, Venice, Malibu: ***Figtree's Café,*** 429 Ocean Front Walk, Venice, ✆ 310/392-4937, serviert schmackhafte vegetarische Gerichte und gegrillten Fisch auf einer sonnigen Veranda nahe der Promenade. Gesundheitsbewusste Yuppies fallen hier in Scharen zum Frühstück ein.
Inn of the Seventh Ray, 128 Old Topanga Rd, Topanga Canyon, ✆ 310/455-1311, *das* New-Age-Restaurant überhaupt. Vegetarische und andere Vollwertkost, etwas abgelegen.
Mäni's Bakery, 2507 Main St, Santa Monica, ✆ 310/396-7700. Die angebotene vegetarische Palette dieses Cafés mit Bäckerei reicht von zuckerfreien *brownies* bis hin zu fleischlosen Sandwiches, die zum Frühstück und Mittagessen gereicht werden.
Shambala Café, 607 Colorado Ave, Santa Monica, ✆ 310/395-2160, serviert außer biologisch-dynamischem Huhn nur Fleischloses wie Pasta, Tofu, Auberginen und exotische Seetang-Gerichte.

South Bay und Hafengegend: ***Good Stuff,*** 1300 Highland Ave, Manhattan Beach, ✆ 310/545-4775. Die Betonung liegt auf gesundem Essen, vegetarisch oder auch nicht. Gute Sandwiches und Obstteller. Eine von fünf Filialen in Gebiet von South Bay.
Papa Jon's, 5006 E Second St, Long Beach, ✆ 562/439-4333. Fleischlose mexikanische Gerichte und Gemüseburger sind die Spezialitäten dieses ruhigen veganischen Lokals, das hier gleichzeitig auch einen kleinen Markt betreibt.

The Spot, 110 Second St, Hermosa Beach, ✆ 310/376-2355, unglaubliche Auswahl an vegetarischen Gerichten, basierend auf mexikanischer und internationaler Küche. Kein raffinierter Zucker, kein tierisches Eiweiß.

Bars und Kneipen

Das Nachtleben von L.A. zählt zu den besten und wildesten des Landes und verteilt sich über die gesamte Metropole. Unter der Woche sind die Bars und Clubs am besten besucht, oftmals billiger, aber keineswegs weniger unterhaltsam als am Wochenende. Am besten kommt man zwischen 23 und 24 Uhr. Die **Eintrittspreise** variieren erheblich je nach Abend und Club (meist $5–20), und man muss mindestens 21 Jahre alt sein und das anhand des Personalausweises o.Ä. belegen können, um eingelassen zu werden. Veranstaltungshinweise finden sich in der *LA Times* (freitags) oder in der *LA Weekly* (donnerstags).

Auch **Coffeehouses** jeglicher Couleur gibt es in ganz L.A., vom düsteren Loch bis zum schicken Yuppie-Magneten. Vor allem die gut besuchten Gegenden wie Melrose Avenue, West Hollywood, und Santa Monicas Third Street Promenade haben praktisch an jeder Ecke ein solches Café.

Wer richtig einen heben will, findet eine Bar oder eine *Cocktail Lounge* an jeder zweiten Ecke – erkennbar an den Neonschildern.

Die Bars von L.A. spiegeln den Charakter ihres Stadtteils wider. In Downtown treffen von Künstlern bis zu Yuppies alle möglichen Szenen aufeinander, in Hollywood die Erben der Filmindustrie und die Leder- und Rockfans.

Das Publikum in West L.A. ist trendbewusster, während es in den Strandkneipen der South Bay wilder und ausgelassener, auf jeden Fall aber weniger modisch zugeht.

Nur wenige Kneipen und Stadtbewohner nutzen die offiziellen Schankzeiten von 6–2 Uhr vollständig aus. Zwischen 21 Uhr und Mitternacht ist am meisten los.

Während der **Happy Hour**, gewöhnlicherweise zwischen 17 und 19 Uhr, sind Drinks billiger – manchmal kosten sie nur die Hälfte.

KNEIPEN – Downtown und Umgebung: *Akbar,* 4356 Sunset Blvd, ✆ 323/665-6810. Skurrile Klientel – Schwerarbeiter wie Bohemiens, Schwule und Heteros, Alte und Junge frequentieren diese gemütliche, lockere Kneipe. Gelegentlich auch Comedy und Theater.

Barragan´s, 1538 W Sunset Blvd, ✆ 213/250-4256. Eigentlich ein mexikanisches Restaurant mit annehmbarem Essen. Nach Auskunft glaubwürdiger Zeugen werden hier die stärksten Margaritas von L.A. serviert. Das Viertel ist allerdings recht zwielichtig.

Casey's Bar, 613 S Grand Ave, ✆ 213/629-2353, dunkle Holztäfelung an den Wänden, weißer Fußboden, Mi und Do Abend Klaviermusik; eine örtliche Institution.

HMS Bounty, 3357 Wilshire Blvd, ✆ 213/385-7275. Angesagte Adresse für Szenegänger, die sich in der angegammelt-düsteren, mit Seefahrerkitsch angereicherten Atmosphäre wohl fühlen.

Redwood, 316 W Second St, ✆ 213/617-2867. Nicht sonderlich schick oder spannend, aber seit 1943 eine bevorzugte Wahl, um in Downtown einen zu heben und billig zu essen. Beliebter Treffpunkt von Büroangestellten und Journalisten.

Standard Hotel Bar, 550 S Flower St, ✆ 213/892-8080. Topadresse in Downtown L.A. für Poseure in schwarzen Lederhosen, mit Wasserbetten und Astroturf-Rasen inmitten moderner Bürotürme. Eintritt ab $20, wenn man nicht im Hotel übernachtet.

Top of Five, im Westin Bonaventure, 404 S Figueroa St, ✆ 213/624-1000. Die rotierende Cocktail-Lounge im 35. Stock dreht sich nach ein paar teuren Drinks wesentlich schneller.

Hollywood: *Boardner's,* 1652 N Cherokee Ave, ✆ 323/462-9621, nette, etwas ungepflegte Stadtteilbar in der zentralen Touristengegend Hollywoods mit interessanter Geschichte. Gelegentlich Live-Gitarrenklänge.

Burgundy Room, 1621 Cahuenga Blvd, ✆ 323/465-7530. Klassische alte Hollywood-Bar mit Minimal-Dekor, harten Drinks und guter Musik.

Cat 'n' Fiddle Pub, 6530 Sunset Blvd, ✆ 323/468-3800. Laut, aber gemütlich, teures englisches Bier vom Fass, So 7–23 Uhr Live-Jazz.

Deep, 1707 N Vine St, ✆ 323/462-1144. Bar und Danceclub, mitten in der Touristenmeile gelegen, macht auf zwielichtig – u.a. erhöhte Tanzfläche für „dirty go-go dancing".

Formosa Café, 7156 Santa Monica Blvd, ✆ 323/850-9050. Angestaubte Hollywood-Institution, in der die Geister von Bogart & Co. noch recht lebendig sind. Vom faden Essen ist Abstand zu nehmen.

Frolic Room, 6245 Hollywood Blvd, ✆ 323/462-5890. Klassische L.A.-Bar, der in dem Film *LA Confidential* ein Denkmal gesetzt wurde.

Goldfingers, 6423 Yucca St, nördlich des Hollywood Blvd, ✆ 323/962-2913. Faszinierender 60er-Jahre-Kitsch, gute Drinks und jeden Abend Musik.

Good Luck Bar, 1514 Hillhurst Ave, Los Feliz, ✆ 323/666-3524. Szenige Retro-Bar mit kitschiger chinesischer Einrichtung.

Lava Lounge, 1533 N L.A. Brea Ave, ✆ 323/876-6612. Retro-Atmosphäre und Cocktails zu stampfenden Rockabilly-Klängen und unbeschwerter Surfmusik. Besonders unterhaltsam ist „Kinky Karaoke" am So Abend.

Musso & Frank Grill, 6667 Hollywood Blvd- ✆ 323/467-7788. Wer in dieser berühmten Bar aus den 40er Jahren keinen Drink genommen hat, hat Hollywood nicht gesehen.

Pinot Hollywood, 1448 Gower St, ✆ 323/461-8800. Polnischer Kartoffelschnaps und an die 30 verschiedene Martinis in luftiger Umgebung und mit schicker Klientel.

The Powerhouse, 1714 N Highland Ave, ✆ 323/463-9438, zünftiges Rockerlokal nicht weit vom Hollywood Blvd, lohnt sich erst ab Mitternacht.

Tiki Ti, 4427 W Sunset Blvd, ✆ 323/669-9381. Kleine strohbedeckte Cocktailbar mit kitschigem, pseudo-polynesischem Dekor am Rande von Hollywood.

West L.A.: ***Barney's Beanery,*** 8447 Santa Monica Blvd, ✆ 310/654-2287. Alte Bar mit langjähriger, hedonistischer Rock 'n' Roll-Geschichte. Billardtische und über 200 verschiedenen Biersorten.

El Carmen, 8138 W Third St, ✆ 323/852-1552. Lebendiger Schmuddelladen, dessen Dekor das „South of the Border"-Leitmotiv bis ins Letzte ausreizt, komplett mit schwarzsamtenen Bildern mexikanischer Ringer, Rinderhörnern, ausgestopften Schlangen und dergleichen mehr.

Jones, 7205 Santa Monica Blvd, ✆ 323/850-1726. Die hippe, junge Szene genehmigt sich hier harte, nach Rockstars benannte Drinks.

Molly Malone's Irish Pub, 575 S Fairfax Ave, ✆ 323/935-1577, irische Kneipe mit Musik und Guinness, schon fast übertrieben authentisch.

Parlour Club, 7702 Santa Monica Blvd, ✆ 323/650-7968. Skurril-stilvolle Bar in relativ düsterer Gegend. Allabendlich wild gemischte Live-Musik und gelegentlich schräge Performances.

St. Nick's, 8450 W Third St, ✆ 323/655-6917. Entspannte und bescheidene Kneipe mit guter Auswahl an Bieren und exzellenter Jukebox.

Snake Pit, 7529 Melrose Ave, ✆ 323/852-9390. Eine der besseren Bars an der Shopping-Meile mit gemischtem Publikum aus älteren Einheimischen und Touristen.

Tom Bergin's, 840 S Fairfax Ave, ✆ 323/936-7151. Hier trifft man sich seit 1936 zum Trinken; guter Irish Coffee, nicht so ruppig wie *Molly Malone's* ein Stück weiter.

Santa Monica, Venice und Malibu: ***14 Below,*** 1348 14th St, Santa Monica, ✆ 310/451-5040. Zwanglose Bar mit Billardtischen, einem Kamin sowie Auftritten von Rock-, Folk- und Blues-Künstlern.

Circle Bar, 2926 Main St, Santa Monica, ✆ 310/392-4898. Obsolete Kneipe, die in den letzten Jahren zunehmend modebewusste Auswärtige und Touristen anlockt. Nicht gerade billig.

Encounter, 209 World Way, am LAX, ✆ 310/215-5151. An kuriosem Ort auf dem Flughafenparkplatz angesiedelte Bar, die schon wegen der landenden Jets einen Besucht lohnt.

Finn McCool's, 2700 Main St, Santa Monica, ✆ 310/452-1734. Guter Irish Pub mit Guinness und klassischem Essen.

Gotham Hall, 1431 Third St, Santa Monica, ✆ 310/394-8865. Starke Drinks und Pool Billard locken hier ein eher junges Hollywood-Publikum an.

Library Alehouse, 2911 Main St, Santa Monica, ✆ 310/314-4855. Die beste Auswahl an Bieren aus Kleinbrauereien an der Westküste.

Ye Olde King's Head, 116 Santa Monica Blvd, ✆ 310/451-1402. Englischer Pub mit Musikbox,

Darts und Autogrammfotos von allen beliebten Rock-Opas (und -Omas).

San Gabriel Valley und San Fernando Valley: ***Amazon,*** 14649 Ventura Blvd, Sherman Oaks, ✆ 818/986-7502. In diesem Paradies aus südamerikanischem und polynesischem Kitsch kann man umwerfend starke tropische Cocktails schlürfen.
Clearman's North Woods, 7247 N Rosemead Blvd, San Gabriel, ✆ 626/286-3579. Bringt Kitschliebhaber mit Kunstschnee vor der Tür und Elchköpfen an den Wänden ins Schwärmen.
The Colorado, 2640 E Colorado Blvd, ✆ 626/449-3485. Freundliches Lokal in einer ansonsten faden Gegend mit schnoddrigen Barkeepern, billigen Getränken und einigen Billardtischen in einer von Jagdmotiven bestimmten Einrichtung.
Cozy's Bar & Grill, 14048 Ventura Blvd, Sherman Oaks, ✆ 818/986-6000. Freundliche, entspannte Kneipe mit Stammkundschaft, Darts, Pool-Billard und Blues am Wochenende.
Ireland's 32, 13721 Burbank Blvd, Van Nuys, ✆ 818/785-5200. Einer der besseren Irish Pubs im San Fernando Valley mit guten Bieren vom Fass und traditionellen Speisen.

COFFEE HOUSES – Die Coffeehouses in L.A. tragen nicht ganz das gleiche kulturelle Gütesiegel wie die im Pazifischen Nordwesten oder in San Francisco, sind aber dennoch gute Orte, um in geselliger Atmosphäre zu entspannen, und bieten teilweise auch Internet-Zugang.
All-Star Theatre Café, 6675 Hollywood Blvd, ✆ 323/962-8898. Antiquitätenladen-Café im Stil der 20er Jahre mit gemütlichen Lehnsesseln im historischen Kino *Vogue* von 1936 – sehr elegant und hip. ⌚ an Wochenenden 19–3 Uhr.
Anastasia's Asylum, 1028 Wilshire Blvd, Santa Monica, ✆ 310/394-7113. Starker Kaffee und Tee in gemütlicher Atmosphäre, abends Unterhaltungsprogramm unterschiedlicher Qualität.
Bourgeois Pig, 5931 Franklin Ave, Hollywood, ✆ 323/962-6366. Schickes Ambiente und überteuerte Cappuccinos – bezahlt wird eindeutig für die Atmosphäre aus Spiegeln, Lüstern und Zweiersofas, aber der leckere Kaffee und die Stimmung bringen eindeutig Pluspunkte.
Cobalt Café, 22047 Sherman Way, Canoga Park, ✆ 818/348-3789. Schäbiges, aber angesagtes Café im Valley, das neben Kaffee auch Essen und Live-Musik bietet.
Coffee Table, 2930 Rowena Ave, Los Feliz, ✆ 323/644-8111. Angenehm unprätentiöses Café mit preiswertem Kaffee – ein wohltuender Kontrast zum weiter westlich gelegenen *Bourgeois Pig.*
CyberJava, 7080 Hollywood Blvd, Ecke La Brea Avenue, ✆ 323/466-5600, 💻 www.cyberjava.com. Bietet u.a. DSL-Internet-Zugang.
Highland Grounds, 742 N Highland Ave, Hollywood, ✆ 323/466-1507, momentan die schickste Coffee Bar von L.A. und bereits so etwas wie eine eigene Szene. Eisgekühlte Milchmixgetränke und Pfannkuchen. Abends ein Club mit Dichterlesungen und unbekannten Bands.
Hot Wired Café, 11651 Riverside Drive, North Hollywood, ✆ 818/753-9929. Im Valley. Hier gibt es nicht nur ultrastarken Kaffee, sondern auch ein bunt gemischtes Veranstaltungsprgramm, von Blues Jam Sessions über Comedy Shows bis hin zu akustischer Musik.
King's Road Espresso House, 8361 Beverly Blvd, West Hollywood, ✆ 323/655-9044. Straßencafé im Zentrum einer belebten Einkaufsstraße, überwiegend von hippem Publikum besucht, ab und zu verirrt sich auch ein Tourist hierher.
Nova Express, 426 N Fairfax Ave, ✆ 323/658-7533. Eines der abgefahrensten Cafés der Gegend im bunten, retro-futuristischen Sci-Fi-Dekor mit verrückter Beleuchtung. ⌚ bis 4 Uhr.
The Novel Cafe, 212 Pier Ave, Santa Monica, ✆ 310/396-8566. Guter Kaffee, Tee und Gebäck sowie Secondhandbücher.
Red Room Café, 1604 Pacific Ave, Venice, ✆ 310/399-1785. Gute Getränke und Snacks, aber am interessantesten sind die ausgestellten Kunstobjekte, von Gemälden über Skulpturen bis zu Multimedia-Installationen.
Sacred Grounds, 399 W Sixth St, San Pedro, ✆ 310/514-0800. Mischung aus Café und Club mit relativ großer Bühne, die neben Publikumsdarbietungen auch Jamsessions und gelegentlichen Comedy-Veranstaltungen dient.
Un-Urban Coffee House, 3301 Pico Blvd, Santa Monica, ✆ 310/315-0056. Eine weitere Kombination aus Café und Performance-Bühne für alternative Musik und Comedy.

Nachtleben

CLUBS UND DISCOS – Die Clubs von L.A. sind vermutlich die wildesten im ganzen Land. Hier findet man wirklich alles, von absurd gestylten Schicki-Treffs bis zu verrauchten Kellern, in denen Musik gespielt wird, die sich wie Baulärm anhört.

In den „In"-Läden geht es zu wie in einer Single-Bar; jeder tut so, als wäre er ein Rockstar oder zumindest irgendwo beim Film beschäftigt. Heutzutage besitzen viele der interessanteren und ungewöhnlicheren Clubs keine permanenten Räumlichkeiten, das gilt insbesondere für die House-, Ambient- und Rave-Szene. Es ist also schwierig, die echte Szene geografisch zu lokalisieren. Am besten blättert man in den entsprechenden Teilen des *L.A. Weekly*.

Clubs mit großen Namen findet man in Hollywood und entlang eines ca. zehn Häuserblocks umfassenden Abschnitts in West Hollywood. Beverly Hills ist eine tote Yuppie-Wüste, in Downtown gibt es eine Reihe wandernder, mal mehr, mal weniger legal betriebener Clubs, und im San Fernando Valley beschränkt sich das Nachtleben überwiegend auf das Wochenende.

Downtown: ***The Echo,*** 1822 Sunset Blvd, ✆ 213/413-8200. Wie der Name andeutet, trifft sich hier die Echo-Park-Szene. Dance-DJs legen an den meisten Abenden alte und neuere Scheiben auf, vor allem Rap, Rock und Retro-Sounds.

Jewel's Catch One, 4067 W Pico Blvd, ✆ 323/734-8849. Schwitziger Schuppen mit gemischtem Gay-Hetero-Publikum und zwei Tanzflächen.

Mayan, 1038 S Hill St, ✆ 213/746-4674. Ehedem ein Kinopalast, heute Kulisse für Latino-Rhythmen sowie nonstop House, Hip-Hop und Salsa auf drei Tanzflächen. Nur Fr und Sa, keine Jeans oder Turnschuhe.

Stock Exchange, 618 S Spring St ✆ 213/489-3877. Ein Versuch, die Club-Szene in Downtown zu beleben. Den sich einfindenden Yuppies reicht es immerhin, um bei Funk und Disco ungewohnte Ausgelassenheit an den Tag zu legen. Eintritt bis $15.

Hollywood: ***1650,*** 1650 Schrader Blvd, ✆ 323/871-1650. Die bekannte Hollywood-Disco lockt die Club-Kids mit Rap, House und Reggae bei voller Lautstärke.

Arena, 6655 Santa Monica Blvd, ✆ 323/462-0714, alte Eisfabrik, heute mit großer Tanzfläche, Funk, Hip Hop und House-Musik. Schwulenfreundliche Szene, Club Nights mit vielen unterschiedlichen Themen.

Avalon, 1735 N Vine St, ✆ 323/462-3000. Das frühere *Palace* ist jetzt eine Wochenend-Disco mit Old School-Klassikern sowie Rock und Retro. Gelegentlich legen bekannte DJs auf.

Bar Sinister, 1652 N Cherokee, ✆ 323/769-7070. Meistens Dance, samstags Gothic und entsprechend anämisch-vampiresk aussehende Gäste (Eintritt $10 mit Kostüm).

Blue, 1642 N Las Palmas, ✆ 323/462-7442. Gothic, Fetisch, Industrial und Retro-80er-Jahre-Themen ziehen Fr–Mo und Mi das blasse Neozombie-Kontingent der Stadt in dieses Club-Restaurant.

The Conga Room, 5364 Wilshire Blvd, ✆ 323/938-1696. Promiprojekt, das mit kubanischem Essen und guter Latino-Musik angenehm überrascht, am Wochenende Salsa-DJs, Eintritt um die $20.

The Derby, 4500 Los Feliz Blvd, ✆ 323/663-8979. Exklusiver Nachtclub mit sehr schönen hohen Holzdecken und einer runden Bar, das Epizentrum der Swing-Szene von L.A.

Dragonfly, 6510 Santa Monica Blvd, ✆ 323/466-6111. Ungewöhnliches Dekor, zwei große Tanzsäle, eine Bar und normalerweise gut besuchte Club- und Disco-Nächte (Do–So Abend), sonst Live-Musik.

Florentine Gardens, 5951 Hollywood Blvd, ✆ 323/464-0706, etwas ungünstig zwischen der Heilsarmee und einem Pornokino gelegen, dennoch beliebt wegen der DJs am Wochenende.

The Ruby, 7070 Hollywood Blvd, ✆ 323/467-7070. Do–So Club Nights mit den verschiedensten Themen, von Retrokitsch über Industrial bis hin zu House und Garage.

West L.A.: ***7969,*** 7969 Santa Monica Blvd, ✆ 323/654-0280. Klassische West-Hollywood-Disco mit schwulem (aber hetero-freundlichen) Programm.

Carbon, 9300 Venice Blvd, ✆ 310/558-9302. Gute, nicht unbedingt ideal gelegene Disco, in der je-

den Abend DJs ein unterschiedliches Programm aus Latin, Retro, Jungle, Drum & Bass, Hip-Hop, Soul und Rock abspulen.
The Factory, 652 N La Peer Drive, ✆ 310/659-4551. Noch immer einer der beliebteren Clubs in West Hollywood, in dem ein gemischtes Publikum zu House- und Retro-Beats abtanzt.
Tempest, 7323 Santa Monica Blvd, ✆ 323/850-5115. Am Wochenende ab 22 Uhr gemischte Musik, u.a. Retro-Funk, Disco, neuer Hip-Hop und 60er-Jahre-Songs.
Ultra Suede, 661 N Robertson Blvd, West Hollywood, ✆ 310/659-4551. Mittwochs und am Wochenende Retro-Dancing zu 70er-Jahre-Disco und Technopop der 80er. Neben *The Factory* und mit einem ähnlich gemischten Publikum.

Santa Monica: *Mor*, 2941 Main St, ✆ 310/455-6720. Jeden Abend gemischte Sounds aus Techno, Trance, House und Soul in szeniger Lounge-Umgebung, gelegentlich auch Rock, New Wave und ältere Sachen.
The Space, 2020 Wilshire Blvd, ✆ 310/829-1933. Angesagte Wochenend-Lounge mit Bar, wo DJs alle möglichen abgefahrenen Dance-Tracks aus den 70ern und 80ern hervorkramen, aber auch modernere Breakbeats auflegen.
Sugar, 814 Broadway, ✆ 310/899-1989. Beeindruckendes Stahl- und Glas-Ambiente; der richtige Rahmen für allerlei Elektronisches: Techno, House und dergleichen. Eintritt je nach Programm $5–20.
Temple Bar, 1026 Wilshire Blvd, ✆ 310/392-1077. Beliebte, wenn auch chaotische Mischung aus verschiedenen Grooves, von Rap über R&B, dazu auch World Beat. Immer voll und lustig.
Zanzibar, 1301 Fifth St, ✆ 310/451-2221. Jeden Abend DJs mit Schwerpunkt House, Funk und Soul, aber auch experimentellere Klänge werden nicht gescheut.

San Gabriel Valley und San Fernando Valley:
Bigfoot Lodge, 3172 Los Feliz Blvd, ✆ 323/662-9227. Jeden Abend bringen die DJs das Publikum zum Stampfen, am liebsten mit Retro-Rock und Punk, aber auch Glam-Rock, Gothic, Thrash-Metal und Rockabilly.
CIA, 11334 Burbank Blvd, North Hollywood, ✆ 818/506-6353. im „California Institute for Abnormal Arts" prallen Kunst und Musik aufeinander: Merkwürdige visuelle Installationen und Klänge von Punk bis Avantgarde.
Gitana, 260 E Magnolia Blvd, Burbank, ✆ 818/846-4400. Riesige Anlage mit Billardräumen, Cigar Bar und Dance Club, wo eine vielseitige Mischung von Sounds gespielt wird, u.a. Salsa. Einheimische und Touristen.
The Muse, 54 E Colorado Blvd, ✆ 626/793-0608. Club über 3 Etagen in Old Town Pasadena, in dem DJs jeden Abend Dance, Funk und Hip-Hop auflegen und sich Billardfreaks an 11 Pool-Tischen austoben können.

LIVE-MUSIK – Davon gibt es hier ein überwältigendes Angebot. Seit die nihilistischen Punk-Bands der 70er Jahre die Stadt von ihrem relaxten, kokainseligen Westküsten-Image erlösten, hat sich in L.A. eine Rock-Szene entwickelt, die ihresgleichen sucht.
Die alte Punkszene erlebt gerade ein Revival mit neuen Bands, und sogar auch Heavy Metal ist ab und zu zu hören. Hip Hop ist nach wie vor beliebt und präsent, entweder von Westside DJs mit Dance Music gemischt oder in seiner authentischeren Form in der City (von Auswärtigen am besten zu meiden). **Country-Musik** ist weit verbreitet, zumindest abseits der Szene Hollywoods, und die Valleys sind Hochburgen für Bluegrass und Swing. **Jazz** lässt sich am besten in den darauf spezialisierten Läden genießen, **Salsa** wird vor allem in einigen Clubs der Westside gespielt. Die besten Informationsquellen sind die kostenlose *L.A. Weekly* und der „Calendar" der *LA Times*.
Die meisten Clubs öffnen zwischen 20 und 21 Uhr, die Bands treten gewöhnlich zwischen 23 und 1 Uhr auf. Der Eintritt kostet normalerweise zwischen $5 und $50. Wie bei den Discos muss man 21 Jahre alt sein, um eingelassen zu werden; sehr wahrscheinlich wird nach dem Ausweis gefragt.

Große Veranstaltungsorte: ***Cerritos Center for the Performing Arts***, 12700 Center Court Drive, nördlich von Long Beach, ✆ 1-800/300-4345, 💻 www.cerritoscenter.com. Konzertbühne für Country, Gospel, Klassik, Pop und Jazz, vor allem für den Massengeschmack.

Greek Theater, 2700 N Vermont Ave, ✆ 323/665-1927, 🖳 www.greektheatrela.com. Freilichtbühne im Griffith Park, auf der im Sommer die großen Bands auftreten.
Grove of Anaheim, 2200 E Katella Ave, Orange County, ✆ 714/712-2700, 🖳 www.thegroveofanaheim.com. Auftritte gesetzterer und nicht unbedingt der Top-Riege zuzurechnender Künstler aus Soul, Country, Pop, Rock und Jazz.
Hollywood Palladium, 6215 Sunset Blvd, Hollywood, ✆ 323/962-7600, 🖳 www.hollywoodpalladium.com. Eine alte Big-Band-Tanzhalle mit Interieur aus den 40er Jahren, inzwischen Bühne für Hardrock-, Punk- und Rap-Konzerte.
Kodak Theatre, 6801 Hollywood Blvd, Hollywood, ✆ 323/308-6363, 🖳 www.kodaktheatre.com. In der neuen Hollywood and Highland Mall; das Theater wurde als Veranstaltungsort für die Oscar-Preisverleihung und Konzerte von Pop- und Rockgrößen konzipiert.
Staples Center, 865 S Figueroa St, Downtown, ✆ 213/624-3100, 🖳 www.staplescenter.com. Unter immensem Geldaufwand errichtete gläserne Sportarena, in der die Großen der Rock- und Popszene auftreten.
Universal Amphitheater, 100 Universal City Plaza, auf dem Gelände der Universal Studios, ✆ 818/622-4440, 🖳 www.hob.com/venues/concerts/universal. Hat trotz der Größe eine hervorragende Akustik. Regelmäßig Rock-, Pop- und Latin-Konzerte.
Wiltern Theater, 3790 Wilshire Blvd, Mid-Wilshire, ✆ 323/388-1400, 🖳 www.thewiltern.com. Eindrucksvoller früherer Art-déco-Kinopalast, der kürzlich renoviert wurde und heute als Konzerthalle für Popkünstler sowie Alternative-Bands dient.

Rock: ***The Cat Club,*** 8911 Sunset Blvd, West Hollywood, ✆ 310/657-0888. Jeden Abend handfeste Jam Sessions mit Betonung auf Rock, Punk und Rockabilly.
Doug Weston's Troubadour, 9081 Santa Monica Blvd, West Hollywood, ✆ 310/276-6168, war einst der bekannteste Laden für Folk und Country und später Metal. Inzwischen sind hier eher Alternativ-Gruppen und Akustikgitarren anzutreffen.
El Rey Theater, 5515 Wilshire Blvd, Mid-Wilshire, ✆ 323/936-4790. Obwohl das El Rey nicht so berühmt ist wie die Theater auf dem Sunset Strip, ist es einer der besten Orte, um explosive neue Bands und noch immer gute Oldtimer zu hören. Bietet auch Dance Club Nights.
The Joint, 8771 Pico Blvd, West LA, ✆ 310/275-2619. Dunkler, verspiegelter Konzertclub mit unbekannteren Hardcore-Band, gelegentlich ordentliche Rock- und Indie-Acts.
Key Club, 9039 Sunset Blvd, ✆ 310/274-5800. Der Hotspot im lebendigsten Abschnitt des Boulevard lockt ein junges, szenebewusstes Publikum an. Konzerte mit Schwerpunkt Rock, Punk und Metal, gelegentlich auch leichtere Kost.
King King, 6555 Hollywood Blvd, ✆ 323/960-5765. Guter Hollywood-Club mit allabendlichen Rockkonzerten, am Wochenende Dance Music live, dazwischen House, Funk, Rap und Retro-Pop vom DJ.
Largo, 432 N Fairfax Ave, West L.A., ✆ 323/852-1073. Kleines Cabaret, in dem Jazz, Rock und Pop gespielt wird – des öfteren akustisch, ab und zu auch Comedy.
The Lighthouse, 30 Pier Ave, Hermosa Beach, ✆ 310/376-9833. Hier treten Bands aller Stilrichtungen auf: Rock, Jazz, Reggae und mehr. Gleich am Strand. Mo Abend Karaoke und gelegentlich Comedy
Mr T's Bowl, 5621 N Figueroa Ave, Highland Park, ✆ 323/960-5693. Die ehemalige Bowling-Bahn wurde in eine eigentümliche Szenebar verwandelt. Am Wochenende Live-Musik mit deutlichem Punk- und Surfrock-Einschlag.
The Roxy, 9009 Sunset Blvd, West L.A., ✆ 310/276-2222, Schaufenster der Musikindustrie, intime Atmosphäre und großartige Akustik.
The Smell, 247 S Main St, Downtown, ✆ 213/625-4325. Abgefahrener Schuppen in düsterer Gegend mit harten Rock- und Punk-Bands.
Spaceland, 1717 Silver Lake Blvd, Silver Lake, ✆ 213/833-2843. Ein guter Ort, um neue aufstrebende Rock- und andere Talente aus der näheren Umgebung und dem ganzen Land zu erleben.
The Viper Room, 8852 Sunset Blvd, West Hollywood, ✆ 310/358-1880. Ausgezeichnete Live-Acts, ein berühmter Besitzer und eine fette Schlagzeile in der Vergangenheit. Mit unerwarteten Überraschungen auf der Bühne ist durchaus zu rechnen.
Whiskey-a-Go-Go, 8901 Sunset Blvd, West Hollywood, ✆ 310/652-4202. Legendärer Club – vor

allem dank der Supergruppe The Doors – und wichtiges Sprungbrett für L.A.s aufstrebende Musikstars; vorwiegend Hard Rock Bands.

Country und Folk: ***Cowboy Palace Saloon***, 21635 Devonshire St, Chatsworth, ✆ 818/341-0166. In einem entlegenen Winkel des San Fernando Valley, lohnt aber die Anfahrt wegen der heimeligen Country-Konzerte; sonntags mit Barbecue.

CTMS Center, 16953 Ventura Blvd, Encino, ✆ 818/817-7756, 💻 www.ctmsfolkmusic.org. Heimat der California Traditional Music Society, die sich alter und neuer Folk-Musik verschrieben hat. Ausbildung und Unterricht, öffentliche Jamsessions und gelegentlich Konzerte.

McCabe's, 3103 W Pico Blvd, Santa Monica, ✆ 310/828-4497. Das beste Geschäft für Akustik-Gitarren und Schauplatz vieler ungewöhnlicher, hervorragender Auftritte.

Rusty's Surf Ranch, 256 Santa Monica Pier, ✆ 310/393-7437. Bietet nicht nur Surf Music – und Ausstellungen altmodischer langer Surfbretter –, sondern auch Rock, Pop, Folk und sogar Karaoke. Beim Ende des Piers; bei Touristen sehr beliebt.

Viva Cantina, 900 Riverside Drive, Burbank, ✆ 818/845-2425. Mexikanisches Restaurant mit allabendlicher Live-Musik, vorwiegend Country, Bluegrass und Honky-Tonk.

Jazz und Blues: ***The Baked Potato***, 3787 Cahuenga Blvd W, North Hollywood, ✆ 818/980-1615. Kleiner, legendärer Veranstaltungsort für zeitgenössischen Jazz. Schon mancher hat sich hier einen Namen gemacht.

Catalina Bar & Grill, 6725 Hollywood Blvd, Hollywood, ✆ 323/466-2210. Dem Jazz geweihte Institution mit reichlich Abwechslung und Atmosphäre.

Cat 'n' Fiddle Pub, 6530 Sunset Blvd, Hollywood, ✆ 323/468-3800, in diesem pseudo-englischen Pub gibt's sonntags von 19–23 Uhr Jazz, Eintritt frei.

Cozy's Bar & Grill, 14048 Ventura Blvd, Sherman Oaks, ✆ 818/986-6000. Restaurant und Lounge mit Blues-Konzerten am Wochenende, manchmal auch während der Woche, außerdem Karaoke, Funk und Soul.

Harvelle's, 1432 Fourth St, Santa Monica, ✆ 310/395-1676. Nahe der Third Street Promenade. Seit mehr als sechs Jahrzehnten brilliert dieses Blues-Lokal mit allabendlich wechselnden Auftritten von Künstlern und, montags, mit Bands.

House of Blues, 8430 Sunset Blvd, West Hollywood, ✆ 323/848-5100. Sehr kommerzieller Laden mit guten, aber teuren Live-Auftritten. Bei Touristen sehr beliebt. Eintritt kostet bis zu $40, gelegentlich auch mehr. Es gibt auch eine Zweigstelle in Disneyland, ✆ 714/778-2583.

Jax, 339 N Brand Blvd, Glendale, ✆ 818/500-1604. Kombination aus Restaurant und Konzertbühne für Jazz-Performer. Eintritt frei.

Jazz Bakery, 3233 Helms Ave, Culver City, ✆ 310/271-9039. Mehr Auftrittsort als Club, Initiatorin war die Sängerin Ruth Price. Neben berühmten Gaststars treten die besten hiesigen Musiker auf.

Knitting Factory, 7021 Hollywood Blvd, ✆ 323/463-0204. Die Westküstenfiliale des berühmten New Yorker Clubs bietet ein sehr vielseitiges Programm, das der Avantgarde gewidmet ist.

Lunaria, 10351 Santa Monica Blvd, West LA, ✆ 310/282-8870. Restaurant mit intimer Lounge und allabendlichen Jazz-Konzerten. Eintritt frei.

Spazio, 14755 Ventura Blvd, 2. Stock, Sherman Oaks, ✆ 818/728-8400. Schickes italienisches Restaurant, gleichzeitig ein bekanntes Veranstaltungslokal für allabendlichen Mainstream-Jazz.

Salsa: ***Club Samba***, 701 Long Beach Blvd, Long Beach, ✆ 562/435-6238. Am 1. Samstag im Monat (Winter/Frühling und Juli) beeindruckende Samba-Performances, Mo Abends Unterricht.

The Conga Room, 5364 Wilshire Blvd, ✆ 323/938-1696. Der hippe, lebendige Schuppen an der Miracle Mile bietet die ganze Woche Salsa, kubanische und lateinamerikanische Musik live. Mitunter happige Eintrittspreise

El Floridita, 1253 N Vine St, Hollywood, ✆ 323/871-8612. An Wochenenden hörenswerte kubanische Künstler und Salsa, unter der Woche Jamsessions, dazu passables mexikanisches Essen.

Luminarias, 3500 Ramona Blvd, East L.A., ✆ 323/268-4177, Restaurant auf einem Hügel im Monterey Park. Die Salsa-Musik ist genauso gut wie das Essen (s.o. „Mexikanisches Essen").

Zabumba, 10717 Venice Blvd, Culver City, ✆ 310/841-6525, farbenfrohes Gebäude in einer ansonsten tristen Gegend. Nicht gerade Salsa, sondern eher brasilianischer Bossa Nova, aber auf jeden Fall mitreißend.

Reggae: ***Domenico's,*** 82 N Fair Oaks Ave, Pasadena, ✆ 626/449-1948. Altetablierter Italiener, der mehrmals pro Woche Reggae Nights veranstaltet.

Golden Sails Club Room, 6285 E PCH, Long Beach, ✆ 562/596-1631, Fr und Sa treten die besten lokalen (und auswärtigen) Reggae-Bands auf.

Klassische Musik, Oper, Ballett

Im Bereich **klassische Musik** besticht L.A. durch einen Dirigenten und ein Orchester von Weltruhm, aber auch **Oper** und **Tanz** sind durch mehrere gute Ensembles vertreten.

Das ***Los Angeles Philharmonic Orchestra*** und die ***LA Opera*** dominieren die Szene und geben das ganze Jahr über regelmäßig Konzerte im Music Center Downtown, während kleinere Gruppen sporadisch an verschiedenen Orten auftreten.

Informationen stehen in der *L.A. Times*. Für ein Konzert muss man $10–120 anlegen, für wirklich große Namen natürlich mehr.

Die größte Veranstaltung des Jahres ist das zweiwöchige *Dance Kaleidoscope,* das jeden Juli im John Anson Ford Theater stattfindet und von der ***Los Angeles Area Dance Alliance,*** ✆ 323/343-5120, organisiert wird, einer Kooperative der Tanz-Ensembles in L.A. – eine gute, zentrale Informationsquelle, wenn es um Tanzveranstaltungen geht.

WICHTIGE VERANSTALTUNGSORTE – ***Alfred Newman Recital Hall,*** auf dem Campus der USC, South Central, ✆ 213/740-2584. Guter Veranstaltungsort für Klassikkonzerte an der Uni (meistens Sept–Mai). Eintritt in der Regel unter $20, für Studenten ca. $12.

Disney Hall, First St, Ecke Grand Ave, Downtown, ✆ 323/850-2000, wwdch.laphil.org. Zusammen mit dem Getty Center L.A.s berühmteste kulturelle Attraktion. Das architektonische Meisterwerk ist das Stammhaus des *LA Philharmonic* und lockt wieder zunehmend Touristen nach Downtown.

The Dorothy Chandler Pavilion, im Music Center, 135 N Grand Ave, Downtown, ✆ 213/972-7211 oder 972-7460, 💻 www.musiccenter.org. Etablierter Auftrittsort der *LA Opera* und anderer Größen.

The Hollywood Bowl, 2301 N Highland Ave, Hollywood, ✆ 323/850-2000, 💻 www.hollywoodbowl.org. Hier veranstalten das *LA Philharmonic* und *Hollywood Bowl Orchestra* zwischen Juli und September Di–Sa abends Konzerte unter freiem Himmel.

Japan America Theater, 244 S San Pedro St, Little Tokyo, ✆ 213/680-3700, 💻 www.jaccc.org. Tanz- und Performance-Veranstaltungen aus Japan und dem Fernen Osten.

John Anson Ford Theater, 2850 Cahuenga Blvd, Hollywood, ✆ 323/461-3673, 💻 www.fordamphitheater.org. Außer dem *Dance Kaleidoscope* im Sommer finden auf dieser Freilichtbühne auch Produktionen lokaler Gruppen und sporadisch Pop- und Rockkonzerte statt.

Orange County Performing Arts Center, 600 Town Center Drive, Costa Mesa, ✆ 714/556-ARTS oder 949/740-2000, 💻 www.ocpac.org. Die Heimstatt des Pacific Symphony Orchestra und von Opera Pacific. Auch große Namen aus der Jazz- und Popwelt treten hier auf.

Pasadena Dance Theatre, 1985 Locust St, Pasadena, ✆ 626/683-3459, 💻 www.pasadenadance.org. Zählt zu den bedeutenderen Bühnen für Tanz im San Gabriel Valley und präsentiert das ganze Jahr über verschiedene Gruppen.

Royce Hall, auf dem UCLA Campus, Westwood, ✆ 310/825-9261 oder 825-2101, 💻 www.performingarts.ucla.edu. Veranstaltet während des Semesters (in der Regel Sept–Juni) regelmäßig klassische Konzerte, u.a. mit dem LA Chamber Orchestra.

The Shrine Auditorium, 665 W Jefferson, South Central L.A., ✆ 213/749-5123, Konzertkasse 655 S Hill St. In dem 1926 im maurischen Stil erbaute Gebäude treten u.a. Gospelchöre auf. Auch zahlreiche Preisverleihungen (aber nicht mehr die Oscars).

UCLA. Center for the Performing Arts, Büro: 10920 Wilshire Blvd, Westwood, ✆ 310/825-4401, 💻 www.performingarts.ucla.edu. Veranstaltet zwischen September und Juni eine *Art of Dance*-Serie, mit experimentellem Schwerpunkt, außerdem stehen jede Menge Gastspiele unterschiedlicher Gruppen auf dem Programm.

ENSEMBLES UND INSTITUTIONEN – ***LA Opera,*** im Music Center, 135 N Grand Ave, Downtown, ✆ 213/972-8001, 💻 www.laopera.com. Aufführungen Juni–Sept.
Long Beach Opera, im Carpenter Center, 6200 Atherton St, ✆ 562/439-2580, 💻 www.lbopera.com.
Los Angeles Philharmonic, Disney Hall, First St, Ecke Grand Ave, Downtown, ✆ 323/850-2000, 💻 www.laphil.org.
Opera Pacific, Orange County Performing Arts Center, 600 Town Center Drive, Costa Mesa, ✆ 949/474-4488 oder 1-800/34-OPERA, 💻 www.operapacific.org.
Pacific Symphony Orchestra, Orange County Performing Arts Center, 600 Town Center Drive, Costa Mesa, ✆ 714/755-5788, 💻 www.pacificsymphony.org.
Pasadena Symphony, Pasadena Civic Auditorium, 300 E Green St, ✆ 626/584-8833, 💻 www.pasadenasymphony.org.

Theater und Comedy

L.A. hat eine äußerst rege Theaterszene, von riesigen Broadway Shows bis hin zu kleinen avantgardistischen Produktionen. In den größeren Theatern werden die üblichen Musicals und Klassiker aufgeführt, bekannte Filmdarsteller dienen als Zugpferde. Daneben gibt es über die ganze Stadt verteilt mehr als 100 kleinere Theater und ein riesiges Netzwerk von alternativen Autoren, Schauspielern und Regisseuren.
Eintrittskarten sind billiger, als man erwartet: Eine „große" Show kostet mindestens $40, Matinees etwas weniger. Der Eintritt zu einer kleineren Theateraufführung kostet $10–30. Man sollte immer im Voraus buchen.
Wer mehr wissen will, informiere sich bei ***LA Stage Alliance,*** ✆ 213/614-0556, 💻 www.lastagealliance.com.

GROSSE THEATER – ***Alex Theater,*** 216 N Brand Blvd, Glendale, ✆ 1-800/872-8997. Wunderbar restauriertes Kino, ganz in Grün und Gelb gehalten und mit einem neonleuchtenden Turm versehen. Geboten werden Musiktheater, Tanz, Comedy Shows und Filme.
Ahmanson Theatre, Music Center, 135 N Grand Ave, Downtown, ✆ 213/628-2772. Das Theater mit 2000 Plätzen bringt monumentale Broadway-Shows auf die Bühne.
Coronet Theater, 366 N L.A. Cienega Blvd, West Hollywood, ✆ 310/657-7377, Spielstätte des *LA Public Theater.* Daneben auch Heimat der *Youth Academy of Dramatic Arts.*
Geffen Playhouse, 10886 Le Conte Ave, Westwood, ✆ 310/208-5454. Theater im spanischen Stil mit 500 Plätzen, viele Solovorstellungen; eng mit Hollywood verbandelt.
Mark Taper Forum, 135 N Grand Ave, Downtown, ✆ 213/972-0700 oder 213/628-2772, im Komplex des Music Center, mit einer dreiviertelkreisförmigen Bühne, ansonsten konservatives Mainstream-Repertoire.
Pantages Theater, 6233 Hollywood Blvd, Hollywood, ✆ 323/468-1770 oder 213/365-3500. Ausgezeichnetes und sehr schönes Art-déco-Theater im Herzen des alten Hollywood; zeigt Gastspiele großer Broadway-Produktionen.
Pasadena Playhouse, 39 S El Molino Ave, Pasadena, ✆ 626/792-8672 oder 626/356-7529. Grandiose alte Bühne mit unterhaltsamen Stücken für den Massengeschmack.
South Coast Repertory, 655 Town Center Drive, Costa Mesa, ✆ 714/708-5555. Orange Countys wichtigstes Theater; Klassiker auf der Hauptbühne und ein kleinerer Saal mit 150 Sitzen.

OFF-THEATER – ***Highways,*** 1651 18th St, Santa Monica, ✆ 310/315-1459. Die im 18th Street Arts Complex untergebrachte, experimentierfreudige Bühne zeigt zeitkritische Theaterproduktionen, oft zornig, provokant und subversiv.
Odyssey Theater Ensemble, 2055 S Sepulveda Blvd, West L.A., ✆ 310/477-2055. Das Haus der angesehenen, modernen Theatertruppe aus Westside, drei Bühnen, erschwingliche Preise.
Powerhouse Theater, 3116 Second St, Santa Monica, ✆ 310/396-3680 oder 866/633-6246,

abenteuerliches, z.T. waghalsiges experimentelles Theater. Angenehmer Veranstaltungsort.
Stages Theater Center, 1540 N McCadden Place, Hollywood, ✆ 323/465-1010. In drei Sälen mit 20–100 Plätzen wird eine breite Palette von Komödien und Dramen geboten.
Theatre West, 3333 Cahuenga Blvd West, Hollywood, ✆ 323/851-7977. Immer gut für fantasievolle, bisweilen auch eigenwillige Produktionen mit einem ausgezeichneten jungen Ensemble.
Theatricum Botanicum, 1419 N Topanga Canyon Blvd, Topanga Canyon, ✆ 310/455-3723. Herrliches Freilufttheater für klassische Stücke (oft Shakespeare) und moderne Produktionen.

COMEDY CLUBS – Comedy ist eine große Attraktion in L.A. Die Darbietungen sind nur entfernt mit dem verwandt, was man bei uns unter Kabarett versteht. Es gibt die *stand-up comedy,* bei der ein einzelner Komiker seine „spontanen" Scherze macht, und die *improvisational comedy,* bei der ein ganzes Ensemble nach Lust und Laune improvisiert.
In den Clubs werden jede Nacht viele Witze gerissen, von berühmten Komikern und solchen, die es werden wollen. Comedy Clubs finden sich in Hollywood, West L.A. und den Valleys. Der Eintritt liegt zwischen $10–15. In der Regel werden am Abend zwei Vorstellungen gegeben, meist um 20 und um 22.30 Uhr, wobei die spätere Veranstaltung die beliebtere ist. Die bekannten Clubs sind jede Nacht geöffnet, freitags und am Wochenende aber restlos ausgebucht.
Acme Comedy Theater, 135 N La Brea Ave, Hollywood, 323/525-0202. Schickes Theater, das neben Sketchen und improvisierten komödiantischen Auftritten auch Varieté-Shows und Comedy mit thematischem Schwerpunkt zeigt.
Bang Theater, 457 N Fairfax Ave, Hollywood, 323/653-6886. Spezialitäten dieses kleinen Theaters und Comedy Club sind Einpersonen-Shows und Improvisationen; die beliebtesten Shows laufen am Wochenende. Billiger Eintritt, oft um $5–10.
Comedy & Magic Club, 1018 Hermosa Ave, Hermosa Beach, ✆ 310/372-1193, eine seltsame Mischung aus Zaubervorstellungen, Tanz, Gesang und Komikern. Eintritt bis $25.
Comedy Sportz, 733 Seward St, Hollywood, ✆ 323/856-4796. Comedy-Wettbewerbe werden wie Sportwettkämpfe ausgetragen, Sa Nachmittag Unterhaltung für Kids.
The Comedy Store, 8433 W Sunset Blvd, West L.A., ✆ 323/656-6225, populärster Comedy Club in L.A. So beliebt, dass er sich auf drei Räume ausgebreitet hat und so viele Veranstaltungen bietet, dass man selbst am Wochenende spontan herkommen kann.
Empty Stage, 2372 Veteran Ave, West LA, ✆ 310/470-3560. Teils lustige, manchmal auch irritierende Sketch-Comedy mit reichlich Improvisation.
Groundlings Theater, 7307 Melrose Ave, West L.A., ✆ 323/934-9700, einer der Pioniere der improvisierten Comedy; nur die Talentiertesten können sich hier halten.
Ha Ha Café, 5010 Lankershim Blvd, North Hollywood, ✆ 818/508-4995. Jeden Abend sorgen Amateure oder auch der eine oder andere Profi für Unterhaltung im NoHo Arts District.
The Ice House, 24 N Mentor Ave, Pasadena, ✆ 626/577-1894, Hauptveranstaltungsort für Comedy im Valley, sehr etabliert.
The Improv, 8162 Melrose Ave, West L.A., ✆ 323/651-2583, für die besten Acts bekannt, daher unbedingt vorher Karten reservieren!
LA Connection, 13442 Ventura Blvd, Sherman Oaks, ✆ 818/784-1868, Sketch Comedy und humoristische Einzel- und Gruppendarbietungen in gemütlichem Lokal. Ein Abend, den man nicht vergisst.
The Laugh Factory, 8001 Sunset Blvd, West Hollywood, ✆ 323/656-1336, Stand-up-Komiker, unterschiedliches Niveau. Ab und zu tritt eine Größe auf.

Film

Da der Film nach wie vor das kulturelle Schwergewicht der Region ist, herrscht kein Mangel an hervorragenden Kinos. Mitten im Zentrum der internationalen Filmindustrie sollte es niemanden überraschen, dass Spielfilme hier Monate, manchmal sogar Jahre früher auf die Leinwand kommen als anderswo. Hunderte von Kinos zeigen brandneue Filme und alte Klassiker. Nur bei den unabhängig produzierten und bei ausländischen Filmen ist das Angebot vergleichsweise dürftig. Eintrittskarten kosten normalerweise $6,50–10.

KLASSISCHE KINOS – ***Bruin,*** 948 Broxton Ave, Westwood, ✆ 310/208-8998.
Chinese Theatre, 6925 Hollywood Blvd, Hollywood, ✆ 323/464-8111.
Cinerama Dome, 6360 Sunset Blvd, Hollywood, ✆ 323/466-3401 oder 464-4226.
Egyptian, 6712 Hollywood Blvd, Hollywood, ✆ 323/466-FILM.
El Capitan, 6834 Hollywood Blvd, Hollywood, ✆ 323/467-7674.
Fine Arts, 8556 Wilshire Blvd, Beverly Hills, ✆ 310/652-1330.
Los Angeles, 615 S Broadway, Downtown.
Orpheum, 842 S Broadway, Downtown, ✆ 213/239-0939.
Rialto, 1023 Fair Oaks Ave, South Pasadena, ✆ 626/799-9567.
Village, 961 Broxton Ave, Westwood, ✆ 310/208-5576.
Warner Grand, 478 W Sixth St, San Pedro, ✆ 310/548-7672.

KUNST- UND WIEDERAUFFÜHRUNGSKINOS – ***Bing,*** im LA County Art Museum, 5905 Wilshire Blvd, Mid-Wilshire, ✆ 323/857-6010.
Los Feliz, 1822 N Vermont Ave, Hollywood, ✆ 323/664-2169.
New Beverly Cinema, 7165 Beverly Blvd, Mid-Wilshire, ✆ 323/938-4038.
Nuart, 11272 Santa Monica Blvd, West LA, ✆ 310/478-6379.
Old Town Music Hall, 140 Richmond St, El Segundo, ✆ 310/322-2592.
Silent Movie, 611 N Fairfax Ave, Mid-Wilshire, ✆ 323/655-2520.
Sunset 5, 8000 Sunset Blvd, West Hollywood, ✆ 323/848-3500.
Vista, 4473 Sunset Drive, Hollywood, ✆ 323/660-6639.

Feste und Feiertage

Japanisches Neujahr, 1. Januar. Hauptschauplatz des Fests mit Kunstausstellungen, Kulturveranstaltungen und kulinarischen Genüsse ist das Japanese American Cultural and Community Center in Little Tokyo; ✆ 213/628-2725, 💻 www.jaccc.org
Tournament of the Roses, 1. Januar, Pasadena. Von Marschkapellen begleiteter Blumenkorso entlang einer 5 Meilen langen Strecke auf dem Colorado Blvd; ✆ 626/795-9311, 💻 www.tournamentofroses.com.
Martin Luther King Parade and Celebration, Mitte Januar. Der Held der Bürgerrechtsbewegung wird mit vielfältigen Aktivitäten im King Park, in Baldwin Hills und Crenshaw und an vielen anderen Orten der Stadt geehrt; ✆ in L.A. 310/314-2188, in Long Beach 562/570-6816
Chinesisches Neujahr, 3 Tage Anfang/Mitte Februar. Festwagenumzüge, schmackhaftes Essen und ein reiches Kulturprogramm in Chinatown, Monterey Park und Alhambra; ✆ 213/617-0396, 💻 www.lachinesechamber.org.
Mardi Gras, Mitte Februar.Festwagen, Paraden, Kostüme und ausgelassenes Feiern, am farbenfrohsten in West Hollywood; ✆ 323/634-7811 oder 310/289-2525.
Bob Marley Reggae Festival, 2 Tage Mitte/Ende Februar, im Long Beach Convention and Entertainment Center; ✆ 562/436-3661, 💻 www.bobmarleydayfestival.com.
Queen Mary Scottish Festival, 2 Tage Mitte/Ende Februar. Haggis bis zum Umfallen in Long Beach, daneben Highland-Tänze und Dudelsack-Klänge; ✆ 562/435-3511, 💻 www.queenmary.com.
Oscar-Verleihung, Ende Februar, im Kodak Theater, Hollywood and Highland Mall; 💻 www.oscars.org.
LA City Marathon, Anfang März; ✆ 310/444-5544, 💻 www.lamarathon.com.
St. Patrick's Day, Mitte März. Parade auf dem Colorado Blvd in Old Town Pasadena und in Hermosa Beach; ✆ 310/374-4972, 💻 www.stpatricksday.org.
Spring Festival of Flowers, Ende März. Große Blumenschau in den Descanso Gardens; ✆ 818/952-4401, 💻 www.descansogardens.org.
Cowboy Poetry and Music Festival, 3 Tage Ende März. Folk Musik und mehr oder weniger gelungene Cowboypoesie sind die Highlights dieses Festivals in Santa Clarita nördlich von L.A.; ✆ 661/286-4078 oder 1-800/305-0755.
California Poppy Festival, Anfang April. Mohnblumen in den feurigsten Farben im entfernten

Lancaster; ✆ 661/723-6077, 💻 www.poppyfestival.com.

Thailändisches Neujahrsfest (Songkran), dem 13. April nächstgelegenes Wochenende, um den Wat Thai Temple, North Hollywood; ✆ 818/997-9657.

Long Beach Grand Prix, Mitte April. Autorennen am Shoreline Drive; ✆ 562/752-9524, 💻 www.longbeachgp.com.

Fiesta Broadway, Ende April. Hispanisches Straßenfest mit jeder Menge Musik und mexikanischem Essen auf dem Broadway in Downtown; ✆ 310/914-0015, 💻 www.fiestabroadway.la.

Cinco de Mayo, 5. Mai. Eintägiges Festival anlässlich des mexikanischen Sieges in der Schlacht um Puebla. Mit großem Umzug auf der Olvera St; ✆ 213/625-5045.

NoHo Theater and Arts Festival, Mitte Mai. Großes Kunst- und Kulturspektakel im San Fernando Valley District von North Hollywood; ✆ 818/508-5155.

UCLA Jazz & Reggae Festival, Ende Mai. Musik, Essen und viele Aktivitäten auf dem Campus; ✆ 310/825-9912, 💻 www.studentgroups.ucla.edu/jazzreggae.

Irish Fair and Music Festival, 2. Wochenende im Juni. Großes Volksfest mit Musik, Essen und kulturellen Aktivitäten im Woodley Park in Encino, San Fernando Valley; ✆ 818/501-3781, 💻 www.irishfair.org.

Bayou Festival, Ende Juni. Farbenprächtiges Fest in Long Beach mit jeder Menge kreolischem Essen, wilden Paraden und ausgelassener Cajun- und Zydeco-Musik; ✆ 562/427-3713, 💻 www.longbeachfestival.com.

Gay Pride Celebration, Ende Juni. Umzug der Schwulen und Lesben mit ausgelassener Karnevalsatmosphäre auf dem Santa Monica Blvd, West Hollywood; ✆ 323/860-0701, 💻 www.lapride.org.

Independence Day, 4. Juli. Riesenfeuerwerk und Unterhaltungsprogramm an der Queen Mary in Long Beach, gefeiert wird aber auch in Santa Monica und vielen anderen Teilen von L.A.; in Long Beach ✆ 562/435-3511, für West Hollywoods Plummer Park ✆ 323/848-6530.

Lotus Festival, 1. Wochenende nach dem 4. Juli. Fest im Echo Park mit Drachenbooten, internationalen Speisen, panpazifischer Musik und jeder Menge Lotusblüten am See; ✆ 213/485-1310.

Pageant of the Masters, Anfang Juli bis Ende August. Straßenfest in Laguna Beach, das neben den üblichen Speisen und Aktivitäten auch Präsentationen klassischer Malerei bietet; ✆ 949/494-1145, 💻 www.foapom.com

Old Pasadena Jazz Festival, Mitte Juli. Ansprechende Mischung aus Mainstream-Jazz und schmackhaften Speisen in Old Pasadena; ✆ 818/771-5544, 💻 www.omegaevents.com.

Central Avenue Jazz Festival, Ende Juli. Zum Teil hochkarätig besetztes Jazz- und Blues-Festival vor dem Dunbar Hotel in South Central; ✆ 213/847-3169.

Festival of the Chariots, Anfang August. Festlich geschmückte Umzugswagen auf dem Venice Boardwalk, dazu reichlich Speisen; ✆ 310/839-1572, 💻 www.festivalofchariots.com.

International Surf Festival, 3 Tage Anfang August in der South Bay; ✆ 310/305-9546, 💻 www.surffestival.org.

Long Beach Jazz Festival, Mitte August. Auftritte bekannter und lokaler Künstler im Rainbow Lagoon Park in Downtown Long Beach; ✆ 562/436-7794, 💻 www.longbeachjazzfestival.com.

Nisei Week, Mitte August. Kampfsportvorführungen, Karaoke, japanische Tuschemalerei und Theater in Little Tokyo; ✆ 213/687-7193.

African Marketplace and Cultural Faire, Ende August bis Anfang September. Hunderte Stände mit Kunst und Kunsthandwerk, dazu vielfältige Unterhaltung im Exposition Park in South Central L.A.; ✆ 323/734-1164, 💻 www.africanmarketplace.org.

Sunset Junction Street Fair, Ende August. Ausgelassenes Stadtteilfest entlang dem Sunset Blvd in Silver Lake mit Live-Musik und Essen; ✆ 323/661-7771, 💻 www.sunsetjunction.org.

L.A.s Geburtstag, 5. September. Mit Zeremonien und einem Straßenfest um *El Pueblo de Los Angeles* wird der Gründung des ursprünglichen Pueblos 1781 gedacht; ✆ 213/625-5045.

Koreatown Multicultural Festival, Mitte September. Fest mit Tanz, Umzug und Tae Kwon Do-Vorführungen in Mid-Wilshire; ✆ 213/730-1495. Ein ähnliches Fest findet im selben Zeitraum in Pasadena statt; ✆ 626/449-2742.

LA County Fair, letzten zwei Wochen im September. Größter derartiger Jahrmarkt des Landes in Pomona im San Gabriel Valley mit Viehausstellung, Rodeos und Fahrgeschäften; ✆ 909/623-3111, 💻 www.fairplex.com.

Watts Towers Day of the Drum/Jazz Festival, 2 Tage Ende September. Stadtteilfest mit kostenloser Musik – afrikanische, kubanische und brasilianische Trommeln vor der beeindruckenden Kulisse der Watts Towers. Das gleichzeitig hier stattfindende Jazz Festival ist das am längsten bestehende L.A.s; ✆ 213/847-4646.

Oktoberfest, Ende September bis Oktober. Herzhaftes deutsches Essen und zünftige Musik im Alpine Village in Torrance (Vorort in South Bay); ✆ 310/327-4384, 💻 www.alpinevillage.net. Ähnliches in Huntington Beach im Orange County; ✆ 714/895-8020, 💻 www.oldworld.ws.

Catalina Island Jazz Trax, erste 3 Wochenenden im Oktober. Enormes Aufgebot an Jazz-Größen und solchen, die es noch werden wollen, im historischen Avalon Ballroom auf Catalina Island; ✆ 1-888/330-5252, 💻 www.jazztrax.com.

Scandinavian Festival, Anfang Oktober. Skandinavisches Volksfest im Grand Hope Park in Downtown L.A.; ✆ 213/661-4273, 💻 asfla.org.

LA Street Fair and Carnival, 2. Wochenende im Oktober. Kostenlose Rockmusik, Theater- und Comedy-Aufführungen in den Straßen von Sherman Oaks im San Fernando Valley.

West Hollywood Street Festival, 2. Wochenende im Oktober. Große Kunsthandwerksausstellung; ✆ 310/781-2020.

Halloween Parade, 31. Oktober. Ausgelassener Aufzug mit jeder Menge bizarrer und ausgefallener Kostüme in West Hollywood; ✆ 310/289-2525.

Día de Los Muertos (Totentag), 2. November. Wird in ganz East L.A. und für Touristen auf der Olvera Street begangen. Nach mexikanischer Tradition werden an den Gräbern der Familienangehörigen Picknicks veranstaltet und Skelett-Puppen gebastelt; ✆ 213/625-5045.

Doo-dah Parade, Sonntag nach Thanksgiving. Umzug einer verrückt kostümierten Horde durch Pasadena; ✆ 626/440-7379, 💻 www.pasadenadoodahparade.com.

Griffith Park Light Festival, Ende November. Beeindruckendes elektrisches Lichtspektakel entlang der Crystal Springs Road im Griffith Park; ✆ 213/485-8743.

Hollywood Christmas Parade, 1. Dezember. Beste der zahlreichen Weihnachtsparaden, spektakuläre Festwagen; ✆ 323/469-2337.

Belmont Shore Christmas Parade, Anfang Dezember. Straßenumzug mit festlich geschmückten Wagen und Bands in East Long Beach; ✆ 562/434-3066.

Christmas Boat Parade, Mitte Dezember. Prachtvolle ausgeleuchtetes Bootsspektakel an der Marina del Rey; ✆ 310/821-7614. Kaum minder beeindruckend eine ähnliche Veranstaltung am Shoreline Village im Long Beach; ✆ 562/435-4093.

Schwule und Lesben

Obwohl längst nicht so groß wie in San Francisco, ist die *gay scene* auch aus L.A. nicht mehr wegzudenken. Von den Schwulenvierteln ist **West Hollywood** vermutlich das bekannteste und für die weiße, wohlhabende Schwulenszene Kaliforniens das repräsentativste.

Auf dem Santa Monica Blvd östlich vom Doheny Drive findet man schicke Restaurants, Bars und Geschäfte, ein weiteres etabliertes Schwulenviertel ist **Silver Lake** rund um Hyperion Blvd und Sunset Boulevard, ein lebendiges, von Arbeitern und Migranten geprägtes Viertel. Auch Orange County hat seine eigene schwul-lesbische Kultur, vor allem in **Laguna Beach** mit Szene-Restaurants und -Bars.

EINRICHTUNGEN – ***AIDS Project Los Angeles,*** 611 S Kingsley Drive, Hollywood, ✆ 213/201-1600, 💻 www.apla.org, verwaltet Spenden und ist gleichzeitig Sponsor des alljährlichen *Walkathons,* einer Art schwulen „Volkslaufes". 🕓 Di, Mi und Fr 10–17 Uhr.

A Different Light, 8853 Santa Monica Blvd, West Hollywood, ✆ 310/854-6601, 💻 www.adlbooks.com. L.A.s bekannteste Buchhandlung für Schwule und Lesben mit Kunstausstellungen, Vorlesungen, musikalischen Veranstaltungen und gemütlichen Sitzgelegenheiten.

Gay and Lesbian Community Services Center, 1625 N Schrader Blvd, Hollywood, ✆ 323/993-7400, 💻 www.laglc.org, bietet Information, Beratung und Gesundheitstests. Das Center veröffentlicht auch das zweimal im Monat erscheinende Magazin *The Center News.* ⌚ Mo–Fr 9–21, Sa 9–13 Uhr.

Gay Community Yellow Pages, 1604 Vista Del Mar Ave, Hollywood, ✆ 213/469-4454, ein alljährlich erscheinendes, allgemeines Nachschlagewerk für homosexuelle Unternehmen, Publikationen, Einrichtungen und Treffpunkte. Überall in der Stadt erhältlich.

One Institute and Archives, 909 W Adams Blvd, South Central, ✆ 213/741-0094, 💻 www.oneinstitute.org. Die weltgrößte Bibliothek zu Themen der Schwulen- und Lesbenkultur, ⌚ Di und Mi 15.30–21, Do und Fr 13.30–17.30, Sa 11–15 Uhr.

HOTELS – Schwulen- und Lesbenpaare werden kaum Schwierigkeiten haben, in L.A. ein Hotelzimmer zu bekommen. Dennoch gibt es Hotels, die sich auf homosexuelle Traveller spezialisiert haben. Oft sind sie auch eine gute Informationsquelle.

Coral Sands, 1730 N Western Ave, Hollywood, ✆ 323/467-5141, 💻 www.coralsands-la.com, nur für Schwule. Die Zimmer gehen auf den Pool im Innenhof. Sauna, Jacuzzi und Fitnessraum. ❹

Holloway Motel, 8465 Santa Monica Blvd, West Hollywood, ✆ 323/654-2454, 💻 www.hollowaymotel.com. Sauberes Motel. Frühstück inklusive. ❺

Hollywood Metropolitan, 5825 Sunset Blvd, ✆ 323/962-5800, 💻 www.metropolitanhotel.com. Spanisch angehauchtes Hotel mit kleineren, komfortablen Zimmern und größeren Suiten. Dazu gehört auch das Restaurant *Havana on Sunset.* ❹

Ramada, 8585 Santa Monica Blvd, West Hollywood, ✆ 310/652-6400 oder 1-800/845-8585, 💻 www.thegayhotel.com. Modernes Haus im Zentrum der Szene, saubere und komfortable Zimmer, Pool und Fitnessraum. ❺

San Vicente Inn, 854 N San Vicente Blvd, West Hollywood, ✆ 310/854-6915, 💻 www.gayresort.com/sanvicenteinn. Kleines, gemütliches B&B nördlich des Santa Monica Boulevard mit Pool, Spa und Sauna. ❺

RESTAURANTS – ***French Quarter,*** 7985 Santa Monica Blvd, West Hollywood, ✆ 310/654-0898. Im French Market Place, New Orleans widerspiegelndes Themenrestaurant. Das Essen ist schmackhaft, wenn auch nicht gerade original französisch.

Golden Bull, 170 W Channel Rd, Pacific Palisades, ✆ 310/230-0402. Nettes, aber teures Steak- und Seafood-Restaurant mit Bar, entspannte Atmosphäre in Pazifiknähe, unweit Santa Monica.

Mark's, 861 N L.A. Cienega Blvd, West Hollywood, ✆ 310/652-5252. Am oberen Ende der Skala angesiedeltes Restaurant, kalifornische Küche.

Woody's at the Beach, 1305 S Coast Hwy, Laguna Beach, ✆ 949/376-8809. Exklusive Bar und Restaurant im Orange County mit sehr guter kalifornischer Küche und entsprechend wohlhabender Klientel.

Yukon Mining Company, 7328 Santa Monica Blvd, ✆ 323/851-8833. Das schräge Café lockt vor allem Drag Queens, russische Immigranten und Rentner aus dem Viertel an.

BARS UND CLUBS – ***7969,*** 7969 Santa Monica Blvd, West Hollywood, ✆ 323/654-0280. Legendärer, ein paar Jahre nach einem Feuer wieder eröffneter Club; energiegeladene Dance Music, wilde DJs und bunte Motto-Partys.

Arena, 6655 Santa Monica Blvd, Hollywood, ✆ 323/462-0714. Beherbergt zahlreiche Clubs unter einem Dach, große Tanzflächen, die bei Funk, House und Hi-Energy wackeln – manchmal Live-Bands und umwerfende Drag Shows.

Boom Boom Room, 1401 S Coast Hwy, Laguna Beach, ✆ 949/494-7588. House und Disco vom DJ am Wochenende, männliche Stripper und ausgelassene Spektakel.

Jewel's Catch One, 4067 W Pico Blvd, Mid-Wilshire, ✆ 323/734-8849. Heißer Tanzschuppen, lockt ein gemischtes Publikum auf seine zwei Tanzflächen.

Micky's, 8857 Santa Monica Blvd, ✆ 310/657-1176. Lebendige und pulsierende Szene mit gemischtem Programm, u.a. 70er- und 80er Dance-Pop, House und Hip-Hop, ein Mal im Monat Swing und Dixieland live.

Mother Lode, 8944 Santa Monica Blvd, West Hollywood, ✆ 310/659-9700. Starke Drinks und wildes Abtanzen in einem der energiegeladeneren Clubs in WeHo.

Ozz Supper Club, 6231 Manchester Blvd, Buena Park, Orange County, ✆ 714/522-1542. House, Disco und Salsa am Wochenende, sonst Drag Shows, Cabaret und andere Performances.

The Palms, 8572 Santa Monica Blvd, West Hollywood, ✆ 310/652-6188. West Hollywoods etablierteste Lesbenbar zieht zunehmend ein gemischtes Publikum an.

The Plaza, 739 N L.A. Brea Ave, Hollywood, ✆ 323/939-0703. Kleines Lokal, das einem gemischten, überwiegend schwulen Publikum ausgefallene Drag Shows präsentiert.

Rage, 8911 Santa Monica Blvd, West Hollywood, ✆ 310/652-7055. Schicker, von einem treuen Stammpublikum besuchter Schwulenclub mit den neuesten Hi-Energy- und House-Sounds. Ziemlich billige Drinks.

Einkaufen

Shopping in L.A ist eine Kunstform. Ein Zug durch die teureren Geschäfte gibt einen guten Einblick in die Verhältnisse – hier zeigt sich, wer das Geld in den Taschen hat und wofür es rausgeballert wird.

Es gibt einfach alles, vom gewöhnlichen Einzelhandelsgeschäft über riesige Kaufhäuser bis zu groß angelegten Mega-Malls für Hardcore-Shopper – und natürlich den zwei Blocks umfassenden Rodeo Drive, die exklusivste Einkaufsmeile der Welt.

Die schicksten Boutiquen befinden sich in der Melrose Avenue, zwischen La Brea Ave und Fairfax Ave. In Old Town Pasadena gibt es ein paar Ableger der kostspieligeren Ladenketten und in den wenigen Blocks oberhalb der Prospect Ave an der Vermont Ave in Los Feliz einige der interessanteren Läden des Underground.

L.A. bietet eine große Auswahl an Bücher- und Plattenläden, vom gemütlichen Secondhand-Laden bis zum Megastore mit allen Neuheiten ist so gut wie alles vertreten, vor allem in den angesagten Shopping-Zentren. Ein abwechslungsreiches Angebot hat auch der Lebensmittel-Sektor, von Delis und Supermärkten bis zu noblen Konditoreien und Feinschmeckerläden.

KAUFHÄUSER UND SHOPPING MALLS – Jedes Viertel hat sein eigenes Einkaufszentrum, in dem man sich für den täglichen Bedarf eindeckt. Etwas höhere Preise und bessere Qualität werden in den **Kaufhäusern** geboten.

Noch größer als die Kaufhäuser sind die **Shopping Malls**, die oft ganzen Vororten gleichen. Hier gehen die meisten *Angelenos* einkaufen.

Beverly Center, 8500 Beverly Blvd, West Hollywood, ✆ 310/854-0070. Eine fast 2 ha große Anlage mit Boutiquen, einem Multiplex Cinema und *Hard Rock Café* – alles in einem Komplex.

Century City Marketplace, 10250 Santa Monica Blvd, Century City, ✆ 310/553-5300. Freiluft-Mall mit 100 schicken Läden und gutem Speisenangebot. Hier kann man mit etwas Glück einen Star beim Shopping erspähen.

Del Amo Fashion Square, Hawthorne Blvd, Ecke Carson St, Torrance, ✆ 310/542-8525. South Bays eigener Konsumtempel der Superlative, zudem einer der größten des Landes. Neben fünf großen Warenhäusern gibt es hier jede Menge mittlere und kleinere Läden, in denen die Vorstädter ihre Kaufwut ausleben. Günstige Lage gleich südlich des Freeways 405.

The Grove, 6301 W Third St, Mid-Wilshire, ✆ 323/900-8080. Die riesige Openair-Anlage in der Nähe vom Farmers Market ist die neueste Variante in der Riege der für L.A. typischen Shopping Malls. Die Konstruktion ist ein bisschen origineller und stilvoller als das gemeinhin übliche Schuhkartonformat, ansonsten sind jedoch die üblichen Ladenketten, Restaurants und Kinos vertreten.

Hollywood and Highland, an der Kreuzung der gleichnamigen Straßen in Hollywood, ✆ 323/960-2331. Eine weitere Mega-Shopping Mall, diesmal in einem „exotischen", von der Kulisse eines alten Stummfilmes inspirierten Design gehalten. Das Innenleben birgt keine Überraschungen: teure Boutiquen, ultraschicke Shops und ein Multiplex-Kino.

Paseo Colorado, E Colorado Blvd, Ecke S Los Robles Ave, Pasadena, ✆ 626/795-8891. Zwei Stockwerke mit hauptsächlich Kettenläden, schön zum Bummeln.

Santa Monica Place, Broadway at Second St, Santa Monica, ✆ 310/394-5451. Sonnige Mall mit drei Stockwerken voller Läden.

South Coast Plaza, 3333 Bristol St, nördlich des 405 Freeway, Costa Mesa, ✆ 714/435-2000. Die größte Super-Mall in Orange County umfasst an die 300 Geschäfte.

Third Street Promenade, zwischen Broadway and Wilshire Blvd, Santa Monica. Einer der wenigen erfolgreichen Versuche, Käufer wieder ins Stadtzentrum zu locken. Buchhandlungen, Boutiquen, Restaurants und Kinos.

Westside Pavilion, Pico Blvd, Ecke Westwood Blvd, West L.A., ✆ 310/474-6255. Postmoderner Komplex mit zwei Flügeln – ein älterer mit Atrium aus Glas und ein neuerer, teilweise unter freiem Himmel.

LEBENSMITTEL – Wer ein Picknick vorbereiten oder sich sonstwie selbst verpflegen möchte: Delis stehen an fast jeder Straßenecke, und viele Supermärkte sind rund um die Uhr geöffnet, mindestens aber bis 22 Uhr.

Darüber hinaus gibt es viele exotische Lebensmittelläden und teurere *Gourmet Markets* und zahlreiche andere Geschäfte, die essbare Kuriositäten verkaufen.

Backwaren und Süßspeisen: ***Cobbler Factory,*** 33 N Catalina Ave, Pasadena, ✆ 626/449-2152. Bäckerei in Old Pasadena, die Obstpasteten vom Feinsten verkauft.

Diamond Bakery, 335 N Fairfax Ave, West L.A., ✆ 323/655-0534. Alte jüdische Bäckerei mit großer Auswahl an traditionellen Backwaren und Süßigkeiten.

Hansen Cakes, 193 S Beverly Drive, Beverly Hills, ✆ 310/273-3759. Eine Institution in Beverly Hills; beim Anblick der ausgestellten Kuchen und Torten läuft einem das Wasser im Mund zusammen.

La Brea Bakery, 624 S La Brea Ave, West L.A., ✆ 323/939-6813. Die vielleicht beste Bäckerei in L.A.; das Angebot reicht von Sauerteigbrötchen bis hin zu dickem, schwerem Brot mit Oliven, Kirschen und Käse. Gehört zum ebenfalls empfehlenswerten *Campanile Restaurant.*

Mousse Fantasy, 2130 Sawtelle Blvd Nr. 110, West L.A., ✆ 310/479-6665. Japanische Version einer französischen Patisserie.

Röckenwagner, 2435 Main St, Santa Monica, ✆ 310/399-6504. Kulinarische Leckerbissen als feiner Mix aus kalifornischer und moderner deutscher Küche.

Rodeo Drive

Das schwarze Loch für's Spesenkonto ist der Rodeo Drive in Beverly Hills, die exklusivste aller Ladenzeilen. Zu den großen Namen hier zählen ***Barney's,*** 9570 Wilshire Blvd, ✆ 310/276-4400, ***Chanel,*** 400 N Rodeo Drive, ✆ 310/278-5500, ***Giorgio Armani,*** 436 N Rodeo Drive, ✆ 310/271-5555, ***Gucci,*** 347 N Rodeo Drive, ✆ 310/278-3451, und ***Neiman Marcus,*** 9700 Wilshire Blvd, ✆ 310/550-5900. In der Nähe buhlt das neue **Two Rodeo** als Touristenfalle in pseudo-europäischer Gestalt um Kundschaft, allerdings in einer weitaus kitschigeren und reizloseren Weise.

Viktor Benes Continental Pastries, 8718 W Third St, West L.A., ✆ 310/276-0488. Frisch gebackene Brote, Kuchen, Gebäck und diverse Schoko-Leckereien.

Delis und Lebensmittelgeschäfte: ***Bay Cities Italian Deli,*** 1517 Lincoln Blvd, ✆ 310/395-8279, Santa Monica, gleicht einem riesigen Deli, mit großen Haufen frischer Pasta, Gewürzen, Fleisch, Soßen und Importen aus Frankreich und dem Nahen Osten.

Bharat Bazaar, 11510 Washington Blvd, Culver City, ✆ 310/398-6766. Einer von mehreren ausgezeichneten indischen Lebensmittelläden in diesem Teil von Culver City.

The Cheese Store, 419 N Beverly Drive, Beverly Hills, ✆ 310/278-2855, mehr als 400 verschiedene Käsesorten aus aller Welt, darunter auch jede in den USA hergestellte Sorte. Teuer.

Claro's Italian Market, 1095 E Main St, Tustin, Orange County, ✆ 714/832-3081. Gut sortierter Laden mit ausgezeichneten italienischen Weinen, Schokolade, Crackern und Tiefkühlkost; mit Deli und Bäckerei.

Gastronom, 7859 Santa Monica Blvd, ✆ 323/654-9456. Herzhafte slawische Speisen wie Räucherfisch und Kaviar als sichtbarer Beweis für die wachsende russische Gemeinde.

Olson's Deli, 5560 Pico Blvd, Mid-Wilshire, ✆ 323/938-0742. Eines der wenigen skandinavischen Lebensmittelgeschäfte in L.A. mit einer lohnenden Auswahl an Fisch- und Fleischspezialitäten.

Porto's Cuban Bakery, 315 N Brand Blvd, Glendale, ✆ 818/956-5996. Leckere kubanische Backwaren und Desserts.

Say Cheese, 2800 Hyperion Ave, Silver Lake, ✆ 323/665-0545. Auswahl an mehr oder minder kostspieligen Kasesorten aus Frankreich und anderen Ländern. Besonders lecker sind die angebotenen Sandwiches.

Standard Sweets and Snacks, 18600 Pioneer Blvd, Artesia, ✆ 562/860-6364. Gutes Geschäft für kleine indische Leckereien wie vegetarische Dosas und verführerische Süßigkeiten.

BUCHHANDLUNGEN – Die Auswahl an Buchläden ist riesengroß, von Ketten wie *Barnes and Noble* und *Borders* bis hin zu spezialisierten und Secondhand-Buchhandlungen, in denen man Stunden damit zubringen kann, verstaubte Regale zu durchforsten.

Neue Bücher: ***A Different Light,*** 8853 Santa Monica Blvd, West Hollywood, ✆ 310/854-6601. Berühmteste Schwulen-Buchhandlung der Stadt, in der allmonatlich Kunstveranstaltungen, Lesungen und Konzerte stattfinden.

Bodhi Tree, 8585 Melrose Ave, West Hollywood, ✆ 310/659-1733. Sehr angesagt, mit einer guten Auswahl an Titeln aus den Bereichen New Age, Okkultismus und Esoterik.

Book Soup, 8818 W Sunset Blvd, West Hollywood, direkt am Sunset Strip, ✆ 310/659-3110. Tolle Auswahl, besonders zu Themen wie Entertainment, Reise und Fotografie.

Hennessey and Ingalls, 1254 Third Street Promenade, Santa Monica, ✆ 310/458-9074, beeindruckendes Sortiment an Kunst- und Architektur-Büchern.

Larry Edmunds Book Shop, 6644 Hollywood Blvd, ✆ 323/463-3273, haufenweise Bücher über Film und Theater, außerdem Filmplakate und Standfotos.

Midnight Special, 1318 Third Street Promenade, Santa Monica, ✆ 310/393-2923. Große Buchhandlung, deren umfangreiche politische und sozialwissenschaftliche Abteilungen besonders zu empfehlen sind.

Norton Simon Museum Bookstore, 411 W Colorado Blvd, Pasadena, ✆ 626/449-6840. Die Preise in diesem einem Museum angegliederten Buchladen sind niedriger als anderswo in L.A.; das Angebot an Kunstbüchern ist überwältigend.

Samuel French Theatre & Film Bookshop, 7623 Sunset Blvd, West Hollywood, ✆ 323/876-0570. L.A.s größte Auswahl an Theater- und Filmbüchern.

Taschen, 354 N Beverly Drive, Beverly Hills, ✆ 310/274-4300. Unterhaltsame, erbauliche und schräge Titel aus allen möglichen Bereichen, von Renaissance-Kunst über amerikanischen Kitsch bis zu Fetischfotografie.

Vroman's, 695 E Colorado Blvd, Pasadena, ✆ 626/449-5320. Einer der größten Läden im Valley mit gutem Sortiment und einem Café. Schnäppchen findet man hier kaum, aber innerhalb einiger Straßenblocks finden sich einige gute Secondhand-Buchhandlungen.

Secondhand-Bücher: ***Acres of Books,*** 240 Long Beach Blvd, Long Beach, ✆ 562/437-6980. Allein um in dieser größten Auswahl an Secondhand-Büchern herumzustöbern, lohnt sich der Weg mit der *Blue Line Metrorail*.

Atlantis Book Shop, 145 N San Fernando Blvd, Burbank, ✆ 818/845-6467. Das Sortiment umfasst Belletristik, Geschichte, Politik, aber insbesondere Bücher über Mythologie, paranormale Phänomene, Außerirdische und dergleichen.

Book Alley, 611 E Colorado Blvd, Pasadena, ✆ 626/683-8083. Hübsch gestaltete Buchhandlung mit großer Auswahl aus allen möglichen Bereichen zu günstigen Preisen. Filiale: *Book Alley Too!*, 696 E Colorado Blvd, ✆ 626/795-0818.

Brand Bookshop, 231 N Brand Blvd, Downtown Glendale, ✆ 818/507-5943. Im San Fernando Valley, breites Sortiment an Kunstbüchern und sehr gute Titel zu den Themen Unterhaltung, Geschichte und Politik.

Cliff's Books, 630 E Colorado Blvd, Pasadena, ✆ 626/449-9541. Viele schmale Gänge mit Büchern zu allen erdenklichen Themen, allerdings nicht ganz billig.

Cosmopolitan Book Shop, 7017 Melrose Ave, ✆ 323/938-7119. Das gemütlichere Westside-Pendant zu *Acres of Books*. Tausende von Titeln in turmhohen Regalen; alle möglichen Sujets. Besonders gute Auswahl zu den Themen Film und Medien.

Wilshire Books, 3018 Wilshire Blvd, Santa Monica, ✆ 310/828-3115. Der relativ kleine und voll gestopfte Laden ist – gemessen an seiner Größe – wohl der beste in L.A. Beachtliches Angebot von dicken Bänden über Kunst, Politik, Religion, Musik, Wissenschaft und andere übersichtlich geordnete Themengebiete.

CDs UND PLATTEN – L.A. hat fast noch mehr *Record Stores* als Buchhandlungen. CDs sind das vorherrschende Format, doch auch Vinyl-Fans finden kommen auf ihre Kosten, vor allem dank der großen Zahl eingeschworener Sammler und des nach wie vor beliebten „Scratching" der Club-DJs. Die nachfolgende Auswahl konzentriert sich vor allem auf Spezialgeschäfte, Liebhaber der großen Ketten zieht es eher in die Megastores ***Tower***, 8801 Sunset Blvd, ✆ 310/657-7300, und ***Virgin***, 8000 Sunset Blvd, ✆ 323/650-8666.

Amoeba Music, 6400 W Sunset Blvd, Hollywood, ✆ 323/245-6400. Riesige Auswahl an Titeln (angeblich ca. eine halbe Million) auf CD, Cassette und Vinyl, die im Laden angehört werden können.
Aron's Records, 1150 N Highland Ave, Hollywood, ✆ 323/469-4700, große Auswahl für alle Geschmäcker und Brieftaschen.
DMC Records, 7619 Melrose Ave, Hollywood, ✆ 323/651-3520. Topadresse für gebrauchte CDs und besonders Vinyl. Clubber und DJs decken sich hier mit den neuesten Tanzscheiben und obskuren Titeln unbekannterer Künstler ein.
Heavy Rotation, 12354 Ventura Blvd, Studio City, ✆ 818/769-8882. Neben billigen Secondhand-CDs, Cassetten, Laserdiscs und Videospiele lockt die interessante Auswahl an Promo-Schallplatten Käufer in diesen Laden im San Fernando Valley.
Penny Lane, 12 W Colorado Blvd, Pasadena, ✆ 626/564-0161. Bietet fabrikfrische und Secondhand-Ware zu vernünftigen Preisen, daneben ausgiebig Gelegenheit, in die Scheiben hineinzuhören. Immer voll. Weitere Filialen: L.A. in 7563 Melrose Ave, ✆ 323/651-3000, und 10914 Kinross Ave, Westwood, ✆ 310/208-5611.
Poo-Bah Records, 1101 E Walnut Ave, Pasadena, ✆ 626/449-3359, Reichlich amerikanischer und importierter New Wave und andere Stilrichtungen, z.B. 80er Techno-Pop.
Record Surplus, 11609 W Pico Blvd, West L.A., ✆ 310/478-4217. Riesiges LP-Sortiment mit Surf Music, Rock 'n' Roll Oldies, Soundtracks aus den 60ern und unbeabsichtigt witzigen Sprechaufnahmen. Superpreise.
Rhino Records, 1720 Westwood Blvd, West L.A., ✆ 310/474-8685. Größte Spezialhandlung für unabhängige, internationale Labels: Rock, Punk, Funk und was auch immer, ganz zu schweigen von den eigenen Rhino Records-Veröffentlichungen.
Vinyl Fetish, 7305 Melrose Ave, West Hollywood, ✆ 323/935-1300, neben Punk und Post-Punk bekommt man gute Infos über aktuelle Musik.

Sonstiges

APOTHEKEN – Rund um die Uhr geöffnet sind: ***Kaiser's West LA Hospital***, 6041 Cadillac Ave, ✆ 323/857-2151, 💻 www.kaiserpermanente.org;
Horton & Converse, 11600 Wilshire Blvd, West L.A., ✆ 310/478-0801, 🕓 tgl. bis 2 Uhr.

AUSKUNFT – für lokale Rufnummern ✆ 411 (von Münztelefonen kostenlos); für auswärts ✆ 1/Vorwahl/555-1212.

AUTOVERMIETUNGEN – Man findet überall in der Stadt Filialen der großen Autovermietungen. Die meisten haben ihr Hauptbüro in Nähe des LAX-Flughafens und bieten einen kostenlosen Shuttle-Service zu den Terminals. Adressen kann man in den Gelben Seiten nachschlagen oder telefonisch erfragen.
Ansonsten ist von alten Klapperkisten bis zur Luxuslimousine praktisch alles zu mieten. Der bekannteste und einer der billigsten Vermieter ist ***Rent-a-Wreck***, 12333 W Pico Blvd, ✆ 1-800/995-0994 oder 310/826-7555, 💻 www.rentawreck.com. Hier und in sieben Vorortfilialen werden Mustangs aus den 60er Jahren und weniger attraktive Fahrzeuge vermietet. Sie kosten um $50 pro Tag.

EINTRITTSKARTEN – Platzkarten für Konzerte oder Sportveranstaltungen gibt es bei ***Ticketmaster***, Filialen in den Geschäften von *Tower*

Records, ✆ 213/480-3232 oder 714/740-2000. Eine schnelle Übersicht über das Theaterangebot vermittelt ein Anruf bei ***Theatre LA*** ✆ 213/614-0556, 🖳 www.theatrela.org, wo auch Auskunft über etwaige preisreduzierte Eintrittskarten für die Veranstaltungen gegeben wird.

FAHRRÄDER – Es mag sich wahnwitzig anhören, in L.A. Fahrrad fahren zu wollen, doch in manchen Stadtteilen, vor allem abseits der Freeways, kann es durchaus das angenehmste Fortbewegungsmittel sein. **Radwege** gibt es z.B. zwischen Santa Monica und Redondo Beach und zwischen Long Beach und Newport Beach, ganz abgesehen von lohnenswerten Fahrradtouren im Landesinneren, vor allem in der Gegend um den Griffith Park und zu den Villen in Pasadena. Zu Recht berüchtigt ist jedoch der mit Glasscherben übersäte Radweg entlang des LA River, eine Spielwiese von Gangs.

Fahrradkarten und Informationen gibt es bei:
AAA, 2601 S Figueroa St, ✆ 213/741-3686, 🖳 www.aaa-calif.com, ◷ Mo–Fr 9–17 Uhr.
California Association of Bicycling Organizations, ✆ 310/639-9348, 🖳 www.cabobike.org.
CalTrans, Niederlassung des Department of Transportation, 120 S Spring St, ✆ 213/897-3656, 🖳 www.dot.ca.gov, ◷ Mo–Fr 8–17 Uhr.
MTA, ✆ 213/244-6539, 🖳 www.mta.net.

An den Stränden sind die **Fahrradvermietungen** in der Washington St am Venice Pier zu empfehlen, z.B. ***Spokes 'n' Stuff,*** 4175 Admiralty Way, ✆ 310/306-3332, und 1700 Ocean Ave, ✆ 310/395-4748. In den Sommermonaten gibt es auch direkt am Strand Mietfahrräder. Preise liegen zwischen $8–10 pro Tag für einen alten Drahtesel und $15–20 und mehr pro Tag für ein Mountainbike.

GELD – Außerhalb der Banköffnungszeiten stehen Wechselbüros in der ganzen Stadt zur Verfügung, die aber meist ungünstig gelegen sind. Am zuverlässigsten sind die am LAX, ◷ unterschiedlich je nach Terminal, in der Regel tgl. bis 23 Uhr, ✆ 310/649-2801.

GOETHE-INSTITUT – 5750 Wilshire Blvd, Suite 100, ✆ 323/525-3388.

INFORMATIONEN – Stadtpläne und Informationen bekommt man in den beiden *Visitor Centers,* die das ***CVB*** unterhält:
Downtown: 685 S Figueroa St, ✆ 213/689-8822, 🖳 www.lacvb.com, ◷ Mo–Fr 9–17 Uhr, Sa 8.30–17 Uhr.
Hollywood: Hollywood and Highland Mall, 6801 Hollywood Blvd, ✆ 323/467-6412, ◷ Mo–Sa 10–22, So 10–19 Uhr.
Andere Gegenden von L.A. unterhalten eigene Touristenbüros, z.B.
Beverly Hills: 239 S Beverly Drive, ✆ 310/248-1015, 🖳 www.beverlyhillscvb.com, ◷ Mo–Fr 8.30–17 Uhr.
Long Beach: 1 World Trade Center, Suite 300, ✆ 562/436-3645, 🖳 www.visitlongbeach.com, ◷ Mo–Fr 9–17 Uhr.
Orange County: 640 W Katella Ave, nahe Disneyland, ✆ 714/239-1340, 🖳 www.anaheim411.com oder www.anaheimoc.org, ◷ tgl. 8–20 Uhr.
Pasadena: 171 S Los Robles Ave, ✆ 626/795-9311, 🖳 www.pasadenacal.com, ◷ Mo–Fr 8–17, Sa 10–16 Uhr.
Santa Monica: 1400 Ocean Ave, ✆ 310/393-7593, 🖳 www.santamonica.com, ◷ tgl. 10–16 Uhr, und in der Santa Monica Place Mall, Colorado Blvd, Ecke Third St, ✆ 1-800/544-5319, ◷ tgl. 10–18 Uhr.
West Hollywood: im Pacific Ocean Design Center, 8687 Melrose Ave, ✆ 310/289-2525, 🖳 www.visitwesthollywood.com, ◷ Mo–Fr 9–17 Uhr.
Die *Visitor Centers* bieten kostenlose **Stadtpläne** ihrer näheren Umgebung an. Wer länger in L.A. bleibt, sollte sich den ausgezeichneten Straßenatlas *LA County Thomas Guide* ($19,95) anschaffen, der von Einheimischen wie Touristen gleichermaßen geschätzt wird, um sich im Straßenlabyrinth L.A.s zurechtzufinden.

INTERNET-ZUGANG – In vielen Cafés (s.S. *###*, „Coffeehouses"), im *Newsroom Café* (s.S. *###*), in vielen Stadtbüchereien und in den Terminals des LAX. Die Preise liegen bei ca. 10–25¢ pro Minute (Ausnahme Bibliotheken).

KONSULATE – ***Deutschland,*** 6222 Wilshire Blvd, Suite 500, ✆ 323/930-2703; 📠 930-2805, 🖳 www.germany.info/losangeles.

Österreich: 11859 Wilshire Blvd, Suite 501, ✆ 310/444-9310, ✆ 477-9897, 🖳 www.austria-la.org.
Schweiz: 11766 Wilshire Blvd, Suite 1400, ✆ 310/575-1145, ✆ 575-1982, 🖳 www.eda.admin.ch/la.

KÜSTENWACHE – ***Coastguard Search and Rescue,*** Los Angeles/Long Beach, ✆ 562/980-4444, Orange County/Newport Beach, ✆ 949/834-3800.

MEXICAN TOURIST OFFICE AND CONSULATE – 2401 W Sixth St, 5. Stock, Downtown, ✆ 213/351-2069 oder 1-800/44-MEXICO, 🖳 www.visitmexico.com. Hier gibt es generelle Infos und die *Tourist Card,* die man benötigt, wenn man weiter als bis Tijuana will, die aber auch an der Grenze ausgestellt wird. 🕓 Mo–Fr 9–17 Uhr.

NOTFÄLLE – **SOS,** ✆ 911.
Für weniger dringende Fälle:
Feuerwehr, ✆ 323/890-4194;
Polizei, ✆ 213/625-3311;
Giftnotruf, ✆ 1-800/777-6476;
Krankenhäuser mit Notaufnahme:
Cedars-Sinai Medical Center, 8700 Beverly Blvd, Beverly Hills, ✆ 310/885-6517 oder 423-8780, 🖳 www.csmc.edu;
Good Samaritan Hospital, 1225 Wilshire Blvd, Downtown, ✆ 213/977-2121, 🖳 www.goodsam.org;
UCLA Medical Center, 10833 Le Conte Ave, Westwood, ✆ 310/825-9111, 🖳 www.healthcare.ucla.edu.

POST – Das Hauptpostamt befindet sich in Downtown, 760 N Main St, ✆ 213/617-4405, nördlich der Union Station. Zip Code 90012; 🕓 Mo–Fr 8–19, Sa 8–16 Uhr, Abholung von postlagernden Briefen Mo–Fr 8–15 Uhr.

SMOG-INFO – Jeden Tag wird die Luftqualität gemessen und das Ergebnis in der *LA Times* veröffentlicht. Wenn die Luft besonders schlecht ist, werden Smogwarnungen über Radio, TV und in den Zeitungen verbreitet. Weitere Informationen beim ***South Coast Air Quality Management District,*** ✆ 1-800/CUT-SMOG, 🖳 www.aqmd.gov.

Radiosender in L.A.

KFI 640 AM. Zumeist aus ultra-konservativer Sicht diskutierte Themen; 🖳 www.kfi640.com.
KFWB 980 AM. Regelmäßig Lokalnachrichten, auch Talkshows; 🖳 www.kfwb.com.
KNX 1070 AM. Alle halbe Stunde Sportnachrichten; 🖳 www.knx1070.com.
KXTA 1150 AM. Sport und Talkshows; 🖳 www.xtrasports1150.com.
KLON 88,1 FM. Blues und Jazz; 🖳 www.klon.org.
KPCC 89,3 FM. Jazz- und Blueskonzerte, auch Kunstbeiträge; 🖳 www.kpcc.org.
KCRW 89,9 FM. Neue Musik, transatlantische Importe, Weltnachrichten. Tolle Musikprogramme am Abend, viel Trance, Dub und anderes. 🖳 www.kcrw.org.
KUSC 91,5 FM. Klassik, Jazz, Weltmusik; 🖳 www.kusc.org.
KCBS 93,1 FM. „The Arrow“: klassischer Rock; 🖳 www.arrowfm.com.
KZLA 93,9 FM. Beliebte Countrymusic-Hits; 🖳 wbeta.kzL.A.com.
KLSX 97,1 FM. Talkshows mit aggressiven Talkmastern (shock jocks); 🖳 www.fmtalki.com.
KSSE 97,5 FM. Latino-Pop und Salsa; 🖳 www.superestrelL.A.com.
KKBT 100,3 FM. „The Beat“: Soul, R&B und Hip Hop; 🖳 www.thebeatL.A.com.
KRTH 101,1 FM. „K-Earth“: Ausschließlich Oldies, für den Sender wird unübersehbar allerorts in der Stadt Werbung betrieben; 🖳 www.kearth101.com.
KIIS 102,7 FM. Hitparade: Top 40's; 🖳 www.kiisfm.com.
KBIG 104,3 FM. Pop, Dance und Disco; 🖳 www.kbig104.com.
KMZT 105,1 FM. „K-Mozart“: Klassik; 🖳 www.kmzt.com.
KPWR 106 FM. „K-Power“: Hip Hop, R&B und etwas Latino-Pop; 🖳 www.power106fm.com.
KROQ 106,7 FM. Hard Rock und Grunge; 🖳 www.kroq.com.

SPORT – American Football: Los Angeles hat kein Profi-Team, aber in Pasadena findet in der 102 000 Plätze umfassenden Rose Bowl, ✆ 626/577-3100, 💻 www.rosebowlstadium.com, das alljährliche New Year's Day Rose Bowl Footballspiel statt. Die Bowl ist außerdem das Heimatstadion des UCLA Footballteams, ✆ 310/UCLA-WIN, 💻 www.uclabruins.collegesports.com.
Baseball: Die *L.A. Dodgers* spielen im Dodger Stadium nahe Downtown, die *Anaheim Angels* im Anaheim Stadium in Orange County, ✆ 714/663-9000 oder 1-888/796-4256, 💻 www.angelsbaseball.com.
Basketball: Die *LA Lakers* spielen im Staples Center in Downtown, ✆ 213/480-3232, 💻 www.lakers.com, ebenso wie die *LA Clippers*, ✆ 213/742-7430, 💻 www.clippers.com.
Eishockey: Die *L.A. Kings* spielen im Staples Center in Downtown, ✆ 1-888/KINGS-L.A., 💻 www.lakings.com, die *Mighty Ducks* im Arrowhead Pond in Anaheim, Orange County, ✆ 714/704-2500, 💻 www.mightyducks.com. Der Rivale *USC* spielt im LA Coliseum, South Central, ✆ 213/740-GOSC, 💻 www.usctrojans.college sports.com.

STEUERN – Die Verkaufssteuer in L.A. beträgt 8,25%. Die Hotelsteuer ist variabel, liegt aber im Allgemeinen um die 14%.

STRAND-INFO – Wetterdienst für Malibu, ✆ 310/457-9701, Santa Monica, ✆ 310/578-0478, South Bay, ✆ 310/379-8471.

VERKEHRSINFOS – Die Nachrichtensender strahlen häufig aktuelle Verkehrshinweise für die Freeways aus. Ist ein Highway-Abschnitt hoffnungslos verstopft, wird ein so genannter „Sig-Alert" gesendet, was bedeutet, dass dieser Teil auf jeden Fall zu meiden ist. Zu den Radiostationen, die häufig Verkehrshinweise geben, zählt KNX 1070 AM; im Internet unter 💻 www.sigalert.com.

ZAHNÄRZTE – Die billigste zahnärztliche Behandlung gibt es in der ***USC School of Dentistry*** auf dem USC-Campus, 925 W 34th St, ✆ 1-888/USC-DENT, 💻 www.usc.edu/hsc/dental/patient_care. Unter Umständen muss man den ganzen Tag warten.
Notfallbehandlung bietet die ***LA Dental Society***, 3660 Wilshire Blvd #1152, ✆ 213/380-7669, 💻 www.ladentalsociety.com.

ZEITUNGEN – Die täglich erscheinende ***Los Angeles Times*** (💻 www.latimes.com) ist noch immer die beste Zeitung der gesamten Westküste und in ganz Südkalifornien praktisch an jeder Straßenecke aus dem Automaten erhältlich. Die Sonntagsausgabe ist gewaltig und enthält die Beilage *Calendar* mit einem ausführlichen Überblick über aktuelle Veranstaltungen, Kritiken und Neuigkeiten aus der Kunst- und Unterhaltungsszene der Stadt.
Besonders empfehlenswert unter den zahlreichen informativen und **kostenlosen Publikationen** sind *LA Weekly*, 💻 www.laweekly.com, und *Orange County Weekly*, 💻 www.ocweekly.com, mit Nachrichten, Kritiken und Veranstaltungshinweisen.
Zahllose kleinere Blätter für die einzelnen Gegenden sowie Publikationen mit Schwerpunkt Musik oder Politik liegen überall aus, besonders in Cafés, Musik- und Buchläden; und last but not least kann man auf das kostenlose Touristenblättchen *Where LA* zurückgreifen, das in vielen Hotels ausliegt.
Um einen Eindruck davon zu bekommen, für wie stilbewusst L.A. sich hält, sollte man das monatlich erscheinende Magazin *Los Angeles* (💻 www.lamag.com) durchblättern; es steckt voller neuer Klatschgeschichten, Porträts der angesagten lokalen Stars und Sternchen und Beurteilungen der Restaurants und Clubs.
Es gibt noch Dutzende anderer, weniger perfekt gemachter Blätter, die sich vor allem mit der Schwulen-/Lesbenszene und den Nightclubs beschäftigten.
Internationale Presse: In den Bibliotheken der beiden Universitäten gibt es relativ aktuelle Zeitungen aus allen Ländern.
In der ***Universal News Agency***, 1639 N Las Palmas Ave, kann man europäische Zeitungen mit einem Tag Verspätung kaufen, 🕓 tgl. 7–24 Uhr.
Ebenso bei ***World Book and News***, 1652 N Cahuenga Blvd, 🕓 24 Std., beide in Hollywood.

Touren

Manche Besucher wundern sich, dass es in L.A. Bürgersteige gibt, ganz zu schweigen von Fußgängern, aber der größte Teil von Downtown und zahlreiche andere Viertel wie u.a. Central Hollywood, Pasadena, Beverly Hills, Santa Monica und Venice lassen sich tatsächlich zu Fuß am besten erkunden. Man kann sich auch einer **Stadtführung** anschließen; bester Veranstalter ist die ***Los Angeles Conservancy***, ✆ 213/623-CITY, 🖳 www.laconservancy.org, deren Touren durch die Innenstadt führen, vorbei an Art déco-Kinopalästen sowie einst opulenten Monumenten der Finanzwelt und architektonischen Perlen wie dem Bradbury Building (s.S. *###*). Eine von ihnen findet jeden Sa um 10 Uhr statt, Ausgangspunkt ist das *Biltmore Hotel* in der Olive Street. Reservierung unbedingt erforderlich, Teilnahme $10; weitere Touren zum gleichen Preis führen durch Angelino Heights, Highland Park und San Pedro. Eine schnelle und bequeme Art, L.A. von einem Fensterplatz aus zu erkunden, bieten die **Bustouren**, die in Preis und Qualität unterschiedlicher nicht sein könnten. Die großen Touren karren Busladungen von Touristen zu den bekannten Sehenswürdigkeiten – keine steuert irgendwelche Ziele an, die man nicht auch alleine billiger sehen könnte. Häufig sind die kleineren, **speziellen Touren** mit weniger Teilnehmern lohnender. **Studio-Touren** zu Produktionsstätten von Film und Fernsehen werden von den meisten der großen Anbieter als Tagesausflüge angeboten, allerdings ist man auch hier wieder auf eigene Faust besser und billiger dran.

KLASSISCHE TOUREN – Die mit Abstand beliebteste der klassischen Touren ist das halbtägige Abklappern der Häuser berühmter Stars. Diese „**Stars' Homes**" betitelte Tour umfasst normalerweise den Farmers Market, Sunset Strip, Rodeo Drive, die Hollywood Bowl und natürlich die Anwesen der Stars, ist aber letztlich weit weniger aufregend, als sie sich anhört – häufig bekommt man nicht mehr als ein Tor an der Einfahrt zum Haus irgendeines ehemaligen Stars zu sehen. Andere Touren führen durch die Westside bei Nacht, zu den Stränden, zur *Queen Mary*, nach Disneyland oder zum Zwecke eines eintägigen Shopping-Ausflugs in die mexikanische Grenzstadt Tijuana.

Die Preise betragen $30–95 p.P., einfache Touren durch Hollywood (1 Std.) kosten ca. $15; Informationsbroschüren liegen allerorts in Hotels und Visitor Centers aus. Reservierungen und Abholung sind in bzw. von den meisten Hotels möglich. Ansonsten kann man sich an eine der folgenden Agenturen wenden:

Hollywood Fantasy Tours, 6671 Hollywood Blvd, ✆ 323/469-8184, 🖳 www.hollywoodfantasytours.com.

LA Tours, 1617 Gower St, ✆ 323/460-6490, 🖳 www.latours.net.

Red Line Tours, 6773 Hollywood Blvd, ✆ 323/402-1072, 🖳 www.redlinetours.com.

Starline Tours, 6925 Hollywood Blvd, ✆ 323/463-3333, 🖳 www.starlinetours.com.

VIP Tours, 9830 Bellanca Ave, ✆ 310/641-8114, 🖳 www.viptoursandcharters.com.

SPEZIELLE TOUREN – Für diese Schwerpunkt-Touren zahlt man ebenfalls ab $30 p.P. Der kostenlos in Hotels und Visitor Centers erhältliche *LA Visitors Guide* enthält weitere Anregungen.

Architecture Tours LA, ✆ 323/464-7868, 🖳 www.architecturetoursla.com. Mit Schwerpunkt Hollywood, West L.A., Pasadena und Downtown. Preise je nach Route.

Architours, ✆ 323/294-5821 oder 1-866/227-2448, 🖳 www.architours.com. Touren mit dem Fahrzeug oder zu Fuß zu den Kunst- und Architektur-Highlights der Stadt, auch mehrtägige Ausflüge. Preise variieren je nach Route erheblich.

Black LA Tours, ✆ 323/750-9267, 🖳 www.soulofamerica.com/tours/tour_a.html. Historische und Vergnügungstouren zur vormals berühmten Central Avenue und zu anderen Orten, die für die afroamerikanische Geschichte und Kultur von Bedeutung sind. Preise variieren je nach Tour.

Heli-USA, 16303 Waterman Drive, Van Nuys, ✆ 818/944-1445, 🖳 www.toflyla.com. Hubschrauberrundflüge zu einigen Sehenswürdigkeiten der Region, darunter Filmstudios, Wolkenkratzer und das Hollywood-Schild. $150–270, auch mit Abendessen möglich.

Neon Cruises, 501 W Olympic Blvd, Downtown, ✆ 213/489-9918, 🖳 www.neonmona.org/cruise.

Beliebte, dreistündige Abendtour zur schönsten noch erhaltenen Neonkunst L.A.s; wird 1x im Monat vom Museum of Neon Art veranstaltet und sollte am besten lange im Voraus gebucht werden, $45.
Off 'n Running Tours, 1129 Cardiff Ave, ✆ 310/ 246-1418. Kuriose, 4–6 Meilen umfassende Joggingtour, die an den Häusern von Stars in Beverly Hills und West L.A. entlangführt. $50.
SPARCtours, 685 Venice Blvd, Venice, ✆ 310/ 822-9560, 💻 www.sparcmurals.org. Äußerst lohnenswerte Tour durch die „Hauptstadt der Wandmalerei". *SPARC* – auch eine ausgezeichnete Informationsquelle – bietet zweistündige, auf das persönliche Interesse der Teilnehmer zugeschnittene Führungen zu den *Murals of L.A.*, die auch ein Gespräch mit den Künstlern einschließen können. $40.

STUDIO-TOUREN – Geführte Touren durch die *Warner Bros Studios,* ($35, 💻 www.burbank.com/warner_bros_tour.shtml), *NBC* ($7), *Sony* ($20, ✆ 323/520-TOUR) und *Universal* ($45, 💻 www.universalstudioshollywood.com), bieten einen kleinen Einblick in den Produktionsablauf eines Films oder einer Fernsehsendung und stellen verschiedene Spezialeffekte vor. Alle Studios befinden sich in der Nähe von Burbank, außer Sony, das in Culver City beheimatet ist.
Wer einmal im **Publikum** einer Fernseh-Show sitzen möchte, muss nur ein wenig auf dem Hollywood Boulevard vor dem Chinese Theater ausharren: Regelmäßig erscheinen dort Fernsehleute, die kostenlose Tickets verteilen und die gewonnenen Zuschauer im Bus zum Studio und wieder zurück fahren. Alles was man dort tun muss, ist auf Kommando zu lachen und zu klatschen.

WANDERUNGEN – Zahlreiche Anbieter organisieren am Wochenende kostenlose, geführte Wanderungen durch die unberührten Landschaften der Santa Monica Mountains und Hollywood Hills, darunter der *Sierra Club,* ✆ 323/ 387-4287, 💻 www.sierraclub.org, das *State Parks Department,* ✆ 818/880-0350, 💻 www.parks.ca.gov, und die *Santa Monica Mountains National Recreation Area,* ✆ 818/597-1036, 💻 www.nps.gov/samo.

Nahverkehrsmittel

SELBSTFAHRER – Autofahren ist in L.A. immer noch die beste (aber keineswegs die einzige) Methode, um von einem Ort zum anderen zu gelangen. Obwohl es tagsüber oft Staus gibt, kommt man auf den **Freeways** am schnellsten voran. Das Freeway-Netz kann manchmal verwirrend sein, besonders wenn ein Abschnitt gleich zwei oder drei verschiedene Namen oder Nummern hat. Für kürzere Strecken empfiehlt es sich, auf den breiten Avenues und Boulevards zu fahren (vor allem zwischen Hollywood und West L.A.), so spart man Zeit und sieht obendrein noch etwas von der Stadt.
Parken ist besonders in Downtown, entlang der schicken Einkaufsstraßen von Westside, in Beverly Hills und Westwood problematisch. Überall sonst kann man leichter einen Parkplatz finden, sollte aber unbedingt die Verbotsschilder beachten – manche Verkehrstafeln sind mit bis zu vier Hinweisschildern ausgestattet, sodass man genau hinsehen muss, um sicherzugehen, was verboten ist.
Der ***Automobile Club of Southern California***, 2601 S Figueroa St, South Central L.A., ✆ 213/ 741-3686, 💻 www.aaa-calif.com, hat Landkarten und nützliche Informationen für Autofahrer.

MTA – Das öffentliche Verkehrsnetz von L.A. unterliegt der *LA. County Metropolitan Transit Authority* (*MTA* oder *Metro),* 💻 www.mta.net, 🕓 Mo–Fr 6–18.30 Uhr. Das massive **Gateway Transit Center**, östlich der Union Station in der Chavez Ave, Ecke Vignes Street, passieren Tausende Pendler proTag, die mit der Metrorail, Metrolink, Amtrak und Regionalbussen unterwegs sind.
Das Center umfasst die Patsaouras Transit Plaza, wo man in einen Bus steigen kann, das glasüberdachte East Portal mit Übergang zu den Zügen sowie den 26 Stockwerke aufragenden Gateway Tower, der im Erdgeschoss einen Kundendienstschalter der *MTA* beherbergt.
Informationen über *MTA*-Strecken und Umsteigemöglichkeiten sind unter ✆ 1-800-COMMUTE oder 213/626-4455 erhältlich, 🕓 Mo–Fr 7.30–15.30 Uhr. Auf etwaige Wartezeiten sollte man eingestellt sein, ebenso darauf, genaue Angaben über den Ausgangspunkt und das anvisierte Ziel

zu machen. Informationen auch im Internet, 💻 www.mta.net, oder persönlich im Gateway Transit Center, 🕓 Mo–Fr 6–18.30 Uhr, oder in einer der drei zentral gelegenen Zweigstellen: 515 S Flower St, Arco Plaza, Level C, Downtown (Mo–Fr 7.30–15.30 Uhr); 5301 Wilshire Blvd, Mid-Wilshire (Mo–Fr 9–17 Uhr) und 14435 Sherman Way, im San Fernando Valley (Mo–Fr 10–18 Uhr).

METRORAIL UND METROLINK – Das Schienennetz von **Metrorail** besteht aus vier Linien, wobei für die nächsten Jahre Erweiterungen geplant sind. Die neue **Orange Line** durchquert das San Fernando Valley und verbindet den Canoga Park mit North Hollywood, der nördlichen Endstation der unterirdischen **Red Line**; diese Linie führt unter den Hollywood Hills Richtung Süden und verbindet Central Hollywood mit Downtown (mit Haltestelle am Gateway Transit Center, wie alle anderen Linien nach Downtown auch). Die **Green Line**, die zwischen dem industriellen El Segundo (an der Aviation Station fährt ein LAX-Shuttle ab (s.S. *###*) und dem farblosen Norwalk am Century Freeway entlang verläuft, ist für die Anwohner nützlicher als für Besucher.

Die **Blue Line** führt von Downtown oberirdisch durch South Central nach Long Beach, während die **Gold Line** Downtown mit dem Nordosten L.A.s, Highland Park und Old Pasadena verbindet, bevor sie in Sierra Madre endet. **Tickets** kosten $1,25 für eine einfache Fahrt, für weitere 25¢ darf man innerhalb einer Stunde umsteigen, eine Tageskarte gibt es für $3. Die Züge verkehren täglich zwischen 5 und 0.30 Uhr im 5- bis 6-Minuten-Takt während der Rushhour, ansonsten alle 10–15 Minuten. In den Zügen darf weder geraucht noch gegessen oder getrunken werden.

Die **Metrolink-Züge** verkehren hauptsächlich wochentags zwischen den Vorstädten und Downtown. Sie können von Nutzen sein, wenn man sich ganz weit draußen befindet, z.B. in Orange County, Ventura, Riverside oder San Bernardino County. Man kann damit die weiter abgelegenen Orte im San Fernando Valley ebenso erreichen wie Oceanside im San Diego County. Von dort kann man auf das Verkehrssystem der Coaster-Pendelzüge umsteigen und so die Freeways ganz umgehen. Fahrkarten kosten $3,50–11,25 einfach, je nachdem wann und wie weit man fährt. Weitere Informationen über bestimmte Routen und Zeiten unter 📞 1-800/371-LINK oder 💻 www.metrolinktrains.com.

STADTBUSSE – Obwohl das **Busnetz** auf den ersten Blick verwirrend aussieht, ist es einfach zu durchschauen: Die großen Buslinien verlaufen von Osten nach Westen (z.B. von Downtown zur Küste) und von Norden nach Süden (z.B. von Downtown zur South Bay). Herauszufinden, wo man am besten umsteigt, kann dagegen etwas schwierig werden. Wenn man gut plant, gibt es aber wenig Probleme.

In den *MTA*-Büros sind kostenlos Broschüren für verschiedene Stadtteile erhältlich, außerdem Strecken- und Fahrpläne einzelner Buslinien sowie regionale Übersichtspläne, die größere Teile der Stadt abbilden.

Verkehrszeiten: Busse fahren auf den großen Verbindungsstraßen zwischen Downtown und der Küste von 5–2 Uhr etwa alle 15 Min., andere Routen werden etwas seltener befahren, meist alle halbe Stunde oder stündlich. Dasselbe gilt für **Nachtbusse** auf den Hauptverbindungsstraßen. Bei Nacht sollte man darauf achten, nicht in Downtown hängenzubleiben und auf einen Anschlussbus warten zu müssen.

Fahrpreise: Ein einfacher Einzelfahrschein kostet $1,25, auf Nachtrouten (21–5 Uhr) nur **75¢**. Für weitere 25¢ kann man mit einem *transfer ticket* umsteigen, es gilt aber nur in einer Richtung und innerhalb der auf der Fahrkarte angegebenen Zeit (normalerweise 3 Std.).

Express-Busse (ein limitierter Pendlerservice) oder solche, die auf den Freeways fahren, kosten für gewöhnlich $1,75–2,25, manchmal auch bis zu $4, je nach Länge der Route und der Anzahl der Tarifzonen, durch die man fährt (die Station Maps zu Rate ziehen). Das Fahrgeld muss beim Einsteigen passend in Münzen oder Scheinen in den Schlitz geworfen werden.

Eine **Wochen**- oder **Monatskarte** kostet $14 bzw. $52, Studenten-Monatskarte $27; mit ihnen gibt es auch bei bestimmten Läden und Reisebüros Rabatte. Bei einem Aufenthalt von ca. 2 Wochen lohnt sich eventuell auch die **Halbmonatskarte** für $27. Die Monatskarte „EZ Transit" ($58) berechtigt zu Fahrten mit MTA- und DASH-Bussen sowie mit den Zügen der Metrorail.

MTA-Buslinien

Die MTA-Linien unterteilen sich, wie unten aufgeführt, in unterschiedliche Kategorien. Wer allein unterwegs ist, sollte sich unabhängig von der Linie und vor allem nachts einen Sitzplatz in Fahrernähe suchen. Außerdem empfiehlt sich ein Platz nahe der Entlüftung, da die Klimaanlagen mitunter einen beißenden Geruch verströmen.

Nr. 1–99 – Lokalbusse von und nach Downtown.
Nr. 100–299 – Lokalbusse in andere Bezirke.
Nr. 300–399 – Linien mit beschränkten Haltestellen (verkehren normalerweise nur während der Hauptverkehrszeiten).
Nr. 400–499 – Expressbusse von und nach Downtown.
Nr. 500–599 – Expressbusse in andere Bezirke.
Nr. 600–699 – Sonderbusse (zu Sportveranstaltungen u.Ä.).
Nr. 700–799 – Metro Rapid

Die wichtigsten Buslinien:
Vom Busterminal am LAX nach
Beverly Hills: Nr. 220
Downtown: Nr. 42, 439
Long Beach: Nr. 232
San Pedro: Nr. 225
Watts Towers: Nr. 117
West Hollywood: Nr. 220 (nach Hollywood in die Nr. 4 auf dem Santa Monica Blvd umsteigen)

Von und nach Downtown über
Hollywood Blvd: Nr. 2, 4, 10, 20, 21 (auf der La Brea Ave Anschluss Richtung Norden mit Nr. 212 und 312)
Sunset Blvd: Nr. 2, 302
Santa Monica Blvd: Nr. 4, 304
Melrose Ave: Nr. 10, 11
Wilshire Blvd: Nr. 20, 21, 320
Olympic Blvd: Nr. 28
Venice Blvd: Nr. 33
Broadway: Nr. 45, 46

Von Downtown nach
Hollywood: Nr. 2, 302
Beverly Hills: Nr. 20, 21, 320
Santa Monica: Nr. 4, 20, 434
Venice: Nr. 33, 333
Getty Center: Nr. 2, 302 (an der UCLA umsteigen in Nr. 761)
Forest Lawn Cemetery, Glendale: Nr. 90, 91
Exposition Park: Nr. 38, 81
Huntington Library: Nr. 78, 79
Burbank Studios: Nr. 96
San Pedro: Nr. 445, 446, 447, nach Catalina in die DASH-Linie Nr. 142 umsteigen
Manhattan Beach/Hermosa Beach/Redondo Beach: Nr. 439
Palos Verdes: Nr. 444
Long Beach: Nr. 60, 360
Orange County, Knott's Berry Farm, Disneyland: Nr. 460

Für die kommenden Jahre plant die MTA für die gesamte Region weitere Busrouten des neuen Netzes **Metro Rapid** (700er Linien) inkl. einer roten Spezialkennzeichnung, Wartehäuschen mit modernen Displays und einer neuen Technik zur Verkürzung der Wartezeit an Ampeln. Auf den neun bestehenden Routen gelten die gleichen Preise wie sonst, in Central L.A. verkehren sie derzeit entlang der Wilshire, Ventura und La Cienega Boulevards, der Vermont Avenue, dem Broadway und 405 Freeway – eine Verbindung zum LAX gibt es noch nicht.

Außerdem gibt es die Minibusse von **DASH** für 25¢ (einfach), die vom LA Department of Transportation (LADOT) betrieben werden, ✆ 808-2273 für die Vorwahlgebiete 213, 310, 323 und 818, 💻 www.ladottransit.com. Sechs Buslinien fahren alle 5–10 Min. durch Downtown, werktags zwischen 6.30 und 18 Uhr, am Wochenende zwischen 10 und 17 Uhr. Andere DASH-Linien führen durch Metropolitan L.A., inklusive der zentralen Gegenden von Wilshire, Pacific Palisades, Venice und South Central L.A.; sie verkehren normalerweise werktags alle 15–30 Min., samstags seltener, sonntags gar nicht. LADOT bedient außerdem schnelle, mit wenigen Haltestellen versehene Pendlerrouten mit der Bezeichnung **Commuter Express**, die allerdings et-

was teurer sind (90¢–$3,10, je nach Entfernung). Weitere Gebiete mit lokalen Busgesellschaften:
Orange County (OCTD), ✆ 714/636-7433, 🖳 www.octa.net;
Long Beach (LBTD), ✆ 562/591-2301, 🖳 www.lbtransit.org;
Culver City, ✆ 310/253-6500, 🖳 www.culvercity.org/depts_bus.html;
Santa Monica, ✆ 310/451-5444, 🖳 www.bigbluebus.com.
Mit den beiden letztgenannten ist das Getty Center (s.S. ###) am besten zu erreichen.

EISENBAHN – Mit dem Zug kommt man von der Union Station in Downtown zu diversen Bahnhöfen in der Umgebung, z.B.:
ANAHEIM 10x tgl., 40 Min.;
FULLERTON / DISNEYLAND 10x tgl., 35 Min.;
OCEANSIDE 10x tgl., 1 3/4 Std.;
OXNARD 6x tgl., 1 1/2 Std.;
SAN JUAN CAPISTRANO 10x tgl., 1 1/4 Std.;
VENTURA 4x tgl., 1 3/4 Std.

TAXIS – halten an den wesentlichen Verkehrsknotenpunkten und vor den großen Hotels. Man kann sie auch telefonisch bestellen. Hier ein paar bewährte Unternehmen:
Checker Cab, ✆ 1-800/200-1085;
Independent Cab Co, ✆ 1-800/521-8294;
United Independent Taxi, ✆ 1-800/411-0303.
Die Einschaltgebühr beträgt $2, jede weitere Meile kostet $1,60 (oder 40¢ pro Minute Wartezeit), bei Abholung vom LAX $2,50 Zusatzgebühr. Die Fahrer sind natürlich nicht mit jeder einzelnen Straße vertraut, kennen sich aber auf den Hauptverbindungsstraßen gut aus. Am besten nennt man die dem Zielort am nächsten gelegene Kreuzung und erklärt von dort aus, wie es weitergehen soll. Bei Problemen hilft ✆ 1-800/501-0999 oder die Website 🖳 www.taxicabsla.org.

Transport

BUSSE – Der *Greyhound*-Terminal liegt in einer der weniger attraktiven Gegenden Downtowns: 1716 E 7th St, ✆ 213/629-8401, 🖳 www.greyhound.com; da man nur mit gültigem Fahrschein hineingelassen wird, ist der Busbahnhof jedoch kein gefährliches Pflaster.

Weitere *Greyhound*-Stationen, die allerdings seltener angefahren werden:
Hollywood, 1715 N Cahuenga Blvd, ✆ 323/466-6381;
North Hollywood, 11239 Magnolia Blvd, ✆ 818/761-5119;
Pasadena, 645 E Walnut St, ✆ 626/792-5116;
Long Beach, 1498 Long Beach Blvd, ✆ 562/218-3011;
Anaheim, 101 W Winston Rd, ✆ 714/999-1256.
Alle Busbahnhöfe haben Schließfächer und Toiletten, doch nur der in Downtown bleibt rund um die Uhr geöffnet.
Greyhound fährt u.a. nach:
LAS VEGAS 18x tgl., 5–8 Std.;
PALM SPRINGS 7x tgl., 3 1/2 Std.;
PHOENIX 10x tgl., 7–9 Std.;
PORTLAND 5x tgl., 20–23 Std.;
RENO 9x tgl., 12–15 Std.;
SACRAMENTO 12x tgl., 7–10 Std.;
SALT LAKE CITY 4x tgl., 15–16 Std.;
SAN DIEGO 24x tgl., 3 Std.;
SAN FRANCISCO 17x tgl., 8–12 Std.;
SEATTLE 5x tgl., 25–28 Std.;
TIJUANA (Mexiko) 10x tgl., 3 1/2 Std.;
TUCSON 9x tgl., 10–12 Std.

EISENBAHN – Mit dem Zug kommt man in der eindrucksvollen, zentralen **Union Station** im Norden von Downtown an, 800 N Alameda St, ✆ 213/624-0171. Dort gibt es einen Übergang zu den Linien von Metrorail und Metrolink und zum Gateway Transit Center und den dortigen Buslinien. Die Amtrak-Züge halten auch an anderen Bahnhöfen im Großraum L.A., vollständige Informationen unter ✆ 1-800/USA-RAIL, oder 🖳 www.amtrak.com.

Züge nach:
PALM SPRINGS 2x tgl., 2 1/2 Std.;
SANTA BARBARA 5x tgl., 2 1/2 Std.;
SAN BERNARDINO 1x tgl., 2 Std.;
SAN DIEGO 10x tgl., 2 3/4 Std.;
SACRAMENTO 1x tgl., 14 Std.;
TUCSON 2x tgl., 9 1/2 Std.;
LAS VEGAS 1x tgl., 10 Std., mit Bustransfer;
SAN FRANCISCO 3x tgl., 9–12 Std., mit Bustransfer.

FLÜGE – Alle europäischen sowie die meisten Inlandsflüge nutzen den LAX-**Flughafen**, ✆ 310/646-5252, 💻 www.los-angeles-lax.com, 16 Meilen südwestlich von Downtown. Er heißt offiziell *Los Angeles International Airport*, ist aber überall unter der Abkürzung LAX bekannt.

Die **Shuttle-Busse** „B" und „C" fahren rund um die Uhr von den jeweiligen Parkplätzen ab (Informationen über besondere Transportmöglichkeiten für Reisende mit Behinderungen unter ✆ 310/646 8021). Verschiedene Stadtbusse von *MTA* (Linien s.S. *###*, Infokasten) sowie Busse nach Santa Monica, Culver City und Torrance fahren ab Parkplatz „C".

Die empfehlenswerteste Alternative zu den normalen Bussen ist ein Minibus-Service: der **LAX Chequer Shuttle**, ✆ 1-800/545-7745, 💻 www.lacxchequer.com, oder der **Super Shuttle**, ✆ 310/782-6600 oder 1-800/258-3826, 💻 www.supershuttle.com. Diese fahren Downtown, Hollywood, West L.A. und Santa Monica an (der Super Shuttle fährt auch nach Long Beach und Disneyland). Die meisten sind vorn mit einem Schild versehen, auf dem der Zielort angegeben ist. Die Tarife variieren je nach Zielort, liegen aber meist um $25–30 plus Trinkgeld. Die Shuttlebusse fahren rund um die Uhr an der Straße vor der LAX-Gepäckausgabe ab, es dauert nie länger als 15–20 Min., bis einer kommt. Karten kauft man im Bus.

Ein **Taxi** vom Flughafen kostet mindestens $35 nach West L.A. oder Hollywood, $90 nach Disneyland und pauschal $38 nach Downtown L.A. Ein Zuschlag von $2,50 gilt für alle Fahrten vom LAX. Weitere Informationen unter 💻 www.taxicabsla.org. Viele illegale Taxis versuchen, Passagiere zum Pauschalpreis mitzunehmen, wovon wir jedoch abraten.

Mit der **Metro** vom LAX aus in die Stadt zu fahren, ist ein schwieriges Unterfangen, denn der nächstgelegene Bahnhof liegt Meilen vom Flughafen entfernt und unterwegs muss man 3x umsteigen, was sehr viel Zeit kostet und außerdem mit Gepäck unheimlich nervig ist. Wer es dennoch versuchen möchte, nimmt einen Shuttle-Bus von der unteren Ebene des Terminals zur Metro-Haltestelle Aviation Station.

Die meisten Flüge starten und landen auf dem LAX, aber bei einem Flug innerhalb der USA oder von Mexiko aus kann es passieren, dass man auf einem der **kleineren Flughäfen** der Stadt landet, auf dem *Bob Hope Airport/Burbank*, ✆ 818/840-8847, 💻 www.burbankairport.com; *John Wayne Airport/Orange County*, ✆ 949/252-5006, 💻 www.ocair.com; *Long Beach*, ✆ 562/570-2600, 💻 www.longbeach.gov/airport, oder *Ontario*, ✆ 909/937-2700, 💻 www.lawa.org.

An jedem dieser Flughäfen sind Autovermietungen vertreten. Wer mit öffentlichen Verkehrsmitteln fahren möchte, ruft am besten nach der Ankunft beim *MTA Regional Information Network* an, ⏲ Mo–Fr 6–19, Sa 8–18 Uhr, ✆ 213/626-4455 oder 1-800-COMMUTE, (außerhalb von L.A., ✆ 213/626-4455 oder 1-800/2L.A.-RIDE), 💻 www.mta.net, und erklärt, wo man sich befindet und wo es hingehen soll. Was die Flugverbindungen betrifft, ist es ratsam, sich direkt bei den **Fluggesellschaften** zu erkundigen, da die Flugpläne sich laufend ändern.

Die Wüsten, Las Vegas und der Grand Canyon

Die bizarre Schönheit der Wüste im **Joshua Tree National Park**

Las Vegas – Stadt der Superlative und glitzerndes Spielerparadies

Die **Geisterstadt Rhyolite** mit ihrem Skulpturengarten aus Autoteilen

Skurrile Felsformationen und dunkle Schluchten im **Death Valley**

Der **Grand Canyon**, viel beschrieben und doch unbeschreiblich

Die Wüsten Südkaliforniens bilden nur einen Bruchteil der insgesamt 1,3 Mill. km^2 großen Wüsten des nordamerikanischen Kontinents, die sich über vier weitere Staaten im Osten und Nordosten ausbreiten und im Süden bis nach Mexiko hineinreichen. Die kalifornischen Wüsten sind überraschend abwechslungsreiche, in ständiger Veränderung begriffene Landschaften, die größtenteils als National und State Parks unter Naturschutz gestellt sind. Dazwischen hat sich dennoch die Zivilisation mit allen möglichen Einrichtungen breit gemacht, angefangen bei einfachen Siedlungen bis hin zu mondänen Ferienorten.

Die Niederschläge in der Wüste fallen sehr unregelmäßig. Es kann passieren, dass die gesamte Jahresmenge von 75–100 mm bei einem einzigen Unwetter niederkommt. Nur auf eines kann man sich getrost verlassen: dass es in der Wüste den Großteil des Jahres über heiß und ungastlich ist. Dennoch sind diese Gebiete nicht völlig unberührt. Von den etwa 10 Mill. Hektar kalifornischer Wüsten werden über 1 Mill. Hektar von der US-Regierung für militärische Ausbildungslager und die Entwicklung und Überprüfung neuer Waffensysteme genutzt. Das empfindliche Ökosystem der Wüste wird jedoch nicht nur durch Explosionen gestört, sondern auch die vielen Wüstenfans, von denen viele mit Geländewagen das Terrain erforschen, tragen zur allmählichen Zerstörung der Landschaft bei.

Trotz alledem stellen viele Wüstengebiete immer noch eine unangetastete Wildnis dar. Wer gut plant, kann hier lohnende, unvergessliche Tage verbringen. Insgesamt ist etwa ein Viertel Kaliforniens Wüste, die sich in zwei Regionen teilt: die Colorado oder Low Desert im Süden, die sich bis nach Mexiko und östlich bis Arizona – wo sie eine Verlängerung der Sonoran Desert ist – erstreckt, und die Mojave oder High Desert im zentralen Teil Südkaliforniens.

Die Colorado-Wüste erreicht man von L.A. am einfachsten über das wohlhabende Coachella Valley mit **Palm Springs** als dessen Tor. Um Luxusoase mit ihren Edelresorts und Nobelrestaurants richtig genießen zu können, ist normalerweise ein prall gefüllter Geldbeutel vonnöten, nur im Sommer sind die Übernachtungspreise einigermaßen erschwinglich. Trotz der schillernden Luxusfassade lassen sich hier aber auch Dinge unternehmen, von denen die Urlaubskasse nicht so arg strapaziert wird, beispielsweise eine Fahrt mit der **Palm Springs Aerial Tramway** in die kühlen San Jacinto Mountains, ein Ausflug in den friedliche Mikrokosmos der **Living Desert** oder eine **Celebrity Tour** zu den Anwesen der Reichen und Berühmten aus Hollywood, die sich in Palm Springs niedergelassen haben.

Echte Wüstenenthusiasten sollten direkt den **Joshua Tree National Park** ansteuern, der als weite, stille Landschaft mit knorrigen Bäumen die Übergangszone zwischen den Wüsten Colorado und Mojave bildet. Den Tag über zu wandern und danach inmitten pittoresker Felsenansammlungen unter dem nächtlichen Geheul der Kojoten zu zelten, ist ein unvergessliches Erlebnis.

Im Kontrast dazu steht die Colorado-Wüste im größtenteils-landwirtschaftlich genutzten **Imperial Valley**. Nordwestlich davon liegt der **Salton Sea**, ein vor 100 Jahren künstlich geschaffener See, wo sich ein Abstecher zum bizarren **Salvation Mountain** und in das **Sonny Bono Salton Sea National Wildlife Refuge** mit seinen Zugvögeln lohnt. Beide liegen auf der Strecke in die gewaltige Weite der **Anza-Borrego Desert**, des größten State Park der 48 zusammenhängenden Bundesstaaten. Er umfasst eine Unzahl verschiedener Vegetationsformen und geologischer Besonderheiten und kann daher ebenso lohnend sein wie die bekannteren Wüstenregionen im Norden.

Der relativ stark befahrene I-10 durchquert die Colorado-Wüste in Ost-West-Richtung auf dem Weg nach Arizona. Weiter nördlich führt der I-40 nach **Barstow**, ein bevorzugter erster Zwischenstopp für Abstecher über den I-15 Richtung Nordosten in die Mojave-Wüste. An der Strecke lädt das **Mojave National Preserve** zu einem lohnenden Ausflug in die Natur ein, bevor man den Weg in die weniger natürliche Neon-Oase **Las Vegas** fortsetzt. Las Vegas, als Zentrum des legalen Glücksspiels weltbekannt, liegt im Bundesstaat Nevada, unweit der Grenze. Ist man erst einmal so weit gekommen, ist es nur eine Tagesfahrt (oder ein halbstündiger Flug) bis zum gewaltigen **Grand Canyon** in Arizona. Von dort kann man auf dem Weg über das **Death Valley** wieder zurück nach Kalifornien gelangen.

Überleben in der Wüste

Die Wüste birgt viele Gefahren, und nur wer gut vorbereitet ist, kann sich sicher fühlen. Das größte Problem ist **ein extremes Klima**, das von Region zu Region sehr verschieden sein kann. Trotzdem gelten die gleichen Grundregeln: Tagsüber herrscht meist unglaubliche Hitze, nachts ist man in höher gelegenen Gebieten der Kälte ausgesetzt. Die Temperaturen fallen teilweise sogar unter den Gefrierpunkt. Sehr viele Besucher machen sich im Sommer auf den Weg in die Wüste, wenn die Temperaturen tagsüber oft bis 50 °C ansteigen – lohnender ist die Erkundung in den **kühleren Monaten** von Oktober bis Mai, wenn die Tagestemperaturen mit 20–35 °C um einiges erträglicher sind.

Bekleidung: Lange Hosen, ein langärmeliges Hemd oder eine Bluse und ein breitkrempiger Hut sind die beste Bekleidung für die Wüste. Viele schlagen diese Ratschläge jedoch in den Wind und kommen auch mit Shorts, T-Shirt und Sonnenbrille gut zurecht.

Mit dem Auto durch die Wüste: Auf den großen Highways ist die Durchquerung der Wüste kein besonderes Problem, solange man auf seinen Wasser- und Benzinvorrat achtet. Bei starken Steigungen kann es allerdings passieren, dass der Motor sich überhitzt. Wenn die Nadel auf der Temperaturanzeige in alarmierende Höhe klettert, stellt man die Aircondition ab und die Heizung auf die höchste Stufe, damit sich der Motor schnell abkühlt. Funktioniert das nicht und der Motor qualmt, stellt man den Wagen mit der Front zum Wind, lässt den Motor laufen, kippt Wasser über den Kühlergrill und füllt den Kühlwasserbehälter auf. Nützlich ist auch eine Windschutzscheibenabdeckung mit reflektierender Oberfläche *(windshield reflector)*, damit sich der geparkte Wagen nicht noch mehr aufheizt.

Auf den weniger befahrenen Straßen ist der Belag nicht immer einwandfrei, und es kann lange dauern, bis irgend jemand vorbeikommt. In solchen Gegenden sollte man stets ausreichend Verpflegung mitführen. Anzuraten ist außerdem ein **Notfallpaket** mit Leuchtraketen, Erste-Hilfe-Kasten, Streichhölzern, Kompass, Schaufel, Zusatzbenzinkanister und Reifenpumpe. Im Notfall nie panikartig den Wagen verlassen, da es dann schwieriger ist, gefunden zu werden.

Wandern und zelten: Wer wandern geht, muss wesentlich gründlichere Vorbereitungen treffen. Hält man sich an einen der bekannten Wanderwege in besser besuchten Gebieten eines Nationalparks, dürfte es ausreichen, seine Wanderung auf eine kühlere Tageszeit zu legen, ein wenig Wegzehrung einzupacken und vor allem für ausreichend Wasservorrat zu sorgen. Trinken kann man nie genug, denn man verliert hier bis zu vier Liter Wasser am Tag. Selbst wenn man sich nicht durstig fühlt und gar nicht spürt, wie der Wasserverlust fortschreitet, sollte man trinken. Acht Liter Wasser pro Person und Tag sind zu empfehlen, das absolute Minimum sind vier Liter; man sollte das Wasser nicht für den Rückweg aufheben, sondern dann trinken, wenn man es braucht. Es kann gefährlich sein, erst dann zu trinken, wenn man sich durstig, schwindlig, unwohl fühlt oder andere Merkmale des Wasserentzugs aufweist. Wer derartige Symptome an sich feststellt, muss schleunigst einen Arzt aufsuchen.In der extremen Hitze ist jegliche Aktivität anstrengend, daher muss man sich ordentlich ernähren und vor allem viele Kohlehydrate zu sich nehmen.

Wer wandert, sollte versuchen, einen großen Teil der Strecke bereits am frühen Morgen zurückzulegen, denn mittags wird es zu heiß zum Wandern. Steigt das Thermometer über 35 °C, sollte man gar nicht erst aufbrechen. In fast allen Parks muss man sich als Besucher eintragen. Das ist vor allem für diejenigen wichtig, die allein wandern. Wer sich verlaufen hat, sucht am besten ein möglichst schattiges Plätzchen und wartet ab. Wer eingetragen ist, den werden die Ranger früher oder später suchen. In Gegenden ohne vorgeschriebene Registrierung sollte man jemanden über sein Vorhaben und den Zeitpunkt der Rückkehr informieren. Außerdem ist es ratsam, Lebensmittel und Wasser für zwei Tage mitzunehmen und niemals ohne Landkarte aufzubrechen.

Im Sommer ist es praktisch unmöglich, länger als eine Nacht in der Wildnis zu verbringen, denn kein Mensch kann so viel Wasser schleppen, wie für eine längere Zeit erforderlich wäre. In den Tälern muss man mit so genannten *flash floods*, blitzschnell einsetzenden Überflutungen, rechnen. Bei plötzlichen, hohen Niederschlägen können sich von einer Minute zur anderen ausgetrocknete Flussbetten in tosende Ströme verwandeln – also *nie* in einem ausgetrockneten Flussbett zelten und ein überflutetes Gebiet erst durchqueren, wenn das Wasser wieder zurückgewichen ist!

Tiere und Pflanzen: Die größte Sorge der meisten Wüstenreisenden sind giftige Tiere. Widerstandsfähige Stiefel und lange Hosen sind al-

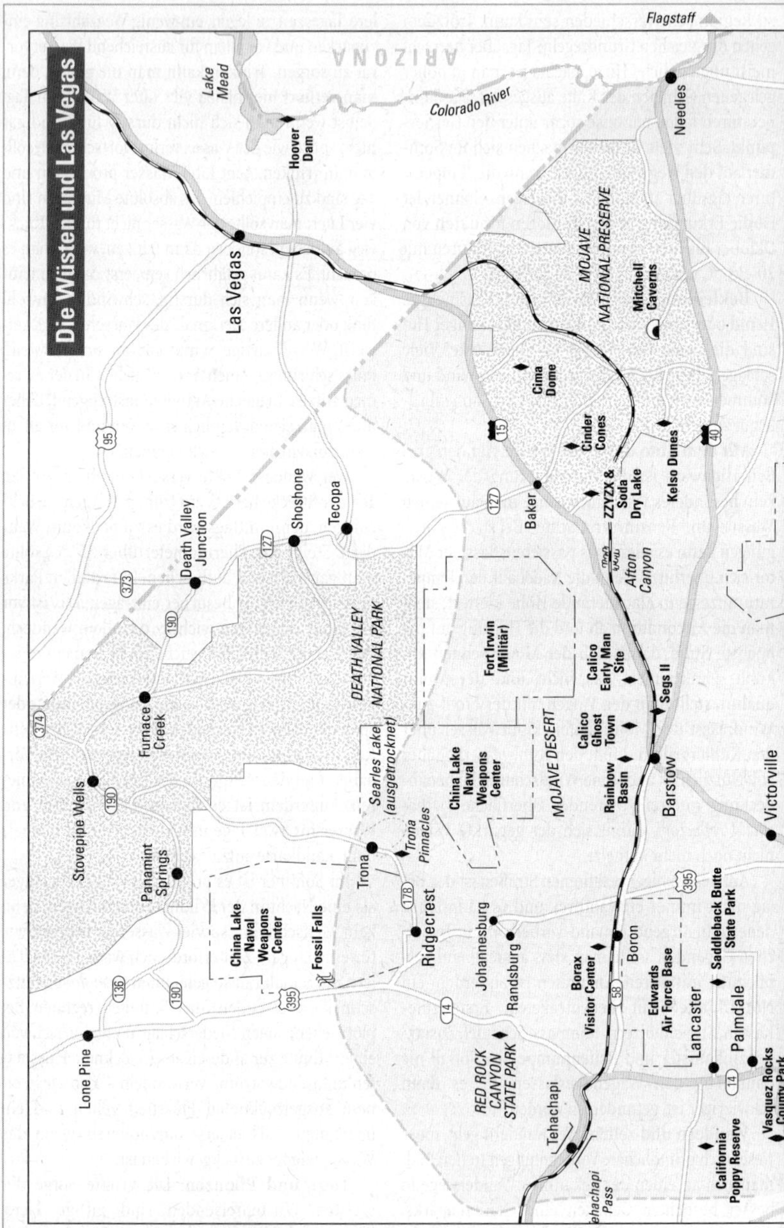
Die Wüsten und Las Vegas
ARIZONA
Flagstaff
Lake Mead
Hoover Dam
Colorado River
Needles
Las Vegas
MOJAVE NATIONAL PRESERVE
Mitchell Caverns
Cima Dome
Cinder Cones
Kelso Dunes
ZZYZX & Soda Dry Lake
Afton Canyon
Baker
Shoshone
Tecopa
Death Valley Junction
DEATH VALLEY NATIONAL PARK
Furnace Creek
Stovepipe Wells
Panamint Springs
Lone Pine
Searles Lake (ausgetrocknet)
Trona
Trona Pinnacles
Fort Irwin (Militär)
Calico Early Man Site
Segs II
Calico Ghost Town
China Lake Naval Weapons Center
MOJAVE DESERT
Rainbow Basin
Barstow
Victorville
Fossil Falls
Ridgecrest
Johannesburg
Randsburg
Borax Visitor Center
Boron
Edwards Air Force Base
Saddleback Butte State Park
Lancaster
Palmdale
Vasquez Rocks County Park
California Poppy Reserve
RED ROCK CANYON STATE PARK
Tehachapi
Tehachapi Pass
15
40
95
127
373
190
374
136
178
395
14
58

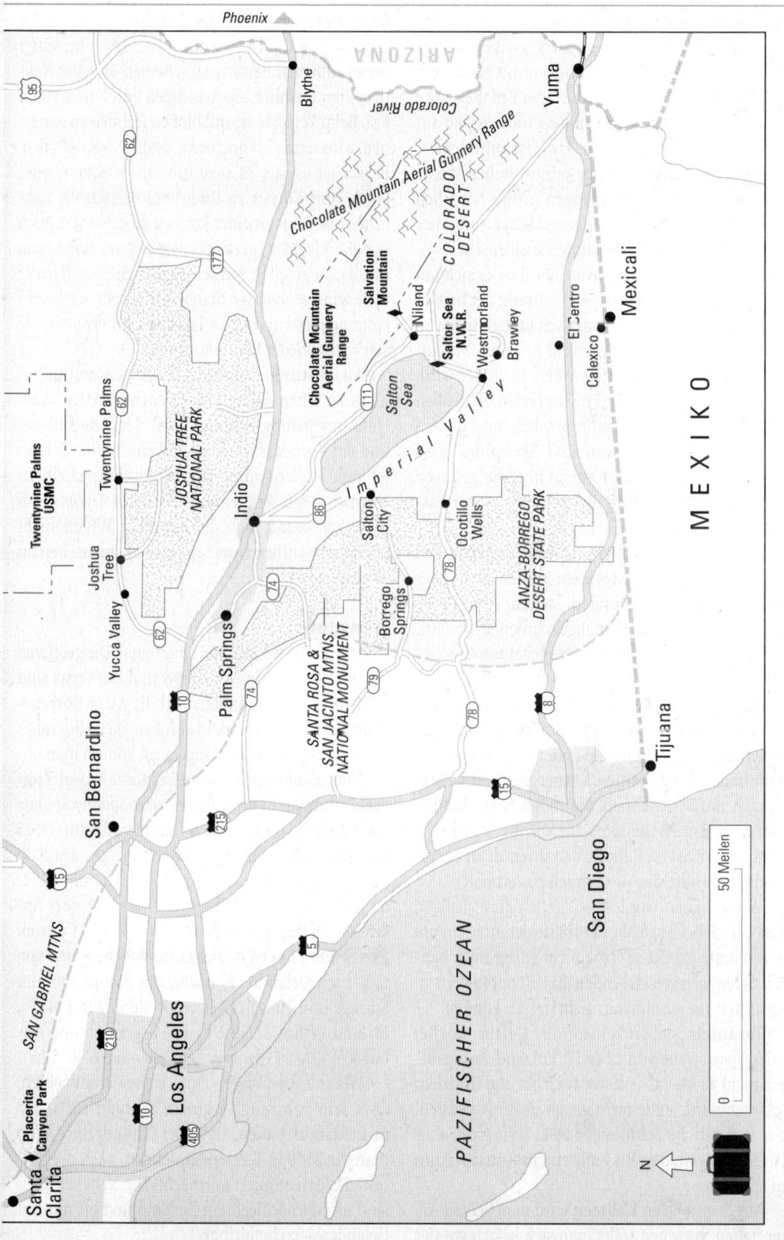
Phoenix
ARIZONA
Blythe
Colorado River
Yuma
Chocolate Mountain Aerial Gunnery Range
COLORADO DESERT
Salvation Mountain
Chocolate Mountain Aerial Gunnery Range
Niland
Saltor Sea N.W.R.
Westmorland
Brawley
El Centro
Calexico
Mexicali
Salton Sea
Imperial Valley
MEXIKO
Twentynine Palms USMC
Twentynine Palms
JOSHUA TREE NATIONAL PARK
Indio
Salton City
Ocotillo Wells
ANZA-BORREGO DESERT STATE PARK
Joshua Tree
Yucca Valley
Palm Springs
Borrego Springs
SANTA ROSA & SAN JACINTO MTNS. NATIONAL MONUMENT
San Bernardino
Tijuana
San Diego
50 Meilen
0
SAN GABRIEL MTNS
PAZIFISCHER OZEAN
Los Angeles
Placerita Canyon Park
Santa Clarita
N
95
62
177
111
86
78
74
79
10
8
15
215
5
210
405

lemal besser als offene Sandalen und Shorts. Diese Ausrüstung bietet nicht nur einen gewissen Schutz vor Angriffen, sondern das Gehen mit schwerem Schuhwerk löst auch Vibrationen der Erdoberfläche aus, die Getier im weiten Umkreis warnen und zumeist in die Flucht schlagen. Also fest auftreten!

Von allen **Schlangen** der kalifornischen Wüste sind nur die Klapperschlangen giftig. Natürlich kann ein Tourist eine Klapperschlange von einer harmlosen Schlange kaum unterscheiden. Im Zweifelsfall geht man besser davon aus, dass es sich um eine giftige Schlange handelt. Während der heißen Tageszeit liegen sie gern unter schattigen Büschen, herumliegendem Gestrüpp und bei alten Minenschächten und Steinhaufen. Wenn es kühler wird, sonnen sich Schlangen gerne im Freien. Sie wollen dabei allerdings nicht gestört werden, sonst greifen sie an. **Schwarze Witwen** und **Skorpione** sind zwar nicht aggressiv, sofern sie in Ruhe gelassen werden, aber sehr giftig und schnell aus der Fassung zu bringen.

Ein Biss oder Stich von jedem der genannten Tiere fühlt sich zunächst wie ein Nadelstich an, aber innerhalb weniger Stunden stellen sich starke Schmerzen ein, die von unangenehmen Schwellungen und akutem Unwohlsein begleitet werden. Der Versuch, das Gift auszusaugen, funktioniert nur in schlechten Filmen und hilft sogar noch, es schneller zu verteilen. Die Verbreitung des Gifts lässt sich am besten durch das Abbinden – aber nicht völlige Abschnüren – des gesamten Körperglieds aufhalten. Danach muss so schnell wie möglich ein Ranger oder Arzt gesucht werden. Ganz wichtig, wenn auch nicht einfach, ist es, Ruhe zu bewahren, denn ein rasender Puls hilft, das Gift schnell zu verbreiten.

Wer gebissen worden ist, sollte daran denken, dass es sich bei ungefähr der Hälfte der Attacken um so genannte „trockene" bzw. nicht giftige Bisse handelt. Schlangen verschwenden ihr Gift nur ungern an Kreaturen, die sie ohnehin nicht fressen können.

Taranteln stellen keine große Gefahr dar. Bei einer Spannweite von über 17 cm sind sie eigentlich nicht zu übersehen; wer Pech hat und trotzdem gebissen wird, sollte nicht gleich in Panik geraten. Der anfängliche Schmerz ist zwar sehr groß, aber es reicht meist, den Biss mit einem Antiseptikum zu reinigen.

Mit den meisten **Kakteen** wird man keinen Ärger haben, vorsehen sollte man sich jedoch vor der fast 3 m hohen *cholla*, die auch als *jumping cholla*, „springende Cholla", bekannt ist. Schon bei einer versehentlichen Berührung scheinen Teile des Kaktus einen förmlich anzuspringen und haften dann fest. Beim Versuch, sie mit bloßen Händen zu entfernen, wird man sich höchstens in die Finger stechen. Besser ist es, die Pflanze mit einem Kamm oder Stock vom Körper zu lösen und danach die restlichen Stacheln mit einer Pinzette zu entfernen. Auch den *prickly pear cactus* (Feigenkaktus) sollte man meiden. Abgesehen von seinen großen Nadeln hat er viele winzige, haarige Stacheln, die sehr schwer zu entfernen sind und einen Tag lang schmerzen, bis sie von selbst wieder herauskommen.

Ausrüstung: Folgende Dinge gehören unbedingt zu einer Wüstentour: Leuchtsignale, Erste-Hilfe-Ausrüstung, Schlangenbiss-Set, Streichhölzer und ein Kompass. Zudem sind eine kleine Schaufel, eine Reifenpumpe, ein Windschutzscheibenschutz mit reflektierender Oberfläche *(windshield reflector)*, damit sich der geparkte Wagen nicht noch mehr aufheizt, und ein Ersatzkanister Benzin zu empfehlen.

Transport

Öffentliche Verkehrsmittel sind selten. Die größeren Zentren Palm Springs, Barstow und Las Vegas sind zwar mit L.A. verbunden, und die Anza-Borrego-Wüste erreicht man leicht von San Diego aus, aber ist man erst einmal hier angelangt, kommt man ohne Auto nicht weiter. *Amtrak* unterhält zwei **Zugverbindungen** in diese Region. Der *Southwest Chief* fährt täglich von L.A. nach Chicago: Abfahrt 18.45 Uhr (in Gegenrichtung Ankunft in L.A. um 8.20 Uhr), mit Zwischenstopps in San Bernardino, Victorville, Barstow und Flagstaff (Arizona), dort Anschluss an den *Thruway*-Bus zum Grand Canyon. Der *Sunset Limited* bedient die südliche Route von L.A. nach Orlando (Florida), mit Stopps in Palm Springs und Tucson (Arizona): Abfahrt in L.A. So, Mi und Fr um 22.30 Uhr (in Gegenrichtung Ankunft in L.A. an den gleichen Tagen um 6.40 Uhr).

Wer mit dem Wagen fährt, sollte darauf achten, dass sein Fahrzeug in gutem Zustand ist – also nicht darauf bauen, dass der Thunderbird, den man für $500 in L.A. erstanden hat, auch die härtesten Wüstentouren mitmacht! Die Nebenstraßen sind meist in schlechtem Zustand und oft nur mit Geländewagen befahrbar.

Colorado Desert

Palm Springs und Umgebung

Trotz vieler hundert Meilen natürlicher Schönheit und menschenleerer Highways sind nur wenige Besucher in der Region darauf erpicht, der Zivilisation völlig den Rücken zu kehren. Tatsächlich fährt der größte Teil der Touristen nicht in die öde Wildnis, sondern nach Palm Springs, der unumstrittenen Wüsten-Hauptstadt. Wer hier lebt, ist entweder alt, reich oder berühmt oder will es zumindest werden. Dennoch wird man die Stadt kaum umgehen konnen. Palm Springs ist auf dem I-10 der erste Anlaufpunkt östlich von L.A. und der Mittelpunkt des Feriengebietes **Coachella Valley** mit den Orten Cathedral City, Desert Hot Springs, Rancho Mirage, Palm Desert, Indio, Indian Wells und La Quinta, das sich von hier meilenweit in östlicher Richtung am Hwy-111 entlangzieht. Das Tal ist eines der fruchtbarsten bewässerten Anbaugebiete der Welt, wo man Datteln, Orangen, Zitronen und Grapefruits in rauen Mengen erntet. Allerdings werden die Felder und Haine immer mehr mit Wohnanlagen und Golfplätzen verbaut.

Bevor die wohlhabenden weißen Siedler hierher zogen, war das gesamte Tal Stammesgebiet der **Cahuilla**, die in den kühleren San Jacinto Mountains ihre Jagdgründe hatten. Der Stamm besitzt nach wie vor einen großen Teil von Palm Springs. Aufgrund der schachbrettartigen Aufteilung des Bodens gehört jede zweite Quadratmeile in der Umgebung der Agua Caliente Indian Reservation. Der Name bedeutet „heißes Wasser" und weist auf die alten unterirdischen Mineralquellen hin, auf denen Palm Springs erbaut wurde. Die Indianer erhielten das Land bereits in den 90er Jahren des 19. Jhs. zugesprochen, endgültig wurden die Grenzen aber erst in den 40er Jahren des 20. Jhs. festgelegt, als bereits viele Hotels und Kurzentren im Bau waren. Den Indianern, deren Land bereits bebaut war, blieb keine andere Wahl, als Miete zu verlangen, was die Cahuilla inzwischen zu einem der reichsten Stämme Amerikas werden ließ. Es scheint, als sollten sich ihre Geldbörsen noch weiter füllen: vor kurzem haben sie das erste Kasino im hiesigen Kur- und Hotelkomplex über jener Mineralquelle eröffnet, die Palm Springs seinen Namen verlieh.

Palm Springs ist eindeutig auf Luxus und Freizeit programmiert. Vorzugsweise lockt es freigiebige Konsumenten und Luxusreisende hierher, nicht irgendwelche verschmuddelten Wüstenkäuze oder ärmliche Pensionäre aus minderprivilegierten Regionen. Bei all dem Protz scheint es schwierig, natürliche Schönheit und bezahlbare Unterkünfte oder Restaurants zu finden, aber es gibt sie. Die Lage der Stadt mitten in der Wüste, von wunderschönen Canyons umgeben und in der Ferne von den schneebedeckten San Jacinto-Bergen und benachbarten Gebirgszügen überragt, ist einfach perfekt.

Seitdem hier in den 30er Jahren vereinzelt Hollywoodstars bei einer Verjüngungskur gesichtet wurden, hat die nur zwei Autostunden von Los Angeles entfernte Stadt den Ruf eines Prominententreffs. Die trockene, saubere Luft und der ständige Sonnenschein haben sie zum beliebten Kurort der Angelenos gemacht.

Jahrelang fielen hier während des *Spring Break* Ende März / Anfang April Tausende losgelassene Highschool-Kids ein, um die Ferien zu begießen. Der Widerstand der Bewohner führte schließlich 1993 dazu, dass die Stadtverwaltung der jährlichen Invasion einen Riegel vorschob, woraufhin sich die Jugend nach Lake Havasu City verzog. Alkoholanhänger kommen aber immer noch nach Palm Springs, allerdings nicht, um sich zu betrinken: Im **Betty Ford Center**, mitten im Tal bei Rancho Mirage, versuchen hochkarätige, berühmte Patienten während eines einmonatigen, $16 000 teuren Kuraufenthaltes ihre Alkohol- und Drogenprobleme zu lösen.

Meteorologen haben während der letzten Jahre eine erhöhte Luftfeuchtigkeit festgestellt, die sie auf die vielen privaten Swimming Pools zurückführen – Standard-Ausrüstung jeder Apartmentanlage und jedes Eigenheims und der einzige Ort, an dem es sich während der heißeren Monate tagsüber aushalten lässt. Die ohnehin knappen Wasservorräte werden aber nicht nur zum Auffüllen der Pools oder zum Bewässern der umliegenden Gärten verschwendet, sondern auch die über 100 Golfplätze im Coachella Valley beanspruchen ca. 4 Mill. Liter Wasser täglich für ihre Rasenflächen.

Downtown

Downtown erstreckt sich auf etwa einer halben Meile am Palm Canyon Drive, einer breiten, modernen Einkaufstraße mit vielen teuren Boutiquen und Restaurants, denen die ursprünglichen, an ein spanisches Dorf erinnernden Bauten weichen mussten.

Das schwule Palm Springs

Palm Springs rühmt sich, Key West als Amerikas größtes Urlaubszentrum für Schwule abgelöst zu haben. Dutzende ausschließlich Schwulen vorbehaltene Inns und Hotels lassen die Regenbogenflagge hier kräftig flattern. Angesichts des ganzjährig tollen Wetters lassen sich viele den ganzen Tag am Pool die Sonne auf den Bauch scheinen und erholen sich so für die nächste anstrengende Nacht in den Clubs und Bars. Die lokale Homosexuellenpresse schätzt, dass um die 40 Prozent der Einwohner von Palm Springs homosexuell sind. Belege dafür sieht man überall, besonders aber an der Arenas Road in der Nähe von South Indian Canyon Drive, die sich zu einer Art „Schwulenghetto" entwickelt hat. Dienstleistungsbetriebe, die sich an einen größeren, gemischten Kundenkreis richten, werden oft von Schwulen betrieben, und insgesamt scheinen die Schwulen und die Heteros hier gut miteinander auszukommen. 2003 versuchten zwar einige konservative Kommunalvertreter, die White Party (s.u.) verbieten zu lassen, doch nach der Wahl des bekennenden schwulen Bürgermeisters Ron Oden im November des gleichen Jahres herrscht jetzt ein wesentlich entspannteres Klima.

Die örtliche Tourismusbehörde vertreibt eine auf Schwule zugeschnittene Version ihrer kostenlosen, halbjährlich erscheinenden Broschüre: *Palm Springs Official Gay Visitors Guide*. Einen besseren Einblick in die lokale Schwulenszene bieten jedoch das monatlich erscheinende, kostenlose Magazin *The Bottom Line*, 💻 www.psbottomline.com, und die ebenfalls kostenlose *Desert Post Weekly* mit aktuellen Artikeln und Veranstaltungskalender.

Das Highlight des Jahres ist die **White Party** an Ostern, eine viertägige ausgelassene Fete in Downtown Palm Springs, in dessen Zentrum das *Wyndham Hotel* steht und zu der sich über 15 000 schwule Männer einfinden, ✆ 1-888/777-8886, 💻 www.jeffreysanker.com. Das seit 1989 veranstaltete Fest wird immer größer, sodass inzwischen an allen Tagen rund um die Uhr Partys stattfinden, in deren Mittelpunkt oft die Hotel-Pools stehen. Die größte Veranstaltung ist eine die ganze Nacht durchlaufende Megaparty am Ostersamstag im Palm Springs Convention Center. Der drei Tage gültige Wochenendpass für ca. $250 verschafft Eintritt zu drei Tanzpartys und einer Abschlussfeier. **Tickets** gibt es bei 💻 www.circuiticket.com.

Die **Lesben** treffen sich schon ein paar Wochen früher zum so genannten **Dinah Shore Weekend**, ✆ 1-888/44-DINAH. Offiziell handelt es sich um das große **Golfturnier Kraft Nabisco Championship** im Mission Hills Country Club in Rancho Mirage, wo das 18. Loch wegen ihrer Verdienste um das Spiel nach Dinah Shore benannt wurde. Es ist das zweitwichtigste Turnier nach den US Women's Open, doch Golf spielt oft nur die zweite Geige hinter den zahlreichen Partys an den Hotel-Pools, in denen sich inzwischen die heißeste lesbische Partyszene der Nation tummelt.

Meist am ersten Wochenende im November steigt das 3-tägige Schwulenfestival **Palm Springs Pride**, ✆ 760/416-8711, 💻 www.pspride.org, das Scharen von Schwulen zu einem Umzug und noch mehr Partys anlockt. Im Oktober findet das **schwul-lesbische Filmfestival** „Out on Film" statt.

Der „rosa Dollar" ist in Palm Springs ein wichtiger Wirtschaftsfaktor – praktisch alle örtlichen Hotels sind also schwulenfreundlich. Im Warm Sands-Viertel, eine halbe Meile südwestlich von Downtown, gibt es etwa 30 ausschließlich für Schwule bestimmte **Hotels**, die meisten davon sinnenfreudigen Vergnügungen gewidmet. Weitere Resorts konzentrieren sich weiter südlich im Viertel Deepwell an der San Lorenzo Road und im Bezirk Las Palmas am North Palm Canyon Drive. Auf der Website der Stadt, 💻 www.palm-springs.org, gibt es weitere nützliche Tipps.

Restaurants mit einem hohen Anteil an schwulen Gästen sind *El Gallito*, *Mykonos*, *Shame on the Moon*, *Red Tomato* und *Tomboyz Café*, bei Bars und Clubs sind *Blame It On Midnight* und *Heaven* gute Adressen.

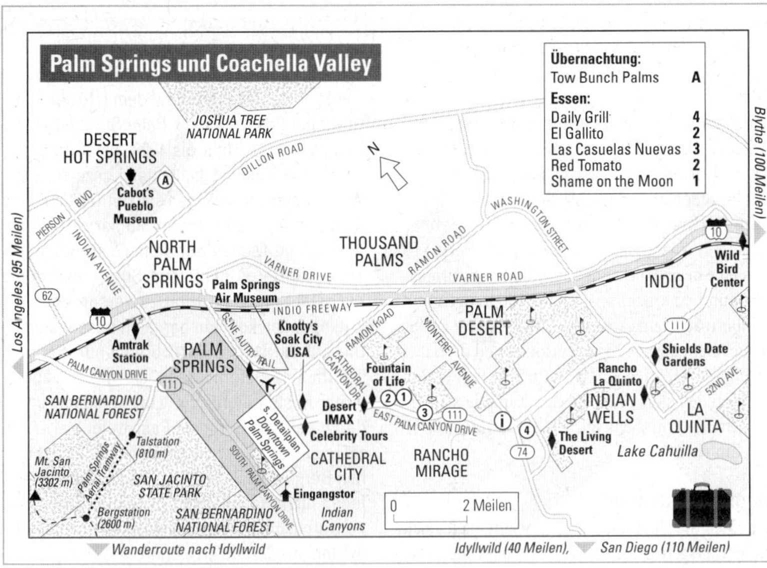

Trotz adrett aufgereihter Fächerpalmen am Palm Canyon Drive, Luftbefeuchtungsanlagen in den besseren Restaurants und der Stars, denen man hier begegnen kann, macht Palm Springs alles in allem einen schäbigen Eindruck. Geborstener Asphalt, Lücken zwischen Häuserzeilen und Billigläden signalisieren deutlich, dass die gehobeneren Läden und Galerien (und ihre entsprechende Klientel) weiter ostwärts nach Palm Desert und in andere Orte des Coachella Valley abgewandert sind. Palm Springs ist allerdings der einzige Ort in der Gegend mit einem erkennbaren Zentrum, in dem man auch zu Fuß gehen kann, und es bietet die höchste Konzentration an Restaurants. Seitdem hier nicht mehr das alljährliche Saufgelage der Highschool-Kids stattfindet und die Stadtverwaltung sich ernsthaft bemüht zeigt, den Ort attraktiver und interessanter zu machen, hat sich das Erscheinungsbild der Stadt verbessert. Vom Glanz der Eleganz – wie eigentlich zu erwarten – ist man jedoch weit entfernt: Kitschige T-Shirt-Läden reihen sich an Buchläden, deren Sortiment sich auf Hollywoodstars und damit verwandte Themen beschränkt, sowie an kommerzielle Galerien, viele von ihnen zweit- und drittrangig. Da Palm Springs seine bloße Existenz Hollywood zu verdanken hat, überrascht es nicht, dass die Stadt ihren eigenen **Walk of Fame** entlang dem South Palm Canyon Drive besitzt.

Manch von den Sternen im Gehweg faszinierter Besucher übersieht dabei das **Village Green Heritage Center**, 219 South Palm Canyon Drive, eine kleine, um einen Brunnen gruppierte Anlage mit einigen alten Häusern, darunter das McCallum-Adobe von 1884, das „Miss Cornelia's Little House" und das **Agua Caliente Cultural Museum**, 🖳 www.accmuseum.org. 🕓 Juni–Aug Fr–So 10–16, Sept–April Mi–Sa 10–16, So 12–16 Uhr, Eintritt frei.

Besser verbringt man seine Zeit aber ohnehin besser im reizvollen **Palm Springs Desert Museum**, 101 Museum Drive, ✆ 760/325-0189, 🖳 www.psmuseum.org. Die Sammlung konzentriert sich auf traditionelle und zeitgenössische Kunst aus Kalifornien und dem amerikanischen Südwesten, es gibt aber auch indianische Werke und Kunst aus Zentralamerika zu bewundern. 🕓 Di, Mi, Fr–Sa 10–17, Do 12–20, So 12–17 Uhr; Eintritt $7,50, Do 16–20 Uhr kostenlos, am 1. So im Monat $1.

Wer sich partout nicht sonnen will, dem bieten sich eine Hand voll weiterer Attraktionen, z.B. **Moorten Botanical Garden**, 1701 S Palm Canyon Drive, ✆ 760/327-6555, 🖳 www.moplants.

com/moorten. Dort sind alle erdenklichen Wüstenpflanzen vertreten, wenn auch völlig chaotisch irgendwo hin- und zusammengepflanzt. Dennoch dürfte der Botanische Garten alle interessieren, die keine Zeit haben, derartige Pflanzen in ihrem natürlichen Lebensraum zu sehen. ⏲ Mo, Di und Do–Sa 9–16.30, So 10–16 Uhr, Eintritt $2,50.

Flugzeugfans emfpfiehlt sich ein Besuch des **Palm Springs Air Museum**, 745 N Gene Autry Trail, 💻 www.palmspringsairmuseum.org. Es zeigt eine beeindruckende Sammlung von europäischen und amerikanischen Kampfflugzeugen und Bombern aus dem Zweiten Weltkrieg sowie Dokumente über einzelne Kriegsepisoden und die dabei beteiligten Männer. Das Museum ist von außen leicht an den stolz präsentierten Kampfjets zu erkennen. ⏲ Juni–Sept tgl. 9–15, Okt–Mai 10–17 Uhr, Eintritt $8.

Mount San Jacinto

Hat einen die Hitze endgültig geschafft, bietet sich von der ausgetrockneten Wüstenebene eine Reise durch fünf Klimazonen in die schneebedeckten, alpinen Berge um den Mount San Jacinto an. Die **Palm Springs Aerial Tramway**, eine Gondelbahn westlich der Stadt am Tramway Road, 4 Meilen südwestlich vom Hwy-111, ☏ 760/325-1391 oder 1-888/515-TRAM, 💻 www.pstramway.com, fährt Mo–Fr 10–20, Sa und So 8–20 Uhr jede halbe Stunde zur knapp 2600 m hoch gelegenen Bergstation, letzte Abfahrt ins Tal um 21.45 Uhr; Ticket $20,80, inkl. Dinner $30, einfache Fahrt ins Tal nur $9. Schon allein die zwölf Minuten dauernde Fahrt ist ein Erlebnis: Jede Gondel ist mit einem drehbaren Fußboden ausgestattet, der sich während der Fahrt zweimal um 360 Grad dreht und so eine Rundumaussicht gewährt, die nur noch vom spektakulären Ausblick von der Bergstation übertroffen wird, u.a. auf den 75 Meilen entfernten Salton Sea. Man sollte etwas Warmes zum Anziehen mitbringen, denn hier oben ist es um 18 °C kühler als im Tal.

Außerhalb des Gebäudes mit zwei Restaurants, Bar und Souvenirladen gibt es Aussichtsplattformen. Hier beginnen auch zwei kurze Spazierwege durch den Wald: der ca. 1 km lange Rundweg **Discovery Trail** und der etwa 2 km lange Desert View Trail, von dem aus man auf das weit unterhalb liegende Coachella Valley blickt.

Die Windräder von Palm Springs

Nach den langweiligen Vorstädten östlich von Los Angeles wartet auf dem I-10 am San Gorgonio Pass, kurz vor Palm Springs, eine Überraschung: Mehr als 4000 Windturbinen, eine der landesweit dichtesten Konzentration von Windrädern, drängen sich im Tal, und die Schatten ihrer glitzernden Stahlarme bilden eigenartige Motive auf dem Wüstenboden. Sie produzieren genügend Strom, um eine Kleinstadt mit Elektrizität zu versorgen; die Bedingungen könnten gar nicht besser sein. Die auf die Wüste herabbrennende Sonne schafft eine Tiefdruckzone, die von den kühleren Küstentälern die Luft ansaugt und durch den San Gorgonio Pass treibt, der einzigen Lücke zwischen zwei über 3000 m hohen Bergketten. Im Frühling und Frühsommer fegen hier oft heulende Winde durch, die eine Durchschnittsgeschwindigkeit von 14–20 Meilen pro Stunde erreichen.

Windmill Tours, ☏ 760/251-1997, 💻 www.windmilltours.com, bietet 90-minütige, informative Touren durch den Riesenwald aus Windgeneratoren. Okt–April Mi–Sa 9, 11 und 14 Uhr, $23, telefonisch reservieren.

Wer weiter in das 52,6 km^2 große Wildnisgebiet des **Mount San Jacinto State Park** vorstoßen möchte, benötigt ein Permit vom State Park Visitor Center in der Bergstation, ⏲ Mo–Fr 13–17, Sa und So 9–17 Uhr. Gut ausgerüstete Wanderer dürfen damit den 3302 m hohen Mount San Jacinto besteigen (6 Meilen pro Richtung), ins Tal hinunter nach Idyllwild wandern (einfache Strecke 10 Meilen), und eine Anzahl anderer Waldwanderwege benutzen. Weiteres s.u.

Indian Canyons

Eingeschworene Wüsten-Enthusiasten besuchen Palm Springs, um in den in die San Jacinto Mountains südöstlich von Palm Springs eingeschnittenen Canyons, Teil des Agua-Caliente-Indianerreservats, zu wandern und zu reiten. Die bekanntesten und zugänglichsten sind Palm Canyon, Andreas Canyon und Murray Canyon, die unter dem Namen **Indian Canyons** zusammengefasst werden. Obwohl viele Tierarten ausgestorben sind, kann man

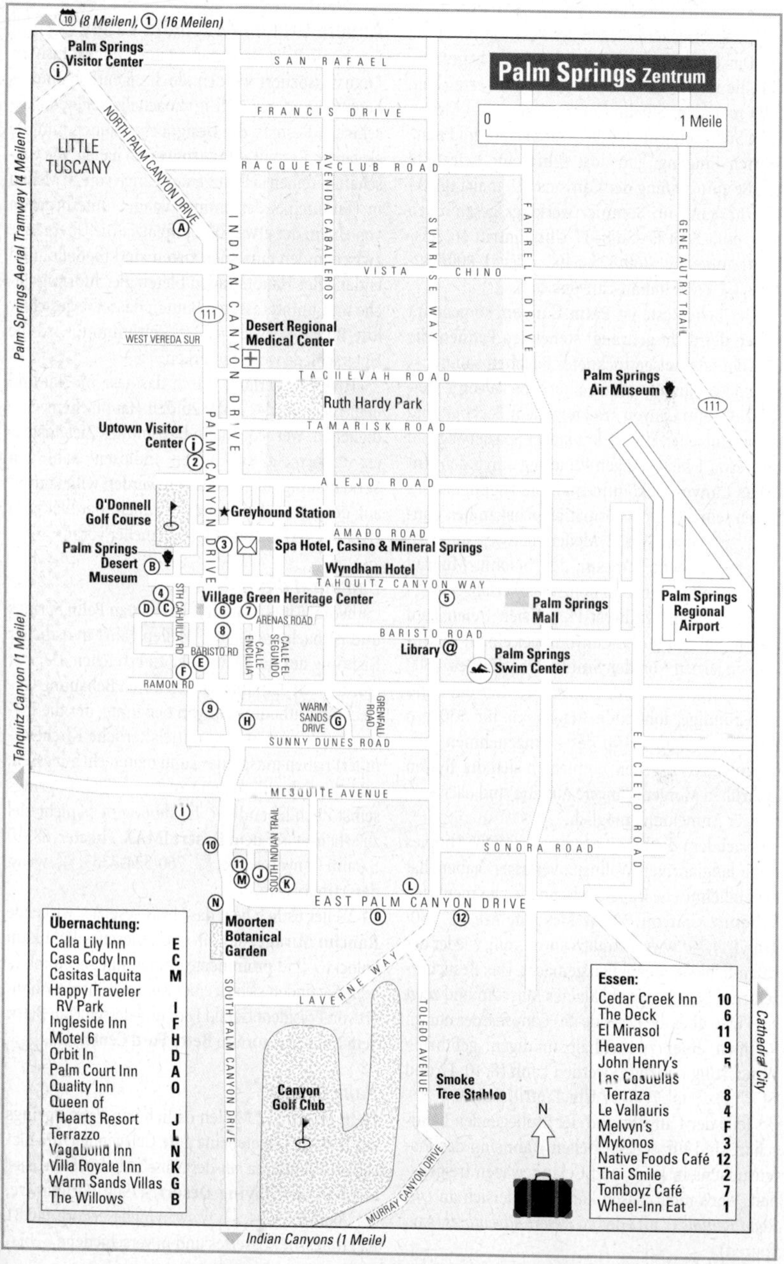
(8 Meilen), (16 Meilen)
Palm Springs Visitor Center
Palm Springs Zentrum
0
1 Meile
SAN RAFAEL
FRANCIS DRIVE
NORTH PALM CANYON DRIVE
LITTLE TUSCANY
RACQUET CLUB ROAD
AVENIDA CABALLEROS
INDIAN CANYON DRIVE
SUNRISE WAY
FARRELL DRIVE
GENE AUTRY TRAIL
VISTA CHINO
111
Desert Regional Medical Center
WEST VEREDA SUR
TACHEVAH ROAD
Ruth Hardy Park
TAMARISK ROAD
Palm Springs Air Museum
Uptown Visitor Center
PALM CANYON DRIVE
ALEJO ROAD
O'Donnell Golf Course
Greyhound Station
AMADO ROAD
Spa Hotel, Casino & Mineral Springs
Palm Springs Desert Museum
Wyndham Hotel
TAHQUITZ CANYON WAY
Village Green Heritage Center
Palm Springs Mall
Palm Springs Regional Airport
ARENAS ROAD
STH CAHUILLA RD
CALLE ENCILIA
CALLE EL SEGUNDO
BARISTO ROAD
BARISTO RD
Library
Palm Springs Swim Center
RAMON RD
WARM SANDS DRIVE
GRENFALL ROAD
SUNNY DUNES ROAD
EL CIELO ROAD
MESQUITE AVENUE
SOUTH INDIAN TRAIL
SONORA ROAD
EAST PALM CANYON DRIVE
Moorten Botanical Garden
LAVERNE WAY
SOUTH PALM CANYON DRIVE
TOLEDO AVENUE
Canyon Golf Club
Smoke Tree Stables
MURRAY CANYON DRIVE
N
Palm Springs Aerial Tramway (4 Meilen)
Tahquitz Canyon (1 Meile)
Indian Canyons (1 Meile)
Cathedral City
Übernachtung:
Calla Lily Inn E
Casa Cody Inn C
Casitas Laquita M
Happy Traveler RV Park I
Ingleside Inn F
Motel 6 H
Orbit In D
Palm Court Inn A
Quality Inn O
Queen of Hearts Resort J
Terrazzo L
Vagabond Inn N
Villa Royale Inn K
Warm Sands Villas G
The Willows B
Essen:
Cedar Creek Inn 10
The Deck 6
El Mirasol 11
Heaven 9
John Henry's 5
Las Casuelas Terraza 8
Le Vallauris 4
Melvyn's F
Mykonos 3
Native Foods Café 12
Thai Smile 2
Tomboyz Café 7
Wheel-Inn Eat 1

in den abgelegeneren Teilen des Reservats nach wie vor Dickhornschafen und wilden Ponys begegnen. Um die interessantesten Gegenden zu erreichen, folgt man dem S Palm Canyon Drive ca. 3 Meilen nach Südosten zum deutlich durch ein Schild markierten Eingang. Von dort führt eine befestigte Straße zum Anfang der Canyons. ⌚ meist tgl. 8–17 Uhr, kann im Sommer werktags geschlossen sein, Juni–Sept Fr–So 8–17 Uhr, Eintritt $6, Auskunft unter ✆ 760/325-3400 oder 1-800/790-3398, 💻 www.indian-canyons.com.

Der beliebteste ist **Palm Canyon**, so genannt wegen der dicht gedrängt stehenden Palmen, die dort ein öfter ausgetrocknetes Bachbett säumen – etwa 3000 Bäume entlang einer Strecke von 7 Meilen. Der Palm Canyon Trail folgt dem Bachbett und ist ein einfacher, etwa 2 km langer Spazierweg. Auf dem etwa 1 Meile langen Rundweg durch den **Andreas Canyon** bekommt man die Highlights des wegen seiner Gesteinsformationen bekannten Canyons zu sehen. Wer 2 Meilen Fußweg auf sich nimmt (einfache Strecke), den belohnt **Murray Canyon** mit einem 4 m hohen Wasserfall.

Wer seinen Wildwest-Phantasien freien Lauf lassen will, sollte die Canyons bei einem Ausritt kennen lernen. Von den **Smoke Tree Stables**, 2500 Toledo Ave, ✆ 760/327-1372, werden ein- und zweistündige, lohnende Reittouren für $30 pro Stunde angeboten. Um der unangenehmen Mittagshitze zu entgehen, empfehlen sich die Touren am frühen Morgen. Längere Ausritte sind nach vorheriger Anmeldung möglich.

Nachdem die hier vormals ansässigen Hippies ihren langjährigen Wohnsitz verlassen haben, hat der einheimische Indianerstamm den palmenlosen **Tahquitz Canyon**, 500 W Mesquite Ave, ✆ 760/416-7044, 💻 www.tahquitzcanyon.com, wieder der Öffentlichkeit zugänglich gemacht. Das Besucherzentrum beherbergt ein kleines Museum und zeigt ein Video über die Legende des Canyons, der nur im Rahmen einer zweieinhalbstündigen, geführten Wanderung besichtigt werden kann (8, 10, 12 und 14 Uhr). ⌚ tgl. 7.30–17 Uhr, Eintritt $12,50.

Teile der Canyons und der umliegenden Landschaft sind für den speziellen Wahnsinn des Pistensuchens in Jeeps und Geländewagen freigegeben. Wer's nicht lassen kann, wende sich an *Off-Road Rentals* (s.u.) oder an *Desert Adventures* (s.u., Touren).

Andere Orte im Coachella Valley

Der Name Palm Springs mag noch mit exklusivem Luxus assoziiert werden, doch eigentlich sind es heute die anderen Orte im Coachella Valley, die die schicken Resorts, die Designerboutiquen und die eleganten Restaurants aufzuweisen haben. Die Ortschaften reihen sich auf einer Länge von 20 Meilen im Tal aneinander, immer wieder unterbrochen von einem der etwa 100 Golfplätze. Die Übergänge zwischen den einzelnen Orten sind fließend, und entlang der Hauptstraßen bieten gleichförmig flache und uninteressante Bauten dasselbe gesichtslose Bild – wer sich jedoch Zeit nimmt, wird die Unterschiede wohl bemerken.

Hwy-111 verläuft durch das gesamte Tal und liegt meist in der Nähe zu den Hauptsehenswürdigkeiten. Wer jedoch ein bestimmtes Ziel ansteuert und nicht von einer endlosen Zahl von Verkehrsampeln aufgehalten werden will, kommt auf dem 4 Meilen weiter nördlich, parallel zum Hwy 111 verlaufenden I-10 schneller voran.

Cathedral City

Cathedral City („Cat City“) grenzt an Palm Springs und ist nach ungefähr 5 Meilen Fahrt in östlicher Richtung auf dem Hwy-111 zu erreichen. Der Ort wurde nach dem inzwischen durch Bebauung versteckten Cathedral Canyon benannte, der die frühen Entdecker an eine mittelalterliche Kirche erinnert haben muss. Hier kann man recht gut essen, und die **Schwulenszene** ist nur in Palm Springs selbst noch lebendiger. Tagsüber gibt es nicht viel zu sehen, außer dem **Desert IMAX Theater**, 68510 E Palm Canyon Drive, ✆ 760/324-7333, 💻 www.desertimax.com.

Weiter östlich liegt das etwas gesetzter wirkende **Rancho Mirage**, das ein eher erlesenes Publikum anlockt – und prominente Namen mit Suchtproblemen. Sie finden sich zu einer Kur im früheren Wohnort von Präsident Gerald Ford und dessen Frau Betty, dem Nobelsanatorium **Betty Ford Center**, ein.

Palm Desert

Palm Desert, 12 Meilen östlich von Palm Springs am Hwy-111, bietet eine gute Gelegenheit, die hiesige Wüstenfauna aus der Nähe zu betrachten. Hier befindet sich **Living Desert**, 47900 Portola Ave, ✆ 760/346-5694, 💻 www.livingdesert.org, ein 81 ha großes, bewässertes und in verschiedene Gebiete unterteiltes Gelände, das verschiedene Wüstenregionen der Welt repräsentiert. So kann man in den Chihuahua Gardens oder zwischen den Kakteen der Mojave-Wüste spazieren gehen oder durch eine Palmenoase oder einen Garten wandern, der Schmetterlinge anzieht. Zusätzlich zu Tieren der nordamerikanischen Wüste – Koyoten, Füchsen, Dickhornschafen, Schlangen und Pumas – leben hier nun auch afrikanische Tiere, u.a. Gazellen, Zebras, Geparden und Warzenschweine. Es gibt zwar überall schattige *Palapas* und kühlende „Sprühregenstationen" *(mist stations)*, dennoch ist es ratsam, den Park gleich frühmorgens aufzusuchen, wenn es noch kühler ist. Dies gilt besonders dann, wenn man die Wilderness Trails in den Hügeln hinter dem Zoo erkunden möchte. Wem das Herumwandern in der Hitze zu viel wird, kann auch auf den in regelmäßigen Abständen durch den Park fahrenden Shuttle aufspringen (Tageskarte $4). ⏲ Mitte Juni–Aug tgl. 8–13.30, Sept–Mitte Juni 9–17 Uhr, Eintritt $10,50, Sommer $8.

Die hiesigen Einwohner kann man während eines Bummels auf dem **El Paseo**. Der „Rodeo Drive in der Wüste", ein 1,5 km langen Streifen von Modegeschäften und Galerien, geht in südlicher Richtung vom Hwy-111 ab und ist einer der wenigen Orte im ganzen Coachella Valley, wo man sein Auto abstellen und ein bisschen zu Fuß herumgehen kann.

Weitere Auskünfte über Sehenswürdigkeiten und Veranstaltungen erteilt das **Palm Desert Visitor Center**, 72990 Hwy-111 am Hwy-74, ✆ 760/568-1414 oder 1-800/873-2428, 💻 www.palm-desert.org, ⏲ Mo–Fr 9–17, Sa und So 9–16 Uhr, während das **Santa Rosa and San Jacinto Mountains National Monument Visitor Center**, 3 Meilen weiter südlich am Hwy-74, für Informationen über die Natur und Wildnis zuständig ist; ⏲ tgl. 9–16 Uhr, im Sommer nicht so lange.

Indian Wells, La Quinta und Indio

Das angrenzende **Indian Wells** besitzt das höchste Pro-Kopf-Einkommen der USA sowie die meisten Nobelhotels im Coachella Valley. Bekannt ist der Ort für sein viertägiges **Jazz-Festival** um Neujahr, sein renommiertes **Tennisturnier** sowie die prestigeträchtige, bis ins Frühjahr reichende **Vortragsreihe** in der Desert Town Hall, 💻 www.deserttownhall.org, in deren Rahmen vier Mal von Mitte Februar bis Mitte April Sprecher wie Newt Gingrich, Margaret Thatcher oder Jean-Michel Cousteau auftreten. Tickets ab ca. $150 für alle vier Abende.

Dahinter gelangt man nach **La Quinta**, benannt nach der *Rancho La Quinta*, der ersten Luxus-Ferienanlage des Tals. Diese wurde 1927 errichtet und erlebte während der Weltwirtschaftskrise, als Hollywoods realitätsferne Zelluloidträume immer beliebter wurden und die Löhne im Land immer weiter sanken, seine Blüte. Der Regisseur Frank Capra schrieb hier 1934 das Drehbuch für seinen mehrfach mit dem Oscar ausgezeichneten Film *Es geschah in einer Nacht* und war von dem günstigen Einfluss dieses Orts derart überzeugt, dass er regelmäßig mit Stars wie Greta Garbo im Gefolge wiederkehrte.

Selbst heute ist diese Luxusferienanlage so exklusiv, dass kein Schild an der Hauptstraße darauf verweist (man fährt die Washington Street nach Süden Richtung Eisenhower). Beeindruckend ist die im Hintergrund aufragende Kulisse der Santa Rosa Mountains. Im Gegensatz zu früher geht es allerdings nicht mehr ganz so protzig zu, sodass sich auch Normalsterbliche bei einem Drink in der Cocktail-Lounge nicht deplaziert fühlen werden.

In starkem Kontrast hierzu steht das benachbarte **Indio**, ein bescheidener Ort, dessen landwirtschaftliche Wurzeln sich leicht an den vielen Verkaufsständen für Datteln und Zitrusfrüchte erkennen lassen. Auf der 50th Avenue hinter dem Rancho La Quinta Richtung Osten kommt man an so vielen Dattelhainen vorbei, dass man sich in Saudi Arabien wähnt; und in der Tat liegt der Ort Mecca ganz in der Nähe.

Am Hwy-111 empfiehlt sich ein Zwischenstopp in der 1924 erbauten, allerdings 1950 renovierten Erfrischungshalle der **Shields Date Gardens**, Nr. 80225, ✆ 760/346-0996 oder 1-800/827-8017, 💻 www.shieldsdate.com, um einen Dattelshake zu probieren und einen Moment dem kitschigen, kostenlosen Film *The Romance and Sex Life of the Date* zu folgen. Im Februar lockt das zu Ehren der Dattel abgehaltene **Date Festival** mit seinen kuriosen Kamel- und Straußenrennen zahllose Besucher an, die selbst den Weg aus Los Angeles nicht scheuen. ⏲ tgl. Juni–Aug 9–17, Sept–Mai 8–18 Uhr, Eintritt frei.

Engagiertere Tierfreunde werden einen Abstecher zum **Coachella Valley Wild Bird Center**, 46500 Van Buren St, ✆ 760/347-2647, lohnend finden. Dort kümmert man sich um verletzte Eulen,

Falken und andere Wüstenvögel, und versucht diese, sofern möglich, bis zu ihrer Entlassung in die Wildnis aufzupäppeln; ◷ tgl. 10–17 Uhr, Spenden werden dankbar angenommen.

Desert Hot Springs

Ungefähr 12 Meilen nördlich von Palm Springs liegt **Desert Hot Springs**, der einzige Ort nördlich des I-10. Das hiesige Wasser ist, so das Ergebnis eines nationalen Wettbewerbs, das wohlschmeckendste im ganzen Land. Die unterirdischen Quellen, die dem Ort seinen Namen gaben, liefern nicht nur das Wasser für die vielen Swimming Pools, sondern auch das Trinkwasser. Neben der günstigen Lage für Ausflüge in den Joshua Tree National Park, besitzt Desert Hot Springs eine etwas entspanntere Atmosphäre als die anderen Orte im Coachella Valley.

Eine Ausnahme bildet allerdings *Two Bunch Palms*, ☎ 1-800/472-4334, 🖳 www.twobunchpalms.com, Zimmer ❻, Suiten ca. $500. In der Luxusenklave in einer ansonsten von Trailerparks dominierten Umgebung geben sich gern die Stars aus Los Angeles ein Stelldichein. Normalsterbliche sind ebenfalls willkommen, solange sie das nötige Kleingeld mitbringen – Massagen und andere Kurbehandlungen *(spa treatments)* kosten ab $90 die Stunde. Schön ist es aber sicher, einen Tag in einem Quellwasser-Pool mit einem Buch und einem Cocktail zu verbringen und sich zwischendurch mit Schlammbädern und Massagen verwöhnen zu lassen.

Wenn es gerade geöffnet ist, kann man im **Cabot's Old Indian Pueblo Museum** vorbeischauen, 67616 E Desert View Ave, ☎ 760/329-7610, 🖳 www.cabotsmuseum.org. Das vierstöckige Gebäude wurde über einen Zeitraum von 20 Jahren von einem gewissen Cabot Yerxa im rustikalen Baustil der Hopi-Indianer errichtet. Bis zu seinem Tod 1965 hatte er 35 Zimmer fertig gestellt, die im Rahmen einer unterhaltsamen Führung besichtigt werden können. ◷ Sept–Juni Sa 10–16, So 12–16 Uhr, Juli und Aug geschlossen, Spende erwünscht.

Übernachtung

Palm Springs ist auf Reiche zugeschnitten. Es gibt hier sehr viele Luxusresorts und Country Clubs sowie einige kleinere, sehr geschmackvolle Hotels. Normalerweise sind die Unterkünfte kaum erschwinglich, außer im Sommer, wenn die Temperaturen steigen und die Preise drastisch fallen; einige große Hotels reduzieren um 70%, und selbst bei kleineren Unternehmen kann man 20–30% sparen. Wird auf solche Nobelherbergen kein Wert gelegt, stehen *Motel 6* und Häuser anderer **Billigketten** ausreichend zur Auswahl. Ausnahmslos alle Unterkünfte in Palm Springs haben einen **Swimming Pool**.

B&Bs sind weit verbreitet und bieten mit ca. $80 pro Nacht im DZ mit die besten Preise.

Mit einer kleinen Gruppe kann man Geld sparen, wenn man ein **Apartment** mietet. Viele werden nur einige Monate genutzt und den Rest des Jahres vermietet. Wieder ist es im Sommer am günstigsten, doch gibt es während des ganzen Jahres gute Angebote. Die Tageszeitung des Coachella Valley, *Desert Sun*, 🖳 www.thedesertsun.com, informiert im Anzeigenteil über Wohnungen, die vermietet werden, zudem gibt es verschiedene Agenturen in der Stadt. Das *Visitor Center* (s.u.) gibt Auskunft darüber, welche Agenturen den eigenen Vorstellungen und dem Budget am ehesten entsprechen.

Es folgt eine Liste der preiswerteren und/oder besonders schönen Unterkünfte. Die **Hochsaison** erstreckt sich von Okt–Mai. In Winter sollte man unbedingt im Voraus reservieren.

HOTELS, RESORTS UND B&Bs – ***Calla Lily Inn***, 350 S Belardo Rd, ☎ 760/323-4964 oder 1-888/888-5787, 🖳 www.callalilypalmsprings.com. 9 Zimmer und Suiten in einem renovierten Haus aus den 50er Jahren. Komfortabel und gastfreundlich. Winter ❼, Sommer ❺, im Sommer 3. Übernachtung umsonst.

Casa Cody Inn, 175 S Cahuilla Rd, nur zwei Blocks von Downtown, ☎ 760/320-9346 oder 1-800/231-2639, 🖳 www.casacody.com. Dieses in den 20er Jahren vom Hollywoodpionier Harriet Cody erbaute Hotel bietet geschmackvoll eingerichtete Zimmer im Southwestern-Stil, einen schattigen Garten, einen hübschen Pool und ein leckeres Frühstücksbüffet. Studios und Suiten verfügen über eine Küche, und für Familien und kleine Gruppen steht ein herrliches Adobe-Cottage mit zwei Schlafzimmern zur Verfügung ❼–❾. Im Winter Zimmer und Studios ❹–❺, Suiten ❼, im Sommer Zimmer und Studios ❸–❹, Suiten ❺.

Ingleside Inn, 200 W Ramon Rd, Downtown, ✆ 760/325-0046 oder 1-800/772-6655, 💻 www.inglesideinn.com. Eines der letzten alten Hotels von Palm Springs, erbaut 1935. Einst logierten hier Berühmtheiten wie Greta Garbo, Salvador Dalí und Marlon Brando. Angeschlossen ist das ausgezeichnete *Melvyn's Restaurant*. Besonders günstige Preise außerhalb der Saison. Im Winter Zimmer ❺, Apartments ❼, im Sommer Zimmer ❸, Apartments ❹.

Orbit In, 562 W Arenas Rd, ✆ 760/323-3585 oder 877/996-7248, 💻 www.orbitin.com. Blitzblankes 50er-Jahre-Ambiente. Zimmer mit Video und CD, einfaches Frühstück. Nur für Erwachsene, 2 Nächte Mindestaufenthalt. Winter ❾, Sommer ❼.

Villa Royale Inn, 1620 S Indian Trail, ✆ 760/327-2314 oder 1-800/245-2314, 💻 www.villaroyale.com. Schönes Inn mit individuell gestalteten Zimmern und Apartments, die meisten mit Jacuzzi, um einen Pool herum angelegt. Im Winter Zimmer ❼, Apartments ❾, im Sommer Zimmer ❺, Apartments ❼.

The Willows, 412 W Tahquitz Canyon, ✆ 760/320-0771 oder 1-800/966-9597, 💻 www.thewillowspalmsprings.com. Früheres Anwesen eines US-Außenministers, dessen Freunde – darunter Clark Gable, Carole Lombard und Albert Einstein – sich hier während der 30er Jahre entspannten. Opulent eingerichtete Zimmer, prächtige Gartenanlagen, die San Jacinto Mountains als Hintergrund und die ideale zentrale Lage lassen den Preis zur Nebensache werden. Winter ❾, Sommer ❽.

MOTELS UND CAMPINGPLÄTZE – Zelten ist in Palm Springs keine gute Alternative; es gibt zwar diverse Campingplätze, aber alle sind auf Wohnmobil-Reisende zugeschnitten. Ansonsten sind Leute mit Zelten in der Umgebung von Joshua Tree oder Anza-Borrego besser aufgehoben (s.u.).

Happy Traveler RV Park, 211 W Mesquite Drive, unweit des Zentrums von Palm Springs, ✆ 760/325-8518, ✉ happytrav@aol.com. Campingplatz nur für Wohnmobile, 130 Stellplätze mit Anschlüssen. Im Winter nur Paare, Mitte April–Okt auch Familien willkommen. Stellplatz $35.

Lake Cahuilla, 58075 Jefferson St, La Quinta, ✆ 760/564-4712. Der einzige Zeltplatz befindet sich ca. 15 Meilen östlich von Palm Springs; Zeltplatz $14, Stellplatz für Wohnmobile $18.

Motel 6, 660 S Palm Canyon Drive, ✆ 760/327-4200, 💻 www.motel6.com. Zentralstes der Budgetmotels, Pool. Winter ❸, Sommer ❷.

Palm Court Inn, 1983 N Palm Canyon Drive, ✆ 760/416-2333 oder 1-800/667-7918, 💻 www.palmsprings.com/hotels/palmcourtinn. Hübsche, gut 1,5 ha große Anlage mit Jacuzzi, zwei Pools, kleines Frühstück inklusive. Winter ❸, Sommer ❷.

Quality Inn, 1269 E Palm Canyon Drive, ✆ 760/323-2775 oder 1-877/474-6423, 💻 www.qualityinn.com. Modernes Motel, großzügige Anlage, Pool und Restaurant. Winter ❸, Sommer ❷.

Vagabond Inn, 1699 S Palm Canyon Drive, ✆ 760/325-7211 oder 1-800/522-1555, 💻 www.vagabondinn.com. Gut geführtes, dreigeschossiges Motel. Kaffeemaschine in jedem Zimmer, z. T. auch Kühlschrank. Guter Swimming Pool. Tageszeitung und Continental Breakfast inklusive. Winter ❸, Sommer ❷.

UNTERKÜNFTE EXKLUSIV FÜR SCHWULE UND LESBEN – ***Casitas Laquita,*** 450 East Palm Canyon Drive, Palm Springs, ✆ 760/416-9999, 💻 www.casitaslaquita.com. Privates Frauenresort im rustikalen Stil. Alle Zimmer mit Küche, Bad und TV, einige mit Kamin. ❻

Queen of Hearts Resort, 435 Avenida Olancha, ✆ 760/322-5793 oder 1-888/275-9903, 💻 www.queenofheartsps.com. Das Lesbenresort mit 9 Zimmern, kühler Terrasse, herrlichem Pool und und großartigem Blick auf die Santa Rosa Mountains. Zimmer ❺, mit Küche ❻.

Terrazzo, 1600 E Palm Canyon Drive, ✆ 760/778-5883 oder 1-866/837-7996, 💻 www.terrazzo-ps.com. Männerresort mit 12 Zimmern, super Komfort und Service. Luxuriöse Zimmer, kostenloser Flughafentransfer, Fitnessraum, frische Backwaren und sogar kostenlose Sonnencreme. Winter ❼, Sommer ❺.

Warm Sands Villas, 555 Warm Sands Drive, ✆ 760/323-3005 oder 1-800/357-5695, 💻 www.warmsandsvillas.com. Gastfreundliches, kürzlich renoviertes Inn mit Marmorfußböden und großen Betten, reichhaltiges Frühstück. Einige Zimmer mit Küchenzeile. ❻

Essen

Die große Hitze kann einem den Appetit rauben, viele essen daher tagsüber überhaupt nichts und kommen dafür abends fast um vor Hunger. Leute, die sparen wollen, sollten sich am besten in den örtlichen **Supermärkten** mit Lebensmitteln eindecken. Von diesen ist ***Von's*** in der Palm Springs Shopping Mall am Tahquitz Canyon Way zu empfehlen, geöffnet vom frühen Morgen bis gegen 23 Uhr. Wie zu erwarten, gibt es in Palm Springs und Umgebung nur sehr wenige preiswerte **Restaurants**. Im Sommer muss nur in den besten Restaurants vorbestellt werden, im Winter ist überall eine Reservierung erforderlich.

PALM SPRINGS – ***Las Casuelas Terraza,*** 222 S Palm Canyon Drive, ✆ 760/323-1003. Zweigstelle im spanischen Kolonialstil des ersten, 1958 am 368 N Palm Canyon Drive eröffneten *Las Casuelas*, das noch immer floriert. Dieses hier ist immer geschäftig, man kann gut draußen um eine mit Palmwedeln gedeckte Bar sitzen, gekühlt von einem Luftbefeuchter, und oft gibt es Live Entertainment. Das Essen ist dem anglo-amerikanischen Geschmack angepasst (d.h., man geht sehr sparsam mit Gewürzen um), aber es ist trotzdem gut und nicht allzu teuer.

Cedar Creek Inn, 1555 S Palm Canyon Drive, ✆ 760/776-8888. Typisch amerikanisches Restaurant mit großer Auswahl an Pasta, Steaks, Seafood und Sandwiches. Spätnachmittags und an Abenden mitten in der Woche gibt es preiswerte Sonderangebote (Essen inkl. Wein unter $20).

The Deck, 262 S Palm Canyon Drive, Downtown, ✆ 760/325-5200. Terrasse mit Blick auf den Palm Canyon Drive. Geboten werden u.a. Fisch-Tacos und Steaks in Sake-Soja-Ingwersoße. Luftbefeuchter im Sommer, Kamin im Winter.

John Henry's, 1785 Tahquitz Canyon Way, Ecke Sunrise Way, ✆ 760/327-7667. Große Portionen amerikanischer Leckerbissen, von Lammrücken bis zu einfallsreichen Fischgerichten, gar nicht so teuer – ein Abendessen kostet ca. $20; Reservierungen werden nach 14 Uhr angenommen. So und Juni–Sept geschlossen.

Le Vallauris, 385 W Tahquitz Canyon Way, ✆ 760/325-5059, 💻 www.levallauris.com. Das beste Restaurant von Palm Springs stellt sein Licht nicht gerade unter den Scheffel, wenn es sich als das „Restaurant, in das die Stars ihre Freunde ausführen" beschreibt. Es ist durchaus möglich, dass man ein oder zwei Künstler mit verblassendem Ruhm zu Gesicht bekommt. Exzellente moderne kalifornisch-mediterrane Küche, hervorragender Service und wundervolles Dekor. Hauptgericht ca. $25–40. ⏲ mittags und abends, Juli–Aug geschlossen, Reservierung unbedingt erforderlich.

Melvyn's, im *Ingleside Inn*, klassisches, im besten Sinne altmodisches Restaurant mit wunderschön zubereiteten Speisen. Um die $50 pro Nase, festes 4-Gänge-Menü für $28.

El Mirasol, 140 E Palm Canyon Drive, ✆ 760/323-0721. Gutes mexikanisches Restaurant mit Gerichten um die $9–11.

Mykonos, 139 E Andreas Rd, ✆ 760/322-0223, griechisches Restaurant nahe dem Palm Canyon Drive unter der Regie einer Familie, freundliche Atmosphäre, große Portionen, ausgezeichnetes und unprätentiöses Essen, günstige Preise.

Native Foods Café, 1775 E Palm Canyon Drive, in der Smoke Tree Village Mall, ✆ 760/318-1532. Ausschließlich vegetarische Kost in fantasievollen und abwechslungsreichen Kreationen von Tacos, Pizzen, Salaten und vielerlei Burger-Variationen zu sehr günstigen Preisen. ⏲ Mo–Sa 11.30–21.30 Uhr.

Thai Smile, 651 N Palm Canyon Drive, ✆ 760/320-5503. Das Ambiente ist nicht hinreißend, wohl aber die authentischen Thaigerichte für rund $10. Mittagsgerichte für unter $6, Speisen auch zum Mitnehmen.

Tomboyz Café, 214 E Arenas Rd, ✆ 760/322-9915. Beliebtes Schwulen- und Lesben-Café mit sehr guten Speisen und Getränken, aber in erster Linie attraktiv zum Beobachten der Szene auf der Arenas Road.

ANDERE ORTE IM COACHELLA VALLEY – ***Las Casuelas Nuevas,*** 70050 Hwy-111, Rancho Mirage, ✆ 328-8844. Großartig zum Dinieren unter freiem Himmel, sonntags fantastischer Brunch. Jeden Abend Live-Musik.

Daily Grill, 73061 El Paseo, Palm Desert, ✆ 760/779-9911. Lebendiges, elegantes caféähnliches Restaurant mit üppigen Portionen zu vernünftigen Preisen. Sehr gut ist u.a. der Hühnchentopf,

daneben gibt es ausgezeichnete Steak- und Fischgerichte sowie Salate und Limonade.
El Gallito, 68820 Grove St, Cathedral City, ✆ 760/328-7794. Belebte mexikanische Cantina, bestes Essen meilenweit, wie die Warteschlangen beweisen – gegen 18 Uhr besteht noch die Möglichkeit eines Sitzplatzes.
Red Tomato, 68784 E Palm Canyon Drive, Cathedral City, ✆ 760/328-7518. Essen drinnen und auf der Terrasse, u.a. Pizza mit dicker Kruste und Lammgerichte. ◷ tgl. ab 16 Uhr.
Shame on the Moon, 69950 Frank Sinatra Drive, Ecke Hwy-111, Rancho Mirage, ✆ 760/324-5515. Altbewährtes Bistro, kalifornische Küche und dunkle, intime Bar, vorwiegend reifere Schwule als Stammkundschaft. Im Sommer 3-Gänge-Menü für $20. Im Winter läuft nichts ohne Reservierung, Mo geschlossen.
Wheel-Inn Eat, 16 Meilen westlich am I-10, Ausfahrt Cabazon, unschwer an den beiden 15 m hohen Beton-Dinosauriern zu erkennen. Rund um die Uhr geöffneter Truck-Stop in der Wüste, mit derber Kundschaft und großen Portionen. So einfach, dass man meinen könnte, die Menschen hätten noch nie etwas von Palm Springs gehört. In einem der Dinosaurier ist ein wunderbar kitschiger Geschenkeladen untergebracht.

Unterhaltung

Die Zersiedelung des Tals und das Vorherrschen gut betuchter Langweiler bringt nicht gerade ein pulsierendes Nachtleben hervor. Am besten hält man sich in Palm Springs auf – es sei denn, man hat von irgendeinem besonderen Ort oder Ereignis im Valley gehört, das die Anreise lohnt. Cathedral City ist ebenfalls eine Anlaufstelle, insbesondere für Schwule.
Aktuelle Veranstaltungshinweise im *Visitor Center* (s.u.), wo auch der zweimal jährlich erscheinende *Palm Springs Visitors Guide* und das zweimal wöchentlich erscheinende Programm für Schwule, *The Bottom Line,* ausliegen. Der monatlich erscheinende *Desert Guide,* 💻 www.desertguide.com, enthält viele Tipps zum Nachtleben.

Annenberg Theater, ✆ 760/325-4490, im Palm Springs Desert Museum. Shows, Filme und Klassikkonzerte.
La Quinta Arts Festival, Ende März, 💻 www.la-quinta-arts-found.org. Festival mit erlesener Kunst und Unterhaltung.
Palm Springs International Film Festival, Januar, 💻 www.psfilmfest.org. Zu dieser Zeit ist das Nachtleben aufregender als im restlichen Jahr zusammen.
Plaza Theatre, 128 S Palm Canyon Drive, im historischen Theater gibt es die Dauerbrenner-Show *Fabulous Palm Springs Follies* zu sehen, eine ungemein beliebte, professionelle Cabaret-Show mit Künstlern im Alter zwischen 50 und 85. Nov–Mai tgl. 13.30 und 19 Uhr, Tickets ab $37, ✆ 760/327-0225, 💻 www.psfollies.com.
Village Fest Street Fair, jeden Donnerstagabend drängen sich Touristen und Einheimische auf dem überraschend lebendigen Fest. Ein Abschnitt des North Palm Canyon Drive wird dann vorübergehend zur verkehrsfreien Zone. Die Buden auf dem Straßenmarkt verkaufen alles Mögliche von selbstgebackenem Brot bis hin zu kitschigen Souvenirs und Kunsthandwerksobjekten aus der Region; es gibt auch einen Kinderspielplatz. Okt–Mai 18–22, Juni–Sept 19–22 Uhr.

BARS UND CAFÉS – Wer den Abend in Palm Springs verbringen möchte, aber nicht auf Discos steht oder Mitglied eines exklusiven *Country Clubs* ist, wird sich schon etwas umsehen müssen. Bevorzugt man eine gediegene Atmosphäre, empfiehlt sich eine der **Piano Lounges** in den Resorthotels, die mitunter überraschend guten Jazz – und stets überteuerte Drinks – bieten.
Blame it on Midnight, 777 E Tahquitz Canyon, ✆ 760/323-1200. Das überwiegend von Schwulen besuchte Lokal hat auch ein Restaurant, ist aber in erster Linie als Bar interessant. Rausgeputztes Publikum nach dem Motto „sehen und gesehen werden".
Blue Guitar, 125 E Tahquitz Canyon Way, ✆ 760/327-1549. Bar, in der Blues und R&B der alten Schule gespielt wird. Normalerweise Eintritt frei, aber oft $5–10 am Wochenende und bei besonderen Veranstaltungen bis zu $25.
Heaven, 611 S Palm Canyon Drive, ✆ 760/416-0950. Großer und lebendiger Schwulenladen mit Pool-Tischen, Terrasse und Tanz bis tief in die Nacht. ◷ Do–Sa, Do Karaoke, Fr–Sa Cabaret.

Peabody's Café, Bar and Coffee, 134 S Palm Canyon Drive, ✆ 760/322-1877. Gemischtes Publikum, das sich hier zu Live-Jazz, Lesungen, Karaoke und vielen verschiedenen Kaffeevariationen trifft.

Aktivitäten

KLETTERN – ***Uprising,*** neben Knott's Soak City am Gene Autry Trail (s.u.), an künstlichen, schattigen Felswänden. Hauptsächlich für Kinder und sie begleitende Erwachsene gedacht, aber noch nicht so versierte Kletterer können hier ebenfalls trainieren. Ein Stunde Unterricht für Anfänger $30, Klettertouren zu echten Felsen mit Guides kosten $200 pro Tag für eine Person, $270 für 2 Personen.

WASSER – ***Knott's Soak City USA,*** 1500 Gene Autry Trail, ✆ 760/327-0499, 💻 www.knotts.com. Wasservergnügen mit riesigem Wellenbad und 13 Wasserrutschen. ◷ März–Okt Mo–Fr 10–17, Sa–So 9–18 Uhr, Eintritt $25, Kinder $13, Parken $6.

Palm Springs Swim Center, Sunrise Way an der Ramon Road, ✆ 760/323-8278. Großes 50-Meter-Schwimmbecken, ◷ Mo, Mi und Fr 11–17, sonst 11–15 Uhr, im Juli und August länger, Eintritt $3,50.

Spa Resort Casino, 401 Amado Rd, Kurhaus und Kasino an einer Mineralquelle der Cahuilla-Indianer. Die „Taking of the Waters"-Behandlung ($35) umfasst Sauna, Jacuzzi und Dampfbäder, und man kann so viel Zeit im Swimming Pool und Fitness Center verbringen, wie man will. Hautbehandlungen gibt es ab $95, Massagen ab $65. ◷ Kurhaus tgl. 8–19 Uhr, ✆ 1-888/293-0180, 💻 www.sparesortcasino.com.

Weitere Kurhäuser *(Spa Resorts)* sind im *Palm Springs Visitors Guide* aufgelistet.

Sonstiges

APOTHEKEN – ***Rite Aid Drug Store,*** 366 S Palm Canyon Drive.

AUTOVERMIETUNGEN – Um Palm Springs und die nähere Umgebung wirklich kennen zu lernen, empfiehlt es sich, ein Auto zu mieten. Die großen Namen befinden sich alle am Flughafen, aber die hier aufgeführten bieten meist bessere Preise. Bei den ersten beiden sind Wagen ab $30 pro Tag zu haben.

Aztec Car Rental, 477 S Palm Canyon Drive, ✆ 760/325-2294, 💻 www.azteccarrental.com.

BÜCHER – ***Barnes & Noble,*** an der Ecke von Hwy-111 und Fred Waring Drive, Palm Desert.

Peppertree Bookstore, 622 N Palm Canyon Drive, ✆ 760/325-4821, 💻 www.peppertreebookstore.com. Recht kleiner Laden mit guter Auswahl.

FAHRRÄDER – ***Bighorn Bike Adventures,*** 302 N Palm Canyon Drive, ✆ 760/325-3367. Je nach Fahrrad halber Tag $22–27, ganzer Tag $29–35, 3 Tage $65–70.

GELD – ***Bank of America,*** 588 S Palm Canyon Drive, ✆ 760/340-1867.

INFORMATIONEN – ***Palm Springs Visitor Center,*** 2901 N Palm Canyon Drive, ✆ 760/778-8418 oder 1-800/347-7746, 💻 www.palm-springs.org, in einer umgebauten ehemalige Tankstelle. Hilfsbereite Mitarbeiter und zahlreiche Broschüren und Prospekte, darunter auch den zweimal jährlich erscheinenden *Palm Springs Visitors Guide* und den *Palm Springs Gay Visitors Guide.* Auch Stadtpläne und spezialisierte Karten, u.a. *„Homes of the Famous"* ($5) und eine weitere (ebenfalls $5), in der die lokalen modernistischen Bauten verzeichnet sind. ◷ Mo–Sa 9–17, So 9–16 Uhr.

Uptown Visitor Center, 777 N Palm Canyon Drive, ✆ 760/327-2828. Vom Zentrum aus leichter zu erreichen, aber nicht so umfangreich ausgestattet, ◷ Mo–Sa 10–17 Uhr.

INTERNET – ***Palm Springs Public Library,*** 300 S Sunrise Way, ✆ 760/323-7323, 💻 www.palmspringslibrary.org. Kostenloser Internet-Zugang, ◷ Mo und Di 9–20, Mi und Do 9–17.30, Fr 10–17.30, Sa 9–17.30 Uhr.

Log-On, in der Smoke Tree Village Mall, 1775 E Palm Canyon Drive (So geschlossen).

KINOS – ***Camelot,*** 2300 Baristo Rd, Palm Springs, ✆ 760/325-6565. Zeigt alternative und ausländische Filme.

Signature, 789 Tahquitz Canyon Way, ✆ 760/322-3456.

MEDIZINISCHE HILFE – ***Desert Regional Medical Center,*** 1150 N Indian Canyon Drive, ✆ 760/323-6511.

POLIZEI – ✆ 760/323-8116 in Palm Springs, ✆ 760/770-0300 in Cathedral City.

POST – Hauptpost, 333 E Amado Rd, ✆ 1-800/275-8777, ⏲ Mo–Fr 8.30–17 Uhr.

Touren

Das Star-Viertel von Palm Springs nennt sich wegen seiner Schönheit *Little Tuscany*. Wenn man sich schon mal im Herzen eines Superstar-Refugiums befindet, dann scheint es dazuzugehören, an einer **Celebrity Tour** teilzunehmen, die an den Häusern und Country Clubs der prominenten Bewohner Palm Springs vorbeiführt. Wer sich lieber selber auf den Weg machen möchte, kann sich für $5 eine entsprechenden Stadtplan beim Visitor Center besorgen, muss dann aber auf die unterhaltsamen Anekdoten und Kommentare der Tourbegleiter verzichten.
Celebrity Tours, 4751 E Palm Canyon Drive, ✆ 760/770-2700, 🖳 www.celebrity-tours.com, veranstaltet eine einstündige Tour durch Palm Springs und zu den Anwesen der Prominenten ($20), für eingefleischte Filmfans aber auch längere Touren (2,5 Std., $25), die zusätzlich zu den Country Clubs führt. Touren tgl. Okt–Mai, Juni–Sept auf Anfrage.
PS Modern Tours, ✆ 760/318-6118, ✉ psmoderntours@aol.com. Touren im Minivan (2,5 Std., $55) zu ausgewählten, architektonisch interessanten Gebäuden in Palm Springs, u.a. von Richard Neutra und RM Schindler, die beide in Palm Springs und Umgebung tätig waren. Ganzjährig auf Anfrage, im Sommer weniger häufig.

Einige Abschnitte der Canyons sind für Liebhaber wilder Offroad-Fahrten in Jeeps und Geländewagen reserviert.
OffRoad Rentals, 59511 Hwy-111, etwa 4 Meilen nördlich der Seilbahn, ✆ 760/325-0376, 🖳 www.offroadrentals.com. Touren in geländegängigen Quad Bikes und Dune Buggies (ab $35); die Fahrzeuge werde auch vermietet.
Desert Adventures, 67555 E Palm Canyon Drive, Cathedral City, ✆ 760/324-5337 oder 1-888/440-5337, 🖳 www.red-jeep.com, hervorragende Jeeptouren in die Santa Rosa Mountains (ab $80). Eine der beliebtesten führt durch die Wüste und die 600 m hoch gelegenen Big-Horn-Sheep-Reservate zu spektakulären Felsen und steil abfallenden Canyons. Etwas teuer, aber die Tour bietet Unerschrockenen jede Menge Spaß.

Nahverkehrsmittel

BUSSE – ***SunBus,*** ✆ 1-800/347 8620, 🖳 www.sunline.org. Die mit Erdgas betriebenen Busse verkehren tgl. zwischen 6 und 20 Uhr (einige Routen bis 23 Uhr) im Gebiet des Coachella Valley, Fahrkarte $1; mit bis zu zweimaligem Umsteigen 25¢ mehr; Tageskarte $3. Das Netz ist zwar relativ weit gespannt und die Busse verkehren ziemlich häufig, dennoch kommt man mit ihnen nicht schnell ans Ziel.

TAXI – ***City Cab,*** ✆ 760/322-4470.

Transport

BUSSE – *Greyhound*-Terminal, 311 North Indian Canyon Drive, ✆ 760/325-2053, mit Gepäckaufbewahrung. Busse fahren nach L.A. (6x tgl., 3–3 1/2 Std.) und PHOENIX, Arizona (1x tgl., 5 1/2 Std).

EISENBAHN – Es ist unwahrscheinlich, dass jemand mit dem *Amtrak*-Zug, 🖳 www.amtrak.com, ankommt: Die 3x wöchentlich zwischen Los Angeles und Tucson, Arizona, verkehrenden Züge halten alle mitten in der Nacht an einem vereinsamten Bahnsteig an der North Indian Avenue, südlich des I-10, 3 Meilen nördlich von Palm Springs.

FLÜGE – Die Fluglinien *Alaska, American, Delta, Northwest, United* sowie einige regionale Linien steuern den **Palm Springs International Airport** an, 3400 E Tahquitz Canyon Way, ✆ 760/318-3800. Von dort gelangt man mit dem Bus Nr. 21 in die Stadt. Flugtickets sind oft teuer; wer von außerhalb nach Kalifornien fliegt, kommt in der Regel billiger davon, wenn er Los Angeles ansteuert und dort ein Auto mietet.

Idyllwild

Die kleine, alpine Ortschaft Idyllwild liegt 50 Meilen von Palm Springs und 1500 m hoch auf der anderen Seite des Mount San Jacinto, zu erreichen über den I-10 Richtung Banning – 10 Meilen westlich von Palm Springs auf den Hwy-243 abfahren, der in Haarnadelkurven nach oben führt. Ohne Auto kann man die Aerial Tramway nehmen und von dort zu Fuß gehen - dann dauert der Ausflug allerdings einen Tag.

In dem ungefähr 2000 Einwohner zählenden Dorf gibt es abgesehen von ein paar Restaurants und Hotels im Chaletstil nichts Aufregendes. Dafür ist es frisch und kühl (im Winter liegt sogar Schnee). Am Wochenende, wenn hier viele Cityflüchtlinge einfallen, ist immer viel los. Unter der Woche ist es ruhiger.

Idyllwild umgibt der **Mount San Jacinto State Park**, in dem es zahlreiche Wanderpfade unterschiedlicher Schweregrade gibt, z.B. den bequemen Weg am Strawberry Creek entlang, den recht anstrengenden Deer Springs Trail zum Suicide Rock und den nicht allzu schwierigen Devil's Slide zur Aerial Tramway (s.o.). Für einige benötigt man ein Permit (s.u.)

Übernachtung

Der ***Forest Service***, ✆ 1-800-444-7275, und der ***County Park***, ✆ 1-800/234-PARK, betreiben mit dem Auto erreichbare **Campingplätze**; Zeltplatz $10–16.

An den Straßen, die vom Zentrum von Idyllwild abgehen, finden sich etliche Unterkünfte, u.a.

Atipahato Lodge, 25525 Hwy-243, eine halbe Meile nördlich der *Ranger Station*, ✆ 909/659-2201 oder 1-888/400-0071, 💻 www.atipahato.com. Kürzlich renovierte Chalets (Standard- und Luxury Cabins), Zimmer mit Kochecke, Balkon und Waldblick. ❸–❻

The Fireside Inn, 54540 N Circle Drive, ca. eine halbe Meile östlich, ✆ 909/659-2966 oder 1-877/797-3473, 💻 www.thefireside-inn.com. Gemütliche, holzgetäfelte Zimmer, Küche und offener Kamin. ❹

Strawberry Creek Inn, 26370 Hwy-243, ✆ 909/659-3202 oder 1-800/262-8969, 💻 www.strawberrycreekinn.com. Luxus-B&B ein paar hundert Meter weiter südlich. ❹–❺

Essen

Annehmbare Restaurants gibt es zahlreich, u.a. ***Goodtimes Pub & Grill*** im Ortszentrum, Steaks, Ribs und Fish and Chips, alles für etwa $9.

Bread Basket, 54710 N Circle Drive, ✆ 909/659-3506, etwas weiter draußen, aber die köstlichen Gerichte lohnen den Weg. Dazu gutes Bier oder Espresso. Man kann auch draußen sitzen. Mi und Do abends geschlossen.

Sonstiges

INTERNET – ***Library***, 5485 Pinecrest Ave, ✆ 909/659-2300, Internet-Zugang kostenlos; unregelmäßige Öffnungszeiten.

WANDERN – ***Forest Service Ranger Station***, 54270 Pine Crest Ave, ✆ 909/82-2921, jede Menge Infos zum Wandern und Zelten in der Gegend, 🕓 tgl. 8–16.30 Uhr. Für Wanderungen in der Wildnis benötigt man ein Permit: Der **Adventure Pass** kostet $5 pro Tag, $30 pro Jahr, 💻 www.fsadventurepass.com. Er berechtigt auch zum Parken am Ausgangspunkt der Wanderpfade. Man erhält ihn in der Ranger Station und in Sportgeschäften. Viele der lokalen Pfade führen nicht durch Wildnisgebiete; Permits sind deshalb nicht erforderlich. Zelten ist überall im Abstand von mindestens 60 m von Wegen und Flüssen erlaubt sowie an ausgewiesenen Yellow Post Sites (Adventure Pass erforderlich), mit Feuerstellen, aber ohne Wasser.

Von Palm Springs zum Joshua Tree National Park

Wenn man von Palm Springs (oder Los Angeles) kommt, ist der einfachste Zugang zum Joshua Tree National Park das **Morongo Basin**, eine riesige Hochlandwüste. Etwa 1000 Quadratmeilen davon nimmt das nördlich von Twentynine Palms gelegene **Marine Corps Air Ground Combat Center** ein, die weltweit größte Basis der Eliteeinheit US Marines. Das Morongo Basin und die kleinen Ortschaften **Yucca Valley**, **Joshua Tree** und **Twentynine Palms** sind hauptsächlich als Übernachtungsorte und zur Proviantversorgung von Interesse, aber es gibt auch einige andere kleine Attraktionen.

Yucca Valley

Wenn man auf dem Twentynine Palms Highway (Hwy-62), der vom I-10 abzweigt, nach Norden fährt, ist die erste Sehenswürdigkeit das **Big Morongo Canyon Preserve** am 11055 East Drive, 🖳 www.bigmmorongo.org, ein Naturschutzgebiet in einer ausgedehnten Oase voller Pappeln und Weiden. Das Feuchtgebiet – hier befindet sich eine der größten Wasserflächen weit und breit – ist ein Paradies für Vögel und ihre Fans. Im Büro des Rangers sind die Vögel aufgelistet, die hier gesichtet wurden (Grauschnäpper, Trauerschnäpper, Bell's Vireo und Prachtmeisen). Mit einem Spaziergang auf den zahlreichen Bretterwege und Pfaden, die sich durch das Naturschutzgebiet schlängeln, lassen sich problemlos eine Stunde oder auch zwei verbringen. ⏲ 7.30–Sonnenuntergang, Eintritt frei, aber eine Spende wird erbeten.

Yucca Valley 9 Meilen weiter östlich ist die größte Siedlung im Morongo Basin; sie besteht aus einer unansehnlichen Anreihung von Läden entlang des Hwy-62. Falls man während der Suche nach etwas Essbarem oder einer Unterkunft ein paar Minuten Zeit übrig hat, kann man einen kurzen Blick ins **Hi-Desert Nature Museum**, 57116 Hwy-62, ✆ 760/369-7212, werfen. Die Gemälde lohnen den Weg nicht, aber die Sammlung an Schlangen und Skorpionen ist beeindruckend. ⏲ Di–So 10–17 Uhr; Eintritt frei. Nicht direkt am Highway liegt **Desert Christ Park**, wo anhand von 37 ca. fünf Meter hohen, weiß angestrichenen Figuren aus Beton Szenen aus der Bibel nachgestellt sind. Das Werk wurde in den 50er Jahren vom lokalen Bildhauer Antone Martin angefertigt – ein passend bizarrer Beitrag zu den Attraktionen dieser Region. Den von Hwy-62 abgehenden Pioneertown Drive eine halbe Meile entlangfahren, dann nach rechts in den Sunnyslope Drive abbiegen und eine halbe Meile weiter fahren. ⏲ tgl. 7 Uhr bis Sonnenuntergang, Eintritt frei.

3,5 Meilen weiter nördlich am Pioneertown Drive liegt das gleichnamige **Pioneertown**, ein Wildweststädtchen, das in den 40er Jahren als Kulisse für Kinofilme und Fernsehserien errichtet wurde – ein schöne künstliche Cowboywelt, wenn die echte zu realistisch wird. Pioneertown ist aber nicht so kitschig, wie es von der Beschreibung her klingt. Man bekommt etwas zu essen, es gibt einige Unterkünfte und eine Bowlingbahn, die sich seit den 40er Jahren kaum verändert hat.

Übernachtung und Essen

Desert View Motel, 57471 Primrose Drive, ✆ 760/365-2886. Abseits des Highway, mit Pool. ❷

Pioneertown Motel, Pioneertown, ✆ 760/365-4879, 🖳 www.pioneertown.com. Saubere, schon etwas ältere Zimmer mit kompletter Küche. ❸

Pappy & Harriet's, Pioneertown, ✆ 760/365-5956, 🖳 www.pappyandhariets.com. Gemütlicher, guter Tex-Mex-Grill. Am Sonntag kann jeder ans Mikrofon (open mic), Do–Sa meistens Live-Musik, ab und zu auch international bekannte Künstler.

Water Canyon Coffee Co, 55844 Twentynine Palms Hwy. Passabler Espresso und Snacks.

Sonstiges

INFORMATIONEN – ***California Welcome Center,*** 56711 Twentynine Palms Hwy, ⏲ tgl. 8.30–17.30 Uhr, ✆ 760/365-5464, 🖳 www.yucca-valley.org.

INTERNET – ***Library,*** Hwy-62, neben dem Hi-Desert Nature Museum, ✆ 760/228-5455. ⏲ Mo, Mi und Fr 10–18, Di und Do 12–10, Sa 9–17 Uhr.

Joshua Tree

6 Meilen östlich von Yucca Valley liegt die Ortschaft Joshua Tree an der Kreuzung von Twentynine Palms Hwy und Park Boulevard. Der Letztere führt nach Süden zum Westeingang des Nationalparks. Der Ort selbst ist nichtssagend, da man hier aber ganz gut übernachten und essen kann, ist er wohl der beste Ausgangspunkt für einen Besuch des Nationalparks, wenn man nicht zeltet.

Übernachtung

High Desert Motel, 61310 Twentynine Palms Hwy, ✆ 760/366-1978 oder 1-888/367-3898. Preiswerteste Unterkunft im Ort. ❸

Joshua Tree Inn, 61259 Twentynine Palms Hwy (gegenüber vom High Desert Motel), ✆ 760/366-1188 oder 1-800/366-1444, 🖳 www.joshuatree inn.com. B&B; die gemütlichen Zimmer sind um einen Pool gruppiert. Freundlicher, unterhaltsamer Gastgeber. ❹

Spin and Margie's Desert Hideaway, am Twentynine Palms Hwy, 3 Meilen östlich von Joshua

Tree, ✆ 760/366-9124, 💻 www.deserthideaway.com. Luxuriöse, mit leuchtenden Farben im Wüstenstil dekorierte Zimmer. ❺

Essen

Die meisten **Cafés und Restaurants** befinden sich am Twentynine Palms Highway in der Nähe der Kreuzung mit dem Park Boulevard:
Beatnik Cafe, 61597 Twentynine Palms Highway, ✆ 760/366-2090. Cooles Coffeehouse mit gutem Essen, Internet-Zugang und an den meisten Wochenenden Live-Musik. Im Sommer Mo und Di geschlossen.
Crossroads Café and Tavern, 61715 Twentynine Palms Highway, ✆ 760/366-5414. Frühstück, Burger, Espresso, Milkshakes und Microbrewery-Bier.
Royal Siam, 61599 Twentynine Palms Highway, ✆ 760/366-2923. Billiges Thai-Essen und Mittagsgerichte für $5–6.

Sonstiges

AUSRÜSTUNG FÜR WANDERER – ***Nomad Ventures,*** 61795 Twentynine Palms Hwy, ✆ 760/366-4684. Verkauf und Vermietung.
Coyote Corner, 6535 Park Blvd, ✆ 760/366-9683. Hier kann man auch die Wasserflaschen vor Beginn der Wanderung füllen und nach der Wanderung duschen (Münzeinwurf, ab $1,50).

INFORMATIONEN – ***Park Center,*** 6554 Park Blvd, ✆ 760/366-3448, 💻 www.joshuatreeparkcenter.com. Die privat betriebene Touristeninformation mit hübschem Kaktusgarten erteilt allgemeine Informationen und verkauft Bücher. ⏲ Juni–Aug Mo–Fr 9–18, Sa–So 10–16, Sept–Mai tgl. 9–18 Uhr.

INTERNET – ***Library,*** 6465 Park Blvd, ✆ 760/366-8615, ⏲ Mo–Fri 10–18 Uhr. Kostenloser Zugang ins Netz.

Twentynine Palms

Twentynine Palms, kurz und bündig „two-nine" genannt und 15 Meilen östlich der Ortschaft Joshua Tree sowie 2 Meilen vom Nordeingang zum Nationalpark gelegen, ist ein recht angenehmer Ort, trotz der Böllerschüsse, die zuweilen von der nicht weit entfernten Basis der US Marines zu hören sind. Die Stadt ist auch ein beliebter Kurort, denn das Klima bietet ideale Voraussetzungen zur Heilung und Besserung verschiedener Krankheiten.

Inzwischen hat sich die Stadt angesichts ihrer interessanten Wandbilder den Titel „Oasis of Murals" verliehen. Die *Chamber of Commerce* hält eine Übersichtskarte bereit, die den Weg zu den hyperrealistischen, geschichtsträchtigen Werken weist. Eines davon zeigt das Dirty Sock Camp, so benannt nach der Methode, mit der Goldsucher das Edelmetall herauszufiltern suchten.

Die einzigen „Sehenswürdigkeiten" sind das **Oasis Visitor Center** am Ostrand der Stadt und ein kleines Heimatmuseum: **Old Schoolhouse Museum**, 6760 National Park Drive, ✆ 760/367-2366, mit einem Klassenraum aus dem Jahr 1927 und einer lokal ausgerichteten Sammlung regionaler über Bergbau, Militär und Wüstenfauna. ⏲ Okt–Mai Mi–So 13–16, Juni–Aug nur Sa–So 13–16 Uhr, Eintritt frei.

Übernachtung

El Rancho Dolores Motel, 73352 Twentynine Palms Hwy, ✆ 760/367-3528. Gute Zimmer und Pool. ❷
Motel 6, 71487 Twentynine Palms Hwy, ✆ 760/367-2833, wie oben. ❷
Twentynine Palms Inn, 73950 Inn Ave, abgehend vom National Park Drive, ✆ 760/367-3505, 💻 www.29palmsinn.com. Ansammlung gemütlicher Adobe-Bungalows und Cabins in schön gestaltetem Wüstengarten, mit Pool, Restaurant und Bar. Auf der Mara Oase – der einzigen Oase in Privatbesitz in der Mojave-Wüste – errichtet und seit 1928 in Familienbesitz. Unter der Ortschaft und dem Inn verlaufen tektonische Verwerfungslinien, u.a. die *Pinto Mountain Fault Line.* Die Cabins (Winter ❹, Sommer ❸) sind relativ einfach, besseren Standard bieten die Bungalows (Winter ❺, Sommer ❹) und das reizende Irene's Historic Adobe (Winter ❾, Sommer ❽, 4 Pers.).

Essen

Ramona's, 72115 Twentynine Palms Hwy, ✆ 760/367-1929. Ausgezeichneter, authentischer

Mexikaner mit günstigen Preisen, So und Mo geschlossen.

Twentynine Palms Inn, 73950 Inn Ave, abgehend vom National Park Drive. Serviert ausgezeichnete Mahlzeiten aus frischen Zutaten der umliegenden Gärten für $10–15 inkl. Salat und Suppe.

WonderGarden Café, 6257 Adobe Rd, ✆ 760/367-1238. Guter Espresso, Bagels, Frühstück, Wraps und Salate. Bioladen auf dem Gelände.

Sonstiges

DUSCHEN – ***29 Palms Family Fitness,*** 73782 Two Mile Rd, an der Adobe Rd, ✆ 760/361-8010. $4 inkl. Handtuch; keine Zeitbegrenzung.

INFORMATIONEN – ***Twentynine Palms Chamber of Commerce,*** 6455 Mesquite Ave, ✆ 760/367-3445, 💻 www.29palms.com, ⏲ Sept–Mai Mo–Fr 9–17, Juni–Aug Mo–Fr 9–15 Uhr.

INTERNET – in der Bibliothek, 6078 Adobe Rd, ⏲ Mo und Di 12–20, Mi–Fr 10–18, Sa 9–17 Uhr.

Joshua Tree National Park

In einer einzigartigen Übergangszone zwischen der hoch gelegenen Mojave-Wüste und der niedrigeren Colorado-Wüste liegt der Joshua Tree National Park, 💻 www.nps.gov/jotr, einer der ungewöhnlichsten und faszinierendsten Nationalparks in Kalifornien. Dort gedeihen auf rund 3200 km² skurril aussehende Bäume mit knorrigen, verwachsenen Ästen in einer ansonsten kargen Landschaft. Um die Einzigartigkeit der Landschaft zu erhalten, wurde das Gebiet schon 1936 unter Naturschutz gestellt. Wer in Palm Springs ist, sollte sich den Park nicht entgehen lassen; selbst eine weite Anreise lohnt sich. Die bizarr anmutenden Joshua-Bäume (s. Kasten) wachsen nur in der Nordwestecke des Parks; sie bilden einen perfekten Kontrast zu den surreal anmutenden Gruppen riesiger Felsbrocken aus Granit, die durch die Aktivitäten der direkt darunter verlaufenden Pinto-Mountain-Verwerfung an die Erdoberfläche gedrückt wurden. Die gewaltigen, teilweise mehr als 30 m hohen Felsen wurden über Jahrtausende durch Überflutungen und Wüstenwinde geglättet und gerundet. Es gibt aber genügend Risse, Vorsprünge und Unregelmäßigkeiten, sodass sich das Terrain hervorragend zum **Klettern** eignet. Am besten kann man die Landschaft bei Sonnenauf- oder Sonnenuntergang genießen, wenn der Wüstenboden von rotem Licht überflutet wird. Alles wirkt sehr mystisch, fast irreal.

Der Joshua-Baum

Der Joshua-Baum *(Yucca brevifolia)*, der nur in der Mojave-Wüste vorkommt, ist einer ihrer ältesten Lebewesen. Besonders große Exemplare sind wohl über 300 Jahre alt – aufgrund der Abwesenheit von Jahresringen lässt sich das Alter schwer bestimmen. Genau genommen ist der Joshua-Baum gar kein Baum, sondern ein Yucca (der wiederum eine Agavenart ist) und somit ein sehr groß geratener Angehöriger der Lilienfamilie. Seinen ungewöhnlichen Namen erhielt der ungewöhnlich aussehende „Baum" von den Mormonen, die in den 50er Jahren des 19. Jhs. hier durchreisten. Für diese repräsentierten die knorrigen, verzweigten Äste die Arme des Propheten Joshua, mit denen er auf das Gelobte Land wies. Die Indianer nutzten den Joshua-Baum schon seit Jahrtausenden: Die Blütenknospen und gerösteten Samen aßen sie, seine harten Blätter flochten sie zu Körben und Sandalen. Auch für die ersten Siedler, die nach den Mormonen hier eintrafen, war der Joshua-Baum von Nutzen. Da es kein anderes und besseres Holz gab, verwendeten sie die Stämme als Zaunpfosten und Baumaterial.

Joshua-Bäume wachsen nur in einer Höhe ab 700 m; sie bevorzugen ein wüstenhaftes Klima und Terrain. Am besten gedeihen sie in einem Boden aus Sand und feinem Schlamm. In ihren schwammigen Stämmen speichern sie Wasser. Sie können bis zu 7 cm pro Jahr wachsen und eine Höhe von über 13 m erreichen. Nach Winterfrost, Regen und Bestäubung mit Hilfe der Yucca-Motte sprießen im Frühjahr am Astende dicke Büschel langstieliger, weiß-grüner Blüten. Junge Schößlinge beginnen mit einem Stamm, der sich nach einiger Zeit verzweigt und dann weitere Verzweigungen ausbildet, bis schließlich der Joshua-Baum seine typisch verwachsene Form entwickelt hat.

Zur Mittagszeit verwandelt sich das Ganze in einen Backofen, dessen Temperaturen im Sommer bis auf 50 °C ansteigen, nur im Winter liegen sie bei angenehmeren 22 °C. Wer zwischen Mai und Oktober hierher kommt, sollte sich in den höher gelegenen Gebieten aufhalten. In den tiefer gelegenen Teilen des Parks werden die Bäume seltener, während die Temperaturen ansteigen.

Geschichte

Heute mag Joshua Tree dank der Rockgruppe U2 und ihres gleichnamigen Albums von 1987 ein geläufiger Begriff sein, vorher war er hingegen so gut wie unbekannt. Außer einigen amerikanischen Ureinwohnern, Goldsuchern und Cowboys kamen kaum Menschen in diese Gegend, sodass sie fast unberührt geblieben ist. Obwohl nur rund 100 mm Regen pro Jahr fallen, ist die Region vegetationsreich. Die Goldgräber, die Mitte des 19. Jhs. auf ihrem Weg zu den Minen der Sierra Nevada hier durchzogen, berichteten von saftigem Weideland, von dem schon bald die ersten Viehzüchter angelockt wurden. Es dauerte nicht lange, und ihnen folgten Viehdiebe, die hier im Schutz des felsigen Geländes gestohlenen Rindern neue Brandzeichen verpassten, bevor sie sie zum Verkauf an die Küste weitertrieben. Überfälle und Schießereien waren an der Tagesordnung. Einige Viehdiebe, die in den Bergen Zuflucht suchten, entdeckten durch Zufall kleine Mengen Gold. Daraufhin wurden mehrere große Minen angelegt, die noch bis in die 40er Jahre des 20. Jhs. in Betrieb waren. 1936 wurde das Gebiet zum National Monument erklärt und der staatlichen Nationalparkverwaltung unterstellt. In den 50er Jahren musste der Park ein Teil seines ursprünglichen Gebiets einem Bergwerk opfern, ein Schritt, der 1994 durch die Erweiterung um 947 km^2 und die Beförderung zum Nationalpark mehr als wettgemacht wurde.

Wanderungen im Park

Der steinige Pfad zur teilweise feuergeschwärzten **Fortynine Palms Oasis** (3 Meilen, 2 Std.) beginnt an der Canyon Rd, 6 Meilen vom *Visitor Center* in Twentynine Palms entfernt. Es ist einer der weniger anstrengenden Wege. Am Spätnachmittag oder morgens kann man hier viele Tiere sehen. Camping ist nicht erlaubt – die Oase ist offiziell von 20–7 Uhr geschlossen.

Von der Ortschaft Joshua Tree gelangt man in den nordwestlichen Abschnitt des Parks und zum **Wonderland of Rocks**, einem Gebiet mit gewaltigen Felsblöcken, das Kletterer aus aller Welt anzieht. Etwas weiter führt unweit des Campingplatzes ein gut ausgeschilderter Naturpfad (1 Meile) zum **Hidden Valley**, in dem sich einst die Viehdiebe verschanzten. Nördlich davon gelangt man über eine Nebenstraße zur **Desert Queen Ranch** (s.u.) und zum Regenwasserreservoir am **Barker Dam** im Osten (1 Meile), der wichtigsten Wasserversorgung des Parks. Auf dem Rückweg kommt man an einigen Felszeichnungen vorbei.

Ein 8 Meilen südlich gelegener Aussichtspunkt wurde Bill Keys zu Ehren **Keys View** genannt; von der 1700 m hohen Stelle hat man die beste Aussicht über den Park, bei gutem Wetter bis zum Salton Sea und Richtung Mexiko. Ein Problem sind die immer seltener werdenden Tage mit guter Sicht, denn der Smog aus L.A. wird vom Wind durch die Berge direkt zum Joshua Tree National Park getrieben.

Eine mittelschwere Wanderung führt über 170 Höhenmeter zur **Lost Horse Mine** (4 Meilen, 3 Std.). Die verlassene Mine war in früheren Zeiten sehr ergiebig, als hier wöchentlich Gold im Wert von $20 000 gefördert wurde. Der Wanderweg beginnt eine Meile östlich der Keys View Road und führt durch einige andere verlassene Minen auf den Gipfel des Lost Horse Mountain.

Essen und Sonstiges:	
Beatnik Café	**2**
Crossroads Café & Tavern	**4**
Pappy & Harriet's	**1**
Ramona's	**5**
Royal Siam	**3**
Twentynine Palms Inn	**H**
Water Canyon Coffee Co	**7**
WonderGarden Café	**6**
Übernachtung:	
Desert View Motel	**G**
El Rancho Dolores Motel	**B**
High Desert Motel	**B**
Joshua Tree Inn	**E**
Motel 6	**C**
Pioneertown Motel	**A**
Spin and Margie's Desert Hideaway	**F**
Twentynine Palms Inn	**H**

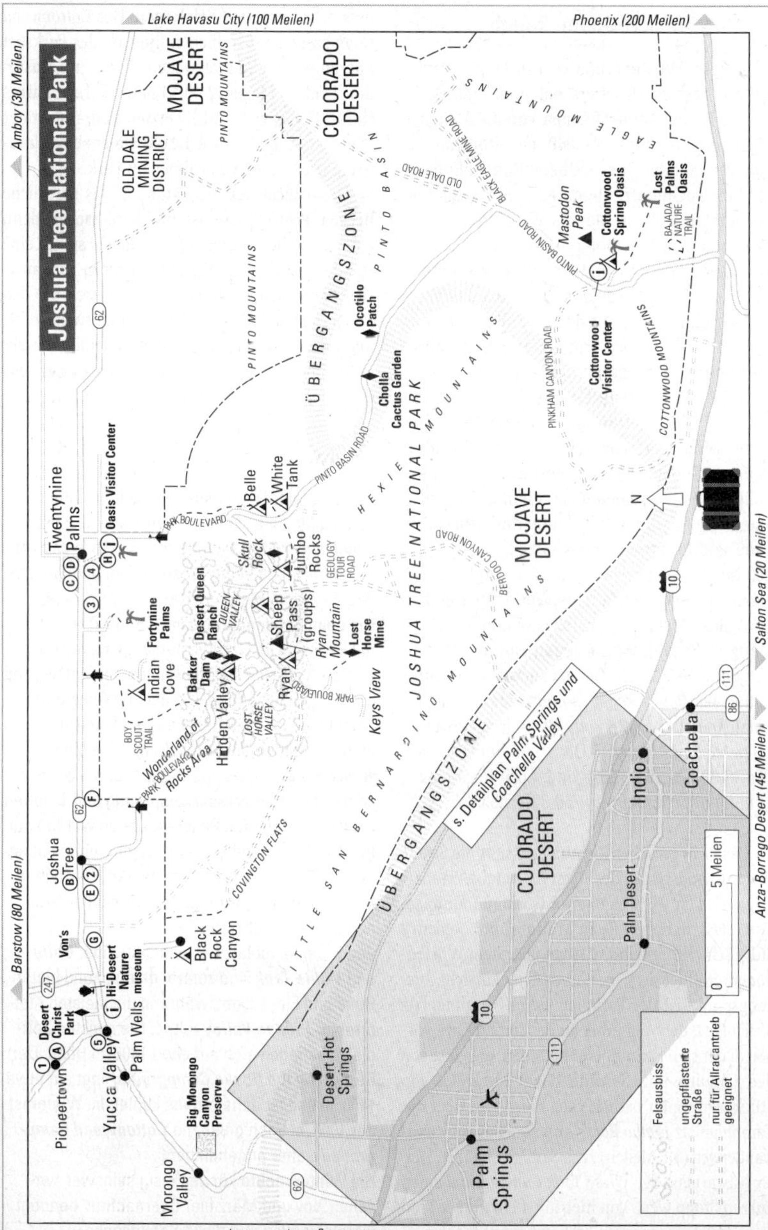

Joshua Tree National Park
Amboy (30 Meilen)
Lake Havasu City (100 Meilen)
Phoenix (200 Meilen)
Barstow (80 Meilen)
Los Angeles (95 Meilen)
Anza-Borrego Desert (45 Meilen)
Salton Sea (20 Meilen)
OLD DALE MINING DISTRICT
MOJAVE DESERT
COLORADO DESERT
PINTO MOUNTAINS
EAGLE MOUNTAINS
OLD DALE ROAD
BLACK EAGLE MINE ROAD
PINTO BASIN
PINTO BASIN ROAD
ÜBERGANGSZONE
Mastodon Peak
Cottonwood Spring Oasis
Lost Palms Oasis
BAJADA NATURE TRAIL
Ocotillo Patch
Cholla Cactus Garden
Cottonwood Visitor Center
PINKHAM CANYON ROAD
COTTONWOOD MOUNTAINS
JOSHUA TREE NATIONAL PARK
HEXIE MOUNTAINS
Twentynine Palms
Oasis Visitor Center
PARK BOULEVARD
Belle
White Tank
Skull Rock
Jumbo Rocks
GEOLOGY TOUR ROAD
BERDOO CANYON ROAD
Fortynine Palms
Desert Queen Ranch
QUEEN VALLEY
Sheep Pass (groups)
Ryan Mountain
Lost Horse Mine
Indian Cove
Barker Dam
Hidden Valley
Ryan
Keys View
BOY SCOUT TRAIL
Wonderland of Rocks Area
LOST HORSE VALLEY
LITTLE SAN BERNARDINO MOUNTAINS
S. Detailplan Palm Springs und Coachella Valley
Joshua Tree
COVINGTON FLATS
Von's
Black Rock Canyon
Desert Christ Park
Hi-Desert Nature museum
Pioneertown
Yucca Valley
Palm Wells
Big Morongo Canyon Preserve
Morongo Valley
Desert Hot Springs
Palm Springs
Palm Desert
Indio
Coachella
5 Meilen
Felsausbiss
ungepflasterte Straße
nur für Allradantrieb geeignet

Desert Queen Ranch

Der zähe Wüstenfuchs und unerschütterliche Bergmann **Bill Keys**, ein gebürtiger Russe, lebte mit seiner Familie von 1910 bis zu seinem Tod im Jahre 1969, im Alter von 89 Jahren, auf der Desert Queen Ranch. Er hatte hier ausgeharrt, lange nachdem weniger widerstandsfähige Männer die unfruchtbare Wüstenei aufgegeben hatten. 1943 erlangte er kurzfristige Berühmtheit, als er wegen einer Schießerei bei einem Streit über das Vorfahrtsrecht den Gang in die Zelle antreten musste; der Krimischriftsteller Erle Stanley Gardner begnadigte ihn. Neben dem Anbau von Gemüse arbeitete Keys als Bergmann, Ranchgehilfe, Pelztierfänger und Händler für alles Mögliche, was ihm und seiner Familie ein erstaunlich gutes, wenn auch sehr genügsames Auskommen verschaffte. Eine Besichtigung ist nur im Rahmen der informativen und unterhaltsamen Rangertouren (ca. 90 Min.) möglich, die durch das windschiefe Haus, den Obstgarten, die Werkstatt und die Schule führen, die von 1935 an sieben Jahre lang in Betrieb war. Ausgangspunkt ist der Eingang der Ranch. Tickets kann man im Voraus beim *Oasis Visitor Center* kaufen, manchmal sind aber auch noch Plätze frei. Führung Okt–Mai tgl. 10 und 13 Uhr, Juni–Sept Mi und Fr 17.30 Uhr, $5, März und April Vorausbuchung erforderlich, ✆ 760/367-5555.

Weiter in östlicher Richtung passiert die Straße den Ausgangspunkt des Ryan Mountain-Wanderweges und die Abzweigung zur Geology Tour Road. Vom 1665 m hohen **Ryan Mountain** (3 Meilen, 2 Std.), schweißtreibende 210 m über dem Wüstenboden, eröffnet sich eine wunderbare Aussicht. Ausgangspunkt ist der Parkplatz beim Campingplatz *Sheep Pass;* der Weg führt an der Indian Cave vorbei, in der sich Steinmörser befinden, die einst von den Cahuilla und Serrano benutzt wurden. Ein Stückchen weiter östlich vom *Sheep Pass* liegt der Campingplatz *Jumbo Rocks,* von dem aus ein Rundwanderweg (1,7 Meilen) zum Skull Rock führt. Weiter ostwärts ist der *White Tank Campground* einen kurzen Stopp wert. Von hier führt ein kurzer Pfad ab Campsite 9 zwischen großen Granitfelsen zu einem sehr fotogenen **Felsbogen**. Der *Cottonwood Campground* am südlichen Eingang des Parks ist Ausgangspunkt für zwei weitere Wege: zum **Mastodon Peak** (3 Meilen, 2 Std.) und zur **Lost Palms Oasis** (8 Meilen, 5 Std.), Letzterer ein moderater Wanderweg durch trockene Flusstäler zur dichtesten Konzentration von Palmen im Park.

Der östliche Teil des Parks um das natürliche Becken **Pinto Basin** ist problematischer, denn plötzliche Überflutungen *(flash floods)* stellen eine ständige Gefahr dar. Wer hier wandern will, muss sich beim *Visitor Center* eintragen, sich bei den Rangern über den Zustand der Wanderwege informieren und eine gute Karte sowie reichlich Wasser mitnehmen. In dieses Gebiet sollten sich nur sehr erfahrene Wanderer wagen.

Übernachtung

Im Nationalpark kann man nur zelten; Lebensmittelläden, Imbissbuden, Cafés und dergleichen sowie andere Unterkünfte findet man in den Ortschaften Yucca Valley, Joshua Tree und Twentynine Palms im Morongo Basin.

Die neun **Campingplätze** im Joshua Tree National Park sind im Nordwesten angesiedelt – die einzige Ausnahme ist die Anlage bei Cottonwood am südlichen Eingang. Die übliche Ausstattung besteht aus Holztischen, Feuerstellen (Holz muss mitgebracht werden) und Plumpsklos. Zwei – ***Black Rock Canyon*** und ***Cottonwood*** – verfügen sogar über eine Wasserversorgung und Toiletten mit Wasserspülung. Reservierungen werden nur für *Black Rock* und *Indian Cove* entgegengenommen, ansonsten werden Plätze nach Verfügbarkeit vergeben. Jeder Platz gilt für sechs Personen und zwei Fahrzeuge.

Jeder Campingplatz hat seine Vorzüge: ***Belle*** und ***White Tank*** sind zentral gelegen und bieten Ruhe und Einsamkeit, während die meisten Kletterer im ***Hidden Valley*** zelten. Die meisten Zeltplätze befinden sich auf etwa 1400 m Höhe. Der riesige ***Jumbo Rocks Campground*** liegt auf etwa 1450 m und ist daher etwas kühler. Im Winter ist der 1000 m hoch gelegene ***Cottonwood Campground*** sicher angenehmer.

Die **Winternächte** können eisig sein; wer zwischen Nov und März hier übernachtet, benötigt warme Jacken und dicke Schlafsäcke.

Riesige Granitfelsen prägen die Landschaft im Joshua Tree National Park

Radfahren und Felsklettern im Joshua Tree National Park

Während man im Auto von der Wüste abgeschnitten ist und zu Fuß große Wasservorrate mitgenommen werden müssen, bietet sich das **Radfahren** als guter Kompromiss an. Da Radfahrer sich an die Straßen halten müssen, auf denen auch Autos verkehren, ist keine echtes Offroad-Erlebnis zu erwarten, doch es gibt auch einige interessante, nicht asphaltierte Straßen. Da es keinen Verleih in der Nähe gibt, muss man sein eigenes Rad mitbringen. Beliebte 15–20 Meilen lange Routen sind die *Geology Tour Road, Covington Flats Road* und *Pinkham Canyon Road.* Sie sind neben anderen Strecken im *Joshua Tree Guide* beschrieben.

Seit den 1970er Jahren sind die zerklüfteten Felsen des Parks ein beliebtes und weltbekanntes Ziel für **Kletterer**. Von Oktober bis Mai herrscht hier ausgesprochen reger Betrieb, im Sommer hingegen ist es viel zu heiß. In den Besucherzentren finden passionierte Kletterer die Broschüre *Climber Ethics,* Ratgeber sind in den Kletterausrüstungsgeschäften im Ort Joshua Tree erhältlich.

Anfänger können in einer der hiesigen Kletterschulen Unterricht nehmen: ***Joshua Tree Rock Climbing School,*** ✆ 760/366-4745 oder 1-800/890-4745, 💻 www.joshuatreerockclimbing.com, und ***Uprising,*** ✆ 1-888/254-6266, 💻 www.uprising.com, veranstalten Tageskurse für Anfänger (ca. $110) und Wochenendkurse für Fortgeschrittene (ca. $200). Ein privater Führer kostet ca. $225 pro Tag für 1 Pers. oder $150 für 2 Pers.

80% des Park ist als Wildnis ausgewiesen: Wenn man sich vorher registriert, darf man dort zelten. Im Park gibt es 12 *Backcountry Boards,* jeweils einen am Ausgangspunkt der meisten Wanderwege. Hier trägt man sich selbestr ein, lässt das Fahrzeug stehen und erklärt mit seiner Unterschrift, sich an die Bestimmungen zu halten, die das Zelten nur im Mindestabstand von einer Meile von einer Straße, 150 m von einem Wanderweg und 400 m von einer Wasserstelle erlauben.

Campingplätze von Südosten nach Nordwesten:
Cottonwood, 900 m Höhe, 62 Stellplätze, $10, Wasser erhältlich.
White Tank, 1150 m, 15 Stellplätze, $5, kein Wasser.
Belle, 1150 m, 18 Stellplätze, $5, kein Wasser.
Jumbo Rocks, 1350 m, 125 Stellplätze, $5, kein Wasser.
Sheep Pass, 1375 m, 6 Stellplätze (nur für Gruppen), Reservierung ✆ 1-800/365-2267, $25–35, kein Wasser.
Ryan, 1300 m, 31 Stellplätze, $5, kein Wasser.
Hidden Valley, 1275 m, 45 Stellplätze, $5, kein Wasser.
Indian Cove, 975 m, 101 Stellplätze. Reservierung ✆ 1-800/365-2267, $10, kein Wasser.
Black Rock Canyon, 1200 m, 100 Stellplätze, Reservierung ✆ 1-800/365-2267, $10, Wasser erhältlich.

Sonstiges

EINTRITT – Der Joshua Tree National Park ist durchgehend geöffnet, $10 pro Fahrzeug, 7 Tage gültig, $5 pro Radfahrer/Wanderer.

INFORMATIONEN – ***Oasis Visitor Center,*** Twentynine Palms, ✆ 760/367-7511, ⌚ tgl. 8–17 Uhr; im Süden das ***Cottonwood Visitor Center,*** ✆ 760/367-5500, ⌚ i.d.R. tgl. 8–16 Uhr.
Bei einem der beiden sollte man sich die kostenlose Landkarte des Nationalparks und den *Joshua Tree Guide* besorgen. Beide reichen für allgemeine Zwecke aus; Wanderer benötigen jedoch eine detailliertere Karte. Die beste ist „Joshua Tree National Park" von *Trails Illustrated* ($10).
Die Ranger bieten in der Regel Mitte Okt–Mitte Dez und Mitte Feb–Mitte Mai, aber auch an Sommerwochenenden, kostenlose **Ranger Programs**, u.a. geführte Spaziergänge und Wanderungen sowie Vorträge beim Lagerfeuer. Die Visitor Centers haben ein aktuelles Programm.

Transport

Der Park liegt etwa eine Autostunde nordöstlich von Palm Springs und ist am besten über den Hwy-62 zu erreichen, der vom I-10 abzweigt. Der Westeingang zum Park befindet sich beim Ort Joshua Tree, der Nordeingang bei Twentynine Palms. Im Süden gibt es einen weiteren Eingang, 7 Meilen nördlich des I-10 bei der Abfahrt Cottonwood Spring Road.
Den Park mit öffentlichen Verkehrsmitteln besuchen zu wollen ist nicht ratsam.
Morongo Basin Transit Authority, ✆ 1-800/794-6282, 💻 www.mbtabus.com, verkehrt 4x tgl. zwischen PALM SPRINGS und YUCCA VALLEY mit Verbindungen nach nach JOSHUA TREE ($7,50, Rückfahrkarte $12) und TWENTYNINE PALMS ($10, Rückfahrkarte $16), nicht jedoch in den Park selbst – bleibt ein mindestens 10 Meilen langer Fußmarsch, ehe man auch nur in die Nähe von etwas Interessantem kommt.

Imperial Valley und Salton Sea

Die Wüste südlich von Joshua Tree, die sich bis zum Colorado River in Arizona und nach Mexiko hinzieht, ist trocken und öde. Von Juni bis September machen die mörderische Hitze und die größtenteils geschlossenen Serviceeinrichtungen eine Reise zur Qual; in diesen Monaten bleibt man der Gegend am besten fern. Wer nicht zur Anza-Borrego-Wüste oder nach Mexiko weiterfahren will, hat ohnehin wenig Grund, hier herzukommen.

Südlich von Palm Springs und dem Coachella Valley zweigen der Hwy-111 und der Hwy-86 vom I-10 ab. Zwischen beiden liegt das 5180 km² große Salton Basin, neben Death Valley der größte trockene Landstrich unterhalb des Meeresspiegels in der gesamten westlichen Hemisphäre. Er erstreckt sich von Salton Sea bis zu den Gastarbeitersilos des landwirtschaftlich genutzten Imperial Valley weiter im Südwesten.

1905 aus Versehen enstanden (s. Kasten), entwickelten sich der Salton Sea und seine Ufer zu einem todschicken Domizil, das Größen wie Frank Sinatra und Dean Martin in seine Jachtclubs lockte. Während seiner glanzvollsten Zeit in den 40er Jahren übte der See auf Touristen sogar eine größere Anziehungskraft als der Yosemite National Park aus.

Infolge einer Reihe von Stürmen in den 70er Jahren stieg der Wasserspiegel des Sees an und überflutete einen Teil der Uferbebauung, die grobe Umweltverschmutzung hatte aber schon damals deutlich negative Auswirkungen auf den Tourismus gezeitigt. Der mehr als 70 m unter dem Meeresspiegel liegende Salton Sea hat keinen natürlichen Abfluss, mit den Jahren wurde das Wasser zusehends von Landwirtschafts- und Industrieabwässern zweier Flüsse aus Mexiko verschmutzt und immer salzhaltiger. Vor dem Verzehr hiesiger Fische wird gewarnt, und nur selten wagt sich noch jemand zum Schwimmen oder Wasserskifahren in den See.

Derweil fristet der Salton Sea sein Dasein als wichtiges Winterrevier für Wasser- und Küstenvögel. Braunpelikane machen hier im Sommer Station, Kormorane und Seeschwalben nisten am Ufer. Am besten lassen sie sich vom **Sonny Bono Salton Sea National Wildlife Refuge**, 💻 pacific.fws.gov/salton, am südlichen Seeufer beobachten. Zur Refuge gelangt man über schlecht ausgeschilderte Straßen, die südlich von **Niland** vom Hwy-111 sowie bei **Westmorland** vom Hwy-86 abzweigen. 🕓 tgl. von der Morgen- bis zur Abenddämmerung, Eintritt frei.

Am informativen *Visitor Center,* 📞 760/393-3059, gibt es eine Aussichtsplattform. Aus der Nähe kann man die Vögel nach einem 20-minütigen Marsch auf dem Rock Hill Trail vom Ufer aus betrachten. 🕓 Mo–Fr 7–15 Uhr, manchmal auch am Wochenende.

Wer schon so weit gekommen ist, sollte von der Hauptstraße in Niland ostwärts abbiegen und den interessanten Abstecher zum 3 Meilen entfernten **Salvation Mountain** unternehmen, ein fantastisches Werk religiöser Volkskunst am Eingang von **Slab City**, einer riesigen, illegalen Ansiedlung, die im Winter noch Zuwachs durch kanadische Wohnmobile und deren sonnenhungrige Insassen erhält.

Der einzige andere Grund für einen Besuch in dieser Gegend sind die **Campingmöglichkeiten** in der *Salton Sea State Recreation Area,* die sich entlang einer Strecke von 14 Meilen an der Ostseite der Salton Sea von Bombay Beach bis Mecca Beach erstrecken (einfacher Zeltplatz $7, besser ausgestattete $17, mit Vollanschluss $23). Tausende von mexikanischen Landarbeitern finden in der Gegend Arbeit, und die Restaurants sind hauptsächlich auf diese Klientel eingestellt. Spanische Sprachkenntnisse sind hier sehr von Nutzen.

Salton Sea – der zufällig entstandene See

Mit 35 Meilen Länge und 15 Meilen Breite ist Salton Sea Kaliforniens größter See – und zugleich einer, der vor 100 Jahren noch nicht existierte. Über Jahrtausende füllte sich das flache Salton-Becken wiederholt mit Wasser, wenn der 50 Meilen weiter östlich gelegene Colorado River mal wieder über seine Ufer getreten war, aber jedesmal trocknete der See danach langsam wieder aus. Als die (europäischen) Amerikaner in den Westen vordrangen, erkannten sie, dass das fruchtbare Salton-Becken und das umgebende Imperial Valley extrem produktiv gemacht werden könnte, wenn man Wasser vom Colorado River durch einen Kanal hierher umleitete. Eine Firma machte sich 1901 an die Arbeit, aber bald blockierte angeschwemmte Erde den Kanal, und 1905 floss fast der gesamte Colorado River in das Salton-Becken. Erst nach zwei Jahren wurde die Überflutung gestoppt, aber da hatte sich schon der Salton Sea gebildet – ein riesiger, stellenweise bis zu 16 m tiefer Süßwassersee.

Anza-Borrego Desert State Park

Der Anza-Borrego Desert State Park ist mit 240 000 ha der größte im Land außerhalb von Alaska. Viele verschiedene Tiere und Pflanzen leben in diesem Gebiet, dessen Geschichte von der Pionierzeit und dem Goldrausch bis in die frühe Indianer-Zeit zurückreicht. Ihren Doppelnamen verdankt die Wüste zum einen Juan Baptista de Anza, einem spanischen Forscher, der 1774 die Region durchquerte, zum anderen dem spanischen Wort für die einheimischen Dickhornschafe: *borrego cimarron.*

Teile des Parks können mit dem Auto befahren werden (unbefestigte Straßen erfordern besondere Umsicht und Fahrkünste), aber für die reizvolleren Gegenden braucht man ein Fahrzeug mit Allradantrieb. Außerdem wurden viele Wanderwege angelegt, insgesamt über 500 Meilen, auf denen das Autofahren verboten ist.

Wer weit wandern will, sollte daran denken, alle Vorbereitungen zu treffen, die für einen Wüstenaufenthalt erforderlich sind (siehe Beginn dieses Kapitels). Die beste Zeit ist zwischen Oktober und

März, wenn das Thermometer selten über 30 °C steigt, nachts wird es dafür empfindlich kühl. In den Sommermonaten herrschen Temperaturen von mehr als 38 °C. In einem solchen Klima machen große Aktivitäten keinen Spaß mehr, obwohl sie nach wie vor angeboten werden und auch die Campingplätze das ganze Jahr über geöffnet bleiben. Am beliebtesten ist die Zeit, wenn die Wüstenblumen blühen, meistens ein paar Wochen zwischen Ende Februar und Anfang April.

Man gelangt zwar auch vom Salton Sea über den Hwy-78 oder Hwy-S22 hierher, aber die meisten Leute fahren von San Diego über Julian zum Anza-Borrego. Von Julian kommend erreicht man den Park bei **Scissors Crossing**. Die meisten touristischen Einrichtungen findet man im Norden des Parks, das meiste Historische im Süden.

Borrego Springs

Einziger Ort im Park ist das kleine, wenig kommerzialisierte Borrego Springs, das sich bei einem Kurzbesuch als beste Ausgangsbasis für Exkursionen in die Natur anbietet. Der Borrego Palm Canyon Campground, gleich außerhalb, ist Ausgangspunkt und Veranstaltunsort zahlreicher Ranger-Programme, u.a. geführter Wanderungen; über Einzelheiten informiert das State Park Visitor Center. Eine Meile nördlich des Visitor Center markiert der Campingplatz auch den Beginn des **Borrego Palm Canyon Trail** (3 Meilen Rundwanderung, 2 Std., gut 100 m Steigung, $4 pro Fahrzeug). Er folgt einem detaillierten Naturlehrpfad zu einer der größten Oasen in den USA, 400 m eines dortigen Wasserlaufs werden von etwa 1000 dicht an dicht stehenden Kalifornischen Fächerpalmen gesäumt, der einzigen einheimischen Palmenart im amerikanischen Westen.

Der Norden

Sechs Meilen östlich von Borrego Springs steht am Hwy-S22 ein kleines Denkmal für Peg Leg Smith, eine amerikanische Version des Barons von Münchhausen. Der zur Zeit des Goldrausches lebende Pel Leg Smith war für seine unglaublichen Geschichten bekannt. Sein Andenken wird weiterhin mit dem **Peg Leg Liars Contest** geeehrt, das jeden ersten Samstag im April an dieser Stelle stattfindet. Wer mitmachen will, muss einfach nur fünf Minuten lügen, bis sich die Balken biegen; die unglaublichste Geschichte wird prämiert.

4 Meilen weiter führt eine unbefestigte, sehr holprige Straße (beim State Park Visitor Center oder in der Chamber of Commerce nach dem aktuellen Straßenzustand fragen) zum **Font's Point**, von dem man einen Ausblick auf die **Borrego Badlands** hat – eine unbewachsene, felsige Ebene von herber Schönheit. Bei Sonnenuntergang kommen die verschiedenen Gesteinsschichten am besten zur Geltung.

Wer sich im Freien, aber auch im Schatten aufhalten möchte, besucht am besten **The Slot**, einen engen, etwa 17 m tiefen Canyon, den Überschwemmungen in den weichen Fels geschnitten haben. Man kann in den Canyon hinuntersteigen und dann dem Bach in die Richtung folgen, die er fließt. Nach etwa fünf Minuten gelangt man an einen 400 m langen Abschnitt, wo der Canyon sich zu einer Spalte verengt, durch die sich gerade so eine Person zwängen kann. Die Wegbeschreibung: Von der Kreuzung von Borrego Springs Road und Hwy-78 1,5 Meilen nach Osten fahren, dann der sehr sandigen Buttes Pass Road 1,8 Meilen folgen. Bei der einzigen Kreuzung nach links fahren. Die Straße kann normalerweise von konventionellen Fahrzeugen befahren werden (kein Geländewagen erforderlich), aber wenn man seinem Auto (oder seinen Fahrkünsten) nicht so recht traut, kehrt man besser um.

Der Süden

Der von Julian kommende Hwy-78 kreuzt bei Scissors Crossing den Hwy-S2, welcher in die Südostecke des State Parks führt. Er folgt dabei der **Butterfield Stage Route**, einer alten Postkutschenroute, die 1857 etabliert wurde und die erste reguläre Kommunikation zwischen den Oststaaten und dem Westen darstellte. Man kommt dabei durch das **Blair Valley** mit seinem einfachem Zeltplatz und zum **Box Canyon**, wo sich 1847 ein Mormonenbataillon einen Weg bahnte, der heute unter dem Namen **Southern Emigrant Trail Historic Route** bekannt ist. Er ist zwar nicht sonderlich spektakulär, aber man kann hier ohne Risiko spazieren gehen – man ist nie mehr als 200 m von der Straße entfernt.

Die **Vallecito Stage Station** 9 Meilen weiter ist eine alte Postkutschenstation, die einem eine gute Vorstellung von den Strapazen einer Wüstenreise in jenen Tagen vermittelt. Das Gebäude befindet sich auf dem Gelände eines vom County gemanagten

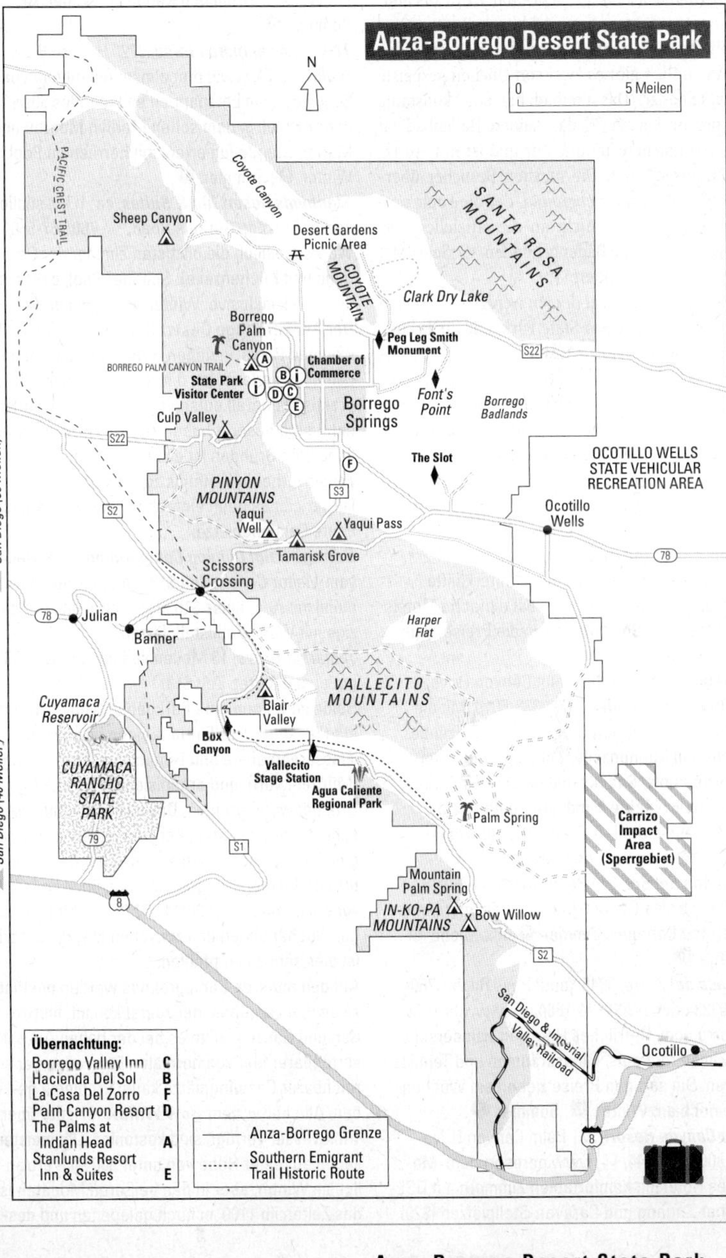
Anza-Borrego Desert State Park
N
0 5 Meilen
PACIFIC CREST TRAIL
Coyote Canyon
Sheep Canyon
Desert Gardens
Picnic Area
COYOTE MOUNTAIN
SANTA ROSA MOUNTAINS
Clark Dry Lake
Borrego Palm Canyon
BORREGO PALM CANYON TRAIL
Chamber of Commerce
State Park Visitor Center
Peg Leg Smith Monument
Font's Point
Borrego Badlands
Borrego Springs
Culp Valley
S22
The Slot
OCOTILLO WELLS STATE VEHICULAR RECREATION AREA
PINYON MOUNTAINS
S3
S2
Yaqui Well
Yaqui Pass
Tamarisk Grove
Ocotillo Wells
78
Scissors Crossing
Julian
Banner
Harper Flat
VALLECITO MOUNTAINS
Cuyamaca Reservoir
Blair Valley
Box Canyon
CUYAMACA RANCHO STATE PARK
Vallecito Stage Station
Agua Caliente Regional Park
Palm Spring
Carrizo Impact Area (Sperrgebiet)
79
S1
Mountain Palm Spring
IN-KO-PA MOUNTAINS
Bow Willow
8
San Diego & Imperial Valley Railroad
Ocotillo
86, Salton Sea (15 Meilen)
San Diego (60 Meilen)
San Diego (40 Meilen)
El Centro (25 Meilen)
Übernachtung:
Borrego Valley Inn C
Hacienda Del Sol B
La Casa Del Zorro F
Palm Canyon Resort D
The Palms at Indian Head A
Stanlunds Resort Inn & Suites E
Anza-Borrego Grenze
Southern Emigrant Trail Historic Route

Campgrounds ($12). ◷ Sept–Mai 9 Uhr bis Sonnenuntergang, Juni–Aug geschlossen, Parken $2.

Im **Agua Caliente Regional Park** drei Meilen weiter südlich gibt es zwei von Quellen gespeiste Thermalbäder: Das Freibad hat eine konstante Temperatur von 36 °C, das kleinere Hallenbad hat eine erträglichere Temperatur und ist mit Spritzdüsen ausgestattet. Die meisten Besucher übernachten auf dem *Campground*, der die Pools umgibt; dann ist man nicht an die offiziellen Öffnungszeiten für die Bäder gebunden. ◷ Sept–Mai tgl. 9.30–17 Uhr, Parken $5.

Weiter südlich liegt der am wenigsten besuchte Teil des Anza-Borrego State Park, gut für Erkundungen und ungestörte Ausblicke im Imperial Valley, wo sich graue Felsen in einem starken Farbkontrast aus dem roten Wüstensand erheben. In der Nähe einer kleinen Oase bei *Mountain Palm Spring* befindet sich ein primitiver *Campground*.

Übernachtung

Es gibt einige reizvolle Campingplätze im Park, aber auch eine Hand voll guter Unterkünfte. Während der Saison sind selbst einfache Motels recht teuer, im Sommer sinken die Preise dagegen erheblich.

Borrego Valley Inn, 405 Palm Canyon Drive, ✆ 760/767-03111 oder 1-800/333-5810. Mit die beste Wahl unter den Unterkünften. Reizende Zimmer mit Küchenzeile, Kaktusgarten, zwei beheizte Pools, Snacks und herzhaftes Frühstück. Zwei Nächte Mindestaufenthalt am Wochenende. Juni–Aug geschlossen. In der Woche ❺, Wochenende ❻.

Hacienda del Sol, 610 Palm Drive, ✆ 760/767-5442. Zentrales Budget-Motel mit Zimmern und separaten Cottages. Zimmer ❹, mit Küche ❺, Cottage ❻.

La Casa del Zorro, 3845 Yaqui Pass Rd, ✆ 760/767-5323 oder 1-800/824-1884, 💻 www.lacasadelzorro.com. Herrliches Hotel mit wunderschönen Zimmern, Pools, Fitnessräumen und Tennisplätzen. Die saftigen Preise ziehen am Wochenende noch an. Winter ❽, Sommer ❼.

Palm Canyon Resort, 221 Palm Canyon Drive, ✆ 1-800/242-0044, 💻 www.pcresort.com. Modernes Hotel mit komfortablen Zimmern mit DSL-Internet-Zugang und Caravan-Stellplätzen ($29) mit Wasser, Strom und Kabel-TV. Winter ❻, Sommer ❺.

The Palms at Indian Head, 2220 Hoberg Rd, ✆ 1-800/519-2624, www.thepalmsatindianhead.com. Stilvolles, zum Entspannen einladendes 50er-Jahre-Hotel, in dem schon Marilyn Monroe und Marlon Brando logierten, mit herrlichem Pool. Winter ❻, Sommer ❹.

Stanlunds Resort Inn & Suites, ca. 1 km südlich an der Borrego Springs Road, ✆ 760/767-5501. Wahrscheinlich die billigsten Zimmer der Gegend (mit Küchenzeile). Schöner Pool, einfaches Frühstück inklusive. Winter ❺, Sommer ❹.

Der Anza-Borrego Desert State Park ist einer der wenigen Parks, in denen **wildes Zelten** („open camping") erlaubt ist, d.h., man kann sein Zelt praktisch überall aufschlagen, ohne sich vorher ein Permit besorgt haben zu müssen. Aus nahe liegenden Gründen ist es aber ratsam, jemanden davon vorher in Kenntnis zu setzen.

Ferner gibt es neun einfache sowie zwei ausgebaute Campingplätze:

Borrego Palm Canyon Campground, eine Meile vom *Visitor Center*, Zelt $13, Stellplatz für Wohnmobil mit Anschluss $19, der größte und der einzige mit Wohnmobilstellplätzen.

Tamarisk Grove, 13 Meilen südlich am Hwy-S3, gut ausgestattet, Zelt $13.

Beide verlangen eine Parkgebühr von $4, wenn man tagsüber ihre Einrichtungen benutzt, inkl. Wasserentnahme und Benutzung der Duschen (Münzeinwurf), und organisieren regelmäßig Gruppenwanderungen, Diskussionen und verschiedene Aktivitäten, bei denen man von engagierten Naturschützern einiges über den Park erfährt. Reservierungen für beide über *ReserveAmerica.com*, ✆ 1-800/444-7275; v.a. für Feiertage, Wochenenden und zwischen März und April ist dies sehr zu empfehlen.

Auf den anderen Campgrounds werden die Plätze an den vergeben, der zuerst kommt. Im Großen und Ganzen sollte es bei der hohen Anzahl verfügbarer und von normalen Fahrzeugen erreichbarer Campingplätze kaum Probleme geben. Alle außer dem ***Bow Willow*** ($7), der über Trinkwasser verfügt, sind kostenlos. Die meisten liegen auf einer Höhe von unter 500 m – erträglich im Winter, aber in den heißeren Monaten ist das Zelten im 1100 m hoch gelegenen und des-

Nicht ganz ungefährlich – Chollas im Anza Borrego State Park

halb kühleren ***Culp Valley***, 8 Meilen südwestlich von Borrego Springs, sicher angenehmer.

Agua Caliente Regional Park, ✆ 858/565-3600, Zelt $14, Stellplatz für Wohmobil $18, ist ein kommerziell betriebener Campground auf dem Gelände der Thermalbäder (s.o.) – praktisch, da man sich dann nicht an die Öffnungszeiten halten muss.

Essen

Für Camper bietet sich Borrego Springs als (teure) Proviantstation an – große Supermarktketten gibt es nicht.

Weiterhin in Borrego Springs:

Carlee's Place, 660 Palm Canyon Drive, ✆ 760/767-3262. Restaurant und Bar mit lebendiger Atmosphäre, u.a. Burger, Sandwiches und Pizza für $13–15.

Kendall's Café, The Mall, Palm Canyon Drive, ✆ 760/767-3491. Bei Einheimischen, beliebte Kombination aus Diner und mexikanischem Café. Viele Speisen für $6–10. 🕓 tgl. bis 20 Uhr.

Pablito's of the Desert, ✆ 760/767-5753, The Mall. Guter Mexikaner, Mo und Di geschlossen.

Krazy Coyote Saloon & Grill, im Palms at Indian Head (s.o.). Das beste exklusivere Restaurants der Gegend bietet auf seiner Speisekarte u.a. Steaks, Pasta und Salate. Terrasse mit Blick auf den Pool. 🕓 Winter tgl., Sommer Mi–So abends.

Aktivitäten

Die **Ocotillo Wells State Vehicular Recreational Area**, 10 Meilen östlich von Borrego Springs, ist der einzige Ort in Anza-Borrego, in dem *dune buggies* und Cross-Motorräder gestattet sind. Sie fahren wie besessen im Kreise herum und wirbeln Sand und Staub auf. Wer sich anschließen möchte, muss seine eigene Montur mitbringen, Informationen gibt es beim ***Recreation Headquarters***, ✆ 760/767-5391, 🕓 tgl. 8–16 Uhr.

FAHRRÄDER – Verleiher gibt es nicht. **Mountainbikes** dürfen die Wanderwege nicht befahren, wohl aber die unbefestigten Nebenstraßen.

REITEN – ***Smoketree Arabian Horse Rental,*** ✆ 760/767-5850, 🖳 smoketree.micronpcweb.com. Ausritte in die Wüste, die im Sommer wegen der Tageshitze schon um 7 Uhr morgens beginnen. 1 Std. $55, 2 Std. $95.

WANDERN – Der beliebteste Wanderweg ist der *Borrego Palm Canyon Trail* (s.S. 260). Wer die Wüste mehr für sich haben möchte, findet in der kostenlosen Parkzeitung Informationen über entsprechende Wandermöglichkeiten: Entlang dem *Pena Spring Trail* (0,6 Meilen Rundwanderung) lassen sich gut Vögel und Wildtiere beobachten, der anspruchsvollere *Hellhole Canyon/Maidenhair Falls Trail* (6 Meilen Rundwanderung) umfasst einige Kletterpartien und endet an einer Canyon-Oase.

Sonstiges

INFORMATIONEN – ***Chamber of Commerce,*** 786 Palm Canyon Drive, ✆ 760/767-5555 oder 1-800/559-5524, 🖳 www.borregospringschamber.com, ⏲ Juni–Sept Mo–Fr 10–15, Okt–Mai Mo–Sa 10–16 Uhr.

State Park Visitor Center, 200 Palm Canyon Drive, 2 Meilen westlich des Chamber of Commerce, Borrego Springs, ✆ 760/767-5311, 🖳 www.anzaborrego.statepark.org. Das ausgezeichnete Zentrum erteilt Informationen über die seismischen Aktivitäten sowie über Wander- und Campingmöglichkeiten in der Wüste und die einheimische Flora und Fauna. Es gibt eine informative, kostenlose Zeitung heraus, die auch eine detaillierte Karte des Parks und nützliche Tipps für Wanderer enthält. Das Center wurde so gut der Landschaft angepasst, dass man es bei der Anfahrt kaum bemerkt. Der *All-Access Nature Trail* um das Center ist mit Schildern ausgestattet, die die verschiedenen Pflanzen identifizieren. ⏲ Juni–Sept nur Sa, So und an Feiertagen, ansonsten tgl. 9–17 Uhr.

INTERNET – ***Library,*** The Mall, Borrego Springs, kostenloser Internet-Zugang, So und Mo geschlossen.

Transport

Metropolitan Transit System (s.S. 111), ✆ 1-800/858-0291, 🖳 www.sdcommute.com. Busverbindung 2–4x tgl. außer So und Mo von SAN DIEGO nach Borrego Springs mit Umsteigen in Ramona.

Durch die Mojave nach Las Vegas

Verlassen, leblos, still – die Wüstenlandschaft des Westens ist eine einzigartige, raue Region. Sie wird High Desert genannt, weil sie etwa 600 m über dem Meeresspiegel liegt; sie ist extrem trocken und zum größten Teil flach, und nur Joshua-Bäume oder verlassene Goldgräberhütten bieten eine vereinzelte optische Abwechslung – eine extreme Landschaft mit einem eigenen Duft. Nur im Frühling erblüht die feurig-orange Mohnblume, die Staatsblume Kaliforniens. Für die meisten ist diese Region arm an Sehenswürdigkeiten, eine Durststrecke zwischen L.A. und Las Vegas, die es möglichst schnell zu durchfahren gilt. Ein kurzer Aufenthalt lohnt trotzdem. In der Wüste wird man allerdings wenig Gesellschaft haben. Wenn L.A. die Welt der schnellen Sportwagen ist, dann ist die Mojave das Land der staubbedeckten, schweren Laster, die voll beladen Richtung Nevada donnern. Auf weitere Anzeichen von Leben stößt man an den wenig einladenden, von der Außenwelt abgeschotteten Waffentestgeländen des Militärs.

In den späten 60er und frühen 70er Jahren war die Wüste Kulisse vieler unabhängig produzierter Road Movies, Underground-Filme, die inzwischen Kult-Status haben. Zahlreiche Wüstenfreaks trauern noch den *Easy-Rider*-Zeiten nach, Motorradfahrer und übrig gebliebene Hippies, auf die das öde Panorama der Dünen und fernen Bergketten noch einen Reiz ausübt. Mitglieder des California Sierra Club und andere eingeweihte Naturliebhaber aus Kalifornien zieht es in die schönen, abwechslungsreichen Landschaften des Mojave National Preserve.

Der I-15, der mitten durch die Mojave führt, teilt die Wüste in zwei klar voneinander unterscheidbare Regionen. Nördlich davon erstrecken sich die karge Western Mojave und das **Death Valley**, südlich **Barstow**, ein willkommener Stopp zwischen L.A. und Las Vegas. Barstow selbst kann nicht gerade mit verschwenderischen Reizen locken, wohl aber das riesige **Mojave National Preserve**, das sich nur wenig südlich der Straße nach

Las Vegas erstreckt. Es umfasst spektakuläre Sanddünen, beeindruckende Felsformationen sowie eine unglaubliche Pflanzenvielfalt, zu der auch große Gruppen von Joshua-Bäumen gehören. Ein Großteil des Geländes steigt auf eine Höhe von ca. 1200 m an, sodass man der größten Hitze eine Zeit lang entfliehen kann.

Victorville

Die lange Fahrt von L.A. durch die Wüste nach Las Vegas führt über den I-15, von dem ein Teil der ursprünglichen Route 66 folgt. Vom Freeway aus ist von der alten Straße wenig zu sehen, und auch sonst wird die Monotonie nur von einigen kleinen Touristenattraktionen unterbrochen.

Der I-15 führt von San Bernardino nach Norden und zwischen den San Gabriel und San Bernardino Mountains hindurch zur Mojave-Wüste. Die erste größere Ansiedlung ist das 80 Meilen nordöstlich von L.A gelegene Victorville. Am Freeway liegen sämtliche Motels, Fastfood-Restaurants und Tankstellen, die man braucht, doch es lohnt sich, einen Abstecher ins alte Stadtzentrum zum kleinen **California Route 66 Museum**, 16825 D St, Ecke Fifth St, ✆ 760/951-0436, 💻 www.califrt66museum.org, das dem amerikanischen Mythos der Route 66 gewidmet ist (s. Kasten). Zu den interessantesten Ausstellungsgegenständen gehören Überreste von „Hulaville“, das einst an der Route 66 zahlreiche Touristen anzog. 🕓 Do– Mo 10–16 Uhr, Eintritt frei.

Die Route 66 in Kalifornien

Mit der Einrichtung der Interstate Highways in den 50er Jahren verlor die „Mother Road“, wie John Steinbeck die Route 66 in seinem Roman *Die Früchte des Zorns* nannte, ihre Bedeutung. Wie ein Nabelschnur verband die Route 66 Chicago mit Los Angeles. Sie war in den 20er Jahren entstanden, als bereits bestehende Landstraßen zu einem einzigen, 2400 Meilen langen Highway quer durch acht Bundesstaaten verbunden wurden.

Route 66 war nur eine unter vielen, aber sie war diejenige, die am stärksten ins öffentliche Bewusstsein drang – nicht zuletzt aufgrund von Nat King Coles Hit aus dem Jahre 1946: *(Get your kicks on) Route 66* – und zu Amerikas berühmtestem Highway wurde. Als die neuen Freeways die alten Hotels und Restaurants entlang der Route 66 obsolet machten, verschwanden die Diners und die von Familien geführten Motels.

Große Abschnitte der Route 66 verschwanden bereits vor langer Zeit, aber als man erkannte, dass nun auch die letzten Überreste im Verschwinden begriffen waren, setzte ein nostalgisches Revival ein. Auf Teilen der Strecke tauchten wieder „Route 66“-Schilder auf, die dann prompt von Fans eingesammelt wurden. Heutzutage findet man deshalb eher ein auf den Asphalt gepinseltes „Historic Route 66“. Die intensive Lobbyarbeit der Route 66-Association trug schließlich Früchte: 1999 wurde ein Gesetz zur Erhaltung der Route 66 *(National Preservation Bill)* verabschiedet. Die Tourismusindustrie wirbt nun kräftig für die nostalgische Straße. 320 Meilen der ursprünglichen Route 66 führten durch Kalifornien; in Nat King Coles Lied werden Kingman, Barstow und San Bernardino erwähnt. Der am besten erhaltene Abschnitt befindet sich in der Mojave-Wüste östlich von Barstow.

Einige Fans werden die kleinen, dem Andenken an die Route 66 gewidmeten Museen in Victorville und Barstow aufsuchen wollen, oder auch das *Wigwam Motel* in San Bernardino, 2728 W Foothill Blvd, ✆ 909/875-3005, eine Verkörperung alles „typisch Amerikanischen“. Den meisten wird es wohl genügen, den durch die Wüste führenden Abschnitt zu befahren, der bei Ludlow vom I-40 nach Süden in Richtung Essex abzweigt. Zur nostalgischen Fahrt gehört unbedingt ein Stopp bei *Roy's Gas Station* und Café in Amboy. Kein Wunder, wenn einem alles sofort seltsam vertraut vorkommt: Diese Kulisse – oder eine ähnliche – hat man in Hunderten von Road Movies und Reklamefilmen gesehen.

Weitere Informationen unter 💻 www.national66.com und 💻 www.historic66.com.

Barstow

Diese Kleinstadt in der Mojave-Wüste, 30 Meilen nordöstlich von Victorville gelegen und Kreuzungspunkt dreier wichtiger Verkehrsstraßen (neben dem I-15 sind dies der I-40 und Hwy-58), besteht in erster Linie aus einer von Motels und Restaurants gesäumten Straße und ist ein guter, vor allem preisgünstiger Übernachtungsort. Die Hauptstraße war früher Teil der berühmten **Route 66** (s. Kasten) und kann Neonfans mit diversen klassischen Werbeschildern erfreuen. Viel mehr hat die Hauptstadt der Mojave allerdings auch nicht zu bieten.

Die erbarmungslose Sonne sorgt viele Monate im Jahr dafür, dass die meisten Menschen tagsüber in ihren gekühlten Häusern bleiben; Barstow gleicht daher oft einer Geisterstadt.

Von historischem Interesse ist das 1911 erbaute **Harvey House**, auch bekannt als Casa del Desierto („Haus der Wüste"), das als Bahnhof (mit Restaurant und Unterkünften) diente. Noch immer halten hier Züge; das imposante Gebäude wirkt aber recht verlassen – es steht leer, abgesehen von zwei kleinen Museen: Das **Western American Railroad Museum** enthält Erinnerungsstücke an die Eisenbahnfahrt im Südwesten (🕓 Fr–So 10–16 Uhr, Spende erwünscht, ✆ 256-9276, 💻 www.barstowrail museum.org), während das **Route 66 „Mother Road" Museum**, 681 N 1st Ave, 💻 www.barstow 66museum.itgo.com, dem gleichnamigen Highway gewidmet ist. 🕓 Fr–So 11–16 Uhr, Eintritt frei.

Das **Mojave River Valley Museum**, 270 E Virginia Way, 💻 www.mvm.4t.com, hingegen widmet sich der Geschichte und Naturgeschichte der Gegend und schließt eine ansehnliche Sammlung archäologischer Funde aus dem *Calico Dig* (s.u.) ein. 🕓 tgl. 11–16 Uhr, Eintritt frei.

Übernachtung

Die Motels sind entlang der Main Street aufgereiht und ähneln sich stark. Unter vielen anderen:

Days Inn, 1590 Coolwater Lane, ✆ 760/256-1737. ❶

Ramada Inn, 1511 E Main St, ✆ 760/256-5673, bietet etwas mehr Komfort. ❸

Owl Canyon Campground, 11 Meilen nördlich von Barstow, am Rainbow Basin (s.u.), einfach, $6, kein Wasser.

Etwas luxuriösere Campingmöglichkeiten findet man in **Calico**, einer wieder aufgebauten Geisterstadt (s.u.). Hier gibt es schattige Canyons, in denen man ein Zelt aufschlagen ($18) oder ein Wohnmobil anschließen kann ($22), oder man übernachtet in einer Cabin.

Essen und Unterhaltung

Das Essen, das in Barstow geboten wird, ist alles andere als exotisch, aber preiswert und reichhaltig. Restaurants findet man in der Nähe der vielen Motels an der Main St.

Carlos & Toto's, 901 W Main St, ✆ 760/256-7513, amerikanisierte, aber ausgesprochen gute mexikanische Küche.

Idle Spurs Steak House, 290 Old Hwy-58, gleich nördlich der Stadt, ✆ 760/256-8888, gute Fleischgerichte.

Rosita's, 540 W Main St, ✆ 760/256-9218, serviert authentisches mexikanisches Essen.

Das Nachtleben findet in einigen schäbigen **Bars** statt, die von Bike Gangs aufgesucht werden. Am wenigsten bedrohlich ist es bei ***Katz,*** 127 W Main St, Ecke First St, 🕓 18–2 Uhr.

Sonstiges

INFORMATIONEN – ***California Welcome Center,*** in der Tanger Outlet Mall 4 Meilen westlich von Barstow, bei der Ausfahrt „Lenwood Road" vom I-15, ✆ 760/253-4782, 💻 www.california deserts.com. gute Auswahl an Landkarten von der näheren Umgebung, Listen von Unterkünften, Restaurants und örtlichen Touristenattraktionen. 🕓 tgl. 9–18 Uhr.

Chamber of Commerce, 409 E Fredricks St, 🕓 Mo–Fr 9–17 Uhr, ✆ 760/256-8617, 💻 www.barstowchamber.com.

Transport

Greyhound-Busse halten eine Meile östlich von Downtown in der 1611 E Main St, an der Kreuzung mit dem I-15.

Züge halten am *Amtrak*-Bahnhof in der Casa del Desierto, First St.

Die Umgebung von Barstow

Rainbow Basin

Diese Gesteinsformation 11 Meilen nördlich von Barstow, zu erreichen über die unmittelbar nördlich vom Harvey House von der First Street abzweigenden Irwin Road, ist für das Verständnis der Urgeschichte ebenso interessant, wie sie für das Auge reizvoll ist. 30 Mill. Jahre lang hat der Wind das Gestein erodiert, das nun in abertausend Farbtönen von kräftigem Grün bis Tiefrot leuchtet und sich in der Morgen- oder Abenddämmerung von seiner prachtvollsten Seite zeigt. Auch die fossilen Überreste von Insekten und anderen Tieren sind erkennbar. Die meisten Besucher geben sich allerdings damit zufrieden, ihr Auto über die kurvenreiche, 4 Meilen lange Straße durch den Canyon zu manövrieren und die Schönheit der Landschaft vom Wagen aus zu genießen. Man kann hier auf sehr einfachen Campgrounds übernachten.

Solar One Power Plant

8 Meilen östlich von Barstow steht kurz hinter Dagget ein Sonnenkraftwerk, das vom *Department of Energy* unterhalten wird und mittlerweile durch das Solarkraftwerk SEGS II ersetzt wurde. Es ist von einem 40 ha großen Feld umgeben, auf dem Hunderte von Spiegeln stehen – ein Beispiel für die ungewöhnliche Nutzung der kalifornischen Wüstengebiete. Jeder, der den Film *Out of Rosenheim* gesehen hat, weiß, dass das gespiegelte Sonnenlicht noch im Umkreis von Meilen deutlich sichtbar ist.

Calico Ghost Town

Die meisten Leute kommen nicht der Wüste wegen nach Barstow, sondern um diese Geisterstadt zu besuchen, ✆ 1-800/863-2542, 🖳 www.calicotown.com; man fährt 7 Meilen nach Nordosten auf dem I-15, dann drei Meilen nach Norden. Im späten 19. Jh. wurden hier Silber und Borax im Wert von mehreren Millionen Dollar abgebaut, und auf dem Höhepunkt des Booms lebten 4000 Menschen in der Stadt. Calico ist attraktiv in den farbenprächtigen Calico Hills gelegen, doch die extreme Hitze der Mojave vertrieb die Bewohner, nachdem die Silbervorräte erschöpft waren. Später wurde die Stadt auf recht nachlässige Art restauriert, mit Souvenirläden und Hot-Dog-Ständen und einer Hauptstraße mit Pseudo-Saloons, mehreren auf alt getrimmten Läden, einem alten Schulgebäude und einem Vaudeville-Theater. Von den zahlreichen Minenschächten und -tunnels, die sich meilenweit hinziehen, sind viele gesperrt, in einigen darf man jedoch einige Meter im Dunkeln herumkriechen. 🕓 tgl. 9–17 Uhr, Eintritt $6, Campinggäste frei.

Verschiedene Festivals bringen Stimmung in den Ort, das beste darunter ist das familienorientiert **Spring Festival** im Mai mit reichliche Country-Musik, während die **Calico Days** im Oktober mit einem Wildwest-Umzug, Spielen und Wettbewerben an alte Zeiten erinnern.

Calico Early Man Site (*Calico Dig*)

Die Calico Early Man Site, 🖳 www.ca.blm.gov/barstow/calico.html, gilt seit ihrer Ausgrabung 1964 als eine der wichtigsten archäologischen Ausgrabungsstätten des nordamerikanischen Kontinents. Die hier entdeckten, ca. 20 000 Jahre alten Werkzeuge und Behausungen lassen vermuten, dass die Geschichte der hiesigen Ureinwohner um mehrere Jahrtausende älter sein muss, als man bis dahin gedacht hatte. Nur im Rahmen einer geführten Tour zu besuchen: Mi 12.30 und 16.30, Do–So 9.30, 11.30, 13.30 und 15.30 Uhr, Tickets $2,50, Mindestteilnehmerzahl 2 Personen. Sechs Meilen nordöstlich der „Calico"-Ausfahrt die Ausfahrt „Minneola Road" vom I-15 nehmen und dann 2,5 Meilen nach Norden fahren.

Afton Canyon

23 Meilen östlich der Calico Early Man Site erreicht man über die vom I-15 abzweigende Afton Road nach 3 Meilen den Afton Canyon, der den Beinamen „Grand Canyon der Mojave" trägt. Die etwa 70 m tiefe Schlucht ist zwar weitaus weniger imposant als das Original in Arizona, beeindruckt aber allemal durch seine vielfarbigen Gesteinsschichten, die ein einstiger See ausgewaschen hat. Der See ist nun verschwunden; der Mojave River fließt aber weiterhin hier, wie noch an zwei weiteren Stellen, ganzjährig oberirdisch und bietet paradiesische Verhältnisse für fast 200 Arten von Wüstenlebewesen, einschließlich seltener Vögel. Camping ist möglich ($10, wer zuerst kommt, mahlt zuerst), ✆ 760/256-8313 oder 252-6000.

Zzyzx

Zzyzx, eine Oase und ein Naturreservat, liegt am Fuß von felsigen Hügeln und am Rand des Soda

Dry Lake (normalerweise, wie der Name nahe legt, ausgetrocknet). Man fährt 4 Meilen auf der Zzyzx Road, die etwa 20 Meilen hinter der Calico Early Man Site vom I-15 nach Süden abbiegt. Von 1905 bis 1940 verlief hier die Tonopah & Tidewater Railroad. Nach der Stilllegung der Eisenbahn gründete Curtis „Doc" Springer, ein Quacksalber, Prediger und bekannter Rundfunkmoderator aus L.A., hier ein Resorthotel mit Thermalbädern. Er nannte es Zzyzx, in der Hoffnung, mit dem „mysteriösen" Namen Kunden anzulocken – eine sehr berechtigte Hoffnung, wie sich herausstellen sollte. Leider besaß er jedoch keine offiziellen Besitzrechte für das Land, und so wurde er 1974 vertrieben und das Resorthotel geschlossen. Die meisten der Gebäude werden nun von der California State University als **Desert Studies Center** genutzt. Falls niemand anwesend ist, kann man trotzdem auf dem Pfad um den künstlich angelegten, von Palmen gesäumten See spazieren und den Spuren der kurzen, aber bunten Geschichte nachgehen.

Baker und das Mojave National Preserve

Die Ortschaft Baker ist nicht weiter von Interesse, eignet sich aber gut für einen Zwischenstopp – es gibt einige ziemlich teure Tankstellen, Fastfoodläden und eine Reihe annehmbarer Motels und Restaurants – sowie als Ausgangsbasis, wenn man einige der entlegeneren Ecken von Kalifornien erforschen möchte. Direkt nördlich von Baker liegt das Death Valley, und angesichts von Bakers Nachbarschaft zur heißesten Stelle des Landes befindet sich hier das größte funktionierende **Thermometer** der Welt. Die 42 m hohe Konstruktion wurde zum Andenken an die höchste jemals in den USA gemessene Temperatur errichtet: 57 °C im Jahre 1913.

Baker ist auch ein guter Ausgangspunkt für einen Besuch des **Mojave National Preserve**, einer 5600 km² großen Fläche zwischen dem I-15 und dem I-40, die 1994 zum Naturreservat erklärt wurde. Man kann sich hier von den Strapazen der Autofahrt erholen und vielleicht ein oder zwei Tage campen, um sich auf die Exzesse des 70 Meilen entfernten Las Vegas vorzubereiten. Das Preserve liegt ein wenig höher als seine Umgebung, was im Sommer niedrigere Temperaturen, im Winter womöglich Schnee bedeuten kann.

Direkt westlich von Baker entlang der Kelbaker Road kommt man an einer Reihe spektakulärer schwarz-roter **Aschekegel** vorbei, die mit ca. 1000 Jahren noch relativ jung sind, und erreicht das elegante **Kelso Depot**, das 1924 für die Bahnarbeiter der Union Pacific Railroad errichtet wurde. Das 1985 geschlossene Gebäude wird restauriert und künftig als Visitor Center für das Schutzgebiet dienen. In südlicher Richtung vom Depot sieht man die spektakulären **Kelso-Sanddünen**, einen etwa 5 Meilen langer Dünenstreifen; die Sandberge erreichen z.T. Höhen von über 200 m. Wenn man von Kelso in nordöstlicher Richtung fährt, erreicht man die kleine Siedlung **Cima** (es gibt einen Laden, aber kein Benzin) und den **Cima Dome**, einen perfekt geformten und von Joshua-Bäumen bewachsenen Batholith, der hier 500 m aus dem Wüstenboden hervorragt und teilweise bestiegen werden kann.

Südöstlich von **Cima** gelangt man auf der Black Canyon Road zur Abzweigung zum *Mid Hill Campground*. Von dort windet sich ein mittelschwerer, 8 Meilen langer Wanderweg durch den **Wild Horse Canyon** und führt zum anderen erschlossenen Campingplatz des Parks. Für diejenigen, die mit dem Auto hierher gekommen sind und keine längeren Wanderungen unternehmen wollen, gibt es ausgehend vom *Visitor Center* einen Naturlehrpfad. Die Vegetation in der 2400 ha großen **Providence Mountain State Recreation Area**, 10 Meilen südlich, und weitere 6 Meilen weiter westlich gelegen, wechselt von kargem Buschwerk in den niedrigeren Lagen zu Nusskiefern, die auf den felsigen Gipfeln des Fountain Peak (2132 m) und Edgar Peak (2186 m) wachsen. Die meisten Besucher kommen in erster Linie hierher, um an einer Führung durch die **Mitchell Caverns** teilzunehmen, die fast 500 Jahre lang von den Chemehuevi genutzt wurden. Abgesehen von einem kurzen, für Klaustrophobiker vielleicht etwas heiklen Abschnitt gestaltet sich der 90-minütige Gang vorbei an Stalaktiten, Stalagmiten und selteneren Kalksteingebilden zu einem grandiosen Erlebnis. Touren kosten $3, Ende Mai–Anfang Sept Sa–So 13.30, Anfang Sept–Ende Mai Mo–Fr 13.30, Sa–So 10, 13.30 und 15 Uhr, ✆ 760/928-2586.

Übernachtung und Essen

Baker: ***Bun Boy Motel***, ✆ 760/733-4363. Funktional ausgestattetes Motel. ❸

Wills Fargo Motel, ✆ 760/733-4477, ist mit einem herzförmigen Pool und etwas stilvolleren Zimmern ausgestattet. ❷

Aus den Fastfood-Lokalen sticht das preiswerte ***Mad Greek,*** ✆ 760/733-4354, heraus, das u.a. Gyros, Kebab, Falafel, Sandwiches, Burger, mexikanische Gerichte, Espresso, Backwaren und leckere Erdbeer-Shakes verkauft. Wer sich mit Proviant eindecken möchte, zahlt im hiesigen ***General Store*** nicht gerade die günstigsten Preise. Dieses ist aber die einzige Einkaufsmöglichkeit weit und breit.

Mojave National Preserve: Es gibt zwei erschlossene Campingplätze.

Mid Hills Campground (1860 m), südöstlich von Cima, Abzweigung von der Black Canyon Road, in herrlichem, nusskiefer- und wacholderbestandenem Waldgebiet, ganzjährig geöffnet, $12.

Hole-in-the-Wall, in knapp 1400 m Höhe oberhalb verblüffender Felsformationen aus Vulkangestein am Ende eines Wanderwegs durch den Wild Horse Canyon, ganzjährig geöffnet, $12.

Providence Mountain State Recreation Area: Manche Besucher übernachten auf dem kleinen, nur mit 6 Stellplätzen ausgestatteten Campingplatz, $9.

Informationen

In Baker: *Mojave National Preserve Desert Information Center,* ✆ 760/733-4040, 🖳 www.nps.gov/moja, ◷ tgl. 9–17 Uhr. Informiert am Fuß des Thermometers über den Park und andere Erholungsgebiete in der Wüste. Es kann sein, dass dieses Informationszentrum 2005 schließt, wenn das neue Visitor Centre in Kelso (s.S. 268) eröffnet.

Im Mojave National Preserve: ***Visitor Center,*** in der Nebensaison ist jemand für die Providence Mountain State Recreation Area vor Ort. ◷ Mai–Sept Fr–So 9–16, Okt–April Mi–So 9–16 Uhr.

Las Vegas

Die glamouröse Neon-Oase Las Vegas liegt kurz hinter der kalifornischen Grenze im Bundesstaat Nevada. Niemand sollte den Fehler begehen, diese Stadt abzuschreiben, ohne sie jemals gesehen zu haben. Das Angebot an Nachtleben, Essen und Unterhaltung ist beispiellos, faszinierend ist aber vor allem das reine Spektakel, das sich rund um die Uhr in Las Vegas entfaltet. Mehr als zwei bis drei Tage halten es die meisten Besucher nicht aus, doch ob sie es lieben oder hassen – vergessen werden sie es nie.

Die 250 Meilen lange Fahrt von Los Angeles nach Las Vegas (I-15 über Barstow) nimmt an einem normalen Tag mindestens vier Stunden in Anspruch. Am Freitagabend ist besonders viel Geduld erforderlich, wenn sich halb Kalifornien auf den Weg ins Wochenende zu machen scheint.

Gleich einem modernen El Dorado schimmern aus dem Wüstenstaub Nevadas die Lichter einer der dynamischsten, außergewöhnlichsten Städte der Welt – Las Vegas. Diese Stadt, die zu Beginn des 20. Jhs. noch nicht einmal existierte, zählt heute mehr als eine Million Einwohner und erhält durch den steten Strom von Neuankömmlingen fortwährend so viel Zuwachs, dass jeden Monat eine neue Schule erforderlich wird. Als Standort von 16 der 20 größten Hotels der Welt ist Las Vegas ein architektonisches Monument des Überschwangs, dessen bombastische, ohne Rücksicht auf jegliche Kosten ausgestattete Kasinos jedes Jahr 37 Mill. Touristen anlocken.

Schon seit den 50er Jahren jagt in Las Vegas ein Superlativ den nächsten, und ein Ende ist nicht abzusehen. Las Vegas-Neulinge stellen sich die Stadt als den Inbegriff von Kitsch vor, aber die Kasinobesitzer sind viel zu clever und geschäftstüchtig, um alten Tagen nachzutrauern. Sicher wird man irgendwo noch den einen oder anderen Elvis-Imitator antreffen, aber typischer für Las Vegas ist die endlose Suche nach einer neuen Sensation. Lange bevor ein gestern noch begehrtes Show-Spektakel seinen Glanz verliert, wird es eingestampft, um durch ein noch extravaganteres ersetzt zu werden. Als vor einigen Jahren Fantasy in Mode war, schossen am legendären Strip König-Artus-Burgen und ägyptische Pyramiden wie Pilze aus dem Boden; inzwischen verlangt Vegas nach ganzen Städten und stellt New York, Paris, Monte Carlo und Venedig im Kleinformat zur Schau.

Auch wenn die Stadt ihr von Gangstern dominiertes Image aus frühen Tagen zweifelsohne abgelegt hat, stimmt kaum etwas von dem gern beschworenen Familienreiseziel Las Vegas – für Kinder ein Witz im Vergleich zu Orlando. Nur 5% der

Besucher kommen mit Kindern, und bei denjenigen, die sich um explodierende Vulkane und Piratenschlachten auf dem Strip drängen, handelt es sich fast ausschließlich um Erwachsene.

Vegas ist auch nicht mehr so billig wie früher. Zwar kann man nach wie vor preiswerte Zimmer und Buffet-Mahlzeiten finden, aber die Kasinobesitzer haben letztlich erkannt, dass es spendablen Gästen, die allabendlich und gutgelaunt Hunderte Dollar beim Spielen verlieren, kaum etwas ausmachen wird, für den Besuch eines erstklassigen Restaurants tiefer in die Tasche zu greifen. Einige neuere Hotels planen bereits Übernachtungspreise von $300 und nicht $30 pro Nacht ein.

Man betritt hier eine andere Welt – eine Welt, in der andere Regeln und Gesetze herrschen: Das Glück ist die Religion, das Geld ist die Sprache, und die Zeit wird in Roulette-Umdrehungen gemessen. Wenn man sich einmal akklimatisiert hat, kann man das Spektakel durchaus unterhaltsam finden, jedenfalls solange man kein großes Vermögen riskiert. Las Vegas muss man einfach gesehen haben, aber nach ein paar Tagen ist die Luft raus und die meisten Besucher ziehen weiter.

Wer nur zum Spielen nach Las Vegas gekommen ist, braucht nicht viele Informationen: Der Eintritt zu den rund um die Uhr geöffneten Kasinos ist frei; es gibt Einarmige Banditen, Video-Poker, Würfelspiele, Roulette und vieles mehr. Bei den Kasinobetreibern am beliebtesten sind Gäste, die nach einem bestimmten System spielen; die beste, wenn auch minimale Chance auf einen Gewinn besteht aber darin, alles auf eine Karte zu setzen, also bei einem Spiel den ganzen Einsatz zu riskieren, und dann aufzuhören, egal, wie es ausgegangen ist.

Ein weiterer Grund für eine Fahrt nach Las Vegas ist das Heiraten, das hier einfacher als anderswo möglich ist. Jährlich werden hier rund 100 000 Ehen geschlossen, oft ohne jegliches Zeremoniell – Braut und Bräutigam kurbeln gerade mal das Autofenster herunter.

Im örtlichen Telefonbuch gibt es nicht weniger als 14 Seiten mit Hochzeitskapellen der unterschiedlichsten, bisweilen unfassbaren Art, die meisten Kasinos verfügen daneben über entsprechende hauseigene Einrichtungen.

Las Vegas erstreckt sich über eine Fläche von 15 mal 15 Meilen. Für Touristen von Interesse sind der 6 Meilen lange **Las Vegas Boulevard** südöstlich der Kreuzung von I-15 und US-95, der Downtown mit einschließt, und der **Strip**, wo sich die meisten Kasinos befinden. Zwischen den beiden liegt eine wenig glamouröse Zone aus Tankstellen, Fastfood-Drive-ins und Heiratskapellen; der Rest besteht aus für Besucher uninteressanten Vorstädten.

Geschichte

Die Geschichte von Las Vegas ist wohl eine der kürzesten Geschichten aller Städte der Welt. Las Vegas ist die einzige Millionenstadt in den USA, die im 20. Jh. gegründet wurde. Auch hinsichtlich des Vorrangs, der der Steigerung des Tourismus gegenüber einer verbesserten Lebensqualität für die Einwohner eingeräumt wird, steht die Stadt wohl einzigartig da.

Der Name Las Vegas – auf spanisch „die Wiesen" – bezeichnete ursprünglich eine Reihe natürlicher Quellen, die Reisenden auf dem Old Spanish Trail ab 1829 als Zwischenstopp diente. Das restliche 19. Jh. über teilten sich die Paiute die Region mit mormonischen Ranchern. Zur Jahrhundertwende lebten gerade einmal 30 Menschen in dem Tal. Mit der Fertigstellung der inzwischen wieder stillgelegten Eisenbahnverbindung zwischen Salt Lake City und Los Angeles im Jahr 1905 sollte sich jedoch alles ändern. Las Vegas selbst wurde am 15. Mai dieses Jahres gegründet, als die Eisenbahngesellschaft Grundstücke in der Umgebung der heutigen Fremont Street versteigerte.

Ironischerweise war Nevada 1909 der erste Bundesstaat, der das Glücksspiel verbot. Erst 1931 wurde es wieder legalisiert, und die Arbeiter, die den nahen Hoover Dam errichteten, kamen scharenweise nach Vegas, um ihre Lohntüten zu verspielen.

Hotelkasinos wie das gewagte *El Rancho* mit seinen 65 Zimmern entstanden in den frühen 40er Jahren, das Profitpotential machte sich jedoch zunächst die Mafia aus dem Mittleren Westen zunutze. Im Dezember 1946 öffnete der berüchtigte Gangsterboss Bugsy Siegel auf dem heutigen Strip das *Flamingo*. Anfängliche Verluste zwangen ihn schon binnen Monatsfrist wieder zur Schließung, und obwohl er keine Zeit verlor und schnell neu eröffnen konnte, waren seine früheren Partner so unzufrieden, dass sie ihn im Juni in L.A. ermorden ließen.

In den 50er Jahren boomte die Stadt. Das Militär hatte Einzug gehalten – die pilzförmigen Wolken der Atombombentests in der Wüste waren von

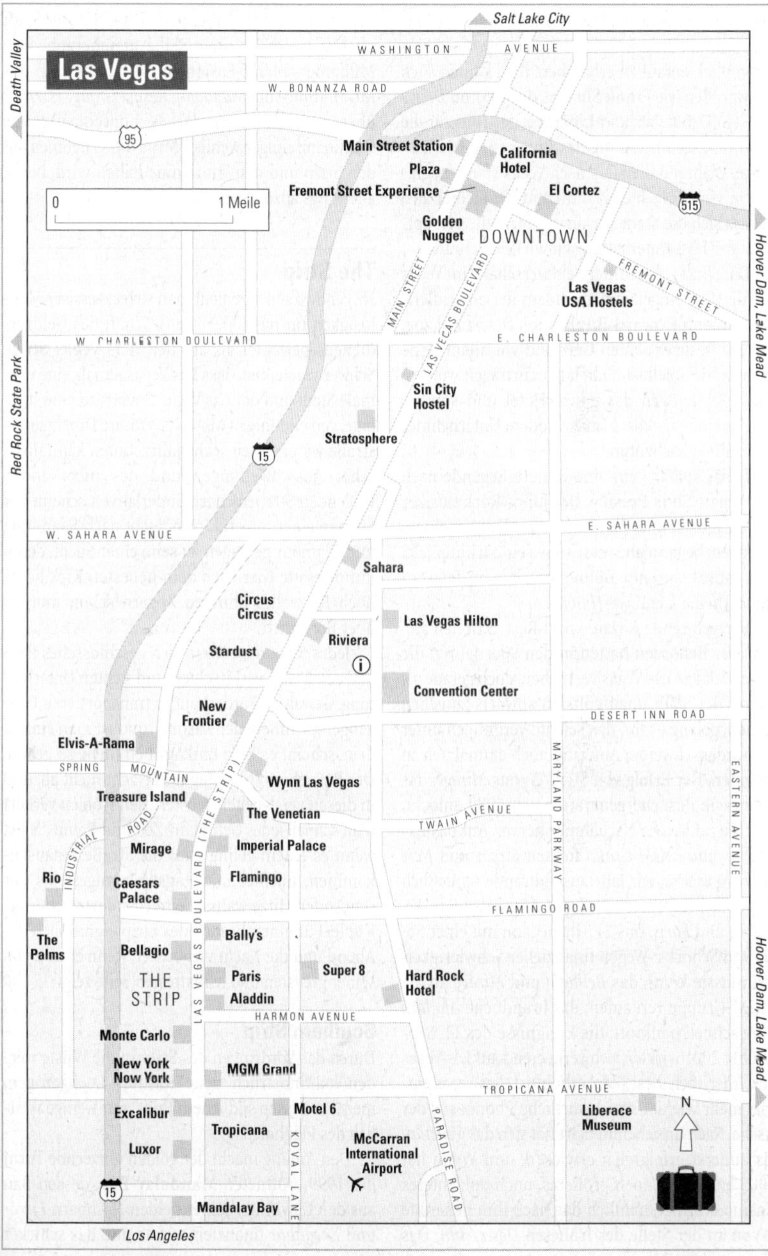
Las Vegas
Salt Lake City
Death Valley
Red Rock State Park
Hoover Dam, Lake Mead
Hoover Dam, Lake Mead
Los Angeles
0
1 Meile
WASHINGTON AVENUE
W. BONANZA ROAD
95
515
15
15
Main Street Station
California Hotel
Plaza
Fremont Street Experience
El Cortez
Golden Nugget
DOWNTOWN
FREMONT STREET
Las Vegas USA Hostels
MAIN STREET
LAS VEGAS BOULEVARD
W. CHARLESTON BOULEVARD
E. CHARLESTON BOULEVARD
Sin City Hostel
Stratosphere
W. SAHARA AVENUE
E. SAHARA AVENUE
Sahara
Circus Circus
Las Vegas Hilton
Riviera
Stardust
Convention Center
DESERT INN ROAD
New Frontier
Elvis-A-Rama
SPRING MOUNTAIN ROAD
Wynn Las Vegas
Treasure Island
The Venetian
TWAIN AVENUE
MARYLAND PARKWAY
EASTERN AVENUE
INDUSTRIAL ROAD
Mirage
Imperial Palace
Rio
Flamingo
Caesars Palace
LAS VEGAS BOULEVARD (THE STRIP)
FLAMINGO ROAD
The Palms
Bally's
Bellagio
Super 8
Hard Rock Hotel
THE STRIP
Paris
Aladdin
HARMON AVENUE
Monte Carlo
New York New York
MGM Grand
TROPICANA AVENUE
Excalibur
Motel 6
Liberace Museum
N
Tropicana
KOVAL LANE
PARADISE ROAD
Luxor
McCarran International Airport
Mandalay Bay

der Stadt aus zu sehen, und manche Besucher fuhren sogar mit Picknickkörben hinaus, um einen besseren Blick darauf zu erhaschen. Bald kamen auch Showgrößen wie **Frank Sinatra**, der 1951 im *Desert Inn* sein Debüt gab, und **Liberace**, der 1955 für die Eröffnungsveranstaltung des *Riviera* $50 000 kassierte. Während die Stars nach Vegas strebten, gingen in vielen Nachtclubs im Land die Lichter aus, sodass sich die Stadt zur unangefochtenen Hauptstadt der Live-Unterhaltung entwickeln konnte.

Das Ende der Unterweltherrschaft in Vegas wurde 1966 eingeläutet, nachdem der einsiedlerische Tycoon **Howard Hughes** ins *Desert Inn* zog. Als die Besitzer seinen Geiz und vor allem seine mangelnde Spiellust nicht länger ertragen wollten, kaufte er einfach das ganze Hotel und spornte durch sein makelloses Image andere Unternehmer an, es ihm gleichzutun.

Etwas später kam eine weitere Legende nach Las Vegas: **Elvis Presley**. Der junge Rockmusiker hatte 1956 wie eine Bombe im *New Frontier* eingeschlagen, begann aber erst 1969 seine triumphale, fünf Jahre währende Bühnenkarriere im *International* (heute *Las Vegas Hilton*).

Fortwährende Razzien und Restriktionen seitens der Behörden hatten in den 80er Jahren die Unterwelt aus Las Vegas vertrieben, doch gerade als es mit der Stadt unaufhaltsam abwärts zu gehen schien, gelang es ihr, das seichte Vergnügen unter milliardenschwerem Aufwand noch einmal neu zu erfinden. Der Erfolg von Steve Wynns *Mirage,* das eine neue Besuchergeneration seit 1989 anlockt, brachte zahlreiche Nachahmer hervor. Auf das *Excalibur* und *MGM Grand* folgten *Luxor* und *New York–New York,* zur Jahrtausendwende schließlich das opulente Quartett *Bellagio, Mandalay Bay*, *Venetian* und *Paris*. Das 21. Jh. begann mit einer Serie von Schocks: Wegen finanzieller Schwierigkeiten musste Wynn das *Bellagio* und *Mirage* an die MGM-Gruppe verkaufen; das brandneue *Aladdin* ging schnell bankrott; die Ereignisse des 11. September 2001 wirkten sich verheerend auf Las Vegas aus. Aber auch dieses Mal erhob sich Las Vegas einmal mehr wie der sprichwörtliche Phönix aus der Asche. Nach unsicherem Start hat sich das *Venetian* als äußerst erfolgreich erwiesen, und Wynn hat 2005 ein neues, noch größeres, noch opulenteres Kasino eröffnet, nämlich das nach ihm benannte *Wynn* an der Stelle des früheren *Desert Inn*. Das Vertauen der Wall Street in die Zukunft der Stadt offenbart sich in einer Reihe atemberaubender Milliarden-Dollar-Fusionen: 2004 schluckte das *MGM Mirage* die *Mandalay Resort Group, Harrah's* übernahm das *Caesars*. Welche Konsequenzen die Dominanz einiger weniger Mega-Unternehmen auf den Strip und den Tourismus haben wird, bleibt allerdings abzuwarten.

The Strip

Nirgendwo sonst bedient man sich exzessiver Maßlosigkeit für das todernste Geschäft des Geldverdienens perfekter als auf dem **Las Vegas Strip**. Schwer vorstellbar, dass Las Vegas jemals eine normale Stadt und der Las Vegas Boulevard eine staubige, von eintönigen Motels gesäumte Durchgangsstraße waren. Nach sechs Jahrzehnten kapitalistischer Ausschweifungen und des nicht enden wollenden Strebens nach Superlativen scheint der Strip in einer hyperaktiven Sucht nach Spannung und Glamour gefangen zu sein, einer Sucht, deren nimmersatte Gier nach dem neuesten Kick heute noch Reizvolles ohne zu Zögern schon morgen über Bord wirft.

Jedes Kasino ist ein in sich geschlossenes Fantasiereich aus verkitschter und echter Unterhaltung. Gewaltige Förderbänder transportieren Fußgänger ins Innere der Kasinos, und ist man einmal drin, scheint es kein Entkommen mehr zu geben. Der Betrieb reißt bei Tag und Nacht nicht ab, und in diesen versiegelten, fensterlosen Höhlen verliert man schnell jedes Gefühl für Zeit und Raum. Selbst wenn es einem gelingt, auf die Straße hinauszukommen, flüchtet man tagsüber angesichts der sengenden Hitze wahrscheinlich sofort wieder ins Kühle. Für einen Besuch des Strip eignen sich der Abend und die Nacht viel besser, wenn er sich von seiner grellsten und lebhaftesten Seite zeigt.

Southern Strip

Durch das Vordringen des Strip in die Wüste werden kontinuierlich neue Kasinos hochgezogen, meist an dessen südlichem Ende, nur wenige westlich des Flughafens.

Den Anfang macht der golden glitzernde Turm des 1999 eröffneten **Mandalay Bay**, dessen Bau aus den Gewinnen seiner beiden Nachbarn *Luxor* und *Excalibur* finanziert wurde und das schicker ist als jedes der beiden. Es beherbergt ausgezeichnete Restaurants und die allabendlich gut besuchte Konzertbühne *House of Blues.* Tagsüber gibt es nur das **Shark Reef Aquarium** zu sehen. In einer schwül-warmen, halb unterirdischen Tempelanlage lauern Krokodile, Quallen und natürlich Haie; die Korallen sind aus bunt gefärbtem Plastik. ⌚ tgl. 10–23 Uhr, Eintritt $16.

Nebenan, verbunden durch eine eigene Monorail-Bahn und einen ladengesäumten Übergang, steht die 36-stöckige, aus getöntem Glas erbaute Pyramide des **Luxor**, das 1993 öffnete. Thema der Anlage ist die ägyptische Archäologie, angefangen mit den Sphinxen, die den Eingang bewachen, bis zum rekonstruierten Grab Tutenchamuns im Innern der Pyramide. Auf dem oberen „Attractions Level" kann man für satte $25 unbegrenzt Fahrten im IMAX-Simulator unternehmen.

Vom Architekten des *Luxor,* Veldon Simpson, stammt auch das unmittelbar nördlich gelegene **Excalibur**, das mit Zugbrücke und Türmchen auf Mittelalter getrimmt ist. In der Regel wird das Hotel von busweise angekarrten Pauschaltouristen bevölkert. Von 1990 bis 1993 konnte es kurz den Titel des größten Hotels der Welt für sich beanspruchen, bis auf der gegenüberliegenden Straßenseite der 5000-Zimmer-Gigant des **MGM Grand** eröffnet wurde – übrigens wiederum von Simpson gebaut, aber inzwischen von einem thailändischen Hotelkonzern übernommen. Der Umsatz hier ist gigantisch – als 1997, nach dem Holyfield-Tyson-Debakel, die Menschenmenge knallende Sektkorken mit Gewehrschüssen verwechselte und die Spieltische für zwei Stunden geschlossen werden mussten, wurde der dadurch enstandene Verlust auf Millionen beziffert. Sein **Lion Habitat** ist ein begehbarer Zoo, in dem sich echte Löwen vor einer Tempelruine lümmeln. ⌚ tgl. 11–23 Uhr, Eintritt frei; für $20 kann man sich mit einem Löwenbaby ablichten lassen.

Die nordwestliche Ecke der Kreuzung Las Vegas Boulevard / Tropicana Avenue, der angeblich verkehrsreichsten Kreuzung der USA, wird von einer farbenfrohen Nachbildung des „Big Apple" eingenommen: **New York–New York**. Dieses Mini-Manhattan, vor dem natürlich eine Freiheitsstatue nicht fehlen darf, besitzt eine Skyline aus 12 Wolkenkratzern (glücklicherweise ohne World Trade Center), wie im Original aus Platzmangel errichtet. Ungewöhnlicherweise für Las Vegas ist die Nachbildung über die Fassaden hinaus detailgetreu; so gibt es einen wundervollen Central Park in abendlicher Dämmerstimmung. Einziger Vorzug gegenüber dem echten New York ist der atemberaubende *Manhattan Express,* eine Achterbahn, die für $12,50 eine rasante Fahrt durch die Anlage bietet.

Central Strip

Das nördlich des *MGM Grand* aufragende **Aladdin** wurde 2000 als erstes Mega-Kasino des neuen Jahrtausends eröffnet. Es hatte mit finanziellen Schwierigkeiten zu kämpfen, die sich nach dem 11. September 2001 noch verstärkten; auch das orientalische Grundmotiv erwies sich eher als Umsatzbremse und wird sich wohl demnächst erledigt haben, denn der neue Besitzer Planet Hollywood plant eine komplette Umgestaltung des Komplexes. Paradoxerweise sind es gerade die vormals dem Erfolg hinderlichen Faktoren, die das *Aladdin* attraktiv machen: Man kann durch die **Desert Passage** schlendern – natürlich eine riesige Shopping Mall –, Konzerte in einem 7000-sitzigen Auditorium besuchen und sein Hotelzimmer aufsuchen oder verlassen, ohne einen Fuß in die Spielhallen zu setzen.

Das benachbarte, 1999 eröffnete **Paris** ist eine Kreation des gleichen Teams, das *New York–New York* schuf. Die Komposition mit ihrem Eiffelturm im Maßstab 1:2 im Zentrum wirkt ein wenig beengt, aber wie im *New York–New York* ist alles mit viel Liebe zum Detail gestaltet, und es gibt eine Auswahl an hervorragenden französischen Restaurants. Aufzüge brausen durch das Dach des Kasinos hinauf zur Spitze des **Eiffelturms**, von dem aus sich vor allem nach Einbruch der Dunkelheit ein herrliches Panorama der Stadt bietet. ⌚ tgl. 10–24 Uhr, $9.

Vom Eiffelturm aus lässt sich auch das gegenüberliegende **Bellagio** in Augenschein nehmen. Der Besitzer des *Mirage,* Steve Wynn, hat hier 1998 den Versuch unternommen, das beste Hotel der Welt zu bauen. Das Hauptgebäude, ein sanft geschwungener Traum in hellblau und beige, steht vor einem künstlich angelegten, rund 32 000 m² großen See, auf dem jede halbe Stunde Hunderte von Springbrunnen Wasserfontänen speien, von Musik untermalt und bunten Lichtern illuminiert. Größter Stolz des Hauses sind die **Via Bellagio**, eine Einkaufsstraße mit luxuriösen Designerboutiquen, und das prachtvolle **Gewächshaus** (Eintritt frei), das unter seiner der Belle Epoque entlehnten und von Kupferstreben eingefassten Glaskuppel ein Meer an Blumen und Pflanzen beherbergt und alle sechs Wochen neu bepflanzt wird.

Gegenüber dem *Bellagio* steht auf der anderen Seite der Flamingo Road das legendäre **Caesars Palace**. Es vereint alles, wofür der Name Las Vegas steht: ein Labyrinth aus Spieltischen aller Art, „römische Soldaten" und im Kleopatra-Stil frisierte und geschminkte Kellnerinnen, die **Forum Mall** mit einem rotierenden, blauen Kuppeldach sowie Brunnen mit beweglichen Statuen, die zu bestimmten Zeiten „zum Leben erwachen". Unlängst vorgenommene Verschönerungen, darunter eine **römische Piazza** unter freiem Himmel mit Cafés und Snack-Bars, haben wesentlich zur Aufwertung der Fassade am Strip beigetragen.

Auf dem Bürgersteig südlich des *Caesars Palace* drängen sich abends die Massen, um vor dem **Mirage** alle 15 Minuten Zeuge eines halbherzigen Vulkanausbruchs zu werden. Nebenan steht das ehemalige Aushängeschild des kinderfreundlichen Las Vegas, **Treasure Island**. Es wurde in **TI** umbenannt und kümmert sich jetzt nicht mehr um die Kids, sondern geht mit einer wilden „Piratenschlacht" und sexy Showgirls namens **Sirens of TI** auf Kundenfang; Shows tgl. nach Einbruch der Dunkelheit alle 90 Min., Eintritt frei.

Dahinter kann man bei **Elvis-A-Rama**, 3401 Industrial Rd, die blauen Wildlederschuhe *(blue suede shoes)* des Königs bestaunen. Neben einer außergewöhnlichen Sammlung mit Elvis-Erinnerungsstücken bietet das kleine, aber unterhaltsame Museum eine stündliche Show, die ein Elvis-Imitator zum Besten gibt. 🕓 Mo–Sa 10–18, So 10–17 Uhr, Eintritt $10 inkl. Show.

Neueren Datums ist auch das **Venetian**, das seit 1999 auf der anderen Straßenseite prunkt. Es umfasst u.a. liebevoll gestaltete Nachbildungen von sechs berühmten venezianischen Fassaden sowie der Rialto- und der Seufzerbrücke. Im Kasino selbst liegt das Hauptaugenmerk auf den **Grand Canal Shoppes**, eine Reihe von Läden, die man über einen freskenverzierten Treppenaufgang erreicht. Die groteske Kopie des **Canale Grande** mit Gondeln samt singenden Gondolieri ($12,50 pro Fahrt) ist Las Vegas in Reinkultur und als solche schlicht unwiderstehlich – allein schon deshalb, weil das Ganze nicht etwa zu ebener Erde, sondern eine Etage darüber angelegt wurde!

Von zwei supermodernen Kunstmuseen, die 2001 im *Venetian* eingeweiht wurden, ist nur noch eins geöffnet. Das **Guggenheim Hermitage**, 💻 www.guggenheimlasvegas.org, gibt der St. Petersburger Eremitage eine dringend benötigte Finanzspritze und zeigt in wechselnden Ausstellungen Schätze aus dem berühmten russischen Museum; bisher widmete man sich dem Impressionismus und Kubismus. 🕓 tgl. 9–20.30 Uhr, Eintritt $15.

Gleich nördlich des *Venetian* steht mit dem **Wynn Las Vegas** das neueste Kasino von allen. Großunternehmer Steve Wynn zeichnete bereits für das *Mirage* und das *Bellagio* verantwortlich. Mit 18 Restaurants, mindestens zwei Shows sowie Ferrari- und Maserati-Händlern hat es die finanzkräftigste aller Zielgruppen fest im Visier.

Northern Strip

Im eine Meile weiter nördlich gelegenen **Circus Circus** versucht man, Kunden mit Familienunterhaltung anzulocken: Trapezkünstler, Feuerschlucker und andere Zirkusnummern unterhalten pausenlos die Menge. In seinem Innern beherbergt das Hotelkasino außerdem den Vergnügungspark **Adventuredome**, 💻 www.adventuredome.com, der mit Achterbahnen und Wildwasserfahrten (alle kosten extra) für Abwechslung sorgen will. 🕓 Mo–Do 11–18, Fr–Sa 10–24, So 10–20 Uhr.

Ein Vergnügen gänzlich anderer Art erwartet Besucher im **Las Vegas Hilton**, 3000 Paradise Rd, eine halbe Meile östlich des *Circus Circus*: Besucher können dort an der **Star Trek Experience** teilnehmen, 💻 www.startrekexp.com, in deren Mittelpunkt die spektakulären Simulatoren *Klingon Encounter* und *Borg Invasion 4-D* stehen. In museumsähnlicher Atmosphäre wird hier eine Star Trek-Chronik ausgebreitet, die u.a. den 3. Weltkrieg im Jahr 2053 sowie die Geburt Spocks im Jahr 2230 umfasst. Höhepunkt ist ein magenbelastender Simulationsflug durch die Tiefen des Weltalls. 🕓 tgl. 11–23 Uhr, Eintritt $30.

Vom *Circus Circus* eine halbe Meile weiter Richtung Downtown erhebt sich die 344 m hohe **Stratosphere** und bietet für $9 aus luftiger Höhe drinnen wie draußen eine fantastische Aussicht auf die Stadt. Drei irrwitzige Fahrgeschäfte sorgen außerdem für den ultimativen Nervenkitzel: der *High Roller* ($4), die höchste Achterbahn der Welt, die unterhalb der Spitze um den Turm braust, der *Big*

Shot ($8), ein Katapult, das seine Fahrgäste knapp 50 m an einem zusätzlichen Mast gen Himmel schießt, um sie dann im freien Fall wieder herabplumpsen zu lassen, und *X-Scream* ($8), eine Art Schaukel am Rand der Aussichtsplattform.

Downtown und das Liberace Museum

Während der Strip mit den Jahren immer attraktiver wurde, schenkte man dem ursprünglichen Stadtkern, Downtown Las Vegas, vergleichsweise wenig Beachtung. Die seit langem als *Glitter Gulch* („Tal der Lichter") bekannte Gegend besteht aus nicht viel mehr als ein paar kompakten Häuserblocks mit bescheidenen Kasinos. Doch hat man die Fremont Street, die Hauptstraße durch Downtown, mit einem Netz überspannt und die **Fremont Street Experience** aus der Taufe gehoben. Das künstliche Himmelsgewölbe erstrahlt allabendlich in einer farbenprächtigen, computergesteuerten Lichterchoreografie aus mehr als 2 Mill. Glühbirnen. Aber bevor man sich mit dem Strip messen kann, muss hier noch viel getan werden.

Die ohnehin spärlich gesäten Museen der Stadt kann man getrost vergessen, mit vielleicht einer Ausnahme: das 2 Meilen östlich vom Strip gelegene **Liberace Museum**, 1775 E Tropicana Ave, 🖳 www.liberace.org. Gemeinhin hat man den 1987 verstorbenen Liberace als glamourösen Barden in Erinnerung, der sein Publikum gnadenlos mit Schmusesongs à la Engelbert traktierte. Er fing in den 40er Jahren als Pianist in den Spelunken des heimischen Milwaukee an. An die frühen Jahre erinnern vergilbte Zeitungsausschnitte und Familienfotos, an die späteren die Requisiten seines Reichtums: elektrische Kandelaber, juwelenbesetzte Wachteleier mit eingebauten Miniaturklavieren, repräsentative Autos und vieles mehr. 🕓 Mo–Sa 10–17, So 12–16 Uhr, Eintritt $12.

Übernachtung

Obwohl es in Las Vegas über 130 000 Motel- und Hotelzimmer gibt (fast alle an ein Kasino angeschlossen), ist es ratsam, ein Zimmer zu reservieren. Leider sind die Zeiten, als die Kasinos Zimmer bisweilen zu unglaublichen Schleuderpreisen vermieteten, vorbei – mit einer Buchungsrate von durchschnittlich 90% haben sie es einfach nicht mehr nötig. Gute Stammkunden mögen zwar gelegentlich umsonst wohnen, aber um als solcher eingestuft zu werden, muss man viele Tausend Dollar an den Spieltischen einsetzen, womit man ohnehin für die Unterkunft (und einiges mehr) bezahlt.

Zur Auswahl stehen im Prinzip zwei Gegenden: der **Strip** mit allen großen Kasinos, den besten Restaurants, Shows und Attraktionen, oder **Downtown**, das von vielen Besuchern, besonders von passionierten Spielern, als „authentischer" bezeichnet wird und wo es generell etwas billiger ist. In jedem Fall lohnt sich die Wahl eines Hotels, in dem man sich vorstellen kann, einen Großteil seiner Zeit zu verbringen, denn in solch exorbitanten Megahotels wie *MGM Grand* oder *Caesars Palace* dauert der Weg vom Zimmer an die frische Luft schnell schon mal 20 Minuten. Die beliebtesten Gegenden sind das südliche Ende des Strip mit dem *New York–New York* und *MGM Grand*, und der mittlere Strip in der Umgebung der Flamingo Avenue mit *Bellagio, Paris, Venetian* und *Caesars Palace*.

Die **Zimmerpreise** richten sich nach Angebot und Nachfrage. Selbst bei einer mehrtägigen Übernachtung im gleichen Zimmer ändert sich der Zimmerpreis von Tag zu Tag – je nach Wochentag und abhängig von der Geschäftslage des Hotels sowie von den gerade in Las Vegas stattfindenden Veranstaltungen. Unter der Woche sind Hotelzimmer i.d.R. billiger als am Wochenende; am Freitag und Samstag ziehen die Preise kräftig an. Am unteren Ende des Spektrums (wie u.a. *Circus Circus* oder *Stratosphere*) muss man mit zusätzlichen $30–50 pro Nacht rechnen, in den namhaften Mega-Kasinos wie *Caesars Palace* oder im *Venetian* wird ein Aufschlag auf den Zimmerpreis von mindestens $100 erhoben. Einige Hotels bestehen zudem am Wochenende auf einer Buchung von mindestens zwei Nächten (Fr und Sa). Auf alle Preise wird zudem eine Zimmersteuer von 11% in Downtown und 9% anderswo aufgeschlagen.

Die **Las Vegas Convention & Visitors Authority** betreibt einen Buchungsservice, Hotline ✆ 1-877/VISIT-LV. Versuchen kann man es auch online auf allgemeinen Reservierungsseiten wie 🖳 www.expedia.de oder 🖳 www.hrs.de, ein weiterer Spezialist für die Reservierung vor Ort ist *Las Vegas Hotels*, ✆ 1-800/715-7666, 🖳 www.vegashotel.com.

THE STRIP – ***Aladdin Resort and Casino***,3667 Las Vegas Blvd S, ✆ 702/785-5555 oder 1-877/333-9474, 🖳 www.aladdincasino.com. Man findet sich hier besser zurecht als in den meisten der gigantischen Nachbarkomplexe; jedes der etwa 2600 Zimmer befindet sich unweit eines Aufzugs. Geräumige Zimmer, erstklassiges Shoppen und Essen. So–Do ❹, Fr–Sa ❼.

Bellagio Resort & Casino, 3600 Las Vegas Blvd S, ✆ 702/693-7111 oder 1-888/987-6667, 🖳 www.belagio.com. Am absolut oberen Ende der Preisskala, feudal eingerichtete Zimmer, imposanter Swimming Pool-Komplex, dazu die besten Restaurants der Stadt. So–Do ❼, Fr–Sa ❽.

Caesars Palace, 3570 Las Vegas Blvd S, ✆ 702/731-7110 oder 1-800/634-6661, 🖳 www.caesarspalace.com. Die älteren Zimmer sind noch mit pseudo-römischem Dekor überladen, während die im neuen Turm eher konventionell und elegant sind. So–Do ❺, Fr–Sa ❽.

Circus Circus Hotel/Casino, 2880 Las Vegas Blvd S, ✆ 702/734-0410 oder 1-800/444-2472, 🖳 www.circuscircus.com. Sehr beliebt bei Familien: Kinder finden den Vergnügungspark und die Zirkusvorstellungen toll, die Erwachsenen freuen sich über die billigen Zimmer. Die Zimmer in der motelähnlichen, nach hinten gehenden „Manor" sind allerdings ziemlich deprimierend. Es lohnt sich, ein paar Dollar mehr auszugeben, um in einem der Türme zu wohnen. So–Do ❷, Fr–Sa ❹.

Luxor Las Vegas, 3900 Las Vegas Blvd S, ✆ 702/262-4102 oder 1-888/777-0188, 🖳 www.luxor.com. Gigantische Glaspyramide, sämtliche der 2000 Gästezimmer bieten umwerfende Ausblicke, verfügen aber im Gegensatz zu den 2000 weiteren Zimmern im neuen, benachbarten Hotelturm meist nur über Duschen und nicht über Bäder. So–Do ❹, Fr–Sa ❻.

Mandalay Bay Resort & Casino, 3950 Las Vegas Blvd S, ✆ 702/632-7777 oder 1-888/632-7000, 🖳 www.mandalaybay.com. Von jüngeren Besuchern bevorzugt, allerdings abseits des Geschehens am zentralen Strip. Jedes der Zimmer hat Bad und Dusche. Spektakuläres Wellenbad. So–Do ❺, Fr–Sa ❼.

The MGM Grand Hotel/Casino, 3799 Las Vegas Blvd S, ✆ 702/891-7777 oder 1-800/929-1111, 🖳 www.mgmgrand.com. Das Warten auf den Service, insbesondere das Einchecken, im größten Hotel Amerikas (5005 Zimmer) kann sich unendlich lange hinziehen. Für den Preis ist man jedoch gut untergebracht. Den höchsten Standard bieten die Zimmer im Grand Tower. So–Do ❹, Fr–Sa ❻.

New York–NewYork Hotel & Casino,3790 Las Vegas Blvd S, ✆ 702/740-6050 oder 1-800/693-6763, 🖳 www.nynyhotelcasino.com. Wegen der Aufmerksamkeit, die auch kleinsten Details gewidmet wurde, ist dies eines der angenehmsten Kasinos am Strip. Sehr schöne, wenn auch etwas kleine Zimmer, im Art-déco-Stil ausgestattet. So–Do ❹, Fr–Sa ❻.

Paris-Las Vegas Casino-Resort, 3655 Las Vegas Blvd S, ✆ 702/946-7000 oder 877/796-2096, 🖳 www.parislasvegas.com. Wenn auch nicht der absolute Gipfel an Luxus, sind Zimmer und Dienstleistungen doch ziemlich beeindruckend; Lage, Ausblicke und allgemeines Ambiente lassen nichts zu wünschen übrig. So–Do ❻, Fr–Sa ❼.

The Stratosphere Hotel & Casino, 2000 Las Vegas Blvd S, ✆ 702/380-7777 oder 1-800/998-6937, 🖳 www.stratospherehotel.com. Trotz seiner ungünstigen Lage am weniger beliebten Nordende des Strips kann sich das *Stratosphere* halten, sicher auf Grund seiner preiswerten Zimmer und der Kundschaft zahlreicher Budget-Reisegruppen. Im Tower gibt es keine Unterkunft und deshalb keine Zimmer mit tollem Ausblick, aber die Zimmer sind groß und angenehm – ein sehr akzeptables Preis-Leistungs-Verhältnis. So–Do ❷, Fr–Sa ❹.

The Venetian, 3355 Las Vegas Blvd S, ✆ 702/414-1000 oder 1-877/883-6423, 🖳 www.venetian.com. Das Luxushotel, das für das Geld am meisten bietet. Selbst die Standardzimmer dieser Nobelherberge sind Suiten mit baldachinbehängten Betten, abgesenktem, geräumigem Wohnbereich und Marmorbädern, dazu ein überwältigendes Angebot an Läden und Restaurants gleich im Haus. So–Do ❽, Fr–Sa ❾.

DOWNTOWN UND AUSSERHALB DES STRIP – ***California Hotel & Casino***, 12 Ogden Ave, Ecke First St, ✆ 702/385-1222 oder 1-800/634-6255, www.thecal.com. Mittelklassehotel in Downtown, überwiegend hawaiianische Gäste, dementsprechende Kost und Getränke dominieren in den Bars und Restaurants. Einfache, aber adäquate Zimmer. So–Do ❷, Fr–Sa ❸.

El Cortez Hotel & Casino, 600 E Fremont St, 702/385-5200 oder 1-800/634-6703, www.elcortezhotelcasino.com. Alteingesessenes Hotel in Downtown. Die superbilligen Zimmer im Hauptgebäude sind viel besser, als man in Anbetracht der erbärmlichen Spielhalle erwarten würde. Die Mini-Suiten im Tower sind mit etwa $44 ein Schnäppchen, noch billiger sind mit etwa $18 die Zimmer mit eigener Du/WC im „Bargain Basement" (Keller) des *Ogden House* auf der gegenüberliegenden Straßenseite. ❶

Hard Rock Hotel & Casino,4475 Paradise Rd, 702/693-5000 oder 1-800/473-7625, www.hardrockhotel.com. Das einzige „Rock 'n' Roll Casino der Welt", etwa eine Meile vom Strip entfernt, kann mit dem Pomp und der Größe der Megakasinos von Las Vegas nicht Schritt halten. Stattdessen ist es klein, aber fein und bietet überdurchschnittlich gute Zimmer, noble Restaurants und einen fantastischen Swimming Pool; ab und zu gibt eine Rockgröße hier ein Konzert. So–Do ❺, Fr–Sa ❼.

Las Vegas USA Hostels, 1322 E Fremont St, 702/385-1150 oder 1-800/550-8958, www.usahostels.com. Das bessere der beiden Hostels in der Stadt – ein ehemaliges *Best Western Motel* – liegt in einem nicht ganz Vertrauen erweckenden Stadtviertel sechs Blocks östlich der Downtown. Dorm-Bett ab $13, Privatzimmer ab $38, Frühstück inkl., sonntags gratis Barbecue und Bier, kostenlose Abholung vom *Greyhound*-Bus und beheizter Pool. Die freundlichen Manager arrangieren Touren zu den Nationalparks, Stadtbesichtigungen sowie einmal die Woche eine „Clubbing Night". ❶–❷ .

Main Street Station, 200 N Main St at Ogden Ave, 702/387-1896 oder 1-800/465-0711, www.mainstreetcasino.com. Die preisgünstigste Unterkunft in Downtown, zwei Blocks von der Fremont St entfernt. 400 große Zimmer, eine Pubbrauerei und gute Restaurants. Man sollte ein Zimmer verlangen, das nicht direkt am Freeway liegt, z.B. eines an der Südseite. So–Do ❷, Fr–Sa ❸.

Palms Resort & Casino, 4321 W Flamingo Rd, 702/942-7777 oder 1-866/942-7777, www.palms.com. Das heißeste neue Kasino der Stadt, vor allem dank einiger extravaganter Discos und Restaurants und einer großen Promi-Dichte. Die Zimmer sind sehr komfortabel, doch man bezahlt Spitzenpreise für eine eher ungünstige Lage eine Meile westlich des Strip. So–Do ❹, Fr–Sa ❽.

Rio Suite Hotel & Casino, 3700 W Flamingo Rd, 702/777-7777 oder 1-877/752-9746, www.playrio.com. Das westlich des Interstate Freeway gelegene Casinohotel versucht mit großen, luxuriös eingerichteten Zimmern, ausgezeichneten Restaurants, Bars und Buffets und einem tollen Swimming Pool den großen Konkurrenten auf dem Strip Paroli zu bieten. Billig ist es jedoch nicht, und zu dem eine halbe Meile entfernten Strip führt eine Straße, auf der kein vernünftiger Mensch zu Fuß gehen würde. So–Do ❻, Fr–Sa ❼.

Sin City Hostel, 1208 Las Vegas Blvd S, 702/385-9955. Kürzlich renoviertes Privathostel am Rand von Downtown in einem ehemaligen Motel, das wie die Umgebung schon deutlich heruntergekommen ist. Dorm-Bett $17,50, sehr große Nachfrage, besonders im Sommer.

Essen

Vor zehn Jahren noch glaubte man in Las Vegas, Besucher hätten für die gehobene Küche kein Geld übrig, und die einzigen guten Restaurants waren edle italienische Lokale weitab vom Strip. Seither hat sich die Situation grundlegend gewandelt, und die großen Kasinos wetteifern darum, Meisterköche aus dem ganzen Land abzuwerben, um in Las Vegas Lokale zu eröffnen. Viele Touristen kommen mittlerweile in die Stadt, um sich in einigen der besten Restaurants des Landes verwöhnen zu lassen. Zahlte man für zu Beginn dieses Booms für eine feine Mahlzeit in Las Vegas weniger als irgendwo sonst in den USA, muss man heute dafür sehr tief in die Tasche greifen. Ungeachtet des Wandels bietet fast jedes Kasino nach wie vor ein **Buffet** an, an dem man sich unbegrenzt bedienen kann. Die besseren Buffets sind eher in Kasinos zu finden, die weder am Strip noch in Downtown angesiedelt sind und die gleichermaßen von Einheimischen und Touristen leben. Im Gegensatz dazu müssen die Buffets in den größten Kasinos wie dem *Excalibur* und dem *MGM Grand* nur so gut sein, dass die eigenen Hotelgäste nicht abwandern und die tägliche Besucherschwemme ebenfalls satt wird.

RESTAURANTS – *America*, *New York–New York,* 3790 Las Vegas Blvd S, ✆ 702/740-6451. Riesiges, höhlenähnliches Restaurant, mit einer enormen dreidimensionalen Landkarte der USA dekoriert. Jedes einzelne Gericht auf der Speisekarte ist typisch für eine bestimmte Region des Landes; im Angebot sind z.B. texanische Grill-Ribs ($14) und New York Pizzas ($9–11). ◷ tgl. rund um die Uhr.

***Aureole**, Mandalay Bay,* 3950 Las Vegas Blvd S, ✆ 702/632-7401. Paradies für Weinliebhaber, in dem „Weinengel" einen dreistöckigen Turm mit 10 000 Flaschen umherschieben. Die „Progressive American Cuisine" ist ebenso außerirdisch wie die Preise. ◷ tgl. 6–23 Uhr.

***Bouchon**, The Venetian,* 3355 Las Vegas Blvd S, ✆ 702/414-6200. Thomas Keller wird als bester Koch der Welt gefeiert, sein freundliches Bistro ist aber dessen ungeachtet relativ erschwinglich, sodass es nicht nur ein kulinarischer Genuss ist, auf der riesigen Piazza im 10. Stock des Venezia Tower zu speisen. ◷ tgl. 6.30–10.30 und 17.30–23 Uhr.

***The Coffee Shop**, Binion's Horseshoe,* 128 E Fremont St, ✆ 702/382-1600. 24-Stunden-Café in Downtown mit sehr günstigen Preisen für wechselnde Tagesgerichte. Von 23–7 Uhr kostet ein Steak mit zwei Eiern und Pommes nur $6. Außerdem gutes Frühstück rund um die Uhr.

***Commander's Palace**,* Desert Passage, *Aladdin,* 3663 Las Vegas Blvd S, ✆ 702/892-8272. Das New Orleans-Restaurant – wiederholt zum besten Restaurant der USA gekürt – serviert „Haute Creole Cuisine" – kreolische Küche vom Feinsten, zu entsprechenden Preisen. Festes Abendmenü für $39. ◷ Mo–Fr 9–11, 11.30–14 und 17–22, Sa–So 10.30–14.30 und 17–22 Uhr.

***Fat Burger**,* 3765 Las Vegas Blvd S, ✆ 702/736-4733. Hier bekommt man zu jeder Tages- und Nachtzeit gute Burger, Pommes und Milkshakes. ◷ tgl. rund um die Uhr.

***Il Fornaio**, New York-New York,* 3790 Las Vegas Blvd S, ✆ 702/650-6500. Rustikal-italienisches Restaurant und idealer Ort, um die Atmosphäre des *New York–New York* zu genießen. Eine Pizza kostet ca. $12, andere Gerichte (Hähnchen vom Grill, Pasta) $16–20. Das Deligeschäft nebenan verkauft tgl. ab 6 Uhr leckeres Olivenbrot, Kuchenteilchen und Kaffee. ◷ Mo–Do und So 7–22, Fr–Sa 7–24 Uhr.

***Mon Ami Gabi**, Paris,* 3655 Las Vegas Blvd S, ✆ 702/944-4224. Mittags speist man in Vegas nirgends besser als im *Mon Ami Gabi,* wo man – wie in Frankreich – draußen auf dem Bürgersteig sitzen und u.a. eine exquisite Zwiebelsuppe ($7), Muscheln ($11) oder Steak frites ($21) genießen kann. Abends werden teurere Steak- und Fischgerichte serviert. ◷ Mo–Do und So 11.30–15.30 und 17–23, Fr–Sa 11.30–15.30 und 17–24 Uhr.

***Mr Lucky's 24/7**, Hard Rock Hotel,* 4455 Paradise Rd, ✆ 702/693-5000. Schicker, rund um die Uhr geöffneter Coffee Shop mit offener Küche, Sitzecken aus Kunstpelz, dazu weit überdurchschnittliches Essen: Frühstück, Burger, Sandwiches, Pizza und Pasta ($7–12). Milchshakes und Bier aus der hauseigenen Brauerei.

***Olives**, Bellagio,* 3600 Las Vegas Blvd S, ✆ 702/693-8181. Bestes Restaurant im *Bellagio,* in dem hervorragende, überwiegend mediterrane Gerichte auf den Tisch kommen. Besonders gut (und preiswerter) ist der Mittagstisch. Abendessen ist teurer, die Hauptspeisen kosten $28–50. ◷ tgl. 11–14.30 und 17–23.30 Uhr.

***Vialé**,* Roman Plaza, *Caesars Palace,* 3500 Las Vegas Blvd S, ✆ 702/731-7110. Hervorragende, preiswerte Trattoria direkt am Strip; auch Mini-Pizza zum Mitnehmen. ◷ tgl. 11–16 und 17–23 Uhr.

***Zefferino**,* Grand Canal Shoppes, *The Venetian,* 3355 Las Vegas Blvd S, ✆ 702/414-3500. Das italienische Nobelrestaurant macht auf romantisch; u.a. gibt es verschnörkelte Balkons zum „Canale Grande" hin. Normalerweise sündhaft teuer, aber superpreisgünstig ist das dreigängige Lunchmenü ($20, nur Mo–Sa). ◷ Mo–Sa 11.30–1, So 10–14.30 und 17–23 Uhr.

BUFFETS – *The Buffet*, *Bellagio,* 3600 Las Vegas Blvd S, ✆ 702/791-7111. Mit Abstand das beste Buffet in Las Vegas. Die Auswahl ist riesengroß: zum Frühstück ($14) u.a. Bagels, Kuchenteilchen, Eier, Räucherlachs, Schinken, Obst und Obstsalat; zum Mittagessen ($15) vielleicht Sushi, Foccacia und Obsttörtchen; zum Abendessen (Mo–Fr und So $26, Sa $32) wird die Latte noch höher gehängt: Hummerschwänze, frische Austern, Wildbret...

Cravings Buffet, *The Mirage*, 3400 Las Vegas Blvd S, ✆ 702/792-7777. Das neue Büffet im *Mirage* zählt sicher zu den besten, allein der Speisesaal ist schon einen Besuch wert. Mittags u.a. Sushi, Dim Sum, allerlei Gegrilltes, nach Wunsch zubereitete Salate sowie hausgemachte Eiscreme, abends zusätzlich Fisch- und Fleischgerichte. Frühstück $12,50, Mittagessen $17,50, Abendessen $22,50.

Fantasy Market Buffet, *The Palms*, 4321 W Flamingo Rd, ✆ 702/942-7777. Eines der beliebtesten Buffets mit sehr günstigen Preisen für Salate, Sushi, mexikanische und italienische Spezialitäten, Hühnchen-Teriyaki, Rindfleisch vom Grill und leckeren Kuchen. Frühstück $6, Mittagessen $7, Abendessen Sa–Do $12, Fr Krebsbeine und Prime Ribs $16.

Garden Court Buffet, *Main Street Station*, 200 N Main St, ✆ 702/387-1896. Das preisgünstigste Buffet in Downtown, sehr sauber, wenn auch nicht gerade aufregend: u.a. Tortillas und Fajitas, Chow Mein, Tofugerichte (Frühstück $6, Lunch $8, Abendessen $11–16).

Le Village Buffet, *Paris*, 3655 Las Vegas Blvd S, ✆ 702/967-7000. Ausschließlich französische Gerichte in vergnüglicher, deutlich an Disney angelehnter Atmosphäre. Alles schmeckt hervorragend: Seafood, Bouillabaisse, Coq au vin, superfrisches Gemüse und eine Käseplatte. Frühstück $13, Lunch $18, Abendessen $25.

Todai Seafood Buffet, Desert Passage, *Aladdin*, 3663 Las Vegas Blvd S, ✆ 702/892-0021. Ausgezeichneter Japaner: All-you-can-eat Sushi und Sashimi plus Nudeln und Fleischgerichte. Lunch Mo–Fr $15, Sa–So $17, Abendessen Mo–Do $26, Fr–So $28.

Unterhaltung

BARS UND CLUBS – Alkohol fließt in Las Vegas in Strömen – nicht weiter verwunderlich, ist er doch das beste Mittel, um unentschlossene Zuschauer zum Spielen zu verleiten und – so hofft man – dabei zu halten. In einem Kasino braucht man nicht lange zu warten, bis eine der vielen mit einem Tablett beladenen, umherwandernden Kellnerinnen die Bestellung aufnimmt. Es gibt dort aber auch richtige **Bars**, und die altmodische **Las Vegas Lounge** ist ebenfalls wieder stark im Kommen.

Neuerdings hat sich Las Vegas den Ruf als **Clubbing**-Hauptstadt erworben, denn die erfolgreichen Nightclubs in hippen Kasinos (z.B. *Hard Rock* und *Mandalay Bay*) haben viele Nachahmer mit eigenen Clubs und „Ultra-Lounges" auf den Plan gerufen.

Die Kasinos und mehrere Zeitungen informieren über **Live-Musik**, darunter das *Las Vegas Review Journal*, 🖳 www.lvrj.com, und die kostenlose *City Life*, 🖳 www.lvcitylife.com.

The Beach, 365 Convention Center Drive, ✆ 702/731-1925, 🖳 www.beachlv.com. Bei Teenies sehr beliebter Dance Club, unten eine große Tanzfläche, oben eine Sports Bar. ⌚ tgl. rund um die Uhr. Eintritt (nur Männer) um $10.

Gaudí Bar, Sunset Station, 1301 W Sunset Rd, Henderson, ✆ 702/547-7777. Die schrägste und wunderbare Kasino-Lounge von Las Vegas ist ein Tribut an den spanischen Architekten Gaudí. ⌚ tgl. 24 Std.

Gipsy, 4605 Paradise Rd, ✆ 702/731-1919. Dance Club für Schwule, zum Publikum zählen junge Ingenieure und „Celebrities". Mi kostenlose „Cruise Night", ansonsten Live-Unterhaltung (z.B. Fr–Sa „Go-Go Boys"), $5. ⌚ tgl. 21–5 Uhr.

House of Blues, *Mandalay Bay*, 3950 Las Vegas Blvd S, ✆ 702/632-7600. Der wichtigste Veranstaltungsort am Strip für Live-Musik; hauptsächlich Blues, R & B und dergleichen. Tickets $25 bis über 100.

Rain, *The Palms*, 4321 W Flamingo Rd, ✆ 702/940-7246. Dance Club mit Wasserthema, derzeit der heißeste Tipp unter Showstars. Unsere Wenigkeit wartet da schon mal bis zu einer Stunde am Eingang. Do 23–5, Fr–Sa 22–5 Uhr, $20.

Rumjungle, *Mandalay Bay*, 3950 Las Vegas Blvd S, ✆ 702/632-7777. Kombination aus Bar, Restaurant und Disco mit Go-Go-Tänzern und in Leopardenfell gekleidetem Personal. ⌚ Mo und Do–Sa 17.30–4, Di, Mi 17.30–2 Uhr, wer nicht im Restaurant isst, zahlt $20.

Triple Seven Brewpub, *Main Street Station*, 200 N Main St, ✆ 702/386-4442. Geräumige Pubbrauerei, gutes Bier und leckeres Essen, nur die Bedienung lässt zu wünschen übrig. ⌚ tgl. 11–7 Uhr.

***Venus Lounge**, The Venetian,* 3265 Las Vegas Blvd S, ✆ 702/414-4870. Betont kitschige Retro-Lounge direkt am Strip mit niedlicher Südseebar, zu späterer Stunde eine durchschnittliche Disco. ⌚ Mi–So 17–5 Uhr. Nur am Wochenende Eintritt, bis zu $20.

SHOWS – Nur die feste Show von Celine Dion im *Caesars' Colosseum* erinnert noch an die Zeiten, als Las Vegas den Höhepunkt einer jeden Show-Karriere markierte und Frank Sinatras Rat Pack Abend für Abend im *Sands* auftrat. Seit dem abrupten Ende der 14 Jahre währenden Tiger-Show von Siegfried und Roy bilden inzwischen die spektakulären Darbietungen des *Cirque du Soleil* und der *Blue Man Group* die wichtigsten Säulen der Unterhaltungsindustrie am Strip. Momentan zeigt der *Cirque* fünf verschiedene Shows, die in der Regel weit über $100 kosten, eine sechste soll ab 2006 im *Mirage* laufen und von Beatles-Musik untermalt werden.

***Blue Man Group**, Luxor,* 3900 Las Vegas Blvd S, ✆ 702/262-4400. Drei kahlköpfige, blau gefärbte Performance-Künstler ziehen jede Nacht vor ausverkauftem Haus (übrigens eine 1250-sitzige „Pyramide") ihre kuriose, wortlose Show ab. Eine „Story" oder einen „Sinn" sucht man vergebens, stattdessen ist man Zeuge von synchronisierter Cornflakes-Verspeisung und dergleichen, von vibrierendem, ohrenbetäubendem Getrommel und atemberaubenden Special Effects. Ab September 2005 tritt die *Blue Man Group* in einem neuen Saal im *Venetian* auf. Mo, Mi, Fr und So 19 und 22, Di und Do 19, Sa 16, 19 und 22 Uhr, $63–90.

***Celine Dion in A New Day**, Caesars Palace,* 3500 Las Vegas Blvd S, ✆ 702/731-7865. Die kommerziell erfolgreichste Sängerin aller Zeiten tritt im 4000 Zuschauer fassenden *Roman Colosseum* auf. Wer Fan ist, erlebt den Abend seines Lebens, wer nicht, wird sich dennoch der Faszination des Spektakels kaum entziehen können. Während der Saison Mi–So 20.30 Uhr, $87,50–225.

***Lance Burton**, The Monte Carlo,* 3770 Las Vegas Blvd S, ✆ 702/730-7160. Beste Familienshow der Stadt mit dem Meistermagier Lance Burton; überwiegend traditionelle, aber sehr beeindruckende Nummern mit Spielkarten, Taschentüchern und Tauben, daneben auch größere Illusionsspektakel, bei denen u.a. ein ganzes Flugzeug verschwindet. Di und Sa 19 und 22, Mi–Fr 19 Uhr, $66 und $73.

***Mystère**, TI,* 3300 Las Vegas Blvd S, ✆ 702/796-9999 oder 1-800/963-9634, 💻 www.cirquedusoleil.com. Die Original-Las-Vegas-Show des *Cirque du Soleil* ist ein solcher Augenschmaus, das es letzten Endes völlig unwichtig ist, ob die Traumlandschaft „etwas bedeutet" oder nicht. Es ist einfach eine fabelhafte Darbietung von Zirkuskünsten, an der Akrobaten, Trapezartisten, Jongleure und Clowns mitwirken, aber keine Tiere (abgesehen von Menschen in fantastischen Tierkostümen). Mi–Sa 19.30 und 22.30, So 16.30 und 19.30 Uhr, $95.

***O**,* Bellagio, 3600 Las Vegas Blvd S, ✆ 702/693-7722. Las Vegas' teuerste Show belegt auf eindrucksvolle Weise, was alles möglich ist, wenn Geld keine Rolle spielt. Sie verfügt über eine Hightech-Bühne, auf der sowohl Synchronschwimmerinnen wie auch der herrliche Cirque du Soleil ihr Können in Szene setzen. Mi–So 7.30 und 22.30 Uhr, $99–150.

Sonstiges

AMERICAN EXPRESS – Im *MGM Grand,* 3799 Las Vegas Blvd S, ✆ 702/739-8474.

AUTOVERMIETUNG – Alle größeren Autovermieter haben Büros am McCarran Airport, mindestens ein Unternehmen ist jeweils in den großen Kasinos vertreten.

BIBLIOTHEK – 1401 E Flamingo Rd, ✆ 702/733-7810, ⌚ Mo–Do 9–21, Fr–Sa 9–17, So 13–17 Uhr.

FOTOGRAFIEREN – *Excalibur* und *Four Queens* sind die einzigen Kasinos in Las Vegas, in denen das Fotografieren der Automaten und Spieltische erlaubt ist.

GELD – Obwohl es keine einzige Bank auf dem Strip gibt, ist es ein Kinderspiel, in Las Vegas an Bargeld zu kommen, denn die Kasinos wechseln mit Vergnügen fast sämtliche Währungen. Geldautomaten sind dort allgegenwärtig, bei den meisten beträgt die Wechselgebühr ca. $2.

HUBSCHRAUBERTOUREN – Am beliebtesten sind die zehnminütigen Rundflüge über den Strip, am besten bei Nacht. Daneben werden längere Touren über den Hoover Dam zum Grand Canyon angeboten, die meisten allerdings zum weniger spektakulären Grand Canyon West.
Papillon Helicopters, ✆ 702/736-7243 oder 1-888/635-7272, 💻 www.papillon.com. Nachtflug über Las Vegas $55, Grand Canyon West $239.

INFORMATIONEN – Zahllose, überall kostenlos erhältliche Broschüren und Magazine bieten detaillierte Informationen. Das *Las Vegas Review-Journal* enthält täglich vier Seiten Veranstaltungshinweise.
Visitor Center, 3150 Paradise Rd, ✆ 702/892-0711 oder 1-877/VISIT-LV, 💻 www.vegas freedom.com. Eine halbe Meile östlich vom Strip im riesigen Convention Center. Zu abseits gelegen, um zu Fuß erreicht zu werden, und die dort ausliegenden Broschüren lassen sich auch andernorts leicht finden. 🕒 tgl. 8–17 Uhr.

INTERNET – ***Cyber Stop Internet Café,*** 3763 Las Vegas Blvd S, ✆ 702/736-4782, 💻 www.cyber stopinc.com, 🕒 tgl. 7–2.30 Uhr.

KINDER – Mehrere Kasinos bieten ein Kinderprogramm an, während die Eltern mit Glücksspiel oder anderen Vergnügungen beschäftigt sind. Der Eintritt zum Youth Center im *MGM Grand* kostet $8,50 pro Stunde für Gäste, ansonsten $10,50. In der Regel können sich die Kids dort maximal 3 1/2 Std. aufhalten.
Around The Clock Child Care, ✆ 702/365-1040 oder 1-800/798-6768, vermittelt Babysitter.

MEDIZINISCHE HILFE – ***Nevada Resort Medical Center,*** *Imperial Palace,* 8. Stock, 3535 Las Vegas Blvd S, ✆ 702/893-6767. Private Einrichtung, 🕒 24 Std.
Apotheke: ***CVS Pharmacy,*** 3758 Las Vegas Blvd S, ✆ 702/262-9284, 🕒 tgl. 24 Std.
Krankenhäuser mit Notaufnahme rund um die Uhr:
Sunrise Hospital, 3186 Maryland Parkway, ✆ 702/731-8080.
University Medical Center, 1800 W Charleston Blvd, ✆ 702/383-2000.

MESSEN – Während der großen Ausstellungen und Messen, die bis zu 200 000 Besucher anlocken, können die Zimmerpreise in Las Vegas enorm ansteigen. Die größten jährlichen Veranstaltungen sind die *Consumer Electronic Show* (2. Januarwoche), die Textilmesse MAGIC der *Men's Apparel Guild* (Mitte Februar und Anfang September) und die *Comdex Computer Show* (Mitte November).

POST – Dem Strip am nächsten gelegenes Postamt hinter dem *Stardust,* 3100 Industrial Rd. 🕒 Mo–Fr 8.30–17 Uhr.

TRINKGELD – Es wird erwartet, dass man den Croupiers am Spieltisch bei jedem Gewinn ein bis zwei Chips zukommen lässt. Servicekräfte, die kostenlose Getränke servieren, erwarten normalerweise ein Trinkgeld von $1–2 pro Drink.

Nahverkehrsmittel

Die Wagen des **Las Vegas Strip Trolley,** ✆ 702/382-1404, pendeln auf dem Strip zwischen dem *Mandalay Bay* und dem *Stratosphere* zum Einheitspreis von $1,50.
Der ähnliche **Downtown Trolley,** ✆ 702/229-0624, verkehrt zwischen dem *Stratosphere* und Downtown für 50¢.
CAT-Busse, ✆ 702/228-7433, 💻 www.catride.com, verkehren im gesamten Stadtgebiet, die Linien Nr. 301 und 302 verbinden den Strip mit Downtown, Fahrpreis $2.
Seit 2004 verkehrt endlich die lange angekündigte ***Las Vegas Monorail,*** ✆ 702/699-8200, 💻 www.lvmonorail.com, an der östlichen Seite des Strip vom *MGM Grand* zum *Sahara.* Trotz technischer Probleme und wiederholter Stilllegungen während der ersten Monate wird erwartet, dass die Bahn langfristig zur Entschärfung der Verkehrsprobleme beitragen wird, falls sie wirklich bis zum Flughafen und nach Downtown erweitert werden sollte. Besonders Geschäftsreisende schätzen die Anbindung an abseits des Strip liegende Ziel wie Convention Center und *Hilton.* Ein Einzelfahrschein kostet $3, ein Zehnerticket $25. Separate, kostenlose Monorail-Bahnen verbinden außerdem das *Mandalay Bay* mit dem *Luxor* und *Excalibur,* das *Bellagio*

mit dem *Monte Carlo* und das *Mirage* mit dem *TI*. Ein **Auto** benötigt nur, wer mehr von Las Vegas sehen möchte als den Strip.

Transport

BUSSE – *Greyhound*-Station, 200 S Main St, Downtown, ✆ 702/382-2640.
Greyhound-Busse fahren nach FLAGSTAFF (2x tgl., 5 3/4 Std.) und LOS ANGELES (14x tgl., 5 1/2–8 1/2 Std.).

EISENBAHN – *Amtrak*-Züge fahren nicht mehr nach Las Vegas.

FLÜGE – Der McCarran International Airport, ✆ 702/261-5211, 💻 www.mccarran.com, ist nur eine Meile östlich von Südende des Strip und 4 Meilen von Downtown entfernt. Einige Hotels bieten einen kostenlosen Shuttlebus von und zum Flughafen. Ansonsten gibt es einen oft verkehrenden Minibus von ***Bell Trans***, ✆ 702/380-7990, 💻 www.bell-trans.com, der für $4,75 zum Strip fährt, für $6 nach Downtown. Eine Taxifahrt zum südlichen Ende des Strip kostet $15, bis zu den Kasinos weiter nördlich $25.

Lake Mead und Hoover Dam

Der riesige Stausee, der 1935 mit dem Bau des Hoover-Damms entstand, liegt ca. 30 Meilen südöstlich von Las Vegas. Das blaue, klare Wasser bildet einen reizvollen, fast unwirklichen Kontrast zur umliegenden Wüste. Ein Besuch des 4 Meilen nordöstlich von Boulder City am US-93 angesiedelten *Alan Bible Visitor Center*, ✆ 702/293-8990, 💻 www.nps.gove/lame, lohnt angesichts der fantastischen Aussicht selbst dann, wenn man keine Informationen über die Segel-, Tauch-, Wasserski- oder Angelmöglichkeiten haben möchte. 🕓 tgl. 8.30–16.30 Uhr. 8 Meilen weiter südöstlich auf dem US-93, hinter dem felsigen Gebirge der Black Mountains kommt man zum **Hoover Dam**. Das Wasser des Colorado River wird hier gestaut, um die Städte des Südwestens mit billiger Elektrizität zu versorgen. Es handelt sich um einen der höchsten Dämme, die je konstruiert wurden (230 m), der verwendete Beton würde ausreichen, um einen zweispurigen Highway von New York an die Westküste zu bauen.

Der Zugang ins Innere des Kraftwerks wurde nach dem 11. September 2001 stark eingeschränkt. Halbstündige Führungen mit dem Fahrstuhl in den Turbinenraum hinunter beginnen am Hoover Dam Visitor Center auf der in Nevada gelegenen Seite des Flusses, tgl. 9–17, Eintritt $10, Parken $5, ✆ 702/597-5970.

Westliche Mojave und Death Valley

Von L.A. nach Nordosten

Nur 50 Meilen von Los Angeles entfernt befinden sich die San Gabriel Mountains, hinter denen der westliche Teil der Mojave-Wüste beginnt. Man durchquert diese unfruchtbare Ebene auf dem Weg von Los Angeles zu den Gipfeln der östlichen Sierra Nevada oder zum Death Valley. In den wenigen Siedlungen, die während der letzten Jahrzehnte hier entstanden sind, wohnen entweder Rentner, die wegen der trockenen, sauberen Luft hierher gezogen sind, oder Angestellte der Luftfahrtindustrie, die bei einer der vielen Militärbasen oder Flugzeugfabriken beschäftigt sind.Der Hwy-14 zweigt am nördlichen Ende des San Fernando Valley vom I-5 nach Osten zu den Ausläufern der San Gabriel Mountains ab und passiert schließlich das **Placerita Canyon Park Nature Reserve**, 1,5 Meilen abseits des Hwy-14 an der Placerita Canyon Road, 💻 www.placerita.org, 🕓 tgl. 9–17 Uhr, Eintritt frei. Hier befindet sich auch die Stelle, wo 1842 zum ersten Mal Gold in Kalifornien gefunden wurde. Nach weiteren 11 Meilen auf dem Hwy-14 passiert man den **Vasquez Rocks County Park**, eine massive Sandsteinformation, einst Unterschlupf für Banditen und Bankräuber, später Kulisse für billige Hollywood-Western; 🕓 tgl. von 8 Uhr bis Sonnenuntergang, $3 pro Fahrzeug. Dann zweigt Hwy-138 Richtung Osten ab zu den Skigebieten und Seen, während Hwy-14 weiter durch die dünn besiedelte, flache Mojave-Ebene führt.

Lancaster und das Antelope Valley

Rund 20 Meilen weiter bilden die Zwillingsstädte Lancaster und Palmdale den größten Ort im Umkreis von vielen Meilen. Eine zerfaserte Senioren-

und Wohnmobil-Siedlung, deren einzige wirtschaftliche Grundlage der Entwurf, Bau und Test von Flugzeugen ist, von B-1 Bombern bis zum *Voyager,* der 1987 mit seiner Erdumrundung einen Rekord aufstellte.

Ansonsten sind Lancaster-Palmdale langweilige, aber günstig gelegene Übernachtungsorte, wenn man am nächsten Morgen die Wüste erleben will, bevor die Temperaturen unerträglich werden.

Im Frühling ist im **Antelope Valley California Poppy Reserve,** 15 Meilen westlich vom Hwy-14 an der Lancaster Rd, die Wappenpflanze Kaliforniens, der Kalifornische Mohn (auch Schlafmützchen genannt, engl. *Golden Poppy*) in voller Blüte. Je nachdem wie viel und wann es im Winter regnet, erblüht der Kalifornische Mohn zwischen Mitte März und Ende April, dann erstreckt sich hier ein Meer aus orangen Blüten. ⌚ tgl. von Sonnenauf- bis Sonnenuntergang, Eintritt in der Mohnblütensaison $5, sonst frei.

Im ausgezeichneten **Interpretive Center** gibt es Hintergrundinformationen zur Flora und Fauna der Wüste. Das Gebäude ist in einen Hang eingebaut, bleibt dank raffinierter Architektur und Technik auch ohne Klimaanlage kühl und wird nur vom Windrad nebenan mit Energie versorgt. ⌚ während der Mohnblüte Mo–Fr 9–16, Sa und So 9–17 Uhr.

Im **Saddleback Butte State Park,** 17 Meilen östlich von Lancaster, an der Kreuzung von Avenue J und 170th Street, erhebt sich ein kleiner Berg, an dessen Hängen Joshua Trees wachsen Mit etwas Glück kann man Wüstenschildkröten beobachten, die hier vor den in der Gegend herumrasenden Motorrad- und Dune-Buggy-Fahrern Zuflucht suchen. ⌚ tgl. von Sonnenauf- bis Sonnenuntergang, $5 pro Fahrzeug. Es gibt einen kurzen Naturpfad von einer halben Meile und einen einfachen Campground ($12), der meist nicht stark belegt ist, nur an Sommerwochenenden kann es voll werden.

3 Meilen südwestlich befindet sich in der Avenue M das **Antelope Valley Indian Museum,** untergebracht in einem pseudoschweizerischen Chalet. Es beherbergt eine umfangreiche Sammlung ethnografischen Materials aus allen Teilen des Bundesstaates. ⌚ Mitte Sept–Mitte Juni Sa und So 11–16 Uhr, Eintritt $2.

Die Wüste und die ausgetrockneten Seen nördlich von Lancaster und östlich von Mojave werden von der **Edwards Air Force Base** als Testgebiet für schnelle und hochfliegende Düsenflugzeuge und als alternatives Landegebiet für Space Shuttles genutzt. Nach dem 11. September 2001 wurde die 90-minütige Führung über das Gelände gestrichen. Wer will, kann sich beim *Public Affairs Department* erkundigen, ob sich das wieder geändert hat: ✆ 661/277-3510, 💻 www.edwards.af.mil.

Übernachtung

Desert Inn, 44219 Sierra Hwy, ✆ 661/948 8401 oder 1-800/942-8401, 💻 www.desert-inn.com. Mit Pool. ❺

Motel 6, 43540 W 17th St, ✆ 661/948-0435; wenig abseits des Hwy-14. Mit Pool. ❷

Sonstiges

INFORMATIONEN – ***Chamber of Commerce,*** 554 Lancaster Blvd, ✆ 661/948-4518, Informationen über Unterkunftsmöglichkeiten. ⌚ Mo–Fr 9–17 Uhr.

Mojave Desert State Parks Visitor Center, 43779 15th St West, ✆ 661/942-0662, 💻 www.calparksmojave.com, in einer Mall in der Nähe der Avenue K-Abfahrt vom Hwy-14. Auskünfte über Naturattraktionen in der Umgebung. ⌚ Mo–Sa 10–16 Uhr.

Theodore Payne Foundation for Wildflowers and Native Plants, ✆ 818/768-3533, 💻 www.theodorepayne.org.

Mojave und Tehachapi

30 Meilen nördlich von Lancaster liegt der Eisenbahn-Knotenpunkt **Mojave,** der aber hauptsächlich zum Rangieren endloser Güterzüge genutzt wird. Die Stadt selbst, in erster Linie eine kilometerlange, von Tankstellen, Motels und Fastfood-Ketten gesäumte Straße, ist ein guter Ort, um zu tanken und sich mit Verpflegung und Wasser einzudecken, bevor man ins Owens Valley oder ins Death Valley weiterfährt.

Rund 20 Meilen westlich von Mojave am Hwy-58 liegt **Tehachapi,** ein gut 1200 m hoch gelegenes Zentrum für den Apfelanbau, das eine angenehme Erholungspause von der Hitze der Mojave bietet.

Neben der hübschen Landschaft besitzt der Ort einige kleinere Sehenswürdigkeiten. In der Tehachapi Wind Resource Area, die östlich der Ortschaft am Cameron Ridge liegt, stehen 5100 **Windgeneratoren** – eine der ergiebigsten alternativen Stromquellen der Welt. Im Oktober 2004 machte die Mojave Schlagzeilen als Start- und Landeplatz von **SpaceShipOne**, dem ersten privat finanzierten Raumschiff, das auf einen suborbitalen Flug geschickt wurde und zwei Mal innerhalb von 14 Tagen eine Höhe von ca. 100 km erreichte.

Übernachtung

Zur Verfügung stehen u.a. in Tehachapi:
Best Western Mountain Inn, 418 W Tehachapi Blvd, ✆ 661/822-5591. ❺
Santa Fe Motel, 120 W Tehachapi Blvd, ✆ 661/822-3184, 📠 822-7905. ❷
Außerdem gibt es 8 Meilen südwestlich von Tehachapi von der Highline Road abgehend einen **Campingplatz** ($10) im Tehachapi Mountain Park, ✆ 661/868-7000, der sich über ein erfrischendes, über 1800 m hohes Terrain erstreckt. Außer Toiletten und Wasser gibt es keine weiteren Einrichtungen.

Essen

Zu den beliebten Restaurants zählen das
Apple Shed, 333 E Tehachapi Blvd, ✆ 661/823-8333, das gutes, rustikales Frühstück und leckeren Apfelkuchen bietet, und das
Domingo's, 20416 Valley Blvd, ✆ 661/822-7611, ein mexikanisches Restaurant in Familienbesitz im neueren Teil von Tehachapi.

Sonstiges

INFORMATIONEN –***Chamber of Commerce,*** 209 E Tehachapi Blvd, ✆ 661/822-4180, in der nähe der Bahnanlagen im älteren Teil des Ortes. Auskunft über die lokalen Attraktionen wie Obsthaine für Selbstpflücker, Antiquitätenläden oder Straußenfarmen ⌚ Mo–Fr 9–17, Sa–So 9–16 Uhr.

Von Mojave nach Ridgecrest

Hinter Mojave, entlang des Hwy-14, ist die Wüste fast unbewohnt, einzig die kahlen Vorgebirge der Sierra Nevada im Westen prägen das Bild. Ab und zu entdeckt man gespenstische Spuren derjenigen, die hier einmal nach Gold oder anderen Edelmetallen suchten. 24 Meilen nördlich von Mojave führt Hwy-14 durch **Red Rock Canyon**, eine farbenprächtige, wunderbar erodierte Gesteinsformation. Der Highway führt direkt durch den spektakulärsten Teil des Canyons. Wer sich ein paar hundert Meter von der Straße entfernt, sieht vielleicht sogar einen Adler oder Kojoten.

Das Visitor Center im **Red Rock Canyon State Park** informiert über einige kurze Wanderwege und die von Rangern durchgeführten Veranstaltungen am Wochenende (Naturführungen und Vorträge über diverse Themen). ⌚ Frühjahr und Herbst Fr 12–20, Sa 9–19, So 9–17 Uhr, Winter und Sommer geschlossen. Der Park selbst ist immer geöffnet, $5, ✆ 661/942-0662. Der **Ricardo Campground** daneben ($12) ist zwar ziemlich einfach, aber herrlich zwischen bunten Felsen und Joshua-Bäumen gelegen.

Nördlich vom Red Rock Canyon trifft der Hwy-14 auf den Hwy-395. Kurz davor kreuzt er den Hwy-178, auf dem man Richtung Osten nach 5 Meilen die Wüstensiedlung Ridgecrest erreicht.

Wieder ist die Umgebung stark von der Präsenz des Militärs geprägt, diesmal vom riesigen **China Lake Naval Weapons Center**, das Tiefflüge mit scharfer Munition über einem Gebiet veranstaltet, in dem es ungeheuer viele indianische **Felszeichnungen** gibt – die größte Anzahl in der westlichen Hemisphäre. Der Zugang unterliegt einer strengen Kontrolle, aber im **Maturango Museum**, ✆ 760/375-6900, 💻 www.maturango.org, an der Ecke von China Lake Boulevard und East Las Flores Avenue kann man einen guten Überblick über die einheimischen Kulturen der Mojave-Wüste erhalten. Es informiert über die naturwissenschaftliche und kulturelle Geschichte der Region und stellt u.a. einige Beispiele der Felskunst aus. ⌚ tgl. 10–17 Uhr, Eintritt $3.

Wer die Figuren und Motive in ihrer natürlichen Umgebung sehen möchte, kann möglicherweise an einer ganztägigen, von Freiwilligen geführten und vom Museum organisierten Tour teilnehmen (nur Mitte März–Mitte Juni und Mitte Sept–Mitte Dez, Tickets $35, mehrere Wochen im Voraus zu buchen). Die meisten Felszeichnungen befinden sich allerdings auf dem Gelände der Militärbasis, wo sich Besucher nach dem 11. September 2001 einer Sicherheitsprüfung unterziehen müssen, die mehrere Tage in Anspruch nehmen und ausländischen Staatsbürgern verweigert werden kann. Die Anmeldung lohnt sich. Das Museum bzw. seine Website (dort können die Antragsformulare heruntergeladen werden) informieren über den letzten Stand der Dinge.

Wüstenbewohner aus jüngerer Zeit beherbergen die **Wildpferd- und Maultiergehege** des *Bureau of Land Management*, 4 Meilen östlich von Ridgecrest am Hwy-178, 💻 www.wildhorseandburro.blm.gov. Manchmal mehr als tausend Tiere warten hier auf ihre Adoption, aber auch wer keines mit nach Hause nehmen möchte, kann sie nach Anmeldung besuchen. Mit ein paar Äpfeln oder Mohrrüben in der Tasche ist eine euphorische Begrüßung gewiss. 🕓 Mo–Fr 7.30–16 Uhr, Eintritt frei.

20 Meilen weiter östlich auf dem Hwy-178 von Ridgecrest aus führt eine 5 Meilen lange (nach Regenfällen unpassierbare) Piste zum **Trona Pinnacles National Natural Landmark**, 500 über 40 m hohen Kalktuffspitzen, die so extraterrestrisch aussehen, dass sie für bestimmte Teile von *Star Trek V* als Kulisse dienten. Zu den Pinnacles führt ein knapp ein Kilometer langer Nature Trail. Der Campingplatz des hiesigen Parks wurde während eines El-Niño-Sturms weggespült, aber man darf hier trotzdem sein Zelt aufschlagen. Es gibt Plumpsklos; Wasser ist mitzubringen. 6 Meilen weiter nördlich kann man in der heruntergekommenen Industriesiedlung Trona am Hwy-178 Grundnahrungsmittel einkaufen.

Fährt man den Hwy-178 nach Westen zum Hwy-395, dann auf diesem weiter nach Norden und biegt in die Cinder Rock Road ab, erreicht man 27 Meilen nordwestlich von Ridgecrest die **Fossil Falls**, eine weitere bizarre Erdformation. Ausgelöst durch relativ junge Vulkanausbrüche (vor ca. 20 000 Jahren) strömte Lava durch einen der ausgetrockneten Flusskanäle der Region und schuf ein Gebilde, das wie ein versteinerter Katarakt aussieht. Einige noch erhaltene Felszeichnungen sowie verschiedene kleine Artefakte und polierte Einkerbungen im Gestein, die dem Mahlen von Korn dienten, zeugen von der ausgedehnten Besiedlung durch Menschen in diesem Gebiet.

Übernachtung

Ridgecrest besitzt zahlreiche Unterkünfte, die Mehrzahl davon Kettemotels.

BevLen Haus B&B, 809 N Sanders St, 📞 760/375-1988, 💻 www.bevlen.com. Mit Antikmöbeln eingerichtete Zimmer mit Bad, herzhaftes Frühstück. ❸

Economy Inn & Suite, 416 S China Lake Boulevard, 📞 760/375-1591. ❶

Heritage Inn & Suites, 1050 N Norma St, 📞 760/446-6543 oder 1-800/843-0693. ❹

Randsburg

Dieser Wüstenort liegt 15 Meilen südlich von Ridgecrest am Hwy-395. Ohne die Yellow Aster Mine und die Baltic Mine, die letzten noch funktionierenden Goldminen Kaliforniens, wäre das Städtchen wohl schon längst zur Geisterstadt verkommen. Im **Desert Museum**, 161 Butte Ave, kann man eine Ausstellung über die goldenen Zeiten der 90er Jahre des 19. Jhs. besuchen, als noch über 3000 Menschen hier lebten und in den felsigen Hügeln Gold, Silber und Wolfram abbauten. 🕓 Sa und So 10–17 Uhr, Eintritt frei. Der nahe gelegene **General Store**, 35 Butte Ave, 📞 760/374-2418, ist eine gute Informationsquelle und hat fast immer geöffnet.

Übernachtung und Essen

Cottage Hotel, 130 Butte Ave, Randsburg, 📞 760/374-2285, 💻 www.randsburg.com. Komfortable, viktorianisch eingerichtete Unterkunft. ❺

Essen kann man im ***Randsburg General Store*** und im ***Opera House Café*** an der Butte Avenue.

Die Hauptrouten ins Death Valley

Am besten füllt man den Tank noch einmal auf, bevor man in den Park fährt, denn dort ist das Benzin sehr teuer.

Aus Süden: Tecopa Hot Springs und Shoshone

Bei Baker zweigt der Hwy-127 vom I-15 ab – dies ist auf der Südroute die letzte Gelegenheit, sich mit Proviant zu versorgen – und führt dann über 50 Meilen trostloser Mojave-Landschaft zum Armagosa Valley, bevor man wieder ein Anzeichen der Zivilisation erreicht. 2 Meilen östlich vom Hwy-127 und gut 50 Meilen nördlich von Baker erweisen sich zwei heruntergekommene Siedlungen schäbiger Wohnwagen als erstaunlich angenehme Rastplätze.

Tepoca Hot Springs hat sich dank seiner heißen **Thermalquellen** zu einem beliebten Winterferienort entwickelt. Ein Häuptling vermachte die Thermalquellen der Öffentlichkeit, unter der Voraussetzung, dass niemals Eintritt verlangt wird. In den hässlichen FKK-Badehäusern (getrennt für Männer und Frauen) gibt es eine lange Liste von Regeln – die meisten ohnehin selbstverständlich; nichtsdestotrotz ist ein Aufenthalt sehr entspannend. ⏲ außer Mo und Fr 7–12 Uhr immer geöffnet, Eintritt frei.

Labsal für den Körper bietet das nahe gelegene *Delight's Hot Springs Resort,* wo man in privaten, geruchsneutralen Mineralbecken baden kann (Tageskarte $12 für 2 Pers.). Wenn man schon in der Gegend ist, kann man zur **China Ranch Date Farm**, ✆ 760/852-4415, 💻 www.chinaranch.com, 7 Meilen weiter südöstlich an der China Ranch Rd, fahren, um dort im Hain junger Dattelpalmen spazieren zu gehen, einem Nature Trail an einem Bach entlang zu folgen oder den Old Spanish Trail zu erforschen, der früher zwei Missionsstationen miteinander verband. Danach kann man im Kaktusgarten einen erfrischenden Dattelshake zu sich nehmen und Datteln kaufen. ⏲ tgl. 9–17 Uhr.

Der Zeltplatz gegenüber den Thermalquellen ist recht deprimierend (Zelt $10, Wohnmobilstellplatz mit Anschluss $14); bessere Übernachtungsmöglichkeiten sind die Cottages des *Delight's Hot Springs Resort* (s.S. 293), das Hostel in Tecopa und das *Ranch House Inn* bei der China Ranch Date Farm.

In der 8 Meilen nördlich von Tecopa Hot Springs gelegenen winzigen Ortschaft **Shoshone**, ganz in der Nähe des Nationalparks, gibt es eine Tankstelle und ein anständiges Motel sowie *C'est Si Bon,* das beste Café im weiten Umkreis, geschmackvoll mit Kunstwerken und Fotos dekoriert. Außer gutem Espresso bekommt man dort auch thailändischen Eistee, Smoothies, „gesundes" Frühstück mit Joghurt, Crˇepes u.v.m.; auch Internet-Zugang (Di und Mi geschlossen).

Wenn man schon einmal vor Ort ist, kann man ein paar Minuten im kleinen **Shoshone Museum** und der Death Valley **Chamber of Commerce** verbringen, ✆ 524, 💻 www.deathvalleychamber.org, ⏲ tgl. 9.30–17 Uhr. Dort kennt man auch den Weg zum **Doublin Gulch**, wo einige Bergleute früher in den selbst in den Fels gegrabenen Höhlen lebten. Der letzte Bewohner zog 1986 aus.

Die Route ins Death Valley führt weiter nach Norden über Death Valley Junction (s.u.).

Aus Osten: Death Valley Junction und Ash Meadows

Die direkteste und interessanteste Route von Las Vegas folgt dem US-95 oder Las Vegas Boulevard nach Süden zur Blue Diamond Route (Hwy-160 Richtung Westen), die an der reizvollen **Red Rock Canyon Recreation Area** vorbei zur Ortschaft **Pahrump** führt. Im dortigen Supermarkt *Smith's* kann man sich bestens auf den letzten Drücker mit Proviant versorgen.

Etwa 25 Meilen weiter liegt die winzige Beinahe-Geisterstadt **Death Valley Junction**. Benzin und Lebensmittel gibt es hier nicht, aber das *Amargosa Hotel* (s.S. 293) beherbergt das **Amargosa Opera House**, ✆ 760/852-4441, 💻 www.amargosa-opera-house.com, gegründet von Marta Becket, einer Tänzerin und Künstlerin aus New York, die sich hier in den späten 60er Jahren niederließ. Das Innere des Theaters ist mit Trompe l'oeil-Balkonen bemalt, auf denen spanische Adlige und feiernde Leute aus dem 16. Jh. sitzen. Im Winter werden hier Ballett-Pantomime-Aufführungen dargeboten, in denen Ms Becket fast alle Rollen spielt. ⏲ Okt–Anfang Mai nur Sa 19.45 Uhr, Tickets $15.

Von Death Valley Junction führt eine leicht zu befahrende Straße über 30 Meilen nach Furnace Creek, via Zabriskie Point und die Abbiegung nach Dante's View (s.S. 290).

Neun Meilen nördlich von Death Valley Junction (über den Hwy-373 Richtung Lathrop Wells), dann fünf Meilen in östlicher Richtung erreicht man das Schutzgebiet **Ash Meadows National Wildlife Refuge**. Die kleine Wüstenoase weist die größte Konzentration endemischer Arten in den USA auf: 24 Pflanzen und Tiere sind nur hier beheimatet und kommen nirgendwo sonst in der Welt vor. Vom Besucherzentrum führt ein gut 500 m langer Plankenweg, der **Crystal Spring Boardwalk Trail**, zu einer sehr schönen und klaren Quelle, die im Kontrast zu der sie umgebenden Wüste beinahe unwirklich wirkt. Im Wasser der Quelle lebt der Pupfish, ein seltener, silberner Wüstenfisch. ⏲ tgl. von Sonnenauf- bis Sonnenuntergang.

Aus Nordosten: Rhyolite und Beatty

Eine alternative Route von Las Vegas ins Death Valley führt an der Nellis Air Force Base und dem ehemaligen Atomwaffentestgebiet neben der US-95 vorbei nach **Beatty**. Dort gibt es eine kleine Chamber of Commerce, 119 Main St, ✆ 775/553-2424, ⏲ Di–Sa 9–17 Uhr, ein paar Unterkünfte einschließlich eines HI-Hostels, zwei Kasinos mit rund um die Uhr geöffneten Restaurants und das volkstümliche **Beatty Museum**, 417 Main St, ✆ 775/553-2303, in dem die Geschichte des hiesigen Bullfrog Mining District dokumentiert wird. ⏲ tgl. 10–16 Uhr, Eintritt frei.

Man sollte die Gelegenheit nicht verpassen, der Geisterstadt **Rhyolite**, 💻 www.rhyolitesite.com, an einer Seitenstraße 3 Meilen westlich von Beatty gelegen, einen Besuch abzustatten. Die Goldminen von Rhyolite wurden 1912 auf Grund von Missmanagement und technischer Unkenntnis nach nur sechs Boomjahren vorzeitig geschlossen; heutzutage wird in der Bullfrog Mine außerhalb des Ortes wieder Gold gefördert. Die Ortschaft hatte sich bei der Schließung schon über die Hügel ausgebreitet (deren Gestein dem Ort seinen Namen gab) und besaß ihren eigenen Bahnhof. Dieser ist noch erhalten, ebenso das Gefängnis, die Schule und eine Bank sowie **Tom Kelly's Bottle House**, 1906 aus etwa 50 000 Bier und Schnapsflaschen erbaut. Neueren Datums ist das an der Straße gelegene **Goldwell Open Air Museum**, 💻 www.goldwell-museum.org, mit seinem obskuren **Sculpture Garden**, in dem aus Autoteilen zusammengebastelte Strukturen stehen sowie eine Nachstellung des Abendmahls mit Figuren aus weißem Fiberglas. Es sind Werke des belgischen Künstlers Albert Szulalski, der 2000 starb, zuvor aber noch andere Künstler für schöpferische Beiträge gewinnen konnte: Nicht zu übersehen sind die riesigen Metallfiguren eines Bergmanns und eines Pinguins, die nun den Ortseingang zieren. Der Sculpture Garden ist durchgehend zugänglich.

Von Rhyolite fährt man auf dem Hwy-374 in den Nationalpark. Mit Geländewagen kann man dabei die Titus Canyon Road erforschen, eine Einbahnstraße, die an einigen Bleiminen vorbei zu Scotty's Castle führt (s.S. 290ff.).

Aus Südwesten: die Panamint Range und Ballarat

Der wohl am wenigsten benutzte Anfahrtsweg zum Death Valley ist derjenige aus Südwesten von Ridgecrest, an den Trona Pinnacles (s.o.) und der Borax-Siedlung **Trona** vorbei in den Nationalpark. Auf dieser Strecke gelangt man am leichtesten in das bergigere Hinterland des Nationalparks an den Hängen der **Panamint Range**.

20 Meilen nördlich von Trona führt eine ausgeschilderte Straße 3 Meilen nach Osten zu den Adobe-Ruinen der ehemaligen Goldgräbersiedlung **Ballarat**. Geländewagenfahrer können weiter in die Hügel vorstoßen. Eine der beliebten Destinationen dort ist die Barker Ranch in Goler Wash, wo Charles Manson und seine „Family" sich 1969 nach dem Mord an Sharon Tate und dem Ehepaar LaBianca versteckten. Fast 10 Meilen nach der Abzweigung nach Ballarat teilt sich der Highway: Die gute Straße nach links führt zu den Panamint Springs, die kurvenreiche nach rechts ist die **Emigrant Canyon Road** zum Telescope Peak im Park.

Aus Westen: Owens Lake und Darwin

Von Westen gehen vom Hwy-395 zwei Routen zum Death Valley ab, US-138 und Hwy-190, die beide am Ufer eines ausgetrockneten Sees entlangführen. Auf dem **Owens Lake** verkehrten einst mit Goldbarren beladene Dampfschiffe. Das Wasser, das eigentlich in den See fließen sollte, ist in den 20er Jahren durch den parallel zum Hwy-395 verlaufenden Aquädukt nach Süden umgeleitet worden und fließt nach Los Angeles. Zurück blieb ein Basin voll giftigem Alkalistaub. Nun versucht man das Problem durch Bepflanzung und teilweiser Rückführung von Wasser in den Griff zu bekommen.

Fast 30 Meilen östlich vom US-395, direkt vor der Grenze zum Death Valley National Park, führt eine geteerte Straße über 7 Meilen nach **Darwin**, von einst 40 000 auf heutzutage knapp 50 Einwohner geschrumpft und damit eine weitere Beinahe-Geisterstadt, aber immerhin noch mit Postamt. Nur noch hölzerne Ruinen sind übrig von der Stadt, die auf Grund eines Gerüchts über sagenhafte Silbervorkommen in den 1870er Jahren von Silbergräbern errichtet wurde. Bei der Erkundung des Orts ist Umsicht geboten, denn die Bewohner können sehr eigen sein, wenn es um ihr angestammtes Fleckchen Wüste geht.

Death Valley National Park

Mit den weltweit höchsten Durchschnittstemperaturen im Sommer und einer so isolierten Lage, dass er fast schon eine Region für sich bildet, bietet dieser riesige Nationalpark die Quintessenz klassischer Wüstenlandschaft: ein trockenes, befremdliches Terrain aus farbenprächtigen, durch Erosion bizarr geformten Felsen, Bergen und Sanddünen in 100 Meilen Entfernung zur nächsten Ortschaft.

Anfangs erscheint das „Tal des Todes" als eine menschenfeindliche Region: brennend heiß, ohne irgenein Anzeichen von Leben, fast ohne Schatten, von Wasser ganz zu schweigen. Wenn man in einem halben Tag durchfährt, wirkt sie unfruchtbar und monoton, aber mit ein bisschen mehr Zeit entdeckt man viele interessante Nuancen. Das Death Valley selbst ist nur das Zentrum des wesentlich größeren Death Valley National Park, der sich 100 Meilen von Norden nach Süden erstreckt und an einigen Stellen ebenso breit ist. Von den subalpinen Hängen beim **Telescope Peak** in 3500 m Höhe eröffnen sich fantastische Ausblicke hinunter auf **Badwater**, mit 86 m unter dem Meeresspiegel der niedrigste Punkt in der westlichen Hemisphäre. Am faszinierendsten sind jedoch die scharfen Silhouetten der kahlen Berge und ihre dunklen Schluchten, die in Millionen von Jahren aus abgelagerten Schlammschichten ausgewaschen wurden und deren Mineralien die Felsen in leuchtenden Regenbogenfarben erstrahlen lassen. Es scheint unmöglich, dass in einer derart heißen und trockenen Landschaft irgendeine Form von Leben existieren kann, tatsächlich gibt es hier aber viele verschiedene Tierarten: Schlangen, Adler, Dickhornschafe, sogar winzige Fische. Die spärliche Vegetation beeindruckt sowohl durch ihre Anpassungsfähigkeit an die unwirtliche Umgebung als auch durch ihre gestalterischen Einfluss auf die Landschaft.

Geologie und Geschichte

Die Gesteinsschichten von Death Valley mit ihren verschiedenen oxidierten Mineralablagerungen dokumentieren einen ungeheuer langen Zeitraum der Erdgeschichte, von 500 Mill. Jahre alten Bergen bis zu verhältnismäßig jungen Fossilien und Ablagerungen aus eiszeitlichen Seen, die einmal die tiefer gelegenen Talsohlen bedeckten. Zudem finden sich Überreste dramatischer vulkanischer Aktivität, z.B. der massive Ubehebe-Krater im Norden des Parks. Schon seit Tausenden von Jahren leben Menschen im und um das Death Valley. Die ersten ließen sich vor ca. 10 000 Jahren hier nieder, als im Tal noch ein riesiger See lag. Damals war das Klima mild, und es gab viel mehr Wild als heute in der Gegend. Später überwinterten die nomadisierenden Shoshone-Wüstenindianer nahe den Quellen des Tals, das sich inzwischen erwärmt hatte. Den Sommer verbrachten sie in den kühleren, umliegenden Bergen; einige ihrer Nachkommen leben auch heute noch in Furnace Creek. Die ersten Weißen durchquerten das Death Valley 1849 auf der Suche nach einem kürzeren Weg zu den Goldrausch-Städten jenseits der Sierra Nevada. Obwohl ihnen unterwegs Wasser und Verpflegung ausgingen, schafften die meisten den Weg durch diesen Wüstenabschnitt. Einer starb jedoch, und so hatte das Tal seinen Namen weg: Death Valley. Schürfer waren die Einzigen, die es während der nächsten 75 Jahre wagten, sich auf der Suche nach Gold, Silber und Kupfer den harten Bedingungen der Wüste auszusetzen.Am erfolgreichsten war allerdings die Förderung von Borax, das zur Herstellung von Waschmitteln verwendet wird (und inzwischen auch in vielen anderen Branchen Eingang gefunden hat, angefangen bei Kosmetikartikeln bis hin zu Kernreaktoren). Im späten 19. Jh. wurde das Salz auf schweren Planwagen, von denen ein jeder von 20 Maultieren gezogen werden musste, zur Eisenbahn nach Mojave geschafft.

Tourismus gibt es erst seit den 20er Jahren. 1927 wurde das *Furnace Creek Inn* an der Stelle des ehemaligen Furnace Creek Mining Camp errichtet. Sechs Jahre später kaufte die US-Regierung 8000 km^2 Land rund um das Death Valley auf und stellte es als National Monument unter Naturschutz. 1994 verlieh ihm der Kongress im Rahmen der *California Desert Protection Act* den Status eines Nationalparks und fügte dem Gebiet weitere 5200 km^2 zu, damit ist Death Valley außerhalb von Alaska der landesweit größte Nationalpark.

In den Sommermonaten liegt die Lufttemperatur tagsüber bei durchschnittlich 45 °C. 1913 erreichte das Quecksilber gar 57 °C, die höchste jemals in den USA gemessene Temperatur – nur in Libyen war es 1922 einmal um zwei Grad heißer. Häufig gibt es Perioden, in denen das Thermometer Tag für Tag bis zu 50 °C anzeigt und die Temperatur am Erdboden fast den Siedepunkt erreicht. Wer sich nicht freiwillig den belastenden Torturen eines solchen Klimas aussetzen möchte, meidet Death Valley während dieser Jahreszeit und kommt besser im Frühling, wenn Wildblumen blühen, die durchschnittlichen Tagestemperaturen bei 28 °C liegen und es nachts auf 12 °C abkühlt. Zwischen Oktober und Mai ist es in der Regel mild und trocken, mit vereinzelten Niederschlägen in den umliegenden Bergen, die nicht selten blitzartig die sonst knochentrockenen Schluchten und Gräben überfluten *(flash floods)*.

Eine Fahrt durch das Death Valley bleibt ein unvergessliches Erlebnis. Man könnte alle wesentlichen Sehenswürdigkeiten innerhalb eines einzigen Tages abklappern, aber wer genug Zeit hat, sollte zumindest eine Nacht bleiben, am besten auf einem Campingplatz fernab der Touristentreffpunkte. Auch wer ein Fahrzeug mitbringt, sollte Auto und Menschen einmal zurücklassen und eine Weile durch die Gegend wandern, um die Leere, Einsamkeit und Einmaligkeit dieser Landschaft zu erleben.

Die besten Zeiten sind während des Sonnenauf- und Sonnenuntergangs, wenn die Farben, die während der Mittagszeit in der grellen Sonne wie ausgebleicht erscheinen, richtig zur Geltung kommen. In der Dämmerung ist auch die Chance, ein Tier zu beobachten, am größten. Meist sind es Echsen, Schlangen und kleine Nagetiere, die sich tagsüber versteckt halten. Nur sollte man immer darauf achten, die Orientierung zu behalten.

Straßen und Dienstleistungsbetriebe im Nationalpark sind hauptsächlich auf das zentrale, in Nord-Süd-Richtung verlaufende Tal, von dem der Park seinen Namen erhielt, konzentriert. Der durch das Tal verlaufende Hwy-190 verbindet **Furnace Creek** mit **Stovepipe Wells**, die zwei Standpunkte im Park für Unterkunft und Verpflegung und Tanken. Von diesen Ausgangspunkten kann man zu gewaltigen Sanddünen und zu Geisterstädten vorstoßen, zum kuriosopulenten **Scotty's Castle** und zu angenehm kühlen Zeltplätzen in der **Panamint Range**.

Furnace Creek

Der kleine Ort Furnace Creek ist das Versorgungszentrum im Death Valley. Hier befinden sich das einzige bedeutende Besucherzentrum des Parks, drei Campingplätze, zwei Unterkünfte, drei Restaurants, zwei Bars, ein Lebensmittelgeschäft, eine **Post** (🕓 Mo–Fr 8.30–17 Uhr) und eine **Tankstelle** (24 Std. geöffnet, Kreditkarten werden akzeptiert).

Das kleine **Borax Museum** ist in einem Holzgebäude von 1883 untergebracht und damit das älteste Bauwerk im Valley. Neben der Geschichte des lokalen Bergbaus mit vielen alten Fotos ist vor allem die schöne Sammlung von Pfeilspitzen interessant, die teilweise über 2000 Jahre alt sind. 🕓 tgl. 10–16 Uhr, Eintritt frei.

Die *Furnace Creek Ranch* ist der einzige Anbieter für organisierte **Outdoor-Aktivitäten** im Nationalpark. Auf der Ranch werden auch gemächliche Ausritte angeboten (Mitte Okt–Anfang Mai, $30/Std., ✆ 760/786-3339). Besonders reizvoll sind die Nachtausritte bei Vollmond (1 Std., $40). Ein Hauptanziehungspunkt der Ranch ist der große Swimming Pool (für Gäste frei, sonst $3), der permanent von einer heißen Quelle gespeist wird.

Badwater Road

Die spektakulärsten Sehenswürdigkeiten liegen jedoch südlich von Furnace Creek an der Straße nach Badwater, die am *Furnace Creek Inn* vom Hwy-190 abzweigt. Als erster Halt empfiehlt sich nach 2 Meilen der **Golden Canyon**. Im Laufe der Jahrhunderte haben Regengüsse hier ein etwa 15 m tiefes schlüsselbartförmiges Senkloch ausgewaschen, dessen goldfarbene Wände kurz vor Sonnenuntergang besonders aufleuchten. Ein eine Dreiviertelmeile langer Pfad mit Erklärungen windet sich durch die obere Schlucht. Von dort führt ein überwachsener, recht anstrengender Wanderpfad weiter zum Zabriskie Point (5 Meilen; 3 Std.; 150 m Steigung).

5 Meilen weiter südlich Richtung Badwater geht es auf einer schmalen Einbahnstraße in einem Halbkreis durch die Schluchten der **Artist's Palette** östlich vom Hwy-178, Einfahrt von Süden. Diese Sehenswürdigkeit hebt man sich am besten für den Rückweg auf, sofern er für den Spätnachmittag geplant ist. An den durch Erosion entstandenen Berghängen sind natürliche Mosaike in den intensivsten Farben zu sehen: Rot, Gold, Schwarz und Grün – am schönsten in der Abendsonne.

Ein paar Meilen weiter südlich führt eine 1 Meile lange Piste zum **Devil's Golf Course**. Durch Kapillaranziehung werden hier Salzgemische, die sich aus Schichten von Salz und Ablagerungen prähistorischer Seen seit Millionen von Jahren gebildet haben, an die Oberfläche gezogen. Bei Regenfällen wachsen sie zu Anhebungen zusammen und schaffen so eine Landschaft, die mit sehr viel Fantasie an einen Golfplatz erinnert.

Weitere 4 Meilen Richtung Süden befindet sich **Badwater**, ein etwa 10 m breites Wasserloch, der einzige Lebensraum der vom Aussterben bedrohten *Badwater Snail*. Das mit Chloriden und Sulfaten angereicherte Wasser ist zwar ungenießbar, aber nicht giftig.

Von hier aus kann man 4 Meilen durch die heiße, flache Talsohle wandern, um den **tiefsten Punkt der westlichen Hemisphäre** zu erreichen, der 86 m unter dem Meeresspiegel liegt.

Zabriskie Point und Dante's View

4 Meilen östlich von Furnace Creek erstreckt sich das Ödland um Zabriskie Point, von dem aus man Badwater und Artist's Palette überblickt und das durch den gleichnamigen Antonioni-Film von 1970 bekannt wurde.

Interessanter ist jedoch Dante's View – weitere 21 Meilen südlich vom Hwy-190 abbiegen und 10 Meilen auf einer sehr steilen, heißen Straße bergan fahren! Von diesem Punkt, 1800 m über der blendend weißen Salzpfanne von Badwater, sieht der Wüstenboden tatsächlich höllisch aus. Für einen Besuch der beiden Aussichtspunkte ist der frühe Morgen die beste Zeit, wenn die aufsteigende Sonne die Panamint Range westlich des Tals in Rosa und Gold erstrahlen lässt.

Von Furnace Creek nach Norden

Östlich von Stovepipe Wells und nördlich des Hwy-190 erstrecken sich auf 15 Quadratmeilen Sanddünen mit fortwährend wechselnden Konturen, manche von ihnen bis zu 30 m hoch. Die meisten Leute geben sich damit zufrieden, sie von der Straße aus zu fotografieren (am besten spätnachmittags). Offizielle Pfade gibt es zwar nicht, aber es ist leicht, sich einen Weg zur nächsten Sanddüne zu suchen (eine halbe Meile entfernt) oder sogar auf die höchste Düne hinaufzukraxeln (ca. 3–4 Meilen hin und zurück).

Der Badwater-Ultramarathon

Mitte Juli in einem Auto mit Klimaanlage durch das Death Valley zu fahren mag einem schon wie heller Wahnsinn erscheinen, aber eine Gruppe von Masochisten aus aller Welt hat ausgerechnet diese Jahreszeit gewählt, um dort den Badwater Ultramarathon (💻 www.badwaterultra.com) auszutragen, eines der extremsten, anstrengendsten und prestigeträchtigsten Rennen der Welt. Sengende Hitze und den Körper ausdörrender Wasserverlust sind ständige Gefahren auf dieser 135 Meilen langen Strecke, die bei Badwater 84 m unter dem Meeresspiegel beginnt und nach einem Gesamthöhenunterschied von rund 4200 m beim 2800 m hoch gelegenen Whitney Portal endet, dem Ausgangpunkt für die Wanderung zum Gipfel von Whitney.

1977 rannte ein gewisser Al Arnold diese Strecke zum ersten Mal, aber erst seit 1988 wird dieser Marathonlauf jedes Jahr ausgetragen. Die meisten der eingeladenen Teilnehmer halten das superharte Rennen durch. Der Russe Anatoli Kruglikov stellte im Jahr 2000 mit 25 Std. 09 Min. einen neuen Rekord für Männer auf. Die Amerikanerin Pam Reed lief 2002 die Strecke in knapp unter 27 Std. 57 Min., wobei sie alle konkurrierenden Männer schlug und den bisherigen Rekord für Frauen um fast zwei Stunden unterbot.

Am gegenüberliegenden Straßenrand des Hwy-190 steht **Devil's Cornfield**, eine Wiese aus langen Gräsern, die auf kleinen Erdhügeln wachsen und einem Maisfeld ähnlich sehen – daher der Name.

Nur einige Meilen von den Dünen entfernt liegt Stovepipe Wells, wo es ein Motel (s.S. 293) mit Restaurant und öffentlichem Pool ($2), einen Campingplatz und eine Tankstelle gibt. Der Ort ist ein willkommener Rastplatz mit Blick auf die Sanddünen und zugleich ein Ausgangspunkt für einen Ausflug zum **Mosaic Canyon**.

Scotty's Castle

Am nördlichen Rand des Parks, 45 Meilen vom *Visitor Center* und damit weitab vom Großteil der anderen Touristenattraktionen, liegt Scotty's Castle.

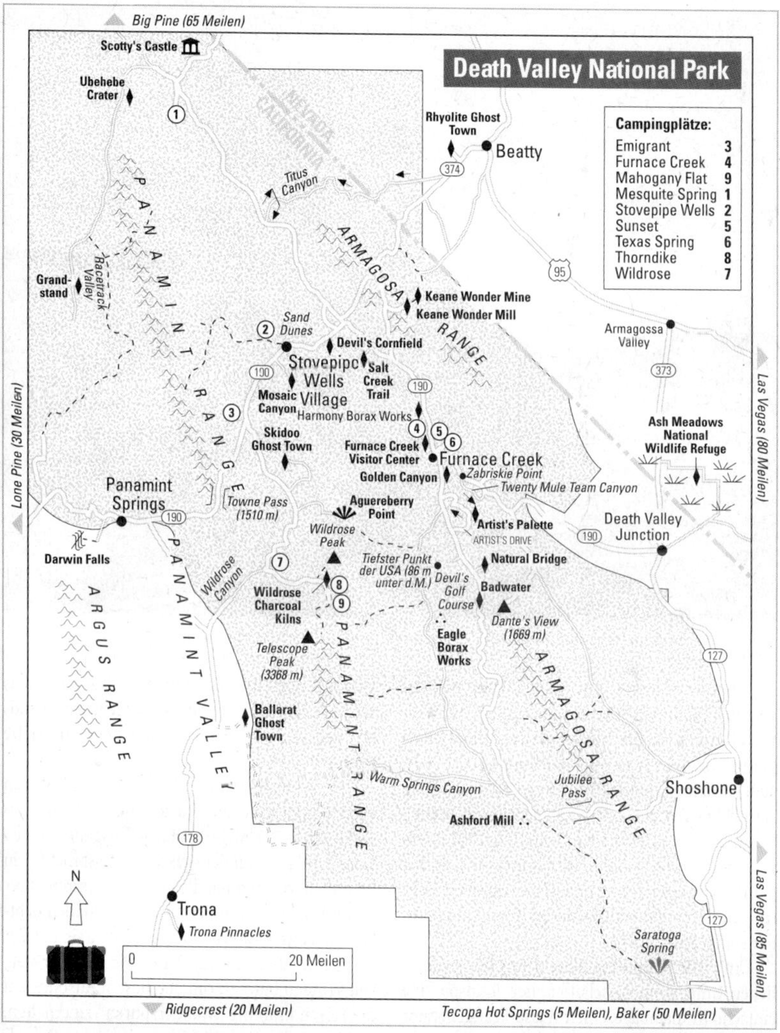

Trotz seiner Lage ist es das beliebteste Ziel innerhalb des Parks und lockt Horden von Besuchern an, die – dem Hitzschlag nahe – in langen Schlangen darauf warten, einen Blick in das Innere dieses unvollendeten, aber dennoch luxuriösen, unglaublichen Bauwerks werfen zu dürfen. Das extravagante Schloss in spanischem Stil wurde während der 1920er Jahre von dem wohlhabenden Chicagoer Versicherungsmakler Albert Johnson für 2 Mio. Dollar gebaut. Benannt wurde es allerdings nach dem ruhmsüchtigen Cowboy und Goldgräber *Death Valley Scotty,* der später vorgab, es handele sich um sein eigenes Haus, das er mit Hilfe einer versteckten Goldmine finanziere. Das Gebäude mit seinen filigranen Holzdecken besitzt u.a. ein Wohnzimmer mit eingebautem Wasserfall, wunderschö-

Scotty's Castle im Death Valley National Park

nen Fliesenböden und – der größte Witz – eine Orgel mit 1121 Pfeifen und Fernbedienung. Im Winter kommt man am besten gleich frühmorgens hierher, wenn man an einer der 50-minütigen Führungen teilnehmen will, um lange Wartezeiten zu vermeiden. Der Zustand des opulent ausgestatteten Gebäudes hat sich seit Johnsons Tod 1948 kaum verändert. Bis 1954 lebte hier Scotty; er liegt auf dem Hügel gleich hinter dem Haus begraben. Führungen durch das Haupthaus tgl. 9–17 Uhr zu jeder vollen Stunde, $11.

Um mehr Komfort in einer derart lebensfeindlichen Umgebung zu schaffen, ließ Johnson eine einfache Klimaanlage, einen Wasserkraftgenerator und einige weitere technische Kabinettstückchen installieren, die im Rahmen der „Mysteries Tour" besichtigt werden können: Okt–April 4–8x tgl., Mai–Sept 11.15 und 15.15 Uhr, 1 Std., $11.

Ubehebe Crater, Racetrack Valley und Eureka Sand Dunes

8 Meilen südwestlich von Scotty's Castle öffnet sich der etwa 1 km breite und 150 m tiefe **Ubehebe Crater**, Überrest eines enormen Vulkanausbruchs vor über 3000 Jahren. Eine halbe Meile weiter südlich liegt der um 2000 Jahre jüngere **Little Hebe Crater**.

Die staubige Straße führt weitere 27 Meilen nach Westen zum **Racetrack Valley** („Rennbahn-Tal"), einer 2,5 Meilen langen, ausgetrockneten Schlammfläche, auf der sich riesige Felsbrocken ein Zeitlupen-Wettrennen liefern. Die Spuren ihrer schneckenhaften Wanderung sind am Boden sichtbar. Wissenschaftlern zufolge werden sie auf der feuchten, zeitweise vereisten Fläche von sehr starken Winden bewegt. Um den besten Ausblick auf die Felsen und ihre „Wanderspuren" zu erhalten, parkt man das Auto 2 Meilen südlich vom **Grandstand** („Ehrentribüne" – eine Felsformation) und geht eine halbe Meile nach Südosten.

Seitdem Death Valley zum Nationalpark erweitert wurde, gehören auch ein paar Stellen dazu, die früher außerhalb seiner Begrenzung lagen. Am sehenswertesten, sind die nur mit einem Geländefahrzeug zugänglichen **Eureka Sand Dunes**, 40 Meilen nordwestlich von Scotty's Castle. Die Dünen umfassen ein sehr viel größeres Gebiet als die Mesquite Flat Dunes in der Umgebung von Stovepipe Wells, und erheben sich bis zu einer Höhe von 210 m.

Aguereberry Point, Wildrose-Kohlenmeiler und Telescope Peak

Zur Erholung von der Hitze und dem Staub der Wüste kann man südlich von Stovepipe Wells auf der Emigrant Canyon Rd in die **Panamint Range** fahren. Nach 10 Meilen durch den Canyon biegt ein 9 Meilen langer Schotterweg nach Osten zu den kärglichen Überresten von **Skidoo Ghost Town** ab, ein um 1915 von 700 Menschen bewohntes Goldgräber-Camp. Es gibt jedoch wenig dort zu sehen; viel lohnenswerter ist ein Abstecher über eine 6 Meilen lange unbefestigte Straße, die von der Emigrant Canyon Road abgeht, zum **Aguereberry Point**, wo die Fahrt mit einem fantastischen Ausblick 2000 m hinunter ins Death Valley belohnt wird.

Vom weiter südlich gelegenen **Wildrose Campground** führt eine steile Straße den Wildrose Canyon hoch zu den **Wildrose Charcoal Kilns**. Diese zehn massiven, bienenstockartigen, steinernen Kohlenmeiler wurden um 1880 zur Produktion von Holzkohle für die Schmelzhütten der örtlichen Silberminen genutzt. Danach wird die Straße zur holprigen Piste, die durch Wacholder- und Nadelbaumwälder weiter ansteigt und am kostenlosen Thorndike-Campingplatz vorbeiführt, bis sie einen weiteren kostenlosen Campingplatz bei Mahogony Flat erreicht. Für diese Strecke wird ein Fahrzeug mit größerer Bodenfreiheit oder ein Geländewagen empfohlen.

In Mahogony Flat beginnt der schweißtreibende Pfad auf den **Telescope Peak** hinauf (14 Meilen hin und zurück, ca. 8 Std.). Mit 3353 m ist er der höchste und kühlste Ort des gesamten Parks. Vom Gipfel ist sowohl der höchste Punkt (Mount Whitney) als auch der tiefste (bei Badwater) der zusammenhängenden US-Bundesstaaten zu sehen.

Übernachtung

Wer in einem der **Hotels** und **Motels** innerhalb des Nationalparks übernachten möchte, sollte so früh wie möglich ein Zimmer reservieren lassen, vor allem zu den Hauptreisezeiten im Winter. Nachstehend alle Unterkünfte im Park und den nahe gelegenen Ortschaften. Weitere Möglichkeiten zum Übernachten im weiter entfernten Ort Lone Pine, s.S. 418.

INNERHALB DES PARKS – ***Furnace Creek Inn***, Furnace Creek, ✆ 760/786-2345 oder 1-800/236-7916, 💻 www.furnacecreekresort.com. Nur für Leute mit viel Geld. Wunderschöne Lage zwischen Palmen und elegante Zimmer. In den kühleren Monaten, wenn die Preise um die Hälfte niedriger liegen, lässt sich ein herrlich entspannter Tag am Pool mit Barservice verbringen. Das dazugehörige Restaurant (s.S. 295, *Inn Dining Room*) ist das beste in der Gegend. Mitte Mai–Anfang Okt geschlossen. Zimmer ❼, Suiten ❾.
Furnace Creek Ranch, Furnace Creek, ✆ 760/86-2345 oder 1-800/236-7916, 💻 www.furnacecreekresort.com. Billiger als das *Furnace Creek Inn*, funktional und familienfreundlich, aber ein nicht sonderlich gemütliches Allerweltsambiente. Komfortable Motelzimmer zu ziemlich überhöhten Preisen. Cabins ❺, Zimmer ❻.
Panamint Springs Resort, Panamint Springs, 35 Meilen westlich von Stovepipe Wells, ✆ 775/482-7680, 💻 www.deathvalley.com. Ältere, recht einfache Motelzimmer, kein Pool. Angrenzender Campingplatz (s.u.). ❸
Stovepipe Wells Motel, Stovepipe Wells, ✆ 760/786-2387, 💻 www.stovepipewells.com. Günstigste Unterkunft im Park. Komfortable Zimmer, thermalgespeister Pool ($2 für Nicht-Gäste), Restaurant und Bar. ❸

AM RAND DES PARKS – ***Amargosa Hotel***, Death Valley Junction, ✆ 760/852-4441, ✉ amargosa@amargosa-opera-house.com. Reizvolles, etwas in die Jahre gekommenes Adobe-Hotel, das die Pacific Coast Borax Company 1924 errichtete. Keine TVs oder Telefone, dafür aber ein angegliedertes Opernhaus. Die Zimmer sind sehr unterschiedlich eingerichtet, vor Bezug sollte man sich mehrere zeigen lassen. ❷
Delight's Hot Springs Resort, 368 Tecopa Hot Springs Rd, ✆ 760/852-4343 oder 1-800/928-8808, 💻 www.delightshotspringsresort.com. Staubiger Wohnmobil-Park, aber auch einfache Hütten mit Küchenzeile. Gäste haben rund um die Uhr freien Zutritt zu den Thermalbecken auf dem Gelände. Cabins ❸, Wohnmobil-Stellplatz mit Anschlüssen $25.

HI-Desertaire Hostel, 2000 Old Spanish Trail, Tecopa, ✆ 760/852-4580 oder 1-877/907-1265, 🖳 www.desertairehostel.com. Gemütliches Hostel eine Autostunde südlich von Furnace Creek. Nur 10 Dorm-Betten, Mitglieder $15, sonst $18, und ein Familienzimmer für $40 bzw. $50. Es gibt auch Nachtlager draußen in einem Holzturm; die Wüstenluft ist warm genug.

Happy Burro Hostel, 100 Main St, Beatty, ✆ 775/553-9130, ✉ happyburrro@pcweb.net. Ein offizielles HI-Hostel in zentraler Lage, nur sind die Dorms ein bisschen eng und ungemütlich. Mitglieder $15, sonst $18, auch ein DZ ❷.

Motel 6, 550 Main St, Beatty, ✆ 775/ 553-9090 oder 800-466-8356, 🖳 www.motel6.com. Brandneues Motel, komfortable und saubere Zimmer mit Telefon und TV, ansonsten recht einfach. ❷

Phoenix Inn, 350 First St, Beatty, ✆ 775/553-2250 oder 1-800/845-7401. In einer ruhigen Seitenstraße, eines der wenigen Motels in Beatty ohne ein Kasino im Haus oder daran angegliedert. ❷

Ranch House Inn, Tecopa, ✆ 760/852-4358, 🖳 www.ranchhouseinn.com. Attraktives, fantasievoll eingerichtetes B&B in einem Cottage aus den 1920er Jahren auf der China Ranch Date Farm; ruhig und friedlich. Das „full breakfast" wird auf der Veranda serviert. Auf Anfrage auch Abendessen ($15), man kann seinen eigenen Wein mitbringen. ❺

Shoshone Inn, Shoshone, ✆ 760/852-4224. Kürzlich renoviertes Motel eine Autostunde südlich von Furnace Creek am Hwy-127. Direkt in der Umgebung gibt es warme Thermalquellen, und Tecopa Hot Springs ist 8 Meilen weiter südlich. ❷

CAMPINGPLÄTZE UND CARAVANPARKS – Die Hauptsehenswürdigkeiten im Death Valley lassen sich zwar an einem Tag abklappern, doch das echte Wüstengefühl stellt sich erst bei einer Übernachtung im Freien ein. Die meiste Zeit des Jahres kann auf ein Zelt verzichtet werden – regnen wird es ohnehin nicht –, aber einen Schlafsack sollte man haben. Reservierungen sind meist nicht möglich.

Fast alle Campingplätze im Death Valley National Park werden vom National Park Service betrieben und kosten $10 pro Nacht, diejenigen ohne Wasserversorgung sind kostenlos. Die Mehrzahl der Plätze kann nicht reserviert werden, die maximale Aufenthaltsdauer beträgt 30 Tage. Bei allen Plätzen ist die Höhenlage angegeben, woraus sich auf die zu erwartenden Temperaturen schließen lässt. Der einzige garantiert schattige Ort im Park sind die Canyons an den bewaldeten Hängen des Telescope Peak am westlichen Parkrand. Es gibt auch einen privat betriebenen Campingplatz bei Panamint Springs.

IN DEN LOWLANDS – ***Emigrant,*** 8 Meilen westlich von Stovepipe Wells, 640 m. Der einzige kostenlose Campingplatz im Lowland ist nur für Zelte vorgesehen. Offenes Feuer ist verboten, aber es gibt Wasser und WC. 🕓 ganzjährig, kostenlos.

Furnace Creek, ✆ 1-800/365-2267, 60 m. Mit 136 Stellplätzen einer der größeren Plätze im Park, füllt sich aber an Winterwochenenden schnell. Wasser, WC und Entsorgungsstation. 🕓 ganzjährig, kann im Winter bis zu 5 Monate im Voraus reserviert werden. Mitte Okt–Mitte April $16, Mitte April–Mitte Okt $10.

Mesquite Spring, 550 m. Kleiner, angenehmer und relativ schattiger Platz nahe Scotty's Castle im nördlichen Parkabschnitt. Wasser, WC und Entsorgungsstation. 🕓 ganzjährig, $10.

Panamint Springs Resort, Panamint Springs, ✆ 775/482-7680, 🖳 www.deathvalley.com. Restaurant und Motel mit angrenzendem Campingplatz. Zeltstellplätze $12, Stellplatz mit Wasser- und Stromanschlüssen $25, öffentliche Dusche $3.

Stovepipe Wells, auf Meereshöhe. Mittelgroßer Campingplatz nahe Stovepipe Wells mit Restaurant und Pool, Wasser, WC und Entsorgungsstation. 🕓 Mitte Okt–Ende April, $10.

Sunset, 60 m. Riesige Anlage bei Furnace Creek, fast nur Wohnmobile. Offenes Feuer verboten, Wasser, WC und Entsorgungsstation sind vorhanden. 🕓 Mitte Okt–Ende April, $10.

Texas Spring, auf Meereshöhe. Ruhiger Platz nahe Furnace Creek mit Wasser und WC, Feuer machen erlaubt. 🕓 Mitte Okt–Ende April, $12

IN DEN BERGEN – ***Mahogany Flat,*** 2500 m. Der abgelegenste und kühlste Campingplatz im Park; praktisch identisch mit *Thorndike* (s.u.). 🕓 März–Nov, kostenlos.

Thorndike, 2255 m. Kleiner, pinienbestandener Platz, der in der Regel nur mit höhergelegtem

Fahrzeug oder Geländewagen zu erreichen ist. Toiletten ohne Spülung, kein Wasser. ⌚ März–Nov, kostenlos.
Wildrose, 1250 m. Moderate Temperaturen, Toiletten ohne Spülung, Trinkwasser nur April–Nov. ⌚ ganzjährig, kostenlos,

AUSSERHALB DES PARKS – ***Shoshone RV Park,*** Shoshone, ✆ 760/852-4524. Schattige Stellplätze für Zelte und Wohnmobile ab $12, Zugang zu Thermalquellen.

Essen

Das Death Valley bietet hinsichtlich der Verpflegung keine große Vielfalt, meistens isst man am Ort der Übernachtung. Furnace Creek hat die mit Abstand beste Auswahl, es gibt aber auch Restaurants in Stovepipe Wells und Panamint Springs – allesamt jedoch leicht überteuert.
Die rund um die Uhr geöffneten Casinos in Beatty verfügen über preiswerte Diners, aber die Rückfahrt nach Einbruch der Dunkelheit in den Park ist schlichtweg zu lange.
Lebensmittelgeschäfte mit einem begrenzten wie teuren Angebot gibt es in Furnace Creek und Stovepipe Wells.
49er Café, *Furnace Creek Ranch,* das Familienrestaurant im Diner-Stil serviert Sandwiches, Burger, Pasta, Steaks und Fisch. ⌚ im Winter 7–21, sonst 10–21 Uhr.
Corkscrew Saloon, *Furnace Creek Ranch,* einfache Bar mit Poolbillard, Jukebox, Fassbier, Espresso und einigen kleinen Gerichten, von 14–21.30 Uhr auch Pizza zum Mitnehmen. ⌚ bis ca. 24 Uhr.
Inn Dining Room, im *Furnace Creek Inn,* Reservierung fürs Abendessen ✆ 760/786-2345. Gourmet-Restaurant mit sehr schönem Speisesaal aus den 1920er Jahren. Mittags Suppen, Salate, Sandwiches und Pizza in zwanglosem Ambiente, abends mit Kleiderzwang. ⌚ Okt–Mitte Mai.
Panamint Springs Resort, entspanntes Restaurant mit Bar. Tagsüber Sandwiches, abends Pasta, Salat und Steaks entweder drinnen oder auf der Terrasse.
Stovepipe Wells, Familienrestaurant mit Saloon, bietet im Winter tgl. drei Mahlzeiten à la carte, im Sommer Frühstück und Abendessen vom Buffet.
Wrangler Buffet and Steakhouse, *Furnace Creek Ranch,* das Hauptrestaurant der Ranch bietet ein Frühstücksbuffet (6–9 bzw. 10 Uhr, $9), Mittagsbuffet (10.45–14 Uhr, $11) und Abendessen (18.30–22 Uhr).

Sonstiges

EINTRITT – $10 pro Fahrzeug, $5 p.P., 7 Tage gültig, inkl. ausgezeichneter Landkarte und einer Ausgabe der Parkzeitung mit aktuellen Hinweisen zu Campingplätzen und Einrichtungen.

GELD – Banken sucht man hier vergebens, aber in Furnace Creek und Stovepipe Wells gibt es Geldautomaten.

INFORMATIONEN – ***Visitor Center,*** Furnace Creek, ⌚ tgl. 8–18 Uhr; ✆ 760/786-3220, 💻 www.nps.gov/deva. Ausgezeichnet und sehr informativ, insbesondere die 12-minütige Diashow über den Park. Zur Anlage gehört auch ein kleines Museum (Eintritt frei).
Die einzige andere nennenswerte Informationsquelle ist die Ranger Station bei Scotty's Castle (s.S. 290ff.).

Transport

Death Valley ist von überall her weit entfernt; die nächstgelegene Großstadt ist das 130 Meilen entfernte **Las Vegas**. Kein öffentliches Verkehrsmittel fährt den Park an. Die am nächsten gelegene Bushaltestelle befindet sich in **Beatty**, Nevada, 40 Meilen nördlich von Furnace Creek, und ist nicht sehr praktisch, es sei denn, man besitzt ein Fahrrad.

Zum Grand Canyon

Auf dem I-40 nach Flagstaff

Der I-40 ist die Hauptverkehrslinie zwischen Las Vegas und dem Grand Canyon. In **Kingman**, der größten Stadt im westlichen Arizona, wird sich kaum jemand zum Bleiben veranlasst fühlen. Wer vom US-93 aus Las Vegas oder vom I-40 aus Lake Havasu City kommt, wird, wenn Tank und Magen gefüllt sind, von hier aus weiter Richtung Flagstaff fahren.

Kurz hinter Kingman geht eine der längsten noch erhaltenen Teilstrecken der alten Route 66 in einem Halbkreis nach Norden ab. Sie führt durch ein Dutzend im Niedergang begriffene Siedlungen wie **Peach Springs**, die aus dem Film *Früchte des Zorns* stammen könnten. Der Abstecher von der ansonsten sehr öden Strecke ist den kleinen Umweg zweifellos wert; außerdem gelangt man von hier aus am besten zu den wenig besuchten westlichen Ausläufern des Grand Canyon in der Umgebung des Havasu Canyon (s.S. 304). Nördlich von Peach Springs erstreckt sich das Hualapai-Indianer-Reservat. Bei Seligman trifft die Straße wieder auf den I-40.

Flagstaff

Nord-Arizonas attraktivste und charaktervollste Stadt erfreut sich einer herrlich dramatischen Lage am Fuße der San Francisco Peaks. Auf halbem Wege zwischen New Mexico und Kalifornien an der Kreuzung zwischen den Freeways I-40 und I-17 gelegen, ist die Stadt ein Durchgangsort für Touristen auf dem Weg zum Grand Canyon 80 Meilen weiter nordwestlich, aber die Stadt selbst lohnt durchaus einen kurzen Besuch.

In der **Downtown**, wo kaum ein Gebäude mehr als drei Stockwerke hoch ist, ist ein starkes Wildwestflair spürbar. Die Hauptstraße, Santa Fe Avenue, war einst Teil der legendären Route 66, im Jahrhundert davor fuhren auf ihr die Pioniere gen Westen. Ein Bummel durch das Stadtzentrum lässt die Vergangenheit lebendig werden; nur haben sich zu den Diners und Saloons nun Coffee Bars und Freizeitausstatter gesellt, und unter die einheimischen Cowboys und Indianer mischen sich Studenten der Northern Arizona University.

Das hervorragende **Museum of Northern Arizona**, drei Meilen nordwestlich am Hwy-180 gelegen (keine Busverbindung), 💻 www.musnaz.org, bietet eine gute Einführung in das Leben der indianischen Kulturen Arizonas gestern und heute sowie in die Entstehung des Grand Canyon. 🕓 tgl. 9–17 Uhr, Eintritt $5.

Übernachtung

HOSTELS – ***Du Beau International Hostel,*** 19 W Phoenix Ave, ✆ 928/773-1656 oder 1-800/398-7112, 💻 www.dubeau.com. ❶

Grand Canyon International Hostel, 19 S San Francisco St, ✆ 928/779-9421 oder 1-888/442-2696, 💻 www.grandcanyonhostel.com. ❶

Beide sind gut, befinden sich in zentraler Lage südlich der Eisenbahnlinie und werden vom gleichen Management betrieben. Dorm-Bett ca. $16, DZ um $30. Beide bieten auch eigene Exkursionen in den Grand Canyon an.

HOTELS UND MOTELS – ***Monte Vista,*** 100 N San Francisco St, ✆ 928/779-6971 oder 1-800/545-3068, 💻 www.hotelmontevista.com. Angenehmes, kleines Hotel; die renovierten Zimmer (mit und ohne Badezimmer) sind nach berühmten Persönlichkeiten benannt, die hier übernachtet haben. ❸–❺

Am Interstate weiter östlich gibt es jede Menge **Kettenmotels**; näher gelegen ist das ***Super 8 West,*** 602 W Route 66, weniger als eine Meile südöstlich von Downtown, ✆ 928/774-4581, preiswert und gut. ❷

Der beste **Campingplatz** befindet sich 3 Meilen südlich am US-89A im Fort Tuthill County Park, ✆ 928/774-5139.

Essen

Macy's European Coffee House & Bakery, 14 S Beaver St, südlich der Eisenbahnlinie, ✆ 928/774-2243, gutes Frühstück, später herzhafte vegetarische Gerichte, kabelloser Internet-Zugang kostenlos.

Pasto, 19 E Aspen Ave, Downtown, ✆ 928/779-1937, preiswerter Italiener.

Mad Italian, 101 S San Francisco St, ✆ 928/779-1820, gut besuchte Bar mit Billardtischen.

Museum Club, 3404 E Route 66, ✆ 928/526-9434. In den 30er Jahren war in diesem Blockhaus ein Museum mit ausgestopften Tieren untergebracht. Danach verwandelte es sich kurioserweise in ein klassisches Rasthaus an der Route 66, d.h. in einen Saloon mit Countrymusik, und wurde für Horden tanzwütiger Cowboys zur zweiten Heimat.

Informationen

Visitor Center, 101 W Santa Fe Ave, ✆ 928/774-9541 oder 1-800/842-7293, 🖳 www.flagstaffarizona.org. ⏲ Mo–Sa 7–18, So 7–17 Uhr.

Transport

BUSSE – ***Open Road Tours and Transportation,*** ✆ 928/226-8060 oder 1-877/226-8060, 🖳 www.openroadtours.com, bietet 2x tgl. Busservice zum GRAND CANYON ($20) via Williams, Abfahrt tgl. 8.30 und 15 Uhr.
Greyhound, 399 S Malpais Lane, ✆ 928/774-4573 oder 1-800/231-2222, Busservice nach LAS VEGAS, LOS ANGELES, SAN DIEGO und SAN FRANCISCO.

EISENBAHN – *Amtrak* hält noch immer im alten hölzernen Bahnhofsgebäude im Stadtzentrum. Die beiden einzigen Passagierzüge, die hier tgl. halten, fahren um 21.01 Uhr nach LOS ANGELES (10 Std.) bzw. um 5.27 Uhr nach ALBUQUERQUE.

Grand Canyon

5 Mill. Menschen pilgern jährlich zum Nationalpark Grand Canyon – mit vollem Namen *The Grand Canyon of the Colorado.*

Weder Hochglanzfotos noch Filme können den Besucher wirklich auf den Anblick dieser grandiosen Schlucht vorbereiten. Ein gewaltiger Abgrund, über 1600 m tief, zwischen 4 und 18 Meilen breit und mit einer atemberaubenden Fülle an Farbschattierungen und Formationen. Von den Aussichtspunkten am Rand der Schlucht bietet sich ein grandioser Ausblick auf die ständig wechselnde Kulisse, denn je nach Tageszeit und Lichteinfall verändert sich das Bild. Man kann zu Fuß oder auf dem Rücken eines Maultieres zum Boden der Schlucht hinabsteigen oder eine Raftingtour auf den Stromschnellen des Colorado River unternehmen; man kann eine Nacht in der Phantom Ranch auf dem Grund des Canyons verbringen oder unter den Wasserfällen der idyllischen Havasupai Reservation schwimmen, aber dem Grand Canyon näherkommen kann man nicht: Er bleibt immer ungreifbar. Bis in die 20er Jahre des 20. Jhs. blieb der Durchschnittsbesucher hier zwei bis drei Wochen. Heute sind es wahrscheinlich nur zwei oder drei Stunden.

Die Mehrzahl der Schaulustigen zieht es zum **South Rim**, der mit Auto, Bahn, Bus oder Flugzeug am einfachsten zu erreichen ist, die meisten touristischen Einrichtungen bietet – insbesondere das Grand Canyon Village – und außerdem das ganze Jahr über offen ist. Der aufgrund seiner Abgeschiedenheit interessantere **North Rim** liegt 300 m höher und ist von Mitte Oktober bis Mai in der Regel wegen Schneefalls geschlossen. Die wenigsten Leute besuchen beide Seiten, da sie zwei anstrengende Wandertage bzw. 215 Meilen Autostraße voneinander entfernt sind. Es kann durchaus passieren, dass über dem Canyon ein Nebelschleier liegt und er überhaupt nicht zu sehen ist! Viele Leute führen das auf die 250 Tonnen Schwefeldioxyd zurück, die täglich von der Navajo Generating Station, 70 Meilen flussaufwärts bei Page, in die Luft geblasen werden.

Grand Canyon Village

Die meisten Besucher kommen mit dem Wagen von Süden her und biegen am I-40 entweder in Williams oder Flagstaff ab. Die letzten 20 Meilen führen durch dichten Wald, weshalb man den Canyon nicht sehen kann, auch wenn man nah daran ist. Grand Canyon Village ist kein besonders anziehender Ort. Da es jedoch im Umkreis von 50 Meilen keine erheblich billigeren Übernachtungsmöglichkeiten gibt, sehen sich viele Besucher gezwungen, hier zu nächtigen.

Übernachtung

Sämtliche Reservierungen für Unterkünfte innerhalb des Parks – d.h. für die Lodges an beiden Rims sowie die Phantom Ranch und den Caravanplatz – laufen über *Xanterra Parks & Resorts,* PO Box 699, Grand Canyon, AZ, 86023, für eine Unterkunft am selben Tag ✆ 928/638-2631, für eine spätere Reservierung ✆ 928/303/297-2757 oder 1-888/297-2757, 🖳 www.grandcanyonlodges.com. Die besten Quartiere werden oftmals schon ein Jahr im Voraus gebucht, sodass im Sommer die Chancen, ohne Reservierung ein Zimmer zu finden, minimal sind.

Entstehung und Geschichte des Canyon

Im Laufe unermesslich langer Zeit hat sich Gesteinsschicht um Gesteinsschicht abgelagert, jede mit eigenen Fossilien bestückt, aus denen sich die jeweilige Entstehungszeit ablesen lässt, und durch die verschiedenen Farben leicht zu unterscheiden. Die Felsen beiderseits vom Bett des Colorado River zählen zu den ältesten, freiliegenden Formationen der Welt. Doch wie der Grand Canyon genau entstanden ist, bleibt ein Rätsel. Satellitenfotos zeigen, dass der Colorado mitten durch einen wuchtigen Berg verläuft, den die Indianer *Kaibab*, den „Berg ohne Gipfel", nannten. Kein Wissenschaftler konnte dafür bisher eine befriedigende Erklärung finden.

Untersuchungen zeigen, dass der Canyon immer tiefer wird, allerdings nur ca. 15 m in einer Million Jahren. Seine fantastischen Sand- und Kalksteinformationen wurden aber nicht allein vom Fluss freigelegt, sondern sind das Resultat des Windes und der extremen Temperaturdifferenzen. Clarence Dutton, ein Student der Vergleichenden Religionswissenschaften, der 1881 die erste geologische Studie über den Canyon verfasste, hat den einzelnen Formationen Namen gegeben: **Brahma Temple**, **Vishnu Temple** usw.

Auch wenn der Canyon alles andere als fruchtbar erscheint, beherbergt er doch eine artenreiche **Wüstenfauna**: Dickhornschafe und Kaninchen, Adler, Geier und Berglöwen sowie Spinnen, Skorpione und Schlangen.

Menschen haben hier zwar niemals eine große Rolle gespielt, aber anhand von Fundstücken lassen sich ihre Spuren bis 2000 v. Chr. zurückverfolgen, und später sind mit Sicherheit die Pueblo-Indianer hier gewesen. 1540 – nur zwanzig Jahre nachdem Cortéz die Azteken besiegte – zog ein Trupp Spanier auf der Suche nach Gold durch die Gegend, und 1776 verbrachte ein gewisser Pater Garcés geraume Zeit mit den Havasupai.

John Wesley Powell rüstete 1869 und 1871–72 verschiedene Expeditionen entlang des unerforschten Colorado-Flusses aus, woraufhin der Grand Canyon erstmals zu allgemeiner Berühmtheit gelangte. Es wurden ein paar Versuche unternommen, Minen auszubeuten, doch das Tourismusgeschäft erwies sich als sehr viel lukrativer.

Mit Ausnahme des Indianerreservats ist der Grand Canyon heute eine einzige Touristenattraktion. Aber noch 1963 existierten Pläne, den Colorado einzudämmen und die Schlucht auf einer Länge von 150 Meilen zu überfluten, und der Glen-Canyon-Damm bedroht in starkem Maße das ökologische Gleichgewicht am unteren Flusslauf.

LODGES – Alle Lodges im Village verlangen ähnliche Preise – eine Budgetalternative gibt es nicht. Für einen Besuch des Canyons ist es unerheblich, wo genau man im Dorf übernachtet; auch die meisten Zimmer in den „Rim-Edge"-Lodges bieten keinen bemerkenswerten Ausblick. Ältere Unterkünfte wie das ***El Tovar Hotel*** (❻) und das ***Bright Angel*** (❹) bieten jedoch mehr Atmosphäre als die motelähnlichen ***Thunderbird Lodge*** und ***Kachina Lodge*** (beide ❻). Sowohl die ***Maswik Lodge*** (Cabins und Zimmer ❹) als auch die ***Yavapai Lodge*** (❺) sind 10 Minuten zu Fuß vom Rand des Canyon entfernt.

CAMPINGPLÄTZE –**Mather Campground and RV Park**, südlich der Main Road, die durch das Grand Canyon Village führt. Mit Waschküche (laundry) ausgestattet, Betrieb das ganze Jahr über. April–Nov $15 (2 Fahrzeuge plus max. 6 Pers.), Reservierung – bis zu 5 Monate im Voraus – dringend empfohlen: *Spherix*, ✆ 301/722-1257 (von außerhalb der USA) oder 1-800/365-2267, 💻 reservations.nps.gov. Dez–März $10, dann keine Reservierungen möglich („*first come, first served*"-Prinzip).

Das **Trailer Village** nebenan hat nur Stellpätze für Wohnmobile, mit Anschlüssen $25 pro Tag für 2 Pers., $2 extra für jeden weiteren Erwachsenen. Buchungen ✆ 1-888/297-2757, 💻 www.grandcanyonlodges.com.

Desert View Campground, 26 Meilen weiter östlich, nur im Sommer geöffnet. Keine Reservie-

rungen („*first come, first served*"), nur Stellplätze für Zelte $10.
Man kann auch im Canyon selbst campen, muss sich dafür aber vorher ein Permit besorgen ($10 plus $5 p.P. pro Tag), erhältlich beim *Backcountry Reservations Office* nahe der *Maswik Lodge*, ⌚ tgl. 8–12 und 13–17 Uhr, ✆ 928/638-7875.

AUSSERHALB – Sind sämtliche Unterkünfte im Park belegt, ist die am nächsten gelegene Alternative das nicht gerade überwältigende Angebot im Dorf **Tusayan**, über eine Meile südlich vom Parkeingang:
Seven Mile Lodge, ✆ 928/638-2291, hat die preiswertesten Zimmer. ❸
Grand Hotel, ✆ 928/638-3333 oder 1-888/634-7263, 💻 www.visitgrandcanyon.com, neuer und schicker. ❻
Der zumindest bei Familien beliebteste kommerzielle Campingplatz außerhalb des Parks ist ***Flintstone's Bedrock City***, ✆ 928/635-2600, $14–18, mit eigenem prähistorischem Themenpark, 22 Meilen südlich an der Kreuzung von Hwy-64 und Hwy-180. ⌚ Mitte März bis Okt.
Weitere Übernachtungsmöglichkeiten findet man im Havasupai Indian Reservation, auf dem Weg zum sowie am North Rim, s.S. 297.

Essen

Da der Canyon abgelegen und wasserarm ist, sind die Essenspreise überdurchschnittlich hoch; wer knapp bei Kasse ist, bringt daher am besten Verpflegung mit.
Die ***Yavapai*** und ***Maswik*** Lodges haben Cafeterias, in denen man bis 22 Uhr gute, einfache Mahlzeiten bekommen kann.
Bright Angel Lodge besitzt ein eigenes Restaurant und darüber hinaus das ***Arizona Steakhouse***, beide bis 22 Uhr geöffnet und mit großer Auswahl an amerikanischen Standardgerichten für unter $20.
El Tovar, ✆ 928/638-2631, dessen Räume auf den Canyon hinausgehen, serviert hervorragendes Essen, vor allem üppige Fleischgerichte, allerdings zu gepfefferten Preisen. Reservierung empfohlen.
Canyon Star, im *Grand Hotel*, Tusayan, ✆ 928/638-3333, recht gewöhnliche Speisen, aber jeden Abend indianischer Tanz.
We Cook Pizza & Pasta, Tusayan, ✆ 928/638-2278, bietet preiswerte Mahlzeiten.

Sonstiges

EINTRITT – pro Fahrzeug $20, Fußgänger und Radfahrer $10, 7 Tage gültig.

RUNDFLÜGE – Alle Veranstalter befinden sich in Tusayan am oder beim Flughafen.
Flugzeug: ab ca. $75 pro 1/2 Std. (Kinder $45). Wer viel Geld auszugeben bereit ist, kann die Dauer nach eigenen Wünschen bestimmen.
Air Grand Canyon, ✆ 928/638-2686 oder 1-800/247-4726, 💻 www.airgrandcanyon.com.
Grand Canyon Airlines, ✆ 928/638-2359 oder 1-866/235-9422, 💻 www.grandcanyonairlines.com.
Hubschrauber: ab ca. $110 pro 1/2 Std.
AirStar Helicopters, ✆ 928/638-2622 oder 1-800/962-3869, 💻 www.airstar.com, und
Papillon Helicopters, ✆ 928/638-2419 oder 1-800/528-2418, 💻 www.papillon.com, bieten auch Tagesausflüge für $450 in die Havasupai Reservation an (s.S. 304).

TOUREN – ***Xanterra*** managt nicht nur die Lodges, sondern betreibt auch diverse Touren: **Bustouren** entlang des South Rim, u.a. **Desert View Tour** nach Osten rechtzeitig zum Sonnenuntergang beim Desert View (4 Std., $28,50), **Hermit's Rest Tour** nach Westen (2 Std., $16,25) und kürzere Touren zum Sonnenauf- und Sonnenuntergang ($12,50). Im Angebot sind auch **Mule Rides**: Maultierritte ab Grand Canyon Village auf dem Bright Angel Trail hinunter in den Canyon, die man bis zu einem Jahr im Voraus buchen kann. Die Reiter müssen mind. 1,38 m groß sein, fließend Englisch sprechen und dürfen nicht mehr als 91 kg wiegen. Alle Ausritte beginnen in den frühen Morgenstunden. An einem Tag kommt man bis zum Plateau Point (7 Std., $ 133), der **zweitägige Ausritt** führt zur **Phantom Ranch**, wo man den Rest des Tages neben dem Fluss verbringt und in Cabins für 2 Personen übernachtet ($361 für 1 Pers.; $642 für 2 Pers.). Ausritte mit zwei Übernachtungen gibt es nur von Mitte Nov bis März ($507 bzw. $856). Reservierungen für alle Touren am „transportation desk" in jeder Lodge oder unter ✆ 928/638-2631.

Nahverkehrsmittel

Zur Zeit der Niederschrift befand sich die Transportsituation in der Schwebe. Die Umsetzung des offiziell ausgewiesenen Plans, Privatfahrzeuge von der Umgebung des Canyon zu verbannen und die Besucher stattdessen auf einem neu zu schaffenden **Schienennetz** zu transportieren, wurde bislang kaum in Angriff genommen, und es hat den Anschein, als würde dies auch in Zukunft nicht passieren. Bislang ist lediglich die **Canyon View Information Plaza** errichtet worden, allerdings in einigem Abstand vom Zentrum des Grand Canyon Village in der Nähe von Mather Point. Das Gebäude ist zwar sehr attraktiv, aber da es hier sinnigerweise keine Parkplätze gibt, ist das Verkehrsproblem keineswegs gelöst. ◷ Mai–Mitte Okt tgl. 8–18, Mitte Okt bis April tgl. 8–17 Uhr, 🖳 www.nps.gov/grca.

Privatfahrzeuge werden voraussichtlich bis auf Weiteres das Grand Canyon Village ansteuern dürfen, ebenso die Straße vom Village in Richtung Osten zum Desert View. Für Privatfahrzeuge nur von Dez bis Feb zugelassen sind dagegen die Straße vom Village nach Westen zum Hermit's Rest sowie die kurze Stichstraße zum Yaki Point, dem ersten Aussichtspunkt östlich von Mather Point und Ausgangspunkt für den beliebten *South Kaibab Trail.*

Es gibt drei kostenlose **Shuttle Bus**-Routen: die **Village Route**, die auf vielen Umwegen und Seitenstraßen vom Grand Canyon Village zur Information Plaza führt; die **Kaibab Trail Route** zwischen der Plaza und Yaki Point; sowie die 8 Meilen lange **Hermit's Rest Route** nach Westen zu acht Aussichtspunkten.

Transport

BUSSE – Wer mit einem der 2x tgl. in Flagstaff ankommenden *Amtrak*-Züge reist, kann mit den Bussen von *Open Road Tours and Transportation* weiterfahren. Tickets $20, ✆ 928/226-8060 oder 1-800/766-7117, 🖳 www.openroadtours.com.

2 Verbindungen tgl.: ab Flagstaff 8.30 Uhr, ab Williams 9 Uhr, Ankunft im Maswik Transportation Center um 10.15 Uhr; ab Flagstaff 15 Uhr, ab Williams 15.30 Uhr, Ankunft im Maswik Transportation Center 16.45 Uhr. Zurück nach Flagstaff ab Maswik Transportation Center um 11.45 und 17.45 Uhr, an Williams 13 bzw. 19 Uhr, Ankunft in Flagstaff 13.30 bzw. 19.30 Uhr. Ganztägige Tour $69.

EISENBAHN – Während der 58 Meilen langen Fahrt mit der restaurierten Dampfeisenbahn der ***Grand Canyon Railways*** von Williams durch dichten Nadelwald eröffnet sich selten ein guter Ausblick auf die Schlucht. Abfahrt tgl. um 10 Uhr, Rückfahrkarte $58, luxuriösere Abteile kosten mehr; ✆ 928/773-1976 oder 1-800/843-8724, 🖳 www.thetrain.com.

FLÜGE – Auf dem kleinen Flugplatz von Tusayan, 6 Meilen vom South Rim entfernt, der überwiegend von „flight-seeing"-Tourveranstaltern genutzt wird, landen auch Linienmaschinen, insbesondere aus Las Vegas, z.B. *Scenic Airlines,* ✆ 928/702/638-3300 oder 1-800/634-6801, 🖳 www.scenic.com.

South Rim

Von Grand Canyon Village aus kann man in beide Richtungen mehrere Meilen am Südrand des Canyons entlangwandern. Die ersten paar Meilen sind jeweils mit Geländer gesichert und geteert. Für Kurzausflüge bietet sich natürlich die Zeit um den Sonnenauf- oder Sonnenuntergang an. Inner- und außerhalb vom Village verdüstert die gewaltige, nach Westen reichende Felswand viel vom abendlichen Ausblick.

Geht man jedoch bis zum **Hopi Point** westlich des Ortes, hat man gute Chancen, einen märchenhaften Sonnenuntergang zu erleben. Auf dem Weg dorthin blickt man auf den Bright Angel Trail hinunter, der sich durch das Tonto Plateau windet (s. u.).

Der beste, nach einem kurzen Spaziergang erreichbare Punkt zum Betrachten des Sonnenaufgangs ist **Mather Point**, in der Nähe des *Visitor Center*. Wer sich von dem Naturschauspiel losreißt, das sich von den Panoramafenstern der nahe gelegenen **Yavapai Observation Station** aus bietet, kann anhand der aufschlussreichen Ausstellungsstücke die mögliche Entstehungsgeschichte des Canyons verfolgen. ◷ tgl. etwa 8–20 Uhr im Sommer und 8–17 Uhr im Winter, Eintritt frei.

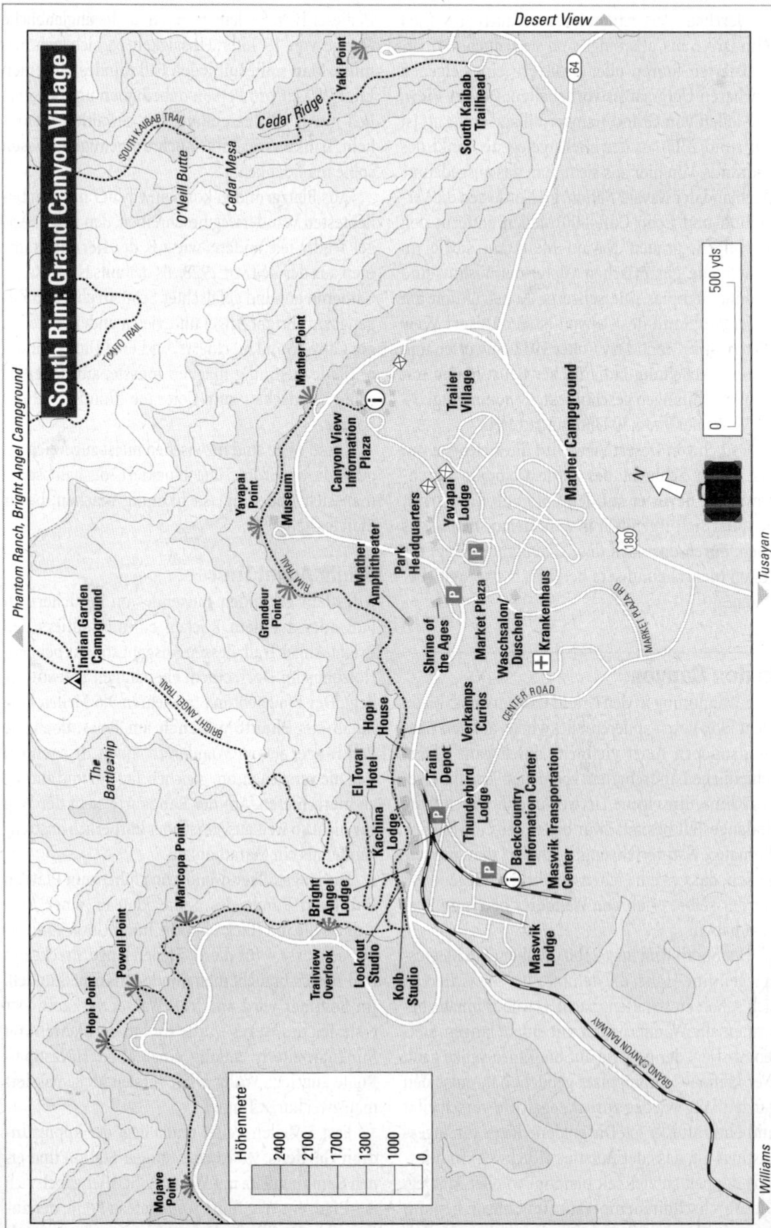

South Rim: Grand Canyon Village
Desert View
Phantom Ranch, Bright Angel Campground
Hermit's Rest
Williams
Tusayan
Yaki Point
Cedar Ridge
South Kaibab Trail
South Kaibab Trailhead
O'Neill Butte
Cedar Mesa
Tonto Trail
Mather Point
Canyon View Information Plaza
Trailer Village
Mather Campground
Yavapai Point
Museum
Yavapai Lodge
Park Headquarters
Mather Amphitheater
Rim Trail
Grandeur Point
Indian Garden Campground
Bright Angel Trail
Shrine of the Ages
Market Plaza
Waschsalon/ Duschen
Krankenhaus
Market Plaza Rd
Center Road
Hopi House
Verkamps Curios
El Tovar Hotel
Train Depot
Thunderbird Lodge
Backcountry Information Center
Maswik Transportation Center
Kachina Lodge
Bright Angel Lodge
Lookout Studio
Kolb Studio
Trailview Overlook
Maswik Lodge
Grand Canyon Railway
The Battleship
Maricopa Point
Powell Point
Hopi Point
Mojave Point
Höhenmeter
2400
2100
1700
1300
1000
0
500 yds
N
64
180

Herrliche Aussichten hat man auch vom **East Rim Drive** aus, allerdings sind sie Teilnehmern organisierter Touren oder Besitzern eines eigenen fahrbaren Untersatzes vorbehalten. **Desert View**, 23 Meilen von Grand Canyon Village entfernt, ist mit rund 2300 m der höchstgelegene Punkt des Südrands. Von hier aus sieht man das ausgedehnte Flachland der Navajo Nation, im Nordosten die Vermillion und Echo Cliffs, 90 Meilen entfernt den wuchtigen, grauen Navajo Mountain sowie im Westen die gigantischen Gipfel der Vishnu und Buddha Temples. Die seltsame Konstruktion am äußersten Rand des Canyon ist der **Desert View Watchtower**, von Mary Colter 1932 entworfen und in einer Mischung indianischer Baustile und mit Hopi-Zeichnungen geschmückt. ⌚ Sommer tgl. 9–17.30, Winter 9–16.30 Uhr, Eintritt frei.

Östlich von Desert View wird die Tiefebene von der engen Schlucht des Little Colorado durchschnitten. Bevor er auf den Colorado River trifft, befindet sich irgendwo in den Tiefen *sipapu*, das Loch, durch das nach dem Glauben der Hopi die ersten Menschen unsere heutige „Dritte Welt" betraten.

In den Canyon

Jede Wanderung in den Grand Canyon hinab bietet nicht bloß einen anderen Blickwinkel auf den Canyon, sondern führt vielmehr durch ganz unterschiedliche Landschaften, von denen jede ihr eigenes Klima, ihre eigene Tierwelt und unverkennbare Bodengestalt besitzt. Zwar bietet der Canyon eine einmalige Naturerfahrung, doch darf man nie vergessen, dass es eine lebensgefährliche Gegend ist, vor der selbst erfahrene Wanderer höchsten Respekt haben.

Der South Rim liegt 2100 m über dem Meeresspiegel, eine Höhe, die den meisten Menschen an sich schon zu schaffen macht. Darüber hinaus beginnen alle Wanderungen mit einem langen, steilen Abstieg, der gehörig auf die Kniegelenke geht. Wer keinen Campingplatz gebucht hat, muss den ganzen Weg wieder zurück, egal wie verschwitzt und entkräftet er ist. Die goldene Regel für Tagesausflüge ist, dass der Aufstieg (Rückweg) mindestens doppelt so viel Zeit benötigt wie der Abstieg. Die Durchschnittstemperatur im Canyon liegt im Sommer über 38 °C, und ein achtstündiger Marsch in dieser Hitze bedeutet, dass man die unglaubliche Menge von 15 Liter Flüssigkeit zu sich nehmen muss. Man sollte auf jeden Fall mindestens einen Liter Wasser pro Person dabeihaben und wesentlich mehr, falls es entlang des gewählten Pfades kein Trinkwasser gibt. Auch an genügend Essen sollte man denken.

Aus Platzgründen können wir hier nur den beliebtesten Wanderweg beschreiben, den Bright Angel Trail. Viele andere, wie z.B. der Hermit, stammen aus der Zeit vor 1928, als der aufsässige Ralph Cameron anhand gefälschter Schürfrechte den Zugang zum Bright Angel und vielen anderen Stellen am Canyonrand blockierte, und Fred Harvey andere Pfade ausfindig machen musste, auf denen er seine Kundschaft zum Colorado hinunter führen konnte.

Diese Wege sind inzwischen meist zugewachsen oder durch Erdrutsche blockiert, deshalb sollte man sich unbedingt sachkundig machen, bevor man loszieht.

Bright Angel Trail

Jedes Jahr erkunden Tausende von Besuchern zu Fuß oder auf dem Rücken eines Maultiers den Bright Angel Trail, dessen Ausgangspunkt bei dem Holzhaus im Dorf, einem ehemaligen Fotostudio, liegt. Der Pfad geht in Spitzkehren 9,6 Meilen lang hinab zur **Phantom Ranch** am Fluss, doch die Parkranger geben Wanderern einen dringenden Rat: nie versuchen, am gleichen Tag hin und zurück zu marschieren. Auf der Landkarte sieht der Weg gar nicht so weit aus, er ist aber körperlich anstrengender als ein Marathonlauf.

Die längste Tageswanderung führt zum **Plateau Point** am Rande des Tonto Plateau, einer Aussichtsstelle mit Blick über die Inner Gorge, und eine Sackgasse – für die 12 Meilen lange Strecke hin und zurück braucht man mindestens acht Stunden. Im Sommer wird am Trail Wasser verkauft. Der erste Teil des Weges wurde vor hundert Jahren von Minenarbeitern entlang einer alten Havasupai-Route angelegt. Während der ersten Meile passiert man zwei kurze Tunnel.

Fast 5 Meilen weiter unten liegt der üppige **Indian Gardens**, wo es eine Ranger Station und einen Campingplatz mit Wasser gibt. Hier gabelt sich der Pfad: ein Weg führt zum Plateau Point, der andere über **Devil's Corkscrew** hinunter durch Sand-

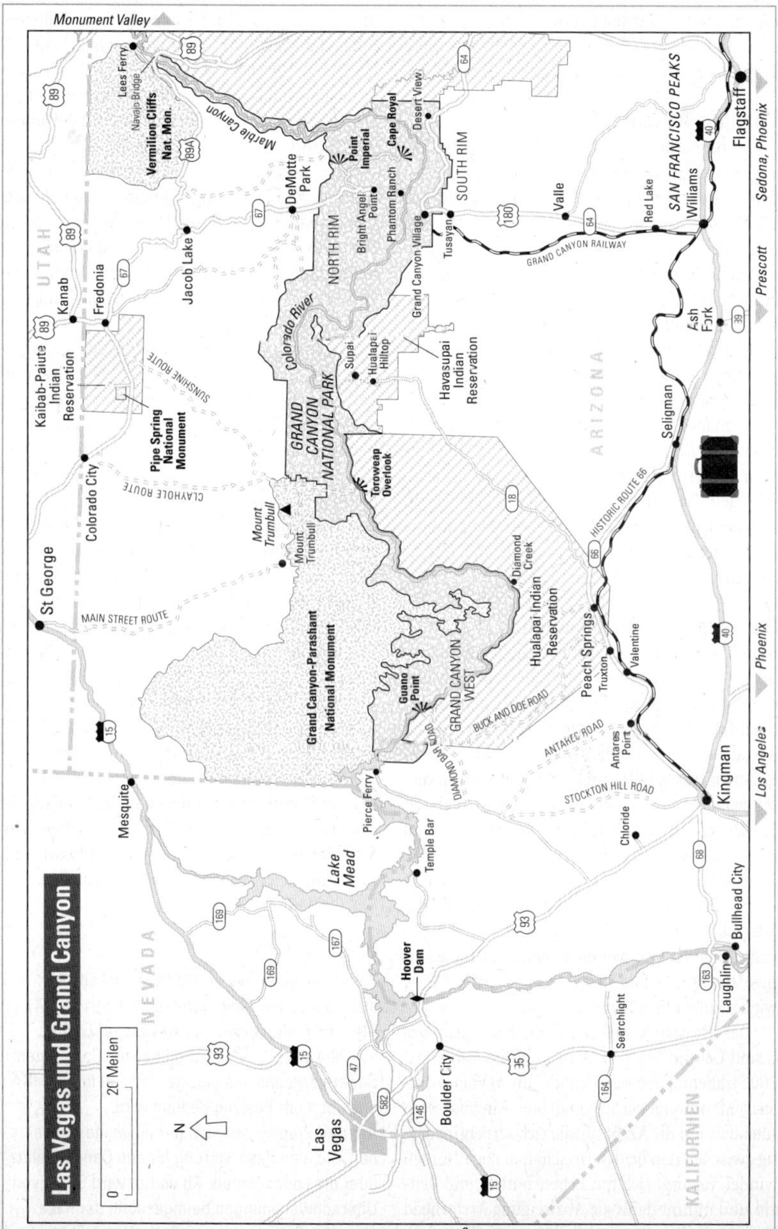

Las Vegas und Grand Canyon
0
20 Meilen
N
Monument Valley
Lees Ferry
Navajo Bridge
Vermilion Cliffs
Nat. Mon.
Marble Canyon
DeMotte
Park
Point
Imperial
Cape Royal
Desert View
SOUTH RIM
NORTH RIM
Bright Angel
Point
Phantom Ranch
Grand Canyon Village
Tusayan
Valle
Red Lake
SAN FRANCISCO PEAKS
Williams
Flagstaff
Sedona, Phoenix
GRAND CANYON RAILWAY
Prescott
Ash
Fork
UTAH
Kanab
Fredonia
Jacob Lake
Kaibab-Paiute
Indian
Reservation
Pipe Spring
National
Monument
SUNSHINE ROUTE
Colorado River
Supai
Hualapai
Hilltop
Grand Canyon
Havasupai
Indian
Reservation
GRAND
CANYON
NATIONAL PARK
ARIZONA
Seligman
Colorado City
CLAYHOLE ROUTE
Mount
Trumbull
Toroweap
Overlook
HISTORIC ROUTE 66
St George
MAIN STREET ROUTE
Diamond
Creek
Hualapai Indian
Reservation
Peach Springs
Truxton
Valentine
Phoenix
Grand Canyon-Parashant
National Monument
Guano
Point
GRAND CANYON
WEST
BUCK AND DOE ROAD
DIAMOND BAR ROAD
ANTARES ROAD
Antares
Point
Kingman
Los Angeles
STOCKTON HILL ROAD
Chloride
Mesquite
Pierce Ferry
Temple Bar
Lake
Mead
Bullhead City
Laughlin
NEVADA
Hoover
Dam
Searchlight
Boulder City
Las
Vegas
KALIFORNIEN
Los Angeles

dünen und am **Garden Creek** vorbei zum Colorado. Dann folgt er mehr als eine Meile lang dem Fluss, bis er schließlich Phantom Ranch erreicht.

Phantom Ranch

Eine Übernachtung am Boden der Schlucht in der 1922 erbauten Phantom Ranch stellt ein unvergessliches Erlebnis dar. Die Hütten sind ausschließlich für Maultierreiter (s.o., Touren) reserviert. Die Betten in den vier Schlafsälen mit jeweils zehn Stockbetten für $27 sind normalerweise lange im Voraus ausgebucht, doch kann man sich gleich bei der Ankunft am South Rim am Schalter der *Bright Angel Lodge* nach eventuell stornierten Plätzen erkundigen. Unter gar keinen Umständen sollte man ohne Reservierung aufbrechen. Selbst mit Reservierung muss man sich am Tag vor dem Aufbruch noch einmal rückversichern. Alle Nahrungsmittel kommen auf dem gleichen Weg zur Phantom Ranch wie die Besucher, also im Zuge eines eintägigen Fußmarsches oder Maultierrittes, daher sind die Mahlzeiten teuer. Das Frühstück kostet mindestens $17, ein Abendessen nicht unter $20.

Havasupai Indian Reservation

In den 30er Jahren bezeichnete ein Anthropologe die Havasupai Reservation als „den einzigen Flecken in den USA, wo die Kultur der Ureinwohner noch fast im Urzustand erhalten ist". Inzwischen hat sich einiges verändert, aber mit seinen türkisfarbenen Wasserfällen und den Schluchten ist dieses zauberhafte Stück Erde etwas ganz Besonderes. Früher verbrachten die Havasupai den Sommer auf dem Boden des Canyons und den Winter auf den Hochplateaus. Als 1882 das Reservat eingerichtet wurde, erhielten sie nur das Land unten in der Schlucht. Erst 1975 gab die amerikanische Regierung ihnen 10 000 ha weiter oben dazu, sodass einige Havasupai ihre ursprüngliche Lebensweise wieder aufnehmen konnten.

Der **Havasu Canyon** ist ein Seitenarm des Grand Canyon, etwa 35 Meilen Luftlinie, aber fast 200 Straßenmeilen vom Grand Canyon Village entfernt. Man zweigt bei Seligman oder Kingman vom Interstate auf die AZ-66 ab, die sich serpentinenartig zwischen den beiden Ortschaften nach Norden windet, versorgt sich mit Lebensmitteln und Benzin und nimmt dann die Abzweigung Arrowhead Hwy-18. Bislang stießen alle Pläne zum Bau einer Straße in den Havasu Canyon oder einer Seilbahn in den Canyon hinunter auf Widerstand, nicht zuletzt deshalb, weil die fünf- oder sechshundert Havasupai davon leben, Besucher in die Schlucht zu begleiten. Stattdessen endet die Straße bei **Hualapai Hilltop**.

Von dort aus führt ein 8 Meilen langer Zickzackpfad eine Anhöhe hinab und durch den wunderbaren, wasserlosen Hualapai Canyon zum Dorf **Supai**. Der Ritt auf einem Maultier nach unten kostet $70, hin und zurück $120. Wandern ist kostenlos, doch bei der Ankunft in Supai müssen Besucher $20 Eintritt entrichten.

Hinter Supai führt der Wanderweg zu einigen spektakulären Wasserfällen. Der erste, **Havasu Falls**, ergießt sich über einen breiten Kalksteinrand in ein klares Becken – eine unwiderstehliche Bademöglichkeit. Eine Meile weiter folgen die **Mooney Falls**, benannt nach einem erfolglosen Glücksritter, der in den 90er Jahren des 19. Jhs. hier angeblich drei Tage lang an einem Seil hing, das sich verwickelt hatte, bevor er schließlich in den Tod stürzte. Wer den steilen Abstieg auf der anderen Seite in Angriff nimmt, wird mit einem weiteren malerischen Pool belohnt, von dort sind es aber noch sieben sehr anstrengende Meilen bis zum Colorado River.

Ist die Zeit zu knapp für den langen Marsch über Land ins Reservat, kann man sich mit *Papillon Helicopters,* ✆ 702/736-7243 oder 1-888/635-7272, 💻 www.papillon.com, auch per Hubschrauber vom South Rim einfliegen lassen. Ein Tagesausflug kostet über $450, bietet aber ein faszinierendes Abenteuer à la Indiana Jones, und man kann den Canyon in aller Ruhe genießen.

Übernachtung

Zwischen den Havasu und Mooney Falls erstreckt sich ein ***Campingplatz,*** ✆ 928/448-2141, $10, und in Supai liegt die ***Havasupai Lodge,*** ✆ 928/448-2111, ❹. Hier gibt es ein Café, einen Supermarkt und das einzige Postamt in den USA, das noch per Postzug bedient wird.
Auf den Pfad sollten sich nur diejenigen begeben, die eine Reservierung für den Campingplatz oder die Lodge haben. Ab und zu wird Supai von Überschwemmungen heimgesucht, dann machen der Campingplatz und das Hotel dicht.

Von Los Angeles nach San Francisco

Die Fahrt auf dem berühmten **Hwy-1** entlang der wunderschönen Küste

Hearst Castle, eines der extravagantesten Häuser der Welt

Die rauen Felsen und das tosende Meer von **Big Sur**

Monterey, der vermutlich geschichtsträchtigste Ort Kaliforniens mit seinem weltberühmten Aquarium

Auf den Spuren der 60er Jahre im entspannten **Santa Cruz**

Die 400 Meilen lange Küste zwischen Los Angeles und San Francisco gehört zweifellos zu den schönsten der Welt. Ihr vielfältiger Reiz reicht von feinen Sandstränden bis hin zu schroffen Felsklippen und von ländlichem Charme bis hin zu urbaner Modernität. Abgesehen von ein paar mittelgroßen Städten, ist sie nur dünn besiedelt, und von der Zivilisation so gut wie unberührt. Die auf weiten Strecken natürliche Wildnis der Bergketten trennt die Küste von den landwirtschaftlich genutzten Tälern im Landesinneren.

Dichte Wälder mit hohen, schlanken Redwood-Bäumen bedecken die Hänge, wilde Bergbäche und reißende Flüsse bahnen sich ihren Weg durch die Täler hinunter zum Meer. In den Buchten spielen Seeotter und Robben mit den Wellen, und selbst die vom Aussterben bedrohten Grauwale wagen sich während ihrer jährlichen Wanderung von Alaska nach Mexiko bis nah an die Küste. Big Sur, wo die Santa Lucia Mountains steil zum Pazifik abfallen, ist das Herz der Region und der beste Ausgangspunkt, um ihre dramatische Schönheit kennen zu lernen.

Die Küste in der Übergangszone vom südlichen zum nördlichen Kalifornien ist gleichzeitig eine geschichtsträchtige Gegend. Hier findet man die meisten gut erhaltenen spanischen Missionen, jene ersten europäischen Siedlungen an der Westküste der USA, die gegründet wurden, um die Indianer zum Christentum zu bekehren und ihre Arbeitskraft auszubeuten. Die meisten Küstenstädte entwickelten sich um die Adobemauern und rot gedeckten Dächer dieser frühen katholischen Kolonien, jede nur einen Tagesmarsch von der anderen entfernt. Eine typische Mission besteht aus einer Kirche und einem Kloster und ist von wehrhaften Mauern umgeben, die die Angriffe der Indianer abwehren sollten.

Transport

Die Gegend zu bereisen, ist für kalifornische Verhältnisse relativ einfach. Der *Coast Starlight Train* von *Amtrak* bietet wunderbare Ausblicke. Der Zug folgt der Küstenlinie bis nach San Luis Obispo, bevor er ins Landesinnere abbiegt und weiter zum nördlich gelegenen San Francisco fährt.

Fast alle Städte, vor allem entlang der Hauptverbindungsstraße Hwy-101, werden von *Greyhound*-Bussen angefahren. Mit dem eigenen Auto fährt man besser den schmaleren, aber landschaftlich reizvolleren Hwy-1 direkt am Meer entlang, braucht dafür allerdings auch doppelt so lange. Unterkünfte sind relativ leicht zu finden, doch sind an Sommerwochenenden die ansonsten ruhigen Orte mit urlaubenden Familien überfüllt. Es gibt in der fast lückenlosen Kette von State Parks, Stränden und Waldgebieten aber viele Campingplätze.

Von L.A. nach San Luis Obispo

Hinter Oxnard, dem ersten größeren Ort nördlich von L.A., führt der Hwy-1 zusammen mit dem Hwy-101 weiter an der Küste entlang nach **Ventura**, wo die Vororte von Los Angeles auf den Pazifischen Ozean treffen. Die alte Bauern- und Fischersiedlung am nördlichen Rand von L.A. erstickt langsam, aber sicher in kleinen Malls und Fastfood-Ketten. Der einzige Grund, hier anzuhalten, wäre ein Ausflug mit der Fähre zu den **Channel Islands**, die vom Hafen 4 Meilen südwestlich vor der Küste liegen. In diesem Fall lohnt es sich, die wenigen Sehenswürdigkeiten der Stadt zu besuchen.

Vom Exit California St aus, nördlich der Kreuzung zwischen US-101 und Hwy-1, erreicht man die restaurierte **Mission San Buenaventura**, 211 E Main St, 💻 www.sanbuenaventuramission.org. Das 1782 fertig gestellte Bauwerk war die neunte der 21 kalifornischen Missionen und die letzte, die unter Junípero Serra errichtet wurde. 🕒 Mo–Fr 10–19, Sa 9–17, So 10–16 Uhr, Eintritt $1.

Ebenfalls an der Main St finden sich zwei kleine, recht interessante Museen. Das **Albinger Archaeological Museum**, 113 E Main St, 📞 805/648-5823, dokumentiert die 3500 Jahre alte Geschichte der Region, von den Kulturen der Ureinwohner bis zur spanischen Ära. Zu sehen gibt es auch Teile des Originalfundaments der Mission aus der 1880er Jahren. 🕒 Di–Fr 10–14, Sa–So 10–16 Uhr, Eintritt frei.

Gegenüber, im **Ventura County Museum of History and Art**, 100 E Main St, 💻 www.venturamuseum.org, geht es mit den frühen Pionierfamilien und ihren landwirtschaftlichen Geräten weiter, außerdem finden sich dort alte Sättel, katholische Gemälde und modernere indianische Artefakte. 🕒 Di–So 10–17 Uhr, Eintritt $4.

Einen weiteren Blick auf das frühe Leben in Kalifornien gestattet der **Olivas Adobe Historical**

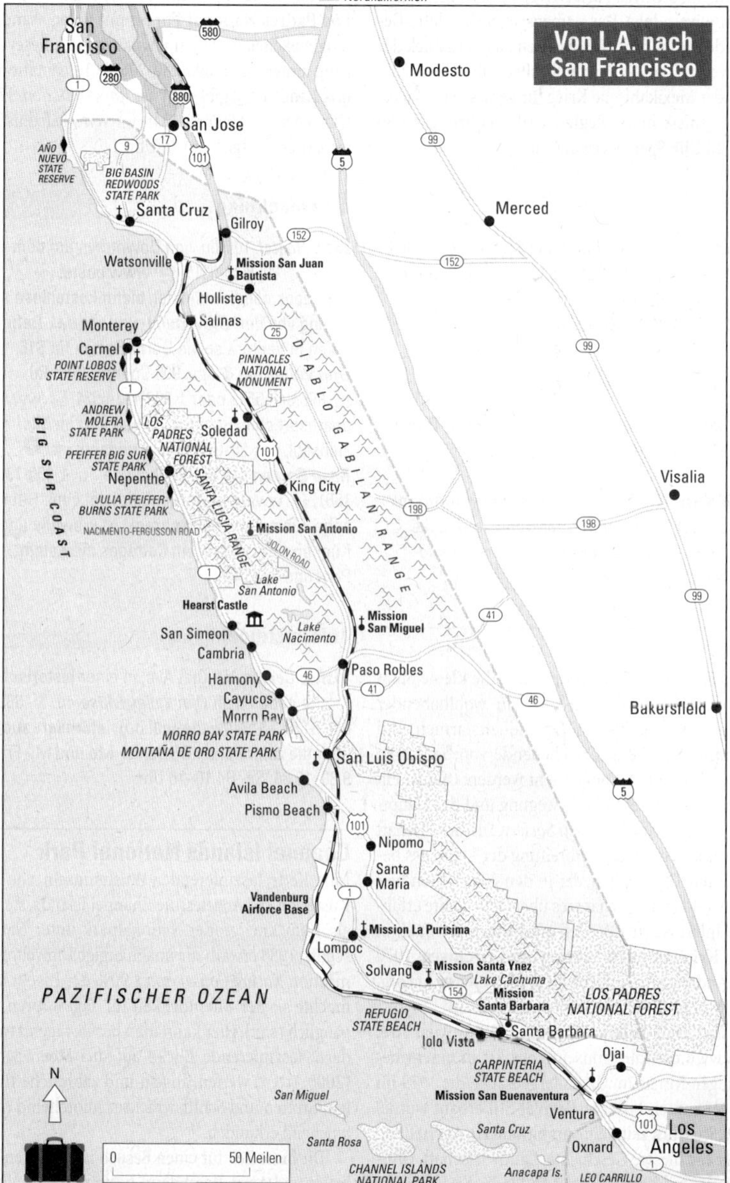

VON LOS ANGELES NACH SAN FRANCISCO

Park, 4200 Olivas Park Drive, 🖳 www.geocities.com/olivasadobe. Das namensgebende Adobe-Gebäude war in den 1840er Jahren das Kernstück des Anwesens von Großgrundbesitzer Jose Olivas, bevor der Mexikanische Krieg für veränderte Machtverhältnisse in der Region sorgte. Führung Sa–So 10–16 Uhr, Spende erwünscht.

Informationen

Visitor Center, 89 S California St, Suite C, ✆ 805/648-2075 oder 1-800/333-2989, 🖳 www.ventura-usa.com, hilft bei der Hotelsuche, ⏲ Mo–Fr 8.30–17, Sa 9–17, So 10–16 Uhr.

Transport

BUSSE – *Greyhound*-Busse halten 291 E Thompson Blvd, Ecke Palm St.

EISENBAHN – Der *Pacific Surfliner* von *Amtrak* hält in der Nähe von Harbor Boulevard, Ecke Figueroa St, drei Blocks von der *Greyhound*-Haltestelle.

Ojai

In den Hügeln über Ventura liegt die kleine Stadt Ojai (ausgesprochen O-hai), ein wohlhabender Kurort mit exklusiven Gesundheitsfarmen und Tennisclubs, die am Wochenende von betuchten Einwohnern L.A.s aufgesucht werden. Ojai ist ein Zentrum der New-Age-Bewegung und das Hauptquartier der *Krishnamurti Society*. Die Gesellschaft bemüht sich um die Verbreitung der Lehre des bekannten Theosophen, der in den 20er Jahren hier lebte und lehrte. Genaueres über seine Lehre erfahren Interessierte 4 Meilen nordöstlich der Stadt in der **Krishnamurti Library and Archives**, 1070 McAndrew Rd, ✆ 805/646-4948, 🖳 www.kfa.org, ⏲ Mi–So 13–17 Uhr, Eintritt frei.

Das **Ojai Valley Museum**, 130 W Ojai Ave, 🖳 www.ojaivalleymuseum.org, ist in einer ehemaligen Kirche im Ort untergebracht, die 1919 im so genannten Mission-Revival-Stil erbaut wurde. Das Museum zeigt eine ambitionierte Ausstellung über die hiesige Geschichte, Landwirtschaft, Ölindustrie und Kunst. ⏲ Mi–Fr 13–16, Sa 10–16, So 12–16 Uhr, Eintritt $3.

Ganz in der Nähe des Ortes befindet sich der **Los Padres National Forest** mit guten Wandermöglichkeiten und Campingplätzen ($5, Reservierung unter ✆ 1-800/280-2267). Informationen und Landkarten gibt es in der *Ranger Station*, 1190 E Ojai Ave, ✆ 805/646-4348, 🖳 www.fs.fed.us/r5/lospadres, ⏲ tgl. 8.30–16 Uhr.

Übernachtung

Farm Hostel, 10 Min. von Downtown auf dem Land, ✆ 805/646-0311, 🖳 www.hostelhandbook.com/farmhostel, bietet kostenlose Abholung von den *Greyhound*- und *Amtrak*-Bahnhöfen in Ventura sowie Dorm-Betten für $15.
Ojai Valley Inn & Spa, 905 Country Club Rd, ✆ 805/646-5511 oder 1-800/422-6524, 🖳 www.ojairesort.com. Ruhiges Luxusresort im Missionsstil, das für Golfspieler gedacht ist. ❼
Rose Garden Inn, 615 W Ojai Ave, ✆ 1-800/799-1881, 🖳 www.rosegardeninnofojai.com. Hübsche Zimmer mit Kühlschrank, Mikrowelle und Küchenzeile, außerdem Cottages mit Kamin. Pool und Spa. ❹

Informationen

Visitor Center, 150 Ojai Ave, in einer historischen Kirche neben dem *Ojai Valley Museum*, ✆ 805/646-8126, 🖳 www.the-ojai.org, informiert auch über die zahlreichen B&Bs, ⏲ Mo und Mi–Fr 9.30–16.30, Sa–So 10–16 Uhr.

Channel Islands National Park

Eine Kette faszinierender Wüsteninseln vor der Küste von Los Angeles, die Channel Islands, stehen als 1000 km² großer Nationalpark unter Naturschutz. 1988 erwarb die unabhängige Umweltorganisation *Nature Conservancy* 90% der Inseln und machte sie der Öffentlichkeit für Tagestouren zugänglich (s.u.). Hier kann man hervorragend wandern, faszinierende Blicke auf das Meeresleben (2000 Arten) werfen, angeln und zahlreiche Höhlen, Grotten und Schiffswracks schnorchelnd oder tauchend erkunden.

Die beste Zeit für einen Besuch ist zwischen Februar und April, denn dann besteht die Möglichkeit, Wale zu beobachten.

Zwar sind alle fünf Hauptinseln erreichbar, doch die am nächsten gelegene Insel **Anacapa**, ca. 14 Meilen südlich von Ventura, sieht die meisten Besucher. Anacapa besteht genau besehen aus zwei Inselchen: West Anacapa ist in erster Linie ein Refugium für braune Pelikane und mit Ausnahme von Frenchy's Cove, einem tollen Strand und Ausgangspunkt für Tauch- oder Schnorcheltouren, für die Öffentlichkeit gesperrt. In East Anacapa befindet sich ein kleines *Visitor Center* und ein 1,5 Meilen langer Naturpfad. Strände gibt es dort nicht, aber in der Höhle, in der die Boote anlegen, kann man schwimmen. Für Wanderungen ins Hinterland ist ein Permit erforderlich; Infos unter ✆ 805/658-5711, 💻 www.nps.gov/chis. Taucher können zwei aus dem Wasser ragende Schiffswracks zu beiden Seiten der Insel erforschen.

Westlich von Anacapa liegt die größte Insel **Santa Cruz**, die zu drei Vierteln der Nature Conservancy gehört. Über Wander- und Zeltmöglichkeiten in den abgelegenen Winkeln der Insel informiert ein Besucherzentrum am östlichen Ende. Die etwas kleinere Insel **Santa Rosa** ist durch ausgedehnte Grasflächen, Canyons und steile Schluchten gekennzeichnet, aber alles in allem nicht so zerklüftet. Besonders interessant sind die archäologischen Stätten, die bis zu 11 000 Jahre alt sind und noch immer wissenschaftlich untersucht werden.

Die abgelegenste Insel, **San Miguel**, liegt 50 Meilen vor der Küste. Sie bietet zahlreichen Robben und Seelöwen eine Lebensraum und beherbergt angeblich die Grabstätte des spanischen „Entdeckers" Juan Cabrillo aus dem 16. Jahrhundert. Sie wurde zwar nie gefunden, aber im Cuyler Harbor am östlichen Ende hat man dennoch ein Denkmal für Cabrillo errichtet. Zähe Wanderer werden die holprige Route quer über die Insel zum Point Bennett schätzen und einen Eindruck von der üppigen Natur bekommen.

Südlich der Hauptgruppe liegt die kleinste Insel der Channel-Gruppe, **Santa Barbara**, so benannt von Sebastian Vizcaíno, der am 4. Dezember 1602, dem Namenstag der Heiligen Barbara, hier anlegte.

Heute ist die Insel vor allem für Ornithologen interessant, denn auf dem Gelände, dessen Flora sich nach jahrelanger Verwüstung durch inzwischen ausgerottete Kaninchen langsam wieder erholt, sind Turmfalken und Lerchen zu sehen.

Auf allen Inseln gibt es einfache **Campingplätze** (Permit $7,35). Es muss allerdings ausreichend Verpflegung und vor allem Wasser mitgebracht werden.

Informationen

Channel Islands National Park Visitor Center, Ventura, 1901 Spinnaker Drive, ✆ 805/658-5730. Zeigt eine Ausstellung über die Geologie, Flora und Fauna der Inseln, unter anderem über Robben, Seelöwen, Pelikane und die Birntang-Wälder. Außerdem gibt es aktuelle Infos über die verschiedenen Möglichkeiten, die Inseln zu besuchen, sowie einen Aussichtsturm, von dem aus man an klaren Tagen die Inseln sehen kann. 🕓 tgl. 8.30–17 Uhr.

Transport

BOOTE – Die einzige Möglichkeit, den Channel Islands National Park per Boot zu besuchen, besteht in Form einer der Touren, die von Ventura Harbor aus angeboten werden.
Zur Insel **Anacapa** führen mehrere Touren des Veranstalters ***Island Packers,*** 1867 Spinnaker Drive, 3 Meilen westlich des Hwy-101 und eine Meile südlich der Stadt, 24-Stunden-Infos vom Band unter ✆ 805/642-7688, Reservierung tgl. 9–17 Uhr unter ✆ 805/642-1393, 💻 www.islandpackers.com. Das Angebot reicht von Tagsausflügen ($42–62, je nach Insel) über halbtägige Bootstouren ohne Landgang ($25) und zweitägige Exkursionen mit Übernachtung im Zelt ($54–90) bis hin zu Walbeobachtungsfahrten (ca. 3 Std., ab $25). Für die Strecke braucht man jeweils 1 1/2–3 Std. pro Fahrt (bzw. 4–5 Std. nach San Miguel). Eine Vorabreservierung ist ratsam, denn die Boote verkehren nicht täglich und sind schnell ausgebucht.
Truth Aquatics, 301 W Cabrillo Blvd, ✆ 805/962-1127 oder 963-3564, 💻 www.truthaquatics.com. Fährt mit kleineren Booten alle Inseln an, ist aber teuer; das Angebot umfasst zweitägige Wanderungen, Tauchexkursionen und Kayaktouren.

FLÜGE – Eine andere Möglichkeit, nach Santa Rosa zu kommen, bietet ein halbstündiger Flug mit ***Channel Islands Aviation,*** ✆ 805/987-1301, www.flycia.com. Es werden 4-stündige Tagesausflüge und Wochenendtouren für $130 bzw. $200 angeboten. Abflug von den Flugplätzen in Camarillo (20 Meilen südlich von Ventura am Hwy-101) und Santa Barbara.

Santa Barbara

Der schnelle Hwy-101, der hinter von Ventura dem Lauf der Küste folgt, verengt sich 100 Meilen nördlich von Los Angeles beim Küstenbadeort Santa Barbara, der sich wunderschön an die sanften Hügel am Pazifischen Ozean schmiegt. Trotz einer riesigen Shopping Mall im Stadtzentrum und einer wachsenden Zahl von Motels und Fastfood-Restaurants am Stadtrand hat sich Santa Barbara den Charakter seiner charmanten Architektur bewahren können. Die Stadt besteht aus vielen Gebäuden im spanischen Kolonialstil mit roten Ziegeldächern und weißen Stuckmauern, die über aus dem Pazifik aufragende Hügel ausgebreitet sind – ein pittoresker Hintergrund zu den goldenen, palmengesäumten Stränden an einer sanft geschwungenen Bucht.

Der frühere Wohnort Ronald Reagans und beliebte Tummelplatz von Wochenendausflüglern aus Los Angeles hat sowohl eine traditionell-konservative Seite als auch einen liberalere, hedonistischere, die sich vornehmlich in seinen jüngeren Bürgern manifestiert. Nach wie vor jedoch bleibt der Charakter der Stadt von Provinzialismus bestimmt, und es herrscht eine Kultur, die sich im Wesentlichen auf Volleyballspielen, Surfen, Rad fahren, Kaffeetrinken und Spritztouren in teuren Cabrios beschränkt. Nach einem obligatorischen Besuch der **Mission Santa Barbara**, einem Mittagessen in friedlicher Umgebung und einem Spaziergang am Pier wird es kaum länger als einen halben Tag dauern, bis man die Stadt ausgekostet hat und weiterziehen möchte.

Zentrum

Bis in die 1920er Jahre war Santa Barbara eine typische kalifornische Strandgemeinde, geprägt von viktorianischen und historisierenden Bauten sowie einer Hand voll spanisch-kolonialer Gebäude aus dem 19. Jh. Nach einem verheerenden Erdbeben 1925 entschlossen sich die Behörden, das Stadtbild im Stil der Missions-Ära wiederaufzubauen. Selbst das große Einkaufszentrum El Paseo ist mit einer weißen Adobe-Fassade versehen. Unter den reizenden Arkaden wurden Geschäfte, Cafés und Restaurants angesiedelt, sogar Telefonzellen und Litfaßsäulen wurden mit roten Ziegeln gedeckt – ein überraschend erfolgreiches Wiederaufbauprojekt, vor allem im Zentrum, dem Karree zwischen dem Strand und den Ausläufern der Santa Ynez Mountains, das sich zu einem der belebtesten Fußgängerzentren Kaliforniens entwickelt hat.

Um die **State Street**, die Hauptschlagader, gruppieren sich Diners, Buchhandlungen, Banken, Büros, Restaurants und Nachtclubs, alle sowohl auf die Bedürfnisse der Einheimischen als auch die der Touristen – und nicht zuletzt der 20 000 Studenten der University of California at Santa Barbara (UCSB) – zugeschnitten.

Das **historische Zentrum** von Santa Barbara erstreckt sich weitgehend entlang der State Street. Dort bilden die wenigen Originalgebäude aus der Missions-Ära das **El Presidio de Santa Barbara**, www.sbthp.org/presidio.htm. Eines dieser Gebäude, das bescheidene **El Cuartel**, zwei Blocks östlich der State Street in der 123 Canon Perdido St, stammt von 1782 und ist das zweitälteste Gebäude Kaliforniens. Es beherbergt heute historische Ausstellungsstücke und ein Modell der kleinen spanischen Kolonie. tgl. 10.30–16.30 Uhr, Eintritt $4.

Eine Straßen weiter gelangt man zum **Santa Barbara Historical Museum**, 136 E De la Guerra St, 805/966-1601, www.santabarbara museum.com. Das um ein Adobe-Gebäude aus dem Jahr 1817 angelegte Museum zeigt Exponate aus der spanischen und mexikanischen Ära, beleuchtet aber anhand indianischer Artefakte und Fotografien neuerer Zeit auch andere Aspekte der Stadtgeschichte. Di–Sa 10–17, So 12–17 Uhr, Spende erwünscht.

An der Kreuzung De la Guerra St / State St befindet sich die **Casa de la Guerra**, www.sbthp.org/casa. Die frühere Residenz eines der Kommandanten des Presidio zählte, obwohl im spartanischen Kolonial-Stil gehalten, in den 1820er Jahren zu den nobelsten Anwesen der Stadt. Heute werden hier u.a. Sporen, Sättel, Spielzeuge, Waffen, antike Werkzeuge, Einrichtungsgegenstände und Ikonen gezeigt. Do–So 12–16 Uhr, Spende erwünscht.

Das kleine, aber feine **Santa Barbara Museum of Art**, 1130 State St, Ecke Anapamu St, www.

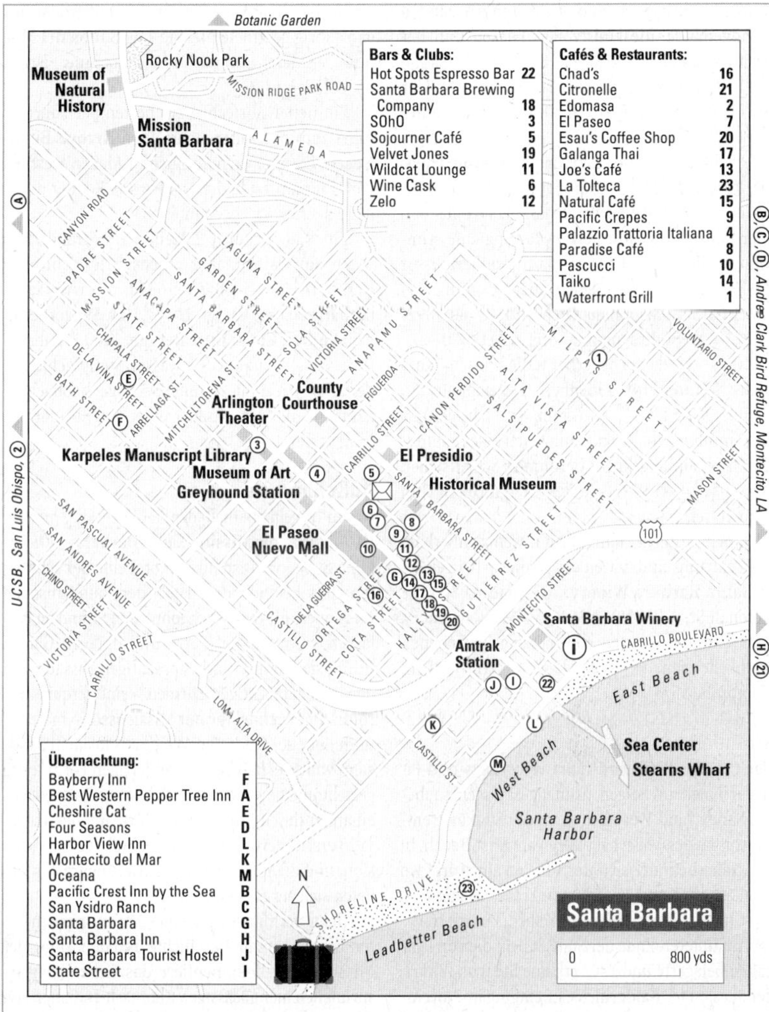

sbmuseart.org, zeigt einige klassische griechische und ägyptische Statuen, Gemälde des französischen Impressionismus, eine beachtliche asiatische Sammlung und interessante moderne Fotografien. Hauptattraktion ist die amerikanische Sammlung, die besonders durch Landschaftsmaler des 19. Jhs. und moderne kalifornische Künstler der Nachkriegszeit hervorsticht. ⌚ Di–So 11–17 Uhr, Eintritt $9.

Etwas weiter östlich kommt man zum **County Courthouse**, 1100 Anacapa St, einem Schmuckstück der Spanish-Revival-Architektur. Es gilt infolge des eigenwilligen Missions-Stils als eines der schönsten öffentlichen Gebäude in den USA. Besonders sehenswert sind die beeindruckenden Wandgemälde, die kunstvollen Fliesen und der Springbrunnen. ⌚ Mo–Fr 8.30–16.30, Sa–So 10–16.30 Uhr, kostenlose Führung Mo–Sa 14 Uhr sowie Mo, Di und Fr 10.30 Uhr, Infos unter ✆ 805/962-6464.

Zwei Blocks weiter steht das **Arlington Theater**, 1317 State St, ✆ 805/963-4408, ein noch intakter Kinopalast und Veranstaltungsort aus den 30er Jahren, dessen Innenausstattung eine stimmungsvolle spanische Dorf-Plaza simuliert. Es ist die Heimat des bescheidenen, aber renommierten Santa Barbara Symphony Orchestra, ✆ 805/898-9526, 💻 www.thesymphony.org, Tickets $20–50.

Nicht weit davon beherbergt die hübsche **Karpeles Manuscript Library**, 21 Anapamu St, ✆ 805/962-5322, 💻 www.rain.org/~karpeles, eine Sammlung von Dokumenten, darunter zahlreiche Originalmanuskripte berühmter Schriftsteller, Wissenschaftler und Politiker. ⌚ tgl. 10–16 Uhr, Eintritt frei.

Einen Abstecher lohnt die nur wenig außerhalb des Zentrums und unweit des Highway 101 gelegene **Santa Barbara Winery**, 202 Anacapa St, Ecke Yanonali St, ✆ 805/963-3646, 💻 www.sbwinery.com, eine der ältesten kommerziell betriebenen Weinkellereien der Gegend. ⌚ tgl. 10–17 Uhr, Weinprobe $5.

Strände

Der Cabrillo Boulevard führt vom Jacht- und Fischereihafen am langen, palmengesäumten, sauberen Sandstrand **West Beach** an der Südküste entlang bis zu den Volleyballplätzen am **East Beach**. In der Nähe befindet sich der Chase Palm Park, wo sonntags ein **Kunstgewerbemarkt** veranstaltet wird (10 Uhr bis Einbruch der Dunkelheit, Eintritt frei).

Am unteren Ende der State St liegt die von Pelikanen belagerte und 1872 erbaute **Stearns Wharf**, der älteste Pier Kaliforniens. Er entging im November 1998 nur knapp der Zerstörung, als ein Drittel des Komplexes in Flammen stand; Restaurationsarbeiten haben den alten Glanz inzwischen jedoch wieder herstellen können. Am Anleger gibt es Souvenirgeschäfte, Seafood-Restaurants, Buden, Eiscreme-Ständen und einen Fischmarkt. Hier befindet sich auch das **Sea Center**, 211 Stearns Wharf, ✆ 805/962-0885, ein Ableger des Museum of Natural History (s.u.), ⌚ tgl. 10–17 Uhr, Eintritt $3.

In der Nähe vom Pier gibt es außerdem das ganzjährig geöffnete Freibad **Los Baños del Mar** mit 50-Meter-Becken, 401 Shoreline Drive, ✆ 805/966-6110.

Ein netter Abstecher, am besten per Fahrrad, führt zum nur selten überfüllten **Arroyo Burro Beach**, in einer kleinen Bucht 4 Meilen westlich vom Pier am Ende der Las Positas Rd, der allgemein als *Hendry's* bekannt ist.

Ein Radweg führt 2 Meilen am Strand nach Osten am kleinen, aber sehenswerten **Zoo**, 500 Ninos Drive, ✆ 805/962-6310, 💻 www.santabarbarazoo.org, ⌚ tgl. 10–17 Uhr, $9, vorbei in das **Andrée Clark Bird Refuge**, 1400 E Cabrillo Blvd, ein umzäuntes Salzwasser-Sumpfgebiet, in dem man viele interessante Seevögel beobachten kann, unter anderem Silberreiher und Kormorane. Eintritt frei.

Außenbezirke

In den Hügeln oberhalb der Stadt liegt die *Queen of the Missions*, die **Mission Santa Barbara**, 2201 Laguna St, 💻 www.sbmission.org, eine der schönsten und beeindruckendsten der kalifornischen Missionen, für die es sich lohnt, den Strand zu verlassen. Inmitten von Parks und üppigen Gärten thront sie mit ihrer farbenprächtigen Fassade und den beiden mächtigen Türmen – eine Verquickun römischer Architektur mit Missionsstil – majestätisch über der Stadt. Die Anlage aus lokalem Sandstein wurde erst 1820 in ihrer jetzigen Form fertig gestellt und ersetzte drei, im Laufe der Jahre nacheinander durch Erdbeben zerstörte Adobekirchen. 1925 erschütterte ein gewaltiges Erdbeben die Mission, und die folgenden Restaurierungskosten beliefen sich auf fast $400 000.

Heute vermittelt ein kleines **Museum** einen guten Einblick in die Geschichte und den Alltag der Mission und dokumentiert das Leben der ursprünglich hier ansässigen Chumash-Indianer, von denen viele bekehrt wurden und auf dem schattigen Friedhof neben der Kirche begraben liegen. ⌚ tgl. 9–17 Uhr, Spende erwünscht. Zu erreichen mit Bus Nr. 22 vom Courthouse über die Anapamu Street, man kann aber auch gut von der State Street aus über Mission Street und Mission Canyon zu Fuß gehen.

Hinter der Mission zweigt eine Straße zum **Museum of Natural History** ab, 2559 Puerta del Sol

Die Mission Santa Barbara

Rd, 💻 www.sbnature.org, das die Fauna und Flora der verschiedenen südkalifornischen Ökosysteme und die Geschichte der Chumash-Indianer faszinierend informativ darstellt. Der Eingang ist aus dem Skelett eines Blauwals gefertigt. 🕒 tgl. 10–17 Uhr, Eintritt $7.

Wer sich von der Mission aus in die Hügel begibt, gelangt zu den vorzüglichen **Botanic Gardens**, 💻 www.santabarbarabotanicgarden.org, mit hübschen Spazierwegen und exotischen Pflanzen. 🕒 Mo–Fr 9–16, Sa–So 9–17 Uhr, im Sommer eine Stunde länger, Eintritt $6.

Übernachtung

Santa Barbara ist bekannt für seine Luxus-Resorts, also kein Ort für billige Übernachtungen. Immerhin befindet sich hier aber auch eine Jugendherberge, und bei sorgfältiger Planung müsste es möglich sein, etwas Erschwingliches zu finden. Wer bei der Zimmersuche kein Glück haben sollte – vor allem die preiswerteren Unterkünfte sind im Sommer schnell ausgebucht –, kann es bei *Hot Spots* versuchen; 1-800/793-7666 oder 564-1637, 💻 www.hotspotsusa.com (s.u., Informationen).

Bayberry Inn, 111 W Valerio St, 📞 805/569-3398, 💻 www.bayberryinnsantabarbara.com. Ansprechendes B&B mit neun geschmackvoll möblierten Zimmern, die alle nach einem „Beeren"-Thema in verschiedenen Farben gestaltet sind. ❼

Best Western Pepper Tree Inn, 3850 State St, 📞 805/687-5511 oder 1-800/338-0030, 💻 www.bestwestern.com. Komfortable Unterkunft 3 Meilen vom Zentrum; etwas niedrigere Preise als die Hotels vergleichbaren Standards am Strand. Zwei Pools, Jacuzzis und Fitnessbereich. ❼

Cheshire Cat, 36 W Valerio St, 📞 805/569-1610, 💻 www.cheshirecat.com. B&B mit wertvollen viktorianischen Einrichtungsgegenständen, Jacuzzi und Gästefahrrädern. ❼

Harbor View Inn, 28 W Cabrillo Blvd, 📞 805/963-0780 oder 1-800/755-0222, 💻 www.harborviewinnsb.com. Eines der ansprechenderen unter den Luxushotels; Restaurant, Bar, Pool und Jacuzzis; elegante Zimmer und 10 luxuriöse Suiten mit Meerblick und Kühlschrank. ❾

Montecito del Mar, 316 W Montecito St, drei Blocks vom Strand entfernt, ✆ 1-888/464-1690, 💻 www.santabarbarahotel316.com. Große Auswahl an Zimmern in verschiedenen Preislagen (Frühstück inkl.), außerdem 3 Jacuzzis. Ausgezeichnetes Preis-Leistungs-Verhältnis. ❹–❼

Oceana, 202 W Cabrillo Blvd, ✆ 1-800/965-9776, 💻 www.hoteloceanasantabarbara.com. Neues, sehr schönes Resorthotel im spanischen Missionsstil, bestens ausgestattete Zimmer mit schönem Meerblick, Fitnesszentrum, mehrere Pools und Jacuzzi. ❼

Pacific Crest Inn by the Sea, 433 Corona Del Mar, ✆ 805/966-3103, 💻 www.pacificcrestinn.com. Einfache Unterkunft mit Motelatmosphäre, saubere und moderne Zimmer. Gute Alternative zu den teureren Nachbarn am Strand. ❹

Sandpiper Lodge, 3525 State St, ✆ 1-800/687-5326. Bequeme Unterkunft im Motelstil in einem besseren Teil der Stadt. Einfache, saubere Zimmer sowie Pool und Jacuzzi. Frühstück inklusive. ❸

Santa Barbara, 533 State St, ✆ 805/957-9300 oder 1-888/259-7700, 💻 www.hotelsantabarbara.com. Überraschend günstige Preise für komfortable, hübsch eingerichtete Zimmer in bester Lage in Downtown, Frühstück inkl. und Internet-Zugang. ❻

Santa Barbara Inn, 901 E Cabrillo Blvd, ✆ 805/966-2285 oder 1-800/231-0431, 💻 www.santabarbarainn.com. Sehr komfortable Zimmer mit Balkon und herrlichem Ausblick, geschmackvoll und modern ausgestattet, Internet-Zugang, großer Pool. Viele luxuriöse Annehmlichkeiten, u.a. das hauseigene Restaurant *Citronelle* (s.u.), trotzdem wirkt das Hotel mehr wie ein schickes Motel. ❼

Santa Barbara Tourist Hostel, 134 Chapala St, ✆ 805/963-0154, 💻 www.sbhostel.com. Zentrales Hostel nahe Strand und State Street. Fahrrad- und Surfboard-Verleih, Frühstück inkl. und Internet-Zugang. Dorm ab $21, DZ $45–55, Cottages (nur Mai–Nov) $59.

San Ysidro Ranch, 900 San Ysidro Lane, ✆ 805/969-5046 oder 1-800/368-6788, 💻 www.sanysidroranch.com. Jackie und John F. Kennedy verbrachten ihre Flitterwochen in dieser prachtvollen, ultra-schicken Anlage in den Bergen, 10 Autominuten südlich der Stadt. Private Ferienhäuser, Kamine und Terrassen inmitten herrlicher Gärten. ❾

State Street, 121 State St, ✆ 805/966-6586. Stilvolles, altes Gebäude im Missions-Stil in der Nähe von Kai und Strand, allerdings stört der Lärm von der nahen Eisenbahnstrecke ein wenig, und es gibt nur Gemeinschaftsbäder/WCs. Sehr günstige Preise inkl. Frühstück. ❸

In Santa Barbara selbst gibt es keine **Campingplätze**, dafür aber mehrere an der nördlichen Küste, darunter am ***El Capitan State Beach*** und ***Refugio State Beach***, beide ✆ 805/968-1033 oder 1-800/444-7275, $12–20; sowie im Süden am ***Carpinteria State Beach***, ✆ 805/684-2811 oder 1-800/444-7275, $16–25; Buchung über 💻 www.reserveamerica.com.

In den Bergen des Santa Ynez Valley bestehen weitere Campingmöglichkeiten, so gibt es verschiedene Plätze um den ***Lake Cachuma***, ✆ 805/688-4658, $16–21.

Essen

An Nobelrestaurants herrscht kein Mangel, es gibt aber auch viele bezahlbare Esslokale und eine Menge Seafood- und Sushi-Restaurants. Auch mexikanische Restaurants sind zahlreich vertreten.

Smoothies – aus Obst und Joghurt gemixte Milchshakes – gibt es an jeder Ecke; sie bieten an heißen Sommertagen eine willkommene Erfrischung.

Chad's, 625 Chapala St, ✆ 805/568-1876. Moderne, für die Qualität relativ preiswerte amerikanische Küche im intimen Ambiente eines viktorianischen Gebäudes.

Citronelle, im Santa Barbara Inn, 901 E Cabrillo Blvd, ✆ 805/963-4717. Namhaftes Restaurant mit gutem Essen, fantastischem Ausblick auf die Küste und exorbitanten Preisen.

Edomasa, 2710 De la Vina, ✆ 805/687-0210. Das gemütliche Sushi-Restaurant bietet eine Auswahl an guten Gerichten und wird eher von Einheimischen als von Touristen besucht. 🕓 bis 23 Uhr.

El Paseo, 10 El Paseo, ✆ 805/962–6050. Anspruchsvolles Restaurant; serviert die üblichen mexikanischen Gerichte in einem historischen Gebäude mit prachtvollem Innenhof samt Springbrunnen.

Esau's Coffeeshop, 403 State St, ✆ 805/965-4416. Altertümlich aussehendes Café, in dem das beliebteste Frühstück der Stadt serviert wird. ◷ tgl. bis 13 Uhr.

Galanga Thai, 507 State St, ✆ 805/963-6799. Nicht viel Atmosphäre, aber gut zubereitete, leckere thailändische Gerichte.

Joe's Café, 536 State St, ✆ 805/966-4638, altbewährte Bar und Grillrestaurant, ein guter Ort für Bier und Burger, ungefähr auf halbem Weg zwischen dem Strand und den Museen von Downtown.

La Tolteca, 600 N Milpas St, ✆ 805/899-4857. Gutes mexikanisches Essen in entspannter Atmosphäre in einem alteingesessenen, authentischen Restaurant; Mittag- und Abendessen.

Natural Café, 508 State St, ✆ 805/962-9494. Hervorragende wie preiswerte vegetarische Gerichte (u.a. Pasta, Sandwiches, Salate, Falafel) in idealer Lage, um Leute zu beobachten.

Palazzio Trattoria Italiana, 1026 State St, ✆ 805/564-1985. Einer der besseren Italiener am Ort, der traditionelle Speisen mit viel Soße in riesigen Portionen und zu moderaten Preisen auftischt. Das Tiramisu ist besonders zu empfehlen.

Paradise Café, 702 Anacapa St, ✆ 805/962-4416, schickes Grillrestaurant, auch zum Draußensitzen. U.a. gute Steaks und frisches Seafood, aber nicht immer der beste Service.

Pascucci, 729 State St, ✆ 805/963-8123. Preiswerte, leckere Pasta, Gourmet-Pizzas und Panini im kleinen, eleganten Speiseraum oder draußen zwischen den Kauflustigen.

Taiko, 511 State St, ✆ 805/564-8875. Hervorragendes Sushi-Restaurant in zentraler Lage.

Waterfront Grill, 113 Harbor Way, ✆ 805/564-1200. Bietet Fischgerichte und eine schöne Aussicht. Im unteren Geschoss lässt sich in lockerer Atmosphäre bestens speisen, preiswerter ist es eine Treppe höher im *Endless Summer Bar and Café*, ✆ 805/564-4666, wo Burger, Muscheln, Austern und Fish 'n' Chips in surf-inspirierter Einrichtung serviert werden.

Unterhaltung

In der gesamten State St und vor allem in deren Downtown-Abschnitt findet man eine ganze Reihe von Bars und Clubs.

Aktuelle Informationen über das Nachtleben stehen im kostenlosen *Santa Barbara Independent*, 🖳 www.independent.com, erhältlich in Buchhandlungen, Plattengeschäften und in *Convenience Marts*.

Hot Spots Espresso Bar, 36 State St, ✆ 805/963-4233. Die gemütliche, nur einen Block vom Strand entfernte Kaffeebar ist rund um die Uhr geöffnet und serviert Kuchen, Säfte und Sandwiches. Sie betreibt auch einen der besseren Informations- und Hotelreservierungsdienste der Stadt. (s.u.).

Santa Barbara Brewing Company, 501 State St, ✆ 805/730-1040. Solide amerikanische Küche: Burger, Seafood und Sandwiches, Bier aus der hauseigenen Brauerei; am Wochenende Live-Musik.

SOhO, 1221 State St, ✆ 805/962-7776, 🖳 www.sohosb.com. Jeden Abend Live-Musik, guter Jazz, häufig auch Rock, Acoustic und World Beat, gelegentlich große Namen.

***Sojourner** Café*, 134 E Cañon Perdido, ✆ 805/965-7922. Kaffee, Bier, Wein und vegetarische Küche in freundlicher, „alternativer" Atmosphäre, an manchen Abenden Live-Musik.

Velvet Jones, 423 State St, ✆ 805/965-8676, 🖳 www.velvet-jones.com. Rock- und Indie-Konzerte, vorwiegend studentisches Publikum.

Wildcat Lounge, 15 W Ortega St, ✆ 805/962-7970, 🖳 www.wildcatlounge.com. Renovierter Schuppen mit DJs und Live-Musik, gemischtes Publikum aus Einheimischen, Studenten und Auswärtigen.

Wine Cask, 813 Anacapa St, ✆ 805/966-9463. Dunkel-elegante Bar; viele verschiedene internationale Weine und leckere Desserts. Schick gekleidete Einheimische lassen sich nach Feierabend auf den bequemen Sofas nieder oder wärmen sich in der kühleren Jahreszeit am offenen Kamin.

Zelo, 630 State St, ✆ 805/966-5792, 🖳 www.zelo.net. Gehört zu den schicksten Bars und Restaurants von Santa Barbara, verwandelt sich im

Laufe der Nacht in einen Dance Club. Alternative und lateinamerikanische Tanzmusik, Retro usw. unter der Woche.

Sonstiges

AUTOVERMIETUNGEN – ***U-Save Auto Rental***, 510 Anacapa St, ✆ 805/963-3499, 🖳 www.usavesantabarbara.com. Filiale am Flughafen, 310 S Fairview Ave, ✆ 805/964-5436. Preiswertester Anbieter, hat Autos schon für $26 pro Tag. ***Budget***, ✆ 805/963-6651, und ***Hertz***, ✆ 805/967-0411, beide am Flughafen.

FAHRRÄDER – ***Wheel Fun Rentals***, 22 State St und 101 State St, ✆ 805/966-6733, 🖳 www.wheelfunrentals.com, verleiht Räder für rund $20–35 pro Tag inkl. einer Karte, auf der das ausgedehnte Netz der Radwege von Santa Barbara eingezeichnet ist; der längste und schönste führt nach Westen bis zu Isla Vista und der UC Santa Barbara, ungefähr eine Meile vom Arroyo Burro Beach entfernt.

INFORMATIONEN – ***Visitor Center***, 1 Garden St, ✆ 805/965-3021, ⏲ Mo–Sa 9–17, So 10–17 Uhr, 🖳 www.santabarbara.com. ***Hot Spots***, 36 State St, ✆ 805/564-1637 oder 1-800/793-7666, 🖳 www.hotspotsusa.com, hinter dem gleichnamigen Café, sehr hilfsbereit bei der Zimmersuche, rund um die Uhr geöffnet.

KAJAKS – ***Paddle Sports***, 117 Harbor Way, ✆ 805/899-4925, 🖳 www.paddlesportsofsantabarbara.com, verleiht Kajaks, $20 für 2 Std., $40 pro Tag; Vermittlung von Touren zu den Channel Islands mit *Island Packers* (s.S. 309).

SURFBRETTER – verleihen Stände am Strand.

WANDERN – ***US Forest Service***, 3505 Paradise Rd, ✆ 805/967-3481, 🖳 www.r5.fs.fed.us/lospadres. Informiert über Wandermöglichkeiten in der Umgebung von Santa Barbara und die zahlreichen Wanderwege, die vom Zentrum aus zu erreichen sind. ⏲ Mo–Sa 8–16.30 Uhr.

Nahverkehrsmittel

Fast alles in Santa Barbara ist zu Fuß erreichbar: Außerdem gibt es den **Shuttle** (25¢), ✆ 805/683-3702, der tgl. von 10.15 bis 17.45 Uhr alle 10 Minuten zwischen Downtown und Strand („State Street"-Linie) verkehrt sowie alle halbe Stunde zwischen Hafen und Zoo („Waterfront"-Linie). Zu den Zielorten in der weiteren Umgebung – auch zur Mission – fahren die Busse von ***Santa Barbara Metropolitan Transit District***, ✆ 805/683-3702, 🖳 www.sbmtd.gov; Fahrpreis $1,25.

Transport

BUSSE – *Greyhound*-Busse verkehren 11x tgl. von L.A. (3 Std.) und 6x tgl. von SAN FRANCISCO (7 Std.); Haltestelle an der 34 W Carrillo St.

EISENBAHN – Am Bahnhof in der 209 State St, einen Block westlich des Hwy-101, hält tgl. je ein *Coast Starlight* von *Amtrak* aus Nord bzw. Süd, ✆ 805/687-6848 oder 1-800/872-7245. Nach L.A. fährt man 2 1/2 Std., nach SAN FRANCISCO geht es über SAN LUIS OBISPO (3 Std.), SALINAS (5 1/2 Std.) und SAN JOSE (7 Std.) bis OAKLAND (8 1/2 Std.), von wo ein Shuttlebus nach Frisco fährt.

FLÜGE – ***Santa Barbara Airport***, 500 Fowler Rd, 8 Meilen nördlich des Stadtzentrums, nahe der UC Santa Barbara, ✆ 805/683-4011, 🖳 www.flysba.com. Einige wenige und oft teure Flüge in andere Städte der westlichen USA.

Die Umgebung von Santa Barbara

Von Santa Barbara aus nach Norden geht es entweder weiter landeinwärts durch die Weinregion des Santa Ynez Valley oder weiter an der Küste entlang, wo man nach ein paar Meilen **Goletta Beach** passiert und schließlich die University of California at Santa Barbara (UCSB) erreicht. Der Campus grenzt im Westen an die charakterlose Stadt **Isla Vista.** Treppen führen an den Felsen hinunter zum Sandstrand mit seinen Gezeitentümpeln. **Coal Oil Point** (bei Einheimischen als „Devereux" bekannt), am westlichen Ende des Strandes, ist ein beliebter Surfer-Treffpunkt.

Die Strände an diesem Küstenabschnitt blicken nach Süden und sind ziemlich hohen Wellen ausgesetzt. Die Sonne versinkt hier im Winter nicht nur im Pazifik, sie steigt auch aus ihm auf – für Kalifornien eine Seltenheit. Der 20 Meilen von Santa Barbara entfernte **El Capitan State Beach** ist ein beliebter Surfstrand.

Refugio State Beach, 3 Meilen weiter im Osten an der Mündung eines kleinen Flusses, ist mit seinen Palmen einer der schönsten Strände Kaliforniens. An der Refugio Rd, den Canyon hinauf landeinwärts, liegt übrigens **Rancho El Cielo**, die kalifornische Ranch des Ex-Präsidenten Ronald Reagan.

Der 10 Meilen weiter westlich gelegene **Gaviota State Beach** ist zwar nicht so hübsch, liegt aber an einem Pier für Fischerboote. Eine große, hölzerne Eisenbahnbrücke überspannt die Mündung des Canyons.

Jeder der State Beaches besitzt einen Campingplatz mit Zeltplätzen für $12, Reservierungen bei *ParkNet*, ✆ 1-800/ 444-7275.

Las Cruces Hot Spring

Hinter Gaviota teilt sich die Straße: Hwy-101 verläuft landeinwärts nach Norden, während der schöne Hwy-1 an der Küste entlang nordwestlich weitergeht. Nur eine halbe Meile vom Highway-101, aber schon unendlich weit vom schnellen Verkehr entfernt, liegt Las Cruces Hot Spring. 37 °C heißes Mineralwasser sprudelt in ein kleines, von einem schattigen, friedlichen Canyon umgebenes Becken. Das Gelände ist tgl. von Sonnenauf- bis Sonnenuntergang geöffnet, Parken $2. Zu erreichen von der Ausfahrt zum Hwy-1, allerdings muss man auf der Ostseite des Highways bleiben und scharf nach rechts in eine kleine Straße abbiegen, die nach einer Viertelmeile am Parkplatz endet. Hier beginnt ein ungefähr eine halbe Meile langer Wanderweg bis zu den Quellen.

Santa Ynez Valley

Eine Alternative zur Küstenroute ist der Hwy-154, der ein kurzes Stück östlich von Santa Barbara vom Hwy-101 nach Norden abzweigt und über den steilen San-Marcos-Pass durch das Santa Ynez Valley führt. Es ist eine angenehme Route, beliebt bei (masochistischen) Radfahrern und ledernen Motorradfreaks, die durch erstklassige Weinanbaugebiete führt. 3 Meilen hinter Santa Barbara liegt an der schmalen Painted Cave Road die **Chumash Painted Cave**. Die Wände der Höhle sind mit alten Zeichnungen der Chumash-Indianer aus der Zeit vor der Kolonialisierung bedeckt. Das Betreten der Höhle ist zum Schutz vor Vandalismus nicht möglich, es lässt sich jedoch ein Blick durch die Absperrung auf die farbenprächtigen Malereien in ihrem Innern werfen.

Ein paar Meilen weiter zweigt die Paradise Rd ab, die den Santa Ynez River entlang durch den **Los Prietas National Forest** führt. 10,5 Meilen Richtung Osten gelangt man zu den **Red Rocks**, wo man inmitten einer schönen Felsenlandschaft schwimmen kann.

Lake Cachuma, sechs weitere Meilen in Richtung Santa Ynez am Hwy-154, ist ein beliebter Freizeittreff mit großem Campingplatz, ✆ 805/686-5054, 💻 www.sbparks.org/docs/cachuma; $16. Es handelt sich um keinen natürlichen See, sondern um ein Wasserreservoir für Santa Barbara.

Hinter dem See biegt Hwy-246 nach Solvang ab, während Hwy-154 weiter durch die Weinanbaugebiete um **Los Olivos** führt, wo Kellereien wie *Fess Parker*, *Firestone* und *Bridlewood* angesiedelt sind. Die *Santa Barbara County Vintners' Association*, ✆ 805/688-0881 oder 1-800/218-0881, 💻 www.sbcountywines.com, gibt eine nützliche Karte heraus, die die Adressen der Weingüter, ihre Öffnungszeiten und die angebotenen Weine umfasst.

Solvang und Umgebung

Dass jemand auf die nachgebauten Windmühlen und Plastik-Störche von Solvang hereinfällt, kann man sich nur schwer vorstellen. Dennoch kommen die Touristen scharenweise, um diese Siedlung zu besuchen. Sie wurde 1911 von Dänischlehrern aus dem Mittleren Westen gegründet, die einen Ort für eine dänische Schule suchten.

Heute lebt die Stadt vom Tourismus, und ihre Bewohner kleiden sich für die Touristenkameras traditionell. Das hiesige *CVB*, ✆ 805/688-6144 oder 1-800/468-6745, 💻 www.solvangusa.com, betreibt in der kleinen Stadt mehrere Informationsstände (🕒 tgl. 10–16 Uhr), aber das einzig wirklich Lohnende sind der frisch gebrühte Kaffee und die Backwaren, die in den vielen dänischen Bäckereien im Ort angeboten werden. Wenn man vom Hwy-101 auf den Hwy-246 abbiegt, sind es noch 3 Meilen.

Zwar bedeutet der dänische Name Solvang übersetzt „sonnige Felder", das Leben der Tausende indianischer Ureinwohner, die auf dem Friedhof der **Mission Santa Inés**, 1706 Mission Drive, ✆ 805/688-4815, 🖳 www.missionsantaines.org, hinter den verschnörkelten Gebäudefassaden am östlichen Rande der Stadt begraben liegen, gestaltete sich hingegen weniger sonnig.

Hundert Jahre bevor die Dänen den Ort nach heimischem Vorbild gestalteten, hatten die Spanier bereits dasselbe getan und hier 1804 die 19. der spanischen Missionen errichtet. Obgleich mehrfach restauriert, ist der Originalcharakter der Gebäude bis heute erhalten, und der grün-marmorierte Anstrich der Wände im Innern der Kirche darf als eines der besten noch erhaltenen Beispiele für das schmückende Dekor der damaligen Zeit gelten. Auch ein gutes **Missionsmuseum** ist hier untergebracht. Es zeigt Einrichtungsgegenstände aus jenen Tagen sowie Kirchendokumente, darunter eine Reihe von Gedenktafeln, auf denen den Franziskanermönchen für die Verbesserung der Lebensumstände einheimischer Chumash gedankt wird. 🕓 Juni–Sept tgl. 9–19, Okt–Mai tgl. 9–17.30 Uhr, Eintritt $3.

Wer sich selbst ein Bild davon machen möchte, wie es den Ureinwohnern ergangen ist, sollte sich ins 3 Meilen östlich von Solvang gelegene **Santa Ynez** begeben, wo das rund um die Uhr geöffnete **Chumash Casino**, ✆ 1-877-CHUMASH, eifrig bemüht ist, die Touristen um all das Geld zu erleichtern, das sie noch nicht für dänisches Gebäck ausgegeben haben. In jüngerer Zeit gab es Initiativen des Gesetzgebers, Glücksspielautomaten – auch solche in indianischen Gebieten – per Gesetz zu verbieten. Bislang scheint das Anliegen jedoch erfolglos zu sein, sodass die „einarmigen Banditen" bis auf weiteres uneingeschränkt zu Diensten stehen. Die Fahrt durch den Ort selbst könnte kaum einen größeren Kontrast zum blühenden Solvang offenbaren.

Wem das alles wenig zusagt, der sollte Solvang links liegen lassen und stattdessen über den Hwy-101 den **Nojoqui** (dt. ausgesprochen: Nochoki) **Falls County Park** ansteuern, 6 Meilen südlich von Solvang, ✆ 805/934-6123, 🖳 www.sbparks.org. Nach zehnminütigem Spaziergang erreicht man einen 23 m hohen Wasserfall. Die Route zum Park führt über die herrliche, kurvenreiche Alisal Rd. durch flechtenbehangene Eichenwälder. 🕓 tgl. 8 Uhr bis Sonnenuntergang, Eintritt frei.

Lompoc

Lompoc (ausgesprochen engl. Lom-*poke*) ist die einzige Stadt im Umkreis von Meilen auf der wundervollen Strecke des Hwy-1 durch die Täler der Santa Ynez Mountains. Sie produziert angeblich drei Viertel aller Blumensamen, die in der Welt verkauft werden. Im Sommer bedeckt ein dichter, farbiger Blumenteppich die wellige Hügellandschaft. Eine Broschüre mit Angaben darüber, welche Blumen gerade angepflanzt wurden, gibt es in der *Lompoc Valley Chamber of Commerce,* 111 South I St, ✆ 805/736-4567 oder 1-800/240-0999, 🖳 www.lompoc.com, ebenso Näheres zu den folkloristischen Wandgemälden, mit denen in den letzten Jahren die ansonsten reizlose Innenstadt verziert wurde. 🕓 Mo–Fr 9–17 Uhr.

Das **Lompoc Museum**, 200 South H St, ✆ 805/736-3888, 🖳 store.yahoo.com/lompoc/lompocmuseum, zeigt zahlreiche Gegenstände der Chumash und anderer indigener Gruppen, außerdem Material über die Mission der Stadt, deren geringe Überreste drei Blocks weiter südlich an der F Street unweit der Locust Avenue zu sehen sind. 🕓 Di–Fr 13–17, Sa–So 13–16 Uhr, Eintritt $1.

In der Nähe von Lompoc, am westlichen Stadtrand, liegt die **Vandenberg Air Force Base**, ✆ 805/606-3595, 🖳 www.vandenberg.af.mil, von wo aus verschiedene Raketen und Raketensteuerungssysteme über den Pazifik geschickt werden. Eine gute Sicht auf die Basis hat man allerdings nur vom *Coast Starlight Train* von *Amtrak*, der an der Küste entlangfährt (s.S. 306). Raumfahrtenthusiasten, die sich mindestens eine Woche vorher anmelden, können an jedem 2. und 4. Mi im Monat von 10–14 Uhr den Stützpunkt im Rahmen einer kostenlosen Tour besuchen, Reservierung erforderlich.

Die Strände, die man vom Zug aus sehen kann, sind einsam, unberührt und unzugänglich – bis auf **Jamala Beach**, ✆ 805/736-6316 oder 736-3504, 🖳 www.spbarks.org, 🕓 tgl. 8 Uhr bis Sonnenuntergang, am Ende der 14 Meilen langen, gewundenen Jamala Rd, die vom Hwy-1 nach Süden abzweigt. Hier kann man für $18 auch zelten. Eintritt zum Strand $6.

Am **Ocean Beach**, einem breiten Strand an der Mündung des Santa Ynez River, 10 Meilen westlich von Lompoc, gibt es große Sanddünen, in denen seltene Seevögel nisten.

La Purísima Mission

4 Meilen östlich von Lompoc, am Hwy-246 ausgeschildert, findet man im **La Purísima Mission State Park** von allen 21 spanischen Missionen in Kalifornien die vollständigste und authentischste Rekonstruktion. Hier wird eine Vorstellung davon vermittelt, wie sich das Leben in den frühen Siedlungen abspielte.

La Misión la Purísima Concepción de Maria Santísima wurde 1787 drei Meilen nördlich von ihrem heutigen Standort gegründet.

Bis 1804 waren bereits ungefähr 1500 Chumash bekehrt worden, von denen 500 binnen zwei Jahren an den Pocken starben. Als 1812 alle Gebäude durch ein Erdbeben zerstört wurden, entschlossen sich die Padres, an den heutigen Ort umzusiedeln. Der Grundriss dieser Mission folgte einer linear ausgerichteten anstatt einer verteidigungsstrategisch günstigeren, viereckigen Bauweise, durch die sich die indianischen Ureinwohner sowohl besser ein- als auch aussperren ließen. Aber auch die neue Anlage sollte nicht lange bestehen: 1834 wurden die kalifornischen Missionen säkularisiert, und während der nächsten 100 Jahre verwahrloste La Purísima völlig.

Die Bauten, die heute zu sehen sind, wurden im Rahmen eines Arbeitsbeschaffungsprojektes während der Wirtschaftskrise über den Ruinen der alten Mission rekonstruiert. Von 1933 bis 1940 lebten und arbeiteten über 200 Männer auf dem Gelände. Die Ruinen wurden sorgfältig studiert und das Ensemble um die Kirche mit Originalwerkzeugen und nach alten Methoden gänzlich neu geschaffen. Auch die schmale Kirche wurde wieder so ausgestattet, wie es um 1820 üblich war.

Das **Museum**, das am Eingang im alten Wagenschuppen untergebracht ist, ergänzt das Bild mit Urkunden sowie Artefakten aus der Missions-Ära und Fotografien, die die Rekonstruktionsarbeiten dokumentieren. 🕒 tgl. 9–17 Uhr, $4 pro Fahrzeug (max. 9 Pers.).

Am Wochenende werden im Sommer manchmal die so genannten *Living History Days* veranstaltet, bei denen die als Missionare und Ureinwohner verkleideten Bewohner eine traditionelle Messe abhalten. Zudem zeigen Handwerker ihre überlieferten Künste. Weitere Informationen unter ✆ 805/733-1303 und 💻 www.lapurísimamission.org.

Pismo Beach

Rings um den Santa Maria River, 75 Meilen nördlich von Santa Barbara, erstreckt sich weites Farmland. Hwy-1 und Hwy-101 führen durch kleine Städte und Dörfer, die von der Landwirtschaft leben.

Santa Maria ist die größte dieser Städte, lohnt aber lediglich einen Stopp zum Tanken oder um einen kurzen Blick auf die historischen Flugzeuge im **Museum of Flight**, 3015 Airpark Drive, ✆ 805/922-8758, 💻 www.smmof.org, zu werfen. 🕒 Fr–So 10–16 Uhr, Eintritt $5.

Andere Siedlungen scheinen sich seit den 30er Jahren, als Tausende aus dem staubigen mittleren Westen (Oklahoma) hierher zogen, kaum verändert zu haben. Diese emigrierten Bauern, verächtlich *Okies* genannt, waren bitterarme Leute: John Steinbecks Roman *Früchte des Zorns* und der gleichnamige Film von John Ford dokumentieren diese Ära der amerikanischen Geschichte.

25 Meilen nördlich von Lompoc führt Hwy-1 durch **Guadalupe**, ein kleines Provinznest, viel stärker spanisch als englisch geprägt, jedenfalls von den Straßenschildern, Reklametafeln und Saloons her zu urteilen, die die staubigen Straßen säumen. Wenige Meilen westlich erstreckt sich an der Küste das **Guadalupe/Nipomo Dunes Preserve**, ✆ 805/343-2455, 💻 www.dunescenter.org, wo sich mitunter vorbeiziehende Wale sichten lassen und man 150 m hohe Sanddünen – die höchsten an der kalifornischen Küste – erklimmen kann, die ein Sumpfgebiet umgeben, in dem vom Aussterben bedrohte Seevögel beheimatet sind. 🕒 tgl. 8 Uhr bis Sonnenuntergang, Besucherzentrum Di–So 10–16 Uhr.

Die Dünen erstrecken sich noch 10 Meilen weiter entlang der Küste, oft weit ins Landesinnere hinein. In **Pismo Beach**, einem lärmigen Ferienort, treffen die beiden Highways für eine kurze Strecke wieder aufeinander.

Der südliche Dünen-Abschnitt 3 Meilen südlich der Stadt ist als **Pismo Dunes State Vehicle Recreation Area** für Geländewagen zugelassen. *Dune buggies* und Allradfahrzeuge fegen hier mit einem Höllenlärm durch den Sand. Vor kurzem stimmte die State Coastal Commission dafür, sogar noch größere Gefährte auf Kaliforniens einzigem für Fahrzeuge geöffneten Strand zu gestatten, der der Gegend um die 4 Mill. Dollar an Einnahmen durch Touristen einbringt. Wenigstens der nördliche Abschnitt landeinwärts ist als Nature Reserve geschützt.

Nördlich von hier findet man am Hwy-1 zahlreiche Campingplätze, auf denen zumeist Wohnmobile stehen. Alle verlangen ungefähr $20 pro Stellplatz.

Im **Pismo Beach State Park** am Hwy-1 zwischen Stadt und Allradwagen-Zone, kann man von Oktober bis Februar die schönen, schwarz-orangen Monarchfalter *(monarch butterflies)* beobachten, die sich in den Eukalyptusbäumen sammeln, um weiterzuziehen, bevor der sommerliche Touristenansturm beginnt. Im Park gibt es Warmwasserduschen und Zeltplätze am Strand für $18; weitere Infos bei *ParkNet* unter ✆ 1-800/444-7275.

Übernachtung

Eine Reihe erschwinglicher Motels bieten Unterkunft, u.a.: ***Ocean Palms,*** 390 Ocean View Ave, ✆ 1-805/773-4669 oder 1-800/776-3983, ❸, und das

Sea Gypsy, 1020 Cypress St, ✆ 805/773-1801 oder 1-800/592-5923, 💻 www.seagypsymotel.com. Neben einfachen Motelzimmern auch schicke Studio-Apartments mit Küche und Balkon gegen kleinen Aufpreis. ❷

Edgewater, 280 Wadsworth Ave ✆ 805/773-4811 oder 1-888/248-1354, 💻 www.edgewater-inn.com. Direkt am Strand, beheizter Pool, manche Zimmer mit Küchenzeile. ❹

The Best Western Shorecliff Lodge, 2555 Price St, ✆ 805/773-4671, 💻 www.shorecliff.com. In spektakulärer Lage mit einem Pool und herrlicher Aussicht. ❺

Essen

Die hiesigen *clam chowder* waren schon für manche eine Fahrt nach Pismo Beach wert. Serviert werden die herzhaften Muschelsuppen u.a. im ***Splash Café,*** 197 Pomeroy Ave ✆ 805/773-4653.

Giuseppe's, 891 Price St, ✆ 805/773-2870 ist ein Italiener alten Stils; auf der Speisekarte stehen herzhafte, einfache Gerichte.

Sonstiges

INFORMATIONEN – ***Chamber of Commerce,*** 581 Dolliver St, ✆ 850/773-4382 oder 1-800/443-7778, 💻 www.pismochamber.com, ist bei der Unterkunftssuche behilflich, 🕒 Mo–Sa 9–17, So 10–16 Uhr.

Transport

Greyhound-Busse in beide Richtungen halten 5x tgl. in Downtown Pismo Beach.

Avila Beach

Nördlich von Pismo Beach wird die Küste zerklüfteter. Höhlen und Gezeitentümpel liegen versteckt unter ausgewaschenen Felsüberhängen, und Seelöwen bevölkern viele der Buchten.

Der 3 Meilen lange **Strand** von Avila Beach ist der letzte Außenposten südkalifornischen Strandlebens. Vor kurzem wurde er durch ausgetretenes Öl der nahen Unocal Raffinerie verseucht. Zum Glück gelang es der ambitionierten Säuberungsaktion, die daraufhin einsetzte, die Gegend wieder zu ihrem ursprünglichen Zustand zurückzubringen.

Teenager, die ihren Eltern entflohen sind, stolzieren an der Promenade entlang, und wer alt genug ist, hält sich in Kneipen und Bars auf. Während des ganzen Sommers herrscht eine lockere Party-Atmosphäre. Die nahe gelegene *Diablo Canyon Nuclear Plant* scheint niemanden zu stören, obwohl das Atomkraftwerk auf einer erdbebenanfälligen tektonischen Verwerfungslinie errichtet wurde – immerhin weiß man in der Stadt, dass das dreimalige Aufheulen der Sirene das Katastrophensignal ist.

Nördlich der Stadt zweigt die landschaftlich reizvolle **See Canyon Road** vom San Luis Bay Drive ab und schlängelt sich zwischen scharfkantigen vulkanischen Gesteinsformationen durch einen schmalen, überwachsenen Canyon bis nach San Luis Obispo. Von Zeit zu Zeit hat man einen großartigen Blick auf den Pazifik.

Übernachtung und Essen

Inn at Avila Beach, 256 Front St, ✆ 805/595-2300, 💻 www.avilabeachca.com, gutes Budget-Motel. ❹

Sycamore Mineral Springs, 1215 Avila Rd, ✆ 805/595-7302 oder 1-800/234-5831, 💻 www.sycamoresprings.com, an der Straße zur Stadt, hat Zimmer mit eigenem Mineralbad. ❻

The Olde Port Inn, Port San Luis, ✆ 805/595-2515. In abenteuerlicher Lage mit herrlicher Aussicht, bestes Speiselokal Avilas, vorwiegend Fischgerichte.

San Luis Obispo

San Luis Obispo liegt fast auf halber Strecke zwischen San Francisco und L.A. *Amtrak* und *Greyhound* halten hier regelmäßig. Die Stadt ist ein (fast) unentdecktes Juwel: In erster Linie ist sie von der Landwirtschaft geprägt, aber die Studenten der nahegelegenen *California Polytechnic* haben sehr belebend auf das Nachtleben gewirkt – alles in allem ein durchaus angenehmes Städtchen zum Verweilen. Die Stadtmitte bietet einige gut erhaltene architektonische Schmuckstücke, z.B. die viktorianischen Residenzen entlang der **Buchon Street** südlich der Innenstadt mit ihren Türmchen und Erkern oder das Fremont Theater im Art Déco-Stil in der Monterey St, außerdem reichlich Kneipen, Nachtclubs, Restaurants und Übernachtungsmöglichkeiten – jedenfalls außerhalb der Sommerwochenenden.

San Luis Obispo ist auch eine Stadt für Fußgänger, zumindest das kompakte Zentrum um die **Mission San Luis Obispo de Tolosa**, 751 Palm St, ✆ 805/543-6850, 🖳 www.oldmissionslo.org. Die düstere, unscheinbare Kirche aus dem ausgehenden 18. Jh. war Teil der fünften Mission in der Kette der kalifornischen Missionen und die erste, die mit den später üblichen, roten Ziegeln gedeckt wurde, die hier als Ersatz für das Strohdach eingeführt wurden, welches nach einem Angriff indianischer Ureinwohner 1776 in Flammen aufging. 🕒 Juni–Dez 9–17, Jan–Mai 9–16 Uhr, Eintritt frei.

Zwischen der Mission und dem Touristenbüro ziehen sich die Terrassen der **Mission Plaza** den San Luis Creek entlang. Fußwege und Brücken führen durch die grüne, friedvolle Anlage und zu zahlreichen Läden und Gartenrestaurants, hauptsächlich am südlichen Ufer.

Flussabwärts findet man hinter einem kleinen Park das **Historical Museum**, 696 Monterey St, ✆ 805/543-0638, 🖳 www.slochs.org, mit einer wenig sehenswerten Sammlung historischer Artefakte, v.a. Haushaltsgegenstände. Das Museum ist in der reich verzierten Carnegie Library Hall untergebracht. 🕒 Mi–So 10–16 Uhr, Eintritt frei.

Die Higuera Street, die Hauptverkehrsstraße einen Block südlich der Mission Plaza, wird jeden Donnerstagnachmittag und -abend für den **Farmer's Market** abgesperrt. Dann scheint inmitten von Gemüsekarren, Grillständen und Straßenmusikanten ganz San Luis auf den Beinen zu sein.

Die von der *Chamber of Commerce* herausgegebene Broschüre für einen Rundgang hebt diverse architektonisch nur minder interessante Geschäftsgebäude hervor. Das einzige wirklich sehenswerte Bauwerk ist die von Frank Lloyd Wright entworfene **Surgery** (Arztpraxis), Santa Rosa St, Ecke Pacific St – Eintritt jedoch nur für Patienten. In ihrer Nachbarschaft am Ende der Pacific Street befindet sich **Dallidet Adobe and Gardens**, 1185 Pacific St, ✆ 805/543-6762, eines der ältesten Gebäude der Gegend inmitten einer gepflegten Gartenanlage mit zwei mehr als 38 m hohen Redwoods. 🕒 Gärten ganzjährig Do 14.30–17.30, zusätzlich Memorial Day–Labor Day So 13–16, Führung durch das Haus So 13–16 Uhr, Spende erbeten.

Wer weder Zeit noch Lust hat, den kleinstädtischen Charme von San Luis Obispo zu erkunden, sollte zumindest im neuerdings berühmten **Madonna Inn** vorbeischauen (s. Übernachtung). Das Inn, das im Kultfilm *Aria* als Kulisse diente, umfasst Räume, die thematisch gestaltet sind, vom Märchen- bis zum Steinzeitmotiv.

Das **Shakespeare Press Museum** auf dem Campus der Cal Poly, ✆ 805/756-1108, 🖳 www.grc.calpoly.edu/pages/spm, hat zwar nichts mit dem Dichter zu tun – „Shakespeare“ war der Spitzname von Charles Palmer, dem Besitzer der gestifteten Sammlung –, präsentiert aber eine großartige Sammlung alter Druckpressen und Schriftsätze, Relikte der Pionierzeitungen aus der kalifornischen Goldrausch-Ära. 🕒 Mo–Fr nach Anmeldung, Eintritt frei.

Übernachtung

Die Monterey Street war Standort des weltweit ersten (längst verschwundenen) Motels – des *Motel Inn*. Die Preise seiner Nachkommen sind in der Regel günstig.

Apple Farm Inn, ab $120, 2015 Monterey St, ✆ 805/544-2040 oder 1-800/255-2040, 🖳 www.applefarm.com. Charmantes B&B mit viktorianisch eingerichteten Zimmern (u.a. Himmelbett);

freundliches Personal. Zimmer im Court-Gebäude sind billiger als im Inn. ❹–❻

Econolodge, 950 Olive St, ✆ 805/544-8886, 💻 www.econolodge.com. Haus einer landesweiten Kette, guter Standard zu hervorragendem Preis. ❹

Garden Street Inn Bed & Breakfast, 1212 Garden St, ✆ 805/545-9802 oder 1-800/488-2045, 💻 www.gardenstreetinn.com. Sehr zentral gelegenes B&B in einem restaurierten Haus, Baujahr um 1880, mit gemütlichen Zimmern (einige mit TV, alle mit Telefon) und leckerem Frühstück. ❻

Hostel Obispo, 1617 Santa Rosa St, ✆ 805/544-4678, 💻 www.hostelobispo.com. Angenehme Herberge, Dorm-Betten $18 für HI-Mitglieder, sonst $20. Auch einige kleine Zimmer für $45–70. 🕓 8–10 und 16.30–22 Uhr. ❶

La Cuesta Inn, 2074 Monterey St, ✆ 805/543-2777 oder 1-800/543-2777, 💻 www.lacuestainn.com. Beliebt bei Touristen und Geschäftsleuten, mit modernen Zimmern, Pool und Spa. ❹

Lamplighter Inn & Suites, 1604 Monterey St, ✆ 805/547-7777 oder 1-866/756-7378, 💻 www.lamplighterinn.com. Älteres, aber komfortables Motel mit Pool. Zimmer mit Kühlschrank, Mikrowelle und kostenlosem DSL-Zugang, bei Familien beliebt. ❸–❹

Madonna Inn, 100 Madonna Road, ✆ 805/543-3000 oder 1-800/543-9666, 💻 www.madonnainn.com. Lokales Wahrzeichen (siehe oben) auf einem mehr als 800 ha großen Gelände; die sehr durchschnittlichen „Themenzimmer" des unglaublich kitschigen Monstrums sind eine große Enttäuschung, ebenso die überzogenen Preise, vor allem wenn man sich vorher von der imposanten, rosafarbenen Lobby hat blenden lassen. ❻–❽

San Luis Inn, 404 Santa Rosa St, ✆ 805/544-0881 oder 1-800/447-8080, 💻 www.sanluisinn.com. Saubere Zimmer; geheizter Pool. Frühstück inklusive. ❷

Travelodge Downtown, 345 Marsh St, ✆ 805/543-6443 oder 1-800/458-8848. Einfache Unterkunft mit ausgezeichnetem Preis-Leistungs-Verhältnis. Ein Weiteres in der 1825 Monterey St, ✆ 805/543-5110. ❷

Das erste Motel der Welt

1925 wurde das *Milestone Motel* in San Luis Obispo eröffnet, das der wachsenden Zahl amerikanischer Autobesitzer nach dem Ersten Weltkrieg Rechnung trug. Anfangs übernachteten begeisterte Model T-Fahrer auf „Automobil-Campgrounds" im Zelt, das sie neben dem Auto aufgestellt hatten. San Luis Obispo, ziemlich genau auf halber Strecke zwischen San Francisco und Los Angeles gelegen, war ein beliebter Übernachtungsstopp. Der Architekt **Arthur Heineman**, der gerade eine Serie von Bungalows fertig gestellt hatte, erkannte scharfsinnig das Potential des Bungalows für den sich entwickelnden Autotourismus. Ein diesem Zweck angepasster Bungalow konnte die Vorteile eines Campingplatzes mit dem Komfort und dem Prestige (ganz zu schweigen von den höheren Preisen) eines Hotels verbinden. Heineman und sein Bruder Alfred eröffneten das erste Motel in San Luis Obispo, dem „Meilenstein" auf der Strecke San Francisco–Los Angeles. Letztendlich schwebte ihnen eine Kette von Motels von San Diego bis Seattle vor, jedes eine Tagesreise vom nächsten entfernt, ähnlich den ersten europäischen Siedlungen am Camino Real. Aus diesem Grund war das *Milestone Motel* im spanischen Missionsstil errichtet. Leider kam es nie zum Bau der anderen Motels. Heineman erwarb noch nicht einmal das Copyright für den von ihm neu geschaffenen Begriff, den er aus den Wörtern „motor" und „hotel" gebildet hatte. 1950 wurde es ins Wörterbuch aufgenommen, lange nachdem Heinemans Idee vielfach in ganz Amerika kopiert worden war.

Das *Milestone*, inzwischen unter dem Namen *Motel Inn* bekannt, wurde Anfang der 90er Jahre geschlossen. Zehn Jahre lang war es dem langsamen Verfall preisgegeben, bis neue Besitzer im Jahr 2000 einen ehrgeizigen Plan zur Instandsetzung entwickelten, nach dem es mit dem benachbarten *Apple Farm Inn* verbunden werden soll. Die Arbeiten gehen jedoch nur sehr schleppend voran, aktuelle Informationen gibt es bei der *Apple Farm Inn* (s.S. 321) unter ✆ 805/544-2040 oder 1-800/374-3705.

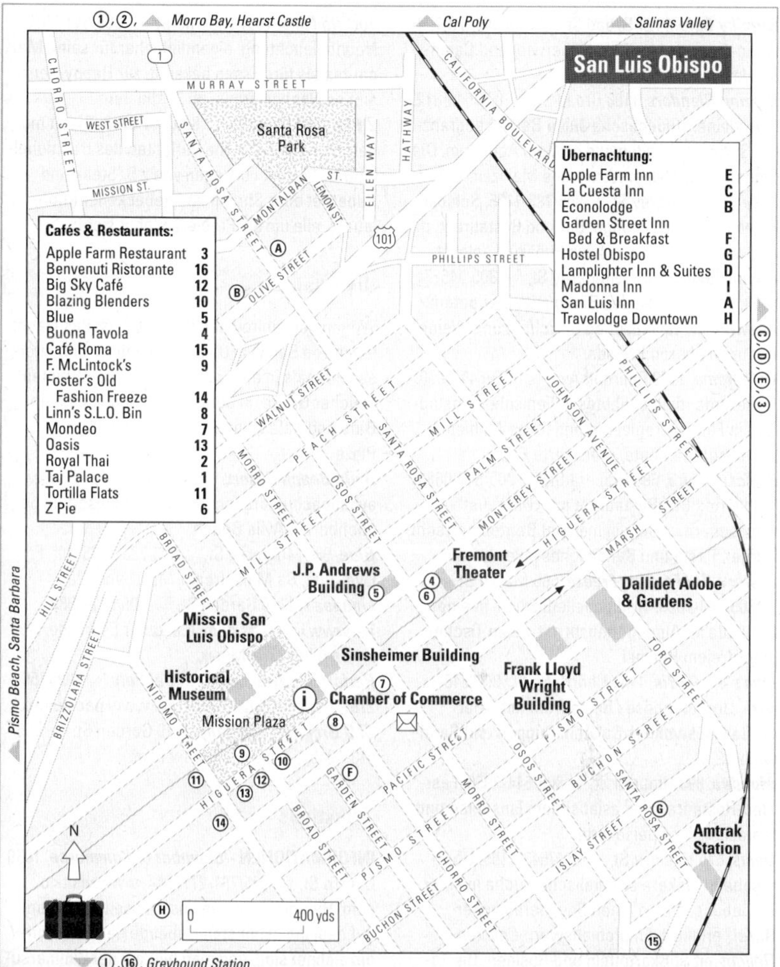

Campingplätze gibt es in der Stadt nicht, dafür aber einen sehr guten südlich der Stadt bei Pismo Beach (s.o.) und einen nördlich, in Morro Bay (s.S. 331).

Essen

In der Higuera St kann man gut essen gehen, vor allem am Donnerstagnachmittag, wenn Markt ist und Essenstände aufgebaut sind.

Apple Farm Restaurant, im Apple Farm Inn, 2015 Monterey St, ✆ 805/544-6100. Lockeres und familiäres Restaurant mit erstaunlich günstigen Preisen serviert traditionelle amerikanische Gerichte.

Benvenuti Ristorante, 457 Marsh St, ✆ 805/541-5393. Italienisches Restaurant der etwas gehobeneren Klasse in einem fast bis an die Schmerzgrenze bezaubernd restaurierten viktorianischen Haus. Gute Weinkarte und jede Menge Plätze im Freien.

Big Sky Café, 1121 Broad St, ✆ 805/545-5401. Luftiges, modernes Lokal, überwiegend Cajun- und kreolische Küche.
Blazing Blenders, 1108 Broad St, ✆ 805/546-8122. Eine kleine, studentische Juice Bar mit begrenzten Sitzmöglichkeiten und großem Aquarium. Die Smoothies ($3,50) ersetzen eine Mahlzeit.
Blue, 988 Monterey St, ✆ 805/783-1135. Schicke Kombination aus Lounge, Bar und Restaurant, das ein trendig-modebewusstes Publikum anlockt.
Buona Tavola, 1037 Monterey St, ✆ 805/545-8000. Kleines, stilvolles Bistro mit einer guten Auswahl an italienischen Gerichten und Weinen zu annehmbaren Preisen.
Café Roma, 1020 Railroad Ave, ✆ 805/541-6800. Außerordentlich beliebtes italienisches Restaurant in Familienregie, romantisches Ambiente, u.a. ausgezeichnete, preiswerte Pasta.
F. McLintock's, 686 Higuera St, ✆ 805/541-0686. Etabliertes Bar-Restaurant mit „Old West"-Atmosphäre, in dem immer viel Betrieb herrscht. Burger, Pasta und Sandwiches; alles um $8.
Foster's Old Fashion Freeze, 590 Marsh St, ✆ 805/543-7639. Traditionelle Eisdiele in einem Gebäude im Alpenhüttenstil mit vielen Tischen unter freiem Himmel.
Linn's S.L.O. Bin, 1141 Chorro St, ✆ 805/546-8444. Unprätentiöses Restaurant mit einer großen Auswahl an Salaten, Suppen und Sandwiches.
Mondeo, 893 Higuera St, ✆ 805/544-2956. Fastfood-Restaurant mit asiatischem Einschlag und fantasievoller Speisekarte.
Oasis, 675 Higuera St, ✆ 805/543-1155. Überraschend leckere orientalische Küche in einer Umgebung, die an einen Souk (arabischer Bazar) erinnert. Empfehlenswert: *Chicken Delight* mit Süßkartoffeln und Rosinen. Die Tagesgerichte von der Mittagskarte sind besonders preiswert.
Royal Thai, 777 Foothill Blvd, Foothill Plaza, ✆ 805/544-9777. Lange Speisekarte – Gerichte mit Hühnchen und Rindfleisch sind am billigsten. Das *Lunch Express Menu* ist lecker, preiswert und kommt schnell auf den Tisch.
Taj Palace, 795 E Foothill Blvd, ✆ 805/543-0722. Einziges indisches Restaurant der Stadt, nicht billig, aber gut. Das Mittagsbuffet für $5,95 ist im Preis unschlagbar.
Tortilla Flats, 1051 Nipomo St, ✆ 805/544-7575. Neonbeleuchtung, eigentlich eher für seine Margaritas als fürs Essen bekannt, zur Happy Hour gibt es Nachos gratis, ab 21 Uhr Tanz.
Z Pie, 1060 Osos St, ✆ 805/544-9743. Bietet moderne bis exzentrische Varianten des traditionellen *Pot Pie* (mit Füllungen wie z.B. Steak und Cabernet oder Shrimp und gebackener Knoblauch), alle um $5. Probieren lohnt sich!

Unterhaltung

Wegen der zahlreichen Studenten ist das Nachtleben von San Luis Obispo lebendiger und interessanter als in anderen kalifornischen Städten gleicher Größe. In der **Higuera St** gibt es gute Bars und Cafés, vorwiegend um die Mission Plaza.
Avila Beach Resort, ✆ 805/595-4000, 🖳 www.avilabeachresort.com, Veranstaltungsort im benachbarten Avila Beach.
Blue, 988 Monterey St, ✆ 805/783-1135. Mi–Fr Live-Jazz, Sa Mainstream-Musik vom DJ.
Linnaea's, 1110 Garden St, ✆ 805/541-5888, 🖳 www.linnaeas.com, u.a. guter Espresso. Do, Fr–Sa gibt's Live-Musik.
Performing Arts Center at Cal Poly, ✆ 805/756-2787, oder 1-888/233-2787, 🖳 www.pacslo.org.
SLO Brewing Company, 1119 Garden St, ✆ 805/543-1943, 🖳 www.slobrew.com.

Sonstiges

INFORMATIONEN – ***Chamber of Commerce***, 1039 Chorro St, ✆ 805/781-2777, 🖳 www.visitslo.com. Hier gibt es einen kostenlosen Stadtplan, auf dem die schönsten Gebäude der Stadt eingezeichnet sind, und man hilft bei der Zimmersuche weiter. ⌚ So 11–17, Mo 10–17, Di, Mi 8–17, Do 8–20, Fr 8–19, Sa 10–19 Uhr.
Visitors and Conference Bureau, 1037 Mill St, ✆ 805/781-2531 oder 1-800/634-1414, 🖳 www.sanluisobispocounty.com, ⌚ Mo–Fr 8–12 und 13–17 Uhr.
Weitere Hinweise bringt die kostenlose Wochenzeitung *New Times*, 🖳 www.newtimesslo.com, oder die Beilage „Ticket" jeden Freitag in der *San Luis Obispo Tribune* (50¢).

PLATTEN – ***Boo Boo Records,*** 978 Monterey St, ✆ 805/541-0657, ist ein hervorragender Platten- und CD-Laden aus der Tradition der wirklich unabhängigen Musikläden mit riesigem Sortiment auch einheimischer Musiker und Bands. Man bekommt hier auch Eintrittskarten für diverse Gigs.

Transport

BUSSE – Der *Greyhound*-Terminal, 150 South St, 805/543-2121, befindet sich nahe dem Hwy-101, auf der Higuera St eine halbe Meile nach Süden. Busse fahren regelmäßig nach SAN FRANCISCO (6 Std.) und L.A (4 3/4 Std.). 6x tgl. halten Busse aus San Francisco, 7x tgl. aus L.A. und einmal tgl. ein *Amtrak-Thruway*-Bus aus Hanford in San Luis Obispo.

EISENBAHN – *Amtrak*-Züge fahren einmal tgl. vom Bahnhof am Ende der Santa Rosa St, eine halbe Meile südlich des Geschäftszentrums, über SANTA BARBARA (3 Std.) nach L.A. (5 1/2 Std.) und über SALINAS (3 Std.) und SAN JOSE (4 1/2 Std.) nach OAKLAND / SAN FRANCISCO (6 Std.).

Salinas Valley

Nördlich von San Luis Obispo trennen sich die Highways. Hwy-101 führt durch das Salinas Valley, und Hwy-1 verläuft entlang der spektakulären zentralen Küste. Wer es eilig hat, braucht für die 220 Meilen von San Luis Obispo nach San Francisco auf dem Hwy-101 durch das Salinas Valley nur vier Stunden. Die landschaftlich reizvollere Route über Big Sur (Hwy-1) nimmt mindestens einen Tag in Anspruch. Ohne Auto hat man jedoch keine Wahl, da die *Greyhound*-Busse und *Amtrak-Thruways* durch das Landesinnere fahren, wobei die lokalen *Greyhound*-Linien auch in den kleinen Orten halten.

Der vierspurige Highway folgt dem alten El Camino Real, der einst die 21 spanischen Missionen miteinander verband. Heute ist das landwirtschaftlich genutzte Gebiet am Salinas River eine der fruchtbarsten Gegenden des Landes. Wegen der Millionen Kopfsalate (auch als „grünes Gold" bezeichnet), die hier jeden Sommer angebaut werden, trägt es den Beinamen „Salatschüssel der Welt". Die Region ist auch als *Steinbeck Country* bekannt, denn im Salinas Valley und seiner Umgebung hat der Nobelpreisträger John Steinbeck die Handlung vieler realistischer Kurzgeschichten und Romane angesiedelt, unter anderem *Jenseits von Eden.*

Das südliche Salinas Valley

Die erste nennenswerte Stadt am Hwy-101 ist **Atascadero**, eine kleine, 1914 gegründete Gemeinde, etwas eigentümlich um ein palladianisches Rathaus angelegt. Die Rotunde des riesigen roten Backsteinbaus, 6500 Palma Ave, beherbergt heute ein kleines **Museum**, in dem die Geschichte der Umgebung dokumentiert ist. ✆ 805/466-8341, 💻 www.atascaderochamber.org, 🕓 Mo–Sa 13–16 Uhr, Eintritt frei.

Im wenige Meilen nördlich gelegenen **Templeton** säumen einige historische Wild West-Gebäude die Main Street, darunter das örtliche Museum und Information Center im **Templeton Historical Museum**, ✆ 805/434-0807, 💻 www.templeton museum.org, 🕓 Fr–So 13–16 Uhr, Eintritt frei.

Etwas weiter, im Haus Nr. 424, pflegt *Herrmann's Chocolate Lab,* ✆ 805/434-3007, 💻 www.hermannschocolatelab.com, die Kunst der Schokoladeherstellung und bietet Kreationen aller Art an auf Bestellung auch individuell gestaltet. 🕓 Mo–Do 11.30–19 Uhr, Fr–Sa 11.30–20, So 11.30–18.30 Uhr.

Ein paar Meilen weiter nördlich liegt das prosperierende kleine Städtchen **Paso Robles**, umgeben von Gestüten, Nussplantagen und kleinen Weingütern, die zu den besten Kaliforniens gehören. Von einem Erdbeben der Stärke 6,5 auf der Richterskala am 22. Dezember 2003 hat sich die Stadt erstaunlich schnell erholt, sodass heute kaum noch etwas von der Zerstörung zu sehen ist. Vom Weingebiet der *Paso Robles Vintners and Growers,* ✆ 805/239-8463, 💻 www.pasowine.com, gibt es eine kostenlose Karte, erhältlich in der hiesigen *Chamber of Commerce,* 1225 Park St, ✆ 805/238-0506, 💻 www.pasorobleschamber.com, , 🕓 Mo–Fr 8.30–17, Sa 10–16 Uhr.

Zu den besten **Weingütern** zählen drei etwas östlich der Stadt am Hwy-46 gelegene: *Eberle,* 🕓 Sept–März tgl. 10–17, April–Aug 10–18 Uhr, ✆ 805/238-9607, 💻 www.eberlewinery.com,

Meridian, ⌚ tgl. 10–17 Uhr, ✆ 805/237-6000, 💻 www.meridianvineyards.com, und *Tobin James Cellars,* ⌚ tgl. 10–18 Uhr, ✆ 805/239-2204, 💻 www.tobinjames.com.

10 Meilen östlich, hinter der Abzweigung des Hwy-41 nahe Cholame, kam am 30. September 1955 James Dean in seinem Porsche ums Leben. Ein stählernes Denkmal unweit der Unfallstelle erinnert daran.

Auch wenn man mit Volldampf über den Hwy-101 rauscht, lohnt San Miguel einen kurzen Besuch. Hier kann man die intakteste und authentischste kalifornische Mission besuchen, die **Mission San Miguel Arcangel**, 801 Mission St, gleich am Freeway, ✆ 805/469-3256. Sie wurde 1797 als die 16. in der Kette der Missionen gegründet und ist die einzige, die nicht der Restaurierwut der Denkmalpfleger anheim fiel. Die Gebäude hier stammen aus dem Jahr 1816. Zeitweilig wurden einige von ihnen auch als Saloon oder Tanzdiele genutzt, die Kapelle ist aber nach wie vor in ihrem ursprünglichen Zustand, mit farbenprächtigen, von Indianern gemalten Dekorationen und einem großartigen Altar. Die anderen Gebäude erscheinen wie in den Rohbau zurückversetzt; unregelmäßige Bögen und unverputzte Wände umschließen einen Innenhof mit Kakteengarten. Die Mission wurde 2003 bei dem Erdbeben von Paso Robles erheblich beschädigt. Zur Zeit der Recherche waren weder die Hauptkapelle noch der Innenhof wieder für die Öffentlichkeit zugänglich.

Eine weitere Mission, die **Mission San Antonio de Padua**, ✆ 831/385-4478, befindet sich 20 Meilen westlich des Hwy-101 in der Nähe von Jolon an der Jolon Rd (G-18), die 12 Meilen nördlich von San Miguel vom Highway abzweigt. Nur wenige Menschen besuchen die restaurierte, 1771 gegründete Mission, die einen guten Einblick in das Leben der Missionare und der ihnen „anvertrauten" Schäfchen vermittelt. Die Mission war eine der wohlhabendsten. In ihren weiträumigen Gärten und Eichenwäldern stehen Erinnerungsstücke an die Arbeit auf dem längst verlassenen Weingut, in der Getreidemühle und der Gerberei. ⌚ im Sommer tgl. 8–18 Uhr, im Winter tgl. 8–17 Uhr, Eintritt $1.

Die Mission liegt innerhalb der Hunter Liggett Army Base. Das einzige Anzeichen militärischer Präsenz sind die Tore, an denen man sich 5 Meilen östlich der Mission ausweisen muss.

Im nahe gelegenen Ort **Jolon** gibt es einen Markt, eine Tankstelle und am *Old Dutton Hotel* die verwahrlosten Ruinen einer Postkutschenstation aus der Zeit um 1840.

Am Westufer des 5 Meilen südöstlich gelegenen **Lake San Antonio**, besteht die Möglichkeit zum Schwimmen und Duschen, und es gibt einen Campingplatz: Reservierung unter ✆ 831/588-2267 oder 831/755-4899, Stellplatz im Sommer $22, im Winter $20. Visitor Center, ✆ 805/472-2311, 💻 www.lakesanantonio.net, ⌚ Mo–Fr 8–16 Uhr, $7 pro Fahrzeug.

Gleiches gilt für das Nacimiento Reservoir noch etwas weiter im Süden.

Eine größere Zahl an Campingmöglichkeiten findet man in der Regel entlang der Nacimiento-Fergusson Road, die von Jolon nach Westen auf einer anstrengenden, aber landschaftlich reizvollen Route über die Berge nach Big Sur führt.

Informationen über das Gebiet sowie *Backpacking Permits* für Ausflüge in die zwischen dem Salinas Valley und der Küste von Big Sur verlaufenden Santa Lucia Mountains erteilt das *US Forest Service Office,* 406 S Mildred Ave, etwas abseits des Freeway, ✆ 831/385-5434, 💻 www.r5.fs.fed.us/lospadres, ⌚ Mo–Fr 8–16.30 Uhr.

Bei **King City** stößt die Jolon Road wieder auf den Hwy-101. Am westlichen Ende der Stadt, im San Lorenzo Park gleich am Highway, findet man das **Agricultural and Rural Life Museum**, ✆ 831/385-8020, 💻 www.mcarlm.org. Das Freilichtmuseum umfasst alte Scheunen, Bauernhäuser und ein Schulgebäude, die aus verschiedenen Ecken von Monterey County hierher verfrachtet wurden. ⌚ tgl. 10–16 Uhr, Eintritt frei, Parken wochentags $3, am Wochenende $5. Im Park gibt es einen Campingplatz am Salinas River.

Übernachtung

In Paso Robles findet man ein Bett zu weitaus günstigeren Preisen als in Unterkünften, die näher an Hearsts früherem Wohnsitz liegen.

Holiday Inn Express Hotel, 2455 Riverside Ave, Paso Robles, ✆ 805/238-6500 oder 1-800/465-4329, 💻 www.holidayinnpaso.com, bewegt sich in mittlerem Rahmen, was Preis und Komfort anbelangt. ❺

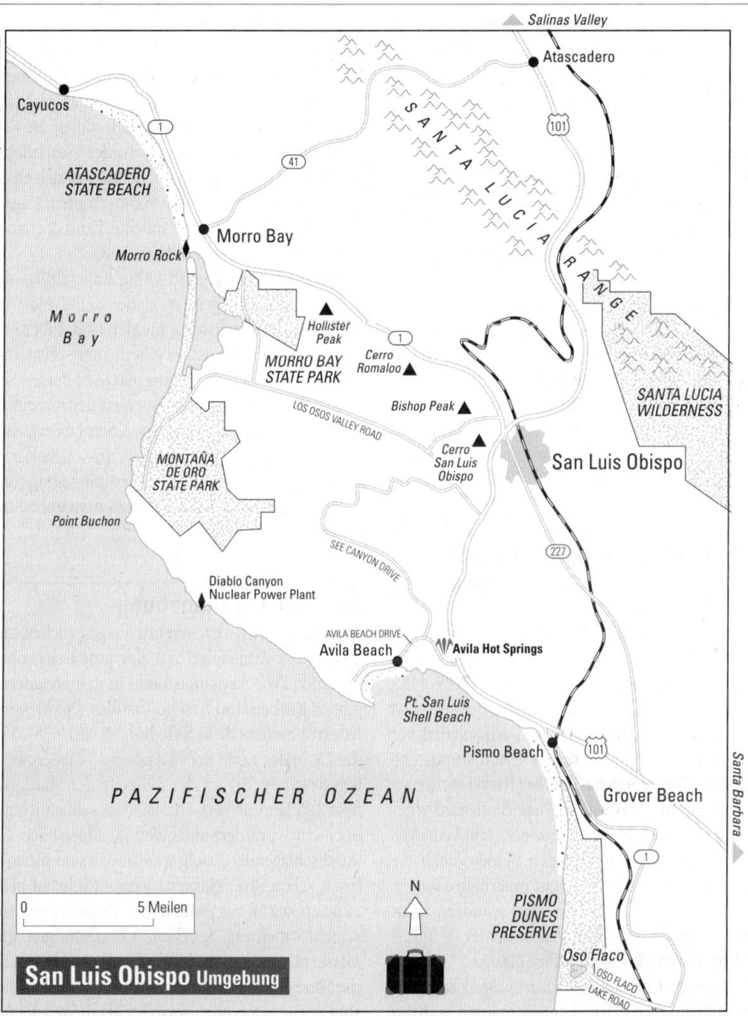

Paso Robles Inn, 1103 Spring St, Paso Robles, ✆ 805/238-2660 oder 1-800/676-1713, 💻 www.pasoroblesinn.com. Etwas luxuriösere Unterkunft, Zimmer mit Balkonen, auf denen Jacuzzis für zwei Personen stehen, die von nahe gelegenen Thermalquellen gespeist werden. ❺

Hacienda Guest Lodge, nahe der Mission San Antonio de Padua, Jolon, ✆ 831/386-2900, 💻 www.usawines.com/hacienda. Spartanische Zimmer in klösterlichem Ambiente, z.T. mit Badezimmer. ❶–❷

Western States Inn, 1099 K St, San Miguel, ✆ 805/467-3674, 💻 www.westernstatesinn.com.

Einziges und überraschend komfortables Hotel in San Miguel, ein wenig abseits des Hwy-101. ❸

Essen

Die meisten Restaurants von Paso Robles konzentrieren sich in der Umgebung des zentralen Platzes im Ortskern.

Joe's Place, 608 12th St, Paso Robles, ✆ 805/238-5637. Beste Adresse für ein herzhaftes Frühstück. ⌚ Mo–Sa 6–14, So 7–14 Uhr.

Lombardi's, 836 11th St, Paso Robles, ✆ 805/237-7786. Leckere Pasta und Pizza für ca. $10 in zwangloser Atmosphäre.

McPhee's Grill, 416 Main St, Templeton, ✆ 805/434-3204. Überraschend exquisit und auch bei Einheimischen sehr beliebt, serviert moderne Grillvarianten amerikanischer Gerichte (Hauptspeise ca. $25).

Pinnacles National Monument

Von King City aus gibt es mehrere Möglichkeiten, zu den bizarren Felsformationen des Pinnacles National Monument zu gelangen. Eine Variante ist die Fahrt auf dem G13 und Hwy-25 bis zum Osteingang und dem *Visitor Center,* ✆ 831/389-4485, 💻 www.nps.gov/pinn. Die bessere Alternative führt jedoch den Hwy-101 hoch nach Soledad, von dort ist es noch rund eine halbe Autostunde entlang einer kurvenreiche Strecke (Hwy-146, der zur East Street und dann zum Metz Boulevard wird) bis zur sehenswerteren Westseite. Es gibt keine Verbindungsstraße zwischen den beiden, doch das Areal ist klein, sodass man gut innerhalb eines Tages von einer Seite zur anderen wandern kann. Park ⌚ tgl. 7.30–21 Uhr, Visitor Center ⌚ tgl. 9–17 Uhr, $5 pro Pkw, sieben Tage gültig.

Das Gebiet mit seinen bizarren, spitz zulaufenden vulkanischen Felsnadeln, die in ihren kräftigen Rot- und Gelbtönen einen markanten Kontrast zum meist strahlend blauen Himmel bilden, besucht man am besten im Frühling, wenn das Wetter noch angenehm kühl ist und die Hänge mit Wildblumen übersät sind. Es gibt zahlreiche Wanderwege, darunter der 2 Meilen lange **Juniper Canyon Trail** zu den High Peaks und der gleich lange **Balconies Trail** zum farbenprächtigen, 183 m hohen Balconies-Felsvorsprung und zu vielen nahe gelegenen **Höhlen**, die unter riesigen Felsbrocken entstanden sind, die sich zwischen den Wänden des schmalen Canyons verkeilt haben – Taschenlampe mitnehmen! In diesen Höhlen pflegten sich Banditen nach Postkutschen-Überfällen zu verschanzen. An der Ost- sowie an der Westzufahrt halten Ranger Informationen bereit; wer sich an eine der anspruchsvolleren Wanderrouten wagen, Bergsteigen oder Klettern möchte, kann dort auch ein entsprechendes Permit erhalten.

Die Wanderwege sind völlig ungeschützt der heißen Sonne ausgesetzt, daher sollte man im Sommer die Mittagshitze meiden und unbedingt viel Wasser mitnehmen. Es gibt mehrere privat und staatlich betriebene **Campingplätze** zu beiden Seiten des Parks, der größte davon ist der mit einem Pool ausgestattete *Pinnacles Campground,* Buchungsbüro ⌚ Di–Do 16–18, Fr 16–21, Sa–So 9–17 Uhr, ✆ 831/389-4462, 💻 www.pinncamp.com, $7 pro Person – im Sommer muss man unbedingt im Voraus reservieren.

Soledad und Umgebung

Das ruhige Farm-Örtchen mit ausgesprochen mexikanischer Atmosphäre ist eine gute Gelegenheit für einen Zwischenstopp, denn in den *panaderias* gibt es Kuchen und frische Tortillas. Die **Mission Nuestra Señora de la Soledad**, ✆ 831/678-2586, die 13. in der Kette der Missionen, 3 Meilen westlich des Hwy-101 an der Südseite der Stadt, war über 100 Jahre so verwahrlost, dass schließlich nur noch ein Trümmerhaufen von ihr übrig blieb. Ein durchschlagender Erfolg war die Mission nie, vielleicht schon ihres Namens wegen (Soledad heißt „Einsamkeit“). Sie erlebte im Verlauf ihrer Geschichte mehrere Seuchen, Überflutungen und Missernten. Man hat Teile pflichtbewusst restauriert und ein Museum eingerichtet, aber die Ruinen sind eigentlich eindrucksvoller als die wiederaufgebaute Kirche. ⌚ tgl. 10–16 Uhr, Eintritt frei.

Die meisten Kalifornier denken bei dem Namen „Soledad“ übrigens weniger an diese paradiesische Quelle als vielmehr an das Soledad State Penitentiary, das Staatsgefängnis, 2 Meilen nördlich der Stadt am Hwy-101. Hier war u.a. *Soledad Brother* George Jackson, ein führender Kopf der militanten *Black Panther* der späten 60er Jahre, lange inhaftiert.

Salinas

Salinas, die zweitgrößte Stadt zwischen L.A. und San Francisco und Verwaltungszentrum von Monterey County, macht trotz seiner 120 000 Einwohner einen ländlichen Eindruck, ist aber seit den Zeiten Steinbecks bis auf den heutigen Tag Schauplatz harter Klassenkonflikte. Das krasse soziale Gefälle zwischen Großgrundbesitzern und unterbezahlten Landarbeitern scheint nach wie vor unüberbrückbar. In den 70er Jahren setzte die Landarbeitergewerkschaft in harten Auseinandersetzungen bessere Löhne für die Latinos auf den Feldern durch, unter anderem wurde Kopfsalat, einer der wichtigsten Exportartikel, boykottiert. Momentan liegen die Löhne jedoch wieder um die Hälfte unter dem vergleichbaren Niveau, das sie vor zwei Jahrzehnten hatten – von den Belastungen, denen die Arbeiter im Umgang mit Pestiziden und Düngemitteln ausgesetzt sind, ganz zu schweigen.

Salinas ist die Heimatstadt des 1902 geborenen und mit dem Nobelpreis für Literatur ausgezeichneten Schriftstellers John Steinbeck. Er verließ Salinas mit Mitte zwanzig, um nach Monterey und später nach New York zu ziehen. Das Haus, in dem er aufwuchs, 132 Central Ave, ✆ 831/424-2735, ist leider zu einem englischen Teesalon namens *Steinbeck House* umfunktioniert worden. 🕒 tgl. 11.30–14 Uhr, Dez und Jan geschlossen.

Eine erheblich bessere Einführung garantiert das gigantische, neue **National Steinbeck Center**, 1 Main St, ✆ 831/796-3833, 💻 www.steinbeck.org, das seine Besucher auf eine interaktive Reise durch Steinbecks Leben und Werk mitnimmt. Die filmische Biografie, die in einer 15 Minuten dauernden Endlosschleife am Museumseingang gezeigt wird, bietet einen ebenso informativen wie lebendigen Vorgeschmack auf den Rest des Museums. Die Exponate sind auch für diejenigen, die nur wenig über den Schriftsteller wissen, interessant und regen vielleicht sogar zum Kauf des einen oder anderen Romans aus dem großen Angebot des Centers an.

Kenner werden es hingegen lohnender finden, sich mit der informativen Karte des Centers ausgerüstet auf Spurensuche zu begeben und die realen Orte in der Umgebung aufzusuchen, die im Leben Steinbecks eine Rolle gespielt haben. 🕒 tgl. 10–17 Uhr, Eintritt $10,95.

John Steinbeck

John Steinbecks Werke sind historisch ebenso von Bedeutung wie literarisch, nicht nur weil er ein extrem scharfes Auge für die Entbehrungen im Leben der Arbeiterklasse besaß. Sein berühmtester Roman *Früchte des Zorns* wurde, noch während er an der Spitze der Bestsellerliste lag, mit Henry Fonda verfilmt. Er erzählt das Elend der aus Oklahoma stammenden Familie Joad, die während der Weltwirtschaftskrise aus der so genannten *dust bowl* des Mittleren Westens nach Kalifornien zieht.

1945 folgte *Tin Can Alley (Die Straße der Ölsardinen)*, ein nostalgisches Porträt der Fischerei-Industrie von Monterey, die ironischerweise im selben Jahr, in dem der Roman erschien, in eine dramatische Krise stürzte.

Während der nächsten vier Jahre arbeitete Steinbeck an *East of Eden (Jenseits von Eden)*, einer allegorischen Verarbeitung der biblischen Geschichte von Kain und Abel, verlegt in das Szenario des Salinas Valley. Viele grundlegende Wertvorstellungen, die auch die späteren Werke des Autors durchziehen, kommen hier klar zum Ausdruck.

Ein großer Teil von Steinbecks Geschichten und Romanen dreht sich um die Würde der arbeitenden Bevölkerung und die Ungerechtigkeit eines Wirtschaftssystems, in dem „Kinder inmitten von verrottendem Überfluss hungern". Obwohl er stets sehr vorsichtig war, wenn es darum ging, seine eigene politische Position zu definieren, gab es nach der Veröffentlichung von *Grapes of Wrath* 1939 in Salinas starke Widerstände gegen Steinbeck. Man bezichtigte ihn, Sympathien für die Kommunisten zu hegen. Die Debatte darüber, ob er den Nobelpreis für Literatur, der ihm 1962 verliehen wurde, wirklich „verdient" hatte, verletzte ihn so sehr, dass er nie wieder ein Wort schrieb. Steinbeck starb 1968 in New York City. Seine Asche ist in Salinas auf dem **Garden of Memories Cemetery**, 768 Abbott St, beerdigt.

Die Main Street in Downtown wurde endlich saniert und präsentiert sich jetzt als angenehme Flaniermeile. An der von Bäumen gesäumten Straße stehen viele renovierte viktorianische Gebäude, in denen sich u.a. Boutiquen und Kunsthandwerksgeschäfte befinden. Eine Attraktion ist das **Fox Theater** im Haus Nr. 239, ein Art-déco-Bauwerk von 1921. Eine weitere bemerkenswerte Sehenswürdigkeit ist das am Stadtrand gelegene **Boronda Adobe** am Ende des West Laurel Drive, eine halbe Meile westlich des Hwy-101. Das Gebäude ist seit 1848 so gut wie unverändert und inzwischen von weiteren historischen Bauten umgeben, die als Ausstellungsobjekte für ein regionales Geschichtszentrum hierher verfrachtet wurden.

5 Meilen südwestlich von Salinas am Hwy-68 liegt die kleine Arbeitersiedlung **Spreckels**, die 1898 für die Angestellten der Spreckels-Zuckerfabrik errichtet wurde, seinerzeit die größte der Welt. Die kleinen, fackelähnlichen Gebilde auf den Dachgiebeln vieler alter Arbeiterhäuser sollen Zuckerrüben symbolisieren. Teile des Films *Jenseits von Eden* wurden hier gedreht.

Übernachtung und Essen

Selbstfahrer können in einem der zahlreichen Motels an der Main Street beiderseits des Hwy-101 für $45 pro Nacht absteigen.

Traveler's Hotel, 16 E Gabilan St, ✆ 831/758-1198, praktisch, aber schäbig. ❷

Rosita's Armory Café, 231 Salinas St, ✆ 831/424-7039, eines der besten, ältesten und zentralsten mexikanischen Restaurants der Stadt.

Sonstiges

INFORMATIONEN – Die ***Chamber of Commerce,*** 119 E Alisal St, ✆ 831/424-7611, 🖳 www.salinaschamber.com, vergibt eine kostenlose Karte und einen Führer durch Gegenden und Orte, die Steinbeck beschrieben hat. ◷ Mo 9.30–17, Di–Fr 8.30–17 Uhr.

RODEO – Alljährlich in der dritten Juliwoche findet das **California Rodeo** statt, das größte Rodeo des Staates. Informationen unter ✆ 831/775-3100 oder 1-800/549-4989, 🖳 www.carodeo.com, Karten kosten $19–76.

Transport

BUSSE – Die stündlich zwischen L.A. und SAN FRANCISCO verkehrenden *Greyhound*-Busse halten im Zentrum, 19 W Gabilan St, nahe Salinas Street, ✆ 831/424-4418. *MST*-Bus Nr. 21 fährt stündlich die 55-Minuten-Strecke nach MONTEREY, Abfahrt beim Transit Center in der Salinas St.

EISENBAHN – Die *Amtrak*-Station befindet sich in der 40 Railroad Ave, 2 Blocks vom Busbahnhof. Züge fahren jeweils einmal tgl. über SAN JOSE (1 1/2 Std.) nach OAKLAND (2 1/2 Std.) sowie über SAN LUIS OBISPO (3 Std.) und SANTA BARBARA (6 Std.) nach L.A. (8 1/2 Std.).

Die zentrale Küste

Morro Bay

Hinter San Luis Obispo folgt der Hwy-1 auf den ersten 12 Meilen einer Bergkette von erloschenen Vulkanen, die am deutlichsten erkennbaren nennt man die **Seven Sisters**. Zwei weitere setzen die Kette fort; der neunte befindet sich unter dem Meeresspiegel. Auch der **Morro Rock** im Meer nahe der Küste gehört zu dieser Kette. Er wurde der Überlieferung nach von dem Spanier Juan Cabrillo so benannt, weil ihn die Felsformation an maurische Turbane im heimatlichen Südspanien erinnerte. Man darf ihn nicht besteigen, da in den Felswänden die vom Aussterben bedrohten Wanderfalken nisten. Aber auch aus der Ferne beeindruckt der mächtige Felsen, der den Hafen von Morro Bay beherrscht, wo die Fischer ihren Fang an Land bringen, den sie dann auf dem Fischmarkt am Wasser verkaufen.

Die schmale **Sandbank** auf der anderen Seite der Bucht, die dem Hafen einen natürlichen Schutz bietet, ist ohne Boot nur schwer zu erreichen. Man kommt entweder mit einem gemieteten Kayak (s.u.) hin oder nach 2 Meilen Fußmarsch auf der Los Osos Valley Road. Die Sandbank selbst ist völlig unberührt und einer der wenigen Plätze, wo noch Pismo-Muscheln leben.

Eine Meile südlich der Stadt, oberhalb der Bucht am Ende der Main Street, hat man einen schönen Blick auf den Morro Rock. Hier befindet sich auch das kürzlich renovierte **Museum of Natural History**, ✆ 805/772-2694, 💻 www.mbspmuseum.org, ein hochmodernes, interaktives Ökologiemuseum. Neugierige, experimentierfreudige Kinder sind die Hauptzielgruppe – hier kann man sogar seine eigene Sanddüne bauen. ⌚ tgl. 10–17 Uhr, Eintritt $2.

Der **Montaña de Oro State Park**, 4 Meilen südlich am Ende der Los Osos Valley Rd, ✆ 805/528-0513 oder 805/772-7434, 💻 www.parks.ca.gov, umfasst einen windgepeitschten Gebirgszug am tosenden Pazifik. Es gibt schöne Gezeitentümpel, einen ansprechenden Strand in der Spooner's Cove und hervorragende Wandermöglichkeiten, entweder an der Küste entlang oder an mit Salbeisträuchern und Eukalyptusbäumen bewaldeten Hängen vorbei, wo im Frühling zahlreiche Mohnblumen wachsen. ⌚ tgl. von Sonnenauf- bis Sonnenuntergang, Eintritt frei.

Die anderen Attraktionen liegen entlang der Bucht und sind mit öffentlichen Verkehrsmitteln nur sehr schwer zu erreichen. Über Hwy-41 kommt man zum **Cerro Alto**, 8 Meilen östlich von Morro Bay. Vom Gipfel des 800 m hohen, vulkanischen Bergkegels hat man einen schönen Blick über die Bucht.

Die nächste Stadt am Hwy-1 heißt **Cayucos** und war um 1870 ein richtiger Hafen, obwohl in dem verschlafenen, von Sandstränden umgebenen Örtchen davon heute nichts mehr zu merken ist. Immerhin gibt es auch in Cayucos eine *Chamber of Commerce*, 767 Main St, ✆ 805/927-3624, 💻 www.cambriachamber.org, ⌚ Sept–April tgl. 9–16 Uhr, Mai–Aug tgl. 9–17 Uhr.

Übernachtung

Cypress Tree Inn, 125 S Ocean Ave, Cayucos, ✆ 805/995-3917, 💻 www.cypresstreemotel.com. Nur einen Häuserblock vom Strand entfernt. ❸

El Morro Masterpiece Motel, 1206 Main St, ✆ 805/772-5633, 💻 www.masterpiecemotels.com. Gemütliches Motel. ❸

Motel 6, 298 Atascadero Rd, ✆ 805/772-5641 oder 1-800/466-8356, nahe am Strand. ❷

Der **Campingplatz** im **Morro Bay State Park**, eine Meile südlich der Stadt am Ende der Main St, bietet für $18 Stellplätze und verfügt über Warmwasserduschen; Reservierungen über *ParkNet*, ✆ 1-800/444-7275.

Im Montaña de Oro State Park gibt es **Campingplätze** für $18.

Essen

The Coffee Pot Restaurant, 1001 Front St, ✆ 805/772-3176. Herzhaftes Frühstück und Mittagessen. ⌚ tgl. 7.30–13.30 Uhr

Hofbrau Der Albatross, 901 Embarcadero, ✆ 805/772-2411, ein Burgerladen „deluxe", der auch Bratwurst im Angebot hat.

Kelley's, 155 N Ocean Ave, Cayucos, ✆ 805/995-2980. Unschlagbar in Sachen Kaffee, Muffins und anderem Gebäck.

Lolo's, 2848 Main St, ✆ 805/772-5686. authentische mexikanische Gerichte.

Ye Olde Cayucos Tavern and Card Room, 130 N Ocean St, Cayucos, ✆ 805/995-3209, bietet am Wochenende Live-Musik und für Zocker nachts Poker-Spiele – das beste Nachtlokal weit und breit.

Sonstiges

INFORMATIONEN – ***Chamber of Commerce***, 880 Main St, ✆ 805/772-4467 oder 1 800/231-0592, 💻 www.morrobay.org, ⌚ Mo–Fr 10–17, Sa 10–16, So 10–15 Uhr.

KAJAKS – ***Kayak Horizons***, 551 Embarcadero, ✆ 805/772-6444, 💻 www.kayakhorizons.com, $9 pro Std, $22 halber Tag.

Transport

Von SAN LUIS OBISPO aus fahren die *CCAT*-Busse Nr. 11 und 12, ✆ 805/781-4472, 💻 www.slorta.org, an Wochentagen 12–14x tgl., am Wochenende weniger häufig nach Morro Bay ($1,25–1,50), Tageskarte $4.

Cambria

Ungefähr 6 Meilen nördlich ließe sich der kleine Ort **Harmony** fast unbemerkt passieren. Lediglich 18 Einwohner zählt er, besitzt aber mehrere Geschenkartikelläden und bietet die Möglichkeit zu einer Weinprobe in den *Harmony Cellars.*, ✆ 805/927-1625, ⌚ tgl. 9.30–17 Uhr.

Das kleine Städtchen **Cambria**, ein paar Meilen weiter, ist leicht verkitscht und mit teuren Extras voll gestopft, was zum Teil damit zusammenhängt, dass man hier nichts unversucht gelassen hat, um die Nähe zu San Simeon und zum Hearst Castle kommerziell zu nutzen. Cambria war eine lebendige Stadt, die im Dienste der Fischerei und der Milchwirtschaft stand, lange bevor das Hearst Castle zur begehrtesten Touristenattraktion der Region wurde. Dass die Sorgen nicht allzu groß werden, liegt vielleicht auch daran, dass die Bewohner Verordnungen erwirkt haben, die eine sichtversperrende Bauweise verbieten.

Der ältere Teil der Stadt läuft unter dem Namen Main Village und erstreckt sich eine halbe Meile östlich des Hwy-1 entlang der Main Street, während der neuere Teil als East Village bekannt ist. Dort befinden sich die meisten der billigeren Hotels. Cambria ist ein Ort, wo sich vor Abfahrt der Tour zum Hearst Castle noch gut eine Weile entspannen oder Zeit totschlagen lässt.

Die lokale Sehenswürdigkeit ist **Nit Wit Ridge**, 881 Hillcrest Drive, ✆ 805/927-2690, ein launig-bizarrer Kontrapunkt zum Hearst Castle. Ein gewisser Art Beal aus San Francisco, der sich in den 1920er Jahren im Ort niederließ, hat hier 50 Jahre lang an seinem „Barockschloss" aus Abfall herumgebastelt und z.B. Toilettensitze zu Bilderrahmen umfunktioniert, sowie Wasserrohre zu Geländern. Nach seinem Tod 1989 wusste wohl keiner so recht, was man damit anfangen sollte, und es wurde zehn Jahre lang vernachlässigt. Nun wird es wiederhergestellt; eine Führung durch das labyrinthähnliche Innere steht in interessantem Kontrast zu dem Luxus von Hearst Castle. Führung nur nach Vereinbarung, Spende erbeten.

Übernachtung

Viele der zahlreichen Unterkünfte befinden sich an der malerischen Küstenstraße Moonstone Beach Drive. Näheres bei der *Chamber of Commerce.*

Castle Inn, Nr. 6620, ✆ 805/927-8605, 🖳 www.cambria-online.com/castleinnbythesea. Günstigste Unterkunft am Strand. ❺

Noch preiswerter, allerdings weniger spektakulär gelegen sind:

Bluebird Inn, 1880 Main St, ✆ 805/927-4634 oder 1-800/552-5434, 🖳 www.bluebirdmotel.com, ❷, und

Cambria Palms Motel, 2662 Main St, ✆ 805/927-4485 oder 1-866/489-4485. ❶

Im **San Simeon State Park**, 2 Meilen nördlich entlang der Küste, ✆ 805/927-2035 oder 1-800/444-7275, gibt es 2 **Campingplätze**: *San Simeon Creek* mit Duschen, $20 (Nebensaison $15), und *Washburn*, einfacher Platz nur für Zelte, $15 (Nebensaison $11), März–Sept Reservierung zwingend.

Essen

Cambria Courtyard Deli, 604 Main St, ✆ 805/927-3833. Riesige Sandwiches für $6–8.

Linn's, 2277 Main St, ✆ 805/927-0371. Gute Adresse zum Brunch, auch Kuchen, Salate und Sandwiches.

Robin's, 4095 Burton Drive, ✆ 805/927-5007. Kalifornische Gerichte mit internationalem Einschlag zu moderaten Preisen (Hauptgericht $16–19).

Sow's Ear, 2248 Main St, ✆ 805/927-4865. Bei Einheimischen wie Touristen gleichermaßen beliebt, riesige Portionen amerikanischer Speisen, vor allem Fisch und Fleisch.

West End Bar & Grille, 774 Main St, ✆ 805/927-5521. Freundliche Kneipe mit einer großen Auswahl an Bieren, guten Gerichten, dazu Live-Musik.

Informationen

Chamber of Commerce, 767 Main St, ✆ 805/927-3624, 🖳 www.cambriachamber.org, ⌚ Mo–Fr 9–17, Sa–So 10–14 Uhr.

Hearst Castle

Hearst Castle, 45 Meilen nördlich von San Luis Obispo und direkt am Pazifik, überragt auf einem Hügel das saftige Weideland ringsum. Das Domizil des Zeitungsmilliardärs William Randolph Hearst ist die größte Touristenattraktion weit und breit. Wahrscheinlich ist es eines der extravagantesten

Hearst Castle – eines der extravagantesten Anwesen der Welt

Häuser auf der ganzen Welt, und da es wegen der historischen Anleihen und importierten Kunstgegenstände auch ein „typisch" amerikanisches Phänomen ist, gehört es zu den unbedingten Highlights einer Kalifornien-Reise.

Eigentlich handelt es sich mehr um einen Gebäudekomplex als um ein Schloss: Drei „Gästehäuser" gruppieren sich um eine **Casa Grande**, die allein mehr als 100 Zimmer hat. Ganze Wände, Decken und Fußböden hat Hearst in europäischen Kirchen und Schlössern abbauen lassen, gotische Kamine und maurische Fliesen, mittelalterliche Wandteppiche und Unmengen antiker Vasen zieren die zahllosen Räume und Hallen. Das Ganze ist umgeben von einem riesigen, privaten Safari-Park, in dem einst Löwen, Tiger, Bären und Zebras lebten.

Hearst selbst lebte wie ein König und lud viel Prominenz an seinen Hof, die sich nach Herzenslust an seiner legendären Gastfreundschaft erfreute. Winston Churchill, Walt Disney und Charles Lindbergh waren nur einige, die seine großzügige Einladung annahmen, die häufigsten Wochenendgäste waren Cary Grant und Charlie Chaplin. Heute kommen mehr als eine Million Besucher im Jahr, und es ist praktisch undenkbar, diese Region zu besuchen, ohne hier einen Zwischenstopp einzulegen. Erstaunlicherweise nahm das Schloss, seiner Lage auf einem felsigen Bergkamm sei Dank, beim verheerenden Erdbeben von Paso Robles kaum Schaden.

Mit dem Bau von Hearst Castle, jetzt offiziell *Hearst San Simeon State Historic Monument,* von Hearst selbst liebevoll *The Ranch* genannt, wurde 1919 kurz nach dem Tode seiner Mutter Phoebe begonnen, die ihm das 100 000 ha große Ranch-Gelände vererbt hatte. Die Bauarbeiten, Lebenswerk der Lieblingsarchitektin seiner Mutter, Julia Morgan, wurden nie beendet. Wenn Hearst gerade neue Gebäudeteile von einer Europareise mitgebracht hatte, wurden fertig gestellte Räume wieder eingerissen, und manche Ecken blieben für immer im Rohbau liegen.

Die Fassade der Casa Grande, eine Kopie der zweitürmigen Mudéjar-Kathedrale im spanischen Ronda, überblickt vom Absatz eines imposant geschwungenen Treppenaufgangs einen großen, mit reinem Quellwasser gefüllten Swimming Pool, der wiederum von griechischen Kolonnaden und Marmorstatuen umgeben ist. Im Innern gibt es einen weiteren, mit blauem, venezianischem Glas und goldenen Kacheln eingefassten Pool, auf dessen Wasseroberfläche gedämpftes Licht fällt.

Zu weiteren Prunkstücken der Casa Grande gehören der mit Chorstühlen aus spanischen und italienischen Kirchen umrahmte **Speisesaal** und das gotische Zimmer, in dem Hearst, umgeben von mittelalterlicher Pracht, seinen täglichen Geschäften nachging. Auch das **Privatkino**, in dem sich Hearst Ausschnitte großer Hollywoodfilme ansah, bevor sie der Öffentlichkeit präsentiert wurden, sollte man nicht versäumen.

Die Kunstsammlung im Inneren ist dagegen eher enttäuschend. Neben dem Haupthaus gibt es noch mehrere andere beachtenswerte Bauwerke, darunter den **Neptune Pool** mit seinen 17 Umkleideräumen, in denen Bademoden und Sportutensilien der damaligen Zeit aufgehängt sind, die Casa del Mar, ein prachtvoll ausgestattetes, überwiegend nach östlichen Motiven gestaltetes Gästehaus, und die **Casa del Monte**, ein kleineres Gästehaus mit Blick auf die Santa Lucia Mountains. Die weitläufigen, nach italienischen und spanischen Vorbildern angelegten Gärten, Terrassen und Wege des Anwesens machen angesichts ihrer Größe und den vielen seltenen wie importierten Blumen, Sträuchern und Bäumen eine eigene Tour erforderlich.

William Randolph Hearst, der wahre Citizen Kane

Hearsts Machtposition und Einfluss in den Medien war so groß, dass er die Schlüsselfigur zu Orson Welles' *Citizen Kane* abgab, dem 1941 gedrehten, klassischen Porträt eines skrupellosen Zeitungsmagnaten. Hearst wurde 1863 als einziger Sohn eines millionenschweren Bergbau-Ingenieurs und dessen kulturbeflissener Gattin, die viel Zeit in Europa verbrachte, geboren. Er lernte sein Handwerk in New York, bei Joseph Pulitzer, dem Mann, der letztlich den *Yellow Journalism* (das, was wir als Sensations- oder Boulevardpresse bezeichnen) erfunden hat. Der Erfolg gab ihnen recht: Viele der Zeitungen, die Hearst später herausgab, standen zwar ständig im Feuer der Kritik, verkauften sich aber gut. Während der 30er Jahre, dem Höhepunkt seiner Macht, war Hearst Herausgeber von 25% aller nationalen Blätter, darunter zwei New Yorker Tageszeitungen, die *Washington Times*, die *Detroit News* und die Zeitschriften *Cosmopolitan* und *Good Housekeeping*. In Kalifornien kontrollierte er mit seinen in San Francisco und Los Angeles herausgegebenen Zeitungen sogar 60% des Marktes. Außerdem besaß er elf Radiosender und zwei Filmstudios, über die er u.a. seine Freundin **Marion Davies** zum Star machte.

Obwohl seine Publikationen einen extremen Nationalismus propagierten, war Hearst selbst politisch eher gemäßigt. Lebenslang Mitglied der Demokratischen Partei, wurde er sogar zweimal in das Repräsentantenhaus gewählt, seine Anläufe auf das Amt des Präsidenten der Vereinigten Staaten bzw. des Bürgermeisters von New York scheiterten jedoch.

Hearst führte ein von seiner Ehefrau Millicent unabhängiges Leben; überdies konnte diese Hearst Castle nicht ausstehen, und so war seine Freundin Marion Davies dort die unbestrittene Königin; Mrs. Hearst kam nur vorbei, um ihre Rolle als Gastgeberin einzunehmen, wenn Staatsmänner wie Churchill oder Coolidge zu Besucher kamen (Marion Davies wurde dann vorübergehend in einer Villa in L.A. einquartiert). Ihre Beziehung zu Hearst überdauerte die immer wieder erhobenen Anschuldigungen, dass sie es nur auf sein Geld abgesehen habe, sowie Gerüchte um einen mysteriösen Tod auf Hearsts Boot (angeblich hatte Hearst den Liebhaber von Davies umgebracht und die Tat dann vertuscht – eine Story, die 2001 von dem Film *The Cat's Meow* aufgegriffen wurde).

Die Weltwirtschaftskrise zwang Hearst zum Verkauf eines Großteil seines Vermögens. Nichtsdestotrotz blieb er ein wohlhabender Mann und übte bis zu seinem Tod einen wesentlichen Einfluss auf die Medien aus. Hearst starb 1951 im Alter von 88 Jahren auf der Ranch von Marion Davies, die ihm bis zum Schluss an seinem Sterbebett beistand. Sie soll gesagt haben: „Meine Mutter wollte, dass ich Goldgräberin werde, aber dann habe ich mich verliebt."

Die Liste der Superlative ließe sich beliebig fortsetzen. Wem die Schlösser des Bayernkönigs Ludwig II. gefallen, der wird auch an Hearst Castle seine Freude haben.

Hearst Castle, 💻 www.hearstcastle.com, kann nur im Rahmen einer Führung besichtigt werden: Juni–Aug tgl. 8–16, Sept–Mai tgl. 8–15.20 Uhr, ✆ 916/414-8400 oder 1-800/444-4445, Informationen vom Band ✆ 805/927-2020.

Es stehen fünf Touren zur Auswahl:

Tour 1: Die *Experience Tour* führt zum Guesthouse und den Haupträumen von Casa Grande und schließt einen Film über die Errichtung der Gebäude ein. Sie eignet sich für Leute, die noch nie hier waren – um einen sicheren Platz zu ergattern, sollte man reservieren; $18.

Tour 2: Etwas persönlicher als Tour 1. Gruppen von maximal 12 Personen werden mit interessanten Informationen versorgt, während sie die oberen Stockwerke besichtigen, einschließlich Hearsts Bibliothek und Schlafzimmer; $12.

Tour 3: Ist nur für eingefleischte Fans interessant und konzentriert sich auf das Gastehaus Casa del Monte; $12.

Tour 4: Führung durch die Gärten, das umliegende Gelände und den Weinkeller (nur im Frühjahr und Sommer); $12.

Tour 5: Kombiniert Elemente der Touren 1, 2 und 4 zu einem Rundgang, der von April bis Oktober an ausgewählten Abenden von kostümierten Führern geleitet wird und am beleuchteten Neptune Pool mit Geschichten über diverse Persönlichkeiten, die sich hier nach Einbruch der Dunkelheit vergnügten, endet; $24.

Für alle Touren sind jeweils etwa zwei Stunden einzuplanen, einschließlich der Bummelfahrt mit dem Bus vom Besucherzentrum den Berg hinauf.

Wer früh dran ist, kann noch einen Blick in das mäßig interessante **Museum** werfen und dabei mehr über Hearst und seine Familie erfahren. 🕓 tgl. 9–17 Uhr, Eintritt frei. Man findet es im hinteren Teil des *Visitor Center*, hinter der Haltestelle der Busse.

Als reizvollste Besuchszeit empfiehlt sich der frühe Morgen, wenn Küstennebel nicht selten das Anwesen vor der darunter liegenden Welt versteckt Nach einer langen Busfahrt vom *Visitor Center* auf den Hügel hinauf, lässt sich die Sonne in buchstäblich himmlischer Atmosphäre durch die Wolken hindurch erahnen, während sich die weißen Engelsstatuen am eisblauen Pool zusammen mit den letzen morgendlichen Dunstschwaden in die Lüfte zu erheben scheinen.

San Simeon

Der Pier von San Simeon, des fast ausgestorbenen Hafens nördlich von Hearst Castle, war die Entladestelle für die Schätze und Reichtümer, die sich Hearst aus aller Welt anliefern ließ, aber auch für die vielen Tonnen Stahl und Beton, die für die Konstruktion seines Palastes benötigt wurden.

Bevor die Hearst-Familie das umliegende Land aufkaufte, war San Simeon Walfangstation und Frachthafen, woran heute nur noch das einräumige Schulhaus und der 1852 gegründete **Sebastian's Store** erinnern – Café, Souvenirladen und Postamt in einem. Dem Strand südlich vom Pier ist die Halbinsel San Simeon Point vorgelagert. Dadurch ist er für Schwimmer verhältnismäßig sicher. 3 Meilen weiter südlich, am Highway, konzentrieren sich die Tankstellen, Fast-Food-Restaurants und Motels, von denen die meisten ihr Geld nicht wert sind, mit Ausnahme des *Motel 6 Premiere,* 9070 Castillo Drive, ✆ 805/927-8691 oder 1-800/4-MOTEL6, 💻 www.motel6.com, ❷, und des *Inns of California-San Simeon,* Nr. 9280, ✆ 805/927-8659 oder 1-800/556-0400, 💻 www.innsofcal.com, ❷, die beide mit einem beheizten Pool ausgestattet sind, jedoch an Wochenenden im Sommer nicht selten das Doppelte der normalen Preise verlangen. 4 Meilen weiter südlich am Strand entlang gibt es im San Simeon State Park einen Campingplatz, s.u.

Die Küste nördlich von San Simeon besteht zum größten Teil aus hügeligen Weiden und Ranch-Gelände, das nach wie vor der Hearst-Familie gehört und von ihr unterhalten wird. Man sieht nur selten Häuser auf den fernen, landeinwärts gelegenen Berghängen.

Ungefähr 3 Meilen hinter San Simeon rastet im Herbst und Winter auf einem schmalen Streifen Sand eine große Robbenkolonie. Trampelpfade – offiziell für die Öffentlichkeit gesperrt, von Unerschrockenen jedoch leicht zu bewältigen – führen an einem Tor nahe dem Parkplatz vorbei zum Strand, wo man die Tiere beim Faulenzen und Toben in den Wellen beobachten kann.

Big Sur

Big Sur bezeichnet einen 90 Meilen langen kalifornischen Küstenstreifen südlich der Monterey Peninsula, wo hohe, wilde Wellen auf Felsklippen prallen. Es ist keine offizielle Bezeichnung, und es gibt auch keine genau markierten Grenzen: Wenn Flussmündungen und sandige Strände zerklüfteten Felsen und Redwood-Hainen Platz gemacht haben, befindet man sich in Big Sur. Die Spanier nannten die Gegend südlich ihrer Kolonie Monterey „El País Grande del Sur", das „große südliche Land". Noch heute ist sie eine wilde, in Anbetracht der relativen Nähe zu San Francisco und anderen Großstädten geradezu atemberaubend unentwickelte Region.

Ob man aus San Francisco im Norden oder San Luis Obispo im Süden kommt, ein Zwischenstopp an einem der beiden *Tourist Offices,* die an den Enden der langen Küstenstraße angesiedelt sind, ist ratsam, um sich vor der Weiterfahrt über die aktuellen Wetter- und Straßenbedingungen zu informieren.

Bevor der Highway 1937 fertig gestellt wurde, mussten sich die wenigen Menschen, die hier lebten, fast völlig selbst versorgen. Sie waren Bauern, hielten Vieh und jagten Seeotter, deren Felle sehr nützlich waren. Die einzigen Verbindungen zur Außenwelt waren einige Dampfschiffe, die gelegentlich von Monterey herüberkamen, und ein nahezu unpassierbarer Pfad über die Berge in das Salinas Valley. Trotz der besseren Verkehrsanbindungen wird die Gegend mit der Zeit eher abgeschiedener; heute leben in der Region weniger Menschen als noch vor 100 Jahren. Das meiste Land gehört nach wie vor einigen wenigen Familien, die meisten sind Nachfahren der Big-Sur-Pioniere. In jüngster Zeit haben sie sich zusammengeschlossen, um gegen Pläne der Regierung, vor der Küste nach Öl zu bohren, vorzugehen und um das Land vor zu viel Tourismus zu schützen.

Ein zentraler Ort als solcher existiert nicht, und Tankstellen und Lebensmittelläden sind erstaunlich dünn gesät. Die wenigen vorhandenen sind sehr teuer; es empfiehlt sich also den Tank zu füllen und sich mit Proviant zu versorgen, bevor man diesen entlegenen Landstrich aufsucht. Die dichtesten Ansammlungen befinden sich am Nordende von Big Sur, in der Nähe des Pfeiffer Big Sur State Park: um das Postamt 2 Meilen südlich des Parks, in Fernwood eine Meile nördlich des Hauteingangs und um The Village, weitere 1,5 Meilen nördlich.

So ziemlich alles von Interesse ist in der kostenlosen Zeitschrift *El Sur Grande* nachzulesen, 🖳 www.bigsurcalifornia.org, welche in Information Offices des Parks und in einigen Läden unterwegs ausliegt.

Man kann sich auch an die *Chamber of Commerce,* ✆ 831/667-2100, 🖳 www.bigsurcalifornia.org, 🕓 Mo, Mi und Fr 9–12 Uhr, oder an das *Pfeiffer Big Sur State Park Headquarters,* ✆ 831/667-2315, wenden.

Die Küste ist der geschützte Lebensraum der Seeotter. Bedroht sind auch die Grauwale, die auf ihren winterlichen Wanderungen nach Süden in unmittelbarer Nähe vorbeiziehen. Im April und Mai blühen Wildblumen und Fliederbüsche, aber die schönsten Sonnentage ohne die üblichen morgendlichen Küstennebel erlebt man vom Frühherbst bis in den November hinein. Im Winter kommen nur wenige Menschen hierher. Dann fällt der größte Teil des mehr als 2000 mm Jahresniederschlags. Schwere Stürme peitschen die Küste entlang und richten große Schäden an, oft wurden schon ganze Abschnitte des Highways in die Tiefe gerissen. An Sommerwochenenden hingegen fällt eine Blechlawine über Big Sur her, dann sind die Straßen und Campingplätze zum Bersten gefüllt.

Der südliche Abschnitt

Am südlichen Ende zeigt sich Big Sur mit schönen Sandstränden und ockerfarbenen Felsen von der freundlichen Seite. 20 Meilen nördlich von Hearst Castle führt ein steiler Pfad am Salmon Creek entlang zu einem Wasserfall, der sich ins Meer ergießt. Oben auf den Hügeln, unter den immergrünen Dornbüschen, lag um 1880 der Los Burros Mining District mit einigen geschäftigen Goldminen.

Je weiter man nach Norden fährt, desto extremer und wilder wird die Landschaft. Nach weiteren

10 Meilen, hinter dem Aussichtspunkt **Willow Creek**, wird das Gebirge steiler und die Straße gefährlicher. Man kann Surfer und Seeotter beobachten, die sich in den Wellen tummeln.

Jade Cove ist nur eine Meile entfernt, es wurde nach den durchsichtigen, kalifornischen Jadesteinen benannt, die hier manchmal von Sporttauchern gefunden werden. Die felsige Bucht ist zu Fuß nur zehn Minuten vom Highway entfernt, ein Pfad führt durch die Umzäunung.

Am **Sand Dollar Beach**, eine halbe Meile nördlich vom Plaskett-Creek-Campingplatz, heben Drachenflieger von der einspurigen Plaskett Ridge Road oberhalb des Strandes ab. Die steile Straße, ideal für Mountainbikes, führt an mehreren einfachen, kostenlosen Campingplätzen vorbei den Bergkamm entlang und endet an der asphaltierten Nacimiento-Fergusson Road. Im **Pacific Valley Center**, eine Meile nördlich der Ranger Station (s.u.), findet man eine Lebensmittelhandlung, eine teure Tankstelle und einen guten Coffeeshop, ◷ tgl. 8 Uhr bis Sonnenuntergang.

Die Nacimiento-Fergusson Rd windet sich den Canyon hinauf, führt an der gut erhaltenen Mission San Antonio de Padua vorbei und über die Berge bis in das Salinas Valley. Die Ausblicke sind allerdings schöner, wenn man aus der entgegengesetzten Richtung kommt.

Limekiln Creek, weitere 2 Meilen nördlich, wurde nach den hundert Jahre alten Kalkbrennöfen benannt, die man hier noch überall in gutem Zustand findet. Um 1880 wurde Kalkstein abgebaut und in diesen Öfen gebrannt, um Kalkpulver für die Zementherstellung zu gewinnen. Das Pulver wurde dann über eine komplizierte Gondelbahn nach Rockland Landing gebracht und von dort aus mit Schiffen nach Monterey verfrachtet. Die Kalkschiffe waren es auch, die von Monterey aus die meisten Versorgungsgüter in die verlassene Gegend um Big Sur brachten.

Esalen, 10 Meilen weiter nördlich, wurde nach den einst hier ansässigen Indianern benannt, übrigens der erste kalifornische Stamm, der völlig ausgerottet wurde. Ursprünglich hatten die Indianer bei den heißen Quellen auf dem Felsen hoch oben über dem wilden Pazifik eine Kultstätte, heute liegen die Quellen auf dem Gelände des *Esalen Institute*, Information ✆ 831/667-3000, Reservierungen ✆ 831/667-3005, 💻 www.esalen.org.

Als sich aus den Ausläufern der Hippie-Bewegung das New Age entwickelte, war Esalen eines der ersten, wichtigsten und renommiertesten Bewusstseins- und Experimentierzentren der Bewegung. Viele berühmte Gäste haben hier gelehrt, geforscht, meditiert, gearbeitet, ihr Bewusstsein erweitert oder es sich einfach nur gutgehen lassen. Mit den Jahren wurde das Institut zunehmend exklusiver, und für die Seminare muss man schon sehr tief in die Tasche greifen.

Im **Julia Pfeiffer Burns State Park**, 3 Meilen nördlich von Esalen, ✆ 831/667-2315, 💻 www.parks.ca.gov, kann man die schönsten Tageswanderungen unternehmen. Vom Parkplatz führt ein zehnminütiger Fußweg am Hang entlang zu einem Aussichtspunkt, wo McWay Falls unterhalb des Saddle Rock in eine Bucht stürzt. Ein weniger begangener Weg führt 2 Meilen nördlich des Wasserfalls vom Hwy-1 durch einen 60 m langen Tunnel zu den Resten einer Anlegestelle am Partington Cove, eine der wenigen Stellen in Big Sur, an denen man direkt ans Meer gelangt. ◷ tgl. von Sonnenauf- bis Sonnenuntergang, Eintritt frei.

Nepenthe und Pfeiffer Beach

Südlich von Nepenthe befindet sich auf der anderen Seite des Hwy-1 die **Henry Miller Library**, ✆ 831/667-2574, 💻 www.henrymiller.org. Henry Millers eigenes Haus weiter südlich an der Big Sur Coast ist in Privatbesitz; dieses hier wurde von Millers altem Freund Emil White gemietet und dient nun als eher baufälliger Buchladen und als Denkmal des Autors, der bis in die 60er Jahre hier ab und zu lebte. Es gibt wenig Erinnerungsstücke an Miller, aber der geschützte Rasen ist angenehm und man bekommt hier kostenlos Kaffee und Internet-Zugang. ◷ Sept–Mai Do–So 11–18, Memorial Day–Labor Day Mi–Mo 11–18 Uhr, Eintritt frei.

Der eigentliche Kommerz von Big Sur beginnt erst in Nepenthe, ✆ 831/667-2345, 💻 www.nepenthebigsur.com. Es handelt sich nicht wirklich um eine Stadt, sondern eher um einen Komplex aus teuren Restaurants und Geschäften, benannt nach der mythischen Droge, die Kummer und Schmerz vergessen lassen soll. Interessant ist vor allem die Lage: Auf der Hügelkuppe teilten sich vor Zeiten das berühmte Hollywoodpaar Orson Welles und Rita Hayworth einen Bungalow. Seit den 60er Jahren leeren die völlig überteuerten Restaurants die Taschen von Besuchern auf der Suche nach Romanze. Das *Café Kevah* auf einer Terrasse im Mittelgeschoss des Gebäudes ist ein bisschen preiswerter und bietet einen besseren Ausblick – für einen Kaffee muss man aber immer noch $3 auf den Tisch blättern.

Darunter gibt es einen Skulpturengarten und eine gut sortierte Buchhandlung, in der unter anderem eine umfangreiche Auswahl an Werken von Henry Miller angeboten werden.

2 Meilen weiter nördlich zweigt vom Hwy-1 die nicht ausgeschilderte Sycamore Canyon Road eine Meile nach Westen ab zum **Pfeiffer Beach**, dem besten Strand von Big Sur, der nach jahrelanger Sanierung jetzt über eine Asphaltstraße zugänglich ist. Ein windiger, weißer Sandstrand, dominiert von einem auffälligen Felsrücken, dessen braune Farbe je nach Sonnenstand in Rot oder Orange übergeht. Parken kann man am Ende der Straße. Zu Fuß geht man zwischen Zypressen an der Lagune entlang zum Strand. ⌚ Sonnenauf- bis -untergang, $5 pro Fahrzeug.

Big Sur River Valley

2 Meilen nördlich des Pfeiffer Beach führt der Hwy-1 hinter einem Bergkamm ins Flusstal des Big Sur River hinab. Dort befinden sich die meisten Unterkünfte und Restaurants. Am besten hält man zunächst bei der *Big Sur Ranger Station,* ✆ 831/667-2315, die Campingpermits für die Ventana Wilderness in den Bergen vergibt und, als zentrale Anlaufstelle, über sämtliche Parks der Gegend informiert, ⌚ im Sommer tgl. 8–18, im Winter tgl. 8–16.30 Uhr.

Ein beliebter Wanderweg führt ab Pine Ridge hinter der Station 10 Meilen steil bergauf zu den **Sykes Hot Springs**. Sie liegen nahe am kostenlosen Sykes-Campingplatz, nur ein kleines Stück den Big Sur River flussabwärts. Das Baden in den Quellen ist kostenlos. Man muss eine Übernachtung einplanen – Hin- und Rückweg dauern insgesamt mindestens 10 Std. Wenn man kochen will, muss man sich vorher ein *Fire Permit* besorgen.

Mitten im Tal liegt der **Pfeiffer Big Sur State Park,** ✆ 831/667-2315, 💻 www.parks.ca.gov, einer der schönsten und angenehmsten Parks in Kalifornien, mit langen Wanderwegen und schönen Badeplätzen an den Ufern des Big Sur River. Auf dem Boden der steilen, engen Schlucht entstehen zwischen den großen Felsbrocken im späten Frühling und im Sommer tiefe „Schwimmlöcher", in denen das Wasser klar und sauber ist. Da der Park etwa eine Meile landeinwärts liegt, ist es hier wesentlich wärmer und sonniger als an der nebligen Küste. Hier wird sogar das nackte Sonnenbaden toleriert, außer an Feiertagen, wenn es überall von kreischenden Kindern wimmelt. ⌚ tgl. Sonnenauf- bis Sonnenuntergang, $5 pro Pkw. Hier befindet sich auch der größte Campingplatz von Big Sur.

Der beliebteste Spaziergang führt vom Parkeingang über eine halbe Meile in einen von Redwood-Bäumen gesäumten Canyon zu den 20 m hohen **Pfeiffer Falls**. Schlichte, reizvolle kleine Brücken überspannen den Fluss. Im nahe gelegenen Amphitheater halten die Ranger im Sommer ausgezeichnete Diavorträge und *campfire talks*.

Übernachtung

Die meisten Übernachtungsmöglichkeiten in Big Sur und Umgebung sind rustikale Berghütten, die zwar keineswegs preiswert, aber trotzdem immer ausgebucht sind, besonders im Sommer. Mittelklasse-Zimmer gibt es nur in den wenigen Motels und *cabins* (Holzhäuser), die meist an einen der privat betriebenen Campingplätze entlang des Hwy-1 angeschlossen sind – nicht gerade das stilechte Big-Sur-Erlebnis.

Big Sur Campgrounds and Cabins, eine Meile nördlich des Pfeiffer Big Sur State Park am Hwy-1, ✆ 831/667-2322, 💻 www.bigsurcamp.com. Schicker Campingplatz mit den besten Cabins: zeltförmige Holzhütten mit Platz für bis zu 3 Pers. für $59, und luxuriösere Unterbringung ab $109. ❸–❺

Big Sur Lodge, im Pfeiffer Big Sur State Park, ✆ 831/667-3100 oder 1-800/424-4787, 💻 www.bigsurlodge.com. Zimmer mit Veranden und großen Duschen, in denen man sitzen kann, aber keine Telefone, TV-Geräte, Radios oder Wecker. Die Parkeintrittsgebühr ist im Preis inbegriffen. Es gibt auch ein teures Café (Hauptgerichte für $25). ❺

Big Sur River Inn Resort, 2 1/2 Meilen nördlich vom Pfeiffer Big Sur State Park auf dem Hwy-1, ✆ 831/667-2700 oder 1-800/548-3610, 💻 www.bigsurriverinn.com. Im Wald gelegenes Ferienhotel mit einigen sehr schönen Zimmern mit

Veranda und Blick auf den Fluss. Billigere und einfachere Zimmer im Motel-Stil gibt es auf der anderen Seite des Hwy-1. Lebensmittelladen und annehmbares Restaurant auf dem Gelände. Empfehlenswert. ❹

Deetjen's Big Sur Inn, am Hwy-1, 7 Meilen nördlich vom Julia Pfeiffer Burns State Park, ✆ 831/667-2377, 🖳 www.deetjens.com. Die von dem norwegischen Einwanderer „Grandpa" Deetjen erbaute Anlage ist eine Non-Profit-Organisation, die Unterkunft in Holzhütten mit offenem Kamin, Schaukelstühlen und altmodischen Bleiglasfenstern bietet; wahlweise Gemeinschafts- oder eigenes Bad. ❹–❺

Glen Oaks Motel, etwas über eine Meile nördlich vom Pfeiffer Big Sur State Park am Hwy-1, ✆ 831/667-2105, 🖳 www.glenoaksbigsur.com. Einfache Zimmer und freundliches Personal; eines der besten und preiswertesten Angebote in der Gegend. Zwei separate Cottages, die sich wunderbar für Gruppen von 4 Pers. eignen. Keine Kreditkarten. Zimmer ❸, Cottages ❻

Campingplätze findet man fast überall in Big Sur. In den Bergen landeinwärts sind sie weniger gut ausgestattet, dafür kann es durchaus vorkommen, dass man Rehen, Wildkatzen oder sogar Pumas begegnet. Die **öffentlichen Campgrounds** an der Küste sind sehr beliebt, kosten – sofern nicht anders vermerkt – meist um die $16 pro Nacht, und nehmen jeden auf, solange der Platz reicht; es ist also ratsam, früh genug einzutreffen. Bei den Campgrounds in den **State Parks** kann man auch im Voraus reservieren: *ParkNet*, ✆ 1-800/444-7275, 🖳 www.parks.ca.gov; die meisten Zeltplätze kosten $18, während *Andrew Molera* mit $9 pro Platz ein Schnäppchen ist. Weitere Informationen über Campingmöglichkeiten in Big Sur direkt über die Parkverwaltung, ✆ 831/667-2315.

Nachstehend die Campingplätze von Süden nach Norden:

Plaskett Creek, 30 Meilen nördlich von Hearst Castle und eine Meile südlich von Pacific Valley auf der Ostseite des Highway, ✆ 877/444-6677 oder 805/434-1996, 🖳 www.parksman.com. Einige Plätze für Wanderer/Radfahrer. $18.

Kirk Creek, 3 Meilen nördlich von Pacific Valley, ✆ 805/434-1996, 🖳 www.parksman.com, liegt weniger geschützt, dafür direkt am Pazifik. Einige Plätze für Wanderer/Radfahrer. $18.

***Limekiln State* Park**, 2 Meilen südlich von Lucia, ✆ 831/667-2403. Warmwasserduschen, Laden, angelegter Weg zu den Kalköfen; $18.

Julia Pfeiffer Burns State Park, ✆ 831/667-2315, hat 2 Campingplätze am Ende des Overlook Trail, in herrlicher Lage über dem Pazifik, allerdings ohne Wasser und nur mit primitiven Toiletten. Zudem bläst häufig ein starker Wind, selbst im Sommer kann es sehr kühl werden. $18.

Pfeiffer Big Sur State Park, der größte Campingplatz in der Gegend, mit geräumigen, schattigen Plätzen. Warme Duschen, ein gut ausgestatteter Laden, Waschmaschinen und ein paar Plätze, die offiziell für Wanderer/Radfahrer reserviert sind. $18.

Andrew Molera State Park, einziger Platz in der Gegend, der nur zu Fuß erreichbar ist. Große Wiese, eine halbe Meile vom Strand, fließend Wasser und Toiletten. Plätze können nicht reserviert werden, frühzeitiges Erscheinen ist daher ratsam. $9.

Außerdem gibt es vier privat betriebene Campingplätze im Big Sur Valley. Alle bieten ausgezeichnete Anlagen und akzeptieren Reservierungen; auch *cabins* (s.o.). Für kalifornische Verhältnisse sind alle ziemlich voll, und mit Ausnahme des *Riverside* sind überall auch Wohnmobile zugelassen:

Big Sur, ✆ 831/667-2322, 🖳 www.bigsurcamp.com. Wochentags $25, Wochenende $27.

Fernwood, ✆ 831/667-2422, 🖳 www.fernwoodbigsur.com, $24;

Riverside, ✆ 831/667-2414, 🖳 www.riversidecampground.com, $28; und

Ventana, ✆ 831/667-2712, 🖳 www.ventanawildernesscampground.com. Wochentags $27 pro Fahrzeug; Wochenende $35.

Essen

Die meisten Lokale in Big Sur gehören zu den oben genannten Hotels und Ferienanlagen. Viele davon sind einfache Burger- und Bier-Bars direkt am Highway, aber es gibt auch einige Lokale, die wegen ihrer guten Küche oder wegen der schönen Aussicht auf den Pazifik empfehlenswert sind. Die Preise hier sind generell etwa 25% höher als sonst üblich.

Big Sur Bakery, am Hwy-1 am südlichen Ende von The Village, neben der Post, ✆ 831/667-0520. In diesem preiswerten Café gibt es nicht nur Gebäck, sondern auch Fleischgerichte, Pizza und Sandwiches, abends Grillsteaks und Schweinefleisch von der bekannten Niman Ranch in der Nähe.

Big Sur River Inn Resort, am Nordende von The Village, ✆ 831/667-2700. Restaurant der etwas gehobenen Klasse, leckeres Angebot an sautierten und gegrillten Meeresfrüchten als Vorspeise und herzhaften Hauptgerichten, die in einem großen, vertäfelten Speisezimmer gereicht werden. Im Sommer sind der Garten am Flussufer und eine sonnige Terrasse geöffnet, im Winter lockt der Kamin Einheimische und Besucher gleichermaßen an. Am Wochenende Unterhaltungsprogramm.

Café Kevah, Nepenthe, ✆ 831/667-2344. Gute, aber stark überteuerte Vollwertkost, die auf sonniger Terrasse serviert wird, herrlicher Ausblick. ⌚ März–Dez 9–16 Uhr.

Deetjen's Big Sur Inn am Hwy-1, 7 Meilen nördlich vom Julia Pfeiffer Burns State Park, ✆ 831/667-2378. Hervorragendes Frühstück ($8) und ein großes Angebot an erstklassigen Fischgerichten und vegetarischen Speisen ($13–25) in gemütlichem holzgetäfeltem Raum.

Fernwood, am Hwy-1, eine Meile nördlich vom Pfeiffer Big Sur State Park, ✆ 831/667-2422. Dieses Lokal ist die beste Adresse für preiswerte Burger oder Fish 'n' Chips. Im selben Gebäude befindet sich ein kleines Lebensmittelgeschäft, in dem man sich Proviant für ein Picknick besorgen kann.

Habanero Burrito Bar, im Big Sur River Inn General Store, 2,5 Meilen nördlich vom Pfeiffer Big Sur State Park am Hwy-1, ✆ 831/667-2700, 🖳 www.bigsurriverinn.com. Sandwich-Bar mit Abendessen unter $10. ⌚ 11–19 Uhr.

Nepenthe, Nepenthe, ✆ 831/667-2345. Über dem Café Kevah, überteuertes Steak- und Seafood-lokal mit Kamin, einer sagenhaften Aussicht und Après-Ski-Atmosphäre.

The Roadhouse, Hwy-1 im The Village, ✆ 831/667-2264. Kalifornisch-mexikanische Küche wie Tortillas und Burritos in einem gemütlichen Cottage. Di geschlossen.

Sonstiges

DRACHENFLIEGEN – ist von der einspurigen Plaskett Ridge Road in den Bergen möglich. Die Ranger in der *Pacific Valley Ranger Station* geben tgl. maximal 25 Permits an Drachenflieger aus, zehn davon ohne Reservierung, man hat also eine Chance, wenn man früh genug da ist.

INFORMATIONEN / PERMITS – In der ***Big Sur Ranger Station***, ✆ 831/667-2423, am Parkeingang gegenüber dem Big Sur Post Office, bekommt man die Permits, um in der oberhalb gelegenen Ventana Wilderness wandern zu gehen. Hier ist auch das Informationszentrum für die anderen Parks in der Big-Sur-Region. ⌚ im Sommer tgl. 8–18, im Winter tgl. 8–16.30 Uhr.

Pacific Valley Ranger Station, ✆ 805/927-4211, Informationen über Campingmöglichkeiten in der Wildnis (einige Gebiete können im Sommer wegen Waldbrandgefahr gesperrt sein). Unterschiedliche Öffnungszeiten.

INTERNET – ***Henry Miller Library***, stellt öffentliche Terminals zur Verfügung; eine Spende wird dafür erwartet.

Transport

Am schönsten ist es, das Auto irgendwo stehen zu lassen und in einem der vielen Parks und Naturschutzgebiete zu wandern, wo man schon nach zehn Minuten Spaziergang das Gefühl hat, meilenweit von der Zivilisation entfernt zu sein. Der Hwy-1 ist bei Radfahrern sehr beliebt, die angesichts des Verkehrs auf der kurvigen Straße allerdings manchmal recht gefährlich leben. Die meisten Besucher werden ein Auto benutzen, um der Küstenstraße zu folgen, die sich 160 m über dem Pazifik in zahlreichen dramatischen Kurven an Felsklippen entlang windet. Das einzige öffentliche Verkehrsmittel ist der nur von Mai–Okt verkehrende *MST*-Bus Nr. 22 von MONTEREY, der nach Süden bis NEPENTHE fährt, 4x tgl. in jede Richtung.

Von Big Sur nach Carmel

Der wenig besuchte **Andrew Molera State Park**, 5 Meilen nördlich vom Pfeiffer Big Sur State Park, ✆ 831/667-2315, 🖳 www.parks.ca.gov, ist der größte Park im Big-Sur-Gebiet und verfügt über zweieinhalb Meilen felsigen Meeresstrand, erreichbar auf einem eine Meile langen Pfad. Früher gehörte das Gelände zur El Sur Ranch, eines der ersten und erfolgreichsten Viehzucht-Unternehmen weit und breit, das Anfang des 19. Jhs. von Juan Bautista Alvarado, dem späteren Gouverneur von Kalifornien, und danach vom englischen Kapitän Roger Cooper geleitet wurde, dessen Hütte heute noch steht. Die Hütte ist zwar nicht öffentlich zugänglich, kann aber auf einigen der insgesamt 15 Meilen langen Wanderpfade erreicht werden. Diese werden auch auf den zweistündigen Ausritten benutzt, die für $25–59 von den Ställen starten, sofern das Wetter dies zulässt, ✆ 831/625-5486 oder 1-800/942-5486, 🖳 www.molerahorsebacktours.com. Dort gibt es auch einen zu Fuß erreichbaren Campingplatz (s.o.). Der Park ist tgl. von Sonnenauf- bis Sonnenuntergang geöffnet, Eintritt $2.

Vom nördlichen Ende des Parks führt die Old Coast Rd vom Hwy-1 über steile Hänge, von denen sich wunderbare Blicke auf die endlose Küstenlinie bieten, landeinwärts. Man fährt etwa 10 Meilen auf teilweise ungepflasterter Straße durch weites Ackerland und enge Schluchten, und trifft bei der **Bixby Creek Bridge** 15 Meilen südlich von Monterey wieder auf den Hwy-1. Als die Brücke 1932 fertig gestellt wurde, war sie die längste aus einem einzigen Bogen bestehende Betonbrücke der Welt. Vermutlich ist sie noch immer die fotogenste Leistung der Bauingenieure des Küsten-Highway 1.

1,5 Meilen weiter nördlich liegt die **Point Sur Light Station**, ✆ 831/625-4419, 🖳 www.pointsur.org, Führungen bei gutem Wetter Sa um 10 und 14, So 10 Uhr, zusätzliche Touren im Juli und August Mi um 10 und 14 Uhr, Do um 10 Uhr, Teilnahme $5. Bald dahinter führt eine Straße in den **Palo Colorado Canyon**. Unterwegs kommt man an mehreren Häusern und den Resten einer Sägemühle vorbei, die hinter Redwood-Bäumen versteckt liegt. Die Straße endet am *Bottcher's Gap Campground* am Rande der Ventana Wilderness. An der Küste sieht man die verwahrlosten Anlagen von **Notley's Landing**, das einmal eine geschäftige Hafensiedlung war.

Am nördlichsten Punkt des Big-Sur-Küstenabschnitts, 3 Meilen südlich von Point Lobos, liegt der wildblumenreiche **Garrapata State Park**, 🖳 www.parks.ca.gov, ◷ tgl. Sonnenauf- bis Sonnenuntergang, Eintritt frei. Ein etwa 1 Meile langer Wanderweg führt vom Hwy-1 zum **Soberanes Point**, ca. 10 Meilen südlich von Carmel, einem guten Aussichtspunkt, wenn man Seeotter oder Grauwale beobachten möchte.

Carmel

Auf grünen, sanften Hügeln am Meer erstreckt sich Carmel zu beiden Seiten der Ocean Avenue, die zur weitgehend unberührten Küste führt. Abgesehen von der idyllischen Beschaulichkeit besteht das einzige Verbrechen hier in den maßlos überzogenen Preisen. Das Städtchen ist als reicher Kur- und Ferienort bekannt. Diesen guten Ruf hatte es nicht von Anfang an. Viele Maler und Schriftsteller hatten nach der großen Erdbebenkatastrophe 1906 San Francisco verlassen und in dieser Gegend Zuflucht gesucht. Sie waren die ersten, die die wildromantischen, unbewohnten Hänge besiedelten. Die Künstlerkolonie genoss bald einen zweifelhaften Boheme-Ruf. Herausragendste Figur der Gruppe war der Dichter George Sterling, aber auch Figuren wie Jack London, Mary Austin und der junge Sinclair Lewis gehörten zeitweilig dazu. Es sollte jedoch eine kurzlebige Allianz bleiben, denn in den 20er Jahren brach die Gruppe wieder auseinander und wohlhabende Bürger aus San Francisco zogen her. Sie bauten Carmel zu dem exklusiven Fleckchen Erde aus, das es inzwischen geworden ist.

Trotz des stetig zunehmenden Fremdenverkehrs scheint Carmel noch immer ein klassisches Beispiel für engstirnigen Snobismus zu sein. Franchise-Unternehmen sind aus der Stadt verbannt, und lokale Gesetze, die den verschnörkelt-verspielten Charme der Stadt erhalten sollen, verbieten u.a. Parkuhren, detaillierte Adressbezeichnungen und die Zustellung von Postsendungen (man muss die Post persönlich beim Postamt abholen). In der Carmel Plaza Mall an der Ecke von Ocean Avenue und Mission Street findet man Filialen von Saks Fifth Avenue und Louis Vuitton, und in der Dolores Street gibt es eine Reihe von weit überteuerten, kitschigen Kunstgalerien; in der Ocean Avenue sogar ein Bekleidungsgeschäft für Schoßhündchen.

Zumindest die *Weston Gallery* in der 6th Street, zwischen Dolores und Lincoln Street, ☏ 831/624-4453, 🖳 www.westongallery.com, lohnt einen Besuch, denn dort finden regelmäßig Ausstellungen der besten zeitgenössischen Fotografen statt, außerdem gibt es eine feste Ausstellung einiger Werke von Fox Talbot, Ansel Adams und Edward Weston; 🕓 im Sommer tgl. 10.30–17.30 Uhr, im Winter Mo geschlossen. Genauere Angaben zu den übrigen Galerien sind der kostenlosen Broschüre *Carmel Gallery Guide* zu entnehmen, die überall erhältlich ist.

Strände

Die nahe, größtenteils ursprüngliche Küste ist Carmels größter Vorzug. Viele halten sie für den schönsten Küstenabschnitt ganz Kaliforniens. **Carmel Beach**, am Ende der Ocean Ave, ist eine ruhige, weiße Sandbucht mit klarem Wasser, gesäumt von Felsen und Zypressen. Der friedliche Eindruck täuscht, denn die Gezeiten fallen sehr stark aus, und man sollte beim Schwimmen unbedingt vorsichtig sein.

Das **Tor House** an der Carmel Bay, eine Meile südlich von Carmel Beach, war 1919 das erste und einzige Gebäude auf einer damals noch baumlosen Landspitze. Der Dichter Robinson Jeffers, der es bewohnte, war mit seinen sehr langen und tragischen Gedichten seinerzeit wesentlich beliebter als heute. Er baute das kleine Häuschen und den nebenstehenden Turm eigenhändig aus Granitbrocken, die er aus der Bucht unterhalb des Hauses heraufschleppte. Freitags und samstags kann man zwischen 10 und 15 Uhr an einer geführten Tour durch sein Haus und den Garten teilnehmen ($7). Der Kommentar geht zwar allzu detailliert und undistanziert auf das Leben und Werk des heute vergessenen Dichters ein, aber das Haus ist sehr schön. Der Eingang befindet sich einen Block von der Landspitze entfernt in der 26304 Ocean View Ave. Da dies eine reine Wohngegend ist, gibt es kaum Parkmöglichkeiten. Reservierungen am gleichen Tag unter ☏ 831/624-1840 (Fr und Sa 10–16 Uhr), im Voraus unter ☏ 831/624-1813 (Mo–Do 10–15 Uhr), weitere Informationen 🖳 www.torhouse.org.

Weiter auf der *Scenic Road* um die Spitze von Carmel Point herum gelangt man auf der südlichen Seite zum **Carmel River State Beach**, ☏ 831/649-2836, 🖳 www.parks.ca.gov, der merklich weniger belebt ist als der städtische Strand. Ebbe und Flut können hier sehr tückisch sein, besonders am südlichen Ende, wo der Sand steil in das Wasser abfällt und eine starke Strömung herrscht. Die benachbarte Süßwasserlagune ist ein Vogelschutzgebiet.

Carmel Mission

Wenn man dem Carmel River vom Strand ca. eine halbe Meile landeinwärts folgt, erreicht man die Carmel Mission Basilica, ☏ 831/624-3600, 🖳 www.carmelmission.org. *La Misión San Carlos Borromeo de Carmelo* war die zweite ihrer Art und wurde 1770 von Junípero Serra als Hauptquartier für die künftige kalifornische Missions-Kette gegründet. Padre Serra erlebte die Einweihung der Kirche nicht mehr, er liegt heute vor dem Altar begraben.

Die **Sandsteinkirche** wurde 1797 unter Serras Nachfolger Padre Lasuen zu Ende gebaut und ist wie keine andere der Missionen penibel restauriert worden. Die Arbeiten sind in einem der drei ausgezeichneten **Museen** auf dem Gelände ausführlich dokumentiert. Als man mit der Wiederherstellung begann, war von der früheren Pracht kaum mehr als ein Haufen Schutt und Steine übrig, heute jedoch behauptet sich das eigenwillig verzierte Bauwerk als die romantischste der kalifornischen Missionen. Der schöne Glanz besitzt jedoch auch eine dunkle Seite: Auf dem **Friedhof** liegen etwa 3000 Indianer begraben. 🕓 Sept–Mai Mo–Sa 9.30–16.30, So 10.30–16.30 Uhr, Eintritt $4. Man erreicht die Mission vom Stadtzentrum aus auch auf der Junipero Ave.

Point Lobos State Reserve

2 Meilen südlich der Mission, am Hwy-1, stellt die Point Lobos State Reserve, ☏ 831/624-4909, 🖳 www.parks.ca.gov, ihren Beinamen der „größten Begegnung von Land und Wasser in der Welt" eindrucksvoll unter Beweis. Mehr als 250 Vogel- und Tierarten tummeln sich abseits der Wanderwege, und die Unterwasserfauna ist eine der reichhaltigsten in ganz Kalifornien; selbst Grauwale werden oft ganz nah an der Küste gesichtet, wenn sie im Januar auf dem Weg nach Süden hier vorbeiziehen und im April und Anfang Mai mit ihren jungen Kälbern zurückkehren.

Die schroffen Granit-Türme, die aus den blauen Buchten aufragen, wo Otter und Seelöwen sich

La Misión San Carlos Borromeo de Carmelo

in der Brandung tummeln, inspirierten Robert Louis Stevenson bei seinem Roman *Die Schatzinsel*. Der Park wurde übrigens nach den *Lobos Marinos* benannt, den großen **Seelöwen**, die sich gern auf den Felsen vor der Landzunge versammeln. Auf den Klippen trotzen noch einige der wenigen, unter Naturschutz stehenden, kalifornischen **Zypressen** den ewig peitschenden Winden.

Abgesehen von einem kleinen Parkplatz ist das Gebiet für Autos gesperrt, sodass die Warteschlange für einen Stellplatz manchmal bis auf den Highway reicht (Parken $8). Im Sommer kann man auch den *MST*-Bus Nr. 22 hierher nehmen.

Im Eintrittspreis sind eine nützliche Informationsbroschüre und Gebietskarte enthalten. ⌚ im Sommer tgl. 9–19 Uhr, letzter Eintritt 18.30 Uhr; im Winter tgl. 9–17 Uhr, letzter Eintritt 16.30 Uhr.

Carmel Valley

Nach ungefähr 15 Meilen landeinwärts auf der G16 erreicht man **Carmel Valley Village**, ein kleines Dorf mit wärmerem und beständigerem Wetter als an der Küste, das sich als Zentrum des bis nach King City im Süden reichenden Weinlands im Monterey County sieht. Im umgebenden Tal findet man denn auch einige Weingüter in friedlicher Landschaft – nach dem überlaufenen Küstenort Carmel eine wahre Erholung. Die meisten sind für ihre Rotweine bekannt, die glühende Sommerhitze bekommt nur widerstandsfähigeren Reben.

Die *Monterey County Vintners and Growers Association*, ✆ 831/375-9400, 💻 www.montereywines.org, gibt eine Karte der Gegend heraus.

Eines der angenehmsten Weingüter für eine Weinprobe ist *Joullian*, 2 Village Drive, ✆ 831/659-8100, 💻 www.joullian.com, wo das freundliche, gut informierte Personal gerne über die Geschichte der Region und über die Weinherstellung plaudert. ⌚ tgl. 11–17 Uhr.

Übernachtung

Preiswerte Übernachtungsmöglichkeiten kann man in einem exklusiven Ort wie Carmel nicht erwarten.

Carmel Resort Inn, Carpenter, Ecke 2nd Ave, ✆ 831/624-3113 oder 1-800/454-3700. Eine der preiswertesten Unterkünfte in Carmel, Cottages mit Kamin. ❸
Horizon Inn, 3rd St, Ecke Junipero St, ✆ 831/624-5327 oder 1-800/350-7723, 💻 www.horizoninncarmel.com. Komfortables B&B mit Pool. ❻

Essen

Auch Essengehen ist in der Stadt recht teuer. Billig essen kann man eigentlich nur in den Einkaufszentren am Hwy-1 südlich von Carmel.
Carmel Bakery, Ocean Ave, zwischen Lincoln St und Dolores St, ✆ 831/626-8885. Angenehm unprätentiöses Café, das Kaffee und altmodische klebrig-süße Kuchen an Einheimische serviert.
La Boheme, Dolores St, zwischen Ocean Ave und 7th St, ✆ 831/624-7500. Das charmante Lokal bietet französische Küche, das Menu Fixe wechselt jeden Tag und kostet $31, Wein und Bedienung extra.
Little Napoli, Dolores St, zwischen Ocean Ave und 7th St, ✆ 831/626-6335. Eines der vielen ausgezeichneten und noch erschwinglichen italienischen Restaurants im Ort. Üppig portionierte Pasta in romantischer Atmosphäre.
Paolina's, San Carlos St, zwischen Ocean Ave und Seventh St, ✆ 831/624-5599. Frische hausgemachte Pasta in einem angenehmen Innenhof; die Preise sind etwa halb so hoch wie in anderen Restaurants im Ort.
Pâtisserie Boissière, Mission St, zwischen Ocean Ave und 7th St, ✆ 831/624-5008. Pikante Quiches, Salate, und sogar Coquille Saint-Jacques finden sich auf der Speisekarte dieses bezahlbaren Restaurants, daneben natürlich auch feines Gebäck. Auf Bestellung werden außerdem Picknickkörbe zusammengestellt.
Porta Bella, Ocean Ave, zwischen Lincoln St und Monte Verde, ✆ 831/624-4395. Das edle Bistro-Restaurant serviert ausgesuchte, französische Gerichte. Hinten gibt es einen charmanten Garten unter Reben.
Robata Grill & Sake Bar, 3658 The Barnyard, ✆ 831/624-2643. Beliebter Japaner, man isst hier Sushi und Tempura in einem holzgetäfelten Raum. Nicht billig, aber gut und – in Anbetracht der Umgebung – unprätentiös.
Tuck Box Tearoom, Dolores St, zwischen Ocean Ave und 7th St, ✆ 831/624-6365. Frühstück, Mittagessen und Nachmittagstee in Old-England-Umgebung; teuer, kitschig, aber witzig.

Informationen

Chamber of Commerce, im Carmel Valley, ✆ 831/659-4000, www.carmelvalleychamber.com. Informiert insbesondere über die zahlreichen Weingüter im Tal und lockt Besucher aus Carmel mit einer neu erstellten Gebietskarte an, die jede Menge Einkaufs- und Essensvorschläge umfasst. Man bekommt sie praktisch in jedem Visitor Center im Monterey County. 🕒 Mo–Fr 10–16 Uhr.

Transport

Das Zentrum Carmels ist 15 Minuten von Monterey entfernt. Die *MST*-Busse Nr. 4 und 5 verbinden Carmel mit MONTEREY.

Monterey und die Halbinsel

Das nördliche Ende von Big Sur wird von der markanten, hügeligen Monterey-Halbinsel gebildet, die mit ihren schroffen Felsen und knorrigen, windgepeitschten Zypressen weit in den wilden Pazifik hineinragt.

Monterey behauptet von sich, der geschichtsträchtigste Ort ganz Kaliforniens zu sein, was ausnahmsweise sogar der Wahrheit entsprechen könnte. Benannt wurde der Ort von dem spanischen Kaufmann und „Entdecker“ Vizcaíno, der 1602 nach einer siebenmonatigen Schiffsreise von Mexiko hier landete und Frischwasser und Wild im Überfluss vorfand.

Dennoch wurde die Gegend erst viel später, nämlich 1770, von den Spaniern kolonisiert, als die zweite in der Kette der Missionen – die Schaltstelle der ganzen Operation – in Monterey errichtet wurde, bevor man das Zentrum der Missionarsarbeit nach Carmel verlegte. Das Presidio de Monterey der Spanier war außerdem das militärische Hauptquartier für ganz Alta California, und auch nach der mexikanischen Unabhängigkeit blieb die Stadt das Verwaltungs- und Handelszentrum eines Gebietes, das sich im Norden bis nach Kanada und im

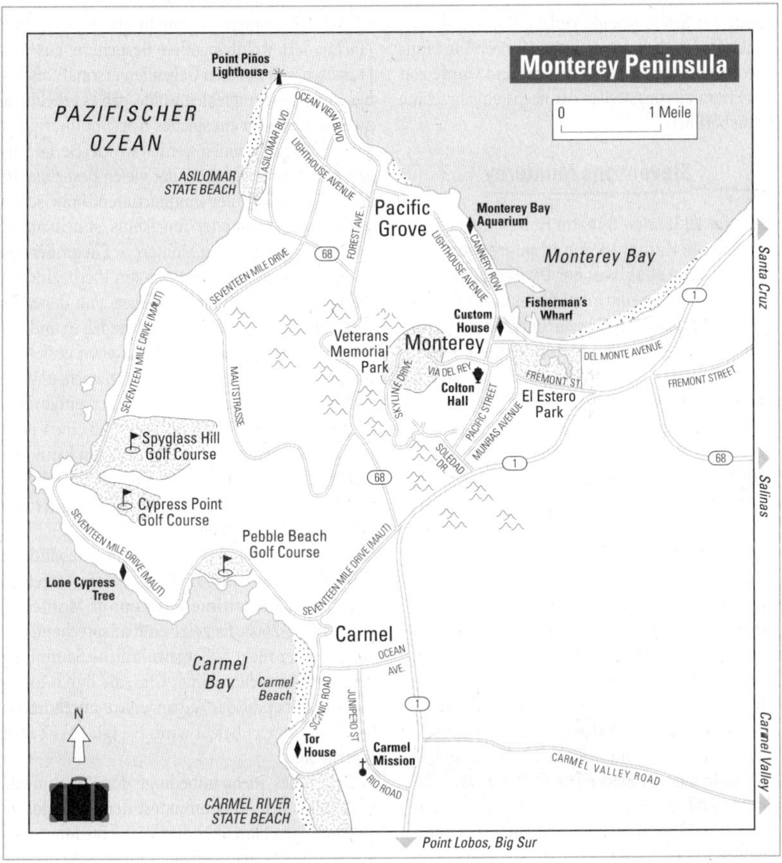

Osten bis zu den Rocky Mountains erstreckte. Damals lebten neben den indianischen Ureinwohnern in diesem riesigen Areal allerdings weniger als 7000 Menschen.

Das Interesse Amerikas an der Monterey-Halbinsel war zunächst rein kommerziell. Das änderte sich erst Mitte des vergangenen Jahrhunderts: 1842 erhielt der amerikanische Marineoffizier Catesby Jones die Falschmeldung, dass zwischen den USA und Mexiko Krieg ausgebrochen sei und die Briten ihre Hand nach Kalifornien ausstreckten. In einem Anfall von spontanem Nationalismus legte er daraufhin vor dem Hafen von Monterey an, um eine britische Invasion zu verhindern, und verlangte, dass die bis dato noch mexikanische Stadt sich kampflos ergeben solle. Zwei Tage später wehte die amerikanische Flagge über Monterey.

Die bewaffnete, aber friedlich abgelaufene Okkupation der Halbinsel dauerte jedoch nicht lange. Nachdem Jones die offiziellen Dokumente genau durchgelesen hatte, erkannte er, dass alles ein großer Irrtum war und er um ein Haar ein Debakel zwischen den zu diesem Zeitpunkt noch friedlich koexistierenden Staaten Mexiko und USA ausgelöst hätte. Erst vier Jahre später war es tatsächlich so weit: Als 1846 der Mexikanisch-Amerikanische Krieg ausbrach, ergab sich Monterey ein zweites Mal kampflos den Amerikanern. Die Goldfunde am

Rande der Sierra Nevada verlagerten den Brennpunkt des Geschehens wenig später nach San Francisco. Monterey geriet ins Abseits und wurde von den Einwanderungswellen der nächsten Jahrzehnte kaum berührt.

Stevensons Monterey

Als der 29-jährige Schotte Robert Louis Stevenson im Herbst 1879 in Monterey aus der Postkutsche stieg, war der Ort verglichen mit San Francisco kaum mehr als ein verschlafenes mexikanisches Fischerdorf, an dem der Goldrausch von 1849 vorbeigegangen war. Der mittellose, fieberkranke und unsterblich verliebte Stevenson wollte Mrs. Fanny Osbourne wiedersehen, die er zwei Jahre zuvor während einer Frankreichreise kennen gelernt hatte. Drei Monate blieb er in der Stadt, schrieb während dieser Zeit für lokale Zeitungen und verdiente sich seine Mahlzeiten im Saloon-Restaurant des Franzosen Jules Simoneau (hinter dem heutigen Stevenson House), indem er zur Unterhaltung der Gäste Geschichten erzählte. 1880 konnte er Fanny heiraten, die ihn auf vielen langen Reisen durch Amerika begleitete.

Stevenson erlebte Monterey in einer Übergangsphase, politisch plötzlich ins Abseits geraten, aber vom Tourismus noch unberührt. In seinem Essay *The Old and New Pacific Capitals* sah er voraus, dass der Lebensstil, der Monterey während der mexikanischen Ära geprägt hatte, dem kommerziellen Geist der Yankees von der Ostküste nicht standhalten können würde. Tatsächlich rissen die „vulgären Millionäre" die Stadt kurze Zeit später aus dem Schlaf und machten sie fast über Nacht zu einem internationalen Bade- und Kurort.

Männer wie Charles Crocker zum Beispiel, der nur ein Jahr nach der Veröffentlichung von Stevensons Aufsatz das luxuriöse *Hotel Del Monte* eröffnete und so die Entwicklung Montereys zu einer Touristenstadt einleitete. Auf dem Gelände des alten Hotels östlich von Downtown steht heute die *Naval Postgraduate School.*

Als sich Monterey vor mehr als einem halben Jahrhundert wohlhabenden Besuchern aus San Francisco und anderen Gegenden erstmals als feiner Urlaubsort empfehlen wollte, gab es erhebliche Zweifel daran, ob ein solches Angebot überhaupt jemals wahrgenommen werden würde. Derlei Sorgen macht sich angesichts der vielen Besucher, die sich allnächtlich hier einquartieren, inzwischen niemand mehr, und der Tourismus ist heutzutage der Haupterwerbszweig Montereys. Ein großer Teil des Angebots konzentriert sich am Uferbezirk um die **Fisherman's Wharf**. Sardinen, von denen es hier früher einmal reichlich gab, werden in und um Monterey mittlerweile nur noch selten gesichtet. Kommerzielle Fischer arbeiten kaum noch, und die Piers, die Lagerhallen und die Konservenfabriken sind heute nur noch Erinnerungen an einen einst prosperierenden Wirtschaftszweig. Man kann hier Fischreste kaufen und sie an die fetten Seelöwen verfüttern, die im schmutzigen Wasser unter den Kais umherschwimmen.

Das am meisten ins Auge fallende Gebäude in der Nähe des Kais, am Ende der Pacific Street, ist das moderne **Maritime Museum of Monterey**, ✆ 831/372-2608. Es zeigt eine ansprechend gestaltete, aber nicht außergewöhnliche Sammlung von Schiffsmodellen hinter Glas, die durch Informationen über die der Vergangenheit angehörende Sardinenfängerei belebt wird. ◷ tgl. 10–17 Uhr, Eintritt $8.

Trifft dies nicht unbedingt den Geschmack, sollte man sich hier zumindest den kostenlosen, 14-minütigen Film über die Geschichte Montereys ansehen, bevor man sich auf Spurensuche entlang des **Path of History** begibt. Dieser ungefähr 1,5 Meilen lange Weg verbindet in loser Folge die 37 Stätten des heutigen **Monterey State Historic Park**, ✆ 831/649-7118, 💻 www.parks.ca.gov, der sich über den Bereich des modernen Monterey verteilt. Der Pfad ist durch kleine gelbe Kreise markiert, die in regelmäßigen Abständen am Gehsteig angebracht sind. Eine kostenlose kleine Broschüre, die bei den meisten Tourist Offices erhältlich ist, informiert über jede Station auf dem Path of History.

Viele der historischen Gebäude sind noch in unverändertem Zustand. Wer sie von innen ansehen möchte, schließt sich am besten einer der 45-minütigen Führungen an, die am Maritime Museum beginnen: Mo–Mi, Fr–Sa 10.30 Uhr, kostenlos.

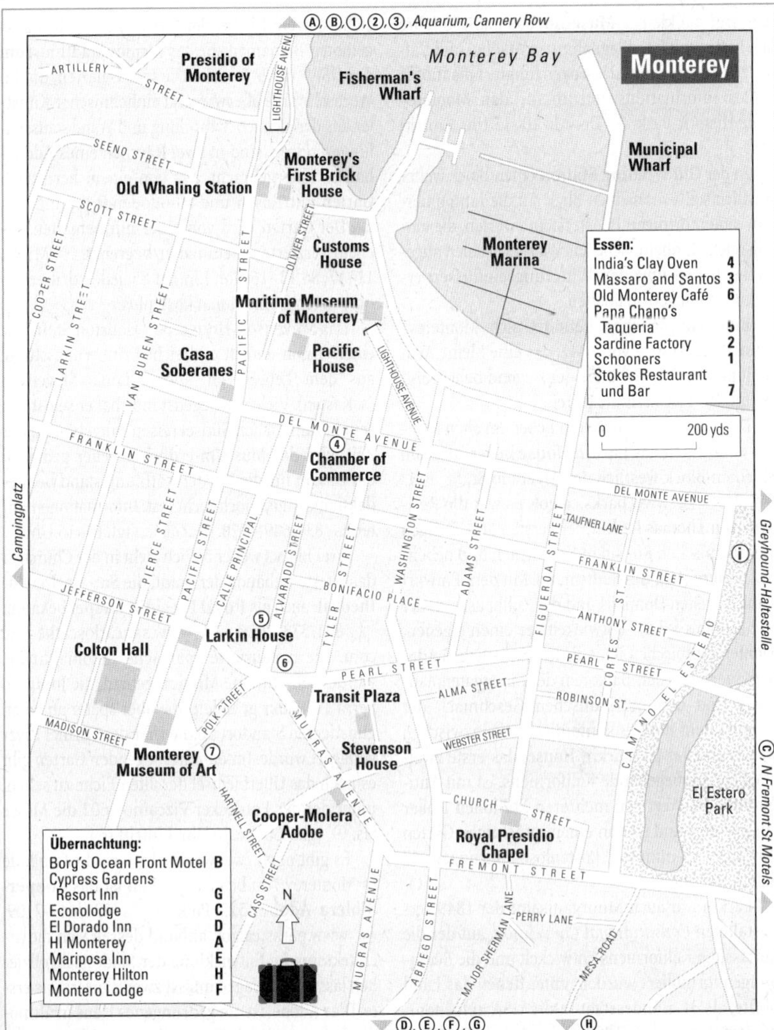

Wer sich dafür nicht begeistert, kann einen Blick ins **Pacific House**, ✆ 831/649-2907, an der Ostseite der Plaza vor dem Maritime Museum werfen, das seit seiner Fertigstellung 1847 als Gerichtssaal, Pension und später als Tanzhalle diente. Heute ist es das beste Museum des Ortes, mit Ausstellungen zur Geschichte Montereys und einer Sammlung indianischen Kunsthandwerks. ⏲ Di–Mi und Fr–So 10–15 Uhr, Eintritt frei.

Ganz in der Nähe steht das **Customs House**, das frühere Zollhaus und älteste Verwaltungsgebäude an der Westküste, das zum Teil von Spaniern (1814), Mexikanern (1827) und Amerikanern (1846) erbaut wurde. Das restaurierte Gebäude beherbergt ein kleines **Museum**, das u.a. 150 Jahre alte Kisten mit beschlagnahmtem Alkohol und Kaffee zur Schau stellt; das Foyer fungiert als inoffizielles Informationszentrum für den Monterey State Historic Park. ⌚ Do–Mo 10–15 Uhr, Eintritt frei.

In der **Old Whaling Station** einen Block weiter westlich sollte man einen Blick auf die ramponierten, rautenförmigen Pflastersteine werfen, die einfallsreiche Einheimische aus Walskelettteilen angefertigt haben und den Witterungseinflüssen erstaunlich gut getrotzt haben.

Eine Tür daneben befindet sich Montereys **First Brick House** von 1847, das eine kleine Ausstellung über die Gebäude der Gegend beherbergt ⌚ tgl. 10–15 Uhr, Eintritt frei.

Den besten Eindruck vom Leben im alten Monterey vermittelt das **Larkin House** in der Jefferson St, einen Block westlich der Alvarado St, ✆ 831/649-7118, 💻 www.parks.ca.gov. Es war die Residenz von Thomas Larkin, dem ersten und einzigen amerikanischen Konsul in Kalifornien und nebenbei erfolgreichen Geschäftsmann. Mit dem Entwurf seines eigenen Domizils und des Zollhauses an der Fisherman's Wharf entwickelte er einen eigenen, Monterey-typischen Baustil, der die örtlichen Adobemauern mit den Balkonen der Südstaatenplantagen und dem puritanischen Geschmack der Nordstaaten-*Yankees* kombiniert und inzwischen weit verbreitet ist. Larkin House, das erste zweistöckige Adobegebäude Kaliforniens, ist mit Antiquitäten im Wert von mehreren Millionen Dollar ausgestattet und ist von einem prächtigen Garten umgeben. 45-minütige, kostenlose Führungen Mi, Sa–So 14 Uhr.

Larkin war auch Mitorganisator der 1849 veranstalteten *Constitutional Convention,* auf der die Verfassung Kaliforniens entwickelt und die Bedingungen formuliert wurden, unter denen das Land hoffte, als 31. Bundesstaat in die USA aufgenommen zu werden, was 1850 auch geschah. Das Treffen fand in der **Colton Hall**, ✆ 831/646-5648, 💻 www.monterey.org/museum/, dem weißen Gebäude nicht weit von Larkins Haus, statt, heute ein Museum, in dem alles wieder so eingerichtet ist, wie es damals war. ⌚ tgl. 10–16 Uhr, Eintritt frei.

Das auf der gegenüberliegenden Straßenseite angesiedelte **Monterey Museum of Art**, 559 Pacific St, ✆ 831/372-5477, 💻 www.montereyart.org, stellt in beeindruckender Weise seinen selbst ausgelobten Beinamen „bestes kleines Stadtmuseum der USA" unter Beweis. Die vier Galerien, die im Wechsel Werke überwiegend einheimischer Künstler aus der eigenen Sammlung und Wanderausstellungen zeigen, sind in zwei Räumen eines Adobehauses untergebracht, das von einem herrlichen Garten mit Rosen und Rhododendren umgeben ist. Der Garten wird von einer mit bemalten Kacheln verzierten Steinmauer begrenzt. ⌚ Mi–Sa 11–17, So 13–16 Uhr, Eintritt $5, jeden dritten Do und ersten So im Monat kostenlos.

Das **Stevenson House**, 530 Houston St, früher eine Pension, enthält zahlreiche Erinnerungsstücke aus dem Leben von Robert Louis Stevenson (s. Kasten). Viele der Gegenstände hat er selbst von seinen zahlreichen Südseereisen mitgebracht. Zur Zeit wird das Museum erdbebensicher gemacht; ein Datum für die Wiedereröffnung stand bei Redaktionsschluss noch nicht fest, Informationen unter ✆ 831/649-1770. ⌚ Gärten tgl. 10–16 Uhr.

Zwei Blocks weiter östlich steht in der Church St das älteste Gebäude der Stadt, die **San Carlos Cathedral**, auch als **Royal Presidio Chapel** bekannt, ✆ 831/373-2628, 💻 www.sancarloscathedral.com. Die restaurierte spanische Kolonialkirche, wurde 1795 für eine Mission gebaut, die Junípero Serra 1770 hier gründete, die aber später an einen günstigeren Standort an die Ufer des Carmel River verlagert wurde. Im dahinterliegenden Garten gibt es noch das Überbleibsel der alten Eiche zu sehen, unter der der Entdecker Vizcaíno 1602 die Messe las. ⌚ tgl. 7.30–16.30 Uhr, Eintritt frei.

Es gibt noch zwei weitere historische Gebäude in Monterey. Am besten erhalten ist das **Cooper-Molera Adobe**, 525 Polk St, ✆ 831/649-7109, 💻 www.parks.ca.gov, anhand dessen sich die architektonische Entwicklung der Stadt nachvollziehen lässt. Die Anlage umfasst zwei Häuser: Das erste, Diaz Adobe, ist ein gedrungenes Haus in altmodischem mexikanischem Stil, mit weiß gekalkten Wänden und dicken Lehmziegelsteinen, die als eine primitive Klimaanlage dienen. Das zweite Haus, in den 1850er Jahren erbaut, ist eleganter und formeller. ⌚ Juni–Aug tgl. 10-17, Sept–Mai bis 16 Uhr, 45-minütige Führungen Mi und Fr–So 13 Uhr, Eintritt frei.

Casa Soberanes, ✆ 831/649-7118, 💻 www.parks.ca.gov, einige Gebäudeblocks weiter nördlich an der Ecke von Pacific und Del Monte, ist ein in den 1830er Jahren erbautes Adobehaus im kalifornischen Stil, mit Balkons, roten Ziegeln und symmetrischen Türen und Fenstern. Das Innere wurde z.T. modernisiert, aber die niedrige Decke und kleinen Räume blieben erhalten. ⌚ 30-minütige Führungen Di 13 und Fr 11.30 Uhr, Eintritt frei.

Cannery Row und Monterey Bay Aquarium

Ein Radweg folgt den stillgelegten Eisenbahnschienen vom Pier aus am Ufer entlang bis zur 2 Meilen entfernten Siedlung Pacific Grove. Früher hieß die Straße Ocean View Avenue, wurde aber nach dem Titel eines Romans von John Steinbeck in **Cannery Row** umbenannt.

Lohnendstes Ziel in der Cannery Row ist das **Monterey Bay Aquarium,** ✆ 831/648-4888 oder 1-800/756-3737, 💻 www.montereybayaquarium.org, ganz am Ende der Straße, zu erreichen mit dem *WAVE*-Shuttlebus von Fisherman's Wharf aus; man kann das kurze Stück aber auch zu Fuß gehen. Die modernistische Anlage wurde auf dem Fundament einer alten Konservenfabrik errichtet und vermittelt bei einem schönen Spaziergang entlang der Monterey Bay das Gefühl einer Entdeckungsreise. Das Aquarium zählt zu den größten und beeindruckendsten Schaukästen maritimen Lebens in der Welt.

Interessant ist die dem Ökosystem der tieferen Gewässer jenseits der Bucht gewidmete **Outer Bay**-Ausstellung mit einem riesigen Becken, in dem sich u.a. Hammerkopfhaie und Thunfische tummeln, sowie ein Stockwerk höher die Kindern gewidmete **Splash Zone** und Becken mit Tieren und Pflanzen zum Anfassen. Das Aquarium ist auch zur Bucht hin geöffnet, und man kann herumgehen und das in den Gezeitentümpeln wuselnde Leben beobachten. Nicht verpassen sollte man die Fütterung der **Seeotter** (um 10.30, 13.30 und 15.30 Uhr). Diese verspielten Kreaturen wurden wegen ihres superfeinen Fells fast bis zur Ausrottung gejagt; mit etwa 1 Million Härchen pro Quadratzoll gilt es als das weichste der Welt. Ebenfalls sehenswert ist die Fischfütterung in dem mit gut 15 000 Hektoliter Wasser gefüllten Birntangwald-Becken um 11.30 und 16 Uhr. ⌚ tgl. 10–18 Uhr, letzter Einlass um 17.30 Uhr. Eintritt $18, Audio Tour vom Band $3, Reservierungen sind zu jeder Jahreszeit ratsam.

Cannery Row, die Straße der Ölsardinen

Monterey war während des Zweiten Weltkriegs sozusagen die Ölsardinen-Hauptstadt der westlichen Welt, 200 000 t der silbernen Fische wurden hier jährlich in Dosen verpackt. John Steinbecks Roman *Cannery Row, die Straße der Ölsardinen* handelt von den Männern und Frauen, die in den ca. 30 lokalen Konservenfabriken arbeiteten. Doch die massive Überfischung führte dazu, dass es 1945 praktisch keine Sardinen mehr gab. Die Konservenfabriken schlossen und verwahrlosten, bis sie in den 70er Jahren wiederentdeckt, restauriert und zu Einkaufszentren und teuren Restaurants umfunktioniert wurden. Viele der Etablissements wurden mit Namen aus den Werken Steinbecks bedacht.

Pacific Grove

Das Städtchen Pacific Grove – oder „Butterfly Town USA“, wie sie sich selbst gerne nennt – ist weniger bekannt als Monterey und Carmel, dafür aber (noch) schöner gelegen. Die Stadt geht auf ein Zeltlager der Methodisten zurück, das hier 1875 als Sommeraufenthaltsort für Strenggläubige ins Leben gerufen wurde. Alkohol, nackte Haut und sogar die Sonntagszeitung waren streng verboten. Inzwischen sind die Methodisten längst abgezogen, aber der Ort mit seinen ruhigen, piniengesäumten Straßen und den prächtigen, hölzernen viktorianischen Villen ist erhalten geblieben.

Downtown Pacific Grove konzentriert sich um die Kreuzung von Forest St und Lighthouse Ave, 2 Meilen nordwestlich vom Zentrum Montereys. Im Buchladen und Café *Bookworks,* zwei Blocks weiter nördlich in der 667 Lighthouse Avenue, ✆ 831/372-2242, kann man sich mit Literatur über die Gegend versorgen oder einfach einen Kaffee trinken. ⌚ So–Mo 9.30–18, Di–Do 9.30–20, Fr–Sa 9.30–21 Uhr.

Auf der Forest Ave, einen Block nach Norden zur Central Ave hin, findet man das **Pacific Grove Museum of Natural History,** ✆ 831/648-5716, 💻 www.pgmuseum.org, mit informativen Exponaten der örtlichen Flora und Fauna, vielen Schmetterlingen, über 400 ausgestopften Vögeln, einem Modell der Unterwasser-Topografie des

Ozeans und einer Ausstellung über die Ureinwohner der Region, die Costanoan- und Salinan-Indianer. ⌚ Di–Sa 10–17 Uhr, Eintritt frei.

Die **Chautauqua Hall** auf der anderen Straßenseite stand um 1880 eine Zeit lang im Mittelpunkt des Stadtlebens, als die linksorientierte, populistische Chautauqua-Bewegung hier ihr Westküsten-Hauptquartier hatte. Es handelte sich um eine Art mobile Universität, die Tausende von Amerikanern erreichte, lange bevor es irgendeine allgemein zugängliche höhere Schule gab. Heute ist in dem schlichten weißen Gebäude ein Tanzsaal untergebracht, in dem 3-Mann-Combos samstags beliebte Melodien aus den 30er und 40er Jahren spielen. Donnerstags wird traditioneller Square Dance veranstaltet. Das einzige, was noch an die christlichen Versammlungen der ersten Tage erinnert, sind ein paar winzige hölzerne Hütten in der 16th und 17th St. Sie stammen aus der Zeit der Methodisten, als man oft einfach große Leinwandzelte von außen mit Holz verstärkte, damit sie auch im Winter bewohnbar waren.

Am Ende eines kleinen, bewaldeten Parks, der in den Ozean hineinragt, nahe der Kreuzung Central Ave und 12th St, steht eine dunkelrote, hölzerne Kirche, **Saint Mary's By-The-Sea**, die erste richtige Kirche in Pacific Grove; sie wurde 1887 erbaut und ist sehr schlicht ausgestattet, mit polierten Redwood-Balken und einem echten, signierten Tiffany-Fenster, gleich links vom Altar.

Ocean Beach Blvd, der sich zwischen der Kirche und dem Meer hinzieht, macht an der Küste einen Bogen um die Stadt herum, vorbei an **Lovers Point** – ehemals *Lovers of Jesus Point* –, wo die Prediger früher bei Sonnenaufgang ihre Messen abhielten. Der kleine, geschützte Strand, der im Frühsommer von rot und lila blühendem Eiskraut umgeben ist, gilt als einer der schönsten der Halbinsel. Dort kann man sich sonnen, schwimmen oder mit einem gemietetem Glasboden-Boot die Bucht erforschen.

Der Ocean View Blvd zieht sich noch eine Meile an der Küste entlang bis zur Spitze der Halbinsel. Das 150 Jahre alte **Point Piños Lighthouse**, ✆ 831/648-5716, 🖳 www.pgmuseum.org, ist der älteste funktionierende Leuchtturm an der kalifornischen Küste. ⌚ Do–So 13–16 Uhr, Eintritt frei.

Jedes Jahr im Winter kommen Monarchfalter *(monarch butterflies)* zu Hunderttausenden aus Kanada und den westlichen Staaten der USA hierher, um der Winterkälte zu entfliehen. Sie lassen sich auf bestimmten Bäumen in der Nähe des Leuchtturms nieder, die dann vor lauter Orange und Schwarz kaum noch zu erkennen sind. Die Schmetterlinge sind eine große Touristenattraktion und durch ein Gesetz strengstens geschützt – auf die Störung eines Monarchfalters steht tatsächlich eine Geldstrafe von $1000. Die **Butterfly Trees** stehen an der Ridge Rd, von der Lighthouse Ave eine Viertelmeile landeinwärts.

Vom Leuchtturm aus heißt die Küstenstraße Sunset Drive und führt weiter zum **Asilomar State Beach**, der viel wilder ist als die Strände der nördlichen Halbinsel. Die gefährliche Brandung macht das Schwimmen unmöglich. Bei Ebbe bleiben bei den Felsen auch hier die Gezeitentümpel mit ihrem speziellen Unterwasser-Eigenleben zurück. Der Hwy-68 führt vom Ende des Sunset Drive über die Hügel und trifft nördlich von Carmel auf den Hwy-1, während der **17 Mile Drive** einen großen Bogen von Pacific Grove nach Carmel und wieder zurück macht – eine landschaftlich reizvolle Strecke, nur ist sie in Privatbesitz und kostet pro Wagen $8,25 Benutzungsgebühr; ⌚ tgl. von Sonnenauf- bis Sonnenuntergang. Unterwegs kommt man am Golfplatz und den Country Clubs von Pebble Beach vorbei. Auf halber Strecke kann man die von unzähligen Postkarten bekannte **Lone Cypress** bewundern.

Übernachtung

Die Monterey Peninsula ist eine der exklusivsten und teuersten *resort areas,* ähnlich wie Santa Barbara im Süden. Hotels und B&Bs bewegen sich im Schnitt um $120. Wer nicht von Salinas oder Santa Cruz aus einen Ausflug hierher machen will, findet noch am ehesten an der Fremont St, eine halbe Meile nördlich vom Stadtzentrum, und entlang der Munras Avenue ein preisgünstiges Motel.

HOTELS UND INNS – ***Green Gables Inn,*** 104 5th St, Pacific Grove, ✆ 831/375-2095 oder 1-800/722-1774, 🖳 www.foursisters.com. Plüschige DZ in einem der schönsten Häuser dieser bevorzugten Wohnlage, nur ein paar Blocks vom Monterey Bay Aquarium entfernt am Wasser gelegen. ❺

Lone Cypress am 17 Mile Drive

Mariposa Inn, 1386 Munras Ave, Monterey, ✆ 831/649-1414 oder 1-800/824-2295. Beste Wahl im Ort. Gemütliche Zimmer mit Kamin und Balkon zu vernünftigen Preisen, beheizter Pool, für Gruppen preiswerte separate Townhouses. ❹

Monterey Hilton, 1000 Aguajito Rd, Monterey, ✆ 831/373-6141 oder 1-800/HILTONS, 🖳 www.hilton.com. Gutes Hotel am Ortsrand mit vielen Annehmlichkeiten, Pool, vielen Parkmöglichkeiten und einem großen Garten. ❺

Pacific Grove Inn, 581 Pine Ave, Ecke Forest Ave, Pacific Grove, ✆ 831/375-2825 oder 1-800/732-2825, 🖳 www.pacificgrove-inn.com. Behutsam modernisierte Villa von 1904 mit 17 geräumigen Zimmern, fünf Blocks von der Küste entfernt. ❺

Rosedale Inn, 775 Asilomar Blvd, Pacific Grove, ✆ 831/655-1000 oder 1-800 /822-5606, 🖳 www.rosedaleinn.com. Erfreulich moderne Zimmer im Blockhütten-Stil, ausgestattet mit Deckenventilatoren, Kiefernholzmöbeln, offenem Kamin und Jacuzzi. Sehr freundliches Personal. ❻

Seven Gables Inn, 555 Ocean View Blvd, Pacific Grove, ✆ 831/372-4341, 🖳 www.pginns.com. In einem restaurierten viktorianischen Haus; der Weg führt durch eine wundervoll überladene Rokoko-Eingangshalle zu den üppig möblierten Mini-Suiten. Die *afternoon snacks* ersetzen eine komplette Mahlzeit, und auch das Frühstück ist gigantisch. Unter derselben Leitung ist das benachbarte, ähnliche . ❼–❾

Ähnlich das benachbarte ***Grandview Inn,*** ✆ 831/372-4341, unter gleichem Management.

MOTELS UND HOSTELS – ***Bide-a-Wee Inn & Cottages,*** 221 Asilomar Blvd, Pacific Grove, ✆ 831/372-2330, 🖳 www.bideaweemotel.com. Schön hergerichtete Zimmer mit gemütlichen Möbeln, Kühlschrank und Mikrowelle. Am Wochenende verdoppeln sich die Preise. ❸

Borg's Ocean Front Motel, 635 Ocean View Blvd, Pacific Grove, ✆ 831/375-2406. Günstige, einfache Zimmer, die mit Meerblick sind doppelt so teuer wie die anderen. ❸–❺

Cypress Gardens Resort Inn, 1150 Munras Ave, Monterey, ✆ 831/373-2761 oder 1-877/922-1150, 💻 www.cypressgardensinn.com. Eines der besseren Motels in der Munras Ave, mit einem großen Swimming Pool und einem baumbestandenen Garten. ❸

Econolodge, 2042 Fremont St, Monterey, ✆ 831/372-5851. Komfortable Standardzimmer, kleines Frühstück und Ortsgespräche gratis. ❷

El Dorado Inn, 900 Munras Ave, Monterey, ✆ 831/373-2921 oder 1-800/722-1836. Zwei Stockwerke im Motelstil, preiswert und schlicht. ❷

HI-Monterey, 778 Hawthorne St, Monterey, ✆ 831/649-0375, 💻 www.montereyhostel.org. In der Downtown in der Nähe von Cannery Row, Dorm-Bett $20 für Mitglieder, sonst $23. Kein Einlass nach 23 Uhr, max. 3 Tage Aufenthalt. ❶

Lovers Point Inn, 625 Ocean View Blvd, Pacific Grove, ✆ 831/373-4771, 💻 www.loverspointinn.com. Angenehme, wenn auch ein wenig langweilige Zimmer, aber Zimmernummern in Herzform und in Türkis und Lachsrosa gehaltene Wände im Gang machen das wieder wett. ❸

Pacific Grove Motel, Lighthouse Ave, Ecke Grove Acre, ✆ 831/372-3218 oder 1-800/525-3373, etwas außerhalb. Einfaches, kleines Motel in schöner Umgebung, nur einen Steinwurf vom Meer entfernt. Im Sommer und am Wochenende ziehen die Preise an. ❶

CAMPING – Einen zu Fuß erreichbaren Campingplatz gibt es eine Meile westlich der Stadt in den Hügeln des ***Veteran's Memorial Park,*** Jefferson St, ✆ 831/646-3865. Kostet nur $3 pro Nacht für Wanderer/Radfahrer (es geht allerdings ca. 2 Meilen steil bergauf), für Autofahrer $15, Reservierung nicht möglich.

Essen

An guten Restaurants herrscht kein Mangel. Zwar liegen die Preise ähnlich hoch wie für die Unterkünfte, das Buhlen um das begehrte Geld der Touristen sichert jedoch Qualität. Eine komplette Liste der Lokale auf der Halbinsel gibt es in den kostenlosen, wöchentlich erscheinenden und überall erhältlichen *The Coast Weekly* und *Go!*. Wer mit kleinem Budget unterwegs ist, findet die besten billigen Lokale im Nordteil von Monterey entlang der Fremont St und in der Umgebung der Lighthouse Avenue (etwas südlich der Cannery Row).

Bay Books, 316 Alvarado St, Monterey, ✆ 831/375-1855. Gute Buchhandlungen, in der man auch Kaffee trinken kann, 🕒 wochentags bis 22, Wochenende bis 23 Uhr.

Fishwife, am Asilomar Beach, 1996 Sunset Drive in Asilomar, Pacific Grove, ✆ 831/375-7107. Seit langem das Lieblingslokal der Einheimischen mit sehr guter Küche zu vernünftigen Preisen, in gemütlicher, schlichter Umgebung.

India's Clay Oven, 150 Del Monte Ave, 2nd Floor, Monterey, ✆ 831/373-2529. Empfiehlt sich bei plötzlich aufkommendem Appetit auf indische Speisen, ist allerdings nicht ganz billig.

Massaro and Santos, 32 Cannery Row, H-1, Coast Guard Pier, Monterey, ✆ 831/649-6700. *Die* Adresse, wenn man die Aussicht über die Bucht genießen will. Viele Tagesspezialitäten, gute Suppen. Hauptgerichte um $15; man sollte noch etwas Platz lassen für die herrlichen Desserts.

Old Monterey Café, 489 Alvarado St, Monterey, ✆ 831/646-1021. Üppig portioniertes Frühstück mit ausgezeichneten Omeletts und Buchweizenpfannkuchen, außerdem leckere Sandwiches. Nur Frühstück und Mittagessen.

Papa Chano's Taqueria, 462 Alvarado St, Monterey, ✆ 831/646-9587. Preiswertes mexikanisches Fast Food – lecker und authentisch.

Pasta Mia Trattoria, 481 Lighthouse Ave, Pacific Grove, ✆ 831/375-7709. Leckere hausgemachte Pasta, Seafood vom Grill und Rindfleisch-Gerichte in rustikalem, gemütlichem Ambiente zu angemessenen Preisen.

Pepper's Mexicali Café, 170 Forest Ave, Pacific Grove, ✆ 831/373-6892. Mexikanische Speisen, hoch aufgetürmt auf riesigen Tellern für $10.

Sardine Factory, 701 Wave St, Monterey, ✆ 831/373-3775. Kalifornische Fischspezialitäten in prunkvollem Ambiente. Teuer natürlich, aber zu niedrigeren Preisen, als man angesichts des Lokals erwarten würde.

Schooners, im Monterey Plaza Hotel, 400 Cannery Row, Monterey, ✆ 831/372-2628. Lebendiges, gehobenes kalifornisches Bistro in historischem Hotel mit Blick auf die Bucht.

Stokes Restaurant and Bar, 500 Hartnell St, Monterey, ✆ 831/373-1110. Elegantes Restaurant in einem 1833 erbauten, früher als Wohnhaus genutzten Gebäude. Mediterrane Speisen mit kalifornischem Einschlag.
Wildberries, 667 Lighthouse Ave, Monterey, ✆ 831/644-9836. Café neben der Buchhandlung *Bookworks.* Ab und zu Live-Musik, ansonsten leichte Mittagsmahlzeiten zu vernünftigen Preisen. Schließt meist gegen 20 Uhr.

Unterhaltung

Die Halbinsel gilt als romantisches Ausflugsziel zum Ausruhen, nicht als Amüsierzentrum mit einem pulsierenden Nachtleben.
Die meisten Bars findet man in Monterey, und mit dem Mitte September veranstalteten internationalen ***Monterey Jazz Festival,*** ✆ 1-800/307-3378, 💻 www.montereyjazzfestival.org, besitzt der Ort das älteste kontinuierlich abgehaltene Jazzfestival der Welt und lockt Besucher von weither an. Über aktuelle Veranstaltungen informiert *Monterey County Weekly.*
Britannia Arms Pub & Restaurant, 444 Alvarado St, Monterey, ✆ 831/656-9543, 💻 www.britanniaarms.com. Seltsam deplaziert wirkendes „britisches" Pub im Zentrum von Monterey; lockere Klientel (vor allem Einheimische) und traditionelles britisches Pub-Essen.
Club Octane, 321d Alvarado St, Monterey, ✆ 831/646-9244, 💻 www.cluboctane.com. Lebendiger Club in Downtown mit drei Tanzflächen. Junges Publikum im College-Alter. Di und Mi geschlossen.
Lighthouse Bar & Grill, 281 Lighthouse Ave, Monterey, ✆ 831/373-4488, 💻 www.lighthousebarandgrill281.com. Heruntergekommene Schwulenbar mit lockerer Pub-Atmosphäre und Billardtischen. Älteres Publikum.
Lallapalooza, 474 Alvarado St, Monterey, ✆ 831/645-9036. Poppige Martini Bar mit einer stilvollen Bar und Terrasse zum Bürgersteig hin – das eleganteste Lokal im Ort für einen Drink. Dazu gehört auch ein akzeptables Restaurant.
The Mucky Duck, 479 Alvarado St, Monterey, ✆ 831/655-3031. Freundliche Bar und Restaurant in altenglischem Stil, britische Küche mit kalifornischem Flair. Gelegentlich Live-Musik, außerdem Musik vom DJ hinten auf einer Hofterrasse.

Sonstiges

FAHRRÄDER – ***Adventures by the Sea,*** 299 Cannery Row und 201 Alvarado Mall, ✆ 831/372-1807, 💻 www.adventuresbythesea.com. $6 pro Std., $24 pro Tag, $30 für 2 Tage.
Bay Bikes, 585 Cannery Row oder 99 Pacific St, ✆ 831/655-2453, 💻 www.baybikes.com. $10 für 2 Std. oder $22 pro Tag.
Monterey Mopeds, 1250 Del Monte, nördlich der Wharf, ✆ 831/373-2696, 💻 www.electrictransport.com, vermietet Mopeds für $20 pro Stunde und $75 pro Tag.

INFORMATIONEN – ***Chamber of Commerce,*** 380 Alvarado St, ✆ 831/648-5360, 💻 www.mpcc.com. Recht umfassende Infos über Hotels und Motels. 🕒 Mo–Fr 8.30–17 Uhr.
Visitor Center, 401 Camino El Estero, Ecke Franklin St, ✆ 831/649-1770 oder 1-888/221-1010, 💻 www.montereyinfo.org. Draußen kann man kostenlos parken, drinnen gibt es jede Menge Broschüren und Hotlines zu Hotels in der Gegend. 🕒 April–Okt Mo–Sa 9–18, So 9–17 Uhr, Nov–März Mo–Sa 9–17, So 10–16 Uhr.
Pacific Grove Chamber of Commerce, Forest St, Ecke Central Ave, gegenüber vom Natural History Museum, Pacific Grove, ✆ 831/373-3304 oder 1-800/656-6650, 💻 www.pacificgrove.org. Hier gibt es Pläne für historische Stadtspaziergänge und Hilfe bei der Zimmersuche. 🕒 Mo–Fr 9.30–17, Sa 11–15 Uhr.
Die besten Informationsquelle über Veranstaltungen und Aktivitäten (Kino, Musik, Galerien usw.) auf der Halbinsel ist die kostenlose, fast überall erhältliche Broschüre *Monterey County Weekly,* 💻 www.coastweekly.com.

Nahverkehrsmittel

Es ist überraschend einfach, auf der Halbinsel mit öffentlichen Verkehrsmitteln von einem Ort zum anderen zu gelangen. Die ***MST*-Busse** *(Monterey-Salinas Transit),* ✆ 831/899-2555, 💻 www.mst.org, fahren von 7 bis 18 Uhr (auf manchen Strecken bis 23 Uhr) vom Transit Plaza im historischen Viertel ab. Sie verkehren in der gesamten Big-Sur-Region von NEPENTHE entlang der Küste von Big Sur nach Norden bis WATSONVILLE (nahe Santa Cruz), außerdem im Salinas Valley im Landesinneren. Die Region ist in sieben Zonen aufgeteilt: die Halbinsel, Salinas, Gonzales, King City, Big Sur/Carmel Valley, North County/Watsonville und Gilroy. Man zahlt $1,75 pro Zone. Eine Tageskarte, im Bus erhältlich, die einen Tag innerhalb einer bestimmten Zone gültig ist, kostet $3,50, für $7 gibt es zonen- und streckenunabhängige Tageskarten. Die nützlichsten Linien sind die 4 und die 5 zwischen Monterey und CARMEL, die 21, zwischen Monterey und SALINAS, und die 1, die auf der Lighthouse Ave an den Hauptsehenswürdigkeiten vorbei und nach PACIFIC GROVE fährt. Außerdem verkehrt von Memorial Day–Labor Day tgl. 10–19 Uhr alle 10 Min. der ***WAVE*-Trolleybus** zwischen Downtown und dem Monterey Bay Aquarium in der Cannery Row sowie von der Cannery Row bis nach Pacific Grove. Bus Nr. 22 fährt von Memorial Day–Labor Day 8x tgl. nach BIG SUR, allerdings nur im Sommer – die einzige Möglichkeit, mit dem Bus nach Big Sur zu kommen.

Transport

BUSSE – *Greyhound*-Busse der Strecke L.A.–SAN FRANCISCO halten 3x tgl. in jeder Richtung an der Tankstelle *Monterey Bay Mini Mart,* 1042 Del Monte Ave, ✆ 831/373-4735, an der Strandpromenade von Monterey. Die Fahrt nach San Francisco dauert 4 Std.

EISENBAHN – *Amtrak*-Züge halten nur in SALINAS. Nach Monterey gibt es eine stündliche Busverbindung mit Ortsbus Nr. 21, der für die 20-Meilen-Strecke 55 Min. braucht.

Nördlich von Monterey

Die Landschaft um die Monterey Bay zwischen Monterey und Santa Cruz ist von der Landwirtschaft geprägt. Im weiten Pajaro Valley blühen im Frühjahr die Apfelgärten.

Castroville am Hwy-1 rühmt sich zweierlei: Hier werden über 85% aller US-Artischocken produziert (man kann sie *deep fried* in einem der örtlichen Cafés probieren), und 1947 wurde hier eine gewisse Norma Jean Baker zur ersten Artischocken-Königin gekrönt. Unter dem Namen Marilyn Monroe erlangte sie später Weltruhm.

Die Sumpfgebiete um die Flussmündungen des Salinas und des Pajaro sind der natürliche Lebensraum vieler vom Aussterben bedrohter Küstentiere und Zugvögel. Am **Elkhorn Slough Estuarine Sanctuary**, ✆ 831/728-2822, 💻 www.elkhornslough.org, nahe dem geschäftigen Fischerhafen Moss Landing (übrigens ein guter Ort, um *Seafood* zu essen), lassen sich unter den 250 Vogelarten vielleicht auch Falken oder Adler beobachten; Sa und So finden um 10 und 13 Uhr kostenlose Führungen statt. ⏲ Mi–So 9–17 Uhr, Eintritt $2,50.

Naturorientierte **Bootstouren** ($26) können über *Elkhorn Slough Safari* am Hafen gebucht werden, ✆ 831/633-5555, 💻 www.elkhornslough.com. Die Strände an der Bucht sind sehr windig und wenig aufregend, dafür gibt es breite Dünenstreifen, in denen man stundenlang allein ist.

Die einzige nennenswerte Stadt in der Umgebung ist das 4 Meilen landeinwärts gelegene **Watsonville** östlich vom Hwy-1, wo man von den Monterey- in die Santa-Cruz-Busse umsteigt. Für Besucher hat sie nicht viel zu bieten. Die Schließung der Gemüseverpackungsfirma *Green Giant,* früher die größte ihrer Art im ganzen Land, hat zu einem drastischen wirtschaftlichen Niedergang in der Gegend geführt.

San Juan Bautista und Gilroy

Weiter im Landesinneren, am Hwy-101 zwischen Salinas und San Francisco, liegt das winzige San Juan Bautista, in dieser Gegend so ziemlich der einzige lohnende Anlaufpunkt. Die alte mexikanische Stadt hat sich, wohl weil die Eisenbahnlinie 1876 einen Bogen um sie machte, von ein paar verstreuten neueren Kunsthandwerksläden abgesehen, kaum verändert.

In der zu Beginn des 19. Jh. erbauten **Mission San Juan Bautista**, ✆ 831/623-4528, 💻 www.oldmissionsjb.org, am nördlichen Ende der zentralen Plaza steht die größte der kalifornischen Missionskirchen und bis heute die Gemeindekirche von San Juan Bautista. Die alten Glocken läuten noch immer vom Turm, und im Klosterflügel mit seinen Arkadengängen können Reliquien und historische Ausstellungsstücke besichtigt werden. Hier wurde übrigens die Treppenszene aus Hitchcocks *Vertigo* gedreht. ⏲ tgl. 9.30–16.45 Uhr, Eintritt $3.

Übrigens verlauft der **San Andreas-Graben**, die größte und mit fast 1000 km auch längste tektonische Verwerfungslinie Kaliforniens, nur ein paar Meter von der Kirche entfernt.

Die Stadt rings um die Mission war einst die größte in Zentralkalifornien und steht nun als **State Park** unter Denkmalschutz, gelegentlich gibt es ein paar Hinweise zu den historischen Gebäuden, ✆ 831/623-4881, 💻 www.parks.ca.gov, ⏲ tgl. 10–16.30 Uhr, $1. Das **Plaza Hotel** auf der westlichen Seite der Plaza war einmal ein Anlaufpunkt der Postkutschen, die zwischen San Francisco und Los Angeles verkehrten.

Das 1840 erbaute **Castro-Breen Adobe** gleich nebenan, zunächst Verwaltungszentrale des mexikanischen Kalifornien, gehörte später der Familie Breen. Die Breens waren Überlebende der unglücklichen Donner Party, die während der Goldrauschzeit ein kleines Vermögen verdienten.

Die große **Plaza Hall**, gegenüber der Mission, war ursprünglich als Sitz der Bezirksverwaltung von San Benito County gedacht, wurde aber später zum Saloon und Tanzlokal umfunktioniert, weil man das kleine, 8 Meilen östlich gelegene Örtchen **Hollister** zum Sitz der Verwaltung ernannte. Hollister machte in den 40er Jahren Schlagzeilen, weil eine örtliche Motorradbande die Einwohner terrorisierte, ein Vorgang, der die Story für den Streifen *The Wild One* (dt. Der Wilde) mit Marlon Brando lieferte.

Etwas nördlich lässt der Duft keinen Zweifel daran, dass man **Gilroy** erreicht hat, eine vor allem wegen ihres Knoblauchs bekannte Farmergemeinde. Informationen über das alljährlich im Sommer stattfindende *Garlic Festival*, dessen präsentierte Palette von vampirabwehrenden Gebinden bis hin zu Knoblaucheis reicht (schmeckt besser, als man vermuten möchte), erteilt das *Gilroy Visitors Bureau*, 7780 Monterey St, ✆ 408/842-6436, 💻 www.gilroyvisitor.org, ⏲ Mo–Fr 9–17, Sa 10–15 Uhr.

Übernachtung und Essen

Am 7 Meilen langen Sunset State Beach, 15 Meilen südlich von Santa Cruz, gibt es einen **Campingplatz** für $18 die Nacht. Reservierung über *ParkNet*, ✆ 1-800/444-7275, nur Informationen unter ✆ 831/763-7062.

Das Geschäftszentrum von **San Juan Bautista**, einen Block südlich der Mission, konzentriert sich um die 3rd St mit ihren reizvoll heruntergekommenen Fassaden. Hier gibt es ein paar Restaurants:

Joan & Peter's German Restaurant an, 322 3rd St, ✆ 831/623-4521. Abendlokal, wo u.a. Bratwurst und Wurstteller (um $10) auf der Speisekarte stehen.

Mission Café, 300 3rd St, Ecke Mariposa St, ✆ 831/623-2635. Frühstück und Mittagessen; sehr freundliches Personal.

Phil's Fish Market, 7600 Sandholt Rd, Moss Landing, ✆ 831/633-2152, das spektakulär gelegene Restaurant serviert fangfrischen Fisch, dazu eine gekühlte Flasche Weißwein.

Informationen

Chamber of Commerce, 410 3rd St, San Juan Bautista, ✆ 831/623-2454, 💻 www.san-juan-bautista.ca.us, ⏲ Mo–Do 9–16, Fr 9–11 Uhr.

Santa Cruz

Das 45 Meilen nördlich von Monterey gelegene Santa Cruz (45 000 Einwohner, davon 10 000 Studenten) lässt sich nur schwer kategorisieren. In vielerlei Hinsicht handelt es sich um die typische kalifornische Küstenstadt mit endlosen Stränden, ideal zum Surfen oder Sonnenbaden, Tausenden Hektar an bewaldeten Hügeln zum Wandern und einem lebendigen, historischen Vergnügungspark samt Holzachterbahn in Strandnähe. Auch zahlreiche Obdachlose aus San Francisco und benachbarten Gemeinden haben angelockt von der liberalen Stadtpolitik und dem Hippie-Nimbus Einzug gehalten,

Während des Internet-Booms der späten 90er Jahre erfuhr – manche würde auch sagen erlitt – Santa Cruz einen Wachstumsschub und diente den New Economy-Angestellten San Joses und des Silicon Valley als Schlafstadt, was die Immobilienpreise in die Höhe schießen ließ und viele Alteingesessene vertrieb. Der Entwicklung zum Trotz verströmen einige Vororte immer noch eine fast erzkonservative Atmosphäre, die so gar nicht zu dieser ansonsten eher entspannt-lässigen Küstenregion passen will.

Der Ruf der Stadt, eine Hochburg aus den 60er Jahren zu sein, hält sich weiterhin. Hier fing alles an, hier törnten der Schriftsteller Ken Kesey und seine *Merry Pranksters* die Jugendlichen mit LSD an, Jahre bevor der Stoff zum Synonym für eine ganze Generation werden sollte – ein Experiment, das der Journalist und heutige Bestseller-Autor Tom Wolfe in seinem Buch *The Electric Kool-aid Acid Test (Unter Strom)* dokumentierte. In den letzten Jahren hat Santa Cruz auch eine wachsende lesbische Szene – und immer noch leben hier viele Freaks und Aussteiger der Hippie-Generation. Es gibt überraschend wenig Touristen in der Stadt. Kein Hotelklotz verschandelt die wind- und wellengepeitschte Küstenlinie, auf den Ländereien baut man in erster Linie Früchte und Gemüse an, und an den Straßenständen werden eher Äpfel und Rosenkohl als Postkarten und Souvenirs verkauft. Übernachtungen sind preiswert und reichlich vorhanden, es gibt Buchhandlungen und Cafés und einige lebhafte Bars und Nachtclubs, wo von hartem Punk bis zu Neil Young (der lange Zeit in Santa Cruz lebte) wirklich alles gespielt wird.

Die Stadt erstreckt sich am Fuß der dicht bewaldeten Berge um einen schönen, sauberen Küstenabschnitt. Attraktionen gibt es eigentlich wenige, alle wichtigen Punkte lassen sich vom Strand aus in 10 Minuten zu Fuß erreichen, mit Ausnahme der viktorianischen Villenviertel. Der träge San Lorenzo River macht einen weiten Bogen um das **Zentrum**, das im wesentlichen aus einer von Landschaftsarchitekten verschönerten Fußgängerzone auf der Hauptstraße, der Pacific Avenue, besteht, die hier Pacific Garden Mall heißt und von Buchhandlungen, Plattengeschäften und Cafés gesäumt wird.

Das reich verzierte **Octagon Building**, 118 Cooper St, am Nordende der Pacific Avenue, zählt zu den Gebäuden, die das schwere Erdbeben überlebten, das 1989 die Innenstadt von Santa Cruz verwüstete. Das aus Steinen und Ziegeln erbaute Haus wurde 1882 als Santa Cruz Hall of Records (Stadtarchiv) errichtet, inzwischen beherbergt es den Laden sowie ein oder zwei Exponate des benachbarten **Museum of Art and History**, 705 Front St, ✆ 831/429-1964, 💻 www.santacruzmah.org, das die Geschichte und moderne Kunst der Region präsentiert. 🕓 Di, Mi und Fr–So 11–17 Uhr, Do 11–19 Uhr, Eintritt $4.

Relikte aus der spanisch-kolonialen Vergangenheit hat man in den restaurierten Armee-Unterkünften, drei Blocks weiter an der 126 High St, ausgestellt. Gleich daneben steht ein verkleinerter Nachbau der **Mission Santa Cruz**, ✆ 831/426-5686, 💻 www.geocities.com/athens/aegean/715/, der im Vergleich mit der neugotischen Kirche nebenan geradezu winzig wirkt. Die ursprüngliche Adobekirche, die 16. in der Kette der Missionen, wurde bereits Mitte des vergangenen Jahrhunderts durch ein Erdbeben zerstört. 🕓 tgl. 9–17 Uhr, Eintritt frei.

Die Hänge des **Beach Hill**, am Beginn der Pacific Avenue zwischen Zentrum und Strand, säumen die schönsten Villen der Jahrhundertwende, z.B. die Nr. 417 Cliff St, ein auffälliges Gebäude im Queen-Anne-Stil, und 912 3rd St, um die Ecke, eine merkwürdige Konstruktion aus Teilen eines Schiffswracks.

Der **Santa Cruz Boardwalk**, 40 Beach St, ✆ 831/426-7433 oder 423-5590, 💻 www.beachboardwalk.com, ist einer der letzten noch intakten Strand-Rummelplätze an der Westküste und wartet mit allem auf, was man von einem richtigen Rummelplatz erwartet: Riesenräder, Autoscooter, Schießstände und alle nur erdenklichen Spielhallen. Das neueste Fahrgeschäft ist der 38 m hohe *Double Shot,* der die Fahrgäste in Sekundenschnelle vom Boden bis zur Turmspitze schießt, Hauptattraktion ist aber nach wie vor die 80 Jahre alte Holzachterbahn **Giant Dipper**, die inzwischen auf der Liste der Historic Places steht. Zwar tummeln sich an Sommerwochenenden wildgewordene Teenies, ansonsten ist es jedoch ein gemütlicher Rummelplatz, auf dem sich barfüßige Hippies mit Farmern und deren Anhang mischen. Im großen Ballsaal des eleganten, 1907 ursprünglich als Spielbank eröffneten und für 10 Mill. Dollar restaurierten **Coconut Grove** am westlichen Ende des Boardwalks treten Swing-Bands im Stil der 40er Jahre auf. Der Platz ist geöffnet Juni–Aug tgl., Herbst und Frühjahr nur Sa und So (Zeiten erfragen), Dez geschlossen, Fahrten $1,95–3,90, eine Tageskarte für eine unbegrenzte Anzahl von Fahrten gibt es für $25,95.

Eine halbe Meile westlich des Boardwalk ragt der 100 Jahre alte, hölzerne **Municipal Pier** mit

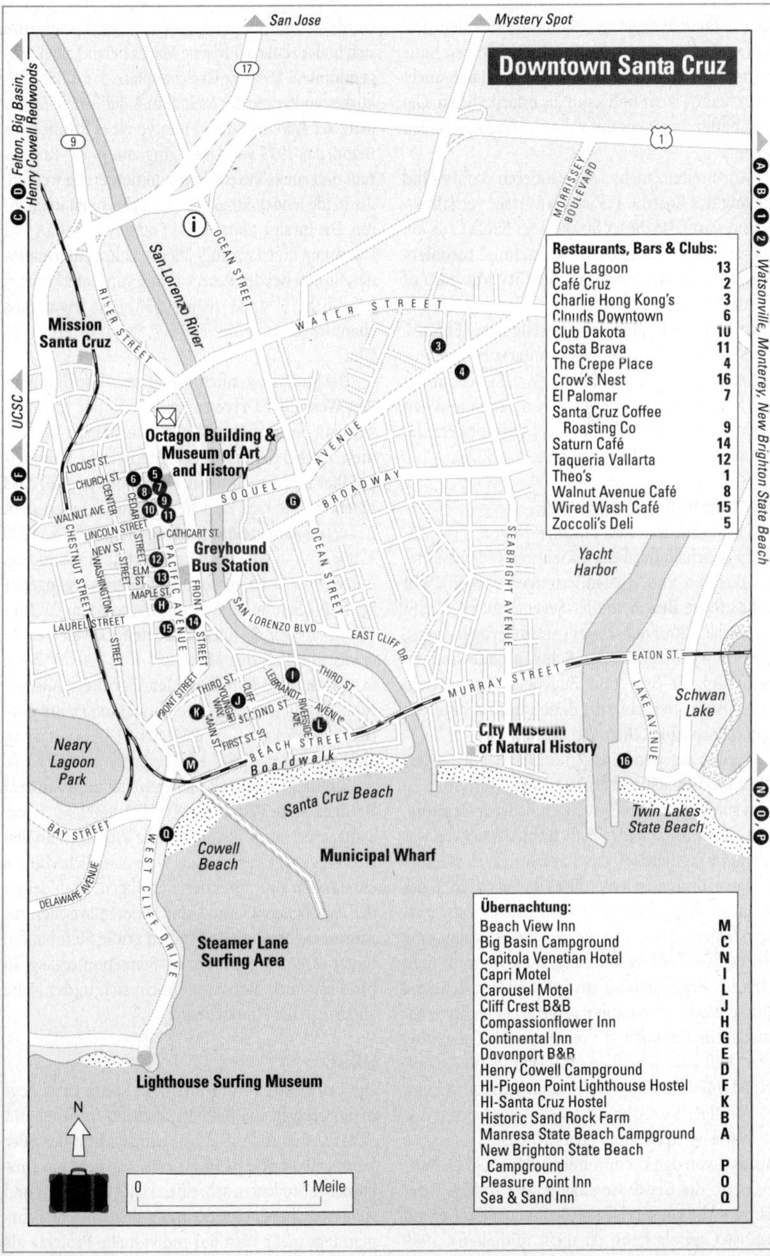
Downtown Santa Cruz
San Jose
Mystery Spot
C, D, Felton, Big Basin, Henry Cowell Redwoods
UCSC
E, F
A, B, 1, 2, Watsonville, Monterey, New Brighton State Beach
N, O, P
Mission Santa Cruz
San Lorenzo River
Octagon Building & Museum of Art and History
Greyhound Bus Station
Yacht Harbor
Schwan Lake
City Museum of Natural History
Neary Lagoon Park
Santa Cruz Beach
Boardwalk
Cowell Beach
Municipal Wharf
Twin Lakes State Beach
Steamer Lane Surfing Area
Lighthouse Surfing Museum
Restaurants, Bars & Clubs:
Blue Lagoon 13
Café Cruz 2
Charlie Hong Kong's 3
Clouds Downtown 6
Club Dakota 10
Costa Brava 11
The Crepe Place 4
Crow's Nest 16
El Palomar 7
Santa Cruz Coffee Roasting Co 9
Saturn Café 14
Taqueria Vallarta 12
Theo's 1
Walnut Avenue Café 8
Wired Wash Café 15
Zoccoli's Deli 5
Übernachtung:
Beach View Inn M
Big Basin Campground C
Capitola Venetian Hotel N
Capri Motel I
Carousel Motel L
Cliff Crest B&B J
Compassionflower Inn H
Continental Inn G
Davenport B&B E
Henry Cowell Campground D
HI-Pigeon Point Lighthouse Hostel F
HI-Santa Cruz Hostel K
Historic Sand Rock Farm B
Manresa State Beach Campground A
New Brighton State Beach Campground P
Pleasure Point Inn O
Sea & Sand Inn Q
N
0 1 Meile

seinen *Fresh Fish Shops,* Hamburgerlokalen und Seafoodrestaurants in die Bucht, von dessen Ende man mit Vorliebe nach Krebsen fischt. Man braucht dafür keine Lizenz und kann die erforderlichen Gerätschaften in einem der zahlreichen Anglerläden mieten.

Am breiten, nicht sehr sauberen Sandstrand entlang des Boardwalks ist das Wasser verhältnismäßig warm. Da dieser Strand aber Santa Cruz am nächsten liegt, kann es hier manchmal turbulent zugehen. Das kleine **Santa Cruz City Museum of Natural History**, 1305 East Cliff Drive, am Ende des Boardwalk auf der Ostseite des Flusses, ✆ 831/420-6115, 💻 www.santacruzmuseums.org, erkennt man an dem Beton-Wal. Es beschäftigt sich vorwiegend mit der örtlichen Fauna und den Meerestieren, aber auch mit den Ureinwohnern der Region. 🕒 Di–So 10–17 Uhr, Eintritt $2,50.

Strände in der Umgebung

Der East Cliff Drive schlängelt sich vom City Museum oberhalb der Felsen Richtung Osten an vielen Buchten und Flussmündungen vorbei. **Twin Lakes State Beach**, an der Seventh Avenue heißt der nächste Strandabschnitt (mit Volleyballnetzen). Die Sumpfgebiete um den **Schwan Lake** sind ein Refugium für See- und Zugvögel. Hinter Twin Lakes liegen der **Lincoln Beach** und weitere Gezeitentümpel bei Corcoran Lagoon.

Weiter auf dem East Cliff Drive, am Surfer-Treffpunkt **Pleasure Point** vorbei, kommt man zu dem ruhigen und konservativen Badeort **Capitola**. Diese Siedlung 3 Meilen östlich von Santa Cruz war einst ein Fischerdorf, das in erster Linie von den riesigen Tunfischen lebte, die es damals noch in der Monterey Bay gab. Später entwickelte es sich zu einem beliebten Ausflugsort und bekam sogar eine eigene Eisenbahnverbindung. Heute kommt man gern zur Begonienblüte im Spätsommer, denn die Blumenzucht ist in Capitola eine wichtige Erwerbsquelle. Die *Chamber of Commerce,* 716G Capitola Ave, hält die üblichen Informationen bereit, ✆ 831/475-6522, 💻 www.capitolachamber.com, 🕒 Mo–Fr 10–16 Uhr.

Etwas weiter östlich liegt die Küstengemeinde **Aptos** – von den Ureinwohnern ursprünglich Awatos („wo die Gewässer aufeinander treffen") benannt –, die konservativste Siedlung in der Gegend (selbst Capitola kann da nicht mithalten). 1989 wurde sie von einem Erdbeben, dessen Epizentrum sich in der Nähe bei Nisene Marks befand, übel mitgenommen. Der Ort ist Schauplatz der alljährlich kürzesten Parade der Welt zum 4. Juli sowie Liegeplatz der *Palo Alto,* dem Prototyp eines Schiffes aus Beton, das 1919 vor Anker ging, um in ein Restaurant und einen Tanzsaal umfunktioniert zu werden, die beide jedoch längst der Vergangenheit angehören. Die hiesige *Chamber of Commerce,* 7605A Old Dominion Court, verfügt über reichlich Informationen und ist bei der Reservierung von Unterkünften behilflich, ✆ 831/688-1467, 💻 www.aptoschamber.com. 🕒 Mo–Fr 9–17, Sa 10–17, So 10–16 Uhr.

Die Strände westlich vom Boardwalk sind über den **West Cliff Drive** zu erreichen. Hier verzeichnet man den höchsten Wellengang in ganz Kalifornien, z.B. bei der **Steamer Lane** zwischen Municipal Pier und Leuchtturm. Kein Wunder also, dass in einem kleinen Backsteingebäude neben dem Leuchtturm heute das **Surfing Museum**, ✆ 831/420-6289, 💻 www.santacruzsurfingmuseum.org, untergebracht ist, in dem die Geister vergangener Surfergrößen heraufbeschworen werden. 🕒 Mi–Mo 12–16 Uhr, $1 Spende erbeten. **Cowell Beach**, etwas nördlich des Municipal Pier, ist der beste Strand für eine Runde auf dem Surfbrett; Ausrüstung zur Miete sowie Kurse bietet *Club Ed* am dortigen Parkplatz, ✆ 831/464-0177, 💻 www.club-ed.com.

Ein Radweg führt 2 Meilen weiter zum **Natural Bridges State Beach**, ✆ 831/423-4609, 💻 www.santsacruzstateparks.org, wo die Wellen so an den Küsten genagt haben, dass viele natürliche Bögen entstanden sind. Drei der vier Bögen, nach denen der Park benannt wurde, sind leider inzwischen zusammengebrochen und haben große Steinhaufen hinterlassen. 🕒 tgl. 8 Uhr bis Sonnenuntergang, $6 pro Pkw. Auch hier versammeln sich in der Nähe alljährlich die Monarchfalter.

UCSC

Die **University of California in Santa Cruz** liegt in den Hügeln oberhalb der Stadt, zu erreichen mit *SCMTD*-Bus Nr. 1. Die Uni wurde Mitte der 60er Jahre gebaut und ist in vielerlei Hinsicht ein Unikum. Die Studenten schreiben keine Klausuren und werden nicht benotet, denn der akademische Lehrplan legt mehr Wert auf individuelle Projekte als auf vereinheitlichte Lernprogramme. Auch architektonisch unterscheidet sich die Universität bewusst von anderen. Der große, parkähnliche Campus mit Blick auf die Monterey Bay ist in verschiedene, selbständige Colleges aufgeteilt, zwischen denen unter Redwood-Bäumen Rotwild grast. Die dezentralisierte Anlage wurde unter dem damaligen Gouverneur Ronald Reagan entworfen und dient – so meinen Zyniker – weniger einer friedlichen Lernatmosphäre, als vielmehr der Zersplitterung der möglicherweise renitenten Studentenschaft. Wer sich einen eigenen Eindruck verschaffen möchte, kann an einer Führung teilnehmen, die beim *Visitor Center* am unteren Ende des Campus beginnt, ✆ 831/459-0111, 🖳 admissions.ucsc.edu/see/campustour.

Reicht die Zeit nicht für einen Besuch des gesamten Campus, sollte man zumindest das **UCSC Arboretum**, gesehen haben, das für seine experimentellen Zuchttechniken und Pflanzen aus Neuseeland, Südafrika, Australien sowie Südamerika in der ganzen Welt berühmt ist; ✆ 831/427-2998, 🖳 www.ucsc.edu/arboretum, ⏲ tgl. 9–17 Uhr, Eintritt frei.

Die Umgebung von Santa Cruz

Auf der südlichen Seite des San Lorenzo River, am Branciforte Drive, 3 Meilen vom Stadtzentrum entfernt, gibt es eine Stelle, den **Mystery Spot**, ✆ 831/423-8897, 🖳 www.mysteryspot.com, an der die Naturgesetze außer Kraft zu sein scheinen: Bäume wachsen in merkwürdigen Winkeln, Pendel schwingen gegen den Uhrzeigersinn Bälle rollen bergauf. Die 30-minütigen Führungen über das Gelände dieses mysteriösen Orts sind zwar etwas trivial, aber amüsant. Die Besuchergruppen erhalten sieben Lektionen, bei denen die Naturgesetze ad absurdum geführt zu werden scheinen. ⏲ Memorial Day–Labor Day tgl. 9–19, Sept–Mai 9–17 Uhr, Eintritt $5.

SCMTD-Bus Nr. 35 fährt ins kleine Dorf **Felton**, 6 Meilen nördlich von Santa Cruz am Hwy-9, hoch oben in den Bergen, die Santa Cruz vom so genannten Silicon Valley und der San Francisco Bay trennen. Dort kann man mit der **Roaring Camp and Big Trees Narrow Gauge Railroad** zwischen den riesigen Bäumen an den Hängen des **Henry Cowell Redwoods State Park** entlangfahren, ✆ 831/335-4598, 🖳 www.santacruzstateparks.org, ⏲ tgl. von Sonnenauf- bis Sonnenuntergang, $6 pro Pkw. Mit der von einer Dampflok gezogenen Schmalspurbahn geht es in einer 6 Meilen langen Schleife an der Schlucht des San Lorenzo River entlang durch die Redwood-Wälder; im Sommer tgl. 11–15 Uhr, ansonsten an den meisten Wochentagen um 11 Uhr, Sa und So 10.30, 11, 12.15, 14 und 14.30 Uhr, Parken $5, Dampfeisenbahn $18, Bahn zum Strand (s.u.) $20. Info unter ✆ 831/335-4484, 🖳 www.roaringcamp.com.

Am gleichen Bahnhof fährt auch die aus den 20er Jahren stammende **Santa Cruz Big Trees and Pacific Railway Company** ab. Mit Volldampf geht es in rund 2 Std. zum Boardwalk hinunter und wieder zurück (man kann auch am Boardwalk einsteigen und hochfahren); Zeiten, Preise usw. s.o.

Busse fahren weiter in die Berge hinauf zum **Big Basin Redwoods State Park**, eine Stunde von Santa Cruz entfernt, ✆ 831/338-8860, 🖳 www.santacruzstateparks.org. Diese große, unberührte Wildnis, wo Redwood-Bäume bis zu 35 Meter in den Himmel ragen, erstreckt sich über 65 km². Es gibt hervorragende Camping- und Wandermöglichkeiten. ⏲ Sonnenauf- bis -untergang, Eintritt $6 pro Pkw. Der beliebte Wanderweg *Skyline To The Sea* führt über 10 Meilen durch kühle, feuchte Schluchten zum **Waddell Creek Beach**, 15 Meilen nördlich von Santa Cruz und weniger als 10 vom ehemaligen Walfängerort **Davenport** gelegen, einem beliebten Treffpunkt für Windsurfer. *SCMTD*-Bus Nr. 40 fährt von hier zweimal tgl. in die Stadt zurück.

Übernachtung

Im Gegensatz zu den meisten anderen Strandorten in Kalifornien bietet Santa Cruz zahlreiche preiswerte Übernachtungsmöglichkeiten, vor allem in der Woche oder außerhalb der Sommer-Saison. Die meisten Hotels bieten günstige Wochentarife an, und entlang der Ocean Street findet man eine Reihe preiswerter Motels.

HOSTELS – ***HI-Pigeon Point Lighthouse Hostel,*** Pescadero, ✆ 650/879-0633, 🖳 www.norcalhostels.org/pigeon/. Ca. 25 Meilen nördlich der Stadt nahe dem Año Nuevo State Park, lohnt die Mühe, die es kostet, eine Unterkunft in den Zimmern des alten Leuchtturmwächters direkt am

Meer zu ergattern. Dorm $18 für Mitglieder, sonst $23; auch teurere 2- und 3-Bett-Zimmer für $23–26 p.P. Wunderbarer beheizter Jacuzzi (1/2 Std. $7 p.P., mindestens 2 Pers.). Bürozeiten 7.30–10 und 16.30–23 Uhr.

HI-Santa Cruz Hostel, 321 Main St, ✆ 831/423-8304, 💻 www.hi-santacruz.org. Herberge mit mehreren Holzhütten, gebaut um 1870, in guter Lage, nur ein paar Blocks vom Strand. Ungezwungene Atmosphäre, aber tagsüber geschlossen, oft auch schon lange im Voraus ausgebucht. Mitglieder $18, sonst $21. 🕐 Büro 8–10, Reservierung 17–22 Uhr.

HOTELS, MOTELS UND B&Bs – ***Beach View Inn,*** 50 Front St, ✆ 831/426-3575 oder 1-800/946-0614, 💻 www.beach-viewinn.com. Sauberes und preiswertes Motel nahe dem Boardwalk. Einfache Zimmer mit Mikrowelle und Kühlschrank, entspanntes und hilfsbereites Personal. Dez–März werden die Zimmer wochenweise vermietet. ❶

Carousel Motel, 110 Riverside Ave, ✆ 831/425-7090 oder 1-800/214-7400, 💻 www.santacruzmotels.com. Blitzsauberes Schnäppchen direkt gegenüber vom Boardwalk: einfache Zimmer mit hellen Holzmöbeln, großem TV und Mikrowelle, einfaches Frühstück inkl. Im Winter extrem preiswert. ❷

Capitola Venetian Hotel, 1500 Wharf Rd, Capitola, ✆ 831/476-6471 oder 1-800/332-2780, 💻 www.capitolavenetian.com. Alterndes Strandhotel gleich an der Brücke gegenüber von Capitolas belebter Strandpromenade. Alle Zimmer mit Küche, auch einige Zweibett-Suiten. Am Wochenende ziehen die Preise an, dann muss man zudem mindestens zwei Nächte bleiben. ❸

Capri Motel, 337 Riverside Ave, ✆ 831/426-4611. Billigstes der etwa 12 Motels nahe dem Strand und dem Boardwalk. Sauber, mit Klimaanlage, Pool und kostenlosen Parkplätzen auf dem Gelände, insgesamt aber recht einfach. ❶

Cliff Crest B&B Inn, 407 Cliff St, ✆ 831/427-2609, 💻 www.cliffcrestinn.com. Hübsch eingerichtetes viktorianisches Gebäude mit 5 Gästezimmern auf dem Beach Hill, umgeben von schönen Gärten; der Boardwalk ist zu Fuß erreichbar. Übernachtungspreis inkl. Frühstück und nachmittäglichem Sherry. ❺

Continental Inn, 414 Ocean St, ✆ 831/429-1221 oder 1-800/343-6941, 💻 www.continentalinn.net. Für ein überdurchschnittliches Motel in Spaziernähe von allen Sehenswürdigkeiten ungeheuer preiswert. Komfortable Zimmer. ❷

Davenport Bed and Breakfast Inn, 31 Davenport Ave, Davenport, ✆ 831/425-1818 oder 1-800/870-1817, 💻 www.swanton.com/BnB. Die einzige Unterkunft in Davenport; etwas älteres „Ethno-Ambiente": Die Zimmer sind mit bunten Decken und indischen, mit kleinen Spiegelchen versehenen Kissen ausgestattet. ❺

Historic Sand Rock Farm, 6901 Freedom Blvd, Aptos, ✆ 831/688-8005, 💻 www.sandrockfarm.com. Das ansehnliche, abseits des Strands versteckt gelegene Guesthouse mit 5 Zimmern gehört einem Koch aus der Gegend, der es mit viel Liebe restauriert und mit Antiquitäten eingerichtet hat. Üppiges Frühstück inkl. Sehr zu empfehlen. ❼

Pleasure Point Inn, 2-3665 ECliff Drive, ✆ 408/469-6161 oder 1-877/557-2567, 💻 www.pleasurepointinn.com. Ein modernes, mit viel Aufmerksamkeit zum Detail gestaltetes B&B. Schöner Ausblick aufs Meer von der Dachterrasse, wo sich ein Jacuzzi befindet. Zimmer mit Stereoanlage, Jacuzzi und vielen anderen Annehmlichkeiten. ❼

Sea and Sand Inn, 201 West Cliff Drive, ✆ 831/427-3400, 💻 www.santacruzmotels.com. Kleines, gutes Motel, praktische Lage mit Blick über die Bucht. Hübsch eingerichtete Zimmer, für Gruppen stehen separate Cottages mit eigener Terrasse und Jacuzzi im Freien zur Verfügung. Einfaches Frühstück inklusive. ❺

CAMPINGPLÄTZE – In Santa Cruz und Umgebung finden sich zahlreiche Campingmöglichkeiten vom Strand bis zu den Bergen; Reservierungen für alle State Park Campgrounds bei *Park Net,* ✆ 1-800/444-7275; Informationen über diese auch unter 💻 www.santacruzstateparks.org.

Big Basin Redwoods State Park, 21600 Big Basin Way am Hwy-236, Boulder Creek, ✆ 831/338-8860 oder 1-800/444-7275. Hoch oben in den Hügeln; Stellplätze mit Dusche für $12 und zahlreiche Zeltplätze für Wanderer und Mountainbiker.

Henry Cowell Redwoods State Park, 101 N Big Trees Park Rd, Felton, ✆ 831/335-4598 oder

1-800/444-7275. In den Hügeln über der Stadt und der UCSC, in einem Redwood-Wald am San Lorenzo River. Zum Park fährt Bus Nr. 35; Stellplatz $12.

Manresa State Beach Campground, 205 Manresa Rd, La Selva Beach, ✆ 831/761-1795 oder 1-800/444-7275. Abgelegener Campground, nur für Zelte, bei einer bewaldeten Schlucht, die im Sand endet. Es gibt Duschen. Zeltplatz $12.

New Brighton State Beach, 1500 Park Ave, Capitola, ✆ 831/464-6330 oder 1-800/444-7275. 3 Meilen südlich von Santa Cruz am Rand des Küstenorts Capitola, auf Felsvorsprüngen über einem langen Strand gelegen. Stellplatz $12, inkl. heißer Dusche.

Essen

Die Restaurants von Santa Cruz bieten eine überraschende Vielfalt: von Tofu- und vegetarisch orientierten Cafés über Burger- und Bier-Läden bis hin zu eleganten Speiselokalen, darunter eine Reihe guter Seafood-Restaurants am Kai. Mittwochnachmittag findet im Zentrum ein bei den ansässigen Hippies sehr beliebter Farmers Market statt, wo man frische Landwirtschaftsprodukte erstehen kann.

Bittersweet Bistro, 787 Rio Del Mar Blvd, Rio Del Mar, ✆ 831/662-9799. Pikant zubereitete Fisch- und Nudelgerichte zu mittleren Preisen und hübsch arrangierte Desserts. Liegt zwar einige Meilen östlich von Santa Cruz auf dem Hwy-1, lohnt aber die Anfahrt.

Café Cruz, 2621 41st Ave, ✆ 831/476-3801. Das schräg gegenüber vom K-Mart gelegene Café bietet leckeres italienisches Essen zu erschwinglichen Preisen und besitzt einen schönen, im toskanischen Stil gehaltenen Innenhof.

Charlie Hong Kong's, 1141 Soquel Ave, ✆ 831/426-5664. In der kleinen, einer Pagode ähnelnden Hütte werden leckere Nudelgerichte für unter $5 serviert – die meisten vegetarisch. Es gibt auch einige Sitzplätze im Freien.

Ciao Bella, 9127 Hwy-9, Ben Lomond, ✆ 831/336-9221. Dieses Bar-Restaurant, einige Meilen von der Downtown entfernt, ist eher für seine exzentrisch-theatralische Atmosphäre als für sein italienisch-amerikanisches Essen bekannt. Ein Abend hier ist sehr unterhaltsam – besonders wenn der mit Ledershorts bekleidete Besitzer Hof hält. Reservierung erforderlich.

Clouds Downtown, 110 Church St, ✆ 831/429-2000. Würzige Fleischgerichte und italo-kalifornische Speisen in angenehm beschwingter Umgebung. Besonders gut sind die gefüllten Pilze.

Costa Brava, 1222 Pacific Ave, ✆ 831/425-7871. Innovative lateinamerikanische Küche mit italienischem und kalifornischem Einschlag, einzigartige Atmosphäre. Ableger in der 505 Seabright Ave, ✆ 831/423-8190.

The Crepe Place, 1134 Soquel Ave, ✆ 831/429-6994. Beliebter Dauerbrenner: Seit 30 Jahren bekommt man hier sehr preiswerte Crepes mit herzhaften und süßen Füllungen – die Crepe Gatsby probieren! Im Sommer sitzt man nett hinten im blumengefüllten Garten. Äußerst empfehlenswert.

Crow's Nest, Santa Cruz Yacht Harbor, 2218 East Cliff Drive, ✆ 831/476-4560. Moderne amerikanische Küche, viele Fischgerichte – alles lecker, wenn auch ein wenig überteuert. Der Hauptgrund für einen Besuch ist aber die spektakuläre Aussicht auf die Bucht. Wenn man rechtzeitig kommt, kann man während des Abendessens einem farbintensiven Sonnenuntergang beiwohnen. Eine Treppe höher gibt es eine Bar im Pub-Stil.

Davenport Restaurant and Cash Store, im Davenport Inn, 31 Davenport Ave, Davenport, ✆ 831/426-4122. Rustikales Ambiente in idyllischem Inn an der Küste, herrliche Aussicht und bekanntermaßen unverschämt leckere Zimtschnecken.

El Palomar, 1336 Pacific Ave, ✆ 831/425-7575. im Erdgeschoss eines historischen Gebäudes, das früher ein Ferienhotel war und heute staatlich bezuschusste Wohnungen beherbergt. Der Mexikaner bietet die üblichen bekannten Speisen, darunter viele mit Fisch. Hauptgerichte kosten etwa $11–15.

Santa Cruz Coffee Roasting Co, 1330 Pacific Ave, ✆ 831/459-0100. Reichhaltige Auswahl an Kaffeesorten.

Saturn Café, 145 Laurel St, ✆ 831/429-8505. Verrücktes vegetarisches Diner in einem runden Gebäude mit roten Vinylbänken und Resopaltischen. Wer am Mittwochabend eine Perücke trägt, bekommt 20% Rabatt, neben der Bar steht ein Automat für temporäre Tattoos. ◷ So–Do bis 3 Uhr, Fr–Sa bis 4 Uhr. Empfehlenswert.

Shadowbrook, 1750 Wharf Rd, Capitola, ✆ 831/475-1511. Romantisches, etwas teures Steak- und Seafood-Restaurant am Ufer eines Baches.
Taqueria Vallarta, 1101-A Pacific Ave, ✆ 831/471-2655, sieht aus wie eine Fast Food-Kette, aber das Essen wird auf Bestellung zubereitet und ist authentisch. Es gibt auch Reis und interessante, säuerliche Tamarinde-Drinks sowie eine gute Auswahl an leckeren Tortilla Chips.
Theo's, 3101 N Main St, Soquel, ✆ 831/462-3657. Exklusives Restaurant mit ausschließlich Bioprodukten, blütenweißen Tischdecken und aufmerksamem Personal. im Sommer kommen viele Zutaten aus dem Garten des Besitzers. Hauptspeisen um die $30, schick anziehen nicht vergessen.
Walnut Avenue Café, 106 Walnut Ave, ✆ 831/457-2307. Nur einen Block von der Pacific Ave Mall entfernt und sehr beliebt bei Einheimischen; billiges Frühstück in riesigen Portionen und Mittagessen.
Zoccoli's Deli, 1534 Pacific Ave, Ecke Water St, ✆ 831/423-1711. Das alte italienische Deli bietet herzhaftes Essen; die Minestrone ersetzt eine komplette Mahlzeit. Das Deli lässt sich leicht finden: Immer der Nase nach gehen, den Düften von Basilikum und Knoblauch auf der Spur, die aus dem Café auf die Straße wehen. ◷ Mo–Sa 10–18 Uhr, im Sommer länger.

Unterhaltung

Santa Cruz bietet mit seinen Coffeehouses, Bars und Clubs das lebendigste Nachtleben der Central Coast. In den Nightclubs reicht die Musik von Surf-Thrash über Reggae bis zum lautem Rock von Neil Young, der hier seinen Wohnsitz hat. Die Einheimischen tragen möglicherweise Klamotten im Hippiestil, das bedeutet aber keineswegs, dass sie nicht in der Lage wären, jemandem in der Kneipe einen überzuziehen. Auf einen Kaffee und ein Schwätzchen kann man sich in den Espresso Bars und Coffeehouses an der Pacific Avenue treffen; Clubs, Jazzkneipen und dergleichen s.u. In der *Good Times* sind aktuelle Termine und Orte aufgelistet.

BARS, CLUBS UND LIVE-MUSIK – ***99 Bottles of Beer***, 110 Walnut Ave, ✆ 831/459-9999. In diesem Pub werden mehr als 40 Biere gezapft. Freundliches Publikum, weniger ausgeflippt als in anderen Kneipen.
Asti, 715 Pacific Ave, ✆ 831/423-7337. Absturzkneipe im altmodischen Cocktail Lounge-Stil, jetzt sehr beliebt bei postmodern-künstlerisch angehauchten Leuten, die den rauen Retro-Schick lieben.
Caffè Pergolesi, 418A Cedar St, ✆ 831/426-1775. Nettes Kaffeehaus in einem alten Holzhaus mit Garten. ◷ bis gegen Mitternacht.
The Catalyst, 1011 Pacific Ave, ✆ 831/423-1336. Dieser mittelgroße Club bietet fast jeden Abend die beste Möglichkeit, sich die Großen der Musikszene und aufstrebende, lokale Bands anzuschauen. Zutritt in der Regel erst ab 21 Jahren, unterschiedliche Eintrittspreise.
Henfling's Firehouse Taven, 9450 Hwy-9, Ben Lomond, ✆ 831/336-8811, 🖳 www.henflings.com. Biker Bar, aber nicht allzu bedrohlich. Fast jeden Abend gute Live-Musik (Blues und Rock).
Kuumbwa Jazz Center, 320 Cedar St, ✆ 831/427-2227. *Der* Veranstaltungsort in Santa Cruz für traditionellen und modernen Jazz; das in einer kleinen Seitengasse versteckte Gartenlokal strahlt eine freundliche und heimelige Atmosphäre aus. Montags treten oft Jazzgrößen wie z.B. Chick Corea auf, die auf dem Weg nach San Francisco hier Halt machen. Eintritt $1–15.
Lulu Carpenter's, 1545 Pacific Ave, ✆ 831/429-9804. Stilvolles, gemütliches Café mit Bar-Lounge-Atmosphäre in einem der wenigen Gebäude in Downtown, die das Erdbeben von 1989 überstanden haben. Nach hinten raus gibt es einen schönen Innenhof. Fast jeden Abend herrscht hier viel Betrieb. ◷ 6.30–24 Uhr.
Soif, 105 Walnut Ave, ✆ 831/423-2020. Neues In-Lokal für junge Berufstätige. Warme Beleuchtung, polierte Holztische. Serviert Speisen in recht kleinen Portionen, aber über 50 verschiedene Weine im Glas.

KINO – ***Rio Theatre***, 1205 Soquel Ave, ✆ 831/423-8209, 🖳 www.riotheatre.com. Der Veranstaltungsort konzentriert sich mittlerweile mehr auf Live-Konzerte als auf Filme.
Ausländische Erstaufführungen und unabhängige Produktionen zeigen:

Del Mar, 1124 Pacific Ave, ✆ 831/469-3220, 🖳 www.thenick.com;
Nickelodeon, 210 Lincoln St, ✆ 831/426-7500, 🖳 www.thenick.com.

Schwule und Lesben

Santa Cruz hat sich zu einem der hippesten Lesbentreffs des Landes entwickelt; auch eine stattliche Anzahl von Schwulen hat sich hier niedergelassen.
Informationen gibt es bei:
LGBT Diversity Center, 177 Walnut Ave, ✆ 831/425-5422, 🖳 www.diversitycenter.org, sowie
Herland, 1014 Cedar St, ✆ 831/429-6636, 🖳 www.herland.50 megs.com. Lesbisch-feministischer Buch- und CD-Laden mit großen Anschlagbrett für Infos über Veranstaltungen.
La Gazette (Frauen) und *Manifesto* (Frauen und Männer) sind monatlich erscheinende, kostenlose Informationszeitungen.
Die meisten **Unterkünfte** sind schwulen- und lesbenfreundlich. Besonders attraktiv das
Compassionflower Inn, 216 Laurel St, ✆ 831/466-0420, 🖳 www.compassionflowerinn.com, in einer wunderschön restaurierten und geschmackvoll eingerichteten viktorianischen Villa. ❺
Zum Ausgehen bieten sich an:
Blue Lagoon, 923 Pacific Ave, ✆ 831/423-7117, 🖳 www.thebluelagoon.com. In dem Schwulenclub legen am Wochenende gute DJs Techno und Hip Hop auf.
Club Dakota, 1209 Pacific Ave, ✆ 831/454-9030. Vorwiegend für Frauen, aber auch einige Männer. 🕒 Mo–Fr 16–4, Sa–So 14–2 Uhr.
Franco's Norma Jean Club, 10639 Merritt St, Castroville, ✆ 831/633-2090 oder 831/758-9266, 🖳 www.francosbar.com, die Disco, so genannt zu Ehren von Marilyn Monroe, zieht viele Schwule und Lesben aus der Gegend an.
Saturn Café, 145 Laurel St, ✆ 831/429-8505, das Diner (s.o.) ist auch ein beliebter Schwulen- und Lesbenclub.

Sonstiges

FAHRRÄDER – Mit dem Bus kommt man zwar an die meisten Strände, aber mit einem Fahrrad ist es einfacher. Viele Einwohner von Santa Cruz sehen das genauso; Rad fahren ist hier äußerst beliebt.
Ein Fahrrad mieten (um $25 pro Tag) kann man u.a. bei
Another Bike Shop, 2361 Mission St, ✆ 831/427-2232, 🖳 www.anotherbikeshop.com;
Dave's Recycled Bikes, 318 Pacific Ave, ✆ 831/423-1169, 🖳 www.davrecbikes.forabike.com, Mo geschlossen;
Electric Sierra Cycles, 302 Pacific Ave, ✆ 831/425-1593 oder 1-877/372-8773, 🖳 www.electricrecbikes.com.

INFORMATIONEN – ***Santa Cruz Conference and Visitors Center,*** 1211 Ocean St, ✆ 831/425-1234 oder 1-800/833-3494, 🖳 www.santacruz.org, jede Menge Infos über Unterkünfte und eine detaillierte Karte des gesamten County für $1,50. 🕒 Mo–Sa 9–17, So 10–16 Uhr.
Aktuelle Veranstaltungshinweise sind dem kostenlosen Zeitschriftenstand im ***Bookshop Santa Cruz,*** 1520 Pacific Ave, ✆ 831/423-0900, zu entnehmen, wo nützliche Wochenbroschüren wie die *Good Times* und *Metro Santa Cruz* ausliegen. Oder man besorgt sich das lokale Käseblättchen *The Santa Cruz Sentinel.*

KAJAKS – ***Venture Quest,*** am Kai, 125 Beach St, ✆ 831/427-2267, 🖳 www.kayaksantacruz.com. Verleiht Kajaks für $20 pro 2 Std. oder $35 pro Tag, 🕒 tgl. 10–18 Uhr.
Santa Cruz Sport Fishing, Dock X im North Harbor, ✆ 831/426-4690, 🖳 www.santacruzsportfishing.com. Vermietet Skiffe und Angelausrüstungen inkl. Zubehör ab $100 p.P.

SKATES UND SURFBRETTER – ***Go-Skate,*** 601 Beach St, ✆ 831/425-8578, am Hafen.

Nahverkehrsmittel

Santa Cruz hat ein ausgezeichnetes öffentliches Busnetz, dessen Zentrum das zwischen Front Street und Pacific Ave eingeklemmte ***Metro Center*** ist und vom *Santa Cruz Metropolitan Transit District (SCMTD)* betrieben wird; Informationen Mo–Fr 8–17 Uhr, ✆ 831/425-8600, 🖳 www.scmtd.com. Die Gesellschaft veröffentlicht den *Headways,* einen kostenlosen Stadtführer.

Eine normale Fahrt in einem *SCMTD*-Bus kostet $1,50, eine Tageskarte $4,50.

Die wichtigsten Busse sind der University Service zur UCSC, Linie 71 nach Watsonville und Linie 7 entlang der westlich gelegenen Stränden zum Leuchtturm. Die Linie 35, die den Hwy-9 entlang in die Berge zum Big Basin Redwoods State Park führt, transportiert auch Fahrräder, verkehrt aber nur März–Dez.

Transport

Santa Cruz liegt am Hwy-1, 45 Meilen nördlich von Monterey. Auf dem Hwy-17 sind es 33 Meilen über die Berge bis nach San Jose und zum Hwy-101.

Greyhound-Busse, ✆ 831/423-1800 oder 1-800/231-2222, die die Strecke SAN FRANCISCO–L.A. befahren, halten 5x tgl. in beiden Richtungen in der 425 Front St im Stadtzentrum, von dort existieren Anschlussverbindungen in alle größeren Städte Kaliforniens. *Amtrak Thruway*-Busse verkehren 4x tgl. von Santa Cruz nach SAN JOSE; außerdem kommt einmal wöchentlich *Green Tortoise* durch. Ansonsten kann man mit den *SCMTD*-Bussen nach WATSONVILLE fahren und dort in einen *MST*-Bus nach MONTEREY oder SALINAS umsteigen.

Valleys und Parks

Wildwasserfahrten auf dem **Kern River**

Uralte Baumriesen im **Sequoia National Park** und **Sequoia National Forest**

Wanderungen durch die unberührte Natur des **Sierra National Forest**

Der **Yosemite National Park** mit seinen spektakulären Gipfeln und Wasserfällen

Der urzeitliche **Mono Lake** und die nahe gelegene **Geisterstadt Bodie**

San Joaquin Valley

Das Landesinnere Kaliforniens, das sich über eine Länge von 300 Meilen von der Mojave-Wüste im Süden bis zum Gold Country und nach Nordkalifornien erstreckt, umfasst die weiten Flächen des San Joaquin Valley, das im Osten von den massiven Gebirgszügen der Sierra Nevada begrenzt wird. Die 90% der Kalifornier, die an der Küste leben, schenken dieser traumhaft schönen Region nur wenig Aufmerksamkeit. Schon die bloße Erwähnung löst mitleidiges Lächeln aus, denn spätestens im San Joaquin Valley beginnt die tiefste Provinz, und die passt nicht so recht ins kalifornische Image.

Das San Joaquin Valley unterscheidet sich radikal von allen anderen Gebieten Kaliforniens. Das Tal selbst – flach wie ein Pfannkuchen – ist inzwischen eine fast ausschließlich landwirtschaftlich genutzte Region. Während der 40er Jahre hat man durch den Bau großer Aquädukte den trockenen Boden bewässert und in fruchtbares Ackerland umgewandelt. In den wenigen, weit auseinander liegenden Städten bekommt man einen Eindruck davon, wie der kalifornische Alltag fernab vom Glanz und Glitter von Los Angeles oder San Franciscos aussieht.

Billigjobs in der Landwirtschaft haben mehr als irgendwo sonst in Kalifornien über Jahrzehnte Einwanderer aus dem südlichen Nachbarstaat angelockt. Inzwischen findet man hier Städte, in denen überwiegend Spanisch gesprochen wird und es zehnmal mehr *taquerías* als Burger-Buden gibt. Fruchtbare Böden und billige Arbeitskräfte haben nicht wenigen Bewohnern des San Joaquin Valley relativen Wohlstand und eine größere Mobilität beschert.

Da städteplanerische Vorgaben das Auto zur unerlässlichen Notwendigkeit machen, hat der zunehmende Kraftfahrzeugverkehr in dem von Bergen eingeschlossenen Tal zu einer hohen Smogbelastung geführt. Durch den dichten Dunst bekommt man die unberührten Gipfel im Gegensatz zu früher nur noch selten zu Gesicht.

Im San Joaquin Valley wird mehr Obst und Gemüse angebaut als in irgendeiner anderen vergleichbaren Region, und jeder, der hier lebt, hat auf die eine oder andere Art damit zu tun. Die hiesigen Menschen leben und denken konservativer als im übrigen Kalifornien, etwa wie im Mittleren Westen. Das Nachtleben der Städte beginnt und endet in der Eisdiele, was nach dem Rummel der Küstenstädte durchaus ein ganz erholsamer Kontrast sein könnte. Trotzdem wird sich hier bestimmt kein Tourist lange aufhalten. Nach Hunderten von Kilometern auf schnurgerader Straße an endlosen Weinfeldern und Mandelbaum-Plantagen vorbei kann die Langeweile langsam, aber sicher zur Qual werden. Auch das Wetter wird bisweilen zum Problem: Die Sommer im Tal sind oft glühend heiß, und im Winter ist an vielen Tagen alles vom kalten, dicken Tula-Nebel bedeckt. Die besten Jahreszeiten hier sind Herbst und Frühjahr, besonders die Zeit der Baumblüte im März.

Bakersfield

Bakersfield empfängt den Besucher mit einem Wald von Ölbohrtürmen. Ihre Entstehung verdankt die Stadt den fruchtbaren Böden um den Kern River, den man mittlerweile gestaut hat, um den Lake Isabella zu schaffen, sowie den Öl- und Erdgasvorkommen, die hier entdeckt wurden. Versprechen sollte man sich nichts – die Stadt ist flach und uninteressant. Ganz verzagen muss man aber nicht, denn gerade in den letzten Jahren hat Bakersfields leblose, an ein Hopper-Gemälde erinnernde Downtown eine Art Renaissance erlebt und ein halbes Dutzend neue Bars hinzubekommen. Über die Stadtgrenze hinaus bekannt sind seine Country-Music-Szene, eine der lebendigsten Amerikas, und seine baskische Küche vom Feinsten – am besten zu genießen in einem der Spezialitätenrestaurants, die von Nachfahren der Schafhirten geführt werden, die im frühen 20. Jh. ins San Joaquin Valley kamen.

Das **Kern County Museum**, 3801 Chester Ave, 🖳 www.kcmuseum.org, eine Meile nördlich von Downtown, dokumentiert in einer dem Schwarzen Gold gewidmeten Ausstellung die petrochemischen Wurzeln der Stadt und zeigt daneben über 50 meist originalgetreu restaurierte Eisenbahnwaggons und Gebäude, von denen viele aus dem späten 19. und frühen 20. Jh. stammen. 🕓 Mo–Sa 10–17, So 12–17 Uhr, letzter Einlass 15 Uhr, Eintritt $8.

Etwas intellektueller gibt sich das **Bakersfield Museum of Art**, 1930 R St, 🖳 www.bmoa.org; hier gibt es oft interessante Wanderausstellungen zu sehen, die Sammlung des Hauses mit Werken von Georgia O' Keeffe und Diego Rivera ist aber auch

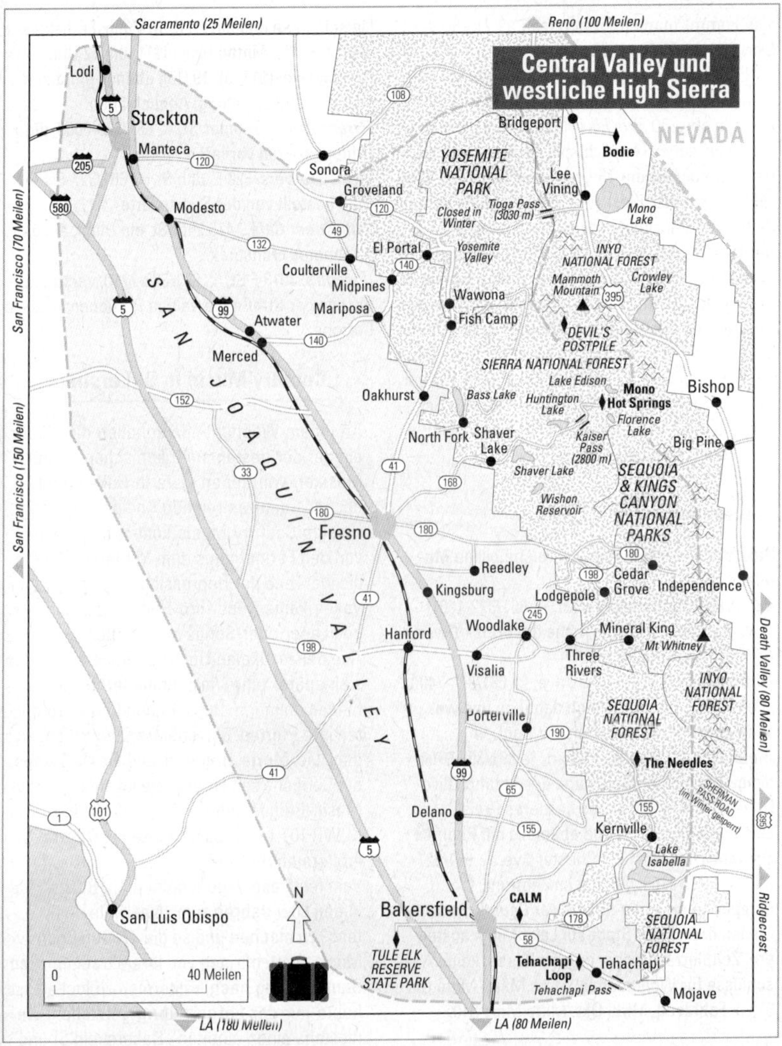

nicht zu verachten. ⌚ Di–Fr 10–16, Sa und So 12–16 Uhr, Eintritt $5.

Tierliebhaber können das **California Living Museum (CALM)** besuchen, 12 Meilen östlich der Stadt, von der Straße nach Kernville abgehend am 10500 Alfred Harrell Way, 💻 www.calmzoo.org. Es ist praktisch ein kleiner Zoo, der sich auf kalifornische Tiere spezialisiert hat. Er beherbergt nur Tiere, die verletzt wurden und in freier Wildbahn nicht mehr überleben könnten. Auf eine Spaziergang durch die Parkanlagen sieht man Steinadler und Weißkopfseeadler, Schwarzbären und Rotluchse sowie im *Reptile House* einige Schlangen und Eidechsen. In der Mittagshitze verstecken sich die Tiere, also kommt man am besten früh. ⌚ Di–So 9–17 Uhr, Eintritt $4,50.

Eine halbe Stunde Autofahrt nach Westen führt zum **Tule Elk Reserve State Park**, Morris Road, wo man etwa 30 *Tule Elks (Cervus elaphus nannodes)* von einer Aussichtsplattform beobachten kann, am besten um 15 Uhr, wenn sie in der Nähe gefüttert werden. Einst weideten hier große Herden dieser in Kalifornien beheimateten Zwergform des nordamerikanischen Wapiti, aber durch Jagd und Verlust ihres natürlichen Habitats standen sie zu Anfang des 20. Jhs. kurz vor dem Aussterben. Nur Projekte wie dieses und ein „Umzug" in das Owens Valley (s.S. 418) haben sie gerettet. Man fährt 20 Meilen auf dem Stockdale Hwy nach Westen, nachdem man den I-5 überquert hat; den Schildern auf der Morris Rd folgen. ⌚ tgl. von 8 Uhr bis Sonnenuntergang, Eintritt frei.

Übernachtung

Bakersfield verfügt über zahlreiche billige **Motels**:

EZ-8, 2604 Buck Owens Blvd, ✆ 661/322-1901, 💻 www.ez8motels.com, nahe dem *Buck Owens Crystal Palace*, mit Pool. ❷

La Quinta, 3232 Riverside Drive, ✆ 661/325-7400 oder 1-866/725-1661, gleich daneben und wesentlich schicker, ebenfalls mit Pool. ❹

Motel 6, 5241 Olive Tree Court, ✆ 661/392-9700, einige Meilen nördlich, nahe der Abfahrt Olive Drive vom Hwy-99, etwas besseres Preis-Leistungs-Verhältnis und ebenfalls mit Pool. ❷

Downtowner Inn, 1301 Chester Ave, ✆ 661/327-7122, 📠 327-8350, günstig im Zentrum. ❷

Camper können den ***Kern River County Park***, 15 Meilen östlich der Stadt am Lake Ming, ansteuern. Zeltplätze auf dem grünen Rasen, keine Anschlüsse für Wohnmobile; Mitte März–Mitte Okt $18 p. Fahrzeug, Mitte Okt–Mitte März $10.

Essen

Ein Muss in Bakersfield ist die **baskische Küche**.

Noriega Hotel, 525 Summer St, ✆ 661/322-8419, im Stil der Jahrhundertwende mit Deckenventilatoren, serviert authentische baskische Küche. Preiswerte komplette Menüs mit unbegrenztem Nachschlag aus Suppe, Salat, Bohnen, Nudeln, Fleisch, Käse und einem Krug Wein. Frühstück ($10) 7–9 Uhr, Mittagessen ($11) um 12 Uhr, Abendessen ($17) ab 19 Uhr, abends empfiehlt sich eine Reservierung. Ähnlich auch

Pyrenees, 601 Sumner St, ✆ 661/323-0053, die Öffnungszeiten variieren.

Wool Growers, 620 E 19th St, ✆ 661/327-9584. Man bestellt von der Speisekarte.

24th Street Café, 1415 24th St, ein Diner, ausgezeichnetes Frühstück.

Joseph's, 3013 F St, ✆ 661/322-7710, versteckt abseits der Straße, gewaltige Portionen; leckere Calzone.

Country Music in Bakersfield

An jedem Wochenende schallen die Lieder einiger der besten amerikanischen Country-Musiker, von denen viele in Bakersfield leben, aus den zahlreichen Kneipen der Stadt. Hiesige Country Music kommt ursprünglich von den Farmern aus dem Mittleren Westen, die während der Depression ins San Joaquin Valley kamen und ihre Hillbilly-Instrumente und Lagerfeuer-Songs mitbrachten.

Aus der rustikalen Unterhaltung entwickelte sich später eine Vielzahl moderner Stilrichtungen. Immer mehr Bars und Clubs eröffneten ihre Pforten, und spätere Country-Legenden wie **Merle Haggard** und **Buck Owens**, der übrigens seit langem die lokalen Country-Music-Radiosender KUZZ 107,9 FM and KCWR 107,1 FM besitzt, hatten in Bakersfield ihre ersten Auftritte.

Vom fehl geschlagenen Versuch, Bakersfield in den 60er Jahren zum „Nashville des Westens" zu machen und so die großen Country-Music-Plattenfirmen von ihrem traditionellen Standort weg nach Kalifornien zu locken, ist heute nur der Ehrgeiz übrig geblieben, wenigstens einen eigenen „Bakersfield Sound" zu promoten, der weitaus weniger glatt und kommerziell ist als der Country Sound aus Tennessee.

So brachten Buck Owens und Dwight Yoakam 1988 den Hit *Streets of Bakersfield* heraus, ein Duett, das man sich als Kostprobe vorab einmal anhören kann, danach das Live-Erlebnis aber nicht versäumen sollte.

Truck-Stop in der Mojave-Wüste

Auf dem Weg nach Palm Springs

Die Lichterwelt von Las Vegas

Tagesbetrieb in Las Vegas

Entlang der Küstenstraße 1 bei Big Sur

Carmel Mission

Tenaya Lake; Yosemite National Park

Hot Creek; Owens Valley

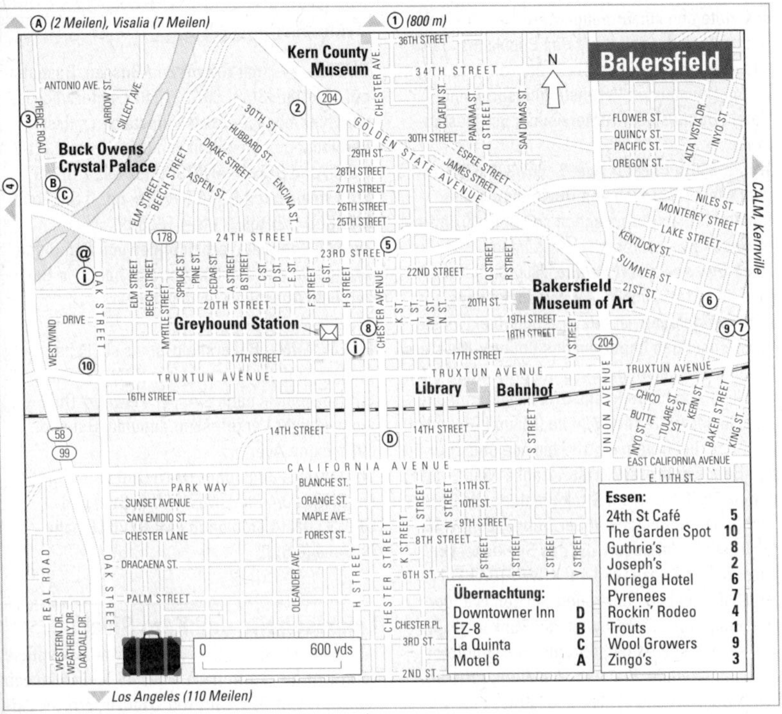

The Garden Spot, 3320 Truxton Ave, gute Salatbar mit unbegrenztem Nachschlag ($8). Sa geschlossen.

Um in Kontakt mit der Country-Szene zu kommen, kann man bei ***Zingo's***, 3201 Buck Owens Blvd, essen, ein rund um die Uhr geöffneter Truckstop mit stilecht geschürzten Bedienungen. Als Alternative bietet sich der ausgedehnte sonntägliche Brunch in ***Buck Owens Crystal Palace*** an, 9.30–14 Uhr, $18.

Nachtleben

Das Nachtleben beschränkt sich mittlerweile nicht mehr auf Slide-Gitarre und Schnulzen. In einigen Lokalen in Downtown treten an verschiedenen Abenden der Woche Rockbands auf. Der Eintritt ist meist frei.

Umsehen kann man sich z.B. entlang der 19th Street, aber wahrscheinlich landet man bei ***Guthrie's Alley Cat***, 1525 Wall St, auf der gegenüberliegenden Straßenseite in einer Gasse zwischen der 18th und 19th Street.

COUNTRY MUSIC – Um herauszufinden, was in der Country-Music-Szene der Stadt los ist, sollte man die „Entertainment"-Seiten der Freitagsausgabe des *Bakersfield Californian*, 💻 www.bakersfield.com, lesen, die Flugblätter in den Touristenbüros (s.u.) checken oder bei einem der unten aufgeführten Veranstaltungsorte anrufen. Am meisten passiert am Freitag- und Samstagabend, obwohl es auch oft in der Woche etwas Interessantes gibt – und seien es nur kostenlose Country-Tanzstunden beim *Rockin' Rodeo* (s.u.). Der Eintritt ist meist kostenlos, bekanntere Namen erfordern bisweilen jedoch einen Obolus von $5, und die Live-Auftritte werden von einer Band bestritten, die ab etwa 20 Uhr 4–5 Std. lang spielt und pro Std. 15 Min. Pause macht. Stetson-Hüte und kurzärmelige Karo-Hemden gehören zur Grundausstattung des Publikums, das alle Altersgruppen von 21–91 Jahren zusammenbringt. Die meisten Veranstaltungsorte sind Hotel-Lounges oder Hinterzimmer von Restaurants.

Trouts, 805 N Chester Ave, ✆ 661/399-6700, ein paar Meilen nördlich von Downtown. Diese Country Music Bar ist schon seit über 40 Jahren im Geschäft – keinesfalls versäumen!

Buck Owens Crystal Palace, 2800 Buck Owens Blvd, ✆ 661/328-7560, 💻 www.buckowens.com, zentraler gelegen, ist das Prestigeobjekt im stetig wachsenden Imperium des Country-Meisters. In kabarettähnlichem Ambiente präsentiert sich hier eine Kombination aus Grill-Restaurant und Club, in dem unter der Woche (Mi und Do und in der Regel bei freiem Eintritt) hiesige und auswärtige Bands auftreten, Di ist Karaoke Night, und Fr und Sa 19.30 Uhr steht Buck (mittlerweile über 70) höchstpersönlich auf der Bühne, Eintritt $6–12. Trost für diejenigen, die das Spektakel verpassen: Das Ganze wird auf KCWR 107,1 FM (und 550 AM) live übertragen. An den Wänden sind Erinnerungen verewigt, die Buck in all den Jahren gesammelt hat, darunter Reklamefotos, Krawattennadeln, Platinschallplatten, rot-weiß-blaue Gitarren und schillernde, strassbesetzte Jacken.

Rockin' Rodeo, 3745 Rosedale Hwy, ✆ 661/323-6617, sollte ebenfalls nicht übersehen werden. Jüngeres Publikum, mehr cluborientiert, tgl. ein New Country / Rock DJ, ovale Tanzfläche nach Texas-Manier. Do Karaoke, Fr Live-Bands.

Sonstiges

INFORMATIONEN – ***Kern County Board of Trade,*** 2101 Oak St, ✆ 661/861-2367 oder 1-800/500-5376, 💻 www.visitkern.com, 🕒 Mo–Fr 8–17 Uhr.

Bakersfield Chamber of Commerce, 1725 Eye St, ✆ 661/327-4421, 📠 327-8751, 🕒 Mo 9–17, Di–Fr 8–17 Uhr, nicht ganz so hilfreich, aber näher zur Downtown.

INTERNET – ***Kern County Board of Trade*** (s.o.); der Zugang ist kostenlos, es gibt aber nur einen Rechner.

Transport

BUSSE – Wer mit *Greyhound*-Bussen, Busbahnhof 1820 18th St, ✆ 661/327-5617, unterwegs ist, wird hier möglicherweise umsteigen müssen. Verbindungen bestehen von L.A. (14x tgl., 2 1/2–3 Std.) und SAN FRANCISCO (5x tgl., 7 1/2–9 Std.) sowie nach BARSTOW (2x tgl., 3 Std.) und MERCED (12x tgl., 3 1/2–4 1/2 Std.).

Amtrak-Thruway-Verbindungen von San Diego, Orange County und Los Angeles haben in Bakersfield Anschluss an die Züge.

EISENBAHN – Bakersfield ist als südlicher Endbahnhof der *Amtrak*-Linie SAN JOAQUIN – S.F. (Anschluss nach L.A. per *Thruway*-Bus) ein wichtiger Verkehrsknotenpunkt. Bahnhof: 601 Truxton Ave.

Tgl. fahren 4 Züge über HANFORD (1 1/4 Std.), FRESNO (1 3/4 Std.), MERCED (3 Std.) und STOCKTON (4 Std.) nach EMERYVILLE nahe Oakland (6 Std.).

Lake Isabella und Kern River

Wer eine Nacht in den Kneipen von Bakersfield verbracht hat, kann nach einer 45 Meilen langen Autofahrt gen Osten am von Windsurfern, Jet-Skifahrern und Anglern besuchten, eine Meile breiten Lake Isabella frische Luft schnappen. Auch Mountainbiker und Felskletterer zieht es hierher, so dass im Sommer viel los ist.

Lake Isabella wird vom Kern River gespeist, der sich vom Mount Whitney herab am Nordufer bei **Kernville** in den See ergießt. Im Prinzip ist es ein ruhiger Ort, in dem vorwiegend Rentner leben, aber an Sommerwochenenden und im Juli und August wimmelt es hier von Adrenalinjunkies, die auf ihren Mountainbikes auf allen möglichen Trails entlangbrettern oder mit Wassersportgeräten und -fahrzeugen jedweder Art durch die Stromschnellen sausen.

Die meisten Leute kommen, um den Kern River zu befahren, einen der steilsten schiffbaren Flüsse Nordamerikas, der auf einer Länge von 150 Meilen ein Gefälle von mehr als 3600 m überwindet und als einer der tollsten Wildwasserströme gilt, insbesondere entlang eines 40 Meilen langen Abschnitts bei Kernville.

Die schwierigen Strecken bleiben normalerweise Experten überlassen, doch während der Saison, ungefähr von Mai bis Anfang August, bieten Veranstalter auch Fahrten für weniger Erprobte an.

Wer die Zeit anderweitig nutzen möchte, kann im **Kern Valley Museum**, 49 Big Blue Rd, einen Einblick in die Geschichte der örtlichen Goldminen und Holzwirtschaft gewinnen oder im Filmraum des Museums Kinofilme ansehen, die in der Gegend gedreht wurden – überwiegend Western mit John Wayne. 🕒 Do–So 10–16 Uhr, Eintritt frei.

Übernachtung

In Kernville gibt es eine Bank, einen Geldautomaten, eine Post und einen Supermarkt; eine billige Unterkunft sucht man dagegen vergeblich. Die zentral gelegenen Motels verlangen für eine Übernachtung meist mehr als $75.

The Kernville Inn, 11042 Kernville Rd, ✆ 760/376-2206 oder 1-877/393-7900. Zentral gelegen, Pool und komfortable, z.T. mit Kochecke ausgestattete Zimmer. ❹–❺

Kern River Inn B&B, 119 Kern River Drive, ✆ 760/376-6750 oder 1-800/986-4382, 💻 www.kernriverinn.com, anspruchsvoller. ❻

Whispering Pines Lodge, $120–200, 13745 Sierra Way, 1 Meile nördlich von Kernville, ✆ 760/376-3733 oder 1-877/241-4100, 💻 www.kernvalley.com/inns. Luxuriöse Zimmer und Suiten, hübscher Pool, Balkone mit Blick auf den Fluss. Das leckere Frühstück wird auf der Terrasse serviert. ❼

Falling Waters River Resort, 15729 Sierra Way, 3 Meilen nördlich, ✆ 760/376-2242 oder 1-888/376-2242, 💻 www.chuckrichards.com. Akzeptable Motelzimmer und luxuriöser ausgestattete Cottages (vom aufdringlichen Dekor mal abgesehen) für Selbstversorger. ❸–❺

In und um Kernville gibt es einige **Trailer Parks**, Zelter sind jedoch besser auf einem der Plätze am Fluss nördlich der Stadt aufgehoben (s.S. 372/373, Sequoia National Forest).

Um das karge, von Büschen bewachsene Seeufer liegen ausgebaute **Campingplätze** (wenig Schatten), die für einen Stellplatz in der Regel um die $17 verlangen. Reservierungen über *ReserveUSA*, ✆ 1-877/444-6777, 💻 www.reserveusa.com, ansonsten gilt das Prinzip: *first come, first served.* Wer dem Treiben am See wenig abgewinnen kann, findet auf dem parallel zum Hwy-178 und direkt am Fluss gelegenen ***Hobo Campground*** ($15), Old Fern Canyon Rd, eine ruhigere Alternative.

Essen

Im Ort stehen einige Restaurants zur Auswahl, u.a.

That's Italian, 9 Big Blue Rd, ✆ 760/376-6020. Verlässlich und authentisch, wie der Name verheißt. Mo geschlossen, unter der Woche nur Abendessen.

Big Blue Bear, gegenüber. Geschenkartikelladen mit gutem Espresso.

El Jacalita, 11301 Kernville Rd, ✆ 760/376-8613. Guter Mexikaner.

McNally's, Sierra Way, ✆ 760/376-2430. Gute Steaks – aber das Lokal liegt 15 Meilen außerhalb (im Norden).

Aktivitäten

RAFTING UND KAJAKFAHREN– Auf drei Abschnitten des Kern River werden regelmäßig Wildwasserfahrten unternommen: auf dem **Lower Kern**, stromabwärts vom Lake Isabella (in der Regel zwischen Juni und Aug), auf dem **Upper Kern**, unmittelbar stromaufwärts von Kernville (Anfang Mai–Juni), und auf **The Forks**, 15 Meilen stromaufwärts von Kernville (Anfang Mai–Juni), wo das Gefälle beeindruckende 20 m pro Meile beträgt.

Der mit Abstand beliebteste Abschnitt ist der Upper Kern mit dem **Lickety-Split** genannten Wildwasserabenteuer, das sich für Familien wie Anfänger eignet und einige längere, holprige Stromschnellen passiert. Der einstündige Ausflug kostet inkl. Bustransfer zur Einstiegsstelle um $24 und wird von mehr als einem halben Dutzend Veranstalter angeboten. Reservierungen sind nicht nötig.

Andere Ausflüge finden seltener statt und sollten reserviert werden. Unter der Woche sind der Andrang und die Preise geringer. Am lohnendsten sind die Tagesausflüge auf dem Upper Kern (ca. $125, an Wochenenden $145), die zweitägigen Trips auf dem Lower Kern ($270, Wochenende $320) und die dreitägigen Exkursionen im Abschnitt The Forks ($700–800). Schutzanzüge (unabdingbar zu Beginn der Saison und für die längeren Ausflüge) kosten extra. Rafting-Anbieter sind:

Chuck Richards' Whitewater, ✆ 760/376-4444 oder 1-800/624-5950, 💻 www.chuckrichards.com;

Whitewater Voyages, ✆ 1-800/488-7238, 💻 www.whitewatervoyages.com.

Auch **Kajakfahren** erfreut sich hier größter Beliebtheit.

Sierra South, 11300 Kernville Rd, ✆ 760/376-3745 oder 1-800/457-2082, 💻 www.sierrasouth.com, ist ein Rafting-Veranstalter und gleichzeitig eine der besten Kajak-Schulen in Südkalifornien, Kurse werden für alle Stufen angeboten, mehrtägige Ausflüge auf dem Fluss für ca. $150 pro Tag.

Wer mit entsprechender Ausrüstung eine Rafting- oder Kajak-Tour auf eigene Faust unternehmen möchte, muss sich vorher in einem der Forest Service-Büros der Umgebung ein kostenloses Permit besorgen.

Klettern – ***Sierra South***, s.o., bietet auch ganztägige Kletterkurse für Anfänger auf dem nahen Kernville Slab ($110).

Mountain & River Adventures, 11113 Kernville Rd, ✆ 760/376-6553 oder 1-800/861-6553, 💻 www.mtnriver.com, Kletterkurse für Anfänger und Fortgeschrittene, eigene Kletterwand 3 Meilen nördlich auf dem Sierra Way.

Informationen

Chamber of Commerce, 11447 Kernville Rd, ✆ 760/376-2629, 💻 www.kernvillechamber.org, für Kernville und Umgebung. ⌚ Mo–Sa 9–12 und 14–16 Uhr.

Kernville Ranger Station, 105 Whitney Rd, neben dem Museum, ✆ 760/376-3781, 💻 www.fs.fed.us/r5/sequoia, informiert über die nördlich gelegenen Waldgebiete. ⌚ Mitte Mai–Okt tgl. 8–17 Uhr, Nov–Mitte Mai Mo–Fr 8–16.30 Uhr.

Visitor Center, am See, eine halbe Meile vom Hwy-178 auf dem Hwy-155 nach Norden ✆ 760/379-5646, Informationen über Aktivitäten und Anbieter von Mietausrüstungen, ⌚ Mitte Mai bis Okt tgl. 8–17 Uhr, Nov bis Mitte Mai Mo–Fr 8–16.30 Uhr.

Sequoia National Forest

Der zwischen seinem Nationalpark-Namensvetter und Lake Isabella liegende Sequoia National Forest umfasst ein riesiges, von Kiefern bedecktes Gebiet, aus dem an einigen Stellen gewaltige, von Gletschern polierte Felskuppen und glänzende Granitzacken aufragen.

Ein Großteil des Gebietes ist noch immer unberührte Wildnis, die kaum weniger beeindruckend und atemberaubend ist als in den Nationalparks weiter nördlich. In Anerkennung dieser Tatsache wurde ein großer Teil des National Forest zum **Giant Sequoia National Monument** erklärt. Getreu dem Namen findet man hier Sequoias en masse (in 38 kleinen Hainen). Da der National Forest viel weniger stark besucht ist, ist er die perfekte Alternative, wenn man totale Abgeschiedenheit sucht.

Durch das gesamte Gebiet führen Wanderwege. Für das Campen ist lediglich eine kostenlose Genehmigung für Kocher oder Feuer von einer der vielen *Sequoia Forest Ranger Stations* erforderlich, die am Rand des Waldgebietes verteilt liegen. Dort sind außerdem Informationen über die zahllosen, per Auto erreichbaren **Campingplätze** zu bekommen. Manche davon sind kostenlos, andere verlangen für einen Stellplatz bis zu $17.

Es besteht keine Möglichkeit, mit öffentlichen Verkehrsmitteln in den Sequoia National Forest zu gelangen. Die Straßen befinden sich in gutem Zustand, werden im Winter (Mitte Nov–Mitte Mai) jedoch schneebedingt geschlossen. Für die Anfahrt empfiehlt sich der Sierra Way von Lake Isabella via Kernville und entlang dem Upper Kern River, vorbei an zahlreichen schattigen Campingplätzen am Fluss (Stellplatz $15–17, Reservierungen für Sommerwochenenden unter ✆ 1-877/444-6777) bis zur **Johnsondale Bridge**, 20 Meilen nördlich von Kernville.

Von der Brücke führt der **River Trail** am Flussufer stromaufwärts an vielen Stromschnellen des **The Forks** genannten Abschnitts des Kern River vorbei, wo sich an Wochenenden nachmittags Rafter und Kajakfahrer beobachten lassen. Entlang des Flusses gibt es verschiedene kostenlose, einfache Campingplätze, der erste ist nach etwa zehn Minuten zu Fuß erreicht.

An der Johnsondale Bridge gabelt sich die Straße. Nach Osten verläuft die Sherman Pass Road, die mitten durch die **Golden Trout Wilderness** zum US-

395 und ins Owens Valley führt. Dabei kommt man ebenfalls an zahlreichen kostenlosen Campingstellen vorbei (keine Toiletten oder Wasseranschlüsse).

Der nach Westen führende Sierra Way steigt allmählich bis zum winzigen Ort Johnsondale an, der praktisch nur aus einem in der Saison geöffneten Laden und einem Restaurant besteht. Von dort erreicht eine Zufahrtsstraße den 23 Meilen nördlich gelegenen Ausgangspunkt des **Jerkey Meadow**-Pfads. An der Jerkey Meadow Road bieten sich neben herrlichen Ausblicken auf The Needles reichlich Campingmöglichkeiten. Am schönsten ist die *Camping Area 4* nach 4 Meilen, in deren Umgebung der Fluss eine Reihe malerischer Tümpel zum Baden und glatte Felsen zum Sonnen in die Landschaft modelliert hat. Der einige Meilen weiter gelegene Campingplatz *Lower Peppermint* ($14) verfügt über Toiletten und Wasser.

Weiter auf dem Sierra Way gelangt man nach 7 Meilen zu einer Kreuzung, wo man in den schmalen und kurvenreichen **Western Divide Highway** (Hwy-190) biegt. Nach ein paar Meilen ist der **Trail of a Hundred Giants** erreicht, ein schattiger, mühelos zu bewältigender Naturlehrpfad durch einen Hain von Mammutbäumen; Eintritt $5 pro Fahrzeug. Auf der gegenüberliegenden Straßenseite bietet der Campingplatz *Redwood Meadow* Stellplätze für $15; ⏲ Anfang April–Mitte Nov, zu buchen über *NRRS*, ✆ 1-877/444-6777.

Während die Straße auf eine Höhe von mehr als 2000 m ansteigt, eröffnen sich herrliche Blicke auf die Sierra Nevada. Die beste Aussicht bietet sich jedoch nach weiteren 5 Meilen am 2200 m hohen, kahlen **Dome Rock**, der nur eine halbe Meile vom Highway entfernt aufragt, und bei **The Needles**, die nochmals 3 Meilen Fahrt erfordern. Letztere bestehen aus einer Reihe von steilen Felszinnen mit Namen wie „The Magician", „The Wizard", „The Warlock" sowie anderen und zählen zu den diffizilsten und anspruchsvollsten Kletterrevieren in Amerika. Man kann sie aber auch entlang des bequemem, hügeligen **Needles Lookout Trail** (hin und zurück 5 Meilen, 2 Std.) zu Fuß oder auf dem Fahrrad erkunden. Der Weg beginnt 3 Meilen vom Highway entfernt und führt nach der letzten Spitzkehre zu einem Feuerwachturm, der in schwindelnder Höhe auf dem „Magician" sitzt und ein fantastisches Panorama des Kern Valley bis hinüber zum Mount Whitney bietet; ⏲ unregelmäßig Juni–Okt.

Nicht weit davon liegt eine halbe Meile nördlich der Needles der Campingplatz *Quaking Aspen*, ⏲ Anfang April–Mitte Nov, Stellplatz $15.

Unterkunft bieten außerdem eine halbe Meile südlich das rustikale *Mountain Top B&B*, ✆ 559/542-2639 oder 1-888/867-4784, 💻 www.mountaintopbnb.com, ❺, und die benachbarte, mit hübschen Motelzimmern ausgestattete *Ponderosa Lodge*, ✆ 559/542-2579, ❹. Letztere verfügt auch über ein Restaurant, eine Bar, einen Lebensmittelladen und teures Benzin.

Jenseits davon windet sich der **Western Divide Highway** in endlosen Kurven die verbleibenden 40 Meilen hinunter ins Tal nach Porterville, wo es nach rechts zum Sequoia National Park und zum Kings Canyon National Park geht, oder geradeaus zum Hwy-99 Richtung Norden nach Visalia.

Visalia

Nördlich von Bakersfield verschwinden die Ölbohrtürme allmählich, und Hwy-99 führt nun durch ausschließlich landwirtschaftlich genutztes Gebiet. Nur wenige Orte lohnen das Verweilen; der erste und größte ist Visalia, 70 Meilen nördlich von Bakersfield. Als südliches Tor zum Sequoia National Park – auf dem Hwy-198 ist es weniger als eine Stunde Fahrzeit – eignet sich Visalia als günstiger Ausgangspunkt für die Erkundung der ursprünglichen Wildnis der Umgebung. Visalia war die erste Siedlung im San Joaquin Valley, denn hier gab es einmal einen großen Eichenwald, der Schatten spendete und zugleich Baumaterial lieferte. Obwohl der Wald längst abgeholzt ist, stehen immer noch zahlreiche Eichen und Sykomoren-Bäume überall in der Stadt, und die Stadtbewohner hegen und pflegen liebevoll ihre Parks. Es ist ein hübsches und angenehmes Städtchen mit einem kompakten, begrünten Stadtzentrum, das zu einem schönen Abendspaziergang in der (relativen) Abendkühle einlädt.

Im **Mooney Grove Park**, 3 Meilen südlich am South Mooney Boulevard (Eintritt offiziell $5 pro Fahrzeug, aber unter der Woche meist kostenlos) befindet sich das **Tulare County Museum**, wo Korbwaren der Yokuts und einige aus der Region stammende Gebäude und landwirtschaftliche Geräte zu sehen sind. Es ist wegen der riesigen Sequoia nicht zu übersehen. ⏲ Mitte Mai–Mitte Sept Di–So 10–16 Uhr, Eintritt frei.

Das **Kaweah Oaks Preserve**, 🖳 www.kaweahoaks.com, ein mehr als 1200 ha großer Eichen- und Sykomoren-Wald, durch den sich einfache Spazierwege ziehen, vermittelt eine Vorstellung davon, wie die Gegend vor der Stadtgründung ausgesehen haben muss. Leider ist das Gelände zu nahe am Highway, um wirklich friedlich zu sein. Man fährt von der Stadt 7 Meilen auf dem Hwy-198 nach Osten und folgt dann der Road 182 eine halbe Meile nach Norden.

Übernachtung

Ben Maddox House B&B, 601 N Encina St, ✆ 559/739-0721 oder 1-800/401-9800, 🖳 www.benmaddoxhouse.com. Großes, 1876 für Ben Maddox erbautes Holzhaus, der die Wasserkraft in das San Joaquin Valley brachte. Pool und Spa. ❺
Econo Lodge, 1400 S Mooney Blvd, ✆ 559/732-6641 oder 1-800/242-4261. Mit Pool und Frühstück. ❸
Lamp Liter Inn, 3300 W Mineral King Ave, ✆ 559/732-4511 oder 1-800/662-6692, 📠 732-1840. Sehr schöner Pool, Bar, Grill-Restaurant. ❹

Essen

Merle's, 604 S Mooney Blvd, Drive-in-Diner im Stil der 50er, berühmt für seinen *chocolate mudslide sundae*.
Café 225, 225 W Main St, ✆ 559/733-2967, modernes Bistro in Downtown; auf der umfassenden Speisekarte stehen u.a. frittierte Artischocken ($7), überbackener Red Snapper ($16) sowie Pizza mit Schinken und geröstetem Knoblauch ($11).
Tazzaria, 208 W Main St, ✆ 559/732-5282, guter Espresso und Tee.
Brewbakers, 219 E Main St, ✆ 559/627-2739, Bier aus der eigenen Brauerei, dazu Kneipenessen.
Vintage Press, 216 N Willis St, ✆ 559/733-3033, bietet abends anspruchsvolle Küche, z.B. in Cognac geschwenkte Pilze gefolgt von Red Snapper mit gerösteten Mandeln und Kapern, sowie eine exquisite Weinkarte und Desserts zu gehobenen Preisen.

Sonstiges

INFORMATIONEN – ***Chamber of Commerce***, 720 W Mineral King Ave, ✆ 559/734-5876 oder 1-877/847-2542, 🖳 www.visaliatourism.com, hat einen Stadtplan mit Vorschlägen für einen Rundgang zu den eleganten Villen in den älteren Stadtteilen. ◷ Mo–Fr 8.30–17 Uhr.

INTERNET – ***Tulare County Library***, 200 W Oak Ave, nordöstlich der Chamber of Commerce, ✆ 559/733-6954, Zugang kostenlos.

Transport

Die Busse von *Greyhound* und *Orange Belt Stages* aus Richtung Hanford halten an der zentral gelegenen Busstation, 425 E Oak St, ✆ 559/734-3507.
Busse verkehren von SAN FRANCISCO (2x tgl., 7–8 Std.) und L.A. (5x tgl., 4–5 Std.) sowie nach HANFORD (2x tgl., 1 Std.).

Hanford

Hanford, 20 Meilen westlich von Visalia, wurde vermutlich aus Dankbarkeit nach James Hanford benannt, einem Zahlmeister der *Southern Pacific Railroad*, der seine Angestellten von Zeit zu Zeit in purem Gold zu entlohnen pflegte. Die Stadt ist an die Eisenbahnlinie angeschlossen und war schon frühzeitig ein wichtiger Haltepunkt auf der Strecke San Francisco – L.A. Hier herrscht Ruhe und Frieden – wer mehr Action sucht, wird enttäuscht werden.

Der **Courthouse Square** mit seinen gepflegten Gebäuden bildete zu Beginn des 20. Jhs. den Mittelpunkt des Stadtlebens. Das neoklassizistische **Gerichtsgebäude** bietet heute Läden und Galerien Platz, aber der prächtige Treppenaufgang ist erhalten geblieben. Im Obergeschoss befindet sich *Jerseys Sports Bar*, und nicht zuletzt deshalb bleibt der Zugang zum Gebäude lange offen.

Das **Gefängnis** ist eine kleine Kopie der Pariser Bastille und beherbergt daher ein Restaurant namens *The Bastille*. Die alten Zellen – bis 1968 in Gebrauch – sind zur Besichtigung freigegeben, hin und wieder werden in ihnen auch private Essgelage abgehalten.

In zweistöckigen Häuserreihen nur vier Blocks östlich des Platzes lebten die ca. 800 chinesischen Familien, die hierher kamen, um die Eisenbahnlinie zu bauen. Der **Taoist Temple** an der China Alley wurde 1893 errichtet und war religiöser, politischer und sozialer Mittelpunkt der Gemeinschaft. Die gesamte Innenausstattung ist original chinesisch, von den Teakholzfiguren bis zu den Marmorsesseln. Es ist schade, dass der Zugang so restriktiv gehandhabt wird. Gruppen von 6–20 Personen können den Tempel nach vorheriger Vereinbarung besichtigen, ✆ 559/582-4508.

Ohne Auflagen darf man hingegen eine weitere wichtige Institution der chinesischen Gemeinde besuchen: das *Imperial Dynasty Restaurant*, 406 China Alley, ✆ 559/582-0196, nur zwei Häuser weiter und seit über 50 Jahren in Familienbesitz. Jede Menge Papierlampions und bemalte Wandschirme schmucken das Innere, die Küche ist jedoch mehr französisch als chinesisch. Hauptgerichte kosten $16–26. ⌚ Do–So abends.

Einigermaßen sehenswerte Dinge aus der Vergangenheit der Stadt gibt es im **Hanford Carnegie Museum**, 108 E Eighth St, ✆ 559/584-1367, zu entdecken, das im Inneren einer eleganten Bibliothek von 1905 untergebracht ist. Es handelt sich um eine der zahlreichen Kleinstadt-Büchereien, die der altruistische Millionär und Industrielle Andrew Carnegie einrichten ließ. ⌚ Di–Fr 12–15, Sa bis 16 Uhr, Eintritt $1.

Wesentlich ungewöhnlicher in dieser Gegend ist das sehenswerte **Ruth & Sherman Lee Institute for Japanese Art**, 15770 Tenth Ave, 🖳 www.shermanleeinstitute.org, 6 Meilen südlich des Ortes im Walnussgarten des Viehzüchters Bill Clark gelegen. Bill hat in den 70er Jahren sein Herz für japanische Kultur und Kunst entdeckt und sammelt seitdem unter der Anleitung seiner Freunde und Mentoren Ruth and Sherman Lee japanische Skulpturen, Paravents, Kalligraphien, Lackwaren und dergleichen mehr. Er hat auch das im japanischen Baustil gehaltene Institut sowie sein eigenes Haus daneben und den Garten entworfen. Wie in Japan zieht man die Schuhe vor Betreten des Hauses aus. Im Hauptraum kann man auf Tatamimatten Platz nehmen und die ausgestellten Kunstwerke bewundern. Es gibt stets nur eine Auswahl aus Bills Sammlung zu sehen, aber immer sind einige außergewöhnliche Stücke darunter; einige von ihnen datieren aus dem 10. Jh., andere aus der Edo-Zeit (1615–1868). Besonders erwähnenswert sind zwei hervorragende Skulpturen aus dem 13. Jh.: der „Bodhisattva des Wünsche erfüllenden Juwels“ *(Bodhisattva of the Wish-granting Jewel)* und das Paradestück des Instituts, der „*Daiitoko Myoo*“ mit einer vielgliedrigen Figur auf einem Ochsen. Interessante kostenlose Führungen Sa um 13 Uhr; ⌚ Di–Sa 13–17 Uhr, im August geschlossen, Eintritt frei.

Übernachtung und Essen

Downtown Motel, 101 N Redington St, ✆ 559/582-9036, zentral und preiswert. ❷
Comfort Inn, 10 N Irwin St, ✆ 559/584-9300 oder 1-800/228-5150, nicht weit davon. ❺
Irwin Street Inn, 522 N Irwin St, ✆ 559/583-8000 oder 1-866/583-7378, 🖳 www.irwinstreetinn.com. Zimmer und Suiten im viktorianischen Stil. ❹–❻
The Bastille, 113 Court St. Ein gemütliches Steakhaus; man bekommt auch große Burger und Sandwiches bis in den späten Abend.
Art Works, 120 W Sixth St. Nettes Café; es gibt guten Espresso und viele verschiedene *Smoothies*, eine Art Eisdrink aus pürierten Früchten, manchmal wird auch Live-Musik geboten.
Superior Dairy, 325 N Douty St, gegenüber von *The Bastille*, verkauft tagsüber hausgemachtes, cremiges Eis.

Sonstiges

INFORMATIONEN – Beim ***Visitor Center***, sehr praktisch in dem recht hübsch renovierten *Amtrak*-Bahnhof in der 200 Santa Fe Ave, ✆ 559/582-5024, 🖳 www.visithanford.com, erhält man einen Plan und Informationen, ⌚ Mo–Fr 9–17 Uhr.

INTERNET – ***Library***, 401 Douty St; kostenloser Zugang. ⌚ Mo–Mi 10–20, Sa 12–18 Uhr.

Transport

BUSSE – ***Orange Belt Stages***, ✆ 1-800/266-7433, unterhält 2x tgl. eine Busverbindung zur Busstation in Visalia (1 Std.) und zur *Greyhound*-Haltestelle an der Goshen Junction (beide mit Verbindungen nach Los Angeles und San Francisco) mit Weiterfahrt zur Küste nach SAN LUIS OBISPO (3 Std.)

EISENBAHN – Tgl. fahren 2 Züge von BAKERSFIELD kommend über FRESNO, MERCED und STOCKTON bis nach OAKLAND / SAN FRANCISCO (4 3/4 Std.).

Fresno

Fresno ist mit 400 000 Einwohnern, darunter ein wachsender Anteil an Latinos, die größte Stadt zwischen L.A. und San Francisco und der kommerzielle Mittelpunkt des San Joaquin Valley. Trotzdem wirkt Fresno in mancher Hinsicht eher wie eine etwas zu schnell gewachsene Provinzstadt. So hat sie sämtliche Restaurierungs- und Stadtplanungsprogramme, die anderen, vergleichbaren Kommunen Kaliforniens zugute gekommen sind, verschlafen; erst vor kurzem wurde endlich ein Versuch unternommen, das Geschäftszentrum wieder zu beleben. Eine seltsame Mischung aus Bürgerstolz und urbanem Verfall ist aber noch immer charakteristisch für Fresno. In der Vergangenheit haben die Bewohner Fresnos gern die Nase über Bakersfield gerümpft. Angesichts des Aufstiegs Bakersfields und Fresnos Rang als einer der US-Verbrechenshochburgen hat sich die Situation jedoch umgekehrt. Aber Fresno hat auch seine guten Seiten. Wer zwischen Ende Februar und Anfang März hier durchfährt, mag vielleicht einem Teil des 62 Meilen langen **Blossom Trail** (kostenlose Karte beim *Visitor Center)* folgen, der zu Obstplantagen, Zitrushainen und den zahlreichen Weingärten führt, die Fresno zur „Rosinenhauptstadt der Welt" machen.

Eine Attraktion, die einen Besuch Fresnos sicherlich interessant macht, sind die 7 Meilen nordwestlich des Zentrums gelegenen **Forestiere Underground Gardens**, 5021 W Shaw Ave, ✆ 559/271-0734, einen Häuserblock östlich der Abfahrt Shaw Ave vom Hwy-99. Die Anlage, ein unterirdisches Labyrinth mit mehr als 50 Räumen, wurde von dem sizilianischen Einwanderer und ehemaligen Tunnelkonstrukteur der New Yorker und Bostoner U-Bahnen, Baldasare Forestiere, eingerichtet, der 1905 nach Fresno kam. Sein leidenschaftliches Streben nach angenehmer Kühle und Schutz seiner Ernte ließ den erfahrenen Forestiere lediglich mit einer Schaufel und Schubkarre ausgerüstet unterirdische Wohnräume sowie Obstgärten anlegen, die durch Oberlichter natürlich beleuchtet wurden.

Durch verbesserte Anbautechniken maximierte er im Lauf der Zeit seine Ernteerträge, war Spielereien jedoch nicht abgeneigt und richtete neben einem Aquarium mit Glasboden auch eine Badewanne unter der Erde ein, deren Wasser von der Mittagssonne erwärmt wurde. Als er 1946 starb, hatte er in 40-jähriger Arbeit ein enormes Wabenlabyrinth im Erdreich geschaffen, das zum Teil durch den Bau des benachbarten Hwy-99 zerstört wurde, zum Teil heute auf seine Wiederherstellung wartet. Wer der Hitze entfliehen möchte, kann an einer einstündigen, faszinierenden und mit Anekdoten angereicherten Führung durch die Reste seines Werks teilnehmen; Ostern–Anfang Sept Mi–So Touren um 10, 11 und 12 Uhr; Ende Sept–Ostern an manchen Wochenenden, Ticket $9.

Ist noch Zeit, bietet sich vom Zentrum die 7 Meilen lange Fahrt in westlicher Richtung entlang dem **Kearney Boulevard** an, einer langen, geraden, von Palmen gesäumten Straße, die einst die private Auffahrt durch den großzügigen Kearney Park ($3 pro Auto, bei Besuch der Villa frei) zum **Kearney Mansion** war. Das Gebäude wurde zwischen 1900 und 1903 für M. Theo Kearney errichtet, einen in England geborenen landwirtschaftlichen Pionier und Rosinenmillionär. Kearney Mansion ist im französischen Renaissance-Stil eingerichtet, dem Kearney offenbar verfallen war. Mit Fresno hatte er Großes vor, so wollte er z.B. ein französisches Château bauen lassen, die Pläne für das Projekt sind im Hause ausgestellt. Fr–So Führungen um 13, 14 und 15 Uhr, Eintritt $4.

Die Sehenswürdigkeiten Downtowns beschränken sich auf ein Quintett kleinerer Museen.

Das **Meux Home Museum**, 1007 R St, Ecke Tulare St, ✆ 559/233-8007, 💻 www.meux.mus.ca.us, ist Fresnos einziges noch erhaltenes Gebäude aus dem späten 19. Jh., das damals für die ungeheuerliche Summe von $12 000 gebaut wurde. Hier lebte ein Arzt, der aus den Südstaaten zugewandert war und von dort nicht nur eine überladene Sammlung viktorianischer Einrichtungsgegenstände, sondern auch die für Fresno völlig neue Idee mitbrachte, ein zweistöckiges Haus zu bauen. Was heute an dem Gebäude nicht mehr echt ist, hat man in jüngerer Zeit auf überzeugende Art dazukonstruiert. Mit seinen Türmchen, Bögen und dem achteckigen Schlafzimmer bildet das Haus einen stilvollen und auffälligen Kontrast zum „normalen" Fresno. Führungen Fr–So 12–15.30 Uhr, Eintritt $5.

Jedes der drei ein Dutzend Straßen weiter westlich angesiedelten Museen dokumentiert die historische und fortlaufende Bedeutung der Einwanderer für die Stadt. Im **Fresno Metropolitan Museum**, 1555 Van Ness Ave, ✆ 559/441-1444, 💻 www.fresnomet.org, gibt es in erster Linie Wechselausstel-

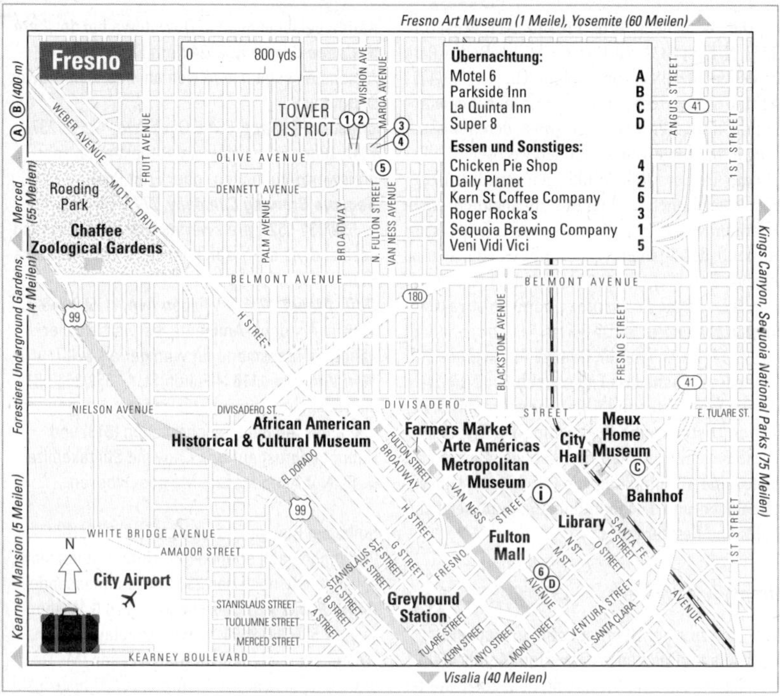

lungen zu sehen, daneben beherbergt es eine kleine Sammlung von Puzzles, die bis zu 150 Jahre alt sind, sowie eine stattliche, mehr als 200 Exemplare umfassende und nach Motiven geordnete Zusammenstellung chinesischer Tabakdosen, die überwiegend aus dem 19. Jh. stammen. Geradezu heilige Verehrung wird hier auch Fresnos berühmtestem Sprössling, dem Romanschriftsteller und Drehbuchautor William Saroyan, zuteil, obgleich dieser bereits in jungen Jahren den Entschluss fasste, die Stadt für immer zu verlassen. Zurückgekehrt ist er dennoch in seinen Büchern, in deren imaginärer Kulisse sich Fresno widerspiegelt, auch war es in seiner Heimatstadt, in der er 1981 im Alter von 72 Jahren starb. Bekannt wurde er vor allem durch sein mit dem Pulitzerpreis ausgezeichnetes Drama *Ein Leben lang* (orig. *The Time of your Life)* und die Vorlage für Louis B. Mayers *Und das Leben geht weiter* (orig. *The Human Comedy)*, wofür er einen Oscar erhielt. Zwar weigerte er sich nach einer Meinungsverschiedenheit mit Louis B. Mayer, den Preis in Empfang zu nehmen, ausgestellt ist der Oscar dennoch. Zu sehen gibt es außerdem seine Schreibmaschine und eine Zitatensammlung. ⌚ Di–So 11–17 Uhr, Eintritt $7, Do 17–20 Uhr $1.

Ein Stück weiter stellt **Arte Américas**, 1630 Van Ness Ave, ✆ 559/266-2623, 💻 www.arteamericas.org, in verschiedenen Galerien überwiegend hispanisch-amerikanische Vertreter der bildenden und darstellenden Künste vor, gelegentlich auch Werke und Projekte aus Mexiko sowie Mittel- und Südamerika. ⌚ Di–So 11–17 Uhr, Eintritt $3, Do 17–20 Uhr gratis.

Der Geschichte der Schwarzen Fresnos widmet sich das **African American Historical and Cultural Museum**, 1857 Fulton St, ✆ 559/268-7102, allerdings sind die zahllosen Porträts und Zeitungsausschnitte der Dauerausstellung in der Regel weit weniger interessant als die oftmals beeindruckenden Wechselausstellungen und die afrikanischen Plastiken, die im Museumsladen verkauft werden. ⌚ Mo–Fr 9–16, Sa 10–14 Uhr, Eintritt $4.

Das besuchenswerte **Fresno Art Museum**, 2233 N First St, Ecke Clinton St, im Radio Park 2 Meilen nördlich von Downtown, ✆ 559/441-4221, 💻 www.fresnoartmuseum.com hat eine Abteilung mit guter moderner Kunst, deren Ausstellung in regelmäßigen Abständen wechselt. Die Exponate in der präkolumbischer mexikanischer Kunst gewidmeten Abteilung umspannen einen Zeitraum von 2000 Jahren; von 500 v. Chr. bis zur Ankunft der Spanier. Ferner gibt es eine schöne Malerei von Diego Rivera aus dem Jahre 1926, *El Dia de las Flores, Xochimilco,* und einen attraktiven Skulpturengarten. ⌚ Di, Mi und Fr sowie Sa und So 11–17, Do 11–20 Uhr, Eintritt $4, Do gratis.

Bedenkt man, dass Fresno früher als die Stadt der Mandelzüchter und Viehdiebe galt, dann ist der **Tower District** eine angenehme Überraschung. Diese Gegend, 3 Meilen nördlich von Downtown, bietet eine Ansammlung von Geschäften, Antiquitätenläden und Buchhandlungen, durchsetzt mit Cafés und Restaurants.

Übernachtung

Wer sich zu einer Übernachtung entschließt, kann aus zahlreichen preiswerten **Motels** wählen, die allesamt mit Swimming Pool ausgestattet sind und sich nahe der Kreuzung der Olive Avenue (der Hauptstraße des Tower District) mit dem Hwy-99 ballen. Zum Teil werden sehr billige, aber entsprechend heruntergekommene Zimmer angeboten. Akzeptabel sind:

Motel 6, 1240 N Crystal Ave, ✆ 559/237-0855, ✆ 497-5869. ❷

Parkside Inn, 1415 W Olive Ave, ✆ 559/237-2086 oder 1-800/442-2284. ❸

Super 8, 2127 Inyo St, Ecke L St, ✆ 559/268-0621 oder 1-800/800-8000, 💻 www.super8.com. Billige Unterkunft in Downtown. ❸

La Quinta Inn, 2926 Tulare St, Downtown, ✆ 559/442-1110 oder 1-800/725-1661. Etwas anspruchsvoller als Super 8. ❺

Alle genannten verfügen über einen Pool.

Essen und Unterhaltung

Auf dem **Farmers Market**, Fulton St, Ecke San Joaquin St, ⌚ Di, Do und Sa 7–14 Uhr, kann man sich mit guten, frischen Waren eindecken. Guten Kaffee bekommt man in Downtown bei der ***Kern St Coffee Company***, 2134 Kern St.

Ansonsten schaut man sich am besten im Tower District um.

Chicken Pie Shop, 861 E Olive Ave, ✆ 559/237-5042, Diner-Essen sowie stadtbekannte, sehr preiswerte Hühnchen- oder Fruit Pies.

Sequoia Brewing Company, 777 E Olive Ave, ✆ 559/264-5521, preiswertes Mittag- und Abendessen sowie ausgezeichnetes, selbst gebrautes Bier.

Daily Planet, 1211 N Wishon Ave, ✆ 559/266-4259, in Art-déco-Ambiente, serviert ein viergängiges Tagesmenü für weniger als $20.

Veni Vidi Vici, 1116 N Fulton St, ✆ 559/266-5510, die vielseitige Speisekarte umfasst u.a. gegrillte thailändische Rindfleischröllchen ($13) und Hühnchenbrust auf Bok Choy mit Shiitakepilzen ($20). Nur Abendessen, Mo geschlossen.

Sollte ein Bummel durch den Tower District das Verlangen nach abendlicher Unterhaltung nicht stillen, bleibt noch das 250 Plätze umfassende ***Roger Rocka's Dinner Theater***, 1226 N Wishon Ave, ✆ 559/266-9494, 💻 www.gcplayers.com, wo auf ein reichhaltiges Büffet-Essen (Mi, Do, und So abends sowie So Matinee $37 alles inkl.) oder Service am Tisch (Fr und Sa abends $40) eine Show im Broadway-Stil folgt. Mo und Di geschlossen.

Sonstiges

INFORMATIONEN – Alles Wissenswerte über Fresno – auch wie man in die Nationalparks gelangt – erfährt man im ***Visitor Center***, Fresno St, Ecke O St, ✆ 559/237-0988, 💻 www.fresnocvb.org, in einem auffälligen, von einem Kegeldach bekrönten Wasserturm von 1894. ⌚ Mo–Fr 10–16, Sa 11–15 Uhr.

INTERNET – ***Fresno County Library***, 2420 Mariposa St, ✆ 559/488-3195, kostenloser Internet-Zugang. ⌚ Mo–Do 9–21, Fr u. Sa 9–18, So 13–18 Uhr

Nahverkehrsmittel

Wem die Hitze nichts ausmacht, der kann Downtown Fresno bequem zu Fuß erkunden. Ansons-

ten empfiehlt sich der ***Fresno Area Express***, ✆ 559/498-1122, und sei es nur, um zu den Forestiere Underground Gardens zu gelangen; $1 pro Fahrt, Fahrgeld abgezählt bereithalten. Linie 20 ab Van Ness in Downtown (alle 30–60 Min.) fährt bis eine Meile vor die Anlage, für das letzte Stück in die Linie 9 umsteigen.
Linie 26 und 28 verkehren zwischen Van Ness und dem Tower District.

Transport

BUSSE – *Greyhound*-Station in der 1033 H St, ✆ 559/268-1829.
13 Busse verkehren tgl. von L.A. (4–6 Std.). 7x tgl. von SAN FRANCISCO (5–6 Std.), 10x tgl. geht es nach MERCED (1 1/4 Std.), 9x tgl. nach MODESTO (2 Std.) und STOCKTON (3 Std.).

EISENBAHN – Der Bahnhof liegt an der 2650 Tulare St, Ecke Q St. *Amtrak* fährt 4x tgl. in beide Richtungen, über HANFORD nach BAKERSFIELD (1 3/4 Std.) und über MERCED und STOCKTON nach OAKLAND/SAN FRANCISCO (4 1/4 Std.).

FLÜGE – Mindestens stündlich nach LOS ANGELES (1 1/4 Std.), 7x tgl. nach SAN FRANCISCO (3/4 Std.).

Merced

Das Gerichtsgebäude, heute das **County Courthouse Museum**, N St, Ecke W 20th St, 🖳 www.mercedmuseum.org, ist die einzige Sehenswürdigkeit der friedlichen Kleinstadt Merced, 50 Meilen nördlich von Fresno. Ein Kleinod im italienischen Renaissance-Stil, mit Säulen, prunkvoll verzierten Fensterrahmen und einer Kuppel, die von einer Statue Justitias gekrönt wird – hier allerdings nicht mit verbundenen Augen. Das 1875 errichtete Gebäude diente bis 1951 als Gerichtssaal und beherrschte das Bild des damals noch winzigen Orts. Inzwischen ist es liebevoll restauriert worden und dient, nachdem die letzten prunkvollen Büroräume 1970 geräumt wurden, als Museum. Das exotischste Exponat ist ein taoistischer Schrein aus den 1870er Jahren, der durch Zufall in einem behelfsmäßigen Tempel über einem chinesischen Restaurant entdeckt wurde. ⏲ Mi–So 13–16 Uhr; Eintritt frei.

Einen kurzen Rundgang durch seine überwiegend mit zeitgenössischer Kunst bestückten Ausstellungsräume lohnt das **Merced Multicultural Arts Museum**, 645 W Main St, 🖳 www.artsmerced.org. ⏲ Mo–Fr 9–17, Sa 10–14 Uhr, Eintritt frei.

Übernachtung

HI–Merced Home Hostel, ✆ 209/725-0407, nur mit Reservierung, ✉ merced-hostel@juno.com. Beste Unterkunft (Dorm-Bett $16) für diejenigen, die mit öffentlichen Verkehrsmitteln unterwegs sind. Rezeption 7–9 und 17–22 Uhr. Die Haltestellen der Verkehrsmittel sind in der Nähe, man wird außerordentlich herzlich empfangen, bekommt reichlich Informationen und allabendlich ein kostenloses Dessert. Wer zum Yosemite weiterreisen möchte, findet hier womöglich einen Partner für eine Fahrgemeinschaft.
Soll es ein Motel sein, nimmt man die Ausfahrt Mariposa/Yosemite vom Hwy-99, wo zwei gute Unterkünfte liegen; beide mit Pool und einfachem Frühstück:
Holiday Inn Express, 730 Motel Drive, ✆ 209/383-0333 oder 1-800/465-4329, ✉ hixmerced@hotmail.com, ❹, und
Happy Inn, 740 Motel Drive, ✆ 209/722-6291, ❶.
Das ***Slumber Motel***, 1315 W 16th St, ✆ 209/722-5783, ist näher am Transpo Center, hat einen kleinen Pool und Kabel-TV, ❶.

Essen

Firehouse Brewpub, 560 W 18th St, Ecke M St, ✆ 209/384-2337, reichhaltiges Angebot an Burger- und Nudelgerichten, außerdem ein Dutzend Biere vom Fass.
La Nita's, 1327 18th St, Ecke T St, acht Häuserblocks weiter nördlich, authentische mexikanische Küche, Mo geschlossen.
Paul's Place, 2991 G St, Ecke Alexander, ✆ 209/723-1339, große Auswahl an ausländischen und amerikanischen Gerichten zu günstigen Preisen.

Sonstiges

AUTOVERMIETUNG – ***Aide Rent A Car***, 1530 W 16th St, ✆ 209/722-8084, ab $35 pro Tag.

INFORMATIONEN – ***Chamber of Commerce,*** 690 W 16th St, ✆ 209/384-7092, 💻 www.merced-chamber.com. Infos über den Ort, 🕒 Mo–Fr 8.30–17 Uhr.
Merced California Welcome Center, 710 W 16th St, ✆ 209/384-7092 oder 1-888/446-5353, 💻 www.yosemite-gateway.org. Infos über die gesamte Region. 🕒 tgl. Juni–Sept 8.30–19, Okt–Mai 8.30–17 Uhr.

INTERNET – ***Wired,*** 450 W 18th St, Downtown. Internetcafé: Muffins, guter Espresso und schnelle Rechner.

Transport

BUSSE – Die *Greyhound*-Station befindet sich im **Transpo Center**, W 16th St, Ecke N St.
Greyhound fährt 12x tgl. nach BAKERSFIELD (3 1/2–4 1/2 Std.), 6x tgl. nach L.A. (6–7 Std.), 10x tgl. nach FRESNO, 9x tgl. nach MODESTO (1 Std.), 7x tgl. nach SACRAMENTO (3 Std.), 6x tgl. nach SAN FRANCISCO (4–5 Std.) und 7x tgl. nach STOCKTON (1 1/2–2 Std.).
Die *Yarts*-Busse nach YOSEMITE (2 3/4 Std.) verkehren 4x tgl. und halten am Bahnhof und im Transpo Center, ✆ 1-877/989-2787, 💻 www.yarts.com.

EISENBAHN – *Amtrak*-Züge fahren 4x tgl. vom Bahnhof in der 24th, Ecke K St, über STOCKTON nach OAKLAND (3 1/4 Std.) und über FRESNO nach BAKERSFIELD (3 Std.). Von Bakersfield hat man Bus-Anschluss nach L.A.

Modesto

Die Stadt Modesto, 40 Meilen nördlich von Merced am Hwy-99 gelegen, erhielt ihren ungewöhnlichen Namen („bescheiden"), nachdem der aus San Francisco stammende Star-Banker William Ralston aus Bescheidenheit das Ansinnen abgelehnt hatte, den Ort nach ihm zu benennen. Der Hollywood-Regisseur George Lucas verbrachte hier seine Kindheit. Seine Erfahrungen verarbeitete er in seinem Film *American Graffiti*, eine klassische Studie über das Erwachsenwerden in einer amerikanischen Kleinstadt der 50er Jahre. Auch wenn Modesto nicht der Drehort des Films war, so nahm Lucas doch einige Einwohner der Stadt als Vorlagen für seine Filmfiguren, vor allem Lehrer, mit denen er während seiner Jugendjahre nicht klarkam.

Leider kann die „hohe Kunst" des Auto-*cruising* heute nicht mehr bewundert werden. Die abendliche Lieblingsbeschäftigung der damaligen Jugend, lautstark mit dem Auto durch die Straßen der Stadt zu brausen, wurde nach Jahren abfälligen Benehmens 1992 behördlich untersagt. Nur während der Car Show, die jedes Jahr an einem Wochenende Mitte Juni stattfindet, werden Dutzende von Autoklassikern aus Kalifornien und anderen Landesteilen durch die Stadt gefahren.

Einzige andere Reminiszenzen an diese ungestümen Tage sind das *A&W Root Beer Drive-In,* 1404 G St, wo die Kellnerinnen noch stilecht auf Rollschuhen ans Autofenster kommen, genau wie im Film, und die scheinheilig-nostalgische **Lucas Plaza Statue** samt 57er Chevy an der J Street, Ecke McHenry Avenue.

Kaum zu glauben, aber als ziemlich typische Stadt des San Joaquin Valley besitzt Modesto eine Geschichte, die etwas weiter zurückreicht als in die Zeit der Schmalztollen. Davon zeugen der 1912 errichtete **Modesto Arch**, der die 9th und I St überspannt, und das viktorianische **McHenry Mansion**, 906 15th St, das auf die gleichnamige Familie zurückgeht, deren Schicksal eng mit dem der Stadt verbunden ist. 🕒 tgl. außer Sa 12.30–16 Uhr, Spende erbeten.

Robert McHenry, ein erfolgreicher Weizenfarmer des mittleren 19. Jh., der sich vor allem um die Landwirtschaft der Region verdient machte, finanzierte auch das **McHenry Museum**, 1402 I St. Zu sehen sind allerlei medizinische Geräte, Brandeisen, Werkstatteinrichtungen und dergleichen. 🕒 Di–So 12–16 Uhr, Eintritt frei.

Übernachtung und Essen

Chalet Motel, 115 Downey St, Ecke J St, ✆ 209/529-4370, 📠 579-9545. Pool. ❷
Doubletree Hotel, 1150 9th Street, ✆ 209/526-6000 oder 1-800/222-8733. Anspruchsvoller, mit Pool, Sauna und Fitnessraum. ❻
In Downtown findet sich leicht ein nettes Lokal zum Essen:
J Street Café, 1030 J St. Guter Espresso, Muffins und Sandwiches, So geschlossen.

DeVa, 1202 J St. Café, das am Tag durchgehend leckere Sandwiches und Kaffee zu erschwinglichen Preisen serviert.
St Stan's Brewery, Pub and Restaurant, 821 L St, ✆ 209/524-2337. Ungefähr ein Dutzend verschiedene Biere vom Fass, dazu einen Burger oder eine komplette Mahlzeit.

Informationen

Visitor Center, 1150 9th St, Ecke L St, ✆ 209/526-5588 oder 1-888/640-8467, 💻 www.visitmodesto.com, 🕒 Mo–Fr 8–17 Uhr.

Transport

Greyhound-Busse halten Downtown beim Modesto Transportation Center, 1001 9th St, Ecke J St. Busse verkehren 6x tgl. von SAN FRANCISCO (3–5 Std.) und L.A. (6–8 Std.) und fahren 9x tgl. nach FRESNO (2 Std.) und MERCED (1 Std.).

Stockton

Was in Stockton, etwa 30 Meilen nördlich von Modesto am nördlichen Ende des San Joaquin Valley gelegen, verwundert, ist der sporadische Anblick hochseetüchtiger Frachtschiffe so weit im Binnenland. Die Verschiffung der landwirtschaftlichen Produkte des San Joaquin Valley (vor allem Reis mit Ziel Japan) von hier über San Francisco nach Übersee ist mit Hilfe eines tiefen, Anfang der 30er Jahre erbauten Kanals möglich, weil der San Joaquin und der Sacramento River westlich von Stockton zusammenfließen und mit Tausenden von Seitenarmen in eine verzweigte Bucht münden, die auf den Pazifik hinausgeht.

Aufgrund dieser besonderen geografischen Lage gilt Stockton als eine Stadt, in der die Arbeit schwer und das Leben hart ist. Während des Goldrausches Mitte des 19. Jhs. versorgten sich hier die Goldgräber auf ihrem Weg in die Berge, viele kehrten gebrochen und desillusioniert zurück und verdingten sich als Arbeiter im Hafen, der ihnen Lohn bot. Trotz vieler Versuche, das Image der Stadt, in der eine Viertelmillion Menschen leben, aufzupolieren und die weniger attraktiven Viertel zu verschönern, ist Stockton ein raues Pflaster geblieben, wo man die Ärmel hochkrempeln muss.

In Downtown erinnern einige Gebäude an die frühen Jahrzehnte des 20. Jhs., weswegen Stockton häufig als Filmkulisse für diese Zeit dient, z.B. in John Hustons traurigem Boxer-Drama *Fat City.*

Etwas ansprechender sieht es im **Magnolia Historical District** aus, etwas abseits vom Zentrum zwischen Harding Way, Park St, El Dorado St und California St. Hier hat man 16 repräsentative Bauten aus der Zeit zwischen 1860 und 1940 konserviert.

Im **Haggin Museum**, 1201 N Pershing Ave, im Victory Park, ✆ 209/940-6300, 💻 www.hagginmuseum.org, ist die Geschichte der Stadt umfangreich dokumentiert, mit einem Schwerpunkt auf der Landwirtschaft des San Joaquin Valley. In auffallendem Kontrast dazu stehen die einzelnen ebenfalls hier gezeigten französischen Gemälde aus dem 19. Jh., darunter Werke von Renoir und Gauguin sowie Bouguereaus monumentales *Nymphaeum.* 🕒 Mi–So 13.30–17 Uhr, Eintritt $5.

Übernachtung

Es gibt zwar keinen Grund, länger in Stockton zu bleiben, aber wer mit dem Auto auf der Durchreise ist, kann in einem der zahlreich vertretenen Ableger von Hotelketten mittlerer Preislage übernachten. Billige Motels liegen in der Nähe der Ausfahrt Waterloo Road vom Hwy-99. Zwei Optionen in Downtown:
Howard Johnson Express Inn, 33 N Center St, ✆ 209/948-6151 oder 1-800/446-4656, 💻 www.hojo.com, nahe der *Greyhound*-Station, mit Pool. ❸
Stockton Travelers Motel, 631 N Center St, Downtown, ✆ 209/466-8554, etwas schmuddelig. ❷

Essen

Es lohnt sich, zum Essen zu bleiben, z.B. in einem der zahlreichen Restaurants mit fremder Küche.
Chinesisch essen kann man im alten ***On Lock Sam,*** 333 S Sutter St, ✆ 209/466-4561, das seit 1898 von derselben Familie geführt wird.
Sutter Street Café, 544 Market St, Ecke Sutter St, weiter nördlich, serviert gute Sandwiches, Smoothies und Espresso. So geschlossen.

Yasoo Yani, 326 E Main St, ✆ 209/464-3108, der griechische Salat ersetzt eine ganze Mahlzeit. Sa und So geschlossen.
Weitere Verköstigungsmöglichkeiten entlang der so genannten *Miracle Mile*, einem ca. eine Meile nördlich von Downtown beginnenden Abschnitt der Pacific Avenue – von Downtown einfach der Madison St folgen. Neben Buchläden, Espressobars und Restaurants ist dort ***Fernando's Santa Fe Café***, 2311 Pacific Ave, angesiedelt, das schmackhafte wie preiswerte Fajitas zubereitet, So geschlossen.
Als Abschluss empfehlen sich die selbst gebrauten Biere der ***Valley Brewing Company***, 157 W Adams St, ✆ 209/948-2537.

Informationen

Chamber of Commerce, Waterfront Warehouse, 445 W Weber Ave, ✆ 209/547-2770, 💻 www.visitstockton.org, bietet nur begrenzt Informationen, aber immerhin eine kostenlose Broschüre über den Magnolia District. ⏲ Mo–Fr 8–12 und 13–17 Uhr.

Transport

BUSSE – *Greyhound*-Station in Downtown, 121 S Center St. Verbindungen von L.A. (7x tgl., 6 1/2–8 Std.), nach FRESNO (6x tgl., 3 Std.), LODI (5x tgl., 30 Min.), MERCED (7x tgl., 1 1/2–2 Std.), SACRAMENTO (10x tgl., 1 Std.), SAN FRANCISCO (5x tgl., 3–6 Std.).

EISENBAHN – *Amtrak* hält an zwei Stellen: in der 735 S San Joaquin St in Downtown und eine halbe Meile weiter nordöstlich an der Ecke der N Aurora St und E Weber St.
4x tgl. fährt ein Zug nach OAKLAND (2 Std.) und in die andere Richtung über MERCED, FRESNO und HANFORD nach BAKERSFIELD (4 Std.). In Bakersfield kann man in den *Amtrak-Thruway*-Bus nach L.A. umsteigen.

Micke Grove Park und Lodi

Wenn das Wetter zu schön ist für einen Tag in der Stadt, kann man den **Mick Grove Park** aufsuchen, einen Eichenhain, der auch einen Rosengarten, einen Japanischen Garten und einen Zoo umfasst. Anfahrt: 10 Meilen auf dem Hwy-99 nach Norden fahren und dann die Ausfahrt „Armstrong Rd" nehmen. ⏲ tgl. von 8 Uhr bis Sonnenuntergang, Parkgebühr Mo–Fr $2, Sa und So $5.

Das dort ebenfalls ansässige **San Joaquin Historical Museum** widmet sich der Entwicklung der örtlichen Landwirtschaft und – vielleicht noch interessanter – der damit verbundenen Sozialgeschichte. Nicht übersehen sollte man den „Stockton Clamshell Dredge"-Eimer, ein wichtiges Werkzeug bei der Urbarmachung des Deltas; im Museum wird er wie ein Kunstwerk ausgestellt. ⏲ Mi–So 10–15 Uhr, Eintritt $2.

Die ländlich geprägte Kleinstadt **Lodi**, 3 Meilen nördlich des Parks, wurde in einem Song von Creedence Clearwater Revival besungen: „Oh Lord, stuck in Lodi again" – offensichtlich war sie damals kein guter Ort für einen längeren Zwangsaufenthalt. Im letzten Jahrzehnt wurde die Downtown jedoch mit Hilfe einiger Liter Farbe, Backsteinpflaster und Bäume verschönert. Nach 30-jähriger Abwesenheit halten *Amtrak*-Züge wieder am ebenfalls aufgemöbelten Bahnhof in der Sacramento St in Downtown – leider aber nicht oft genug, um Passagiere wirklich zum Aussteigen zu motivieren. Insgesamt ist Lodi aber eine nette Stadt, die sich gut mit Hilfe eines bei der *Chamber of Commerce*, 35 S School St, erhältlichen Faltblatts erforschen lässt. ⏲ Mo–Fr 8.30–16.30 Uhr, ✆ 209/367-7840, 💻 www.visitlodi.com.

Lodi ist aber vor allem wegen seiner Weingüter bekannt. Die meisten davon befinden sich 3 Meilen nordwestlich in dem Gebiet um das *Lodi Wine & Visitor Center*, in 2545 W Turner Rd, ✆ 209/365-0621, 💻 www.lodiwine.com, ⏲ tgl. 10–17 Uhr. Man kann dort gegen eine kleine Gebühr auch verschiedene Weine aus der Gegend kosten, darunter die Spezialität der Region, den *Red Zinfandel*, und man erhält eine Karte mit einem Verzeichnis der anderen Weingüter, von denen die meisten kostenlose Weinproben anbieten.

Die Nationalparks

Der Osten des San Joaquin Valley geht allmählich in die grasbewachsenen Ausläufer der Sierra Nevada über. Bald schon geht es steil bergan in eine

Sequoia-Bäume können über 80m hoch werden

Bergwelt von grandioser Schönheit, durch dichte Nadelwälder, an blühenden Wiesen und stillen Seen vorbei, durch tiefe Schluchten und an steilen Felswänden entlang. Die spektakulärsten Regionen sind zu Nationalparks erklärt worden: Sequoia mit seinen prähistorischen Riesenbäumen, der wildromantische Kings Canyon und Yosemite, wo kaskadenartige Wasserfälle von steilen, silbernen Granitwänden in die Tiefe stürzen.

Kein Wunder, dass sich so viele Touristen Jahr für Jahr durch das San Joaquin Valley quälen. Glücklicherweise kann man den Horden einigermaßen entfliehen, indem man die Nationalparks außerhalb der Hauptreisezeit besucht oder – noch besser – indem man sich von den Touristenzentren entfernt, ein Zelt mitnimmt und sich auf den Weg in das 7770 km^2 große, unberührte Hinterland macht. Das kann man zum Teil in den Parks selbst, aber auch in den sie umgebenden National Forests.

Sequoia und **Kings Canyon** sind zwar zwei separate Parks, werden aber gemeinsam verwaltet. Die Entfernungen zwischen den beiden sind nicht so dramatisch, dass man sie nicht zusammen besuchen könnte. Viele Gäste übernachten in Sequoia und machen von dort aus einen Ausflug in den Kings Canyon. Nördlich davon erstreckt sich das riesige und nahezu ebenso spektakuläre Gebiet des **Giant Sequoia National Monument**, eine Enklave im noch größeren **Sierra National Forest**, in dem weniger strenge Vorschriften bezüglich des Jagens und des Einsatzes von Motoren herrschen. Von dieser möglichen Lärmbelästigung ist jedoch in der immensen Weite des Gebiets kaum etwas zu vernehmen. **Yosemite** ist einer der wenigen Orte in Kalifornien, die man unbedingt gesehen haben muss, und so rangeln sich jeden Sommer Millionen mit Kameras bewaffnete Touristen um die nur begrenzt aufnahmefähigen Besuchereinrichtungen. Es ist daher nicht nur ratsam, sondern gerade während der Feriensaison unbedingt notwendig, sich rechtzeitig um eine Übernachtungsmöglichkeit zu kümmern.

Geschichte

Im Gebiet der heutigen Nationalparks Sequoia und Kings Canyon lebten früher die Monache, Potwisha und Kaweah – Stämme der **Yokut-Indianer** – die in den Sommermonaten von ihren Siedlungen in den Tälern auf Beutezug in das Hochland aufbrachen und sich dabei bevorzugt entlang des Marble Fork, einem Nebenfluss des Kaweah River, bewegten.

Der erste wirkliche Kontakt mit Europäern ging mit dem **Goldrausch** von 1849 einher, als Weiße auf der Suche nach Weideland und einer direkten Route über die Berge zuhauf in das Gebiet eindrangen. Nicht lange danach verbreitete sich die Kunde von dem immensen Holzreichtum über die Grenzen der Region hinaus und lockte Holzfäller in die Ebenen. Das Hochland blieb weitgehend unberührt, bis einheimische Indianer 1858 Hale Tharp, einen Viehzüchter aus Three Rivers, zu den Mammutbäumen in der Umgebung des Moro Rock führten. Tharp verbrachte die folgenden 30 Sommer dort oben in seiner Blockhütte und erhielt gelegentlich Besuch von John Muir (s.S. 398), der seine Eindrücke der Landschaft schriftlich festhielt und sowohl die Öffentlichkeit als auch Holzfäller darauf aufmerksam werden ließ. Bald war die Gegend von Schmalspurbahnen und Transportkuhlen durchzogen, auf denen weniger Mammutbäume, die beim Fällen meist zerbarsten, als vielmehr die abgeholzten Tannen und Kiefern weggeschafft wurden.

Nichtsdestotrotz wurde George Stewart, ein Naturschützer aus Visalia, in Washington vorstellig, um die Baumriesen unter Schutz stellen zu lassen. 1890 schließlich wurde ein 10 km2 großes Gebiet um Grant Grove nach Yellowstone zum zweiten Nationalpark des Landes erklärt und 1940 an den neu gebildeten Kings Canyon National Park angeschlossen.

Sequoia National Park

Die besondere Landschaft, die Fauna und Flora des Sequoia National Parks sind für sich genommen schon spektakulär, aber ein Phänomen stellt alles in den Schatten: Hier, hoch oben in den Bergen, wachsen die uralten, gigantischen Mammutbäume, merkwürdige Überlebende einer prähistorischen Zeit. Und sie wachsen nicht nur vereinzelt, sondern in einer Konzentration, wie es sie sonst nirgendwo gibt.

Lodgepole und Giant Forest sind die Zentren des Sequoia National Parks. Hier befinden sich Unterkünfte und beginnen viele Wanderwege durch den Sequoien-Wald. Dort, wo keine Mammutbäume wachsen, gedeihen dichte Nadelwälder. Die Landschaft verändert sich ständig, manchmal abrupt, manchmal nur allmählich. Pfade führen durch tiefe Wälder bis zu den Bergwiesen hinauf und oberhalb der Baumgrenze in die kahle Gipfelregion, in der sich das überwältigende Panorama der High Sierra darbietet.

Die Geschichte des Sequoia-Parks ist von politischen Intrigen durchzogen. Das Gebiet um den Giant Forest wurde 1880 von der linksgerichteten *Co-Operative Land Purchase and Colonisation Association* aufgekauft, die auch als **Kaweah Colony** bekannt wurde. Die Genossenschaft wollte hier oben eine Arbeiterkolonie gründen, was sowohl der Agrar- als auch der Eisenbahn-Lobby ein Dorn im Auge war. Vier Jahre bauten die Kolonisten an einer Straße, auf der sie die abgeholzten Riesenstämme ins San Joaquin Valley schaffen wollten. Ihr juristischer Anspruch auf das Gebiet wurde derweil heftig angefochten; 1890 setzte der Senat einen Gesetzentwurf in Kraft, der sämtliche Sequoien-Haine unter Schutz stellte. Die Kolonie verlor damit ihre Lebensgrundlage, sie wurde nicht einmal für den Bau der Straße entschädigt, obwohl diese noch die nächsten 30 Jahre intakt blieb. Allerdings musste der ehemalige Führer der Gruppe Jahrzehnte später zugeben, dass der Nutzen des neuen Gesetzes für die amerikanische Gesellschaft am Ende größer war.

Three Rivers, Kaweah und Mineral King

Am Hwy-198, der aus südlicher Richtung in den Park führt, erstreckt sich im Tiefland über 7 Meilen **Three Rivers** mit der dichtesten Konzentration an Unterkünften und Restaurants in der Umgebung des Parks. Nahe dem Ortszentrum weist 6 Meilen südlich des Parks ein Schild zu den 3 Meilen westlich gelegenen Resten der **Kaweah Colony**, von der im wesentlichen nur noch das Postamt existiert. Das Gebäude, kaum mehr als ein Schuppen, ist das kleinste noch betriebene Postamt Kaliforniens und schmückt sich bis heute mit den alten Briefkästen aus Messing und Glas.

Einige Meilen nördlich von Three Rivers zweigt die kurvenreiche, in den 1880er Jahren angelegte Mineral King Road nach Osten in den südlichen Teil des Parks ab. Sie führt bis **Mineral King** am Ende des von schneebedeckten Gipfeln und Glet-

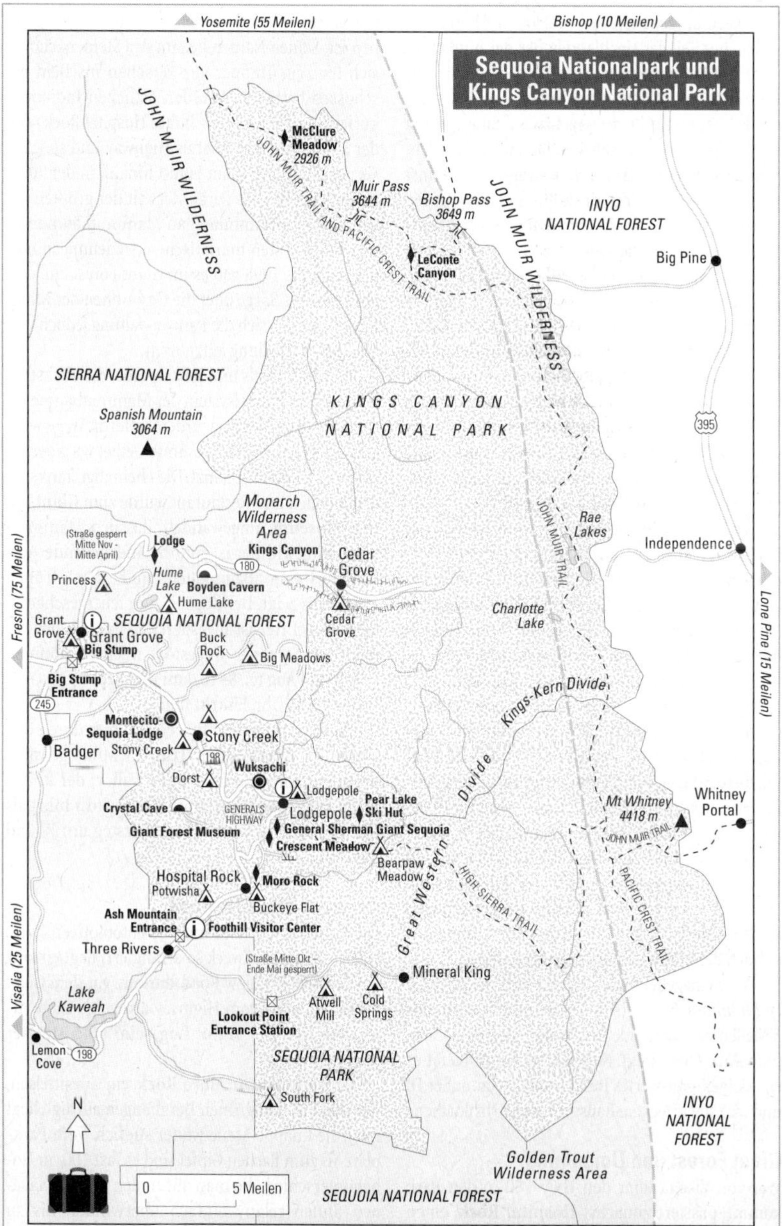

VALLEYS UND PARKS

scherseen umgebenen Tals in 2400 m Höhe. Dieser einzige Teil des Hochlandes, der per Auto (aber nicht mit Wohnmobilen, Bussen oder Anhängern) zu erreichen ist, lädt zu herrlichen Wanderungen ein. Die Straße ist in der Regel zwischen Ende Mai und Mitte Oktober befahrbar, bei ausbleibendem Schnee auch etwas länger. Die Straße wurde einst von Schürfern angelegt, die hofften, in den Bergen Silber zu finden. Ihre Erwartungen wurden nicht erfüllt, weshalb sie die Minen wieder verließen. Danach war die Region dem friedlichen Verfall preisgegeben, bis Mitte der 60er Jahre der Disney-Konzern den Bau eines riesigen Skiparadieses plante. Vereitelt wurde das Vorhaben nur durch Naturschützer, die für die Eingliederung des Gebiets in den Sequoia National Park plädierten und dieses Ziel 1978 erreichten. Heute gibt es in dieser völligen Abgeschiedenheit lediglich einige vereinzelte, kleine Sequoien-Haine, ein paar einfache Campingplätze und ein idyllisches Resort.

Hat man die 700 Spitzkehren und Kurven der Stichstraße überstanden, kann man sich am Fluss erholen und über den steilen **Sawtooth Pass** zu den alpinen Tälern der angrenzenden Gletscher hinaufsteigen. Eine weniger anstrengende Einführung in die Flora und Fauna von Mineral King bietet ein kurzer Naturlehrpfad am Campingplatz *Cold Springs*.

Gegenüber vom Campingplatz erteilt die *Ranger Station*, ✆ 559/565-3768, praktische Informationen und Wilderness Permits. ⌚ Ende Mai–Sept tgl. 8–16.30 Uhr. Für Tageswanderungen sind keine Permits erforderlich, für Exkursionen mit Übernachtung werden sie bis Ende September ausgegeben ($15 pro Gruppe), danach können Permits in Eigenregie ausgestellt werden. Vor allem im Juli und August sind sie sehr begehrt. Reservierungen sind ab dem 1. März möglich; manche Permits gibt es nach dem Prinzip *first-come-first-served*.

Wer nicht zelten möchte, kann sich im *Silver City Mountain Resort* (s.S. 391) einquartieren, das 5 Meilen vor dem Ende der Straße, nahe dem Campingplatz *Atwell* liegt. Neben Unterkunft bietet es ein kleines, preiswertes Restaurant (⌚ tgl. außer Di und Mi) sowie leckere hausgemachte Obstkuchen.

Giant Forest und Umgebung

Wer von Visalia über den Hwy-180 in den Park kommt, passiert zunächst **Hospital Rock**, einen kaum zu verfehlenden Felsen am Straßenrand, der mit indianischen Malereien aus dem 14. Jh. versehen ist. Seinen Namen bekam der Stein, nachdem sich hier ein Trapper aus Versehen ins Bein geschossen hatte und von den örtlichen Indianern kuriert worden war. Kurz hinter Hospital Rock wird der Hwy-180 zum Generals Highway und steigt in Serpentinen zum Giant Forest hinauf, in den dicht bewaldeten Teil des Parks, der mit der größten zugänglichen Ansammlung an Mammutbäumen zu den attraktivsten touristischen Anziehungspunkten zählt. Bis 1998 gab es im Giant Forest ein kleines Dorf. Aus Sorge über die Gesundheit der Mammutbäume sah sich die Parkverwaltung jedoch veranlasst, die Siedlung aufzulösen.

Fast 300 Hotels und Restaurants, die buchstäblich auf dem Wurzelsystem der Mammutbäume errichtet worden waren, wurden entfernt, Wege wurden umgelegt, und das gesamte Gebiet wird derzeit saniert und neu bepflanzt. Die ehemalige Tankstelle mit Laden und Restaurant wurde zum **Giant Forest Museum** umgewandelt, das den Mammutbäumen gewidmet ist und beeindruckende Aufnahmen vom Baumfällen und dem frühen Tourismus zeigt. Der Zugang zum feuergeschädigten Sentinel Tree ist abgesperrt, so dass die neu gepflanzten Setzlinge ungestört wachsen können. ⌚ Juli und Aug tgl. 8–18, Juni und Sept 8–17, Okt–Mai 9–16.30 Uhr, Eintritt frei.

Kurze Spazierwege führen von hier durch den Wald: Der **Beetle Rock Trail** (5 Min.) gewährt Ausblicke auf das San Joaquin Valley; der knapp 1 km lange **Big Trees Trail** (1/2–1 Std.) führt als Rundwanderung über einen Holzsteg um Round Meadow.

Crescent Meadow Road

Die dichteste Konzentration an Fotomotiven (viele eigens zu diesem Zweck so arrangiert) liegt entlang der Crescent Meadow Road, die kurz vor dem Giant Forest Museum vom Highway abzweigt. Erste Attraktion ist der **Auto Log**, ein umgestürzter Stamm.

Der spektakuläre **Moro Rock**, ein Granitfelsen, der steil aus den grünen Berghängen aufragt, liegt nur eine knappe Meile weiter südlich. Vom Parkplatz bis zum flachen Gipfel sind es fast 100 m Höhenunterschied, die man auf in den Stein gehauenen Stufen relativ einfach überwindet. Bis zu 150 Meilen weit kann man von hier aus in das San

Joaquin Valley schauen, in der anderen Richtung türmen sich die Gipfel der Sierra. Es heißt, hier oben könne man das Zittern auch weit entfernter Erdbeben wahrnehmen.

Weiter auf der Crescent Meadow Road fährt man zunächst unter dem **Tunnel Log** hindurch. Der Baumstamm, durch den hier ein kleiner Tunnel geschnitten wurde, fiel schon 1937. Am Ende der Straße liegt **Crescent Meadow**, eine feuchte Wiese, zu morastig für die Sequoien, die dafür einen eindrucksvollen Hintergrund bilden. Ein Wanderweg (1,5 Meilen, 1 Std.) führt um die Lichtung zur **Log Meadow**, sozusagen ein historischer Ort, denn hier besaß einst ein gewisser Hale Tharp eine Sommerweide für seine Schafherde. Hale, ein einfacher Bauer, war einer der ersten Weißen, dem die Ureinwohner die Riesenbäume zeigten, und der erste, der je in einem Mammutbaum lebte: **Tharp's Log**, sein einfaches Baumhaus, kann man am Rand der Lichtung besichtigen.

Von hier aus führt der Rundweg weiter zum noch lebenden **Chimney Tree**, dessen Inneres vollständig ausgebrannt ist, so dass man den Himmel sehen kann. Passionierte Wanderer stoßen von hier aus über 74 Meilen zum höchsten Punkt auf dem Festland der USA außerhalb Alaskas, dem Mount Whitney (s.u.) vor.

Die großen Bäume und Crystal Cave

Nördlich der Crescent Meadow Road, über mehrere Wanderwege zu Fuß zu erreichen, steht der 3000 Jahre alte **General Sherman Tree**, der größte lebende Organismus unseres Planeten, 83 m hoch und mit einem Durchmesser von 11 m. Als die Kaweah Colony noch hier tätig war, hieß er zeitweilig auch *Karl Marx Tree.*

Der Mammutbaum (*Sequoiadendron giganteum*)

Egal ob man nun Sierra Redwood, Riesensequoie oder Mammutbaum als Bezeichnung wählt, kein anderes Lebewesen auf der Erde kann ähnlich monumentale Dimensionen vorweisen. Einige dieser Baummonster bringen mit ihrem dicken Stamm, der von der Basis bis zur Krone kaum schmaler wird, das kolossale Gewicht von 1000 Tonnen auf die Waage. Sie gehören zudem zu den ältesten Bäumen, die es gibt, und werden nicht selten 2000, manche sogar bis zu 4000 Jahre alt.

Heute findet man diese Sequoien nur noch in ca. 75 versprengten Hainen an den Westhängen der kalifornischen Sierra Nevada, wo sie in ihrem natürlichen Lebensraum in Höhen von 1500–2500 Meter in einem Streifen wachsen, der etwas südlich des Sequoia National Park beginnt und sich nach Norden bis über den Yosemite National Park erstreckt. Vertreter dieser Baumart, die während des 19. Jhs. überall auf der Welt gepflanzt wurden, scheinen zu gedeihen, haben es jedoch bislang nicht auf die hiesigen, enormen Ausmaße gebracht.

Wegen ihrer zimtfarbenen Rinde werden junge Sequoien nicht selten mit kalifornischen Flusszedern verwechselt, mit zunehmendem Alter jedoch bilden sie ihre unverwechselbare dicke, schwammartige Borke aus, die ihr Splintholz vor den periodisch wütenden Waldbränden schützt. Dabei spielt Feuer eine entscheidende Rolle bei der Vermehrung der Sequoien. Die weiblichen, hühnereigroßen Zapfen sind voll gepackt mit hunderten Samen, doch es bedarf enormer Hitze, damit sie sich öffnen. Um zu keimen, was selten genug passiert, benötigen die Samen perfekte Bedingungen – in der Regel einen Ort, an dem ein alter Baum umgestürzt ist und ein Loch im Blätterdach hinterlassen hat, so dass reichlich Licht auf den fruchtbaren mineralischen Boden fallen kann.

Bei Jungbäumen reicht der Astwuchs noch bis zum Boden und verleiht dem Baum ein kegelförmiges Erscheinungsbild; wenn sie älter werden, werfen sie die unteren Äste jedoch ab und behalten nur die schwere Krone. Ein flaches, weit verzweigtes Wurzelsystem gibt ihnen Halt, doch irgendwann bringt starker Schneefall oder ein Sturm ältere Bäume zu Fall. Kraft ihrer schützenden Rinde und dem tanninreichen Holz kann eine umgestürzte Riesensequoie noch hunderte Jahre nahezu unversehrt überdauern. John Muir entdeckte ein solches Exemplar zusammen mit einer 380 Jahre alten Weißtanne, die aus der von der Sequoie geschaffenen Senke wuchs.

Der **Congress Trail**, der beim General Sherman Tree beginnt, ist ein schöner Rundwanderweg zu den vielen anderen Ehrfurcht gebietenden Mammutbäumen (2 Meilen, leichte Steigungen).

Wenn man sich an den herrlichen Riesenbäumen satt gesehen hat, kann man die 9 Meilen von Giant Forest entfernte Tropfsteinhöhle **Crystal Cave** aufsuchen. Von Mitte Mai–Sept gibt es tgl. zwischen 11 und 16 Uhr 45-minütige Führungen ($10) – die am Vormittag sind normalerweise nicht ausgebucht; die 2-stündige *Discovery Tour* ($18) wird nur von Mitte Juni bis Aug tgl. außer Sa um 16.15 Uhr angeboten. Eintrittskarten für beide Führungen muss man mindestens 2 Std. im Voraus bei den Visitor Centers in Lodgepole oder Foothill kaufen. Und nicht vergessen, eine Jacke mitzunehmen – in den Höhlen ist es kühl.

Lodgepole und Umgebung

In Lodgepole Village, 3 Meilen nördlich vom General Sherman Tree, sollte man auf jeden Fall anhalten und das *Visitor Center,* ✆ 559/565-4436, besuchen. Hier werden sehr informative Filme vorgeführt, viele Informationen geboten und eine kleine geologische Ausstellung gezeigt. ⌚ Juli und Aug tgl. 8–18, Mai, Juni und Sept tgl. 8–17, Okt–April Fr–Mo 9–16.30 Uhr. Ein Lebensmittelladen, eine Burger-Bar, Duschen, ein Waschsalon und ein Campingplatz machen Lodgepole zum geschäftigen Zentrum des Parks.

Lodgepole liegt am Ende des **Tokopah Valley**, eines eiszeitlichen Gletschertals, das dem Yosemite Valley nicht unähnlich ist. Man kann problemlos über den Tokopah Valley Trail von Lodgepole durch das Tal bis zu den Wasserfällen, den **Tokopah Falls**, wandern, wo sich auch der 487 m hohe **Watchtower**-Felsen erhebt.

Vom Gipfel dieses Felsens hat man einen großartigen Blick auf das Tal. Besteigen kann man ihn über den **Lakes Trail**, einen beliebten, aber auch anstrengenden Wanderweg, der im Verlauf seiner 6,5 Meilen Länge 700 m ansteigt.

Im weiteren Verlauf führt der Weg an drei von zunehmend spektakulärer Gletscherlandschaft umgebenen Seen vorbei. Am zweiten See, dem **Emerald Lake** (2800 m), kann man zelten. Der Weg endet eine Meile weiter am **Pear Lake** (2900 m), auch hier steht ein Campingplatz zur Verfügung. Erfahrene Bergwanderer starten von den Seen aus in Eigenregie zu längeren Wanderungen in die höheren Regionen.

Der steilste Wanderweg von Lodgepole aus ist der **Alta Peak & Alta Meadows Trail**, der auf 7 Meilen einen Höhenunterschied von 1220 m überwindet. Nach etwa 3 Meilen teilt sich der Weg: Man hat die Wahl zwischen dem einfachen, flachen Wanderweg zur **Alta Meadow** mit ihrem atemberaubenden Panorama (und einem 4 Meilen langen Pfad zum einsamen **Moose Lake**) und dem fast senkrechten Pfad, der über einen Höhenunterschied von noch einmal 610 m zum **Alta Peak** führt.

Hinter Lodgepole biegt der Generals Highway nach Westen ab und erreicht nach 4 Meilen **Wuksachi**, eine neu entstandene Siedlung, die zum Teil als Ersatz für das Giant Forest Village gegründet wurde. Hier gibt es eine schicke Lodge und ein Restaurant. Jenseits davon führt die Straße schon bald wieder nach Norden und durchquert das Giant Sequoia National Monument, bevor sie in den Kings Canyon National Park führt. Unterkunft und Verpflegung findet man in **Stony Creek** und der *Montecito-Sequoia Lodge*. Im Sequoia National Forest gibt es zudem einige einfache Campingplätze.

Kings Canyon National Park

Er ist wilder, weniger erschlossen und auch weniger besucht als Sequoia. Die wichtigen Besuchereinrichtungen sind lediglich auf zwei kleine Siedlungen verteilt: Grant Grove nahe der Zufahrt Big Stump, und Cedar Grove, das sich ca. 25 Meilen östlich davon in die Talsohle des Canyon schmiegt, wo die meisten Wanderrouten beginnen. Die einzige als solche zu bezeichnende Straße verbindet die beiden Orte entlang einer spektakulären Strecke am Rand des kolossalen Canyon; im Winter, d.h. in der Regel von Mitte Nov bis Mitte April, ist sie gesperrt. Verzweigte Canyons und einsame Seen sind eine perfekte Umgebung, wenn man auf Entdeckungsreise gehen will.

Grant Grove und das Gebiet Big Stump

Die Anfahrt in den Kings Canyon National Park führt zwangsläufig durch Grant Grove, wo sich inmitten von dichtem Baumwuchs zahlreiche Besuchereinrichtungen befinden – darunter Unterkünfte, ein Postamt, Restaurants sowie ein hilfsbereites und bestens ausgestattetes *Visitor Center* – und den

Ort zu einer guten Ausgangsbasis für die Erkundung des Parks machen.

In Grant Grove gibt es zwei Bäume, deren massige Erscheinung dem General Sherman Tree ernsthafte Konkurrenz bieten: der **Robert E. Lee Tree** und der **General Grant Tree**, nach dem das Gebiet benannt ist und der als drittgrößter Baum der Welt gilt. Er ist außerdem der einzige lebende Schrein des Landes und den Kriegsopfern gewidmet.

Zwei Meilen südlich von Grant Grove liegt das Gebiet **Big Stump**. Der Name rührt von den vielen großen Baumstümpfen her, die man in der Gegend sieht – Zeugnisse der Abholzung von Mammutbäumen um 1880. Ein leichter Pfad (1–2 Meilen, je nachdem wie viele der traurigen Stümpfe man erträgt) führt durch diesen verwüsteten Waldabschnitt zum Mark Twain Stump, dem verbleibenden Zeugnis eines gefällten Giganten. Eine Holzscheibe davon ist im American Museum of Natural History zu bewundern, eine weitere ging an das British Museum in London.

Lohnend ist die Fahrt hinauf zum 2 Meilen östlich des Visitor Center gelegenen **Panoramic Point**, wo sich ein weiter Blick über den Kings Canyon öffnet.

Hume Lake

8 Meilen nördlich von Grant Grove zweigt eine kleine Nebenstrecke zum 3 Meilen entfernten Hume Lake ab, der streng genommen im Sequoia National Forest liegt. Der künstliche See wurde 1908 angelegt, um Wasser in die Kanäle zu leiten, auf denen man die abgeholzten Mammutbäume abtransportierte. Heute liegt er in herrlicher Umgebung in einem einsamen, dünn besiedelten Gebiet und lädt nahe den Wanderwegen zum Schwimmen, zu einer Kanufahrt oder zu einer Übernachtung auf dem relativ großen Campingplatz *Hume Lake* am Seeufer ein. Am einen Ende des Sees ist das *Hume Lake Christian Camp* angesiedelt, dort gibt es teures Benzin, Lebensmittel, ein Postamt und einen Coffeeshop.

Kings Canyon Highway

Die meisten Besucher schenken dem Hume Lake kaum Beachtung und begeben sich zielstrebig zur Hauptattraktion im Norden des Parks, dem Kings Canyon, der mit Tiefen bis zu 2400 m zu den tiefsten Schluchten der Vereinigten Staaten zählt. Die Felswände aus Granit und bläulich schimmerndem Marmor sind mit den weißen Blüten der Yucca-Pflanzen gesprenkelt (besonders im Mai und Anfang Juni). Dahinter erstreckt sich ein weites Gebiet unberührter Wildnis, durch die der South Fork, einen Nebenfluss des Kings River, fließt. Während der Schneeschmelze im Frühjahr verwandelt sich der Fluss in einen reißenden Strom, doch auch zu anderen Jahreszeiten ist er mit großer Vorsicht zu genießen. Schon viele, die nur am Ufer umherplanschten, sind von der Strömung unversehens weggerissen worden.

Auf dem Weg zum Canyon, der einen Abschnitt des Giant Sequoia National Monument durchquert, lassen sich zwei lohnende Abstecher unternehmen: Der erste in Form einer kurzen Autofahrt zum **Chicago Stump**, einem weiteren Rest eines gefällten Riesen, der am Ende des 19. Jhs. zerlegt und in nummerierten Teilen nach Chicago verfrachtet wurde, um dort für die Kolumbus-Weltausstellung wieder aufgetürmt zu werden.

Eine attraktivere Abzweigung führt an **Stump Meadow**, einem weiteren Mammutbaum-Friedhof, vorbei zu dem Ausgangspunkt für einen Spazierweg zum **Boole Tree**, dem umfangreichsten Mammutbaum der Welt, der hier alle anderen Bäume überragt. Niemand weiß, warum gerade er verschont geblieben ist. Der Baum wird wenig aufgesucht, vielleicht weil die meisten Leute den 2 Meilen langen Rundweg scheuen. Wenn man den leichteren Pfad zur Linken wählt, hat man nach einer halben Stunde sein Ziel erreicht.

Unten im Canyon angelangt, führt die Straße zur **Boyden Cavern**, einer Höhle mit bizarren Gesteinsformationen, die sich im Laufe der Jahrtausende gebildet haben. Im Inneren ist es sehr still und kühl, es herrscht das ganze Jahr über eine konstante Temperatur von 13 °C, was dazu führt, dass zahlreiche Kleintiere, die durch ein Loch in der Höhlendecke fallen, sofort in den Winterschlaf übergehen. 🕓 Juni–Aug tgl. 10–17 Uhr, Ende April–Mai und Sept–Anfang Nov tgl. 11–16 Uhr, Führungen (45 Min.) jede Stunde, $10.

Cedar Grove

Cedar Grove Village ist die einzige nennenswerte Siedlung im Park, obwohl diese Bezeichnung etwas übertrieben ist. Sie besteht aus ein paar Hütten, Campingplätzen, der *Cedar Grove Lodge,* einem modernen Holzgebäude. Von hier aus kann man sich dann zu Fuß auf den Weg machen. Auf der anderen Seite des Flusses liegt das Visitor Center.

3 Meilen östlich vom Village befinden sich die Wasserfälle **Roaring River Falls**, die – zumindest zeitweise – ihrem Namen alle Ehre machen. Ausgesprochen reich ist die Vogelwelt sowie die Blütenpracht: Lupinen, scharlachrote Kastillea, Pantherlilien, Violen, Götterblumen und viele andere gedeihen hier. Wanderungen an den vielfach 7 oder 8 Meilen langen Bächen entlang können ziemlich anstrengend werden; man sollte auf jeden Fall reichlich Wasser mitnehmen. Eine einfachere Alternative ist ein Spaziergang zur **Zumwalt Meadow**, einer saftigen, einladenden Wiese unterhalb der bedrohlichen, grauen Felswände des **Grand Sentinel** (gute Aussicht nach ca. 2 Meilen langem Aufstieg) und des **North Dome**, 4 Meilen von Cedar Grove Village entfernt, unweit der Straße. Auf der Wiese wachsen großblättrige Ahornbäume, Teichkolben und Hornsträucher, häufig kann man auch Tiere beobachten.

Am **Copper Creek**, nur eine Meile weiter, ist die Straße zu Ende. Wer also weiter zu den Canyons und Gipfeln der Kings River Sierra will, muss sich auf Wanderwegen fortbewegen und vor allem viel Zeit und viel Verpflegung mitnehmen! Ein Wilderness Permit für das Gebiet gibt es in der *Road's End Wilderness Permit Station* (s.u.). Weniger Ambitionierte begnügen sich damit, ein paar hundert Meter Richtung Fluss zum **Muir Rock** zu spazieren, um die Stelle zu sehen, an der John Muir (s.S. 398) die ersten Treffen des Sierra Clubs leitete.

Übernachtung

Alle Einrichtungen in den Parks werden jeweils von einem Konzessionsinhaber gemanagt:
***Kings Canyon Park Services** (KCPS)*, ✆ 559/335-5500 oder 1-866/522-6986, 💻 www.sequoia-kingscanyon.com, für das Gebiet um Cedar Grove und Grant Grove,
***Delaware North** (DN)*, ✆ 559/565-4070 oder 1-888/252-5757, 💻 www.visitsequoia.com, für Lodgepole und Wuksachi.
Mit der Eröffnung zweier neuer Lodges als Ersatz für die in Giant Forest geschlossenen Unterkünfte hat sich zwar der Standard hin zu größerem Luxus verlagert, es stehen jedoch nach wie vor einfache Hütten zur Verfügung.
Im Sommer ist kaum ein Bett zu bekommen, es ist daher ratsam, einige Monate im Voraus zu reservieren. Mitunter sind aber auch kurzfristig stornierte Unterkünfte zu bekommen.
Am erschwinglichsten sind die Motels entlang der Zufahrtsstraßen, ein paar Meilen von den Eingängen entfernt. Die beste Auswahl findet man im Süden in Three Rivers; an Wochenenden im Sommer sowie über Feiertage empfiehlt sich dort eine Reservierung.
Sämtliche verfügbaren überdachten Unterkünfte innerhalb der Parks sind hier gelistet, vom Angebot am Hwy-198 und Hwy-180 wurden nur die jeweils besten zusammengestellt.

INNERHALB DER PARKS – ***Bearpaw Meadow Camp***, 11 Meilen zu Fuß östlich von Giant Forest Village, am High Sierra Trail (dem Trail einfach von Crescent Meadow folgen), ✆ DN, ⏲ Mitte Juni–Mitte Sept. Feste, holzbeplankte Zeltunterkunft mit weichen Betten, flauschigen Handtüchern und heißen Duschen, inkl. herzhafter Mahlzeiten in einzigartiger Umgebung in 2400 m Höhe, kein Strom. Reservierungen ab 2. Januar; Wochenenden und Feiertage sind rasch ausgebucht, im Juni und Sept sind in der Woche durchaus noch Plätze ohne Reservierung zu bekommen. $160 pro Person.
Cedar Grove, am Kings River, mit Restaurant und Geschäften in einem Komplex, ✆ KCPS, ⏲ Mai–Okt. Gemütliche Lodge, Zimmer mit Bad und Klimaanlage, z.T. auch mit Küchenzeile. ❺–❻
Mit Abstand die meisten Unterkünfte befinden sich in **Grant Grove**, ✆ KCPS, ganzjährig geöffnet, meistens mit Platz für bis zu 4 Pers. Die einfachsten sind die ausschließlich im Sommer angebotenen Zelt-Hütten mit Kochstelle, Propangasheizung und Wäscheservice, ❷. Die Mehrzahl der rustikaleren Cabins, ❹, stammen aus den 1920er Jahren und wurden hübsch restauriert. Wer Wert auf ein eigenes Bad legt, muss sich in einer der Deluxe Cabins, ❺, oder in der ***John Muir Lodge*** einquartieren, die sehr komfortable Hotelzimmer und Suiten bietet. ❼–❽
Wuksachi Lodge, ✆ DN, ganzjährig geöffnet. Konkurriert mit der John Muir Lodge um die besten Zimmer im Park und umfasst neben der eleganten zentralen Lodge mit einem Restaurant mehrere, großzügig im Wald verteilte Gebäude

mit Zimmern und Suiten. Vorzugsweise sollte man sich in einem der oberen Stockwerke mit Blick auf die Berge unterbringen lassen. ❼–❽

SEQUOIA NATIONAL FOREST – ***Montecito-Sequoia Resort,*** auf dem Generals Highway (Hwy-198), zwischen Grant Grove Village und Giant Forest Village, ✆ 559/565-3388 oder 1-800/843-8677, Reservierungen unter ✆ 650/967-8612 oder 1-800/227-9900, 💻 www.mslodge.com. Große, ungezwungene Ferienanlage für die ganze Familie in schöner Lage an einem künstlichen See. Vielfältiges Angebot an Aktivitäten, darunter Kanufahren, Schwimmen, Reiten, Wakeboarding und Volleyball im Sommer, Wandern auf Schneeschuhen, Schlittschuhlaufen und Skilanglauf im Winter. Von Mitte Juni bis Anfang Sept ist alles ausgebucht, außer – seltsamerweise – samstags. Zu anderen Zeiten findet man immer ein Plätzchen, entweder in den rustikalen Cabins ($79 p.P.) oder in Zimmern mit eigenem Bad in der Lodge ($99 p.P.). Im Übernachtungspreis sind sämtliche Mahlzeiten enthalten, und die sind sogar recht gut.

Stony Creek, Generals Highway, ✆ KCPS, ◷ Ende Mai–Okt. Einfache, bequeme Unterkunft im Stil eines Motel, mit Duschen sowie einem guten Restaurant und Lebensmittelladen im selben Häuserblock. Reichhaltiges Frühstück inkl. ❻

SÜDLICH DER PARKS: LEMON COVE, THREE RIVERS UND MINERAL KING – ***Buckeye Tree Lodge,*** 46000 Hwy-198, Three Rivers, kurz vor dem südlichen Parkeingang, ✆ 559/561-5900, 💻 www.buckeyetree.com. Kleine, komfortable, moderne Zimmer mit TV, Bad und Veranden mit Blick auf den Wildwasser-Fluss. Außerdem ein Cottage mit 5 Schlafplätzen (❽), schöner Pool. ❺

The Gateway, 45978 Hwy-198, Three Rivers, direkt an der Parkzufahrt am Kaweah River, ✆ 559/561-4133, 💻 www.gateway-sequoia.com. Etwas angejahrte, aber saubere und zweckmäßige, motelähnliche Zimmer mit Kabel-TV, einige mit Terrasse und Blick auf das Wasser, außerdem ein großes, 6 Pers. fassendes Haus für Selbstversorger für $265–325. ❺

Plantation B&B, 33038 Hwy-198, Lemon Cove, 17 Meilen südlich des Parks, ✆ 559/597-2555 oder 1-800/240-1466, 💻 www.theplantation.net. Luxuriöses B&B in einer Zitrusplantage, mit beheiztem Pool und Jacuzzi. Das Motto der Zimmer ist *Vom Winde verweht,* was so weit geht, dass das Belle-Watling-Zimmer wie ein Bordell eingerichtet ist. ❼–❽

Sierra Lodge, 43175 Hwy-198, Three Rivers, 4 Meilen südlich des Parks, ✆ 559/561-3681 oder 1-800/367-8879, 💻 www.sierra-lodge.com. Etwas älteren Datums, aber geräumig, sauber und mit Pool. Die Zimmer sind modernisiert und haben eigenes Bad/WC, viele auch eine eigene Terrasse; es gibt auch einige Suiten, einige davon mit Kochgelegenheit. ❹–❺

Silver City Mountain Resort, Mineral King, 20 Meilen östlich von Three Rivers, ✆ 559/561-3223, 💻 www.silvercityresort.com. Idyllischer Flecken im Wald mit rustikalen, teilweise aus den 1930er Jahren stammenden Hütten mit Küche und Kanonenofen (aber nur z.T. mit Toilette) sowie modernen, komfortableren Chalets, die für mindestens 2 Nächte gebucht werden müssen. Zur Anlage gehören auch ein Laden mit beschränktem Lebensmittelangebot und ein Restaurant. ◷ Juni–Mitte Okt. Einfache Cabin für max. 4 ❹, Cabin für max. 6 Pers. ❼, Chalets ❽

Three Rivers Hideaway, 43365 Hwy-198, rund 3,5 Meilen südlich des Parks, ✆ 559/561-4413, 💻 www.threerivershideaway.com. Kleiner Zelt- und Wohnmobilplatz mit ein paar in die Jahre gekommenen und sehr schlichten Cabins (einige mit Kochecke), die billiger in dieser Gegend nicht zu bekommen sind. Zeltstellplatz $20, Stellplatz mit Anschlüssen für Wohnmobile $25–29, Cabin ❸–❺.

AM HWY-180: ***Sequoia View Vineyard B&B,*** 1384 S Frankwood Ave, Sanger, nahe dem Hwy-180, 35 Meilen westlich der Parkzufahrt und 20 Meilen östlich von Fresno, ✆ 559/787 9412 oder 1-866/738 6420, 💻 www.svbnb.com. Bietet ein großes und geschmackvoll eingerichtetes Zimmer mit Balkon über dem Verkostungsraum der Kellerei sowie Unterkunft in einem ländlich-eleganten Gästehaus mit Wohnzimmer und Küchenzeile. Üppiges Frühstück inkl. ❻

Sierra Inn Motel, 37692 Hwy-180, Dunlap, ✆ 559/338-0678. Kleine, funktionale Motelzimmer mit TV und Klimaanlage, 14 Meilen westlich der

Parkzufahrt Big Stump, neben einem Sandwich- und Steak-Restaurant mit Bar. ❸

Snowline Lodge, 44138 Hwy-180, 8 Meilen westlich der Parkzufahrt, ✆ 559/336 2300, ✉ snowlinelodge@aol.com. Sechs ältere, aber saubere und gut gepflegte Zimmer mit Deckenventilator sowie einige Familienzimmer, z.T. mit Zugang zu einer breiten Veranda, aber ohne TV und Telefon. ❹

CAMPINGPLÄTZE – können höchstens an Feiertagen knapp werden. Auf allen Plätzen gilt das Motto *first-come, first-served*. Ausnahmen hiervon sind *Lodgepole* und *Dorst*, die über das ***National Park Reservation System*** (NPRS), ✆ 301/722-1275 oder 1-800/365-2267, 💻 www.reservations.nps.gov, reserviert werden können, sowie *Princess* und *Hume Lake:* Für diese reserviert man beim ***Forest Service***, ✆ 1-877/444-6777, 💻 www.reserveusa.com.

Anschlüsse für Wohnmobile gibt es nicht, Entsorgungsstationen findet man in Potwisha, Lodgepole und Dorst.

Wer wild zelten will, muss sich ein **Wilderness Permit** ($15 pro Gruppe) besorgen – erhältlich von: Wilderness Permit Reservations, Sequoia & Kings Canyon National Park, HCR 89 Box 60, Three Rivers, CA 93271, ✆ 559/565-3766, 📠 565-4239, unter Angabe des genauen Zeitraums, der geplanten Route inkl. einer Ersatzroute, der Personenzahl sowie der anvisierten Camping-Orte. Reservierungen werden ab dem 1. März und mindestens 3 Wochen vor dem geplantem Aufbruch entgegengenommen. Ausführliche Informationen enthält die kostenlose Zeitung *Backcountry Basics*, die in den Visitor Centers im Park erhältlich ist.

Öffentliche Duschen gibt es in:
Lodgepole (mit Münzeinwurf), 🕓 im Sommer tgl. 8–13 und 15–20 Uhr, mind. $2;
Stony Creek, 🕓 Mitte Mai–Sept tgl. 8–19.30 Uhr, $4;
Grant Grove Village, 🕓 ganzjährig tgl. 11–16 Uhr, $4;
Cedar Grove Village, 🕓 im Sommer tgl. 9–17 Uhr, $4.

Die Liste der Campingplätze folgt von Süd nach Nord. Besondere Beachtung gilt der jeweils angegebenen **Höhenlage** als Hinweis auf die zu erwartenden Temperaturen. Außerhalb der Hochsaison im Sommer oder wenn die Wasserversorgung eingestellt wird (insbesondere im Winter), liegen die Preise nicht selten niedriger oder werden ganz ausgesetzt.

South Fork, im äußersten Südwesten des Parks, 13 Meilen östlich des Lake Kaweah, 1100 m, 🕓 ganzjährig, $12. Wasser gibt es aus dem Fluss.

Cold Springs, Mineral King, 25 Meilen westlich des Hwy-198, 2300 m, 🕓 Ende Mai–Okt, $12. Herrliche schattige Lage, einige sehr ruhige Plätze, Wasser aus dem Fluss.

Atwell Mill, Mineral King, 5 Meilen näher am Highway, 2000 m, 🕓 Ende Mai–Okt, $12. Nicht ganz so reizvoll wie *Cold Springs*, einige ausschließlich Zelten vorbehaltene Stellplätze, Wasser verfügbar.

Potwisha, in Nähe des Hwy-198, 3 Meilen nordöstlich der südlichen Parkzufahrt, an der Marble Fork des Kaweah River, 640 m, 🕓 ganzjährig, $18. Kleiner, von Wohnmobilen dominierter Platz, Wasser verfügbar.

Buckeye Flat, 6 Meilen östlich des Hwy-198, nahe der südlichen Parkzufahrt, an der Middle Fork des Kaweah River, 850 m, 🕓 Ende Mai–Mitte Okt, $18. Idyllisch und ohne Wohnmobile, Wasser verfügbar.

Lodgepole, 4 Meilen nördlich des Giant Forest Village, nahe dem Highway, 2050 m, 🕓 ganzjährig, $18 oder $20 mit Reservierung. Größter und betriebsamster Campingplatz, Reservierungen in der Hochsaison, wenn Münzduschen, ein Laden, Wasser sowie WCs zur Verfügung stehen, über NPRS.

Dorst, 8 Meilen nördlich von Lodgepole, 2050 m, 🕓 Ende Mai–Anfang Sept, $20. Ebenfalls groß, während der Saison Wasser sowie WCs, Reservierungen im Sommer über NPRS.

Buck Rock, 3 Meilen westlich des Highway, auf halber Strecke zwischen Lodgepole und Grant Grove Village, 2300 m, 🕓 Ende Mai–Okt, kostenlos. Herrlicher, nur wenig genutzter Campingplatz im National Forest. Kein Wasser.

Big Meadows, eine Meile weiter westlich, zwischen freiliegenden Granitkuppen, 2300 m, 🕓 Ende Mai–Okt, kostenlos. Im Sommer Moskitos, Wasser aus dem Fluss.

Princess, im National Forest, günstige Lage auf dem Weg in den Kings Canyon, 1800 m, 🕓 Ende Mai–Sept, $15 oder $17 bei Vorabreservierung.

Wasser und Toiletten. Reservierung beim *Forest Service*.

Hume Lake, im National Forest, 1580 m, ◷ Mitte Mai–Okt, $17 oder $19 bei Vorabreservierung. Wasser und Toiletten vorhanden, der See ist etwas für hartgesottene Schwimmer. Reservierung beim *Forest Service*.

Sunset, Azalea und ***Crystal Spring***, Grant Grove Village, 1980 m, ◷ *Azalea* ganzjährig, die anderen nach Bedarf, $18. Campingplätze vergleichbarer Größe, alle nur wenige hundert Meter vom *Grant Grove Visitor Center* entfernt.

Sheep Creek, Sentinel, Canyon View und ***Moraine***, Cedar Grove Village, 1400 m, ◷ Anfang Mai–Okt, $18. Praktisch aneinander grenzende Campingplätze um das *Cedar Grove Visitor Center*. Canyon View ausschließlich für Zelte.

Essen und Unterhaltung

Lebensmittelmärkte und Cafeterias gibt es in Lodgepole, Stony Creek und Cedar Grove Village. Natürlich sind die Preise hier höher als außerhalb des Parks. Ähnlich verhält es sich mit den Restaurants, wobei Three Rivers die beste Auswahl bei akzeptablen Preisen bietet.

INNERHALB DER PARKS UND IM NATIONAL FOREST – ***Grant Grove Restaurant***, Grant Grove. Bodenständige Küche: Frühstück, Burger, Sandwiches sowie Fisch, Hühnchen oder Steak für $13–19 und riesige Pizza im Haus oder zum Mitnehmen für $14. Auf der von Sonnenschirmen beschatteten Terrasse gibt es einen Espressostand.

Lodgepole Deli, Lodgepole. Bestes der bezahlbaren Speiselokale im Park, ansehnliche Frühstücksportionen, Sandwiches und Kaffee.

Montecito-Sequoia Lodge, s.S. 391, serviert Mahlzeiten in geselliger Atmosphäre an großen Gemeinschaftstischen. Frühstück 8–9.30 Uhr, $10; Mittagessen 12–13.30 Uhr, $10; Dinner 18–19.30 Uhr, $17, die Bar hat bis 21 Uhr geöffnet.

Stony Creek, Generals Highway, ✆ KCPS. Unspektakuläres Diner/Restaurant. Anständige Burger ($7), Brathuhn ($15), Steak ($20). ◷ tgl. außer Mo 11.30–14 und 17–20 Uhr.

Wuksachi Lodge, ✆ 559/565-4070, bestes Essen innerhalb der Parks in prunkvollem Ambiente, u.a. Baja Chicken Sandwiches ($9), Steaks ($25), knusprig gebratener Mahi Mahi ($20) und ein reichhaltiges Frühstücksbüffet ($10). Bar tgl. bis 23 Uhr geöffnet. Abends reservieren.

THREE RIVERS – ***The Cabin***, 42251 Hwy-198, 5,5 Meilen südlich der Parkzufahrt, ✆ 559/561-4785. Hat den besten Espresso der Gegend.

Gateway Restaurant, 45978 Hwy-198, in herrlicher Lage mit schattiger Terrasse am Kaweah River, kurz vor der südlichen Parkzufahrt. Mittags u.a. leckere Hühnchen-Tostadas ($8), Emu-Burger ($8) oder überbackene Auberginen ($9), abends Fleisch- und Fischgerichte ($16–25), So Brunch ($13).

We Three Bakery, 43368 Hwy-198, 3,5 Meilen südlich des Parks. Gut und freundlich, empfiehlt sich für Frühstück und Mittagessen oder bei Appetit auf ofenfrischen Kuchen und anderes Gebäck. ◷ Mi–So 7.30–15 Uhr.

Aktivitäten

REITEN – In den Nationalparks und im umliegenden Waldgebiet gibt es vier Stallungen. Alle bieten verschiedene Exkursionen an, die von ein- bis zweistündigen Ausritten (ca. $45 für 2 Std.) bis hin zu mehrtägigen Ausflügen in die Wildnis reichen. Die meisten betreiben ihr Geschäft von Mitte oder Ende Mai–Anfang Sept:

Cedar Grove, ✆ 559/565-3464.

Horse Corral, zwischen Lodgepole und Grant Grove, ✆ 559/565-3404;

Grant Grove, ✆ 559/335-9292;

Mineral King, ✆ 559/561-3039;

RAFTING – ***Kaweah Whitewater Adventures***, 42323 Hwy-198, Three Rivers, ✆ 559/561-1000 oder 1-800/229-8658, 💻 www.kaweahwhitewater.com, von Mitte April bis Ende Juni Rafting-Ausflüge auf dem Kaweah River zwischen Three Rivers und Lake Kaweah, angefangen bei relativ ruhigen, 2-stündigen Trips für $45 bis hin zu raueren Tagesexkursionen (Level IV–V) für $130.

Sonstiges

EINTRITT – Die Parks haben ganzjährig geöffnet, Eintritt pro Auto $10, Wanderer und Radfahrer $5, gültig für 7 Tage.

GELD – In beiden Parks gibt es keine Banken, US$-Travellers Cheques und Kreditkarten werden weithin akzeptiert, in Lodgepole, Stony Creet, Grant Grove und Cedar Grove gibt es außerdem Geldautomaten.

INFORMATIONEN – Vor jeder mehrtägigen Wanderung in abgelegene Gebiete sollte man sich mit den Rangern in Verbindung setzen und eine detaillierte Karte besorgen (in den Visitor Centers sind verschiedene Gebietskarten für $2,50 erhältlich). Die Ranger veranstalten auch interessante *campfire talks,* kommentierte Wanderungen und Diavorträge. Termine in einer kostenlosen Zeitung, die man schon am Parkeingang zusammen mit einem guten Plan erhält.
Park Headquarters in Foothills, eine Meile nördlich des südlichen Parkeingangs (Hwy-198), ⏲ Juni–Aug tgl. 8–17 Uhr, Sept–Mai tgl. 8–16.30 Uhr.
Visitor Center in Lodgepole, ✆ 559/565-3782, ⏲ Juli und Aug tgl. 8–18, Mai, Juni und Sept tgl. 8–17 Uhr, Okt–April Fr–Mo 9–16.30 Uhr.
Visitor Center in Grant Grove Village, ✆ 559/565-4307, beherbergt auch ein kleines Museum. ⏲ Juni–Aug tgl. 8–18 Uhr, Mai und Sept tgl. 8–17 Uhr, Okt–April tgl. 9–16.30 Uhr.
Visitor Center in Cedar Grove Village, ✆ 559/565-3793, ⏲ Mitte Juni–Aug tgl. 9–17 Uhr.
Eine nützliche ***Ranger Station*** findet man in Mineral King.
Im ***Hume Lake Ranger District Office,*** 35860 Hwy-180, ✆ 559/338-2251, 🖳 www.r5.fs.fed.us/sequoia, bei Clingan's Junction, 17 Meilen westlich vom Big Stump-Parkeingang, erhält man detaillierte Infos über Campingplätze und Wanderwege. ⏲ Mo–Sa 8–16.30 Uhr.
Ein 24-stündiger Ansagedienst informiert unter ✆ 559/565-3341 umfassend über die Wetteraussichten und den Straßenzustand.
Jede Menge Informationen bietet außerdem die Website des Parks: 🖳 www.nps.gov/seki.
Road's End Wilderness Permit Station in Cedar Grove, am Ende des Hwy-180, ⏲ Juni–Mitte Sept tgl. 7–16 Uhr, restlicher Sept Fr und Sa 7–14 Uhr.

INTERNET – Kein Internet-Zugang in den Parks; den am nächsten gelegenen bietet die ***Three Rivers Library,*** 42052 Eggers Drive, 5 Meilen südlich des Parks. ⏲ Di und Do 10–13 und 14–18 Uhr.

POST – An beide Postämter in Lodgepole, ⏲ Mo–Fr 8.30–13 und 14–16 Uhr, und Grant Grove, ⏲ Mo–Fr 9.30–15.30, Sa 9–11.30 Uhr, können postlagernde Sendungen geschickt werden. Anschrift für Lodgepole: c/o General Delivery, Sequoia National Park, CA 93262; für Grant Grove: Kings Canyon National Park, CA 93633.

REISEZEIT – Die beste Zeit für einen Besuch ist im Spätsommer bzw. Herbst, solange es tagsüber noch warm, nachts in Höhenlagen aber schon kühl ist, denn dann liegt noch kein Schnee auf den Straßen und die meisten Touristen sind abgezogen. Im Winter sind zwar die meisten Straßen offen, aber Schneefälle können sie zuweilen blockieren. Zwischen Mitte November und Mitte April ist die Straße nach Cedar Grove im Kings Canyon National Park gesperrt, die nach Grant Grove bleibt ganzjährig geöffnet. Der Betrieb in anderen Gegenden ist auf ein Minimum herabgeschraubt, und campen kann man nur in schneefreien Tieflagen. Dann sind die bevorzugten Aktivitäten in den Höhenlagen Skilanglauf und das Wandern auf Schneeschuhen.

TELEFON – Viele Telefonzellen in den Parks akzeptieren keine Münzen, also eine Telefonkarte mitnehmen!

WÄSCHEREIEN – Münzwäschereien gibt es in Lodgepole, ⏲ im Sommer tgl. 8–20 Uhr, und Cedar Grove Village, ⏲ tgl. 8–20 Uhr.

Transport

Mit dem Auto sind es auf dem Hwy-198 von Visalia aus nur 50 Meilen und von Fresno auf dem Hwy-180 etwas mehr; öffentliche Verkehrsmittel fahren weder nach Sequoia noch nach Kings Canyon. Wohnmobile mit einer Länge von mehr als 6,5 m und Fahrzeuge mit Anhänger sollten den Hwy-198 besser meiden. Straßenzustandsbericht unter ✆ 559/565-3341.
Benzin ist in den Parks nicht erhältlich, man sollte daher in Visalia, Fresno oder, zu etwas höheren Preisen, in Three Rivers tanken. Im Notfall kann man auf den teuren Kraftstoff in Stony Creek Village, im *Hume Lake Christian Camp*

(s.S. 389/393) oder an der *Kings Canyon Lodge* am Hwy-180 zurückgreifen. Letztere beansprucht für sich, die ältesten Zapfsäulen des Landes mit Gefällezuführung zu besitzen.

Sierra National Forest

Der Sierra National Forest erstreckt sich über das weite Gebiet zwischen Kings Canyon und Yosemite. Er ist weniger bekannt als die beiden angrenzenden Nationalparks, obwohl er einige der schönsten Berglandschaften im Inneren Kaliforniens umfasst. Das von der Bundesregierung verwaltete Gebiet genießt nicht den strengen Schutz eines Nationalparks, viele Flüsse sind gestaut worden, und man hat Ferienlager und Resorts angelegt, die mehr zum Wassersport als zum Wandern in der Natur einladen.

Im Sommer strömen am Wochenende die Bewohner des San Joaquin Valley hierher, aber dennoch ist die Gegend nicht überlaufen, und es gibt jede Menge einsamer Ecken zu erforschen, nicht zuletzt die weitläufige, wilde und unberührte John Muir Wilderness und die angrenzende Ansel Adams Wilderness mit ihren imposanten Gipfeln und saftigen Bergwiesen. Wer völlig auf sich selbst gestellt wandern und zelten will, ist hier richtig – nach den Herausforderungen dieser Region werden einem die Nationalparks wie Rentnerferien vorkommen. Die Hunderte von Wanderwegen haben wir nicht aufgelistet; jede der *Ranger Stations* kann Tipps für Wanderungen geben und verkauft die detaillierte *Sierra National Forest Map* für $12, die sogar für Autofahrer nützlich ist.

Dass an irgendeiner der wenigen Straßen ein Bus hält und jemanden mitnimmt, ist nicht zu erwarten, denn öffentliche Verkehrsmittel sind in dieser Gegend einfach nicht vorhanden. Informationen über den Straßenzustand unter ✆ 559/855-5360.

Camping im Sierra National Forest

Viele der Campingplätze im Sierra National Forest kann man zwischen Memorial Day und Labor Day über *ReserveUSA*, ✆ 1-877/444-6777, 💻 www.reserveusa.com, buchen; $10 pro Buchung.

Pineridge District und John Muir Wilderness

Von Fresno erreicht man nach 40 Meilen Fahrt auf dem Hwy-168 durch eine trockene, bucklige und von verschiedenen Eichenarten bestandene Landschaft den Pineridge District, für abenteuerliche Wanderungen am besten geeignet. In der Umgebung des 2800 m hohen Kaiser-Passes findet man abgeschiedene alpine Landschaften, ein paar passable Campingplätze, Hotels und sogar heiße Quellen. Der Westteil des Districts wird von den Wochenendbesuchern der Huntington und Shaver Lakes dominiert, während der Ostteil und die Höhen auf und über den Kaiser Pass Wandergebiet sind.

Der Hwy-168 – alias The Sierra Heritage National Scenic Byway – führt auf einer Länge von 70 Meilen zwischen den schneebedeckten Gipfeln der John Muir Wilderness in den Wald hinein. Selbst bei gutem Wetter dauert die Fahrt mindestens vier Stunden – und die Gegend ist berüchtigt für schlechtes Wetter und Straßensperrungen. Bis zu den Seen gelangt man allerdings immer.

Das *High Sierra Ranger District Office*, die am günstigsten gelegene Informationsquelle, liegt am Hwy-168 bei Prather, 5 Meilen westlich vom Waldeingang, ✆ 559/855-5355, 🕓 April–Nov tgl. 8–16.30, Dez–März Mo–Sa 8–16.30 Uhr. Vom *Ranger Office* führt der Hwy-168 auf 18 Meilen steil nach **Shaver Lake**, einer Ortschaft zwischen Pinien. Hinter Shaver Lake erklimmt er dann den 2286 m hohen Tamarack Ridge, der den **Huntington Lake**, 20 Meilen östlich, vom San Joaquin Valley trennt. Auch hier sind Wassersport und Angeln die beliebtesten Freizeitbeschäftigungen.

Mono Hot Springs ist vielleicht der angenehmste Ort der Region, ein Platz, an dem man sich entspannen kann. Dazu eignet sich das *Mono Hot Springs Resort*, ✆ 559/325-1710, 💻 www.monohotsprings.com, direkt am Ufer des San Joaquin River, 🕓 Mitte Mai–Okt; Stellplatz für Wohnmobile $25, Cabins ❷–❹. Am gegenüberliegenden Ufer gibt es einen natürlichen, 1,50 m tiefen Pool, der jederzeit und kostenlos zugänglich ist und in dem man die müden Knochen aufweichen lassen kann, während man in den Sternenhimmel schaut. Es ist nur eine von mehreren Quellen, die – allerdings zumeist versteckter – an dieser Seite des Flusses liegen.

Jenseits der Mono Hot Springs führt die Straße vorbei an mehreren Campingplätzen durch herrli-

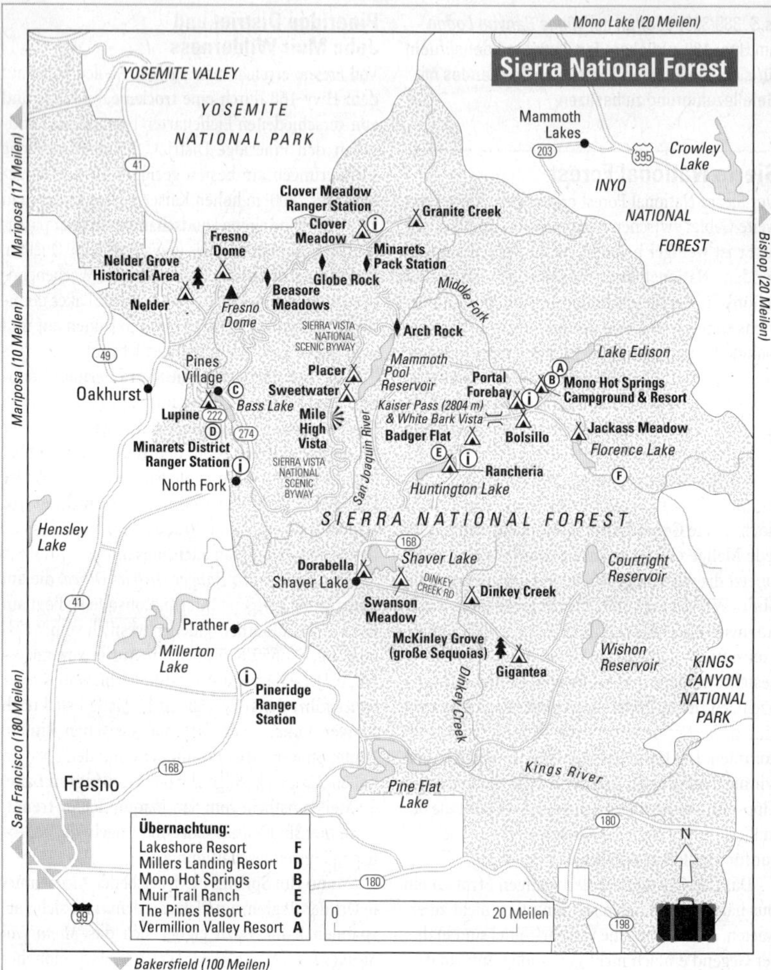

che Gebirgslandschaft zum **Lake Edison** mit dem *Vermillion Valley Resort,* ✆ 559/259-4000, 💻 www.edisonlake.com, das in erster Linie Freizeitkapitäne und Angler anlockt, aber auch als Ausgangspunkt für die Erkundung der John Muir Wilderness dienen kann; ❷–❹.

Einnehmender als der Lake Edison ist der von Bergen eingefasste **Florence Lake**, den man nach einer Fahrt durch eine bizarre Szenerie aus zerfurchten Felsen und verwachsenen Wacholderbäumen erreicht. Am See gibt es einen kleinen Laden, einen Zeltplatz ($15) und eine Fähre, die einen von Ende Mai bis Ende September für $9 pro Fahrt über den See bringt.

In der Umgebung sind mehrtägige Wanderungen entlang dem John Muir Trail und dem Pacific Crest Trail sowie in das nördliche Ende des King's Canyon National Park möglich.

Bass Lake und Mariposa District

In die nördlichen Teile des Sierra National Forest gelangt man am besten von **Oakhurst** aus (s.S. 401), dem Mittelpunkt des Mariposa District und nur 7 Meilen westlich der allergrößten Touristenattraktion der Gegend gelegen, dem von Pinien gesäumten Bass Lake. In den 60er Jahren trieben sich hier die Hell's Angels herum, denkwürdig beschrieben in dem Buch *Hell's Angels* von Hunter S. Thompson.

Heutzutage ist Bass Lake ein Erholungsgebiet für Familien, in dem es im Sommer von Bootsfahrern und Anglern wimmelt, aber dennoch ein freundliches Plätzchen für ein, zwei Ruhetage. Die Road 222 führt rund um den See, allerdings nicht immer in Sichtweite des Wassers. In der größten Ortschaft, **Pines Village**, kann man Lebensmittel kaufen, einigermaßen gut essen und übernachten.

Yosemite National Park

Wohl kaum ein Ort Kaliforniens ist mit so vielen Superlativen beschrieben worden wie der Yosemite National Park. Auch wenn die Beschreibungen sich schwülstig und überschwänglich anhören: Der erste Anblick des Yosemite Valley (ausgesprochen jo-se-mi-tie) verschlägt jedem Neuankömmling schlichtweg die Sprache. Yosemite Valley ist tatsächlich eines der spektakulärsten geologischen Szenarien. Und als ob dies nicht schon genug wäre, wachsen im südlichen Parkabschnitt nahe Wawona die Mammutbäume fast ebenso dicht und erreichen fast ebensolche Dimensionen wie die im Sequoia National Park.

Verständlich, dass der Touristenandrang dementsprechend stark ist: etwa dreieinhalb Millionen Besucher jährlich. Wer seine Ruhe haben will, sollte das Yosemite-Tal und Wawona nicht an Wochenenden oder Feiertagen besuchen. Aber auch dann gibt es insofern keine Probleme, als das gesamte Park-Areal so riesig und abwechslungsreich ist, dass man den Menschenmengen ohne weiteres entkommen kann. Yosemite kann man zu jeder Jahreszeit besuchen, selbst im Winter, wenn die Wasserfälle eingefroren und die Wanderwege unter Schneemassen begraben sind. Auch im Tal selbst ist der Andrang normalerweise erträglich, nur im Hochsommer kann es wirklich eng werden. Die weiter abseits gelegenen Gebiete werden sehr viel weniger besucht, vor allem die Tuolumne Meadows und das wildromantische Hinterland. Hier lässt sich Natur noch in einem elementaren Zustand von Ruhe und Frieden erfahren, wie es sonst kaum vorstellbar ist.

Die drei Straßen vom San Joaquin Valley enden im Yosemite Valley, das ungefähr in der Mitte des 1200 Quadratmeilen großen Parks liegt und die spektakulärste Landschaft aufweist. Im Süden des Parks führt der Hwy-41 an Mariposa Grove und Wawona vorbei; von hier sind es noch 27 Meilen bis ins Tal. Tuolumne Meadows (ausgesprochen Tuh-ol-uh-me) liegt ca. 60 Meilen nordöstlich vom Valley im höher gelegenen Gebiet, in der Nähe des Eingangs vom Hwy-120 zum Tioga Pass an der Ostseite des Parks. Das eigentliche Yosemite-Tal ist nur 7 Meilen lang und misst an der breitesten Stelle nicht mehr als eine knappe Meile, aber das Panorama ist überwältigend. Es wird von fast senkrechten, 1000 m aufragenden Felswänden umschlossen, von denen Wasserfälle kaskadenartig in die Tiefe stürzen, während die spitzen Gipfel der Felsdome am Horizont eine zerklüftete Silhouette bilden.

Am Talboden vervollständigen Eichen-, Zedern- und Kiefernwälder, bunte Wildblumen und üppige Wiesen das märchenhafte Bild. Einen Ort, der so viele Naturschönheiten vereint, wird man schwer vergessen können. Es gibt viele schöne Spaziergänge zu den Wasserfällen und den Seen sowie anspruchsvolle Wanderwege, die auch auf die Felsen hinaufführen. Wenn es überhaupt einen Nachteil am Yosemite Valley gibt, dann den, dass dies der geschäftigste Teil des Yosemite-Parks ist und die kommerziellen Versuchungen in Form von Souvenirläden, Restaurants und dergleichen nie fern sind, vor allem im **Yosemite Village** und **Curry Village**, wo sich die meisten Shops und Restaurants befinden.

Orte in der Umgebung des Parks

Angesichts der starken Nachfrage nach Unterkünften im Park bleiben viele Besucher in einem der kleinen Orte entlang der großen Zufahrtsstraßen. Die meisten davon waren früher Goldgräbersiedlungen, heute widmen sie sich zunehmend dem Touristenstrom in den Park und können mit einer ansehnlichen Zahl an Unterkünften und Restaurants aufwarten (s.S. 408ff.). Ein ebenbürtiger Ersatz für ein Quartier innerhalb des Parks sind sie aber nicht.

Geschichtliches

Das Yosemite-Tal wurde über einen Zeitraum von Abertausenden von Jahren durch Gletscher geformt, die sich durch das Bett des Merced River schoben. Das Eis brach die weicheren Gesteinsschichten ab, während die härteren stehen blieben und die riesigen Felszacken bildeten, die heute zu sehen sind. Als die Gletscher schmolzen, sammelte sich das Wasser im Tal zu einem See, der dann aber allmählich versickerte.

Awahneechee-Indianer lebten für gut 4000 Jahre recht friedlich bis zur Mitte des 19. Jhs. in der Region. Erst die bedrohlich zunehmende Präsenz von Goldgräbern im San Joaquin Valley veranlasste sie, die Camps der Weißen zu überfallen. 1851 verfolgte Major **James Savage** und sein Mariposa-Bataillon die aufsässigen Indianer bis weit in die Sierra hinein, und so wurden seine Soldaten die ersten Weißen, die je einen Fuß in das Yosemite Valley setzten. Der entscheidende Kampf blieb nicht aus, die Ureinwohner unterlagen und wurden zwangsweise umgesiedelt, um Platz für weiße Farmer und Holzfäller zu machen. Wenig später, 1855, trafen die ersten Touristen ein.

Die Erhaltung der Naturschönheiten wurde relativ schnell gesichert: Schon 1864 wurden Yosemite Valley und Mariposa Grove unter besonderen Schutz gestellt. Initiator war **John Muir**, der von der Sierra – von Yosemite im Besonderen – dermaßen eingenommen gewesen war, dass er hier seine Zelte aufgeschlagen hatte. Im Laufe der Jahre hatte er mit Entsetzen die ökologischen Schäden rundherum verfolgt und begonnen, sich für die Erhaltung der Sierra Nevada stark zu machen. Sein Verdienst ist es, den Kongress dazu gebracht zu haben, 1890 der Gründung des Yosemite National Parks zuzustimmen. 1892 gründete er überdies den **Sierra Club**, eine Organisation, deren Motto „Take only photographs; leave only footprints" weltweites Vorbild für ähnliche Gruppen geworden ist. Der schottische Emigrant soll das gesamte Gebiet zu Fuß durchquert und dabei nie mehr als ein Notizbuch, eine Blechtasse und einen kleinen Vorrat an Tee mit sich geführt haben. Der Sierra Club, der auch heute noch tätig ist, ging 1913 auch gegen den Bau eines Staudamms im weiter nördlich gelegenen Hetch Hetchy Valley vor – allerdings mit weniger Erfolg. Der Damm sollte die Wasserversorgung San Franciscos sichern, und dass er nicht verhindert werden konnte, war ein großer Rückschlag für John Muir. Viele meinen, es hätte ihm das Rückgrat gebrochen, denn er starb im folgenden Jahr. Auf jeden Fall trug der Medienwirbel um die Hetch-Hetchy-Kontroverse wesentlich zur Gründung des *National Park Service* (1916) bei. Es wurde versprochen, den Nationalparks in Zukunft wirksameren Schutz angedeihen zu lassen, und das ist bislang auch eingehalten worden. Muirs Name taucht überall in Kalifornien auf, nicht zuletzt im 211 Meilen langen John Muir Trail, der sich vom Yosemite Valley Richtung Süden zum Mount Whitney windet.

Im Osten und Westen

Von Ende Mai oder Anfang Juni bis ungefähr Ende Oktober kann Yosemite von Osten her auf dem US-395 über die Ortschaft **Lee Vining** und den mehr als 3000 m hohen **Tioga Pass** erreicht werden. Man befindet sich zwei Autostunden entfernt vom Zentrum des Yosemite Valley, aber diese Gegend bietet den besten Zugang zum Hochland von Tuolumne Meadows. Übernachtungsmöglichkeiten gibt es in Lee Vining oder in der *Tuolumne Meadows Lodge*, oder man zeltet auf dem *Sawmill WalkIn* Campground außerhalb des Parks oder auf dem Lee Vining Canyon Campground.

Bessere Ausgangspunkte außerhalb des Parks sind die Ortschaften im Westen, insbesondere das winzige **Groveland** am Hwy-120, 40 Meilen vom Tal entfernt, mit holzbeplankten, überdachten Gehwegen am Straßenrand und einer zwanglosen Atmosphäre.

Südlich von hier, etwas abseits der Hauptzufahrtswege in den Park, liegt **Coulterville**, dessen kleines Zentrum als State Historical Site unter

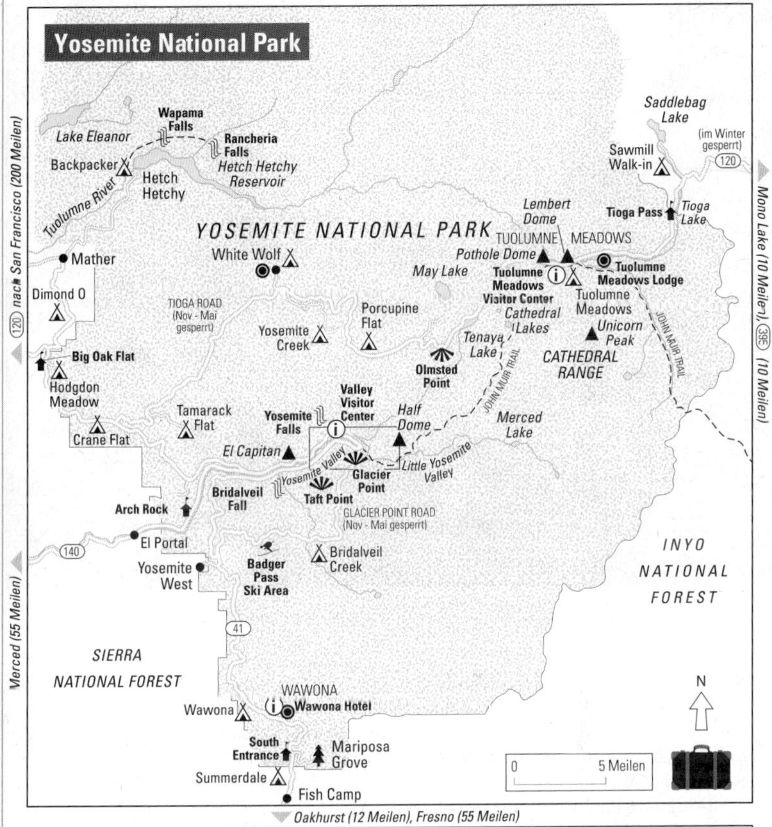
Yosemite National Park
YOSEMITE NATIONAL PARK
Lake Eleanor
Wapama Falls
Rancheria Falls
Hetch Hetchy Reservoir
Backpacker
Hetch Hetchy
Tuolumne River
Mather
Dimond O
120 nach San Francisco (200 Meilen)
Big Oak Flat
Hodgdon Meadow
Crane Flat
Tamarack Flat
White Wolf
TIOGA ROAD (Nov - Mai gesperrt)
Yosemite Creek
Porcupine Flat
May Lake
Yosemite Falls
Valley Visitor Center
El Capitan
Half Dome
Yosemite Valley
Glacier Point
Little Yosemite Valley
Bridalveil Fall
Taft Point
GLACIER POINT ROAD (Nov - Mai gesperrt)
Arch Rock
El Portal
140
Yosemite West
Badger Pass Ski Area
Bridalveil Creek
Merced (55 Meilen)
41
SIERRA NATIONAL FOREST
WAWONA
Wawona
Wawona Hotel
South Entrance
Mariposa Grove
Summerdale
Fish Camp
Oakhurst (12 Meilen), Fresno (55 Meilen)
Olmsted Point
Tenaya Lake
JOHN MUIR TRAIL
Merced Lake
Lembert Dome
TUOLUMNE MEADOWS
Pothole Dome
Tuolumne Meadows Visitor Center
Cathedral Lakes
Tuolumne Meadows
Tuolumne Meadows Lodge
Unicorn Peak
CATHEDRAL RANGE
Saddlebag Lake
(im Winter gesperrt)
Sawmill Walk-in
120
Tioga Pass
Tioga Lake
Mono Lake (10 Meilen), 395 (10 Meilen)
INYO NATIONAL FOREST
N
0 5 Meilen

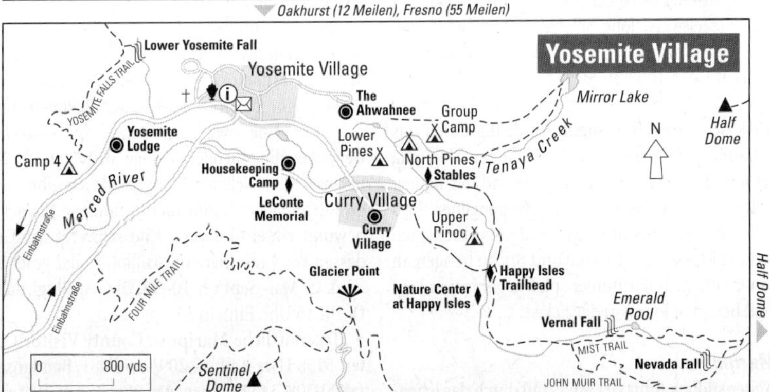
Yosemite Village
Lower Yosemite Fall
YOSEMITE FALLS TRAIL
Yosemite Village
The Ahwahnee
Group Camp
Mirror Lake
Half Dome
Yosemite Lodge
Camp 4
Merced River
Housekeeping Camp
LeConte Memorial
Lower Pines
North Pines
Stables
Tenaya Creek
Curry Village
Curry Village
Upper Pines
Einbahnstraße
Einbahnstraße
FOUR MILE TRAIL
Glacier Point
Nature Center at Happy Isles
Happy Isles Trailhead
Emerald Pool
Vernal Fall
MIST TRAIL
Nevada Fall
JOHN MUIR TRAIL
Half Dome
Sentinel Dome
0 800 yds
N

Blick über den Merced River auf den Half Dome im Yosemite National Park

Denkmalschutz steht. Die meisten Gebäude und überdachten Wege stammen aus der Mitte des 19. Jhs., als der Ort an der wichtigsten Route in den Yosemite lag. Viele Reisende stiegen im *George Coulter's Hotel* ab, das inzwischen in ein kleines lokalgeschichtliches **Museum** umfunktioniert wurde (🕓 Mi–So 10–16 Uhr, Spende erbeten); andere wie beispielsweise John Muir und Theodore Roosevelt quartierten sich im *Hotel Jeffrey* (s. Übernachtung) auf der anderen Straßenseite ein. Letzteres wurde 1854 erbaut und ist bis heute das Prunkstück des Ortes. Bei einem Rundgang durch das Gebäude sollte man auf keinen Fall den Magnolia Saloon mit seinen Schwingtüren und der langen Holzbar auslassen. Sattelzeug vergangener Tage baumelt neben historischen Goldgräberutensilien von der Decke, alte Drucke und Stiche hängen an den Wänden, und mitunter spielt sogar jemand auf dem betagten Piano in der Ecke.

Mariposa

Weiter südlich führt der Hwy-140 durch das lebendige, 45 Meilen vom Tal gelegene Mairposa, einer weiteren ehemaligen Goldgräberstadt, deren Vergangenheit im **Museum and History Center**, Jesse St, Ecke 12th St, ✆ 209/966-2924, mit einem mäßig begeisternden Modell eines Ladens aus jener Zeit sowie diversen Goldgräber-Utensilien zelebriert wird. 🕓 März–Okt tgl. 10–16.30, Feb, Nov und Dez tgl. 10–16 Uhr, Jan nur Sa und So, Eintritt $3.

Weitaus lohnender ist das 2 Meilen südlich am Hwy-49 angesiedelte **California State Mining and Mineral Museum**, ✆ 209/742-7625, 💻 www.parks.ca.gov, das mit realistischen Rekonstruktionen einer Mine sowie eines Stampfwerks und eines Gewölbes die glorreichen Tage Mitte des 19. Jhs. nachzeichnet. Neben anderen Schätzen gibt es das größte jemals in Kalifornien gefundene Nugget zu bewundern, ein knapp 6 Kilo schwerer Brocken, dessen Wert auf über eine Million Dollar geschätzt wird. 🕓 Mai–Sept tgl. 10–18, Okt–April tgl. außer Di 10–16 Uhr, Eintritt $3.

Das nützliche **Mariposa County Visitor Center**, 5158 Hwy-140, ✆ 209/966-7081, Bandansage 1-800/208-2434, 💻 www.mariposa.org, hält umfassendes Informationsmaterial über Yosemite und

Umgebung bereit. ⌚ Mitte Mai–Mitte Sept Mo–Sa 7–20, So 8–17 Uhr, Mitte Sept–Mitte Mai Mo–Sa 8–17 Uhr, So geschlossen. Kostenlosen **Internet-Zugang** bietet die **Bibliothek** neben dem Courthouse an der Ecke von Jones St und 10th St, ⌚ Mo und Sa 10–14, Di und Do 9.30–18, Mi und Fr 9.30–17 Uhr.

Weiter östlich auf dem Hwy-140 liegen in Richtung Yosemite die kleinen Orte **Midpines** und **El Portal**, die ebenfalls erschwingliche Unterkünfte außerhalb des Parks bieten (siehe Übernachtung).

Im Süden

Aus dem Süden kommend führt der Weg in den Park über **Oakhurst**, einen 15 Meilen südlich der südlichen Parkzufahrt und 50 Meilen südlich des eigentlichen Tals gelegenen Ort, der sich durch Einkaufszentren und haushohe Werbeschilder für Ketten-Motels und Fastfood-Lokale auszeichnet. Dessen ungeachtet empfiehlt er sich als günstige Ausgangsbasis für die Erkundung der südlichen Parkregionen. Tagesausflüge in das Tal kann man ohne eigenes Transportmittel allerdings gleich vergessen.

2 Meilen nördlich von Oakhurst befindet sich das **Yosemite Sierra Visitors Bureau**, 41969 Hwy-41, ✆ 559/683-4636, 💻 www.go2yosemite.net, das seine Besucher stapelweise mit Informationsmaterial über den Park eindeckt, ⌚ Mo–Sa 8.30–17, So 9–13 Uhr.

10 Meilen nördlich von Oakhurst erreicht man **Fish Camp**, eine kleine Ansammlung von Hotels in günstiger Lage für Ausflüge nach Wawona, zum Mariposa Grove sowie zu einer Attraktion für Kinder: **The Logger**, 56001 Hwy-41, ✆ 559/683-7273, 💻 www.ymsprr.com, eine Eisenbahn, die auf dem 2 Meilen langen Schienennetz, auf dem früher die gefällten Baumstämme abtransportiert wurden, durch den Wald fährt ($14). Im Hochsommer verkehren die Züge mehrmals täglich und geben ihren Fahrgästen die Möglichkeit, den Picknickplatz am Ende der Strecke zu genießen, ⌚ März bis Oktober tgl.

El Capitan und Half Dome

Von welcher Richtung aus man sich auch dem Tal nähert, immer versperrt **El Capitan** die Aussicht: ein gigantischer Monolith, der steil über 1100 m aus dem Tal aufragt. Mit 1300 ha graubraunen Granits, scheinbar unbewachsen und fast senkrecht in die Höhe ragend, ist der „Kapitän" eine der größten freistehenden Granitformationen der Welt. Die unglaublichen Ausmaße dieses Kolosses werden erst dann offenbar, wenn man sich zur Schar der Touristen gesellt, die mit heruntergeklappten Kinnladen (und mit Hilfe von Ferngläsern) Kletterer zu erspähen versuchen. Nach einer Weile bemerkt man dann winzige schwarze Punkte, kaum größer als Flöhe – Kletterer, die sich zentimeterweise in die Höhe arbeiten, an einer scheinbar glatten Felswand, die auf den zweiten Blick eine Reihe von Unebenheiten, Rissen, kleinen Simsen und Vorsprüngen aufweist. Die zugänglichste Serie davon bildet die wohl berühmteste Kletterroute der Welt, **The Nose** (s.u., Kasten).

So eindrucksvoll El Capitan auch sein mag, so ist es doch **Half Dome**, der Besucher sofort in seinen Bann zieht. Der steilste Felsen Amerikas steigt 1500 m vom Talboden auf, seiner Nordwestflanke fehlen nur wenige Grade zur senkrechten Steigung. Schon im Tal wirkt der Brocken beeindruckend, aber die beste Sicht auf Half Dome hat man vom Glacier Point, besonders bei Sonnenuntergang.

Ehrgeizige Wanderer können Half Dome auf einer Tageswanderung besteigen. Sie führt zum abgeflachten Gipfel. Die letzten 121 m sind über eine steile Leiter aus Stahlkabeln zu erreichen, die im krummen Felsrücken verankert ist. Oben können sich Wagemutige (oder Verrückte) Zentimeter um Zentimeter an einen am Rand herausragenden Felsfinger wagen, um einen Schwindel erregenden Blick an der fast senkrecht abfallenden Felswand entlang in die Tiefe zu riskieren. Die hölzerne Treppe sowie die Kabelträger bleiben den Sommer über (d.h. von Ende Mai bis Mitte Oktober) installiert, die Kabel selbst das ganze Jahr. Eine Besteigung im Winter ist also äußerst schwierig, wenn auch nicht unmöglich. Wenn sich ein Gewitter zusammenbraut (was zu jeder Jahreszeit passieren kann), sollte man dem Gipfel unbedingt fernbleiben – bei fast jedem Gewitter schlägt hier der Blitz ein.

Die wichtigsten Wasserfälle

Mit einem Gefälle von 740 m gilt **Yosemite Falls** allgemein als der fünfthöchste Wasserfall der Welt und der höchste in Nordamerika – eine etwas an den Haaren herbeigezogene Behauptung, denn eigentlich sind es zwei Wasserfälle, die durch die Katarakte der 205 m hohen **Middle Cascade** voneinander getrennt sind. Nichtsdestotrotz sind der

435 m hohe **Upper Yosemite Fall** und 100 m hohe **Lower Yosemite Fall** beeindruckend, vor allem im Mai und Juni, wenn die wegen der Schneeschmelze angeschwollenen Wassermassen donnernd in die Tiefe stürzen. Mitte August trocknen die Wasserfälle aus, und nur ein dunkler Fleck an Algen und Flechten bleibt zurück. Ein ebener, geteerter Pfad führt von der Haltestelle des Shuttle-Busses 6 über 400 m durch eine Allee von Zedern und Ponderosa Pines. Von dort blickt man auf den Upper Yosemite Fall, er scheint sich hier direkt über dem Lower Yosemite Fall zu befinden – ein perfektes Fotomotiv.

Der sinnlichste aller Wasserfälle im Park ist wohl der 190 m hohe **Bridalveil Fall** („Brautschleierfall"), der wie ein schmales Bändchen am westlichen Ende des Tals hängt. Auf Ahwahneechee trägt er den poetischen Namen *Pohono* – „Geist des blasenden Windes". Dieser Wasserfall trocknet zwar nicht aus, aber von April bis Juni ist er in Hochform, wenn heftige Winde die Kaskade bis zu 8 m zur Seite blasen und das Wasser zu einem feinen Spitzenschleier auseinanderziehen. Den Boden des Wasserfalls erreicht man auf einem 400 m langen Pfad, der von einem Parkplatz 4 Meilen westlich des Dorfes abgeht und nicht an der Strecke des Shuttle-Busses liegt.

Schwieriger zu begehende Wanderwege führen hoch ins Little Yosemite Valley zu den und den 183 m tiefen **Nevada Falls** – die beiden einzigen Wasserfälle, die mit Sicherheit im September und Oktober noch aktiv sind.

Zwei der imposantesten Wasserfälle führen das ganze Jahr über Wasser, liegen aber abseits der Straße, die zum Merced River Canyon führt, in der Nähe von Happy Isles. Eine relativ einfache Wanderung führt zu einem Aussichtspunkt, von wo man in der Ferne den 92 m abfallenden **Vernal Fall** erblickt, einen 25 m breiten Vorhang aus Wasser mit vielen Regenbogen. Zum 180 m hohen **Nevada Fall** führt ein steiler Weg; die Mühe wird mit einer Nahansicht dieser Kaskade belohnt, die zur Hälfte in die Tiefe stürzt und sich dann zu einem breiten Gürtel weitet.

Yosemite Village

Zentrum aller Aktivitäten im Tal ist Yosemite Village, eigentlich eher eine Ansammlung von über das Gelände verstreuten niedrigen Gebäuden, zwischen denen Hirsche frei herumspazieren. Es gibt hier Läden, Restaurants, eine Post, Internet-Zugang, einen Bankservice und eines der großen **Visitor Centers** des Parks, wo man jede halbe Stunde kostenlos den *Spirit of Yosemite* betitelten Film über Yosemite im Wandel der Jahreszeiten sehen kann. Nicht weit vom Visitor Center entfernt ist die **Ansel Adams Gallery**, wo auf Postkarten, Postern und Drucken herrliche Ansichten des Parks verkauft werden.

Gleich westlich des Visitor Center markiert ein riesiger Teil eines Mammutbaums den Eingang des **Yosemite Museum**, das einige Artefakten der früher hier ansässigen Indianer ausstellt, der Ahwahneechee und des befreundeten Nachbarstammes Mono Lake-Paiute. Ein Kunsthandwerk, das nach dem Kontakt mit den Weißen florierte, war **Korbflechten**. Im Museum gibt es u.a. einen prächtigen, aus den 30er Jahren stammenden Mono Lake-Paiute-Korb mit fast 3 m Durchmesser zu sehen und einen noch größeren, hergestellt von der berühmten Korbflechterin Lucy Telles. Den ganzen Tag über geben Ahwahneechee-Korbflechter Darbietungen ihrer Kunst. Man sollte auch einen Blick auf den federbesetzten Kopfputz und die Hirschlederkostüme werfen, die die lokalen Indianer in den 20er und 30er Jahren bei ihren Tanz- und Korbflechtvorführungen trugen. Diese Tracht war ihnen zwar völlig fremd – sie war typisch für die Stämme aus den weiten Ebenen weiter östlich –, aber die Weißen erwarteten nun mal von „richtigen Indianern" diese Kostümierung. ⌚ Juli und Aug tgl. 9–17, Sept–Juni tgl. 10–16 Uhr, Eintritt frei.

Außerhalb führt ein Pfad durch die **Indian Village of Ahwahneechee**, eine Ansammlung von rekonstruierten Indianerhäusern; ⌚ durchgehend, Eintritt frei.

Auf dem **Yosemite Cemetery** 50 m westlich des Museums befinden sich drei Dutzend Gräber weißer Pioniersiedler, u.a. die des Obstgartenbesitzers **James Lamon** und des Parkwächters **Galen Clark**, die durch einfache Grabsteine und 100 Jahre alte Mammutbäume gekennzeichnet sind.

Einen Blick lohnt **The Ahwahnee**, ein prunkvolles, 1927 aus Naturstein errichtetes Hotel, das sich mit indianischen Motiven sowie einigen großartigen Teppichen schmückt. Es sollte sich einerseits harmonisch in die Landschaft einfügen, andererseits betuchten Touristen eine attraktive Bleibe bieten. Beides ist ihm mehr oder weniger gelungen – es lohnt sich also, der Beschilderung zu folgen, auch wenn man hier nicht wohnen will. Interessant sind auch die alten Yosemite-Gemälde sowie die Ausstellung über das Skifahren im Winter Club Room, nahe der Hotelhalle.

Curry Village und das östliche Tal

Irgendwann landet jeder am Ostende des Tals, wo sich die meisten Unterkünfte befinden: alle wichtigen Campgrounds, die Cabins des *Housekeeping Camp* und die Zelt-Cabins von Curry Village. Letzteres wurde 1899 von David and Jeannie Curry als **Camp Curry** etabliert; für $12 die Woche bekam man damals „ein gutes Bett und bei jeder Mahlzeit eine saubere Serviette". Heutzutage ist es eine Ansammlung von Zelt-Cabins und Holzchalets, die sich um eine Anlage mit Restaurants, Läden, Münzduschen und einer Post gruppieren. In dem kleinen Amphitheater finden abendliche Shows und Veranstaltungen der Park-Ranger statt. Dazu kommt eine Eislaufbahn (nur Winter), ein Fahrradverleih und ein Kiosk, der Rafts für eine Fahrt auf dem nahe gelegenen Merced River vermietet.

Am Westende von Curry Village findet man in der **LeConte Memorial Lodge** eine Ausstellung über die Geschichte des **Sierra Clubs**, ein faszinierendes Relief des Tals von etwa 1885 und eine vom Sierra Club betriebene Naturschutzbibliothek. Die Lodge wurde 1903 vom Sierra Club zum Andenken an **Joseph LeConte** (1823–1901), einen bekannten Geologen und Förderer von John Muir, errichtet und diente dem Club als Hauptquartier in Yosemite. Anfang der 20er Jahre wurde die Lodge zwei Sommer lang von dem kalifornischen Landschaftsfotografen **Ansel Adams** gemanagt, der jeden Job annahm, der es ihm erlaubte, mehr Zeit im Tal zu verbringen. Die Abendveranstaltungen des Sierra Clubs – z.B. Diavorträge oder ein Vortrag eines Spezialisten – bewegen sich auf etwas anspruchsvollerem Niveau als andere im Park (normalerweise Fr–So, Eintritt frei; Programmdetails im *Yosemite Today*). Lodge: ⏲ Mai–Sept Mi–So 10–16 Uhr, Eintritt frei, Shuttle-Haltestelle Nr. 12.

Von Curry Village fahren Shuttle-Busse nach Osten zum **Nature Center at Happy Isles**, wo man sich über die lokale Flora und Fauna und den Verwitterungsprozess von Granit informieren kann und einem Jahr im Leben eines Bären folgt. Hinter dem Zentrum weisen Tafeln beim **Rockfall Exhibit** auf die Geröllawine von 1996 hin, die das Gestein zerrieb und Bäume platt wälzte. ⏲ Anfang Mai–Mitte Sept tgl. 10–16 Uhr, Eintritt frei, Shuttle-Haltestelle Nr. 16.

Der vielleicht interessanteste der leichten Spazierwege führt von der Shuttle-Haltestelle 17 um den Rand des Talbodens herum zum **Mirror Lake**. Dieser ruhige See (Ende Sommer ist er ausgetrocknet) liegt direkt unterhalb des mächtigen **Half Dome**, der sich im See spiegelt. Am besten macht man sich ganz früh morgens auf den Weg, bevor die Massen eintreffen. Die meisten Besucher des Mirror Lake folgen der autofreien Asphaltstraße, die an der Haltestelle für den Shuttle-Bus beginnt, aber es gibt auch mehrere leicht zu findende und weniger überlaufene, nicht asphaltierte Wege.

Hetch Hetchy

Ebenso groß wie sein Engagement für das Yosemite Valley, wenn nicht sogar größer, war John Muirs Wunsch, die Schönheit von Hetch Hetchy zu erhalten. Einst eine Variante des Yosemite Valley mit saftigen Wiesen und Eichenwäldern, flankiert von hoch aufragenden Granitwänden, liegt nun der größte Teil unter den Fluten des Hetch Hetchy Reservoir begraben. Als das 18 Meilen nördlich des Tals und in der Nähe von Oak Flat Entrance gelegene Gebiet 1901 durch Pläne der Strom- und Wasserversorger aus San Francisco von der Zerstörung bedroht war, focht er 12 Jahre lang um dessen Erhalt. Ohne Erfolg, denn mit dem 1913 erlassenen Gesetz wurde der Weg für den **O'Shaughnessey Dam** geebnet, der den Tuolumne River aufstaute.

Die Granitkuppeln und Wasserfälle, die man vom Pfad über den Damm aus sehen kann, vermitteln nur noch einen Eindruck davon, wie es hier einmal ausgesehen haben muss. Die Anfahrt lohnt eigentlich nur in Verbindung mit der Nutzung des *Backpacker Campground* (Wilderness Permit erforderlich) als Ausgangspunkt für Trekkingtouren in die kaum besuchten nördlichen Parkregionen.

Eine kurze, überwiegend flache Strecke überquert den Damm, führt dann durch einen kurzen Tunnel und folgt dem nördlichen Ufer des Stausees zu den **Wapama Falls** (5 Meilen hin und zurück) und weiter zu den **Rancheria Falls** (weitere 4 Meilen entfernt); beide zeigen sich im Mai und Juni in Höchstform, im August sind sie dann ausgetrocknet.

Tageswanderungen in Yosemite unterliegen keinen Beschränkungen, für die nachfolgend beschriebenen Routen ist lediglich auf entsprechende Ausrüstung (Karte, regenfeste Kleidung, Proviant usw.) zu achten. Sofern nicht anders vermerkt, beziehen sich die angegebenen Entfernungen und Zeiten auf Hin- und Rückweg.

Tageswanderungen vom Yosemite Valley

Mist Trail zum Vernal Fall (3 Meilen, 2–3 Std., 335 m Anstieg). Wer nur eine Wanderung in Yosemite unternehmen möchte, sollte diese wählen. Besonders reizvoll ist diese Route während der Schneeschmelze im Frühjahr, wenn der Vernall Fall oftmals von einem Regenbogen umrahmt wird und Wanderer in einen Sprühregen hüllt – Regenjacke mitnehmen. Ausgangspunkt ist die Haltestelle 16 des Shuttle-Busses, von wo es bergauf und über eine Brücke mit herrlicher Sicht auf den Wasserfall geht. Dahinter folgt der Mist Trail einem schmalen Pfad, der zwar nicht gefährlich ist, jedoch festes Schuhwerk und Schwindelfreiheit erfordert. Vom Kopf des Wasserfalls kann für den Rückweg entweder dieselbe Strecke zurücklaufen oder den John Muir Trail nehmen.

Half Dome (17 Meilen, 9–12 Std., 1460 m Anstieg). Dies ist eine der schönsten, aber auch anstrengendsten Wanderungen. Die Route folgt zunächst dem Mist Trail (s.o.) und führt entlang der Rückseite des Half Dome bis zum 120 m hohen Anstieg auf den Gipfel über den gewaltigen, glatten Bergrücken. Stahlseile und Holzstufen erleichtern den Aufstieg, werden aber im Winter (Mitte Nov–Ende Mai) z.T. demontiert, um Wanderer von riskanten Abenteuern abzuhalten. Für zarte Hände stehen am Beginn dieses letzten Abschnitts kostenlos Handschuhe zur Verfügung. Wer seine Outdoor-Tauglichkeit glaubwürdig unter Beweis stellen möchte, wird nicht umhinkommen, sich auf den Gipfelvorsprung zu wagen und einen Blick die 600 m steil abfallende Nordwestwand hinunter zu werfen. Um die Strecke an einem Tag bewältigen zu können, sollte man unbedingt schon am frühen Morgen aufbrechen.

Four-mile Trail zum Glacier Point (10 Meilen, 5–6 Std., 975 m Anstieg). Die steile Asphaltstrecke vom Talboden zum Glacier Point ist zwar nicht gerade das, was man sich unter einem Pfad durch die Wildnis vorstellt, belohnt aber mit herrlicher Aussicht und gehört deshalb zu den beliebteren Tageswanderungen. Begehbar in der Regel Mitte Mai–Okt.

Upper Yosemite Fall (7 Meilen, 4–7 Std., 820 m Anstieg). Eine ungemein beliebte, aber auch anspruchsvolle Wanderung, die begleitet von fantastischer Aussicht auf den Upper Yosemite Fall steil hinauf in die Berge führt, die das Tal im Norden begrenzen. Hoch oben kann man direkt am Wasserfall den Blick über Yosemite Village schweifen lassen, das von hier winzig klein wirkt. Bedingt durch die Nordlage bleibt die Route länger offen als die meisten anderen (d.h. April–Dez), am besten begeht man sie jedoch während der Schneeschmelze im Frühjahr. Um die mittägliche Hitze zu vermeiden, empfiehlt sich der Aufbruch vor 7 Uhr. Der Ausgangspunkt befindet sich am Campingplatz *Camp 4* (Shuttle-Haltestelle 7).

Tageswanderungen im Gebiet Tuolumne Meadows

Soda Springs und Parsons Lodge (4 Meilen Rundwanderweg, 2 Std., kaum Anstieg). Der bequeme Spazierweg führt in einige der schönsten und am leichtesten zugänglichen Gegenden der Tuolumne Meadows, besonders lohnend Ende Juni und Juli, wenn die Wildblumen blühen. Die Strecke beginnt 300 m östlich des Visitor Center und führt quer durch das Wiesengebiet zu den Soda Springs und zur Parsons Lodge, dahinter geht es auf einem breiten Weg weiter zum Fuß des Lembert Dome. Rückweg entweder über die Tioga Road oder per Shuttle-Bus.

Lembert Dome (3,7 Meilen Rundwanderweg, 2–3 Std., 260 m Anstieg). Vom Ziel dieser Wanderung, dem Gipfel des Lembert Dome, der als prägnanteste Erhebung aus den Tuolumne Meadows aufragt, öffnet sich ein weiter Blick über die gletschergeformte Umgebung. Ausgangspunkt ist der Parkplatz am Fuß der Granitkuppe, von dort folgt man den Schildern Richtung Dog Lake, bevor es rechter Hand über den kahlen Fels an der Nordostseite des Bergs hinauf auf den Gipfel geht. Nach dem Abstieg hält man sich wiederum rechts, um den Lembert Dome einmal zu umrunden und die Schleife abzuschließen.

Cathedral Lakes (8 Meilen, 4–6 Std., 300 m Anstieg). Diese Route, eine der reizvollsten für eine Tageswanderung im Gebiet der Tuolumne Meadows, folgt mehrere Meilen dem John Muir Trail, bis sie zwei herrliche Bergseen in offener alpiner Landschaft und ein grandioses Panorama der gezackten Berggipfel erreicht. Der Weg beginnt wenig westlich des Tuolumne Meadows Visitor Center und bietet in seinem Verlauf immer bessere Sicht auf den spitzen Zwillingsgipfel des Cathedral Peak. Nahe seiner Basis liegen der Upper Cathedral Lake (mit Zeltmöglichkeit) und der bezaubernde Lower Cathedral Lake.

Mehrtägige Wanderungen

Ein Großteil des 800 Meilen umfassenden Netzes an Wanderrouten in das Hinterland von Yosemite erschließt sich erst auf mehrtägigen Wanderungen. Angesichts der Vielzahl möglicher Routen hat man die Qual der Wahl. Die beliebtesten Strecken verlaufen zwischen Yosemite Valley und Tuolumne Meadows und lassen sich von Wanderern mit guter Kondition in zwei Tagen bewältigen.

Für Zeltübernachtungen in der Wildnis benötigt man ein (kostenloses) **Wilderness Permit**, das man bei den Ranger-Büros in Wawona, Big Oak Flat, Hetch Hetchy und Tuolumne sowie im Wilderness Center in Yosemite Village bekommt (🕓 Juli–Anfang Sept tgl. 7.30–18 Uhr, Mitte Mai–Juni und Anfang Sept–Mitte Okt tgl. 8–17, im Winter geschlossen). Sie werden nach einem Quotensystem vergeben, aber wenn man ein bisschen flexibel ist, kann man oft einen Tag vor Beginn der Wanderung ein Permit erhalten. Wer in der Hochsaison wandern will, sollte sich unbedingt im Voraus anmelden ($5 p.P.; von einem halben Jahr bis zu 2 Tage vor Beginn der Wanderung). Das Gleiche gilt für große Gruppen und Leute, die an bestimmte Termine gebunden sind. Reservierungen: 📞 209/372-0740 oder per Brief an: Wilderness Permits, PO Box 545, Yosemite, CA 95389, dabei muss man folgende Details angeben: Name, Adresse, Telefonnr., Teilnehmerzahl, Fortbewegungsart (zu Fuß, auf Skis, per Pferd), genauer Zeitpunkt und Dauer, Ausgangs- und Endpunkt sowie Hauptziel der Wanderung. Es schadet keinesfalls, alternative Termine und Ausgangspunkte anzugeben. Schecks sollte man zugunsten der *Yosemite Association* ausstellen; bei Buchung per Kreditkarte unbedingt die Kreditkartennummer und das letzte Gültigkeitsdatum angeben. Ausführliche Informationen unter 💻 www.nps.gov/yose/wilderness.

Wer keine Genehmigung für die ursprünglich geplante Route erhält, sollte nicht verzweifeln: Es gibt so viele Pfade, dass man die Wanderung vielleicht an einem weniger beliebten Ausgangspunkt antritt, aber letztendlich im Wesentlichen doch die gleiche Route begeht. Von Nov bis April, wenn die Nachfrage am geringsten ist, werden Permits in den nahen Visitor Centers ausgestellt. Wanderer erhalten dann auch eine Einführung in die Wildnis-Etikette, insbesondere hinsichtlich der Wasserentkeimung und der Beseitigung von Unrat. Obligatorisch ist die Miete eines bärensicheren Lebensmittelbehälters, wenn man selbst keinen hat. Die *Yosemite Mountaineering School* (s.S. 407, Kasten) verleiht Campingausrüstung und jedes weitere erforderliche Zubehör zu moderaten Preisen.

Tioga Road und Tuolumne Meadows

Wenn man von Crane Flat auf der **Tioga Road** nach Osten fährt, kommt man bald an einem Parkplatz vorbei. Dies ist der Ausgangspunkt des 1 Meile langen Spazierwegs zum **Tuolumne Grove**, ein weiterer Hain an Mammutbäumen, der zwar nicht so überwältigend spektakulär ist wie der Mariposa Grove, dafür aber bequemer zu erreichen.

Die stetig ansteigende Straße führt nun weiter durch Kiefernwälder, an den Zeltplätzen *White Wolf* und *Porcupine* vorbei, bis zum 2440 m hohen **Olmsted Point**, der mit seinem Ausblick über Tenaya Creek zum Half Dome hin dem Glacier Point absolut ebenbürtig ist, was die herrlichen Aussichten anbelangt. In den späten 50er Jahren, als die Tioga Road ausgebaut wurde, kämpfte Ansel Adams vergebens gegen die Routenverlegung hierher und am **Tenaya Lake** entlang nach Tuolumne.

Rund um **Tuolumne Meadows** am östlichen Parkrand herrscht eine völlig andere Atmosphäre als unten im 55 Meilen entfernten Tal. Auf diesen in 2590 m Höhe gelegenen Bergwiesen (wörtlich bedeutet der Name: „Wiese im Himmel") ist das Licht intensiver und die Luft belebend und frisch. Zur Hauptreisezeit verpesten leider in der Umgebung des Zeltplatzes und der **Tuolumne Meadows Lodge** (der einzigen Unterkunft, die in Reichweite des östlichen Parkeingangs liegt) Autoabgase die gute Luft.

Aufgrund der höheren Lage (fast 1500 m über dem Tal) ist Tuolumne Meadows ein besserer Ausgangspunkt für Wanderungen in die Wildnis der High Sierra; aus dem gleichen Grund können die Wege aber noch bis Juni oder sogar Anfang Juli teilweise schneebedeckt sein. Das Wiesengebiet, 12 Meilen lang und eine Viertel- bis eine halbe Meile

Klettern im Yosemite National Park

Aus der ganzen Welt strömen Bergsteiger nach Yosemite, um sich in mühseliger Kleinarbeit an den kilometerhoch in den kalifornischen Himmel aufragenden Granitwänden zu versuchen. Unter Kletterern gilt das Tal mit seinen vielen exzellenten und leicht zugänglichen Weltklasse-Routen als Eldorado. Die angelockte Schar verbringt hier in geselliger Gemeinschaft mitunter Wochen, manchmal gar Monate. Fast überall entlang der vielen Pfade, die sich unterhalb der Felsmassive durch den Wald winden, hört man das Klappern und Klimpern von Bergsteigerausrüstungen. Die beste Sicht auf die kraxelnde Gemeinde bietet sich von der Straße an den **El Cap Meadows**, direkt gegenüber dem größten Brocken, El Capitan. Jede Menge Touristen verrenken sich auf der Wiese die Hälse und halten ihre Ferngläser auf den massiven Felskoloss gerichtet. Es dauert schon eine Weile, bis man die fliegengroßen Bergaspiranten in der Felswand erkennt. Leichter sind sie an ihren leuchtend bunten, mit Ausrüstung und Proviant für die nächsten Tage voll gestopften Nachziehsäcken auszumachen, oder nachts, wenn sie der Schein ihrer Lampen zusammen mit dem entfernten Gemurmel verrät.

Geradezu unmöglich ist es für das untrainierte Auge, die exakten Routen auszumachen. Die berühmteste Route auf den El Capitan, genannt **The Nose**, führt direkt über den vorstehenden Teil des El Capitan hinauf, vorbei an den El Cap Towers, einer ca. 6 x 2 m großen Fläche, auf der die Kletterer biwakieren, die meist drei bis fünf Tage für den Aufstieg brauchen. Versuche, The Nose in einem Tag zu bewältigen, finden hin und wieder statt, erfordern aber praktisch einen kontinuierlichen Aufstieg über 24 Std. Der derzeitige Rekord (aufgestellt 2001) liegt bei bemerkenswerten 3 Std. und 24 Minuten.

Eine weitere berühmte Route, bekannt als **North American Wall**, liegt rechts davon und passiert einen riesigen Fleck auf dem Felsen, der einer Landkarte Nordamerikas verblüffend ähnlich sieht.

Die besten Monate für Klettertouren sind April / Mai, wenn es noch nicht zu heiß ist, und September / Oktober, wenn noch kein Schnee liegt und die Winterstürme noch nicht eingesetzt haben. In der Hitze des Sommers sind breit, ist das größte der Sierra. Durch die Wiesen schlängelt sich der Tuolumne River. Bis Ende Juni liegt hier Schnee, was den Blumen nicht viel Zeit zum Wachsen lässt. Anfang Juli verwandeln sich die Wiesen für ein paar Wochen in einen prächtigen Farbteppich aus blühenden Wildblumen – eine herrliche Zeit für eine Wanderung.

Die glatte Granitkuppe des **Lembert Dome** beherrscht den Osten der Meadows, im Westen gibt sein Zwillingsbruder **Pothole Dome** einen majestätischen Hintergrund für Sonnenuntergänge ab. Im Süden erhebt sich die **Cathedral Range**, eine besonders dramatische Berglandschaft mit schmalen, hoch emporragenden Felszacken und messerscharfen Bergrücken, wie z.B. **Unicorn Peak** (Einhorn-Gipfel) und **Cathedral Peak**, ein Lehrbuchbeispiel eines von Gletschern bearbeiteten „Matterhorn-Felsens“: Gletscher haben den Felsen von allen Seiten abgeschliffen, bis nur noch ein Gipfelzacken übrig blieb.

Wer nicht genügend Zeit für eine lange Wanderung mitbringt, sollte wenigstens die halbe Meile auf dem Pfad, der am Fuß des markanten, glatten Granitfelsens Lembert Dome beginnt, zu den salzhaltigen **Soda Springs** spazieren, von wo sich eine herrliche Aussicht bietet.

Der *Tuolumne Meadows Hikers' Bus* transportiert von Mitte Juni bis Anfang September einmal pro Tag Wanderer vom Yosemite Valley nach Tuolumne Meadows und hält unterwegs an den Startpunkten der Wanderpfade (Details s.u., Nahverkehrsmittel)

Ein kostenloser Shuttle-Bus verbindet Tuolumne mit Olmsted Point, westlich von Tenaya Lake (Mitte Juni–Mitte Sept tgl. 7–18 Uhr).

Aufstiege auf die als lohnender geltenden Felsdome rund um die Tuolumne Meadows wegen der kühleren Temperaturen beliebter. Einige Gebiete, insbesondere die Südostwand des El Capitan, sind zeitweise gesperrt, um die Nistplätze der Wanderfalken zu schützen.

Unabhängig von Art und Ort sollte man beim Bergsteigen stets den grundlegenden Regeln folgen: Nie Haken aus bestehenden Routen aus- oder neue Haken in sie einschlagen. Sämtliche Abfälle, einschließlich der verdauungsbedingten, sind wieder mitzunehmen.

Die Klettergemeinde logiert im **Camp 4**. Der nahe der *Yosemite Lodge* gelegene Campingplatz, ein niedergetrampelter, staubiger und lauter Ort, befindet sich oft vollständig in der Hand der Bergfreaks. Offenkundige Vorteile sind der Preis, der Gemeinschaftsgeist und das ausgezeichnete Informationsbrett, auf dem man geeignete Kletterpartner suchen oder finden kann, Ausrüstung oder eine Mitfahrgelegenheit angeboten bekommt oder auch einfach nur Kontakte knüpfen kann. In der Regel ist die Aufenthaltsdauer im Camp auf sieben Nächte begrenzt, nach Mitte September kann man sich jedoch für einen Monat einquartieren.

Wer seine Kletterkünste entdecken oder auffrischen möchte, sei an die **Yosemite Mountaineering School**, ✆ 209/372-8344, 💻 www.yosemitemountaineering.com, verwiesen, die im Sommer von Juni bis August in Tuolumne Meadows, den Rest des Jahres im Yosemite Valley ihre Dienste anbietet. Unter fachkundiger Leitung werden tgl. eine Reihe von Kursen angeboten, darunter eintägige Anfängerkurse für $120–160, Fortgeschrittenenkurse und private ganztägige Klettertouren für $285, bei 2 Teilnehmern $210. Kletterausrüstung bekommt man im *Mountain Shop* in Tuolumne Meadows, geöffnet im Sommer, sowie im gut bestückten und nicht zu teuren *Mountain Shop,* Curry Village, 🕒 tgl. 8–18 Uhr.

Als unentbehrliche Führer für hiesige Klettertouren empfehlen sich **Bücher** von Don Reid: *Yosemite: Free Climbs* und *Yosemite: Big Walls,* beide bei Falcon Guides erschienen, 💻 www.globepequot.com, sowie *Supertopos* von Chris McNamara, in Buchläden erhältlich oder herunterzuladen bei 💻 www.supertopos.com. Einen Eindruck der Bergsteigerszene bieten daneben *Camp 4: Recollections of a Yosemite Rockclimber* (The Mountaineers, 💻 www.mountaineersbooks.org) von Steve Roper und *The Vertical World of Yosemite* (Wilderness Press), eine Sammlung von Geschichten über das Tal, beide in der *Ansel Adams Gallery* erhältlich.

Glacier Point, Sentinel Dome und Taft Point

Den spektakulärsten Blick auf das Yosemite Valley hat man vom **Glacier Point**, dem Gipfel eines 975 m hohen, fast senkrechten Felsens, 32 Meilen vom Tal entfernt. Der Blick über die Talsohle, die senkrecht unter dem Aussichtspunkt liegt, hinüber zu Half Dome – von hier aus gesehen erklärt sich auch der Ursprung seines Namens – und auf die fernen, schneebedeckten Gipfel der High Sierra ist atemberaubend.

Zu Fuß kann man ihn auf dem sehr steilen Four Mile Trail erklimmen (s.u., Kasten), der am westlichen Ende des Tals neben dem Hwy-41 beginnt. Bequemere Menschen ziehen es allerdings vor, den *Glacier Point Hikers' Bus* nach oben zu nehmen (Juni–Okt 2x tgl., $15 einfach) und nur den Abstieg zu Fuß zu unternehmen. Die Straße ist in der Regel von Mitte Mai bis Ende Oktober geöffnet. Sie führt an der **Badger Pass Ski Area** vorbei, wo es ein paar kurze Lifts gibt und eine Skischule, die ausgezeichnete Langlaufexkursionen zum 11 Meilen entfernten Glacier Point anbietet. Das Skigebiet ist in der Regel von Mitte Dezember bis Anfang April in Betrieb, ✆ 209/372-8430, 💻 www.badgerpass.com.

Entlang der Straße zum Glacier Point beginnen verschiedene leichte bis längere Wanderpfade. Einer der besten führt zum fast 2500 m hohen Gipfel des **Sentinel Dome** (2 Meilen hin und zurück), einer schimmernden Granitkuppe, auf der die verdorrten Überreste einer durch die Fotos von Ansel Adams in den 1940er Jahren zu Berühmtheit gelangten Jeffrey-Kiefer thronen.

Vom Parkplatz am Sentinel Dome verläuft ein zweiter, staubiger und hügeliger Weg nach Westen zum **Taft Point** (2 Meilen hin und zurück) mit Ausblick über das Tal bis zum El Capitan und den Yosemite Falls. Nur wenige Besucher wählen diese Route – vielleicht wegen der Schwindel erregenden, an einer Stelle lediglich durch ein schwächliches Geländer gesicherten Abgründe, an denen man sich entlang der Strecke bewegt. Tiefe Einschnitte in das Granitgestein haben hier die **Taft Point Fissures** entstehen lassen.

Wawona und Mariposa Grove

Auf dem Weg von Fresno nach Yosemite fährt man durch **Wawona**, 27 Meilen südlich von Yosemite Village am Hwy-41, wo viele Leute auf dem Gelände des historischen **Wawona Hotel** herumspazieren, das u.a. den ältesten Golfplatz der Sierra sowie Tennisplätze umfasst. Im nahegelegenen **Pioneer Yosemite History Center** gibt es eine Reihe von Gebäuden aus den Zeiten der frühen weißen Siedler zu besichtigen, u.a. ein Gefängnis, eine bedachte Brücke und einige Privathäuser (Eintritt frei). In den Sommermonaten, insbesondere an Wochenenden, sind alle Gebäude offen, und Ranger machen kleine Führungen. Etwas weiter von der Hauptstraße entfernt findet man schöne, stille Plätzchen für ein Picknick.

Mariposa Grove ist in Yosemite die größte und schönste Ansammlung der gigantischen Mammutbäume (s.S. 387, Kasten). 3 Meilen östlich vom Hwy-41 zweigt hinter dem südlichen Parkeingang eine kleine Straße ab. Der 2,5 Meilen lange Rundweg beginnt am Parkplatz am Ende der Straße. Wer es bequemer haben möchte, kann alternativ an der kommentierten *Big Trees Tour* teilnehmen, die vom Parkeingang auf einer Asphaltstraße zu den wichtigsten Sehenswürdigkeiten des Mammutbaum-Hains führt (Juni–Okt tgl. 9–17 Uhr, Tickets $11). Von Wawona verkehrt auch ein kostenloser Zubringer zum Parkplatz.

Der Pfad führt zunächst am **Fallen Monarch** vorbei, bekannt von einem auf vielen Ansichtskarten reproduzierten Foto von 1899, in dem Kavallerieoffiziere und ihre Pferde auf dem umgestürzten Baum stehen. Der bekannteste Riesenbaum in diesem Hain ist jedoch der **Grizzly Giant**, der um die 2700 Jahre alt sein soll. Einer seiner unteren Äste ist dicker als jeder Stamm eines hiesigen Baums, der kein Mammutbaum ist. Weitere Highlights sind der **Wawona Tunnel Tree**, durch den Leute mit dem Auto fuhren, bis er 1969 umkippte, der ähnliche **California Tunnel Tree**, durch den man hindurchgehen kann, und zahlreiche andere, die zusammengewachsen sind oder auseinandergerissen wurden, vom Blitz getroffen wurden oder einfach immens groß sind. Es lohnt sich, kurz beim **Mariposa Grove Museum** mit seiner Ausstellung zu den Bäumen vorbeizuschauen. 🕓 tgl. 9–16 Uhr, Eintritt frei.

Übernachtung

Sämtliche Unterkünfte im Nationalpark – die Mehrzahl von ihnen direkt im Valley – werden von *DNC* (s.u., Informationen) verwaltet und sollten mehrere Wochen, für in den Ferien liegende Wochenenden sogar noch länger im Voraus reserviert werden. Erwartungsgemäß ist in Yosemite alles sehr viel teurer als außerhalb, vom Camping einmal abgesehen. Im Winter geben die Preise oft nach, allerdings nicht am Wochenende.

IM VALLEY – ***The Ahwahnee,*** ✆ DNC, ein kleines Stück von Yosemite Village entfernt an der Shuttle-Haltestelle 4. Zweifellos die beste Unterkunft in Yosemite; trotz Zimmerpreisen ab $400 oft schon auf Monate ausgebucht. Man sollte aber wenigstens einen Blick in die großartigen, der Öffentlichkeit zugänglichen Räumlichkeiten werfen oder auf einen Drink oder zum Essen vorbeischauen. ❾

Curry Village, ✆ DNC, eine Meile von Yosemite Village entfernt an den Shuttle-Haltestellen 14 und 20. Weitläufige, familienorientierte Anlage mit Zelthütten ❸, Cabins mit und ohne Bad ❹–❺, Cottages ❼ und geräumigen Motelzimmern ❺.

Housekeeping Camp, ✆ DNC, eine halbe Meile von Yosemite Village entfernt an der Shuttle-Haltestelle 12. Einfache Cabins mit Betonwänden und Plastikdach, mit Betten auf Schlafplattformen, Grillplatz und Picknicktisch. ◷ April–Ende Okt. ❸

Yosemite Lodge, ✆ DNC, eine halbe Meile westlich von Yosemite Village an der Shuttle-Haltestelle 8. Große Unterkunft mit Pool, beliebt bei Reisegruppen, unweit von Restaurants und Lebensmittelgeschäften, daher die praktischste Unterkunft im Valley. Motelzimmer mit eigenem Bad und Telefon, aber ohne TV und Klimaanlage. ❺–❻

IM ÜBRIGEN PARK – ***Tuolumne Meadows Lodge,*** Tuolumne Meadows, ✆ DNC. Zeltplanengedeckte 4-Bett-Hütten ohne Strom, aber mit Ofen, in über 2700 m Höhe. Nur von Mitte Juni bis Mitte Sept. Auf Wunsch auch Mahlzeiten. ❹

Wawona Hotel, Wawona, ✆ DNC, Rezeption ✆ 209/375-6556. Elegantes Hotel im Neuengland-Stil mit weißen Korbstühlen auf hölzernen Veranden und ansprechenden Gemeinschaftsräumen; einige Flügel sind mehr als 120 Jahre alt. Die Zimmer haben weder Telefon noch TV oder Klimaanlage, wurden aber liebevoll restauriert und mit antiken Möbeln und Ventilatoren ausgestattet. Diejenigen im Hauptgebäude sind jedoch ziemlich klein und haben kein eigenes Bad. Das große Gelände umfasst einen Pool, Tennisplatz und einen 9-Loch-Golfplatz. ❺–❼

White Wolf Lodge, ✆ DNC, ungefähr auf halbem Weg zwischen dem Valley und Tuolumne Meadows. Cabins und geräumige Zelthütten mit 4 Etagenbetten, Holzofen und Kerzen als Lichtquelle, ideal für Tageswanderungen zum Lukens Lake, Harden Lake und in den Grand Canyon des Tuolumne River. Nur von Ende Juni–Anfang Sept. ❹–❺

Yosemite Peregrine, 7509 Henness Circle, Yosemite West, auf halbem Weg zischen dem Tal und Wawona, ✆ 209/372-8517 oder 1-800/396-3639, 💻 www.yosemiteperegrine.com. Gepflegtes und hübsch eingerichtetes B&B mit Jacuzzi. Bei schönem Wetter wird das hausgemachte Frühstück auf der Terrasse serviert. ❼

Falcon's Nest, daneben, gleiche Adresse und Telefonnr., schlichtere Zimmer, Mindestaufenthalt 2 Nächte. ❺

HWY-120: GROVELAND AND COULTERVILLE – Die folgenden Unterkünfte sind in der Reihenfolge ihrer Entfernung von Yosemite aufgelistet:

Yosemite Lakes, 31191 Hwy-120, 5 Meilen vom Big Oak Flat Entrance, ✆ 209/962-0100 oder 1-800/533-1001, 💻 www.stayatyosemite.com. Familienorientiertes Resort, das von seiner Nähe zum Park profitiert. Zelt- und Stellplätze ($28 bzw. $38) in angenehmen Abständen – man sitzt sich nicht zu sehr auf der Pelle. Es gibt auch rustikale Bunkhouse Cabins sowie Zelt-"Jurten" für 4 Pers. mit Holzboden, einer Kochecke, Dusche und WC sowie einer kleinen Terrasse. ❹–❻

Yosemite Westgate Lodge, 7633 Hwy-120, 15 Meilen vom Big Oak Flat Entrance, ✆ 209/962-5281 oder 1-800/253-9673, 💻 www.insight.com. Das dem Park am nächsten gelegene Motel am Hwy-120 ist komfortabel und bietet alle üblichen Annehmlichkeiten wie Kabel-TV, Telefon, Pool und Jacuzzi. Nebenan gibt es ein passables Diner. Im Winter fallen die Preise drastisch. ❻

Groveland Motel & Indian Village, 18933 Hwy-120, Groveland, 25 Meilen vom Big Oak Flat Ent-

VALLEYS UND PARKS

rance, ✆ 209/962-7865 oder 1-888/849-3529. Über das baumbestandene Gelände verteilt liegen einige relativ anspruchslose Cabins mit Klimaanlage und Kabel-TV, ❹, etliche Wohnmobile, die meisten mit Kochecke, ❹, ein Haus mit 3 Schlafzimmern für max. 6 Pers., ❼, sowie Tipi-Zelte mit Steinfußboden und einem Doppelbett, ❶.

Hotel Charlotte, 18959 Hwy-120, Groveland, 25 Meilen vom Big Oak Flat Entrance, ✆ 209/962-6455 oder 1-800/961-7799. Einfaches, aber charaktervolles 10-Zimmer-Hotel von 1921. Die Zimmer sind fast alle klein und haben kein Telefon oder TV; einige mit Bad, andere teilen sich schöne Gemeinschaftsbadezimmer. Es gibt ein TV-Zimmer. Gutes Frühstück inkl. ❹

Groveland Hotel, 18767 Hwy-120, Groveland, 25 Meilen vom Big Oak Flat Entrance, ✆ 209/962-6455, ✆ 1-800/273-3314, 💻 www.groveland.com. Herrliches Hotel aus der Goldgräberzeit mit luxuriösen, individuell gestalteten Zimmern mit tiefen Badewannen und voller Antiquitäten. Die teureren Suiten, ❽, verfügen über Jacuzzis und einen echten Kamin. ❻

Hotel Jeffery, an der Kreuzung von Hwy-49 und Hwy-132, Coulterville, 30 Meilen vom Big Oak Flat Entrance, ✆ 209/878-3471 oder 1-800/464-3471, 💻 www.yosemitegold.com/jefferyhotel. Klassisches Hotel aus der Goldgräberära, in dem schon John Muir, Theodore Roosevelt und damalige Parkbesucher wohnten. Relativ kleine, altmodisch eingerichtete Zimmer sowie einige Suiten mit 2–3 Räumen; alle haben Zugang zu einer gemeinsamen Lounge und einer sonnigen Terrasse. ❹–❻

Yosemite Gold Country Motel, 10407 Hwy-49, Coulterville, ✆ 209/878 3400 oder 1-800/247-9884, 💻 www.yosemitegoldcountry.com. Sehr preiswertes Motel mit etwas älteren, aber sauberen und gepflegten Zimmern mit Klimaanlage, TV, Kühlschrank und Mikrowelle. ❸

HWY-140: MARIPOSA, MIDPINES UND EL PORTAL – Die folgenden Unterkünfte sind in der Reihenfolge ihrer Entfernung von Yosemite aufgelistet:

Yosemite View Lodge, 11136 Hwy-140, El Portal, 2 Meilen westlich des Arch Rock Entrance, ✆ 209/379-2681 oder 1-888/742-4371, 💻 www.yosemite-motels.com. Riesiger, luxuriöser und etwas seelenloser Komplex am Merced River ganz in der Nähe des Parks. Die modernen Zimmer haben alle Klimaanlage, Telefon und Kabel-TV. Für Blick auf den Fluss, offenen Kamin, Jacuzzi und Kochecke zahlt man kräftig dazu. Oft ausgebucht, aber vielleicht gibt es ja Stornierungen. ❼

Yosemite Bug Hostel & Lodge, 6979 Hwy-140, Midpines, 23 Meilen westlich des Arch Rock Entrance, ✆ 209/966-6666, 💻 www.yosemitebug.com. Die praktischste Billigunterkunft in der Nähe von Yosemite umfasst auf 8 ha baumbestandener Fläche ein HI-USA Hostel, eine preiswerte Lodge und einen Zeltplatz. Es gibt sowohl gemischte als auch „single sex"-Dorms (Bett $15, Nichtmitglieder $18), Zelt-Cabins ❷, Privatzimmer mit Gemeinschaftsbad ❸ und sehr angenehme und komfortable Zimmer mit eigenem Bad und Terrasse, aber ohne TV oder Telefon ❺ (am Wochenende ❻). Zeltplatz $17. Für die Hostelgäste gibt es eine Küche, auf dem Gelände befindet sich aber auch das ausgezeichnete *Café at the Bug* (mit Schanklizenz). Internet-Zugang, Lounge mit Büchern und Spielen und Zugang zu einer guten Badestelle. Der *Yarts*-Bus hält vor der Tür. Von Juni bis Sept sind Reservierungen unbedingt erforderlich.

Muir Lodge, 6833 Hwy-140, Midpines, 9 Meilen östlich von Mariposa und 23 Meilen westlich des Arch Rock Entrance, ✆ 209/966-2468, 💻 www.yosemitemuirlodge.com. Alte, relativ schlichte Motel Units (mit TV und Mikrowelle), die seit Jahren eine Modernisierung nötig hätten, aber zumindest sauber und billig sind. ❸

EC Yosemite Motel, 5180 Jones St, Mariposa, 35 Meilen westlich des Arch Rock Entrance, ✆ 209/742-6800, 💻 www.eclodgeyosemite.com. Angenehmes Motel, neue große Zimmer mit Klimaanlage und zwei Betten; Kabel-TV. Geheizter Pool und Jacuzzi, im Winter kann der Preis bis auf $55 hinuntergehen. ❹

Sierra View Motel, 4993 7th St, Mariposa, 35 Meilen westlich des Arch Rock Entrance, ✆ 209/966-5793 oder 1-800/627-8439, ℡ 742-5669. Ruhiges, freundliches und günstiges Motel nicht weit von der Hauptstraße, etwas kleine Zimmer mit Klimaanlage, daneben auch größere Suiten, kleines Frühstück inkl. ❸

Highland House B&B, 3125 Wild Dove Lane, Mariposa, 35 Meilen westlich des Arch Rock Entrance, ✆ 209/966-3737 oder 1-888/477-5089, 💻 www.highlandhousebandb.com. Hervorragendes, versteckt gelegenes B&B, 6 Meilen vom Hwy-140, inmitten von Gelbkiefern und Zedern. 3 Gästezimmer mit eigenem Bad und Jacuzzi; 1 Suite mit Himmelbett, offenem Kamin und Videorekorder. Hervorragendes Frühstück; im Gemeinschaftsraum gibt es einen Billardtisch. ❺–❻

Sierra House B&B, 4981 Indian Peak Rd, Mariposa, 40 Meilen vom Arch Rock Entrance entfernt, ✆ 209/966-3515 oder 1-800/496-3515, 💻 www.sierrahousebnb.com. Freundliches ländliches B&B am Hwy-49, 4 Meilen südöstlich von Mariposa. 3 Gästezimmer mit eigenem Bad. ❺–❻

HWY-41: OAKHURST UND FISH CAMP – Die folgenden Unterkünfte sind in der Reihenfolge ihrer Entfernung von Yosemite aufgelistet:

Owl's Nest Lodging, 1235 Hwy-41, Fish Camp, ✆ 559/683-3484, 💻 www.owlsnestlodging.com. Vermutlich die preisgünstigste Unterkunft südlich vom Park. Große DZ und Hütten für Selbstversorger mit Platz für bis zu 6 Pers. Hübsch, freundlich und direkt an einem Fluss. Nov–März geschlossen. ❺–❼

Narrow Gauge Inn, 48571 Hwy-41, Fish Camp, ✆ 559/683-7720 oder 1-888/644-9050, 💻 www.narrowgaugeinn.com. Attraktive Lodge mit einer großen Bandbreite an Zimmern, viele mit Balkon und Waldblick, alle mit Telefon und TV. Frühstück inkl. Pool und Jacuzzi; gutes hauseigenes Restaurant. ❻

Sierra Sky Ranch, 50552 Road 632, Oakhurst, 12 Meilen vom South Entrance, ✆ 559/683-8040, 💻 www.geocities.com/sierraskyranch. Seit 1875 betriebene Lodge in baumbestandener Umgebung auf dem Gelände der einst größten Ranch Kaliforniens. Haupt Lodge mit einer umlaufenden Veranda und großer Lounge, außerdem Pool und Bademöglichkeit in einem Fluss. Zimmer nicht mehr ganz frisch und ohne TV oder Telefon, aber inkl. kleines Frühstück inkl. ❺

Hounds Tooth Inn, 42071 Hwy-41, 3 Meilen nördlich von Oakhurst, ✆ 559/642-6600 oder 1-888/642-6610, 💻 www.houndstoothinn.com. Modernes B&B mit einem Dutzend individuell eingerichteter Zimmer, mit Kamin und/oder Jacuzzi, alle mit Klimaanlage. Abends wird ein Gläschen Wein serviert, morgens gibt es ein leckeres Frühstücksbüfett. ❻–❼

Days Inn, 40662 Hwy-41, Oakhurst, ✆ 559/642-2525 oder 1-800/329-7644, 💻 www.daysinn.com. Günstigstes der hiesigen Kettenmotels, aber dennoch mit hohem Standard und komfortablen Zimmern mit Kabel-TV. ❹

The Homestead, 41110 Rd 600, 2,5 Meilen vom Hwy-49 in Ahwahnee, nicht weit von Oakhurst, ✆ 559/683-0495, 💻 www.homesteadcottages.com. Einige attraktive und sehr gut ausgestattete Adobe-Cottages (Klimaanlage, TV, Gasgrill), jede mit Kochecke, einer bequemen Sitzecke und einer schönen Terrasse ausgestattet. Am Wochenende mindestens 2 Übernachtungen erforderlich. ❼

CAMPING – ist die beste Art, die Natur zu genießen, allerdings sind die Campingplätze in Yosemite Valley groß und dicht bevölkert. Im Sommer muss man unbedingt beim *National Park Reservation Service* (NPRS – s.u., Informationen) reservieren. Reservierungen werden 4 Monate im Voraus für einen Zeitraum von jeweils einem Monat angenommen, d.h., wer sich beispielsweise für den Monat nach dem 15. Juli einen Platz sichern möchte, kann und sollte dies ab dem 15. März tun. Ansonsten muss man früh morgens beim *Curry Village Reservations Office* erscheinen und darauf hoffen, dass jemand eine Reservierung storniert.

Abgesehen vom *Camp 4* verlangen alle Plätze im Yosemite Valley $18. Keiner besitzt Duschen oder Waschmaschinen. Die maximale Campingdauer ist pro Kalenderjahr auf einen Monat beschränkt, zwischen Mai und Mitte September kann nicht länger als eine Woche gecampt werden. Im Tal ist wildes Zelten streng verboten. Neben den großen Campingplätzen gibt es *Backpacker Campgrounds* für Wanderer in Yosemite Valley, Tuolumne Meadows und Hetch Hetchy für $5 pro Nacht – für diese benötigt man ein Wilderness Permit (siehe Kasten). Die zahlreichen einfachen Campingplätze im Hinterland sind mit Feuerstellen und Wasserleitungen versehen; das Wasser muss entkeimt werden. Für diese Plätze ist ebenfalls ein Wilderness Permit erforderlich; es gelten die üblichen Regeln. Im Gepäck sollte ein Kocher und entsprechendes Brennmaterial nicht fehlen – das wahllose Holzsammeln könnte die Freiheit, in der Wildnis zu campieren, in Zukunft gefährden. Auf dem Gipfel des Half Dome ist Campen nicht gestattet.

Im Valley: ***Camp 4 Walk-in,*** westlich und abseits der anderen Campingplätze im Tal, 1220 m, ◷ ganzjährig, $5 pro Person. Besonders bei Kletterern beliebt; Zeltplätze für jeweils max. 6 Pers. nicht weit von einem staubigen Parkplatz. Es gilt das Prinzip *first-come, first-served.* Der Campingplatz ist häufig bereits um 9 Uhr voll, insbesondere im Frühjahr und Herbst. Frühzeitiges Erscheinen ist also ratsam.

North Pines, Upper Pines, Lower Pines, 1220 m, ◷ North Pines und Lower Pines März–Okt, Upper Pines ganzjährig; Stellplatz $18. Drei ähnliche kiefernbestandene Plätze mit Toiletten, Wasser und Feuerstellen, bei Wohnmobilbesitzern beliebt. Reservierung unumgänglich.

Außerhalb des Valley: ***Bridalveil Creek,*** abseits der Glacier Point Road, 2200 m, ◷ Juli–Anfang Sept, $12. Campingplatz im Hochland auf der Basis *first-come-first-served,* guter Zugang zu den Wanderwegen in die Wildnis.

Crane Flat, am Beginn des Hwy-120, 1890 m, ◷ Juni–Sept, $18. Großer Platz nordwestlich des Tals, nahe einer Gruppe von Mammutbäumen. Reservierung erforderlich.

Hodgdon Meadow, am westlichen Parkrand, nahe dem Hwy-120, 1494 m, ◷ ganzjährig, Mai–Sept $18, Okt–April $12. Relativ ruhiger Campingplatz. Zu erreichen über die Old Big Oak Flat Road nach einer halben Meile. Mai–Sept Reservierung erforderlich, in den anderen Monaten gilt: *first-come, first-served.*

Porcupine Flat, nahe der Straße zu den Tuolumne Meadows, fast 40 Meilen vom Tal entfernt, 2469 m, ◷ Juli–Anfang Sept, $8. Hübscher, kleiner Campingplatz, Wasser aus dem Fluss. Es gilt: *first-come, first-served.*

Tamarack Flat, 2 Meilen vom Hwy-120 (Tioga Road) und 23 Meilen vom Tal entfernt, 1920 m, ◷ Juni–Sept, $8. Ebenfalls klein, nur begrenzter Zugang für Wohnmobile, Wasser aus dem Fluss.

Tuolumne Meadows, 2621 m, ◷ Juli–Sept, $18. Großer, beliebter Zeltplatz an einem Bach und unterhalb einer alpinen Wiese gelegen. Die Hälfte der Zeltplätze sind im Voraus reservierbar, die andere Hälfte kann nur am gleichen Tag gebucht werden. Weitere 25 sind Wanderern mit Wilderness Permit vorbehalten ($5 p.P.). In der benachbarten *Tuolumne Meadows Lodge* gibt es WCs, fließendes Wasser und Duschen ($3).

Wawona, ca. 1 Meile nördlich des *Wawona Hotel,* 1219 m, ◷ ganzjährig, Mai–Sept $18, Okt–April $12. Einziger Campingplatz im südlichen Parkabschnitt, einige Plätze sind für Camper ohne Auto reserviert. Mai–Sept Reservierung erforderlich.

White Wolf, eine Meile nördlich des Hwy-120, zwischen dem Tal und den Tuolumne Meadows, 2438 m, ◷ Juli–Anfang Sept, $12. für Zelte und Wohnmobile, keine Reservierung möglich.

Yosemite Creek, ungünstige 5 Meilen vom Hwy-120 entfernt, auf halber Strecke zwischen dem Tal und den Tuolumne Meadows, 2316 m, ◷ Juli–Anfang Sept, $8. Ausschließlich Zeltstellplätze, die nach dem Prinzip *first-come-first-served* vergeben werden. Nur zu empfehlen, wenn man den Besuchermassen entfliehen will, im Sommer dennoch mitunter rasch belegt. Wasser aus dem Fluss.

Außerhalb des Parks: ***Dimond O,*** Evergreen Road, abseits des Hwy-120 West, 1350 m, ◷ Ende April–Mitte Okt, $16. Ein Zeltplatz im National Forest, 1 Meile westlich des Big Oak Flat Entrance, Zelt- und Wohnmobilstellplätze, Wasserleitung, aber Plumpsklo.

Lee Vining Creek, abseits vom Hwy-120 East, 2350 m, ◷ Ende April–Okt, $8. Eine Reihe fast identischer National Forest-Zeltplätze an einem Flüsschen und an der Poole Power Plant Road, 9 Meilen westlich des Tioga Pass Entrance.

Sawmill Walk-in, Mile 1.5 Saddlebag Lake Road, 3,7 Meilen östlich des Tioga Pass Entrance, 3000 m, ◷ Juni–Mitte Okt, $9. Sehr einfacher, herrlich gelegener Walk-in-Zeltplatz, etwa 400 m vom Parkplatz entfernt, umgeben von Felszinnen – eine völlig andere Welt als die der abgerundeten Felskuppen bei Tuolumne.

Summerdale, Hwy-41, 1500 m, ◷ Mai–Okt, $17. Zeltplatz im National Forest, 1,5 Meilen südlich des South Entrance; guter Ausgangspunkt für Wawona und Mariposa Grove.

Essen und Unterhaltung

Von ein paar Ausnahmen abgesehen, ist in Yosemite Essen eher eine Notwendigkeit als ein Vergnügen. Lebensmittel im Park, sei es in den Restaurants oder in den Lebensmittelläden von Yosemite Village, Curry Village, Wawona und Tuolumne Meadows, sind rund 20% teurer als außerhalb des Parks. In Yosemite Village befindet sich immerhin ein gut sortierter Supermarkt. Außerhalb des Parks ist die Auswahl wesentlich besser; in den Orten entlang der Zufahrtsstraßen, insbesondere in Groveland, Mariposa und Oakhurst, findet man gute Restaurants und einige Bars. Die Restaurants im Park servieren Wein und Bier. In der *Yosemite Lodge* gibt es eine gut besuchte Bar, eine plüschigere Variante findet sich im *Ahwahnee,* und das *Wawona Hotel* bietet eine Lounge mit gelegentlicher Piano-Unterhaltung.

IM VALLEY – ***Ahwahnee Bar,*** im *The Ahwahnee.* Die intime Piano-Bar ist der perfekte Ort, um genüsslich einen Armagnac, Portwein, klassischen Martini oder einen anderen Cocktail zu schlürfen ($8–14). Es gibt auch kleine Gerichte wie Caesar Salad oder Chili con carne (mit Wildschwein) für je $9 und Kaffee, Fr und Sa abends außerdem unaufdringliche Live-Musik. 🕓 11–23 Uhr.
Ahwahnee Dining Room, *The Ahwahnee,* ✆ 209/372-1489. Eines der schönsten Restaurants des Landes, mit einer 10 m hohen Decke mit Dachgebälk, schmiedeeisernen Kronleuchtern und vom Fußboden bis zur Decke reichenden Bleiglasfenstern. Das Essen ist mit Abstand das beste im ganzen Park. Ein typisches Abendessen könnte z.B. mit einer Lachsterrine oder einem Endivien- und Kressesalat ($11) beginnen, gefolgt von Tunfisch mit Shoyu-Butter und Wasabi ($30). Tagsüber gibt es einfachere Gerichte, z.B. Apfel-Crêpe zum Frühstück ($14) oder zum Mittagessen einen Caesar Salad mit geräucherter Ente ($15). Einfach umwerfend ist der Sonntagsbrunch ($32). Tagsüber kann man leger gekleidet kommen, aber zum Abendessen muss man sich in Schale werfen (Jacketts werden kostenlos verliehen).
Degnan's Café, Deli & Loft, Yosemite Village. 3 Lokale unter einem Dach: Im tagsüber geöffneten Café bekommt man passablen Espresso und Tee sowie Gebäck (um $2); das Deli verkauft riesige Sandwiches, Burritos, Salate (unter $6,50) und Suppen zum Mitnehmen ($2,50–3,25); und ein Pizza Restaurant serviert leckere Pizzas (mittelgroße $14–18, große $17–22).
Pavilion Buffet, Curry Village. In der geschäftigen Cafeteria bekommt man für $10 ein reichhaltiges Frühstücksbüffet mit frischem Obst, Säften, Eiern und Speck, Hash Browns, Waffeln, Yoghurt usw. Auf die Zubereitung des Abendessen ($12) könnte ein wenig mehr Sorgfalt verwendet werden, aber man kann sich trotzdem gut mit Salaten, Tacos nach Wunsch, Hühnchen, Pasta, Kuchen und dergleichen den Magen füllen. Alkohol wird nicht ausgeschenkt.
Pizza Patio and Pavilion Bar, Curry Village. An einem milden Abend genau der richtige Ort, um sich nach einem anstrengenden Tag in den Bergen zu erholen. Man kann versuchen, einen Tisch im Freien zu ergattern, und sich dann an einem frisch gezapften Bier ($4,50) oder einer Margarita ($6,50) laben, während man auf die Pizza wartet (ab $14 für 12 Stücke).
Yosemite Lodge Food Court, *Yosemite Lodge.* Helles, freundliches Selbstbedienungs-Café-Restaurant, im Angebot sind viele Arten von Frühstück ($5–9), Muffins, Gebäck und Kaffee sowie eine Auswahl an Mittag- und Abendessen; z.B. gegrilltes Hühnchen-Sandwich, Pizza und Gyros (je $6) oder Hühnchen mit Gemüse und Reis ($9). Es gibt ein paar Sitzgelegenheiten im Freien.

IM ÜBRIGEN PARK – ***Tuolumne Meadows Grill,*** Tuolumne Meadows. Der Burgerschuppen verkauft auch Frühstück (kleine Portionen, relativ teuer) und zum Mittagessen Sandwiches.
Tuolumne Meadows Lodge, ✆ 209/372-8413. In einem großen Zelt am Tuolumne River sind Frühstück ($5–10), Burger, Steak, Hühnchen und Fisch ($13–23) erhältlich.
Wawona Hotel Dining Room. Mit seinen weißen Tischdecken wirkt das Restaurant recht förmlich und steif, aber die hier servierten Gerichte sind weder besonders teuer noch sehr ungewöhnlich. Zum Mittagessen werden u.a. Chicken

Alfredo geboten, Ratatouille oder ein Club Sandwich ($9). Zum Abendessen zieht man sich ein bisschen schicker an und bestellt vielleicht eine Forelle ($17) und zum Nachtisch eine Himbeer-Nuss-Torte ($4). Besonders lohnenswert sind das Brunch-Büffet an Sonntagen (Ostern–Ende Nov 7.30–13.30 Uhr, $19) und ein Barbecue am frühen Samstagabend (Ende Mai–Anfang Sept 17–19 Uhr).

White Wolf Lodge, gleich am Hwy-120, ✆ 209/252-4848, große Portionen preiswerter amerikanischer Gerichte ($16–20) in rustikaler Umgebung. Nur Frühstück und Mittagessen.

HWY-120: GROVELAND – ***Cocina Michoacana***, 13955 Hwy-120. Authentisches und preiswertes mexikanisches Restaurant, z.B. Rührei mit Rindfleischstreifen ($6) zum Frühstück und Fajitas ($19–21 für 2 Pers.).

Iron Door, 18761 Main St, Groveland. Die Knoblauchsuppe ist berühmt, aber auch das New York Steak ($20), die Buffalo- and Black-Bean-Burger und viele andere Gerichte lassen in punkto Zubereitung und Präsentation kaum etwas zu wünschen übrig. Das Restaurant ist sowohl wegen des Essens als auch wegen seiner besonderen Atmosphäre zu empfehlen: Die Bar gilt als der älteste Saloon in Kalifornien. Es gibt einen Billardtisch; an den Wochenenden spielt meist eine Live-Band.

Victorian Room, *Groveland Hotel*, 18767 Hwy-120, ✆ 209/962-4000. Das beste Restaurant am Platz. Die Speisekarte wechselt je nach Jahreszeit, dazu kommen Tagesangebote, etwa Krabbentörtchen mit einer Soße aus frischem Koriander und Kapern oder mit Honig glasierte Schweinerippchen. Lange Weinkarte. Für ein 3-Gänge-Menü mit einem Glas Wein muss man ca. $45–50 berappen.

HWY-140: MARIPOSA, MIDPINES UND EL PORTAL – ***Café at the Bug***, *Yosemite Bug Hostel & Lodge*, Midpines. Café mit Schanklizenz, das hochwertiges Essen zu annehmbaren Preisen bietet: Frühstück ($4,50–6,50), abgepacktes Mittagessen ($6) und Abendessen ($8–14), u.a. Schweinefleisch im Cajun-Stil oder gebackene Forelle mit Butter-Pekan-Soße. Es gibt auch selbst gebrautes Bier vom Fass. Wenn man sich nicht an der geschäftigen Hostel-Atmosphäre stört, lohnt sich die Anfahrt ohne Frage.

Charles Street Dinner House, 5043 Hwy-140, Mariposa, ✆ 209/966-2366. Der beste Ort für anspruchsvolles Essen in Mariposa; auf der Speisekarte stehen u.a. Portobello Ravioli Parmesan ($14) sowie eine Mischung aus Jakobsmuscheln und Abalone mit gerösteten Mandeln und Zitronenbutter ($19). Es gibt auch eine lange Weinliste. Mo, Di und im Jan geschlossen.

High Country Café, Hwy-140 & Hwy-49, Mariposa. Dieses Health Food Café verkauft tagsüber Sandwiches ($5–6), Salate, Enchiladas und Carrot Cake; im Bioladen nebenan gibt es gutes Brot, Gemüse aus organischem Anbau sowie Nüsse und dergleichen, die man zu einer Wegzehrung für eine Wanderung zusammenstellen kann. So geschlossen.

Savoury's, 5027 Hwy-140, Mariposa, ✆ 209/966-7677. Exzellentes Restaurant, das in elegant-entspannter Atmosphäre u.a. Hühnchen-Piccata ($14), Muscheln in Zitronen-Schnittlauch-Soße ($19) und Nudeln mit Spinat und Pinienkernen ($15) serviert. Dazu gibt es offene Weine. Im Sommer empfiehlt sich die lauschige Terrasse. ◷ nur abends, Mo und Di geschlossen.

HWY-41: OAKHURST UND FISH CAMP – ***Mountain House***, an der Ecke von Hwy-41 und Bass Lake Road, 3 Meilen nördlich von Oakhurst. Freundlicher und guter Diner, der die besten Burger, Sandwiches und Nudelgerichte zubereitet und insbesondere für sein New York Steak ($17) und seine über Holzkohle gegrillte Forelle ($12) gerühmt wird.

The Narrow Gauge Inn, 48571 Hwy-41, Fish Camp, ✆ 559/683-6446. Anspruchsvolle Abendessen um $40 p.P. in Kerzenschimmer und bei wärmendem Kaminfeuer. Vorweg Brotfondue, danach über Holzkohle gegrillter Schwertfisch oder Filet mignon. ◷ Mitte April–Mitte Oktober tgl. außer Do 17.30–21 Uhr.

Three Sisters Café, 40291 Junction Drive, Oakhurst, nahe dem Hwy-49, hinter dem Supermarkt Raley's, ✆ 559/642-2253. Kleines Restaurant mit leckerer, europäisch angehauchter Küche und skurrilen Öffnungszeiten. Zum Frühstück ($7–8) gibt es z.B. Hühnchen-Quesadilla, Lachsomelette oder Bratwurst, Kartoffelpfannkuchen und Eier.

Abends reicht die Auswahl von Garnelen mit Nudeln und Spargel ($16) bis zu Navajo Buffalo Stew ($19) und einigen vegetarischen Gerichten, außerdem gibt es feste Menüs mit 2–5 Gängen ($25–36). ◷ zum Brunch Mi–Fr 9–13.15 und Abendessen Mi und Do 17–19.15 sowie Fr und Sa 17–21 Uhr.

Yosemite Coffee & Roasting Company, 40879 Hwy-41, eine Meile nördlich von Oakhurst. Entspanntes Café mit bunt zusammengewürfelter Bestuhlung; außer gutem Espresso werden auch Burritos, Muffins, Sandwiches und Kuchen serviert.

Aktivitäten

GOLF UND TENNIS – Zum Wawona Hotel, ✆ 209/375-6556, gehören ein 9-Loch-Golfplatz (volle Runde mit 18 Löchern $25, Golfschläger $10) sowie Tennisplätze ($2 pro Std.).

RAFTING – Innerhalb des Parks vermietet *Curry Village* im Juni und Juli Boote für bis zu 6 Passagiere ($13,50 p.P., mindestens 2 Pers.), mit denen man einen relativ ruhigen Abschnitts des Merced River erkunden kann.

Außerhalb des Parks veranstalten von April bis Juni verschiedene Anbieter die klassischen, ungleich raueren Wildwasser-Tagestouren (Klasse III–IV); der Preis liegt wochentags bei $140, an Wochenenden bei $155:

Ahwahnee Whitewater, ✆ 1-800/359-9790, 🖳 www.ahwahnee.com;

Mariah Wilderness Expeditions, ✆ 1-800/462-7424, 🖳 www.mariahwe.com;

Whitewater Voyages, ✆ 1-800/400-RAFT, 🖳 www.whitewatervoyages.com.

REITEN – Ein breit gefächertes Angebot an Reitausflügen bieten die Stallungen in Yosemite Valley, ✆ 209/372-8348, April–Okt, Tuolumne Meadows, ✆ 209/372-8427, Anfang Juni–Sept, und Wawona, ✆ 209/372-8427, Mai–Sept; $51 für 2 Std., ganzer Tag $94, mehrtägige Ausflüge in die High Sierra ab $744 für 4 Tage.

Sonstiges

DUSCHEN – ***Curry Village,*** Yosemite Valley, ◷ rund um die Uhr, $2; außerhalb der Hauptsaison ist hier meist niemand, der ein Handtuch verleiht oder das Geld einsammelt.

Außerhalb des Tals bietet nur die *Tuolumne Lodge* öffentliche Duschgelegenheiten ($3).

EINTRITT – Yosemite hat immer geöffnet: Eintritt $20 pro Fahrzeug samt Insassen; Radfahrer und Wanderer $10, 7 Tage lang gültig, zu zahlen bei der Ankunft in den *Ranger Stations* oder, wenn diese geschlossen sind, beim *Visitor Center* im Valley, ansonsten beim Verlassen des Parks. Um die Besucher zur Nutzung öffentlicher Verkehrsmittel zu bewegen, müssen Buspassagiere derzeit keine Eintrittsgebühren zahlen.

FAHRRÄDER – Fahrräder dürfen zwar nur auf asphaltierten Straßen benutzt werden, aber im Tal – wo es 12 Meilen Fahrradwege gibt – sind sie ein ideales Fortbewegungsmittel. Vermietet werden Fahrräder das ganze Jahr über von der *Yosemite Lodge* und im Sommer im *Curry Village*; jeweils $8 pro Std. oder $24 pro Tag.

GELD – Es gibt keine Banken im Yosemite, dafür aber mehrere Geldautomaten: im Yosemite Village Store, vor dem Art Activity Center, in der Lobby der Yosemite Lodge, im Curry Village Store, im Wawona Store sowie gleich außerhalb des Parks in der Yosemite View Lodge in El Portal.

DNC löst in der Lobby des Art Activity Center in Yosemite Village Schecks gegen Bares ein; Gebühr pro Scheck $5, aber keine Provision für den Umtausch. ◷ Mo und Fr 8–16, Di–Do, Sa und So 8–14 Uhr.

INFORMATIONEN – An den Parkeingängen bekommt man einen hervorragenden Plan, die jährlich neu aufgelegte Broschüre *Yosemite* sowie die aktuelle Ausgabe des alle 1–2 Wochen erscheinenden Anzeigenblatts *Yosemite Today,* das alle Veranstaltungen einschließlich der zahlreichen und meist kostenlosen Ranger-Programme auflistet (s.u., Veranstaltungen).

Bei spezielleren Anfragen kann man sich an das nützliche ***Visitor Center*** in Yosemite Village, ✆ 209/372-0299, wenden. Hier gibt es u.a. eine topografische Landkarte für $9, unentbehrlich bei abenteuerlicheren Wanderungen. ◷ tgl. Juni–Sept 9–19, Okt – Mai 8.30–17 Uhr.

Weitere ***Visitor Centers*** in **Tuolumne Meadows**, ✆ 209/372-0263, ⌚ tgl. Mitte Juni–Sept 9–17 Uhr, im Juli und Aug länger; **Big Oak Flat**, ✆ 209/379-1899, ⌚ Ostern–Sept tgl. 9–17, Okt und Nov Fr–Mo 9–12 und 13–17 Uhr, Dez–Ostern nur an manchen Wochenenden; **Wawona**, ✆ 209/375-9501, ⌚ Mitte Mai–Mitte Sept tgl. 8.30–16.30 Uhr.

Kostenlose Wander-Permits und Hilfe bei der Routenplanung bekommt man eine Tür weiter beim ***Wilderness Center,*** ✆ 209/372-0745, ⌚ Mitte Mai–Juni und Anfang Sept–Mitte Okt tgl. 8–17, Juli–Anfang Sept tgl. 7.30–18 Uhr.

National Park Reservation Service (NPRS), PO Box 1600, Cumberland, MD 21502, ✆ 301/722-1257 oder 1-800/436-7275, 💻 www.reservations.nps.gov. Für Voraus-Reservierungen von Zeltplätzen telefonisch (7–19 Uhr PST), über das Internet oder schriftlich.

Delaware North Companies Parks & Resorts at Yosemite (DNC), 6771 N Palm Avenue, Fresno CA 93704. Reservierungen von Unterkünften ✆ 559/252-4848, Touren ✆ 209/372-1240, 💻 www.yosemitepark.com. DNC betreibt praktisch alle Unterkünfte, Restaurants, Shuttle-Busse, Touren und andere Aktivitäten im Park. Reservierungen werden bis zu einem Jahr im Voraus angenommen. ⌚ Mo–Fr 7–19, Sa und So 8–17 Uhr.

Yosemite National Park, ✆ 209/372-0200, 💻 www.nps.gov/yose. Detaillierte Website und telefonische Auskunft vom Band, inkl. Wettervorhersage und Straßenbedingungen.

Wilderness Permits and Information, Yosemite Association, PO Box 545, Yosemite, CA 95389, ✆ 209/372-0740, 💻 www.nps.gov/yose/wilderness. Reservierungen von Wilderness Permits (notwendig für Zeltübernachtungen bei Wanderungen).

INTERNET – Internet-Zugang in begrenztem Umfang bieten die **öffentliche Bibliothek** im Yosemite Village, nahe dem Visitor Center in einem als „Girls Club" beschilderten Gebäude, ⌚ Mo 11–14, Di und Mi 10–14, Do 15–18 Uhr, sowie die Büchereien und Kopierläden in den umliegenden Orten.

MEDIZINISCHE HILFE – *Yosemite Medical Clinic,* zwischen Yosemite Village und dem *Ahwahnee,* ✆ 209/372-4637, 24-Std.-Notdienst, für dringende Fälle tgl. 8–19 Uhr, ansonsten Sprechstunde Mo–Fr 8–17, Sa 9–12 Uhr.

Zahnärztliche Behandlung, ✆ 209/372-4200.

MÜLL – Glas, Aluminium, Zeitungen und Plastik werden zum Recycling in Yosemite Village gesammelt. Auf Getränkebehälter wird Pfand erhoben.

POST – in Yosemite Village, ⌚ Mo–Fr 8.30–17, Sa 10–12 Uhr, auch Poste Restante. Daneben ganzjährige Postdienste in der *Yosemite Lodge,* ⌚ Mo–Do 11.30–14.45, Fr 13.30–16.30 Uhr, sowie in Wawona, ⌚ Mo–Fr 9–17, Sa 9–13 Uhr; im Sommer zusätzlich im Curry Village, ⌚ Mo–Fr 14.30–16, und in Tuolumne Meadows, ⌚ Mo–Fr 9–17, Sa 9–13 Uhr. Die Postleitzahl für den Park ist 95389.

TOUREN – Es stehen verschiedene geführte Touren zur Auswahl, von der relativ langweiligen, 2-stündigen Fahrt durch das Tal für $21 bis zur ganztägigen Mariposa Grove und Glacier Point Grand Tour für $55 (Juni–Okt). Die Teilnahme an einer solchen Tour wird von den Rezeptionen der Unterkünfte vermittelt. Infos unter ✆ 209/372-1240.

VERANSTALTUNGEN – Yosemite Village ist das Zentrum der abendlichen Unterhaltung, mit Vorträgen, Fotoausstellungen und Theateraufführungen.

Das komplette Programm sowie andere brauchbare Informationen entnimmt man dem ca. wöchentlich erscheinenden Informationsblatt *Yosemite Today,* das am Eingang ausgegeben wird und in den *Visitor Centers* kostenlos zu haben ist. Der Park Service und andere Organisationen bieten eine große Anzahl von **Ranger-Programmen** wie Wanderungen, Fotospaziergänge, Vorträge über Bären usw. – die meisten davon kostenlos. Hinzu kommen abendliche Veranstaltungen wie Ranger-Vorträge am Lagerfeuer *(campfire talks)* an den meisten Zeltplätzen, eine Erläuterung des Nachthimmels, Diavorträge über Flora, Fauna und Naturgeschichte des Parks sowie im *Yosemite Theater* zwei 90-minütige Shows des Schauspielers Lee Stetson, der seit 1982 die Rolle von John Muir spielt ($8). Details sind *Yosemite Today* zu entnehmen.

WÄSCHEREIEN – Im *Housekeeping Camp* gibt es eine Münzwäscherei, 🕓 8–20 Uhr.

Nahverkehrsmittel

Mit eigenem Fahrzeug lässt sich zwar das gesamte Parkgebiet bequem erforschen, aber im Tal verdirbt eine anwachsende Blechlawine allen den Spaß. Wer nur für einen Tag mit dem Auto anreist, kann es auf den *day-use*-Parkplätzen in Yosemite Village oder Curry Village abstellen.

Im Tal verkehren kostenlose **Shuttle-Busse**. Sie fahren stets dieselbe Runde gegen den Uhrzeigersinn und kommen an allen Sehenswürdigkeiten vorbei, außerdem an den Startpunkten der diversen Wanderwege und an den Übernachtungsmöglichkeiten. Während der Hauptsaison verkehren sie ca. alle 20 Min. zwischen 7 und 22 Uhr, ansonsten weniger lang und häufig.

Die Hiker's Buses nach Tuolumne Meadows und Glacier Point halten unterwegs an allen Ausgangspunkten der Wanderwege in diesem Gebiet. Der **Tuolumne Meadows Hikers' Bus** fährt von Mitte Juni bis Anfang Sept 1x tgl. vom Yosemite Valley in 2,5 Std. nach Tuolumne, Abfahrt ca. 8.20 Uhr, zurück um 14.35 Uhr – Tagesausflügler haben also für Tuolumne Meadows etwa 3 Std. Zeit. $15 einfach, $23 hin und zurück. Der **Glacier Point Hikers' Bus** fährt von Juni bis Okt 2x tgl. zum Glacier Point, Rückfahrt ca. 1 Std. später ($15 einfach, $30 hin und zurück).

Transport

SELBSTFAHRER – Die drei Zufahrtsstraßen von Westen (Hwy-41 von Fresno, Hwy-140 von Merced und Hwy-120 von Stockton und der San Francisco Bay) sind das ganze Jahr über geöffnet, bei extremer Witterung wird der Hwy-120 jedoch als erster gesperrt.

Die einzige Straße im Osten des Parks, Hwy-120 über den Tioga Pass, wird von Ende Okt bis Ende Mai und bei schlechtem Wetter geschlossen.

Wer mit dem eigenen Auto anreist, sollte bedenken, dass Benzin im Tal selbst nicht zu bekommen und an den rund um die Uhr geöffneten Zapfsäulen im ca. 15 Meilen entfernten Crane Flat teuer ist. Billigeres Benzin gibt es in Oakhurst, erschwinglich ist es noch in Mariposa und Groveland, teuer wird es im Park, wo Sprit ganzjährig in Wawona und Crane Flat und während der Saison in Tuolumne Meadows erhältlich ist.

BUSSE – Um Parkbesucher zur Benutzung öffentlicher Verkehrsmittel anzuhalten, gibt es den *Yarts*-Busservice, ☎ 209/388-9589 oder 1-877/989-2787, 💻 www.yarts.com. *Yarts*-Busse verkehren auf dem Hwy-140 von MERCED (s.o.), wo man Anschluss an *Amtrak*-Züge und *Greyhound*-Busse hat. Sie fahren 4x tgl. vom Merced Transport Center und der *Amtrak* Station ab, halten unterwegs in allen Städtchen und bei Unterkünften und kommen dann 3 Std. später im Valley an. Weitere Verbindungen bestehen von MARIPOSA entlang derselben Route, im Sommer gibt es auch einen begrenzten Busdienst von MAMMOTH LAKES (s.S. 428ff. und 435) und LEE VINING über den Tioga Pass und via Tuolumne Meadows ins Yosemite Valley. Fahrpläne sind bei den *Visitor Centers* der Gegend erhältlich, man findet sie auch auf der Website. Fahrkarten kauft man beim Busfahrer (Rückfahrkarte Merced–Yosemite $20, ab Mariposa und Midpines $10, ab El Portal $7).

Sightseeingtouren, die von außerhalb nach Yosemite fahren, sind in der Regel unbefriedigend, da sie viel zu sehr unter Zeitdruck stehen. Unternehmen, die nicht diesen Fehler begehen, sind:

Green Tortoise, ☎ 415/956-7500 oder 1-800/867-8647, 💻 www.greentortoise.com. Ein Veranstalter in San Francisco, der Aktivtouren in umgebauten Bussen anbietet. Die Zielgruppe sind Leute, die gern zelten und sich viel im Freien bewegen sowie bei allen anfallenden Arbeiten mit Hand anlegen. Das Programm umfasst einen Wochenendausflug ins Valley und zum Mariposa Grove (April–Sept, Abfahrt Fr 21 Uhr, Rückkehr Mo 7 Uhr, $99, plus $36 Gemeinschaftskasse für Essen) sowie eine etwas teurere, 3-tägige Exkursion mit einem halben Tag in Tuolumne Meadows, Besuch des nahe gelegenen Mono Lake und einiger Thermalquellen (Juni–Mitte Okt, Abfahrt Mo und Fr abends, $139, plus $44 für Essen).

Incredible Adventures, ☎ 415/642-7378 oder 1-800/777-8464, 💻 www.incadventures.com. Angenehme Minibustouren ab San Francisco: Der Tagestrip ($115) führt zu den Hauptsehenswürdigkeiten des Tals, man hat sogar noch 3 Std. zum Spazieren und Herumschauen. Befriedigender wird trotzdem eher die 2-tägige Tour ($150) sein; im Angebot ist auch eine 3-tägige Campingtour ($200), die Wanderungen in der Umgebung von Tuolumne und die Besichtigung der Mammutbäume einschließt.

Owens Valley und Östliche Sierra

Wenn das San Joaquin Valley heiß und trocken ist, so ist das Owens Valley – von Lone Pine nach Norden bis Bishop – noch heißer und trockener, dafür aber von einer fast erhabenen, spirituellen Schönheit. Die einsame Wüstenlandschaft wird von parallel verlaufenden, über 4000 m hohen Bergketten begrenzt. Im Gegensatz zu den bewaldeten, westlichen Hängen der Sierra, die allmählich in das fruchtbare, landwirtschaftlich genutzte San Joaquin Valley übergehen, fallen die steil emporragenden östlichen Berge der Sierra Nevada abrupt zum Owens Valley hin ab. Die Bergkette steht als *Wilderness Area* fast vollständig unter Naturschutz. Es gibt über Hunderte von Meilen keine durchgehenden Straßen über die Berge, aber viele Wanderwege. Auf guten Stichstraßen hat man schnell über 3000 m Höhe erreicht, und diverse Wege ermöglichen Wanderern und Bergsteigern einen schnellen Zugang zur kargen Landschaft der Gipfel, Gletscher und klaren Bergseen. **Mount Whitney**, mit 4418 m der höchste Gipfel Kaliforniens, bildet das südlichste Glied der Bergkette, die sich über 150 Meilen Richtung Norden bis zum Yosemite hinzieht. Im Osten wird das 5 Meilen breite Owens Valley von den White Mountains begrenzt, die fast ebenso hoch, aber trockener und abweisender sind als die High Sierra. Hier gedeihen die knorrigen Bristlecone Pines, die ältesten lebenden Organismen der Welt.

In der Mitte durchschneidet der US-395 das Tal in seiner ganzen Länge. Abgesehen von sporadisch auftauchenden Ortschaften am Straßenrand und dem größeren Bishop sind kaum menschliche Spuren zu finden.

Eine Autostunde nördlich von Bishop befindet sich der belebteste Ferienort der Östlichen Sierra, **Mammoth Lakes**, wo es im Winter von Skifahrern und im Sommer von Anglern und Mountainbikern wimmelt. Bizarre Felsformationen erheben sich aus dem stillen blauen Wasser des alten **Mono Lake**, in einem dramatischen Wüstenbecken voller Vulkane und dampfender Thermalquellen gelegen. Nördlich vom Mono Lake liegt, abgeschieden genug, um vom Massenansturm verschont zu bleiben, die wunderbare Geisterstadt Bodie.

Weder *Amtrak* noch *Greyhound* bieten eine Verkehrsverbindung in diese Region, der einzige Langstreckenbusdienst ist *Carson Ridgecrest Eastern Sierra Transit* oder *CREST*, ✆ 760/872-1901 oder 1-800/922-1930, der Ridgecrest im Süden des Owens Valley mit Reno im Norden verbindet. Von beiden Orten bestehen Anschlüsse zu weiteren Zielen. Diese Busse bieten Fahrradhalterungen oder Platz für Fahrräder im Innenraum. Einige kleinere Firmen betreiben einen Minibusservice zu den Ausgangspunkten von Wanderungen, aber ihre Fahrzeuge verkehren zumeist wie ein Taxidienst auf Anfrage, ohne regulären Fahrplan.

Lone Pine

Der höchste Gipfel der Sierra Nevada, der Mount Whitney, an der östlichen Grenze des Sequoia-Nationalparks, ragt aus einem messerscharfen Grat mit einer nahezu senkrechten, silbergrauen Granitwand 3350 m über der Talsohle auf. Die gezackten Gipfel bilden hier ein großartiges Panorama für den kleinen Ort **Lone Pine** am Fuße des Mount Whitney. Das Szenario ist überwältigend, und keiner hat es schöner eingefangen als Ansel Adams mit seinem berühmten Foto, auf dem der Vollmond über den kahlen Felswänden aufgeht.

Das triste Lone Pine scheint kaum mehr als eine Ansammlung von Motels, Restaurants und Tankstellen am Rande des US-395 zu sein. Trotzdem ist es eine gute Basis, um das umliegende Gebiet zu erforschen, vor allem für diejenigen, die nicht vorhaben zu zelten.Die Gebiete beiderseits des Tales rings um Lone Pine gehören zum **Inyo National Forest** und stehen somit unter Schutz. Wer länger bleiben möchte, sollte sich die hilfreiche Karte ($6) besorgen, auf der alle interessanten Trails und Campingplätze zwischen Mount Whitney und Yosemite eingezeichnet sind.

Interessanterweise kann man aus der Karte auch ersehen, welche Flächen der Stadt Los Angeles gehören – nämlich fast das gesamte Tal. Diese wurden erworben, um die Wasserversorgung der Metropole zu sichern.

Viele frühe Western wurden in den **Alabama Hills** zwischen Lone Pine und der Sierra Nevada gedreht, einem wilden, weiten Areal mit Felsen aus braunem, gelbbraunem, orangefarbenem und schwarzem Granit und metamorphem Gestein, aus denen Wind und Wasser während der letzten 160 Mill. Jahre bizarre Formen geschliffen haben. Die Movie Road führt von der Whitney Portal Road Richtung Norden an den natürlichen Filmkulissen vorbei.

Einige eigenartige Gesteinsformationen sind durch den **Picture Rocks Circle** miteinander verbunden, der von der Whitney Portal Road nach Süden abgeht. Die bis zu 30 m hohen Felsen erinnern an Kröten, Paviane und Walrosse.

Zwecks angemessener Würdigung seiner cineastischen Vergangenheit veranstaltet der Ort am Wochenende des Columbus Day (2. Wochenende im Oktober) das **Lone Pine Film Festival**, 💻 www.lonepinefilmfestival.org, in dessen Rahmen es ausschließlich in diesem Gebiet gedrehte Filme zu sehen gibt.

Öffnungszeiten der Sierra-Pässe

Kommt man aus der Mojave-Wüste oder von Death Valley her, ist es kaum vorstellbar, dass viele Pässe über die Sierra Nevada bis weit in den Juni hinein unpassierbar und gesperrt sein können. Theoretisch ist der Memorial Day Ende Mai der Stichtag für die Öffnung des **Tioga Passes** (vom Mono Lake nach Yosemite), aber oft sind die Winter so streng, dass er erst Ende Juni freigegeben wird.

Die Pässe nördlich davon, der **Hwy-108** und **Hwy-4**, öffnen gewöhnlich ein paar Wochen eher, um Mitte Mai. Der noch weiter nördlich gelegene **Hwy-88** ist das ganze Jahr über offen. Alle anderen sind ab dem ersten Schneefall, ungefähr ab Ende Oktober / Anfang November, wieder gesperrt.

Aktuelle Straßenzustandsberichte bei *CalTrans* unter ✆ 1-800/427-7623, im Internet unter 💻 www.dot.ca.gov und dort dem Link „Road Conditions" folgen.

Übernachtung und Essen

Best Western Frontier Motel, 1008 S Main St, ✆ 760/876-5571 oder 1-800/231-4071. Einige Zimmer mit Blick auf die Berge, geheizter Pool und einfaches Frühstück. ❺

Dow Villa Motel / Historic Dow Hotel, 310 S Main St, ✆ 760/876-5521 oder 1-800/824-9317, 💻 www.dowvillamotel.com. Eine beeindruckende Auswahl an Unterkünften, von einfachen Zimmern ohne Bad im Hotel über Zimmer mit Bad bis hin zu gut ausgestatteten Motel-Units, einige sogar mit Videorecorder und Whirlpool. Der ältere, 1923 erbaute Trakt ist ein für Filmgrößen erbautes Quartier – John Wayne nächtigte allerdings stets im neueren Motelbereich in Zimmer Nr. 20. ❷–❺

Mt Whitney Restaurant, 227 S Main St, ✆ 760/876-5751. Laut Eigenwerbung die besten Burger der Stadt, variantenreiche Zusammenstellungen.

Pizza Factory, 301 S Main St, ✆ 760/876-4707. Akzeptable Pizza.

Pepe's, 104b N Main St, ✆ 760/876-4768. Schlichte, aber sättigende mexikanische Speisen. Di geschlossen.

Sonstiges

DUSCHEN – In ***Kirk's Sierra Barber Shop,*** 104 N Main St, kann man sich nach einer anstrengenden Woche in der Wildnis wieder regenerieren und für $4 heiß duschen.

INFORMATIONEN – Infos über das gesamte östliche Kalifornien, inkl. der High Sierra, White Mountains, des Owens Valley und Death Valley, sowie die aktuellen Wetterberichte gibt es beim ***Eastern Sierra Interagency Visitor Center,*** ✆ 760/876-6222, 💻 www.r5.fs.fed.us/inyo, 1 Meile südlich der Stadt an der Kreuzung von US-395 mit Hwy-136, der zum Death Valley führt. ⏲ tgl. 8–17 Uhr.

Chamber of Commerce, 126 S Main St, ✆ 760/876-4444 oder 1-877/253-8981, 💻 www.lonepinechamber.org, ⏲ Mo–Sa 8–17 Uhr, Lokalinformationen.

Mount Whitney Ranger Station, 640 S Main St, ✆ 760/876-6200, erteilt Wilderness Permits, ⏲ tgl. Juni–Okt 8–18, Nov–Mai 8–16.30 Uhr.

2005 ist der Umzug in ein neues Gebäude neben dem Eastern Sierra Interagency Visitor Center geplant.

INTERNET – ***The Espresso Parlor,*** 123 N Main St, bietet Internet-Zugang und guten Espresso.

SCHWIMMEN – Der Swimming Pool gegenüber der High School an der Muir St hat im Sommer tgl. geöffnet ($2).

Transport

Der Ort ist eine gute Ausgangsbasis für das 90 Meilen entfernte Death Valley. Nach L.A. sind es 212 Meilen und nach Reno 265 Meilen.
CREST-Busse von BISHOP (3x wöchentl., 1 1/4 Std.) und RIDGECREST (3x wöchentl., 1 1/4 Std.) halten an der Statham Hall (unweit der *Chamber of Commerce).*

Besteigung des Mount Whitney

Es ist eine echte Herausforderung, den 4418 m hohen Mount Whitney zu besteigen. Der anstrengende, 11 Meilen lange Aufstieg wird zudem in höheren Regionen durch den Mangel an Sauerstoff erschwert. Es ist ratsam, sich zwecks Akklimatisierung ein paar Tage Zeit zu nehmen. Der Pfad überwindet vom **Whitney Portal Trailhead** 1870 m Höhenunterschied und führt an alpinen Seen vorbei zum felsigen **Trail Crest Pass,** der das südliche Ende des 211 Meilen langen John-Muir-Trails nach Yosemite bildet. Vom Pass gelangt man am Grat entlang schließlich zum abgerundeten Gipfel des Mount Whitney, wo eine Steinhütte steht. Wasser gibt es auf der ersten Hälfte der Strecke, es muss aber entkeimt werden. Die Möglichkeit, diese Tour zu bewältigen, besteht in der Regel nur zwischen Ende Mai und Mitte Oktober.

Wem der kräftezehrende Aufstieg zum Gipfel zu anstrengend ist, kann alternativ die relativ leichte, 5 Meilen lange Route zum **Lone Pine Lake** wandern, für die kein Permit erforderlich ist.

Übernachtung

Die meisten Wanderer nutzen den leicht zugänglichen Campingplatz ***Whitney Portal*** (2470 m), ✆ 1-877/444-6777, nahe dem Ausgangspunkt der Route bzw. 12 Meilen westlich von Lone Pine, $14, oder den kleinen, nicht weit entfernt gelegenen ***Whitney Portal Trailhead*** (2530 m), $6, max. 1 Übernachtung. Beide ⌚ Mitte Mai–Mitte Okt.

Wilderness Permits

Mount Whitney ist so beliebt, dass man für Tageswanderungen als auch für Wanderungen mit Übernachtung zwischen Mai und Oktober ein Permit durch Teilnahme an einem Lotteriesystem *(Whitney Zone Lottery)* erwerben muss; die Lose werden im Februar gezogen. Die Reservierungsgebühr beträgt $15. Termine im Juli, Aug und Sept (die einzigen garantiert schneefreien Monate) sind am beliebtesten; für Mai (dann braucht man wahrscheinlich eine Eisaxt), Juni und Okt (wenn man mit schneebedeckten Pfaden rechnen muss) stehen die Chancen also besser. Für eine Tageswanderung ohne Übernachtung benötigt man ebenfalls ein Permit, das über ein anderes Quotensystem zugeteilt wird. Somit ist es möglicherweise einfacher, ein Tages-Permit zu bekommen, aber man tut gut daran, seine Leistungsfähigkeit und Kondition kritisch zu hinterfragen.
Wilderness Permits kann man telefonisch, per Fax oder schriftlich beim ***Inyo National Forest Wilderness Permit Office,*** 351 Pacu Lane, Suite 200, Bishop, CA 93514, ✆ 760/873-2483, 📠 873-2484, 💻 www.r5.fs.fed.us/inyo, beantragen; der Antrag muss auf Februar datiert sein. Antragsformulare kann man von der Website herunterladen. Wer den Termin versäumt hat, kann nur noch auf eine Stornierung hoffen.
Ab 1. Mai kann man sich um frei gewordene Plätze bemühen (mind. 2 Tage vor dem geplanten Aufstieg); das jeweilige Angebot ist der Website zu entnehmen. Kostenlose *last minute permits* sind bei der Whitney Ranger Station in Lone Pine (s.o.) einen Tag vor dem geplanten Aufstieg um 11 Uhr erhältlich: Am Wochenende ist die Nachfrage gewaltig – unter der Woche stehen auch hier die Chancen besser.
Wanderer, die am Berg übernachten werden, müssen ihr Essen in einem **bärensicheren Lebensmittelbehälter** verstauen; diese *bear-*

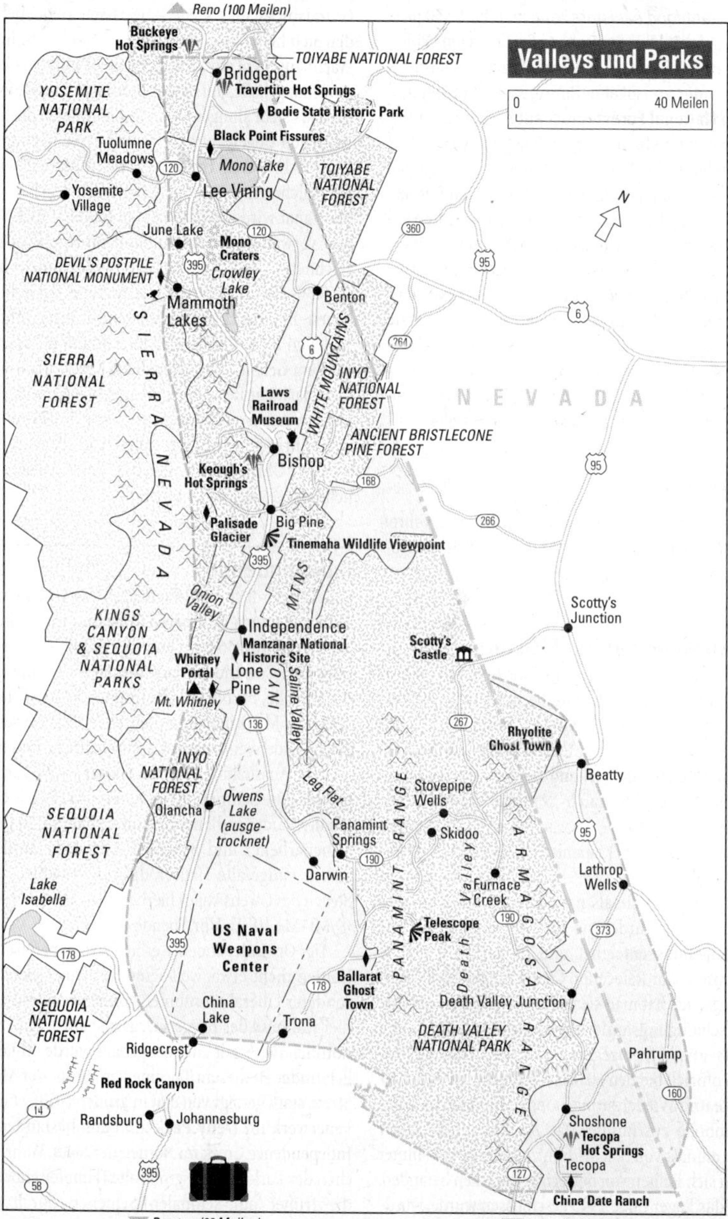

VALLEYS UND PARKS

resistant food canisters kann man für $2,50 pro Tag (min. $5) bei der Ranger Station, vom Whitney Portal Store, 💻 www.whitneyportalstore.com, oder von lokalen Sportgeschäften leihen. **Inyo National Forest** erteilt auch Permits für weitere Abschnitte des 315 km2 umfassenden Wildnisgebiets. Für Tageswanderungen benötigt man (mit Ausnahme des Whitney-Trails) kein Permit, sehr wohl aber, wenn man dort übernachten will (kostenlos, Reservierung $5). 60% der Permits können reserviert werden. Im ***Eastern Sierra Interagency Visitor Center*** (s.o.) erfährt man, welche Ranger Station dem Gebiet, in dem man wandern will, am nächsten liegt. Außerhalb der Saison (Nov–April) kann man sich an den lokalen Ranger Stations und am Eastern Sierra Interagency Visitor Center selbst ein Permit ausstellen.

Transport

Zum Ausgangspunkt der Wanderroute verkehren Shuttle-Busse von *Lonesome Polecat*, Reservierungen ✆ 760/876-8232.

Manzanar National Historic Site

12 Meilen nördlich von Lone Pine findet man westlich des US-395 auf dem mittlerweile ausgetrockneten Gelände einer ehemaligen Obstplantage – das Owens Valley war ursprünglich eines der größten Anbaugebiete für Äpfel und Birnen – die Betonfundamente des Manzanar National Historic Site, ✆ 760/878-2194, 💻 www.nps.gov/manz. Mehr als 10 000 Amerikaner japanischer Abstammung wurden während des Zweiten Weltkrieges hier interniert. Da man sie als nationales Sicherheitsrisiko betrachtete, wurden sie von der Bundesregierung bedenkenlos enteignet und in das so genannte Manzana War Relocation Center umgesiedelt. Nach Kriegsende hat man sie wieder freigelassen, auf ihre Entschädigungsforderungen wurde allerdings erst 1988 ernsthaft eingegangen, als sich Präsident Reagan offiziell bei den 60 000 Überlebenden entschuldigte und Wiedergutmachungszahlungen in Millionenhöhe zustimmte. Das 2,5 km² große Lager war damals von Stacheldrahtzaun umgeben, hinter dem sich Reihen von hölzernen Baracken befanden. Als das Lager Ende 1945 geschlossen wurde, wurde im Zuge einer Vereinbarung mit dem Besitzer des Grundstücks alles wieder abgerissen. Heute befinden sich hier nur noch ein paar pagodenähnliche Wachhäuschen, ein kleiner Friedhof und eine Versammlungshalle. Auf einem Bronzeschild am Pförtnerhaus steht sinngemäß zu lesen: „Mögen die hier erlittenen Ungerechtigkeiten und Erniedrigungen, verursacht durch Hysterie, Rassismus und wirtschaftliche Ausbeutung, nie wieder geschehen." Manzanar wird inzwischen vom National Park Service verwaltet, der das Auditorium in ein ausgezeichnetes Besucherzentrum umgewandelt hat; 🕓 8.30–17 Uhr, Eintritt frei. Anhand der erhältlichen Broschüre lässt sich eine selbstgeführte, 3 Meilen lange Tour zu 27 interessanten Punkten auf dem Gelände des ehemaligen Lagers unternehmen, darunter Reste eines japanischen Gartens. Daneben werden ganzjährig kostenlose 30–90-minütige Führungen angeboten, in der Regel zwischen 9 und 11 Uhr; genaue Zeiten bitte der Webseite entnehmen. 🕓 tagsüber, Eintritt frei.

Independence

6 Meilen nördlich vom ehemaligen Camp kann man sich im **Eastern California Museum**, 155 N Grant St, ✆ 760/878-0364, am Ende der Straße, die gegenüber dem Courthouse nach Westen führt, eine eindrucksvolle, nachdenklich stimmende Ausstellung über das Manzanar Camp ansehen. Das Museum besitzt zudem eine naturwissenschaftliche und historische Ausstellung über das Owens Valley, darunter eine gute Sammlung von Korb- und Flechtarbeiten der Paiute-Indianer und allerlei altes Gerät der Minenarbeiter und Bauern. Hinter dem Museum stehen einige alte Häuser, die von verschiedenen Stellen des Owens Valley hierher verfrachtet wurden. 🕓 Mi–Mo 10–16 Uhr, Spende erbeten.

Der Ort Independence erhielt seinen heroischen Namen nicht etwa, weil seine Bewohner sich besonderer Liberalität rühmen können, sondern weil hier während des Bürgerkriegs just am 4. Juli 1862 nördlich der Stadt ein Fort gebaut wurde. Alljährlich findet an diesem Tag eine Parade auf der Main Street statt, gefolgt von einem großen Grillfest und Feuerwerk im **Dehy Park** am baumbestandenen Independence Creek im Norden der Stadt. Wahrzeichen des Parks ist eine große alte Dampfeisenbahn, die früher auf schmalen Schienen durch die Schlucht bis nach Nevada fuhr.

Übernachtung

Independence Courthouse Motel, 157 N Edwards St, ✆ 760/878-2732 oder 1-800/801-0703. ❸

Winnedumah Hotel, 211 N Edwards St, ✆ 760/878-2040, 🖳 www.winnedumah.com. Das einstige Filmstarhotel hat sich seine 20er-Jahre-Atmosphäre bewahrt, vor allem in der Lounge. Das Hotel besitzt auch eine einfach ausgestattete Backpacker- und Hostel-Abteilung, ❶–❷, Frühstück $5. Für Hotelgäste ist das Frühstück im Preis inbegriffen. ❹

Independence Creek Campground, 3 Meilen westlich an der Onion Valley Rd, 2800 m hoch gelegen, $10.

Westlich davon gibt es 15 Meilen weiter an der Onion Valley Rd im Onion Valley einen weiteren Campingplatz, ✆ 1-877/444-6777, ⏲ Juni–Sept, $11.

Essen

Still Life Café, 135 S Edwards St, ✆ 760/878-2555, wunderbares Lokal, serviert mittags Burger und Sandwiches, abends eine hervorragende Auswahl französisch angehauchter Speisen wie z.B. Rippenstück vom Schwein an karamellisierten Zwiebeln ($22) oder delikate Nudeln in Tomatensoße mit Thunfisch ($20), dazu gibt es überwiegend französische Weine. ⏲ Mi–So 11–14 und 17.30–21 Uhr.

Die einzigen anderen Alternativen sind derzeit noch ***Mairs Market,*** 149 N Edwards St, mit einer Deli-Abteilung, und *Subway* gegenüber.

Informationen

Chamber of Commerce, 139 N Edwards St (US-395), ✆ 760/878-0084, 🖳 www.independence-ca.com, für lokale Informationen. ⏲ Mo, Di, Fr und Sa 9–12 und 13–16 Uhr.

Die Umgebung von Independence

Von Independence schlängelt sich die Onion Valley Rd nach Westen in die Berge zum 15 Meilen entfernten Onion Valley. Dort gibt es einen Campingplatz, an dem der 16 Meilen lange Wanderweg beginnt, der über den **Kearsarge Pass** zur **Cedar Grove** im Kings Canyon National Park führt (s.S. 389). Für diese einfachste und kürzeste Route über die Sierra benötigt man ein kostenloses Wilderness Permit vom *Inyo National Forest Wilderness Reservation Service* (s.o.) – außerhalb der Saison ist es auch von lokalen Ranger Stations erhältlich.

Die Bergregion westlich von Independence ist der natürliche Lebensraum des geschützten kalifornischen Dickhornschafs, einer flinkfüßigen Spezies, die zwischen steilen Felshängen zu Hause ist und deren massive, schneckenförmig gewundene Hörner die Größe von Autorädern erreichen. Leider gibt es nur noch etwa 150 Tiere, und jede Anstrengung, ihre Zahl zu vermehren, scheitert am Appetit der heimischen Berglöwen.

10 Meilen nördlich von Independence beginnt der **L.A.-Aquädukt**, der Wasser für die Millionenstadt abzapft (s.S. 179, Kasten). Überall an den Staubstraßen, die hier vom US-395 abgehen, finden sich noch die verlassenen Eisenbahndämme, über die die enormen Gesteinsmassen transportiert wurden, die für dieses gewaltige Bauwerk bewegt werden mussten. Space-Shuttle-Astronauten konnten die Führung der Wasserleitung mit bloßem Auge aus dem All erkennen.

Weitere 20 Meilen nördlich lohnt ein kurzer Aufenthalt am **Tinemaha Wildlife Viewpoint**, wo sich vielleicht einer von 500 *Tule Elks (Cervus elaphus nannodes)* sehen lässt, die hier geschützt werden. Diese in Kalifornien beheimatete Zwergform des nordamerikanischen Wapiti war gegen Ende des 19. Jhs. beinahe ausgerottet worden. Einige Dutzend wurden 1914 vom San Joaquin Valley hierher verfrachtet, wo sie sich langsam, aber sicher wieder vermehrten.

Big Pine und Palisade Glacier

Der etwas größere Ort Big Pine, 28 Meilen nördlich von Independence, ist nicht sehr attraktiv, aber man erreicht von hier aus zwei der imposantesten Naturphänomene ganz Kaliforniens: den **Palisade Gletscher** westlich der Stadt in der Sierra Nevada und die uralten Grannenkiefern im **Ancient Bristlecone Pine Forest** in den öden White Mountains im Osten. Er ist außerdem ein Ausgangspunkt zum Nordabschnitt des Death Valley, insbesondere zu den Eureka Sand Dunes (s.S. 292) und den heißen Quellen von Saline Valley.

8 Meilen nördlich von Big Pine befindet sich **Keough's Hot Springs**, Keough's Hot Springs Road (eine Seitenstraße des US-395), ✆ 760/872-4670, 🖳 www.keoughshotsprings.com, ein von einer Thermalquelle gespeistes Schwimmbad. Das Bad war einst das Zentrum des gesellschaftlichen Lebens; die Anlage wird nun wieder hergerichtet. ◷ tgl. 9–19 Uhr oder länger, Eintritt $7.

Etwa 200 m vor dem Eingang zu Keough's Hot Springs zweigt eine unbefestigte Straße nach Norden zu weiteren Thermalquellen ab. Dort haben Einheimische zwei Badestellen eingerichtet, wo man unbekleidet baden kann.

Der über 2 Meilen lange und eine Meile breite **Palisade Glacier**, der südlichste Gletscher der USA, breitet sich am Fuße des Palisade Crest aus, eine der Stellen, an der sich die meisten leichter begehbaren Gipfel konzentrieren. Im Süden liegt der **Norman Clyde Peak**, während sich im Norden die **Inconsolable Range** mit dem Thunderbolt Peak und Mount Agassiz erhebt, die großartige Möglichkeiten zum Schnee- und Eisklettern bietet.

Rings um den massiven **Temple Crag** im Zentrum gibt es zahllose Wandermöglichkeiten. Den Gletscher erreicht man auf einem 9 Meilen langen, gut markierten Weg, der an einigen Gletscherseen vorbeiführt.

Der Ausgangspunkt für alle Wege liegt 10 Meilen westlich von Big Pine beim Big Pine Canyon am Ende der Glacier Lodge Rd. Vor jeder größeren Bergtour rund um den Gletscher muss man sich ein Camping Permit besorgen.

Übernachtung und Essen

BIG PINE – ***Big Pine Motel,*** ✆ 760/938-2282, 370 S Main St. ❷

Starlight Motel, 511 S Main St, ✆ 760/938-2011. Etwas schöner, mit einer kleinen Terrasse. Zimmer mit Kabel-TV. ❷

Glacier View Campground, eine halbe Meile nördlich der Stadt an der Kreuzung von US-395 und Hwy-168. Zeltplatz $10, Stellplatz für Wohnmobile $15.

Country Kitchen, 181 S Main St, praktisch gegenüber dem *Visitor Center,* gutes Diner-Essen.

PALISADE GLACIER – Am Ausgangspunkt des Wanderwegs gibt es 3 Campingplätze: *Sage Flat, Upper Sage Flat* und *Big Pine Creek,* alle über 2100 m hoch gelegen, mit Wasser und WCs, ◷ Ende April–Okt, $13, sowie den kostenlosen *First Falls*-Platz in 2530 m Höhe, eine Meile vom Anfang des Wanderweges entfernt.

Glacier Lodge, ✆ 760/938-2837, 🖳 www.jewelofthesierra.com, am Ende der Glacier Lodge Rd. Etwas luxuriöser, mit Cabins ❹–❺, Stellplätzen für Wohnmobile ($20–25), Über-Nacht-Parkplätzen für Wanderer ($3), einem General Store mit beschränktem Sortiment sowie Duschen ($4).

Informationen

Visitor Center, 126 S Main St, Big Pine, ✆ 760/938-2114, 🖳 www.bigpine.com, ◷ tgl. 8–16.30 Uhr.

White Mountains

Östlich von Big Pine begrenzen die White Mountains das Owens Valley, eine kahle, trockene und gänzlich ungastliche Bergkette aus Granit, Basalt und hellem, kalkhaltigem Sedimentgestein, das zu den ältesten Gesteinsformationen von Kalifornien gehört. Der höchste Gipfel, der White Mountain, ist 4342 m hoch.

Auf den unteren Hängen wachsen im **Ancient Bristlecone Pine Forest** knorrige Bäume, die viele Touristen in die Berge locken, die *Bristlecone Pines* (Grannenkiefern). Allerdings sind sie aufgrund der Schneefälle nur drei oder vier Monate im Sommer zugänglich.

Die asphaltierte Straße, die vom Hwy-168 abbiegt und sich in die Berge schlängelt, endet am **Schulman Grove**, 23 Meilen von Big Pine entfernt; Eintritt $2,50 p.P. oder $5 pro Auto. Dieser Hain mit Grannenkiefern wurde nach Dr. Edmund Schulman benannt, der Mitte der 1950er Jahre die klimatische Entwicklung der Erde untersuchte und beim Studium der Jahresringe von Bäumen unerwartet auf diese alten Exemplare stieß. Der nur 1 Meile lange **Discovery Trail** führt an mehreren, wunderschönen Grannenkiefern vorbei. Der 4 Meilen lange **Methuselah Trail** führt um den ältesten Baum, den 4700 Jahre alten Methuselah herum, allerdings bleibt hier das Rätsel zu lösen, um welchen Baum es sich denn handelt, da dieser aus Angst vor Vandalismus nicht gekennzeichnet ist. Beide Wege führen in einer Höhe von über 3000 m durch das Gelände und sind daher anstrengender, als die relativ kurze Wegstrecke vermuten lässt. Ausgangspunkt ist das *Visitor Center,* ✆ 760/873-2500, ⌚ Mitte Juni–Sept tgl. 10–15 Uhr, für Anfang Juni und Okt bitte telefonisch erfragen.

Auf einer staubigen Schotterstraße geht es weiter nach Norden, dabei eröffnen sich gewaltige Aussichten auf die Berge der Sierra Nevada im Westen und die Wüsten des Great Basin im Osten.

Nach 12 Meilen ist **Patriarch Grove** erreicht, wo neben vielen bizarren Exemplaren die größte Grannenkiefer, der Patriarch Tree, steht.

Bristlecone Pines

(Pinus longaeva, dt. Grannenkiefer)

Diese Bäume sind die ältesten bekannten Lebewesen unseres Planeten. Manche leben schon seit mehr als 4500 Jahren (1500 Jahre länger als der älteste Mammutbaum), was ihnen einen Platz im *Guinness Buch der Rekorde* einbrachte. Die ältesten Exemplare klammern sich an dünne, alkalihaltige Bodenschichten (überwiegend Dolomitgestein) in einer Höhe von 3000 bis 3400 m, wo aufgrund des geringen Niederschlages nur an 45 Tagen im Jahr ein Wachstum möglich ist. Doch genau diese Bedingungen, die es dem Baum unmöglich machen, in 100 Jahren mehr als 2,5 cm zu wachsen, führen dazu, dass er harzreich und ungemein widerstandsfähig ist. Die von Wind und Wetter zerzausten Bäume biegen sich in den seltsamsten Formen und sehen eher wie hohe Haufen Treibholz aus. Selbst wenn sie abgestorben sind, halten die Stämme sich noch gut 1000 Jahre aufrecht. Bristlecones wachsen auch in niedrigeren Gegenden und in reicherer Erde, dort werden sie jedoch nicht so alt wie unter den härteren Bedingungen und sind auch nicht als typische Vertreter ihrer Art zu erkennen, da sie vergleichsweise hoch und breit werden, nur die fünfnadligen Büschel und die eierförmigen, stachligen Zapfen, von denen der Baum seinen Namen bekam, verraten sie. Interessierte finden weitere Informationen im Internet auf der Website des Inyo Forest unter 💻 www.r5.fs.fed.us/inyo oder über die ausgezeichnete Adresse 💻 www.sonic.net/bristlecone.

Übernachtung

Der einzige Campingplatz (ohne Wasser) ist der Grandview Campground in 2620 m Höhe, 2 Meilen südl. von Schulman Grove. ⌚ ganzjährig, kostenlos. Wildes Zelten ist im Ancient Bristlecone Pine Forest verboten, im umliegenden Wald jedoch gestattet, sofern man ein Permit für das Entzünden von Campingfeuern hat. Von der *Ranger Station* in Bishop sind Permits erhältlich, dort kann man sich außerdem über Wasser führende Quellen und Bäche (sofern vorhanden) erkundigen.

Transport

In die White Mountains kommt man nur mit dem Auto, sportliche Naturen schaffen es auch mit dem Rad. Auf jeden Fall genug Benzin und Trinkwasser mitnehmen, da es östlich des US-395 weder das eine noch das andere gibt!

Bishop und Umgebung

Mit 3500 Einwohnern ist **Bishop,** 15 Meilen nördlich von Big Pine gelegen, der größte Ort im Owens Valley und eine sehr gute Basis für Touren in die umliegenden Berge. Wer Interesse an sportlicher Betätigung wie Klettern, Langlaufski oder Angeln hat, ist hier richtig. Bergsteiger der Weltklasse bieten organisierte Touren und Unterricht an. Davon abgesehen ist Bishop eine angenehme Stadt mit einer entspannten Atmosphäre, die sogar ein richtiges Zentrum aufweist. Der Spaß am Spazierengehen wird einem allerdings durch die durchrasenden Laster etwas verleidet.

Die Stadt ist praktisch bar jeder Sehenswürdigkeiten, aber jeder, der sich für Landschaftsfotografie – und besonders für Bilder von der Sierra, Owens Valley und Umgebung – interessiert, sollte unbedingt die **Mountain Light Gallery** in 106 S Main St (an der Ecke Line St) aufsuchen, ✆ 760/873 7700, 💻 www.mountainlight.com. Sie stellt die Arbeiten des bekannten Fotojournalisten, Bergsteigers und Abenteurers Galen Rowell aus. Rowell, der 2002 bei einem Flugzeugabsturz ums Leben kam, hat die Region über einen Zeitraum von 30 Jahren fotografiert. Darüber hinaus arbeitete er u.a. auch in Patagonien, im Himalaja, Nord-Kanada, Alaska und in der Antarktis. Wer eines der in der Galerie ausgestellten Fotos erwerben möchte, muss mit mindestens $500 rechnen, aber selbst wenn man nichts kaufen will oder kann, lohnt sich ein Besuch. ⏲ Mo–Do und So 10–18, Fr und Sa 10–21 Uhr, Eintritt frei.

Auf dem Weg von Bishop nordostwärts nach Nevada hinein führt der US-6 nur 4 Meilen vom Ort zum **Laws Railroad Museum**, 🖳 www.thesierraweb.com/bishop/laws, wo ein paar alte, restaurierte Gebäude der ehemaligen Stadt Laws sowie eine Schmalspureisenbahn zu sehen sind, die früher am Ostrand des Owens Valley verkehrte, ⏲ tgl. 10–16 Uhr, Eintritt $3.

Die **Red Rock Canyon Petroglyphs**, nordwestlich von Laws auf einem harschen Wüstenplateau gelegen, sind einen Abstecher wert. Die Felsmalereien sind zwar zum Teil mutwillig zerstört worden, doch die noch erkennbaren seltsamen, eingeritzten Figuren lohnen einen Besuch. Ein kostenloses Permit ist von der *White Mountain Ranger Station* in Bishop erhältlich (s.u.).

Felsmalereien von Paiute-Indianern, die einst als Jäger und Sammler dieses Land bewohnten, gibt es überall im Owens Valley. Ihre Nachfahren leben heute in verschiedenen Reservaten am Rande der Siedlungen des Tals. Das größte Reservat erstreckt sich eine Meile westlich von Bishop, am Hwy-168, wo man in der 2301 W Line St das **Paiute Shoshone Cultural Center** eingerichtet hat. Neben einer Ausstellung über die Web- und Flechtkunst der Indianer erhält man Einblicke in das Sammeln und die Verarbeitung von Nahrungsmitteln sowie in die Bauweise traditioneller Häuser; es gibt auch eine gute Buchhandlung. ⏲ sporadisch, bitte telefonisch unter ✆ 760/873-9478 erfragen, Eintritt $4.

Weiter nach Westen auf dem Hwy-168 erreicht man bald die Ausläufer der Sierra Nevada. Hier gibt es zahlreiche Campingplätze. Die Straße gabelt sich und endet nach 20 Meilen im Süden am **South Lake** und im Norden am **Lake Sabrina**. Zahlreiche Wanderwege führen in die High Sierra hinauf. Am South Lake befindet sich die *Bishop Creek Lodge*, ✆ 760/873-4484, 🖳 www.bishopcreekresorts.com, ❺, mit einem General Store, Laden für Angelzubehör, Bootsverleih, Cabins und Duschen ($4).

Vom South Lake führt eine Wanderroute über den **Bishop Pass** zum **Dusty Basin**, wo die Gletscher nach jahrhundertelanger Vereisung bei ihrem Rückzug ein gerundetes, natürliches Amphitheater mit riesigen Felsbrocken hinterlassen haben. Ein weiterer Wanderweg folgt dem nördlichen Bishop Creek und führt unter den rostfarbenen Felsen der **Paiute Crags** vorbei über den Paiute Pass in das Desolation-Lakes-Gebiet der John Muir Wilderness.

10 Meilen nördlich von Bishop führt der US-395 aus dem Owens Valley hinaus und steigt über den Sherwin Grade 12 Meilen lang hoch zum Mono Basin in 1980 m Höhe. Unterwegs zweigt nach rechts die Power Plant Road ab und führt in die von steilen Felswänden begrenzte **Owens River Gorge**, eine der besten Klettermöglichkeiten diesseits der Sierra. Bis vor kurzen war die Schlucht völlig ausgetrocknet. 1994 wurde das Los Angeles Department of Water and Power gezwungen, Wasser durch die Schlucht fließen zu lassen. Langsam kehren seitdem Flora und Fauna zurück und mit ihnen Wanderer und Forellenangler. Viele Angler treffen sich jährlich am letzten Samstag im April an den Ufern des **Crowley Lake**, eines Stausees, der von umgeleiteten Zuflüssen des 30 Meilen weiter nördlich gelegenen Mono Lake gespeist wird.

Übernachtung

Bishop bietet eine gute Auswahl an passablen Übernachtungsmöglichkeiten. Für Sommerwochenenden ist eine frühzeitige Reservierung sinnvoll (insbesondere wenn gerade ein Festival stattfindet, s.u.). Im Ort gibt es einige Zeltplätze, und viele weitere finden sich in der Umgebung innerhalb des Inyo National Forest.

Best Western Creekside Inn, 725 N Main St, ✆ 760/872-3044 oder 1-800/273-3550. Modernes, zentral gelegenes Motel; große Zimmer (einige mit Kochecke), Pool. Frühstück inkl. ❼

Chalfant House, 213 Academy St, ✆ 760/872-1790 oder 1-800/641-2996, 🖳 www.chalfanthouse.com, in einer Seitenstraße der North Main St, die im Bereich der 200er Hausnummern abzweigt. Mit Antiquitäten möbliertes, viktorianisches B&B; Gästezimmer mit eigenem Bad, Ventilator und Klimaanlage. Ausgezeichnetes großes Frühstück. ❹

El Rancho Motel, 274 W Lagoon St, ✆ 760/872-9251 oder 1-888/872-9251. Gut geführtes Budgetmotel im Süden. Zimmer mit Kabel-TV und Ventilator, einige mit Kochecke ($8 extra). Beliebt bei

Anglern – fürs Wochenende im Voraus reservieren. ❸

Joseph House Inn, 376 W Yaney St, ✆ 760/872-3389, 🖳 www.josephhouseinn.com. Luxuriöses B&B, umgeben von einem 1,2 ha großen Park. Schön dekorierte Zimmer, üppiges Frühstück. 2 Übernachtungen Minimum an Ferienwochenenden. ❼

The Village Motel, 286 W Elm St, ✆ 760/872-8155 oder 1-888/668-5546, 🖳 www.bishopvillagemotel.com. Billig-Motel in ruhiger Lage abseits der Hauptstraße mit angejahrten, aber anständigen Zimmern, z.T. mit Küche, und beheiztem Pool im Freien. ❸–❹

Brown's Town Campground, Schober Lane, 1 Meile südlich der Stadt an einer Seitenstraße des US-395, ✆ 760/873-8522. Campground im Stil des „Alten Westens"; viele Zeltplätze ($17) und Stellplätze für Wohnmobile ($20), dazu Pool, Kinderspielplatz und anderen Einrichtungen.

Essen

Der rund um die Uhr geöffnete Supermarkt ***Vons,*** 1190 N Main St, ist ein günstiger Ort, um sich mit Verpflegung für die nächsten Tage einzudecken.

Amigo's Mexican Restaurant, 285 N Main St, ✆ 760/872-2189. Mexikaner mit einer guten Auswahl an Tex-Mex-Gerichten zu moderaten Preisen und tgl. Menüs für $9.

Erick Schat's Bakkery, 736 N Main St, ✆ 760/873-7156. Große, auf holländisch getrimmte Bäckerei, die hier seit knapp 100 Jahren ihr „Original Sheepherder Bread" backt; daneben viele weitere Brotsorten (u.a. Sauerteig, Multigrain), Sandwiches ($8) und Kuchen, die man alle auch vor Ort verzehren kann.

Jack's Restaurant and Bakery, 437 N Main St. Well. Dieser Diner hat einen guten Ruf; für Burger und Sandwiches wird selbst gebackenes Brot verwendet. Besonders lecker sind die Waffeln und der Fruit Pie. Frühstück ab 6 Uhr.

Kava Coffeehouse, 206 N Main St, ✆ 760/872-1010. Hippes Café in zentraler Lage; hier bekommt man die wohl besten Muffins der Stadt, dazu einen schnellen Internet-Zugang und Hotspot. Im Sommer geht es abends recht ruhig zu, in der kälteren Jahreszeit gibt es mitunter Live-Musik oder Schachturniere.

Whiskey Creek, 524 N Main St, ✆ 760/873-7174. Zählt zu den edleren Restaurants in Bishop; es gibt auch eine sonnige Terrasse und eine Bar, die im Hause gebrautes Bier ausschenkt.

Aktivitäten

Bishop ist ein Treffpunkt begeisterter Sport- und Naturfreunde, die in ihren mit Zelten, Schlafsäcken, Mountain Bikes, Angelgerät und Kletterausrüstung schwer beladenen Fahrzeugen hier unablässig einfallen. Irgendwo findet sich das ganze Jahr über eine Felswand zum **Klettern**: im Winter in der Owens River Gorge sowie in von Felsbrocken übersäten Gegenden wie Happy Boulders und Buttermilk Boulders. Wenn es wärmer wird, machen sich Hunderte von Kletterfreaks auf den Weg in die High Sierra, insbesondere nach Rock Creek, ca. 20 Meilen nördlich von Bishop, und nach Tuolumne im Yosemite Park (s.S. 406).

Eine gute Informationsquelle ist ***Wilson's Eastside Sports,*** 224 N Main St, ✆ 760/873-7520, 🖳 www.eastsidesports.com, ein ausgezeichnetes, sehr gut bestücktes Sportgeschäft, das auch Ausrüstungen verleiht und über ein Anschlagbrett für Kletterer verfügt.

Verschiedene Touren, darunter Klettertrips und Skiwanderungen, sowie fachkundige Beratung für Ausflüge in die High Sierra bieten:

Sierra Mountain Center, 174 W Line Street, ✆ 760/873-8526, 🖳 www.sierramountaincenter.com;

Sierra Mountaineering International, 236 N Main St, ✆ 760/872-4929, 🖳 www.sierramountaineering.com;

Sierra Mountain Guides, ✆ 760/648-1122, 🖳 www.themountainguide.com.

Sonstiges

DUSCHEN – Duschen kann man im ***City of Bishop Park Pool,*** 688 N Main St, hinter dem Visitor Center. 🕓 Ende Mai–Anfang Sept Di–Sa 7–20 Uhr, $2, sowie im ***Wash Tub,*** 236 Warren St, 🕓 tgl. 7–21 Uhr, $5.

FESTIVALS – ***Mule Days,*** ✆ 760/872-4263, 🖳 www.muledays.org, am Memorial Day-Wochenende, mit einem großen Straßenumzug, einem Kutschenrennen mit Maultieren, einem Kunsthandwerksmarkt und vielen anderen öffentlichen Belustigungen.

Tri-County Fair, am Labor Day-Wochenende, mit „Wild West Rodeo".

INFORMATIONEN – ***Visitor Center,*** 690 N Main St, ✆ 760/873-8405 oder 1-888/395-3952, 💻 www.bishopvisitor.com, ⏲ Mo–Fr 9–17, Sa und So 10–16 Uhr. Nützlich ist der dort erhältliche *Town Visitor Guide.*

Infos über Wander- und Campingmöglichkeiten, die dafür erforderlichen, kostenlosen Wilderness Permits (keine Reservierung – *first-come, first-served)* sowie Genehmigungen für Abstecher zu den lokalen Felsmalereien in der ***White Mountain Ranger Station,*** 798 N Main St, ✆ 760/873-2500. ⏲ Juni–Sept tgl. 8–17 Uhr, Okt–Mai Mo–Fr 8–16.30 Uhr.

INTERNET – **Library,** 210 Academy St, ✆ 760/873-5115, ⏲ Mo, Mi und Fr 10–20, Di und Do 12–20, Sa 10–13 Uhr; und im ***Kava Coffeehouse*** (s.o. unter „Essen").

KINO – ***Bishop Twin Theatre,*** 237 N Main St, zeigt das Neueste aus Hollywood.

MEDIZINISCHE HILFE – ***Northern Inyo Hospital,*** 150 Pioneer Lane, ✆ 760/873-5811, Notfalldienst rund um die Uhr.

POST – 595 W Line St, ✆ 760/873-3526. Zip Code für postlagernde Sendungen: CA 93514.

WÄSCHEREIEN – Das ***Wash Tub*** (s. oben, Duschen) hat auch einen Waschsalon.

Transport

Die *CREST*-**Busse** halten in 201 S Warren St, nahe der Main St (US-395), ✆ 760/872-1901. Es bestehen Verbindungen nach BIG PINE (3x wöchentl., 1/4 Std.), BRIDGEPORT (3x wöchentl., 2 Std.); INDEPENDENCE (3x wöchentl., 3/4 Std.), LEE VINING (3x wöchentl., 1 1/2 Std.), LONE PINE (3x wöchentl., 1 1/4 Std.), MAMMOTHLAKES (3x wöchentl., 3/4 Std.), RENO (3x wöchentl., 4 3/4 Std.) und RIDGECREST (3x wöchentl., 2 1/2 Std.).

Wer ohne eigenes Fahrzeug unterwegs ist, wende sich an ***Kountry Korners Trailhead Shuttle Service,*** ✆ 760/938-2650 oder 1-888/656-0756, 🖂 kountryks@aol.com, der eine Art Taxiservice zu den Ausgangspunkten der Wanderwege betreibt. Die Kosten hängen von der Anzahl der Passagiere und der Entfernung ab.

Mammoth Lakes

Der 40 Meilen nördlich von Bishop gelegene Urlaubsort Mammoth Lakes und die oberhalb des Ortes gelegenen Hänge von **Mammoth Mountain,** die von zahlreichen Skifahrern, Snowboardern und Mountainbikern aufgesucht werden, bilden zusammen das größte Urlaubsgebiet der östlichen Sierra, in ganz Kalifornien ist nur Lake Tahoe noch ausgedehnter. Im Winter durchqueren Massen von Skifahrern das Owens Valley auf ihrem Weg zu den Pisten, die zu den besten des Staates zählen. Im Sommer ist Mammoth ein traditioneller Treff von Hobbyanglern; in letzter Zeit hat es aber auch unter Mountainbikern an Profil gewonnen, die sich wegen des leicht zugänglichen Mountainbike-Terrains hier einstellen und eine Anzahl von offiziellen Rennen abhalten.

Trotz seiner Beliebtheit als Ausflugsziel für die Einwohner von L.A. war Mammoth bisher ein eher ruhiger Ferienort. Inzwischen hat aber die Firma *Intrawest,* Besitzer mehrerer großer Resorts, ihr Auge auf Mammoth geworfen und verwandelt es zusehends in ein Mega-Resort à la Vail in den Rocky Mountains und Whistler/Blackcomb in Kanada. *Intrawest* hat bereits die Mehrheit aller Skisportanlagen sowie einen Großteil des Grund und Bodens erworben und sein **Village at Mammoth** mit teuren Hotels, schicken Läden und der neuen Village Gondola hinauf auf den Berg nahezu fertig gestellt. Auf dem zweiten Golfplatz wurden schicke Unterkünfte errichtet, und *Intrawest* wirbt lautstark für einen Ausbau des Flughafens und einen regelmäßigem Flugplan.

Die Einwohner sind hin- und hergerissen zwischen der Begeisterung für die neue Entwicklung und den damit verbundenen Möglichkeiten sowie nostalgischen Gefühlen für die alte Lebensweise. Im Moment jedoch ist Mammoth als Eldorado für

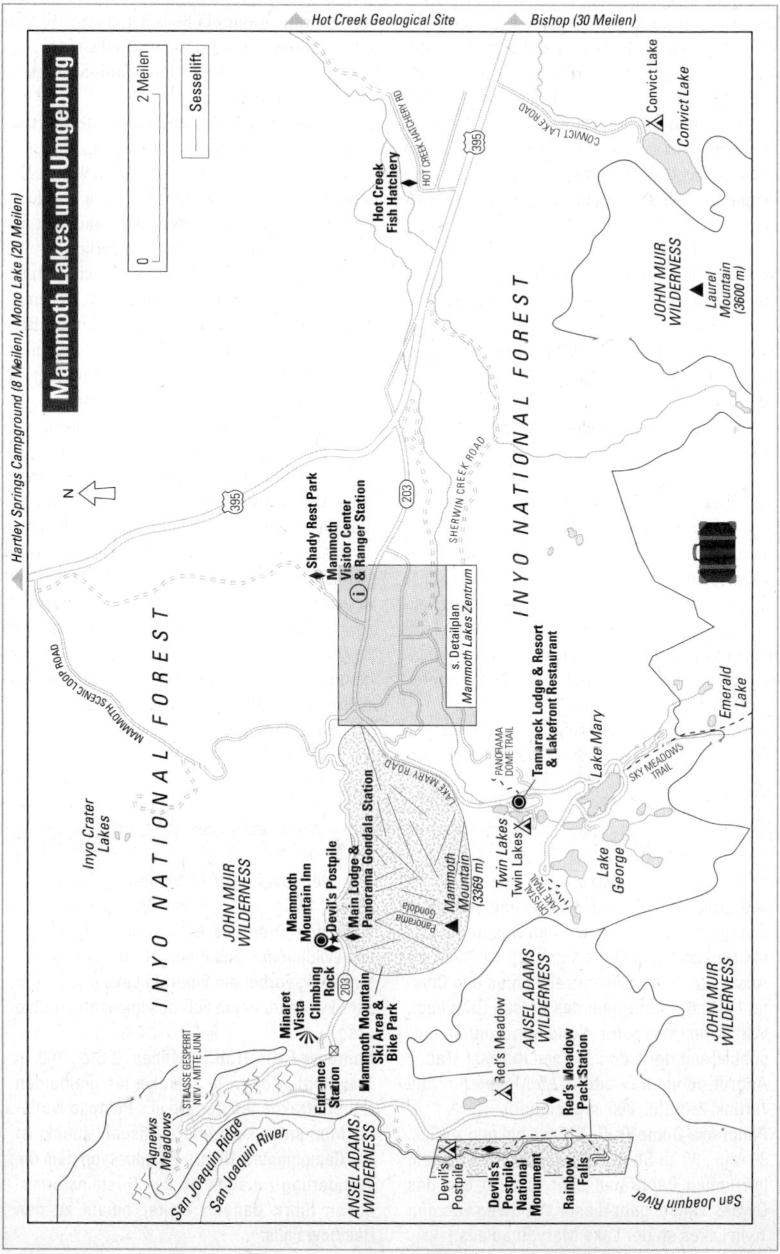

Mammoth Lakes und Umgebung
0
2 Meilen
Sessellift
Hartley Springs Campground (8 Meilen), Mono Lake (20 Meilen)
Hot Creek Geological Site
Bishop (30 Meilen)
N
395
203
Hot Creek Fish Hatchery
HOT CREEK HATCHERY RD
CONVICT LAKE ROAD
Convict Lake
Convict Lake
JOHN MUIR WILDERNESS
Laurel Mountain (3600 m)
INYO NATIONAL FOREST
SHERWIN CREEK ROAD
Shady Rest Park
Mammoth Visitor Center & Ranger Station
s. Detailplan Mammoth Lakes Zentrum
MAMMOTH SCENIC LOOP ROAD
INYO NATIONAL FOREST
Inyo Crater Lakes
JOHN MUIR WILDERNESS
Tamarack Lodge & Resort & Lakefront Restaurant
PANORAMA DOME TRAIL
Lake Mary
SKY MEADOWS TRAIL
Emerald Lake
LAKE MARY ROAD
Twin Lakes
Twin Lakes
CRYSTAL LAKE TRAIL
Lake George
Mammoth Mountain Inn
Devil's Postpile
Main Lodge & Panorama Gondola Station
Panorama Gondola
Mammoth Mountain (3369 m)
Minaret Vista
Climbing Rock
Mammoth Mountain Ski Area & Bike Park
ANSEL ADAMS WILDERNESS
JOHN MUIR WILDERNESS
Red's Meadow
Red's Meadow Pack Station
Entrance Station
STRASSE GESPERRT NOV - MITTE JUNI
Agnews Meadows
San Joaquin Ridge
San Joaquin River
ANSEL ADAMS WILDERNESS
Devil's Postpile
Devils's Postpile National Monument
Rainbow Falls
San Joaquin River

Outdoor-Aktivitäten einfach unschlagbar; noch dazu liegt es eingebettet in eine dramatische Landschaft, die in der Sierra ihresgleichen sucht. Manche mögen die testosteronlastige Atmosphäre bedrückend und die Stadt überteuert finden, aber man kann sich ja tagsüber in die Berge flüchten und am Abend zurückkehren, um gutes Essen, lebendige Bars und vielleicht sogar einen Film in einem der Kinos zu genießen.

Außer Essen, Trinken und dem Besuch von Sportgeschäften gibt es im Ort selbst weiter nichts zu tun – die Umgebung ist hier die Attraktion. Wen die Goldgräber- und Holzfällervergangenheit von Mammoth interessiert, mag dem kleinen **Mammoth Museum** einen Besuch abstatten, 5489 Sherwin Creek Rd, ⏲ Juni–Sept tgl. 10–18 Uhr, Eintritt frei.

Wintersportfans werden das kleine **Mammoth Ski Museum**, 100 College Parkway, ✆ 760/934-6592, 💻 www.mammothskimuseum.org, zu schätzen wissen, das eine ansprechende Sammlung rund ums Skifahren zeigt. Besonders sehenswert sind die alten Poster und Fotos (einige von Ansel Adams), daneben auch einige Holzschnitte. Viele gibt es als Reproduktionen im dazugehörigen Souvenirladen auch zu kaufen. Im kleinen Kino läuft tgl. um 12.30, 14 und 15.30 Uhr ein Film (kostenlos) über die lokale Geschichte des Skisports. ⏲ Di–So 10–17 Uhr, Eintritt $3.

Am **Mammoth Mountain**, einem erloschenen Vulkan 4 Meilen westlich des Ortes, transportiert die **Panorama Gondola** Besucher in acht Minuten auf den Gipfel, von wo sich eine herrliche Aussicht auf die Bergwelt bietet. ⏲ Ende Juni–Sept tgl. 9–16.30 Uhr, Rückfahrkarte $16.

Angesichts einer der längsten Wintersportsaisons des Bundesstaates, die von Anfang November oft bis in den Juni hineinreicht, bis zu 900 m Höhenunterschied auf den langen Pisten und jeder Menge tiefen Pulverschnees ist die Popularität von Mammoth Mountain nicht verwunderlich.

Im Sommer verwandeln sich die schneefreien Hänge in den 14 km2 großen und 80 Meilen an Pfaden umfassenden **Mammoth Mountain Bike Park**, ein Paradies für waghalsige Mountainbiker, ✆ 760/934-0706, 💻 www.mammothmountain.com. ⏲ Ende Juni–Sept tgl. 9–16.30 Uhr.

Trotz der Mountainbiker hat die Gegend aber auch dem Wanderer einiges zu bieten. Einige der schönsten, kürzeren **Wanderrouten in die Umgebung von Mammoth** werden nachfolgend beschrieben. Permits sind dafür nicht erforderlich, es sei denn, man möchte eine Nacht in der Ansel Adams oder John Muir Wilderness im Süden und Westen verbringen. Dann benötigt man ein kostenloses Wilderness Permit. Von Mai bis Oktober wird die Zahl der Übernacht-Wanderer begrenzt. Reservierungen ($5) beim *Wilderness Reservations Office* in Bishop, ✆ 760/873-2483, 📠 873-2484, 💻 www.r5.fs.fed.us/inyo, mindestens zwei Tage und bis zu sechs Monate im Voraus.

Wanderungen in der Umgebung von Mammoth Lakes

Crystal Lake (3,5 Meilen hin und zurück, 2 Std., 200 m Steigung). Ausgehend vom Lake George führt der Pfad um den See und bietet mit zunehmender Höhe immer spektakulärere Ausblicke. Schließlich erreicht man den Crystal Lake, der unterhalb des Crystal Crag liegt. Wanderer mit guter Kondition können anschließend noch den Mammoth Crest Trail in Angriff nehmen (weitere 2,5 Meilen hin und zurück, 2–3 Std., 300 m Steigung).

Panorama Dome Trail (1 Meile hin und zurück, 30 Min., 30 m Steigung). Begleitet von einem herrlichen Panorama über den Ort und das Owens Valley, geht dieser Waldweg von den Twin Lakes an der Lake Mary Road aus.

Sky Meadows Trail (4 Meilen, 1 1/2–2 Std., 350 m Steigung). Schöne Wanderung vom südlichen Ende des Lake Mary entlang der von Wildblumen gesäumten Ufer des Coldwater Creek, vorbei am Emerald Lake und weiter zur Sky Meadow am Fuß des imposanten Blue Crag.

Rainbow Falls Trail (5 Meilen, 2 Std., 100 m Steigung). Moderate Strecke, die die beiden Hauptattraktionen des Devil's Postpile National Monument kombiniert. Ausgangspunkt ist der Campingplatz Devil's Postpile, von dem die Wanderung zunächst zu den Gesteinsformationen führt, danach weiter hinauf zu den Rainbow Falls.

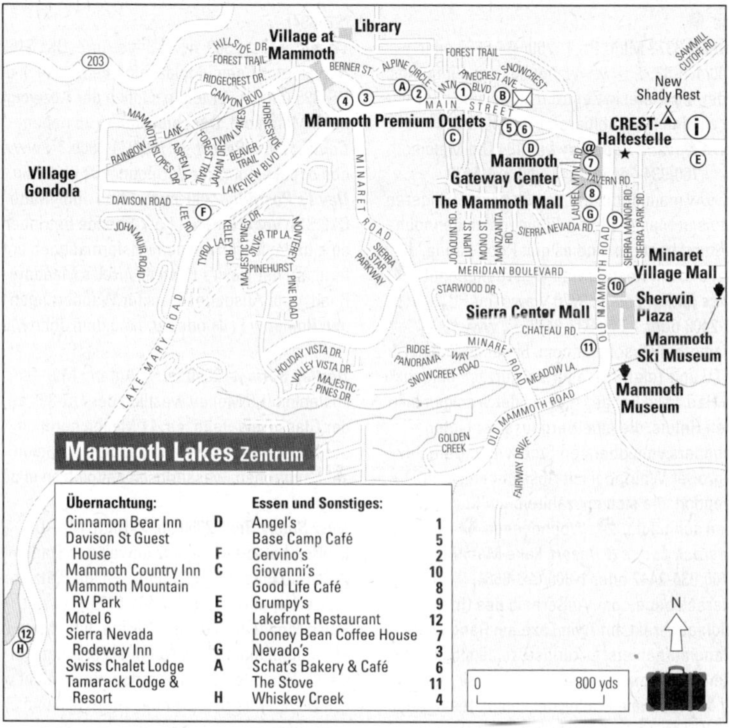

Übernachtung

Praktisch jedes zweite Gebäude der Gegend ist mit Ferienwohnungen bestückt, aber es gibt auch zahlreiche andere Unterkünfte (darunter ein Hostel und eine Reihe freundlicher B&Bs), und nur an Wochenenden während der Ski-Hochsaison ist ein Bett schwer zu finden. Im Winter liegen die Preise (oft wesentlich) höher als die hier aufgeführten Sommerpreise. Ferienwohnungen vermittelt *Mammoth Mountain Reservations*, ✆ 760/934-5771 oder 1-800/223-3032, 🖳 www.mammothreservations.com.

Cinnamon Bear Inn, 113 Center St, ✆ 760/934-2873 oder 1-800/845-2873, 🖳 www.cinnamonbearinn.com. B&B in der Nähe von Downtown mit 22 komfortablen Gästezimmern, alle mit TV und Telefon (einige mit Videorekorder). Bei der Ankunft werden Wein und Knabberzeug gereicht. Am Wochenende schnellen die Preise in die Höhe. ❻, Wochenende ❼

Davison Street Guest House, 19 Davison St, ✆ 760/924-2188, 🖳 www.mammoth-guest.com. Mammoths einziges Hostel in einem spitzgiebligen Holzchalet mit Blick auf die Berge von der Terrasse, Stockbett in recht kompakten Dorms $22 (im Winter $30–35), 2-Bett-Zimmer ❷ (im Winter ❸–❹), und ein Zimmer mit Bad für $20 extra. Geräumige Gemeinschaftszimmer und gut ausgestattete Gemeinschaftsküche.

Mammoth Country Inn, 75 Joaquin Rd, ✆ 760/934-2710 oder 1-866/934-2710, 🖳 www.mammothcountryinn.com. B&B in einem ruhigen Ortsteil; 7 moderne Gästezimmer mit Bad, einige mit Jacuzzi. Leckeres Frühstück, bei der Ankunft gibt es Wein und Knabberzeug. ❹, Wochenende ❺

Motel 6, 3372 Main St, ✆ 760/934-6660 oder 1-800/466-8356, 💻 www.motel6.com. Einfaches, modernes Motel in Zentrumsnähe, das alles Nötige zu einem bezahlbaren Preis bietet. ❸

Sierra Nevada Rodeway Inn, 164 Old Mammoth Rd, ✆ 760/934-2515 oder 1-800/824-5132, 💻 www.mammothsnri.com. Eines der billigeren Motels in Mammoth; die Zimmer sind dennoch groß und bequem, und es gibt Pool, Sauna, Jacuzzi und ein Restaurant. ❹, Wochenende ❺

Swiss Chalet Lodge, 3776 Viewpoint Rd, ✆ 760/934-2403 oder 1-800/937-9477, 💻 www.mammoth-swisschalet.com. Einfache Zimmer mit TV und Telefon in älterem, kürzlich umgebautem Haus. Die Lodge ist eines der wenigen billigeren Hotels, die eine Bergaussicht bieten – besonders vom obersten Stockwerk. Gute Sauna, großer Whirlpool mit Aussicht und eine Rezeption, die sich mit zahlreichen Kuckucksuhren schmückt. ❸, Wochenende ❹

Tamarack Lodge & Resort, Lake Mary Rd, ✆ 760/934-2442 oder 1-800/626-6684, 💻 www.tamaracklodge.com. Außerhalb des Orts in Waldlage direkt am Twin Lake am Rand eines Skilanglaufgebiets. Luxuriöse, rustikale Lodge, Zimmer mit Gemeinschaftsbad ❹, mit eigenem Bad ❼, rustikale Cabins mit komplett eingerichteter Küche ❻ und einige herrliche Deluxe-Cabins ❾.

CAMPING – Mit ca. 20 Campingplätzen, die alle im Umkreis von 10 Meilen um den Ort liegen, ist die Auswahl mehr als reichlich. Am größten ist die Dichte um die Twin Lakes und entlang der Devil's Postpile / Reds Meadow Road. Fast alle verfügen über Wasser, kosten $15–16 und können nicht reserviert werden. Ausführliche Beschreibungen sowie Hinweise zu kostenfreien Campingmöglichkeiten in den umliegenden Gebieten des National Forest enthält der *Mammoth Lakes Area Visitor Guide,* der kostenlos im Visitor Center erhältlich ist.

Mammoth Mountain RV Park, Hwy-203, ✆ 760/934-3822 oder 1-800/582-4603, 💻 www.gocampingamerica.com. Zentrale Lage gegenüber dem *Visitor Center,* das ganze Jahr über geöffnet. Es gibt Jacuzzis und einen Kinderspielplatz. Zeltplatz ($21), Stellplätze für Wohnmobile ($29–34).

Convict Lake, 2300 m, 🕒 Ende April–Okt, $15. Bewaldeter Campingplatz am See, westlich des US-395 und ca. 4 Meilen südlich der Abzweigung nach Mammoth. Duschen stehen im nahen *Convict Lake Resort,* ✆ 760/934-3800, 💻 www.convictlake.com, zur Verfügung; $2 für 2 Min.

Devil's Postpile, 2300 m, 🕒 Mitte Juni–Mitte Okt, $14. Vom National Park Service betrieben, eine halbe Meile von den Felsformationen entfernt, an der Devil's Postpile / Red's Meadow Road, gute Ausgangsbasis für Wanderungen zu den Rainbow Falls oder entlang dem John Muir Trail.

Hartley Springs, 2550 m, 🕒 Anfang Mai–Okt, kostenlos. 1,5 Meilen westlich des US-395 an der Glass Flow Road, ca. 11 Meilen nördlich der Mammoth-Abzweigung. Einer von vielen sehr einfachen, wasserlosen Zeltplätzen in der Gegend.

New Shady Rest, 2350 m, 🕒 Mitte Mai–Okt, $15. Großer, belebter Zeltplatz unweit der Stadt mit WCs und Entsorgungsstation. Einige Plätze reservierbar unter ✆ 1-877/444-6777.

Red's Meadow, 2300 m, 🕒 Mitte Juni–Mitte Okt, $15. Campingplatz des National Forest an der Devil's Postpile / Red's Meadow Road, nicht weit von Devil's Postpile, den Rainbow Falls und einem hübschen Wanderpfad um den Sotcher Lake entfernt. Quellgespeistes Badehaus, das allen offen steht (Spende willkommen).

Twin Lakes, 2600 m, 🕒 Mitte Mai–Okt, $16. Einer von 5 nahezu identischen Campingplätzen (dieser mit der längsten Saison) in dem von Gletschern ausgeformten Seengebiet 1 Meile südwestlich der Ortschaft Mammoth Lakes. Zwischen Kiefern angesiedelte Stellplätze, in der Nähe zahlreiche Wanderpfade.

Essen und Unterhaltung

Mammoth hält die mit Abstand größte Auswahl an Restaurants, Cafés und Bars (einige davon mit Live-Musik) auf dieser Seite der Sierra bereit. Im Vergleich zur relativen Bescheidenheit anderer Gegenden in den Bergen wird man hier aber in nicht unerheblichem Maße zur Kasse gebeten.

Wer lediglich Proviant aufstocken möchte, kann dies bei *Von's,* in der *Minaret Village Mall,* und – etwas gesundheitsbewusster – bei *Sierra Sundance Earth Foods* in der Mammoth Mall tun.

Angel's, Main St, Ecke Sierra Blvd, ✆ 760/934-7427. Angenehmes Familienrestaurant; Gerichte mit mexikanischem Einfluss. Empfehlenswert sind der Angel's Salad ($4) und die Jalapeño Corn Fritters ($6); im Angebot sind auch verschiedene Burger ($8–9) und Hauptgerichte um die $10 wie z.B. Lasagne mit Spinat und Pilzen. Dazu Bier der *Mammoth Brewing Company.*

Base Camp Café, Main St, ✆ 760/934-3900. Ein tolles, preiswertes Café, bei sportlichen Typen wegen der herzhaften und reichhaltigen Frühstücke ($4–7) sehr beliebt, auch leckere Suppen und Sandwiches, preiswerte „Specials", Espresso aus organischem Anbau und Bier. Do–Sa auch Abendessen bis ca. 20 Uhr.

Cervino's, 3752 Viewpoint Rd, ✆ 760/934-4734. Nobelrestaurant mit norditalienischer Küche. Auf der Karte stehen etwa Portobello Mushrooms gefüllt mit Ziegenkäse und Pekannüssen ($11) oder Kalbfleisch mit Prosciutto und Salbeibuttersauce ($24). Das feste 3-Gänge-Menü gibt es für unter $30. Im Sommer Mo und Di geschlossen.

Giovanni's, Minaret Village Mall, Old Mammoth Rd, ✆ 760/934-7563. Preiswerte Speisen, die sich bei den Einheimischen großer Beliebtheit erfreuen. Das Ambiente ist nicht berauschend, dafür sind Pasta und Pizza umso besser. Sehr günstige Tagesgerichte.

Good Life Café, The Mammoth Mall, ✆ 760/934-1734. Trotz aller Mühe nicht unbedingt überzeugende vegetarische und vegane Kost zu moderaten Preisen; die frisch zubereiteten Gemüse-Burritos, guten Salate, diversen Burger und Ei-Gerichte können drinnen oder auf der Terrasse gegessen werden. ⏲ tgl. 6.30–15 Uhr.

Grumpy's, 361 Old Mammoth Rd, ✆ 760/934-8587. Sport-Bar mit 40 TVs, Billard und Grillgerichten.

Lakefront Restaurant, Tamarack Lodge, ✆ 760/934-8587. Franko-kalifornisch angehauchte Küche, z.B. Wildpilz-Strudel ($11), oder Hühnerbrust in Walnusskruste ($22) sowie herrliche Desserts und Portweine. Dazu ein herrlicher Ausblick auf den See.

Looney Bean Coffee House, The Mammoth Mall, ✆ 760/934-1345. Die lebendigste Kaffeebar in Mammoth: Guter Kaffee, Muffins usw. werden entweder drinnen (wo es viele Magazine gibt) oder draußen serviert. In der Skisaison abends lange geöffnet.

Nevados, Main St, Ecke Minaret Rd, ✆ 760/934-4466. Beliebtes Lokal mit einer bunt gemischten Speisekarte, die von in Nori eingewickelten und mit Wasabi garnierten Shrimps bis hin zu Lamm in Haselnusskruste reicht und auch ein ganzes Menü für $35 umfasst.

Schat's Bakery & Café, 3305 Main St, ✆ 760/934-6055. Bietet die besten Backwaren im Ort, entweder zum Mitnehmen oder zum sofortigen Genuss bei einer Tasse Kaffee.

The Stove, 644 Old Mammoth Rd, ✆ 760/934-2821. Etabliertes und überaus beliebtes Lokal mit ländlicher Küche. Zum Frühstück Eier, Waffeln und Pancakes, später am Tag Sandwiches und komplette Mahlzeiten, ausnahmslos üppig portioniert.

Whiskey Creek, Main St, Ecke Minaret Rd, ✆ 760/934-2555. Zählt zu den besseren Restaurants am Ort; Spezialitäten sind Seafood, Sierra Ranch Salad und Meatloaf. Im Obergeschoss befindet sich auch eine belebte Bar, die Bier der *Mammoth Brewing Company* im Ausschank hat; am Wochenende und manchmal auch unter der Woche Live-Musik.

Aktivitäten

KLETTERN – ***Mammoth Zip & Climb,*** ✆ 760/934-0706. Kletterstunden für die ganze Familie an einem 10 m hohen, künstlichen Felsen vor dem *Mammoth Mountain Inn.* Ende Juni–Sept tgl. 10–17 Uhr, $9 pro Aufstieg oder $19 pro Std., Kletterschuhe $3.

Mammoth Mountaineering School, bei *Sandy's Ski & Sports* auf der Main Street, ✆ 760/924-9100 oder 1-800/239-7942, 💻 www.mammothweb.com/recreation/mountaineering, Kurse für alle Schwierigkeitsgrade ab $80.

Southern Yosemite Mountain Guides, ✆ 1-800/231-4575, 💻 www.symg.com, bieten einen Führungsservice für Bergwanderungen und Kletterpartien, $345 pro Tag für max. 6 Pers.

Die Guides in Bishop (s.o., Bishop: Aktivitäten) bieten auch Exkursionen in diese Gegend an.

MOUNTAINBIKING – ***Footloose Sports,*** Main St, Ecke Old Mammoth Rd, ✆ 760/934-2400, 💻 www.footloosesports.com, vermietet Straßen- und Geländeräder für $9 pro Std., $39 pro Tag, auch die neuesten Demo-Modelle ($15/60), und organisiert im Sommer Gruppenfahrten.
Mammoth Sporting Goods, Sierra Center Mall, ✆ 760/934-3239, 💻 www.mammothsportinggoods.com. Etwas günstigere Preise für ähnliche Räder; Jul–Okt ebenfalls Gruppenexkursionen (Mi 17.30, Sa 9 und Fr eine Nachtfahrt um 21 Uhr).

REITEN – So genannte *Pack stations* oder *Pack outfitters* veranstalten Reitexkursionen mit einer bis hin zu 7–10 oder gar 20 Übernachtungen, die dann über den Kamm der Sierra in den Yosemite National Park oder den Kings Canyon National Park führen.
Am preiswertesten sind *Spot trips.* Bei diesen wird man mitsamt Ausrüstung zu einem Zeltplatz gebracht, wo man zu einer vereinbarten Zeit wieder abgeholt wird. Die Preise hängen von der Entfernung und der Teilnehmerzahl ab. Eine Gruppe von 4 Pers., die zu einem 4–6 Std. entfernten Ort gebracht werden, sollte mit insgesamt rund $350–550 rechnen.
Trail rides sind geführte Reitexkursionen mit einer festgelegten Route und einem von vornherein festgelegten Zeitplan; man schließt sich einer Gruppe an. Sie kosten etwa $200 pro Tag. Die meisten *Pack outfitter* vermieten auch Tragegestelle oder bringen ein Packpferd mitsamt Ausrüstung zu einem vereinbarten Ort.
Im Folgenden sind die Anbieter von Süden nach Norden im Owens Valley aufgelistet:
Sequoia Kings Pack Trains, ✆ 760/387-2797 oder 1-800/962-0775. In Independence; Ausritte nach King's Canyon National Park und Mount Whitney.
Rainbow Pack Outfitters, ✆ 760/873-8877. In der Nähe von South Lake, westlich von Bishop. Tolle Ausritte ins Dusty Basin und zum LeConte Canyon am Middle Fork des Kings River.
Mammoth Lakes Pack Outfit, ✆ 760/934-2434 oder 1-888/475-8748, 💻 www.mammothpack.com. In Mammoth.
Red's Meadow, ✆ 760/934-2345 oder 1-800/292-7758, 💻 www.redsmeadowpackstation.com. Direkt am Devil's Postpile (s.u.) und 4 Meilen nördlich bei Agnew Meadow.

Sonstiges

BÜCHER – ***Booky Joint*** in der *Minaret Village Mall,* ✆ 760/934-3240, hat das beste Sortiment.
Book Warehouse, 3399 Main St, ✆ 760/924-3551, übervoll mit Remittenden aller möglichen Gattungen, Billigpreise.

DUSCHEN – ***Twin Lakes Store,*** in Mammoth, ✆ 760/934-7295, ⏲ tgl. 7–19 Uhr, $3.
Mammoth Mountain Inn (s.o., Übernachtung), ⏲ tgl. 24 Std., $5 inkl. Handtuch.
Red's Meadow, nahe Devil's Postpile. Auf dem Campingplatz gibt es ein quellgespeistes Badehaus (Spende willkommen).

FESTIVALS – **Jazz Jubilee,** ✆ 760/934-2478, 💻 www.mammothjazz.org. 4 Tage an jedem 2. Wochenende im Juni, vornehmlich Traditional Jazz in Bars, Restaurants und an anderen Veranstaltungsorten.
Bluesapalooza, ✆ 760/934-0606, 1. Wochenende im August. Wie der Name schon sagt, mehr auf Blues orientiert.

FOTOAUSRÜSTUNG – ***Speed of Light Photo & Video,*** 1 Minaret Village Mall, ✆ 760/934-8415.

GELD – Im Ort gibt es mehrere Banken, die alle mit Geldautomaten ausgestattet sind, u.a. die *Bank of America,* Main St, Ecke Old Mammoth Rd.

INFORMATIONEN – Die beste Informationsquelle über die Gegend ist das ***Mammoth Lakes Visitor Center,*** an der Hauptstraße eine halbe Meile östlich vom Ortszentrum, ✆ 924-5500, 💻 www.visitmammoth.com, ⏲ tgl. 8–17 Uhr.

INTERNET – ***Library,*** 960 Forest Trail, ⏲ Mo–Fr 10–19, Sa 9–17.30 Uhr; Surfen kostenlos.
Abbey Road, im Mammoth Gateway Center, Internet-Zugang und Hotspot.

KINOS – ***Plaza Theatre,*** Sherwin Plaza Mall. ***Minaret Cinema,*** Minaret Village Mall, beide ✆ 760/934-3131.

WÄSCHEREIEN – ***Mill City Laundry,*** Main St, Ecke Old Mammoth Rd. ***Mammoth Mountain Inn*** (s.o., Übernachtung), Münzeinwurf, ⏲ 7–21 Uhr.

Transport

Vom US-395 zweigt der Hwy-203 nach Westen ab; nach 3 Meilen ist der Ort Mammoth Lakes erreicht. Von dort führt der Hwy-203 weiter zur 8 Meilen entfernten Main Lodge am Mammoth Mountain, erklimmt die San Joaquin Ridge und windet sich dann hinunter zum Devil's Postpile National Monument.
CREST-Busse (s.S. 428) aus BISHOP (3x wöchentl., 3/4 Std.) und LEE VINING (3–5x wöchentl., 30 Min.) halten das ganze Jahr über auf dem McDonalds-Parkplatz am Hwy-203.
Yarts-Busse, 🖳 www.yarts.com, fahren im Juli und Aug 1x tgl., im Juni und Sept nur Sa und So nach TUOLUMNE MEADOWS (1 Std.) und ins YOSEMITE VALLEY (3 Std.). Abfahrt um 7 Uhr vom *Mammoth Mountain Inn,* Rückkehr am Abend gegen 21 Uhr.
Während der Skisaison verkehrt auf fünf Strecken der *Mammoth Shuttle.* In der wärmeren Jahreszeit empfiehlt es sich, ein Fahrrad zu mieten und den im Sommer kostenlos verkehrenden Shuttle-Bus zu nutzen, der zwischen der Main Lodge (s. Karte) und dem ca. 15 Meilen westlich vom Ort gelegenen Devil's Postpile National Monument pendelt.

Devil's Postpile National Monument

Aus dem Skigebiet kommend, windet sich die schmale Minaret Road kurz auf einen 3000 m hoch gelegenen Pass in den Bergen der San Joaquin Ridge, um dann in das Quellgebiet der Middle Fork, eines Nebenflusses des San Joaquin River, abzufallen und ungefähr 8 Meilen weiter an den Stallungen von Red's Meadow zu enden. Sie bietet die einzige Möglichkeit, das Devil's Postpile National Monument per Straße zu erreichen. Die schlanken, blaugrauen Basaltsäulen, die bis zu 20 m hoch sind, entstanden durch das Auseinanderbrechen der abgekühlten Lava nach einem Vulkanausbruch des Mammoth.

Die zweite große Attraktion des Monuments sind die **Rainbow Falls,** zu denen ein 2 Meilen langer Wanderweg durch Red's Meadow und am San Joaquin River entlangführt (s.S. 430, Kasten). Das Wasser stürzt aus mehr als 30 m Höhe in ein tiefes Becken hinab. Die Gischt bricht und spiegelt das Licht, vor allem gegen Mittag, so dass sich ein Regenbogen bildet.

Die Minaret Road ist während der Sommermonate tagsüber zwischen 7 und 20.30 Uhr ab dem Parkplatz Minaret Vista gesperrt, so dass man entweder früh aufbrechen (Rückfahrt dann jederzeit möglich) oder einen Shuttle-Bus von der Seilbahnstation an der Mammoth Mountain Main Lodge nehmen muss (7–20.30 Uhr alle 30 Min., letzter Bus zurück 19.45 Uhr). ⏲ je nach Witterung ca. Mitte Juni–Ende Oktober, Tageskarte $7, 3-Tage-Pass $14, Golden Eagle Passes werden akzeptiert, National Park Passes jedoch nicht. Weitere Informationen unter 🖳 www.nps.gov/depo.

Vom Parkplatz Minaret Vista hat man einen herrlichen Blick auf die angrenzenden **Minaret Peaks,** die eine gezackte, vulkanische Bergkette südlich des steilen Mount Ritter bilden – einem der faszinierendsten Berge der Sierra.

Hot Creek und June Lake

Nur 3 Meilen östlich des US-395 kann eines der am leichtesten zugänglichen Beispiele für die vulkanische Aktivität in der Region bewundert werden: die heißen Quellen, die an der **Hot Creek Geological Site** an der Hot Creek Hatchery Road, 3 Meilen südlich der Abfahrt nach Mammoth Lakes, an die Oberfläche sprudeln. ⏲ tgl. von Sonnenauf- bis Sonnenuntergang, Eintritt frei.

Kochendes Wasser mischt sich hier mit kaltem, geschmolzenem Schnee, um lauwarme bis siedend heiße Tümpel zu füllen. Man muss schon etwas suchen, um in dem ständig wechselnden Quellgebräu ein passend temperiertes Fleckchen zu finden. Der US Forest Service rät von einem Bad ab, da die Quellen mitunter auch Chemikalien produzieren – eine Warnung, die scheinbar niemanden so recht interessiert. Pfade und Holztreppen führen hinunter zu den viel versprechendsten Stellen, wobei auf

Schuhe oder Sportsandalen nicht verzichtet werden sollte, denn manchmal liegen hier Glasscherben auf dem Boden. Auch eine Badehose bzw. ein Badeanzug ist hier, anders als für die meisten der Quellen der Region, Pflicht.

Einige Skifahrer und Sommergäste entfliehen den relativ dicht bevölkerten Hängen von Mammoth Mountain, indem sie einige Meilen nördlich in die relative Abgeschiedenheit des **June Lake** und der benachbarten Seen **Grant Lake**, **Silver Lake** und **Gull Lake** fahren. Die Gegend mit ihren Hochgebirgsseen gehört zu den beeindruckendsten in der Umgebung und kann über den 16 Meilen langen **June Lake Loop**, der 15 Meilen nördlich von der Abfahrt nach Mammoth vom US-395 abzweigt, erreicht werden.

Die kleine Ortschaft **June Lake**, 2 Meilen vom US-395 entfernt, erweckt von allen Ortschaften der Sierra den „alpinsten" Eindruck: „Schweizer Chalets" sehen hier nicht deplaziert aus. Es gibt einige überdachte Unterkünfte, 🖳 www.junelake.com, aber hauptsächlich ist dies eine Gegend zum Zelten, wofür der Forest Service entlang der verschiedenen Seen eine Reihe von Zeltplätzen ($14) betreibt, u.a. *June Lake* und bei *Oh! Ridge* (beide reservierbar unter ✆ 1-877/444-6777) sowie den ruhigeren, 9 Meilen entfernten *Grant Lake*, dessen Plätze nach dem Prinzip *first-come, first-served* vergeben werden und der auch Angelausrüstung und Boote verleiht.

Wo der June Lake Loop im Norden wieder auf den US-395 trifft, biegt man links ab, um nach Lee Vining zu gelangen; rechts geht es direkt zu den Tuff-Formationen des Mono Lake im Gebiet South Tufa.

Mono Lake

Inmitten einer trockenen, vulkanischen Hochebene liegt der 150 km2 große Mono Lake, in dessen blauem Wasser sich die schneebedeckten Bergmassive der östlichen Sierra spiegeln. Er ist vor über einer Million Jahren entstanden. Aus dem salzhaltigen Wasser ragen zwei vulkanische Inseln empor, die größere, helle **Paoha-Insel** und die kleinere, glänzend schwarze **Negit-Insel**. In der Umgebung des Sees gibt es heiße Quellen, ausgekühlte Lavaströme und andere Anzeichen vulkanischer Aktivität, besonders die imposanten Kegel der **Mono-Krater**, die den See im Süden überragen.

Die Landschaft scheint einem Science-Fiction-Film entnommen: Hohe, spitze Türme aus hellen Mineralien-Ablagerungen erheben sich in Ufernähe wie bizarre, überdimensionale Sandburgen. Die markanten, merkwürdigen **Kalktuffe** *(tufa)* sind seit den frühen 1940er Jahren zunehmend sichtbar geworden, seit das *Los Angeles Department of Water and Power* das Wasser der Flüsse ableitet, die früher in den Mono Lake flossen (s. Kasten). Die Tuff-Türme entstanden auf dem Grund des Sees, wo kalziumhaltiges Süßwasser in das ansonsten an Karbonaten reiche Seewasser quoll. Karbonat und Kalzium vermischten sich und sanken als Kalkstein zu Boden, wo allmählich diese seltsamen Gebilde entstanden.

Bevor man sich auf den Weg zum See macht, sollte man unbedingt im ausgezeichneten *Mono Basin Scenic Area Visitor Center* vorbeischauen (s.u.). Der besten Ort, um diese pilzförmigen Türme zu bewundern, ist **South Tufa**, 5 Meilen östlich des US-395 über den Hwy-120. Holzstege und Pfade führen durch und um diese 6 m hohen Kalksteingebilde sowie um das Seeufer und bieten praktisch an jeder Ecke ein lohnendes Fotomotiv. Eintritt $3, 7 Tage gültig. Am ca. 1 Meile östlich gelegenen **Navy Beach** kann man weitere (weniger spektakuläre) Gesteinstürme sehen und sich bei einem Bad schwerelos im Salzwasser treiben lassen. Eintritt frei.

Direkt am südlichen Ufer erhebt sich der **Panum Crater**, ein 700 Jahre alter Vulkan mit fast 20 m hohen Lavatürmen, zu denen zwei kurze und leichte Wege führen, der **Plug Trail** und der **Rim Trail**. Es handelt sich um den jüngsten Krater am Mono Lake, in einer Reihe von Vulkankegeln, die sich von hier 12 Meilen nach Süden in Richtung Crowley Lake erstrecken. Sie sind wohl der geologisch „jüngste" Bergrücken Nordamerikas; er hat sich in den letzten 40 000 Jahren gebildet.

Am Nordufer des Sees zweigt nach 3 Meilen vom US-395 eine Seitenstraße zum **Mono County Park** ab. Dort führt ein ausgeschilderter Bretterweg zum See und zu den schönsten Exemplaren pilzförmiger Tufas hinab.

Nach weiteren 5 Meilen auf der unbefestigten Straße (Vorsicht: Querrillen) ist der Ausgangspunkt für den Spazierweg zu den **Black Point Fissures** erreicht. Sie sind, wie die meisten Landschaftsformationen hier, das Ergebnis vulkanischer Aktivität:

Das Ringen um den Mono Lake

Der Mono Lake ist eines der ältesten Gewässer des Kontinents. Er hat mehrere Eiszeiten und sämtliche vulkanischen Erschütterungen der Gegend überstanden, doch die größte Gefahr drohte ihm von der Stadt Los Angeles, die das „Wasserrecht" über den Mono Lake besitzt.

Von 1892 bis 1904 durchlebte die aufstrebende Stadt Los Angeles eine Dürre. Auf der Suche nach einer verlässlichen Wasserquelle richtete sie ihr Augenmerk auf den Owens River, dessen Wasser leicht nach L.A. umgeleitet werden konnte. Unter der Federführung des *Los Angeles Department of Water and Power* kaufte die Stadt fast das gesamte Owens Valley auf und leitete dann den Fluss und seine Nebenläufe in ein 223 Meilen langes Aquädukt um, das das Wasser nach L.A. führte. Owens Lake in der Nähe von Lone Pine trocknete völlig aus, und ohne Wasser waren die Farmen und Obstgärten im vormals produktiven Owens Valley nutzlos.

1931 war das Aquädukt fertig gestellt, doch die wachsende Stadt benötigte noch mehr Wasser. 1941 wurden daher vier der fünf den Mono Lake speisenden Flüsschen ebenfalls „angezapft" und durch einen 11 Meilen langen Tunnel dem Owens Valley-Aquädukt zugeführt. Der Tunnel führt direkt durch die Kette der aktiven, vulkanischen Mono Krater und ist ein technisches Meisterwerk. In den folgenden 50 Jahren ist der See jedoch auf die Hälfte seiner ehemaligen Größe geschrumpft und sein Wasserspiegel um fast 12 m gefallen.

Die juristischen Auseinandersetzungen um die zunehmende Austrocknung des Sees entwickelten sich zu einer der größten ökologischen Kontroversen Kaliforniens, denn der See ist nicht nur von einmaliger Schönheit, sondern auch ein wichtiger Nistplatz der kalifornischen Seemöwen und Zwischenstation Hunderttausender von Zugvögeln (Schwarzhalstaucher und Wassertreter). Sie ernähren sich von dem winzigen Salinen-Kiemenfuß (*Brine Shrimp, Artemia salina)* und den Fliegen des Sees, die einzige Nahrung, die ihnen der See bietet.

Der Wasserspiegel sank so tief ab, dass die Inseln, auf denen zahllose Seemöwen ihre Brut aufzogen, zu Halbinseln wurden. Ungeschützte Jungtiere wurden zur Beute von Kojoten und anderen Tieren. Durch den geringen Zufluss von Süßwasser wurde der See darüber hinaus immer alkalischer. Das einzigartige Ökosystem war akut bedroht.

Scheinbar blind gegenüber den Auswirkungen, baute die Stadt Los Angeles 1970 ein zweites Aquädukt, woraufhin der Wasserspiegel noch schneller sank, manchmal um 45 cm pro Jahr.

Aufgeschreckt durch wissenschaftliche Untersuchungen, die von einer bevorstehenden Ökokatastrophe sprachen, gründete eine kleine Gruppe von Aktivisten 1978 das *Mono Lake Committee,* 💻 www.monolake.org, zur Erhaltung dieses einmaligen Ökosystems und kämpfte mittels öffentlicher Kampagnen und gerichtlicher Schritte gegen die Zerstörung.

Doch obwohl der Oberste Gerichtshof Kaliforniens schon 1983 verkündete, dass der Mono Lake gerettet werden müsse, wurden erst 1994 Rettungsmaßnahmen ergriffen. Widerwillig stimmte man einer Mindestwasserhöhe von 1943 m über dem Meeresspiegel (später von 1948 m) zu, so dass auf Negit Island endlich wieder gefahrlos Vögel nisten konnten. Jahrzehntelang trocken gebliebene Flussbetten haben sich wieder mit Wasser gefüllt, und Thermalquellen, die sich früher neben den Pfaden am Seeufer befanden, sind nun wieder unter Wasser. Die angestrebte Mindestwasserhöhe – 5,4 m höher als der zwischenzeitlich erreichte Tiefststand, aber immer noch 7,6 m unter dem Wasserspiegel des Sees vor Beginn der Umleitung – wird nicht vor 2014 erreicht sein. Für diesen Zeitpunkt sind laut Vereinbarung erneute Verhandlungen vorgesehen, deren Ausgang von der weiteren Arbeit des Mono Lake Committee abhängen wird.

Der Mono Lake mit seinen bizarren Felsen

Vor etwa 13 000 Jahren trat an dieser Stelle unter der Wasseroberfläche eine große Menge geschmolzener Lava aus der Erde, die sich dann langsam abkühlte und zusammenzog. Dabei entstanden auf der Oberfläche Risse und Spalten, einige davon nur 1–2 m breit, aber bis zu 20 m tief. Man kann diese Formationen erforschen, sollte sich aber vorher beim *Visitor Center* ein Informationsblatt besorgen und sich auf große Hitze, Trockenheit und viel Staub und Sand einstellen.

Von Mitte Juni–Anfang Sept veranstaltet das *Mono Lake Committee* (s.u.) Sa und So um 8, 9.30 und 11 Uhr einstündige Kanùtrips für $17, Reservierung empfohlen unter ✆ 670/647-6595.

Naturerkundungen per Kajak auf dem Mono Lake veranstaltet auch *Caldera Kayaks*, Mammoth Lakes, ✆ 760/934-1691, 💻 www.calderakayak.com, für $65. Einer- und Zweier-Kajaks können dort außerdem für $40/50 pro Tag gemietet werden. Man sollte so weit wie möglich im Voraus reservieren.

Nahe am See liegt die kleine Ortschaft **Lee Vining**, die beiderseits des US-395 die üblichen Einrichtungen für Besucher, ansonsten aber so gut wie nichts bietet.

Übernachtung und Essen

Entlang des US-395 gibt es mehrere Motels:
Murphey's, ✆ 760/647-6316 oder 1-800/334-6316, 💻 www.murpheysyosemite.com. Angenehm; Units mit Klimaanlage und TV, einige auch mit Küche. ❹
El Mono Motel, ✆ 760/647-6310, etwas billiger, aber nicht so gut wie *Murphey's.* ❹
Mono Vista RV Park, ✆ 760/647-6401. Zeltplätze ($15) und Stellplätze für Wohnmobile ($25–28). Duschmöglichkeit auch für Nichtgäste ($2,25 für 5 Min., tgl. 9–18 Uhr).
Zahlreiche **Campingplätze** des Forest Service ($7) liegen am Lee Vining Creek, zu erreichen über die Tioga Pass Rd (Hwy-120).

Whoa Nellie Deli, ✆ 760/647-1088, gehört zur Mobil-Tankstelle an der Kreuzung von US-395 und Hwy-120, ist aber ein erstaunlich gut; u.a.

gibt es hier eine leckere Tortillasuppe, Fisch Tacos, Burger und Steaks sowie Espresso. Margaritas und Bier von einer kleinen Brauerei.

Nicely's Restaurant, ✆ 760/647-6477, ist ein toller Diner-Palast im Stil der 50er Jahre am US-395, 🕓 ab 6 Uhr.

Mono Inn Restaurant, ca. 5 Meilen nach Norden auf dem US-395, ✆ 760/647-6581, 💻 www.monoinn.com. Das Restaurant gehört der Enkelin von Ansel Adams und serviert bei herrlichem Blick auf den See exquisite Speisen wie gebratene Artischocken und Steinpilz-Risotto ($10), gefolgt von Lachs mit Zitronen-Rucola-Pesto ($19). Di und Nov–April geschlossen.

Informationen

Mono Basin Scenic Area Visitor Center, ✆ 760/873-2408, 💻 www.r5.fs.fed.us/inyo, 1 Meile nördlich von Lee Vining am US-395. 🕓 Mai–Okt tgl. 9–16.30 Uhr, Nov–April meist nur am Wochenende 9–16 Uhr. Mit einer Ausstellung und einem kurzen Film. Ranger sprechen über verschiedene ökologische Aspekte. Von Juli–Anfang Sept bietet das Center Führungen zu den Tuff-Formationen (90 Min., tgl. um 10, 13 und 18 Uhr).

Mono Lake Committee Information Center, Lee Vining, ✆ 760/647-6595, 💻 www.leevining.com, informiert über den Kampf des Komitees um den Mono Lake, hat hilfsbereite Angestellte, viele Bücher über die östliche Sierra sowie einen Souvenirladen und bietet Internet-Zugang. 🕓 Juli und Aug tgl. 9–22 Uhr, ansonsten tgl. 9–17 Uhr.

Transport

Lee Vining liegt mehr als 2 Autostunden vom Yosemite Valley entfernt, bietet sich aber als Ausgangspunkt für eine Erkundung der östlichen Gebiete des Yosemite National Park an, insbesondere der rund 20 Meilen entfernten **Tuolumne Meadows**.

Busverbindungen nach Lee Vining bestehen von BISHOP (3x wöchentl., 1 1/2 Std.), MAMMOTH LAKES (3–5x wöchentl., 1/2 Std.) und RENO (3x wöchentl., 3 1/4 Std.).

Bodie Ghost Town

Nach 18 Meilen auf dem US-395 von Lee Vining nach Norden und weiteren 13 Meilen (3 davon unbefestigt) nach Osten erreicht man die alte Goldgräberstadt Bodie.

In den 80er Jahren des 19. Jhs. war Bodie eine florierende Siedlung mit drei Brauereien, 60 Saloons und Tanzhallen und 10 000 Einwohner. Zudem galt die Stadt zu Recht als die derbste, gesetzloseste Minenstadt im amerikanischen Westen. Zeitgenössische Quellen berichten, dass jeder Tag mit einer Schießerei auf der Main St endete. Auch die Feuerwehrglocke, die beim Begräbnis eines ermordeten Mannes für jedes Lebensjahr einmal angeschlagen wurde, soll nur selten verstummt sein. Die nur vier Jahre anhaltende Boomzeit begann 1877, als beim Zusammenbruch einer bestehenden, nicht sehr ertragreichen Mine eine besonders reichhaltige Ader zum Vorschein kam. Innerhalb von vier Jahren hatte Bodie seine eigene Chinatown und war nach San Francisco die zweitgrößte Stadt Kaliforniens. Im Jahre 1885 waren bereits Gold und Silber im heutigen Wert von 1,2 Mrd. Dollar gefördert worden, aber auf Grund fallender Goldpreise erwies sich die Mine nun als unrentabel. Die ihres Daseinszwecks beraubte Stadt versank in einen Dämmerschlaf und wurde von zwei verheerenden Bränden, der letzte davon 1932, weitgehend zerstört. Die Schule schloss 1942 ihre Pforten, doch einige wenige Bewohner harrten noch bis in die frühen 1960er Jahre aus, als der Ort vom Bundesstaat Kalifornien übernommen wurde.

Die Überreste bilden nun den **Bodie State Historic Park,** ✆ 760/647-6445, 💻 www.bodie.com, und die Abwesenheit kommerzieller, themenparkähnlicher Neubauten verleihen ihm eine wahrlich gruselige Atmosphäre, die anderen Geisterstädten oft fehlt. Bodie liegt auf mehr als 2550 m Höhe; der Park ist zwar das ganze Jahr über geöffnet, aber zwischen Dezember und April kommen Fahrzeuge wegen schneebedeckter Straßen oft nicht durch – man sollte sich vorher nach den aktuellen Wetter- und Straßenbedingungen erkundigen. Ist eine Anfahrt während dieser Zeit möglich, sollte man auf die mitunter niedrigsten Temperaturen der gesamten USA gefasst sein. Im Übrigen muss man absolut alles Notwendige mitbringen (Proviant, Benzin), denn hier oben gibt es nichts. 🕓 Juni–Mitte

Sept tgl. 8–19, März–Mai und Mitte Sept–Okt tgl. 8–17, Nov–Feb tgl. 8–16 Uhr, Eintritt $3.

Eine gute Broschüre ($1) beschreibt einen Spaziergang an den 150 Holzbauten vorbei, rund 6% der ehemaligen Stadt, die in mehr oder weniger mitgenommenem Zustand rund um den noch intakten Ortskern herum erhalten geblieben sind. Manche Häuser wurden neu gedeckt, andere abgestützt, aber im Großen und Ganzen ist alles originalgetreu: Sogar das schmutzige Geschirr steht noch genauso herum wie bei der Evakuierung der Stadt.

Das **Miner's Union Building** in der Main Street war seit 1877 Mittelpunkt des gesellschaftlichen Lebens. Ein Jahr zuvor hatten Schürfer der *Standard* und der *Midnight Mine* diese erste kalifornische Gewerkschaft gegründet. Im Gebäude ist jetzt ein kleines Museum untergebracht, das sich mit dem Leben in den Minen beschäftigt, 🕓 Juni–Aug tgl. 9–18 Uhr, Mai und Sept tgl. 9–17 Uhr, Eintritt frei.

Im Sommer, vor allem am Wochenende, werden hier verschiedene **Führungen** geboten, die z.B. zum ansonsten für Besucher gesperrten Stampfwerk führen (tgl. 11 und 14 Uhr, $5) oder zu einem Hügelkamm mit gutem Ausblick auf die Stadt ($5).

Bridgeport

Der US-395 erreicht 7 Meilen nördlich der Abzweigung nach Bodie das winzige Bridgeport. In diesem isolierten Ort wurde der *film-noir*-Klassiker *Out of the Past* (dt. Goldenes Gift) gedreht, in dem der flüchtige Robert Mitchum ein neues Leben anzufangen hofft, bevor er von seiner Vergangenheit eingeholt wird. Mitchums Tankstelle aus dem Film ist längst verschwunden, aber ansonsten ist die hübsche, kleine Ranchergemeinde, zu der sich im Sommer jede Menge Angler gesellen, ziemlich unverändert.

An Bridgeports Main Street mit dem 1880 erbauten, zierlichen, weißen **County Courthouse** scheint die Zeit stehen geblieben zu sein. Hinter dem hübschen Stadtpark beherbergt ein altes, restauriertes Schulgebäude heute ein kleines historisches **Museum** mit Ausstellungsstücken zur lokalen Geschichte. 🕓 Ende Mai–Sept tgl. 10–16 Uhr, Eintritt $1,50.

Überlegenswert ist ein Ausflug zu den hiesigen Thermalquellen **Travertine Hot Springs**. Dazu biegt man eine halbe Meile südlich des Orts vom US-395 links in die Jack Sawyer Road ab, an der ersten Straßengabelung wieder nach links und hält sich ca. 1 Meile rechts. Viele Besucher bevorzugen die zauberhaft an einem Fluss gelegenen **Buckeye Hot Springs**; Anfahrt über den US-395 vier Meilen von Bridgeport nach Norden, dann links Richtung Buckeye Campground abbiegen und 4,6 Meilen bis zu einem Schotterparkplatz weiterfahren, von wo ein holpriger Pfad zu drei kleinen Quelltümpeln führt. Von Bridgeport führt der US-395 weiter Richtung Norden in den Bundesstaat Nevada und durch dessen Hauptstadt Carson City zur Glücksspielstadt Reno.

Übernachtung und Essen

The Cain House, 340 Main St, ✆ 760/932-7040 oder 1-800/433-2246, 💻 www.cainhouse.com, wunderschön eingerichtetes B&B. Nov–Mai geschlossen. ❺
Silver Maple Inn, 310 Main St, ✆ 760/932-7383, 💻 www.silvermapleinn.com, nettes Motel. Nov–Mai geschlossen. ❹
Best Western Ruby Inn, 333 Main St, ✆ 760/932-7241, eine der wenigen ganzjährig geöffneten Unterkünfte. ❻

Hays Street Café, 21 Hays St, an der südlichen Ortsausfahrt, gutes Frühstück und Mittagessen.
Pony Expresso Coffee Co., 157 Main St, ✆ 760/932-7798, anständiger Espresso.
Rhino's Bar & Grill, 226 Main St, ✆ 760/932-7345. Grills, Sandwiches und Pizzas zu moderaten Preisen.
1881, 362 Main St, ✆ 760/932-1918. Anspruchsvolles Essen; im Angebot sind z.B. Forelle ($23) oder Vanilla Crème brûlée ($6). 🕓 Juni–Okt tgl., sonst nur Do–So.
Virginia Creek Settlement, 6 Meilen südlich am US-395, ✆ 760/932-7780, 💻 www.virginiacrksettlement.com. Das Essen hier genießt einen ausgezeichneten Ruf, insbesondere die saftigen Steaks (ab $18); es gibt auch Pasta ($10–12) und Pizza (ab $10). Mo geschlossen.

Transport

Busse verkehren von BISHOP (3x wöchentl., 2 Std.) und RENO (3x wöchentl., 2 3/4 Std.).

San Francisco und die Bay Area

Eine Fahrt mit der berühmten **Cable Car**

Das historische Viertel **Jackson Square**

Der reich verzierte **Tien Hou-Tempel** in Chinatown

Einkaufen und essen in der **Valencia Street** im Herzen von The Mission

Die vitale Studentenstadt **Berkeley** mit ihren vielen Cafés und Buchläden

Das eigentliche San Francisco erstreckt sich über nur 123 km^2 am nördlichen Zipfel einer schmalen Halbinsel, die fast genau die Mitte der kalifornischen Küste markiert. Der städtische Großraum wuchert aber weit über diese enge Begrenzung hinaus, im Norden und Osten jenseits der großen Bucht und im Süden an der Küste entlang. Die Bay Area ist eine der am schnellsten wachsenden Regionen in den USA. Etwas weniger als 750 000 Menschen wohnen in der Stadt, aber die Gesamtbevölkerung der Bay Area beträgt annähernd 7 Millionen.

Wohlhabende Menschen leben an den Stränden der Peninsula im Süden, wo milliardenschwere Computerindustrien in den letzten 30 Jahren die Landwirtschaft verdrängt und der Gegend den Beinamen Silicon Valley eingebracht haben. Im Kontrast dazu stehen die Industriereviere von Oakland, auf der anderen Seite der gewaltigen Brücken die die Bucht überspannen. Die benachbarte Universitätsstadt Berkeley zehrt noch immer von dem Protest-Image vergangener Jahre. In den schicken, teuren Vororten von Marin County im Norden, jenseits der Golden Gate Bridge, mit seinen Jachthäfen und Villenvierteln, bewaldeten Hügeln und felsigen Buchten, bekommt man schon einen kleinen Vorgeschmack auf Nordkalifornien.

San Francisco

Als eine der schönsten und liberalsten Städte der USA bekam San Francisco in der Vergangenheit derart viele Klischees übergestülpt, dass die Stadt bereits Gefahr lief, daran zu ersticken. Doch im Laufe der vergangenen 25 Jahre hat sie sich unaufhaltsam von ihrem Bilderstürmer-Image, dem sie ihren Ruhm verdankte, entfernt und sich zu einer schicken Stadt entwickelt, die nach Wohlstand riecht. Die zentral gelegenen Wohnviertel wurden eines nach dem anderen aufgepeppt und die ärmeren Familien in die Vororte verdrängt, und nur wenige Gegenden sind geblieben, die sich noch im Zwischenstadium befinden. Ironischerweise haben es ausgerechnet einige jener gesellschaftlichen Gruppen, die früher ganz am Rande standen – z.B. die schwule und lesbische Gemeinde – inzwischen zu Wohlstand und Einfluss gebracht und präsentieren sich bisweilen sogar ein wenig konservativ. Doch trotz aller Veränderungen ist San Francisco über die Jahre hinweg eine überraschend kleine Stadt geblieben, in der sich viele Aktivitäten im Freien abspielen – eine Stadt, die stolz darauf ist, das kultivierte Gegenstück zu L.A. zu sein, sozusagen die letzte zivilisierte Bastion am wahnsinnig gewordenen Westende des nordamerikanischen Kontinents.

Die Rivalität zwischen den beiden Städten hat etwas Festgefahrenes. Die Einwohner San Franciscos glauben, sie seien weniger geldgierig und weniger statusbesessen als ihre Landsleute im Süden – eine merkwürdige, aber sehr auffällige Art von „umgekehrtem" Snobismus, über den die Bewohner von L.A. nur die Nase rümpfen. San Francisco hat auch seinen eigenen Narzissmus, der sehr mit dem Erscheinungsbild der Stadt zusammenhängt – in dieser Hinsicht bleibt L.A. natürlich hoffnungslos unterlegen.

Tatsächlich ist es verblüffend, wie kompakt, überschaubar und zugänglich die Stadt ist – eines der wenigen Zentren der USA, in denen man auch ohne Auto bequem zurechtkommt. Zudem herrscht hier nicht der ewig blaue Himmel, den man normalerweise mit Kalifornien verbindet. Nur selten steigen die Temperaturen weit über 20 °C, selbst im Sommer fallen sie manchmal merklich, vor allem, wenn die berühmten Nebelbänke ihre Schleier über die Stadt ausbreiten. Als beste Reisezeit empfiehlt sich der Herbst mit warmen Temperaturen und blauem Himmel im September und Oktober.

Geschichte

Die Ureinwohner der Region waren die Ohlone-Indianer, deren etwa 35 Dörfer um die Bucht gruppiert waren. 1776 wurde die **Mission Dolores** als sechstes Glied in einer Kette katholischer Missionen, die sich an der gesamten kalifornischen Küste entlangzog, errichtet. In der Folgezeit raffte das harte Missionsleben zusammen mit eingeschleppten europäischen Krankheiten in nur wenigen Generationen die Ureinwohner hinweg.

In den frühen 20er Jahren des 19. Jhs. löste Mexiko für kurze Zeit Spanien in der Herrschaft über das Gebiet ab, bis es nach der **Bear Flag-Revolte** von 1846, die einige Meilen nördlich in Sonoma stattfand, schließlich in amerikanische Hände überging. Die unblutige Revolte, die von hiesigen Alkalden (einer Mischung aus Friedensrichter und

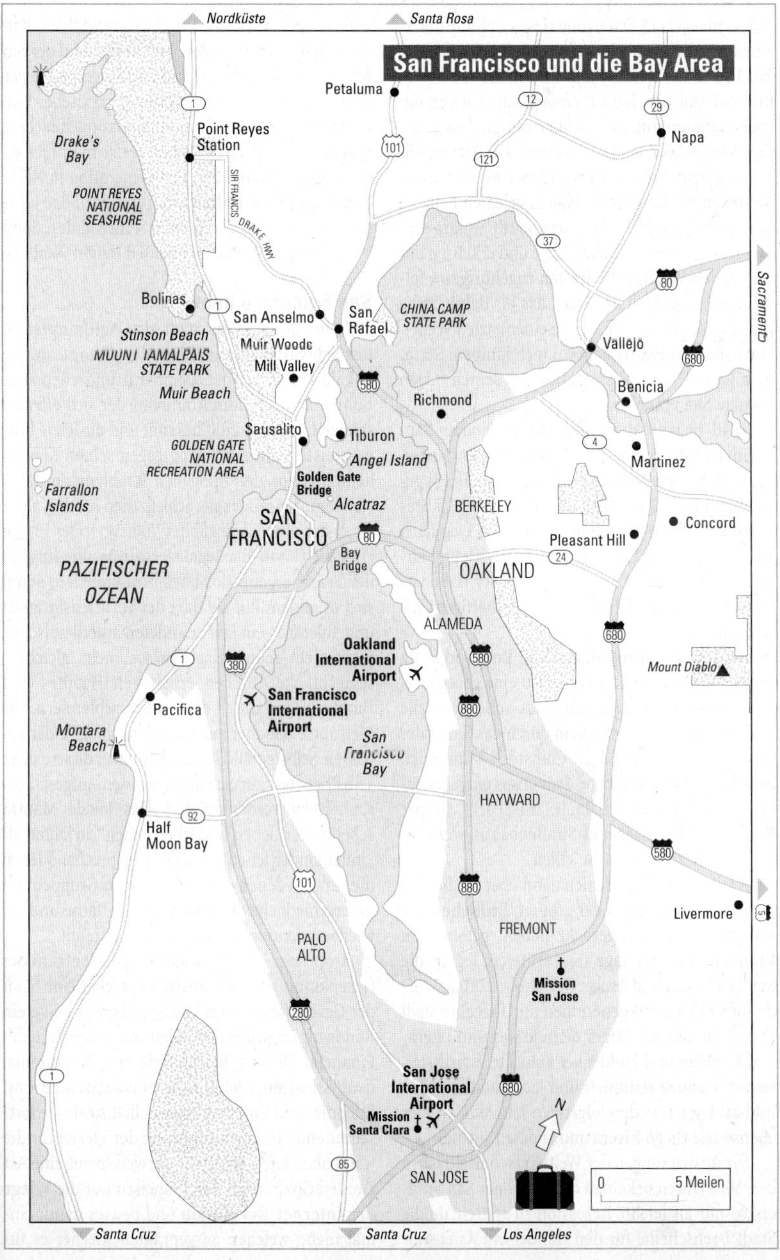

SAN FRANCISCO UND DIE BAY AREA

Bürgermeister) in Erwartung riesiger Profite unterstützt wurde, brachte im selben Jahr US Marines an Bord der *USS Portsmouth* in die San Francisco Bay, und ein Matrose, John Fremont, sah sich von der spektakulären Einfahrt so überwältigt, dass er ihr den Namen „Golden Gate" verlieh. Die Marinesoldaten gingen am winzigen, 1835 vom britischen Matrosen William Richardson angelegten Platz an Land, benannten ihn in Portsmouth Square um, hissten die amerikanische Flagge und erklärten das Gebiet den Vereinigten Staaten zugehörig. Im folgenden Jahr erhielt das Dorf, das bis dahin Yerba Buena genannt worden war, in einer letzten Verneigung vor dem Franziskanermönch Junípero Serra, dem Gründer der Mission Dolores, seinen neuen Namen: San Francisco.

1848 begann der **Goldrausch**. Pionier Sam Brannan hatte ihn ausgelöst, nachdem er das begehrte Edelmetall in den Ausläufern der Sierra gefunden hatte. Innerhalb eines einzigen Jahres machten sich 50 000 Pioniere auf den Weg nach Westen (bzw. von China aus nach Osten), und aus dem kleinen, schlammigen Dorf auf der Halbinsel wurde sozusagen über Nacht ein geschäftiger Umschlagplatz.

Als 1869 die **Transcontinental Railroad** fertig gestellt wurde, war San Francisco eine gesetzlose, raue und rasch wachsende Stadt voller Bordelle und Spelunken. Die vor allem durch das Silber der wesentlich verlässlicheren Comstock-Mine reich gewordene Elite versuchte, dem etwas entgegenzusetzen und baute weite Boulevards, Parks, ein per Kabeltechnik betriebenes Straßenbahnsystem sowie feudale viktorianische Villen.

Am 18. April 1906 schien dann über Nacht alles zu Ende zu sein. Eines der größten **Erdbeben**, die Kalifornien je heimgesucht haben, gefolgt von Bränden, die drei Tage lang wüteten, legten die Stadt in Schutt und Asche. Der Wiederaufbau wurde sofort in Angriff genommen und ließ eine Stadt entstehen, die prächtiger denn je war und Literaten, Künstler und Freidenker anlockte. Schriftsteller wie Dashiell Hammett und Jack London lebten und arbeiteten in den folgenden Jahrzehnten hier ebenso wie Diego Rivera und andere Künstler.

Die Auswirkungen der **Weltwirtschaftskrise** in den 30er Jahren bekamen die Bewohner San Franciscos nur als leichte Rezession zu spüren, da die Stadt Drehscheibe für den Handel mit Asien war und zu jener Zeit große Projekte verwirklichte, darunter den Bau der Golden Gate Bridge und der Bay Bridge. Die strengen Einwanderungsgesetze gegen Chinesen sowie die Deportation japanischer Einwohner in den 40er Jahren sind zwar noch nicht in Vergessenheit geraten, lieber preist man hier jedoch die Großtaten der Beat-Generation in North Beach und Cow Hollow während der 50er Jahre und die Botschaft der Hippies während des „Sommers der Liebe" 1967 im Stadtteil Haight-Ashbury.

San Francisco heute

Stolz brüstet sich die Stadt, die **Welthauptstadt der Schwulen** zu sein. Einer der prominentesten Lokalpolitiker ist der Demokrat und ehemalige Bühnenkomiker Tom Ammiano, der sich offen zu seiner Homosexualität bekennt und die letzte Bürgermeisterwahl nur knapp gegen seinen Kontrahenten verlor, den fotogenen Strahlemann Gavin Newsom, der seinerseits Schlagzeilen machte, als er als erster offiziell gewählter Volksvertreter in den USA die Homo-Ehe legalisierte, was allerdings in der Praxis ergebnislos blieb. San Francisco sonnt sich in seinem Ruf als Oase der Vorurteilslosigkeit und Toleranz – in keiner anderen amerikanischen Stadt sieht man beispielsweise mehr gleichgeschlechtliche Pärchen erhobenen Hauptes und Hand in Hand durch die Straßen schlendern. Die Metropole hat aber auch mit dem Image einer gewissen Selbstgefälligkeit zu kämpfen, das sie ihrer selbstbewusst zur Schau getragenen Aufgeschlossenheit zu verdanken hat. Das lokale Mantra scheint eher „leben und leben lassen" zu lauten als „miteinander leben", und dementsprechend leben die verschiedenen gesellschaftlichen Gruppen wie unterschiedliche Stämme nach Hautfarbe und sexueller Orientierung voneinander getrennt.

Trotz seines Rufs als aufsässiges Zentrum der Gegenkultur ist San Francisco seit jeher eine Stadt der Geschäfte und des Wohlstands, was heute ein Rundgang zwischen den vielen Wolkenkratzern des Financial District belegt. Erlesene Restaurants, neue Kunstmuseen, schicke Einkaufszentren mit Erlebnis- und Unterhaltungsqualität sowie die fortschreitende Umstrukturierung der Viertel für die wohlhabenderen Schichten verweisen auf eine Art zweiten Goldrausch. San Francisco war die **Wiege der Internet-Revolution** und bewies damit einmal mehr, welchen ausgeprägten Riecher es für

Alamo Street

einmalige Gelegenheiten hat – eine Zeitlang befürchteten viele Bewohner sogar, dass sie eines Tages in „SanFrancisco.com" leben würden, einer Schlafstadt für das Silicon Valley. Die Grundstückspreise im Stadtgebiet bewegten sich am obersten Limit, während die Mieten in astronomische Höhen kletterten. Im einst eher schäbigen Viertel South of Market schossen neue Internet-Firmen wie Pilze aus dem Boden, bis die Dotcom-Blase schließlich platzte und die meisten Unternehmen Pleite gingen. Inzwischen werden in der Stadt wieder ruhigere Töne angeschlagen, doch die wachsende Zahl der Obdachlosen ist ein sich ständig verschärfendes Problem, das die ineffiziente lokale Bürokratie nicht recht in den Griff bekommt. Der neue Bürgermeister hat versprochen, beide Probleme anzugehen, doch zur Zeit ist es noch zu früh für eine Einschätzung etwaiger Fortschritte auf diesem Gebiet.

Orientierung

San Francisco ist eine Stadt der Hügel. Im Allgemeinen gilt: Je höher die Lage, desto betuchter die Bewohner. Gewerbeflächen sind überraschend dünn gesät und weitgehend auf Downtown beschränkt, das übrige Stadtgebiet setzt sich überwiegend aus Wohn- und Einkaufsgegenden zusammen, die sich bequem zu Fuß erkunden lassen. Mit einem guten Stadtplan und guter Kondition kann man nahezu die gesamte Stadt in ein paar Tagen ablaufen. Die beste Art, San Francisco kennen zu lernen, ist jedoch einfach zu bummeln und sich ohne festgelegten Zeitplan treiben zu lassen. Die interessantesten Viertel lohnen mindestens jeweils einen halben Tag.

Die ca. 40 Hügel, die sich über die Stadt erheben, stellen in der Regel geografische Grenzen zwischen den Vierteln dar. Auf dem flachsten Gelände, einer aufgeschütteten und planierten Fläche am östlichsten Zipfel der Halbinsel, erstreckt sich zwischen dem I-80 im Süden und dem Hwy-101 im Westen das Gebiet von **Downtown**. Als diagonale Trennungslinie teilt die breite **Market Street**, eine Hauptverkehrsader und gute Orientierungshilfe, das Zentrum in zwei Hälften. Ausgehend vom Ferry Building am **Embarcadero** verläuft sie von Geschäften und Bürohäusern gesäumt nach Südwest-

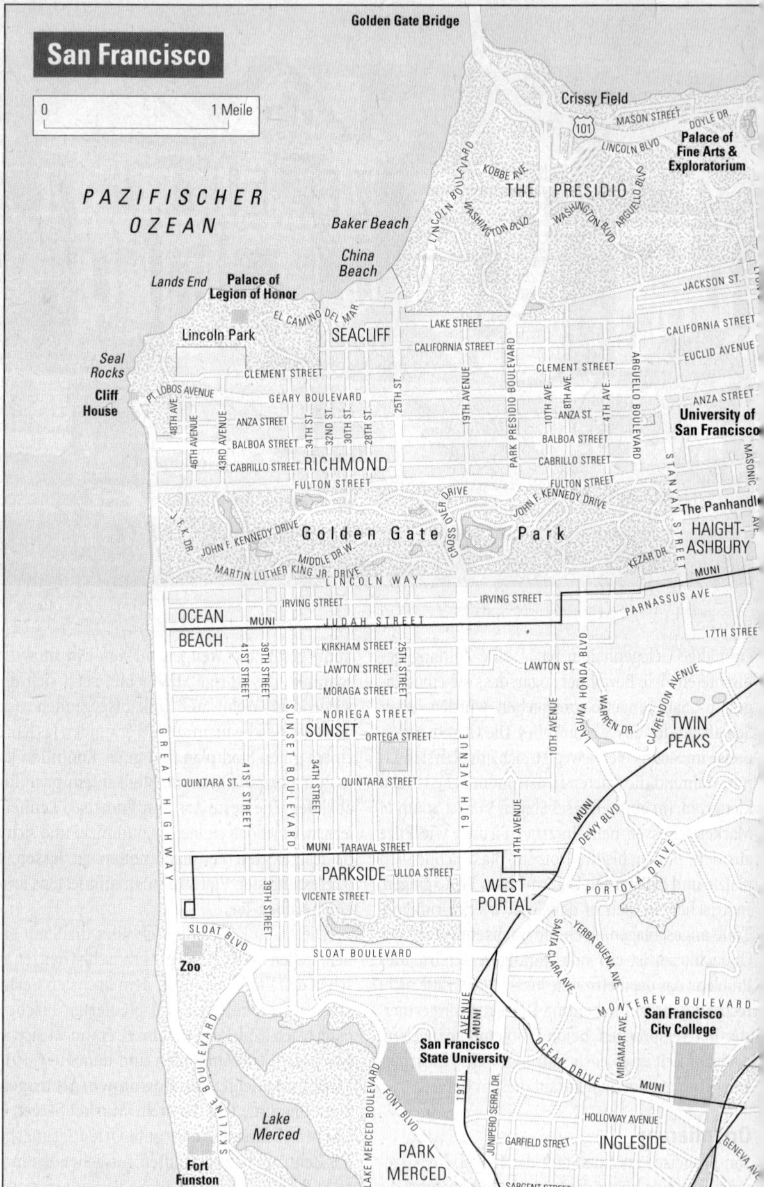
San Francisco
0
1 Meile
Golden Gate Bridge
PAZIFISCHER OZEAN
Crissy Field
MASON STREET
DOYLE DR.
LINCOLN BLVD
Palace of Fine Arts & Exploratorium
KOBBE AVE
THE PRESIDIO
LINCOLN BOULEVARD
WASHINGTON BLVD
ARGUELLO BLVD
Baker Beach
China Beach
Lands End
Palace of Legion of Honor
EL CAMINO DEL MAR
JACKSON ST.
LAKE STREET
CALIFORNIA STREET
Lincoln Park
SEACLIFF
EUCLID AVENUE
Seal Rocks
CLEMENT STREET
Cliff House
PT. LOBOS AVENUE
GEARY BOULEVARD
ANZA STREET
University of San Francisco
48TH AVE.
46TH AVENUE
43RD AVENUE
34TH ST.
32ND ST.
30TH ST.
28TH ST.
25TH ST.
19TH AVENUE
PARK PRESIDIO BOULEVARD
10TH AVE.
8TH AVE.
4TH AVE.
ARGUELLO BOULEVARD
ANZA ST.
BALBOA STREET
CABRILLO STREET
RICHMOND
FULTON STREET
STANYAN STREET
MASONIC AVE.
CROSS OVER DRIVE
JOHN F. KENNEDY DRIVE
The Panhandle
J. F. K. DR.
Golden Gate Park
HAIGHT-ASHBURY
MIDDLE DR. W.
KEZAR DR.
MARTIN LUTHER KING JR. DRIVE
LINCOLN WAY
MUNI
IRVING STREET
PARNASSUS AVE.
OCEAN BEACH
JUDAH STREET
17TH STREET
KIRKHAM STREET
41ST STREET
39TH STREET
LAWTON STREET
LAWTON ST.
MORAGA STREET
LAGUNA HONDA BLVD
CLARENDON AVENUE
NORIEGA STREET
WARREN DR.
TWIN PEAKS
SUNSET
ORTEGA STREET
10TH AVENUE
GREAT HIGHWAY
SUNSET BOULEVARD
34TH STREET
QUINTARA ST.
QUINTARA STREET
14TH AVENUE
DEWY BLVD
TARAVAL STREET
PARKSIDE
ULLOA STREET
WEST PORTAL
PORTOLA DRIVE
VICENTE STREET
SLOAT BLVD
SANTA CLARA AVE.
YERBA BUENA AVE.
SLOAT BOULEVARD
Zoo
MONTEREY BOULEVARD
San Francisco City College
San Francisco State University
OCEAN DRIVE
MIRAMAR AVE.
SKYLINE BOULEVARD
LAKE MERCED BOULEVARD
FONT BLVD
JUNIPERO SERRA DR.
HOLLOWAY AVENUE
Lake Merced
GARFIELD STREET
INGLESIDE
GENEVA AVE.
Fort Funston
PARK MERCED
SARGENT STREET

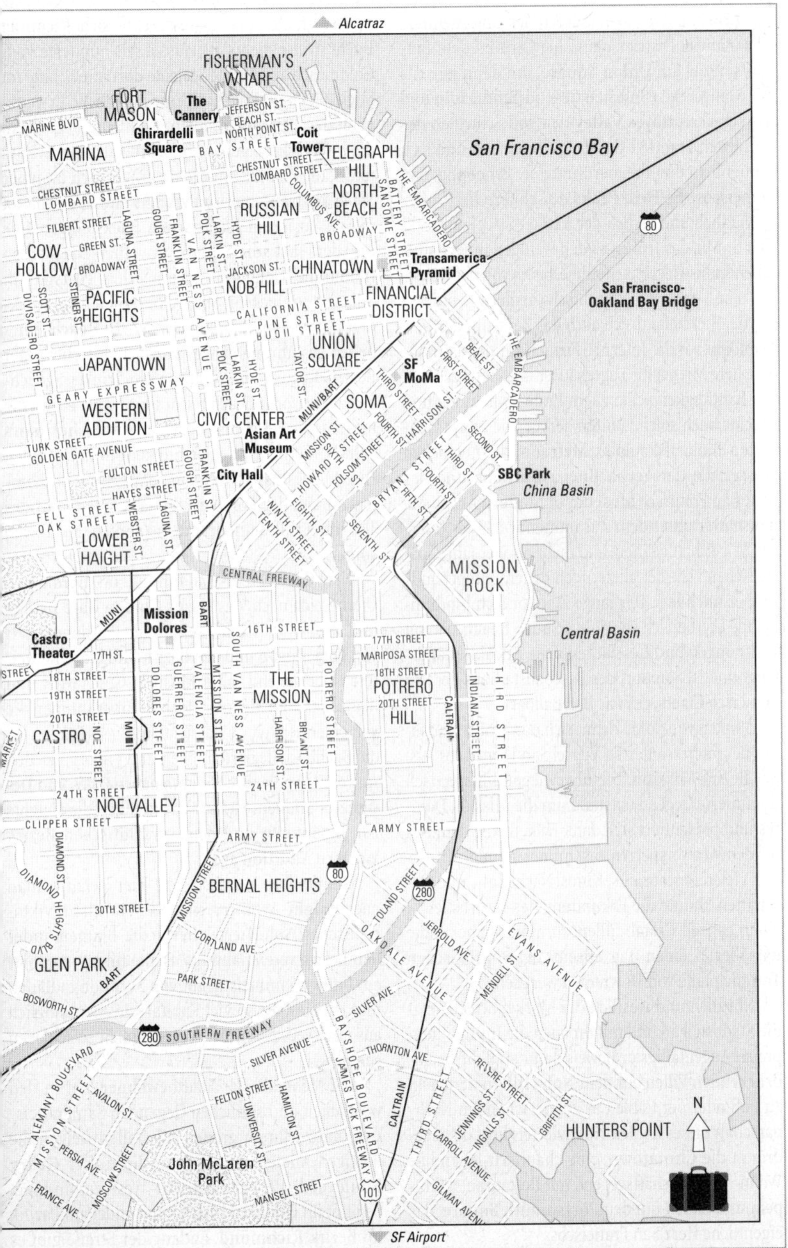
Alcatraz
FISHERMAN'S WHARF
FORT MASON
The Cannery
JEFFERSON ST.
BEACH ST.
NORTH POINT ST.
MARINE BLVD
Ghirardelli Square
BAY STREET
Coit Tower
TELEGRAPH HILL
San Francisco Bay
MARINA
CHESTNUT STREET
LOMBARD STREET
COLUMBUS AVE.
NORTH BEACH
BATTERY STREET
SANSOME STREET
THE EMBARCADERO
RUSSIAN HILL
FILBERT STREET
GREEN ST.
LAGUNA STREET
GOUGH STREET
FRANKLIN STREET
VAN NESS AVENUE
POLK STREET
LARKIN ST.
HYDE ST.
BROADWAY
80
COW HOLLOW
JACKSON ST.
CHINATOWN
Transamerica Pyramid
SCOTT ST.
DIVISADERO STREET
STEINER ST.
PACIFIC HEIGHTS
NOB HILL
FINANCIAL DISTRICT
San Francisco-Oakland Bay Bridge
CALIFORNIA STREET
PINE STREET
BUSH STREET
UNION SQUARE
JAPANTOWN
TAYLOR ST.
BEALE ST.
FIRST STREET
THE EMBARCADERO
SF MoMa
GEARY EXPRESSWAY
WESTERN ADDITION
MUNI/BART
SOMA
THIRD STREET
HARRISON ST.
CIVIC CENTER
Asian Art Museum
MISSION ST.
SIXTH STREET
FOURTH ST.
SECOND ST.
TURK STREET
GOLDEN GATE AVENUE
HOWARD ST.
FOLSOM STREET
BRYANT STREET
THIRD ST.
FULTON STREET
City Hall
SBC Park
China Basin
HAYES STREET
FIFTH ST.
FOURTH ST.
FELL STREET
OAK STREET
WEBSTER ST.
NINTH STREET
EIGHTH ST.
TENTH STREET
SEVENTH ST.
LOWER HAIGHT
MISSION ROCK
CENTRAL FREEWAY
MUNI
Mission Dolores
BART
Castro Theater
16TH STREET
17TH STREET
17TH ST.
MARIPOSA STREET
Central Basin
18TH STREET
19TH STREET
DOLORES STREET
GUERRERO STREET
VALENCIA STREET
MISSION STREET
SOUTH VAN NESS AVENUE
THE MISSION
POTRERO STREET
18TH STREET
POTRERO HILL
20TH STREET
CALTRAIN
INDIANA STREET
THIRD STREET
20TH STREET
CASTRO
NOE STREET
MUNI
HARRISON ST.
BRYANT ST.
MARKET
24TH STREET
24TH STREET
NOE VALLEY
CLIPPER STREET
ARMY STREET
ARMY STREET
DIAMOND ST.
DIAMOND HEIGHTS BLVD
MISSION STREET
80
BERNAL HEIGHTS
TOLAND STREET
280
30TH STREET
CORTLAND AVE.
OAKDALE AVENUE
JERROLD AVE.
EVANS AVENUE
MENDELL ST.
GLEN PARK
BART
PARK STREET
SILVER AVE.
BOSWORTH ST.
280 SOUTHERN FREEWAY
BAYSHORE BOULEVARD
JAMES LICK FREEWAY
THORNTON AVE.
SILVER AVENUE
REVERE STREET
ALEMANY BOULEVARD
MISSION STREET
AVALON ST.
FELTON STREET
HAMILTON ST.
UNIVERSITY ST.
CALTRAIN
THIRD STREET
JENNINGS ST.
INGALLS ST.
GRIFFITH ST.
N
HUNTERS POINT
PERSIA AVE.
MOSCOW STREET
John McLaren Park
CARROLL AVENUE
FRANCE AVE.
MANSELL STREET
101
GILMAN AVENUE
SF Airport

en, vorbei an den Hochhäusern der Unternehmen im Financial District, der Cable Car und dem Einkaufsviertel am **Union Square**, um dann jenseits der weniger ansehnlichen Gegend **Tenderloin** und des schicken **Hayes Valley** den von Schwulen dominierten Stadtteil **Castro** zu erreichen und sich schließlich um die berühmteste Erhebung San Franciscos, die **Twin Peaks**, zu schlängeln.

Südlich und östlich der Market Street erstreckt sich **SoMa**, das früher zu den wenigen innerstädtischen Industriegebieten zählte, bis es von der Künstlerszene und den Nachtschwärmern entdeckt wurde. Hier befand sich auch das Zentrum der New Economy, wo die Internet-Firmen immer astronomischere Mieten für Lagerhäuser und Lofts zahlten. Die Bautätigkeit schien kein Ende zu nehmen und brachte auch solche Blüten hervor wie Sonys lachhaften Einkaufskomplex **Metreon**, die herrlichen Wasserfälle der **Yerba Buena Gardens** und das neue San Francisco **Museum of Modern Art**. SoMa hat schwer unter dem Zusammenbruch der Internet-Wirtschaft gelitten, und mehr als vier Jahre später stehen viele der glitzernden neuen Bürogebäude immer noch leer. Der lange Zeit vor sich hindümpelnde Uferbereich von SoMa, **South Beach**, hat mit Wohnungen und Geschäften neue Attraktivität erlangt und ist Standort des Baseballstadions der San Francisco Giants, des Pac Bell Ballpark.

Südlich von SoMa dehnt sich das größte und eines der interessantesten Viertel San Franciscos aus, der Bezirk **Mission**. Die überwiegend hispanisch dominierte Gegend entstand um die Mission Dolores und präsentiert sich dank Hügeln, die dem Nebel den Weg versperren, fast immer sonnig. Mit seinen vielen Restaurants, Kinos, Nachtclubs und Geschäften könnte die Erkundung des Bezirks leicht einen ganzen Urlaub füllen, zumindest aber sollte das Viertel einen Tag abseits der touristischen Trampelpfade von Downtown wert sein.

Nördlich und westlich der Market Street steigt die Stadt steil an und mit ihr auch die Immobilienpreise. Augenfälligster Beweis dafür sind die beeindruckenden Villen auf dem **Nob Hill**. In der leicht zu Fuß oder per Cable Car zu erreichenden Nachbarschaft dieses noblen Wohnviertels liegt dicht gedrängt die **Chinatown**, eine chaotisch-lebendige Wohn- und Geschäftsgegend mit Restaurants, Tempeln und Läden um den **Portsmouth Square**, das eigentliche Herz San Franciscos.

Östlich des Platzes erstreckte sich Richtung Bucht früher nichts als Wasser, bis hunderte vom Goldrausch angelockte Seeleute dort ihre Schiffe im Stich ließen und dadurch eine künstliche Erweiterung der Uferzone schufen. Kaufleute begannen, die ins Trockene gehievten Schiffe als Hotels, Bars und Läden zu nutzen. Heute erhebt sich an jener Stelle die Transamerica Pyramid und überschattet die restaurierten historischen Backsteingebäude um den **Jackson Square**. In einer Diagonalen trennt die Columbus Avenue den Portsmouth Square vom Jackson Square und bildet das Rückgrat der italienischen Enklave **North Beach**, eines beliebten Tummelplatzes von Schriftstellern der Beat-Bewegung und von Espresso-Trinkern gleichermaßen. North Beach reicht im Norden bis an die touristische Geschmacklosigkeit der **Fisherman's Wharf**. Auf dem Weg dorthin kommt man an den Hügeln des Russian Hill, von dem sich die berühmten Kurven der Lombard Street winden, und des Telegraph Hill, Standort des bekannten Coit Tower, vorbei.

Neu angelegte Wege führen am nördlichen Uferbereich nach Westen zur **Golden Gate Bridge** und streifen dabei die weitläufige Parklandschaft von **Fort Mason** und den Bezirk **Marina**, eine weitere Nobelgegend mit exklusiven Geschäften und dem Palace of Fine Arts. Hoch darüber thronen die von einer herrlichen Aussicht auf die Brücken und die Bucht privilegierten Villen und viktorianischen Anwesen von **Pacific Heights** neben Cafés und Designerboutiquen. Südlich davon fallen die Heights zur **Japantown** und dem vorstädtischen Bezirk **Western Addition** ab.

Unmittelbar westlich von hier gelangt man nach **Haight-Ashbury**, einst San Franciscos viktorianisches Wohnviertel, bevor die Blumenkinder den Bezirk vereinnahmten. Heute findet man hier ein buntes Sammelsurium von Secondhandläden und Hippies, die so viel Kapital wie eben möglich aus ihrer verblassenden Vergangenheit zu schlagen versuchen.

Die Mehrzahl der Stadtbewohner lebt in den westlichen und südlichen Gegenden San Franciscos, und zu ihrem großen Missfallen steigen die dortigen Mieten ins Unermessliche. Der **Geary Boulevard**, die wichtigste Ost-West-Verbindung, beginnt im Financial District und endet am Pazifik im Bezirk **Richmond**. Entlang der Straße gibt es einige der besten asiatischen und russischen Restaurants der Stadt. Die nördlich davon verlaufende Clement Street und ihre Umgebung wird wiederum angesichts einer stattlichen Anzahl chinesischer Lebensmittelläden und Lokale als **New Chinatown** bezeichnet.

Richmond ist an drei Seiten von Natur umschlossen: im Norden von den Stränden, der Golden Gate Bridge und dem Presidio, im Westen von Land's End und dem Ocean Beach und im Süden vom ausgedehnten **Golden Gate Park**. Jenseits des Parks schließt sich der Bezirk **Sunset** an, der in gleichförmiger Vorstadtidylle weit nach Süden reicht; entlang der 9th Avenue und der Irving Street hat sich eine feine Auswahl an kleinen Spezialitätenrestaurants angesiedelt.

Union Square

Der Union Square bildet das Zentrum des aus 16 Blocks bestehenden Viertels Downtown San Francisco, in dem es von Geschäften, Hotels und Touristen wimmelt. Dank eines langwierigen und mühseligen Sanierungsprozesses, der 2003 abgeschlossen wurde, präsentiert sich der eigentliche Platz im Block nördlich des Geary Boulevard zwischen Powell Street und Stockton Street heute wesentlich freundlicher. Sitzbänke laden zu einer Ruhepause ein, und am östlichen Rand gibt es ein nettes Café. In der Mitte des Platzes erinnert eine 30 m hohe korinthische Säule an Admiral Deweys Sieg im Spanisch-Amerikanischen Krieg von 1898, mit dem die bis dahin spanische Kolonie der Philippinen an die USA fiel – die sinnliche Frauenfigur oben auf der Statue verkörpert **Alma de Bretteville Spreckels**, die Gründerin des Kunstmuseums California Palace of the Legion of Honor (s.S. 481). Der Name des Platzes geht auf seine Funktion als Versammlungsort der Unionisten zurück, die hier am Vorabend des Amerikanischen Bürgerkriegs ihre Loyalität zu den Nordstaaten kundtaten, doch heute erinnert man sich eher daran, dass er 1975 im Mittelpunkt eines versuchten Attentats auf Präsident Gerald Ford vor dem angrenzenden Hotel **Westin St. Francis** stand. Dem feudalen Hotel kam nicht nur in vielen Detektivgeschichten von Dashiell Hammett eine tragende Rolle zu, u.a. in *Der Malteser Falke*, sondern auch im Privatleben des Schriftstellers, denn in den 20er Jahren arbeitete Hammett hier für die Agentur *Pinkerton* als Detektiv und ermittelte im berühmten Vergewaltigungs- und Mordfall gegen den Stummfilmstar Fatty Arbuckle.

Das südliche Ende des Platzes wird von einem riesigen Kaufhaus der Kette **Macy's** beherrscht, doch interessantere Einkaufsmöglichkeiten bieten sich in der östlich gelegenen **Maiden Lane**, ein Mekka für Liebhaber von Designerkleidung, wo aber auch tiefer in die Tasche gegriffen werden muss. Vor dem Erdbeben von 1906 hieß die Straße Morton Street und zählte zu den anrüchigsten Rotlichtvierteln der Stadt. Im Durchschnitt starben hier pro Monat zehn Menschen eines unnatürlichen Todes. Die Straße hat aber auch eine echte Sehenswürdigkeit zu bieten, das einzige von Frank Lloyd Wright entworfene Gebäude in San Francisco, das Haus Nummer 140. Von außen präsentiert es sich als gedrungener, orangefarbener Backsteinbau, der seltsamerweise die horizontalen Linien vermissen lässt, von denen Wright ansonsten so besessen war. Im Inneren zeigt sich eindeutig die Verwandtschaft zum berühmten, später entstandenen Guggenheim-Museum in New York. Das Gebäude beherbergt heute eine Galerie für ethnische Kunst namens *Xanadu*, die frei zugänglich ist.

Um die Ecke gelangt man an der Kreuzung Kearny Street und Market Street zu dem abgesondert auf einer Verkehrsinsel stehenden Brunnen **Lotta's Fountain**, einem nach der Schauspielerin Lotta Crabtree benannten Wahrzeichen der Stadt. Der kunstvoll verzierte, karamellfarbene Trinkbrunnen, der 1999 restauriert und mit neuer Farbe versehen wurde, diente nach dem großen Erdbeben von 1906 als Versammlungsplatz für beunruhigte Bürger, die hier über den aktuellen Stand der Zerstörung informiert wurden. Seinen glanzvollsten Moment erlebte der Brunnen 1910, als hier die weltbekannte Operndiva Luisa Tetrazinni ein Weihnachtskonzert gab.

Wer von hier Richtung Wasser und Anleger möchte, kann die am Union Square vorbei über die Powell Street verlaufende **Cable-Car-Linie** nehmen, die jedoch meistens so voll ist, dass man an der Station **Hallidie Plaza** kaum noch zusteigen kann. Es gibt aber drei Möglichkeiten, längere Schlangen bei Fahrten mit der Straßenbahn zu vermeiden: 1. Später am Tag fahren, denn ab ca. 19 Uhr lässt der Andrang erheblich nach. 2. Bei

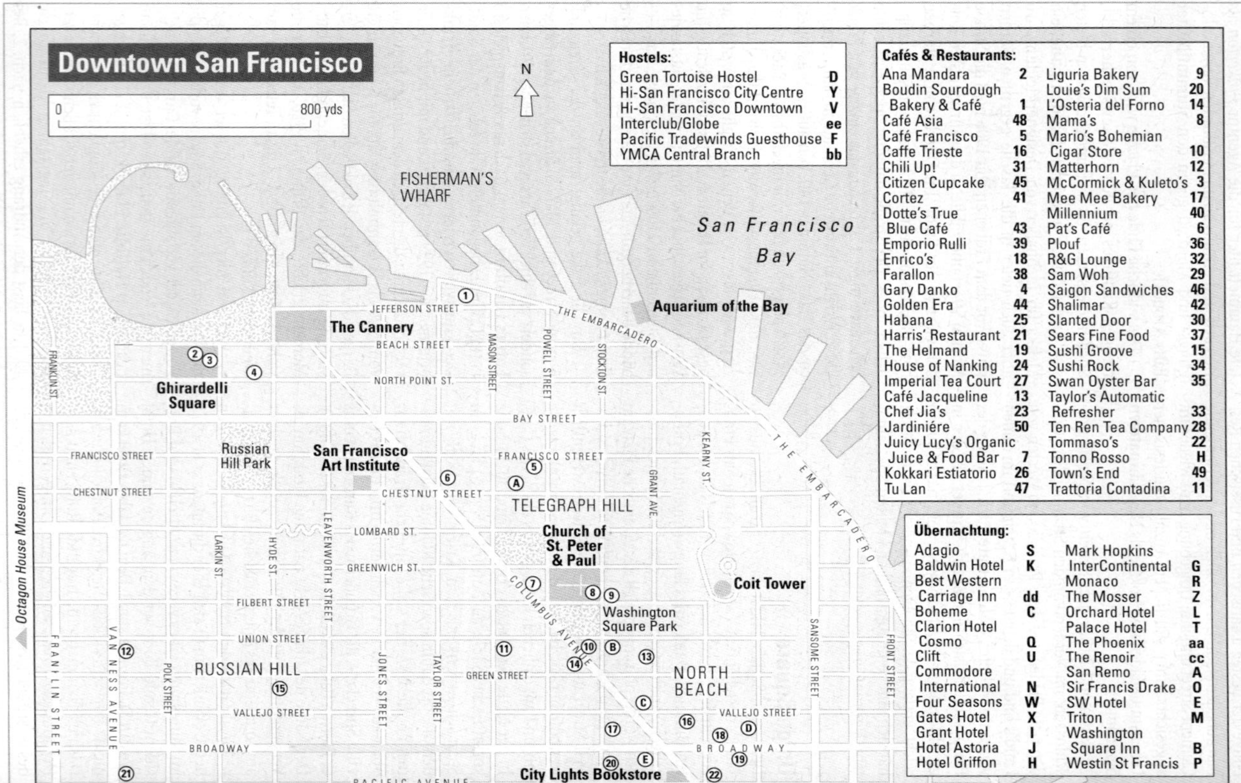
Downtown San Francisco
0 800 yds
N
Hostels:
Green Tortoise Hostel D
Hi-San Francisco City Centre Y
Hi-San Francisco Downtown V
Interclub/Globe ee
Pacific Tradewinds Guesthouse F
YMCA Central Branch bb
Cafés & Restaurants:
Ana Mandara 2
Boudin Sourdough Bakery & Café 1
Café Asia 48
Café Francisco 5
Caffe Trieste 16
Chili Up! 31
Citizen Cupcake 45
Cortez 41
Dotte's True Blue Café 43
Emporio Rulli 39
Enrico's 18
Farallon 38
Gary Danko 4
Golden Era 44
Habana 25
Harris' Restaurant 21
The Helmand 19
House of Nanking 24
Imperial Tea Court 27
Café Jacqueline 13
Chef Jia's 23
Jardiniére 50
Juicy Lucy's Organic Juice & Food Bar 7
Kokkari Estiatorio 26
Tu Lan 47
Liguria Bakery 9
Louie's Dim Sum 20
L'Osteria del Forno 14
Mama's 8
Mario's Bohemian Cigar Store 10
Matterhorn 12
McCormick & Kuleto's 3
Mee Mee Bakery 17
Millennium 40
Pat's Café 6
Plouf 36
R&G Lounge 32
Sam Woh 29
Saigon Sandwiches 46
Shalimar 42
Slanted Door 30
Sears Fine Food 37
Sushi Groove 15
Sushi Rock 34
Swan Oyster Bar 35
Taylor's Automatic Refresher 33
Ten Ren Tea Company 28
Tommaso's 22
Tonno Rosso H
Town's End 49
Trattoria Contadina 11
Übernachtung:
Adagio S
Baldwin Hotel K
Best Western Carriage Inn dd
Boheme C
Clarion Hotel Cosmo Q
Clift U
Commodore International N
Four Seasons W
Gates Hotel X
Grant Hotel I
Hotel Astoria J
Hotel Griffon H
Mark Hopkins InterContinental G
Monaco R
The Mosser Z
Orchard Hotel L
Palace Hotel T
The Phoenix aa
The Renoir cc
San Remo A
Sir Francis Drake O
SW Hotel E
Triton M
Washington Square Inn B
Westin St Francis P
San Francisco Bay
FISHERMAN'S WHARF
Aquarium of the Bay
The Cannery
Ghirardelli Square
Russian Hill Park
San Francisco Art Institute
TELEGRAPH HILL
Church of St. Peter & Paul
Washington Square Park
Coit Tower
RUSSIAN HILL
NORTH BEACH
City Lights Bookstore
Octagon House Museum
THE EMBARCADERO
JEFFERSON STREET
BEACH STREET
NORTH POINT ST.
BAY STREET
FRANCISCO STREET
CHESTNUT STREET
LOMBARD ST.
GREENWICH ST.
FILBERT STREET
UNION STREET
GREEN STREET
VALLEJO STREET
BROADWAY
PACIFIC AVENUE
COLUMBUS AVENUE
FRANKLIN ST.
FRANKLIN STREET
VAN NESS AVENUE
POLK STREET
LARKIN ST.
HYDE ST.
LEAVENWORTH STREET
JONES STREET
TAYLOR STREET
MASON STREET
POWELL STREET
STOCKTON ST.
GRANT AVE.
KEARNY ST.
SANSOME STREET
FRONT STREET

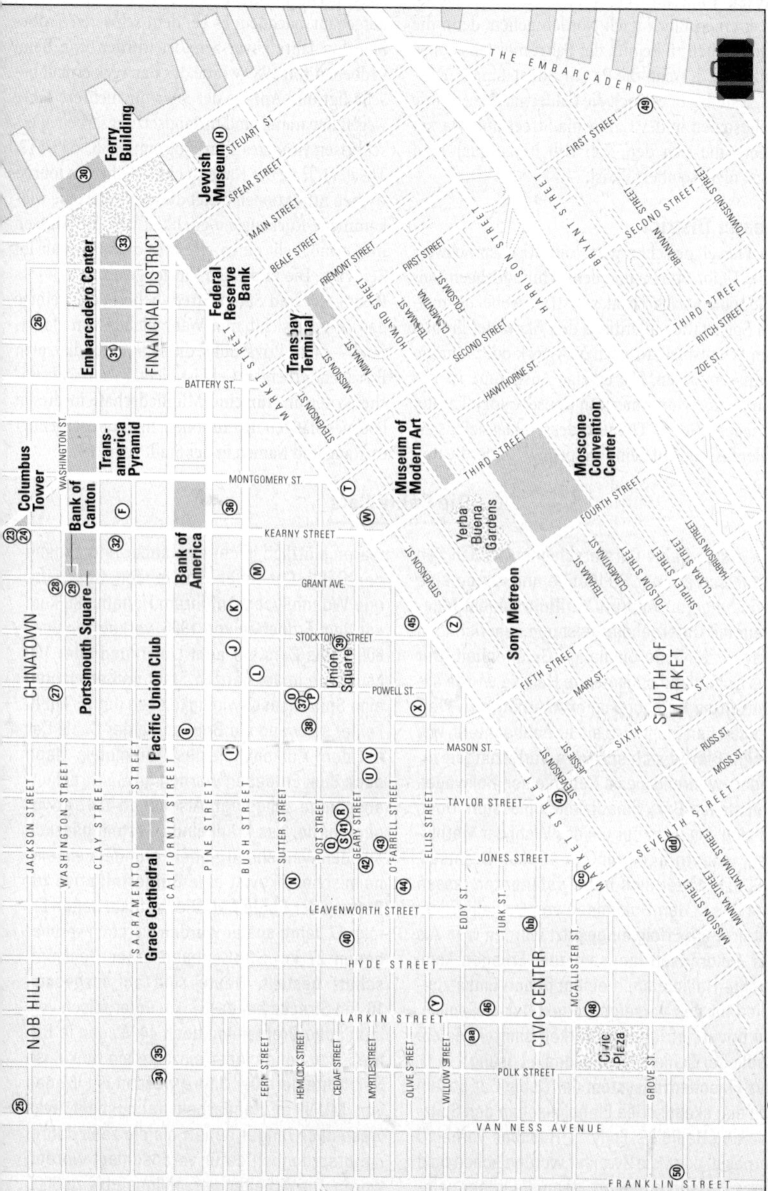
THE EMBARCADERO
Ferry Building
Jewish Museum
Embarcadero Center
FINANCIAL DISTRICT
Federal Reserve Bank
Transbay Terminal
Columbus Tower
Bank of Canton
Trans-america Pyramid
Bank of America
Museum of Modern Art
Yerba Buena Gardens
Moscone Convention Center
Sony Metreon
CHINATOWN
Portsmouth Square
Pacific Union Club
Grace Cathedral
Union Square
NOB HILL
CIVIC CENTER
Civic Plaza
SOUTH OF MARKET
STEUART ST.
SPEAR STREET
MAIN STREET
BEALE STREET
FREMONT STREET
FIRST STREET
SECOND STREET
THIRD STREET
FOURTH STREET
FIFTH STREET
SIXTH ST.
SEVENTH STREET
MARKET STREET
MISSION ST
MINNA ST
HOWARD STREET
TEHAMA ST
CLEMENTINA
FOLSOM ST
HARRISON STREET
BRYANT STREET
BRANNAN STREET
TOWNSEND STREET
RITCH STREET
ZOE ST.
HAWTHORNE ST.
STEVENSON ST
JESSIE ST
MARY ST.
RUSS ST.
MOSS ST.
SHIPLEY STREET
CLARA STREET
NATOMA STREET
BATTERY ST.
MONTGOMERY ST.
KEARNY STREET
GRANT AVE.
STOCKTON STREET
POWELL ST.
MASON ST.
TAYLOR STREET
JONES STREET
LEAVENWORTH STREET
HYDE STREET
LARKIN STREET
POLK STREET
VAN NESS AVENUE
FRANKLIN STREET
JACKSON STREET
WASHINGTON STREET
WASHINGTON ST.
CLAY STREET
SACRAMENTO STREET
CALIFORNIA STREET
PINE STREET
BUSH STREET
SUTTER STREET
POST STREET
GEARY STREET
O'FARRELL STREET
ELLIS STREET
EDDY ST.
TURK ST.
MCALLISTER ST.
GROVE ST.
FERN STREET
HEMLOCK STREET
CEDAR STREET
MYRTLE STREET
OLIVE STREET
WILLOW STREET
SAN FRANCISCO UND DIE BAY AREA

Fahrten während der Spitzenzeiten die Powell Street einen Block nach Norden gehen, denn die Fahrer halten zu Beginn der Fahrt meistens einige Plätze frei. 3. Wenn die Powell-Street-Linien überlaufen sind, gibt es noch die California-Street-Linie (Haltestellen in der California Street und Market Street), die sich den Nob Hill hinaufquält und längst nicht so überfüllt ist.

Theater District

Das Viertel zwischen dem touristischen Schwerpunkt Union Square und dem schmuddeligen Tenderloin nennt sich Theater District, wobei die meisten Spielstätten allerdings den Glanz der großen alten Schauspielhäuser in New York oder London vermissen lassen. Die einzige Ausnahme ist das zentrale und vom American Conservatory Theater betriebene **Geary Theater**, dessen klassizistische Säulenfassade auf seine Ursprünge in der Beaux-Arts-Ära hinweist. Das Geary wurde 1909 wiederaufgebaut, nachdem es bei dem schweren Erdbeben drei Jahre zuvor zerstört worden war. Beim Erdbeben von 1989 wurde das Bauwerk erneut beschädigt und Anfang der 90er für mehrere Jahre wegen Reparatur- und Instandsetzungsarbeiten geschlossen (Näheres zum Programm s.S. 511/512, Theater). Trotz der Nähe zu einer Reihe von touristischen Attraktionen bietet dieses Viertel eine willkommene Rückzugsmöglichkeit von den Massen und ermöglicht einen stressfreien Aufenthalt im Zentrum. Die in diesem Viertel gelegenen Blocks Post Street und Sutter Street beherbergen einige der weniger sichtbaren Wahrzeichen von Downtown – ca. 14 Privatclubs, die sich hinter diskreten Fassaden verbergen. Geld ist nicht das ausschließliche Kriterium für eine Mitgliedschaft in diesen hochgeschätzten Institutionen. In der Regel genügt es, Rang und Namen in der Stadt zu haben.

Die Cable Cars

Die ersten Cable Cars erschienen 1873 in San Francisco auf der Bildfläche und waren eine Erfindung von **Andrew Hallidie**, einem Ingenieur mit Unternehmergeist und dem richtigen Riecher für eine einmalige Gelegenheit. Der aus Schottland stammende Hallidie wurde angeblich zur Erfindung einer Alternative zu Pferdekutschen inspiriert, als er beobachtete, wie einige Pferde sich schwere Verletzungen zuzogen, während sie im Regen einen Rollwagen den steilen Berg hinaufziehen mussten. Doch es ging ihm nicht nur um das Wohl der Vierbeiner, sondern auch um ein starkes Drahtseil, das sein Vater sich hatte patentieren lassen und das in den Goldminen von Ostkalifornien mit großem Erfolg eingesetzt worden war. Als der Goldrausch langsam zum Erliegen kam, suchte Hallidie nach einem neuen Einsatzbereich für das Vorzeigeprodukt seiner Familie. Ein privat betriebenes Verkehrsmittel wie die Cable Car schien ihm die ideale Lösung.

Das **Flaschenzugsystem** der Cable Car bekam von den skeptischen Einheimischen den Spitznamen „Hallidie's Folly" („Hallidies Torheit") verpasst, doch die Zweifler wurden schon bald eines Besseren belehrt, denn die höher gelegenen Abschnitte San Franciscos wie Nob Hill waren plötzlich leicht erreichbar und entlang der Cable-Car-Linien entstanden Geschäfte und Wohnhäuser. Auf ihrem Höhepunkt, kurz vor dem Erdbeben von 1906, verkehrten über 600 Cable Cars auf acht Linien und über 180 km Länge in der ganzen Stadt und erreichten eine Spitzengeschwindigkeit von gut 15 km/h. Leider schwand die Bedeutung der Cable Car mit dem Aufkommen des Automobils, denn nach dem Erdbeben wurden große Streckenabschnitte stillgelegt. Als jedoch 1947 erwogen wurde, das kränkelnde System gänzlich aus dem Verkehr zu ziehen, gründete ein einheimischer Aktivist eine **Bürgerinitiative zur Rettung der Cable Car**. Die Proteste hatten Erfolg: 17 Jahre später wurden die noch verbliebenen 27 km Straßenbahn unter Denkmalschutz gestellt. Heute sind auf insgesamt 16 km Strecke bei ca. 37 km unterirdisch verlaufenden Drahtseilen noch 44 Wagen in Betrieb, von denen jeder einzelne ein Unikat ist. Seit Mitte der 80er Jahre werden die Wagen von MUNI in Handarbeit nachgebaut, was wesentlich länger dauert als die zehn Jahre, die ursprünglich dafür veranschlagt worden waren. Die Arbeiten verschlingen bis zu 3000 Arbeitsstunden und $275 000 pro Wagen.

Am berüchtigtsten ist der von Lewis Hobart im Stil der Moderne erbaute **Bohemian Club** in der 624 Taylor Street. In dem Ableger Bohemian Grove am Russian River (s.S. 657) frönen Expräsidenten und Konzernbosse ihren Freimaurerritualen und Schuljungenfreuden. Nach seiner Gründung als Journalistentreff im Jahr 1872 entwickelte sich der Club zu einem Treffpunkt für Geschäftsleute mit künstlerischem Faible und zählte u.a. Ambrose Bierce, Jack London, Bret Harte und Frank Norris zu seinen Mitgliedern.

Financial District

Von der Hallidie Plaza ausgehend markiert die Market Street auf ihrem Weg zum Embarcadero die südliche Grenze des Financial District, San Franciscos Geschäfts- und Bankenzentrum mit der berühmten **Bank of America**, die hier 1901 von einem italienischen Einwanderer namens A.P. Giannini gegründet wurde. Wie die meisten zentralen Geschäftsviertel pulsiert auch im Financial District das Leben nicht unbedingt am Wochenende, sondern an Werktagen zur Mittagszeit.

Am westlichen Ende des Financial District befindet sich in der Wells Fargo Bank, 420 Montgomery St, das **Wells Fargo History Museum**, ✆ 415/396-2619, 🖳 www.wellsfargo.com. Die überschwänglichen Dokumentationen zur Rolle der Bank bei der Zähmung des Wilden Westens, einschließlich einer Wand mit den Porträts von 150 vorbildlichen Angestellten, wirken unfreiwillig komisch. Wesentlich faszinierender ist da schon die Ausstellung alter Briefe im Obergeschoss. 🕓 Mo–Fr 9–17 Uhr, Eintritt frei.

Ein weiteres erwähnenswertes Museum im Financial District ist das weiter östlich an der Grenze zu Chinatown gelegene **Pacific Heritage Museum**, 608 Commercial St, ✆ 415/362-4100, 🖳 www.citysearch.com/sfo/pacificheritage. Die Dauerausstellung asiatischer Kunst ist nett anzusehen, doch das wirkliche Highlight ist das winzige Gebäude vom Ende des 19. Jhs., das in einen modernen Wolkenkratzer integriert wurde. 🕓 Di–Sa 10–16 Uhr, Eintritt frei.

Embarcadero

Am nordöstlichen Ende des Financial District dehnt sich der schmale und lang gestreckte Uferbezirk Embarcadero aus, in dessen Mittlepunkt das **Ferry Building** steht, ✆ 415/693-0996, 🖳 www.ferrybuildingmarketplace.com, 🕓 Mo–Fr 10–18, Sa 9–18, So 11–17 Uhr. Das Gebäude wurde einst durch den zweistöckigen Embarcadero Freeway vom restlichen San Francisco getrennt, bis diese Schnellstraße 1991 infolge der zwei Jahre zuvor durch das Erdbeben erlittenen Schäden abgerissen wurde. Als Vorbild für den Turm diente der Glockenturm der Kathedrale im spanischen Sevilla. Vor dem Bau der Brücken in den 30er Jahren spuckten die in der Bucht verkehrenden Fähren hier täglich 50 000 Pendler aus, und einige Fähren legen auch heute noch an. Vor kurzem wurde eine mehrjährige und einige Millionen Dollar teure Sanierung abgeschlossen, in deren Verlauf das Gebäude in eine Feinschmecker-Mall mit Spezialgeschäften für einheimische Erzeugnisse sowie Käse- und Weinhandlungen umgestaltet wurde (Einzelheiten s.S. 490ff., Essen). Hier befindet sich auch der **Ferry Plaza Farmers' Market**, ✆ 415/291-3276, 🖳 www.ferryplazafarmersmarket.com. San Franciscos Gourmets pilgern regelmäßig hierher, um sich Kostproben aus den teuren Restaurants der Stadt zu genehmigen, denn die sind hier häufig vorübergehend mit Ständen zwischen den Obst- und Gemüsehändlern vertreten. 🕓 Di 10–14, Do 10–14, Sa 8–14, So 10–14 Uhr.

Der Name der nahe gelegenen **Justin Herman Plaza** geht auf den Initiator der Stadterneuerung zurück, der in den 60er Jahren des 20. Jhs. in der Vorstadt Western Addition ganze Straßenzüge mit historischen Bauten abreißen ließ. Da passt es so recht ins Bild, dass der Platz eine der hässlichsten modernistischen „Sehenswürdigkeiten" der Stadt beherbergt, den Brunnen **Vaillancourt Fountain**, eine Konstruktion aus verwinkelten Betonrohren, die an die Ableitungen einer Klimaanlage erinnern. Im Jahr 2000 wurde das Wasser aus finanziellen Gründen abgedreht, fließt aber inzwischen wieder und lässt die Skulptur damit nicht ganz so hässlich erscheinen. Am bekanntesten ist der Brunnen als Treffpunkt für die Fahrradrallye *Critical Mass*, die hier jeden letzten Freitag im Monat startet und anschließend durch die Stadt führt, um die Autofahrer das Fürchten zu lehren und das Radfahren als umweltfreundliche Fortbewegungsalternative zu propagieren. Der 8 km lange **Uferstreifen**, der sich vom Ende der Market Street in nördlicher und südlicher Richtung erstreckt, war in der ersten Hälfte des 20. Jhs. ein quicklebendiger Umschlagplatz für die Waren, die hier von zahllosen Schiffen angeliefert oder abtransportiert wurden. Nach dem Zweiten Weltkrieg ging es mit dem Viertel zunächst bergab, doch nach einigen Baumaßnahmen in jüngerer Vergangenheit, darunter auch eine neue MUNI-Station, die Verlängerung der Cable-Car-Linien und die Umgestaltung des Ferry Building, versammeln sich hier immer mehr Einheimische zum Joggen, Fahrradfahren und Rollerskaten.

Vom Uferstreifen landeinwärts wird das Viertel von vier riesigen, modernen Wolkenkratzern beherrscht, die zusammen das **Embarcadero Center** bilden. In dem Zentrum befinden sich vorwiegend Geschäfte, Restaurants und Arztpraxen, die sich während der Mittagszeit den Bedürfnissen von mehreren Tausend in der Gegend beschäftigten Büroangestellten widmen. Für den auswärtigen Besucher gibt es hier nicht viel zu entdecken.

Zwei Blocks westlich steht an der Ecke Washington Street und Montgomery Street das höchste Gebäude San Franciscos, die **Transamerica Pyramid**, 600 Montgomery St, ✆ 415/983-4100, 💻 www.tapyramid.com. Es handelt sich um ein ebenso glitzerndes wie umstrittenes Wahrzeichen, das 1972 von dem in L.A. beheimateten Architekten William Pereira entworfen wurde. Seiner phallischen Form verdankt der Wolkenkratzer seinen spöttischen Beinamen „Pereira's Prick" (Pereiras Pimmel). Tatsächlich erinnert er eher an eine eckige Rakete als an eine Pyramide. Das Gebäude wurde vollkommen erdbebensicher gebaut und nahm dementsprechend beim Erdbeben von 1989 auch keinen Schaden, wenngleich die Aussichtsplattform im 27. Stock seitdem nicht mehr für die Öffentlichkeit zugänglich ist.

Das historische Viertel Jackson Square

Mit Jackson Square ist kein Platz, sondern das von der Washington, Columbus, Sansome und Pacific Street begrenzte Areal gemeint, das diesen Namen erst seit den 60er Jahren des 20. Jhs. trägt. Damals verständigten sich einige Innenarchitekten, die dort Ausstellungsräume eröffnet hatten, auf diesen gleichermaßen nach Kunst und Historie klingenden Namen als Ersatz für **Barbary Coast**, jenes berüchtigte Viertel von San Francisco, wo im 19. Jh. das Laster blühte. Durch den konstanten Zustrom von Seeleuten entstand dort ein schier endloser Bedarf an zwielichtigen Unterhaltungslokalen, die der Gegend den Beinamen „Bagdad an der Bay" einbrachte. Das raue Hafenviertel war bekannt dafür, dass in den hiesigen Kaschemmen unselige junge Männer mit manipulierten Drinks betäubt und anschließend bewusstlos auf Schiffe verschleppt wurden, um zwangsweise als Matrosen zu arbeiten. Die Gebäude überstanden erstaunlicherweise die Katastrophe von 1906, doch die meisten der rauen Spelunken und Bordelle mussten ihre Tore schließen, nachdem die benachbarten Armenviertel dem Erdboden gleichgemacht worden waren. Die wenigen anrüchigen Etablissements, die das Feuer noch überlebt hatten, erhielten schließlich vor allem durch die unnachgiebige Stimmungsmache gegen das Viertel in der von William Randolph Hearst herausgegebenen Zeitung *Examiner* den Rest.

Zeugnisse aus den Anfangsjahren San Franciscos sind die restaurierten Backsteinbauten, die heute im historischen Viertel Jackson Square zu besichtigen sind. Die **Jackson Street** ist der einzige Ort der Stadt, an dem sich noch annähernd nachempfinden lässt, wie San Francisco früher einmal ausgesehen haben mag, denn hier befinden sich die einzigen Gebäude der Innenstadt, die das Großfeuer von 1906 unbeschadet überstanden. Das **Hotaling Building** in der 451–455 Jackson Street war früher eine Destillerie, die das Erdbeben überlebte. Damals machte der Vers die Runde: „Wenn Gott die Stadt hat strafen wollen, weil er meint, sie sei zu ausgelassen, warum hat er dann die Kirchen abgebrannt und Hotalings Whisky verschont?"

Eine interessante Geschichte haben mehrere Gebäude in der **Montgomery Street** zu erzählen, die am westlichen Rand des Bezirks verläuft und sich noch einiges von ihrem historischen Charakter bewahrt hat. Das Haus Nummer 732 war in den 50er Jahren des 19. Jhs. die Wiege der ersten literarischen Zeitschrift San Franciscos mit dem Titel *Golden Era*, die der Karriere von Mark Twain einen beträchtlichen Schub versetzte. Später verbrachten John Steinbeck und William Saroyan so manchen Abend im nicht mehr existierenden *Black Cat Café* in derselben Straße. In der Mitte des Blocks wurden die Gebäude Belli und Genella in den **Hausnummern 722-728** ihrer originalen Stuckverzierungen entledigt und in einem überladenen viktorianischen Stil wieder hergerichtet. Der Komplex beherbergte früher einmal ein Theater, fungierte aber auch schon als türkisches Bad, Tabaklager und Auktionssaal. Später kaufte der extravagante, in San Francisco ansässige Rechtsanwalt Melvin Belli das Gebäude, doch die Pläne seiner Witwe, ein Museum daraus zu machen, wurden nicht realisiert. Heute steht das Haus leer, während verrammelte Fensterläden, wuchernder Efeu und knorrige Äste den Blick versperren und eine traurige Stimmung verbreiten.

An der Kreuzung von Jackson Street und Columbus Avenue, wo das Viertel mit North Beach und Chinatown zusammentrifft, erhebt sich die auffällige grüne Fassade des **Columbus Tower**, 906 Kearney St. Eigentümer des Gebäudes ist der in San Francisco geborene Regisseur Francis Ford Coppola. Sein Büro befindet sich in dem rundlichen Turm, dem das Bauwerk seinen Namen verdankt.

Portsmouth Square

Einen Häuserblock südlich des Columbus Tower liegt der Portsmouth Square, San Franciscos ursprüngliches Zentrum und einstiger Hafen für Neuankömmlinge. Nur mit einiger Fantasie kann man sich heute noch vorstellen, dass dieses ehemals staubige, zwischen Nob Hill, Telegraph Hill und Rincon Hill gelegene Fleckchen Land die Wiege der Stadt gewesen sein soll. Aber genau hier erhielt der Engländer William Richardson die Erlaubnis der mexikanischen Herrscher, einen Handelsposten an den Ufern der Bucht zu errichten. Und 1846 ging hier John Montgomery an Land, um die Siedlung zum Gebiet der Vereinigten Staaten zu erklären sowie eine Flagge zu hissen, an deren einstigem Standort heute das Sternenbanner weht. Es folgte eine kleine Ansiedlung um den Platz, aber erst als Sam Brannans 1848 hier lauthals Goldfunde verkündete, setzte eine rege Bautätigkeit ein und die Grundstückspreise stiegen in Schwindel erregende Höhen – wo sie bis heute verblieben sind

Neben der amerikanischen Flagge gibt es noch vier weitere Sehenswürdigkeiten am Portsmouth Square. Die erste ist ein Denkmal für den Schriftsteller Robert Louis Stevenson mit einer Nachbildung der Galeone *Hispaniola* aus seinem Roman *Die Schatzinsel*. Während seines kurzen Aufenthalts in San Francisco und auf der Halbinsel Monterey Ende der 70er Jahre des 19. Jhs. verweilte Stevenson gern und oft auf dem Portsmouth Square, um die Einheimischen zu beobachten. Eine Gedenktafel in der Nähe erinnert an die erste staatliche Schule Kaliforniens, die 1848 hier gebaut wurde, eine andere an Andrew Hallidie, dessen erste Cable-Car-Linie unterhalb der Stufen die Clay Street entlangführte. Das jüngste Denkmal am Portsmouth Square ist die Bronzestatue „Göttin der Demokratie", die zeigt, dass der Platz bereits mit Chinatown zu verschmelzen beginnt. Sie wurde von dem Bildhauer Thomas Marsh im Gedenken an die Demonstrationen auf dem Pekinger Platz des Himmlischen Friedens 1989 geschaffen. Dutzende älterer Chinesen nutzen den Platz den ganzen Tag über für Tai-Chi-Übungen, spielen chinesisches Schach oder schauen ihren Enkelkindern beim Spielen zu. Jenseits des Portsmouth Square beginnt die eigentliche Chinatown.

Chinatown

San Franciscos Chinatown liegt mitten in der Stadt, umfasst vierundzwanzig Häuserblocks und bildet nach der in New York die größte chinesische Gemeinde außerhalb Asiens. Ihr Ursprung geht auf die Zuwanderung chinesischer Arbeiter zurück, die es nach der Fertigstellung der Transcontinental Railroad in die Stadt zog, und auf chinesische Seeleute, die im Zuge des Goldrauschs auf Reichtum hofften. In China ist San Francisco bis heute unter dem Spitznamen „alter Goldberg" bekannt. Die Stadt hieß die chinesischen Einwanderer jedoch alles andere als willkommen. Stattdessen begegnete sie ihnen mit einer Welle rassistischer Übergriffe, bis 1882 mit dem Chinese Exclusion Act der Einwanderung von Chinesen per Gesetz ein Riegel vorgeschoben wurde. Mit diesem Gesetz wurde es auch tausenden Chinesen verboten, ein Verhältnis mit einheimischen Frauen einzugehen oder ihre Ehefrauen aus China ins Land zu holen. In der Folge entstand ein wild-ausgelassenes Rotlicht- und Spielerviertel, das von den als Tongs bekannten Banden kontrolliert wurde.

Durch die Lockerung der Einwanderungsbestimmung, die im Zuge der Annäherung Chinas an die USA während des 2. Weltkriegs vollzogen wurde, sowie die Jahrzehnte harter Arbeit seitens der

Einwohner Chinatowns hat sich der Bezirk aus eigener Kraft behaupten können.

Viele Besucher sind der irrigen Meinung, dass das Viertel noch immer eine geschlossene Gemeinde darstellt, die bedingt durch Sprache und Kultur vom restlichen San Francisco abgeschnitten lebt. Tatsächlich sind die Bewohner Chinatowns genauso Amerikaner wie die übrigen Bürger der Stadt, und die Wahlbeteiligung ist in diesem Viertel so hoch wie in kaum einem anderen. Zu den Nachfahren der Südchinesen und Taiwanesen haben sich heute Nordchinesen, Vietnamesen, Koreaner, Thais und Laoten gesellt und die Gegend so zu einer Art Schmelztiegel asiatischer Völker werden lassen.

Am Tag herrscht geschäftiges Treiben, nachts leuchten die Straßen in grellem Neonschein. Im dichten Gedränge blüht auch das Geschäft mit den Touristen – schade nur, dass Chinatown sich mit einigen der kitschigsten Läden und Fassaden der Stadt „schmückt", die eher an ein billigste Konsumgelüste bedienendes Viertel Hongkongs erinnern als an Peking. Chinesische Touristen zeigen sich tatsächlich nicht selten enttäuscht über das chaotische Durcheinander und den Touristenramsch. Einen viel besseren Eindruck vom Alltag der chinesischen Bevölkerung San Franciscos bekommt man in Richmond (s.S. 481/550).

Um die Touristen nicht weiter zu verprellen, hält Chinatown als neue Attraktion von Juni bis Oktober zwischen 18 und 23 Uhr am Portsmouth Square einen **Nachtmarkt** unter freiem Himmel ab. Umrahmt von Ständen, an denen es von frischem Honig bis hin zu Lederjacken alles Mögliche zu kaufen gibt, werden hier kostenlos klassische Opern und traditionelle Musik gespielt. Informationen unter ✆ 415/397-8000.

Man betritt die Chinatown am besten über das spektakuläre **Chinatown Gate**, das sich am südlichen Ende der Grant Avenue auf Höhe der Bush Street befindet. Das 1969 errichtete und mit einem drachenverzierten Bogen versehene Tor wurde der Stadt von der Volksrepublik China zum Geschenk gemacht. Es weist nach Feng-Shui-Prinzipien Richtung Süden und trägt die aus vier Schriftzeichen bestehende Inschrift *Xia tian wei gong*, was ungefähr so viel bedeutet wie „Der Sinn des Lebens ist es, dem öffentlichen Wohle zu dienen". In den dahinter liegenden Straßenzügen scheint der Sinn dieser Aussage gleichwohl verloren gegangen zu sein, denn die Gehsteige der **Grant Avenue** quellen praktisch über von Plastikbuddhas, Gesundheitskugeln und zirpenden mechanischen Grillen, alles Dinge, die Auge und Ohr einer harten Belastungsprobe unterziehen. Als eine der ältesten Hauptstraßen der Stadt hieß die Grant Avenue ursprünglich Dupont Street und war eine zwielichtige Gegend mit Opiumhöhlen, Bordellen und Spielhöllen, die unter dem Schutz – aber zugleich auch unter der Knechtschaft – der Tong-Banden standen. Nach dem Feuer von 1906 beschlossen die Stadtväter die Umbenennung zu Ehren des Präsidenten und Bürgerkriegshelden Ulysses S. Grant und bereiteten bei der Gelegenheit auch gleich den zwielichtigen Exzessen ein Ende, die hier zuvor für Furore gesorgt hatten.

Beachtung verdienen die beiden, von Pagoden gekrönten Gebäude **Sing Fat** und **Sing Chong** an der Grant Avenue, Ecke California Street. Sie waren die ersten Bauwerke nach dem Feuer von 1906 und als solche ein Signal, dass die Chinesen entschlossen waren, auf dem begehrten Land zu bleiben.

Ein paar Blocks westlich verläuft parallel zur Grant Avenue die erfrischend „untouristische" **Stockton Street**. Die Hauptstraße für die Bewohner des Viertels beherbergt zahlreiche Lebensmittel- und Fischgeschäfte, Dim-Sum-Shops und Heilkräuterläden. Zwischen Stockton Street und Grant Avenue verläuft ebenfalls in Nord-Süd-Richtung die schmale Straße Waverly Place, in der sich zwei ebenso prunkvolle wie geschickt versteckte **Tempel** befinden: **Norras** im 3. Stock der Nr. 109 und **Tien Hou** im 4. Stock der Nr. 125. Letzterer ist besonders beeindruckend, denn es handelt sich um einen daoistischen, der Himmelsgöttin geweihten Tempel, dessen reich verziertes Inneres mit Tupfern aus Gold und Zinnoberrot geschmückt ist, während Quasten und rote Laternen von der Decke baumeln. Beide Tempel werden noch genutzt und sind auch für Besucher zugänglich (◷ tgl. 10–17 Uhr). Die Pyramiden aus Orangen gelten übrigens als Glücksbringer, denn die kantonesische Aussprache des Wortes „Orange" ähnelt der des Wortes für „Reichtum". In den Tempeln wird zwar kein Eintritt verlangt, doch empfiehlt es sich, eine kleine Spende zu hinterlassen und im Innern Fotoapparate und Videokameras in der Tasche zu lassen. Die winzigen Spiegel am Balkon des Hauses 829 Sacramento Street am östlichen Ende des Waverley Place sollen übrigens böse Geister fern halten.

Ein kleiner Umweg von der Grant Avenue Richtung Osten über die Washington Street führt zu einem weiteren Blickfang, dem kleinen Gebäude der **Bank of Canton** im Haus Nummer 743. Das rote, pagodenähnliche Bauwerk wurde 1909 für die Firma Chinese American Telephone Exchange gebaut. Auffällig ist das nach oben geschwungene Dach, das böse Geister fernhalten soll, die sich gewöhnlich in gerader Linie fortbewegen. Das Gebäude steht auf dem Grundstück der ehemaligen Büros von Sam Brannans Zeitung *California Star*, die 1848 dafür sorgte, dass sich die Nachricht von den ersten Erzfunden rasch bis an die Ostküste verbreitete.

Am Buddhismus Interessierte sollten der **Buddha's Universal Church**, 720 Washington St, ✆ 415/982 6116, einen Besuch abstatten. Amerikas größte Zen-Sekte bietet dort an jedem zweiten und vierten Sonntag im Monat kostenlose Führungen an, ansonsten besteht keine Möglichkeit für eine Besichtigung. Mit großer Liebe zum Detail bauten die Mitglieder der Zen-Gemeinschaft dieses fünfgeschossige Gebäude unter Verwendung einer exotischen Sammlung geschliffener Hölzer und schmückten es mit zahlreichen Buddha-Darstellungen.

North Beach

Das lebendige, seit jeher als Tor für Einwanderer bekannte Viertel North Beach stößt in Höhe der Kreuzung Grant Avenue und Broadway an die Chinatown und wird im Norden von Fisherman's Wharf begrenzt. Der massenhafte Zustrom von Italienern nach San Francisco hatte seinen Ursprung im Goldrausch, nahm aber gegen Ende des 19. Jhs. noch einmal Fahrt auf, bis das Viertel mit seinen Delikatessenläden, Weinlokalen und Salamigeschäften langsam das Erscheinungsbild eines „Little Italy" annahm. Die lockere europäische Atmosphäre, das ausgeprägte Nachtleben und die guten Wohnmöglichkeiten lockten in den 50er Jahren Protestschriftsteller wie Lawrence Ferlinghetti, Allen Ginsberg und Jack Kerouac nach North Beach, das damit zum Zentrum der **Beat Generation** (s. Kasten) avancierte.

Die Hauptmeile von North Beach ist die **Columbus Avenue**, wo auf jeden Laternenmast eine stolze, mit „Little Italy" beschriftete Flagge gemalt wurde. Heute zählt die Straße mit ihrem lebendigen Nachtleben zu den interessantesten „Nightspots" in San Francisco. An ihrem südlichen Ende in Höhe des Broadway befanden sich in den 50er Jahren sehr viele alte Kneipen und Comedy Clubs, wo politisch motivierte Komiker wie Mort Sahl und Lenny Bruce auftraten. Viele dieser ehemaligen Adressen sind heute zu Sexshops und Pornoschuppen degradiert, die hier Einzug hielten, als die Beat-Bewegung in den letzten Zügen lag.

Angesichts der Tatsache, dass San Francisco so viel Wert auf politische Korrektheit legt, erscheint es schon ein wenig komisch, dass ausgerechnet in dieser Stadt die Oben-ohne-Bedienung erfunden wurde. An einem Abend im Jahre 1964 schlüpfte nämlich Carol Doda im **Condor Club** aus ihrem BH. Mittlerweile präsentiert sich das als *Condor Sports Bar* wieder eröffnete Lokal in der 300 Columbus Avenue züchtig bekleidet, doch die derzeitigen Besitzer bewahren noch Fotos und Zeitungsausschnitte auf, die an die große Zeit des Clubs erinnern. Das einzige weitere nennenswerte Sexlokal ist **The Lusty Lady** in der 1033 Kearney St, Ecke Columbus Ave, Tickets unter ✆ 415/391-3991. Es handelt sich um einen von Frauen betriebenen Stripclub mit gewerkschaftlich organisierter Belegschaft, der so erfolgreich ist, dass bereits im ganzen Land mehrere Ableger entstanden sind.

Die meisten Besucher kommen allerdings nicht wegen der Sexshops hierher, sondern wegen eines besonderen kulturellen Aushängeschildes von San Francisco, dem **City Lights Bookstore**, 261 Columbus Ave, Ecke Broadway, ✆ 415/362-8193, 💻 www.citylights.com. Hier schlug einst das literarische Herz der Beat Generation von North Beach (s. Kasten), und bis heute hat der Laden als unabhängige Buchhandlung überlebt, trotz der Konkurrenz der großen Ketten und des verdrießlichen, von der Beat-Literatur inspirierten Personals. Der Laden gehört immer noch Ferlinghetti, der mittlerweile die 80 überschritten hat. Neben den verrückten Unterteilungen des Sortiments in Abschnitte wie „Anarchismus" oder „Schmutzige Wäsche" lohnt ein Besuch des Kultladens vor allem wegen des Lyrikraums im Obergeschoss, wo man alles Mögliche findet – vom Minibuch für $1 über Gedichte von Beatnik-Legenden in Postergröße bis zu verschiedenen Sammlungen und Anthologien. 🕔 So–Do 10–23.30, Fr–Sa 10–0.30 Uhr.

Die Beat Generation in North Beach

Die Beat-Literatur hat ihren Ursprung nicht in San Francisco, sondern entstand bereits ein Jahrzehnt früher in New York, wo sich der Bohemien Jack Kerouac mit dem an einer Eliteuniversität der Ostküste ausgebildeten Allen Ginsberg sowie William Burroughs und anderen Gleichgesinnten zusammentat, um gemeinsam das konservative politische Klima im Land anzuprangern. Die Gruppe hatte aber schon bald die Nase voll von New York und machte sich auf den Weg nach Westen, wobei sich die meisten in North Beach niederließen und Jobs im Hafen als Handlanger beim Entladen der Fischerboote annahmen. Größeres Interesse an der Bewegung zeigte sich erstmals, als Lawrence Ferlinghetti 1953 seinen Laden ***City Lights*** (s.S. 457 und 515) eröffnete. Mit der ersten Buchhandlung Amerikas, in der es ausschließlich Taschenbücher zu kaufen gab, stieg San Francisco zur literarischen Hauptstadt Kaliforniens auf.

Doch erst vier Jahre später, als das pornografische Protestgedicht *Howl* (dt. *Das Geheul)* von Ginsberg veröffentlicht worden war (ursprünglich hatte er es nur zu seinem eigenen Vergnügen verfasst und wollte es gar nicht in Druck geben), nahm auch die breite amerikanische Öffentlichkeit von der Bewegung Notiz. Polizeikräfte rückten bei *City Lights* an, um den Verkauf des Buches zu unterbinden und katapultierten die Beats damit unbeabsichtigt in die erste Liga der nationalen **Skandale**. Die Presse, für die der hedonistisch-extravagante Lebensstil der Künstlergruppe mit heftigen Trinkgelagen und ihrer offenkundigen Vorliebe für Marihuana ein gefundenes Fressen war, trug maßgeblich zur allgemeinen Hysterie um die Gruppe bei. Der Lebenswandel der Beats trug ebenso viel zu ihrem Ruhm bei wie ihre **literarischen Werke**. Der Fall Ginsberg kam sogar bis vor den Obersten Gerichtshof, der aber letztlich entschied, dass ein Werk nicht pornografisch genannt werden könne, solange es einen „ausgleichenden gesellschaftlichen Wert" habe. Innerhalb von nur sechs Monaten schoss Jack Kerouacs Roman *On the Road* (dt. *Unterwegs)* an die Spitze der Bestsellerlisten. Die von den benzedrinbenebelten Monologen seines Freundes Neal Cassady und mehreren Autofahrten quer durch den Kontinent inspirierte Erzählung trug mit dazu bei, dass die Beats sich ihren festen Platz in der amerikanischen Literaturgeschichte sichern konnten. Kerouac war es übrigens auch, der den Begriff der Beat Generation prägte, wobei *beat* einen Zustand der Niederlage, Resignation und Enttäuschung meint.

Es heißt, das Wort „Beatnik" stamme von dem legendären lokalen Zeitungskolumnisten Herb Caen, der die Ansicht vertrat, diese Autoren wären mindestens so abgehoben wie die kurz zuvor in den Weltraum gestartete sowjetische Rakete Sputnik, weshalb er sie scherzhaft „Beatniks" taufte. Schon bald wurde North Beach in ganz Amerika zum Synonym für einen wilden, **subversiven Lebensstil**, von dem sich auch ein Großteil der ursprünglich hier ansässigen Künstler- und Intellektuellenszene nach Haight-Ashbury vertreiben ließ. Dafür strömten zahllose wilde und freigeistige Libertins in das Viertel, begleitet von ebenso vielen Touristen. Es dauerte aber nicht lange, bis die Italiener zurückkamen, die einst die Mehrheit in North Beach gebildet hatten, um ihr Viertel von der im Schwinden begriffenen Beat-Bewegung zurückzufordern.

Praktisch im Alleingang hielt Ferlinghetti danach die Legende der Beat Generation in North Beach am Leben. Mit Erfolg beantragte er bei der Stadtverwaltung die **Umbenennung von Straßen** zu Ehren berühmter Schriftsteller, die mit dem Viertel in Verbindung gebracht werden. So heißt beispielsweise die kleine Gasse neben *City Lights* inzwischen Jack Kerouac Lane. Ferlinghetti hatte sich Paris zum Vorbild genommen, wo große Schriftsteller ebenfalls mit Straßennamen gewürdigt wurden, und setzte sich in dieser Angelegenheit auch für andere Autoren und Künstler ein. Dank seiner Bemühungen gibt es in San Francisco inzwischen auch viele Straßen, deren Namen nach Schriftstellern benannt sind, die nicht der Beat Generation angehörten, darunter Mark Twain, Jack London und Dashiell Hammett.

Je weiter man nach Norden über die Columbus Avenue geht, desto italienischer präsentiert sich das Viertel. Zwischen Vallejo Street und Ufer gibt es zahlreiche Cafés, Delikatessengeschäfte und Restaurants mit starkem Kaffee und italienischer Salami. Eine Ausnahme bildet der Abschnitt der Grant Avenue nördlich der Vallejo Street, der mit seinen zahlreichen Boutiquen und billigen Cafés als eine der besten neuen Einkaufsstraßen der Stadt gilt. Im Haus Nummer 1232 befindet sich San Franciscos älteste Kneipe, The Saloon, ✆ 415/989-7666. Als eines der ganz wenigen überlebenden Gebäude des Feuers von 1906 wirkt der Laden heute geradezu winzig.

Das Herz von North Beach schlägt im **Washington Square Park**, einem begrünten Platz, auf dem sich allmorgendlich mehrere Dutzend älterer einheimischer Chinesen einfinden, um in Gruppen ihre Tai-Chi-Übungen zu absolvieren. Von der unverhohlenen Begeisterung der liebenswert verrückten lokalen Legende Lillie Coit für stramme Feuerwehrmänner (s.u.) zeugt an der zur Columbus Avenue gelegenen Seite des Parks ein großes Bronzedenkmal, das aus einigen kernigen Kerlen mit Feuerwehrschläuchen besteht. An der Nordseite des Parks erinnern die weißen Spitztürme der **Church of St Peter and Paul** an zwei Märchenschlösser, die im Schatten des im benachbarten Telegraph Hill gelegenen Coit Tower in die Höhe ragen. Das Innere der Kirche aus dem 19. Jh. ist kaum bemerkenswert. Der Gottesdienst wird hier übrigens in drei Sprachen abgehalten (italienisch, englisch und chinesisch), ein weiteres Indiz für den demographischen Wandel in diesem Viertel.

Telegraph Hill

Das vom Coit Tower dominierte Viertel Telegraph Hill ist eine ruhige Ansammlung von Wohnhäusern, die sich an den Berg schmiegen. Der kürzeste Weg hinauf führt über die Filbert Street, ist aber östlich der Grant Avenue mit einem sehr steilen Anstieg verbunden. Ansonsten ist der zehnminütige Aufstieg sehr angenehm und führt über einen stufenförmig angelegten Gehsteig an Schindelhäusern und Blumengärten vorbei nach oben. Es empfiehlt sich ein gemächlicher Bummel und gelegentliches Umschauen, denn stellenweise bieten sich atemberaubende Ausblicke. Wer nicht hinauf laufen willl, sollte den (allerdings nur in großen Abständen verkehrenden) MUNI-Bus Nr. 39 nehmen, da am Turm nur wenige Parkplätze zur Verfügung stehen.

Oben angekommen wird es schnell klar, warum der Hügel früher als Signalstation für einlaufende Schiffe genutzt wurde. Ein Posten auf dem Hügel identifizierte an Hand der gehissten Flaggen Herkunft und Name des Schiffes und gab die Information telegrafisch an die Docks an der Fisherman's Wharf weiter. Eine Gedenktafel vor der Kolumbus-Statue im **Pioneer Park** markiert den einstigen Ausguck des Postens. Der Park selbst wurde 1875 von mehreren Privatleuten gestiftet und beherbergt mit dem **Coit Tower**, ✆ 415/362-0808, 💻 www.coittower.org, den besten Aussichtspunkt in Telegraph Hill. Der Turm wurde 1929 mit dem Geld, das Lillie Coit der Stadt hinterlassen hatte, zu Ehren der Feuerwehrmänner San Franciscos errichtet und ragt als reizvolle Erscheinung aus der Skyline hervor. Herrliche Ausblicke von der Aussichtsplattform belohnen die Mühen eines vorangegangenen Fußmarschs. Lillie Coit soll als junges Mädchen nach Hilferufen herbeigeeilt sein und die Knickerbocker Engine Company No. 5 der Freiwilligen Feuerwehr tatkräftig dabei unterstützt haben, ihren Spritzenwagen den Telegraph Hill hinaufzuziehen. Als Zeichen ihrer Dankbarkeit machten die Feuerwehrmänner Coit zu ihrem Maskottchen. Selbst nach ihrer Heirat 1868 mit Howard Coit, einem wohlhabenden Geschäftsmann aus dem Osten, nahm Lillie noch an Feuerwehrbällen teil und spielte Zigarren schmauchend mit „ihren" Männern der Company No. 5 Poker. Viele Geschichten ranken sich um ihre Person und ihre Taten, darunter solche, nach der sie Gesellschaftsbälle Hals über Kopf verlassen haben soll, um dem Glockengeläut von Löschfahrzeugen hinterherzueilen. Bei ihrem Tod hinterließ sie $125 000, die nach ihrem Willen „in angemessener Weise für die Verschönerung der von ihr stets geliebten Stadt" verwendet werden sollten. Das Ergebnis ist ein knapp 65 m hoher Turm, dessen Ähnlichkeit mit der Spritzdüse eines Löschschlauchs frappant ist.

Beim Warten auf die Fahrt nach oben lohnt es sich, die Wandmalereien im Innern etwas näher in Augenschein zu nehmen. Die Fresken entstanden in der ersten Hälfte des 20. Jhs. im Rahmen eines Projektes unter Oberaufsicht der *Public Works of*

Art Authority, einer Vorläuferorganisation der Work Progress Administration (WPA), die während der Weltwirtschaftskrise ein Beschäftigungsprogramm auflegte, das Künstlern durch die Verschönerung von öffentlichen Gebäuden und Regierungsbauten ein Einkommen sichern sollte. Ausgesucht wurden einige Schüler des berühmten mexikanischen Malers **Diego Rivera**, der sowohl künstlerisch als auch politisch vom Sowjetkommunismus beeinflusst war. Wie in seinen eigenen Arbeiten sollen die muskelbepackten und finster dreinblickenden Figuren auch hier den Respekt vor der Arbeit betonen, doch weisen die einzelnen Werke trotz ihres thematischen Zusammenhangs erhebliche stilistische und qualitative Unterschiede auf.

Samstags um 11 Uhr werden kostenlose Führungen zu den Wandmalereien im Rahmen der City-Guides-Touren (💻 www.sfcityguides.com) angeboten. 🕓 tgl. 10–17 Uhr, Eintritt $3.

Der reizvollste von mehreren Fußgängerwegen vom Telegraph Hill nach unten sind die **Greenwich Steps** an der Ostseite, die sich im Winkel von 45 Grad an den Hügel klammern.

Eine ebenfalls sehr reizvolle Alternative sind die **Filbert Steps**, die noch steiler vom Hügel herunterführen, bevor sie in einem grünen, von einfachen Häuschen umgebenen Park in der Montgomery Street wieder ebenen Boden erreichen. Die einstöckigen Cottages wurden in den 50er Jahren des 19. Jhs. von zugewanderten Goldsuchern gebaut, die auf die Schnelle temporäre Unterkünfte benötigten. Am Fuße des Telegraph Hill liegt zwischen Battery Street und Embarcadero die **Levi Strauss Plaza**, 📞 415/501-6000, 💻 www.levistrauss.com, die Zentrale des Blue-Jeans-Erfinders Levi Strauss & Co. (daher auch die Initialen SF auf den Taschennieten). Der komplett aus rotem Backstein errichtete Komplex mit dem sich drohend auftürmenden Gebäude und dem wie ausgestorben wirkenden Gelände ist düster und wenig ansprechend.

Vor kurzem wurde das trostlose Museum im Foyer in ein hochmodernes Besucherzentrum umgestaltet, um die Geschichte und Produkte des Unternehmens zu präsentieren. Das Ergebnis ist ziemlich unambitioniert und unkritisch, einzig die ausgestellten Briefe der Kunden an das Unternehmen können interessieren. 🕓 Mo–Fr 9–18, Sa und So 10–17 Uhr, Eintritt frei.

Russian Hill

Das elegante Viertel Russian Hill westlich von North Beach erhielt seinen Namen in Erinnerung an sechs russische Seeleute, die während einer Expedition Anfang des 19. Jhs. hier ums Leben kamen und in der südöstlichen Ecke des Viertels begraben liegen. Die bescheidenen Hochhäuser oben auf dem Hügel waren bei ihrem Bau in den 20er Jahren äußerst umstritten und sind mitverantwortlich für San Franciscos strenge Bauvorschriften. Der Besucherstrom erklärt sich u.a. durch die aufregende Autofahrt die **Lombard Street** hinunter, eine mit Terrakotta-Fliesen gepflasterte Straße mit sehr engen Kurven und einer Geschwindigkeitsbegrenzung von 5 mph (8 km/h), doch viel schneller könnte man hier ohnehin nicht fahren. Die ebenso wohlhabenden wie genervten Besitzer der gepflegten Häuser haben schon unzählige Male versucht, ihre Straße sperren zu lassen, doch wenn man sich vor Augen hält, wie oft dieses niedliche Sträßchen in den Werbeaufnahmen für San Francisco vertreten ist, werden sie wohl auch in Zukunft keinen Erfolg damit haben. Am besten lässt sich die Gegend am frühen Morgen oder am späten Abend genießen, wenn keine Touristen mehr da sind und weiter unten die Lichter der Stadt funkeln.

Die **Hyde Street**, auf der die Cable Car entlangrattert, teilt das Viertel in zwei gleiche Hälften, was die Orientierung sehr erleichtert. Zwei Blocks östlich den Hügel hinunter steht an einer steilen Straße das niedrige, im Missionsstil erbaute **San Francisco Art Institute**, 800 Chestnut St, in Leavenworth, 📞 415/771-7020, 💻 www.sanfranciscoart.edu. Das leicht zu verfehlende Gebäude ist die älteste Kunstakademie im amerikanischen Westen. Leider sind viele Galerien häufig geschlossen, da in dem Institut noch unterrichtet wird. 🕓 Mo–Sa 11–18 Uhr, Eintritt frei. Unbestrittene Hauptattraktion des Instituts ist die **Diego Rivera Gallery**, die sein herausragendes, 1931 auf dem Höhepunkt seiner Karriere entstandenes Wandgemälde *The Making of a Fresco Showing the Building of a City* präsentiert.

Nob Hill

Die vornehmen Hotels und Freimaurerlogen im südlich von Russian Hill und westlich von Chinatown gelegenen Viertel Nob Hill repräsentieren das

„alte Geld" von San Francisco. Hier bauten sich auch jene vier Männer ihre Häuser, die Kalifornien durch den Bau der Eisenbahn für immer veränderten (s.S. 586, Kasten). Nach dem steilen Aufstieg (oder einer Fahrt mit der Cable Car die California Street hinauf) hält das Viertel allerdings nur sehr wenige Attraktionen bereit, einmal abgesehen von den faszinierenden Ausblicken auf die Stadt und ihre Umgebung. Die Straßen sind erstaunlich leer, und trotz der dichten Besiedlung herrscht hier eine sehr private Atmosphäre, wie sie sonst nur in wenigen Gegenden der Stadt zu finden ist.

Der knapp 115 m hohe Hügel hieß ursprünglich California Street Hill und war Weideland für Schafe. Die Erfindung der Cable Car ließ ihn dann zu einem erreichbaren Hort der Millionäre des Goldrausches werden, die hier ihren Reichtum zur Schau stellten. Nachdem die „großen Vier" – Leland Stanford, Collis P. Huntington, Mark Hopkins und Charles Crocker – in die Gegend gekommen waren, um die Central Pacific Railroad zu bauen, und auf dem Hügel ihre Anwesen errichteten, erhielt er seinen neuen Namen Nob Hill (nach „Nabob", Mogulfürst, oder in Abwandlung der englischen Wörter *snob* oder *knob*, Hügel). Damals war eine pompöse Bauweise unter Verwendung von Redwood-Bäumen groß in Mode, doch leider brannten alle Villen in Nob Hill nach dem Erdbeben von 1906 bis auf die Grundmauern nieder – mit einer einzigen Ausnahme: James C. Flood hatte sich dem lokalen Trend widersetzt und stattdessen die an der New Yorker Fifth Avenue vorherrschende Bauweise aus rotbraunem Sandstein übernommen. Der Stein widerstand dem Feuer ebenso wie das ausgebrannte Mauerwerk des noch nicht fertig gestellten Fairmont Hotel. Floods Anwesen beherbergt heute den exklusiven Privatclub **Pacific Union Club**. Auf der anderen Seite der California Street steht das exklusive, schlossähnliche **Mark Hopkins Hotel**, wo Tony Bennett sich angeblich zu seinem Song *I Left My Heart in San Francisco* inspirieren ließ. Im Hotel befindet sich San Franciscos berühmtestes Aussichtslokal *The Top of the Mark* mit atemberaubenden Ausblicken und noch spektakuläreren Preisen.

Auf den Huntington Park, eine gepflegte Grünfläche am höchsten Punkt von Nob Hill, blickt eines der größten Bauwerke pseudo-gotischer Architektur in den USA, die **Grace Cathedral**, 1100 California St, ✆ 415/749-6300, 💻 www.gracecathedral.org.

San Franciscos steilste Straßen

Ein aufregender Test für Fahrer und Bremsen sind die Gefälle der steilsten Straßen der Stadt. Über zu viel Verkehr entlang dieser Strecken braucht man sich keine Gedanken zu machen, denn die wenigsten Autofahrer muten sich und ihrem Wagen das zu und wählen lieber einen Umweg. Mit den berühmten Kurven der Lombard Street kann es zwar keine andere Straße aufnehmen, aber die Warteschlangen für die Fahrt hinunter nötigen mitunter zur Suche einer weniger befahrenen Alternative. Die zweitbeste Wahl der Stadt liegt in der Gegend des Potrero Hill und schlängelt sich entlang der Vermont Street, zwischen McKinley und 22nd Street. Sie kann mit fünf ganzen und zwei halben Kehren (die Lombard Street hat acht) aufwarten.

1) Filbert zwischen Leavenworth und Hyde, Russian Hill 31,5% Gefälle
2) 22nd St zwischen Church und Vicksburg, Castro/Noe Valley 31,5% Gefälle
3) Jones zwischen Union und Filbert, Russian Hill 29% Gefälle
4) Duboce zwischen Buena Vista und Alpine, Lower Haight 27,9% Gefälle
5) Jones zwischen Green und Union, Russian Hill 26% Gefälle
6) Webster zwischen Vallejo und Broadway, Pacific Heights 26% Gefälle
7) Duboce zwischen Alpine und Divisadero, Lower Haight 25% Gefälle
8) Jones zwischen Pine und California, Nob Hill 24,8% Gefälle
9) Fillmore zwischen Vallejo und Broadway, Pacific Heights 24% Gefälle

Der Bau dieser blassen Kopie der Kathedrale Notre Dame in Paris wurde zwar schon bald nach der Katastrophe von 1906 auf einem von der wohlhabenden Familie Crocker gestifteten Stück Land begonnen, doch seine Fertigstellung zog sich bis in die 60er Jahre hin, was einen Mischmasch aus verschiedenen Stilrichtungen zur Folge hatte. Die Kathedrale vermittelt den Eindruck liebloser Wuchtigkeit, trotz des reich verzierten Eingangsportals mit der originalgetreuen Nachbildung der Renaissance-Türen des Baptisteriums von Ghiberti in Florenz. Sie passen aber überhaupt nicht in das Gesamtbild und wurden lediglich verwendet, weil sie verfügbar waren, denn während der Bauarbeiten kamen gerade die ersten kommerziellen Repliken des Meisterwerks aus dem 15. Jh. auf den Markt und wurden von dem federführenden Architekten kurzerhand mit eingebaut. Gleich rechts vom Haupteingang befindet sich die Aids Interfaith Chapel mit einem Bronzealtar des inzwischen verstorbenen Pop-Künstlers Keith Haring. ⏲ Mo–Fr 7–18, Sa 8–18, So 7–19 Uhr, Eintritt frei, Führungen Mo–Fr 13–15, Sa 11.30–13.30, So 12.30–14 Uhr.

Fisherman's Wharf

Insgesamt biedert sich San Francisco den Touristen eigentlich wenig an, nur der Uferbezirk rund um Fisherman's Wharf, 💻 www.fishermanswharf.org, macht da eine Ausnahme. Es handelt sich um den einzigen Ort der Stadt, der den Einheimischen so richtig peinlich ist, und selbst für Besucher mit Kindern gibt es bessere Ausflugsziele für einen gemütlichen Nachmittag (z.B. den Golden Gate Park, s.S. 480). Doch ungeachtet seines schlechten Rufs als kitschige Touristenfalle erfreut sich der Kai großer Beliebtheit. Dank einer einfallsreichen Auslegung der Statistik darf sich der Fisherman's Wharf gar als meistbesuchte Attraktion in den gesamten USA anpreisen. Wer die Gegend am Wasser wirklich genießen möchte, sollte dennoch lieber einen Bummel durch die Parks in Marina unternehmen. Für Festentschlossene, die sich den Kai trotzdem ansehen möchten, empfiehlt es sich, die Wochenenden zu meiden und so früh wie möglich zu kommen, bevor die großen Touristenströme einsetzen.

Auch wenn es heute kaum noch vorstellbar ist – Fisherman's Wharf war einst ein seriöser Fischereihafen. Die wenigen Fischer, die sich heutzutage die exorbitanten Anlegegebühren noch leisten können, haben ihre Arbeit in der Regel bereits am frühen Morgen vor dem Eintreffen der ersten Besucher erledigt. In einigen der besseren Restaurants der Gegend bekommt man noch ganz anständiges Seafood, doch sehenswerte Erinnerungen an den Fischereihandel finden sich nur noch sehr vereinzelt. Die liebenswerteste Attraktion am Kai ist eine große Kolonie ausgelassener Seelöwen (Füttern verboten), die mehrere schwimmende Plattformen draußen vor den Piers 39 und 41 für sich beanspruchen.

Das Studieren weiterer Meereslebewesen ermöglicht das **Aquarium of the Bay** am Pier 39, ✆ 1-888/732-3483, 💻 www.aquariumofthebay.com. Dort bieten sich spektakuläre Nahansichten von Fischen und Schalentieren, während man langsam durch einen 120 m langen Acryltunnel schlendert – der einzige Wermutstropfen ist die unablässige musikalische Berieselung. Das Aquarium ist allerdings kein Vergleich zu dem in Monterey (s.S. 349), sodass sich hier Geld sparen lässt, wenn man sowieso vorhat, die Küste herunterzufahren. ⏲ Sommer tgl. 9–20, sonst Mo–Fr 10–18, Sa und So 10–19 Uhr, Eintritt $12,95, Kinder $6,50.

In der Nähe befindet sich am Pier 45 das ausgefallene **Musée Méchanique**, ✆ 415/346-2000, 💻 www.museemecanique.com. Das Museum zeigt eine attraktive Sammlung historischer Videospiele. Wer spielen möchte, sollte ausreichend 25-Cent-Münzen mitbringen. Das Spektrum der Spiele reicht von Klassikern wie einer Pac-Man-Version aus den 80er Jahren bis zu einem ausgeflippten Clown mit Zahnlücke, der für 25¢ endlos herumblödelt. ⏲ Mo–Fr 11–19, Sa und So 10–20 Uhr.

Während man sich in der Vergangenheit am Kai auf den Fischfang konzentrierte, dreht sich heute praktisch alles um den schnellen Touristendollar, der in Dutzenden kitschiger Souvenir-Shops und gesichtslosen Einkaufszentren gelassen werden soll. Eine Ausnahme bildet der sorgsam umgestaltete **Ghirardelli Square**, 900 N Point St, Höhe Larkin St, ✆ 415/775-5500, 💻 www.ghirardellisq.com. Die ehemalige Wollfabrik wurde von Domenico Ghirardelli aufgekauft, der dort sein expandierendes Schokoladenimperium unterbrachte. Ghirardelli hatte sich vom Goldsuchen auf den Lebensmittelhandel verlegt und entdeckte 1865 ein Verfahren zur Gewinnung von Kakaobutter aus rohen Kakaobohnen, das ihm ein Vermögen einbrachte. In dem Komplex gibt es einige teure Läden und gute Restaurants, doch hergestellt wird auf dem Gelände nichts mehr, denn Ghirardelli's produziert heute auf billigerem Grund und Boden auf der anderen Seite der Bucht in Oakland.

Von den Piers 39, 41 und 43 1/2 legen mehrmals täglich Schiffe zu Ausflügen in die Bucht ab.

Seelöwenkolonie vor Fisherman's Wharf

Sie werden von verschiedenen Veranstaltern betrieben – einschließlich des Unternehmens, das Alcatraz ansteuert (s. Kasten) – und kosten meistens $20 p.P. Sofern der Nebel (der selbst im Sommer häufig die Sicht behindert) nicht allzu dick ist, eröffnen sich dabei reizvolle Ausblicke auf die Stadt.

Westlich der Fisherman's Wharf

Hinter dem Ghirardelli Square beginnt die **Golden Gate National Recreational Area**. 1972 wurden fast 180 km² Küstengrundstücke von den städtischen Strandgegenden im Süden bis hin zu den Klippen von Marin County auf der anderen Seite der Golden Gate Bridge als Grünfläche der Öffentlichkeit zugänglich gemacht.

Am Fuße der Hyde St, unweit von Fisherman's Wharf, liegt der **Aquatic Park**, ein Komplex aus verschiedenen Gebäuden, in dessen Zentrum sich das so genannte Bath House befindet. Der kühne Art-déco-Bau beherbergt heute das **Maritime Museum**, 900 Beach St, ✆ 415/556-3002, 💻 www.maritime.org. Sehenswert ist das Wandgemälde im Hauptraum, das 1939 von Hilaire Hiller gemalt wurde und den versunkenen Kontinent Atlantis in 37 Einzeltafeln darstellen soll. Die übrigen Exponate reißen dagegen nicht unbedingt zu Begeisterungsstürmen hin. 🕓 tgl. 10–17 Uhr, Eintritt frei.

Interessanter ist die kleine Sammlung maritimer Objekte im Visitor Center des nahe gelegenen Komplexes *Cannery*, 499 Jefferson St, 💻 www.nps.gov/safr. Zu besichtigen sind eine Reliefkarte der tückischen Riffe vor der Küste von San Francisco, wo über die Jahre mehrere Dutzend Schiffe auf Grund gelaufen sind, sowie die Originallampe des Leuchtturms, der auf Farrallon Island in der Bucht steht. 🕓 Juni–Sept tgl. 9.30–19, Okt–Mai 9.30–17 Uhr, Eintritt frei.

Am nahen **Hyde Street Pier**, ✆ 415/561-7100, 💻 www.maritime.org, liegen einige hölzerne alte Schiffe. Die *Balclutha* ist z.B. das letzte noch erhaltene große Segelschiff, das um 1900 Kap Horn umrundete. Es wirkte auch in mehreren Filmszenen mit, z.B. 1935 in *Meuterei auf der Bounty*. 🕓 Mitte Mai–Mitte Sept tgl. 9–17.30, Mitte Sept–Mitte Mai tgl. 9–17 Uhr, Eintritt $5.

Alcatraz

Auf der vorgelagerten Felseninsel gab es früher nichts außer Tausenden von Pelikanen *(alcatraz* ist das spanische Wort für Pelikan). Mitte des 19. Jhs. wurde hier eine militärische Festung eingerichtet, zunächst zur Verteidigung der Küste des neu hinzugekommenen Bundesstaates Kalifornien und später, während des Bürgerkriegs, zur Verteidigung Kaliforniens gegen die Konföderierten. Doch die Rüstungsindustrie machte schon bald so große Fortschritte, dass Festungen wie diese überholt waren. 1934 wurde der Felsen schließlich zum gefürchtetsten **Hochsicherheitsgefängnis** der USA ausgebaut. Das eiskalte, unpassierbare Wasser allein schuf schon ideale Voraussetzungen für ein Gefängnis.

In Alcatraz saßen einige der berühmtesten Verbrecher Amerikas hinter Gittern, z.B. Al Capone und Machine Gun Kelly, um nur zwei zu nennen. Auch wenn sich die Haftbedingungen mit der Zeit besserten, muss der Aufenthalt in den winzigen, einsamen Zellen eine psychisch überaus belastende Erfahrung gewesen sein, besonders angesichts der Nähe der Insel zu den glitzernden Lichtern San Franciscos. Eine Flucht war ausgeschlossen, schon allein wegen der gewaltigen Strömungen, von denen die eisige Bucht permanent aufgewühlt wird. Insgesamt schafften es nur neun Männer, von dem Felsen herunterzukommen. Keiner von ihnen dürfte das Festland erreicht haben.

Das Gefängnis stellte sich allerdings als ein finanzielles Desaster heraus, und 1963 wurde die Haftanstalt nach Jahren defizitären Betriebs schließlich geschlossen. Die Häftlinge wurden auf andere, weniger schreckliche Gefängnisse verteilt, und bis 1969 blieb die Insel völlig den Pelikanen überlassen. Dann besetzte eine Gruppe Indianer den Felsen, in der Hoffnung, ihn auf friedliche Art für ihr Stammesgebiet gewinnen zu können. Sie stützten sich dabei auf alte Verträge, die besagten, dass alles bundesstaatliche Land automatisch wieder in das Eigentum der Indianer überginge, wenn es nicht genutzt würde. Die Regierung bemühte alle nur erdenklichen bürokratischen Tricks, bis sie die inzwischen kraftlose Bewegung 1971 schließlich wieder von der Insel verdrängt hatte. Dass der Leuchtturm noch intakt war, musste als Begründung dafür herhalten, dass Alcatraz noch „genutzt" wurde.

Inzwischen dient die Insel ausschließlich als Touristenattraktion. Mindestens 750 000 Besucher schließen sich alljährlich der ausgezeichneten, einstündigen **Führung** mit Tonbandkommentar ($4) durch das verlassene Gefängnis an. Letzterer ist scharfzüngig und anekdotenreich und umfasst auch Darstellungen des Gefängnislebens mit improvisierten Stimmen von Figuren wie Al Capone und Kelly. Der langweilige, zwölfminütige **Einführungsfilm** am Schiffsanleger kann hingegen ruhigen Gewissens ausgelassen werden. Wesentlich empfehlenswerter sind da schon die lebendigen und kostenlosen **Vorträge der Ranger** zu einer Vielfalt von Themen (fünfmal täglich; Uhrzeiten bei der Ankunft oder unter ✆ 415/705-5555 erfragen, 💻 www.nps.gov/alcatraz).

Blue and Gold Fleet fährt Alcatraz mit einer Flotte großer **Ausflugsschiffe** an, die vom Pier 41 ablegen (häufige Abfahrten ab 9.30, letzte Fahrt zurück um 16.30, im Sommer 18.30 Uhr, außerdem abendliche Kreuzfahrten zu wechselnden Zeiten und unterschiedlichen Preisen, Ticket $16 inklusive Tonbandführung, $11,50 ohne, Informationen unter ✆ 415/773-1188, Vorausbuchung unter ✆ 415/705-5555, 💻 www.blueandgoldfleet.com). Eine **Reservierung** ist zwingend erforderlich, in der Hochsaison muss mit zweiwöchiger Wartezeit gerechnet werden. Im Sommer wird auch eine Tagestour angeboten, die Alcatraz mit einem Zwischenstopp auf Angel Island verbindet ($41,50).

Fort Mason

Fort Mason, 💻 www.fortmason.org, eine halbe Meile weiter westlich, ist eine Festungsanlage aus der Zeit des Bürgerkriegs. Die alten Gebäude wurden inzwischen der Öffentlichkeit übergeben und beherbergen rund fünfzig gemeinnützige Organisationen, darunter Theater, Kunstgalerien, Museen und eine **Jugendherberge** (s.S. 484).

Herzstück der Museen auf dem Gelände ist das im Building A untergebrachte **Museum of Craft and Folk Art**, ✆ 415/775-0991, 🖳 www.mocfa.org, das jährlich bis zu zehn verschiedene Ausstellungen mit lokalen und internationalen Arbeiten zeigt. ⌚ Di–Fr und So 11–17, Sa 10–17 Uhr, Eintritt $3, Sa 10–12 Uhr Eintritt frei. Die beiden besten der übrigen Museen sind in dem großen Building C am Ufer untergebracht: Das **Museo Italo Americano**, ✆ 415/673-2200, 🖳 www.museoitaloamericano.org, richtet sich an alle, die sich für die Geschichte der Italiener in den USA interessieren, ⌚ Mi–So 12–17 Uhr, Eintritt $3; die **African-American Historical and Cultural Society**, ✆ 415-441-0640, widmet sich dem Gedenken an hiesige afroamerikanische Führer, ⌚ Mi–So 12–17 Uhr, Eintritt $2. Die beste Zeit für einen Besuch ist der erste Mittwoch im Monat, denn dann können alle Museen kostenlos und zudem bis 19 Uhr besichtigt werden.

San Franciscos theatralischstes Architekturdenkmal ist der ein paar Hundert Meter weiter westlich an der Ecke Marina Boulevard und Baker Street gelegene **Palace of Fine Arts**, 3301 Lyon St, ✆ 415/563-6504, 🖳 www.palaceoffinearts.org. Es handelt sich dabei nicht um ein Museum, sondern um eine riesige Ruine im viktorianischen Stil, die 1915 anlässlich der Pan Pacific International Exhibition von Bernard Maybeck aus Holz, Gips und Sackleinen erbaut wurde und frei begehbar ist. Als alle anderen Gebäude in der Umgebung abgerissen wurden, retteten sentimentale Bürger den Bau, weil sie ihn einfach zu schön fanden. Bis Ende der 50er Jahre durfte die Konstruktion in Würde altern, bis ein wohlhabendes Individuum Geldmittel aufbrachte, um die Ruine in Stahlbeton gießen zu lassen.

Nebenan, in der 3601 Lyon St, Ecke Baker St, befindet sich San Franciscos bestes Kindermuseum, das so genannte **Exploratorium**, ✆ 415/563-7337, 🖳 www.exploratorium.edu. Zu den 650 interaktiven Exponaten gehört der berühmte „Tactile Dome“, in dem man in völliger Dunkelheit auf Händen und Knien durch eine große Kugel rutscht und robbt (Reservierung erforderlich; ✆ 415/561-0362). Es empfiehlt sich, das Museum so früh wie möglich zu besuchen, denn später am Tag kann es sehr voll werden, besonders während der Schulferien. ⌚ Di–So 10–17 Uhr, Eintritt $12, erster Mittwoch im Monat Eintritt frei.

Von hier aus zieht sich der Uferstreifen nach Westen durch den Presidio National Park und den kuriosen Haustierfriedhof **Presidio Pet Cemetery** in der Crissy Field Avenue bis nach Fort Point, zur Golden Gate Bridge und zu den Stränden in der Nähe des Golden Gate Park (s.S. 481).

Marina

Die von vielen Freiflächen gekennzeichnete Wohngegend um den Palace of Fine Arts in bester Lage direkt am Pazifik nennt sich Marina und zählt zu den grünsten Bezirken der Stadt. Das durchweg von jungen, weißen, heterosexuellen Berufstätigen bewohnte Viertel erntet jede Menge Hohn von den alternativeren Stadtbewohnern, die Marina mit seinen großspurigen Jachtclubs und von Joggern bevölkerten Wegen als lokales Sammelbecken für Yuppies verspotten.

Obwohl Marina extra gebaut wurde, um die Wiedergeburt der Stadt nach dem großen Erdbeben von 1906 zu feiern, hatte der Bezirk ironischerweise beim Erdbeben von 1989 die größten Schäden zu beklagen, denn die Erdstöße erschütterten die empfindliche Landauffüllung, und von vielen Häusern blieben nur qualmende Schutthaufen übrig.

Das Einkaufszentrum des Viertels befindet sich in der Chestnut Street zwischen Broderick und Fillmore Street. Die meisten Einrichtungen sind auf umtriebige Singles ausgerichtet. Die hiesigen Kneipen und der örtliche Safeway-Supermarkt sind als Anmachläden bekannt. In Letzterem ist die Anmache tatsächlich derart an der Tagesordnung, dass er den Beinamen „The Body Shop“ erhalten hat.

Cow Hollow

Das kleine Tal mit Weiden und Molkereien, das Cow Hollow noch in den Jahren nach dem Goldrausch war, dämmerte lange Zeit vor sich hin, bis sich einige geschäftstüchtige Unternehmer in den 50er Jahren durch Probleme mit der offenen Kanalisation und Klagen der Nachbarn im Prestigeviertel Pacific Heights über den Gestank der Kühe auf den Plan gerufen fühlten, das Viertel kurzerhand umzugestalten. Es folgten Schönheitskuren für die herrlichen viktorianischen Häuser, ganz besonders in der Umgebung von Filbert Street und Green Street sowie entlang der Union Street im Abschnitt zwischen Van Ness Avenue und Divisadero Street, wo heute eine der dichtesten Konzentrationen von Boutiquen und Cafés anzutreffen ist. Die Union Street bietet sehr viel Lokalkolorit und ist gerade wegen ihres Mangels an touristischen Sehenswürdigkeiten sehr reizvoll.

Die einzige wirkliche Attraktion ist das komische **Octagon House Museum** in der Union St, Ecke Gough St, ✆ 415/441-7512. Wenn man zufällig während der sehr begrenzten Öffnungszeiten ankommt, lohnt sich ein Blick ins Innere, auch wegen des sehr fachkundigen und enthusiastischen Personals. Das Gebäude stammt aus dem Jahr 1861 und befindet sich in hervorragendem Zustand. Bei Renovierungsarbeiten fand man vor kurzem unter der Treppe eine Kiste, die sich als wahre „Zeitkapsel" entpuppte, denn ein Brief, eine Zeitung und Familienfotos des Besitzers boten einen faszinierenden Einblick in das lokale Leben im ausgehenden 19. Jh. ⌚ jeden 2. So sowie jeden 2. und 4. Do im Monat 12–15 Uhr, Januar geschlossen, Spende erbeten.

Im benachbarten, üppig begrünten **Allyne Park** laden bequeme Bänke und Schatten spendende Redwood-Bäume zu einer idyllischen Rast ein.

Pacific Heights

Auf steilen Hügeln zwischen Cow Hollow im Norden und Japantown im Süden erhebt sich das wohlhabende Viertel Pacific Heights, in dem einige der prächtigsten viktorianischen Villen und Steinhäuser San Franciscos stehen – ein Ghetto für Millionäre, das sich wunderschön um zwei windumtoste Parks gruppiert. Die großzügig angelegten und sich an jähe Abhänge klammernden Villen befinden sich heute im Besitz von Börsenmaklern, reichen Geschäftsleuten und dem einen oder anderen Bestseller-Autor, darunter auch Danielle Steel (s.u.), die eines der größten Privathäuser der Stadt ihr Eigen nennt.

Das Viertel wird von der Fillmore Street sauber in zwei Abschnitte geteilt. Im Westen liegen die großen Anwesen, denen Pacific Heights seinen Ruf als Villenviertel verdankt, im Osten stehen kaum weniger protzige Art-déco-Apartmenthäuser. Im Zentrum der unteren Ausläufer von Pacific Heights westlich der Fillmore Street liegt in Höhe Clay Street und Steiner Street der erholsame **Alta Plaza Park**, wo die örtlichen Hundeausbilder ihren Lebensunterhalt mit der Erziehung verhätschelter Vierbeiner verdienen. Östlich der Fillmore Street stehen mit Blick auf den von Zypressen bestandenen Gipfel des **Lafayette Park** mehrere bemerkenswerte Villen. Das gedrungene Gebäude aus rotem Sandstein in der 2150 Washington St, Ecke Laguna St, ist die vom ehemaligen Bürgermeister James Phelan erbaute **Phelan Mansion**. Unweit von hier steht in der 2080 Washington St, Ecke Octavia St, die **Spreckels Mansion**. Der dekadente Palast aus weißem Stein wurde für den Zuckerfabrikanten Adolph Spreckels und seine eigenwillige Frau **Alma de Bretteville Spreckels** gebaut, ein ehemaliges Nacktmodell und Vorbild für die Statue auf dem Union Square (s.S. 449). Als erste Mäzenin von Auguste Rodin in den USA stiftete Alma ihre spektakuläre Rodin-Sammlung dem von ihr erbauten Museum California Palace of the Legion of Honor (s.S. 481). Das Wohnhaus, das sie mit ihrem Mann Adolph teilte, befindet sich heute im Besitz der Schriftstellerin Danielle Steel, die einen nicht unerheblichen Teil der Einnahmen aus ihren trivialen Liebesromanen in die Restaurierung und Pflege des Anwesens steckte.

Keines dieser Häuser ist für die Öffentlichkeit zugänglich. Wer eine Pacific Heights-Villa besichtigen möchte, muss sich zwei Blocks nach Osten zum reich verzierten **Haas-Lilienthal House** begeben, 2007 Franklin St, Ecke Washington St, ✆ 415/441-3004, 💻 www.sfheritage.org. Das riesige viktorianische Anwesen im Queen-Anne-Stil ließ der wohlhabende Kaufmann William Haas für seine Familie errichten. Die Führungen gehen zwar mehr auf den Alltag der Familie als über die Architektur des Gebäudes ein, aber das Haus selbst vermittelt mit seinen kunstvollen Holztürmen sowie Tiffany-Glaskunst und Ledervertäfelung im Innern einen Eindruck vom alten Reichtum Kaliforniens. ⌚ Mi 12–15, So 11–16 Uhr, Eintritt $5, obligatorische Führung (1 Std.) alle 20–30 Min.

SoMa, Tenderloin und Civic Center

Während einige Stadtteile San Franciscos fast wie ein Utopia wirken, offenbaren die Gegenden **Tenderloin und Civic Center** eine traurigere Wirklichkeit. Insbesondere in Tenderloin ist die Obdachlosigkeit unübersehbar – eine Kehrseite des durch niedrige Steuern erkauften kalifornischen Wohlstands. Die bislang angestrengten, sporadischen Bemühungen um eine Verbesserung der Situation waren bestenfalls gut gemeinte, aber planlose Versuche und schlimmstenfalls offenkundige Kosmetik, deren Scheitern von vornherein absehbar war. Gavin Newsom, der 2004 das Amt des Bürgermeisters übernahm, wollte dieses Problem im Falle seiner Wahl auf die Prioritätenliste setzen, hat aber diesbezüglich bis heute noch keine sichtbaren Erfolge vorzuweisen.

Im Gegensatz dazu verzeichnete der Bezirk **SoMa** vor mehreren Jahren einen ungeahnten Aufschwung, der jedoch nicht lange anhielt, sodass sich das Viertel schon bald wieder so schmuddelig wie ehedem präsentiert. Inzwischen scheint sich der Bezirk langsam wieder zu erholen, denn abends und nachts ist hier vielerorts das dumpfe Wabern der Musik aus den Underground-Danceclubs zu vernehmen. Etwas weiter Richtung Downtown lockt der neue Museums- und Freizeitkomplex **Yerba Buena** auch am Tage Besucher an, ebenso wie das neue, weiter östlich am Wasser gelegene Baseball-Stadion.

South of Market (SoMa)

Das Viertel SoMa (**So**uth of **Ma**rket Street) erstreckt sich vom Bezirk Mission an seiner südwestlichen Grenze diagonal bis zum Embarcadero im Nordosten. Während die westlichen Randgebiete von SoMa seit jeher von einfachen Arbeitersiedlungen beherrscht werden, zählten andere Teile von South of Market früher zu den begehrtesten Wohngegenden der Stadt, was angesichts des Abwärtstrends in der jüngeren Vergangenheit kaum noch nachzuvollziehen ist. Rincon Hill am Wasser und die Straßen um den South Park waren das Zuhause wohlhabender Geschäftsleute, die im Financial District arbeiteten. Nach der Erfindung der Cable Car in den 80er Jahren des 19. Jhs. zog es die betuchtere Einwohnerschaft jedoch rasch nach Nob Hill, und 30 Jahre später bestand South of Market im Wesentlichen nur noch aus Industriegebieten und Lagerhäusern. Die verbliebene Arbeitergemeinde wurde durch die Brände nach dem Erdbeben von 1906 weitgehend vertrieben, und der Rincon Hill wurde schließlich in den 30er Jahren abgetragen, um Platz für die neue **Bay Bridge** zu schaffen. In den 90er Jahren wurden immer mehr Fabriken und Lagerhäuser zu Bürogebäuden für Internet-Firmen umgestaltet, wodurch ein lebendiges und pulsierendes, vorwiegend von jungen Leuten bevölkertes Viertel entstand. Doch nachdem die aufgeblähte Internet-Blase geplatzt war, ging es auch mit SoMa bergab, und die zahlreichen leer stehenden Bürogebäude zeugen vom neuerlichen Kampf ums wirtschaftliche Überleben. Auch heute noch gibt es Abschnitte in SoMa, die als ausgesprochen gefährlich einzustufen sind. Am berüchtigtsten ist die Sixth Street, wo am helllichten Tag und auf offener Straße Drogengeschäfte abgewickelt werden. Es ist daher ratsam, entsprechend wachsam zu sein und keine Wertgegenstände offen zur Schau zu tragen.

Viktorianische Gebäude

Die aus erlesenen, in den Marin Headlands abgeholzten Küstensequoien errichteten viktorianischen Gebäude San Franciscos erfreuten sich Ende des 19. Jhs. größter Beliebtheit und wurden von Hausbesitzern bevorzugt, die ihrem Heim eine unverwechselbare, individuelle Note verleihen wollten. Die Herrlichkeit fand 1906 ein jähes Ende, als die meisten dieser Gebäude auf dem Nob Hill Opfer des Erdbebens und des Feuers wurden. Ein Wiederaufbau war angesichts der kahl geschlagenen Hänge im Marin County schwierig, zudem kam allzu üppiger Fassadenschmuck nach 1906 aus der Mode und wurde zugunsten bescheidenerer Stein- und Stuckelemente, die man bis heute in der Stadt sehen kann, aufgegeben. Das Zusammenspiel von Nostalgie, Tourismus, Hochkonjunktur und tausender neuer Hausbesitzer verhalf dem viktorianischen Stil in San Francisco jedoch zu einer Renaissance. 1976 führte die nationale Kulturstiftung der USA, NEA, eine Erhebung durch und erfasste 13 487 viktorianische Gebäude in San Francisco. Gleichzeitig wurden größte Anstrengungen unternommen, vom Zerfall bedrohte Häuser in den Bezirken Haight-Ashbury, Western Addition, Noe Valley und in weiter südlich gelegenen Gegenden zu retten. Heute können die Bauunternehmen der Stadt bei der Restaurierung solcher Gebäude mit einem lukrativen Geschäft rechnen. Ein „gerettetes" Haus ist nur selten für weniger als $500 000 zu haben, egal wie heruntergekommen die Umgebung ist.

Die große neue Attraktion in dieser Gegend ist vorübergehender Natur: Die ursprünglich im Golden Gate Park beheimatete **California Academy of Sciences**, 875 Howard St, Ecke 5th St, ✆ 415/321-8000, 💻 www.calacademy.org, wurde bis Ende 2008 hierher verlegt, während der angestammte Standort grundlegend umgestaltet wird (im Foyer befindet sich ein Modell des neuen Entwurfs von Renzo Piano, das ein umweltfreundliches, modernistisches Gebäude zeigt). Am derzeitigen Standort wird auf zwei Etagen in industrieller Umgebung eine kleinere Sammlung gezeigt, die für Erwachsene weniger faszinierend, für Kinder dagegen die reinste Freude ist; entsprechend viele Schulklassen machen während der Woche einen Ausflug hierher. Wechselnde technische und wissenschaftliche Exponate sind auf die beiden Stockwerke verteilt, daneben gibt es *Nature's Nest*, einen Spielraum zum Thema Natur für Kinder unter 5 Jahren. Das **Steinhart Aquarium** hat hier ebenfalls eine – wenn auch sehr kleine – Bleibe bis 2008 gefunden. Besonders interessant ist das Becken mit den pelzigen, rosaweißen Seeanemonen und den scheuen, seltsam harmlos erscheinenden Piranhas, die am Boden des Beckens lauern. ⏲ tgl. 10–17 Uhr, Führungen Mi und Do 10–14, Fr 10–24 Uhr, Eintritt $7.

Entlang der Bucht sind im aufstrebenden Viertel **South Beach** inzwischen neue, teure Wohnkomplexe entstanden. Außerdem wurden städtische Bauprojekte in Angriff genommen, um die Transportsituation zu verbessern und den Uferbereich zu verschönern, der lange Zeit von dem glücklicherweise inzwischen verschwundenen Freeway verschandelt wurde. Einen Häuserblock vom Ufer entfernt befindet sich das **Rincon Center**, 101 Spear St, Ecke Mission St. Das ehemalige US Post Office wurde 1939 errichtet und ist ein schönes Beispiel für die Architektur der Moderne während der Weltwirtschaftskrise. Außen zeichnet sich das Gebäude durch eine gewisse Schlichtheit aus, während das Innere reich dekoriert ist, die Lobby beispielsweise mit Wandgemälden zur kalifornischen Geschichte. In den 80er Jahren entwickelte sich der Komplex zu einem Einkaufszentrum für Yuppies. Heute beherbergt er auch einige gute Restaurants.

Die Umgebung der Second Street in SoMa war besonders schwer vom Absturz der Internet-Industrie betroffen. Viele Firmen, die einst den örtlichen Immobilienmarkt anheizten, sind verschwunden und haben nichts übrig gelassen als schicke Büromöbel und Schilder mit der Aufschrift „Zu vermieten". Zwei Sehenswürdigkeiten lohnen jedoch einen Abstecher; eine davon ist die **California Historical Society**, 678 Mission St, Ecke Second St, ✆ 415/357-1848, 💻 www.californiahistoricalsociety.org. Dieses winzige und unkonventionelle Juwel zeigt Exponate zur Geschichte des Bundesstaates, darunter auch Karten und Fotografien. Besonders gelungen ist die Darstellung der kulturellen und politischen Auswirkungen der frühen spanischen Besiedlung. ⏲ Mi–Sa 12–16.30 Uhr, Eintritt $3.

Gegenüber steht eine weitere reizvolle, aber häufig nicht beachtete Attraktion, das **Cartoon Art Museum**, 655 Mission St, Ecke New Montgomery St, ✆ 415/227-8669, 💻 www.cartoonart.org. Das Museum zeigt wechselnde Ausstellungen und beliebte Comics. ⏲ Di–So 11–17 Uhr, Eintritt $6, am 1. Di im Monat freiwillige Spende.

Bis vor ungefähr einem Jahrzehnt war die Third Street, die nur wenige Minuten von der Touristengegend um die Market Street entfernt liegt, eine berüchtigte Straße mit einer hohen Kriminalitätsrate. Die neue Welle der Bautätigkeit, in deren Zentrum die Yerba Buena Gardens stehen, ist ein Anzeichen dafür, wie ernst es der Stadtverwaltung damit ist, dieses Viertel fein herauszuputzen. Auf den einladenden Rasenflächen der **Yerba Buena Gardens** wimmelt es an warmen Wochentagen zur Mittagszeit von Büroangestellten. Auf keinen Fall auslassen sollte man den 15 m hohen Granitwasserfall am östlichen Rand des Parks, der als Denkmal für Martin Luther King errichtet wurde und Auszüge aus seinen Reden als Inschriften trägt. Auf einer Terrasse oberhalb des Wasserfalls beherbergt der Sister Cities Garden Pflanzen aus 13 Städten aus aller Welt, die eine Städtepartnerschaft mit San Francisco pflegen. Hier finden sich beispielsweise Kamelien aus Shanghai und Alpenveilchen aus Haifa.

Zu beiden Seiten der Buena Gardens locken zwei neue Attraktionen – zunächst östlich der Grünflächen das **Yerba Buena Center for the Arts**, 701 Mission St, Ecke 3rd St, ✆ 415/978-2787, 💻 www.ybca.org. Es war ursprünglich als Forum für lokale Kunstprojekte geplant, hat sein Spektrum aber erweitert und ist jetzt mit seinen zwei Hauptsälen auch Veranstaltungsort für internationale Wanderausstellungen und Aufführungen. Im kleinen Vorführraum im 2. Stock werden neben experimentellen Arbeiten lokaler Filmemacher auch Kult- und Underground-Filme gezeigt. Das aktuelle Programm ist auf der Website des Zentrums nachzulesen. ⌚ Do–Sa 12–20, So, Di, Mi 12–17, 1. Do im Monat 11–20 Uhr, Eintritt $6.

Das Vorzeigemuseum des Viertels, vielleicht sogar der ganzen Stadt, ist das gegenüber dem Center for the Arts liegende **San Francisco Museum of Modern Art**, 151 3rd St, ✆ 415/357-4000, 💻 www.sfmoma.org. Dieses 1995 eingeweihte Objekt wird derart vergöttert, dass es an der Last der über ihm ausgeschütteten Superlative zu ersticken droht. Der von dem Schweizer Architekten Mario Botta entworfene, angeblich $62 Millionen teure Komplex ist zweifelsohne ein eindrucksvolles Bauwerk und wetteifert um den Titel des besten Ausstellungsortes an der Westküste. Das SFMoMA zeigt Wanderausstellungen aus New York und Europa und ist bemüht, eine Sammlung zusammenzustellen, die dem Bauwerk gerecht wird. Dabei sind die Wanderausstellungen allerdings beeindruckender als die etwas zusammengewürfelten Dauerexponate. Die temporären Ausstellungen befinden sich in den oberen Stockwerken, doch besonders sehenswert ist auch der Skulpturengarten unter freiem Himmel im 4. Obergeschoss. Die besten Arbeiten der permanenten Sammlung stammen von der kalifornischen Schule, darunter Werke von Richard Diebenkorn sowie von Frida Kahlo und Diego Rivera, und auch die Sammlung von Arbeiten des abstrakten Expressionismus mit Werken von Mark Rothko, Jackson Pollock und Robert Rauschenberg ist bemerkenswert. So qualitativ hochwertig die Kunst im Innern auch sein mag – das Gebäude selbst stiehlt allen die Show und lohnt allein schon einen Besuch. Ein enormes Dachfenster flutet den zentralen Ausstellungsbereich mit Licht, während die oberen Galerien durch einen Schwindel erregenden Laufsteg aus Metall miteinander verbunden sind. ⌚ Juni–Aug Fr Di 10–18, Do 10–21 Uhr, Mi geschlossen, Eintritt $10, 1. Di im Monat Eintritt frei, Do 18–21 Uhr halber Preis.

Neben den herrlichen Gärten befindet sich eine der unattraktivsten Sehenswürdigkeiten der Stadt, der futuristische Einkaufskomplex **Sony Metreon**, 101 4th St, Ecke Mission St, ✆ 415/369-6000, 💻 www.metreon.com. Aufgrund der ebenso krassen wie gnadenlosen Selbstbeweihräucherung des Unternehmens und seiner Produktepräsentiert sich das mit Arcade Games vollgestopfte Metreon als Einkaufszentrum leer und ziemlich langweilig. Der einzige Vorteil ist laut Aussage von Einheimischen die Tatsache, dass es jetzt ein großes Kino in bequemer Reichweite von Downtown und ein IMAX-Kino gibt (Programm und Preise unter 💻 www.metreon.com). ⌚ tgl. 10–22 Uhr.

Folgt man der völlig reizlosen Third Street gen Süden, erreicht man über eine kleine Gasse neben einer Tankstelle die unvermutete Idylle der europäisch anmutenden Enklave **South Park**. Der Park war einst *der* Treffpunkt der Multimedia-Gemeinde von SoMa, doch angesichts des schlechten Gesundheitszustandes dieses Wirtschaftszweiges nehmen immer weniger Büroangestellte hier ihr Mittagessen ein. Die Geschäfte und Cafés sind nicht billig, aber die schöne Atmosphäre lädt zu einer Mittagspause ein. Neben dem Jackson Square ist dies die einzige Gegend der Stadt, die wirklich wie ein Fenster in die Vergangenheit wirkt, und mit etwas Fantasie lässt sich leicht vorstellen, wie die Pferdekutschen einst gemütlich um das schlanke Oval klapperten.

Der Name des neuen, südlich des South Park gelegenen Baseball-Stadions der San Francisco Giants mag zwar nicht sonderlich schön sein, doch stellt der **SBC Park**, ✆ 415/972-2000, 💻 www.sfgiants.com, zweifelsohne eine immense Verbesserung gegenüber der alten, zugigen Spielstätte des Candlestick Park dar. Das neue Stadion nimmt einen der sonnenverwöhntesten Plätze der Stadt ein. Wer nur das Stadion, aber kein Spiel sehen möchte, kann an einer der hervorragenden Führungen teilnehmen, die am *Dugout Store* in der Third Street beginnen (tgl. außer an Heimspieltagen 10.30 und 12.30 Uhr). Die Tickets kosten $10 – mehr als eine Eintrittskarte für die billigen Plätze, aber dafür bekommt man Gelegenheit, auf der gepolsterten Ersatzbank Platz zu nehmen und über das Spielfeld zu laufen. Von den oberen Logen eröffnen sich außerdem vorzügliche Ausblicke auf die Stadt bis hin zur Bay Bridge. Infos zu den Spielen der Giants s.S. 521.

Der Abschnitt der **Folsom Street** weiter südöstlich um die Eleventh Street bietet tagsüber kaum Interessantes, erwacht aber nachts zum Leben. Die Gegend war lange Zeit eine Bastion der Lederszene und bietet heute eine Vielzahl von Bars, Clubs und Restaurants, die alle subkulturellen Strömungen bedienen. Im Zentrum des Treibens steht die Eleventh Street, die sich als Adresse für Nachtschwärmer empfiehlt, solange man sich nicht an den langen Warteschlangen stört.

The Tenderloin

Das zwischen Civic Center und Union Square nördlich der Market Street gelegene Viertel The Tenderloin zählt zu den ärmsten und gefährlichsten Gegenden San Franciscos, obwohl es nur wenige Gehminuten vom touristischen Zentrum entfernt liegt. Das kaum mehr als vier mal fünf Häuserblocks umfassende Areal ist und bleibt ein Schandfleck im Herzen der Stadt, doch passiert einem hier als Tourist in der Regel nichts, solange man seinem gesunden Menschenverstand folgt und sich nicht daran stört, wenn Stadtstreicher um Geld betteln. Erhöhte Vorsicht ist allerdings bei Dunkelheit geboten, und die Gegend um die Taylor Street, besonders in Höhe Turk Street und Eddy Street, sollte nach Möglichkeit ganz gemieden werden.

Der Ursprung des etwas merkwürdigen Namens Tenderloin („Lendenstück") ist nicht eindeutig zu klären. Eine Version lautet, dass die hier im 19. Jh. patrouillierenden Polizisten mit besonders zarten Steaks für ihren gefährlichen Streifendienst entschädigt wurden. Eine weniger schmeichelhafte Geschichte erzählt davon, dass es sich die Polizisten dank der permanent fließenden Bestechungsgelder aus den Spielhöllen und Freudenhäusern leisten konnten, in den besten Restaurants der Stadt zu speisen. Wieder andere Varianten beziehen sich auf die Haxenform des Viertels oder auf die offene „Fleischbeschau" in den hiesigen Bordellen. Wie dem auch sei – seit jeher handelt es sich um die zwielichtigste Gegend der Stadt und das Zentrum von San Franciscos dynamischer Sex-Industrie.

In jüngster Zeit haben die vielen pakistanischen und südostasiatischen Einwanderer einen Wandel in der Gegend eingeleitet und zahlreiche Speiselokale eröffnet, in denen es preiswerte Currys oder vietnamesische Nudelsuppen gibt. Wer es nicht allzu eilig hat, durch das Viertel zu kommen, wird zwischen all den dunklen Ecken der Gegend auch einige versteckte Winkel entdecken, die einen Blick wert sind, allen voran die **Glide Memorial Church**, 330 Ellis St, Ecke Taylor St, ✆ 415/674-6000, 💻 www.glide.org. Die Kirche leistet ein breites Spektrum an sozialen Diensten für die Notleidenden des Viertels, ist aber vor allem für seinen ausgelassenen sonntäglichen Gottesdienst bekannt (9 und 11 Uhr), der ein bunt gemischtes Publikum anzieht, wobei sich auch die eine oder andere Drag Queen unter die frommen Kirchgänger mischt. Wer sich einen Platz in der Hauptkirche sichern möchte, sollte mindestens eine Stunde vorher erscheinen. Ist die Kirche voll, kann man sich eine Videoübertragung in einem kleineren Nebenraum anschauen. Wer einen Besuch am Sonntag nicht einrichten kann, sollte sich zumindest die Aids-Gedenkkapelle im Innern anschauen. Das Triptychon auf dem Altar war eine der letzten Arbeiten des Künstlers Keith Haring, bevor er an der Immunschwächekrankheit starb.

Am westlichen Rand von Tenderloin liegt in der Polk Street (zwischen Farrell Street und California Street) **Polk Gulch**, ein Versammlungspunkt der transsexuellen Gemeinde San Franciscos und Zentrum der Prostitution. In dieser Gegend ließen sich Anfang der 70er Jahre viele der aus Haight-Ashbury verdrängten Privat- und Geschäftsleute nieder. Heute ist diese Ecke vor allem wegen mehrerer berühmter Schwulenbars bekannt, von denen die Straßen hier einst ebenso gesäumt wurden wie von Strichjungen und Prostituierten.

An der Kreuzung von O'Farrell Street und Polk Street befindet sich eine Art Wahrzeichen des Viertels, der Stripclub **Mitchell Brothers O' Farrell Theatre**, ✆ 415/776-6686, 💻 www.ofarrell.com. Die Mitchell-Brüder gelangten in den 70er Jahren zu einiger Berühmtheit, als sie das Werbemodel Marilyn Chambers überredeten, in ihrem Pornofilm *Behind the Green Door* mitzuspielen, der in Cannes uraufgeführt wurde. Im folgenden Jahrzehnt geriet das Brüderpaar allmählich in Vergessenheit, kehrte dann aber wieder umso tragischer in die Schlagzeilen zurück, als Jim Mitchell 1991 seinen Bruder Artie erschoss. 🕓 11.30–2 Uhr, Eintritt $15–40.

Civic Center

Unmittelbar südwestlich des zwielichtigen Tenderloin erhebt sich San Franciscos großartigstes architektonisches Ensemble. Der als Civic Center bezeichnete Gebäudekomplex im Beaux-Arts-Stil wurde von dem brillanten Stadtplaner Daniel Burnham entworfen. Wäre es nach seinen Plänen gegangen, hätte er San Francisco schon vor 1906 eingeebnet, um Boulevard-ähnliche Verkehrsadern anzulegen, die sich von einem zentralen Punkt wie Speichen über die ganze Stadt ausbreiten sollten; daneben plante er auch ein ausgedehntes U-Bahn-Netz und einen prachtvollen Platz. Doch leider wurden Burnhams Pläne nach dem Erdbeben von der Bürokratie so weit verwässert, bis schließlich nur noch der Bau des städtischen Platzes bewilligt wurde, der jedoch erst mehrere Jahre nach seinem Tod entstand.

Die meisten Besucher erreichen das Civic Center über die MUNI/BART-Station an der Ecke Market Street und Leavenworth Street. Sie betreten nach Verlassen der U-Bahn die **United Nations Plaza**, die an die Gründung der UNO 1949 an diesem Ort erinnert – zu erkennen auch an der in eine schwarze Steinplatte gemeißelten UN-Charta. Der Platz mit seinen Springbrunnen und den vielen Obdachlosen lädt nicht zum Verweilen ein, erwacht aber mittwochs und sonntags zum Leben wenn hier von Sonnenaufgang bis zum Einbruch der Dunkelheit ein **Farmer-Markt** stattfindet, wo man mittags sehr gut eine preiswerte Mahlzeit einnehmen kann.

Das erste ins Auge fallende Bauwerk ist die **San Francisco Public Library**, 100 Larkin St, Ecke Grove St, ✆ 415/557-4400, 💻 www.sfpl.lib.ca.us. Der Umzug der öffentlichen Bibliothek von ihrem ursprünglichen Standort (in dem sich jetzt das Asian Art Museum befindet, s.u.) im Jahre 1996 ging nicht ohne Kontroversen vonstatten, denn das elegante neue Gebäude verfügt zwar über ein großes, lichtdurchflutetes Atrium im Zentrum und jede Menge gemütliche Sitzplätze für die Leser, bietet aber viel zu wenig Platz für die Bücher. Wiederholt mussten Teile des großen Bestandes verkauft werden, um Platz in den neuen Räumlichkeiten zu schaffen. Die Bibliothek beherbergt auch das nach dem homosexuellen Aktivisten und Fleischmagnaten benannte James C. Hormel Gay and Lesbian Center. Dessen Kuppeldecke ziert ein Wandgemälde mit führenden Persönlichkeiten aus der Schwulenliteratur und Aktivisten, die sich für die Rechte der Homosexuellen eingesetzt haben. 🕒 Mo und Sa 10–18, Di–Do 9–20, Fr 12–18, So 12–17 Uhr, Eintritt frei.

Nebenan steht nun das von seinem ursprünglichen, vom Erdbeben heimgesuchten Standort neben dem M.H. de Young Museum im Golden Gate Park umquartierte **Asian Art Museum**, 200 Larkin St, Ecke McAllister, ✆ 415/581-3500, 💻 www.asianart.org. Geleitet wurde der Umbau von Gae Aulenti, die u.a. das fantastische Musée d'Orsay in Paris aus einem schmuddeligen alten Bahnhof hervorzauberte. Aulenti gestaltete das muffige und mit Bücherstapeln vollgestopfte Innere zu einen freundlichen, offenen Raum, der sich ideal für die Präsentation der aus über 10 000 Gemälden, Skulpturen, Keramikobjekten und Textilien aus ganz Asien bestehen Sammlung eignet. Die Größe des Museums ist so überwältigend, dass sich zur Orientierung auf jeden Fall eine Audioführung per Kopfhörer empfiehlt (die vom Personal geleiteten Führungen sind weniger überzeugend und werden zudem mit halsbrecherischer Geschwindigkeit durchgezogen). Das wertvollste Stück ist zweifelsohne das älteste bekannte chinesische Buddha-Bildnis aus dem Jahre 338. Zum Komplex gehört ein vorzügliches, preiswertes Café, dass auch für Nicht-Besucher zugänglich ist (s.S. 491, *Café Asia*). 🕒 Di–Mi und Fr–So 10–17, Do 10–21 Uhr, Eintritt $10, Do nach 17 Uhr $5, 1. Di im Monat Eintritt frei.

Der zentrale Platz vor diesen Gebäuden wird meistens von einer Mischung aus politischen Demonstranten und Obdachlosen bevölkert. Auf der anderen Seite der Plaza steht die prächtige **City Hall**, ✆ 415/554-4799, 💻 www.ci.sf.ca.us/cityhall. Nachdem das erste Rathaus der Stadt 1906 zerstört worden war, wurde ein Wettbewerb um den Entwurf eines neuen Gebäudes mit einem Preisgeld von $25 000 ausgeschrieben, den die Architekten Bakewell und Brown, Absolventen der École des Beaux Arts in Paris, gewannen. Der Bau der City Hall verschlang erstaunliche $3,5 Millionen und beinhaltete über 40 000 m² Marmor, der eigens aus Vermont und New Hampshire an der amerikanischen Ostküste sowie aus Italien angeliefert wurde. 1978 gelang es hier dem konservativen Ex-Stadtrat Dan White, die Sicherheitskontrollen zu passieren und den Bürgermeister George Moscone sowie den schwulen Stadtrat Harvey Milk zu erschießen. Als White später lediglich des Totschlags (nicht des Mordes) für schuldig befunden wurde, kam es hier zu gewalttätigen Ausschreitungen, bei denen wütende Demonstranten Polizeifahrzeuge in Brand steckten und die Türen der City Hall stürmten (s.S. 475, Kasten). Am besten lässt sich das Gebäude im Rahmen der häufig stattfindenden kostenlosen Führungen besichtigen (Mo–Fr 10, 12, 14, Sa 12.30 Uhr), für die man sich am Docent Tour Kiosk an der zur Van Ness Avenue gelegenen Seite des Hauptgebäudes anmelden kann. ⌚ Mo–Fr 8–20, Sa 12–16 Uhr.

Unmittelbar hinter der City Hall liegen San Franciscos große Musentempel. Der vornehmste ist das **War Memorial Opera House**, wo 1945 die Charta der Vereinten Nationen unterzeichnet wurde. Heute steht die zurückhaltende Erhabenheit der Spielstätte der San Francisco Opera and Ballet in scharfem Kontrast zur riesigen, aquariumartigen **Louise M. Davies Symphony Hall** einen Block weiter. Der modernistische Bau entstand 1980 für annähernd $35 Millionen und hat einige Anhänger im Lager der progressiveren Architektengemeinde, doch insgesamt herrscht die Meinung vor, dass es sich um eine Geschmacksverirrung innerhalb der ansonsten harmonischen Anlage des Civic Center handelt. Beide Institutionen werden mit beträchtlichen Subventionen bedacht, und regelmäßig trifft sich hier San Franciscos heimliche Elite. Leider erstrecken sich die Fördermittel nicht auf die Aufführungen selbst, weshalb man sich keinen Illusionen über günstige Eintrittspreise hinzugeben braucht. Ausführliche Informationen zu den Spielplänen der Ballett- und Opernhäuser s.S. 510ff. (Klassik, Theater und Comedy).

The Mission

Die Bewohner der Stadt bezeichnen The Mission häufig als „Viertel im Wandel", was rückblickend auf die gesamte 200 Jahre alte Geschichte des Bezirks zutrifft. Nach der Annektierung Kaliforniens zog es immer wieder Einwanderer in die Gegend, zuerst Skandinavier, dann vermehrt Iren und noch später zahlreiche Latinos. Heute zeichnet sich das einst deutlich spanisch geprägte Viertel durch zahlreiche Szene-Bars und Restaurants aus, die vor allem in der Valencia Street langsam die alteingesessenen Taquerias und Lebensmittelgeschäfte verdrängen.

In seiner Geschichte zählte das Viertel abwechselnd zu den reichsten und zu den ärmsten Gegenden der Stadt, und der jetzige Wandel stellt nur einen von vielen dar. Was hier immer gleich bleibt, ist der strahlend blaue Himmel. Die aufragenden Twin Peaks bilden einen massiven Windschutz, sodass The Mission selbst dann noch sonnenbeschienen und relativ warm ist, wenn der Rest der Stadt von Kälte und Nebel heimgesucht wird.

Vorsicht ist in der Mission Street zwischen 14th Street und 19th Street geboten, denn dort treiben häufig Banden ihr Unwesen. Daher sollte man dort zu keiner Tageszeit mit einem Stadtplan in der Hand herumlaufen.

Der Name des Viertels geht auf das älteste Gebäude der Stadt zurück, die **Misión San Francisco de Asis**, 3321 16th St, Ecke Dolores St, die allgemein als **Mission Dolores** bekannt ist, ✆ 415/621-8203, 💻 www.graphicmode.com/missiondolores. Die am 29. Juni 1776 erste in der Mission Dolores abgehaltene Messe markiert das offizielle Gründungsdatum der Stadt, obgleich die Gegend damals noch Yerba Buena hieß. An der Architektur der Mission lässt sich die nachfolgende Entwicklung San Franciscos ablesen: Das ursprüngliche Gebäude aus dem Jahr 1782 ist flach und relativ bescheiden gehalten, während die benachbarte auffälligere Basilika von 1913 reich verziert ist. Abgesehen von den gelegentlich einfallenden Horden aus den Tourbussen bleibt es recht friedlich, sodass man in aller Ruhe einen Blick in die Vergangenheit der Stadt werfen kann. Auf dem Friedhof hinter dem Gebäude (ein berühmter Schauplatz in Hitchcocks *Vertigo)* ruhen die Gründer der Mission sowie hunderte zwangskonvertierter Ureinwohner. Im Gegensatz zur historischen Scheinwelt der Fisherman's Warf ist die Mission eines der besten Zeugnisse der Geschichte und auf alle Fälle einen Besuch wert. ⌚ tgl. 9–16 Uhr, Eintritt frei.

Ein kurzer Fußmarsch entlang der prachtvollen, breiten und palmengesäumten Dolores Street führt zum **Dolores** Park, dessen Hang ein beliebtes Plätzchen zum Sonnen ist. An Wochenenden verwandelt sich die südwestliche Ecke sogar in den „Dolores Beach", wo Schwule aus dem Castro-Viertel ihre im Fitnessstudio gestählten Körper bräunen.

Das neben der Mission bekannteste lokale Wahrzeichen ist wesentlich jüngeren Datums und nennt sich **Women's Building**, 3543 18th St, Ecke Guerrero St, ✆ 415/431-1180, 💻 www.womensbuilding.org. Es handelt sich um ein Gemeinde-

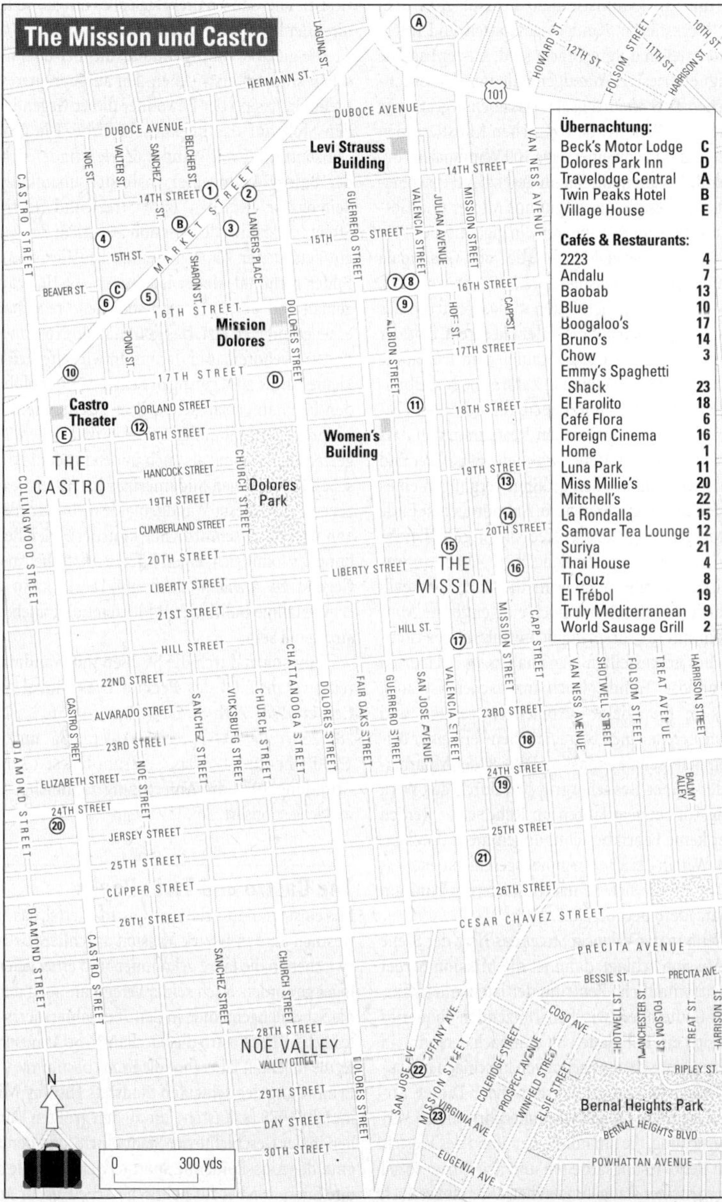
The Mission und Castro
Übernachtung:
Beck's Motor Lodge C
Dolores Park Inn D
Travelodge Central A
Twin Peaks Hotel B
Village House E
Cafés & Restaurants:
2223 4
Andalu 7
Baobab 13
Blue 10
Boogaloo's 17
Bruno's 14
Chow 3
Emmy's Spaghetti Shack 23
El Farolito 18
Café Flora 6
Foreign Cinema 16
Home 1
Luna Park 11
Miss Millie's 20
Mitchell's 22
La Rondalla 15
Samovar Tea Lounge 12
Suriya 21
Thai House 4
Ti Couz 8
El Trébol 19
Truly Mediterranean 9
World Sausage Grill 2
Levi Strauss Building
Mission Dolores
Castro Theater
Women's Building
Dolores Park
THE CASTRO
THE MISSION
NOE VALLEY
Bernal Heights Park
Twin Peaks
MARKET STREET
DUBOCE AVENUE
HERMANN ST.
LAGUNA ST.
14TH STREET
15TH STREET
16TH STREET
17TH STREET
18TH STREET
19TH STREET
20TH STREET
LIBERTY STREET
21ST STREET
HILL STREET
22ND STREET
23RD STREET
24TH STREET
25TH STREET
26TH STREET
CESAR CHAVEZ STREET
PRECITA AVENUE
28TH STREET
29TH STREET
DAY STREET
30TH STREET
CASTRO STREET
COLLINGWOOD STREET
DIAMOND STREET
NOE ST.
SANCHEZ ST.
CHURCH STREET
DOLORES STREET
GUERRERO STREET
VALENCIA STREET
MISSION STREET
VAN NESS AVENUE
CAPP STREET
HOWARD ST.
FOLSOM STREET
HARRISON ST.
N
0 300 yds

zentrum mit feministischem Einschlag, in dem auch Werkstätten, Kindertagesstätten und Informationsstellen untergebracht sind. An der Fassade prangt ein riesiges Wandgemälde mit dem fürchterlichen Titel *Maestrapeace*. Das ebenso große wie schwierige Werk wurde von sieben Künstlerinnen konzipiert und von einem aus 100 Wandmalern bestehenden Team in die Tat umgesetzt. Auf einer Seite ist eine riesige Mischfigur aus Mutter und Göttin zu sehen, auf der anderen ein gigantisches Porträt von Rigoberta Menchú, der aus Guatemala stammenden Friedensnobelpreisträgerin von 1992.

Auf dem Weg nach Osten in das Zentrum des Viertels stößt man auf die **Valencia Street**, eine der besten Gegenden zum Einkaufen und Essen, die San Francisco zu bieten hat. Zahlreiche Nobelboutiquen wechseln sich mit Secondhand-Läden, Taquerias und schicken neuen Restaurants ab. Das Stöbern auf dieser Meile zwischen 16th Street und 24th Street zählt zu den größten Vergnügen eines Aufenthalts in San Francisco. Am nördlichen Ende steht in der 250 Valencia Street die original **Levi's-Fabrik**, ein großes, zitronengelbes Gebäude etwas abseits der Straße. Auch wenn die heute von Levi's produzierten Hosen nur noch eine entfernte Ähnlichkeit mit den ursprünglich während des Goldrausches hergestellten Jeans haben, überdauerten sie zahllose Trends. Doch inzwischen ist auch Levi's in finanzielle Turbulenzen geraten und musste bereits einen beträchtlichen Teil seiner örtlichen Belegschaft entlassen. Da sich der Mitarbeiter, der früher Besuchergruppen durch das Werk führte, vor ein paar Jahren zur Ruhe setzte, werden leider keine Fabrikbesichtigungen mehr durchgeführt. Wer an der Unternehmensgeschichte interessiert ist, muss sich in das Besucherzentrum am Embarcadero begeben (s.S. 520).

Wenn in der Valencia Street das Herz der Szene von Mission schlägt, dann ist die **Mission Street** das wirtschaftliche Zentrum der lateinamerikanischen Gemeinde. Zwischen Dutzenden Taquerias reiht sich ein Billigladen an den nächsten, um ein nahezu identischen Angebot von kitschigen religiösen Gegenständen zu verramschen. Dieser Abschnitt ist bislang so gut wie unberührt von der Verbürgerlichung, die am nördlichen Rand des Viertels durch Renovierungsarbeiten und den Zuzug sozial Bessergestellter stattgefunden hat. Zwar gibt es auch hier inzwischen ein paar Szenekneipen, doch im Großen und Ganzen dreht sich alles um die Bedürfnisse der lateinamerikanischen Anwohner.

Die gut 200 **Wandgemälde**, die hier überall zu sehen sind, unterstreichen den ausgeprägten Gemeinschaftssinn der Bewohner dieser Gegend und den Stolz auf das hispanische Erbe. Die größte Konzentration von Wandmalereien findet sich in der **Balmy Alley**, einer ansonsten unauffälligen Seitengasse zwischen Treat Street und Harrison Street (südöstlich der Mission Street), in der kaum ein Zentimeter Wand unbemalt ist. Hier sind die Bilder nicht auf Mauern, sondern auf Holzzäune gemalt und werden dementsprechend regelmäßig erneuert oder ersetzt. Das kommunale Projekt wurde 1973 geboren, und daraus entwickelte sich die kleine Straße zum geistigen Zentrum einer blühenden lateinamerikanischen Kunstszene, die ihren Ursprung sowohl in der US-amerikanischen Bürgerrechtsbewegung als auch in den prodemokratischen Bewegungen Südamerikas hat. Offen gesagt zeugen viele dieser Wandgemälde nicht unbedingt von überdurchschnittlicher künstlerischer Begabung. Es lohnt sich, einen kurzen Abstecher in die Gegend zu machen, doch auf Dauer kann die schwerfällige politische Bildersymbolik auch anstrengend sein.

Führungen durch die Straßen mit Wandmalereien veranstaltet das **Precita Eyes Mural Arts Center**, 2981 24th St, Ecke Harrison St, ✆ 415/285-2287, 💻 www.precitaeyes.org, Sa und So 13.30 Uhr für $12. Das Zentrum hat seit seiner Gründung 1971 die Anfertigung zahlreicher Gemälde gesponsert.

The Castro und Twin Peaks

Das einst wild-ausgelassene Castro-Viertel, das sich westlich an den Bezirk Mission anschließt, ist inzwischen in die Jahre gekommen und erheblich ruhiger geworden. Nach seiner Vereinnahmung durch die Schwulengemeinde in den 70er Jahren herrschte auch in The Castro die bacchantische Atmosphäre, die in jenem Jahrzehnt die Szene bestimmte. Die Ermordung des schwulen Stadtrats **Harvey Milk** im Jahr 1978 (s. Kasten), die zu den größten Unruhen in der Geschichte der Stadt führte, und der Beginn der Aids-Epidemie spornte viele Schwule an, ihre Energie lieber für politische Arbeit als für Ausschweifungen einzusetzen.

Heute stellen die Schwulen in San Francisco eine zunehmend wohlhabende und politisch einflussreiche Gruppe dar, deren selbstbewusste, aufgeklärte Haltung sie wohl zur berühmtesten Schwulengemeinde der Welt macht. Mit diesem Bewusstsein hat jedoch auch ein gewisser Konservatismus Einzug gehalten. Während sich die Aktivisten für Themen wie Aids-Bekämpfung und die rechtliche Gleichstellung schwuler Paare stark machen, ziehen es viele vor, ihre unmittelbaren Bedürfnisse in den Mittelpunkt zu stellen und engagieren sich gegen Ladenketten und steigende Mieten.

Obgleich The Castro voller Leben ist, lässt sich in der Gegend merkwürdigerweise nur recht wenig unternehmen, sodass man einen Nachmittag oder Abend hier am besten bummelnd verbringt. Im Herzen Castros wimmelt es von Läden, Restaurants und Kneipen, die allesamt die Regenbogenfahne hochhalten. In diesem Abschnitt herrscht praktisch zu jeder Tages- und Nachtzeit reger Betrieb, ganz besonders am Sonntagnachmittag, wenn unzählige Männer auf den Gehsteigen flanieren, Kaffee trinken oder Ausschau nach potenziellen Sexpartnern halten. Mit etwas Glück sieht man eine Vertreterin der **Sisters of Perpetual Indulgence**, bei denen es sich um Freiwillige handelt, die in ihrer Verkleidung als weiß geschminkte Nonnen für Safer Sex und mehr HIV-Bewusstsein werben, indem sie in tuntenhafter Parodie die katholische Kirche auf den Arm nehmen. Wer die Menschenmassen nicht mehr aushält, kann sich in eine der äußerst gepflegten Seitenstraßen des Viertels zurückziehen, wo sich hell angestrichene viktorianische Häuser fein säuberlich aneinander reihen.

Die Ermordung von Harvey Milk

Acht Jahre nachdem die Straßenschlachten am New Yorker Stonewall Inn die Schwulenbewegung ins Rampenlicht gerückt hatten, wurde Harvey Milk, der Inhaber eines Fotoladens im Castro-Viertel, der sich offen zu seiner Homosexualität bekannte, 1977 zum Stadtrat gewählt und bald einer der bekanntesten schwulen Politiker des Landes.

Milk wurde von der Szene gefeiert und erhielt von ihr den Spitznamen „Bürgermeister der Castro Street“. Ein entsetzlicher Schock ereilte die Schwulengemeinde jedoch, als 1978 Milks Vorgänger **Dan White** im Rathaus erschien und sowohl Milk als auch Bürgermeister George Moscone erschoss.

White, ein ehemaliger Polizist, hatte seinen Posten geräumt, weil er, wie er angab, von dem kleinen Gehalt nicht leben konnte. Tatsächlich war er jedoch über die liberale Politik Moscones und Milks erbost, die sich mit seinen konservativen Ansichten nicht in Einklang bringen ließ.

Als kompromissloser Katholik und Sprecher der vielen irischen Arbeiterfamilien der Stadt sah sich White als Verteidiger der Familienwerte, die er durch die Rechte der Schwulen beschädigt glaubte. Bei seinem Prozess gab White an, er sei durch gesundheitsschädigende Stoffe in seiner Fastfood-lastigen Ernährung zeitweise nicht zurechnungsfähig gewesen – eine Aussage, die als **Twinkie Defense** (in Anlehnung an die gleichnamigen synthetischen, cremegefüllten Kekse) bekannt wurde. Das Gericht verurteilte ihn schließlich zu fünf Jahren Gefängnis wegen Totschlags. Die Schwulen reagierten mit äußerster Empörung auf das milde Urteil. In der so genannten **White Night** zogen sie vor die City Hall, stürzten Polizeifahrzeuge um und setzten sie in Brand. Es kam zu Krawallen, die San Francisco in seiner Geschichte kaum schlimmer erlebt hat. White wurde 1985 aus der Haft entlassen und zog nach Los Angeles, wo er kurz danach Selbstmord beging.

Als optimistische Schlussbemerkung bleibt zu erwähnen, dass der derzeitige Stadtrat Tom Ammiano, ein ehemaliger Bühnenkomiker, der laut Eigenaussage durch Milks Aktivismus erst den Mut fand, sein Schwulsein öffentlich zu machen, heute zu den politisch mächtigsten Köpfen der Stadt zählt. Erst vor kurzem verlor er die Bürgermeisterwahl gegen den heterosexuellen Geschäftsmann und Medienliebling Gavin Newsom, der sich seinerseits für die Belange der Schwulen und Lesben engagiert.

Ein Wahrzeichen des Viertels ist das **Castro Theater**, 429 Castro St, Ecke Market St, mit seinem hübschen, hell leuchtenden Art-déco-Neonschild. In prunkvollem Theaterambiente mit reich verzierten Rängen, Büsten heroischer Figuren und opulentem Deckenschmuck zeigt das Kino ausgesuchte Filmklassiker und Premieren auf seiner großen Leinwand. Vor jeder Vorstellung wird eine Wurlitzer-Orgel aus dem Bühnenunterboden hochgefahren, um ein musikalisches Potpourri anzustimmen, das unter dem Beifall des Publikums stets mit „San Francisco" endet.

Nach einem Gang durchs Castro-Viertel sollte man die Mühe nicht scheuen und die **Twin Peaks** besuchen. Von der Harvey Milk Plaza sind es ca. 1,5 Meilen entlang der Market Street bis zum Twin Peaks Boulevard (hinauf fährt der Bus Nr. 37). Die Twin Peaks sind die höchste Erhebung der Stadt und eröffnen einen Rundblick über die gesamte Halbinsel.

Angesichts der Tatsache, dass San Franciscos Immobilienpreise zum Teil die Qualität der Aussicht widerspiegeln, überrascht es nicht, dass man an den Hängen der Twin Peaks einige der unbezahlbarsten Häuser der Stadt findet. Tagsüber lichten Busladungen von Touristen die Aussicht mit ihren Kameras ab, und im Sommer warten hier oft ganze Besuchermassen darauf, dass sich der Nebel auflöst. Besser ist es nachts, wenn man zu beiden Seiten der Market Street die Wahrzeichen im Lichtermeer der Stadt entdecken kann.

Wer den Massen aus dem Weg gehen möchte, kann dies auf der unterhalb der Twin Peaks gelegenen kleinen Anhöhe des **Tank Hill**. Allerdings benötigt man dafür einen Stadtplan, um sich im Gewirr der Straßen zurechtzufinden, zudem ist es dort nach Einbruch der Dunkelheit manchmal etwas unheimlich.

Auch **Noe Valley** kann für einen kurzen Abstecher gut sein. Obgleich nur ein paar Häuserblocks von den Stadtteilen Castro und Mission entfernt, wirkt die ruhige Wohngegend Welten entfernt, was durch die steilen, abschirmenden Hügel noch verstärkt wird.

In der Hauptstraße des Viertels, der 24th Street, sieht man mitunter mehr Kinderwagen als Autos. Außer Cappuccinos zu schlürfen oder Strickjacken kaufen zu gehen, lässt sich hier allerdings kaum etwas unternehmen.

Haight-Ashbury

Zwei Meilen westlich von Downtown San Francisco erstreckt sich Haight-Ashbury, dessen Name synonym für eine ganze Ära steht und das seine daraus resultierende Berühmtheit seither gnadenlos in bare Münze zu verwandeln versucht. Das Viertel gehörte ursprünglich zur Western Addition, wurde aber inoffiziell abgetrennt, nachdem ein Bild der Grateful Dead um die Welt gegangen war, auf dem die Rockgruppe vor einem Straßenschild an der Kreuzung von Haight Street und Ashbury Street posierte – also genau an der Ecke, wo heute mit kaum zu überbietender Ironie eine Gap-Filiale steht. Trotz seiner Berühmtheit ist „The Haight" eigentlich recht klein und umfasst nicht mehr als acht Blocks mit attraktiven edwardianischen und viktorianischen Gebäuden. Die Nostalgie einiger Anwohner sollte jedoch nicht darüber hinwegtäuschen, dass dieses Viertel sich enorm verändert hat, seit es in den 60er Jahren zum Zentrum der Subkultur aufstieg. Haight-Ashbury im 21. Jh. mutet an wie ein Rummelplatz der unkonventionellen Kunstszene, voll gestopft mit schicken Designer-Boutiquen und Läden, die Hippie-Souvenirs verramschen. Wer ganz genau hinschaut, entdeckt aber noch hier und da die Überreste der radikalen Vergangenheit dieses Viertels, nämlich eine Hand voll Geschäfte, die linke Literatur und originale Hippie-Klamotten verkaufen, Cafés mit müßiggängerischen Intellektuellen und sogar noch ein paar echte überlebende Blumenkinder.

Die Divisadero Street teilt Haight-Ashbury in zwei ungefähr gleich große Hälften. Die eine davon, **Upper Haight**, erstreckt sich nach Westen bis zum Park, die andere, **Lower Haight**, nach Osten bis zur Buchanan Street. Obwohl weniger berühmt, ist Lower Haight derzeit die lebendigere Gegend.

Die Gegend von Lower Haight, die lange Zeit von Afroamerikanern dominiert wurde, hat sich in den vergangenen zehn Jahren durch junge britische Einwanderer zum Zentrum der Ravekultur San Franciscos entwickelt. DJ-Läden säumen die Haight Street zwischen der Webster und Divisadero Street, und Bars schlachten das Heimweh nach der Alten Welt gnadenlos aus (auch beim Essen). Obgleich die Szene weitgehend aus Lower Haight ins Mission-Viertel abgewandert ist, bleibt die Gegend in einem Zwiespalt zwischen ihrer alten und neuen Identität – ein Konflikt, bei dem Spannungen nicht

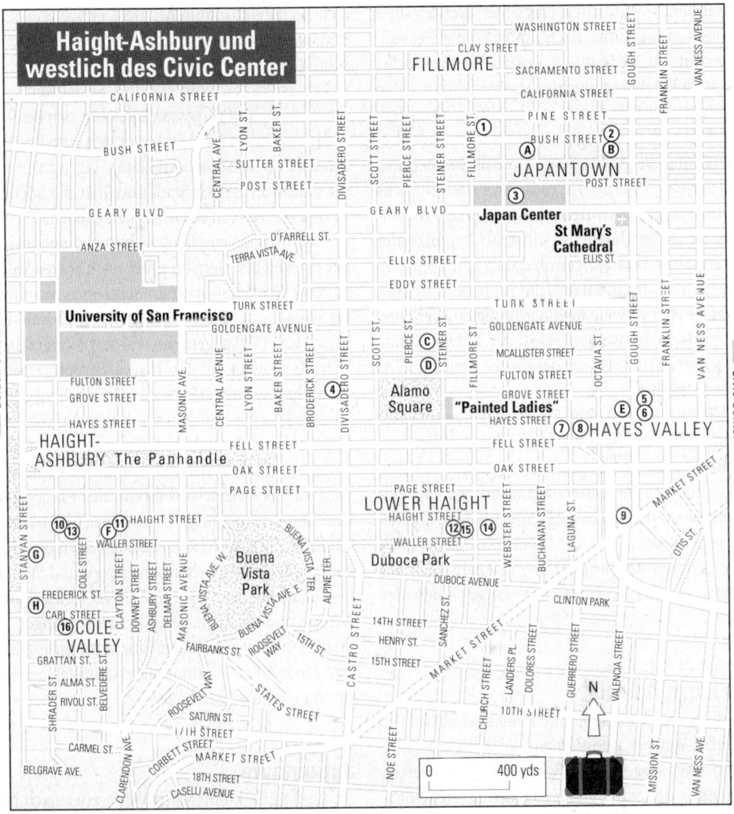

Cafés & Restaurants:

Absinthe	6	Kate's Kitchen	14	Suppenküche	7
Asqew Grill	10	Mifune	3	Thep Phanom	15
Brother-in-Laws Bar-B-Q	4	On the Bridge	3	Zona Rosa	11
Chez Nous	1	Quince	2	Zuni	9
EOS	16	Rosamunde Sausage Grille	12		
Escape from New York	13	Sapporo-Ya	3		
Frijtz	8	Stelline	5		

Übernachtung:

Archbishop's Mansion	D
Best Western Miyako	A
The Carl	H
Château Tivoli	C
Hayes Valley Inn	E
Queen Anne	B
Red Victorian	F
Stanyan Park Hotel	G

ausbleiben. Nachts ist daher Vorsicht angebracht, insbesondere in der Umgebung der Webster Street.

Ein langjähriger Bewohner von Lower Haight war **Kenneth Rexroth** (1905–1982), der meist im Schatten jener Autoren, die er beflügelte, stand. Der Lyriker, Romanautor und Übersetzer chinesischer Literatur führte ein sehr abenteuerliches Leben, das Kerouac und Konsorten als Inspiration diente. Rexroths ehemaliges, nur von außen zu besichtigendes Apartment, 250 Scott St, war für einige der frühen Beats die erste Anlaufstelle nach ihrer Ankunft in San Francisco.

Weiter bergauf liegt, auf dem Weg ins Herz von Haight-Ashbury, der **Buena Vista Park**, ein hügeliges, von Monterey-Kiefern und Küstensequoien bestandenes Waldstück. Tagsüber werden hier Hunde Gassi geführt, nach Einbruch der Dunkelheit geht es im Gebüsch des Parks zur Sache. Nachts sollte man den Park daher gänzlich meiden und tagsüber besser nur in Begleitung besuchen. Auf dem weiteren Weg über die Haight Street begegnet man vermehrt Straßenmusikern, Bettlern und verlebten Berufs-Hippies. Zwei Häuserblocks westlich steht das **Grateful Dead House**, 710 Ashbury St, Ecke Haight St, einst Mittelpunkt der Gegenkultur. Eine Drogenrazzia im Jahr 1967 ließ den Mythos um die Band, die zahllose Tourneen und fast ebenso viele Keyboard-Spieler überlebte, nur noch größer werden. Selbst der Tod von Gitarrist Jerry Garcia 1995 war der Ergebenheit der Fans nicht abträglich.

Nördlich der Haight Street ragt der schmale Grünstreifen des **Panhandle** aus dem Golden Gate Park. Dem ausgedörrten Gras mag man es heute nicht mehr ansehen, aber das Gelände war einst eine elegante Promenade für Pferdekutschen, und die hübschen Gebäude in der Umgebung lassen noch den früheren Reichtum erahnen. Heute zählt das Viertel zu den begehrteren Wohngegenden der Stadt.

Western Addition

Nördlich und östlich von The Haight dehnt sich der Stadtteil Western Addition aus. Er ist eine der wenigen überwiegend von Schwarzen dominierten Gegenden der Stadt, gnadenlos arm, zum Teil gefährlich und – abgesehen von einer herausragenden Sehenswürdigkeit – mit Sicherheit keine Gegend für Touristen. Seinen Tiefpunkt erlebte dieses Viertel in den 60er Jahren, als ganze Blocks mit wertvollen viktorianischen Häusern abgerissen und durch Apartmentklötze aus Beton ersetzt wurden, womit ein Großteil der Geschichte und des Charakters von Western Addition für immer verloren ging.

Die einzige Ausnahme bildet ein kleines Gebiet um den Park des **Alamo Square**, an der Hayes St, Ecke Scott Street – von Lower Haight ein kurzes Stück bergauf. Der Südosthang des Parks, der zum Programm jeder Stadtrundfahrt gehört, ist ein Anziehungspunkt von Amateurfotografen, die hier in kleinen Gruppen fleißig die so genannten „Painted Ladies" ablichten. Hinter dem Namen verbergen sich sechs viktorianische, 1894 errichtete Wohnhäuser, die inzwischen farbenprächtig und geschmackvoll restauriert wurden und seit Jahren ein beliebtes Postkartenmotiv sind. Selbst wenn man den Fotoapparat vergessen hat, lohnt sich der steile Aufstieg, denn von oben bietet sich eine herrliche Aussicht auf die Stadt. An klaren Tagen kann man die dahinter liegende Stadt und über die Bucht bis zu den Hügeln von North Berkeley sehen.

Von hier aus empfiehlt sich unbedingt ein kleiner Umweg den Berg hinunter nach **Hayes Valley**, das eine Renaissance erfuhr, seitdem es nicht mehr im Schatten des Freeways liegt, der nach dem Erdbeben von 1989 abgerissen wurde. Das Herz dieses Viertels schlägt in der **Hayes Street** zwischen Franklin Street und Octavia Street, doch insgesamt ist das Quartier auf dem aufsteigenden Ast, denn fast täglich eröffnen hier neue Geschäfte. In Hayes Valley vermischen sich die Hautfarben mehr als in vielen älteren Vierteln, während sich extravagante neue Boutiquen und alteingesessene Geschäfte abwechseln. Das Viertel zählt zu den besten Gegenden zum entdeckungsreichen Schlendern und Stöbern, und daneben bietet die Hayes Street viele schattige Bäume und Straßencafés, ganz zu schweigen von ihren innovativen Galerien, Einrichtungsgeschäften und Modeläden, die zum Interessantesten gehören, was San Francisco zu bieten hat.

Japantown

Ambitionierte können den Weg weiter nach Norden entlang eines trostlosen Abschnitts der Fillmore Street bis zur **Japantown** fortsetzen. Das irreführend benannte Viertel umfasst jedoch kaum mehr als ein Einkaufszentrum mit fernöstlichen Anklängen, das **Japan Center**. In der Umgebung leben nur ein paar Prozent der Japaner San Franciscos. Die einzige bemerkenswerte Sehenswürdigkeit ist die über 30 m hohe **Peace Pagoda** auf dem zentralen Platz, die wie ein Stapel aus Beton gegossener fliegender Untertassen anmutet. In der Nähe befinden sich die heißen Quellen **Kabuki Hot Springs**, 1750 Geary St, Ecke Fillmore St, ✆ 415/922-6000, 💻 www.kabukisprings.com. Die Bäder wurden erst kürzlich renoviert und aufgepeppt, wobei aber noch ein wenig von der exzentrischen ursprünglichen Einrichtung erhalten blieb.

Die Hippies

Vielen Anhängern der Beat-Bewegung wurde North Beach zu teuer, und so wanderten sie in die geräumigen alten Häuser von Haight-Ashbury ab. Mit der Zeit bildete sich eine kleine, anfänglich räumlich sehr begrenzte Post-Beat-Szene, deren Gemeinsamkeiten vor allem der Drogenkonsum, das Interesse an fernöstlicher Religion und Philosophie, ein politischer Anti-Amerikanismus und die Sehnsucht nach Weltfrieden waren. Im Gegensatz zu den Beat-Philosophen versuchten die frühen Hippies, allumfassender zu denken. Es entstanden viele selbst gestrickte Konzepte, in denen Begriffe wie *universal truth* (universelle Wahrheit) und *cosmic awareness* (kosmisches Bewusstsein) vorkamen.

Dennoch bedurfte es ein paar großer Namen, um den Ball ins Rollen zu bringen, Leuten wie dem Schriftsteller **Ken Kesey** und dessen Merry Pranksters zum Beispiel, oder Gruppen wie **The Diggers**, die für ihre Streiche und ihre ausschweifenden Feten bekannt waren. Sie scherten sich einen Dreck um die Normen der Gesellschaft, forderten die Autoritäten heraus und führten ein wildes, selbst bestimmtes Leben.

Drogen wurden als wichtiger, positiver Bestandteil der Bewegung aufgefasst, vor allem **LSD**, dessen Wirkung gerade erst erforscht wurde und das zu dieser Zeit noch nicht einmal illegal war. LSD-Konsum galt als avantgardistische Kunstform, die das Bewusstsein erweiterte und Kreativität freisetzte. Massenhaft wurde der Stoff in kleinen Heimlabors hergestellt und vor allem von Timothy Leary und seiner Gefolgschaft nach dem Motto *turn on, tune in, drop out* unters Volk gebracht – eine Aufforderung, die bald eine ganze Generation benebeln sollte.

Mit der Entwicklung der Pop-Art zur Massenkunst, mit dem Aufkommen der psychedelischen *light shows* und der bunten, fantasievollen Kleidung verwandelte sich The Haight in ein großes Theater. Grateful Dead, Jefferson Airplane und Janis Joplin waren bald große Namen, und mit dem Know-how des großen Konzertveranstalters Bill Graham im Rücken wurde die **psychedelische Musikszene** zu einer treibenden Kraft.

Es dauerte nicht lange, und Kids aus ganz Amerika strömten nach Haight-Ashbury, um sich den kostenlosen Drogen und der freien Liebe hinzugeben. Geld war ohnehin geächtet. Wer in der Szene war, galt als *head,* die draußen waren die *straights.* Aber mit den vielen Mittelschicht-Kids, die sich hier trafen, um gemeinsam *stoned* zu werden, kamen auch die Ausgestoßenen, Wahnsinnigen und Kriminellen, Leute wie Charles Manson, der große Teile seiner *family* aus den Reihen der Haight-Hippies rekrutierte. Und es kam der organisierte Drogenhandel.

Einer der illustren Zeitgenossen damals war **Kenneth Rexroth**, für viele der literarische Gottvater der 60er Jahre, der ein beliebtes Radio-Magazin moderierte und für den *San Francisco Examiner* schrieb.

Auch **Hunter S. Thompson** recherchierte hier für sein Buch über die Hell's Angels, mit denen er in seiner Wohnung in der Parnassus Street ausgiebige Drogen-Sessions veranstaltete.

Beim großen *be-in* im Golden Gate Park 1966 und dem so genannten **Summer of Love** im Jahr darauf stand The Haight im Zenit der Hippie-Bewegung, das Viertel war zu diesem Zeitpunkt die Bleibe für sage und schreibe 75 000 Menschen geworden.

🕓 tgl. 10–21.45 Uhr, Eintritt an Wochentagen bis 17 Uhr $15, an Wochenenden und abends $18.

Wenige Straßen entfernt lohnt ein Blick auf die moderne Architektur der **St Mary's Cathedral**, 1111 Gough St, Ecke Geary St, ✆ 415/567-2020, 💻 www.stmarycathedralsf.org.

Das 1971 als Ersatz für seinen bei einem Feuer zerstörten Vorgänger gebaute Gotteshaus besticht im Innern mit einem überraschend freundlichen, großzügig gestalteten Raum. 🕓 Mo–Fr 7–16.30, Sa 7–18.30, So 7–16.45 Uhr, Eintritt frei.

Golden Gate Park

Im Gegensatz zu den meisten amerikanischen Städten herrscht in San Francisco kein Mangel an Grünflächen. Die größte davon ist der Golden Gate Park, dessen Nebeneinander von lebendigem urbanem Treiben und idyllischer Natur den Stadtbewohnern eine willkommene Erholung bietet. Der Park wurde 1871 durch den Parkkommissar William Hall im Stile Frederick Law Olmsteds geplant, der auch für den Central Park in New York verantwortlich zeichnete. Fast drei Meilen misst die Anlage von der Pazifikküste bis nach Haight-Ashbury.

Bis zur Jahrhundertwende erstreckte sich hier eine wilde Dünenlandschaft, zum Schutz gegen die rauen Pazifikwinde hatte man im Westen einen Deich anlegen lassen. Davon unbeeindruckt ist die Landschaft je nach Nähe zum Pazifik einem mehr oder minder großen natürlichen Wandel unterworfen. Im Gegensatz zur relativ friedlichen Bucht fegen kräftige Winde durch den Park und pfeifen als steter Beweis des stürmischeren Temperaments des Meeres durch die Straßen der umliegenden Viertel. Die beste Tageszeit für einen Besuch ist in der Regel der späte Vormittag oder frühe Nachmittag. Auch an vermeintlich durchweg sonnigen Tagen zieht oftmals noch vor der Abenddämmerung kühler Nebel auf.

Die Planer beabsichtigten ursprünglich, den Park frei von Gebäuden zu halten, was sich aber letztlich als nicht durchsetzbar erwies. So finden sich in seiner östlichen Hälfte heute mehrere bedeutende Sehenswürdigkeiten wie die California Academy of Sciences. Die meisten gehen auf die Weltausstellung von 1894 zurück, die damals zum ersten Mal in Kalifornien stattfand und als Antwort auf die Wirtschaftskrise von dem einheimischen Verleger M.H. de Young organisiert wurde. Das Ereignis war ein derart großer Erfolg, dass de Young dafür mit einem nach ihm benannten Museum geehrt wurde (s.u.).

Es würde Tage dauern, den Golden Gate Park zu Fuß zu erkunden. Da gibt es zum Beispiel einen japanischen Teegarten, ein riesiges Gewächshaus und einen Shakespeare-Garten mit allen Pflanzen und Bäumen, die jemals im Werk des großen Dichters erwähnt wurden. Natürlich drehen im Park die obligatorischen Jogger, Radfahrer und Rollschuhläufer ihre Runden.

Museen im Golden Gate Park

Momentan befindet sich der Park in einer Übergangsphase, denn die dort zu einem Komplex zusammengeschlossenen Museen sind allesamt wegen Renovierungsarbeiten geschlossen. Die **California Academy of** Sciences, ✆ 415/750-7145, 🖳 www.calacademy.org, und das **Steinhart Aquarium** befinden sich vorübergehend an einem wesentlich kleineren Standort in SoMa (s.S. 468), bis die Arbeiten 2008 abgeschlossen sein werden. Gegenüber steht das zur Zeit der Recherche ebenfalls geschlossene **M.H. de Young Museum**, ✆ 415/863-3330, 🖳 www.thinker.org. Die viel zu kleinen und veralteten Gebäude wurden abgerissen und durch einen neuen, futuristischen Komplex ersetzt, der doppelt so viel Ausstellungsfläche in einem kleineren Bauwerk und eine Aussichtsplattform über dem Golden Gate Park bieten soll. Bis zur geplanten Eröffnung im Oktober 2005 werden Teile der Sammlung im California Palace of the Legion of Honor untergebracht (s.S. 481).

Japanese Tea Garden

Die einzige derzeit geöffnete Attraktion ist der stets gut besuchte Japanese Tea Garden, ✆ 415/751-1171. Der 1894 für die *California Midwinter Exposition* angelegte Garten wurde von der Familie Hagiwara gestaltet. Diese Familie erfand auch während der Panpazifischen Ausstellung von 1915 den *fortune cookie* – entgegen der herrschenden Meinung, dass der Glückskeks chinesischen Ursprungs sei. Bis zum Zweiten Weltkrieg pflegte die Familie den Garten, doch dann wurde sie zusammen mit anderen japanischen Amerikanern in ein Internierungslager geschickt.

Der Garten ist viel größer, als er auf den ersten Blick erscheint, und wird von einem massiven Buddha aus Bronze dominiert. Es ist sehr entspannend, zwischen den Brücken und Wegen, den Bonsai- und Kirschbäumen und den Bassins voller riesiger, glänzender Karpfen spazieren zu gehen, solange nicht die Touristenmassen, die den ganzen Tag über zum Garten gekarrt werden, die Idylle zerstören. Am besten kann man den Garten genießen, wenn man frühmorgens hingeht und im Teehaus ein Frühstück, bestehend aus Tee und *fortune cookies,* zu sich nimmt. ⌚ tgl. 9–18 Uhr, Eintritt $3,50.

Weitere Attraktionen

Vielleicht das Ungewöhnlichste, was der Golden Gate Park zu bieten hat, ist die kleine, etwa ein Dutzend Exemplare umfassende **Bisonherde**, die beim Buffalo Paddock (das abgesenkte Feld nördlich des JFK Drive nahe der 38th Avenue) durch das Gelände zieht. Am Westende des von einem massiven Metallzaun umgebenen Geländes kann man die Tiere bei der Futterstelle aus der Nähe betrachten.

Geht man zum Ende des Parks beim Ocean Beach, an dem von der niederländischen Königin gestifteten **Tulpengarten** und zwei klapprigen **Windmühlen** vorbei, gelangt man zum **Beach Chalet**, ✆ 415/386-8439, 🖳 www.beachchalet.com. Dieses zweistöckige, mit weißen Säulen bestückte Gebäude wurde von Willis Polk entworfen und beherbergt eine Reihe von Fresken aus den 30er Jahren des 20. Jhs. mit Abbildungen vom Wachstum San Franciscos und der Entstehung des Golden Gate Park. Ein kleines Besucherzentrum liefert Informationen über die zahlreichen geführten Spaziergänge, die im Park angeboten werden. Im Obergeschoss befindet sich eine gut besuchte Brauerei mit Restaurant (großartiger Brunch am Wochenende). 🕓 tgl. 8–24 Uhr, Eintritt frei.

Sunset, Richmond und die Strände

Um den Golden Gate Park liegen die ausgedehnten Wohnviertel Sunset im Süden und Richmond im Norden. Bis in die 40er Jahre des vergangenen Jahrhunderts zogen sich durch einen Großteil der heutigen Bezirke Sanddünen bis zum Meer. Böse Zungen behaupten zwar, es habe sich in Sachen Lebendigkeit seither kaum etwas geändert, die Wahrheit ist jedoch, dass beide Bezirke – und insbesondere das multi-ethnische Richmond – weit weniger verschlafen sind, als man ihnen nachsagt. Mehr als die überlaufenen Viertel Downtwons bieten diese Gegenden den Blick auf eine weniger bekannte Seite San Franciscos: eine harmonische, wenngleich mitunter etwas lethargische Verschmelzung verschiedener Kulturen. In zahlreichen guten wie preiswerten Restaurants werden Speisen aus der ganzen Welt angeboten, und der kulturelle Außenposten des California Palace of the Legion of Honor ist allemal einen Zwischenstopp auf dem Weg zur atemberaubenden (aber oftmals in Nebel gehüllten) Küste am Rand der Stadt wert.

Bedingt durch das Wetter und zum Teil auch durch die niedrige Wassertemperatur ist die Strandkultur in San Francisco nicht so ausgeprägt wie in Südkalifornien. Man beschränkt sich hier lieber darauf, die Wellen zu betrachten, anstatt auf ein Surfbrett zu steigen und auf ihnen zu reiten. Starke Strömungen und eine gewaltige Brandung locken nur wirklich todesmutige Schwimmer ins Wasser. Die angenehme Folge davon sind herrlich leere Strände.

Der schönste Strand ist der **Baker Beach**, der sich von der Golden Gate Bridge mehr als eine Meile nach Süden erstreckt und grandiose Ausblicke auf die rote Brücke eröffnet. Auch lässt er sich leicht erreichen: Vom Lincoln Blvd führen Treppen hinunter zum Meer, und der MUNI-Bus Nr. 29 hält alle halbe Stunde am großen Parkplatz. Eine halbe Meile weiter südwestlich liegt unterhalb des noblen Viertels Sea Cliff der geschütztere und zum Baden eher geeignete **China Beach**, der bei Ebbe über eine Gruppe von Felsen erreichbar ist. Dort gibt es auch Duschen und Umkleidekabinen.

Westlich der Strände schlängeln sich Pfade um die Halbinsel nach **Land's End**. Für die nicht ganz bequeme Wanderung um die Klippen benötigt man ca. 30 Minuten, wird dafür aber mit einer wundervollen Aussicht aufs Meer belohnt. Der Weg entlang der Klippen führt auch oberhalb einer felsigen Bucht mit einem kleinen Strand vorbei, der als **Golden Gate Beach** bekannt ist und von schwulen und/oder nackten Sonnenanbetern favorisiert wird.

Zu den besten Museen San Franciscos zählt der stattliche **California Palace of the Legion of Honor**, Zentrale ✆ 415/750-3600, Informationen per Bandansage ✆ 415/863-3330, 🖳 www.legionofhonor.org. Nicht weniger atemberaubend als seine Lage ist das Gebäude selbst, das 1920 im Auftrag von Alma de Bretteville Spreckels (s.S. 466) erbaut wurde. Die Rodin-Sammlung des Museums ist sowohl in der Masse als auch in der Bandbreite umwerfend, wenngleich mehr Bronze- als Marmorskulpturen vertreten sind. Mit über 80 Stücken zählt sie weltweit zu den besten Sammlungen ihrer Art, sodass man dieses ausgezeichnete Museum allein schon wegen der Rodin-Räume auf keinen Fall verpassen sollte. Ein Wermutstropfen ist die etwas glanzlose Sammlung der alten Meister, darunter Giambologna, Cellini und Cranach, denn bei vielen

Das Cliff House

dieser Werke handelt es sich um Arbeiten, die jenen Künstlern lediglich „zugeschrieben" werden oder „aus der Schule von..." stammen. Auf der anderen Seite beherbergt das Museum während der Neubauphase des Young-Museums (s.S. 480) auch dessen schöne Kunstsammlung mit hervorragenden Arbeiten von El Greco, Gainsborough und David.

Um das Museum zu erreichen, fährt man mit dem Bus Nr. 38 vom Geary Boulevard bis Lincoln Park Golf Course und steigt dort in den Bus Nr. 18 um; wer sich fit fühlt, kann auf den zweiten Bus verzichten und 10 Minuten zu Fuß bergauf zum Haupteingang laufen. 🕒 Di–So 9.30–17 Uhr, Eintritt $8, Di frei, mit einem MUNI-Ticket $2 weniger.

Auf dem weiteren Weg um die Halbinsel erreicht man an deren westlicher Spitze das **Cliff House**, 1090 Point Lobos Rd, ✆ 415/386-3300, 💻 www.cliffhouse.com. Der heute größtenteils aus Restaurants bestehende Komplex wurde Anfang 2004 von Grund auf renoviert, um das ziemlich verblasste Innenleben aufzupeppen, doch die meisten Besucher kommen nicht zum Essen hierher, sondern wegen der Ausblicke oder einen Abstecher zum kleinen Visitor Center, 🕒 tgl. 10–17 Uhr. Es informiert über die Umgebung und zeigt eine Ausstellung über das ursprüngliche, vor langer Zeit abgebrannte Cliff House, das der preußische Einwanderer Adolph Sutro im späten 19. Jh. als exklusive Oase der betuchteren Gesellschaftsschichten errichtete. Im unteren Bereich steht eine seltene **Camera Obscura**, ✆ 415/750-0415, die mittels eines rotierenden Spiegels – und eines optischen Tricks – ihren Besuchern ein Panaroma der Umgebung liefert. Diese besteht allerdings zum größten Teil aus Wasser, was die Ansichten uninteressanter als deren Präsentation macht. 🕒 bei gutem Wetter 11 Uhr bis Sonnenuntergang, Eintritt $2.

Unten am Wasser zeugen die Überreste der **Sutro Baths** von vergangenem Badespaß. Die opulenten Schwimmbecken, Gärten und Skulpturen, einst allesamt unter Glas, fielen in den 60er Jahren einem Brand zum Opfer. Von hier lassen sich die noch verbliebenen Zeugnisse und Tunnel der befestigten Küste erkunden. Nachts, wenn die Brandung tosend an die Küste kracht, wirkt die Szenerie etwas unheimlich, entbehrt aber nicht einer gewissen Romantik, was an den seltenen warmen Abenden Liebespärchen zu schätzen wissen.

In einem schmalen Streifen erstreckt sich bis zur südlichen Stadtgrenze der **Ocean Beach**, der unablässig gefährdet ist, vom Wasser fortgespült oder vom Wind in die Gärten der Anwohner geweht zu werden. Abgesehen von einigen wenigen Surfern befindet sich der Strand fest in der Hand von Joggern und Hundehaltern.

Golden Gate Bridge

Fast von jedem erhöhten Punkt aus kann man die Golden Gate Bridge sehen – vielleicht die schönste, mit Sicherheit aber die am meisten fotografierte Brücke der Welt. Die Golden Gate Bridge war eine architektonische und technische Meisterleistung. Mit ihrem Bau wurde im Januar 1933 begonnen; vier Jahre und vier Monate später, im Mai 1937, wurde sie schließlich eröffnet. Das Projekt wurde von dem Chicagoer Architekten Joseph Strauss geleitet, doch das endgültige Design der Brücke war das Geistesprodukt seines in San Francisco geborenen Assistenten Irving Morrow. Die Golden Gate Bridge war die erste große und mit einer Spannweite von 1280 m bis 1959 auch die längste Hängebrücke der Welt. Sie verbindet den Nordzipfel der Halbinsel mit Marin County und damit auch Süd- und Nordkalifornien und machte so die vorher unvermeidliche Fähre überflüssig. Die Brückenkonstruktion kann Windgeschwindigkeiten von bis zu 160 Stundenkilometern standhalten. An einem klaren Tag ist sie ein wunderbarer Anblick, bei Nebel verschwinden zuweilen weite Teile der Konstruktion im Nichts und verbreiten eine geisterhafte Atmosphäre.

Die rötliche Farbe war ursprünglich nur als Grundierung unter einem grauen Deckanstrich gedacht, doch den Einheimischen gefiel sie so gut, dass die Brücke ihre rostrote Farbe behielt – damit sie rot bleibt, werden jährlich fast 20 000 Liter Farbe verbraucht.

Die Brücke kann mit motorisierten Fahrzeugen, mit dem Fahrrad oder auch zu Fuß überquert werden. Die Maut für südwärts fahrende Autos beträgt $5, doch die Überquerung mit dem Fahrrad ist wesentlich faszinierender, weil man dabei direkt an den kolossalen Brückenpfeilern vorbeifährt. Es ist zu beachten, dass Richtung Süden fahrende Radfahrer immer über die Ostseite der Brücke geleitet werden, während Fahrräder in Richtung Norden montags bis freitags die Westseite und am Wochenende die Ostseite nehmen müssen. Doch erst der etwa halbstündige Fußmarsch über die Brücke vermittelt einen Eindruck von ihren gigantischen Ausmaßen, zudem bietet er herrliche Ausblicke auf San Francisco und die nordkalifornische Landschaft.

Bei einem Halt in der Mitte der Brücke kann man auch an die etwa sieben Selbstmörder pro Monat denken, die diese 80 m hohe Stelle wählen, um sich in die Tiefe zu stürzen, wobei sie Zeugenaussagen zufolge immer den Blick auf die Stadt richten. Als im Jahr 1995 die Zahl der Selbstmorde auf die Tausend zuging, hielt die Polizei die Statistik geheim, um zu verhindern, dass unter potenziellen Selbstmördern ein Wettlauf darum entbrannte, sich post mortem mit dem zweifelhaften Titel des tausendsten Todesspringers zu schmücken. Der 25-jährige Eric Atkinson, der im Juli 1995 in den Tod sprang, gilt inoffiziell als Selbstmörder Nr. 1000. Es gibt keinerlei Informationen darüber, wie weit die Zahl der Todesspringer bis heute angestiegen ist.

Auch unterhalb der Brücke zu stehen ist eindrucksvoll. An der über den Marine Drive zu erreichenden **Fort Point National Historic Site**, ✆ 415/556-1693, 💻 www.nps.gov/fopo, ist man sozusagen am westlichsten Außenposten der Nation. Die Festungsanlage aus Ziegelstein, um 1850 zum Schutz der Bucht am ursprünglichen Landungsplatz der ersten spanischen Siedler der Stadt erbaut, gehörte zum Presidio, einer inzwischen aufgegebenen, großen Armeebasis (heute ein Nationalpark). Ursprünglich sollte die Festung für die neue Brücke abgerissen werden, aber dann entschied man sich, die südliche Auffahrt zu verändern und mit einem zusätzlichen Brückenbogen die Festung zu überspannen. Es ist ein wirklich imposanter Ort: die donnernden Wellen, die gewaltige Konstruktion der Golden Gate Bridge – viele werden sich an Kim Novaks Selbstmordversuch in Hitchcocks *Vertigo* erinnern, eine Szene, die hier gedreht wurde. 🕓 Fr–So 10–17 Uhr, Eintritt frei.

Übernachtung

San Franciscos Bewohner beklagen sich ständig über die astronomisch steigenden Mieten, und auch Touristen finden leider nur selten eine günstige Bleibe. Eine Übernachtung in einem vernünftigen Hotel oder Motel kostet um $100 und ist auch in der Nebensaison nur geringfügig billiger. Die nachfolgende Liste enthält einige sehr günstige Unterkünfte (teilweise mit Preisen um $50 in der Nebensaison), doch wer eines dieser billigeren Zimmer ergattern möchte, muss sich auf mehrere Telefongespräche einstellen und unbedingt eine Reservierung vornehmen lassen. Wesentlich günstiger werden die Preise in der Regel bei Unterkünften mit Gemeinschaftsbad.

Aktuelle Auskünfte zu Übernachtungsmöglichkeiten erteilt das ***Visitor Information Center***, ✆ 1888/782-9673, 🖳 www.sfvisitor.org.

DZ für ca. $100 pro Nacht vermittelt ***San Francisco Reservations***, ✆ 510/628-4450 oder 1800/677-1500, 🖳 www.hotelres.com. 🕓 Mo–Fr 6–23, Sa und So 8–23 Uhr.

Für B&Bs, den am schnellsten wachsenden Hotelzweig in San Francisco, gibt es spezielle Vermittlungsagenturen wie ***Bed and Breakfast San Francisco***, ✆ 415/899-0060, 🖳 www.bbsf.com. 🕓 Mo–Fr 9–17.30 Uhr.

Wer über ein sehr knappes Budget verfügt, kann auf eines der vielen ausgezeichneten Hostels zurückgreifen, die nachfolgend aufgelistet sind und Betten ab ca. $22 pro Nacht anbieten. Spezielle Unterkünfte für Schwule und Lesben (s.S. 489) sind ebenso aufgeführt wie gemischte Hotels für Homo- und Heterosexuelle.

Nicht vergessen: Auf alle Übernachtungspreise wird in San Francisco eine Verkaufssteuer von 14% aufgeschlagen.

HOSTELS – ***Green Tortoise***, 494 Broadway, Ecke Montgomery St, North Beach, ✆ 415/834-1000 oder 1-800/867-8647, 🖳 www.greentortoise.com. Dieses entspannte Hostel ist die beste Wahl für den knappen Geldbeutel. Die Dorm-Betten und DZ (mit Gemeinschaftsbad) bieten Platz für 130 Gäste. Beide Varianten beinhalten kostenlosen Internet-Zugang, Benutzung der kleinen Sauna auf dem Gelände und ein Frühstück. Das Haus ist rund um die Uhr geöffnet, und auch die Rezeption ist 24 Std. besetzt. Die Höchstdauer für einen Aufenthalt liegt bei 10 Übernachtungen. Dorm-Bett $19, Zimmer $48.

HI-San Francisco City Center, 685 Ellis St, Ecke Larkin St, Tenderloin, ✆ 415/474-5721, 🖳 www.norcalhostels.org. Das ehemalige *Atherton Hotel* präsentiert sich nach einem Umbau als schickes neues Hostel mit 272 Betten, die in 4-Personen-Dorms mit eigenem Bad unterteilt sind. Rund um die Uhr geöffnet und insgesamt eine freundliche und kalifornisch-coole Unterkunft. Eignet sich wegen der vielen gemeinsamen Aktivitäten (Videogucken am Abend oder gemeinsames Pancake-Frühstück) gut zum Kennenlernen anderer Traveller. Einziger Nachteil ist die Lage in einer wenig ansprechenden Ecke von Tenderloin. Mitglieder $22, sonst $25; Privatzimmer für Mitglieder $66, sonst $69.

HI-San Francisco Downtown, 312 Mason St, Ecke Geary St, Union Square, ✆ 415/788-5604. Trotz annähernd 300 Betten ist dieses Hostel während der Hauptsaison stets gut gefüllt. Die 4-Personen-Dorms sind tadellos sauber, 8 Personen teilen sich ein Badezimmer. Die Privatzimmer für 2 Personen sind teurer. 24 Std. geöffnet, Küche mit Mikrowelle und Snack-Automaten, origineller kleiner Leseraum und Internet-Zugang ($1 für 10 Min.). Dorms für Mitglieder $22, sonst $25; Privatzimmer für Mitglieder $60, sonst $66.

HI-San Francisco Fort Mason, Building 240, Fort Mason, ✆ 415/771-7277, 🖳 www.norcalhostels.org. Das Hostel in einer historischen Kaserne aus dem amerikanischen Bürgerkrieg am Wasser zwischen Golden Gate Bridge und Fisherman's Wharf ist eine gute Wahl für den naturverbundenen Traveller. Das ziemlich ab vom Schuss auf der ehemaligen Festungsanlage Fort Mason auf hügeligem Gelände gelegene Haus ist allerdings durch öffentliche Verkehrsmittel an die wichtigsten Sehenswürdigkeiten angebunden. Da keine Mitgliedsgebühr erhoben wird, ist es sogar noch billiger als die anderen HI-Hostels. $23.

Interclub/Globe Hostel, 10 Hallam Place, SoMa, ✆ 415/431-0540. Lebhaftes Hostel, junges Publikum und 33 Zimmer (teils Dorms, teils Privatzimmer), keine Sperrstunde. Da es sich um eine Unterkunft nur für Ausländer handelt, wird die Vorlage eines Reisepass oder ein geeigneter Nachweis verlangt. Schlafsaal $15 p.P., DZ $40. Kaffee gibt's kostenlos.

Pacific Tradewinds Guesthouse, 680 Sacramento St, Ecke Kearny St, Chinatown, ✆ 415/433-7970 oder (nur Mai–Okt) 1-800/486-7975, www.pactradewinds.com. Das kleine Hostel ist die beste Billigunterkunft im Stadtzentrum und bietet kostenlosen Highspeed-Internet-Zugang, eine saubere Küche und einen großen, gemeinschaftlich genutzten Esstisch, an dem man leicht mit anderen Travellern ins Gespräch kommt. Sehr international ausgerichtet – die Hausordnung ist in fast 40 Sprachen angeschlagen. Da es nur 38 Betten gibt, sollte man in der Hochsaison vorab reservieren. Je nach Saison $15–20 p.P.

YMCA Central Branch-, 220 Golden Gate Ave, Ecke Leavenworth St, Tenderloin, 415/885-0460, www.centralymcasf.org. Die Zimmer sind recht einfach, doch insgesamt handelt es sich um eine der besten Optionen im Stadtzentrum: $12 Parkgebühr pro Nacht, kostenloses Frühstück, Gratisbenutzung des Fitness Centers, Internet-Zugang gegen geringe Gebühr und Wäscherei auf dem Gelände. Neben Privatzimmern mit eigenem oder Gemeinschaftsbad gibt es auch einige Dorms (nur im Winter), Vorausbuchung wird empfohlen. Die Lage in einer düsteren Ecke von Tenderloin ist allerdings weniger ansprechend. Dorm $25,95 inkl. Steuer, $43,62 inkl. Steuer (Gemeinschaftsbad), Zimmer mit eigenem Bad $73,56 inkl. Steuer.

DOWNTOWN UND CHINATOWN – ***Adagio***, 550 Geary St, Ecke Jones St, 415/775-5000, www.jdvhospitality.com. Die Einrichtung passt zur verzierten spanischen Fassade. Große, gut ausgestattete Zimmer mit allem Komfort, kostenlose Benutzung von Computern und Druckern mit Breitband-Internet-Zugang. ❺

Hotel Astoria, 510 Bush St, Ecke Grant Ave, Chinatown, 415/434-8889 oder 1-800/666-6696, www.hotelastoria-sf.com. Die Einrichtungen des direkt neben dem Torbogen am Eingang zur Chinatown gelegenen Hotels sind umfangreicher als die vieler anderer Budget-Hotels. TV und jeglicher Komfort auf dem Zimmer, Frühstück im Preis enthalten und verbilligtes Parken in der Nähe ($20 für 24 Std.). ❷

Baldwin Hotel, 321 Grant Ave, Ecke Bush St, Chinatown, 1-800/6-Baldwin oder 415/781-2220, www.baldwinhotel.com. Angesichts der zentralen Lage im Herzen von Chinatown überraschend ruhig. Die Zimmer sind in Hellbeige und Grau gehalten, zur Ausstattung gehören einfache Möbel und Ventilatoren an der Decke. In der Nebensaison werden die Zimmer wochenweise vermietet, sodass es hart zu verhandeln gilt, wenn man weniger als 7 Nächte bleibt. ❹ pro Nacht, ❾ pro Woche.

Clarion Hotel Cosmo, 761 Post St, Ecke Jones St, 415/673-6040 oder 1-800/252-7466, www.hotel-cosmo.com. Hochhaushotel mit eigenwilligerer Atmosphäre als die meisten Kettenhotels: lavendel- und fliederfarbenes Foyer, flotte Fahrstuhlmusik, die weißen, mit viel Resopal ausgestatteten Zimmer wirken allerdings etwas billig. Tipp: Die Zimmer in den oberen Stockwerke bieten schöne Ausblicke auf Downtown und den Theater District. ❻

Clift, 495 Geary St, Ecke Taylor St, Theater District, 1-800/658-5492 oder 415/775-4700, www.morganshotelgroup.com. Ein weiterer postmoderner Umbau von Ian Schrager und Philippe Starck. Die Zimmer haben einen orientalischen Touch und sind typisch Starck, mit kuriosen Details wie Stühlen im Louis-XIV.-Stil mit Spiegeln auf den Sitzflächen und Rückenlehnen oder schlittenförmigen Betten – schade nur, dass die Bäder so klein und die Wände so dünn sind (Ohrstöpsel mitbringen). ❼

Commodore International, 825 Sutter St, Ecke Jones St, Theater District, 415/923-6800 oder 1-800/338-6848, www.jdvhospitality.com. Jedes Zimmer trägt den Namen einer Sehenswürdigkeit San Franciscos. Die Räume sind in warmen Erdfarben gehalten, die im Kontrast zum glänzenden Stahl der Einrichtung stehen. Wer in einer Gruppe ab 4 Personen unterwegs ist, sollte nach der ebenso originellen wie luftigen „Panoramic Suite" fragen, die bereits ab $200 zu haben ist. ❺

Gates Hotel, 140 Ellis St, Ecke Powell St, Union Square, 415/956-4186. Die großen Zimmer in Lachsrosa sind spartanisch und ein wenig abgenutzt, aber sauber. Die angesichts der Lage am Union Square niedrigen Preise entschädigen für mangelnden Komfort. ❷

Grant Hotel, 753 Bush St, Ecke Mason St, Chinatown, 415/421-7540 oder 1-800/522-0979, www.granthotel.citysearch.com. Kleine, saubere Zimmer. Einfach, aber günstig gelegen und insgesamt gutes Preis-Leistungs-Verhältnis. ❷

Monaco, 501 Geary St, Ecke Taylor St, Union Square, ✆ 415/292-0100 oder 1-800/214-4220, 💻 www.monaco-sf.com. Schrulliges Boutique-Hotel, Teil einer kleinen nationalen Kette, in einem historischen Beaux-Arts-Gebäude untergebracht. Himmelbetten in allen Zimmern, und auch die übrige Einrichtung ist ähnlich skurril und farbenfroh – irgendwie zum Schreien. Wer möchte, bekommt sogar einen Goldfisch aufs Zimmer. ❽

Orchard Hotel, 665 Bush Street, Ecke Powell St, Union Square, ✆ 415/362-8878, 💻 www.theorchardhotel.com. Relativ unbekanntes Juwel mit günstigeren Preisen, als die großzügigen Einrichtungen vermuten lassen. Alle Zimmer überdurchschnittlich groß, mit DVD-Player, Spielfilmen und Gratis-Frühstück. ❽

Sir Francis Drake, 450 Powell St, Ecke Sutter St, Union Square, ✆ 415/392-7755 oder 1-800/227-5480, 💻 www.sirfrancisdrake.com. Die Lobby ist eine einzige Beschwörung der Historie, voll gestopft mit alten britischen Imitaten, Kronleuchtern und Stuckverzierungen mit Goldanstrich. Zum Glück sind die in grünen Farben gehaltenen Zimmer unaufdringlicher und bieten sämtlichen Komfort. Bekannt ist das Hotel auch wegen der klassischen Bar *Harry Denton's Starlight Room* im 21. Stock. ❼

Triton, 342 Grant Ave, Ecke Bush St, Chinatown, ✆ 415/394-0500 oder 1-888/364-2622, 💻 www.hotel-tritonsf.com. Ausgeflipptes und exzentrisches Hotel mit modernen Einrichtungen, z.B. rund um die Uhr geöffnetes Fitness Center und Faxgerät auf dem Zimmer, dazu auch außergewöhnlichere Angebote wie abendliches Tarot-Kartenlegen und Ökofußböden in den umweltgerecht eingerichteten Zimmern, die ebenso stilvoll wie schreiend bunt sind, mit auffällig kontrastierenden Farben und jeder Menge Gold. ❼

Westin St Francis, 335 Powell St, Ecke Sutter St, Union Square, ✆ 415/397-7000 oder 1-800/WESTIN1, 💻 www.westinstfrancis.com. Von Grund auf renoviertes Wahrzeichen mit verschwenderisch gestalteter Eingangshalle, vier Restaurants, Fitness Center und Whirlpool, aber enttäuschend einfallslosen Zimmern. ❼

NORTH BEACH UND NOB HILL – ***Boheme,*** 444 Columbus Ave, Ecke Vallejo St, North Beach, ✆ 415/433-9111, 💻 www.hotelboheme.com. Kleines Hotel mit 15 Zimmern im Zentrum der ehemaligen Hochburg der Beat Generation. Sehr kleine, aber eindrucksvolle Zimmer in satten, dunklen Farben mit Himmelbetten und Art-déco-Bädern. Auf der Columbus Avenue kann es recht laut werden, sodass bei leichtem Schlaf ein Zimmer im hinteren Bereich anzuraten ist. ❼

Mark Hopkins InterContinental One Nob Hill, 999 California St, Ecke Mason St, Nob Hill, ✆ 415/392-3434, 💻 www.markhopkins.net. Prachtvolles, schlossähnliches Hotel, in dem einst Schriftsteller und Filmstars verkehrten. Heute passt es nach einer umfangreichen Renovierung sowohl vom Design als auch von der Klientel her eher in die Kategorie Business Hotel. Alle Zimmer sind identisch, doch die Preise steigen mit den Stockwerken. Die Dachbar *Top of the Mark* erfreut sich großer Beliebtheit bei Touristen. ❾

San Remo, 2237 Mason St, Ecke Chestnut St, North Beach, ✆ 415/776-8688 oder 1-800/352-7366, 💻 www.sanremohotel.com. Kauzige Unterkunft in der Nähe vom Fisherman's Wharf. Die Zimmer in diesem labyrinthartigen Haus sind gemütlich bis kitschig und verfügen teilweise über Waschbecken. Makellos saubere Gemeinschaftsbäder, aber weder Telefon noch TV auf dem Zimmer und kein Fahrstuhl. ❷

SW Hotel, 615 Broadway, Ecke Grant Ave, North Beach, ✆ 415/362-2999, 💻 www.swhotelsf.com. Gute Lage an der Grenze zwischen Chinatown und Little Italy. Die großen Zimmer weisen eine moderne asiatische Einrichtung auf. ❺

Washington Square Inn, 1660 Stockton St, Ecke Union St, North Beach, ✆ 415/981-4220 oder 1-800/388-0220, 💻 www.washingtonsquareinnsf.com. Das an ein B&B erinnernde Hotel mit Blick auf den Washington Square hat große, luftige Zimmer mit modernem Dekor in Grau- und Cremetönen. Freundliches Personal mit offenen Ohren. ❻

NORDUFER UND PACIFIC HEIGHTS – ***Argonaut,*** 495 Jefferson St, Ecke Hyde St, ✆ 415-397-5572 oder 1-800/790-1415, 💻 www.argonauthotel.com. Brandneues Hotel mit maritimem Thema im Cannery-Komplex. Geräumige, großzügig ausgestattete Zimmer mit DVD-Player, Stereo-Anlage und beeindruckendem Ausblick, dazu überraschend ruhig für die Lage. ❾

Best Western Tuscan Inn, 425 North Point, Ecke Mason St, ✆ 415/561-1100 oder 1-800/648-4626, 💻 www.tuscaninn.com. Einem englischen Landhaus nachempfundenes Hotel am Wasser mit gemütlichen Zimmern in warmen Farben, dazu kleine Aufmerksamkeiten wie ein Gläschen Wein am Nachmittag und vormittags kostenloser Limousinen-Transfer in die Stadt. ❼

Cow Hollow Motor Inn, 2190 Lombard St, Ecke Steiner St, Cow Hollow, ✆ 415/921-5800, 💻 www.cowhollowmotorinn.com. Herberge im Stil eines schweizerischen Chalets mit großzügigem Parkplatz und liebevoll auf alt gemachten Gemeinschaftsbereichen. Die erst vor kurzem renovierten, riesigen Zimmer sind dagegen kompromisslos modern. ❺

Del Sol, 3100 Webster St, Ecke Lombard St, Cow Hollow, ✆ 415/921-5520 oder 1-877/433-5765, 💻 www.thehoteldelsol.com. Irres und unkonventionelles Motel mit tropischem Dekor und Swimming Pool; knallbunte Wände, großflächige Mosaike und in bunte Lichter getauchte Palmen. Das coolste Budget-Hotel der Stadt. ❺

Greenwich Inn, 3201 Steiner St, Ecke Greenwich St, Cow Hollow, ✆ 415/921-5162 oder 1-800/280-3242 💻 www.greenwichinn.com. Heitere Unterkunft am Jachthafen mit gutem Preis-Leistungs-Verhältnis. Die 32 kürzlich renovierten Zimmer sind etwas düster, doch die freundlichen Besitzer machen das wieder wett. Kostenloses Parken auf dem Gelände. ❸

Laurel Inn, 444 Presidio Ave, Ecke California St, Laurel Heights, ✆ 1-800/552-8735 oder 415/567-8467, 💻 www.thelaurelinn.com. Nur wenige Schritte von den Antiquitätenläden in der Sacramento Street entfernt und nahe den Cafés und Läden im lebendigen Abschnitt der Fillmore Street gelegen. Alle Zimmer mit Videorecorder und CD-Player. ❻

Surf Motel, 2205 Lombard St, Ecke Pierce St, Cow Hollow, ✆ 415/922-1950. Traditionelles Motel mit einfachen, hellen und blitzsauberen Zimmern auf zwei Etagen. Der hintere Bereich ist erste Wahl, denn der Verkehr auf der viel befahrenen Lombard Street donnert direkt am Haupteingang vorbei. ❷

SOMA, TENDERLOIN UND CIVIC CENTER – ***Best Western Carriage Inn,*** 140 7th St, Ecke Mission St, SoMa, ✆ 415/552-8600, 💻 www.renesonhotels.com. Riesige und elegante Zimmer mit Sofa und Kamin. Jeden Morgen kostenloses Frühstück auf dem Zimmer und Shuttle-Service zum Union Square. Einziger Nachteil ist die Lage in einer etwas zwielichtigen Gegend von SoMa. ❺

Four Seasons, 757 Market St, Ecke 3rd St, SoMa, ✆ 415/633-3000, 💻 www.fourseasons.com. Verschwenderisches Hotel mit spektakulärer Aussicht auf die Stadt. Die feudalen Zimmer sorgen für den ultimativen Genuss – von den weichen und luxuriösen Bettdecken bis zur separaten 2-Personen-Dusche mit Bulgari-Schönheitsprodukten. Die Nutzung des riesigen Wellnessbereichs mit Pool und großem Fitness Center ist für Hotelgäste kostenlos. Allererste Wahl, wenn man im Lotto gewonnen hat oder eingeladen wird. ❾

Hotel Griffon, 155 Steuart St, Ecke Mission St, SoMa, ✆ 415/495-2100 oder 1-800/321-2201, 💻 www.hotelgriffon.com. Die Zimmer dieses etwas abgelegenen Hotels in Ufernähe sind elegant und unaufdringlich; nackte Backsteinwände, Sitzecke am Fenster, CD-Player und Kühlschrank. ❼

The Mosser, 54 4th St, Ecke Market St, SoMa, ✆ 415/986-4400, 💻 www.themosser.com. Das relativ neue Hotel ist eine verrückte Mischung aus viktorianischen Elementen wie dem Deckenstuck und modernen Ledersofas. Die schokoladenbraunen und olivgrünen Zimmer sind sehr klein, verfügen aber allesamt über eine raffiniert zusammengestellte Einrichtung inklusive CD-Wechsler. Wärmstens zu empfehlen, denn in San Francisco bekommt man selten so viel für sein Geld, erst recht nicht in so zentraler Lage. Gemeinschaftsbad ❷, eigenes Bad ❺.

Palace Hotel, 2 New Montgomery St, Ecke Market St, SoMa, ✆ 415/512-1111, 💻 www.sfpalace.com. Das Gebäude ist ein Wahrzeichen der Stadt, das auch wegen seines fabelhaften historischen Teezimmers im Gartenhof bekannt ist. Die prächtige Lobby und die ausladenden Flure stehen im Missverhältnis zu den superteuren Zimmern, die in den üppigen Gold- und Grüntönen eines englischen Landhauses erstrahlen. Eher etwas für Snobs. ❾

The Phoenix, 601 Eddy St, Ecke Larkin St, Tenderloin, ✆ 415/776-1380 oder 1-800/248-9466, 💻 www.jdvhospitality.com. Das laute Retro-Motel wird von Newcomer-Bands auf Tour in San Francisco favorisiert. Kleiner Pool und 44 Zimmer mit gemischter Dekoration in tropischen Farben und wechselnden Arbeiten einheimischer Künstler an den Wänden. Der „Tour Manager Room" ist mit Kühlschrank, Faxgerät und Mikrowelle ausgestattet. ❺

The Renoir, 45 McAllister St, Ecke 7th St, Civic Center, ✆ 415/626-5200 oder 1-800/576-3388, 💻 www.renoirhotel.com. Das keilförmige Gebäude ist ein historisches Wahrzeichen. Die besseren der insgesamt 135 Zimmer kosten $20 mehr als die Standard-Zimmer, sind diesen Aufschlag aber wert, wenn man eins der ungewöhnlich geschnittenen großen Zimmer im obersten Stockwerk ergattern kann. Besonders beliebt während des Gay-Pride-Festivals wegen der Aussicht auf den bunten Umzug in der Market Street. ❹

MISSION UND CASTRO – ***Beck's Motor Lodge***, 2222 Market St, Ecke Sanchez St, Castro, ✆ 415/621-8212 oder 1-800/227-4360. Eine von nur zwei Unterkünften in der Gegend, bei denen es sich nicht um ein B&B handelt. Die Klientel ist gemischter, als man aufgrund der Lage erwarten würde; die in sanften Blautönen gehaltenen Zimmer sind komfortabler, als es die schreiend gelbe Motelfassade vermuten lässt. Wer einen leichten Schlaf hat, sollte nach einem Zimmer weit im hinteren Bereich fragen, denn an der Straße kann es sehr laut werden. ❺

Dolores Park Inn, 3641 17th St, Ecke Dolores St, Mission, ✆ 415/621-0482, 💻 www.dolorespark inn.com. Das kostspielige B&B in einem kunstvoll restaurierten Gebäude im viktorianischen Stil hat nur vier Zimmer, eins davon mit eigenem Bad. Alle Zimmer sind jedoch groß und voll gestopft mit einer barocken Sammlung reich verzierter europäischer Antiquitäten. Ein großes Plus ist die ruhige Lage in der Nähe des Parks. ❻

Travelodge Central, 1707 Market St, Ecke Valencia St, Mission, ✆ 415/621-6775 oder 1-800/578-7878. Sehr einfache Unterkunft im Motel-Stil, aber die Lage könnte nicht besser sein. Die kostenlose Parkmöglichkeit auf dem Gelände entschädigt für die etwas abgenutzten Motelzimmer mit Blümchenmuster. ❹

Twin Peaks Hotel, 2160 Market St, Ecke Dolores St, Castro, ✆ 415/863-2909. Die einfach möblierten Zimmer in diesem sehr schlichten Hotel haben Frisierkommoden und große Fernseher, größtenteils aber kein eigenes Bad. Macht eher den Eindruck einer spartanischen Pension, doch die günstigen Preise entschädigen für den Mangel an Komfort. Gemeinschaftsbad ❷, eigenes Bad ❸.

Village House, 4080 18th St, Ecke Castro St, Castro, ✆ 415/864-0994 oder 1-800/900-5686, 💻 www.24henry.com. Angesichts der Lage erstaunt, dass dieses recht neue B&B eine gemischte Klientel aus Homo- und Heterosexuellen aufweist und sich besonders bei Eltern auf Besuch in der Stadt großer Beliebtheit erfreut. Die Zimmer sind aufwändig gestaltet und recht bunt. Schwuler asiatischer Luxus findet sich in Zimmer 2, während Zimmer 4 zu einem Trip zurück in die 80er Jahre verhilft. ❹

HAIGHT-ASHBURY UND WESTLICH DES CIVIC CENTER – ***Archbishop´s Mansion***, 1000 Fulton St, Ecke Steiner St, Fillmore, ✆ 415/563-7872 oder 1-800/543-5820, 💻 www.thearchbishopsmansion.com. Dieses B&B am Alamo Square ist der letzte Schrei in punkto Eleganz und voll gepfropft mit Antiquitäten im Wert von $1 Million, darunter auch der originale Kronleuchter aus dem Tanzsaal von *Vom Winde verweht*. Das ursprünglich als Wohnhaus für einen Erzbischof errichtete Gebäude diente auch schon als Schule für katholische Jungen auf Abwegen. Heute beherbergt es alle möglichen Jungen auf Abwegen, darunter auch eine große Zahl schwuler Traveller. ❼

Best Western Miyako, 1800 Sutter St, Ecke Buchanan St, Japantown, ✆ 415/921-4000 oder 1-800/528-1234, 💻 www.bestwestern.com/miyakoinn. Das kürzlich renovierte Standard-Business-Hotel ist eine der wenigen Optionen in Japantown und Umgebung, bei denen es sich nicht um ein B&B handelt. Nichts Besonderes, aber teilweise hervorragende Preisangebote in der Nebensaison. ❺

The Carl, 198 Carl St, Ecke Stanyan St, Haight-Ashbury, ✆ 1-888/661-5679 oder 415/661-5679, 💻 www.carlhotel.citysearch. Das Hotel ist schlichter als viele andere B&Bs in der Gegend, angesichts seiner Nähe zum Golden Gate Park aber keine schlechte Wahl. Kleine Zimmer mit Mikrowelle und Kühlschrank; besonders preisgünstig sind die 6 Zimmer mit Gemeinschaftsbad. Gemeinschaftsbad ❸, eigenes Bad ❹.

Chateau Tivoli, $120–200, 1057 Steiner St, Ecke Fulton St, Fillmore, ✆ 1-800/228-1647 oder 415/776-5462, 💻 www.chateautivoli.com. Die Zimmer in dieser üppig ausgestatteten viktorianischen Villa sind nach Künstlern wie Isadora Duncan und Mark Twain benannt. Hier atmet man in jeder Ecke Geschichte. Pompös und sehr gesetzt; eine luxuriöse Alternative zu den vielen gemütlichen B&Bs in der Gegend. Gemeinschaftsbad ❻, eigenes Bad ❼.

Hayes Valley Inn, 417 Gough St, Ecke Hayes St, Hayes Valley, ✆ 415/431-9131 oder 1-800/930-7999, 💻 www.hayesvalleyinn.com. Behagliche, apfelgrüne Zimmer in ruhiger Lage mit minimaler Möblierung und Gemeinschaftsbad. Der freundliche und gut ausgestattete Frühstücksraum mit Küche ist ein großer Pluspunkt. ❸

Queen Anne, 1590 Sutter St, Ecke Octavia St, Fillmore, ✆ 415/441-2828 oder 1-800/227-3970, 💻 www.queenanne.com. Herrlich verschwenderisch restaurierte viktorianische Villa, die zunächst eine Mädchenschule und danach ein Bordell beherbergte. Alle Zimmer sind mit goldverzierten Rokoko-Möbeln und Blumensträußen aus Seide ausgestattet. Im Salon, der beinahe überquillt von antiken Möbeln in Museumsqualität, wird am Nachmittag Sherry kredenzt. Miss Mary Lake, die ehemalige Schulleiterin, stattet dem Haus angeblich in Zimmer 410 von Zeit zu Zeit noch übernatürliche Besuche ab. ❻

The Red Victorian Bed, Breakfast and Art, 1665 Haight St, Ecke Cole St, Haight-Ashbury, ✆ 415/864-1978, 💻 www.redvic.com. Das sonderbare B&B und Friedenszentrum befindet sich in Besitz von Sami Sunchild und fungiert auch als Ausstellungsraum für deren ethnische Kunst. Die Palette der Zimmer reicht von einfach bis feudal, doch das Beste sind die Gemeinschaftsbäder mit Goldfischen im WC-Spülkasten. Das Frühstück ist eine üppige und überaus kommunikative Angelegenheit, bei der man in der Regel Konversation mit seinen Tischnachbarn betreibt. ❹

Stanyan Park Hotel, 750 Stanyan St, Ecke Waller St, Haight-Ashbury, ✆ 415/751-1000, 💻 www.stanyanpark.com. Das kleine Hotel mit Blick auf den Golden Gate Park steht mit seinen 35 luxuriösen Zimmern in krassem Gegensatz zu dem von der Subkultur geprägten Viertel. Reich dekoriert mit ländlichen Blumenmustern, schweren Vorhängen und kleinen Himmelbetten. Europäisches Frühstück und ausgiebiger Nachmittagstee mit Keksen im Preis enthalten. ❻

RICHMOND UND SUNSET – ***Ocean Park Motel***, 2690 46th Ave, Ecke Wawona St, Ocean Beach, ✆ 415/566-7020, 💻 www.oceanparkmotel.citysearch.com. Ein ganzes Stück von Downtown entfernt (25 Min. mit dem Bus), aber ein großartiges Art-déco-Motel (das erste in San Francisco). ❹

Oceanview Motel, 4340 Judah St, Ecke LaPlaya, Ocean Beach, ✆ 415/661-2300, 💻 www.oceanviewmotel.citysearch.com. Schlichte Unterkunft in Sunset mit recht kleinen, einfachen Zimmern. Kostenlose Parkplätze und günstige Lage zur MUNI. ❸

SCHWULE UND LESBEN – Es gibt kein Hotel in San Francisco, in dem die Ankunft eines gleichgeschlechtlichen Paares auch nur das leiseste Wimpernzucken hervorrufen würde. Einige Unterkünfte, darunter auch das Queen Anne Hotel, The Renoir und Archbishop's Mansion zählen eine ausgeglichene Zahl von Homo- und Heterosexuellen zu ihren Gästen. Daneben gibt es aber auch einige Häuser, die sich speziell an schwul-lesbische Traveller richten:

24 Henry, 24 Henry St, Ecke Sanchez St, Castro, ✆ 415/864-5686 oder 1-800/900-5686, 💻 www.24henry.com. Das blau-weiße Häuschen liegt etwas versteckt in einer begrünten Wohngegend nördlich der Market Street und richtet sich vorwiegend an schwule Gäste. Fünf einfache Zimmer, davon eines mit eigenem Bad. Freundlicher Zufluchtsort vor der äußerst belebten Castro-Anmachszene in der Nähe. ❹

Inn on Castro, 321 Castro St, Ecke Market St, Castro, ✆ 415/861-0321, 💻 www.innoncastro.com. Das luxuriöse B&B erstreckt sich über zwei benachbarte Häuser. Die 8 Zimmer und 3 Apartments mit eigenem Bad und Telefon erstrahlen allesamt in hellen Farben und sind individuell eingerichtet. In der extravaganten Lounge kommt man leicht mit anderen Gästen ins Gespräch. Der Mindestaufenthalt beträgt am Wochenende zwei, um Feiertage herum drei Nächte, aber gute Rabatte unter der Woche. ❺

Monarch, 1015 Geary St, Ecke Polk St, Polk Gulch, ✆ 415/673-5232 oder 1-800/777-3210, 💻 www.themonarchhotel.com. Großes, umgebautes Motel mit einfachen und unscheinbaren, aber sauberen Zimmern. Gute Basis für die Erkundung der Kneipen von Polk Gulch. ❹

Noe's Nest, 3973 23rd St, Noe Valley, ✆ 415/821-0751, 💻 www.noesnest.citysearch.com. B&B mit sieben Zimmern (davon sechs mit eigenem Bad) in einer ruhigen Straße in Noe Valley. Alle Zimmer haben TV, Video und private Telefonleitung. Weitere Pluspunkte: üppiges Frühstück und Jacuzzi. ❺

The Parker House, ab, 520 Church St, Ecke 18th St, Castro, ✆ 415/621-3222 oder 1-888/520-7275, 💻 www.parkerguesthouse.com. Umgebaute, von wunderschönen Gärten umgebene edwardianische Villa mit freundlicher Atmosphäre, die sie auch den großzügigen Gemeinschaftsbereichen verdankt. Sonniger Frühstücksraum und Sauna. ❺ ohne Bad.

Essen

Nur Paris hat mehr Restaurants pro Einwohner aufzuweisen als San Francisco, und die kalifornische Metropole wird ihrem Ruf als kulinarisches Eldorado absolut gerecht. Bei so viel landwirtschaftlicher Nutzfläche in der Umgebung der Stadt überrascht es nicht sehr, dass ihre Bewohner echte Snobs sind, wenn es um die Zutaten geht. Auf den Speisekarten stehen regelmäßig Informationen wie jene, dass das Steak von der Niman Ranch stammt oder nur Geflügel von Hoffman verwendet wird. San Franciscos Restaurant-Besessenheit geht auf die Tage des Goldrausches zurück, als die Stadt praktisch überquoll von alleinstehenden Männern, die in Pensionen wohnten und jeden Abend irgendwo eine warme Mahlzeit auftreiben mussten. Als Reaktion auf diese Nachfrage schossen Dutzende Speiselokale aus dem Boden, und seitdem ist die Stadt regelrecht verrückt nach Restaurants. Für Hungrige mit schmalerem Geldbeutel sind die **Dim-Sum-Restaurants** in Chinatown und die **mexikanischen Restaurants** nicht nur billig, sondern gehören sogar zu den besten der Stadt. Natürlich gibt es auch zig **italienische Restaurants** in North Beach, deren Qualität allerdings extrem unterschiedlich ist. Die **französische Küche** ist ein absoluter Dauerbrenner, zumindest was die Reichen und Mächtigen angeht, wenngleich sich die Nouvelle Cuisine immer mehr von den Speisekarten San Franciscos zu verabschieden scheint. Die **kalifornische Küche** hat sich inzwischen von ihren minimalistischen Wurzeln befreit, bietet aber immer noch die frischesten Zutaten, die zudem wunderschön präsentiert werden. Die **japanische Küche** erfreut sich großer Beliebtheit, und auch die Zahl **thailändischer**, **koreanischer** und **indonesischer Restaurants** wächst. Im gesundheitsbewussten San Francisco überrascht es nicht, dass auch eine sehr große Auswahl an **vegetarischen** und **Vollwertrestaurants** existiert, und es gibt kaum ein Lokal, das nicht mindestens ein fleischloses Gericht auf der Karte hat. Bei einem Aufenthalt in San Francisco kann es äußerst lohnend sein, sich für ein Essen einmal so richtig in Unkosten zu stürzen, denn die hohen Preise für ein Festmahl der Weltklasse liegen hier immer noch deutlich unter dem durchschnittlichen Niveau anderer Großstädte.

Man sollte sich allerdings darüber im Klaren sein, dass die Restaurants in San Francisco relativ früh schließen. Nach 22 oder 23 Uhr muss man schon suchen, wenn man noch eine warme Mahlzeit zu sich nehmen und nicht auf einen der rund um die Uhr geöffneten Diner zurückgreifen möchte. Außerdem ist zu beachten, dass man nicht in jedem Restaurant der Stadt rauchen darf. In der nachfolgenden Auflistung wurde San Franciscos Restaurant-Szene in zwei Kategorien unterteilt: Die erste, **Cafés und leichte Mahlzeiten**, umfasst preiswerte Lokale, in denen man Snacks und kleinere Mahlzeiten zu sich nehmen kann. Die zweite Kategorie, **Restaurants**, ist nach Stadtvierteln unterteilt und beinhaltet eine große Palette an Speiselokalen und ethnischen Varianten in allen nur denkbaren Preiskategorien.

CAFÉS UND LEICHTE MAHLZEITEN – ***Asqew Grill***, 1607 Haight St, Ecke Clayton St, Haight Ashbury, ✆ 415/701-9301. Ist mit seinem leicht rustikalen und gemütlich-verramschten Ambiente eine erfrischende Alternative zu den meisten Fastfood-Lokalen. Serviert werden über ein Dutzend verschiedene Grillspieße. Tipp: Platz lassen für den leckeren Nachtisch.

Betty's Café, 167 11th St, Ecke Howard St, SoMa, ✆ 415/431-2525. Bekannt für das herzhafte Frühstück für $2,65 mit einer Auswahl aus Fleisch, Eiern, Hash-Browns und Toast. Nichts Außergewöhnliches, was man bei solchen Preisen aber auch kaum erwarten kann.

Boogaloo's, 3296 22nd St, Ecke Valencia St, Mission, ✆ 415/824-3211. Schwarze Bohnen und *chorizo* (stark gewürzte Wurst) sind in den hispanisch angehauchten Varianten amerikanischer Diner-Klassiker für $5–7 pro Gericht besonders stark vertreten. Das Frühstück ist der Hit. Die Einrichtung ist schlicht, wird aber durch orangefarbene und gelbe Tische aufgeheitert. ⏲ 8–15.30 Uhr.

Boudin Sourdough Bakery & Cafe, 156 Jefferson St, Ecke Mason St, Fisherman's Wharf, ✆ 415/928-1849. Das Sauerteigbrot dieser Kette ist das beste weit und breit; es wird nach einem 150 Jahre alten Rezept gebacken.

Brother in Laws Bar-B-Q, 705 Divisadero St, Ecke Grove St, Western Addition, ✆ 415/931-7427. Service und Atmosphäre sind zum Fürchten, aber trotzdem ist das Lokal wegen der köstlichen knusprigen *short end ribs* und der geräucherten Rinderbrust immer voll – einfach zum Mitnehmen bestellen.

Café Asia, im Asian Art Museum, 200 Larkin Street, Ecke McAllister, Civic Center, ✆ 415/581-3630. Das helle und luftige, kantinenartige Café ist eine echte Bereicherung für dieses Viertel und bietet hervorragendes Essen. Wer sich das Museum nicht anschauen möchte, erhält am Haupteingang ein spezielles Ticket fürs Restaurant. ⏲ Di–Mi und Fr–So 10–17, Do 10–21 Uhr.

Café Flore, 2298 Noe St, Ecke Market St, Castro, ✆ 415/621-8579. Dieses Café hat eine sonnige und begrünte Terrasse, auf der man sich großartig zu Kaffee und Kuchen niederlassen kann. Insbesondere am späten Nachmittag intensiviert sich unter den Passanten die Suche nach Sexpartnern.

Café Francisco, 2161 Powell St, Ecke Francisco St, Fisherman's Wharf, ✆ 415/397-2602. Das billige, nur wenige Blocks vom Kai entfernte Kiezcafé eignet sich hervorragend für ein ausgedehntes Frühstück mit Zeitung oder ein gemütliches Sandwich zur Mittagszeit.

Caffe Trieste, 601 Vallejo St, Ecke Grant Ave, North Beach, ✆ 415/392-6739. Die eigentliche Attraktion dieses kleinen und betriebsamen italienischen Cafés ist die Opernstunde für Amateure am Samstagnachmittag, wenn die betagten italienischen Damen aus dem Viertel über einer Tasse Kaffee plaudern und dem sympathisch schiefen Live-Gesang lauschen.

The Canvas, 12 000 Ninth Ave, Ecke Lincoln Way, Sunset, ✆ 415/504-0060. Riesiger Komplex aus Café, Galerie und Veranstaltungsort mit zusammengewürfelter Einrichtung. Mo Lesungen, Mi *open mic* und So Live-Jazz (Eintritt frei–$5). Fr und Sa bis 2 Uhr geöffnet.

Chili Up!, 4 Embarcadero Center, Embarcadero, ✆ 415/576-0811. Trotz der unattraktiven Lage in einer Mall eine vorzügliche Wahl zum Mittagessen in der Innenstadt. Gourmet-Chili in 7 Variationen, darunter auch eine vegetarische. Filialen: Levi Plaza, Battery St und Greenwich St, ✆ 415/397-1230.

Citizen Cupcake, im Virgin Megastore, 3. Etage, 2 Stockton St, Ecke Market St, Union Square, ✆ 415/399-1565. Nettes Downtown-Café in einem Plattenladen, serviert auch Sandwiches und Salate.

Cool Beans, 4342 California St, Ecke 6th Ave, Richmond, ✆ 415/750-1955. Kiezcafé, in dem sich die Einheimischen auch gern zu einer Partie Backgammon oder Schach treffen.

Dottie's True Blue Café, 522 Jones St, Ecke O'Farrell St, Tenderloin, ✆ 415/885-2767. Preiswertes Diner mit großen Portionen (nur Frühstück und Mittagessen). Der schrullige Besitzer Kurt ist immer für eine Plauderei zu haben.

El Farolito, 2779 Mission St, Ecke 24th St, Mission, ✆ 415/824-7877. Die recht schlichte und etwas verlotterte, rund um die Uhr geöffnete Taqueria ist eine lokale Institution mit hervorragenden und billigen Speisen. Tipp: *Quesadilla Suiza* (cremiger Frischkäse mit Hühnchen) mit einer ausgezeichneten grünen Soße (scharf).

Emporio Rulli, Stockton Street Pavilion, 333 Post St, Union Square, ✆ 415/433-112. Mit seinem starken Kaffee und den italienischen Backwaren die beste Adresse für eine Pause vom Shoppen. Tische im Freien.

Escape from New York, 1737 Haight St, Ecke Shrader St, Haight-Ashbury, ✆ 415/668-5577. Die unaufdringliche Pizzeria bietet Pizzas mit traditionellen, aber auch ausgefalleneren Belägen wie kalifornischem Pesto. Filialen: 508 Castro St, Ecke 18th St, Castro, ✆ 415/252-1515, und 333 Bush St, Ecke Kearny St, Financial District, ✆ 415/421-0700.

Frjtz, 579 Hayes St, Ecke Laguna St, Hayes Valley, ✆ 415/864-7654. Die schicke kleine Frittenbude verkauft knusprige Pommes nach belgischer Art in der Tüte mit Dips wie Tabasco-Schnittlauch-Ketchup oder Joghurt-Erdnuss (scharf). Im gut gepolsterten Sofa am kleinen Fenster kann man wunderbar abhängen und der Musik lauschen, die vom DJ neben der großen Theke aufgelegt wird.

Imperial Tea Court, 1411 Powell St, Ecke Broadway, ✆ 415/788-6080. Holzvertäfeltes Lokal im Herzen von Downtown mit 32 verschiedenen Teesorten im Angebot.

Juicy Lucy's Organic Juice & Food Bar, 703 Columbus Ave, Ecke Filbert St, North Beach, ✆ 415/786-1285. Trotz des übertriebenen Hippie-Dekors ist diese Saftbar ein echtes Juwel. Ausgeschenkt werden Säfte mit Früchten der Saison in intensiven Geschmacksrichtungen wie Minze oder Ingwer.

Kate's Kitchen, 471 Haight St, Ecke Fillmore St, Lower Haight, ✆ 415/626-3984. Kleines Diner, das herzhaftes Frühstück in monströsen Portionen bietet. Am Wochenende großer Andrang.

Liguria Bakery, 1700 Stockton St, Ecke Filbert St, North Beach, ✆ 415/421-3786. Fantastische traditionelle italienische Bäckerei mit Blick auf den Washington Square Park. Herrlich frisches Focaccia-Fladenbrot (das Rosinenbrot ist ebenfalls köstlich, wenn auch nicht unbedingt authentisch). Es empfiehlt sich, früh zu kommen, denn die Bäckerei schließt, sobald alles verkauft ist.

Louie's Dim Sum, 1236 Stockton St, Ecke Broadway, Chinatown, ✆ 415/989-8380. Die glänzenden Teigtaschen werden auf großen Metalltabletts serviert. Die Auswahl ist zwar recht begrenzt, aber dafür sind alle köstlich und billig (2 Stück $1).

Mama's, 1701 Stockton St, Ecke Washington Square, North Beach, ✆ 415/362-6421. Fröhliche, hellgelbe Tischdecken und ebenso heiteres Personal in einem gemütlichen Diner. Tipp: das Krabbengericht *Crab Benedict*. Am Wochenende empfiehlt es sich, angesichts der enormen Warteschlangen ein Buch mitzubringen. ⌚ Di–So 8–15 Uhr.

Mario's Bohemian Cigar Store, 566 Columbus Ave, Ecke Union St, North Beach, ✆ 415/362-0536. Das Wort „Bohemian" im Namen trifft voll zu, nur Zigarren werden inzwischen nicht mehr verkauft. Zu empfehlen sind die großen und preiswerten, hausgemachten Focaccia-Sandwiches oder ein starker, frischer Espresso.

Mee Mee Bakery, 1328 Stockton St, Ecke Broadway, Chinatown, ✆ 415/362-3204. Das recht unbekannte kleine Juwel in Chinatown verkauft Feingebäck mit Mandelgeschmack und verschiedene Kategorien von Glückskeksen ab ca. 40¢/100 g.

Mitchell's, 688 San Jose Ave, Ecke 29th St, Mission, ✆ 415/648-2300. Trotz der Lage in einer recht öden, südlichen Ecke des Viertels der perfekte Ort für ein leckeres, hausgemachtes Eis nach dem Abendessen. Es stehen verschiedene exotische Geschmacksrichtungen zur Auswahl. Tipp: Buko (Baby-Kokosnuss), Avocado oder Süße Bohne.

Patisserie Delanghe, 1890 Fillmore St, Ecke Bush St, Pacific Heights, ✆ 415/923-0711. Die Feinbäckerei wird von zwei französischen Einwanderern geleitet, die u.a. leckere Buttercroissants und Obsttorten anbieten. Einige Tische am Fenster laden zum Verweilen ein.

Pat's Café, 2330 Taylor St, Ecke Columbus Ave, Fisherman's Wharf, ✆ 415/776-8735. Helles und schlichtes Café mit einfachen Kunststofftischen und kleiner Speisekarte mit Burgern und Sandwiches ab $6.

Pizzetta 211, 211 23rd Ave, Ecke California St, Richmond, ✆ 415/379-9880. Hier kann man sich auf fantasievolle und ungewöhnliche Pizza verlassen. Die Karte wechselt wöchentlich, und was gerade frisch ist und Saison hat, kommt als Belag auf die Pizza.

Rosamunde Sausage Grille, 545 Haight St, Ecke Fillmore St, Lower Haight, ✆ 415/437-6851. Der winzige Grill mit ein paar Hockern am Tresen serviert ausnahmslos Grillwürstchen im Sesambrötchen. Der Geschmack reicht von Geflügelwürstchen mit einem Schuss Kirscharoma bis zu

den Geschmacksrichtungen Shrimp, Muschel und Schnapper.
Saigon Sandwiches, 560 Larkin St, Ecke Eddy St, Tenderloin, ✆ 415/474-5698. Der winzige Laden serviert hervorragende, nach Wunsch belegte vietnamesische Sandwiches für $2. Als Belag gibt es gegrilltes Hähnchen- und Schweinefleisch und Fleischbällchen, dazu jede Menge frisches Grünzeug und eingelegte Pickles, die so scharf sind, dass sich die Zunge kräuselt. Sehr zu empfehlen.
St Francis Fountain, 2801 24th Street, Ecke York St, Mission, ✆ 415/826-4200. Klassische Trinkhalle und Eisbar (1918 eröffnet), die nach einer Grundüberholung im Retro-Look erstrahlt und Burger in allen denkbaren Variationen sowie traditionelle Leckereien wie Strawberry Sundae aus Vanille-Eis, Sirup und Soda serviert.
Samovar Tea Lounge, 498 Sanchez St, Ecke 18th St, Castro, ✆ 415/626-4700. Gemütliches Café mit über 100 Teesorten und leckeren asiatischen Snacks. Die gepolsterten Korbstühle laden zu einem Nachmittag mit einem guten Buch ein.
Sears Fine Food, 439 Powell St, Ecke Post St, Union Square, ✆ 415/986-1160. Nostalgisches Frühstückslokal (1938 gegründet), neuerdings auch abends geöffnet. Ganztägig schwedische Pfannkuchen und große Omelettes.
Swan Oyster Depot, 1517 Polk St, Ecke California St, Polk Gulch, ✆ 415/673-1101. Dieser billige Seafood-Tresen bietet keinen Schnickschnack und offiziell auch keine kompletten Mahlzeiten. Wer einen Hocker ergattert hat, sollte gut auf ihn aufpassen, denn es kann sehr voll werden, und die Konkurrenz schläft nicht. Als Belohnung winken billige Meeresfrüchte und Austern.
Taylor's Automatic Refresher, 1 Ferry Building, Embarcadero, ✆ 1-866/EAT-FOOD. Lässiges Café mit mexikanisch-amerikanischer Speisekarte. Alles wird mit frischen Zutaten bereitet, doch die meisten Gäste kommen wegen der superdicken Milchshakes.
Ton Kiang, 5821 Geary Blvd, Ecke 22nd Ave, Richmond, ✆ 415/387-8273. Riesiger Chinese über zwei Stockwerke im Herzen von New Chinatown.
Truly Mediterranean, 3109 16th St, Ecke Valencia St, Mission, ✆ 415/252-7482. In dem winzigen Imbiss serviert gut gelauntes Personal leckere Falafel in dünnem Teig.
World Sausage Grill, Mission 2073 Market St, Ecke 14th St, Mission, ✆ 415/621-7488. Würstchen und Bratwurst in allen möglichen Variationen ohne Konservierungsstoffe, meist um die $5. ◷ tgl. bis 24 Uhr.

RESTAURANTS – Downtown und Chinatown:
Chef Jia's, 925 Kearny St, Ecke Columbus Ave, Chinatown, ✆ 415/398-1626. Schnelle, leckere und billige Spezialitäten, die nicht ganz mit dem Angebot des überaus beliebten Nachbarn *House of Nanking* (s.u.) mithalten können, aber eine ordentliche Alternative sind.
Farallon, 450 Post St, Ecke Powell St, Union Square, ✆ 415/956-6969. In diesem bemerkenswerten Restaurant am Union Square wird mit großem Brimborium Seafood serviert. Die in Champagner gedünsteten Venusmuscheln sind leicht und zart, dazu gibt es ausgefallene und äußerst geschmackvolle Vorspeisen wie Makrelen-Tartar und Thunfisch-Carpacccio. Minuspunkte gibt es aber für die geschmacklose Dekoration.

Essen für Nachtschwärmer

Bagdad Café, 2295 Market St, Ecke 16th St, Castro, ✆ 415/621-4434. Bietet die günstigsten Preise unter den rund um die Uhr geöffneten Restaurants in diesem Viertel.
Bruno's, 2389 Mission St, Ecke 20th St, Mission, ✆ 415/648-7701. In der Jazz-Lounge werden bis 2 Uhr morgens moderne amerikanische Speisen aufgetischt.
Caffè Greco, 423 Columbus Ave, Ecke Vallejo St, North Beach, ✆ 415/397-6261. Kaffee und leichte Mahlzeiten in einer altmodischen italienischen Snackbar.
El Farolito, Mission, s.S. 491.
La Rondalla, 901 Valencia St, Ecke 20th St, Mission, ✆ 415/647-7474. Weihnachtlich (kein Witz!) dekoriertes mexikanisches Restaurant, in dem man bis 2 Uhr morgens die komplette Speisekarte bestellen kann.
Mario's Bohemian Cigar Store, North Beach, s.S. 492.
Yuet Lee, 1300 Stockton St, Ecke Broadway, Chinatown, ✆ 415/982-6020. Traumhaftes chinesisches Seafood bis 3 Uhr morgens; ◷ tgl. außer Di.

House of Nanking, 919 Kearny St, Ecke Jackson St, Chinatown, ✆ 415/421-1429. Das kleine Restaurant hat sich bereits den Status einer Legende erworben. Zu erwarten sind eine lange, aber sich schnell abbauende Warteschlange, eine kurz angebundene Bedienung und ein fabelhaftes, eigentlich viel zu billiges Essen. Wer sich auskennt, überlässt der Bedienung die Bestellung.

Kokkari Estiatorio, 200 Jackson St, Ecke Front St, Financial District, ✆ 415/981-0983. Das mit Abstand beste griechische Restaurant in San Francisco. Die Einrichtung ist absolut nordkalifornisch, die Küche dafür aber klassisch griechisch mit viel Lammfleisch und Auberginen.

Plouf, 40 Belden Lane, Ecke Bush St, Chinatown, ✆ 415/986-6491. Das französische Seafood-Bistro mit luftiger Atmosphäre ist besonders bei jungen Besserverdienenden beliebt. Die meisten Hauptspeisen der herzhaften südfranzösischen Küche kosten $12–16.

R&G Lounge, 631 Kearny St, Ecke Clay St, Chinatown, ✆ 415/982-7877. Das riesige Restaurant im Hongkong-Stil ist bei Chinesen und Amerikanern gleichermaßen populär. Die Speisen werden in großen Portionen für mehrere Personen serviert, wobei der Schwerpunkt eindeutig auf Seafood liegt. Mit 24 Stunden Vorbestellung gibt es die Spezialität des Hauses: ein ganzes frittiertes Hähnchen mit Reisfüllung.

Sam Woh, 813 Washington St, Ecke Grant Ave, Chinatown, ✆ 415/982-0596. Ebenso preiswertes wie beliebtes Abendlokal, in dem schon Kerouac, Ginsberg und andere Hof hielten. Zum Erreichen des Speisesaals muss man die Küche durchqueren und eine enge Treppe hinaufsteigen. Wer eine lächelnde Bedienung erwartet, wird enttäuscht.

Slanted Door, Ferry Building Marketplace, Financial District, ✆ 415/861-8032. In dem riesigen und unaufdringlichen Restaurant ist immer etwas los, sodass es sich empfiehlt, einen Tisch zu reservieren oder früh zu kommen. Die täglich wechselnde Speisekarte besteht aus leichten französisch-vietnamesischen Speisen, darunter mehrere köstlich duftende Hühnergerichte. Die Auswahl an Teesorten ist beeindruckend und gut gemischt. Empfehlenswert.

North Beach und Nob Hill: *Café Jacqueline*, 1454 Grant Ave, Ecke Union St, North Beach, ✆ 415/981-5565. Das romantische und von Kerzen beleuchtete Feinschmeckerlokal serviert ausschließlich das Markenzeichen der Küchenchefin und Besitzerin Jacqueline Margulis, nämlich herzhafte und süße Soufflés (Krabben- und Schokoladengeschmack sind die Favoriten). Da jedes Gericht einzeln zubereitet wird, muss man schon ein wenig Zeit mitbringen. Nicht gerade billig: Hauptspeise ca. $40, aber jeden Dollar wert.

Enrico's, 504 Broadway, Ecke Kearny St, North Beach, ✆ 415/982-6223. Schöne Terrasse an der Straße (eine gute Wahl für Raucher) und genügend Tische drinnen, sodass man in der Regel nicht warten muss. Die kalifornisch-italienischen Speisen sind lecker, aber zumeist ein wenig überkandidelt, weshalb man sich an die einfacheren Gerichte halten sollte. Hauptspeisen $17–23.

Harris' Restaurant, 2100 Van Ness Ave, Ecke Pacific Ave, Pacific Heights, ✆ 415/673-1888. Das an einen Privatclub erinnernde Restaurant mit stolzer traditioneller Atmosphäre zählt zu den besten Steakhäusern der Stadt. Die Bedienung ist freundlich (teilweise beinahe zu beflissen), und Gleiches gilt für die Einrichtung mit gepolsterten Stühlen und gemütlichen Sitzecken. Erhältlich sind alle denkbaren Rindfleischvariationen, vom Filet für $35 bis zum Ribeye-Steak für $65, und alle sind herrlich geschmackvoll und zart.

The Helmand, 430 Broadway, Ecke Kearny St, North Beach, ✆ 415/362-0641. Im Gegensatz zur schlichten und bescheidenen Einrichtung ist das Essen unvergesslich. Die Speisekarte bietet eine große Auswahl an herzhaften und scharfen afghanischen Gerichten. Tipp: *Kaddo Borwani* (Karamellkürbis) oder gegrilltes Lendenstück vom Rind. Sehr zu empfehlen.

L'Osteria del Forno, 519 Columbus Ave, Ecke Green St, North Beach, ✆ 415/982-1124. Das kleine und authentische norditalienische Restaurant an der Hauptstraße von Little Italy ist ein wunderbarer Zufluchtsort vor den Touristenfallen in der Nähe. Die Speisekarte ist begrenzt und bietet stets, was gerade frisch auf dem Markt zu haben ist. Tipp: Sandwich mit weichem und lockerem italienischen Brot für nur $6 oder einer der verschiedenen Bohnensalate.

Sushi Groove, 1916 Hyde St, Ecke Union St, Russian Hill, ✆ 415/440-1905. Das originelle und lebendige Sushi-Restaurant serviert fantasievolle und originale Maki-Rollen, ein paar gemischte asiatische Gerichte und köstlichen Sake-Martini. Von Nachteil sind der lieblose Service und das begrenzte Platzangebot. Die Filiale in SoMa, *Sushi Groove South*, 1516 Folsom St, Ecke 11th St, SoMa, ✆ 415/503-1950, ist größer, genauso szenig, aber in Ermangelung eines Schilds schwer zu finden.
Tommaso's, 1042 Kearny St, Ecke Broadway, North Beach, ✆ 415/398-9696. Nimmt für sich in Anspruch, das erste Restaurant mit Pizzaofen an der Westküste gewesen zu sein (1935). Wie es mit dem Wahrheitsgehalt auch stehen mag – die knusprige Pizza ist köstlich.
Trattoria Contadina, 1800 Mason St, Ecke Union St, North Beach, ✆ 415/982-5728. Die winzige Trattoria in Familienbesitz bewirtet hauptsächlich die lokale italienische Gemeinde. Die traditionellen Gerichte sind hervorragend, darunter Rigatoni mit Aubergine und geräucherter Mozzarella.

Nordufer und Pacific Heights: *Ana Mandara*, im Ghirardelli Square,891 Beach St, Ecke Polk St, Fisherman's Wharf, ✆ 415/771-6800. Mitbesitzer sind die abgesagten 80er-Jahre-Stars Don Johnson und Cheech Marin. Die vietnamesisch-thailändische Karte ist dafür umso moderner und hält köstliche (aber recht teure) Speisen bereit. Wer sein Geld zusammenhalten muss, kann bei gutem Live-Jazz ein Getränk und eine Vorspeise in der sehr schönen, mit Bambusmöbeln eingerichteten Lounge zu sich nehmen.
Baker Street Bistro, 2953 Baker St, Ecke Lombard St, Cow Hollow, ✆ 415/931-1475. Beengtes, aber charmantes Café mit ein paar Tischen unter freiem Himmel. Die schon etwas ältere Kundschaft aus dem Viertel schätzt die von französischem Personal servierten, einfachen Speisen. Die Weine sind preiswert, und das Abendessen zum Festpreis von $14,50 ist ein sehr günstiges Angebot.
Betelnut, 2026 Union St, Ecke Buchanan St, Cow Hollow, ✆ 415/929-8855. Der lokale Szeneladen ist bekannt für seine ausgefallene asiatische Speisekarte, deren Gerichte in kleineren Portionen als Kreuzung aus Dim Sum und Tapa serviert werden. Nicht billig (ca. $8–10 pro Teller), aber dafür gibt es exotische Kombinationen wie über Lychee-Tee geräucherte Wachteln, ganz zu schweigen von den köstlichen grünen Bohnen.
Bistro Yoffi, 2231 Chestnut St, Ecke Pierce St, Marina, ✆ 415/885-5133. Chefköchin Sarah Lewington bereitet in diesem (für die Lage) erfrischend anderen Bistro mit seinen Topffarnen und bunt gemischten Stühlen moderne amerikanische Gerichte zu. Tipp: zum Brunch einen Tisch im üppigen Garten hinter dem Haus sichern.
Ella's, 500 Presidio Ave, Ecke California St, Pacific Heights, ✆ 415/441-5669. Wer sich in die wahrscheinlich berühmteste Frühstückswarteschlange der Stadt einreihen möchte, sollte bequemes Schuhwerk tragen, denn es dauert lange, bis man in den Genuss der leckeren kalifornischen Interpretationen amerikanischer Klassiker kommt, z.B. Mandarinen-Pancake mit Mango-Sirup.
Gary Danko, 800 North Point St, Ecke Hyde St, Fisherman's Wharf, ✆ 415/749-2060. Von der Lage sollte man sich nicht abschrecken lassen – das unaufdringliche Lokal ist beim Wettbewerb um den Titel des besten Restaurants der Stadt stets ganz oben mit dabei, und das Essen ist es wirklich wert, sich einmal so richtig in Unkosten zu stürzen.
Greens, Fort Mason Center, Building A, Marina, ✆ 415/771-6222. Die Königin unter San Franciscos vegetarischen Restaurants ist ein teures Gourmetlokal in malerischer Lage an einem Pier im Fort Mason Center mit spektakulärem Blick auf die Bay.
Habana, 2080 Van Ness Ave, Ecke Pacific St, Russian Hill, ✆ 415/441-CUBA. Exklusives kubanisches Restaurant, dessen Dekor an das Havanna vor Castro erinnern will. Die Speisekarte bietet im Gegensatz dazu moderne, originelle Gerichte. Zum Abschluss einen Mojito mit Minzgeschmack bestellen!
Matterhorn, 2323 Van Ness Ave, Ecke Green St, Russian Hill, ✆ 415/885-6116. Authentisches Schweizer Restaurant mit kitschigem Skihütten-Ambiente. Spezialität des Hauses ist Fondue.
McCormick & Kuleto's, 900 North Point St, Ecke Larkin St, Ghirardelli Square, Fisherman's Wharf, ✆ 415/929-1730. Riesiges Speiselokal guten Fischspezialitäten.

Neecha, 2100 Sutter St, Ecke Steiner St, Pacific Heights, ✆ 415/922-9419. Guter und für diese Lage billiger Thai. Tipp: das besonders saftige und nussige Pad Thai.

Sociale, 3665 Sacramento St, Ecke Locust St, Laurel Heights, ✆ 415/921-3200. Italienisches Bistro mit sehr persönlicher Atmosphäre in einem kleinen Innenhof am Ende einer winzigen Gasse. Empfehlenswert wegen der herrlichen Atmosphäre und der freundlichen Bedienung, ganz zu schweigen vom Essen, bei dem es sich größtenteils um leichte, kalifornisch-italienische Küche handelt. Für die mit Mozzarella gefüllten frittierten Oliven lohnt es sich, etwas tiefer in die Tasche zu greifen.

SoMa, Tenderloin und Civic Center: *Acme Chop House,* 24 Willie Mays Plaza, Ecke King St und 3rd St, SoMa, ✆ 415/644-0240. Dieses überwältigend traditionelle Restaurant ist die Hölle für Vegetarier und eine weitere Erfindung der lokalen Weltklasse-Küchenchefin Traci Des Jardins (s.u. Jardinière). Die Räumlichkeiten sind riesig und fast immer gut gefüllt mit Geschäftsleuten, die sich ihre großen und ausgesuchten Steaks schmecken lassen. Tipp: Filetsteak oder Butcher Steak.

Asia SF, 201 9th St, Ecke Howard St, SoMa, ✆ 415/255-2742. Herrliche Mischung aus Kneipe und Restaurant mit fantasievoller kalifornisch-pazifischer Küche (Sushi und ausgefallene Salate) und geschlechtlichem Verwirrspiel – aber bitte nicht das Wort „Drag Queen" in den Mund nehmen. Die Kellner(innen?) ziehen den ganzen Abend über eine freche, tuntenhafte Parodie ab. Der Sake-Martini ist ebenso köstlich wie tödlich.

Bacar Restaurant and Wine Salon, 448 Brannan St, Ecke 4th St, SoMa, ✆ 415/904-4100. Das riesige, dreistöckige Restaurant bietet eine vorwiegend moderne, saisonal wechselnde amerikanische Speisekarte. An den meisten Abenden unterhält die dreiköpfige Hausband mit Live-Musik. Die gemütliche Bar im Untergeschoss ist cooler; dort kann man sich auf gut gepolsterten Stühlen an Vorspeisen gütlich tun und eine der über 100 Weinsorten probieren.

Citizen Cake, 399 Grove St, Ecke Franklin St, Hayes Valley/Civic Center, ✆ 861-2228. Die stilvolle und recht teure Kombination aus Bäckerei und Restaurant mit sanfter Jazz-Berieselung serviert köstliches Feingebäck. Aushängeschild ist die mit Rosenaroma veredelte Crème-Brûlée-Torte „Rosebud", deren Name wie der des Cafés als Verneigung vor Orson Welles zu verstehen ist. Besonders empfehlenswert ist der Brunch am Wochenende.

Fringale, 570 4th St, Ecke Brannan St, SoMa, ✆ 415/543-0573. Reizvolles und unaufdringliches Juwel in einer ruhigen Ecke von SoMa. Der Service ist genauso außergewöhnlich wie das Essen, das vorwiegend aus französischer Küche besteht, aber auch ein paar baskische Tupfer wie Serrano-Schinken aufweist. Die Einrichtung ist einfach und romantisch – genau der richtige Ort, um sein Date nach dem Abendessen noch mit Trüffeln zu verwöhnen. Sehr empfehlenswert.

Golden Era, 572 O'Farrell St, Ecke Leavenworth St, Tenderloin, ✆ 415/673-3136. Veganisches Kellerrestaurant mit gemischt-asiatischer Speisekarte (thailändisch, chinesisch und japanisch).

Jardinière, 300 Grove St, Ecke Franklin St, Civic Center, ✆ 415/861-5555. Das von der berühmten Küchenchefin Traci Des Jardins geführte Restaurant ist ein kastenförmiger Backsteinbau, dessen Klientel sich hier vor dem Theaterbesuch labt und der es weder an der Parkvignette noch an blendendem Chic fehlt. Teure französisch-kalifornische Küche (Hauptspeise $27–30), aber man bekommt etwas für sein Geld; von Anfang *(foie gras)* bis Ende (reife Käseplatte) liegt die Betonung auf Genuss und Luxus. Tipp: Gnocchi in Ochsenschwanz-Soße. Im Obergeschoss ist es wesentlich ruhiger.

Lulu, 816 Folsom St, Ecke 4th St, SoMa, ✆ 415/495-5775. Berühmtes kalifornisches Restaurant mit einem rustikalen und etwas beengten Speisesaal. Die Qualität der in großen Familienportionen aufgetischten Gerichte ist manchmal Glückssache, doch die perlengroßen Gnocchi zergehen auf der Zunge. Sehr spektakulär ist auch die reichhaltige Weinkarte, wobei viele Sorten nur im Glas serviert werden.

Millennium, *Savoy Hotel,* 580 Geary St, Ecke Hyde St, Theater District, ✆ 415/345-3900. Legendäres vegetarisches Restaurant mit sehr leckeren Hauptspeisen ($18–21), die auch überzeugte Fleischesser zufrieden stellen. Schummrig-romantische Einrichtung aus dunklem Holz und gemischtes Publikum vom Opernfreund bis zum Umweltaktivisten.

The Public Restaurant and Bar, 1489 Folsom St, Ecke 11th St, ✆ 415/552-3065. Relativ neues Restaurant mit bunt zusammengewürfelter Einrichtung und moderner amerikanischer Küche in mittlerer Preislage. Die beiden Bars sorgen mit Live-DJs und billigen Happy-Hour-Martinis für ausgelassene Stimmung in Szene-Atmosphäre.

The Ramp, 855 China Basin St, Ecke Illinois St, China Basin, ✆ 415/621-2378. Amerikanisches Restaurant direkt am Wasser an der Südspitze von SoMa. Sowohl das Lokal als auch seine Kundschaft sind absolut ungezwungen, was sich auch in der erfrischend bunten Mischung von Gästen niederschlägt. Besonders empfehlenswert ist das Lokal zum Brunch oder Frühstück auf der Terrasse mit Blick auf die Bay.

Shalimar, 532 Jones St, Ecke Geary St, Tenderloin, ✆ 415/928-0333. Das winzige Lokal mit wenigen Tischen serviert köstliche und billige pakistanische Speisen, die allesamt vor den Augen der Gäste im *kulcha*-Ofen zubereitet werden.

Tonno Rosso, *Hotel Griffon,* 155 Steuart St, Ecke Mission St, SoMa, ✆ 415/495-6500. Rustikale italienische Gerichte in einem unaufdringlichen, gemütlichen Hotelrestaurant. Die Tische im hinteren Bereich bieten spektakuläre Ausblicke auf die Bay Bridge.

Sushi Rock, 1508 Polk St, Ecke Sacramento St, Polk Gulch, ✆ 415/345-1690. Das verlässlich gute Sushi-Restaurant ist so groß, dass man normalerweise zu jeder Tageszeit einen Tisch bekommt. Zur Begrüßung bekommt jeder kostenlosen Seegrassalat und Miso-Suppe. Man sollte sich an Sushi halten, denn die Maki-Rollen sind teilweise etwas fade.

Tu Lan, 8 6th St, Ecke Market St, SoMa, ✆ 415/626-0927. Eine Legende, seitdem die kalifornische Küchenkoryphäe Julia Child in diesem engen und düsteren Lokal in einer der zwielichtigsten Gegenden der Stadt zum ersten Mal die vietnamesischen Speisen probierte. Wer am klebrigen Tresen Platz nimmt, wird von den aus dem Ofen schlagenden Flammen beinahe versengt. Davon abgesehen ist das Essen stets frisch, authentisch und sehr lecker. Tipp: nicht zur schmuddeligen Decke hinaufschauen!

Mission, Castro und der Süden: *2223,* 2223 Market St, Ecke Noe St, Castro, ✆ 415/431-0692. Restaurant mit gemischtem Homo/Hetero-Publikum, das sich an der freundlichen Atmosphäre und der guten kalifornischen Küche erfreut. Blassgelbe Räume mit hohe Decken und gedämpftem Licht.

Andalu, 3198 16th St, Ecke Guerrero St, Mission, ✆ 415/621-2211. Luftige und exklusive Tapa-Bar mit hohen Decken, dunkelgrünen Wänden und riesigen „Kronleuchtern" aus Papier. Fantasievolle kalifornisch-europäische Küche, dazu gute Cocktails und Desserts.

Baobab, 2323 Mission St, Ecke 19th St, Castro, ✆ 415/826-9287. Das Restaurant tanzt auf mehreren Hochzeiten: als typisch amerikanisches Frühstückslokal mit Ei und French Toast am Morgen, als senegalesisches Restaurant mit gebratenen Bananen und Fischtopf am Abend und als beliebte Kneipe zu späterer Stunde.

Blue, 2337 Market St, Ecke Castro St, Castro, ✆ 415/863-2583. Der kleine Retro-Diner macht äußerlich auf Chrom und Schwarz und serviert bis in die frühen Morgenstunden köstliche und einfache Gerichte wie Hühnchenpastete und Chili. Dank einer eingeschränkten Schanklizenz werden hier fantasievolle Martinis und Cocktails auf Sake-Basis gemixt.

Chow, 215 Church St, Ecke Market St, Castro, ✆ 415/552-2469. Schnörkellose und vertraute Speisen wie preiswerte Nudelgerichte und Holzofenpizza, teilweise mit asiatischer Note. Spaghetti mit Fleischbällchen für $6 sind sehr günstig, aber die meisten Gerichte kosten ohnehin nicht mehr als $10. Reservierungen werden nicht entgegengenommen, und die Warteschlange kann sehr lang werden. Einen Ableger mit Namen *Park Chow* gibt es in Sunset (s.S. 499).

El Trébol, 3324 24th St, Ecke Mission St, Mission, ✆ 415/285-6298. In diesem von einem Ehepaar geführten Café gibt es ausgezeichnete Varianten nikaraguanischer Standardgerichte wie *churrasco* (gegrilltes Rindfleisch) und *chancho con yucca* (gebratenes Schweinefleisch). Ein Erlebnis der besonderen Art ist das Getränk *tamarindo.* Wer gerade Diät hält, wird die Speisekarte nicht voll auskosten können.

Emmy's Spaghetti Shack, 18 Virginia St, Ecke Mission St, Bernal Heights, ✆ 415/206-2086. Das abgefahrene Café ist Tag und Nacht mit einheimischen Trendsettern gefüllt, die für eine relaxte, authentische Stimmung sorgen, und das leckere Essen macht den Laden umso attraktiver. Tipp: hausgemachte Fleischbällchen mit Spaghetti für ca. $8.

Foreign Cinema, 2534 Mission St, Ecke 21st St, Mission, ✆ 415/648-7600. Ursprünglich war dieses noble kalifornisch-französische Restaurant eine effekthascherische Kreuzung aus Bistro und Autokino, wo Spielfilme auf eine große Außenleinwand projiziert wurden und alle Tische mit Lautsprechern ausgestattet waren. Das hielt sich aber nur kurzzeitig, sodass sich die Gäste inzwischen auf ihr Essen konzentrieren können, darunter eine ausgezeichnete Auswahl von Austern und Grillsteak von der Meyer Ranch. Die Martini-Bar *Laszlo* befindet sich ebenfalls auf dem Gelände.

Home, 2100 Market St, Ecke Church St, Castro, ✆ 415/503-0333. Heute umfasst die Karte hauptsächlich Hausmannskost wie *moules frites* (Miesmuscheln mit Pommes), für ca. $10–12 pro Hauptgericht. Besonders preiswert ist das 2-Gänge-Menü für $10,99 inkl. eines Glas Weins. Beliebt bei einem gemischten Publikum aus Yuppies und Guppies (Gay Urban Professionals). Klasse Terrassenbar mit DJs am Wochenende.

Luna Park, 694 Valencia St, Ecke 18th St, Mission, ✆ 415/553-8584. In dem hervorragenden Restaurant herrscht an jedem Tag der Woche eine tolle lokale Atmosphäre. Die Ausstattung erinnert an ein plüschiges Bordell mit blutroten Wänden und dekorativen Kronleuchtern, die Speisekarte wird als kleines schwarzes Buch präsentiert. Die meisten Hauptgerichte wie Thunfischsalat oder *moules frites* bewegen sich um $15. Heißer Tipp: das ebenso ausgefallene wie ausgezeichnete Ziegenkäse-Fondue mit gegrilltem Brot und Apfelscheibchen als Appetitanreger und die hervorragenden Cocktails.

Miss Millie's, 4123 24th St, Ecke Church St, Noe Valley, ✆ 415/282-5598. Eine Institution zum Brunch am Wochenende, dank der frischen und hausgemachten Speisen und dem köstlich-leichten French Toast. Man muss nicht nur mit einer Wartezeit von bis zu einer Stunde rechnen, sondern auch mit Unterbrechungen der Konversation durch Dutzende Yuppie-Babys um einen herum. Am besten versucht man, einen Tisch auf der Terrasse zu ergattern.

Moki's Sushi and Pacific Grill, 830 Cortland Ave, Ecke Gates St, Bernal Heights, ✆ 415/970-9336. Japanische Speisen mit hawaiianischem Einschlag, mit viel Obst und Seafood. Sitzplätze gibt es im Speisesaal und an der Sushi-Bar, wo man auch Sashimi und Maki-Rollen ordern kann, doch die begehrtesten Tische stehen auf der kleinen und versteckten Terrasse hinter dem Haus.

Suriya, 1432 Valencia St, Ecke 25th St, Mission, ✆ 415/824-6655. In diesem kleinen, mit Antiquitäten und Palmen dekorierten Restaurant fühlt man sich nach Bangkok versetzt. Das extravagante Essen sorgt fast immer für zufriedene Gäste. Tipp: grüne Nudeln, Kürbis-Curry oder frittierte grüne Papaya in Kokosnussbutter. Empfehlenswert.

Thai House, 151 Noe St, Ecke Henry St, Castro, ✆ 415/863-0374. Warmes und gemütliches Speiselokal, das wie eine Alpenhütte aussieht, aber zu den besten Thai-Restaurants der Stadt zählt. Zur regulären Speisekarte gibt es leckere Tagesgerichte. Filiale: 599 Castro St, ✆ 415/864-5000.

Ti Couz, 3108 16th St, Ecke Valencia St, Mission, ✆ 415/252-7373. Die gastfreundliche, moderne und kultivierte Crêperie zählte zu den Vorreitern der neuen Szene in der Valencia Street von Mission und ist noch immer eines der besten preiswerten Restaurants der Gegend. Pikante Buchweizen-Bohnenkraut-Pancakes für ca. $6 und leicht-lockere Crêpes zum Dessert.

Haight-Ashbury und westlich des Civic Center:

Absinthe, 398 Hayes St, Ecke Gough St, Hayes Valley, ✆ 415/551-1590. Mischung aus Brasserie und Bisto mit zwei separaten Speisesälen, in denen handfeste französische Küche in authentischer, aber moderner Atmosphäre auf den Tisch kommt. Die Bar empfiehlt sich für einen Drink in dieser Gegend, denn sie ist bis 2 Uhr morgens geöffnet und serviert auch kleinere Snacks für ca. $6 pro Teller.

Chez Nous, 1911 Fillmore St, Ecke Pine St, Fillmore, ✆ 415/441-8044. Die mediterrane Tapasbar lockt Scharen von Gästen nach Fillmore – daher die in der Regel lange Wartezeit und der Lautstärkepegel im Innern. Doch es lohnt, die Unannehmlichkeiten in Kauf zu nehmen, denn das Essen ist stets frisch, und die Speisekarte bietet reichlich Auswahl sowie Tapas in großen und kleinen Portionen. Die Lammkotelettes und Spinat-Gnocchi sind ausgezeichnet.

EOS, 901 Cole St, Ecke Carl St, Cole Valley, ✆ 415/566-3063. Optisch spektakuläre Fusionsküche aus Ost und West, z.B. Ingwer-Cäsar-Salat und Zitronengras-Risotto, dazu üppige Nachspeisen und eine umfangreiche Weinkarte. Zählt zu den beliebtesten Lokalen des Viertels und kann daher am Wochenende recht voll werden; nicht billig, aber das Geld wert.

Mifune, Japan Center, 1737 Post St, Ecke Fillmore St, Japantown, ✆ 415/922-0337. Alles in diesem Nudelhaus auf der Brücke des Japan Centers hat genau die richtige Temperatur: das Bier eiskalt, die scharfen Nudeln kochend heiß. Eleganter als die meisten seiner Nachbarn, mit großer Suppen- und kleiner Sushi-Auswahl.

On the Bridge, Japan Center, 1581 Webster St, Ecke Post St, Japantown, ✆ 415/922-7765. Die kleine Cafeteria serviert an den westlichen Gaumen angepasste japanische Speisen, z.B. Spaghetti mit *kim chi* (eingelegtem Kohl).

Quince, 1701 Octavia St, Ecke Bush St, Japantown, ✆ 415/775-8500. Neues, rustikales italienisches Restaurant in Western Addition, das nicht nur wegen seiner saisonal wechselnden Karte auf sich aufmerksam machte, sondern auch weil der Chefkoch eine Ausbildung bei Alice Waters genoss, dem weiblichen Guru der kalifornischen Küche. Teuer, aber sein Geld wert.

Stelline, 330 Gough St, Ecke Hayes St, Hayes Valley, ✆ 415/626-4292. Billiges Lokal für einen Teller Pasta auf die Schnelle. Rot karierte Tischdecken, handgeschriebene und fotokopierte Speisekarte und umgängliches, gesprächiges Personal.

Suppenküche, 601 Hayes St, Ecke Laguna St, Hayes Valley, ✆ 415/252-9289. Traditionelle deutsche Biergartenspeisen wie Spätzle, Bratwurst und Sauerkraut mit einer guten Auswahl an Lager- und Weizenbieren. Festzeltatmosphäre mit kahlen Wänden und einfachen Tischen und Stühlen aus Kiefernholz.

Thep Phanom, 400 Waller St, Ecke Fillmore St, Lower Haight, ✆ 415/431-2526. In einem der besten Thai-Restaurants der Stadt verkehren Yuppies ebenso wie überlebende Hippies. Die Currys sind wohlriechend, scharf und billig, der Spinat mit Erdnusssoße ist scharf und süß. Tipp: Three's Company Seafood in Kokosnusssoße.

Zona Rosa, 1797 Haight St, Ecke Shrader St, Haight-Ashbury, ✆ 415/668-7717. Der Burrito-Laden ist alles andere als authentisch – dafür wird zu viel Gemüse verwendet –, bietet aber eine gute und leckere Auswahl an Füllungen wie *mole* und *verde* mit viel Soße.

Zuni, 1658 Market St, Ecke Gough St, Hayes Valley, ✆ 415/552-2522. Eine feste Größe. Das luftige Restaurant mit großen Fenstern zur Straße serviert den berühmtesten Caesar-Salat der Stadt (mit selbst geräucherten Anchovis) und einen nicht minder legendären Focaccia-Hamburger nach rustikaler kalifornischer Art. Die meisten Hauptspeisen kosten $18–22.

Richmond und Sunset: ***Aziza***, 5800 Geary Blvd, Ecke 22nd St, Richmond, ✆ 415/752-2222. Stilvolles marokkanisches Speiselokal mit opulentem Dekor und interessanten Details wie einem Zinnkrug mit Wasser und Schüssel, die zum Händewaschen herumgereicht werden. Tipp: das Probiermenü für $35 mit zahlreichen nahöstlichen Spezialitäten wie *hummus, baba ghanoush* oder Kaninchen-Tagine mit Paprikagewürz. Do–So Bauchtanz.

Chapeau!, 1408 Clement St, Ecke 15th St, Richmond, ✆ 415/750-9787. Qualitativ hochwertige französische Küche in der Innenstadt zu undurchsichtigen Richmond-Preisen. Stets rappelvoll mit Einheimischen, die auch wegen der entspannten und provinziellen Atmosphäre kommen.

Fountain Court, 354 Clement St, Ecke 5th Ave, Richmond, ✆ 415/668-1100. Das ungewöhnliche China-Restaurant serviert authentische Gerichte aus Shanghai – die Eintöpfe und lange gegarten Gerichte mögen weniger bekannt sein als die frittierten kantonesischen Spezialitäten, sind aber ebenso köstlich.

Park Chow, 1240 9th Ave, Ecke Lincoln St, Sunset, ✆ 415/665-9912. Der Ableger des beliebten *Chow* in Castro serviert solide und verlässlich gute Pizzas, Pastas und Ähnliches. Der ideale Ort für ein Mittagessen nach einem Spaziergang im Park.

PJ's Oyster Bed, 737 Irving St, Ecke 9th Ave, Sunset, ✆ 415/566-7775. Von Dienstag bis Donnerstag serviert dieses laute und schlichte Restaurant scharfe Cajun-Gerichte wie kross gebratenen Catfish und Alligator-Filet. Am Wochenende wird die Speisekarte erweitert, z.B. um Fischspezialitäten wie den köstlichen peruanischen Fischtopf mit Garnelen, Jakobsmuscheln und Miesmuscheln in Chili-Sahne-Soße. Gelegentlich lässt der Besitzer kostenlosen Wodka herumgehen.

Q, 225 Clement St, Ecke 3rd St, Richmond, ✆ 415/752-2298. Szeniger Laden mit besonders großen Portionen, z.B. Fisch-Tacos oder Cheeseburger.

Thanh Long, 4101 Judah St, Ecke 46th Ave, Sunset, ✆ 415/665-1146. Das Original-Restaurant der Besitzer des *Crustacean* in Polk Gulch. Während um Letzteres (zu) viel Rummel gemacht wird, serviert dieses Lokal noble französisch-vietnamesische Speisen in unaufdringlicher Atmosphäre. Tipp: Catfish im Tontopf oder eines der Krabbengerichte.

Bars, Kneipen und Cafés

San Francisco, berühmt für seine Restaurants, besitzt auch eine große Vielfalt an Lokalen, die man vor allem zum Trinken aufsucht, von gemütlich-schäbigen Jukebox-Kneipen bis zu todschicken Yuppie-Bars. Es gibt sie praktisch überall in der Stadt, doch die höchste Konzentration angesagter Bars befindet sich in North Beach und im Mission District, wo wirklich eine neben der anderen steht. Einige der ausgefalleneren (und schäbigeren) liegen in Tenderloin und The Haight, Yuppie-Meilen durchziehen die Marina, schicke Lounges findet man in allen möglichen Ecken von Downtown und bis nach South of Market hinein.

Es wimmelt von schicken Cafés, die neben Bier und Wein auch erstklassigen Kaffee, Tee und Alkoholfreies servieren. Viele Antialkoholiker, die zum Ausgehen nach einer Alternative zu den Bars suchen, lassen neuerdings die alt-englische Tradition des *Afternoon Tea* wieder aufleben. Bislang wird diese Sitte nur in den großen Hotels praktiziert, aber ihr unaufhaltsamer Aufstieg wird sich früher oder später wohl auch auf die benachbarten Cafés auswirken.

Es überrascht wohl niemanden, dass es in der Stadt auch zahlreiche *gay bars* gibt, vor allem in Castro, in der Polk Street und in Mission. Im Übrigen gibt es in der ganzen Stadt nur sehr wenige Bars, in denen Schwule, Lesben oder allein reisende Frauen Probleme bekommen.

Nach neuestem kalifornischen Recht ist in allen Bars das **Rauchen verboten**, es sei denn, die einzigen dort arbeitenden Leute sind die Besitzer selbst, doch die Debatte dauert noch an, und man nimmt es mit dem Gesetz mitunter nicht allzu genau.

Nicht vergessen: Einen Ausweis sollte man immer bei sich haben, da Kontrollen keine Seltenheit sind, und auch die Tatsache, dass jemand ganz offensichtlich keine 20 mehr ist, nicht genügt.

DOWNTOWN UND CHINATOWN – ***Bix***, 56 Gold St, Ecke Montgomery St, Jackson Square, ✆ 415/433-6300. Bar-Restaurant in kleiner Seitengasse mit einem Hauch Glamour der 40er Jahre. Die Bar füllt sich nach Feierabend mit Büroangestellten, später folgen die Musikfans. Bekannt für seine Gin-Martinis.

The Bubble Lounge, 714 Montgomery St, Ecke Jackson St, Financial District, ✆ 415/434-4204. Die Champagner-Bar lockt ein junges und markenbewusstes Publikum an. Die Preise sind aber überraschenderweise sehr vernünftig.

Cathay House, 718 California St, Ecke Grant Ave, Chinatown, ✆ 415/982-3388. Genau in der Mitte dieses ansonsten ganz normalen Restaurants befindet sich eine einladende, kreisrunde Theke mit einem großen Buddha im Zentrum.

Li Po's Bar, 916 Grant Ave, Ecke Jackson St, Chinatown, ✆ 415/982-0072. Die nach dem chinesischen Dichter Li Po benannte Bar ist ein wenig heruntergekommen, was sie aber gerade liebenswert macht. Eines der wenigen Lokale für einen Drink in Chinatown.

The London Wine Bar, 415 Sansome St, Ecke Sacramento St, Financial District, ✆ 415/788-4811. Das an einen Club erinnernde Lokal (angeblich „Amerikas erste Weinbar") mit abgenutztem Mahagoni-Tresen und gemütlichen, holzvertäfelten Sitzecken bewirtet ein bereits etwas älteres Publikum.

Maxfield's, Palace Hotel, 2 New Montgomery St, Ecke Market St, SoMa, ✆ 415/392-8600. Nach dem Künstler Maxfield Parrish benannt, dessen

berühmtes Wandgemälde mit dem Rattenfänger von Hameln das Lokal verschönert. Der mit Mahagoni vertäfelte Raum bietet sich für einen Drink in persönlicher und eleganter Atmosphäre an.
Red Room, Commodore International Hotel, 827 Sutter St, Ecke Jones St, Theater District, ✆ 415/346-7666. Beliebtes Lokal, in dem Rot die dominierende Farbe ist, wovon selbst die Gläser und viele der Drinks nicht ausgenommen sind. Das aus Homo- und Heterosexuellen bestehende Publikum ist relativ jung, und am Wochenende kann es sehr voll werden.
The Redwood Room, Clift Hotel, 495 Geary St, Ecke Taylor St, Theater District, ✆ 415/775-4700. Die berühmte, an einen Club erinnernde Bar wurde von Starck & Schrager überarbeitet. Sie brachten Leuchtkästen an den Wänden an, in denen abwechselnd verblassende Gemälde zu sehen sind. Unterhaltsam und „hip", wenn man sich bei den Getränkepreisen nicht verschluckt.

NORTH BEACH, NOB HILL UND NORDUFER –
A16, 2355 Chestnut St, Ecke Division St, Marina, ✆ 415/771-2216. Im hinteren Raum des süditalienischen Restaurants werden sagenhafte, dünnkrustige Pizzas serviert, die Hauptattraktion ist jedoch die ansehnliche Weinkarte mit über 40 verschiedenen Sorten im Glas.
Balboa Café, 3199 Fillmore St, Ecke Greenwich St, Marina, ✆ 415/921-3944. Die dunkle Kneipe mit Holzeinrichtung, hohen Decken und ausgezeichneter Weinkarte lockt zahlreiche Singles aus Marina an.
The Crow Bar, 401 Broadway, Ecke Montgomery St, North Beach, ✆ 415/788-2769. Die kleine Bar ist ein attraktiver Zufluchtsort auf dieser mit Clubs übersättigten Meile. Pool-Billard im Hinterzimmer und sehr natürliches Publikum.
Gino and Carlo, 548 Green St, Ecke Grant Ave, North Beach, ✆ 415/421-0896. Klassische Kneipe, den ganzen Tag über voll mit Stammgästen und Alteingesessenen. Wer als Gast zum Flippern oder Billard hereinschaut, wird freundlich aufgenommen.
Hawaii West, 729 Vallejo St, Ecke Stockton St, North Beach, ✆ 415/362-3220. Kneipe mit fluchendem Papagei, Billardtisch und einer Drag-Queen als Besitzerin, die ihre Gäste auch gern mal mit Karaoke unterhält.

San Franciscos Brauereien

Während sich die Umgebung der Metropole ganz dem Weinanbau verschrieben hat, ist die Stadt selbst für ihr Bier bekannt, das in vielen Fällen aus Kleinstbrauereien stammt. Das bekannteste lokale Erzeugnis ist das so genannte „Dampfbier" *(steam beer),* eine Kreuzung aus Lager und Bitter. Es wurde erfunden, als den ersten lokalen Brauern das für die Produktion von Lager erforderliche Eis zu teuer wurde, woraufhin sie ihre Hefe unter Zimmertemperatur gären ließen wie bei einem Ale. Das Resultat war ein Bier mit einem niedrigeren Alkoholgehalt als Lager, aber mit dem herzhaften Geschmack eines Bitter. Der genaue Ursprung des seltsamen Namens konnte leider nie geklärt werden.
Wer mehr über die Kunst des Bierbrauens erfahren möchte, kann sich auf den Weg zur *Anchor Steam Brewery,* 1705 Mariposa St, Ecke Carolina St, Potrero Hill, ✆ 415/863-8350; 🖳 www.anchorbrewing.com, machen. Dort wird eine kostenlose Führung angeboten (Reservierung erforderlich), während das Bier selbst auch in fast allen Kneipen und Getränkemärkten zu bekommen ist. Weitere empfehlenswerte Pubs lokaler Kleinstbrauereien sind:
Gordon Biersch Brewery, SoMa s.S. 502
San Francisco Brewing Company, North Beach s.S. 502
Thirsty Bear Brewing Company, SoMa s.S. 503

Matrix, 3138 Fillmore St, Ecke Greenwich St, Marina, ✆ 415/563-4180. Angelehnt an das originale *Matrix,* das 1965 an gleicher Stelle eröffnete und große Rockstars zu seinen Gästen zählte. Die heutige Kneipe, die mit ihrem Vorbild nichts mehr gemein hat, präsentiert sich mondän. Das vorwiegend lokale Publikum nippt am Weinglas und tanzt zu House- und Disco-Musik.
Pier 23, Pier 23, Telegraph Hill, ✆ 415/362-5125. Auf der Terrasse mit Blick auf die Bucht sitzt man unter Heizlampen und genießt nicht nur seinen Cocktail zu den Klängen einer Live-Band, sondern auch eine traumhafte Aussicht auf die Bay Bridge.

Rosewood, 732 Broadway, Ecke Powell St, North Beach, ✆ 415/951-4886. Absichtlich verstecktes Schlupfloch, an dem nicht einmal ein Schild angebracht ist. Die Inneneinrichtung ist retro-cool und wird von erstklassigen DJs entsprechend untermalt. Nachteil: teure Drinks und Scharen von Auswärtigen, die an jedem Wochenende hier einfallen. Unter der Woche definitiv am besten.

San Francisco Brewing Company, 155 Columbus Ave, Ecke Pacific Ave, North Beach, ✆ 415/434-3344. Wahrscheinlich der touristischste unter mehreren Pubs von Kleinstbrauereien in San Francisco. Farbloses Publikum aus Touristen, die riesige Bierkrüge in der Hand halten. Hervorragende Angebote in der Happy Hour von 16–18 Uhr.

Spec's, 12 Saroyan Place, Ecke Columbus Ave, North Beach, ✆ 415/421-4112. Nette Spelunke im Herzen von North Beach mit älterem und recht exzentrischem Publikum. Bekannt für das gesprächige Thekenpersonal, das seinen Stammgästen häufig Käse und Cracker spendiert.

Tonga Room, *Fairmont Hotel*, 950 Mason St, Ecke California St, Nob Hill, ✆ 415/772-5278. Tiki-Lounge im Keller mit Strohhütten und schwimmender Band, ganz zu schweigen von dem Indoor-Platzregen, der alle 15 Minuten niederprasselt. Während der Happy Hour gibt es bei Bestellung eines der teuren Getränke ein fantastisches Buffet für $6. Empfehlenswert.

Tunnel Top, 601 Bush St, Ecke Stockton St, Union Square, ✆ 415/986-8900. Die schmuddelige, aber abgefahrene Bar verbirgt sich hinter einer schäbigen Ladenfassade auf dem unter der Stockton Street hindurchführenden Tunnel. Die Inneneinrichtung ist auf industriellen Chic gemacht – man achte auf die mit leeren Weinflaschen behängten Kronleuchter. An die Wände werden Spielfilme projiziert. Eine der wenigen raucherfreundlichen Kneipen in der Innenstadt.

SOMA, CIVIC CENTER UND TENDERLOIN – ***Bambuddha***, Phoenix Hotel, 601 Eddy St, Ecke Larkin St, Tenderloin, ✆ 415/885-5088. Entspannte Szene-Lounge mit asiatisch angehauchtem New-Age-Flair.

Bigfoot Lodge, 1750 Polk St, Ecke Washington St, Polk Gulch, ✆ 415/440-2355. Ableger einer tuntigen Bar aus L.A., die wie eine Skihütte aus den 50ern aufgemacht ist. Jede Menge Holzimitat, Jagdtrophäen und Geweihe sowie eine riesige Pappmaché-Statue von Bigfoot höchstpersönlich.

Bobby's Owl Tree, 601 Post St, Ecke Taylor St, Tenderloin, ✆ 415/776-9344. Die Kneipe ist eine echte lokale Kuriosität, voll gestopft mit Eulen (als Uhren, Figuren oder auf Bildern). Allein aus diesem Grund lohnt sich ein Besuch in dieser schrägen und ausgeflippten Bar.

Butter, 354 11th St, Ecke Folsom St, SoMa, ✆ 415/863-5964. Stilisierte Bar Marke „White Trash" mit Diner und imitierter Trailerpark-Atmosphäre. Aus dem Durchreichefenster an einer Seite des Wohnwagens kommt ausnahmslos Junkfood aus der Mikrowelle. Schräg, witzig und ironisch, aber nicht mehr ganz so supercool wie am Anfang.

Edinburgh Castle, 950 Geary St, Ecke Polk St, Tenderloin, ✆ 415/885-4074. Ganz normale schottische Bar, mit dem Unterschied in der koreanischen Leitung. Im oberen Geschoss gelegentlich Live-Bands und Comedy.

Gordon Biersch Brewery, 2 Harrison St, Ecke Embarcadero, SoMa, ✆ 415/243-8246. Kleinstbrauerei am Wasser in einem umfunktionierten, ehemaligen Kaffeelager mit schönem Blick auf die Brücke. Gutes Kneipenessen und mit die besten Biere der Stadt.

Hemlock Tavern, 1131 Polk St, Ecke Post St, Polk Gulch, ✆ 415/923-0923. Die Kneipe bietet regelmäßig Live-Gigs von halbprofessionellen Bands ($7–10) und ist vor allem bei Rauchern beliebt, weil man im Innenhof in Ruhe paffen kann.

House of Shields, 39 New Montgomery St, Ecke Mission St, SoMa, ✆ 415/495-5436. Nach Büroschluss eine klassische Pianobar mit nostalgischem Ambiente, spät abends dann ein Club mit Avantgarde-DJs und punkig angehauchter Szenerie. Donnerstag ist der beste Abend.

Julip, 839 Geary St, Ecke Larkin St, Tenderloin, ✆ 415/474-3216. Die Bar sieht aus, als hätte Salvador Dalí sie entworfen: Baumstämme ragen aus den Wänden und schräge religiöse Utensilien zieren den von Kerzenschein beleuchteten Raum. Jeden Abend Live-DJs und kleine Speisekarte mit spanischen Tapas.

The Ramp, 855 China Basin St, Ecke Illinois St, China Basin, ✆ 415/621-2378. Weit draußen am alten Hafen eine halbe Meile von Downtown entfernt gelegen, aber den Ausflug wert. Man kann im Patio sitzen, Bier trinken und die Aussicht über die verlassenen Piers und den neuen Bootshafen genießen.

Thirsty Bear Brewing Company, 661 Howard St, Ecke 2nd St, SoMa, ✆ 415/974-0905. Kombination aus Brauereikneipe und Tapasbar, die sich gegen Abend mit in der Nähe beschäftigten Büroangestellten füllt; das Essen ist preiswert ($6–8 pro Gericht) und lecker.

MISSION, CASTRO UND DER SÜDEN – ***The Beauty Bar,*** 2299 Mission St, Ecke 19th St, Mission, ✆ 415/285-0323. Der tuntig angehauchte und nicht ganz ernst gemeinte Import der New Yorker *Beauty Bar* ist aufgemacht wie ein Frisörsalon aus den 50ern. Bei einem Cocktail kann man eine Maniküre genießen, doch empfiehlt es sich, unter der Woche zu kommen, um größeren Andrang zu vermeiden.

Blondie's Bar & No Grill, 540 Valencia St, Ecke 16th St, Mission, ✆ 415/864-2419. Die stets gut gefüllte und lustige Bar mit großer Terrasse serviert noch größere Cocktails und bietet häufig Live-Musik. Im Hinterzimmer „Wetspot" darf geraucht werden.

Dalva, 3121 16th St, Ecke Valencia St, Mission, ✆ 415/252-7740. Die recht düstere Spelunke ist klitzeklein und leicht zu verfehlen, was ein gemischtes und künstlerisch orientiertes Publikum aber nicht davon abhält, sich um einen der knappen Plätze an den schmalen Tischen zu drängeln.

Doc's Clock, 2575 Mission St, Ecke 21st St, Mission, ✆ 415/824-3627. Leicht an ihrem grellen, pinkfarbenen Neonschild zu erkennende Art-déco-Bar, die ein künstlerisch-alternatives Publikum anlockt.

Lazslo, im Foreign Cinema, 2532 Mission Street, Ecke 21st St, Mission, ✆ 415/648-7600. Schicke Bar im Industrie-Look. Hervorragende Cocktails und jeden Abend außer Montag DJs.

The Lone Palm, 3394 22nd St, Ecke Guerrero St, Mission, ✆ 415/648-0109. Die nur von Kerzen beleuchtete Cocktail-Lounge erinnert an eine vergessene Revue-Bar aus dem Las Vegas der 50er Jahre und ist ein heimliches Juwel. Die namensgebende Palme ist in Wirklichkeit aus Metall, und über den Bildschirm hinter der Theke flimmern klassische amerikanische Spielfilme.

Lucky 13, 2140 Market St, Ecke Church St, Castro, ✆ 415/487-1313. Hauptsächlich an Heteros gerichtete, spelunkenartige Rockerkneipe an der Grenze zwischen Castro und Lower Haight. Die Jungs aus den Biker-Clubs spielen hier Pool-Billard und lassen die Sex Pistols aus der Jukebox hämmern.

Luna Park, 694 Valencia St, Ecke 17th St, Mission, ✆ 415/553-8584. Die kleine Bar im vorderen Bereich dieses hervorragenden neuen Restaurants besticht durch eine irre Atmosphäre, doch der wirkliche Anziehungspunkt sind die fantasievollen Cocktails. Tipp: Appletini, ein Granny Smith mit Wodka-Infusion.

Mecca, 2029 Market St, Ecke 14th St, Castro, ✆ 415/621-7000, 💻 www.sfmecca.com. Beeindruckendes, aber auch teures Nachtlokal mit Restaurant und großer Auswahl an fruchtigen Cocktails. Mi Live-Jazz.

Odeon Bar, 3223 Mission St, Ecke Valencia St, Bernal Heights, ✆ 415/550-6994, 💻 www.odeonbar.com. Ebenso gruselige wie faszinierende Kaschemme unter Leitung des verrückten Performance-Künstlers „Chicken John". Auf der Bühne finden häufig bizarre Vorstellungen statt, während sich die generelle Stimmung als künstlerisch-exzentrisch beschreiben lässt.

La Rondalla, 901 Valencia St, Ecke 20th St, Mission, ✆ 415/647-7474. In dieser festlichen mexikanischen Spelunke ist immer Weihnachten, denn die Kneipe ist das ganze Jahr über mit Lametta und Christbaumschmuck dekoriert. Am Abend spielt meist eine Mariachi-Band auf.

Sublounge, 620 20th St, Ecke 3rd St, Mission, ✆ 415/552-3603. Einer der angesagtesten Läden der Stadt (obendrein raucherfreundlich), in dem man sich in futuristischer Umgebung aus Flugzeugsitzen und Videospielen zum Trinken und Tanzen trifft. Im Obergeschoss wird überwiegend House und Hiphop aufgelegt. Nicht verpassen sollte man die einmal im Monat stattfindende „Bikini Wax"-Party.

HAIGHT-ASHBURY UND WESTLICH DES CIVIC CENTER – ***An Bodhran,*** 688 Haight St, Ecke Pierce St, Lower Haight, ✆ 415/431-4724. Kommt nicht ganz an das *Mad Dog* im gleichen Block heran, ist aber ebenfalls ein beliebter Laden, auch wegen der gelegentlich live dargebotenen irischen Folkmusik.

Martin Macks, 1568 Haight St, Ecke Ashbury St, Haight-Ashbury, ✆ 415/864-0124. Der lokale Pub ist wegen seiner einfachen und leckeren Speisen beliebt, doch wer es schafft, an den vielen Gästen vorbeizukommen, die sich hier zur Mittagszeit aufhalten, kann auch einfach nur an der Theke ein Glas Guinness kippen.

Noc Noc, 557 Haight St, Ecke Steiner St, Lower Haight, ✆ 415/861-5811. Die Einrichtung mit flimmernden TV-Bildschirmen in allen Ecken scheint direkt einem Orwell'schen Science-Fiction-Film zu entstammen. Da die Bar keine Lizenz zum Ausschank von harten Drinks besitzt, werden alle Cocktails auf Sake-Basis gemixt. Klasse, ziemlich dunkel und die Anfahrt wert.

Persian Aub Zam Zam, 1663 Haight St, Ecke Clayton St, Haight-Ashbury, ✆ 415/861-2545. Cocktail-Lounge im Kasbah-Stil mit Retrojazz-Jukebox. Nach dem Tod des mürrischen Besitzers Bruno haben seine Stammgäste den Laden gekauft und es tatsächlich geschafft, die brummige, aber warme Atmosphäre mehr oder weniger zu konservieren.

GOLDEN GATE PARK, STRÄNDE UND UMGEBUNG – ***The Abbey,*** 4100 Geary Blvd, Ecke 5th Ave, Richmond, ✆ 415/221-7767. Durch und durch irische Sport-Bar mit freundlicher und gehobener Atmosphäre. Häufig Irish Folk live, wenn nicht gerade ein wichtiges Spiel im TV übertragen wird.

Pig & Whistle Pub, 2801 Geary Blvd, Ecke Wood St, Richmond, ✆ 415/885-4779. Der typisch britische Pub serviert gute englische und kalifornische Biere. Billard und Darts, sehr gutes Pubfood.

Trad'r Sam's, 6150 Geary Blvd, Ecke 26th St, Richmond, ✆ 415/221-0773. Seit 1939 gibt es diese klassische Tiki-Bar mit exotischen Cocktails. Unter der Woche schräger und nicht so sehr von Studenten dominiert.

Yancy's Saloon, 734 Irving St, Ecke 8th Ave, Sunset, ✆ 415/665-6551. Gemütliche und durch Pflanzen verschönerte Studentenbar mit kostenlosen Darts und billigen Drinks.

SCHWULE UND LESBEN – In San Francisco gibt es zahlreiche Schwulenbars aller Variationen, von gemütlichen Cocktailkneipen bis zu Leder-Bars, für die das entsprechende Outfit Voraussetzung ist. In den letzten Jahren sind fast alle Lesbenbars verschwunden, mit rühmlicher Ausnahme des Lexington Club (s.u.). Möchte frau nur unter Frauen sein, muss sie sich ansonsten an die Clubs mit Lesben-Abenden halten.

Viele der hier aufgeführten Bars drehen später am Abend die Musik auf und verwandeln sich in Clubs. Die besseren haben wir unter Nachtleben eingeordnet.

Komplette Aufstellungen der Schwulen- und Lesben-Bars und Clubs sind den entsprechenden Publikationen zu entnehmen, s.S. 514.

Badlands, 4131 18th St, Ecke Castro St, Castro, ✆ 415/626-9320, 💻 www.sfbadlands.com. Die Video-Bar in rohem Backstein und glänzendem Chrom ist eines der weniger szenelastigen Läden im Viertel. Angelockt wird ein gut aussehendes Publikum in den Dreißigern, am Wochenende ist es meistens rappelvoll. Große Auswahl an importierten Bieren.

Detour, 2348 Market St, Ecke Castro St, Castro, ✆ 415/861-6053. Das Publikum ist jung, ledern und auf der Pirsch. Die Tanzfläche wird merkwürdigerweise in der Mitte durch einen Maschendrahtzaun geteilt. Samstags Go-Go-Boys und jeden Abend hämmernde House-DJs.

The Eagle Tavern, 398 12th St, Ecke Harrison St, SoMa, ✆ 415/626-0880. Die gute, klassische Lederbar ist besonders am Sonntag beliebt, wenn spätnachmittags ein Bierbesäufnis (so viel man schlucken kann für $8) stattfindet, dessen Erlös wohltätigen Einrichtungen zugute kommt.

Esta Noche, 3079 16th St, Ecke Valencia St, Mission, ✆ 415/861-5757. Schwule Latino-Drag-Bar, die viel Spaß macht und ein jüngeres Publikum unterschiedlicher Hautfarben anzieht. Shows jeden Abend um 23.30 Uhr, So um 19, 22.30 und 24 Uhr.

Ginger's Trois, 246 Kearny St, Ecke Bush St, Financial District, ✆ 415/989-0282. Reizende Bar direkt im Herzen von Downtown, wo eine Gruppe unerschütterlicher Stammgäste fröhlich die Liedchen mitsingt, die zwischendurch vom Tresenpersonal angestimmt werden.

Hole in the Wall Saloon, 289 8th St, Ecke Folsom St, SoMa, ✆ 415/431-4695. Das ehemalige Rock 'n' Roll-Paradies ist heute fest in den Händen der

Biker-Szene. Das Publikum besteht aus hartgesottenen Lederboys, die entweder zum Flippern oder zum Abschleppen herkommen. Man sollte auf entsprechende Kleidung achten.

Lexington Club, 3464 19th St, Ecke Lexington St, Mission, ✆ 415/863-2052, 💻 www.lexington club.com. Der einzige Laden der Stadt mit Frauenüberschuss (Männern wird nur in Begleitung einer Frau Einlass gewährt). Mit ihrer schnörkellosen Einrichtung, der freundlichen Atmosphäre und einer guten Musikbox zieht die betriebsame Lesbenbar ein sehr gemischtes Publikum an.

The Lone Star, 1354 Harrison St, Ecke 10th St, SoMa, ✆ 415/863-9999. Eine der zahmeren Biker-Pinten in SoMa. Die Klientel der großen, netten und gastfreundlichen Kneipe besteht aus Daddys in Lederkluft, jüngeren und älteren „Bears" und denjenigen, die sie lieben.

Martuni's, 4 Valencia St, Ecke Market St, Mission, ✆ 415/241-0205, 💻 www.martunis.citysearch.com. Die Piano-Bar zieht ein betuchtes Publikum mittleren Alters an, das mit Inbrunst Klassiker von Judy, Liza und Edith mitsingt. Regelmäßig Karaoke-Abend, während der Mittwochabend Singles vorbehalten ist. Das Markenzeichen der Bar, der zitronige Cocktail *Martuni,* besteht aus Gin der Marke Bombay Sapphire und trockenem Wermut.

Midnight Sun, 4067 18th St, Ecke Castro St, Castro, ✆ 415/861-4186, 💻 www.midnightsunsf.com. Die lange und schmale Video-Bar ist stets gut gefüllt mit schick gekleideten weißen Jungs, die sich die Filme auf dem Bildschirm und die anderen Gäste reinziehen. Nicht der richtige Ort für ein beiläufiges Gespräch. Die wöchentlichen Vorführungen beliebter TV-Serien locken viele Gäste an.

My Place, 1225 Folsom St, Ecke 8th St, SoMa, ✆ 415/863-2329. Schmuddeliger Cruising-Schuppen für Hardcore-Lederkerle. Billige Drinks, dunkles und verräuchertes Hinterzimmer.

Pendulum, 4146 18th St, Ecke Castro St, Castro, ✆ 415/863-4441. Der einzige Laden in Castro, in dem sich die schwarze Schwulengemeinde wohl fühlt. Der Frauenabend („Alley Catz") am Donnerstag macht viel Spaß und kostet nicht einmal Eintritt.

Pilsner Inn, 225 Church St, Ecke Market St, Castro, ✆ 415/621-7058. In der besten Schwulenbar Castros spielt ein gemischtes, schon etwas älteres Publikum Pool-Billard und Darts. Große und raucherfreundliche Terrasse hinter dem Haus und alles in allem gastfreundliche und offene Atmosphäre.

Powerhouse, 1347 Folsom St, Ecke Doré Alley, SoMa, ✆ 415/861-1790. Die Lederkneipe alter Prägung zählt zu den bekanntesten Anmachschuppen der Stadt und bietet praktischerweise jede Menge dunkle Ecken. Es herrscht absoluter Kleiderzwang (Uniform und Leder), außer donnerstags, dann ist Dessous-Abend.

Trax, 1437 Haight St, Ecke Ashbury St, Haight-Ashbury, ✆ 415/864-4213, 💻 www.traxsf.com. Die einzige Schwulenbar in Haight ist ein Paradies für Raucher. Gesunde Mischung aus Homos und Heteros und demzufolge auch weniger Abschleppverkehr als in vielen anderen Bars.

Wild Side West, 424 Cortland Ave, Ecke Wool St, Bernal Heights, ✆ 415/647-3099. Schlichter und freundlicher Anmachschuppen für Lesben mit Riesenterrasse unter freiem Himmel. An kalten Abenden empfiehlt es sich, drinnen zu bleiben, da es keine Heizlampen gibt.

Clubs

Für das Nachtleben benötigt man in San Francisco – im Gegensatz zu L.A. – weder viel Geld noch ein bestimmtes Image. Zwar tobt in der Stadt nicht rund um die Uhr der Bär, aber dafür braucht man hier keinen bestimmten Moden und Trends hinterherzulaufen und es ist oft überraschend leicht, Kontakt aufzunehmen. Die Lässigkeit ist ansteckend und in der Club-Szene weit verbreitet. Die Nachtclubs sind außerdem – mit Ausnahme der wenigen Schickeria-Läden – im Vergleich zu anderen Städten angenehm preiswert. Mit rund $40 in der Tasche kommt man schon gut durch die Nacht, wobei die Ausgaben für Eintritt, einige Drinks und eventuell sogar das Taxi nach Hause eingerechnet sind.

Auch wenn sich die Einwohner von San Francisco relativ wenig um Trends und Moden kümmern, gibt es doch überall in der Stadt hervorragende Live-Clubs mit Rock, Jazz oder Folk, von denen viele ihr Programm schon zum Preis eines Drinks anbieten. Unbedingt einen Ausweis mit

Lichtbild mitbringen, um an den Türstehern vorbeizukommen!

CLUBS – Die Clubs von San Francisco, die noch immer von einem Ruf zehren, den sie sich vor Jahrzehnten erworben haben, liegen Lichtjahre hinter den Clubs in anderen amerikanischen Städten zurück. Das hat auch Vorteile – der Eintrittspreis ist selten hoch, die Drinks sind nicht schamlos überteuert, und es gibt kaum Warteschlangen, abgesehen von einigen Tanzclubs in South of Market, wo man am Wochenende mit Wartezeiten rechnen muss. Stattdessen gibt es viele unterschiedliche kleine bis mittelgroße Clubs mit erschwinglichen Preisen, in denen harte Ledertypen mitunter mit bärtigen Alternativen Schulter an Schulter stehen, dazu viele Schwulentreffpunkte, in denen nach wie vor zu High Energy Funk und Motown getanzt wird.
Die größte Ansammlung von Clubs findet man in SoMa, vor allem um die 11th und Folsom St; ähnlich in Mission, wo es jede Menge Bars und kleine Live-Musik-Läden gibt, ganz zu schweigen von ein paar tollen Homo-Kneipen, fast alle lateinamerikanischen Ursprungs.
Im Unterschied zu anderen Städten, wo es erst gegen Mitternacht so richtig losgeht, müssen viele Clubs in San Francisco an Wochentagen schon um 2 Uhr dichtmachen, daher ist gegen 23.30 Uhr die Action meistens voll im Gang. Am Wochenende sind die meisten Lokale bis 3 oder 4 Uhr geöffnet.

12 Galaxies, 2365 Mission St, Ecke 21st St, Mission, ✆ 415/970-9777. Riesiger, ultra-hipper Club im Industriedesign mit abgesenkter Bühne, auf der an den meisten Abenden Live-Shows geboten werden ($6–16). Den besten Überblick hat man im Zwischengeschoss.
26 Mix, 3024 Mission St, Ecke 26th St, Mission, ✆ 415/826-7378, 💻 www.26mix.com. Der unaufdringliche Laden in Mission, eine Mischung aus Kneipe und Club, beschäftigt Spitzen-DJs und nennt sich selbst „Sound Bar". So und Mi geschlossen, Eintritt $3–5.
330 Ritch St, 330 Ritch St, Ecke Townsend St, SoMa, ✆ 415/541-9574. Kleiner, abgelegener Club mit einem ganz unterschiedlichen Publikum, je nach Wochentag. Am bekanntesten ist die Donnerstagsparty („Popscene"), die man als Epizentrum für Mods und Britpopper in San Francisco bezeichnen könnte. Eintritt $5–15.
1015 Folsom, 1015 Folsom St, Ecke 6th St, SoMa, ✆ 415/431-1200. Der Superclub auf mehreren Etagen erfreut sich allgemeiner Beliebtheit bei abtanzenden Nachtschwärmern. Gespielt wird hauptsächlich House und Garage, während auf der großen Tanzfläche auch sehr bekannte DJs wie Sasha und Digweed auflegen. Eintritt $10–15.
Cat Club, 1190 Folsom St, Ecke 8th St, SoMa,3431-3332. Der vorwiegend von Lesben besuchte Club bietet häufig ein gemischtes Programm aus Live-Musik und DJs. Hier geht es aber erst richtig spät los, sodass es keinen Sinn hat, vor den frühen Morgenstunden einzutrudeln. Eintritt $5–10.
DNA Lounge, 375 11th St, Ecke Harrison St, SoMa, ✆ 415/626-1409, 💻 www.dnalounge.com. Nachtclub, in dem zwar jede Nacht völlig verschiedene Musikrichtungen gespielt werden, sich aber trotzdem regelmäßig das gleiche junge Stammpublikum, eine Mischung aus Homos und Heteros, trifft. Unten gibt es eine große Tanzfläche. Wenn einem das Getanze zu viel wird, kann man sich es auf den gemütlichen Sofas im Zwischenstock bequem machen. Eintritt $15–20.
Fluid, 662 Mission St, Ecke 3rd St, SoMa, ✆ 415/615-6888. Teurer und schicker Club mit verspiegelter Lounge, in dem größtenteils Hip-Hop und Mainstream-House gespielt wird. Cocktails um die $10.
Hush Hush Lounge, 496 14th St, Ecke Guerrero St, Mission, ✆ 415/241-9944. Klasse Laden zum Abhängen oder Abtanzen, aber ziemlich versteckt und ohne Schild. Das Publikum ist schon etwas älter, spielt Pool oder tanzt zu klassischem Funk aus den 70ern (Mi–Sa). Sonntagabends 60er- und 70er-Jahre-Rock. Eintritt frei–$5.
Mezzanine, 444 Jessie St, Ecke 5th St, SoMa, ✆ 415/820-9669, 💻 www.mezzaninesf.com. Riesiger Club mit bekannten Mainstream-DJs, musikalisch breit gefächerte Mischung aus Disco- und Elektrosounds, gelegentlich auch Rockkonzerte. Eintritt ab $15.
Mighty, 119 Utah St, Ecke 15th St, Potrero Hill, ✆ 415/626-7001, 💻 www.mighty119.com. Riesige, umgebaute Lagerhalle am Freeway, die eine Kombination aus Kunstgalerie, Veranstaltungs-

ort, Club und Lounge mit Wodka-Bar beherbergt. Funk-Bands live oder Old-School-House von DJs. Eintritt ab $10.

Pink, 2925 16th St, Ecke Capp St, Mission, ✆ 415/431-8889, 🖳 www.pinksf.com. Man würde an dem Laden vorbeilaufen, ohne ihn zu bemerken, dabei zählt dieser kleine und spaßige Club zu den wenigen Plätzen zum Tanzen in diesem Teil von Mission, der größtenteils von Lounge-Bars dominiert wird. Freundliche Disco mit gemischt- wie gleichgeschlechtlich orientiertem Publikum. Eintritt $5–10.

Skylark Bar, 3089 16th St, Ecke Valencia St, Mission, ✆ 415/621-9294. Kreuzung aus Kneipe und Disco mit spärlicher Beleuchtung und vielen Sitznischen, deren Erscheinungsbild etwas durch die vielen Yuppies im Publikum getrübt wird. Unter der Woche liegt der Schwerpunkt eher auf dem Verzehr alkoholischer Getränke, am Wochenende mutiert der Laden aber zur echten Disco mit allem Drum und Dran. Eintritt frei.

Sno-drift, 1830 3rd St, Ecke 16th St, Potrero Hill, ✆ 415/431-4766. Auf alpine Skihütte gemachter Club, der von dem Designer-Team gestylt wurde, das auch hinter dem *Red Room* (s.S. 501) steckt. Fast alles hier ist igluweiß, auch der riesige Tresen aus Vinyl. Das angegliederte Restaurant serviert teures Essen, doch wer sich dafür entscheidet, spart zumindest den Eintritt. Die Musik ist gemischt, mit Schwerpunkt auf House. Eintritt $15.

Space 550, 550 Barneveld Ave, Ecke Oakdale Ave, Hunter's Point, ✆ 415/289-2001, 🖳 www.space550.com. Der Club in einem gigantischen Lagerhaus ist bekannt für seine Trance-Industrial-Musikschiene. Es ist zwar eine ganz schöne Strecke raus in das unsichere Viertel Hunter's Point, doch der ernsthafte Clubber wird die weite Fahrt nicht scheuen. Eintritt $5–15.

CLUBS FÜR SCHWULE UND LESBEN – Seit der legendäre *Club Townsend* (Gastgeber für große Schwulenpartys wie Club Q) im Juli 2002 seine Pforten geschlossen hat, klafft eine große Lücke in der gleichgeschlechtlichen Tanzszene von San Francisco. Neben den nachfolgend aufgeführten Klassikern empfiehlt sich das Studieren der lokalen Veranstaltungshinweise, um aktuelle Informationen über neue Clubs wie *Pleasuredome* und *Club Universe* zu erhalten.

The Café, 2367 Market St, Ecke Castro St, Castro, ✆ 415/861-3846. Trotz der nur briefmarkengroßen Tanzfläche lange Zeit einer der wenigen Läden zum Tanzen in Castro. Die Musik kommt sieben Tage die Woche vom DJ und ist meistens Mainstream-Hi-Energy und House, während das Publikum von Lesben und ihren schwulen männlichen Freunden und Tanzpartnern dominiert wird. Am Wochenende bildet sich in der Regel eine lange Warteschlange, für die der freie Eintritt sicher ein Grund ist.

Cat Club, 1190 Folsom St, Ecke 8th St, SoMa, ✆ 415/431-3332. Der dunkle und laute Club zählt zu den ganz heißen Tipps in der lesbischen Szene der Stadt. Die Musik ist teils live, teils aus der Konserve, und je später man kommt, desto mehr geht es ab. Eintritt $5–10.

The EndUp, 401 Sixth St, Ecke Harrison St, SoMa, ✆ 415/357-0827, 🖳 www.theendup.com. Die bis zum Morgen geöffnete Disco (Alkoholausschank aber nur bis 2 Uhr) lockt Hardcore-Clubgänger an, die sich hier auch Stunden nach Schließung der anderen Läden noch auf der beengten Tanzfläche verausgaben. Wer eine Pause benötigt, findet draußen eine Terrasse mit vielen Sitzplätzen unter freiem Himmel. An verschiedenen Tagen wird ein unterschiedliches Programm geboten, am bekanntesten sind die „Fag Fridays" für Männer, 🖳 www.fagfridays.com, und die samstags stattfindende „Kandy Bar" für Frauen, 🖳 www.kandybar.com. Eintritt $5.

Liquid, 2925 16th St, Ecke Capp St, Mission, ✆ 415/431-8889. Der kleine und amüsante Club ist im Vorbeigehen leicht zu verfehlen, zählt aber zu den besten Tanzadressen der Stadt mit einem gemischten Publikum aus Schwulen, Lesben und Heteros. Der bekannteste Themenabend findet immer montags statt und nennt sich „Joy". Der Laden befindet sich in einer der weniger angenehmen Ecken von Mission, sodass auf der Straße Vorsicht geboten ist. Eintritt $2–10.

The Stud, 399 Folsom St, Ecke 9th St, SoMa, ✆ 415/252-7883. Der legendäre Schwulenclub, dessen Beliebtheit nach wie vor ungebrochen ist, zieht ein gemischtes, energiegeladenes und hemmungsloses Publikum an. Sehenswert sind das herrlich schräge Drag-Queen-Cabaret am Themenabend „Trannyshack" (dienstags) oder die jüngeren Alternativ-Kids am Themenabend

'Reform Skool' (donnerstags). 'Sugar' am Samstag zählt zu den besten Underground-Tanzevents für Schwule, die San Francisco zu bieten hat. Eintritt $5–8.

SEXCLUBS – In der ganzen Stadt gibt es zahllose Underground-Sexclubs und Darkrooms in Bars. Die nachfolgend aufgeführten sind sauber, sicher und stehen für Safer Sex.

Eros, 2051 Market St, Ecke Church St, Castro, ✆ 415/864-3767, 💻 www.erossf.com. Sauberer Sexclub nur für Männer mit Sauna; abends in der Regel sehr lange geöffnet. Eintritt $11.

Osento, 955 Valencia St, Ecke 20th St, Mission, ✆ 415/282-6333, 💻 www.osento.com. Der nur Frauen vorbehaltene Bäderkomplex kommt einem lesbischen Badehaus am nächsten. Jacuzzis, Sauna und Massage. Eintritt unterschiedlich.

The Power Exchange, 74 Otis St, Ecke Gough St, Civic Center, ✆ 415/487-9944, 💻 www.powerexchange.com. Sex-Spielwiese auf vier Etagen mit Themen-Zimmern (Leder, Wald mit Zelten, Tanzfläche). Die beiden oberen Stockwerke sind für schwule Männer reserviert, die beiden anderen für Männer und Frauen jeglicher sexueller Orientierung.

Live-Musik

In der Musikszene San Franciscos spiegelt sich der Charakter der Stadt – relaxt, aber kein bisschen nostalgisch. Die Möglichkeiten, Live-Musik zu hören, sind vielfältig, und die unzähligen Nachwuchsbands machen deutlich, dass die Musikszene der Stadt eindeutig im Trend liegt. Allerdings hat San Francisco nie wieder die Bedeutung erreicht, die es in den 60er Jahren hatte. Immerhin hat die Stadt in den vergangenen Jahren ihren Teil dazu beigetragen, dass Acid Jazz populär geworden ist, der klassische Swing eine Renaissance erleben darf und sich der East Bay Pop-Punk entwickeln konnte.

Live-Musik gibt es bei vielen Gelegenheiten zu hören. In vielen Restaurants treten Bands auf, sodass man am gleichen Ort essen, trinken und oft auch tanzen kann, bisweilen ist die musikalische Unterhaltung sogar kostenlos. In zahlreichen Bars finden regelmäßig Musikveranstaltungen – nicht selten bei freiem Eintritt – statt, und über die Stadt verteilt findet man jede Menge guter, preiswerter kleiner Veranstaltungsorte. Wenige legen sich auf einen speziellen Musikstil fest, meistens wechselt das Programm von Woche zu Woche, daher ist es etwas schwierig, herauszubekommen, wo gerade welche Musik gespielt wird.

Nachstehend eine Liste bewährter Lokalitäten; nähere Informationen bieten die Wochenzeitschriften und die lokalen **Websites** 💻 www.sfstation.com oder 💻 sanfrancisco.citysearch.com mit ausführlichen Hinweisen auf die Veranstaltungen in der Stadt und der gesamten Bay Area.

GROSSE VERANSTALTUNGSORTE – Auch wenn es in San Francisco einige hochkarätige Veranstaltungsorte gibt, befinden sich die besten Konzerthallen der Bay Area jenseits der Bucht in Oakland und Berkeley. Dort treten meistens auch die Großen des Musikbusiness auf.

Bimbo's 365 Club, 1025 Columbus Ave, Ecke Chestnut St, North Beach, ✆ 415/474-0365, 💻 www.bimbos365.com. Von dem merkwürdigen Namen sollte man sich nicht abschrecken lassen. Der gewiefte Veranstalter bucht zu gleichen Teilen europäische Underground-Acts, kitschige Coverbands und große Namen aus der Rockszene – Veranstaltungshinweise beachten. Eintritt ab $15.

The Fillmore Auditorium, 1805 Geary St, Ecke Fillmore St, Japantown, ✆ 415/346-6000, 💻 www.thefillmore.com. Der berühmte Veranstaltungsort der 60er, damals unter Leitung des legendären Bill Graham, wurde vor 10 Jahren nach mehrjähriger Unterbrechung wieder eröffnet und veranstaltet Rockkonzerte. Eintritt unterschiedlich.

The Great American Music Hall, 859 O'Farrell St, Ecke Polk St, Tenderloin, ✆ 415/885-0750, 💻 www.musichallsf.com. Die Music Hall begann Anfang des 20. Jhs. als Bordell, hatte aber nicht sehr lange Bestand. Wiederbelebt wurde das Etablissement dann in den 70er Jahren, und heute finden an diesem herrlichen Veranstaltungsort Konzerte der unterschiedlichsten Musikrichtungen statt, darunter Rock, Country und Weltmusik. Eintritt $10–30.

The Warfield, 982 Market St, Ecke 6th St, SoMa, ✆ 415/775-7722, 💻 www.thefillmore.com/wakfield.asp. Kleiner als sein Partner, das Fillmore, aber mit Sitzplätzen ausgestattet und damit besser geeignet für Shows mit intimerer Atmosphäre. Eintritt ab $25.

ROCK, BLUES, FOLK UND COUNTRY – ***Biscuits and Blues***, 401 Mason St, Ecke Geary St, Union Square, ✆ 415/292-2583, 💻 www.biscuitand blue.citysearch.com. Zugegebenermaßen eine Touristenfalle, aber trotzdem eine der besten Adressen der Stadt für klassischen New-Orleans-Jazz und Delta Blues, dazu köstliche, wenn auch recht teure afroamerikanische Gerichte. Unterschiedliche Anfangszeiten für Konzerte, Eintritt $5–15.

Boom Boom Room, 1601 Fillmore St, Ecke Geary St, Japantown, ✆ 415/673-8000, 💻 www.boom boomblues.com. Der kernige Veranstaltungsort in Fillmore unweit des Japan Center gehörte dem 2001 verstorbenen Bluesmusiker John Lee Hooker. In dem kleinen und dunklen Laden tritt eine handverlesene Auswahl von Blues- und Funkmusikern auf. Eintritt $5–12.

Bottom of the Hill, 1233 17th St, Ecke Missouri St, Mission, ✆ 415/621-4455, 💻 www.bottomof thehill.com. Beste Adresse, um aufstrebende, wenn auch obskure Rock Acts zu hören. Häufig voll, hinten kann man auf einer kleinen Terrasse frische Luft schnappen oder, an Sonntagen, etwas Gegrilltes essen. Eintritt $6–10.

Hotel Utah Saloon, 500 4th St, Ecke Bryant St, SoMa, ✆ 415/421-8308, 💻 www.thehotelutah saloon.com. Die Bühne dieser kleinen, 1908 gegründeten Kneipe in South of Market ist Singer-Songwritern vorbehalten. Eintritt $5–8.

The Independent, 628 Divisadero St, Ecke Hayes St, Lower Haight, ✆ 415/771-1421, 💻 www. theindependentsf.com Neuer Indie-Club mit guter Sicht, beeindruckendem Sound und gemischtem Programm von Rock bis Rap. Eintritt $8–20.

Last Day Saloon, 406 Clement St, Ecke 5th St, Richmond, ✆ 415/387-6343, 💻 www.lastday saloon.com. Ein Muss für Freunde der Live-Musik in dem ansonsten verschlafenen Viertel Richmond. Die Musikstile sind unterschiedlich, mit Schwerpunkt auf Pop und Psychedelic, aber immer einen Versuch wert. Sehr beliebt bei in der Nähe wohnenden Studenten. Eintritt $5–10.

The Make-Out Room, 3225 22nd St, Ecke Mission St, Mission, ✆ 415/647-2888, 💻 www.makeout room.com. Der kleine und dunkle Laden dient Gästen hauptsächlich dazu, an der riesigen Mahagoni-Theke zu trinken, doch sonntags und montags finden auch regelmäßig Konzerte einheimischer Indie-Bands statt. Eintritt $6–10.

Paradise Lounge, 308 11th St, Ecke Folsom St, SoMa, ✆ 415/621-1911. Drei Bühnen buhlen um die Aufmerksamkeit des Publikums in diesem riesigen Eckpfeiler der Clubszene in der 11th Street. Wer mit Rock, Punk und Country nichts anfangen kann, geht einfach nach oben und spielt ein bisschen Pool-Billard. Eintritt $5–10.

Slim's, 333 11th St, Ecke Folsom St, SoMa, ✆ 415/522-0333, 💻 www.slims-sf.com. In Besitz des aus San Francisco stammenden Rockmusikers Boz Scaggs. Früher eine Blues-Bar, heute eine der besten Konzertbühnen für Punk, Alternative und Weltmusik sowie Country von größtenteils einheimischen Bands. Eintritt $12–20.

Tongue & Groove, 2513 Van Ness Ave, Ecke Union St, Cow Hollow, ✆ 928-0404, 💻 www. tongueandgroovesf.com. Der große Veranstaltungsort setzt sich aus zwei Bereichen zusammen, dem vorderen mit der Bühne und dem hinteren, in dem man auch gemütlich sitzen und etwas trinken kann. Das Live-Programm bestreiten interessante Bands mit Ecken und Kanten. Eintritt $8–10.

JAZZ UND LATIN – ***Blue Lamp***, 561 Geary St, Ecke Jones St, Tenderloin, ✆ 415/885-1464. Der recht unscheinbare Laden liegt nur einen kurzen Spaziergang vom Hotelviertel entfernt und veranstaltet Konzerte aus den Bereichen Blues, Funk und Rock.

Bruno's, 2389 Mission St, Ecke 20th St, Mission, ✆ 415/648-7701, 💻 www.brunoslive.com. Dieses Retro-Restaurant, das wie aus einem Scorsese-Film zu stammen scheint, verfügt über einen kleinen, angegliederten Konzertsaal mit weißen 60er-Jahren-Möbeln aus Vinyl und winziger Bühne. Die Musik ist eine Mixtur aus Jazz und Nu-School-R&B; besonders interessant sind die „Open Mic Jam Sessions" am Montagabend. Wer in dem (ziemlich durchschnittlichen) Restaurant etwas verzehrt, zahlt keinen Eintritt, ansonsten $5–7.

Café du Nord, 2170 Market St, Ecke Sanchez St, Castro, ✆ 415/861-5016, 💻 www.cafedunord.com. Die Kellerbar, die während der Prohibition durch illegalen Alkoholausschank von sich reden machte, fungiert heute in erster Linie als Jazz-Club und serviert hervorragende Cocktails. Das sehr variable Programm hält immer wieder Überraschungen bereit. Nach dem jüngsten Umbau jetzt mit besserer Sicht und größerem Angebot. Eintritt $3–8.

Elbo Room, 647 Valencia St, Ecke 17th St, Mission, ✆ 415/552-7788, 💻 www.elbo.com. Geburtsstätte des Acid Jazz, einer beliebten lokalen Stilvariante, die tanzbare Grooves komplexen Improvisationen vorzieht. Daneben auch Weltmusik. Eintritt $5–8.

The Plough and Stars, 116 Clement St, Ecke 2nd St, Richmond, ✆ 415/751-1122. Irische Einwanderer drängen sich mit Vorliebe in diesen fabelhaften Pub, um sich an sechs Abenden in der Woche an einem anständigen Guinness, Pool-Billard, Darts und Live-Musik (Beginn 20.30 Uhr) zu erfreuen. Eintritt frei.

The Ramp, 855 China Basin, Ecke Illinois St, China Basin, ✆ 415/621-2378. Das Restaurant an der Bucht bietet im Sommer sonntagnachmittags Salsa live. 🕓 an Wochentagen bis 22 Uhr, an Wochenenden bis 20.30 Uhr.

Red Devil Lounge, 1695 Polk St, Ecke Clay St, Polk Gulch, ✆ 415/921-1695, 💻 www.reddevillounge.com. Die mit kitschigen Figuren dekorierte Lounge steht mit dem *Elbo Room* im Wettbewerb um die Gunst der Fans von Acid Jazz und Funk. Die Musik ist cooler Mainstream und durchweg sehr gut tanzbar. Eintritt $6–20.

Roccapulco, 3140 Mission St, Ecke Cesar Chavez Ave, Outer Mission, ✆ 415/648-6611. Der große, an Missions Latino-Bevölkerung gerichtete Club bietet Salsa- und Tejano-Konzerte, darunter Künstler, die selten in den USA zu hören sind, und große Namen wie Celia Cruz. Mi Salsa-Unterricht, Do Latino-Hip-Hop, Fr und Sa Live-Musik. Eintritt $8–15.

Klassik, Theater und Comedy

San Francisco genießt einen ausgezeichneten Ruf als Hochburg der Kunst und Kultur. So sind in der Bay Area beispielsweise fünf große Symphonieorchester beheimatet, und San Francisco ist die einzige Stadt an der Westküste mit einem eigenen, professionellen Opern- und Ballett-Ensemble. Einige Beobachter bemerken allerdings, dass Quantität nicht unbedingt für Qualität bürgt.

OPER UND KLASSISCHE MUSIK – Die Oper und das Orchester von San Francisco gehören zu den besten des Landes.

Gratiskonzerte gibt es während der Sommermonate im ***Stern Grove,*** 19th Ave, Ecke Sloat Blvd. Ab Juni finden dort an zehn aufeinander folgenden Sonntagen unter freiem Himmel Konzerte des Symphonieorchesters und Aufführungen der Opern- und Ballettensembles statt.

San Francisco Symphony, Louise M. Davies Symphony Hall, 201 Van Ness Ave, Ecke Hayes St, Civic Center, ✆ 415/864-6000, 💻 www.sfsymphony.org. Hier ist das *San Francisco Symphony Orchestra* beheimatet. Es wird das ganze Jahr Klassik geboten, manchmal finden auch Gastspiele teilweise recht ausgefallener Ensembles statt. Das Symphonieorchester wurde 1909 gegründet und war damals noch eine kleine Truppe. In den 50er Jahren begann es, auf Tourneen zu gehen und Plattenaufnahmen zu machen, und gelangte zu internationaler Berühmtheit. Das Orchester kann sich zwar nicht mit den New Yorker Philharmonikern oder dem Chicagoer Symphonieorchester messen, mit Michael Tilson Thomas als Dirigenten hat es jedoch den Sprung in die Topriege geschafft. Die billigsten Sitzplätze kosten etwa $20, günstigere Restkarten gibt es zwei Stunden vor Konzertbeginn.

San Francisco Ballet, War Memorial Opera House, 301 Van Ness Ave, Ecke Grove St, Civic Center, ✆ 415/864-3330, 💻 www.sfballet.org. Das Ballett der Stadt ist das älteste und drittgrößte der Vereinigten Staaten. Geboten wird ein anspruchsvolles Programm (von Februar bis Mai), bestehend aus klassischen und zeitgenössischen Aufführungen. Die 1933 ins Leben gerufene Ballett-Truppe war das erste amerikanische Ensemble, das Inszenierungen von *Schwanensee* und *Der Nussknacker* in voller Länge auf die Bühne brachte. Ein Platz ab $30 ist den Preis wert.

San Francisco Opera, War Memorial Opera House, 301 Van Ness Ave, Ecke Grove St, Civic

Center, ✆ 415/864-3330, 💻 www.sfopera.org. Im prächtigen Opernhaus des Architekten Arthur Brown Jr., der auch die City Hall und den Coit Tower baute, tritt sowohl die *San Francisco Opera Association* als auch das *San Francisco Ballet* auf; Erstere schon seit der Eröffnung im Jahr 1932. Die *Opera Association* ist mit Abstand das solideste Mitglied des Kulturtrios. Die Hauptsaison läuft von September bis Januar, dazu gibt es ein kurzes Sommerprogramm im Juni. Tickets kosten ab $20, dafür gibt es aber auch englische Untertitel bei den fremdsprachigen Opern. Stehplätze sind für schlappe $15 zu haben; es stehen 250 davon zur Verfügung. Tickets dafür gibt es am Aufführungstag ab 10.30 Uhr, allerdings nur eines p.P.

THEATER – Viele Theater befinden sich in Downtown im Theater District. Die meisten Häuser – von rühmlichen Ausnahmen abgesehen – bieten allerdings eher gängige Kost. Hier werden vor allem Stücke vom Broadway nachgespielt. Man sollte sich daher Zeit nehmen, um die viel interessantere Off-Theaterszene zu entdecken, die nicht in Downtown, sondern eher in anderen Teilen der Stadt zu finden ist, vor allem in SoMa. Über die neuesten Produktionen in der Stadt informieren die „Pink Pages" der Sonntagsausgabe des *Chronicle*.
Ein Sitzplatz kostet maximal $30, und es ist in der Regel kein Problem, an Karten zu kommen. Entweder kauft man diese direkt an der jeweiligen Theaterkasse oder mit Kreditkarte über ***Tickets.com*** unter ✆ 415/776-1999, 💻 www.tickets.com. Der Kartenschalter ***Tix Bay Area*** am Westrand des Union Square, zwischen Stockton Street und Powell Street, hat immer ermäßigte Last-Minute-Tickets, 🕒 Di–Do 11–18, Fr und Sa 11–19 Uhr, ✆ 415/433-7827.
Downtown: ***450 Post Street Theatre,*** 450 Post St, Ecke Powell St, Union Square, ✆ 415/433-9500, 💻 www.poststreettheatre.com. Gotisches Theatergebäude, in dem Theaterstücke, Musicals und Comedy-Shows aufgeführt werden. Tickets ab $50.
American Conservatory Theater (ACT), Geary Theater, 415 Geary St, Ecke Taylor St, Theater District, ✆ 415/742-2228, 💻 www.act-sfbay.org. Das mit dem Tony Award ausgezeichnete Flaggschiff unter San Franciscos Theater-Ensembles bringt pro Spielzeit acht große Stücke auf die Bühne. Für das beste seriöse Theater der Stadt sind 90 Minuten vor Vorstellungsbeginn häufig noch Last-Minute-Tickets zu bekommen. Tickets ab $20.
Golden Gate Theater, 1 Taylor St, Ecke Golden Gate Ave und Market St, Tenderloin, ✆ 415/551-2000, 💻 www.bestofbroadway-sf.com. In den 20er Jahren erbaut und vor einiger Zeit in alter Pracht restauriert, ist das *Golden Gate* ohne Frage das eleganteste Theater von San Francisco – mit Marmorböden, Rokoko-Decken und viel vergoldetem Schnickschnack. Leider entspricht das Programm nicht unbedingt der exklusiven Behausung; meist werden durchschnittliche Broadway-Musicals geboten.
Lorraine Hansberry Theatre, 620 Sutter St, Ecke Mason St, Theater District, ✆ 415/474-8800, 💻 www.lorrainehansberrytheatre.com. Radikale junge Truppe schwarzer Darsteller, die sowohl traditionelle als auch neue, politische Stücke aufführt.
Orpheum Theater, 1192 Market St, Ecke Hyde St, Tenderloin, ✆ 415/551-2000, 💻 www.bestofbroadway-sf.com. Große Broadway-Produktionen. Was Sitzplatzkapazität und Prunk angeht wohl die Topadresse.
Yerba Buena Center for the Arts, 701 Mission St, Ecke 3rd St, SoMa, ✆ 415/978-2787, 💻 www.yerbabuenaarts.org. Modernes Gastspielhaus mit 750 Sitzplätzen und sehr unterschiedlichem, aber stets gutem Programm.

Andere Bezirke: ***Beach Blanket Babylon,*** Club Fugazi, 678 Green St, Ecke Powell St, North Beach, ✆ 415/421-4222, 💻 www.beachblanketbabylon.com. Die 30 Jahre alte lokale Institution zeigt eine grob an *Rotkäppchen* angelehnte Revue. Urkomisch dank der köstlichen Star-Persiflagen und dem schnellen Schlagabtausch des eingespielten Teams. Tuntig, schnulzig und sehr zu empfehlen. Tickets $20–70.
Intersection for the Arts, 446 Valencia St, Ecke 16th St, Mission, ✆ 415/626-3311, 💻 www.theintersection.org. Die sozial engagierte Truppe führt bei einfachster Ausstattung in unzureichenden und veralteten Räumlichkeiten interessante Produktionen auf. Tickets ab $5.

Magic Theatre, Fort Mason Center, Building D, Fort Mason, ✆ 415/441-8822, 💻 www.magictheatre.org. Größte und gefragteste Gruppe, wahrscheinlich auch die aufregendste nach dem *ACT.* Man konzentriert sich auf Arbeiten zeitgenössischer Autoren und junger Nachwuchsdramatiker.

The Marsh, 1062 Valencia St, Ecke 22nd St, Mission, ✆ 415/826-5750, 💻 www.themarsh.org. Das kleine Theater ist bekannt für seine höchst experimentellen, risikofreudigen Produktionen, von kruden Monologen bis zu kryptischen Stücken. Für echte Theaterfreunde auf jeden Fall einen Versuch wert.

New Conservatory Theater Center, 25 Van Ness Ave, Ecke Market St, Civic Center, ✆ 415/861-8972, 💻 www.nctscf.org. Das mittelgroße Theater ist nicht nur wegen seiner Gay-Pride-Saison mit schwulen Themen bekannt, sondern auch wegen seiner Musicals. Tickets ab $20.

Project Artaud Theater, 450 Florida St, Ecke Mariposa St, Mission, ✆ 415/621-7797, 💻 www.artaud.org. Das moderne, in einem umgebauten Lagerhaus untergebrachte Theater bietet Tanz- und Theatervorführungen, die größtenteils leichter verständlich sind, als es der Name des Theaters vermuten lässt. Tickets ab $15. Empfehlenswert.

Theater Rhinoceros, 2926 16th St, Ecke South Van Ness Ave, Mission, ✆ 415/861-5079, 💻 www.therhino.org. Die einzige ausschließlich schwule Theatergruppe von San Francisco bringt alles Mögliche auf die Bretter, von der erotischen Revue bis zum schwierigen Drama. Tickets ab $15, für die 2 Voraufführungen vor Premieren Eintritt nach eigenem (möglichst hohem) Ermessen.

COMEDY – Comedy-Künstler hatten in San Francisco immer schon ihr Publikum, entsprechend vielfältig sind das Angebot und die Auswahl entsprechender Bühnen. Noch sind allerdings nur wenige der Auftretenden bekannte Leute. Die Preise sind bei allen Clubs in etwa gleich ($7–15), meist wird ein Mindestkonsum von zwei Drinks pro Person erwartet. Normalerweise gibt es zwei Shows pro Tag, die erste beginnt gegen 20 Uhr, die *late show* gegen 23 Uhr.

Wenig oder kein Eintritt wird an den *Open Mike*-Abenden verlangt, wenn sich Unbekannte oder Zuschauer auf der Bühne produzieren können. Näheres erfährt man in der Presse. Doch selbst wenn das Gebotene unter allem Niveau sein sollte, kann es ein lustiger Abend werden.

Cobbs Comedy Club, The Cannery, 915 Columbus Avenue, Ecke Lombard St, North Beach, ✆ 415/928-4320, 💻 www.cobbscomedy.com. Teuer und meistens voller Touristen, doch ziemlich beständige Qualität. Lohnt einen Versuch, wenn alles andere ausgebucht ist. Eintritt $10–35, zwei Getränke Mindestverzehr.

The Marsh, 1062 Valencia St, Ecke 21st St, Mission, ✆ 415/641-0235, 💻 www.themarsh.org. Erfolgreicher alternativer Veranstaltungsort mit politisch gefärbten Solo-Shows. Eintritt $15–25.

The Punch Line, 444 Battery St, Ecke Washington St, Jackson Square, ✆ 415/397-7573, 💻 www.punchlinecomedyclub.com. Flaggschiff der hiesigen Vorzeige-Kabaretts mit verrauchter, intimer Atmosphäre. Die prominentesten *Stand-up-Comedians* spielen hier vor stets ausverkauftem Hause. Eintritt $5–30.

Kinos

Die Bewohner San Franciscos gehen häufiger ins Kino als die jeder anderen amerikanischen Stadt, und dementsprechend gibt es eine riesige Auswahl an Erstaufführungs- und Programmkinos. Das Angebot reicht von den neuesten Streifen über Hollywood-Klassiker und innovatives Kino der 60er bis hin zu ausländischen und experimentellen Filmen. Anfangszeiten und Veranstaltungsorte der Filme sind unter ✆ 415/777-FILM zu erfragen.

AMC Kabuki 8, Japan Center, 1881 Post St, Ecke Fillmore St, Japantown, ✆ 415/922-4AMC. Das zum Japan Center gehörende Multiplex-Kino zeigt eine Mischung aus Independent- und großen Hollywood-Produktionen. Parkplätze gibt es in der Tiefgarage.

Artists' Television Access (ATA), 992 Valencia St, Ecke 21st St, Mission, ✆ 415/824-3890, 💻 www.atasite.org. In diesem nichtkommerziellen Medienzentrum werden die spannendsten Film-, Video- und Performance-Produktionen der Stadt aufgeführt, auch solche mit politischer oder psycho-sexueller Thematik – manchmal auch absolut anspruchslose Unterhaltung. Vorstellungen Do–Sa.

The Castro Theatre, 429 Castro St, Ecke Market St, Castro, ✆ 415/621-6120, 🖳 www.thecastro theatre.com. Das schönste Kino der Stadt, mit ständig wechselnden Wiederaufführungen von alten Filmen, Kunstfilmen und Hollywood-Klassikern. Zudem gibt es – das Beste – in den Pausen Darbietungen auf einer Wurlitzer-Orgel.
Four Star, 2200 Clement St, Ecke 23rd Ave, Richmond, ✆ 415/666-3488, 🖳 www.hkinsf.com. Weit außerhalb, lohnt aber den Abstecher wegen der Mischung aus asiatischen, internationalen und amerikanischen Kulturfilmen; zwei Säle.
Landmark's Embarcadero Cinema, 1 Embarcadero Center, Ecke Sansome St, Financial District, ✆ 415/267-4893. Gute amerikanische, internationale und manchmal auch Kunstfilme. Fünf Säle, zwei davon mit Digitalsound; am Wochenende bzw. abends mit Eintrittskarte kostenloser Parkplatz oder einfach BART nehmen.
Landmark's Lumiere, 1572 California St, Ecke Polk St, Polk Gulch, ✆ 415/267-4893. Eines von mehreren Häusern im reich verzierten Spanish-Revival-Baustil, ein bisschen mitgenommen, aber mit einem interessanten Programm, das sowohl ausgefallene Kunstfilme als auch Neuerscheinungen umfasst.

Film Festivals

Das **San Francisco Film Festival**, das während der letzten Aprilwoche und der ersten Wochen im Mai politische und Kurzfilme zeigt, die man ansonsten kaum zu sehen bekommt, findet in verschiedenen Kinos statt; es konzentriert sich für gewöhnlich aber auf das über acht Säle verfügende Kabuki, das Castro Theater und das Pacific Film Archive in Berkeley. Die Eintrittskarten sind im Nu ausverkauft und müssen, zumindest bei den interessanten Filmen, im Voraus reserviert werden. Wer um diese Zeit in der Stadt sein wird, kann unter ✆ 415/931-FILM eine Karte reservieren oder im Netz unter 🖳 www.sfiff.org kaufen.
Gleichermaßen populär ist das **Lesbian, Gay and Transgender Film Festival**, das jeden Juni im Castro und anderen Lichtspielhäusern stattfindet; Programm- und Ticketinfo unter ✆ 415/703-8663 oder 🖳 www.frameline.org.

The Red Vic, 1727 Haight St, Ecke Cole St, Haight-Ashbury, ✆ 415/668-3994, 🖳 www.+redvicmoviehouse.com. Freundliches Kino, in einem Raum untergebracht, in dem die Zuschauer auf alten Sofas die Beine hochlegen können.
The Roxie, 3117 16th St, Ecke Valencia St, Mission, ✆ 415/863-1087, 🖳 www.roxie.com. Risikofreudiges Programmkino und mutiger Filmverleih ohne die sonst im Land übliche Scheu vor Dokumentarfilmen und Werken unbekannter ausländischer Regisseure. Filme abseits des Massengeschmacks zeigt das *Little Roxie* nebenan.

Schwule und Lesben

San Franciscos Ruf als Stadt, in der das Schwulsein gefeiert wird, ist nicht neu – tatsächlich ist er heute fast schon überholt. Zwar gilt San Francisco immer noch als die unbestrittene Schwulenhauptstadt der Welt, doch ist die Schwulenszene heute nicht mehr so ausgeflippt und unkonventionell wie früher, sondern tendiert mehr und mehr zum *mainstream* – ein Zeichen für seinen politischen Erfolg. Die übersprudelnde Energie, die sich in der lustvollen Selbstdarstellung z.B. in den Paraden der 70er Jahre ausdrückte, hat einer nüchterneren Einstellung Platz gemacht. Heute wird man mehr politische Aktivisten antreffen, die Konferenzen organisieren, als Transvestiten, die wilde Partys veranstalten.
Den Einwohnern San Franciscos ist die große wirtschaftliche und kulturelle Bedeutung der Schwulen für die Stadt bewusst, und ein sich offen zu seiner Homosexualität bekennender Politiker oder Unternehmer ist für sie weniger ein Thema als anderswo in den USA.
Wenn die Schwulenszene von San Francisco auch ruhiger geworden ist, so strahlen die Partys, Umzüge und Straßenfeste der Schwulen im konservativer werdenden Klima der Stadt immer noch viel Lebensfreude aus. Schon allein das ist ein Grund, einmal in die Szene einzutauchen.
Die in den 80er Jahren erwachte Lesbenszene konzentriert sich trotz existierender Frauenabende in den Clubs mehr auf Buchläden als auf Bars. Viele haben sich Oakland als Revier erobert, in Bernal Heights und einigen Gegenden des Mission-Bezirks gibt es ebenfalls Angebote.

Wie alle gut organisierten Bereiche der Gesellschaft hat auch die Schwulenszene ihre „Saison".
Einzelheiten zu Übernachtung, Bars und Clubs für Schwule sind in den entsprechenden Sparten zu finden.

INFORMATIONEN UND PUBLIKATIONEN – ***Golden Gate Business Association,*** fördert von Schwulen geführte Unternehmen; Mitgliederliste unter 💻 www.ggba.com.
LGBT Community Center, 1800 Market St, Ecke Octavia St, Hayes Valley, ✆ 415/865-5555, 💻 www.sfcenter.org. Bietet im 1. Stock jede Menge Informationen, außerdem regelmäßig Aufführungen von Comedy-Künstlern und Theatergruppen. Infos im Internet oder per Telefon. 🕓 Mo–Fr 12–22, Sa 9–22 Uhr, Eintritt frei.
Die ***Lavender Pages,*** eine Mischung aus Telefonbuch und Informationsbroschüre, sind bei *A Different Light* (s.S. 516) und in anderen schwulen Buchläden erhältlich, ebenso wie der aktualisierte, aber unverändert selbstgefällige schwullesbische Stadtführer *Betty and Pansy's Severe Queer Review.* Daneben gibt es noch zahlreiche kostenlose Publikationen mit Informationen zu Veranstaltungen und Adressen.
Ebenfalls zu empfehlen sind der monatlich erscheinende lokale Newsletter ***San Francisco Spectrum*** und die bekannteren Zeitungen ***Bay Times*** und ***Bay Area Reporter.*** Letztere enthält eine umfangreiche Beilage mit Kritiken und Artikeln zum Thema Entertainment.
Informationen rund ums Nachtleben liefern das alle zwei Wochen erscheinende Magazin ***Gloss*** und das Wochenblatt ***Frontiers*** (auch online unter 💻 www.frontiersnewsmagazine.com).
Alternativ dazu widmet sich die **Website** 💻 www.scum-online.com etwas ausgefalleneren Underground-Themen.

VERANSTALTUNGEN – **Mai**: ***AIDS Candlelight Memorial March & Vigil,*** ✆ 415/863-4676, 💻 www.actupgg.org. Umzug von Castro zum Civic Center im Gedenken an alle, die an Aids gestorben sind.
Juni: ***Frameline 28,*** im Rahmen des Gay and Lesbian Film Festival, ✆ 415/703-8650, 💻 www.frameline.org. Kurz- und Spielfilme von Amateuren und aufstrebenden Filmemachern, die meistens im *Castro* oder *Roxie* gezeigt werden.
Ende Juni: ***San Francisco LGBT Pride Parade,*** ✆ 415/864-3733, 💻 www.sfpride.org. Eine der größten Gay-Pride-Paraden der Welt – und mit bis zu vier Stunden Dauer auch eine der längsten. Auf keinen Fall verpassen sollte man den Abend Pink Night, wenn mehrere Tausend Menschen in Partylaune das Viertel Castro in eine einzige Fußgängerzone verwandeln. Ebenfalls sehr interessant ist der am Freitagabend stattfindende Dyke March.
Ende Juli: ***Up Your Alley Fair,*** 💻 www.folsomstreetfair.com/alley, der kleine Ableger des Straßenfestes Folsom Street Fair findet in der nahe gelegenen Doré Alley statt. Es handelt sich eher um eine sexorientierte Messe mit weniger Schaulustigen und starker Betonung auf S&M.
Ende September: ***Folsom Street Fair,*** ✆ 415/861-3247, 💻 www.folsomstreetfair.com. Straßenfest in Hardcore und Leder voller brustbehaarter Männer. Überraschend freundlich und lustig.
Oktober: ***Castro Street Fair,*** ✆ 415/467-3354, 💻 www.castrostreetfair.org. Stände mit Essen und Kunsthandwerk über ganz Castro verteilt.

Einkaufen

Abgesehen von den großen Kaufhäusern um den **Union Square** (u.a. Macy's, Saks und praktisch alle größeren Designer-Marken) präsentiert sich San Franciscos Einkaufslandschaft erfrischend unkonventionell. Stilvolle Einrichtungsgeschäfte und unzählige individuelle Boutiquen verkaufen Bekleidung aus eigener Produktion, und daneben existiert eine schier unglaubliche Vielfalt an unabhängigen **Buchhandlungen** und sagenhaften **Plattenläden,** von denen sich einige ausschließlich auf Raritäten spezialisiert haben und wo sich haufenweise DJs durch die neuesten 12"-Importe aus Europa blättern. Es ist zu beachten, dass die Geschäfte in San Francisco, anders als in vielen anderen amerikanischen Städten, relativ früh schließen (Mo–Sa um 18 und So um 17 Uhr ist keine Seltenheit). Daher gilt es, sich zeitig auf Shopping-Tour zu begeben.

EINKAUFSSTRASSEN – Es folgt eine Auflistung der wichtigsten Einkaufsstraßen San Franciscos, alphabetisch geordnet nach dem Viertel, in dem sie zu finden sind. Die Liste erhebt keinen Anspruch auf Vollständigkeit, denn daneben gibt es noch zahlreiche andere Anlaufstellen zum Stöbern. Sie dürfte aber hilfreich sein für jeden „Shopaholic", der einen Tag Einzelhandelstherapie für sich einplant.

Castro: Castro St, zwischen 17th St und 19th St, sowie Market St zwischen Castro St und Church St. Auf Schwule ausgerichtete Boutiquen, Clubwear und Schuhe.

Cow Hollow: Union St, zwischen Steiner St und Gough St. Nette, wenngleich etwas konservative Boutiquen (größtenteils Damenbekleidung), Schuhgeschäfte und schmucke Einrichtungsläden.

Haight-Ashbury: Haight St, zwischen Stanyan St und Masonic St. Textilien mit Schwerpunkt auf Klassikern und Secondhand-Kleidung.

Hayes Valley: Hayes St, zwischen Franklin St und Laguna St. Trendy und nobel, mit Juwelieren, fantastischen Luxusartikeln und ausgefallenen Boutiquen für die Dame und den Herrn.

Laurel Heights: Sacramento St, zwischen Arguello St und Divisadero St. Das Antiquitätenviertel der Stadt, dazwischen zahlreiche Secondhand-Läden mit Designermode für Frauen.

Marina: Chestnut St, zwischen Broderick St und Fillmore St. Yuppie-Meile mit Biokostläden, Weinhandlungen und Damen-Boutiquen.

Mission: Valencia St, zwischen 14th St und 21st St. Die beste Adresse für urbane Hipster mit einem großen Angebot an Secondhand-Möbeln und -Kleidung, Buchläden und avantgardistischer Designermode.

North Beach/Telegraph Hill: Grant Ave, zwischen Filbert St und Vallejo St. Abgefahrene Boutiquen, Einrichtungsgeschäfte und Cafés. Eine der neuesten und frischesten Anlaufstellen für coole Klamotten.

BÜCHER – Es überrascht nicht, dass eine an Literaturgeschichte reiche Stadt wie San Francisco eine hervorragende Vielfalt an fantastischen **Fachbuchhandlungen** aufweisen kann, vom legendären *City Lights* in North Beach bis zu den umtriebigen und politisch orientierten Buchläden im neuen literarischen Mekka Mission. Auch wenn es um **Secondhand-Bücher** geht, bietet San Francisco eine reiche Auswahl, wenngleich sich der fanatische Altbücherwurm lieber über die Bay Bridge nach Oakland und Berkeley begeben sollte, wo das Angebot in dieser Beziehung noch besser ist. Die meisten Buchläden haben jeden Tag geöffnet (ca. 10–20 Uhr), während *City Lights* seine Türen täglich sogar erst um Mitternacht schließt.

Sortimentsbuchhandel: *Borders Books and Music,* 400 Post St, Ecke Powell St, Union Square, ✆ 415/399-1633. Kaufhausartiges Geschäft mit mehr als 160 000 Büchern, daneben auch CDs, Videos und Software auf vier Etagen. Das dazugehörige Café ist bei Singles sehr beliebt. Außerdem gibt es eine Bühne für Aufführungen und Lesungen.

City Lights Bookstore, 261 Columbus Ave, Ecke Broadway, North Beach, ✆ 415/362-8193. Erste Paperback-Buchhandlung der USA, Kristallisationspunkt der Beat-Bewegung in den 50ern. Verrückt und absolut sehenswert, denn wo sonst findet man Bücher unter Rubriken wie „Gestohlene Kontinente" und „Anarchismus"? Schade nur, dass das Personal so streitlustig ist.

A Clean, Well Lighted Place for Books, Opera Plaza, 601 Van Ness Ave, Ecke Golden Gate Ave, Civic Center, ✆ 415/441-6670. Das Angebot orientiert sich heute mehr am Massengeschmack und ist nicht mehr so umfassend wie einst, doch ein Besuch lohnt sich vor allem anlässlich der regelmäßig stattfindenden Autorenlesungen.

Green Apple, 506 Clement St, Ecke 6th Ave, Richmond, ✆ 415/387-2272. Schräger Buchladen mit cleveren und exzentrischen Details wie der Rubrik „Bücher, die Oprah niemals lesen würde". Keine Schnäppchenpreise, aber ein Vergnügen, in den Regalen zu stöbern. In der Nähe gibt es einen kleineren und weniger beeindruckenden Anbau für Musik.

Fach- und Secondhand-Bücher: *Abandoned Planet Bookstore,* 518 Valencia St, Ecke 16th St, Mission, ✆ 415/861-4695. „Macht Schluss mit der Fernsehsucht!", fordert diese exzentrische und für San Francisco absolut typische Buchhandlung ihre Kunden auf und bietet in ihren schwarzen Regalen viel linke und anarchistische

Literatur an. Ein rebellisches und kauziges Widerstandsnest gegen die allgemeine Verbürgerlichung der Valencia Street.

A Different Light, 489 Castro St, Ecke 18th St, Castro, ✆ 415/431-0891, 💻 www.adlbooks.com. Gut sortierte Buchhandlung mit schwuler und lesbischer Literatur und besonderer Betonung auf Belletristik. Aktuelle Informationen zu den regelmäßig stattfindenden Veranstaltungen und Lesungen liefert die Website. 🕓 10–22 Uhr.

Argonaut Bookshop, 786 Sutter St, Ecke Jones St, Theater District, ✆ 415/474-9067. Die mit Abstand beste Buchhandlung für Geschichte über Kalifornien und den Wilden Westen, vom Goldrausch bis zum Platzen der Internet-Blase. Das gut informierte Personal ist ein weiteres Plus.

Dog Eared Books, 900 Valencia St, Ecke 20th St, Mission, ✆ 415/282-1901. Kleine Eck-Buchhandlung mit überzeugender Auswahl an preisgünstigen Restbeständen und einem gemischten Sortiment aus Secondhand-Büchern in hervorragendem Zustand. Es gibt sogar ein Regal mit günstigen gebrauchten CDs.

Get Lost, 1825 Market St, Ecke Valencia St, Hayes Valley/Mission, ✆ 415/437-0529. Der winzige und verworrene Buchladen mit dreieckigem Grundriss ist voll gepfropft mit ungewöhnlichen Titeln und Standard-Reiseführern. Außerdem gibt es eine anständige Auswahl an Karten und Ausrüstung für Abenteuerreisen. Das Personal ist äußerst hilfsbereit.

The Great Overland Bookstore Company, 2848 Webster St, Ecke Union St, Cow Hollow, ✆ 415/351-1538. Erstklassige Buchhandlung alter Prägung, die Erstausgaben in tadellosem Zustand, aber auch billige Taschenbücher führt. Hier kann man stundenlang in unzähligen Bücherstapeln stöbern und wird dabei vom Protest-Rock aus den Lautsprechern begleitet.

Kayo, 814 Post St, Ecke Leavenworth St, Theater District, ✆ 415/749-0554. Wunderbarer Taschenbuchladen voller preiswerter Klassiker, darunter triviale Mystery-Storys, Science-Fiction und tuntig-schmierige Geschichten aus den 50ern. Mo und Di geschlossen.

McDonald's Bookshop, 48 Turk St, Ecke Mason St, Tenderloin, ✆ 415/673-2235. Riesiger Laden voller Stapel alter Zeitschriften zu allen möglichen Themen. Herumstöbern ist Trumpf, denn ein System oder irgendeine Ordnung ist nicht zu erkennen. Auch gebrauchte Bücher und Musik.

Modern Times, 888 Valencia St, Ecke 20 St, Mission, ✆ 415/282-9246. Großes Sortiment an lateinamerikanischer Literatur und progressiven Publikationen sowie eine kleine, aber handverlesene Auswahl schwuler und lesbischer Literatur und radikalfeministischer Magazine. Außerdem finden häufig Autorenlesungen statt.

Smoke Signals, 2223 Polk St, Ecke Green St, Polk Gulch, ✆ 415/292-6025. Gigantischer Kiosk, der so gut wie alle in- und ausländischen Zeitschriften führt, die man sich vorstellen kann.

LEBENSMITTEL – Auf keinen Fall verpassen sollte man **einheimische Spezialitäten** wie Boudin-Sauerteigbrot, Gallo-Salami und Anchor-Dampfbier, die allesamt dem Feinschmeckergaumen zuzurechnen sind. Für alltägliche Lebensmittel gibt es in der ganzen Stadt Supermärkte, darunter auch mehrere Filialen der Kette Safeway (der große Ableger in der Market Street in Castro ist der am günstigsten gelegene in Downtown). Da die kalifornischen Alkoholgesetze recht liberal sind, verkaufen die meisten Lebensmittelgeschäfte auch Spirituosen, wenn man ein Alter von mindestens 21 Jahren nachweisen kann (Ausweis mitnehmen).

Andronico's Market, 1200 Irving St, Ecke Funston St, Sunset, ✆ 415/753-0403. Kaliforniens Gourmet-Antwort auf Safeway. Kostspielige, aber köstliche Lebensmittel: Biere aus Kleinstbrauereien, gute Weine, Vollkornbrot, leckerer Käse, Olivenbar und recht guter Deli. Nicht billig, aber um Klassen besser als ein normaler Supermarkt.

Castro Village Wine Co., 4121 19th St, Ecke Castro St, Castro, ✆ 415/864-4411. Unaufdringliche und entspannte Weinhandlung im Herzen von Castro mit vernünftigen Preisen und enormer Auswahl, besonders an Weinen aus einheimischer Herstellung.

D & M Wine & Liquor Co., 2200 Fillmore St, Ecke Sacramento St, Pacific Heights, ✆ 415/346-1325. Tolle Auswahl an kalifornischen Weinen, doch wegen der Lage im reichen Pacific Heights ist Champagner die Spezialität des Hauses. Der exklusiven Lokalität zum Trotz viele günstige Angebote.

Good Life Grocery, 488 Cortland Ave, Ecke Andover St, Bernal Heights, ✆ 415/648-3221, Filiale 1524 20th St, Ecke Missouri St, Potrero Hill, ✆ 415/282-9204. Feinkostgeschäft mit Riesenauswahl an organischen und lokal angebauten Erzeugnissen.

The Jug Shop, 1567 Pacific Ave, Ecke Polk St, Pacific Heights, ✆ 415/885-2922. Der Getränkeladen ist berühmt für seine billigen kalifornischen Weine, führt aber auch über 200 verschiedene Biersorten zu ähnlich günstigen Preisen. Interessant ist auch die Auswahl an Weinen aus der Neuen Welt.

Molinari's, 373 Columbus Ave, Ecke Vallejo St, North Beach, ✆ 415/421-2337. Gut besuchter, italienischer Deli, bis unters Dach mit Leckereien voll gestopft.

PlumpJack Wines, 3201 Fillmore St, Ecke Greenwich St, Cow Hollow, ✆ 415/346-9870. Wer nach einem ausgefallenen kalifornischen Jahrgang für den echten Weinkenner unter den Verwandten sucht, findet hier eine Riesenauswahl an Rebensäften aus dem gesamten Bundesstaat.

The Real Food Company, 3060 Fillmore St, Ecke Filbert St, Cow Hollow, ✆ 415/567-6900. Kleines und künstlerisch angehauchtes Lebensmittelgeschäft, das neben gesundheitsfördernder Nahrung auch Wässerchen und Vitamine anbietet. Ausgezeichnete Fleischtheke für Feinschmecker und gutes Vollkorngebäck. Hier kann man sich auch ein Sandwich holen und sich damit an einen der schmiedeeisernen Picknicktische auf der Terrasse setzen.

Yum, 1750 Market St, Ecke Gough St, Hayes Valley, ✆ 415/626-9001. Unwiderstehlicher und witziger Lebensmittelladen, der an einen Flugzeughangar erinnert. Die Kekse sind ganz besonders köstlich, und die freundliche Bedienung lässt vor dem Kauf auch schon mal ein Stückchen probieren. Im hinteren Bereich befindet sich das Highlight des Ladens, nämlich die Kühlschränke mit einer riesigen Auswahl an Mineralwassermarken aus aller Welt.

PLATTEN UND CDs – In San Francisco gibt es Filialen aller großen Plattenläden wie *Tower* und *Virgin,* doch das wirklich Besondere der Stadt sind ihre Spezialgeschäfte, die alles von Old-School-Soul auf Vinyl bis zum LP-Import aus Europa für die lokalen DJs anbieten. Es gibt einige wirklich hervorragende unabhängige Sammlerläden, und *Amoeba Records* in Haight-Ashbury kann man sicherlich zu den besten Plattenläden in den gesamten USA zählen.

Amoeba Records, 1855 Haight St, Ecke Stanyan St, Haight-Ashbury, ✆ 415/831-1200, Hauptsitz 2455 Telegraph St, Berkeley, ✆ 510/549-1125. Größere Filiale des berühmten Ladens in Berkeley, neue und gebrauchte CDs; einer der größten in ganz Amerika, der auf Secondhandplatten spezialisiert ist. Bis unter die Decke voll mit Raritäten. Von der miesen Lage im Herzen von The Haight sollte man sich nicht abschrecken lassen.

Aquarius Records, 1055 Valencia St, Ecke 21st St, Mission, ✆ 415/647-2272. Freundlicher und etwas abgerissener Laden mit kundigem Personal. Der Schwerpunkt liegt auf experimenteller Folk- und Weltmusik.

BPM, 573 Hayes St, Ecke Laguna St, Hayes Valley, ✆ 415/487-8680. Eine der Top-Adressen bei den DJs der Stadt; führt die neuesten UK-Importe von den großen britischen DJs und hält massenhaft Flyer zur Ankündigung bevorstehender Konzerte bereit.

Groove Merchant Records, 687 Haight St, Ecke Pierce St, Lower Haight, ✆ 415/252-5766. Sehr guter Laden für Secondhand-Platten aus den Bereichen Soul, Funk und Jazz. Hier kann man in aller Ruhe Fragen stellen, denn der Besitzer kennt sich aus und ist mit Leidenschaft bei der Sache.

Medium Rare, 2310 Market St, Ecke Noe St, Castro, ✆ 415/255-7273. Der winzige Laden ist voll gestopft mit CDs von Klassikern der schwulen Szene wie Peggy Lee und anderen Cocktail-Lounge-Interpreten aus den 50ern bis zu Hi-Energy-Stars wie Donna Summer.

Mikado, 1737 Post St, Japan Center, Japantown, ✆ 415/922-9450. Der gigantische japanische Plattenladen erstreckt sich über drei Einheiten des Japan Center. Vor dem Kauf können sich die Kunden im Laden mit Kopfhörern DVDs anschauen.

Open Mind Music, 342 Divisadero St, Ecke Oak St, Lower Haight, ✆ 415/621-2244. Etwas freundlichere Atmosphäre als inmitten der Schnäppchenjäger bei *Amoeba.* Größtenteils Vinyl (neu und gebraucht, Rock und Jazz), in handverlesener Auswahl und guter Qualität.

Record Collector, 3170 21st St, Ecke Mission St, Mission, ✆ 415/970-8400. Kein Ort für CDs, sondern ausschließlich für Vinyl-Freaks. Hochnäsiges und wenig hilfreiches Personal in einem heruntergekommenen Laden, indem sich einige ebenso teure wie seltene Perlen verstecken.

Recycled Records, 1377 Haight St, Ecke Masonic St, Haight-Ashbury, ✆ 415/626-4075. Guter Plattenladen mit umfassendem Sortiment sowie einer Auswahl an amerikanischen und importierten Musikzeitschriften.

Taiyodo Record Shop, 1737 Post St, Japan Center, Japantown, ✆ 415/885-2818. Einer von mehreren Plattenläden in der Mall; hat die neuesten Veröffentlichungen japanischer Interpreten im Angebot. Super Adresse für seltene Anime-DVDs.

Virgin Megastore, 2 Stockton St, Ecke Market St, Union Square, ✆ 415/397-4525. Musik aller möglichen Stilrichtungen auf drei Etagen. Im 3. Stock findet sich eine gute Auswahl an populären und aktuellen Büchern und Videos sowie ein Café mit Blick auf die Market Street.

SPEZIALGESCHÄFTE UND EINHEIMISCHE LABELS – ***Flight 001,*** 525 Hayes St, Ecke Octavia St, Hayes Valley, ✆ 415/487-1001. Der elegante und futuristische Reiseladen verkauft u.a. Bücher, ausgefallene Accessoires, Gepäckschilder in leuchtenden Farben, komplette Rasiersets und schicke Reisetaschen. Die richtige Adresse für Leute, die erster Klasse reisen oder zumindest so tun wollen.

Good Vibrations, 603 Valencia St, Ecke 17th St, Mission, ✆ 415/522-5460, 🖳 www.goodvibes.com. Der Laden wird von einer Kooperative aus Männern und Frauen geführt, die es sich zum Ziel gesetzt hat, den Sexshop aus der Schmuddelecke herauszuholen und das Stöbern zu einer vergnüglichen Sache für zu machen. Hier gibt es jedes erdenkliche Sexspielzeug, regalweise Erotikartikel und Kondomgläser wie im Bonbonladen. Zusätzlich zu den Büchern, die unter dem Verlagsnamen *Down There Press* herausgegeben werden, produziert die Kooperative mittlerweile auch eigene Erotikvideos und unterhält ein Vibratormuseum in ihrem Haus. Filiale: 1620 Polk St, Ecke Sacramento St, Polk Gulch, ✆ 415/345-0400.

Levi's, 300 Post St, Ecke Stockton St, Union Square, ✆ 415/501-0100. Jeans, Tops und Jacken auf vier Etagen mit wabernden Club-Sounds im Hintergrund. Das Flaggschiff des Jeansgiganten bietet auch den Service „Original Spin", bei dem der Körper von zwei Spezialkameras abgetastet wird, um aus den Daten das Schnittmuster für die maßangefertigte Jeans zu berechnen. Leider gibt es inzwischen einige der originelleren Angebote nicht mehr, darunter auch die Badewanne, in die man sich setzen konnte, bis die Jeans auf passende Größe eingelaufen war. Das Geschäft bietet die gesamte Produktpalette von Levi's an und führt daher auch ausgefallenere Stücke der Designerserie Levi's Red sowie auf alt gemachte Western-Kleidung.

Oui, Three Queens, 225 Gough St, Ecke Oak St, Hayes Valley, ✆ 415/621-6877. Das winzige Geschäft produziert nach Kundenwünschen gemixte Kosmetika, darunter auch Lippenstifte, zu vernünftigen Preisen. Das absolut beeindruckende Personal macht das Kauferlebnis ebenso unvergesslich wie das Produkt, und der barocke, glitzernde Laden ist sowieso eine Klasse für sich.

Paolo Iantorno, 524 Hayes St, Ecke Laguna St, Hayes Valley, ✆ 415/552-4580, Filiale 1971 Sutter St, Fillmore, ✆ 415/885-5701. Von diesem Juwel sollte man nur seinen allerbesten Freunden erzählen. Designer Iantorno produziert eine Limited Edition (20–25 Paar) seiner Herren- und Damenschuhe, um sie hier in seinen beiden Läden zu verkaufen. Die Preise bewegen sich um $200, wobei der Stil als ausgefallen, aber durchaus tragbar bezeichnet werden kann.

Retro Fit Vintage, 910 Valencia St, Ecke 20th St, Mission, ✆ 415/550-1530. Poppig-kitschige Auswahl an eleganten Klassikern. Schnäppchenpreise sind hier nicht zu erwarten, dafür findet man aber möglicherweise genau das richtige Hemd oder die Jacke, die man schon immer haben wollte. Interessant sind auch die individuell zusammengestellten T-Shirts: Man entscheidet

sich für ein Modell und sucht sich dann aus einem dicken Ordner den gewünschten Retro-Aufdruck aus (ab $18).
Wasteland, 1660 Haight St, Ecke Belvedere St, Haight-Ashbury, ✆ 415/863-3150. Elegante und hochwertige Auswahl an nach Stil und Farbe sortierten Mode-Klassikern. Die übersichtliche Präsentation hat ihren Preis, doch handelt es sich um eine der besten Adressen der Stadt für modische, edle Klamotten, zudem in dem einzigen Gebäude aus der Zeit, als Haight noch ein Vergnügungspark war.
Worn Out West, 582 Castro St, Ecke 19th St, Castro, ✆ 415/431-6020. Schwuler Secondhand-Laden für Fetischklamotten. Beim Herumstöbern finden sich Cowboy-Outfits sowie alles, was das Herz eines Ledermanns begehrt, und ein paar Toys.

Sonstiges

AMERICAN EXPRESS – 455 Market St, Ecke 1st St, Financial District, ✆ 415/536-2600, ⌚ Mo–Fr 9–17.30, Sa 10–14 Uhr. Filiale 311 9th Ave, Ecke Clement St, Richmond, ✆ 415/221-6760, ⌚ Mo–Fr 9–17 Uhr.

AUTOVERMIETUNGEN – Alle großen Autovermieter haben Büros am Flughafen. Hier nur einige Stadt-Büros.
Alamo, 687 Folsom St, Ecke 3rd St, SoMa, ✆ 415/882-9440.
Avis, 675 Post St, Ecke Jones St, Theater District, ✆ 415/885-5011.
Dollar, 364 O'Farrell St, Ecke Taylor St, Theater District, ✆ 415/771-5300.
Enterprise, 1133 Van Ness Ave, Ecke Post St, Tenderloin, ✆ 415/441-3369.
Hertz, 433 Mason St, Ecke Post St, Union Square, ✆ 415/771-2200.
Reliable, 349 Mason St, Ecke Geary St, Union Square, ✆ 415/928-4414.

BEHINDERTE – Von den steilen Hügeln einmal abgesehen, gilt die Bay Area als eine der behindertenfreundlichsten Gegenden überhaupt, und für körperlich behinderte Besucher wird gut gesorgt. Die meisten öffentlichen Gebäude sind behindertengerecht umgebaut, alle BART-Stationen sind für Rollstuhlfahrer zugänglich, und die meisten Busse verfügen über Hebebühnen für Rollstühle und in der Regel auch über verständnisvolle Fahrer. Weitere Informationen unter 🖳 www.accessnca.com.

BÜCHEREIEN – ***Library,*** Civic Center, 100 Larkin St, Ecke Grove St, ✆ 415/557-4400, 🖳 www.sfpl.lib.ca.us. ⌚ Mo und Sa 10–18, Di–Do 9–20, Fr 12–18, So 12–17 Uhr.

FAHRRÄDER – San Francisco lässt sich herrlich per Fahrrad erkunden. Im Golden Gate Park sowie in den Vierteln Marina, Presidio und Ocean Beach stehen neben schönen gepflasterten Wegen auch einige Strecken abseits der Straßen zur Auswahl. Im gesamten Stadtgebiet führen markierte Fahrradwege zu allen Sehenswürdigkeiten.
Für einen Ausflug in unberührte Natur überquert man die Golden Gate Bridge – deren westlicher Teil für Fahrräder reserviert ist – nach Norden, um auf Angel Island oder in den Marin Headlands Klippen, Täler und das Meer zu erkunden.
Blazing Saddles, 1095 Columbus Ave, Ecke Francisco St, North Beach, und Pier 4, ✆ 415/202-8888, 🖳 www.blazingsaddlessanfrancisco.com oder 🖳 www.bikethebridge.com, zwei günstig gelegene Filialen. Fahrradverleih für $7 pro Std. bzw. $28 pro Tag.
Bike & Roll, 734 Lombard St, Ecke Columbus Ave, ✆ 415/771-8735, 🖳 www.bikerental.com. Fahrradverleih zu ähnlichen Preisen wie oben.

FESTE – Bei einem Aufenthalt während eines der großen Feste (besonders Gay Pride) empfiehlt es sich, frühzeitig ein Hotelzimmer oder Hostel zu reservieren.
Ende Januar/Anfang Februar: *Chinese New Year,* Ende Januahi✆ 415/982-3000, 🖳 www.chineseparade.com. Eine Woche Feierlichkeiten finden ihren Höhepunkt in der *Golden Dragon Parade,* die von einem über 20 m langen Drachen angeführt wird.
Ende April: *Cherry Blossom Festival,* ✆ 415/563-2313, 🖳 www.nccbs.org. Die normalerweise ru-

hige Japantown bietet zum Kirschblütenfest an zwei Wochenenden hintereinander ein buntes Treiben mit wilden Umzügen. Den Höhepunkt bildet der am Civic Center beginnende Festzug.
3. Sonntag im Mai: ***Bay to Breakers,*** ✆ 415/359-2800. Nur in San Francisco gibt es diesen verrückten Spaßlauf über 12 km vom Embarcadero zum Ocean Beach. Hier zählen nur die Kostüme, nicht der Wettbewerb. Bekannt für seine beträchtliche Anhäufung nackter Jogger.
31. Oktober: ***Hallowe'en,*** ✆ 415/826-1401. Die wilde Spaßfete trotzt allen Bemühungen der Behörden, den Krawall in Grenzen zu halten. Zunächst bunte Kostümparade auf der Market Street, am Abend dann Party im Castro-Viertel.

FITNESS – ***Boot Camp SF,*** im Golden Gate Park, nahe Kezar Stadium, ✆ 415/921-8537, 💻 www.bootcampsf.com. Viermal in der Woche findet am frühen Morgen ein belebendes, anstrengendes und absolut einzigartiges Fitnessprogramm unter freiem Himmel statt ($20 pro Sitzung).

GOETHE-INSTITUT – 530 Bush St, ✆ 415/263-8760, 💻 www.goethe.de/ins/us/saf, zum Schmökern deutscher Zeitungen und zum Kontakteknüpfen.

GOTTESDIENSTE – ***Grace Cathedral***, Nob Hill, 1051 Taylor St, ✆ 415/749-6300, 💻 www.gracecathedral.org, für die anglikanische Gemeinde.
Katholiken können die Messe in der ***St Mary's Cathedral***, 600 California St, Ecke Grant Ave, ✆ 415/288-3800, 💻 www.oldsaintmarys.org, besuchen.
Die größte Synagoge der Stadt ist die ***Congregation Emanu-El,*** 2 Lake St, Ecke Arguello Blvd, ✆ 415/751-2535, am östlichen Rand von Richmond, am Presidio.

INFORMATIONEN – ***San Francisco Visitor Information Center,*** in der unteren Ebene der Hallidie Plaza, an der Endhaltestelle der Cable Car an der Market St, ✆ 415/391-2000, Informationen vom Band ✆ 415/283-0177, 💻 www.sfvisitor.org. Kostenlose Stadtpläne und Karten der gesamten Bay Area, außerdem Unmengen an Hotel- und Restaurantbroschüren. Die Mitarbeiter sind bei der Unterkunftssuche und der Reiseplanung behilflich. Das *San Francisco Book* und der *Visitors Planning Guide* beinhalten ausführliche, wenngleich etwas selektive Informationen über Unterkünfte, Veranstaltungen sowie Einkaufsmöglichkeiten und sind beide kostenlos erhältlich. Ebenfalls hier angeboten wird der **City Pass** ($40, 💻 www.citypass.net), mit dem ein Besuch im Exploratorium, California Palace of the Legion of Honor, Steinhart Aquarium mit der Academy of Sciences, Asian Art Museum, Museum of Modern Art sowie die Ausflugsfahrt mit der *Blue and Gold Fleet* in die San Francisco Bay um die Hälfte billiger werden; ebenfalls inbegriffen ist ein MUNI-Wochenpass (s.S. 523f.). 🕓 Mo–Fr 9–17, Sa und So 9–15 Uhr, Nov–April So geschlossen.
Unter den vielen **Websites** für die Bay Area ist 💻 www.sfstation.com die beste.
Veranstaltungshinweise s. unter Zeitungen.

INTERNET – Die meisten im Kapitel „Übernachtung" aufgeführten Hostels bieten Internet-Zugang, der jedoch häufig mit Wartezeiten verbunden ist. Ein ähnlicher Andrang herrscht oft in der öffentlichen **Bücherei** (Public Library), die 15 Min. kostenlosen Zugang anbietet; im Hauptsaal stehen sechs Terminals bereit. Drahtloser Zugang (Wi-Fi) setzt sich zunehmend in der ganzen Stadt durch, sodass Reisende mit Laptop fast überall kostenlosen oder preiswerten Zugang über Wireless LAN vorfinden.
Wer beim Surfen eine Tasse Kaffee trinken möchten, erhält in den nachfolgend aufgeführten Internet-Cafés bei Verzehr kostenlosen Online-Zugang:
701 Café, Yerba Buena Center for the Arts, 701 Mission St, Ecke 3rd St, SoMa, ✆ 415/243-0930.
Die folgenden Anbieter stellen Internet-Zugang für $3 pro 20 Min. bzw. $7 pro Std. zur Verfügung:
Blue Danube, 306 Clement St, Ecke 5th St, Richmond, ✆ 415/221-9041;
Pendragon Bakery, 400 Hayes St, Ecke Gough St, Hayes Valley, ✆ 415/552-7017;
Yakkety Yak, 679 Sutter St, Ecke Mason St, Theater District, ✆ 415/351-2090.

KINDER – San Francisco ist eine Stadt für Erwachsene – mehr als L.A., wo Disneyland und die Universal Studios große Attraktionen sind.

Von den wenigen Einrichtungen für Kinder, die es gibt, sind das Exploratorium im Bezirk Marina und das Steinhart Aquarium im Golden Gate Park hervorragend für Kinder geeignet. Im Golden Gate Park gibt es ein Karussell und einen Kinderspielplatz, wo sich bei gutem Wetter ein netter Nachmittag verbringen lässt.

KONSULATE – **Deutschland**: 1960 Jackson St, Ecke Gough St, Pacific Heights, ✆ 415/775-1061, 💻 www.germanconsulate.org/san francisco.
Österreich (Honorarkonsulat): 220 Montgomery St, Suite 931, ✆ 415/951-8911, 📠 444-7835.
Schweiz: 456 Montgomery St, Suite 1500, ✆ 415/788-2272, 💻 www.eda.admin.ch/sf.

MEDIZINISCHE HILFE – ***San Francisco General Hospital,*** 1001 Potrero Ave, Ecke 23rd St, Potrero Hill, ✆ 415/206-8000 oder 206-8111 für Notfälle. 24 Stunden Notbehandlung.
Castro-Mission Health Center, 3850 17th St, Ecke Prosper St, Mission, ✆ 415/487-7500; die Kosten der medizinischen Behandlung sind nach Einkommen gestaffelt. Kostenlose Schwangerschaftstests und Verhütungsmittel.
California Pacific (formerly Davies) Medical Center, Castro St, Ecke Duboce St, Lower Haight, ✆ 415/565-6060, 24-Stunden-Notdienst, auch eine Liste zuverlässiger Ärzte.
Haight-Ashbury Free Clinic, 558 Clayton St, Ecke Haight St, Haight-Ashbury, ✆ 415/487-5632; allgemeine Behandlung, mit speziellen Einrichtungen für Frauen (nur nach Terminvereinbarung) und Entgiftung. Telefondienst Mo–Mi 9–21, Do 13–21, Fr 13–17 Uhr; keine Bereitschaft von 12.30–13 und 17.30–18 Uhr.

NOTRUF – Polizei, Feuerwehr, Rettungswagen: ✆ 911.
Rape Crisis Center and Hotline, ✆ 415/647-7273, 💻 www.sfwar.org. 24-Stunden-Beratung für vergewaltigte Frauen.

POST – **Poste-restante-Schalter**, 101 Hyde St, Ecke Fulton St, Civic Center, ✆ 1-800/275-8777, 🕒 Mo–Fr 8.30–17.30, Sa 10–14 Uhr. Briefe werden 10 Tage aufbewahrt und dann an den Absender zurückgeschickt.
Die zwei größten Postämter der Stadt, beide mit Telefonservice und Poste restante, sind die **Sutter Street Station**, 150 Sutter St, Ecke Montgomery St, Financial District, 🕒 Mo–Fr 8.30–17 Uhr, und die **Rincon Finance Station**, 180 Steuart St, Ecke Mission St, SoMa, 🕒 Mo–Fr 7–18, Sa 9–14 Uhr.

SPORT – **Baseball**: Die San Francisco Giants spielen im neuen SBC Ballpark, ✆ 415/972-2000, 💻 www.sfgiants.com, die Oaklands A's im normalerweise sonnigen Oakland Coliseum, ✆ 510/638-0500, 💻 www.oaklandathletics.com. Dank erschwinglicher Ticketpreise ($10–$70) und der Politik, 500 Tribünenplätze in allererster Reihe bis 4 Std. vor Beginn jedes Heimspiels zurückzuhalten, ist Baseball eine der attraktivsten Zuschauersportarten in San Francisco.
Basketball: Die Golden State Warriors spielen in der Oakland Arena, ✆ 510/986-2222, 💻 www.nba.com/warriors/.
Football: Die berühmten San Francisco 49ers, mehrmalige Gewinner des Super Bowl, spielen im Candlestick/3COM Park, ✆ 415/656-4900, 💻 www.sf49ers.com. Eintrittskarten kosten ab $60.
Eishockey: Die San Jose Sharks, ✆ 1-800/888-2736, 💻 www.sjsharks.com, spielen in ihrem eigenen Stadion in South Bay, Tickets ab $19.
Tickets für alle Sportereignisse in der Bay Area gibt es im **Vorverkauf** über ***Tickets.com,*** ✆ 510/762-2277, 💻 www.tickets.com, oder direkt bei den Teams.

STEUERN – Eine Verkaufssteuer von 8,5% wird auf so gut wie jeden Artikel aufgeschlagen, den man in einem Geschäft kauft, mit Ausnahme von Lebensmitteln. Die Hotelsteuer beläuft sich auf 14%.

TELEGRAMME – ***Western Union,*** überall in der Bay Area; die am nächsten gelegene Filiale unter ✆ 1-800/325-6000 oder 💻 www.westernunion.com erfragen.

VISA – ***US Dept of Immigration,*** 630 Sansome St, Ecke Washington St, Jackson Square, ✆ 1-800/375-5283.

ZAHNÄRZTE – Kostenlose Auskünfte über einen Zahnarzt in der Nähe erteilt der nationale ***Dental***

Society Referral Service, ✆ 415/421-1435 oder 1-800/511-8663.

ZEITUNGEN – Die verschiedenen Zeitungen der Stadt sind unentbehrliche Informationsquellen. Seit Jahrzehnten konkurrieren ***Chronicle*** (50¢), 🖳 www.sfgate.com, und ***Examiner*** (kostenlos), wobei gerade die jüngere Geschichte sehr turbulent war: Die Hearst Corporation wollte den *Chronicle* kaufen, durfte dies aber nur unter der Auflage, den lange in ihrem Besitz befindliche *Examiner* abzugeben. Letzterer wurde an die unbeliebte einheimische Familie Fang verkauft, die keinerlei Erfahrung mit der Produktion einer großen Tageszeitung aufzuweisen hatte. Das Blatt schleppte sich über Monate dahin, um schließlich zu einem mageren Gratisblättchen mit Boulevardcharakter zu verkümmern. Erst vor kurzem wurde die Zeitung erneut verkauft, diesmal an den Investor Philip Anschutz, der entgegen den Erwartungen viel Geld in die Zeitung investierte, um ihr wieder zu einstigem Glanz zu verhelfen. Die Zukunft wird zeigen, ob das Konzept aufgeht. In der Zwischenzeit bietet die Sonntagsbeilage des *Chronicle* die umfangreichsten Informationen zu Kultur und Gastronomie. Das der Sonntagsausgabe beiliegende *Datebook* (auch als Pink Pages bekannt) enthält Ankündigungen und Besprechungen für Veranstaltungen der folgenden Woche.

San Franciscos alternative Presse widmet sich jenen Themen, die von den konservativeren Tageszeitungen unbeachtet bleiben, und bringt zwei gute, überall in der Stadt kostenlos erhältliche Wochenblätter heraus: ***The Bay Guardian,*** 🖳 www.sfbg.com, und ***SF Weekly,*** 🖳 www.sfweekly.com. Im Vergleich zu den Tageszeitungen erfahren die Lokalthemen in beiden eine eingehendere Behandlung, zudem sind ihre Musik- und Club-Infos besser.

Eine weitere zuverlässige Informationsquelle ist das kostenlose, monatlich erscheinende Blatt *Paper City* – sehr trendig und ebenfalls in den Zeitungskästen an der Straße erhältlich.

Touren

RUNDGÄNGE – Ein sehr schöner Eindruck der stilleren, historischen Seite San Franciscos lässt sich im Rahmen eines geführten Rundgangs gewinnen. Die besseren dieser Stadtführungen beschränken sich auf kleine Gruppen und werden von Einheimischen geleitet, die ihr Metier mit Leib und Seele betreiben. Einige, wie beispielsweise die der Bücherei, sind kostenlos. Eine Reservierung ist in jedem Fall ratsam.

Beim Visitor Center (s.S. 520) bekommt man eine vollständige Liste aller angebotenen Touren, hier nur die interessantesten:

City Guides, ✆ 415/557-4266, 🖳 www.sfcityguides.com. Ausgezeichnete, dank der finanziellen Unterstützung der San Francisco Public Library kostenlos angebotene Führungen, die alle Viertel abdecken, auch Rundgänge mit thematischem Schwerpunkt, angefangen beim Goldrausch bis zur Beat Generation. Unterschiedliche Anfangszeiten – Informationen können telefonisch erfragt werden.

Cruisin' The Castro, ✆ 415/550-8110, 🖳 www.webcastro.com/castrotour. Die Grande Dame der Rundgänge, Miss Trevor Hailey, führt durch ihr geliebtes Viertel und erklärt, wie und warum San Francisco die Hauptstadt der Schwulen wurde – Geschichtsunterricht in Form einer Besichtigungstour. $45 p.P. inkl. Mittagessen im Restaurant Firewood.

Haight-Ashbury Flower Power Walking Tour, ✆ 415/863-1621, 🖳 www.hippiegourmet.com. Informiert über das *be-in,* Grateful Dead, den Summer of Love und auch über jene Zeit, als das Viertel noch ein viktorianisches Ferienziel war. Führung Di und Sa 9.30 Uhr, $15 p.P.

HobNob Tours, ✆ 650/851-1123, 🖳 www.hobnobtours.com. Faszinierende, überaus informationsreiche Tour zu den Lieblingsorten der Silber- und Räuberbarone, größtenteils in der Umgebung der Grace Cathedral. Sehr zu empfehlen. ⌚ Mo–Fr 10 und 13.30 Uhr, $30 p.P.

Mangia! North Beach, ✆ 415/925-9013, ✉ gaw@sbcglobal.net. Kulinarische Führung durch die italienischen Winkel von North Beach mit der berühmten einheimischen Autorin und Kochkoryphäe Grace-Ann Walden. Führung Sa 10 Uhr, $70 inkl. Mittagessen.

Mission Mural Walk, ✆ 415/285-2287, 🖳 www.precitaeyes.org. Rundgang zu den Wandmalereien im Bezirk Mission und Dia-Präsentation über die Geschichte und die Entstehung von

Wandgemälden. 2 Std., $12 p.P. Das genaue Programm der Touren kann telefonisch erfragt werden. Führungen Sa und So 11 und 13.30 Uhr.
Victorian Home Walk, ✆ 415/252-9485, 💻 www.victorianwalk.com. Kurzweilige Tour durch Pacific Heights und Cow Hollow mit Erläuterung der Architekturstile. 2 Std., $20 p.P. Treffpunkt ist die Uhr in der Lobby des Westin St Francis Hotel. Führung tgl. 11 Uhr.
Wok Wiz Tours, ✆ 415/981-8989, 💻 www.wokwiz.com. Geführter Spaziergang durch Chinatown unter Leitung der Autorin Shirley Fong-Torres und ihres Teams. Mit zahlreichen Anekdoten gespickt, aber ein wenig dünn, wenn es um geschichtliche Fakten geht. Führung tgl. 10 Uhr, $28 p.P., $40 inkl. Mittagessen.

RUNDFLÜGE – ***San Francisco Helicopter Tours,*** ✆ 650/635-4500 oder 1-800/400-2404, 💻 www.sfhelicoptertours.com, verschiedene Flüge über die Bay Area ab $120 p.P. für 20 Min.

RUNDFAHRTEN – ***Gray Line Tours,*** ✆ 415/558-9400 oder 1-888-428-6937, 💻 www.graylinesanfrancisco.com, bietet u.a. eine 3 1/2-stündige, recht ermüdende Tour für $38 p.P. Auch kombinierte Touren bis in die Muir Woods, nach Alcatraz und sogar nach Monterey, ins Wine Country oder nach Yosemite an einem Tag.
El Camión Mexicano, ✆ 415/546-3747, 💻 www.mexicanbus.com, ungleich aufregendere Fahrten durch den Bezirk Mission inkl. Abstecher in mexikanische Restaurants und Salsa-Clubs für $38.

BOOTSTOUREN – ***Blue and Gold Fleet,*** ✆ 415/705-5555, 💻 www.blueandgoldfleet.com. An Bord der Ausflugsschiffe bieten sich einzigartige Eindrücke von der Bucht, solange kein Nebel herrscht. Abfahrten an Pier 39 und 41, Dauer 75 Min., $20.

Nahverkehrsmittel

Die Ankunft in San Francisco lässt sich nicht mit dem Verkehrschaos vergleichen, in dem sich Neuankömmlinge in und um Los Angeles zurechtfinden müssen. Natürlich staut sich auch hier während der Rushhour der Verkehr, doch San Francisco ist eine Stadt, in der öffentliche Verkehrsmittel großgeschrieben werden: Sie sind billig, zuverlässig und unkompliziert. Erfreulich einfach gestaltet sich insbesondere die Fahrt in die Stadt nach der Ankunft auf einem der beiden Flughäfen der Bay Area.
Die Stadt ist zudem kompakt genug, um zu Fuß erforscht zu werden, vor allem lernt man sie dabei erst richtig kennen.

SELBSTFAHRER – In den zentralen Gegenden San Franciscos wird versucht, den Verkehr durch verschiedene Vorschriften und Regeln zu kontrollieren: Die zulässige **Höchstgeschwindigkeit** beträgt 30 Meilen pro Stunde; es ist verboten, an Ampeln, die Gelblicht anzeigen, weiterzufahren, und wartende Fußgänger an Zebrastreifen haben Vortritt. Im Zentrum ist Linksabbiegen so gut wie unmöglich.
Noch schwieriger ist es, einen billigen **Parkplatz** zu finden. Bei widerrechtlich abgestellten Fahrzeugen zögert die Polizei nicht, auch mal mehrere Strafzettel auszustellen oder das Auto gleich abschleppen zu lassen. In Downtown stehen reichlich Parkgaragen zur Verfügung, die meisten verlangen aber ab $2,50 pro angefangener Viertelstunde.
In San Francisco ist beim Parken darüber hinaus auf das vorgeschriebene **Einschlagen der Räder** zu achten – steht der Wagen bergab, ist das Lenkrad zum Randstein hin zu drehen, bergauf vom Randstein weg.
Mautgebühren für Brücken werden nur bei Fahrten in die Stadt hinein erhoben, für die Golden Gate Bridge $5, für die Bay Bridge $3.

MUNI – Der öffentliche Nahverkehr wird von der *San Francisco Municipal Railway*, kurz MUNI genannt, ✆ 415/673-6864, 💻 www.sfmuni.com, betrieben. Das System besteht aus einem dichten Netz von Bus-, Trolley- und Cable-Car-Linien, wobei Letztere die steilen Hügel der Stadt hinauf- und hinunterfahren. Außerdem gibt es U-Bahnen, die oberirdisch fahren, wenn sie das System der Downtown-Metro verlassen und in die Vororte fahren.
Der **Einheitspreis** für Busse und Bahnen beträgt $1,25, für Cable Cars $3. Den Fahrpreis sollte man passend bereithalten, denn die Fahrer wechseln nicht.

Beim Kauf von Fahrscheinen sollte man sich stets ein kostenloses **Transferticket** geben lassen. Sie berechtigen zum zweimaligen Umsteigen in eine Bahn oder einen Bus, egal in welche Richtung, und sind ab Kauf des Fahrscheins 90–120 Min. gültig. Für Cable Cars können sie allerdings nicht verwendet werden. Die beste Empfehlung bei einem längeren Aufenthalt in der Stadt ist der Kauf eines MUNI-Passes (Tagespass für $6, 3-Tage-Pass für $15, 7-Tage-Pass für $20). **MUNI-Pässe** gelten innerhalb des Stadgebiets für beliebig viele Fahrten im MUNI-Netz und BART-System. Wer länger als eine Woche in der Stadt bleibt und in hohem Maße auf die öffentlichen Verkehrsmittel angewiesen ist, für den lohnt sich ein **Fast Pass**, der $45 kostet und einen ganzen Kalendermonat im gesamten MUNI-Netz und im BART-System (s.u.) innerhalb der Stadtgrenzen gültig ist. MUNI-Züge verkehren nachts in größeren Abständen, abgesehen von der M-Ocean View-Linie, die gegen 1 Uhr den Betrieb einstellt; auch die Busse verkehren nach Mitternacht viel seltener. Weitere Informationen entnimmt man dem praktischen MUNI-Plan, den es beim Visitor Information Center (s. unter Informationen) oder in Buchhandlungen für $2 gibt.

Die wichtigsten Buslinien:

Bus Nr. 5 vom Transbay Terminal nach Westen, vorbei an Haight-Ashbury und dem Golden Gate Park zu den Stränden
Bus Nr. 7 vom Ferry Terminal am Ende der Market St über Haight St zum Golden Gate Park
Bus Nr. 15 von der Third St (SoMa) zum Pier 39 bei Fisherman's Wharf via Financial District und North Beach
Bus Nr. 20 (Golden Gate Transit) vom Civic Center zur Golden Gate Bridge
Bus Nr. 22 von Marina über Pacific Heights in die Fillmore St
Bus Nr. 28 und **Nr. 29** von Marina via Presidio, Richmond und Golden Gate Park nach Sunset
Bus Nr. 30 vom Caltrain-Depot in der Third St nach Norden bis Ghirardelli Square, via Chinatown und North Beach und bis Chestnut St (Marina)
Bus Nr. 38 von Geary St über Civic Center nach Westen via Japantown und Richmond auf dem Geary Blvd zum Meer (Geary Blvd) mit Endstation Cliff House

Die wichtigsten MUNI-Bahnlinien

F-Market Line verkehrt mit historischen Gefährten aus aller Welt vom Transbay Terminal die Market Street entlang bis ins Herz des Castro-Viertels. Die neue Verlängerung am Embarcadero bis zur Fisherman's Wharf zählt zu den beliebtesten Strecken.
J-Church Line von Downtown über Mission nach East Castro
K-Ingleside Line von Downtown via Castro zum Balboa Park
L-Taraval Line von Downtown nach Westen via Sunset zum Zoo und nach Ocean Beach
M-Ocean View von Downtown nach Westen, vorbei am Stonestown Galleria-Einkaufszentrum und an der San Francisco State University, bis Ocean Beach
N-Judah Line vom Caltrain-Bahnhof, vorbei am neuen Baseballstadion, durch South Beach nach Downtown, dann weiter nach Westen via Inner Sunset bis Ocean Beach

Cable-Car-Linien

Powell-Hyde von Powell St/Market über Hyde St und Russian Hill zur Fisherman's Wharf
Powell-Mason von Powell St/Market über Mason St, Chinatown und North Beach zur Fisherman's Wharf
California St vom Ende der California St an der Robert Frost Plaza im Financial District über Nob Hill bis zur Polk St

BART – Entlang der Market St im Zentrum San Franciscos teilt sich MUNI die Bahnhöfe mit BART, dem **Bay Area Rapid Transit System**, ✆ 415/817-1717 oder 510/465-BART, 🖳 www.bart.gov, das die wichtigsten Punkte in San Francisco mit der East Bay und anderen Vororten verbindet. Mit $1,10–$4,70 je nach Fahrtziel sind die BART-Züge alles andere als billig, dafür verkehren die vier Linien jedoch nach einem festen Fahrplan, sodass man in der Regel nie länger als 10 Min. warten muss. Züge verkehren an Wochentagen ab 4, samstags ab 6 und sonntags ab 8 Uhr bis Mitternacht, Fahrscheine können in den Bahnhöfen gekauft werden und müssen aufbewahrt werden, da man sie auch beim Verlassen des Zuges benötigt. Fahrpläne sind in den BART-Bahnhöfen kostenlos erhältlich.

CALTRAIN – Die Pendlerbahn ***Caltrain***, Fahrplan- und Preisinformationen unter ✆ 1-800/660-4287 oder 🖳 www.caltrain.com, verbindet San Francisco mit dem südlich gelegenen San Jose (40x tgl.; 1 1/2 Std.; $5,25 einfach). Der Bahnhof befindet sich in der 4th St, Ecke King St, South of Market.

FÄHREN – Die Schiffe von ***Golden Gate Ferry***, ✆ 415/923-2000, 🖳 www.goldengate.org, die nach Sausalito und Larkspur in Marin County und zurück fahren, legen beim Ferry Building am Embarcadero ab.
Blue and Gold Fleet, Info ✆ 415/773-1188, Tickets ✆ 415/705-5555, 🖳 www.blueandgoldfleet.com, fahren von Pier 41 und 39, Fisherman's Wharf, nach Sausalito, Tiburon (Marin County), Vallejo und nach Alcatraz.

TAXIS – Man kann ein Taxi auf der Straße heranwinken, doch wer sich nicht gerade in einem belebten Viertel oder in der Nähe eines großen Hotels befindet, wird wahrscheinlich zum Telefon greifen müssen. Versuchen kann man es bei ***Veterans***, ✆ 415/552-1300, oder ***Yellowcab***, ✆ 415/626-2345, 🖳 www.yellowcabsf.com.
Die innerstädtischen Tarife beginnen mit einer Einsteigegebühr von $1,70, danach kostet jede gefahrene Meile $1,80 – hinzu kommen die üblichen 15% Trinkgeld.

Transport

BUSSE – **Greyhound**-Station ist der Transbay Terminal, 425 Mission St, nahe dem Embarcadero BART-Bahnhof in SoMa (South of Market). Verbindungen gibt es in alle Richtungen, z.B.
2x tgl. nach EUREKA (7–7 3/4 Std.),
18x tgl. nach L.A. (7 1/2–12 3/4 Std.),
6x tgl. nach REDDING (5 1/2–10 Std.),
19x tgl. nach RENO (5–7 Std.),
22x tgl. nach SACRAMENTO (2–3 Std.),
7x tgl. nach SAN DIEGO (10 1/2–14 3/4 Std.),
13x tgl. nach SAN JOSE (1–1 3/4 Std.),
2x tgl. nach SAN RAFAEL (1 Std.),
3x tgl. nach SANTA ROSA (1 3/4–3 1/4 Std.).
Unter Umständen gibt es Verbilligungen, wenn man ein Ticket im Voraus kauft.
Die Busse der **Green Tortoise**-Linie fahren hinter dem Transbay Terminal ab, 1st St, Ecke Natoma St, ✆ 415/821-0803, z.B. 1x wöchentl. nach LOS ANGELES (12 Std.).

EISENBAHN – Amtrak-Züge halten in **Oakland**, auf der gegenüberliegenden Seite der Bucht. Von hier kommt man mit einem kostenlosen Shuttle-Bus über die Bay Bridge zum Transbay Terminal nach San Francisco oder man nimmt einen BART-Zug.
Günstiger kann es sein, im nördlich gelegenen Ort **Richmond** aus dem Zug zu steigen und vom nahen BART-Bahnhof einen Zug nach San Francisco zu nehmen.
Wer mit dem Zug weiterreisen möchte, kann den Amtrak-Shuttle-Bus von San Francisco aus zum Bahnhof in **Emeryville** nehmen: Der Bus fährt tgl. um 8 und 20.25 Uhr ab dem San Francisco Shopping Center, 835 Market St; um 8.15 und 20.35 Uhr ab Pier 39, Fisherman's Wharf, und um 8.40 und 20.55 Uhr von der Fähranlegestelle aus. In Emeryville besteht Anschluss an den *Coast Starlight*-Express, der um 22.15 Uhr in nordöstliche Richtung nach SACRAMENTO, PORTLAND und SEATTLE und um 8.20 Uhr Richtung Süden nach SAN JOSE, SANTA BARBARA, LOS ANGELES und SAN DIEGO fährt.
Auf der San-Joaquin-Route verkehren 4x tgl. Züge nach STOCKTON, MODESTO, FRESNO und BAKERSFIELD, wo Anschluss zum Amtrak-Thruway-Bus nach LOS ANGELES besteht.

Die von Amtrak betriebene Capitol Corridor-Route verbindet Oakland 4x tgl. mit SAN JOSE (1 Std.).

FLÜGE – Alle internationalen und die meisten Inlandflüge landen und starten vom ca. 15 Meilen südlich der Stadt gelegenen **San Francisco International Airport** (SFO), ✆ 1-800/435-9736 oder 650/821-8211, 💻 www.flysfo.com. Es gibt verschiedene Möglichkeiten, von hier in die Stadt zu kommen.
Die neu geschaffene **BART**-Verbindung, 💻 www.bart.gov, ist am bequemsten und bringt Fahrgäste in 30 Min. und für günstige $4,95 vom Flughafen nach Downtown; Abfahrt alle 15–20 Min..
Die **Busse** von *San Mateo County Transit (SamTrans),* ✆ 1-800/660-4287 oder 510/817-1717), sind das billigste Transportmittel für Fahrten in die Stadt. Sie fahren alle halbe Stunde von der oberen Ebene des Airports; der KX-Express ($3,50) fährt in 25 Min. zum Transbay Terminal im Zentrum, der langsamere Bus Nr. 292 ($1,25) hält öfter und braucht eine knappe Stunde. In den Expresslinien ist nur ein kleines Stück Handgepäck erlaubt, im Bus Nr. 292 gibt es keine Gepäck-Obergrenze.
Der *SFO Airporter Bus* ($10) holt Passagiere alle 15 Min. an der Gepäckausgabe ab, fährt aber nur die großen Innenstadthotels an – in der unteren Ankunftsebene den Schildern mit der Aufschrift „Airporter" folgen.
Der *Supershuttle, American Airporter Shuttle* und die Minibusse des *Yellow Airport Shuttle* ($12 p.P.) fahren alle 5 Min. von der Zufahrtsstraße auf der oberen Airport-Ebene ab. Sie halten an nahezu jedem Punkt im Stadtzentrum; in der unteren Ankunftsebene als „Door to Door Vans'" ausgeschildert.
Taxis vom Flughafen nach Downtown kosten $25–$30, plus Trinkgeld. Zur East Bay oder nach Marin County kosten sie noch mehr, ein Taxi lohnt sich also nur dann, wenn mehrere zusammen fahren. Wer ein Auto mieten möchte, nimmt den kostenlosen *Blue Line Shuttle Train* von *AirTrain,* der rund um die Uhr die Depots der Autovermieter anfährt.
Zahlreiche amerikanische Fluglinien fliegen den **Oakland International Airport** (OAK), auf der anderen Seite der Bucht, an. Dieser Flughafen liegt genau so nah an San Francisco wie der SFO und ist durch den zuverlässigen *AirBART* Shuttle-Bus, der $2 kostet, ab Coliseum BART-Station mit Downtown verbunden.
Es gibt außerdem in San Jose den dritten Flughafen in der Bay Area, den **San Jose Municipal Airport** (SJO), auf dem ebenfalls nur Inlandflüge landen.

East Bay

Nur gut ein Zehntel der fast sieben Millionen Menschen, die in der Bay Area zu Hause sind, lebt in San Francisco, der Rest verteilt sich auf die vielen Städte und Vororte rings um die Bucht. Ein Großteil lebt auf der gegenüberliegenden Seite der beiden imposanten Brücken, die das kühle Wasser eines der schönsten Naturhäfen der Welt überspannen.

Es besteht keinerlei Zweifel daran, welche wichtige Rolle diese Orte für San Francisco – das schlicht „The City" genannt wird – spielen, doch jeder besitzt seinen eigenen, unverwechselbaren Charakter und trägt mit dazu bei, dass die Bay Area zu den beliebtesten Wohn- und Besuchsgebieten der USA zählt.

Die meisten Einwohner entfallen auf die East Bay, vor allem auf die ungleichen Städte Oakland und Berkeley. Meist ist es auf dieser Seite sonniger, und mit dem supermodernen BART-Zug ist man schnell drüben. Am Nordende der East Bay liegt Contra Costa County, mit der heute fast verlassenen einstigen kalifornischen Hauptstadt Benicia und den ehemaligen Wohnhäusern von John Muir und Eugene O'Neill.

Oakland

Oakland ist das solide, bodenständige Gegenstück zum aufstrebenden San Francisco, das Arbeitspferd der Bay Area, größter Hafen an der Westküste, gleichzeitig Eisenbahnknotenpunkt und Zentrum des Transportwesens. Der Warenumschlag an Hafenkais und Güterbahnhöfen ernährt viele tausend Arbeiter. Von Scheinwerfern hell erleuchtet, ragen die Kräne auch nachts weithin sichtbar wie riesige, futuristische Dinosaurier in den Himmel. Aber Oakland ist nicht nur die Stadt der harten Arbeit:

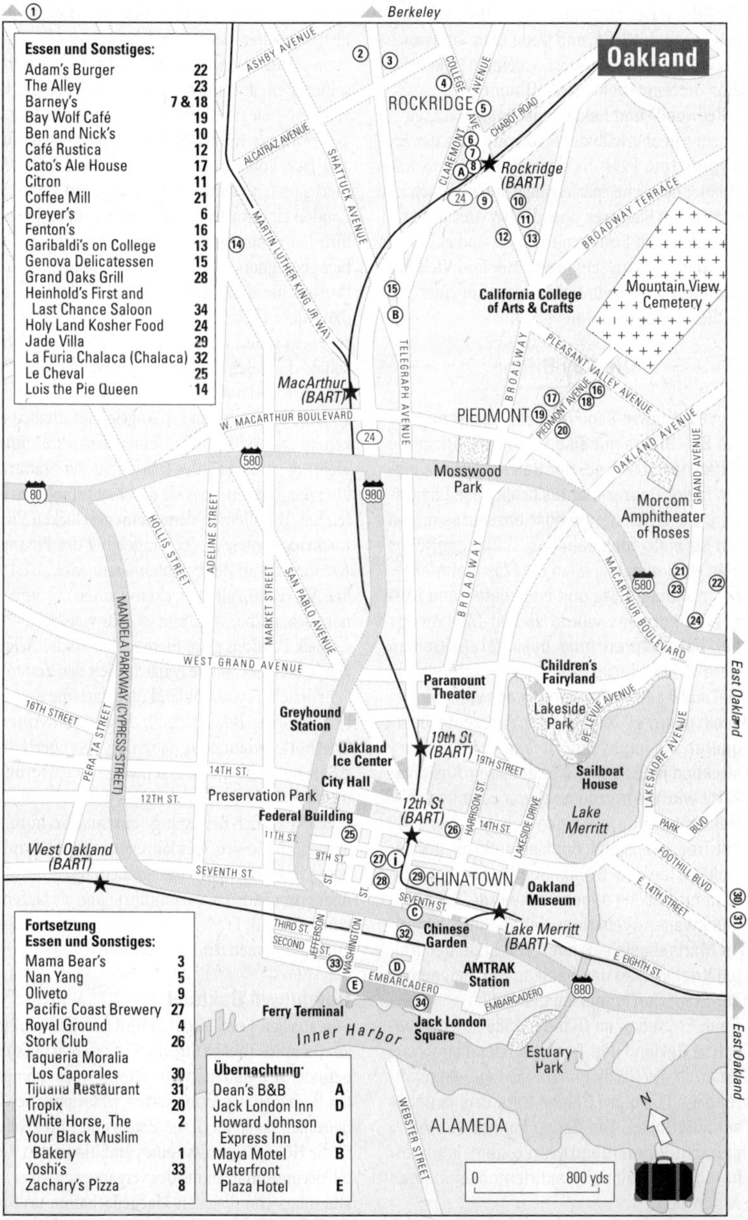
Oakland
Essen und Sonstiges:
Adam's Burger 22
The Alley 23
Barney's 7 & 18
Bay Wolf Café 19
Ben and Nick's 10
Café Rustica 12
Cato's Ale House 17
Citron 11
Coffee Mill 21
Dreyer's 6
Fenton's 16
Garibaldi's on College 13
Genova Delicatessen 15
Grand Oaks Grill 28
Heinhold's First and Last Chance Saloon 34
Holy Land Kosher Food 24
Jade Villa 29
La Furia Chalaca (Chalaca) 32
Le Cheval 25
Lois the Pie Queen 14
Fortsetzung Essen und Sonstiges:
Mama Bear's 3
Nan Yang 5
Oliveto 9
Pacific Coast Brewery 27
Royal Ground 4
Stork Club 26
Taqueria Moralia Los Caporales 30
Tijuana Restaurant 31
Tropix 20
White Horse, The 2
Your Black Muslim Bakery 1
Yoshi's 33
Zachary's Pizza 8
Übernachtung
Dean's B&B A
Jack London Inn D
Howard Johnson Express Inn C
Maya Motel B
Waterfront Plaza Hotel E
Berkeley
San Francisco
East Oakland
ROCKRIDGE
Rockridge (BART)
MacArthur (BART)
PIEDMONT
California College of Arts & Crafts
Mountain View Cemetery
Mosswood Park
Morcom Amphitheater of Roses
Children's Fairyland
Paramount Theater
Lakeside Park
Sailboat House
Lake Merritt
Greyhound Station
Oakland Ice Center
City Hall
Preservation Park
Federal Building
19th St (BART)
12th St (BART)
West Oakland (BART)
CHINATOWN
Oakland Museum
Lake Merritt (BART)
Chinese Garden
AMTRAK Station
Ferry Terminal
Jack London Square
Inner Harbor
Estuary Park
ALAMEDA
ASHBY AVENUE
COLLEGE AVENUE
CHABOT ROAD
CLAREMONT AVE
ALCATRAZ AVENUE
SHATTUCK AVENUE
MARTIN LUTHER KING JR WAY
TELEGRAPH AVENUE
BROADWAY TERRACE
BROADWAY
PLEASANT VALLEY AVENUE
PIEDMONT AVENUE
W. MACARTHUR BOULEVARD
OAKLAND AVENUE
GRAND AVENUE
HOLLIS STREET
ADELINE STREET
MARKET STREET
SAN PABLO AVENUE
MANDELA PARKWAY (CYPRESS STREET)
MACARTHUR BOULEVARD
WEST GRAND AVENUE
16TH STREET
PERALTA STREET
14TH ST.
12TH ST.
11TH ST.
9TH ST.
19TH STREET
HARRISON ST.
14TH ST.
LAKESIDE DRIVE
BELLEVUE AVENUE
LAKESHORE AVENUE
PARK BLVD
FOOTHILL BLVD
E. 14TH STREET
SEVENTH ST.
THIRD ST.
SECOND ST.
JEFFERSON ST.
WASHINGTON ST.
EMBARCADERO
E. EIGHTH ST.
WEBSTER STREET
0 800 yds
N

Das Klima ist mild und angenehm wie kaum irgendwo in den USA, und wenn es in San Francisco noch kalt und nebelig ist, scheint in Oakland oft schon die Sonne vom klaren Himmel.

Redwood- und Eukalyptusbäume wachsen auf den Hügeln oberhalb der Stadt, und trotz der Feuersbrunst, die 1991 die Gegend verwüstete, kann man hier herrliche Spaziergänge unternehmen und den schönen Blick weit über die Bay Area genießen.

Oakland hat Ecken und Kanten, und es braucht eine Weile, sich an seine Dynamik und Vielfalt zu gewöhnen. Sehenswürdigkeiten sind in einer Stadt wie dieser allerdings dünn gesät.

Die Bay Bridge

Von Downtown San Francisco aus ist es über die Bay Bridge nur eine kurze Fahrt Richtung Osten nach Oakland. Der Bau der Brücke mitten in der Depression 1933 sollte dazu beitragen, die Wirtschaft wieder anzukurbeln, und hat so viele Stahlkabel verschlungen, dass man sie dreimal rund um die Erdkugel wickel könnte. Die größte und meistbefahrene Brücke Kaliforniens wurde sieben Monate vor der bekannteren (und beliebteren) Golden Gate Bridge fertig gestellt und hat seitdem viel mehr geleistet, aber weitaus weniger Respekt geerntet. 100 Millionen Fahrzeuge überqueren die imposante, zweiteilige Stahlkonstruktion jedes Jahr, aber auf einer Ansichtskarte wird sie trotzdem schwer zu finden sein. Bekannt wurde sie eigentlich erst, als 1939 auf Treasure Island, der kleinen Insel, auf der sich die beiden Brückenhälften treffen, die Weltausstellung abgehalten wurde. Während des Zweiten Weltkriegs richtete man hier eine Marinebasis ein, doch seit Ende des Kalten Krieges wird das Gelände zunehmend von der Stadt San Francisco genutzt.

Beim Erdbeben im Oktober 1989 stürzte zwischen Oakland und Treasure Island unerwartet auch ein Stück der Bay Bridge ein, während die flexiblere Golden Gate Bridge unbeschädigt blieb. Die Szene konnte auf Video gebannt werden und wurde damals unaufhörlich in allen Nachrichtensendungen wiederholt.

Dafür gibt es zwei literarische Größen, die in Ehren gehalten werden: Jack London und Gertrude Stein. Beide wuchsen in Oakland auf, ungefähr zur selben Zeit, aber unter völlig verschiedenen Umständen – sie als Tochter eines Börsenmaklers, er als verwaister Herumstreuner. Dem abenteuerlustigen Jack London wird allerdings viel mehr Aufmerksamkeit zuteil – viele Stellen am Wasser, wo London einst Austern und Hummer stahl, sind nach ihm benannt worden –, während Gertrude Stein hier eher ignoriert wird. Das mag daran liegen, dass ihr Herz nie an Oakland hing und sie der Stadt bald den Rücken kehrte.

Nicht selten verlassen Unternehmen die Stadt, sobald die Geschäfte gut gehen, und sogar das Oaklander Kult-Footballteam, die Raiders, hat sich 13 Jahre lang lieber in Los Angeles aufgehalten und kehrte erst 1995 in die Heimat zurück. Dennoch bleibt die Mehrheit der Oaklander der Stadt treu, überzeugt davon, dass sie durchaus einiges zu bieten hat. Vor allem in dem kleinen, schicken Viertel Rockridge sowie in der Umgebung der Piedmont Avenue und an der belebten Grant Avenue ist viel los. Auf jeden Fall hat Oakland einen eigenen, dynamischen Charakter und ist sehr vielseitig.

Jack Londons gemäßigte sozialistische Neigungen haben hier Schule gemacht. Seit den Zeiten des Schriftstellers war Oakland mehrfach die Keimzelle politischer Bewegungen, die sich für Amerika unerhört revolutionär gaben. In den 60er Jahren z.B. schuf sich hier die schwarze Bevölkerung – und das sind in Oakland 50% – mit der militanten Black Panther-Bewegung ein unüberhörbares Sprachrohr. In den 70er Jahren machte die Symbionese Liberation Army Schlagzeilen, als sie die Millionenerbin Patty Hearst entführte und als Gegenleistung für ihre Freilassung die kostenlose Verpflegung der Armen der Stadt verlangte.

Downtown Oakland

Wer aus San Francisco den BART-Zug nimmt und am Bahnhof Twelfth Street – Civic Center aussteigt, befindet sich mitten in Downtown, einem kompakten Bezirk. Hinter restaurierten, viktorianischen Ladenzeilen ragen moderne Hotels und Bürogebäude in die Höhe, Ergebnisse eines ambitionierten Revitalisierungsprogramms der vergangenen Jahre, das allerdings von illegalen Machenschaften und planerischer Inkompetenz überschattet wurde und kein

Das Zentrum von Oakland

echter Erfolg war. Zu den umstritteneren Projekten zählte die tiefe Schneise des I-980, der seit dem Zusammenbruch des Cypress Freeway während des Erdbebens von 1989 die Hauptdurchgangsstraße ist und dem ganze Häuserblocks weichen mussten. Immerhin wurden auch einige Anstrengungen unternommen, um das architektonische Erbe der Stadt zu bewahren, vor allem die stilvollen Gebäude im **Preservation Park**, Twelfth St, Ecke Martin Luther King Jr. Way. Das alte Handelszentrum an der Ninth St, neuerdings auch **Old Oakland** genannt, wurde vor ein paar Jahren ebenfalls gründlich restauriert, und fast alle Gebäude sind inzwischen vermietet, u.a. an Architekten und Designfirmen.

Wer so etwas wie Straßenleben erleben will, sollte lieber vom Broadway aus einen Block weiter nach Osten gehen. Dort liegt zwischen Seventh St und Ninth St Oaklands **Chinatown**. Mit ihren Bäckereien und Restaurants ist sie aber weder so lebendig noch so pittoresk wie die in San Francisco.

Ihre größte Wachstumsphase hatte die Stadt zu Beginn des 20. Jhs., und einige prächtige Bauten aus dieser Ära haben den exzessiven City-Umbau überlebt. Man findet sie am Broadway weiter nördlich, an der Fourteenth St, rund um das riesige, grasbewachsene Dreieck der **Frank Ogawa Plaza** und die klotzig-imposante **City Hall** von 1914. Hier findet alljährlich am Labor Day-Wochenende das **Art and Soul Festival** mit Live-Musik und Kunstausstellungen statt (Eintritt $5). An der 13th St, Ecke Franklin St, erhebt sich ein unverkennbares Wahrzeichen der Stadt, der einem Schloss ähnelnde **Tribune Tower**, ehemaliger Sitz der in den 1920er Jahren gegründeten Zeitung *Oakland Tribune*.

Ein paar Blocks westlich befindet sich das **African American Museum and Library**, 659 14th St, ✆ 510/238-6716. Es ist in einem eleganten klassizistischen Gebäude untergebracht, dessen oberes Stockwerk neben einer Dauerausstellung zur Geschichte der afroamerikanischen Bevölkerung Kaliforniens von 1775 bis 1900 auch wechselnde Kunst- und Fotoausstellungen beherbergt. ◷ Di–Sa 12–17.30 Uhr, Eintritt frei.

Einige Blocks weiter gelangt man zum **Ebony Museum of Art**, 1034 14th St, ✆ 510/763-0141. Es handelt sich um einen weiteren Ausstellungsort für schwarze Künstler, der sich mit Hingabe der Förderung des afroamerikanischen Erbes widmet. ⌚ Di–Sa 11–18, So 12–18 Uhr, Eintritt frei.

Weiter im Nordosten, um die BART-Station 19th Street, gibt es außerdem einige schöne Art-déco-Bauten, z.B. das 1931 erbaute **Paramount Theater**, 2025 Broadway, ✆ 510/465-6400, 💻 www.paramounttheatre.com. Am ersten und dritten Samstag im Monat um 10 Uhr wird eine Führung durch das Theater angeboten, $1. Ansonsten werden Hollywood-Klassiker gezeigt, manchmal auch Konzerte und Ballett-Aufführungen.

An einen hinduistischen Tempel erinnert die Fassade des großartigen **Fox Oakland**, Telegraph St, Ecke 19th St, das bei seiner Erbauung 1928 das größte Kino westlich von Chicago war und inzwischen geschlossen wurde. Auf der anderen Straßenseite erstreckt sich das **Floral Depot** von 1931, eine Post-Art-déco-Ladenzeile, verkleidet mit schwarzen und blauen Terracotta-Fliesen.

Lässt die Lust am Laufen nach, kann man im nahen **Oakland Ice Center**, 519 18th St, ✆ 510/268-9000, 💻 www.oaklandice.com, ein paar Runden auf Schlittschuhen drehen. Die Einrichtung gehört zu den besten ihrer Art in der Bay Area und hat einige Weltklassetrainer aufzuweisen. ⌚ Mo–Fr 12–17, Sa und So 13–17, außerdem Di 19–20.30, Do 19–21 und Fr–Sa 19–22 Uhr, Eintritt $7,50 plus $2,50 Schlittschuhverleih.

Die Gegend um die Greyhound-Station an der San Pablo Ave westlich vom Broadway ist etwas ungemütlich. Hier war die Hauptverkehrsstraße, bevor die Freeways gebaut wurden, mittlerweile haben aber viele Betriebe und Geschäfte die Gegend verlassen, obwohl die Bemühungen zur Aufwertung des Bezirks **Emeryville** bereits recht weit fortgeschritten sind. Einige der alten Fabriketagen hat man zu Künstlerateliers oder Studios umgebaut, um der Gegend zu schickem Design-Ambiente zu verhelfen. Am interessantesten ist das neue Rathaus, **Civic Center** genannt, an der Park Avenue, Ecke Hollis Street: Um das 1902 errichtete Gebäude wurde ein Glaskasten gebaut und so zusätzlich 1400 m2 Bürofläche gewonnen. Das hiesige Straßenbild wird allerdings noch immer von Drogenhandel und Prostitution, Neonreklamen und Spielhöllen bestimmt, wie z.B. dem Oaks Card Club, wo der Rapper M. C. Hammer früher arbeitete, der „Vater" von Oakland.

Lake Merritt und Umgebung

Das östliche Zentrum Oaklands konzentriert sich um den Lake Merritt, ursprünglich eine Gezeiten-Lagune mit einem Umfang von etwa drei Meilen. Der See wurde schon um 1860 eingedämmt und mit Brücken versehen und bildete zu dieser Zeit den Mittelpunkt der besten Wohngegend der Stadt. Von den vielen, prächtigen Villen ist nur das elegante **Camron-Stanford House**, 1418 Lakeside Drive, ✆ 510/444-1876, 💻 www.cshouse.org, geblieben, eine grazile, verschwenderisch ausgestattete Villa nach italienischem Vorbild. Sie liegt am südwestlichen Ufer und kann auch besichtigt werden, ⌚ Mi 11–16, So 13–17 Uhr, Eintritt $5.

Der See ist das älteste Naturreservat Amerikas. Enten, Gänse und Reiher machen hier auf ihrem Weg nach Süden Rast. Am nördlichen Ufer, am **Sailboat House** im Lakeside Park, kann man Kanus, Kajaks, Ruder-, Tret- und Segelboote sowie Katamarane mieten ($6–12/Std.), sofern man die Angestellten des Sailboat House davon überzeugen kann, dass man des Segelns kundig ist; ✆ 510/238-2196, 💻 www.oaklandnet.com/parks, ⌚ im Sommer Mo–Fr 9–18, Sa und So 10–18, im Winter tgl. 10.30–15.30 Uhr.

Am Wochenende veranstaltet nachmittags ein Mini-Mississippi-Riverboat halbstündige Seerundfahrten für $1,50. Wer tiefer in die Tasche zu greifen bereit ist, kann sich mit dem überteuerten, aber romantischen *Gondola Servizio*, ✆ 510/663-6603, 💻 www.gondolaservizio.com, über den See gondeln lassen; ab $45 für 30 Min.

Kinder werden Spaß am Puppentheater und Ponyreiten in **Children's Fairyland** an der Grand Avenue in der Nordostecke des Parks, haben, ✆ 510/452-2259, 💻 www.fairyland.org, ⌚ Mi–So 10–16 Uhr, Eintritt $6.

Stolz sind die Bewohner auf die „Necklace of Lights", eine Kette von Lichtern um den See, in deren Glanz Lake Merritt des Nachts erstrahlt. Am Nordufer des Sees angekommen, lohnt sich auf jeden Fall ein Spaziergang unter dem MacArthur Freeway hindurch, um die entspannte Atmosphäre der Cafés und Geschäfte in den auseinander laufenden Straßen Grand Avenue und Lakeshore Avenue zu genießen. Sehenswert ist auch die riesige Fassade des noch aktiven Kinos **Grand Lake Movie Theater**, eine Kreuzung aus Art déco und Pseudoklassik und eine Bastion des subversiven politischen Films.

Das **Oakland Museum**, 1000 Oak St, zwei Blocks südlich vom See bzw. einen Block nördlich von der BART-Station Lake Merritt, ✆ 510/238-2200, 🖳 www.museumca.org, ist zweifelsohne der lohnendste Anlaufpunkt der ganzen Gegend, schon allein wegen des großartigen, modernen Gebäudes. Verschiedene Themen werden behandelt, die Ökologie Kaliforniens und die Geschichte des Bundesstaates, außerdem gibt es eine große Kunstausstellung mit Werken kalifornischer Künstler und exzellenten Fotos.

Auf dem Dach wurde ein terrassenförmiger Skulpturengarten angelegt, von dem man einen schönen Blick auf den See und die Stadt hat. ⌚ Mi–Sa 10–17, So 12–17 Uhr, Eintritt $8, 2. So im Monat Eintritt frei.

Jack London Square

Am Ende des Broadways befindet sich Oaklands einziges Zugeständnis an den Tourismus, der Jack London Square, zu erreichen mit AC Transit-Bus 51 von Downtown aus oder per Fähre von San Francisco (s. Transport). Ein auf ehrenamtlicher Basis besetzter und daher nur gelegentlich geöffneter Informationskiosk am Broadway zwischen Water Street und Embarcadero Street hält Pläne bereit, auf denen die Attraktionen und Angebote des Platzes verzeichnet sind. Den etwas langweiligen Boutiquen- und Restaurant-Komplex hat man zwar nach dem berühmten literarischen Autodidakten benannt, aber vom Geist und von der Atmosphäre könnte der Kontrast kaum größer sein. Ausgerechnet hier hat man die kleine Blockhütte aus Yukon, Alaska, rekonstruiert, in der London den Roman *Ruf der Wildnis* schrieb.

Lohnend ist einzig **Heinold's First and Last Chance Saloon**, eine kleine, windschiefe Bar am östlichen Ende der Promenade, die 1883 aus dem Holz des Rumpfes eines Walfangschiffes erbaut wurde und in der Jack London tatsächlich das eine oder andere Glas hob. Die Sammlung vergilbter Fotos an der Wand ist so ziemlich das einzig Echte, das der Jack London Square bieten kann. Gewaltigen Umgestaltungsplänen zufolge soll das gesamte Areal bis zum Jahr 2007 für ca. 200 Millionen Dollar zu einem erstklassigen Unterhaltungskomplex aufgepeppt werden. Wer ein Jack-London-Fan ist, sollte sich lieber seine Ranch im Sonoma Valley ansehen (s.S. 647f. und 650f.).

Es gibt aber auch noch ein paar andere interessante Dinge, die man hier unternehmen kann. Am westlichen Ende des Platzes sind zwei **historische Schiffe** zu besichtigen, auf denen auch Führungen angeboten werden: die *Light Ship Relief* (Do und Fr 10–15, Sa und So 11–16 Uhr, Eintritt $3) und das berühmte „Schwimmende Weiße Haus" von Franklin D. Roosevelt, die *USS Potomac* (Mi 10.30–15.30, Fr und So 12–15.30 Uhr, Eintritt $7, ✆ 510/627-1215, 🖳 www.usspotomac.org.

Sonntags erwacht der Platz anlässlich des wöchentlichen Bauernmarktes zum Leben, auf dem es allerlei interessante Dinge, vor allem aber Lebensmittel, zu kaufen gibt. Weiterhin bietet sich ein Spaziergang zum ein paar Blocks landeinwärts gelegenen **Produce Market** an, der auf der 3rd und 4th St zwischen den Eisenbahnschienen abgehalten wird. Gabelstaplerweise wird das Obst und Gemüse hier aus den Lagerhallen angeliefert, am meisten los ist am frühen Morgen ab 5 Uhr.

Das am Embarcadero zwischen Clay Street und Washington Street gelegene **Yoshi's World Class Jazz House** (s.S. 536, Unterhaltung) ist der beste Jazzclub der Bay Area, wenn nicht gar der gesamten Westküste, und nebenbei noch ein japanisches Nobelrestaurant.

Alameda

Bus Nr. 51 fährt vom Broadway unter dem Hafen hindurch weiter zur Insel Alameda, einer konservativen Durchschnitts-Wohngegend, die vor allem von einem riesigen, stillgelegten Marineflugplatz beherrscht wird, einem der ersten, die Bill Clinton 1995 schließen ließ.

Alameda wurde erst 1902 im Rahmen eines Hafenausbauprogramms künstlich vom Festland getrennt, und um die prächtigen Häuser an der Clinton Street entstand ein beliebter Ferienort, der wegen seines Klimas und seiner Nähe zu San Francisco stets gut besucht war. Durch Landaufschüttungen hat man die Insel später weiter vergrößert, am schmalen Robert Crown Memorial Beach, einem ruhigen, hübschen Flecken, stehen deswegen vor allem Wohnhäuser aus den 60er Jahren.

West Oakland

West Oakland ist eine Industrielandschaft aus Lagerhallen und Eisenbahnschienen, durchsetzt mit Wohnsiedlungen aus den 60er Jahren und verfallenden viktorianischen Häusern. Von Downtown aus fährt man über einen Freeway hinweg und unter einem anderen hindurch, von San Francisco aus ist es zwar die erste BART-Station, aber vom Wohlstand in der Nachbarstadt ist dieser Bezirk Lichtjahre entfernt. Trotz der unübersehbaren Armut ist die Gegend ziemlich sicher und ruhig und rückt nur dann ins Bewusstsein der Öffentlichkeit, wenn etwas Dramatisches geschieht, wie z.B. die Ermordung des Black Panther Huey Newton im Jahr 1989 oder das Erdbeben im selben Jahr, das den zweistöckigen Freeway I-880, der den Bezirk von der übrigen Stadt trennte, einstürzen ließ und dabei Dutzende von Todesopfern forderte. Heute lockt das Viertel mit seinen billigen Mieten und freien Flächen scharenweise Künstler und Skater von der anderen Seite der Bucht an, während der begonnene Aufwertungsprozess den strukturellen Wandel der Gegend, wenngleich im Schneckentempo, weiter voranschreiten lässt.

Führende Köpfe der hiesigen afroamerikanischen Bevölkerung konnten sich erfolgreich gegen Pläne der Regierung wehren, den I-880 wieder aufzubauen; den Freeway hat der breite und weniger aufdringliche **Nelson Mandela Parkway** ersetzt. Ansonsten ist dies eine der ärmlichsten und am stärksten vernachlässigten Gegenden der Bay Area und hat Touristen außer einer Ansammlung wunderschöner Häuser aus der Zeit der Jahrhundertwende wenig zu bieten.

East Oakland

Der größte Teil Oaklands erstreckt sich östlich von Downtown, in gleichförmigen Häuserreihen entlang des Foothill Blvd und MacArthur Blvd über die flache Ebene bis zu den Ausläufern der Berge. Getrude Stein wuchs hier auf, doch als sie Jahre später auf der Suche nach der Stätte ihrer Kindheit zurückkehrte, musste sie feststellen, dass ihr früheres Haus abgerissen und durch ein Dutzend Bungalows ersetzt worden war. *Craftsman Style* nennt man den Baustil dieser schlichten Holzhäuser aus den 20er Jahren, aus denen heute ganz East Oakland zu bestehen scheint. Jedes hat sein kleines Stück Rasen im Vorgarten und ist vom Nachbarhaus durch eine betonierte Einfahrt getrennt.

Der AC Transit-Bus Nr. 64 durchquert von Downtown aus die Vorstadt-Einöde nach Osten, zum **Joaquin Miller Park** hinauf. Hier war das Grundstück des „Poeten der Sierras" Joaquin Miller, der sich um 1870 in den literarischen Salons von London als exzentrischer Westernheld einen Namen machte.

Die spitzen Türme des **Mormon Temple**, 4766 Lincoln Ave, unterhalb des Parks gleichen eher Raketenabschussrampen, vor allem, weil sie auch nachts von Scheinwerfern hell angestrahlt werden. Den Tempel dürfen zwar nur Mormonen betreten, aber der großartige Blick vom Innenhof über die Bay Area lohnt den Weg.

Mehrere Kilometer jenseits des Tempels liegt in den Hügeln ein hochmodernes Museum mit interaktiven Exponaten, das neue **Chabot Space and Science Center**, 10000 Skyline Blvd, ✆ 510/336-7300, 🖳 www.chabotspace.org, 🕓 Sommer Di–So 10–17, Fr und Sa 10–22, So 11–17, Winter Mi und Do 14–17, Fr 14–22, Sa 10–22, So 11–17 Uhr, Eintritt $13. Zum Komplex gehört auch ein **Planetarium** mit interessanten Vorführungen – die tagsüber stattfinden Shows sind im Ticket enthalten, die abendliche Vorstellung *Sky Tonight* kostet dagegen extra (Fr und Sa 19.30 Uhr, Eintritt $6), ebenso wie die Filmvorführungen im beeindruckenden **Megadome Theater** (wechselnde Anfangszeiten, Eintritt $6). Anfahrt mit dem AC Transit-Bus Nr. 53 von der BART-Station Fruitvale.

Nach Süden Richtung Fremont

Jenseits des Flughafens erstreckt in dem Vorort San Leandro der **Oakland Zoo**, ✆ 510/632-9525, 🖳 www.oaklandzoo.org. Er liegt sehr angenehm in der hügeligen Landschaft des weitläufigen, über 200 ha großen Knowland Park und beherbergt über 300 Tierarten. 🕓 Sommer tgl. 9–17, Winter 10–16 Uhr, Eintritt $9. Der AC Transit-Bus Nr. 56 fährt von Oakland zum Zoo, alternativ dazu kostet des Parken $5.

Der Zoo ist die einzige Attraktion in dem über 30 km langen Vorstadtgürtel, der sich an der Bucht Richtung Südosten nach San Jose erstreckt, einmal abgesehen von **Fremont**, der Endstation der BART-Linie, wo für kurze Zeit die Essanay-Filmstudios zu Hause waren, die ersten, die sich überhaupt an der Westküste niederließen. In nur drei Jahren produzierten sie 700 Filme, 1914 unter anderem Charlie Chaplins Klassiker *The Tramp*. Heute erinnert allerdings nur noch sehr wenig an die Prä-Hollywood-Ära, die einzige wirkliche Sehenswürdigkeit der

Gegend ist die idyllisch im Grünen gelegene **Mission San Jose de Guadalupe** am Mission Blvd, östlich des I-680. Die Anlage wurde vor ein paar Jahren in bester Hollywood-Manier vollständig wieder aufgebaut. ⌚ tgl. 10–17 Uhr; Spende.

North Oakland

Die schreckliche Feuersbrunst vom Oktober 1991, der 3000 Häuser und 26 Menschen zum Opfer fielen, wütete am schlimmsten auf den teuren Hügeln von North Oakland. Kaum zwei Jahre hat es gedauert, bis die meisten der Eigenheime, die im Schnitt eine halbe Million Dollar wert waren, wieder aufgebaut waren, und abgesehen von der üppigen Vegetation, die früher das Gebiet besonders attraktiv machte und sich wahrscheinlich nie mehr in diesem Maß ausbreiten wird, sieht alles schon fast wieder wie zuvor aus. Einige Grundstücke mit Blick auf die Bucht gehören zu den teuersten der ganzen Bay Area, aber sie blicken zugleich auch auf einige der erbärmlichsten Viertel – das völlig vernachlässigte Flachland unten, wo in den 60er Jahren die Black Panthers Bobby Seale und Huey Newton aktiv waren.

Der Broadway bildet die Tennungslinie zwischen den beiden Hälften von North Oakland. Der AC Transit-Bus Nr. 51 bringt einen zu fast allen sehenswerten Punkten. Am nördlichen Ende der Piedmont Avenue, mit ihren netten kleinen Buchladen und Cafés eine der wohnlichsten Straßen der Stadt, liegt der **Mountain View Cemetery**. Hier findet man die aufwendigen Grabstätten der einflussreichsten Familien San Franciscos, der Crockers, Bechtels und Ghirardellis. In der gepflegten Anlage ist Joggen und Radfahren gestattet.

Das benachbarte Kolumbarium, die **Chapel of the Chimes**, 4499 Piedmont Ave, ✆ 510/654-0123, entstand in den Jahren nach 1921 nach Plänen von Julia Morgan, der berühmten Architektin des Hearst Castle. Es vereint zahllose mit Urnen gefüllte Räume, die um glasüberdachte Innenhöfe und plätschernde Brunnen angelegt und durch reich verzierte Treppen miteinander verbunden sind. Morgan wollte den Ort vom Leben und nicht vom Tod erzählen lassen, und das ist ihr gelungen. Nirgendwo in Oakland kann man einen friedlicheren Spaziergang unternehmen oder sich sogar in aller Stille hinsetzen und ein Buch lesen. Ein einzigartiges und in dieser Form wohl nur in Kalifornien vorstellbares Erlebnis sind die regelmäßigen Konzerte. ⌚ tgl. 9–17 Uhr; Eintritt frei.

Zurück am Broadway, gleich hinter der College Avenue, führt die Broadway Terrace zum kleinen **Lake Temescal** hoch, wo man im Sommer schwimmen kann. Weiter geht es zu den bewaldeten Hügelkämmen des **Robert Sibley Regional Preserve**, zu dem auch der 540 m hohe Vulkankegel des Round Top Peak gehört und von wo aus sich ein herrlicher Panoramablick über die gesamte Bay Area eröffnet. In den Schluchten um den Krater gibt es fünf geheimnisvolle Labyrinth-Zeichnungen, die in die Erde eingeritzt und von Steinen umsäumt sind. Die lokalen Medien haben dem Vulkankegel deshalb den Beinamen Volcanic Witch Project verliehen. Niemand weiß, woher die Zeichnungen stammen, aber Besucher folgen gern den mysteriösen Routen.

Durch den Park führt der Skyline Boulevard, sehr beliebt bei Radfahrern, die entweder die 12 Meilen nach Süden zum Lake Chabot oder auf dem Grizzly Peak Boulevard 5 Meilen nach Norden durch die Berkeley Hills zum Tilden Park strampeln.

Die meisten Fahrzeuge auf dem Broadway, auch der AC Transit-Bus Nr. 51, biegen in die College Avenue ein und fahren durch das teuerste Einkaufsviertel von Oakland: **Rockridge**, dessen nördliche Ausläufer bereits mit Berkeley verschmelzen. Es erstreckt sich jeweils eine halbe Meile beiderseits der BART-Station Rockridge. Die ausgefallenen Geschäfte und Restaurants sind trotz ihres unverkennbaren Yuppie-Untertones mit die besten der Stadt und gut für eine nachmittägliche Shopping-Tour oder einen netten Bummel am Abend.

Übernachtung

Merkwürdigerweise ist in Oakland, wie überhaupt in der gesamten East Bay, die Übernachtung kaum billiger als in San Francisco.

HOTELS – ***Dean's Bed and Breakfast***, 480 Pedestrian Way, Rockridge, ✆ 510/652-5024. Verstecktes Juwel mit beheiztem Pool (Mai–Oktober) und japanischem Garten nahe einer angesagten Einkaufsstraße und der BART-Station Rockridge. Derzeit gibt es nur ein komplett ausgestattetes Zimmer mit Kochnische, Kabel-TV und Telefon mit Anrufbeantworter. Wärmstens zu empfehlen. ❹

Holiday Inn Bay Bridge, 1800 Powell St, Emeryville, ✆ 510/658-9300 oder 1-800/HOLIDAY, 💻 www.holidayinn.com. Wunderbare Aussicht auf die Bucht von den oberen Stockwerken, kostenloser Parkplatz. ❻

Howard Johnson Express Inn, 423 7th St, Downtown Oakland, ✆ 510/451-6316 oder 1-800/754-1115, 💻 www.oaklandhj.com. Die ehemalige *Travelodge* wurde gehörig aufgemöbelt und ist jetzt eine der besten Optionen in Downtown Oakland. ❸

Jack London Inn, 444 Embarcadero West, ✆ 510/444-2032 oder 1-800/549-878. Hübsch renoviertes Hotel/Motel im Stil der 50er Jahre unweit Jack London Square. ❹

Maya Motel, 4715 Telegraph Ave, North Oakland, ✆ 510/654-5850. Einfaches, aber sauberes Motel, besser als die meisten am weiter südlich gelegenen Macarthur Boulevard. Die angesagten Geschäfte und Restaurants von Rockridge sind zu Fuß zu erreichen. ❷

Waterfront Plaza Hotel, Jack London Square, ✆ 1-800/729-3638 oder 510/836-3800, 💻 www.waterfrontplaza.com. Feudales, modernes Hotel am besten Uferstreifen direkt am Platz. ❼

CAMPINGPLÄTZE – ***Chabot Family Campground***, am I-580 in East Oakland, ✆ 510/562-2267, 💻 www.ebparks.org. Nur Zeltplätze, keine Stellplätze für Wohnmobile; heiße Duschen und viele gute Wandermöglichkeiten in der Nähe; im Sommer sind Buchungen nötig; $16 für ein Fahrzeug und max. 10 Pers.

Mount Diablo State Park, 20 Meilen östlich von Oakland abseits des I-680 in Contra Costa County, ✆ 510/837-2525. Wohnmobil- und Zeltplätze auf drei separaten Plätzen ($19), im Sommer zu buchen über *ReserveAmerica*, ✆ 1-800/444-7275, 💻 www.reserveamerica.com.

Essen

Auch von San Francisco aus kann es sich lohnen, zum Essen über die Bucht zu fahren. Oaklands Restaurants sind allerdings nicht die Feinschmecker-Tempel von Berkeley, dafür in der Regel ungezwungen, preiswert und gut.

RESTAURANTS – **Preiswerte Küche**: ***Adam's Burger***, 3401 Lakeshore Ave, North Oakland, ✆ 510/834-5796. Billige Burger, Pommes und ein paar Gerichte wie Steak Teriyaki in schlichter Umgebung nördlich des Lake Merritt.

Barney's, 4162 Piedmont Ave, North Oakland, ✆ 510/655-7180, und 5819 College Ave, Rockridge, ✆ 510/601-0444. Serviert die besten Burger der East Bay in vielen verschiedenen Varianten, auch ohne Fleisch.

Genova Delicatessen, 5095 Telegraph Ave, North Oakland, ✆ 510/652-7401. Kleines, traditionelles Deli mit hervorragenden Sandwiches in einer kleinen Mall.

Holy Land, 677 Rand Ave, North Oakland, ✆ 510/272-0535. Schlichtes Lokal unmittelbar hinter dem Freeway nördlich des Lake Merritt, israelische Küche, u.a. leckere Falafel.

Lois the Pie Queen, 851 60th St, Ecke Adeline St, North Oakland, ✆ 510/658-5616. In der ganzen Bay wegen seiner Süßkartoffeln nach Südstaatenart und seiner frischen Obstpasteten bekannt. Gemütlicher Diner, bei dem es auch Frühstück wie bei Muttern gibt. Das Sonntags-Dinner reicht für die ganze Woche.

Your Black Muslim Bakery, 5836 San Pablo Ave, North Oakland, ✆ 510/658-7080, und 365 17th St, ✆ 510/839-1313. Ausgesprochen leckeres Gebäck und ein bisschen Politik locken ein gemischtes Publikum an.

Amerikanisch und Kalifornisch: ***Bay Wolf***, 3853 Piedmont Ave, North Oakland, ✆ 510/655-6004. Komfortables Restaurant, in dem nicht gerade billige Fleisch- und Fischgerichte vom Grill serviert werden, ständig wechselnde Speisekarte.

Citron, 5484 College Ave, Rockridge, ✆ 653-5484. Ausgezeichnete, französisch beeinflusste Küche und eine echte Konkurrenz für die besten Restaurants San Franciscos, dabei herzlich und unprätentiös, allerdings teuer.

Grand Oaks Grill, 736 Washington St, ✆ 510/452-1258. Fleisch und Seafood-Gerichte zu moderaten Preisen, zubereitet in einem Mix aus europäischen und asiatischen Soßen.

Asiatisch: ***Jade Villa***, 800 Broadway, ✆ 510/839-1688. Üppige Dim Sum-Gerichte oder traditionelle kantonesische Gerichte, eines der besten Restaurants in Chinatown.

Le Cheval, 1007 Clay St, ✆ 510/763-8495. Exquisite vietnamesische Speisen in üppigen Portionen und zu erschwinglichen Preisen in großzügiger Umgebung.

Nan Yang, 6048 College Ave, Rockridge, ✆ 510/655-3298. Burmesische Küche, opulent zubereitet, üppig portioniert und eine Freude für den Gaumen. Der Chefkoch, ein politischer Flüchtling, erläutert gern die Geheimnisse seiner Köstlichkeiten.

Italienisch: ***Angelina's,*** 485 E 14th St, San Leandro, ✆ 510/586-8646. Das nette Restaurant befindet sich im Besitz eines Griechen, der sehr leckere Pizza serviert, die sich gut mit einem riesigen Krug Ale herunterspülen lässt. Nicht weit vom Flughafen und Zoo.

Café Rustica, 5422 College Ave, Rockridge, ✆ 510/654-1601. Schickes kleines Adobe-Lokal, Designerpizza mit Pesto und getrockneten Tomaten. Etwas billiger ist die Tapasbar ein Stockwerk höher.

Garibaldi's on College, 5356 College Ave, Rockridge, ✆ 510/595-4000. Nobler Qualitäts-Italiener mit köstlichen Nudelgerichten und Betonung auf edlen Weinen.

Oliveto, 5655 College Ave, Rockridge, ✆ 510/547-5356. Kreative italienische Küche mit Zutaten aus eigener Herstellung. Das Essen im Hauptsaal ist sehr teuer, im Nebenraum im Untergeschoss gibt es preiswerteres, bodenständigere Gerichte.

Zachary's, 5801 College Ave, Rockridge, ✆ 510/655-6385. Leckere Salate und nach Meinung mancher Leute die beste Pizza der East Bay.

Lateinamerikanisch: ***La Furia Chalaca,*** 310 Broadway, ✆ 510/451-4206. Stattliche Auswahl an Fisch, Pasta und Fleischgerichten.

Los Caporales, 4481 E 14th St, East Oakland, ✆ 510/535-6030. Ausgezeichnete *burritos* und andere authentische Gerichte, die den langen Weg von der Innenstadt hierher lohnen. In der dazugehörigen Bar gibt es einen Billardtisch.

Tijuana Restaurant, 1308 E 14th St, East Oakland, ✆ 510/532-5575. Ausgezeichnete und authentische mexikanische Speisen, berühmt für *mariscada* – ein Berg von Meeresfrüchten und frischem Gemüse.

Tropix, 3814 Piedmont Ave, North Oakland, ✆ 510/653-2444. Karibische Köstlichkeiten, authentisch und üppig portioniert, vernünftige Preise.

CAFÉS – ***Coffee Mill,*** 3363 Grand Ave, North Oakland, ✆ 510/465-4224, geräumiges Café, das auch als Kunstgalerie dient und gelegentlich Lesungen veranstaltet.

Dreyers Grand Ice Cream Parlor, 5925 College Ave, Rockridge, ✆ 510/658-0502. Das kleine, etwas langweilige Café serviert die landesweit bekannte, in Oakland hergestellte Eiscreme.

Fenton's Creamery, 4226 Piedmont Ave, North Oakland, ✆ 510/658-7000. Ein hell erleuchteter Eissalon und Sandwich-Shop im Stil der 50er Jahre, ⌚ wochentags bis 23, am Wochenende bis 24 Uhr.

La Farine, 6323 College Ave, Rockridge, ✆ 510/654-0338. Kleine, aber überaus beliebte Bäckerei im französischen Stil mit verführerischem *Pain au Chocolat.*

Royal, 6255 College Ave, Rockridge, ✆ 510/653-5458. Modernes und entspanntes Lokal, das auch Sitzplätze im Freien bietet.

BARS – Oaklands Kneipen werden natürlich viel mehr von der arbeitenden Bevölkerung frequentiert als die Lokale in San Francisco. Dementsprechend gibt sich das Publikum ausgelassener und manchmal auch etwas rauer. Billiger als in der Nachbarstadt ist es aber allemal.

Ben'n'Nick's, 5612 College Ave, Rockridge, ✆ 510/933-0327. Lebendige Kneipe mit guter Rockmusik vom Band und leckerem Essen.

Cato's Alehouse, 3891 Piedmont Ave, North Oakland, ✆ 510/655-3349. Schlichte Kneipe mit ordentlicher Bierauswahl, Pizza und Sandwiches. Gut zum Relaxen.

Heinold's First And Last Chance Saloon, 56 Jack London Square, ✆ 510/839-6761. Authentische Bar am Meer, die sich seit der Jahrhundertwende, als Jack London hier Stammgast war, kaum geändert hat. Nicht einmal der Fußboden, der seit dem Erdbeben von 1906 krumm und schief ist, wurde hergerichtet.

Pacific Coast Brewing Co, 906 Washington St, ✆ 510/836-2739. Oaktowns einzige echte Kleinbrauerei bietet eine Reihe ordentlicher Biere und eine umfangreiche Speisekarte.

Rickey's Sports Lounge, 15028 Hesperian Blvd, San Leandro, in der Nähe der Bayfair BART-Station, ✆ 510/352-0200. Mit sieben riesigen Fernsehbildschirmen und 35 kleineren, die in dem kellerartigen Raum verteilt sind, ist diese Bar mit Restaurant in einer Arbeitervorstadt *der* Ort, um Sportereignisse anzuschauen.

The White Horse, 6560 Telegraph Ave, Ecke 66th St, ✆ 510/652-3820. Oaklands älteste Schwulenbar – klein, freundlich, abendlicher Tanztreff für Frauen und Männer.

Unterhaltung

Das Live-Musik-Programm ist häufig besser als in San Francisco, und das Publikum ist bunt gemischt. Auch die großen Konzerte mit internationalen Bands finden in Oakland (oder in Berkeley) statt. Noch weniger als in San Francisco ist es hier angesagt, zu Musik aus der Konserve zu tanzen und hohe Preise für eine aufgemotzte Dekoration zu bezahlen – das bedeutet: Es gibt buchstäblich keine Diskotheken. Die dröhnenden R&B-Schuppen Oaklands sind aber die heißesten der ganzen Gegend.

MUSIK – ***The Alley,*** 3325 Grand Ave, North Oakland, ✆ 510/444-8505. Angejahrte Piano-Bar in schwarzem Holz, geschmückt mit Visitenkarten. Klassischer Live-Blues, Eintritt frei.

Center for Contemporary Music, Mills College, 5000 MacArthur Blvd, ✆ 510/430-2191. Eines der weltweit führenden Zentren für experimentelle Musik.

Jimmie's, 1731 San Pablo Ave, ✆ 510/268-8445. Lebendige Bar mit Live-Blues und Disco, Liederabenden, gelegentlich Comedy-Veranstaltungen und Modenschauen. Eintritt $5–30.

Kimball's East, 4800 Shellmound St, Emeryville, ✆ 510/658-2555, 💻 www.kimballs.com. Recht schicker Jazz-, Soul- und Tanzclub. Eintritt $10–30.

Mile High Club, 3629 Martin Luther King Jr Way, North Oakland, ✆ 510/655-6661. Der beste Blues-Club in der gesamten Bay Area. Kellnerinnen balancieren Bierkrüge auf dem Kopf durch die wogende Menge. Eintritt $7–20.

Oakland Coliseum Complex, Coliseum BART, nahe am Flughafen, ✆ 510/639-7700, 💻 www.oaklandcoliseum.com. Große Veranstaltungsarena mit 18 000 Plätzen, das Freiluft-Coliseum nebenan hat sogar 55 000.

Paramount Theater, 2025 Broadway, ✆ 510/465-6400, 💻 www.paramounttheater.com. Wunderschön restauriertes Art-déco-Gebäude, in dem klassische Konzerte, Shows bekannter Schnulzensänger, Ballett- und Opernaufführungen und Rockkonzerte stattfinden. Tickets $10–50, an einigen Abenden werden alte Hollywood-Klassiker für $7 gezeigt.

Yoshi's World Class Jazz House, 510 Embarcadero West, ✆ 510/238-9200, 💻 www.yoshis.com. Wer nur Zeit und Geld für ein Lokal zur Verfügung hat, sollte Yoshi's, den besten Jazz-Club an der Westküste, wählen. Allabendlich Programm, fast immer voll und regelmäßig von großen Namen beehrt. Eintritt $10–50.

KINOS – ***Grand Lake Movie Theater,*** 3200 Grand Ave, ✆ 510/452-3556. Die Perle unter den Kinos der East Bay, gleich oberhalb des Lake Merritt gelegen, zeigt die besten aktuellen Kinofilme mit Schwerpunkt auf politisch ambitionierten Produktionen.

Sonstiges

FAHRRÄDER – ***Around World,*** 2416 Telegraph Ave, ✆ 510/835-8763, verleiht Tourenräder und Mountainbikes für $25 pro Tag, wie auch ***Cal Adventures,*** 2301 Bancroft Way, auf dem UC Berkeley Campus, ✆ 510/642-4000.

INFORMATIONEN – ***Oakland CVB,*** neben dem riesigen Marriot Hotel, 463 11th St, ✆ 510/839-9000, 💻 www.oaklandcvb.com. Das Besucherzentrum im Erdgeschoss eines riesigen, modernen Blocks ist die beste Quelle für Karten, Broschüren und Informationen zu Übernachtungsmöglichkeiten und Aktivitäten im Stadtgebiet. ⏲ Mo–Fr 8.30–17 Uhr.

East Bay Regional Parks District, 2950 Peralta Oaks Court, ✆ 510/562-7275, 💻 www.ebparks.org. Informationen zum Wandern oder Reiten in den zahlreichen Parks auf den Hügeln von Oakland und Berkeley.

STADTRUNDGÄNGE – Die Stadt Oakland bietet kostenlose „discovery tours" durch verschiedene Viertel an, ✆ 510/238-3234.
Ein beliebter Rundgang ist die kostenlose **Oakland Historical Landmark Tour** (So 13–15.30 Uhr), die vor dem Oakland Museum, 10th St, Ecke Fallon St, beginnt und zu Zielen wie Chinatown, Lake Merritt, Preservation Park und Jack London Square führt.

ZEITUNGEN – Der kostenlose, jeden Mittwoch erscheinende *East Bay Express* ist in vielerlei Hinsicht die beste Zeitung der Bay Area, liegt überall aus und bietet detaillierte Veranstaltungshinweise für die Region. Die Tageszeitung *Oakland Tribune* (50¢) bietet eine gute sportliche und lokalpolitische Berichterstattung.

Nahverkehrsmittel

BART – Das Streckennetz des ultramodernen ***Bay Area Rapid Transit System (BART)***, ✆ 510/465-BART aus dem Gebiet der East Bay, ✆ 415/989-BART von San Francisco, 💻 www.bart.org, verbindet San Francisco durch die unterirdische *Transbay Tube* mit der East Bay. Vier Linien (eine beginnt in Millbrae und hält am Flughafen von San Francisco) führen von DALY CITY durch SAN FRANCISCO nach Oakland: eine über East Oakland und weiter nach Süden bis FREMONT, eine nach BERKELEY und weiter nach Norden bis RICHMOND und eine durch Contra Costa County nach Nordosten bis CONCORD und PITTSBURG/BAY POINT. Eine fünfte Linie verkehrt auf ihrer gesamten Länge entlang der East Bay zwischen Richmond und Fremont. Die Züge verkehren Mo–Sa von 6–24, So 9–24 Uhr.
Der Preis ist von der Strecke abhängig und liegt zwischen $1,25 und $7,45. Man kauft eine Sammelkarte, die für jede Fahrt um die entsprechende Summe entwertet wird, bis sie aufgebraucht ist. Wer öfter mit BART fahren will, sollte sich eine größere Sammelkarte kaufen ($10 oder $20), um während der Rushhour nicht in der Schlange stehen zu müssen. Für $4,40 kann man das gesamte Netz nutzen und an jedem der 43 Bahnsteige aussteigen, darf dabei allerdings einen Zeitrahmen von 3 Std. nicht überschreiten und muss jeweils an derselben Station ein- und aussteigen. In den meisten Zügen ist die Mitnahme von Fahrrädern gestattet.

STADTBUSSE – In den BART-Stationen der East Bay sind kostenlose *transfers* erhältlich, mit denen man 25¢ Ermäßigung auf AC Transit-Busse bekommt. Diese kosten ansonsten $1,50 pro Fahrt und verkehren in der gesamten Bay Area, vor allem aber in Berkeley und Oakland.
AC Transit, ✆ 510/817-1717, App. 1111, 💻 www.actransit.org, fährt auch von Oakland zum Transbay Terminal in SAN FRANCISCO, und zwar die ganze Nacht hindurch – die einzige Möglichkeit, nach Mitternacht noch über die Bucht zu kommen. Kostenlose, sehr nützliche Pläne des BART-Systems und des Busnetzes sind an jedem Bahnhof erhältlich.
Nützlich kann auch die kleinere Busgesellschaft ***Contra Costa County Connection***, ✆ 925/676-7500, sein, deren Busse zu den meisten Binnenlandgebieten fahren, darunter auch zu den historischen Häusern von John Muir und Eugene O'Neill.

FÄHREN – Die angenehmste Art, in der East Bay anzukommen, ist mit einer Alameda/Oakland-Fähre; sie verkehrt stündlich zwischen dem San Francisco Ferry Building am Pier 39 und dem Jack London Square in Oakland für $5,50 einfach, ✆ 510/522-3300, 💻 www.eastbayferry.com. Boote desselben Unternehmens verkehren außerdem vom 18. Mai bis 27. Okt von Oakland via Pier 41 nach Angel Island; Abfahrt in Oakland Sa und So 9 Uhr, Rückfahrt 15.10 Uhr, hin und zurück $12,50 inkl. Eintritt zum Park.

Transport

BUSSE – Die Greyhound-Station liegt in einer ungemütlichen Gegend der Stadt am Freeway I-980 an der San Pablo Ave, Ecke 21st St.

EISENBAHN – Mit Amtrak kommt man in der Second St, nahe dem Jack London Square an. Von dort verkehrt ein kostenloser Shuttle-Bus über die Bay Bridge zum Transbay Terminal. Es ist jedoch praktischer, schon in Richmond auf BART umzusteigen.

Zu den Zügen ab **Emeryville** gibt es eine Amtrak Thruway-Busverbindung ab der Caltrain-Station, 4th, Ecke Townsend St, San Francisco. Züge von Emeryville siehe Transport-Kapitel San Francisco.

FLÜGE – Oakland Airport, ✆ 510/563-2984, Fluginformationen vom Band ✆ 1-800/992-7433, 💻 www.oaklandairport.com; die meisten großen nationalen Fluggesellschaften bedienen den Flughafen, der weniger überfüllt und sogar günstiger gelegen ist als der San Francisco Airport. Der Air-BART-Shuttlebus, ✆ 510/577-4294, fährt alle 15 Min. für $2 vom Flughafen zur Coliseum BART-Station, von wo Verbindungen mit BART nach Berkeley, Oakland und San Francisco bestehen. Ein Taxi nach Downtown Oakland kostet ca. $20, nach San Francisco ca. $40.
Vom Flughafen verkehren verschiedene Shuttlebusse direkt zu Zielen in der East Bay und in die Stadt, u.a. der *California Airporter Inc.,* ✆ 1-800/225-6316. Der Fahrpreis nach Oakland beträgt $16, nach San Francisco ca. $30.

Berkeley

Mehr als mit irgendeiner anderen Stadt der USA verbindet sich mit Berkeley die Vorstellung von Widerstand und Protest. Als in den 60er und frühen 70er Jahren die Studenten überall an den amerikanischen Universitäten gegen den Vietnamkrieg protestierten, war es die University of California in Berkeley, die die Bewegung anführte. Es sollte nicht bei pazifistischen Anti-Kriegs-Parolen bleiben. Parallel zu der Eskalation in Vietnam radikalisierte sich die Studentenbewegung und stellte die Autorität des Staates in Frage. Auf dem Campus und in den Straßen der Stadt kam es während der heißesten Phasen beinahe täglich zu bürgerkriegsähnlichen Straßenschlachten, eine Zeit lang sah es so aus, als ob Berkeley kurz vor der Revolution stünde. Studenten mit Steinen und Molotow-Cocktails auf der einen und Truppen der Nationalgarde mit Schlagstöcken und Tränengas auf der anderen Seite – Letztere übrigens in der Verantwortung des damaligen Gouverneurs Ronald Reagan – lieferten sich erbitterte Schlachten.

Der Kampf gegen das Establishment hatte weit reichende Folgen: Nicht nur, dass das Selbstbewusstsein Amerikas mit dem Vietnam-Trauma einen merklichen Knacks bekam, die Protestwelle schwappte auch nach Paris und West-Berlin über und breitete sich schließlich in den Metropolen der ganzen westlichen Welt aus. Die Studentenrevolte von 1968 und ihre Folgen haben auch die Gesellschaft der alten Bundesrepublik nachhaltig verändert.

Inzwischen ist die offizielle Campus-Politik Berkeleys – sieht man einmal von ein paar unwesentlichen Auseinandersetzungen in den 80ern und den von Clinton dominierten 90ern ab – wieder gemäßigt geworden. Doch trotz der Zunahme der angepassten Studenten und einer gestiegenen Zahl exklusiver Restaurants ist das progressive Erbe noch lebendig. Das zeigt sich nicht nur im Angebot der vielen unabhängigen Buchhandlungen (s.S. 549), sondern auch in sporadischen politischen Demonstrationen, z.B. als 1999 die Besitzer eines linken lokalen Radiosenders (letztlich erfolglos) versuchten, politisch unbequeme Mitarbeiter des Studiogeländes zu verweisen. Die zunehmende Polarisierung im Land infolge der kompromisslosen Politik der Bush-Administration findet denn auch ihren ganz besonderen Ausdruck in einer Stadt mit einer derart radikalen politischen Tradition. Berkeley hat sich in Folge erneut zu einer Bastion der Antikriegsbewegung entwickelt, und in Straßen wie die Telegraph Avenue werden Poster, Sticker, Buttons und T-Shirts verkauft, auf denen die Besetzung des Irak und der Krieg gegen den Terrorismus in Frage gestellt werden.

Die **Universität** mit ihren 30 000 Studenten dominiert in vielerlei Hinsicht die Stadt, nicht nur weil sie mitten im Zentrum liegt. Studentische Atmosphäre bestimmt auch die **Telegraph Avenue**, die vom Campus nach Süden verläuft. An ihr liegen die Cafés und viele gute Buchläden, derentwegen sich allein schon ein Ausflug nach Berkeley lohnt. Ältere Semester und weitere Fakultäten bestimmen das Bild an der so genannten **Northside**, dem Teil von North Berkeley unmittelbar oberhalb des Campus. Ein Stück Shattuck Avenue wird als „Gourmet-Ghetto" bezeichnet, weil sich hier mehrere erstklassige Restaurants, Delis und Bäckereien niedergelassen haben. **West Berkeley**, die Gegend bis zur Bay hinunter, ist dagegen ein eher gemischtes Viertel mit alten und neuen Häusern und kleinen Industrieanlagen.

University of California

Wer die voll gepackte Universität von heute vor Augen hat, wird sich kaum noch vorstellen können, dass die ersten Universitätsgebäude – hoffnungsvoll North Hall und South Hall genannt – von Henry Durant und seinen akademischen Mitstreitern mitten in ländliche Weidegebiete gesetzt wurden. Während der Landvermessungen im Jahr 1866 rezitierte ein Kuratoriumsmitglied aus einem Gedicht von George Berkeley „Gen Westen führt des Empires Weg", wovon die Anwesenden so berührt waren, dass sie die Lehranstalt nach dem dichtenden Bischof benannten.

Als 1873 der Lehrbetrieb mit 200 Studenten (davon 22 Frauen) begann, waren die Gebäude noch nicht einmal fertig. Heute, wo die Universität eine der angesehensten im Lande ist, heißt es, jemand müsse schon einen Nobelpreis gewinnen, um hier wenigstens einen Parkplatz zu bekommen.

Physiker dieser Universität bauten den ersten Teilchenbeschleuniger, und 1941 entdeckte man hier Plutonium, daneben 13 weitere Elemente (darunter Berkelium und Californium). Auch die Pläne für die erste Atombombe entstanden hier. Davon unbeeindruckt lädt der hübsch gestaltete Campus zu herrlichen Spaziergängen ein. Eine praktisch unfehlbare Orientierungshilfe bieten hierbei die überall aushängenden Geländepläne. Engagierte Studenten bieten Besuchern anderthalbstündige Führungen an, Mo–Sa um 10, So um 13 Uhr, ✆ 510/642-5215. Dabei geht es um die Geschichte, Architektur und Atmosphäre auf dem Campus. Wer sich ein umfassendes Bild von Berkeley machen möchte, sollte diese Führung auf keinen Fall verpassen.

Mehrere Fußgängerwege führen von der BART-Station in der Shattuck Avenue den Hügel hinauf, doch der beste Eindruck eröffnet sich, wenn man vom oberen Ende der Center Street dem Strawberry Creek durch die südöstliche Ecke des Campus folgt und an der **Sproul Plaza** die Redwood- und Eukalyptushaine hinter sich lässt. Auf dem neuesten und größten öffentlichen Platz des Universitätsgeländes spielen häufig Straßenmusiker für ein bisschen Kleingeld auf den Stufen des Gebäudes der **Student Union**, während in dem Innenhof weiter unten einige Trommler Kostproben ihres Könnens abgeben.

Sather Gate, am nördlichen Ende der Plaza, markiert den Eingang zum älteren Teil des Campus. Der 1914 errichtete **Campanile** überragt hügelaufwärts die imposante Fassade der **Wheeler Hall**, Vorbild war der Turm der Piazza San Marco in Venedig. Für $2 fährt der Lift zur Turmspitze, mit Blick über das Universitätsgelände und die Bay Area, 🕒 Mo–Fr 10–16 Uhr.

Am Fuße des Turms zeigt die **Bancroft Library**, ✆ 510/642-3781, Stücke aus ihrer umfangreichen Dokumenten-Sammlung zur Geschichte Kaliforniens, unter anderem die bronzene Tafel, mit der Sir Francis Drake die gesamte Westküste im Namen der Königin von England, Queen Elizabeth I., beanspruchte. 🕒 Mo–Fr 9–17, Sa 13–17 Uhr.

Mehrere Gebäude sind Schenkungen der Hearst-Familie. Hinter der prächtigen Fassade des **Hearst Mining Building** am nördlichen Ende des Campus verbirgt sich die zierliche Metallkonstruktion einer Eingangshalle mit gläsernem Kuppeldach. Hier findet man ein paar recht betagte Ausstellungsstücke zu den Themen Geologie und Bergbau, den eigentlichen Grundsteinen des riesigen Hearst-Vermögens, bevor William Randolph Hearst zum Medien-Tycoon avancierte (s.S. 334). Die großzügige Förderung der Universität ist allerdings nicht ihm, sondern seiner Mutter Phoebe Apperson Hearst zu verdanken.

Eine weitere Hearst-Schenkung ist das **Greek Theater** in den Berkeley Hills östlich vom Campus, ein Amphitheater, in dem in den Sommermonaten große Rock- und Popkonzerte veranstaltet werden.

Oberhalb des Memorial Stadium mit seinen 80 000 Sitzplätzen liegt der üppige **Botanical Garden** mit seinen 12 ha großen Pflanzen- und Kakteengärten. 🕒 tgl. 9–17, 1. Di im Monat geschlossen, Eintritt $3, Do frei.

Die **Lawrence Hall of Science**, ✆ 510/642-5132, 💻 www.lawrencehallofscience.org, ist ein Museum zum Anfassen und ein Lernzentrum mit zahlreichen Versuchsaufbauten. Zu erreichen wochentags mit dem kostenlosen Bus UC Berkeley Shuttle vom Campus oder von der BART-Station Berkeley, 🕒 tgl. 10–17 Uhr, Eintritt $8,50.

Das **Phoebe Hearst Museum of Anthropology** in der Kroeber Hall, ✆ 510/642-3682, 💻 www.hearstmuseum.berkeley.edu, zeigt verschiedene, z.T. wechselnde Ausstellungen und erinnert an Ishi, den letzten Yahi-Indianer, auf den man 1911 am Mount Lassen im Norden Kaliforniens gestoßen war. Der bekannte Anthropologe Alfred Kroeber

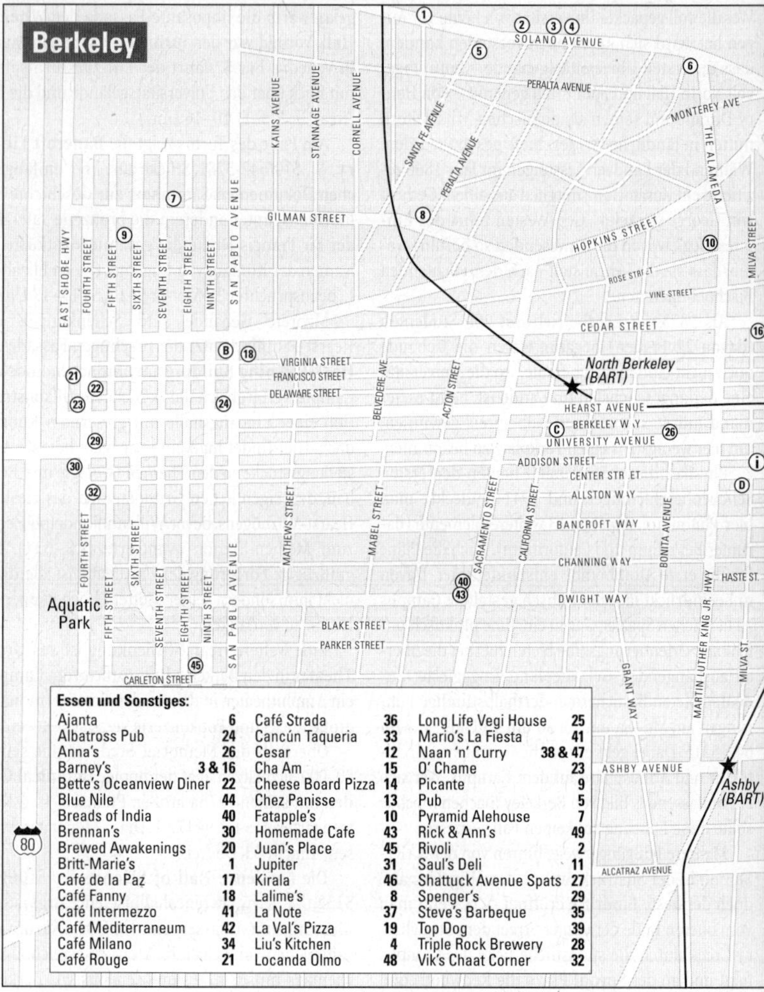

Essen und Sonstiges:

Ajanta	6	Café Strada	36	Long Life Vegi House	25
Albatross Pub	24	Cancún Taqueria	33	Mario's La Fiesta	41
Anna's	26	Cesar	12	Naan 'n' Curry	38 & 47
Barney's	3 & 16	Cha Am	15	O' Chame	23
Bette's Oceanview Diner	22	Cheese Board Pizza	14	Picante	9
Blue Nile	44	Chez Panisse	13	Pub	5
Breads of India	40	Fatapple's	10	Pyramid Alehouse	7
Brennan's	30	Homemade Cafe	43	Rick & Ann's	49
Brewed Awakenings	20	Juan's Place	45	Rivoli	2
Britt-Marie's	1	Jupiter	31	Saul's Deli	11
Café de la Paz	17	Kirala	46	Shattuck Avenue Spats	27
Café Fanny	18	Lalime's	8	Spenger's	29
Café Intermezzo	41	La Note	37	Steve's Barbeque	35
Café Mediterraneum	42	La Val's Pizza	19	Top Dog	39
Café Milano	34	Liu's Kitchen	4	Triple Rock Brewery	28
Café Rouge	21	Locanda Olmo	48	Vik's Chaat Corner	32

brachte ihn in das Museum, wo er unter den wachsamen Augen von Wissenschaftlern und Journalisten noch einige Jahre in Quasi-Gefangenschaft zubrachte, bis er schließlich an Tuberkulose starb. ◷ Mi–Sa 10–16, So 12–16.30 Uhr, Eintritt $2, Do frei.

Der moderne Betonklotz des **Berkeley Art Museum**, 2626 Bancroft Way, ✆ 510/642-0808, 💻 www.bampfa.berkeley.edu, bildet einen bemerkenswerten Kontrast zu den anderen Gebäuden. Seine vom Tageslicht durchfluteten Galerien beherbergen Arbeiten von Picasso, Cézanne, Rubens und anderen Größen, aber das Highlight sind die energiegeladenen, abstrakten Gemälde des Amerikaners Hans Hofman aus den 50er Jahren. Das Mu-

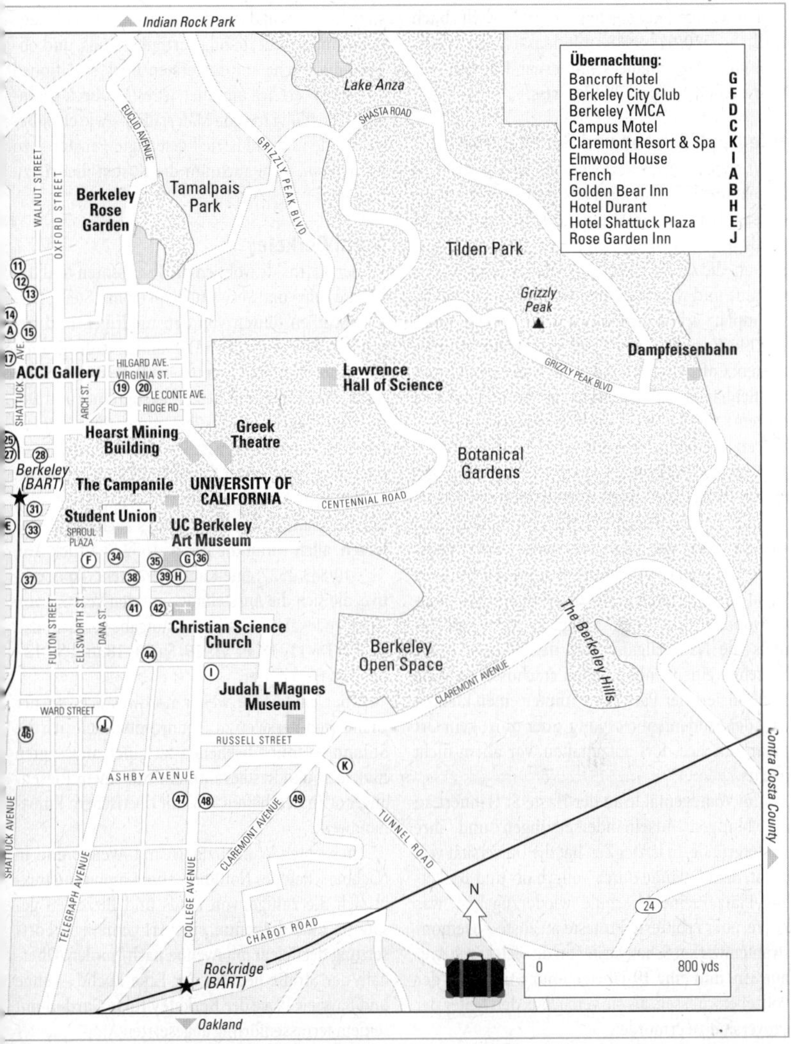

seum ist für seine provozierenden Sonderausstellungen bekannt: Die Haupträumlichkeiten beherbergen mehrere große Ausstellungen – wie Robert Mapplethorpes umstrittene Fotos –, die Matrix Gallery weniger bekannte, zumeist hiesige Künstler. ⏲ Mi 11–19, Fr–So 11–17 Uhr, Eintritt $8, 1. Do frei.

In neuen Räumlichkeiten schräg gegenüber zeigt das **Pacific Film Archive**, 2575 Bancroft Way, klassisches und experimentelles Kino sowie Filme aus der Dritten Welt (Eintritt $7); Informationen über das laufende Programm telefonisch unter ✆ 510/642-5249 oder im kostenlosen Veranstaltungskalender, der überall auf dem Campus erhältlich ist.

Für weiteren Kunstgenuss sorgt die **Zellerbach Hall**, ✆ 510/642-9988, mit klassischer Musik, Tanz und Performances moderner Künstler wie Laurie Anderson und Phillip Glass.

Telegraph Avenue und South Berkeley

Downtown Berkeley liegt westlich des Campus und besteht mehr oder weniger aus zwei Supermärkten, ein paar Banken, der Post und der City Hall. Das eigentliche Leben spielt sich in der **Telegraph Avenue** ab, die vom Universitätsgelände nach Süden verläuft und während der Studentenunruhen der Schauplatz erbitterter Schlachten war. Die ersten vier Blocks südlich vom Campus sind am geschäftigsten: Cafés und Secondhand-Buchhandlungen, Straßenhändler mit handgemachtem Schmuck und grellen T-Shirts, Bettler, die sich mit „spontaner Lyrik" etwas Kleingeld verdienen.

People's Park, einen Block von der Telegraph Ave entfernt, inzwischen ein verwildertes und verwahrlostes Grundstück zwischen Haste Street und Dwight Way, war ebenfalls eines der Hauptschlachtfelder der späten 60er Jahre. Der Widerstand der Studenten gegen den Bau eines Studentenwohnheims auf dem Parkgelände brachte damals die Nationalgarde auf den Plan, die aus Versehen einen Unbeteiligten erschoss. Für viele symbolisiert der Park noch immer einen kleinen Sieg der Studentenbewegung, aber es ist kein Ort mehr, um sich dort aufzuhalten, vor allem nicht nachts.

Ein Wandgemälde an der Haste St erinnert an die blutigen Auseinandersetzungen und ihre Hintergründe. In letzter Zeit hat die Universität versucht, dem Gelände durch Volleyball- und Basketball-Plätze seine Unschuld wiederzugeben, was kurze, aber erbitterte Proteste auslöste – Demonstranten warfen Schaufenster an der Telegraph Avenue ein, und eine 19-jährige Frau wurde von der Polizei erschossen, als sie versuchte, den Leiter der Universität zu ermorden.

Auf der anderen Seite der Bodwitch Street steht ein bemerkenswertes Stück Architektur: die **Christian Science Church** aus dem Jahr 1910, ein eklektischer, aber dabei sehr moderner Bau. Die Redwood-Holzkonstruktion auf dem Grundriss eines griechischen Kreuzes mit ihren gotischen Schnitzereien und byzantinischen Malereien ist ein Entwurf von Bernard Maybeck. Von der stufenförmig gestaffelten Dachkonstruktion wandert das Auge über immer neue, handgefertigte Details, und obwohl die Kirche auf den ersten Blick traditionell und handwerklich anmutet, ist es Maybeck gelungen, unauffällig fremde Materialien – wie etwa Betonwände und industriell gefertigte Fenster – zu integrieren, wohl auch um die Kosten niedrig zu halten.

North Berkeley

An der Northside wohnen die Professoren und das höhere Lehr- und Verwaltungspersonal. Steile, kurvige Straßen führen von den niedrigen und begrünten Blocks um die BART-Linien in die grünen Hügel nördlich des Campus. Am Fuße dieser Hügel findet man einige der besten Restaurants und Delis, unter anderem das bekannte *Chez Panisse* (s.u.), dessen Besitzerin Alice Waters als die anerkannte Erfinderin der California Cuisine gilt. Das so genannte **Gourmet Ghetto** konzentriert sich um die Shattuck Ave. Dort gibt es auch einige **Galerien**, allen voran die **ACCI**, 1652 Shattuck Ave, ✆ 510/843-2527, eine Kunst(handwerks)kooperktive, die sich die Ausstellung und den Verkauf von Arbeiten lokaler Künstler zur Aufgabe gemacht hat. ◷ Di–Do 11–18, Fr 11–19, Sa 10–18 und So 12–17 Uhr, Eintritt frei.

Über eine Meile weiter nordwestlich, an der Grenze von Berkeley zu Albany, entwickelt sich die **Solano Avenue** zusehends zu einer angesagten Einkaufs- und Restaurantmeile mit einem Riesenangebot an Geschäften, z.B. mit tibetischem Kunsthandwerk.

Im rechten Winkel zur Hearst Avenue und in Nachbarschaft des Nordtores zum Campus erstrekkt sich die ruhige, von Cafés und Pizzerien gesäumte **Euclid Avenue**, eine Art gemäßigte Fortsetzung der Telegraph Avenue nach Norden. Oberhalb der Straße liegt an der Ecke Euclid Avenue und Bayview Place der **Berkeley Rose Garden** mit seinem terrassenförmig abgesetzten Amphitheater und ca. 3000 Rosensorten. Er wurde während der Weltwirtschaftskrise im Rahmen eines Beschäftigungsprogrammes angelegt. Entlang der obersten Stufe schwingt sich eine Holzpergola um das Halbrund, unten plätschert eine kleine Quelle. Wie kaum ein anderer Ort lädt die Gartenanlage, von der man einen Blick über die Bucht nach San Francisco genießt, zu einem Picknick ein. Wer den recht steilen Weg dorthin umgehen möchte, kann Bus Nr. 65 (täglich) oder Nr. 8 (verkehrt nicht am Wochenende) nehmen. ⏲ tgl. von Sonnenauf- bis Sonnenuntergang, Eintritt frei.

In den Berkeley Hills verstecken sich weitere bezaubernde Parks mit Aussicht auf die Bucht. Der ausgedehnteste und am höchsten gelegene, **Tilden Park**, breitet sich über den Hügelkamm aus und umfasst ungefähr 8,5 km^2 fast noch unberührter Wildnis. Hier kann man wandern, im Lake Anza schwimmen, und Kinder können auf den Holzpferden des alten Karussells reiten oder mit einer Miniatur-Dampfeisenbahn durch den Redwood-Wald fahren. Am See gibt es Rettungsschwimmer. ⏲ Mai–Okt. tgl. 11–18 Uhr, Eintritt $3.

Näher zur Stadt, nämlich zwischen dem Nordende der Shattuck Avenue und dem Ostende der Solano Avenue, ragt am Fuß der Hügel der graue Basaltblock **Indian Rock** auf. An seinen über 12 m hohen Steilwänden versuchen sich gern Kletterer.

West Berkeley und der Uferbezirk

Von Downtown und dem UC Campus führt die University Avenue leicht bergab zur Bucht. Je weiter man fährt, desto häufiger kommen schäbige Fassaden von Motels und Massagesalons ins Blickfeld. Der lebendigste Teil von West Berkeley ist die Umgebung der Kreuzung University Avenue und San Pablo Avenue – die wichtigste Straße in den Norden, die zum Freeway führt. Dort haben sich indische Einwanderer niedergelassen und Geschäfte, Märkte und Restaurants eröffnet. Letztere servieren die besten Currys in der Bay Area.

Die Gegend zwischen der San Pablo Avenue und der Bucht ist der älteste Teil von Berkeley, und einige hundertjährige Häuser und Kirchen – wie die beiden Gotteshäuser in der Hearst Avenue – haben aus der Zeit überlebt, in der dieser Bezirk eine eigenständige Stadt namens Ocean View war. Im Viertel findet man auch Überbleibsel aus der industriellen Vergangenheit von Berkeley, viele alte Lagerhallen und Fabrikanlagen sind in Ateliers und Werkstätten für Künstler, Handwerker und Hersteller von Computersoftware umgewandelt und wiederbelebt worden.

Der frisch polierte und von Yuppies bevölkerte Abschnitt der **Fourth Street** zwischen Gilman Street und University Ave ist die Heimat schicker Möbelgeschäfte, Gourmet-Delis und hervorragender Restaurants. Direkt südlich von hier, in der 708 Addison St, bietet die große Brauerei **Takara Sake USA Inc.**, ✆ 530/540-8250, Führungen durch ihre Produktionsstätten an. Im Verkostungsraum und Museum können die Besucher in elegantem japanischen Ambiente die Erzeugnisse des Unternehmens probieren und Wissenswertes über die Herstellung von Reiswein erfahren. ⏲ tgl. 12–18 Uhr, Eintritt frei.

Die Schnellstraße I-80 und die parallel verlaufenden, noch genutzten Eisenbahngleise trennen Berkeley von der Küste. Am besten gelangt man mit dem AC-Transit-Bus Nr. 51 dorthin, der regelmäßig auf der University Ave verkehrt.

Die **Berkeley Marina**, 💻 www.ci.berkeley.ca.us/marina, einst eine wichtige Anlegestelle für die Fährschiffahrt der Bucht – um die Fahrzeiten zu verkürzen, hatte man dort einen drei Meilen langen Pier gebaut, von dem noch große Teile aus dem Wasser ragen –, ist heute einer der beliebtesten Orte für Freizeitaktivitäten, vor allem Windsurfen und Kajakfahren. Die nördlich der Marina gelegene Grünanlage **Cesar Chavez Park** ist besonders bei Hundehaltern beliebt.

Übernachtung

In Berkeley ist es ebenso schwierig, eine preisgünstige Unterkunft zu finden, wie in Oakland. Die idyllisch in den grünen Hügeln gelegenen B&Bs sind oftmals die bessere Wahl. Ein vollständiges Unterkunftsverzeichnis hält das ***Berkeley & Oakland Bed and Breakfast Network***, ✆ 510/547-6380, 💻 www.bbonline.com/ca/berkeley-oakland, bereit. Man bekommt es auch im Berkeley CVB sowie im UC Visitor Services-Büro. Im Sommer stehen einige Campingplätze und Schlafsaalbetten zur Verfügung.

HOTELS UND MOTELS – ***Bancroft Hotel***, 2680 Bancroft Way, Berkeley, ✆ 510/549-1000 oder 1-800/549-1002, 💻 www.bancrofthotel.com. Kleines Hotel mit 22 Zimmern in guter Lage direkt am Campus und mit gutem Service. Frühstück inkl. ❺

Berkeley City Club, 2315 Durant Ave, Berkeley, ✆ 510/848-7800, 💻 www.berkeleycityclub.com. Zwei Blocks vom UC-Campus entferntes B&B,

das die Architektin des Hearst Castle, Julia Morgan, entworfen hat und das im Innern mit einem Pool sowie Fitnessraum ausgestattet ist. Jedes der geräumigen Zimmer verfügt über ein eigenes Bad. ❻

Campus Motel, 1619 University Ave, Berkeley, ✆ 510/841-3844. Das schlichte und saubere Motel zählt zu den billigsten, die zu Fuß bequem von Downtown aus zu erreichen sind. ❸

The Claremont Resort & Spa, 41 Tunnel Rd, Berkeley, ✆ 510/843-3000 oder 1-800/551-7266, 💻 www.claremontresort.com. 1915 erbautes Luxushotel mit allen erdenklichen Annehmlichkeiten, Zimmer mit großen Fenstern, z.T. mit Blick auf den großen Pool im Freien, Computer-Anschluss, Kabel-TV, Fön usw. Außerdem kosmetische Behandlungen und Massagen ab $100 pro Std. ❾

East Brother Light Station, 117 Park Place, Point Richmond, ✆ 510/233-2385, 💻 www.ebls.org. In diesen luxuriösen, umgebauten Leuchtturm auf einer Insel in der Meerenge zwischen der San Francisco Bay und der San Pablo Bay kann man sich zurückziehen, wenn man Ruhe sucht. Er ist allerdings weniger geeignet, wenn man sich die Sehenswürdigkeiten anschauen möchte. Im Preis der wenigen Zimmer sind Gourmet-Dinner mit Wein und Frühstück enthalten. 🕒 nur Do–So. ❽

Elmwood House, 2609 College Ave, Berkeley, ✆ 510/540-5123, 💻 www.elmwoodhouse.com. Attraktives Haus aus der Jahrhundertwende mit kleinen und sonnigen B&B-Zimmern. In Uni-Nähe. ❹

French, 1538 Shattuck Ave, North Berkeley, ✆ 510/548-9930. Klein und komfortabel, im Herzen des Gourmet Ghetto. ❺

Golden Bear Inn, 1620 San Pablo Ave, West Berkeley, ✆ 510/525-6770 oder 1-800/525-6770, 💻 www.goldenbearinn.com. Das beste der vielen Motels im „Flachland" von West Berkeley mit eleganter Einrichtung, allerdings etwas abgelegen. ❹

Hotel Durant, 2600 Durant Ave, Berkeley, ✆ 510/845-8981 oder 1-800/238-7268, 💻 www.hoteldurant.com. Schickes Hotel mitten im Herzen des Universitätsgeländes, geräumige, luftige Zimmer mit Kühlschrank. Beste Wahl bei entsprechendem Budget. ❼

Hotel Shattuck Plaza, 2086 Allston Way, Berkeley, ✆ 510/845-7300, 💻 www.hotelshattuckplaza.com. Jede Menge komfortable Zimmer in einem zentral gelegenen und hübsch renovierten Hotel älteren Jahrgangs. ❹

Rose Garden Inn, 2740 Telegraph Ave, Berkeley, ✆ 510/549-2145 oder 1-800/992-9005, 💻 www.rosegardeninn.com. Angenehme, stilvoll eingerichtete Zimmer mit Kamin in einer schönen, im Tudor-Stil nachgebauten Villa, eine halbe Meile südlich der UC Berkeley. ❺

HOSTELS – ***Berkeley YMCA,*** 2001 Allston Way, Ecke Milvia St, ✆ 510/848-6800, 💻 www.baymca.com. Nur einen Block von der BART-Station Berkeley. Berkeleys preiswerteste Unterkunft, EZ ab $39, Benutzung von Fitnessraum und Pool inkl. Keine Dorms. ❷

Summer Visitor Housing, 2601 Warring St, Berkeley, ✆ 510/642-4444, 💻 www.housing.berkeley.edu/conference/summervis. Die Agentur vermittelt nur im Sommer Zimmer (EZ $50) in den Räumlichkeiten der Uni, z.B. in der Stern Hall. ❸

Essen

Wie es sich für den Geburtsort der California Cuisine gehört, sind die Restaurants ebenso vielseitig wie die in San Francisco. Berkeley ist also ein Paradies für Feinschmecker, aber es ist auch eine Studentenstadt, in der man billig und gut essen kann, vor allem am südlichen Ende der Universität in der Telegraph Ave nebst Umgebung.

PREISWERT– ***Barney's,*** 1591 Solano Ave, ✆ 510/526-8185. Serviert die beliebtesten Burger der East Bay in vielen verschiedenen Varianten, auch ohne Fleisch.

Bette's Ocean View Diner, 1807 4th St, West Berkeley, ✆ 510/644-3932,so benannt nach dem Bezirk, nicht wegen des Blicks. Hervorragendes Frühstück und Mittagessen. Ungemein beliebt; am Wochenende Wartezeiten bis zu einer Stunde.

Homemade Café, 2454 Sacramento St, ✆ 510/845-1940. Ungewöhnliche und preiswerte mexikanische und jüdische Gerichte mit kalifornischem Touch zum Frühstück und MIttagessen.

Rick & Ann's, 2922 Domingo Ave, ✆ 510/649-8538. Jedes Wochenende bildet sich vor dem Diner eine lange Schlange, die Appetit auf Fleischklopse und Kartoffelbrei hat.
Saul's Deli, 1475 Shattuck Ave, North Berkeley, ✆ 510/848-3354. Serviert Pastrami, Corned Beef, Kreplach oder Knishes. Auch zum Mitnehmen.
Top Dog, 2534 Durant Ave, ✆ 510/843-7450. Sehr beliebter Hot-Dog-Stand.

AMERIKANISCH / KALIFORNISCH – ***Café Fanny***, 1603 San Pablo Ave, West Berkeley, ✆ 510/524-5447. Hervorragendes, relativ billiges Frühstück und Mittagessen (Sa bis 16, sonst bis 15 Uhr) in kleinem, schlichtem Lokal. Besitzerin ist Alice Waters, berühmt durch *Chez Panisse* (s.u.).
Café Rouge, 1782 4th St, West Berkeley, ✆ 510/525-1440. Spezialisiert auf hervorragend zubereitetes Biofleisch aus eigener Schlachtung, aber auch vegetarische Pasta-Gerichte für Fleischverächter.
Chez Panisse, 1517 Shattuck Ave, North Berkeley, ✆ 510/548-5525. Das kalifornische Restaurant, an dem sich alle anderen messen lassen müssen. Die Chefköchin gilt gemeinhin als die Erfinderin der kalifornischen Küche. Die Preise sind allerdings heftig.
Fatapple's, 1346 Martin Luther King Jr Way, North Berkeley, ✆ 510/526-2260. Nettes, gut besuchtes Familienrestaurant mit ausgezeichnetem, billigem amerikanischem Frühstücksangebot und diversen Sandwiches und Burgern zum Mittag- und Abendessen.
Lalime's, 1329 Gilman St, North Berkeley, ✆ 510/527-9838. Entspanntes Ambiente, in dem linksorientierte Berkeley-Professoren dem ganz und gar unzeitgemäßen Genuss von deftigem Rindfleisch, Pâté de foie gras und anderen Speisen frönen.
Rivoli, 1539 Solano Ave, North Berkeley, ✆ 510/526-2542. Erstklassige frische Zutaten, Küche mit italienisch-französischem Einschlag, freundlicher Service und eine ebensolche Atmosphäre, die nur von der hohen Rechnung getrübt wird.
Spenger's, 1919 4th St, West Berkeley, ✆ 510/845-7771. Mit seinem großen Speisesaal und dem billigen Tresen für Essen außer Haus bereits eine lokale Institution. Als eine der größten Ketten in der Bay Area versorgt *Spenger's* seine unzähligen Gäste jeden Tag buchstäblich mit tonnenweise einfachen, aber gut zubereiteten Fischgerichten.

ASIATISCH, AFRIKANISCH, INDISCH – ***Ajanta***, 1888 Solano Ave, North Berkeley, ✆ 510/526-4373. Recht exklusives Curry-Restaurant mit interessanten, nicht alltäglichen Gerichten aus verschiedenen Regionen Indiens und Pakistans.
Blue Nile, 2525 Telegraph Ave, Berkeley, ✆ 510/540-6777. Sättigende äthiopische Fleisch- und vegetarische Gerichte um die $10, serviert mit einem netten Lächeln in gemütlichem, afrikanischem Ambiente.
Breads of India, 2448 Sacramento St, ✆ 510/848-7648. Feines Curry-Restaurant mit wechselnden, preiswerten Tagesgerichten.
Cha-Am, 1543 Shattuck Ave, North Berkeley, ✆ 510/848-9664. Die Treppen führen hinauf zu einem ungewöhnlichen, immer vollen, kleinen Restaurant, das leckere, scharfe Thai-Gerichte zu günstigen Preisen bietet.
Kirala, 2100 Ward St, ✆ 510/549-3486. Manche behaupten, dass es im *Kirala* das beste Sushi der Bay Area gibt, andere meinen sogar, es sei gar das beste der Welt.
Liu's Kitchen, 1593 Solano Ave, North Berkeley, ✆ 510/525-8766. Riesenportionen leckerer chinesischer Gerichte zu sehr erschwinglichen Preisen.
Long Life Vegi House, 2129 University Ave, ✆ 510/845-6072. Billige vegetarische Kost, die sich bei den studentischen Gästen ungebrochener Beliebtheit erfreut, wobei die Qualität aber nicht immer überzeugt.
Naan 'n' Curry, 2366 Telegraph Ave, ✆ 510/841-6226. Helles Lokal mit preiswerten Currys und Biryanis und kostenlosem Tee. Filiale: 2986 College Ave, ✆ 510/841-1668.
O'Chamé, 1830 4th St, West Berkeley, ✆ 510/841-8783. Eines der besten japanischen Restaurants in den USA. Kunstvoll aufgetisches Sashimi und Sushi, außerdem eine große Auswahl an authentischen japanischen Spezialitäten, und das zu erschwinglichen Preisen.
Steve's Barbeque, im Durant Center, 2521 Durant Ave, ✆ 510/848-6166. Ausgezeichnetes, preisgünstiges koreanisches Essen, z.B. traumhaftes *kim chee*.

Vik's Chaat Corner, 726 Allston Way, Ecke 4th St, West Berkeley, ✆ 510/644-4412. Hervorragendes Mittagslokal mit schlichter Atmosphäre und einer großen Auswahl an indischen, preiswerten Snacks, aber lange Wartezeiten am Wochenende. ◷ bis 18 Uhr.

ITALIENISCH – ***Cheese Board Pizza***, 1512 Shattuck Ave, North Berkeley, ✆ 510/549-3055. Winziger Straßenverkauf, ungeheuer leckere und einzigartige Pizza zu $2,50 pro Portion, jeden Tag ein anderer Belag. Lohnt zweifellos einen Besuch, allerdings unregelmäßige Öffnungszeiten, meistens Di–Sa 11.30–14 und 16.30–19 Uhr.
LaVal's Pizza, 1834 Euclid Ave, Berkeley, ✆ 510/843-5617. Unweit des Nordtors zum Campus, bei Studenten beliebt. Billard, Sportübertragungen auf großem Bildschirm, gute Auswahl an eigenen Bieren und ausgezeichnete Pizza. Häufig spezielle Mittagskarte.
Locanda Olmo, 2985 College Ave, Berkeley, ✆ 510/848-5544. Winzige, gemütliche Trattoria im hübschen Viertel Elmwood mit kleiner, aber erlesener Speisekarte und erträglichen Preisen.
Zachary's, 1853 Solano Ave, N Berkeley, ✆ 510/525-5950. Leckere Salate und nach Meinung mancher Leute die beste Pizza der East Bay.

MITTEL- UND SÜDAMERIKANISCH – ***Café de la Paz***, 1600 Shattuck Ave, North Berkeley, ✆ 510/843-0662. Großes, nettes Restaurant, in dem authentische Gerichte aus ganz Südamerika mit Schwerpunkt Brasilien serviert werden. Vernünftige Preise angesichts des Gebotenen.
Cancun Taquería, 2134 Allston Way, ✆ 510/549-0964. Beliebtes und preiswertes Burrito-Lokal mit Selbstbedienung in der Innenstadt bietet riesige und leckere Portionen in lebendiger, farbenfroher Umgebung.
Juan's Place, 941 Carlton St, West Berkeley, ✆ 510/845-6904. Eines der ältesten mexikanischen Restaurants von Berkeley, serviert hervorragendes Essen in großen Portionen zu moderaten Preisen; Fleischgerichte um die $10.
Mario's La Fiesta, 2444 Telegraph Ave, ✆ 510/540-9123. Immer voll mit einer preisbewussten Klientel; riesige Portionen guter, billiger mexikanischer Gerichte.

Picante, 1328 6th St, West Berkeley, ✆ 510/525-3121. Gute und sehr preiswerte Tacos mit frischer *salsa* und am Wochenende Live-Jazz. Nette Einrichtung und Terrasse im Freien.

FRANZÖSISCH UND SPANISCH – ***Britt-Marie's Cafe and Wine Bar***, 1369 Solano Ave, Albany, ✆ 510/527-1314. Variantenreiche Küche zu guten Preisen, dazu eine erlesene Auswahl offener, meist kalifornischer Weine und ausgezeichneter Schokoladenkuchen.
César, 1515 Shattuck Ave, North Berkeley, ✆ 510/883-0222. Stets volle Tapas-Bar, die wegen der Kombination aus Qualität und entspannter Atmosphäre geradezu Kultstatus unter den Einheimischen genießt.
La Note, 2377 Shattuck Ave, ✆ 510/843-1535. Sommerlich leichte Gerichte aus der Provence in kleinen Räumlichkeiten. Die Studenten und Lehrer der benachbarten Jazzschule frequentieren das Lokal regelmäßig und legen eine Jamsession ein.

CAFÉS – Zu den größten Annehmlichkeiten eines Besuchs gehören die vielen Cafés, die sich vor allem um den UC Berkeley Campus konzentrieren. Was die unkonventionelle Atmosphäre angeht, so müssen sie den Vergleich mit den besten Cafés in San Franciscos North Beach nicht scheuen. Im schweren Dunst der braunen Bohnen treffen sich ernst dreinblickende Gestalten, die schwer an ihrer intellektuellen Bürde tragen – hier kann man also den Alltag in Berkeley aus nächster Nähe erleben. Wer nicht seine Koffeindosis benötigt, kann auch Bier, Wein oder frischen Obstsaft bestellen.
Brewed Awakenings,1807 Euclid Ave, North Berkeley, ✆ 510/540-8865. Geräumiges Café und Teehaus nahe dem Nordtor zum Campus, das von Studenten und Lehrkräften frequentiert wird. Freundliche Bedienung, jede Menge Sitzplätze und Kunst an den Backsteinwänden.
Café Intermezzo, 2442 Telegraph Ave, Ecke Dwight Way, ✆ 510/849-4592. Riesige Sandwiches aus hausgemachtem Brot, üppige Salatteller und ausgezeichneter Kaffee – alles ganz frisch und billig.
Café Mediterraneum, 2475 Telegraph Ave, ✆ 510/841-5634. Das älteste Café von Berkeley,

direkt aus der Zeit der Beat Generation: Bärte und Baskenmützen sind nicht obligatorisch, zerfledderte Paperbacks aber unerlässlich.
Café Milano, 2522 Bancroft Ave, ✆ 510/644-3100. Luftiges, künstlerisch angehauchtes Café gegenüber der Südseite des Campus.
Café Strada, 2300 College Ave, ✆ 510/843-5282. Straßencafé der oberen Kategorie, in dem sich Kunst- und Architekturstudenten mit zukünftigen Juristen und Schachmeistern mischen.

EIS, BROT, SALAT UND MEHR – ***Acme Bread***, 1601 San Pablo Ave, West Berkeley, ✆ 510/524-1327. Kleine Bäckerei, die die besseren Restaurants in Berkeley beliefert. Spezialität des Hauses sind leckere Sauerteig-Baguettes.
Berkeley Bowl, 2777 Shattuck Ave, ✆ 510/841-6346. Ehemalige Bowlinghalle, inzwischen ein Obst- und Gemüse-Großhandel mit Naturkostabteilung, verkauft die preiswertesten Lebensmittel der Stadt.
Cheese Board, 1504 Shattuck Ave, North Berkeley, ✆ 510/549-3183. Der Laden bietet mehr als 200 Käsesorten und verschiedene leckere Brotvarianten. Ein Stück weiter auch ausgezeichnete Pizza (s.u., *Jupiter*).
Monterey Foods, 1550 Hopkins St, North Berkeley, ✆ 510/526-6042. Hier gibt es exotisches Obst und Gemüse zu kaufen, das auf den Speisekarten der Gourmetrestaurants zu finden ist.
Yogurt Park, 2433A Durant Ave, ✆ 510/549-0570. Hier gibt es den leckeren *frozen yogurt*. Bis Mitternacht geöffnet.

BARS – Es überrascht wohl kaum, dass es in Berkeley von Bars mit Studenten, Akademikern und allen, denen es nichts ausmacht, sich unter Akademikern aufzuhalten, nur so wimmelt – welch ein Kontrast zu den Saufkneipen von Oakland!
Albatross Pub, 1822 San Pablo Ave, West Berkeley, ✆ 510/843-2473. Beliebter Studententreff mit Darts, Poolbillard, Brettspielen und Kamin. Große Auswahl an Bieren aus der ganzen Welt, an Wochenenden Live-Jazz, -Flamenco und -Blues; Eintritt kostenlos bis $5.
Jupiter, 2181 Shattuck Ave, ✆ 510/843-8277. Beliebte Kneipe mit Biergarten und Holzofen-Pizza. Am Wochenende ist hier schwer was los, wenn laute Discomusik oder Live-Jazz geboten werden.
Pub (Schmidt's Tobacco & Trading Co), 1492 Solano Ave, Albany, ✆ 510/525-1900. Die kleine und entspannte Kneipe lockt mit ihrer guten Auswahl an Biersorten eine Mischung aus Bücherwürmern und Spielfreunden an. Im hinteren Bereich darf geraucht werden, und es werden Tabakwaren verkauft.
Pyramid Alehouse, 901 Gilman St, West Berkeley, ✆ 510/528-9880. Großer ehemaliger Gewerbekomplex, der überraschend gemütlich ist. Im Sommer finden an Wochenenden Filmvorführungen im Freien statt.
Triple Rock Brewery, 1920 Shattuck Ave, Berkeley, ✆ 510/843-2739. Typisch amerikanische Kleinbrauerei mit ordentlichem Essen. Dekor im Edward-Hopper-Stil und selbst gebraute Biere mit viel Kohlensäure.

Unterhaltung

LIVE-MUSIK – Im Vergleich zur Clubszene in Oakland ist das studentisch geprägte Nachtleben in Berkeley zwar nicht das aufregendste aller Zeiten, aber doch gut und vielfältig genug, um einen von San Francisco über die Bucht hierher zu locken. Berkeleys Clubs tendieren mehr in Richtung Folk und Weltmusik, andere sind auf Underground-Rock spezialisiert. Die Universität unterhält die beiden besten mittelgroßen Veranstaltungsorte in der Bay Area und zieht viele Stars an. Tickets gibt's an der eigenen Kasse oder über *BASS*, ✆ 510/762-2277, allerdings mit $3 Aufpreis.
924 Gilman, 924 Gilman St, West Berkeley, ✆ 510/525-9926, 💻 www.924gilman.org. Sozialprojekt am äußersten Rand der harten Punkszene in einem kahlen Lagerhaus, das an einen Unterschlupf für Hausbesetzer erinnert. 🕒 nur am Wochenende, Eintritt $5–10.
Ashkenaz, 1317 San Pablo Ave, West Berkeley, ✆ 510/525-5054, 💻 www.ashkenaz.com, Weltmusik-Tanzcafé, diverse Gruppen von Afrobeat bis zum neusten Verfechter des Balkan-Rock. Auch Jugendliche unter 21 werden eingelassen, $5–10.
Blakes, 2367 Telegraph Ave, ✆ 510/848-0886, 💻 www.blakesontelegraph.com. Studenten-

kneipe mit Live-Musik an den meisten Abenden der Woche. U.a. Latin, Funk, Soul, Hip-Hop, Roots, Rock, Reggae, Blues und mehr. Eintritt $3–8.

Freight and Salvage, 1111 Addison St, West Berkeley, ✆ 510/548-1761, 💻 www.freightandsalvage.org. Singer-Songwriter treten hier in Kaffeehausatmosphäre auf; um $15.

La Peña Cultural Center, 3105 Shattuck Ave, ✆ 510/849-2568, 💻 www.lapena.org, nahe BART-Station Ashby, mehr Folk als Rock, ein wenig Latin und oft politisch – die Website propagiert kulturelle Aktionen für gesellschaftliche Veränderung. Eintritt $10–25.

Maiko Dance Club, 1629 San Pablo Ave, ✆ 510/527-8226, 💻 www.411.salsafrenzy.com/maiko's. Salsa und Gesellschaftstänze zur Musik einer Live-Band, sehr schick, Tanzstunden für ca. $20 auf Anfrage. Eintritt $12–25.

Starry Plough, 3101 Shattuck Ave, nahe BART-Station Ashby, ✆ 510/841-2082, 💻 www.starryploughpub.com. Das Musikangebot reicht von lautstarkem Punk über Alternative Pop und Country bis zu traditioneller irischer Folkmusik bei ebenso buntem Publikum. Nachmittags und am frühen Abend ist es ein freundliches Lokal und Restaurant. Eintritt frei bis $5.

Größere Veranstaltungsorte: ***Berkeley Community Theater***, 1930 Allston Way, ✆ 510/845-2308, hier spielte schon Jimi Hendrix; 3500 Sitzplätze, neben großen Rockkonzerten von Oasis bis Joni Mitchell auch städtische Veranstaltungen.

Zellerbach Hall und das ***Greek Theater***, beide auf dem UC Berkeley Campus, ✆ 510/642-9988, 💻 www.calperfs.berkeley.edu, zwei der wichtigsten Konzertveranstaltungsorte in der ganzen Bay Area. Zellberbach bringt Theater, klassische Musik und Tanz auf die Bühne, das Greek Theater mehr Popacts wie die Indigo Girls oder Ben Harper. Eintritt $20–50.

KINOS – Obwohl es in Berkeley weniger Kinos gibt als in San Francisco, können sie es vom Programm her problemlos mit der anderen Seite der Bucht aufnehmen. Es werden laufend Kunstfilme und ausländische Produktionen, aber auch die aktuellen Kinoschlager gezeigt. Viele Kinos zeigen Erstaufführungen.

Act One and Act Two, 2128 Center St, ✆ 510/548-7200. Ausländische und ausgefallene amerikanische Filme.

Oaks Theater, 1875 Solano Ave, Berkeley, ✆ 510/526-1836, 💻 www.renaissancerialto.com/current/oaks. Gemütliches, renoviertes Art-déco-Kino von 1925, das eine Mischung aus Mainstream-und politischen Filmen zeigt.

Pacific Film Archive, 2575 Bancroft St, Ecke Bowditch St, ✆ 510/642-5249, 💻 www.bampfa.berkeley.edu. Zeigt in neuen Räumen die beste Filmauswahl der Westküste, allabendlich gibt es Klassiker, Filme aus der Dritten Welt und experimentelles Kino, daneben Wiederaufführungen alter Lieblingsfilme. Programmauskunft telefonisch oder im kostenlosen Monatskalender, der auf dem Campus ausliegt. Zwei Filme pro Abend, Eintritt $7.

UC Theater, 2036 University Ave, ✆ 510/843-6267, beliebtes Wiederaufführungskino. Großer Kinosaal, tgl. Doppelprogramm, Matinee $5, spätere Vorstellungen $7.

THEATER – Zwar ist die Theaterszene der East Bay gemessen an San Francisco nicht schlecht, aber eben auch nicht besonders aufregend. Die Aufführungen sind eher politisch wertvoll als dramaturgisch innovativ.

Berkeley Repertory Theater, 2025 Addison St, ✆ 510/845-4700, 💻 www.berkeleyrep.org. Eines der angesehensten Theater der Westküste, das aktualisierte Klassiker und zeitgenössische Stücke in einem kleinen, modernen Saal präsentiert. Tickets $10–30.

Black Repertory Group, 3201 Adeline St, nahe BART-Station Ashby, ✆ 510/652-2120. Nach jahrelangem Kampf konnte die politisch engagierte Gruppe in ihr eigenes, 1987 gebautes Domizil ziehen. Seitdem wurden dort mit großem Erfolg neue Talente vorgestellt. Tickets $10–30.

California Shakespeare Festival, Siesta Valley, Orinda, ✆ 510/548-3422, 💻 www.calshakes.org. Nachdem dieses den ganzen Sommer dauernde Freiluftfestival 15 Jahre lang in einem Park in North Berkeley stattfand, musste man wegen Platzmangels in die East Bay Hills umziehen. Tickets $20–50.

Julia Morgan Center for the Arts, 2640 College Ave, ✆ 510/84-JULIA, 💻 www.juliamorgan.org.

In dieser raffiniert umgebauten alten Kirche treten verschiedene Gruppen im Rahmen ihrer Tourneen auf. $10–30.

Einkaufen

BÜCHER – Natürlich ist es für eine Universitätsstadt nicht überraschend, dass es viele Buchhandlungen gibt, aber das Angebot in Berkeley ist wirklich immens. In Buchhandlungen lässt es sich stundenlang stöbern, und niemand wird einen schräg ansehen, wenn man ein Buch nicht kauft, obwohl man eine Ewigkeit darin geblättert hat. Das Berkeley CVB hält eine nützliche Liste mit über 50 Buchhandlungen bereit, von denen eine repräsentative Auswahl folgt:

Black Oak Books, 1491 Shattuck Ave, ✆ 510/486-0698. Großauswahl an gebrauchten und neuen Büchern zu jedem Thema; abends regelmäßig Lesungen.

Cody's Books, 2454 Telegraph Ave, ✆ 510/845-7852, neuere Filiale 1730 4th St, Ecke Virginia St, ✆ 510/559-9500. Das Flaggschiff aller Buchhandlungen in Berkeley, mit Abteilungen für Belletristik, Lyrik und Literaturkritik.

Comic Relief, 2138 University Ave, ✆ 510/843-5002, hat alle gängigen Titel, dazu Minicomics von Einheimischen im Eigonverlag.

Comics and Comix, 2502 Telegraph Ave, ✆ 510/845-4091, der Laden führt eine großartige Auswahl an zeitgenössischen und klassischen Comics, besonders aus den Bereichen Fantasy und Science Fiction.

Easy Going Travel Shop & Bookstore, 1385 Shattuck Ave, ✆ 510/843-3533. Umfangreiches Angebot von Reiseführern und Landkarten zu Kalifornien, den USA und der ganzen Welt. Ein Paradies für jeden Reisenden. Regelmäßig finden hier auch Vorträge und Diashows von Reisebuchautoren statt.

Lewin's Metaphysical Books, 2644 Ashby Ave, ✆ 510/843-4491. Die beste Auswahl zu Themen wie Spiritualität, Religion, Astrologie und Esoterik.

Moe's Bookstore, 2476 Telegraph Ave, ✆ 510/849-2087, ausgezeichnete Auswahl an neuen und Secondhand-Büchern auf vier Stockwerken für jeden Geschmack. Im Obergeschoss gibt es eine hervorragende Kunstabteilung, (✆ 510/849-2133).

Revolution Books, 2425c Channing Way, ✆ 510/848-1196. Große Auswahl an Büchern zu politischen Themen mit Betonung auf linkem und anarchistischem Gedankengut.

Serendipity Books, 1201 University Ave, ✆ 510/841-7455. Großer, etwas unaufgeräumter und leicht sonderbarer Buchladen, für Sammler von Erstausgaben und/oder ausgefallener Literatur und Titeln afroamerikanischer Autoren jedoch ein absolutes Muss. Angemessene Preise und ein Besitzer, der auch in den turmhoch aufgestapelten Büchern zielsicher fündig wird.

Shakespeare and Company, 2499 Telegraph Ave, ✆ 510/841-8916, voll gepackt mit gut erhaltenen Secondhand-Büchern mit Schwerpunkt Belletristik, vernünftige Preise. Ein Laden, in dem man Stunden verbringen kann.

Signal Books, 1816 Euclid Ave, ✆ 510/843-1816. Große Auswahl an qualitativ hochwertigen Büchern zu Themen wie Grafik, Kunst und Musik, dazu ein gutes Zeitschriften-Sortiment.

CDs – ***Amoeba Records,*** 2455 Telegraph Ave, ✆ 530/549-1125. Der Original-Plattenladen, dessen jüngerer, gigantischer Ableger jenseits der Bucht in Haight-Ashbury angesiedelt ist, führt noch immer die größte Auswahl an gebrauchten und neuen CDs in der East Bay.

Sonstiges

FAHRRÄDER – Sich mit dem Rad vorwärts zu bewegen ist eine gute Idee. Es gibt einen guten Rundweg über den Skyline Blvd und Grizzly Peak Blvd an den grünen Hügeln zwischen Berkeley und dem Lake Chabot entlang. In Berkeley selbst ist der Ohlone Greenway eine angenehme Route zum Radfahren durch North Berkeley bis nach El Cerrito.

Solano Avenue Cyclery, 1554 Solano Ave, ✆ 510/524-1094, 💻 www.solanoavenuecyclery.com. Einer der wenigen Fahrradverleiher in der East Bay; $35 für 24 Std. bzw. $150 pro Woche.

INFORMATIONEN – ***Berkeley CVB,*** 2015 Center St, ✆ 510/549-7040, 💻 www.visitberkeley.com, ⌚ Mo–Fr 9–12 und 14–17 Uhr.

Einzelheiten über Veranstaltungen in der gesamten East Bay bietet die kostenlose Zeitung ***East***

Bay Express, die jeden Mittwoch erscheint, 🖳 www.eastbayexpress.com.

TICKETRON – BASS-Service bei ***Tower Posters***, 2350 Telegraph Ave, ✆ 510/762-2277; auch Karten für lokale Veranstaltungen.

Nahverkehrsmittel

Das supermoderne BART-System verbindet Berkeley mit RICHMOND, OAKLAND, SAN FRANCISCO und anderen wichtigen Orten der East Bay. Die Züge verkehren Mo–Sa zwischen 6 Uhr und Mitternacht, So und feiertags von 9 Uhr bis Mitternacht.
Der Preis ist von der Strecke abhängig und liegt zwischen $1,10 und $4,65.
In den BART-Stationen der East Bay sind kostenlose *transfers* erhältlich, mit denen man 35¢ Ermäßigung für AC Transit-Busse bekommt. Diese kosten sonst $1,35 pro Fahrt und verkehren in der gesamten Bay Area. Kostenlose Pläne des BART-Systems und des Busnetzes sind an jedem Bahnhof erhältlich.
Nach Nordosten fährt BART bis CONCORD und PITTSBURG/BAY POINT.

Transport

Von der BART-Station Pleasant Hill fährt 3x tgl. ein Calaveras Transit-Bus nach SONORA.

North Bay

Verglichen mit den urbanisierten Küstenstädten Oakland und Berkeley ist der übrige Teil der nördlichen Bay dünn besiedelt und hat nur wenige interessante Orte aufzuweisen. Das Gebiet der North Bay ist Standort der Schwerindustrie der Bay Area. Es gibt hier aber auch einige bemerkenswert ursprüngliche Küstenorte, die einen kleinen Abstecher lohnen.

Hinter den Industriegebieten von Richmond, dort wo die Bay sich zum engen Schlauch der Carquinez Straits verengt, liegen die halbverlassenen Städtchen Benicia und Port Costa. Ein Stück von der Bucht entfernt bieten die Inland Valleys eine völlig andere Welt: eine trockene Hügellandschaft, die vom gewaltigen Gipfel des Mount Diablo dominiert wird. Dutzende von Wohnsiedlungen haben aus Ranches und Farmen Vororte für Pendler gemacht, aber bisher konnte die Region die neuen Einwohner verkraften und wirkt immer noch ländlich, obwohl sich die Bevölkerung im letzten Vierteljahrhundert verdoppelt hat.

Richmond

Das ebenso deprimierende wie raue Richmond war einmal eine Boomtown. An der Kaiser-Schiffswerft waren in den Kriegsjahren bis 1945 über 100 000 Arbeiter beschäftigt. Heute hat sich hier die gigantische Standard Oil-Raffinierie ausgebreitet, die zu einem nicht unerheblichen Teil für die Verschmutzung der Bucht verantwortlich ist. Man fährt mitten hindurch, um über die **Richmond-San Rafael Bridge** nach Marin County zu kommen (Maut $3).

In Richmond hält man eigentlich nur, weil hier die Endstation der BART-Linie ist und man gleich nebenan am Amtrak-Bahnhof in den Zug steigen kann. Die Verbindung von und nach San Francisco ist über Richmond günstiger als der Bahnhof West Oakland. Von der BART-Station Richmond fährt alle 15 Minuten der AC Transit-Bus Nr. 72 nach **Point Richmond**, einem verschlafenen Ort hinter den Raffinerieanlagen an der Bucht.

Die alten viktorianischen Häuser ziehen inzwischen die Schickeria aus San Francisco an, was vor allem an der interessanten Anlage von Eigentumswohnungen **Brickyard Landing** an den alten Docks deutlich wird, wo luxuriöse, moderne *condos* mit einem eigenen, recht großen Jachthafen entstanden sind.

Wer hier übernachten möchte, kann im ***Hotel Mac***, 10 Cottage Ave, Point Richmond, ✆ 510/235-0010, 🖳 www.hotelmachotel.bigstep.com, ❺, absteigen. Das vor einigen Jahren renovierte Hotel von 1907 bietet luxuriöse Zimmer zu vernünftigen Preisen. Es war angeblich das Lieblingshotel von John Rockefeller, wenn er seiner Standard Oil-Raffinerie einen Besuch abstattete.

Die Straße von Carquinez

Das Gebiet entlang der Carquinez-Meerenge am oberen Ende der Bucht liegt im Abseits der Bay Area, obwohl es landschaftlich recht schön und historisch interessant ist. Hier beginnt das weit verzweigte Mündungsgebiet des Sacramento und des San Joaquin River. Die kleinen Städte am Seitenarm der Bucht scheinen Welten vom geschäftigen Treiben der Bay Area entfernt – fragt sich nur, wie lange noch, denn das Stadt-Konglomerat Bay Area schiebt sich permanent weiter in die Landschaft hinein.

AC Transit-Bus Nr. 74 fährt stündlich von Richmond nach **Crockett**, einer kleinen Ortschaft am westlichen Ende der Straße von Carquinez, wo die Carquinez Bridge (Maut $3) die beiden Ufer mit einander verbindet. Schon von weitem sieht man die Neonreklame der C&H-Zuckerfabrik.

Der **Carquinez Straits Scenic Drive** führt als schöne Fahrradroute am Sacramento River entlang nach Osten. Nach zwei Meilen zweigt eine Straße zum nahe gelegenem **Port Costa** ab, einer winzigen Ortschaft, die bis zum Bau der Brücke bei Crockett vom Fährverkehr nach Benicia lebte. Die großen Schiffe, die hier vorbeiziehen, fahren bis nach Sacramento und Stockton, weit im Landesinneren.

Benicia

Benicia liegt auf der gegenüberliegenden Seite der Carquinez-Meerenge und ist ohne Auto nur schwer zu erreichen (hinter der Brücke nach rechts auf den I-780 abbiegen). Nur die Busse der *Benicia Bay Connection* verbinden die BART-Station Pleasant Hill mit Downtown Benicia. Die Stadt hat bessere Tage gesehen: 1847 gegründet, war sie als wichtiger Bay-Hafen ein ernst zu nehmender Rivale für San Francisco und zeitweilig sogar die Hauptstadt Kaliforniens. Doch trotz des besseren Wetters und der günstigen Hafengewässer Benicias entwickelte sich das näher am Ozean gelegene San Francisco zum Umschlagplatz für den Goldrausch-Handel.

In der kleinen Downtown sind noch die Anstrengungen zu sehen, mit denen Benicia versuchte, seinem Rivalen den Rang abzulaufen, z.B. das 1852 im griechischen Stil erbaute, erste **State Capitol** Kaliforniens, das hier allerdings nur 13 Monate lang als solches genutzt wurde. Man hat das Gebäude als Museum erhalten und im Stil von damals eingerichtet, die Zylinder der hohen Herren wieder auf die Tische gelegt und ihre Spucknäpfe blitzblank geputzt. ⌚ Mi–So 10–17 Uhr, Eintritt $2.

In der *Chamber of Commerce and Visitors Center*, 601 1st St, ☎ 707/745-2120, 🖳 www.beniciachamber.com, ⌚ Mo–Fr 8.30–17, Sa und So 11–15 Uhr, bekommt man einen Stadtplan, auf dem ein Rundgang durch Benicia eingezeichnet ist. Er führt an vielen Kirchen und viktorianischen Häusern vorbei, z.B. am neugotischen **Frisbie-Walsh** mit seinen Dächern und Traufen wie von einem Lebkuchenhäuschen – eigentlich eine Art Fertighaus, denn es wurde 1849 in Boston vorfabriziert, in Einzelteile zerlegt und anschließend hierher verfrachtet.

Dass die **St. Paul's Episcopal Church**, auf der anderen Seite vom City Hall Park, mit ihren gebogenen Dachbalken wie ein riesiger, umgedrehter Schiffsrumpf aussieht, ist kein Zufall. Die Kirche wurde von der Pacific Mail Steamship Company konstruiert, einer der großen Werften Benicias im 19. Jh. Entlang der First Street findet sich noch ein halbes Dutzend ehemaliger Bordelle und Saloons, jeweils in verschiedenen Phasen des Zerfalls, denn die geschäftigen Zeiten sind vorbei. Bis 1930 fuhren von Benicia nach Port Costa die größten Eisenbahnfähren der Welt. Heutzutage ist hier nur noch etwas los, wenn am letzten Wochenende im Juli die alljährliche **Waterfront Celebration** stattfindet.

Im letzten Jahrzehnt hat Benicia eine ganze Reihe Künstler und Kunsthandwerker angezogen. In den **Benicia Glass Studios**, 675 East H St, kann man Glasbläsern und Möbeltischlern bei der Arbeit zusehen, ⌚ Mo–Sa 10–16, im Sommer So 12–17 Uhr, Eintritt frei. Zu den Künstlern, die bisher in umgebauten Studios und modernen Industrieparks im Umkreis der Festung arbeiteten, zählen auch die Keramikerin Judy Chicago und der Bildhauer Robert Arneson.

Die Festung, das alte Benicia Arsenal östlich der Innenstadt, diente mit ihren dickwandigen Sandsteingebäuden von 1851 bis zum Koreakrieg als wichtigstes Waffen- und Munitionslager der Armee. Einer der außergewöhnlichsten Teile der Anlage ist die Camel Barn im **Benicia Historical Museum**, ☎ 707/745-5435, 🖳 www.beniciahistoricalmuseum.org. Früher waren darin die Kamele untergebracht, die 1856 importiert wurden, um Nachschub für die Armee durch die Wüsten im Südwesten der USA zu transportieren. Das Experiment misslang, und so wurden die Tiere bis zu ihrem Verkauf 1864 hier „aufbewahrt". ⌚ Mi–So 13–16 Uhr, Eintritt frei.

Das ***Union Hotel and Gardens***, 401 First St, Benicia, ✆ 707/746-0100, 🖳 www.unionhotelbenicia.com. Das historische Hotel und ehemalige Bordell ist heute ein nobles B&B mit 12 Zimmern, allesamt mit Jacuzzi. ❺

Wirklich gut zubereitete thailändische Gerichte bekommt man im ***Sala Thai***, 807 1st St, ✆ 707/745-4331.

Vallejo

Vallejo, die größte und langweiligste Stadt der North Bay, zu erreichen von Crockett aus über die Carquinez Bridge, war wie Benicia eine frühe Hauptstadt von Kalifornien. Auch wenn es heute keine Spuren dieser historischen Bedeutung mehr gibt, blieb Vallejo doch wirtschaftlich gesund – was man von den anderen Goldrausch-Städten an der Straße von Carquinez nicht behaupten kann. Der wichtigste Grund dafür ist die massive Präsenz des US-Militärs am **Mare Island Naval Shipyard**. Dieser weit auseinander gezogene, graue Komplex bedeckt eine Fläche, die zweimal so groß ist wie der Golden Gate Park. Bis zu seiner Schließung 1997 war Mare Island Vallejos größter Arbeitgeber. Die nicht besonders spektakuläre Geschichte der Werft, die Versorgungsschiffe und U-Boote, aber keine Flugzeugträger oder Schlachtschiffe baut, erzählt das kleine **Museum** im Gebäude des alten Rathauses, 734 Marin St, ✆ 707/643-0077, 🖳 www.vallejomuseum.org. Höhepunkt der Ausstellung ist ein Periskop, mit dem man über die Bucht schauen kann. Das Museum befindet sich im Stadtzentrum direkt am Hwy-29, der wichtigsten Straße von der East Bay zum Wine County. 🕒 Di–Sa 10–16.30 Uhr, Eintritt $2.

Der beste Grund, nach Vallejo zu kommen, ist **Six Flags Marine World**, ✆ 707/643-6721, 🖳 www.sixflags.com, fünf Meilen nördlich von Vallejo am I-80, Ausfahrt Marine World Parkway (Hwy-37). Die Anlage präsentiert ein überdurchschnittliches Programm mit Seelöwen, Delphinen und Killerwalen. Außerdem gibt es Wasserski-Stuntshows und einige Karussels. Vor allem für Kinder kann ein Besuch sehr vergnüglich sein. Die kürzlich renovierte Anlage unterscheidet sich von anderen dieser Art: Die Tiere sehen gesund und gepflegt aus, die Gehege sind sauber und geräumig und entsprechen so weit wie möglich den natürlichen Lebensräumen der Tiere, und die Shows sind ganz lustig. Die Ausstellung über Haie führt durch einen Glastunnel an gewaltigen Weißen Haien vorbei, auch das Schmetterlingshaus ist wirklich erstaunlich. 🕒 Juni–Aug tgl. 10–19 Uhr oder länger; Schulferien, Mitte März–Mai und Sept–Anfang Nov nur Fr–So, Eintritt $46, Saisonkarte $65, online gibt es für die Tickets Rabatte und Sonderangebote.

Am einfachsten ist Vallejo von San Francisco aus mit der Fähre der *Blue and Gold Fleet* ab Fisherman's Wharf zu erreichen, ✆ 415/773-1188, 🖳 www.blueandgoldfleet.com; einfache Strecke $9,50, Fahrtzeit 1 Std. Alternative Anfahrt mit BART bis zur Station El Cerrito del Norte, von dort weiter mit dem Vallejo BARTLink-Bus, ✆ 707/648-4666.

Contra Costa County

BART-Züge fahren durch die Berkeley Hills und das schattige Orinda, wo die Börsenmakler wohnen, nach Concord. Ein Atomwaffen-Depot brachte Concord in die Schlagzeilen: Demonstranten versuchten durch passiven Widerstand die Zufahrtswege zu blockieren, einer von ihnen verlor unter einem Munitionszug beide Beine.

In Concord befindet sich auch einer der neuesten Themenparks von Six Flags, **Waterworld USA**, 1950 Waterworld Parkway, ✆ 925/609-1364, 🖳 www.sixflags.com. An der Ausfahrt Willow Pass vom I-680 bietet sich eine beeindruckende Auswahl an Wasserrutschen und -attraktionen für jeden Adrenalinpegel. 🕒 Juni–Aug tgl. 11–17 Uhr oder länger, Mai und Sep nur Sa–So 11–17 Uhr, Eintritt $26.

Martinez

Der Contra Costa County Connection-Bus, ✆ 925/676-7500, fährt von der BART-Station Pleasant Hill, dem vorletzten Bahnhof auf der Linie, jede halbe Stunde nach Martinez. An der Strecke liegt das **John Muir House**, 4202 Alhambra Ave, ✆ 925/228-8860, 2 Meilen südlich von Martinez am Hwy-4, heute National Historic Site. John Muir, ein wortgewandter Schotte mit viel Überzeugungskraft, leistete mit seinen Schriften und seinem politischen Einsatz einen wesentlichen Beitrag zur Einrichtung der Nationalparks in der amerikanischen Wildnis. Er selbst verbrachte einen großen

Teil seines Lebens damit, die Sierra Nevada, vor allem die Gegend um Yosemite, zu durchwandern und darüber zu schreiben (s.S. 398). Außerdem war er Mitbegründer des Sierra Club, einer Naturschutzorganisation, die auch heute noch sehr aktiv ist. Wer John Muir nur als dünnen, bärtigen Mann kennt, der mit Rucksack, Notizbuch und einem Paket Tee bewaffnet die Wildnis erforschte, mag von seinem konventionellen, gutbürgerlichen Wohnsitz überrascht sein. Das viktorianische Gebäude ist so wiederhergestellt worden, wie es 1914 aussah, als Muir starb.

In den Obstgärten baute der Naturschützer Obst an und verdiente damit Geld für seine Reisen. ⌚ Mi–So 10–17 Uhr, Eintritt $3.

Hinter den Gärten steht das 1849 erbaute **Martinez Adobe**, dessen 60 cm dicke Wände das Innere des Gebäudes selbst an heißen Sommertagen angenehm kühl halten.

Eugene O'Neill House und Blackhawk Automotive Museum

15 Meilen weiter südlich, am Fuße des Mount Diablo, lebte der weltbekannte Dramatiker Eugene O'Neill. 1936 hatte er den Nobelpreis für Literatur bekommen und sich von dem Geld ein Refugium gebaut, das er selbst *Tao House* nannte. Heute heißt es Eugene O'Neill House. Hier schrieb er viele seiner bekanntesten Stücke, z.B. *Der Eismann kommt*, *Ein Mond für die Beladenen* oder *Eines langen Tages Reise in die Nacht*, bevor er 1944 der Parkinson-Krankheit erlag. Die Stücke werden von Zeit zu Zeit hier aufgeführt.

Das Haus ist für die Öffentlichkeit zugänglich, die Teilnahme an einer kostenlosen Führung muss aber telefonisch reserviert werden, Mi–So 10 und 12.30 Uhr, ✆ 925/838-0249, 💻 www.nps.gov/euon. Da es hier keine Parkmöglichkeiten gibt und das Gebiet inzwischen als Nationalpark ausgewiesen ist, werden die Teilnehmer in der Ortschaft **Danville** abgeholt; der genaue Treffpunkt wird bei der Buchung mitgeteilt.

Danvilles wohlhabendste Gemeinde, Blackhawk, ist der Standort des **Blackhawk Automotive Museum**, 3700 Blackhawk Plaza Circle, ✆ 925/736-2277, das eine beeindruckende Sammlung klassischer Automobile aus Großbritannien, Deutschland, Italien und den USA besitzt. ⌚ Mi–So 10–17 Uhr; Eintritt $8.

Mount Diablo

Der majestätische Mount Diablo ist 1200 m hoch. Eine Straße führt fast bis zum Gipfel hinauf. Bei klarem Wetter kann man von hier 200 Meilen weit sehen. Auf dem 6000 ha großen Parkgelände, das den Berg umgibt, sind schöne Wanderwege sowie die einzigen Campingplätze der East Bay zu finden. ⌚ tgl. 8 Uhr bis Sonnenuntergang, Eintritt pro Fahrzeug $6.

Der Park besitzt zwei Hauptzufahrtsstraßen, die beide vom I-680 deutlich ausgeschildert sind. Die von Südwesten, von Danville her kommende Straße führt an der Ranger Station vorbei, wo man für $5 eine Wanderkarte kaufen kann, auf der die besten Tageswanderungen beschrieben sind. Die andere kommt von Nordwesten über den Walnut Creek. Fünf Meilen vor dem Gipfel treffen sie aufeinander. Am schönsten ist es hier im März und April, wenn die Blumen blühen. Da sich in der klaren Morgenluft die beste Aussicht bietet, sollte man gleich zum Gipfel hochfahren und sich danach weiter unten einen der Wanderwege vornehmen oder eine der zahlreichen Picknickstellen ansteuern. Im Sommer kann es entsetzlich heiß und trocken werden, dann sind manche Gebiete des Parks wegen Feuergefahr abgesperrt. Mit öffentlichen Verkehrsmitteln ist der Park nicht zu erreichen, doch manchmal organisiert der Sierra Club Tagesausflüge dorthin. (Mehr über diese wegweisende Umweltorganisation s.S. 67 und 398, Yosemite NP.)

Livermore und Altamont

Die zahlreichen metallenen, Hi-Tech-**Windräder**, die man vom I-580 bei Livermore sieht, nutzen die böigen Winde der Region zur Stromerzeugung. Für diese Technologie gibt die US-Regierung übrigens, im Gegensatz zur Atomforschung, keinen Cent Unterstützung. In einem kleinen Visitor Center, eine Meile südlich des I-580 an der Greenville Rd, gibt es eine interaktive Ausstellung, die verschiedene wissenschaftliche Phänomene erklärt. ⌚ Mo–Fr 13–16 Uhr, Eintritt frei, ✆ 925/424-6575, 💻 www.llnl.gov.

Weiter ostwärts, hinter den Bergen nahe der Stadt Tracy, bevor I-580 und I-5 aufeinandertreffen, um vereint 400 Meilen nach Süden durch das San Joaquin Valley bis nach Los Angeles zu führen, befindet sich der noch aktive, offiziell als Altamont Raceway Park bezeichnete **Altamont Speedway**,

Schauplatz des alptraumhaften Konzerts der Rolling Stones im Dezember 1969 (s. Kasten). All das geschah vor laufenden Kameras. Es braucht nicht betont zu werden, dass keine historische Gedenktafel auf den Ort des Geschehens hinweist. Wer sich die Stelle dennoch ansehen möchte, nimmt am besten die Ausfahrt Grant Line Road vom I-580, biegt dann nach ungefähr 1,5 km rechts ab auf die Midway Road und ist nach weiteren 2 km am Ziel.

Nemesis in Altamont

Am 6. Dezember 1969 fand auf dem Altamont Speedway ein Rockkonzert mit den Rolling Stones als Headliner statt, das in einer Katastrophe endete und später vielfach als „Nemesis der Hippie-Generation" bezeichnet wurde. Das Gratiskonzert sollte eine Art zweites Woodstock werden und das Image der Stones aufbessern, von denen es hieß, sie hätten ihre Fans auf einer langen US-Tournee enttäuscht. Anstelle professioneller Sicherheitskräfte engagierte die Band jedoch in mangelnder Voraussicht eine Gruppe von Hell's Angels, was sich angesichts der chaotischen Zustände als katastrophale Fehlentscheidung erweisen sollte. Drei Menschen starben, einer von ihnen durch Tritte und Messerstiche der als Ordner angeheuerten Hell's Angels. Die traurige Geschichte wurde in dem Dokumentarfilm *Gimme Shelter* festgehalten, der im darauf folgenden Jahr veröffentlicht wurde. Die Konzertaufnahmen belegen auf eindrucksvolle Weise die sich stetig verschlechternde Stimmung und die immer bedrohlicher werdende Atmosphäre innerhalb des Publikums. Als die Stones schließlich die Bühne betraten, war die Menge bereits außer Kontrolle geraten. Nach mehreren Unterbrechungen und Vernunftappellen von Mick Jagger eskalierte die Situation ausgerechnet in dem Moment, als die Band *Sympathy for the Devil* spielte. Später wurde im Studio auf Film festgehalten, wie sich Jagger, Richards und weitere Mitglieder aus dem Stones-Tross voller Entsetzen und wie betäubt immer wieder die Szene vorspielen lassen, die das aufblitzende Messer zeigt, wie es gerade zum tödlichen Stoß ansetzt.

Die Peninsula

San Francisco bildet nur den nördlichen Zipfel der lang gestreckten Halbinsel, die die Bucht vom offenen Meer trennt. Über 50 Meilen ziehen sich die Vororte an der Bay-Seite entlang nach Süden. Die Zeit der Orangenhaine und Feigenbäume ist hier längst vorbei, nicht erst seit sich die Prestige-Universität Stanford in Palo Alto und das lukrative, schnelllebige Computergeschäft – seit den 70er Jahren der größte Industriezweig der Region – im Silicon Valley nahe San Jose ausgebreitet haben. Um so überraschender, dass die Pazifikküste auf der anderen Seite der Peninsula – von den Ballungsgebieten an der Bucht nur durch eine bewaldete Bergkette getrennt – noch immer ländlich und trotz ihrer schönen Strände touristisch wenig entwickelt ist.

Die San Francisco Bay entlang nach Süden

Industrieanlagen, Einkaufszentren und unübersichtliche Vorstadt-Siedlungen verteilen sich links und rechts des Hwy-101 – wo der eine Ort aufhört und der andere beginnt, ist von der Straße aus nicht erkennbar. Von San Francisco kommend, ist der erste lohnende Anlaufpunkt das **Coyote Point Museum**, 1651 Coyote Point Drive in **San Mateo**, ✆ 650/342-7755, 💻 www.coyoteptmuseum.org. Es liegt vier Meilen südlich vom Flughafen in einem großen Park an der Bucht und ist über die Poplar Ave zu erreichen. Fauna und Flora der San Francisco Bay sind hier intelligent dokumentiert und ausgestellt, 🕓 Di–Sa 10–17, So 12–17 Uhr; Eintritt $3.

Der I-280, der neueste und teuerste Freeway Kaliforniens, der landeinwärts parallel zum Hwy-101 verläuft, ist angenehmer zu befahren. Gleich hinter der Stadtgrenze von San Francisco führt die Straße durch die einzigartige Ortschaft **Colma**, die ganz und gar aus Friedhöfen besteht, denn abgesehen von den Militärfriedhöfen im Presidio ist es innerhalb von San Francisco verboten, Grabstätten anzulegen. Hier liegen natürlich verstorbene Größen der Stadt wie Levi Strauss und William Hearst, aber auch der legendäre Wildwestschütze Wyatt Earp. Wer sich dafür interessiert, erfährt bei der *Colma Historical Association*, ✆ 650/757-1676, Näheres zu Friedhofsführungen.

Hinter Colma vollzieht sich ein rascher Landschaftswechsel, während der I-280 das **Crystal Springs Reservoir** passiert, einen Speicher für die ungeheuren Wassermengen, die man für San Francisco über die weite Strecke von Yosemite hierher pumpt.

Am südlichen Ende des Stausees beim reichen Örtchen Woodside liegt inmitten üppiger Gärten das palastähnliche **Filoli Estate,** ✆ 650/364-8300, 💻 www.filoli.org. Die Villa mit 45 Zimmern wurde 1915 vom Architekten Willis Polk erbaut und müsste eigentlich jedem bekannt vorkommen, denn sie ist das Domizil der Carringtons aus der Fernsehserie *Der Denver Clan.* Es ist das einzige der vielen Häuser hier, das man besichtigen kann, aber eigentlich lohnt sich der Besuch vor allem des Gartens wegen. Zu erreichen vom I-280 über die Canada Rd. 🕒 Mitte Feb bis Ende Okt Di–Sa 10–15.30, Einlass bis 14.30 Uhr, Führungen nur nach vorheriger Reservierung, $10.

Palo Alto

Das grüne, schattige Palo Alto liegt zwischen I-280 und Hwy-101. Es hat zwar die Atmosphäre, die man von einer Studentenstadt erwartet, aber längst nicht die Vitalität, die z.B. in Berkeley spürbar ist.

In den letzten Jahren hat sich Palo Alto zu einer Art gesellschaftlichem Zentrum für die Neureichen des Silicon Valley entwickelt, wie an den schicken Cafés und Restaurants deutlich wird, die an der Hauptstraße, der University Avenue, aus dem Boden geschossen sind. Die boomende Computerindustrie hat mehr als nur eine Hand voll Leute reich gemacht, und viele von ihnen kommen hierher, um ihr Geld loszuwerden; ein Häuschen in der schmucken Umgebung von Downtown kann bis zu einer Million Dollar kosten.

An Sehenswürdigkeiten hat die Stadt außer spanischen Kolonialhäusern nicht viel zu bieten, eignet sich jedoch gut für einen gemächlichen Spaziergang und ein Feinschmeckeressen. Im Sommer werden einmal im Monat Touren durch das historische Palo Alto angeboten, ✆ 650/299-8878. Ansonsten lassen sich die schönsten Gebäude entlang der **Ramona Street** auch auf eigene Faust entdecken. Wer überschüssige Energie hat oder keine Lust mehr, in überteuerten Möbelgeschäften zu stöbern, kann die zahlreichen, gut ausgeschilderten Radwege erkunden, Fahrradverleih s.S. 557. Dabei ist allerdings zu beachten, dass **East Palo Alto**, an der Hafenseite des Hwy-101, zu Recht einen üblen Ruf als gefährliche Banden- und Drogengegend besitzt. In den 20er Jahren wurde hier die utopische Kolonie Runnymeade gegründet, eine Geflügelzuchtkooperative. Bei der hiesigen Historical Society, ✆ 650/329-0294, gibt es Informationen zu den noch verbliebenen Teilen der Kolonie.

Stanford University

Die Stanford University ist dagegen einer der zahmsten Orte, die man sich vorstellen kann. Die private Universität zählt heute zu den besten (und teuersten) in Kalifornien. Als der Eisenbahnmagnat Leland Stanford 1885 den Grundstein legte, erntete er von der akademischen Welt der Ostküste nur Spott. Nach Berkeley an der Westküste eine zweite Universität einzurichten, so meinte man, sei etwa so notwendig wie ein Seemannsheim in der Schweiz. Doch Stanford wurde ein Erfolg.

Der Campus, eine eigentümliche Mischung aus Missions-Stil und Romanik, ist vom Stadtzentrum aus gut zu Fuß erreichbar. Er konzentriert sich um den **Quadrangle** mit seinem phallischen **Hoover Tower**, dessen Aussichtsplattform den Aufstieg lohnt, 🕒 tgl. 10–16.30 Uhr, Eintritt $2, und der **Memorial Church** mit ihren farbenfrohen Mosaiken. Wer will, kann an einer der kostenlosen, einstündigen Campus-Führungen teilnehmen, tgl. um 11 und 15.15 Uhr. Vom Memorial Auditorium aus finden während des Semesters täglich um 13 Uhr Touren in einem Golfwagen statt ($5).

Die Gegend verdient schon deshalb Beachtung, weil sie einige der besten Museen der Bay Area versammelt. Das **Iris and B. Gerald Cantor Center for Visual Arts** im alten Stanford Museum of Art, Lomita Drive, Ecke Museum Way, ✆ 650/723-4177, besitzt 27 Galerien, die auf mehr als 11 000 m^2 Schätze aus sechs Kontinenten aus der Zeit von 500 v.Chr. bis in die Gegenwart zeigen. Das Center hat nach zehnjähriger Renovierung jetzt einen neuen Flügel, einen Buchladen und ein Café. Auf Wanderausstellungen waren in der Vergangenheit Werke von Duchamp, Oldenburg und Lucien Freud zu sehen. Zu den schönsten Exponaten der ständigen Ausstellung gehört der beeindruckende *Pflaumengarten von Kameido* des japanischen Künstlers Hiroshige. Auf keinen Fall verpassen sollte man die bemerkenswerte Sammlung von mehr als 200 Skulpturen von Rodin, darunter ein *Höllentor*, das von einer beschämten *Adam und Eva*-Gruppe flankiert auf einer Freifläche im südlichen Bereich des Museums gezeigt wird. ⏲ Mi–So 11–17, Do 11–20 Uhr, Eintritt frei.

Wer einen Blick auf den Campus (und die restliche Bay Area) werfen möchte, kann auf einem der **Wanderpfade**, die beim Tor am Junipero Serra Boulevard, Ecke Stanford Avenue, beginnen, den Hügel westlich des Campus erklimmen, bis hinauf zur gigantischen Satellitenschüssel.

Übernachtung

Obwohl es sich eigentlich kaum lohnt, in Palo Alto zu übernachten, ziehen es viele San-Francisco-Besucher vor, auf der Halbinsel zu übernachten, wo die Unterkünfte sehr viel preisgünstiger sind. So findet man eine Hand voll preiswerter Motels entlang des Hwy-82 („El Camino Real").

Ken Kesey

Beim Anblick der zukünftigen Star-Rechtsanwälte, die heute 90% der Studentenschaft auszumachen scheinen, und angesichts der Tatsache, dass Ronald Reagan Stanford seine Video-Sammlung anbot (die Universität lehnte dankend ab), möchte man annehmen, Stanford sei von jeher ein erzkonservativer, langweiliger Ort gewesen. Doch dem war nicht immer so: Eine unkonventionelle Karriere machte hier z.B. ein Mann namens Ken Kesey, der 1958 durch ein Schriftsteller-Stipendium aus Oregon an die Universität kam. Nachts arbeitete er als Krankenpfleger in der psychiatrischen Abteilung eines örtlichen Krankenhauses, tagsüber stellte er sich für $75 als Testperson für Drogenexperimente (LSD) zur Verfügung. Auf diese Erfahrungen gründete er 1960 seinen Erfolgsroman *Einer flog über das Kuckucksnest* (Rowohlt 1982), eine schriftstellerische Leistung, die ihn zum Helden der Subkultur machte. Eine bewundernswerte Chronik dieser Periode liefert Tom Wolfe in seinem Roman *Unter Strom. The Electric Kool-aid Acid Test* (Eichborn Verlag 1987).

Bay Landing Hotel, 1550 Bayshore Hwy, Burlingame, ✆ 650/259-9000, 💻 www.baylandinghotel.com. Eine der besten Unterkünfte im Norden der Halbinsel mit Ausblick auf die Bay und die vom SFO startenden Flugzeuge. Familienbetrieb mit netten Zimmern und gutem Service. ❸

Cardinal Hotel, 235 Hamilton Ave, ✆ 650/323-5101, 💻 www.cardinalhotel.com. Erschwingliche Preise und komfortable Zimmer im Zentrum von Palo Alto. Manche Zimmer mit Gemeinschaftsbad. ❸

Cowper Inn, 705 Cowper St, ✆ 650/327-4475, ✉ cowper-inn@sbcglobal.com. Restauriertes viktorianisches B&B mit hübschen Zimmern unweit der University Ave. Die billigeren Zimmer mit Gemeinschaftsbad. ❹

Craig Hotel, 164 Hamilton Ave, ✆ 650/853-1133. Unaufgeräumt und verschlissen, aber mitten im Zentrum und spottbillig. Bei Wochenmiete ca. $30 pro Nacht. ❷

Stanford Park Hotel, 100 El Camino Real, Menlo Park, ✆ 650/322-1234 oder 1-800/368-2468, 💻 www.stanfordparkhotel.com. Sehr angenehmes und luxuriöses 5-Sterne-Hotel mit ausgedehntem Grundstück in der Nähe der Universität. ❼

Essen und Unterhaltung

RESTAURANTS – ***Bistro Elan,*** 448 S California Ave, ✆ 650/327-0284. Anspruchsvolle kalifornische Küche für die Cyber-Elite zu entsprechenden Preisen.

Evvia, 420 Emerson St, ✆ 650/326-0983. Kalifornisch/griechische Lamm- und Fischgerichte in eleganter und doch einladender Umgebung, mit Bar.

Gordon Biersch Brewery, 640 Emerson St, ✆ 650/323-7723. Eine der ersten und nach wie vor besten Microbrauereien plus Restaurant der Bay Area. Auch in SF (s.S. 502) und Downtown San Jose, 33 E San Fernando St, ✆ 650/408/294-6785, vertreten.

Il Forniao, 520 Cowper St, ✆ 650/853-3888. Filiale einer schickeren Restaurantkette. Gute italienische Standardküche sowie Leckeres aus dem Ofen. Filiale in Burlingame: 327 Lorton Ave, ✆ 650/375-8000.

Joanie's Cafe, 447 California Ave, ✆ 650/326-6505. Frühstück und Mittagessen nach Hausmacherart in einem gemütlichen Esslokal.
John's Market, Town and Country Village, Embarcadero, Ecke El Camino, ✆ 650/321-8438. Verkauft mit die besten (und größten) Deli-Sandwiches weit und breit – nicht nur an die Massen von Schülern und Studenten zur Mittagszeit. Gegenüber dem Stanford Stadium.
Krung Siam, 423 University Ave, ✆ 650/322-5900. Das niveauvolle, aber nicht zu teure Restaurant serviert wunderschön zubereitete, traditionelle Thai-Gerichte.
La Cheminée, 530 Bryant St, ✆ 650/329-0695. Französisches Qualitäts-Bistro mit Hauptgerichten meist unter $20.-
Marigold, 448 University Ave, ✆ 650/327-3455. Nicht ganz billige nordindische Küche mit Schwerpunkt auf auf Ingwer-Gerichten.
Mike's Cafe, Etc., 2680 Middlefield Rd, ✆ 650/473-6453. Unprätentiöses Speiselokal, das hinter einer Eisenwarenhandlung versteckt liegt. Exzellente Salate, Nudeln und einfache Fleischgerichte.
St Michael's Alley, 806 Emerson St, ✆ 650/326-2530. Ehemaliges Studentencafé, das sich zu einem der angesagtesten Bistros von Palo Alto gewandelt hat und heute kalifornische Küche serviert. Die gute Weinkarte und der preiswerte Wochenendbrunch sorgen für gern wiederkehrende Gäste.

CAFÉS UND BARS – Die nachstehenden Cafés bieten neben Kaffeespezialitäten und Bier aus Kleinstbrauereien oft auch frische Sandwiches und Salate an.
Blue Chalk Café, 630 Ramona St, ✆ 650/326-1020. Seit der Eröffnung im Jahr 1993 strömen Yuppies und andere junge Siliconiten in Massen in dieses ungemein beliebte Restaurant mit Bar und Billard.
Caffé Verona, 236 Hamilton Ave, ✆ 650/326-9942. Gemütlicher Kneipentreff hiesiger Intellektueller.
Global Village Café, 172 N Main St, Sebastopol, ✆ 650/829-4765. Beliebtes Frühstückslokal, in dem sich Cyber-Freaks treffen – wenn sie sich mal die Zeit für ein Frühstück nehmen.
Printer's Inc Cafe, 320 California Ave, ✆ 650/323-3347. Gute Snacks, Sandwiches, Gebäck und Kaffee neben der besten Buchhandlung von Palo Alto.

Sonstiges

FAHRRÄDER – Das Universitätsgelände ist sehr weitläufig; wer es sich ansehen will, sollte sich bei ***Action Sports Limited,*** 1047 El Camino Real, ✆ 650/328-3180, für $20–30 pro Tag ein Fahrrad mieten.

INFORMATIONEN – ***Palo Alto Chamber of Commerce,*** 122 Hamilton Ave, ✆ 650/324-3121, 🖳 www.paloaltochamber.com, hat eine Auflistung der Restaurants und Radwege. 🕒 Mo–Fr 9–17 Uhr.
Alle wichtigen Informationen über die Stanford Universität bekommt man im angeschlossenen ***Visitor Center*** im Memorial Auditorium gegenüber dem Hoover Tower, ✆ 650/723-2560, 🖳 www.stanford.edu, 🕒 Mo–Fr 8–17, Sa und So 9–17 Uhr.
Nützlich ist außerdem die werktags erscheinende, kostenlose Zeitung ***Stanford Daily.*** Ansonsten hilft die ebenfalls kostenlose Stadtzeitung ***Palo Alto Weekly,*** die in vielen Geschäften ausliegt. Die Website der Zeitung, 🖳 www.paloaltoonline.com, enthält eine übersichtliche Datenbank, deren breite Palette von Fahrradläden über Restaurants bis hin zur Stadtgeschichte und zum Kinoprogramm reicht.

Transport

Mit BART kommt man bis nach DALY CITY, von dort aus weiter mit SamTrans-Bussen, ✆ 1-800/660-4287, 🖳 www.samtrans.com, Richtung Süden nach Palo Alto bzw. an der Küste entlang zur Half Moon Bay; oder mit der Bahn: Der Caltrain, ✆ 650/817-1717 oder 1-800-660-4287, 🖳 www.caltrain.com, verkehrt mindestens alle 30 Min. und hält in fast allen Orten auf der Fahrt von SAN FRANCISCO via SAN JOSE nach GILROY ($1,75–6,75).

San Jose und Umgebung

Heutzutage hätte Burt Bacharach kein Problem, seinen Weg nach San Jose zu finden – von San Francisco ist es nicht einmal eine Autostunde nach Süden (außerhalb der Rushhour), bis man ins Herz der Hitze und des Smogs gelangt, die sich unterhalb der Bucht sammeln. Wegen der ansässigen Riesenunternehmen Apple, Cisco, Intel und Hewlett-Packard hat sich die Stadt am südlichen Ende der Halbinsel in den vergangenen 25 Jahren zum administrativen Zentrum des Silicon Valley entwickelt. Heute ist San Jose die am schnellsten wachsende Stadt Kaliforniens und bereits die elftgrößte der USA. Derzeit ist man vorrangig darum bemüht, eine Kultur abseits der Computer-Werkstätten zu schaffen, und hat in den vergangenen Jahren der kompakten Downtown neue Museen, Einkaufszentren, Restaurants, Clubs und Kunsteinrichtungen beschert. Doch nach der jüngsten wirtschaftlichen Flaute wurden die ehrgeizigen Pläne zur Downtown-Sanierung vom Stadtrat auf Eis gelegt. Obgleich sich Nachtleben und Kulturszene noch lange nicht mit denen San Franciscos vergleichen lassen, kann man in den gepflegten Straßen San Joses genügend Dinge unternehmen, die einen Tagesausflug durchaus lohnen.

Downtown San Jose

Auch wenn San Jose inzwischen einen Stammplatz in der Hightech-Welt errungen hat, gehört die 1777 gegründete Stadt zu den ältesten Siedlungen in Kalifornien. Einziger Hinweis darauf in Downtown ist das 1797 errichtete **Peralta Adobe**, 184 W St John St, ✆ 408/993-8182, 💻 www.historysanjose.org, ein Gebäude, das weniger durch die in seinem kargen, weiß getünchten Innern gezeigten Gegenstände glänzt als vielmehr durch den Umstand, dass es dem Druck der vorrückenden Stadt getrotzt hat. 🕓 Sa–So 12–17 Uhr, Eintritt $6. Im Preis inbegriffen ist eine Führung durch das **Fallon House**, eine viktorianische Villa auf der gegenüberliegenden Straßenseite. Erbaut hat es 1855 der siebte Bürgermeister der Stadt, ein einstiger Pionier und Teilnehmer an der Fremont-Expedition. Neben den 15 historisch eingerichteten Zimmern gibt es eine ausführliche Videopräsentation zu sehen.

Südlich des Adobe-Hauses verläuft die San Pedro Street, die in einem zwei Häuserblocks umfassenden und **San Pedro Square** genannten Bereich eine Reihe von Restaurants versammelt. Einen zentralen Platz gibt es dort nicht, dafür aber einige der besten Lokale San Joses. Ein Stück weiter entlang der Market Street liegt die hübsche **Plaza de Cesar Chavez**, ein ideales Plätzchen im Zentrum, um die Sonne zu genießen, auf einer der vielen Holzbänke etwas zu lesen oder sich an den sprühenden Fontänen am Brunnen die Zeit zu vertreiben.

Einen Block nördlich der Plaza steht die **Cathedral Basilica of St Joseph**. Einst, um 1800, stand dort die erste katholische Pfarrei Kaliforniens. Das jetzige Bauwerk wurde 1997 eingeweiht. Im Innern lassen sich eine bemalte Kuppel, Buntglasfenster und Kreuzwegstationen besichtigen. Täglich werden Messen gelesen, häufig auf Spanisch.

Gleich daneben befindet sich das fantastische **San Jose Museum of Art**, 110 Market Street, ✆ 408/294-2787, 💻 www.sjumusart.org. Es ist in den Räumen des ehemaligen Postgebäudes aus dem Jahr 1892 sowie in einem 1991 neu hinzugekommenen Flügel untergebracht und besitzt mehr als 1000 Werke des 20. Jhs., wobei das Schaffen von Künstlern aus der Bay Area ab 1980 den Schwerpunkt bildet. Vor kurzem wurde die Zusammenarbeit mit dem New Yorker Whitney Museum of American Art vereinbart, sodass in San Jose auch Werke aus dem riesigen Bestand der New Yorker Sammlung gezeigt werden können. Ebenso lichtdurchflutet wie die Galerieräume präsentiert sich das angegliederte Café, das auch eine Terrasse mit Blick auf die Plaza bietet. Sonntags finden spezielle Workshops und Aktivitäten statt, um Kindern den Zugang zur Kunst zu erleichtern. 🕓 Di–So 11–17 Uhr, Eintritt frei.

Die größte Anziehungskraft in Downtown besitzt das an der südwestlichen Ecke der Plaza gelegene **Tech Museum of Innovation**, 201 S Market St, ✆ 408/294-8324, 💻 www.thetech.org. Auf drei Etagen werden Hightech-Exponate zum Anfassen sowie das obligatorische IMAX-Kino (Eintritt $9, Kombiticket mit Museum $16) präsentiert. Zu den Höhepunkten zählen ein Programm, mit dem eine virtuelle Achterbahn entworfen werden kann, sowie die Möglichkeit zu einer Plauderei mit einem Roboter. Leider verleiden einem mitunter lange Schlangen vor den besten Ausstellungsstücken den Genuss. 🕓 tgl. 10–17 Uhr, Eintritt $9,50.

Eine Visite lohnt auch das lebendige Unterhaltungsviertel südlich der First Street, kurz **SoFA** genannt. An der Südspitze der Plaza biegt man nach Osten in die San Carlos Street und läuft noch einen Häuserblock bis zur First Street. Das Viertel bildet das Zentrum des hiesigen Nachtlebens und bietet ein halbes Dutzend Clubs und Discos sowie ein beliebtes Weinlokal.

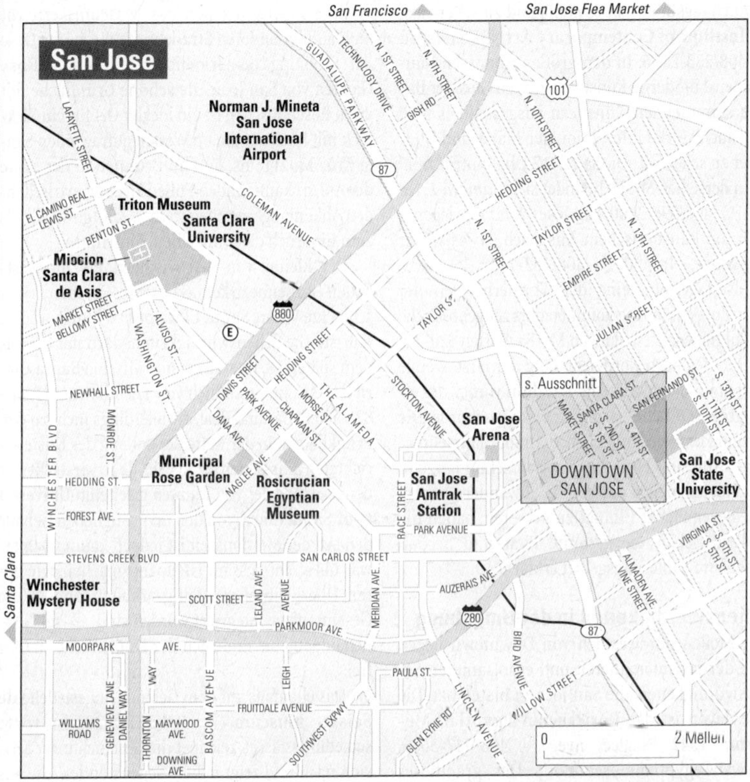
San Jose
San Francisco
San Jose Flea Market
Santa Clara
Norman J. Mineta San Jose International Airport
Triton Museum
Santa Clara University
Miocion Santa Clara de Asis
Municipal Rose Garden
Rosicrucian Egyptian Museum
San Jose Arena
San Jose Amtrak Station
s. Ausschnitt
DOWNTOWN SAN JOSE
San Jose State University
Winchester Mystery House
LAFAYETTE STREET
EL CAMINO REAL
LEWIS ST.
BENTON ST.
MARKET STREET
BELLOMY STREET
ALVISO ST.
WASHINGTON ST.
COLEMAN AVENUE
GUADALUPE PARKWAY
TECHNOLOGY DRIVE
N. 1ST STREET
N. 4TH STREET
GISH RD
N. 10TH STREET
HEDDING STREET
TAYLOR STREET
N. 13TH STREET
EMPIRE STREET
JULIAN STREET
TAYLOR ST.
N. 1ST STREET
DAVIS STREET
PARK AVENUE
DANA AVE.
MORSE ST.
CHAPMAN ST.
THE ALAMEDA
STOCKTON AVENUE
NAGLEE AVE.
NEWHALL STREET
MONROE ST.
WINCHESTER BLVD
HEDDING ST.
FOREST AVE.
STEVENS CREEK BLVD
SCOTT STREET
LELAND AVE.
AVENUE
SAN CARLOS STREET
MERIDIAN AVE.
RACE STREET
PARK AVENUE
AUZERAIS AVE.
PARKMOOR AVE.
MOORPARK
AVE.
MARKET STREET
SANTA CLARA ST.
S. 2ND ST.
S. 1ST ST.
S. 4TH ST.
SAN FERNANDO ST.
S. 13TH ST.
S. 11TH ST.
S. 10TH ST.
VIRGINIA ST.
S. 6TH ST.
S. 5TH ST.
ALMADEN AVE.
VINE STREET
BIRD AVENUE
WILLOW STREET
LINCOLN AVENUE
GLEN EYRIE RD
PAULA ST.
FRUITDALE AVENUE
SOUTHWEST EXPWY
LEIGH
BASCOM AVENUE
WAY
THORNTON
MAYWOOD AVE.
DOWNING AVE.
DANIEL WAY
GENEVIEVE LANE
WILLIAMS ROAD
101
87
880
280
0
2 Meilen

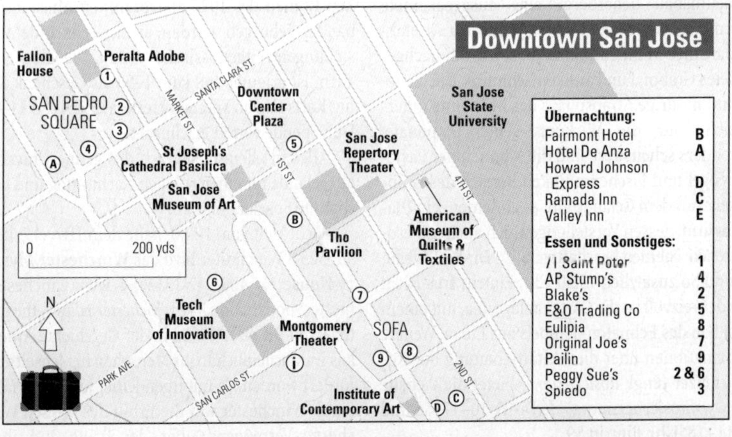
Downtown San Jose
The Alameda
Fallon House
Peralta Adobe
SAN PEDRO SQUARE
SANTA CLARA ST.
MARKET ST.
Downtown Center Plaza
St Joseph's Cathedral Basilica
San Jose Museum of Art
1ST ST.
San Jose Repertory Theater
San Jose State University
4TH ST.
American Museum of Quilts & Textiles
The Pavilion
0
200 yds
N
Tech Museum of Innovation
Montgomery Theater
SOFA
PARK AVE.
SAN CARLOS ST.
2ND ST.
Institute of Contemporary Art
Übernachtung:
Fairmont Hotel B
Hotel De Anza A
Howard Johnson Express D
Ramada Inn C
Valley Inn E
Essen und Sonstiges:
71 Saint Peter 1
AP Stump's 4
Blake's 2
E&O Trading Co 5
Eulipia 8
Original Joe's 7
Pailin 9
Peggy Sue's 2 & 6
Spiedo 3

Auch tagsüber gibt es genügend zu sehen, u.a. das **Institute of Contemporary Art**, 451 S First St, ✆ 408/283-8155. In den großen, sonnigen Räumen wird moderne Kunst von zumeist aus der Bay Area stammenden Künstlern ausgestellt, es sind aber auch Werke internationaler Maler und Bildhauer zu sehen. ◷ Di–Sa 12–17 Uhr, Eintritt frei.

In derselben Straße befindet sich ***Camera 1***, Nr. 366, ✆ 408/998-3300, San Joses zentral gelegenes Kino mit künstlerischem Anspruch, etwas weiter ***The Stage***, Nr. 490, ✆ 408/283-7142, 💻 www.sanjosestage.com, eine der Theaterbühnen der Stadt. Zur Aufführung kommen dort zeitgenössische Produktionen; Vorstellungen Mi–Sa, Karten $20–42.

Der Weg nach Norden entlang der First Avenue führt am Einkaufszentrum **Pavilion** vorbei, das einer größeren Renovierung unterzogen wurde. Die Gegend konnte es brauchen, denn der jahrzehntelange Stillstand hatte die Kunden schon lange in die Einkaufsmeilen der Vororte abwandern lassen. Um dieser Flucht Einhalt zu gebieten, haben die Stadtentwickler die gesamte First und Second Street zum Sanierungsgebiet erklärt.

Sehenswürdigkeiten in der Umgebung

Vier Meilen nordwestlich von Downtown liegen zwei der faszinierenderen und erholsameren Sehenswürdigkeiten, die San Jose zu bieten hat. Die eine davon ist das **Rosicrucian Egyptian Museum**, 1342 Naglee Ave, ✆ 408/947-3636, 💻 www.egyptianmuseum.org. Der grandioses Museumsbau beherbergt eine ausgezeichnete Sammlung assyrischer und babylonischer Artefakte, darunter Mumien, Amulette sowie ein nachgebildetes Grabmal und antiken Schmuck. Die düstere und modrige Atmosphäre des Museums unterstreicht nur die Wirkung seiner Exponate. Besonders sehenswert sind die Mumien der Paviane, Vögel und Fische im linken Bereich des Grabflügels. Auf dem Gelände gibt es außerdem ein **Planetarium**, dessen Vorstellungen sich auch mit esoterischen Themen beschäftigen, ◷ Di–So 14 Uhr, Sa und So zusätzlich 15.30 Uhr, Eintritt frei. Nicht minder reizvoll ist die Gartenanlage, u.a. mit einem Nachbau des Echnaton-Tempels aus Luxor. Weitere Informationen über die Weltanschauung der Rosenkreuzer (engl. *Rosicrucians)* bietet die Website 💻 www.rosicrucian.org. ◷ Di–Fr 10–17, Sa und So 11–18 Uhr, Eintritt $9.

Zwei Blocks westlich des Museums erreicht man auf der anderen Straßenseite die zweite Oase der Erholung, den friedlichen **Municipal Rose Garden** von San Jose. Die schöne Grünfläche mit ihren Rosenbüschen ist ein idealer Ort für ein Picknick mit Blick auf die im Westen aufragenden Santa Cruz Mountains, und im Brunnen in der Mitte der Anlage kann müden Füßen zu einer erfrischenden Abkühlung verholfen werden. ◷ tgl. 8 Uhr bis zum Einbruch der Dunkelheit, Eintritt frei.

Der kleine, von den wuchernden nordwestlichen Außenbezirken San Joses beinahe verschluckte Vorort **Santa Clara** besitzt einige wenige touristische Sehenswürdigkeiten, darunter die aus dem späten 18. Jh. stammende Mission **Santa Clara de Asis**, wenig südlich von The Alameda (Route 82), 500 El Camino Real, die allerdings nicht zu den Prunkbauten in der Kette der entlang der Küste errichteten Missionen zählt. Sie liegt versteckt auf dem Gelände der von Jesuiten geleiteten **University of Santa Clara**, von den ursprünglichen Gebäuden aus der Missionszeit ist jedoch kaum noch etwas übrig. Interessant ist einzig zu sehen, wie deren Überbleibsel sorgfältig erhalten und in die Gesamtanlage integriert worden sind. ◷ tgl. Sonnenaufgang bis Einbruch der Dunkelheit, Eintritt frei.

Das ebenfalls auf dem Gelände angesiedelte **de Saisset Museum**, ✆ 408/554-4528, 💻 www.scu.edu/desaisset, zeichnet die Geschichte der Mission nach und zeigt neben Gegenständen, die aus den Ruinen des 1926 abgebrannten Missionsgebäudes geborgen wurden, auch wechselnde Ausstellungen zeitgenössischer Kunst. Die Glocke im Turm ist original und kam 1798 als Geschenk König Karls IV. von Spanien hierher. ◷ Di–So 11–16 Uhr, Spende von $1 erwünscht.

Alles in allem bietet sich das grüne Universitätsgelände für einen ruhigen Nachmittag und entspannte Spaziergänge an.

Nicht weit vom I-280, nahe dem Hwy-17, liegt am 525 S Winchester Blvd das **Winchester Mystery House**, ✆ 408/247-1313, 💻 www.winchestermysteryhouse.com. Mit *Winchester rifles* („the gun that won the west“*)* sind in der Geschichte Amerikas wahrscheinlich mehr Menschen ins Jenseits befördert worden als mit irgendeiner anderen Waffe. Sarah Winchester war die Erbin des großen Winchester-Vermögens, aber der frühe Tod ihres erfolgreichen Mannes im Jahre 1884 hatte sie sehr mitgenommen. In ihrer Verzweiflung suchte sie ein Medium auf und erfuhr, dass die Geister der vielen Soldaten, Indianer und der anderen Opfer, die durch das berühmte Gewehr umgekommen waren, für das frühe Ableben ihres Gatten verantwortlich seien. Solange nicht ein Raum für jeden dieser Geister gebaut werde, drohe auch Sarah das Schicksal ihres Mannes. Also ging sie von Neu-England ins sonnige Kalifornien und begann zu bauen – zu bauen, um niemals wieder damit aufzuhören. 30 Jahre hindurch ließ sie die Handwerker ununterbrochen an ihrer neuen Villa arbeiten, ständig wurden neue Räume geschaffen, alte erweitert, zusätzliche Flügel angebaut, alte wieder eingerissen. 750 Zimmer soll der Komplex zum Schluss gehabt haben. 160 sind heute noch vorhanden, mit Treppen, die nirgends hinführen, sinnlosen Türen, Fenstern, die auf Steinmauern hinausgehen usw. – ein unglaublicher und verrückter Ort. Die aufdringlichen Souvenirläden und Getränkestände rund um das Haus stören die Atmosphäre allerdings merklich. ⏲ tgl. 9–17 Uhr, Eintritt $19,95. Wer sich so richtig bestrafen möchte, kann sich auch der Sonderführung „Behind the Scenes" für $16,95 anschließen (in Kombination mit Eintritt $24,95).

Der einzige weitere Ort auf der Halbinsel, der eine gewisse Anziehungskraft ausübt (vor allem auf diejenigen, die auf Achterbahn, Jahrmarktsvergnügungen und typisch amerikanische Familienunterhaltung abfahren), ist **Paramount's Great America**, ein über 40 000 m² großer Vergnügungspark am Ende der San Francisco Bay, gleich am US-101 nördlich von San Jose, ✆ 408/988-1776, 💻 www.pgathrills.com. Zwar reicht die Anlage an Disneyland nicht heran, aber dennoch strömen die Massen hierher, und die Schlangen sind genauso lang. Die Hochgeschwindigkeitsbahnen wie „Top Gun Jetcoaster" oder „Drop Zone", bei denen man im freien Fall mehr als 200 m tief fällt, vollführen einen Looping nach dem anderen und sind das Eintrittsgeld wert, vor allem an Wochentagen, wenn es ziemlich leer ist.

⏲ im Sommer tgl. 10–22, in den übrigen Monaten Sa und So 10 Uhr bis zum Einbruch der Dunkelheit, Eintritt am Eingang $48, online $30, drei Tage im Voraus $26.

Übernachtung

Die Hotels in San Jose sind mehr auf Geschäftsleute als auf Touristen oder Traveller ausgerichtet, aber man kann durchaus eine preiswerte Unterkunft finden, besonders am Wochenende.

Fairmont Hotel, 170 S Market St, ✆ 408/998-1900 oder 1-800/441-1414, 💻 www.fairmont.com. Bestes Hotel am Platze, mitten im Zentrum an der Plaza gelegen, gehört zu einer Luxushotelkette und bietet alle erdenklichen Annehmlichkeiten, u.a. Zimmerservice, Pool, Lounge und prunkvolle Zimmer. ❺

Hidden Villa, 26870 Moody Rd, Los Altos Hills, ✆ 408/949-8650, 💻 www.hiddenvilla.org. Hostelunterkunft auf einer großen Ranch in den Bergen oberhalb des Silicon Valley mit zahlreichen Wanderwegen durch unberührte Natur, Juni–Aug wegen Öko-Sommercamp geschlossen. Übernachtung für Mitglieder $17, sonst $20. Private Cabins $35–50.

Hotel De Anza, 233 W Santa Clara St, ✆ 408/286-0500 oder 1-800/843-3700, 💻 www.hoteldeanza.com. Nobles Business- und Konferenzhotel mit allem Komfort in einer der lebendigeren Gegenden der Stadt. An Wochenenden häufig Sonderpreise. ❺

Howard Johnson Express, 1215 S First St, ✆ 408/280-5300 oder 1-800/509-7666, 💻 www.hojo.com. Ordentliche, aber stillose Zimmer in Downtown mit Anbindung an das Nachtleben der Stadt. ❸

Ramada Inn, 455 S 2nd St,San Jose, ✆ 408/298-3500 oder 1-888/298-2054, 💻 www.ramada.com. Komfortable, aber nichts sagende Zimmer direkt in Downtown, mit Pool und Sauna. ❹

Sanborn Park Hostel, 15808 Sanborn Rd, Saratoga, ✆ 408/741-0166, 💻 www.sanbornparkhostel.org. Komfortable Zimmer in hübscher, bewaldeter Umgebung, 15 Min. südwestlich von San Jose. Bei Anruf aus Downtown Saratoga Abholung möglich. Mitglieder zahlen $14, alle anderen Gäste $16. ⏲ 7–9 und 17–23 Uhr.

Valley Inn, 2155 The Alameda,San Jose, ✆ 408/241-8500, 💻 www.valleyinnsanjose.com. Überdurchschnittliches Motel nahe dem Rosicrucian Museum mit Rabatten bei Online-Buchung. ❸

Essen

Eine gute Auswahl an Restaurants in San Jose bietet die Umgebung des San Pedro Square.
71 Saint Peter, 71 N San Pedro St, ✆ 408/971-8523. Terrassenlokal und Austernbar. Das Speisenangebot des außerordentlich beliebten Szenelokals dreht sich vorwiegend um Filet mignon, Schweinelende, Huhn und Salate. Mittags nur Mo–Fr geöffnet, ansonsten jeden Abend.
AP Stump's, 163 W Santa Clara St, ✆ 408/292-9928. Bestes Lokal am Platze für diejenigen, die nicht aufs Geld schauen müssen, und einer *der* Orte im Silicon Valley, um gesehen zu werden. Kalifornische Küche, ausgezeichnete Weinkarte.
Bistro Vida, 641 Santa Cruz Ave, Menlo Park, ✆ 408/462-1686. Längst überfällige Bereicherung an leckerer französischer Bistro-Kost im Silicon Valley zu allerdings überzogenen Preisen.
Blake's Steakhouse and Bar, 17 N San Pedro St, ✆ 408/298-9221. Bei Appetit auf Filetsteak oder gedämpften Hummer die ideale Wahl.
E&O Trading Company, 96 S First St, ✆ 408/938-4100. Südostasiatisches Grillrestaurant der gehobenen Klasse mit vietnamesischen und indonesischen Speisen, u.a. Curryfisch.
El Amigo Burrito, 4485 Stevens Creek Blvd, Santa Clara, ✆ 408/248-3113. Das zwanglose Lokal serviert authentische mexikanische Gerichte in riesigen Portionen und zu sehr vernünftigen Preisen.
Eulipia, 374 S First St, ✆ 408/280-6161. Schickes Lokal, das bestens zubereitete kalifornische Küche auf den Tisch bringt, u.a. gegrillten Fisch. Mo geschlossen.
Il Forniao, im Hyatt Saint Claire, 302 S Market St, ✆ 408/271-3366. Filiale einer schickeren Restaurantkette mit guten italienischen Standardgerichten sowie Leckereien aus dem Ofen.
Original Joe's, 301 S First St, ✆ 408/292-7030. Hier schnappt man sich einen Hocker am Tresen oder lässt sich in einer der gemütlichen Sitzgruppen nieder und genießt einen Burger mit Pommes oder einen Teller Pasta. Eine Institution von San Jose, in der man mit $10 weit kommt. ⌚ 11–1 Uhr.
Pailin, 325 S First St, ✆ 408/998-3306. Gute und preiswerte chinesisch-kambodschanische Küche mit authentischen Gerichten aus der Grenzregion beider Länder.
Peggy Sue's, 29 N San Pedro St, ✆ 408/298-6750. Preiswerte Milchshakes, Burger und Pommes in 50er-Jahre-Ambiente. Auch vegetarische Speisen. Treffpunkt der Sharks-Fans vor Eishockey-Spielen. Ableger in der 183 Park Ave, ✆ 408/294-0252.
Spiedo, 151 W Santa Clara St, ✆ 408/971-6096. Nudeln aus eigener Herstellung, Pizza, Calamari, Lachs und weitere Leckereien mittags wie abends.
Trieu Chau, 325 S First St, ✆ 408/998-3306. Das gute und preiswerte China-Restaurant serviert authentische Gerichte aus der südchinesischen Region Trieu Chau und dem benachbarten Kambodscha.

Unterhaltung

Wer abends wirklich etwa erleben möchte, begibt sich von der Peninsula besser nach San Francisco, auch wenn viele Einwohner von San Jose anderer Ansicht sind. Doch es gibt immerhin mehrere gute **Bars und Clubs** auf der Halbinsel – vor allem in San Jose, aber auch in den Studentengegenden von Palo Alto.
Agenda, 399 S First St, ✆ 408/287-3991. Bar/Restaurant/Lounge in SOFA, von dem manche Leute behaupten, dass sich dort das echte Nachtleben von San Jose abspielt. Jeden Abend DJ Dancing und Live-Jazz.
B-Hive, 372 S First St, ✆ 408/298-2529. Hip-Hop, R&B und Reggae im Dance-Club in der oberen Etage. *Rhythm Records*, darunter, sorgt für den musikalischen Nachschub. Einlass ab 21 Jahren.
Brittania Arms Downtown, 173 W Santa Clara St, ✆ 408/266-0550. Jüngster Ableger der wachsenden, britisch orientierten Kneipenkette mit Fish 'n' Chips, echtem Ale, „Footie" (Fußball) im TV und Quiz-Abenden.
Emma's Club Miami, 177 W Santa Clara St, ✆ 408/279-3670. Riesige Bar mit mexikanischem Restaurant und herrlicher Terrasse am San Pedro Square. An Wochenenden lateinamerikanische Rhythmen, zu denen in der Disco im Obergeschoss getanzt wird.
Glo, 394 S First St, ✆ 408/280-1977. Disco mit Gast-DJs aus San Francisco, L.A. und Vegas am Samstagabend.

Kleidon's Cocktails, 152 Post St, ✆ 408/293-2461. Alte Kneipe im Zentrum San Joses, die eine erholsame Abwechslung bietet, wenn man nicht mehr nur mit schicken Menschen trinken möchte.
Pete Escovedo's, 400 S First St, ✆ 408/947-7500. Schicker Latin- und Jazz-Club mit Kleiderordnung und $12–18 Eintritt. Sonntags Salsa-Unterricht für $10 pro Std.
Tied House, 65 N San Pedro St, ✆ 408/295-2739. Riesige Sportbar und Brauerei am San Pedro Square, in der es auch Burger und andere Speisen gibt.
Toon's, S Second St, Ecke Santa Clara St, ✆ 408/292-7464. Hip-Hop Dance-Club und Billardkneipe in Downtown San Jose. Der dazugehörige benachbarte Club namens *Voodoo Lounge* gewährt nur Gästen ab 21 Jahren Einlass und achtet auf eine strikte Kleiderordnung, die Hüte, Schlabberhosen und Tennisschuhe ausschließt.
Waves Smokehouse and Saloon, 65 Post St, ✆ 408/885-9283. Die geräumige Bar wird von riesigen Bildschirmen für Sportübertragungen beherrscht. Jeden 1. Di im Monat Country-Musik live.
Wine Galleria, 377 S First St, ✆ 408/298-1386. Neben dem Café Matisse. Große Weinbar mit Plüschsofas und riesiger Auswahl an offenen Jahrgangsweinen sowie Weinproben, bei denen man 5 Glas Wein für $20 bekommen kann.
Zoe, 417 S First St, ✆ 408/971-6647. Angesagte Techno-Disco in SoFA mit auffälliger Häufung von Silikon-Implantaten.

Informationen

San Jose Visitor Center, 125 S Market St, ✆ 408/295-9600 oder 1-888/726-5673, 💻 www.sanjose.org, hat Infos über die Gegend. ⌚ Mo–Fr 8–17, Sa und So 11–17 Uhr.
V.I.B.C., im Erdgeschoss des Convention Center, 150 W San Carlos St, ✆ 408/977-0900. Wie das Visitor Center eher auf den Service für Geschäftsleute eingestellt als auf die Belange des einfachen Touristen. ⌚ Mo–Fr 8–17, Sa und So 11–17 Uhr.
Veranstaltungshinweise findet man in der hervorragenden Tageszeitung ***San Jose Mercury***, 💻 www.mercurynews.com, oder in der kostenlosen Wochenzeitschrift ***Metro***, 💻 www.metroactive.com. Auch die **Website** 💻 www.siliconvalley.citysearch.com hält eine Vielzahl an Informationen über das Gebiet bereit.

Nahverkehrsmittel

Der öffentliche Nahverkehr wird von den Santa Clara Valley Transit Authority (VTA)-Bussen und den modernen Trolleys abgewickelt ($1,50, Tageskarte $4,50), Info ✆ 408/321-2300, 💻 www.vta.org.
Greyhound, ✆ 1-800/231-2222, unterhält eine regelmäßige Verbindung nach San Jose und hält dort in der 70 S Almaden, Ecke Santa Clara St. Caltrain-Züge fahren stündlich und halten in allen größeren Orten zwischen SAN FRANCISCO und San Jose.

Transport

Greyhound-Busse fahren 13x tgl. in 1 1/2 Std. von SAN FRANCISCO nach San Jose und die von Amtrak betriebene Capitol Corridor-Route verbindet OAKLAND 4x tgl. mit San Jose (1 Std.). Die großen US-amerikanischen Airlines fliegen auch direkt den erst kürzlich in **Norman J. Mineta San Jose International Airport** umbenannten Flughafen an, der sich ganz in der Nähe von Downtown San Jose befindet; ✆ 408/501-7600, 💻 www.sjc.org. Der Shuttlebus *VTA SJC Airport Flyer* fährt für $3 ins Zentrum von San Jose und nach Santa Clara. Daneben steht für die Bequemeren natürlich auch die übliche Auswahl an Taxis, Limousinen und Shuttlefahrzeugen bereit.

Die Küste südlich von San Francisco

Die Pazifikküste der Peninsula ist im Gegensatz zu den Vorortlandschaften entlang der Bay relativ dünn besiedelt. Es gibt nur wenige, kleine Orte, dafür aber umso mehr Strand. Felsvorsprünge schützen die vielen FKK-Strände vor neugierigen Blicken, von ihren Rändern schwingen sich Drachenflieger in die Lüfte, vor allem am **Fort Funston**, eine Meile südlich vom San Francisco Zoo. An dieser Stelle verläuft der **Sankt-Andreas-Graben** durch das Meer bis nach Point Reyes (mehr über den Graben s.S.578, Kasten).

Von Burton Beach führt der Skyline Boulevard an der Küste entlang durch die monotonen Einfamilienhaus-Siedlungen von Daly City und an der Kreuzung mit dem Hwy-1 Richtung Binnenland nach Woodside. Wer dem Hwy-1 folgt, kann sich auf eine entspannte Fahrt mit atemberaubender Aussicht auf den Pazifik freuen – vorausgesetzt der Zeitpunkt ist richtig gewählt. Denn im Sommer sowie nachmittags an Wochenenden kriechen Campingbusse Stoßstange an Stoßstange die Strecke entlang und machen ein Überholen nahezu unmöglich. Wer sich bei Sonnenaufgang auf den Weg macht, darf mit dem geringsten Verkehr und – sofern Nebel dies nicht verhindert – mit dem schönsten Ausblick rechnen.

Pacifica und Umgebung

Der beliebte Surfstrand **San Pedro Point**, 15 Meilen südlich der Stadt, markiert zusammen mit dem Ort **Pacifica** die Südgrenze der ausgedehnten Vororte von San Francisco. Hier steht das alte **Ocean Shore Railroad Depot**, heute ein Wohnhaus in Privatbesitz, das noch von der nie vollendeten Bahnlinie zeugt, die einmal San Francisco und Santa Cruz miteinander verbinden sollte. Die Linie fiel dem Erdbeben von 1906 zum Opfer; der Bau war aber schon vorher nach ungefähr einem Drittel der Gesamtlänge eingestellt worden. Per Fähre wurden die Passagiere von einem Teilstück zum anderen verfrachtet.

Die ständig erodierenden Klippen sind ein schlechter Untergrund, wie eine Meile südlich bei **Devil's Slide** zu erkennen ist, wo eine neue Zementbefestigung dafür sorgen soll, dass der Highway bei Winterstürmen nicht mehr so häufig unterspült wird. Während der Prohibition entledigte man sich hier mit Vorliebe der Leichen jener Leute, die den Rumschmugglern im Weg waren, und das Gelände kommt unter verschiedenen Namen in zahlreichen Detektivgeschichten von Dashiell Hammett vor.

Am **Grey Whale Cove State Beach**, unmittelbar südlich von Devil's Slide, muss man bekleidet sein. Trotz des viel versprechenden Namens ist dies nicht der optimale Ort, um die Grauwale zu beobachten, wenn sie an der Küste vorbeiziehen, doch die Treppenstufen an der Bushaltestelle führen zu einem hübschen Stück Sandstrand hinab. 🕓 tgl. 8 Uhr–Sonnenuntergang.

Zwei Meilen weiter südlich liegt **Montara Lighthouse**, eine Leuchtturm-Anlage von 1875 mit roten Dächern, die heute das *Montara Lighthouse Hostel* (s.u.) beherbergt. Unmittelbar südlich der Abzweigung zum Hostel erstreckt sich am Ende der California Street entlang der Küste das **Fitzgerald Marine Reserve**, ✆ 650/728-3584, ein drei Meilen langer Strandabschnitt mit flachen, rutschigen Steinen, zwischen denen bei Ebbe schöne Gezeitenbecken zurückbleiben, in denen man Meeresflora und -fauna beobachten kann. An seinem südlichen Ende ragt die kleine Halbinsel Pillar Point, wo die Fischerboote anlegen, in den Pazifik.

Mavericks Beach, gleich beim Pillar Point hinter der riesigen Satellitenschüssel, zieht mit den längsten Wellen Nordamerikas bei entsprechendem Wellengang einige der besten (und verrücktesten) Surfer der Welt an – man kann gut eine Stunde damit verbringen, ihnen einfach nur zuzuschauen. Man kann auch auf Wellenbrechern ein Stück ins Meer hinauslaufen, allerdings sollte man dem Ozean nie den Rücken zukehren. Unvermittelte Wellen haben Touristen schon in den Tod gerissen.

In den Restaurants der umliegenden Dörfer **Princeton-By-The-Sea**und **El Grenada** wird fangfrischer Fisch oder Hamburger zum Mittagessen angeboten. Ein Stückchen weiter befindet sich direkt vor dem herrlichen Miramar Beach ein weiteres Surfgelände; nach einem Tag im Wasser oder am Strand trifft man sich im Douglass Beach House am Meer (s.u.), einem lockeren Jazzclub mit Bierbar.

Half Moon Bay

Dieser Ort ist eigentlich der einzige halbwegs größere zwischen San Francisco und Santa Cruz, benannt nach der sichelförmigen Bucht, die sich südöstlich von Pillar Point erstreckt und von kilometerlangen Sandstränden umgeben ist. Wenn man bedenkt, wie nahe San Francisco und das Silicon Valley sind, wirkt der Ort ausgesprochen ländlich. Rund um das Zentrum sind prachtvolle viktorianische Villen erhalten, die älteste wurde 1849 erbaut und liegt am nördlichen Ende der Main Street, auf der anderen Seite der kleinen Brücke, die den Pilarcitos Creek überspannt.

Den 10 Meilen südlich von Half Moon Bay gelegenen **San Gregorio State Beach** besucht man am besten im Frühling, wenn die Winterstürme vorübergezogen sind und unbekannte Strandgut-Architekten ihre primitiven Hütten aus Treibholz bauen. Im Sommer ist der Strand dann meist mit eingeölten Körpern übersät, aber nördlich der Felsvorsprünge geht es etwas ruhiger zu. ⌚ tgl. 8 Uhr–Sonnenuntergang, Eintritt $6.

Sehr schöne Sandstrände sind auch die unmittelbar nördlich der Half Moon Bay gelegenen Dunes Beach und Venice Beach.

Butano Redwood Forest

Wenn man ein Auto hat und das Wetter für den Strand nicht gut genug ist, kann man in die Berge hinauffahren, wo der große Butano Redwood Forest seine urzeitliche Stimmung bei grauem und düsterem Wetter besonders eindrucksvoll entfaltet. Etwa die Hälfte des Landes zwischen San Jose und der Küste ist durch State und County Parks vor wirtschaftlicher Nutzung geschützt.

Obwohl sie nur eine halbe Stunde vom Silicon Valley entfernt ist, ist diese Gegend wie ausgestorben. Jede der etwa ein Dutzend Straßen führt durch endlose Wälder, und selbst der kürzeste Spaziergang kann einem den Eindruck vermitteln, als wäre man unendlich weit von jeglicher Zivilisation entfernt.

Der Hwy-84 führt ab San Gregorio durch den **Sam McDonald County Park** zum Weiler La Honda hinauf, von wo man weiter nach Palo Alto, oder besser über die Pescadero Road in einer Schleife zur Küste zurückfahren kann.

Eine Meile vor dem malerischen Dorf Pescadero führt die Cloverdale Road nach Süden zum **Butano State Park**, in dem man oberhalb des Pazifiks wandern und campen kann. Wenig nördlich der Abzweigung zum Ort vom Hwy-1 erstreckt sich mit dem Pescadero State Beach ein weiterer schöner Strand; ⌚ durchgehend, keine Parkgebühr.

Pescadero und Umgebung

Eines der vor der hiesigen Küste gekenterten Schiffe hatte Hunderte von Töpfen mit weißer Farbe geladen, die an den Strand gespült wurden. Die Fischer von Pescadero, eine Meile auf der Pescadero Rd landeinwärts, nutzten die Gelegenheit und strichen damit ihr Örtchen von oben bis unten neu an. So sind noch heute zwei Straßenzüge von weißen Holzhäusern gesäumt.

Die Nachfahren der portugiesischen Walfänger pflegen noch eine andere Tradition: Sie feiern Pfingsten mit einer lebhaften Prozession.

Auf dem Hwy-1 gibt es fünf Meilen südlich von Pescadero eine Übernachtungsmöglichkeit im alten Leuchtturmwächterhaus, dem Pigeon Point Lighthouse Hostel (s.u.). **Pigeon Point** wurde nach einem Klipper benannt, der an den Felsen vor der Landzunge zerschellte – eines von vielen Schiffsunglücken, die im späten 19. Jh. schließlich zum Bau des Leuchtturms führten. ⌚ tgl. 8 Uhr–Sonnenuntergang, Eintritt frei, ✆ 650/879-2120, gelegentlich auch Touren. Der ruhigste und hübscheste Strand ist der **Bean Hollow State Beach**, eine Meile nördlich des Hostels; Eintritt frei, aber kaum Parklplätze.

Año Nuevo State Reserve

Wer sich zwischen Dezember und März in der Gegend aufhält, sollte auch die fünf Meilen nach Süden zum Año Nuevo State Reserve zurücklegen, um ein ungewöhnliches Naturschauspiel zu sehen: die Paarung der **Nördlichen See-Elefanten** *(Mirounga angustirostris)*. Diese massigen, unbeholfenen Tiere, die bis zu 5 m lang und 3 t schwer werden können, gab es früher entlang der gesamten Küste, doch im 19. Jh. wurden sie von Walfängern beinahe ausgerottet. Während der Paarungszeit, wenn die Bullen um die Kühe kämpfen – einer beglückt immerhin bis zu 50 pro Saison –, besteht der ganze Strand aus einer wogenden Masse von Tierkörpern. Die charakteristischen hängenden Nasenlappen der Bullen verstärken das lautstarke Gebrüll, mit dem sie die Kühe anzulocken hoffen. Ihr weicher, wabbeliger Körper erlaubt ihnen, tiefer als alle anderen Säugetiere zu tauchen, bis zu 1400 m unter die Wasseroberfläche! Außerhalb der Paarungszeit lassen sich zumindest ein paar Tiere dösend im Sand sehen. Im März bietet sich manchmal auch die Möglichkeit, die Wanderung der Grauwale zu erleben.

Die langsam wieder wachsende See-Elefanten-Population von Año Nuevo wird noch immer streng geschützt und kann während der Zeit, in der die See-Elefanten-Babys geboren werden, nur im Rahmen einer geführten Tour besucht werden. Die Führungen finden tgl. von 8–16 Uhr jede Stunde statt, ✆ 650/879-2025 oder 1-800/444-4445, 🖳 www.anonuevo.org, und sind oft ausgebucht, $4 pro Person, $2 Parken. Für Leute, die im Pigeon Point Hostel nächtigen, sind aber meistens noch Tickets zu haben. *SamTrans*, ✆ 650/656-4481 oder 1-800/660-4287, fährt manchmal mit Charterbussen für $12,50 pro Person von San Mateo an der Bay-Seite der Halbinsel aus hierher.

Übernachtung

HI-Point Montara Lighthouse, 16th St/Hwy-1, Montara, ✆ 650/728-7177, 🖳 www.norcalhostels.org, 25 Meilen südlich von San Francisco, zu erreichen mit SamTrans-Bus Nr. 1L oder Nr. 1C, Mo–Fr bis 17.50, Sa bis 18.15 Uhr. Altes Leuchtturmhaus mit Jacuzzi im Freien, Bett im Schlafsaal $18 für JH-Mitglieder, sonst $21. Bürozeiten: 7.30–10 und 16.30–21.30 Uhr; um 23 Uhr wird die Tür abgeschlossen.

Hi-Pigeon Point Lighthouse, am Hwy-1 südlich von Pescadero, 50 Meilen südlich von San Francisco, ✆ 650/879-0633, 🖳 www.norcalhostels.org. Wunderschön gelegenes Hostel, ideal, um die Redwoods in den Bergen zu erkunden oder die wild lebenden Tiere in der nahe gelegenen Año Nuevo State Reserve zu beobachten. Jacuzzi im Freien. Mitglieder zahlen $18, Nicht-Mitglieder $21; im Sommer Reservierung erforderlich. Zimmer kosten $48–55. Bürozeiten: 7.30–10 und 17.30–22 Uhr; Check-in ab 16.30 Uhr, um 23 Uhr wird die Tür verriegelt.

Pacifica Motor Inn, 200 Rockaway Beach Ave, Pacifica, ✆ 650/359-7700 oder 1-800/522-3772, 🖳 www.pacificamotorinn.com. Geräumige Zimmer nur einen Häuserblock vom Strand entfernt am Hwy-1. ❸

Sea Breeze Motel, 100 Rockaway Beach Ave, Pacifica, ✆ 650/359-3903, 🖳 www.nicksrestaurant.net. Strandhotel mit gepflegten Zimmern. Angeschlossen ist das Restaurant *Nick's*. ❹

Old Thyme Inn, 779 Main St, Half Moon Bay, ✆ 650/726-1616 oder 1-800/720-4277, 🖳 www.oldthymeinn.com. Hat ein paar B&B-Zimmer in einem alten viktorianischen Haus inmitten üppiger Kräuter- und Blumengärten. ❻

San Benito House, 356 Main St, Half Moon Bay, ✆ 650/726-3425, 🖳 www.sanbenitohouse.com. Zwölf gemütliche B&B-Zimmer in einem 100 Jahre alten Haus, nur eine Meile vom Strand entfernt. Ausgezeichnetes Restaurant im Erdgeschoss. ❹

Eine halbe Meile westlich vom Ort Half Moon Bay findet man den ***Half Moon Bay State Park*** mit mehreren kostenlosen, aber einfachen Campingplätzen.

Half Moon Bay State Beach, Half Moon Bay, ✆ 650/726-8820. Zeltplätze im Wald hinter dem Strand für $20.

Butano State Park, Pescadero, ✆ 650/879-2040. RV und Zeltplätze in einem schönen Wald. Zeltplatz für $12; Reservierung über *Reserve America*, ✆ 1-800/444-7275; Zeltplatz $20, im Winter $15.

Essen und Unterhaltung

Barbara's Fish Trap, 281 Capistrano Rd, abseits vom Hwy-1, Princeton-by-the-Sea, ✆ 650/728-7049. Seafood-Restaurant am Meer mit preiswerten Fischgerichten am Abend und unschlagbarer Aussicht.

Chateau des Fleurs, 523 Church St, Half Moon Bay, ✆ 650/712-8837. Kleines, preiswertes französisches Restaurant mit exquisitem Blumengarten.

Duarte's, 202 Stage Rd, Pescadero, ✆ 650/879-0464. Traditionelle amerikanische Küche, v.a. Fisch, für ca. $10 in einem gemütlichen Lokal, berühmt für seine Artischockensuppe. Daneben eine Bar voller Einheimischer mit Cowboyhüten.

Douglass Beach House, Miramar Beach, 2 Meilen nördlich von Half Moon Bay am Hwy-1, Richtung Westen die Medio Avenue hinab, ✆ 650/726-4143, 🖳 www.bachddsoc.org. Zweistöckiges Landhaus am Strand mit Kamin und Veranda; häufig internationale Jazz-Künstler. Im Erdgeschoss befindet sich das ruhigere *Ebb Tide Café*, ◷ Do–So.

Gin Wan, 2810 Cabrillo Hwy, Half Moon Bay, ✆ 650/726-6028. Köstliche chinesische Gerichte in großen Portionen zu sehr vernünftigen Preisen.

M Coffee, 522 Main St, Half Moon Bay, ✆ 650/726-6241. Kaffee, Tee, Sandwiches und Eis; kleines, gemütliches Lokal.

Rock'n'Rob's, 450 Dundee Way, Rockaway Beach, Pacifica, ✆ 650/359-3663. Der auf alt gemachte neue Diner produziert Burger und Pommes am laufenden Band, bietet aber kein Frühstück an.

Sonstiges

INFORMATIONEN – ***Chamber of Commerce,*** 520 Kelly Ave, Half Moon Bay, ✆ 650/726-8380, 💻 www.hmbchamber.org. Kostenlose Pläne für Rundgänge durch den Ort sowie Informationen über die beiden berühmten Festivals, die hier jedes Jahr stattfinden: das **Holy Ghost and Pentecost Festival** mit einer Parade und einem Grillfest am sechsten Sonntag nach Ostern und das **Pumpkin Festival**, mit dem die Ernte der vielen Kürbisfarmen der Umgebung gefeiert wird. 🕓 Mo–Fr 9–16 Uhr. Ein kleiner Infostand befindet sich unter dem Uhrturm an der Ecke Kelly Ave und Main St, 🕓 Sa und So 10–15 Uhr.

Chamber of Commerce, 225 Rockaway Beach Ave, Pacifica, ✆ 650/355-4122, 💻 www.pacificachamber.com. Sehr freundlich, kostenlose Karten der Umgebung, auch Wanderführer für die Sweeney Ridge, von der aus der spanische Entdecker Gaspar de Portola 1769 die San Francisco Bay erblickte. 🕓 Mo–Fr 9–17, Sa und So 10–16.30 Uhr.

REITEN – ***Sea Horse Ranch*** und ***Friendly Acres Ranch,*** 2150 N Cabrillo Highway, Half Moon Bay, ✆ 650/726-9903, 💻 www.friendlyacresinc.com. Ausritte eine Meile nördlich der Stadt für $30 pro Std., 90-minütige Strandritte für $40.

Transport

Half Moon Bay ist die südliche Endstation der SamTrans-Buslinie Nr. 294. Um von hier weiter nach Süden zu gelangen, muss man in Bus Nr. 15 umsteigen, der alle drei Stunden zum 20 Meilen südlich gelegenen WADDELL CREEK fährt. Von hier aus fahren dann verschiedene Busse nach SANTA CRUZ und weiter an der Küste entlang (vgl. Santa Cruz).

Marin County

Auf der anderen Seite der Golden Gate Bridge zeigt sich Kalifornien von seiner elitären Seite: In Marin County wird der Lebensstil einer Bevölkerungsschicht vorgeführt, die maßlos und selbstzufrieden im Luxus schwelgt. Sonne, Sandstrände, hohe Berge, Redwood-Wälder und die Schönheiten der Natur schaffen den idealen Rahmen für einen elitären Spielplatz der Wohlhabenden. Viele junge Aufsteiger, die sich in den noblen Küstenorten niedergelassen haben, wuchsen in den Flower-Power-Tagen der 60er auf und gehören heute zur Schickeria der New-Age-Bewegung. Wer in den Anzeigenteilen der Lokalzeitungen blättert, findet von Rolfing bis Re-Birthing alles, was das esoterische Herz begehrt. Im Mittelpunkt des Lebens hier stehen Vergnügen und persönliches Wohlbefinden, wobei das Mountainbike dem Kokainkonsum ein Ende bereitet hat.

Glänzende, moderne Fährschiffe mit gut sortierten Bars an Bord fahren von San Francisco aus an Alcatraz vorbei und legen in **Sausalito** oder **Tiburon**, zu Füßen des **Mount Tamalpais**, an. Die Bergkette trennt die noblen Orte an der Bucht von der wilden Pazifikküste im Westen. **Angel Island** heißt die Tiburon vorgelagerte Insel, auf der man sich zwischen den gespenstischen Ruinen alter Befestigungsanlagen immer noch vorkommt wie in einer verlassenen Wildnis. Auf den **Marin Headlands**, gleich hinter der Golden Gate Bridge, standen einst die Kanonen, die den Hafen von San Francisco vor potenziellen Eindringlingen schützen sollten, heute erstreckt sich hier ein Paradies für Wanderer und Radfahrer. **Stinson Beach**, weiter nördlich, ist der größte Sandstrand der Bay Area.

An der **Point Reyes National Seashore** soll 1579 Sir Francis Drake gelandet sein, um ganz Kalifornien im Namen Englands in Besitz zu nehmen. Das ganze Jahr über kommen Besucher, um einen Blick auf vorbeiziehende Wale und Robben zu erhaschen.

In den Höhenlagen um den Mount Tamalpais, vor allem im **Muir Woods**, wachsen noch die riesigen Redwoodbäume, die einmal in ganz Marin County heimisch waren. Mit den Redwoods sind auch die Sägewerke von **Mill Valley** verschwunden, Cafés und Galerien prägen heute das Bild der ältesten Siedlung im Bezirk. Die weiter nördlich gelegene, größte Stadt von Marin County, **San Rafael**, bietet wenige Sehenswürdigkeiten; von hier aus kommt man durch das Weinland Sonoma County weiter nach Nordkalifornien.

Transport

Ohne Auto ist vor allem der nördliche Teil von Marin County schwer zugänglich, am südlichen Ende kann man mit Planung auch mit dem Bus weiterkommen. Die meisten besuchen die Region in Tagesausflügen von San Francisco aus. Zu den besten Fortbewegungsmitteln in Marin County gehört das **Mountainbike**, denn zahlreiche Radwege durchziehen das County kreuz und quer. Wer lieber auf der Straße bleibt, nimmt am besten den Sir Francis Drake Highway – von Larkspur nach Point Reyes –, allerdings lieber nicht am Wochenende, wenn wahrscheinlich dichter Verkehr herrscht. Alle Fähren (außer jener nach Alcatraz) befördern Fahrräder.

Golden Gate Transit unterhält ein gutes **Busnetz** in Marin County und über die Golden Gate Bridge vom Transbay Terminal in San Francisco (in Marin County ✆ 415/455-2000, in San Francisco ✆ 415/923-2000, 🖳 www.goldengate.org) und gibt einen nützlichen, kostenlosen Fahrplan heraus, der auch sämtliche Fährverbindungen umfasst. Busfahrkarten kosten je nach Entfernung $1,85–7,25. Die wichtigsten GGT-Busse verkehren tagsüber halbstündlich, nachts stündlich. Die GGT-Pendlerbusse, die nur während der morgendlichen und abendlichen Rushhours eingesetzt werden, können die einzige öffentliche Verkehrsverbindung zu bestimmten Orten darstellen. Golden Gate Transit-Bus Nr. 40, das einzige öffentliche Transportmittel zwischen Marin County und der East Bay, fährt vom San Rafael Transit Center zur Del Norte BART-Station in El Cerrito ($3,10 einfach). Nur sonntags verkehrt MUNI-Bus Nr. 76 stdl. von San Francisco zu den Marin Headlands.

Wer sich nicht um Busverbindungen kümmern möchte, kann sich an *Gray Line,* ✆ 415/558-9400. 🖳 www.grayline.com, wenden, die vierstündige **Busrundfahrten** ab dem Transbay Terminal in San Francisco nach Sausalito und Muir Woods veranstalten, tgl. ganzjährig ab 9 Uhr, im Sommer auch häufiger (Zeiten telefonisch oder online erfragen), Ticket $41, mit Kreuzfahrt durch die Bucht $55.

Die **Fähren** von *Golden Gate Transit,* in San Francisco ✆ 415/923-2000, in Marin ✆ 415/455-2000, 🖳 www.goldengate.org, starten am Ferry Building am Embarcadero in San Francisco, überqueren die Bucht und fahren vorbei an Alcatraz Island nach **Sausalito** (Mo–Fr 7.40–19.55, Sa und So 10.40–18.30 Uhr) und **Larkspur** (Mo–Fr 6.30–21.35, Sa und So 12.30–19 Uhr). Die Schiffe verkehren während der Hauptverkehrszeiten alle 30–40 Min., ansonsten etwa stündlich, an Wochenenden sowie an Feiertagen etwa alle 1 1/2–2 Std. Fahrpreis $6,15 einfach.

Golden Gate Transit-Busse nach Marin County

Nr. 2: San Francisco–Marin Headlands–Marin City–Sausalito; werktags.
Nr. 4: San Francisco–Mill Valley; werktags.
Nr. 8: San Francisco–Tiburon–Sausalito; werktags.
Nr. 10: Sausalito– Marin City–Mill Valley–Tiburon; tgl.
Nr. 18: San Francisco–Corte Madera–College of Marin–Larkspur–San Anselmo; werktags.
Nr. 20: San Francisco–Sausalito–Corte Madera–San Anselmo–San Rafael; tgl.
Nr. 24: San Francisco–Greenbrea–San Anselmo–Fairfax–Lagunitas; werktags.
Nr. 26: San Francisco–San Rafael–San Anselmo–Sleepy Hollow; werktags.
Nr. 29: Larkspur Ferry–San Rafael; tgl.
Nr. 30: San Francisco–Larkspur Ferry–San Rafael; werktags.
Nr. 50: San Francisco–Sausalito–San Rafael–Novato–San Marin; tgl.
Nr. 63: Marin City–Stinson Beach; nur an Wochenenden.
Nr. 65: San Rafael–Point Reyes Station–Inverness; nur an Wochenenden.
Nr. 80: San Francisco–San Rafael–Novato–Petaluma–Santa Rosa; tgl.
Nr. 90: San Francisco–San Rafael–Sonoma Valley; werktags.
Nr. 93: San Francisco Civic Center–Golden Gate Bridge; werktags.

Die etwas teureren ($7,25 einfache Fahrt) und weniger häufigen Fähren der *Blue and Gold Fleet*, ✆ 415/773-1188, 🖳 www.blueandgoldfleet.com, starten von Pier 41 in Fishersman's Wharf nach Sausalito (Mo–Fr 11–17, Sa und So 10.40–18.30 Uhr) und **Tiburon** (Mo–Fr 11–17, Sa und So 9.45–18.30 Uhr) – von dort geht es mit der *Angel Island Ferry*, ✆ 415/435-2131, 🖳 www.angelisland ferry.com, zum **Angel Island State Park**, $10 hin und zurück, $1 pro Fahrrad, im Sommer tgl., im Winter nur am Wochenende. Auf allen Fähren ab San Francisco (außer nach Alcatraz) kann man ein Fahrrad mitnehmen. *Blue and Gold Fleet* bietet zusätzlich unter der Woche während der Rushhour Überfahrten nach Tiburon vom Ferry Building sowie einen Ausflug direkt nach Angel Island ($13 hin und zurück); Abfahrt 2x tgl. an Werktagen, 3x tgl. am Wochenende vom Pier 41. Es ist zu beachten, dass die Fahrpläne der Fähren vierteljährlich geändert werden, also am besten im Voraus Informationen einholen. Außerdem bietet die Gesellschaft eine kombinierte Schiffs- und Bustour über Tiburon nach Muir Woods an; Abfahrt vom Pier 43 tgl. 9.15 und 14.15 Uhr, 4–5 Std., $47.

Marin Headlands

Die weitgehend unberührte Landschaft der Marin Headlands in der **Golden Gate National Recreation Area** jenseits der Golden Gate Bridge bietet grandiose Blicke auf die Skyline von San Francisco. Folgt man an der ersten Abfahrt hinter der Brücke (Alexander Avenue) den Schildern, die den Weg zurück nach San Francisco weisen – der Rundweg zurück zur Brücke führt zunächst auf der Conzelman Road nach Westen und dann einen steilen Hügel hinauf. Die Strecke durchquert eine weitgehend naturbelassene Landschaft, nur hier und da finden sich die Reste von Befestigungsanlagen und Artilleriestellungen, von denen aus der Eingang der Bucht überwacht wurde. Die ältesten stammen noch aus der Zeit des amerikanischen Bürgerkrieges, die jüngsten wurden im Zweiten Weltkrieg angelegt.

Die Küste präsentiert sich hier ungleich zerklüfteter als auf der anderen Seite der Golden Gate Bridge und lädt zu einem reizvollen Spaziergang entlang der Klippen oder an einem der darunterliegenden Strände ein.

Die erste Befestigungsanlage nach dem steilen Aufstieg auf den Hügel ist **Battery Wallace**. Sie ist die größte und beeindruckendste ihrer Art an der felsigen Küste und wurde oberhalb der Südwestspitze der Halbinsel durch das Erdreich hindurch in einen Hügel gebaut. Bis heute rahmen die klaren geometrischen Formen den Blick auf den Pazifik und die Golden Gate Bridge ein. Wer sich für so etwas erwärmen kann, sollte bevorzugt am ersten Sonntag im Monat kommen und an einer der angebotenen Führungen teilnehmen.

Ansonsten empfiehlt sich die Weiterfahrt entlang der Conzelman Road, die von zahlreichen Punkten herrliche Ausblicke auf die Stadt bietet. Vogelfreunde können vom Parkplatz Battery Wallace durch mehrere Tunnel spazieren, die nach ca. 500 m auf den gegenüber liegenden Felsvorsprung führen, von wo sich Ausblicke auf den **Rodeo Beach** und den weit unten gelegenen Leuchtturm **Point Bonita Lighthouse** bieten. Wer Point Bonita mit dem eigenen Fahrzeug anfahren möchte, fährt einfach die Conzelman Road weiter, die sich als Einbahnstraße langsam bis zum Leuchtturm hinunterwindet. Dort, wo die Conzelman Road an der YMCA-Herberge auf die T-Kreuzung stößt, biegt man nach links ab und parkt den Wagen am Straßenrand oder stellt ihn auf dem knapp 300 m westlich, am Ende der Straße gelegenen Parkplatz ab. Der hübsche Spaziergang von einer halben Meile führt durch einen Tunnel im Felsen und über eine waghalsige Hängebrücke. 🕓 Sa–Mo 12.30–15.30 Uhr, Eintritt frei.

Auf dem letzten Teil der Rundstrecke entlang der Bunker Road nach Nordosten sollte man im **Marin Headlands Visitor Center** (s.S. 570) einen Zwischenstopp einlegen und sich mit den kostenlosen Karten eindecken, auf denen die beliebten Wanderrouten der Gegend eingezeichnet sind. In einem Teil des alten **Fort Barry**, das auf der anderen Straßenseite ein Stück vom Information Center entfernt liegt, ist das gemütliche *HI-Marin Headlands*-Hostel untergebracht, das sich als ausgezeichnete Ausgangsbasis für ausgedehntere Exkursionen in die Umgebung anbietet.

Biegt man links ab, windet sich die Bunker Road zum breiten Sandstrand des **Rodeo Beach** hinunter (MUNI-Bus Nr. 76 von San Francisco: nur So und an Feiertagen), der eine relativ warme Lagune, die **Rodeo Lagoon**, vom Meer trennt. In der

Lagune ist das Schwimmen jedoch verboten, um die brütenden Seevögel nicht zu stören.

Im nördlich der Lagune gelegenen **Marine Mammal Center**, 🖳 www.tmmc.org, werden verletzte und verwaiste Meerestiere gepflegt, darunter auch Delphine und Seeotter. Außerdem gibt es eine Ausstellung über das Ökosystem des Ozeans und eine Buchhandlung, in der auch T-Shirts, Poster usw. zu haben sind.

Übernachtung

Am Marin Headlands, gleich hinter der Golden Gate Bridge, gibt es fünf **Campingplätze**, ✆ 415/331-1540, 🖳 www.nps.gov/goga. Der beste ist ***Kirby Cove***, am Nordende der Golden Gate Bridge; nur April–Okt geöffnet und sehr populär, $20. Reservierung Di–Do 10–14 Uhr, ✆ 415/561-4304. Von den übrigen ist einer für Gruppen reserviert ($20), und die restlichen können kostenlos genutzt werden.

HI-Marin Headlands, Bldg 941, Fort Barry, ✆ 415/331-2777 oder 1-800/909-4776, 🖳 www.norcalhostels.org, tgl. 10–15.30 Uhr geschlossen, außer zum Einchecken. Das einladende Hostel liegt eine halbe Meile vom Marin Headlands Visitor Center entfernt in einem gemütlichen alten Gebäude des Fort Barry und lohnt die Anfahrt. Sonn- und feiertags fährt der MUNI-Bus Nr. 76 aus San Francisco direkt bis vor die Tür. Bett im Schlafsaal für $18, DZ $54.

Informationen

Marin Headlands Visitor Center, nahe der Rodeo Lagoon, Bunker Rd, ✆ 415/331-1540. Kostenlose Karten beliebter Wanderstrecken der Gegend. ⌚ tgl. 9–16.30 Uhr.

Golden Gate National Recreation Area, Building 201, Fort Mason Center, San Francisco, ✆ 415/561-3000. ⌚ Mo–Fr 9.30–16.30 Uhr. Informationen über Wander- und Campingmöglichkeiten in unberührter Natur und an den Stränden.

Sausalito

Sausalito, das unterhalb des Hwy-101 an der Bucht liegt, eignet sich von San Francisco aus für einen Tagesausflug. Teure Restaurants und noble Boutiquen bestimmen das Bild an der pittoresken Uferpromenade. Entlang der Hauptverkehrsstraße, der Bridgeway Avenue, fällt der Blick auf eigenwillige Privathäuser, die zwischen den Felsen am Hang versteckt liegen. Wer mit der Golden Gate Ferry vom Embarcadero übersetzt, kommt am Jachthafen nahe dem Zentrum an und kann die Treppe oberhalb der Brücke erklimmen, um auf den grünen Hügeln spazierenzugehen.

Die alten Schuppen und Lagerhäuser aus den Zeiten, in denen Sausalito noch ein Schmugglernest war, sind längst verschwunden oder zu Steakhäusern umgebaut worden. Allerdings gibt es – zumindest bislang – noch ein paar Enklaven, die dem Touristenansturm entkommen sind.

Eine halbe Meile weiter nördlich kommt man auf der Uferpromenade wieder zum Hwy-101. Hier liegt ein Pulk alter Schleppkähne und exotischer Hausboote vor Anker, auf denen Leute zum Teil seit den 50er Jahren wohnen. Inzwischen droht ihnen der Rausschmiss, denn man will einen weiteren Jachthafen einrichten.

In dem großen Betongebäude an der 2100 Bridgeway Ave befindet sich das **Bay Model Visitor Center**, ✆ 415/332-3870, 🖳 www.baymodel.org. Im Innern des riesigen Gebäudes führen Stege um ein maßstabgetreues Modell der Bucht mit ihren Deltas und vermitteln einen Eindruck der Größe und Vielfalt der Region. ⌚ Di–Sa 9–16 Uhr, Eintritt frei.

Sausalitos neueste Attraktion ist das **Bay Area Discovery Museum**, 557 McReynolds Rd, ✆ 415/339-3900, 🖳 www.baykidsmuseum.org. Es ist in den umgebauten Räumlichkeiten der Kasernen von **Fort Baker** untergebracht und bietet auch eine Reihe von Aktivitäten für kleinere Kinder, darunter Kunst- und Medienräume oder einen Bereich im Freien mit einem kleinen Gezeitenbecken, einem Schiffswrack und einem Modell der Golden Gate Bridge während der Konstruktionsphase. ⌚ Di–Fr 9–16, Sa und So 10–17 Uhr, Eintritt $8,50, jeden 2. Sa 13–17 Uhr Eintritt frei.

Übernachtung

Es ist schwierig, in dieser Gegend eine halbwegs preiswerte Übernachtungsmöglichkeit zu finden, das gilt für Hotels wie Motels. Eine Möglichkeit ist, bei der ***Bed and Breakfast Exchange***,

Exotische Hausboote in Sausalito

✆ 415/485-1971 anzurufen, die Privatzimmer ab etwa $60 aufwärts in ganz Marin County vermittelt.

Casa Madrona, 801 Bridgeway Ave, ✆ 415/332-0502 oder 1-800/567-9524, 💻 www.casa madrona.com. Luxusherberge im europäischen Stil mit Heilbädern, versteckt in den Bergen oberhalb der Bay. ❽

Hotel Sausalito, 16 El Portal, Sausalito, ✆ 415/332-0700 oder 1-888/442-0700, 💻 www.hotel sausalito.com. 16 stilvolle Zimmer mit Blick auf Park und Hafen. ❻

Essen

Trotz des blühenden Wohlstands im Marin County kann man hier nicht so gut essen gehen wie in der übrigen Bay Area. Jedoch gibt es einige Restaurants, deren Besuch sich lohnt, wenn man in der Gegend ist.

Sartaj India Café, 43 Caledonia St, ✆ 415/332-7103. Das großartige und preiswerte indische Restaurant offeriert eine Auswahl an Fleisch- und vegetarischen Gerichten, darunter *thalis* und seltsamerweise auch Bagels für diejenigen, die kein scharfes Frühstück vertragen.

Sweet Ginger, 400 Caledonia St, ✆ 415/332-1683. Das kleine japanische Restaurant serviert zu günstigen Preisen Sushi, Sashimi und Hauptgerichte wie Tempura und Teriyaki.

Tommy's Wok, 3001 Bridgeway, ✆ 415/332-5818. Chinesische Gerichte aus Biogemüse und -fleisch sowie frischem Seafood.

Unterhaltung

Zwar kann sich das Nachtleben von Marin County nicht mit dem von San Francisco messen, doch in fast jeder Stadt gibt es zumindest ein paar bis spät geöffnete **Cafés** und einige Saloon-ähnliche **Bars**, in denen man sich sofort zu Hause fühlt. Und da die meisten Größen der Bay Area-Musikszene und viele weniger bekannte, jedoch genauso gute Musiker hier leben, stellen die Nachtclubs von Marin die denkbar beste Gelegenheit dar, die Stars in kleinem Rahmen zu erleben.

The Bar With No Name, 757 Bridgeway Ave, ✆ 415/332-1392. Ein gut besuchter, ehemaliger Treffpunkt der Beat Generation, in dem noch heute Lesungen und abendliche Jam Sessions stattfinden, Beginn 20 Uhr, So 15–19 Uhr.

Bridgeway Café, 633 Bridgeway, ✆ 415/332-3426. Gut zum Entspannen bei einer Tasse Kaffee oder einem Gourmet-Frühstück zu vergleichsweise erschwinglichen Preisen.

Caffè Trieste, 1000 Bridgeway Ave, ✆ 415/332-7770. Diese entfernte Verwandte der gleichnamigen Institution von Friscos North Beach serviert guten Kaffee und hat ein großes Angebot an Pasta und Salaten sowie leckeres Eis.

Sonstiges

INFORMATIONEN – ***Sausalito Visitor Center,*** 780 Bridgeway Ave, in einer bescheidenen Hütte, ✆ 415/332-0505, ◷ Di–So 11.30–16 Uhr. Zahlreiche Infos über aktuelle Aktivitäten enthalten die praktisch überall ausliegenden, kostenlosen Publikationen, z.B. die eher bodenständige ***Coastal Post,*** 🖳 www.coastalpost.com, oder die New-Age-lastigere ***Pacific Sun,*** 🖳 www.pacificsun.com.

KAJAKS – ***Sea Trek,*** ✆ 415/488-1000, 🖳 www.seatrekayak.com, vermietet Einer- und Zweierkajaks ab $15/Std.; für Anfänger gibt es Sit-on-top-Kajaks, Kurse und Tipps für sichere Strecken, für erfahrenere Paddler geschlossene Kajaks und Routentipps für die herrliche Umgebung von Angel Island.

SEGELN – ***Cass's Marine,*** 1702 Bridgeway Ave, ✆ 415/332-6789, 🖳 www.cassmarina.com, verleiht für $127–199 pro Tag ein Segelboot für 10 Personen, Segelschein erforderlich.

Die Marin-County-Küste

Die Küstenstraße, der alte Hwy-1, zweigt nördlich von Sausalito vom neuen Hwy-101 nach Westen ab und führt zunächst durch die langweiligen Außenbezirke von Marin City. Die Tennessee Valley Road, die nächste Abzweigung nach links, führt in den weniger besuchten, nördlichen Teil der **Golden Gate National Recreation Area**. Vom Parkplatz am Ende der Straße lässt sich eine schöne, drei Meilen lange Wanderung durch das einsame, saftig-grüne **Tennessee Valley** zu einem kleinen Strand unternehmen, der in einer felsigen Bucht liegt.

Auf kurviger Straße geht es dann den Canyon hinauf über den Bergrücken, wo der so genannte Panoramic Highway nach rechts Richtung Muir Woods und Mount Tamalpais abzweigt (s.S. 574). Gewarnt sei vor dem Nebel, der die Hügel in der Regel bis 11 Uhr umhüllt und die Anfahrt von San Francisco zum Stinson Beach und nach Bolinas via Hwy-1 sowohl gefährlich als auch uninteressant macht.

Zwei Meilen vor Erreichen des Bergkamms führt eine kleine, asphaltierte Straße nach Süden in ein breites Tal zum **Green Gulch Farm Zen Center**, ✆ 415/383-3134, 🖳 www.sfzc.org, einem buddhistischen Refugium mit angeschlossenem biodynamischen Bauernhof und einem authentischen japanischen Teehaus. Sonntagmorgens ist der Tempel allen Interessierten ab 8.15 Uhr zur Meditation geöffnet, um 10.15 Uhr folgt ein Vortrag über die Praktiken des Zen-Buddhismus.

Ein so genanntes *Guest Student Program* bietet die Möglichkeit, für eine Zeit zwischen drei Tagen und mehreren Wochen für ca. $15 pro Nacht hier zu leben. Das bedeutet allerdings, dass man täglich vor Sonnenaufgang zur Meditation aufstehen muss und danach den größten Teil des Tages arbeitend im Garten verbringt. Das Gemüse von Green Gulch wird in den besten Restaurants der Bay Area als Beilage serviert. In einem schlichten, aber sehr ansprechenden Gästehaus kann man übernachten.

Zum wunderschön abgelegenen und wenig besuchten **Muir Beach** sind es nur 15 Minuten Fußweg. An der halbkreisförmigen Bucht trifft die Panorama-Straße wieder auf den Hwy-1. **Steep Ravine** ist eine steile Schlucht drei Meilen weiter nördlich, auch hier kann man übernachten (s.S. 574).

Eine Meile weiter nördlich liegt der FKK-Strand von **Red Rocks**, der vom Parkplatz am Highway aus nur über einen steilen Fußweg zu erreichen ist.

Nach einer weiteren Meile folgt der schönere, trotz des kalten Wassers sehr beliebte **Stinson Beach**. An Sommerwochenenden herrscht oft ein entsetzliches Verkehrsgedränge.

Übernachtung und Essen

MUIR BEACH – ***Lindisfarne Guest House,*** Teil des *Green Gulch Farm Zen Center,* ✆ 415/383-3134, 🖳 www.sfzc.org. Ruhige Zimmer in einem Meditationszentrum, das in einem abgeschiedenen Tal oberhalb von Muir Beach liegt. Alle Mahlzeiten inkl. (vegetarisch). ❻

Pelican Inn, 10 Pacific Way, ✆ 415/383-6000, 🖳 www.pelicaninn.com. Sehr komfortable Zimmer in einem romantischen pseudo-englischen Landhaus; gute Bar und Restaurant im Untergeschoss, 10 Min. zu Fuß zum herrlichen Muir Beach. ❽

STINSON BEACH – ***Ocean Court Motel,*** 18 Arenal St, ✆ 415/868-0212, 🖳 www.oceancourt.ws. Eine Straße vom Strand entfernt, westlich des Hwy-1. Große, einfache Zimmer mit Küche. ❺

Stinson Beach Motel, 3416 Shoreline Hwy, ✆ 415/868-1712, 🖳 www.stinsonbeachmotel.com. Etwas überteuertes Durchschnittsmotel mit winzigen Zimmern am Hwy-1, aber nur 5 Min. Fußweg zum Strand. ❹

Stinson Beach Grill, 3465 Shoreline Hwy, ✆ 415/868-2002. California Cuisine (hauptsächlich Steaks und Seafood) direkt am Strand. Im Ortskern nach dem blauen Gebäude Ausschau halten. Nicht billig.

Sonstiges

KAJAKS – ***Off the Beach Boats,*** 15 Cal del Mar, Stinson Beach, ✆ 415/868-9445, $22 für 2 Std., $90 für das ganze Wochenende, im Winter billiger.

TOUREN – ***Miwok Livery,*** 701 Tennessee Valley Rd, ✆ 415/383-8048, 🖳 www.miwokstables.com. Erkundung der Gegend um das Tennessee Valley zu Pferde. $50 für 1 1/2 Std.

Bolinas und Umgebung

Das beschauliche Örtchen Bolinas auf der nördlich von Stinson Beach gelegenen Halbinsel ist möglicherweise schwer zu finden. In der Hoffnung, die Touristen fern zu halten, schrauben die Anwohner nämlich jeden Wegweiser, kaum dass er aufgestellt wurde, sofort wieder ab. Erreicht haben sie damit freilich nur das Gegenteil: Der „Schilderkrieg" wurde in der Presse breitgetreten und hat Bolinas dadurch viel bekannter gemacht, als es normalerweise der Fall gewesen wäre. Der für seine linksgerichtete Hippie-Kultur bekannte Ort ist eine kleine Enklave, in der Maler, bärtige Lebenskünstler, Aussteiger und Schriftsteller wohnen. Man nimmt übrigens die erste Straße hinter der Flussmündung nach links.

Viel zu entdecken gibt es hier nicht, einmal abgesehen von dem kleinen **Bolinas Museum,** 48 Wharf Rd, ✆ 415/868-0330, 🖳 www.bolinasmuseum.org, das in mehreren umgebauten, um einen Innenhof gruppierten Cottages einige historische Exponate und Arbeiten lokaler Künstler ausstellt. Hier geht es aber im Großen und Ganzen eher um das Genießen der entspannten Atmosphäre. ⏲ Fr 13–17, Sa und So 12–17 Uhr, Eintritt frei.

Bolinas ist ganz und gar von Naturschutzgebieten umgeben: der Golden Gate National Recreation Area und der Point Reyes National Seashore. Sogar die Lagune wurde vor kurzem zum Vogelschutzgebiet erklärt. Am Ende der Elm Road liegt das Naturschutzgebiet **Duxbury Reef.** In den Gezeitentümpeln, die bei Ebbe am Strand zurückbleiben, finden sich Seesterne, Krebse und Seeanemonen.

Die Mesa Road führt von Bolinas nach Norden zum **Point Reyes Bird Observatory,** ✆ 415/868-1221, 🖳 www.prbo.org. Dieses Vogelschutzgebiet ist zwar den ganzen Tag geöffnet, aber es ist am besten, schon morgens herzukommen. Die Straße wird hier zum Schotterweg und endet am Palomarin Trailhead, dem südlichen Ende der Point Reyes National Seashore (s.S. 578). An dieser Stelle beginnen mehrere Wanderwege, einer der schönsten führt über drei Meilen an kleinen Seen und schönen Wiesen vorbei zu den **Alamere Falls,** wo im Winter und im Frühling das Wasser von den Klippen auf den **Wildcat Beach** hinunterstürzt.

Fährt man an der Kreuzung Bolinas Road/Hwy-1 über den Highway und weiter nach Osten, lässt sich, sofern kein Schild die Sperrung der Straße anzeigt, entlang der weiterführenden **Bolinas-Fairfax Road** eine herrliche, kurvenreiche Fahrt durch grüne Hügel und vorbei an Küstensequoien unternehmen. Nach Erreichen der T-Kreuzung kann man links nach Fairfax, rechts hinauf zum Mount Tamalpais abbiegen.

Übernachtung und Essen

Blue Heron Inn, 11 Wharf Rd, ✆ 415/868-1102, hat schöne Zimmer mit Blick auf den Ozean. Die gastfreundliche Atmosphäre und das eigene Restaurant mit gutem Seafood und Steaks machen das Inn zu einer ausgezeichneten Wahl. ❻

Grand Hotel, 15 Brighton Ave, ✆ 415/868-1757, bietet nur 2 einfache Zimmer in einem hinreißend abgetakelten, alten Hotel über einem Secondhand-Laden. ❷

Smiley's Schooner Saloon, 41 Wharf Rd, ✆ 415/868-1311. Eine der ältesten Bars des Bundesstaates; der Barkeeper nennt die meisten Gäste beim Namen.

Mount Tamalpais und Muir Woods National Monument

Der Mount Tamalpais beherrscht den Horizont von Marin County und trennt die wilde Pazifikküste mit ihren schattigen Canyons und steilen Felshängen von den vornehmen Vororten am Ufer der Bucht. Der Panoramic Highway, der auf dem Bergrücken im Westen vom Hwy-1 abzweigt, führt mitten durch den **Mount Tamalpais State Park**. Für Wanderwege und Campingplätze ist gesorgt, aber die vielen, uralten Redwood-Bäume, die einst an den Hängen des Mount Tamalpais wuchsen, sind längst abgeholzt und zu Eckpfeilern und Dachbalken für viktorianische Villen in San Francisco verarbeitet worden. Nur eine kleine Gruppe der z.T. 90 m hohen Bäume hat den Raubbau überlebt und steht heute als **Muir Woods National Monument**. ✆ 415/388-2595, 💻 www.nps.gov/muwo, unter Naturschutz – ein majestätischer, stiller Ort, wo dünne Sonnenstrahlen durch die Äste der urzeitlichen Riesen auf den von Farnen überwachsenen Boden fallen. Da aber San Francisco nicht weit ist, kommen vor allem an Wochenenden viele Besucher und die gepflasterten Wege, die dem Parkplatz am nächsten liegen, sind oft mit Horden von Bustouristen verstopft.

Eine besonders gute Zeit für einen Besuch ist der Winter, wenn die Flüsse Wasser führen. Die großen fließen zum Muir Beach hinunter, und in ihnen tummeln sich angeblich Lachse. Auch die Waldtiere, die im dichten Unterholz ihr Winterquartier beziehen, lassen sich zu dieser Zeit am ehesten beobachten. Beachtung verdienen insbesondere die verschiedenen Salamander- und Molcharten, die in dieser feuchten Umgebung leben. Einige sind allerdings giftig und beißen, wenn sie sich bedroht fühlen. Vom Panoramic Highway auf die Muir Woods Road abbiegen! ⏲ 8 Uhr–Sonnenuntergang, Eintritt $3.

Wer den Massen aus dem Weg gehen will und die einzige Möglichkeit, mit öffentlichen Transportmitteln herzukommen, nutzt, kann auch vom Norden in den Redwood-Wald vordringen, denn von der Pan Toll Ranger Station am Panoramic Highway, ✆ 415/388-2070, geht ein zwei Meilen langer Wanderweg ab, und hier hält der GGT-Bus Nr. 63. Nach rechts zweigt von hier aus die Pan Toll Road ab, auf der man fast bis zum Gipfel des 780 m hohen **Mount Tamalpais** kommt. Von oben bietet sich ein atemberaubender Blick auf die fernen Berge der Sierra Nevada, außerdem lassen sich die Truthahngeier aus der Nähe betrachten, die unermüdlich die Bergkuppe umkreisen.

Übernachtung

Mount Tamalpais State Park, ✆ 415/388-2070, zwei separate **Campingplätze** für Rucksacktouristen ($15), einer an den Hängen des Bergs, der andere Richtung Küste in der Steep Ravine, dort auch einige rustikale Hütten für $60 pro Nacht. Buchung über *ReserveAmerica,* ✆ 1-800/444-7275.

Informationen

Mount Tamalpais State Park Visitor Center, 801 Panoramic Hwy, Mill Valley, ✆ 415/388-2070, ist auch das State Park Headquarter. Hier gibt es Karten und gute Informationen bezüglich Camping und Wanderungen, ⏲ tgl. 8–17.30 Uhr.

Mill Valley

Vom östlichen Gipfel des Mount Tamalpais sind es nur zwei Meilen bergab nach Mill Valley, dem ältesten und reizvollsten Örtchen im Marin County. Ursprünglich war Mill Valley ein Holzfällerdorf – von hier aus nahm die Zerstörung der umliegenden Redwood-Wälder ihren Lauf –, aber inzwischen lebt der Ort ganz gut vom Tourismus.

Die **Mill Valley and Mount Tamalpais Scenic Railroad**, die „steilste Eisenbahnlinie der Welt", wurde 1896 an den Hängen oberhalb des Ortes gebaut. Sie quälte sich auf einer Strecke von weniger als acht Meilen über 300 enge Kurven und entwikkelte sich zu einer solchen Touristenattraktion, dass man die Strecke 1907 bis nach Muir Woods verlängerte. Straßenbau und Waldbrände brachten 1930 das Aus für die Bahn, aber man kann vom Ende der Summit Avenue noch immer die alte Strecke entlanggehen. Die Route ist bei tollkühnen Mountainbike-Fahrern sehr beliebt – dieses Gefährt wurde übrigens in Marin County erfunden.

Das Zentrum von Mill Valley konzentriert sich vor allem um den ***Depot Bookstore***, Throckmorton, Ecke Miller St, eine beliebte Buchhandlung mit Café, in der man sich zum Kaffee sehen lässt.

Übernachtung

Es gibt in Mill Valley verschiedene B&Bs. Informationen bei der Chamber of Commerce (s.u.), bzw. beim ***Bed And Breakfast Exchange***, ✆ 415/485-1971, einer Vermittlungsagentur, die Zimmer ab $60 in komfortablen Privatwohnungen überall im Marin County anbietet.

Mill Valley Inn, 165 Throckmorton Ave, ✆ 415/3896608 oder 1-800/5952100, 🖳 www.millvalleyinn.com. Mit Abstand das beste Hotel im Marin County. Prachtvoll in europäischem Stil eingerichtet, elegante Zimmer und zwei Cottages in zentraler Lage. ❼

Mountain Home Inn, 810 Panoramic Hwy, ✆ 415/381-9000 oder 1-877/381-9001, 🖳 www.mtnhomeinn.com. Romantisch am Kamm des Mount Tamalpais gelegenes B&B, tolle Aussicht und zahllose Wandermöglichkeiten. ❼

Essen und Unterhaltung

Cactus Café, 393 Miller Ave, ✆ 415/388-8226. Das kleine, freundliche Restaurant bietet kalifornisch-mexikanische Küche mit hausgemachten Soßen zu annehmbaren Preisen.

Dipsea Café, 200 Shoreline Hwy, ✆ 415/381-0298. Herzhafte Pancakes, Omelettes, Sandwiches und Salate, besonders gute Grundlage, bevor man zum Mount Tamalpais aufbricht. Nur Frühstück und Mittagessen.

Mountain Home Inn, 810 Panoramic Hwy, oberhalb von Mill Valley, ✆ 415/381-9000. Gute Atmosphäre und ebensolche Küche; großes Angebot an Fleischgerichten vom Grill und Fischspeisen in einer rustikalen Lodge an den Ausläufern des Mount Tamalpais.

Piazza D'Angelo, 22 Miller Ave, ✆ 415/388-2000. Knackige Salate und große Portionen leckerer italienischer Gerichte in lebendiger, aber gemütlicher Atmosphäre im Zentrum.

Sweetwater, 153 Throckmorton Ave, ✆ 415/388-3820. Ein großer, offener Saloon voller Bier trinkender Einheimischer, der sich mit Einbruch der Dunkelheit in den besten Veranstaltungsort für Live-Musik von Marin County verwandelt. Von Zeit zu Zeit treten Größen der Musikszene hier auf – von Jazzmusikern über alte Blueslegenden bis hin zu den Überlebenden von *Jefferson Airplane*.

Depot Bookstore and Café, 87 Throckmorton Ave, ✆ 415/383-2665, neben der Chamber of Commerce. Lebendiges Café im alten Bahnhof, in dem sich auch ein Buchladen und ein Zeitungsstand befinden. Veranstaltet wöchentlich Lesungen von regional und landesweit bekannten Autoren. ⌚ Mo–Sa 7–22, So 8–22 Uhr.

Informationen

Mill Valley Chamber of Commerce, 85 Throckmorton Ave, ✆ 415/388-9700, 🖳 www.millvalley.org. Bietet umfangreiches Informationsmaterial über Restaurants und Wanderwege der Umgebung, aber auch über Kunstgalerien und Veranstaltungen, die im Freilichttheater Mountain Theater stattfinden. Außerdem gibt es im Oktober ein erstklassiges Filmfestival. ⌚ Mo–Fr 10–12 und 13–16 Uhr.

Informationen zum kulturellen Programm Marin Countys gibt es auch in den diversen kostenlosen Publikationen, z.B. in der ***Coastal Post***, 🖳 www.coastalpost.com, oder in der eher New-Age-orientierten ***Pacific Sun***, 🖳 www.pacificsun.com.

Tiburon

Tiburon liegt am Zipfel einer schmalen Halbinsel fünf Meilen östlich von Mill Valley und ist, ähnlich wie Sausalito, mehr oder weniger ein schicker Vorort von San Francisco. Hunderte von Besuchern kommen jedes Wochenende aus der Stadt, viele davon mit der Blue and Gold-Fähre von Fisherman's Warf. Tiburon ist weniger touristisch als Sausalito. Am besten setzt man sich auf die sonnige Terrasse von einem der vielen Cafés und beobachtet die Boote oder mietet sich ein Fahrrad und radelt wie die anderen am Ufer entlang.

Ausgesprochene Sehenswürdigkeiten gibt es kaum, doch es macht Spaß, einfach herumzuspazieren und einen Blick in diverse Boutiquen und Kunstgalerien zu werfen. Die besten findet man an der **Ark Row** am westlichen Ende der Main St; die eigentümlichen Gebäude sind in Wirklichkeit alte Hausboote, die um die Jahrhundertwende hier aufs Trockene gebracht wurden. Etwas weiter lockt eine Weinprobe bei *Windsor Vineyards,* 72 Main St, ✆ 415/435-3113, 🖳 www.windsorvineyards.com, ⌚ tgl. 10–18 Uhr.

Auf einem Hügel über der Stadt steht die **Old St. Hilary's Church**, ✆ 415/789-0066, eine gotische Meisterleistung der Zimmermannskunst, die am besten im Frühling zur Geltung kommt, wenn auf den umliegenden Feldern das Getreide und der Flachs in Blüte stehen. Führungen April–Okt Mi–So 13–16 Uhr.

Wer sich sportlich betätigen möchte, kann sich ein Rad ausleihen (s.u.) und nach **Belvedere Island** fahren, das vom Westende der Main Street aus gleich hinter der Beach Road Bridge liegt, sich die mondänen Häuser ansehen und den Blick über die Bucht und die Golden Gate Bridge genießen.

Der Radweg führt entlang der Richardson Bay nach Westen und endet am drei Meilen entfernten Vogelschutzgebiet **Greenwood Cove**. In dem viktorianischen Haus dort ist die National Audubon Society untergebracht, die sonntags von 10–16 Uhr für Gruppenbesichtigungen öffnet, Eintritt frei.

Essen

Guaymas, 5 Main St, Tiburon, ✆ 415/435-6300. Bietet fantasievolle kalifornisch-mexikanische Küche, die in der Bay Area ihresgleichen sucht (wovon die Preise nicht ausgenommen sind), und einzigartige Ausblicke auf die Stadt.

New Morning Café, 1696 Tiburon Blvd, Tiburon, ✆ 415/435-4315. Gesunde Vollkorn-Sandwiches, Salate und Omelettes.

Sam's Anchor Café, 27 Main St, Tiburon, ✆ 415/435-4527. Das freundliche Café am Wasser existiert schon seit über 75 Jahren. Gute Burger, Suppen und Sandwiches, sonntags Brunch.

Sweden House, 35 Main St, Tiburon, ✆ 415/435-9767. Guter Kaffee und herrlicher Kuchen auf einer Mole mit Blick auf den Jachthafen.

Angel Island

Die größte Insel in der Bay liegt eine Meile vor der Küste und wurde inzwischen als State Park ausgewiesen, nachdem man sie in den vergangenen Jahrzehnten für die unterschiedlichsten Zwecke genutzt hatte, z.B. als Reservat für die Miwok-Indianer oder als Kriegsgefangenenlager im 2. Weltkrieg.

Die Inselfähre legt an der **Ayala Cove** an, der einzigen Stelle, an der es einen Imbiss und etwas zu trinken gibt. Für einen Tagesausflug empfiehlt es sich also, ein Picknick einzupacken. Das *Visitor Center,* ✆ 415/435-1915, wurde in einer alten Quarantänestation eingerichtet, die für die aus den Philippinen heimkehrenden Soldaten des Spanisch-Amerikanischen Krieges 1898 errichtet worden war. Eine kleine Ausstellung illustriert die Geschichte der Insel, ⌚ tgl. 9–16 Uhr.

Eichen wachsen zwischen den geisterhaften Ruinen der alten Militäranlagen, Beifuß bedeckt die Hügel über den felsigen Buchten, und nach kurzer Zeit fühlt man sich von der Hektik der Großstadt meilenweit entfernt. Das Radfahren macht wirklich Spaß, eine fünf Meilen lange Straße führt rings um die Insel und eine weitere, ungeteerte zur 240 m hohen Kuppe des **Mount Livermore**, von der sich ein toller Rundumblick bietet.

Die 1905 erbaute **North Garrison** an der Nordwestspitze der Insel war während des Zweiten Weltkrieges ein Kriegsgefangenenlager, und die größere **East Garrison**, eine halbe Meile weiter an der Bucht gelegen, diente als wichtigster Ausgangshafen für Soldaten in Richtung Südpazifik.

Quarry Beach ist der schönste und sauberste Sandstrand von Angel Island und noch dazu durch seine Lage vor den kalten Winden, die durch das Golden Gate über die Bucht heranwehen, geschützt. Der Strand ist bei Kajak- und Kanufahrern beliebt, die gern vom gegenüberliegenden Berkeley hierher paddeln.

Navajo Bridge; Arizona

Oat Creek Canyon; Arizona

Auf dem Weg in die Canyonlands

Besucher am Grand Canyon

Am Lake Powell

Mono Lake

Bay Bridge; S.F.

Downtown S.F.

Chinatown S.F.

Im Lassen Volcanic National Park

Rodeo in Nordkalifornien

Camping auf Angel Island lohnt sich schon allein wegen der wunderbaren nächtlichen Aussicht auf San Francisco und die East Bay. Der **Angel Island State Park,** ✆ 415/435-5390, 🖳 www.angelisland.org, bietet neun einfache Stellplätze ($20 wegen der großartigen Aussicht), die im Sommer unbedingt reserviert werden müssen: *ReserveAmerica,* ✆ 1-800/444-7275.

Angel Island TramTours, ✆ 415/415/897-0715, 🖳 www.angelisland.com, bietet Busrundfahrten für $12,50, verleiht Mountainbikes für $10 pro Std. bzw. $30 pro Tag und von Mai bis Okt an Wochenenden außerdem ganztägige Kajaktouren zur Insel für $130.

Central Marin County

Der schnellste Weg zur **Point Reyes National Seashore** führt über den Sir Francis Drake Boulevard, auf dem auch die Busse verkehren. Die Straße führt über San Anselmo und Fairfax durch das zentrale Marin County und ist z.B. auch für eine ganztägige Radtour geeignet, allerdings sollte man die Strecke an Wochenenden meiden, weil sich dann oft die Autos auf der Straße stauen.

Die GGT-Fähre, die vom Embarcadero in San Francisco nach Larkspur übersetzt, ist – obwohl sie die längste Strecke zurücklegt – die billigste Überfahrtmöglichkeit und wird hauptsächlich von Pendlern benutzt. Sie legt am hypermodernen Larkspur Landing an, nur eine Meile westlich vom **San Quentin State Prison**, dem berüchtigten Hochsicherheitsgefängnis für Schwerstkriminelle, das vor Jahren durch das legendäre Johnny Cash-Konzert auch bei uns bekannt geworden ist. Autofahrer, die über die Richmond–San Rafael Bridge herkommen, folgen den Straßenschildern, die vom Hwy-101 den Weg zum San Quentin Prison Museum weisen, Building 106, Dolores Way, ⌚ Mo–Fr 10–16, Sa 11.45–15.15 Uhr, Eintritt $2.

Von hier sind es vier Meilen nach San Anselmo, der ersten nennenswerten Siedlung auf der Strecke nach Westen. **San Anselmo** liegt in einem breiten Tal nördlich vom Mount Tamalpais und preist sich selbst gern als „Antiquitäten-Hauptstadt" an, denn es gibt ein paar spezialisierte Läden, Möbelhandlungen und Cafés, die an Wochenenden Jäger und Sammler aus San Francisco anziehen. Das San Francisco Theological Seminary an der Bolinas Avenue thront unübersehbar über der Stadt und lohnt der Aussicht und Missionsstil-Architektur wegen einen Abstecher. Im Robson-Harrington Park an der Crescent Avenue kann man zwischen Blumenrabatten ein Picknick abhalten oder im grünen Creek Park spazierengehen, der dem Bach durch das Stadtzentrum folgt, doch ansonsten kann man außer essen und trinken nicht viel unternehmen – höchstens in interessanten Buchgeschäften wie z.B. *Oliver's Books,* 645 San Anselmo Ave, ✆ 415/454-4421, herumstöbern.

Durch ein schattiges Flusstal geht es zwei Meilen weiter nach **Fairfax** – wieder so ein typisches Marin-Örtchen, vielleicht nicht ganz so hedonistisch wie die Ansiedlungen am Bay-Ufer, aber mit den obligatorischen Vollwertkost- und Bücherläden.

Die Bolinas Road windet sich von Fairfax über die Berge nach Stinson Beach an der Pazifikküste, während der Sir Francis Drake Boulevard weiter durch Eichenwäldchen und an idyllischen Landhäusern vorbei führt.

Nach zehn Meilen ist der **Samuel Taylor State Park** erreicht, von wo aus es fünf Meilen bis zum Hwy-1 an der Küste sind.

Übernachtung

Samuel P. Taylor State Park, am Sir Francis Drake Blvd, 15 Meilen westlich von San Rafael, ✆ 415/488-9897. Luxuscampingplatz mit heißen Duschen. An die Zeltplätze, die an einem Fluss liegen, kann man mit dem Auto heranfahren, $20 pro Nacht, einfache Stellplätze für Wanderer oder Motorradfahrer kosten $5. Es gibt auch einen Badeteich und Fledermaushöhlen. Im Sommer über *ReserveAmerica,* ✆ 1-800/444-7275, einen Platz reservieren lassen.

Essen

Bubba's Diner, 566 San Anselmo Ave, San Anselmo, ✆ 415/459-6862. Altmodischer kleiner Diner mit angenehmer Atmosphäre.

Deer Park Villa, 367 Bolinas Rd, Fairfax, ✆ 415/456-8084. Nicht billige italienisch-kalifornische Küche im Speisesaal oder im grünen Garten.

Hilda's, 639 San Anselmo Ave, San Anselmo, ✆ 415/457-9266. Tolles Frühstück und Mittagessen bietet dieses gemütliche, kleine Café.

Java Rama, 546 San Anselmo Ave, San Anselmo, ✆ 415/453-5282. Kaffeespezialitäten und Gebäck bei lautstarkem Rock aus der Stereoanlage ziehen vor allem ein junges Publikum an.

Fairfax Café, 33 Broadway, Fairfax, ✆ 415/459-6404. Ausgezeichnete Mittelmeerküche, abends manchmal Dichterlesungen.

Thai Orchid, 726 San Anselmo Ave, San Anselmo, ✆ 457-9470. Das Familienrestaurant serviert scharfe Thai-Gerichte, u.a. eine gute Auswahl an Currys und pikante Salate.

Unterhaltung

19 Broadway, 19 Broadway, Fairfax, ✆ 415/459-0293. Jeden Abend Live-Musik mit einem breiten Spektrum an Künstlern, darunter sehr bekannte, aber auch aufstrebende Talente aus der Umgebung.

Café Amsterdam, 23 Broadway, Fairfax, ✆ 415/256-8020. Jeden Abend Live-Folkrock, auch Tische im Freien, Microbrews, Espressos und umfangreiche Speisekarte.

Point Reyes National Seashore

Fast schon eine Insel mit Nadelwäldern und sonnigen Wiesen, auf drei Seiten gesäumt von wilder, menschenleerer Felsenküste und Sandstränden, über die der Wind fegt, ragt die Halbinsel merkwürdig aus der geraden Küstenlinie Kaliforniens heraus. Tatsächlich handelt es sich um ein loses Stück Erdkruste, das in den letzten 6 Millionen Jahren von der Stelle, an der jetzt Los Angeles liegt, am Sankt-Andreas-Graben entlang nach Norden bis hierher gewandert ist. Als 1906 das große Erdbeben San Francisco erschütterte, bewegte sich Point Reyes in einem einzigen Augenblick um ganze 5 m. Menschen kamen damals hier oben nicht zu Schaden, nur die Weidezäune wurden zerrissen. Von Fairfax oder von Norden kommend, ist **Point Reyes Station** ein guter Ort für einen Zwischenstopp, bevor es zur Point Reyes National Seashore weitergeht, denn es gibt ein paar gute Restaurants (s.u.).

Nördlich vom Visitor Center führt die Limantour Road zum *Point Reyes Youth Hostel* (s.u.) und weiter zum zwei Meilen entfernten **Limantour Beach**, einem der besten geschützten Badestrände in der Gegend, von dem aus man wunderbar die Seevögel an der nahe gelegenen Flussmündung beobachten kann. Kurz hinter der Limantour Road trifft die Bear Valley Road auf den Sir Francis Drake Boulevard, der dann an der Tomales Bay entlang durch den Ort **Inverness** führt.

Acht Meilen westlich von Inverness geht es hinunter zur **Johnson's Oyster Farm**, ✆ 415/669-1149, 🕓 Di–So 8–16 Uhr, in der man ein Dutzend Austern für rund $7–9 bekommt – weniger als die Hälfte des in der Stadt üblichen Preises – und weiter nach **Drake's Beach**, dem Ort, an dem Sir Francis Drake 1579 gelandet sein soll (s.S. 69/70). Die Küste erinnert an Südengland, denn sie ist feucht und windig und mit hohen Kalkfelsen versehen, die sich über den Stränden erheben.

Die Straße führt noch vier Meilen in südwestlicher Richtung weiter bis zur äußersten Spitze von **Point Reyes**. In bedenklicher Lage trotzt dort ein Leuchtturm standhaft der tosenden Brandung, 🕓 Do–So 10–16.30 Uhr. Mit ein wenig Glück lassen sich hier von Mitte März bis April sowie zwischen Ende Dezember und Anfang Februar Grauwale beobachten. Knapp 2 km vor dem Leuchtturm führt eine schmale Straße zum **Chimney Rock** mit einem Aussichtspunkt, von dem aus häufig See-Elefanten oder Seelöwen zu beobachten sind.

Der Sankt-Andreas-Graben

markiert über Hunderte von Kilometern quer durch Kalifornien die Schnittstelle zwischen der nordostpazifischen und der nordamerikanischen Kontinentalplatte unserer Erdkruste. Da sich die Kontinentalplatten permanent verschieben, entstehen entlang der Schnittstellen ungeheure Spannungen, sodass die Erdbebengefahr beiderseits eines solchen Bruches besonders hoch ist. Horizontale Verschiebungen sind am Sankt-Andreas-Graben vielerorts deutlich zu sehen, jedes Jahr wandern die Erdmassen um mehrere Zentimeter, das ist etwa die Geschwindigkeit, mit der ein Fingernagel wächst. Die Seismologen beobachten die Aktivitäten der Erdoberfläche mit höchster Aufmerksamkeit, denn eine Verzögerung oder ein Stillstand in der Verschiebetätigkeit kann bedeuten, dass sich große Spannungen aufbauen und die Erdbebengefahr steigt.

Die Entfernungen und Fahrtdauer sollten nicht unterschätzt werden. Vom Visitor Center, wo man sich vor Fahrtantritt über die aktuellen Wetterbedingungen erkundigen sollte, sind es 15 Meilen nach Drake's Beach und 23 Meilen zum Leuchtturm.

Die nördliche Landspitze der Point Reyes National Seashore, **Tomales Point**, ist über die Pierce Point Road, die zwei Meilen westlich von Inverness nach Norden abzweigt, zu erreichen. Diese Ecke wird nur von wenigen Menschen besucht. Hier leben auch die großen Wapiti-Hirsche. Zum Schwimmen am besten geeignet ist der **Heart's Desire Beach** (dort ist zumindest das Wasser am wärmsten), ein kleines Stück vor dem Ende der Straße.

Die Straße endet am **McClure's Beach**, wo bei Ebbe interessante Gezeitenbecken zurückbleiben, in denen immer kleine Meerestiere zu sehen sind. Nördlich der Point Reyes Station führt der Hwy-1 an den berühmten Austernbänken der Tomales Bay vorbei und die Nordküste Kaliforniens hinauf.

Übernachtung und Essen

HI-Point Reyes, ✆ 415/663-8811, 💻 www.norcalhostels.org, ist nur schwer ohne eigenes Fahrzeug zu erreichen. Es liegt, von Weiden und Wäldern umgeben, in einem alten Ranchhaus unweit der Limantour Rd, 6 Meilen westlich vom Visitor Center und 2 Meilen vom Strand entfernt. 10–16.30 Uhr geschlossen. Bett im Schlafsaal für $14–16.

Olema Inn, 10000 Sir Francis Drake Blvd, Olema, ✆ 1-800/532-9252 oder 415/663-9559, 💻 www.theolemainn.com. Schmuckes kleines B&B nahe der Zufahrt zur Point Reyes National Seashore in einem 1876 als Hotel errichteten Gebäude. Hervorragendes Restaurant, das Fischgerichte serviert, außerdem eine bestens sortierte Bar mit umfangreicher Weinkarte. Gemütliche Zimmer in absolut lärmfreier Lage. ❻

Station House Café, 11180 Hwy-1 (Main St), Point Reyes Station, ✆ 415/663-1515, Frühstück, Mittag- und Abendessen. Das freundliche Lokal zieht abends Gäste aus meilenweitem Umkreis an, die sich das gegrillte Seafood und die erstklassigen Steaks schmecken lassen.

Ten Inverness Way, 10 Inverness Way, Inverness, ✆ 415/669-1648, 💻 www.teninverness way.com. Ruhiges, erholsames Haus mit einem kostenlosen Glas Wein am Abend in dem kleinen Ort am Rand von Point Reyes, in dem es auch gute Restaurants und Bäckereien gibt. ❻

Außerdem gibt es mehrere einfache **Campingplätze,** $12, ✆ 415/663-1092, die z.T. am Strand liegen; Reservierungen bis zu zwei Monate im Voraus Mo–Fr 9–14 Uhr; ✆ 415/663-8054.

Informationen

Bear Valley Visitors Center, ✆ 415/464-5100, 💻 www.nps.gov/pore, 2 Meilen südwestlich von Point Reyes Station am Hwy-1, gibt gute Tipps zum Wandern und Radfahren und Wetter-Infos. Außerdem Reservierungen für Campingplätze und die nötigen Permits, 🕓 Mo–Fr 9–17, Sa, So und feiertags 8–17 Uhr.

San Rafael und das nördliche Marin County

Wer von San Francisco auf dem US-101 Richtung Norden unterwegs ist, fährt möglicherweise auch über **San Rafael**. Die einzige größere Stadt in Marin County hat jedoch keine jener Qualitäten, die die übrigen Orte im Bezirk so interessant erscheinen lassen. Die alte **Mission San Rafael Arcangel** ist ein Nachbau der ursprünglichen Anlage von 1817 und wurde 1949 in der Nähe des alten Missionsgeländes gebaut. Das Original stand an der 5th Avenue, Ecke A St. 🕓 tgl. 11–16 Uhr, Eintritt frei.

Das **Marin County Civic Center** breitet sich auf den Hügeln östlich des Hwy-101 aus. Der Komplex aus Verwaltungseinrichtungen und Veranstaltungsorten gleicht einer gigantischen Eisenbahnbrücke und ist mit leuchtend blauen Ziegeln gedeckt. Es handelt sich um das einzige Projekt, das Frank Lloyd Wright je im Auftrag einer Regierung baute. Es gibt interessante Details, z.B. die Atrium-Eingangshallen, die sich ins Freie öffnen. 🕓 Mo–Fr 9–17 Uhr, Führungen mittwochs um 10.30 Uhr, Eintritt frei, ✆ 415/499-6646.

Die North San Pedro Road führt um die Landspitze herum zum **China Camp State Park**, ✆ 415/456-0766. Die weiträumige Fläche aus Weiden und unbebauten Ländereien hat man nach einem längst verlassenen chinesischen Fischerdorf benannt, das am östlichen Ende des Parks vor sich hindämmert. Es war nur eine von vielen chinesischen Siedlungen, die einmal überall an der kalifornischen Küste verteilt waren.

Ohne Auto oder Fahrrad ist das Dorf nur schwer zu erreichen. Zwischen den windschiefen Gebäuden und den alten Booten an dem hölzernen Pier scheint die Zeit stehengeblieben zu sein. Das Einzige, was man in jüngerer Vergangenheit hinzugefügt hat, ist ein Zaun, der die Häuser vor Vandalismus schützen soll. Am Wochenende gibt es in einer kleinen Hütte am Pier Bier und Sandwiches, aber an Wochentagen ist es schöner, vor allem bei Sonnenuntergang, denn dann ist es hier manchmal völlig einsam.

Sechs Meilen nördlich von San Rafael zweigt die Lucas Valley Road nach Westen Richtung Point Reyes ab. Obwohl Filmproduzent und *Star Wars*-Regisseur George Lucas hier lebt und arbeitet (seine Skywalker Ranch Studios liegen etwas versteckt gleich an der Straße), hat der Name nichts mit seiner Person zu tun.

Der Hwy-101 verläuft nach Norden zum Russian River Valley und weiter nach Nordkalifornien. Nördlich von San Rafael zweigt dann der Hwy-37 nach Osten in die Weinanbaugebiete von Sonoma und Napa Valley ab.

Übernachtung

Colonial Motel, 1735 Lincoln Ave, San Rafael, ✆ 415/453-9188 oder 1-800/554-9118, ✉ sdarbar @aol.com. Ruhiges, gut ausgestattetes und freundliches Motel mit vernünftigen Preisen in einem Wohngebiet. ❸

China Camp State Park, an der N San Pedro Rd, nördlich von San Rafael, ✆ 415/456-0766. Nur Zeltstellplätze, keine Autos, nur 200 m vom Parkplatz entfernt und rund 3 km von der Endhaltestelle der Golden Gate Transit-Buslinie Nr. 23. $20 pro Platz und Nacht. April–Okt Reservierung über *ReserveAmerica,* ✆ 1-800/444-7275.

Essen und Unterhaltung

Broken Drum, 1132 Fourth St, San Rafael, ✆ 415/456-4677. Lebendige Brauerei mit Grillrestaurant und Tischen unter freiem Himmel.

Rice Table, 1617 4th St, San Rafael, ✆ 415/456-1808. Von Krabbenchips über Krabbenpfannkuchen und Nudeln bis zu gebratenen Bananen – diese scharfen indonesischen Gerichte lohnen unbedingt einen Besuch. Nur Abendessen.

Fourth Street Tavern, 711 4th St, San Rafael, ✆ 415/454-4044. Raue, einfache Bierbar, in der an den meisten Abenden bei freiem Eintritt Blues gespielt wird.

The Lark Creek Inn, 234 Magnolia Ave, Larkspur, ✆ 415/924-7766. Eines der beliebtesten und besten Restaurants der Bay Area bietet auserlesene California Cuisine in einem hübschen Garten am Meer.

Marin Brewing Company, 1809 Larkspur Landing, Larkspur, ✆ 415/461-4677. Lebendiger Pub gegenüber der Fähranlegestelle, in dem es ein halbes Dutzend schmackhafter Biere gibt, die alle hier gebraut werden. Probieren sollte man das malzige *Albion Amber* oder das *Marin Hefe Weiss.*

Informationen

Marin County Visitors Bureau, 1013 Larkspur Landing Circle, Larkspur, ✆ 415/499-5000, 💻 www.visitmarin.org, 🕒 Mo–Fr 9–17 Uhr. Kostenlose Blätter informieren über Veranstaltungen, z.B. die eher schnörkellose ***Costal Post,*** 💻 www.coastalpost.com, oder die New-Age-angehauchte ***Pacific Sun,*** 💻 www.pacificsun.com.

Die Goldgräberstädte

Die Relikte aus Goldgräbertagen im **Empire Mine State Park** in Grass Valley

Auf den Spuren der Miwok-Indianer im **Indian Grinding Rock State Historic Park**

Die alten Dampflokomotiven im **Jamestown Railtown 1897 State Historic Park**

Lake Tahoe, ganzjähriges Sportlerparadies in malerischer Landschaft

Die raue Minenstadt **Virginia City** mit ihrer Wildwest-Atmosphäre

Das Gold von Kalifornien ist ein Prüfstein, an dem sich die Verderbtheit, die Niedrigkeit des Menschengeschlechtes offenbarte. Satan, in einer seiner Erscheinungsformen, hat der Menschheit das Königreich von Kalifornien gezeigt, und sie hat sofort einen Pakt mit ihm geschlossen.

Henry David Thoreau, *Journal*,
1. Februar 1852

Ungefähr 150 Jahre bevor moderne Glücksritter aus aller Welt ins Silicon Valley strömten, um mit *bits* und *bytes* zu Reichtum zu gelangen, kamen ab 1849 die hartgesottenen, so genannten *Forty-niners* (49ers) auf der Suche nach Gold in ein Gebiet der Sierra Nevada, das als **Gold Country** bekannt wurde.

Die ersten Schürfer entdeckten ca. 150 Meilen östlich von San Francisco an den Ufern der Flüsse, wo das edle Metall über Jahrtausende aus dem harten Gestein der Mother Lode (Hauptader) herausgewaschen worden war, mitunter recht stattliche Goldklumpen.

Sie gaben der reichen Ader, die unterhalb der Sierra verlief, ihren Namen. Während die neuen Glücksritter sich Stunde um Stunde an ihre Computer-Monitore gefesselt sehen, wateten die Goldsucher tagein und tagaus, in eiskalten Bächen und gefährlichen Strömungen herum oder setzten sich unter glühend heißer Sonne den Strapazen der Goldsuche aus.

Die Region erstreckt sich vom Fuß der Sierra nahe dem Yosemite National Park 200 Meilen nach Norden bis zum tiefen Flusstal des Yuba River. Vielerorts scheint sich hier seit den Tagen der ersten Schürfer kaum etwas verändert zu haben, und die Strecken zwischen den Orten können trotz eines Mietwagens – ohne ist ein Vorankommen nahezu unmöglich – angesichts zahlreicher Windungen und Steigungen ungleich länger sein, als ein Blick auf die Straßenkarte vermuten lassen würde.

Die **Mother Lode** wurde 1848 bei Sutter's Mill in **Coloma** entdeckt, 40 Meilen östlich von **Sacramento**. Die Hauptstadt Kaliforniens war früher nichts weiter als ein winziger Militärposten und Farmerort, der dann als Versorgungs- und Nachschubbasis für die Schürfer den großen Aufschwung erlebte. Bis heute haben die Minengebiete, die sich nördlich und südlich von Sacramento erstrecken, ihren ganz eigenen Charakter bewahrt.

Die nördlichen Minen, die sich um die Schwesterstädte **Grass Valley** und **Nevada City** konzentrieren, waren die ergiebigsten. Viele Originalgebäude sind in der wunderschönen, fast alpinen Landschaft auf halber Höhe der mächtig aufragenden Sierra Nevada noch erhalten. Die heißen und staubigen südlichen Minen waren kurzlebiger als ihre Pendants im Norden. Ihre wilden, gesetzlosen Siedlungen mit unzähligen Saloons und Spielhöllen, in denen Betrüger und Falschspieler den Goldsuchern das Geld aus der Tasche zogen, verschwanden ebenso schnell, wie sie entstanden waren.

Große Teile der Sierra Nevada sind noch von unberührten Wäldern bedeckt, die gute Wander-, Kletter- und Campingmöglichkeiten bieten. Im Winter kann man hier hervorragend Ski fahren, vor allem in den Bergen um **Lake Tahoe** – den „Himmelssee", wie ihn die indigenen Washoe nannten – an der Grenze zu Nevada, weshalb das südöstliche Ufer nachts von den grellen Lichtern der Kasinos auf der Nevada-Seite hell erleuchtet wird.

Östlich der Berge liegen inmitten der dürren Wüste Nevadas die Städte **Reno**, weltweit bekannt für Hochzeiten im Schnellverfahren und ebenso schnelle Scheidungen, und **Carson City**, Bundeshauptstadt Nevadas und einstiger Mittelpunkt der Comstock-Silberminen.

Transport

Der Hwy-49 verläuft in Nord-Süd-Richtung und verbindet die meisten sehenswerten Ortschaften des Gebiets. Die beiden Hauptstraßen, US-50 und I-80, und die transkontinentale Eisenbahn überqueren die Sierra Nevada im Herzen der Region.

Die meisten größeren Städte werden zudem von *Greyhound*-Bussen angefahren. Wer jedoch ein richtiges Gefühl für die Region entwickeln und vielleicht auch eine richtige Ghosttown sehen möchte, wird, wie fast überall an der Westküste, ein Auto brauchen. Obgleich die Region mit Reizen nicht geizt, ist ein Fahrrad als Fortbewegungsmittel wenig sinnvoll. Die Entfernungen zwischen den interessanten Orten sind zu lang und die Straßen viel zu hügelig und schmal, um komfortabel voranzukommen.

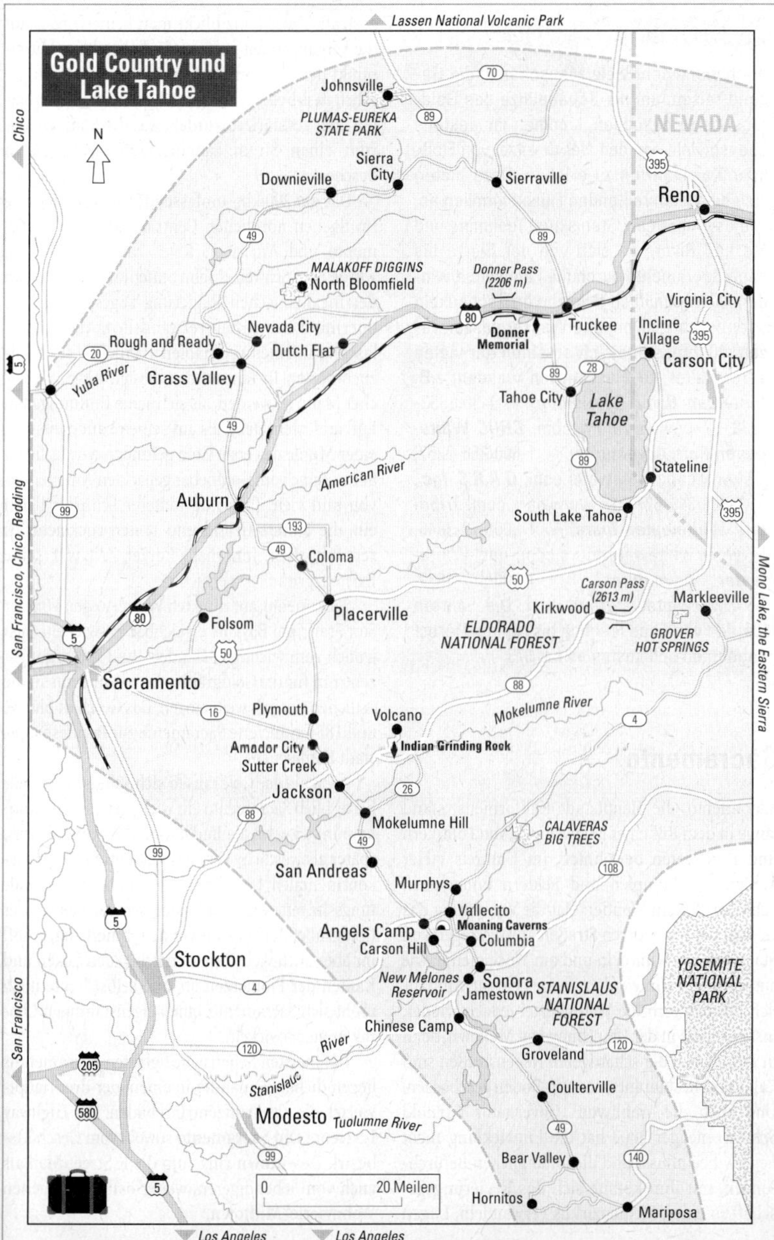

DIE GOLDGRÄBERSTÄDTE

Wildwasserfahrten im Gold Country

Auch wenn sehr viele Menschen in die Gegend reisen, um die Schauplätze des Goldrauschs zu besuchen, kommen mindestens ebenso viele, um den Nervenkitzel von Floß- oder Kajakfahrten zu erleben. Dazu bieten sich die vielen reißenden Flüsse förmlich an, wie der American, Stanislaus, Tuolumne und Merced River, die sich von der Sierra bis nach Sacramento durch die Landschaft winden. Wer gemütlich flussabwärts schaukeln oder durch 1,50 m hohe Wassermassen rasen möchte, sollte sich an einen der vielen Veranstalter für Flussfahrten wenden, z.B. ***American River Recreation,*** ✆ 1-800/333-7238, 🖳 www.arrafting.com, ***CBOC Whitewater Raft Adventures,*** ✆ 1-800/356-2262, 🖳 www.cbocwhitewater.com, ***O.A.R.S. Inc.,*** ✆ 1-800/346-6277, 🖳 www.oars.com, ***Tributary Whitewater Tours,*** ✆ 1-800/672-3846, 🖳 www.whitewatertours.com, und ***Whitewater Adventures,*** ✆ 1-800/977-4837, 🖳 www.whitewater-adv.com. Die Fahrten werden von Ende Frühling bis Anfang Herbst angeboten und kosten ab ca. $75.

Sacramento

Sacramento, die Hauptstadt Kaliforniens, stand lange in dem Ruf einer langweiligen, von Politikern und Bürokraten bewohnten, im Umkreis vieler Meilen von Sümpfen und Feldern umgebenen Schlafstadt. Kein Wunder: Hat die Verwaltung das Gesicht der Stadt, deren Straßen an Werktagen von Staatsdienern wimmeln und am Wochenende wie ausgestorben wirken, doch lange geprägt. Allmählich beleben sich die Wohnviertel jedoch wieder, insbesondere in der Umgebung von Midtown, denn in zahlreichen der schattigeren Nebenstraßen sind Cafés und Restaurants aus dem Boden geschossen. Und auch die Wahl von „Governator" Arnold Schwarzenegger 2003 hat die Entwicklung nicht negativ beeinflusst und die anfänglichen Befürchtungen, mit ihm könnte sich das Regierungsgeschäft in einen Medienzirkus verwandeln, Lügen gestraft. Voller Stolz blickt man heute wieder auf die Vergangenheit zurück, als die Stadt im Mittelpunkt des Goldrausches stand. Dies hat dazu geführt, dass bedeutende historische Bauwerke erhalten oder restauriert wurden, was der Stadt wiederum einen Strom zahlungskräftiger Touristen beschert.

Das gut 200 km^2 umfassende Siedlungsgelände im flachen nördlichen Central Valley, wo Sacramento und American River zusammenfließen, wurde dem Schweizer John Sutter im Jahr 1839 von der mexikanischen Regierung zugesprochen. In unermüdlicher Arbeit verwandelte er die Niederlassung in einen profitablen Handels- und Viehzuchtposten. Er war auf dem besten Wege, ein reicher Mann zu werden, als sich seine Hoffnungen in Luft auflösten: Denn als auf seinen Ländereien bei einer Mühle das erste Gold gefunden wurde, liefen Sutter seine vom Goldfieber gepackten Arbeiter davon und viele Tausende weiterer Schürfer fielen ein, die Sutters Grund und Boden rücksichtslos zertrampelten. Innerhalb kurzer Zeit war seine Existenzgrundlage vernichtet.

Sacramento, auf direkten Wasserwegen von der San Francisco Bay aus erreichbar, entwickelte sich jedoch zum wichtigen Handels- und Versorgungszentrum für die Goldgräber, die von hier aus in die östlichen Gebirge weiterzogen. Das Geschäft blühte, und 1854 avancierte Sacramento zur Bundeshauptstadt Kaliforniens.

Auch als der Goldrausch sich seinem Ende näherte, blieb Sacramento ein wichtiger Verkehrsknotenpunkt, zuerst als Endstation des *Pony Express,* später als westliche Verwaltungszentrale der transkontinentalen Eisenbahn. Ihre Rolle als Verwaltungssitz rettete die Stadt nach dem Ausbleiben der Goldgrubendollars zwar vor dem Untergang, schliff ihr aber auch viele ihrer herzlich-rauen Ecken und Kanten der Pionierzeit ab, und selbst heute noch müht sich Sacramento, einen eigenständigen Charakter zu entwickeln.

Die meisten Sehenswürdigkeiten Sacramentos liegen dicht beieinander in einem der drei Hauptviertel, die das Stadtzentrum bilden. Der Highway I-5 trennt **Old Sacramento** sowohl vom Geschäftsbezirk **Downtown** rings um die K Street Mall als auch vom lebendigeren, weiter östlich gelegenen Wohnviertel **Midtown**.

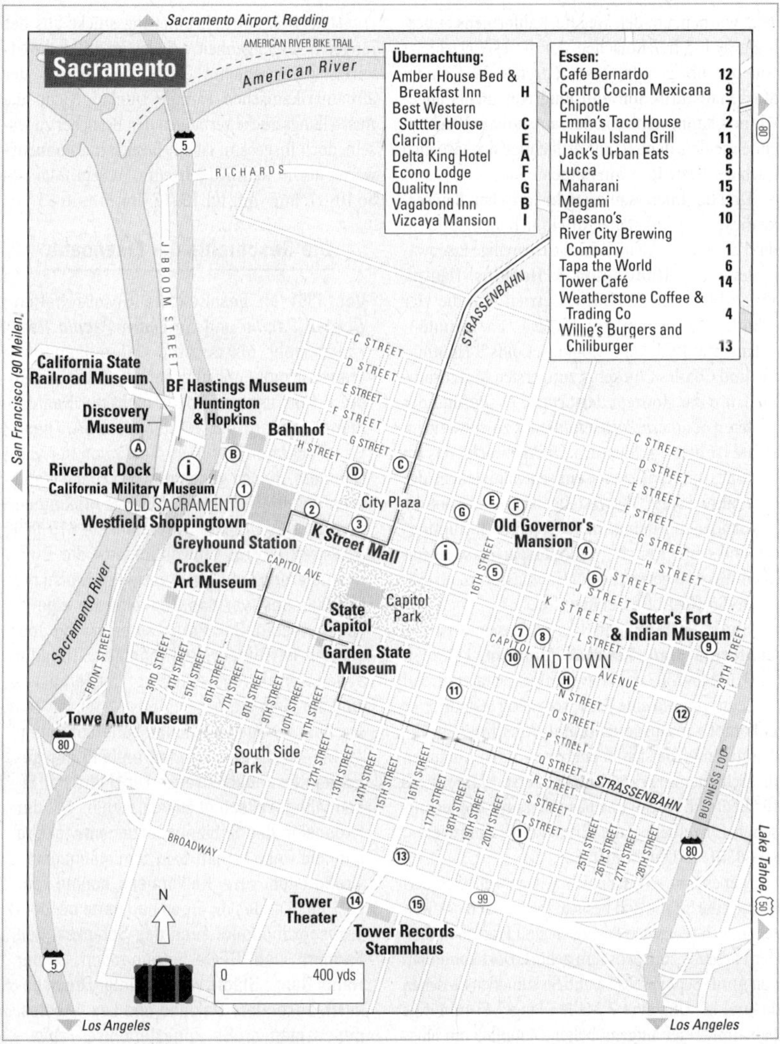

Old Sacramento und die Riverfront

Sacramento entwickelte sich anfangs rings um den Uferbezirk. Die ehemaligen Piers, Lagerhallen, Saloons und Geschäfte sind restauriert worden und beherbergen nun die Souvenirshops und Themen-Restaurants von Old Sacramento, ✆ 916/558-3912, 💻 www.oldsacramento.com. Es ist bedauerlich, dass eine so umfangreiche Ansammlung authentischer Goldrausch-Architektur hinter gnadenlosem Kitsch wie den kostümierten Souvenirverkäufern und als Wildwest-Saloons getarnten, auf Touristen zielenden Bars fast verschwindet. Dabei sind die meisten Holzhäuser tatsächlich Originalbauten, obwohl einige während der 60er Jahre hierher umgesetzt wurden, um den Weg für Kaliforniens Superhighway I–5 freizumachen, der dieses Viertel jetzt von der übrigen Innenstadt trennt. Wer einem Massenansturm Souvenirhungriger nichts abgewinnen kann, sollte Old Sacramento am Wochenende meiden, denn dann verflüchtigt sich fast auch noch der letzte Rest von Authentizität.

Drei der interessantesten historischen Bauwerke dieser Gegend stehen direkt nebeneinander in der I Street: Das kleinste ist die ehemalige Eisenwarenhandlung **Huntington & Hopkins**, Hausnr. 113, ✆ 916/323-7234. Hier setzten sich die vier Männer, die man später *The Big Four* nannte – Leland Stanford, Mark Hopkins, Collis P. Huntington und Charles Crocker –, zum ersten Mal zusammen, um das Konzept der *Central Pacific* und der späteren *Southern Pacific Railroads* zu entwickeln. Heute ist hier ein Museum untergebracht, das im Stil eines spartanischen Gemischtwarenladens der 40er Jahre des 19. Jhs. gestaltet ist und sich auf die bescheidenen Anfänge des skrupellosen Huntington und seines späteren Geschäftspartners, des mit allen Wassern gewaschenen Hopkins, konzentriert. ⌚ Di–So 10–17 Uhr, Eintritt frei.

Eines der Highlights von Sacramento ist das **California State Railroad Museum**, 111 I St, ✆ 916/445-7387, 💻 www.californiastaterailroadmuseum.org, wo eine Reihe sorgfältig restaurierter Lokomotiven ausgestellt sind. Allerdings ist die Ausstellung, die sich detailliert mit den Anfängen des Schienenverkehrs befasst, in erster Linie etwas für Leute, die sich ganz besonders für die technischen Einzelheiten der Eisenbahn interessieren. ⌚ tgl. 10–17 Uhr, Eintritt $6.

Wer es ganz so genau nicht wissen will, überquert einfach die Straße und besucht den einen Block weiter südlich gelegenen Passagier- und Frachtbahnhof, der ebenfalls zum Museum gehört. Dort kann man von April–Sept jeweils Sa und So stündlich zwischen 11 und 17 Uhr eine 7 Meilen lange, 45-minütige Fahrt mit einer aufgemöbelten Dampflok am Fluss entlang unternehmen; Tickets $6.

Einen breiter gefächerten Überblick über die Geschichte der Region bietet das **Discovery Museum of History, Science and Technology**, 101 I St, ✆ 916/264-7057, 💻 www.thediscovery.org. Es umfasst eine Ausstellung von kalifornischen Tageszeitungen der Gründerjahre (die man auch durchblättern darf), darunter die 1857 gegründete *Sacramento Bee,* sowie Erinnerungsstücke aus der jüngeren Vergangenheit, z.B. das im Stil der Weltwirtschaftskrisenjahre eingerichtete Diner der afroamerikanischen Familie Dunlap. Nicht alle Ausstellungsstücke vermögen den Besucher zu fesseln, doch insgesamt ist ein Besuch hier lohnenswerter als im Railroad Museum. ⌚ Sept–Mai Di–So 10–17, Juni–Aug tgl. 10–17 Uhr, Eintritt $5.

Die Geschichte der Eisenbahn

Von 1861 an besaßen die Gesellschaften *Central Pacific* und *Southern Pacific Railroads* mehr als zwanzig Jahre lang das Transportmonopol und beherrschten somit die Wirtschaft und Politik nicht nur Kaliforniens, sondern der westlichen USA. Diese Gesellschaften waren im Besitz von nur vier Männern, den so genannten *Big Four*: Leland Stanford, Mark Hopkins, Collis P. Huntington und Charles Crocker. Nachdem sie $15 000 investiert hatten, subventionierte die Bundesregierung jede Meile verlegter Gleise mit $50 000, das war das Doppelte der eigentlichen Kosten. Den Profit teilten sie mit dem Fünften im Bunde, dem Ingenieur Theodor Judah, der allerdings noch vor der Fertigstellung der Linie starb.

Darüber hinaus wurde das Land auf einem 40 Meilen breiten Streifen entlang der gesamten Eisenbahnstrecke zur Hälfte der Eisenbahngesellschaft zugesprochen. Mit der Expansion des Schienennetzes entwickelte sich die Gesellschaft bald zum mächtigsten Großgrundbesitzer Kaliforniens, nannte über 20% des Landes ihr Eigen und hatte mit dem Transportmonopol auch das Schicksal von Farmern und Gewerbetreibenden in der Hand. Ganze Städte wurden unter Druck gesetzt, besonders Oakland und Los Angeles, denen man große Zugeständnisse abverlangte, bevor sie einen Bahnanschluss erhielten. Bis zum Ende des 19. Jahrhunderts hatte jeder der vier Magnaten ein Vermögen von über 200 Millionen Dollar angehäuft. Die zeitgenössische Presse karikierte die Eisenbahn als gierige Krake, die sich über das ganze Land ausbreitete.

Viele historische Läden und Saloons in Sacramento sind restauriert worden

Wer eine Abwechslung von den zahllosen Souvenirläden sucht, kann sich in zwei kleineren Museen umsehen: Das **California Military Museum**, 1119 2nd St, ✆ 916/442-2883, 🖳 www.militarymuseum.org, zeigt anhand von Dokumenten, Waffen und Uniformen eine nicht besonders aufregende Chronik des Einsatzes kalifornischen Militärs bei bewaffneten Auseinandersetzungen von der Vorstaatenzeit bis heute, darunter sogar eine, wenngleich winzige, Abteilung zu den Rassenausschreitungen von 1992 in Los Angeles. 🕒 Di–So 10–16 Uhr, Eintritt $3.

Das **Wells Fargo Historical Museum**, 1000 Second St, Ecke J St, ✆ 916/440-4263, ist eines der zahlreichen über Kalifornien verteilten Museen unter Leitung der gleichnamigen Bankgesellschaft, allerdings nicht das beste, und die meisten Besucher kommen nur hierher, um die Geldautomaten im Gebäude in Anspruch zu nehmen. Die Ausstellung besteht aus einer winzigen, nicht gerade Aufsehen erregenden Sammlung früher Kommunikationstechnik. In dem 1853 erbauten Bankgebäude war auch der erste State Supreme Court untergebracht, dessen alte Räume im Obergeschoss manchmal zur Besichtigung freigegeben sind. 🕒 tgl. 10–17 Uhr, Eintritt frei.

Nicht weit davon befindet sich auf der anderen Seite des Highways das **Crocker Art Museum**, 216 O St zwischen Second und Third, ✆ 916/264-5423, 🖳 www.crockerartmuseum.org. In der eigentümlichen Anlage aus modernen und Neo-Renaissance-Gebäuden ist die Sammlung europäischer Malerei (darunter Gemälde von Dürer, Rembrandt, Boucher und Fragonard) des Obersten Richters Edwin Crocker zu besichtigen, der ein Bruder von *Big Four*-Mitglied Charles war. 🕒 Di–Mi und Fr–So 10–17, Do bis 21 Uhr, Eintritt $6.

Im Schatten der riesigen Kreuzung des I-5 und I-80 liegt zwei Blocks weiter südlich am Fluss, an der 2200 Front St, das **Towe Auto Museum**, ✆ 916/442-6802, 🖳 www.toweautomuseum.org. Hier befindet sich eine beeindruckende Sammlung von Automobilen und Lastwagen aus alten Tagen. 🕒 tgl. 10–18 Uhr, Eintritt $7.

Downtown

Die vom Uferbezirk und Old Sacramento nach Osten verlaufende **K Street Mall**, eine Fußgängerzone, durch die auch die Straßenbahn fährt, bildet das Einkaufszentrum von Downtown Sacramento. Ihre westlichen Ausläufer mit den vielen leeren Schaufenstern erwecken einen eher tristen Eindruck, doch je näher man dem riesigen neuen Open-air-Einkaufskomplex *Downtown Plaza* kommt, desto lebendiger wird die Straße. Ein Fußgängertunnel führt vom Westende der Mall unter dem Hwy-99 hindurch nach Old Sacramento.

Nordöstlich der Mall befindet sich an der Ecke von 16th St und H St das alte **Governor's Mansion**, 🖳 www.parks.ca.gov. Die prachtvolle, 1877 im viktorianischen Stil erbaute Villa war ursprünglich ein privates Wohnhaus, diente jedoch über 60 Jahre lang als Residenz der kalifornischen Gouverneure. 1967 jedoch gab der damalige Gouverneur Ronald Reagan das Gebäude mit den hohen Decken und dem schmalen Treppenhaus zugunsten eines Landsitzes am Stadtrand auf. Angeblich entsprach das Bauwerk nicht den Brandschutzverordnungen; allerdings ist denkbar, dass Reagan einfach mehr Wohnkomfort suchte, als die betagte Villa zu bieten hatte. Das mittlerweile renovierte und in altem Glanz wiederhergestellte Gebäude ist ein idealer Ausgangspunkt für einen Rundgang zu den historischen Bauten der Stadt; eine ausführliche Broschüre hierfür ist kostenlos vom *Visitor Information Center* erhältlich. 🕓 tgl. 10–16 Uhr; Führungen zu jeder vollen Stunde, Eintritt $1.

Das **State Capitol**, in den 60er Jahren des 19. Jhs. in klassizistischem Stil erbaut, steht mit seinem stolzen Kuppelbau inmitten einer weitläufigen Grünfläche einen Block südlich der Mall. Bis heute ist das verschwenderisch verzierte und geschmückte Bauwerk Sitz der kalifornischen Regierung. Es bildet das geografische Zentrum der Stadt und wurde 1976 im Zuge des damals größten Restaurierungsprojektes in der Geschichte der USA vollständig wiederhergestellt. Zwischenzeitlich musste es noch einmal gründlich restauriert werden, denn Anfang 2001 steuerte ein Lkw-Fahrer seinen schweren Milchlaster in die Südfassade und richtete dadurch einen Schaden in Höhe von fast 15 Mill. Dollar an.

Erwartungsgemäß wurden nach dem 11. September 2001 die Sicherheitsbestimmungen verschärft, und Besucher benötigen zum Betreten des Gebäudes jetzt einen mit Lichtbild versehenen Ausweis oder Pass. Im Hauptinnenbereich kann man sich ungehindert bewegen und anhand der in der Rotunde erhältlichen Informationsbroschüre orientieren. Wer sich aber einer der kostenlosen Führungen anschließt, die stündlich bei Raum B-27 im Erdgeschoss beginnen, bekommt mehr zu sehen. Im Rahmen der Führung werden Büros besichtigt, die genauso eingerichtet sind wie im April 1906, als das verheerende Erdbeben San Francisco heimsuchte. Außerdem öffnen sich die Türen der lachsfarbenen Senate Gallery und des tiefgrünen Assembly Room. Der Wasserspeier im Deckenstuck des Parlamentssaals, der dem Redner am Pult die Zunge herausstreckt, soll angeblich das Werk unzufriedener Künstler sein, die ihn während der Bauarbeiten unbemerkt hineinschmuggelten. Ein hübscher Park mit Blumenrabatten, altehrwürdigen Bäumen und frechen Eichhörnchen umgibt das Capitol. 🕓 tgl. 9–17 Uhr, stündliche Führungen, die letzte um 16 Uhr, ✆ 916/324-0333, 🖳 www.parks.ca.gov oder www.capitolmuseum.ca.gov.

Das gewaltige, hochmoderne **California State History Museum**, 1020 O St ✆ 916/653-7524, 🖳 www.goldenstatemuseum.org, beschäftigt sich sowohl mit der Naturkunde des Bundesstaates als auch mit der Entstehungs- und Entwicklungsgeschichte des oft belächelten „Kaliforniertums". Die Anordnung ist etwas verwirrend, denn die Ausstellungsthemen gehen nahtlos ineinander über, doch keinesfalls entgehen lassen sollte man sich die geglückte Replik eines alten chinesischen Kräuterkrämerladens und die TV-Montage mit den teilweise sehr erheiternden Kommentaren von Kaliforniern bezüglich ihres Heimatstaates. 🕓 Di–Sa 10–17, So 12–17 Uhr, Eintritt $5.

Midtown

Das einladendste Viertel Sacramentos ist Midtown, eine angenehme Gegend, bestens geeignet für einen gemächlichen Spaziergang – die Stadtplaner waren so klug, in fast jeder Straße zahlreiche Bäume zu pflanzen, die wohltuenden Schatten spenden.

Sehenswürdigkeiten im touristischen Sinne sind rar, doch zwischen den hier ansässigen alten viktorianischen Villen finden sich Dutzende freundlicher Restaurants und Cafés (s.u.) sowie einige der tollsten Aussichtspunkte der Stadt.

Ein Nachbau von **Sutter's Fort State Historic Park**, der ursprünglichen Siedlung, aus der Sacramento hervorging, steht am östlichen Ende der Stadt an der Ecke von 27th St und L St, 916/445-4422, 💻 www.parks.ca.gov. Der Haupteingang befindet sich an der Südseite. Die Schlichtheit der niedrigen, weiß getünchten Mauern hebt sich deutlich von den oft recht überschwänglich verzierten viktorianischen Bauten der Nachbarschaft ab. Im Inneren beschreiben bewegungsgesteuerte Kommentare vom Band die einzelnen Räumlichkeiten wie die Schmiedewerkstatt und die Bäckerei, und in einem Adobegebäude gibt es Ausstellungsstücke aus der Zeit des Goldrausches zu besichtigen. An Sommerwochenenden werden Szenen aus dem Alltag um 1850 in historischen Kostümen nachgestellt. 🕒 tgl. 10–17 Uhr, Eintritt $3, nach 16.30 Uhr Eintritt frei.

Eine Querstraße weiter nördlich liegt das kleine **Indian Museum**, 2618 K St, 📞 916/324-0971. Es beherbergt Werkzeuge, Kunstgewerbe und zeremonielle Gegenstände der Indianer des Central Valley und der Sierra Nevada und dokumentiert die Geschichte von Ishi, dem letzten Yahi-Indianer, der zu Beginn des 20. Jhs. als Kuriosum in den Straßen der Stadt zur Schau gestellt wurde. Alles in allem kann das düstere, etwas verschlissen wirkende Museum nicht wirklich fesseln – weit interessanter sind die Exponate über die Miwok im Indian Grinding Rock State Historic Park (s.S. 607). 🕒 tgl. 10–17 Uhr, Eintritt $1.

Einen kurzen Fußmarsch vom Zentrum entfernt steht an der 16th St, Ecke Broadway, das Originalgebäude von **Tower Records**. Im Grunde handelt es sich jedoch um die zweite Behausung dieser Unternehmenskette, denn ihren Anfang nahm sie im heutigen Tower Café (s.S. 591), wo ein findiger Mann namens Russ Solomon in den 40er Jahren eine Drogerie betrieb und auf die Idee kam, gebrauchte Schallplatten aus Musikboxen für 10 Cent pro Stück zu verhökern.

Das derzeitige Mutterhaus öffnete 1965 seine Pforten, und von hier aus trat das Unternehmen seinen Siegeszug durch Amerika und schließlich rund um den Globus an.

Übernachtung

Es gibt in Sacramento viele preiswerte Unterkünfte, die vom Zentrum leicht zu Fuß erreicht werden können.

Motels konzentrieren sich in der Gegend um die alte Gouverneursresidenz, 16th St, Ecke H St, in bequemer Entfernung zum angesagten **Midtown**, wo ein Großteil des hiesigen Nachtlebens stattfindet. Dutzende andere Unterkünfte säumen die Highways am Rand der Stadt, insbesondere am **Richards Boulevard**, gleich neben dem I-5. In **Downtown** beschränkt sich das Angebot v.a. auf die gleichförmigen Hotelketten und ein paar nahe gelegene B&Bs – da viele Verwaltungsangestellte der Stadt übers Wochenende den Rücken kehren, darf in vielen Fällen mit erheblichen Wochenendrabatten gerechnet werden.

Amber House Bed & Breakfast Inn, 1315 22nd St, Ecke N, Midtown, 📞 916/444-8085 oder 1-800/755-6526, 💻 www.amberhouse.com. Bestes B&B der Stadt; luxuriöse Zimmer mit marmorverkleidetem Bad, üppigem Frühstück und hervorragendem Preis-Leistungs-Verhältnis. Den in der Nähe befindlichen Motels unbedingt vorzuziehen. ❻

Best Western Sutter House, 1100 H St, Downtown, 📞 916/441-1314 oder 1-800/830-1314, 💻 www.thesutterhouse.com. Günstig in der Innenstadt gelegenes, flaches Hotel mit großen, gut ausgestatteten Zimmern rings um einen Pool und sonnenverwöhnten Patio. ❺

Clarion, 700 16th St, Ecke H, 📞 916/444-8000 oder 1-800/443-0880, 💻 www.choicehotels.com. Zentrale Lage, ausgezeichnete Ausstattung, moderne Zimmer, kostenlose Parkplätze, Pool, und bei rechtzeitiger Buchung extrem günstige Wochenendtarife. ❺

Delta King Hotel, 1000 Front St, Old Sacramento, 📞 916/444-5464 oder 1-800/825-5464, 💻 www.deltaking.com. Untergebracht in einem festgemachten Raddampfer aus dem Jahr 1926. Auf jeden Fall eine außergewöhnliche Unterkunft. Am Wochenende herrscht für gewöhnlich großer Besucherandrang in dieser Gegend, und die Preise ziehen entsprechend an. ❺–❼

Econo Lodge, 711 16th St, Downtown, 📞 916/443-6631 oder 1-800/553-2666, 💻 www.econolodge.com. Preiswerteste Unterkunft der Stadt mit schlichten, aber bequemen Zimmern, kleines Frühstück inkl. ❷

HI-Sacramento, 925 H St, Ecke 10th, Downtown, ✆ 916/443-1691, 💻 www.norcalhostels.org. Das in einem Gebäude von 1885 untergebrachte Hostel bietet alle üblichen Einrichtungen, plus kostenlosen Radverleih, allerdings tagsüber geschlossen und Sperrstunde ab 23 Uhr. Mitglieder zahlen $23,50, andere $26,50. Beherbergt ein paar unterschiedlich große Privatzimmer zu $40–75, je nachdem ob mit/ohne Bad. ❶

Quality Inn, 818 15th St, Ecke I, Downtown, ✆ 916/444-3980 oder 1-800/228-5151, 💻 www.qualityinn.com/hotel/ca505. Modernisierte Zimmer in der Nähe der alten Governor's Mansion, mit Pool. ❸

Vagabond Inn, 909 Third St, Höhe J, Old Town, ✆ 916/446-1481 oder 1-800/522-1555, 💻 www.vagabondinns.com. Moteähnliche Unterkunft nahe dem Fluss und Old Sacramento, mit Pool, einfachem Frühstück und kostenlosem Shuttle zu Bahnhof und Busbahnhof bzw. Bushaltestellen. ❺

Vizcaya Mansion, 2019 21st St, Ecke T, Midtown, ✆ 916/455-5243 oder 1-800/456-2019, 💻 www.sterlinghotels.com. Prunkvoll und elegant eingerichtetes, historisches Anwesen. ❻

Einen günstig gelegenen **Campingplatz** gibt es nicht, aber KOA unterhält den überwiegend von Wohnmobilen bevölkerten Zeltplatz ***Sacramento Metro,*** 3951 Lake Rd, West Sacramento, 4 Meilen westlich des Zentrums, ✆ 916/371-6771 oder 1-800/562-2747, 💻 www.sacramentokoa.com. ❶

Essen

In Old Sacramento gibt es Dutzende von Fastfood-Läden, Eisdielen und überteuerte Pseudo-Western-Restaurants, die man getrost vergessen kann. Empfehlenswert sind dagegen die nachstehend aufgeführten Lokale. Viele der Restaurants in Downtown verköstigen überwiegend Büroangestellte und schließen daher früh; zum Abendessen besser geeignet ist Midtown, die Gegend um die 20th St und Capitol Ave, wo auch die eine oder andere gute Bar liegt.

Café Bernardo, 28th Street, Ecke Capitol Ave, Midtown, ✆ 916/443-1180. Verkauft riesige Portionen gesunder, billiger Gerichte über den Tresen, die man im legeren, aber dennoch stilvollen Speisesaal zu sich nehmen kann. Die Speisekarte ist überwiegend italienisch: Pasta, Salate und kleine Pizzas. Bietet auch Frühstück, allerdings eher nach nordamerikanischem Geschmack, z.B. French Toast und Pancakes.

Centro Cocina Mexicana, 2730 J St, Midtown, ✆ 916/442-2552. Innovative wie anspruchsvolle regionale Küche aus Mexiko und eine Bar mit über 50 Tequilas.

Chipotle, 1831 Capitol Ave, Midtown, ✆ 916/444-8940. Nettes Café einer Kette mit schlichter Speisekarte: drei Arten von Burritos, darunter die köstlichen *barbacoa* (gut gewürztes Rindergeschnetzeltes) für rund $5.

Emma's Taco House, 723 K St, Downtown, ✆ 916/446-2122. Das freundliche, unprätentiöse Restaurant gehört zu den empfehlenswerteren Etablissements der K Street Mall und bietet großzügige Portionen Cal-Mex-Food für wenig Geld.

Hukilau Island Grill, 1501 16th St, Höhe O, Midtown, ✆ 916/444-5850. Geräuschvoll, kitschig-witzig im nicht ganz ernstgemeinten Hawaii-Decor mit erlesener Speisekarte; am gefragtesten sind die weniger ausgefallenen Gerichte wie Fisch-Kebab.

Jack's Urban Eats, 1230 20th St, Ecke Capitol Ave, Midtown, ✆ 916/444-0307. Preiswerter Laden, dessen Wände einige Werke hiesiger Künstler zieren. Bietet gewaltige Sandwiches, belegt mit saftigem Kräuterhühnchen oder Steak für $5. Die in Chili-Öl gebratenen Kartoffeln mit Blauschimmelkäse sind ein Gedicht.

Lucca, 1615 J St, Ecke 16th, Midtown, ✆ 916/669-5300. Rustikale toskanische Küche in zurückhaltendem Ambiente nackter Ziegelwände. Nicht selten speist der „Governator" hier. Empfehlenswert u.a. das Risotto mit Huhn, Pilzen und Fontina für $10 oder die üppige Fischpfanne für $15.

Maharani, 18th St, Downtown, ✆ 916/441-2172. Nicht ganz billige, kalifornisch angehauchte indische Speisen, die ohne viel Öl auskommen, auf die traditionellen Gewürze jedoch nicht verzichten. Lecker z.B. das Tandoori-Huhn.

Megami, 1010 10th, Ecke J St, Downtown, ✆ 916/448-4512. Einfaches, billiges japanisches Restaurant; Mittagstisch und Sushi-Teller für weniger als $5. Köstliches *Sesame Chicken.* ⌚ nur Mo–Fr.

Paesano's, 1806 Capitol Ave, Ecke 18th St, Midtown, ✆ 916/447-8646. Reichliche Portionen Pasta, leckere, ofengebackene Sandwiches und Pizza zu fairen Preisen in gemütlicher Umgebung.

River City Brewing Company, 545 Downtown Plaza, ✆ 916/447-2745. Eines der dünn gesäten annehmbaren Lokale in der Nähe von Old Sacramento. Moderner Brewpub am Westende der Shopping Mall, serviert Standardgerichte zu fairen Preisen und gute Biere (manche selbst gebraut).

Tapa the World, 2115 J St, Ecke 20th St, Midtown, ✆ 916/442-4353. Zur Auswahl stehen neben 20 verschiedenen Tapas auch Paella sowie Lamm- und Fischgerichte bei Flamenco-Klängen.

Tower Café, 1518 Broadway, Ecke 15th St, Downtown, ✆ 916/441-0222. Entspanntes Restaurant mit abwechslungsreicher, karibisch inspirierter Speisekarte und bunt gemischter Einrichtung. Lecker u.a. das marinierte Huhn oder das in Vanillesoße getränkte, knusprig ausgebackene Toast.

Weatherstone Coffee & Trading Co, 812 21st St, Ecke H St, Midtown, ✆ 916/443-6340. Sacramentos ältestes Kaffeehaus besitzt einen weitläufigen Garten, der an sonnigen Tagen zum Draußensitzen einlädt. Das Innere ist ein bisschen mitgenommen, aber gemütlich. Das Lokal liegt ziemlich versteckt in einem massiven Wohnblock und ist nicht ganz leicht zu finden.

Willie's Burgers and Chiliburger, 2415 16th St, Ecke X St, Downtown, ✆ 916/444-2006. Klassisches Burgerlokal, das saftige, individuell zusammengestellte Burger mit Pommes für $3 serviert, zum Frühstück auch heiße, süße und extrem leckere Beignets.

Unterhaltung

Crest Theater, 1013 K St Mall, ✆ 916/442-7378, 💻 www.thecrest.com. In dem schmucken, aufgemöbelten Art-Déco-Theater finden die größeren Live-Acts statt, außerdem werden hier manchmal ausgefallene Independent-Filme gezeigt.

Faces, K St, Ecke 20th St, ✆ 916/448-7798, 💻 www.facesnightclub.com. Der größte Tanzclub der Innenstadt besitzt zwei Tanzflächen und neun Bars; Eintritt ca. $6, gemischtes Homo-/Heteropublikum.

Monkey Bar, neben dem Café Bernardo (s.o.), ✆ 916/442-8940, mit Mosaikwänden und lebhaftem, gemischtem Publikum, ist ein ausgezeichneter Kneipentreff und serviert Cocktails um $3.

Old Ironsides, 1901 10th St, ✆ 916/443-9751, 💻 www.theoldironisides.com. Sehr gutes Lokal für nicht alltägliche Live-Musik. Das Gleiche gilt für das ***Capitol Garage,*** 1427 L Street, ✆ 916/444-3633, 💻 www.capitolgarage.com: eine Coffeebar plus Bühne, auf der lokale Bands spielen; geringe Eintrittsgebühr.

Tower Theater, Broadway, Ecke 16th St, ✆ 916/442-4700, zeigt künstlerisch anspruchsvolle Filme.

Sonstiges

AUTOVERMIETUNGEN – ***Budget,*** 6420 McNair Circle, ✆ 1-800/527-0700,
Enterprise, 1409 16th St, ✆ 1-800/736-8222,
Hertz, 1025 16th St, ✆ 916/448-2228.

FAHRRÄDER – Die Stadt ist sehr überschaubar, absolut flach und somit gut zu Fuß erkundbar. Aus demselben Grund ist Radfahren hier sehr verbreitet, besonders schön ist der 25 Meilen lange Radweg den American River entlang zum Folsom Lake.
Fahrräder gibt es ab ca. $15 pro Std. von ***Bike Sacramento,*** 1050 Front St, Suite 110, in Old Sacramento, ✆ 916/444-0200, zu mieten.

FLUSSTOUREN – Die Raddampfer ***Mat-Thew McKinley*** und ***Spirit of Sacramento*** legen beide vom L St Pier in Old Sacramento ab; sie bieten unterschiedliche, sehr beliebte, wenn auch ein bisschen kitschige Touren an; Fahrten kosten $10–35. Näheres unter ✆ 916/552-2933 oder 1-800/433-0263, 💻 www.spiritofsacramento.com.

INFORMATIONEN – Sacramento hat zwei **Visitors Centers**: eines mitten in Old Sacramento, 1004 2nd St, ✆ 916/442-7644, 💻 www.discovergold.org, ⌚ tgl. 10–17 Uhr; und eines in der Nähe der K Street Mall, 1608 I St, ✆ 916/808-7777, 💻 www.discovergold.org, ⌚ Mo–Fr 8–17 Uhr. In beiden liegt der nützliche *Sacramento Visitors' Guide* mit Karten sowie einem Unterkunfts- und

Restaurantverzeichnis aus. Das Blatt ist aber auch an nahezu sämtlichen touristischen Anlaufstellen erhältlich. Außerdem gibt der CVB eine Broschüre für eine Stadtwanderung auf eigene Faust mit ausführlicher Beschreibung der historischen Stadtarchitektur heraus.

Über aktuelle Veranstaltungen und Unterhaltungsmöglichkeiten informiert am besten die kostenlose *Sacramento News & Review*, daneben gibt es noch die Zeitungsbeilage *Ticket* in der Wochenendausgabe der *Sacramento Bee* (50¢) sowie das Gratismagazin für Musik *Alive and Kicking*. Die schwul-lesbische Szene der Stadt ist immerhin so umfangreich, dass sie zwei kostenlose Infoblätter produzieren kann, das *MGW* und *Outword*, die gleichfalls ein Restaurantverzeichnis und einen Veranstaltungskalender beinhalten.

Nahverkehrsmittel

Im Stadtzentrum besteht ein weit verzweigtes Netz von **Bussen** und **Stadtbahnen** – Fahr- und Streckenpläne gibt es bei den Visitors Centers oder im Büro der örtlichen Verkehrsbetriebe, 1400 29th St, Ecke N St, ✆ 916/321-2877, ⌚ Mo–Fr 8–17 Uhr. Besucher werden wahrscheinlich in erster Linie den DASH-Shuttle-Service (Route 30), ✆ 916/321-2877, 💻 www.sacrt.com, in Anspruch nehmen, der zwischen der Amtrak Station, K Street Mall und Old Sacramento verkehrt (50¢).

Transport

Sacramento liegt auf halber Strecke zwischen San Francisco und der Sierra Nevada und ist mit *Greyhound*-Bussen, *Amtrak*-Zügen oder auf dem I-5 zu erreichen. Die zwei Hauptverkehrsstraßen, die von Sacramento nach Osten in die Hügel der Mother Lode führen, sind der US-50 über die alte Goldgräberstadt Placerville nach Lake Tahoe und der I-80, der über den berühmt-berüchtigten Donner Pass (s.S. 625) an Auburn vorbei nach Nevada führt.

BUSSE – Ein scheinbar unendlicher Strom von *Greyhound*-Bussen fährt den Busbahnhof an der 715 L St an, einen Block von der K St Mall, ✆ 1-800/231-2222, darunter 15x tgl. Busse aus SAN FRANCISCO (2–3 Std.).

Weitere Busverbindungen u.a. nach:
AUBURN, 3x tgl., 1–1 1/2 Std.;
GRASS VALLEY, 4x tgl. mit Amtrak Thruway, 1 1/2 Std.;
NEVADA CITY, 4x tgl. mit Amtrak Thruway, 1 1/2 Std.;
RENO, 12x tgl., 2 3/4–4 Std.;
SAN FRANCISCO, 13x tgl. 2–3 Std.;
TRUCKEE, 3x tgl., 3 Std.

EISENBAHN – Der Amtrak-Bahnhof befindet sich in der 4th St, Ecke I, nahe Old Sacramento, ✆ 1-800/872-7245, 💻 www.amtrak.com. Rund 20x tgl. verkehrt ein Zug von hier auf der Capitol Corridor-Route in die Bay Area; Infos unter 💻 www.amtrakcapitols.com. Vom Bahnhof bestehen auch gute Anschlussverbindungen an *Thruway*-Busse zu den wichtigsten Destinationen des GOLD COUNTRY und der Gegend um LAKE TAHOE.

Es fahren 12x tgl. Züge nach OAKLAND/EMERYVILLE (1 3/4 Std.). Außerdem fährt 5x tgl. ein Zug nach RENO (4 3/4 Std.) und TRUCKEE (3 1/2 Std.).

FLÜGE – **Sacramento International Airport**, ✆ 916/874-0700, 💻 www.sacairports.org, liegt 12 Meilen nordwestlich von Downtown und ist über den I-5 zu erreichen. Er wird von den meisten größeren Inlandsgesellschaften angeflogen. Die Minibusse von *SuperShuttle Sacramento*, ✆ 1-800-BLUEVAN, 💻 www.supershuttle.com, fahren ihre Passagiere für $13 direkt zu Zielen in Downtown.

Die Central Mother Lode

US-50 und I-80 führen durch das östlich von Sacramento gelegene Herz des Gold Country in die Berge hinauf und weiter in den Nachbarstaat Nevada. Beide folgen den alten Postkutschenrouten über den Donner-Pass (benannt zum Gedenken an die tragische Geschichte der Donner-Party, s.S. 625). In den Jahren um 1860, als der Goldrausch abgeflaut war, unterstützten viele Bewohner den Eisenbahnbau, der vom Ingenieur Theodore Judah vorangetrieben wurde. Noch heute fahren *Amtrak*-Züge dieselbe Strecke, zum Teil sogar noch auf den alten Gleisen.

Diese Gegend ist weniger touristisch als die der nördlichen oder südlichen Minen, und **Placerville** sowie **Auburn** laden mit erschwinglichen Unterkünften und jeweils ein paar interessanten Ausflugszielen zu einem Besuch ein. Vor allem Placerville bietet sich Weininteressierten als günstige Ausgangsbasis für Exkursionen zu den Gütern im El Dorado Wine Country an. Auch wenn die Kleinstädte in dieser Ecke nicht annähernd so bilderbuchreif sind wie andere in der Region, lohnt sich ein Abstecher nach **Coloma** und **Folsom**, den beiden Städtchen zwischen den zwei Highways am American River, durchaus.

Folsom

1995: Das Elektrizitätswerk von Folsom bereitete sich gerade auf die Jahrhundertfeier anlässlich seiner Pionierleistungen im Bereich der Überlandelektrizitätsversorgung vor, als eine der Schleusen des Folsom Lake brach und viele Millionen Liter Wasser den American River hinab auf Sacramento zuströmten. Die Schutzdämme hielten stand, doch der Folsom Lake musste fast komplett trockengelegt werden, bevor die Reparaturarbeiten beginnen konnten.

El Dorado Wine Country

In den 60er Jahren des 19. Jhs., als in Napa und Sonoma Valley, die heute für ihre Weine berühmt sind, noch Kartoffeln angebaut wurden, gab es zahlreiche Weingärten in El Dorado County, in der Umgebung von Placerville. Nach dem Goldfieber wurden sie jedoch vernachlässigt und dem Ungeziefer überlassen, und erst 1972 hat man sie wieder in Ordnung gebracht. In dieser kurzen Zeit haben die Winzereien von El Dorado County sich allerdings einen ausgezeichneten Ruf erworben.

Es handelt sich zumeist um kleine Betriebe, wo Besucher herumgehen und unentgeltlich Kostproben nehmen können. Wenn gerade nicht viel zu tun ist, wird man vielleicht sogar vom Winzer persönlich herumgeführt, eine völlig andere Erfahrung als die organisierten Besichtigungen und die unverhohlene Vermarktung von Napa und Sonoma. Sehr beliebt sind der Zinfandel und der Sauvignon Blanc, die meiste Aufmerksamkeit gilt jedoch den Syrah/Merlot-Gewächsen, und der Barbera (eine Piemonttraube) gehört nach Meinung von Fachleuten zur Weltspitzenklasse.

Wer in Ruhe zur Weinprobe gehen möchte, sollte die beiden *Passport Weekends* meiden, die normalerweise am letzten März- und ersten Aprilwochenende stattfinden und schon Monate im Voraus ausgebucht sind, ✆ 1-800/306-3956, 💻 www.eldoradowines.org. Besagter Pass für $65 berechtigt zu allen möglichen Appetithappen neben den Weinproben. Am besten holt man sich die Broschüre *El Dorado Wine Country Tour* bei der *Chamber of Commerce* und begibt sich zu *Boeger,* 1709 Carson Rd, ✆ 530/622-8094, 💻 www.boegerwinery.com, weniger als 1 Meile von der *Greyhound*-Haltestelle (s.S. 592), wo man unter schattigen Apfel- und Birnbäumen sitzt, 🕒 tgl. 10–17 Uhr, oder zu *Lava Cap,* 2221 Fruitridge Rd, ✆ 530/621-0175, 💻 www.lavacap.com, wo in den letzten Jahren ein paar hervorragende Chardonnays und Muscat Canellis gekeltert wurden, 🕒 tgl. 11–17 Uhr.

Die Qualität nicht nur der Trauben, sondern auch der hier kultivierten Äpfel, Birnen, Pfirsiche, Kirschen und anderen Obstsorten genießt in der Gegend höchstes Ansehen und wird während des **Apple Hill Festival** im Oktober zelebriert. Shuttle-Busse verkehren dann zwischen Placerville und den meisten Obstplantagen und Weingütern der Umgebung, die wenig nördlich des I-50 und östlich der Stadt liegen; Infotelefon ✆ 530/644-7692, 💻 www.applehill.com. Der *Cider Press Guide to Apple Hill* und der *Farm Trails Harvest & Recreation Guide* – beide bei der *Chamber of Commerce* erhältlich – enthalten ausführliche Informationen, Kartenmaterial sowie Wegweiser zu den Farmen, Ranches, Weingütern und historischen Inns in den abgelegensten Winkeln der Gegend.

Folsom selbst zeigt sich mit einer einzigen Hauptstraße, der Sutter Street, die von restaurierten Gebäuden aus der Zeit des *Pony Express* gesäumt wird, recht attraktiv. Im **Folsom History Museum**, 823 Sutter St, ✆ 916/985-2707, 💻 www.folsomhistorymuseum.org, findet man das funktionierende Modell einer dampfbetriebenen Goldschürfmaschine sowie Erinnerungsstücke der chinesischen Gemeinde, die sich hier während der Jahre um 1880 etablierte. 🕓 Di–So 11–16 Uhr, Eintritt $2.

Das von Johnny Cash besungene **Folsom State Prison** liegt 2 Meilen nördlich der Green Valley Road. Am Haupteingang werden in einer Galerie Kunstwerke von Gefangenen angeboten, 🕓 tgl. 8–17 Uhr. Die Erlöse kommen den inhaftierten Künstlern zugute, wenn sie aus der Anstalt entlassen werden. Auf der gegenüberliegenden Straßenseite hat man ein sehenswertes **Museum**, ✆ 916/985-2561, mit grausigen Fotos und medizinischen Gutachten über hingerichtete Mörder und Diebe eingerichtet, außerdem ein ganzes Arsenal handgefertigter Fluchtwerkzeuge, die im Lauf der Jahre bei Gefangenen gefunden wurden. 🕓 tgl. 10–16 Uhr, Spende erbeten.

Die hiesige **Chamber of Commerce**, 200 Wool St, ✆ 916/985-5555 oder 1-800/377-1414, 💻 www.folsomchamber.com, ist mit jeder Menge der üblichen Broschüren bestückt. 🕓 Mo–Fr 9–17, Sa 11–16 Uhr. Vor Ort finden sich zahlreiche Ableger der landesweiten Restaurantketten, doch empfehlenswert ist auch das *Balcony Restaurant,* 801 Sutter St, ✆ 916/985-2605, wo sich ein herzhaftes Mahl mit Blick auf den historischen Ortskern genießen lässt. Für die Übernachtung begibt man sich besser wieder nach Sacramento zurück. Wer allzu müde ist und nicht geizen muss, kann im bestens ausgestatteten *Lake Natoma Inn,* 702 Gold Lake Drive, ✆ 916/351-1500 oder 1-800/808-5253, 💻 www.lakenatomainn.com, ❺, absteigen. Hier gibt es auch ein Restaurant.

Placerville

Placerville, 20 Meilen östlich von Folsom, zehrt noch immer von dem makabren Ruf, einmal eine *Hangtown* gewesen zu sein, in der man Verbrecher gleich paarweise lynchte oder an einem Baum im Zentrum der Stadt aufhängte. Eigentlich war Placerville mehr eine Handelsstadt als eine Goldgräbersiedlung, zur Mitte des 19. Jhs. sogar die drittgrößte Stadt Kaliforniens.

Das heutige Placerville, auf halber Strecke zwischen Sacramento und Lake Tahoe an der Kreuzung von US-50 und Hwy-49, zieht sich als Ansammlung von Fastfood-Filialen, Tankstellen und Motels am US-50 entlang. Die alte Main Street verläuft parallel dazu und ist heute noch von der Architektur der Goldgräberzeit geprägt. Vor der **Hangman's Tree Bar**, die an der Stelle errichtet wurde, an der früher der unrühmliche Galgenbaum stand, erinnert eine aufgeknüpfte Puppe an die Sitten vergangener Zeiten.

Auf den weitläufigen El Dorado County Fairgrounds nördlich des US-50 steht das **El Dorado County Historical Museum**, 104 Placerville Drive, ✆ 530/621-5865, 💻 www.co.el-dorado.ca.us/museum, eines der besseren Museen im Gold Country. Hier wird sehr ausführlich über die Geschichte der Miwok-Indianer informiert, außerdem gibt es alte Eisenbahnwaggons und Pionierwagen sowie den Nachbau eines *General Store,* indianisches Kunsthandwerk und eine Fülle von Fotografien aus der goldenen Vergangenheit der Region zu sehen. 🕓 Mi–Sa 10–16, So 12–16 Uhr, Eintritt frei.

Wer mehr über die Zeit des Goldrausches wissen möchte, fährt auf dem US-50 zum **Gold Bug Mine Park**, Bedford Ave, ✆ 530/642-5207, 💻 www.goldbugpark.org, und unternimmt dort eine Besichtigung einer typischen Mother-Lode-Mine auf eigene Faust. Für $2 pro Std. kann man eine Goldpfanne leihen und das Glück herausfordern – große Hoffnungen sollte man sich allerdings nicht machen. 🕓 April–Okt tgl. 10–16, Nov–März Sa und So 12–16 Uhr, sofern das Wetter es erlaubt; Eintritt $3, Audiotour $1.

Übernachtung

Nahe der *Greyhound*-Haltestelle gibt es eine Reihe preiswerter Motels, z.B.:

Mother Lode Motel, 1940 Broadway, ✆ 530/622-00895, ✉ lodgegoldcountry@aol.com. ❷

National 9 Inn, 1500 Broadway, ✆ 530/622-3884, hat etwas größere, modernere Zimmer. ❸

Chichester-McKee House, 800 Spring St, ✆ 530/626-1882 oder 1-800/831-4008, 💻 www.innlover.com. Historisches B&B, entsprechend eingerichtet, herzhaftes Frühstück. An der Verkehrsampel in der Stadt vom US-50 auf den Hwy-49 abzweigen. ❺

Essen

Die Spezialität von Placerville ist *Hangtown Fry*, ein Omelett mit Speck und panierten Austern, das angeblich zu Goldrauschzeiten für wohlhabende Minenbesitzer kreiert wurde, die auf ihrem Speisezettel ein Gericht aus damals schwer erhältlichen, sündhaft teuren Zutaten verlangten. Wer es probieren möchte, kann das z.B. im ***Chuck's Pancake House***, 1318 Broadway, ✆ 530/622-2858.

Sweetie Pies, 577 Main St, ✆ 530/642-0128, serviert hervorragendes Frühstück und die wahrscheinlich köstlichsten Zimtschnecken der Welt.

Cosmic Café, 594 Main St, ✆ 530/642-8481. Zwischen den Überresten einer echten Goldmine untergebrachtes Öko-Lokal.

Poor Red's Barbeque, 429 Main St, ✆ 530/622-2901, in den alten Räumen der *Adams & Co.*-Postkutschengesellschaft in El Dorado, 3 Meilen südlich von Placerville, am Hwy-49, bekommt man für weniger als $6 die besten *barbecue dinners* im ganzen Gold Country.

Lil Mama D. Carlos, 482 Main St, ✆ 530/626-1612, serviert leckeres, erschwingliches italienisches Essen.

Informationen

El Dorado County Chamber of Commerce, 542 Main St, ✆ 530/621-5885, 🖳 www.eldoradocounty.org, bietet Informationen und organisatorische Hilfe bei Lust auf Rafting-Trips in Coloma (s.u.). ⏲ Mo–Fr 9–17 Uhr.

Transport

Amtrak Thruway-Busse halten 2x tgl. vor dem Buttercup Pantry, 222 Main St.

Greyhound-Busse auf dem Weg nach SOUTH LAKE TAHOE halten 2x tgl. am 1750 Broadway, 1,5 Meilen östlich der Stadt; von hier fahren Busse ins Zentrum. Die Haltestelle liegt zwar etwas außerhalb, östlich der Stadt, aber es gibt hier ein paar billige Motels.

Coloma

Am Hwy-49 nördlich von Placerville gibt es wenig zu sehen. Die Gegend ist nur deshalb interessant, weil hier der Goldrausch begann. Ein gewisser James Marshall entdeckte am 24. Januar 1848 im Wasser einer Mühle, die er für John Sutter nahe Coloma am südlichen Arm des American River baute, Spuren von Gold. Die Information verbreitete sich wie ein Lauffeuer, schon im Sommer waren Tausende herbeigeströmt, und im darauffolgenden Jahr lebten bereits über 10 000 Menschen in Coloma. Die meisten zogen weiter, als man größere, ergiebigere Goldvorkommen in anderen Gebieten entdeckte. In wenigen Jahren war die Ansiedlung wieder von der Bildfläche verschwunden.

Die übrig gebliebenen Gebäude, unter anderem die Hütte von James Marshall und zwei chinesische Geschäfte, stehen heute als **Marshall Gold Discovery State Historic Park**, ✆ 530/622-3470, 🖳 www.parks.ca.gov, unter Denkmalschutz. ⏲ tgl. 8 Uhr bis Sonnenuntergang, Museum tgl. 10–16.30 Uhr, Eintritt $2 pro Fahrzeug.

Am Flussufer innerhalb des Parks wurde **Sutter's Mill** rekonstruiert. An Wochenenden wird Besuchern um 10 und 13 Uhr die Funktion der Mühle vorgeführt. Auf einem Hügel über der Stadt markiert eine Statue das Grab von Marshall. Er selbst profitierte nie von seinem Goldfund: Anfangs versuchte er noch, Gebühren von den Goldgräbern zu kassieren, indem er das Land für sein eigenes ausgab. Mit der Zeit verfiel er dem Wahnsinn und starb völlig mittellos.

Denjenigen, die alten Geschichten über Goldsucher nur mäßiges Interesse abgewinnen können, bietet sich Coloma immerhin als idealer Ausgangspunkt für aufregende **Rafting**-Ausflüge auf dem American River an. Entsprechende Touren können bei *Mariah Wilderness Expeditions*, ✆ 530/626-6049 oder 1-800/462-7424, 🖳 www.mariahwe.com, oder *Rapid Descent Adventures*, ✆ 530/642-2370 oder 1-877/GO-RAFTN, ✉ rapidd@pacbell.net, gebucht werden. Die Kosten für einen Halbtagsausflug liegen bei mindestens $100, für eine Tour inkl. Übernachtung bei ca. $220.

Übernachtung

Coloma Country Inn, 345 High St, ✆ 530/622-6919, 🖳 www.colomacountryinn.com, in Nachbarschaft des State Park, bietet in ihren mit antiken Möbeln ausgestatteten Zimmer die beste Unterkunft am Ort. ❺

Auburn

Rund 30 Meilen nördlich von Coloma erreicht man Auburn, einen auf drei Terrassen an einem Hügel angesiedelten Ort, der sein Flair aus der Goldgräberzeit bewahrt hat, auch wenn er direkt an der Kreuzung des Hwy-49 mit dem I-80 liegt. Antiquitätenläden konzentrieren sich rings um das älteste, seit 1848 als solches genutztes Postamt Kaliforniens und das **Firehouse** aus dem Jahre 1891 mit seinem unverkennbaren, rot-weißen Turm. Auburn besitzt auch eine Reihe selten besuchter Museen, wie das sehr informative **Gold Country Museum**, 1273 High St, ✆ 530/889-6500, 💻 www.placer.ca.gov/museum/local-museums/goldctry.htm, das u.a. einen authentischen Minenschacht und den Nachbau eines Goldgräber-Camps umfasst. ⏲ Di–So 11–16 Uhr, Eintritt frei.

Etwas ausgefallener ist der **Bernhard Museum Complex**, 291 Auburn-Folsom Rd, ✆ 530/889-6500, 💻 www.placer.ca.gov/museum/local-museums/bernhard.htm.

Einer der früheren Besitzer des Anwesens von 1851 war Hobbywinzer, und das Haus sowie sein bescheidener Weinkeller können heute im Rahmen von Führungen besichtigt werden. ⏲ Di–So 11–16 Uhr, Eintritt frei.

Übernachtung und Essen

Super 8 Motel, 140 E Hillcrest Drive, ✆ 530/888-8808 oder 1-800/800-8000, 💻 www.super8.com, preiswert, schlicht, aber völlig ausreichend. ❸

Bootlegger's Old Town Tavern and Grill, 210 Washington St, ✆ 530/889-2229, gute herzhafte Gerichte in ansehnlichem Backsteingebäude.

Latitudes, 130 Maple St, ✆ 530/885-9535, serviert schmackhafte kalifornische Varianten multikultureller Speisen.

Informationen

California Welcome Center, nördlich der Stadt am 13464 Lincoln Way, ✆ 530/887-2111, 💻 www.visitplacer.com. Kostenloser Ortsplan und Informationen über Unterkünfte. ⏲ Mo–Sa 9–15, So 11–15 Uhr.

Transport

Greyhound-Busse von Sacramento nach RENO halten an der 246 Palm Ave, Abfahrt der Züge von *Amtrak* vom Bahnhof Nevada St, Ecke Fuller St.

Dutch Flat

Die 20 Meilen lange Strecke auf dem Hwy-49 von Auburn nach Norden ist zwar öde, führt aber schnell in zwei interessante Siedlungen des Gold Country – Grass Valley und Nevada City. Wer unterwegs noch einen kleinen Abstecher machen möchte oder auf dem Weg zum Lake Tahoe ist, nimmt den I-80 von Auburn 27 Meilen nach Osten bis Dutch Flat.

Zwischen Nadelbäumen und Espen stehen an den Hängen viele alte Hütten mit Blechdächern. Die Goldgräber, die einst hier arbeiteten, benutzten die effektive, aber sehr umweltschädliche hydraulische Methode. Ganze Hügel wurden weggeschwemmt, um an das Gold heranzukommen, das unter der Erdoberfläche lag.

Die nördlichen Minen

Der nördliche Abschnitt des Gold Country überrascht mit schönen Landschaften. Reißende Flüsse tosen durch steile Canyons, an deren Hängen Pappeln und Ahornbäume im Herbst einen flammend rotgoldenen Kontrast zur immergrünen Kulisse der Nadelwälder zaubern. Im Gegensatz zu den Goldfeldern im Süden lag das Gold in dieser Gegend tief unter der Erdoberfläche und musste aus hartem Gestein geschlagen werden. Trotzdem waren die nördlichen Minen die ergiebigsten der gesamten Mother Lode. Über die Hälfte allen Goldes, das in Kalifornien abgebaut wurde, stammt aus den Minen von Nevada County, das meiste aus der Empire Mine in Grass Valley, wo sich heute ein hervorragendes Museum befindet.

Bis in die 50er Jahre hinein war der Abbau von Gold noch die Haupterwerbsquelle. Obwohl sich Grass Valley und Nevada City seit dem Goldrausch äußerlich kaum verändert haben, sind sie keineswegs in der Vergangenheit stehen geblieben. Heute werden hier elektronische Ausrüstungen für Fernsehstudios und gefriergetrocknete Lebensmittel für Backpacker hergestellt. Seit den 60er Jahren haben sich auch zahlreiche Künstler und Handwerker in den alten Häusern auf den Hügeln niedergelassen. Dadurch ist ein alternatives Lebensgefühl eingezogen, das sich bis heute u.a. in der kostenlosen Wochenzeitung *Community Endeavor*, der kommunalen Radiostation KVMR 99,3 FM und dem alljährlich im Juni stattfindenden Bluegrass-Festival widerspiegelt. Weitere ausführliche Informationen über das gesamte Nevada County und die Minen gibt es im Internet unter 🖳 www.ncgold.com.

Für den Besuch weiter außerhalb gelegener Sehenswürdigkeiten ist ein eigener fahrbarer Untersatz vonnöten, aber Grass Valley und Nevada City werden 4x tgl. von *Amtrak Thruway*-Bussen angefahren. Ist **Grass Valley** wegen seiner Museen bekannt, so machen hübsche viktorianische Villen **Nevada City**, das im Norden an die Minen angrenzt, zu einem reizvollen Anziehungspunkt im Gold Country. Am Ende einer steilen Nebenstraße liegt **Malakoff Diggins**, wo die Wunden, die die Goldsucher in der Landschaft hinterlassen haben, am deutlichsten sind. Der Hwy-49 führt von Grass Valley am Yuba River hinauf in die Berge nach **Downieville**, am Fuße der hoch aufragenden Sierra Buttes gelegen, und in die noch kleinere Ortschaft **Sierra City**. Von hier sind es wenige Kilometer nach **Johnsville**, einer Goldrausch-Geisterstadt, die heute mitten im Plumas-Eureka State Park liegt.

Grass Valley

Es ist praktisch unmöglich, Grass Valley zu passieren, ohne von den Ereignissen um **Lola Montez** zu hören. Die irische Tänzerin, einstige Mätresse König Ludwigs von Bayern und enge Vertraute von Victor Hugo und Franz Liszt, heiratete in den 50er Jahren des 19. Jhs. auf einer Nordamerika-Tournee einen Amerikaner, gab das Tanzen auf und ließ sich mit ihrem Mann und einem zahmen Grizzlybären hier nieder, um ihre Memoiren zu schreiben. Mit ihrem berühmten, gewagten „Spinnentanz" hatte sie alle großen Bühnen zwischen New York und San Francisco erobert. Max Ophüls 1955 gedrehter Film *Lola Montes*, die damals teuerste Produktion der französischen Filmgeschichte, erzählt eine mit Dichtung und Legenden angereicherte Version ihres Lebens.

Einige persönliche Gegenstände von Lola sind im **Grass Valley Museum** in der Old St. Mary's Academy an der Ecke Church und Chapel Street ausgestellt, ✆ 530/273-5509. ◷ Di–Fr 12.30–15.30 Uhr, Spende erbeten.

North Star Mining Museum

Grass Valley besitzt zwei der interessantesten Bergbaumuseen Kaliforniens. Das **North Star Mining Museum** am südlichen Ende der Mill Street, ✆ 530/273-4255, ist eines der besten Museen im Gold Country, die Ausstellungsstücke sind einmalig, und das Wissen und der Enthusiasmus der Mitarbeiter stehen ihnen in nichts nach. Das Museum ist im ehemaligen Kraftwerk der North Star Mine untergebracht. Prunkstück ist das riesige **Pelton Wheel**. Es war eine der bedeutendsten Erfindungen der Gold-Country-Ingenieure. Pelton-Räder wurden benutzt, um Elektrizität zu erzeugen, dieses hier war an einen Luftkompressor angeschlossen, mit dem Bohrer und Aufzüge in der Mine betrieben wurden.

In Dioramen wird der Alltag der damaligen Minenarbeiter dargestellt, von denen drei Viertel aus den heruntergewirtschafteten Zinnminen Cornwalls in England kamen.

Auf Nachfrage wird das kleine Modell eines Pochwerks in Bewegung gesetzt. In einem **Pochwerk** zerstampften zehn bis achtzig Hämmer das goldhaltige Erz. Das kostbare Metall wurde anschließend in einer Reihe chemischer Prozesse vom Schotter und Steinstaub getrennt. ◷ Anfang Mai–Mitte Okt tgl. 10–17 Uhr, Spende erbeten.

Empire Mine State Park

Die Empire Mine war einmal die größte und ergiebigste Mine im ganzen Bundesstaat. Sie steht heute, umgeben von Kiefernwäldern als 200 ha großer Empire Mine State Park, ✆ 530/273-8522, 🖳 www.empiremine.org, unter Denkmalschutz. Zwischen den Bäumen stehen viele Minengerätschaften und Maschinen herum, von denen die meisten erst vor kurzem wieder hergebracht wurden, denn als die Mine 1956 geschlossen wurde, hat man die Sachen für ein Butterbrot verscherbelt und an zahlreichen Minenstätten im restlichen Gold Country ausgestellt. Den Eingang findet man am Hwy-174 (Empire Street Exit), eine Meile südöstlich von Grass Valley. Hier fährt man die West Empire Street bis zum Ende durch. Am Eingang kann man ein **Museum** besichtigen, in dem sich ein ausgezeichnetes Modell des gesamten Untergrundsystems befindet. Es wurde unter strenger Geheimhaltung erbaut, um zu verhindern, dass die genaue Lage der lukrativen Goldadern bekannt würde.

Das Haus des Minenbesitzers, **Empire Cottage**, am nördlichen Ende des Parks, im Stil eines englischen Herrensitzes erbaut, überblickt einen stilvoll angelegten Garten. ⌚ Sept–April 10–17, Mai–Aug 9–18 Uhr, Eintritt $3.

Übernachtung

Es gibt verschiedene mehr oder weniger billige Motels, doch wer den Aufpreis für ein B&B nicht scheut, nächtigt vor allem im benachbarten Nevada City (s.u.) besser. Ansonsten stehen noch ein paar herausgeputzte Hotels aus der Goldrauschzeit zur Wahl. Campingmöglichkeiten s.S. 600, Kasten.

Coach 'N' Four Motel, 628 S Auburn St, ✆ 530/273-8009, 📠 273-0827. In günstiger Lage zum Empire State Park. Sauber und komfortabel, preiswerter kommt man nicht unter. ❸

Holbrooke Hotel, 212 W Main St, ✆ 530/273-1353 oder 1-800/933-7077, 💻 www.holbrooke.com. Historisches Hotel im Zentrum, in dem schon Mark Twain übernachtete. Tolle Zimmer, großartiges Restaurant mit Bar. ❹

Holiday Lodge, 1221 E Main St, ✆ 530/273-4406. Schlichte, aber bequeme Unterkunft mit Pool, Frühstück sowie Ortsgespräche kostenlos. ❸

Shady Rest Motel, 10845 Rough and Ready Hwy, ✆ 530/273-4232. Betagte Anlage etwas außerhalb der Stadt, aber immer noch zu Fuß erreichbar. Preiswerte Wochentarife. ❷

Stagecoach Motel, 405 S Auburn St, ✆ 530/272-3701. Guter Preis und guter Durchschnitt. Günstiger Ausgangspunkt für einen Besuch der Empire Mine. ❸

Swan-Levine House, 328 S Church St, ✆ 530/272-1873, 💻 www.swanlevinehouse.com. Ehemaliges, jetzt künstlerisch angehauchtes Krankenhaus im viktorianischen Stil. Sonnige, attraktiv eingerichtete Zimmer. Der Besitzer bietet auch Unterricht in verschiedenen Drucktechniken an. ❹

Essen und Unterhaltung

Bears Café, 115 S Church St, ✆ 530/477-7873. Große Auswahl an Kaffees und anderen Getränken, dazu eine Reihe süßer und deftiger Snacks. Viele kommen jedoch primär wegen des kabellosen Internetzugangs.

La Cucina Cirino, 491 E Main St, ✆ 530/274-1337. Italienisches Deli, das auch als Kochschule dient. Es gibt auch italienischen Wein.

Main Street Café, 213 W Main St, ✆ 530/477-6000. Die beste Adresse in der Gegend für wirklich gute Küche. Zwangloses, aber feines Restaurant mit eigenwilliger Speisekarte. In der benachbarten Wein- und Cocktailbar gibt es Do und Fr Live-Musik.

Marshall's Pasties, 203 Mill St, ✆ 530/272-2844. Eine umwerfende Auswahl an frisch gefüllten Pasteten zum Mitnehmen.

Old Town Café, 110 Mill St, ✆ 530/273-4303. Klassisch-moderner Diner im angeblich ältesten durchgängig betriebenen Restaurant dieser Art in Grass Valley. Das Frühstück ist besonders preiswert.

Railroad Café, 111 W Main St, ✆ 530/274-2233. Gängiges Diner-Angebot, begleitet vom Rattern einer Modelleisenbahn, die ständig über den Köpfen der Gäste herumfährt. So–Do nur Frühstück und Mittagstisch, Fr und Sa auch Abendessen.

Sergio's Caffe, 154 Mill St, ✆ 530/274-2600. Lebendiges Café/Restaurant, in dem es leckere Sandwiches, Salate und gehaltvollere italienische Speisen gibt.

Swiss House, 535 Mill St, ✆ 530/273-8272. Ein Schmunzeln ringt es dem Betrachter schon ab, dieses mitteleuropäische Ambiente in den Ausläufern der Sierra. Manch einer bleibt sogar, um eine der herzhaften schweizerisch-deutschen Gerichte zu genießen.

Informationen

Tourist Office, 248 Mill St, ✆ 530/273-4667 oder 1-800/655-4667; 💻 www.grassvalleychamber.

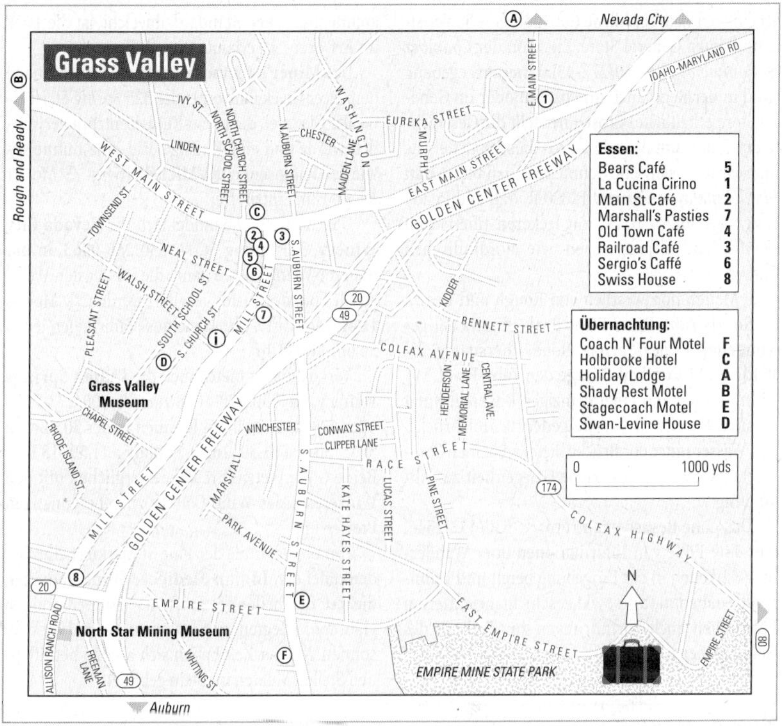

org, ⏲ Mo–Fr 9.30–17, Sa 10–15 Uhr. Das Büro ist in einem Nachbau des Hauses der Tänzerin Lola Montez untergebracht.

Transport

Zwischen Grass Valley und NEVADA CITY pendeln Mo–Fr von 7–18, Sa 10–17 Uhr halbstündlich die Minibusse von *Gold Country Stage*, ✆ 530/ 477-2961 oder 1-888/660-7433; $1 pro Fahrt, $3 für eine Tageskarte. Sie folgen derselben Route, die die Maultierkarawanen und Pferdekutschen zur Blütezeit der Zwillingsstädte nahmen, als dies die verkehrsreichsten vier Meilen in Kalifornien waren. An der West Main St halten die 4 tgl. *Amtrak*-Busse aus SACRAMENTO und AUBURN. Um in die Umgebung hinauszufahren, benötigt man ein Auto.

Die Umgebung von Grass Valley

Vor der Gründung der tiefen Minen ab 1860 gab es im gesamten nördlichen Gold Country verschiedene Goldgräbersiedlungen mit eigenartigen Namen wie „Red Dog" und „You Bet", die jedoch verschwanden, nachdem die Erzvorkommen erschöpft waren.

Das 5 Meilen westlich von Grass Valley gelegene **Rough and Ready** blieb erhalten und lebt vor allem von seinen Besuchern. Sie kommen, um die einzige Goldgräbersiedlung zu sehen, die sich Anfang 1850 offiziell von den USA lossagte. Hier hatten sich Veteranen aus dem Mexikanisch-Amerikanischen Krieg niedergelassen, die sich damit gegen eine ihrer Meinung nach ungerechte Besteuerung zur Wehr setzten. Rechtzeitig zu den Unabhängigkeitsfeiern (4. Juli) desselben Jahres traten sie dem Staatenbund wieder bei, aber der Konflikt schwelte noch bis 1948. Zu sehen gibt es nicht viel mehr als ein paar halb zerfallene Gebäude, eine Tankstelle und einen General Store. Eine von der *Chamber of Commerce,* ✆ 530/272-4320, herausgegebene (und in der Regel auch im Postamt oder im General Store erhältliche) Broschüre stellt die Geschichte der Stadt umfassend dar. An diesem Ort etwas unerwartete asiatische Gaumenfreuden bietet *Didi Bhai Himalayan Cuisine,* 12820 Rough and Ready Hwy, ✆ 530/272-6229, mit leckeren tibetischen *Momos* und nepalesischen wie nordindischen Currys.

6 Meilen nordwestlich von Rough and Ready, im **South Yuba River State Park**, abseits der gewundenen Bitney Springs Road, überspannt die **Bridgeport Covered Bridge** den Yuba River. Mit 76 m und von nur einem einzigen Bogen gestützt ist sie die weltweit längste gedeckte Holzbrücke. Das Wasser unter der Brücke bietet an heißen Sommertagen eine willkommene Gelegenheit zur Abkühlung.

Das nahe Besucherzentrum, ✆ 530/432-2546, hält eine Fülle von Informationen über Wandermöglichkeiten in der Umgebung bereit und veranstaltet neben natur- sowie geschichtsorientierten Führungen auch Vorführungen zur Technik des Goldwaschens.

Nevada City

Ein kaum zu überbietendes Maß an Beschaulichkeit bietet Nevada City, 4 Meilen nördlich von Grass Valley, mit seinen betagten viktorianischen Häusern an schmalen, von Ahornbäumen gesäumten Straßen am Rande des Hwy-49. Die Idylle ist sogar über jede Kritik erhaben, denn von allen Städten des Gold Country hat sich Nevada City am wenigsten verändert.

Das restaurierte **Old Firehouse** in der 214 Main St, ein Stück Zuckerbäckerarchitektur mit einem hohen Glockenturm, beherbergt ein kleines **Museum**, in dem die Sozialgeschichte der Region dokumentiert ist. ⏲ Mai–Okt tgl. 11–16, Nov–Apr Do–So 11.30–16 Uhr, Spende erbeten.

In der steilen Broad Street, die das Zentrum bildet, stehen das imposante **National Hotel** aus dem 19. Jh., zahlreiche Antiquitätenläden und Restaurants. Die Häuser sind mit den typischen Gold-Country-Balkonen und hölzernen Vordächern versehen. Eines der wenigen Gebäude, das von diesem architektonischen Standard abweicht, ist die 1937 im Art-déco-Stil erbaute **City Hall**.

Das **Miner's Foundry Cultural Center**, nahe dem Deer Creek Canyon in der 325 Spring St, ist eine alte Gießerei, die in ein Kulturzentrum verwandelt wurde und eine Kunstgalerie, eine Bühne sowie den Radiosender KVMR beherbergt. ⏲ Mo–Fr 10–16 Uhr, Eintritt frei.

Gleich daneben befindet sich die **Nevada City Winery**, 321 Spring St, ✆ 530/265-9463, in der man die Weine kosten kann, die im ältesten Weingut des Bundesstaates gekeltert werden, ⏲ Mo–Sa 11–17, So 12–17 Uhr, kostenlose Führungen jeden Sa um 11.30 Uhr.

Verkostungen bietet auch die **Indian Springs Winery**, ✆ 530/478-1068 oder 1-800/273-2550 oder 478-1068, in ihren Räumen in der 303 Broad St; ⏲ So–Do 11.30–16.30, Fr und Sa 11.30–18 Uhr. Beide Güter bieten ihre Weine verglichen mit den Winzereien des Wine County zu sehr günstigen Preisen an.

Am oberen Ende der Pine St markiert eine Gedenktafel den **Indian Medicine Stone**. Indianer, die an die heilende Kraft der Sonnenstrahlen glaubten, pflegten sich auf dem Granitblock zu sonnen. Mit der Zeit haben sich an den betreffenden Stellen Mulden im Stein gebildet.

Camping in Nevada County

Um einen realistischeren Eindruck vom Alltag der Goldschürfer zu bekommen, kann man auf einem der vielen Campingplätze in den umgebenden Hügeln übernachten. Sie sind allerdings nur mit dem Auto zu erreichen. ***Gene's Pine-Aire Campground,*** Hwy-20, Ecke Washington St, ✆ 530/265-2832, etwas östlich von Nevada City, und ***Scott's Flat Lake,*** Scott's Flat Road, ✆ 530/265-5302, werden privat betrieben und bieten die beste Ausstattung. Abgeschiedener ist der 7 Meilen davon entfernte Campingplatz ***White Cloud***. Die Preise beginnen bei ungefähr $12, während der Hochsaison sind sie mitunter höher. Weitere Informationen erteilt die ***Ranger Station*** in Nevada City, Coyote St, ca. eine Viertelmeile nördlich vom *Tourist Office* gelegen, ✆ 530/265-4531.

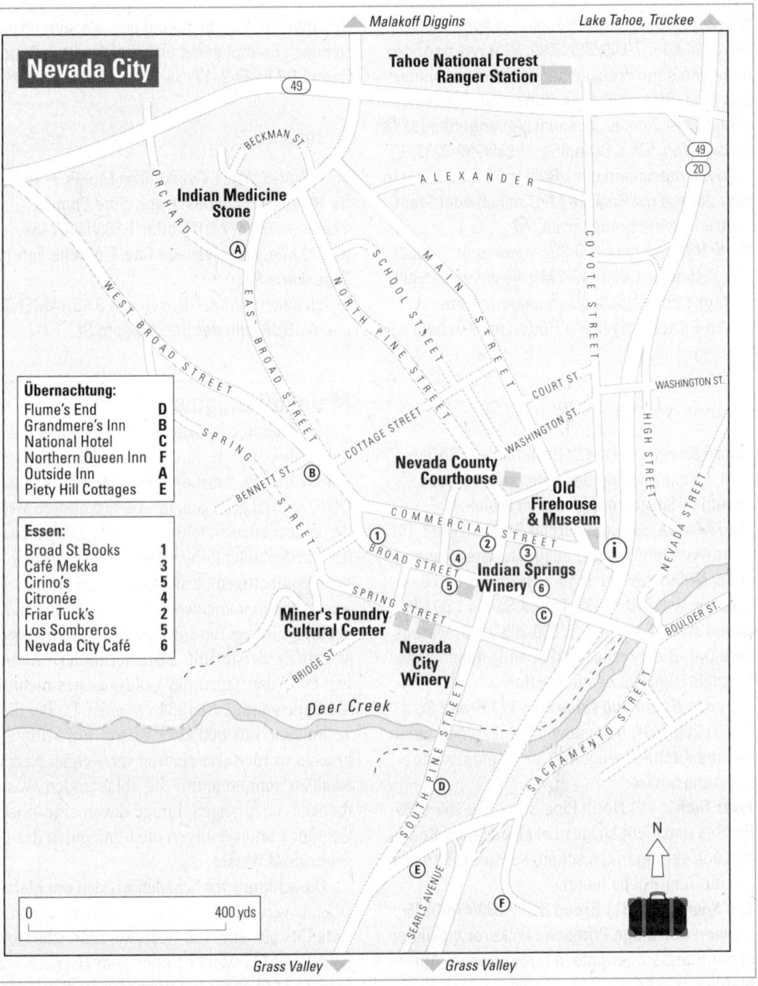

Übernachtung

Wer ein paar Dollar übrig hat, kommt in einem B&B am schönsten unter.

Flume's End, 317 S Pine St, auf der anderen Seite der Pine Creek-Brücke, ✆ 530/265-9665, 💻 www.flumesend.com. Kleines Haus in einem hübschen Garten mit Blick auf einen kleinen Wasserfall. ❺

Grandmere's Inn, 449 Broad St, ✆ 530/265-4660, 💻 www.grandmeresinn.com. Freundliches B&B mit geschmackvoll eingerichteten Zimmern und hübschem Garten, vom Zentrum nur ein kleines Stück bergauf. ❼

National Hotel, 211 Broad St, ✆ 530/265-4551. Ältestes durchgehend als Hotel betriebenes Haus im Westen, daher im Rang eines historischen Denkmals. Entsprechend gediegenes Ambiente. ❹

Northern Queen Inn, 400 Railroad Ave, ✆ 530/265-5824 oder 1-800/226-3090, 💻 www.northernqueeninn.com. Preisgünstiges Hotel mit beheiztem Pool. Bietet hübsche Hütten, Chalets sowie schlichtere Zimmer in einem Nebengebäude. ❹

Outside Inn, 575 E Broad St, ✆ 530/265-2233, 💻 www.outsideinn.com. Ruhiges Motel aus den 40er Jahren mit Pool, 10 Min. zu Fuß vom Stadtzentrum; keine Kreditkarten. ❸

Piety Hill Cottages, 523 Sacramento St, ✆ 530/265-2245 oder 1-800/443-2245, 💻 www.pietyhillcottages.com. Nostalgisch eingerichtete, von einem Garten umgebene Hütten mit Küchenzeile. ❹

Essen

Broad Street Books, 426 Broad St, ✆ 530/265-4204. Gebäck, kleine Gerichte und Espresso, schattige Sitzgelegenheiten im Freien.

Café Mekka, 237 Commercial St, ✆ 530/478-1517. Ungezwungener, witzig ausgestatteter Coffeeshop, beliebt bei Teenagern, Trendies und Ex-Hippies, ⏲ So–Do 8–23, Fr und Sa bis 1.30 Uhr.

Cirino's, 309 Broad St, ✆ 530/265-2246. Mittags gute Deli-Sandwiches und abends italienische Spezialitäten. Gut bestückte Bar.

Citronée Bistro and Wine Bar, 320 Broad St, ✆ 530/265-5697. Innovative amerikanisch-mediterrane Küche in eleganter, aber ungezwungener Atmosphäre.

Friar Tuck's, 111 North Pine St, ✆ 530/265-9093. Großes und nicht billiges Lokal, das gute Speisen aus der amerikanischen, europäischen und Pacific-Rim-Küche bietet.

Los Sombreros, 311 Broad St, ✆ 530/478-0275. Serviert gewaltige Portionen leckerer mexikanischer Standardgerichte in farbenfrohem Ambiente.

Nevada City Café, 216 Broad St, ✆ 530/265-9440. Einfaches, typisch amerikanisches Lokal mit Eiern zum Frühstück und Burger zum Mittagessen.

Informationen

Das ***Tourist Office***, 132 Main St, ✆ 530/265-2692 oder 1-800/655-6569, 💻 www.nevadacitychamber.com, befindet sich einen Block nördlich des Hwy-49. Man bekommt hier u.a. einen kostenlosen Stadtplan mit eingezeichnetem Rundgang. ⏲ Mo–Fr 9–17, Sa 11–16 Uhr.

Transport

Von GRASS VALLEY verkehren Mo–Fr 7–18, Sa 10–17 Uhr Minibusse von *Gold Country Stage*, ✆ 530/477-0103 oder 1-888/660-7433, alle 30 Min. nach Nevada City. Einfache Fahrt $1, Tageskarte $3,.

4x tgl. halten *Amtrak*-Busse von SACRAMENTO und AUBURN an der Sacramento St.

Malakoff Diggins

Die so genannte **hydraulische Methode**, das *hydraulicking*, wurde vor allem in den späten 50er Jahren des 19. Jahrhunderts angewandt, um an Goldadern zu gelangen, für die sich andere Methoden finanziell nicht lohnten. Kräftige Wasserstrahlen wurden unter hohem Druck auf die Hänge mit den goldhaltigen Erdschichten gerichtet und schwemmten tonnenweise Kies, Schlamm und Vegetation hinweg. Ein Umweltbewusstsein, das diese brutale Zerstörung hätte verhindern können, gab es in den Tagen des Goldrausches nicht. Die Methode wurde erst 1884 verboten. Da bei dieser Technik ca. 120 000 Liter Wasser pro Minute gebraucht wurden, war ein weit verzweigtes Netz von Kanälen vonnöten, um die ablaufenden Wassermengen aufzufangen. Einige davon sind noch in Gebrauch und versorgen die Gemeinden der Umgebung mit Wasser.

Die schlimmsten Schäden wurden um Malakoff Diggins verursacht. Man erreicht den Ort von Nevada City aus über die steile, kurvenreiche Northfield Road (17 Meilen) oder vom Hwy-49, wenn man 11 Meilen nordwestlich der Stadt auf die 16 Meilen lange Tyler Foote Road abbiegt.

Durch die hydraulische Methode wurde ein über eine Meile langer, eine halbe Meile breiter und fast 200 m tiefer Canyon aus den goldroten Hängen herausgespült. Natürliche Erosion hat die Kanten inzwischen etwas geglättet, die stehengebliebenen Felsnadeln erinnern an den Grand Canyon. Das 1200 ha große Gelände steht heute als **State Park** unter Landschaftsschutz. ⏲ im Sommer tgl., ansonsten Sa und So 9–17 Uhr, ✆ 530/265-2740, Eintritt $6 pro Fahrzeug. Obgleich der Park auf der Karte nicht weit vom Hwy-49 entfernt zu liegen scheint, kann die Fahrt angesichts endloser, kurviger Schotterstraßen zu einer Odyssee werden. Im Park liegt die restaurierte Goldgräberstadt **North Bloomfield**, in der man alte Gebäude aus anderen Geisterstädten wieder aufgebaut hat.

Das dortige **Museum** zeigt einen 20-minütigen Film zum Thema *hydraulicking*. ⌚ Juni–Aug tgl. 10–16 Uhr, Mai–Sept nur Sa und So. Öffnungszeiten im Winter bitte erfragen unter ✆ 530/265-2740. Besichtigung in der Eintrittsgebühr für den Park enthalten. Nahe den gespenstisch anmutenden Felsen gibt es einen **Campingplatz**, Infos bei *ReserveAmerica*, ✆ 1-800/444-7275. Übernachtung $20.

Downieville

Der Hwy-49 führt von Nevada City durch die Yuba-River-Schlucht hinauf zu den landschaftlich reizvollen, höheren Gebieten des Gold Country. Wasserfälle stürzen zwischen Nadelbäumen über kantige, schwarze Felsen. Mitten in der Wildnis, etwa eine Autostunde hinter Nevada City, liegt Downieville, von allen Goldrausch-Orten der am schönsten gelegene.

Das friedliche, kleine Örtchen mit 300 Einwohnern pflegt einen merkwürdigen Stolz auf seine unrühmliche Vergangenheit. Downieville war die einzige Goldgräbersiedlung, in der jemals eine Frau erhängt wurde. Ein „feuriges, mexikanisches Tanzmädchen" namens Juanita hatte in Notwehr einen Goldgräber erstochen und wurde daraufhin zum Tode verurteilt. Neben dem Gefängnis am südlichen Ufer steht ein restaurierter hölzerner Galgen, der zuletzt 1885 benutzt wurde.

Zwei Blocks weiter nördlich liegt am gegenüberliegenden Ufer am Ende einer alten Ladenzeile das **Downieville Museum**, ✆ 530/289-3423. Hier werden zahlreiche Kuriositäten und historische Stücke ausgestellt, unter anderem Schneeschuhe für Pferde und das kleine Modell des hiesigen Pochwerks. ⌚ Mai–Okt tgl. 11–16 Uhr, Spende erbeten.

Übernachtung und Essen

Obwohl winzig, besitzt der Ort einige sehr gute Unterkünfte.

Riverside Inn, ✆ 530/289-1000 oder 1-888/883-5100, 💻 www.riversideinndv.com. ❸

Carriage House Inn, ✆ 530/289-3573, 💻 www.downievillecarriagehouse.com. Hübsch renoviert, am gegenüberliegenden Ufer des Yuba River und der Brücke, die vom Hwy-49 über die Straße führt. ❹

Sierra Shangri-La, ✆ 530/289-3455, 💻 www.sierrashangrila.com. 2,5 Meilen weiter nordöstlich in dichtem Waldgelände über dem Fluss gelegen, besitzt B&B-Zimmer sowie voll ausgestattete Cottages, Letztere werden im Hochsommer nur wochenweise vermietet. ❹

Downieville Inn, 117 Main St, ✆ 530/289-3242, 💻 www.downievilleinn.com. Annehmbares Ausweich-Motel, falls die o.g. Unterkünfte ausgebucht sind. ❸

Downieville Bakery & Café, Commercial St, Ecke Main St, ✆ 530/289-0108, bietet sich zum Kaffeetrinken und Kuchenessen an.

Downieville Diner, an der Main St, ✆ 530/289-3616, ist ein Familienrestaurant.

Riverview Pizzeria, Main St, ✆ 530/289-3540, sorgt ebenfalls fürs leibliche Wohl.

Informationen

Ein Plan für eine Stadtbesichtigung zu Fuß und auf eigene Faust ist im telefonisch nicht erreichbaren und in der Praxis nur unregelmäßig geöffneten **Tourist Kiosk** in hübscher Lage am Fluss erhältlich, ⌚ nur Mai–Sept und nur Sa und So.

Sierra City

Sierra City besitzt viel ländlichen Charme und ist eine gute Basis für Ausflüge in die Umgebung.

Das noch immer funktionstüchtige Original des Pochwerk-Modells aus dem Downieville Museum kann man im **Kentucky Mine Museum**, ✆ 530/862-1300, eine Meile nordöstlich von Sierra City am Hwy-49, besichtigen. Auf einer Führung durch die alte Mine (um 11 und 14 Uhr, $5) kommt man an einer rekonstruierten Goldgräberhütte vorbei und kann einen Blick in einen Schacht werfen.

Außerdem gibt es diverse Bergbauwerkzeuge und -maschinen zu sehen, die bis zur Schließung des Bergwerks während des Zweiten Weltkrieges noch benutzt wurden. Das goldhaltige Gestein wurde in Stollen tief unter den schroffen, die Landschaft prägenden Granitspitzen der Sierra Buttes abgebaut. ⌚ im Sommer Mi–So 10–17 Uhr, Eintritt $2.

In seinem weiteren Verlauf nach Osten führt der Hwy-49 durch den **Tahoe National Forest** und überwindet den mehr als 2000 m hohen **Yuba Pass**, bevor er unmittelbar nördlich von Sattley an der Bassett Junction in den Hwy-89 mündet. Von hier aus verläuft der Hwy-89 in nördlicher Richtung nach Johnsville und in südlicher nach Truckee und zum Lake Tahoe.

5 Meilen südlich der Kreuzung, in **Sierraville**, gibt es eine schlichte Übernachtungsmöglichkeit in Form des *Sierraville Motel & RV Park*, ☏ 530/994-3751, ❸, sowie den *Stagecoach Café & Branding Iron Saloon*, ☏ 530/994-3013, der Speisen und Getränke serviert. Beide befinden sich an der Abfahrt nach rechts, dort, wo sich mitten in dem kleinen Städtchen die beiden Highways wieder trennen.

Johnsville

Der 25 Meilen nördlich von Bassett Junction und 5 Meilen abseits des Hwy-89 gelegene Ort Johnsville (1870 gegründet) ist nach Bodie (s.S. 439) die besterhaltene und abgelegenste alte Minenstadt in Kalifornien.

In der Umgebung der Geisterstadt erstrecken sich die weiten Kiefernwälder und die eindrucksvolle Berglandschaft des **Plumas-Eureka State Park**. Dort gibt es einen Campingplatz für $20 pro Nacht (Reservierung über *ReserveAmerica*, ☏ 1-800/444-7275) und ausgedehnte Wanderwege. Das riesige Pochwerk und die Gebäude von Johnsville werden derzeit restauriert. In der Zwischenzeit dokumentiert ein kleines **Museum** das schwierige Unterfangen, während der Wintermonate in der High Sierra nach Gold zu schürfen; ⌚ Juni–Aug tgl. 9–17 Uhr, Eintritt $3.

In zentraler Lage an der Hauptstraße durch den Ort serviert das *Iron Door*, ☏ 530/836-2376, im ehemaligen General Store internationale Speisen mit Schwerpunkt auf Steaks, Schnitzel und Pasta. Näheres zum Plumas County und der Hwy-89-Route Richtung Nordwesten zum Lassen Volcanic National Park s.S. 687ff.

Die südlichen Minen

Die südlichen Minen waren nie so ergiebig und rentabel wie die im Norden, aber die dort ansässigen Schürfer standen im Ruf, die raubeinigsten und widerspenstigsten von allen Goldgräbern zu sein. Hier entstand das Bild von der typischen Wildweststadt mit ihren Spielhöllen und Saloons und den regelmäßigen Schießereien auf der Straße. Fest steht, dass sich die im Süden gelegenen Niederlassungen durch eine größere ethnische Vielfalt auszeichneten als die im Norden, wenngleich die meisten Gruppen unter sich blieben – Sonora z.B. wurde von mexikanischen Immigranten gegründet, und die Bewohner von Chinese Camp waren fast ausschließlich Asiaten.

Auch der Goldabbau vollzog sich im Süden nach anderen Methoden als weiter oben im Norden. Statt unter der Erde nach Erzen zu graben, suchten umherziehende Schürfer nach dem so genannten Placer-Gold, das vom Wasser der Flüsse und Bäche aus dem Gestein gewaschen worden war. Das spanische Wort *placer* bedeutet sowohl „Sandbank" – auf Sandbänken war die Wahrscheinlichkeit, fündig zu werden, am größten – als auch, treffenderweise, „Freude". Manchmal lagen die Nuggets tatsächlich am Flussufer, in der Regel musste das Gold aber mit Hilfe von Pfannen, Waschrinnen und Sieben langwierig aus dem Schlamm und Kies herausgewaschen werden.

Die Siedlungen, die um ergiebige Fundstellen wie Pilze aus dem Boden schossen, verschwanden, sobald sich die Goldvorräte erschöpft hatten. Einige sind bis heute mehr oder minder intakt geblieben, viele sind als Ruinen irgendwo zwischen Wäldern und hügeligem Weideland zu finden.

Im Frühling sind die Hügel mit frischem Gras und bunten Blumen bedeckt, im Spätsommer verwandelt die Sonne die Landschaft in staubiges Goldbraun. Durch steile, von Eichen und Pappeln gesäumte Schluchten kann man an rauschenden Bächen entlangwandern oder die Nadel- und Redwood-Wälder an den Hängen der über 3000 m hohen Granitgipfel der Sierra Nevada durchstreifen und unterwegs zelten. Hier bieten sich im Winter zudem hervorragende Skimöglichkeiten.

Wer viel vom südlichen Gold Country sehen möchte, benötigt ein eigenes Transportmittel. Die Züge verkehren in respektvoller Entfernung von der hügeligen Gegend, und Busse kommen auf dem Weg von Fresno und Merced nach Yosemite nur durch Mariposa.

Der Hwy-49 führt durch **Jackson**, eine gute Basis, um das Weinanbaugebiet **Amador County** zu erkunden und weiter durch das Bergbaugebiet von **Calaveras County** zu fahren. Das Zentrum des südlichen Minengebiets ist **Sonora**, eine lebendige, kleine Stadt mit viktorianischen Häuserfronten. Die benachbarte ehemalige Ghosttown **Columbia** hat man inzwischen zu einem Freilichtmuseum gemacht.

Das Gebiet der südlichen Minen erstreckte sich noch bis **Mariposa**, aber die Funde waren weiter im Süden verhältnismäßig bedeutungslos, sodass es entsprechend wenige Überreste zu sehen gibt.

Amador County

Wo einst nach Gold geschürft wurde, wird heute Wein angebaut. Amador County, südlich von Placerville und des US-50, gehört zu den aufstrebenden Weinanbaugebieten Kaliforniens. Hier reift die widerstandsfähige Zinfandel-Rebe, die unter der warmen Sonne ihr volles Aroma entfaltet. Die meisten **Weingüter** befinden sich am nördlichen Ende des Bezirks rings um Plymouth, an den Hängen des Shenandoah Valley oberhalb des Hwy-49. Eine detaillierte Karte mit allen hiesigen Gütern ist über *Amador Vintners* in Plymouth, ✆ 209/267-2297 oder 1-888/655-8614, 💻 www.amadorwine.com, erhältlich.

Ungefähr 30 Meilen östlich von Sacramento trifft der Hwy-16 bei **Amador City** auf den Hwy-49. Eine kurze Häuserzeile, in der Antiquitätenläden untergebracht sind, verleiht dem Ort ein nostalgisches Flair.

Vorsicht Falle!

Autofahrer seien vor den **Radarfallen** gewarnt, die überall im Gebiet der südlichen Minen, insbesondere aber im Amador County sowie an allen Straßen nach Yosemite, über die Einhaltung der Geschwindigkeitsbegrenzungen wachen. Die hiesige Polizei wartet nur darauf, allzu eilige Touristen zur Kasse zu bitten.

Übernachtung

Das markanteste Gebäude in Amador City ist das ***Imperial Hotel,*** ✆ 209/267-9172, 💻 www.imperialamador.com, mit seinen meterdicken Backsteinmauern. Es liegt am nördlichen Ende der Stadt, dort, wo der Hwy-49 eine scharfe Biegung macht. Schöne, sonnige Doppelzimmer. ❹

Mine House Inn, ✆ 209/267-5900 oder 1-800/646-3473, 💻 www.minehouseinn.com, auf dem Weg nach Sutter Creek. Aufwendig umgestaltetes, ehemaliges Verwaltungsgebäude einer Mine von 1870 mit luxuriösen Zimmern und Pool. ❺

Rancho Cicada Retreat, 10001 Bell Rd, nahe Plymouth, ✆ 209/245-4841 oder 1-877/553-9481, 💻 www.ranchocicadaretreat.com, bietet in abgeschiedener Lage Cabins und Zeltunterkünfte (❶) und. An Wochenenden FKK-Betrieb. 🕓 nur Mai–Okt. ❻

Sutter Creek

2 Meilen südlich von Amador City liegt **Sutter Creek**, ein wesentlich größerer Ort, der aber ebenfalls aus nicht viel mehr als ein paar kleinen Antiquitätenläden und Restaurants besteht. Zwar gibt es eine Anzahl großer, hölzerner viktorianischer Gebäude, viele im Stil puritanischer, neuenglischer Bauernhäuser, aber der Stadt fehlt das Natürliche, Spontane, das den Goldrauschstädten ihre besondere Atmosphäre verleiht. Das mag daran liegen, dass hier nicht unabhängige Goldwäscher lebten, sondern Arbeiter, die im organisierten, kapitalintensiven Bergbau beschäftigt waren.

Die **Eureka-Mine**, die bis 1958 in Betrieb war, machte ihre Besitzerin Hetty Green zeitweilig zur reichsten Frau der Welt. Als sie 1916 das Zeitliche segnete, war ihr Anwesen 100 Mill. Dollar wert; sie selbst jedoch war berühmt-berüchtigt für ihre Sparsamkeit: Sie trug ihre Kleidung auf, bis diese völlig zerschlissen war, und gab nicht einen Cent für wohltätige Zwecke aus. Das brachte Hetty von Seiten einiger (ebenfalls gut betuchter) Neider den Spitznamen „The Witch of Wall Street" ein.

Leland Stanford dagegen erwies sich, wenn nicht unbedingt liebenswerter, so doch als großzügiger mit dem saftigen Profit, den er aus der **Lincoln-Mine** erwirtschaftete. Er stieg zwar zum Eisenbahnmagnaten und Gouverneur Kaliforniens auf, stiftete aber immerhin eine beträchtliche Summe Geldes, um die Stanford University zu gründen. (Näheres zu Leland Stanford s.S. 586, Kasten).

Übernachtung und Essen

Zwei angenehme und zentral gelegene **B&Bs** sind:
The Foxes, 77 Main St, ✆ 209/267-5822 oder 1-800/987-3344, 💻 www.foxesinn.com, gut ausgestattete Zimmer und Badewannen mit Löwenfüßen, ❻, und
Sutter Creek Inn, 75 Main St, ✆ 209/267-5606, 💻 www.suttercreekinn.com, größeres Haus ohne TV, Telefon und Pseudo-Victoriana in den Zimmern, aber mit Hängematten im Garten und gastfreundlicher Atmosphäre. ❹
Bellotti Inn, 53 Main St, ✆ 209/267-5211. Die billigsten Zimmer der Stadt, mit preiswertem Restaurant. ❷
Susan's Place, im Eureka Street Courtyard, einen halben Block östlich des Hwy-49, ✆ 209/267-0945, Sandwiches, Suppen und Salate. Mittagessen Do–So, Abendessen nur Fr und Sa.
Sutter Creek Coffee Roasting Co., auf der anderen Straßenseite, ✆ 209/267-5550, serviert den besten Kaffee am Ort.
Sutter Creek Ice Cream Emporium, 51 Main St, ✆ 209/267-0543, bestens geeignet fürs Dessert; der freundliche Besitzer spielt auf dem Klavier, während die Gäste Milchshakes trinken.

Jackson

Das 4 Meilen südlich von Sutter Creek gelegene Jackson ist die erste der südlichen Minenstädte, in der es sich lohnt, länger anzuhalten. Der Großteil der gut erhaltenen Gebäude im historischen Zentrum wurde nach einem großen Brand 1862 errichtet, inzwischen schmälern jedoch die vordringenden moderneren Bauten in der Umgebung ihr Erscheinungsbild.

Eine schöne, wenngleich etwas befremdlich wirkende Art-déco-Fassade ziert das 1939 errichtete **County Courthouse** auf dem Hügel.

Auf dem Kamm liegt etwas weiter das **Amador County Museum**, 225 Church St, ✆ 209/223-6386. Hier gibt es die übliche Goldrausch-Ausstellung zu bewundern, ein Besuch lohnt sich aber wegen der detaillierten Bergwerksmodelle. 🕓 Mi–So 10–16 Uhr, Spende erbeten.

Alte Fördertürme und Geräte stehen an der Jackson Gate Road, eine Meile nördlich vom Museum. Ein markierter Weg führt vom Parkplatz zu den beiden 20 m hohen, hölzernen Abraumrädern der alten **Kennedy Mine**. Ihr Schacht war mit 1800 m der tiefste in Nordamerika, der Förderturm steht etwas weiter oben am Hwy-49. 🕓 tgl. 8 Uhr bis Dämmerung, Eintritt frei.

Von der zweiten großen Mine Jacksons, der **Argonaut Mine**, ist heute nichts mehr zu sehen. 1922 kamen hier bei einem Grubenbrand 47 Arbeiter ums Leben.

Übernachtung

National Hotel, 2 Water St, ✆ 209/223-0500, ✉ nationalhotel@volcano.net. Ein bisschen mitgenommen, aber dennoch die beste Übernachtungsmöglichkeit der Stadt; ein Hotel aus den 60er Jahren des 19. Jhs. mit unterschiedlich möblierten Zimmern, z.B. einem „Bordello Room" mit Himmelbett und löwenfüßiger Badewanne. ❹
Amador Motel, ✆ 209/223-0970, am Hwy-49, nördlich der Stadt, falls das *National* voll ist. ❶
Jackson Lodge, ✆ 209/223-0486 oder 1-888/333-0486, 💻 www.jacksonlodge.com, ganz in der Nähe. ❷

Essen und Unterhaltung

Mel and Faye's Diner, 211 Mountain View Drive, am Hwy-49, nahe dem Zentrum, ✆ 209/223-0835. Ganztägig gutes Frühstück, außerdem Burger.
Café Max Swiss Bakery, 140 Main St, ✆ 209/223-0174, Gebäck und große Tassen Kaffee. 🕓 Mo–Sa bis 18 Uhr.
Fargo Club, 2 Main St, ✆ 209/223-3859, ist die moderne Version eines Saloons mit billigem Bier und Poker.

Informationen

Den hervorragenden, kostenlosen *Visitors Guide to Amador County* gibt es bei der ***Amador County Chamber of Commerce***, 125 Peek St, in etwas ungünstiger Lage an der Kreuzung von Hwy-49 und Hwy-88, ✆ 209/223-0350, Betten-Nachweis unter 1-800/726-INNS, 💻 www.amadorcounty chamber.com. 🕓 tgl. 9–16 Uhr.

Über Volcano nach Osten

Chaw'Se Indian Grinding Rock State Historic Park

Über Tausende von Jahren siedelten Indianer in diesem Gebiet, bis der Goldrausch sie hinwegfegte. 9 Meilen östlich von Jackson findet man am Hwy-88 die Überreste einer Miwok-Siedlung. 1100 kleine Mulden – *Chaw'Se* in der Sprache der Miwok – wurden in den Sandstein gehauen und in diesen Mörsern Eicheln zu Mehl gemahlen. Es ist die größte Ansammlung derartiger Mörserlöcher in Nordamerika. Wenn man in der Morgen- oder Abenddämmerung hierher kommt und von der kleinen, erhöhten Plattform neben dem größten der flachen Felsen aus genau hinsieht, erkennt man auch die schwachen Umrisse einiger der 360 Petroglyphen. Die kalifornische Regierung hat den Ort unter enger Einbeziehung von Stammesältesten und Oberhäuptern der Miwok zu einem **Freilichtmuseum** für indianische Kultur ausgebaut und Miwok-Hütten sowie religiöse Stätten rekonstruiert. 🕓 tgl. von der Morgen- bis zur Abenddämmerung, Eintritt $6 pro Pkw, ✆ 209/296-7488, 💻 www.parks.ca.gov. Nachfahren der Miwok treffen sich hier alljährlich am Wochenende nach dem vierten Freitag im September zur *Big Time*, um mit traditionellen Künsten und Spielen ihre Kultur zu feiern.

Am Eingang zur Stätte befindet sich das **Chaw'Se Regional Indian Museum**, das sich mit der Vergangenheit und Gegenwart der zehn indigenen Sierra-Nevada-Gruppen beschäftigt und in einem Gebäude untergebracht ist, das einem Miwok-Rundhaus nachempfunden sein soll. Man erfährt allerdings kaum etwas über die heutigen Lebensumstände der Miwok und das Ausmaß der Zerstörung ihrer Kultur. 🕓 Mo–Fr 11–15, Sa und So 10 16 Uhr, ✆ 209/296-7488. Im nahe gelegenen Wald gibt es einen Campingplatz für $18 pro Zelt; es können jedoch keine Plätze reserviert werden. Bitte beachten: Am dritten Wochenende jeweils im Mai und im Juni sowie am letzten September-Wochenende ist der Zeltplatz anlässlich von Versammlungen der Indianer geschlossen.

Volcano

Der 1,5 Meilen weiter nördlich gelegene kleine Ort erhielt den Namen von der kraterförmigen Senke, in der er liegt. Er besitzt fast ebenso viele historische Stätten wie Jackson, ist aber von dessen ambitionierter Stadtplanung und dem Verkehr verschont geblieben. Die Landschaft lohnt einen Besuch, besonders von Mitte März bis Mitte April, wenn der **Daffodil Hill** 3 Meilen nördlich der Stadt mit über 300 000 Narzissen übersät ist. Die entsprechenden Wegweiser werden nur aufgestellt, wenn die Blumen auch wirklich blühen.

Eine weitere Sehenswürdigkeit ist die alte Kanone, „Old Abe" genannt: Während des Bürgerkriegs drohten die Anwohner, sie auf eine Gruppe von Südstaatenanhängern abzufeuern – dies war das einzige Scharmützel, das damals in ganz Kalifornien stattfand, und letztendlich wurde kein einziger Schuss gewechselt.

Die einzige Unterkunft in unmittelbarer Nähe ist das *St. George Hotel,* Main St, ✆ 209/296-4458, 💻 www.stgeorgehotel.com, ❹. Es bietet Bed and Breakfast ohne TV, Telefon und eigenes Badezimmer, dafür gibt es eine Bar und ein Restaurant.

Auf dem Hwy-88 Richtung Kirkwood und Lake Tahoe

Der Hwy-88 führt hinter der Abzweigung Richtung Volcano nach Osten bis Pioneer, wo er auf den Hwy-26 trifft, der von Mokelumne Hill (s.u.) herkommt. 3 Meilen östlich liegt die *Forest Ranger Station,* ✆ 209/295-4251, die Wilderness Permits für Übernachtungen in der **Mokelumne Wilderness** bereitstellt, einem Abschnitt der Stanislaus und Toiabe National Forests, südlich des Hwy-88, der genau der Route zahlreicher früher Siedler folgt. 🕓 Mo–Fr 8–16.30 Uhr.

Im Winter ist die Sierra Nevada um den 2800 m hohen Carson Pass eines der besten **Skilanglaufgebiete** Kaliforniens (mehr dazu s.S. 614, Kirkwood).

Abseits der größeren touristischen Trampelpfade lädt das **Bear River Lake Resort**, ✆ 209/295-4868, 💻 www.bearriverlake.com, nur wenig südlich des Hwy-88 auf dem Weg nach Kirkwood und zum Lake Tahoe, zu Wanderungen, Angel- und Bootsausflügen, zum Schwimmen und zum Zelten ein. DZ kosten $94, Camping $25.

Calaveras County

Calaveras County beginnt jenseits des Mokelumne River, 8 Meilen südlich von Jackson, und ist vor allem als Schauplatz von Mark Twains erster veröffentlichter Geschichte *Der berühmte Springfrosch von Calaveras* bekannt. Nur wenige historische Sehenswürdigkeiten haben die Zeit überdauert, dafür bietet die Umgebung reichlich Gelegenheit für Aktivitäten.

Die nördlichste Stadt im County, **Mokelumne Hill** oder kurz „Moke Hill", war zur Zeit des Goldrausches von ebenso großer Lebendigkeit erfüllt wie alle anderen vergleichbaren Orte im Gebiet der südlichen Minen; der Tourismus hat sich hier jedoch bislang wesentlich langsamer entwickelt, sodass sich die Stadt, nicht ohne einen gewissen melancholischen Charme, heute als Ansammlung verlassener und verfallener oder halb restaurierter Gebäude präsentiert. Die **Mokelumne Hill History Society**, 8367 East Center, ✆ 209/286-0507, dokumentiert in einer kleinen Ausstellung die Geschichte der Gegend, die einst fast 10 000 Einwohner zählte. ⌚ Di und Mi 10–17, Do 13–17, Fr und Sa 10–14, im Sommer Sa und So 11–15 Uhr, Spende erbeten.

Auf dem **Protestant Cemetery** westlich der Stadt vermitteln Grabinschriften in verschiedenen Sprachen eine Vorstellung vom einstigen Völkergemisch im Gold Country.

San Andreas

Das 8 Meilen südlich gelegene San Andreas, Bezirksstadt von Calaveras County und größte Siedlung im Umkreis, ist dagegen kaum einen Aufenthalt wert. Leider ist der historische Stadtkern fast vollständig einem expandierenden Geschäftsbezirk zum Opfer gefallen. Die *Calaveras County Chamber of Commerce*, ✆ 209/736-2580 oder 1-800/225-3764, 💻 www.visitcalaveras.org, gibt eine nützliche Karte des County heraus, die beim Visitor Center in Angels Camp erhältlich ist und auch Tipps für Aktivitäten umfasst.

Black Bart

Der geheimnisumwitterte Mann, der sich als Black Bart einen Namen machte, war ein höchst ungewöhnlicher Straßenräuber. Charles E. Bowles, mitunter auch Bolton, war ein prominenter und angesehener 50-jähriger Bürger San Franciscos, der vorgab ein wohlhabender Bergbauingenieur zu sein. In Wahrheit war sein Leben jedoch etwas schillernder verlaufen: In England als Sohn eines Bauern geboren, kam er bereits als Kind nach Amerika und zog später nach Kalifornien, um dort während des Goldrausches sein Glück zu suchen. Doch die Hoffnungen erfüllten sich nicht, und der inzwischen verheiratete und Vater gewordene Bowles schloss sich den Unionstruppen an, für die er im Bürgerkrieg kämpfte.

Bei seiner Entlassung war er ein veränderter Mann. Ziellos zog er entlang der Westküste, verlor den Kontakt zu seiner Familie und versuchte sich im Silberbergbau. 1875 schließlich begann seine räuberische Karriere. Während der folgenden acht Jahre verübte er knapp 30 Überfälle auf Postkutschen und verschaffte sich auf diese Weise ein für damalige Verhältnisse gewaltiges Einkommen von $6000 im Jahr. Was ihn auszeichnete, war jedoch weniger sein Geld als vielmehr sein Benehmen. Fern lag ihm das brutale Gebaren gewöhnlicher Räuber, stattdessen sprach er seine Opfer stets mit „Sir" oder „Madam" an, schoss nie auf jemanden und rezitierte aus einer schelmischen Laune heraus manchmal Gedichte, bevor er mit seiner Beute entfloh. Sein Name war der fiktiven, verklärenden Geschichte einer Zeitung über einen erbarmungslosen Verbrecher namens Black Bart entlehnt.

Barts Erfolg war letztlich von endlicher Dauer: Ein Taschentuch, das er bei einem Überfall unachtsam fallen ließ, wurde ihm zum Verhängnis. Der Polizei gelang es, Bart mit Hilfe des Wäschereistempels auf die Schliche zu kommen und in San Francisco schließlich zu stellen.

Er wurde zu sechs Jahren Haftstrafe in San Quentin verurteilt, von denen er – wer hätte anderes erwartet – auf Grund guter Führung nur vier Jahre absitzen musste, und verschwand nach seiner Entlassung spurlos.

Tropfsteinhöhlen im Gold Country

Im südlichen Gold Country gibt es zahlreiche Tropfsteinhöhlen, von denen drei auch für die Öffentlichkeit zugänglich sind.

In der **Moaning Cavern** abseits der Parrot's Ferry Road in Valletico, 5 Meilen östlich von Angels Camp, südlich vom Hwy-4, haben sich 50 m unter der Erdoberfläche seltsame Gesteinsformationen gebildet. Die Höhle wurde zwar erst im Jahr 1851 von Goldsuchern erneut entdeckt, doch die hier gefundenen Knochen werden auf ein Alter von 13 000 Jahren geschätzt. Es dauerte nicht lange, bis die Bewohner der Umgebung sich des finanziellen Potenzials der eigentümlichen Steinformationen bewusst wurden, und schon im Jahr 1919 wurden die Höhlen als Touristenattraktion vermarktet. Zuerst ließen die Besitzer eine Wendeltreppe mit 234 Stufen anlegen, um den Zugang zu erleichtern, und später verschlossen sie den Höhleneingang, indem sie dort einen Souvenirladen einrichteten. Das war sehr unklug, denn dadurch wurde die natürliche Akustik zerstört und die namensgebenden klagenden Geräusche der Höhle waren fortan nicht mehr zu hören. ⌚ Mai–Okt tgl. 9–18, Nov–April Mo–Fr 10–17, Sa und So 9–17 Uhr, Walking-Tour $12, Abseil-Tour $45, ✆ 209/736-2708, 💻 www.caverntours.com.

Dieselbe Gesellschaft managt auch die **California Caverns** in Calaveras, ein horizontales Höhlennetzwerk, das sich für Besucher mit Höhenangst besser eignet als die Schwindel erregende Klettertour auf den steilen Treppen der Moaning Caverns. Hier kann man sogar eine 4-stündige Middle Earth Expedition ($99, nur nach Reservierung) unternehmen, eine Führung in Schutzanzug und mit Helm samt Stirnleuchte in die labyrinthischen Tiefen des Felsgesteins. ⌚ Mai–Okt tgl. 10–17, Nov–Dez und April 10–16 Uhr, Jan–März geschlossen, Eintritt $12, ✆ 209/736-2708 oder 1-866/732-2837, 💻 www.caverntours.com.

In den letzten für Besucher erschlossenen Höhlen, den **Mercer Caves**, 1 Meile nördlich von Murphys an der Sheep Ranch Rd, haben sich interessante, natürliche Tropfsteinformationen gebildet, die an herabhängende Engelsflügel und riesige Blüten erinnern. ⌚ Ende Mai–Sept So–Do 9–17, Fr–Sa 9–18, Okt–Mai tgl. 10–16.30 Uhr, Eintritt $11, ✆ 209/728-2101, 💻 www.mercercaverns.com.

Die Reste des alten San Andreas erstrecken sich entlang der Main Street, östlich vom Highway auf einem Hügel. Das 1893 aus Granit- und Ziegelsteinen erbaute **County Courthouse** wurde renoviert und beherbergt nun das **Calaveras County Museum,** 30 N Main St, ✆ 209/754-4658, eine der interessanteren Sammlungen der Gegend, die neben Goldnuggets und Werkzeugen auch Artefakte der Miwok und einen nachgebauten General Store vom Ende des 19. Jhs. umfasst. ⌚ tgl. 10–16 Uhr, Eintritt $2.

Im Mittelpunkt des Nachtlebens steht das *Black Bart Inn*, 35 N Main St, ✆ 209/754-3808, 💻 www.blackbartinn.com, auf der gegenüberliegenden Straßenseite, das nach dem Gentleman-Postkutschenräuber Black Bart (siehe Kasten) benannt ist und am Wochenende Live-Gruppen präsentiert.

Angels Camp und Carson Hill

Außer dem *Angels Hotel* auf der Main Street gibt es in Angels Camp, 30 km südlich von Jackson, nicht allzu viel zu sehen. Der Saloon dieses Hotels, in dem der 29-jährige Mark Twain eine Geschichte hörte, die ihn später zu seiner berühmten Erzählung *Der berühmte Springfrosch von Calaveras* über ein Frosch-Wettspringen inspirieren sollte, wurde inzwischen allerdings in ein billiges Reifengeschäft verwandelt.

Die unerfreuliche Auswirkung dieser Geschichte stellt das Jumping Frog Jubilee dar, das alljährlich am dritten Maiwochenende im Rahmen der Regionalmesse des Countys gefeiert wird und zu dem unerklärlicherweise Tausende von Besuchern herbeiströmen. Informationen sind im *Visitors Center*, 1211 S Main St, erhältlich.

Im Norden der Stadt steht das Angels Camp Museum, 753 Main St, 3 209/736-2963, in dem alle erdenklichen Goldwäscher-Ausrüstungen ausgestellt sind. G im Winter nur Mi–So, im Sommer tgl. 10–15 Uhr, Eintritt $1.

In **Carson Hill**, am Hwy-49, 4 Meilen nördlich von Angels Camp, wurde 1854 der größte Nugget Kaliforniens gefunden: 88kg pures Gold, 38cm lang und 15cm breit. Damals war er $43000 wert, heute wären es weit über eine Million Dollar. Das nahe gelegene **New Melones Reservoir** bietet reichlich Gelegenheit zum Zelten, Schwimmen, Wandern, Bootfahren und anderen Aktivitäten, wird aber nur selten von den Touristenscharen besucht, die auf dem Weg zu teureren Erholungsgebieten durch das Gold Country eilen. Stellplatz für ein Zelt $12, für Wohnmobil und Zelt $16; Reservierungen unter ✆ 1-877/444-6777 oder 💻 www.reserveusa.com. Das *Visitor Center,* ✆ 209/536-9094, App. 22, befindet sich kurz hinter Carson Hill auf dem Hwy-49. ⏲ tgl. 10–16 Uhr.

Es ist in einem einstöckigen Holzhaus mit einer breiten Veranda untergebracht, ⏲ Mo–Sa 9–17, So 11–15 Uhr, ✆ 209/736-0049 oder 1-800/225-3764, 💻 www.visitcalaveras.org.

Murphys

Murphys, 9 Meilen östlich von Angels Camp am Hwy-4, besteht aus einer einzigen, von Robinien und alten Gebäuden gesäumten Straße. Am nördlichen Ortsrand steht einer der wenigen noch vorhandenen hölzernen Wasserkanäle im Gold Country, das älteste Gebäude der Stadt beherbergt inzwischen das **Oldtimer's Museum,** 209/728-1160, mit einer kleinen Sammlung von Dokumenten und Gewehren; ⏲ Fr–So 11–16 Uhr, Spende erbeten.

Im alten *Murphys Hotel* auf der gegenüberliegenden Straßenseite, 475 Main St, ✆ 209/728-3444 oder 1-800/532-7684, 💻 www.murphyshotel.com, ❹, stiegen einst bekannte Persönlichkeiten ab. Man übernachtet in rustikal eingerichteten Zimmern. Neben dem stilvollen Altbau aus dem Jahre 1856 wurde in den 60er Jahren ein zweistöckiges, schlichtes Motel errichtet.

Im **Calaveras Big Trees State Park,** ✆ 209/795-3840, 💻 www.parks.ca.gov, 15 Meilen weiter östlich, wachsen auf 2400 ha gewaltige, uralte Sequoia-Bäume. Es gibt ein *Visitors Center,* ⏲ im Winter nur am Wochenende, sonst tgl. 11–15 Uhr. Der Park eignet sich im Winter hervorragend zum Skilanglauf, während des übrigen Jahres bietet er gute Wander- und Campingmöglichkeiten für $16; ⏲ Sonnenauf- bis Sonnenuntergang, Eintritt $6 pro Fahrzeug.

Sonora

Die 4400 Einwohner von Sonora, 15 Meilen südöstlich von Angels Camp im Zentrum des südlichen Minengebiets, leben vor allem von der Holzwirtschaft. Früher befand sich hier die **Bonanza Mine,** eine der ertragreichsten Goldminen des Landes.

Das Städtchen eignet sich gut als Sprungbrett für Ausflüge in die Südregion; es ist in zwei Bezirke aufgeteilt: die Altstadt, Historic Sonora genannt, und das Geschäftsviertel namens East Sonora. Sehenswert sind die rekonstruierten Fassaden und die viktorianischer Villen in der **Washington Street** sowie die kleine, neugotische **St. James Episcopal Church.**

Außerdem gibt es hier die hervorragende Buchhandlung *Sonora Used Books,* 21 S Washington St, ✆ 209/532-1884, die eine Riesenauswahl an billigen, gut erhaltenen Taschenbüchern bietet.

Im kleinen **Tuolumne County Museum,** 158 W Bradford Ave, ✆ 209/532-1317, 💻 www.tchistory.org, das im früheren Gefängnis untergebracht ist, kann man eine restaurierte Zelle und eine Sammlung alter Kleidungsstücke und Fotografien besichtigen. ⏲ So–Fr 10–16, Sa 10–15.30 Uhr, Eintritt frei.

Übernachtung

Eine der preiswertesten Unterkünfte in Sonora ist das

Gunn House, 286 S Washington St, ✆ 209/532-3421, 💻 www.gunnhousehotel.com, ein altes Adobegebäude mit geräumigen, etwas dunklen Zimmern. ❸

Sonora Days Inn, 160 S Washington St, ✆ 209/532-2400, 💻 www.sonoradaysinn.com, ein bisschen teurer und zentraler gelegen, allerdings schon etwas angejahrt. ❹

Miner's Motel, Hwy-108, auf halbem Wege von Sonora nach Jamestown, ✆ 209/532-7850 oder 1-800/451-4176, ist eine Alternative. ❷

Essen und Unterhaltung

Café Soma, 230 Washington St, ✆ 209/532-8858, serviert leckere Bio-Kost, u.a. Sandwiches und Pfannkuchen, außerdem eine große Auswahl an frisch gepressten Säften und Shakes.

Alfredo's, 123 S Washington St, ✆ 209/532-8332. Gilt als bester Mexikaner weit und breit. Die sättigenden Burritos und Enchiladas kosten ca. $8.

Sonora Grill's, 301 S Washington St, ✆ 209/588-2090, sättigende Steaks und üppig portionierte italienische Gerichte für ca. $16.

Wer ein bisschen Wildwest-Atmosphäre schnuppern möchte, wählt unter den verschiedenen Bars auf der Washington St am besten ***The Brass Rail,*** 131 S Washington St, oder die ***Iron Horse Lounge,*** 97 S Washington St, ✆ 209/532-4482.

Informationen

Ausgezeichnete Informationen über die Region sowie Pläne für Stadtwanderungen ($1) gibt es im ***Tuolumne County Visitors Bureau,*** 542 W Stockton St, ✆ 209/533-4420 oder 1-800/446-1333, 🖳 www.thegreatunfenced.com, 🕒 April–Sept Mo–Fr 9–19, Sa 10–18, So 10–17 Uhr, Okt–März Mo–Fr 9–18, Sa 10–18 Uhr, oder bei der ***Tuolumne Chamber of Commerce,*** 22 S Shepherd St, ✆ 209/532-4212, 🖳 www.tcchamber.com, 🕒 Mo–Fr 8–12 und 13–17 Uhr.

Columbia

Sonoras einstiger Erzrivale, das 3 Meilen nördlich an der Parrots Ferry Road gelegene Columbia, präsentiert sich als schmuck restaurierte Geisterstadt, die einen hervorragenden – wenn auch nicht allzu authentischen – Eindruck davon vermittelt, wie das Leben während des Goldrausches ausgesehen haben könnte. Im März 1850 wurde hier von Dr. Thaddeus Hildreth und seiner Reisegesellschaft Gold entdeckt. Einen Monat später wimmelte es hier von Goldgräbern, und bis 1854 hatte sich Columbia mit 15 000 Einwohnern zur zweitgrößten Stadt Kaliforniens entwickelt. 1870 waren über 2 1/2 Millionen Unzen Gold geschürft worden (heutiger Wert fast eine Milliarde Dollar). Dann waren die Goldvorräte erschöpft, und die Stadt verfiel zur Ghosttown, die heute eine Touristenattraktion ist.

Columbia steht zwar als **State Historic Park,** ✆ 209/532-0150, 🖳 www.parks.ca.gov, unter Denkmalschutz, ist aber eine richtige Stadt mit einer geschäftigen Hauptstraße und ganzjährigen Bewohnern; 🕒 tgl. 9–17 Uhr.

In vielen Bauten können historische **Ausstellungen** besucht werden, u.a. eine ehemalige Zahnarztpraxis mit fast reinem Alkohol als Narkosemittel und Tonbandaufnahmen von den Schmerzensschreien der Patienten.

Zwei herausragende Gebäude sind das **Claverie Mason Building,** das früher mitten in der Chinatown von Columbia stand, und die malerischen Ruinen der **Bixel Brewery,** vom Ortskern aus ungefähr eine Meile auf der Main St nach Norden: Auch wenn von der Brauerei nicht mehr allzu viel erhalten ist, stellt der Anblick eine erfrischende Abwechslung zu den geschniegelten viktorianischen Bauten im Zentrum dar, wo alles etwas künstlich anmutet, vor allem an den so genannten **Living History Days** (Anfang Juni), wenn mit Hilfe alter Kostüme die Zeit um 1850 nachgestellt wird.

Wer den Besuchermassen entfliehen möchte, kann eine leicht kitschige, aber nette **Postkutschenfahrt** entlang der alten Minenwege um die Stadt unternehmen; ✆ 209/588-0808, Abfahrten stdl. am Wells Fargo-Gebäude, April–Sept Di–So, Okt–März Mi–So 10–16.45 Uhr, $5–6,50.

Eine weitere Ausflugsmöglichkeit ist die Fahrt zur **Matelot Gulch-Goldmine,** wo immer noch hin und wieder Nuggets zutage gefördert werden. Die 90-minütigen Touren für $12 beginnen beim Schuppen am Südende der Main St und werden von ehemaligen Minenarbeitern durchgeführt; Fahrplan erfragen unter ✆ 209/532-9693 oder 🖂 hiddengoldmine@mlode.com.

Übernachtung

Columbia City Hotel, Main St, ✆ 209/532-1479 oder 1-800/532-1479, 🖳 www.cityhotel.com. Luxuriös und zentral gelegen, beherbergt auch ein Gourmet-Restaurant. ❺

Columbia Inn Motel, 22646 Broadway, ✆ 209/533-0446, 🖳 www.columbiainnmotel.com. Einfach, aber makellos sauber, mit kleinem Pool und freundlichen Angestellten. ❷

Columbia Gem Motel, 22131 Parrotts Ferry Rd, ✆ 209/532-4508 oder 1-866/436-6685, 🖳 www.columbiagem.com. Eine Meile südlich der Stadt, einfache Übernachtungsmöglichkeiten in rustikalen Cabins. ❷

Informationen

Das ***Visitors Center*** wurde z.Zt. der Recherche grundlegend umgestaltet und soll im Cheap Cash Store an der Main Street als Museum und museumspädagogische Einrichtung neu erstehen. In der Zwischenzeit sind Infos zu Unterkünften von der hiesigen ***Chamber of Commerce***, ✆ 209/536-1672, 🖳 www.columbiacalifornia.com, erhältlich.

Jamestown

Das kleine Örtchen Jamestown, 3 Meilen südlich von Sonora am Hwy-49, ist für Autofahrer, die auf dem Hwy-120 von der Bay Area kommen, das südliche Eingangstor zur Mother Lode.

Bis ein großer Teil des Ortes 1966 abbrannte, diente das Dorf als Drehort für viele Western, von denen der Klassiker *High Noon* mit Gary Cooper wohl der bekannteste ist.

Der Zug, der in diesem Film zu sehen ist, bildet die Attraktion des **Railtown 1897 State Historic Park**, 5th Avenue, ✆ 209/984-3953, 🖳 www.railtown1897.org, fünf Blocks östlich der Main Street, mit einer Sammlung alter Dampflokomotiven. ⏲ tgl. April–Okt 9.30–16.30, Nov–März 10–15 Uhr, Eintritt $3. An Wochenenden kann von April–Okt stündlich zwischen 11 und 15 Uhr eine Fahrt in einem der alten Züge unternommen werden ($6). Jamestown ist auch eine der wenigen Gold-Country-Orte, in denen noch eine Mine in Betrieb ist. Sie liegt im Westen am Hwy-49.

Eine Reihe von Veranstaltern nehmen Besucher auf Goldsucher-Trips mit, *Gold Prospecting Expeditions*, ✆ 209/984-4653 oder 1-800/596-0009, 🖳 www.goldprospecting.com, gibt z.B. eine Einführung ins Goldwaschen mit anschließender 2-stündiger Praxis im hauseigenen Fluss für $30.

Übernachtung

An der Main St, der Hauptstraße der Stadt, stehen einige wenige Unterkünfte zur Auswahl.

National Hotel, 77 Main St, ✆ 209/984-3446 oder 1-800/252-8299, 🖳 www.national-hotel.com. Leger-elegantes Restaurant mit kleiner Bar. ❺
Palm Hotel B&B,10382 Willow St, ✆ 209/984-3429 oder 1-888/551-1849, 🖳 www.palmhotel.com. Nicht weit davon, nobles viktorianisches Ambiente. ❺

Essen

Mother Lode Coffee Shop, 18169 Main St, ✆ 209/984-3386, sehr beliebt, ⏲ zum Frühstück und Mittagessen.
Here's the Scoop, 18242 Main St, ✆ 209/984-4583, ist eine richtig altmodische Eisdiele und serviert tolle Eisbecher.
Smoke Café, ganz in der Nähe, ebenfalls an der Main St, ✆ 209/984-3733, ist etwas touristischer und serviert köstliches mexikanisches Essen sowie große Margaritas. Ein Mittagsgericht von der Tageskarte kostet rund $6, und fast jeden Abend wird Live-Musik geboten.

Chinese Camp

Der Hwy-49 schlängelt sich von Sonora durch das dünn besiedelte Hügelland des Mariposa County 60 Meilen nach Süden. Unterwegs führt er an den Überresten von Chinese Camp vorbei, wo 1856 der schlimmste der so genannten Tong-Kriege zwischen rivalisierenden chinesischen Clans wütete. Er brach aus, nachdem Chinesen von weißen Goldgräbern von der Arbeit in den Minen ausgeschlossen worden waren. *Tong* nannte man die chinesischen Vermittler, die die Arbeitskräfte für einen bestimmten Zeitraum nach Kalifornien brachten.

Weiter südlich erreicht der Hwy-49 die Goldgräberstädte **Groveland**, **Coulterville** und **Mariposa**. Alle drei liegen unweit des Yosemite National Park und sind im Kapitel „Valleys und Parks" näher beschrieben, s.S. 365.

Lake Tahoe und die Silberstädte

Hoch über dem Gold Country, östlich der Gipfel der Sierra, liegt inmitten eines von hohen Bergen und dichten Wäldern umgebenen Tals der Lake Tahoe.

Das östliche Drittel des Sees liegt im Nachbarstaat **Nevada**, wo die Neonreklamen der Kasinos locken. Beim Grenzübertritt von Nevada nach Kalifornien ist zu beachten, dass nach Kalifornien kein Obst und Gemüse eingeführt werden darf.

Während in Kalifornien 7,5–10% Steuern auf den Zimmerpreis aufgeschlagen wird, sind es in Nevada nur 6–7%. Nach **Truckee**, 15 Meilen nördlich des Sees, verirrt sich abgesehen von Wintersportlern kaum ein Besucher.

Über den Donner Pass geht es nach Westen, nach **Reno** in Nevada, einer Miniaturausgabe von Las Vegas. **Carson City**, obwohl kleiner, ist die Hauptstadt des Wüstenstaates und liegt 30 Meilen weiter südlich. Weiter im Osten liegen in den trockenen Bergen tief unter dem Touristenort **Virginia City** die Silberminen der Comstock Lode.

Lake Tahoe

Der Lake Tahoe ist einer der höchst gelegenen, tiefsten, saubersten, kältesten und wohl auch schönsten Seen der Welt. Das Wasser ist mehr als 500 m tief und so kalt, dass angeblich schon Cowboys, die vor über einem Jahrhundert im See ertranken, in perfekt erhaltenem Zustand, voll bekleidet und mit Revolvergürtel, geborgen werden konnten.

Dass er auf der Grenze zwischen Kalifornien und Nevada liegt, gibt dem Szenario etwas Schizophrenes, besonders spürbar in **South Lake Tahoe**, der größten Gemeinde am Seeufer, wo Restaurants, bescheidene Motels und Holzhütten Schulter an Schulter mit den mehrstöckigen Spielschuppen von Stateline, nur eine Straße weiter, stehen.

Tahoe City, der Verkehrsknotenpunkt des nordwestlichen Seeufers, ist zwar nicht frei von Touristen, hat sich aber dennoch ein wenig Kleinstadtatmosphäre bewahrt. Außerhalb der Städte wird das Seeufer von teuren Ferienhäusern und preiswerteren kleinen Ferienanlagen gesäumt. Einen beeindruckenden Blick hat man von den Skihängen und Wanderwegen in den Bergen rings um den See.

Die praktisch ganzjährige Saison lockt am Wochenende vor allem Ausflügler aus der Bay Area. Im Sommer bietet die Gegend kaltes, klares Wasser, im Winter schneebedeckte Hänge und zu jeder Jahreszeit Glücksspielautomaten. An Ferienwochenenden schieben sich mit Skiausrüstungen und Mountainbikes beladene Autos Stoßstange an Stoßstange in das Gebiet. Um sowohl die Natur zu genießen als auch den Urlaubermassen zumindest teilweise aus dem Weg zu gehen, empfiehlt es sich, etwas südlich des Sees nahe **Kirkwood** Quartier zu beziehen. Doch in der Hochsaison sind auch in dieser Gegend die Unterkünfte schnell ausgebucht.

South Lake Tahoe und Stateline

Fast das gesamte Ufer vom Lake Tahoe ist auf irgendeine Art erschlossen, doch nirgendwo ist die Konzentration so dicht wie in den beiden Nachbargemeinden South Lake Tahoe und Stateline. Letztere weist eine dichte Ansammlung von Spielsalons entlang der Grenze zwischen Nevada und Kalifornien auf. Ungefähr ein halbes Dutzend Kasinos buhlt um die Gunst der Touristen, die sich meist im wesentlich größeren South Lake Tahoe auf der kalifornischen Seite einquartieren. Dort lassen sich auch die vielen **Aktivitäten**, die der See zu bieten hat, am besten organisieren. Boots- und Kanufahrten, Wasserskifahren, Surfing, Parasailing, Tauchen und Ausflüge per Mountainbike sind nur einige der Möglichkeiten, zu der hiesige Sportausrüster anregen (s.S. 622, Fahrradverleih und Sportausrüstungen). Wer sein Urlaubsbudget an den Spieltischen und Automaten über Gebühr strapaziert hat, kann immer noch die herrlichen Wanderwege, Parks und Strände der Umgebung erkunden.

Obwohl viele Teile von Lake Tahoe landschaftlich sehr reizvoll sind, ist die 75 Meilen lange Fahrt um den See herum nicht unbedingt die schönste in Amerika, wie eine der hiesigen Broschüren behauptet. Lohnender ist eine Fahrt mit einem der Raddampfer – mit der *Tahoe Queen* von South Lake Tahoe oder mit der *MS Dixie II* von Zephyr Cove, das per kostenlosem Zubringer von South Lake Tahoe zu erreichen ist. Die Fahrten finden 3–4x tgl. statt und kosten $26–55, bei den teureren ist ein Abendessen enthalten. Genaue Abfahrtszeiten und weitere Informationen unter ✆ 775/589-4906 oder 1-800/238-2463, 💻 www.laketahoecruises.com.

Am eindrucksvollsten ist der Blick auf den See von den umliegenden Bergen. Wer die Anstrengung scheut, kann eine **Seilbahn** in eines der benachbarten Skigebiete nehmen. Die am bequemsten zu erreichende und beliebteste von diesen transportiert ihre Fahrgäste von einer neuen Talstation nahe Stateline hinauf ins Gebiet von Heavenly. Und falls das Wetter mal ganz schlecht ist, kann man immer noch dem bescheidenen **Lake Tahoe Historical Museum** neben der Chamber of Commerce, 3058 US-50, ✆ 530/541-5458, einen Besuch abstatten und die kleine Sammlung lokaler Fundstücke und historischer Ausstellungsstücke besuchen. 🕒 Di–Sa 11–16 Uhr, Eintritt $2.

Um den See Richtung Westen

Schauplatz zahlreicher interessanter Musik- und Kunstveranstaltungen ist im Sommer der **Tallac Historic Site**, neben dem Hwy-89 an der Westseite des Sees, 2 Meilen nordwestlich der Straßengabelung bei South Lake Tahoe, ✆ 530/544-7383, 💻 www.tahoeheritage.org.

Auch wenn nichts Besonderes auf dem Programm steht, lohnt sich ein Besuch der prächtigen Holzhäuser, die Ende des 19. Jhs. als Feriendomizile für wohlhabende Einwohner von San Francisco gebaut wurden. Auch die Reste des Kasinohotels von Elias „Lucky" Baldwin, das – bis es 1914 einem Brand zum Opfer fiel – die Reichen und Berühmten ans Seeufer lockte, sind noch zu sehen; Gelände 🕒 im Sommer tgl. Sonnenauf- bis Sonnenuntergang. Im ehemaligen Wohnhaus Baldwins ist heute das **Tallac Museum** untergebracht, das vom Einfluss dieser Familie auf das Schicksal der Region berichtet. 🕒 tgl. 10–16 Uhr, Eintritt frei.

Das schönste Seeufer ist das im Südwesten. Der dort gelegene **Emerald Bay State Park**, 10 Meilen westlich von South Lake Tahoe, ✆ 530/541-3030, umfasst eine schmale, von Felsbrocken übersäte Bucht. 🕒 tgl. von 8 Uhr bis Sonnenuntergang, Eintritt $6 pro Fahrzeug.

Ein Stückchen vom Festland entfernt erhebt sich in der Bucht die einzige Insel des Lake Tahoe, das winzige, von Kiefern bestandene Eiland **Fanette**. Das einzige Bauwerk dort ist das 1929 von der ursprünglichen Besitzerin Vikingsholms, Lara Knight, erbaute Teehaus, das schon längst seine Pforten geschlossen hat.

Vikingsholm ist der originalgetreue Nachbau eines Wikingerschlosses aus dem 11. Jh., der 1929 als Sommerhaus errichtet wurde. Vom Parkplatz am Hwy-89 ist es eine Meile zu Fuß durch den *State Park* zum Schloss. 🕒 im Sommer tgl. 10–16 Uhr, Eintritt $5; halbstündige Führungen.

Von Vikingsholm führt der malerische Rubicon Trail am Seeufer entlang 2 Meilen weiter nach Norden bis zur **Rubicon Bay**, die von weiteren Prachtbauten gesäumt wird. Man kann auch auf dem Hwy-89 und durch den **D. L. Bliss State Park** hierher fahren, wo es (unmittelbar nördlich) einige wenige Parkplätze für $6 gibt; 🕒 tgl. 8 Uhr bis Sonnenuntergang.

Keine 5 Meilen weiter nördlich bietet auch der direkt am Seeufer gelegene, dicht bewaldete **Sugar Pine Point State Park** Entspannung pur; hier befindet sich einer der beiden Campingplätze, die ganzjährig geöffnet sind (Näheres s.S. 619, Kasten). 🕒 tgl. 8 Uhr bis Sonnenuntergang, Eintritt $6 pro Fahrzeug.

Der Park beherbergt das 500 m² große Anwesen des **Hellman-Ehrman Mansion**, eine schmucke Villa, erbaut in einer gelungenen Mischung aus freimütig zur Schau gestelltem Reichtum der 1930er und rustikalem Charme, umgeben von weitläufigen, ans Seeufer grenzenden Grünanlagen. Es finden tgl. jede Stunde zwischen 11 und 16 Uhr Führungen statt; Eintritt $2.

Lake Kirkwood

Rund 25 Meilen südwestlich von Tahoe und gut 10 Meilen westlich der Kreuzung des Hwy-89 mit dem Hwy-88 liegt Lake Kirkwood mit einem beliebten Skigebiet (s.u., Kasten) und vielfältigen Sportmöglichkeiten abseits des Rummels am Lake Tahoe. In Kirkwood Village informiert das *Adventure Center*, ✆ 209/258-6000, über Unterkünfte, Verleih von Ausrüstungen sowie Wanderungen in die Umgebung mit ihren knapp ein Dutzend Seen, darunter der Winnemucca Lake und der Woods Lake; 🕒 Mo–Fr 9–17, Sa und So 9–18 Uhr. An Unterkünften gibt es u.a. die *Lodge at Kirkwood* in Kirkwood Village, ❺, die über *Kirkwood Central Reservations*, ✆ 209/258-7000 oder 1-800/967-7500, 💻 www.kirkwood.com/lodging, gebucht werden muss.

Grover Hot Springs State Park

Wiederum gut 10 Meilen südöstlich der Kreuzung des Hwy-89 mit dem Hwy-88 liegt **Markleeville**, ein 200 Einwohner zählender Ort auf dem Kamm der High Sierra. Größte Attraktion ist der Grover Hot Springs State Park, ✆ 530/694-2248, 4 Meilen westlich, mit seinen beiden, durch die am Boden

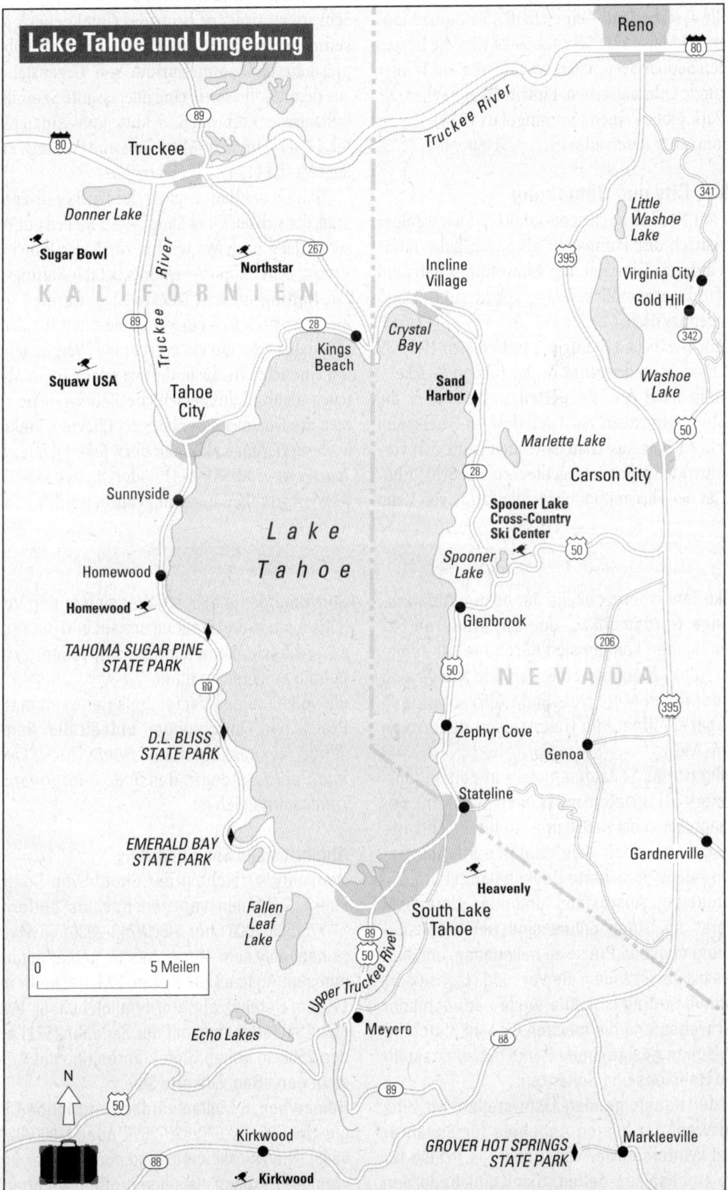

Lake Tahoe und Umgebung
Reno
80
Truckee River
89
80
Truckee
San Francisco
341
Little Washoe Lake
Donner Lake
395
Sugar Bowl
Northstar
267
Incline Village
Virginia City
Gold Hill
Truckee River
KALIFORNIEN
89
28
Kings Beach
Crystal Bay
342
Squaw USA
Washoe Lake
Sand Harbor
Tahoe City
50
Marlette Lake
28
Carson City
Sunnyside
Spooner Lake Cross-Country Ski Center
Lake Tahoe
50
Spooner Lake
Homewood
Homewood
Glenbrook
TAHOMA SUGAR PINE STATE PARK
206
50
NEVADA
89
395
D.L. BLISS STATE PARK
Zephyr Cove
Genoa
Stateline
EMERALD BAY STATE PARK
Gardnerville
Heavenly
Fallen Leaf Lake
South Lake Tahoe
89
50
Upper Truckee River
0
5 Meilen
Meyers
Echo Lakes
88
N
89
50
Kirkwood
GROVER HOT SPRINGS STATE PARK
Markleeville
88
Kirkwood

abgelagerten Minerale gelbgrün schimmernden Quellwasserbecken – eines heiß, das andere lauwarm; Ⓒ Mai–Mitte Sept tgl. 9–19 Uhr, die letzten beiden Septemberwochen geschlossen, im Winter verkürzte Öffnungszeiten, Eintritt $6 pro Fahrzeug. Im Park gibt es einen Campingplatz ($20), Reservierung über *ReserveAmerica,* ✆ 1-800/444-7275.

Tahoe City und Umgebung

Das am Nordufer gelegene Tahoe City ist weniger touristisch und kompakter als South Lake Tahoe und aufgrund ihrer festen Einwohnerschaft und der familienfreundlichen Atmosphäre ruhiger und weniger hektisch.

Am westlichen Stadtrand treffen sich Hwy-89 und Hwy-28 an der Fanny Bridge („Popo-Brücke"), benannt nach dem Körperteil, das die über die Brüstung lehnenden, nach den riesigen Forellen im **Truckee River** Ausschau haltenden Leute den vorbeifahrenden Autos entgegenrecken. Die Schleusentore an der Flussmündung werden heute von Reno aus gesteuert, und im ehemaligen Wohnhaus des Schleusenwärters ist heute das **Gatekeeper's Museum** untergebracht. Ausgestellt ist hier ein hübsch präsentiertes Sammelsurium von Gegenständen aus dem 19. Jh. sowie eine interessante Sammlung indianischer Korbwaren. Ⓒ Mitte Juni–Anfang Sept tgl. 11–17 Uhr, Mai–Mitte Juni und Anfang–Ende Sept Mi–So 11–17 Uhr, Eintritt $2.

Ganz in der Nähe beginnt der Truckee River Bike Trail, der sich auf einer Länge von 3 Meilen am Wasser entlang nach Westen bis zur River Ranch erstreckt, dem Endpunkt einer beliebten Raftingstrecke. **Rafting** auf dem Truckee ist an warmen Sommertagen praktisch ein Muss, allerdings handelt es sich dabei eher um ein entspanntes Vergnügen als um eine echte Herausforderung oder gar ein Abenteuer. Mehrere unübersehbare Bootsverleihe säumen das Flussufer gegenüber der Chevron-Tankstelle, Reservierungen können über *Tahoe Whitewater Tours,* ✆ 530/581-2441 oder 1-800/442-7238, 💻 www.gowhitewater.com, gebucht werden.

Skigebiete am Lake Tahoe

Lake Tahoe besitzt einige der besten **Abfahrtshänge** Nordamerikas, und die größeren Ferienanlagen können sich durchaus mit denen der Rocky Mountains messen. Die Hänge sind in der Regel Mitte Nov–Ende April oder noch länger geöffnet, die Hauptsaison dauert von Jan–März.

Billig ist das Skilaufen nicht – in den begehrtesten Skigebieten muss man während der Hauptsaison bis zu $50 pro Tag für die Liftkarte ausgeben – doch viele Wintersporthotels haben relativ preiswerte Pauschalangebote, die Liftgebühr, Ausrüstung und/oder Unterricht umfassen. Auch online sind bei Vorausbuchung günstige Preise zu bekommen, um einiges billiger ist zudem die Vor- und Nachsaison.

Snowboarding ist mittlerweile natürlich sehr verbreitet, und die meisten Skiorte bieten inzwischen riesige Snow Parks mit spektakulären Halfpipes und Schanzen.

In der nachfolgenden Liste stellen wir eine Auswahl der besten Angebote für Skifahrer und Wintersportler vor, wobei die Preise für die Hochsaison gelten. Skier gibt es in den Wintersportorten für ca. $28–32 Leihgebühr, Snowboards für $35–40. Wer sich in den Verleihstellen in der Stadt umschaut und die Preise vergleicht, kann allerdings günstigere Angebote ausfindig machen.

Ein vollständiges Verzeichnis der Skigebiete, Preise und Einrichtungen enthält der *Reno-Tahoe Winter Vacation Guide for Skiers and Boarders,* der in den *Tourist Information Offices* erhältlich ist.

Abfahrten und Snowboarding

Heavenly, erreichbar per Shuttle von Southshore, 2 Meilen von den Kasinos entfernt, ✆ 775/586-7000 oder 1-800/243-2836, 💻 www.skiheavenly.com. Herrliches Skigebiet mit immensem Ausmaß (82 Pisten, 27 Lifte, mehr als 1000 m Gefälle); außerordentlich beliebt. Wer nicht Ski fährt, kann mit der Seilbahn ($22) auf den 2500 m hohen Gipfel fahren und die Aussicht genießen. Liftkarte $65.

Homewood, 6 Meilen nördlich von Tahoe City am Hwy-89, ✆ 530/525-2992 oder 1-800/824-6348, 💻 www.skihomewood.com. Kleiner und weniger hektisch als seine großen Nachbarn, überraschend gute Abfahrten, annehmbare

Wer einfach nur eine gemütliche Bootstour über den See machen möchte, kann eine **Rundfahrt** mit der *Tahoe Gal* für $15–30 unternehmen; Infos unter ✆ 530/583-0141 oder 1-800/218-2464, 💻 www.tahoegal.com, Abfahrt an der Anlegestelle beim 850 N Lake Blvd.

Ein paar Meilen weiter südlich, am Hwy-89, rund 500 m hinter dem Kaspian-Picknickgelände, sollte man sich die Zeit nehmen, den nicht ausgeschilderten, 10 Minuten langen Pfad auf den **Eagle Rock** hochzusteigen (längere Wanderungen s.u.). Der traumhafte Panoramablick auf den ausgedehnten, königsblauen See macht dieses Plätzchen zu einer der denkbar schönsten Picknickstellen. Mehrere Meilen weiter südlich, ebenfalls am Hwy-89, liegt **Chamber's Beach**, im Sommer ein beliebter Ort zum Sonnenbaden, Schwimmen und Kontakteknüpfen.

Man kann sich auch in **Squaw Valley**, 5 Meilen westlich von Tahoe City abseits des Hwy-89, wo 1960 die Olympischen Winterspiele stattfanden, die Zeit vertreiben. Heute ist Squaw Valley Kaliforniens größter Wintersportort. Im Sommer vergnügen sich die zahlreichen Urlauber unten im Tal mit Wandern, Reiten und Mountainbiking.

Östlich von Tahoe City liegen ein paar nicht weiter interessante Siedlungen, aber auch einige nette Strandabschnitte bei **Tahoe Vista** und **King's Beach** an der **Carnelian Bay**.

Gleich hinter der Bundesstaatsgrenze zu Nevada, zwischen King's Beach und Incline Village, erwarten den Besucher natürlich wieder zahlreiche **Kasinos**, doch sie präsentieren sich nicht ganz so zahlreich und aufdringlich wie am Südende des Sees, daher fühlt sich der eine oder andere, nicht der Spielsucht verfallene Besucher vielleicht verleitet, einen Stopp in einer der weniger marktschreierischen Ortschaften wie z.B. Crystal Bay oder Cal-Neva einzulegen. Leider sind die Strände hier den Gästen der Kasinohotels vorbehalten, aber man muss nicht lange suchen, um bessere Badeplätze zu finden.

Preise und herrliche Aussicht auf den See. Liftkarte $44, an „Billigtagen" $25. Das Anfänger-Pauschalangebot für $55 beinhaltet Ausrüstung, Unterricht und Anfänger-Liftkarte.

Kirkwood Ski Resort, südlich von South Lake Tahoe am Hwy-88, ✆ 209/258-6000 oder 1-800/547-5966, 💻 www.kirkwood.com. Nicht so überlaufen wie viele der Tahoe-Wintersportorte, aber dennoch mit z.T. ausgezeichneten Bedingungen für Skifahrer. Liftkarte $59.

Squaw Valley USA, Squaw Valley Road, auf halbem Weg zwischen Truckee und Tahoe City, ✆ 530/583-6955 oder 1-800/766-9321, 💻 www.squaw.com. 31 Skilifte sind auf diesem traumhaften, ausgedehnten Terrain in Betrieb, auf dem die Olympischen Winterspiele von 1960 ausgetragen wurden. Skimuffel können mit der Seilbahn ($19) fahren und den Eislauf/Schwimmbadkomplex nutzen ($27 inkl. Seilbahnfahrt). Liftkarte $62, Anfängerpaket inkl. Ausrüstung und zwei Unterrichtsstunden ab $62.

Sugar Bowl, 10 Meilen westlich von Truckee an der Ausfahrt Soda Springs Norden, ✆ 530/426-9000, 💻 www.sugarbowl.com. Das San Francisco am nächsten gelegene Skigebiet umfasst 10 Lifte und neu erschlossenes Gelände, doch aus unerfindlichen Gründen ist dieser hervorragende Berg oft weniger überlaufen als andere in der Gegend. Liftkarte $59.

Langlauf

Kirkwood Cross Country Center, südlich vom Lake Tahoe am Hwy-88, ✆ 209/258-7248, 💻 www.kirkwood.com. Mehr als 50 Meilen gespurter Loipen für Skilangläufer. Gebühr $18.

Royal Gorge, in Soda Springs, 10 Meilen westlich von Truckee, ✆ 530/426-3871 oder 1-800/500-3871, 💻 www.royalgorge.com. Größtes und bestes Langlaufgebiet von Tahoe mit 204 Meilen Loipen. Nutzungsgebühr $28, Ausrüstungsverleih $19,50, Unterricht $25–40, unter der Woche günstige Angebote.

Spooner Lake, in Nevada an der Kreuzung des US-50 und Hwy-28, ✆ 775/749-5349, 💻 www.spoonerlake.com. Das South Lake Tahoe am nächsten gelegene Langlauf-Resort bietet Aussicht auf den See und 63 Meilen Loipen. Nutzungsgebühr $20, Ausrüstungsverleih $18,50, Unterricht inkl. Leihausrüstung $42,50.

Raddampfer auf dem Lake Tahoe

Sobald man die Gebäude an der Nordostecke des Sees hinter sich gelassen hat und nach Süden fährt, gelangt man zu einem der ruhigsten und einladendsten Fleckchen. Der **Lake Tahoe Nevada State Park** bei Sand Harbour besitzt einen tollen Strand – das Wasser ist allerdings immer eiskalt – und Pfade durchs Gelände hoch zum Tahoe Rim Trail. Etwas südlich liegt **Secret Harbor**, passend benannt für einen idyllischen Nacktbadestrand, an dem keine Voyeure toleriert werden.

Wandern und Mountainbiking am Lake Tahoe

Von den zahlreichen herrlichen Wanderwegen im Gebiet des Lake Tahoe führt nur einer – der 150 Meilen lange **Tahoe Rim Trail** – rund um den See, streckenweise auf dem **Pacific Crest Trail** entlang, der sich am Rande der Sierra von Kanada bis zur mexikanischen Grenze erstreckt. Die meisten Leute legen nur ein kurzes Stück davon zurück, z.B. von Kingsbury Grade nach Big Meadows (22 Meilen), das am Hwy-207 nordwestlich von South Lake Tahoe beginnt und am US-50, südlich von Lake Tahoe, endet.

An der Westseite des Sees folgt der **Tahoe Rim Trail** dem Pacific Crest Trail durch die Gletschertäler und Granitgipfel der **Desolation Wilderness**. Hier wird von jedem Wanderer ein Permit ($5) verlangt, Tagesausflügler können sich selbst eintragen. Besucher, die übernachten wollen, unterliegen im Sommer einer Quotenregelung: genau die Hälfte der Permits kann bis zu 90 Tage im Voraus unter ✆ 530/644-6048 reserviert werden. Ohne Reservierung empfiehlt es sich, möglichst früh beim *Forest Service Visitor Center* einzutreffen, da die andere Hälfte der Permits nach dem Prinzip *first-come, first-served* vergeben wird. Zu den anspruchsvollsten Routen gehört der 5 Meilen lange **Bayview Trail** zum Fontanillis Lake. Die anderen Wildnisgebiete am See – Granite Chief im Nordwesten und Mount Rose im Nordosten – werden sehr viel weniger besucht, daher braucht man auch kein Permit, wohl aber eine Erlaubnis zum Feuermachen.

Camping

Lake Tahoes bester Campingplatz, was Auswahl und Qualität der Einrichtungen angeht, ist der ***Campground by the Lake,*** 3 Meilen westlich von Stateline am Seeufer, ✆ 530/542-6096, $21–29.

Am Südufer findet man außerdem ***Fallen Leaf,*** ✆ 530/573-2600, Reservierung über *NRRS* ✆ 1-877/444-6777, $20, sowie ***Eagle Point*** im Emerald Bay State Park, ✆ 530/541-3030, Reservierung über *ReserveAmerica,* ✆ 1-800/444-7275, $20. Campingmöglichkeiten in den Resorts Camp Richardson und Zephyr Cove s.S. 620, Übernachtung.

Im Norden befinden sich mehrere Campingplätze in oder nahe Tahoe City, einer davon in schöner Lage mitten im Zentrum in der ***Tahoe State Recreation Area,*** ✆ 530/583-3074, $20, und, wie nicht anders zu erwarten, total überlaufen. Reservierung über *ReserveAmerica,* ✆ 1-800/444-7275.

1,5 Meilen östlich befindet sich der Campingplatz ***Lake Forest,*** ✆ 530/583-3796, $15, der billiger, aber ein gutes Stück vom Strand entfernt ist und nicht reserviert werden kann; und 2 Meilen südwestlich, am Hwy-89, liegt der große ***William Kent Campground,*** ✆ 530/583-3642, $16, Reservierung über *NRRS,* ✆ 1-877/444-6777. Der am zentralen Westufer angesiedelte ***Sugar Pine Point Campground,*** ✆ 530/525-7982, $20, Reservierung über *ReserveAmerica,* ✆ 1-800/444-7275, verfügt über wunderschöne Stellplätze inmitten des dichten Kiefernwaldes.

Es gibt auch viele Mountainbikewege um den See: **Meiss County**, zwischen Hwy-89 und Hwy-88, 20 Meilen südlich von South Lake Tahoe, ist ein besonders beliebtes Mountainbiker-Terrain mit herrlichen Seen. Der **Fallen Leaf Lake**, die **Echo Lakes** und der **Angora Lake** sind reizvolle, relativ abgeschiedene Alternativen abseits des großen Bruders. In Nähe des Südufers bietet sich u.a. der 3 Meilen lange Rundstrecke des **Pope-Baldwin Trail** an, im Nevada State Park der **Marlett Lake/Flume Trail**.

Tipps, kostenloses Kartenmaterial und Broschüren über das Gebiet gibt es vom *US Forest Service Visitor Center,* 870 Emerald Bay Rd, ✆ 530/573-2674, 3 Meilen nordwestlich der Kreuzung des Hwy-89 mit dem US-50, die dann dem West- bzw. Ostufer des Sees folgen. ⌚ im Sommer Mo–Do und Sa–So 8–17.30, Fr 8–19 Uhr.

Übernachtung

Die meisten der etwa 100 Motels rings um den See konzentrieren sich in **South Lake Tahoe** am US-50. Im Sommer bieten viele während der Woche Sonderpreise an, manchmal gibt es Doppelzimmer für $40. Der Preis desselben Zimmers kann sich am Wochenende oder im Sommer jedoch leicht verdoppeln. Die vereinbarten Preise sollte man sich bestätigen lassen. Die nachstehend angegebenen Preise beziehen sich auf die günstigsten Angebote während der Hochsaison. Auf günstige Preise in den Kasinos sollte man nicht spekulieren. Ihre Zahl ist geringer als in Las Vegas oder Reno, und die angeschlossenen Hotels verlangen den Preis, den der Markt zulässt. Wer auf eigene Faust kein Zimmer findet, kann sich über ***Lake Tahoe Central Reservations,*** 300 North Lake Blvd, ✆ 530/434-1262 oder 1-888/358-7461, 💻 www.mytahoevacation.com, kostenlos eine Unterkunft im gesamten Gebiet um den See vermitteln lassen.

In **Tahoo City** gibt es weniger Gästezimmer und weniger Konkurrenz als in der weiter südlich gelegenen Nachbarstadt South Lake Tahoe, daher fallen die Übernachtungspreise dort für gewöhnlich ein wenig höher aus, doch wer dem Hype von Stateline nichts abgewinnen kann und Entspannung eher in der Ruhe sucht, bezahlt wahrscheinlich gern ein paar Dollar mehr. Rings um den See lassen sich auch noch ein paar andere gemütliche Unterkünfte ausfindig machen.

Camping ist nur im Sommer eine realistische Alternative, da in den Bergen um Lake Tahoe während der Wintermonate bis zu 6 m hoch Schnee liegt. Näheres s.o., Kasten.

SÜDUFER – ***The Block,*** 4143 Cedar Ave, S Lake Tahoe, ✆ 530/544-2936 oder 1-888/544-4055, 💻 www.theblockattahoe.com. Nahe dem US-50, zwischen den Kasinos und dem Seeufer gelegen. Trendigstes, wenn nicht gar billigstes Motel der Gegend mit futuristischer Einrichtung, Cybercafé und Spieleraum. ❹

***Camp Richardson Resort**,* Hwy-89, zwischen Emerald Bay und S Lake Tahoe, ✆ 530/541-1801 oder 1-800/544-1801, 💻 www.camprichardson.com. Hotelartige Zimmer und komfortable Cabins (im Sommer nur wochenweise ab $865) mit komplett ausgestatteten Küchen auf einem gut 60 ha großen Gelände, auch Campingplätze ab $18. ❸

***Caesars Tahoe Resort/Casino**,* US-50, Stateline, Nevada, ✆ 775/588-3515 oder 1-800/648-3353, 💻 www.caesars.com. Luxus-Resort und tolles Kasino; die besten Zimmer mit Blick auf den See. ❹

***Doug's Mellow Mountain Retreat**,* 3787 Forest Ave, S Lake Tahoe, ✆ 530/544-8065, ✉ hostelguy@hotmail.com. Etwas beengte Herberge, Kochgelegenheiten und gelegentlichen Barbecues. $15 pro Nacht, auch DZ erhältlich. ❷

***Driftwood Lodge**,* 4115 Laurel Ave, Ecke Poplar St, S Lake Tahoe, ✆ 530/541-7400, 💻 www.tahoedriftwood.com. Ein beheizter Pool sowie der private Strandzugang machen aus der ansonsten äußerst schlichten, einen Steinwurf von Stateline entfernten Unterkunft vor allem im Sommer eine interessante Alternative. ❷

***Inn by the Lake**,* 3300 Lake Tahoe Blvd, South Lake Tahoe, ✆ 530/542-0330 oder 1-800/877-1466, 💻 www.innbythelake.com. Hübsch eingerichtete Zimmer, Pool, Frühstück inkl., kostenloser Radverleih. Kostenloser Shuttle-Bus zu den Kasinos. ❺

***Pine Cone Acre**,* 735 Emerald Bay Rd, zwischen Emerald Bay und S Lake Tahoe, ✆ 530/541-0375. Ruhig inmitten waldigen Geländes gelegen, vor kurzem renoviert, freundliche Atmosphäre. Zimmer mit Kühlschrank und Mikrowelle. ❷

***Royal Valhalla**,* 4104 Lakeshore Blvd, S Lake Tahoe, ✆ 530/544-2233 oder 1-800/999-4104, 💻 www.tahoeroyalvalhalla.com. Suiten mit Küchenzeile, Balkon und Blick auf den See, gegenüber vom Strand. ❸

***Super 8**,* 3600 Lake Tahoe Blvd, ✆ 530/544-3476 oder 1-800/800-8000, 💻 www.super8.com. Ableger der nationalen Motelkette, 2 Meilen vom Hauptgeschehen, bietet schlichten, aber zuverlässigen Komfort und Service – beides bei anderen Billig-Unterkünften nicht immer gewährleistet. ❸

***Zephyr Cove Resort**,* 760 US-50, Zephyr Cove, Nevada, ✆ 775/589-4907, 💻 www.zephyrcove.com. Gleiche Betreiber wie die der *MSDixie II.* Verfügt über einfache Zimmer in einem mehrstöckigen Gebäude und schicker Cabins in einer ruhigen, von Kiefern bestandenen Enklave. Auch Campingplätze ab $25. ❸

NORDUFER – ***Ferrari's Crown Motel**,* 8200 N Lake Blvd, Kings Beach, ✆ 530/546-2583 oder 1-800/541-4631. Relativ anspruchsvolles, aber preiswertes Motel direkt am See. Zimmer mit Aussicht kosten aber gleich das Doppelte. ❸

***Franciscan Lakeside Lodge**,* 6944 N Lake Blvd, Tahoe Vista ✆ 530/546-6300, 💻 www.franciscanlodge.com. Gemütliche Cabins sowie ein paar geräumigere Units direkt an einem der besten Badestrände am nördlichen Seeufer. ❸

***Inn at Incline**,* 1003 Tahoe Blvd, Incline Village, ✆ 775/831-1025, 💻 www.innatincline.com. In einem abgeschiedenen Waldstück, privater Strandzugang, Schwimmbad, Jacuzzi, Sauna. ❹

***Lake of the Sky Motor Inn**,* 955 N Lake Blvd, Tahoe City, ✆ 530/583-3305, 💻 www.lakeofthesky inn.com. Zu Recht ein wenig teurer als das *Tahoe City Inn* gegenüber – mehr Komfort und Stil. ❹

***Mayfield House**,* 236 Grove St, Tahoe City, ✆ 530/583-1001 oder 1-888/518-8898, 💻 www.mayfieldhouse.com. Ausgezeichnetes B&B mit eleganten Zimmern in einer umgebauten Villa und einem bezaubernden Häuschen dahinter. ❻

***Pepper Tree Inn**,* 645 N Lake Blvd, Tahoe City, ✆ 530/583-3711 oder 1-800/624-8580, 💻 www.peppertreetahoe.com. Durchschnittliches, preisgünstiges Hotel in einem wenig ansprechenden Hochhaus. Beheizter Pool. ❹

***Resort at Squaw Creek**,* 400 Squaw Creek Rd, Olympic Valley, ✆ 530/583-6300 oder 1-800/327-3353, 💻 www.squawcreek.com. Luxuriösestes Resort der Gegend, aber etwas förmlich, mit herrlicher Aussicht auf die Berge, Golfplatz, privatem Skilift und Ladenzentrum. ❼

***River Ranch Lodge**,* Hwy-89, Ecke Alpine Meadows Rd, Alpine Meadows, ✆ 530/583-4264 oder 1-800/535-9900, 💻 www.riverranchlodge.com. Historische, einladende Lodge am Truckee River mit einem der besten Restaurants am See. ❹

Sunnyside, 1850 W Lake Blvd, 1 Meile südlich von Tahoe City, ✆ 530/583-7200 oder 1-800/822-2SKI, 💻 www.sunnysideresort.com. Große, angenehme Mountain-Lodge direkt am Seeufer. Aus vielen Zimmern traumhafte Sicht auf den See, im Erdgeschoss ein beliebtes Restaurant. ❺

Tahoe City Inn, 790 N Lake Blvd, Tahoe City, ✆ 530/581-3333 oder 1-800/800-8246, 💻 www.tahoecityinn.com. Einfach, zentrale Lage – eine der günstigsten Unterkünfte in der Gegend. ❹

Tahoma Meadows B&B, 6821 W Lake Blvd, Tahoma, ✆ 530/525-1553 oder 1-866/525-1553, 💻 www.tahomameadows.com. Hübsch möblierte Zimmer in herrlicher Lage am Westufer des Sees, 7 Meilen südlich von Tahoe City. ❺

Tamarack Lodge, 2311 N Lake Blvd, 1 Meile nordöstlich von Tahoe City, ✆ 530/583-3350 oder 1-888/824-6323, 💻 www.tamarackattahoe.com. Komfortabel und sauber, auf einer bewaldeten Anhöhe; eine der preiswertesten Übernachtungsmöglichkeiten am See.

IN DER UMGEBUNG – ***Sierrawood Guest House***, 12 Meilen vom südlichen Seeufer entfernt, Tahoe Paradise, ✆ 530/577-6073 oder 1-800/700-3802, 💻 www.sierrawoodbb.com. Romantisches, abgelegenes Chalet in bewaldeter Umgebung, wenige Minuten Autofahrt von den Kasinos entfernt, bei schwulen und lesbischen Paaren beliebt. Jacuzzi, Fitnessraum, Kamin, kostenlose Spritztouren mit dem Schneemobil. ❺

Sorensen's, 14255 Hwy-88, Hope Valley, ✆ 530/694-2203 oder 1-800/423-9949, 💻 www.sorensensresort.com. Kitschige, aber gemütliche Cabins mit bayerischem Gepräge in espenbestandener Umgebung am Westarm des Carson River, mit dem Auto ca. eine halbe Stunde vom südlichen Seeufer entfernt. ❺

Essen und Unterhaltung

South Lake Tahoe bietet nur wenige anspruchsvolle Restaurants. Zur Standardkost zählen hier Burger und Steaks. Besser sind die Büffets in den Kasinos auf der Nevada-Seite; üppig bestückt ist z.B. das bei ***Harrah's***.

SÜDUFER – ***The Brewery at Lake Tahoe***, 3542 Lake Tahoe Blvd, S Lake Tahoe, ✆ 530/544-2739. Mikrobrauerei mit ansehnlichem Angebot an Bieren und kulinarischen Spezialitäten, z.B. in Bier gekochte Shrimps und gute Steaks.

Café Fiore, 1169 Ski Run Blvd, S Lake Tahoe, ✆ 530/541-2908. Klein und intim. Nicht ganz billige, innovative italienische Küche und exquisite Weinkarte.

Faces, 270 Kingsbury Grade, Stateline, ✆ 775/588-2333. Bevorzugte schwul-lesbische Bar am See, vielleicht ein bisschen der Zeit hinterherhinkend, aber durchaus einladend. Live-DJs.

Nephele's, 1169 Ski Run Blvd, S Lake Tahoe, ✆ 530/544-8130, am Fuß des Heavenly Ski Resorts. Tolle Auswahl an ziemlich kostspieligen Speisen aus der *Californian cuisine*: gegrilltes Fleisch und Fisch sowie Pastagerichte.

Red Hut Waffle Shop, 2723 US-50, S Lake Tahoe, ✆ 530/541-9024. Zu Recht beliebtes Café, das im Winter morgens von Skifahrern gestürmt wird.

Rockwater Bar & Grill, 787 Emerald Bay Rd, ✆ 530/544-8004. Üppig portionierte Vorspeisen, gefolgt von abwechslungsreichen Tex-Mex- und Seafood-Gerichten zu moderaten bis gehobenen Preisen. Dazu eine gute Bar.

Scusa!, 1142 Ski Run Blvd, ✆ 530/542-0100. Gute Fisch-, Fleisch- und Nudelgerichte in geschmackvoll eingerichtetem, allseits gelobtem italienischen Restaurant.

Six Bridges Bar & Grill, 2500 Emerald Bay Rd, zwischen S Lake Tahoe und Emerald Bay, ✆ 530/577-0788. In ruhigerer, bewaldeter Lage, serviert üppige Fleischportionen vom Grill.

Sprouts, 3123 US-50, nahe Alameda Ave, S Lake Tahoe, ✆ 530/541-6969. Fast, aber nicht ganz vegetarisch. Ausgezeichnete Sandwiches, Burritos etc.

Taj Mahal, 3838 Lake Tahoe Blvd, S Lake Tahoe, ✆ 530/541-6495. Indische Gerichte, tgl. preiswertes Mittagsbüffet.

Tep's Villa Roma, 3450 Lake Tahoe Blvd, S Lake Tahoe, ✆ 530/541-8227. Altbewährtes Lokal am Südufer, serviert großzügige Portionen herzhafter italienischer Gerichte, darunter auch einfache, leckere vegetarische Pasta für rund $10.

NORDUFER – ***Bridgetender Bar & Grill***, 30 W Lake Blvd, Tahoe City, ✆ 530/583-3342. Freundliche, rustikale Bar mit guter Musik, ebensolchem Bier und großzügigen Portionen Rippchen, Burger usw.

Hacienda del Lago, 760 N Lake Blvd, Tahoe City, ✆ 530/583-0358. Schmackhafte mexikanische Speisen zu moderaten Preisen im Obergeschoss der Boatworks Mall mit herrlichem Blick von der Terrasse auf den See. Abends häufig Latin-Klänge oder Jazz.

Jasons Beachside Grille, 8338 N Lake Blvd, Kings Beach, ✆ 530/546-3315. Klassisch-amerikanische Küche, viel Fleisch, große Salatbar und leckere Desserts. Terrasse im Freien mit Seeblick.

Lakehouse Pizza, 120 Grove St, in der Lakehouse Mall, Tahoe City, ✆ 530/583-2222. Leckere Pizza, sehr beliebt für Cocktails bei Sonnenuntergang. Im Winter ist mit Wartezeiten zu rechnen.

Pierce Street Annex, im rückwärtigen Teil des Safeway-Komplexes, Tahoe City, ✆ 530/583-5800. *Der* Treff zum Trinken und Tanzen am Nordufer. Je nach Jahreszeit voll mit sonnenverbrannten Skifahrern oder angeheiterten Sonnenanbetern vom Strand.

River Ranch, Hwy-89, Ecke Alpine Meadows Rd, Tahoe City, ✆ 530/583-4264. Beliebtes Lokal, um bei kalifornischen Speisen von der Terrasse einen Blick auf die vom Truckee River heimkehrenden Rafter zu werfen.

Soule Domain, kurz vor der Staatsgrenze und den Kasinos, 9983 Cove Ave, Crystal Bay, ✆ 530/546-7529. Anspruchsvolle Küche in der behaglichen Atmosphäre einer echten Blockhütte.

Spindleshanks, 6873 N Lake Blvd, Tahoe Vista, ✆ 530/546-2191. Amerikanisches Bistro und Weinlokal, bietet fantasievolle und gleichzeitig preiswerte Gerichte, z.B. Artischocken im Brotmantel.

Sunnyside, 1850 W Lake Blvd, Tahoe City, ✆ 530/583-7200. Beliebtes Lokal für einen Cocktail auf der Terrasse mit Blick auf den See.

Tahoe House Bakery, Hwy-89, eine halbe Meile südlich von Tahoe City, ✆ 530/583-1377. Freundliche, bei Einheimischen beliebte Bäckerei mit allerlei Leckereien z.B. für ein Picknick.

Yama Sushi and Robata Grill, 950 North Lake Blvd, Tahoe City, ✆ 530/583-9262. Bestes japanisches Restaurant am Lake Tahoe, ausgezeichnete Tempura- und Robata-Gerichte sowie Sushi.

Za's, 395 North Lake Blvd, Tahoe City, ✆ 530/583-1812. Pizzeria an der Rückseite der Bar *Pete and Peter's*, die auch eine große Auswahl an Nudelgerichten mit verschiedenen Soßen anbietet.

Sonstiges

AUTOVERMIETUNGEN – Pro Tag muss man mit ca. $30 rechnen. In Stateline finden sich Niederlassungen der meisten nationalen Anbieter, z.B.
Avis, ✆ 775/588-4450 oder 1-800/831-2847, 💻 www.avis.com,
Enterprise, ✆ 775/586-1077 oder 1-800/736-8222, 💻 www.enterprise.com,
Hertz, ✆ 775/586-0041 oder 1-800/654-3131, 💻 www.hertz.com.

FAHRRÄDER UND SPORTAUSRÜSTUNGEN – Mehr als ein Dutzend Geschäfte am See in **South Lake Tahoe** vermieten Räder für ca. $20–25 pro Tag, bei einigen können auch komplette Sportausrüstungen geliehen werden.

Lakeview Sports, 3131 S Lake Blvd, ✆ 530/544-0183.

Mountain Sports Center, Hwy-89, nahe der „Y"-Kreuzung, ✆ 530/542-6584;

Zahlreiche weitere Anbieter säumen den Ski Run Blvd Richtung Heavenly.

In **Tahoe City** am North Lake Blvd u.a.:

The Back Country, Nr. 255, ✆ 530/581-5861.

Olympic Bike Shop, Nr. 620, ✆ 530/581-2500;

INFORMATIONEN – Überall in South Lake Tahoe findet man Kioske, die angeblich *Visitor Centers* sind, es handelt sich jedoch zumeist um Werbebuden von Kasinos oder Maklern. Nützliche Informationen, Kartenmaterial und Hilfe bei der Zimmersuche bekommt man dagegen in der ***South Lake Tahoe Chamber of Commerce***, 3066 US-50, ✆ 530/541-5255, 💻 www.tahoeinfo.com, kurz vor dem El Dorado-Strand, 🕓 Mo–Sa 9–17 Uhr.

Rund 2 Meilen nördlich von Stateline, in Nevada, liegt das ***Tahoe-Douglas Chamber & Visitor Center***, 195 US-50, ✆ 775/588-4591, 💻 www.tahoechamber.org, das bei der Zimmersuche behilflich ist. 🕓 tgl. Sept–Mai 9–17 Uhr, Juni–Aug 9–18 Uhr.

Die besten Informationen über den nördlichen Seeabschnitt gibt es in der ***North Lake Tahoe Chamber of Commerce,*** 300 North Lake Blvd, in Tahoe City, ✆ 530/581-6900 oder 583-3494, 🖳 www.tahoefun.org, ⏲ tgl. 9–17 Uhr. Auf der in Nevada gelegenen Seite des Sees steht außerdem das ***Incline Village/Crystal Bay Visitor Center,*** 969 Tahoe Blvd, ✆ 775/832-1606 oder 1-800/468-2463, 🖳 www.gotahoe.com, mit Rat und Tat zur Seite. ⏲ Mo–Fr 8–17, Sa und So 10–16 Uhr.

Nahverkehrsmittel

BlueGo-Busse, ✆ 530/541-6328, 🖳 www.bluego.org, verkehren rund um die Uhr im gesamten South Lake Tahoe-Gebiet. Einheitspreis im Umkreis von 10 Meilen $1,75, Tageskarte $3. Im Sommer setzt das Unternehmen zwischen bevorzugten Zielen zusätzlich offene Touristenbusse ein. Der ***Tahoe Casino Express*** (s.u. und S.629) fährt von South Lake Tahoe Richtung Nordosten nach Glenbrook, dann nach Carson City und zum Reno Airport.

TART, ✆ 530/550-1212 oder 1-800/736-6365, 🖳 www.laketahoetransit.com, verkehrt im Norden von ca. 6 bis 18 Uhr zwischen Sugar Pine Point und Incline Village; eine Nebenstrecke führt von Tahoe City hoch nach Truckee; einfache Fahrt $1,25, Tageskarte $3.

Der ***Tahoe Trolley*** (✆ und Preise wie TART) pendelt von 6 bis 18 Uhr zwischen Tahoe City und Crystal Bay, von 9 bis 18 Uhr zwischen Sugar Pine Point und Emerald Bay, abends von 18 bis 24 Uhr kostenlos zwischen Squaw Valley und Incline Village sowie auf einer kurzen Zusatzroute von 19 bis 22.30 Uhr zwischen Sunnyside und Crystal Bay.

Transport

SELBSTFAHRER – Von San Francisco her ist mit einer Fahrzeit von etwas mehr als 3 Std. zu rechnen, es sei denn, man wählt den Freitagnachmittag: Dann darf man getrost 1–2 Std. mehr veranschlagen. Im Winter sind Schneeketten erforderlich, dann dauert die Fahrt noch länger. Straßenverhältnisse vor Abfahrt beim *Caltrans road phone,* ✆ 1-800/427-7623, erfragen.

BUSSE – Zahlreiche Tourbusse steuern die Gegend an, *Greyhound* und *Amtrak-Thruway*-Busse jedoch nicht mehr. Wer aus der Bay Area oder Sacramento anreist, muss den Weg über Truckee nehmen (Transportverbindungen von dort s.S. 624).

Tahoe Casino Express, ✆ 775/785-2424 oder 1-800/446-6128, 🖳 www.tahoecasinoexpress.com, verkehrt ungefähr stündlich von 5.30 bis 21 Uhr zwischen dem Flughafen von RENO und den Kasinos in STATELINE; einfach $20, hin und zurück $36.

Truckee

Der kleine Ort am nördlichen Ufer des Truckee River an der transkontinentalen *Amtrak*-Route und am I-80, 15 Meilen nördlich von Lake Tahoe, bietet eine erfrischende Abwechslung zu den Touristenzentren rings um den See. Entlang der Hauptstraße, die zwar einen Abschnitt der Donner Pass Road bildet, von vielen Anwohnern aber immer noch Commercial Row genannt wird, stehen eine Reihe hölzerner Bauten aus dem 19. Jh., die als Kulisse für den Charlie-Chaplin-Klassiker *Goldrausch* dienten. Truckee ist kein Urlaubsziel und wirtschaftlich vor allem von der Holzindustrie und der Eisenbahn abhängig. Dank ihrer rauen, aber herzlichen, lebhaften Atmosphäre ist die Stadt genauso gut wie jede andere als Ausgangsbasis für Ausflüge an den Lake Tahoe und Umgebung geeignet. Zwischen der Stadt und dem See verkehren auch öffentliche Transportmittel.

Übernachtung

Cottage Hotel, 10178 Donner Pass Rd, ✆ 530/587-3108, zentral gelegen, aber etwas schäbig, nur Gemeinschaftsbäder. ❶

Truckee Hotel, 10007 Bridge St, in Bahnhofsnähe, ✆ 530/587-4444 oder 1-800/659-6921, 🖳 www.thetruckeehotel.com, mit nostalgischem Flair, ist viel hübscher. ❸

Richardson House, 10154 High St, ✆ 530/587-5388 oder 1-888/229-0365, 🖳 www.richardsonhouse.com. Ähnlich nostalgisches Ambiente, noch etwas nobler und ruhiger. ❺

The River Street Inn, 10009 E River St, ✆ 530/550-9290, hübsches Ziegel- und Holzgebäude, im

DIE GOLDGRÄBERSTÄDTE

Preis und Standard zwischen den beiden anderen angesiedelt. ❹

An den Ufern des Truckee River gibt es zwischen der Stadt und dem Lake Tahoe nahe dem Hwy-89 zahlreiche preiswerte **Campingplätze**. Der größte, ***Granite Flat***, ist 3 Meilen von Truckee entfernt, ***Goose Meadows*** 5 Meilen und ***Silver Creek*** 9 Meilen. Alle drei Campingplätze sind unter ✆ 530/587-3558 zu erreichen und kosten $15.

Essen und Unterhaltung

Coffee And..., 10106 Donner Pass Rd, ✆ 530/587-3123, eine Art Diner, und

Squeeze Inn, 10060 Donner Pass Rd, ✆ 530/587-9814, mit seiner Hausspezialität Omelettes, haben nur bis 14 Uhr geöffnet.

The Truckee Diner, jenseits der Eisenbahnschienen, 10144 W River St, ✆ 530/582-6925, serviert ganztägig preiswerte Gerichte.

El Toro Bravo, 10186 Donner Pass Rd, ✆ 530/587-3557, ist eine *taquería* nach spanisch-mexikanischem Vorbild.

Moody's Bistro & Lounge, im Truckee Hotel, ✆ 530/587-8688, teurere und anspruchsvollere Fleisch- und Fischgerichte.

Dragonfly, 10118 Donner Pass Rd, ✆ 530/587-0557, erfrischend modernes Lokal mit Dachterrasse, serviert eine Mischung aus Pacific Rim-, südostasiatischer und amerikanischer Küche.

Sweets, 10118 Donner Pass Road, ✆ 530/587-6556, verkauft Schokolade vom Feinsten.

Die Saloons im Wildwest-Stil sind schon lange verschwunden, doch es gibt noch einige gute **Kneipen**, z.B. die ***Bar of America***, Hwy-26, Ecke Donner Pass Rd, ✆ 530/587-3110, an den meisten Abenden Live-Musik, freier Eintritt.

Pastime Club, 10096 Donner Pass Rd, ✆ 530/582-9219, veranstaltet hervorragende Blues- und Jazz-Live-Konzerte.

OB's, 10046 Donner Pass Rd, ✆ 530/587-4164, ist ebenfalls eine gemütliche Kneipe mit ordentlicher Küche.

Sonstiges

AUTOVERMIETUNGEN – ***Enterprise***, Hwy-89, am Albertson's Longs Shopping Center, ✆ 530/550-1550, 💻 www.enterprise.com.

FAHRRÄDER – Mountainbikes gibt es bei ***The Sports Exchange***, 10095 W River St, ✆ 530/582-4520, für $25 pro Tag; verleiht auch Kajaks, Skifahrer- und Bergsteigerausrüstungen.

INFORMATIONEN – ***Chamber of Commerce***, 10065 Donner Pass Rd, ✆ 530/587-2757, 💻 www.truckee.com, bietet die üblichen Broschüren und reichlich Kartenmaterial. 🕓 Mo–Sa 8.30–17.30 Uhr.

Doch dort, wo der Hwy-89 vom I-80 nach Norden abzweigt, befindet sich eine leicht zu übersehende ***Forest Service Ranger Station***, ✆ 530/587-3558, in der man Näheres über Camping- und Wandermöglichkeiten im Umland erfahren kann. 🕓 Mo–Fr 8–16.30 Uhr.

Transport

BUSSE – *Greyhound*-Busse aus SAN FRANCISCO (6 Std.) bzw. SACRAMENTO (3 Std.) halten 3x tgl. (in Richtung Westen 4x tgl.) in Truckee und haben Anschluss an die fünf *TART*-Busse, ✆ 530/550-1212 oder 1-800/736-6365, 💻 www.laketahoetransit.com, nach TAHOE CITY, die tgl. zwischen 8.30 und 16.45 Uhr verkehren, einfache Fahrt $1,25.

Amtrak Thruway-Busse halten nur auf ihrem Weg nach Westen an dem Bahnhof an der Commercial Row mitten in der Stadt.

EISENBAHN – Vom Bahnhof in der Commercial Row verkehrt 1x tgl. ein *Amtrak*-Zug nach RENO (1 Std.) und nach SACRAMENTO (1 1/2 Std.).

Donner Lake und Pass

2 Meilen westlich von Truckee liegt der von silbergrauen Granitfelsen umgebene See. Hier kam es in der frühen Pionierzeit zu einem tragischen Ereignis, als ein Wagentreck in unerwartet frühen, heftigen Schneefällen stecken blieb.

Die schreckliche Geschichte der Donner Party ist im kleinen **Emigrant Trail Museum**, ✆ 530/582-7892, dokumentiert. Das Museum liegt an der Donner Pass Road, 3 Meilen westlich von Truckee, im Donner Memorial State Park, wo die Ereignisse in dem stündlich gezeigten, 26 Minuten langen Video Sierraville in so haarsträubender

Weise in Szene gesetzt werden, dass es schwer fallen dürfte, das Kichern zu unterdrücken. ⌚ im Sommer tgl. 9–17, sonst tgl. 10–16 Uhr, Eintritt $3.

Die Donner Party – ein Emigrantenschicksal

Die Donner Party war eine Gruppe von 91 Pionieren, die im April 1846 von Illinois zur langen Reise über die Prärie nach Kalifornien aufbrach. Der Name geht auf eine Familie zurück, die an diesem denkwürdigen Treck teilnahm.

Die Familienmitglieder nahmen eine Abkürzung, die im ersten Reiseführer zur Westküste, dem 1854 erschienenen *Emigrant's Guide to California and Oregon,* empfohlen wurde. Unglücklicherweise brauchten sie für diesen Weg aber drei Wochen länger als für die normale Route.

Im Oktober erreichten sie die Umgebung des heutigen Reno, wo sie sich entschlossen, eine Woche zu pausieren, um Kräfte für die bevorstehende, anstrengende Überquerung der Sierra Nevada Mountains zu sammeln.

Diese Verzögerung sollte fatale Folgen haben. Als sie endlich aufbrachen, kamen sie wegen früher Schneefälle nur bis zum Donner Lake. Hier errichteten die Pioniere primitive Hütten in der Hoffnung, dass der Schnee bald schmelzen würde. Da dies aber nicht geschah, saß die Donner Party fest.

Innerhalb eines Monats waren die Vorräte aufgebraucht, und eine Gruppe zog los, um Sutter's Fort jenseits der Berge bei Sacramento zu erreichen. Sie wurde von einem schweren Sturm überrascht, und von den ursprünglich 15 Menschen überlebten nur fünf Frauen und zwei Männer, weil sie sich von ihren verstorbenen Mitstreitern ernährt hatten. Sie erreichten nach einem Monat mit letzter Kraft Sutter's Fort.

Eine Rettungsmannschaft brach sofort in die Berge auf, wo sie noch etwa 30 beinahe dem Wahnsinn verfallene Menschen vorfand, die ihre toten Mitreisenden hatten verspeisen müssen, um nicht vor Hunger zu sterben.

Vom Museum schlängelt sich ein leicht begehbarer Naturpfad durch den Wald, vorbei an der Stelle, wo die meisten Teilnehmer der Donner Party ihre einfachen Hütten errichteten. Am südöstlichen Ufer gibt es einen nur im Sommer geöffneten Campingplatz, $16 pro Nacht, Reservierung über *ReserveAmerica,* ✆ 1-800/444-7275.

Der Donner Pass

Oberhalb des Donner Lake führen die Schienen der *Southern Pacific*-Eisenbahnlinie nach Westen über den Donner Pass, durch Tunnel, die im 19. Jh. von chinesischen Arbeitern erbaut wurden. Sie ist nach wie vor die einzige Eisenbahnroute über die Sierra Nevada. Die Schienen sind auf großen Streckenabschnitten durch Holzdächer vor heftigen Schneefällen geschützt. Vom anderen Ende des Tals aus, wo die Donner Pass Road sich ihren Weg durch steile Felsen bahnt, kann man sie deutlich sehen. Am gut ausgeschilderten Hwy-40 gibt es einen herrlichen Aussichtspunkt, der den Blick über den Donner Lake, manchmal auch bis zum dahinterliegenden Lake Tahoe eröffnet. Bergsteiger erproben im nahe gelegenen **Alpine Skills Institute**, ✆ 530/426-9108, ihre Fähigkeiten an den 70 m hohen Granitwänden. Die Bergsteigerschule bietet unterschiedliche Kletterkurse an und organisiert auch Ausflüge. Auf dem Gipfel des Passes führt die Straße an den Skigebieten Soda Springs, Sugar Bowl und Royal Gorge vorbei, bevor sie sich wieder mit dem I-80 vereint, der vom Donner Pass in östlicher Richtung nach Reno, Nevada, in westlicher nach Sacramento verläuft.

Reno

Reno, am I-80 am Fuße der Sierra Nevada gelegen, bietet sich mit seinen preiswerten Restaurants und Unterkünften als günstige Zwischenstation an, insbesondere wenn man dem Glücksspiel nicht abgeneigt ist.

Außer den zahllosen Neonreklamen hat die Stadt zwar wenig Reiz, aber sie ist schön gelegen – der Truckee River windet sich zwischen den Straßenzügen hindurch, und in der Ferne grüßen die nicht selten schneebedeckten Gipfel der Sierra. Die Atmosphäre ist kleinstädtisch, und die Bewohner Renos werden nicht müde, ihrem Stolz auf die „biggest little city in the world" Ausdruck zu verleihen.

Wenn das Spielen langweilig wird, kann man immer noch einen angenehmen Nachmittag damit verbringen, in der trockenen Wüstenhitze herumzuschlendern oder eines der mehr oder weniger unterhaltsamen Museen zu besichtigen.

Reno ist auch ein zweckdienlicher Ausgangspunkt für Ausflüge an den Lake Tahoe und zu den geschichtsträchtigen Minenstädten **Carson City** und **Virginia City**.

Die Kasinos

Reno hat weder so viele glitzernde Neonfassaden wie Las Vegas, noch genießt es einen ähnlichen Weltruf. Dennoch gilt die Stadt in Nord-Nevada als Mekka der Spielwütigen. Die Kasinos bieten rund um die Uhr Einarmige Banditen, Black Jack (tägliche oder wöchentliche Ausscheidungskämpfe), Würfelspiele, Lotterien, Roulette und viele andere Möglichkeiten, sein Glück zu versuchen. Das Glücksspiel wurde in Nevada zwar erst 1931 legalisiert, die Arbeiter der Silberminen von Virginia City und Gold Hill frönten ihm jedoch bereits in der Mitte des 19. Jahrhunderts, als Spielkarten praktisch zur Standardausrüstung jedes Minenarbeiters gehörten.

Obgleich weit entfernt von der in Las Vegas herrschenden Pracht, lohnen die meisten der hiesigen Kasinos einen kurzen Blick. Die besten davon sind: **Circus Circus**, 500 N Sierra St, wo ein kleiner Zirkus alle halbe Stunde sein Programm zum Besten gibt, **Silver Legacy**, nahtlos daran anschließend, Haupteingang um die Ecke, 407 N Virginia St, mit einer planetariumsartigen Kuppel und einem 40 m langen Bohrgerät, das scheinbar Silber aus dem Boden zu Tage fördert und dabei Kaskaden von Silbermünzen ausspuckt, und **Harrahs**, einige Straßen weiter südlich, 219 N Center St, das nobelste Kasino der Stadt mit reihenweise Automaten, an denen um hohe Einsätze gespielt wird.

Wer sich auch über Regeln informieren, einige der bevorzugten Spiele kennen lernen und einen Blick hinter die Kulissen des Spielbetriebs werfen möchte, kann an einer Tour der *Reno–Tahoe Gaming Academy,* 1313 S Virginia St, ✆ 775/329-5665, durch die großen Kasinos teilnehmen; $10.

Museen

Wer vom lärmenden Betrieb in den Kasinos genug hat, findet in den vielen Museen Renos die nötige Ruhe und Erholung.

Heirat (und Scheidung) in Reno

Es gibt drei Dinge, mit denen man sich in Reno die Zeit vertreiben kann – spielen, heiraten oder sich scheiden lassen.

Was das Heiraten betrifft, so müssen beide Partner in Nevada mindestens 18 Jahre alt sein (und dieses mit einem Ausweis nachweisen können), einen Eid leisten, dass sie noch nicht verheiratet sind, und dann vor den Richter im **Washoe County Court**, South Virginia St, Ecke Court St, ✆ 775/328-3275, treten. Hier wird für $50 das erforderliche Papier (die so genannte *marriage licence)* ausgestellt. Es gibt kaum Wartezeiten, auch ein Bluttest, in Kalifornien obligatorisch, ist nicht erforderlich. ⏲ tgl. 8–24 Uhr.

Die Eheschließung vollzieht der *Commissioner for Civil Marriages,* hinter dem Courthouse in der 195 S Sierra St, ✆ 775/328-3461, dafür sind noch einmal $50 fällig, und damit wäre die Sache auch schon erledigt. Wer das Ereignis etwas zeremonieller begehen möchte, findet zu diesem Zweck überall in der Stadt **Wedding Chapels**: *Heart of Reno,* 243 S Sierra St, ✆ 775/786-6882, gegenüber dem Gerichtsgebäude, ist gemäß dem Hausmotto „No Waiting, Just Drive In" die Adresse für Liebende mit knapp bemessener Zeit. Für rund $80–100 wird man hier im Handumdrehen durch einen pinkfarben, mit Plastikblumen geschmückten Salon geschleust.

Legt man noch etwas drauf, bekommt man Frack und Schleier und kann ein paar Gäste hinzubitten. Weitere Hochzeitskapellen sind z.B. die *Park Wedding Chapel,* 136 S Virginia St, ✆ 775/323-1770, und *Silver Bells Wedding Chapel,* 628 N Virginia St, ✆ 775/322-0420 oder 1-800/221-9336.

Sollte sich anschließend herausstellen, dass die Wahl des Partners doch etwas voreilig war, muss man allerdings sechs Wochen in Nevada verweilen, bevor man sich wieder scheiden lassen kann.

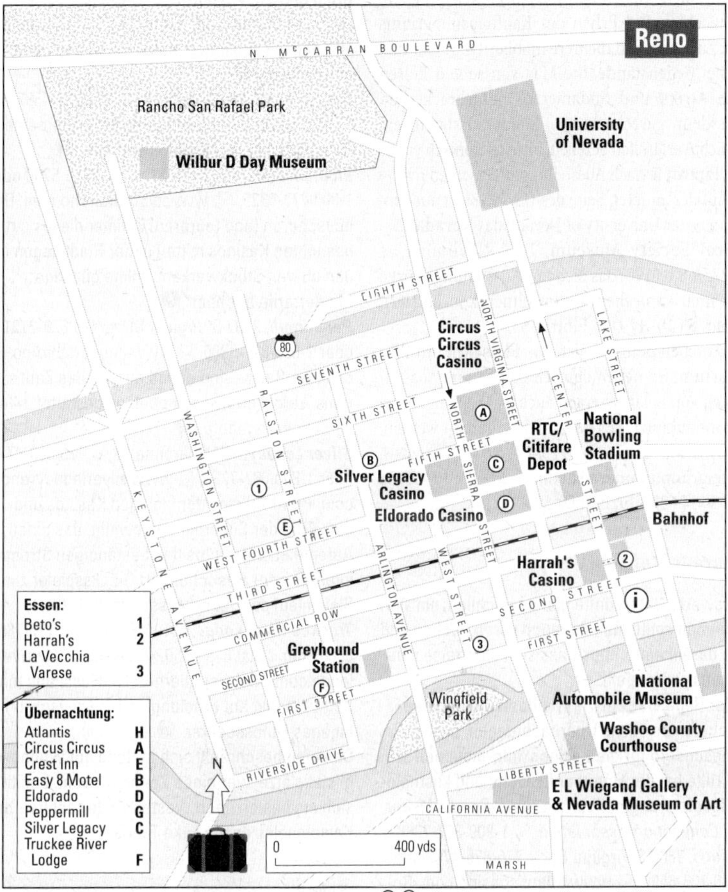

Ⓖ,Ⓗ, *alle anderen genannten Restaurants*

Das größte und bedeutendste ist das **National Automobile Museum (The Harrah Collection)**, Mill St, Ecke Lake St, ✆ 775/333-9300, 🖳 www.automuseum.org, in dem es die umfassendste öffentliche Ausstellung von Automobilen in der westlichen Hemisphäre zu sehen gibt. Mehr als 200 Oldtimer werden in kunstvoll ausgestatteten Straßenszenen aus verschiedenen Zeiten präsentiert. Allein der bloße Umfang der Sammlung ist beeindruckend. ⏲ Mo–Sa 9.30–17.30 Uhr, So 10–16 Uhr, Eintritt $8.

Kunstfreunde sollten sich die einfallsreichen Ausstellungen der **E. L. Weigand Gallery** und des **Nevada Museum of Art** ansehen, 160 W Liberty St, ✆ 775/329-3333, 🖳 www.nevadaart.org. ⏲ Di–So 10–17 Uhr, Eintritt $10.

Das kurioseste Sammelsurium zeigt das **Wilbur D. May Museum**, ✆ 775/785-5961, 🖳 www.maycenter.com, das am Rand des Rancho San Rafael Park, eine Meile nördlich von Downtown Reno, abseits der North Sierra Street liegt. Es dokumentiert das ereignisreiche Leben von Wilbur May (1898–

1982), einem Weltenbummler, Jäger, Kriegspiloten, Viehzüchter und Erben des Kaufhausimperiums May. Zu sehen sind mehrere möblierte Zimmer und allerlei Gegenstände, die May von seinen Reisen nach Afrika und Südamerika mitgebracht hat, außerdem wechselnde Sonderausstellungen. ⏲ nicht verlässlich geregelt, bitte telefonisch erfragen, Eintritt je nach Ausstellung unterschiedlich.

Auf der anderen Seite des US-395 steht auf dem Campus der University of Nevada das **Nevada Historical Society Museum**, 1650 N Virginia St, ✆ 775/688-1190, das sich auf Ausstellungsstücke der amerikanischen Ureinwohner konzentriert. ⏲ Mo–Sa 10–17 Uhr, Eintritt $3.

Daneben befindet sich das **Fleischmann Planetarium**, wo neben den Teleskopen und Ausstellungen von Solarsystemen auch 2–4x tgl. in einem Panoramakino OMNIMAX-Filme gezeigt werden, Information unter ✆ 775/784-4811, 💻 www.planetarium.unr.nevada.edu. ⏲ Mo–Fr 10–20, Sa und So 11–20 Uhr, Eintritt $8.

Übernachtung

Preiswerte Unterkünfte gibt es reichlich, am Wochenende sollte man dennoch vorab buchen und sich darauf einrichten, dass sich die Preise mindestens verdoppeln.

In der Regel beträgt der Mindestaufenthalt an Wochenenden zwei Übernachtungen, dies gilt insbesondere für die Kasinos. Informationen sowie Hilfe bei der Unterkunftssuche und kostenlose Reservierungen über die *Reno-Sparks Visitor and Convention Association*, ✆ 1-800-367-7366.

Atlantis, 3800 S Virginia St, ✆ 775/825-4700 oder 1-800/723-6500, 💻 www.atlantiscasino.com. Sowohl das Hotelbüffet als auch der hauseigene Coffeeshop und das Restaurant gelten angesichts ihrer Vielfalt und Qualität als die besten der Stadt. Sehr gut ausgestattete Zimmer zu einem Preis, der etwas niedriger als in vergleichbaren Kasinounterkünften in zentraler Lage ist, vor allem die Motelzimmer. ❸

Circus Circus, 500 N Sierra St, ✆ 775/329-0711 oder 1-800/648-5010, 💻 www.circusreno.com. Eines der größten und kitschigsten Kasinos, mit mehr als 1600 Zimmern, die dennoch überaus begehrt sind; zu besuchsschwächeren Zeiten sind online extrem günstige Tarife buchbar. ❷

Crest Inn, 525 W Fourth St, ✆ 775/329-0808, ✉ crestinn@aol.com. Einfaches Motel in zentraler Lage mit schlichter Ausstattung und niedrigen Preisen. ❶

Easy 8 Motel, 255 W Fifth St, ✆ 775/322-4587. Schlichtes und noch billigeres Motel, nur einen Steinwurf von den Kasinos entfernt. ❶

Eldorado, 345 N Virginia St, ✆ 775/786-5700 oder 1-800/777-5325, 💻. www.eldoradoreno.com. Die hübscheren (und teureren) Zimmer dieses gut besuchten Kasinos mitten in der Stadt liegen in den oberen Stockwerken. Online günstige Sondertarife buchbar. ❸

Peppermill, 2707 S Virginia St, ✆ 775/826-2121 oder 1-866/821-9996. 💻 www.peppermillreno.com. Großes Kasino etwas abseits des Zentrums, vergleichsweise nobel ausgestattet, häufig Sonderangebote. ❹

Silver Legacy, 407 N Virginia St, ✆ 775/329-4777 oder 1-800/687-7733, 💻 www.silverlegacyreno.com. Prunkvollstes der hiesigen Kasinos und dem Erbe der Silberminen geweiht, das einen Aufenthalt angesichts des beständigen Stroms interessierter Besucher und Glücksspieler zum Slalomlauf durch die Massen macht. ❸

Truckee River Lodge, 501 W First St, ✆ 775/786-8888 oder 1-800/635-8950, 💻 www.truckeeriverlodge.com. Nichtraucherhotel in Flussnähe mit Schwerpunkt auf Erholung und Freizeitsport. Eigenes Fitnesscenter. ❷

Camping beschränkt sich in Reno auf Wohnmobilstellplätze; wer einen Zeltplatz sucht, begibt sich am besten nach Westen zu den zahlreichen Campingplätzen am Lake Tahoe.

Essen

Die bevorzugte Kost von Touristen in Reno sind die *all you can eat buffets* der Kasino-Hotels, die z.T. sehr abwechslungsreich und lecker sind; die besten sind neben anderen Alternativen nachstehend aufgelistet.

BÜFFETS – ***Atlantis***, 3800 S Virginia St, ✆ 775/825-4700. Das leckere, große Büffet gilt zu Recht als eines der besten der Stadt. Das Kasino beherbergt außerdem das *Café Alfresco*, das Pizza aus dem Holzofen zu moderaten Preisen serviert, und das anspruchsvollere *Seafood Steakhouse*,

das neben ausgezeichneten Speisen und Weinen einen ebenso tadellosen Service bietet.
Circus Circus, 500 N Sierra St. Wer mehr aufs Geld als auf den Gaumen achtet, begibt sich hierher zum abendlichen Büffet für rund $10.
Harrah's, 219 N Center St, ✆ 775/786-3232. Üppig bestückt wie kein anderes Büffet der Stadt, auch eine ansprechende Auswahl asiatischer Speisen, für rund $13 an den meisten Tagen. Wer lieber à la carte speist, ist im *Café Napa* ebenfalls gut aufgehoben.

RESTAURANTS – ***Aloha Sushi***, 3338 Kietzke Lane, im Mervyns Shopping Center, ✆ 775/828-9611. Ein Stück südöstlich der zentral gelegenen Kasinos, bietet gutes Essen zu akzeptablen Preisen. Auf Dauer kann man sich nur schwer vom Büffet losreißen.
Bangkok Cuisine, 55 Mt Rose St, ✆ 775/322-0299. Gemütliches thailändisches Restaurant. Mittags preiswerte Tagesgerichte.
Beto's, 575 W 5th St, ✆ 775/324-0632. Ausgezeichnete, authentische mexikanische Speisen in Selbstbedienung. Sehr preiswert.
Einstein's Quantum Café, 6135 Lakeside Drive, nahe dem Virginia Lake Park, ✆ 775/825-6611. Preiswertes vegetarisches Café, das zu den Lieblingslokalen der Einheimischen zählt.
La Piñata, 1575 Vassar St, ✆ 775/323-3210. Anspruchsvolle mexikanische Küche in geräumigem Lokal. Tgl. Mittagsbüffet, Fr auch abends ein Büffet.
La Vecchia Varese, 130 West St, ✆ 775/322-7486. Schlichte Ausstattung und hervorragende italienische Gerichte zu moderaten Preisen.
S.S. Super Indian Restaurant, 1030 S Virginia St, ✆ 775/322-5577. Serviert primär nordindische Spezialitäten, tgl. Mittagsbüffet für $6.

Unterhaltung

Die Touristen beschränken ihren Unterhaltungsbedarf meist auf die in den **Kasinos** gebotenen Shows, gelegentlich richtet die Stadt jedoch auch ein Kunst- und/oder Musikfestival aus.
Reno Live, Sierra St, Ecke Second St, ✆ 775/329-1952, gut besuchter Veranstaltungsort und laut eigener Aussage der größte Nachtclub-Komplex Nevadas.
Patio Bar, 600 W 5th St, ✆ 775/323-6565, eine von diversen schwul-lesbischen Bars der Stadt, beliebt.
Ein umfassendes Verzeichnis enthält das kostenlose Wochenblatt *Reno News and Review*.

Sonstiges

AUTOVERMIETUNGEN – ***Alamo***, ✆ 775/323-7940 oder 1-800/327-9633, 💻 www.alamo.com, ***Avis***, ✆ 775/785-2727 oder 1-800/831-2837, 💻 www.avis.com, ***Thrifty***, ✆ 775/329-0096 oder 1-800/367-2277, 💻 www.thrifty.com; alle drei am Flughafen.

INFORMATIONEN – Das neue ***Visitor Center*** ist in der Reno Town Mall, 4001 S Virgina St, untergebracht, ✆ 775/827-7600 oder 1-800/367-7366, 💻 www.renolaketahoe.com, 🕒 Mo–Fr 8–17 Uhr. In der ***Chamber of Commerce***, 16. Stock, 1 E First St, ✆ 775/337-3030, 💻 www.reno-sparkschamber.org, sind ebenfalls Broschüren und Infos erhältlich sind, 🕒 Mo–Fr 8–17 Uhr.

TOUREN – Von Reno kann man im Rahmen einer organisierten Tour auch den nahe gelegenen **Lake Tahoe** besuchen.
Tahoe Casino Express, ✆ 1-800/446-6128 oder 785-2424, fährt 14x tgl. vom Flughafen zu den Kasinos nach Stateline (einfache Fahrt $17).
Gray Line, ✆ 331-1147, tgl. Rundfahrten um den See mit Aufenthalt in Virginia City.

Transport

BUSSE – *Greyhound*-Busse fahren 5x tgl. nach LAS VEGAS (17–19 Std.), 6x tgl. nach L.A. (10 1/2–13 3/4 Std.), 9x tgl. nach SAN FRANCISCO (5–7 1/2 Std.) via SACRAMENTO (2 3/4–3 3/4 Std.). Die Busse halten am Terminal in der 155 Stevenson St, ebenso der tgl. verkehrende Bus von *KT Services*, ✆ 775/945-2282, nach Las Vegas und PHOENIX.
Außerdem fahren ab **Reno Airport** 14x tgl. *Tahoe Casino Express*-Busse nach STATELINE (1 1/2 Std.). Der *No Stress Express*, ✆ 1-800/426-5644, 💻 www.nostressexpress.com, vom Flughafen nach CARSON CITY kann im Voraus reserviert werden; einfache Fahrt $38.

EISENBAHN – *Amtrak*-Züge halten im Zentrum in der 135 Commercial Row (ebenso die *Thruway*-Busse aus Sacramento) und fahren je 1x tgl. nach OAKLAND/EMERYVILLE (7 1/2 Std.), SACRAMENTO (5 Std.) und TRUCKEE (1 Std.).

FLÜGE – Der Cannon International Airport, ✆ 775/328-6400, 🖳 www.renoairport.com, wird von den meisten Inlandsgesellschaften angeflogen. **Flughafentransport**: Bus Nr. 13 von *RTC/Citifare*, ✆ 775/348-0480, 🖳 www.citifare.com, legt die 20-minütige Fahrt zwischen den Terminals und der Innenstadt von Reno tgl. zwischen 6 und 1 Uhr zurück; $1,50 einfach, Tageskarte $4. Vom dortigen innerstädtischen Citicenter bestehen zahlreiche Anschlussmöglichkeiten mit Bussen dieser Gesellschaft zu anderen Zielorten.

Carson City

Von Reno verläuft der Hwy-395 entlang der zerklüfteten Bergspitzen der High Sierra, am Mono Lake, Mount Whitney und Death Valley vorbei nach Süden. Nur 30 Meilen südlich von Reno liegt Carson City, die Hauptstadt Nevadas, wo der Hwy-395 auf dem Weg durch die Stadt kurzzeitig zur Carson Street wird. Verglichen mit Reno ist es eine Kleinstadt, und abgesehen von den zahlreichen Fastfood-Läden, Supermärkten und Autohändlern, die das Zentrum prägen, gibt es auch zahlreiche elegante Gebäude, hervorragende historische Museen und drei etwas lustlose Kasinos, in denen sich in erster Linie alte Damen aufhalten, die ihre *quarters* gleich eimerweise mitbringen.

Carson City wurde nach dem Pionier und Entdecker Kit Carson benannt, und in der Stadt herrscht auch heute noch etwas Wildwest-Atmosphäre. Das **Nevada State Museum & Mint**, 600 Carson, ✆ 775/687-4810, bietet einen guten Einstieg. Es ist in einem Sandsteingebäude untergebracht, das während des amerikanischen Sezessionskrieges als Münze errichtet wurde. Eine Ausstellung informiert über Geologie und Natur der Wüste des Great Basin, von der Urzeit bis in die unruhigen 60er Jahre des 19. Jhs., als die Silberminen der nahe gelegenen Comstock Lode noch in Betrieb waren. Es gibt zahlreiche alte Gewehre und allerlei Utensilien, außerdem eine rekonstruierte Ghosttown, von der man durch einen Tunnel Zugang zum Nachbau eines Bergwerks hat. Anschaulich wird vorgeführt, unter welchen Bedingungen die Bergleute damals arbeiten mussten. Das neue North Building beherbergt die Ausstellung *Under One Sky*, die sich um Cowboys, Indianer und Naturkunde dreht und interaktive Lernspiele für Kinder bietet. ◷ tgl. 8.30–16.30 Uhr, Eintritt $3.

Vier Blocks vom Museum entfernt steht auf der gegenüberliegenden Seite der Carson St das sehr schön restaurierte, über 120 Jahre alte **State Capitol**. Ein Besuch lohnt sich der ausgeklügelten neoklassizistischen Architektur und der Ausstellungsstücke im Obergeschoss wegen, die die Geschichte Nevadas erzählen. ◷ tgl. 9–17 Uhr, Eintritt frei. Nur einen Steinwurf vom *Visitor Center* (s.u.) entfernt liegt das **Nevada State Railway Museum**, 2180 S Carson St, ✆ 775/687-6953, in dem liebevoll restaurierte Lokomotiven und Waggons ausgestellt sind. ◷ tgl. 8.30–16.30 Uhr, Eintritt $2.

Übernachtung und Essen

Es gibt ein paar preiswerte Motels, die eine gute Alternative zum teuren Lake Tahoe darstellen, z.B.:

Nugget Motel & Inn, 651 N Stewart St, hinter dem *Nugget Casino*, ✆ 775/882-7711, 🖳 www.nuggetmotel.com. ❷

Plaza Hotel, 801 S Carson St, ✆ 775/883-9500 oder 1-888/227-1499, 🖳 www.carsoncityplaza.com, nicht weit vom Capitol und ein bisschen freundlicher. ❸

Piñon Plaza Resort Hotel and Casino, 2171 Hwy-50, ✆ 775/885-9000, 🖳 www.pinonplaza.com. Ein relativ komfortabler Ableger von *Best Western*, etwas außerhalb. ❹

Heidi's Family Restaurant, 1020 N Carson St, ✆ 775/882-0486. Großzügige Frühstücks- und Mittagsgerichte.

Howlin' Good BBQ & Grill, 1701 N Carson St, ✆ 775/885-2248. Einfache Gerichte.

Whiskey Creek Steakhouse & Saloon, im Pinon Plaza Resort, ✆ 775/885-9000, bietet etwas mehr Atmosphäre.

Informationen

Convention and Visitors Bureau, 1900 S Carson St, am südlichen Ende der Stadt, ✆ 775/687-7410 oder 1-800/638-2321, 💻 www.visitcarsoncity.com. 🕒 Mo–Fr 9–16, Sa und So 9–15 Uhr. Hier gibt es u.a. die *Kit Carson Trail Map* für Stadtrundgänge ($2,50).

Transport

Greyhound-Busse halten vor dem *Frontier Motel* in der N Carson Street.
Amtrak Thruway-Busse aus SACRAMENTO und SOUTH LAKE TAHOE halten vor dem *Nugget Casino* an der Kreuzung der Robinson und Carson Street. Der *No Stress Express*, ✆ 1-800/426-5644, vom Flughafen RENO nach Carson City (einfache Fahrt $38) kann im Voraus reserviert werden.

Virginia City

Ein großer Teil des Reichtums, der zur Entwicklung von Carson City beitrug, kam aus den Silberminen der Comstock Lode, einer sehr ergiebigen, puren Silberader, die 1859 unterhalb des Mount Hamilton, 14 Meilen östlich von Carson City (heute nahe dem US-50) entdeckt wurde. Schon bald danach entstand an den steilen Hängen oberhalb der Silberminen die raue Minenstadt Virginia City, die zum Höhepunkt des Silberbooms 30 000 Einwohner zählte.

Mark Twain

In den 60er Jahren des 19. Jhs. machte sich ein junger Schriftsteller namens Samuel Clemens mit seinem älteren Bruder, der zum Gouverneur von Nevada ernannt worden war, auf den Weg nach Westen. Clemens' Beschreibungen des wilden Lebens in und um die Minen sollten Jahre später unter dem Pseudonym Mark Twain veröffentlicht werden. Obwohl Twain auch einige Zeit in den Goldrauschstädten jenseits der Sierra verbrachte, wo die Minen zum Zeitpunkt seines Eintreffens bereits erschöpft waren, sind es seine urkomischen Augenzeugenberichte von der hart arbeitenden und ebenso hart trinkenden Bevölkerung von Virginia City – versammelt in dem Band *Roughing It* (dt. Durch dick und dünn) –, die heute den besten Eindruck vom Minenalltag dieser Jahre vermitteln.

Im Opernhaus wurde der Reichtum zur Schau gestellt, in den zahllosen Saloons, Opiumhöhlen und Bordellen wurde er wieder verjubelt. Die Minenarbeiter haben die Stadt zwar vor langer Zeit verlassen, doch Virginia City beutet immer noch eine reiche Ader aus, und zwar eine, die direkt durch die Brieftaschen der Reisegruppenteilnehmer verläuft, die per Busladungen von Reno hergekarrt werden. Trotz der vielen Besucher verströmt Virginia City ein authentisches Flair, das selbst den geschichtsträchtigsten Minenstädten Kaliforniens mitunter fehlt. Vielleicht ist es die Lage des Ortes inmitten der kargen Wüste Nevadas, die in scharfem Kontrast zur abwechslungsreichen Landschaft des kalifornischen Gold Country steht, oder die leuchtend bunte Werbung, die Touristen in die vielen eigenwilligen Museen lockt. Vielleicht ist es aber auch nur der raue Charme, der fast jeden Besucher gefangen nimmt. Auf jeden Fall ist es schwer, sich der Wildwest-Atmosphäre zu entziehen. Nicht jeder hier ist jedoch auf der Suche nach Goldrausch-Nostalgie – viele kommen wegen der legalen Bordelle, einem weiteren Relikt aus der Pionierzeit der Stadt.

Von größerem historischen Interesse sind das **Mackay Mansion Museum**, 129 South D St, ✆ 775/847-0173, 🕒 tgl. 11–18 Uhr, Eintritt $4, und **The Castle**, 70 South B St, ✆ 775/847-0766, 🕒 tgl. Ende Mai–Mitte Okt 11–17 Uhr, Eintritt $4; beide in originalgetreu erhaltenen Wohnhäusern aus den 60er Jahren des 19. Jhs. untergebracht. Ebenfalls besuchenswert ist das **Nevada Gambling Museum**, 50 South C St, ✆ 775/847-9022, mit seinem alten Roulette-Rad und anderen Spielsalon-Utensilien vergangener Zeiten; 🕒 April–Sept tgl. 10–18, Okt–März 10–17 Uhr, Eintritt $2. Einen Blick lohnt auch der im Glanz vergangener Tage eingerichteten *Bucket of Blood Saloon*, 1 South C St.

Die Stimmung jener „wilden" Jahre sowie das heutige Bestreben, sie in klingende Münze zu verwandeln, vereint das **The Way It Was Museum**, 113 North C St, ✆ 775/847-0766. Es bietet eine Sammlung von Minengerätschaften, seltenen Fotos und Landkarten sowie einen bestens sortierten Souvenirladen. 🕒 tgl. 10–18 Uhr, Eintritt $3.

Übernachtung und Essen

Im Ort gibt es einige passable Unterkünfte, allerdings keine großen Resorts wie in Reno.

Comstock Lodge, 875 South C St, ✆ 775/847-0233, ist ähnlich. ❷

Chollar Mansion B&B, 565 South D St, ✆ 775/847-9777, eine modernisierte Villa, Baujahr 1861, bietet mehr Komfort und bessere Einrichtungen. ❹

Silver Queen, 28 North C St, ✆ 775/847-0468, an der Hauptstraße. Schlicht und preiswert. ❷

Mandarin Garden, 30 North B St, ✆ 775/847-9288, gute chinesische Gerichte, Terrasse mit schöner Aussicht.

Old Washoe Club, 112 South C St, ✆ 775/847-7210, billigeres Kneipenessen im angeblich ältesten Saloon im Ort.

Sonstiges

INFORMATIONEN – ***Chamber of Commerce,*** Taylor St, Ecke North C Street, ✆ 775/847-0311, 💻 www.virginiacity-nv.org, hat neben Broschüren auch eine Karte für einen Rundgang durch den Ort. 🕓 tgl. 10–16 Uhr.

TOUREN – Die 35-minütige Zugfahrt (Rückfahrkarte $6) vom Ortszentrum mit der **Virginia & Truckee Railroad** führt auf kurzer, knapp über eine Meile langer Strecke hoch ins nahezu ausgestorbene **Gold Hill**, das im Wesentlichen aus dem gleichnamigen Hotel (❸), Restaurant und Wirtshaus, ✆ 775/847-0111, besteht. Es ist Nevadas ältestes Hotel, preiswert, aber stilvoll und managt auch ein halbes Dutzend kostspieligerer Unterkünfte in Wohnhäusern ehemaliger Goldsucher in allen möglichen Ecken des winzigen Städtchens.

Genoa

Genoa, südlich von Carson City im Carson Valley gelegen, ist die älteste Siedlung Nevadas und nicht ganz so stark von Touristen überrannt wie Virginia City. Der Ort versprüht ebenfalls einen Wildwest-Charme. Hauptattraktion ist die kuriose **Mormon Station**, 2295 Main St, ✆ 775/782-2590, eine Nachbildung des einstigen Handelsposten und Forts, das hier 1851 errichtet wurde. 🕓 tgl. Mitte Mai–Mitte Okt 9–17 Uhr, Eintritt frei. Anregungen zu Rundgängen durch den Ort sind am Informationsschalter im **Genoa Courthouse**, 2304 Main St, ✆ 775/782-4325, erhältlich, 🕓 tgl. Mitte Mai–Mitte Okt 10–17 Uhr, Eintritt $3.

Übernachtung und Essen

The Legend Country Inn, 2292 Main St, ✆ 775/783-0906, 💻 www.legendcountryinn.com, Teil eines neuen, in Übereinstimmung mit der Originalarchitektur errichteten Komplexes, beherbergt recht komfortable Zimmer. ❻

Ein beliebter Treffpunkt der Einheimischen ist bis heute die ***Genoa Bar***, 2282 Main St, ✆ 775/782-3870, laut Eigenwerbung die älteste durchgehend bewirtschaftete Schänke Nevadas.

Nordkalifornien

Weinproben im beschaulichen **Russian River Valley**

Der malerische Küstenort **Mendocino**

Die herrlichen Ausblicke vom **Klamath Overlook** auf die zerklüftete Küste

Der Lassen Volcanic NP mit seiner imposanten Vulkanlandschaft, den klaren Bergseen und brodelnden Tümpeln

Skifahren oder Wandern am mystischen **Mount Shasta**

Der Norden Kaliforniens, ein riesiges Gebiet von mehr als 400 Meilen Länge und 300 Meilen Breite, nimmt ungefähr ein Drittel der Fläche des Bundesstaates ein und unterscheidet sich mit seiner zerklüfteten Landschaft erheblich vom urbanen Süden. Es ist eine ungewöhnliche Region in einem ungewöhnlichen Bundesstaat, die Vulkane neben Weinbergen, nebelverhangene Sequoien-Wälder neben dürstenden Olivenhainen, Holzfäller neben Umweltschützern und Legenden um Bigfoot neben Filmen über Ewoks versammelt.

Die Bewohner Nordkaliforniens sind erdverbunden, und der Ackerbau bestimmt nicht nur die Wirtschaft, sondern auch die Landschaft. Seit jeher spielen auch die Holzwirtschaft, die Fischerei und die Viehzucht eine nicht unbedeutende Rolle (die ersten beiden Erwerbszweige allerdings in immer geringerem Maße), daneben sorgen die ungebändigte, wilde Pazifikküste und verlässliche Regenfälle im so genannten „Emerald Triangle“ für eine einträgliche Ernte der Marihuana-Bauern.

Mit nur zwei größeren Highways und ohne große Städte hat die Region mehr mit Oregon und Washington gemein als mit Los Angeles oder San Francisco. Aus diesem Bewusstsein heraus rumort in den Köpfen der Nordkalifornier seit langem die Idee, einen eigenen Staat zu bilden. Tatsächlich hatte man in der Nähe des Mount Shasta bereits 1941 den Antrag formuliert, einen Staat mit Namen Jefferson zu gründen. Unglücklicherweise wurde zwei Tage später Pearl Harbor von Japan angegriffen, was die Energien auf den Krieg lenkte.

Die Weinanbaugebiete nördlich der Bay Area sind die ersten – und für viele die einzigen – Reiseziele in Nordkalifornien, obwohl sie keineswegs typisch für die Region sind. An den Hängen der etwa 30 Meilen langen Täler von **Napa** und **Sonoma** liegen die extrem teuren Grundstücke der großen Weinbarone Kaliforniens. Napa ist ein Synonym für Luxus und hochkarätige Jahrgänge, während Sonoma ein rustikaleres Image und eine interessante Geschichte hat. Eine weitere Weinregion ist die Nordwestecke des Sonoma County um den **Russian River** und seine Nebenflüsschen, wo sechs verschiedene Rebsorten angebaut werden und sich einige Urlaubsorte befinden. Ein Newcomer ist das weiter nördlich und näher zur Küste gelegene **Anderson Valley** im Mendocino County. Eine längere Weintour kann darüber hinaus die Region um den **Clear Lake** nördlich des eigentlichen Wine Country einschließen.

Die Küste ist ohne Frage die ansprechendste Landschaft Nordkaliforniens. Über 400 Meilen ziehen sich schroffe, zum Teil dicht bewaldete Klippen vom Marin County bis zur Grenze Oregons hin. Die Landschaft ist auf den ersten Blick nicht sehr abwechslungsreich, aber wer sich etwas Zeit nimmt, erkennt bald deutliche Unterschiede zwischen den adretten Bungalows am Strand von Sonoma, der eleganten Küste von **Mendocino** und den großen forstwirtschaftlich genutzten Waldgebieten im nördlichen **Humboldt**. In dieser dünn besiedelten nebelverhangenen Region sind die über 2000 Jahre alten und über 100 m hohen Redwood-Bäume die große Attraktion. Im Sommer bevölkern Camper und Wanderer den **Redwood National Park**, der sich bis zum Del Norte County im äußersten Nordwesten Kaliforniens erstreckt. Außerhalb der Saison ist es allerdings idyllisch, und wem wieder nach Stadtluft zumute ist, der kann z.B. nach **Arcata** fahren.

Das Landesinnere – eine bezaubernde Region, deren Atmosphäre und schlichte Größe immer wieder faszinieren – ist noch dünner besiedelt als die Küste. Der I-5 führt mitten durch das **Sacramento Valley** nach Norden zur Bergkette der **Shasta Cascades**, einer einsamen Landschaft mit riesigen Seen und einem abschreckenden Klima.

Im Winter sind viele Gebiete eingeschneit, was sicherlich dazu beigetragen hat, dass der Handel wärmere Städte im Süden bevorzugt, vor allem **Redding**, Verkehrsknotenpunkt und größte Siedlung der Gegend. Die Stadt lockt mit einem exzellenten Museum und einer spektakulären neuen Brücke, bietet sich aber vor allem als Ausgangspunkt für die Erkundung der umliegenden Gebiete an, wie z.B. der **Whiskeytown-Shasta-Trinity National Recreation Area**, des **Lassen Volcanic National Park**, des **McArthur-Burney Falls State Park** und der weiter nördlich gelegenen Eisenbahnstädte im Schatten des gewaltigen **Mount Shasta**.

Wer sich die Mühe macht, das **Lava Beds National Monument** im Norden des Landesinneren aufzusuchen, wird mit einer gespenstischen Mondkraterlandschaft belohnt. Im Gegensatz zum Wine Country und zur Küste sind Touristen den Einheimischen der gesamten Shasta Cascades-Region

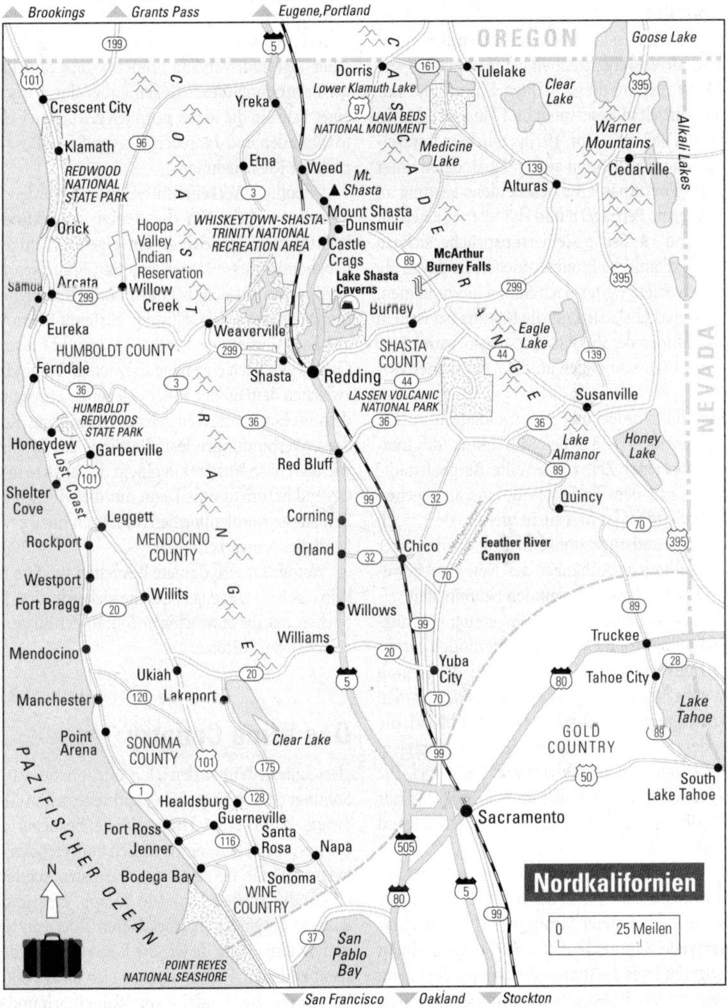

durchaus willkommen, und in den Visitor Centers nimmt man sich Zeit, um die vielen Freizeitmöglichkeiten zu erläutern. Gemessen an den sonst in Kalifornien üblichen Preisen sind Unterkunft und Verpflegung günstig, zudem kommt man mit dem Auto auf dem guten Highway-Netz – ein Nebenprodukt der Holzindustrie – leicht voran. Im Sommer reisen viele Besucher in die Region, aber angesichts der enormen Weite der Wälder und der unzähligen Seen, Wasserfälle, Parks und Vogelschutzgebiete ist es kein Problem, den Massen zu entfliehen. Während der Wintermonate kann sich sogar das Gefühl einstellen, man sei mutterseelenallein in der Gegend unterwegs.

Geschichte

Wie überall waren auch hier die ersten Bewohner Indianer, deren Vergangenheit heute so gut wie vergessen ist. Relikte dieser frühen Kultur sind nur noch vereinzelt in Reservaten und Museen erhalten geblieben. Viel später, im 19. Jh., tauchten kurzzeitig Russen in der Region auf und gründeten unter anderem **Fort Ross**, eine bescheidene Festung an der Küste, die Pelzjägern und -händlern Sicherheit bieten und russische Gebietsansprüche sichern sollte. Mexikanische Eroberer hielten sie davon ab, ihre Jagdgebiete weiter nach Süden auszudehnen. Da die Unterhaltskosten für die Festung bei weitem die Einnahmen der Russen überstiegen, wurde Fort Ross um 1840 schließlich an die Amerikaner verkauft.

Erst die Entdeckung von Goldadern rückte Nordkalifornien 1848 in den Mittelpunkt des Interesses. Von jener Zeit zeugen alte Bergbaustädtchen, die mit dem Ende des Booms aufgegeben wurden. Seitdem ist hier nicht viel passiert, doch niedrige Grundstückspreise lockten in den 80er Jahren zahlreiche Anhänger der New-Age-Bewegung in den Norden, der mit den Schönheiten seiner Landschaft eine perfekte Umgebung für ganzheitliche Philosophien und Heilmethoden bietet. Auch Hollywood ist von den Reizen der Region nicht unbeeindruckt geblieben und hat den Norden als kostengünstige Kulisse für Filme entdeckt, die an anderen Orten und zu anderen Zeiten spielen. *Robin Hood, Vom Winde verweht, Die Vögel, Die Rückkehr der Jedi-Ritter* oder *Jurassic Park* sind nur einige der Streifen, die in dieser schönen Gegend gedreht wurden.

In den letzten Jahren führte der steile Anstieg der Grundstückspreise in der Bay Area dazu, dass ein kleiner, aber steter Strom von Menschen, darunter viele Rentner, auf der Suche nach einem günstigeren Preis-Leistungs-Verhältnis oder einem geräumigen Zweitwohnsitz nach Norden zog. Viele Alteingesessene fürchten nun, dass dieser Bauboom das Land, und insbesondere die Küste, verschandeln wird.

Die Küstenkommission hält die Bauwut jedoch auf einem denkbar niedrigen Niveau, und die Farmer haben zumindest bislang der Versuchung widerstanden, ihr Land in größerem Maßstab zu verkaufen.

Transport

Die meisten Leute besuchen das Wine Country auf einer Tagestour von San Francisco aus. Man kann die Erkundung dieser Gegend aber durchaus mit einer Fahrt in die weiter nördlich gelegenen Gebiete verbinden und dann den Bus von Santa Rosa zurück zur Küste nehmen.

Öffentliche Verkehrsmittel sind im Norden Kaliforniens selten. Um die Region zu erkunden, braucht man unbedingt ein eigenes Fahrzeug. Greyhound-Busse fahren von San Francisco und Sacramento auf dem I-5 nach Chico, Redding und Mount Shasta sowie auf dem küstennäheren US-101 nach Garberville, Eureka, Arcata und Crescent-City. Es gibt auch eine neue *Greyhound*-Verbindung zwischen dem an der Küste gelegenen Eureka und dem im Landesinneren gelegenen Redding. Keine dieser Verbindungen löst allerdings das Problem, wie man nach Ankunft in einem dieser Orte in der Gegend herumkommt. Denn nur die wirklich großen Städte Nordkaliforniens verfügen über ein öffentliches Nahverkehrsnetz.

Wer einsamere Gebiete besuchen möchte und kein eigenes Fahrzeug hat, sollte vielleicht eine Tour buchen, z.B. die einwöchigen Touren der Busgesellschaft Green Tortoise.

Das Wine Country

„Der kälteste Winter, den ich je erlebt habe, war ein Sommer in San Francisco", spöttelte schon Mark Twain. Wie dieser ertragen viele Besucher San Franciscos nur schwer die täglich auftretenden Nebel und Winde, die selbst den wärmsten Augusttag empfindlich abkühlen. Die knapp einstündige Fahrt in die goldenen, trockeneren Täler von Napa und Sonoma kann da wie die Reise in ein anderes Land anmuten. Hier erstrecken sich auf 12 000 ha Weinberge, die Hunderte von Weingütern und die dazugehörige Kundschaft versorgen. Die Gegend gilt als das Herz der amerikanischen Weinproduktion, ist aber nicht der Haupterzeuger. Tatsächlich stammen weniger als 5% der kalifornischen Weine von hier – dafür zählen sie aber zu den besten.

Die Region ist eine der wohlhabendsten und provinziellsten Landstriche Amerikas, ein Umstand, der einen steten Strom von Touristen zur Folge hat. Es gibt unzählige B&Bs und Ferienhotels,

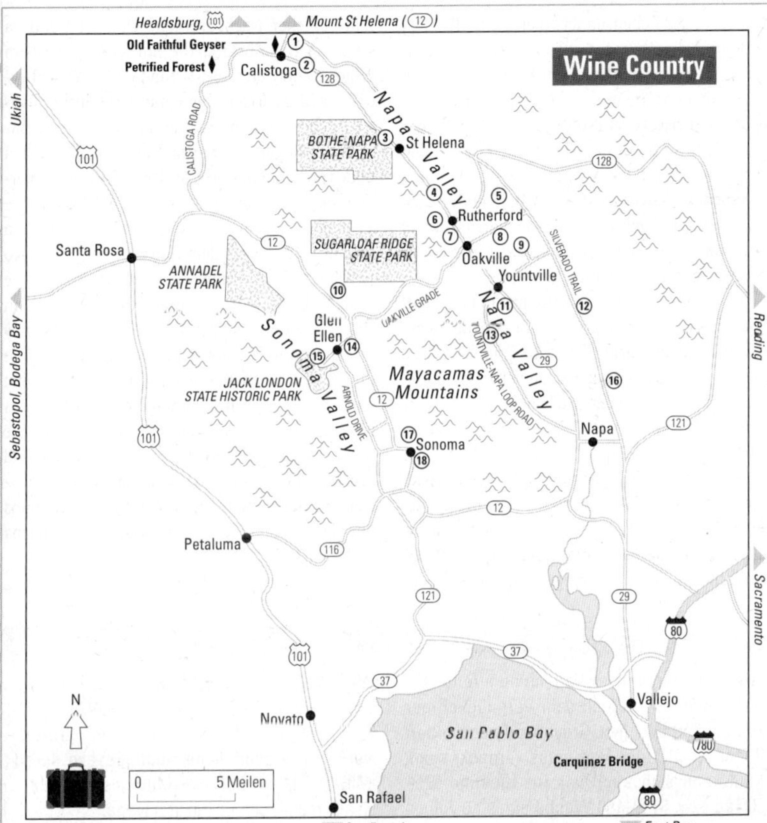

Weingüter im Napa Valley:				Weingüter im Sonoma Valley:	
Beringer Vineyards	3	Napa Wine Company	7	Bartholomew Park Winery	17
Chateau Montelena	1	Niebaum-Coppola Estate Winery & Vineyards	6	Benziger Family Winery	15
Clos Pégase	2	Robert Mondavi	7	Buena Vista Winery	17
Darioush	16	Silver Oak Cellars	8	Chateau St Jean	10
Domaine Chandon	11	Stag's Leap Wine Cellars	12	Gundlach-Bundschu	18
Goosecross	9	Sterling Vineyards	2	Mayo Family Winery	14
The Hess Collection	13	V. Sattui	4	Ravenswood	17
Mumm Napa Valley	5			Sebastiani Vineyards & Winery	17

und der Tourismus macht der Weinproduktion als führendem Wirtschaftszweig im Wine Country Konkurrenz. Während der Hochsaison von März bis Oktober ist oft mit verstopften Straßen und ausgebuchten Unterkünften zu rechnen, auch bei den Weinproben auf den beliebteren Gütern herrscht dann Massenandrang.

Fast alle Weingüter der Region bieten Führungen und Weinproben an, in der Regel gegen eine geringe Gebühr (meist um $5); erlesene Tropfen etablierter Weingüter kosten allerdings erheblich mehr. Neben Art und Geschmack der Trauben unterscheiden sich die Weingüter auch in ihrem Angebot für Besucher. Einige erläutern ausführlich den Anbau der Reben, andere bieten eine Traktorfahrt durch die Weinberge an, und manche erfreuen ihre Gäste mit großzügigen Kostproben. Nach der Traubenpresse im Oktober sinken die Übernachtungspreise, zudem sind dann weniger Touristen vor Ort, so dass man sich mehr Zeit bei den Weinproben lassen kann.

Neben dem Wein lockt das Wine Country auch mit seiner reizvollen Natur. Zwischen dem Valley of the Moon und Mount St. Helena findet man einige der schönsten Landschaften Kaliforniens.

In und um **Napa** ist nichts billig, und die Stadt bietet sich kaum für einen längeren Aufenthalt an, es sei denn, man möchte den Wine Train besteigen. Anders verhält es sich bei den kleineren Orten weiter nördlich, insbesondere **St. Helena**, die ihre verträumte Atmosphäre weitgehend bewahrt haben. **Calistoga** am Ende des Tals ist berühmt für seine heißen Quellen, Massagen und Bäder. Westlich der Mayacamas Mountains erstrecken sich die kleineren, entlegeneren Weingüter des **Sonoma Valley**, das unverfälschtere Natureindrücke bietet und sowohl schöner als auch weniger überlaufen ist als sein östlicher Nachbar Napa. Der Ort **Sonoma** selbst ist mit Abstand die hübscheste Stadt im Wine Country und besitzt rund um seine gepflegte Plaza im Zentrum eine Reihe ansehnlicher Bauten aus der Missionsära. Das einzige urbane Zentrum der Region ist **Santa Rosa** am nördlichen Ende von Sonoma Valley. Außer preiswerten Unterkünften gibt es dort nichts Bemerkenswertes.

Sind die Straßen frei, ist das Wine Country in ca. einer Stunde mit dem Auto von San Francisco aus zu erreichen – entweder über die Golden Gate Bridge, durch Marin County und entlang dem Hwy-101 oder von der East Bay über die Bay Bridge und weiter auf dem I-80. Um die Region führen gute Straßen, so dass sich eine Rundfahrt durch beide Täler im Rahmen eines Tagesausflugs bewerkstelligen lässt. Nicht schlecht ist es dabei, die Route gegen den Verkehrsfluss zu wählen und zuerst Sonoma, Glen Ellen und Santa Rosa anzusteuern, bevor man die Mayacamas Mountains überquert und weiter nach Calistoga, St. Helena und Napa fährt.

Mit dem Fahrrad durch das Wine Country

Wer nicht den ganzen Tag mit dem Auto fahren möchte, kann sich sehr vergnüglich per Zweirad fortbewegen. Greyhound transportiert Räder für $10 (das Rad muss verpackt sein). Man kann sich auch vor Ort für rund $25–30/Tag bzw. $120–150/Woche eines ausleihen (s.u.). Beide Täler sind im Allgemeinen ziemlich flach, aber die Bergrücken, die zwischen ihnen liegen, sind selbst für erfahrene Radler eine harte Prüfung. Wenn die Hauptstraßen zu stark befahren sind, was meist an Sommerwochenenden der Fall ist, kann man es mit den kleineren Parallelstraßen versuchen: dem **Silverado Trail** im Napa Valley und dem ebenso schönen **Arnold Drive** im Sonoma Valley. Wer Bergtouren liebt: Der **Oakville Grade** zwischen Oakville (Napa Valley) und Glen Ellen (Sonoma Valley) diente schon als Teststrecke für die Weltbesten. Über empfehlenswerte Routen informiert der *Santa Rosa Cycling Club*, ✆ 707/544-4803, 💻 www.srcc.com. Es gibt organisierte Radtouren, bei denen das gesamte Equipment vom Veranstalter gestellt wird.

Napa Valley Bike Tours, 4080 Byway East, Napa, ✆ 707/255-3377 oder 1-800/707-2453, 💻 www.napavalleybiketours.com, Fahrradverleih und gemütliche Ausflüge – in deren Mittelpunkt ein Gourmet-Mittagessen steht – in alle möglichen Ecken von Napa.

Getaway Bike Shop / Getaway Adventures, 1117 Lincoln Ave, Calistoga, ✆ 707/942-0332 oder 1-800/499-2453, und 2228 North Point Parkway, Santa Rosa, ✆ 707/568-3040, 💻 www.getawayadventures.com, veranstaltet unterschiedlich lange Touren.

St. Helena Cyclery, 1156 Main St, St. Helena, ✆ 707/963-7736, 💻 www.sthelenacyclery.com.

Sonoma Cyclery, 20093 Broadway, Sonoma, ✆ 707/935-3377, 💻 www.sonomavalleycyclery.com.

Backroads Bicycle Tours, 801 Cedar St, Berkeley, ✆ 510/527-1555 oder 1-800/462-2848, 💻 www.backroads.com, führt an den meisten Wochenenden anstrengendere (und ziemlich teure) Radtouren mit Übernachtung durch. 🕒 Mo–Fr 7–17, Sa 9–15 Uhr.

Touren

BUSTOUREN – ***Gray Line***, 415/558-9400, www.grayline.com, bietet ab San Francisco Bustouren durch das Wine Country, Teilnahme $70, Abfahrt am Transbay Terminal um 9 Uhr. Der Ausflug führt durch beide Täler und beinhaltet den Besuch von drei Kellereien, darunter Sebastiani in Downtown Sonoma und Sutter Home in St. Helena, sowie eine Mittagspause in Calistoga.

Blue and Gold Fleet, 415/773-1188, www.blueandgoldfleet.com, bietet neben Fähren nach Vallejo auch eine Bustour ins Wine Country ab Pier 43 in San Francisco (tgl. 9.15 Uhr, $57).

EISENBAHN – Der aus restaurierten Pullman-Waggons der 50er Jahre bestehende ***Wine Train***, 707/253-2111 oder 1-800/427-4124, www.winetrain.com, fährt vom Bahnhof Napa, 1275 McKinstry St, durchs Tal nach ST. HELENA mit Zwischenstopp an der Kellerei der Grgich Hills Winery – eine landschaftlich reizvolle Strecke. Die Zugfahrt ist jedoch eher als angenehmes gastronomisches Erlebnis für ältere Reisende konzipiert. Dauer 3 Std.; $40, inkl. Essen $65–140.

BALLONFAHRTEN – Die aufregendste Art, die Region zu sehen, ist eine Fahrt im Heißluftballon, die 60–90 Min. dauert und stolze $200 p.P. kostet. In der Regel empfiehlt es sich, eine Woche im Voraus zu reservieren, insbesondere im Sommer. In Anbetracht der steigenden Anbieterzahl haben aber auch Kurzentschlossene eventuell eine Chance.

Napa Valley Balloons, 707/253-2224 oder 1-800/253-2224, www.napavalleyballoons.com, der etablierteste Anbieter, hebt in Yountville ab.

Balloons Above The Valley, 707/253-2222 oder 1-800/464-6824, www.balloonrides.com, in Napa.

Sonoma County's Air Flambuoyant, 707/838-8500 oder 1-800/456-471, in Santa Rosa, schickt kleinere Gruppen (2–8 Personen) in die Luft.

Transport

Da sich die Orte von Interesse über ein relativ ausgedehntes Gebiet verteilen, empfiehlt sich ein eigenes Fahrzeug.

BUSSE – Die Transportmöglichkeiten mit dem Bus sind sehr begrenzt; nähere Auskünfte erteilen *Golden Gate Transit*, 415/923-2000 oder 707/541-2000, www.goldengate.org, *Greyhound*, 1-800/231-2222, www.greyhound.com, *Sonoma County Transit*, 707/576-7433 oder 1-800/345-7433, www.sctransit.com, und *Mendocino Transit Authority*, 707/462-1422 oder 1-800/696-4682, www.4mta.org.

Außerdem gibt es den *Sonoma Airporter*, 1-800/611-4246 oder 707/938-4246, www.sonomaairporter.com, der 6x tgl. in 1 Std. für $35 vom SAN FRANCISCO AIRPORT zur Sonoma City Hall fährt. In San Francisco hält der Bus außerdem im Bezirk Richmond am Geary Blvd, Ecke Park Presidio Blvd. Rückfahrten ebenfalls 6x tgl. Reservierung erforderlich.

Das Transportzentrum der Region ist Santa Rosa, Verbindungen s. dort.

SCHIFFE – Die Fähren von ***Blue and Gold Fleet***, 415/773-1188, www.blueandgoldfleet.com, verkehren 11x tgl. vom Ferry Building in San Francisco nach VALLEJO ($9,50 einfach, Tageskarte $15), von wo Mo–Sa stündlich Anschluss an Busse von *Napa Valley Transit*, 1-800/696-6443, nach Napa und darüber hinaus besteht.

Napa Valley

Mit seinen etwa 30 Meilen sanfter, grüner Berghänge erinnert das Napa Valley eher an Südfrankreich als an eine pazifische Gebirgsregion. Im Frühjahr blühen viele Wildblumen, und zur Weinernte erstrahlt das Tal in herbstlichen Farben. Den fischreichen Fluss, der sich durch das Tal windet, nannten die Indianer, die einst im Tal lebten, *Napa*, was so viel wie „Reichtum" oder „Fülle" bedeutet. Außer dem Namen ist hier nichts von den Ureinwohnern erhalten geblieben.

Spanische Eroberer verdrängten ihre Dörfer im 19. Jh. und errichteten stattdessen eine Reihe von *ranchos* und ländlichen Siedlungen, aber die wenigen spanischen und mexikanischen Höfe, die sich hier halten konnten, fielen bald in die Hände der Yankees. Um 1850, als Kalifornien in den Staatenbund aufgenommen wurde, war Napa zu einem wichtigen Handelsplatz für landwirtschaftliche Güter herangewachsen. Boote transportierten die landwirtschaftlichen Produkte den Fluss hinab nach San Francisco, doch ohne Eisenbahnanschluss konnte der Ort nicht mit den Häfen um die Bay Area konkurrieren. Nur das angenehme Klima bewahrte ihn davor, in Vergessenheit zu geraten.

Im Zuge der Eröffnung des ersten Thermalbades in Kalifornien, den White Sulphur Springs 1852, wurde Napa zum bevorzugten Ferienziel der betuchten Gesellschaft San Franciscos. Auch Siedler kamen, darunter Jacob Beringer im Jahr 1870. Der steinige Boden erinnerte ihn an seine Mainzer Heimat, und bis 1875 hatte er gemeinsam mit seinem Bruder sein Weingut, die Beringer Vineyards, auf die Beine gestellt. Heute ist es das älteste noch betriebene Weingut in Amerika.

Hauptroute durch das Tal ist der Hwy-29, an dem alle unten beschriebenen Orte liegen. Als ruhigere und schönere Alternativstrecke zwischen Napa und Calistoga empfiehlt sich allerdings der östlich verlaufende **Silverado Trail**.

Napa

Napa selbst ist heute ziemlich langweilig und teuer. Gäbe es nicht einige alte, morbiden Charme verströmende Lagerhäuser am Napa River und ein stolzes **Courthouse**, wäre es eine x-beliebige Kleinstadt mit dem üblichen, verwirrenden Einbahnstraßen-System und ohne Zentrum.

Man könnte hier jedoch kurz anhalten, um evtl. beim Napa Valley Visitors Bureau (s.u.) Informationen einzuholen und **COPIA**, dem neuen Kunst- und Weinzentrum in der 500 1st St einen Besuch abzustatten. Für die (ziemlich hohe) Eintrittsgebühr von $12,50 bekommt man ein halbstündiges Video zu sehen und hat Zutritt zu einer Ausstellung, die dem Thema Essen und Wein gewidmet ist.

Es gibt auch den obligatorischen Souvenirladen und ein Restaurant. 🕒 Mi–Mo 10–17; ✆ 707/259-1600 oder 1-888/512-6742, 💻 www.copia.org.

Übernachtung

Übernachtungen sind in Napa überdurchschnittlich teuer – $80 oder mehr für ein elegantes DZ mit einem guten Frühstück in einem B&B. Man kann sich glücklich schätzen, wenn man überhaupt ein Zimmer findet. Also zumindest im Sommer rechtzeitig reservieren!

Bei der Zimmersuche helfen ***B&B Style***, ✆ 707/942-2888 oder 1-800/995-8884, 💻 www.bandbstyle.com, in Napa, ***Bed and Breakfast Inns of Napa Valley***, ✆ 707/944-4444, 💻 www.bbinv.com, oder ***Napa Valley Reservations Unlimited***, ✆ 707/252-1985 oder 1-800/251-6272, 💻 www.napavalleyreservations.com.

Candlelight Inn, 1045 Easum Dr, ✆ 707/257-3717 oder 1-800/624-0395, 💻 www.candlelightinn.com. Geräumige, luxuriös eingerichtete Unterkunft im Tudor-Stil, hübscher Garten mit Pool. Freundliche, lockere Atmosphäre; kostenlose Drinks und Snacks. ❻

Travelodge Hotel & Suites, 853 Coombs St, Napa, ✆ 707/942-6730 oder 1-800/578-7878, 💻 www.travelodge.com. Standard-Motel einer Kette; schicke Suiten mit Jacuzzi. Preiswerteres wird man im Zentrum Napas nicht finden. ❹

Essen

Die Restaurants in Napa sind, mit wenigen Ausnahmen, sehr teuer. Wer sich die Ausgabe nicht leisten kann oder will, findet am Hwy-29 einige Fastfood-Stände und Delis.

Belle Arti, 1040 Main St, ✆ 707/255-0720. Authentische sizilianische Trattoria, hinten in einem modernen Komplex, großzügige Terrasse mit Blick auf den Fluss.

Cole's Chop House, 1122 Main St, ✆ 707/224-6328. Große Steaks und dergleichen. Sehr geräumig, sehr guter Service, aber gekünstelt-steife Atmosphäre.

Downtown Joe's, 902 Main St, Ecke Second, ✆ 707/258-2337. Eines der beliebtesten und belebtesten Lokale von Napa und ein guter Ort, um Einheimische zu treffen. Es gibt Sandwiches, Ribs und Pasta; hauseigene Brauerei, auch Tische im Freien am Fluss. Eines der wenigen Restaurants, die bis Mitternacht geöffnet sind.

Kelley's No Bad Days Café, 976 Pearl St, ✆ 707/258-9666. Kleines, lebendiges Lokal mit ein paar Sitzplätzen im Freien. Überwiegend amerikanische Standardgerichte, asiatisch angehaucht.
Peking Palace, 1001 2nd St, ✆ 707/257-7197. Nordchinesische und Sichuan-Küche in einem großen, schicken Restaurant im Herzen von Napa.
Zuzu, 829 Main St, ✆ 707/224-5885. Neue Tapa-Bar, beliebt und ganz im Trend, bietet leckere kleine Häppchen und eine gute Weinkarte.

Informationen

Napa Valley Visitors Bureau, 1310 Napa Town Center (von der 1st St ab) in Downtown Napa, ✆ 707/226-7459, 🖳 www.napavalley.com, ist die nützlichste Einrichtung im gesamten Tal und bietet jede Menge kostenlose Karten und Broschüren. ⏱ tgl. 9–17 Uhr.
Napa County Historical Society, gegenüber, ✆ 707/224-1739, kostenloses wie informatives Material über die Region vor Ankunft der Weinbauern.

Yountville und Oakville

Neun Meilen weiter auf dem Hwy-29 liegt Yountville, dessen Zentrum von dem in einer ehemaligen Kellerei untergebrachten, touristischen Einkaufskomplex **Vintage 1870**, 6525 Washington St, beherrscht wird. ⏱ tgl. 10.30–17.30 Uhr.

Abgesehen von einigen Antiquitätenläden und einer Hand voll Restaurants bietet der Ort kaum Grund für einen längeren Aufenthalt, so dass der Weiterfahrt auf dem Hwy-29 ins drei Meilen nördlich gelegene, winzige **Oakville** eigentlich nichts entgegensteht. Beherrscht von der riesigen Robert Mondavi Winery kann sich Oakville einiger erstklassiger Kellereien rühmen, die fast ausnahmslos nur nach Anmeldung besucht werden können und für Weinproben eine Gebühr verlangen. Die Preise dafür beginnen bei $10 für einen berühmten Silver Oak Cabernet Sauvignon und steigen bis auf stattliche $25 für einen Opus One.

Neben erstklassigen Weinen ist Oakville auch für seine hervorragende **Oakville Grocery** bekannt, ein Feinschmecker-Deli mit köstlichen in- und ausländischen Lebensmitteln.

Übernachtung und Essen

Vintage Inn, 6541 Washington St, Yountville, ✆ 707/944-1112 oder 1-800/351-1133, 🖳 www.vintageinn.com. Große, luxuriöse Zimmer mit Kamin, außerdem Pool und kostenlose Fahrradbenutzung. Schön für ein romantisches Wochenende und günstig gelegen, wenn man in Yountville essen will, aber völlig überteuert. ❾
Oleander House, 7433 St Helena Hwy (Hwy-29), Yountville, ✆ 707/944-8315, 🖳 www.oleanderhouse.com. Gemütliches und freundliches B&B auf halbem Weg durch das Tal; relativ ruhig trotz Lage an der Hauptverkehrsroute und aus diesem Grund auch etwas preiswerter. ❻
Yountville verfügt über eine Reihe gehobener **Restaurants**, die sich mit denen in San Francisco messen können, nur dass die Preise hier niedriger sind.
Bouchon, 6534 Washington St, ✆ 707/944-8037. Pariser Schick und Haute Cuisine zu deftigen Preisen; die meisten Hauptgerichte um $30.
Compadres Bar and Grill, 6539 Washington St, ✆ 707/944-2406. Sitzplätze im Freien, ausgezeichnete Martinis und Margaritas, dazu kostenlose Chips und Salsa.
Mustards Grill, 7399 St. Helena Hwy (Hwy-29), ✆ 707/944-2424. Mit kleinen Gerichten im Trend der späten 80er Jahre, an Wochenenden immer eine Warteschlange. Unter $20 geht man nicht hinaus.

St. Helena

Weit reizvoller ist St. Helena, 18 Meilen von Napa entfernt und größtes der vielen, reich mit Antiquitätenläden bestückten Dörfer auf dem Weg weiter nach Norden. Die Hauptstraße, der Hwy-29, wird von einigen der schönsten alten Gebäude im Wine Country gesäumt, zudem kann der Ort auf eine recht ungewöhnliche literarische Vergangenheit verweisen. Auch hier liegen zahlreiche Weingüter in der Umgebung (s.S. 642/643, Kasten).
Diese Kombination aus Geschichte und Lage machen St. Helena zur eigentlichen Touristenhochburg des Napa Valley mit einer Vielzahl an luxuriösen Unterkünften und Restaurants und einem eleganten Charme, den man entweder lieben oder hassen wird.

Weingüter im Napa Valley

Fast alle Weingüter im Napa Valley bieten Weinproben an, aber vergleichsweise wenige veranstalten auch Führungen. Die mehr als 300 Kellereien stellen Weine höchster Qualität her, so dass über einen Besuch nur noch der eigene Geschmack entscheiden muss. Die folgende Auswahl stellt einige beliebte und seit langem etablierte, aber auch einige weniger bekannte, viel versprechende Weingüter vor. Zweck eines Besuchs ist es, einen Überblick über das Angebot zu erhalten und vielleicht auch die eine oder andere Flasche zu kaufen. Die gereichten Kostproben fallen entsprechend klein aus, mitunter gibt es den Wein aber auch per Glas zu kaufen. Wer mit dem Gedanken spielt, eine Flasche zu kaufen, wird vor allem bei den größeren Produzenten vor Ort meist einen höheren Preis als im Supermarkt bezahlen.

Beringer Vineyards, 2000 Main St, St. Helena, ✆ 707/963-7115, 💻 www.beringer.com. Das *Rhine House,* ein Nachbau des Stammhauses von Jakob Beringer im Rheintal, ist das berühmteste Bauwerk im Napa Valley und ziert die Titelseiten zahlreicher Wein-Zeitschriften. Der Rasen und eine prächtige, mit dunklem Holz getäfelte Probierstube verleihen dem Gut etwas Fürstliches. Weinproben und Führungen tgl. 10–17 Uhr, $5–30.

Chateau Montelena 1429 Tubbs Lane, 2 Meilen nördlich von Calistoga, ✆ 707/942-9105, 💻 www.montelena.com. Kleinere, aber hoch angesehene Kellerei am Fuße des Mount St. Helena. Besonders der Cabernet Sauvignon erfreut sich eines zunehmend guten Rufs. Weinprobe tgl. 9.30–16 Uhr, $10; Führungen mit Weinprobe im Sommer tgl. um 9.30 und 13.30, im Winter um 14 Uhr, $25.

Clos Pégase, 1060 Dunaweal Lane, Calistoga, ✆ 707/942-4981, 💻 www.clospegase.com, aufstrebendes Weingut, das die Verbindung zu den Künsten pflegt. Es gibt einen Skulpturengarten und postmoderne Gebäude, für die der Architekt Michael Graves verantwortlich zeichnet. Kostenlose Führungen tgl. um 11 und 14, Weinprobe tgl. 10.30–17 Uhr, $2,50–5.

Darioush, 4240 Silverado Trail, nordöstlich von Napa, ✆ 707/257-2345, 💻 www.darioush.com. Hervorragendes neues Weingut, dessen iranischer Besitzer das Hauptgebäude im Stil des alten Persepolis bauen ließ. Hausweine sind Cabernet Sauvignon und Shiraz. Weinprobe tgl. 10.30–17 Uhr, $10.

Domaine Chandon, 1 California Drive, Yountville ✆ 707/944-2280, 💻 www.chandon.com. Die hier von dem Ableger des französischen Hauses Moët & Chandon produzierten Schaumweine sind dem französischen Original durchaus ebenbürtig. Die große, moderne Kellerei (mit Galerie) ist bei Weinkennern beliebt und umfasst auch ein ausgezeichnetes, teures Restaurant. Weinprobe: im Sommer tgl. 10–18, im Winter tgl. 11–17 Uhr; Führungen zwischen 11 und 17 Uhr.

Goosecross, 1119 State Lane, östlich von Yountville, ✆ 707/944-1986 oder 1-800/276-9210, 💻 www.goosecross.com. Der freundliche Familienbetrieb liegt etwas versteckt abseits der Yountville Cross Rd und produziert vor allem guten Chardonnay. Weinprobe tgl. 10–16 Uhr, $5. Führung nach Vereinbarung.

Hess Collection Winery, 4411 Redwood Rd, Napa, ✆ 707/255-1144 oder 1-877/707-4377, 💻 www.hesscollection.com, etwas abseits der Trampelpfade, bietet außer hervorragenden Weinen auch eine überraschend gute Ausstellung moderner Kunst sowie hübsche Ausblicke über das Tal. Rundgang über das Gelände auf eigene Faust. Weinproben tgl. 10–16 Uhr, $5.

Mumm Napa Valley, 8445 Silverado Trail, Rutherford, ✆ 707/942-3434 oder 1-800/686-6272, 💻 www.mummnapavalley.com, eröffnet 1986 von G.H. Mumm, dem französischen Sekthersteller, und Seagrams. Die spritzigen Weine sind gut, noch besser ist aber die herrliche Aussicht über die umliegenden Täler. Die Besichtigungen sind ausgesprochen informativ und kurzweilig. Weinprobe tgl. 10–17 Uhr, $5–12; kostenlose Touren 11–15 Uhr stündlich.

Napa Wine Company, 7830-40 St. Helena Hwy, Oakville, ✆ 707/944-1710 oder 1-800/848-9630, 💻 www.napawineco.com. Der Betrieb wird nach dem Vorbild der französischen Winzergenossenschaften geführt und ermöglicht 25 kleineren Weinbauern Zugang zu hochmodernen Pressen und Zubehör, daneben dient er auch als Verkaufsstelle für ihre Erzeugnisse. Weinprobe tgl. 10–15.30 Uhr, $5–20.

Niebaum-Coppola Estate Winery & Vineyards, 1991 St. Helena Hwy, Rutherford, ✆ 707/968-1100 oder 1-800/782-4266, 💻 www.niebaum-coppola.com. Francis Ford Coppola hat dieses Anwesen, das ursprünglich im Jahr 1879 von Gustav Niebaum aufgebaut wurde, 1975 aufgekauft. Den Eingang zu der neuen Weinverkostungshalle, in der man den berühmten Rubicon probieren kann, schmücken Erinnerungsstücke aus Coppolas Hollywood-Tagen. Weinprobe tgl. 10–17 Uhr für $12. Führungen (1 1/2 Std.) um 10.30, 12.30 und 14.30 Uhr; $25 inkl. Weinprobe.

Robert Mondavi, 7801 St. Helena Hwy, Oakville, ✆ 707/963-9611 oder 1-888/766-6320, seit langem Qualitätsgarant der Napa Valley-Weine (in zahlreichen kalifornischen Restaurants sind „Bob Red" und „Bob White" die Hausmarken), veranstaltet die informativsten und am wenigsten verkaufsorientierten aller Weingutführungen. Besichtigungen und Proben tgl. 10–16.30 Uhr, Reservierung empfohlen. Weinprobe ab $5, Führungen ab $25.

Silver Oak Cellars, 915 Oakville Cross Rd, Oakville, ✆ 1-800/273-8809, 💻 www.silveroak.com. Für Freunde des Cabernet Sauvignon ist dies die beste Adresse. In den Edelrestaurants San Franciscos kostet eine Flasche über $100. Spottbillig nimmt sich da die Weinprobe für $10 aus. Weinprobe tgl. 9–16 Uhr; Führungen Mo–Fr um 13.30 Uhr; Reservierung empfohlen.

Stag's Leap Wine Cellars, 5766 Silverado Trail, östlich von Yountville, ✆ 707/944-2020 oder 1-866/422-7523, 💻 www.stagsleapwinecellars.com. Dass ein Wein aus diesem Hause 1976 bei einem Wettbewerb in Paris einen Château Lafitte von *Rothschild* schlagen konnte, hat das Napa Valley auf die Liste der Top-Anbaugebiete gehoben. Weinproben tgl. 10–16.30 Uhr, $10-30, Führungen nach Vereinbarung.

Sterling Vineyards, 1111 Dunweal Lane, Calistoga, ✆ 707/942-3344 oder 1-800/726-6136, 💻 www.sterlingvineyards.com. Berühmt für die Seilbahn, die Besucher zur Weinprobe auf die knapp 100 m hohe Hügelkuppe bringt, und für die grandiose Aussicht über das Napa Valley. Das extravagante, weiße Anwesen im Stil eines Klosters auf Mykonos ist das auffälligste Bauwerk im ganzen Tal. Geboten wird eine große Auswahl an Weinen, die auf der Terrasse probiert werden können. Seilbahn, Weinprobe und Rundgang in Eigenregie 10.30–16.30 Uhr, $15.

V. Sattui Winery, 1111 White Lane, St. Helena, ✆ 707/963-7774, 💻 www.vsattui.com. Kleines Weingut in Familienbesitz unweit des Hwy-29 mit preisgekrönten Weinen – besonders gute Tropfen sind der Riesling und der rote Gamay. Sattui-Weine werden nur auf dem Gut oder per Postversand verkauft. Das benachbarte Gourmet-Deli bietet Leckereien für eine Mahlzeit auf dem beliebten, schattigen Picknickplatz. 2004 zur besten Kellerei Kaliforniens gekürt. Weinprobe im Sommer tgl. 9–18, im Winter 9–17 Uhr, $5.

Aufmerksamkeit verdienen in jedem Fall die ansehnlichen Wohnhäuser im Craftsman-Stil an der **Oak Avenue** sowie die Erinnerungsstücke zweier unvermuteter, ehemaliger Bewohner: Robert Louis Stevenson und Ambrose Bierce. Man kann hier das **Silverado Museum**, 1490 Library Lane, ✆ 707/963-3757, besuchen, ⌚ Di–So 12–16 Uhr, Eintritt frei. Die mehr als 8000 Gegenstände der Sammlung erinnern an den Schriftsteller Robert Louis Stevenson, der fast ein ganzes Jahr in der Nähe von Calistoga verweilte, um sich von einer Krankheit zu erholen. Angeblich ist dies die zweitgrößte Sammlung dieser Art in den USA. Von wirklichem Interesse auch für weniger eingefleischte Bewunderer ist allerdings nur ein mit Notizen versehenes Manuskript von *Dr. Jekyll und Mr. Hyde*. Außerdem ist im Hause die Napa Valley Wine Library untergebracht.

Misanthrop und Grusel-Autor Ambrose Bierce verbrachte in St. Helena seine letzten 15 Jahre, bevor er sich Pancho Villa anschloss und in der mexikanischen Revolution sein Leben ließ. Das **Ambrose Bierce House**, 1515 Main St, ist heute ein mit Memorabilien voll gestopftes B&B.

Auf der schmalen und kurvenreichen, schattigen **Spring Mountain Road** fährt man durch Wälder Richtung Santa Rosa. Im Gegensatz zur weiten Weinebene findet man hier, an den steilen Hängen, nur wenige kleine Weingüter.

Übernachtung

Ambrose Bierce House, 1515 Main St, ✆ 707/963-3003, 💻 www.ambrosebiercehouse.com. Luxusunterkunft in dem 1872 erbauten Haus, in dem der Schriftsteller Ambrose Bierce wohnte (s.o.) Ein Glas Champagner im Frühstück inbegriffen. ❼

El Bonita Motel, 195 Main St, ✆ 707/963-3216 oder 1-800/541-3284, 💻 www.elbonita.com. Renoviertes, von einem großen Garten umgebenes Motel im Art-déco-Stil. Pool und Jacuzzi; Zimmer mit Mikrowelle, Kühlschrank und Kaffeemaschine. ❻

Harvest Inn, 1 Main St, ✆ 707/963-9463 oder 1-800/950-8466. Vor kurzem aufwendig renovierte Anlage mit englischen Tudor-Cottages am Rand eines Weinguts. Geräumige, vorzüglich ausgestattete Zimmer, u.a. mit Kamin und Terrasse mit Blick auf den Garten oder den 6 ha großen Weinberg, außerdem zwei beheizte Pools, Whirlpools sowie Joggingpfade und Radwege über das Gelände. ❾

Hotel St Helena, 1309 Main St, ✆ 707/963-4388 oder 1-888/478-4355, 💻 www.hotelsthelena.com. Etwas beengtes (oder gemütliches, je nach Gemütslage) Landhotel in zentraler Lage, Frühstück inkl. ❼

White Sulphur Springs, 3100 White Sulphur Springs Rd, westlich von St. Helena, ✆ 707/963-8588, 💻 www.whitesulphursprings.com. Einfache Zimmer und noblere Cottages in einem rustikalen, vor kurzem renovierten Resort, aber abseits vom Touristenstrom – sehr erholsam, von Wanderwegen umgeben, schwefelhaltiger Pool im Freien und Radverleih. ❺

The Wine Country Inn, 1152 Lodi Lane, ✆ 707/963-7077 oder 1-888/465-4608, 💻 www.winecountryinn.com. Geschmackvoll mit Antiquitäten eingerichtete, geräumige Zimmer, die meisten davon mit Kamin und einige bis zu $600 teuer; Terrassen, Gärten zum Spazierengehen, Pool am Weinberg. ❽

Essen

Armadillo's, 1304 Main St, ✆ 707/963-8082. Preiswerte mexikanische Gerichte in farbenfrohem Ambiente.

Ana's Cantina, 1205 Main St, ✆ 707/963-4921. Einfacher Saloon mit mexikanischem Restaurant. Billard- und Darts-Turniere.

Greystone Restaurant, im Culinary Institute of America, 2555 Main St, ✆ 707/967-1010. Mediterrane Küche in geschmackvoller Art-déco-Villa am Stadtrand, großzügige Portionen hervorragender Gerichte zu angemessenen Preisen.

The Model Bakery, 1357 Main St, ✆ 707/963-8192. Bietet das beste Brot im Napa Valley, außerdem Sandwiches und Pizza.

Pinot Blanc, 641 Main St, ✆ 707/963-6191. Kalifornische Küche, zubereitet vom berühmten Chefkoch Sean Knight, und eine fast ausschließlich mit kalifornischen Weinen bestückte Weinkarte.

Tra Vigne, 1050 Charter Oak Ave, ✆ 707/963-4444. Etwas nördlich von St. Helena. Ausgezeichnetes Essen und ebensolche Weine in einem schönen Innenhof – der Luxus hat aber seinen Preis. Ein Deli ist angeschlossen.

Calistoga und Umgebung

Hinter St. Helena, am nördlichen Ende des Napa Valley, werden die Weingüter schöner und der Verkehr nimmt etwas ab. Am Fuße des Mount St. Helena liegt Calistoga, der vielleicht einladendste Ort im Napa Valley mit rund 20 Kellereien und einigen schicken Bistros. Bekannt ist der Ort allerdings für seine heißen Quellen, seine Bäder und sein Mineralwasser, das in jedem kalifornischen Supermarkt zu finden ist.

Nach wie vor ist es ein Genuss, in dem warmen Wasser zu baden, das hier tief aus der Erde emporsprudelt. Calistoga ist ein Ort der Entspannung, und seine Mineralquellen und vulkanischen Schlammbäder ziehen jedes Wochenende viele gestresste Großstädter an.

Extravagante werden **Dr. Wilkinson's Hot Springs**, 1507 Lincoln Ave, ✆ 707/942-4102, 🖳 www.drwilkinson.com, bevorzugen, ein legendäres Kurhotel (s.u.), das seine Gäste mit heißem Mineralwasser und Vulkanasche verwöhnt. Kurbehandlungen ab $75.

Im **Mount View Spa** ein Stück weiter, 1457 Lincoln Avenue, ✆ 707/942-5789 oder 1-800/772-8838, bekommt man kombinierte Kräuter- und Schlamm-Behandlungen ab $100 sowie kurzere, billigere Hydrotherapie-Sitzungen.

Eine ganze Reihe weniger luxuriöser Häuser liegen ebenfalls an oder abseits der Hauptstraße Lincoln Avenue. **Golden Haven Hot Springs Spa and Resort**, 1713 Lake St, ✆ 707/942-6793, 🖳 www.goldenhaven.com, bietet Schlammbäder, Thermal-Sprudelbäder, Schlammpackungen u.Ä. für $65–75 pro Stunde. Ähnliche Preise hat **Calistoga Spa**, 1006 Washington St, ✆ 707/942-6269 oder 1-866/822-5772, 🖳 www.calistogaspa.com.

Mit dem **Sharpsteen Museum und Sam Brannan Cottage** in der 1113 Washington St, ✆ 707/942-5911, hat Calistoga auch eine konventionelle „Sehenswürdigkeit" aufzuweisen. Das kleine Museum enthält einige Gegenstände aus dem Besitz des Disney-Produzenten Ben Sharpsteen, der das Museum einrichtete, und viel biografisches Material über Sam Brannan, den Begründer der ersten Zeitung San Franciscos und Auslöser des Goldrauschs. ⌚ tgl. 11–16 Uhr; Spende von $3 erbeten.

Nordwestlich der Stadt windet sich der Hwy-128 entlang einer malerischen und steilen Route hinauf in die **Mayacamas**, bevor er ebenso kurvenreich in südwestlicher Richtung wieder bergab führt und Santa Rosa erreicht.

An der Tubbs Lane, zwei Meilen nördlich der Stadt, liegt der **Old Faithful Geyser**, ein weiteres sichtbares Zeichen für die sprudelnden unterirdischen Aktivitäten. Je nach Jahreszeit schießt alle 9 bis 40 Minuten kochend heißes Wasser bis zu 12 m aus dem Boden empor. Auf diese Quelle stieß man, als hier in den 20er Jahren nach Öl gebohrt wurde; das unter extrem hohem Druck empor schießende Wasser zerstörte die gesamte Ausrüstung. Trotz aller Bemühungen, den Geysir unter Kontrolle zu bringen, steigt er seither mit der Regelmäßigkeit einer Kuckucksuhr empor. Die Besitzer der umliegenden Güter fanden sich damit ab und stellten sich auf den Tourismus um. ⌚ tgl. 9–16 Uhr, Eintritt $8.

Südlich des Geysirs befindet sich **Ca'Toga**, die mit einer überbordenden Fantasie verzierte und eingerichtete Villa des venezianischen Künstlers Carlo Marchiori. In einem Zimmer sind die Wände aus der Perspektive eines Vogels im Käfig, in einem anderen mit Kühen bemalt. Auf dem Grundstück befinden sich u.a. „Tempelruinen" und eine mit Muscheln dekorierte Höhle. Der Künstler bietet von Mai–Okt Sa um 11 Uhr eine Führung ($20 p.P., mind. 25 Teilnehmer). Weitere Werke von ihm kann man in seiner Galerie in der 1206 Cedar St betrachten, wo man im Übrigen auch die Führung durch die Villa buchen kann, ✆ 707/942-3900, 🖳 www.catoga.com.

Der **Petrified Forest**, etwa 5 Meilen westlich von Calistoga, ✆ 707/942-6667, ist ein weiterer Touristenmagnet, kann aber getrost übergangen werden, außer man ist Geologe oder leidenschaftlich an versteinertem Holz interessiert. Ein Vulkanausbruch des Mount St. Helena hat hier vor über 3 Millionen Jahren einen Redwood-Wald begraben. Einige versteinerte Bäume können auf 21 Stationen eines etwa 800 m langen Rundwegs besichtigt werden. ⌚ Sommer 9–19, Winter 9–17 Uhr, Eintritt $6.

Der Old Faithful-Geysir in Calistoga

Übernachtung

Calistoga Inn, 1250 Lincoln Ave, ✆ 707/942-4101, 💻 www.calistogainn.com. Komfortable Zimmer, meist mit Bad, in einem sehr schönen Gebäude mit Restaurant und eigener Brauerei. ❹

Christopher's Inn, 1010 Foothill Blvd, ✆ 707/942-5755 oder 1-866/876-5755, 💻 www.christophers-inn.com. Kleines, freundliches B&B einen Block nördlich der Stadt mit herrlichem englischen Garten und bequemen Zimmern. ❼

Dr Wilkinson's Hot Springs, 1507 Lincoln Ave, ✆ 707/942-4102, 💻 www.drwilkinson.com. Exquisites Kurhotel (s.o.), geräumige, helle und sparsam möblierte Zimmer mit Blick auf den Innenhof oder Pool, alle mit ac und TV. ❺

Garnett Creek Inn, 1139 Lincoln Ave, ✆ 707/942-9797, 💻 www.garnettcreekinn.com. Fröhlich bemaltes, altes Haus an der Hauptstraße; wurde erst vor kurzem in ein B&B umgewandelt und ist eines der besten in seiner Preiskategorie. Freundlicher und informativer Besitzer. ❼

Mount View Hotel and Spa, 1457 Lincoln Ave, ✆ 707/942-6877 oder 1-800/816-6877, 💻 www.mountviewspa.com. Lebendiges Art-déco-Hotel, jeden Abend Jazz, außerdem das hervorragende Cajun-Restaurant *Catahoula* im Erdgeschoss. Cottage mit Terrasse und Jacuzzi teurer. ❼–❽

Triple-S Ranch, 4600 Mount Home Ranch Rd, ✆ 707/942-6730. In den Hügeln mitten in der Wildnis liegen die schlichten, aber sauberen und preiswerten Ferienhütten, für die wenig Reklame gemacht wird. Auf dem Gelände gibt es auch ein rustikales Steakhouse/Bar. Zu erreichen über den Hwy-128 nach Norden, nach einer Meile links auf die Petrified Forest Road abbiegen, nach 5 Meilen wieder links auf die Mount Home Road abzweigen und noch eine Meile weiter fahren. ❺

Essen

Die meisten Restaurants sind auf wohlhabende Besucher zugeschnitten, bieten aber gute Qualität. Wer preiswert essen will, sollte sich an Delis und Sandwich-Bars halten.

Bosko's Trattoria, 1364 Lincoln Ave, ✆ 707/942-9088. Freundliches italienisches Speiselokal, frische Pasta.

Brannan's, 1374 Lincoln Ave, ✆ 707/942-2233. Mit Pekannüssen gefüllte Wachteln, frische Austern und wunderschönes Holzdekor. Ziemlich teuer, aber lohnend.

Café Sarafornia, 1413 Lincoln Ave, ✆ 707/942-0555. Köstliches Frühstück und Mittagessen, gewaltige Portionen, besonders große Nachfrage am Wochenende.

Puerto Vallerta, 1473 Lincoln Ave, neben dem Cal-Mart, ✆ 707/942-6563. Authentisches mexikanisches Essen, serviert in einem Innenhof.

Soo Yuan, 1354 Lincoln Ave, ✆ 707/942-9404. Das kleine Restaurant bietet gute Mandarin- und Sichuan-Küche.

Informationen

Chamber of Commerce, 1458 Lincoln Ave ✆ 707/942-6333, 💻 www.calistogachamber.com, 🕓 Mo–Fr 9–17, Sa 10–16, So 11–15 Uhr.

Mount St. Helena

Der massive Vulkankegel des Mount St. Helena, ca. 8 Meilen nördlich von Calistoga, markiert das nördliche Ende des Napa Valley. Es lohnt sich, auf den 1324 m hohen Gipfel hinaufzusteigen, denn bei klarer Sicht kann man von hier aus Point Reyes an der Pazifikküste, San Francisco, die Sierra Nevada und den Mount Shasta sehen. Es ist ein anstrengender, steiler, fünf Meilen langer Weg bis nach oben, man muss also früh aufbrechen und viel Wasser mitnehmen.

Der Berggipfel und der größte Teil des umliegenden Geländes sind heute als **Robert Louis Stevenson State Park** geschützt. Zum Eingang, der in einer einsamen Gegend mit einer ehemaligen Silbermine liegt, geht es von Calistoga auf dem kurvenreichen Hwy-29 nach Norden. Früher gab es hier häufig Überfälle auf Lohntransporter der Minenarbeiter. Die einzige Verbindung zu Robert Louis Stevenson besteht darin, dass der Schriftsteller hier 1880 in einer Arbeiterunterkunft seine Flitterwochen mit Fanny Osborne verbrachte, seine Tuberkulose auskurierte und den Aufenthalt nutzte, um das Tal zu erkunden. An der Stelle, an der seine Hütte stand, befindet sich eine Gedenktafel.

Der Park ist ein ansprechend ruhiger Ort, um sich bei einem Picknick von den Weintouren zu erholen. 🕓 tgl. 8 Uhr bis Sonnenuntergang; Eintritt frei.

Sonoma Valley

Das sichelförmige Sonoma Valley ist kleiner, aber landschaftlich wesentlich reizvoller als das Napa Valley. Eichenwälder bedecken die Bergketten rings um dieses ländliche Tal, das sich von der Kleinstadt Sonoma über das einige Meilen nördlich am Hwy-12 gelegene Glen Ellen und den **Jack London State Park** bis zur expandierenden Schlafstadt **Santa Rosa** erstreckt. Nach einer alten Indianerlegende nennt man die Region auch „Valley of the Moon". Die Legende wurde durch Jack London, der lange hier lebte, populär. Sie berichtet davon, dass der Mond auf seiner Bahn mehrfach hinter den verschiedenen Berggipfeln aufzugehen scheint.

Viele der Weingüter des Sonoma Valley sind kleiner und einladender als ihre Pendants im Napa Valley und das, obwohl hier einst der Weinbau begann, für den das benachbarte Tal heute gerühmt wird. Oberst Agoston Haraszthy pflanzte hier in den 50er Jahren des 19. Jhs. die ersten Reben, und seine Buena Vista-Kellerei in Sonoma ist bis heute im Geschäft.

Sonoma

Die Stadt selbst ist mehr für ihre Geschichte als für ihre Sehenswürdigkeiten bekannt. Hinter der Fassade der Souvenirläden und Restaurants ist sie nach wie vor spanisch und mexikanisch geprägt. Seinen Charme verdankt der Ort der grünen, im Zentrum gelegenen **Sonoma Plaza**, die Besucher wie Einheimische gerne zum Zeitunglesen oder für ein Picknick nutzen. Da auch viele Rentner hierher ziehen, liegt das Durchschnittsalter von Sonoma bei 50 Jahren „quirlig" wäre also nicht gerade das treffende Wort, wollte man das Leben in Sonoma beschreiben.

Obgleich Sonoma heute weit davon entfernt ist, eine Pionierstadt zu sein, gab es hier auch wildere Zeiten, die die englische Sprache sogar um einen Slang-Ausdruck für Prostituierte erweiterten. Nicht lange nach der Bear Flag-Revolte kam General Lee

Hooker in die Stadt und brachte in seinem Gefolge eine Gruppe Damen mit, die zur Zerstreuung der Soldaten angeheuert worden waren. Es dauerte nicht lange, bis sie als „Hooker's girls" bekannt waren und später nur noch „hookers" genannt wurden.

Mitten auf der Plaza erinnert ein Denkmal an die Bear-Flag-Revolutionäre (s. Kasten). Im **Sonoma State Historic Park** befindet sich eine Anzahl historischer Gebäude, ⌚ tgl. 10–17 Uhr, Kombi-Ticket für alle Sehenswürdigkeiten $2.

Die restaurierte **Mission San Francisco Solano de Sonoma** war die letzte und nördlichste der kalifornischen Missionen. Sie ist die einzige Mission, die unter mexikanischer Herrschaft im Norden Kaliforniens gegründet wurde. ⌚ tgl. 10–17 Uhr.

Eine Meile weiter westlich erreicht man in der 3rd St das reich verzierte frühere **Haus von General Vallejo**, an dem vor allem die mit Filigranarbeiten geschmückten Dachrinnen und zierlichen Bogenfenster im neugotischen Stil auffallen. Das Lagerhaus nebenan ist zu einem **Museum** umfunktioniert worden, in dem es Ausstellungsstücke aus der Zeit des Generals zu bewundern gibt. Sonoma hat aber mehr zu bieten als nur historische Gebäude. Die um die Plaza angeordneten Cafés, ausgezeichneten Restaurants, ausgefallenen Buchläden und ein Kino aus den 30er Jahren laden nach einem Tag in den Weinbergen zur Rückkehr ein.

Übernachtung

Die Unterkünfte in Sonoma sind sehr teuer. Während der Wochenenden im Sommer steigen die Preise mitunter um 50%, zwischen November und Februar fallen sie hingegen bis auf die Hälfte. Hilfe bei der Zimmersuche bietet die ***Bed and Breakfast Association of Sonoma Valley***, ✆ 707/938-9513 oder 1-800/969-4667, 💻 www.sonomabb.com. Im Sommer hängt das ***Sonoma Valley Visitors Bureau*** vor seinem Büro im Zentrum täglich eine Liste mit freien Zimmern aus. Wer Geld sparen möchte, sollte Sonoma als Tagesausflug von San Francisco aus besuchen oder in Santa Rosa übernachten.

Cottage Inn & Spa, 302 First St E, ✆ 707/996-0719 oder 1-800/944-1490, 💻 www.cottageinnandspa.com. Ruhiges, im Besitz zweier Innenarchitekten befindliches B&B in zentraler Lage mit Jacuzzi und idyllischem Hof. ❼

Ramekins Bed and Breakfast Inn, 450 W Spain St, ✆ 707/933-4052. Über einer berühmten Kochschule – ein gutes Frühstück ist also garantiert. ❻

Die Bear Flag-Revolte

Es ist nur schwer vorstellbar, dass in diesem gemütlichen Tal einmal eine Auseinandersetzung stattfand, die als historischer Wendepunkt gilt und zur Eingliederung Kaliforniens in die Vereinigten Staaten von Amerika führen sollte. Amerikanische Siedler hatten hier schon lange in einer angespannten Atmosphäre erst unter spanischer und später unter mexikanischer Herrschaft gelebt, als 1846 die mexikanische Regierung ankündigte, alle nichtmexikanischen Immigranten aus Kalifornien auszuweisen. 30 entschlossene, bewaffnete Amerikaner okkupierten daraufhin das unbewachte und verwahrloste Presidio nahe Sonoma und nahmen den pensionierten Militärkommandanten Colonel Mariano Guadalupe Vallejo als Geisel. Ironischerweise war dieser schon lange ein Befürworter der amerikanischen Übernahme und sympathisierte daher mit den Forderungen seiner Geiselnehmer. Trotzdem wurde er nach Sacramento abtransportiert und in Sutter's Fort gefangen gehalten. In der Zwischenzeit erklärten die militanten Siedler Kalifornien zur unabhängigen Republik. Die Bärenflagge, die der heutigen Bundesstaatsflagge als Vorbild diente, wurde aus Damenwäsche und einem Musselin-Unterrock gefertigt, auf die man einen Grizzlybären und einen Stern malte. Sie wehte für kurze Zeit als Symbol der Republik Kalifornien über der Sonoma Plaza. Drei Wochen später erklärten die USA Mexiko den Krieg, und die gesamte Westküste wurde ohne einen einzigen Schuss in das Bundesgebiet integriert. Eine kleine Gedenktafel erinnert an den einstigen Standort der Flagge.

Swiss Hotel, 18 W Spain St, ✆ 707/938-2884, 💻 www.swisshotelsonoma.com. Direkt an der Plaza gelegenes, 90 Jahre altes Haus mit einem exquisiten Restaurant. Von den fünf etwas beengten Zimmern blickt man entweder auf die Terrasse oder die Plaza. ❻

Thistle Dew Inn, 171 W Spain St, nahe der Plaza, ✆ 707/938-2909 oder 1-800/382-7895, 💻 www.thistledew.com. Sonomas meistgepriesenes B&B bietet elegante Zimmer, ein eindrucksvolles Frühstück und kostenlosen Fahrradverleih. Einige Zimmer mit offenem Kamin, Jacuzzi und Terrasse. ❼

Zelten kann man 8 Meilen nördlich von Sonoma im ***Sugar Loaf Ridge State Park,*** 2605 Adobe Canyon Rd, ✆ 707/833-5712, $20.

In günstiger Lage zwischen dem Sonoma Valley und der Küste in **Petaluma** befindet sich das ***Métro Hôtel,*** 508 Petaluma Blvd S, ✆ 707/773-4900, 💻 www.metrolodging.com. Das frisch renovierte Hotel bietet ein französisches Café und einen unerwartet europäischen Touch, und all das zu einem unschlagbaren Preis. ❹

Essen und Unterhaltung

RESTAURANTS UND BARS – ***Amigos Grill and Cantina,*** 19315 Sonoma Hwy, ✆ 707/944-2406. Ausgezeichnete Margaritas, für deren Zubereitung 20 Tequila-Sorten zur Auswahl stehen.

Café LaHaye, 140 E Napa St., ✆ 707/935-5994. 11 Tische in bezaubernder, lebendiger Atmosphäre und schmackhaftes italienisches Essen. Immer voll.

La Casa, 121 E Spain St, ✆ 707/996-3406. Freundliches, fröhliches und preiswertes mexikanisches Restaurant direkt gegenüber der Sonoma Mission. Gute Enchiladas, die man auch im Innenhof verspeisen kann.

Cucina Viansa, 400 E 1st St, ✆ 707/935-5656. Kleine, aber exquisite und kreativ zubereitete Auswahl italienischer Spezialitäten zu noch bezahlbaren Preisen.

The General's Daughter, 400 W Spain St, ✆ 707/938-4004. Kalifornisch-mediterrane Gerichte wie Pilzravioli oder Lachs mit Spargel zu moderaten Preisen in einem viktorianischen Gebäude, das früher General Vallejos Tochter gehörte.

The Girl & The Fig, 110 W Spain St, ✆ 707/938-3634. Sehr bekanntes Restaurant, kürzlich von Glen Ellen ins Erdgeschoss des Sonoma Hotel umgezogen, bietet teure französische Küche, an Wochenenden Brunch.

Murphy's Irish Pub, 464 1st St E, ✆ 707/935-0660. Hier geht es lockerer und lauter zu; Bier vom Fass, Kneipenessen und manchmal Live-Musik.

Rins Thai, 139 E Napa St, ✆ 707/938-1462. Gute Auswahl an pikanten Currys und anderen beliebten thailändischen Gerichten in einem schlichten neuen Restaurant an der Plaza.

The Schellville Grill, 22900 Broadway, ✆ 707/996-5151. Üppige und z.T. überraschend fantasievoll zusammengestellte Burger und Sandwiches, die sich bei Einheimischen größter Beliebtheit erfreuen.

CAFÉS – ***The Coffee Garden,*** 421 1st St W, ✆ 707/996-6645. Ein 150 Jahre altes, in ein Café umfunktioniertes Adobehaus mit kleinem Souvenirladen. Auf der Terrasse werden frisch zubereitete Sandwiches serviert.

Sonstiges

INFORMATIONEN – ***Sonoma Valley Visitors Bureau,*** 453 1st St E, zentrale Lage an der Sonama Plaza, ✆ 707/996-1090, 💻 www.sonomavalley.com; vergibt einen Stadtplan mit eingezeichnetem Rundweg, Karten und Infomaterial über das Weingebiet. ⏲ Sommer tgl. 9–18, Winter bis 17 Uhr.

RUNDFLÜGE – ***Vintage Aircraft Company,*** 23982 Arnold Dr, ✆ 707/938-2444, 💻 www.vintageaircraft.com, aufregende Flüge an Bord eines Doppeldeckers aus dem Zweiten Weltkrieg für eine oder zwei Personen über das Sonoma Valley inkl. Loopings und Rollen. Zur Auswahl stehen die vier nicht gerade magenfreundlichen Varianten *Scenic, Aerobatic, Kamikaze* und *Dawn Patrol.* Die Flüge dauern 15–40 Min. und kosten $130–295.

TOUREN – Wer Sonoma von seiner besten Seite kennen lernen möchte, schwingt sich in den Sattel und reitet durch das Valley of the Moon. Die ***Sonoma Cattle Co,*** ✆ 707/996-8566, bietet, sofern das Wetter es zulässt, 2-stündige Ausritte für $60 an.

Weingüter im Sonoma Valley

Über das Sonoma Valley verteilen sich fast 40 Weingüter, ein paar davon liegen, recht dicht beieinander und gut ausgeschildert, eine Meile östlich der Plaza entlang der East Napa Street. Einige sind problemlos zu Fuß zu erreichen, allerdings liegen sie in versteckten Nebenstraßen. Daher ist es ratsam, die beim Visitors Bureau erhältliche Karte mitzunehmen und auf Wegweiser zu achten. Wem das zu anstrengend ist, der kann auch die **Wine Exchange of Sonoma**, 452 E 1st St E, Sonoma, ✆ 707/938-1794, besuchen. Im kommerziellen Weinproberaum kann man gegen geringes Geld die besten Weine von ganz Kalifornien süffeln. Auch 300 Biere, stehen hier zur Auswahl. ⏲ tgl. 10–17.30 Uhr.

Bartholomew Park Winery, 1000 Vineyard Lane, ✆ 707/935-9511, 💻 www.bartholomewparkwinery.com. Dieses Gut ist in einem prächtigen spanischen Kolonialgebäude untergebracht, mit dekorativ geschnittenen Bäumen im Garten und einem großen Weinberg. Die Weine gehören zu den preiswerten Jahrgängen, die der Brieftasche und dem Gaumen gleichermaßen zusagen. Ein guter Ort, um eine Kiste Wein zu kaufen. Es gibt auch ein gutes kleines Museum über die Geschichte der Region mit einer Einführung in den hiesigen Weinbau. Besichtigung auf eigene Faust und Weinprobe für $5 tgl. 11–16.30 Uhr.

Benziger Family Winery, 1883 London Ranch Rd, Glen Ellen, ✆ 707/935-3000 oder 1-888/490-2739, 💻 www.benziger.com. Das Gut umfasst einen malerischen Weinberg am Hang eines erloschenen Vulkans in Nachbarschaft des Jack London State Park. 5–6x tgl. Fahrten über das Gelände mit Erläuterungen über den Weinanbau, $5, Weinprobe tgl. 10–17 Uhr für $5–10.

Buena Vista Winery, 18000 Old Winery Rd, ✆ 707/252-7117 oder 1-800/926-1266, 💻 www.buenavistawinery.com, wurde 1857 gegründet und ist das älteste und größte der Weingüter. Nach einigen glücklosen Jahren haben die hier produzierten Weine inzwischen ihren guten Ruf zurückgewonnen. Im restaurierten, historischen Verkostungsraum befindet sich auch eine kleine Kunstgalerie. Weinprobe tgl. 10–17 Uhr, $5; außerdem verschiedene Füh-

Glen Ellen und Jack London State Park

Weiter nördlich über den Hwy-12 führen malerisch gewundene Straßen in den winzigen Ort **Glen Ellen** und zum interessanteren Jack London State Park, ✆ 707/938-5216, 💻 www.jacklondonpark.com, ⏲ tgl. 9.30–17 Uhr, Eintritt $6 pro Auto.

Der Park, der eine halbe Meile hinter der Benziger Family Winery über die London Ranch Road zu erreichen ist, umfasst eine 56 ha große Ranch, die der berühmte Autor des Romans *Der Ruf der Wildnis* mit seiner Frau Charmian besaß. Durch den Wald gelangt man nach einer Meile zur Ruine des **Wolf House**, das London als Stammsitz gedacht hatte: „Mein Haus wird, so Gott will, 1000 Jahre stehen." 1913 brannte es jedoch einen Monat vor dem geplanten Einzug nieder. Nur der steinerne Rahmen aus Felsbrocken blieb stehen. An aushängenden Entwürfen lässt sich die anvisierte Pracht erahnen. In der Nähe befindet sich die letzte Ruhestätte Londons – ein roter Felsblock aus der Gebäuderuine, unter dem seine Frau seine Asche verstreute. In Nachbarschaft zum Parkplatz steht das **House of Happy Walls**, das ein exquisites Museum über den Schriftsteller beherbergt. Neben einer interessanten Sammlung von Souvenirs, die London von seinen Reisen um den Globus mitbrachte, zeigt es Manuskripte, Absagen (es waren mehr als 600, bevor sein erstes Werk verlegt wurde), den Brief, in dem er und Charmian ihren Austritt aus der Socialist Party begründen, sowie Nachbildungen der einstigen Wohnräume der Londons und zahlreiche Fotografien. ⏲ tgl. 10–17 Uhr, Eintritt frei.

Nicht weit davon verläuft ein Weg vorbei an einem Picknickplatz zu **London's Cottage**, wo er auch starb. Videomaterial informiert dort über ihn, seine Frau und die Zeit, in der sie lebten. ⏲ Sa und So 12–16 Uhr, Eintritt frei.

Westlich der Hütte führt ein weiterer Pfad eine Meile in Richtung Berge und in den Wald, um an

rungen (bis zu $50 inkl. Wein und Verköstigung).
Chateau St Jean, 8555 Sonoma Hwy, Kenwood, ✆ 707/833-4134 oder 1-800/543-7572, 💻 www.chateaustjean.com. Das hübsche Anwesen mit Aussichtsturm ist durchzogen vom Aroma guter Weine. Besichtigung auf eigene Faust, Gratis-Weinprobe tgl. 10–17 Uhr.
Gundlach-Bundschu, 2000 Denmark St, ✆ 707/938-5277, 💻 www.gundlach-bundschu.com. Etwa eine Meile von den anderen Gütern entfernt. Dieses Gut hat sich kontinuierlich bis an die Spitze der Weinliga hochgekämpft. Das schlichte, zweckmäßige Gebäude sollte man nicht übergehen, wenn man an Weinen der Spitzenklasse interessiert ist. Den ganzen Sommer über werden auf diesem Weingut Konzerte, Theateraufführungen und Filmvorführungen geboten. Führungen Sa und So ohne, sonst nur nach Anmeldung. Weinprobe tgl. 11– 16.30 Uhr, $5.
Mayo Family Winery, 13101 Arnold Dr, Glen Ellen, ✆ 707/938-9401, 💻 www.mayofamilywinery.com. Relativ junges Weingut mit herzlicher Atmosphäre und einer kleinen Produktion von weniger als 5000 Kisten jährlich. Kostenlose Weinprobe tgl. 10.30–18.30 Uhr, Fassproben Fr–So 14 und 16 Uhr.
Ravenswood, 18701 Gehricke Rd, ✆ 707/933-2332 oder 1-888/669-4679, 💻 www.ravenswood-wine.com. Berühmt für seinen Zinfandel; die Angestellten im Verkostungsraum dieses unprätentiösen Weingutes sind ausgesprochen freundlich und locker. Weinprobe tgl. 10–16.30 Uhr, $5; Führung um 10.30 Uhr.
Sebastiani Vineyards & Winery, 389 4th St E, Sonoma, ✆ 707/938-5532 oder 1-800/888-5532, 💻 www.sebastiani.com. Eines der ältesten Weingüter in der Gegend, nur vier Blocks von Downtown Sonoma. Bietet ein frisch renoviertes „Hospitality Center", während der Rest der Anlage langsam wieder sein altes Erscheinungsbild zurück erhält. Kostenlose Proben und Fahrten über das Gelände alle halbe Stunde. 🕒 tgl. 10–17 Uhr. Ein weiterer Verkostungsraum befindet sich an der Plaza in der 103 W Napa St, ✆ 707/933-3291.

dem **See** zu enden, den London für sich und Charmian zum Angeln und Baden anlegte. Mit einer Flasche Wein lässt es sich in der sonnenbeschienenen Idylle gut aushalten. Gegenüber dem sonst verbreiteten Rummel im Wine Country wirken das in der Regel wenig besuchte Museum und der wunderschöne Park wie eine Oase der Ruhe.

Weiter auf dem Hwy-12 Richtung Santa Rosa passiert man **Kenwood** mit einem weiteren Weingut (siehe Kasten)

Übernachtung und Essen

GLEN ELLEN – ***Gaige House Inn***, 13540 Arnold Drive, ✆ 707/935-0237 oder 1-800/935-0237, 💻 www.gaige.com. Restauriertes, viktorianisches Farmhaus in ländlicher Umgebung. B&B, Kinder unter 12 nicht erwünscht. ❾
Jack London Lodge, 13740 Arnold Drive, ✆ 707/938-8510, 💻 www.jacklondonlodge.com. Modernes Hotel in der Nähe des Parks, mit Pool und gutem Restaurant. Gute Alternative, wenn die Hotels in Napa und Sonoma belegt sind oder man ländliche Idylle pur genießen möchte. ❺
Glen Ellen Inn, 13670 Arnold Drive, ✆ 707/996-6409. Das Besitzer-Ehepaar kocht selbst und serviert die nicht ganz billigen Feinschmeckergerichte in einem romantischen kleinen Speisezimmer mit einem halben Dutzend Tischen. 🕒 tgl. 17.30–21.30 Uhr.

KENWOOD – ***Kenwood Inn & Spa***, 10400 Sonoma Hwy, ✆ 707/833-1293 oder 1-800/353-6966, 💻 www.kenwoodinn.com. Wunderschönes, luxuriöses und abgeschiedenes B&B im Stil einer italienischen Villa. In allen Suiten (in der Hochsaison z.T. bis $700 teuer) offener Kamin. ❾
Café Citti, 9049 Sonoma Hwy, ✆ 707/833-2690. Kleine, preiswerte Trattoria mit ausgezeichneter italienischer Küche und angenehmer Atmosphäre.

Santa Rosa

Santa Rosa, 20 Meilen nordwestlich von Sonoma am Hwy-12 gelegen, markiert das Ende des Tals und damit mehr oder weniger auch das Ende des Weinanbaugebietes. Die Stadt selbst verbreitet wenig Charme, das Zentrum besteht vor allem aus Shopping Malls.

Im Bemühen, in zentraler Lage eine attraktive Fußgängerzone zu schaffen, ist der **Historic Railroad Square** entstanden, eine Ansammlung kleiner Läden hinter roten Backsteinfassaden, die allerdings einem Vergleich mit St. Helenas Hauptstraße oder der Sonoma Plaza nicht standhalten. Die immens gestiegenen Grundstückspreise in der Bay Area bescheren der Stadt ein explosionsartiges Wachstum und haben sie zur Schlafstadt vor den Toren San Franciscos werden lassen. Zudem bietet Santa Rosa die preiswertesten Unterkünfte im Wine Country und besitzt große Hotel- und Motelketten in seiner Umgebung.

Im **Luther Burbank Home and Gardens** an der Kreuzung von Santa Rosa und Sonoma Avenue kann man sich ein, zwei Stunden aufhalten. Der berühmte kalifornische Gartenarchitekt züchtete rings um sein früheres Haus einige seiner ungewöhnlichsten Kreuzungen. ⏲ tgl. 8 Uhr bis Sonnenuntergang, Eintritt frei; Führungen Di–So von 10–15.30 Uhr jede halbe Stunde für $4.

Als Geschenk an die Gemeinde ließ der *Peanuts*-Erfinder Charles Schulz die **Redwood Empire Ice Arena**, 1667 W Steele Lane ✆, 707/546-7147, errichten, die aus zwei Gebäuden, der Eisbahn und *Snoopy's Gallery*, ✆ 707/546-3385, 💻 www.schulzmuseum.com, besteht. Letztere ist zugleich Museum und Laden zum Thema *Peanuts* und eine bleibende Erinnerung an den viel geliebten Schulz, der zur Jahrtausendwende starb. ⏲ tgl. 10–18 Uhr, Eintritt $8.

In einer Gegend, die sich ganz dem Weinanbau verschrieben hat, findet sich fünf Meilen nordöstlich von Santa Rosa überraschenderweise das 1989 gegründete Tierschutzgebiet **Safari West**, 3115 Porter Creek Rd, das auf einem 160 ha großen, hügeligen Terrain zwischen den zwei Tälern hunderten von seltenen Säugetier- und Vogelarten Schutz bietet. Die dreistündige Jeeptour im afrikanischen Safari-Stil führt zu den auf dem weiten Gelände weidenden Herden (tgl. im Sommer 9, 12 und 16 Uhr, im Winter 10 und 14 Uhr; $58). Ansonsten kann man an den großen Käfigen für Geparden und Primaten vorbeischlendern und durch die große Voliere spazieren. Guides geben Hintergrundinformationen über die vierbeinigen und geflügelten Bewohner. Für den fürstlichen Preis von $225 kann man in afrikanischen Luxus-Safarizelten übernachten, und in einem Speise-Zelt wird man mit sättigenden Mahlzeiten vom Büffet versorgt. ✆ 707/579-2551 oder 1-800/616-2695, 💻 www.safariwest.com.

Übernachtung

Auf den Straßen, die vom Hwy-101 nach Santa Rosa führen, gibt es zahlreiche Motels, die oftmals preiswerter sind als die kleinen Hotels der Stadt.

Astro Motel, 323 Santa Rosa Ave, ✆ 707/545-8555, 💻 www.sterba.com/astro. Schlicht, dafür aber auch eine der preiswertesten Unterkünfte im Wine Country. ❷

Hotel La Rose, 308 Wilson St, ✆ 707/579-3200 oder 1-800/527-6738, 💻 www.hotellarose.com. Saubere, neue Zimmer in einem restaurierten Gebäude am Railroad Square, jedes Zimmer mit Internet-Zugang. ❻

Motel 6, 2760 Cleveland Ave, ✆ 707/546-1500 oder 1-800/466-8356, 💻 www.motel6.com. Etwas weitab von den großen Weingebieten, aber annehmbar und billig. Ein weiteres Motel der Kette etwas weiter, 3145 Cleveland Ave. ❷

Einen Campingplatz gibt es im ***Spring Lake Regional Park*** außerhalb von Santa Rosa, 391 Violetti Dr. ⏲ Mai–Sept tgl., Okt–April Sa und So, $15; ✆ 707/539-8092.

Essen

Arrigoni's Deli, 701 4th St, ✆ 707/545-1297, verkauft guten Aufschnitt, viele verschiedene Käsesorten und andere herzhafte Leckerbissen – ideal, wenn man ein Picknick plant.

Gary Chu's, 611 5th St, ✆ 707/526-5840, chinesisches Essen von hoher Qualität, große Portionen und sehr annehmbare Preise. Mo geschlossen.

Third Street Aleworks, 610 3rd St, ✆ 707/523-3060, herzhafte amerikanische Kost wie Burger und Pizza, dazu Bier aus der eigenen Kleinbrauerei, oft Live-Musik.

Informationen

CVB, 9 4th St, am Railroad Square, ✆ 707/577-8674 oder 1-800/404-7673, 🖳 www.visitsantarosa.com, ⏲ Mo–Sa 9–17, So 10–17 Uhr.

Transport

Es bestehen Busverbindungen nach:
ARCATA 4x tgl., 5 1/2– 6 1/2 Std.;
CRESCENT CIT, 2x tgl., 7 1/4– 8 1/4 Std.;
EUREKA 4x tgl., 5– 5 3/4 Std.;
GARBERVILLE 4x tgl., 3 1/2– 4 1/4 Std.;
SAN FRANCISCO 3x tgl., 2– 3 Std.;
WILLITS 4x tgl., 2 Std.

Die nördliche Küste

Die nebeligen Orte und windgepeitschten Strände der nördlichen Küste könnten kein kontrastreicheres Bild zur feinsandigen, sonnenverwöhnten Küste Südkaliforniens bieten. Die Region, die sich nördlich von San Francisco bis zur Grenze nach Oregon erstreckt, eignet sich mit ihren ganzjährig kühlen Temperaturen und dem ausgedehnten Netz an National-, Staats- und Regionalparks, in denen herrliche Küstensequoien Wälder geschützt werden, eher für Wanderungen als für ein Sonnenbad.

Die mannigfaltige, allgegenwärtige Tierwelt reicht von Robben, die sich auf den Felsen am Goat Rock Beach im Süden tummeln, bis zu Hirschen, die sich an Sträuchern im Norden gütlich tun – all das vor einer stets spektakulären landschaftlichen Kulisse. Auch weitaus ungewöhnlichere Fauna ist schon gesichtet worden: Der legendäre Bigfoot soll angeblich in den Wäldern seine Fußabdrücke hinterlassen, und Ewoks haben nördlich von Orick gegen das Imperium unter der Regie des Vaters von *Star Wars*, George Lucas, angekämpft, der das Gebiet als Schauplatz für *Die Rückkehr der Jedi-Ritter* wählte.

Entlang der Sonoma-Küste bahnt sich der Hwy-1 seinen Weg durch hartnäckigen Nebel, der, sobald durch die Kraft der Sonne aufgelöst, den Blick auf Austernbänke, Robbenkolonien und riesige Rhododendren freigibt. Die Nähe zu San Francisco sorgt schon seit langem dafür, dass es dem Küstenabschnitt praktisch nie an Wochenendausflüglern mangelt. Richtige Tourismuszentren gibt es allerdings nur im Hochsommer in einigen kleinen Gebieten. Ist die Saison vorüber, fallen die kleinen Orte und die einfachen Weingüter in einen neunmonatigen Winterschlaf. Die Küste ist kälter und einsamer als die landeinwärts verlaufenden Täler, in die es viele Urlauber nach einem Aufenthalt am Strand zieht.

Die Reichen von San Francisco haben schon lange Interesse am Bau von Wochenendhäusern auf den schönen Grundstücken entlang der Küste, doch die California Coastal Commission, der staatliche Küstenausschuss, sorgt dafür, dass die Architekten ihre Pläne nicht unkontrolliert verwirklichen können und die Strände nach wie vor allen zugänglich bleiben. So ist Sonomas Küste eine der wenigen noch nicht zugebauten Küstenabschnitte in Kalifornien.

Eine schöne Route vom Wine Country in Richtung Küste führt an den ruhigeren Weingütern im **Russian River Valley** vorbei. Oder man fährt auf dem US-101 weiter und macht einen Abstecher zum ebenfalls ruhigen **Clear Lake**, bevor man Mendocino ansteuert.

An der Küste hingegen verläuft der Hwy-1 über 200 Meilen direkt am Meer entlang durch Mendocino und Fort Bragg, bevor er bei Legget landeinwärts führt und sich in **Humboldt County** mit dem Hwy-101 vereint.

Weiter nördlich ist die Landschaft bis zur Grenze Oregons von dichten Redwood-Wäldern geprägt, die die Grundlage für die Holzindustrie, den größten lokalen Industriezweig, bilden und gleichzeitig die Hauptattraktion der Region darstellen, vor allem der **Redwood National Park**.

Eureka, die größte, aber auch langweiligste Stadt an der Küste, hat in **Arcata** einen lebendigen Nachbarort, der Heimat der Humboldt State University und tausender Birkenstock-Sandalenträger ist. Der letzte Abschnitt der „Redwood-Küste" vor der Grenze zum Bundesstaat Oregon befindet sich im **Del Norte County**, dessen Bezirkshauptstadt **Crescent City** nichts zu bieten hat, was einen längeren Aufenthalt rechtfertigen würde.

Ein Mietwagen ist für die Region empfehlenswert, wenn man die schönsten Gebiete sehen will. Im Sommer sollte man auf Karawanen von Wohnmobilen gefasst sein, die im Schneckentempo die engen Kurven des zweispurigen Hwy-1 zu meistern versuchen. Ein Amtrak- und zwei Greyhound-Busse verkehren zwar täglich auf dem parallel zum Hwy-1 verlaufenden Hwy-101, sie fahren aber erst weit im Norden, bei Eureka, zur Küste.

Bodega Bay

Das etwa 65 Meilen nördlich von San Francisco gelegene Bodega Bay ist der erste Küstenort am Hwy-1. Jahrhundertelang lebten in der Region Pomo- und Miwok-Indianer friedlich zusammen, bis das Schiff des Kapitänleutnants Juan Francisco de la Bodega y Quadra Molineda 1775 in der Bucht anlegte und dieser sich daran machte, die Gegend zu „entdecken".

Hitchcock filmte hier *Die Vögel*, von denen nach wie vor eine beunruhigend große Zahl den Hafen bevölkert, was Bodega Bay eine gewisse Bekanntheit sicherte. Ferienhäuser und moderne Apartmentanlagen säumen das Meeresufer. Wem der Sinn nach einsamen Spaziergängen und frühem Zubettgehen steht, der kann in Bodega Bay einen netten ersten Halt einlegen.

Eine vier Meilen lange Straße führt von Bodega Bay zum **Bodega Head** an der Spitze einer windigen Halbinsel. Die Dünenlandschaft endet an steilen Klippen. Entlang der geschützten, dem Land zugewandten Seite findet man 2 Meilen vom Ort entfernt einen Campingplatz, einen Jachthafen und die Tankstelle, die auch in Hitchcocks Film zu sehen ist, sowie ein altes, fast zerfallenes Walfangschiff. Noch einsamere Strände erstrecken sich weiter im Norden.

Übernachtung und Essen

Bodega Harbor Inn, 1345 Bodega Ave, ✆ 707/875-3594, 💻 www.bodegaharborinn.com, bietet das beste Preis-Leistungs-Verhältnis. ❹

Bodega Coast Inn, 521 Hwy-1, ✆ 707/875-2217 oder 1-800/346-6999, 💻 www.bodegacoastinn.com, sehr komfortable, renovierte Zimmer mit Kamin. Reservierung erforderlich. ❺

Bodega Dunes Campground, ✆ 707/875-3483, Reservierungen über *ReserveAmerica*, ✆ 800/444-7275, auf Bodega Head, 2 Meilen nördlich der Stadt am Hwy-1 in den Dünen hinter dem Strand, $20 pro Nacht. Wer nicht zu den abgehärteten Campern gehört, sollte sich besser in das weniger windige Tal am Russian River zurückziehen (s.u.).

Essen

Brisas del Mar, 2001 Hwy-1, ✆ 707/875-9190, gute und preiswerte Pasta und mexikanische Gerichte; auch Seafood.

Lucas Wharf, 595 Hwy-1, ✆ 707/875-3522, ist auf Krebs (Mitte November bis Juni) und Lachs (Mitte Mai bis September) spezialisiert und bietet eine gute Auswahl an Weinen aus der Region.

Tides Wharf and Restaurant, Teil des edlen *Inn at the Tides*, 835 Hwy-1, ✆ 707/875-3652, mit guter Aussicht auf die Fischerboote – und ihren Fang.

Sandpiper Restaurant, 1410 Bay Flat Rd, ✆ 707/875-2278. Preiswertes Frühstück und Mittagessen; ein Abendessen kommt teurer.

The Seaweed Café, 1580 Eastshore Rd, ✆ 707/875-2700, in der Nähe, etwas beschränkteres Angebot an teurer kalifornischer Küche.

Sonstiges

AKTIVITÄTEN – ***Bodega Bay Surf Shack***, 1400 Hwy-1, in der Pelican Plaza, ✆ 707/875-3944, vermietet Fahrräder, Kayaks und Windsurfbretter zu branchenüblichen Preisen.

INFORMATIONEN – Wer kein Zimmer reserviert hat, kann sich im hilfsbereiten ***Sonoma Coast Visitor Center***, 850 Hwy-1, ✆ 707/875-3866, 💻 www.bodegabay.com, nach Übernachtungsmöglichkeiten in der Region erkundigen. 🕒 Mo–Do 10–18, Fr und Sa 10–20, So 10–19 Uhr.

TOUREN – ***Wil's Fishing Adventures***, 1580 Eastshore Rd, ✆ 707/875-2323, bietet bei ausreichend großer Interessentenzahl tgl. um 18 Uhr eine Tour in die Bucht zu den Schauplätzen von Hitchcocks *Die Vögel*, in die Gegend, in der Sir Francis Drake an Land gegangen sein soll, und zum Bodega Rock, wo sich Seelöwen und Meeresvögel tummeln; $8.

Sonoma Coast State Beach

Entlang dieses rauen Küstenabschnitts mit steilen Felsen, die eine Kette kleiner Strände voneinander trennen, führen schöne Wanderwege. Die brüchigen Schieferfelsen sind gefährlich, deshalb sollte man unbedingt auf den ohnehin recht anstrengenden Wegen bleiben.

Von den 13 Meilen langen Stränden des Parks sind einige besonders schön, z.B. der zum Surfen einladende **Salmon Creek Beach**, ein paar Meilen nördlich von Bodega Bay, wo sich die Headquarters des Parks befinden, und der **Goat Rock Beach** am oberen Ende der Küste, ein belebter, langer Sandstrand mit vielen Möglichkeiten zum Angeln. Letzterer bietet zudem die Möglichkeit, Seehunde aus der Nähe zu beobachten.

Bei **Jenner** fließt der Russian River in den Pazifik, und an seiner Mündung gibt es eine lange Sandbank, die Seehunden zwischen März und Juni zur Aufzucht ihrer Jungtiere dient.

Übernachtung und Essen

Im winzigen Dorf **Jenner** gibt es:

The Jenner Inn, 10400 Hwy-1, ✆ 707/865-2377 oder 1-800/732-2377, 🖳 www.jennerinn.com. Zimmer ❻, Cottages ❼, Suiten ❽.

River's End Resort, ✆ 707/865-2484, 🖳 www.ilovesunsets.com, hübsche Cabins. ❻

Seagull Deli, 10439 Hwy-1, wunderbare Muschelsuppe auf einer Terrasse am Fluss.

Campingplätze gibt es überall entlang der Küste, Informationen unter ✆ 707/875-3483.

Aktivitäten

Chanslor Guest Ranch, 2660 Hwy-1, ✆ 707/875-3333, 🖳 www.chanslor.com, bietet **Reitausflüge** an. Für $30 p.P. geht es 30 Min. in die Feuchtgebiete, für $40 p.P. 1 Std. den Salmon Creek entlang oder für $60 p.P. 1 1/2 Std. zum Strand des Sand Dune State Park; mindestens zwei Teilnehmer erforderlich. Auf demselben Gelände befindet sich ein ***B&B,*** ✆ 707/875-2721. Übernachtungsgäste erhalten 10% Preisnachlass auf die Ausritte, ein Aufenthalt lohnt sich aber nur, wenn man das Angebot der Stallungen intensiv nutzen möchte. ❻

Fort Ross und Umgebung

Nördlich von Jenner führt der sehr steile und kurvenreiche Hwy-1 durch eine dünn besiedelte Küstenlandschaft zum 12 Meilen entfernten **Fort Ross State Historic Park** mit dem gleichnamigen Fort, das eine interessante Geschichte hat. Bis zum Beginn des 19. Jhs. reichte das spanisch geprägte Alta California bis nach San Francisco hinauf. Dann drangen von 1812 bis 1841 russische Pelzhändler von Alaska kommend bis an die nordkalifornische Küste vor – um ein Haar hätten sie den kalifornischen Seeotter ausgerottet. Sie errichteten eine Festung, die als Handelsposten diente, und betrieben Landwirtschaft, um ihre Stützpunkte in Alaska mit Lebensmitteln zu versorgen. Offiziell stellte das russische Zarenreich keine Gebietsansprüche, aber als den Spaniern die Größe der Siedlung bewusst wurde, war die Festung bereits schwer bewaffnet und gut bemannt. Lange Zeit sah es aus, als ob die Russen eine Expansion nach Osten planten. Nach 30 profitablen Jahren waren sie jedoch durch den Rückgang der Otter- und Biberbestände und den gescheiterten Versuch, einen Schiffsbau aufzuziehen, dazu gezwungen, die Region wieder zu verlassen. 1841 verkauften sie daher die Festung mit allem, was dazu gehörte, an einen gewissen John Sutter, der alles auf sein Anwesen im Sacramento Valley schaffte, so dass heute nur eine Rekonstruktion, wenn auch eine originalgetreue, zu sehen ist.

Am Eingang wird in einem interessanten **Museum** anhand von Ausstellungsstücken, Karten und Schautafeln die Geschichte von Fort Ross dargestellt. Zweimal täglich finden Vorträge statt (12 und 14 Uhr), ansonsten werden beim Rundgang durch die mit Palisaden befestigte Anlage über tragbare Kassettenrecorder historische Daten übermittelt. Man kann Unterkünfte und Vorratsräume besichtigen, außerdem die nach einem Brand wieder aufgebaute russisch-orthodoxe Kapelle und das frühere Haus des Kommandanten. Hinter dem Fort erstreckt sich ein kleiner Strand. Park ◷ tgl. 8 Uhr bis Sonnenuntergang, Eintritt $6 pro Auto; Fort ◷ tgl. 10 - 16.30 Uhr, Eintritt frei.

Zu den am leichtesten zugänglichen und zugleich schönsten Stränden im Sonoma County zählt der von **Gerstle Cove** im **Salt Point State Park**, von dem ein gepflasterter, rollstuhlgerechter Weg vorbei an wellengepeitschten Felsen und faulenzenden Seehunden bis nach Salt Point führt. Der Park bietet Pilzen einen idealen Nährboden und Sammlern ein lohnendes Terrain und Gerstle Cove ist ein bevorzugter Ausgangspunkt für Pilzsammler, die hier ihr Auto abstellen. Ein vom Ranger erhältliches Merkblatt informiert über zu beachtende Regeln. ◷ tgl. 8 Uhr bis Sonnenuntergang, Eintritt $6 pro Auto.

Weiter gen Norden erreicht man ein Stück landeinwärts hinter Walsh Landing das **Kruse Rhododendron State Reserve**, ✆ 707/847-3221, mit bis zu 7 m hohen Rhododendren-Hainen, die von April bis Juni blühen. Man kann mit dem Auto durchfahren oder einen kurzen Spaziergang machen. Die Strände sind einsam und verlassen, sieht man vom Treibholz, den Seehunden und vereinzelten Abalonen-Fischern ab.

Nicht weit davon erreicht der Hwy-1 den winzigen und unbedeutenden Küstenort Stewart's Point, bevor er die Küste von Mendocino County (s.S. 662) erreicht.

Übernachtung und Essen

Es gibt zwei annehmbare Hotels in der Nähe der beiden Parks:

Fort Ross Lodge, 20705 Hwy-1, 15 Meilen nördlich von Jenner, ✆ 707/847-3333, 💻 www.fortrosslodge.com; Zimmer mit Mikrowelle, Videorekorder, Kaffeemaschine, kleinem Kühlschrank, Patio und Grill. Teurere Suiten mit Jacuzzi. ❺

Timber Cove Inn, 21780 Hwy-1, ✆ 707/847-3231 oder 1-800/987-8319, 💻 www.timbercoveinn.com; etwas weiter nördlich; bequeme Zimmer, herrlicher Meerblick sowie ein kleines Restaurant. ❹

Campen kann man auf dem ***Reef Campground***, nur wenig südlich der Parkzufahrt, ✆ 707/847-3286, für $15, oder 6 Meilen weiter nördlich im **Salt Point State Park** am Hwy-1, ✆ 707/847-3221, Reservierungen über *ReserveAmerica*, ✆ 1-800/444-7275, für $20.

Das Restaurant in der ***Salt Point Lodge***, 23255 Hwy-1, ✆ 707/847-3234, serviert gute Seafood- und Steak-Gerichte für etwa $13–20, aber die Zimmer sollen laut sein.

Russian River Valley

Fährt man auf dem Hwy-116 bei Jenner landeinwärts, hat man bald die kühlen Nebelbänke der Küste hinter sich gelassen und den westlichen Eingang des verhältnismäßig warmen Russian River Valley erreicht. Auf 20 Meilen folgt die Straße dem Flusslauf durch hohe Wälder und abgelegene, beschaulich wirkende Resorts. Doch der Schein trügt, denn hier feiern am Wochenende Ausflügler aus San Francisco heiße Feten. Aber nur am ersten Wochenende nach Labor Day, wenn das **Jazz on the River Festival** stattfindet, ist es richtig voll. Im Wald und am Fluss wird dann auch außerhalb des offiziellen Programms musiziert. Das neu eingeführte **Russian River Blues Festival** Ende Juni ist ähnlich erfolgreich. Beide Events werden vom selben Veranstalter in der East Bay gemanagt, ✆ 510/655-9471, 💻 www.russianriverbluesfest.com.

Guerneville

Das Zentrum der Region, Guerneville, hatte vor einiger Zeit sein Coming-out und gibt sich heute als das, was es im Stillen schon seit gut 20 Jahren ist: ein lebendiger Ferienort für stadtmüde Schwule (vor allem im Sommer). An den beiden **Women's Weekends**, ✆ 707/869-9000, Anfang Mai und Ende September nehmen viele Hotels allerdings nur Frauen auf.

Wer hier nicht lebt, kommt zumindest an Wochenenden herauf, um Kanu zu fahren, zu schwimmen oder sich einfach zu sonnen. Am **Johnson's Beach** am Fluss im Ortszentrum gibt es eine Bootsvermietung.

Die bedeutendste Naturattraktion Guernevilles ist das herrliche **Armstrong Redwoods State Reserve** zwei Meilen weiter nördlich, am Ende der Armstrong Woods Rd. Das 280 ha große Naturschutzgebiet umfasst große Bestände von Redwood-Bäumen, Wander- und Reitpfade sowie einfache Zeltplätze. Entsprechendes Kartenmaterial gibt es im Visitor Centre des Parks, ◷ tgl. 11–15 Uhr.

Man sollte Wasser mitnehmen und sich auf den Pfaden halten: In dem dicht bewaldeten Central Grove kann man sich sehr leicht verirren. ✆ 707/869-2015, Eintritt $6 pro Fahrzeug.

Übernachtung

Das Gros der Unterkünfte stellen B&Bs; preiswerte Motels sind selten, sofern man nicht auf dem Hwy-101 weiter Richtung Osten fährt. Zwei luxuriöse Unterkünfte sind

Creekside Inn and Resort, 16180 Neely Rd, ✆ 707/869-3623 oder 1-800/ 776-6586, 🖳 www.creeksideinn.com, ❺, und

Applewood Inn & Restaurant, 13555 Hwy-116, ✆ 707/869-9093, 🖳 www.applewoodinn.com, beherbergt auch ein weithin gepriesenes Gourmetrestaurant. ❼

New Dynamic Inn, 14030 Mill St, ✆ 707/869-1563, 🖳 www.newdynamicinn.com, entspannte New-Age-inspirierte Unterkunft mit „kosmischen Energien". ❸

Fife's, 16467 River Rd, ✆ 707/869-0656 oder 1-800/734-3371, 🖳 www.fifes.com, Schwulenhotel mit einer Reihe von Cabins am Fluss. Auch Zeltplätze. ❸

Highlands, 14000 Woodland Rd, ✆ 707/869-0333, 🖳 www.highlandsresort.com; ebenfalls primär auf eine schwule Klientel ausgerichtet; auch Zeltplätze. ❷

Wie überall in dieser Region, ist Zelten am billigsten. Beiderseits des Highway liegen im Abstand von wenigen Meilen **Campingplätze**, die selten ausgebucht sind: ***Austin Creek State Recreation Area,*** Armstrong Woods Rd, ✆ 707/865-2391, bietet Campingplätze ohne Wohnmobile für $15 pro Nacht.

Johnson's Beach and Resort, 16241 1st St, ✆ 707/869-2022, ist ähnlich; $10 pro Fahrzeug inkl. 1 P., jede weitere P. $2. Es gibt auch Cabins und Zimmer. ❸

Essen und Unterhaltung

In Guerneville gibt es jede Menge recht preiswerter, guter Restaurants und Lokale, z.B.:

Main Street Station, 16280 Main St, ✆ 707/869-0501, Pizzeria, in der jeden Abend Live-Musik (hauptsächlich Jazz) gespielt wird.

Rainbow Cattle Co, 16220 Main St, ✆ 707/869-1916. Lebendige Schwulenbar, die sich zu später Stunde zunehmend füllt.

Russian River Resort („Triple R"), 16390 4th St, ✆ 707/869-0691, und

The Eagle, 16225 Main St, ✆ 707/869-3400, servieren beide Essen und Alkoholisches und sind ebenfalls sehr beliebt bei Schwulen und Lesben.

Taquería La Tapatia, 16632 Hwy-116, im Westen, ✆ 707/869-1821. Exzellenter, authentischer und preiswerter Mexikaner.

Wild Jane's, 16440 Main St, ✆ 707/869-3600, bietet klassische amerikanische / kalifornische Küche und Live-Musik.

Sonstiges

INFORMATIONEN – ***Chamber of Commerce and Visitor Center,*** 16209 1st St, 24-Std.-Info unter ✆ 707/869-9000 oder 1-877/644-9001, 🖳 www.russianriver.com, 🕒 tgl. 10–18 Uhr.

REITEN – ***Horseback Adventures,*** ✆ 707/887-2939, bietet Reitausflüge im Armstrong Redwoods State Reserve; von Halbtagsausritten für $40 bis zu 3-tägigen Touren mit Packpferden für $450.

Transport

Busse von *Sonoma County Transit,* ✆ 707/576-7433, 🖳 www.sctransit.com, bieten unter der Woche einen recht guten Service zwischen den Siedlungen am Russian River und SANTA ROSA im Weinanbaugebiet. Am Wochenende ist man jedoch mit dem eigenen Auto besser dran.

Monte Rio und Umgebung

Monte Rio liegt vier Meilen südlich von Guerneville am Fluss und am Highway. Die Atmosphäre in diesem hübschen alten Städtchen mit malerischen viktorianischen Häusern ist locker und nonkonformistisch, und der Ort ist auf jeden Fall einen Besuch wert.

Schon seit langem ist der 1000 ha große, private Park **Bohemian Grove** in Monte Rio Treffpunkt des in San Francisco beheimateten Bohemian Club, auf dessen Mitgliederliste die Namen vieler reicher und einflussreicher Persönlichkeiten, Ex-Präsidenten, Finanziers, Politiker und anderer stehen. Einmal jährlich im Juli werden sie zur Bohemian Week eingeflogen, der größten Männerparty der Welt, bei der hochkarätige, teure Prostituierte ihre Kunden fern von den Kameras neugieriger Skandalblätter verwöhnen.

Westlich von Monte Rio zweigt der schmale Cazadero Highway nach Norden ab. In dem bewaldeten Tal wurden während der letzten Jahre zahlreiche Wochenendhäuser erbaut. Hinter Cazadero erreicht man über eine kurvenreiche Straße Fort Ross an der Küste (s.o.).

Weingüter im Russian River Valley

Im Umkreis des Russian River liegen fast 100 kleine Weingüter. Im Gegensatz zu den Unternehmen in Napa muss man hier weder an einer offiziellen Führung teilnehmen noch für Weinproben bezahlen und kann normalerweise nach Herzenslust auf dem Gut umherlaufen und Wein trinken. Einige Sorten sind bemerkenswert, auch wenn sie weniger bekannt sind als die entsprechenden Produkte der Konkurrenz im Wine Country. Einige Weinkellereien am Russian River lassen sich von der Sonoma Coast aus mit dem Auto gut besuchen. Eine vollständige Liste der Güter gibt es bei der Guerneville Chamber of Commerce.

Belvedere, 4035 Westside Rd, 4 Meilen südlich von Healdsburg, ✆ 707/431-4442, 💻 www.belvederewinery.com. Reizvoll gelegenes Gut mit schöner Aussicht vom Garten. Im Sommer Sa nachmittags Live-Jazz. Weinprobe tgl. 11–17 Uhr.

Dry Creek Vineyard, 3770 Lambert Bridge Rd, Ecke Dry Creek Rd, 4 Meilen nordwestlich von Healdsburg, ✆ 707/433-1000 oder 1-800/864-WINE, 💻 www.drycreekvineyard.com. Familienbetrieb, berühmt für seine erlesenen Weine, insbesondere Cabernet Sauvignon und Chardonnay. Picknickgelände. Weinprobe tgl. 10.30–16.30 Uhr.

Ferrari Carano, 8761 Dry Creek Rd, 6 Meilen nordwestlich von Healdsburg, ✆ 707/433-6700 oder 1-800/831-0381, 💻 www.ferrari-carano.com. Dieses Weingut in einer neoklassizistischen Villa umgeben von einer herrlichen Gartenanlage ist eines der stilvollsten der Gegend. Spezialität sind Weine italienischer Art. Weinproben tgl. 10–17 Uhr, $3.

Hop Kiln, 6050 Westside Rd, 5 Meilen südlich von Healdsburg, ✆ 707/433-6491, 💻 www.hopkilnwinery.com, ist ein neueres Weingut mit traditioneller Atmosphäre, aber kein bisschen überheblich. Weinproben tgl. 10–17 Uhr.

Korbel Champagne Cellars, 13250 River Rd, 2 Meilen östlich von Guerneville, ✆ 707/824-7000, 💻 www.korbel.com. Amerikas meistverkaufter Spitzensekt wird zwar in vielen Supermärkten angeboten, doch den gleichnamigen hervorragenden Wein und Brandy bekommt man nur direkt vom Erzeuger. Die Landschaft, in der der Wein angebaut wird, ist wunderschön. In den Gärten an den umliegenden Hängen blühen Veilchen, Glockenblumen und Hunderte verschiedener Rosen, die eine perfekte Umgebung für ein erholsames Picknick abgeben. Auf dem Gelände gibt es auch eine Kleinbrauerei und ein Feinkost-Deli.

Lake Sonoma, 9990 Dry Creek Rd, Geyserville, ✆ 707/473-2999, 💻 www.lakesonomawinery.net. Schöne Lage an einem Hang am Ende des Dry Creek Valley; gute Auswahl an Weinen, unter denen der Portwein besondere Erwähnung verdient. Auch eine hauseigene Bierbrauerei gibt es. Weinproben tgl. 10–17 Uhr.

Porter Creek, 8735 Westside Rd, gut 5 Meilen östlich von Guerneville, ✆ 707/433-6321, 💻 www.portercreekvineyards.com. Kleiner, ländlich wirkender Betrieb, der ausschließlich Bio-Weine produziert. Spezialität ist der Pinot Noir. Weinprobe tgl. 10.30–16.30 Uhr, im Winter Di und Mi geschlossen.

Topolos at Russian River Vineyards, 5700 Gravenstein Hwy, Forestville, 5 Meilen von Guerneville am Hwy-116, ✆ 707/887-1575 oder 1-800/867-6567, 💻 www.topolos.net, ist eines der am leichtesten erreichbaren Weingüter des Russian River Valley und auf Zinfandel-Weine spezialisiert. Das beliebte Restaurant auf dem Gut, ✆ 707/887-1562, serviert kalifornische Gerichte mit griechischem Einschlag, die auf der Terrasse mit Blick auf den herrlichen Wildblumengarten genossen werden können. Weinproben tgl. 11–17.30 Uhr, Führung nach Anmeldung.

Am nördlichen Ende der Brücke über den Russian River können sich Radfahrer in Monte Rio auf die weltbekannte **King Ridge-Meyers Grade** begeben. Die 55 Meilen lange Rundstrecke, auf der man einen Höhenunterschied von knapp 1400 m zu überwinden hat, verläuft entlang dem Cazadero Highway in die Berge, um dann wieder bergab zur Küste und zum Hwy-1 zu führen. Ausführliche Informationen zur Strecke erteilt der *Santa Rosa Cycling Club*, ✆ 707/544-4803, 🖳 www.srcc.com. *Russian River Kayak and Bicycle*, ✆ 707/865-2141, vermietet Fahrräder und Kajaks.

Übernachtung und Essen

Rio Villa Beach Resort, 20292 Hwy-116, ✆ 707/865-1143, 🖳 www.riovilla.com, eine der erschwinglicheren Unterkünfte, in herrlicher Umgebung am Ufer des Russian River. ❹

Highland Dell Resort, 21050 River Blvd, ✆ 707/865-2300, 🖳 www.highlanddell.com, mit hoch gelobtem Restaurant, ist ebenfalls zu empfehlen. ❹

Huckleberry Springs Country Inn and Spa, 8105 Old Beedle Rd, ✆ 707/865-2683 oder 1-800/822-2683, 🖳 www.huckleberrysprings.com, luxuriöses Vorwöhnhotel für Erwachsene mit Massageservice und Heilbad, unmittelbar außerhalb der Stadt. ❼

Northwood Restaurant, 19400 Hwy-116, ✆ 707/865-2454, serviert schmackhafte California Cuisine.

Healdsburg

Das friedliche, moderne Städtchen Healdsburg liegt an der unsichtbaren Grenze zwischen dem Wine Country und dem Russian River Valley und schafft es auf seine stille Art, die Vorzüge der beiden Regionen zu vereinen. Da gibt es einmal den **Veterans Memorial Beach**, eine Meile südlich der Plaza am Ufer des Russian River, im Sommer ein begehrtes Fleckchen zum Schwimmen, Picknicken und Kanufahren, sowie im Umkreis weniger Meilen des Stadtzentrums mehrere Dutzend Weingüter, die meisten davon Familienbetriebe. Einzige kulturelle Zerstreuung im Ort bietet das Healdsburg Museum, 221 Matheson St, ✆ 707/431-3325, 🖳 www.healdsburgmuseum.org, mit einer achtbaren Ausstellung zur Lokalgeschichte. Zu sehen gibt es Korbarbeiten der Pomo-Indianer, Werkzeuge und Kunsthandwerk aus dem 19. Jh. sowie 8000 Originalfotos. ⏲ Di–So 11–16 Uhr, Eintritt frei. In der ganzen Region wurden romantische B&Bs eröffnet, darunter auch im Nachbardorf Geyserville, und obwohl die Existenz des Städtchens fast ausschließlich auf dem Tourismus beruht, hat es sich ein gelassenes, ländliches Ambiente bewahrt.

Übernachtung und Essen

Madrona Manor, 1001 Westside Rd, ✆ 707/433-4231 oder 1-800/258-4003, 🖳 www.madronamanor.com, luxuriöses B&B im viktorianischen Stil, versteckt auf einem Hügel gelegen; mit seiner wunderschönen Anlage samt Gourmetrestaurant ist es die denkbar beste Unterkunft, sofern die Reisekasse es zulässt. ❼

Best Western Dry Creek Inn, 198 Dry Creek Rd, ✆ 707/433-0300 oder 1-800/222-5784, 🖳 www.drycreekinn.com, bestes Preis-Leistungs-Verhältnis. ❹

Bistro Ralph, 109 Plaza St, ✆ 707/433-1380, eines von mehreren Feinschmeckerlokalen rings um die grüne, baumbestandene Plaza, mit schlichter Einrichtung und hervorragender Küche.

Bear Republic Brewing Co, 345 Healdsburg Ave, ✆ 707/433-2337; ziemlich preiswertes Essen und hausgebrautes Bier.

Flying Goat Coffee Roastery and Café, in unmittelbarer Nähe der zentralen Plaza, 324 Center St, ✆ 707/433-9081, ein herrliches Plätzchen, um bei einer guten Tasse Kaffee die Zeitung zu lesen.

Informationen

Healdsburg Area Chamber of Commerce, 217 Healdsburg Ave, ✆ 707/433-6935 oder 1-800/648-9922, 🖳 www.healdsburg.org, informiert über Weingüter und Unterkünfte. ⏲ Mo–Fr 9–17, Sa 9–15, So 10–14 Uhr.

Clear Lake

Eine alternative Route zur Nordküste führt vom Wine Country auf dem Hwy-29 oder, wenn man vom I-5 nördlich von Sacramento kommt, auf dem Hwy-20 durch das **Lake County** mit dem Clear Lake, dem größten natürlichen Süßwassersee Kaliforniens – ein Landstrich, der von Besuchern oft links liegen gelassen wird. Der See, einer der ältesten auf dem amerikanischen Kontinent, liegt in einem Becken, das vor etwa 50 Millionen Jahren durch den Zusammenstoß der pazifischen und der amerikanischen tektonischen Platte über den Meeresspiegel angehoben wurde. Die Pomo-Indianer waren die Ersten, die sich hier niederließen, angezogen vom milden Klima und dem Fischreichtum des Sees. Sie pflegten Handelsbeziehungen zu anderen Stämmen und lebten hier friedlich bis zur Ankunft der weißen Siedler. Heute machen sie nur 2% der Bevölkerung aus.

Der See umfasst 64 Quadratmeilen Oberfläche und 100 Meilen Uferlinie. Unter Anglern gilt er als das beste Barschfanggebiet des Landes. Der See ist von sanften Hügeln umgeben. Am südlichen Ufer erhebt sich der 1350 m hohe, ruhende Vulkan **Mount Konocti** mit seinen grünen Zwillingskegeln. Die größte Stadt, nach dem See schlicht **Clearlake** benannt, liegt am Südostufer des Sees. Sie bietet zwar viele Annehmlichkeiten für Besucher, ist aber modern und gesichtslos, so dass man sich besser auf das Gebiet in der Umgebung von **Lakeport** im Westen und auf das Nordufer konzentriert.

Bis zum 2. Weltkrieg war der Clear Lake ein bei amerikanischen Familien der Mittelschicht sehr beliebtes Ferienziel. Nach etlichen mageren Jahrzehnten, in denen die Gegend sich bei vielen Kaliforniern den wenig schmeichelhaften Ruf als Hochburg weißer Proleten („white trash central") erworben hatte, versucht man wieder an bessere Zeiten anzuknüpfen. Noch reihen sich an einigen Stellen nicht besonders ansehnliche Motels am Ufer aneinander. Man tut jedoch alles, um die unbestreitbare natürliche Schönheit des Sees, das sonnige Klima und die relative Nähe zu San Francisco (zwei Stunden Fahrzeit) hervorzuheben. Natürlich werden auch die zahlreichen Freizeitsportmöglichkeiten im, am und auf dem Wasser – Wassersport, Angeln und Bootfahren – herausgestrichen.

Südöstlich von Lakeport bieten der **Clear Lake State Park** und die **Soda Bay** weitere Gelegenheiten zu sportlicher Betätigung oder einfach nur zum Ausspannen, ebenso wie eine Reihe kleiner Resorts am **Nordufer**. Da die Kampagne zur Wiederbelebung des Fremdenverkehrs erst begonnen hat, gibt es für Besucher günstige Angebote für Unterkünfte, Essen und Unterhaltung. Die Lake County Resort and Restaurant Association unterhält eine nützliche Website, 💻 www.lakecountyrandr.com.

Verglichen mit anderen Gebieten in Nordkalifornien ist es relativ einfach, ohne eigenes Auto hier Ferien zu machen. Zwar verkehrt Greyhound nicht mehr in der Region, dafür bietet *Lake Transit,* ✆ 707/263-3334, tgl. außer So einen effizienten, regelmäßigen Busdienst rund um den See sowie 4x wöchentl. eine Verbindung nach Calistoga und St. Helena im Napa Valley. Donnerstags hat man von dort Anschluss nach Santa Rosa.

Lakeport

Von den zwei Städten am Clear Lake ist Lakeport die attraktivere und ältere – sie entstand Ende des 19. Jhs., als sich nach dem Abklingen des Goldrausches Siedler in der idyllischen Gegend niederließen. Wegen seiner vorstadtähnlichen Ausbreitung entlang des Ufers wirkt der Ort größer als er tatsächlich ist: Weniger als 5000 Leute wohnen hier.

Das Zentrum strahlt einen gewissen viktorianischen Charme aus: Hier erhebt sich am Hauptplatz in der 255 N Main St das Courthouse, ein 1871 erbautes Backsteinhaus. Es beherbergt das **Lake County Museum,** ✆ 707/263-4555, mit einer den früher hier ansässigen Ureinwohnern gewidmeten Ausstellung. 🕓 Mi–Sa 10–16, So 12–16 Uhr; Spende erbeten.

In dem Karree um den Hauptplatz und in den Straßen, die davon abgehen und zum See führen, findet man die wichtigsten Läden und Einrichtungen des Ortes.

Sechs Meilen südöstlich von Lakeport lohnen zwei benachbarte Gebiete einen Besuch: Das erste ist der **Clear Lake State Park,** ✆ 707/279-4293, mit Spazierwegen durch den Wald und einem Badestrand. Im hiesigen, sporadisch geöffneten Visitor Center gibt es eine Ausstellung über die Natur- und Kulturgeschichte des Sees sowie ein großes Aquarium mit Fischen aus dem See. Vier gut ausgestattete Campingplätze bieten Übernachtungsmöglichkeiten für $15–19; Reservierung über *ReserveAmerica,* ✆ 1-800/444-7275. 🕓 tgl. 8 Uhr bis Sonnenuntergang, Eintritt $6 pro Fahrzeug.

Die **Soda Bay** am Fuß des Mount Konocti und an dem geschützten Gewässer zwischen dem State Park und der weit in den See hineinreichenden

Buckingham Peninsula ist ein weiteres Schwimm- und Anglerparadies. Ihren Namen hat die Bucht von den Mineralquellen, die an der Ostseite aus etwa 30 m tiefen Erdspalten emporsprudeln.

Den Überlieferungen der Indianer zufolge warf sich an dieser Stelle Lupiyoma, die Tochter des Häuptlings Konocti, in den See, nachdem ihr Vater und ihr Geliebter in einer Schlacht ihr Leben verloren hatten.

Übernachtung und Essen

Lakeport English Inn, 675 N Main St, ✆ 707/263-4317, 🖳 www.lakeportenglishinn.com, ist das beste B&B der Gegend. ❻

Mallard House, 970 N Main St, ✆ 707/262-1601, 🖳 www.mallardhouse.com, freundliches Hotel im englischen Landhausstil – ausgezeichnetes Preis-Leistungs-Verhältnis. ❷

Rainbow Lodge, 2569 Lakeshore Blvd, ✆ 707/263-4309, 🖳 www.therainbowlodge.com. Das in den nördlichen Vororten gelegene Motel ist typisch für die Ferienunterkünfte in dieser Gegend und bietet den Vorzug eines benachbarten, akzeptablen Restaurants. ❸

Chopstick, 185 N Main St, ✆ 707/263-3310. Preiswerte chinesische Speisen.

Park Place, 50 3rd St, ✆ 707/263-0444, Im Zentrum. Magenfüllende Pasta, Burger und Steaks.

An der **Soda Bay** liegen eine Reihe von Unterkünften, z.B.:

Edgewater Resort, 6420 Soda Bay Rd, ✆ 707/279-0208 oder 1-800/396-6224, 🖳 www.edgewaterresort.net. Geräumige Cabins für Familien, auch Stellplätze für Zelte- und Wohnmobile für $28. ❻

The Lakeside Inn, praktisch daneben, 6330 Soda Bay Rd, ✆ 707/279-1620 (nur Do–So), ist eine gemütliche Kneipe nach englischem Vorbild, in der es Fleischpasteten und gutes Bier gibt.

Sonstiges

ANGELN – ***King Connection,*** 2470 Reeves Lane, ✆ 707/263-8856.

BOOTSVERLEIH – ***Disney's Water Sports,*** 401 S Main St, ✆ 707/263-0969, 🖳 www.disneywatersports.com. Ab $40 für 30 Min.

INFORMATIONEN – ***Visitor Center,*** 875 Lakeport Blvd, auf einem Hügel in der Nähe der Ausfahrt vom Hwy-29, ✆ 707/263-5092 oder 1-800/525-3743, 🖳 www.lakecounty.com. 🕓 Mo–Fr 9–17, Sa 10–14 Uhr. Viele Informationsbroschüren und Karten sowie hilfreiche Beratung; außerdem schöner Blick auf den See.

Mount Konocti

Die majestätisch am Südufer des Sees thronenden Vulkankegel von Mount Konocti verliert man an keinem Punkt des Sees aus den Augen. Der erste Vulkanausbruch erfolgte vor ca. 600 000 Jahren, doch seit einigen tausend Jahren ruht der Vulkan. Der größte Teil des Berges ist in Privatbesitz, und man hat nur mit Erlaubnis Zutritt.

An einigen Tagen werden Führungen angeboten. Reservierungen und weitere Informationen unter ✆ 707/972-1990.

Übernachtung

Die nächstgelegenen Unterkunftsmöglichkeiten und andere Dienstleistungsangebote findet man in **Kelseyville** im Südwesten, u.a. ***Konocti Harbor Resort & Spa,*** 8727 Soda Bay Rd, ✆ 707/279-4281 oder 1-800/660-5253, 🖳 www.konoctiharbor.com. Die Unterkunft bietet Motelzimmer, Cottages am Strand und teure VIP-Suiten (über $300), hinzu kommen Restaurants, Sportmöglichkeiten, ein Bootshafen und eine Konzerthalle. ❸

Clearlake

Clearlake geht nahtlos in den angrenzenden Nachbarort **Lower Lake** über. Die etwas gesichtslose Doppelstadt zählt knapp 12 000 Einwohner und bietet Besuchern viele Annehmlichkeiten.

Im **Lower Lake Historical Schoolhouse Museum,** 6435 Morgan Valley Rd, Lower Lake, ist ein Klassenzimmer einer Grundschule aus dem späten 19. Jh. erhalten. 🕓 Mi–Sa 11–16 Uhr; Eintritt frei.

An der Südseite von Clearlake am Old State Hwy, Ecke Dam Rd, befindet sich der Wasservergnügungspark **Outrageous Waters,** ✆ 707/995-1402 oder 1-877/932-3386, 🖳 www.outrageouswaters.com, 🕓 Mai–Sept tgl. 12–20 Uhr; Eintritt $14.

Übernachtung und Essen

Es gibt zahlreiche preiswerte Unterkünfte am Wasser, u.a.:

Lamplighter Motel, 14165 Lakeshore Dr, ✆ 707/994-2129; einfache Zimmer. ❸

Jules Resort, daneben, 14195 Lakeshore Dr, ✆ 707/994-1491, 💻 www.julesresort.com. Unter derselben Leitung, aber etwas komfortabler. ❹

Highlands Inn, 13865 Lakeshore Drive, ✆ 707/994-8982 oder 1-800/300-8982, 💻 www.highlands.com; recht komfortabel. ❺

Main Street Café, 14084 Lakeshore Drive, ✆ 707/994-6450, das preiswerte Café serviert annehmbares Frühstück und einfache Mahlzeiten.

Cabo's, 14868 Olympic Drive, ✆ 707/995-2162, ein paar hundert Meter vom See entfernt; tischt sättigende mexikanische Gerichte auf.

Aktivitäten

Funtime Watersports, 6235 Old Hwy-53, ✆ 707/994-6267, vermietet **Boote, Angelzubehör** und andere Ausrüstung.

Nordufer

Etwa fünf Meilen nördlich von Clearlake trifft der Hwy-53 auf den Hwy-20, der weiter in Richtung Nordwesten am Nordufer des Sees an einigen kleinen Resorts entlangführt, die im Schatten von Weißeichen und Amerikanischen Berglorbeerbäumen liegen.

Das erste Resort am See ist das *Lake Marina Resort-Motel*, 10215 E Hwy-20, ✆ 707/998-3787, ❸, im wenig lohnenden **Clearlake Oaks**. Es bietet akzeptable, zum Wasser gelegene Zimmer und hat eine eigene Bootsanlegestelle. Die nahe Bootsvermietung *Blue Fish Cove*, 10573 E Hwy-20, ✆ 707/998-1769, 💻 www.bluefishcove.com, vermietet Motorboote (mindestens 4 Std. für $32–38) und Tretboote ($11 pro Std.).

Wenige Meilen weiter in **Glenhaven** bietet das *Sea Breeze Resort*, 9595 Harbor Drive, ✆ 707/998-3327, 💻 www.seabreeze-resort.com, ❹, reizende Cottages. Es gibt hier auch einen Campingplatz: *Glenhaven Beach*, 9625 E Hwy-20, ✆ 707/998-3406; Zeltplatz $18.

Mehr los ist allerdings in der Nordwestecke des Sees, wo sich auch der längste Strand befindet. Fünf Meilen hinter Glenhaven findet man in **Lucerne** das preiswerte *Riviera Motel*, 6900 E Hwy-20, ✆ 707/274-1032, ❷, und das etwas teurere *Beachcomber Resort*, 6345 E Hwy-20, ✆ 707/274-6639, 💻 www.beachcomberresort.net, ❸; bei Letzterem kann man vom Pier angeln. Einige Meilen weiter, wo das Seeufer nach Süden schwenkt und der Hwy-20 vom See weg weiter geradeaus führt, liegt die passend benannte Ortschaft **Nice**: Das äußerst angenehme Städtchen ist die beste Basis am Nordufer. Bei *D&G's Last Resort*, 3796 Lakeshore Blvd, ✆ 707/274-1289, ❷, kommt man in Cabins unter. Hinzu gesellen sich sehr empfehlenswerte B&Bs: Im *Featherbed Railroad Company*, 2870 Lakeshore Blvd, ✆ 707/274-8378 oder 1-800/966-6322, 💻 www.featherbedrailroad.com, ❺, wohnt man in umgebauten Eisenbahnwaggons (mit großem Bett und Jacuzzi); *Gingerbread Cottages*, 4057 E Hwy-20, ✆ 707/274-0200, 💻 www.gingerbreadcottages.com, ❺, ist etwas konventioneller. In Nice gibt es auch die besten Speiselokale: *The Marina Grill*, 3707 E Hwy-20, ✆ 707/274-9114, serviert den ganzen Tag über leckere, klassisch-amerikanische Gerichte; frisches Seafood, Steaks und Pasta bekommt man im *Harbor Bar & Grill*, 4561 E Hwy-20, ✆ 707/274-1637, und gut zubereiteten Fisch im *Boathouse*, 2685 Lakeshore Blvd, ✆ 707/274-3534.

Mendocino und Umgebung

Die Küste von Mendocino County, 150 Meilen nördlich von San Francisco, ist die dramatische Fortsetzung des Küstenstreifens von Sonoma. Aus dem Meer ragen Felsen auf, und zahllose Gezeitentümpel machen die Region zu einem bevorzugten Revier für Taucher. Auch Surfer schätzen die Gegend, die ihnen zwischen **Gualala** und **Albion** gute Wellen und schöne Sandstrände bietet. Der März schließlich lockt Besucher an, die vorbeiziehende Wale beobachten möchten. Die beste direkte Route vom Süden nach Mendocino führt allerdings im Landesinnern durch das friedliche **Anderson Valley** auf dem Hwy-128 (abgehend vom US-101).

Von Gualala nach Albion

Erster nennenswerter Küstenort am Hwy-1 jenseits des Sonoma County ist **Gualala**, das sich zu einer ansehnlichen Künstlergemeinde und dank eines schönen Strands auch zu einem beliebten Ziel für Urlauber gemausert hat. Eine praktische Broschüre informiert über das gute Dutzend Galerien der Gegend, zentral liegt z.B. die *Dolphin Gallery* in der Sundstrom Mall, unweit des Hwy-1, ✆ 707/884-3896, 🖳 www.gualalaarts.org.

Weiter Richtung Norden schlängelt sich der Hwy-1 durch eine reizvolle, zunehmend waldige Hügellandschaft und bietet immer wieder spektakuläre Ausblicke auf die tosende Brandung, bevor er landeinwärts schwenkt und auf relativ gerader Strecke als Hauptstraße das unscheinbare, 15 Meilen nördlich gelegene **Point Arena** durchquert. Von einer Abzweigung im Norden des Ortes erreicht man nach zwei Meilen das beeindruckende **Point Arena Lighthouse**, ✆ 1-877/725-4448, 🖳 www.pointarenalighthouse.com, das ursprünglich 1870 erbaut wurde, infolge des selbst hier noch zerstörerischen Erdbebens von San Francisco 1906 aber neu errichtet werden musste. Heute beherbergt es ein kleines Museum, und vom 35 m hohen Turm hat man einen herrlichen Blick auf den Pazifik. ◷ im Sommer tgl. 10–16.30, im Winter bis 15.30 Uhr, Eintritt $5.

Niedrige Küstenvegetation und Weideland bestimmen das Landschaftsbild im weiteren Verlauf des Hwy-1 nordwärts, der auf Höhe des **Manchester Beach State Park** wieder auf das Meer trifft; ◷ tgl. 8 Uhr bis Sonnenuntergang, Eintritt frei. Der Campingplatz des Parks befindet sich eine halbe Meile landeinwärts vom meist menschenleeren Strand; Stellplatz $15. Wieder ein Stück weiter liegt das hübsche Dorf **Elk** mit einem wild-romantischen, mit Treibholz übersäten Strand. Nach einem malerischen Abschnitt, der an Klippen und aus dem ungestümen Meer aufragenden Felsen vorbeiführt, erreicht man einige Meilen nördlich der Kreuzung mit dem Hwy-128 das kleine Fischerdorf **Albion**, das nur 6 Meilen südlich von Mendocino liegt und über eine Reihe von romantischen Unterkünften verfügt.

Übernachtung und Essen

GUALALA – ***Gualala Hotel,*** Hwy-1, an der zentralen Plaza, ✆ 707/884-3441 oder 1-800/888-482-5252, 🖳 www.thegualalahotel.com. Schönes, altes Gebäude mit Restaurant und nostalgischem Saloon, die billigeren Zimmer mit Gemeinschaftsbad. ❷

Surf Motel at Gualala, gegenüber, ✆ 707/884-3571 oder 1-888/451-7873, anspruchsvoller und teurer. ❺

Mermaid's Garden Deli, 38920 Hwy-1, ✆ 707/884-9571, serviert gute wie sättigende mexikanische und kalifornische Gerichte.

POINT ARENA – ***Sea Shell Inn,*** 135 Main St, ✆ 707/882-2000. Preiswertestes Motel an diesem Küstenabschnitt. ❷

Carlini's Café, 206 Main St, ✆ 707/882-2942, Pasta und Suppen.

El Burrito, 165 Main St, ✆ 707/882-2910, mexikanische Küche.

ALBION – ***Fensalden B&B Inn,*** 33810 Navarro Ridge Rd, ✆ 707/937-4042 oder 1-800/959-3850, 🖳 www.fensalden.com. Komfortable Unterkunft in ländlicher Umgebung mit Blick auf das Meer in der Ferne. ❻

Albion River Inn, 3790 N Hwy-1, ✆ 707/937-1919 oder 1-800/479-7944, 🖳 www.albionriverinn.com. Am Rand einer Klippe, alle Zimmer bis auf eines bieten Meerblick. Zum Inn gehört ein erstklassiges und entsprechend teures Restaurant mit exquisiten Weinen. ❼

Mendocino

Das gefällige und ausgesprochen touristische Mendocino liegt auf einem breiten Felsvorsprung, der an drei Seiten von Wellen umtost wird. Hier ist es schwierig, ein Plätzchen zu finden, von dem aus man das Meer nicht wenigstens in der Ferne schimmern sieht. Die vorherrschende New England-Architektur verleiht Mendocino etwas Heimeliges, fast Niedliches.

Die Stadt, deren Erwähnung im *National Register of Historic Places* und Ruf als Künstlerkolonie immer wieder Neugierige anlockt, wird zunehmend kitschiger. Es gibt hier ein umfassendes Angebot an teuren B&Bs, Kunsthandwerks- und Delikatessenläden, Restaurants und Bars. Bei der Filmindustrie ist die Gegend ebenfalls recht beliebt: Hier wurden Filme wie *Jenseits von Eden, Nächstes Jahr, selbe Zeit* und *Der Nebel des Grauens* gedreht. Manchmal macht man sich die so praktisch in der Nähe von Hollywood liegende New England-

Architektur zunutze und dreht hier Filme, die angeblich an der amerikanischen Ostküste spielen.

Mendocino war ursprünglich, wie andere kleine Siedlungen an der Küste, Standort eines Sägewerks und eines Hafens. Der Hafen wurde 1852 von Händlern aus Maine gegründet, denen die Nähe zu den Redwood-Wäldern gute Voraussetzungen für den Betrieb von Sägewerken bot. Heute hat dieser Industriezweig keine Bedeutung mehr. Stattdessen verbreiten die ortsansässigen Künstler ihren Charme. Dieser Wandel vollzog sich jedoch nicht zufällig. Die kalifornische Regierung tauschte mit dem Holzunternehmen *Boise-Cascade* ein Waldstück mit altem Baumbestand gegen das Umland von Mendocino. Letzteres wurde danach zu einem State Park, Mendocino wiederum zu einem „lebenden" Museum mit strengen Vorschriften, was die Bauweise und den Erhalt der Gebäude betrifft.

Das **Kelley House Museum**, 45007 Albion St, ✆ 707/937-5791, dokumentiert die Geschichte der Stadt als Umschlagplatz von Redwood-Hölzern. ⌚ Do–Di 11–16 Uhr, Eintritt frei. Hier beginnen jeden Samstagmorgen um 11 Uhr Führungen durch den Ort.

Das **Mendocino Arts Center**, 45200 Little Lake St, ✆ 707/937-5818 oder 1-800/653-3328, 💻 www.mendocinoartcenter.org, verfügt über eine Galerie mit Arbeiten hier ansässiger Künstler und bietet Workshops in Keramik, Weben, Schmuckherstellung und der Herstellung von Metallskulpturen. ⌚ tgl. 10–17 Uhr, Eintritt frei. Die im Arts Center ansässige **Mendocino Theater Company**, ✆ 707/937-4477, zeigt in regelmäßigen Abständen avantgardistische und klassische Stücke.

Es lohnt sich, etwas mehr Zeit in der näheren Umgebung von Mendocino zu verbringen, wo man wandern und Rad fahren kann. Im zwei Meilen nördlich der Stadt gelegenen **Russian Gulch State Park**, ✆ 707/937-5804, gibt es Radwege durch kleine, von Farnen überwachsene Täler mit schönen Wasserfällen. Eintritt $6 pro Auto.

Vom Westende der Main Street gehen Wanderwege in die **Mendocino Headlands** ab, deren grasbewachsene Felsen man vor der Kulisse der heranrollenden Brecher erkunden kann, bevor man zu den Gezeitentümpeln hinabsteigt. Weitere Wander- und Radwege bietet der **Van Damme State Park**, ✆ 707/937-5804, Eintritt $3 pro Auto, südlich der Stadt, in dem es einen außergewöhnlichen **Pygmy Forest** gibt, einen Zwergwald mit uralten Bäumen, die aufgrund der schlechten Entwässerung und chemischen Zusammensetzung der Böden nur hüfthoch sind. Entlang der Küste des Parks gibt es Felssäulen und Höhlen, die von brandenden Wellen in den Stein gefräst wurden.

Nach einem Tag Wandern oder Einkaufen kann man sich in den verschiedenen Wellness-Zentren der Stadt verwöhnen lassen.

Übernachtung

Die Preise für Unterkünfte sind z.T. recht hoch. Wer die luxuriösen Hotels direkt am Meer meidet und ein paar Straßen weiter landeinwärts ein Zimmer sucht, kann Geld sparen. ***Mendocino Coast Accommodations***, ✆ 707/937-5033 oder 1-800/262-7801, 💻 www.mendocinovacations.com, vermittelt kostenlos Ferienhäuser sowie Zimmer in B&Bs, und Hotels.

The Sea Gull Inn, 44594 Albion St, ✆ 707/937-5204 oder 1-888/937-5204, 💻 www.seagullbb.com, ist die ansprechendste der preiswerten Unterkünfte im Zentrum. ❸

Mendocino Hotel, 45080 Main St, ✆ 707/937-0511 oder 1-800/548-0513, 💻 www.mendocinohotel.com, luxuriöse, mit vielen Antiquitäten ausgestattete Zimmer. ❺

MacCallum House Inn, 45020 Albion St, ✆ 707/937-0289 oder 1-800/609-0492, 💻 www.maccallumhouse.com, ist das größte der vielen B&Bs. ❻

Joshua Grindle Inn, 44800 Little Lake Rd, ✆ 707/937-4143 oder 1-800/474-6353, 💻 www.joshgrin.com, ist zu den freundlichsten Unterkünften zu rechnen und bietet ein hervorragendes Gourmetfrühstück. ❻

Brewery Gulch Inn, 9401 Hwy-1, eine Meile südlich der Stadt, ✆ 707/937-4752 oder 1-800/578-4454, 💻 www.brewerygulchinn.com. Großes, luxuriöses Redwood-Inn, dessen Bauholz aus dem hiesigen Fluss geborgen wurde. ❼

Auf halbem Weg nach Fort Bragg am Hwy-1 findet man in der Nähe der winzigen Ortschaft **Caspar** die ***Jughandle Creek Farm***, ✆ 707/964-4630, 💻 www.jughandle.creek.org, die Gemeinschaftszimmer für $27 p.P., Zeltstellplätze für $11 und Cabins bietet. Wer gewillt ist, eine Std. pro Tag auf der Farm mitzuhelfen, zahlt $5 weniger.

Durch den Wald hinter der Farm führen Pfade; es werden Nature Study Programs geboten. ❶ **Campen** kann man für $20 im ***Russian Gulch State Park,*** 2 Meilen nördlich am Hwy-1, und im ***Van Damme State Park,*** drei Meilen südlich der Stadt, ebenfalls am Hwy-1. Beide buchbar über *ReserveAmerica,* ✆ 1-800/ 444-7275.

Essen und Unterhaltung

Café Beaujolais, 961 Ukiah St, ✆ 707/937-5614; das beste und berühmteste Restaurant in Mendocino. Sein Gründer hat ein Buch über organische California Cuisine geschrieben. Genau diese ist hier jeden Abend zu kosten, wobei die Speisekarte oft wechselt.
955 Ukiah Street, ✆ 707/937-1955, praktisch nebenan, vorzüglich und bei vielen Einheimischen noch beliebter. Mo und Di geschlossen.
Mendocino Café, 10485 Lansing St, ✆ 707/937-0836, ein bisschen billiger, serviert köstliche Salate, Pasta und Sandwiches.
Tote Féte Bakery, hinter dem gleichnamigen Deli, 10450 Lansing St, ✆ 707/937-3383, backt ausgezeichnetes Brot, Gebäck und Muffins, zu verzehren auf der schattigen Veranda.
Fetzer Vineyards Tasting Cellar, Main St, neben dem Mendoncino Hotel, ✆ 707/937-6191, 🖳 www.fetzer.com. Bietet Weinproben seiner edlen Tropfen. ⏲ im Sommer tgl. 11–18, im Winter 11–17 Uhr; $4.
Dick's Place, 45070 Main St, die älteste Bar Mendocinos. Billiges Bier und gesellig-rustikale Atmosphäre.
Patterson's Pub, 10485 Lansing St, ✆ 707/937-4782, ebenfalls freundlich und gutes Bier.

Sonstiges

FAHRRÄDER – ***Catch a Canoe & Bicycles, Too,*** wenig südlich von Mendocino an der Kreuzung von Hwy-1 und Compche-Ukiah Road, ✆ 707/ 937-0273 oder 1-800/320-2453, verleiht Räder für ca. $25 pro Tag, auch Auslegerboote und Kajaks.

FESTIVALS – Das alljährlich in der zweiten Julihälfte stattfindende ***Mendocino Music Festival,*** ✆ 1-800/937-2044, ist in erster Linie ein Klassik-Festival, doch spielen auch Blues- und Jazz-Bands aus ganz Kalifornien.
Mendocino Whale Festival, ✆ 1-800/726-2780, wird am ersten Wochenende im März gefeiert; Besucher können dann Wale beobachten, die auf dem Weg in arktische Gewässer an der Küste vorbeiziehen. Im November, wenn die Wale in den Süden unterwegs sind, kann man sie ebenfalls sehen.
Mendocino Wine and Mushroom Fest, seit 1999. Zwölf Tage im November. Näheres beim Visitor Center.

HÖHLENTOUREN – Die Küste des Van Damme State Park besitzt zahlreiche Felsen und Höhlen. ***Lost Coast Kayaking,*** ✆ 707/937-2434, 🖳 www.lostcoastkayaking.com, veranstaltet 3x tgl. Erkundungstouren zu den Höhlen, 2 Std., $50.

INFORMATIONEN – ***Visitor Center,*** 735 Main St, ✆ 707/937-5397, im Ford House, ⏲ tgl. 11–16 Uhr. Viele Informationen bietet die **Website** der Mendocino County Alliance: 🖳 www.gomendo.com.

Transport

Greyhound und Amtrak Thruway halten nur in WILLITS und UKIAH (beide am US-101).
Busse von ***Mendocino Stage,*** ✆ 707/964-0167, und ***Mendocino Transit Authority,*** ✆ 1-800/696-4682, 🖳 www.4mta.org, verbinden Mendocino und FORT BRAGG miteinander, außerdem beide Orte mit WILITTS und UKIAH im Landesinneren sowie mit GUALALA und SANTA ROSA weiter südlich.

Fort Bragg

Fort Bragg ist der raue, proletarische Gegenpart zum neun Meilen südlich gelegenen Mendocino. Langsam macht auch hier das eine oder andere schicke Geschäft auf, aber im Großen und Ganzen gilt noch immer. Während die Nachbarstadt von Vollwertkost, Kunst und Strandspaziergängen lebt, dominieren in Fort Bragg Imbissbuden, die Ribs verkaufen, und Tattoo-Studios. Die Stadt liegt immer unter der Dunstglocke des Sägewerks der riesigen *Georgia Pacific Corporation,* die Kaliforniens Holzwirtschaft monopolisiert und der Fort Bragg seine Existenz verdankt.

Einst gab es in der Stadt ein Fort, das aber nach zehn Jahren abgerissen wurde und dessen Grundstück man nach 1860 billig verkaufte. Der **Noyo Harbor**, der bei der Fahrt in die Stadt vom Hwy-1 aus zu sehen ist, ist heutzutage mit ebenso vielen privat genutzten wie dem kommerziellen Fischfang gewidmeten Booten voll gestopft, und die abgasgeschwängerte Luft macht den Ort nicht attraktiver. Trotz alledem bietet Fort Bragg mit vielen preiswerten Unterkünften und Restaurants eine gute Alternative zu Mendocino.

Am **Glass Beach**, einem Strandsammlerparadies aus zerbrochenem Glas und Geschirrbruchstücken, kann man eine oder zwei angenehme Stunden verbringen. Der Strand befindet sich am Ende der Elm St, zehn Minuten zu Fuß von Downtown, unterhalb eines bewachsenen Landvorsprungs.

Mit einem eigenen Wagen sind es nur ein paar Meilen nach Süden zum **Botanischen Garten**, 18220 N Hwy-1, ✆ 707/964-4352, 🖳 www.gardenbythesea.org. Auf diesem Küstenabschnitt, einem der schönsten Kaliforniens, wachsen Blumen aus der ganzen Welt. Besonders bekannt ist er für die vielen Rhododendren-Arten, die hier im April und Mai erblühen. ◷ im Sommer tgl. 9–17, im Winter tgl. 9–16 Uhr; Eintritt $8.

Recht unterhaltsam ist ein Ausflug mit dem von der California Western Railroad betriebenen **Skunk Train** („Stinktier-Zug"), ✆ 707/964-6371 oder 1-800/777-5865, 🖳 www.skunktrain.com. Er fährt im Sommer zweimal, in der Nebensaison einmal täglich vom Bahnhof in der Laurel Street 20 Meilen Richtung Osten bis zum winzigen Ort **Northspur** und zurück. Der Name des Zuges stammt aus einer Zeit, als die Lokomotiven noch mit Gasmotoren angetrieben wurden und man sie schon riechen konnte, bevor sie in Sichtweite kamen. Damals wurde auf dieser Strecke durch die Redwood-Wälder das Holz abtransportiert. Heute ist der Zug eine reine Touristenattraktion. Der insgesamt 3 1/2-stündige Ausflug führt in Panoramawagen durch Tunnel und über eine Reihe von Brücken in den riesigen Redwood-Wäldern. Vom 40 Meilen landeinwärts auf dem US-101 gelegenen Ort **Willits**, Bahnhof ✆ 707/459-5248, wird eine kürzere Fahrt in die Berge der Coastal Range nach **Wolf Tree** angeboten. Willits selbst, das wohl seiner zentralen Lage wegen den Status der Bezirkshauptstadt hat, lohnt kaum einen Aufenthalt, besitzt aber immerhin Busverbindungen zur Küste.

Übernachtung

Die meisten preiswerten Motels konzentrieren sich um den Hwy-1 nahe dem Stadtzentrum.

Chelsea Inn, 763 N Main St, ✆ 964-4787 oder 1-800/253-9972, das preiswerteste Motel; frisch renoviert. ❷

Tradewinds Lodge, 400 S Main St, ✆ 707/964-4761 oder 1-800/524-2244, 🖳 www.fortbragg.org. Einfach, aber sauber. ❹

Surf Motel, 1220 S Main St, ✆ 707/964-5361 oder 1-800/339-5361, 🖳 www.surfmotelfortbragg.com. Gute Wahl in dieser Kategorie. ❸

B&Bs gehören natürlich einer höheren Preisklasse an, sind aber billiger als in Mendocino:

Grey Whale Inn B&B, 615 N Main St, ✆ 707/964-0640 oder 1-800/382-7244, 🖳 www.greywhaleinn.com, vom Zimmer aus hat man einen schönen Blick aufs Meer. ❺

Colonial Inn, 533 Fir St, ✆ 707/964-1384 oder 1-877/964-1384, 🖳 www.colonialinnfortbragg.com. Preiswerter als das Grey Whale Inn; in einer ruhigen Wohnstraße gelegen. ❸

Old Coast Hotel, 101 N Franklin, ✆ 707/961-4488 oder 1-888/468-3550, 🖳 www.oldcoasthotel.com, restauriertes Gebäude von 1892 mit angegliedertem Steak- und Fischrestaurant, komfortable Zimmer. ❹

Drei Meilen nördlich von Fort Bragg liegt im MacKerricher State Park ein **Campingplatz** zwischen Pinien an einem einsamen Strand, $20 pro Nacht; Reservierung über *ReserveAmerica*, ✆ 1-800/444-7275.

Essen

Die zahlreichen Restaurants in Fort Bragg sind vor allem auf hungrige Fleischesser eingestellt.

Jenny's Giant Burger, 940 N Main St, ✆ 707/964-2235. Hier essen in erster Linie die Arbeiter aus den Sägewerken.

Mendo Bistro, 301 N Main St, ✆ 707/964-4974, im 1. Stock des umgebauten Union Lumber Store, ausgezeichnete und fantasievoll zubereitete internationale Küche (u.a. Pasta) zu sehr moderaten Preisen.

The Restaurant, 418 Main St, ✆ 707/964-9800, serviert vor allem Fisch zu gehobenen Preisen.
Café Prima, 124 E Laurel St, ✆ 707/964-5814, wohlschmeckende Swahili-Gerichte aus der kenianischen Heimat des Kochs.
Headlands Coffee, 120 E Laurel St, ✆ 707/964-1987, herzhafte italienische Gerichte, auch für Vegetarier; außerdem Weinausschank und eine reichhaltige Auswahl an Espresso-Variationen.
Egghead's, 326 N Main St, tgl. 7–14 Uhr. Die Speisekarte listet 41 verschiedene Omelettes auf; für Leute, die Appetit auf ein großes Frühstück haben.
North Coast Brewing Company, 444 N Main St, ✆ 707/964-3400, die Anlaufstelle für Bierdurstige: Hier gibt es „handmade ales". Die Brauerei wurde vom Beverage Testing Institute of Chicago im Rahmen der Bierweltmeisterschaften unter die zehn besten Brauereien der Welt gewählt. Besonders zu empfehlen sind das Acme California Brown Ale und das Old Rasputin Russian Imperial Stout. Kostenlose Führungen durch die Brauerei auf der gegenüberliegenden Seite der Main St am Sa um 12.30 Uhr.

Sonstiges

AKTIVITÄTEN – Ein besonders beliebter Sport an diesem Küstenabschnitt ist das **Tauchen nach Meeresschnecken** (Abalone), vor allem unmittelbar südlich der Stadt in der kleinen Höhle neben dem Van Damme State Park. Um eine Überfischung zu verhindern, wurden von staatlicher Seite strenge Bestimmungen eingeführt: Die leckeren Tiere dürfen nicht verkauft werden, und niemand darf mehr als vier Stück auf einmal besitzen oder innerhalb einer Saison mehr als 24 sammeln. Jedes Jahr legen Anfang Oktober 400 hungrige Juroren eine beträchtliche Summe hin, um den besten Abalone-Koch des Jahres wählen zu dürfen.
The Sub-Surface Progression Dive Center, 18600 Hwy-1, ✆ 707/964-3793, in Fort Bragg, veranstaltet Halbtagestauchausflüge für $50.
Noyo Pacific Outfitters, 32400 N Harbor Drive, ✆ 707/961-0559, vermieten Kayaks (ab $15 für 2 Std.) und organisieren Bootsfahrten flussaufwärts und vor der Küste; auch Abalone-Tauchexkursionen.

INFORMATIONEN – Fort Braggs ***Chamber of Commerce*** liegt gegenüber dem Guest House Museum, 332 N Main St, ✆ 707/961-6300 oder 1-800-726-2780, 💻 www.mendocinocoast.com, ⌚ Mo–Fr 9–17 Uhr, Sa 9–15 Uhr.

Transport

Siehe Mendocino.

Anderson Valley

Das fruchtbare Tal erstreckt sich von seinem etwas über 700 Einwohner zählenden Hauptort **Boonville** im Süden über 20 Meilen in nordwestlicher Richtung bis kurz vor die Küste. Der Hwy-128, der den US-101 in der Nähe von Cloverdale mit dem an der Küste gelegenen Albion verbindet, ist die einzige Hauptstraße durch das Tal, das seit langem als Magnet für Sonderlinge gilt. Die ersten Siedler waren Schäfer, die zwischen 1880 und 1920 so wenig Kontakt zur Außenwelt hatten, dass sie sogar ihre eigene, „Boontling" genannte Sprache entwickelten. Fragmente davon sind bis heute überliefert. Gute 15% davon waren „nonch harpin's", Tabuwörter, die sich auf sexuelle Aktivitäten oder Körperfunktionen bezogen. Wer mehr über diesen seltsamen Code erfahren möchte, kann sich in den Geschäften vor Ort eine Ausgabe von *Boontling, An American Lingo* besorgen.

Im 20. Jh. machte die Schafzucht dem Apfelanbau Platz, doch die stetig wachsende Nachfrage nach kalifornischem Wein führt dazu, dass die Apfelplantagen nun ihrerseits langsam, aber sicher durch lukrativere Weinreben ersetzt werden und sich die Gegend zusammen mit den **Yorkville Highlands** zu einer nördlichen Erweiterung des Wine Country entwickelt. Die meisten der Weingüter des Anderson Valley sind entlang dem Hwy-128 zwischen den kleinen Ortschaften **Philo** und **Navarro** aufgereiht.

Das Tal ist aber auch für ausgezeichnetes Bier bekannt. Es wird von der **Anderson Valley Brewing Co**, 17700 Hwy-253, östlich der Kreuzung mit dem Hwy-128, im Süden von Boonville gebraut, z.B. *Hop Ottin' IPA* (ein Beispiel für Boontling). Führungen tgl. um 13.30 und 16 Uhr, $5 inkl. Bierprobe; ✆ 1-800/207-2337, 💻 www.avbc.com.

Drei Meilen nordwestlich von Philo liegt der **Hendy Woods State Park,** ✆ 707/895-3141, der vom Hwy-128 klar ausgeschildert ist. Spazierwege führen hier durch Redwood-Haine, man kann im Navarro River angeln, und es gibt Cabins sowie Zeltmöglichkeiten (s.u.). Eintritt $6 pro Fahrzeug.

Übernachtung und Essen

Boonville Hotel, Hwy-128 an der Lambert Lane, Boonville, ✆ 707/895-2210, 💻 www.boonvillehotel.com, Grandhotel im Stil des 19. Jhs. Das Restaurant serviert mexikanisch beeinflusste California Cuisine. ❺

Anderson Creek Inn, ca. 2 Meilen nordwestlich des Ortes, abgehend vom Anderson Valley Way, ✆ 707/895-3091 oder 1-800/552-6202, 💻 www.andersoncreekinn.com. Sehr gemütliches und ruhiges B&B im Ranch-Stil. ❺

Buckhorn Saloon, 14081 Hwy-128, ✆ 707/895-3369, hier bekommt man gute Bar-Mahlzeiten und kann verschiedene in Boonville gebraute Biere kosten.

Horn of Zeese Café (natürlich ein Boontling-Name), 14025 Hwy-128, ✆ 707/895-3525, die richtige Adresse für sättigendes Frühstück und Snacks.

Sechs Meilen nordwestlich von Boonville gibt es im Dorf **Philo** weitere Unterkünfte und Restaurants:

Philo Pottery Inn, 8550 Hwy-128, ✆ 707/895-3069, 💻 www.philopotteryinn.com, B&B mitten im Dorf. ❺

Anderson Valley Inn, 8480 Hwy-128, ✆ 707/895-3325, 💻 www.avinn.com. Nicht weit davon und preiswerter. ❸

Weingüter im Anderson Valley

Es gibt bereits etwa ein Dutzend Weingüter im Anderson Valley, und es ist zu erwarten, dass sich diese Zahl in den kommenden Jahren drastisch erhöhen wird. Die hier vorherrschenden kühleren Temperaturen, insbesondere im Nordwesten des Tals, wo Nebelschwaden von der Küste hereinziehen, begünstigen die Herstellung von Weißweinen wie Gewürztraminer, Chardonnay und Riesling, aber auch der robuste Pinot Noir gedeiht hier gut. Wer Genaueres erfahren möchte, kann die *Mendocino Winegrowers Alliance* in Ukiah kontaktieren: ✆ 707/468-9886, 💻 www.mendowine.com. Die meisten Weingüter sind für Weinproben geöffnet, und im Gegensatz zu den kommerzialisierteren Rivalen weiter südlich wird dafür keine Gebühr verlangt. Hier einige empfehlenswerte Adressen:

Christine Woods Vineyards, 3155 Hwy-128, 2 Meilen südlich von Navarro, ✆ 707/895-2115, 💻 www.christinewoods.com. Der hier produzierte Chardonnay und Merlot haben in Mendocino und San Francisco Preise gewonnen. Alle Weine werden ausschließlich aus den auf diesem Weingut angebauten Reben hergestellt, was bei anderen Weingütern selten der Fall ist. Weinprobe tgl. 11–17 Uhr.

Handley, 3151 Hwy-128, rund 2 Meilen südlich von Navarro, ✆ 1-800/733-3151, 💻 www.handleycellars.com. Der Familienbetrieb produziert eine Reihe von trockenen bis süßen Weißweinen und Schaumweine. Im Verkostungsraum ist eine hübsche Sammlung orientalischer Kunst untergebracht. Weinprobe im Sommer tgl. 10–18, im Winter 11–17 Uhr.

Husch Vineyards, 4400 Hwy-128, knapp 3 Meilen südlich von Navarro, ✆ 707/895-3216 oder 1-800/55-HUSCH, 💻 www.huschvineyards.com. Der älteste Familienbetrieb im Tal, 1971 gegründet. Besucher werden sehr freundlich im rustikalen Verkaufs- und Verkostungsraum empfangen. Weinprobe tgl. 10–18 Uhr, im Winter 10–17 Uhr.

Navarro Vineyards, 5601 Hwy-128, 3 Meilen nördlich von Philo, ✆ 707/895-3686 oder 1-800/537-WINE, 💻 www.navarrowine.com. Auf Weine nach elsässischer Art spezialisiert, die nur direkt an Kunden oder ausgewählte Restaurants verkauft werden. Weinprobe tgl. 10–18 Uhr, im Winter 11–17 Uhr.

Roederer Estate, 4501 Hwy-128, ca. 3 Meilen südlich von Navarro, ✆ 707/895-2288, 💻 www.avwines.com. Eine der renommierteren Kellereien der Region, spezialisiert auf Schaumweine. Weinprobe tgl. 10–17 Uhr, $3.

Libby's Restaurant, 8651 Hwy-128, ✆ 707/895-2646, serviert hervorragendes, billiges mexikanisches Essen.
Lemon's Market, ✆ 707/895-3552, verkauft Sandwiches und Picknick-Proviant.
Zelten kann man im ***Hendy Woods State Park***, Reservierung über *ReserveAmerica*, ✆ 1-800/444-7275; $20. Es gibt auch Cabins für 6 P. für $50.

Humboldt County

Von den nördlichen Küstenregionen Kaliforniens ist das einsame Humboldt County bei weitem die schönste und auch diejenige, die sich am vehementesten gegen Wachstum und Ausbau sträubt. Schlagzeilen machte die Gegend vor ein paar Jahren mit der Entscheidung der Stadt Eureka, *Wal Mart* keine Baugenehmigung zu erteilen – obwohl *WalMart* sich erboten hatte, ein äußerst verschmutztes, abgelegenes Ufergelände zu säubern und die Filiale dort zu errichten.

Dies ist ein Land der Bäume und des Holzeinschlags: Bei der Fahrt auf dem US-101 kommt man an riesigen Sägewerken vorbei, die von hohen Stapeln gefällter Baumstämme eingerahmt werden. Gleichzeitig befinden sich im Humboldt County die größten Bestände riesiger Redwood-Bäume der Welt, die im **Humboldt Redwoods State Park** und im nördlich davon gelegenen **Redwood National Park** unter Naturschutz stehen. Beide Parks laden zu traumhaften Erlebnissen ein, die man sich nicht entgehen lassen darf, auch wenn das schummrige Licht in den Wäldern und der moosige Grund mitunter für eine etwas unheimliche Atmosphäre sorgen. Einheimische wünschen sich sogar, dass die schaurig-düsteren Wälder Besucher abschrecken und der Tourismus, obgleich gut fürs Geschäft, ihren Lebensrhythmus fernab der schicken Urlaubsorte Mendocino und Sonoma nicht beeinträchtigt.

Der Hwy-1 umgeht den südlichen Teil der Humboldt-Küste, was bislang die Einsamkeit dieser Gegend verstärkte und ihr den Beinamen Lost Coast eingebracht hat. Hier, im so genannten Emerald Triangle, dem „Smaragd-Dreieck“, wird der größte Teil des profitabelsten landwirtschaftlichen Produktes Kaliforniens, Marihuana, angebaut. Je mehr die Fischerei und die Holzwirtschaft der Humboldt-Küste darniederliegen, umso mehr Leute wenden sich dem Anbau von „Gras“ als Einkommensquelle zu. Während der 80er Jahre führte die Bush-Regierung verstärkt Kampagnen gegen die Marihuana-Bauern (CAMP, *Campaign against Marijuana Planting)* durch, um das einträgliche Geschäft zu unterbinden. Man schickte z.B. Spähflugzeuge aus, um die Anbaugebiete zu erkunden und vernichtete gnadenlos die Ernte. Doch das scheint die Händler und Züchter nicht abzuschrecken. Sie lassen die Felder streng bewachen, oftmals von bewaffneten Wachposten, und der Handel floriert weiter.

Garberville

Wo kein Marihuana angebaut wird, wachsen fast ausschließlich dichte Wälder. Die steilen Klippen der **Kings Range**, die im Süden der Humboldt-Küste mehrere hundert Meter tief in den Ozean abfallen, garantieren, dass dieser Küstenabschnitt auch weiterhin relativ unzugänglich bleibt. Selbst der kurvenreiche Hwy-1 wurde nicht über diese steilen Felsen gebaut. Um hinzukommen, muss man auf dem Hwy-101 durch tiefe Redwood-Wälder nach **Garberville** fahren, einer kleinen Stadt mit einigen guten Bars und Hotels und einem florierenden Marihuana-Handel. Allwöchentlich veröffentlicht die Lokalzeitung ein „bust-barometer“, das die Drogenrazzien der Polizei als Wochenstatistik auflistet. Im August ist der Ort Schauplatz des großen, zweitägigen **Reggae on the River**-Festivals.

Übernachtung

Leider sind die meisten Motels in Garberville völlig überteuert, z.B.:
Benbow Inn, 445 Lake Benbow Drive, ✆ 707/923-2124 oder 1-800/355-3301, 💻 www.benbowinn.com. Einige Meilen südlich des Ortes, ein für diese ländliche Gegend recht elegantes Hotel mit einem beeindruckenden Gästebuch, in das sich u.a. Eleanor Roosevelt und Herbert Hoover eingetragen haben. ❻
Humboldt House Inn, 701 Redwood Drive, ✆ 707/923-2771 oder 1-800/862-7756, 💻 www.bestwestern.com/humboldthouse.inn, preiswerter. ❺
Sherwood Forest Motel, 814 Redwood Drive, ✆ 707/923-2721, 💻 www.sherwoodforestmotel.com, schlichter als das Humboldt House.

Campingplätze gibt es in der ***Benbow Lake State Recreation Area,*** ✆ 707/923-3238, 7 Meilen südlich des Ortes. Über den Hwy-101 gelangt man zum 5 Meilen weiter südlich gelegenen Campingplatz im ***Richardson Grove State Park,*** einem 560 ha großen Park am Eel River, in Piercy, ✆ 707/247-3318. Beide kosten $20 pro Nacht; Reservierung über *ReserveAmerica,* ✆ 1-800/ 444-7275.

Essen und Unterhaltung

Wer nicht länger in Garberville bleiben will, sollte sich zumindest ein wenig in der Lokalszene umsehen. Manche behaupten, in Garberville würde die beste Live-Bluegrass-Musik Kaliforniens gespielt. Wer sich selbst davon überzeugen will, findet am Redwood Drive Tür an Tür mehrere Cafés, Bars und Restaurants.
Woodrose Café, 911 Redwood Drive, ✆ 707/923-3191, Biokost in schlichter Umgebung.
Treats Café, 764 Redwood Drive, ✆ 707/923-3554, Snacks, Getränke und Internet-Zugang für 10¢ pro Minute.
Calico's Café, 808 Redwood Drive, ✆ 707/923-2253, bietet einfache Gerichte und preiswerte Sachen zum Mitnehmen.
Wer nach dem Essen noch etwas trinken will, hat die Qual der Wahl. In allen Bars ist abends eine Menge los, am meisten vielleicht im ***Branding Iron Saloon,*** 744 Redwood Drive, ✆ 707/923-2562; geringer Einritt, abendliche Live-Musik.

Sonstiges

FESTIVALS – Jedes Jahr im August wird in Garberville das riesige, 2-tägige Festival **Reggae on the River** abgehalten. Karten kosten über $100, Reservierungen bis Anfang Mai unter ✆ 707/923-4583 oder 🖳 www.reggaeontheriver.com.

INFORMATIONEN – ***Chamber of Commerce,*** im Redwood Drive Center, 782 Redwood Drive, ✆ 707/923-2613 oder 1-800/923-2613. 🕒 tgl. 10–17 Uhr.
Wer wissen will, was in Humboldt County los ist, kann sich auch in den zwei hervorragenden, kostenlosen Zeitungen ***The Activist*** und ***North Coast Journal,*** 🖳 www.northcoastjournal.com, informieren. Lesenswert sind außerdem die in Arcata herausgegebenen Blätter ***Greenfuse*** und ***Econews,*** die über ökologische Aktivitäten in Nordkalifornien informieren.

Transport

Amtrak-Thruway-Busse halten vor dem *Waterwheel Restaurant* am Redwood Drive, der Hauptstraße von Garberville, Greyhound-Busse halten am Redwood Drive, Ecke Church St. Beide verkehren je 2x tgl. nach EUREKA (1 1/2 Std.), Greyhound außerdem 2x tgl. nach SAN FRANCISCO (5 1/2–6 1/4 Std.).
Trampen ist in der Gegend durchaus üblich, und an Tankstellen und Highway-Auffahrten stehen häufig Gruppen von Einheimischen, die mitgenommen werden wollen. Zum Teil ist dies eine Gepflogenheit, die aus Mangel an öffentlichen Verkehrsmitteln entstanden ist, zum Teil spiegelt es aber auch die Mentalität einer Region wider, die sich noch jener Zeiten erinnert, als das Trampen etwas völlig Normales auf Amerikas Straßen war. Es sei aber dennoch darauf hingewiesen, dass das Halten auf den Highways verboten ist und das Trampen, ungeachtet der äußeren Erscheinung eines Anhalters oder Fahrers, in den USA nicht ungefährlich ist.

Shelter Cove

Von Garbervilles Nachbardorf Redway, wo auf der Terrasse des *Mateel Café* am 3342 Redwood Drive, ✆ 707/923-3020, Feinschmeckermahlzeiten serviert werden, windet sich eine 23 Meilen lange Straße nach Shelter Cove an der Lost Coast. Der Ort liegt in einer kleinen Bucht, die von Klippen und Felsvorsprüngen umrahmt wird. Shelter Cove wurde 1850 gegründet, nachdem im Landesinneren Gold entdeckt worden war. Durch die isolierte Lage am südlichen Ende der Felsen der Kings Range blieb das Dorf bis vor einigen Jahren in seinem Wachstum begrenzt. Durch den Bau des neuen Flugplatzes fallen jedoch inzwischen massenhaft Wochenendbesucher ein, und überall werden moderne Häuser errichtet.

Der Ort ist Ausgangspunkt für Wanderungen in die Berge der Kings Range, der natürliche Lebensraum für Rehe, Flussotter, Nerze, Schwarzbären,

Weißkopf-Seeadler und Falken. Wanderwege führen 16 Meilen über die Berge nach Norden.

Übernachten kann man in *Mario's Marina Motel,* 461 Machi Rd, ✆ 707/986-7595, 💻 www.mariosofsheltercove.com, ❹, wo es auch ein passables Restaurant mit Ausblick aufs Meer gibt, ✆ 707/986-1401, oder im *Beachcomber Inn,* 412 Machi Rd, ✆ 707/986-7551 oder 1-800/718-4789, ❸.

Das **Cape Mendocino Lighthouse**, Upper Pacific Drive, ist seit kurzem wieder für Besucher geöffnet, nachdem es umgesetzt worden war. 🕓 Ende Mai–Ende Sept tgl. 10.30–15.30 Uhr; Eintritt frei. Den Rest des Jahres sind die Öffnungszeiten eingeschränkt, aber wenn man sich vorher unter ✆ 707/986-7112 anmeldet, kommt jemand und öffnet den Leuchtturm.

Der 24 Meilen lange **Lost Coast Trail** erstreckt sich über Felsklippen und wird von vier einfachen **Campingplätzen** ($10) gesäumt, die alle in der Nähe von Flüssen liegen und Zugang zu schwarzen Sandstränden haben. Die Mitnahme eines Gezeitenplans ist ratsam, da manche Stellen entlang der Strecke bei Flut nicht passierbar sind. Ein anderer Pfad führt auf den **Kings Peak** hoch, der mit 1200 m der höchste Punkt an der Festlandküste der Vereinigten Staaten ist.

Humboldt Redwoods State Park

Der Hwy-101 führt weiter nach Norden mitten durch die Redwood-Wälder, die ein paar Meilen hinter Garberville beginnen. Dieser Park, ✆ 707/946-2409, 💻 www.humboldtredwoods.org, umfasst mehr als 20 000 ha hauptsächlich unberührte, vor dem Holzeinschlag gerettete Wälder. Dank der Save-the-Redwoods League, die mit Privatgeldern Land für den Park erstanden hat, wird er von Jahr zu Jahr ein Stückchen größer.

Von der Ausfahrt Phillipsville führt die 33 Meilen lange **Avenue of the Giants** parallel zum Hwy-101 durch dichten Wald, durch den kaum ein Sonnenstrahl dringt. Für die Strecke benötigt man mindestens 30 Minuten zusätzliche Fahrzeit, und sollte der Verkehr allzu dicht sein, kann man entlang des Weges immer wieder Richtung Highway abzweigen. Am südlichen wie am nördlichen Ende der Route gibt es einen empfehlenswerten, kostenlosen Führer für die Tour mit dem Auto. Noch besser ist ein Besuch des auf halbem Weg in Weott gelegenen **Visitor Center**, das eine faszinierende Ausstellung über die Redwoods, andere Flora und Fauna in der Gegend, über den Holzeinschlag und die verheerende Überschwemmung von 1964 beherbergt. 🕓 im Sommer tgl. 9–17, im Winter 10–16 Uhr; ✆ 707/946-2263.

An kleinen Ständen entlang des Highways werden Holzarbeiten und Erfrischungen verkauft, namentlich im **Chimney Tree**, 🕓 tgl. 9–17 Uhr, einem besonders witzigen Geschenkeladen, der sich im Inneren eines ausgebrannten, aber noch lebenden Redwood-Baumes befindet.

Innerhalb des Parks gibt es drei ausgebaute **Campingplätze** ($20), die in den Sommermonaten schnell belegt sind; Reservierungen über *Reserve America,* ✆ 1-800/444-7275; außerdem steht noch ein schlichterer Platz zur Verfügung ($12). In Phillipsville bietet das rustikale *Riverwood Inn,* ✆ 707/943-3333, ❸, Unterkunft sowie eine Bar mit Restaurant, wo in freundlicher Atmosphäre gutes mexikanisches Essen serviert und sporadisch Live-Musik, z.B. Bluegrass, gespielt wird.

Honeydew und Scotia

Die Avenue of the Giants folgt dem südlichen Seitenarm des Eel River und trifft bei **Pepperwood** wieder auf den US-101. Zehn Meilen südlich dieser Kreuzung biegt die **Mattole Road** nach links ab. Diese Straße ist die beste und selten benutzte Nebenroute zu den Riesenbäumen, außerdem ein weiterer Zufahrtsweg zur Lost Coast. Einige Meilen, nachdem man den Wald hinter sich gelassen hat, gelangt man auf diesem Weg nach Honeydew und damit in eine Region, in der selbst kleine Weiler eine Seltenheit sind. Die winzige Ortschaft **Honeydew** ist sehr beliebt bei Marihuanabauern, die die Abgeschiedenheit des Ortes zu schätzen wissen – und den durchschnittlichen Niederschlag von gut 5000 mm pro Jahr, der den Ort zum feuchtesten von ganz Kalifornien macht und für eine gute Ernte sorgt.

Die Fahrt geht danach weiter durch das baumlose Weideland in der Umgebung von **Petrolia** und führt schließlich hinunter zur Küste zu einem herrlich wilden Strand voller Treibholz südlich von Cape Mendocino. Schafe und Rinder sind hier garantiert wesentlich zahlreicher vertreten als Menschen.

Weiter landeinwärts in **Scotia** ist seit 1869 die Pacific Lumber Company tätig, aber angesichts des

Niedergangs der Holzwirtschaft und des wachsenden Protestes gegen die radikale Abholzung der einheimischen Wälder wendet sich die Firma inzwischen verstärkt dem Tourismus zu und ein Teil der Anlage wurde bereits stillgelegt. Besucher können „The World's Largest Redwood Mill" anhand eines Informationsblattes selbst erkunden (Ausgangspunkt ist das Scotia Museum in der Main Street) – natürlich wird dabei stark Werbung in eigener Sache gemacht. ◷ Mo–Fr 7.30–14 Uhr; ✆ 707/764-2222.

Ferndale

10 Meilen nördlich von Scotia sollte man unbedingt einen kleinen Schlenker ein paar Meilen ostwärts nach Ferndale, der zweifellos attraktivsten Ortschaft der Lost Coast, machen. Die Eigenwerbung „Kaliforniens besterhaltenes viktorianisches Dorf" trifft voll zu: Die ansprechende Architektur ist ausnahmsweise einmal nicht auf ein paar historische Fassaden entlang der Main Street beschränkt, sondern man findet hier ein komplettes, gut erhaltenes Städtchen aus dem 19. Jh. vor. 2002 wurde es anlässlich seines 150. Geburtstags zum State Historical Landmark erklärt. Die Geschichte ist im **Ferndale Museum** in der 515 Shaw St dokumentiert; ◷ Mi–Sa 11–16, So 13–16 Uhr; Eintritt $1.

Im **Kinetic Sculpture Race Museum**, 581 Main St, ✆ 707/786-9259, sind einige der eigenwilligen Gefährte zu sehen, die an dem gleichnamigen Rennen teilgenommen haben, das an jedem Memorial Day-Wochenende zwischen Arcata und Ferndale stattfindet (s.S. 675). ◷ tgl. 10–17 Uhr. Da sich in Ferndale viele Künstler und Kunsthandwerker niedergelassen haben, gibt es hier eine ungewöhnlich große Anzahl an Galerien und Antiquitätengeschäften.

Übernachtung und Essen

Die Übernachtungsmöglichkeiten bestehen aus stilvollen Hotels und B&Bs, die aufgrund der abgeschiedenen Lage zudem recht preiswert sind.
Victorian Inn, 400 Ocean Ave, Ecke Main St, ✆ 707/786-4558 oder 1-888/589-1808, 💻 www.a-victorian-inn.com, bietet komfortable Zimmer im 1. Stock über der eleganten, mit Teppich ausgelegten Lobby und Lounge. Dazu gehört das Restaurant ***Curley's Grill***, ✆ 707/786-9696, das gute California Cuisine bietet, auch Sandwiches und Cocktails. ❺
Ivanhoe, fast direkt gegenüber, 315 Main St, ✆ 707/786-9000, 💻 www.hotel-ivanhoe.com, das älteste Hotel des Ortes und angeblich das am westlichsten gelegene des Landes, 2001 komplett renoviert und ebenfalls mit einem akzeptablen Restaurant. ❺
Francis Creek Inn, 577 Main St, ✆ 707/786-9611 bietet die Annehmlichkeiten eines Hotels zu Motelpreisen. ❸
Poppa Joe's, 409 Main St, ✆ 707/786-4180, serviert bodenständiges Frühstück und Mittagessen.
Candystick Fountain & Grill, 361 Main St, ✆ 707/786-9373, hier bekommt man billige Snacks und Eis.

Eureka und Umgebung

Kaliforniens größte Küstenstadt nördlich von San Francisco ist eine raue, oft neblige, von Sägewerken geprägte Industriestadt zwischen der Arcata und Humboldt Bay, fast an der Spitze der nordkalifornischen Küste. „(H)eureka" mag zwar bedeuten „Ich hab's gefunden", man fragt sich aber bei der Ankunft in der Stadt, was es nur gewesen sein mag, das die ersten Siedler hier in Entzücken versetzte? Güterbahnhöfe und Schiffswerften umgeben die von den Neonreklamen der Motels und Pizzerias beleuchtete Downtown, die trotz einiger sehenswerter viktorianischer Villen ihren Besuchern nur wenig zu bieten hat. Die Fischerei ist der wichtigste Wirtschaftsfaktor und fährt 90% der kalifornischen Fänge an Garnelen und Taschenkrebsen ein. Da ganz in der Nähe die größten Redwood-Bäume der Welt stehen, lohnt sich ein kurzer Aufenthalt. Für die Übernachtung steht eine ganze Reihe billiger Motels am Broadway zur Auswahl.

Die hübsche **Old Town** am Rande der Bucht, die von der C, G, 1st und 3rd St begrenzt ist, gibt sich die größte Mühe, sich auf das allmählich erwachende Geschäft mit den Touristen einzustellen. Obwohl die bröckelnden viktorianischen Fassaden und kleinen Kneipen im alten Hafenviertel ziemlich heruntergekommen sind, haben sie einen gewissen Charme. Ähnliches gilt für eine Hand voll preiswerter, zum größten Teil italienischer Restaurants.

Zu den Sehenswürdigkeiten zählt das **Carson Mansion**, 143 M, Ecke 2nd St, ein opulentes Bau-

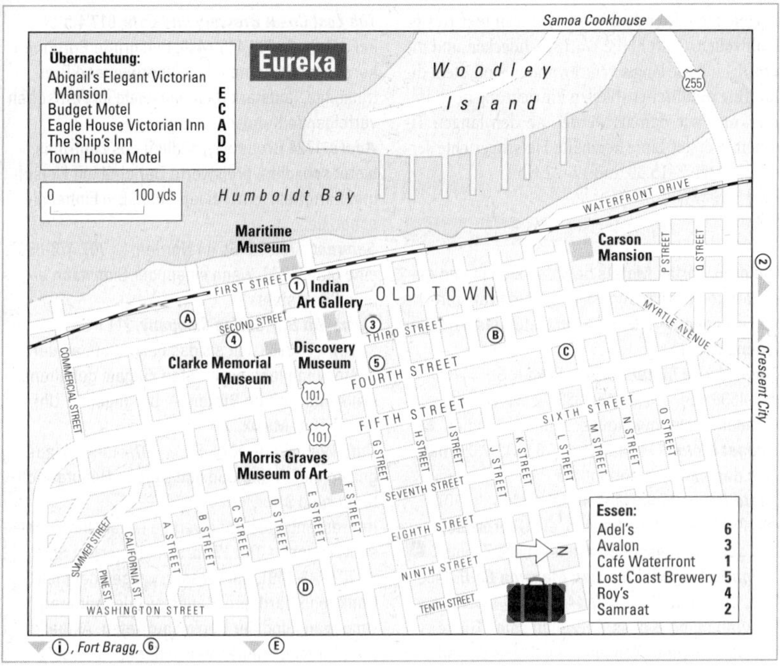

werk, das William Carson, der sowohl mit Holz als auch mit Öl ein Vermögen machte und es dann wieder verlor, nach 1880 im neugotischen Stil errichten ließ. Carson nahm das Projekt während einer Flaute in der Holzwirtschaft in Angriff, um die Arbeiter seines Sägewerks weiter zu beschäftigen. Heute beherbergt das Haus hinter seiner Zuckerbäcker-Fassade einen privaten Herrenclub und kann nur von der Straße aus bewundert werden.

Ganz in der Nähe befindet sich das nur aus einem Raum bestehende **Maritime Museum**, 1410 2nd St, ✆ 707/440-9440, voll gestopft mit Fotos, Landkarten und Relikten aus der Zeit, als Eureka noch ein Walfanghafen war, ⌚ Di–Sa 12–16 Uhr, Spende erbeten.

Der **Fort Humboldt State Historic Park**, 3431 Fort Ave, ✆ 707/445-6567, hat nicht viel mehr zu bieten als einen Blick auf ein restauriertes Armeefort – enttäuschend in Anbetracht der Tatsache, dass der General und spätere Präsident Ulysses S. Grant die Anlage 1853 als Hauptquartier nutzte. ⌚ tgl. 9–17 Uhr, Eintritt frei.

Im **Clarke Memorial Museum**, 3rd, Ecke E St, ✆ 707/443-1947, gibt es eine Sammlung indianischer Kunst. ⌚ Di–Sa 11–16 Uhr; Eintritt frei. Beeindruckender sind die Ausstellungsstücke der **Indian Art Gallery**, 241 F St, ✆ 707/445-8451, 💻 www.ncidc.org, wo indianischen Künstlern die seltene Möglichkeit geboten wird, ihre Arbeiten in einer Galerie auszustellen. ⌚ Mo–Sa 10–16.30 Uhr, Eintritt frei. Hier kann man günstig hervorragend gearbeiteten Silberschmuck erstehen.

Das **Morris Graves Museum of Art**, 636 F St, ✆ 707/442-0278, 💻 www.humboldtarts.org, zeigt in sechs Räumen moderne Malerei und umfasst auch einen Skulpturengarten. ⌚ Do–So 12–17, erbetene Spende $3.

Nordwestlich von Eureka liegt am Spanplattenwerk Louisiana-Pacific, das nach einer kurzen Fahrt mit dem Auto über die Samoa Bridge zu erreichen ist, die winzige Siedlung Samoa. Hier steht die einzige alte Holzfäller-Kantine des amerikanischen Westens, das **Samoa Cookhouse**, ✆ 707/442-1659. Einst verzehrten die Männer nach einem harten Tag in den Redwood-Wäldern hier riesige Mahlzeiten. Obwohl die Wachstuchdecken und die kräftigen Kerle längst verschwunden sind, steht die Kantine mit ihrer rustikalen Einrichtung noch immer, und wie damals werden an den langen Tischen in erster Linie herzhafte Fleischgerichte serviert. ⌚ tgl. 7–15.30 und 17–22 Uhr.

Übernachtung

Die preiswerten **Motels** befinden sich in den geschäftigen Durchgangsstraßen; eine ruhigere und entspanntere Umgebung bietet das nahe gelegene Arcata.

Town House Motel, 933 4th, Ecke K St, ✆ 707/443-4536 oder 1-800/445-6888, 💻 www.visithumboldt.com/townhouse, saubere Zimmer. ❸

Budget Motel, 1140 4th St, ✆ 707/443-7321, hält, was der Name verspricht. ❷

Eagle House Victorian Inn, 139 2nd St, ✆ 707/444-3344, recht beschaulich, ein Überbleibsel aus der viktorianischen Ära, saubere Zimmer. ❹

Abigail's Elegant Victorian Mansion B&B, 1406 C St, Ecke 14th St, ✆ 707/444-3144, 💻 www.bnbweb.com/Abigails, verwöhnt seine Gäste, wie es vor langer Zeit einmal üblich war, und bietet Rundfahrten zur Stadtarchitektur in einem alten Ford Model A, an. ❺

The Ship's Inn, 821 D St, ✆ 707/443-7583 oder 1-877/443-7583, 💻 www.shipsinn.net. Ein weiteres gemütliches und nostalgisches B&B. ❺

Zwischen Eureka und Arcata gibt es am US-101 einige **Campingplätze**.

KOA, 4 Meilen nördlich der Stadt, 4050 N US-101, ✆ 707/822-4243 oder 1-800/562-3136, 💻 www.koa.com, ist der beste, mit allem Komfort; Zeltstellplatz $25–26, Anschlüsse für Wohnmobile $35–$37, Cabins $50.

Essen und Unterhaltung

Avalon, 3rd St, Ecke G St, ✆ 707/445-0500. Eurekas jüngstes und edelstes Restaurant verbindet französische mit kalifornischer Küche. Entsprechend gehoben sind die Preise: Mit mindestens $50 für ein Mahl ist zu rechnen. So und Mo geschlossen.

Roy's, 218 D St, ✆ 707/442-4574, Hauptgerichte um $20.

The Lost Coast Brewery and Café, 617 4th St, Ecke G St, ✆ 707/445-4480, teilt große Portionen herzhafter Gerichte an die überwiegend Bier trinkende, lautstark Baseballspiele im Fernsehen verfolgende Kundschaft aus.

Adel's, 1724 Broadway, südlich des Zentrums, bietet schlichte, preiswerte Gerichte mit Fleisch und Kartoffeln, dazu einen Salat. Bei Einheimischen beliebt.

Samraat, 1735 4th St, im Norden, ✆ 707/476-0930, eine gute Wahl, wenn einem der Sinn nach einem Curry steht.

Humboldt Bay Coffee Company, 211 F St, ✆ 707/444-3969, gilt als das beste Café an der Küste; angenehmes, in roten Ziegeln gehaltenes Ambiente, saftige Braten. ⌚ bis gegen 21 Uhr, häufig Live-Musik.

Café Waterfront, 102 F St, ✆ 707/443-9190, ausgezeichnetes Seafood und Burger, Hauptgerichte für rund $15.

Interessantestes der diversen Lokale für Nachtschwärmer ist ***The Vista***, 91 Commercial St, ✆ 707/443-1491, am Wasser, wo gelegentlich Punk- und Hardcore-Bands aus der näheren Umgebung und der Region auftreten. Aktuelle Informationen findet man in der kostenlosen, wöchentlich erscheinenden Zeitung *North Coast Journal*.

Sonstiges

MASSAGEN – ***Eureka Health and Spa***, 601 5th St, ✆ 707/445-2992, bietet Massagen, Sauna und Bäder.

INFORMATIONEN – ***Eureka Chamber of Commerce***, 2112 Broadway, ✆ 707/442-3738 oder 1-800/356-6381, 💻 www.eurekachamber.com, ⌚ Juni–Sept Mo–Fr 8.30–17, Sa 10–16 und So 11–16; Okt–Mai Mo–Fr 9–17 Uhr.

Nahverkehrsmittel

Mo–Sa verkehren die Busse von *Humboldt Transit*, 133 V St, ✆ 707/443-0826, 💻 www.hta.org, innerhalb der Stadt und bis zum nördlich gelegenen Küstenort TRINIDAD sowie in Richtung Süden bis nach SCOTIA.

Transport

Die Verkehrsverbindungen sind gut. Greyhound-Busse fahren vom Busbahnhof, 1603 4th St, Amtrak-Thruway-Busse von *Stanton's Restaurant*, 5th, Ecke L St.

Busse nach:
CRESCENT CITY 2x tgl., 2 Std.;
CLEARLAKE 1x tgl., 11 Std.;
GARBERVILLE 4x tgl., 1 1/2 Std.;
REDDING 2x tgl., 2 Std.;
SAN FRANCISCO 2x tgl., 7 1/2–8 Std.,
SANTA ROSA 4x tgl., 5 1/2 Std.

Arcata

Arcata, sieben Meilen nördlich von Eureka auf der anderen Seite der Arcata-Bucht, ist weitaus ansprechender als sein größerer Nachbar. Viele Bewohner des kleinen College-Ortes tragen Bärte und Birkenstocksandalen und pflegen den Lebensstil der 60er-Jahre-Generation. Zahlreiche Studentenkneipen sowie eine entspannte Atmosphäre bestimmen das Bild. Die weißen, windigen Strände nördlich von Arcata gehören zu den schönsten in Nordkalifornien. Sie bieten gute Wandermöglichkeiten und sind zudem als Plätze für wilde Feten bekannt. Von einem spontanen Sprung ins Wasser ist jedoch wegen der ganzjährig kühlen Wassertemperaturen in diesen Breiten abzuraten.

Die Stadt konzentriert sich um die zentrale **Plaza**, die von zahlreichen Bars und Geschäften gesäumt wird. Alles, was es in Arcata zu sehen oder zu tun gibt, ist von hier aus leicht zu Fuß zu erreichen. Die Statue des Präsidenten McKinley auf dem Platz war ursprünglich für das nahe gelegene McKinleyville bestimmt, blieb aber, nachdem sie vom Zug gefallen war, hier in Arcata.

Die unmittelbar östlich des Stadtzentrums gelegene **Humboldt State University**, landesweit für ihre Angebote im Bereich Umweltpädagogik und alternative Energien bekannt, zieht eine ausgesprochen liberale Studentenschaft an, die entscheidend zur „linken" Atmosphäre beiträgt, die in Arcata herrscht. Wer sich für die Geschichte und Studiengänge der Universität interessiert, sollte an einer der kostenlosen, von Studenten geleiteten Führungen teilnehmen. Sie beginnen am Eingang Plaza Avenue werktags um 10 und 14, samstags um 12 Uhr. Weitere Informationen unter ✆ 707/826-4402.

Eine interessante Fossiliensammlung, eine Ausstellung über die einheimische Flora und interaktive Exponate beherbergt das **HSU Natural History Museum**, 1315 G St, ✆ 707/826-4479, 💻 www.humboldt.edu/~natmus. 🕒 Di–Sa 10–17 Uhr, Eintritt $2.

Am südlichen Ende der I St befindet sich das **Arcata Marsh and Wildlife Sanctuary**, ein 60 ha umfassendes, künstlich angelegtes Feuchtgebiet, ein friedliches Plätzchen, wo man sich sonnen und dem Vogelgezwitscher lauschen kann. Das Interpretive Center, 569 South G Street, ✆ 707/826-2359, bietet samstags um 14 Uhr Touren zur Tierbeobachtung an, 🕒 tgl. 9–17 Uhr, ebenso die Audubon Society; deren Teilnehmer sich jeden Samstag um 8.30 Uhr am südlichen Ende der I Street treffen.

Eine gute Alternative für Leute, deren Zeitplan einen Besuch im Redwood National Park nicht zulässt, stellt der nicht mehr völlig ursprüngliche **Stadtwald** von Arcata dar, zu erreichen in östlicher Richtung auf der 14th Street zum Redwood Park Drive. Er ist hübsch und übersichtlich, mit nicht allzu langen Wanderwegen und einladenden Picknickstellen.

Wer am Memorial Day-Wochenende in der Gegend ist, sollte sich das dreitägige **Kinetic Sculpture Race** nicht entgehen lassen, ein spannendes Rennen, bei dem sich die Teilnehmer mittels selbst gebauter Apparaturen zu Wasser und zu Lande, über Dünen und durch Marschen von Arcata bis nach Ferndale befördern. Informationen unter ✆ 707/786-9259.

Übernachtung

Die Motels außerhalb von Arcata am US-101 sind preiswerter, wenn auch weniger ansprechend als die B&Bs der Stadt, die sich zunehmender Beliebtheit erfreuen.

Motel 6, 4755 Valley West Blvd, ✆ 707/822-7061 oder 1-800/466-8356, 💻 www.motel6.com, füllt sich im Mai zu den Abschlussfeiern der angrenzenden Universität mit Eltern, hat ansonsten aber meist Zimmer frei. ❷

Fairwinds Hotel, 1674 G St, ✆ 707/822-4824, preiswerte Unterkunft. ❸

NORDKALIFORNIEN

Hotel Arcata, 708 9th St, ✆ 707/826-0217 oder 1-800/344-1221, 💻 www.hotelarcata.com. Wer etwas mehr Geld hat, kann es hier auf sehr stilvolle Weise loswerden. ❹

Lady Anne, 902 14th St, ✆ 707/822-2797, 💻 www.humboldt1.com/ladyanne, seit Jahren ein beliebtes B&B in Arcata.

Nördlich von Arcata gibt es an der Küste viele **Campingplätze**, allerdings keinen, der von der Stadt problemlos ohne Auto zu erreichen ist. Der nächstgelegene und billigste befindet sich im ***Clam Beach County Park***, ✆ 707/445-7651, 8 Meilen nördlich der Stadt am Hwy-101, Zeltplätze $10 (mit Fahrzeug) oder $3 p.P. für Wanderer. Keine Duschen. Wegen der niedrigen Preise ist der Zeltplatz ein beliebter Party-Ort für jugendliche Langzeitbewohner, die auf Hygiene nicht so viel Wert legen. Besser ausgestattete Zeltplätze s.S. 677.

Essen

Abruzzi, 780 8th St, ✆ 707/826-2345, erstklassige italienische Küche zu moderaten Preisen.

Big Blue Café, 846 G St, hier kann man gut frühstücken und dem Treiben auf dem zentralen Platz zuschauen.

Crosswinds, 860 10th St, ✆ 707/826-2133, sehr gutes Frühstück und günstige Angebote zum Mittagessen; auch vegetarische Gerichte.

Pacific Room Noodle House, 359 G St, ✆ 707/826-7604, köstliche asiatische Gerichte zum Mitnehmen oder zum sofortigen Genuss im Hof.

Wildflower Café and Bakery, 1604 G St, ✆ 707/822-0360, verwendet Zutaten aus organischem Anbau für exzellente, billige Mahlzeiten.

Unterhaltung

Viele **Bars** konzentrieren sich in den Straßen rings um den zentralen Platz. Die beste ist ***Jambalaya***, 915 H St, ✆ 707/822-4766, eigentlich ein Restaurant, in dem aber zusätzlich jeden Abend Live-Musik gespielt wird: Rhythm 'n' Blues, Jazz und Rock.

Humboldt Brews, 856 10th St, ✆ 707/822-2739. Brauerei, preiswertes Restaurant und eine Bar, in der die im Norden bevorzugten dunklen und für Kalifornien recht starken Biersorten ausgeschenkt werden.

Finnish County Sauna and Tubs, 5th, Ecke J St, ✆ 707/822-2228, bietet auch ein entspanntes Café und am Wochenende Live-Acoustic. Für $15 pro Std. oder $8 für 30 Min. kann man in kleinen Pools im Garten baden.

Muddy Waters Coffee Company, 1603 G St, ✆ 707/826-2233, fördert die lokale Musikszene mit wöchentlichen kostenlosen Konzerten; nette Atmosphäre und guter Ort, um sich unter das studentische Publikum zu mischen.

Informationen

California Welcome Center, 1635 Heindon Rd, etwa 1 Meile nördlich der Innenstadt, abgehend vom US-101, ✆ 707/822-3619, 💻 www.arcatachamber.com. Im neuen Informationszentrum gibt es kostenlose Karten, Broschüren und Informationen über ganz Kalifornien sowie Listen lokaler Unterkunftsmöglichkeiten und anderer Dienstleistungen. ⏲ tgl. 9–17 Uhr.

Transport

Vom Busbahnhof in der 925 E St fahren Greyhound- und Amtrak-Thruway-Busse nach EUREKA, von wo es tgl. Anschlussbusse nach Norden und Süden gibt.

Zudem verkehren Mo–Sa Busse von Humboldt Transit zwischen beiden Städten.

Außerdem **Busse nach**:
CRESCENT CITY 2x tgl., 1 3/4 Std.;
GARBERVILLE 4x tgl., 1 1/2 Std.;
SAN FRANCISCO 2x tgl., 8 1/2 Std.;
SANTA ROSA 4x tgl., 6 Std.

Die Umgebung von Arcata

Mit einem Auto kann man die Küste nördlich der Stadt am Hwy-101 erforschen. Auf dem Weg führt ein kurzer Abstecher nach Osten zum höchsten Totempfahl der Welt in **McKinleyville** in der Nähe vom Clam Beach. Der bunt verzierte Redwood-Pfahl ragt hinter dem McKinleyville Shopping Center 48 m in die Höhe. Hungrige können bei *Tastebuds* in der Hauptstraße, 2011 Central Avenue, einkehren – die Sandwiches sind unschlagbar.

Der ca. 12 Meilen nördlich von Arcata gelegene **Moonstone Beach** ist tagsüber meist leer, sieht man von einigen Spaziergängern ab. Nachts treffen sich hier Studenten, um bei Gitarrenmusik und ausgelassenen Feten der Witterung zu trotzen.

Ein paar Meilen weiter erreicht man **Trinidad Harbor**, ein guter Ort, um etwas zu trinken und zu essen, sich in den Läden umzuschauen oder sich einfach auf die Mauer zu setzen und zuzusehen, wie die kleinen Fischerboote auf den Wellen hin und her schaukeln.

Der **Patricks Point State Park**, 5 Meilen nördlich von Trinidad Harbor, ✆ 707/677-3570, besitzt einen Strand, an dem man sich auf die Suche nach Achaten begeben kann, und bietet nach Anmeldung Gelegenheit zu einer Führung durch ein rekonstruiertes Yurok-Dorf.

Von Arcata erreicht der Hwy-299 nach 40 Meilen gen Osten den Ort **Willow Creek**, das selbst ernannte „Tor zum Bigfoot Country". An der Kreuzung von Hwy-299 und Hwy-96 markiert eine Bigfoot-Statue den Eingang zum kleinen **Willow Creek–China Flat Museum**, ✆ 530/629-2653, das eine bescheidene Sammlung indianischer Quilts und früher Siedlerutensilien zeigt.

Von Willow Creek führt der Hwy-96, der „Bigfoot Scenic Byway" ins Indianerreservat **Hoopa Valley**, wo es während der letzten Jahre gewalttätige Auseinandersetzungen zwischen Weißen und Indianern um die Fischrechte gegeben hat. Hoopa hat keinen guten Ruf, und nur wenige nehmen sich daher die Zeit, hierher zu kommen.

Die Bigfoot-Legende

Schon seit dem späten 19. Jh. kursieren in Nordkalifornien Gerüchte über menschenaffenähnliche Riesen, die 150–350 kg schwer sein sollen. Die Geschichten basieren auf alten Indianer-Legenden, denen man keinen wahren Kern zuschrieb, bis Straßenbauarbeiter 1958 riesige Fußabdrücke in einem nahe gelegenen, verlassenen Gebiet entdeckten (daher der Name Bigfoot). Seither sind solche Fußabdrücke über fünfzigmal gefunden worden. An der Kreuzung in Willow Creek steht eine große, geschnitzte Figur des ominösen Wesens: ein urzeitlich aussehender Affenmensch. In jüngster Zeit lastet man diesen Kreaturen neben anderen Gräueltaten auch Entführungen an.

Im Vergleich zu früher hat sich die Atmosphäre allerdings erheblich gebessert, auch wenn einige lustlos herumhängende Jugendliche nach wie vor zum Bild gehören. Sogar das Kasino hat wieder geöffnet, nachdem es in Folge von Gewalttätigkeiten in Verbindung mit Alkohol eine Zeit lang geschlossen war.

Einen Besuch lohnt das **Hoopa Tribal Museum**, ✆ 530/493-2900, in dem Haushaltsgeräte, Flechtarbeiten und Schmuck der Hoopa- und Yurok-Indianer ausgestellt sind, ⌚ Mo–Fr 8–12 und 13–17 Uhr, im Sommer auch Sa 10–12 und 13–16 Uhr, Eintritt frei.

Die Weiterfahrt auf dem Hwy-299 nach Osten führt in die Umgebung von Weaverville und Shasta (s.S. 697ff.) sowie zur schnellen Fernverkehrsroute des Interstate-5.

Übernachtung und Essen

TRINIDAD HARBOR – ***Trinidad Inn,*** 1170 Patrick's Point Drive, ✆ 707/677-3349, 💻 www.trinidadinn.com, sehr nettes Motel in ruhiger Lage. ❸

Emerald Forest, 733 Patrick's Point Drive, ✆ 707/677-3554, 💻 www.cabinsintheredwoods.com; abgelegene Cabins; auch Zeltplätze für $22. ❹

Lost Whale Inn, 3452 Patrick's Point Drive, ✆ 1-800/677-7849, 💻 www.lostwhaleinn.com. Luxuriöses, freundliches B&B, das zu den romantischsten Unterkünften an der gesamten Küste zählt und sich empfiehlt, wenn Geld keine Rolle spielt. Jacuzzi im Freien und Zugang zu einem einsamen Strand, an dem sich Robben tummeln. ❽

Seascape Pier Restaurant, am Hafen, ✆ 707/677-3762, Einheimische schwärmen von den hier servierten Speisen wie Fisch, Steaks und Pasta und der Lage des Lokals am Wasser.

Trinidad Bay Eatery, Parker St, Ecke Trinity St, ✆ 707/677-3777, bietet Ähnliches zu moderateren Preisen.

Der ***Patricks Point State Park*** besitzt einen ziemlich abgelegenen Campingplatz ($20 pro Nacht), Reservierung über *ReserveAmerica,* ✆ 1-800/444-7275.

Einige Meilen weiter bietet der ***Big Lagoon County Park,*** ✆ 707/445-7651, Zeltplätze für $14; Tagesbesucher zahlen $2.

WILLOW CREEK – besitzt ein paar Lebensmittelgeschäfte, Diners und Motels.
Bigfoot Motel, 39116 Hwy-299, ✆ 530/629-4151, 💻 www.bigfootmotel.com, ❷
Cinnabar Sam, 19 Willow Way, ✆ 530/629-3437, sättigendes Frühstück, Sandwiches sowie mexikanische und amerikanische Gerichte.

Sonstiges

INFORMATIONEN – ***Chamber of Commerce,*** Willow Creek, ✆ 530/629-2693, 💻 www.willowcreekchamber.com, neben der Statue, informiert über die Eskapaden des Bigfoot-Wesens und die Sehenswürdigkeiten der Umgebung. ⌚ nur im Sommer tgl. 9–17 Uhr.
Lower Trinity Ranger Station, am Nordrand von Willlow Creek, ✆ 530/629-2118, vergibt Camping- und Wanderpermits für die nähere Umgebung. ⌚ im Sommer Mo–Sa 9–16.30, ansonsten Mo–Fr 8–16.30 Uhr.

TOUREN – Zahlreiche Anbieter laden zu Wildwasser-Rafting ist auf den nahe gelegenen Flüssen Smith, Klamath und Trinity ein.
Bigfoot Rafting Company, ✆ 530/629-2263 oder 1-800/722-2223, verlangt für einen Trip ab $55.

Redwood National und State Parks

Das kleine, 30 Meilen nördlich von Arcata gelegene **Orick** ist der südliche Eingang zu einem aus verschiedenen bewaldeten Flächen bestehenden Landstrich, der als Redwood National and State Parks unter zentraler Verwaltung steht und den man jederzeit kostenlos besuchen kann. Der Park erstreckt sich bis zur uninteressanten Stadt **Crescent City** im Del Norte County, dem nördlichsten Verwaltungsbezirk Kaliforniens. Die Teile des Redwoods National Parks und die drei lückenfüllenden State Parks – Prairie Creek Redwoods, Del Norte Coast Redwoods und Jediah Smith Redwoods – haben einige der höchsten Bäume der Welt aufzuweisen und sind damit eines der beliebtesten kalifornischen Reiseziele, vor allem von Juni bis September, wenn alle Schulen des Bundesstaates hier ihre Sommerlager zu veranstalten scheinen.

Obwohl der Park zur World Heritage Site und International Biosphere Reserve ernannt wurde, werden Zeltbewohner zuweilen morgens vom Lärm der Kettensägen und Holztransporter auf den Highways aus dem Schlaf gerüttelt. Dennoch fürchten die Einheimischen um ihre Existenz, die durch Restriktionen im Holzeinschlag gefährdet ist.

Praktische Tipps

Die insgesamt 23 500 ha der Parks gliedern sich in verschiedene Gebiete:

- den **Redwood National Park** südwestlich von Orick,
- den **Prairie Creek Redwood State Park** südlich des Örtchens Klamath am gleichnamigen Fluss und im Norden,
- den **Del Norte State Park** und **Jedediah Smith State Park** in der Umgebung von Crescent City im Del Norte County, wo sich auch das Hauptquartier befindet.

Die **Park Headquarters** befinden sich in Crescent City, 1111 2nd St, ✆ 707/464-6101, 💻 www.nps.gov/redw, ⌚ tgl. 9–17 Uhr (im Winter nur Mo–Sa), aber die Visitor Centers und Ranger Stations im Park sind weit besser ausgestattet (und informieren u.a. auch über den aktuellen Routenzustand sowie das zu erwartende Wetter); am nützlichsten ist das ***Kuchel Visitor Center*** an der südlichen Zufahrt in den Redwood National Park kurz vor Orick, ✆ 707/464-6101, App. 5265, ⌚ tgl. 9–17 Uhr.

Über die Parks verteilt sind zahlreiche sehr einfache, kostenlose **Zeltplätze**. Andere, mit einigen Annehmlichkeiten ausgestattete Plätze kosten $20 pro Zelt und sind unten aufgelistet, ebenso ein Hostel und einige Motels und B&Bs. Wenn alle Stricke reißen, kann man auf dem US-101 in Richtung Crescent City fahren und sich dort nach einer Unterkunft umsehen.

Warnung

Im Gebiet leben **Bären** und **Pumas**. Es sollten daher entsprechende Vorsichtsmaßnahmen beachtet werden (s.S. 31, Wandern in der Wildnis).

Orick

In Orick, am südlichen Ende des Parks, zwei Meilen nördlich vom Parkeingang und der Ranger Station, herrscht stets ein geschäftiges Treiben. Die größte Attraktion ist in diesem Gebiet der **Tall**

Trees Grove, wo u.a. einer der größten Bäume der Welt 110 m hoch in den Himmel ragt. Der höchste, nur wenig größere Baum wurde vor kurzem in einem nicht zugänglichen Waldstück im Mendocino County entdeckt. Die Anfahrt mit einem eigenen Fahrzeug ist empfehlenswert, allerdings ist dafür ein kostenloses Permit erforderlich, das im **Visitor Center** ausgestellt wird (die Zahl der Permits ist auf 50 pro Tag begrenzt, was aber nur zur Hochsaison mitten im Sommer evtl. ein Problem darstellen könnte). Dort ist außerdem eine ebenfalls kostenfreie Wanderkarte erhältlich, auf der erläutert wird, warum die Bäume aus Gründen der Erhaltung des Gleichgewichts zum Teil abgeholzt werden. Vom Parkplatz führt ein ziemlich steiler Pfad zum Tall Trees Grove hinunter (ca. 30 Min. einfach). Die beste Aussicht auf den Baumriesen und seinen Bruder hat man von dem nahe gelegenen, fast gänzlich ausgetrockneten Flussbett.

Redwood

Der kalifornische Redwood oder Küstensequoia *(Sequoia sempervirens)* ist der höchste Baum, der auf unserer Erde wächst, denn er erreicht eine Höhe von über 90, vielfach sogar über 100 m, was ungefähr der Größe eines 30-stöckigen Gebäudes entspricht. Zu finden ist diese Spezies nur in den Küstenwäldern Nordkaliforniens und Süd-Oregons und auch dort nur noch an Stellen, die vor dem unkontrollierten Holzeinschlag gerettet werden konnten. Hier ist der natürliche, klimatisch optimale Lebensraum dieser Mammutbäume, deren Vorfahren schon zu Zeiten der Dinosaurier auf der Erde wuchsen. Die größten und ältesten Exemplare dürften 2000 Jahre alt sein. John Steinbeck nannte diese Bäume „Botschafter aus einer anderen Zeit".

Das Holz ist ungewöhnlich resistent gegen Fäulnis, Schädlinge und Verwitterung; die bis zu 30 cm dicke Rinde schützt außerdem vor Feuer, das, durch Blitzschlag verursacht, auch in den urzeitlichen Wäldern wütete. Natürliche Feinde hat der Riesenbaum keine, nur noch den Menschen. Die meisten Redwoods endeten wegen ihrer hervorragenden Eigenschaften als Bauholz, Fußböden oder Mobiliar, z.B. in den Holzhäusern von San Francisco.

Von Orick aus kann man auch auf dem 8,5 Meilen langen **Redwood Creek Trail** zum Tall Trees Grove wandern (bei Übernachtung entlang der Strecke ist ein Permit erforderlich). Vom Hwy-101 biegt man nach rechts in die Bald Hills Road ab, auf der man nach etwa 500 m die Abzweigung zum Picknickplatz erreicht, wo der Wanderweg beginnt. Die Brücke, die man nach 1,5 Meilen überquert, ist nur im Sommer passierbar.

Von der Bald Hills Road zweigt etwas weiter östlich ein weiterer Wanderweg in Richtung Norden zum **Lady Bird Johnson Grove** ab – eine Ansammlung von Bäumen, die der ehemaligen First Lady „Bird" Johnson gewidmet sind, die offenbar eine große Naturliebhaberin war. Durch diese Senke mit gewaltigen Baumriesen führt ein eine Meile langer Pfad.

Westlich des Hwy-101 beginnt gegenüber dem Ausgangspunkt des Redwood Creek Trail der **Coastal Trail**, der der Küste folgt und durch alle drei State Parks führt. Eine unbefestigte Straße stößt nach ein paar hundert Metern auf den eigentlichen Wanderpfad.

Drei Meilen nördlich von Orick zweigt die schmale Davison Road in Richtung Küste ab, um nach acht holprigen Meilen den **Gold Bluffs Beach** zu erreichen, wo man zelten kann; ⏲ Sonnenauf- bis Sonnenuntergang. Die Gebühr von $6 pro Fahrzeug gestattet auch den Besuch des **Fern Canyon**, zu dem man auf einem leichten, rund eine Meile langen Pfad gelangt und dessen 15 m hohe Felswände mit Moosen, Farnen und Flechten übersät sind.

NORDKALIFORNIEN

Übernachtung und Essen

In **Orick**, 2 Meilen nördlich des Parkeingangs und der Ranger Station, sind am US-101 Läden, Cafés und zwei **Motels** aufgereiht:

Green Valley Motel, ✆ 707/488-2341; wenn man von Süden in den Ort kommt, rechter Hand. Superbillig. ❷

Palm Motel & Cafe, ✆ 707/488-3381; serviert u.a. billige Sandwiches und Burger. ❷

Lumberjack, ein Stückchen weiter an der Straße, bietet Billard und eiskaltes Bier.

Prairie Creek State Park

Dieser State Park ist der vielseitigste und beliebteste des Redwood-Nationalparks. Ob man sich einer

Tour anschließt oder den Wald mit einer guten Karte auf eigene Faust erforscht – einige Attraktionen sollte man sich keinesfalls entgehen lassen. Auf der **Elk Prairie** vor der **Ranger Station,** ✆ 707/464-6101 App. 5300, ⏲ im Sommer tgl. 9–17 ansonsten 10–16 Uhr, weiden Herden von Roosevelt Wapiti, riesige, bis zu 180 kg schwere Tiere, die hier vor Wilderern geschützt sind. Zu beachten gilt, dass Wapitis, wie alle Tiere in freier Wildbahn, in ihrem Verhalten schwer einschätzbar sind und daher besser aus der Ferne beobachtet werden sollten. Der Eintritt beträgt $6 pro Fahrzeug, aber man kann auch am Straßenrand parken und herumwandern.

Es gibt einen **Campingplatz** ($20) am Rand der Elk Prairie und einen am Kreuzungspunkt der zahlreichen Wanderwege.

Wer es eilig hat, kann entlang verschiedener Routen auch mit dem Auto durch die Wälder fahren. Etwas südlich der Ranger Station zweigt vom Hwy-1 die Zufahrt zum **Lost Man Creek** nach Osten ab und führt an einem Wasserfall vorbei in ein kleines Waldstück, hin und zurück 1,5 Meilen. Um zum Prairie Creek Redwoods State Park zu gelangen, empfiehlt sich der **Newton B. Drury Scenic Byway**, eine Nebenstraße, die nördlich des Lost Man Creek vom Hwy-101 abzweigt und den acht Meilen langen Abstecher durch dichten Wald lohnt, selbst wenn man nur auf der Durchfahrt ist.

Eine Meile nördlich der Ranger Station steht nahe der Straße der **Big Tree Wayside Redwood**, über 100 m hoch und mit einen Durchmesser von über 7 m einer der dicksten Redwood-Bäume an der Küste. Da er leicht zu erreichen ist, ist der Andrang entsprechend groß. Nördlich davon, bevor die Straße wieder auf den Hwy-101 stößt, zweigt der unbefestigte Coastal Drive nach Westen ab und folgt dem Coastal Trail auf einer Länge von 7,5 Meilen, um schließlich den **High Bluff Overlook** und den Campingplatz *Flint Ridge* zu erreichen.

Übernachtung und Essen

In Prairie Creek gibt es einige **Restaurants** am US-101, die Frühstück und Burger servieren, aber auch Leckerbissen wie Wildschweinbraten und Hirschsteaks.

Rolf's Park Café, ✆ 707/488-3841, gleich an der Abzweigung vom Hwy-101 zum Fern Canyon, eines der besten Lokale; Tische im Freien und deutsches Essen, auch Motelzimmer. ❸

Klamath

Das Gebiet um die Mündung des Klamath River gehört nicht zum Nationalpark. Als 1964 der Klamath River über die Ufer trat, wurden die meisten Gebäude von Klamath zerstört, so dass es die Stadt praktisch nicht mehr gibt. Doch bieten sich von den Wegen dort, wo der Klamath River in den Ozean mündet, wunderbare Ausblicke. Außerdem befindet sich hier die Parkanlage **Trees of Mystery**, ✆ 707/482-2251 oder 1-800/638-3389, 🖳 www.treesofmystery.net, ⏲ tgl. 9–18 Uhr, im Sommer auch länger, Eintritt $12. Sie liegt am Hwy-101, wo zwei riesige, aus Redwood geschnitzte Holzstatuen den Eingang markieren. Am beeindruckendsten sind hier die neun hohen Bäume des **Cathedral Tree**, die kreisförmig aus einer einzigen Wurzel emporgewachsen sind. Geschäftstüchtige Kalifornier veranstalten hier gern Hochzeiten unter freiem Himmel. Kürzlich hat sich eine weitere Attraktion dazugesellt, die den hohen Eintrittspreis halbwegs rechtfertigt: eine Seilbahn, die Passagiere vom Ende des Pfades über die Baumwipfel zum 225 m hohen **Ted's Ridge** befördert. Dort bekommt man Ferngläser, mit deren Hilfe man die Aussicht auf das im Westen liegende Meer und die baumbestandenen Täler und Höhen im Osten würdigen kann. Das **End of the Trail Museum** am Startpunkt der Seilbahn stellt Kunsthandwerk von Indianern aus der Umgebung aus.

Weiter südlich, wo der Hwy-169 vom US-101 abbiegt, bietet der 725 Jahre alte **Tour Thru Tree** an der Terwer Valley Rd ein beliebtes Fotomotiv ($4).

Auf der Requa Rd geht es zur Flussmündung, wo sich vom **Klamath Overlook**, sobald sich der Nebel verzogen hat, großartige Ausblicke über das Meer und die Küste bieten. Hier können sich Wanderer auf den **Coastal Trail** begeben, der 10 Meilen über einen der abgeschiedensten Strände Kaliforniens führt, bevor er am Endert's Beach in Crescent City endet.

Übernachtung und Essen

Historic Requa Inn, 451 Requa Rd, ✆ 707/482-1425 oder 1-866/800-8777, 🖳 www.requainn.com,

NORDKALIFORNIEN

vermutlich die beste Unterkunft der Gegend und jüngst überholt. ❹

Woodland Villa, 1,5 Meilen nördlich von Requa, ✆ 707/482-2081 oder 1-888/866-2466, 🖳 www.klamathusa.com; einfache Cabins. ❸

Camp Marigold, ✆ 707/482-3585 oder 1-800/621-8513, eine Meile südlich der Trees of Mystery, hat kleine Ferienhütten mit Küchenzeile. ❷

Rhode's End, 115 Trobitz Rd, Klamath Glen, 3 Meilen südöstlich von Klamath auf dem Hwy-275, ✆ 707/482-1654, B&B am Klamath River. ❹

HI-Redwood National Park Hostel, 14480 Hwy-101, ✆ 707/482-8265, 🖳 www.norcalhostels.org, wundervolle Lage einige Meilen nördlich der Trees of Mystery; blitzsauber und freundlich. Dorm-Betten $16–19 für Mitglieder und Nicht-Mitglieder, außerdem Zimmer für $45.

Zeltplätze: ***DeMartin,*** ein paar Meilen nördlich des Hostels, sehr einfach und kostenlos.

Riverwoods Campground, Klamath Beach Rd, 2 Meilen westlich des US-101, ✆ 707/482-5591, schattige Zeltplätze ($15) am Südufer des Klamath River in Richtung Flussmündung.

In punkto Essen hat Klamath nicht viel zu bieten, vor allem abends nicht.

Sis's Kitchen, 301 Hwy-169, am Südende des Ortes, ✆ 707/482-1408, serviert den ganzen Tag bis zum späten Nachmittag gutes Frühstück und andere Mahlzeiten.

Sweet Street Café, 164 Klamath Blvd, ✆ 707/482-3125, bietet tagsüber durchgehend amerikanische Standardgerichte.

Touren

Klamath River Jet Boat Tours, 17635 Hwy-101 S, ✆ 707/482-7775 oder 1-800/887-5387, 🖳 www.jetboattours.com, veranstaltet Flussfahrten mit einem Schnellboot (4 Std. für $45 bzw. 90 Min. für $25) und bietet auf Anfrage Angelexkursionen.

Crescent City

Die nördlichsten Ausläufer des Nationalparks, die State Parks Del Norte und Jedediah Smith, liegen 7 Meilen südlich bzw. 9 Meilen östlich von Crescent City, einer gottverlassenen Ortschaft, deren einziger Vorzug ihre Nähe zum Park ist. Sie liegt am Hwy-101 auf halber Strecke zwischen San Francisco (349 Meilen) und Portland in Oregon (355 Meilen) und wird häufig für einen Zwischenstopp genutzt. Aus diesem Grund gibt es hier zahlreiche Unterkünfte und Lokale.

Nicht zu übersehen ist der Riesenbau von **Ocean World** am US-101 am Südende der Stadt. Die Zahl der Fischarten und anderer Meeresbewohner, die in diesem Aquarium zu sehen sind, ist nicht überwältigend groß, aber die Führungen, die alle 15 Minuten stattfinden, sind sehr informativ, und man hat Gelegenheit, einen Seestern, einen Seelöwen oder sogar einen Hai anzufassen. ⏲ tgl. 9–19 Uhr, im Sommer länger, Eintritt $8. ✆ 707/464-4900, 🖳 www.oceanworld.com.

Wer schon mal hier ist, kann außerdem eine Stunde abzweigen, um das **Battery Point Lighthouse** zu besuchen, das über einen Dammweg vom Westrand des Ortes aus erreichbar ist. ⏲ Juni–Sept Mi–So 10–16 Uhr, Führungen bei Ebbe, Eintritt $3. Bei Interesse kann man auch noch das altmodische **Main Museum**, 577 H St, ✆ 707/464-3922, mitnehmen, dessen staubiges Innere u.a. alte Musikinstrumente, indianisches Kunsthandwerk und historische Exponate umfasst. Außerdem sind einige alte Gefängniszellen aus der Zeit, als das Gebäude als County Jail diente, zu sehen. ⏲ Mai–Sept Mo–Sa 10–16; Eintritt $3.

Übernachtung und Essen

Um Crescent City gibt es einige passable Motels.

Crescent Beach Motel, 1455 US-101 S, ✆ 707/464-5436, 🖳 www.crescentbeachmotel.com. 2 Meilen südlich vom Ort in hübscher Lage am Strand. ❹

Gardenia Motel, 119 L St, ✆ 707/464-2181, schlicht, aber suberbillig und zentraler gelegen. ❷

Cottage By The Sea, 205 South A St, ✆ 707/464-9068 oder 1-877/642-2254, 🖳 www.waterfrontvacationrental.com. Schickes B&B auf einem Felsen oberhalb des Meeres – mit etwas Glück kann man vielleicht vom Zimmerfenster einen an der Küste vorbeiziehenden Wal erspähen. ❺

Bistro Gardens, 938 K St, ✆ 707/464-5627, das gehobene Lokal serviert Pasta und vegetarische Gerichte.

Da Luciana, 575 Hwy-101 S, ✆ 707/465-6566, italienische Gerichte, Steaks und Seafood zu moderaten Preisen.

Thai House, 105 N St, ✆ 707/464-2427; bietet Thai- und vietnamesische Küche.

China Hut, 928 9th St, ✆ 707/464-4921. Serviert sättigende chinesische Speisen.

Los Compadres, 457 Hwy-101 S, ✆ 707/464-7871. Billiger Mexikaner gegenüber dem Bootshafen.

Informationen

Visitor Center, 1001 Front St, ✆ 707/464-3174 oder 1-800/343-8300, 💻 www.northerncalifornia.net, 🕓 im Sommer tgl., im Winter nur Mo–Fr 9–17 Uhr.

Transport

2x tgl. fährt ein Greyhound-Bus auf dem Hwy-101 von SANTA ROSA (4 Std.) über EUREKA (2 Std.) und ARCATA (1 1/2 Std.) nach Crescent City, Haltestelle dort: 1125 Northcrest Drive. Auf Anfrage lassen die Busfahrer Passagiere an bewaldeten Stücken entlang des Highways aussteigen; wenn man wieder weiterfahren möchte, kann man mit sehr viel Glück einen Bus anhalten.

2x tgl. verkehrt ein Bus von *Redwood Coast Transit* in der Gegend um Crescent City, doch wer nicht gerade ein spezielles Gebiet besuchen und dort bleiben möchte (nicht die beste Art, um die Parks kennen zu lernen), braucht einen eigenen fahrbaren Untersatz.

Del Norte und Jedediah Smith State Parks

Der **Del Norte State Park** lohnt auf jeden Fall einen Besuch, nicht nur wegen seiner Redwood-Bäume, sondern auch wegen seiner wunderschönen Strände und der vielen Wanderwege. Die meisten der durchschnittlich zwei Meilen langen Wanderwege an den Klippen entlang sind problemlos allein zu finden. Zwischen Mai und Juli blühen die wilden Rhododendron- und Azaleenhaine. Sehr schön gelegen ist der **Mill Creek Campground** (Zeltplatz $20; Reservierung über *ReserveAmerica,* ✆ 1-800/444-7275).

Der **Jedediah Smith State Park,** ✆ 707/464-6101, App. 5113, ist nach jenem europäischen Entdeckungsreisenden benannt, der 1828 als erster Weißer vom Mississippi zum Pazifik wanderte und 1831 von Komantschen in Kansas umgebracht wurde. Sein Name taucht überall auf: Allein 18 Redwood-Haine sind ihm gewidmet. Der Park erstreckt sich südlich des Smith River, der viele Kanufahrer und Angler anlockt.

Der beliebteste Spazierpfad im Park ist der 800 m lange **Stout Grove Trail,** der zu einem 105 m hohen Redwood-Baum mit einem Durchmesser von 5 m führt.

Wer weiter nach Osten fährt, aber nicht den Highway benutzen möchte, findet in der **Howland Hill Road** eine langsame, aber landschaftlich reizvolle, sechs Meilen lange Alternative. Die Straße führt von Crescent City durch den Wald zum ca. 5 Meilen entfernten **Hiouchi Information Center,** ✆ 707/464-5601, App. 5067, am Hwy-199; 🕓 Mai–Okt 9–17 Uhr. Von dort zweigen verschiedene kurze Pfade von jeweils ca. einer halben Meile Länge ab, die verglichen mit den meisten anderen Wegen im Park mehr Ruhe bieten.

Östlich von Hiouchi verläuft außerdem der **Little Bald Hills Trail,** eine anspruchsvolle, 10 Meilen lange Wanderroute, die sich in ca. acht Stunden bewältigen lässt.

Am Ende der Howland Hill Rd befinden sich der Jedediah Smith Redwoods Campground (Reservierung über *ReserveAmerica,* ✆ 1-800/444-7275, $20) und Picknickmöglichkeiten.

Zurück auf der Hauptstraße bekommt man im *Hiouchi Motel,* 2097 Hwy-199, ✆ 707/458-3041 oder 1-866/446-8244, 💻 www.hiouchi.com, annehmbare Zimmer; ❸. Die *Patrick Creek Lodge & Historical Inn,* 10 Meilen weiter, 13950 Hwy-199 ✆ 707/457-3323, 💻 www.patrickcreeklodge.com, ist auf dieser Route die letzte Übernachtungsmöglichkeit in Kalifornien; ❹. Einzelzimmer sind in dem stilvollen Hotel besonders preisgünstig. Zur Unterkunft gehört ein hervorragendes, wenn auch teures Restaurant.

Die bequemste und schnellste Verbindung von dieser Ecke der Nordküste ins Landesinnere Nordkaliforniens führt auf dem Hwy-199 nach Oregon hinein und dann auf dem I-5 zurück in südlicher Richtung.

Das Landesinnere Nordkaliforniens

Einsamer als hier wird sich ein Tourist in Kalifornien wohl kaum fühlen. Dieses Gebiet ist mit über 100 000 km^2 zwar flächenmäßig so groß wie der gesamte Bundesstaat Ohio und weit größer als Österreich, wird aber nur von 250 000 Menschen bewohnt. Von der Küstenregion wird es durch die Bergkette der Shasta Cascades abgeschirmt. Wälder, Seen und Berge prägen das Bild im Landesinneren, wo zwei Drittel der gesamten Niederschlagsmenge Kaliforniens fallen. Da hier die Touristenmassen fehlen, lohnt ein Besuch umso mehr. Einheimische nehmen sich die Zeit zu plaudern und auf interessante Gegenden hinzuweisen, und das effiziente Netz an Wanderwegen und Straßen in der Region lässt in der Regel Staus gar nicht erst auftreten.

Der I-5 verläuft schnurgerade durch das **Sacramento Valley**, die uninteressanteste Region Kaliforniens, eine flache, landwirtschaftlich genutzte Ebene mit Oliven- und Nussbäumen, und vorbei an den Universitätsstädten **Chico** und **Redding**. Letzteres ist eine gute Basis für ein- bis zweitägige Ausflüge in die Umgebung.

Am nächsten liegt die **Whiskeytown-Shasta-Trinity National Recreation Area**, eine Kette von drei Seen, die von dichten Wäldern umgeben sind und das ganze Jahr über bereist werden können. Während der Sommermonate ist das Gebiet allerdings mit Wohnmobil-Fans, Windsurfern, Wasserskifahrern und Sommerfrischlern überlaufen.

Eindrucksvoller sind der östlich davon gelegene **Lassen Volcanic National Park**, eine imposante Berglandschaft mit Schwefelquellen und hohen Gipfeln, und das landschaftlich ebenso reizvolle **Plumas County** im Südosten zwischen Lassen und Lake Tahoe. Die Straßen, die nördlich vom Lassen durch Wälder führen, bieten am Wegesrand zahlreiche Überraschungen, darunter die **Burney Falls** sowie einen Zugang zum **Pacific Crest Trail**, der 1200 Meilen langen Wanderroute von Kanada nach Mexiko.

Etwas lebendiger wird es noch einmal weiter im Norden im Schatten des **Mount Shasta**, einem 4317 m hohen Vulkan, dessen Ruf als spiritueller Ort und Herausforderung für Bergsteiger eine interessante Mischung unterschiedlicher Menschen zusammenführt. Wer sich für alte Züge begeistert, wird die historische Eisenbahnstadt **Dunsmuir**, etwas südlich von Mount Shasta, interessant finden. Anglern wiederum bieten die forellenreichen Flüsse überall in der Gegend ein lohnendes Revier.

Nördlich von Mount Shasta gehen die Berge und Wälder in eine Landschaft aus Viehweiden und Höhlen über. Letztere sind Teil des **Lava Beds National Monument**, Schauplatz eines der schrecklichsten Indianerkriege in der amerikanischen Geschichte. Pfade und Denkmäler erinnern an die Geschichte dieses Krieges, während sich überall in der sie umgebenden, verlassenen Ebene des **Klamath-Beckens** Zugvögel eine Rast gönnen, bevor sie ihre Reise gen Süden fortsetzen.

Die Ausstattung mit öffentlichen Verkehrsmitteln ist im Landesinneren noch schlechter als an der Küste. Busse fahren von San Francisco und Sacramento über den I-5 nach Portland und halten unterwegs in den Städten des Sacramento Valley und in Redding. Wenn die Straßenverhältnisse es zulassen, fährt ein Bus über die Berge von Redding nach Eureka an der Küste. Auf keiner der beiden Routen kann man das Landesinnere Nordkaliforniens wirklich erfahren. Am besten kommt man daher mit einem eigenen Fahrzeug hierher.

Chico

Etwa 20 Meilen östlich der Ausfahrt Orland vom I-5, ungefähr auf halber Strecke zwischen Sacramento und Redding, liegt die hübsche, kleine Stadt Chico, ein guter Anlaufpunkt für Leute, die das Sacramento Valley nicht an einem Tag durchqueren wollen oder die vorhaben, den Lassen Volcanic-Nationalpark zu besuchen.

Die Heimat der **Chico State University**, deren Ruhm sich mehr auf ihre Partymentalität als auf akademische Strebsamkeit gründet, ist eine traditionell angelegte Stadt mit einem zentralen Platz, zahlreichen studentischen Lokalen und Parks. Das Land, auf dem Chico errichtet wurde, umgab einst das Anwesen von General John Bidwell, einem der Ersten, der durch den Goldrausch reich geworden war.

Das **Chico Museum** in der ehemaligen Carnegie Library an der Ecke von Second und Main St, ✆ 530/891-4336, 💻 www.chicomuseum.com, besteht aus drei Teilen: einer permanenten historischen Abteilung, einem nachgebauten buddhistischen Tempel und einer Galerie für wechselnde Ausstellungen. ⌚ Mi–So 12–16 Uhr; Eintritt frei.

Das dreistöckige **Bidwell Mansion**, 525 Esplanade, ✆ 530/895-6144, wurde 1868 von General Bidwell gebaut. ⌚ Mi–Fr 12–17, Sa und So 10–16 Uhr, Eintritt $1, stündliche, anekdotenreiche Führungen bis 16 Uhr.

Der **Bidwell Park** erstreckt sich vom Zentrum der Stadt über 10 Meilen Richtung Nordosten. In dem alten Eichenwald wurde der erste *Robin Hood*-Film mit Eroll Flynn gedreht. Durch den Park führt keine Straße, und er ist zu groß, um zu Fuß besichtigt zu werden, daher ist ein Fahrrad optimal (s.u. Sonstiges). Die meistbesuchten Gegenden liegen um die Picknickstellen beim **One-mile Dam** und **Five-mile Dam**, beide von der Vallombrosa Avenue aus zu erreichen, sowie um Cedar Grove, erreichbar über die Abzweigung von der E 8th Street, doch nach einer halbstündigen Wanderung Richtung Upper Park begegnet man nur noch vereinzelten Spaziergängern. ⌚ von Sonnenauf- bis -untergang, Eintritt frei. Studenten suchen gern die **Badebuchten** am Big Chico Creek im Upper Park auf, darunter das Bear Hole, Salmon Hole und Brown's Hole. Anfahrt zu den Badestellen über die Vallombrosa Avenue nach Osten, an deren Ende nach links in die Manzanita Avenue abbiegen, danach rechts in die Wildwood Avenue, vorbei am Golfplatz und weiter, bis die Straße als Schotterweg den Fluss erreicht. Wer nicht wie die meisten mit dem Auto fahren möchte, kann die drei Meilen vom Zentrum auch mit dem Fahrrad zurücklegen – am Ende wartet schließlich Abkühlung.

Liebhaber von amerikanischen Schlitten vergangener Zeiten werden **Cruces Classic Auto Sales** in Downtown, 720 Main St, zu schätzen wissen, eine kommerzielle Ausstellung mit Durchgangsmuseum, in dem ein paar wirklich seltene Fahrzeuge ausgestellt sind, die man zur Restaurierung hergebracht hat.

Die renovierte **Sierra Nevada Brewing Company**, 1075 E 20th St, ✆ 530/893-3520, 💻 www.sierranevadabrewing.com, veranstaltet Di–Fr um 14.30 und Sa 12–15 Uhr eine kostenlose, 20-minütige Führung durch die Brauerei. Für weniger als $5 kann man ca. 10 verschiedene Biersorten probieren.

Wer eine nostalgische Reise zurück in die Zeit unschuldiger Kindertage unternehmen möchte, kann sich im **National Yo-Yo Museum**, 320 Broadway, ✆ 530/892-1414, 💻 www.nationalyoyo.org/museum, von engagierten Mitarbeitern tausende Exponate und Fotos erläutern lassen. ⌚ Mo–Sa 10–18 So 12–17 Uhr, Eintritt frei.

Zehn Meilen außerhalb von Chico gelangt man über den Hwy-99 nach Süden, dann nach Osten auf den Skyway bis zur Humburg/Honey Run Road und der **Honey Run Covered Bridge**, die einen reißenden Fluss im Butte Creek Canyon überspannt. Eine Überquerung per Auto ist nicht gestattet, zu Fuß lassen sich jedoch die auf der anderen Seite liegenden Wanderwege und Badestellen erreichen. Die weiter östlich in Paradise gelegenen Apfelgärten wurden als Drehort für *Vom Winde verweht* genutzt.

Übernachtung

An Unterkünften hat Chico mehr zu bieten als an Sehenswürdigkeiten. Überall in der Stadt gibt es Motels, vor allem in der Gegend um den Broadway und die Main St.

Days Inn, 740 Broadway, ✆ 530/343-3286 oder 1-800/329-7466, 💻 www.daysinn.com. Nicht unbedingt das preiswerteste Motel im Zentrum, aber es gehört zu einer verlässlichen Motelkette und liegt nur zwei Straßen südlich der Plaza. Zimmer mit Kühlschrank, Pool. ❹

The Esplanade, 620 The Esplanade, ✆ 530/345-8084, 💻 www.now2000.com/esplanade. Besonders preiswertes B&B direkt gegenüber der Bidwell Mansion. Die Betten sind so hoch, dass man fast Hilfe beim Einsteigen braucht; das leckere Frühstück wird auf der rückwärtigen Veranda serviert. ❺

The Grateful Bed, 1462 Arcadian Ave, ✆ 530/342-2464, 💻 www.chico.com/grateful. Freundliches B&B mit entspannter Atmosphäre. ❹

L'Abri Inn, 4350 Hwy-99, ✆ 530/893-0824 oder 1-800/489-3319, 💻 www.now2000.com/labri. Fünf Meilen nördlich der Stadt gelegenes Gasthaus mit drei Zimmern und ländlicher Atmosphäre; üppiges Frühstück. ❺

The Matador Motel, 1934 Esplanade, ✆ 530/342-7543, hübsches Gebäude im Kolonialstil, 10 Blocks nördlich der Plaza. Geschmackvoll eingerichtete Zimmer um einen palmenbestandenen Hof mit einem der größten Pools von Chi-

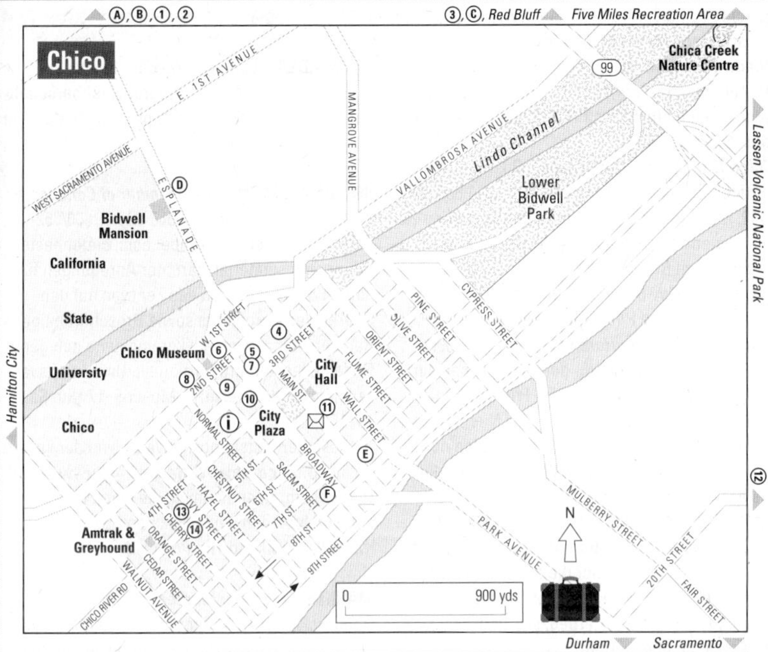

Übernachtung:		Essen:					
L'Abri Inn	C	The Brick Works	4	Jack's Family Restaurant	11	Riley's	13
Days Inn	F	Broadway Heights	10	Karim Restaurant	3	Sierra Nevada Brewing Company	12
Esplanade	D	Caffè Malvina	9	La Hacienda Inn	1	Tres Hombres	5
The Grateful Bed	B	Chada Thai	6	LaSalle's	7		
Matador	A	Chico Brewhouse	2	Madison Bear Garden	8		
Thunderbird Lodge	E	Franky's	14				

co. Eine der preisgünstigsten Unterkünfte Nordkaliforniens, ❶

Thunderbird Lodge, 715 Main St, ✆ 530/343-7911, 💻 www.thunderbirdlodge.homestead.com. ordentliches, preiswertes Motel, zwei Blocks von der Plaza. Manche Zimmer mit Kühlschrank und Kaffeemaschine. ❷

Wer **campen** will, muss weiterfahren bis zum Plumas National Forest im Osten oder zum Lassen Volcanic National Park.

Essen und Unterhaltung

In dieser Universitätsstadt sind viele Restaurants, Cafés und Kneipen auf junge Leute eingestellt. Während der Semesterferien ist es erheblich ruhiger, aber im Sommer findet jeden Freitagabend ein kostenloses Konzert talentierter junger Einheimischer statt, das die Anwohner zur Downtown Park Plaza lockt, Beginn um 19 Uhr.

The Brick Works, 190 E 2nd St, ✆ 530/895-7700. *Die* Bühne für Live-Musik in Chico. Tourende auswärtige, aber auch einheimische Bands. An konzertfreien Abenden legen DJs auf, dann gibt es entweder Country, Progressive oder Alternative Music zu hören.

Broadway Heights, 300 Broadway, ✆ 530/899-8075. Modernes Lokal im 1. Stock (ehemals *Jasco's)*, serviert bezahlbare kalifornische Küche und gesunde Snacks.

Caffè Malvina, 234 W 3rd St, ✆ 530/895-1614. Italienisches Restaurant, das Pasta und Fischgerichte zu moderaten Preisen sowie einige preiswertere Tagesgerichte bietet.

Chada Thai, 117b W 2nd St, ✆ 530/342-7121. Authentische, überwiegend vegetarische Thai-Küche zu annehmbaren Preisen, besonders mittags. So geschlossen.

Chico Brewhouse, 250 Cohasset Rd, gut 1 Meile nördlich des Zentrums via Esplanade, ✆ 530/894-2149. Entspannter Laden mit California Cuisine zu moderaten Preisen und guten Bieren aus der hauseigenen Brauerei.

Franky's, 506 Ivy St, ✆ 530/898-9948. Billige, frisch zubereitete Pasta und Pizza.

Jack's Family Restaurant, 540 Main St, ✆ 530/343-8383. Rund um die Uhr geöffneter Diner, ein bisschen speckig, aber gut zum Frühstücken oder für ein paar Bissen spät in der Nacht.

Karim Restaurant, 14066 Hwy-99, 5 Meilen nördlich des Stadtzentrums, ✆ 530/343-0593. Leckeres arabisches Essen.

La Hacienda Inn, 2635 Esplanade, ✆ 530/893-8270. Die Zeitschriften *Bon Appetit* und *Gourmet* haben bereits Artikel über die außergewöhnliche Soße dieses mexikanischen Restaurants geschrieben – sie ist pinkfarben, süß und lässt so manchen süchtig werden.

LaSalle's, 229 Broadway, ✆ 530/893-1891. Hier trifft man sich, um Bier in Mengen zu trinken, Billard zu spielen und Live-Rock zu hören.

Madison Beer Garden, 316 W 2nd St, ✆ 530/891-1639, nahe der Uni, das richtige Lokal für Leute, die abends mit Studenten ein Bier trinken möchten. Burger, *buffalo wings* u.Ä.

Riley's, 702 W 5th St, ✆ 530/343-7459. In der beliebtesten Sportkneipe von Chico werden auf zahlreichen Bildschirmen Sportereignisse übertragen. Überwiegend studentisches Publikum.

Sierra Nevada Brewing Company, 1075 E 20th St, ✆ 530/893-3520. Übliches Kneipenessen, außergewöhnlich starke Biere. Montags normalerweise Jazz, an manchen Wochenenden gute lokale Bands.

Tres Hombres, 100 Broadway, ✆ 530/342-0425. Wegen der großen Auswahl an Margaritas besonders beliebt bei Studenten. Burritos, Quesadillas, Tostadas und Tacos zu angemessenen Preisen in fröhlicher Umgebung. Abendessen tgl. bis 22 Uhr, am Wochenende Ausschank bis 2 Uhr. Am Sonntagnachmittag Live-Jazz.

Sonstiges

FAHRRÄDER – ***Campus Bicycles,*** 330 Main St, ✆ 530/345-2081, in unmittelbarer Nachbarschaft der Plaza. Ein Rad kostet $35 pro Tag. Kostenlose Karten für Radwanderungen.

INFORMATIONEN – Die ***Chamber of Commerce,*** 300 Salem St, ✆ 530/891-5556 oder 1-800/852-8570, 💻 www.chicochamber.com, bietet bestes Informationsmaterial, darunter Anregungen für einen Rundgang durch das Zentrum auf den Spuren der Geschichte sowie Broschüren über Radwege für Mountainbiker und nahe gelegene Badestellen, außerdem aktuelle Unterkunftsverzeichnisse inkl. Preise. 🕒 Mo–Fr 9–17 Uhr, Sa 10–15 Uhr.

Aktuelle Veranstaltungshinweise sind der kostenlosen ***Chico News & Review,*** 💻 www.newsreview.com, zu entnehmen, die jeden Do erscheint, bzw. den beiden lokalen **Radiosendern** KZFR (90,1 FM) und The Point (107,5 FM).

MÄRKTE – ***Farmer's Market,*** im Sommer jeden Donnerstag ab 17.30 Uhr für drei Stunden. Das Zentrum ist dann praktisch abgeriegelt. Im Angebot u.a. leckere Mandeln und Nüsse aus der Umgebung.

PARKEN – Im Zentrum kostet das Parken werktags während der Geschäftszeiten 25¢ pro Stunde, an Wochenenden ist es kostenlos.

SPORT – Das größte Spektakel sind die **Gold Cup Races** auf dem Silver Dollar Speedway, ✆ 530/969-7484. Die Stockcar-Rennen finden am dritten Wochenende im September statt und bescheren allen Hotels in der Umgebung eine maximale Belegung.

Transport

BUSSE – Die Haltestelle ist der Bahnhof.

Busse nach:
MOUNT SHASTA 1x tgl., 3 1/4 Std.;
RED BLUFF 8x tgl., 1 Std.;
REDDING 1x tgl., 3 1/2 – 4 Std.;
SAN FRANCISCO 3x tgl., 5 1/4 – 6 1/2 Std.;
SANTA ROSA 1x tgl., 7 1/2 Std.

EISENBAHN – Der Bahnhof befindet sich in der 5th, Ecke Orange St. 1x tgl. fährt ein Zug aus OAKLAND (4 Std.) weiter Richtung Norden nach REDDING (1 1/2 Std.). Der *Coast Starlight* von Los Angeles nach SEATTLE hält ebenfalls 1x tgl. in Chico, allerdings mitten in der Nacht.

Red Bluff und Corning

Red Bluff, ca. 45 Meilen auf dem Hwy-99 nördlich von Chico, ist ein ziemlich langweiliger Ort. Der einzige Vorzug besteht in seiner Nähe zum Lassen Volcanic National Park. Der Greyhound-Bus hält vor dem *Salt Creek Deli,* an der Kreuzung des Hwy-36 und der Antelope Road (Hwy-99), biegt dann aber in Richtung Stadt und I-5 ab, was bedeutet, dass mit öffentlichen Transportmitteln keine geregelte Verbindung in den Nationalpark besteht. Trotz seiner bevorzugten Lage am Sacramento River dient Red Bluff heute in der Regel nur als Zwischenstopp zum Tanken oder Übernachten vor der Weiterfahrt auf dem Hwy-36 in den 50 Meilen entfernten Park oder auf dem I-5 weiter nach Norden nach Redding und Mount Shasta.

Im **Kelly-Grigs House Museum**, 311 Washington St, gibt es eine Ausstellung über Ishi, „the last wild Indian", der 1911 aus der heutigen Ishi Wilderness auftauchte und bis zu seinem Tod 1916 gefangen gehalten wurde. ◷ Do–So 13–16 Uhr, Spende erbeten.

Ferner bietet der Ort einige Antiquitätengeschäfte. Zum Juwelier **Gaumer's** in der 78 Belle Mill Rd gehört ein kleines **Gemology Museum** (Edelsteinmuseum), ✆ 530/527-6166, in dem u.a. hunderte von Edelsteinen, Korallen und Ammoniten zu sehen sind und als Hauptattraktion eine 1,20 m hohe Höhle aus funkelndem Amethyst aus Brasilien. ◷ Mo–Fr 9–17 Uhr; Eintritt frei.

Wer Chico auslässt und auf dem I-5 in die Region des Tehama County fährt, kann auch in **Corning** tanken und Proviant einkaufen. Einen Besuch lohnt das dortige *Olive Pit,* 2156 Solano St, wenig östlich vom I-5, ✆ 530/824-4667 oder 1-800/654-8374, 🖳 www.olivepit.com, ein Laden und Restaurant, in dem es Oliven im Glas, Olivenöl, Knoblauch sowie Mandeln zu kaufen und außerdem eine Oliven-Probierbar, gute Grillgerichte und leckeres Eis gibt. Das mit Mandeln gefüllte Gemüse darf man sich nicht entgehen lassen.

Übernachtung und Essen

In Red Bluff gibt es zahlreiche Motels für $50 oder darunter, z.B.:
Crystal Motel, 333 S Main St, ✆ 530/527-1021, 🖳 www.redbluffcrystalmotel.com. ❷
Lamplighter Lodge, 210 S Main St, ✆ 530/527-1150. ❷
Fürs leibliche Wohl sorgen einige Diner und Burger-Läden und das etwas stilvollere ***Raging Fork,*** 500 Riverside Way, ✆ 530/529-9453, wo auf dem Patio mit Flussblick gute, gegrillte Steaks und Ribs serviert werden.

Informationen

Chamber of Commerce, 100 Main St, ✆ 530/527-6220 oder 1-800/655-6225, 🖳 www.redbluffchamberofcommerce.com, ◷ Mo 8.30–16, Di–Do 8.30–17, Fr 8.30 –16.30 Uhr.

Plumas County

Viele Besucher, die zwischen dem Lake Tahoe und der Lassen/Mount Shasta-Region reisen, fahren nicht durch das Sacramento Valley, sondern wählen stattdessen den Hwy-89, der durch das dünn besiedelte und landschaftlich reizvolle Plumas County führt. Es gibt hier zwar keine herausragenden Sehenswürdigkeiten, aber mit nur einer einzigen Verkehrsampel und einer pittoresken Szenerie aus tannenbewachsenen Berghängen, saftiggrünen Tälern, Seen und forellenreichen Bächen ist die Region der Inbegriff des ländlichen Kaliforniens. Geografisch ist die Gegend insofern von Bedeutung, als hier die hohe Sierra und der vulkanische Gebirgszug der Cascades aufeinandertreffen. Dies war die Heimat der Maidu-Indianer, einem Volk von Jägern und Sammlern, bevor in der Mitte des 19. Jhs. der Goldrausch zahlreiche weiße Siedler und später viele Chinesen in die Gegend brachte. Die Goldadern waren jedoch nie so reichhaltig wie jene weiter südlich, weshalb die Goldgräber die Gegend bald wieder verließen.

Die Holzindustrie löste den Bergbau als Haupterwerbsquelle ab, doch auch diese Industrie liegt inzwischen danieder. Die wenigen Einwohner leben von der Landwirtschaft und ein bisschen Tourismus.

Quincy

Quincy, eine angenehme, über die westlichen Hänge der nördlichen Sierra ausgebreitete Provinzstadt, ist durch einen zentralen Hügel in zwei Hälften geteilt. Das moderne und funktionale Ost-Quincy ist nicht sonderlich attraktiv, aber das Karree um die W Main Street im westlichen Stadtteil enthält einige ansehnliche Beispiele viktorianischer Architektur. Hinter dem neoklassizistischen **Courthouse** in der Nähe der Kreuzung, wo der durch die Stadt führende Highway von der W Main St in die Crescent St einschwenkt, befindet sich das **Plumas County Museum**, 500 Jackson St, das sich mit der Kultur der früher hier ansässigen Indianer, der Geschichte der (weißen) Siedlung und der Naturgeschichte der Gegend befasst.

⌚ nur im Sommer Di–Sa 8–17, So 11–16 Uhr, Eintritt $2, ✆ 530/283-6320, 💻 www.countyofplumas.com.

Übernachtung

Gold Pan Motel, 200 Crescent St, ✆ 530/283-3686 oder 1-800/804-6541; in Bezug auf Lage und Preis vermutlich das beste Motel im Ort. ❷

Zwei komfortable, gemütliche B&Bs sind:

The Feather Bed, 542 Jackson St, ✆ 530/283-0102 oder 1-800/696-8624, 💻 www.featherbed-inn.com, ❺, und

Ada's Place, 562 Jackson St, ✆ 530/283-1954, 💻 www.adasplace.com. ❺

Greenhorn Creek Guest Ranch, 2116 Greenhorn Ranch Rd, 12 Meilen östlich, ✆ 530/283-0930 oder 1-800/334-6939, 💻 www.greenhornranch.com. Im Übernachtungspreis sind Reiten, Angeln und Wandern inbegriffen. ❽

Essen

Courthouse Café, 525 W Main St, gegenüber dem Courthouse, ✆ 530/283-3344, bietet Frühstück und kleine Mahlzeiten.

Moon's, 497 Lawrence St, ✆ 530/283-0765, etwas schickeres italienisches Steakhaus.

In Ost-Quincy finden sich nette Billigrestaurants wie ***Round Table Pizza,*** 60 E Main St, ✆ 530/283-4545, und ***Mi Casita,*** 875 E Main St, ✆ 530/283-4755, ein Mexikaner.

Informationen

Chamber of Commerce, 464 W Main St, ✆ 530/283-0188 oder 1-877/283-6320, 💻 www.psln.com/qchamber; ⌚ Mo–Fr 9–12 und 13–16.30 Uhr.

Plumas County Visitors Bureau, 550 Crescent St, am Nordende der Stadt, ✆ 530/283-6345 oder 1-800/326-2247, 💻 www.plumascounty.com. Bietet etwas umfassendere Informationen.

Greenville

Hinter Quincy biegt der Hwy-70 nach links ab und folgt dem mittleren Arm des Feather River nach Südwesten, während der Hwy-89 sich in nördlicher Richtung an den saftigen Wiesen und Ranches des **Indian Valley** vorbei zur 23 Meilen nördlich von Quincy gelegenen alten Bergbaustadt Greenville schlängelt.

Obwohl der Ort heute von der Rinderzucht und dem Fällen von Weihnachtsbäumen lebt, feiert hier jedes dritte Wochenende im Juli beim **Gold Digger Days Festival** die Bergbauvergangenheit fröhliche Urständ. Für den Rest des Jahres versinkt Greenville dann wieder in einen idyllischen Dämmerschlaf, lädt aber durchaus zu einem kurzen Zwischenstopp ein. Aufkommenden Hunger stillen das *Way Station Dinner House & Tiki Bar* an der Kreuzung von Hwy-89 und Main St, ✆ 530/284-6018, mit Kneipenessen, sowie *Mountain Valley Pizza,* 116 Ann St, 3 530/284-6680, (Hwy-89), mit Burger und Pizza.

Wer den Ort als Ausgangsbasis für die Erkundung des malerischen **Indian Valley** nutzen möchte, findet als einzige echte Unterkunft nur das englisch angehauchte *Yorkshire House B&B,* 421 Main St, ✆ 530/284-1794, 💻 www.yorkshirehousebb.com, ❹.

Lake Almanor und Chester

Neun Meilen nördlich von Greenville liegt **Lake Almanor**, ein zunehmend beliebter werdender Ausflugsort für Familien und Bootsfahrer. Die wichtigste Siedlung, Chester, liegt am Nordufer des Sees.

Der See entstand 1914 im Zuge der Eindämmung des Nordarms des Feather River durch die Great Western Power Company. Er liegt 1350 m hoch und umfasst 52 Quadratmeilen. Damit ist er der größte der zahlreichen Seen im Plumas County. Das klare blaue Wasser erreicht im Sommer die angenehme Temperatur von 24 °C und eignet sich damit ideal für alle möglichen Wassersportarten.

Chester am Nordufer ist ein herrlich gelegener, entspannter Ort mit vielen Annehmlichkeiten. Das kleine **Museum** von Chester in der Bibliothek, 210 1st Ave, ✆ 530/258-2742, zeigt eine Ausstellung zur lokalen Geschichte und Korbarbeiten der Maidu-Indianer. ⌚ Mo–Mi und Fr 10–13 und 13.30–17.30, Do 12–17 und 18–20 Uhr, Eintritt frei.

Übernachtung

Um das tannenbewachsene **Seeufer** verteilen sich zahlreiche Resorts. Die meisten vermieten auch Zubehör für Aktivitäten auf dem Wasser, angefangen von Wasserski bis hin zu Angelgerät. **Chester** bietet knapp ein Dutzend Unterkunftsmöglichkeiten:

SEEUFER – ***Dorado Inn,*** 4379 Hwy-147, am Ostufer, ✆ 530/284-7790, 💻 www.doradoinn.com. Freundliche Unterkunft, herrliche Sonnenuntergänge, schwimmender Bootssteg. ❹
Knotty Pine Resort, 430 Peninsula Drive, ✆ 530/596-3348, auf der Halbinsel, die vom Nordufer in den See ragt. Ein halbes Dutzend hübsch gelegener Cabins. ❸
Plumas Pines Resort, 3000 Almanor Drive West, am Westufer, Canyon Dam, ✆ 530/259-4343, 💻 www.plumaspinesresort.com. Motelzimmer, Cabins und Stellplätze für Wohnmobile ($22); zur Anlage gehört auch der ***Boathouse Grill.*** ❸
Entlang des Seeufers gibt es einfache **Zeltplätze**, die teilweise über den *US Forest Service,* ✆ 1-800/280-2267, 💻 www.reserveusa.com, reserviert werden können.

CHESTER – ***Antlers Motel,*** 268 Main St, ✆ 530/258-2722 oder 1-888/469-7829. Beide einfach, aber verlässlich. ❷
Chester Manor Motel, 306 Main St, ✆ 530/258-2441 oder 1-888/571-4885, 💻 www.chestermanor.com. ❷
Cinnamon Teal, 227 Feather River Dr, ✆ 530/258-3993. B&B mit mehr Atmosphäre. ❹
North Shore Campground, 2 Meilen östlich am Hwy-36, ✆ 530/258-3376, 💻 www.northshorecampground.com. Größter Zeltplatz am See; Stellplatz $25.

Essen

SEEUFER – ***BJ's BBQ & Deli,*** 3881 Hwy-A13, nahe dem Hamilton Branch, ✆ 530/596-4210, gute, bodenständige Fleisch- und Fischgerichte zu vernünftigen Preisen.
Peninsula Grill, auf der Halbinsel, 401 Peninsula Drive, ✆ 530/596-3538, serviert Seafood, Steaks und Pasta.

CHESTER – ***Arky's,*** 300 Main St, ✆ 530/258-2560, bietet typisch amerikanische Gerichte und Eis.
Carol's Ranch House, 669 Main St, ✆ 530/258-4226, serviert gutes Frühstück und herzhafte Mahlzeiten.
Ming's Dynasty, 605 Main St, ✆ 530/258-2420, große Portionen chinesischer Gerichte.
Three Beans Coffee House, 150 Main St, ✆ 530/258-3312. Gute Adresse für einen Kaffee und einen Snack.

Informationen

Chamber of Commerce, 529 Main St, ✆ 530/258-2426 oder 1-800/350-4838, 💻 www.chester-lake-almanor.com. Informationen über die gesamte Region. ⌚ Mo–Fr 9–16, im Sommer auch Sa 9–14.30 Uhr.

Lassen Volcanic National Park

Die Wälder, kristallgrünen Seen und kochend heißen Quellen des 43 000 ha großen Lassen National Volcanic Parks bilden eine eigene Welt, die sich mit anderen Gegenden Kaliforniens kaum vergleichen lässt. Das raue Klima mit bis zu 15 m Schnee pro Jahr hat zur Folge, dass die Region fast völlig unbewohnt ist. Nur zwischen Juni und Oktober kommen ein paar Touristen, ansonsten sind die Straßen verschneit und gesperrt. Das Gebiet liegt am Südrand der Cascades, einem niedrigen, breiten Gebirgszug, der sich 600 Meilen nach Norden bis zum Mount Garibaldi im kanadischen British Columbia erstreckt und hohe Vulkane aufweist, die Teil des Pacific Circle of Fire ausmachen. Der 3137 m hohe **Mount Lassen** galt als ruhender Vulkan, bis 1914 eine Serie von Vulkanausbrüchen begann, die ihren Höhepunkt 1915 erreichte, als eine riesige, pilzförmige Wolke 11 km hoch in den Himmel stieg, die

Spitze des Berges explodierte und einzelne Partikel bis nach Reno geschleudert wurden. Seit nahezu 90 Jahren ist der Vulkan jedoch nicht mehr aktiv und friedlich. Wissenschaftler sind allerdings der Ansicht, dass Lassen der Vulkan Kaliforniens ist, der am ehesten wieder ausbrechen könnte.

Der Park

Im Unterschied zu anderen Naturschutzgebieten braucht man im Lassen das Fahrzeug nicht unbedingt zu verlassen, denn manche der schönsten Aussichten lassen sich auch von der durch den Park führenden Teerstraße aus genießen. Am besten kauft man im Visitor Center für $4 den *Road Guide: Lassen Volcanic National Park*. Von der Südwestzufahrt kommend, erreicht man zunächst den Ausgangspunkt der Wanderung zum **Brokeoff Mountain**, einer insgesamt sechs Meilen langen Route durch ein Gebiet, das mit Wildblumen bewachsen ist. Dahinter folgt das **Lassen Chalet**, die einzige Möglichkeit im Park, Lebensmittel einzukaufen und im Winter in begrenztem Umfang Wintersport zu treiben.

Camping im Lassen Park und Umgebung

Camping ist in den wenigen Monaten im Jahr, die hierfür überhaupt geeignet sind, mit Abstand die beste Übernachtungsmöglichkeit. Alle ausgebauten Campingplätze im Park sind in der unten stehenden Liste aufgeführt und können nicht reserviert werden. Das ist in der Regel kein Problem, außer an Wochenenden im Hochsommer. Die meisten Campingplätze sind von Juli bis September geöffnet. Zu beachten gilt, dass im Lassen Park **Bären** leben. Die Hinweistafeln zur Aufbewahrung von Proviant und Abfällen sind daher ernst zu nehmen, und bei Wanderungen sollte man sich durch Geräusche bemerkbar machen.

Für das Zelten in der Wildnis ist ein kostenloses **Wilderness Permit** erforderlich, das vorab über die Parkverwaltung in Mineral bezogen oder persönlich in den Visitor Centers und an den Parkzufahrten zu bekommen ist. Eine weitere Registrierung ist nicht nötig, allerdings müssen die gewählten Plätze eine Meile von den ausgebauten Campingplätzen und eine Viertelmeile von den ausgewiesenen Sehenswürdigkeiten entfernt liegen. Im umgebenden **Lassen National Forest** gibt es keine Beschränkungen, was den Platz angeht, jedoch ist dort wiederum ein kostenloses Permit für den Gebrauch eines Campingkochers oder das Entzünden eines Lagerfeuers vorgeschrieben. In den trockenen Sommermonaten wird dies mitunter verweigert. Im Umkreis von 30 Meilen des Lassen Parks stehen entlang der Highways weitere Campingplätze für $10–20 zur Auswahl.

Butte Lake (1830 m). Im äußersten Nordwesten des Parks, Zugang über den Hwy-44. Auch für Wohnwagen geeignet; mit Bootsrampe. $14.

Juniper Lake (2070 m). Im äußersten Südwesten des Parks. In der Nähe gute Wanderwege, Bademöglichkeit im See. Wasser muss vor dem Trinken abgekocht oder anders gereinigt werden. $10.

Manzanita Lake (1800 m). Der mit Abstand größte Campingplatz im Park, zudem der einzige mit einem Laden, ⌚ 8–20 Uhr. Verkauf von Feuerholz ($6), 24-Std.-Duschen (quarters erforderlich) und Waschsalon. Auch für Wohnwagen geeignet; mit Bootsrampe. Ranger veranstalten von hier Naturführungen. ⌚ 23. Mai bis zum ersten Schneefall. $16.

Southwest (2040 m). Kleiner, ausschließlich Zelten vorbehaltener Campingplatz an der Südwestzufahrt am Hwy-89 mit Wasser und Feuerstellen. Ganzjährig geöffnet (wenn man die richtige, winterfeste Ausrüstung hat). $14.

Summit Lake (2040 m). Bester Platz am Hwy-89, mitten im Herzen des Parks und in der Nähe zahlreicher Wanderrouten gelegen. Der Campingplatz ist zweigeteilt: die nördliche Hälfte ist mit WCs, die südliche nur mit Plumpsklos ausgestattet. Auch für Wohnwagen geeignet. Wer gegen Kälte unempfindlich ist, kann im See baden. $14–16.

Warner Valley (1740 m). Im südlichen Teil des Parks, abseits des Hwy-89 gelegener, schöner Platz. In Anbetracht der Entfernung zur Straße lohnt er sich nur, wenn man ausgiebige Wanderungen in der Region unternehmen möchte. $14.

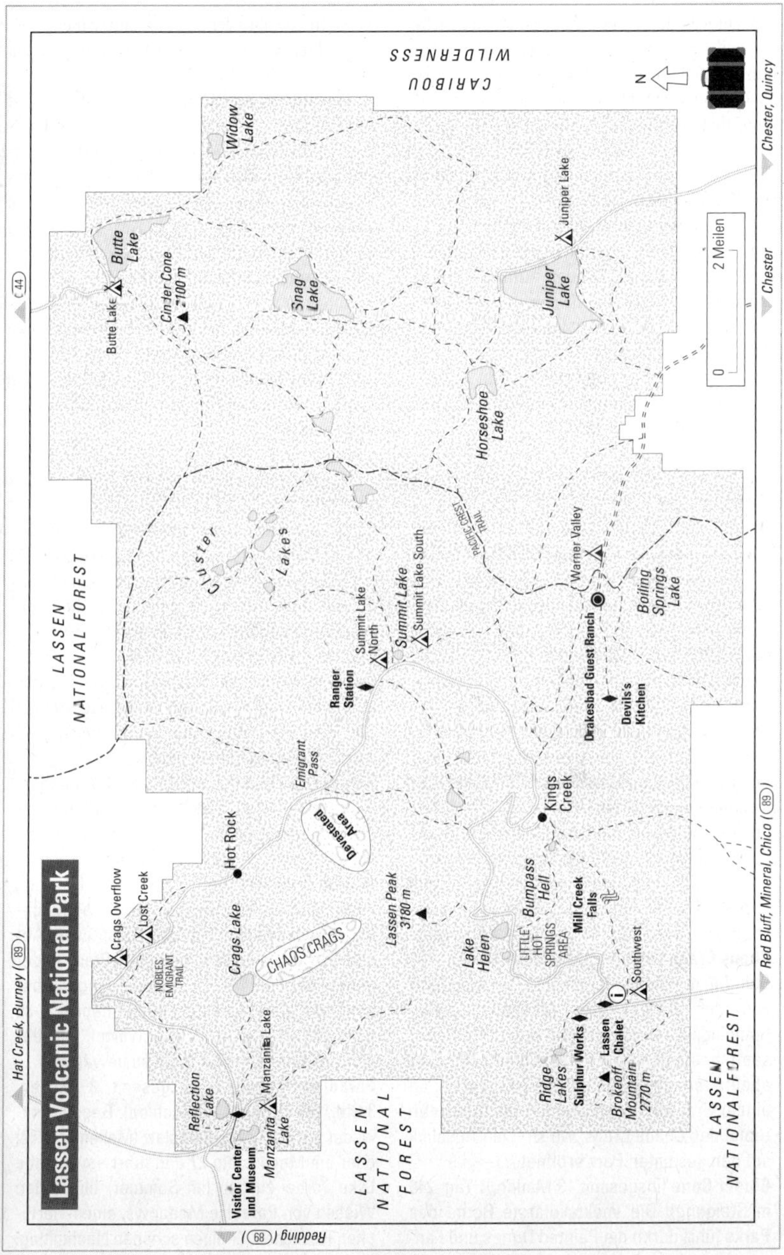
Lassen Volcanic National Park
LASSEN NATIONAL FOREST
CARIBOU WILDERNESS
N
Widow Lake
Butte Lake
Butte Lake
Cinder Cone
Snag Lake
Juniper Lake
Juniper Lake
0
2 Meilen
Chester, Quincy
Chester
44
Horseshoe Lake
Cluster Lakes
Summit Lake
Summit Lake North
Summit Lake South
Ranger Station
PACIFIC CREST TRAIL
Warner Valley
Boiling Springs Lake
Drakesbad Guest Ranch
Devils's Kitchen
Emigrant Pass
Devastated Area
Hot Rock
Kings Creek
Lassen Peak 3180 m
Bumpass Hell
Mill Creek Falls
LITTLE HOT SPRINGS AREA
Lake Helen
Southwest
Lassen Chalet
Sulphur Works
Ridge Lakes
Brokeoff Mountain 2770 m
Red Bluff, Mineral, Chico (89)
Crags Overflow
Lost Creek
NOBLES EMIGRANT TRAIL
Crags Lake
CHAOS CRAGS
Manzanita Lake
Manzanita Lake
Reflection Lake
Visitor Center und Museum
Hat Creek, Burney (89)
Redding (89)

Nicht weit davon verläuft der erste Naturlehrpfad entlang eines 60 m langen Stegs zu den **Sulphur Works** mit ihren dampfenden Fumarolen und blubbernden Schlammtümpeln. Jenseits davon steigt die kurvenreiche Straße an der Flanke des Diamond Peak an, um dann den Emerald Lake zu streifen und weiter zur großen Attraktion **Bumpass Hell** zu führen. Letztere, ein Tal, das nach einem Mann benannt wurde, der beim Versuch, es zu durchqueren, ein Bein verlor, ist ein geothermisch aktives Gebiet mit brodelnden Tümpeln und zischenden Erdspalten. Ein flacher, gut gesicherter Weg windet sich drei Meilen durch das Tal und bietet auf Stegen Gelegenheit, sich mitten in das stinkende Geschehen zu begeben. Um nicht dasselbe Schicksal wie Mr. Bumpass zu erleiden, sollte man tunlichst auf den Wegen bleiben.

Die Kruste über den mit kochend heißem Wasser gefüllten Thermalbecken ist keineswegs stabil und bricht leicht.

Nicht minder beeindruckend, aber ruhiger sind die Pfade, die gegenüber dem Parkplatz von Bumpass Hell ausgehen und um den eisig-grünen, gläsern schimmernden **Emerald Lake** führen, aus dessen stiller, klarer Oberfläche in der Mitte ein schneebedeckter Felsen ragt. Wer darin baden möchte, wird nur im Sommer eine annähernd erträgliche Wassertemperatur vorfinden.

Nördlich davon erreicht die Straße am Ausgangspunkt des Wanderwegs zum **Lassen Peak** ihren höchsten Punkt (2594 m). Jenseits davon schlängelt sich die Straße hinunter zu den flachen Wiesen am **King's Creek**, dessen Ufer gern für ein Picknick genutzt werden.

Wandern im Lassen Park

Obwohl es sich um eine Vulkanlandschaft handelt, führt ein überraschend großer Teil der Wanderwege innerhalb des Parks durch vorwiegend flaches Gelände, und das Gletschergebiet östlich des Hauptmassivs weist nur relativ sanfte Steigungen auf. Die Ranger geben Wanderempfehlungen verschiedener Schwierigkeitsgrade, doch aufgrund der hohen Lage des Parks geht auch durchtrainierten Wanderern irgendwann die Puste aus, und bis man sich akklimatisiert hat, sollte man sich mit den kürzeren Trails begnügen. Jeder, der sich mehr als ein paar Schritte weit auf den Weg macht, sollte die Broschüre *Lassen Trails* ($4,25) oder besser noch *Hiking Trails of Lassen* ($16,50) mitnehmen, in denen die beliebtesten Wanderpfade beschrieben werden.

Chaos Crags Lake (insgesamt 3,5 Meilen, 2–3 Std., 240 m Höhenunterschied). Der Weg führt von der Zufahrt zum Manzanita Lake-Campingplatz durch Fichten- und Kiefernwald sanft ansteigend zu dem stillen See. Eine abenteuerliche Verlängerung ist möglich: an einem Grat aus losen Steinen hoch auf den Gipfel des Chaos Crags, wo sich ein Ausblick auf den gesamten Park eröffnet.

Cinder Cone (insgesamt 13 Meilen, 1 Tag, 240 m Steigung). Die spektakulärste Route des Parks führt durch die Painted Dunes und Fantastic Lava Beds, bevor sie den Snag Lake erreicht. Ranger informieren über die besten, je nach Jahreszeit unterschiedlichen Ausgangspunkte. Kann auch in einer vierstündigen Wanderung ab Butte Lake erreicht werden.

Lassen Peak (insgesamt 5 Meilen, 4 Std., 600 m Höhenunterschied). Eine ziemlich anstrengende Klettertour vom Meilenstein 22 zur höchsten Stelle des Parks hoch. Wasser und warme Kleidung mitnehmen!

Manzanita Lake (1,5 Meilen, 1 Std., ebenerdig). Die leicht zu bewältigenden Wege machen diesen Pfad zu einem der beliebtesten kurzen Spaziergänge im Park.

Nobles Emigrant Trail (2,5 Meilen, 1–2 Std., 60 m Höhenunterschied). Einer der am leichtesten zugänglichen und interessantesten Abschnitte eines 1850 angelegten Pfades, der gegenüber dem Manzanita Lake-Eingang beginnt und am Meilenstein 60 auf den Hwy-89 trifft. Der Weg wird nicht gewartet, ist aber nicht zu verfehlen und leicht zu bewältigen.

Paradise Meadows (insgesamt 3 Meilen, 3 Std., 240 m Höhenunterschied). Beginnt entweder am Hat Creek-Parkplatz (Meilenstein 42) oder am Meilenstein 27 und führt am Terrace Lake vorbei zu den (im Sommer) blühenden Wiesen von Paradise Meadows, einem herrlichen Fleckchen für einen schönen Nachmittag.

Von der Straßenmarkierung 32 verläuft ein drei Meilen langer Rundwanderweg zu den mehr als 20 m hohen **Kings Creek Falls**.

Auf halbem Weg ist der **Summit Lake** erreicht, ein schöner, eiskalter See mit weitläufigem Campinggelände (siehe Kasten). Wagemutige können im See baden, außerdem kreuzen sich hier zahlreiche Wanderpfade. Auf der Straße zur **Devastated Area** lässt man die Baumgrenze hinter sich. Hier wälzte sich nach dem letzten Ausbruch im Jahr 1914 die flüssige Lava den Berg hinab, entwurzelte und verbrannte alle Bäume und vernichtete den Grasbewuchs, so dass nur noch der nackte Fels übrig blieb. Allmählich kehrt das Leben zurück, doch noch immer erhält man beim Anblick dieser Landschaft einen Eindruck vom Ausmaß der Zerstörung.

Direkt hinter dem nördlichen Parkeingang liegt im Wald der **Manzanita Lake**, ein klarer Bergsee, in dem sich der Gipfel des Lassen spiegelt. Hier befindet sich auch das **Loomis Museum** zur Erinnerung an Benjamin Loomis, dessen Dokumentarfotos vom Vulkanausbruch 1914 im Mittelpunkt einer Ausstellung über die hiesige Geologie und Fauna stehen. 🕓 im Sommer tgl. 9–17 Uhr, im Winter nur Fr–So, Eintritt frei. Der Manzanita Lake kann auf einfachen Wegen ohne Steigungen umwandert werden und lockt entsprechend viele Spaziergänger vom nahen Campingplatz an. Um die Natur ungestört genießen zu können, muss man sich daher früh auf den Weg machen.

Jenseits der Parkgrenzen erreicht der Hwy-44 nach 40 Meilen in westlicher Richtung die recht nüchterne Stadt Redding sowie den I-5. Alternativ kann man weiter nach Norden auf dem Hwy-89 nach Mount Shasta fahren. Auf halber Strecke dorthin empfiehlt sich ein Zwischenstopp im atemberaubenden **McArthur-Burney Falls State Park**, ✆ 530/335-2777, Eintritt $6 pro Fahrzeug. Größte Attraktion des Parks ist ein 40 m hoher, zweigeteilter Wasserfall. Ein gepflasterter Weg führt zum Auffangbecken am Fuß der Fälle, ein 1,5 Meilen langer, steiler Rundweg außerdem flussabwärts und dann wieder auf der anderen Seite des Beckens zurück zu einer Brücke über den Oberlauf des Wasserfalls. Der Pacific Crest Trail durchquert am nahen **Lake Briton** das Gebiet, und am Parkeingang können Paddel- sowie Ruderboote und Kanus gemietet werden. Unter den Schwarzeichen des Parks gibt es zudem reichlich Platz zum Zelten ($15–20).

Übernachtung

Camping ist die einzige Übernachtungsmöglichkeit im Lassen Park (siehe Kasten), aber selbst im August fallen die Temperaturen nachts in die Nähe des Gefrierpunktes. Tagsüber kann die Sonneneinstrahlung dagegen sehr intensiv sein. Es ist bequemer, den Park gemütlich mit dem Auto zu durchfahren und außerhalb zu wohnen. In der waldreichen Umgebung gibt es jede Menge Hotels und Lodges. Im Sommer empfiehlt sich eine rechtzeitige Reservierung.

Childs Meadow, Hwy-36, 9 Meilen südöstlich der Südwestzufahrt in den Park, ✆ 530/595-3383 oder 1-888/595-3383, 💻 www.childsmeadowresort.com. Eine der wenigen Optionen auf dieser Seite des Parks. Einfache, freundliche Motelunterkunft, außerdem komfortablere Chalet-Zimmer ($300 für 2 Nächte), Zeltstellplätze für $15 und ein Café. ❸

Hat Creek Resort, Hwy-89, Old Station, 11 Meilen nordöstlich des Nordeingangs, ✆ 530/335-7121, 💻 www.hatcreekresort.com. Ein Komplex mit Motelzimmern und hübscheren Ferienhütten mit Küche (Mindestaufenthalt zwei Tage). Zum Resort gehört auch ein Restaurant. ❷

Lassen Mineral Lodge, Hwy-36, Mineral, 9 Meilen südwestlich der Südwestzufahrt in den Park, ✆ 530/595-4422, 💻 www.minerallodge.com. Wenig einladende, einfache Standard-Zimmer; für etwas mehr Geld weitaus angenehmere Familienzimmer; auch Zeltplätze für $16. Pool, Laden, Restaurant und Bar. ❸

Mill Creek Park, Mill Creek Rd, Shingletown, 15 Meilen westlich der Nordzufahrt, ✆ 530/474-5384. Einfache Hütten zwischen Bäumen mit Kaltwasser-Küchenzeile kosten $35, mit Warmwasser und Dusche $10 mehr, Zeltplatz $12, ❶

Padilla's Rim Rock Ranch Resort, 13275 Hwy-89, Old Station, 11 Meilen nordöstlich der Nordzufahrt, ✆ 530/335-7114. Unterschiedliche Hütten an einer Wiese, die besten mit Platz für bis zu 6 Personen ($100). Nov–März geschlossen. ❷

Weston House, Red Rock Rd, Shingletown, 19 Meilen westlich der Nordzufahrt, ✆ 530/474-3738, 💻 www.westonhouse.com. Eines der freundlichsten B&Bs von ganz Kalifornien; 4 elegante Zimmer, wunderbar am Rand eines Vulkans gelegen, mit Pool und Sonnendeck, Blick auf die Ishi National Wilderness Area. ❻

Essen

Was das leibliche Wohl angeht, ist die Auswahl stark begrenzt. Es gibt einen ganz ordentlichen Laden auf dem Gelände des Manzanita Lake-Campingplatzes und ein gutes Café, ⌚ tgl. 9–18 Uhr, im ***Lassen Chalet***, doch alles andere muss außerhalb des Parks gesucht werden, und selbst dort sind die Möglichkeiten spärlich gesät. Einige Unterkünfte (s.o.) verfügen über Speiselokale, eine Alternative ist der ***Coyote Grill*** im winzigen, 11 Meilen nordöstlich des Parks gelegenen Ort Old Station, ✆ 530/335-7083, wo anständige Steaks und Sandwiches serviert werden.

Informationen

Das Hauptquartier des ***Park Service*** in Mineral, ✆ 530/595-4444, 🖳 www.nps.gov/lavo, ⌚ im Sommer tgl. 8–16.30 Uhr, im Winter nur Mo–Fr, bietet Informationen und kostenlose Karten, falls geschlossen, einem Kasten vor dem Haus zu entnehmen, in dem auch der *Lassen Park Guide* ausliegt. Auch Permits werden in diesem Fall dort hinterlegt.

Visitor Center, am Manzanita Lake, ✆ 530/595-4444 App. 5180, im gleichen Gebäude wie das Loomis Museum gleich hinter dem Nordeingang. ⌚ Juni–Aug tgl., Mai und Sept nur Sa und So 9.30–17.30 Uhr.

Vor größeren Touren erhält man bei den Rangern Informationen über den Zustand der Wanderwege und die Anforderungen an die Kondition der Wanderer. Durch die hohe Lage des Parks kann es bei längeren Wanderungen zu Atembeschwerden und anderen Anzeichen von Höhenkrankheit kommen.

Generell eignet sich der Lassen National Volcanic Park eher für erfahrene Wanderer, während Unerfahrene besser auf den einfacheren Wegen im Whiskeytown-Shasta-Trinity-Gebiet mit seinem milden Klima wandern sollten (s.S. 698).

Transport

Von RED BLUFF gelangt man über den Hwy-36 nach 50 Meilen zum südwestlichen Parkeingang bei Mineral. Von dort geht der Hwy-89 durch den Lassen Park zum Nordeingang an der Kreuzung von Hwy-44 und Hwy-89 nahe Manzanita Lake. Der Lassen Park ist immer geöffnet, Eintritt $10 pro Fahrzeug, 7 Tage gültig; Wanderer/Radfahrer $5, aber ohne Auto ist es schwierig, herumzukommen. Im Winter, wenn die Parkstraßen aufgrund von Schneeverwehungen fast ständig gesperrt sind, nutzt ein Auto allerdings wenig: Dann bewegen sich die meisten Leute auf Schneeschuhen und Langlaufskiern fort.

Das einzige öffentliche Verkehrsmittel, das in die Nähe des Parks fährt, ist der Postbus von ***Mount Lassen Motor Transit***, ✆ 530/529-2722, tgl. außer sonn- und feiertags ab 8 Uhr von RED BLUFF; er fährt nur bis MINERAL, ca. 8 Meilen vom südwestlichen Parkeingang entfernt.

Redding

Im Herzen der Binnenregion Nordkaliforniens liegt das moderne Redding. Die mit mehr als 70 000 Einwohnern größte Stadt der Region wirkt inmitten der prachtvollen Natur mit seinen Malls entlang des I-5, die an die Stelle des abgehalfterten Shopping Center in Downtown getreten sind, und einem aus Beton gegossenen Tagungszentrum wie ein Fremdkörper. Seit dem späten 19. Jh., als die Schienen der Central Pacific Railroad den Ort erreichten, ist Redding ein Verkehrsknotenpunkt. Und viel mehr als eine Kreuzung, an der Reisende den Weg nach Osten in den Lassen Park, nach Westen in die Whiskeytown-Shasta-Trinity National Recreation Area, nach Norden Richtung Mount Shasta und gen Süden nach San Francisco einschlagen, ist die Stadt bis heute nicht. Kaum ein Besucher bleibt länger als eine Mahlzeit oder zum Auftanken des Autos.

Doch die Stadt ist nicht gänzlich ohne Reiz und macht das Beste aus ihrer Lage am Sacramento River. Die Eröffnung eines bedeutenden Museums und die Einweihung einer neuen, Aufsehen erregenden Fußgängerbrücke über den Fluss im Stadtzentrum haben neben anderen Anstrengungen in den letzten Jahren ihren Beitrag geleistet, um Durchreisende zu einem kurzen Aufenthalt von ein oder zwei Tagen zu bewegen, bevor sie sich auf den Weg in die Naturschutzgebiete der Umgebung machen. In der Nähe des Freeway gibt es eine „neuere" Gegend mit vielen Unterkünften, die der ziemlich trostlosen Downtown vorzuziehen ist. Letztere

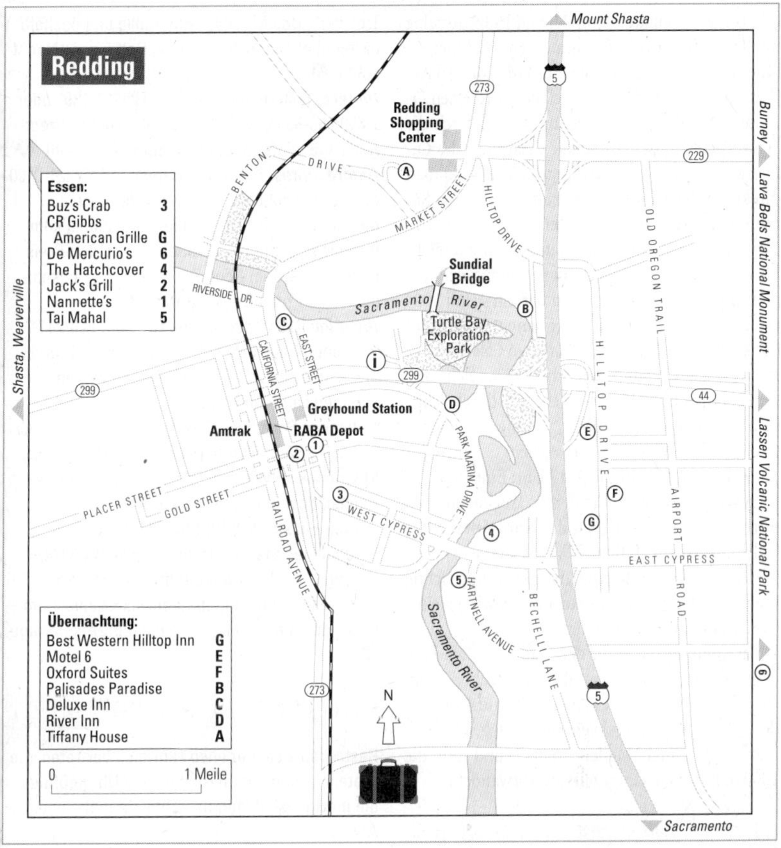

ist zwar keineswegs gefährlich, aber beim Herumspazieren kann man sich des Eindrucks nicht erwehren, dass die Gegend schon mal bessere Tage gesehen hat. Man kann kurz in der **Old City Hall Gallery,** 1313 Market St, ✆ 530/241-7320, vorbeischauen, wo in wechselnden Ausstellungen Werke lokaler Künstler zu sehen sind. ◷ Di–Fr 9–17, Sa 11–15 Uhr; Eintritt frei.

Das Herzstück des Stadterneuerungsprojekts ist der herrliche **Turtle Bay Exploration Park**, 800 Auditorium Drive, ✆ 530/243-8850 oder 1-800/887-8532, 🖳 www.turtlebay.org. Der erste Teil des $64 Millionen teuren, im Juni 2002 eröffneten Projekts kombiniert die Exponate zweier Museen, die sich vorher an dieser Stelle befanden, mit vielen neuen Gegenständen zu einem faszinierenden, interaktiven Ganzen. Das neue Gebäude aus Glas und Holz fügt sich harmonisch in die Umgebung am Flussufer ein und enthält Dauerausstellungen über indianische Kultur, u.a. den Nachbau einer Hütte aus Baumrinde in Originalgröße, sowie zur Naturgeschichte und den Bodenschätzen der Region. Im **Visible-River**-Bereich betritt man eine nachgebaute Tropfsteinhöhle und kann in einem Aquarium Bewohner der einheimischen Gewässer beobachten. Im River Lab darf man selbst „Hand anlegen" und lernt dabei, wie natürliche Prozesse, z.B. Erosion, ablaufen. Die Exploration Hall and Art Gallery ist wechselnden Ausstellungen vorbehalten. Ebenfalls zur Anlage gehören Paul Bunyan's Forest

Camp mit Exponaten zum Thema Holzeinschlag und Ökologie sowie ein sommerliches Schmetterlingshaus. Noch im Aufbau ist das **McConnell Arboretum** – das 88 ha große Gelände wird einen Eichenwald und Feuchtgebiete umfassen, durch die Spazierpfade führen. Durch die Glaswände des **Cafés** an der Westseite des Hauptgebäudes blickt man direkt auf das Flussufer, das zum erweiterten **Sacramento River Trail** gehört, einem schönen, zehn Meilen langen Rundweg für Wanderer und Radfahrer. Der zentrale Flussabschnitt gegenüber dem Exploration Park wird heute von der am 4. Juli 2004 eröffneten **Sundial Bridge** (Sonnenuhr-Brücke) des spanischen Architekten Santiago Calatrava dominiert. Der 65 m hohe Mast an der Nordseite dieser schlanken Fußgängerbrücke mit durchsichtigem Glasboden bildet den Zeiger einer Sonnenuhr und ist schon jetzt ein Wahrzeichen. ⌚ Juni–Sept tgl. 9–17, Okt–Mai Di–So 9–17 Uhr; Eintritt $11.

An jedem zweiten oder dritten Wochenende im April, wenn sich anlässlich der **Kool April Nites** Oldtimer-Fans treffen, ✆ 1-800/874-7562, 💻 www.koolaprilnites.com, ist in Redding richtig was los. Zu dieser Zeit könnte man Schwierigkeiten haben, ein Zimmer zu finden.

Im Sommer ist es in der Stadt ziemlich heiß (noch Ende September an die 38 °C), aber in der Umgebung kann es im Winter klirrend kalt werden. Was in Redding wie ein milder Tag erscheint, kann sich einige Meilen weiter (und um die 1000 m höher) in einen Blizzard verwandeln.

Übernachtung

Die Motels konzentrieren sich an der alten Hauptstraße, der Market St (Hwy-273), und der Pine St. Die Ableger der besseren Hotelketten befinden sich am Hilltop Drive östlich des I-5. Einige über die ganze Stadt verteilte B&Bs ergänzen das Angebot.

Best Western Hilltop Inn, 2300 Hilltop Drive, ✆ 530/221-6100 oder 1-800/336-4880, 💻 www.bestwestern.com. Das komfortable Motel mit Pool, Sauna und Frühstücksbüffet bietet eine persönlichere Atmosphäre als für Motelketten sonst üblich, außerdem fast das ganze Jahr über Sonderaktionen. ❻

Deluxe Inn, 1135 Market St, ✆ 530/243-5141. Der Name kann eigentlich nur ironisch gemeint sein. Trotzdem: Das Motel ist superbillig und deshalb akzeptabel, wenn man nur ein Bett für die Nacht sucht. ❶

Motel 6, 1640 Hilltop Drive, ✆ 530/221-1800 oder 1-800/466-8356, 💻 www.motel6.com. Sehr zentrale Lage; einfach, aber sauber und effizient. ❸

Oxford Suites, 1967 Hilltop Drive, ✆ 530/221-0100 oder 1-800/762-0133, 💻 www.oxfordsuites.com. Kalifornische Hotelkette, die angenehme, komfortable Apartments zu einem sehr guten Preis bietet; außerdem Pool. Zur Happy Hour bekommen Gäste zwei Drinks gratis. ❹

River Inn, 1835 Park Marina Drive, ✆ 530/241-9500 oder 1-800/995-4341. Eigentlich ein Motel; etwas überteuert – wahrscheinlich wegen der schönen Lage am Fluss. ❹

Palisades Paradise, 1200 Palisades Ave, ✆ 530/223-5305, B&B mit toller Aussicht auf die Trinity Mountains im Westen. Es gibt nur zwei Gästezimmer, deshalb: reservieren! ❷

Tiffany House, 1510 Barbara Rd, eine Meile nördlich des Stadtzentrums, ✆ 530/244-3225, 💻 www.bbonline.com/ca/tiffanyhouse. Sehr schickes B&B in umgebautem viktorianischem Haus; dahinter gibt es auch ein teureres Cottage. ❺

Essen

Restaurants sind ebenso zahlreich vertreten wie Motels, einige haben rund um die Uhr geöffnet, die meisten sind jedoch nicht sehr einladend. Ausnahmen:

Buz's Crab, 2159 East St, ✆ 530/243-2120. Die lokale Institution etwas südlich des Zentrums tischt eine ungeheure Vielfalt an Fisch- und Seafood-Gerichten zu moderaten Preisen auf. Unbedingt empfehlenswert.

CR Gibbs American Grille, 2300 Hilltop Drive, ✆ 530/221-2335. Teil der Best Western-Anlage; man bekommt Pizza und klassische Fleisch- und Seafood-Gerichte. Dazu ein frisch gezapftes Bier oder ein Glas Wein aus der Region.

De Mercurio's, 1647 Hartnell Ave, ✆ 530/222-1307, liegt versteckt in einer Mall. Das edelste Restaurant in Redding bietet eine Mischung aus exquisiter französischer, italienischer und amerikanischer Küche zu entsprechend hohen Preisen: Die meisten Hauptgerichte kosten $20.

The Hatchcover, 202 Hemsted Drive, ✆ 530/223-5606, Steak und Seafood auf der Terrasse am Fluss.

Jack's Grill, 1743 California St, ✆ 530/241-9705, beliebtes Restaurant. Gegrilltes Steak oder Hühnergerichte für $10–15. Reservierungen werden nicht angenommen, und man muss u.U. auf einen freien Platz warten. So geschlossen.

Nannette's, 1777 Market St, ✆ 530/241-4068, das schicke, aber preiswerte Bistro serviert fantasievoll zubereitete Salate und Hauptgerichte; dazu gehört auch eine gute Bäckerei mit Café

Taj Mahal, 40 Hartnell Ave, ✆ 530/221-4655, authentische nordindische Küche. Tgl. gibt es ein empfehlenswertes Mittagsbüffet; abends wird es teurer.

Informationen

Redding CVB, 777 Auditorium Drive, ✆ 530/225-4100 oder 1-800/874-7562, 🖳 www.visitredding.org, Tipps über Motels, Campingplätze und Miete von Campingausrüstung. ⌚ Mo–Fr 8.30–18, Sa 10–16 Uhr.

California Welcome Center, 1699 Hwy-273 abgehend vom I-5, 9 Meilen südlich von Redding in **Anderson,** ✆ 530/365-7500 oder 1-800/474-2782, 🖳 www.shastacascade.com. Das neue Besucherzentrum bietet eine riesige Auswahl an Karten und anderem Informationsmaterial über die nähere und weitere Umgebung. Hilfsbereite Outdoor-Experten geben viele detaillierte Infos. ⌚ Mo–Fr 9–17, Sa und So 10–15 Uhr.

Transport

Selbstfahrer sollten im Winter vor der Abfahrt bei ***Caltrans,*** ✆ 1-800/427-7623, nach den Straßenverhältnissen fragen und, sofern erforderlich, entsprechende Vorkehrungen treffen: Entfroster, Schneeketten usw.

BUSSE – Gemessen an der Funktion als Verkehrsknotenpunkt im nördlichen Kalifornien, ist das Angebot an öffentlichen Transportmitteln in Redding völlig unzureichend. Immerhin liegen die Bushaltestellen und Bahnhöfe der Fernverbindungen nicht weit voneinander entfernt in Downtown: die Greyhound Station in der 1321 Butte St, ✆ 530/241-2070, 🖳 www.greyhound.com, der Busbahnhof des lokalen Busdienstes RABA in der California St, ✆ 530/241-2877, 🖳 www.ci.redding.ca.us/raba, auf der anderen Seite des verlassenen Shopping Centers, und der Amtrak-Bahnhof direkt daneben.

Busse nach:
CHICO 6x tgl., 1 3/4 Std.;
RED BLUFF 6x tgl., 40 Min.;
SACRAMENTO 7x tgl., 2 3/4–4 Std.;
SAN FRANCISCO 4x tgl., 5 3/4– 9 1/2 Std.;
YREKA 1x tgl., 2 Std.

EISENBAHN – *Amtrak*-Bahnhof neben dem Busbahnhof von RABA. Züge nach:
CHICO; 1x tgl., 1 1/2 Std.;
DUNSMUIR; 1x tgl., 1 3/4 Std.;
OAKLAND; 1x tgl., 6 1/4 Std.

FLÜGE – *United Express,* ✆ 1-800/241-6522, 🖳 www.united.com, fliegt mindestens 6x tgl. vom SAN FRANCISCO International Airport (SFO) zum **Redding Municipal Airport,** ✆ 530/224-4321. *Horizon Air/Alaska Air,* ✆ 1-800/547-9308, 🖳 www.horizonair.alaskaair.com, fliegt 1–2x tgl. von SEATTLE über Portland und manchmal auch Arcata/Eureka nach Redding.
Es gibt keinen öffentlichen Transport vom Flughafen in die Stadt, einige Hotels bieten jedoch Shuttle-Verbindungen.

Shasta

Die Ghosttown Shasta, nur 4 Meilen westlich von Redding am Hwy-299 und nicht mit Mount Shasta zu verwechseln, war bereits ein geschäftiges Goldgräberzentrum, als ihre Nachbarstadt Redding noch ein unbedeutender Punkt auf der Landkarte war. Das Schicksal der beiden Städte kehrte sich jedoch um, als Ende des 19. Jhs. die Eisenbahn durch Redding gebaut wurde, wodurch Shasta ins Abseits geriet. Heute zeugen nur noch eine Reihe zerfallender Backsteingebäude von dem vergangenen Reichtum der Goldgräber. Damals endeten hier die Straßen aus San Francisco, Sacramento und anderen Städten im Süden, und es war fast unmöglich, auf unwegsamen, schlechten markierten Pfaden die Goldadern im Gebiet des Trinity, Salmon und oberen Sacramento Rivers zu erreichen. Deshalb konzentrierten sich die Schürfer auf die reiche Ausbeute der Goldadern rings um die Stadt und vertrieben die hier ansässigen Indianer auf brutale Art und Weise von ihrem Land.

Das **Courthouse**, das alte Gerichtsgebäude an der Hauptstraße, ist inzwischen zu einem Museum umgestaltet worden. Es stellt verschiedene Gegenstände aus der Goldgräberzeit und Bilder früherer Heldengestalten der Gegend aus. Am besten sind der alte Galgen im hinteren Trakt des Museums und das Verlies darunter, die an die brutalen Hinrichtungen erinnern, die hier früher fast täglich vollstreckt wurden. ◷ Mi–So 10–17 Uhr; Eintritt $1.

Der **Shasta State Historic Park**, zwei Straßen von der Main Street entfernt, ✆ 530/243-8194, gibt nicht viel her. Anhand von Tafeln werden die gleichförmigen Backsteinruinen als Geschäfte und Hotels ausgewiesen, und im recht überschaubaren Zentrum befinden sich ein paar Bergbaugeräte, eine Picknickstelle und ein Spazierweg. Insgesamt eignet sich der Park gut für eine Rast vor der Weiterfahrt nach Westen, für mehr aber nicht. Eintritt frei.

Whiskeytown-Shasta-Trinity

Nördlich und nordwestlich von Redding erstreckt sich die Whiskeytown-Shasta-Trinity National Recreation Area. Das riesige Gebiet mit seinen drei Seen Trinity, Whiskeytown und Shasta, den künstlich angelegten Stränden und mit Campingplätzen inmitten von Wäldern ist bei Wasserskifahrern, Seglern und Wanderern das ganze Jahr über sehr beliebt. Während der Sommermonate sind die schmalen Straßen zu den drei Seen oft von voll gepackten Autos, Wohnmobilen und Bootstransportern blockiert. Im Winter, wenn die Wochenendtouristen wieder abgezogen sind, ist die Gegend erholsam, schön und unberührt – zumindest oberflächlich, denn unter der Erde fließen seit den 60er Jahren die reichhaltigen Wasservorräte des Sacramento River durch ein kompliziertes Netzwerk von Tunneln, Dämmen und Aquädukten ins landwirtschaftlich genutzte Central Valley, wo sie die riesigen Felder bewässern.

Whiskeytown Lake

Von den drei Seen ist der Whiskeytown Lake, gleich hinter Shasta, am einfachsten zu erreichen. Er ist immer zugänglich; die tägliche Parkgebühr beträgt $5. Dieser kleinste und beliebteste der Seen ist ideal für Wassersportler, und folglich dröhnen ständig Motorboote und andere Wasserfahrzeuge über den See. Ansonsten fährt man zum Zeitvertreib die unbefestigten Straßen rings um den See mit Geländewagen ab und probiert verrückte Stunts aus. Der Ort Whiskeytown selbst, weniger aufregend als sein Name, besteht mehr oder weniger aus einem beflaggten Gebäude, in dem sich das Postamt und ein Laden befinden. Der Campingplatz am See ohne Duschen und mit verschmutzten sanitären Anlagen eignet sich nur als Badeplatz.

Für Wanderer und Camper lohnt sich das Gebiet um **Brandy Creek**, zu erreichen vom Whiskeytown Visitor Information Center am Hwy-299 auf dem schmalen, nicht ungefährlichen J. F. Kennedy Memorial Drive fünf Meilen am Südufer des Whiskeytown Lake entlang.

Trinity Lake und Weaverville

40 Meilen westlich vom Parkeingang zweigt der Hwy-3 vom Hwy-299 ab und führt nach Norden zum ruhigen **Trinity Lake**, der eigentlich Clair Eagle Lake heißt, aber hier von niemandem so genannt wird. Im Sommer wird dieser See nur selten besucht, und im Winter kommen hier höchstens einige Skifahrer vorbei, die auf dem Weg in die Trinity Alps sind, die zur großen Salmon-Bergkette gehören.

Leider halten nur wenige Leute in dem kleinen Goldrauschstädtchen **Weaverville** am Hwy-299, 43 Meilen von Redding, wo der Hwy-3 nach Norden in Richtung Trinity Lake abzweigt, während der Hwy-299 weitere 100 Meilen nach Westen bis Eureka und zur Küste führt. Die auffallenden Ziegelsteingebäude mit den außen angebrachten Wendeltreppen wurden so errichtet, um Schutz vor Feuer zu bieten – die Feuerwache selbst ist besonders sehenswert. Am interessantesten aber ist das **Joss House** in der Hauptstraße, ✆ 530/623-5284, ein kleiner chinesischer Tempel, der während der Goldrausch-Ära errichtet wurde und auch heute noch genutzt wird. Innen befindet sich ein 3000 Jahre alter Altar, der im Rahmen einer nicht sehr aufschlussreichen Führung zu besichtigen ist. ◷ Mi–So 10–17 Uhr, letzte Führung um 16 Uhr, Eintritt $2. Ein Haus weiter zeigt das **J.J. Jake Jackson Museum**, ✆ 530/623-5211, Gegenstände aus der Zeit des Goldrauschs; ⌚ tgl. Mai–Okt 10–17 Uhr, April, Nov und Dez 12–16 Uhr, Jan–März Di und Sa 12–16 Uhr, Eintritt frei. Auf der gegenüberliegenden Straßenseite befindet sich Kaliforniens älteste noch betriebene Apotheke. Wie früher stehen dort Gläser mit Arzneimitteln in den alten Glas- und Holzvitrinen.

Shasta Lake

Acht Meilen nördlich von Redding liegt der Shasta Lake, der größte der drei Seen (sogar größer als die Bucht von San Francisco). Über den See führt vor atemberaubender Bergkulisse der I-5 über die größte doppelstöckige Brücke der Welt Richtung Mount Shasta. Der hässliche, 140 m hohe und 1 km lange **Shasta Dam**, der im Südwesten das Wasser der Flüsse Sacramento, McCloud und Pit staut, wurde 1938–1945 im Rahmen des riesigen Central-Valley-Bewässerungsprojektes errichtet und ist der zweitgrößte Stausee in Amerika.

Vom I-5 zweigt die US-151 ab und führt zum **Powerhouse Visitor Center**, wo man an kostenlosen Führungen teilnehmen kann (im Sommer 6x tgl., sonst 3–4x tgl.). Die Sicherheitsbestimmungen sind strikt und untersagen das Mitführen von Kameras und Mobiltelefonen.

Interessant ist der 45-minütige Rundgang aber trotzdem, belohnt er doch mit einem Blick aus nächster Nähe auf die Wassermassen, die an der Wand des Monumentalbauwerks in die Tiefe stürzen. ⌚ tgl. 9–16 Uhr.

Die **Shasta Caverns** nördlich des Sees lohnen einen kurzen Besuch, ✆ 530/238-2341 oder 1-800/795-2283, 💻 www.lakeshastacaverns.com. Auf der Shasta Caverns Road (vom I-5 ab) sieht man schon von weitem die massiven Kalkformationen, die größten in Kalifornien.

Die Caverns selbst, ein Netz von Tunneln und Höhlen mit kristallinen Ablagerungen, kleinen Wasserfällen, Stalaktiten und Stalagmiten, sind dagegen weniger beeindruckend. Geführte 2-stündige Touren Juni–Aug alle halbe Std. 9–16 Uhr, April, Mai und Sept stündlich 9–15, im Winter 10, 12 und 14 Uhr; Eintritt $18. Im Eintrittspreis inbegriffen sind die kurze Fahrt mit der Fähre von der Kartenverkaufsstelle über einen Seitenarm des Shasta Lake und der Bustransfer auf der anderen Seite zu den Caverns.

Übernachtung und Essen

WHISKEYTOWN LAKE – In **Brandy Creek** gibt es einen kleinen Laden und etwa eine Meile weiter im Wald drei Campingplätze (Sommer $18).

TRINITY LAKE – ***Pinewood Cove***, 45110 Hwy-3, ✆ 530/286-2201 oder 1-800/988-5253, 💻 www.pinewoodcove.com. Luxus-Cabins (im Sommer nur wochenweise Vermietung) und Zeltplätze für $25. Auch Bootsvermietung. ❺

Trinity Lake Resorts, 45810 Hwy-3, ✆ 1-800/255-5561, 💻 www.trinitylakeresort.com; die Cabins hier sind etwas bescheidener ausgestattet. Es gibt auch ein Restaurant. ❺

An seiner Südseite verengt sich der Lake Trinity zu einem schmalen Flaschenhals und weitet sich danach zum kleineren und schmaleren **Lewiston Lake**. Man kann kostenlos am grasbewachsenen Ufer des Sees zelten oder komfortabler im ***Old Lewiston Inn***, ✆ 1-800/286-4441, 💻 www.theoldlewistoninn.com, in der winzigen alten Bergbaustadt Lewiston an der Straße zum See nächtigen. ❺

WEAVERVILLE – ***Weaverville Hotel***, 205 Main St, ✆ 530/623-3121, ein in 100 Jahren ehrwürdig gealtertes, aber inzwischen völlig neu überholtes Haus mit großen, stilvollen Zimmern ❺

49er Gold Country Inn, 718 Main St, ✆ 530/623-4937, 💻 www.goldcountryinn.com. Frisch renoviert. ❸

Motel Trinity, an der Main Street unmittelbar südlich des Hwy-3, ✆ 623-2129 oder 1-877/623-5454. Freundliches Motel, einige Zimmer mit Jacuzzi, für diese wird dann aber gleich der doppelte Preis verlangt. ❷

La Grange Café, 315 Main St, ✆ 530/623-5325, gemütliches Lokal, serviert leckere Hähnchen, Steaks und Pasta.

Red Dragon, 401 Main St, ✆ 530/623-3000, schräg gegenüber dem Joss House, leckere Chinaküche in dunkelrotem Interieur.

New York Saloon, 225 Main St, ✆ 530/623-3492, hier kommt man bei einem Glas Bier leicht mit den Einheimischen ins Gespräch.

SHASTA LAKE – Biegt man an der Ausfahrt zu den Shasta Caverns nicht nach Osten, sondern nach Westen ab, erreicht man nach ein paar Kilometern zwei sehr gute Unterkünfte:

O'Brien Mountain Inn, ✆ 530/238-8026 oder 1-888/799-8026, 🖳 www.obrienmountaininn.com; ein freundliches Country-B&B in der winzigen Siedlung O'Brien. Die auf Stelzen über den Bäumen errichtete *Tree House Suite* ($275) ist die Hauptattraktion. ❻

Bridge Bay Resort, 10300 Bridge Bay Rd, ✆ 530/275-3021 oder 1-800/752-9669; die einzige Unterkunft direkt am Wasser; es gibt Motelzimmer, Cabins und größere Suiten. Das dazugehörige ausgezeichnete Restaurant ***Tail of the Whale*** bietet Aussicht auf den See. ❺

Informationen

Whiskeytown Visitor Information Center, am Hwy-299, ✆ 530/246-1225, 🖳 www.nps.gov/whis. Stellt Permits für einfache Zeltplätze ($14) um den See aus. ◷ tgl. im Sommer 9–18, im Winter 10–16 Uhr.

Chamber of Commerce, 211 Trinity Lakes Blvd, ab Hwy-299, Weaverville, ✆ 530/623-6101 oder 1-800/487-4648, 🖳 www.trinitycounty.com; ◷ im Sommer Mo–Sa 9–17, ansonsten Mo–Fr 9–16 Uhr, allerdings sind diese Zeiten nicht immer verlässlich.

Mount Shasta

„Einsam wie Gott und weiß wie der Wintermond", so beschrieb Joaquin Miller den Mount Shasta. Mit 4317 m ist er einer der höchsten Vulkane des Landes, bei gutem Wetter sieht man ihn bereits in 100 Meilen Entfernung. Er ist fast das ganze Jahr über schneebedeckt und wunderschön anzusehen, birgt aber ein gewaltiges zerstörerisches Potenzial. Obwohl der letzte Vulkanausbruch bereits mehr als 200 Jahre zurückliegt, ist der Berg noch immer nicht zur Ruhe gekommen.

Legenden über rätselhafte Bergbewohner und UFOs haben dem Mount Shasta einen mystischen Ruf eingebracht und ihn zu einem Zentrum der amerikanischen Spiritualismus-Bewegung werden lassen. 1987 versammelten sich hier 5000 Menschen, um während einer *Harmonic Convergence* die positive Energie heiliger Kraftfelder aufzunehmen und sie in Frieden und Harmonie umzuwandeln. Jüngere Spektakel der Gegend waren das „Gathering of the Tribes" und das World Music Festival im Oktober 2004. Nicht alles auf dem Berg ist jedoch friedvoll: Alljährlich versuchen hunderte Bergsteiger die eisigen Höhen zu erklimmen, was in der Vergangenheit schon Todesopfer, meist infolge von Abstürzen oder eines Wetterumschwungs, gefordert hat.

Im Schatten des Bergkolosses liegen die historische Eisenbahnstadt **Dunsmuir** und, direkt am Berg, der **Ort Mount Shasta**. An der Nordflanke des Gipfels befindet sich das noch kleinere Dorf **Weed**, das im Sommer den besseren Blick auf den Berg sowie Zugang zum **Lava Beds National Monument** bietet.

Der Ort Mount Shasta

Am Fuße des gewaltigen Berges liegt der freundliche, kleine Ort Mount Shasta mit Läden, Ausrüstern, esoterischen Buchhandlungen und exzellenten Restaurants.

Bei schlechtem Wetter kann man hier das kleine **Sisson Museum** am westlichen Ende der Lake Street neben der über 100 Jahre alten State Fish Hatchery (Fischaufzuchtstation) besuchen. ✆ 530/926-5508, ◷ Juni–Sept tgl. 10–16, April, Mai und Okt–Dez tgl. 13–16 Uhr, Spende.

Für kulturelle Zerstreuung sorgt das kleine, an einen entspannten Coffee Shop angegliederte Theater *Stage Door*, 414 N Mt Shasta Blvd, ✆ 530/926-1050, 🖳 www.stagedoorcabaret.com, auf dessen Bühne auch Konzerte stattfinden.

Gipfelbesteigung

Selbst wer nur auf der Durchreise ist, bekommt wahrscheinlich Lust, den Mount Shasta zu besteigen. Es macht zwar auch Spaß, zwischen den Pinien an den unteren Ausläufern zu wandern, aber das ist natürlich nichts im Vergleich zur Gipfelerstürmung, die mit einfacher Ausrüstung innerhalb eines Tages machbar ist. Aber **Vorsicht**: Die Abgeschiedenheit des Berges führt dazu, dass hier besondere Wetterbedingungen herrschen, die im Handumdrehen umschlagen können. Im Frühsommer, wenn die meisten Erstbesteigungsversuche unternommen werden, liegt eine dichte Schneedecke, dann benötigt man unbedingt Steigeisen und Schneepickel. Während der Hauptsaison, zur Zeit der Schneeschmelze, tauchen Stellen loser

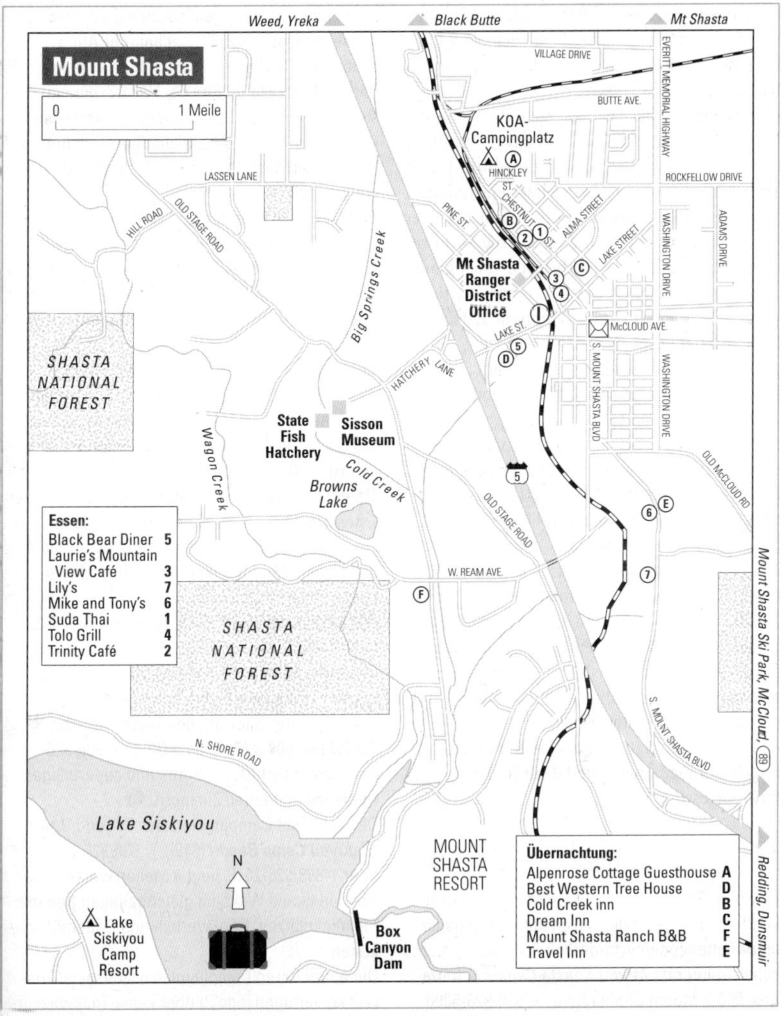

Asche und Schlacke auf, die das Gehen erschweren und die Gefahr eines Steinschlags erhöhen. Erst am Ende des Sommers, wenn der Schnee überwiegend geschmolzen ist, kann der Aufstieg ohne Bergsteigerausrüstung gewagt werden.

Jedes Jahr gibt es Tote und Verletzte, weil Bergsteiger ihre Kondition und ihre Fähigkeiten überschätzen! Es ist ratsam, sich an die gut markierten Wege zu halten, die in den exzellenten Karten des **Mount Shasta Ranger District Office**, 204 W Alma St, ✆ 530/926-4511, ⌚ Juni–Aug tgl. 8–16.30, ansonsten Mo–Fr 8–16.30 Uhr, verzeichnet sind. Vor dem Aufstieg sollte man sich hier das Wilderness Permit ($15) besorgen und sich registrieren lassen. Selbst sportliche, akklimatisierte Bergsteiger kostet die Steigung von 2100 m auf bis zu über

4200 m anstrengende 8–10 Stunden. Der einfachste, sicherste und populärste Pfad nach oben führt über **Avalanche Gulch** – man folgt einfach den Fußstapfen des Vorgängers.

Eine kleine, landschaftlich reizvolle Straße, der Everitt Memorial Highway, führt aus der Stadt bis auf 2060 m den Berg hinauf zum **Bunny Flat Trailhead**. Nach einer bequemen, einstündigen Wanderung ist das **Horse Camp** erreicht, ein guter Ort, um sich zu akklimatisieren und die Nacht vor dem weiteren Aufstieg zu verbringen – hier gibt es Trinkwasser, Toiletten und einen bestens informierten Verwalter, der fachmännische Ratschläge bezüglich der bevorstehenden Wanderung auf Lager hat. Der Rückweg dauert vier bis fünf Stunden, je nachdem, was man sich zumutet – Mount Shasta ist ein beliebtes Gebiet für *glissading*, wobei man auf einer Jacke oder einer widerstandsfähigen Plastikplane die Hänge herunterrutscht, eine Sportart, die man allerdings den Profis überlassen sollte.

An den tiefer gelegenen Berghängen kann man nach dem (nicht essbaren) „Wassermelonenschnee" Ausschau halten, dessen leuchtendes Rot einer hier verbreiteten Mikrobe zu verdanken ist. Auf Berggewitter sollte man in jedem Fall vorbereitet sein, also unbedingt eine zusätzliche Lebensmittelration, Campinggas, einen guten Windschutz und warme Kleidung mitnehmen. Und falls sich eine Wetterverschlechterung abzeichnet, unbedingt den Rückweg antreten – ein Gewitter im Hochgebirge kann Tage dauern, und dann ist die Sicht extrem eingeschränkt.

Übernachtung

In Mount Shasta herrscht kein Mangel an Unterkünften; eine Reservierung ist nur an Hochsommerwochenenden erforderlich. Eine zweckdienliche Agentur ist ***Mount Shasta Cabins & Cottages***, 500 S Mount Shasta Blvd, ✆ 530/926-5396 oder 1-888/565-9422, 🖳 www.mtshastacabins.com, mit einer großen Auswahl an Cabins und Ferienhäusern in der Gegend. In der Umgebung gibt es jede Menge Campingplätze, allerdings nur wenige mit ausreichender Ausstattung (wenn die Temperaturen fallen, ist eine warme Dusche fast lebenswichtig).

Alpenrose Cottage Guesthouse, 204 E Hinckley St, ✆ 530/926-6724, 🖳 www.snowcrest.net/alpenrose. Erstklassiges, freundliches Guesthouse im Hostel-Stil mit entspannter Atmosphäre und herrlicher Aussichtsterrasse mit Blick auf den Mount Shasta. Nur DZ, die man sich aber auch mit einem anderen Gast teilen kann ($30 p.P.). Eine Meile auf dem N Mount Shasta Blvd nach Norden, dann den KOA-Wegweisern folgen.

Best Western Tree House, 111 Morgan Way, ✆ 530/926-3101 oder 1-800/545-7164, 🖳 www.bestwestern.com. Einladendes Haus der internationalen Kette mit intimer Atmosphäre und den gewohnten Annehmlichkeiten in Zentrumsnähe. ❺

Cold Creek Inn, 724 N Mount Shasta Blvd, ✆ 530/926-9851 oder 1-800/292-9421, 🖳 www.coldcreekinn.com. Hübsch renoviertes, preiswertes Motel, nur wenige Minuten zu Fuß vom Zentrum. ❸

Dream Inn, 326 Chestnut St, ✆ 530/926-1536 oder 1-877/375-4744, 🖳 www.dreaminnmtshastacity.com. Sehr zentral gelegenes B&B, einen Block östlich vom Mount Shasta Blvd. Gutes Preis-Leistungs-Verhältnis. ❹

Mount Shasta Ranch B&B, 1008 W A Barr Rd, nahe Lake Siskiyou, ✆ 530/926-3870, 🖳 www.stayinshasta.com, stilvolles B&B, geräumige Zimmer (die billigeren mit Gemeinschaftsbad) und herrlicher Blick auf den Mount Shasta. ❷

Travel Inn, 504 S Mt Shasta Blvd, ✆ 530/926-4617. Ordentliches, sauberes und superbilliges Motel mit einfachen Zimmern. ❸

Der schönste Campingplatz der Gegend, ***Lake Siskiyou Camp Resort*** ($18), ✆ 530/926-2618 oder 1-888/926-2618, liegt 4 Meilen westlich der Stadt in einem Wald am gleichnamigen See mit Picknickplätzen, Bootsverleih und Bademöglichkeiten.

Die einfacheren Campingplätze sind meist kostenlos, verfügen jedoch über keine Trinkwasserleitung; oft gibt es aber Wasser aus einem Gebirgsbach.

Am günstigsten gelegen ist ***Panther Meadows***, 2200 m, im Winter geschlossen, hoch oben auf dem Berg am Ende des Everitt Memorial Highway.

McBride Springs ($10), 1500 m, etwas tiefer am Rande derselben Straße gelegen, hat meistens länger geöffnet.

KOA, 900 N Mt Shasta Blvd, ✆ 530/926-4029 oder 1-800/736-3617, voll ausgestatteter Campingplatz, zwei Querstraßen von Downtown, einfache Cabins ab $42,50; Zeltplatz $17–22.

Essen

Abgesehen von den Fastfood-Läden in Richtung I-5 überwiegen in Mount Shasta Lokale mit gesunder Kost, und fast jede Speisekarte hat ein paar vegetarische Gerichte aufzuweisen. Auch für die Bedürfnisse von Bergsteigern ist gesorgt. Es gibt zahlreiche Geschäfte, die Kraftnahrung anbieten.

Black Bear Diner, 401 W Lake St, ✆ 530/926-4669, gute Adresse für ein sättigendes Frühstück und traditionelle amerikanische Gerichte.

Laurie's Mountain View Café, 401 N Mt Shasta Blvd, ✆ 530/926-4998. Schlichtes Café mit Blick auf den Berg. Warmes Frühstück, Bagels und Pasta.

Lily's, 1013 S Mt Shasta Blvd, ✆ 530/926-3372. Gute kalifornische, vegetarische und mexikanische Gerichte um $15, Sandwiches um $6.

Da in dieser Gegend viele Emigranten aus Italien leben, finden sich hier einige überraschend gute italienische Restaurants, z.B. das stilvolle

Mike & Tony's, 501 Mt Shasta Blvd, ✆ 530/926-4792, Spezialität des Restaurants sind hausgemachte Ravioli. Gute Weine, Feigen und Ziegenkäse, außerdem ausgezeichnete Martinis. ◷ nur abends von Do–Mo.

The Oven Bakery, 214 N Mt Shasta Blvd. Frische Backwaren für ein Picknick.

Suda Thai, 531 Chestnut St, ✆ 530/926-1276. Recht edles thailändisches Restaurant, das in angenehmer Atmosphäre exotische Delikatessen und gute Currys serviert. Mo und Di geschlossen.

Tolo Grill, 107 Chestnut St, ✆ 530/918-9901. Gyros und andere griechische Speisen in hübschem Eckgebäude. Di und Mi geschlossen.

Trinity Café, 622 N Mt Shasta Blvd, ✆ 530/926-6200. Die beste Adresse für qualitätsvolle, internationale Küche unter Verwendung lokaler Zutaten. Die Speisekarte wechselt wöchentlich; dazu frisch gezapftes Bier.

Sonstiges

AUSRÜSTUNG – Unzählige Anbieter machen einander Konkurrenz:

The Fifth Season, 300 N Mount Shasta Blvd, ✆ 530/926-3606, 🖳 www.thefifthseason.com, Mietpreise für 2–3 Tage: Bergstiefel $26; Steigeisen und Eispickel $20; Bergzelt $50; Schlafsack $18. Telefonischer Wetterbericht unter ✆ 530/926-5555.

House of Ski & Board, 316 Chestnut St, ✆ 530/926-2359, 🖳 www.shastaski.com, ähnliches Angebot zu interessanten Preisen.

BÜCHER – In den Esoterik-Buchläden am N Mount Shasta Blvd kann man sich über ausgefallenere Aktivitäten informieren:

Golden Bough Books, Nr. 219, ✆ 530/926-3228 oder 1-877/674-7282, verfügt über Anschlagbretter und ganze Stapel von Broschüren, die in indianische Schwitzhütten einladen oder Kontakt zu Gurus verheißen.

INFORMATIONEN – ***Mount Shasta Ranger District Office***, Mount Shasta, 204 W Alma, ✆ 530/926-4511. Wanderkarten und Infos. ◷ Juni–Aug tgl., Sept–Mai nur Mo–Fr 8–16.30 Uhr.

Chamber of Commerce, 300 Pine St, ✆ 530/926-4865 oder 1-800/926-4865, 🖳 www.mtshastachamber.com, hat eine begrenzte Anzahl an Broschüren; ◷ tgl. Mai–Sept 9–17.30 Uhr, Okt–April 10–16 Uhr.

Siskiyou County Visitor Bureau, ✆ 1-877/847-8777, 🖳 www.visitsiskiyou.org, erteilt umfassendere Informationen über das County – es gibt allerdings kein Büro, das man aufsuchen kann.

TOUREN – ***Shasta Mountain Guides***, 1938 Hill Rd, ✆ 530/926-3117, 🖳 www.shastaguides.com, organisiert Bergtouren per Jeep, Kletterkurse sowie Ski-Exkursionen ins Hinterland jeweils ab $100.

Shasta Vortex Adventures, 310 N Mt Shasta Blvd, ✆ 530/926-4326, interessanter Anbieter vor allem von individuellen spirituellen Bergtouren, aber auch anderen esoterischen Diensten.

Turtle River Rafting, 507 McCloud Ave, ✆ 530/926-3223 oder 1-800/726-3223, www.turtleriver.com, und ***River Dancers***, 530/926-3517 oder 1-800/926-5002, www.riverdancers.com, organisieren Wildwasserfahrten auf dem oberen Sacramento ab $80 pro Tag. Eisenbahnfans sei der elegante ***Shasta Sunset Dinner Train***, 530/964-2142 oder 1-800/733-2141, www.shastasunset.com, ans Herz gelegt, der vom nahen McCloud, 9 Meilen südöstlich von Mount Shasta auf dem Hwy-89, gen Westen oder Osten aufbricht und in seinen 1916 gebauten Waggons zu einer 3-stündigen Fahrt inkl. Essen einlädt; ab $80.

Transport

Die nächstgelegene Haltestelle der ***Greyhound*-Busse** befindet sich im 7 Meilen nördlich gelegenen **Weed** (s.u.).
Amtrak-Züge kommen mitten in der Nacht in **Dunsmuir**, 6 Meilen südlich, an.
Vom dortigen Bahnhof sowie von Weed fahren 6x tgl. **STAGE-Busse**, 530/842-8295 oder 1-800/247-8243, nach Mount Shasta – in Dunsmuir muss man muss allerdings mindestens 3 Std. auf den ersten Bus warten. STAGE-Busse fahren auch 5x tgl. nach McCLOUD.

Die Umgebung von Mount Shasta

Abgesehen vom Mount Shasta und den Orten in dessen Umgebung bieten sich einige andere Naturattraktionen zur Erkundung an, die auch in der Hauptsaison viel weniger besucht werden als der Berg selbst. Fünf Meilen nördlich der Ortschaft Mount Shasta erhebt sich der baumlose Vulkankegel des **Black Butte**, dessen Besteigung weniger anstrengend als die des Mount Shasta ist. Die Route auf den 1928 m hohen Gipfel ist ohne die Broschüre, die von der Ranger Station oder vom Visitors' Bureau ausgegeben wird, jedoch schwer zu finden; 2,5 Meilen, 2–3 Std., Höhenunterschied 550 m.

Außerdem lohnen die herrlichen Pfade zu den 225 Millionen Jahre alten Granitspalten in 1200 m Höhe im **Castle Crags State Park**, 13 Meilen südlich von Mount Shasta auf dem I-5, 530/235-2684. In dem 2500 ha großen, bewaldeten und oftmals menschenleeren Park gibt es bestens ausgestattete Campingplätze für $17 und einfache für $9 pro Nacht; zu reservieren über *ReserveAmerica*, 1-800/444-7275. tgl. 8 Uhr bis Sonnenuntergang, Eintritt $6 pro Auto.

Der **Mount Shasta Ski Park**, nahe McCloud auf dem Hwy-89, 530/926-8610 oder 1-800/754-7478, www.skipark.com, muss sich als Skigebiet erst noch etablieren und ist mit seinen Preisen (Leihskier $22, Liftkarte $35, Snowboards $30, Schneeschuhe $12) noch moderat. Im Sommer, wenn sich die Skipisten in markierte Radwege verwandeln, empfiehlt sich die Gegend für Mountainbiker. Ein Tagespass hierfür kostet $12, Räder gibt es für $20 pro Tag. Für Abwechslung sorgen außerdem eine Kletterwand ($10 pro Tag) sowie Sessellift-Fahrten ($10). Im Sommer laden die eine Meile vom Ski Park gelegenen *Shasta Cove Stables*, 1-800/662-3529, zu Ausritten ab $35 ein.

Nach ein, zwei Tagen Bewegung in der Region um den Mount Shasta bietet ein Besuch der **Stewart Mineral Springs**, 4617 Stewart Springs Rd, abseits des I-5 wenig nördlich von Weed, die Erholung, die der Körper verlangt. Auf einer Lichtung eines Zedern- und Kiefernwaldes lassen sich Schmerzen aller Art in individuellen Bädern für $20 lindern. Wer vor Ort in den sehr erschwinglichen Hütten, Tipis ($24) oder auf den Campingplätzen ($15) übernachtet, zahlt weniger. So–Do 10–18, Fr und Sa 10–20 Uhr; 530/938-2222, www.stewartmineralsprings.com, ❷. Kurz vor den Quellen zweigt die Parks Creek Road ab und führt auf den Bergkamm, von wo man ein Stück auf dem **Pacific Crest Trail** wandern und in 1 1/2 Std. die Deadfall Lakes erreichen kann.

Dunsmuir

Einen Eindruck davon, wie die Gegend früher ausgesehen hat, bekommen Besucher des kleinen Ortes Dunsmuir, der noch malerischer ist als Mount Shasta. Das Zentrum des Ortes, der sich 10 Meilen südlich von Mount Shasta auf einem steilen, vom I-5 abfallenden Hügel befindet, wird vom Freeway nicht zerschnitten, so dass die Zeit dort stehen geblieben zu sein scheint. Heute lebt Dunsmuir von seiner Vergangenheit als historische Eisenbahnstadt, und die Hauptstraße, die **Dunsmuir Avenue**, wird von restaurierten Hotels und Geschäften gesäumt, die das Thema Eisenbahn zumeist etwas sehr strapazieren. Amtrak hält hier am kürzlich renovierten Bahnhof das letzte Mal in Kalifornien vor der Weiterfahrt in nördlicher Richtung nach Oregon.

Früher empfahl sich Dunsmuir selbst lediglich als „Tagesausflug von Mount Shasta" – bis man selbstbewusst den Wert der eigenen Idylle und reizvollen Natur erkannte.

An erster Stelle sind hier die **Mossbrae Falls** und die **Hedge Creek Falls** an der Schlucht des Sacramento River zu nennen, herrliche Ziele für Spaziergänge oder ein Picknick. Zu erreichen sind die Mossbrae Falls über die Dunsmuir Avenue nach Norden zum Scarlet Way, über die Brücke und die Eisenbahngleise bis zum Parkplatz. Von dort folgt man dem Pfad entlang der Bahngleise ca. eine Meile bis zur Eisenbahnbrücke, überquert diese aber nicht, sondern folgt dem Weg durch den Wald bis zum Wasserfall. Die Hedge Creek Falls sind vom Parkplatz an der Ausfahrt North Dunsmuir vom I-5 zugänglich.

McCloud

Das reizende kleine Städtchen bietet einen herrlichen Blick auf den Mount Shasta und eignet sich hervorragend als Ausgangsbasis für Ausflüge und Aktivitäten in der Umgebung, vor allem wenn man den Mount Shasta Ski Park (s.o.) aufsuchen will. Hier ist auch der berühmte Sunset Dinner Train zu Hause (s.o.).

Das Kulturangebot beschränkt sich auf das kleine **Heritage Junction Museum**, das ein buntes Sammelsurium an Nippes, Erinnerungsgegenständen und Holzfällerausrüstung zeigt. ⌚ Mai–Okt Mo–Sa 11–15, So 13–15 Uhr, Eintritt frei.

In der Nähe sind die **McCloud River Falls**, 5 Meilen östlich am Hwy-89, ein schönes Plätzchen für ein Picknick und einen Spaziergang. Die drei in dichtem Wald gelegenen Wasserfälle sind jeweils etwa eine Meile voneinander entfernt. Sie sind durch einen Riverside Trail miteinander verbunden, aber jeweils auch von der Straße aus erreichbar.

Bei Zeitknappheit sucht man am besten gleich die dramatischeren Middle Falls auf. *Fowlers* in der Nähe der Lower Falls bietet einen Zeltplatz. Da es manchmal Probleme mit der Wasserversorgung gibt, ist er meist kaum belegt. Bei den Upper Falls gibt es einen schönen Picknickplatz.

Wenn man auf dem Hwy-89 in Richtung Südosten weiterfährt, gelangt man zu den bekannteren und eindrucksvolleren **Burney Falls** und schließlich zum Lassen Volcanic National Park (s.o.).

Weed

Das Tor zu den Klamath Falls, nach Oregon und zum Lava Beds National Monument kann sich zwar nicht mit dem Charme von Mount Shasta messen, bietet aber im Sommer die bessere Aussicht auf den Gipfel. Leider konnte es die hiesige Tourismusbehörde nicht dabei bewenden lassen: Sie versucht den Ort als „historische Holzfällerstadt" zu vermarkten. Immerhin gibt es hier ein paar gute, preiswerte Motels und Restaurants, außerdem das **College of the Siskiyous** mit dem zweifellos schönsten Campus Kaliforniens (wegen des Blicks auf den Mount Shasta).

Im früheren Gerichtsgebäude nahe der Main St residiert heute das **Weed Historic Lumber Town Museum**, 303 Gilman Ave, ☏ 530/938-0550, 💻 www.snowcrest.net/whm. Es präsentiert die Lokalgeschichte sowie ein paar hübsche alte Fahrzeuge. ⌚ im Sommer tgl. 10–17 Uhr, im Winter nach Anmeldung.

5 Meilen nördlich von Weed, entlang des Hwy-97, gelangt man zum **Living Memorial Sculpture Garden**, wo der Künstler Dennis Smith mit zehn Metallskulpturen, die verschiedene Aspekte des Soldatenlebens widerspiegeln, an den Vietnamkrieg erinnert. Die ca. 53000 Kiefern in der Umgebung stehen stellvertretend für die Zahl der in Vietnam getöteten Amerikaner. ⌚ durchgehend, Spende erbeten.

Yreka und Umgebung

Der ruhige Ort Yreka (ausgesprochen Wei-rieka), ca. 25 Meilen nördlich von Weed auf dem I-5, bietet sich als idyllischer Rastplatz auf der Fahrt entlang des I-5 an. Die meisten Besucher kamen bislang wegen einer Fahrt mit der **Yreka Western Railroad**, besser bekannt als „Blue Goose", einer Baldwin-Dampflok aus dem Jahr 1915, die mit einer Reihe hübscher Waggons im Schlepptau von Yreka in den nahen historischen Ort Montague und wieder zurück fuhr. Derzeit und bis auf weiteres ist der Betrieb allerdings eingestellt – Informationen über den aktuellen Stand im Internet, 💻 www.yrekawesternrr.com.

Recht interessant ist das **Siskiyou County Museum**, 910 S Main St, ☏ 530/842-3836, insbesondere dessen Außenbereich mit historischen Kirchen, Häusern und Läden, die aus dem ganzen Land hierher gebracht wurden. ⌚ im Sommer Di–Sa 9–17

Uhr, Eintritt $6. Eine etwas dürftige Ausstellung von Goldnuggets zeigt das **County Courthouse**, 311 4th St, ⌚ Mo–Fr 8–17 Uhr, Eintritt frei.

Ein lohnender Abstecher auf dem Hwy-3 führt in den aus der Zeit der Jahrhundertwende stammenden, zauberhaften Ort **Etna**. Hier ist die Kleinbrauerei *Etna Brewing Company*, 131 Callahan St, ☎ 530/467-5277, beheimatet, die bisher gerade einmal 1600 Hektoliter Bier pro Jahr für den lokalen Bedarf gebraut hat, auf Grund der steigenden Popularität jedoch Expansionspläne hat. In der Regel stehen vier oder fünf helle, malzige Sorten sowie weitere Biere zur Auswahl, und alle schmecken sehr gut, außerdem gibt es leckeres Kneipenessen. Besuchern wird meist auch eine spontan anberaumte Führung angeboten. Mo und Di geschlossen. Einen Blick lohnt zudem der *Scott Valley Drugstore* mit seiner Sodabar am oberen Ende der Main Street. Wer länger bleiben möchte, kann im Stadtpark an der Diggles Street kostenlos zelten. Wer eine Exkursion in die Umgebung von Etna mit Übernachtung in einer Jurte unternehmen möchte, wendet sich an den sehr kundigen Rusty Coleman von *Mountain Spirit Adventures*, 412 Main St, in der Corrigan's Bar, ☎ 530/467-5444, 💻 www.users.sisqtel.net/mtspiritad.

Übernachtung und Essen

DUNSMUIR – Der Ort besitzt einige B&Bs und hat sich dank einer Reihe neuer, anspruchsvoller Restaurants zu einer Art Feinschmecker-Dorado entwickelt:

The Dunsmuir Inn, 5423 Dunsmuir Ave, ☎ 530/235-4543 oder 1-888/386-7684, ist das zentralste. ❸

Cedar Lodge, 4201 Dunsmuir Ave, ☎ 530/235-4331, 💻 www.cedarlodgedunsmuir.com, wesentlich billiger. ❶

Railroad Park Resort, 100 Railroad Park Rd, knapp 3 Meilen südlich, ☎ 530/235-4440, 💻 www.rrpark.com. Ungewöhnlichste Unterkunft der Gegend in alten Eisenbahnwaggons, daneben auch einige Cabins. ❹

Cornerstone Bakery Café, 5759 Dunsmuir Ave, ☎ 530/235-2620. Gehobene kalifornische Küche.

Sengthong's, 5855 Dunsmuir Ave, ☎ 530/235-4770. Gute vietnamesische Gerichte zu ähnlichen Preisen.

Salt H2O Café, 5740 Dunsmuir Ave, ☎ 530/235-4988, serviert fantasievoll zubereitetes Seafood.

Café Maddalena, 5801 Sacramento Ave, ☎ 530/235-2725. Schmackhafte Speisen aus dem Mittelmeerraum.

Pizza Factory, 5804 Dunsmuir Ave, ☎ 530/235-4849, bietet sich für eine billigere kleine Mahlzeit an.

McCLOUD – ***McCloud Hotel***, 408 Main St, ☎ 530/964-2822 oder 1-800/964-2823, 💻 www.mccloudhotel.com, elegante Zimmer in einem restaurierten, stilvollen Gebäude mit gutem Restaurant. ❺

McCloud Timber Inn, 153 Squaw Valley Rd, ☎ 530/964-2893. Einziges Motel der Umgebung, günstige Lage und überdurchschnittlich große Zimmer. ❷

Stoney Brook Inn, 309 W Colombero Drive, ☎ 530/964-2300 oder 1-800/369-6118, 💻 www.stoneybrookinn.com. Gutes B&B; z.T. Gemeinschaftsbäder, die EZ sind besonders günstig. ❷

Briar Patch Restaurant, 140 Squaw Valley Rd, südlich vom Hwy-89, ☎ 530/964-2700; schmackhafte und sättigende mexikanische Gerichte. Zum Restaurant gehört auch eine Bar; ab und zu macht der Besitzer selbst Musik. ⌚ nur abends.

Floyd's Frosty, 125 Broadway, ☎ 530/964-9747, bietet tagsüber im Ambiente der 50er Jahre saftige Burger, zähflüssige Shakes und Eis.

Raymond's, 424 Main St, ☎ 530/964-2009, gute italienische und amerikanische Küche. ⌚ nur abends.

WEED – ***Hi Lo Motel & Café***, 88 S Weed Blvd, ☎ 530/938-2731, 💻 www.hilomotel.com, anständige Zimmer und ein Café, in dem es Rührei mit Bratkartoffeln gibt. ❷

Motel 6, 466 Weed Blvd, ☎ 530/938-4101 oder 1-800/466-8356, 💻 www.motel6.com, hübscher Pool im Freien und eindrucksvolle Sonnenaufgänge mit dem Mount Shasta als Kulisse. ❸

Buddha Belly Kitchen, 51 Main St, ☎ 530/938-4366, bietet gesundheitsbewusste Snacks in entspannter Umgebung.

Hungry Moose, 86 N Weed Blvd, ☎ 530/938-4060. Ausgezeichneter Diner und beste Wahl für eine Mahlzeit tagsüber.

Papa's Place, 203 Main St, ✆ 530/938-2277, freundliche Bar, wo man Bier trinken und mit den Einheimischen plaudern kann. Dazu gibt es Snacks.

YREKA – Entlang des I-5 befinden sich zahlreiche Ableger von Motelketten, aber auch unabhängige, preiswerte Motels, darunter:
Econolodge, 526 S Main St, ✆ 530/842-4404, 💻 www.econolodgeyreka.com. ❷
Etna Motel, 317 Collier Way, Etna, ✆ 530/467-5388, einfach, aber komfortabel. ❷

Die Modoc-Indianer

Das heutige National Monument war bis 1850 das Land der Modoc-Indianer. Als es während der Goldrausch-Ära zu wiederholten blutigen Auseinandersetzungen zwischen den Mitgliedern des Stammes und neuen Siedlern aus dem Osten kam, entschloss sich die Bundesregierung, die Modoc in ein Reservat umzusiedeln, das sie sich mit dem verfeindeten Stamm der Klamath teilen sollten. Doch schon nach ein paar Monaten kehrten die Modoc wieder in ihr ursprüngliches Stammesgebiet zurück. Die Regierung schickte 1872 Truppen, um sie gewaltsam zur Rückkehr in das Reservat zu zwingen. 52 Modoc-Krieger unter dem Kommando des Indianers Kientpoos, besser bekannt als **Captain Jack**, hielten eine Armee, die ihnen zahlenmäßig zwanzigfach überlegen war, fünf Monate lang in Schach. Der ganze Stamm lebte während der Kämpfe im Winter 1872/73 in einem Labyrinth aus scharfkantigen Lavafelsen und niedrigen Höhlen am nördlichen Ende des Tals. Schließlich gelang es den Soldaten aber, Captain Jack gefangen zu nehmen. Er wurde in Fort Klamath gehängt und dort mit drei seiner Gefährten begraben. Die überlebenden Modoc wurden in ein Reservat in Oklahoma umgesiedelt, wo viele an Malaria starben.
Heute wird die Lavabettregion nur noch von Rotwild und drei Millionen Wandergänsen bevölkert, die sich von den wenigen Touristen, die es bis hierher geschafft haben, beobachten lassen.

Klamath Motor Lodge, 1111 S Main St, ✆ 530/842-2751 oder 1-800/551-7255, 💻 www.klamathmotorlodge.com. ❸
Nature's Kitchen, 412 S Main St, ✆ 530/842-1136, empfehlenswerteste Adresse für ein Essen, So geschlossen.
Grandma's House, kitschiges Lokal, lockt aus unerfindlichen Gründen ältere, mit Wohnmobilen reisende Amerikaner aus allen Ecken des Landes an.
China Dragon, 520 Main St, ✆ 530/842-3444, serviert preiswerte chinesische und amerikanische Speisen.

Informationen

In **Dunsmuir**: ***Visitor's Bureau,*** 4118 Pine St, in der Nähe des *Amtrak*-Bahnhofs, ✆ 530/235-2177 oder 1-800/386-7684, hat aktuelle Fahrpläne für Zugverbindungen und STAGE-Busse. ⌚ Mi–Mo 10–16 Uhr (sofern sich die etwas desinteressierten Mitarbeiter dazu aufraffen können).
In **Weed**: ***Chamber of Commerce,*** 34 Main St, ✆ 530/938-4624, 💻 www.weedchamber.com, weitere Informationen über die Region. ⌚ im Sommer tgl. 12–18, im Winter nur Mo–Fr 12–18 Uhr.
In **Yreka**: ***Chamber of Commerce,*** 117 W Miner St, ✆ 530/842-1649, 💻 www.yrekachamber.com, hilft bei der Unterkunftssuche, außerdem gibt es hier Ortspläne für einen Rundgang zu den viktorianischen Gebäuden Yrekas. ⌚ im Sommer tgl. 9–17, im Winter nur Mo–Fr 9–17 Uhr.

Transport

Greyhound unterhält in **Weed** ein Büro: 628 S Weed Blvd, ✆ 530/938-4454 oder 1-800/231-2222, ⌚ Mo–Sa 8.30–16 Uhr. Weed ist zudem die nächstgelegene *Greyhound*-Haltestelle auf dem Weg nach Mount Shasta.
STAGE-Busse, ✆ 530/842-8295 oder 1-800/247-8243, verkehren von MOUNT SHASTA, Dunsmuir und McCleod nach **Yreka**.

Lava Beds National Monument

Wer ohnehin vorhat, nach Oregon weiterzufahren, sollte einen Besuch des einsamen Lava Beds National Monument im Nordosten Kaliforniens und des angrenzenden Klamath Basin National Wildlife Refuge einbauen. Es ist der abgelegenste, am wenigsten besuchte und schönste Park Kaliforniens, mitten im ursprünglichen Gebiet der Modoc-Indianer, einem verlassenen Hinterland, wo immer noch Cowboys ihre Viehherden treiben und die Beziehungen zwischen den Siedlern und den amerikanischen Ureinwohnern bis heute angespannt sind. Hier fand eine der letzten großen Schlachten zwischen Weißen und Indianern statt.

Nur einige niedrige Büsche und Gräser bedecken die trockene, etwa 1200 m hoch gelegene Ebene im Norden, die nach Süden hin von einzelnen, bis zu 1700 m hohen Vulkankegeln unterbrochen wird und zunehmend mit Nadelbäumen bewachsen ist. Schwarze Lavafelder, in denen sich viele Höhlen verbergen, prägen das Bild dieser rauen Vulkanlandschaft, die eine ebenso wilde Geschichte hat (s. Kasten).

Eine Exkursion in die **Lavafelder** mit ihren hohlen Röhren gleicht der Erkundung des Innenlebens eines Vulkans. Die jüngsten dieser Kanäle entstanden vor 30 000 Jahren infolge vulkanischer Aktivitäten, als sich aufsteigendes geschmolzenes Basaltgestein über das Modoc Platea ergoss. Der Kontakt des Magmas mit der kühleren Luft an der Oberfläche ließ es erstarren, darunter blieb jedoch ein flüssiger Kern, der sich als Strom weiter bergab in das sich zusehends vergrößernde Lavafeld bewegte. Allmählich versiegte der Strom und die geschmolzene Lava trocknete aus, wodurch die weltweit größte Konzentration derartiger hohler Kanäle entstand. Die meisten sind bis heute unerforscht, aber dort, wo der erkaltete Lavamantel aufgebrochen ist, sind sie zugänglich und können erkundet werden. Manche **Höhlen** sind so klein, dass man auf allen vieren kriechen muss, um einen Blick hineinzuwerfen, andere wiederum sind mit einem Durchmesser von 23 m enorm groß. In einigen gibt es **Felszeichnungen** der indianischen Ureinwohner – nicht zu verwechseln mit den Namen an den Höhlenwänden die von J.D. Howard stammen, einem der ersten Weißen, der die Höhlen erforschte und sie auch benannte.

Das Visitor Center stellt kostenlos Taschenlampen zur Verfügung, die meisten Besucher scheuen jedoch zunächst den Gang allein in eine Höhle und nehmen lieber an einer der ebenfalls kostenlos angebotenen **Führungen** der Ranger teil; tgl. vom Memorial Day, Ende Mai, bis zum Labor Day, Anfang September. Die zwei- bis dreistündigen Exkursionen am Vormittag (9 Uhr) vom Visitor Center führen in kaum bekannte Gegenden des Geländes, während im Mittelpunkt der nachmittäglichen, 90-minütigen Touren (14 Uhr) Führungen durch die Höhlen stehen. Am Abend (21 Uhr) bieten Ranger einstündige Vorträge und Diapräsentationen am Lagerfeuer an; bei schlechtem Wetter finden sie in der Mushpot Cave statt.

Wer auf eine Führung verzichtet und das Gelände auf eigene Faust erkundet, sollte verschiedene Vorschriften beachten: Nicht allein losziehen, festes Schuhwerk und zwei Taschenlampen pro Person mitnehmen. Um sicherzustellen, dass niemand verloren geht, müssen geliehene Taschenlampen am Abend wieder zurückgebracht werden. Wer nachts auf Exkursion geht – die Höhlen bleiben geöffnet –, muss sich selbst um eine Lichtquelle kümmern. Helme sind dringend anzuraten und ebenfalls im Visitor Center für $3,50 erhältlich.

Die zweite Attraktion des Lava Beds National Monument ist die bestens dokumentierte Geschichte. So gibt es im Visitor Center eine Ausstellung über den Modoc-Krieg zu sehen, darunter Fotos der Kontrahenten inkl. Modoc-Anführer Captain Jack und kritische Zeitungsartikel der nationalen Presse, in denen die Militäraktion der US-Armee aufs Schärfste verurteilt wird. Um in das nördliche Gebiet und zu **Captain Jack's Stronghold**, einer natürlichen Festung zerklüfteter Lavaströme und niedriger Höhlen am Ufer des Old Tule Lake, zu gelangen, ist ein Auto vonnöten. Am Parkplatz gibt es eine empfehlenswerte Broschüre (25¢) mit Wegbeschreibungen zweier Pfade (0,5 und 1,5 Meilen lang), die anhand ausführlicher Erläuterungen am Wegesrand durch die Geschichte eines Krieges führen, der in vielerlei Hinsicht exemplarisch für die Eroberung des Westens war. Vor Ort wird man verstehen, wie es den Modoc gelang, sich zu verstecken und sich durch die Gänge in den Hügeln zu bewegen.

Canby's Cross, zwei Meilen westlich, markiert den Wendepunkt des Krieges. Dies ist der Ort, an dem Captain Jack während einer Verhandlung eine Waffe zog und US General Canby sowie einen Pastor erschoss.

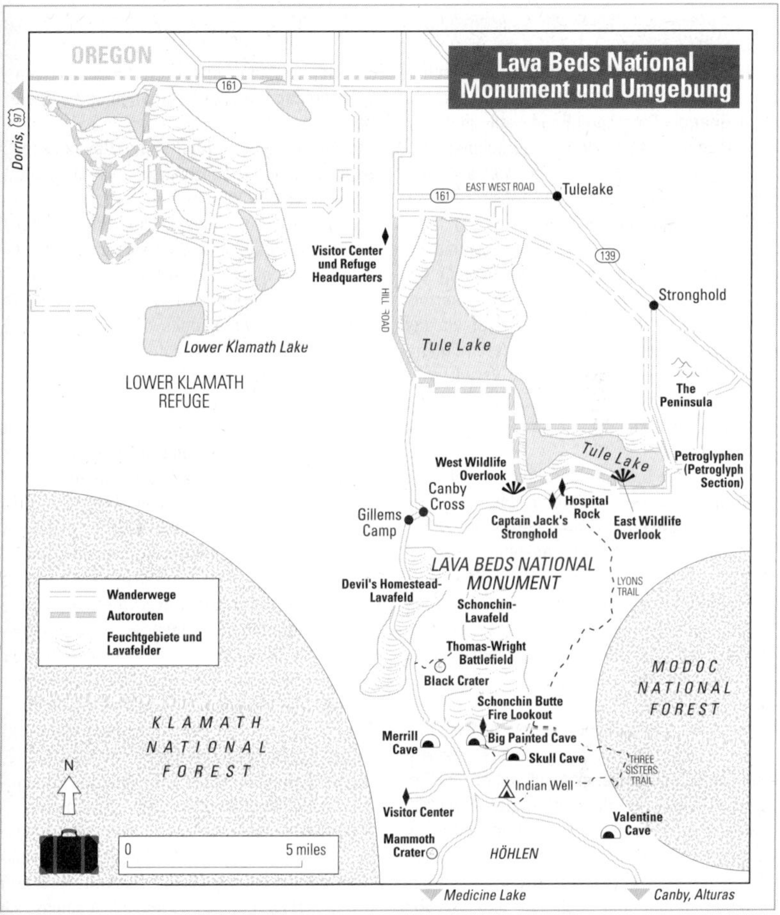

Tulelake

Die einzigen Unterkunftsmöglichkeiten in der Gegend und die einzige Gelegenheit, sich mit Proviant zu versorgen, bietet das 14 Meilen weiter nördlich gelegene Tulelake. Der winzige Ort weist sogar eine richtige Sehenswürdigkeit auf: das **Tulelake-Butte Valley Fair Museum of Local History**, 800 S Main St, ✆ 667-5312, 🖳 www.tbvfair.com. Der neu errichtete Gebäudekomplex enthält eine ausgezeichnete Ausstellung über Geologie, Flora und Fauna, Geschichte (insbesondere über die Indianerkriege und die Internierungslager im Zweiten Weltkrieg), indianische Kultur und aktuelle Themen. Der Eintrittspreis schließt eine einstündige Audio Tour ein. ⏲ Mo–Fr, im Sommer auch Sa 9–17 Uhr, Eintritt $3. Zur Anlage gehört auch das Informationsbüro der **Chamber of Commerce**, ✆ 530/667-5312, 🖳 www.tbvfair.com, ⏲ tgl. 8–16.30 Uhr.

In der Woche nach Labor Day im September findet auf den **Fairgrounds** ein großer Jahrmarkt statt, ansonsten kann man dort für $12 sein Zelt aufschlagen.

Erkundung der Höhlen

Viele der insgesamt 200 Höhlen findet befinden sich in der Nähe des Visitor Center und sind über die **Cave Loop Road** zugänglich. Bei der Orientierung in den 25 „erschlossene" Höhlen – weniger als ein Zehntel aller bekannten – hilft die für $4,50 im Visitor Center erhältliche *Lava Caves Map*.

Catacombs Cave, an der Cave Loop Road, ist mit einer Länge von mehr als einer Meile die längste offene Röhre des Gebiets. Sie erfordert Ausdauer und einen kühlen Kopf, um das Ende zu erreichen. Die vielen Verbindungsgänge machen sie zu einer der verwirrendsten Höhlen, und man sollte immer im Auge behalten, ob man sich aufwärts oder abwärts bewegt.

Golden Dome Cave, an der Cave Loop Rd: Die gelb-goldfarbenen Farbtöne der feuchten, moosbewachsenen Decke geben der Höhle ihren Namen und eine jenseitig-entrückte Atmosphäre.

Labyrinth Cave, am Anfang der Cave Loop Road, beeindruckende geologische Charakteristika – Lavasäulen und Lavazapfen – sowie Spuren indianischen Lebens.

Mushpot Cave, in unmittelbarer Nachbarschaft des Visitor Center und nahe dem Anfang der Cave Loop Road, ist die erschlossenste der Höhlen und eignet sich daher zum Einstieg. Während der Öffnungszeiten des Centers ist sie beleuchtet, zudem verweisen Tafeln auf ihre Besonderheiten.

Skull Cave, zwei Meilen nördlich der Cave Loop Road, benannt nach den Schädeln von Dickhornschafen, die der frühe Entdecker E.L. Hopkins hier fand. Die Höhle besitzt den größten Zugang aller Lavagänge und enthält ganzjährig Eis.

Symbol Bridge und **Big Painted Cave** (insgesamt 1,5 Meilen, nahezu flach), zwei lohnende benachbarte Höhlen an einem Pfad nördlich des Visitor Center, zwei Meilen nördlich der Cave Loop Road. Eine Taschenlampe ist nicht erforderlich, aber nützlich. Die hiesigen Piktogramme, die sich neben dem Eingang befinden und je nach Einfallswinkel der Sonne sichtbar sind, gehören zu den besten des National Monument und stammen Schätzungen zufolge aus der Zeit zwischen 1000 und 1500 n.Chr. Als Respektsbekundung vor den Gefühlen der Modoc sollte man sich vor dem Betreten der großen, zu beiden Seiten offenen Höhle zweimal im Uhrzeigersinn drehen. Zu entdecken gibt es dort Zickzackmuster, Schnörkel und menschliche Figuren, die in Fett und Kohle auf dem mit Bimsstein geglätteten Untergrund verewigt wurden. Am Ausgang sollte man sich, bevor es weiter in die Big Painted Cave geht, noch einmal entgegen dem Uhrzeigersinn drehen. In den 20er Jahren des 20. Jhs. legte J.D. Howard einen kleinen Tunnel am Ende der Höhle frei und entdeckte in gut 4,5 m Tiefe in einer Spalte einen Eisstrom. Ausgerüstet mit einer Taschenlampe lässt sich dieser aus der Nähe betrachten.

Valentine Cave, etwa zwei Meilen südöstlich der Cave Loop Road, ist interessant, weil hier verschiedene Merkmale von Höhlen, wie Stalaktiten und Katakomben, zusammenkommen.

Übernachtung

Es gibt nur zwei Unterkünfte in Tulelake:

Fe's Bed & Breakfast, 660 Main St, ✆ 530/667-5145 oder 1-877/478-0184, ✉ lucena@cot.net; besonders freundlich und entgegenkommend. ❷

Ellis Motel, Hwy-139, eine halbe Meile nördlich von Fe's, ✆ 530/667-5342; nicht viel billiger und sehr spartanisch. ❷

Wer zelten möchte, findet am Visitor Center nahe dem südlichen Parkeingang den ***Indian Wells Campground,*** $10. **Wildes Campen** ist überall im National Monument kostenlos und ohne Permit erlaubt, doch die Zelte müssen mindestens eine Viertelmeile von jeder Straße, jedem Wanderweg oder jedem Campingplatz und 50 m von jeder Höhle entfernt aufgeschlagen werden. Zu beachten gilt jedoch, dass der Park auf einer Höhe von 1200–1700 m liegt und das ganze Jahr über nachts mit Schnee und Minusgraden zu rechnen ist, was Camping nicht unbedingt zum Vergnügen macht. Man sollte sich auch vorher in Tulelake mit Essen und Getränken eindecken.

Essen

Mike and Wanda's, 423 Modoc Ave (in der Nähe der Main St), Tulelake, ✆ 530/667-3226. Im Café und in der Bar bekommt man sättigende, preiswerte Mahlzeiten; im Dining Room ist das Essen teurer.

Villapando's, 337 Main St, Tulelake, ✆ 530/667-2515, mexikanische Gerichte.

Captain Jack's Stronghold, Hwy-139, 7 Meilen südlich, ✆ 530/664-5566, serviert das beste Essen der Gegend: gute Suppen, Steaks und hausgemachte Pies.

Sonstiges

EINTRITT – $10 pro Auto für 7 Tage.

INFORMATIONEN – ***Modoc Ranger Station,*** am Hwy-139 ca. 7 Meilen südlich von Tulelake, ✆ 530/667-2248, 🖳 www.fs.fed.us/r5/modoc, erteilt allgemeine Auskünfte über den Modoc National Forest. ⌚ Mo–Fr 8–16.30 Uhr.

Visitor Center, ✆ 530/667-2283, 🖳 www.nps.gov/labe, gleich hinter der südwestlichen Zufahrt, nahe dem Indian Wells Campground. ⌚ im Sommer tgl. 8–18, ansonsten bis 17 Uhr.

TOUREN – Selbst wenn man mit dem eigenen Auto unterwegs ist (was wahrscheinlich ist, sonst würde man sich wohl gar nicht in der Gegend aufhalten), lohnt es sich, an einem der informativen Ausflüge mit Bob Galeoto von ***LuCena West Tours,*** in Fe's B&B in Tulelake, zu den Lava Beds und in deren Umgebung teilzunehmen ($50–60, inkl. Mittagessen).

Transport

Von Mount Shasta lässt sich das 1 1/2 Std. entfernte Lava Beds National Monument im Rahmen eines Tagesausflugs erkunden. Wer campen, Höhlen besichtigen und Vögel beobachten möchte, kann aber ohne Problem auch mehr Zeit hier verbringen.

Der anstrengendste Anfahrtsweg folgt dem Hwy-89 bis Bartle und führt dann am Medicine Lake vorbei. Weniger mühsam ist die Route über den Hwy-139; am besten und schnellsten fährt man jedoch von Weed auf dem US-97 bis hinter Dorris und dann über den Hwy-161 durch das Klamath Basin National Wildlife Refuge.

Die Umgebung des Lava Beds National Monument

Die Lava Beds sind von Kratern, Kuppen und Schloten übersät, die Mehrzahl der Lavaröhren geht jedoch auf die Magmaströme des **Mammoth Crater** am südlichen Rand des Gebiets zurück. Ein kurzer Pfad führt dort zu einem Aussichtspunkt über dem tiefen, kegelförmigen Krater.

Dem jüngsten, fantastischen Gebilde der Lavafelder liegt eine Basaltschicht zugrunde, die das Ergebnis eines riesigen Schildvulkans ist. Sein Zentrum wird heute vom Wasser des subalpinen **Medicine Lake**, zehn Meilen südwestlich des Mammoth Crater, bedeckt. Früher war dies für die Modoc ein Ort der Heilung, inzwischen beschränkt sich das Therapieangebot auf die Angel- und Bademöglichkeiten am Campingplatz ($10) am nördlichen Seeufer; zu erreichen über eine unbefestigte Straße (zwischen November und Mitte Mai gesperrt).

Ein weiteres, imposantes Zeugnis vulkanischer Aktivität ist der westlich gelegene **Glass Mountain**, der fast gänzlich aus glasartigem, schwarzem Obsidian – ein Stoff, aus dem die Modoc ihre Pfeilspitzen herstellten – besteht. Er wird von weichem Bimsstein umhüllt. Von der Straße führt ein kurzer, relativ leichter Weg dorthin.

Ein kurzes Stück hinter der Nordostecke des Monuments liegt ein kleiner, als Petroglyph Section bekannter, abgesonderter Bereich mit dem **Petroglyph Point**, einer knapp 300 m langen Felswand aus Tuffstein. In dem weichen Gestein finden sich einige schöne Beispiele archaischer Kunst: Schilde, weibliche Figuren und eine Anzahl kleiner Kreise, die vermutlich ein Symbol für Wanderungen oder Reisen sind. Eine Broschüre mit weiteren Erläuterungen ist im Visitor Center erhältlich.

Östlich der Petroglyph Section führt die Straße zum Hwy-139 und nach Newell. Dort befand sich im Zweiten Weltkrieg das **Tule Lake Camp**, in dem zwischen 1942 und 1946 insgesamt 110 000 Menschen japanischer Abstammung, darunter viele amerikanische Staatsbürger, ohne Erhebung einer Anklage oder Gerichtsverfahren interniert wurden. Im Lager lebten immer mindestens 18 000 Insassen. Viele der Lagergebäude sind an einheimische Farmer verkauft worden, die Polizei- und Militärbaracken sind jedoch bis heute erhalten geblieben. Ein einfaches Schild erinnert an dieses unerfreuliche Kapitel der amerikanischen Geschichte. In der Nähe befand sich ein weniger bekanntes Lager für Menschen deutscher und italienischer Herkunft.

Der vielleicht lohnendste Abstecher vom Lava Beds National Monument führt ins **Klamath Basin National Wildlife Refuge**. Es liegt nur wenig nördlich, entlang der Hill Road (Hwy-161) Richtung Hwy-97, und dehnt sich bis nach Oregon aus; 🕓 tagsüber. Das Wildlife Refuge ist eines der letzten Feuchtgebiete Kaliforniens mit offenem, von Ufervegetation umsäumtem Gewässer. Schätzungen zufolge lockt es rund 80% der Zugvögel an, die auf ihrem Weg von Alaska und Nordkanada nach Baja California (Mexiko) die Region passieren. Im Frühjahr und Herbst versammeln sich hier fast 100 Arten mit insgesamt mehr als einer Million Vögel. Zwischen Januar und März kommen auch Weißkopfseeadler in das Gebiet. Die zugänglichsten Gegenden des Schutzgebiets sind das **Lower Klamath Refuge** und der **Tule Lake**, eine offene, von Schilf *(tule* in der Sprache der Modoc) umgebene Wasserlandschaft. Im Nordwesten des Tule Lake gibt es ein Visitor Center, ✆ 530/667-2231, das Permits für Jagdunterstände ausstellt ($5). Wer daran Interesse hat, sollte sich vorab erkundigen, ob welche zur Verfügung stehen. 🕓 Mo–Fr 8–16.30, Sa und So 10–16 Uhr. Überraschenderweise lassen sich die Vögel am besten aus dem Auto entlang einer der ausgewiesenen Routen durch das Gebiet (Gebühr $3) sichten. Steigt man allerdings aus, werden sie verscheucht. Wer vor allem der Vögel wegen kommt und nahe dem Lower Klamath Refuge nächtigen möchte, hält sich am besten an die *Winona Lodge,* ✆ 530/667-5158, ✉ slss@cot.net, ❷, die auch über ein Restaurant verfügt.

NORDKALIFORNIEN

Anhang

Kalifornien im Film

In den Jahren kurz nach 1910 kehrte eine kleine Gruppe unabhängiger Filmproduzenten der Ostküste und dem Würgegriff der monopolistischen Motion Picture Patents Company den Rücken und verlegte ihre Produktionsstätten – angezogen vom Sonnenschein, billigen Arbeitskräften und der landschaftlichen Vielfalt Kaliforniens – in einen kleinen Vorort von Los Angeles namens Hollywood. Innerhalb eines Jahrzehnts wurde Hollywood *die* Welt-Filmhauptstadt, und das südliche Kalifornien musste ebenso als Kulisse für Verfolgungsjagden wie für Westernstreifen herhalten – nicht zu vergessen die Bibelepen und Kostümdramen.

Lang ist auch die Liste der Filme, die Kalifornien und insbesondere L.A. zum Schauplatz ihrer Geschichten gemacht haben und bis heute machen. Neben Klassikern wurden in die folgende Zusammenstellung auch Filme aufgenommen, die sich durch die Originalität ihrer Drehorte auszeichnen (von den schwindelerregend steilen Straßen San Franciscos bis zum LA River) und die faszinierte Nabelschau des Bundesstaates widerspiegeln.

Hollywood über Hollywood

Barton Fink (Joel Coen 1991). Hollywood in den 40er Jahren aus der Sicht der Coen-Brüder: eine dunkle Welt aus raffgierigen Filmproduzenten, aggressiven Drehbuchautoren und sich als Handelsreisende ausgebenden Mördern.

Boulevard der Dämmerung *(Sunset Boulevard,* Billy Wilder 1950). Wilders preisgekrönter Klassiker zeigt den verarmten Drehbuchautoren William Holden als Opfer der halbverrückten Ex-Stummfilmdiva Gloria Swanson und Hollywood als einen Alptraum der Eitelkeiten, Illusionen und des Niedergangs.

Du sollst mein Glücksstern sein *(Singin' in the Rain,* Stanley Donen/Gene Kelly 1952). Beliebtestes Musical, zudem einer der besten Filme über die Übergangsphase vom Stumm- zum Tonfilm.

Ed Wood (Tim Burton 1994). Liebevolle Hommage an den weithin verspotteten Autoren von *Plan 9 aus dem Weltall* und *Glen oder Glenda,* Low-Budget-Produktionen aus dem Hollywood der 50er Jahre. Hervorragend in Schwarzweiß gedreht, mit brillanter schauspielerischer Leistung von Martin Landau als Bela Lugosi.

Ein einsamer Ort *(In a Lonely Place,* Nicholas Ray 1950). Ein alles andere als glamouröses Hollywood, bevölkert von alkoholabhängigen Ex-Stars, Groupies und verzweifelten Agenten, ist der Schauplatz dieser zum Scheitern verurteilten Romanze zwischen dem hitzköpfigen Drehbuchschreiber Humphrey Bogart und seiner vornehmen Nachbarin Gloria Grahame.

Falsches Spiel mit Roger Rabbit *(Who Framed Roger Rabbit,* Robert Zemeckis 1988). Erfolgreicher, in vielerlei Hinsicht wegweisender Streifen, in dem Trickfiguren sich das Universum mit den Menschen teilen, allerdings als Bürger zweiter Klasse, die gezwungen werden, in dem kriminellen Zeichentrick-Ghetto Toontown zu leben.

Gods and Monsters (Bill Condon 1998). Interessante Schilderung der letzten Tage im Leben des 30er-Jahre-Horrorfilmregisseurs James Whale (meisterhaft dargestellt von Ian McKellen), die er, von Hollywood vergessen und langsam dahinsiechend, an seinem Pool verbrachte. Der Titel bezieht sich auf ein berühmtes Zitat von Ernest Thesiger in Whales Klassiker *Frankensteins Braut.*

Hollywood vor Gericht (*Hollywood on Trial,* David Helpern Jr 1976). Interessante Dokumentation über die Verfolgung „unamerikanischer" Drehbuchautoren, Schauspieler und Regisseure im Hollywood der frühen 1950er Jahre.

Hollywood Story *(The Big Knife,* Robert Aldrich 1955). Ein ätzendes Porträt Hollywoods: Ein schwacher Schauspieler vermag trotz flehentlicher Bitten seiner Frau nicht, sich aus dem Einflussbereich eines drittklassigen Regisseurs zu lösen. Basiert auf einem Theaterstück von Clifford Odets.

Hurlyburly (Anthony Drazan 1998). Die Filmadaption von David Rabes bissigem Theaterstück über Schauspieler und Schreiber in Hollywood ergeht sich in salbaderndem Pathos.

Ein neuer Stern am Himmel *(A Star is Born,* George Cukor 1954). Beste der zahllosen Versionen dieses sentimentalen Hollywood-Klassikers, in der James Mason als alkoholkranker Ex-Star Judy Garland auf die Karriereleiter hilft.

The Player (Robert Altman 1992). Tim Robbins als egozentrischer Studioboss, der ungestraft einen Mord begehen kann, ist absolut glaubwürdig. Altmans Tour de force, mit Schauspielern, die sich selbst spielen und gespickt mit Insiderwitzen, ist eine erschreckend zutreffende Darstellung des allmählichen Niedergangs von Hollywood.

Schnappt Shorty *(Get Shorty,* Barry Sonnenfeld 1995). Als der Kinofan und Kredithai Chili Palmer (John Travolta) aus Miami nach Hollywood geschickt wird, um bei dem B-Movie-Produzenten Harry Zim (Gene Hackman) Schulden einzutreiben, wittert er seine Chance, ins Filmgeschäft einzusteigen. Nach einem Roman von Elmore Leonard.

Stadt der Illusionen (*The Bad and the Beautiful,* Vincente Minnelli 1952). Minnelli erzählt voll Bitterkeit die Geschichte vom Aufstieg und Fall eines skrupellosen Hollywoodproduzenten (Kirk Douglas) anhand von Rückblenden aus der Sicht des Stars, des Drehbuchautoren und des Regisseurs, die er berühmt machte und die ihm später den Rücken kehrten.

Sullivans Reisen (*Sullivan's Travels,* Preston Sturges 1941). Temperamentvolle Komödie über einen Regisseur, der keine banalen Schundfilme sondern realistische Streifen über das in seinen Augen wahre Leben drehen möchte.

What Price Hollywood? (George Cukor 1932). Urmuster der *A Star Is Born*-Filme späterer Jahre. Constance Bennett, eine ehrgeizige Kellnerin, ist hier das Starlet, Lowell Sherman der trunkene Regisseur.

Was geschah wirklich mit Baby Jane? (*Whatever Happened to Baby Jane?,* Robert Aldrich 1962). Moderne Horrorgeschichte über zwei ehemalige Kinderstars (Bette Davis und Joan Crawford), die sich in einem heruntergekommenen Haus in Malibu das Leben gegenseitig zur Hölle machen.

L.A. im Krimi

Tote schlafen fest (*The Big Sleep,* Howard Hawks 1946). Beispielhafter *Film Noir* aus den 40er Jahren mit Humphrey Bogart als Philip Marlowe in einem verworrenen Handlungsgeflecht, das am Ende der knisternden Chemie zwischen Bogie und Lauren Bacall untergeordnet wird.

Chinatown (Roman Polanski 1974). Polanskis Klassiker zeigt Jack Nicholson als Privatdetektiv im moralischen Sumpf der 30er Jahre in L.A., als die Bodenpreise Rekordhöhen erreichten, Wasser knapp und Korruption an der Tagesordnung war.

Frau ohne Gewissen *(Double Indemnity,* Billy Wilder 1944). Klassiker des *Film Noir,* in dem Femme fatale Barbara Stanwyck den gutmütigen Fred MacMurray dazu überredet, ihren Mann umzubringen.

The Grifters (Stephen Frears 1990). Annette Bening, John Cusack und Anjelica Huston als Trickbetrüger, die die Unterwelt L.A.s nach ihren nächsten Opfern durchstreifen.

Heat (Michael Mann 1995). Selten wurde die Großstadtkulisse L.A.s eindrucksvoller auf die Leinwand gebannt als in diesem von der Kritik unterbewerteten Krimi, in dem Meisterdieb Robert De Niro auf den hartnäckigen Polizisten Al Pacino trifft.

Im Zeichen des Bösen *(Touch of Evil,* Orson Welles 1958). Das heruntergekommene, schäbige Venice war die Kulisse für diesen *Film Noir,* der in einem kleinen Ort an der mexikanischen Grenze spielt. Charlton Heston stellt hier einen mexikanischen Polizeibeamten dar, der Zeuge eines Mordes wird und feststellt, dass der in diesem Fall ermittelnde Polizist (Orson Welles) Beweisstücke fälscht.

Jackie Brown (Quentin Tarantino 1997). Ein fantastisches Comeback für Pam Grier: Sie spielt im Film die Flugbegleiterin Jackie Brown, die nebenbei als Geldkurier für einen Gangster (Samuel Jackson) arbeitet. L.A. gibt den düsterbedrohlichen Hintergrund für die Story ab.

L.A. Confidential (Curtis Hanson 1997). Ein nervenzerreißendes Epos über Polizei-Korruption und Großstadtmief der 50er, als es in Los Angeles von skrupellosen Journalisten, bestechlichen Bürokraten und rassistischen Cops wimmelte.

Mord an einem chinesischen Buchmacher *(The Killing of a Chinese Bookie,* John Cassavetes 1976). Die eigenwillige Kriminalgeschichte zeichnet den schäbigen Charme des Sunset Strip nach, und Cassavetes' Club-Besitzer (Ben

Gazzara), der sich mit dem Mob herumschlägt, zählt zu seinen besten L.A.-Charakterstudien.

One False Move (Carl Franklin 1991). Billy Bob Thornton in einer seiner ersten Rollen; hier als Teil eines mörderischen Trios, das nach einem mehrfachen Mord in L.A. vom LAPD und einem Kleinstadtsheriff in Arkansas gejagt wird.

Point Blank (John Boorman 1967). Boormans virtuoser Avantgarde-Thriller, in dem Pokerface Lee Marvin auf Rache sinnt, beginnt und endet zwar in Alcatraz, doch die eindrucksvollsten Bilder zeigen Los Angeles als eine unzugängliche Festung aus Zement und Glas, erbaut auf kriminellen Machenschaften.

Im Netz der Leidenschaften (*The Postman Always Rings Twice,* Tay Garnett 1946). Lana Turner und John Garfield spielen die Hauptfiguren in dieser gelungenen Adaption des Romans von James M. Cain, der 1981 ein recht schwaches Remake von Bob Rafelson mit Jessica Lange und Jack Nicholson folgte.

Teufel in Blau *(Devil in a Blue Dress,* Carl Franklin 1995). Hervorragender, moderner *Film Noir.* Detektiv Easy Rawlins (Denzel Washington) aus South Central muss sich mit der moralisch korrupten weißen Oberschicht im L.A. der 40er Jahre auseinandersetzen und kommt dabei einigen schmutzigen Geheimnissen von Würdenträgern der Stadt auf die Spur.

Der Tod kennt keine Wiederkehr *(The Long Goodbye,* Robert Altman 1973). Altmans Meisterwerk verlegt Raymond Chandlers düstere Story ins sonnige L.A. der 70er Jahre. Elliot Gould als abgerissener Philip Marlowe wohnt in den Hollywood Hills, hat ausgeflippte Hippies als Nachbarinnen und einen Haufen Probleme, die ihn von Tijuana nach Malibu und wieder zurück bringen.

True Romance (Tony Scott 1993). Patricia Arquette und Christian Slater kämpfen nach einem Drehbuch von Quentin Tarantino gegen Schurken und Gangster: Die herrliche L.A.-Kulisse reicht von abgewrackten Motels bis zu *Rae's Diner* in Santa Monica.

Das apokalyptische L.A.

Der Blade Runner *(Blade Runner,* Ridley Scott 1982). Science-Fiction-Klassiker in einem dystopischen L.A. der Zukunft, in dem „Replikanten" die Straßen unsicher machen und seelenlose, in futuristischen Türmen verschanzte Konzerne herrschen.

Falling Down (Joel Schumacher 1993). Unfähig, den alltäglichen Stau auf der Autobahn noch länger zu ertragen, streift Michael Douglas durch die unwirtlichen Viertel von L.A. und richtet eine Katastrophe nach der anderen an.

Flucht aus L.A. *(Escape from LA,* John Carpenter 1996). Los Angeles ist durch ein Erdbeben vom Festland abgeschnitten und wird fortan als Verbannungsort für unliebsame Individuen genutzt. Kurt Russell soll einen Aufstand niederschlagen, kämpft gegen psychotische Schönheitschirurgen in Beverly Hills und surft auf einer Flutwelle zum Showdown in ein alptraumhaftes Disneyland.

Mulholland Drive (David Lynch 2001). Ein Furcht erregendes Porträt der Stadt von Regisseur Lynch, der eine vertrackte Geschichte von Liebe, Tod, Glanz und Niedergang erzählt – Rita (Laura Elena Harring) hat nach einem Unfall ihr Gedächtnis verloren; sie bekommt Hilfe von der naiven Betty aus Kanada (Naomi Watts). Gemeinsam begeben die beiden Frauen sich auf die Suche nach der Vergangenheit und treffen dabei viele merkwürdige Gestalten.

Rattennest *(Kiss Me Deadly,* Robert Aldrich 1955). Aldrichs Horrorstory begleitet Privatdetektiv Mike Hammer auf seiner Suche nach einem Koffer mit todbringendem Material – von schäbigen Absteigen zu den Villen von Beverly Hills und weiter zu einem Strandhaus in Malibu, wo im wahrsten Sinne des Wortes die Hölle ausbricht.

Strange Days (Kathryn Bigelow 1995). Die Bewohner von L.A. feiern das Jahrtausendende, und Ralph Fiennes als Gangster Lenny Nero dealt mit Virtual Reality Tapes, die das Privatleben fremder Personen zeigen und als illegale Drogen konsumiert werden, während das Jahrhundert sich mit einem Knall verabschiedet.

Terminator (James Cameron 1984).
Moderner Science-Fiction-Klassiker mit Arnold Schwarzenegger als Maschinenwesen aus der Zukunft, das die Mutter des ungeborenen Rebellenführers töten soll. Die brillanten Spezialeffekte und faszinierenden Drehorte kamen auch in der Fortsetzung von 1989, Terminator 2 – Tag der

Abrechnung (*Terminator 2 – Judgment Day*), in der Arnold den Guten spielt, erfolgreich zum Einsatz.

L.A. heute

Auf Ehre und Gewissen *(The Glass Shield*, Charles Burnett 1993). Charles Burnett, mit seinen Meisterwerken *Schafe töten* (1977) und *Zur Hochzeit meines Bruders* (1983) seit langem einer der besten Chronisten des Lebens von Schwarzen in L.A., unterzieht den institutionalisierten Rassismus der Polizei von L.A. einer harschen Kritik.

Biggie and Tupac (Nick Broomfield 2002). Aufschlussreiche Dokumentation über die Ermordung der Rap-Stars Tupac Shakur und Notorious B.I.G., die – so der Regisseur – Opfer des Hip-Hop-Produzenten Suge Knight und des LAPD geworden sein könnten.

Boyz'n the Hood (John Singleton 1991). Singletons Debütfilm zeichnet ein ernüchterndes Bild vom Leben im von Drogen, Armut und Gewalt gezeichneten South Central L.A.

Clueless (Amy Heckerling, 1995). Witziger Einblick in die leeren Köpfe konsumbesessener Beverly Hills Highschool-Girls, der Alicia Silverstone zum Star machte.

Ghost World (Terry Zwigoff 2001). L.A. (das im Film nicht namentlich erwähnt wird) aus der Perspektive eines entfremdeten Teenagers: eine seelenlose Einöde voll identischer Shopping Malls, billiger Diner im 50er-Jahre-Stil und einsamer wie verzweifelter Menschen. Trotz alledem ist der Film eine schwarze Komödie.

Go – Das Leben beginnt erst um 3.00 Uhr (*Go*, Doug Liman 1999). Energiegeladene Tour durch die Subkultur L.A.s aus drei Perspektiven erzählt, mit Sarah Polley, die einen Drogendeal verpfuscht, sowie Jay Mohr und Scott Wolf als Fernsehstars, die in eine Polizeiaktion geraten.

Hauptsache Beverly Hills (*Slums of Beverly Hills*, Tamara Jenkins 1998). Teenager Natasha Lyonne wird von wachsenden Sorgen und Nöten in einem weniger glamourösen Stadtteil L.A.s, weitab vom Rodeo Drive, gequält und muss sich u.a. mit ihrer chaotischen Verwandtschaft, verrückten Nachbarn und nicht zuletzt ihrer zunehmenden Oberweite auseinander setzen.

The Limey (Steven Soderbergh 1999). Der Gangster Terence Stamp kommt in die moralisch haltlose Stadt L.A., um den Mörder seiner Tochter zu finden, und trifft schließlich auf den ausgebrannten Ex-Hippie Peter Fonda.

Magnolia (Paul Thomas Anderson 1999). Der Film unternimmt eine düstere Reise entlang der Abgründe menschlichen Elends. Das San Fernando Valley ist die Kulisse für das emotionale Inferno gewalttätiger Eltern, misshandelter Kinder, quälender Erinnerungen, wehmütiger Lieder und einer skurrilen Froschplage.

Mayor of the Sunset Strip (George Hickenlooper 2003). Sehenswerte Dokumentation über den legendären Radio-DJ und Szene-Guru Rodney Bingenheimer.

Nixon (Oliver Stone 1996). Düsterer Blick auf den ersten Präsidenten aus Südkalifornien, mit Anthony Hopkins in der Titelrolle und James Woods als seinem Handlanger HR Haldeman.

Pulp Fiction (Quentin Tarantino 1994). Tarantinos spannender Geschichtenreigen von plötzlichen Todesfällen und zweiten Chancen spielt in einem entvölkerten, heruntergekommenen Los Angeles voller kitschiger Diners, billiger Motels und Begräbnisunternehmen und wurde zum Kultfilm der 90er.

Safe (Todd Haynes 1995). Eine brillante Story über Endzeitstimmung, mit Julianne Moore als exaltierte Hausfrau im San Fernando Valley. Als sie erfährt, dass sie umweltkrank ist, findet sie Zuflucht in einem abgeschiedenen New-Age-Camp in der Wüste.

Short Cuts (Robert Altman 1993). Freie Adaption einer Kurzgeschichtenserie von Raymond Carver. Ein pessimistisches, hervorragend gezeichnetes Panorama persönlicher Beziehungen und alltäglicher Desaster, angesiedelt im Milieu weißer Vorstädter in L.A.

Star Maps (Miguel Arteta 1997). Melodram über das Leben der Immigranten am Rande von Hollywood. Carlos, der von Starruhm träumt, arbeitet im Prostituiertenring seines Vaters. Er steht an Straßenecken und verkauft vorgeblich Pläne, die den Weg zu den Häusern der Stars zeigen, in Wirklichkeit jedoch seinen Körper.

Swingers (Doug Liman 1996). Witziger Kultfilm über die heutige Cocktail-Kultur und zwei netten Jungs in L.A., die ihre Abende in Clubs wie dem

Dresden Room und *The Derby* auf Brautschau verbringen.
Zorniger Schlaf (*To Sleep With Anger,* Charles Burnett 1989). Interessante, gekonnt inszenierte Studie über die ignorierte schwarze Mittelschicht L.A.s.

If you're going to San Francisco...

Bullitt (Peter Yates 1968). Nach Meinung vieler Kinogänger *das* klassische Porträt von San Francisco. Der Film enthält die berühmteste Autoverfolgungsjagd der Filmgeschichte, dabei rasen die Autos die steilen Hügel der Stadt hoch und runter in einem Tempo, das einem noch heute den Atem raubt – und alles wurde ganz ohne die heute üblichen Spezialeffekte gedreht.
Der Dialog *(The Conversation,* Francis Ford Coppola 1974). Aufregende Charakterstudie des Überwachungsexperten Harry Caul (Gene Hackman), einer der großen Filme der Watergate-Ära. Die Schlüsselszene wurde am Union Square in San Francisco gedreht.
Dim Sum (Wayne Wang 1985). Ansprechender kleiner Film über eine relativ verwestlichte chinesische Familie in San Francisco. Wangs früherer Überraschungserfolg *Chan ist verschwunden* (1982) zeigt ebenfalls eine Chinatown, die Touristen normalerweise nicht zu Gesicht bekommen.
Dirty Harry (Don Siegel 1971). Auf dem berühmten Fall des Tierkreiszeichenmörders basierender, moralisch fragwürdiger Thriller, dem einige Fortsetzungen folgten; Clint Eastwood als skrupelloser, jenseits der Legalität operierender Cop.
Flucht von Alcatraz *(Escape from Alcatraz,* Don Siegel 1979). Das hat man zwar auch schon ausführlich in *Der Gefangene von Alcatraz, Point Blank* und vielen anderen Filmen gesehen, doch dieser Film ist mit Abstand der beste über das berühmte Gefängnis im Meer vor San Francisco. Wiederum mit Clint Eastwood als höchst trickreichem Gauner.
Gier nach Geld *(Greed,* Erich von Stroheim 1924). Dieses Meisterwerk der Stummfilm-Ära wurde überwiegend an Originalschauplätzen in der Bay Area gedreht und stellt selbst in der arg gekappten Version eine gute Zeitstudie des San Francisco der Arbeiterklasse in den 20er Jahren dar.
Gimme Shelter (Albert und David Maysles 1969). Ausgezeichneter Dokumentarfilm über das aus dem Ruder gelaufene Konzert der Rolling Stones in Altamont, bei dem die Hell's Angels als angeheuerte „Sicherheitskräfte" für ihre eigene Art von Ordnung sorgten. Wirft einen scharfen Blick auf das Chaos der Vietnam-Ära und die Gewalttätigkeit in den USA Ende der 60er Jahre.
Is' was, Doc? *(What's Up, Doc?,* Peter Bogdanovich 1972). Ausgelassene Hommage an die Glanzzeit der Hollywood-Screwball-Komödien, mit Ryan O'Neal als naivem Professor und Barbra Streisand, die ihn zum Wahnsinn treibt.
Mach's noch einmal, Sam *(Play it Again, Sam,* Herbert Ross 1972). Woody Allen (wer sonst?) als neurotischer Filmkritiker in San Francisco, der in die Frau seines besten Freundes (Diane Keaton) verliebt ist.
Vertigo – Aus dem Reich der Toten *(Vertigo,* Alfred Hitchcock 1958). Hitchcocks schwermütige Liebesgeschichte ist *der* San Francisco-Film schlechthin – von James Stewarts schweigsamen Autofahrten durch die Stadt bis zum tragischen Höhepunkt auf der San Juan Bautista Mission.

Tief im Westen

Bob & Carol & Ted & Alice (Paul Mazursky 1969). Ehemals gewagte und bis heute unterhaltsame Zeitgeistsatire über Partnertausch in Südkalifornien; in den Hauptrollen Natalie Wood, Robert Culp, Elliott Gould und Dyan Cannon.
Boogie Nights (Paul Thomas Anderson 1997). Kleinstadt-Kid aus Torrance trifft in einem Nachtclub im San Fernando Valley den Softpornoproduzenten Jack Horner und wird zum Pornostar „Dirk Diggler". Eine verrückte Ode an die ausschweifenden 70er in Südkalifornien.
Denn sie wissen nicht, was sie tun *(Rebel Without a Cause,* Nicholas Ray 1955). James Dean als Schüler der berühmten Hollywood High School in einem wegweisenden Film über Jugendprobleme.
Gefährliche Brandung *(Point Break,* Kathryn Bigelow 1991). Etwas absurder, aber spannender Krimi, in dem Patrick Swayze einen bankräuberischen New-Age-Surfer spielt und Keanu Reeves seinen knallharten FBI-Gegenspieler.

Modern Romance – Muss denn Liebe Alptraum sein? *(Modern Romance,* Albert Brooks 1981). Brooks – der Woody Allen der Westküste – spielt die Hauptrolle in dieser Komödie über einen neurotischen Filmemacher, der seine Freundin sitzen lässt und es gleich darauf bereut. Hier wird alles aufgeboten, was das L.A. der 80er Jahre auszeichnete: von Jogginganzügen bis zu Off-Hollywood-Partys mit B-Movie-Stars.
Repo Man (Alex Cox 1984). Emilio Estevez spielt einen mürrischen jungen Typen, der Leuten, die ihren Autokaufkredit nicht zurückzahlen können, die Autos wieder wegnimmt („repo" ist die Abkürzung für: *to repossess,* „wieder in Besitz nehmen"). Sehr fantasievoll und mit viel schwarzem Humor.
Shampoo (Hal Ashby 1975). Berühmte Darsteller in einer Komödie, in der L.A. am Vorabend der Präsidentschaftswahl von 1968 als ein einziges, riesiges Bett dargestellt wird. Co-Autor Warren Beatty als verwirrter, ständig geiler Beverly-Hills-Friseur in einer seiner besten Rollen.
Surf Beach Party (*Beach Blanket Bingo,* William Asher 1965). Kultige Surfer-Komödie mit Frankie Avalon und Annette Funicello, die sich springend und singend inmitten einer Horde ausgelassener Heile-Welt-Teenagor in Szene setzen.
Valley Girl (Martha Coolidge 1983). In dieser Liebesgeschichte zwischen dem „Valley Girl" Deborah Foreman und dem durchgeknallten Hollywood-Punk Nicholas Cage prallen zwei südkalifornische Lebensarten aufeinander.

Abseits der Trampelpfade

Citizen Kane (Orson Welles 1941). In diesem Juwel amerikanischer Filmkunst kopiert Welles erfolgreich den barocken Überfluss und die erschreckende Vulgarität von „San Simeon", William Randolph Hearsts legendärem, gefängnisähnlichem Schloss an der kalifornischen Central Coast (s.S. 334), das im Film „Xanadu" genannt wird und in San Diegos Balboa Park nachgestellt wurde.
California (John Farrow 1946). Groß angelegter Western über die Gründung des 31. Staates der USA mit sagenhaften Landschaftsbildern.
Drei Frauen *(Three Women,* Robert Altman 1977). Faszinierender, eigenwilliger Film über einen Identitätstausch in Desert Springs. Mit Shelly Duvall und Sissy Spacek.
Fat City (John Huston 1972). Schöner Film über abgebrannte Typen, die in der kleinen Boxer-Szene der Stadt Stockton das große Geld zu verdienen hoffen. Von Huston hervorragend in Szene gesetzt und mit einem brillanten Jeff Bridges als jungem Boxer.
Haus aus Sand und Nebel (*House of Sand and Fog,* Vadim Perelman 2003). Weil Kathy (Jennifer Connelly) es versäumt, ihre Post zu öffnen, verliert sie ihr Haus an der Küste Nordkaliforniens an den iranischen Einwanderer Behrani (Ben Kingsley), was jede Menge Method Acting und ein tragisches Ende nach sich zieht – und eine Hand voll Oscar-Nominierungen bescherte.
Im Schatten des Zweifels *(Shadow of a Doubt,* Alfred Hitchcock 1943). Hervorragender Psychothriller mit komischen Untertönen, nach einem Drehbuch von Thornton Wilder. Ausgezeichnete Darstellung des Kleinstadtlebens im nördlichen Kalifornien.
Der lange Tod des Stuntman Cameron (*The Stuntman,* Richard Rush 1980). Schauplatz des unterhaltsamen, actionreichen Streifens ist wie bei *Manche mögen's heiß* das „Del", die Geschichte könnte unterschiedlicher jedoch nicht sein; Ein Mann landet auf der Flucht vor dem Gesetz in Peter O'Tooles Filmkulissen und wird überraschend als Stuntman engagiert.
Manche mögen's heiß *(Some Like It Hot,* Billy Wilder 1959). Gilt vielen Filmfreunden als die beste Komödie aller Zeiten. Der Film spielt zwar in einem luxuriösen Resorthotel in Florida, wurde aber tatsächlich im Hotel del Coronado gedreht, einem eleganten Grandhotel der alten Schule am Strand von San Diego (s.S. 92/93).
Out of Rosenheim *(Bagdad Café,* Percy Adlon 1988). Liebenswertes Märchen von einer bayrischen Touristin (die unvergleichliche Marianne Sägebrecht), die in einem staubigen Straßenrand-Diner in der Mojave-Wüste landet und es mit ihrem überwältigenden Charme verzaubert. Die außerirdisch erscheinenden Lichteffekte sind in der Nähe von Barstow tatsächlich zu sehen: Sie entstehen durch die unzähligen Spiegel der Solar One Power Plant.
Sideways (Alexander Payne 2004). Zwei Freunde begeben sich auf eine Tour durch das herrlich im

Bild festgehaltene Napa Wine Country. Der eine wird bald heiraten und will noch einmal das Leben auskosten, der andere ist ein emotional zerrütteter Charakter und ergeht sich in Selbstmitleid.

Die Vögel *(The Birds,* Alfred Hitchcock 1963). Gedreht in Bodega Bay unmittelbar nördlich von San Francisco, zeigt Hitchcocks gruselige Allegorie über eine Kleinstadt, die von blutrünstigen Vögeln heimgesucht wird, großartige Ansichten der nordkalifornischen Küste aus der Vogelperspektive.

Zabriskie Point (Michelangelo Antonioni 1970). Beginnt zwar mit Sit-ins an der UCLA, doch die einprägsamsten Momente in Antonionis Hommage an die Flower Power sind die Liebesszene im Death Valley und die gewaltige Explosion in der Wüste, die das südkalifornische Konsumdenken anprangert.

Bücher

Bei der großen Anzahl von Filmen, die an der Westküste spielen, überrascht es, wie wenige Reise- und Erfahrungsberichte es über diese Gegend gibt. Eine Ausnahme ist Robert Louis Stevenson, dessen lebendige Beschreibung des Napa Valley und Mount St. Helenas in *Silverado Squatters* nachgelesen werden kann. Historische oder soziologische Werke sind noch seltener, und die wenigen, die es gibt, sind meistens nur in Englisch erhältlich. Dafür hat es in den letzten 20 Jahren eine wahre Flut von Belletristik gegeben, die vor allem aus Los Angeles kommt. Sie hat einen ebenso großen Beitrag zum allgemeinen Verständnis geleistet wie der Film und die Entwicklung der zeitgenössischen amerikanischen Literatur maßgeblich beeinflusst.

Titel, die in Übersetzung vorliegen, sind mit dem deutschen Titel und Verlag angegeben.

Geschichte

Arax, Mark und **Wartzman, Rick:** *The King of California: J.G. Boswell and the Making of a Secret American Empire* (Public Affairs, US). Im Mittelpunkt der lesenswerten Chronik steht eine Farmerfamilie aus Georgia, die auszog, um im San Joaquin Valley nahezu unbemerkt das größte Baumwollimperium des Landes aufzubauen.

Brands, H.W.: *The Age of Gold* (Doubleday). Ausgezeichnete Einführung ins Kalifornien der Goldrauschzeit, die sich mit den Goldschürfern beschäftigt, die aus aller Welt hierher kamen, und mit den politischen und gesellschaftlichen Folgen.

Brechin, Gary: *Imperial San Francisco: Urban Power, Earthly Ruin* (University of California Press, US). Entlarvender Blick auf die Geschichte San Franciscos mit besonderem Augenmerk auf die Elitefamilien, die die Stadt formten.

Conaway, James: *Napa: the Story of an American Eden* (Mariner, US). Faszinierende Schilderung der Erfolgsstory der Winzer im Napa Valley, die es mit cleverer Technik und Entschlossenheit zu internationalem Ruhm gebracht haben. In der Fortsetzung, *The Far Side of Eden* (Houghton Mifflin), wird beleuchtet, wie Ruhm und Reichtum zu Korruption und Missständen führten.

McWilliams, Carey: *Southern California: An Island on the Land* (Gibbs Smith). Die „Bibel" unter den südkalifornischen Historien, mit Schwerpunkt auf der Zeit zwischen den Weltkriegen.

Starr, Kevin: *Inventing the Dream* (OUP). Bester Teil einer mehrbändigen, nicht immer nur fesselnden Buchreihe über das Phänomen Kalifornien; dieser befasst sich mit der Zeit bis zu den Goldenen Zwanzigern. Der letzte und vielleicht unschlüssigste Band, *Coast of Dreams* (Knopf), schildert das gegenwärtige Chaos in etwas rosigem Licht.

Walker, Dale L.: *Bear Flag Rising: The Conquest of California, 1846* (Forge). Kurzweilige und detaillierte Schilderung, wie Amerika den Mexikanern Kalifornien abspenstig machte.

Politik, Kultur und Soziologie

Davis, Mike: *Ökologie der Angst* (Piper, 2004). Wie in seinem vorangegangenen Buch *City of Quartz* (Assoziation A, 2005), zieht Davis den Leser erneut mit einem apokalyptischen Szenario L.A.s in seinen Bann. Er zeichnet den Niedergang der Filmindustrie sowie der Literatur, die Gefahren bevorstehender Erdbeben und Feuersbrünste, Attacken von Berglöwen und gering beachteter Bedrohungen beispielsweise durch Tornados.

Didion, Joan: *Slouching Towards Bethlehem* (Flamingo; Noonday). Sehr gute Essays und Reportagen einer der polarisierendsten Autorinnen Kaliforniens, nimmt die Westküste der 60er Jahre kritisch unter die Lupe. Ähnlich *Das weiße Album; eine kalifornische Geisterbeschwörung* (Goldmann, 1988), über Persönlichkeiten, die während der 60er und 70er Jahre Kalifornien beeinflussten.

Fitzgerald, Frances: *Cities On a Hill* (Picador; Simon & Schuster). Intelligente und unvoreingenommene Tour durch ungewöhnliche Aspekte der amerikanischen Kultur, z.B. San Franciscos Castro-Bezirk oder die bizarre Bhagwan-Kommune.

Kingston, Maxine Hong: *China Men* (Picador; Vintage). Fesselnde, mit Fakten und Legenden angereicherte Geschichte über die verschiedenen Einwanderungswellen aus China nach Amerika, insbesondere aber nach Kalifornien, inkl. Exkurs darüber, was es bedeutet, ein Amerikaner zu sein.

Koenig, David: *Mouse Tales* (Bonaventure Press, US). Ein Blick hinter die Kulissen von Disneyland, angefangen bei desillusionierten Angestellten bis hin zu Schädlingsplagen jenseits der glücklichen Fassade. Stoff genug für eine Fortsetzung, so geschehen in *More Mouse Tales*.

McGirr, Lisa: *Suburban Warriors: The Origins of the New American Right* (Princeton Univ Press, US). Zeichnet die Entwicklung nach, die es einst unbedeutenden rechten Aktivisten Südkaliforniens ermöglichte, aus der Asche der 60er Jahre aufzusteigen, um erst den Bundesstaat, später auch die nationale Politik zu dominieren – eine Entwicklung, die in der Präsidentschaft Ronald Reagans ihren Höhepunkt fand.

Shilts, Randy: *The Mayor of Castro Street: The Life and Times of Harvey Milk* (St. Martin's, US). Überblick über Leben, Karriere und Martyrium eines der berühmtesten Aktivisten für die Rechte von Homosexuellen im Kalifornien der 70er Jahre.

Sugarman, Danny: *Wonderland Avenue* (Abacus; Bullfinch). Sugarman war seit Ende der 60er Jahre PR-Berater von US-Rockbands, wie z.B. den Doors, und seine Autobiografie steckt voller Insiderinfos über „Sex and Drugs and Rock 'n' Roll" in L.A.

Watzlawick, Paul: *Gebrauchsanweisung für Amerika* (Piper, 1993). Ein wirklich „respektloses Reisebrevier" eines Psychologen, nicht mehr ganz neu, aber als Reiselektüre zu empfehlen.

Wolfe, Tom: *Unter Strom: The Electric Kool-Aid Acid Test* (Knaur, 1991). Großartige Sammlung von Essays und Reportagen über das Kalifornien der 60er. Unter anderem lernt man die legendäre Rockgruppe *The Grateful Dead* kennen, außerdem die *Hell's Angels* und den Schriftsteller Ken Kesey.

Architektur

Banham, Reyner: *Los Angeles: The Architecture of Four Ecologies* (Pelican). Eine verständliche Darstellung, wie sich die Geschichte L.A.s auf seine äußere Erscheinung ausgewirkt hat.

Gebhard, David: *Guide to Architecture in San Francisco and Northern California* (Gibbs Smith, US). Die behandelte Zeitspanne reicht zwar nur bis in die 1980er Jahre, stellt aber die interessantesten und ambitioniertesten Gebäude im nördlichen Teil Kaliforniens vor. Das entsprechende Werk für den Süden ist der Klassiker *Los Angeles: The Architecture Guide* (Gibbs Smith, US).

Jodidio, Philip: *Contemporary Californian Architects* (Taschen). Buntes, dreisprachiges Buch (englisch, französisch, deutsch), in dem die These vertreten wird, dass die öffentlichen und privaten Bauten von Frank Gehry, Eric Owen Moss, Frank Israel, Michael Rotundi u.a. typisch kalifornischem Einfluss unterliegen. Wunderbare Fotos.

Meier, Richard: *Building the Getty* (University of California Press; Knopf). Sehr gut lesbares Buch des Hohepriesters moderner Architektur über die Entwicklung und Entstehung seines Getty Center in den Hügeln über West L.A.

Moore, Charles: *The City Observed: Los Angeles* (Random House). Zwar schon 20 Jahre alt, aber mit seinen vielen Karten, Fotos, Anekdoten und Empfehlungen immer noch lohnend für die Erkundung interessanter Ecken in L.A.

Hollywood und die Filmindustrie

Berger, Robert: *Last Remaining Seats* (Balcony Press; Princeton Architectural Press). Ein exzellenter Bildband über L.A.s Kinosäle, besonders die im Broadway-Bereich. Mit vielen Aufnahmen von Kinos, die mittlerweile nicht mehr der Öffentlichkeit zugänglich sind.

Brownlow, Kevin: *Hollywood: The Pioneers* (Knopf, US). Die frühen Jahre Hollywoods, erzählt von einem der angesehensten Chronisten aus der Zeit, als der Film noch in den Kinderschuhen steckte.

Friedrich, Otto: *City of Nets* (University of California Press). Ausgezeichnete Sozial- und Kulturstudie über das goldene Zeitalter Hollywoods in den 40er Jahren.

Katz, Ephraim: *The Film Encyclopedia* (Harper). Der dicke Band ist das wichtigste Nachschlagewerk für jeden Filmfan, mit vielen Informationen über die alten Filmgesellschaften und die zahllosen Mitspieler in der Hollywood-Studiowelt sowie über Persönlichkeiten aus der jüngeren Filmbranche.

Silver, Alain, Ursini, James und **Duncan, Paul:** *Film Noir* (Taschen Verlag, 2004). Reich illustrierte Hommage an die düstere Ästhetik der Klassiker der 40er und 50er Jahre.

Belletristik

Bradfield, Scott: *Was läuft schief mit Amerika?* (Fischer TB, 1997). Eine ältere Frau kurz vor dem Nervenzusammenbruch versucht herauszufinden, was in Amerika nicht stimmt. Humoristisch bis absurd. Den Hintergrund bilden das südliche Kalifornien und dessen (karikierte) Bewohner.

Brautigan, Richard: In Tacoma geboren, wird Brautigan meistens eher mit den kalifornischen Beat-Schriftstellern der 50er und 60er Jahre in Verbindung gebracht. Seine surrealen Werke erscheinen auf den ersten Blick simpel, beinhalten jedoch gesellschaftskritische Untertöne. Sein erfolgreichstes Buch *Forellenfischen in Amerika* (Kartaus, 2003), wie ein Handbuch für Angler aufgemacht, entpuppt sich bei näherem Hinsehen als erschreckendes Bild zeitgenössischer Denkart. Weitere Romane sind z.B. *Ein konföderierter General aus Big Sur* (Eichborn, vergriffen) und *In Wassermelonen Zucker* (Kartaus 2003). Daneben hat er auch einen lesenswerten Gedichtband herausgegeben: *Die Pille gegen das Grubenunglück von Springhill und 104 andere Gedichte* (Rowohlt, 1995).

Bukowski, Charles: *Der Mann mit der Ledertasche* (KiWi, 2004). Alkohol- und sexschwangerer Exkurs durch die heruntergekommeneren Seitengassen L.A.s, geführt von einem Briefträger. Eines von mehreren Büchern, in denen der Autor seine Erfahrungen mit der dunklen Seite der Stadt beschreibt.

Cain, James M.: *Doppelte Abfindung* (Goldmann, 2002, vergr.), *Wenn der Postmann zweimal klingelt* (Heyne, 1992, vergr.), *Mildred Pierce* (Goldmann, 1992, vergr.). Neben Raymond Chandler der herausragende Erzähler düsterer Kriminalgeschichten mit harten Kerlen. Alle seine Romane sind lesenswert, die beiden genannten sind jedoch die besten vor der Kulisse L.A.s.

Chandler, Raymond: U.a. bei Diogenes erschienen: *Die Tote im See, Der große Schlaf, Lebwohl, mein Liebling.* Stilistisch prägnante, pointierte und lebendige Meisterwerke um den Detektiv Philip Marlowe, die auch zu Filmklassikern wurden.

Dick, Philip K.: *Der Dunkle Schirm* (Heyne, 2004). Herausragendes Werk dieses Schriftstellers: Im Kalifornien der 90er Jahre teilt sich die Gesellschaft in *straights* (Nüchterne), *dopers* (Rauschgiftabhängige) und *narks* (Polizeispitzel). Von seinen zahlreichen Werken wäre noch *Blade Runner* (Heyne, 2002) hervorzuheben. Das Buch spielt im Gegensatz zum Film in S.F. und im zur nuklearen Abfallhalde umfunktionierten Oregon.

Didion, Joan: *Spiel dein Spiel* (Rowohlt, 1995) Detaillierte Schilderung Hollywoods in all seinen Exzessen aus Alkohol, Drogen und Sex. Skurrilerweise hat Didion später auch das eher einfallslose Drehbuch für die dritte Verfilmung von *A Star Is Born* geschrieben.

Ellroy, James: *Die schwarze Dahlie, Blutschatten, L.A. Confidential – Stadt der Teufel, White Jazz* (alle Ullstein, 2001–2003). Exzellente Saga über Polizisten in L.A., deren zeitlicher Rahmen von der Nachkriegszeit bis in die 60er Jahre reicht.

Fitzgerald, F. Scott: *Der letzte Taikun* (Diogenes, 1998). Das legendäre, unvollendete letzte Werk des Autors über Macht und Glanz Hollywoods und das Studiosystem auf seinem Höhepunkt.

T. Coraghessan Boyle

Der PEN/Faulkner-Preisträger T.C. Boyle wurde zwar in Manhattan geboren, lebt jedoch inzwischen in Kalifornien. Sein sechster Roman *America* (Hanser, 1996) ist L.A. in Reinformat: Der Protagonist, der wohlhabende, friedliebende Delaney, lebt im Grüngürtel der Stadt und verfasst dort seine Naturkolumne „Pilger im Topanga Creek", während seine dynamische Ehefrau Kyra als Grundstücksmaklerin tätig ist. Da taucht noch ein Pilger im Creek auf: Cándido, ein illegaler Zuwanderer aus Mexiko, der seine schwangere junge Frau América vor den sie umgebenden natürlichen und unnatürlichen Gefahren zu schützen versucht. Das erste, unliebsame Zusammentreffen der beiden Männer bildet den Auftakt zu Ereignissen, die Delaneys liberale Einstellung heftig ins Wanken bringen. Eine scharfzüngige Satire, die deutlich an Tom Wolfes *Fegefeuer der Eitelkeiten* angelehnt ist und in der die Verletzbarkeit der Massen von Habenichtsen L.A.s aufgezeigt wird.

Gardner, James: *Fat City* (University of California Press). Wunderbar scharf- und tiefsinnige Beschreibung der drittklassigen Boxerszene von Stockton; erzählt den Aufstieg eines hoffnungsvollen jungen, und den Abstieg eines ehemals erfolgreichen älteren Boxers.
Giles, Molly: *Iron Shoes* (Scribner). Ein faszinierender Einblick in das Leben einer Frau aus Nordkalifornien, die sich mit teils absurden, teils jämmerlichen Gestalten herumschlagen muss, während sie sich um ihre sterbende Mutter kümmert.
Hammett, Dashiell: *Werke* (10 Bde., Diogenes, 2000). Wegweisende Detektivstorys (auch Chandler ließ sich von Hammett inspirieren), von denen *Der Malteser Falke* auch als Einzeltitel erhältlich ist (Diogenes, 2004). Detektiv Sam Spade, der in San Francisco arbeitet, ist inzwischen tausendfach imitiert worden. Eine Kostprobe bietet *Ein Mann namens Spade* (Naumann u. Göbel, 2002).
Hansen, Joseph: Diverse Krimis sind zwischen 2000 und 2004 im Argument Verlag erschienen, u.a. *Schattenreich, Fadeout, Feindschaftsdienst* und *Nabelschau.* Sie spielen im lebendig geschilderten Südkalifornien und überraschen immer wieder.
Huxley, Aldous: *Nach vielen Sommern* und *Affe und Wesen* (beide Piper, 1988). Huxley verbrachte seine letzten 20 Jahre in Hollywood, wo er als Drehbuchautor über die Runden kommen musste. Beide Romane stammen aus dieser Zeit. Ersterer basiert auf dem Leben des kalifornischen Zeitungsverlegers Hearst, letzterer schildert visionär das postnukleare L.A., in dem Bücher auf dem Pershing Square verbrannt werden, um Wärme zu spenden, und das Biltmore Hotel zum Schauplatz einer alljährlichen Orgie wird.
Kerouac, Jack: *Engel, Kif und neue Länder* und *Gammler, Zen und hohe Berge* (beide Rowohlt, 1971). Der einflussreichste Autor der Beat Generation bereist in diesen Romanen Kalifornien und betrachtet von einem Berggipfel in Washington aus die Sterne und die großen Wahrheiten des Lebens. Wer ihn noch nicht gelesen hat: Auch sein Roman *Unterwegs* ist empfehlenswert (Rowohlt, 1971).
Leonard, Elmore: *Schnappt Shorty* (Goldmann, 1996). Der eiskalte Chilli Palmer ist ein Schuldeneintreiber aus Miami, der einem Schuldner nach Hollywood folgt und dort auf die Idee kommt, ins Filmgeschäft einzusteigen. Wurde auch verfilmt.
Levien, David: *Wormwood* (Allison & Busby; Hyperion). Geschichte eines aufstrebenden Drehbuchautoren, der die Schattenseiten des modernen Filmgeschäfts durchlebt.
Lodge, David: *Ortswechsel* (List Tb., 2001). Eindeutig autobiografische Erzählung eines englischen Akademikers, der als Dozent in Berkeley in die Studentenunruhen der späten 60er gerät.
Maupin, Armistead: *Stadtgeschichten, Mehr Stadtgeschichten* und *Noch mehr Stadtgeschichten* (Rowohlt, 1995). Lebhafte, witzige Storys mit typischen Charakteren aus dem San Francisco der 70er Jahre. In *Tollivers Reisen* (Rowohlt, 1993, Originaltitel: *Babycakes)* wird die Geschichte mit etwas mehr Tiefe fortgeführt, *Am Busen der Natur* (Rowohlt, 1993, Originaltitel: *Significant Others)* spielt einige Jahre später.
Pynchon, Thomas: *Die Versteigerung von No. 49* (Rowohlt, 1994). Die wahnsinnigen Abenteuer kalifornischer Techno-Freaks und Kiffer der 60er Jahre. Witzig und anspruchsvoll zugleich. Sein

später verfasster Roman *Vineland* (Rowohlt, 1995) spielt in Nordkalifornien.

Roszak, Theodore: *Schattenlichter* (Heyne 2005). In einem schäbigen Kino von L.A. entdeckt Jonathan Gates seine Faszination für den Film und vor allem für den Regisseur Max Castle, ein Genie der Stummfilmzeit, das in den 40er Jahren unter mysteriösen Umständen verschwand. So gerät Gates in eine komplizierte Verschwörung, die bis ins Mittelalter zurückreicht. Unbedingt lesenswert.

Budd Schulberg: *Lauf, Sammy!* (Goldmann, 1993). Beißendes Porträt Hollywoods und der Filmindustrie von einem Insider, verpackt in die Geschichte des skrupellosen Anti-Helden Sammy Glick.

Sinclair, Upton: *Der Sündenlohn. Eine Studie über den amerikanischen Journalismus* (Malik, 1929, Originaltitel: *The Brass Check,* vergriffen). Beißende Kritik am Sensationsjournalismus im L.A. der 20er Jahre und an den fragwürdigen Arbeitsmethoden vieler seiner führenden Vertreter. Sinclair, Schriftsteller, Sozialkritiker, politischer Aktivist und zweifach gescheiterter Kandidat für das Amt des Gouverneurs von Kalifornien, verfasste u.a. die Romane *Petroleum!* (Malik, 1927, vergriffen) über den Ölrausch der 20er Jahre in L.A. und *Der Parademarsch* (Malik, 1924, Originaltitel: *The Goose Step,* vergriffen) über das studentische Leben an der USC.

Robert Louis Stevenson

Robert Louis Stevenson, geboren 1850 in Edinburgh, war ein passionierter Reisender und verfasste die Reiseberichte *An Inland Voyage* und *Travels with a Donkey* über Frankreich, wo er sich in Fanny Osbourne, eine verheiratete Amerikanerin verliebte. 1879 wurde sie geschieden, und Stevenson reiste, obwohl er kränkelte, nach Amerika, um sie zu heiraten. Ihre Flitterwochen verbrachten sie in den Bergen von San Francisco. Während dieser glücklichen Zeit entstand *Silverado Squatters* (Everyman; Tuttle), eine liebevolle Beschreibung der Landschaft um San Francisco und der Exzentriker und Einwanderer, die sie bewohnen, sowie der eigenartigen Atmosphäre von Silverado, einer verlassenen Goldgräbersiedlung.

Amy Tan

Die 1952 in Oakland geborene Schriftstellerin Amy Tan reiste 1987 erstmals nach China. Ihr Vater, der nach dem Krieg für den United States Information Service tätig war, wanderte 1947 nach Amerika aus. Ihre Mutter kam 1949 in die Staaten, kurz bevor die Kommunisten in Shanghai die Kontrolle übernahmen. Die Schriftstellerin lebt abwechselnd in San Francisco und New York. Wie auch ihre anderen Romane beschäftigt sich *Töchter des Himmels* (Goldmann, 1992) mit den feinen Nuancen chinesisch-amerikanischer Identität. Vier chinesische Frauen, die nach 1940 nach San Francisco eingewandert sind, treffen sich regelmäßig zum Mah-Jong-Spielen und erzählen dabei ihre Lebensgeschichten. Diese werden verwoben mit den Geschichten ihrer Töchter, die zwischen der chinesischen und amerikanischen Identität hin und her gerissen sind. Die Geschichte ist sehr dicht und brillant geschrieben, insbesondere die Passagen, die sich mit frühkindlichen Erfahrungen befassen.

Steinbeck, John: *Früchte des Zorns* (dtv, 1985). Klassische Geschichte einer Bauernfamilie, die ihre Heimat im Mittleren Westen der USA aufgibt, um ins viel versprechende Kalifornien zu ziehen. *Die Straße der Ölsardinen* (dtv, 1986) ist eine prägnante Novelle, die das Leben in Monterey vor dem Ausbruch des 2. Weltkrieges beschreibt. In *Jenseits von Eden* (dtv, 1987) wird über drei Generationen eine Familienfehde im Salinas Valley geschildert, in Anlehnung an die biblische Geschichte von Kain und Abel. Was man von Steinbeck auch halten mag – er gilt als *der* kalifornische Schriftsteller.

Twain, Mark: *Durch dick und dünn* (Diogenes, 1990). Unterhaltsame Geschichten über das Leben im „wilden" Kalifornien, insbesondere in den Silberbergwerken der Comstock Lode in den 60er Jahren des 19. Jhs., wo Twains Karriere als Journalist und Geschichtenerzähler begann.

Gore Vidal: *Hollywood* (Goldmann, 1995). Fünfter Band der „Empire"-Reihe Vidals über die wachsende Macht der USA in der Welt, hier am Beispiel der Verflechtungen zwischen Filmindustrie und Politgrößen in Washington und des Einflusses von Propaganda.

Waugh, Evelyn: *Tod in Hollywood* (Diogenes, 2002). Der literarische Begleiter für einen Besuch des Forest Lawn Cemetery in L.A. – im Roman „Whispering Glades" genannt und als Gipfel oberflächlicher Geltungssucht beschrieben. Eine bissige Satire auf Hollywoods über den Tod hinaus reichende Obsession mit Ruhm und Status.

West, Nathanael: *Der Tag der Heuschrecke* (Diogenes, 1997). Ernüchternde Schilderung des Lebens von Underdogs am Rand der Filmindustrie mit einem fulminanten Ende. Bestes Buch über L.A., das kein Krimi ist.

Natur- und Wanderführer

Bicycle Rider Directory (Cycle America). Preiswerter Führer mit Tipps für Radtouren auf eigene Faust durch die Bay Area sowie die Täler von Napa und Sonoma, gute, ausfaltbare Landkarten.

Kirkendall, Tom und Spring, Vicky: *Bicycling the Pacific Coast* (Mountaineers Books). Detaillierter Führer über die wichtigsten Radwege zwischen Mexiko und Kanada.

Peterson Series Field Guides (Houghton Mifflin). Ausgezeichnete Führer durch Flora und Fauna:

A Field Guide to Western Reptiles and Amphibians; außerdem *Insects* und *Pacific State Wildflowers.*

Schaffer, Jeffrey: *The Pacific Crest Trail: California* (Wilderness Press). Wanderführer durch den südlichen Abschnitt der Route, die von Mexiko über die Sierra Nevada bis nach Kanada reicht.

Soares, John R.: *100 Classic Hikes in Northern California* (Mountaineers Books). Eine gute Darstellung von Wanderungen in den Naturschutzgebieten Nordkaliforniens, von der Bay Area bis zur Grenze mit Oregon.

Steinstra, Tom und Brown, Ann Marie: *California Hiking: The Complete Guide* (Foghorn Press). 800 Seiten mit über 1000 beschriebenen Wanderungen, von einstündigen Spaziergängen bis zum 1700 Meilen langen kalifornischen Abschnitt des Pacific Crest Trail. Leider lassen die Karten zu wünschen übrig, und die Texte sind etwas dröge.

Walking the West Series: *Walking Southern California; Walking the California Coast; Walking California's State Parks* und andere (Harper Reference). Gut geschriebene Taschenbücher, jedes beschreibt über 100 tolle Tageswanderungen von 2–20 Meilen. Sehr gute praktische Details. Hervorragende Prosa und viel historischer Hintergrund.

Reiseführertipps für Behinderte s.S. 25ff.

Einige spanische Begriffe

Kalifornien kann sein kolonialspanisches und mexikanisches Erbe, das sich in vielen Ortsnamen niederschlägt, nicht verleugnen. Heute ist für viele Kalifornier Spanisch die Muttersprache, daher kann es nicht schaden, ein paar spanische Wörter zu kennen. Ein doppeltes ll wird wie „j" und ein ñ wie „nj" ausgesprochen.

abierto	offen
agua	Wasser
alta, alto	hoch
arroyo	Schlucht, Graben
avenida	(breite) Straße
buena, bueno	gut
caliente	heiß
calle	Straße
cerrado	geschlossen
costa	Küste
cruz	Kreuz
del	von der, dem
dorado	golden, goldfarben
escondido	versteckt
grande	groß
hermosa	schön
jolla	Juwel
las, los	Artikel, Pl. f., Pl. m.
mar	Meer
mesa	Hochplateau, wörtlich „Tisch"
monte	Berg
nevada	verschneit
norte	Norden
obispo	Bischof
oro	Gold
parque	Park
pescadero	Fischer

ANHANG

playa	Strand
rey	König
rio	Fluss
rojo	rot
santa, santo	die Heilige, der Heilige
sierra	Gebirgszug
sol	Sonne
sur	Süden
taqueria	Tacobäckerei oder -restaurant
tienda	Geschäft
tierra	Land, Boden
tres	drei
verde	grün

Index

ANHANG

ANHANG

L

M

ANHANG

N

O

P / Q

R

W

Y

Z

ANHANG

Die orangen *Stefan Loose Travel Handbücher* für die spannendsten Fernreiseziele

Ägypten
Muriel Brunswig und Martin Schemel, 476 Seiten

Australien
Anne Dehne, 832 Seiten

Australien – Der Osten
Anne Dehne, 608 Seiten

Bali – Lombok
Stefan Loose u.a., 304 Seiten

China
Jeremy Atiyah u.a., 1296 Seiten

China – Der Osten
Jeremy Atiyah u.a., 664 Seiten

Florida
Jeffrey Kennedy u.a., 448 Seiten

Guatemala
Frank Herrmann, 440 Seiten

Indien
David Abram u.a., 1312 Seiten

Indien – Der Nordwesten
David Abram u.a., 704 Seiten

Indien – Der Süden
David Abram u.a., 736 Seiten

Indonesien
Stefan Loose u.a., 800 Seiten

Java – Bali – Lombok
Stefan Loose u.a., 524 Seiten

Kalifornien
Jeff Dickey u.a., 736 Seiten

Kambodscha
Beverley Palmer, 328 Seiten

Kanada – Der Osten
Tim Jepson u.a., 540 Seiten

Kanada – Der Westen
Tim Jepson u.a., 520 Seiten

Kenya
Richard Trillo, 684 Seiten

Kenya – Nationalparks/Strände
Richard Trillo, 376 Seiten

Kuba
Fiona McAuslan, Matthew Norman, 576 Seiten

Laos
J. Düker, A. Monreal, 400 Seiten

Malaysia – Singapore – Brunei
Stefan Loose u.a., 704 Seiten

Mexiko
John Fisher u.a., 752 Seiten

Myanmar (Birma)
A.& M. Markand u.a., ca. 512 Seiten

Namibia
Livia und Peter Pack, 512 Seiten

Neuseeland
Laura Harper u.a., 832 Seiten

Peru Westbolivien
Frank Herrmann, ca. 600 Seiten

Südafrika
Barbara McCrea u.a., 800 Seiten

Südostasien – Die Mekong-Region
Hrsg. Jan Düker, 800 Seiten

Thailand – Der Süden
Richard Doring u.a., 752 Seiten

Thailand
Richard Doring u.a., 848 Seiten

Trinidad – Tobago – Grenada
Christine De Vreese, 320 Seiten

USA – Der Osten
Samantha Cook u.a., 552 Seiten

USA – Der Westen
Samantha Cook u.a., 456 Seiten

Vietnam
Jan Dodd u. Mark Lewis, 600 Seiten

Zimbabwe – Botswana
Friedrich Köthe u.a., 512 Seiten

Kartenverzeichnis